MARIVAUX

L'intégrale

Collection dirigée par Luc Estang, assisté de Françoise Billotey

BALZAC

Préface de Pierre-Georges Castex
Présentation de Pierre Citron

LA COMÉDIE HUMAINE

1. Études de mœurs, Scènes de la vie privée (I).
– 2. Scènes de la vie privée (II), Scènes de la vie de province (I). – 3. Scènes de la vie de province (II).
– 4. Scènes de la vie parisienne (I). – 5. Scènes de la vie parisienne (II), Scènes de la vie politique, Scènes de la vie militaire. – 6. Scènes de la vie de campagne. Études philosophiques (I). – 7. Études philosophiques (II). Études analytiques.

BAUDELAIRE

Préface et présentation de Marcel Ruff

CORNEILLE

Préface de Raymond Lebègue
Présentation d'André Stegmann

FLAUBERT

Préface de Jean Bruneau
Présentation de Bernard Masson

1. Écrits de jeunesse, Premiers romans, La tentation de saint Antoine, Madame Bovary, Salammbô. – 2. L'éducation sentimentale, Trois contes, Bouvard et Pécuchet, Théâtre, Voyages.

VICTOR HUGO

ROMANS

Présentation d'Henri Guillemin
1. Han d'Islande, Bug-Jargal, Le dernier jour d'un condamné, Notre-Dame de Paris, Claude Gueux.
– 2. Les misérables. – 3. Les travailleurs de la mer, L'homme qui rit, Quatrevingt-Treize.

POÉSIE

Préface de Jean Gaulmier
Présentation de Bernard Leuilliot
1. Des premières publications aux Contemplations. – 2. De la Légende des Siècles aux dernières publications. – 3. Posthumes.

LA FONTAINE

Préface de Pierre Clarac
Présentation de Jean Marmier

MARIVAUX

Préface de Jacques Schérer
Présentation de Bernard Dort

THÉÂTRE COMPLET

MÉMORIAL DE SAINTE-HÉLÈNE

PAR LAS CASES

Préface de Jean Tulard
Présentation de Joël Schmidt

MOLIÈRE

Préface de Pierre-Aimé Touchard

MONTAIGNE

Préface d'André Maurois
Présentation de Robert Barral
en collaboration avec Pierre Michel

MONTESQUIEU

Préface de Georges Vedel
Présentation de Daniel Oster

MUSSET

Texte établi et présenté
par Philippe van Thieghem
1. Poésies, Contes, Mélanges. – 2. Théâtre, Récits, Nouvelles.

PASCAL

Préface d'Henri Gouhier
Présentation de Louis Lafuma

RABELAIS

Présentation d'André Demerson
avec translation en français moderne

RACINE

Préface de Pierre Clarac

ROUSSEAU

Préface de Jean Fabre
Présentation de Michel Launay
1. Œuvres autobiographiques.
2 et 3. Œuvres philosophiques et politiques.

STENDHAL

Préface et présentation
de Samuel S. de Sacy

ROMANS

1. Armance, Le rouge et le noir, Lucien Leuwen.
– 2. La chartreuse de Parme, Chroniques italiennes, Romans et Nouvelles, Lamiel.

VIGNY

Préface et présentation de Paul Viallaneix

ZOLA

Préface de Jean-Claude Le Blond-Zola
Présentation de Pierre Cogny

LES ROUGON-MACQUART

1. La fortune des Rougon, La curée, Le ventre de Paris, La conquête de Plassans. – 2. La faute de l'abbé Mouret, Son Excellence Eugène Rougon, L'Assommoir. – 3. Une page d'amour, Nana, Pot-Bouille. – 4. Au Bonheur des Dames, La joie de vivre, Germinal. – 5. L'œuvre, La terre, Le rêve, La bête humaine. – 6. L'argent, La débâcle, Le docteur Pascal.

MARIVAUX

THÉATRE
COMPLET

PRÉFACE DE JACQUES SCHERER
PROFESSEUR A LA SORBONNE

PRÉSENTATION ET NOTES
DE BERNARD DORT

AUX ÉDITIONS DU SEUIL
27, rue Jacob, Paris-VIe

ISBN 2-02-000715-0

MARIVAUX

La personnalité de Marivaux n'est pas moins difficile à définir que la véritable valeur de son théâtre. L'œuvre, peu estimée au xviiie siècle, souvent louée au xixe et au début du xxe pour de mauvaises raisons, n'est apparue que récemment dans sa vraie grandeur. L'auteur reste discret et secret. Si peu qu'on connaisse son être intime, on imagine bien qu'il fut sensible et susceptible, trop complexe pour être souvent compris. Mais la vérité de sa nature, quelle était-elle? Des contemporains intelligents et qui l'ont bien connu portent sur lui des jugements contradictoires. Marmontel le décrit ainsi : « Il convenait que telle chose était vraie jusqu'à un certain point ou sous un certain rapport; mais il y avait toujours quelque restriction, quelque distinction à faire, dont lui seul s'était aperçu. On le plaignait de ne pouvoir se résoudre à être simple et naturel ». Simple, naturel et vrai, il l'était pourtant à ses propres yeux, puisque d'Alembert dit de lui : « Personne ne croyait être plus simple et ne s'en piquait davantage ». Cette vérité si intérieure que personne ne pouvait la voir, est-ce un leurre ou un défi? Dans un univers de la chute, la vérité est certes indissolublement liée au mensonge qui la nie. Comme presque tous les hommes, Marivaux était vrai et faux, simple et complexe. Mais avait-il à proclamer d'importantes vérités, ou ne faisait-il que jouer? Pendant près de deux siècles, on lui a dénié le sérieux. Voltaire disait de lui qu'il passait sa vie à peser des riens dans des balances de toiles d'araignée. Et le mot de marivaudage, tiré de son nom, est un honneur douteux qui, dès l'origine, prend une valeur péjorative.

Pour ceux qui, comme La Harpe, croient fausse la simplicité intérieure de Marivaux, le marivaudage ne sera qu'un vêtement trompeur : « Jamais, proclame-t-il, on n'a mis autant d'apprêt à vouloir paraître simple ». D'autres, par une démarche de mimétisme qui supplée le jugement chez les âmes sensibles et concrètes, tentent d'imiter l'inimitable. Ainsi Faguet, qui marivaude sur le marivaudage : « On n'a jamais su s'il est le plus joli des défauts ou la plus périlleuse des qualités, ou une bonne grâce qui s'émancipe ou un mauvais goût qui se modère ». On pourrait enfiler longuement des phrases de ce genre sans rien apprendre sur Marivaux ni sur l'attitude qui a tiré son nom du sien. Car il n'est pas discutable que cette attitude existe. Il serait instructif d'en esquisser la structure,

et aussi l'histoire, car elle a varié depuis Marivaux. Aux valeurs stylistiques qui constituaient au xviiie siècle l'essentiel de la notion de marivaudage se sont ajoutées de plus en plus des valeurs de sentiment. On y voit aujourd'hui un manège et une escrime, une coquetterie amoureuse partagée sans conflit réel, une ingéniosité ne cachant pas ce qu'elle prétend cacher, le tout sur le mode souriant; bref, un langage convenu. Le mot de marivaudage est très vivant et très aisément compris. Il est assurément employé par de nombreuses personnes qui n'ont jamais lu Marivaux et ne se soucient ni de lui ni de son œuvre. C'est dire que le marivaudage a largement vécu d'une vie autonome et ne peut plus nous instruire sur son origine historique, sauf peut-être en nous présentant toujours la même ambiguïté : celui qui marivaude est à la fois véridique et menteur. Marivaux nous en dit sans doute davantage sur l'énigme centrale de la vérité lorsqu'il déclare, à travers d'Alembert : « J'ai guetté dans le cœur humain toutes les niches différentes où peut se cacher l'amour lorsqu'il craint de se montrer, et chacune de mes comédies a pour objet de le faire sortir d'une de ces niches ». Par là se trouvent affirmées l'intériorisation de l'action dramatique, la diversité réelle de ces comédies qu'on a tant dites semblables, l'infinie richesse de cet inépuisable théâtre d'amour, mais aussi l'ambivalence fondamentale de cet amour, à la fois présent et absent, sensible et nié, pour celui qui l'éprouve dans sa vérité.

Que la vérité soit le problème central du théâtre de Marivaux et peut-être de tout théâtre, c'est ce qui n'étonnera pas ceux qui voient en elle l'instrument essentiel de la communication littéraire. Jouvet l'avait bien compris; en une systématisation brillante et un peu forcée, il présentait un éloge du mensonge qui ne manquait pas de sel. « Le procédé de Marivaux, disait-il, c'est l'utilisation du mensonge comme procédé de démonstration, pour nous révéler plus clairement les caractères essentiels de l'amour. » Puis, généralisant avec un sourire : « le lieu d'élection du mensonge, l'édifice où il est reconnu, patenté, exploité, où ses fidèles et ses sectateurs peuvent tenir leurs assises avec délices et sécurité, c'est le théâtre... L'art du théâtre est une communion dans le mensonge ». Il avait encore sur l'œuvre de Marivaux cette formule qui annonce la critique actuelle : « Théâtre d'abstraction et de démonstration, il est la plus haute expression de la convention théâtrale ». Il reste à monnayer, à justifier avec quelque précision ces déclarations impérieuses. Que démontre ce théâtre? Quelle est la vérité qu'il fait voir?

La vérité sort d'abord de la bouche d'Arlequin et de Silvia, les deux principaux personnages que la nouvelle troupe des Comédiens Italiens fournissait à Marivaux débutant. Appelés d'Italie après la mort de Louis XIV, et, en raison de leur succès, amenés à se franciser de plus en plus, ces comédiens apportaient des principes de jeu nouveaux par rapport aux traditions de la comédie psychologique à quoi avait fini par se réduire l'œuvre de Molière. Loin d'être des individus, leurs personnages sont des types permanents, que désigne souvent le port du masque et qui sont caractérisés une fois pour toutes dans une image attendue par le public; en outre, l'habitude de l'improvisation donne à leur diction et à leur invention même une grande fluidité où naturel et virtuosité s'unissent sans effort apparent. Bien que dans ses aspects originaux la *commedia dell' arte* ait déjà connu une période de décadence en Italie, et encore plus en France, ces acteurs apportent une vie et une gaîté que la Comédie-Française d'alors ignorait. Ils ont le vent en poupe lorsque Marivaux se joint à eux en 1720 et leur fait jouer son premier succès parisien, *Arlequin poli par l'amour*. Thomassin, l'Arlequin de la troupe, avait rompu avec le style grotesque de son prédécesseur : au lieu de parler de la gorge et d'affecter un ton de perroquet, il s'exprimait sur un mode naturel qui, à la balourdise et bien entendu à l'acrobatie, savait allier la finesse et même la grâce. Avec plus de retenue et de féminité, Silvia charma les contemporains par les mêmes qualités : elle jouait le rôle de Silvia avec un naturel qu'on ne se lassa pas d'admirer. Marivaux, qui la comprit à merveille et fut en quelque sorte le fournisseur de son style, unissait dans la même affection perspicace le personnage et l'interprète. Dans ce petit acte si parfait de l'*Arlequin poli*, où éclate déjà tout le génie théâtral de Marivaux, ces deux grands comédiens trouvent des rôles à leur mesure, et c'est sur l'emploi exceptionnel de la vérité que ces rôles sont fondés. Alors qu'en général, au théâtre, on ment parce qu'on combat, il vaut la peine de remarquer qu'ici Silvia dit en propres termes : « Je ne mens jamais ». C'est d'ailleurs presque vrai. Arlequin ne ment guère plus, non par vertu, mais par ignorance : il ignore qu'on peut mentir. Quand il s'ennuie, il dit : « Je m'ennuie », tout comme un personnage de Tchekhov. Cette sincérité outrageante est conforme aux origines les plus profondes du personnage. Avec son masque brun et poilu, ses contorsions simiesques, Arlequin est l'image humanisée d'un animal, confronté malgré lui à la société des hommes. De même que le taureau, entrant ébloui dans l'arène, ignore et nie les règles et l'existence même de la corrida et ne finira par comprendre le jeu qu'au point d'en mourir, de même Arlequin, face à une société humainement organisée, donc menteuse, a pour rôle essentiel de dire la vérité. Cette vérité apparaît nécessairement comme provocante, dissonante et dénonciatrice dans l'univers de mensonge que peint la comédie. Mais, à la différence du taureau, Arlequin peut triompher, car la comédie châtie les mœurs en riant, et permet parfois à l'ennemi mythique des humains qu'est ce clown d'avoir une fonction didactique. Il est un personnage essentiel des trois premières pièces que Marivaux fait jouer à la Comédie Italienne. Puis son rôle décroît : à ses saillies Marivaux préfère une analyse toujours plus acérée de la psychologie féminine et parcourt les sentiers infinis du réalisme; d'ailleurs Thomassin, atteint dans sa vie privée, verra son art décliner un peu plus tard. Mais la fonction éclairante de la vérité, dans ce théâtre, n'est pas liée à la défroque d'Arlequin : sous bien d'autres déguisements, elle est toujours paradoxale, surprenante, initiatrice. Dans l'*Ile de la raison ou les Petits Hommes*, elle fait grandir des hommes réduits par leur préjugé à l'état de pygmées : elle est un miracle.

Incarnée parfois dans des personnages d'élection, la vérité se cherche plus encore dans les mots, qui servent indifféremment à mentir ou à dire le vrai. C'est pourquoi une dialectique du langage, dont il n'est pas impossible d'esquisser les grandes lignes, a des chances d'atteindre l'essentiel du théâtre de Marivaux. A l'origine, le personnage, adhérant au monde dans toute sa richesse concrète, étonné d'exister parce qu'il jouit pleinement de l'existence, est trop ébloui pour parler. Aussi bien, sur le plan social, est-il étroitement corseté par les bienséances, qui interdisent aux femmes et rendent très difficile aux hommes toute expression de vie sentimentale. Au commencement est donc le silence. Par là ce théâtre si profondément verbal évite le danger du superficiel en manifestant la plus grande défiance métaphysique envers les mots. Mais il ne peut naturellement pas s'en tenir au silence primitif, paradis perdu pour lui. Il doit passer de l'indicible à la parole explicatrice, non seulement parce qu'il est théâtre, mais pour des raisons qui tiennent à la fois à l'histoire et aux exigences les plus intimes de Marivaux. Dans ce siècle qui fit de la conversation un art subtil, Marivaux fut un virtuose, apprécié comme tel. D'Alembert loue sa « brillante et abondante volubilité ». Silvia, née à Toulouse, donc parlant mieux français que ses camarades élevés en milieu italien, semble avoir eu les mêmes facilités dans sa diction de comédienne. L'auteur et son interprète, s'accordant sur le plaisir de parler, atteignaient la justesse et la précision dans le raffinement : c'est là encore, si l'on veut, du marivaudage. En outre, prenant au sérieux les mots, les scrutant de près, Marivaux était amené à faire d'eux les relais, les étapes et même les fondements de l'action dramatique. « C'est sur le mot qu'on réplique, et non sur la chose », notait déjà Marmontel. L'action, inexistante sans son expression, ne peut progresser que de mot en mot. Ainsi se trouve définie la plus extrême rigueur d'une convergence stylistique vêtement d'une pensée comme dans les pièces qui peuvent se résumer, mais en outre matière même de l'action dramatique. En effet, sans être réduite à une pauvreté insoutenable, une comédie de Marivaux ne peut se résumer.

La réalité théâtrale du langage ainsi conquise entraîne de nombreuses conséquences. Le langage est d'abord facteur de socialisation. Si le silence peut convenir à l'intimité de deux personnes, il faut parler dès qu'une sanction sociale est envisagée, et parler avec justesse. Dans un monde très conscient de l'infinité des nuances du langage et terriblement exigeant sur la propriété des termes, faire admettre une vérité à autrui par des mots qui puissent le toucher sans le choquer n'est pas chose facile. Celui qui parle n'étant jamais impassible commet nécessairement des erreurs d'expression; l'interlocuteur les redresse; de là une incessante reprise de termes, une contestation âpre et parfois aigre qui semble ne porter que sur le vocabulaire mais qui atteint en fait la réalité sentimentale elle-même et son acceptation par autrui; tant l'expression juste est l'image même de l'être.

Le langage, en effet, est créateur. « Parler pour ne rien dire » est une formule qui, pas plus que l'opposition de la parole et de l'action, ne peut avoir aucun sens dans le théâtre de Marivaux. Non seulement l'action, comme le savait déjà l'abbé d'Aubignac au siècle précédent, n'existe dans un théâtre rigoureux que sous les espèces de la parole, mais parler, chez Marivaux, engendre nécessairement quelque chose dans l'ordre du fait, ne serait-ce que la conscience collective de la réalité exprimée. Etre, c'est dire. « Ce n'est pas le tout que d'aimer, affirme Phocion dans *le Triomphe de l'amour*, il faut avoir la liberté de se le dire. » Dans ce théâtre de la pudeur, l'amour consiste donc essentiellement à dire l'amour, et non point à le faire — quelque sens que l'on donne à cette dernière expression.

Les trois instruments que constitue le plus souvent le langage dans les luttes dramatiques présentées par les comédies de Marivaux sont le portrait, le miroir et le masque. D'abord la personnalité de celui qui parle, qu'il le veuille ou non, s'exprime dans ses paroles et l'interlocuteur perspicace comprend ainsi ce qui n'est pas dit volontairement. Usant souvent du vieux thème du portrait de la femme aimée, Marivaux le monnaye en mots qui peignent mieux et plus cruellement que la peinture. En outre, quand le personnage n'est pas aveuglé par la colère, l'amour, la jalousie ou quelque autre sentiment violent, il voit son visage dans les yeux d'autrui et reconnaît la spécificité des expressions qui lui sont répétées : l'introspection commence au « C'est moi qui ai dit cela », que la répétition exprime l'accord ou, comme il arrive, l'opposition. *Le Jeu de l'amour et du hasard*, plus que d'autres œuvres peut-être, abonde en jeux de miroirs et de sincérités dues à autrui. Enfin, pour celui qui n'est pas conscient de ses propres sentiments ou qui veut que les autres n'en prennent pas conscience, le langage sera un masque et s'adaptera aux innombrables formes dramaturgiques du déguisement. Leur emploi est banal dans la tradition théâtrale, mais s'insère ici dans un ordre personnel.

Si le langage est une convention socialement nécessaire et dramatiquement féconde, il existe, au delà des mots, une convention plus générale encore et située à un étage supérieur de liberté dirigée : la règle du jeu. Alors que la convention du langage est imposée, dans ses moindres détails, par la société, devant une règle de jeu, l'esprit se sent plus libre. Il a affaire à un postulat qu'il peut refuser, créer ou modifier à sa guise. En tant qu'êtres parlants et conscients de la convention de toute parole, les personnages de Marivaux jouent assez souvent à ce jeu. C'est encore dans l'inépuisable *Arlequin poli par l'amour* qu'on trouve l'exemple le plus démonstratif de la règle du jeu et de son bon usage. Au début, la naïveté d'Arlequin se marque par ce qu'il ne comprend pas que le théâtre est fiction : si l'on chante devant lui, il répond aux chanteurs comme s'ils lui parlaient. Plus tard, instruit par l'amour et par la pression sociale, il va tenter de jouer avec Silvia une scène de variation de la règle du jeu. Silvia feint de ne pas aimer Arlequin, mais ce mensonge le rend trop malheureux, et elle y renonce. Elle essaie alors de dire le mensonge en prévenant qu'il est mensonge : ce jeu dénoncé en tant que jeu n'est pas non plus jouable pour elle, et elle y renonce encore. Si elle pense d'avance qu'elle peut récuser les règles de ce jeu (« Ne sommes-nous pas les maîtres? »), elle le prive du minimum de stabilité indispensable à son exercice; de sorte que les interlocuteurs sont amenés à tricher sans arrêt et que le jeu meurt, victime de la liberté et de la vérité.

Si cette démonstration est possible, et même nécessaire, c'est que les actions où figurent les personnages ont souvent une valeur mythique. Comme la comédie d'Aristophane, comme les « moralités » françaises du XVe siècle, comme souvent l'œuvre de Molière, de nombreuses comédies de Marivaux donnent à leurs personnages un sens qui dépasse leur individualité et les placent dans des situations hautement généralisables où leur conduite peut apparaître comme exemplaire. Dans *Arlequin poli*, il est affirmé, non sans ironie, qu'Arlequin est l'Amour lui-même. Silvia, avant de connaître Arlequin, est insensible à l'amour. Leur rencontre a donc une valeur didactique et leur histoire est un mythe de la primitivité, qui ne peut être conté que dans une atmosphère assez raréfiée pour éliminer toute impureté extérieure. Marivaux les place dans la situation initiale de vacance parfaite qui est l'un des postulats préférés de toute la pensée philosophique du XVIIIe siècle et qui alimentera en particulier la réflexion de Condillac et celle de Jean-Jacques Rousseau. Un quart de siècle après *Arlequin poli par l'amour*, Marivaux présentera dans *la Dispute* une autre mise en scène des origines, une autre méditation sur l'instant premier : pour savoir si ce sont les hommes ou les femmes qui ont commencé à être infidèles, un prince a fait élever deux garçons et deux filles au berceau dans un isolement absolu; une vingtaine d'années plus tard on les met en présence, et la comédie fait assister à leurs réactions. C'est aussi comme des mythes, mais intégrés à une psychologie plus réaliste et mieux située socialement, que doivent être interprétées des comédies aussi connues que *la Double Inconstance*, *le Jeu de l'amour et du hasard*, ou *les*

9

Fausses Confidences. Dans des œuvres mineures, Marivaux s'abandonne plus allégrement encore à sa tendance moralisante. *Le Chemin de la Fortune ou le Saut du fossé* montre un héros qui, pour parvenir au palais de la Fortune, doit sauter un large fossé, décoré de mausolées élevés aux vertus qu'ont perdues les ambitieux qui l'ont précédé; le Scrupule le dissuade de sauter, la Cupidité l'encourage; est-on si loin de l'allégorie médiévale ?

Il n'est pas aisé de terminer des pièces construites selon une technique si particulière. Le problème du dénouement est à la fois élément d'une dramaturgie originale et moyen de définir la dernière étape de la dialectique du langage. Pour dénouer, il faut échapper aux mots dont le réseau a enfermé et guidé toute l'action, et accéder à une réalité nouvelle. Il faut resserrer les développements infinis du discours, abréger et retrouver, dans une situation fondamentalement nouvelle, le silence primitif. C'est ce que les âmes simples ne savent point faire. Dans un aveu chargé de sens, le Frontin de *l'Heureux Stratagème* proclame : « Je ne finis point quand j'abrège ». Mais certains êtres d'élite que recèle cette comédie aristocratique peuvent accéder au dénouement par abréviation. Il suffira d'un agenouillement dans *la Surprise de l'amour*, d'une rougeur dans *la Seconde Surprise*, d'un silence dans *la Mère confidente*, d'un simple regard dans *le Préjugé vaincu*, pour qu'échappant au déroulement des mots et devenu enfin transparent pour lui-même, le personnage confesse la vérité. Si le langage ne peut mener qu'au langage, ce type de dénouement est la seule solution rigoureuse au problème posé. Les sentiments que les mots expriment en les dissimulant deviennent peu à peu irrépressibles. L'aveu éclate, explosion provoquée par le langage et qui détruit le langage. Dans l'abréviation, qui est à la fois faillite et apothéose de l'univers verbal, le dénouement est très exactement atteint au moment précis où il n'est plus nécessaire de parler.

Théâtre d'amour, oui ; théâtre du raffinement, certes; mais aussi, et avant tout, théâtre de la rigueur. Sans l'implacable nécessité de chaque réplique, de chaque mot, l'œuvre de Marivaux s'effondrerait dans la fadeur et la monotonie. Ceux qui confondent l'effet produit avec les moyens de le produire ont longtemps imaginé un Marivaux doux et rose, un Marivaux à la Watteau; aussi n'ont-ils su ni le jouer ni le comprendre. En réalité, toute complaisance, tout attendrissement, tout sourire sont fatals au théâtre de Marivaux. Il exige constamment la plus grande lucidité. C'est en quoi il est de notre temps, à la fois plus vivant qu'il n'a jamais été et tout proche de quelques idées fondamentales des grands réformateurs du théâtre au xxe siècle. Comme celui de Pirandello, le théâtre de Marivaux démontre que la fiction est tout aussi efficace que la réalité : est-ce dans *le Jeu de l'amour et du hasard*, est-ce dans *Henri IV* que derrière le masque et par lui la vérité se fait jour ? Et l'on pourrait aussi montrer que les deux notions essentielles du brechtisme, le didactisme et la distanciation, sont déjà présupposées par bien des aspects des comédies de Marivaux. Ce sont des metteurs en scène, non des historiens ou des critiques, qui ont mis en relief cette rigueur et cette modernité de Marivaux et qui par là ont donné à la représentation de ses pièces une paradoxale puissance que la tradition ne connaissait pas. Jean-Louis Barrault avec *les Fausses Confidences* en 1946, Jean Vilar avec *le Triomphe de l'amour* en 1956, Roger Planchon avec *la Seconde Surprise de l'amour* en 1959, ont, chacun par les moyens de son propre univers théâtral, produit un choc et une révélation. Le rideau retombé ou le livre refermé, qui cherche la raison de son plaisir pensera peut-être qu'elle est double : à un contenu humain, chatoyant, riche, délicat, infiniment tendre et divers, les comédies de Marivaux savent unir un métier impeccable, serré, magistral, — aux joies du cœur celles de l'esprit.

JACQUES SCHERER
Professeur à la Sorbonne

CHRONOLOGIE

1673. Mort de Molière.

1680. Fondation de la Comédie-Française.

1684. Mort de Corneille. Naissance de Watteau.

1688. LE 4 FÉVRIER, à Paris, naît Pierre Carlet, futur Marivaux, qui est baptisé LE 8 FÉVRIER paroisse Saint-Gervais.

1689. Naissance de Montesquieu.

1694. Naissance de Voltaire.

1696. Regnard : *Le Joueur.*

VERS 1700. Le père de Marivaux, Nicolas Carlet, est nommé directeur de la Monnaie à Riom.

1707. Lesage : *Le Diable boiteux.* Naissance de Goldoni.

1708. ENTRE 1708 et 1712 : Marivaux écrit sa première pièce, *le Père prudent et équitable* (qui sera imprimée à Limoges, en 1712, sans nom d'auteur)*. - Regnard : *Le Légataire universel.*

1709. Lesage : *Turcaret.* Mort de Regnard.

1710. Dès LE 30 NOVEMBRE 1710, les registres de la Faculté de Droit de Paris mentionnent l'inscription de Marivaux, en tant que « Pierre Decarlet, auvergnat, riomois ».

1711. LE 25 AVRIL, nouvelle inscription de Marivaux sur les registres de la Faculté de Droit de Paris.

1712. LE 30 AVRIL, 3e inscription de Marivaux à la Faculté de Droit de Paris, en tant que « Pierre Decarlet, parisien ». Marivaux semble avoir poursuivi assez négligemment ses études de droit : il n'obtiendra ni le grade de bachelier, ni celui de licencié. Publication à Limoges et à Paris du *Père prudent et*

* Cette chronologie a été établie en se fondant notamment, pour les dates de la biographie de Marivaux, sur les travaux de Frédéric Deloffre et de Marie-Jeanne Durry, pour celles de l'histoire des Comédiens Italiens, sur les ouvrages de Xavier de Courville.

équitable dont l'épître dédicatoire est signée M***, première apparition de ce qui sera ensuite le nom de Marivaux adopté par Pierre Carlet pour des raisons et selon des modalités que nous ignorons encore. - Naissance de Jean-Jacques Rousseau.

1713. VERS JANVIER : parution des trois premières parties des *Aventures de *** ou les Effets surprenants de la sympathie* (l'approbation de Fontenelle date du 10 juillet 1712). LE 30 AVRIL : dernière inscription de Marivaux à la Faculté de Droit de Paris. - Naissance de Diderot.

1714. Publication de *la Voiture embourbée.* Annonce du *Pharsamon.* Publication du *Bilboquet* et de la fin des *Effets surprenants de la sympathie* (IV et V). *Le Télémaque travesti,* qui ne sera publié qu'en 1736, reçoit l'approbation du censeur royal. La parution d'une *Iliade en vers burlesques* est annoncée.

1715. Réédition à Amsterdam de *la Voiture embourbée* et des *Effets surprenants de la sympathie.* - Lesage : *Gil Blas* (I à VI).

1716. Arrivée à Paris du Nouveau Théâtre Italien. La troupe que dirige Luigi Riccoboni donne sa première soirée LE 18 MAI au Théâtre du Palais-Royal. LE 1er JUIN, elle s'installe à l'Hôtel de Bourgogne. Six mois après, son répertoire comprendra plus de soixante pièces. En fin d'année, *l'Iliade travestie* est publiée à Paris, chez Prault. - En mai, Law a fondé la *Banque Générale.*

1717. LE 7 JUILLET, signature du contrat de mariage de Marivaux, à Paris, avec Colombe Bologne âgée de trente-quatre ans, soit cinq ans de plus que Marivaux. Elle apporte à son époux 40 000 livres. EN AOÛT, Marivaux commence sa collaboration au *Mercure* : première *Lettre sur les habitants de Paris.* - Naissance de d'Alembert.

1718. La Banque de Law devient établissement d'Etat. Les Comédiens Italiens jouent leur première pièce en français. Dans une lettre, Mme de Tencin critique leur manque de naturel lorsqu'ils n'improvisent plus.

1719. EN MARS, Marivaux publie dans le *Mercure* des *Pensées sur différents sujets, Sur la clarté du discours* et *Sur la pensée sublime*. LE 14 AVRIL, mort de Nicolas Carlet, père de Marivaux, à Riom. EN NOVEMBRE, Marivaux commence la publication, toujours dans le *Mercure*, de la *Lettre de M. de Marivaux contenant une Aventure*. On estime généralement que c'est en 1719 qu'est née la fille de Marivaux, Colombe Prospère de Marivaux.

1720. LE 3 MARS, Marivaux fait ses débuts d'auteur dramatique, chez les Comédiens Italiens, avec *l'Amour et la Vérité*, comédie en trois actes écrite en collaboration avec le chevalier de Saint-Jorry. Le *Dialogue de l'Amour et de la Vérité* est publié dans le *Mercure* de MARS. LE 17 OCTOBRE, représentation d'*Arlequin poli par l'amour* par les Comédiens Italiens, sans nom d'auteur; le succès en est grand (12 représentations). LE 16 DÉCEMBRE, les Comédiens Français créent la tragédie d'*Annibal*, avec un succès médiocre. - Law démissionne et s'enfuit. Il semble que Marivaux ait été partiellement ruiné par cette banqueroute. Chez les Comédiens Italiens, mariage de Silvia et de « Mario » Balletti.

1721. EN JUILLET, Fournier publie la première feuille du *Spectateur français*. Cette publication se poursuivra jusqu'en OCTOBRE 1724 et comprendra 25 feuilles. - Montesquieu : les *Lettres persanes*. Mort de Watteau.

1722. LE 3 MAI, les Comédiens Italiens créent avec un vif succès (13 représentations) *la Surprise de l'amour*; l'auteur en demeure anonyme. Selon la légende (rapportée par Lesbros de la Versane) c'est à cette occasion que Marivaux a fait la connaissance de Silvia. - Fêtes du sacre de Louis XV.

1723. Première édition de 12 feuilles du *Spectateur*, « année 1722 », chez Gandouin. LE 6 AVRIL, création de *la Double Inconstance* (Com. Ital.). Le *Mercure* en rend compte dans son numéro d'AVRIL : « On a trouvé beaucoup d'esprit dans cette dernière [pièce] de même que dans la première *(la Surprise de l'amour)*. Ce qu'on appelle métaphysique du cœur y règne un peu trop, et peut-être n'est-elle pas à la portée de tout le monde, mais les connaisseurs y trouvent de quoi nourrir l'esprit ». La pièce est jouée 15 fois. C'est probablement cette année-là que mourut, sans doute à Paris, Mme de Marivaux. - Majorité de Louis XV. Les Comédiens Italiens sont autorisés à porter le titre de *Comédiens Italiens ordinaires du Roi*.

1724. Création, LE 5 FÉVRIER, du *Prince travesti* (Com. Ital.) qui compte d'abord trois, puis cinq actes (16 représentations). LE 8 JUILLET : *La Fausse Suivante* (Com. Ital. : 13 représentations.) Avec la 25ᵉ feuille s'achève la publication du *Spectateur français*. EN OCTOBRE et EN NOVEMBRE, les Comédiens Italiens jouent à Fontainebleau, entre autres, *la Double Inconstance*, *la Fausse Suivante* et *la Surprise de l'amour*. LE 2 DÉCEMBRE, les Comédiens Français présentent *le Dénouement imprévu* (6 représentations).

1725. LE 5 MARS, les Comédiens Italiens créent la première comédie sociale de Marivaux : *l'Ile des esclaves*; le compte rendu publié dans le *Mercure* d'AVRIL contient notamment cette opinion : « M. de Marivaux, qui en est l'auteur, est accoutumé à de pareils succès, et tout ce qui part de sa plume lui acquiert une nouvelle gloire ». La pièce est donnée 21 fois. LE 19 AOÛT, les Comédiens Italiens jouent *l'Héritier de village* (9 représentations); LE 15 DÉCEMBRE, ils reprennent *la Surprise de l'amour*. - Mariage de Louis XV avec Marie Leszczynska.

1726. Au début de l'année, reprise de diverses pièces de Marivaux par les Comédiens Italiens devant la cour. C'est dans *la Surprise de l'amour* que François Riccoboni, dit Lélio II, fait ses débuts (rôle de Lélio). Marivaux travaille à la rédaction de *l'Indigent Philosophe* qui sera publié au début de 1727. - Succès des *Gulliver's travels* de Swift. A Paris, *le Dictionnaire néologique* paraît et connaît un grand retentissement : le style de l'auteur du *Spectateur français* notamment y est pris à partie. Luigi Riccoboni entreprend la composition de son *Histoire du Théâtre italien*.

1727. LE 30 JANVIER, *la Seconde Surprise de l'amour* est reçue au Théâtre-Français. Mais les Comédiens Français lui préfèrent *les Petits Hommes ou l'Ile de la raison* dont la lecture leur est faite LE 3 AOÛT et qu'ils créent LE 11 SEPTEMBRE : c'est un échec (4 représentations). Ils reviennent donc à *la Seconde Surprise* et l'interprètent avec succès LE 31 DÉCEMBRE (14 représentations). EN OCTOBRE, première édition parisienne du *Spectateur français* chez P. Prault. - Les éditions du *Dictionnaire néologique* se multiplient. EN MAI paraît la traduction française des *Voyages de Gulliver*. EN JUIN, le *Mercure* publie une *Lettre sur Shakespeare, poète dramatique*.

1728. LE 26 FÉVRIER, les Comédiens Français reprennent *la Seconde Surprise*. LE 28 AVRIL, création du *Triomphe de Plutus* par les Comédiens Italiens (12 représentations de suite, 18 dans l'année). Le catalogue du libraire P. Prault annonce *la Vie de Marianne, ou les aventures de la comtesse de *** de M. de Marivaux*. Nouvelle édition du *Spectateur français*. Un second tome contient *l'Indigent Philosophe* et *l'Ile de la raison*. - EN JUIN, début de la publication des *Mémoires d'un homme de qualité qui s'est retiré du monde*, de Prévost. Luigi Riccoboni publie son *Histoire du Théâtre italien* et son poème *Dell' Arte Rappresentativa*. En Angleterre, le *Beggars' Opera* de John Gay triomphe.

1729. Échec de *la Nouvelle Colonie ou la Ligue des femmes* au Théâtre Italien (une seule représentation LE 18 JUIN). - Publication des tomes III et IV des *Mémoires d'un homme de qualité*. EN AVRIL, Luigi Riccoboni, Flaminia et François Riccoboni sont autorisés par le roi à quitter le Théâtre Italien.

1730. LE 23 JANVIER, création du *Jeu de l'amour et

du hasard par les Comédiens Italiens qui le jouent LE 28 JANVIER puis LE 10 FÉVRIER devant la cour (14 représentations). Le *Mercure* écrit EN AVRIL : « Au reste tout le monde convient que la pièce est bien écrite, et pleine d'esprit, de sentiment et de délicatesse ». - Mme de Tencin est exilée à Ablon, près de Paris; Mme du Deffand ouvre un salon, rue de Beaune. Publication des tomes V et VI des *Mémoires d'un homme de qualité*. Luigi Riccoboni quitte Paris pour Parme avec sa famille.

1731. LE 9 MARS, *les Serments indiscrets* sont reçus au Théâtre-Français. EN MAI OU EN JUIN paraît la première partie de *la Vie de Marianne* chez Prault père. LE 5 NOVEMBRE, les Comédiens Français créent *la Réunion des Amours* (10 représentations) : on lit dans le *Mercure* de NOVEMBRE : « ... fort bien représentée et fort applaudie. Elle est bien écrite et avec beaucoup d'esprit; ornée de traits fins et délicats ». - Les Riccoboni regagnent Paris LE 15 NOVEMBRE. Premiers succès des comédies de Boissy. Publication du second volume de l'*Histoire du Théâtre italien*.

1732. Création du *Triomphe de l'amour* par les Comédiens Italiens, LE 12 MARS (6 représentations). De l'avis du *Mercure* : « Cette pièce n'a pas eu tout le succès qu'elle méritait. C'est une des mieux intriguée qui soit sortie de la plume de M. de Marivaux ». LE 8 JUIN, les Comédiens Français présentent enfin *les Serments indiscrets* (9 représentations); on lit dans le *Mercure* de JUIN : « la première représentation fut des plus tumultueuses », et le principal reproche adressé à la pièce, « c'est de n'avoir pas assez d'action et d'avoir trop d'esprit». LE 25 JUILLET, les Comédiens Italiens créent *l'École des mères* (14 représentations). EN DÉCEMBRE, le nom de Marivaux est prononcé pour le fauteuil de l'évêque de Metz à l'Académie, mais sa candidature n'est pas retenue, et c'est Moncrif qui est élu, LE 5 JANVIER 1733. - Naissance de Beaumarchais. Luigi Riccoboni devient directeur honoraire du Théâtre Italien.

1733. Les Comédiens Italiens présentent *l'Heureux Stratagème*, LE 6 JUIN (18 représentations). Le *Petit-Maître corrigé* que Marivaux a terminé depuis la fin de 1732 ou au début de l'année est approuvé LE 4 FÉVRIER par le censeur royal. - Voltaire : *le Temple du Goût* (où Marivaux est désigné comme un auteur qui « venait de composer une comédie métaphysique »). Mort de Mme de Lambert; c'est Mme de Tencin qui recueille les habitués de son salon.

1734. EN JANVIER, la première feuille du *Cabinet du Philosophe* est publiée. Une feuille est annoncée chaque semaine; il en paraîtra onze, jusqu'à la fin de 1734. FIN JANVIER, publication chez Prault père de la seconde partie de *la Vie de Marianne*. Les attaques contre Marivaux se multiplient. EN MARS, Marivaux répond à ses critiques, notamment aux observations de Desfontaines, dans la 6e feuille du *Cabinet du*

Philosophe. EN MAI, puis EN JUIN, paraissent les deux premières parties du *Paysan parvenu, ou les Mémoires de M****, chez Prault. LE 16 AOÛT, les Comédiens Italiens créent *la Méprise* (3 représentations) et reprennent *l'Heureux Stratagème*. EN SEPTEMBRE et EN OCTOBRE OU NOVEMBRE, les 3e et 4e parties du *Paysan parvenu* sont publiées : Marivaux continue d'y répondre à ses critiques, en particulier à Crébillon. LE 6 NOVEMBRE, les Comédiens Français jouent enfin *le Petit-Maître corrigé* qui attend d'être représenté depuis près de deux ans : c'est un échec et la pièce est retirée après la première représentation. - Montesquieu : *Considérations sur les causes de la grandeur des Romains et de leur décadence*. Voltaire : *Lettres philosophiques ou Lettres sur les Anglais*. Crébillon fils se moque de *la Vie de Marianne* dans *Tanzaï et Néardané*.

1735. EN AVRIL, paraît la 5e partie du *Paysan parvenu*. LE 9 MAI, les Comédiens Italiens créent *la Mère confidente* qui est bien accueillie (17 représentations). Une traduction anglaise du *Paysan parvenu* est éditée à Londres. EN NOVEMBRE, Marivaux reprend la publication de *la Vie de Marianne* (3e partie) et J. Ryckhoff imprime à Amsterdam la 1re partie du *Télémaque travesti* : le livre est désavoué par Marivaux. Annonce au Théâtre Italien de *l'Auberge provinciale*, « petite comédie de M. de Marivaux ». - Lesage : *Gil Blas* (X à XII). EN JUILLET, de Mouhy publie *la Paysanne parvenue*, et EN SEPTEMBRE, paraît à Nancy et se vend à Paris *le Démêlé survenu à la sortie de l'Opéra entre le paysan parvenu et la paysanne parvenue*. Triomphe de Nivelle de La Chaussée avec sa comédie, *le Préjugé à la mode*.

1736. Mlle Clairon fait ses débuts dans une reprise de *l'Ile des esclaves* LE 8 JANVIER. FIN MARS, la 4e partie de *la Vie de Marianne* est publiée, à Paris, suivie EN SEPTEMBRE puis EN DÉCEMBRE des 5e et 6e parties. A Londres commence à paraître la traduction en anglais de *la Vie de Marianne*. LE 11 JUIN, les Comédiens Français créent *le Legs* (7 représentations).

1737. EN JANVIER, chez Prault père, publication à Paris de *Pharsamon, ou les nouvelles folies romanesques* : l'éditeur fait remarquer dans un *Avertissement* qu'il a le manuscrit entre les mains depuis « près de vingt-cinq ans ». La 7e partie de *la Vie de Marianne* paraît EN FÉVRIER, et LE 16 MARS sont créées par les Comédiens Italiens *les Fausses Confidences* dont le succès est très médiocre (6 représentations). Le second volume du *Pharsamon* sort EN JUIN. Des éditions à bon marché de *la Vie de Marianne* et du *Paysan parvenu* paraissent ou sont en préparation à l'étranger. - *Marianne*, opéra-comique de Panard et Favart, tiré du roman de Marivaux.

1738. EN JANVIER, publication, cette fois à La Haye, de la 8e partie de *la Vie de Marianne*. Les Comédiens Français reprennent, avec succès, *les Serments indiscrets*,

LE 7 MARS, et, LE 7 JUILLET, les Comédiens Italiens créent *la Joie imprévue* avec une reprise des *Fausses Confidences* qui obtiennent également plus de succès qu'à la création. - Luigi Riccoboni publie ses *Pensées sur la déclamation* et ses *Réflexions historiques et critiques sur les différents théâtres d'Europe*.

1739. Création des *Sincères*, LE 13 JANVIER, par les Comédiens Italiens; on lit dans le compte rendu du *Mercure de* FÉVRIER : « Cette pièce a été fort applaudie à la première représentation [mais] on a trouvé que l'action n'a pas assez de consistance, et que si l'on retranchait tout ce qui n'est que conversation, il ne resterait pas de quoi faire deux ou trois petites scènes ». *Pharsamon* est réédité à La Haye. Une neuvième partie (apocryphe) de *la Vie de Marianne* paraît à La Haye également, chez Gosse et Néaulme.

1740. EN ÉTÉ, *Lettre sur la Paresse* et *Lettre sur les Ingrats* (que Lesbros de la Versane publiera dans son *Esprit de Marivaux* en 1769). LE 19 NOVEMBRE création de *l'Épreuve* par les Comédiens Italiens : « Cette pièce fut très bien reçue du public » annonce le *Mercure* de DÉCEMBRE (17 représentations). - Troisième édition du *Dictionnaire de l'Académie*. Richardson : *Pamela*. Chardin peint le *Benedicite*.

1741. Publication des 9e, 10e et 11e parties de *la Vie de Marianne* à La Haye, chez Jean Néaulme. Marivaux compose, pour les Comédiens Italiens, *la Commère*, tirée d'un épisode de son *Paysan parvenu*. La pièce ne sera pas jouée avant 1967. - Naissance de Choderlos de Laclos.

1742. Réimpression de *la Vie de Marianne*, onze parties en quatre volumes, chez Prault. Après la mort de l'abbé Houteville et à la suite de la campagne académique menée par Mme de Tencin en faveur de Marivaux, celui-ci est élu à l'Académie, à l'unanimité, LE 10 DÉCEMBRE; ce vote est « confirmé » LE 24 DÉCEMBRE. - Arrivée de Jean-Jacques Rousseau à Paris : Marivaux retouche son *Narcisse* qui sera représenté aux Théâtre-Français en 1752. Parution de la traduction française de *Paméla ou la Vertu récompensée*.

1743. LE 4 FÉVRIER, Marivaux est reçu à l'Académie, avec le duc de Nivernois. - Dernier ouvrage de Luigi Riccoboni : *De la réformation du théâtre*.

1744. Marivaux habite avec Mlle de Saint-Jean, rue Saint-Honoré. LE 25 AOÛT, il lit à l'Académie ses *Réflexions sur l'esprit humain* (publiées par le *Mercure* EN JUIN 1755), et LE 29 DÉCEMBRE ses *Réflexions sur les différentes sortes de gloire*. *La Dispute* est créée sans succès, par les Comédiens Français, LE 19 OCTOBRE (une représentation).

1745. LE 6 AVRIL, la fille de Marivaux, Colombe Prospère, entre au noviciat de l'abbaye du Trésor, dans l'Eure. - 11 MAI : bataille de Fontenoy. EN NOVEM-BRE, publication du *Théâtre Anglais* de La Place (2 volumes) qui comprend six pièces de Shakespeare, parmi lesquelles *Hamlet*.

1746. EN OCTOBRE, la fille de Marivaux prend le voile : le duc d'Orléans passe en sa faveur un contrat de 110 livres de rente. LE 6 AOÛT, création par les Comédiens Français du *Préjugé vaincu* (7 représentations).

1747. LE 11 FÉVRIER, une rente de 2 000 livres est assurée à Marivaux par Lanier de la Valette, de Brive. Maladie de Marivaux qui remercie ensuite l'Académie des compliments qu'elle lui a envoyés par l'intermédiaire de La Chaussée et de Duclos. LE 27 OCTOBRE, reprise d'*Annibal* à la Comédie-Française. - Diverses traductions allemandes de comédies de Marivaux.

1748. LE 4 AVRIL, lecture à l'Académie des *Réflexions en forme de lettre sur l'esprit humain*. - Traité d'Aix-la-Chapelle (fin de la guerre de la Succession d'Autriche).

1749. LE 24 AOÛT, Marivaux commence à lire à l'Académie « un ouvrage qu'il doit donner au public et qui a pour titre *Réflexions sur Corneille et Racine* ». Il poursuivra cette lecture LE 24 SEPTEMBRE de la même année et LE 25 AOÛT 1750. Ces *Réflexions* seront imprimées dans le *Mercure* d'AVRIL 1755. - Diderot : *Lettre sur les aveugles*. LE 4 DÉCEMBRE, mort de Mme de Tencin; Mme Geoffrin prend la succession de son salon.

1750. LE 19 SEPTEMBRE et LE 23 DÉCEMBRE, Marivaux et Helvétius constituent ensemble une rente de 1 250 livres « au profit de Jean Michaut, bourgeois de Paris ». Publication de *la Colonie* dans le *Mercure* de DÉCEMBRE. *Pharsamon* paraît en traduction anglaise à Londres. - Rousseau : *Discours sur les sciences et les arts*.

1751. LE 8 JANVIER, Marivaux présente les compliments de l'Académie au Garde des Sceaux avec des *Réflexions sur les hommes*, et il y lit LE 25 AOÛT des *Réflexions sur les Romains et les anciens Perses*. Ces textes paraissent dans le *Mercure*. - Publication du premier volume de l'*Encyclopédie*. Mme Riccoboni écrit la *Suite de la Vie de Marianne*. Voltaire : *Le Siècle de Louis XIV*.

1752. Nouvelle édition du *Spectateur français* (contenant *le Cabinet du Philosophe*) chez Prault. - Première condamnation de l'*Encyclopédie*. Chez les Comédiens Italiens, Flaminia prend sa retraite (Mme Favart hérite sa part.)

1753. LE 7 JUILLET, Marivaux rembourse en lui vendant ses meubles une dette de 900 livres à Mlle de Saint-Jean (il reconnaît lui en devoir 20 900) et lui fait une donation générale de ses biens. EN AOÛT, Van Loo peint le portrait de Marivaux. - LE 6 DÉCEMBRE : mort de Luigi Riccoboni.

1754. Publication par le *Mercure* d'un « Dialogue » : *l'Éducation d'un prince* (numéro de DÉCEMBRE). - Naissance du Dauphin, le futur Louis XVI.

1755. Le *Mercure* de JANVIER publie *le Miroir* et celui d'AVRIL un fragment des *Réflexions sur Corneille et Racine*, intitulé : *Fragment d'un ouvrage de M. de Marivaux qui a pour titre : Réflexions sur l'esprit humain à l'occasion de Corneille et de Racine*. EN JUIN, toujours dans le *Mercure*, les *Réflexions sur Thucydide*, que Marivaux avait lues en 1744 à l'Académie. LE 24 AOÛT, représentation de *la Femme fidèle*, au théâtre de Berny.

1756. LE 5 MARS, lecture de *Félicie* à la Comédie-Française : la pièce est reçue; LE 5 MAI, lecture de *l'Amante frivole* qui est également reçue. LE 10 OCTOBRE, Marivaux solde tout compte avec Mlle de Saint-Jean et le 15, ils se constituent une rente annuelle de 2 800 livres (2 000 pour elle, 800 pour lui). Publication dans *le Conservateur*, EN NOVEMBRE, des *Acteurs de bonne foi* : une autre pièce est annoncée, *la Provinciale*. Le *Mercure* de DÉCEMBRE imprime la suite des *Réflexions sur l'esprit humain à l'occasion de Corneille et de Racine*. - Attentat de Damiens.

1758. EN JANVIER, LE 20 probablement, Marivaux fait son testament. Maladie qui l'empêche d'assister aux séances de l'Académie où il revient LE 2 MARS. Édition par Duchesne des *Œuvres de Théâtre de M. de Marivaux*, 5 vol. (L'approbation de Crébillon date de 1757). - Diderot: *Le Père de Famille*; Rousseau : *Lettre à d'Alembert*. Mort de Silvia.

1759. LE 1er OCTOBRE, Marivaux est désigné par tirage au sort comme directeur de l'Académie. - Sterne : *Tristram Shandy*.

1760. Crise à l'Hôtel de Bourgogne : appel à Goldoni; Manon Balletti, fille de Silvia, débute avec *l'Épreuve* de Marivaux. - Rousseau : *La Nouvelle Héloïse*.

1761. Publication dans le *Mercure* de *la Provinciale* sans nom d'auteur; nouvelle édition du *Spectateur français* chez Duchesne. - Mme Riccoboni se retire du théâtre et se consacre à la littérature romanesque.

1762. Rousseau : *Émile* et *le Contrat social*. Glück : *Orphée*. Échec de *la Suivante reconnaissante ou l'Amour paternel* de Goldini. - Fusion du Nouveau Théâtre Italien et de l'Opéra-Comique. Procès et exécution de Calas.

1763. LE 12 FÉVRIER, à trois heures du matin, mort de Marivaux, d'une « hydropisie de poitrine », à Paris, rue de Richelieu. Mlle de Saint-Jean est l'exécutrice testamentaire et la légataire universelle de Marivaux. LE 4 MARS, il est procédé à la vente des biens : après déduction des frais et paiements divers, il reste à peine 23 livres 19 sols. Tous les héritiers se désistent et en 1765, Mlle de Saint-Jean renonce au legs universel.

1764. Mort de Mme de Pompadour. Voltaire : *Dictionnaire philosophique*.

1765. Publication d'*Œuvres diverses de M. de Marivaux, de l'Académie française*, chez Duchesne, 5 vol.

1769. Lesbros de la Versane : *L'Esprit de Marivaux... précédé de la Vie historique de l'auteur*, chez la Vve Pierre. L'ouvrage sera réédité en 1774.

1774. Mort de Louis XV.
Règne de Louis XVI.

1775. Beaumarchais : *Le Barbier de Séville*.

1778. Mort de Voltaire et de Rousseau.

1781. *Œuvres complètes de M. de Marivaux*, chez la Vve Duchesne, 12 vol.

ÉLOGE DE MARIVAUX

PAR D'ALEMBERT

Fils naturel de Mme de Tencin, Jean Le Rond d'Alembert (1717-1783) occupa une place de premier plan dans « le siècle des lumières ». Après de brillantes études il entra à l'Académie des Sciences à l'âge de vingt-trois ans. Puis il travailla avec Diderot à l'élaboration et à la rédaction de l'Encyclopédie *(1751-1772) : c'est lui qui est l'auteur notamment du célèbre* Discours préliminaire *et de nombreux articles dont celui de* Genève, *où il prônait l'institution d'un théâtre dans la ville de Calvin (ce qui lui valut en réponse la* Lettre à d'Alembert sur les spectacles *de Jean-Jacques Rousseau), et la plupart de ceux consacrés aux mathématiques et à la physique.*

Élu à l'Académie française en 1754, d'Alembert en a été par la suite le secrétaire perpétuel. C'est à ce titre qu'il a composé de nombreux Éloges, *dont celui de Marivaux qui fut imprimé en 1785.*

Il l'a fait précéder de ces lignes : « Cet éloge est plus long que celui des Despréaux, des Massillon, des Bossuet, et de plusieurs autres académiciens très supérieurs à Marivaux. Le lecteur en sera sans doute étonné, et l'auteur avoue lui-même qu'il en est un peu honteux ; mais il n'a pas le talent de faire cet article plus court. Les ouvrages de Marivaux sont en si grand nombre, les nuances qui les distinguent sont si délicates, son caractère même avait des traits si variés et si fugitifs, qu'il paraît difficile de faire connaître en lui l'homme et l'auteur, sans avoir recours à une analyse subtile et détaillée, qui semble exiger plus de développements, de détails, et par conséquent de paroles, que le portrait énergique et rapide d'un grand homme ou d'un grand écrivain. »

*On conviendra aujourd'hui que, dans l'*Éloge *et les* Notes sur l'Éloge précédent, *d'Alembert est loin de mettre l'œuvre de Marivaux à la place qui lui revient (notamment pour ce qui est du* Théâtre *où il trouvait « plus à sourire qu'à s'attendrir, et plus de finesse que d'intérêt »). Mais ses réticences mêmes sont significatives : elles témoignent de l'incompréhension à laquelle, après ses premiers succès au Nouveau Théâtre Italien, se heurta Marivaux — de celle, tout particulièrement, des Philosophes qu'il n'avait, il est vrai, pas ménagés. A cet égard, l'*Éloge *constitue déjà un document capital : autant que Marivaux, c'est le public, nous dirions maintenant les intellectuels de l'époque, qu'il peint.*

Mais ce texte nous intéresse encore à bien d'autres titres. Il rassemble, outre les souvenirs personnels de d'Alembert sur Marivaux qu'il avait bien connu tant à l'Académie que dans les salons, la plupart des renseignements que nous possédons sur l'auteur de la Double Inconstance, *puisqu'il reprend ceux qui figurent dans l'*Essai sur la vie et les ouvrages de l'auteur, *que l'abbé de La Porte avait fait imprimer en tête de l'édition des* Œuvres diverses *de M. de Marivaux de l'Académie française (à Paris, chez Duchesne, libraire, rue Saint-Jacques... 1765) et dans l'ouvrage de Lesbros de la Versane intitulé l'*Esprit de Marivaux... *précédé de la vie historique de l'auteur (Vve Pierre, 1769)... Sans doute, quelques faits ou quelques anecdotes mentionnés par d'Alembert sont-ils sujets à caution, mais l'*Éloge *et les* Notes sur l'Éloge précédent *demeurent le document d'époque le plus complet sur la vie et la figure de Marivaux.*

De plus, ce texte, si discutable, se révèle parfois d'une grande pénétration et d'une rare intelligence critique. Certaines de ses indications, celles, par exemple, qui concernent le jeu des Comédiens Italiens, nous apprennent bien plus, en quelques lignes, que les volumes de commentaires qui ont, tardivement, suivi. Enfin le portrait que d'Alembert trace du caractère de Marivaux (ce caractère aux « traits si variés et si fugitifs » qui « n'était guère moins singulier que ses écrits ») est d'une pudeur et d'une noblesse exemplaires. Et l'on ne peut se défendre d'être ému à l'évocation qu'il fait des dernières années de la vie de l'écrivain et à cette image sur laquelle il nous laisse d'un Marivaux qui, après avoir dans sa jeunesse « senti vivement les passions », se trouvait « réduit, dans la vieillesse, au calme de l'amitié (et) n'affectait point sur cet état une fausse philosophie ; il sentait tout ce que l'âge lui avait fait ; il ne cherchait point, comme tant de faux sages, à s'exagérer le bonheur du repos, il en jouissait seulement comme d'une ressource que la nature laisse à nos derniers jours pour adoucir la solitude de notre âme. »

La famille de Marivaux était originaire de Normandie, et avait donné plusieurs magistrats au parlement de cette province. Depuis, elle était descendue de la robe à la finance, et le père de Marivaux avait possédé quelque temps un emploi pécuniaire à Riom en Auvergne. Le fils ne voulut être ni magistrat, ni financier ; mais sans autre fortune et sans autre titre que ses talents, il a donné plus d'existence à son nom, que tous les financiers et les magistrats ses ancêtres.

L'histoire de ses premières études n'est pourtant ni longue, ni brillante (1) [1] ; c'est au moins ce qu'ont prétendu certains critiques, à la vérité bien mal disposés en sa faveur. Ils l'ont accusé très injustement peut-être, mais avec toute l'expression du mépris, d'avoir ignoré le latin ; ils lui passent de n'avoir pas su le grec, car les beaux esprits de nos jours, peu jaloux pour eux-mêmes de ce mérite dont ils font peu de cas, ont l'indulgente équité de ne pas l'exiger de leurs semblables. Pour recevoir aujourd'hui dans la république des lettres ce que Marivaux lui-même appelait en plaisantant les *honneurs du doctorat*, les preuves sont très faciles, et la *fourrure* (c'est encore le terme dont il se servait) extrêmement légère. « Cette parure mince et peu durable, ajoutait-il, remplace maintenant, par la double commodité des prétentions et de la paresse, l'étoffe un peu épaisse sans doute, mais riche et solide, dont se couvraient de pied en cap nos laborieux devanciers. » Quoi qu'il en soit, l'impossibilité où s'est trouvé Marivaux, si nous en croyons ses détracteurs, de se nourrir dès son enfance du lait pur et substantiel de la saine antiquité, est la cause fâcheuse à laquelle ils attribuent cette étrange manière d'écrire, qui lui a mérité de si fréquents et de si justes reproches. Peut-être serait-il permis d'opposer à cette assertion, avec toute la modestie de l'ignorance, l'exemple de tant de femmes, qui, ne sachant ni latin ni grec, écrivent et s'expriment avec le naturel le plus aimable, et pourraient donner d'excellentes leçons de style et de goût à plus d'un orgueilleux et pesant littérateur. Mais nous pouvons d'ailleurs assurer que notre académicien, quand il aurait su par cœur Cicéron et Virgile, n'aurait jamais regardé ces grands maîtres comme les siens ; le genre d'esprit que la nature lui avait donné ne lui permettait ni d'écrire, ni de penser comme un autre, soit ancien, soit moderne. « J'aime mieux, disait-il quelquefois avec la naïveté de son caractère, et la singularité de son style, être humblement assis sur le dernier banc dans la petite troupe des auteurs originaux qu'orgueilleusement placé à la première ligne dans le nombreux bétail des singes littéraires. » Cependant, quoiqu'il se piquât de ne rien emprunter ni aux écrivains vivants ni aux morts, il faisait du moins l'honneur à son siècle de le préférer à ceux d'Alexandre et d'Auguste, par cette raison singulière, mais, selon lui, très philosophique, que chaque siècle devait ajouter à ses propres richesses celles de tous les siècles précédents ; principe avec lequel on préférerait Grégoire de Tours à Tacite,

Fortunat à Horace, et Vincent Ferrier à Démosthène (2).

Ami intime, et bientôt complice de deux grands hérésiarques en littérature, La Motte et Fontenelle, Marivaux fit comme les disciples de Luther, qui, dans leur licence hétérodoxe, allèrent beaucoup plus loin que leur maître. Il poussa l'irrévérence pour le *divin* Homère (car il affectait de l'appeler toujours de la sorte) jusqu'à le travestir comme Scarron avait fait Virgile ; mais si c'est l'intention, suivant l'apophtegme des casuistes, qui constitue la grièveté de la faute, la différence était bien grande entre les deux coupables. Le travestisseur de *l'Enéide*, très éloigné du projet criminel de rabaisser cet immortel ouvrage, et ne voulant que s'égayer par un tour de force burlesque pour oublier ses maux, ressemblait, si on peut hasarder ce parallèle, à ces libertins croyants qui se permettent des impiétés dans la débauche. Le travestisseur d'Homère, ennemi déclaré et blasphémateur intrépide de *l'Iliade*, pouvait être comparé à ces incrédules endurcis, qui, en attaquant le culte public, outragent avec audace ce qu'ils ont le malheur de mépriser (3).

Nous avons cru qu'il importait à sa mémoire de faire ici de bonne grâce, et pour lui et pour nous-mêmes, une espèce d'amende honorable de ce forfait littéraire, afin que la critique, fléchie et désarmée par cette confession, nous permette de ne plus parler, dans le reste de cet éloge, que des ouvrages qui l'ont rendu vraiment estimable. Nous n'ignorons pas cependant qu'il nous sera bien difficile encore d'apprécier Marivaux au gré des inexorables zélateurs du bon goût ; ils ne nous pardonneraient pas de nous exprimer froidement sur l'étrange néologisme [2] qui dépare même ses meilleures productions : ainsi, en réclamant pour lui et pour son historien une indulgence dont ils ont également besoin l'un et l'autre, nous pouvons dire ce que Cicéron disait à ses juges dans une affaire épineuse : *Intelligo, judices, quam scopuloso difficilique in loco verser* (Je sens combien la route où je m'engage est difficile et hasardeuse).

Nous avons à considérer deux écrivains dans Marivaux, l'auteur dramatique et l'auteur de romans. Ce détail sera bien moins historique que littéraire : nous serons forcés, non sans quelque regret, d'y mettre, comme l'auteur dans ses ouvrages, plus de discours que d'action, et plus de réflexions que de faits. Heureux si dans cet examen nous évitons, pour nos auditeurs

---

1. Les notes de d'Alembert sont imprimées à la suite de l'*Éloge*.

2. L'un des reproches les plus constants adressés par ses contemporains à Marivaux fut d'être « néologue », c'est-à-dire d'employer des termes nouveaux et incorrects ou des mots détournés de leur sens. Voltaire parlait également du « néologue Marivaux » (*lettre à Villette* de juin 1765).
La querelle de la Néologie eut un grand retentissement au début de la carrière de Marivaux. Elle fut déclenchée par la publication, en 1726, du *Dictionnaire néologique*, œuvre de l'abbé Desfontaines qui y prenait violemment à partie Houdar de La Motte, le père Catrou, l'abbé Nadal, l'abbé d'Houteville, Fontenelle... et Marivaux (pour ses feuilletons du *Spectateur français* notamment), tous écrivains considérés comme les tenants d'une « nouvelle préciosité ». Cet ouvrage qui connut un grand succès fut réédité à plusieurs reprises jusqu'en 1750, et de nouveaux exemples, pris dans *le Cabinet du Philosophe* et l'*Indigent Philosophe*, mais non dans le théâtre de Marivaux, y furent ajoutés.

et pour nous-mêmes, l'écueil d'une discussion trop métaphysique [3] ; qualité dangereuse, qui entraîne presque nécessairement après elle ce redoutable ennui, si mortel aux ouvrages, et si funeste aux auteurs (4).

La première pièce de Marivaux fut une entreprise et presque une folie de jeune homme. A l'âge de dix-huit ans, il se trouva dans une société où l'on exaltait beaucoup le talent de faire des comédies. La conversation à laquelle il assistait, bornée sans doute à d'insipides lieux communs sur les auteurs dramatiques, ne lui donna pas une idée fort effrayante du talent qu'il entendait louer avec un si froid enthousiasme ; il osa dire que ce genre d'ouvrage ne lui paraissait pas si difficile : on rit, et on le défia de le tenter. Peu de jours après, il apporta à cette société une longue comédie en un acte, intitulée *le Père prudent*, qu'il avait même écrite en vers (5), pour remplir plus complètement la gageure ; mais satisfait d'avoir répondu si lestement au défi qu'on avait osé lui faire, il se garda bien de donner sa comédie au théâtre, pour ne pas « perdre en public, disait-il, le pari qu'il avait gagné en secret ». Il fit mieux encore que de sacrifier ce premier enfant de sa plume, avec un courage presque héroïque dans un jeune écrivain ; il voulut essayer longtemps ses forces dans le silence, avant de les exercer au grand jour (6) ; et bien éloigné de la présomption si souvent punie de tant d'avortons tragiques ou comiques, qui viennent naître et mourir au même instant sur la scène, Marivaux ne s'y montra qu'à trente-deux ans, près de quinze années après qu'il eut condamné à l'obscurité sa première comédie. Il est vrai qu'il parut au théâtre dans tout l'appareil possible, car sa première pièce fut une tragédie, *la Mort d'Annibal*. Il y peignait avec intérêt le courage et la fierté de ce grand homme, encore redoutable aux Romains, même après avoir été vaincu, et bravant jusqu'au dernier soupir leur politique altière et insidieuse ; mais si dans cette peinture le dessin avait de la vérité, le mouvement et le coloris y manquaient. Annibal n'y était, pour ainsi dire, qu'un héros malade et languissant, qui conservait encore au fond de son âme toute sa grandeur, mais à qui la force manquait pour l'exprimer (7). Aussi l'auteur, faisant lui-même, si l'on peut parler ainsi, son examen de conscience dramatique et poétique, reconnut que le caractère de son esprit, plus porté à la finesse qu'à la force, lui interdisait la tragédie, et il suivit avec docilité ce sage conseil de la nature.

Il fit néanmoins encore une légère faute en ce genre, par son éloge imprimé du *Romulus* de La Motte [4], qu'il mit sans façon au nombre des chefs-d'œuvre

du théâtre. Cet éloge ressemblait à tant d'oraisons funèbres, où le panégyriste trouve dans le héros défunt mille qualités dont le public ne se doutait pas (8). Il cessa bientôt de louer des tragédies médiocres, comme il avait cessé d'en faire, et se livra au genre comique. Accueilli souvent et longtemps sur les deux théâtres, ses succès furent encore plus brillants et plus soutenus sur la scène italienne que sur la scène française, et cette préférence eut plusieurs causes. Le public, jaloux sans doute de conserver au Théâtre-Français la supériorité que toute l'Europe lui accorde, juge avec rigueur tous ceux qui se présentent pour en soutenir la gloire, tandis qu'il accueille avec une indulgence quelquefois excessive, ceux qui, se montrant à lui *sur tout autre théâtre*, ne lui laissent voir que le désir sans prétention de l'amuser un moment. Cette indulgence peut même dégénérer, les exemples en sont récents, en une faveur ridiculement prostituée au genre le plus vil, humiliante pour la nation aux yeux des étrangers, et dont elle s'excuse auprès d'eux en rougissant, mais sans être corrigée pour l'avenir (9). Marivaux fut donc traité au Théâtre Italien avec la même bienveillance que ses autres confrères, quoique l'auteur, incapable de changer de goût et de style, n'eût pas l'intention de paraître devant les spectateurs, plus en négligé sur la scène étrangère que sur la scène nationale ; mais il dut encore à une autre circonstance la continuité de ses succès à ce spectacle. Il y trouva des acteurs plus propres à le seconder que les Comédiens Français ; soit que le génie souple et délié de la nation italienne la rendît plus capable de se prêter aux formes délicates que la représentation de ses pièces paraissait exiger ; soit que des acteurs étrangers, moins faits à notre goût et à notre langue, et par là moins confiants dans leurs talents et dans leurs lumières, se montrassent plus dociles aux leçons de l'auteur, et plus disposés à saisir dans leur jeu le caractère qu'il avait voulu donner à leur rôle.

Parmi ces acteurs, Marivaux distinguait surtout la fameuse Silvia, dont il louait souvent, avec une espèce d'enthousiasme, le rare talent pour jouer ses pièces. Il est vrai qu'en faisant l'éloge de cette actrice, il faisait aussi le sien sans y penser ; car il avait contribué à la rendre aussi parfaite qu'elle l'était devenue ; mais il est vrai aussi, et cette circonstance est peut-être à l'honneur de l'un et de l'autre, qu'il n'avait eu qu'une seule leçon à lui donner. Peu content de la manière dont elle avait rempli le premier rôle qu'il lui confia, mais prévoyant sans doute avec quelle perfection elle pouvait s'en acquitter, il se fit présenter chez elle par un ami, sans se faire connaître ; et après avoir donné à l'actrice tous les éloges préliminaires que la bienséance exigeait, il prit le rôle sans affectation, et en lut quelques endroits avec tout l'esprit et toutes les nuances qu'un écrivain tel que lui pouvait y désirer. « Ah! monsieur, s'écria-t-elle, vous êtes l'auteur de la pièce » ; dès ce moment, elle devint au théâtre Marivaux lui-même, et n'eut plus besoin de ses conseils.

Il n'en était pas ainsi de la célèbre Lecouvreur, qui

---

3. D'Alembert fait allusion à une autre des critiques adressées à Marivaux : d'être un « métaphysicien du cœur ». L'expression employée pour la première fois dans le compte rendu de *la Double Inconstance* par le *Mercure* d'avril 1723 (« ce qu'on appelle métaphysique du cœur y règne un peu trop, et peut-être n'est-elle pas à la portée de tout le monde, mais les connaisseurs y trouvent de quoi nourrir l'esprit ») fit fortune. Elle fut maintes fois reprise, notamment par Voltaire.

4. Ce texte de Marivaux figure dans la *Troisième Feuille* du *Spectateur français* (février 1722).

jouait dans les pièces de Marivaux, au Théâtre-Français, des rôles du même genre que ceux de Mlle Silvia au Théâtre Italien. On a plusieurs fois ouï-dire à l'auteur que dans les premières représentations, elle prenait assez bien l'esprit de ces rôles déliés et métaphysiques; que les applaudissements l'encourageaient à faire encore mieux s'il était possible; et qu'à force de mieux faire elle devenait précieuse et maniérée (10). On sera sans doute un peu étonné d'apprendre que Marivaux, si éloigné de la simplicité dans ses comédies, la prêchât si rigoureusement à ses acteurs. Mais cette simplicité, du moins apparente, était plus nécessaire au jeu de ses pièces qu'on ne serait d'abord tenté de le croire. Presque toutes, comme on l'a dit, sont des *surprises de l'amour*; c'est-à-dire la situation de deux personnes qui, s'aimant et ne s'en doutant pas, laissent échapper par tous leurs discours ce sentiment ignoré d'eux seuls, mais très visible pour l'indifférent qui les observe. Il faut donc, comme le disait très bien Marivaux lui-même, que les acteurs ne paraissent jamais « sentir la valeur de ce qu'ils disent », et qu'en même temps les spectateurs la sentent et la démêlent à travers l'espèce de nuage dont l'auteur a dû envelopper leurs discours. « Mais, disait-il, j'ai eu beau le répéter aux comédiens, la fureur de montrer de l'esprit a été plus forte que mes très humbles remontrances; et ils ont mieux aimé commettre dans leur jeu un contre-sens perpétuel, qui flattait leur amour-propre, que de ne pas paraître entendre finesse à leur rôle. » Un seul acteur lui fit une objection pressante : « Je jouerai, lui dit-il, mon rôle d'amant aussi bêtement qu'il vous conviendra; mais me répondez-vous que le parterre, et peut-être la moitié des loges, m'entendent? Gardez-vous, et nous aussi, de supposer à nos spectateurs une intelligence qu'ils n'ont pas; nous leur ferions un honneur dangereux pour nous, et peu flatteur pour eux qui n'en sauraient rien. » « Eh bien! lui dit Marivaux, continuons donc, pour être applaudis, vous de mal jouer, moi de le souffrir; et pensons tous deux, mais sans nous en vanter, comme cet orateur qui, se voyant applaudi par une multitude nombreuse, demanda s'il avait dit quelque sottise (11) ».

Cette éternelle *surprise de l'amour*, sujet unique des comédies de Marivaux, est la principale critique qu'il ait essuyée sur le fond de ses pièces; car nous ne parlons point encore du style : on l'accuse, avec raison, de n'avoir fait qu'une comédie en vingt façons différentes, et on a dit assez plaisamment que si les comédiens ne jouaient que les ouvrages de Marivaux, ils auraient l'air de ne point changer de pièce. Mais on doit au moins convenir que cette ressemblance est, dans sa monotonie, aussi variée qu'elle le puisse être, et qu'il faut une abondance et une subtilité peu communes pour avoir si souvent tourné, avec une espèce de succès, dans une route si étroite et si tortueuse. Il se savait gré d'avoir le premier frappé à cette porte, jusqu'alors inconnue au théâtre. « Chez mes confrères, disait-il, et on reconnaîtra bien ici son langage, l'Amour est en querelle avec ce qui l'environne, et finit par être heureux, malgré les oppo-

sants; chez moi, il n'est en querelle qu'avec lui seul, et finit par être heureux malgré lui. Il apprendra dans mes pièces à se défier encore plus des tours qu'il se joue que des pièges qui lui sont tendus par des mains étrangères. » Cette guerre de chicane, si nous pouvons parler ainsi, que l'Amour se fait à lui-même dans les pièces de notre académicien, et qui finit brusquement par le mariage, dès l'instant même où les acteurs se sont éclaircis sur leurs sentiments mutuels, a fait dire encore que ses amants s'aiment le plus tard qu'ils peuvent, et se marient le plus tôt qu'il est possible. Mais les auteurs de cette critique ou de cette plaisanterie auraient dû ajouter que dans cet amour qui s'ignore, et qui peu à peu se découvre à lui-même, l'auteur sait ménager avec art la gradation la plus déliée, quoique très sensible au spectateur. Cette gradation donne à ses comédies une sorte d'intérêt de curiosité; elles sont, il est vrai, sans action proprement dite, parce que tout s'y passe en discours bien plus qu'en intrigue; cependant, si l'action d'une pièce consiste, au moins en partie, dans la marche et le progrès des scènes, on peut dire que celles de Marivaux n'en sont pas tout à fait dépourvues.

Il sentait pourtant, ou plutôt il avouait, cet air de famille qu'on reprochait à ses pièces; et il s'en est justifié comme il a pu, mais une seule fois et dans une courte préface [5]; car il avait trop d'esprit pour multiplier, à l'exemple de tant d'auteurs, ces petits plaidoyers de la vanité, si peu propres à les faire absoudre; il était encore plus éloigné de la prétention si commune aux écrivains dramatiques, de faire, à la tête de leurs pièces, une poétique accommodée à leurs minces productions, et d'ériger en modèles de bon goût les insultes qu'ils ont faites au bon sens; mais il voulait, disait-il, « mettre une fois seulement son procès sur le bureau et sous les yeux des juges pour n'être pas condamné par défaut. » Son apologie est courte, mais subtile, et digne de lui; bien loin de passer condamnation sur le défaut dont on l'accuse, il soutient qu'un auteur ne saurait mettre plus de diversité dans ses sujets qu'il en a mis dans les siens. « Dans mes pièces, dit-il, c'est tantôt un amour ignoré des deux amants, tantôt un amour qu'ils sentent et qu'ils veulent se cacher l'un à l'autre, tantôt un amour timide, qui n'ose se déclarer; tantôt enfin un amour incertain et comme indécis, un amour à demi né, pour ainsi dire, dont ils se doutent sans être bien sûrs, et qu'ils épient au-dedans d'eux-mêmes avant de lui laisser prendre l'essor. Où est en cela toute cette ressemblance qu'on ne cesse de m'objecter? »

Mais si l'amour, comme l'auteur le prétend, « ne se cache pas de la même manière » dans ses comédies, c'est toujours un amour qui se cache; et malheureusement le gros des spectateurs, qui ne peut y regarder de si près, n'est frappé que de cette ressemblance, sans daigner remarquer que l'amour se « cache diversement », et sans savoir par conséquent aucun gré à l'auteur d'avoir saisi et peint ces différences

5. Cf. l'*Avertissement* des *Serments indiscrets*, p. 324.

fugitives. Tel est le *jugement*, ou plutôt l'*instinct* de cette multitude, qui ne va pas au théâtre pour observer au microscope les fibres du cœur humain, mais pour en avoir à découvert les mouvements et les efforts, qui n'aperçoit, dans ces dissections subtiles, que des redites monotones et fastidieuses, et à laquelle pourtant tout auteur dramatique est condamné à plaire (12), puisqu'il se l'est donnée pour juge.

Le style peu naturel et affecté de ces comédies a essuyé plus de critiques encore que le fond des pièces même, et avec d'autant plus de justice que ce singulier jargon, tout à la fois précieux et familier, recherché et monotone, est, sans exception, celui de tous ses personnages, de quelque état qu'ils puissent être, depuis les marquis jusqu'aux paysans, et depuis les maîtres jusqu'aux valets (13). Mais l'auteur soutient encore que le public s'est mépris à ce sujet. « On croit, dit-il, voir partout le même genre de style dans mes comédies, parce que le dialogue y est partout l'expression simple des mouvements du cœur; la vérité de cette expression fait croire que je n'ai qu'un même ton et qu'une même langue; mais ce n'est pas moi que j'ai voulu copier, c'est la nature, et c'est peut-être parce que ce ton est naturel qu'il a paru singulier. » Ce passage, plus singulier peut-être encore que le style de l'auteur, est un exemple frappant de l'illusion qu'un homme d'esprit a l'adresse ou le malheur de se faire à lui-même sur ses défauts les plus sensibles. Il est vrai que cette illusion avait moins en lui pour principe un amour-propre qui s'aveugle que l'erreur où il était de très bonne foi sur la manière d'être qui lui était propre; il croyait être naturel dans ses comédies, parce que le style qu'il prête à ses acteurs est celui qu'il avait lui-même, sans effort comme sans relâche, dans la conversation. S'il ne pouvait se résoudre à dire simplement les choses même les plus communes, du moins la facilité avec laquelle il parlait de la sorte semblait demander grâce pour ses écrits, parce qu'on pouvait croire à sa brillante et abondante volubilité, qu'il parlait, en quelque sorte, sa langue maternelle, et qu'il lui aurait été impossible de s'exprimer autrement quand il l'aurait voulu. On croit entendre dans ses pièces des étrangers de beaucoup d'esprit, qui, obligés de converser dans une langue qu'ils ne savent qu'imparfaitement, se sont fait de cette langue et de la leur un idiome particulier, semblable à un métal imparfait, mais faussement éclatant, qui aurait été formé par hasard de la réunion de plusieurs autres.

Cependant, à travers ces conversations si peu naturelles, le cœur parle quelquefois un moment son vrai langage. Nous citerons pour exemple les scènes de *la Mère confidente*, entre madame Argante et sa fille. Dans ces scènes, une jeune personne qui aime, mais qui craint de donner trop d'entrée dans son âme à un sentiment d'où pourrait naître son malheur, fait confidence à sa mère, comme à sa meilleure et à sa plus digne amie, de ce sentiment qu'elle chérit et qu'elle redoute, et trouve dans la bonté, dans la prudence, dans les conseils de cette mère sage et

vertueuse, les secours et l'appui que sa situation lui rend nécessaires. Il est vrai que dans ces scènes touchantes, où la nature développe toute sa naïveté d'une part et toute sa tendresse de l'autre, Marivaux n'a pu résister à la tentation de se montrer encore quelquefois, mais aussi rarement, et aussi peu qu'il lui est possible. Il semble qu'il ait voulu seulement laisser dans ces scènes l'empreinte légère de son cachet, dont nous conviendrons qu'elles auraient pu se passer.

A l'exception de quelques scènes de cette espèce, il y a, dans toutes les comédies de notre académicien, plus à sourire qu'à s'attendrir, et plus de finesse que d'intérêt. Le parterre du dernier siècle, qui donna au sonnet du *Misanthrope* de si maladroits applaudissements, n'aurait rien compris au genre de Marivaux; notre parterre se pique d'une plus subtile intelligence, et ce progrès des lumières ou de la vanité a prolongé la vie à ses pièces de théâtre. Les spectateurs, tout surpris qu'ils sont de la langue que l'auteur parle, se sentent disposés à lui pardonner, parce qu'en le devinant, ils se croient autant d'esprit que lui, et les bons juges même, qui ne peuvent se déterminer à l'absoudre, le traitent au moins comme ces coupables qu'on ne condamne pas sans regret, et dont on voudrait adoucir la sentence. Peut-être, s'il eût vécu jusqu'au moment où nous sommes, aurait-il pu jouir d'une consolation plus douce encore pour son amour-propre. Peut-être la bizarrerie de son néologisme, si éloigné de la langue commune, lui aurait-elle procuré la satisfaction de s'entendre appeler *homme de génie* par les suprêmes Aristarques, qui honorent si libéralement de ce nom les productions les plus opposées aux vrais principes des arts, les plus éloignées du vrai caractère propre à chaque genre, les plus discordantes avec les bons modèles, des chimères prétendues ingénieuses ou philosophiques, et des idées creuses soi-disant profondes, revêtues d'un style de rhéteur ou d'écolier, qu'on appelle *de l'éloquence* et quelquefois *du sublime*; enfin le charlatanisme en tout genre, étalant avec un jargon bizarre, qu'on prend pour *de l'imagination*, la marchandise qu'il veut faire valoir ou pour son compte, ou pour celui des autres. Aussi, pour le dire en passant, Voltaire, peu de temps avant sa mort, s'est-il félicité plus d'une fois en notre présence d'avoir pour contemporains « tant d'hommes de génie », sans compter, ajoutait-il, les grands juges qui leur font présent de ce titre, sous la condition secrète de le partager avec eux. « Rien, disait Molière il y a plus de cent années, n'est devenu à si bon marché que le bel esprit; rien, dirait aujourd'hui ce grand homme, n'est à si bon marché que le génie. »

Les romans de Marivaux, supérieurs à ses comédies par l'intérêt, par les situations, par le but moral qu'il s'y propose, ont surtout le mérite, avec des défauts que nous avouerons sans peine, de ne pas tourner, comme ses pièces de théâtre, dans le cercle étroit d'un amour déguisé, mais d'offrir des peintures plus variées, plus générales, plus dignes du pinceau d'un philosophe (14). On y voit les raffinements de la coquetterie, même dans une âme neuve et honnête; les replis de l'amour-propre jusque dans le sein de l'humiliation, la dureté révoltante des bienfaiteurs, ou leur pitié, plus humiliante encore; le manège de l'hypocrisie, et sa marche tortueuse; l'amour concentré dans le cœur d'une dévote, avec toute la violence et toute la fausseté qui en est la suite (15) : enfin, ce que Marivaux a surtout tracé d'une manière supérieure, la fierté noble et courageuse de la vertu dans l'infortune, et le tableau consolant de la bienfaisance et de la bonté dans une âme pure et sensible (16). L'auteur n'a pas dédaigné de peindre jusqu'à la sottise du peuple; sa curiosité sans objet, sa charité sans délicatesse, son inepte et offensante bonté, sa dureté compatissante; et rien n'est peut-être plus vrai dans aucun roman que la pitié cruelle de madame Dutour pour Marianne à qui elle enfonce innocemment le poignard à force de se montrer sensible pour elle. Il faut pourtant convenir que Marivaux, en voulant mettre dans ses tableaux populaires trop de vérité, s'est permis quelques détails ignobles, qui détonnent avec la finesse de ses autres dessins; mais cette finesse, qu'on nous permette ici un terme de l'art, demande grâce pour ses *bambochades*; et le peintre du cœur humain efface le peintre du peuple. Nous avouerons en même temps que les tableaux mêmes qu'il fait des passions ont en général plus de délicatesse que d'énergie; que le sentiment, si l'on peut s'exprimer de la sorte, y est plutôt peint *en miniature* qu'il ne l'est à *grands traits*; et que si Marivaux, comme l'a très bien dit un écrivain célèbre, connaissait tous les sentiers du cœur, il en ignorait les grandes routes. Pour exprimer la recherche minutieuse avec laquelle l'auteur parcourt et décrit tous ces sentiers, une femme d'esprit employait, il n'y a pas longtemps, une comparaison ingénieuse, quoique familière. « C'est un homme, disait-elle, qui se fatigue et qui me fatigue moi-même en me faisant faire cent lieues avec lui sur une feuille de parquet. » Mais il faut observer que si l'auteur fait tant de chemin dans ce petit espace, ce n'est pas précisément en repassant par la même route, c'est en traçant des lignes très proches les unes des autres, et cependant très distinctes pour qui sait les démêler; espèce de mérite que l'on peut comparer, si l'on veut, à celui de ces maîtres d'écriture, qui ont l'art d'enfermer un long discours dans un cercle étroit, et qui bornent leur talent à ne pouvoir être lus qu'avec la loupe (17).

Le défaut de naturel qu'on reproche à son style est plus frappant encore dans ses romans que dans ses pièces de théâtre; malgré le penchant irrésistible qui l'entraînait vers cette manière d'écrire, il a senti qu'il devait s'y livrer avec plus de ménagement sur la scène, où il avait des spectateurs de tous les états, que dans ses romans, où il devait avoir des lecteurs plus choisis; il a bravé la censure du cabinet avec plus de courage que celle du théâtre; et, pour employer encore plus ses expressions, il a voulu, même dans la langue qu'il parlait, distinguer l'esprit qui « n'est bon qu'à être dit d'avec celui qui n'est bon qu'à être lu. » Mais un autre inconvénient de cet esprit et de ce style, c'est d'entraîner l'auteur dans une suite continue et fatigante de réflexions qui, tout ingénieuses qu'elles peuvent être, ralentissent l'action et refroidissent la marche. C'est ce qui a fait dire à un de ses critiques [6], dans un roman où il fait parler une taupe avec le style de Marivaux : « Avançons, Taupe, mon amie ; des faits, et point de verbiage. »

Ce défaut d'action néanmoins se fait plus supporter dans ses romans que dans ses pièces, parce que l'action, dans un roman, n'est pas exigée avec la même rigueur qu'au théâtre, parce que le plaisir du spectacle tient plus à l'intérêt et au moment, celui des romans à la réflexion et aux détails; parce qu'enfin la lecture n'exige pas, comme le théâtre, une attention continue, qu'elle se quitte et se reprend comme on le veut, sans étude et sans fatigue; que son principal mérite est de faire sentir et penser, et qu'on ne peut refuser ce dernier éloge aux romans dont nous parlons (18).

Aussi prend-on assez de plaisir à cette lecture, pour regretter que ni *Marianne*, ni *le Paysan parvenu*, n'aient été achevés par l'auteur. On a fort reproché à Marivaux cet excès de paresse; mais c'était tout au plus la paresse d'achever, et non pas de produire : le grand nombre de ses ouvrages prouve que la négligence dont on l'accusait n'était pas chez lui, comme chez beaucoup d'autres, l'excuse et le masque de l'impuissance. Cette négligence prétendue tenait à une autre cause, au fond d'inconstance qu'il avait dans le caractère, et qui, se répandant sur son travail, le forçait à courir d'objets en objets. La vivacité de son esprit s'attachait promptement à tout ce qui se présentait à elle; sa manière de voir lui faisait choisir dans chaque sujet le côté piquant, et sa facilité d'écrire lui fournissait le moyen de le peindre; dès lors l'objet ancien qui l'avait occupé était sacrifié sans regret à l'objet nouveau.

Quelques malheureux écrivains qui se sont chargés, sans qu'on les en priât, de finir les romans de Marivaux ont eu, dans cette entreprise, un succès digne de leurs talents. Nous ne devons pourtant pas confondre avec eux Mme Riccoboni, qui, par une espèce de plaisanterie et de gageure, a essayé de continuer *Marianne* en imitant le style de l'auteur [7]. On ne saurait porter plus loin la vérité de l'imitation; mais Mme Riccoboni s'est contentée avec raison de ce léger essai de son talent en ce genre; elle a trop à gagner en restant ce qu'elle est pour se revêtir d'un autre personnage que le sien. Avant elle, l'auteur d'un autre roman, comme nous l'avons dit, avait déjà contrefait le style de Marivaux, et si parfaitement que l'auteur lui-même en fut la dupe. Il crut, car personne n'était plus aisé à tromper, qu'on avait voulu rendre hommage à sa manière d'écrire; il eut bientôt le malheur d'être

---

6. Il s'agit de Crébillon fils qui, dans *Tanzaï et Neadarné* (2 vol. parus en 1734), prend violemment à partie Marivaux.

7. Mme Riccoboni, épouse de François Riccoboni et donc belle-fille de Luigi Riccoboni dit Lélio, après avoir été actrice chez les Comédiens Italiens, se consacra avec succès à écrire des romans. En 1751, elle rédigea la *Suite de la Vie de Marianne* que Marivaux avait laissée inachevée.

désabusé, et ne pardonna pas à son critique cette double injure, ou plutôt il ne l'oublia jamais, car il était sans fiel, mais non pas sans mémoire.

Nous terminerions ici le détail de ses écrits, si nous n'avions encore un mot à dire de son *Spectateur* [8], celui de ses ouvrages peut-être où il a mis le plus d'esprit, le plus de variété, le plus de traits, et où même il a le plus outré les défauts ordinaires de son langage. Cet ouvrage périodique, soit justice, soit fatalité, ne reçut qu'un accueil médiocre, et l'auteur l'abandonna bientôt. Son pinceau s'y est exercé sur bien plus d'objets encore que dans ses romans et dans ses pièces de théâtre. Il y peint sous diverses images, souvent piquantes et agréables, « les manèges de l'ambition, les tourments de l'avarice, la perfidie ou la lâcheté des amis, l'ingratitude des enfants et l'injustice des pères, l'insolence des riches, la tyrannie des protecteurs. » On a recueilli plusieurs de ces peintures dans la collection qui a pour titre : *Esprit de Marivaux* [9], collection faite avec plus de discernement et de goût que tant d'*Esprits* de nos grands écrivains, souvent recueillis par des hommes qui n'en avaient guère. Parmi ces morceaux intéressants, on doit surtout distinguer la lettre d'un père sur l'ingratitude de son fils. Cette lettre, pleine de la sensibilité la plus touchante et la plus vraie, est peut-être le meilleur ouvrage de Marivaux, quoique, par malheur pour lui, ce soit un des moins connus. L'âme honnête et tendre d'un père affligé s'y montre avec tant d'intérêt et de vertu, l'expression de sa douleur est si naturelle et d'une éloquence si simple, qu'on serait tenté de croire cette lettre d'une main étrangère, si l'auteur n'eût pas été le plus incapable de tous les hommes de se faire honneur du travail d'autrui.

Les étrangers, dit-on, et surtout les Anglais, font le plus grand cas des ouvrages de Marivaux. Ils lui accordent toute l'estime dont ils peuvent gratifier un auteur français, parce qu'ils ne voient en lui que l'esprit qu'il a mis dans ses ouvrages; les défauts de son style ne sont pas faits pour les frapper aussi vivement que nous, au moins quand ils ne savent notre langue qu'autant qu'il le faut pour trouver des grâces où des yeux plus exercés ne verraient que de l'affectation. On pourrait donner une raison plus détournée, mais peut-être encore plus réelle, du suffrage accordé à Marivaux par les étrangers. Comme l'auteur ne parle pas le français ordinaire, ils croient, en l'entendant, avoir fait beaucoup de progrès dans notre langue, et lui savent gré de les avertir de ce progrès; ils le lisent à peu près comme un érudit lit un auteur grec ou latin difficile à traduire; ils se félicitent d'en avoir bien pénétré le sens, et l'écrivain profite de la satisfaction que cette lecture fait éprouver à leur amour-propre. Une princesse allemande fit

insérer, il y a plusieurs années, dans le *Mercure*, une lettre où elle prodiguait à notre académicien les plus grands éloges : elle y joignit des vers français à son honneur, assez bons pour une princesse étrangère. Dans ce panégyrique, on répond aux critiques dont Marivaux était l'objet, comme le pourraient faire les apologistes zélés d'une jolie femme que ses rivales chercheraient à déprimer; on convient de ses défauts, mais on soutient qu'ils lui vont à merveille, et qu'il n'en est que plus aimable (19).

Notre académicien ne rendait pas aux étrangers ses panégyristes les éloges qu'il recevait d'eux. Il préférait sans hésiter nos écrivains à ceux de toutes les nations, tant anciennes que modernes; et l'anglomanie, si reprochée à quelques littérateurs de nos jours, n'était assurément pas son défaut. Il ne prodiguait pas même les éloges aux auteurs français, quoique supérieurs, selon lui, à tous les autres, et souvent il n'hésitait pas à se déclarer librement, quoique sans amertume, contre les noms les plus révérés dans la littérature. Il avait le malheur de ne pas estimer beaucoup Molière, et le malheur plus grand de ne pas s'en cacher. Il ne craignait pas même, quand on le mettait à son aise sur cet article, d'avouer naïvement qu'il ne se croyait pas inférieur à ce grand peintre de la nature (20). Il prétendait, par exemple, que le dévot M. de Climal, dont il a en effet si bien tracé le patelinage dans le roman de *Marianne*, était un caractère plus fin que le tartuffe. On peut dire, non pour sa justification, mais pour son excuse, que La Bruyère aurait peut-être été de son avis; car on sait que dans ses *Caractères* il censure le tartuffe de Molière comme un personnage qui lui paraît grossier, et dont il efface successivement tous les traits pour en substituer d'autres qu'il croit plus délicats et plus fins. Nous ajouterons que M. de Climal est un tartuffe de cour, un hypocrite de *bonne compagnie*, mais en même temps d'une hypocrisie trop déliée pour être mise sur le théâtre et saisie par la foule des spectateurs. Molière avait senti qu'il fallait exposer aux yeux du public assemblé un hypocrite plus franc, plus découvert, un tartuffe *bourgeois*, dont les traits forts et prononcés n'en seraient que plaisants pour la multitude. Le tartuffe de *Marianne* est peut-être un meilleur tartuffe de roman; mais celui de Molière est à coup sûr un meilleur tartuffe de comédie (21).

Malgré le succès de plusieurs de ses ouvrages, Marivaux fut admis assez tard dans l'Académie française. Jamais il n'avait songé à briguer cette faveur, peut-être même à la désirer; ce n'est pas qu'il n'eût sous les yeux, et que la voix publique ne lui indiquât, comme il l'observait lui-même, l'exemple encourageant de plusieurs académiciens dont l'adoption plus qu'indulgente, c'était son expression, aurait pu du moins faire excuser la sienne. « Ces parvenus de la littérature, disait-il, mieux pourvus d'adresse pour usurper que de titres pour obtenir, ont eu le secret, que je ne pourrai jamais apprendre, d'employer à leur petite fortune de bel esprit plus de bons amis que de bons ouvrages. » Ainsi, et par une suite indis-

---

8. Il s'agit du *Spectateur français* dont les vingt-cinq *Feuilles* furent publiées de juillet 1721 à octobre 1725, chez F. Fournier, et l'ensemble édité chez P. Prault à Paris, en octobre 1727. Cet ouvrage valut à Marivaux d'être qualifié de « Théophraste » moderne par l'archevêque de Sens lors de sa réception à l'Académie française.

9. Par Lesbros de la Versane.

pensable de cette conduite et de ces principes, Marivaux, moins confiant et moins heureux que ces charlatans en tout genre, qui arrivent à tout sans rien mériter, mérita longtemps sans arriver à rien (22).

Ne dissimulons pas même que cette réception, si longtemps différée, éprouva encore la censure d'une partie du public. La plupart de ces hommes, qui, ne pouvant occuper de place parmi nous, se dédommagent en les donnant ou en les refusant avec la mesure de lumières et d'équité que la Providence leur a départie, croyaient faire une excellente plaisanterie en disant qu'un tel écrivain eût été mieux placé à l' « Académie des sciences », comme inventeur « d'un idiome nouveau, qu'à l'Académie française, dont assurément il ne connaissait pas la langue. » Mais il y a, comme ailleurs, dans cette compagnie, plusieurs places et plusieurs demeures. Si Marivaux n'était un modèle ni de style ni de goût, du moins il avait racheté ce défaut par beaucoup d'esprit, et par une manière qu'il n'avait empruntée de personne. Les constructeurs de nos plus belles églises gothiques, où tant de délicatesse est unie à tant de mauvais goût, mériteraient sans doute, s'ils revenaient au monde, d'être accueillis et recherchés même pour confrères par les plus éclairés de nos artistes, qui cependant se garderaient bien de bâtir comme eux. Notre académicien a mérité la même distinction; mais elle ne doit pas s'étendre jusqu'à ceux qui voudraient imiter sa manière et son style; c'est à ces singes, s'il en existait quelques-uns, qu'il ne faudrait point faire grâce : si l'Académie s'écartait un jour de cette loi sévère, mais indispensable, ce serait vraiment alors que le bon goût aurait perdu sa cause sans espoir de la regagner jamais (23).

Marivaux lisait ses ouvrages avec une perfection peu commune, surtout dans les sociétés particulières, où il faisait sentir, par les inflexions délicates de sa voix, toute la finesse de sa pensée; mais ces inflexions légères, plus faites pour un petit théâtre que pour une grande assemblée, échappaient, dans nos séances publiques, à des auditeurs que sa métaphysique trouvait déjà peu favorables. Il eut même un jour le dégoût de voir qu'on ne l'écoutait pas, et termina brusquement sa lecture avec un mécontentement qu'on lui pardonna. Il est vrai que, nouveau malheur pour lui, cette lecture succédait à une autre qui avait été très brillante, semée de traits vifs et saillants, à la suite desquels toute la métaphysique de Marivaux ne parut, si on peut s'exprimer de la sorte, qu'une vapeur imperceptible. Son caractère n'était guère moins singulier que ses écrits. L'homme offrait en lui, comme l'auteur, des qualités et des défauts, mais des qualités aimables, et des défauts légèrement répréhensibles.

Plus il croyait être naturel et sans recherche, moins il pardonnait aux autres de ne pas l'être. Un jour il alla voir un homme de qui il avait reçu beaucoup de lettres qui étaient à peu près dans son style, et qui, comme on le croit bien, lui avaient paru très ingénieuses; ne le trouvant pas, il prit le parti de l'attendre. Il aperçut par hasard sur le bureau de cet homme les brouillons des lettres qu'il en avait reçues, et qu'il croyait écrites au courant de la plume. « Voilà, dit-il, des brouillons qui lui font grand tort : il fera désormais des minutes de ses lettres pour qui il voudra, mais il ne recevra plus des miennes. » Il sortit à l'instant, et ne revint plus.

Il devint amoureux d'une jeune personne qu'il voulait épouser, et chez laquelle il entra un jour sans qu'elle s'en aperçût; il la vit devant son miroir, occupée à étudier son visage et à se donner des grâces; dès ce moment son amour s'éteignit, et il ne songea plus à elle.

Sa conversation, semblable, comme nous l'avons dit, à ses ouvrages, paraissait, dans les premiers moments, amusante par sa singularité; mais bientôt elle devenait fatigante par sa monotonie métaphysique, et par ses expressions peu naturelles; et si l'on aimait à le voir quelquefois, on ne désirait pas de le voir longtemps, quoique la douceur de son commerce et l'aménité de ses mœurs fissent aimer et estimer sa personne. Par une suite de ce caractère doux et honnête, il ne laissait jamais voir dans la société cette distraction qui blesse toujours quand elle ne fait pas rire; il semblait même prêter à ceux qui lui parlaient une espèce d'attention; mais en paraissant attentif, il écoutait peu ce qu'on lui disait; il épiait seulement ce qu'on voulait dire, et y trouvait souvent une finesse dont ceux mêmes qui lui parlaient ne se doutaient pas. Aussi toutes les sociétés lui étaient-elles à peu près égales, parce qu'il savait en tirer le même avantage pour son amusement; les gens d'esprit le mettaient en action, et lui faisaient prendre librement tout son essor. Se trouvait-il avec des sots, il faisait effort pour les faire *accoucher*, comme le disait Socrate, et ne s'apercevant pas qu'il leur prêtait son esprit, il leur savait gré de ses pensées, comme si elles eussent été les leurs; aussi n'y avait-il proprement pour lui ni gens d'esprit, ni sots. On prétend même que s'il avait tenté d'accorder quelque préférence, les sots auraient pu avoir cet honneur, parce que la conversation avec eux lui ayant coûté davantage, il en sortait plus content de lui, et par conséquent d'eux. Peut-être aussi était-il coupable de cette préférence par un autre motif plus puissant et plus secret; les sots, trop flattés d'être comptés par lui pour quelque chose, lui prodiguaient des hommages qui lui plaisaient beaucoup, de quelque part qu'ils vinssent, et dont les gens d'esprit lui paraissaient plus avares. Nous avons connu plus d'un homme célèbre qui avait la même faiblesse et les mêmes motifs. « La vanité humaine, dit quelque part Marivaux lui-même, n'est pas difficile à nourrir, et se repaît des aliments les plus grossiers comme des plus délicats »; il en était la preuve.

Sensible, et même ombrageux dans la société, sur les discours qui pouvaient avoir rapport à lui, il avait souvent le malheur de ne pouvoir cacher cette disposition, aussi importune pour lui que pour les autres; il la décelait quelquefois au point d'être vivement blessé de ce qu'on n'avait pas dit. Un homme qui avait reçu de lui des marques d'amitié, étonné de la froideur qu'il éprouva de sa part en plusieurs occasions, lui demanda la cause d'un changement qu'il ne croyait pas avoir mérité. « Il y a un an, répondit Marivaux, que vous avez parlé en ma présence à l'oreille de quelqu'un; j'ai vu que vous parliez de moi, et ce n'était sûrement pas pour en dire du bien, car vous ne l'auriez pas dit à l'oreille. » Son ami l'assura qu'il n'avait point du tout été l'objet de ce peu de mots qui l'affligeaient mal à propos et depuis si longtemps. Marivaux le crut, l'embrassa, et lui rendit en même temps son amitié, car il était aussi prompt à revenir qu'à s'offenser; mais ce retour ne le corrigeait guère, et n'empêchait pas qu'à la première occasion il ne laissât voir un nouveau mécontentement, aussi mal fondé que le premier. Il oubliait trop souvent, pour son bonheur, une de ses maximes favorites : « Qu'il faut avoir assez d'amour-propre pour n'en pas trop laisser paraître ».

Dans une société d'amis où il se trouvait souvent, il se servit d'une expression qui les étonna eux-mêmes par sa singularité, tout accoutumés qu'ils étaient à son langage. « Messieurs, dit le philosophe Fontenelle qui était présent, il faut passer les expressions singulières à M. de Marivaux, ou renoncer à son commerce. » Il parut mécontent de cette espèce d'apologie; le philosophe s'en aperçut : « Monsieur de Marivaux, lui dit-il, ne vous pressez pas de vous fâcher quand je parlerai de vous. »

Fontenelle avait pour lui un goût et une estime dont on a voulu trouver la source dans une ressemblance prétendue entre le genre d'esprit de ces deux écrivains, qui sont néanmoins bien différents. Fontenelle affecte quelquefois la familiarité dans l'expression des idées les plus nobles; Marivaux, la singularité dans celle des idées les plus communes : le premier rend la finesse même avec simplicité; le second, la naïveté même avec affectation : Fontenelle ne dit souvent que la moitié de sa pensée, en ayant soin de faire entendre le reste; Marivaux dit toute la sienne, en détaille même jusqu'aux moindres faces, et on pourrait dire avec quelques-uns de ses censeurs qu'il ne quitte pas une phrase qu'il ne l'ait gâtée, si sa première façon de la dire n'était pas, pour l'ordinaire, aussi peu naturelle que les autres : le premier peint la nature humaine en philosophe; le second, les individus en observateur. Marivaux enfin a des moments de sensibilité, et par cela seul, serait très différent de Fontenelle, dont la philosophie, comme on l'a dit avec raison, est utile aux hommes, sans intérêt pour eux. Certainement le philosophe n'eût jamais trouvé ce mot si sensible de Marianne qui, délaissée dans la rue, sans ressource, sans asile, n'inspirant plus ni intérêt ni pitié même à qui que ce soit au monde, voit passer une foule d'inconnus, dont le plus malheureux lui paraît digne d'envie. « Hélas! s'écrie-t-elle, quelqu'un les attend! » Du reste, on ne trouvera dans le style de ces deux écrivains, ni cette *chaleur* dont on parle tant et qu'on sent si peu, ni cette *fraîcheur de coloris*, le refrain éternel et ridicule de nos auteurs à prétentions. La touche, quelquefois trop peu soignée dans Fontenelle, est, dans Marivaux, peinée et tourmentée; mais du moins les défauts qu'on leur reproche à tous deux ont, dans l'un et dans l'autre, une sorte de grâce qui tient à leur caractère, et qui partout ailleurs ne serait que caricature

et grimace. Leur manière d'écrire est comme ces plantes étrangères et délicates qui, ne pouvant vivre tout au plus que dans le sol où elles sont nées, s'altèrent et se flétrissent en passant de ce sol dans un autre (24).

L'amour-propre de Marivaux, quelque chatouilleux qu'il fût, n'était ni injuste ni indocile. Il a exprimé, d'une manière bien vraie et bien naïve, sa soumission pour le public, à l'occasion d'une de ses pièces qui avait pour titre l'*Ile de la raison, ou les Petits Hommes*, et qui fut traitée par le parterre avec la rigueur la plus inexorable. L'idée de cette pièce était très singulière; c'étaient des hommes qui devenaient fictivement plus grands à mesure qu'ils devenaient plus raisonnables, et qui se rapetissaient fictivement aussi quand ils faisaient ou disaient quelque sottise. L'auteur n'avait, disait-il, excepté de cette métamorphose que les poètes et les philosophes, c'est-à-dire, selon lui, les deux espèces « les plus incorrigibles, » et, par cette raison, « les plus immuables dans leur forme. » Cette idée, exécutée avec tout l'esprit que Marivaux pouvait y mettre, avait eu le plus grand succès dans les sociétés particulières où il avait lu son ouvrage. Les spectateurs furent bien plus sévères, et l'auteur fut étonné lui-même de n'avoir pas prévu que ces hommes, qui devaient en public s'agrandir et se rapetisser aux yeux de l'esprit, en conservant, pour les yeux du corps, leur taille ordinaire, exigeaient un genre d'illusion trop forcée pour le théâtre. A la lecture, on avait été plus indulgent, parce que ses auditeurs, trompés sur l'effet dramatique par la manière séduisante dont l'auteur lisait, avaient oublié de se transporter en idée dans le parterre, et de sentir qu'on y serait infailliblement blessé de cette métamorphose imaginaire, grossièrement et ridiculement démentie par le spectacle même. Eclairé par l'expérience, à la vérité un peu trop tard, Marivaux eut du moins le mérite de condamner de bonne grâce : « J'ai eu tort, dit-il, de donner cette pièce au théâtre, et le public lui a fait justice; ces petits hommes n'ont point pris, et ne le devaient pas : on n'a fait d'abord que murmurer légèrement, mais quand on a vu que ce mauvais jeu se répétait, le dégoût est venu avec raison, et la pièce est tombée [10]. »

Ayant une autre fois assisté à la première représentation d'une de ses pièces, où le parterre avait affecté de bâiller beaucoup, il dit, en sortant, que cette représentation l'avait plus ennuyé qu'une autre; et il est vrai qu'il ajouta, « c'est que j'en suis l'auteur. » La Fontaine avait été plus sincère encore, lorsque, au milieu d'une de ses pièces qu'on écoutait paisiblement, il se leva tout à coup: « Je m'en vais, dit-il, car cela m'ennuie à la mort, et j'admire la patience des spectateurs (25). »

Dans les moments de disgrâce que les pièces de notre académicien avaient quelquefois le malheur d'éprouver, ses amis accusaient la cabale, suivant l'usage, et s'en prenaient à elle du mauvais succès. Marivaux, plus soumis et plus résigné, ne put jamais se prêter à ce genre de consolation; il ne pouvait, disait-il, se persuader qu'il y eût des hommes assez vils pour nuire au succès d'autrui, aux dépens de leur propre amusement et de celui des autres [11].

---

10. Cf. la *Préface* de l'*Ile de la raison*, p. 207.
11. Cf. l'*Avertissement* des *Serments indiscrets*, p. 325.

Ce jugement lui fait d'autant plus d'honneur qu'il ne peut lui avoir été dicté que par son cœur honnête et pur, incapable en effet d'un sentiment si méprisable, quoique malheureusement si commun parmi les artistes, et même parmi les juges. Pour peu que son esprit eût voulu, en ce moment, juger au lieu de son âme, il aurait vu que le premier besoin des hommes est celui de leur vanité, et que le besoin de leur amusement ne vient qu'après; que la jalousie des concurrents est bien plus pressée de juger l'auteur à mort que de le couronner; que ceux qui, sans oser ni pouvoir être ses rivaux, prétendent néanmoins au titre de connaisseurs n'ont qu'une manière de se donner quelque existence, c'est de se montrer d'autant plus difficiles qu'ils n'ont point de représailles à redouter. Marivaux comparait quelquefois ces juges sans miséricorde et sans titre à ce sot enfant que son père avait décoré d'une petite charge de judicature, « faute de pouvoir, disait-il, en faire quelque chose de mieux. » « Je respecte comme je le dois, disait-il dans une autre occasion, ce qu'on appelle les jugements du public; une chose pourtant m'y fait peine, c'est la multitude immense de sots qui contribue à former l'arrêt, et dans laquelle, disait-il à sa manière, il y a si peu de gens qui soient de leur avis. »

Marivaux n'était pas moins scandalisé, et il le serait bien plus aujourd'hui, de l'intolérance littéraire, qui prodigue le dénigrement ou l'enthousiasme à certains auteurs, certains ouvrages, certains artistes. « Je conçois, disait-il, l'intolérance dans les ministres même d'une fausse religion, parce que du moment où ils cesseraient d'être révérés, ils tomberaient dans un mépris qu'ils ne sont pas pressés d'obtenir; mais je ne puis concevoir qu'on soit assez l'ennemi de son plaisir pour n'en vouloir goûter que d'une seule espèce, et assez l'ennemi de son prochain, pour vouloir qu'il n'ait point d'autre plaisir que nous. » Il aurait pu dire encore qu'il y a entre l'intolérance *religieuse* et l'intolérance *littéraire* une différence bien remarquable; c'est que l'intolérance *religieuse*, fière, pour ainsi dire, de ses motifs réels ou apparents, ne craint point de paraître ce qu'elle est, et de se montrer à tous les yeux avec une rigueur dont elle s'applaudit elle-même; au lieu que l'intolérance *littéraire*, intérieurement honteuse de la frivolité de son objet, ne se montre, autant qu'il lui est possible, que sous le masque de la tolérance même, et ressemble à cette femme de l'*Esprit de contradiction* [12], qui, accusée par son mari de n'être jamais de l'avis de personne, lui répond « qu'à proprement parler elle ne contredit jamais, mais qu'elle n'aime pas qu'on la contredise (26). »

Fréquemment outragé, suivant l'usage, dans tous les libelles périodiques qui s'imprimaient de son temps, et qui nous ont laissé une postérité si digne d'eux, Marivaux en portait un jour les plaintes les plus modestes et les moins amères à un homme fait, par sa place, pour réprimer ces libelles. « Cette licence, lui dit froidement le magistrat, est une suite de la liberté tant réclamée par les gens de lettres. » « En ce cas, répondit sans aigreur Marivaux, souffrez donc que cette liberté s'étende jusqu'à parler aussi de vous, et peut-être alors changerez-vous d'avis. Au reste, la petite remontrance que je vous fais est bien plus pour votre intérêt que pour le mien; car les injures dites par un écrivain décrié à un homme de lettres estimable sont l'opprobre de celui qui les dit, la honte de celui qui les autorise, et souvent l'éloge de celui qui en est l'objet. »

Ainsi Marivaux, à l'exemple de son illustre ami Fontenelle, ne répondit jamais à la satire que par le mépris et le silence, et montra toujours à ses détracteurs une modération dont ils n'ont que trop abusé. D'illustres écrivains ont fait tout le contraire, et peuvent en être justifiés par le ridicule et l'opprobre dont ils ont couvert leurs ennemis. La conduite de nos deux philosophes paraît néanmoins encore plus sûre, et pour le repos du mérite outragé, et peut-être pour l'humiliation de ses censeurs. Indignes et incapables de partager la gloire des héros de la littérature, les Thersites [13] n'ont d'autre ressource que de s'attacher à cette gloire, comme le ciron de la fable s'attache au taureau pour le piquer; rien ne peut les humilier davantage que l'insensibilité du taureau à leurs piqûres, et la réponse qu'il daigne faire au ciron : « Hé! l'ami, qui te savait là? » Cette indifférence est bien plus mortifiante pour eux que la sensibilité maladroite de ces écrivains qui répandent le fiel sur leurs critiques, en protestant qu'ils n'ont point de fiel; semblables à Turcaret [14], qui accable sa maîtresse d'injures, en l'assurant qu'il est de sang-froid (27).

Si l'amour-propre de Marivaux était facile à blesser, au moins il n'était pas personnel, et se montrait aussi délicat pour les autres que pour lui. Ces satires et ces épigrammes, dont on s'amuse si volontiers quand on n'en est pas l'objet, le révoltaient toujours, lors même qu'elles auraient pu lui être indifférentes. «J'en fais justice, disait-il, en ne les lisant jamais; et si tous les honnêtes gens en usaient de même, cette vile espèce périrait bien vite d'inanition. » Personne en conséquence n'était plus attentif que lui à n'offenser jamais qui que ce soit, ni dans la société, ni dans ses ouvrages. Le public, dont la malignité cherche à se repaître de tout, même lorsqu'on n'a pas songé à la nourrir, avait cru voir dans le prologue d'une de ses pièces des traits indirects contre la comédie du *Français à Londres* [15]; Marivaux s'en défendit de manière à ne pas laisser de soupçon sur sa bonne foi. « La façon dont je me suis conduit jusqu'à présent, dit-il, prouve assez combien je suis éloigné de cette bassesse; ainsi ce n'est pas une accusation dont je me justifie, c'est une injure dont je me plains [16] (28). »

Il reprochait souvent aux Comédiens Italiens les parodies qu'ils représentaient sur leur théâtre, et qui, au

---

12. Comédie de Dufresny (1648-1724) créée en 1700. Dufresny est un des auteurs qui influença le plus Marivaux.

13. De Thersite, personnage de *l'Iliade*. Boiteux, jambes torses, cheveux rares, Thersite fut le plus laid et le plus lâche des Grecs devant Troie. Lorsque Achille pleura Penthésilée qu'il venait de tuer, Thersite le railla et à la pointe de sa lance arracha les yeux de la jeune femme. Indigné, Achille l'abattit à coups de poing.

14. Héros de la comédie homonyme de Lesage (1688-1747), créée en 1709.

15. Il s'agit de la comédie de Louis de Boissy (1694-1758) créée en 1727 à la Comédie-Française.

16. Cf. la *Préface de l'Ile de la raison* ou *les Petits Hommes*. Le texte que cite d'Alembert présente quelques différences non de sens mais de formulation avec celui de Marivaux.

grand regret des auteurs, n'y faisaient que trop de fortune. Ce n'est pas qu'il en eût souffert personnellement, car les tragédies seules sont honorées de ce genre de critique; et lorsque Marivaux donna son *Annibal*, on ne s'était point encore avisé de ce détestable genre, qui outrage le bon goût en paraissant le venger; mais il regardait avec raison les parodies comme propres à décourager les talents naissants, à contrister les talents reconnus, et à jeter sur le genre noble une espèce d'avilissement, toujours dangereux chez une nation frivole, qui pardonne, oublie et sacrifie tout, pourvu qu'on l'amuse (29).

Marivaux répétait avec plaisir le mot, aussi juste que plaisant, de La Motte sur cette misérable espèce d'ouvrage. « Un parodiste, disait-il, qui se donne fièrement pour l'inventeur de sa farce, ressemble à un fripon qui, ayant dérobé la robe d'un magistrat, croirait l'avoir bien acquise en y cousant quelques lambeaux de l'habit d'arlequin, et qui appuierait son droit sur le rire qu'exciterait sa mascarade. »

Un homme qui prétendait aimer Marivaux, un de ces hommes qui, par air, caressent le mérite, et sont ravis en secret de le voir humilié, lui reprochait quelquefois sa sensibilité excessive à la critique. « Vous devriez, lui disait-il, être de marbre pour ces misères. » Cet ami si modéré, et si philosophe pour supporter les maux d'autrui, se vit, peu de temps après, pour quelque sottise qu'il fit, le sujet d'une mauvaise épigramme. Sa philosophie n'y tint pas, et il s'exhala devant Marivaux en injures contre le satirique : « Ah! dit Marivaux, voilà donc l'homme de marbre! »

Avec une fortune très bornée, et que beaucoup d'autres auraient appelée indigence, il se dépouillait de tout en faveur des malheureux. Le spectacle de ceux qui souffraient lui était si pénible que rien ne lui coûtait pour les soulager; il pratiquait la véritable bienfaisance, celle qui sait se priver elle-même pour avoir le plaisir de s'exercer. Un infortuné qui se trouvait réduit à la plus grande misère, mais qui n'osait le laisser voir au-dehors, parce qu'il redoutait encore moins l'indigence que le mépris dont elle est payée, vint un jour demander à Marivaux des secours dont il ne paraissait pas avoir besoin. Il fut reçu très froidement, refusé même, et alla se plaindre de cet accueil à ceux qui l'y avaient exposé en lui donnant de fausses et cruelles espérances. Ils devinèrent la cause du refus; et ce même homme, mieux conseillé par eux, alla retrouver, quelques jours après, Marivaux avec tout l'extérieur de la misère. Le philosophe humain et sensible lui marqua pour lors tout l'intérêt qu'il se plaignait de n'avoir pas éprouvé dans sa première visite, et lui prodigua tous les secours dont il était capable.

Il fit sur une jeune actrice qui n'avait ni talent ni figure une plaisanterie qu'il se reprocha, et dont même il se punit, si c'est se punir que de réparer une faute par une action généreuse; il détermina cette actrice à se retirer dans un couvent, où il paya sa pension, en se refusant presque le nécessaire pour cette bonne œuvre.

Un mendiant qui lui demandait l'aumône lui parut jeune et valide. Il fit à ce malheureux la question que les fainéants aisés font si souvent aux fainéants qui mendient : « Pourquoi ne travaillez-vous pas? - Hélas! mon-

sieur, répondit le jeune homme, si vous saviez combien je suis paresseux! » Marivaux fut touché de cet aveu naïf, et n'eut pas la force de refuser au mendiant de quoi continuer à ne rien faire. Aussi disait-il « que pour être assez bon, il fallait l'être trop [17]. » La morale rigoureuse peut condamner cette maxime, mais l'humanité doit absoudre ceux qui la pratiquent; ils sont malheureusement assez rares pour qu'il n'y ait pas à craindre que leur exemple soit contagieux.

Bienfaisant et prodigue, même à l'égard des autres, Marivaux ne recevait pas de toute espèce de mains le bien qu'on voulait lui faire, surtout quand il soupçonnait que la vanité pouvait en être le principe. Il avait besoin d'aimer et d'estimer ses bienfaiteurs; ce n'était qu'à ce prix qu'on pouvait espérer de l'être : mais personne aussi ne savait recevoir avec plus de grâce, quand on avait obtenu son attachement et son estime. Dans une maladie qu'il eut, Fontenelle craignant qu'il ne souffrît à la fois la douleur et l'indigence, et sachant qu'il était homme à souffrir sans se plaindre, lui apporta cent louis, et le pria de les recevoir; Marivaux prit cette somme les larmes aux yeux, mais la lui remit aussitôt : « Je sens, lui dit-il, tout le prix de votre amitié, et de la preuve touchante que vous me donnez. J'y répondrai comme je le dois et comme vous le méritez; je garde ces cent louis comme reçus, je m'en suis servi, et je vous les rends avec reconnaissance. »

En recevant avec tant de délicatesse les bienfaits de ses amis, il leur faisait un autre honneur dont il les jugeait dignes; il ne se croyait pas obligé à plus de ménagement pour eux qu'il n'en aurait eu s'il avait été, à leur égard, libre de toute obligation. Un jour, dans une dispute, il s'emporta assez vivement contre Helvétius, dont la mémoire est si chère aux lettres et à la vertu, et dont il recevait une pension depuis plusieurs années. Helvétius essuya cette sortie avec la tranquillité la plus philosophique et se contenta de dire, quand Marivaux fut parti : « Comme je lui aurais répondu, si je ne lui avais pas l'obligation d'avoir bien voulu accepter mes bienfaits (30)! »

Cette liberté de Marivaux avec ses amis n'était pas en lui l'effet de l'orgueil, qui ne se sent obligé qu'à regret, mais de l'estime réelle dont il était pénétré pour eux. Il avait le cœur si peu fait pour l'ingratitude qu'il croyait même impossible d'être ingrat, du moins au tribunal de son propre cœur. « Les ingrats ont beau faire, dit-il dans un de ses ouvrages, leur conscience ne saurait être ingrate de concert avec eux; elle a des replis où les reproches que nous méritons se conservent; et quelque bonne contenance que nous fassions contre elle au-dehors, elle sait bien faire justice au-dedans. »

Quoique très éloigné d'afficher la dévotion, il l'était encore plus de l'incrédulité : « La religion, disait-il, est la ressource du malheureux, quelquefois même celle du philosophe; n'enlevons pas à la pauvre espèce humaine cette consolation, que la Providence divine lui a ménagée. » Il tournait en ridicule ces prétendus mécréants, « qui ont beau faire, ajoutait-il assez plaisamment, pour s'étourdir sur l'autre monde, et qui finiront par être sau-

---

17. M. Orgon emploie la même formule dans *le Jeu de l'amour et du hasard*. (I, 2.)

vés malgré eux. » C'est ce qu'il dit un jour en propres termes à quelqu'un de ces esprits forts ; et l'esprit fort fut très blessé, comme on peut le croire, de l'assurance qu'on lui donnait de son salut. Dans une autre circonstance, où il entendait encore quelqu'un d'eux parler avec beaucoup d'irrévérence de nos mystères, et avec beaucoup de crédulité de revenants et d'autres sottises semblables : « On voit bien, lui dit-il, que si vous n'êtes pas bon chrétien, ce n'est pas faute de foi. »

Mais en sachant respecter ce que sa raison ne comprenait pas, il n'avait pas non plus assez de confiance en ses lumières pour vouloir expliquer ce qu'il ne pouvait concevoir ; et si sa philosophie, pour ainsi dire, *littéraire* était très subtile, sa philosophie *religieuse* était très simple et très modeste. On lui demandait un jour ce que c'est que l'âme : « Je sais, répondit-il, qu'elle est spirituelle et immortelle, et n'en sais rien de plus (31). » « Il faudra, lui dit-on, le demander à Fontenelle. » « Il a trop d'esprit, répliqua-t-il, pour en savoir là-dessus plus que moi. »

L'hypocrisie et le faux zèle, si communs et si révoltants de nos jours, ne trouvaient guère plus de grâce à ses yeux que l'impiété scandaleuse et affichée. Un prédicateur de son temps, dont la déclamation fougueuse s'appelait de l'éloquence, mais qui démentait par une conduite très peu décente, et des propos très peu religieux, la doctrine respectable qu'il osait annoncer sans la croire, prêchait un jour, *sur la foi et sur les bonnes œuvres*, un sermon renommé parmi quelques dévotes, et auquel Marivaux fut invité d'assister : « Rien ne manque à ce beau discours, dit-il en sortant de l'église, que *la foi* et *les bonnes œuvres* du prédicateur. » Il n'avait pas meilleure opinion de la croyance d'un écrivain connu, qui venait d'imprimer un gros livre sur la vérité de la religion chrétienne, avec les injures ordinaires contre les mécréants : « Je souhaite, lui dit Marivaux, que les incrédules soient convaincus ; il ne vous reste plus qu'à l'être vous-même, et c'est une grâce que je vais demander à Dieu pour vous. »

Il mourut le 12 février 1763, après une assez longue maladie, dans laquelle il vit en philosophe le dépérissement de la machine, et attendit avec la confiance de l'homme de bien une vie meilleure que celle qu'il allait quitter sans regret. Il avait été marié avec une personne aimable et vertueuse, et fut longtemps inconsolable du malheur qu'il eut de la perdre. Il fut enfin assez heureux pour trouver, longtemps après, un autre objet d'attachement [18], qui, sans avoir la vivacité de l'amour, remplit ses dernières années de douceur et de paix. Marivaux, qui, dans sa jeunesse, avait senti vivement les passions, réduit, dans la vieillesse, au calme de l'amitié, n'affectait point sur cet état une fausse philosophie ; il sentait tout ce que l'âge lui avait fait ; il ne cherchait point, comme tant de faux sages, à s'exagérer le bonheur du repos, il en jouissait seulement comme d'une ressource que la nature laisse à nos derniers jours pour adoucir la solitude de notre âme.

En renonçant avec regret à un sentiment plus vif et plus tendre, il n'avait pu renoncer à la société de cette partie du genre humain qui nous inspire ce sentiment dans la jeunesse, et qui, dans le déclin de l'âge, nous offre le dédommagement de la douceur et de la confiance, de ce sexe enfin sans lequel, comme l'a dit une femme aussi spirituelle que sensible, le commencement de notre vie serait privé de secours, le milieu de plaisir, et la fin de consolation. C'est surtout lorsque le temps des passions est fini pour nous que nous avons besoin de la société d'une femme complaisante et douce, qui partage nos chagrins, qui calme ou tempère nos douleurs, qui supporte nos défauts. Heureux qui peut trouver une telle amie ! plus heureux qui peut la conserver et n'a pas le malheur de lui survivre !

18. Il s'agit de Mlle de Saint-Jean avec laquelle Marivaux vécut de 1744 environ à sa mort, en 1763, et dont il fit son exécutrice testamentaire et sa légataire universelle (mais, en 1765, Mlle de Saint-Jean renonça à ce legs par trop modeste).

NOTES DE D'ALEMBERT SUR L'ÉLOGE PRÉCÉDENT

(1) Nous avons sur la première jeunesse de notre académicien deux leçons très opposées [19]. Selon l'une, « il brilla beaucoup dans ses études, il annonça de bonne heure, par des progrès rapides, la finesse d'esprit qui lui est propre, et qui caractérise ses ouvrages. » Voilà ce qu'on lit dans un éloge historique de notre académicien, imprimé à la tête du livre qui a pour titre : *Esprit de Marivaux*. Et dans une espèce de satire du même écrivain, imprimée ailleurs sous le titre d'*Éloge*, on lit au contraire : « Marivaux à ce qu'on peut juger, n'avait point fait d'études, on peut même soupçonner qu'il n'en avait fait aucune...

19 La Porte et Lesbros de la Versane prétendent que les études de Marivaux furent excellentes. En revanche, Palissot soutient, dans le *Nécrologe des hommes célèbres de France* (Éloge de M. de Marivaux), qu'elles ne furent « ni longues, ni brillantes ».

L'ignorance où il était des bonnes sources... lui fit nécessairement commettre beaucoup de fautes. » Si nous avions à choisir entre ces deux leçons, nous ajouterions foi plus volontiers à la première, dont l'auteur paraît avoir connu particulièrement Marivaux, et doit avoir su de lui plus exactement les détails de sa jeunesse. Nous conviendrons pourtant que jamais Marivaux, dans sa conversation, ne citait les anciens, comme il arrive presque nécessairement à tous les gens de lettres qui se sont nourris de cette excellente lecture ; mais il ne citait guère plus les modernes, dont cependant les bons ouvrages ne lui étaient pas inconnus ; « il aimait, disait-il, à parler d'après lui, bien ou mal, et non pas d'après les autres. »

Quoi qu'il en soit de l'ignorance réelle ou prétendue qu'on lui reproche, il ne serait pas le premier homme de lettres estimable qui n'aurait pas su le latin. Sans parler de Racan, un de nos bons poètes dans le temps où ils étaient si rares, de Boursault, auteur d'*Esope à la cour*, et de plusieurs autres écrivains, Valentin Conrart, premier secrétaire de l'Académie française, n'avait point fait d'études; c'est ce que nous apprend un passage curieux de l'*Histoire de l'Académie*, par l'abbé d'Olivet, qu'on ne soupçonnera pas d'avoir attaché trop peu de prix à la connaissance des langues anciennes. « Quoique M. Conrart, dit-il, ne sût ni latin ni grec, tous ces hommes célèbres, les premiers membres de l'Académie française, l'avaient choisi pour le confident de leurs études, pour le centre de leur commerce, pour l'arbitre de leur goût. A la vérité, il possédait l'italien et l'espagnol; mais enfin, puisqu'il n'avait pas la moindre teinture de ce qu'on appelle langues savantes, avouons, pour encourager les honnêtes gens qui lui ressemblent, que sans ce secours un esprit naturellement délicat et juste peut aller loin. Je ne sais même si M. Conrart, ne voulant être ni théologien ni jurisconsulte, n'eut pas assez de sa langue toute seule pour arriver au double but que nous nous proposons dans nos travaux littéraires, éclairer notre raison, orner notre esprit. Rarement la multiplicité des langues nous dédommage de ce qu'elle nous coûte. Homère, Démosthène, Socrate lui-même, ne savaient que la langue de leur nourrice. Un jeune Grec employait à l'étude des choses ces précieuses années qu'un jeune Français consacre à l'étude des mots. » Ce passage nous paraît suffisant pour la justification de Marivaux, si en effet il n'a pas su le latin, et s'il a besoin de justification pour l'avoir ignoré.

Quant à la langue grecque, nous conviendrons qu'il l'ignorait absolument, mais nous dirons pour son excuse qu'il n'est pas, à beaucoup près, le seul ignorant en ce genre; que cette belle langue, si cultivée par nos devanciers littéraires, a malheureusement peu de faveur aujourd'hui parmi nous. Dans les académies même, qui ont pour objet l'érudition, et à la tête desquelles doit être placée celle des Inscriptions et Belles-lettres, on trouve très peu d'hommes qui sachent parfaitement cette langue; quelques-uns l'ignorent absolument et la plupart n'en ont qu'une connaissance assez légère, mais n'en citent pas moins Homère et Sophocle, comme s'ils les savaient par cœur. La fureur du bel esprit a gagné, pour ne pas dire infecté, tous les états de la république littéraire et fait mépriser tout autre genre de prétention. Nous appelons nos savants aïeux *des pédants instruits*; ils nous appelleraient tout au plus *de jolis écoliers*.

Cette langue grecque, si peu accueillie de nos jours, et devenue pour nos littérateurs, un objet d'indifférence, éprouvait, dans le xvie siècle où elle était fort cultivée, une autre espèce de malheur, la haine et presque la rage de ceux qui l'ignoraient. Il suffisait de la cultiver pour être accusé ou tout au moins soupçonné d'hérésie. Un savant de ce temps-là assure avoir entendu dire en chaire à un moine orateur très éloquent, et surtout d'une science profonde : « On a trouvé une nouvelle langue qu'on appelle grecque; il faut s'en garantir avec soin; cette langue enfante toutes les hérésies : je vois entre les mains d'une foule de gens un livre écrit en cette langue, qu'on appelle *le Nouveau Testament*; c'est un livre plein de ronces et de vipères. » Le même moine ne faisait pas plus de grâce à l'hébreu, et soutenait que tous ceux qui l'apprenaient devenaient juifs.

(2) Dans les jugements qu'une superstition aveugle, ou une philosophie dénuée de goût, ont si souvent prononcés pour ou contre les anciens, il entre presque toujours une dose plus ou moins légère d'amour-propre. Les fanatiques de l'antiquité croient s'élever au-dessus des vivants, en les mettant au-dessous des morts; et ses détracteurs préfèrent leur siècle aux siècles passés, parce qu'ils se donnent une part secrète dans cette préférence. Marivaux, par un principe d'amour-propre différent, car l'amour-propre est toujours ici le premier moteur, ne reconnaissait en aucun genre, en aucune nation, en aucun siècle, ni maître, ni modèle, ni héros, et disait quelquefois en plaisantant sur ce sujet :

Je ne sers ni Baal, ni le Dieu d'Israël.

Plus hardi même que ses amis, Fontenelle et La Motte, dans leurs assertions malsonnantes contre les anciens, « jeune et dans l'âge heureux qui méconnaît la crainte, » il ne parlait jamais d'Homère qu'avec un mépris bien fait pour révolter les justes admirateurs de ce grand poète. S'il avait eu besoin d'autorités pour servir d'appui à ses blasphèmes littéraires, il aurait à peine trouvé des défenseurs dans les deux philosophes qui lui avaient peut-être inspiré ces principes, mais qui, plus modérés ou plus discrets, n'osaient s'expliquer aussi librement que lui, et auraient craint de reconnaître pour leur disciple celui qui outrait leurs jugements jusqu'à s'exposer à leur désaveu.

(3) Marivaux avouait qu'il avait osé *travestir* Homère, non à l'imitation, car il avait trop peu de goût pour le rôle d'imitateur, mais à l'exemple du *Virgile travesti* de Scarron. Il savait que cette bouffonnerie de notre poète burlesque avait été fort accueillie dans un siècle de la vérité bien peu sévère, et que les admirateurs même de Virgile n'avaient pas cru offenser les mânes de ce grand homme en s'amusant un moment d'une telle parodie. Il espérait, de la part des enthousiastes d'Homère, la même faveur ou la même indulgence; mais, comme nous l'avons dit, ces deux outrages à la mémoire de deux grands poètes, bien différents par le motif et les principes, ne devaient pas non plus être regardés du même œil par les gens de lettres. Scarron, accablé de douleurs cruelles, dont il avait besoin de se distraire à quelque prix que ce fût, est excusable d'avoir cherché, même aux dépens de Virgile et du bon goût, à se faire rire lui-même pendant quelques moments, et à faire rire, s'il le pouvait, ses lecteurs : on assure qu'en travestissant ce grand poète, il le priait quelquefois de pardonner à sa goutte l'espèce de mascarade qu'il faisait subir à l'*Enéide*. Marivaux, qui n'avait pas besoin d'indulgence pour ses amusements, montrait une intention bien plus répréhensible; il en voulait sérieusement, disait-il, au poète grec, à ses héros, qui parlent tant et qui agissent si peu; à ses dieux, pires que ses héros; à ses longs discours, à ses plus longues comparaisons, à toutes les absurdités enfin, c'était son expres-

sion, que ce poète s'était permis de mettre en vers. Le censeur d'Homère croyait rendre plus sensible, par sa longue parodie, tout ce qui avait été si amèrement relevé par Charles Perrault, cet intrépide censeur du prince des poètes, qui l'a bien moins ménagé dans ses *Parallèles* que n'avait fait La Motte dans sa préface de l'*Iliade*, et dans ses *Réflexions sur les critiques*. Marivaux, qui croyait avoir bien réussi par ce moyen à rendre Homère ridicule, prétendait que le burlesque de Scarron n'était que *dans les mots*, et, ce qui était selon lui un grand avantage, que le sien était *dans les choses*. Mais, malheureusement pour lui, et heureusement pour le bon goût, le temps du burlesque était passé; à peine quelques lecteurs peu difficiles s'amusaient-ils encore du *Virgile travesti*, comme d'une folie sans conséquence, et jugée telle par son auteur même. Le moderne Scarron n'obtint pas même le succès peu flatteur dont l'ancien s'était contenté. Le génie d'Homère, déjà vainqueur de tant de satires, écrasa sans peine son nouveau détracteur, et douze beaux vers de ce grand poète suffisaient pour anéantir les mauvais vers français de son insipide critique, car cette critique, afin que rien n'y manquât pour la rendre mauvaise, était en vers burlesques, mais moins gais que ceux de Scarron, à qui cependant l'austère Despréaux ne pardonnait pas ce mauvais genre, malgré la gaieté naturelle et sans prétention qui paraissait le lui avoir inspiré. La parodie d'Homère fut oubliée presque en naissant; et l'auteur, qui, dit-on, conserva toujours du faible pour cet enfant bizarre et difforme, n'osait pourtant en parler jamais, soit qu'il se repentît de lui avoir donné naissance sous des auspices malheureux, soit que mécontent de l'indifférence avec laquelle le public avait accueilli cette production avortée, il aimât mieux étouffer son affection paternelle et malheureuse que de la laisser voir en pure perte à ses impitoyables lecteurs.

Il eut, quelques années après, un tort encore plus grand que d'avoir travesti dans l'*Iliade* la production d'un grand poète; il travestit, dans le *Télémaque*, l'ouvrage d'un citoyen vertueux; la morale saine et pure que ce livre respire, l'amour que l'auteur y montre pour ses semblables, les leçons si sages et si douces qu'il y donne au maître du monde, semblaient demander grâce au parodiste, quand il n'eût pas d'ailleurs rendu justice au style enchanteur de Fénelon, aux grâces de son imagination et de ses tableaux, au sentiment et à l'intérêt qu'il sait répandre sur tout ce qu'il touche. Aussi le *Télémaque* fut-il vengé par le public, plus cruellement encore que ne l'avait été l'*Iliade*; les gens de lettres, qui avaient reçu avec une sorte d'indignation la parodie d'Homère, ne virent celle de Fénélon qu'avec un dédain bien plus mortifiant pour le parodiste. Sa disgrâce fut si complète qu'il ne put même avoir, en cette occasion, pour consolateurs ses dangereux amis Fontenelle et La Motte, qu'on accusait d'avoir été pour le moins les fauteurs secrets et peut-être les complices de l'*Homère travesti*. Ils étaient déjà assez criminels envers le poète grec, pour n'avoir pas besoin de se rendre encore coupables à l'égard de l'auteur français; et nous devons à la vérité et à la justice de les disculper tous deux de cette seconde faute de leur ami, qu'il eut grand soin de leur laisser ignorer : car il savait

le cas infini qu'ils faisaient l'un et l'autre du *Télémaque*, jusqu'à le mettre au-dessus d'Homère, à qui Fénelon, disaient-ils, avait fait l'honneur de le prendre pour modèle. Il ne s'agit point ici d'apprécier un tel jugement; si c'était pour Homère un nouvel outrage, c'était au moins une preuve que l'ombre de Fénelon n'avait point à se plaindre d'eux, et qu'ils étaient bien éloignés d'approuver l'injure qu'on venait de lui faire. Aussi Marivaux, qui, peut-être par remords de conscience, n'avait pas achevé cet ouvrage, et l'avait abandonné en cet état à toute la sévérité de ses lecteurs, soit de la punition, qu'il alla même jusqu'à désavouer le *Télémaque travesti*, quoique sa manière d'écrire, empreinte à toutes les pages, ne permit pas de chercher un autre coupable.

On peut voir dans la préface de cet ouvrage avec quelle liberté Marivaux cherche à s'égayer aux dépens d'Homère, car il en voulait bien plus à Homère qu'à Fénelon, à qui seulement il savait mauvais gré d'avoir pris ce grand poète pour modèle. Nous citerons quelques traits de cette préface.

« Je ne sais si les adorateurs d'Homère ne regarderont pas le *Télémaque travesti* comme une production sacrilège et digne du feu; peut-être même que dans les transports d'admiration qu'ils ont pour le *divin* Homère, l'auteur de cette parodie burlesque, et son esprit impie, retourneraient au néant, si leurs imprécations pouvaient autant que pouvait jadis le courroux des fées; mais heureusement pour moi, les dévots du *divin* Homère n'ont pour moyen de vengeance, contre la profanation de sa divinité, qu'un ressentiment dont l'effet ne passera pas l'expression.

N'est-il pas étrange que l'impunité suive des crimes pareils au mien! Mais par bonheur pour les adversaires de cette religion infortunée, ils ne périclitent ni dans ce monde ni dans l'autre. Homère, tu t'es acquis un culte, souvent aussi scrupuleusement observé que le vrai; mais si le mépris de ce culte est sans vengeance, tu n'es donc qu'un *homme*? Parlez, adorateurs! est-ce un blasphème que de le penser et de l'écrire? »

Ce qui suit veut dire en substance qu'Homère pouvait être un géant pour son siècle barbare, mais n'est qu'un pygmée pour le nôtre.

« Serait-il seulement raisonnable, je ne dis pas de mépriser, mais de comparer nos richesses au petit gain de celles que possédaient les temps d'Homère? Par ses ouvrages, ils ont eu droit d'être frappés de leurs richesses; mais elles ne sont à présent qu'une légère portion des nôtres; encore a-t-il fallu se donner bien de la peine pour les mettre en état de s'en servir. Mais brisons là-dessus. Ce serait trop de crimes à la fois, qu'une préface qui apprécierait Homère à sa juste valeur, et un livre qui démasquerait ses héros. »

Ces assertions peu réfléchies de Marivaux, ces parodies insipides, ces écarts, en un mot, de sa jeunesse, ont été, qu'on nous permette cette expression, la partie honteuse de sa vie; il était digne de se faire connaître d'une manière plus avantageuse qu'en travestissant des productions immortelles, et *Marianne* a fait oublier le *Télémaque* et l'*Homère travesti*.

(4) Destiné, soit par la nature, soit au moins par son goût, à faire des romans et des comédies, Marivaux, qui avait débuté de très bonne heure dans l'une et l'autre carrière, les suivit en même temps toutes les deux presque jusqu'à la fin de sa vie, donnant successivement au public, tantôt une partie de roman, tantôt un ouvrage de théâtre. Comme toutes ses comédies sont à peu près du même genre, qu'il en est aussi à peu près de même de ses romans, et qu'en même temps nous croyons voir entre ses romans et ses comédies des différences assez sensibles, les réflexions que nous avons à faire sur ces doubles productions de notre académicien seront, à plusieurs égards, applicables, les premières à toutes ses comédies, les secondes à tous ses romans; mais pour mettre dans ces réflexions plus de précision et de clarté, autant du moins que nous en sommes capables, nous avons cru devoir, pour ainsi dire, décomposer les talents de Marivaux, considérer séparément en lui d'abord l'auteur dramatique, ensuite l'auteur de romans, et marquer le caractère général de ses ouvrages en ces deux genres, l'espèce de mérite qui les distingue, et les défauts qui leur sont propres. Puisse la justice et la vérité que nous avons tâché de ne point perdre de vue dans cet examen suppléer à la finesse que Marivaux a su répandre dans ses productions, et que nous ne nous piquons pas d'imiter!

(5) La prose, disait souvent Marivaux, est le vrai langage de la comédie. Un ami et partisan de La Motte n'avait garde de penser autrement; et c'est en effet ainsi qu'il a écrit toutes ses pièces comiques, à l'exception du *Père prudent*, son coup d'essai, soit que dans ce coup d'essai son amour-propre voulût montrer tout ce que son esprit savait faire, soit qu'il n'eût point encore, sur cet objet, de système arrêté. Son peu de goût pour la poésie, dont il ne se cachait guère, tenait d'une part à sa communauté de principes avec La Motte et Fontenelle, et de l'autre, au peu de talent qu'il se sentait, quoiqu'il n'en convînt pas, pour ce genre d'écrire. Après cela, on ne sera pas étonné qu'il ait proscrit la versification de ses pièces de théâtre; il aurait mis *Annibal* même en prose, s'il l'avait osé. Des auteurs qui ont brillé sur la scène comique, et dont presque toutes les comédies sont en vers, n'étaient pas éloignés de penser comme Marivaux sur les comédies en prose. (Voyez l'article de Boissy [20].)

(6) La comédie du *Père prudent* ne doit être regardée que comme la tentative d'un talent naissant, dont la philosophie et le goût aiment à voir les premiers efforts pour en observer la marche et les progrès. En effet, on aperçoit déjà dans cette pièce, quoique faiblement, ce que Marivaux promettait d'être, et ce qu'il a été depuis. On y voit à la fois et les motifs d'encouragement, et les objets de critique qu'un ami d'un goût sûr y aurait trouvés; c'est une espèce de chrysalide, si nous pouvons parler ainsi,

20. D'Alembert renvoie ici le lecteur à un autre texte consacré à Louis de Boissy (1684-1758), auteur de pièces créées à la Comédie-Française et à la Comédie Italienne, dont *le Français à Londres*, *la Surprise de la haine* (Comédie Italienne, le 10 février 1734), *l'Homme du jour ou les dehors trompeurs*, ainsi que de quelques opéras-comiques.

où des yeux exercés peuvent démêler au microscope le germe de ses talents et de ses défauts; et peut-être conclura-t-on de cet examen qu'il n'eût pas été impossible à des censeurs sévères, s'il eût été assez heureux pour les trouver, de rendre vraiment utile aux lettres le talent dont il donnait déjà des marques, et de mettre ce talent dans toute sa valeur, en épurant, pour ainsi dire, le genre d'esprit que l'auteur avait en partage, et en le sauvant des écarts où l'abus de cet esprit devait l'entraîner. Il y a lieu de croire que la docilité pour leurs leçons n'aurait pas manqué au jeune écrivain, si l'on en juge par le peu de cas qu'il parut faire lui-même de son coup d'essai, malgré le succès qu'il avait eu dans les sociétés, et la tendresse si naturelle et si pardonnable d'un auteur novice pour ses premières productions.

(7) Le sujet de *la Mort d'Annibal*, en prêtant beaucoup à l'élévation des idées, présentait, dans le grand Corneille un dangereux objet de comparaison. Marivaux osa presque lutter contre ce grand homme, et quelques scènes de cette pièce ne parurent pas tout à fait indignes du parallèle. Cette tragédie néanmoins eut peu de succès, parce qu'il faut au théâtre de l'intérêt et du mouvement, et que la pièce en avait peu. La faiblesse du coloris et du style contribuait encore à cette langueur. Cependant, quoique l'ouvrage n'eût pas attiré la foule, une partie du moins des spectateurs l'accueillit avec bienveillance; et déjà ces suffrages bénévoles, qui offrent si souvent aux auteurs une tentation bien propre à les faire succomber, encourageaient Marivaux à courir encore la carrière tragique; mais plus éclairé par son peu de succès qu'aveuglé par les éloges, il s'apprécia lui-même plus sévèrement encore que n'avait fait l'indulgence ou l'estime de ses juges, et n'eut garde de faire, en ce genre, un nouvel essai de ses forces. Non seulement il se rendait justice sur la *vigueur tragique* dont il était dépourvu, mais quelque peu favorable qu'il fût à la poésie, il ne pouvait se dissimuler la nécessité d'écrire la tragédie en vers, pour ne pas courir, disait-il, même injustement, le risque d'une chute humiliante; et il se sentait peu de talent pour la versification noble, élégante et harmonieuse, si nécessaire à ce genre d'ouvrage, quand l'auteur joint à l'ambition d'être applaudi au théâtre celle de l'être encore à la lecture, et de jouir, après une existence brillante et passagère, d'une existence solide et durable.

(8) En renonçant au théâtre tragique, et en le jugeant trop au-dessus de ses forces, Marivaux conserva du moins ce sentiment honnête et assez peu commun chez les poètes, d'applaudir au succès d'un autre dans un genre auquel il s'était condamné lui-même à renoncer. Il est vrai qu'il ne choisit pas fort heureusement l'objet de son culte; mais nous ne voulons louer ici que sa candeur et non pas son goût. La Motte, son ancien et dangereux ami, avait donné, peu de temps après les représentations d'*Annibal*, sa tragédie de *Romulus*, ouvrage faible d'intérêt, de conduite et de style; mais l'auteur avait tâché, suivant ses moyens, d'y mettre une énergie et une élévation de sentiments qui donna aux spectateurs un moment d'illusion, et qu'*Annibal* leur avait montrée avec un succès

moins heureux. Marivaux, séduit peut-être uniquement par l'amitié, car nous devons l'excuser autant qu'il est en nous, entreprit l'éloge de cette pièce et la défense de l'auteur contre les critiques que son triomphe, bien ou mal mérité, lui attirait de toutes parts; c'était déjà beaucoup pour une production, qui, malgré la vogue passagère qu'elle obtint dans sa nouveauté, est aujourd'hui presque entièrement tombée dans l'oubli : mais il osa plus encore; il eut le courage maladroit de hasarder une comparaison assez avantageuse de *Romulus* avec les pièces de Corneille et de Racine. Certainement l'illusion, soit du goût, soit de l'amitié, ne pouvait aller plus loin. Aussi l'éloge fit-il à la pièce plus de mal encore que ses critiques; les auditeurs même qui avaient un moment applaudi l'ouvrage trouvèrent que le faiseur d'éloges, en voulant motiver leur estime, avait de beaucoup passé ses pouvoirs. Il fut presque accusé d'avoir voulu se moquer de celui qu'il célébrait, en lui donnant, entre deux héros du théâtre tragique, une place que ses partisans même étaient bien éloignés de lui accorder. Le public prononça si énergiquement son désaveu sur ce point que si les louanges de Marivaux eussent été données à *Romulus* dans le fort de son succès, peut-être ce succès en aurait-il souffert, tant il est utile de répéter aux écrivains avides de gloire, et à leurs trop zélés prôneurs, ces vers si sages de La Fontaine, que nous avons déjà trouvé l'occasion d'appliquer à des jugements semblables :

> Rien n'est si dangereux qu'un imprudent ami;
> Mieux vaudrait un sage ennemi.

Marivaux, peu louangeur de son naturel, le devint encore moins dans la suite, quand il eut vu le peu de fortune de ses éloges. Il croyait n'avoir guère besoin d'être corrigé sur cet article, et cependant il le fut.

(9) Dans le cours d'environ trente ans, Marivaux donna, sur la scène française et sur la scène italienne, environ trente pièces, qu'il partagea à peu près également entre les deux théâtres; il semble qu'il ait craint de faire de la jalousie. S'il voulut mettre dans le partage cette sorte de délicatesse, elle eut pour lui quelque désavantage; car il fut, comme nous l'avons dit, plus heureux chez les Italiens que chez les Français, par les raisons sans doute que nous en avons données. C'est une chose assez singulière, que l'indulgence du public à tous les autres théâtres, et sa sévérité à celui de la Comédie-Française. Dans ce dernier, il regarde les auteurs comme des hommes qui ont affiché leurs prétentions aux talents et à l'esprit, et d'après ces prétentions, il les juge à la rigueur. Partout ailleurs, il voit à peine dans les pièces qu'on lui donne un objet de critique, et il tient à la fois compte aux auteurs de leurs tentatives pour lui plaire et du peu de confiance qu'ils ont eu dans leurs propres forces, en cherchant à lui plaire sans prétention à ses éloges. Il est vrai que certains spectateurs ne sont pas toujours aussi indulgents que la multitude. Un de ces derniers, qui voyait au Théâtre Italien une pièce fort applaudie, et qui la trouvait mauvaise, le disait franchement à ses voisins : « Mais cela est assez bon pour le Théâtre Italien, » lui dit un spectateur moins difficile que lui. « A la bonne heure,

répondit-il; mais cela n'est pas assez bon pour moi. »

Nous permettrait-on de hasarder à ce sujet une réflexion que le zèle du bien public nous inspire? On se plaint depuis longtemps, et avec raison, que les farces journellement représentées sur les théâtres des boulevards, et sur ceux de la foire, ne sont bonnes, pour la plupart, qu'à corrompre les goûts et les mœurs. On soutient d'un autre côté, et ce me semble encore avec raison, que trop de faveur accordée au genre de pièces, connues sous le nom de *drames*, et qui ont pour objet des actions intéressantes et tirées de la vie commune, pourrait nuire sur le Théâtre-Français à la tragédie et à la comédie proprement dites, deux genres d'ouvrages bien supérieurs aux *drames* par les beautés dont ils sont susceptibles, et par le talent qu'ils supposent. Pourquoi, en réservant à la Comédie-Française ces dernières pièces, ne permettrait-on pas de représenter les drames sur les théâtres subalternes? Le peuple y trouverait au moins des leçons d'honnêteté et de vertu; il y apprendrait à compatir au malheur de ses semblables; il y verrait dans des tableaux frappants les funestes effets du vice; et ce spectacle jugé si pernicieux deviendrait alors utile, très digne même d'être encouragé.

Il est un autre genre dont on a tenté quelques essais, et qui pourrait encore réussir à ces mêmes spectacles; nous voulons parler des pièces où l'on a essayé de mettre en action les faits historiques, comme le *François II* du président Hénault. Ces sortes d'ouvrages, représentés encore sur les petits théâtres, instruiraient le peuple des événements les plus intéressants de notre histoire, et, par les différents exemples qu'on lui mettrait sous les yeux, entretiendraient en lui l'amour de la vertu, l'horreur du crime, le dévouement pour la patrie, et l'honneur national. On pourrait, dans la même vue et avec le même succès, composer et faire jouer de pareilles pièces dans les collèges, pour l'instruction et pour l'éducation morale de la jeunesse. Ce genre d'exercice serait bien préférable aux mauvaises tragédies dont on chargeait autrefois la mémoire des enfants, et même aux bonnes tragédies estropiées ou mutilées qu'on leur faisait apprendre ou représenter.

(10) Marivaux, qui avait fort connu Mlle Lecouvreur, racontait d'elle un trait singulier. Accoutumée à jouer sur le théâtre les rôles de princesse, elle en avait tellement pris l'habitude qu'elle en portait souvent dans la société le ton et les manières. Et ce n'est pas la seule personne de sa profession à qui l'on ait reproché ce ridicule. Elle passait un jour avec Marivaux devant la porte d'une communauté religieuse, où elle avait reçu la première éducation, et se tournant vers cette porte, elle se mit à pleurer : « Qu'avez-vous donc? » lui dit Marivaux. « Hélas! répondit-elle, je pleure d'avoir si mal suivi les principes que j'ai reçus dans cette maison. » « Mademoiselle, lui dit-il, je ne puis que respecter vos pleurs; mais choisissez donc ou d'être la plus grande princesse du monde, ou la personne du monde la plus raisonnable. »

(11) L'acteur dont nous avons rapporté les paroles justifiait assez bien auprès de Marivaux sa manière de

jouer; ce ne sont pas en effet des métaphysiciens subtils, mais des auditeurs pour la plupart très ordinaires, qui remplissent le spectacle, et qui n'y viennent que pour rire ou pleurer, sans apprêt comme sans étude. Le Misanthrope pensa être sifflé dans la critique du sonnet, parce que le parterre avait eu la bêtise d'en applaudir les vers, et l'auteur l'imprudence de ne pas le prévenir que les vers étaient mauvais. Molière se repentit de lui avoir supposé tant d'intelligence, et Marivaux eut raison de laisser les acteurs jouer à leur fantaisie, sinon de la manière qui convenait le mieux à ses pièces, au moins de celle qu'ils jugeaient le plus profitable pour lui et pour eux. « Il se pourrait bien en effet, disait-il, que cette simplicité de jeu pour laquelle je réclame, réellement meilleure pour l'ouvrage, fût réellement aussi plus mauvaise pour le pauvre auteur. » On a reproché à plusieurs comédiens de trop jouer pour le parterre ; peut-être ce qu'ils faisaient par défaut d'intelligence était-il plus utile qu'on ne croyait au succès des acteurs et de la pièce.

(12) Il est surprenant que Marivaux, donnant, pour ainsi dire, toujours la même comédie sous différents titres, n'ait pas été plus malheureux sur la scène : car nous devons dire à son honneur que presque toutes les pièces qu'il a faites dans ce genre métaphysique sont restées au Théâtre Italien, et un assez grand nombre au Théâtre-Français. Plus d'un auteur s'est répété moins souvent et avec moins de succès et de bonheur. « J'ai guetté, disait-il, (qu'on nous permette de le faire parler encore un moment) j'ai guetté dans le cœur humain toutes les niches différentes où peut se cacher l'amour lorsqu'il craint de se montrer, et chacune de mes comédies a pour objet de le faire sortir d'une de ses niches. » Il faut avouer qu'on ne saurait l'en faire sortir avec plus d'esprit et d'adresse ; mais il faut convenir aussi que ce genre d'esprit et d'adresse n'est pas celui qu'il faut au théâtre, surtout quand c'est le genre unique de l'auteur et le pivot continuel de toutes ses comédies. Marivaux fait aux spectateurs et aux lecteurs même un honneur qu'ils ne méritent pas, en leur supposant à tous le genre d'esprit que la nature lui avait donné, et qui ne saurait tout au plus être entendu et goûté que du petit nombre de ses pareils. Il ne se contenta pas de donner, sous différents titres, la Surprise de l'amour, distinguée seulement dans chaque pièce par des nuances différentes. Il donna, sous le même titre, aux Italiens et aux Français une Surprise de l'amour dont le sujet était le même. C'était un nouveau tour de force, qui, à la vérité, ne lui réussit pas tout à fait, au moins dans la nouveauté. La pièce qu'il donna aux Italiens réussit ; celle des Français tomba ; cependant la dernière était mieux faite, et pleine de détails plus fins, mais la première était plus gaie, et le public préféra ce qui le faisait rire. Mais bientôt la Surprise de l'amour d'abord malheureuse aux Français se releva avec assez de distinction pour balancer au moins sa rivale. Elle est restée au théâtre, et continuera d'y être vue avec plaisir, tant qu'il s'y trouvera des acteurs capables de la jouer.

Au reste, il n'est pas le seul à qui on puisse reprocher d'avoir fait des comédies qui sont toutes jetées dans le même moule. Sainte-Foix [21], tant loué de son vivant dans les journaux, et qui a fait, dans le genre médiocre, quelques ouvrages agréables, mérite absolument être critiqué par rapport à ses pièces de théâtre. Toutes sont aussi des Surprises de l'amour ; mais avec cette différence, disait Marivaux lui-même, « que dans les pièces de Sainte-Foix, c'est un amour naissant qui ne se connaît pas lui-même, et dans les miennes, un amour adulte et tout formé, qui craint et refuse de se connaître ». Dans ces comédies de Sainte-Foix, qui sont pour la plupart des pièces en un acte, il y a plus de naturel mais moins d'esprit et de finesse que dans celles de Marivaux ; les premières doivent aux acteurs la plus grande partie de leurs succès, et les secondes à l'auteur même. On peut ajouter que les pièces de Sainte-Foix se ressemblent encore plus que celles de Marivaux, qui du moins a mis dans les siennes toute la variété que pouvait lui permettre le cercle étroit qu'il s'était tracé ; au lieu que Sainte-Foix ne peint jamais que l'amour d'une jeune personne ingénue et naïve. Marivaux, ainsi que nous l'avons observé, décrit dans son cercle des lignes qui ne sont pas les mêmes, et qui s'approchent sans se confondre ; Sainte-Foix décrit toujours la même ligne dans le sien.

(13) On aurait pu dire de Marivaux, dans la société comme dans ses écrits, ce que dit Francaleu [22] dans la Métromanie, en parlant d'un poète dont il fait l'éloge : « C'est que cela jamais n'a rien dit comme un autre. » Et cet éloge ne lui aurait pas déplu. Cependant, malgré l'affectation qu'on lui a justement reprochée, personne ne croyait être plus simple, et ne s'en piquait davantage, par la raison qu'il faisait aussi peu d'efforts pour être affecté que les autres en font pour être simples. « On croit, disait-il, que dans mes pièces je dis toujours la même chose : j'avoue cette ressemblance de style dans mes ouvrages ; mais c'est le ton de la conversation en général que j'ai tâché de prendre [23]. » Bien convaincu de la solidité de cette défense, il a cherché, de la meilleure foi du monde, la cause secrète, et selon lui très singulière, qui a pu faire sur ce sujet illusion à ses juges, et lui attirer le reproche d'affectation. Il lui était en effet si difficile de parler une langue différente de celle dont on l'accuse que cette langue est celle de tous ses acteurs, de quelque état qu'ils soient, et quelque situation qu'ils éprouvent : c'est surtout dans les conditions les plus basses, dans les valets et les paysans, que ce style paraît le plus étrange au spectateur. Marivaux, voulant d'un côté ne faire dire à ces personnages du peuple que des choses assorties à leur état, et ne pouvant de l'autre se résoudre à les faire parler naturellement comme les valets et les paysans de

---

21. Sainte-Foix ou Saint-Foix (Germain-François Poullain de, 1698-1776) se distingua comme aide de camp du maréchal de Broglie à la bataille de Guastala et fut plus célèbre encore par ses querelles et ses duels que par ses œuvres. Il écrivit une dizaine de pièces pour chacune des deux Comédies, parmi lesquelles la Veuve à la mode (Com. Ital., 1726), le Contraste de l'Hymen et de l'Amour, l'Oracle, le Sylphe, les Grâces. Il se vanta d'avoir créé un genre nouveau et un de ses contemporains a dit de lui que « ce brillant mousquetaire n'avait que de l'eau de rose dans son encrier ».

22. Personnage de la Métromanie (1738), comédie de Piron (Alexis, 1689-1773).

23. Cf. l'Avertissement des Serments indiscrets, p. 324.

Molière, et de toutes les bonnes comédies, met dans leur bouche un jargon tout à la fois bas et précieux ; alliage rare, et que peut-être lui seul pouvait tenter sur la scène sans s'exposer à une disgrâce trop humiliante. Il résulte de ce bizarre amalgame un effet singulier, au théâtre, et d'autant plus singulier, qu'il est bien différent à la lecture. Le spectateur rit souvent d'assez bonne foi dans ces scènes si étranges de valets et de paysans, parce que d'un côté il y a toujours dans ce qu'ils disent le genre d'esprit et de finesse dont ces personnages sont susceptibles, et que de l'autre, le langage singulier dont ils se servent, aidant le spectateur à mieux sentir cette finesse, ne lui laisse pas le temps de s'apercevoir qu'ils ne parlent ni en paysans ni en valets ; mais à la lecture, on ne voit plus que le défaut de naturel et de vérité de ce langage ; et si le spectateur rit un moment aux choses qu'ils disent, le lecteur, il faut l'avouer, rit un peu plus longtemps de ce que l'auteur leur fait dire.

Néanmoins, à travers ce jargon si entortillé, si précieux, si éloigné de la nature, Marivaux a su conserver un mérite dont on doit lui savoir d'autant plus de gré qu'on le croirait incompatible avec un pareil langage, et qu'il est même peu commun dans nos auteurs dramatiques, quoiqu'ils parlent une langue plus naturelle que lui. Ce mérite est la vérité du dialogue. Qu'on passe un moment à ses acteurs ce jargon bizarre, comme s'ils ne pouvaient en avoir un autre, on verra qu'ils se disent et se répondent toujours ce qu'ils doivent se dire et se répondre dans la situation où ils se trouvent ; il est vrai que ce dialogue, malgré sa justesse, deviendrait à la fin très fatigant, au moins dans les longues scènes ; mais l'auteur, qui apparemment a senti cet inconvénient, y a remédié de son mieux par un dialogue très coupé, et par des scènes aussi courtes que chaque situation peut le permettre.

(14) Le premier roman que donna Marivaux, avait pour titre : *Pharsamon, ou les Nouvelles Folies romanesques* [24] ; il se proposait d'imiter *Don Quichotte* ; mais il ne fut guère plus heureux à imiter, qu'il ne l'avait été à travestir. Il parut fort au-dessous de son modèle, qui lui-même, malgré son rare mérite, aurait peut-être assez de peine, s'il n'était ancien, à nous intéresser aujourd'hui, parce que le genre de folie qu'il attaque n'existe plus, et que d'autres ridicules ont succédé à celui du héros de la Manche, devenu suranné pour nous. Il y a aussi dans cet ouvrage un Cliton, qui est au Sancho espagnol ce que Pharsamon est à Don Quichotte. Ce Cliton, dans le roman de Marivaux, parle à peu près la même langue que les valets de ses comédies ; il a, comme Sancho, de l'esprit et même de la gaieté ; mais l'esprit et la gaieté de Sancho sont d'un homme du peuple ; et si ses idées ne sont pas nobles, si son langage est familier, il ne tombe jamais ni dans le précieux ni dans le bas. Cliton est tantôt une manière de métaphysicien qui n'a de valet que l'habit, tantôt un personnage ignoble qui n'a de propos que ceux de la plus vile populace.

24. En fait, la première œuvre romanesque publiée par Marivaux fut, en 1713-14, *Les Aventures de ***, ou les Effets surprenants de la sympathie.*

(15) Les deux principaux romans de Marivaux, auxquels même il doit presque entièrement la réputation dont il a joui, sont *Marianne* et *le Paysan parvenu* ; ouvrages où l'esprit avec des fautes, et l'intérêt avec des écarts, valent encore mieux que la froide sagesse et la médiocrité raisonnable. C'est l'éloge qu'on peut leur donner, avec quelques restrictions sans doute, mais pourtant avec justice.

De ces deux romans, *Marianne* est celui qui a la première place, au moins pour le plus grand nombre de lecteurs, parce qu'ils y trouvent plus de finesse et d'intérêt ; cependant *le Paysan parvenu* a aussi ses partisans par le but moral que l'auteur s'y propose, et par une sorte de gaieté qu'il a tâché d'y répandre.

Marianne est une jeune personne d'une naissance illustre, mais qui ignore le sang dont elle est sortie, et qui, privée, dès sa première jeunesse, de ses parents qu'elle ne connaît pas, successivement recueillie par différents bienfaiteurs, ayant essuyé la dureté des uns et la compassion avilissante des autres, tourmentée surtout par un amour qui la rend malheureuse, éprouve enfin, après bien des traverses et des larmes, qu'il reste encore sur la terre de l'honnêteté, de la bienfaisance et de la vertu.

Dans *le Paysan parvenu*, dont le titre montre assez le sujet, l'objet principal de l'auteur, comme il le dit lui-même, a été de faire sentir le ridicule de ceux qui rougissent d'une naissance obscure, et qui cherchent à la cacher. « Cet artifice, dit-il, ne réussit presque jamais ; on a beau se déguiser la vérité là-dessus, elle se venge tôt ou tard des mensonges dont on a voulu la couvrir, et jamais je ne vis en pareille matière de vanité qui fît une bonne fin. » Marivaux avait la prétention, au moins très louable, de faire trouver dans ses romans des leçons semblables, et d'y être un auteur moral ; car quoiqu'il paraisse n'avoir été occupé que d'y mettre de l'esprit, il désirait d'être utile encore plus que de plaire. « Je serais peu flatté, disait-il, d'entendre dire que je suis un bel esprit ; mais si on m'apprenait que mes écrits eussent corrigé quelques vices, ou seulement quelques vicieux, je serais vraiment sensible à cet éloge. »

(16) Ce tableau si intéressant de la vertu noble et fière au milieu du malheur et de l'indigence fait d'autant plus d'honneur à Marivaux que dans cette peinture il a tracé le portrait de son âme, et exprimé ce que lui-même avait plus d'une fois senti. Par une suite de cette fierté, il dédaignait de faire sa cour à ceux qui auraient pu contribuer à l'enrichir, et qui même auraient mis de la vanité à lui être utiles. Sa vie privée était uniforme et simple, bornée à la société d'un très petit nombre d'amis, et presque obscure par le peu d'empressement qu'il avait de se répandre. Aussi se piquait-il de la plus grande indifférence sur sa fortune ; et le peu d'aisance où il a vécu n'a que trop prouvé combien il disait vrai. Nous avons même de lui à ce sujet une lettre intéressante, où il peint d'une manière aimable, quoique toujours avec son style, son indolence et son incurie philosophique.

« Oui, mon cher ami, dit-il, je suis paresseux, et je jouis de ce bien-là en dépit de la fortune, qui n'a pu me l'enlever, et qui m'a réduit à très peu de chose sur tout le reste ; et ce qui est fort plaisant, ce qui prouve combien la paresse est raisonnable, c'est que je n'aurais rien perdu des autres biens, si des gens qu'on appelait sages ne m'avaient pas fait cesser un instant d'être paresseux. Je n'avais qu'à rester comme j'étais... et ce que j'avais m'appartiendrait encore... Mais, moitié honte de paraître un sot en ne faisant rien, moitié bêtise d'adolescence, et adhérence de petit garçon au conseil de ces gens sensés... je les laissais disposer, vendre pour acheter, et ils me menaient comme ils voulaient... Ah ! sainte paresse ! salutaire indolence ! si vous étiez restées mes gouvernantes, je n'aurais pas vraisemblablement écrit tant de *néants* plus ou moins spirituels ; mais j'aurais eu plus de jours heureux que je n'ai eu d'instants supportables. »

(17) Un autre reproche qu'on peut faire à Marivaux dans ses romans, c'est de s'y être permis de trop longs épisodes ; celui de la religieuse, dans *Marianne*, occupe lui seul plus d'un volume, et distrait trop le lecteur de l'objet principal. Si j'osais hasarder ici mon opinion dans un genre où je me sens peu digne de juger, il me semble que les épisodes dans les romans sont faits pour impatienter le lecteur, au moins si j'en juge par le sentiment qu'ils me font éprouver. On les permet, on les autorise même dans les poèmes épiques, parce que l'objet de ces ouvrages est encore moins d'exciter un grand et vif intérêt que d'attacher le lecteur par la richesse des détails. Aussi n'y a-t-il pas un poème épique dont on interrompe sans peine la lecture où l'on voudra, sans être trop pressé de la reprendre ; mais malheur à tout roman que le lecteur n'est pas pressé d'achever. Quel plaisir peut-on donc espérer de lui voir prendre aux épisodes dont presque tous nos romans sont surchargés ? fécondité malheureuse, qui veut jouer l'imagination, mais qui n'indique qu'une stérilité véritable, et l'impuissance de soutenir longtemps un grand intérêt réuni sur un seul objet. « Quand je rencontre un de ces épisodes, disait un philosophe, je suis tenté de déchirer le feuillet ; sauter l'épisode est plus tôt fait encore, et je n'y manque jamais. » « Eh ! mon Dieu, dis-je tout bas à l'auteur, si vous avez de quoi faire deux romans, faites-en deux, et ne les mêlez pas pour les gâter l'un et l'autre. »

(18) Le théâtre demande du mouvement et de l'action, et les pièces de Marivaux n'en ont pas assez. La comédie est un spectacle national et populaire, et les pièces de Marivaux sont d'un genre peu propre à la multitude. Dans ses romans, les peintures sont, à la vérité, plus fines encore que dans ses comédies, mais on a le temps de les envisager plus à son aise ; les tableaux d'ailleurs sont plus variés, et par conséquent réveillent davantage. Telle est, à notre avis, la raison de la préférence que les romans de Marivaux ont obtenue sur ses comédies. Ces romans néanmoins, outre les défauts que nous y avons reconnus, ont encore celui de n'être achevés ni l'un ni l'autre ; défaut qui doit diminuer beaucoup le plaisir qu'on peut prendre à cette lecture, ou dégoûter du moins d'en faire une seconde ; et malheur à tout roman qu'on n'est pas tenté de relire !

(19) Les Anglais font surtout beaucoup de cas du *Spectateur* de Marivaux, qui, d'après l'idée que nous en avons donnée, doit être en effet pour eux la plus intéressante de ses productions. On assure qu'ils mettent ce livre à côté de La Bruyère ; il nous sera permis de ne pas penser comme eux, et de croire sans vanité que nous sommes sur ce point des juges plus compétents. Ils ne placent pas de même Marivaux sur la ligne des écrivains qu'ils ont eus dans le même genre ; d'abord parce qu'un Anglais préfère rarement d'autres écrivains à ceux de sa nation, et ensuite, par une raison à laquelle toutes les nations doivent souscrire, par la supériorité réelle et bien reconnue des Pope, des Addison et des Steele, auxquels le *Spectateur anglais* est redevable de son succès et de sa renommée. A cette restriction près, ils sont si favorables à Marivaux qu'ils nous reprochent de n'avoir pas pour lui assez d'estime.

(20) Nous avons dit dans l'éloge de Destouches [25] que Dufrény [26] avait aussi le même travers que Marivaux, d'estimer peu le créateur de notre théâtre comique. C'était peut-être par cette raison que notre académicien, si avare d'éloges pour Molière, en donnait volontiers à Dufrény, le seul de ses contemporains que nous lui ayons entendu louer. Nous avouerons cependant, pour l'honneur de l'un et de l'autre, que Marivaux pouvait fonder sur d'autres motifs beaucoup plus justes le cas qu'il faisait de cet écrivain ; l'originalité piquante de Dufrény était auprès de son panégyriste une assez bonne recommandation ; peut-être croyait-il y trouver un exemple et une apologie du style dont on l'accusait lui-même ; peut-être se flattait-il, sans trop le laisser voir, que ses contemporains, si prompts à le censurer, lui rendaient enfin la même justice qu'ils rendaient à Dufrény depuis qu'il n'existait plus. Mais il y avait entre l'originalité de l'un et celle de l'autre cette prodigieuse différence, que l'originalité de Dufrény est plus dans les choses, et celle de Marivaux dans le langage ; la diction singulière du premier est toujours la peinture naïve d'une idée singulière, et par cette raison paraît naturelle, quoique originale, et le style du second ne fait souvent qu'exprimer d'une manière précieuse des choses ordinaires, qui ne méritaient pas tant de frais.

Corneille et Montaigne étaient, après Dufrény, les seuls auteurs que Marivaux daignait louer quelquefois ; et Montaigne encore plus que Corneille, par cette seule raison que la manière d'écrire de Montaigne était plus à lui, moins faite pour tenter le peuple imitateur, et plus faite par conséquent pour plaire à un écrivain qui se piquait lui-même de ne ressembler à personne.

(21) Une différence essentielle entre le tartuffe de Molière et celui de Marivaux, c'est que le dernier se repent, à la mort, d'avoir voulu corrompre sa pupille. Ce rôle de Climal est l'un des meilleurs de l'ouvrage. Marivaux lui fait parler successivement, et avec la plus grande

---

25. Destouches (Philippe Néricault dit, 1680-1754) est l'auteur de nombreuses comédies, parmi lesquelles *le Glorieux* (1732) et *la Fausse Agnès* (1736).
26. Il s'agit de Dufresny (Charles Rivière dit).

vérité, le langage apprêté et mielleux de la fausse dévotion, lorsqu'il n'est qu'hypocrite et séducteur, et le langage touchant et vrai de la contrition, lorsqu'il est repentant. Ce dernier morceau, qui est comme la confession de Climal, est écrit avec beaucoup de naturel; en général Marivaux l'est presque toujours lorsqu'il veut peindre des objets intéressants. Marianne, toutes les fois qu'elle parle sentiment, s'exprime d'une manière aussi simple que touchante. Elle ne quitte ce style que lorsqu'elle s'abandonne aux réflexions si prodiguées dans son histoire, et que l'auteur, dans la préface de ce roman, a essayé de justifier, comme la ressemblance de ses pièces. Mais il a beau dire, dans un roman comme dans une histoire, les longues réflexions impatientent et glacent le lecteur. On les aime chez Tacite, parce qu'elles sont courtes, énergiques, renfermant un grand sens en peu de paroles, et incorporées avec les faits; presque partout ailleurs elles ennuient; et de plus, chez Marivaux, elles fatiguent, parce qu'elles joignent à l'ennui de la longueur l'affectation du style.

(22) Lorsque l'Académie adopta Marivaux, on trouva surtout très mauvais, et sur ce point seul on était juste, que les portes de cette compagnie fussent ouvertes à l'auteur de *Marianne* et d'*Annibal*, dans le temps qu'elles étaient fermées à celui de *la Henriade* et de *Zaïre* [27]. On avait très grande raison de se récrier contre cette préférence incompréhensible; il était en effet bien étrange de n'avoir pas mis encore le plus célèbre écrivain de nos jours à une place où le public s'étonnait depuis trente ans de ne le pas voir, et nos prédécesseurs ont trop fait durer ce scandale, que nous ne saurions trop avouer et trop réparer. Mais on avait tort d'ailleurs de reprocher amèrement à l'Académie le choix qu'elle venait de faire. Si Pline et Lucain eussent vécu du temps de Cicéron et de Virgile, et qu'il y eût eu dans Rome une académie, croit-on qu'il eût été juste d'y refuser à Lucain et à Pline une place au-dessous de l'orateur et du poète latin? Le Borromini [28], qui a gâté, du moins pour un temps, l'architecture moderne, mais qui l'a gâtée avec esprit et même avec talent, aurait-il pu être exclu, sans injustice, d'une académie d'architecture? Marivaux est, si l'on veut, le Borromini de la littérature moderne; mais ce Borromini est encore préférable à tant d'écrivains médiocres, qui croient avoir un style sage, parce qu'ils ont un style commun. Il est vrai que les singes de Marivaux seraient encore au-dessous de cette populace d'écrivains médiocres. Si Horace a donné le nom le plus méprisant aux simples imitateurs, en les appelant un *bétail esclave*, quelle place aurait-il assignée dans la littérature aux détestables copistes d'un mauvais genre?

(23) La réception de Marivaux à l'Académie française a été le seul événement un peu remarquable de sa vie. Non seulement il fut orageux pour lui avant sa réception, il le fut encore le jour de sa réception même. L'archevê-

que de Sens, Languet de Gergy, chargé de le recevoir, et obligé, par la place qu'il occupait, de louer ses ouvrages, qu'il ne voulait pas paraître avoir lus, tempéra un peu fortement ses louanges par quelques critiques, qu'il assaisonna, il est vrai, de tous les dehors de la politesse, mais sur lesquelles il aurait pu glisser d'une main plus adroite et plus légère. Le récipiendaire s'en trouva blessé, et fut sur le point, nous le savons de lui-même, de demander publiquement justice à l'Académie et à l'assemblée d'une leçon qui pouvait être juste, mais qui, par la circonstance et par la forme, n'était pas en ce moment fort à sa place. Il eût peut-être trouvé de l'appui dans l'auditoire, déjà blessé, comme lui, de l'espèce de réprimande qu'on lui faisait essuyer, et prévenu d'ailleurs peu favorablement pour le prélat directeur, qui, par ses écrits multipliés sur nos querelles théologiques, s'était fait des amis peu zélés et des ennemis implacables. Mais Marivaux prit un parti plus sage, celui de garder le silence sur un discours qui devait bientôt tomber dans l'oubli, et de ne pas lui donner, par ses plaintes, une célébrité à laquelle il ne prétendait pas.

(24) Fontenelle reconnaissait lui-même toute la différence qui était entre Marivaux et lui. « Il a, disait-il, un genre d'esprit qui lui appartient uniquement, et dont seulement il abuse quelquefois. » « Voilà, disait encore le philosophe, du bon Marivaux », lorsqu'il approuvait quelques traits de ses ouvrages; et nous ajouterons qu'il approuvait souvent, car il était plus favorable en littérature à l'originalité de l'écrivain qu'à la sévérité du bon goût.

Si Marivaux a sur Fontenelle l'avantage d'avoir quelquefois peint le sentiment avec la plus touchante vérité, il n'en a pas parlé de même; rien n'est peut-être plus extraordinaire dans ses ouvrages, et c'est beaucoup dire, que la définition qu'il en a donnée. « C'est, selon lui, l'utile enjolivé de l'honnête. » A peine peut-on entrevoir dans ce jargon bizarre le sens que prétendait y attacher l'auteur; à peine devine-t-on qu'il a voulu définir le sentiment de l'amour, lorsque ce sentiment est commandé par la vertu, qui permet à la nature de s'y livrer, et d'en goûter la douceur et les charmes. Un de nos plus illustres écrivains a donné, de l'amour, dans le style même de Marivaux, une définition plus vraie et plus vivement sentie : « C'est, dit-il, l'étoffe de la nature, que l'imagination a brodée. »

Fontenelle, dans la dernière édition qu'il donna de ses ouvrages, fit imprimer cinq ou six comédies dans ce genre si décrié par les uns, si protégé par les autres, qu'on appelle *tragique bourgeois*, ou *comique larmoyant*; il mit à la tête une préface très ingénieuse, et même, selon d'un critique, assez solidement ingénieuse, qui contient une apologie pour le moins très fine de ce genre inconnu à Molière et à nos meilleurs orateurs comiques. Dans cette préface, il parle avec éloge de La Chaussée [29] et de Destouches qui s'étaient le plus distingués dans cette

---

27. Il s'agit de Voltaire (François-Marie Arouet dit, 1694-1778).
28. Borromini Francesco (1599-1667) est un des maîtres de l'architecture baroque italienne. On lui doit notamment l'église de Sainte-Agnès à Rome.

29. La Chaussée (Pierre-Claude Nivelle de, 1692-1754) est le créateur de la comédie larmoyante. Parmi ses œuvres, citons *le Préjugé à la mode* (1735), *Mélanide* (1741) et *l'École des mères* (1744).

carrière nouvelle; il oublia Marivaux, et ne se le pardonnait pas. On eut beau lui dire, pour le consoler, que l'omission était pour le moins bien excusable, puisque le genre de Marivaux était différent de celui dont cette préface était l'apologie : « N'importe, répondit-il, je ne me consolerai jamais d'avoir manqué cette occasion de lui témoigner toute mon estime. » Il était d'autant plus affligé de cette omission très involontaire qu'il n'osa jamais en parler à son ami. « Je lui connais, disait-il, une sensibilité dont la délicatesse va jusqu'à la défiance, et je craindrais d'augmenter encore à ses yeux, par mon excuse, la faute que je suis déjà si fâché d'avoir commise. »

(25) L'auteur des *Petits Hommes* [30], en reconnaissant que sa pièce avait dû ennuyer les spectateurs, ne s'exécuta pas, à la vérité, aussi franchement que La Fontaine, qui s'était le premier ennuyé à la sienne, et qui l'avait dit bonnement à ses voisins; mais notre académicien, en avouant que la principale cause de son ennui avait été l'humiliation de son amour-propre, prouvait au moins, par la naïveté de cet aveu, qu'il se soumettait à l'arrêt prononcé contre lui, et que son dernier mot était de n'en pas appeler. Soumis et docile à la critique quand elle lui paraissait juste, il la méprisait souverainement quand il la croyait déraisonnable; cependant il ne laissait voir son mépris que par le silence, et ne faisait jamais d'autre réponse. Le seul désir de la paix l'aurait d'ailleurs engagé à se taire : « J'aime mon repos, disait-il, et ne veux point troubler celui des autres. » Mais si la douceur de son caractère lui défendait de se venger, la sensibilité de son amour-propre ne lui permettait pas d'oublier.

(26) Marivaux ajoutait encore une raison bonne ou mauvaise en faveur de l'intolérance religieuse dans les vrais croyants : « Je l'excuse, disait-il, quoique sans l'approuver parce qu'il s'agit là du plus grand intérêt de l'espèce humaine. L'intolérance littéraire n'est pas dans ce cas-là, et je voudrais bien qu'elle fût plus accommodante. » Aussi assure-t-elle toujours qu'elle ne demande pas mieux que de l'être. Elle ne paraît, si on l'en croit, tenir fortement à son avis que parce qu'on veut la contraindre à y renoncer, et elle laisserait en paix celui des autres, si on daignait faire la même grâce au sien; telle est, dans toutes les querelles littéraires, le langage ordinaire et réciproque des partis opposés qui s'égorgent mutuellement pour leurs opinions, en assurant qu'ils se bornent à demander grâce pour elles.

(27) Notre académicien était presque aussi révolté des éloges qu'on lui donnait, lorsque ces éloges paraissaient ridicules, qu'il aurait pu l'être d'une épigramme ou d'une satire. Il trouva mauvais que l'auteur du *Mercure* l'eût appelé *Théophraste moderne*, en louant un de ses écrits sur les mœurs et le caractère des Français; dans la lettre qu'il écrivit là-dessus à ce journaliste, on a de la peine à démêler si son mécontentement venait de ce que la louange lui paraissait trop forte, ou simplement déplacée par le peu de justesse et d'équité qu'il croyait voir

dans ce parallèle. Ce qui pourrait faire soupçonner dans ses réclamations un peu de vanité secrète, c'est que dans la lettre dont nous parlons, il se moque un peu des anciens; c'était une vieille et mauvaise habitude dont il avait peine à se défaire.

(28) Si Marivaux a jamais montré du fiel et même de l'injustice, ç'a été contre un seul homme, et par malheur pour lui, contre le plus illustre écrivain de nos jours [31]. Il ne pardonnait pas à ce grand homme d'avoir lancé un trait contre lui dans un de ses vers; il s'en souvenait avec amertume, et ne parlait jamais de sang-froid de son détracteur; il n'entendait pas même de sang-froid les éloges qu'on en faisait quelquefois en sa présence, et que le public est si sujet à répéter. Il est vrai que le trait dont il avait à se plaindre était piquant, fait pour être retenu par tous les lecteurs, et à plus forte raison pour n'être pas oublié par celui qui en était l'objet et la victime : pardonnons à l'amour-propre humilié d'être injuste à son tour pour ceux qui l'humilient; mettons-nous un instant à sa place, et souvenons-nous des moments de notre vie où notre vanité, excitée par le même motif, et non moins pressée de sa vengeance, n'a été ni plus éclairée ni plus équitable.

Avouons cependant que si Voltaire, peut-être par une tentation de poète, qui ne méprise pas toujours celui dont il paraît se moquer, s'était permis sur Marivaux un vers plaisant et satirique, il lui avait rendu en prose une justice plus sérieuse, plus détaillée, et apparemment plus sincère.

« Je serais fâché, dit-il dans une de ses lettres, en parlant de Marivaux, de compter parmi mes ennemis un homme de son caractère, et dont j'estime l'esprit et la probité. Il a surtout dans ses ouvrages un caractère de philosophie, d'humanité et d'indépendance, dans lequel j'ai retrouvé avec plaisir mes propres sentiments. Il est vrai que je lui souhaite quelquefois un style moins recherché et des sujets plus nobles; mais je suis bien loin de l'avoir voulu désigner en parlant des *comédies métaphysiques*. Je n'entends par ce terme que ces comédies où l'on introduit des personnages qui ne sont point dans la nature, des personnages allégoriques, propres, tout au plus, pour le poème épique; mais très déplacés sur la scène, où tout doit être peint d'après nature. Ce n'est pas, ce me semble, le défaut de Marivaux. Je lui reprocherai au contraire de trop détailler les passions, et de manquer quelquefois le chemin du cœur, en prenant des routes un peu détournées. J'aime d'autant plus son esprit que je le prierais de ne le point prodiguer. Il ne faut pas qu'un personnage de comédie songe à être spirituel, il faut qu'il soit plaisant malgré lui et sans croire l'être. C'est la différence qui doit être entre la comédie et le simple dialogue. »

Nous ne voudrions pas répondre que Voltaire pensât bien exactement et à la rigueur tout ce qu'il dit dans cette lettre, et qu'en se moquant de *comédies métaphysiques*,

---

30. Il s'agit de *l'Ile de la raison.*

31. Voltaire. En fait, c'est Voltaire qui, le premier, a pris ouvertement à partie Marivaux. Un peu plus loin d'Alembert cite un fragment d'une lettre de Voltaire à Berger, écrite pour éviter que Marivaux ne s'attaque aux *Lettres Philosophiques.*

il n'eût pas eu tant soit peu en vue celles de Marivaux, dont c'est là, en effet, le défaut principal. Mais en général la manière dont il juge ici notre académicien est assez équitable pour laisser croire qu'en effet c'était au fond, et à peu de chose près, sa vraie façon de penser sur cet ingénieux écrivain.

(29) Dans ses mouvements d'humeur ou de justice contre les auteurs de parodies, Marivaux ne se souvenait pas qu'en travestissant autrefois *Télémaque*, il s'était lui-même rendu coupable de la faute qu'il leur reprochait mais il se croyait moins criminel, parce qu'il n'avait travesti que des morts à qui la louange et la critique étaient indifférentes ; c'en était assez pour mettre sa morale à couvert, mais non pas pour justifier son goût.

(30) Dans quelques-uns de ces *ana*, dont les anecdotes sont si suspectes, on a rapporté autrement un fait si honorable à Helvétius. On lui fait dire : « Oh ! comme j'aurais traité Marivaux, si je ne lui faisais pas une pension » ; et on a la sottise de lui donner des éloges pour avoir parlé de la sorte. Le compilateur d'anecdotes n'a pas senti combien il y aurait eu peu de délicatesse dans un pareil discours. Aussi n'a-t-il pas été tenu par Helvétius, qui avait l'âme trop honnête et trop élevée pour se venger ainsi de celui dont il était le bienfaiteur. Parlant un jour à l'auteur de cet éloge de l'humeur que Marivaux avait souvent avec lui : « Il me paye, disait-il, avec usure le peu de bien que je lui fais ; heureusement pour moi je m'en souviens quand il me maltraite, et je dois à ce souvenir la satisfaction inexprimable que je ressens, de ne pas rendre ma bienfaisance amère à l'homme vertueux et sensible que j'ai eu le bonheur d'obliger. »

(31) On pourrait ajouter à cette réponse si philosophique et si modeste sur la nature de l'âme que le P. Malebranche, qui avait étudié l'âme toute sa vie, avouait lui-même n'en pas savoir davantage, et se bornait à en croire la spiritualité et l'immortalité, sans se piquer, comme il le disait en propres termes, d'avoir une idée claire de sa substance. Si on était tenté de former quelque soupçon sur l'ignorance de Marivaux à cet égard, celle du pieux oratorien suffirait pour la justifier aux yeux du moins des hommes sages, qui, déjà trop affligés de voir l'impiété où elle est, n'ont garde de la chercher encore où elle n'est pas.

LE PÈRE PRUDENT ET ÉQUITABLE

OU CRISPIN L'HEUREUX FOURBE

D'Alembert définit cette première pièce de Marivaux comme « une entreprise et une folie de jeune homme ». Elle est, selon lui, le résultat d'un pari : entendant, dans un salon de Limoges, vanter « beaucoup le talent de faire des comédies », le jeune Marivaux qui soutenait que « ce genre d'ouvrage ne lui paraissait pas si difficile » aurait été mis au défi de s'y essayer. « Peu de jours après il apporta à cette société une longue comédie en un acte, intitulée le Père prudent [1], qu'il avait même écrite en vers, pour remplir plus complètement la gageure ».

Sans doute, cette version de la composition du Père prudent et équitable *relève-t-elle plus de la légende que des faits. Sur un point, elle doit en tout cas être révisée. Selon d'Alembert, Marivaux n'aurait eu alors que dix-huit ans — ce qui daterait la pièce de 1706. Or si l'on tient compte de la présence, dans* le Père prudent et équitable, *de vers, voire de passages entiers qui sont littéralement empruntés au* Légataire universel *de Regnard (créé le 1er septembre 1708 à Paris et édité peu après), c'est jusqu'en 1709 au moins et 1712 au plus qu'il faut retarder la date de composition du* Père prudent et équitable. *L'œuvre, qui fut imprimée à Limoges et mise en vente d'abord dans cette ville, puis à Paris « au Palais et chez Pierre Huet », a en effet reçu l'approbation le 22 mars 1712.*

Le Père prudent et équitable fut-il représenté ? D'Alembert répond par la négative : Marivaux se serait bien gardé « de donner sa comédie au théâtre, pour ne pas perdre en public, disait-il, le pari qu'il avait gagné en secret ». Mais cela n'exclut pas la possibilité, pour cette comédie, d'avoir été donnée en privé sur un de ces théâtres de société ou de château, alors fort nombreux en province.

Le texte du Père prudent et équitable, *absent des éditions du* Théâtre de Marivaux *en 1732 (Briasson) et en 1740 (Prault), figure en tête de l'édition Duchesne de 1758.*

L'IMPRIMEUR AU LECTEUR

Le hasard seul a fait tomber cette pièce entre mes mains ; l'auteur, s'étant trouvé dans ma compagnie, dit assez imprudemment qu'une pièce comique n'était pas un ouvrage absolument si difficile : quelqu'un lui répondit qu'il parlait en jeune homme. L'auteur, piqué de ce reproche, s'engagea à faire une intrigue de comédie. Il y travailla quelques jours après et en montra ce qu'il avait fait à un ami qui l'exhorta de continuer : il finit la pièce et la confia au même ami, qui me la fit voir aussi, à l'insu de l'auteur. Il me parut qu'elle pourrait faire plaisir et j'ai cru ne devoir pas en priver le public.

DÉDICACE A MONSIEUR ROGIER
SEIGNEUR DU BUISSON,
CONSEILLER DU ROI, LIEUTENANT GÉNÉRAL CIVIL
ET DE POLICE EN LA SÉNÉCHAUSSÉE ET
SIÈGE PRÉSIDIAL DE LIMOGES.

MONSIEUR,

Le hasard m'ayant fait tomber entre les mains cette pièce comique, je prends la liberté de vous la présenter, dans l'espérance qu'elle pourra, pour quelques moments, vous délasser des grands soins qui vous occupent et qui font l'avantage du public.

Je pourrais ici trouver matière à un éloge sincère et sans flatterie ; mais tant d'autres l'ont fait et le font tous les jours qu'il est inutile de mêler mes faibles expressions aux nobles et justes idées que tout le monde a de vous ; pour moi, content de vous admirer, je borne ma hardiesse à vous demander l'honneur de votre protection et à me dire, avec un très profond respect, MONSIEUR,

Votre très humble et très obéissant serviteur,

M***[2]

---

1. Le titre figurant sur la première édition de la pièce (celle parue à Limoges en 1712) était *le Père prudent et sage*. Dans certaines éditions ultérieures, le sous-titre est devenu *Crispin malheureux fourbe*.
2. La première édition de la pièce ne comportait pas de nom d'auteur.

ACTEURS

DÉMOCRITE, *père de Philine*; PHILINE, *fille de Démocrite*;
TOINETTE, *servante de Philine*; CLÉANDRE, *amant de
Philine*; CRISPIN, *valet de Cléandre*; ARISTE, *bourgeois
campagnard*; MAÎTRE JACQUES, *paysan suivant Ariste*;
LE CHEVALIER DE LA MINARDINIÈRE; LE FINANCIER;
FRONTIN, *fourbe employé par Crispin.*

LA SCÈNE EST SUR UNE PLACE PUBLIQUE
D'OÙ L'ON APERÇOIT LA MAISON DE DÉMOCRITE.

Scène I : Démocrite, Philine, Toinette.

DÉMOCRITE

Je veux être obéi : votre jeune cervelle
Pour l'utile, aujourd'hui, choisit la bagatelle.
Cléandre, ce mignon, à vos yeux est charmant :
Mais il faut l'oublier, je vous le dis tout franc.
Vous rechignez, je crois, petite créature!
Ces morveuses, à peine ont-elles pris figure
Qu'elles sentent déjà ce que c'est que l'amour.
Eh bien donc! vous serez mariée en ce jour!
Il s'offre trois partis : un homme de finance ;
Un jeune chevalier, le plus noble de France,
Et Ariste, qui doit arriver aujourd'hui.
Je le souhaiterais, que vous fussiez à lui.
Il a de très grands biens, il est près du village ;
Il est vrai que l'on dit qu'il n'est pas de votre âge :
Mais qu'importe après tout? La jeune de Faubon
En est-elle moins bien pour avoir un barbon?
Non. Sans aller plus loin, voyez votre cousine ;
Avec son vieil époux sans cesse elle badine ;
Elle saute, elle rit, elle danse toujours.
Ma fille, les voilà les plus charmants amours.
Nous verrons aujourd'hui ce que c'est que cet homme.
Pour les autres, je sais aussi comme on les nomme :
Ils doivent, sur le soir, me parler tous les deux.
Ma fille, en voilà trois ; choisissez l'un d'entre eux,
Je le veux bien encor ; mais oubliez Cléandre ;
C'est un colifichet qui voudrait nous surprendre,
Dont les biens, embrouillés dans de très grands procès,
Peut-être ne viendront qu'après votre décès.

PHILINE

Si mon cœur...

DÉMOCRITE

Taisez-vous ; je veux qu'on m'obéisse.
Vous suivez sottement votre amoureux caprice ;
C'est faire votre bien que de vous résister,
Et je ne prétends point ici vous consulter.
Adieu.

Scène II : Philine, Toinette.

PHILINE

Dis-moi, que faire après ce coup terrible?
Tout autre que Cléandre à mes yeux est horrible.
Quel malheur !

TOINETTE

Il est vrai.

PHILINE

Dans un tel embarras,
Plutôt que de choisir, je prendrais le trépas.

Scène III : Philine, Toinette, Cléandre, Crispin.

CLÉANDRE

N'avez-vous pu, Madame, adoucir votre père?
A nous unir tous deux est-il toujours contraire?

PHILINE

Oui, Cléandre.

CLÉANDRE

A quoi donc vous déterminez-vous?

PHILINE

A rien.

CLÉANDRE

Je l'avoûrai, le compliment est doux.
Vous m'aimez cependant ; au péril qui nous presse,
Quand je tremble d'effroi, rien ne vous intéresse.
Nous sommes menacés du plus affreux malheur :
Sans alarme pourtant...

PHILINE

Doutez-vous que mon cœur,
Cher Cléandre, avec vous ne partage vos craintes?
De nos communs chagrins je ressens les atteintes ;
Mais quel remède, enfin, y pourrai-je apporter?
Mon père me contraint, puis-je lui résister?
De trois maris offerts il faut que je choisisse,
Et ce choix à mon cœur est un cruel supplice.
Mais à quoi me résoudre en cette extrémité,
Si de ces trois partis mon père est entêté?
Qu'exigez-vous de moi?

CLÉANDRE

A quoi bon vous le dire,
Philine, si l'amour n'a pu vous en instruire?
Il est des moyens sûrs, et quand on aime bien...

PHILINE

Arrêtez, je comprends, mais je n'en ferai rien.
Si mon amour m'est cher, ma vertu m'est plus chère.
Non, n'attendez de moi rien qui lui soit contraire ;
De ces moyens si sûrs ne me parlez jamais.

CLÉANDRE

Quoi !

PHILINE

Si vous m'en parlez, je vous fuis désormais.

CLÉANDRE

Eh bien! fuyez, ingrate, et riez de ma perte.
Votre injuste froideur est enfin découverte.
N'attendez point de moi de marques de douleur ;
On ne perd presque rien à perdre un mauvais cœur ;
Et ce serait montrer une faiblesse extrême,
Par de lâches transports de prouver qu'on vous aime,
Vous qui n'avez pour moi qu'insensibilité.
Doit-on par des soupirs payer la cruauté?
C'en est fait, je vous laisse à votre indifférence ;
Je vais mettre à vous fuir mon unique constance ;
Et si vous m'accablez d'un si cruel destin,

Vous ne jouirez pas du moins de mon chagrin.
PHILINE
Je ne vous retiens pas, devenez infidèle ;
Donnez-moi tous les noms, d'ingrate et de cruelle ;
Je ne regrette point un amant tel que vous,
Puisque de ma vertu vous n'êtes point jaloux.
CLÉANDRE
Finissons là-dessus ; quand on est sans tendresse
On peut faire aisément des leçons de sagesse,
Philine, et quand un cœur chérit comme le mien...
Mais quoi! vous le vanter ne servirait de rien.
Je vous ai mille fois montré toute mon âme,
Et vous n'ignorez pas combien elle eut de flamme ;
Mon crime est d'avoir eu le cœur trop enflammé :
Vous m'aimeriez encor, si j'avais moins aimé.
Mais, dussé-je, Philine, être accablé de haine,
Je sens que je ne puis renoncer à ma chaîne.
Adieu, Philine, adieu; vous êtes sans pitié,
Et je n'exciterais que votre inimitié.
Rien ne vous attendrit : quel cœur! qu'il est barbare!
Le mien dans les soupirs s'abandonne et s'égare.
Ah! qu'il m'eût été doux de conserver mes feux!
Plus content mille fois... Que je suis malheureux!
Adieu, chère Philine. Avant que je vous quitte...
Il s'en va et il revient.
De quelques feints regrets du moins plaignez ma fuite.
PHILINE, *s'en allant aussi et soupirant.*
Ah!
CLÉANDRE *l'arrête.*
Mais où fuyez-vous? arrêtez donc vos pas.
Je suis prêt d'obéir; eh! ne me fuyez pas.
TOINETTE
Votre père pourrait, Madame, vous surprendre;
Vous savez qu'il n'est pas fort prudent de l'attendre;
Finissez vos débats, et calmez le chagrin...
CRISPIN
Oui, croyez-en, Madame, et Toinette et Crispin;
Faites la paix tous deux.
TOINETTE
Quoi! toujours triste mine!
CRISPIN
Parbleu! qu'avez-vous donc, Monsieur, qui vous cha-
Je suis de vos amis, ouvrez-moi votre cœur: [grine?
A raconter sa peine on sent de la douceur.
Chassez de votre esprit toute triste pensée.
Votre bourse, Monsieur, serait-elle épuisée?
C'est, il faut l'avouer, un destin bien fatal;
Mais en revanche, aussi, c'est un destin banal.
Nombre de gens, atteints de la même faiblesse,
Dans leur triste gousset logent la sécheresse :
Mais Crispin fut toujours un généreux garçon;
Je vous offre ma bourse, usez-en sans façon.
TOINETTE
Ah! que vous m'ennuyez! pour finir vos alarmes,
C'est un fort bon moyen que de verser des larmes!
Retournez au logis passer votre chagrin.
CRISPIN
Et retournons au vôtre y prendre un doigt de vin.
TOINETTE
Que vous êtes enfants!

CRISPIN
Leur douloureux martyre,
En les faisant pleurer, me fait crever de rire.
TOINETTE
Qu'un air triste et mourant vous sied bien à tous deux!
CRISPIN
Qu'il est beau de pleurer, quand on est amoureux!
TOINETTE
Eh bien! finissez-vous? toi, Crispin, tiens ton maître.
Hélas! que vous avez de peine à vous connaître!
CRISPIN
Ils ne se disent mot, Toinette ; sifflons-les.
On siffle bien aussi messieurs les perroquets.
CLÉANDRE
Promettez-moi, Philine, une vive tendresse.
PHILINE
Je n'aurai pas de peine à tenir ma promesse.
CRISPIN
Quel aimable jargon! je me sens attendrir ;
Si vous continuez, je vais m'évanouir.
TOINETTE
Hélas! beau Cupidon! le douillet personnage!
Mais, Madame, en un mot, cessez ce badinage.
Votre père viendra.
CLÉANDRE
Non, il ne suffit pas
D'avoir pour le présent terminé nos débats.
Voyons encore ici quel biais l'on pourrait prendre ;
Pour nous unir enfin, ce qu'on peut entreprendre.
PHILINE, *à Toinette.*
De mon père tu sais quelle est l'intention.
Il m'offre trois partis : Ariste, un vieux barbon;
L'autre est un chevalier, l'autre homme de finance;
Mais Ariste, ce vieux, aurait la préférence :
Il a de très grands biens, et mon père aujourd'hui
Pourrait le préférer à tout autre parti.
Il arrive ce jour.
TOINETTE
Je le sais, mais que faire?
Je ne vois rien ici qui ne vous soit contraire.
Dans la tête, Crispin, cherche, invente un moyen.
Pour moi, je suis à bout, et je ne trouve rien.
Remue un peu, Crispin, ton imaginative.
CRISPIN
En fait de tours d'esprit, la femelle est plus vive.
TOINETTE
Pour moi, je doute fort qu'on puisse rien trouver.
CRISPIN, *tout à coup en enthousiasme.*
Silence! par mes soins je prétends vous sauver.
TOINETTE
Dieux! quel enthousiasme!
CRISPIN
Halte-là! mon génie
Va des fureurs du sort affranchir votre vie.
Ne redoutez plus rien; je vais tarir vos pleurs,
Et vous allez par moi voir finir vos malheurs.
Oui, quoique le destin vous livre ici la guerre,
Si Crispin est pour vous...
TOINETTE
Quel bruit pour ne rien faire!

CRISPIN

Osez-vous me troubler, dans l'état où je suis ?
Si ma main... Mais, plutôt, rappelons nos esprits.
J'enfante...

TOINETTE

Un avorton.

CRISPIN

Le dessein d'une intrigue.

TOINETTE

Eh ! ne dirait-on pas qu'il médite une ligue ?
Venons, venons au fait.

CRISPIN

Enfin, je l'ai trouvé.

TOINETTE

Et votre enthousiasme est enfin achevé ?

CRISPIN, *parlant à Philine.*

D'Ariste vous craignez la subite arrivée ?

PHILINE

Peut-être qu'à ce vieux je me verrais livrée.

CRISPIN, *à Cléandre.*

Vaines terreurs, chansons. Vous, vous êtes certain
De ne pouvoir jamais lui donner votre main ?

CLÉANDRE

Oui, vraiment.

CRISPIN

Avec moi, tout ceci bagatelle.

CLÉANDRE

Eh ! que faire ?

CRISPIN

Ah ! parbleu, ménagez ma cervelle.

TOINETTE

Benêt !

CRISPIN

Sans compliment : c'est dans cette journée
Qu'Ariste doit venir pour tenter hyménée ?

TOINETTE

Sans doute.

CRISPIN

Du voyage il perdra tous les frais.
Je saurai de ces lieux l'éloigner pour jamais.
Quand il sera parti, je prendrai sa figure :
D'un campagnard grossier imitant la posture,
J'irai trouver ce père, et vous verrez enfin
Et quel trésor je suis, et ce que vaut Crispin.

TOINETTE

Mais enfin, lui parti, cet homme de finance,
La Boursinière, est un rival, et d'importance.

CRISPIN

Nous pourvoirons à tout.

TOINETTE

Ce Chevalier charmant ?...

CRISPIN

Ce sont de nos cadets brouillés avec l'argent ;
Chez les vieilles beautés est leur bureau d'adresse.
Qu'il y cherche fortune.

TOINETTE

Eh ! oui, mais le temps presse.
Ne t'amuse donc pas, Crispin ; il faut pourvoir
A chasser tous les trois, et même dès ce soir,
Ariste étant parti, dis-nous par quelle adresse,

Des deux autres messieurs...

CRISPIN

J'ai des tours de souplesse
Dont l'effet sera sûr... A propos, j'ai besoin
De quelque habit de femme.

CLÉANDRE

Eh bien ! j'en aurai soin :
Va, je t'en donnerai.

CRISPIN

Je connais certain drôle,
Que je dois employer, et qui joûra son rôle.
Se tournant vers Cléandre et Philine, il dit.
Vous, ne paraissez pas ; et vous, ne craignez rien :
Tout doit vous réussir, cet oracle est certain.
Je ne m'éloigne pas. Avertis-moi, Toinette,
Si l'un des trois arrive, afin que je l'arrête.

CLÉANDRE

Adieu, chère Philine.

PHILINE

Adieu.

Scène IV : Cléandre, Crispin.

CLÉANDRE

Mais dis, Crispin,
Pour tromper Démocrite es-tu bien assez fin ?

CRISPIN

Reposez-vous sur moi, dormez en assurance,
Et méritez mes soins par votre confiance.
De ce que j'entreprends je sors avec honneur,
Ou j'en sors, pour le moins, toujours avec bonheur.

CLÉANDRE

Que tu me rends content ! Si j'épouse Philine,
Je te fonde, Crispin, une sûre cuisine.

CRISPIN

Je savais autrefois quelques mots de latin :
Mais depuis qu'à vos pas m'attache le destin,
De tous les temps, celui que garde ma mémoire,
C'est le futur, soit dit sans taxer votre gloire.
Vous direz au futur : Çà, tu seras payé ;
Pour le présent, *caret* [3] : vous l'avez oublié.

CLÉANDRE

Va, tu ne perdras rien, ne te mets point en peine.

CRISPIN

Quand vous vous marîrez, j'aurai bien mon étrenne.
Sortons ; mais quel serait ce grand original ?
Ma foi, ce pourrait bien être notre animal.
Allez chez vous m'attendre.

*Scène V : Crispin, Ariste,
Maître Jacques, suivant Ariste.*

MAÎTRE JACQUES

C'est là, Monsieur Ariste :
Velà bian la maison, je le sens à la piste ;
Mais l'homme que voici nous instruira de ça.

CRISPIN, *s'entortillant le nez dans son manteau.*

Que cherchez-vous, Messieurs ?

3. Il fait défaut.

ARISTE
                    Ne serait-ce pas là
La maison d'un nommé le seigneur Démocrite?
          MAÎTRE JACQUES
Je sons partis tous deux pour lui rendre visite.
                    CRISPIN
Oui; que demandez-vous?
               ARISTE
                    J'arrive ici pour lui.
          MAÎTRE JACQUES
C'est que ce Démocrite avertit celui-ci
Qu'il lui baillait sa fille, et ça m'a fait envie;
Je venions assister à la çarimonie.
Je devons épouser la fille de Jacquet,
Et je venions un peu voir comment ça se fait.
                    CRISPIN
Est-ce Ariste?
               ARISTE
               C'est moi.
          MAÎTRE JACQUES
                    Velà sa portraiture,
Tout comme l'a bâti notre mère nature.
                    CRISPIN
Moi, je suis Démocrite.
               ARISTE
                    Ah! quel heureux hasard!
Démocrite, pardon si j'arrive un peu tard.
                    CRISPIN
Vous vous moquez de moi.
               MAÎTRE JACQUES
                    Velà donc le biau-père?
Oh! bian, puisque c'est vous, souffrez donc sans mystère
Que je vous dégauchisse un petit compliment,
En vous remarcissant de votre traitement.
                    CRISPIN
Vous me comblez d'honneur; je voudrais que ma fille
Pût, dans la suite, Ariste, unir notre famille.
On nous a fait de vous un si sage récit.
                    ARISTE
Je ne mérite pas tout ce qu'on en a dit.
          MAÎTRE JACQUES
Palsangué! qu'ils feront tous deux un biau carrage!
Je ne sais pas au vrai si la fille est bien sage;
Mais, margué! je m'en doute.
                    CRISPIN
                    Il ne me sied pas bien
De la louer moi-même et d'en dire du bien.
Vous en pourrez juger, elle est très vertueuse.
               MAÎTRE JACQUES
Biau-père, dites moi, n'est-elle pas rêveuse?
                    CRISPIN
Monsieur sera content s'il devient son époux.
                    ARISTE
C'est, je l'ose assurer, mon souhait le plus doux;
Et quoique dans ces lieux j'aie fait ma retraite...
          MAÎTRE JACQUES, *vite.*
C'est qu'en ville autrefois sa fortune était faite.
Il était emplouyé dans un très grand emploi;
Mais on le recherchâ de par Monsieur le Roi.
Il avait un biau train; quelques farmiers venirent;

Ah! les méchants bourriaux! les farmiers le forcirent
A compter. Ils disiont que Monsieur avait pris
Plus d'argent qu'il ne faut et qu'il n'était permis;
Enfin, tout ci, tout ça, ces gens, pour son salaire,
Vouliont, se disaient-ils, lui faire pardre terre.
Ceti-ci prit la mouche; il leur plantit tout là;
Et de ci les valets, et les cheviaux de là;
Et, Monsieur, bien fâché d'une telle avanie,
S'en venit dans les champs vivre en mélancoulie.
                    ARISTE
Le fait est seulement que, lassé du fracas,
Le séjour du village a pour moi plus d'appas.
     MAÎTRE JACQUES, *apercevant Toinette à la fenêtre.*
Ah! le friand minois que je vois qui regarde!
          TOINETTE, *à la fenêtre.*
Eh! qui sont ces gens-là?
               MAÎTRE JACQUES
                    L'aimable camarade!
Biau-père, c'est l'enfant dont vous voulez parler?
                    CRISPIN
Il est vrai, c'est ma fille; et je vais l'appeler.
Ma fille, descendez.
     Il fait signe à Toinette.
               MAÎTRE JACQUES
                    Morgué, qu'elle est gentille!

     Scène VI : Ariste, Maître Jacques,
               Crispin, Toinette.

          CRISPIN, *allant au-devant de Toinette,*
               et lui disant bas.
Fais ton rôle, entends-tu? je te nomme ma fille,
Et cet homme est Ariste. Approchez-vous de nous,
Ma fille, et saluez votre futur époux.
               MAÎTRE JACQUES
Jarnigué, la friponne! elle aurait ma tendresse.
                    ARISTE
Je serais trop heureux, Monsieur, je le confesse.
Madame a des appas dont on est si charmé
Qu'en la voyant d'abord on se sent enflammé.
                    TOINETTE
Est-il vrai, trouvez-vous que je sois bien aimable?
On ne voit, me dit-on, rien de plus agréable;
En gros je suis parfaite, et charmante en détail :
Mes yeux sont tout de feu, mes lèvres de corail,
Le nez le plus friand, la taille la plus fine.
Mais mon esprit encor vaut bien mieux que ma mine.
Gageons que votre cœur ne tient pas d'un filet?
Fripon, vous soupirez, avouez-le tout net.
Il est tout interdit.
               CRISPIN, *bas.*
                    Tu réponds à merveilles;
Courage sur ce ton.
               MAÎTRE JACQUES
                    Ça ravit mes oreilles.
                    ARISTE
Que veut dire ceci? veut-elle badiner?
Cet air et ces discours ont droit de m'étonner.
                    TOINETTE
Je vois que le pauvre homme a perdu la parole :

S'il devenait muet, papa, je deviens folle.
Parlez donc, cher amant, petit mari futur;
Sied-il bien aux amants d'avoir le cœur si dur?
Allez, petit ingrat, vous méritez ma haine.
Je ferai désormais la fière et l'inhumaine.

ARISTE
Je n'y comprends plus rien.

TOINETTE
                    Tourne vers moi les yeux,
Et vois combien les miens sont tendres, amoureux.
Ah! que pour toi déjà j'ai conçu de tendresse!
O trop heureux mortel de m'avoir pour maîtresse!

ARISTE
Dans quel égarement...

TOINETTE
                    Vous ne me dites mot!
Je vous croyais poli, mais vous n'êtes qu'un sot.
Moi devenir sa femme! ah! ah! quelle figure!
Marier un objet, chef-d'œuvre de nature,
Fi donc! avec un singe aussi vilain que lui!

ARISTE, *bas.*
La guenon!

TOINETTE
                    Cher papa, non, j'en mourrais d'ennui.
Je suis, vous le savez, sujette à la migraine;
L'aspect de ce magot la rendrait quotidienne.
Que je le hais déjà! je ne le puis souffrir.
S'il devient mon époux, ma vertu va finir;
Je ne réponds de rien.

ARISTE
                    Quelle étrange folie!

CRISPIN
Son humeur est contraire à la mélancolie.

ARISTE
A l'autre!

CRISPIN
                    Expliquez-vous, ne vous plaît-elle pas?

ARISTE
Sans son extravagance elle aurait des appas.
Retirons-nous d'ici, laissons ces imbéciles :
Ils auraient de l'argent à courir dans les villes.
Nous venons de bien loin pour ne voir que des fous.

MAÎTRE JACQUES
Adieu, biauté quinteuse; adieu donc, sans courroux.
La peste les étouffe.

CRISPIN
                    Mon humeur est mutine :
Point de bruit, s'il vous plaît, ou bien sur votre échine
J'apostrophe un *ergo* qu'on nomme *in barbara* [4].

MAÎTRE JACQUES
Ah! morgué, le biau nid que j'avions trouvé là!

Scène VII : Crispin, Toinette.

CRISPIN
Il est congédié.

---

4. *Ergo* et *in barbara* sont des termes de scolastique. *Ergo* marque le premier terme de la conclusion d'un syllogisme : donc. Une des figures du syllogisme est dite *in barbara*. L'ensemble de la formule signifie ici : je vais te battre selon toutes les règles de la logique.

TOINETTE
                    Grâces à mon adresse.

CRISPIN
Je te trouve en effet digne de ma tendresse.

TOINETTE
Est-il vrai, sieur Crispin? ah! vous vous ravalez.

CRISPIN
Vous ne savez donc pas tout ce que vous valez?

TOINETTE
C'est trop se prodiguer.

CRISPIN
                    Je ne puis m'en défendre.
Les grands hommes souvent se plaisent à descendre.

TOINETTE
Démocrite paraît : adieu, songe au projet.

CRISPIN
Ne t'embarrasse pas : va, je sais mon sujet.
Je vais me dire Ariste et trouver Démocrite,
Et je saurai chasser les autres dans la suite.
Mais prends garde, l'un d'eux pourrait bien arriver :
Je ne m'écarte point, viens vite me trouver.

TOINETTE
Ils ne viendront qu'au soir rendre visite au père.

CRISPIN
Je pourrai donc les voir et terminer l'affaire.

Scène VIII : Démocrite, Toinette.

DÉMOCRITE
Toinette!

TOINETTE
                    Eh bien! Monsieur?

DÉMOCRITE
                              Puisque c'est aujourd'hui
Qu'Ariste doit venir, ayez soin que pour lui
L'on prépare un régal : ma fille est prévenue...

TOINETTE
Je sais fort bien, Monsieur, qu'elle attend sa venue;
Mais, pour être sa femme, il est un peu trop vieux.

DÉMOCRITE
Il a plus de raison.

TOINETTE
                    En sera-t-elle mieux?
La raison, à son âge, est, ma foi, bagatelle,
Et la raison n'est pas le charme d'une belle.

DÉMOCRITE
Mais elle doit suffire.

TOINETTE
                    Oui, pour de vieux époux;
Mais les jeunes, Monsieur, n'en sont pas si jaloux.
Un peu moins de raison, plus de galanterie;
Et voilà ce qui fait le plaisir de la vie.

DÉMOCRITE
C'en est fait, taisez-vous, je lui laisse le choix :
Qu'elle prenne celui qui lui plaira des trois.

TOINETTE
Mais...

DÉMOCRITE
          Mais retirez-vous, et gardez le silence!
Parbleu, c'est bien à vous à taxer ma prudence!

Scène IX

DÉMOCRITE, *seul.*

En effet, est-il rien de plus avantageux?
Quoi! je préférerais, pour je ne sais quels feux,
Un jeune homme sans bien à trois partis sortables?
Que faire, sans le bien, de figures aimables?
S'il gagnait son procès, cet amant si chéri,
En ce cas, il pourrait devenir son mari :
Mais vider des procès, c'est une mer à boire.

Scène X : Démocrite, le Chevalier de La Minardinière.

LE CHEVALIER

C'est ici.

DÉMOCRITE, *ne voyant pas le Chevalier.*

  C'est moi seul, enfin, que j'en veux croire.

LE CHEVALIER

Le seigneur Démocrite est-il pas logé là?

DÉMOCRITE

Voulez-vous lui parler?

LE CHEVALIER

    Oui, Monsieur.

DÉMOCRITE

      Le voilà.

LE CHEVALIER

La rencontre est heureuse, et ma joie est extrême,
En arrivant d'abord, de vous trouver vous-même.
Philine est le sujet qui m'amène vers vous :
Mon bonheur sera grand si je suis son époux.
Je suis le Chevalier de la Minardinière.

DÉMOCRITE

Ah! je comprends, Monsieur, et la chose est fort claire
Je suis instruit de tout; j'espérais de vous voir,
Comme on me l'avait dit, aujourd'hui sur le soir.

LE CHEVALIER

Puis-je croire, Monsieur, que votre aimable fille
Vaudra bien consentir d'unir notre famille?

DÉMOCRITE

Je suis persuadé que vous lui plairez fort.
Si vous ne lui plaisiez elle aurait un grand tort;
Mais comme vous avez pressé votre visite,
Et qu'on n'espérait pas que vous vinssiez si vite,
Elle est chez un parent, même assez loin d'ici.
Si vous voulez, Monsieur, revenir aujourd'hui,
Vous vous verriez tous deux, et l'on prendrait mesure.

LE CHEVALIER

Vous pouvez ordonner, et c'est me faire injure
Que de penser, Monsieur, que je plaigne mes pas,
Et l'espoir qui me flatte a pour moi trop d'appas.
Je reviens sur le soir.

Scène XI

DÉMOCRITE, *seul.*

    Je fais avec prudence
De ne l'avoir trompé par aucune assurance.
Il est bon de choisir; j'en dois voir encor deux,
Et ma fille à son gré choisira l'un d'entre eux.

Ariste et l'autre ici doivent bientôt se rendre,
Et j'aurai dans ce jour l'un des trois pour mon gendre.
Quelque mérite enfin qu'ait notre chevalier,
Il faut attendre Ariste et notre financier.
L'heure approche, et bientôt...

Scène XII : Démocrite, Crispin, *contrefaisant Ariste.*

CRISPIN

     Morbleu de Démocrite!
Je pense qu'à mes yeux sa maison prend la fuite.
Depuis longtemps ici que je la cherche en vain,
J'aurais, je gage, bu dix chopines de vin.

DÉMOCRITE

Quel ivrogne! parlez, auriez-vous quelque affaire
Avec lui?

CRISPIN

  Babillard, vous plaît-il de vous taire?
Vous interroge-t-on?

DÉMOCRITE

    Mais c'est moi qui le suis.

CRISPIN

Ah! ah! je me reprends, si je me suis mépris.
Comment vous portez-vous? Je me porte à merveille,
Et je suis toujours frais, grâce au jus de la treille.

DÉMOCRITE

Votre nom, s'il vous plaît?

CRISPIN

    Et mon surnom aussi.
Je suis Antoine Ariste, arrivé d'aujourd'hui,
Exprès pour épouser votre fille, je pense :
Car le doute est fondé dessus l'expérience.

DÉMOCRITE

Vous êtes goguenard; je suis pourtant charmé
De vous voir.

CRISPIN

  Dites-moi, pourrai-je en être aimé?

DÉMOCRITE

Voyons-la. Je le veux : qu'on appelle ma fille.

CRISPIN

Je me promets de faire une grande famille;
J'aime fort à peupler.

Scène XIII : Démocrite, Crispin, Philine.

DÉMOCRITE

    La voilà.

CRISPIN

     Je la vois.
Mon humeur lui plaira, j'en juge à son minois.

DÉMOCRITE

Ma fille, c'est Ariste.

CRISPIN

    Oh! oh! que de fontange[5]!
Il faut quitter cela, ma mignonne, mon ange.

---

5. Nœud de ruban que les femmes portaient sur leur coiffure; par extension, coiffure à plusieurs étages ornée de rubans.

PHILINE

Eh! pourquoi les quitter?

DÉMOCRITE

Quelles sont vos raisons?

CRISPIN

Oui, oui, parmi les bœufs, les vaches, les dindons,
Il vous fera beau voir de rubans tout ornée!
Dans huit jours vous serez couleur de cheminée.
Tout mes biens sont ruraux, il faut beaucoup de soin :
Tantôt, c'est au grenier, pour descendre du foin;
Veiller sur les valets, leur préparer la soupe;
Filer tantôt du lin, et tantôt de l'étoupe;
A faute de valets, souvent laver les plats,
Eplucher la salade, et refaire les draps;
Se lever avant jour, en jupe ou camisole;
Pour éveiller ses gens, crier comme une folle :
Voilà, ma chère enfant, désormais votre emploi,
Et de ce que je veux faites-vous en une loi.

PHILINE

Dieux! quel original! je n'en veux point, mon père!

DÉMOCRITE

Ce rustique bourgeois commence à me déplaire.

CRISPIN

Ses souliers, pour les champs, sont un peu trop mignons;
Dans une basse-cour, des sabots seront bons.

PHILINE

Des sabots!

DÉMOCRITE

Des sabots!

CRISPIN

Oui, des sabots, ma fille.
Sachez qu'on en porta toujours dans ma famille;
Et j'ai même un cousin, à présent financier,
Qui jadis, sans reproche, était un sabotier.
Croyez-moi, vous serez mille fois plus charmante
Quand, au lieu de damas, habillée en servante,
Et devenue enfin une grosse dondon,
De ma maison des champs vous prendrez le timon.

DÉMOCRITE

Le prenne qui voudra : mais je vous remercie.
Non, je n'en vis jamais de si sot en ma vie.
Adieu, sieur campagnard : je vous donne un bonsoir.
Pour ma fille, jamais n'espérez de l'avoir.
Laissons-le.

CRISPIN

Dieu vous gard'. Parbleu! qu'elle choisisse;
Qu'elle prenne un garçon, Normand, Breton ou Suisse;
Eh! que m'importe à moi!

Scène XIV

CRISPIN, *seul.*

Pour la subtilité,
Je pense qu'ici-bas mon pareil n'est pas né.
Que d'adresse, morbleu! De Paris jusqu'à Rome
On ne trouverait pas un aussi galant homme,
Oui, je suis, dans mon genre, un grand original;
Les autres, après moi, n'ont qu'un talent banal.
En fait d'esprit, de ton, les anciens ont la gloire;
Qu'ils viennent avec moi disputer la victoire.
Un modèle pareil va tous les effacer.
Il est vrai que de soi c'est un peu trop penser;
Mais quoi! je ne mens pas, et je me rends justice;
Un peu de vanité n'est pas un si grand vice.
Ce n'est pourtant pas tout : reste deux, et partant
Il faut les écarter; le cas est important.
Ces deux autres messieurs n'ont point vu Démocrite;
Aucun d'eux n'est venu pour lui rendre visite.
Toinette m'en assure; elle veille au logis :
Si quelqu'un arrivait, elle en aurait avis.
Je connais nos rivaux : même, par aventure,
A tous les deux jadis je servis de Mercure⁶.
Je vais donc les trouver, et, par de faux discours,
Pour jamais dans leurs cœurs éteindre leurs amours.
J'ai déjà prudemment prévenu certain drôle,
Qui d'un faux financier joûra fort bien le rôle.
Mais le voilà qui vient, notre vrai financier.
Courage, il faut ici faire un tour du métier.
Il arrive à propos.

Scène XV : *Crispin, le Financier.*

LE FINANCIER, *arrivant sans voir Crispin.*

Oui, voilà sa demeure;
Sans doute je pourrai le trouver à cette heure.
Mais, est-ce toi, Crispin?

CRISPIN

C'est votre serviteur.
Et quel hasard, Monsieur, ou plutôt quel honneur
Fait qu'on vous trouve ici?

LE FINANCIER

J'y fais un mariage.

CRISPIN

Vous mariez quelqu'un dans ce petit village?

LE FINANCIER

Connais-tu Démocrite?

CRISPIN

Eh! je loge chez lui.

LE FINANCIER

Quoi! tu loges chez lui? j'y viens moi-même aussi,

CRISPIN

Et qu'y faire?

LE FINANCIER

J'y viens pour épouser sa fille.

CRISPIN

Quoi! vous vous alliez avec cette famille!

LE FINANCIER

Eh! ne fais-je pas bien?

CRISPIN

Je suis de la maison,
Et je ne puis parler.

LE FINANCIER

Tu me donnes soupçon :
De grâce, explique-toi.

CRISPIN

Je n'ose vous rien dire.

---

6. *Mercure* étant le messager des dieux, *servir de Mercure* équivaut à : servir de messager.

LE FINANCIER

Quoi! tu me cacherais?...

CRISPIN

Je n'aime point à nuire.

LE FINANCIER

Crispin, encore un coup...

CRISPIN

Ah! si l'on m'entendait,
Je serais mort, Monsieur, et l'on m'assommerait.

LE FINANCIER

Quoi! Crispin autrefois qui fut à mon service!...

CRISPIN

Enfin, vous voulez donc, Monsieur, que je périsse?

LE FINANCIER

Ne t'embarrasse pas.

CRISPIN

Gardez donc le secret.
Je suis perdu, Monsieur, si vous n'êtes discret.
Je tremble.

LE FINANCIER

Parle donc.

CRISPIN

Eh bien donc! cette fille,
Son père et ses parents et toute la famille,
Tombent d'un certain mal que je n'ose nommer.

LE FINANCIER

Ah! Crispin, quelle horreur! tu me fais frissonner.
Je venais de ce pas rendre visite au père,
Et peut-être, sans toi, j'eus terminé l'affaire.
A présent, c'en est fait, je ne veux plus le voir.
Je m'en retourne enfin à Paris dès ce soir.

CRISPIN

Je m'enfuis, mais surtout gardez bien le silence.

LE FINANCIER

Tiens [7].

CRISPIN

Je n'exige point, Monsieur, de récompense.

LE FINANCIER

Tiens donc.

CRISPIN

Vous le voulez, il faut vous obéir.
Adieu, Monsieur : *motus!*

Scène XVI

LE FINANCIER, *seul.*

Qu'allais-je devenir?
J'aurais, sans son avis, fait un beau mariage!
Elle m'eût apporté belle dot en partage!
Je serais bien fâché d'être époux à ce prix;
Je ne suis point assez de ses appas épris.
Retirons-nous... Pourtant un peu de bienséance,
A vrai dire, n'est pas de si grande importance.
Démocrite m'attend : avant que de quitter,
Il est bon de le voir et de me rétracter.

7. Ici, le Financier offre de l'argent à Crispin.

Scène XVII : Le Financier, Toinette, Démocrite. Le Financier frappe.

TOINETTE, *à la porte.*

Que voulez-vous, Monsieur?

LE FINANCIER

Le seigneur Démocrite
Est-il là? je venais pour lui rendre visite.

TOINETTE

Non.

DÉMOCRITE, *à une fenêtre.*

Qui frappe là-bas? à qui donc en veut-on?

LE FINANCIER *répond.*

Le seigneur Démocrite est-il en sa maison?

DÉMOCRITE

J'y suis et je descends.

LE FINANCIER

Vous vous trompiez, la belle.

TOINETTE

D'accord. (*Et à part.*) C'est bien en vain que je fais senti-
Tout ceci va fort mal : les desseins de Crispin,   [nelle.
Autant qu'on peut juger, n'auront pas bonne fin.
Je ne m'en mêle plus.

Scène XVIII : Le Financier, Démocrite.

LE FINANCIER

J'étais dans l'espérance
De pouvoir avec vous contracter alliance.
Un accident, Monsieur, m'oblige de partir :
J'ai cru de mon devoir de vous en avertir.

DÉMOCRITE

Vous êtes donc Monsieur de la Boursinière?
Et quel malheur, Monsieur, quelle subite affaire
Peut, en si peu de temps, causer votre départ?
A cet éloignement ma fille a-t-elle part?

LE FINANCIER

Non, Monsieur.

DÉMOCRITE

Permettez pourtant que je soupçonne;
Et dans l'étonnement qu'un tel départ me donne,
J'entrevois que peut-être ici quelque jaloux
Pourrait, en ce moment, vous éloigner de nous.
Vous ne répondez rien, avouez-moi la chose;
D'un changement si grand apprenez-moi la cause,
J'y suis intéressé; car si des envieux
Vous avaient fait, Monsieur, des rapports odieux...
Je ne vous retiens pas, mais daignez m'en instruire.
Il faut vous détromper.

LE FINANCIER

Que pourrais-je vous dire?

DÉMOCRITE

Non, non, il n'est plus temps de vouloir le celer.
Je vois trop ce que c'est, et vous pouvez parler.

LE FINANCIER

N'avez-vous pas chez vous un valet que l'on nomme
Crispin?

DÉMOCRITE
Moi? de ce nom je ne connais personne.
LE FINANCIER
Le fourbe! il m'a trompé.
DÉMOCRITE
Eh bien donc? ce Crispin?
LE FINANCIER
Il s'est dit de chez vous.
DÉMOCRITE
Il ment; c'est un coquin.
LE FINANCIER
Un mal affreux, dit-il, attaquait votre fille.
Il en a dit autant de toute la famille.
DÉMOCRITE
D'un rapport si mauvais je ne puis me fâcher.
LE FINANCIER
Mais il faut le punir, et je vais le chercher.
DÉMOCRITE
Allez, je vous attends.
LE FINANCIER
Au reste, je vous prie,
Que je ne souffre point de cette calomnie.
DÉMOCRITE
J'ai le cœur mieux placé.

Scène XIX : Démocrite.
Frontin arrive, contrefaisant
le Financier.

DÉMOCRITE, *sans le voir.*
Quelle méchanceté!
Qui peut être l'auteur de cette fausseté!
FRONTIN, *contrefaisant le Financier.*
Le rôle que Crispin ici me donne à faire
N'est pas des plus aisés, et veut bien du mystère.
DÉMOCRITE, *sans le voir.*
Souvent, sans le savoir, on a des ennemis
Cachés sous le beau nom de nos meilleurs amis.
FRONTIN
Connaissez-vous ici le seigneur Démocrite?
Je viens exprès ici pour lui rendre visite.
DÉMOCRITE
C'est moi.
FRONTIN
J'en suis ravi : ce que j'ai de crédit
Est à votre service.
DÉMOCRITE
Eh! mais, dans quel esprit
Me l'offrez-vous, à moi? votre nom, que je sache,
M'est inconnu; qu'importe?... On dirait qu'il se fâche.
Est-on Turc avec ceux que l'on ne connaît pas?
Je ne suis pas de ceux qui font tant de fracas.
FRONTIN
En buvant tous les deux, nous saurons qui nous sommes.
DÉMOCRITE, *bas.*
Il est, je l'avoûrai, de ridicules hommes.
FRONTIN
Je suis de vos amis, je vous dirai mon nom.
DÉMOCRITE
Il ne s'agit ici de nom ni de surnom.

FRONTIN
Vous êtes aujourd'hui d'une humeur chagrinante :
Mon amitié pourtant n'est pas indifférente.
DÉMOCRITE
Finissons, s'il vous plaît.
FRONTIN
Je le veux. Dites-moi
Comment va votre enfant? Elle est belle, ma foi;
Je veux dès aujourd'hui lui donner sérénade.
DÉMOCRITE
Qu'elle se porte bien, ou qu'elle soit malade,
Que vous importe à vous?
FRONTIN
Je la connais fort bien;
Elle est riche, papa : mais vous n'en dites rien;
Il ne tiendra qu'à vous de terminer l'affaire.
DÉMOCRITE
Je n'entends rien, Monsieur, à tout ce beau mystère.
FRONTIN
Vous le dites.
DÉMOCRITE
J'en jure.
FRONTIN
Oh! point de jurement.
Je ne vous en crois pas, même à votre serment.
Démocrite, entre nous, point tant de modestie.
Venons au fait.
DÉMOCRITE
Monsieur, avez-vous fait partie
De vous moquer de moi?
FRONTIN
Morbleu! point de détours.
Faites venir ici l'objet de mes amours.
La friponne, je crois qu'elle en sera bien aise;
Et vous l'êtes aussi, papa, ne vous déplaise.
J'en suis ravi de même, et nous serons tous trois
En même temps, ici, plus contents que des rois.
Savez-vous qui je suis?
DÉMOCRITE
Il ne m'importe guère.
FRONTIN
Ah! si vous le saviez, vous diriez le contraire.
DÉMOCRITE
Moi!
FRONTIN
Je gage que si. Je suis, pour abréger...
DÉMOCRITE
Je n'y prends nulle part, et ne veux point gager.
FRONTIN
C'est qu'il a peur de perdre.
DÉMOCRITE
Eh bien! soit : je me lasse
De ce galimatias; expliquez-vous de grâce.
FRONTIN
Je suis le Financier qui devait sur le soir,
Pour ce que vous savez, vous parler et vous voir.
DÉMOCRITE, *étonné.*
Quelle est donc cette énigme?
FRONTIN
Un peu de patience;

J'adoucirai bientôt votre aigre révérence.
J'ai mille francs et plus de revenu par jour :
Dites, avec cela peut-on faire l'amour !
Grand nombre de chevaux, de laquais, d'équipages.
Quand je me marîrai, ma femme aura des pages.
Voyez-vous cet habit ? Il est bien somptueux ;
Un autre avec cela ferait le glorieux :
Fi ! c'est un guenillon que je porte en campagne :
Vous croiriez ma maison un pays de cocagne.
Voulez-vous voir mon train ? il est fort près d'ici.

DÉMOCRITE

Je m'y perds.

FRONTIN

Ma livrée est magnifique aussi.
Papa, savez-vous bien qu'un excès de tendresse
Va rendre votre enfant de tant de biens maîtresse ?
Vous avez, m'a-t-on dit, en rente, vingt mil francs.
Partagez-nous-en dix, et nous serons contents.
Après cela, mourez pour nous laisser le reste.
Dites, en vérité, puis-je être plus modeste ?

DÉMOCRITE

Non, je n'y connais rien ; Monsieur le Financier,
Ou qui que vous soyez, il faudrait vous lier ;
Je ne puis démêler si c'est la fourberie,
Ou si ce n'est enfin que pure frénésie
Qui vous conduit ici : mais n'y revenez plus.

FRONTIN

Adieu, je mangerai tout seul mes revenus.
Vinssiez-vous à présent prier pour votre fille,
J'abandonne à jamais votre ingrate famille.
Frontin sort en riant.

Scène XX

DÉMOCRITE, *seul.*
Je ne puis débrouiller tout ce galimatias,
Et tout ceci me met dans un grand embarras.

Scène XXI : Démocrite,
Crispin, déguisé
en femme.

CRISPIN

N'est-ce pas vous, Monsieur, qu'on nomme Démocrite ?

DÉMOCRITE

Oui.

CRISPIN

Vous êtes, dit-on, un homme de mérite ;
Et j'espère, Monsieur, de votre probité,
Que vous écouterez mon infélicité :
Mais puis-je dans ces lieux me découvrir sans crainte ?

DÉMOCRITE

Ne craignez rien.

CRISPIN

O ciel ! sois touché de ma plainte.
Vous me voyez, Monsieur, réduite au désespoir,
Causé par un ingrat qui m'a su décevoir.

DÉMOCRITE

Dans un malheur si grand pourrais-je quelque chose ?

CRISPIN

Oui, Monsieur, vous allez en apprendre la cause :
Mais la force me manque ; et, dans un tel récit,
Mon cœur respire à peine, et ma douleur s'aigrit.

DÉMOCRITE

Calmez les mouvements dont votre âme agitée...

CRISPIN

Hélas ! par les sanglots ma voix est arrêtée :
Mais enfin, il est temps d'avouer mon malheur.
Daigne le juste ciel terminer ma douleur !
J'aime depuis longtemps un chevalier parjure,
Qui sut de ses serments déguiser l'imposture.
Le cruel ! J'eus pitié de tous ses feints tourments ;
Hélas ! de son bonheur je hâtai les moments.
Je l'épousai, Monsieur : mais notre mariage,
A l'insu des parents, se fit dans un village ;
Et, croyant avoir mis ma conscience en repos,
Je me livrai, Monsieur, pour comble de tous maux.
Il différa toujours de m'avouer pour femme.
Je répandis des pleurs pour attendrir son âme.
Hélas ! épargnez-moi ce triste souvenir
Et ne remédions qu'aux maux de l'avenir.
Cet ingrat chevalier épouse votre fille !

DÉMOCRITE

Quoi ! c'est celui qui veut entrer dans ma famille ?

CRISPIN

Lui-même ! vous voyez la noire trahison.

DÉMOCRITE

Cette action est noire.

CRISPIN

Hélas ! c'est un fripon.
Cet ingrat m'a séduite : eh ! Monsieur, quel dommage
De tromper lâchement une fille à mon âge !

DÉMOCRITE

Il vient bien à propos, nous pourrons lui parler.

CRISPIN *veut s'en aller.*

Non, non, je vais sortir.

DÉMOCRITE

Pourquoi vous en aller ?

CRISPIN

Ah ! c'est un furieux.

DÉMOCRITE

Tenez-vous donc derrière ;
Il ne vous verra pas.

CRISPIN

J'ai peur.

DÉMOCRITE

Laissez-moi faire.

Scène XXII : Démocrite,
le Chevalier, Crispin, pendant cette scène,
fait tous les signes d'un homme
qui veut s'en aller.

LE CHEVALIER

Quoique j'eus résolu de ne plus vous revoir
Et que je dus partir de ces lieux dès ce soir,
J'ai cru devoir encor rétracter ma parole,
Résolu de ne point épouser une folle.

Je suis fâché, Monsieur, de vous parler si franc;
Mais vous méritez bien un pareil compliment,
Puisque vous me trompiez, sans un avis fidèle.
Votre fille est fort riche, elle est jeune, elle est belle;
Mais les fréquents accès qui troublent son esprit
Ne sont pas de mon goût.

DÉMOCRITE
                    Eh! qui vous l'a donc dit
Qu'elle eût de ces accès?

LE CHEVALIER
                    J'ai promis de me taire.
Celui de qui je tiens cet avis salutaire,
Je le connais fort bien, et vous le connaissez.
Cet homme est de chez vous, c'est vous en dire assez.

DÉMOCRITE
Cet homme a déjà fait une autre menterie:
C'est un nommé Crispin, insigne en fourberie;
Je n'en sais que le nom, il n'est point de chez moi.
Mais vous, n'avez-vous point engagé votre foi?
Vous êtes interdit! que prétendez-vous faire?
Vous marier deux fois?

LE CHEVALIER
                    Quel est donc ce mystère?

DÉMOCRITE
Vous devriez rougir d'une telle action:
C'est du ciel s'attirer la malédiction.
Et ne savez-vous pas que la polygamie
Est cas pendable ici, qu'elle coûte la vie?

LE CHEVALIER
Moi! je suis marié! qui vous fait ce rapport.

DÉMOCRITE
Oui, voilà mon auteur; regardez si j'ai tort.

LE CHEVALIER
Eh bien!

DÉMOCRITE
            C'est votre femme.

LE CHEVALIER
                    Ah! le plaisant visage!
Le ragoûtant objet que j'avais en partage!
Mais je crois la connaître. Ah! parbleu, c'est Crispin,
Lui-même.

DÉMOCRITE, *étonné.*
        Ce fripon, cet insigne coquin?

LE CHEVALIER
Malheureux! tu m'as dit que Philine était folle!
Réponds donc.

CRISPIN
            Ah! Monsieur, j'ai perdu la parole.

DÉMOCRITE
Arrêtons ce maraud.

CRISPIN
                Oui, je suis un fripon:
Ayez pitié de moi.

LE CHEVALIER
                Mille coups de bâton,
Fourbe, vont te payer.

*Scène XXIII : Le Financier arrive,
Démocrite, Crispin, le Chevalier.*

LE FINANCIER
                    Ma peine est inutile:
Je crois que notre fourbe a regagné la ville;
Je n'ai pu le trouver.

DÉMOCRITE
                    Regardez ce minois;
Le reconnaissez-vous?

LE FINANCIER
                    Eh! c'est Crispin, je crois

DÉMOCRITE
C'est lui-même.

LE FINANCIER
            Voleur!

CRISPIN, *en tremblant.*
                    Ah! je suis prêt à rendre
L'argent que j'ai reçu... Vous me l'avez fait prendre.

DÉMOCRITE, *au Financier.*
Qui m'aurait envoyé tantôt certain fripon?
Il s'est dit financier, et prenait votre nom.

LE FINANCIER
Le mien?

DÉMOCRITE
        Oui : le coquin ne disait que sottises.

LE FINANCIER, *à Crispin.*
N'était-ce pas de toi qu'il les avait apprises?
Parle.

CRISPIN
    Vous l'avez dit : oui, j'ai fait tout le mal;
Mais à mon crime, hélas! mon regret est égal.

LE FINANCIER
Ah! Monsieur l'hypocrite!

*Scène XXIV : Le Chevalier,
le Financier, Démocrite, Crispin,
Ariste, suivi de
Maître Jacques.*

ARISTE
                    Il faut nous en instruire.

MAÎTRE JACQUES
Pargué, ces biaux messieurs pourront bien nous le dire.

ARISTE
Démocrite, Messieurs, est-il connu de vous?

MAÎTRE JACQUES
C'est que j'en savons un qui s'est moqué de nous.
Velà, Monsieur, Ariste.

DÉMOCRITE, *avec précipitation.*
                    Ariste?

MAÎTRE JACQUES
                        Oui, lui-même.

DÉMOCRITE
Mais cela ne se peut, ma surprise est extrême.

ARISTE
C'est cependant mon nom.

MAÎTRE JACQUES
                    J'étions venus tantôt
Pour le voir : mais j'avons trouvé queuque maraud,

Qui disait comme ça qu'il était Démocrite.
Mais le drôle a bian mal payé notre visite.
Il avait avec lui queuque friponne itou,
Qui tournait son esprit tout sens dessus dessous :
Alle faisait la folle, et se disait la fille
De ce biau Démocrite; alle était bian habile.
Enfin ils ont tant fait qu'Ariste que velà,
Qui venait pour les voir, les a tous plantés là.
Or, j'avons vu tantôt passer ce méchant drôle;
J'ons tous deux en ce temps lâché queuque parole,
Montrant ce Démocrite. « Eh! bon, ce n'est pas li »,
A dit un paysan de ce village-ci.
Dame! ça nous a fait soupçonner queuque chose.
« Monsieur, je sons trompés, j'en avons une dose »,
Ai-je dit, moi. Pargué! pour être plus certain,
Monsieur vient en tout ça savoir encor la fin.

ARISTE
La chose est comme il dit.

DÉMOCRITE
C'est encor ton ouvrage?
Dis, coquin.

CRISPIN
Il est vrai.

MAÎTRE JACQUES
Quel est donc ce visage?
C'est notre homme!

DÉMOCRITE, *à Ariste.*
C'est lui; mais le fourbe a plus
Il m'a trompé de même et vous a contrefait. [fait :

CRISPIN
Hélas!

DÉMOCRITE
Vous étiez trois qui demandiez ma fille,
Et qui vouliez, Messieurs, entrer dans ma famille,
Ma fille aimait déjà, elle avait fait son choix,
Et refusait toujours d'épouser l'un des trois,
Je vous ménageai tous, dans la douce espérance
Avec un de vous trois d'entrer en alliance;
J'ignore les raisons qui poussent ce coquin.

CRISPIN
Je vais tout avouer : je m'appelle Crispin;
Ecoutez-moi sans bruit, quatre mots font l'affaire.

DÉMOCRITE *frappe.*
Un laquais paraît qui fait venir Philine.
Qu'on appelle ma fille. A tout ce beau mystère
A-t-elle quelque part?

CRISPIN
Vous allez le savoir :
Ces trois messieurs devaient vous parler sur le soir,
Et l'un des trois allait devenir votre gendre.
Cléandre au désespoir voulait aller se pendre :
Il aime votre fille; il en est fort aimé.
Or, étant son valet, dans cette extrémité,
Je m'offris sur-le-champ de détourner l'orage,
Et Toinette avec moi joua son personnage.
De tout ce qui s'est fait, enfin, je suis l'auteur;
Mais je me repens bien d'être né trop bon cœur :
Sans cela...

DÉMOCRITE
Franc coquin!

Et puis à sa fille qui entre.
Vous voilà donc, ma fille!
En fait de tours d'esprit vous êtes fort habile!
Mais votre habileté ne servira de rien :
Vous n'épouserez point un jeune homme sans bien.
Déterminez-vous donc.

PHILINE
Mettez-vous à ma place,
Mon père, et dites-moi ce qu'il faut que je fasse.

DÉMOCRITE, *à Crispin.*
Toi, sors d'ici, maraud, et n'y parais jamais.

CRISPIN, *s'en allant.*
Je puis dire avoir vu le bâton de bien près.
Il dit le vers suivant à Cléandre qui entre.
Vous venez à propos : quoi! vous osez paraître!

*Scène XXV : Démocrite, Cléandre,
Philine, Toinette, Crispin, le Chevalier,
le Financier, Ariste,
Maître Jacques.*

CLÉANDRE
De mon destin, Monsieur, je viens vous rendre maître;
Pardonnez aux effets d'un violent amour,
Et vous-même dictez notre arrêt en ce jour.
Je me suis, il est vrai, servi de stratagème;
Mais que ne fait-on pas pour avoir ce qu'on aime?
On m'enlevait l'objet de mes plus tendres feux :
Et, pour tout avouer, nous nous aimons tous deux.
Vous connaissez, Monsieur, mon sort et ma famille :
Mon procès est gagné, j'adore votre fille :
Prononcez; et s'il faut embrasser vos genoux...

ARISTE
De vos liens, pour moi, je ne suis point jaloux.

LE CHEVALIER
A vos désirs aussi je suis prêt à souscrire.

LE FINANCIER
Je me dépars de tout, je ne puis pas plus dire.

PHILINE
Ah! mon père, pardon..., oui et mon cœur est tout
Quel que soit votre arrêt, ordonnez, j'obéis. [prêt...

CRISPIN
Hélas! que de douceur!

TOINETTE
Monsieur, soyez sensible.

DÉMOCRITE
C'en est fait, et mon cœur cesse d'être inflexible.
Levez-vous, finissez tous vos remercîments :
Je ne sépare plus de si tendres amants.
Ces messieurs resteront pour la cérémonie.
Soyez contents tous deux; votre peine est finie.

CRISPIN, *à Toinette.*
Finis la mienne aussi, marions-nous tous deux.
Je suis pressé, Toinette.

TOINETTE
Es-tu bien amoureux?

CRISPIN
Ah! l'on ne vit jamais pareille impatience,
Et l'amour dans mon cœur épuise sa puissance.
Viens, ne retarde point l'instant de nos plaisirs;

Prends ce baiser pour gage, objet de mes désirs.
Un seul ne suffit pas!

TOINETTE

Quelle est donc ta folie?

Que fais-tu?

CRISPIN

Je pelote en attendant partie [8].

8. Je m'exerce en attendant de jouer pour de bon.

CLÉANDRE

Puisque vous vous aimez, je veux vous marier.

CRISPIN

Le veux-tu?

TOINETTE

J'y consens.

CRISPIN

Tu te fais bien prier!

L'AMOUR ET LA VÉRITÉ

Pendant près de dix ans, Marivaux semble avoir oublié le théâtre. Venu de Limoges à Paris, sous le prétexte d'études de droit, il déploie pourtant une activité qui contraste avec la réputation de paresse qu'on lui a faite par la suite. C'est qu'il veut faire figure d'écrivain.

Ainsi, de 1712 à 1714, il ne rédige pas moins de trois romans, dont le dernier, Pharsamon ou les Folies romanesques, *est la parodie du premier, les* Aventures de ***, *ou les* Effets surprenants de la sympathie, *un conte et deux épopées burlesques, le* Télémaque travesti *et l'*Iliade travestie, *celle-ci en vers. C'est de cette période aussi que date le début de sa collaboration au* Mercure *auquel il ne cessera de donner des textes de chroniqueur et de moraliste.*

Le Père prudent et équitable *n'était qu'une gageure de jeune homme. Pour aborder le théâtre, Marivaux, rompant avec la prolixité et la versatilité dont il fait alors preuve dans tous les autres domaines littéraires, prend ses précautions. Il se contente d'abord de collaborer à une comédie mythologique du Chevalier de Saint-Jorry (un de ces hommes de lettres touche-à-tout propres au XVIIIe siècle qui passaient du théâtre au cours de stratégie militaire, sans omettre quelques indispensables réflexions scientifiques),* l'Amour et la Vérité.

C'est cette comédie que les Comédiens Italiens installés en France depuis le 18 mai 1716, sous la direction de Luigi Riccoboni, jouèrent le dimanche 3 mars 1720, dans la salle de l'Hôtel de Bourgogne où s'est fixé le Nouveau Théâtre Italien.

L'Amour et la Vérité *n'eut qu'un succès médiocre :* « Les deux premiers actes furent reçus très favorablement » *mais* « le troisième eut un sort bien différent ». *Et la légende rapporte que,* « caché dans une seconde loge », *Marivaux, qui n'avait pas signé l'œuvre, avoua que* « la pièce l'avait plus ennuyé qu'un autre, attendu qu'il en était l'auteur ». *D'ailleurs, nous ignorons encore quelle part il y a prise.*

Il ne resterait rien de cette œuvre si, dans sa livraison de mars 1720, le Mercure *n'en avait publié une scène. C'est cette scène, le prologue de la comédie sans doute, que nous reproduisons ici sous le titre :* Dialogue de l'Amour et de la Vérité, *à la suite de Jean Fournier et de Maurice Bastide qui l'ont fait figurer pour la première fois dans une édition du Théâtre de Marivaux. Nous pensons en effet avec eux que* « son texte est presque entièrement l'œuvre de Marivaux » *puisqu'on peut y retrouver en germe bien des thèmes de ses futures pièces et que ce* Dialogue *esquisse déjà l'image du monde où les personnages marivaudiens se donneront la comédie de l'amour et de la vérité.*

DIALOGUE DE L'AMOUR ET DE LA VÉRITÉ

L'AMOUR : Voici une dame que je prendrais pour la Vérité, si elle n'était si ajustée.

LA VÉRITÉ : Si ce jeune enfant n'avait l'air un peu trop hardi, je le croirais l'Amour.

L'AMOUR : Elle me regarde.

LA VÉRITÉ : Il m'examine.

L'AMOUR : Je soupçonne à peu près ce que ce peut être ; mais soyons-en sûr. Madame, à ce que je vois, nous avons une curiosité mutuelle de savoir qui nous sommes ; ne faisons point de façon de nous le dire.

LA VÉRITÉ : J'y consens, et je commence. Ne seriez-vous pas le petit libertin d'Amour, qui depuis si longtemps tient ici-bas la place de l'Amour tendre ? Enfin n'êtes-vous pas l'Amour à la mode ?

L'AMOUR : Non, Madame, je ne suis ni libertin, ni par conséquent à la mode, et cependant je suis l'Amour.

LA VÉRITÉ : Vous, l'Amour !

L'AMOUR : Oui, le voilà. Mais vous, Madame, ne tiendriez-vous pas lieu de la Vérité parmi les hommes ? N'êtes-vous pas l'Erreur, ou la Flatterie ?

LA VÉRITÉ : Non, charmant Amour, je suis la Vérité même ; je ne suis que cela.

L'AMOUR : Bon ! Nous voilà deux divinités de grand crédit ! Je vous demande pardon de vous avoir scandalisée, vous, dont l'honneur est de ne le pas être.

LA VÉRITÉ : Ce reproche me fait rougir ; mais je vous rendrai raison de l'équipage où vous me voyez, quand vous m'aurez rendu raison de l'air libertin et cavalier

53

répandu sur vos habits et sur votre physionomie même. Qu'est devenu cet air de vivacité tendre et modeste? Que sont devenus ces yeux qui apprivoisaient la vertu même, qui ne demandaient que le cœur? Si ces yeux-là n'attendrissent point, ils débauchent.

L'AMOUR : Tels que vous les voyez cependant, ils ont déplu par leur sagesse; on leur en trouvait tant qu'ils en étaient ridicules.

LA VÉRITÉ : Et dans quel pays cela vous est-il arrivé?

L'AMOUR : Dans le pays du monde entier. Vous ne vous ressouvenez peut-être pas de l'origine de ce petit effronté d'Amour, pour qui vous m'avez pris. Hélas! C'est moi qui suis cause qu'il est né.

LA VÉRITÉ : Comment cela?

L'AMOUR : J'eus querelle un jour avec l'Avarice et la Débauche. Vous savez combien j'ai d'aversion pour ces deux divinités; je leur donnai tant de marques de mépris qu'elles résolurent de s'en venger.

LA VÉRITÉ : Les méchantes! eh! que firent-elles?

L'AMOUR : Voici le tour qu'elles me jouèrent. La Débauche s'en alla chez Plutus, le dieu des richesses, le mit de bonne humeur, fit tomber la conversation sur Vénus, lui vanta ses beautés, sa blancheur, son embonpoint, etc. Plutus, à ce récit, prit un goût de conclusions, l'appétit vint au gourmand, il n'aima pas Vénus : il la désira.

LA VÉRITÉ : Le malhonnête.

L'AMOUR : Mais, comme il craignait d'être rebuté, la Débauche l'enhardit, en lui promettant son secours et celui de l'Avarice auprès de Vénus. « Vous êtes riche, lui dit-elle, ouvrez vos trésors à Vénus, tandis que mon amie l'Avarice appuiera vos offres auprès d'elle, et lui conseillera d'en profiter. Je vous aiderai de mon côté, moi. »

LA VÉRITÉ : Je commence à me remettre votre aventure.

L'AMOUR : « Vous n'avez pas grand génie, dit la Débauche à Plutus, mais vous êtes un gros garçon assez ragoûtant. Je ferai faire à Vénus une attention là-dessus, qui peut-être lui tiendra lieu de tendresse; vous serez magnifique, elle est femme. L'Avarice et moi, nous vous servirons bien, et il est des moments où il n'est pas besoin d'être aimé pour être heureux. »

LA VÉRITÉ : La plupart des amants doivent à ces moments-là toute leur fortune.

L'AMOUR : Après ce discours, Plutus impatient court tenter l'aventure. Or, argent, bijoux, présents de toute sorte, soutenus de quelques bredouilleries, furent auprès de Vénus les truchements de sa belle passion. Que vous dirai-je enfin, ma chère? un moment de fragilité me donna pour frère ce vilain enfant qui m'usurpe aujourd'hui mon empire! ce petit dieu, plus laid qu'un diable, et que Messieurs les hommes appellent Amour.

LA VÉRITÉ : Hé bien! Est-ce en lui ressemblant que vous avez voulu vous venger de lui?

L'AMOUR : Laissez-moi achever; le petit fripon ne fut pas plus tôt né qu'il demande son apanage. Cet apanage, c'était le droit d'agir sur les cœurs. Je ne daignai pas m'opposer à sa demande; je lui voyais des airs si grossiers, je lui remarquais un caractère si brutal, que je ne m'imaginai pas qu'il pût me nuire. Je comptais qu'il

ferait peur en se présentant, et que ce monstre serait obligé de rabattre sur les animaux.

LA VÉRITÉ : En effet, il n'était bon que pour eux.

L'AMOUR : Ses premiers coups d'essai ne furent pas heureux. Il insultait, bien loin de plaire; mais, ma foi, le cœur de l'homme ne vaut pas grand-chose; ce maudit Amour fut insensiblement souffert; bientôt on le trouva plus badin que moi; moins gênant, moins formaliste, plus expéditif. Les goûts se partagèrent entre nous deux; il m'enleva de mes créatures.

LA VÉRITÉ : Et que devîntes-vous alors?

L'AMOUR : Quelques bonnes gens crièrent contre la corruption; mais ces bonnes gens n'étaient que des invalides, des vieux personnages, qui, disait-on, avaient leurs raisons pour haïr la réforme; gens à qui la lenteur de mes démarches convenait, et qui prêchaient le respect, faute, en le perdant, de pouvoir réparer l'injure.

LA VÉRITÉ : Il en pouvait bien être quelque chose.

L'AMOUR : Enfin, Madame, ces tendres et tremblants aveux d'une passion, ces dépits délicats, ces transports d'amour d'après les plus innocentes faveurs, d'après mille petits riens précieux, tout cela disparut. L'un ouvrit sa bourse, l'autre gesticulait insolemment auprès d'une femme, et cela s'appelait une déclaration.

LA VÉRITÉ : Ah! l'horreur!

L'AMOUR : A mon égard, j'ennuyais, je glaçais; on me regardait comme un innocent qui manquait d'expérience, et je ne fus plus célèbre que par les poètes et les romanciers.

LA VÉRITÉ : Cela vous rebuta?

L'AMOUR : Oui, je me retirai, ne laissant de moi que mon nom dont on abusait. Or, il y a quelque temps que, rêvant à ma triste aventure, il me vint dans l'esprit d'essayer si je pourrais me rétablir en mitigeant mon air tendre et modeste; peut-être, disais-je en moi-même, qu'à la faveur d'un air plus libre et plus hardi, plus conforme au goût où sont à présent les hommes, peut-être pourrais-je me glisser dans ces cœurs? ils se font trouveront pas si singulier, et je détruirai mon ennemi par ses propres armes. Ce dessein pris, je partis, et je parus dans la mascarade où vous me voyez.

LA VÉRITÉ : Je gage que vous n'y gagnâtes rien.

L'AMOUR : Oh vraiment! Je me trouvais bien loin de mon compte : tout grenadier que je pensais être, dès que je me montrai, on me prit pour l'Amour, le plus gothique [1] qui ait jamais paru; je fus sifflé dans les Gaules, comme une mauvaise comédie, et vous me voyez de retour de cette expédition. Voilà mon histoire.

LA VÉRITÉ : Hélas! Je n'ai pas été plus heureuse que vous; on m'a chassée du monde.

L'AMOUR : Hé! qui? les chimistes, les devins, les faiseurs d'almanach, les philosophes?

LA VÉRITÉ : Non, ces gens-là ne m'ont jamais nui! On sait bien qu'ils mentent, ou qu'ils sont livrés à l'erreur, et je ne leur en veux aucun mal, car je ne suis point faite pour eux.

L'AMOUR : Vous avez raison.

LA VÉRITÉ : Mais que voulez-vous que les hommes

---

1. Le plus ancien, le plus hors de mode.

fassent de moi? Le mensonge et la flatterie sont en si grand crédit parmi eux qu'on est perdu dès qu'on se pique de m'honorer. Je ne suis bonne qu'à ruiner ceux qui me sont fidèles; par exemple, la flatterie rajeunit les vieux et les vieilles! Moi, je leur donne l'âge qu'ils ont. Cette femme dont les cheveux blanchissent à son insu, singe maladroit de l'étourderie folâtre des jeunes femmes, qui provoque la médisance par des galanteries qu'elle ne peut faire aboutir, qui se lève avec un visage de cinquante ans, et qui voudrait que ce visage n'en eût que trente — quand elle est ajustée, ira-t-on lui dire : « Madame, vous vous trompez dans votre calcul; votre somme est de vingt ans plus forte» ? non, sans doute; ses amis souscrivent à la soustraction. Telle à la physionomie d'une guenon, qui se croit du moins jolie; irez-vous mériter sa haine, en lui confiant à quoi elle ressemble pendant que, pour être un honnête homme auprès d'elle, il suffit de lui dire qu'elle est piquante? Cet homme s'imagine être un esprit supérieur; il se croit indispensablement obligé d'avoir raison de tout; il décide, il redresse les autres; cependant ce n'est qu'un brouillon qui jouit d'une imagination déréglée. Ses amis feignent de l'admirer; pourquoi? Ils en attendent, ou lui doivent, leur fortune.

L'AMOUR : Il faut bien prendre patience.

LA VÉRITÉ : Aussi je n'ai plus que faire au monde. Cependant, comme la Flatterie est ma plus redoutable ennemie, et qu'en triomphant d'elle, je pourrais insensiblement rentrer dans tous mes honneurs, j'ai voulu m'humaniser : je me suis déguisée, comme vous voyez, mais j'ai perdu mon étalage : l'amour-propre des hommes est devenu d'une complexion si délicate qu'il n'y a pas moyen de traiter avec lui; il a fallu m'en revenir encore. Pour vous, mon bel enfant, il me semble que vous aviez un asile et le mariage.

L'AMOUR : Le mariage! Y songez-vous? Ne savez-vous pas que le devoir des gens mariés est de s'aimer?

LA VÉRITÉ : Hé bien! c'est à cause de cela que vous régnerez plus aisément parmi eux.

L'AMOUR : Soit; mais des gens obligés de s'aimer ne me conviennent point. Belle occupation pour un espiègle comme moi que de faire les volontés d'un contrat; achevons de nous conter tout. Que venez-vous faire ici?

LA VÉRITÉ : J'y viens exécuter un projet de vengeance; voyez-vous ce puits? Voilà le lieu de ma retraite; je vais m'enfermer dedans.

L'AMOUR : Ah! Ah! Le proverbe sera donc vrai, qui dit que *la Vérité est au fond du puits*. Et comment entendez-vous vous venger, là?

LA VÉRITÉ : Le voici. L'eau de ce puits va, par moi, recevoir une telle vertu que quiconque me boira sera forcé de dire tout ce qu'il pense et de découvrir son cœur en toute occasion; nous sommes près de Rome, on vient souvent se promener ici; on y chasse; le chasseur se désaltère; et à succession de temps, je garnirai cette grande ville de gens naïfs, qui troubleront par leur franchise le commerce indigne de complaisance et de tromperie que la Flatterie y a introduit plus qu'ailleurs.

L'AMOUR : Nous allons donc être voisins; car pendant que votre rancune s'exercera dans ce puits, la mienne agira dans cet arbre. Je vais y entrer; les fruits en sont beaux et bons, et me serviront à une petite malice qui sera tout à fait plaisante. Celui qui en mangera tombera subitement amoureux du premier objet qu'il apercevra. Que dites-vous de ce guet-apens?

LA VÉRITÉ : Il est un peu fou.

L'AMOUR : Bon; il est digne de vous; mais adieu, je vais dans mon arbre.

LA VÉRITÉ : Et moi, dans mon puits.

DIVERTISSEMENT [2]

D'un doux regard elle vous jure
Que vous êtes son favori,
Mais c'est peut-être une imposture
Puisqu'en faveur d'un autre elle a déjà souri.

Dans le même instant que son âme
Dédaigneuse d'une autre flamme
Semble se déclarer pour vous,
Le motif de la préférence
Empoisonne la jouissance
D'un bien qui paraissait si doux.
La coquette ne vous caresse
Que pour alarmer la paresse
D'un rival qui n'est point jaloux.

L'amant trahi par ce qu'il aime
Veut-il guérir presque en un jour?
Qu'il aime ailleurs; l'amour lui-même
Est le remède de l'amour.

Vous qui croyez d'une inhumaine
Ne vaincre jamais la rigueur,
Pressez, la victoire est certaine,
Vous ne connaissez pas son cœur;
Il prend un masque qui le gêne;
Son visage c'est la douceur.

Heureux, l'amant bien enflammé.
Celui qui n'a jamais aimé
Ne vit pas ou du moins l'ignore;
Sans le plaisir d'être charmé
D'un aimable objet qu'on adore
S'apercevrait-on d'être né?

Tel qui devant nous nous admire
S'en rit peut-être à quatre pas.
Quand à son tour il nous fait rire
C'est un secret qu'il ne sait pas;
Oh! l'utile et charmante ruse
Qui nous unit tous ici-bas;
Qui de nous croit en pareil cas
Etre la dupe qu'on abuse?

2. Le texte de ce *Divertissement* est emprunté au *Recueil des Divertissements du Nouveau Théâtre Italien* de Jean-Jacques Mouret. Pour écrire ces *Divertissements*, Marivaux a souvent eu recours à divers collaborateurs, parmi lesquels les frères Parfaict, Luigi Riccoboni et Panard.

La raison veut que la sagesse
Ait un empire sur l'amour;
O vous, amants, dont la tendresse
Nous attaque cent fois le jour,
Quand il nous prend une faiblesse,
Ne pouvez-vous à votre tour
Avoir un instant de sagesse?

Arlequin désenchanté par la Raison chante le couplet suivant.

J'aimais Arlequin [3] et, ma foi,
Je crois ma guérison complète;
Mais, Messieurs, entre nous, j'en vois
Qui peut-être, aussi bien que moi,
Ont besoin d'un coup de baguette.

---

3. C'est Arlequin qui parle. Aussi, le sens de ce texte n'est pas très sûr. On peut comprendre, comme le suggèrent Fournier et Bastide, que Marivaux « veut dire qu'on s'aime soi-même dans l'objet aimé ».

Ou peut-être n'y a-t-il là qu'une faute d'impression et faut-il lire :
« J'aimais, Arlequin, et, ma foi,
Je crois ma guérison complète. »

ARLEQUIN POLI PAR L'AMOUR

C'est le 17 octobre 1720, soit six mois après la représentation de l'Amour et la Vérité, que Marivaux fait ses véritables débuts au théâtre. Les Comédiens Italiens créent un acte d'un auteur inconnu intitulé Arlequin poli par l'amour *qui n'est pas sans rappeler* les Amants ignorants, *une pièce d'Autreau jouée avec succès sur la scène de l'Hôtel de Bourgogne en avril 1720. Thomassin est évidemment Arlequin :* « très joli sous le masque, charmant par les manières et par la naïveté » *il triomphe une fois encore car* « on peut assurer qu'il joue de source, c'est-à-dire que le bouffon ingénieux, le plaisant vif et piquant paraissent être en lui tout à fait naturels ; il a des grâces naïves qui sont inimitables ; enfin c'est un pantomime parfait qui excelle surtout dans tout ce qui s'appelle balourdise »* (Boindin :* Lettres historiques à M. D*** sur la nouvelle comédie italienne).*

Le spectacle qui ne comporte pas moins de quatre changements de lieu avec deux décors (le jardin de la Fée et une prairie où paissent des moutons), deux divertissements avec une dizaine de chansons et d'airs à danser, sur une musique de Mouret... plaît beaucoup. La pièce elle-même est appréciée : Gueulette, l'ami et le conseiller des Comédiens Italiens parle d'une « fort jolie pièce française ». *Rapidement le titre d'*Arlequin poli par l'amour *passe* « en proverbe pour des idiots qui le deviennent moins étant amoureux ». *Toutefois certains reprochent à la pièce de n'être* « qu'une farce, un sujet de féerie sans intrigue et sans caractère vraisemblable » *et marquent avec regret qu'elle* « ne va qu'aux sens, et ne s'adresse point à l'esprit, comme quantité de pièces italiennes ».*

*Outre Thomasso Antonio Vicentini dit Thomassin, la distribution d'*Arlequin poli par l'amour *réunit l'épouse de Luigi Riccoboni, Elena Balletti dite Flaminia, en Fée et Zanetta Benozzi dite Silvia, qui est naturellement Silvia. Dominique Biancolelli, fils du grand Dominique, l'Arlequin de l'ancienne Comédie Italienne (congédiée par Louis XIV en 1697), tient le rôle de Trivelin et Margarita Rusca dite Violette, l'épouse de Thomassin, celui de l'« autre bergère, cousine de Silvia ». Sans doute est-ce Joseph Balletti (il vient d'épouser sa cousine germaine, Silvia) qui fait le berger. Remarquons encore qu'il n'y a pas longtemps que les Comédiens Italiens jouent des pièces en français : la première fut le Naufrage du port à l'Anglais d'Autreau, en 1718, et qu'ils ont encore l'habitude de remplacer certaines tirades du texte français par des répliques en italien.*

Joué pendant douze représentations consécutives, Arlequin poli par l'amour *sera maintes fois repris à l'Hôtel de Bourgogne. Il figurera également au programme de nombreuses fêtes de château, pendant tout le XVIIIᵉ siècle.*

Il faut ensuite attendre jusqu'en 1892 pour voir Arlequin poli par l'amour *entrer, d'abord dans une version mutilée (il était adapté et joué par Jules Truffier), au répertoire de la Comédie-Française. Mais depuis 1931 et après un bref passage à l'Odéon en 1920, ses réapparitions à l'affiche du Français se sont faites de plus en plus fréquentes : il y dépasse maintenant les cent représentations. Signalons notamment sa reprise en 1950 avec Jacques Charon en Arlequin.*

ACTEURS

La Fée ; Trivelin, *domestique de la Fée* ; Arlequin, *jeune homme enlevé par la Fée* ; Silvia, *bergère, amante d'Arlequin* ; Un Berger, *amoureux de Silvia* ; Autre Bergère, *cousine de Silvia* ; Un Maître a danser ; *Troupe de danseurs et chanteurs ; Troupe de lutins.*

Scène I : *Le jardin de la Fée est représenté.*
La Fée, Trivelin.

Trivelin, *à la Fée qui soupire :* Vous soupirez, Madame ; et malheureusement pour vous, vous risquez de soupirer longtemps, si votre raison n'y met ordre. Me permettrez-vous de vous dire ici mon sentiment ?

La Fée : Parle.

Trivelin : Le jeune homme que vous avez enlevé à ses parents est un beau brun, bien fait ; c'est la figure la plus charmante du monde. Il dormait dans un bois quand vous le vîtes, et c'était assurément voir l'Amour endormi.

57

Je ne suis donc point surpris du penchant subit qui vous a prise pour lui.

LA FÉE : Est-il rien de plus naturel que d'aimer ce qui est aimable?

TRIVELIN : Oh! sans doute; cependant, avant cette aventure, vous aimiez assez le grand enchanteur Merlin.

LA FÉE : Eh bien! l'un me fait oublier l'autre; cela est encore fort naturel.

TRIVELIN : C'est la pure nature; mais il me reste une petite observation à faire; c'est que vous enlevez le jeune homme endormi, quand peu de jours après vous allez épouser le même Merlin qui en a votre parole. Oh! cela devient sérieux; et, entre nous, c'est prendre la nature un peu trop à la lettre. Cependant, passe encore; le pis qu'il en pouvait arriver, c'était d'être infidèle; cela serait très vilain dans un homme; mais dans une femme, cela est plus supportable. Quand une femme est fidèle, on l'admire; mais il y a des femmes modestes qui n'ont pas la vanité de vouloir être admirées. Vous êtes de celles-là; moins de gloire, et plus de plaisirs; à la bonne heure!

LA FÉE : De la gloire à la place où je suis! Je serais une grande dupe de me gêner pour si peu de chose.

TRIVELIN : C'est bien dit; poursuivons. Vous portez le jeune homme endormi dans votre palais, et vous voilà à guetter le moment de son réveil; vous êtes en habit de conquête et dans un attirail digne du mépris généreux que vous avez pour la gloire. Vous vous attendiez de la part du beau garçon à la surprise la plus amoureuse; il s'éveille, et vous salue du regard le plus imbécile que jamais nigaud ait porté. Vous vous approchez; il bâille deux ou trois fois de toutes ses forces, s'allonge, se retourne et se rendort. Voilà l'histoire curieuse d'un réveil qui promettait une scène si intéressante. Vous sortez en soupirant de dépit, et peut-être chassée par un ronflement de basse-taille, aussi nourri qu'il en soit. Une heure se passe; il se réveille encore, et, ne voyant personne auprès de lui, il crie : Hé! A ce cri galant, vous rentrez; l'Amour se frottait les yeux. Que voulez-vous, beau jeune homme? lui dites-vous. Je veux goûter, moi, répondit-il. Mais n'êtes-vous point surpris de me voir? ajoutez-vous. Eh! mais oui, repart-il. Depuis quinze jours qu'il est ici, sa conversation a toujours été de la même force. Cependant vous l'aimez; et, qui pis est, vous laissez penser à Merlin qu'il va vous épouser; et votre dessein, m'avez-vous dit, est, s'il est possible, d'épouser le jeune homme. Franchement si vous les prenez tous deux, suivant toutes les règles, le second mari doit gâter le premier.

LA FÉE : Je vais te répondre en deux mots. La figure du jeune homme en question m'enchante; j'ignorais qu'il eût si peu d'esprit quand je l'ai enlevé. Pour moi sa bêtise ne me rebute point; j'aime, avec les grâces qu'il a déjà, celles que lui prêtera l'esprit quand il en aura. Quelle volupté de voir un homme aussi charmant me dire à mes pieds : Je vous aime! Il est déjà le plus beau brun du monde; mais sa bouche, ses yeux, tous ses traits seront adorables, quand un peu d'amour les aura retouchés; mes soins réussiront peut-être à lui en inspirer. Souvent il me regarde, et tous les jours je touche au moment où il peut me sentir et se sentir lui-même. Si cela lui arrive, sur-le-champ j'en fais mon mari. Cette qualité le mettra alors à l'abri des fureurs de Merlin; mais, avant cela, je n'ose mécontenter cet enchanteur, aussi puissant que moi, et avec qui je différerai le plus long-temps que je pourrai.

TRIVELIN : Mais si le jeune homme n'est jamais ni plus amoureux ni plus spirituel, si l'éducation que vous tâchez de lui donner ne réussit pas, vous épouserez donc Merlin?

LA FÉE : Non; car en l'épousant même, je ne pourrais me déterminer à perdre de vue l'autre; et si jamais il venait à m'aimer, toute mariée que je serais, je veux bien te l'avouer, je ne me fierais pas à moi.

TRIVELIN : Oh! je m'en serais bien douté sans que vous me l'eussiez dit. Femme tentée et femme vaincue, c'est tout un. Mais je vois notre bel imbécile qui vient avec son maître à danser.

*Scène II : Arlequin entre, la tête dans
l'estomac, ou de la façon niaise dont il voudra.
Son Maître à danser, la Fée, Trivelin.*

LA FÉE : Eh bien! aimable enfant, vous me paraissez triste; y a-t-il quelque chose ici qui vous déplaise?

ARLEQUIN : Moi, je n'en sais rien.

Trivelin rit.

LA FÉE, *à Trivelin* : Oh! je vous prie, ne riez pas; cela me fait injure. Je l'aime, cela suffit pour le respecter. *(Pendant ce temps, Arlequin prend des mouches. La Fée continue à parler à Arlequin.)* Voulez-vous bien prendre votre leçon, mon cher enfant?

ARLEQUIN, *comme n'ayant pas entendu* : Hein?

LA FÉE : Voulez-vous prendre votre leçon, pour l'amour de moi?

ARLEQUIN : Non.

LA FÉE : Quoi! vous me refusez si peu de chose, à moi qui vous aime?

Alors Arlequin lui voit une grosse bague au doigt; il lui va prendre la main, regarde la bague, et lève la tête en se mettant à rire niaisement.

LA FÉE : Voulez-vous que je vous la donne?

ARLEQUIN : Oui-da.

LA FÉE *tire la bague et la lui présente. Comme il la prend grossièrement, elle lui dit* : Mon cher Arlequin, un beau garçon comme vous, quand une dame lui présente quelque chose, doit baiser la main en le recevant [1].

Arlequin alors prend goulûment la main de la Fée qu'il baise.

LA FÉE, *à Trivelin* : Il ne m'entend pas; mais du moins sa méprise m'a fait plaisir. *(Elle ajoute.)* Baisez la vôtre à présent. *(Arlequin baise le dessus de sa main; la Fée soupire, et lui donnant sa bague, lui dit.)* La voilà; en revanche, recevez votre leçon.

1. On a souvent mal compris cette indication. Ce n'est pas la main de la Fée que devrait baiser Arlequin (en le faisant, il commet une erreur) mais sa propre main, conformément à la coutume selon laquelle il convient de « porter sa main par respect près de sa bouche quand on veut présenter ou recevoir quelque chose ou quand on veut saluer quelqu'un » (Littré).

Alors le Maître à danser apprend à Arlequin à faire la révérence. Arlequin égaie cette scène de tout ce que son génie peut lui fournir de propre au sujet.

ARLEQUIN : Je m'ennuie.

LA FÉE : En voilà donc assez; nous allons tâcher de vous divertir.

ARLEQUIN *alors saute de joie du divertissement proposé et dit en riant* : Divertir! divertir!

Scène III : Une troupe de chanteurs et danseurs [2]. *La Fée, Arlequin, Trivelin. La Fée fait asseoir Arlequin alors auprès d'elle sur un banc de gazon qui sera auprès de la grille du théâtre.*
Pendant qu'on danse,
Arlequin siffle.

UN CHANTEUR, *à Arlequin* : Beau brunet, l'Amour vous appelle.

ARLEQUIN, *se levant niaisement* : Je ne l'entends pas; où est-il? *(Il appelle.)* Hé! hé!

LE CHANTEUR *continue* : Beau brunet, l'Amour vous appelle.

ARLEQUIN, *en se rasseyant* : Qu'il crie donc plus haut.

LE CHANTEUR, *en lui montrant la Fée.*
Voyez-vous cet objet charmant?
Ses yeux dont l'ardeur étincelle
Vous répètent à tout moment :
Beau brunet, l'Amour vous appelle.

ARLEQUIN, *alors en regardant les yeux de la Fée* : Dame! cela est drôle.

UNE CHANTEUSE, *bergère, vient et dit à Arlequin.*
Aimez, aimez; rien n'est si doux.

ARLEQUIN, *là-dessus, répond* : Apprenez, apprenez-moi cela.

LA CHANTEUSE, *continue en le regardant.*
Ah! que je plains votre ignorance!
Quel bonheur pour moi, quand j'y pense,
Elle montre le chanteur.
Qu'Atys [3] en sache plus que vous!

LA FÉE, *alors, en se levant, dit à Arlequin* : Cher Arlequin, ces tendres chansons ne vous inspirent-elles rien? Que sentez-vous?

ARLEQUIN : Je sens un grand appétit.

TRIVELIN : C'est-à-dire qu'il soupire après sa collation. Mais voici un paysan qui veut vous donner le plaisir d'une danse de village; après quoi nous irons manger.

Un paysan danse.

LA FÉE *se rassied, et fait asseoir Arlequin qui s'endort. Quand la danse finit, la Fée le tire par le bras, et lui dit en*
se levant : Vous vous endormez? Que faut-il donc faire pour vous amuser?

ARLEQUIN, *en se réveillant, pleure* [4] : Hi! hi! hi! Mon père, je ne vois point ma mère.

LA FÉE, *à Trivelin* : Emmenez-le; il se distraira peut-être, en mangeant, du chagrin qui le prend. Je sors d'ici pour quelques moments. Quand il aura fait collation, laissez-le se promener où il voudra.

Ils sortent tous.

Scène IV : La scène change et représente au loin quelques moutons qui paissent, Silvia entre sur la scène en habit de bergère, une houlette à la main; un Berger la suit.
Silvia, le Berger.

LE BERGER : Vous me fuyez, belle Silvia!

SILVIA : Que voulez-vous que je fasse? vous m'entretenez d'une chose qui m'ennuie; vous me parlez toujours d'amour.

LE BERGER : Je vous parle de ce que je sens.

SILVIA : Oui; mais je ne sens rien, moi.

LE BERGER : Voilà qui me désespère.

SILVIA : Ce n'est pas ma faute. Je sais bien que toutes nos bergères ont chacune un berger qui ne les quitte point, elles me disent qu'elles aiment, qu'elles soupirent; elles y trouvent leur plaisir; pour moi, je suis bien malheureuse : depuis que vous dites que vous soupirez pour moi, j'ai fait ce que j'ai pu pour soupirer aussi; car j'aimerais autant qu'une autre à être bien aise. S'il y avait quelque secret pour cela, tenez, je vous rendrais heureux tout d'un coup; car je suis naturellement bonne.

LE BERGER : Hélas! pour de secret, je n'en sais point d'autre que celui de vous aimer moi-même.

SILVIA : Apparemment que ce secret-là ne vaut rien; car je ne vous aime point encore, et j'en suis bien fâchée. Comment avez-vous fait pour m'aimer, vous?

LE BERGER : Moi! je vous ai vue; voilà tout.

SILVIA : Voyez quelle différence! et moi, plus je vous vois, et moins je vous aime. N'importe; allez, allez, cela viendra peut-être; mais ne me gênez point. Par exemple, à présent, je vous haïrais si vous restiez ici.

LE BERGER : Je me retirerai donc, puisque c'est vous plaire; mais, pour me consoler, donnez-moi votre main que je la baise.

SILVIA : Oh! non; on dit que c'est une faveur, et qu'il n'est pas honnête d'en faire; et cela est vrai, car je sais bien que les bergères se cachent de cela.

LE BERGER : Personne ne nous voit.

SILVIA : Oui; mais puisque c'est une faute, je ne veux point la faire qu'elle ne me donne du plaisir comme aux autres.

LE BERGER : Adieu donc, belle Silvia; songez quelquefois à moi.

SILVIA : Oui, oui.

---

2. Ici se plaçait le premier divertissement, composé sur une musique de Mouret. Il comprenait une entrée de bergers, un air chanté par une bergère :
Beau berger, l'amour vous appelle
Regardez cet objet charmant.
Ses yeux, dont l'ardeur étincelle,
Vous répètent à tout moment :
Beau berger, l'amour vous appelle.
une danse de polichinelle, un second air de la bergère :
Aimez, aimez, rien n'est si doux, etc.
et une danse de paysans.
3. Jeune berger phrygien qui fut aimé de la déesse Cybèle.

4. Le prince de Ligne décrit ainsi ce *lazzi* traditionnel d'Arlequin : « Cela vise à une sorte de mugissement qui répété, de temps en temps au milieu des sanglots, fait toujours rire, puisqu'on dirait qu'il a le cœur serré, et tout d'un coup, on l'entend hurler de toutes ses forces. »

*Scène V : Silvia, Arlequin,
mais il ne vient qu'un moment après
que Silvia a été seule.*

SILVIA : Que ce berger me déplaît avec son amour! Toutes les fois qu'il me parle, je suis toute de méchante humeur. *(Et puis voyant Arlequin.)* Mais qui est-ce qui vient là? Ah! mon Dieu! le beau garçon!

ARLEQUIN *entre en jouant au volant; il vient de cette façon jusqu'aux pieds de Silvia; là, en jouant, il laisse tomber le volant, et, en se baissant pour le ramasser, il voit Silvia. Il demeure étonné et courbé; petit à petit et par secousses, il se redresse le corps; quand il s'est entièrement redressé, il la regarde; elle, honteuse, feint de se retirer; dans son embarras, il l'arrête, et dit* : Vous êtes bien pressée!

SILVIA : Je me retire, car je ne vous connais pas.

ARLEQUIN : Vous ne me connaissez pas! tant pis; faisons connaissance, voulez-vous?

SILVIA, *encore honteuse* : Je le veux bien.

ARLEQUIN, *alors s'approche d'elle et lui marque sa joie par de petits ris, et dit* : Que vous êtes jolie!

SILVIA : Vous êtes bien obligeant.

ARLEQUIN : Oh! point; je dis la vérité.

SILVIA, *en riant un peu à son tour* : Vous êtes bien joli aussi, vous.

ARLEQUIN : Tant mieux! Où demeurez-vous? Je vous irai voir.

SILVIA : Je demeure tout près; mais il ne faut pas venir; il vaut mieux nous voir toujours ici, parce qu'il y a un berger qui m'aime; il serait jaloux et il nous suivrait.

ARLEQUIN : Ce berger-là vous aime!

SILVIA : Oui.

ARLEQUIN : Voyez donc cet impertinent! je ne le veux pas, moi. Est-ce que vous l'aimez, vous?

SILVIA : Non, je n'ai jamais pu venir à bout.

ARLEQUIN : C'est bien fait; il faut n'aimer personne que nous deux; voyez si vous le pouvez.

SILVIA : Oh! de reste; je ne trouve rien de si aisé.

ARLEQUIN : Tout de bon?

SILVIA : Oh! je ne mens jamais. Mais où demeurez-vous aussi?

ARLEQUIN, *lui montrant du doigt* : Dans cette grande maison.

SILVIA : Quoi! chez la Fée?

ARLEQUIN : Oui.

SILVIA, *tristement* : J'ai toujours eu du malheur.

ARLEQUIN, *tristement aussi* : Qu'est-ce que vous avez, ma chère amie?

SILVIA : C'est que cette Fée est plus belle que moi, et j'ai peur que notre amitié ne tienne pas.

ARLEQUIN, *impatiemment* : J'aimerais mieux mourir. *(Et puis tendrement.)* Allez, ne vous affligez pas, mon petit cœur.

SILVIA : Vous m'aimerez donc toujours?

ARLEQUIN : Tant que je serai en vie.

SILVIA : Ce serait bien dommage de me tromper, car je suis si simple! Mais mes moutons s'écartent, on me gronderait s'il s'en perdait quelqu'un; il faut que je m'en aille. Quand reviendrez-vous?

ARLEQUIN, *avec chagrin* : Oh! que ces moutons me fâchent!

SILVIA : Et moi aussi; mais que faire? Serez-vous ici sur le soir?

ARLEQUIN : Sans faute. *(En disant cela il lui prend la main et il ajoute.)* Oh! les jolis petits doigts! *(Il lui baise la main et dit.)* Je n'ai jamais eu de bonbon si bon que cela.

SILVIA *rit et dit* : Adieu donc. *(Et puis, à part.)* Voilà que je soupire, et je n'ai point eu de secret pour cela.

Elle laisse tomber son mouchoir en s'en allant. Arlequin le ramasse et la rappelle pour lui donner [5].

ARLEQUIN : Mon amie!

SILVIA : Que voulez-vous, mon amant? *(Et puis voyant son mouchoir entre les mains d'Arlequin.)* Ah! c'est mon mouchoir; donnez.

ARLEQUIN *le tend, puis retire la main; il hésite et enfin il le garde, et dit* : Non, je veux le garder; il me tiendra compagnie. Qu'est-ce que vous en faites?

SILVIA : Je me lave quelquefois le visage et je m'essuie avec.

ARLEQUIN, *en le déployant* : Et par où vous sert-il, afin que je le baise par là?

SILVIA, *s'en allant* : Partout; mais j'ai hâte, je ne vois plus mes moutons. Adieu; jusqu'à tantôt.

Arlequin la salue en faisant des singeries, et se retire aussi.

*Scène VI : La scène change, et représente
le jardin de la Fée. La Fée, Trivelin.*

LA FÉE : Eh bien! notre jeune homme a-t-il goûté?

TRIVELIN : Oui, goûté comme quatre; il excelle en fait d'appétit.

LA FÉE : Où est-il à présent?

TRIVELIN : Je crois qu'il joue au volant dans les prairies; mais j'ai une nouvelle à vous apprendre.

LA FÉE : Quoi? qu'est-ce que c'est?

TRIVELIN : Merlin est venu pour vous voir.

LA FÉE : Je suis ravie de ne m'y être point rencontrée; car c'est une grande peine que de feindre de l'amour pour qui l'on n'en sent plus.

TRIVELIN : En vérité, Madame, c'est bien dommage que ce petit innocent l'ait chassé de votre cœur. Merlin est au comble de la joie; il croit vous épouser incessamment. « Imagines-tu quelque chose de si beau qu'elle! me disait-il tantôt, en regardant votre portrait. Ah! Trivelin, que de plaisirs m'attendent! » Mais je vois bien que, de ces plaisirs-là, il n'en tâtera qu'en idée; et cela est d'une triste ressource, quand on s'est promis la belle et bonne réalité. Il reviendra; comment vous tirerez-vous d'affaire avec lui?

LA FÉE : Jusqu'ici je n'ai point encore d'autre parti à prendre que de le tromper.

TRIVELIN : Et n'en sentez-vous pas quelque remords de conscience?

---

5. Ce tour incorrect (Marivaux veut dire : « pour *le* lui donner ») se rencontre assez fréquemment dans les premières œuvres de Marivaux.

LA FÉE : Oh! j'ai bien d'autres choses en tête qu'à m'amuser à consulter ma conscience sur une bagatelle.

TRIVELIN, *à part* : Voilà ce qui s'appelle un cœur de femme complet.

LA FÉE : Je m'ennuie de ne point voir Arlequin; je vais le chercher; mais le voilà qui vient à nous. Qu'en dis-tu, Trivelin? il me semble qu'il se tient mieux qu'à l'ordinaire.

*Scène VII : Arlequin arrive tenant
en main le mouchoir de Silvia qu'il regarde,
et dont il se frotte tout doucement le visage.
La Fée, Trivelin, Arlequin.*

LA FÉE, *continuant de parler à Trivelin* : Je suis curieuse de voir ce qu'il fera tout seul. Mets-toi à côté de moi; je vais tourner mon anneau qui nous rendra invisibles.

Arlequin arrive au bord du théâtre, et il saute en tenant le mouchoir de Silvia; il le met dans son sein, il se couche et se roule dessus; et tout cela gaiement.

LA FÉE *à Trivelin* : Qu'est-ce que cela veut dire? Cela me paraît singulier. Où a-t-il pris ce mouchoir? Ne serait-ce pas un des miens qu'il aurait trouvé? Ah! si cela était, Trivelin, toutes ces postures-là seraient de bon augure.

TRIVELIN : Je gagerais, moi, que c'est un linge qui sent le musc.

LA FÉE : Oh! non. Je veux lui parler; mais éloignons-nous un peu pour feindre que nous arrivons.

Elle s'éloigne de quelques pas pendant qu'Arlequin se promène en long en chantant.

ARLEQUIN : Ter li ta ta li ta.

LA FÉE : Bonjour, Arlequin.

ARLEQUIN, *en tirant le pied, et mettant le mouchoir sous son bras* : Je suis votre très humble serviteur.

LA FÉE, *à part, à Trivelin* : Comment! voilà des manières! Il ne m'en a jamais tant dit depuis qu'il est ici.

ARLEQUIN, *à la Fée* : Madame, voulez-vous avoir la bonté de vouloir bien me dire comment on est quand on aime bien une personne?

LA FÉE, *charmée, à Trivelin* : Trivelin, entends-tu? *(Et puis, à Arlequin.)* Quand on aime, mon cher enfant, on souhaite toujours de voir les gens; on ne peut se séparer d'eux; on les perd de vue avec chagrin; enfin on sent des transports, des impatiences et souvent des désirs.

ARLEQUIN, *en sautant d'aise et comme à part* : M'y voilà.

LA FÉE : Est-ce que vous sentez tout ce que je dis là?

ARLEQUIN, *d'un air indifférent* : Non, c'est une curiosité que j'ai.

TRIVELIN : Il jase, vraiment!

LA FÉE : Il jase, il est vrai; mais sa réponse ne me plaît pas. Mon cher Arlequin, ce n'est donc pas de moi que vous parlez?

ARLEQUIN : Oh! je ne suis pas un niais; je ne dis pas ce que je pense.

LA FÉE, *avec feu et d'un ton brusque* : Qu'est-ce que cela signifie? Où avez-vous pris ce mouchoir?

ARLEQUIN, *la regardant avec crainte* : Je l'ai pris à terre.

LA FÉE : A qui est-il?

ARLEQUIN : Il est à... *(Et puis s'arrêtant.)* Je n'en sais rien.

LA FÉE : Il y a quelque mystère désolant là-dessous. Donnez-moi ce mouchoir. *(Elle lui arrache* [6]*, et après l'avoir regardé avec chagrin, et à part.)* Il n'est pas à moi; et il le baisait! N'importe; cachons-lui mes soupçons, et ne l'intimidons pas; car il ne me découvrirait rien.

ARLEQUIN *alors va, le chapeau bas et humblement, lui redemander le mouchoir* : Ayez la charité de me rendre le mouchoir.

LA FÉE, *en soupirant en secret* : Tenez, Arlequin; je ne veux pas vous l'ôter, puisqu'il vous fait plaisir.

Arlequin en le recevant baise la main, la salue et s'en va.

LA FÉE, *le regardant* : Vous me quittez! Où allez-vous?

ARLEQUIN : Dormir sous un arbre.

LA FÉE, *doucement* : Allez, allez.

Scène VIII : La Fée, Trivelin.

LA FÉE : Ah! Trivelin, je suis perdue.

TRIVELIN : Je vous avoue, Madame, que voici une aventure où je ne comprends rien. Que serait-il donc arrivé à ce petit peste-là?

LA FÉE, *au désespoir et avec feu* : Il a de l'esprit, Trivelin, il en a, et je n'en suis pas mieux; je suis plus folle que jamais. Ah! quel coup pour moi! Que le petit ingrat vient de me paraître aimable! As-tu vu comme il est changé? As-tu remarqué de quel air il me parlait? combien sa physionomie était devenue fine? Et ce n'est pas de moi qu'il tient toutes ces grâces-là! Il a déjà de la délicatesse de sentiment; il s'est retenu, il n'ose me dire à qui appartient le mouchoir; il devine que j'en serais jalouse. Ah! qu'il faut qu'il ait pris d'amour pour avoir déjà tant d'esprit? Que je suis malheureuse! Une autre lui entendra dire ce *je vous aime* que j'ai tant désiré, et je sens qu'il méritera d'être adoré; je suis au désespoir. Sortons, Trivelin. Il s'agit ici de découvrir ma rivale; je vais le suivre et parcourir tous les lieux où ils pourront se voir; cherche de ton côté; va vite : je me meurs.

*Scène IX : La scène change et représente
une prairie où de loin paissent les moutons.
Silvia, une de ses cousines.*

SILVIA : Arrête-toi un moment, ma cousine; je t'aurai bientôt conté mon histoire, et tu me donneras quelque avis. Tiens, j'étais ici quand il est venu; dès qu'il s'est approché, le cœur m'a dit que je l'aimais; cela est admirable! Il s'est approché aussi; il m'a parlé. Sais-tu ce qu'il m'a dit? qu'il m'aimait aussi. J'étais plus contente que si on m'avait donné tous les moutons du hameau. Vraiment! je ne m'étonne pas si toutes nos bergères sont si aises d'aimer; je voudrais n'avoir fait que cela depuis que je suis au monde, tant je le trouve charmant. Mais ce n'est pas tout : il doit revenir ici bientôt; il m'a déjà baisé la main, et je vois bien qu'il voudra me baiser encore. Donne-moi conseil, toi qui as eu tant d'amants; dois-je le laisser faire?

6. Cf. note 5 p. 60.

LA COUSINE : Garde-t'en bien, ma cousine; sois bien sévère; cela entretient l'amour d'un amant.

SILVIA : Quoi! il n'y a point de moyen plus aisé que cela pour l'entretenir?

LA COUSINE : Non; il ne faut point aussi lui dire tant que tu l'aimes.

SILVIA : Et comment s'en empêcher? Je suis encore trop jeune pour pouvoir me gêner.

LA COUSINE : Fais comme tu pourras; mais on m'attend, je ne puis rester plus longtemps. Adieu, ma cousine.

Scène X

SILVIA, *un moment après* : Que je suis inquiète! j'aimerais autant ne point aimer que d'être obligée d'être sévère; cependant elle dit que cela entretient l'amour. Voilà qui est étrange; on devrait bien changer une manière si incommode; ceux qui l'ont inventée n'aimaient pas tant que moi.

Scène XI : Silvia, Arlequin.

SILVIA : Voici mon amant; que j'aurai de peine à me retenir!

Dès qu'Arlequin l'aperçoit, il vient à elle en sautant de joie; il lui fait des caresses avec son chapeau, auquel il a attaché le mouchoir; il tourne autour de Silvia; tantôt il baise le mouchoir, tantôt il caresse Silvia.

ARLEQUIN : Vous voilà donc, mon petit cœur?

SILVIA, *en riant* : Oui, mon amant.

ARLEQUIN : Etes-vous bien aise de me voir?

SILVIA : Assez.

ARLEQUIN, *en répétant ce mot* : Assez! ce n'est pas assez.

SILVIA : Oh! si fait; il n'en faut pas davantage.

ARLEQUIN *lui prend la main, Silvia paraît embarrassée, Arlequin, en la tenant, dit* : Et moi, je ne veux pas que vous disiez comme cela.

Il veut alors lui baiser la main en disant ces derniers mots.

SILVIA, *retirant sa main* : Ne me baisez pas la main, au moins.

ARLEQUIN, *fâché* : Ne voilà-t-il pas encore! Allez, vous êtes une trompeuse.

Il pleure.

SILVIA, *tendrement, en lui prenant le menton* : Hélas! mon petit amant, ne pleurez pas.

ARLEQUIN, *continuant de gémir* : Vous m'aviez promis votre amitié.

SILVIA : Eh! je vous l'ai donnée.

ARLEQUIN : Non; quand on aime les gens, on ne les empêche pas de baiser sa main. *(En lui offrant la sienne.)* Tenez, voilà la mienne; voyez si je ferai comme vous.

SILVIA, *en se ressouvenant des conseils de sa cousine, et comme à part* : Oh! ma cousine dira ce qu'elle voudra, mais je ne puis y tenir. *(Haut.)* Là, là, consolez-vous, mon amant, et baisez ma main puisque vous en avez envie : baisez. Mais écoutez, n'allez pas me demander combien je vous aime; car je vous en dirais toujours la moitié moins qu'il n'y en a. Cela n'empêchera pas que,

dans le fond, je ne vous aime de tout mon cœur; mais vous ne devez pas le savoir, parce que cela vous ôterait votre amitié; on me l'a dit.

ARLEQUIN, *d'une voix plaintive* : Tous ceux qui vous ont dit cela ont fait un mensonge; ce sont des causeurs qui n'entendent rien à notre affaire. Le cœur me bat quand je baise votre main et que vous dites que vous m'aimez, et c'est marque que ces choses-là sont bonnes à mon amitié.

SILVIA : Cela se peut bien, car la mienne en va de mieux en mieux aussi, mais qu'importe, puisqu'on dit que cela ne vaut rien, faisons un marché, de peur d'accident. Toutes les fois que vous me demanderez si j'ai beaucoup d'amitié pour vous, je vous répondrai que je n'en ai guère, et cela ne sera pourtant pas vrai; et quand vous voudrez me baiser la main, je ne le voudrai pas, et pourtant j'en aurai envie.

ARLEQUIN, *riant* : Eh! eh! cela sera drôle! je le veux bien; mais, avant ce marché-là, laissez-moi baiser votre main à mon aise; cela ne sera pas du jeu.

SILVIA : Baisez, cela est juste.

ARLEQUIN *lui baise et rebaise la main; et après, faisant réflexion au plaisir qu'il vient d'avoir, il dit* : Oh! mais, mon amie, peut-être que le marché nous fâchera tous deux.

SILVIA : Eh! quand cela nous fâchera tout de bon, ne sommes-nous pas les maîtres?

ARLEQUIN : Il est vrai, mon amie. Cela est donc arrêté?

SILVIA : Oui.

ARLEQUIN : Cela sera tout divertissant : voyons pour voir. *(Arlequin ici badine, et l'interroge pour rire.)* M'aimez-vous beaucoup?

SILVIA : Pas beaucoup.

ARLEQUIN, *sérieusement* : Ce n'est que pour rire au moins : autrement...

SILVIA, *riant* : Eh! sans doute.

ARLEQUIN, *poursuivant toujours la badinerie, et riant* : Ah! ah! ah! *(Et puis pour badiner encore.)* Donnez-moi votre main, ma mignonne.

SILVIA : Je ne le veux pas.

ARLEQUIN, *souriant* : Je sais pourtant que vous le voudriez bien.

SILVIA : Plus que vous; mais je ne veux pas le dire.

ARLEQUIN, *souriant encore ici; et puis changeant de façon et tristement* : Je veux la baiser, ou je serai fâché.

SILVIA : Vous badinez, mon amant.

ARLEQUIN, *toujours tristement* : Non.

SILVIA : Quoi! c'est tout de bon?

ARLEQUIN : Tout de bon.

SILVIA, *en lui tendant la main* : Tenez donc.

Scène XII : La Fée, Arlequin, Silvia.

LA FÉE, *qui cherchait, arrive et dit à part en retournant son anneau* : Ah! je vois mon malheur.

ARLEQUIN, *après avoir baisé la main de Silvia* : Dame! je badinais.

SILVIA : Je vois bien que vous m'avez attrapée; mais j'en profite aussi.

ARLEQUIN, *qui lui tient toujours la main* : Voilà un petit mot qui me plaît comme tout.

LA FÉE, *à part* : Ah! juste ciel! quel langage! paraissons.

Elle retourne son anneau.

SILVIA, *effrayée de la voir, fait un cri* : Ah!

ARLEQUIN, *de son côté* : Ouf!

LA FÉE, *à Arlequin, avec altération* : Vous en savez déjà beaucoup.

ARLEQUIN, *embarrassé* : Eh! eh! je ne savais pourtant pas que vous étiez là.

LA FÉE, *en le regardant* : Ingrat! *(Puis le touchant de sa baguette.)* Suivez-moi.

Après ce dernier mot, elle touche aussi Silvia sans lui rien dire.

SILVIA, *touchée* : Miséricorde!

La Fée part avec Arlequin, qui marche devant en silence, et comme par compas.

Scène XIII : Silvia, lutins.

SILVIA, *seule, tremblante, et sans bouger* : Ah! la méchante femme! je tremble encore de peur. Hélas! peut-être qu'elle va tuer mon amant, elle ne lui pardonnera jamais de m'aimer. Mais je sais bien comment je ferai; je m'en vais assembler tous les bergers du hameau, et les mener chez elle; allons. *(Silvia là-dessus veut marcher, mais elle ne peut avancer un pas; elle dit.)* Qu'est-ce que j'ai donc! Je ne puis me remuer. *(Elle fait des efforts et ajoute.)* Ah! cette magicienne m'a jeté un sortilège aux jambes. *(A ces mots, deux ou trois lutins viennent pour l'enlever.)*

SILVIA, *tremblante* : Aïe! aïe! Messieurs, ayez pitié de moi; au secours! au secours!

UN DES LUTINS : Suivez-nous, suivez-nous.

SILVIA : Je ne veux pas, je veux retourner au logis.

UN AUTRE LUTIN : Marchons.

Il l'enlève en criant.

Scène XIV : La scène change et représente le jardin de la Fée. La Fée, Arlequin.

La Fée paraît avec Arlequin qui marche devant elle, dans la même posture qu'il a fait ci-devant [7], et la tête baissée.

LA FÉE : Fourbe que tu es! je n'ai pu paraître aimable à tes yeux, je n'ai pu t'inspirer le moindre sentiment, malgré les soins et toute la tendresse que tu m'as vue; et ton changement est l'ouvrage d'une misérable bergère! Réponds, ingrat! que lui trouves-tu de si charmant? Parle.

ARLEQUIN, *feignant d'être retombé dans sa bêtise* : Qu'est-ce que vous voulez?

LA FÉE : Je ne te conseille pas d'affecter une stupidité que tu n'as plus; et si tu ne te montres tel que tu es,

7. C'est-à-dire la posture qu'il avait à la fin de la scène XII, lorsqu'Arlequin « marche devant en silence, et comme par compas » (entendons de façon mesurée, quasi mécanique).

tu vas me voir poignarder l'indigne objet de ton choix.

ARLEQUIN, *vite et avec crainte* : Eh! non, non; je vous promets que j'aurai de l'esprit autant que vous le voudrez.

LA FÉE : Tu trembles pour elle.

ARLEQUIN : C'est que je n'aime pas à voir mourir personne.

LA FÉE : Tu me verras mourir, si tu ne m'aimes.

ARLEQUIN, *en la flattant* : Ne soyez donc pas en colère contre nous.

LA FÉE, *en s'attendrissant* : Ah! mon cher Arlequin, regarde-toi; repens-toi de m'avoir désespérée : j'oublierai de quelle part t'est venu ton esprit; mais puisque tu en as, qu'il te serve à connaître les avantages que je t'offre.

ARLEQUIN : Tenez, dans le fond, je vois bien que j'ai tort; vous êtes belle et brave cent fois plus que l'autre. J'enrage.

LA FÉE : Et de quoi?

ARLEQUIN : C'est que j'ai laissé prendre mon cœur par cette petite friponne, qui est plus laide que vous.

LA FÉE *soupire en secret, et dit* : Arlequin, voudrais-tu aimer une personne qui te trompe, qui a voulu badiner avec toi, et qui ne t'aime pas?

ARLEQUIN : Oh! pour cela, si fait; elle m'aime à la folie.

LA FÉE : Elle t'abusait; je le sais bien, puisqu'elle doit épouser un berger du village qui est son amant. Si tu veux, je m'en vais l'envoyer chercher, et elle te le dira elle-même.

ARLEQUIN, *en se mettant la main sur la poitrine et sur son cœur* : Tic, tac, tic, tac, ouf! voilà des paroles qui me rendent malade. *(Et puis vite.)* Allons, allons, je veux savoir cela; car si elle me trompe, jarni! je vous caresserai, je vous épouserai devant ses deux yeux pour la punir.

LA FÉE : Eh bien! je vais l'envoyer chercher.

ARLEQUIN, *encore ému* : Oui; mais vous êtes bien fine. Si vous êtes là quand elle me parlera, vous lui ferez la grimace, elle vous craindra, et elle n'osera me dire rondement sa pensée.

LA FÉE : Je me retirerai.

ARLEQUIN : La peste! Vous êtes une sorcière, vous nous jouerez un tour comme tantôt, et elle s'en doutera. Vous êtes au milieu du monde, et on ne vous voit rien. Oh! je ne veux point que vous trichiez; faites un serment que vous n'y serez pas en cachette.

LA FÉE : Je te le jure, foi de fée.

ARLEQUIN : Je ne sais point si ce juron-là est bon; mais je me souviens à cette heure, quand on me lisait des histoires, d'avoir vu qu'on jurait par le Six, le Tix, oui, le Styx.

LA FÉE : C'est la même chose.

ARLEQUIN : N'importe, jurez toujours. Dame! puisque vous craignez, c'est que c'est le meilleur.

LA FÉE, *après avoir rêvé* : Eh bien! je n'y serai point, je t'en jure par le Styx, et je vais donner ordre qu'on l'amène ici.

ARLEQUIN : Et moi, en attendant, je m'en vais gémir en me promenant.

Il sort.

Scène XV

LA FÉE, *seule* : Mon serment me lie; mais je n'en sais pas moins le moyen d'épouvanter la bergère sans être présente, et il me reste une ressource. Je donnerai mon anneau à Trivelin qui les écoutera invisible, et qui me rapportera ce qu'ils auront dit. Appelons-le. Trivelin, Trivelin!

Scène XVI : La Fée, Trivelin.

TRIVELIN *vient* : Que voulez-vous, Madame?

LA FÉE : Faites venir ici cette bergère, je veux lui parler; et vous, prenez cette bague. Quand j'aurai quitté cette fille, vous avertirez Arlequin de lui venir parler, et vous le suivrez sans qu'il le sache, pour venir écouter leur entretien, avec la précaution de retourner la bague pour n'être point vu d'eux; après quoi, vous me redirez leurs discours. Entendez-vous? Soyez exact, je vous prie.

TRIVELIN : Oui, Madame.

Il sort pour aller chercher Silvia.

Scène XVII : La Fée, Silvia.

LA FÉE, *un moment seule* : Est-il d'aventure plus triste que la mienne? Je n'ai lieu d'aimer plus que je n'aimai, que pour en souffrir davantage; cependant il me reste encore quelque espérance; mais voici ma rivale. *(Silvia entre. La Fée, en colère.)* Approchez, approchez.

SILVIA : Madame, est-ce que vous voulez toujours me retenir de force ici? Si ce beau garçon m'aime, est-ce ma faute? Il dit que je suis belle; dame! je ne puis pas m'empêcher de l'être.

LA FÉE, *avec un sentiment de fureur, à part* : Oh! si je ne craignais de tout perdre, je la déchirerais. *(Haut.)* Ecoutez-moi, petite fille; mille tourments vous sont préparés, si vous ne m'obéissez.

SILVIA, *en tremblant* : Hélas! vous n'avez qu'à dire.

LA FÉE : Arlequin va paraître ici; je vous ordonne de lui dire que vous n'avez voulu que vous divertir de lui, que vous ne l'aimez point, et qu'on va vous marier avec un berger du village. Je ne paraîtrai point dans votre conversation, mais je serai à vos côtés sans que vous me voyiez; et si vous n'observez mes ordres avec la dernière rigueur, s'il vous échappe le moindre mot qui lui fasse deviner que je vous aie forcée à lui parler comme je le veux, tout est prêt pour votre supplice.

SILVIA : Moi, lui dire que j'ai voulu me moquer de lui! Cela est-il raisonnable? Il se mettra à pleurer, et je me mettrai à pleurer aussi. Vous savez bien que cela est immanquable.

LA FÉE, *en colère* : Vous osez me résister! Paraissez, esprits infernaux; enchaînez-la, et n'oubliez rien pour la tourmenter.

Des esprits entrent.

SILVIA, *pleurant, dit* : N'avez-vous pas de conscience de me demander une chose impossible?

LA FÉE, *aux esprits* : Ce n'est pas tout. Allez prendre l'ingrat qu'elle aime, et donnez-lui la mort à ses yeux.

SILVIA, *avec exclamation* : La mort! Ah! Madame la

Fée, vous n'avez qu'à le faire venir; je m'en vais lui dire que je le hais, et je vous promets de ne point pleurer du tout; je l'aime trop pour cela.

LA FÉE : Si vous versez une larme, si vous ne paraissez tranquille, il est perdu, et vous aussi. *(Aux esprits.)* Ôtez-lui ses fers. *(A Silvia.)* Quand vous lui aurez parlé, je vous ferai reconduire chez vous, si j'ai lieu d'être contente. Il va venir; attendez ici.

La Fée sort et les diables aussi.

Scène XVIII : Trivelin, Arlequin, Silvia.

SILVIA, *un moment seule* : Achevons vite de pleurer, afin que mon amant ne croie pas que je l'aime. Le pauvre enfant! ce serait le tuer moi-même. Ah! maudite Fée! Mais essuyons mes yeux; le voilà qui vient.

Arlequin entre alors triste et la tête penchée; il ne dit mot jusqu'auprès de Silvia. Il se présente à elle, la regarde un moment sans parler; et après, Trivelin, invisible, entre.

ARLEQUIN : Mon amie!

SILVIA, *d'un air libre* : Eh bien?

ARLEQUIN : Regardez-moi [8]

SILVIA, *embarrassée* : A quoi sert tout cela? On m'a fait venir ici pour vous parler; j'ai hâte. Qu'est-ce que vous voulez?

ARLEQUIN, *tendrement* : Est-ce vrai que vous m'avez fourbé?

SILVIA : Oui; tout ce que j'ai fait, ce n'était que pour me donner du plaisir.

ARLEQUIN *s'approche d'elle tendrement, et lui dit* : Mon amie, dites franchement; cette coquine de Fée n'est point ici, car elle en a juré. *(Et puis, en flattant Silvia.)* Là, là, remettez-vous, mon petit cœur; dites, êtes-vous une perfide? Allez-vous être la femme d'un vilain berger?

SILVIA : Oui, encore une fois; tout cela est vrai.

ARLEQUIN *là-dessus pleure de toute sa force* : Hi! hi! hi!

SILVIA, *à part* : Le courage me manque. *(Arlequin en pleurant sans rien dire cherche dans ses poches; il en tire un petit couteau qu'il aiguise sur sa manche. Silvia le voyant faire.)* Qu'allez-vous donc faire? *(Alors, Arlequin, sans répondre, allonge le bras comme pour prendre sa secousse [9], et ouvre un peu son estomac. Silvia, effrayée.)* Ah! il va se tuer. Arrêtez-vous, mon amant; j'ai été obligée de vous dire des menteries. *(Et puis en parlant à la Fée qu'elle croit à côté d'elle.)* Madame la Fée, pardonnez-moi. En quelque endroit que vous soyez ici, vous voyez bien ce qui en est.

ARLEQUIN, *à ces mots cessant son désespoir, lui prend vite la main, et dit* : Ah! quel plaisir! Soutenez-moi, m'amour; je m'évanouis d'aise.

Silvia le soutient. Trivelin alors paraît tout d'un coup à leurs yeux.

8. La plupart des éditions impriment : « Regarde-moi ». Ce serait la seule fois qu'Arlequin tutoie Silvia. Nous préférons donc corriger (à la suite de Frédéric Deloffre dans son *Théâtre choisi de Marivaux*) et retenir : « Regardez-moi ».

9. L'expression « prendre sa secousse » est singulière et ne figure pas dans le Dictionnaire de l'Académie. Celui de Richelet ne la mentionne qu'à propos du mouvement que l'on se donne pour courir. Sans doute faut-il lire ici : prendre son mouvement, prendre son élan.

SILVIA, *dans la surprise, dit* : Ah! voilà la Fée.

TRIVELIN : Non, mes enfants, ce n'est pas la Fée; mais elle m'a donné son anneau, afin que je vous écoutasse sans être vu. Ce serait bien dommage d'abandonner de si tendres amants à sa fureur; aussi bien ne mérite-t-elle pas qu'on la serve, puisqu'elle est infidèle au plus généreux magicien du monde, à qui je suis dévoué. Soyez en repos; je vais vous donner un moyen d'assurer votre bonheur. Il faut qu'Arlequin paraisse mécontent de vous, Silvia; et que, de votre côté, vous feigniez de le quitter en le raillant. Je vais chercher la Fée qui m'attend, à qui je dirai que vous vous êtes parfaitement acquittée de ce qu'elle vous avait ordonné; elle sera témoin de votre retraite. Pour vous, Arlequin, quand Silvia sera sortie, vous resterez avec la Fée; et alors, en l'assurant que vous ne songez plus à Silvia infidèle, vous jurerez de vous attacher à elle, et tâcherez par quelque tour d'adresse et comme en badinant, de lui prendre sa baguette. Je vous avertis que dès qu'elle sera dans vos mains, la Fée n'aura plus aucun pouvoir sur vous deux; et qu'en la touchant elle-même d'un coup de baguette, vous en serez absolument le maître. Pour lors, vous pourrez sortir d'ici et vous faire telle destinée qu'il vous plaira.

SILVIA : Je prie le Ciel qu'il vous récompense.

ARLEQUIN : Oh! quel honnête homme! Quand j'aurai la baguette, je vous donnerai votre plein chapeau de liards [10].

TRIVELIN : Préparez-vous; je vais amener ici la Fée.

Scène XIX : Arlequin, Silvia.

ARLEQUIN : Ma chère amie, la joie me court dans le corps, il faut que je vous baise; nous avons bien le temps de cela.

SILVIA, *en l'arrêtant* : Taisez-vous donc, mon ami; ne nous caressons pas à cette heure, afin de pouvoir nous caresser toujours. On vient; dites-moi bien des injures pour avoir la baguette.

La Fée entre.

ARLEQUIN, *comme en colère* : Allons, petite coquine.

Scène XX : La Fée, Trivelin, Arlequin, Silvia.

TRIVELIN, *à la Fée* : Je crois, Madame, que vous aurez lieu d'être contente.

ARLEQUIN, *continuant à gronder Silvia* : Sortez d'ici, friponne. Voyez cette effrontée! Sortez d'ici, mort de ma vie!

SILVIA, *se retirant en riant* : Ah! ah! qu'il est drôle! Adieu, adieu; je m'en vais épouser mon amant; une autre fois ne croyez pas tout ce qu'on vous dit, petit garçon. (*Et puis Silvia dit à la Fée.*) Madame, voulez-vous que je m'en aille?

LA FÉE, *à Trivelin* : Faites-la sortir, Trivelin.
Silvia sort avec Trivelin.

Scène XXI : La Fée, Arlequin.

LA FÉE : Je vous avais dit la vérité, comme vous voyez.

ARLEQUIN, *comme indifférent* : Oh! je me soucie bien de cela; c'est une petite laide qui ne vous vaut pas. Allez, allez, à présent je vois bien que vous êtes une bonne personne. Fi! que j'étais sot; laissez faire, nous l'attraperons bien, quand nous serons mari et femme.

LA FÉE : Quoi! mon cher Arlequin, vous m'aimerez donc?

ARLEQUIN : Eh! qui donc? J'avais assurément la vue trouble. Tenez, cela m'avait fâché d'abord; mais à présent je donnerais toutes les bergères des champs pour une mauvaise épingle. (*Et puis doucement.*) Mais vous n'avez peut-être plus envie de moi, à cause que j'ai été si bête.

LA FÉE, *charmée* : Mon cher Arlequin, je te fais mon maître, mon mari; oui, je t'épouse; je te donne mon cœur, mes richesses, ma puissance. Es-tu content?

ARLEQUIN, *en la regardant sur cela tendrement* : Ah! m'amie, que vous me plaisez! (*Et lui prenant la main.*) Moi, je me donne ma personne, et puis cela encore; (*C'est son chapeau.*) et puis encore cela. (*C'est son épée* [11]. *Là-dessus, en badinant, il lui met son épée au côté, et dit en lui prenant sa baguette.*) Et je m'en vais mettre ce bâton à mon côté.

Quand il tient la baguette, LA FÉE, *inquiète, lui dit* : Donnez, donnez-moi cette baguette, mon fils; vous la casserez.

ARLEQUIN, *se reculant aux approches de la Fée, tournant autour du théâtre et d'une façon reposée* : Tout doucement, tout doucement!

LA FÉE, *encore plus alarmée* : Donnez donc vite; j'en ai besoin.

ARLEQUIN, *alors, la touche adroitement de la baguette et lui dit* : Tout beau! asseyez-vous là, et soyez sage.

LA FÉE *tombe sur le siège de gazon mis auprès de la grille du théâtre et dit* : Ah! je suis perdue, je suis trahie.

ARLEQUIN, *en riant* : Et moi, je suis on ne peut mieux. Oh! oh! vous me grondiez tantôt parce que je n'avais pas d'esprit; j'en ai pourtant plus que vous. (*Arlequin alors fait des sauts de joie; il rit, il danse, il siffle, et de temps en temps va autour de la Fée, et lui montrant la baguette.*) Soyez bien sage, Madame la sorcière; car voyez-vous bien cela? (*Alors il appelle tout le monde.*) Allons, qu'on m'apporte ici mon petit cœur. Trivelin, où sont mes valets et tous les diables aussi? Vite; j'ordonne; je commande, ou par la sambleu...

Tout accourt à sa voix.

Scène XXII : La Fée, Arlequin, Silvia, Trivelin, les danseurs, les chanteurs et les esprits.

ARLEQUIN, *courant au-devant de Silvia, et lui montrant la baguette* : Ma chère amie, voilà la machine [12]; je suis

---

10. Le *liard* est une petite monnaie de cuivre valant trois deniers, soit le quart d'un sou.

11. Arlequin ne portait pas d'épée mais une large batte de bois.
12. Arlequin fait ici allusion aux machines de théâtre qui constituaient un des attraits des spectacles donnés à l'Hôtel de Bourgogne.

sorcier à cette heure; tenez, prenez, prenez; il faut que vous soyez sorcière aussi.

Il lui donne la baguette.

SILVIA *prend la baguette en sautant d'aise et dit* : Oh! mon amant, nous n'aurons plus d'envieux.

A peine Silvia a-t-elle dit ces mots, que quelques esprits s'avancent, et l'un d'eux dit : Vous êtes notre maîtresse; que voulez-vous de nous?

SILVIA, *surprise de leur approche, se retire et a peur, et dit* : Voilà encore ces vilains hommes qui me font peur.

ARLEQUIN, *fâché* : Jarni! je vous apprendrai à vivre. *(A Silvia.)* Donnez-moi ce bâton, afin que je les rosse.

Il prend la baguette, et ensuite bat les esprits avec son épée; il bat après les danseurs, les chanteurs, et jusqu'à Trivelin même.

SILVIA *lui dit en l'arrêtant* : En voilà assez, mon ami *(Arlequin menace toujours tout le monde, et va à la Fée qui est sur le banc, et la menace aussi. Silvia alors s'approche à son tour de la Fée et lui dit en la saluant.)* Bonjour Madame; comment vous portez-vous? Vous n'êtes donc plus si méchante? *(La Fée retourne la tête en jetant des regards de fureur sur eux.)* Oh! qu'elle est en colère!

ARLEQUIN, *alors, à la Fée* : Tout doux! je suis le maître. Allons, qu'on nous regarde tout à l'heure agréablement.

SILVIA : Laissons-la là, mon ami; soyons généreux; la compassion est une belle chose.

ARLEQUIN : Je lui pardonne; mais je veux qu'on chante, qu'on danse [13], et puis après, nous irons nous faire roi [14] quelque part.

---

13. La pièce se termine par un divertissement symétrique de celui qui ouvrait sa scène III, également sur une musique de Mouret. Il comprend une entrée de bergers dansée sur un air de bourrée, une entrée de lutins dansée, un chant de lutin :

Mère qui voyez votre fille
Et si brillante et si gentille,
Ne vous en applaudissez pas.
Le blondin qui lui rend visite
A fait éclore le mérite
Qui met le prix à ses appas.

Belles méprisez la constance
Qui ne vit que de l'abstinence
Du plaisir qu'on s'est épargné.
Quand l'amant heureux se dégage,
Le plaisir d'en faire un volage
Est toujours autant de gagné.

et finit par une danse cotillon.

14. Arlequin fait allusion ici au répertoire des Comédiens Italiens qui comprend des pièces où il est roi, ainsi dans *Arlequin, empereur dans la lune* (1684) ou *Arlequin, cru prince par magie* (1716).

ANNIBAL
TRAGÉDIE

Une coquille fit imprimer dans l'édition de 1758 des Œuvres de théâtre de M. de Marivaux, de l'Académie Française, la date du 16 octobre 1720 pour la création d'Annibal. Celle-ci aurait ainsi précédé d'un jour la première représentation d'Arlequin poli par l'amour. Et lorsque d'Alembert parle du retour de Marivaux au théâtre « près de quinze années après qu'il eut condamné à l'obscurité sa première comédie », c'est aussi sa tragédie qu'il cite en premier lieu : « Il est vrai qu'il parut au théâtre dans tout l'appareil possible, car sa première pièce fut une tragédie, la Mort d'Annibal. » On crut donc pendant longtemps que la création d'Annibal avait été antérieure, au moins d'une journée, à celle d'Arlequin poli par l'amour.

Or, il n'en est rien. Les faits sont maintenant établis de façon sûre : c'est le 16 décembre 1720 que les Comédiens Français créèrent la tragédie de Marivaux sous le titre de la Mort d'Annibal — soit trois mois environ après la première d'Arlequin poli par l'amour à l'Hôtel de Bourgogne. Et cette Mort d'Annibal fut alors redonnée deux fois de suite, les 19 et 23 décembre. La seule incertitude qui subsiste tient au fait de savoir lequel, d'Annibal ou d'Arlequin, fut écrit d'abord. L'hypothèse la plus plausible (que Frédéric Deloffre considère comme une certitude), c'est que Marivaux composa Annibal avant Arlequin et que cette dernière pièce constitua pour lui une sorte de délassement après le travail qu'avait exigé la tragédie (Marivaux n'était guère doué pour la versification. Il l'a avoué lui-même dans l'Iliade travestie, une épopée « en vers burlesques » : « Si la rime ne pêche pas, le sens aura de l'embarras »). Des témoignages

d'époque (par exemple un écho dans les Nouvelles Littéraires d'Amsterdam, en juin 1720) laissent d'ailleurs entendre qu'il hésita quelque temps avant de donner Annibal à représenter.

C'est Baron qui interpréta Annibal; Dufresne était Flaminius et Mlle Desmarets Laodice. Sans doute est-ce à la présence de ces tragédiens célèbres que la Mort d'Annibal doit d'avoir connu un succès d'estime. Car la pièce, elle, ne fut guère appréciée. Elle quitta l'affiche de la Comédie-Française après trois représentations seulement. Depuis, elle n'a été reprise qu'en 1747. Pourtant, elle reçut alors un accueil très favorable. La chose est curieuse car l'œuvre n'est guère qu'une paraphrase embarrassée des tragédies de la maturité de Corneille. Aussi Jean Fournier et Maurice Bastide posent-ils la question : « Est-ce parce que le nom du nouvel académicien était devenu célèbre ou parce que le public ne trouvait plus la pièce mauvaise? »

C'est sous le titre d'Annibal que cette tragédie a été éditée en 1727 et reprise, depuis 1740, dans la plupart des éditions du Théâtre de Marivaux. Elle est aussi une des rares œuvres de Marivaux dont il reste, sinon le manuscrit, du moins deux copies manuscrites, dont l'une incomplète, actuellement conservées aux Archives de la Comédie-Française et qui sont sans doute de la main même de Marivaux. Ces copies comportent de nombreuses corrections probablement faites à l'occasion de la représentation (création ou reprise). Nous en signalons quelques unes en note : elles témoignent au moins des incertitudes de Marivaux en matière de versification et de style tragique.

ACTEURS

PRUSIAS; LAODICE, *fille de Prusias*; ANNIBAL; FLAMINIUS, *ambassadeur romain*; HIÉRON, *confident de Prusias*; AMILCAR, *confident d'Annibal*; FLAVIUS, *confident de Flaminius*; ÉGINE, *confidente de Laodice.*

LA SCÈNE EST DANS
LE PALAIS DE PRUSIAS. [1]

ACTE PREMIER

Scène I : Laodice, Égine.

ÉGINE

Je ne puis plus longtemps vous taire mes alarmes,
Madame; de vos yeux j'ai vu couler des larmes.
Quel important sujet a pu donc aujourd'hui
Verser dans votre cœur la tristesse et l'ennui?

---

1. Pour *Annibal*, Marivaux s'est inspiré d'un épisode historique : vaincu par Scipion à Zama, Annibal (247-183 avant J.-C.) se réfugia d'abord chez Antiochus, roi d'Éphèse, puis chez Prusias, roi de Bithynie.

LAODICE

Sais-tu quel est celui que Rome nous envoie?

ÉGINE

Flaminius.

LAODICE

Pourquoi faut-il que je le voie?
Sans lui j'allais, sans trouble, épouser Annibal.
O Rome! que ton choix à mon cœur est fatal!
Écoute, je veux bien t'apprendre, chère Égine,
Des pleurs que je versais la secrète origine :
Trois ans se sont passés, depuis qu'en ces États
Le même ambassadeur vint trouver Prusias.
Je n'avais jamais vu de Romain chez mon père;
Je pensais que d'un roi l'auguste caractère
L'élevait au-dessus du reste des humains;
Mais je vis qu'il fallait excepter les Romains.
Je vis du moins mon père, orné du diadème,
Honorer ce Romain, le respecter lui-même;
Et, s'il te faut ici dire la vérité,
Ce Romain n'en parut ni surpris ni flatté.
Cependant ces respects et cette déférence
Blessèrent en secret l'orgueil de ma naissance.
J'eus peine à voir un roi qui me donna le jour,
Dépouillé de ses droits, courtisan dans sa cour,
Et d'un front couronné perdant toute l'audace,
Devant Flaminius n'oser prendre sa place.
J'en rougis, et jetai sur ce hardi Romain
Des regards qui marquaient un généreux dédain.
Mais si le destin sans doute un injuste caprice
Veut devant les Romains que tout orgueil fléchisse :
Mes dédaigneux regards rencontrèrent les siens,
Et les siens, sans effort, confondirent les miens.
Jusques au fond du cœur je me sentis émue;
Je ne pouvais ni fuir, ni soutenir sa vue.
Je perdis sans regret un impuissant courroux;
Mon propre abaissement, Égine, me fut doux.
J'oubliai ces respects qui m'avaient offensée;
Mon père même alors sortit de ma pensée :
Je m'oubliai moi-même, et ne m'occupai plus
Qu'à voir et n'oser voir le seul Flaminius.
Égine, ce récit, que j'ai honte de faire,
De tous mes mouvements t'explique le mystère.

ÉGINE

De ce Romain si fier, qui fut votre vainqueur,
Sans doute, à votre tour, vous surprîtes le cœur.

LAODICE

J'ignore jusqu'ici si je touchai son âme :
J'examinai pourtant s'il partageait ma flamme,
J'observai si ses yeux ne m'en apprendraient rien :
Mais je le voulais trop pour m'en instruire bien :
Je le crus cependant, et, si sur l'apparence
Il est permis de prendre un peu de confiance,
Égine, il me sembla que, pendant son séjour,
Dans son silence même éclatait son amour.
Mille indices pressants me le faisaient comprendre :
Quand je te les dirais, tu ne pourrais m'entendre;
Moi-même, que l'amour sut peut-être tromper,
Je les sens, et ne puis te les développer.
Flaminius partit, Égine, et je veux croire
Qu'il ignora toujours ma honte et sa victoire.

Hélas! pour revenir à ma tranquillité,
Que de maux à mon cœur n'en a-t-il pas coûté!
J'appelai vainement la raison à mon aide :
Elle irrite l'amour, loin d'y porter remède.
Quand sur ma folle ardeur elle m'ouvrit les yeux,
En rougissant d'aimer, je n'en aimais que mieux.
Je ne me servis plus d'un secours inutile;
J'attendis que le temps vînt me rendre tranquille :
Je le devins, Égine, et j'ai cru l'être enfin,
Quand j'ai su le retour de ce même Romain.
Que ferai-je, dis-moi, si ce retour funeste
D'un malheureux amour trouve en moi quelque reste?
Quoi! j'aimerais encore! Ah! puisque je le crains,
Pourrais-je me flatter que mes feux sont éteints?
D'où naîtraient dans mon cœur de si promptes alarmes?
Et si je n'aime plus, pourquoi verser des larmes?
Cependant, chère Égine, Annibal a ma foi,
Et je suis destinée à vivre sous sa loi.
Sans amour, il est vrai, j'allais être asservie;
Mais j'allais partager la gloire de sa vie.
Mon âme, que flattait un partage si grand,
Se disait qu'un héros valait bien un amant.
Hélas! si dans ce jour mon amour se ranime,
Je deviendrai bien moins épouse que victime.
N'importe, quelque sort qui m'attende aujourd'hui,
J'achèverai l'hymen qui doit m'unir à lui,
Et, dût mon cœur brûler d'une ardeur éternelle,
Égine, il a ma foi; je lui serai fidèle.

ÉGINE

Madame, le voici.

Scène II : Laodice, Annibal,
Égine, Amilcar.

ANNIBAL

Puis-je, sans me flatter,
Espérer qu'un moment vous voudrez m'écouter?
Je ne viens point, trop fier de l'espoir qui m'engage,
De mes tristes soupirs vous présenter l'hommage.
C'est un secret qu'il faut renfermer dans son cœur,
Quand on n'a plus de grâce à vanter son ardeur.
Un soin qui me sied mieux, mais moins cher à mon âme
M'invite en ce moment à vous parler, Madame.
On attend dans ces lieux un agent des Romains,
Et le roi votre père ignore ses desseins;
Mais je crois les savoir. Rome me persécute.
Par moi, Rome autrefois se vit près de sa chute.
Ce qu'elle en ressentit et de trouble et d'effroi
Dure encore, et lui tient les yeux ouverts sur moi.
Son pouvoir est peu sûr tant qu'il respire un homme
Qui peut apprendre aux rois à marcher jusqu'à Rome.
A peine ils m'ont reçu que sa juste frayeur
M'en écarte aussitôt par un ambassadeur;
Je puis porter trop loin le succès de leurs armes,
Voilà ce qui nourrit ses prudentes alarmes :
Et de l'ambassadeur, peut-être, tout l'emploi
Est de n'oublier rien pour m'éloigner du roi.
Il va même essayer l'impérieux langage
Dont à ses envoyés Rome prescrit l'usage;

Et ce piège grossier, que tend sa vanité,
Souvent de plus d'un roi surprit la fermeté.
Quoi qu'il en soit, enfin, trop aimable Princesse,
Vous possédez du roi l'estime et la tendresse :
Et moi, qui vous connais, je puis avec honneur
En demander ici l'usage en ma faveur.
Se soustraire au bienfait d'une âme vertueuse,
C'est soi-même souvent l'avoir peu généreuse.
Annibal, destiné pour être votre époux,
N'aura point à rougir d'avoir compté sur vous :
Et votre cœur, enfin, est assez grand pour croire
Qu'il est de son devoir d'avoir soin de ma gloire.

LAODICE

Oui, je la soutiendrai ; n'en doutez point, Seigneur,
L'espoir que vous formez rend justice à mon cœur.
L'inviolable foi que je vous ai donnée
M'associe aux hasards de votre destinée.
Mais aujourd'hui, Seigneur, je n'en ferais pas moins,
Quand vous n'auriez point droit de demander mes soins.
Croyez à votre tour que j'ai l'âme trop fière
Pour qu'Annibal en vain m'eût fait une prière.
Mais, Seigneur, Prusias, dont vous vous défiez,
Sera plus vertueux que vous ne le croyez :
Et puisque avec ma foi vous reçûtes la sienne,
Vos intérêts n'ont pas besoin qu'on les soutienne.

ANNIBAL

Non, je m'occupe ici de plus nobles projets,
Et ne vous parle point de mes seuls intérêts.
Mon nom m'honore assez, Madame, et j'ose dire
Qu'au plus avide orgueil ma gloire peut suffire.
Tout vaincu que je suis, je suis craint du vainqueur :
Le triomphe n'est pas plus beau que mon malheur.
Quand je serais réduit au plus obscur asile,
J'y serais respectable et j'y vivrais tranquille,
Si d'un roi généreux les soins et l'amitié,
Le nœud dont avec vous je dois être lié,
N'avaient rempli mon cœur de la douce espérance
Que ce bras fera foi de ma reconnaissance ;
Et que l'heureux époux dont vous avez fait choix
Sur de nouveaux sujets établissant vos lois,
Justifira l'honneur que me fait Laodice,
En souffrant que ma main à la sienne s'unisse.
Oui, je voudrais encor par des faits éclatants
Réparer entre nous la distance des ans,
Et de tant de lauriers orner cette vieillesse,
Qu'elle effaçât l'éclat que donne la jeunesse.
Mais mon courage en vain médite ces desseins,
Madame, si le roi ne résiste aux Romains :
Je ne vous dirai point que le Sénat peut-être
Deviendra par degrés son tyran et son maître ;
Et que, si votre père obéit aujourd'hui,
Ce maître ordonnera de vous comme de lui ;
Qu'on verra quelque jour sa politique injuste
Disposer de la main d'une princesse auguste,
L'accorder quelquefois, la refuser après,
Au gré de son caprice ou de ses intérêts,
Et d'un lâche allié trop payer le service,
En lui livrant enfin la main de Laodice.

LAODICE

Seigneur, quand Annibal arriva dans ces lieux,

Mon père le reçut comme un présent des dieux,
Et sans doute il connut quel était l'avantage
De pouvoir acquérir des droits sur son courage,
De se l'approprier en se liant à vous,
En vous donnant enfin le nom de mon époux.
Sans la guerre, il aurait conclu notre hyménée ;
Mais il n'est pas moins sûr, et j'y suis destinée.
Qu'Annibal juge donc, sur les desseins du roi,
Si jamais les Romains disposeront de moi ;
Si jamais leur Sénat peut à présent s'attendre
Que de son fier pouvoir le roi veuille dépendre.
Mais je vous laisse. Il vient. Vous pourrez avec lui
Juger si vous aurez besoin de mon appui.

*Scène III : Prusias, Annibal,
Amilcar.*

PRUSIAS

Enfin, Flaminius va bientôt nous instruire
Des motifs importants qui peuvent le conduire.
Avant la fin du jour, Seigneur, nous l'allons voir,
Et déjà je m'apprête à l'aller recevoir.

ANNIBAL

Qu'entends-je ? vous, Seigneur !

PRUSIAS

                D'où vient cette surprise ?
Je lui fais un honneur que l'usage autorise :
J'imite mes pareils.

ANNIBAL

             Eh ! n'êtes-vous pas roi ?

PRUSIAS

Seigneur, ceux dont je parle ont même rang que moi.

ANNIBAL

Eh quoi ! pour vos pareils voulez-vous reconnaître
Des hommes, par abus appelés rois sans l'être ;
Des esclaves de Rome, et dont la dignité
Est l'ouvrage insolent de son autorité ;
Qui, du trône héritiers, n'osent y prendre place,
Si Rome auparavant n'en a permis l'audace ;
Qui, sur ce trône assis, et le sceptre à la main,
S'abaissent à l'aspect d'un citoyen romain ;
Des rois qui, soupçonnés de désobéissance,
Prouvent à force d'or leur honteuse innocence,
Et que d'un fier Sénat l'ordre souvent fatal
Expose en criminels devant son tribunal ;
Méprisés des Romains autant que méprisables ?
Voilà ceux qu'un monarque appelle ses semblables !
Ces rois dont le Sénat, sans armer de soldats,
A de vils concurrents adjuge les États ;
Ces clients, en un mot, qu'il punit et protège,
Peuvent de ses agents augmenter le cortège.
Mais vous, examinez, en voyant ce qu'ils sont,
Si vous devez encor imiter ce qu'ils font.

PRUSIAS

Si ceux dont nous parlons vivent dans l'infamie,
S'ils livrent aux Romains et leur sceptre et leur vie,
Ce lâche oubli du rang qu'ils ont reçu des dieux,
Autant qu'à vous, Seigneur, me paraît odieux :
Mais donner au Sénat quelque marque d'estime,

Rendre à ses envoyés un honneur légitime,
Je l'avoûrai, Seigneur, j'aurai peine à penser
Qu'à de honteux égards ce fût se rabaisser.
Je crois pouvoir enfin les imiter moi-même,
Et n'en garder pas moins les droits du rang suprême.

ANNIBAL

Quoi! Seigneur, votre rang n'est pas sacrifié,
En courant au-devant des pas d'un envoyé!
C'est montrer votre estime, en produire des marques
Que vous ne croyez pas indignes des monarques!
L'ai-je bien entendu? De quel œil, dites-moi,
Voyez-vous le Sénat? et qu'est-ce donc qu'un roi?
Quel discours! juste ciel! de quelle fantaisie
L'âme aujourd'hui des rois est-elle donc saisie?
Et quel est donc enfin le charme ou le poison
Dont Rome semble avoir altéré leur raison?
Cet orgueil, que leur cœur respire sur le trône,
Au seul nom de Romain, fuit et les abandonne;
Et d'un commun accord, ces maîtres des humains,
Sans s'en apercevoir, respectent les Romains!
O rois! et ce respect, vous l'appelez estime!
Je ne m'étonne plus si Rome vous opprime.
Seigneur, connaissez-vous; rompez l'enchantement
Qui vous fait un devoir de votre abaissement.
Vous régnez, et ce n'est qu'un agent qui s'avance,
Au trône, votre place, attendez sa présence.
Sans vous embarrasser s'il est Scythe ou Romain,
Laissez-le jusqu'à vous poursuivre son chemin.
De quel droit le Sénat pourrait-il donc prétendre
Des respects qu'à vous-même il ne voudrait pas rendre?
Mais que vous dis-je? à Rome, à peine un sénateur
Daignerait d'un regard vous accorder l'honneur,
Et, vous apercevant dans une foule obscure,
Vous ferait un accueil plus choquant qu'une injure.
De combien cependant êtes-vous au-dessus
De chaque sénateur!...

PRUSIAS

Seigneur, n'en parlons plus.
J'avais cru faire un pas d'une moindre importance :
Mais pendant qu'en ces lieux l'ambassadeur s'avance,
Souffrez que je vous quitte, et qu'au moins aujourd'hui
Des soins moins éclatants m'excusent envers lui.

Scène IV : Annibal,
Amilcar.

AMILCAR

Seigneur, nous sommes seuls : oserais-je vous dire
Ce que le Ciel peut-être en ce moment m'inspire?
Je connais peu le Roi; mais sa timidité
Semble vous présager quelque infidélité.
Non qu'à présent son cœur manque pour vous de zèle;
Sans doute il a dessein de vous être fidèle :
Mais un prince à qui Rome imprime du respect
De peu de fermeté doit vous être suspect.
Ces timides égards vous annoncent un homme
Assez faible, Seigneur, pour vous livrer à Rome.
Qui sait si l'envoyé qu'on attend aujourd'hui
Ne vient pas, de sa part, vous demander à lui?

Pendant que de ces lieux la retraite est facile,
M'en croirez-vous? fuyez un dangereux asile;
Et sans attendre ici...

ANNIBAL

Nomme-moi des États
Plus sûrs pour Annibal que ceux de Prusias.
Enseigne-moi des rois qui ne soient point timides;
Je les ai trouvés tous ou lâches ou perfides [2].

AMILCAR

Il en serait peut-être encor de généreux;
Mais une autre raison fait vos dégoûts pour eux.
Et si vous n'espériez d'épouser Laodice,
Peut-être à quelqu'un d'eux rendriez-vous justice.
Vous voudrez bien, Seigneur, excuser un discours
Que me dicte mon zèle et le soin de vos jours.

ANNIBAL

Crois-tu que l'intérêt d'une amoureuse flamme
Dans cet égarement pût entraîner même mon âme?
Penses-tu que ce soit seulement de ce jour
Que mon cœur ait appris à surmonter l'amour?
De ses emportements j'ai sauvé ma jeunesse;
J'en pourrai bien encor défendre ma vieillesse.
Nous tenterions en vain d'empêcher que nos cœurs
D'un amour imprévu ne sentent les douceurs,
Ce sont là des hasards à qui l'âme est soumise,
Et dont on peut sans honte éprouver la surprise :
Mais, quel qu'en soit l'attrait, ces douceurs ne sont rien,
Et ne font de progrès qu'autant qu'on le veut bien.
Ce feu, dont on nous dit la violence extrême,
Ne brûle que le cœur qui l'allume lui-même.
Laodice est aimable, et je ne pense pas
Qu'avec indifférence on pût voir ses appas.
L'hymen doit me donner une épouse si belle;
Mais la gloire, Amilcar, est plus aimable qu'elle :
Et jamais Annibal ne pourra s'égarer
Jusqu'au trouble honteux d'oser les comparer.
Mais je suis las d'aller mendier un asile.
D'affliger mon orgueil d'un opprobre stérile.
Où conduire mes pas? Va, crois-moi, mon destin
Doit changer dans ces lieux ou doit y prendre fin.
Prusias ne peut plus m'abandonner sans crime :
Il est faible, il est vrai; mais il veut qu'on l'estime.
Je feins qu'il le mérite; et, malgré sa frayeur,
Sa vanité du moins lui tiendra lieu d'honneur [3].
S'il en croit les Romains, si le Ciel veut qu'il cède,
Des crimes de son cœur le mien sait le remède.
Sois tranquille, Amilcar, et ne crains rien pour moi.
Mais sortons. Hâtons-nous de rejoindre le roi;
Ne l'abandonnons point; il faut même sans cesse,
Par de nouveaux efforts, combattre sa faiblesse,
L'irriter contre Rome : et mon unique soin
Est de me rendre ici son assidu témoin.

2. Variante du manuscrit conservé dans les Archives de la Comédie-Française :
   « Enseigne-moi des rois que Rome se repente
   D'avoir osé chez eux tenter par l'épouvante. »
3. Variante du manuscrit :
   « Sa vanité craindra de me tirer d'erreur. »

ACTE SECOND

Scène I : Flaminius, Flavius.

FLAVIUS

Le roi ne paraît point, et j'ai peine à comprendre,
Seigneur, comment ce prince ose se faire attendre.
Et depuis quand les rois font-ils si peu d'état
Des ministres chargés des ordres du Sénat?
Malgré la dignité dont Rome vous honore,
Prusias à vos vœux ne s'offre point encore.

FLAMINIUS

N'accuse point le roi de ce superbe accueil;
Un roi n'en peut avoir imaginé l'orgueil.
J'y reconnais l'audace et les conseils d'un homme
Ennemi déclaré des respects dus à Rome.
Le roi de son devoir ne serait point sorti;
C'est du seul Annibal que ce trait est parti.
Prusias, sur la foi des leçons qu'on lui donne,
Ne croit plus le respect d'usage sur le trône.
Annibal, de son rang exagérant l'honneur,
Sème avec la fierté la révolte en son cœur.
Quel que soit le succès qu'Annibal en attende,
Les rois résistent peu quand le Sénat commande.
Déjà ce fugitif a dû s'apercevoir
Combien ses volontés ont sur eux de pouvoir.

FLAVIUS

Seigneur, à ce discours souffrez que je comprenne
Que vous ne venez pas pour le seul Artamène,
Et que la guerre enfin que lui fait Prusias
Est le moindre intérêt qui guide ici vos pas.
En vous suivant, j'en ai soupçonné le mystère;
Mais, Seigneur, jusqu'ici j'ai cru devoir me taire.

FLAMINIUS

Déjà mon amitié te l'eût développé,
Sans les soins inquiets dont je suis occupé.
Je t'apprends donc qu'à Rome Annibal doit me suivre.
Et qu'en mes mains il faut que Prusias le livre.
Voilà quel est ici mon véritable emploi,
Sans d'autres intérêts qui ne touchent que moi.

FLAVIUS

Quoi! vous?

FLAMINIUS   [feindre.
          Nous sommes seuls, nous pouvons ne rien
Annibal n'a que trop montré qu'il est à craindre.
Il fuit, il est vaincu, mais vaincu par des coups
Que nous devons encor plus au hasard qu'à nous.
Et, s'il n'eût, autrefois, ralenti son courage,
Rome était en danger de Carthage.
Quoique vaincu, les rois dont il cherche l'appui
Pourraient bien essayer de se servir de lui;
Et, sur ce qu'il a fait fondant leur espérance,
Avec moins de frayeur tenter l'indépendance :
Et Rome à les punir aurait un embarras
Qu'il serait imprudent de ne s'épargner pas.
Nos aigles, en un mot, trop fréquemment défaites
Par ce même ennemi qui trouve des retraites,
Qui n'a jamais craint Rome, et qui même la voit
Seulement ce qu'elle est et non ce qu'on la croit;
Son audace, son nom et sa haine implacable,

Tout, jusqu'à sa défaite, est en lui formidable [4];
Et depuis quelque temps un bruit court parmi nous
Qu'il va de Laodice être bientôt l'époux.
Ce coup est important : Rome en est alarmée.
Pour le rompre elle a fait avancer son armée;
Elle exige Annibal, et, malgré le mépris
Que pour les rois tu sais que le Sénat a pris,
Son orgueil inquiet en fait un sacrifice,
Et livre à mon espoir la main de Laodice.
Le Roi, flatté par là, peut en oublier mieux
La valeur d'un dépôt trop suspect en ces lieux.
Pour effacer l'affront d'un pareil hyménée,
Si contraire à la loi que Rome s'est donnée,
Et je te l'avoûrai, d'un hymen dont mon cœur
N'aurait peut-être pu sentir le déshonneur,
Cette Rome facile accorde à la Princesse
Le titre qui pouvait excuser ma tendresse,
La fait Romaine enfin. Cependant ne crois pas
Qu'en faveur de mes feux j'épargne Prusias.
Rome emprunte ma voix, et m'ordonne elle-même
D'user ici pour lui d'une rigueur extrême.
Il le faut en effet.

FLAVIUS

                    Mais depuis quand, Seigneur,
Brûlez-vous en secret d'une si tendre ardeur?
L'aimable Laodice a-t-elle fait connaître
Qu'elle-même à son tour...

FLAMINIUS

                    Prusias va paraître;
Cessons; mais souviens-toi que l'on doit ignorer
Ce que ma confiance ose te déclarer.

Scène II : Prusias, Annibal, Flaminius,
Flavius, suite du roi.

FLAMINIUS

Rome, qui vous observe, et de qui la clémence
Vous a fait jusqu'ici grâce de sa vengeance,
A commandé, Seigneur, que je vinsse vers vous
Vous dire le danger où vous met son courroux.
Vos armes chaque jour, et sur mer et sur terre,
Entre Artamène et vous renouvellent la guerre.
Rome la désapprouve, et déjà le Sénat
Vous en avait, Seigneur, averti sans éclat.
Un Romain, de sa part, a dû vous faire entendre
Quel parti là-dessus vous feriez bien de prendre;
Qu'il souhaitait enfin qu'on eût, en pareil cas,
Recours à sa justice, et non à des combats.
Cet auguste Sénat, qui peut parler en maître,
Mais qui donne à regret des preuves qu'il peut l'être,
Crut que, vous épargnant des ordres rigoureux,
Vous n'attendriez pas qu'il vous dît : je le veux.
Il le dit aujourd'hui; c'est moi qui vous l'annonce.
Vous allez vous juger en me faisant réponse.
Ainsi, quand le pardon vous est encore offert,
N'oubliez pas qu'un mot vous absout ou vous perd.

---

4. Var. : « Son audace, son nom, sa valeur trop connue
De Rome qui l'observe inquiètent la vue. »

Pour écarter de vous tout dessein téméraire,
Empruntez le secours d'un effroi salutaire :
Voyez en quel état Rome a mis tous ces rois
Qui d'un coupable orgueil ont écouté la voix [5].
Présentez à vos yeux cette foule de princes,
Dont les uns vagabonds, chassés de leurs provinces,
Les autres gémissants, abandonnés aux fers,
De son devoir, Seigneur, instruisent l'univers.
Voilà, pour imposer silence à votre audace,
Le spectacle qu'il faut que votre esprit se fasse.
Vous vaincrez Artamène, et vos heureux destins
Vous mettront, je le veux, son sceptre dans vos mains.
Mais quand vous le tiendrez, ce sceptre qui vous tente,
Qu'en ferez-vous, Seigneur, si Rome est mécontente ?
Que ferez-vous du vôtre, et qui vous sauvera
Des traits vengeurs dont Rome alors vous poursuivra ?
Restez en paix, régnez, gardez votre couronne :
Le Sénat vous la laisse, ou plutôt vous la donne.
Obtenez sa faveur, faites ce qu'il lui plaît;
Je ne vous connais point de plus grand intérêt.
Consultez nos amis : ce qu'ils ont de puissance
N'est que le prix heureux de leur obéissance.
Quoi qu'il en soit, enfin, que votre ambition
Respecte un roi qui vit sous sa protection.

PRUSIAS

Seigneur, quand le Sénat s'abstiendrait d'un langage
Qui fait à tous les rois un si sensible outrage;
Que, sans me conseiller le secours de l'effroi,
Il dirait simplement ce qu'il attend de moi;
Quand le Sénat, enfin, honorerait lui-même
Ce front, qu'avec éclat distingue un diadème,
Croyez-moi, le Sénat et son ambassadeur
N'en parleront tous deux qu'avec plus de grandeur.
Vous ne m'étonnez point, Seigneur, et la menace
Fait rarement trembler ceux qui sont à ma place.
Un roi, sans s'alarmer d'un procédé si haut,
Refuse s'il le peut, accorde s'il le faut.
C'est de ses actions la raison qui décide,
Et l'outrage jamais ne le rend timide.
Artamène avec moi, Seigneur, fit un traité
Qui de sa part encor n'est pas exécuté :
Et quand je l'en pressais, j'appris que son armée
Pour venir me surprendre était déjà formée.
Son perfide dessein alors m'étant connu,
J'ai rassemblé la mienne, et je l'ai prévenu.
Le Sénat pourrait-il approuver l'injustice,
Et d'une lâcheté veut-il être complice?
Son pouvoir n'est-il pas guidé par la raison?
Vos alliés ont-ils le droit de trahison?
Et lorsque je suis prêt d'en être la victime,
M'en défendre, Seigneur, est-ce commettre un crime?

FLAMINIUS

Pourquoi nous déguiser ce que vous avez fait?
A ce traité vous-même avez-vous satisfait?
Et pourquoi d'Artamène accuser la conduite,
Seigneur, si de la vôtre elle n'est que la suite?
Vous aviez fait la paix : pourquoi dans vos États
Avez-vous conservé, même accru vos soldats?

Prétendiez-vous, malgré cette paix solennelle,
Lui laisser soupçonner qu'elle était infidèle,
Et l'engager à prendre une précaution
Qui servît de prétexte à votre ambition?
Mais le Sénat a vu votre coupable ruse,
Et ne recevra point une frivole excuse.
Quels que soient vos motifs, je ne viens en ces lieux
Que pour vous avertir qu'ils lui sont odieux.
Songez-y; mais surtout tâchez de vous défendre
Du poison des conseils dont on veut vous surprendre [6].

ANNIBAL

S'il écoute les miens, ou s'il prend les meilleurs,
Rome ira proposer son esclavage ailleurs.
Prusias indigné poursuivra la conquête
Qu'à lui livrer bientôt la victoire s'apprête.
Ces conseils ne sont pas plus dangereux pour lui
Que pour ce fier Sénat qui l'insulte aujourd'hui.
Si le roi contre lui veut en faire l'épreuve,
Moi, qui vous parle, moi, je m'engage à la preuve.

FLAMINIUS

Le projet est hardi. Cependant votre état
Promet déjà beaucoup en faveur du Sénat :
Et votre orgueil, réduit à chercher un asile,
Fournit à Prusias un espoir bien fragile.

ANNIBAL

Non, non, Flaminius, vous vous entendez mal
A vanter le Sénat aux dépens d'Annibal.
Cet état où je suis rappelle une matière
Dont votre Rome aurait à rougir la première [7].
Ne vous souvient-il plus du temps où dans mes mains
La victoire avait mis le destin des Romains?
Retracez-vous ce temps où par moi l'Italie
D'épouvante et d'horreur et de sang fut remplie.
Laissons de vains discours, dont le faste menteur
De ma chute aux Romains semble donner l'honneur.
Dites, Flaminius; quelle fut leur ressource?
Parlez, quelqu'un de vous arrêta-t-il ma course?
Sans l'imprudent repos que mon bras s'est permis,
Romains, vous n'auriez plus d'amis ni d'ennemis.
De ce peuple insolent, qui veut qu'on obéisse,
Le fer et l'esclavage allaient faire justice;
Et les rois, que soumet sa superbe amitié,
En verraient à présent le reste avec pitié.
O Rome! tes destins ont pris une autre face.
Ma lenteur, ou plutôt mon mépris te fit grâce :
Négligeant des progrès qui me semblaient trop sûrs,
Je laissai respirer ton peuple dans tes murs.
Il échappa depuis, et ma seule imprudence
Des Romains abattus releva l'espérance.
Mais ces fiers citoyens, que je n'accablai pas,
Ne sont point assez vains pour mépriser mon bras;
Et si Flaminius voulait parler sans feindre,
Il dirait qu'on m'honore encor jusqu'à me craindre.
En effet, si le Roi profite du séjour

5. Var. : « Qui de la résistance osèrent faire choix. »

6. Var. pour les quatre derniers vers :
« Vous ne satisferez à son ressentiment.
Que par l'obéissance ou par le châtiment.
Choisissez et surtout tâchez de vous défendre
Du poison des conseils dont on veut vous surprendre. »
7. Annibal fait allusion ici à son expédition d'Italie.

Que les dieux ont permis que je fisse en sa cour,
S'il ose pour lui-même employer mon courage,
Je n'en demande pas à ces dieux davantage.
Le Sénat, qui d'un autre est aujourd'hui l'appui,
Pourra voir arriver le danger jusqu'à lui.
Je sais me corriger; il sera difficile
De me réduire alors à chercher un asile.

FLAMINIUS

Ce qu'Annibal appelle imprudence et lenteur,
S'appellerait effroi, s'il nous ouvrait son cœur.
Du moins, cette lenteur ou cette négligence
Eurent avec l'effroi beaucoup de ressemblance;
Et l'aspect de nos murs si remplis de héros
Put bien vous conseiller le parti du repos.
Vous vous corrigerez? Et pourquoi dans l'Afrique
N'avez-vous donc pas mis tout votre art en pratique?
Serait-ce qu'il manquait à votre instruction
La honte d'être encor vaincu par Scipion [8]?
Rome, il est vrai, vous vit gagner quelque victoire,
Et vous avez raison quand vous en faites gloire.
Mais ce sont vos exploits qui doivent effrayer
Tous les rois dont l'audace osera s'y fier.
Rome, vous le savez, en cent lieux de la terre
Avait à soutenir le fardeau de la guerre.
L'univers attentif crut la voir en danger,
Douta que ses efforts pussent l'en dégager.
L'univers se trompait. Le Ciel, pour le convaincre
Qu'on ne devait jamais espérer de la vaincre,
Voulut jusqu'à ses murs vous ouvrir un chemin,
Pour qu'on la crût encor plus proche de sa fin,
Et que la terre après, détrompée et surprise,
Apprît à l'avenir à nous être soumise.

ANNIBAL

A tant de vains discours, je vois votre embarras;
Et si vous m'en croyez, vous ne poursuivrez pas.
Rome allait succomber : son vainqueur la néglige;
Elle en a profité; voilà tout le prodige.
Tout le reste est chimère ou pure vanité,
Qui déshonore Rome et toute sa fierté [9].

FLAMINIUS

Rome de vos mépris aurait tort de se plaindre :
Tout est indifférent de qui n'est plus à craindre [10].

ANNIBAL

Arrêtez, et cessez d'insulter au malheur
D'un homme qu'autrefois Rome a vu son vainqueur;
Et, quoique sa fortune ait surmonté la mienne,
Les grands coups qu'Annibal a portés à la sienne
Doivent du moins apprendre aux Romains généreux
Qu'il a bien mérité d'être respecté d'eux.
Je sors; je ne pourrais m'empêcher de confondre
A des discours qu'il est trop aisé de confondre.

8. Scipion dit l'Africain fut le vainqueur d'Annibal à la bataille
de Zama (202 avant J.C.).
  9. Le manuscrit comporte ici deux vers supplémentaires :
  « J'expose ce qu'ici vos superbes discours
  S'efforcent d'égarer dans de faibles détours. »
  10. Ce vers remplace un vers barré sur le manuscrit :
  « Vous êtes trop puni pour pouvoir les contraindre. »

Scène III : Prusias, Flaminius, Hiéron.

FLAMINIUS

Seigneur, il me paraît qu'il n'était pas besoin
Que de notre entretien Annibal fût témoin,
Et vous pouviez, sans lui, faire votre réponse
Aux ordres que par moi le Sénat vous annonce.
J'en ai qui de si près touchent cet ennemi,
Que je n'ai pu, Seigneur, m'expliquer qu'à demi.

PRUSIAS

Lui! vous me surprenez, Seigneur : de quelle crainte
Rome, qui vous envoie, est-elle donc atteinte?

FLAMINIUS

Rome ne le craint point, Seigneur; mais sa pitié
Travaille à vous sauver de son inimitié.
Rome ne le craint point, vous dis-je; mais l'audace
Ne lui plaît point dans ceux qui tiennent votre place.
Elle veut que les rois soient soumis au devoir
Que leur a dès longtemps imposé son pouvoir.
Ce devoir est, Seigneur, de n'oser entreprendre
Ce qu'ils n'ignorent pas qu'elle pourrait défendre;
De n'oublier jamais que ses intentions
Doivent, à la rigueur, régler leurs actions;
Et de se regarder comme dépositaires
D'un pouvoir qu'ils n'ont plus dès qu'ils sont téméraires.
Voilà votre devoir, et vous l'observez mal,
Quand vous osez chez vous recevoir Annibal.
Rome, qui tient ici ce sévère langage,
N'a point dessein, Seigneur, de vous faire un outrage;
Et si les fiers avis offensent votre cœur,
Vous pouvez lui répondre avec plus de hauteur.
Cette Rome s'explique en maîtresse du monde.
Si sur un titre égal votre audace se fonde,
Si vous êtes enfin à l'abri de ses coups,
Vous pouvez lui parler comme elle parle à vous.
Mais s'il est vrai, Seigneur, que vous dépendiez d'elle,
Si lorsqu'elle voudra, votre trône chancelle,
Et, pour dire encor plus, si ce que Rome veut,
Cette Rome absolue en même temps le peut,
Que son droit soit injuste ou qu'il soit équitable,
Qu'importe? c'est aux dieux que Rome en est comptable.
Le faible, s'il était le juge du plus fort,
Aurait toujours raison, et l'autre toujours tort.
Annibal est chez vous, Rome en est courroucée :
Pouviez-vous là-dessus ignorer sa pensée?
Est-ce donc imprudence? ou n'avez-vous point su
Ce qu'elle envoya dire aux rois qui l'ont reçu?

PRUSIAS

Seigneur, de vos discours l'excessive licence
Semble vouloir ici tenter ma patience.
Je sens des mouvements qui vous sont des conseils
De ne jamais chez eux mépriser mes pareils.
Les rois, dans le haut rang où le Ciel les fait naître,
Ont souvent des vainqueurs et n'ont jamais de maître;
Et, sans en appeler à l'équité des dieux,
Leur courroux peut juger de vos droits odieux.
J'honore le Sénat; mais malgré sa menace,
Je me dispenserai d'excuser mon audace.
Je crois pouvoir enfin recevoir qui me plaît,

Et pouvoir ignorer quel est votre intérêt.
J'avoûrai cependant, puisque Rome est puissante,
Qu'il est avantageux de la rendre contente.
Expliquez-vous, Seigneur, et voyons si je puis
Faire ce qu'elle exige, étant ce que je suis.
Mais retranchez ces mots d'ordre, de dépendance,
Qui ne m'invitent pas à plus d'obéissance.

FLAMINIUS
Eh bien! daignez souffrir un avis important :
Je demande Annibal, et le Sénat l'attend.

PRUSIAS
Annibal?

FLAMINIUS
      Oui, ma charge est de vous en instruire;
Mais, Seigneur, écoutez ce qui me reste à dire [11].
Rome pour Laodice a fait choix d'un époux,
Et c'est un choix, Seigneur, avantageux pour vous.

PRUSIAS
Lui nommer un époux! Je puis l'avoir promise.

FLAMINIUS
En ce cas, du Sénat avouez l'entremise.
Après un tel aveu, je pense qu'aucun roi
Ne vous reprochera d'avoir manqué de foi.
Mais agréez, Seigneur, que l'aimable princesse
Sache par moi que Rome à son sort s'intéresse,
Que sur ce même choix interrogeant son cœur,
Moi-même...

PRUSIAS
      Vous pouvez l'en avertir, Seigneur,
J'admire ici les soins que Rome prend pour elle,
Et de son amitié l'entreprise est nouvelle;
Ma fille en peut résoudre, et je vais consulter
Ce que pour Annibal je dois exécuter.

Scène IV : Prusias, Hiéron.

HIÉRON
Rome de vos desseins est sans doute informée?

PRUSIAS
Et tu peux ajouter qu'elle en est alarmée.

HIÉRON
Observez donc aussi, Seigneur, que son courroux
En est en même temps plus terrible pour vous.

PRUSIAS
Mais as-tu bien conçu quelle est la perfidie
Dont cette Rome veut que je souille ma vie?
Ce guerrier, qu'il faudrait lui livrer en ce jour,
Ne souhaitait de moi qu'un asile en ma cour.
Ces serments que j'ai faits de lui donner ma fille,
De rendre sa valeur l'appui de ma famille,
De confondre à jamais son sort avec le mien,
Je suis l'auteur de tout, il ne demandait rien.
Ce héros, qui se fie à ces marques d'estime,
S'attend-il que mon cœur achève par un crime?
Le Sénat qui travaille à séduire ce cœur,
En profitant du coup, il en aurait horreur.

HIÉRON
Non : de trop de vertu votre esprit le soupçonne,
Et ce n'est pas ainsi que ce Sénat raisonne.
Ne vous y trompez pas : sa superbe fierté
Vous presse d'un devoir, non d'une lâcheté.
Vous vous croiriez perfide; il vous croirait fidèle,
Puisque lui résister c'est se montrer rebelle.
D'ailleurs, cette action dont vous avez horreur,
Le péril du refus en ôte la noirceur.
Pensez-vous, en effet, que vous devez en croire
Les dangereux conseils d'une fatale gloire?
Et ces princes, Seigneur, sont-ils donc généreux,
Qui le sont en risquant tout un peuple avec eux?
Qui, sacrifiant tout à l'affreuse faiblesse
D'accomplir sans égard une injuste promesse [12],
Egorgent par scrupule un monde de sujets,
Et ne gardent leur foi qu'à force de forfaits?

PRUSIAS
Ah! lorsque à ce héros j'ai promis Laodice,
J'ai cru qu'à mes sujets c'était rendre un service.
Tu sais que souvent Rome a contraint nos États
De servir ses desseins, de fournir des soldats :
J'ai donc cru qu'en donnant retraite à ce grand homme,
Sa valeur gênerait l'insolence de Rome,
Que ce guerrier chez moi pourrait l'épouvanter,
Que ce qu'elle en connaît m'en ferait respecter;
Je me trompais; et c'est son épouvante même
Qui me plonge aujourd'hui dans un péril extrême.
Mais n'importe, Hiéron : Rome a beau menacer,
A rompre mes serments rien ne doit me forcer;
Et du moins essayons ce qu'en cette occurrence
Peut produire pour moi la ferme résistance.
La menace n'est rien, ce n'est pas ce qui nuit;
Mais pour prendre un parti, voyons ce qui la suit.

ACTE TROISIÈME

Scène I : Laodice, Égine.

LAODICE
Oui, ce Flaminius dont je crus être aimée,
Et dont je me repens d'avoir été charmée,
Égine, il doit me voir pour me faire accepter
Je ne sais quel époux qu'il vient me présenter.
L'ingrat! je le craignais; à présent, quand j'y pense,
Je ne sais point encor si c'est indifférence;
Mais enfin, le penchant qui me surprit pour lui
Me semble, grâce au Ciel, expirer aujourd'hui.

ÉGINE
Quand il vous aimerait, eh! quel espoir, Madame,
Oserait en ce jour se permettre votre âme?
Il faudrait l'oublier.

LAODICE
      Hélas! depuis le jour
Que pour Flaminius je sentis de l'amour,
Mon cœur tâcha du moins de se rendre le maître

---

11. Var. : « Écoutez ce qu'un refus entraîne :
    Si vous n'obéissez, votre perte est certaine. »

12. Var. : « Qui, n'osant abjurer l'orgueilleuse faiblesse,
    Qui leur fait un devoir de tenir leur promesse. »

De cet amour qu'il plut au sort d'y faire naître.
Mais d'un tel ennemi penses-tu que le cœur
Puisse avec fermeté vouloir être vainqueur?
Il croit qu'autant qu'il peut il combat, il s'efforce :
Mais il a peur de vaincre et veut manquer de force;
Et souvent sa défaite a pour lui tant d'appas,
Que, pour aimer sans trouble, il feint de n'aimer pas.
Le cœur, à la faveur de sa propre imposture,
Se délivre du soin de guérir sa blessure.
C'est ainsi que le mien nourrissait un amour
Qui s'accrut sur la foi d'un apparent retour.
O d'un retour trompeur apparence flatteuse!
Ce fut toi qui nourris une flamme honteuse.
Mais que dis-je? ah! plutôt ne la rappelons plus :
Sans crainte et sans espoir voyons Flaminius.

ÉGINE

Contraignez-vous : il vient.

Scène II : Laodice, Flaminius, Égine.

FLAMINIUS, *à part.*
                    Quelle grâce nouvelle
A mes regards surpris la rend encor plus belle!
Madame, le Sénat, en m'envoyant au roi,
N'a point à lui parler limité mon emploi.
Rome, à qui la vertu fut toujours respectable,
Envers vous aujourd'hui croit la sienne comptable
D'un témoignage ardent dont l'éclat mette au jour
Ce qu'elle a pour la vôtre et d'estime et d'amour.
Je n'ose ici mêler mes respects ni mon zèle
Avec les sentiments que j'explique pour elle.
Non, c'est Rome qui parle, et malgré la grandeur
Que me prête la sienne je ne me dis ambassadeur,
Quoique enfin le Sénat n'ait consacré ce titre
Qu'à s'annoncer des rois et le juge et l'arbitre,
Il a cru que le soin d'honorer la vertu
Ornait la dignité dont il m'a revêtu.
Madame, en sa faveur, que votre âme indulgente
Fasse grâce à l'époux que sa main vous présente.
Celui qu'il a choisi...

LAODICE
                    Non, n'allez pas plus loin;
Ne dites pas son nom : il n'en est pas besoin.
Je dois beaucoup aux soins où le Sénat s'engage;
Mais je n'ai pas, Seigneur, dessein d'en faire usage.
Cependant vous dirai-je ici mon sentiment
Sur l'estime de Rome et son empressement?
Par où, s'il ne s'y mêle un peu de politique,
Ai-je l'honneur de plaire à votre république?
Mes paisibles vertus ne valent pas, Seigneur,
Que le Sénat s'emporte à cet excès d'honneur.
Je n'aurais jamais cru qu'il vît comme un prodige
Des vertus où mon rang, où mon sexe m'oblige.
Quoi! le Ciel, de ses dons prodigue aux seuls Romains
En prive-t-il le cœur du reste des humains?
Et nous a-t-il fait naître avec tant d'infortune,
Qu'il faille nous louer d'une vertu commune?
Si tel est notre sort, du moins épargnez-nous
L'honneur humiliant d'être admirés de vous.
Quoi qu'il en soit enfin, dans la peur d'être ingrate,

Je rends grâce au Sénat, et son zèle me flatte.
Bien plus, Seigneur, je vois d'un œil reconnaissant
Le choix de cet époux dont il me fait présent.
C'est en dire beaucoup : une telle entreprise
De trop de liberté pourrait être reprise;
Mais je me rends justice, et ne puis soupçonner
Qu'il ait de mon destin cru pouvoir donner.
Non, son zèle a tout fait, et ce zèle l'excuse;
Mais, Seigneur, il en prend un espoir qui l'abuse;
Et c'est trop, entre nous, présumer des effets
Que produiront sur moi ses soins et ses bienfaits,
S'il pense que mon cœur, par un excès de joie.
Va se sacrifier aux honneurs qu'il m'envoie.
Non, aux droits de mon rang ce cœur accoutumé
Est trop fait aux honneurs pour en être charmé.
D'ailleurs, je deviendrais le partage d'un homme
Qui va, pour m'obtenir, me demander à Rome,
Ou qui, choisi par elle, a le cœur assez bas
Pour n'oser déclarer qu'il ne me choisit pas;
Qui n'a ni mon aveu ni celui de mon père!
Non : il est, quel qu'il soit, indigne de me plaire.

FLAMINIUS
Qui n'a point votre aveu, Madame! Ah! cet époux
Vous aime, et ne veut être agréé que de vous.
Quand les dieux, le Sénat, et le roi votre père,
Hâteraient en ce jour une union si chère,
Si vous ne confirmiez leurs favorables vœux,
Il vous aimerait trop pour vouloir être heureux.
Un feu moins généreux serait-il votre ouvrage?
Pensez-vous qu'un amant que Laodice engage
Pût à tant de révolte encourager son cœur,
Qu'il voulût malgré vous usurper son bonheur?
Ah! dans celui que Rome aujourd'hui vous présente,
Ne voyez qu'une ardeur timide, obéissante,
Fidèle, et qui, bravant l'injure des refus,
Durera, mais, s'il faut, ne se produira plus.
Perdez donc les soupçons qui vous avaient aigrie.
Arbitre de l'amant dont vous êtes chérie,
Que le courroux du moins n'ait, dans ce même instant,
Nulle part dangereuse à l'arrêt qu'il attend.
Je vous ai tu son nom; mais mon récit peut-être,
Et le vif intérêt que j'ai laissé paraître,
Sans en expliquer plus, vous instruisent assez.

LAODICE
Quoi! Seigneur, vous seriez... Mais que dis-je? cessez,
Et n'éclaircissez point ce que j'ignore encore.
J'entends qu'on me recherche, et que Rome m'honore.
Le reste est un secret où je ne dois rien voir.

FLAMINIUS
Vous m'entendez assez pour m'ôter tout espoir;
Il faut vous l'avouer : je vous ai trop aimée,
Et, pour dire encor plus, toujours trop estimée,
Pour me laisser surprendre à la crédule erreur
De supposer quelqu'un digne de votre cœur.
Il est vrai qu'à nos vœux le Ciel souvent propice
Pouvait en ma faveur disposer Laodice :
Mais après vos refus, qui ne m'ont point surpris,
Je ne m'attendais pas encore à des mépris,
Ni que vous feignissiez de ne point reconnaître
L'infortuné penchant que vous avez vu naître.

LAODICE

Un pareil entretien a duré trop longtemps,
Seigneur; je plains des feux si tendres, si constants :
Je voudrais que pour eux le sort plus favorable
Eût destiné mon cœur à leur être équitable.
Mais je ne puis, Seigneur; et des liens si doux,
Quand je les aimerais, ne sont point faits pour nous. [13]
Oubliez-vous quel rang nous tenons l'un et l'autre?
Vous rougiriez du mien, je rougirais du vôtre.

FLAMINIUS

Qu'entends-je! moi, Madame, oser m'estimer plus!
N'êtes-vous pas Romaine avec tant de vertus?
Ah! pourvu que ce cœur partageât ma tendresse...

LAODICE

Non, Seigneur; c'est en vain que le vôtre m'en presse;
Et quand même l'amour nous unirait tous deux...

FLAMINIUS

Achevez; qui pourrait m'empêcher d'être heureux?
Vous aurait-on promise? et le Roi votre père
Aurait-il...

LAODICE

N'accusez nulle cause étrangère.
Je ne puis vous aimer, Seigneur, et vos soupçons
Ne doivent point ailleurs en chercher des raisons.

Scène III

FLAMINIUS, *seul.*

Enfin elle me fuit, et Rome méprisée
A permettre mes feux s'est en vain abaissée.
Et moi, je l'aime encore, après tant de refus,
Ou plutôt je sens bien que je l'aime encor plus.
Mais cependant, pourquoi s'est-elle interrompue?
Quel secret allait-elle exposer à ma vue?
Et quand un même amour nous unirait tous deux..
Où tendait ce discours qu'elle a laissé douteux?
Aurait-on fait à Rome un rapport trop fidèle?
Serait-ce qu'Annibal est destiné pour elle;
Et que, sans cet hymen, je pourrais espérer...?
Mais à quel piège ici vais-je encor me livrer?
N'importe, instruisons-nous; le cœur plein de tendresse,
M'appartient-il d'oser combattre une faiblesse?
Le Roi vient; et je vois Annibal avec lui.
Sachons ce que je puis en attendre aujourd'hui.

Scène IV : Prusias, Annibal, Flaminius.

PRUSIAS

J'ignorais qu'en ces lieux...

FLAMINIUS

Non : avant que j'écoute,
Répondez-moi, de grâce, et tirez-moi d'un doute.
L'hymen de votre fille est aujourd'hui certain.
A quel heureux époux destinez-vous sa main?

PRUSIAS

Que dites-vous, Seigneur?

FLAMINIUS

Est-ce donc un mystère?

PRUSIAS

Ce que vous exigez ne regarde qu'un père.

FLAMINIUS

Rome y prend intérêt, je vous l'ai déjà dit;
Et je crois qu'avec vous cet intérêt suffit.

PRUSIAS

Quelque intérêt, Seigneur que votre Rome y prenne,
Est-il juste, après tout, que sa bonté me gêne?

FLAMINIUS

Abrégeons ces discours. Répondez, Prusias :
Quel est donc cet époux que vous ne nommez pas?

PRUSIAS

Plus d'un prince, Seigneur, demande Laodice;
Mais qu'importe au Sénat que je l'en avertisse,
Puisque avec aucun d'eux je ne suis engagé?

ANNIBAL

De qui dépendez-vous, pour être interrogé?

FLAMINIUS

Et vous qui répondez, instruisez-moi, de grâce :
Est-ce à vous qu'on m'envoie? Est-ce ici votre place?
Qu'y faites-vous enfin?

ANNIBAL

J'y viens défendre un roi [14]
Dont le cœur généreux s'est signalé pour moi;
D'un roi dont Annibal embrasse la fortune,
Et qu'avec trop d'excès votre orgueil importune.
Je blesse ici vos yeux, dites-vous : je le croi;
Mais j'y suis à bon titre, et comme ami du roi.
Si ce n'est pas assez pour y pouvoir paraître,
Je suis donc son ministre, et je le fais mon maître.

FLAMINIUS

Dût-il de votre fille être bientôt l'époux,
Pourrait-il de son sort se montrer plus jaloux?
Qu'en dites-vous, Seigneur?

PRUSIAS

Il me marque son zèle,
Et vous dit ce qu'inspire une amitié fidèle.

ANNIBAL

Instruisez le Sénat, rendez-lui la frayeur
Que son agent voudrait jeter dans votre cœur.
Déclarez avec qui votre foi vous engage :
J'en réponds, cet aveu vaudra bien un outrage.

FLAMINIUS

Qui doit donc épouser Laodice?

ANNIBAL

C'est moi.

FLAMINIUS

Annibal?

ANNIBAL

Oui, c'est lui qui défendra le Roi;
Et puisque sa bonté m'accorde Laodice,

---

13. Var. : « Mais je ne puis, Seigneur; un stérile chagrin
Est tout ce que pour vous me permet le destin. »

14. Var. pour les trois derniers vers :
Flaminius : Vous de qui jusqu'ici j'ai souffert la présence,
De votre audace au moins arrêtez la licence,
Quel parti prenez-vous?
Annibal : Je prends celui d'un roi.

Puisque de sa révolte Annibal est complice,
Le parti le meilleur pour Rome est désormais
De laisser ce rebelle et son complice en paix.
  A Prusias.
Seigneur, vous avez vu qu'il était nécessaire
De finir par l'aveu que je viens de lui faire.
Et vous devez juger, par son empressement,
Que Rome a des soupçons de notre engagement.
J'ose dire encor plus : l'intérêt d'Artamène
Ne sert que de prétexte au motif qui l'amène ;
Et sans m'estimer trop, j'assurerai, Seigneur,
Que vous n'eussiez point vu sans moi d'ambassadeur,
Que Rome craint de voir conclure un hyménée
Qui m'attache à jamais à votre destinée,
Qui me remet encor les armes à la main,
Qui de Rome peut-être expose le destin,
Qui contre elle du moins fait revivre un courage
Dont jamais son orgueil n'oublira le ravage.
Cette Rome, il est vrai, ne parle point de moi ;
Mais ses précautions trahissent son effroi.
Oui, les soins qu'elle prend du sort de Laodice
D'un orgueil alarmé vous montrent l'artifice.
Son Sénat en bienfaits serait moins libéral,
S'il ne s'agissait pas d'écarter Annibal.
En vous développant sa timide prudence,
Ce n'est pas que, saisi de quelque défiance,
Je veuille encourager votre honneur étonné
A confirmer l'espoir que vous m'avez donné.
Non, je mériterais une amitié parjure,
Si j'osais un moment vous faire cette injure.
Et que pourriez-vous craindre en gardant votre foi ?
Est-ce d'être vaincu, de cesser d'être roi ?
Si vous n'exercez pas le droit du rang suprême,
Si vous portez des fers avec un diadème,
Et si de vos enfants vous ne disposez pas,
Vous ne pouvez rien perdre en perdant vos États.
Mais vous les défendrez : et j'ose encor vous dire
Qu'un prince à qui le Ciel a commis un empire,
Pour qui cent mille bras peuvent se réunir,
Doit braver les Romains, les vaincre et les punir.

FLAMINIUS

Annibal est vaincu ; je laisse à sa colère
Le faible amusement d'une vaine chimère.
Épuisez votre adresse à tromper Prusias ;
Pressez ; Rome commande et ne dispute pas ;
Et ce n'est qu'en faisant éclater sa vengeance,
Qu'il lui sied de donner des preuves de puissance.
Le refus d'obéir à ses augustes lois
N'intéresse point Rome, et n'est fatal qu'aux rois.
C'est donc à Prusias à qui seul il importe
De se rendre docile aux ordres que j'apporte.
Poursuivez vos discours, je n'y répondrai rien ;
Mais laissez-nous après un moment d'entretien.
Je vous cède l'honneur d'une vaine querelle.
Et je dois de mon temps un compte plus fidèle.

ANNIBAL

Oui, je vais m'éloigner : mais prouvez-lui, Seigneur,
Qu'il ne rend pas ici justice à votre cœur.

Scène V : Flaminus, Prusias.

FLAMINIUS

Gardez-vous d'écouter une audace frivole,
Par qui son désespoir follement se console.
Ne vous y trompez pas, Seigneur ; Rome aujourd'hui
Vous demande Annibal, sans en vouloir à lui.
Elle avait défendu qu'on lui donnât retraite ;
Non qu'elle eût, comme il dit, une frayeur secrète :
Mais il ne convient pas qu'aucun roi parmi vous
Fasse grâce aux vaincus que proscrit son courroux.
Apaisez-la, Seigneur : une nombreuse armée,
Pour venir vous surprendre, a dû s'être formée ;
Elle attend vos refus pour fondre en vos États ;
L'orgueilleux Annibal ne les sauvera pas.
Vous, de son désespoir instrument et ministre,
Qui n'en pénétrez pas le mystère sinistre,
Vous, qu'il abuse enfin, vous par qui son orgueil
Se cherche, en vous perdant, un éclatant écueil,
Vous périrez, Seigneur ; et bientôt Artamène,
Aidé de son côté des troupes qu'on lui mène,
Dépouillera ce front de ce bandeau royal,
Confié sans prudence aux fureurs d'Annibal.
Annonçant du Sénat la volonté suprême,
J'ai parlé jusqu'ici comme il parle lui-même ;
J'ai dû de son langage observer la rigueur :
Je l'ai fait ; mais jugez s'il en coûte à mon cœur.
Connaissez-le, Seigneur : Laodice m'est chère ;
Il doit m'être bien dur de menacer son père.
Oui, vous voyez l'époux proposé dans ce jour,
Et dont Rome n'a pas désapprouvé l'amour.
Je ne vous dirai point ce que pourrait attendre
Un roi qui choisirait Flaminius pour gendre,
Pensez-y, mon amour ne vous fait point de loi,
Et vous ne risquez rien ne refusant que moi.
Mon âme à vous servir n'en sera pas moins prête ;
Mais, par reconnaissance, épargnez votre tête.
Oui, malgré vos refus et malgré ma douleur,
Je vous promets les soins d'une éternelle ardeur.
A présent trop frappé des malheurs que j'annonce,
Peut-être auriez-vous peine à me faire réponse ;
Songez-y ; mais sachez qu'après cet entretien,
Je pars, si dans ce jour vous ne résolvez rien.

Scène VI

PRUSIAS, *seul.*

Il aime Laodice ! Imprudente promesse,
Ah ! sans toi, quel appui m'assurait sa tendresse !
Dois-je vous immoler le sang de mes sujets,
Serments qui l'exposez, et que l'orgueil a faits ?
Toi [15], dont j'admirai trop la fortune passée,
Sauras-tu vaincre mieux ceux qui l'ont renversée ?
Abattu sous le faix de l'âge et du malheur,
Quel fruit espères-tu d'une infirme valeur ?
Tristes réflexions, qu'il n'est plus temps de faire !
Quand je me suis perdu, la sagesse m'éclaire :

15. On remarquera que ce *Toi* n'a pas la même valeur que le
précédent qui renvoie à « promesse » alors que celui-ci sous-entend
Annibal.

Sa lumière importune, en ce fatal moment,
N'est plus une ressource, et n'est qu'un châtiment.
En vain s'ouvre à mes yeux un affreux précipice;
Si je ne suis un traître, il faut que j'y périsse.
Oui, deux partis encore à mon choix sont offerts :
Je puis vivre en infâme, ou mourir dans les fers.
Choisis, mon cœur. Mais quoi! tu crains la servitude?
Tu n'es déjà qu'un lâche à ton incertitude!
Mais ne puis-je, après tout, balancer sur le choix?
Impitoyable honneur, examinons tes droits.
Annibal a ma foi; faut-il que je la tienne,
Assuré de ma perte, et certain de la sienne?
Quel projet insensé! La raison et les dieux
Me font-ils un devoir d'un transport furieux?
O ciel! j'aurais peut-être, au gré d'une chimère,
Sacrifié mon peuple et conclu sa misère.
Non, ridicule honneur, tu m'as en vain pressé;
Non, ce peuple t'échappe, et ton charme a cessé.
Le parti que je prends, dût-il même être infâme,
Sujets, pour vous sauver j'en accepte le blâme.
Il faudra donc, grands dieux! que mes serments soient
Et je vais donc livrer Annibal aux Romains,   [vains,
L'exposer aux affronts que Rome lui destine!
Ah! ne vaut-il pas mieux résoudre ma ruine?
Que dis-je? mon malheur est-il donc sans retour?
Non, de Flaminius sollicitons l'amour.
Mais Annibal revient, et son âme inquiète
Peut-être a pressenti ce que Rome projette.
Dissimulons.

Scène VII : Prusias, Annibal.

ANNIBAL

J'ai vu sortir l'ambassadeur.
De quels ordres encor s'agissait-il, Seigneur?
Sans doute il aura fait des menaces nouvelles?
Son Sénat...

PRUSIAS

Il voulait terminer vos querelles :
Mais il ne m'a tenu que les mêmes discours,
Dont vos longs différends interrompaient le cours.
Il demande la paix, et m'a parlé sans cesse
De l'intérêt que Rome a pris à la princesse.
Il la verra peut-être, et je vais, de ce pas,
D'un pareil entretien prévenir l'embarras.

Scène VIII

ANNIBAL, seul.

Il fuit; je l'ai surpris dans une inquiétude
Dont il ne me dit rien, qu'il cache avec étude.
Observons tout : la mort n'est pas ce que je crains;
Mais j'avais espéré de punir les Romains.
Le succès était sûr, si ce prince timide
Prend mon expérience ou ma haine pour guide.
Rome, quoi qu'il en soit, j'attendrai que les dieux
Sur ton sort et le mien s'expliquent encor mieux.

ACTE QUATRIÈME

Scène I

LAODICE, seule.

Quel agréable espoir vient me luire en ce jour!
Le roi de mon amant approuve donc l'amour!
Auteur de mes serments, il les romprait lui-même,
Et je pourrais sans crime épouser ce que j'aime.
Sans crime! Ah! c'en est un, que d'avoir souhaité
Que mon père m'ordonne une infidélité.
Abjure tes souhaits, mon cœur; qu'il te souvienne
Que c'est faire des vœux pour sa honte et la mienne.
Mais que vois-je? Annibal!

Scène II : Laodice, Annibal.

ANNIBAL

Enfin, voici l'instant
Où tout semble annoncer qu'un outrage m'attend.
Un outrage, grands dieux! A ce seul mot, Madame,
Souffrez qu'un juste orgueil s'empare de mon âme.
Dans un pareil danger, il doit m'être permis,
Sans crainte d'être vain, d'exposer qui je suis.
J'ai besoin, en un mot, qu'ici votre mémoire
D'un malheureux guerrier se rappelle la gloire;
Et qu'à ce souvenir votre cœur excité,
Redouble encor pour moi sa générosité.
Je ne vous dirai plus de presser votre père
De tenir les serments qu'il a voulu me faire.
Ces serments me flattaient du bonheur d'être à vous;
Voilà ce que mon cœur y trouvait de plus doux.
Je vois que c'en est fait, et que Rome l'emporte :
Mais j'ignore où s'étend le coup qu'elle me porte.
Instruisez Annibal; il n'a que vous ici,
Par qui de ses projets il puisse être éclairci.
Des devoirs où pour moi votre foi vous oblige,
Un aveu qui me sauve est tout ce que j'exige.
Songez que votre cœur est pour moi dans ces lieux
L'incorruptible ami que me laissent les dieux.
On vous offre un époux, sans doute; mais j'ignore
Tout ce qu'à Prusias Rome demande encore.
Il craint de me parler, et je vois aujourd'hui
Que la foi qui le lie est un fardeau pour lui,
Et, je vous l'avoûrai, mon courage s'étonne
Des desseins où l'effroi peut-être l'abandonne.
Sans quelque tendre espoir qui retarde ma main,
Sans Rome que je hais, j'assurais mon destin.
Parlez, ne craignez point que ma bouche trahisse
La faveur que ma gloire attend de Laodice.
Quel est donc cet époux que l'on vient vous offrir?
Puis-je vivre, ou faut-il me hâter de mourir?

LAODICE

Vivez, Seigneur, vivez; j'estime trop moi-même
Et la gloire et le cœur de ce héros qui m'aime
Pour ne l'instruire pas, si jamais dans ces lieux
Quelqu'un lui réservait un sort injurieux.
Oui, puisque c'est à moi que ce héros se livre,
Et qu'enfin c'est pour lui que j'ai juré de vivre,
Vous devez être sûr qu'un cœur tel que le mien

Prendra les sentiments qui conviennent au sien ;
Et que, me conformant à votre grand courage,
Si vous deviez, Seigneur, essuyer un outrage,
Et que la seule mort pût vous en garantir,
Mes larmes couleraient pour vous en avertir.
Mais votre honneur ici n'aura pas besoin d'elles :
Les dieux m'épargneront des larmes si cruelles ;
Mon père est vertueux ; et si le sort jaloux
S'opposait aux desseins qu'il a formés pour nous,
Si par de fiers tyrans sa vertu traversée
A faillir envers vous est aujourd'hui forcée,
Gardez-vous cependant de penser que son cœur
Pût d'une trahison méditer la noirceur.

                    ANNIBAL

Je vous entends : la main qui me fut accordée,
Pour un nouvel époux Rome l'a demandée,
Voilà quel est le soin que Rome prend de vous.
Mais, dites-moi, de grâce, aimez-vous cet époux ?
Vous faites-vous pour moi la moindre violence ?
Madame, honorez-moi de cette confidence.
Parlez-moi sans détour : content d'être estimé,
Je me connais trop bien pour vouloir être aimé.

                    LAODICE

C'est à vous cependant que je dois ma tendresse.

                    ANNIBAL

Et moi, je la refuse, adorable Princesse,
Et je n'exige point qu'un cœur si vertueux
S'immole en remplissant un devoir rigoureux ;
Que d'un si noble effort le prix soit un supplice.
Non, non, je vous dégage, et je me fais justice ;
Et je rends à ce cœur, dont l'amour me fut dû,
Le pénible présent que me fait sa vertu.
Ce cœur est prévenu, je m'aperçois qu'il aime.
Qu'il suive son penchant, qu'il se donne lui-même.
Si je le méritais, et que l'offre du mien
Pût plaire à Laodice et me valoir le sien,
Je n'aurais consacré mon courage et ma vie
Qu'à m'acquérir ce bien que je lui sacrifie.
Il n'est plus temps, Madame, et dans ce triste jour,
Je serais un ingrat d'en croire mon amour.
Je verrai Prusias, résolu de lui dire
Qu'aux désirs du Sénat son effroi peut souscrire,
Et je vais le presser d'éclaircir un soupçon
Que mon âme inquiète a pris avec raison.
Peut-être cependant ma crainte est-elle vaine ;
Peut-être notre hymen est tout ce qui le gêne :
Quoi qu'il en soit enfin, je remets en vos mains
Un sort livré peut-être aux fureurs des Romains.
Quand même je fuirais, la retraite est peu sûre.
Fuir, c'est en pareil cas donner jour à l'injure ;
C'est enhardir le crime ; et, pour l'épouvanter,
Le parti le plus sûr c'est de m'y présenter.
Il ne m'importe plus d'être informé, Madame,
Du reste des secrets que j'ai lus dans votre âme ;
Et ce serait ici fatiguer votre cœur
Que de lui demander le nom de son vainqueur.
Non, vous m'avez tout dit en gardant le silence,
Et je n'ai pas besoin de cette confidence.
Je sors : si dans ces lieux on n'en veut qu'à mes jours,
Laissez mes ennemis en terminer le cours.

Ce malheur ne vaut pas que vous veniez me faire
Un trop pénible aveu des faiblesses d'un père.
S'il ne faut que mourir, il vaut mieux que mon bras
Cède à mes ennemis le soin de mon trépas,
Et que, de leur effroi victime glorieuse,
J'en assure, en mourant, la mémoire honteuse ;
Et qu'on sache à jamais que Rome et son Sénat
Ont porté cet effroi jusqu'à l'assassinat.
Mais je vous quitte ; on vient.

                    LAODICE
                              Seigneur, le temps me presse.
Mais, quoique vous ayez pénétré ma faiblesse,
Vous m'estimez assez pour ne présumer pas
Qu'on puisse m'obtenir après votre trépas.

Scène III : Laodice, Flaminius.

                    LAODICE

J'ai cru trouver en vous une âme bienfaisante ;
De mon estime ici remplirez-vous l'attente ?

                    FLAMINIUS

Oui, commandez, Madame. Oserais-je douter
De l'équité des lois que vous m'allez dicter ?

                    LAODICE

On vous a dit à qui ma main fut destinée ?

                    FLAMINIUS

Ah ! de ce triste coup ma tendresse étonnée...

                    LAODICE

Eh bien ! le Roi, jaloux de ramener la paix
Dont trop longtemps la guerre a privé ses sujets,
En faveur de son peuple a bien voulu se rendre
Aux désirs que par vous Rome lui fait entendre.
Notre hymen est rompu.

                    FLAMINIUS
                              Ah ! je rends grâce aux dieux,
Qui détournent le roi d'un dessein odieux.
Annibal me suivra sans doute ! Mais, Madame,
Le Roi ne fait-il rien en faveur de ma flamme ?

                    LAODICE

Oui, Seigneur, vous serez content à votre tour,
Si vous ne trahissez vous-même votre amour.

                    FLAMINIUS

Moi, le trahir ! ô ciel !

                    LAODICE
                              Écoutez ce qui reste.
Votre emploi dans ces lieux à ma gloire est funeste.
Ce héros qu'aujourd'hui vous demandez au roi,
Songez, Flaminius, songez qu'il eut ma foi ;
Que de sa sûreté cette foi fut le gage ;
Que vous m'insulteriez en lui faisant outrage.
Les droits qu'il eut sur moi sont transportés à vous ;
Mais enfin ce guerrier dut être mon époux.
Il porte un caractère à mes yeux respectable,
Dont je lui vois toujours la marque ineffaçable.
Sauvez donc ce héros : ma main est à ce prix.

                    FLAMINIUS

Mais songez-vous, Madame, à l'emploi que j'ai pris ?
Pourquoi proposez-vous un crime à ma tendresse ?
Est-ce de votre haine une fatale adresse ?
Cherchez-vous un refus, et votre cruauté

79

Veut-elle ici m'en faire une nécessité?
Votre main est pour moi d'un prix inestimable,
Et vous me la donnez si je deviens coupable!
Ah! vous ne m'offrez rien.

LAODICE
                    Vous vous trompez, Seigneur;
Et j'en ai cru le don plus cher à votre cœur.
Mais à me refuser quel motif vous engage?

FLAMINIUS
Mon devoir.

LAODICE
                    Suivez-vous un devoir si sauvage
Qui vous inspire ici des sentiments outrés,
Qu'un tyrannique orgueil ose rendre sacrés?
Annibal, chargé d'ans, va terminer sa vie.
S'il ne meurt outragé, Rome est-elle trahie?
Quel devoir!

FLAMINIUS
                    Vous savez la grandeur des Romains,
Et jusqu'où sont portés leurs augustes destins.
De l'univers entier et la crainte et l'hommage
Sont moins de leur valeur le formidable ouvrage
Qu'un effet glorieux de l'amour du devoir,
Qui sur Flaminius borne votre pouvoir.
Je pourrais tromper Rome; un rapport peu sincère
En surprendrait sans doute un ordre moins sévère :
Mais je lui ravirais, si j'osais la trahir,
L'avantage important de se faire obéir.
Lui déguiser des rois et l'audace et l'offense,
C'est conjurer sa perte et saper sa puissance.
Rome doit sa durée aux châtiments vengeurs
Des crimes révélés par ses ambassadeurs;
Et par là son avis sont la source féconde
De l'effroi que sa foudre entretient dans le monde;
Et lorsqu'elle poursuit sur un roi révolté
Le mépris imprudent de son autorité,
La valeur seulement achève la victoire
Dont un rapport fidèle a ménagé la gloire.
Nos austères vertus ont mérité des dieux...

LAODICE
Ah! les consultez-vous, Romains ambitieux?
Ces dieux, Flaminius, auraient cessé de l'être
S'ils voulaient ce que veut le Sénat, votre maître.
Son orgueil, ses succès sur de malheureux rois,
Voilà les dieux dont Rome emprunte tous ses droits;
Voilà les dieux cruels à qui ce cœur austère
Immole son amour, un héros et mon père,
Et pour qui l'on répond que l'offre de ma main
N'est pas un bien que puisse accepter un Romain.
Cependant cet hymen que votre cœur rejette,
Méritez-vous, ingrat, que le mien le regrette?
Vous ne répondez rien?

FLAMINIUS
                    C'est avec désespoir
Que je vais m'acquitter de mon triste devoir.
Né Romain, je gémis de ce noble avantage,
Qui force à des vertus d'un si cruel usage.
Voyez l'égarement où m'emportent mes feux;
Je gémis d'être né pour être vertueux.
Je n'en suis pas confus : ce que je sacrifie

Excuse mes regrets, ou plutôt les expie;
Et ce serait peut-être une férocité
Que d'oser aspirer à plus de fermeté.
Mais enfin, pardonnez à ce cœur qui vous aime
Des refus dont il est si déchiré lui-même.
Ne rougiriez-vous pas de régner sur un cœur
Qui vous aimerait plus que sa foi, son honneur?

LAODICE
Ah! Seigneur, oubliez cet honneur chimérique,
Crime que d'un beau nom couvre la politique.
Songez qu'un sentiment et plus juste et plus doux
D'un lien éternel va m'attacher à vous.
Ce n'est pas tout encor : songez que votre amante
Va trouver avec vous cette union charmante,
Et que je souhaitais de vous avoir donné
Cet amour dont le mien vous avait soupçonné.
Vous devez aujourd'hui l'aveu de ma tendresse
Aux périls du héros pour qui je m'intéresse :
Mais, Seigneur, qu'avec vous mon cœur s'est écarté
Des bornes de l'aveu qu'il avait projeté!
N'importe; plus je cède à l'amour qui m'inspire,
Et plus sur vous peut-être obtiendrai-je d'empire.
Me trompé-je, Seigneur? Ai-je trop présumé?
Et vous aurais-je en vain si tendrement aimé?
Vous soupirez! Grands dieux! c'est vous qui dans nos
Voulûtes allumer de mutuelles flammes;   [âmes
Contre mon propre amour en vain j'ai combattu;
Justes dieux! dans mon cœur vous l'avez défendu.
Qu'il soit donc un bienfait et non pas un supplice.
Oui, Seigneur, qu'avec soin votre âme y réfléchisse.
Vous ne prévoyez pas, si vous me refusez,
Jusqu'où vont les tourments où vous vous exposez.
Vous ne sentez encor que la perte éternelle
Du bonheur où l'amour aujourd'hui nous appelle;
Mais l'état douloureux où vous laissez mon cœur,
Vous n'en connaissez pas le souvenir vengeur.

FLAMINIUS
Quelle épreuve!

LAODICE
                    Ah! Seigneur, ma tendresse l'emporte!

FLAMINIUS
Dieux! que ne peut-elle être aujourd'hui la plus forte!
Mais Rome...

LAODICE
                    Ingrat! cessez d'excuser vos refus :
Mon cœur vous garde un prix digne de vos vertus.

Scène IV

FLAMINIUS, *seul.*
Elle fuit; je soupire, et mon âme abattue
A presque perdu Rome et son devoir de vue.
Vil Romain, homme né pour les soins amoureux,
Rome est donc le jouet de tes transports honteux!

Scène V : Prusias, Flaminius.

FLAMINIUS
Prince, vous seriez-vous flatté de l'espérance
De pouvoir par l'amour vaincre ma résistance?

Quand vous la combattez par des efforts si vains,
Savez-vous bien quel sang anime les Romains?
Savez-vous que ce sang instruit ceux qu'il anime,
Non à fuir, c'est trop peu, mais à haïr le crime;
Qu'à l'honneur de ce sang je n'ai point satisfait,
S'il s'est joint un soupir au refus que j'ai fait?
Ce sont là nos devoirs : avec nous, dans la suite,
Sur ces instructions réglez votre conduite.
A quoi donc à présent êtes-vous résolu?
J'ai donné tout le temps que vous avez voulu
Pour juger du parti que vous aviez à prendre...
Mais quoi! sans Annibal ne pouvez-vous m'entendre?

Scène VI : Prusias, Annibal, Flaminius.

ANNIBAL

J'interromps vos secrets; mais ne vous troublez pas :
Je sors, et n'ai qu'un mot à dire à Prusias.
A Flaminius.
Restez, de grâce; il m'est d'une importance extrême
Que ce qu'il répondra vous l'entendiez vous-même.
A Prusias.
Laodice est à moi, si vous êtes jaloux
De tenir le serment que j'ai reçu de vous.
Mais enfin ce serment pèse à votre courage,
Et je vois qu'il est temps que je vous en dégage.
Jamais je n'exigeai de vous cette faveur,
Et si vous aviez su connaître votre cœur,
Sans doute vous n'auriez osé me la promettre [16],
Et ne rougiriez pas de vous la voir remettre.
Mais il vous reste encore un autre engagement,
Qui doit m'importer plus que ce premier serment.
Vous jurâtes alors d'avoir soin de ma gloire,
Et quelque juste orgueil m'aida même à vous croire,
Puisque après tout, Seigneur, pour tenir votre foi,
Je vis que vous n'aviez qu'à vous servir de moi.
Comment penser, d'ailleurs, que vous seriez parjure!
Vous, qu'Annibal pouvait payer avec usure;
Vous qui, si le sort même eût trahi votre appui,
Vous assuriez l'honneur de tomber avec lui?
Vous me fuyez pourtant; le Sénat vous menace,
Et de vos procédés la raison m'embarrasse.
Seigneur, je suis chez vous : y suis-je en sûreté?
Ou bien y dois-je craindre une infidélité?

PRUSIAS

Ici? n'y craignez rien, Seigneur.

ANNIBAL

　　　　　　Je me retire.
C'en est assez; voilà ce que j'avais à dire.

Scène VII : Flaminius, Prusias.

FLAMINIUS

Ce que dans ce moment vous avez répondu
M'apprend trop qu'il est temps...

16. Var. pour les trois derniers vers :
« Je n'ai point demandé cette grande faveur
Et si vous aviez su mieux sonder votre cœur,
Vous n'eussiez point sans doute osé me la promettre. »

PRUSIAS

　　　　　J'ai dit ce que j'ai dû...
Arrêtez. Le Sénat n'aura point à se plaindre.

FLAMINIUS

Eh! comment Annibal n'a-t-il plus rien à craindre?
Que pensez-vous?

PRUSIAS

　　　　Seigneur, je ne m'explique pas;
Mais vous serez bientôt content de Prusias.
Vous devrez l'être, au moins.

Scène VIII

FLAMINIUS, *seul.*
　　　　　　Quel est donc ce mystère
Dont à m'instruire ici sa prudence diffère?
Quoi qu'il en soit, ô Rome! approuve que mon cœur
Souhaite que ce prince échappe à son malheur.

ACTE CINQUIÈME

Scène I : Prusias, Hiéron.

PRUSIAS

Je vais donc rétracter la foi que j'ai donnée,
Peut-être d'Annibal trancher la destinée.
Dieux! quel coup va frapper ce héros malheureux!

HIÉRON

Non, Seigneur, Annibal a le cœur généreux.
Du courroux du Sénat la nouvelle est semée;
On sait que l'ennemi forme une double armée.
Le peuple épouvanté murmure, et ce héros
Doit, en se retirant, faire notre repos;
Et vous verrez, Seigneur, Flaminius souscrire
Aux doux tempéraments que le Ciel vous inspire.

PRUSIAS

Mais si l'ambassadeur le poursuit, Hiéron?

HIÉRON

Eh! Seigneur, éloignez ce scrupuleux soupçon :
Des fautes du hasard êtes-vous responsable?
Mais le voici.

PRUSIAS

　　　　Grands dieux! sa présence m'accable.
Je me sens pénétré de honte et de douleur.

HIÉRON

C'est la faute du sort, et non de votre cœur [17].

Scène II : Prusias, Annibal, Hiéron.

PRUSIAS

Enfin voici le temps de rompre le silence.
Qui porte votre esprit à tant de méfiance?
Depuis que dans ces lieux vous êtes arrivé,
Seigneur, tous mes serments vous ont assez prouvé
L'amitié dont pour vous mon âme était remplie,

17. Dans le manuscrit, la scène s'achève sur une réplique de
Prusias : « Ah! pouvais-je tomber dans un plus grand malheur? »

Et que je garderai le reste de ma vie.
Mais un coup imprévu retarde les effets
De ces mêmes serments que mon cœur vous a faits.
De toutes parts sur moi mes ennemis vont fondre;
Le sort même avec eux travaille à me confondre,
Et semble leur avoir indiqué le moment
Où leurs armes pourront triompher sûrement.
Artamène est vaincu, sa défaite est entière;
Mais la gloire, Seigneur, en est si meurtrière,
Tant de sang fut versé dans nos derniers combats,
Que la victoire même affaiblit mes États.
A mes propres malheurs je serais peu sensible;
Mais de mon peuple entier la perte est infaillible :
Je suis son roi; les dieux qui me l'ont confié
Veulent qu'à ses périls cède notre amitié.
De ces périls, Seigneur, vous seul êtes la cause.
Je ne vous dirai point ce que Rome propose.
Mon cœur en a frémi d'horreur et de courroux;
Mais enfin nos tyrans sont plus puissants que nous.
Fuyez pour quelque temps, et conjurons l'orage :
Essayons ce moyen pour ralentir leur rage :
Attendons que le Ciel, plus propice à nos vœux,
Nous mette en liberté de nous revoir tous deux.
Sans doute qu'à vos yeux Prusias excusable
N'aura point...

ANNIBAL

Oui, Seigneur, vous êtes pardonnable.
Pour surmonter l'effroi dont il est abattu,
Sans doute votre cœur a fait ce qu'il a pu.
Si, malgré ses efforts, tant d'épouvante y règne,
C'est de moi, non de vous, qu'il faut que je me plaigne.
J'ai tort, et j'aurais dû prévoir que mon destin
Dépendrait avec vous de l'aspect d'un Romain.
Mais je suis libre encore, et ma folle espérance
N'avait pas mérité de vous tant d'indulgence.

PRUSIAS

Seigneur, je le vois bien, trop coupable à vos yeux...

ANNIBAL

Voilà ce que je puis vous répondre de mieux :
Mais voulez-vous m'en croire? oublions l'un et l'autre
Ces serments que mon cœur dut refuser du vôtre.
Je me suis cru prudent; vous présumiez de vous,
Et ces mêmes serments déposent contre nous.
Ainsi n'y pensons plus. Si Rome vous menace,
Je pars, et ma retraite obtiendra votre grâce.
En violant les droits de l'hospitalité,
Vous allez du Sénat rappeler la bonté.

PRUSIAS

Que sur nos ennemis votre âme, moins émue,
Avec attention daigne jeter la vue.

ANNIBAL

Je changerai beaucoup, si quelque légion,
Qui loin d'ici s'assemble avec confusion,
Si quelques escadrons déjà mis en déroute
Me paraissent jamais dignes qu'on les redoute.
Mais, Seigneur, finissons cet entretien fâcheux,
Nous voyons ces objets différemment tous deux.
Je pars; pour quelque temps cachez-en la nouvelle.

PRUSIAS

Oui, Seigneur; mais un jour vous connaîtrez mon zèle.

Scène III

ANNIBAL, seul.

Ton zèle! homme sans cœur, esclave couronné!
A quels rois l'univers est-il abandonné!
Tu les charges de fers, ô Rome! et, je l'avoue,
Leur bassesse en effet mérite qu'on t'en loue.
Mais tu pars, Annibal. Imprudent! où vas-tu?
Cet infidèle roi ne t'a-t-il pas vendu?
Il n'en faut point douter, il médite ce crime;
Mais le lâche, qui craint les yeux de sa victime,
Qui n'ose s'exposer à mes regards vengeurs,
M'écarte avec dessein de me livrer ailleurs.
Mais qui vient?

Scène IV : Laodice,
avec un mouchoir dont elle essuie
ses pleurs, Annibal.

ANNIBAL

Ah! c'est vous, généreuse princesse,
Vous pleurez : votre cœur accomplit sa promesse.
Les voilà donc ces pleurs, mon unique secours,
Qui devaient m'avertir du péril que je cours!

LAODICE

Oui, je vous rends enfin ce funeste service :
Mais de la trahison le roi n'est point complice.
Fidèle à votre gloire, il veut la garantir :
Et cependant, Seigneur, gardez-vous de partir.
Quelques avis certains m'ont découvert qu'un traître
Qui pense qu'un forfait obligera son maître,
Qu'Hiéron en secret informe les Romains,
Qu'en un mot vous risquez de tomber en leurs mains.

ANNIBAL

Je dois beaucoup aux dieux : ils m'ont comblé de gloire,
Et j'en laisse après moi l'éclatante mémoire.
Mais de tous leurs bienfaits le plus grand, le plus doux,
C'est ce dernier secours qu'ils me laissaient en vous.
Je vous aimais, Madame, et je vous aime encore,
Et je fais vanité d'un aveu qui m'honore.
Je ne pouvais jamais espérer de retour,
Mais votre cœur me donne autant que son amour.
Eh! que dis-je? l'amour vaut-il donc mon partage?
Non, ce cœur généreux m'a donné davantage :
J'ai pour moi sa vertu, dont la fidélité
Voulut même immoler le feu qui l'a flatté.
Eh quoi! vous gémissez, vous répandez des larmes!
Ah! que pour mon orgueil vos regrets ont de charmes!
Que d'estime pour moi me découvrent vos pleurs!
Est-il pour Annibal de plus dignes faveurs?
Cessez pourtant, cessez d'en verser, Laodice :
Que l'amour de ma gloire à présent les tarisse.
Puisque la mort m'arrache aux injures du sort,
Puisque vous m'estimez, ne pleurez pas ma mort.

LAODICE

Ah! Seigneur, cet aveu me glace d'épouvante.
Ne me présentez point cette image sanglante.
Sans doute que le Ciel m'a dérobé l'horreur
De ce funeste soin que vous devait mon cœur.

Si le terrible effet en eût frappé ma vue,
Ah! jamais jusqu'ici je ne serais venue.

ANNIBAL

Non, je vous connais mieux, et vous vous faites tort.

LAODICE

Mais, Seigneur, permettez que je fasse un effort,
Qu'auprès du roi...

ANNIBAL

Madame, il serait inutile;
Les moments me sont chers, je cours à mon asile.

LAODICE

A votre asile! ô ciel! Seigneur, où courez-vous?

ANNIBAL

Mériter tous vos soins.

LAODICE

Quelle honte pour nous!

ANNIBAL

Je ne vous dis plus rien; la vertu, quand on l'aime,
Porte de nos bienfaits le salaire elle-même.
Mon admiration, mon respect, mon amour,
Voilà ce que je puis vous offrir en ce jour;
Mais vous les méritez. Je fuis, quelqu'un s'avance.
Adieu, chère Princesse.

Scène V

LAODICE, *seule.*

O ciel! quelle constance!
Tes devoirs tant vantés, ministre des Romains,
Étaient donc outrager le plus grand des humains!
De quel indigne amant mon âme possédée
Avec tant de plaisir gardait-elle l'idée?

Scène VI : Laodice, Flaminius, Flavius.

FLAMINIUS

Eh quoi! vous me fuyez, Madame?

LAODICE

Laissez-moi.
Hâtez-vous d'achever votre barbare emploi :
Portez les derniers coups à l'honneur de mon père;
Des dieux que vous bravez méritez la colère.
Mes pleurs vont les presser d'accorder à mon cœur
La pardon d'un penchant qui doit leur faire horreur.

Scène VII : Flaminius, Flavius.

FLAMINIUS

Il me serait heureux de l'ignorer encore,
Cet aveu d'un penchant que votre cœur abhorre.
Poursuivons mon dessein. Flavius, va savoir
Si sans aucun témoin Annibal veut me voir.

Scène VIII

FLAMINIUS, *seul.*

J'ai satisfait aux soins que m'imposait ta cause;
Souffre ceux qu'à son tour la vertu me propose,
Rome! Laisse mon cœur favoriser ses feux,
Quand sans crime il peut être et tendre et généreux.

Je puis, sans t'offenser, prouver à Laodice
Que, s'il m'est défendu de lui rendre un service,
Sensible cependant à sa juste douleur,
Du soin de l'adoucir j'occupe encor mon cœur.
Annibal vient : ô ciel! ce que je sacrifie
Vaut bien qu'à me céder ta bonté le convie.
Le motif qui m'engage à le persuader
Est digne du succès que j'ose demander.

Scène IX : Annibal, Flaminius.

FLAMINIUS

Seigneur, puis-je espérer qu'oubliant l'un et l'autre
Tout ce qui peut [18] aigrir mon esprit et le vôtre,
Et que nous confiant, en hommes généreux,
L'estime qu'après tout nous méritons tous deux,
Vous voudrez bien ici que je vous entretienne
D'un projet que pour vous vient de former la mienne?

ANNIBAL

Seigneur, si votre estime a conçu ce projet,
Fût-il vain, je le tiens déjà pour un bienfait.

FLAMINIUS

Ce que Rome en ces lieux m'a commandé de faire,
Pour Annibal peut-être est encore un mystère.
Seigneur, je viens ici vous demander au roi;
Vous n'en devez pas être irrité contre moi.
Tel était mon devoir; je l'ai fait avec zèle,
Et vous m'approuverez d'avoir été fidèle.
Prusias, retenu par son engagement,
A cru qu'il suffirait de votre éloignement.
Il a pensé que Rome en serait satisfaite,
Et n'exigerait rien après votre retraite.
Je pouvais l'accepter, et vous ne doutez pas
Qu'il ne me fût aisé d'envoyer sur vos pas;
D'autant plus qu'Hiéron aux Romains de ma suite
Promet de révéler le jour de votre fuite.
Mais, Seigneur, le Sénat veut bien moins vous avoir
Qu'il ne veut que le roi fasse ici son devoir :
Et l'univers jaloux, de qui l'œil nous contemple,
De sa soumission aurait perdu l'exemple.
J'ai donc refusé tout, et Prusias, alors,
Après avoir tenté d'inutiles efforts,
Pour me donner enfin sa réponse précise,
Ne m'a plus demandé qu'une heure de remise.
Seigneur, je suis certain du parti qu'il prendra,
Et ce prince, en un mot, vous abandonnera.
S'il demande du temps, ce n'est pas qu'il hésite;
Mais de son embarras il se fait un mérite.
Il croit que vous serez content de sa vertu,
Quand vous saurez combien il aura combattu.
Et vous, que jusque-là le destin persécute,
Tombez, mais d'un héros ménagez-vous la chute.
Vous l'êtes, Annibal, et l'aveu m'en est doux.
Pratiquez les vertus que ce nom veut de vous.
Voudriez-vous attendre ici la violence?
Non, non; qu'une superbe et pleine confiance,
Digne de l'ennemi que vous vous êtes fait,
Que vous honorerez par ce généreux trait,

18. Var. : « put ».

83

Vous invitant à fuir des retraites peu sûres,
Où vous deviez, Seigneur, présager vos injures,
Vous guide jusqu'à Rome, et vous jette en des bras
Plus fidèles pour vous que ceux de Prusias.
Voilà, Seigneur, voilà la chute la plus fière
Que puisse se choisir votre audace guerrière.
A votre place enfin, voilà le seul écueil
Où, même en se brisant, se maintient votre orgueil.
N'hésitez point, venez; achevez de connaître
Ces vainqueurs que déjà vous estimez peut-être.
Puisque autrefois, Seigneur, vous les avez vaincus,
C'est pour vous honorer une raison de plus.
Montrez-leur Annibal; qu'il vienne les convaincre
Qu'un si noble vaincu mérita de les vaincre.
Partons sans différer; venez les rendre tous
D'une action si noble admirateurs jaloux.

ANNIBAL

Oui, le parti sans doute est glorieux à prendre,
Et c'est avec plaisir que je viens de l'entendre.
Il m'oblige. Annibal porte en effet un cœur
Capable de donner ces marques de grandeur,
Et je crois vos Romains, même après ma défaite,
Dignes que de leurs murs je fisse ma retraite.
Il ne me restait plus, persécuté du sort,
D'autre asile à choisir que Rome ou que la mort.
Mais enfin c'en est fait; j'ai cru que la dernière
Avec assez d'honneur finissait ma carrière.
Le secours du poison...

FLAMINIUS

                    Je l'avais pressenti :
Du héros désarmé c'est le dernier parti.
Ah! souffrez qu'un Romain, dont l'estime est sincère [19]
Regrette ici l'honneur que vous pouviez nous faire.
Le roi s'avance; ô ciel! sa fille en pleurs le suit.

19. Var. : « J'approuve malgré moi ce généreux parti.
        Souffrez qu'un ennemi dont l'estime est sincère. »

Scène X : Tous les acteurs.

PRUSIAS, *à Annibal.*
Seigneur, serait-il vrai ce qu'Amilcar nous dit?

ANNIBAL
Prusias (car enfin je ne crois pas qu'un homme
Lâche assez pour n'oser désobéir à Rome,
Infidèle à son rang, à sa parole, à moi,
Espère qu'Annibal daigne en lui voir un roi),
Prusias, pensez-vous que ma mort vous délivre
Des hasards qu'avec moi vous avez craint de suivre?
Quand même vous m'eussiez remis entre ses mains,
Quel fruit en pouviez-vous attendre des Romains?
La paix? Vous vous trompiez. Rome va vous apprendre
Qu'il faut la mériter pour oser y prétendre.
Non, non; de l'épouvante esclave déclaré,
A des malheurs sans fin vous vous êtes livré.
Que je vous plains! Je meurs et ne perds que la vie.
    A la Princesse.
Du plus grand des malheurs vous l'avez garantie,
Et j'expire honoré des soins de la vertu.
Adieu, chère princesse.

LAODICE, *à Flaminius.*
                    Enfin Rome a vaincu.
Il meurt, et vous avez consommé l'injustice,
Barbare! et vous osiez demander Laodice!

FLAMINIUS
Malgré tout le courroux qui trouble votre cœur,
Plus équitable un jour, vous plaindrez mon malheur.
Quoique de vos refus ma tendresse soupire,
Ils ont droit de paraître, et je dois y souscrire.
Hélas! un doux espoir m'amena dans ces lieux;
Je ne suis point coupable, et j'en sors odieux [20].

20. Dans le manuscrit, la pièce se termine sur ces deux vers
supplémentaires (barrés) :
        « Seigneur, je vais à Rome où vous pouvez attendre
        De mon zèle pour vous les services d'un gendre. »

LA SURPRISE DE L'AMOUR

Le dimanche 3 mai 1722, lorsque les Comédiens Italiens jouent pour la première fois la Surprise de l'amour, *le nom de l'auteur ne figure pas encore sur les affiches de l'Hôtel de Bourgogne, mais personne n'ignore qu'il s'agit de Marivaux. Sa nouvelle comédie est accueillie très favorablement et la troupe de Luigi Riccoboni la donne seize fois dans la saison (treize en mai et trois en juin) — ce qui est considérable pour l'époque. Le* Mercure *commente : « La pièce a été fort bien reçue du public par la simplicité de l'intrigue qui ne roule que sur les mouvements des deux principaux personnages. »*

*Marivaux a retrouvé ses interprètes d'*Arlequin poli par l'amour. *C'est toujours Thomassin qui est Arlequin et il « a joué (...) à son ordinaire, c'est-à-dire à la satisfaction de tout le public » (*Mercure*). Sa femme, Violette, est sans doute Jacqueline ; Mario fait Pierre, le jardinier, et Pierre Alborghetti a abandonné son habituelle défroque de Pantalon pour jouer le Baron. Flaminia et Silvia se partagent les deux principaux rôles féminins mais, cette fois, c'est la « seconde amoureuse » de la troupe qui devient la Comtesse « d'une manière qui, écrit le* Mercure*, ne laisse rien à souhaiter » tandis que Flaminia, « première amoureuse » et épouse de Luigi Riccoboni, doit se contenter d'être Colombine. Bientôt, Silvia la supplantera définitivement comme comédienne et Flaminia se tournera de plus en plus vers le métier d'auteur dramatique. Il est vrai aussi que Silvia a obtenu les faveurs de Marivaux. La fameuse anecdote que rapporte d'Alembert (après Lesbros de la Versane) sur leur première entrevue en fait foi, mais nous ignorons jusqu'où allèrent leurs rapports et si, comme le dit d'Alembert, il suffit à Silvia d'« une seule leçon » pour qu'elle devînt « au théâtre Marivaux lui-même » et n'eût « plus besoin de ses conseils ».*

Enfin, Lélio c'est Luigi Riccoboni, le chef des Comédiens Italiens qui ne jouait pas dans Arlequin : *sans doute donnait-il à son personnage un accent romantique avant*

la lettre, car il a « un air très sombre, très propre à peindre les passions tristes ».

La Surprise de l'amour *est une des pièces préférées de Marivaux (Lesbros de la Versane les énumère : c'est, avec la* Surprise, *la* Seconde Surprise de l'amour, *la* Double Inconstance, *la* Mère confidente, *les* Serments indiscrets, *les* Sincères *et l'*Ile des Esclaves*). Elle conserva longtemps la faveur du public. Reprise dès la saison suivante à l'Hôtel de Bourgogne, elle demeura à son répertoire au point de servir de banc d'essai pour les comédiens postulant au rôle d'amoureux chez les Italiens. Ce n'est qu'avec la retraite de Silvia (en 1757, un an avant sa mort) qu'elle disparut de l'affiche « après avoir eu vingt et une représentations et avoir été jouée pendant presque autant d'années » (Desboulmiers).*

Éclipsée pendant plus d'un siècle par sa cadette, la Seconde Surprise de l'amour *que Marivaux écrivit pour les Comédiens Français, la* Surprise de l'amour *ne fut redécouverte qu'au début du XXe siècle. En 1911, Jules Truffier la fit jouer dans une version réduite à un seul acte. Il fallut attendre Jacques Copeau pour la voir reprise dans son intégralité, d'abord à New York en janvier 1918, puis à Paris au Vieux-Colombier en octobre 1920, avec Valentine Tessier et Lucien Nat. C'est encore Copeau qui, en 1938, la fit entrer, avec Madeleine Renaud en Colombine, au répertoire de la Comédie-Française où elle compte aujourd'hui un peu plus de cinquante représentations.*

Maintenant cette œuvre où, comme le remarquait subtilement le Mercure*, « on ne sait si le nom de surprise est actif ou passif, c'est-à-dire si c'est l'amour qui surprend ou qui est surpris », est parfois préférée à la* Seconde Surprise *jugée « moins fictive, plus réaliste, mais en même temps plus artificielle » (Xavier de Courville). Et bien des jeunes comédiens se laissent tenter par la fraîcheur, la limpidité et l'éclat de son jeu.*

ACTEURS

LA COMTESSE ; LÉLIO ; LE BARON, *ami de Lélio* ; COLOMBINE, *suivante de la Comtesse* ; ARLEQUIN, *valet de Lélio* ; JACQUELINE, *servante de Lélio* ; PIERRE, *jardinier de la Comtesse.*

LA SCÈNE EST DANS
UNE MAISON DE CAMPAGNE.

ACTE PREMIER

Scène I : Pierre, Jacqueline.

PIERRE : Tians, Jacquelaine, t'as une himeur qui me fâche. Pargué! encore faut-il dire queuque parole d'amiquié aux gens.

JACQUELINE : Mais qu'est-ce qu'il te faut donc? Tu me veux pour ta femme; eh bian! est-ce que je recule à cela?

PIERRE : Bon! qu'est-ce que ça dit? Est-ce que toutes les filles n'aiment pas à devenir la femme d'un homme?

JACQUELINE : Tredame! c'est donc un oisiau bien rare qu'un homme pour en être si envieuse?

PIERRE : Hé! là, là, je parle en discourant; je savons bien que l'oisiau n'est pas rare; mais quand une fille est grande, alle a la fantaisie d'en avoir un, et il n'y a pas de mal à ça, Jacquelaine; car ça est vrai, et tu n'iras pas là contre.

JACQUELINE : Acoute; n'ons-je pas d'autres amoureux que toi? Est-ce que Blaise et le gros Colas ne sont pas affolés de moi tous deux? Est-ce qu'ils ne sont pas des hommes aussi bian que toi?

PIERRE : Eh mais! je pense qu'oui.

JACQUELINE : Eh bian! butor, je te baille la parfarence. Qu'as-tu à dire à ça?

PIERRE : C'est que tu m'aimes mieux qu'eux tant seulement; mais si je ne te prenais pas, moi, ça te fâcherait-il?

JACQUELINE : Oh! dame, t'en veux trop savoir.

PIERRE : Eh! morguienne! voilà le *tu autem* [1]; je veux de l'amiquié pour la personne de moi tout seul. Quand tout le village vianrait te dire : « Jacquelaine, épouse-moi », je voudrais que tu fis bravement la grimace à tout le village, et que tu lui disis : « Nennin-da, je veux être la femme de Piarre, et pis c'est tout. » Pour ce qui est d'en cas de moi, si j'allais être un parfide, je voudrais que tu te fâchis rudement, et que t'en pleurisses tout ton soûl; et velà, margué! ce qu'an appelle aimer le monde. Tians, moi qui te parle, si t'allais me changer, il n'y aurait pus de çarvelle cheux moi; c'est de l'amiquié que ça. Tatigué! que je serais content si tu pouvois itou devenir folle! Ah! que ça serait touchant! Ma pauvre Jacquelaine, dis-moi queuque mot qui me fasse comprendre que tu pardrais un petit brin l'esprit.

JACQUELINE : Va, va, Piarre, je ne dis rien; mais je n'en pense pas moins.

PIERRE : Et penses-tu que tu m'aimes, par hasard? Dis-moi oui ou non.

JACQUELINE : Devine lequel.

PIERRE : Regarde-moi entre deux yeux. Tu ris, tout comme si tu disais oui. Hé! hé! hé! qu'en dis-tu?

JACQUELINE : Eh! je dis franchement que je serais bian empêchée de ne pas t'aimer; car t'es bian agriable.

PIERRE : Eh! jarni! velà dire les mots et les paroles.

JACQUELINE : Je t'ai toujours trouvé une bonne philosomie d'homme. Tù m'as fait l'amour, et franche-ment ça m'a fait plaisir; mais l'honneur des filles les empêche de parler. Après ça, ma tante disait toujours qu'un amant, c'est comme un homme qui a faim; pus il a faim, et pus il a envie de manger; pus un homme a de peine après une fille, et pus il l'aime.

PIERRE : Parsanguenne! il faut que ta tante ait dit vrai; car je meurs de faim, je t'en avertis, Jacquelaine.

JACQUELINE : Tant mieux! je t'aime de cette himeur-là, pourvu qu'alle dure; mais j'ai bian peur que Monsieur Lélio, mon maître, ne consente pas à noute mariage, et qu'il ne me boute hors de chez li, quand il saura que je t'aime; car il nous a dit qu'il ne voulait point d'amourette parmi nous.

PIERRE : Et pourquoi donc ça? Est-ce qu'il y a du mal à aimer son prochain? Eh! morgué! je m'en vas lui gager, moi, que ça se pratique chez les Turcs; et si, ils sont bian méchants.

JACQUELINE : Oh! c'est pis qu'un Turc : à cause d'une dame de Paris qu'il aimait beaucoup, et qui li a tourné casaque pour un autre galant plus mal bâti que li; noute monsieur a fait tapage, il li a dit qu'alle devait être honnête; alle li a dit qu'alle ne voulait pas l'être. « Eh! voilà bian de quoi », ç'a-t-elle fait. Et pis des injures : « Vous êtes qu'une indeigne. — Et voyez donc cet impertinent! — Et je me vengerai. — Et moi, je m'en gausse... » Tant y a qu'à la parfin alle li a farmé la porte sus le nez. Li, qui est glorieux, a pris ça en mal, et il est venu ici pour vivre en harmite, en philosophe; car velà comme il dit. Et depuis ce temps, quand il entend parler d'amour, il semble qu'an l'écorche comme une anguille. Son valet Arlequin fait itou le dégoûté : quand il voit une fille à droite, ce drôle de corps se baille les airs d'aller à gauche, à cause de queuque mijaurée de chambrière qui li a, à ce qu'il dit, vendu du noir.

PIERRE : Quien, véritablement, c'est une piquié que ça; il n'y a pas de police; an punit tous les jours de pauvres voleurs, et an laisse aller et venir les parfides. Mais velà ton maître, parle-li.

JACQUELINE : Non; il a la face triste, c'est peut-être qu'il rêve aux femmes; je sis d'avis que j'attende que ça soit passé. Va, va, il y a bonne espérance, pisque ta maîtresse est arrivée, et qu'alle li en parlerait.

Scène II : Lélio, Arlequin, tous deux d'un air triste.

LÉLIO : Le temps est sombre aujourd'hui.

ARLEQUIN : Ma foi, oui, il est aussi mélancolique que nous.

LÉLIO : Oh! on n'est pas toujours dans la même disposition; l'esprit, aussi bien que le temps, est sujet à des nuages.

ARLEQUIN : Pour moi, quand mon esprit va bien, je ne m'embarrasse guère du brouillard.

LÉLIO : Tout le monde est assez de même.

ARLEQUIN : Mais je trouve toujours le temps vilain, quand je suis triste.

LÉLIO : C'est que tu as quelque chose qui te chagrine.

ARLEQUIN : Non.

---

1. Expression latine empruntée au bréviaire : point essentiel, nœud, difficulté d'une affaire.

LÉLIO : Tu n'as donc point de tristesse?

ARLEQUIN : Si fait.

LÉLIO : Dis donc pourquoi?

ARLEQUIN : Pourquoi? En vérité, je n'en sais rien; c'est peut-être que je suis triste de ce que je ne suis pas gai.

LÉLIO : Va, tu ne sais ce que tu dis.

ARLEQUIN : Avec cela, il me semble que je ne me porte pas bien.

LÉLIO : Ah! si tu es malade, c'est une autre affaire.

ARLEQUIN : Je ne suis pas malade non plus.

LÉLIO : Es-tu fou? Si tu n'es pas malade, comment trouves-tu donc que tu ne te portes pas bien?

ARLEQUIN : Tenez, Monsieur, je bois à merveille, je mange de même, je dors comme une marmotte; voilà ma santé.

LÉLIO : C'est une santé de crocheteur; un honnête homme serait heureux de l'avoir.

ARLEQUIN : Cependant je me sens pesant et lourd; j'ai une fainéantise dans les membres; je bâille sans sujet; je n'ai du courage qu'à mes repas; tout me déplaît. Je ne vis pas, je traîne; quand le jour est venu, je voudrais qu'il fût nuit; quand il est nuit, je voudrais qu'il fût jour : voilà ma maladie; voilà comment je me porte bien et mal.

LÉLIO : Je t'entends, c'est un peu d'ennui qui t'a pris; cela se passera. As-tu sur toi ce livre qu'on m'a envoyé de Paris?... Réponds donc.

ARLEQUIN : Monsieur, avec votre permission, que je passe de l'autre côté.

LÉLIO : Que veux-tu donc? Qu'est-ce que cette cérémonie?

ARLEQUIN : C'est pour ne pas voir sur cet arbre deux petits oiseaux qui sont amoureux; cela me tracasse. J'ai juré de ne plus faire l'amour; mais quand je le vois faire, j'ai presque envie de manquer de parole à mon serment, cela me raccommode avec ces pestes de femmes; et puis c'est le diable de me refâcher contre elles.

LÉLIO : Eh! mon cher Arlequin, ne crois-tu plus exempt que toi de ces petites inquiétudes-là? Je me ressouviens qu'il y a des femmes au monde, qu'elles sont aimables, et ce ressouvenir ne va pas sans quelques émotions de cœur; mais ce sont ces émotions-là qui me rendent inébranlable dans la résolution de ne plus voir de femmes.

ARLEQUIN : Pardi! cela me fait tout le contraire, à moi; quand ces émotions-là me prennent, c'est alors que ma résolution branle. Enseignez-moi donc à en faire mon profit comme vous.

LÉLIO : Oui-da, mon ami; je t'aime; tu as du bon sens, quoique un peu grossier. L'infidélité de ta maîtresse t'a rebuté de l'amour, la trahison de la mienne m'en a rebuté de même; tu m'as suivi avec courage dans ma retraite, et tu m'es devenu cher par la conformité de ton génie avec le mien et par la ressemblance de nos aventures.

ARLEQUIN : Et moi, Monsieur, je vous assure que je vous aime cent fois plus aussi que de coutume, à cause que vous avez la bonté de m'aimer tant. Je ne veux plus voir de femmes, non plus que vous; cela n'a point de conscience. J'ai pensé crever de l'infidélité de Margot :

les passe-temps de la campagne, votre conversation et la bonne nourriture, m'ont un peu remis; je n'aime plus cette Margot; seulement quelquefois son petit nez me trotte encore dans la tête; mais quand je ne songe point à elle, je n'y gagne rien; car je pense à toutes les femmes en gros, et alors les émotions de cœur que vous dites viennent me tourmenter. Je cours, je saute, je chante, je danse; je n'ai point d'autre secret pour me chasser cela; mais ce secret-là n'est que de l'onguent miton-mitaine. Je suis dans un grand danger; et, puisque vous m'aimez tant, ayez la charité de me dire comment je ferai pour devenir fort, quand je suis faible.

LÉLIO : Ce pauvre garçon me fait pitié. Ah! sexe trompeur, tourmente ceux qui t'approchent, mais laisse en repos ceux qui te fuient.

ARLEQUIN : Cela est trop raisonnable; pourquoi faire du mal à ceux qui ne te font rien?

LÉLIO : Quand quelqu'un me vante une femme aimable, et l'amour qu'il a pour elle, je crois voir un frénétique qui me fait l'éloge d'une vipère, qui me dit qu'elle est charmante, et qu'il a le bonheur d'en être mordu.

ARLEQUIN : Fi donc! cela fait mourir.

LÉLIO : Eh! mon cher enfant, la vipère n'ôte que la vie. Femmes, vous nous ravissez notre maison, notre liberté, notre repos; vous nous ravissez à nous-mêmes, et vous nous laissez vivre! Ne voilà-t-il pas des hommes en bel état après? Des pauvres fous, des hommes troublés, ivres de douleur ou de joie, toujours en convulsion, des esclaves! Et à qui appartiennent ces esclaves? à des femmes. Et qu'est-ce que c'est qu'une femme? Pour la définir il faudrait la connaître : nous pouvons aujourd'hui en commencer la définition, mais je soutiens qu'on n'en verra le bout qu'à la fin du monde.

ARLEQUIN : En vérité, c'est pourtant un joli petit animal que cette femme, un joli petit chat; c'est dommage qu'il ait tant de griffes.

LÉLIO : Tu as raison, c'est dommage; car enfin, est-il à l'univers de figure plus charmante? Que de grâces! et que de variété dans ces grâces!

ARLEQUIN : C'est une créature à manger.

LÉLIO : Voyez ses ajustements : jupes étroites, jupes en lanterne, coiffure en clocher, coiffure sur le nez, capuchon sur la tête, et toutes les modes les plus extravagantes : mettez-les sur une femme; dès quelles auront touché la figure enchanteresse, c'est l'Amour et les Grâces qui l'ont habillée; c'est de l'esprit qui lui vient jusques au bout des doigts; cela n'est-il pas bien singulier?

ARLEQUIN : Oh! cela est vrai; il n'y a, mardi! pas de livre qui ait tant d'esprit qu'une femme, quand elle est en corset et en petites pantoufles.

LÉLIO : Quel aimable désordre d'idées dans la tête! que de vivacité! quelles expressions! que de naïveté! L'homme a le bon sens en partage; mais, ma foi, l'esprit n'appartient qu'à la femme. A l'égard de son cœur, ah! si les plaisirs qu'il nous donne étaient durables, ce serait un séjour délicieux que la terre. Nous autres hommes, la plupart, nous sommes jolis en amour: nous nous répandons en petits sentiments douceureux;

nous avons la marotte d'être délicats, parce que cela donne un air plus tendre; nous faisons l'amour réglément, tout comme on fait une charge; nous nous faisons des méthodes de tendresse; nous allons chez une femme, pourquoi? pour l'aimer, parce que c'est le devoir de notre emploi. Quelle pitoyable façon de faire! Une femme ne veut être ni tendre, ni délicate, ni fâchée, ni bien aise; elle est tout cela sans le savoir, et cela est charmant. Regardez-la quand elle aime, et qu'elle ne veut pas le dire; morbleu! nos tendresses les plus babillardes approchent-elles de l'amour qui passe à travers son silence?

ARLEQUIN : Ah! Monsieur, je m'en souviens, Margot avait si bonne grâce à faire comme cela la nigaude!

LÉLIO : Sans l'aiguillon [2] de l'amour et du plaisir, notre cœur, à nous autres, est un vrai paralytique : nous restons là comme des eaux dormantes, qui attendent qu'on les remue pour se remuer. Le cœur d'une femme se donne sa secousse à lui-même; il part sur un mot qu'on dit, sur un mot qu'on ne dit pas, sur une contenance. Elle a beau vous avoir dit qu'elle aime; le répète-t-elle? vous l'apprenez toujours, vous ne le saviez pas encore : ici par une impatience, par une froideur, par une imprudence, par une distraction, en baissant les yeux, en les relevant, en sortant de sa place, en y restant; enfin c'est de la jalousie, du calme, de l'inquiétude, de la joie, du babil, et du silence de toutes couleurs; et le moyen de ne pas s'enivrer du plaisir que cela donne? Le moyen de se voir adorer sans que la tête vous tourne? Pour moi, j'étais tout aussi sot que les autres amants; je me croyais un petit prodige, mon mérite m'étonnait : ah! qu'il est mortifiant d'en rabattre! C'est aujourd'hui ma bêtise qui m'étonne; l'homme prodigieux a disparu, et je n'ai trouvé qu'une dupe à sa place.

ARLEQUIN : Eh bien! Monsieur, queussi, queumi [3] voilà mon histoire; j'étais tout aussi sot que vous. Vous faites pourtant un portrait qui fait venir l'envie de l'original.

LÉLIO : Butor que tu es! Ne t'ai-je pas dit que la femme était aimable, qu'elle avait le cœur tendre, et beaucoup d'esprit?

ARLEQUIN : Oui. Est-ce que tout cela n'est pas bien joli?

LÉLIO : Non; tout cela est affreux.

ARLEQUIN : Bon! bon! c'est que vous voulez m'attraper peut-être.

LÉLIO : Non, ce sont là les instruments de notre supplice. Dis-moi, mon pauvre garçon, si tu trouvais sur ton chemin de l'argent d'abord, un peu plus loin de l'or, un peu plus loin des perles, et que cela te conduisît à la caverne d'un monstre, d'un tigre, si tu veux, est-ce que tu ne haïrais pas cet argent, cet or et ces perles?

ARLEQUIN : Je ne suis pas si dégoûté, je trouverais cela fort bon : il n'y aurait que le vilain tigre dont je ne

voudrais pas; mais je prendrais vitement quelques milliers d'écus dans mes poches, je laisserais là le reste, et je décamperais bravement après.

LÉLIO : Oui; mais tu ne saurais point qu'il y a un tigre au bout et tu n'auras pas plus tôt ramassé un écu que tu ne pourras t'empêcher de vouloir le reste.

ARLEQUIN : Fi! par le morbleu! c'est bien dommage! voilà un sot trésor, de se trouver sur ce chemin-là. Pardi! qu'il aille au diable, et l'animal avec.

LÉLIO : Mon enfant, cet argent que tu trouves d'abord sur ton chemin, c'est la beauté, ce sont les agréments d'une femme qui t'arrêtent; cet or que tu rencontres encore, ce sont les espérances qu'elle te donne; enfin ces perles, c'est son cœur qu'elle t'abandonne avec tous ses transports.

ARLEQUIN : Aïe! aïe! gare l'animal!

LÉLIO : Le tigre enfin paraît après les perles, et ce tigre, c'est un caractère perfide retranché dans l'âme de ta maîtresse; il se montre, il t'arrache son cœur, il déchire le tien; adieu tes plaisirs, il te laisse aussi misérable que tu croyais être heureux.

ARLEQUIN : Ah! c'est justement la bête que Margot a lâchée sur moi, pour avoir aimé son argent, son or et ses perles.

LÉLIO : Les aimeras-tu encore?

ARLEQUIN : Hélas! Monsieur, je ne songeais pas à ce diable qui m'attendait au bout. Quand on n'a pas étudié, on ne voit pas plus loin que son nez.

LÉLIO : Quand tu seras tenté de revoir des femmes, souviens-toi toujours du tigre, et regarde tes émotions de cœur comme une envie fatale d'aller sur sa route, et de te perdre.

ARLEQUIN : Oh! voilà qui est fait! je renonce à toutes les femmes et à tous les trésors du monde, et je m'en vais boire un petit coup pour me fortifier dans cette bonne pensée.

Scène III : Lélio, Jacqueline, Pierre.

LÉLIO : Que me veux-tu, Jacqueline?

JACQUELINE : Monsieur, c'est que je voulions vous parler d'une petite affaire.

LÉLIO : De quoi s'agit-il?

JACQUELINE : C'est que, ne vous déplaise... Mais vous vous fâcherez...

LÉLIO : Voyons.

JACQUELINE : Monsieur, vous avez dit, il y a quelque temps, que vous ne vouliez pas que j'eussions des galants.

LÉLIO : Non; je ne veux point d'amour dans ma maison.

JACQUELINE : Je vians pourtant vous demander un petit parvilège.

LÉLIO : Quel est-il?

JACQUELINE : C'est que, révérence parler, j'avons le cœur tendre.

LÉLIO : Tu as le cœur tendre? voilà un plaisant aveu! Et qui est le nigaud qui est amoureux de toi?

PIERRE : Eh! eh! eh! c'est moi, Monsieur.

LÉLIO : Ah! c'est toi, Maître Pierre? je t'aurais cru

---

2. C'est par erreur que plusieurs éditions du *Théâtre de Marivaux* impriment : « *Sous* l'aiguillon... »
3. Expression populaire signifiant *pareillement, tout de même*.

plus raisonnable. Eh bien! Jacqueline, c'est donc pour lui que tu as le cœur tendre?

JACQUELINE : Oui, Monsieur, il y a bien deux ans en çà que ça m'est venu... Mais, dis toi-même; je ne sis pas assez effrontée de mon naturel.

PIERRE : Monsieur, franchement, c'est qu'alle me trouve gentil; et si ce n'était qu'alle fait la difficile, il y aurait longtemps que je serions ennocés.

LÉLIO : Tu es fou, Maître Pierre, ta Jacqueline au premier jour te plantera là; crois-moi, ne t'attache point à elle. Laisse-la là, tu cherches malheur.

JACQUELINE : Bon! voilà de biaux contes qu'ous li faites là, Monsieur! Est-ce que vous croyez que je sommes comme vos girouettes de Paris, qui tournent à tout vent? Allez, allez! si queuqu'un de nous deux se plante là, ce sera li qui me plantera, et non pas moi. A tout hasard, notre Monsieur, donnez-moi tant seulement une petite permission de mariage : c'est pour ça que j'avons prins la liberté de vous attaquer.

PIERRE : Oui, Monsieur, voilà tout fin dret ce que c'est. Et Jacquelaine a itou queuque doutance que vous vourez bian de votre grâce, et pour l'amour de son sarvice, et de c'ti-là de son père et de sa mère, qui vous ont tant sarvi quand ils n'étaient pas encore défunts... Tant y a, Monsieur... excusez l'importunance... c'est que je sommes pauvres; et tout franchement, pour vous le couper court...

LÉLIO : Achève donc, il y a une heure que tu traînes.

JACQUELINE : Parguienne! aussi tu t'embarbouilles dans je ne sais combian de paroles qui ne sarvont de rian, et Monsieur pard la patience. C'est donc, ne vous en déplaise, que je voulons nous marier; et, comme ce dit l'autre, ce n'est pas le tout qu'un pourpoint, s'il n'y a des manches; c'est ce qui fait, si vous permettez que je vous le disions en bref...

LÉLIO : Eh! non, Jacqueline, dis-moi-le en long, tu auras plus tôt fait.

JACQUELINE : C'est que j'avons queuque espérance que vous nous baillerez queuque chose en entrée de ménage.

LÉLIO : Soit, je le veux; nous verrons cela une autre fois, et je ferai ce que je pourrai, pourvu que le parti te convienne. Laissez-moi.

Scène IV : Arlequin, Lélio, Pierre, Jacqueline.

PIERRE, *prenant Arlequin à l'écart* : Arlequin, par charité, recommandez-nous à Monsieur. C'est que je nous aimons, Jacquelaine et moi; je n'avons pas de grands moyens, et...

ARLEQUIN : Tout beau, Maître Pierre; dis-moi, as-tu son cœur?

PIERRE : Parguienne! oui; à la parfin elle m'a lâché son amiquié.

ARLEQUIN : Ah! malheureux, que je te plains! voilà le caractère perfide qui va venir; je t'expliquerai cela plus au long une autre fois, mais tu le sentiras bien. Adieu, pauvre homme, je n'ai plus rien à te dire; ton mal est sans remède.

JACQUELINE : Queu tripotage est-ce qu'il fait donc là, avec ce remède et ce caractère?

PIERRE : Morguié! tous ces discours me chiffonnont malheur; je varrons ce qui en est par un petit tour d'adresse. Allons-nous-en, Jacquelaine. Madame la Comtesse fera mieux que nous.

Scène V : Lélio, Arlequin.

ARLEQUIN, *revenant à son maître* : Monsieur, mon cher maître, il y a une mauvaise nouvelle.

LÉLIO : Qu'est-ce que c'est?

ARLEQUIN : Vous avez entendu parler de cette Comtesse qui a acheté depuis un an cette belle maison près de la vôtre?

LÉLIO : Oui.

ARLEQUIN : Eh bien, on m'a dit que cette Comtesse est ici, et qu'elle veut vous parler : j'ai mauvaise opinion de cela.

LÉLIO : Eh! morbleu! toujours des femmes! Eh! que me veut-elle?

ARLEQUIN : Je n'en sais rien; mais on dit qu'elle est belle et veuve; et je gage qu'elle est encline à faire du mal.

LÉLIO : Et moi enclin à l'éviter. Je ne me soucie ni de sa beauté, ni de son veuvage.

ARLEQUIN : Que le ciel vous maintienne dans cette bonne disposition! Ouf!

LÉLIO : Qu'as-tu?

ARLEQUIN : C'est qu'on dit qu'il y a aussi une fille de chambre avec elle, et voilà mes émotions de cœur qui me prennent.

LÉLIO : Benêt! une femme te fait peur?

ARLEQUIN : Hélas! Monsieur, j'espère en vous et en votre assistance.

LÉLIO : Je crois que les voilà qui se promènent; retirons-nous.

Ils se retirent.

Scène VI : La Comtesse, Colombine, Arlequin.

LA COMTESSE, *parlant de Lélio* : Voilà un jeune homme bien sauvage.

COLOMBINE, *arrêtant Arlequin* : Un petit mot, s'il vous plaît. Oserait-on vous demander d'où vient cette férocité qui vous prend à vous et à votre maître?

ARLEQUIN : A cause d'un proverbe qui dit que chat échaudé craint l'eau froide.

LA COMTESSE : Parle plus clairement. Pourquoi nous fuit-il?

ARLEQUIN : C'est que nous savons ce qu'en vaut l'aune.

COLOMBINE : Remarquez-vous qu'il n'ose nous regarder, Madame? Allons, allons, levez la tête, et rendez-vous compte de la sottise que vous venez de faire.

ARLEQUIN, *la regardant doucement* : Par la jarni! qu'elle est jolie!

LA COMTESSE : Laisse-le là; je crois qu'il est imbécile.

COLOMBINE : Et moi, je crois que c'est malice. Parleras-tu ?

ARLEQUIN : C'est que mon maître a fait vœu de fuir les femmes, parce qu'elles ne valent rien.

COLOMBINE : Impertinent !

ARLEQUIN : Ce n'est pas votre faute, c'est la nature qui vous a bâties comme cela ; et moi, j'ai fait vœu aussi. Nous avons souffert comme des misérables à cause de votre bel esprit, de vos jolis charmes, et de votre tendre cœur.

COLOMBINE : Hélas ! quelle lamentable histoire ! Et comment te tireras-tu d'affaire avec moi ? Je suis une espiègle, et j'ai envie de te rendre un peu misérable de ma façon.

ARLEQUIN : Prrr ! il n'y a pas pied.

LA COMTESSE : Là, mon ami ; va dire à ton maître que je me soucie fort peu des hommes, mais que je souhaiterais lui parler.

ARLEQUIN : Je le vois là qui m'attend ; je m'en vais l'appeler.

Scène VII : La Comtesse, Lélio, Arlequin, Colombine.

ARLEQUIN : Monsieur, Madame dit qu'elle ne se soucie point de vous ; vous n'avez qu'à venir, elle veut vous dire un mot. *(A part.)* Ah ! comme cela m'accrocherait si je me laissais faire [4] !

LÉLIO : Madame, puis-je vous rendre quelque service ?

LA COMTESSE : Monsieur, je vous demande pardon de la liberté que j'ai prise ; mais il y a le neveu de mon fermier qui cherche en mariage une jeune paysanne de chez vous. Ils ont peur que vous ne consentiez pas à ce mariage ; ils m'ont priée de vous engager à les aider de quelque libéralité, comme de mon côté j'ai dessein de le faire. Voilà, Monsieur, tout ce que j'avais à vous dire quand vous vous êtes retiré.

LÉLIO : Madame, j'aurai tous les égards que mérite votre recommandation, et je vous prie de m'excuser si j'ai fui ; mais je vous avoue que vous êtes d'un sexe avec qui j'ai cru devoir rompre pour toute ma vie. Cela paraîtra bien bizarre. Je ne chercherai point à me justifier ; car il me reste un peu de politesse, et je craindrais d'entamer une matière qui me met toujours de mauvaise humeur ; et si je parlais, il pourrait, malgré moi, m'échapper des traits d'une incivilité qui vous déplairait, et que mon respect vous épargne.

COLOMBINE : Mort de ma vie ! Madame, est-ce que ce discours-là vous remue pas la bile ? Allez, Monsieur, tous les renégats font mauvaise fin ; vous viendrez quelque jour crier miséricorde, et ramper aux pieds de vos maîtres [5], et ils vous écraseront comme un serpent. Il faut bien que justice se fasse.

LÉLIO : Si Madame n'était pas présente, je vous dirais franchement que je ne vous crains ni ne vous aime.

LA COMTESSE : Ne vous gênez point, Monsieur. Tout

---

4. Dans les éditions antérieures à celle de 1732, cette première tirade d'Arlequin était rattachée à la scène précédente.

5. Dans certaines éditions, ce « maîtres » est corrigé en « maîtresses ».

---

ce que nous disons ici ne s'adresse point à nous ; regardons-nous comme hors d'intérêt. Et, sur ce pied-là, peut-on vous demander ce qui vous fâche si fort contre les femmes ?

LÉLIO : Ah ! Madame, dispensez-moi de vous le dire ; c'est un récit que j'accompagne ordinairement de réflexions où votre sexe ne trouve pas son compte.

LA COMTESSE : Je vous devine ; c'est une infidélité qui vous a donné tant de colère.

LÉLIO : Oui, Madame, c'est une infidélité ; mais affreuse, mais détestable.

LA COMTESSE : N'allons point si vite. Votre maîtresse cessa-t-elle de vous aimer pour en aimer un autre ?

LÉLIO : En doutez-vous, Madame ? La simple infidélité serait insipide et ne tenterait pas une femme sans l'assaisonnement de la perfidie.

LA COMTESSE : Quoi ! vous eûtes un successeur ? Elle en aima un autre ?

LÉLIO : Oui, Madame. Comment ! cela vous étonne ! Voilà pourtant les femmes, et ces actions doivent vous mettre en pays de connaissance.

COLOMBINE : Le petit blasphémateur !

LA COMTESSE : Oui, votre maîtresse est une indigne, et l'on ne saurait trop la mépriser.

COLOMBINE : D'accord qu'il la méprise ; il n'y a pas à tortiller : c'est une coquine, celle-là.

LA COMTESSE : J'ai cru d'abord, moi, qu'elle n'avait fait que se dégoûter de vous et de l'amour, et je lui pardonnais en faveur de cela la sottise qu'elle avait eue de vous aimer. Quand je dis vous, je parle des hommes en général.

LÉLIO : Comment, Madame ! ce n'est donc rien, à votre compte, que de cesser sans raison d'avoir de la tendresse pour un homme ?

LA COMTESSE : C'est beaucoup, au contraire. Cesser d'avoir de l'amour pour un homme, c'est, à mon compte, connaître sa faute, s'en repentir, en avoir honte, sentir la misère de l'idole qu'on adorait, et rentrer dans le respect qu'une femme se doit à elle-même. J'ai vu que nous ne nous entendions point. Si votre maîtresse n'avait fait que renoncer à son attachement ridicule, eh ! il n'y aurait rien de plus louable ; mais ne faire que changer d'objet, ne guérir d'une folie que par une extravagance ! eh fi ! je suis de votre sentiment ; cette femme-là est tout à fait méprisable. Amant pour amant, il valait autant que vous déshonorassiez sa raison qu'un autre.

LÉLIO : Je vous avoue que je ne m'attendais pas à cette chute-là.

COLOMBINE, *riant* : Ah ! ah ! ah ! il faudrait bien des conversations comme celle-là pour en faire une raisonnable. Courage, Monsieur ! vous voilà tout déféré ! Décochez-lui-moi quelque trait bien hétéroclite, qui sente bien l'original. Eh ! vous avez fait des merveilles d'abord.

LÉLIO : C'est assurément mettre les hommes bien bas, que de les juger indignes de la tendresse d'une femme ; l'idée est neuve.

COLOMBINE : Elle ne fera pas fortune chez vous.

LÉLIO : On voit bien que vous êtes fâchée, Madame.

LA COMTESSE : Moi, Monsieur! je n'ai point à me plaindre des hommes; je ne les hais point non plus. Hélas! la pauvre espèce! elle est, pour qui l'examine, encore plus comique que haïssable.

COLOMBINE : Oui-da; je crois que nous trouverons plus de ressource à nous en divertir qu'à nous fâcher contre elle.

LÉLIO : Mais, qu'a-t-elle donc de si comique?

LA COMTESSE : Ce qu'elle a de si comique? Mais y songez-vous Monsieur? Vous êtes bien curieux d'être humilié dans vos confrères. Si je parlais, vous seriez tout étonné de vous trouver de cent piques au-dessous de nous. Vous demandez ce que votre espèce a de comique, qui, pour se mettre à son aise, a eu besoin de se réserver un privilège d'indiscrétion, d'impertinence et de fatuité; qui suffoquerait si elle n'était babillarde, si sa misérable vanité n'avait pas ses coudées franches, s'il ne lui était pas permis de déshonorer un sexe qu'elle ose mépriser pour les mêmes choses dont l'indigne qu'elle est fait sa gloire. Oh! l'admirable engeance qui a trouvé la raison et la vertu des fardeaux trop pesants pour elle, et qui nous a chargées du soin de les porter! Ne voilà-t-il pas de beaux titres de supériorité sur nous, et de pareilles gens ne sont-ils pas risibles? Fiez-vous à moi, Monsieur; vous ne connaissez pas votre misère, j'oserai vous le dire. Vous voilà bien irrité contre les femmes; je suis peut-être, moi, la moins aimable de toutes : hérissé de rancune que vous croyez être, moyennant deux ou trois coups d'œil flatteurs qu'il m'en coûterait, grâce à la tournure grotesque de l'esprit de l'homme, vous m'allez donner la comédie.

LÉLIO : Oh! je vous défie de me faire payer ce tribut de folie-là.

COLOMBINE : Ma foi, Madame, cette expérience-là vous porterait malheur.

LÉLIO : Ah! ah! cela est plaisant! Madame, peu de femmes sont aussi aimables que vous; vous l'êtes tout autant que je suis sûr que vous croyez l'être; mais s'il n'y a que la comédie dont vous parlez qui puisse vous réjouir, en ma conscience, vous ne rirez de votre vie.

COLOMBINE : En ma conscience, vous me la donnez tous les deux, la comédie; cependant, si j'étais à la place de Madame, le défi me piquerait, et je ne voudrais pas en avoir le démenti.

LA COMTESSE : Non; la partie ne me pique point, je la tiens gagnée; mais comme à la campagne il faut voir quelqu'un, soyons amis pendant que nous y resterons; je vous promets sûreté : nous nous divertirons, vous à médire des femmes, et moi à mépriser les hommes.

LÉLIO : Volontiers.

COLOMBINE : Le joli commerce! on n'a qu'à vous en croire; les hommes tireront à l'orient, les femmes à l'occident; cela fera de belles productions, et nos petits-neveux auront bon air. Eh! morbleu! pourquoi prêcher la fin du monde? Cela coupe la gorge à tout : soyons raisonnables; condamnez les amants déloyaux, les conteurs de sornettes, à être jetés dans la rivière une pierre au col, à merveille; enfermez les coquettes entre quatre murailles, fort bien! mais les amants fidèles, dressez-leur de belles et bonnes statues pour encourager le public. Vous riez!... Adieu, pauvres brebis égarées; pour moi, je vais travailler à la conversion d'Arlequin. A votre égard, que le ciel vous assiste! Mais il serait curieux de vous voir chanter la palinodie; je vous y attends.

Elle sort.

LA COMTESSE : La folle! Je vous quitte, Monsieur; j'ai quelques ordres à donner. N'oubliez pas, de grâce, ma recommandation pour ces paysans.

Scène VIII : Le Baron, ami de Lélio, la Comtesse, Lélio.

LE BARON : Ne me trompé-je point? Est-ce vous que je vois, Madame la Comtesse?

LA COMTESSE : Oui, Monsieur, c'est moi-même.

LE BARON : Quoi! avec notre ami Lélio! Cela se peut-il?

LA COMTESSE : Que trouvez-vous donc là de si étrange?

LÉLIO : Je n'ai l'honneur de connaître Madame que depuis un instant. Et d'où vient ta surprise?

LE BARON : Comment, ma surprise! voici peut-être le coup de hasard le plus bizarre qui soit arrivé.

LÉLIO : En quoi?

LE BARON : En quoi? morbleu! je n'en saurais revenir; c'est le fait le plus curieux qu'on puisse imaginer. Dès que je serai à Paris, où je vais, je le ferai mettre dans la gazette.

LÉLIO : Mais que veux-tu dire?

LE BARON : Songez-vous à tous les millions de femmes qu'il y a dans le monde, au couchant, au levant, au septentrion, au midi, Européennes, Asiatiques, Africaines, Américaines, blanches, noires, basanées, de toutes les couleurs? Nos propres expériences, et les relations de nos voyageurs, nous apprennent que partout la femme est amie de l'homme, que la nature l'a pourvue de bonne volonté pour lui; la nature n'a manqué que Madame. Le soleil n'éclaire qu'elle chez qui notre espèce n'ait point rencontré grâce, et cette seule exception de la loi générale se rencontre avec un personnage unique; je te le dis en ami, avec un homme qui nous a donné l'exemple d'un fanatisme tout neuf; qui seul de tous les hommes n'a pu s'accoutumer aux coquettes qui fourmillent sur la terre, et qui sont aussi anciennes que le monde; enfin, qui s'est condamné à venir ici languir de chagrin de ne plus voir de femmes, en expiation du crime qu'il a fait quand il en a vu. Oh! je ne sache point d'aventure qui aille de pair avec la vôtre.

LÉLIO, *riant* : Ah! ah! je te pardonne toutes tes injures en faveur de ces *coquettes qui fourmillent sur la terre, et qui sont aussi anciennes que le monde.*

LA COMTESSE, *riant* : Pour moi, je me sais bon gré que la nature m'ait manqué, et je me passerai bien de la façon qu'elle aurait pu me donner de plus; c'est autant de sauvé, c'est un ridicule de moins.

LE BARON, *sérieusement* : Madame, n'appelez point cette faiblesse-là ridicule; ménageons les termes : il peut venir un jour où vous serez bien aise de lui trouver une épithète plus honnête.

LA COMTESSE : Oui, si l'esprit me tourne.

LE BARON : Eh bien! il vous tournera : c'est si peu de

chose que l'esprit! Après tout, il n'est pas encore sûr que la nature vous ait absolument manquée. Hélas! peut-être jouez-vous de votre reste aujourd'hui. Combien voyons-nous de choses qui sont d'abord merveilleuses, et qui finissent par faire rire! Je suis un homme à pronostic; voulez-vous que je vous dise? tenez, je crois que votre merveilleux est à fin de terme.

LÉLIO : Cela se peut bien, Madame, cela se peut bien; les fous sont quelquefois inspirés.

LA COMTESSE : Vous vous trompez, Monsieur, vous vous trompez.

LE BARON, *à Lélio* : Mais, toi qui raisonnes, as-tu lu l'histoire romaine?

LÉLIO : Oui; qu'en veux-tu faire de ton histoire romaine?

LA BARON : Te souviens-tu qu'un ambassadeur romain enferma Antiochus dans un cercle qu'il traça autour de lui, et lui déclara la guerre s'il en sortait avant qu'il eût répondu à sa demande?

LÉLIO : Oui, je m'en ressouviens.

LE BARON : Tiens, mon enfant, moi indigne, je te fais un cercle à l'imitation de ce Romain; et, sous les vengeances de l'Amour, qui vaut bien la République de Rome, je t'ordonne de n'en sortir que soupirant pour les beautés de Madame : voyons si tu oseras broncher.

LÉLIO *passe le cercle* : Tiens, je suis hors du cercle; voilà ma réponse; va-t'en la porter à ton benêt d'Amour.

LA COMTESSE : Monsieur le Baron, je vous prie, badinez tant qu'il vous plaira, mais ne me mettez point en jeu.

LE BARON : Je ne badine point, Madame, je vous le cautionne garrotté à votre char; il vous aime de ce moment-ci, il a obéi. La peste! vous ne le verriez pas hors du cercle; il avait plus de peur qu'Antiochus.

LÉLIO, *riant* : Madame, vous pouvez me donner des rivaux tant qu'il vous plaira; mon amour n'est point jaloux.

LA COMTESSE, *embarrassée* : Messieurs, j'entends volontiers raillerie; mais cessons-la pourtant.

LA BARON : Vous montrez là certaine impatience qui pourra venir à bien : faisons-la profiter par un petit tour de cercle.

Il l'enferme aussi.

LA COMTESSE, *sortant du cercle* : Laissez-moi; qu'est-ce que cela signifie, Baron? Ne lisez jamais l'histoire, puisqu'elle ne vous apprend que des polissonneries.

Lélio rit.

LE BARON : Je vous demande pardon; mais vous aimerez, s'il vous plaît, Madame. Lélio est mon ami, et je ne veux point lui donner de maîtresse insensible.

LA COMTESSE, *sérieusement* : Cherchez-lui donc une maîtresse ailleurs; car il trouverait fort mal son compte ici.

LÉLIO : Madame, je sais le peu que je vaux; on peut se dispenser de me l'apprendre; après tout, votre antipathie ne me fait point trembler.

LE BARON : Bon! voilà de l'amour qui prélude par du dépit.

LA COMTESSE, *à Lélio* : Vous seriez fort à plaindre, Monsieur, si mes sentiments ne vous étaient indifférents.

LE BARON : Ah! le beau duo! Vous ne savez pas encore combien il est tendre.

LA COMTESSE, *s'en allant doucement* : En vérité, vos folies me poussent à bout, Baron.

LE BARON : Oh! Madame, nous aurons l'honneur, Lélio et moi, de vous reconduire jusque chez vous.

Scène IX : Le Baron, la Comtesse, Lélio, Colombine.

COLOMBINE : Bonjour, Monsieur le Baron. Comme vous voilà rouge, Madame! Monsieur Lélio est tout je ne sais comment aussi : il a l'air d'un homme qui veut être fier, et qui ne peut pas l'être. Qu'avez-vous donc tous deux?

LA COMTESSE, *sortant* : L'étourdie!

LE BARON : Laisse-les, Colombine. Ils sont de méchante humeur; ils viennent de se faire une déclaration d'amour l'un à l'autre, et le tout en se fâchant.

Scène X : Colombine, Arlequin, avec un équipage de chasseur [6].

COLOMBINE, *qui a écouté un peu la conversation de ceux qui viennent de sortir* : Je vois bien qu'ils nous apprêteront à rire. Mais où est Arlequin? Je veux qu'il m'amuse ici. J'entends quelqu'un, ne serait-ce pas lui?

ARLEQUIN *la voyant* : Ouf! ce gibier-là mène un chasseur trop loin, je me perdrais; tournons d'un autre côté... Allons donc... Euh! me voilà justement sur le chemin du tigre. Maudits soient l'argent, l'or et les perles!

COLOMBINE : Quelle heure est-il, Arlequin?

ARLEQUIN : Ah! la fine mouche! je vois bien que tu cherches midi à quatorze heures. Passez, passez votre chemin, m'amie.

COLOMBINE : Il ne me plaît pas, moi; passe-le toi-même.

ARLEQUIN : Oh! pardi! à bon chat bon rat; je veux rester ici.

COLOMBINE : Hé! le fou, qui perd l'esprit en voyant une femme!

ARLEQUIN : Va-t'en, va-t'en demander ton portrait à mon maître; il te le donnera pour rien; tu verras si tu n'es pas une vipère.

COLOMBINE : Ton maître est un visionnaire, qui te fait faire pénitence de ses sottises. Dans le fond tu me fais pitié; c'est dommage qu'un jeune homme comme toi, assez bien fait et bon enfant, car tu es sans malice...

ARLEQUIN : Je n'en ai non plus qu'un poulet.

COLOMBINE : C'est dommage qu'il consomme sa jeunesse dans la langueur et la souffrance; car, dis la vérité, tu t'ennuies ici, tu pâtis?

ARLEQUIN : Oh! cela n'est pas croyable.

COLOMBINE : Et pourquoi, nigaud, mener une pareille vie?

---

6. Cet « équipage de chasseur » justifie la plaisanterie d'Arlequin sur ce « gibier-là (qui) mène un chasseur trop loin ». Il est peut-être une réminiscence des *Amours à la chasse* (1718) de Coypel dont le thème anticipe celui de *la Surprise de l'amour*.

ARLEQUIN : Pour ne point tomber dans vos pattes, race de chats que vous êtes; si vous étiez de bonnes gens, nous ne serions pas venus nous rendre ermites. Il n'y a plus de bon temps pour moi, et c'est vous qui en êtes la cause; et malgré tout cela, il ne s'en faut de rien que je ne t'aime. La sotte chose que le cœur de l'homme!

COLOMBINE : Cet original dispute contre son cœur, comme un honnête homme.

ARLEQUIN : N'as-tu pas honte d'être si jolie et si traîtresse?

COLOMBINE : Comme si on devait rougir de ses bonnes qualités! Au revoir, nigaud, tu me fuis, mais cela ne durera pas.

ACTE SECOND

Scène I : Colombine, la Comtesse.

COLOMBINE, *en regardant sa montre* : Cela est singulier!

LA COMTESSE : Quoi?

COLOMBINE : Je trouve qu'il y a un quart d'heure que nous nous promenons sans rien dire : entre deux femmes, cela ne laisse pas d'être fort. Sommes-nous bien dans notre état naturel?

LA COMTESSE : Je ne sache rien d'extraordinaire en moi.

COLOMBINE : Vous voilà pourtant bien rêveuse.

LA COMTESSE : C'est que je songe à une chose.

COLOMBINE : Voyons ce que c'est; suivant l'espèce de la chose, je ferai l'estime de votre silence.

LA COMTESSE : C'est que je songe qu'il n'est pas nécessaire que je voie si souvent Lélio.

COLOMBINE : Hum! il y a du Lélio : votre taciturnité n'est pas si belle que je le pensais. La mienne, à vous dire le vrai, n'est pas plus méritoire. Je me taisais à peu près dans le même goût; je ne rêve pas à Lélio; mais je suis autour de cela, je rêve à son valet.

LA COMTESSE : Mais que veux-tu dire? Quel mal y a-t-il à penser à ce que je pense?

COLOMBINE : Oh! pour du mal, il n'y en a pas; mais je croyais que vous ne disiez mot par pure paresse de langue, et je trouvais cela beau dans une femme : car on prétend que cela est rare. Mais pourquoi jugez-vous qu'il n'est pas nécessaire que vous voyiez si souvent Lélio?

LA COMTESSE : Je n'ai d'autres raisons pour lui parler que le mariage de ces jeunes gens : il ne m'a point dit ce qu'il veut donner à la fille; je suis bien aise que le neveu de mon fermier trouve quelque avantage; mais, sans nous parler, Lélio peut me faire savoir ses intentions, et je puis le faire informer des miennes.

COLOMBINE : L'imagination de cela est tout à fait plaisante.

LA COMTESSE : Ne vas-tu pas faire un commentaire là-dessus?

COLOMBINE : Comment! il n'y a pas de commentaire à cela. Malepeste! c'est un joli trait d'esprit que cette invention-là. Le chemin de tout le monde, quand on a affaire aux gens, c'est d'aller leur parler; mais cela n'est pas commode; le plus court est de s'entretenir de loin; vraiment on s'entend bien mieux : lui parlerez-vous avec une sarbacane, ou par procureur?

LA COMTESSE : Mademoiselle Colombine, vos fades railleries ne me plaisent point du tout; je vois bien les petites idées que vous avez dans l'esprit.

COLOMBINE : Je me doute, moi, que vous ne vous doutez pas des vôtres; mais cela viendra.

LA COMTESSE : Taisez-vous.

COLOMBINE : Mais aussi de quoi vous avisez-vous, de prendre un si grand tour pour parler à un homme? *Monsieur, soyons amis tant que nous resterons ici; nous nous amuserons, vous à médire des femmes, moi à mépriser les hommes* [7]. Voilà ce que vous lui avez dit tantôt. Est-ce que l'amusement que vous avez choisi ne vous plaît plus?

LA COMTESSE : Il me plaira toujours; mais j'ai songé que je mettrai Lélio plus à son aise en ne le voyant plus. D'ailleurs la conversation que nous avons eue tantôt ensemble, jointe aux plaisanteries que le Baron a continué de faire chez moi, pourraient donner matière à de nouvelles scènes que je suis bien aise d'éviter. Tiens, prends ce billet.

COLOMBINE : Pour qui?

LA COMTESSE : Pour Lélio. C'est de cette paysanne dont il s'agit; je lui demande réponse.

COLOMBINE : Un billet à Monsieur Lélio, exprès pour ne point donner matière à la plaisanterie! Mais voilà des précautions d'un jugement...

LA COMTESSE : Fais ce que je te dis.

COLOMBINE : Madame, c'est une maladie qui commence : votre cœur en est à son premier accès de fièvre. Tenez, le billet n'est plus nécessaire, je vois Lélio qui s'approche.

LA COMTESSE : Je me retire; faites votre commission.

Scène II : Lélio, Arlequin, Colombine.

LÉLIO : Pourquoi donc Madame la Comtesse se retire-t-elle en me voyant?

COLOMBINE, *présentant le billet* : Monsieur... ma maîtresse a jugé à propos de réduire sa conversation dans ce billet. A la campagne, on n'a pas l'esprit ingénieux.

LÉLIO : Je ne vois pas la finesse qu'il peut y avoir à me laisser là, quand j'arrive, pour m'entretenir dans des papiers. J'allais prendre des mesures avec elle pour nos paysans. Mais voyons ses raisons.

ARLEQUIN : Je vous conseille de lui répondre sur une carte; cela sera bien drôle.

LÉLIO *lit* : *Monsieur, depuis que nous nous sommes quittés, j'ai fait réflexion qu'il était assez inutile de nous revoir.* Oh! très inutile; je l'ai pensé de même. *Je prévois que cela vous gênerait; et moi, à qui il n'ennuie pas d'être seule, je serais fâchée de vous contraindre. Vous avez raison, Madame; je vous remercie de votre attention. Vous savez la prière que je vous ai faite tantôt au sujet du mariage de nos jeunes gens; je vous prie de*

---

7. Colombine reprend ici en la déformant légèrement une réplique de la Comtesse à Lélio (I, 7).

vouloir bien me marquer là-dessus quelque chose de positif. Volontiers, Madame; vous n'attendrez point. Voilà la femme du caractère le plus passable que j'aie vue de ma vie; si j'étais capable d'en aimer quelqu'une, ce serait elle.

ARLEQUIN: Par la morbleu! j'ai peur que ce tour-là ne vous joue d'un mauvais tour.

LÉLIO : Oh! non; l'éloignement qu'elle a pour moi me donne, en vérité, beaucoup d'estime pour elle; cela est dans mon goût. Je suis ravi que la proposition vienne d'elle; elle m'épargne, à moi, la peine de la lui faire.

ARLEQUIN : Pour cela, oui; notre dessein était de lui dire que nous ne voulions plus d'elle.

COLOMBINE : Quoi! ni de moi non plus?

ARLEQUIN : Oh! je suis honnête; je ne veux point dire aux gens des injures à leur nez.

COLOMBINE : Eh bien! Monsieur, faites-vous réponse?

LÉLIO : Oui, ma chère enfant, j'y cours; vous pouvez lui dire, puisqu'elle choisit le papier pour le champ de bataille de nos conversations, que j'en ai près d'une rame chez moi, et que le terrain ne manquera de longtemps.

ARLEQUIN : Hé! hé! hé! nous verrons à qui aura le dernier.

COLOMBINE : Vous êtes distrait, Monsieur; vous me dites que vous courez faire réponse, et vous voilà encore.

LÉLIO : J'ai tort; j'oublie les choses d'un moment à l'autre. Attendez là un moment.

COLOMBINE : C'est-à-dire que vous êtes bien charmé du parti que prend ma maîtresse?

ARLEQUIN : Pardi! cela est admirable!

LÉLIO : Oui, assurément, cela me fera plaisir.

COLOMBINE : Cela se passera. Allez.

LÉLIO : Il faut bien que cela se passe.

ARLEQUIN, *à Lélio* : Emmenez-moi avec vous, car je ne me fie point à elle.

COLOMBINE : Oh! je n'attendrai point, si je suis seule; je veux causer.

LÉLIO : Fais-lui l'honnêteté de rester avec elle; je vais revenir.

Scène III : Arlequin, Colombine.

ARLEQUIN : J'ai bien affaire, moi, d'être honnête à mes dépens!

COLOMBINE : Et que crains-tu? Tu ne n'aimes point, tu ne veux point m'aimer.

ARLEQUIN : Non, je ne veux point t'aimer; mais je n'ai que faire de prendre la peine de m'empêcher de le vouloir.

COLOMBINE : Tu m'aimerais donc, si tu ne t'en empêchais?

ARLEQUIN : Laissez-moi en repos, Mademoiselle Colombine. Promenez-vous d'un côté, et moi d'un autre; sinon, je m'enfuirai, car je réponds tout de travers.

COLOMBINE : Puisqu'on ne peut avoir l'honneur de ta compagnie qu'à ce prix-là, je le veux bien; promenons-nous. *(Et puis à part, et en se promenant, comme Arlequin fait de son côté.)* Tout en badinant, cependant, me voilà dans la fantaisie d'être aimée de ce petit corps-là.

ARLEQUIN, *déconcerté, et se promenant de son côté* : C'est une malédiction que cet amour; il m'a tourmenté quand j'en avais, et il me fait encore du mal à cette heure que je n'en veux point. Il faut prendre patience et faire bonne mine. *(Il chante.)* Turlu turluton.

COLOMBINE, *le rencontrant sur le théâtre, et s'arrêtant* [8] : Mais vraiment, tu as la voix belle : sais-tu la musique?

ARLEQUIN, *s'arrêtant aussi* : Oui, je commence à lire les paroles. *(Il chante.)* Tourleroutoutou.

COLOMBINE, *continuant de se promener* : Peste soit du petit coquin! Sérieusement je crois qu'il me pique.

ARLEQUIN, *de son côté* : Elle me regarde; elle voit bien que je fais semblant de ne pas songer à elle.

COLOMBINE : Arlequin?

ARLEQUIN : Hum!

COLOMBINE : Je commence à me lasser de la promenade.

ARLEQUIN : Cela se peut bien.

COLOMBINE : Comment te va le cœur?

ARLEQUIN : Ah! je ne prends pas garde à cela.

COLOMBINE : Gageons que tu m'aimes?

ARLEQUIN : Je ne gage jamais, je suis trop malheureux, je perds toujours.

COLOMBINE, *allant à lui* : Oh! tu m'ennuies; je veux que tu me dises franchement que tu m'aimes.

ARLEQUIN : Encore un petit tour de promenade.

COLOMBINE : Non; parle, ou je te hais.

ARLEQUIN : Et que t'ai-je fait pour me haïr?

COLOMBINE : Savez-vous bien, Monsieur le butor, que je vous trouve à mon gré, et qu'il faut que vous soupiriez pour moi?

ARLEQUIN : Je te plais donc?

COLOMBINE : Oui; ta petite figure me revient assez.

ARLEQUIN : Je suis perdu, j'étouffe; adieu, m'amie; sauve qui peut... Ah! Monsieur, vous voilà?

Scène IV : Lélio, Arlequin, Colombine.

LÉLIO : Qu'as-tu donc?

ARLEQUIN : Hélas! c'est ce lutin-là qui me prend à la gorge : elle veut que je l'aime.

LÉLIO : Et ne saurais-tu lui dire que tu ne veux pas?

ARLEQUIN : Vous en parlez bien à votre aise : elle a la malice de me dire qu'elle me haïra.

COLOMBINE : J'ai entrepris la guérison de sa folie; il faut que j'en vienne à bout. Va, va, c'est partie à remettre.

ARLEQUIN : Voyez la belle guérison! Je suis de la moitié plus fou que je n'étais.

LÉLIO : Bon courage, Arlequin! Tenez, Colombine, voilà la réponse au billet de votre maîtresse.

COLOMBINE : Monsieur, ne l'avez-vous pas faite un peu trop fière?

LÉLIO : Eh! pourquoi la ferais-je fière? Je la fais indifférente. Ai-je quelque intérêt de la faire autrement?

COLOMBINE : Écoutez, je vous parle en amie. Les

---

8. Ce jeu de scène est parfois indiqué : *Colombine (...) l'arrêtant.* Mais comme celui d'Arlequin qui suit mentionne : *s'arrêtant aussi,* il faut corriger et écrire : *s'arrêtant,* pour Colombine.

plus courtes folies sont les meilleures : l'homme est faible; tous les philosophes du temps passé nous l'ont dit, et je m'en fie bien à eux. Vous vous croyez leste et gaillard, vous n'êtes point cela; ce que vous êtes est caché derrière tout cela. Si j'avais besoin d'indifférence et qu'on en vendît, je ne ferais pas emplette de la vôtre : j'ai bien peur que ce ne soit une drogue de charlatan; car on dit que l'Amour en est un, et franchement vous m'avez tout l'air d'avoir pris de son mithridate [9]. Vous vous agitez, vous allez et venez, vous riez du bout des dents, vous êtes sérieux tout de bon : tout autant de symptômes d'une indifférence amoureuse.

LÉLIO : Eh! laissez-moi, Colombine; ce discours-là m'ennuie.

COLOMBINE : Je pars; mais mon avis est que vous avez la vue trouble; attendez qu'elle s'éclaircisse, vous verrez mieux votre chemin; n'allez pas vous jeter dans quelque ornière ou vous embourber dans quelque faux pas. Quand vous soupirerez, vous serez bien aise de trouver un écho qui vous réponde; n'en dites rien; ma maîtresse est étourdie du bateau [10] : la bonne dame bataille, et c'est autant de battu. *Motus*, Monsieur, je suis votre servante.
Elle s'en va.

Scène V : Lélio, Arlequin.

LÉLIO : Ah! ah! ah! cela ne te fait-il pas rire?
ARLEQUIN : Non.
LÉLIO : Cette folle, qui me vient dire qu'elle croit que sa maîtresse s'humanise, elle qui me fuit, et qui me fuit, moi présent! Oh! parbleu, Madame la Comtesse, vos manières sont tout à fait de mon goût. Je les trouve pourtant un peu sauvages; car enfin, l'on n'écrit pas à un homme de qui l'on n'a pas à se plaindre : « Je ne veux plus vous voir, vous me fatiguez, vous m'êtes insupportable »; et voilà le sens du billet, tout mitigé qu'il est. Oh! la vérité est que je ne croyais pas être si haïssable. Qu'en dis-tu, Arlequin?
ARLEQUIN : Eh! Monsieur, chacun a son goût.
LÉLIO : Parbleu! je suis content de la réponse que j'ai faite au billet et de l'air dont je l'ai reçu : mais très content.
ARLEQUIN : Cela ne vaut pas la peine d'être si content, à moins qu'on ne soit fâché. Tenez-vous ferme, mon cher maître; car si vous tombez, me voilà à bas.
LÉLIO : Moi, tomber? Je pars dès demain pour Paris : voilà comme je tombe.
ARLEQUIN : Ce voyage-là pourrait bien être une culbute à gauche, au lieu d'une culbute à droite.
LÉLIO : Point du tout; cette femme croirait peut-être que je serais sensible à son amour, et je veux la laisser là pour lui prouver que non.
ARLEQUIN : Que ferai-je donc, moi?
LÉLIO : Tu me suivras.
ARLEQUIN : Mais je n'ai rien à prouver à Colombine.
LÉLIO : Bon, ta Colombine! il s'agit bien de Colom-

bine! Veux-tu encore aimer, dis? Ne te souvient-il plus de ce que c'est qu'une femme?
ARLEQUIN : Je n'ai non plus de mémoire qu'un lièvre, quand je vois cette fille-là.
LÉLIO, *avec distraction* : Il faut avouer que les bizarreries de l'esprit d'une femme sont des pièges bien finement dressés contre nous.
ARLEQUIN : Dites-moi, Monsieur, j'ai fait un gros serment de n'être plus amoureux; mais si Colombine m'ensorcelle, je n'ai pas mis cet article dans mon marché : mon serment ne vaudra rien, n'est-ce pas?
LÉLIO, *distrait* : Nous verrons. Ce qui m'arrive avec la Comtesse ne suffirait-il pas pour jeter des étincelles de passion dans le cœur d'un autre? Oh! sans l'inimitié que j'ai vouée à l'amour, j'extravaguerais actuellement, peut-être. Je sens bien qu'il ne m'en faudrait pas davantage; je serais piqué; j'aimerais : cela irait tout de suite.
ARLEQUIN : J'ai toujours entendu dire : « Il a du cœur comme un César »; mais si ce César était à ma place, il serait bien sot.
LÉLIO, *continuant* : Le hasard me fait connaître une femme qui hait l'amour; nous lions cependant commerce d'amitié, qui doit durer pendant notre séjour ici; je la conduis chez elle; nous nous quittons en bonne intelligence; nous avons à nous revoir; je viens la trouver indifféremment; je ne songe non plus à l'amour qu'à m'aller noyer; j'ai vu sans danger les charmes de sa personne : voilà qui est fini, ce semble. Point du tout, cela n'est pas fini; j'ai maintenant affaire à des caprices, à des fantaisies, équipages d'esprit que toute femme apporte en naissant. Madame la Comtesse se met à rêver, et l'idée qu'elle imagine, en se jouant, serait la ruine de mon repos, si j'étais capable d'y être sensible.
ARLEQUIN : Mon cher maître, je crois qu'il faudra que je saute le bâton [11].
LÉLIO : Un billet m'arrête en chemin, billet diabolique, empoisonné, où l'on écrit que l'on ne veut plus me voir, que ce n'est pas la peine. M'écrire cela à moi, qui suis en pleine sécurité, qui n'ai rien fait à cette femme! S'attend-on à cela? Si je ne prends garde à moi, si je raisonne à l'ordinaire, qu'en arrivera-t-il? Je serai étonné, déconcerté : premier degré de folie; car je vois cela tout comme si j'y étais. Après quoi, l'amour-propre s'en mêle; je me crois méprisé, parce qu'on s'estime un peu; je m'aviserai d'être choqué; me voilà fou complet. Deux jours après. C'est de l'amour qui se déclare; d'où vient-il? pourquoi vient-il? D'une petite fantaisie qui prend à une femme; et qui plus est, ce n'est pas sa faute à elle. La nature a mis du poison pour nous dans toutes ses idées. Son esprit ne peut se retourner qu'à notre dommage; sa vocation est de nous mettre en démence : elle fait sa charge involontairement. Ah! que je suis heureux, dans cette occasion, d'être à l'abri de tous ces périls! Le voilà, ce billet insultant, malhonnête; mais cette réflexion-là me met de mauvaise humeur : les mauvais procédés m'ont toujours déplu, et le vôtre est

---

9. Contrepoison.
10. *Être étourdi du bateau*, c'est avoir des vertiges comme au sortir d'un bateau. Se dit d'un homme qui n'est pas bien remis de quelque événement fâcheux (Littré).

11. *Sauter le bâton* : faire quelque chose malgré soi, à contre-cœur (sous-entendu : sous la menace du bâton).

un des plus déplaisants, Madame la Comtesse; je suis bien fâché de ne l'avoir pas rendu à Colombine.

ARLEQUIN, *entendant nommer sa maîtresse* : Monsieur, ne me parlez plus d'elle; car, voyez-vous, j'ai dans mon esprit qu'elle est amoureuse, et j'enrage.

LÉLIO : Amoureuse? Elle, amoureuse?

ARLEQUIN : Oui, je la voyais tantôt qui badinait, qui ne savait que dire; elle tournait autour du pot; je crois même qu'elle a tapé du pied; tout cela est signe d'amour, tout cela mène un homme à mal.

LÉLIO : Si je m'imaginais que ce que tu dis fût vrai, nous partirions tout à l'heure pour Constantinople.

ARLEQUIN : Eh! mon maître, ce n'est pas la peine que vous fassiez ce chemin-là pour moi; je ne mérite pas cela, et il vaut mieux que j'aime que de vous coûter tant de dépense.

LÉLIO : Plus j'y rêve, et plus je vois qu'il faut que tu sois fou pour me dire que je lui plais, après son billet et son procédé.

ARLEQUIN : Son billet! De qui parlez-vous?

LÉLIO : D'elle.

ARLEQUIN : Eh bien! ce billet n'est pas d'elle.

LÉLIO : Il ne vient pas d'elle?

ARLEQUIN : Pardi! non; c'est de la Comtesse.

LÉLIO : Eh! de qui diantre me parles-tu donc, butor?

ARLEQUIN : Moi? de Colombine. Ce n'était donc pas à cause d'elle que vous vouliez me mener à Constantinople?

LÉLIO : Peste soit de l'animal, avec son galimatias!

ARLEQUIN : Je croyais que c'était pour moi que vous vouliez voyager.

LÉLIO : Oh! qu'il ne t'arrive plus de faire de ces méprises-là; car j'étais certain que tu n'avais rien remarqué pour moi dans la Comtesse.

ARLEQUIN : Si fait; j'ai remarqué qu'elle vous aimera bientôt.

LÉLIO : Tu rêves.

ARLEQUIN : Et je remarque que vous l'aimerez aussi.

LÉLIO : Moi, l'aimer! moi, l'aimer! Tiens, tu me feras plaisir de savoir adroitement de Colombine les dispositions où elle se trouve, car je veux savoir à quoi m'en tenir; et si, contre toute apparence, il se trouvait dans son cœur une ombre de penchant pour moi, vite à cheval; je pars.

ARLEQUIN : Bon! et vous partez demain pour Paris.

LÉLIO : Qui est-ce qui t'a dit cela?

ARLEQUIN : Vous, il n'y a qu'un moment; mais c'est que la mémoire vous faille, comme à moi. Voulez-vous que je vous dise? Il est bien aisé de voir que le cœur vous démange : vous parlez tout seul; vous faites des discours qui ont dix lieues de long; vous voulez aller en Turquie; vous mettez vos bottes, vous les ôtez; vous partez, vous restez; et puis du noir, et puis du blanc. Pardi! quand on ne sait ni ce qu'on dit ni ce qu'on fait, ce n'est pas pour des prunes. Et moi, que ferai-je après? Quand je vois mon maître qui perd l'esprit, le mien s'en va de compagnie.

LÉLIO : Je te dis qu'il ne me reste plus qu'une simple curiosité, c'est de savoir s'il ne se passerait pas quelque chose dans le cœur de la Comtesse, et je donnerais

tout à l'heure cent écus pour avoir soupçonné juste. Tâchons de le savoir.

ARLEQUIN : Mais, encore une fois, je vous dis que Colombine m'attrapera; je le sens bien.

LÉLIO : Écoute; après tout, mon pauvre Arlequin, si tu te fais tant de violence pour ne pas aimer cette fille-là, je ne t'ai jamais conseillé l'impossible.

ARLEQUIN : Par la mardi! vous parlez d'or; vous m'ôtez plus de cent pesants [12] de dessus le corps et vous prenez bien la chose. Franchement, Monsieur, la femme est un peu vaurienne, mais elle a du bon : entre nous, je la crois plus ratière [13] que malicieuse. Je m'en vais tâcher de rencontrer Colombine, et je ferai votre affaire : je ne veux pas l'aimer; mais si j'ai tant de peine à me retenir, adieu paniers, je me laisserai aller; si vous m'en croyez, vous ferez de même. Être amoureux et ne l'être pas, ma foi! je donnerais le choix pour un liard : c'est misère; j'aime mieux la misère gaillarde que la misère triste. Adieu; je vais travailler pour vous.

LÉLIO : Attends... Tiens, ce n'est pas la peine que tu y ailles.

ARLEQUIN : Pourquoi?

LÉLIO : C'est que ce que je pourrais apprendre ne me servirait de rien. Si elle m'aime, que m'importe? Si elle ne m'aime pas, je n'ai pas besoin de le savoir; ainsi je ferai mieux de rester comme je suis.

ARLEQUIN : Monsieur, si je deviens amoureux, je veux avoir la consolation que vous le soyez aussi, afin qu'on dise toujours : Tel valet, tel maître. Je ne m'embarrasse pas d'être un ridicule, pourvu que je vous ressemble. Si la Comtesse vous aime, je viendrai vitement vous le dire, afin que cela vous achève; par bonheur vous êtes déjà bien avancé, et cela me fait grand plaisir. Je m'en vais voir l'air du bureau [14].

Scène VI : Lélio, Jacqueline.

LÉLIO : Je ne le querelle point, car il est déjà tout égaré.

JACQUELINE : Monsieur?

LÉLIO, *distrait* : Je prierai pourtant la Comtesse d'ordonner à Colombine de laisser ce malheureux en repos; mais peut-être elle est bien aise elle-même que l'autre travaille à lui détraquer la cervelle; car Madame la Comtesse n'est pas dans le goût de m'obliger.

JACQUELINE : Monsieur?

LÉLIO, *d'un air fâché, et agité* : Eh bien, que veux-tu?

JACQUELINE : Je vians vous demander mon congé.

LÉLIO, *sans l'entendre* : Morbleu! je n'entends parler que d'amour. Eh! laissez-moi respirer, vous autres! vous me lassez; faites comme il vous plaira. J'ai la tête remplie de femmes et de tendresse : ces maudites idées-là me suivent partout, et elles m'assiègent. Arlequin d'un côté, les folies de la Comtesse de l'autre; et toi aussi?

JACQUELINE : Monsieur, c'est que je vians vous dire que je veux m'en aller.

LÉLIO : Pourquoi?

---

12. Plus de cent livres qui me pèsent.
13. Qui a des rats, c'est-à-dire des caprices.
14. A le sens de : aller s'informer de l'état de l'affaire.

JACQUELINE : C'est que Piarre ne m'aime plus; ce misérable-là s'est amouraché de la fille à Thomas. Tenez, Monsieur, ce que c'est que la cruauté des hommes! Je l'ai vu qui batifolait avec elle; moi, pour le faire venir, je lui ai fait comme ça avec le bras : « Et y allons »; et le vilain qu'il est m'a fait comme cela un geste du coude; cela voulait dire : « Va te promener. » Oh! que les hommes sont traîtres! Voilà qui est fait, j'en suis si soûle que je n'en veux plus entendre parler; et je vians pour cet effet vous demander mon congé.

LÉLIO : De quoi s'avise ce coquin-là, d'être infidèle?

JACQUELINE : Je ne comprends pas cela; il m'est avis que c'est un rêve.

LÉLIO : Tu ne le comprends pas? C'est pourtant un vice dont il a plu aux femmes d'enrichir l'humanité.

JACQUELINE : Qui que ce soit, voilà de belles richesses qu'on a boutées là dans le monde.

LÉLIO : Va, va, Jacqueline, il ne faut pas que tu t'en ailles.

JACQUELINE : Oh! Monsieur je ne veux pas rester dans le village; car on est si faible! Si ce garçon-là me recherchait, je ne sis pas rancuneuse, il y aurait du rapatriage et je prétends être brouillée.

LÉLIO : Ne te presse pas; nous verrons ce que dira la Comtesse.

JACQUELINE : Hum! la voilà, cette Comtesse. Je m'en vas. Piarre est son valet, et ça me fâche itou contre elle.

Scène VII : Lélio, la Comtesse, qui a l'air de chercher quelque chose à terre.

LÉLIO, *la voyant chercher* : Elle m'a fui tantôt; si je me retire, elle croira que je prends ma revanche, et que j'ai remarqué son procédé; comme il n'en est rien, il est bon de lui paraître tout aussi indifférent que je le suis. Continuons de rêver; je n'ai qu'à ne lui point parler pour remplir les conditions du billet [15].

LA COMTESSE, *cherchant toujours* : Je ne trouve rien.

LÉLIO : Ce voisinage-là me déplaît; je crois que je ferai fort bien de m'en aller, dût-elle en penser ce qu'elle voudra. *(Et puis, la voyant approcher.)* Oh! parbleu, c'en est trop, Madame! Vous m'avez fait l'honneur de m'écrire qu'il était inutile de nous revoir, et j'ai trouvé que vous pensiez juste; mais je prendrai la liberté de vous représenter que vous me mettez hors d'état de vous obéir. Le moyen de ne vous point voir? Je me trouve près de vous, Madame; vous venez jusqu'à moi; je me trouve irrégulier sans avoir tort.

LA COMTESSE : Hélas! Monsieur, je ne vous voyais pas. Après cela, quand je vous aurais vu, je ne me ferais pas un grand scrupule d'approcher de l'endroit où vous êtes,

et je ne me détournerais pas de mon chemin à cause de vous. Je vous dirai cependant que vous outrez les termes de mon billet; il ne signifiait pas : « Haïssons-nous, soyons-nous odieux. » Si vos dispositions de haine, ou pour toutes les femmes, ou pour moi, vous l'ont fait expliquer comme cela, et si vous le pratiquez comme vous l'entendez, ce n'est pas ma faute. Je vous plains beaucoup de m'avoir vue; vous souffrez apparemment et j'en suis fâchée; mais vous avez le champ libre, voilà de la place pour fuir; délivrez-vous de ma vue. Quant à moi, Monsieur, qui ne vous hais ni ne vous aime, qui n'ai ni chagrin ni plaisir à vous voir, vous trouverez bon que j'aille mon train, que vous me soyez un objet parfaitement indifférent, et que j'agisse tout comme si vous n'étiez pas là. Je cherche mon portrait, j'ai besoin de quelques petits diamants qui en ornent la boîte; je l'ai prise pour les envoyer démonter à Paris; et Colombine, à qui je l'ai donnée pour la remettre à un de mes gens qui part exprès, l'a perdue; voilà ce qui m'occupe : et si je vous avais aperçu là, il ne m'en aurait coûté que de vous prier très froidement et très poliment de vous détourner; peut-être même m'aurait-il pris fantaisie de vous prier de chercher avec moi, puisque vous vous trouvez là; car je n'aurais pas deviné que ma présence vous affligerait; à présent que je le sais, je n'userai point d'une prière incivile. Fuyez vite, Monsieur, car je continue.

LÉLIO : Madame, je ne veux point être incivil non plus; et je reste, puisque je peux vous rendre service. Je vais chercher avec vous.

LA COMTESSE : Non, Monsieur, ne vous contraignez pas; allez-vous-en. Je dis que vous me haïssez; je vous l'ai dit, vous n'en disconvenez point. Allez-vous-en donc ou je me tais.

LÉLIO : Parbleu! Madame, c'est trop souffrir de rebuts en un jour; et billet et discours, tout se ressemble. Adieu donc, Madame, je suis votre serviteur [16].

LA COMTESSE : Monsieur, je suis votre servante. *(Quand il est parti, elle dit.)* Mais à propos, cet étourdi qui s'en va, et qui n'a point marqué positivement son billet ce qu'il voulait donner à sa fermière! Il me dit simplement qu'il verra ce qu'il doit faire. Ah! je ne suis pas d'humeur à mettre toujours la main à la plume. Je me moque de sa haine, il faut qu'il me parle. *(Dans l'instant elle part pour le rappeler, quand il revient lui-même.)* Quoi! vous revenez, Monsieur?

LÉLIO, *d'un air agité* : Oui, Madame, je reviens, j'ai quelque chose à vous dire; et puisque vous voilà, ce sera un billet épargné et pour vous et pour moi.

LA COMTESSE : A la bonne heure; de quoi s'agit-il?

LÉLIO : C'est que le neveu de votre fermier ne doit plus compter sur Jacqueline : Madame, cela doit vous faire

---

15. Le chroniqueur du *Mercure* décrit ainsi ce jeu de scène : « La Comtesse arrive un moment après, cherchant un portrait qu'elle a perdu; Lélio fait semblant de ne pas l'apercevoir, et de se promener; mais la Comtesse, cherchant le portrait, s'approche si fort de lui qu'il ne peut éviter de lui parler. Cette scène est fort plaisante par le jeu de théâtre, de voir deux personnes qui font semblant de ne vouloir pas se trouver, et qui ne demandent pas mieux que de se joindre et de lier conversation, ce qui ne manque pas d'arriver à l'instant. »

16. Autre jeu de scène également décrit par le chroniqueur du *Mercure* : « Cependant, quelque remords qui prend à Lélio l'oblige à quitter la Comtesse assez brusquement; mais sa fermeté l'abandonne à quatre pas de là, il se ravise et revient sur ses pas pour rejoindre la Comtesse, laquelle de son côté, étant fort fâchée du départ de Lélio, trouve un prétexte pour le faire rappeler. Ils se trouvent tous deux un instant après presque face à face, comme des gens qui se cherchent avec empressement, ce qui produit sur la scène un jeu assez plaisant. »

plaisir ; car cela finit le peu de commerce forcé que nous avons ensemble.

LA COMTESSE : Le commerce forcé ? Vous êtes bien difficile, Monsieur, et vos expressions sont bien naïves ! Mais passons. Pourquoi donc, s'il vous plaît, Jacqueline ne veut-elle pas de ce jeune homme ? Que signifie ce caprice-là ?

LÉLIO : Ce que signifie un caprice ? Je vous le demande, Madame ; cela n'est point à mon usage, et vous le définirez mieux que moi.

LA COMTESSE : Vous pourriez cependant me rendre un bon compte de celui-là, si vous vouliez : il est votre ouvrage apparemment ; je me mêlais de leur mariage ; cela vous fatiguait ; vous avez tout arrêté. Je vous suis obligée de vos égards.

LÉLIO : Moi, Madame !

LA COMTESSE : Oui, Monsieur ; il n'était pas nécessaire de vous y prendre de cette façon-là ; cependant je ne trouve point mauvais que le peu d'intérêt que j'avais à vous voir vous fût à charge : je ne condamne point dans les autres ce qui est en moi ; et, sans le hasard qui nous rejoint ici, vous ne m'auriez vue de votre vie, si j'avais pu.

LÉLIO : Eh ! je n'en doute pas, Madame, je n'en doute pas.

LA COMTESSE : Non, Monsieur, de votre vie. Et pourquoi en douteriez-vous ? En vérité, je ne vous comprends pas. Vous avez rompu avec les femmes, moi avec les hommes ; vous n'avez pas changé de sentiment, n'est-il pas vrai ? D'où vient donc que j'en changerais ? Sur quoi en changerais-je ? Y songez-vous ? Oh ! mettez-vous dans l'esprit que mon opiniâtreté vaut bien la vôtre, et que je n'en démordrai point.

LÉLIO : Eh ! Madame, vous m'avez accablé de preuves d'opiniâtreté ; ne m'en donnez plus ; voilà qui est fini. Je ne songe à rien, je vous assure.

LA COMTESSE : Qu'appelez-vous, Monsieur, vous ne songez à rien ? Mais du ton dont vous le dites, il semble que vous vous imaginez m'annoncer une mauvaise nouvelle. Eh bien, Monsieur, vous ne m'aimerez jamais ; cela est-il si triste ? Oh ! je le vois bien ; je vous ai écrit qu'il ne fallait plus nous voir, et je veux mourir si vous n'avez pris cela pour quelque agitation de cœur ; assurément vous me soupçonnez de penchant pour vous. Vous m'assurez que vous n'en n'aurez jamais pour moi ; vous croyez me mortifier, vous le croyez, Monsieur Lélio, vous le croyez, vous dis-je ; ne vous en défendez point. J'espérais que vous me divertiriez en m'aimant ; vous avez pris un autre tour ; je ne perds point au change, et je vous trouve très divertissant comme vous êtes.

LÉLIO, *d'un air riant et piqué* : Ma foi ! Madame, nous ne nous ennuierons donc point ensemble ; si je vous réjouis, vous n'êtes point ingrate : vous espériez que je vous divertirais, mais vous ne m'aviez pas dit que je serais diverti. Quoi qu'il en soit, brisons là-dessus ; la comédie ne me plaît pas longtemps, et je ne veux être ni acteur ni spectateur.

LA COMTESSE, *d'un ton badin* : Écoutez, Monsieur : vous m'avouerez qu'un homme à votre place, qui se croit aimé, surtout quand il n'aime pas, se met en prise.

LÉLIO : Je ne pense point que vous m'aimez, Madame ; vous me traitez mal, mais vous y trouvez du goût. N'usez point de prétexte ; je vous ai déplu d'abord ; moi spécialement, je l'ai remarqué ; et si je vous aimais, de tous les hommes qui pourraient vous aimer, je serais peut-être le plus humilié, le plus raillé et le plus à plaindre.

LA COMTESSE : D'où vous vient cette idée-là ? Vous vous trompez ; je serais fâchée que vous m'aimassiez, parce que j'ai résolu de ne point aimer ; mais quelque chose que j'aie dit, je croirais du moins devoir vous estimer.

LÉLIO : J'ai bien de la peine à le croire.

LA COMTESSE : Vous êtes injuste ; je ne suis pas sans discernement. Mais à quoi bon faire cette supposition, que, si vous m'aimiez, je vous traiterais plus mal qu'un autre ? La supposition est inutile : puisque vous n'avez point envie de faire l'essai de mes manières, que vous importe ce qui en arriverait ? Cela vous doit être indifférent. Vous ne m'aimez pas ; car enfin, si je le pensais...

LÉLIO : Eh ! je vous prie, point de menaces, Madame ; vous m'avez tantôt offert votre amitié ; je ne vous demande que cela, je n'ai besoin que de cela ; ainsi vous n'avez rien à craindre.

LA COMTESSE, *d'un air froid* : Puisque vous n'avez besoin que de cela, Monsieur, j'en suis ravie ; je l'accorde, j'en serai moins gênée avec vous.

LÉLIO : Moins gênée ? Ma foi ! Madame, il ne faut pas que vous le soyez du tout ; et bien pesé, je crois que nous ferons mieux de suivre les termes de votre billet.

LA COMTESSE : Oh ! de tout mon cœur ; allons, Monsieur, ne nous voyons plus. Je fais présent de cent pistoles au neveu de mon fermier ; vous me ferez savoir ce que vous voulez donner à la fille, et je verrai si je souscrirai à ce mariage, dont notre rupture va lever l'obstacle que vous y avez mis. Soyons-nous inconnus l'un à l'autre ; j'oublie que je vous ai vu ; je ne vous reconnaîtrai pas demain.

LÉLIO : Et moi, Madame, je vous reconnaîtrai toute ma vie ; je ne vous oublierai point : vos façons avec moi vous ont gravée pour jamais dans ma mémoire.

LA COMTESSE : Vous m'y donnerez la place qu'il vous plaira, je n'ai rien à me reprocher ; mes façons ont été celles d'une femme raisonnable.

LÉLIO : Morbleu ! Madame, vous êtes une dame raisonnable, à la bonne heure, mais accordez donc cette lettre avec vos premières honnêtetés, et avec vos offres d'amitié ; cela est inconcevable ! aujourd'hui votre ami, demain rien. Pour moi, Madame, je ne vous ressemble pas, et j'ai le cœur aussi jaloux en amitié qu'en amour ; ainsi nous ne nous convenons point.

LA COMTESSE : Adieu, Monsieur ; vous parlez d'un air bien dégagé, et presque offensant. Si j'étais vaine cependant, si j'en crois Colombine, je vaux quelque chose, à vos yeux mêmes.

LÉLIO : Un moment ; vous êtes de toutes les dames que j'ai vues celle qui vaut le mieux ; je sens même que j'ai du plaisir à vous rendre cette justice-là. Colombine vous en a dit davantage ; c'est une visionnaire, non seulement sur mon chapitre, mais encore sur le vôtre, Madame ; je vous en avertis; Ainsi n'en croyez jamais au rapport de vos domestiques.

LA COMTESSE : Comment! Que dites-vous, Monsieur? Colombine vous aurait fait entendre... Ah! l'impertinente! je la vois qui passe. Colombine, venez ici.

Scène VIII : La Comtesse, Lélio, Colombine.

COLOMBINE *arrive* : Que me voulez-vous, Madame?

LA COMTESSE : Ce que je veux?

COLOMBINE : Si vous ne voulez rien, je m'en retourne.

LA COMTESSE : Parlez; quels discours avez-vous tenus à Monsieur sur mon compte?

COLOMBINE : Des discours très sensés, à mon ordinaire.

LA COMTESSE : Je vous trouve bien hardie d'oser, suivant votre petite cervelle, tirer folles conjectures de mes sentiments; et je voudrais bien vous demander sur quoi vous avez compris que j'aime Monsieur, à qui vous l'avez dit?

COLOMBINE : N'est-ce que cela? Je vous jure que je l'ai cru comme je l'ai dit, et je l'ai dit pour le bien de la chose; c'était pour abréger votre chemin à l'un et à l'autre; car vous y viendrez tous deux; cela ira là; et si la chose arrive, je n'aurai fait aucun mal. A votre égard, Madame, je vais vous expliquer sur quoi j'ai pensé que vous aimiez...

LA COMTESSE, *lui coupant la parole* : Je vous défends de parler.

LÉLIO, *d'un air doux et modeste* : Je suis honteux d'être la cause de cette explication-là, mais vous pouvez être persuadée que ce qu'elle a pu dire ne me fait aucune impression. Non, Madame, vous ne m'aimez point, et j'en suis convaincu; et je vous avouerai même, dans le moment où je suis, que cette conviction m'est absolument nécessaire; je vous laisse. Si nos paysans se raccommodent, je verrai ce que je puis faire pour eux : puisque vous vous intéressez à leur mariage, je me ferai un plaisir de le hâter, et j'aurai l'honneur de vous porter tantôt ma réponse, si vous me le permettez.

LA COMTESSE, *quand il est parti* : Juste ciel! que vient-il de me dire? et d'où vient que je suis émue de ce que je viens d'entendre? *Cette conviction m'est absolument nécessaire.* Non, cela ne signifie rien, et je n'y veux rien comprendre.

COLOMBINE, *à part* : Oh! notre amour se fait grand; il parlera bientôt bon français.

ACTE TROISIÈME

Scène I : Arlequin, Colombine.

COLOMBINE, *à part les premiers mots* : Battons-lui toujours froid. Tous les diamants y sont, rien n'y manque, hors le portrait que Monsieur Lélio a gardé. C'est un grand bonheur que vous ayez trouvé cela; je vous rends la boîte; il est juste que vous la donniez vous-même à Madame la Comtesse. Adieu; je suis pressée.

ARLEQUIN *l'arrête* : Eh! là, là, là; ne vous en allez pas si vite; je suis de si bonne humeur.

COLOMBINE : Je vous ai dit ce que je pensais de ma maîtresse à l'égard de votre Maître; bonjour.

ARLEQUIN : Eh bien! dites à cette heure ce que vous pensez de moi. Hé! Hé! Hé!

COLOMBINE : Je pense de vous que vous m'ennuieriez si je restais plus longtemps.

ARLEQUIN : Fi! la mauvaise pensée! Causons pour chasser cela; c'est une migraine.

COLOMBINE : Je n'ai pas le temps, Monsieur Arlequin.

ARLEQUIN : Eh! allons donc, faut-il avoir des manières comme cela avec moi? Vous me traitez de Monsieur; cela est-il honnête?

COLOMBINE : Très honnête; mais vous m'amusez; laissez-moi; que voulez-vous que je fasse ici?

ARLEQUIN : Me dire comment je me porte, par exemple; me faire de petites questions : Arlequin par-ci, Arlequin par-là; me demander, comme tantôt, si je vous aime : que sait-on? peut-être je vous répondrai que oui.

COLOMBINE : Oh! je ne m'y fie plus.

ARLEQUIN : Si fait, si fait; fiez-vous-y pour voir.

COLOMBINE : Non; vous haïssez trop les femmes.

ARLEQUIN : Cela m'a passé; je leur pardonne.

COLOMBINE : Et moi, à compter d'aujourd'hui, je me brouille avec les hommes; dans un an ou deux, je me raccommoderai peut-être avec ces nigauds-là.

ARLEQUIN : Il faudra donc que je me tienne pendant ce temps-là les bras croisés à vous voir venir, moi?

COLOMBINE : Voyez-moi venir dans la posture qu'il vous plaira : que m'importe que vos bras soient croisés ou ne le soient pas?

ARLEQUIN : Par la sambille! j'enrage. Maudit esprit lunatique, que je te donnerais de grand cœur un bon coup de poing, si tu ne portais pas une cornette!

COLOMBINE, *riant* : Ah! je vous entends; vous m'aimez; j'en suis fâchée, mon ami : le ciel vous assiste!

ARLEQUIN : Mardi! oui, je t'aime; mais laisse-moi faire. Tiens, mon chien d'amour s'en ira, je m'étranglerais plutôt; je m'en vais être ivrogne, je jouerai à la boule toute la journée; je prierai mon maître de m'apprendre le piquet, je jouerai avec lui ou avec moi, je dormirai plutôt que de rester sans rien faire. Tu verras, va; je cours tirer bouteille pour commencer.

COLOMBINE : Tu mériterais que je te fisse expirer par pur chagrin; mais je suis généreuse. Tu as méprisé toutes les suivantes de France en ma personne; je les représente. Il faut une réparation à cette insulte; à mon égard, je t'en quitterais volontiers; mais je ne puis trahir les intérêts et l'honneur d'un corps si respectable pour toi. Fais-lui donc satisfaction : demande-lui à genoux pardon de toutes tes impertinences, et ta grâce t'est accordée.

ARLEQUIN : M'aimeras-tu après cette autre impertinence-là?

COLOMBINE : Humilie-toi, et tu seras instruit.

ARLEQUIN, *se mettant à genoux* : Pardi! je le veux bien : je demande pardon à ce drôle de corps pour qui tu parles.

COLOMBINE : En diras-tu du bien?

ARLEQUIN : C'est une autre affaire ; il est défendu de mentir.

COLOMBINE : Point de grâce.

ARLEQUIN : Accommodons-nous. Je n'en dirai ni bien ni mal. Est-ce fait ?

COLOMBINE : Hé ! la réparation est un peu cavalière ; mais le corps n'est pas formaliste. Baise-moi la main en signe de paix, et lève-toi. Tu me parais vraiment repentant ; cela me fait plaisir.

ARLEQUIN, *relevé* : Tu m'aimeras, au moins ?

COLOMBINE : Je l'espère.

ARLEQUIN, *sautant* : Je me sens plus léger qu'une plume.

COLOMBINE : Écoute, nous avons intérêt de hâter l'amour de nos maîtres ; il faut qu'ils se marient ensemble.

ARLEQUIN : Oui, afin que je t'épouse par-dessus le marché.

COLOMBINE : Tu l'as dit : n'oublions rien pour les conduire à s'avouer qu'ils s'aiment. Quand tu rendras la boîte à la Comtesse, ne manque pas de lui dire pourquoi ton maître en garde le portrait. Je la vois qui rêve ; retire-toi et reviens dans un moment, de peur qu'en nous voyant ensemble, elle ne nous soupçonne d'intelligence. J'ai dessein de la faire parler ; je veux qu'elle sache qu'elle aime ; son amour en ira mieux, quand elle se l'avouera.

Scène II : La Comtesse, Colombine.

LA COMTESSE, *d'un air de méchante humeur* : Ah ! vous voilà ? A-t-on trouvé mon portrait ?

COLOMBINE : Je n'en sais rien, Madame ; je le fais chercher.

LA COMTESSE : Je viens de rencontrer Arlequin ; ne vous a-t-il point parlé ? N'a-t-il rien à me dire de la part de son maître ?

COLOMBINE : Je ne l'ai pas vu.

LA COMTESSE : Vous ne l'avez pas vu ?

COLOMBINE : Non, Madame.

LA COMTESSE : Vous êtes donc aveugle ? Avez-vous dit au cocher de mettre les chevaux au carrosse ?

COLOMBINE : Moi ? non, vraiment.

LA COMTESSE : Et pourquoi, s'il vous plaît ?

COLOMBINE : Faute de savoir deviner.

LA COMTESSE : Comment, deviner ! Faut-il tant de fois vous répéter les choses ?

COLOMBINE : Ce qui n'a jamais été dit n'a pas été répété, Madame ; cela est clair ; demandez cela à tout le monde.

LA COMTESSE : Vous êtes une grande raisonneuse.

COLOMBINE : Qui diantre savait que vous voulussiez partir pour aller quelque part ? Mais je m'en vais avertir le cocher.

LA COMTESSE : Il n'est plus temps.

COLOMBINE : Il ne faut qu'un instant.

LA COMTESSE : Je vous dis qu'il est trop tard.

COLOMBINE : Peut-on vous demander où vous vouliez aller, Madame ?

LA COMTESSE : Chez ma sœur, qui est à sa terre : j'avais dessein d'y passer quelques jours.

COLOMBINE : Et la raison de ce dessein là ?

LA COMTESSE : Pour quitter Lélio, qui s'avise de m'aimer, je pense.

COLOMBINE : Oh ! rassurez-vous, Madame ; je crois maintenant qu'il n'en est rien.

LA COMTESSE : Il n'en est rien ! je vous trouve bien plaisante de me venir dire qu'il n'en est rien, vous de qui je sais la chose en partie.

COLOMBINE : Cela est vrai, je l'avais cru ; mais je vois que je me suis trompée.

LA COMTESSE : Vous êtes faite aujourd'hui pour m'impatienter.

COLOMBINE : Ce n'est pas mon intention.

LA COMTESSE : Non, d'aujourd'hui vous ne m'avez répondu que des impertinences.

COLOMBINE : Mais, Madame, tout le monde peut se tromper.

LA COMTESSE : Je vous dis encore une fois que cet homme-là m'aime, et que je trouve ridicule de me disputer cela. Prenez-y garde, vous me répondrez de cet amour-là, au moins.

COLOMBINE : Moi, Madame ? m'a-t-il donné son cœur en garde ? Eh ! que vous importe qu'il vous aime ?

LA COMTESSE : Ce n'est pas son amour qui m'importe, je ne m'en soucie guère ; mais il m'importe de ne point prendre de fausses idées des gens, et de n'être pas la dupe éternelle de vos étourderies.

COLOMBINE : Voilà un sujet de querelle furieusement tiré par les cheveux : cela est bien subtil.

LA COMTESSE : En vérité, je vous admire dans vos récits ! *Monsieur Lélio vous aime, Madame ; j'en suis certaine : votre billet l'a piqué, il l'a reçu en colère, il l'a lu de même : il a pâli, il a rougi.* Dites-moi, sur un pareil rapport, qui est-ce qui ne croira pas qu'un homme est amoureux ? Cependant il n'en est rien ; il ne plaît plus à Mademoiselle que vous voyez, elle s'est trompée ! Moi, je compte là-dessus, je prends des mesures pour me retirer : mesures perdues.

COLOMBINE : Quelles si grandes mesures avez-vous donc prises, Madame ? Si vos ballots sont faits, ce n'est encore qu'en idée, et cela ne dérange rien. Au bout du compte, tant mieux s'il ne vous aime point.

LA COMTESSE : Oh ! vous croyez que cela va comme votre tête, avec votre *tant mieux* ? Il serait à souhaiter qu'il m'aimât, pour justifier le reproche que je lui en ai fait. Je suis désolée d'avoir accusé un homme qu'il n'a pas. Mais si vous vous êtes trompée, pourquoi Lélio m'a-t-il fait presque entendre qu'il m'aimait ? Parlez donc ; me prenez-vous pour une bête ?

COLOMBINE : Le ciel m'en préserve !

LA COMTESSE : Que signifie le discours qu'il m'a tenu en me quittant ? *Madame, vous ne m'aimez point ; j'en suis convaincu, et je vous avouerai que cette conviction m'est absolument nécessaire.* N'est-ce pas tout comme s'il m'avait dit : « Je serais en danger de vous aimer, si je croyais que vous puissiez m'aimer vous-même. » Allez, allez, vous ne savez ce que vous dites ; c'est de l'amour que ce sentiment-là.

COLOMBINE : Cela est plaisant ! Je donnerais à ces paroles-là, moi, toute une autre interprétation, tant je les trouve équivoques.

LA COMTESSE : Oh! je vous prie, gardez votre belle interprétation, je n'en suis point curieuse; je vois d'ici qu'elle ne vaut rien.

COLOMBINE : Je la crois pourtant aussi naturelle que la vôtre, Madame.

LA COMTESSE : Pour la rareté du fait, voyons donc.

COLOMBINE : Vous savez que Monsieur Lélio fuit les femmes; cela posé, examinons ce qu'il vous dit : *Vous ne m'aimez pas, Madame; j'en suis convaincu, et je vous avouerai que cette conviction m'est absolument nécessaire*; c'est-à-dire : « Pour rester où vous êtes, j'ai besoin d'être certain que vous ne m'aimez pas; sans quoi je décamperais. » C'est une pensée désobligeante, entortillée dans un tour honnête; cela me paraît assez net.

LA COMTESSE : Cette fille-là n'a jamais eu d'esprit que contre moi; mais, Colombine, l'air affectueux et tendre qu'il a joint à cela?...

COLOMBINE : Cet air-là, Madame, peut ne signifier encore qu'un homme honteux de dire une impertinence qu'il adoucit le plus qu'il peut.

LA COMTESSE : Non, Colombine, cela ne se peut pas; tu n'y étais point; tu ne lui as pas vu prononcer ces paroles-là; je t'assure qu'il les a dites d'un ton de cœur attendri. Par quel esprit de contradiction veux-tu penser autrement? J'y étais : je m'y connais, ou bien Lélio est le plus fourbe de tous les hommes; et s'il ne m'aime pas, je fais vœu de détester son caractère. Oui, son honneur y est engagé; il faut qu'il m'aime, ou qu'il soit un malhonnête homme; car il a donc voulu me faire prendre le change?

COLOMBINE : Il vous aimait peut-être, et je lui avais dit que vous pourriez l'aimer; mais vous vous êtes fâchée, et j'ai détruit mon ouvrage. J'ai dit tantôt à Arlequin que vous ne songiez nullement à lui, que j'avais voulu flatter son maître pour me divertir, et qu'enfin Monsieur Lélio était l'homme du monde que vous aimeriez le moins.

LA COMTESSE : Et cela n'est pas vrai. De quoi vous mêlez-vous, Colombine? Si Monsieur Lélio a du penchant pour moi, de quoi vous avisez-vous d'aller mortifier un homme à qui je ne veux point de mal, que j'estime? Il faut avoir le cœur bien dur pour donner du chagrin aux gens sans nécessité! En vérité, vous avez juré de me désobliger.

COLOMBINE : Tenez, Madame, dussiez-vous me quereller, vous aimez cet homme à qui vous ne voulez point de mal. Oui, vous l'aimez.

LA COMTESSE : Retirez-vous.

COLOMBINE : Je vous demande pardon.

LA COMTESSE : Retirez-vous, vous dis-je; j'aurai soin demain de vous payer et de vous renvoyer à Paris.

COLOMBINE : Madame, il n'y a que l'intention de punissable, et je fais serment que je n'ai eu nul dessein de vous fâcher; je vous respecte et je vous aime, vous le savez.

LA COMTESSE : Colombine, je vous passe encore cette sottise-là; observez-vous bien dorénavant.

COLOMBINE, *à part les premiers mots* : Voyons la fin de cela. Je vous l'avoue, une seule chose me chagrine :

c'est de m'apercevoir que vous manquez de confiance en moi, qui ne veux savoir vos secrets que pour vous servir. De grâce, ma chère maîtresse, ne me donnez plus ce chagrin-là : récompensez mon zèle pour vous, ouvrez-moi votre cœur, vous n'en serez point fâchée.

Elle approche de sa maîtresse, et la caresse.

LA COMTESSE : Ah!

COLOMBINE : Eh bien! voilà un soupir : c'est un commencement de franchise; achevez donc.

LA COMTESSE : Colombine!

COLOMBINE : Madame?

LA COMTESSE : Après tout, aurais-tu raison? Est-ce que j'aimerais?

COLOMBINE : Je crois que oui : mais, d'où vient vous faire un si grand monstre de cela? Eh bien! vous aimez; voilà qui est bien rare!

LA COMTESSE : Non, je n'aime point encore.

COLOMBINE : Vous avez l'équivalent de cela.

LA COMTESSE : Quoi! je pourrais tomber dans ces malheureuses situations, si pleines de troubles, d'inquiétudes, de chagrins; moi, moi? Non, Colombine, cela n'est pas fait encore; je serais au désespoir. Quand je suis venue ici, j'étais triste; tu me demandais ce que j'avais : ah! Colombine, c'était un pressentiment du malheur qui devait m'arriver.

COLOMBINE : Voici Arlequin qui vient à nous, renfermez vos regrets.

Scène III : Arlequin,
la Comtesse, Colombine.

ARLEQUIN : Madame, mon maître m'a dit que vous avez perdu une boîte de portrait : je sais un homme qui l'a trouvée : de quelle couleur est-elle? combien y a-t-il de diamants? sont-ils gros ou petits?

COLOMBINE : Montre, nigaud; te méfies-tu de Madame? Tu fais là d'impertinentes questions!

ARLEQUIN : Mais c'est la coutume d'interroger le monde, pour plus grande sûreté; je ne pense point à mal.

LA COMTESSE : Où est-elle, cette boîte?

ARLEQUIN, *la montrant* : La voilà, Madame. Un autre que vous ne la verrait pas, mais vous êtes une femme de bien.

LA COMTESSE : C'est la même. Tiens, prends cela en revanche.

ARLEQUIN : Vivent les revanches! le ciel vous soit en aide!

LA COMTESSE : Le portrait n'y est pas!

ARLEQUIN : Chut! il n'est pas perdu; c'est mon maître qui le garde.

LA COMTESSE : Il garde mon portrait? qu'en veut-il faire?

ARLEQUIN : C'est pour vous mirer quand il ne vous voit plus; il dit que ce portrait ressemble à une cousine qui est morte, et qu'il aimait beaucoup. Il m'a défendu d'en rien dire, et de vous faire accroire qu'il est perdu; mais il faut bien vous donner de la marchandise pour votre argent. *Motus!* le pauvre homme en tient.

COLOMBINE : Madame, la cousine dont il parle peut

être morte ; mais la cousine qu'il ne dit pas se porte bien et votre cousin n'est pas votre parent.

ARLEQUIN, *riant* : Hé ! Hé ! Hé !

LA COMTESSE : De quoi ris-tu ?

ARLEQUIN : De ce drôle de cousin. Mon maître croit bonnement qu'il garde le portrait à cause de la cousine, et il ne sait pas que c'est à cause de vous ; cela est risible ; il fait des quiproquos d'apothicaire [17].

LA COMTESSE : Eh ! que sais-tu si c'est à cause de moi ?

ARLEQUIN : Je vous dis que la cousine est un conte à dormir debout. Est-ce qu'on dit des injures à la copie d'une cousine qui est morte ?

COLOMBINE : Comment, des injures ?

ARLEQUIN : Oui ; je l'ai laissé là-bas qui se fâche contre le visage de Madame ; il le querelle tant qu'il peut de ce qu'il aime. Il y a à mourir de rire de le voir faire. Quelquefois il met de bons gros soupirs au bout des mots qu'il dit. Oh ! de ces soupirs-là, la cousine défunte n'en tâte que d'une dent.

LA COMTESSE : Colombine, il faut absolument qu'il me rende mon portrait ; cela est de conséquence pour moi : je vais le lui demander, je ne souffrirai pas mon portrait entre les mains d'un homme. Où se promène-t-il ?

ARLEQUIN : De ce côté-là : vous le trouverez sans faute à droite ou à gauche.

Scène IV : *Lélio,*
Colombine, Arlequin.

ARLEQUIN : Son cœur va-t-il bien ?

COLOMBINE : Oh ! je te réponds qu'il va grand train. Mais voici ton maître ; laisse-moi faire.

LÉLIO *arrive* : Colombine, où est Madame la Comtesse ? Je souhaiterais lui parler.

COLOMBINE : Madame la Comtesse va, je pense, partir tout à l'heure pour Paris.

LÉLIO : Quoi ! sans me voir ! sans me l'avoir dit ?

COLOMBINE : C'est bien à vous à vous apercevoir de cela ! n'avez-vous pas dessein de vivre en sauvage ? de quoi vous plaignez-vous ?

LÉLIO : De quoi je me plains ? La question est singulière, Mademoiselle Colombine ! Voilà donc le penchant que vous lui connaissiez pour moi ! Partir sans adieu ! Et vous voulez que je sois un homme de bon sens, et que je m'accommode de cela, moi ? Non, les procédés bizarres me révolteront toujours.

COLOMBINE : Si elle ne vous a pas dit adieu, c'est qu'entre amis on en agit sans façon.

LÉLIO : Amis ! Oh ! doucement ; je veux du vrai dans mes amis, des manières franches et stables, et je n'en trouve point là. Dorénavant je ferai mieux de n'être ami de personne ; car je vois bien qu'il n'y a que du faux partout.

COLOMBINE : Lui ferai-je vos compliments ?

ARLEQUIN : Cela sera honnête.

17. On parle de *quiproquo d'apothicaire* lorsqu'un médicament est donné pour un autre. Littré remarque : « Les quiproquos d'apothicaire sont fort dangereux. »

LÉLIO : Et moi, je ne suis point aujourd'hui dans le goût d'être honnête ; je suis las de la bagatelle.

COLOMBINE : Je vois bien que je ne ferai rien par la feinte ; il vaut mieux vous parler franchement. Monsieur, Madame la Comtesse ne part pas ; elle attend, pour se déterminer, qu'elle sache si vous l'aimez ou non ; mais dites-moi naturellement vous-même ce qui en est ; c'est le plus court.

LÉLIO : C'est le plus court, il est vrai ; mais j'y trouve pourtant de la difficulté ; car enfin, dirai-je que je ne l'aime pas ?

COLOMBINE : Oui, si vous le pensez.

LÉLIO : Mais Madame la Comtesse est aimable, et ce serait une grossièreté.

ARLEQUIN : Tirez votre réponse à la courte paille.

COLOMBINE : Eh bien ! dites que vous l'aimez.

LÉLIO : Mais en vérité, c'est une tyrannie que cette alternative-là. Si je vais dire que je l'aime, cela dérangera peut-être Madame la Comtesse ; cela la fera partir. Si je dis que je ne l'aime point...

COLOMBINE : Peut-être aussi partira-t-elle.

LÉLIO : Vous voyez donc bien que cela est embarrassant.

COLOMBINE : Adieu, je vous entends ; je lui rendrai compte de votre indifférence, n'est-ce pas ?

LÉLIO : Mon indifférence ! voilà un beau rapport, et cela me ferait un joli cavalier ! Vous décidez bien cela à la légère. En savez-vous plus que moi ?

COLOMBINE : Déterminez-vous donc.

LÉLIO : Vous me mettez dans une désagréable situation. Dites-lui que je suis plein d'estime, de considération et de respect pour elle.

ARLEQUIN : Discours de Normand que tout cela.

COLOMBINE : Vous me faites pitié.

LÉLIO : Qui ? moi ?

COLOMBINE : Oui, et vous êtes un étrange homme de ne m'avoir pas confié que vous l'aimiez.

LÉLIO : Eh ! Colombine, le savais-je ?

ARLEQUIN : Ce n'est pas ma faute, je vous en avais averti.

LÉLIO : Je ne sais où je suis.

COLOMBINE : Ah ! vous voilà dans le ton ; songez à dire toujours de même ; entendez-vous, Monsieur de l'ermitage ?

LÉLIO : Que signifie cela ?

COLOMBINE : Rien, sinon que je vous ai donné la question, et que vous avez jasé dans vos souffrances. Tenez-vous gai, l'homme indifférent, tout ira bien. Arlequin, je te le recommande ; instruis-le plus amplement : je vais chercher l'autre.

Scène V : *Lélio, Arlequin.*

ARLEQUIN : Ah çà ! Monsieur, voilà qui est donc fait ! c'est maintenant qu'il faut dire : « Va comme je te pousse. » Vive l'amour, mon cher maître, et faites chorus, car il n'y a pas deux chemins : il faut passer par là, ou par la fenêtre.

LÉLIO : Ah ! je suis un homme sans jugement.

ARLEQUIN : Je ne vous dispute point cela.

LÉLIO : Arlequin, je ne devais jamais revoir de femmes.

ARLEQUIN : Monsieur, il fallait donc devenir aveugle.

LÉLIO : Il me prend envie de m'enfermer chez moi, et de n'en sortir de six mois. *(Arlequin siffle.)* De quoi t'avises-tu de siffler?

ARLEQUIN : Vous dites une chanson, et je l'accompagne. Ne vous fâchez pas; j'ai de bonnes nouvelles à vous apprendre. Cette Comtesse vous aime, et la voilà qui vient vous donner le dernier coup à vous.

LÉLIO, *à part* : Cachons-lui ma faiblesse; peut-être ne la sait-elle pas encore.

*Scène VI : la Comtesse, Lélio,
Arlequin, Pierre, Colombine.*

LA COMTESSE : Monsieur, vous devez savoir ce qui m'amène?

LÉLIO : Madame, je m'en doute du moins, et je consens à tout. Nos paysans se sont raccommodés, et je donne à Jacqueline autant que vous donnez à son amant; c'est de quoi j'allais prendre la liberté de vous informer.

LA COMTESSE : Je vous suis obligée de finir cela, Monsieur; mais j'avais quelque autre chose à vous dire; bagatelle pour vous, et assez importante pour moi.

LÉLIO : Que serait-ce donc?

LA COMTESSE : C'est mon portrait qu'on m'a dit que vous avez, et je viens vous prier de me le rendre; rien ne vous est plus inutile.

LÉLIO : Madame, il est vrai qu'Arlequin a trouvé une boîte de portrait que vous cherchiez; je vous l'ai fait remettre sur-le-champ; s'il vous a dit autre chose, c'est un étourdi; et je voudrais bien lui demander où est le portrait dont il parle?

ARLEQUIN, *timidement* : Eh! Monsieur!

LÉLIO : Quoi?

ARLEQUIN : Il est dans votre poche.

LÉLIO : Vous ne savez ce que vous dites.

ARLEQUIN : Si fait, Monsieur. Vous vous souvenez bien que vous lui avez parlé tantôt; je vous l'ai vu mettre après dans la poche du côté gauche.

LÉLIO : Quelle impertinence!

LA COMTESSE : Cherchez, Monsieur; peut-être avez-vous oublié que vous l'avez tenu?

LÉLIO : Ah! Madame, vous pouvez m'en croire.

ARLEQUIN : Tenez, Monsieur. Tâtez, Madame; le voilà.

LA COMTESSE, *touchant à la poche de la veste* : Cela est vrai; il me paraît que c'est lui.

LÉLIO, *mettant la main dans sa poche, et honteux d'y trouver le portrait* : Voyons donc. Il a raison! Le voulez-vous, Madame?

LA COMTESSE, *un peu confuse* : Il le faut bien, Monsieur.

LÉLIO : Comment donc cela s'est-il fait?

ARLEQUIN : Eh! c'est que vous vouliez le garder, à cause, disiez-vous, qu'il ressemblait à une cousine qui est morte; et moi, qui suis fin, je vous disais que c'était à cause qu'il ressemblait à Madame, et cela était vrai.

LA COMTESSE : Je ne vois point d'apparence à cela.

LÉLIO : En vérité, Madame, je ne comprends pas ce coquin-là *(A part.)* Tu me le payeras.

ARLEQUIN : Madame la Comtesse, voilà Monsieur qui menace derrière vous.

LÉLIO : Moi!

ARLEQUIN : Oui, parce que je dis la vérité. Madame, vous me feriez bien du plaisir de l'obliger à vous dire qu'il vous aime; il n'aura pas plus tôt avoué cela, qu'il me pardonnera.

LA COMTESSE : Va, mon ami, tu n'as pas besoin de mon intercession.

LÉLIO : Eh! Madame, je vous assure que je ne lui veux aucun mal; il faut qu'il ait l'esprit troublé. Retire-toi, et ne nous romps point la tête de tes sots discours. *(Arlequin se recule au fond du théâtre avec Colombine, et un moment après Lélio continue.)* Je vous prie, Madame, de n'être point fâchée de ce que j'avais votre portrait; j'étais dans l'ignorance.

LA COMTESSE, *d'un air embarrassé* : Ce n'est rien que cela, Monsieur.

LÉLIO : C'est une aventure qui ne laisse pas que d'avoir un air singulier.

LA COMTESSE : Effectivement.

LÉLIO : Il n'y a personne qui ne se persuade là-dessus que je vous aime.

LA COMTESSE : Je l'aurais cru moi-même, si je ne vous connaissais pas.

LÉLIO : Quand vous le croiriez encore, je ne vous estimerais guère moins clairvoyante.

LA COMTESSE : On n'est pas clairvoyante quand on se trompe, et je me tromperais.

LÉLIO : Ce n'est presque pas une erreur que cela; la chose est si naturelle à penser!

LA COMTESSE : Mais voudriez-vous que j'eusse cette erreur-là?

LÉLIO : Moi, Madame! vous êtes la maîtresse.

LA COMTESSE : Et vous le maître, Monsieur.

LÉLIO : De quoi le suis-je?

LA COMTESSE : D'aimer ou de n'aimer pas.

LÉLIO : Je vous reconnais : l'alternative est bien de vous, Madame.

LA COMTESSE : Eh! pas trop.

LÉLIO : Pas trop! si j'osais interpréter ce mot-là...

LA COMTESSE : Et que trouvez-vous donc qu'il signifie?

LÉLIO : Ce qu'apparemment vous n'avez pas pensé.

LA COMTESSE : Voyons.

LÉLIO : Vous ne me le pardonneriez jamais.

LA COMTESSE : Je ne suis pas vindicative.

LÉLIO, *à part* : Ah! je ne sais ce que je dois faire.

LA COMTESSE, *d'un air impatient* : Monsieur Lélio, expliquez-vous, et ne vous attendez pas que je vous devine.

LÉLIO, *à genoux* : Eh! bien! Madame, me voilà expliqué... M'entendez-vous? Vous ne répondez rien... Vous avez raison : mes extravagances ont combattu trop longtemps contre vous, et j'ai mérité votre haine.

LA COMTESSE : Levez-vous, Monsieur.

LÉLIO : Non, Madame, condamnez-moi, ou faites-moi grâce.

LA COMTESSE, *confuse* : Ne me demandez rien à présent; reprenez le portrait de votre parente, et laissez-moi respirer.

ARLEQUIN : *Vivat!* Enfin, voilà la fin.

COLOMBINE : Je suis contente de vous, Monsieur Lélio.

PIERRE : Parguenne! ça boute la joie au cœur.

LÉLIO : Ne vous mettez en peine de rien, mes enfants, j'aurai soin de votre noce.

PIERRE : Grand merci; mais, morgué! pisque je sommes en joie, j'allons faire venir les ménétriers que j'avons retenus.

ARLEQUIN : Colombine, pour nous, allons nous marier sans cérémonie.

COLOMBINE : Avant le mariage, il en faut un peu; après le mariage, je t'en dispense.

DIVERTISSEMENT [18]

LE CHANTEUR

Je ne crains point que Mathurine
S'amuse à me manquer de foi;
Car drès que je vois dans sa mine

18. Le *Mercure* note : « Le divertissement de cette pièce est amené par Pierre, qui, prêt à épouser Jacqueline, avec qui il s'est rapatrié, fait venir les Ménestriers du village.» Il figure dans le *Recueil des Divertissements du Nouveau Théâtre Italien.* Il comprend une entrée de paysans, l'air chanté par un paysan, un menuet, l'air chanté par une paysanne, avec une reprise du menuet, une danse de paysans, et à nouveau l'air chanté par un paysan.

Queuque indifférence envars moi,
Sans li demander le pourquoi,
Je laisse aller la pèlerine [19];
Je ne dis mot, je me tiens coi :
Je batifole avec Claudine.
En voyant ça, la Mathurine
Prend du souci, rêve à part soi;
Et pis tout d'un coup, la mutine
Me dit : « J'enrage contre toi. »

LA CHANTEUSE

Colas me disait l'autre jour :
« Margot, donne-moi ton amour. »
Je répondis : « Je te le donne,
Mais ne va le dire à personne. »
Colas ne m'entendit pas bien;
Car l'innocent ne reçut rien.

ARLEQUIN

Femmes, nous étions de grands fous
D'être aux champs pour l'amour de vous.
Si de chaque femme volage
L'amant allait planter des choux,
Par la ventrebille! je gage
Que nous serions condamnés tous
A travailler au jardinage.

19. C'est la comédie de Dancourt, *les Trois Cousines* (1700)· qui a mis à la mode les *pèlerins* et les *pèlerines* du *Pèlerinage d'Amour*

LA DOUBLE INCONSTANCE

Avec la Double Inconstance, *Marivaux s'affirme comme un des meilleurs auteurs du Nouveau Théâtre Italien — presque à égalité avec De Lisle de la Drévetière qui avait été acclamé en 1721 pour son* Arlequin sauvage *et en 1722 pour* Timon le misanthrope. *Créée le mercredi 6 avril 1723, la pièce est en effet fort bien accueillie à l'Hôtel de Bourgogne et les applaudissements des spectateurs vont plus à Marivaux qu'à ses interprètes dont, à l'exception de Silvia, le jeu est cette fois critiqué (« Mlle Silvia fit applaudir l'auteur, malgré le mauvais jeu des autres acteurs » — E. de Barthélemy :* les Correspondants de la marquise de Balleroy).

Jouée quinze fois de suite lors de sa création, la Double Inconstance *est reprise, dès le début de la saison suivante, en novembre 1723, et elle reparaîtra souvent sur les affiches de l'Hôtel de Bourgogne. Lors des « saisons » qu'ils font à Versailles ou à Fontainebleau, les Comédiens Italiens la donneront plusieurs fois devant la Cour. En 1743, soit vingt ans après sa première représentation, on la voit encore figurer à leur répertoire. Et Silvia y est, toujours, inimitablement Silvia, alors que les autres personnages (qui, à l'exception de ceux du Seigneur, que joua sans doute Mario, et de Lisette — Violette —, ont pour nom les pseudonymes de leurs créateurs) ont changé de titulaires.*

Mais, comme pour la Surprise de l'amour, *la disparition de Silvia puis celle du Nouveau Théâtre Italien portèrent un coup fatal à la carrière de* la Double Inconstance. *On l'oublia presque. Certes, Musset s'en inspira peut-être pour sa première pièce,* la Nuit vénitienne, *et quelques critiques la citèrent à l'occasion. Mais il fallut attendre 1912 pour la voir reparaître sur une scène : à l'Odéon d'abord, puis sur la Petite Scène de Xavier de Courville en 1925 ainsi qu'en 1929-30 et au Théâtre Antoine (avec Jean Surmeni en Arlequin) en 1930. C'est seulement en 1934 que* la Double Inconstance *entra au répertoire de la Comédie-Française, d'abord avec Madeleine Renaud en*

Silvia, Pierre Bertin en Prince et Véra Korène en Flaminia, puis, lors de sa reprise de 1950, avec Micheline Boudet, Julien Bertheau, Lise Delamare et Robert Hirsch (Arlequin) dans une mise en scène de Jacques Charon. Elle y compte aujourd'hui près de cent cinquante représentations.

La Double Inconstance *est donc remise à sa vraie place : une des premières, sinon la première, dans l'œuvre de Marivaux et même dans le théâtre français (« la Double Inconstance, d'une remarquable nouveauté, est sans doute la première pièce moderne du théâtre comique français » — Frédéric Deloffre). Et il ne se passe plus guère de saison où, en dehors de la Comédie-Française, elle ne soit jouée par une grande troupe (celle de l'Odéon-Théâtre de France en 1962-63) ou par une jeune compagnie, ni d'année universitaire où un exégète marivaudien ne s'avise de redécouvrir, à la lumière de l'échange auquel se livrent ses héros, la cruauté ou la transparence d'un monde dans lequel le chroniqueur du Mercure regrettait de trouver un peu trop de « métaphysique du cœur ».*

Jean Anouilh lui-même s'en est emparé. C'est la Double Inconstance *définie comme « l'histoire élégante et gracieuse d'un crime » qui sert de tremplin à sa* Répétition *ou* l'amour puni.

Notons encore que le texte de la Double Inconstance *qui nous est parvenu n'est pas celui de la création. Sensible peut-être aux reproches du Mercure qui voyait « quelques scènes postiches dans le troisième acte », Marivaux a remanié légèrement sa pièce en reportant, notamment, du deuxième au troisième acte, le moment où le Prince « découvre son rang » à Silvia et la « capitulation » de celle-ci. A défaut de posséder une copie de la première version, nous pouvons nous faire une idée des modifications apportées par Marivaux en comparant le nouveau texte, tel qu'il a été imprimé en 1724, au compte rendu de* la Double Inconstance *paru dans le Mercure, au lendemain de la création.*

COMPTE RENDU DE LA
REPRÉSENTATION DE
LA DOUBLE INCONSTANCE [1]

Le 6 de ce mois, les Comédiens Italiens ont aussi [2] fait l'ouverture de leur Théâtre par une comédie nouvelle, qui a pour titre *la Double Inconstance*. Cette pièce n'a pas

paru indigne de *la Surprise de l'amour*, comédie du même auteur, qui a si bien concouru, avec le *Serdeau des Théâtres* [3], à attirer de nombreuses assemblées avant la clô-

1. *Mercure* d'avril 1723 (p. 771-777).
2. Les Comédiens Français avaient donné le même jour *Inès de Castro*, pièce de La Motte.
3. Pièce de Fuzelier, créée le 17 février 1723.

ture. On a trouvé beaucoup d'esprit dans cette dernière, de même que dans la première; ce qu'on appelle métaphysique du cœur y règne un peu trop, et peut-être n'est-il pas à la portée de tout le monde; mais les connaisseurs y trouvent de quoi nourrir l'esprit; nous n'en dirons ici que ce que nous pouvons avoir retenu dans une représentation.

ACTEURS : LÉLIO, *Roi ou Prince de..., amant de Silvia*; SILVIA, *villageoise, amoureuse d'Arlequin*; ARLEQUIN, *villageois, amoureux de Silvia ;* FLAMINIA, *dame de la cour de Lélio, etc.*

ACTE I

Un officier du palais de Lélio parle à Silvia en faveur de son maître, et n'oublie rien pour flatter son cœur de la gloire de régner sur un grand prince; elle ne pense qu'à son cher Arlequin à qui on l'a injustement arrachée, pour la conduire dans une cour qu'elle regarde comme une affreuse prison. Elle est si vive dans sa passion qu'elle proteste qu'elle se donnera la mort si on ne lui rend son fidèle amant pour qui seul elle est capable de brûler d'un amour qui durera autant que sa vie. On fait entendre dans une des scènes d'exposition que Lélio a déjà vu Silvia dans son village, qu'il lui a parlé de son amour, sans lui avoir découvert son rang, ne voulant être aimé que par rapport à sa personne, et qu'il n'a paru à ses yeux que comme un simple particulier depuis le jour qu'il l'a fait enlever. Le désespoir de Silvia oblige Lélio de consentir qu'on lui amène Arlequin. Flaminia, dame de la cour, et confidente du Prince, lui promet de tout tenter pour ébranler la constance de son indigne rival, se flattant que si Arlequin peut lui devenir infidèle, le dépit pourra porter Silvia à lui rendre le change. Arlequin est amené à la cour du Prince; il demande d'abord où est sa chère Silvia; une jeune coquette gagnée par Flaminia se présente à lui, et tâche de lui inspirer de l'amour; mais il la méprise à cause qu'elle fait les avances. La coquette se retire assez mécontente de lui, et d'elle-même. Silvia arrive pleine d'impatience de voir son amant, la scène est tendre et naïve de part et d'autre, ils jurent de s'aimer éternellement. On vient avertir Silvia que sa mère vient d'arriver par l'ordre du Prince, elle quitte Arlequin avec regret, quoique ce soit pour sa mère. Arlequin, qui paraît inconsolable de quelques moments d'absence, s'en trouve bientôt dédommagé par le récit d'un succulent repas qui l'attend. Il avoue qu'après l'amour la gourmandise est sa passion favorite, et c'est par là qu'on entreprend de lui faire insensiblement oublier Silvia. Voilà à peu près ce qui se passe dans le premier acte, nous ne répondons pas qu'il n'y ait de notre part quelques transpositions dans l'arrangement des scènes, mais ce défaut de mémoire ne doit pas tirer à conséquence.

ACTE II

Dans ce second acte Arlequin et Silvia ne paraissent pas moins occupés l'un de l'autre; Arlequin ne parle presque que de la bonne chère qu'on lui a faite, et Silvia ne s'entretient à son tour que des beaux habits dont elle est parée. Flaminia les vient trouver, et faisant l'officieuse leur conseille de s'aimer toujours, quoi qu'on ose entreprendre pour les détacher l'un de l'autre; Arlequin est charmé de la bonne volonté de cette dame, il lui promet son amitié, et la première place dans son cœur après Silvia. Flaminia, qui commence à aimer Arlequin, lui dit que ce qui l'a mise de ses intérêts, c'est une parfaite ressemblance qu'il a avec un amant qu'elle a tendrement aimé, et dont elle conserve la mémoire jusqu'au tombeau. Lélio de son côté s'insinue dans l'esprit de Silvia, lui offrant tout son crédit auprès du Roi pour lui faire faire des réparations par une dame de la cour qui l'a insultée en l'appelant innocente et bête. Voilà de part et d'autre les premiers pas vers l'inconstance qui fait le sujet de la pièce. On n'a pas trouvé toutes les gradations exactement filées; mais il y en a assez pour constituer un bon second acte. L'action a paru un peu trop avancée avant que d'arriver au troisième. Lélio, profitant des bonnes dispositions où il a trouvé Silvia, lui a déjà découvert son rang, elle a capitulé de manière à faire voir que la place était déjà rendue, et l'auteur l'a bien senti, puisqu'il a été obligé de mettre quelques scènes postiches dans le troisième acte, comme nous l'allons voir.

ACTE III

Arlequin, ayant besoin de dresser un placet pour un conseiller d'État, le dicte à un officier du palais qui lui sert de valet et de secrétaire. Il prend ici un caractère de balourd. Le premier mot qu'il dicte est *virgule*. Il ne comprend rien au titre de Votre Grandeur, et demande si c'est à la taille qu'on mesure les honneurs qu'on veut rendre aux gens à qui on écrit. L'auteur n'aurait pas eu recours à ces *ex proposito* s'il avait eu assez de matière pour remplir son troisième acte. Lélio, que Silvia a chargé de faire consentir Arlequin à son mariage, vient lui déclarer le dessein qu'il a d'épouser Silvia. Arlequin, qui tient encore un peu à sa chère villageoise, parle en homme qui y tient encore beaucoup. Lélio a beau se faire connaître pour le Roi, il le traite d'injuste et lui redemande Silvia avec tout le pathétique d'un cœur qui n'est nullement partagé. Cette scène aurait fait un plus grand effet sur les spectateurs, si Arlequin leur avait paru uniquement occupé de Silvia. Le Roi en est si attendri que peu s'en faut qu'il ne lui cède sa maîtresse. Cela n'empêche pas qu'Arlequin n'ait une scène assez tendre avec Flaminia qui lui déclare son amour. Il ne lui répond pas en amant tout à fait déterminé à rompre sa première chaîne, mais il n'est pas bien éloigné des dispositions que Flaminia lui souhaite. Il va chercher Silvia par manière d'acquit, il la surprend enfin parlant d'amour au Prince, il lui en fait des reproches en lui disant qu'il a tout entendu; elle lui répond qu'elle est délivrée par là de l'embarras de le lui dire. Cette scène se termine par un consentement réciproque de rompre leur première chaîne, et d'en prendre une nouvelle. Lélio épouse Silvia, et Arlequin se marie avec Flaminia; cette double inconstance est célébrée par une fête qui finit la pièce au gré des spectateurs. Le divertissement est composé d'un air italien, et de quelques danses, d'un pas de deux entre autres dansé par les demoiselles Flaminia et Silvia, qui a fait grand plaisir.

DÉDICACE A
MADAME LA MARQUISE DE PRIE [4]

MADAME,

On ne verra point ici ce tas d'éloges dont les épîtres dédicatoires sont ordinairement chargées; à quoi servent-ils? Le peu de cas que le public en fait devrait en corriger ceux qui les donnent et en dégoûter ceux qui les reçoivent. Je serais pourtant bien tenté de vous louer d'une chose, Madame, et c'est d'avoir véritablement craint que je ne vous louasse; mais ce seul éloge que je vous donnerais, il est si distingué qu'il aurait ici tout l'air d'un présent de flatteur, surtout s'adressant à une dame de votre âge, à qui la nature n'a rien épargné de tout ce qui peut inviter l'amour-propre à n'être point modeste. J'en reviens donc, Madame, au seul motif que j'ai en vous offrant ce petit ouvrage; c'est de vous remercier du plaisir que vous y avez pris, ou plutôt de la vanité que vous m'avez donnée, quand vous m'avez dit qu'il vous avait plu. Vous dirai-je tout? Je suis charmé d'apprendre à toutes les personnes de goût qu'il a votre suffrage; en vous disant cela je vous proteste que je n'ai nul dessein de louer votre esprit; c'est seulement vous avouer que je pense aux intérêts du mien. Je suis avec un profond respect, MADAME,

Votre très humble et très obéissant serviteur,
D. M.

ACTEURS

LE PRINCE; UN SEIGNEUR; FLAMINIA, *fille d'un domestique du Prince*; LISETTE, *sœur de Flaminia*; SILVIA, *aimée du Prince et d'Arlequin*; ARLEQUIN; TRIVELIN, *officier du palais*; *Des laquais*; *Des filles de chambre*.

LA SCÈNE EST DANS LE PALAIS DU PRINCE.

ACTE PREMIER

Scène I : Silvia, Trivelin
et quelques femmes de la suite de Silvia.
Silvia paraît sortir comme fâchée.

TRIVELIN : Mais, Madame, écoutez-moi.

SILVIA : Vous m'ennuyez.

TRIVELIN : Ne faut-il pas être raisonnable?

SILVIA : Non, il ne faut point l'être, et je ne le serai point.

TRIVELIN : Cependant...

SILVIA : Cependant, je ne veux point avoir de raison; et quand vous recommenceriez cinquante fois votre *cependant*, je n'en veux point avoir : que ferez-vous là?

TRIVELIN : Vous avez soupé hier si légèrement, que vous serez malade si vous ne prenez rien ce matin.

SILVIA : Et moi, je hais la santé, et je suis bien aise d'être malade. Ainsi, vous n'avez qu'à renvoyer tout ce qu'on apporte; car je ne veux aujourd'hui ni déjeuner, ni dîner, ni souper; demain la même chose; je ne veux qu'être fâchée, vous haïr tous autant que vous êtes, jusqu'à tant que j'aie vu Arlequin, dont on m'a séparée. Voilà mes petites résolutions, et si vous voulez que je devienne folle, vous n'avez qu'à me prêcher d'être plus raisonnable, cela sera bientôt fait.

TRIVELIN : Ma foi, je ne m'y jouerai pas, je vois bien que vous me tiendriez parole. Si j'osais cependant...

SILVIA, *plus en colère* : Eh bien! ne voilà-t-il pas encore un *cependant*?

TRIVELIN : En vérité, je vous demande pardon, celui-là m'est échappé, mais je n'en dirai plus, je me corrigerai; je vous prierai seulement de considérer...

SILVIA : Oh! vous ne vous corrigez pas; voilà des considérations qui ne me conviennent point non plus.

TRIVELIN, *continuant* : ... que c'est votre souverain qui vous aime.

SILVIA : Je ne l'empêche pas, il est le maître; mais faut-il que je l'aime, moi? Non; et il ne le faut pas, parce que je ne le puis pas : cela va tout seul : un enfant le verrait, et vous ne le voyez pas.

TRIVELIN : Songez que c'est sur vous qu'il fait tomber le choix qu'il doit faire d'une épouse entre ses sujettes.

SILVIA : Qui est-ce qui lui a dit de me choisir? M'a-t-il demandé mon avis? S'il m'avait dit : « Me voulez-vous, Silvia? », je lui aurais répondu : « Non, seigneur; il faut qu'une honnête femme aime son mari, et je ne pourrais pas vous aimer. » Voilà la pure raison, cela; mais point du tout, il m'aime, crac, il m'enlève, sans me demander si je le trouverai bon.

TRIVELIN : Il ne vous enlève que pour vous donner la main.

SILVIA : Eh! que veut-il que je fasse de cette main, si je n'ai pas envie d'avancer la mienne pour la prendre? Force-t-on les gens à recevoir des présents malgré eux?

TRIVELIN : Voyez, depuis deux jours que vous êtes ici, comment il vous traite : n'êtes-vous pas déjà servie comme si vous étiez sa femme? Voyez les honneurs qu'il vous fait rendre, le nombre de femmes qui sont à votre suite, les amusements qu'on tâche de vous procurer par ses ordres. Qu'est-ce qu'Arlequin au prix d'un prince plein d'égards, qui ne veut pas même se montrer qu'on ne vous ait disposée à le voir? D'un prince jeune, aimable et rempli d'amour, car vous le trouverez tel? Eh! Madame, ouvrez les yeux, voyez votre fortune, et profitez de ses faveurs.

SILVIA : Dites-moi, vous et toutes celles qui me parlent, vous a-t-on mis avec moi, vous a-t-on payés pour m'im-

---

4. *Madame la Marquise de Prie* : Jeanne-Agnès Berthelot de Pléneuf, marquise de Prie (1698-1727) est la maîtresse du duc de Bourbon, premier ministre depuis décembre 1723.

patienter, pour me tenir des discours qui n'ont pas le sens commun, qui me font pitié?

TRIVELIN : Oh! parbleu! je n'en sais pas davantage; voilà tout l'esprit que j'ai.

SILVIA : Sur ce pied-là, vous seriez tout aussi avancé de n'en point avoir du tout.

TRIVELIN : Mais encore, daignez, s'il vous plaît, me dire en quoi je me trompe,

SILVIA, *en se tournant vivement de son côté* : Oui, je vais vous le dire en quoi, oui...

TRIVELIN : Eh! doucement, Madame, mon dessein n'est pas de vous fâcher.

SILVIA : Vous êtes donc bien maladroit!

TRIVELIN : Je suis votre serviteur.

SILVIA : Eh bien! mon serviteur, qui me vantez tant les honneurs que j'ai ici, qu'ai-je affaire de ces quatre ou cinq fainéantes qui m'espionnent toujours? On m'ôte mon amant, et on me rend des femmes à la place; ne voilà-t-il pas un beau dédommagement? Et on veut que je sois heureuse avec cela! Que m'importe toute cette musique, ces concerts et cette danse dont on croit me régaler? Arlequin chantait mieux que tout cela, et j'aime mieux danser moi-même que de voir danser les autres, entendez-vous? Une bourgeoise contente dans un petit village vaut mieux qu'une princesse qui pleure dans un bel appartement. Si le Prince est si tendre, ce n'est pas ma faute; je n'ai pas été le chercher; pourquoi m'a-t-il vue? S'il est jeune et aimable, tant mieux pour lui; j'en suis bien aise. Qu'il garde tout cela pour ses pareils, et qu'il me laisse mon pauvre Arlequin, qui n'est pas plus gros monsieur que je suis grosse dame, pas plus riche que moi, pas plus glorieux que moi, pas mieux logé; qui m'aime sans façon, que j'aime de même, et que je mourrai de chagrin de ne pas voir! Hélas! le pauvre enfant, qu'en aura-t-on fait? Qu'est-il devenu? Il se désespère quelque part, j'en suis sûre; car il a le cœur si bon! Peut-être aussi qu'on le maltraite... *(Elle se dérange de sa place.)* Je suis outrée; tenez, voulez-vous me faire un plaisir? Otez-vous de là; je ne puis vous souffrir; laissez-moi m'affliger en repos.

TRIVELIN : Le compliment est court, mais il est net; tranquillisez-vous pourtant, Madame.

SILVIA : Sortez sans répondre, cela vaudra mieux.

TRIVELIN : Encore une fois, calmez-vous. Vous voulez Arlequin, il viendra incessamment; on est allé le chercher.

SILVIA, *avec un soupir* : Je le verrai donc?

TRIVELIN : Et vous lui parlerez aussi.

SILVIA : Je vais l'attendre; mais si vous me trompez, je ne veux plus ni voir ni entendre personne.

Pendant qu'elle sort, le Prince et Flaminia entrent d'un autre côté et la regardent sortir.

Scène II : Le Prince, Flaminia, Trivelin.

LE PRINCE, *à Trivelin* : Eh bien! as-tu quelque espérance à me donner? Que dit-elle?

TRIVELIN : Ce qu'elle dit, seigneur, ma foi, ce n'est pas la peine de le répéter; il n'y a rien encore qui mérite votre curiosité.

LE PRINCE : N'importe; dis toujours.

TRIVELIN : Eh non, seigneur; ce sont de petites bagatelles dont le récit vous ennuierait; tendresse pour Arlequin, impatience de le rejoindre, nulle envie de vous connaître, désir violent de ne vous point voir, et force haine pour nous : voilà l'abrégé de ses dispositions. Vous voyez bien que cela n'est point réjouissant; et franchement, si j'osais dire ma pensée, le meilleur serait de la remettre où on l'a prise.

Le Prince rêve tristement.

FLAMINIA : J'ai déjà dit la même chose au Prince; mais cela est inutile. Ainsi continuons, et ne songeons qu'à détruire l'amour de Silvia pour Arlequin.

TRIVELIN : Mon sentiment à moi est qu'il y a quelque chose d'extraordinaire dans cette fille-là; refuser ce qu'elle refuse, cela n'est point naturel; ce n'est point là une femme, voyez-vous; c'est quelque créature d'une espèce à nous inconnue; avec une femme, nous irions notre train; celle-ci nous arrête; cela nous avertit d'un prodige; n'allons pas plus loin.

LE PRINCE : Et c'est ce prodige qui augmente encore l'amour que j'ai conçu pour elle.

FLAMINIA, *en riant* : Eh! seigneur, ne l'écoutez pas avec son prodige, cela est bon dans un conte de fée; je connais mon sexe : il n'a rien de prodigieux que sa coquetterie. Du côté de l'ambition, Silvia n'est point en prise; mais elle a un cœur, et par conséquent de la vanité; avec cela, je saurai bien la ranger à son devoir de femme. Est-on allé chercher Arlequin?

TRIVELIN : Oui, je l'attends.

LE PRINCE : Je vous avoue, Flaminia, que nous risquons beaucoup à lui montrer son amant : sa tendresse pour lui n'en deviendra que plus forte.

TRIVELIN : Oui; mais si elle ne le voit, l'esprit lui tournera, j'en ai sa parole.

FLAMINIA : Seigneur, je vous ai déjà dit qu'Arlequin nous était nécessaire.

LE PRINCE : Oui, qu'on l'arrête autant qu'on pourra : vous pouvez lui promettre que je le comblerai de biens et de faveurs, s'il veut en épouser une autre que sa maîtresse.

TRIVELIN : Il n'y a qu'à réduire ce drôle-là, s'il ne veut pas.

LE PRINCE : Non; la loi, qui veut que j'épouse une de mes sujettes, me défend d'user de violence contre qui que ce soit.

FLAMINIA : Vous avez raison. Soyez tranquille, j'espère que tout se fera à l'amiable; Silvia vous connaît déjà, sans savoir que vous êtes le Prince, n'est-il pas vrai?

LE PRINCE : Je vous ai dit qu'un jour à la chasse, écarté de ma troupe, je la rencontrai près de sa maison; j'avais soif, elle alla me chercher à boire : je fus enchanté de sa beauté et de sa simplicité, et je lui en fis l'aveu. Je l'ai vue cinq ou six fois de la même manière, comme simple officier du palais; mais, quoiqu'elle m'ait traité avec beaucoup de douceur, je n'ai pu la faire renoncer à Arlequin, qui m'a surpris deux fois avec elle.

FLAMINIA : Il faut mettre à profit l'ignorance où elle est de votre rang. On l'a déjà prévenue que vous ne la verriez pas sitôt ; je me charge du reste, pourvu que vous vouliez bien agir comme je voudrai.

LE PRINCE : J'y consens. Si vous m'acquérez le cœur de Silvia, il n'est rien que vous ne deviez attendre de ma reconnaissance.

Il sort.

FLAMINIA : Toi, Trivelin, va-t'en dire à ma sœur qu'elle tarde trop à venir.

TRIVELIN : Il n'est pas besoin, la voilà qui entre : adieu, je vais au-devant d'Arlequin.

Scène III : *Lisette, Flaminia.*

LISETTE : Je viens recevoir tes ordres : que me veux-tu ?

FLAMINIA : Approche un peu, que je te regarde.

LISETTE : Tiens, vois à ton aise.

FLAMINIA, *après l'avoir regardée* : Oui-da, tu es jolie aujourd'hui.

LISETTE, *en riant* : Je le sais bien ; mais qu'est-ce que cela te fait ?

FLAMINIA : Ote cette mouche galante que tu as là.

LISETTE, *refusant* : Je ne saurais ; mon miroir me l'a recommandée.

FLAMINIA : Il le faut, te dis-je.

LISETTE, *en tirant sa boîte à miroir et ôtant la mouche* : Quel meurtre ! Pourquoi persécutes-tu ma mouche ?

FLAMINIA : J'ai mes raisons pour cela. Or çà, Lisette, tu es grande et bien faite.

LISETTE : C'est le sentiment de bien des gens.

FLAMINIA : Tu aimes à plaire ?

LISETTE : C'est mon faible.

FLAMINIA : Saurais-tu, avec une adresse naïve et modeste, inspirer un tendre penchant à quelqu'un, en lui témoignant d'en avoir pour lui, et le tout pour une bonne fin ?

LISETTE : Mais j'en reviens à ma mouche : elle me paraît nécessaire à l'expédition que tu me proposes.

FLAMINIA : N'oublieras-tu jamais ta mouche ? Non, elle n'est pas nécessaire : il s'agit d'un homme simple, d'un villageois sans expérience, qui s'imagine que nous autres femmes d'ici sommes obligées d'être aussi modestes que les femmes de son village. Oh ! la modestie de ces femmes-là n'est pas faite comme la nôtre ; nous avons des dispenses qui les scandaliseraient. Ainsi ne regrette plus ces mouches, et mets-en la valeur dans tes manières ; c'est de ces manières que je te parle ; je te demande si tu sauras les avoir comme il faut ? Voyons, que lui diras-tu ?

LISETTE : Mais, je lui dirai... Que lui dirais-tu, toi ?

FLAMINIA : Écoute-moi, point d'air coquet d'abord. Par exemple, on voit dans ta petite contenance un dessein de plaire ; oh ! il faut en effacer cela ; tu mets je ne sais quoi d'étourdi et de vif dans ton geste ; quelquefois c'est du nonchalant, du tendre, du mignard ; tes yeux veulent être fripons, veulent attendrir, veulent frapper, font mille singeries ; ta tête est légère ; ton menton porte au vent ; tu cours après un air jeune, galant et dissipé. Parles-tu aux gens, leur réponds-tu, tu prends de certains tons, tu te sers d'un certain langage, et le tout finement relevé de saillies folles. Oh ! toutes ces petites impertinences-là sont très jolies dans une fille du monde ; il est

décidé que ce sont des grâces ; le cœur des hommes s'est tourné comme cela, voilà qui est fini. Mais ici il faut, s'il te plaît, faire main basse sur tous ces agréments-là : le petit homme en question ne les approuverait point ; il n'a pas le goût si fort, lui. Tiens, c'est tout comme qui n'aurait jamais bu que de belles eaux bien claires, le vin ou l'eau-de-vie ne lui plairaient pas.

LISETTE, *étonnée* : Mais, de la façon dont tu arranges mes agréments, je ne les trouve pas si jolis que tu dis.

FLAMINIA, *d'un air naïf* : Bon ! c'est que je les examine, moi ; voilà pourquoi ils deviennent ridicules ; mais tu es en sûreté de la part des hommes.

LISETTE : Que mettrai-je donc à la place de ces impertinences que j'ai ?

FLAMINIA : Rien ; tu laisseras aller tes regards comme ils iraient si ta coquetterie les laissait en repos ; ta tête comme elle se tiendrait, si tu ne songeais pas à lui donner des airs évaporés ; et ta contenance tout comme elle est quand personne ne te regarde. Pour essayer, donne-moi quelque échantillon de ton savoir-faire, regarde-moi d'un air ingénu.

LISETTE, *se tournant* : Tiens, ce regard-là est-il bon ?

FLAMINIA : Hum ! il a encore besoin de quelque correction.

LISETTE : Oh ! dame ! veux-tu que je te dise ? Tu n'es qu'une femme ; est-ce que cela anime ? Laissons cela ; car tu m'emporterais la fleur de mon rôle. C'est pour Arlequin, n'est-ce pas ?

FLAMINIA : Pour lui-même.

LISETTE : Mais, le pauvre garçon ! si je ne l'aime pas, je le tromperai ; je suis fille d'honneur, et je m'en fais un scrupule.

FLAMINIA : S'il vient à t'aimer, tu l'épouseras et cela fera ta fortune ; as-tu encore des scrupules ? Tu n'es, non plus que moi, que la fille d'un domestique du Prince, et tu deviendras grande dame.

LISETTE : Oh ! voilà ma conscience en repos ; et en ce cas-là, si je l'épouse, il n'est pas nécessaire que je l'aime. Adieu, tu n'as qu'à m'avertir quand il sera temps de commencer.

FLAMINIA : Je me retire aussi, car voilà Arlequin qu'on amène.

Scène IV : *Arlequin, Trivelin.*
Arlequin regarde Trivelin
et tout l'appartement avec étonnement.

TRIVELIN : Eh bien ! seigneur Arlequin, comment vous trouvez-vous ici ? *(Arlequin ne dit mot.)* N'est-il pas vrai que voilà une belle maison ?

ARLEQUIN : Que diantre ! qu'est-ce que cette maison-là et moi avons affaire ensemble ? Qu'est-ce que c'est que vous ? Que me voulez-vous ? Où allons-nous ?

TRIVELIN : Je suis un honnête homme, à présent votre domestique ; je ne veux que vous servir ; et nous n'allons pas plus loin.

ARLEQUIN : Honnête homme ou fripon, je n'ai que faire de vous, je vous donne votre congé, et je m'en retourne.

TRIVELIN, *l'arrêtant* : Doucement !

ARLEQUIN : Parlez donc ; hé, vous êtes bien impertinent d'arrêter votre maître !

TRIVELIN : C'est un plus grand maître que vous qui vous a fait le mien.

ARLEQUIN : Qui est donc cet original-là, qui me donne des valets malgré moi ?

TRIVELIN : Quand vous le connaîtrez, vous parlerez autrement. Expliquons-nous à présent.

ARLEQUIN : Est-ce que nous avons quelque chose à nous dire ?

TRIVELIN : Oui, sur Silvia.

ARLEQUIN, *charmé et vivement* : Ah ! Silvia ! hélas ! je vous demande pardon ; voyez ce que c'est, je ne savais pas que j'avais à vous parler.

TRIVELIN : Vous l'avez perdue depuis deux jours ?

ARLEQUIN : Oui : des voleurs me l'ont dérobée.

TRIVELIN : Ce ne sont pas des voleurs.

ARLEQUIN : Enfin, si ce ne sont pas des voleurs, ce sont toujours des fripons.

TRIVELIN : Je sais où elle est.

ARLEQUIN, *charmé et caressant* : Vous savez où elle est, mon ami, mon valet, mon maître, mon tout ce qu'il vous plaira ? Que je suis fâché de n'être pas riche, je vous donnerais tous mes revenus pour gages. Dites, l'honnête homme, de quel côté faut-il tourner ? Est-ce à droite, à gauche, ou tout devant moi ?

TRIVELIN : Vous la verrez ici.

ARLEQUIN, *charmé et d'un air doux* : Mais quand j'y songe, il faut que vous soyez bien bon, bien obligeant pour m'amener ici comme vous faites ! O Silvia, chère enfant de mon âme, m'amie, je pleure de joie !

TRIVELIN, *à part les premiers mots* : De la façon dont ce drôle-là prélude, il ne nous promet rien de bon. Écoutez, j'ai bien autre chose à vous dire.

ARLEQUIN, *le pressant* : Allons d'abord voir Silvia ; prenez pitié de mon impatience.

TRIVELIN : Je vous dis que vous la verrez ; mais il faut que je vous entretienne auparavant. Vous souvenez-vous d'un certain cavalier qui a rendu cinq ou·six visites à Silvia, et que vous avez vu avec elle ?

ARLEQUIN, *triste* : Oui ; il avait la mine d'un hypocrite.

TRIVELIN : Cet homme-là a trouvé votre maîtresse fort aimable.

ARLEQUIN : Pardi ! il n'a rien trouvé de nouveau.

TRIVELIN : Et il en a fait au Prince un récit qui l'a enchanté.

ARLEQUIN : Le babillard !

TRIVELIN : Le Prince a voulu la voir, et a donné ordre qu'on l'amenât ici.

ARLEQUIN : Mais il me la rendra, comme cela est juste ?

TRIVELIN : Hum ! il y a une petite difficulté ; il en est devenu amoureux et souhaiterait d'en être aimé à son tour.

ARLEQUIN : Son tour ne peut pas venir ; c'est moi qu'elle aime.

TRIVELIN : Vous n'allez point au fait ; écoutez jusqu'au bout.

ARLEQUIN, *haussant le ton* : Mais le voilà, le bout ; est-ce que l'on veut me chicaner mon bon droit ?

TRIVELIN : Vous savez que le Prince doit se choisir une femme dans ses États.

ARLEQUIN : Je ne sais point cela ; cela m'est inutile.

TRIVELIN : Je vous l'apprends.

ARLEQUIN, *brusquement* : Je ne me soucie pas de nouvelles.

TRIVELIN : Silvia plaît donc au Prince, et il voudrait lui plaire avant que de l'épouser. L'amour qu'elle a pour vous fait obstacle à celui qu'il tâche de lui donner pour lui.

ARLEQUIN : Qu'il fasse donc l'amour ailleurs : car il n'aurait que la femme, moi j'aurais le cœur ; il nous manquerait quelque chose à l'un et à l'autre, et nous serions tous trois mal à notre aise.

TRIVELIN : Vous avez raison ; mais ne voyez-vous pas que si vous épousiez Silvia, le Prince resterait malheureux ?

ARLEQUIN, *après avoir rêvé* : A la vérité il serait d'abord un peu triste ; mais il aura fait le devoir d'un brave homme, et cela console. Au lieu que, s'il l'épouse, il fera pleurer ce pauvre enfant ; je pleurerai aussi, moi ; il n'y aura que lui qui rira, et il n'y a point de plaisir à rire tout seul.

TRIVELIN : Seigneur Arlequin, croyez-moi ; faites quelque chose pour votre maître ; il ne peut se résoudre à quitter Silvia. Je vous dirai même qu'on lui a prédit l'aventure qui la lui a fait connaître, et qu'elle doit être sa femme ; il faut que cela arrive ; cela est écrit là-haut.

ARLEQUIN : Là-haut on n'écrit pas de telles impertinences ; pour marque de cela, si on avait prédit que je dois vous assommer, vous tuer par derrière, trouveriez-vous bon que j'accomplisse la prédiction ?

TRIVELIN : Non, vraiment ! il ne faut jamais faire de mal à personne.

ARLEQUIN : Eh bien ! c'est ma mort qu'on a prédite ; ainsi c'est prédire rien qui vaille, et dans tout cela, il n'y a que l'astrologue à pendre.

TRIVELIN : Eh ! morbleu, on ne prétend pas vous faire du mal ; nous avons ici d'aimables filles ; épousez-en une, vous y trouverez votre avantage.

ARLEQUIN : Oui-da ! que je me marie à une autre, afin de mettre Silvia en colère et qu'elle porte son amitié ailleurs ! Oh, oh, mon mignon, combien vous a-t-on donné pour m'attraper ? Allez, mon fils, vous n'êtes qu'un butor ; gardez vos filles, nous ne nous accommoderons pas ; vous êtes trop cher.

TRIVELIN : Savez-vous bien que le mariage que je vous propose vous acquerra l'amitié du prince ?

ARLEQUIN : Bon ! mon ami ne serait pas seulement mon camarade.

TRIVELIN : Mais les richesses que vous promet cette amitié...

ARLEQUIN : On n'a que faire de toutes ces babioles-là, quand on se porte bien, qu'on a bon appétit et de quoi vivre.

TRIVELIN : Vous ignorez le prix de ce que vous refusez.

ARLEQUIN, *d'un air négligent* : C'est à cause de cela que je n'y perds rien.

TRIVELIN : Maison à la ville, maison à la campagne.

ARLEQUIN : Ah ! que cela est beau ! il n'y a qu'une chose

qui m'embarrasse; qui est-ce qui habitera ma maison de ville, quand je serai à ma maison de campagne?

TRIVELIN : Parbleu! vos valets.

ARLEQUIN : Mes valets? Qu'ai-je besoin de faire fortune pour ces canailles-là? Je ne pourrai donc pas les habiter toutes à la fois?

TRIVELIN, *riant* : Non, que je pense; vous ne serez pas en deux endroits en même temps.

ARLEQUIN : Eh bien! innocent que vous êtes, si je n'ai pas ce secret-là, il est inutile d'avoir deux maisons.

TRIVELIN : Quand il vous plaira, vous irez de l'une à l'autre.

ARLEQUIN : A ce compte, je donnerai donc ma maîtresse pour avoir le plaisir de déménager souvent?

TRIVELIN : Mais rien ne vous touche; vous êtes bien étrange! Cependant tout le monde est charmé d'avoir de grands appartements, nombre de domestiques...

ARLEQUIN : Il ne me faut qu'une chambre; je n'aime point à nourrir des fainéants, et je ne trouverai point de valet plus fidèle, plus affectionné à mon service que moi.

TRIVELIN : Je conviens que vous ne serez point en danger de mettre ce domestique-là dehors; mais ne seriez-vous pas sensible au plaisir d'avoir un bon équipage, un bon carrosse, sans parler de l'agrément d'être meublé superbement?

ARLEQUIN : Vous êtes un grand nigaud, mon ami, de faire entrer Silvia en comparaison avec des meubles, un carrosse et des chevaux qui le traînent! Dites-moi, fait-on autre chose dans sa maison que s'asseoir, prendre ses repas et se coucher? Eh bien! avec un bon lit, une bonne table, une douzaine de chaises de paille, ne suis-je pas bien meublé? N'ai-je pas toutes mes commodités? Oh! mais je n'ai point de carrosse! Eh bien, je ne verserai point. *(En montrant ses jambes.)* Ne voilà-t-il pas un équipage que ma mère m'a donné? n'est-ce pas de bonnes jambes? Eh! morbleu, il n'y a pas de raison à vous d'avoir une autre voiture que la mienne. Alerte, alerte, paresseux; laissez vos chevaux à tant d'honnêtes laboureurs, qui n'en ont point; cela nous fera du pain; vous marcherez, et vous n'aurez pas les gouttes [5].

TRIVELIN : Têtubleu, vous êtes vif! Si l'on vous en croyait, on ne pourrait fournir les hommes de souliers.

ARLEQUIN, *brusquement* : Ils porteraient des sabots. Mais je commence à m'ennuyer de tous vos contes; vous m'avez promis de me montrer Silvia; un honnête homme n'a que sa parole.

TRIVELIN : Un moment; vous ne vous souciez ni d'honneurs, ni de belles maisons, ni de magnificence, ni de crédit, ni d'équipages...

ARLEQUIN : Il n'y a pas là pour un sol de bonne marchandise.

TRIVELIN : La bonne chère vous tenterait-elle? Une cave remplie de vin exquis vous plairait-elle? Seriez-vous bien aise d'avoir un cuisinier qui vous apprêtât délicatement à manger, et en abondance? Imaginez-vous ce qu'il y a de meilleur, de plus friand en viande et en poisson; vous l'aurez, et pour toute votre vie... *(Arlequin est quelque temps à répondre.)* Vous ne répondez rien?

ARLEQUIN : Ce que vous me dites là serait plus de mon goût que tout le reste; car je suis gourmand, je l'avoue; mais j'ai encore plus d'amour que de gourmandise.

TRIVELIN : Allons, seigneur Arlequin, faites-vous un sort heureux; il ne s'agit seulement que de quitter une fille pour en prendre une autre.

ARLEQUIN : Non, non, je m'en tiens au bœuf et au vin de mon cru.

TRIVELIN : Que vous auriez bu de bon vin! Que vous auriez mangé de bons morceaux!

ARLEQUIN : J'en suis fâché, mais il n'y a rien à faire. Le cœur de Silvia est un morceau encore plus friand que tout cela. Voulez-vous me la montrer, ou ne le voulez-vous pas?

TRIVELIN : Vous l'entretiendrez, soyez-en sûr; mais il est encore un peu matin.

Scène V : Arlequin,
Lisette, Trivelin.

LISETTE, *à Trivelin* : Je vous cherche partout, Monsieur Trivelin; le Prince vous demande.

TRIVELIN : Le Prince me demande? J'y cours; mais tenez donc compagnie au seigneur Arlequin pendant mon absence.

ARLEQUIN : Oh! ce n'est pas la peine; quand je suis seul, moi, je me fais compagnie.

TRIVELIN : Non, non; vous pourriez vous ennuyer. Adieu; je vous rejoindrai bientôt.

Trivelin sort.

Scène VI : Arlequin,
Lisette.

ARLEQUIN, *se retirant au coin du théâtre* : Je gage que voilà une éveillée [6] qui vient pour m'affriander d'elle. Néant!

LISETTE, *doucement* : C'est donc vous, Monsieur, qui êtes l'amant de Mademoiselle Silvia?

ARLEQUIN, *froidement* : Oui.

LISETTE : C'est une très jolie fille.

ARLEQUIN, *du même ton* : Oui.

LISETTE : Tout le monde l'aime.

ARLEQUIN, *brusquement* : Tout le monde a tort.

LISETTE : Pourquoi cela, puisqu'elle le mérite?

ARLEQUIN, *brusquement* : C'est qu'elle n'aimera personne que moi.

LISETTE : Je n'en doute pas, et je lui pardonne son attachement pour vous.

ARLEQUIN : A quoi cela sert-il, ce pardon-là?

LISETTE : Je veux dire que je ne suis plus si surprise que je l'étais de son obstination à vous aimer.

ARLEQUIN : Et en vertu de quoi étiez-vous surprise?

LISETTE : C'est qu'elle refuse un Prince aimable.

ARLEQUIN : Et quand il serait aimable, cela empêche-t-il que je ne le sois aussi, moi?

LISETTE, *d'un air doux* : Non, mais enfin c'est un Prince.

---

5. La maladie de la goutte provenait, croyait-on, de la présence de gouttes d'humeur viciée dans les articulations.

6. Une coquette.

ARLEQUIN : Qu'importe? en fait de fille, ce Prince n'est pas plus avancé que moi.

LISETTE, *doucement* : A la bonne heure. J'entends seulement qu'il a des sujets et des États, et que, tout aimable que vous êtes, vous n'en avez point.

ARLEQUIN : Vous me la baillez belle avec vos sujets et vos États! Si je n'ai point de sujets, je n'ai charge de personne; et si tout va bien, je m'en réjouis; si tout va mal, ce n'est pas ma faute. Pour des États, qu'on en ait ou qu'on n'en ait point, on n'en tient pas plus de place, et cela ne rend ni plus beau, ni plus laid. Ainsi, de toutes façons, vous étiez surprise à propos de rien.

LISETTE, *à part* : Voilà un vilain petit homme; je lui fais des compliments, et il me querelle!

ARLEQUIN, *comme lui demandant ce qu'elle dit* : Hein?

LISETTE : J'ai du malheur de ce que je vous dis; et j'avoue qu'à vous voir seulement, je me serais promis une conversation plus douce.

ARLEQUIN : Dame! Mademoiselle, il n'y a rien de si trompeur que la mine des gens.

LISETTE : Il est vrai que la vôtre m'a trompée; et voilà comme on a souvent tort de se prévenir en faveur de quelqu'un.

ARLEQUIN : Oh! très tort; mais que voulez-vous? je n'ai pas choisi ma physionomie.

LISETTE, *en le regardant comme étonnée* : Non, je n'en saurais revenir quand je vous regarde.

ARLEQUIN : Me voilà pourtant; et il n'y a point de remède, je serai toujours comme cela.

LISETTE, *d'un air un peu fâché* : Oh! j'en suis persuadée.

ARLEQUIN : Par bonheur, vous ne vous en souciez guère?

LISETTE : Pourquoi me demandez-vous cela?

ARLEQUIN : Eh! pour le savoir.

LISETTE, *d'un air naturel* : Je serais bien sotte de vous dire la vérité là-dessus, et une fille doit se taire.

ARLEQUIN, *à part les premiers mots* : Comme elle y va! Tenez, dans le fond, c'est dommage que vous soyez une si grande coquette.

LISETTE : Moi?

ARLEQUIN : Vous-même.

LISETTE : Savez-vous bien qu'on n'a jamais dit pareille chose à une femme, et que vous m'insultez?

ARLEQUIN, *d'un air naïf* : Point du tout; il n'y a point de mal à voir ce que les gens nous montrent. Ce n'est point moi qui ai tort de vous trouver coquette; c'est vous qui avez tort de l'être, Mademoiselle.

LISETTE, *d'un air un peu vif* : Mais par où voyez-vous donc que je la suis?

ARLEQUIN : Parce qu'il y a une heure que vous me dites des douceurs, et que vous prenez le tour pour me dire que vous m'aimez. Écoutez, si vous m'aimez tout de bon, retirez-vous vite, afin que cela s'en aille; car je suis pris, et naturellement je ne veux pas qu'une fille me fasse l'amour la première; c'est moi qui veux commencer à le faire à la fille; cela est bien meilleur. Et si vous ne m'aimez pas... eh! fi! Mademoiselle, fi! fi!

LISETTE : Allez, allez, vous n'êtes qu'un visionnaire.

ARLEQUIN : Comment est-ce que les garçons, à la Cour, peuvent souffrir ces manières-là dans leurs maîtresses?

Par la morbleu! qu'une femme est laide quand elle est coquette!

LISETTE : Mais, mon pauvre garçon, vous extravaguez.

ARLEQUIN : Vous parlez de Silvia, c'est cela qui est aimable! Si je vous contais notre amour, vous tomberiez dans l'admiration de sa modestie. Les premiers jours il fallait voir comme elle se reculait d'auprès de moi; et puis elle reculait plus doucement; puis, petit à petit, elle ne reculait plus; ensuite elle me regardait en cachette; et puis elle avait honte quand je l'avais vue faire, et puis moi j'avais un plaisir de roi à voir sa honte; ensuite j'attrapais sa main, qu'elle me laissait prendre; et puis elle était encore toute confuse; et puis je lui parlais; ensuite elle ne me répondait rien, mais n'en pensait pas moins; ensuite elle me donnait des regards pour des paroles, et puis des paroles qu'elle laissait aller sans y songer, tant que son cœur allait plus vite qu'elle; enfin, c'était un charme; aussi j'étais comme un fou. Et voilà ce qui s'appelle une fille; mais vous ne ressemblez point à Silvia.

LISETTE : En vérité, vous me divertissez, vous me faites rire.

ARLEQUIN, *en s'en allant* : Oh! pour moi, je m'ennuie de vous faire rire à vos dépens. Adieu; si tout le monde était comme moi, vous trouveriez plus tôt un merle blanc qu'un amoureux.

Trivelin arrive quand il sort.

Scène VII : Arlequin, Lisette, Trivelin.

TRIVELIN, *à Arlequin* : Vous sortez?

ARLEQUIN : Oui, cette demoiselle veut que je l'aime, mais il n'y a pas moyen.

TRIVELIN : Allons, allons faire un tour, en attendant le dîner; cela vous désennuiera.

Scène VIII : Le Prince, Flaminia, Lisette.

FLAMINIA, *à Lisette* : Eh bien, nos affaires avancent-elles? Comment va le cœur d'Arlequin?

LISETTE, *d'un air fâché* : Il va très brutalement pour moi.

FLAMINIA : Il t'a donc mal reçue?

LISETTE : *Eh! fi! Mademoiselle, vous êtes une coquette;* voilà de son style.

LE PRINCE : J'en suis fâché, Lisette; mais il ne faut pas que cela vous chagrine, vous n'en valez pas moins.

LISETTE : Je vous avoue, seigneur, que, si j'étais vaine, je n'aurais pas mon compte. J'ai des preuves que je puis déplaire; et nous autres femmes, nous nous passons bien de ces preuves-là.

FLAMINIA : Allons, allons, c'est maintenant à moi à tenter l'aventure.

LE PRINCE : Puisqu'on ne peut gagner Arlequin, Silvia ne m'aimera jamais.

FLAMINIA : Et moi, je vous dis, seigneur, que j'ai vu Arlequin; qu'il me plaît, à moi; que je me suis mis dans la tête de vous rendre content; que je vous ai promis que vous le seriez; que je vous tiendrai parole; et de tout ce que je vous dis là je ne rabattrais pas la valeur d'un mot. Oh! vous ne me connaissez pas. Quoi! seigneur, Arlequin et Silvia me résisteraient! Je ne gouvernerais pas deux cœurs de cette espèce-là! moi qui l'ai entrepris, moi qui suis opiniâtre, moi qui suis femme! c'est tout dire. Et moi, j'irais me cacher! Mon sexe me renoncerait, seigneur : vous pouvez en toute sûreté ordonner les apprêts de votre mariage, vous arranger pour cela; je vous garantis aimé, je vous garantis marié; Silvia va vous donner son cœur, ensuite sa main; je l'entends d'ici vous dire : « Je vous aime »; je vois vos noces, elles se font; Arlequin m'épouse, vous nous honorez de vos bienfaits, et voilà qui est fini.

LISETTE, *d'un air incrédule* : Tout est fini? Rien n'est commencé.

FLAMINIA : Tais-toi, esprit court.

LE PRINCE : Vous m'encouragez à espérer; mais je vous avoue que je ne vois d'apparence à rien.

FLAMINIA : Je les ferai bien venir, ces apparences; j'ai de bons moyens pour cela. Je vais commencer par aller chercher Silvia : il est temps qu'elle voie Arlequin.

LISETTE : Quand ils se seront vus, j'ai bien peur que tes moyens n'aillent mal.

LE PRINCE : Je pense de même.

FLAMINIA, *d'un air indifférent* : Eh! nous ne différons que du oui et du non; ce n'est qu'une bagatelle. Pour moi, j'ai résolu qu'ils se voient librement. Sur la liste des mauvais tours que je veux jouer à leur amour, c'est ce tour-là que j'ai mis à la tête.

LE PRINCE : Faites donc à votre fantaisie.

FLAMINIA : Retirons-nous; voici Arlequin qui vient.

Scène IX : Arlequin, Trivelin et une suite de valets.

ARLEQUIN : Par parenthèse, dites-moi une chose; il y a une heure que je rêve à quoi servent ces grands drôles bariolés qui nous accompagnent partout. Ces gens-là sont bien curieux!

TRIVELIN : Le Prince, qui vous aime, commence par là à vous donner des témoignages de sa bienveillance; il veut que ces gens-là vous suivent pour vous faire honneur.

ARLEQUIN : Oh! oh! c'est donc une marque d'honneur?

TRIVELIN : Oui, sans doute.

ARLEQUIN : Et, dites-moi, ces gens-là qui me suivent, qui est-ce qui les suit, eux?

TRIVELIN : Personne.

ARLEQUIN : Et vous, n'avez-vous personne aussi?

TRIVELIN : Non.

ARLEQUIN : On ne vous honore donc pas, vous autres?

TRIVELIN : Nous ne méritons pas cela.

ARLEQUIN, *en colère et prenant son bâton* : Allons, cela étant, hors d'ici! Tournez-moi les talons avec toutes ces canailles-là.

TRIVELIN : D'où vient donc cela?

ARLEQUIN : Détalez; je n'aime point les gens sans honneur et qui ne méritent pas qu'on les honore.

TRIVELIN : Vous ne m'entendez pas.

ARLEQUIN, *en le frappant* : Je m'en vais donc vous parler plus clairement.

TRIVELIN, *en s'enfuyant* : Arrêtez, arrêtez; que faites-vous?

Arlequin court aussi après les autres valets qu'il chasse ; et Trivelin se réfugie dans une coulisse.

Scène X : Arlequin, Trivelin.

ARLEQUIN *revient sur le théâtre* : Ces marauds-là! j'ai eu toutes les peines du monde à les congédier. Voilà une drôle de façon d'honorer un honnête homme, que de mettre une troupe de coquins après lui; c'est se moquer du monde. *(Il se retourne et voit Trivelin qui revient.)* Mon ami, est-ce que je ne me suis pas bien expliqué?

TRIVELIN, *de loin* : Écoutez, vous m'avez battu; mais je vous le pardonne. Je vous crois un garçon raisonnable.

ARLEQUIN : Vous le voyez bien.

TRIVELIN, *de loin* : Quand je vous dis que nous ne méritons pas d'avoir des gens à notre suite, ce n'est pas que nous manquions d'honneur; c'est qu'il n'y a que les personnes considérables, les seigneurs, les gens riches, qu'on honore de cette manière-là. S'il suffisait d'être honnête homme, moi qui vous parle, j'aurais après moi une armée de valets.

ARLEQUIN, *remettant sa latte*[7] : Oh! à présent je vous comprends. Que diantre! que ne dites-vous la chose comme il faut? Je n'aurais pas les bras démis, et vos épaules s'en porteraient mieux.

TRIVELIN : Vous m'avez fait mal.

ARLEQUIN : Je le crois bien, c'était mon intention. Par bonheur ce n'est qu'un malentendu, et vous devez être bien aise d'avoir reçu innocemment les coups de bâton que je vous ai donnés. Je vois bien à présent que c'est qu'on fait ici tout l'honneur aux gens considérables, riches, et à celui qui n'est qu'honnête homme, rien.

TRIVELIN : C'est cela même.

ARLEQUIN, *d'un air dégoûté* : Sur ce pied-là ce n'est pas grand-chose que d'être honoré, puisque cela ne signifie pas qu'on soit honorable.

TRIVELIN : Mais on peut être honorable avec cela.

ARLEQUIN : Ma foi! tout bien compté, vous me ferez plaisir de me laisser sans compagnie. Ceux qui me verront tout seul me prendront tout d'un coup pour un honnête homme; j'aime autant cela que d'être pris pour un grand seigneur.

TRIVELIN : Nous avons ordre de rester auprès de vous.

ARLEQUIN : Menez-moi donc voir Silvia.

TRIVELIN : Vous serez satisfait, elle va venir... Parbleu! je ne me trompe pas, car la voilà qui entre. Adieu! je me retire.

Scène XI : Silvia, Flaminia, Arlequin.

SILVIA, *en entrant, accourt avec joie* : Ah! le voici. Eh! mon cher Arlequin, c'est donc vous! Je vous revois donc! Le pauvre enfant! que je suis aise!

ARLEQUIN, *tout essoufflé de joie* : Et moi aussi. *(Il prend sa respiration.)* Oh! oh! je me meurs de joie.

SILVIA : Là, là, mon fils, doucement. Comme il m'aime; quel plaisir d'être aimée comme cela!

---

7. Il s'agit toujours de la batte de bois que porte traditionnellement Arlequin.

FLAMINIA, *en les regardant tous deux* : Vous me ravissez tous deux, mes chers enfants, et vous êtes bien aimables de vous être si fidèles. *(Et comme tout bas.)* Si quelqu'un m'entendait dire cela, je serais perdue... mais, dans le fond du cœur, je vous estime et je vous plains.

SILVIA, *lui répondant* : Hélas! c'est que vous êtes un bon cœur. J'ai bien soupiré, mon cher Arlequin.

ARLEQUIN, *tendrement, et lui prenant la main* : M'aimez-vous toujours?

SILVIA : Si je vous aime! Cela se demande-t-il? est-ce une question à faire?

FLAMINIA, *d'un air naturel, à Arlequin* : Oh! pour cela, je puis vous certifier sa tendresse. Je l'ai vue au désespoir, je l'ai vue pleurer de votre absence; elle m'a touchée moi-même. Je mourais d'envie de vous voir ensemble; vous voilà. Adieu, mes amis; je m'en vais, car vous m'attendrissez. Vous me faites tristement ressouvenir d'un amant que j'avais et qui est mort. Il avait de l'air d'Arlequin et je ne l'oublierai jamais. Adieu, Silvia; on m'a mise auprès de vous, mais je ne vous desservirai point. Aimez toujours Arlequin, il le mérite; et vous, Arlequin, quelque chose qu'il arrive, regardez-moi comme une amie, comme une personne qui voudrait pouvoir vous obliger; je ne négligerai rien pour cela.

ARLEQUIN, *doucement* : Allez, Mademoiselle, vous êtes une fille de bien. Je suis votre ami, aussi, moi. Je suis fâché de la mort de votre amant; c'est bien dommage que vous soyez affligée, et nous aussi.

Flaminia sort.

Scène XII : Arlequin, Silvia.

SILVIA, *d'un air plaintif* : Eh bien! mon cher Arlequin?

ARLEQUIN : Eh bien? mon âme?

SILVIA : Nous sommes bien malheureux!

ARLEQUIN : Aimons-nous toujours; cela nous aidera à prendre patience.

SILVIA : Oui, mais notre amitié, que deviendra-t-elle? Cela m'inquiète.

ARLEQUIN : Hélas! m'amour, je vous dis de prendre patience, mais je n'ai pas plus de courage que vous. *(Il lui prend la main.)* Pauvre petit trésor à moi, m'amie! il y a trois jours que je n'ai vu ces beaux yeux-là; regardez-moi toujours, pour me récompenser.

SILVIA, *d'un air inquiet* : Ah! j'ai bien des choses à vous dire. J'ai peur de vous perdre; j'ai peur qu'on ne vous fasse quelque mal par méchanceté de jalousie; j'ai peur que vous ne soyez trop longtemps sans me voir, et que vous ne vous y accoutumiez.

ARLEQUIN : Petit cœur, est-ce que je m'accoutumerais à être malheureux?

SILVIA : Je ne veux point que vous m'oubliiez, je ne veux point non plus que vous enduriez rien à cause de moi; je ne sais point dire ce que je veux, je vous aime trop. C'est une pitié que mon embarras; tout me chagrine.

ARLEQUIN, *pleurant* : Hi! hi! hi! hi!

SILVIA, *tristement* : Oh bien! Arlequin, je m'en vais donc pleurer aussi, moi.

ARLEQUIN : Comment voulez-vous que je m'empêche de pleurer, puisque vous voulez être si triste? si vous aviez un peu de compassion, est-ce que vous seriez si affligée?

SILVIA : Demeurez donc en repos; je ne vous dirai plus que je suis chagrine.

ARLEQUIN : Oui; mais je devinerai que vous l'êtes. Il faut me promettre que vous ne le serez plus.

SILVIA : Oui, mon fils; mais promettez-moi aussi que vous m'aimerez toujours.

ARLEQUIN, *en s'arrêtant tout court pour la regarder* : Silvia, je suis votre amant; vous êtes ma maîtresse; retenez-le bien, car cela est vrai; et tant que je serai en vie, cela ira toujours le même train, cela ne branlera pas; je mourrai de compagnie avec cela. Ah çà! dites-moi le serment que vous voulez que je vous fasse?

SILVIA, *bonnement* [8] : Voilà qui va bien; je ne sais point de serments; vous êtes un garçon d'honneur; j'ai votre amitié, vous avez la mienne; je ne la reprendrai pas. A qui est-ce que je la porterais? N'êtes-vous pas le plus joli garçon qu'il y ait? Y a-t-il quelque fille qui puisse vous aimer autant que moi? Eh bien? n'est-ce pas assez? nous en faut-il davantage? Il n'y a qu'à rester comme nous sommes, il n'y aura pas besoin de serments.

ARLEQUIN : Dans cent ans d'ici, nous serons tout de même.

SILVIA : Sans doute.

ARLEQUIN : Il n'y a donc rien à craindre, m'amie; tenons-nous donc joyeux.

SILVIA : Nous souffrirons peut-être un peu; voilà tout.

ARLEQUIN : C'est une bagatelle. Quand on a un peu pâti, le plaisir en semble meilleur.

SILVIA : Oh! pourtant, je n'aurais que faire de pâtir pour être bien aise, moi.

ARLEQUIN : Il n'y aura qu'à ne pas songer que nous pâtissons.

SILVIA, *en le regardant tendrement* : Ce cher petit homme, comme il m'encourage!

ARLEQUIN, *tendrement* : Je ne m'embarrasse que de vous.

SILVIA, *en le regardant* : Où est-ce qu'il prend tout ce qu'il me dit? Il n'y a que lui au monde comme cela; mais aussi il n'y a que moi pour vous aimer, Arlequin.

ARLEQUIN *saute d'aise* : C'est comme du miel, ces paroles-là.

En même temps, vient Flaminia avec Trivelin.

Scène XIII : Arlequin, Silvia, Flaminia, Trivelin.

TRIVELIN, *à Silvia* : Je suis au désespoir de vous interrompre; mais votre mère vient d'arriver, Mademoiselle Silvia, et elle demande instamment à vous parler.

SILVIA, *regardant Arlequin* : Arlequin, ne me quittez pas; je n'ai rien de secret pour vous.

ARLEQUIN, *la prenant sous le bras* : Marchons, ma petite.

8. Cette indication qui figurait dans l'édition originale a été supprimée dans les éditions ultérieures. Frédéric Deloffre qui la rétablit la tient pour « importante car par ce mot de *bonnement* (*de bonne foi* selon Richelet), Marivaux insiste auprès de ses interprètes pour qu'ils ne mettent aucune arrière-pensée dans le propos de Silvia ».

FLAMINIA, *d'un air de confiance et s'approchant d'eux* : Ne craignez rien, mes enfants. Allez toute seule trouver votre mère, ma chère Silvia, cela sera plus séant. Vous êtes libres de vous voir autant qu'il vous plaira ; c'est moi qui vous en assure. Vous savez bien que je ne voudrais pas vous tromper.

ARLEQUIN : Oh ! non ; vous êtes de notre parti, vous.

SILVIA : Adieu donc, mon fils ; je vous rejoindrai bientôt. *Elle sort.*

ARLEQUIN, *à Flaminia qui veut s'en aller et qu'il arrête* : Notre amie, pendant qu'elle sera là, restez avec moi pour empêcher que je ne m'ennuie ; il n'y a ici que votre compagnie que je puisse endurer.

FLAMINIA, *comme en secret* : Mon cher Arlequin, la vôtre me fait bien du plaisir aussi ; mais j'ai peur qu'on ne s'aperçoive de l'amitié que j'ai pour vous.

TRIVELIN : Seigneur Arlequin, le dîner est prêt.

ARLEQUIN, *tristement* : Je n'ai point de faim.

FLAMINIA, *d'un air d'amitié* : Je veux que vous mangiez, vous en avez besoin.

ARLEQUIN, *doucement* : Croyez-vous ?

FLAMINIA : Oui.

ARLEQUIN : Je ne saurais. *(A Trivelin.)* La soupe est-elle bonne ?

TRIVELIN : Exquise.

ARLEQUIN : Hum ! il faut attendre Silvia ; elle aime le potage.

FLAMINIA : Je crois qu'elle dînera avec sa mère. Vous êtes le maître pourtant ; mais je vous conseille de les laisser ensemble ; n'est-il pas vrai ? Après dîner vous la verrez.

ARLEQUIN : Je le veux bien ; mais mon appétit n'est pas encore ouvert.

TRIVELIN : Le vin est au frais, et le rôt tout prêt.

ARLEQUIN : Je suis si triste !... Ce rôt est donc friand ?

TRIVELIN : C'est du gibier qui a une mine !...

ARLEQUIN : Que de chagrin ! Allons donc ; quand la viande est froide, elle ne vaut rien.

FLAMINIA : N'oubliez pas de boire à ma santé.

ARLEQUIN : Venez boire à la mienne, à cause de la connaissance.

FLAMINIA : Oui-da, de tout mon cœur ; j'ai une demi-heure à vous donner.

ARLEQUIN : Bon ! je suis content de vous. [9]

9. Cet acte se terminait sur un *Divertissement* qu'ont négligé toutes les éditions de *la Double Inconstance*. Voici les paroles de l'air qu'y chantait le traiteur :

> *Par le fumet de ces chapons,*
> *Par ces gigots, par ma poularde,*
> *Par la liqueur de ces flacons,*
> *Par nos ragoûts à la moutarde,*
> *Par la vertu de ces jambons,*
> *Je te conjure, âme gourmande,*
> *De venir avaler la viande*
> *Que dévorent tes yeux gloutons.*
> *Ami tu ne peux plus attendre,*
> *Viens, ce rôt a charmé ton cœur,*
> *Je reconnais à ton air tendre* (bis)
> *L'excès de ta friande ardeur,*
> *Suis-nous, il est temps de te rendre.*

> *Viens goûter la douceur*
> *De gruger ton vainqueur.*
> *Il est temps de te rendre.*
> *Viens goûter la douceur*
> *De gruger ton vainqueur.*

ACTE SECOND

Scène I : Silvia, Flaminia.

SILVIA : Oui, je vous crois. Vous paraissez me vouloir du bien. Aussi vous voyez que je ne souffre que vous ; je regarde tous les autres comme mes ennemis. Mais où est Arlequin ?

FLAMINIA : Il va venir ; il dîne encore.

SILVIA : C'est quelque chose d'épouvantable que ce pays-ci ! Je n'ai jamais vu de femmes si civiles, d'hommes si honnêtes. Ce sont des manières si douces, tant de révérences, tant de compliments, tant de signes d'amitié ! Vous diriez que ce sont les meilleures gens du monde, qu'ils sont pleins de cœur et de conscience. Point du tout ! De tous ces gens-là, il n'y en a pas un qui ne vienne me dire d'un air prudent : « Mademoiselle, croyez-moi, je vous conseille d'abandonner Arlequin et d'épouser le Prince » ; mais ils me conseillent cela tout naturellement, sans avoir honte, non plus que s'ils m'exhortaient à quelque bonne action. « Mais, leur dis-je, j'ai promis à Arlequin ; où est la fidélité, la probité, la bonne foi ? » Ils ne m'entendent pas ; ils ne savent ce que c'est que tout cela ; c'est tout comme si je leur parlais grec. Ils me rient au nez, me disent que je fais l'enfant, qu'une grande fille doit avoir de la raison ; eh ! cela n'est-il pas joli ? Ne valoir rien, tromper son prochain, lui manquer de parole, être fourbe et mensonger ; voilà le devoir des grandes personnes de ce maudit endroit-ci. Qu'est-ce que c'est que ces gens-là ? D'où sortent-ils ? De quelle pâte sont-ils ?

FLAMINIA : De la pâte des autres hommes, ma chère Silvia. Que cela ne vous étonne pas ; ils s'imaginent que ce serait votre bonheur que le mariage du Prince.

SILVIA : Mais ne suis-je pas obligée d'être fidèle ? N'est-ce pas mon devoir d'honnête fille ? et quand on ne fait pas son devoir, est-on heureuse ? Par-dessus le marché, cette fidélité n'est-elle pas mon charme ? Et on a le courage de me dire : « Là, fais un mauvais tour, qui ne te rapportera que du mal ; perds ton plaisir et ta bonne foi » ; et parce que je ne veux pas, moi, on me trouve dégoûtée !

FLAMINIA : Que voulez-vous ? ces gens-là pensent à leur façon, et souhaiteraient que le Prince fût content.

SILVIA : Mais ce Prince, que ne prend-il une fille qui se rende à lui de bonne volonté ! Quelle fantaisie d'en vouloir une qui ne veut pas de lui ! Quel goût trouve-t-il à cela ? Car c'est un abus que tout ce qu'il fait, tous ces concerts, ces comédies, ces grands repas qui ressemblent à des noces, ces bijoux qu'il m'envoie ; tout cela lui coûte un argent infini, c'est un abîme, il se ruine ; demandez-moi ce qu'il y gagne. Quand il me donnerait toute la boutique d'un mercier, cela ne me ferait pas tant de plaisir qu'un petit peloton qu'Arlequin m'a donné.

FLAMINIA : Je n'en doute pas ; voilà ce que c'est que l'amour ; j'ai aimé de même, et je me reconnais au peloton.

SILVIA : Tenez, si j'avais eu à changer Arlequin contre un autre, ç'aurait été contre un officier du palais, qui m'a vue cinq ou six fois et qui est d'aussi bonne façon

115

qu'on puisse être. Il y a bien à tirer si le Prince le vaut; c'est dommage que je n'aie pu l'aimer dans le fond et je le plains plus que le Prince.

FLAMINIA, *souriant en cachette* : Oh! Silvia, je vous assure que vous plaindrez le Prince autant que lui, quand vous le connaîtrez.

SILVIA : Eh bien! qu'il tâche de m'oublier, qu'il me renvoie, qu'il voie d'autres filles. Il y en a ici qui ont leur amant tout comme moi; mais cela ne les empêche pas d'aimer tout le monde; j'ai bien vu que cela ne leur coûte rien; mais pour moi, cela m'est impossible.

FLAMINIA : Eh! ma chère enfant, avons-nous rien ici qui vous vaille, rien qui approche de vous?

SILVIA, *d'un air modeste* : Oh! que si; il y en a de plus jolies que moi; et quand elles seraient la moitié moins jolies, cela leur fait plus de profit qu'à moi d'être tout à fait belle. J'en vois ici de laides qui font si bien aller leur visage, qu'on y est trompé.

FLAMINIA : Oui, mais le vôtre va tout seul, et cela est charmant.

SILVIA : Bon! moi, je ne parais rien, je suis toute d'une pièce auprès d'elles; je demeure là, je ne vais ni ne viens; au lieu qu'elles, elles sont d'une humeur joyeuse; elles ont des yeux qui caressent tout le monde; elles ont une mine hardie, une beauté libre qui ne se gêne point, qui est sans façon; cela plaît davantage que non pas une honteuse comme moi, qui n'ose regarder les gens et qui est confuse qu'on la trouve belle.

FLAMINIA : Eh! voilà justement ce qui touche le Prince, voilà ce qu'il estime, c'est cette ingénuité, cette beauté simple, ce sont ces grâces naturelles. Eh! croyez-moi, ne louez pas tant les femmes d'ici; car elles ne vous louent guère.

SILVIA : Qu'est-ce donc qu'elles disent?

FLAMINIA : Des impertinences; elles se moquent de vous, raillent le Prince, lui demandent comment se porte sa beauté rustique. « Y a-t-il de visage plus commun? disaient l'autre jour ces jalouses entre elles; de taille plus gauche? » Là-dessus l'une vous prenait par les yeux, l'autre par la bouche; il n'y avait pas jusqu'aux hommes qui ne vous trouvaient pas trop jolie. J'étais dans une colère!...

SILVIA, *fâchée* : Pardi! voilà de vilains hommes, de trahir comme cela leur pensée, pour plaire à ces sottes-là.

FLAMINIA : Sans difficulté.

SILVIA : Que je hais ces femmes-là! Mais puisque je suis si peu agréable à leur compte, pourquoi donc est-ce que le Prince m'aime et qu'il les laisse là?

FLAMINIA : Oh! elles sont persuadées qu'il ne vous aimera pas longtemps, que c'est un caprice qui lui passera, et qu'il en rira tout le premier.

SILVIA, *piquée et après avoir un peu regardé Flaminia* : Hum! elles sont bien heureuses que j'aime Arlequin; sans cela j'aurais grand plaisir à les faire mentir, ces babillardes-là.

FLAMINIA : Ah! qu'elles mériteraient bien d'être punies! Je leur ai dit : « Vous faites ce que vous pouvez pour faire renvoyer Silvia et pour plaire au Prince; et si elle le voulait, il ne daignerait pas vous regarder. »

SILVIA : Pardi! vous voyez bien ce qui en est; il ne tient qu'à moi de les confondre.

FLAMINIA : Voilà de la compagnie qui vous vient.

SILVIA : Eh! je crois que c'est cet officier dont je vous ai parlé; c'est lui-même. Voyez la belle physionomie d'homme!

Scène II : Le Prince, sous le nom d'officier du palais, Lisette, sous le nom de dame de la cour, et les acteurs précédents. Le Prince, en voyant Silvia, salue avec beaucoup de soumission.

SILVIA : Comment! vous voilà, Monsieur? Vous saviez donc bien que j'étais ici?

LE PRINCE : Oui, Mademoiselle, je le savais; mais vous m'aviez dit que je ne plus vous voir, et je n'aurais osé paraître sans Madame, qui a souhaité que je l'accompagnasse, et qui a obtenu du Prince l'honneur de vous faire la révérence.

La dame ne dit mot et regarde seulement Silvia avec attention; Flaminia et elle se font des signes d'intelligence.

SILVIA, *doucement* : Je ne suis pas fâchée de vous revoir et vous me trouvez bien triste. A l'égard de cette dame, je la remercie de la volonté qu'elle a de me faire une révérence, je ne mérite pas cela; mais qu'elle me la fasse puisque c'est son désir; je lui en rendrai une comme je pourrai : elle excusera si je la fais mal.

LISETTE : Oui, m'amie, je vous excuserai de bon cœur; je ne vous demande pas l'impossible.

SILVIA, *répétant d'un air fâché, et à part, en faisant une révérence* : Je ne vous demande pas l'impossible! Quelle manière de parler!

LISETTE : Quel âge avez-vous, ma fille?

SILVIA, *piquée* : Je l'ai oublié, ma mère.

FLAMINIA, *à Silvia* : Bon.

Le Prince paraît et affecte d'être surpris.

LISETTE : Elle se fâche, je pense?

LE PRINCE : Mais, Madame, que signifient ces discours-là? Sous prétexte de venir saluer Silvia, vous lui faites une insulte!

LISETTE : Ce n'est pas mon dessein. J'avais la curiosité de voir cette petite fille qu'on aime tant, qui fait naître une si forte passion; et je cherche ce qu'elle a de si aimable. On dit qu'elle est naïve, c'est un agrément campagnard qui doit la rendre amusante; priez-la de nous donner quelques traits de naïveté; voyons son esprit.

SILVIA : Eh! non, Madame, ce n'est pas la peine; il n'est pas si plaisant que le vôtre.

LISETTE, *riant* : Ah! ah! vous demandiez du naïf; en voilà.

LE PRINCE, *à Lisette* : Allez-vous-en, Madame.

SILVIA : Cela m'impatiente à la fin; et si elle ne s'en va, je me fâcherai tout de bon.

LE PRINCE, *à Lisette* : Vous vous repentirez de votre procédé.

LISETTE, *en se retirant, d'un air dédaigneux* : Adieu; un pareil objet me venge assez de celui qui en a fait choix.

Scène III : Le Prince, Silvia, Flaminia.

FLAMINIA : Voilà une créature bien effrontée!

SILVIA : Je suis outrée! J'ai bien affaire qu'on m'enlève pour se moquer de moi, chacun a son prix. Ne semble-t-il pas que je ne vaille pas bien ces femmes-là? Je ne voudrais pas être changée contre elles.

FLAMINIA : Bon! ce sont des compliments que les injures de cette jalouse-là.

LE PRINCE : Belle Silvia, cette femme-là nous a trompés, le Prince et moi; vous m'en voyez au désespoir, n'en doutez pas. Vous savez que je suis pénétré de respect pour vous; vous connaissez mon cœur. Je venais ici pour me donner la satisfaction de vous voir, pour jeter encore une fois les yeux sur une personne si chère, et reconnaître notre souveraine; mais je ne prends pas garde que je me découvre, que Flaminia m'écoute, et que je vous importune encore.

FLAMINIA, *d'un air naturel* : Quel mal faites-vous? Ne sais-je pas bien qu'on ne peut la voir sans l'aimer?

SILVIA : Et moi, je voudrais qu'il ne m'aimât pas, car j'ai du chagrin de ne pouvoir lui rendre le change. Encore si c'était un homme comme tant d'autres, à qui on dit ce qu'on veut; mais il est trop agréable pour qu'on le maltraite, lui : il a toujours été comme vous le voyez.

LE PRINCE : Ah! que vous êtes obligeante, Silvia! Que puis-je faire pour mériter ce que vous venez de me dire, si ce n'est de vous aimer toujours?

SILVIA : Eh bien! aimez-moi, à la bonne heure; j'y aurai du plaisir pourvu que vous promettiez de prendre votre mal en patience; car je ne saurais mieux faire, en vérité. Arlequin est venu le premier; voilà tout ce qui vous nuit. Si j'avais deviné que vous viendriez après lui, en bonne foi je vous aurais attendu; mais vous avez du malheur, et moi je ne suis pas heureuse.

LE PRINCE : Flaminia, je vous en fais juge, pourrait-on cesser d'aimer Silvia? Connaissez-vous de cœur plus compatissant, plus généreux que le sien? Non, la tendresse d'un autre me toucherait moins que la seule bonté qu'elle a de me plaindre.

SILVIA, *à Flaminia* : Et moi, je vous en fais juge aussi, là, vous l'entendez; comment se comporter avec un homme qui me remercie toujours, qui prend tout ce qu'on lui dit en bien?

FLAMINIA : Franchement, il a raison, Silvia : vous êtes charmante, et à sa place je serais tout comme il est.

SILVIA : Ah çà! n'allez pas l'attendrir encore : il n'a pas besoin qu'on lui dise que je suis jolie; il le croit assez. *(Au Prince.)* Croyez-moi, tâchez de m'aimer tranquillement, et vengez-moi de cette femme qui m'a injuriée.

LE PRINCE : Oui, ma chère Silvia, j'y cours. A mon égard, de quelque façon que vous me traitiez, mon parti est pris; j'aurais du moins le plaisir de vous aimer toute ma vie.

SILVIA : Oh! je m'en doutais bien; je vous connais.

FLAMINIA : Allez, Monsieur; hâtez-vous d'informer le Prince du mauvais procédé de la dame en question, il faut que tout le monde sache ici le respect qui est dû à Silvia.

LE PRINCE : Vous aurez bientôt de mes nouvelles.

Scène IV : Silvia, Flaminia.

FLAMINIA : Vous, ma chère, pendant que je vais chercher Arlequin, qu'on retient peut-être un peu trop longtemps à table, allez essayer l'habit qu'on vous a fait; il me tarde de vous le voir.

SILVIA : Tenez, l'étoffe est belle; elle m'ira bien; mais je ne veux point de tous ces habits-là; car le Prince me veut en troc, et jamais nous ne finirons ce marché-là.

FLAMINIA : Vous vous trompez; quand il vous quitterait, vous emporteriez tout; vraiment, vous ne le connaissez pas.

SILVIA : Je m'en vais donc sur votre parole; pourvu qu'il ne me dise pas après : « Pourquoi as-tu pris mes présents? »

FLAMINIA : Il vous dira : « Pourquoi n'en avoir pas pris davantage? »

SILVIA : En ce cas-là, j'en prendrai tant qu'il voudra, afin qu'il n'ait rien à me dire.

FLAMINIA : Allez, je réponds de tout.

*Scène V : Flaminia, Arlequin,
tout éclatant de rire, entre avec Trivelin.*

FLAMINIA, *à part* : Il me semble que les choses commencent à prendre forme. Voici Arlequin. En vérité, je ne sais; mais si ce petit homme venait à m'aimer, j'en profiterais de bon cœur.

ARLEQUIN, *riant* : Ah! ah! ah! Bonjour, mon amie.

FLAMINIA : Bonjour, Arlequin. Dites-moi donc de quoi vous riez, afin que j'en rie aussi.

ARLEQUIN : C'est que mon valet Trivelin, que je ne paie point, m'a mené par toutes les chambres de la maison, où l'on trotte comme dans les rues, où l'on jase comme dans notre halle, sans que le maître de la maison s'embarrasse de tous ces visages-là et qui viennent chez lui sans lui donner le bonjour, qui vont le voir manger sans qu'il leur dise : « Voulez-vous boire un coup? » Je me divertissais de ces originaux-là en revenant, quand j'ai vu un grand coquin qui a levé l'habit d'une dame par derrière. Moi, j'ai cru qu'il lui faisait quelque niche, et je lui ai dit tout bonnement : « Arrêtez-vous, polisson; vous badinez malhonnêtement. » Elle, qui m'a entendu, s'est retournée et m'a dit : « Ne voyez-vous pas bien qu'il me porte la queue? — Et pourquoi vous la laissez-vous porter, cette queue? » ai-je repris. Sur cela le polisson s'est mis à rire; la dame riait, Trivelin riait, tout le monde riait; par compagnie je me suis mis à rire aussi. A cette heure je vous demande pourquoi nous avons ri tous?

FLAMINIA : D'une bagatelle. C'est que vous ne savez pas que ce que vous avez vu faire à ce laquais est un usage parmi les dames.

ARLEQUIN : C'est donc encore un honneur?

FLAMINIA : Oui, vraiment!

ARLEQUIN : Pardi! j'ai donc bien fait d'en rire; car cet honneur-là est bouffon et à bon marché.

FLAMINIA : Vous êtes gai; j'aime à vous voir comme

cela. Avez-vous bien mangé depuis que je vous ai quitté?

ARLEQUIN : Ah! morbleu! qu'on a apporté de friandes drogues [10]! Que le cuisinier d'ici fait de bonnes fricassées! Il n'y a pas moyen de tenir contre sa cuisine. J'ai tant bu à la santé de Silvia et de vous, que, si vous êtes malade, ce ne sera pas ma faute.

FLAMINIA : Quoi! vous vous êtes encore ressouvenu de moi?

ARLEQUIN : Quand j'ai donné mon amitié à quelqu'un, jamais je ne l'oublie, surtout à table. Mais, à propos de Silvia, est-elle encore avec sa mère?

TRIVELIN : Mais, seigneur Arlequin, songerez-vous toujours à Silvia?

ARLEQUIN : Taisez-vous quand je parle.

FLAMINIA : Vous avez tort, Trivelin.

TRIVELIN : Comment! j'ai tort!

FLAMINIA : Oui : pourquoi l'empêchez-vous de parler de ce qu'il aime?

TRIVELIN : A ce que je vois, Flaminia, vous vous souciez beaucoup des intérêts du Prince!

FLAMINIA, *comme épouvantée* : Arlequin, cet homme-là me fera des affaires à cause de vous.

ARLEQUIN, *en colère* : Non, ma bonne. *(A Trivelin.)* Écoute : je suis ton maître, car tu me l'as dit; je n'en savais rien. Fainéant que tu es! s'il t'arrive de faire le rapporteur et qu'à cause de toi on fasse seulement la moue à cette honnête fille-là, c'est deux oreilles que tu auras de moins; je te les garantis dans ma poche.

TRIVELIN : Je ne suis pas à cela près, et je veux faire mon devoir.

ARLEQUIN : Deux oreilles; entends-tu bien à présent? Va-t'en.

TRIVELIN : Je vous pardonne tout à vous, car enfin il le faut; mais vous me le payerez, Flaminia.

Il sort. Arlequin veut retourner sur lui, et Flaminia l'arrête.

Scène VI : Arlequin, Flaminia.

ARLEQUIN, *quand il est revenu, dit* : Cela est terrible! Je n'ai trouvé ici qu'une personne qui entende la raison, et l'on vient chicaner ma conversation avec elle. Ma chère Flaminia, à présent parlons de Silvia à notre aise; quand je ne la vois point, il n'y a qu'avec vous que je m'en passe.

FLAMINIA, *d'un air simple* : Je ne suis point ingrate; il n'y a rien que je ne fisse pour vous rendre contents tous deux et d'ailleurs vous êtes si estimable, Arlequin, que, quand je vois qu'on vous chagrine, je souffre autant que vous.

ARLEQUIN : La bonne sorte de fille! Toutes les fois que vous me plaignez, cela m'apaise; je suis la moitié moins fâché d'être triste.

FLAMINIA : Pardi! qui est-ce qui ne vous plaindrait pas? Qui est-ce qui ne s'intéresserait pas à vous? Vous ne connaissez pas ce que vous valez, Arlequin.

ARLEQUIN : Cela se peut bien; je n'y ai jamais regardé de si près.

FLAMINIA : Si vous saviez combien il m'est cruel de n'avoir point de pouvoir! si vous lisiez dans mon cœur!

ARLEQUIN : Hélas! je ne sais point lire, mais vous me l'expliquerez. Par la mardi! je voudrais n'être plus affligé, quand ce ne serait que pour l'amour du souci que cela vous donne; mais cela viendra.

FLAMINIA, *d'un air triste* : Non, je ne serai jamais témoin de votre contentement; voilà qui est fini; Trivelin causera, l'on me séparera d'avec vous; et que sais-je, moi, où l'on m'emmènera? Arlequin, je vous parle peut-être pour la dernière fois, et il n'y a plus de plaisir pour moi dans le monde.

ARLEQUIN, *triste* : Pour la dernière fois! j'ai donc bien du guignon! Je n'ai qu'une pauvre maîtresse, ils me l'ont emportée; vous emporteraient-ils encore? et où est-ce que je prendrai du courage pour endurer tout cela? Ces gens-là croient-ils que j'ai un cœur de fer? ont-ils entrepris mon trépas? seront-ils aussi barbares?

FLAMINIA : En tout cas, j'espère que vous n'oublierez jamais Flaminia, qui n'a rien tant souhaité que votre bonheur.

ARLEQUIN : M'amie, vous me gagnez le cœur. Conseillez-moi dans ma peine; avisons-nous; quelle est votre pensée? Car je n'ai point d'esprit, moi, quand je suis fâché. Il faut que j'aime Silvia; il faut que je vous garde; il ne faut pas que mon amour pâtisse de notre amitié, ni notre amitié de mon amour; et me voilà bien embarrassé.

FLAMINIA : Et moi bien malheureuse! Depuis que j'ai perdu mon amant, je n'ai eu de repos qu'en votre compagnie, je respire avec vous; vous lui ressemblez tant, que je crois quelquefois lui parler; je n'ai vu dans le monde que vous et lui de si aimables.

ARLEQUIN : Pauvre fille! il est fâcheux que j'aime Silvia; sans cela je vous donnerais de bon cœur la ressemblance de votre amant. C'était donc un joli garçon?

FLAMINIA : Ne vous ai-je pas dit qu'il était fait comme vous, que vous êtes son portrait?

ARLEQUIN : Et vous l'aimiez donc beaucoup?

FLAMINIA : Regardez-vous, Arlequin; voyez combien vous méritez d'être aimé, et vous verrez combien je l'aimais.

ARLEQUIN : Je n'ai vu personne répondre si doucement que vous. Votre amitié se met partout. Je n'aurais jamais cru être si joli que vous le dites; mais puisque vous aimiez tant ma copie, il faut bien croire que l'original mérite quelque chose.

FLAMINIA : Je crois que vous m'auriez encore plu davantage; mais je n'aurais pas été assez belle pour vous.

ARLEQUIN, *avec feu* : Par la sambille! je vous trouve charmante avec cette pensée-là.

FLAMINIA : Vous me troublez, il faut que je vous quitte; je n'ai que trop de peine à m'arracher d'auprès de vous; mais où cela nous conduirait-il? Adieu, Arlequin; je vous verrai toujours, si on me le permet; je ne sais où je suis.

ARLEQUIN : Je suis tout de même.

---

10. Ici dans le sens de *mets*, les *drogues* désignaient les marchandises d'épicerie qui viennent des pays éloignés.

FLAMINIA : J'ai trop de plaisir à vous voir.

ARLEQUIN : Je ne vous refuse pas ce plaisir-là, moi; regardez-moi à votre aise, je vous rendrai la pareille.

FLAMINIA, *s'en allant* : Je n'oserais; adieu.

ARLEQUIN, *seul* : Ce pays-ci n'est pas digne d'avoir cette fille-là. Si par quelque malheur Silvia venait à manquer, dans mon désespoir je crois que je me retirerais avec elle.

Scène VII : Trivelin arrive avec un Seigneur qui vient derrière lui, Arlequin.

TRIVELIN : Seigneur Arlequin, n'y a-t-il point de risque à reparaître? N'est-ce point compromettre mes épaules? Car vous jouez merveilleusement de votre épée de bois.

ARLEQUIN : Je serai bon quand vous serez sage.

TRIVELIN : Voilà un seigneur qui demande à vous parler.

Le Seigneur approche et fait des révérences qu'Arlequin lui rend.

ARLEQUIN, *à part* : J'ai vu cet homme-là quelque part.

LE SEIGNEUR : Je viens vous demander une grâce; mais ne vous incommoderai-je point, Monsieur Arlequin?

ARLEQUIN : Non, Monsieur; vous ne me faites ni bien ni mal, en vérité. *(Voyant le Seigneur qui se couvre.)* Vous n'avez seulement qu'à me dire si je dois aussi mettre mon chapeau.

LE SEIGNEUR : De quelque façon que vous soyez, vous me ferez honneur.

ARLEQUIN, *se couvrant* : Je vous crois, puisque vous le dites. Que souhaite de moi Votre Seigneurie? Mais ne me faites point de compliments; ce serait autant de perdu, car je n'en sais point rendre.

LE SEIGNEUR : Ce ne sont point des compliments, mais des témoignages d'estime.

ARLEQUIN : Galbanum [11] que tout cela! Votre visage ne m'est point nouveau, Monsieur; je vous ai vu quelque part à la chasse, où vous jouiez de la trompette; je vous ai ôté mon chapeau en passant, et vous me devez ce coup de chapeau-là.

LE SEIGNEUR : Quoi! je ne vous saluai point?

ARLEQUIN : Pas un brin.

LE SEIGNEUR : Je ne m'aperçus donc pas de votre honnêteté?

ARLEQUIN : Oh! que si! mais vous n'aviez point de grâce à me demander; voilà pourquoi je perdis mon étalage [12].

LE SEIGNEUR : Je ne me reconnais point à cela.

ARLEQUIN : Ma foi! vous n'y perdez rien. Mais que vous plaît-il?

LE SEIGNEUR : Je compte sur votre bon cœur; voici ce que c'est : j'ai eu le malheur de parler cavalièrement de vous devant le Prince...

---

11. *Donner (ou vendre) du galbanum* signifie donner à quelqu'un des espérances qui n'aboutissent à rien, l'amuser de promesses inutiles.

12. *Perdre son étalage*, c'est avoir fait des frais de parure ou de politesse pour rien.

ARLEQUIN : Vous n'avez encore qu'à ne vous pas reconnaître à cela.

LE SEIGNEUR : Oui; mais le Prince s'est fâché contre moi.

ARLEQUIN : Il n'aime donc pas les médisants?

LE SEIGNEUR : Vous le voyez bien.

ARLEQUIN : Oh! oh! voilà qui me plaît; c'est un honnête homme; s'il ne me retenait pas ma maîtresse, je serais fort content de lui. Et que vous a-t-il dit? Que vous étiez un malappris?

LE SEIGNEUR : Oui.

ARLEQUIN : Cela est très raisonnable. De quoi vous plaignez-vous?

LE SEIGNEUR : Ce n'est pas là tout : « Arlequin, m'a-t-il répondu, est un garçon d'honneur. Je veux qu'on l'honore, puisque je l'estime; la franchise et la simplicité de son caractère sont des qualités que je voudrais que vous eussiez tous. Je nuis à son amour et je suis au désespoir que le mien m'y force. »

ARLEQUIN, *attendri* : Par la morbleu! je suis son serviteur; franchement je fais cas de lui, et je croyais être plus en colère contre lui que je ne le suis.

LE SEIGNEUR : Ensuite il m'a dit de me retirer; mes amis là-dessus ont tâché de le fléchir pour moi.

ARLEQUIN : Quand ces amis-là s'en iraient aussi avec vous, il n'y aurait pas grand mal; car, dis-moi qui tu hantes, et je te dirai qui tu es.

LE SEIGNEUR : Il s'est aussi fâché contre eux.

ARLEQUIN : Que le ciel bénisse cet homme de bien; il a vidé là sa maison d'une mauvaise graine de gens.

LE SEIGNEUR : Et nous ne pouvons reparaître tous qu'à condition que vous demandiez notre grâce.

ARLEQUIN : Par ma foi! Messieurs, allez où il vous plaira; je vous souhaite un bon voyage.

LE SEIGNEUR : Quoi? vous refuserez de prier pour moi? Si vous n'y consentiez pas, ma fortune serait ruinée; à présent qu'il ne m'est plus permis de voir le Prince, que ferais-je à la Cour? Il faudra que je m'en aille dans mes terres, car je suis comme exilé.

ARLEQUIN : Comment! être exilé, ce n'est donc point vous faire d'autre mal que de vous envoyer manger votre bien chez vous.

LE SEIGNEUR : Vraiment non; voilà ce que c'est.

ARLEQUIN : Et vous vivrez là paix et aise; vous ferez vos quatre repas comme à l'ordinaire?

LE SEIGNEUR : Sans doute; qu'y a-t-il d'étrange à cela?

ARLEQUIN : Ne me trompez-vous pas? Est-il sûr qu'on est exilé quand on médit?

LE SEIGNEUR : Cela arrive assez souvent.

ARLEQUIN *saute d'aise* : Allons, voilà qui est fait, je m'en vais médire du premier venu, et j'avertirai Silvia et Flaminia d'en faire autant.

LE SEIGNEUR : Et la raison de cela?

ARLEQUIN : Parce que je veux aller en exil, moi. De la manière dont on punit les gens ici, je vais gager qu'il y a plus de gain à être puni que récompensé.

LE SEIGNEUR : Quoi qu'il en soit, épargnez-moi cette punition-là, je vous prie. D'ailleurs ce que j'ai dit de vous n'est pas grand-chose.

ARLEQUIN : Qu'est-ce que c'est?

LE SEIGNEUR : Une bagatelle, vous dis-je.

ARLEQUIN : Mais voyons.

LE SEIGNEUR : J'ai dit que vous aviez l'air d'un homme ingénu, sans malice ; là, d'un garçon de bonne foi.

ARLEQUIN *rit de tout son cœur* : L'air d'un innocent, pour parler à la franquette ; mais qu'est-ce que cela fait ? Moi, j'ai l'air d'un innocent ; vous, vous avez l'air d'un homme d'esprit ; eh bien ! à cause de cela, faut-il s'en fier à notre air ? N'avez-vous rien dit que cela ?

LE SEIGNEUR : Non ; j'ai ajouté seulement que vous donniez la comédie à ceux qui vous parlaient.

ARLEQUIN : Pardi ! il faut bien vous donner votre revanche à vous autres. Voilà donc tout ?

LE SEIGNEUR : Oui.

ARLEQUIN : C'est se moquer ; vous ne méritez pas d'être exilé, vous avez cette bonne fortune-là pour rien.

LE SEIGNEUR : N'importe, empêchez que je ne le sois. Un homme comme moi ne peut demeurer qu'à la Cour. Il n'est en considération, il n'est en état de pouvoir se venger de ses envieux qu'autant qu'il se rend agréable au Prince, et qu'il cultive l'amitié de ceux qui gouvernent les affaires.

ARLEQUIN : J'aimerais mieux cultiver un bon champ, cela rapporte toujours peu ou prou, et je me doute que l'amitié de ces gens-là n'est pas aisée à avoir ni à garder.

LE SEIGNEUR : Vous avez raison dans le fond : ils ont quelquefois des caprices fâcheux, mais on n'oserait s'en ressentir, on les ménage, on est souple avec eux, parce que c'est par leur moyen que vous vous vengez des autres.

ARLEQUIN : Quel trafic ! C'est justement recevoir des coups de bâton d'un côté, pour avoir le privilège d'en donner d'un autre ; voilà une drôle de vanité ! A vous voir si humbles, vous autres, on ne croirait jamais que vous êtes si glorieux.

LE SEIGNEUR : Nous sommes élevés là-dedans. Mais écoutez ; vous n'aurez point de peine à me remettre en faveur ; car vous connaissez bien Flaminia ?

ARLEQUIN : Oui, c'est mon intime.

LE SEIGNEUR : Le Prince a beaucoup de bienveillance pour elle ; elle est la fille d'un de ses officiers ; et je me suis imaginé de lui faire sa fortune en la mariant à un petit-cousin que j'ai à la campagne, que je gouverne et qui est riche. Dites-le au Prince ; mon dessein me conciliera ses bonnes grâces.

ARLEQUIN : Oui ; mais ce n'est pas là le chemin des miennes ; car je n'aime point qu'on épouse mes amies, moi, et vous n'imaginez rien qui vaille avec votre petit-cousin.

LE SEIGNEUR : Je croyais...

ARLEQUIN : Ne croyez plus.

LE SEIGNEUR : Je renonce à mon projet.

ARLEQUIN : N'y manquez pas ; je vous promets mon intercession, sans que le petit-cousin s'en mêle.

LE SEIGNEUR : Je vous aurai beaucoup d'obligation ; j'attends l'effet de vos promesses. Adieu, Monsieur Arlequin.

ARLEQUIN : Je suis votre serviteur. Diantre ! je suis en crédit, car on fait ce que je veux. Il ne faut rien dire à Flaminia du cousin.

Scène VIII : Arlequin, Flaminia.

FLAMINIA *arrive* : Mon cher, je vous amène Silvia ; elle me suit.

ARLEQUIN : Mon amie, vous deviez bien venir m'avertir plus tôt ; nous l'aurions attendue en causant ensemble. *Silvia arrive.*

Scène IX : Silvia, Arlequin, Flaminia.

SILVIA : Bonjour, Arlequin. Ah ! que je viens d'essayer un bel habit ! Si vous me voyiez, en vérité, vous me trouveriez jolie ; demandez à Flaminia. Ah ! ah ! si je portais ces habits-là, les femmes d'ici seraient bien attrapées ; elles ne diraient pas que j'ai l'air gauche. Oh ! que les ouvrières d'ici sont habiles !

ARLEQUIN : Ah ! m'amour ! elles ne sont pas si habiles que vous êtes bien faite.

SILVIA : Si je suis bien faite, Arlequin, vous n'êtes pas moins honnête.

FLAMINIA : Du moins ai-je le plaisir de vous voir un peu plus contents à présent.

SILVIA : Eh ! dame, puisqu'on ne nous gêne plus, j'aime autant être ici qu'ailleurs ; qu'est-ce que cela fait d'être là ou là ? On s'aime partout.

ARLEQUIN : Comment, nous gêner ! On envoie des gens me demander pardon pour la moindre impertinence qu'ils disent de moi.

SILVIA, *d'un air content* : J'attends une dame aussi, moi, qui viendra devant moi se repentir de ne m'avoir pas trouvée belle.

FLAMINIA : Si quelqu'un vous fâche dorénavant, vous n'avez qu'à m'en avertir.

ARLEQUIN : Pour cela, Flaminia nous aime comme si nous étions frères et sœurs. *(Il dit cela à Flaminia.)* Aussi, de notre part, c'est queussi queumi.

SILVIA : Devinez, Arlequin, qui j'ai encore rencontré ici ? Mon amoureux qui venait me voir chez nous, ce grand monsieur si bien tourné. Je veux que vous soyez amis ensemble, car il a bon cœur aussi.

ARLEQUIN, *d'un air négligent* : A la bonne heure ; je suis de tous bons accords.

SILVIA : Après tout, quel mal y a-t-il qu'il me trouve à son gré ? Prix pour prix, les gens qui nous aiment sont de meilleure compagnie que ceux qui ne se soucient pas de nous, n'est-il pas vrai ?

FLAMINIA : Sans doute.

ARLEQUIN, *gaiement* : Mettons encore Flaminia, elle se soucie de nous, et nous serons partie carrée [13].

FLAMINIA : Arlequin, vous me donnez là une marque d'amitié que je n'oublierai point.

ARLEQUIN : Ah çà ! puisque nous voilà ensemble, allons faire collation ; cela amuse.

SILVIA : Allez, allez, Arlequin ; à cette heure que nous nous voyons quand nous voulons, ce n'est pas la peine de nous ôter notre liberté à nous-mêmes ; ne vous gênez point.

13. Une *partie carrée* est une partie de plaisir faite entre deux hommes et deux femmes. (Littré).

Arlequin fait signe à Flaminia de venir.

FLAMINIA, *sur son geste dit* : Je m'en vais avec vous; aussi bien, voilà quelqu'un qui entre et qui tiendra compagnie à Silvia.

*Scène X : Lisette entre
avec quelques femmes pour témoins
de ce qu'elle va faire, et qui restent derrière
Silvia. Lisette fait de grandes
révérences.*

SILVIA, *d'un air un peu piqué* : Ne faites point tant de révérences, Madame; cela m'exemptera de vous en faire; je m'y prends de si mauvaise grâce, à votre fantaisie!

LISETTE, *d'un ton triste* : On ne vous trouve que trop de mérite.

SILVIA : Cela se passera. Ce n'est pas moi qui ai envie de plaire, telle que vous me voyez; il me fâche assez d'être si jolie, et que vous ne soyez pas assez belle.

LISETTE : Ah! quelle situation!

SILVIA : Vous soupirez à cause d'une petite villageoise, vous êtes bien de loisir; et où avez-vous mis votre langue de tantôt, Madame? Est-ce que vous n'avez plus de caquet quand il faut dire?

LISETTE : Je ne puis me résoudre à parler.

SILVIA : Gardez donc le silence; car lorsque vous vous lamenteriez jusqu'à demain, mon visage n'empirera pas; beau ou laid, il restera comme il est. Qu'est-ce que vous me voulez? Est-ce que vous ne m'avez pas assez querellée? Eh bien! achevez, prenez-en votre suffisance.

LISETTE : Épargnez-moi, Mademoiselle; l'emportement que j'ai eu contre vous a mis toute ma famille dans l'embarras; le Prince m'oblige à venir vous faire une réparation, et je vous prie de la recevoir sans me railler.

SILVIA : Voilà qui est fini, je ne me moquerai plus de vous; je sais bien que l'humilité n'accommode pas les glorieux, mais la rancune donne de la malice. Cependant je plains votre peine, et je vous pardonne. De quoi aussi vous avisiez-vous de me mépriser?

LISETTE : J'avais cru m'apercevoir que le Prince avait quelque inclination pour moi et je ne croyais pas en être indigne; mais je vois bien que ce n'est pas toujours aux agréments qu'on se rend.

SILVIA, *d'un ton vif* : Vous verrez que c'est à la laideur et à la mauvaise façon, à cause qu'on se rend à moi. Comme ces jalouses ont l'esprit tourné!

LISETTE : Eh bien! oui, je suis jalouse, il est vrai; mais puisque vous n'aimez pas le Prince, aidez-moi à le remettre dans les dispositions où j'ai cru qu'il était pour moi; il est sûr que je ne lui déplaisais pas, et je le guérirai de l'inclination qu'il a pour vous, si vous me laissez faire.

SILVIA, *d'un air piqué* : Croyez-moi, vous ne le guérirez de rien; mon avis est que cela vous passe.

LISETTE : Cependant cela me paraît possible; car enfin je ne suis ni maladroite ni désagréable.

SILVIA : Tenez, tenez, parlons d'autre chose; vos bonnes qualités m'ennuient.

LISETTE : Vous me répondez d'une étrange manière!

Quoi qu'il en soit, avant qu'il soit quelques jours, nous verrons si j'ai si peu de pouvoir.

SILVIA, *vivement* : Oui, nous verrons des balivernes. Pardi! je parlerai au Prince; il n'a pas encore osé me parler, lui, à cause que je suis trop fâchée; mais je lui ferai dire qu'il s'enhardisse, seulement pour voir.

LISETTE : Adieu, Mademoiselle; chacune de nous fera ce qu'elle pourra. J'ai satisfait à ce qu'on exigeait de moi à votre égard, et je vous prie d'oublier tout ce qui s'est passé entre nous.

SILVIA, *brusquement* : Marchez, marchez, je ne sais pas seulement si vous êtes au monde.

Scène XI : Silvia, Flaminia arrive.

FLAMINIA : Qu'avez-vous, Silvia? Vous êtes bien émue!

SILVIA : J'ai... que je suis en colère. Cette impertinente femme de tantôt est venue pour me demander pardon; et, sans faire semblant de rien, voyez sa méchanceté, elle m'a encore fâchée, m'a dit que c'était à ma laideur qu'on se rendait; qu'elle était plus agréable, plus adroite que moi; qu'elle ferait bien passer l'amour du Prince, qu'elle allait travailler pour cela; que je verrai... pati, pata; que sais-je, moi, tout ce qu'elle mit en avant contre mon visage! Est-ce que je n'ai pas raison d'être piquée?

FLAMINIA, *d'un air vif et d'intérêt* : Écoutez; si vous ne faites taire tous ces gens-là, il faut vous cacher pour toute votre vie.

SILVIA : Je ne manque pas de bonne volonté; mais c'est Arlequin qui m'embarrasse.

FLAMINIA : Eh! je vous entends; voilà un amour aussi mal placé, qui se rencontre là aussi mal à propos qu'il se puisse.

SILVIA : Oh! j'ai toujours eu du guignon dans les rencontres.

FLAMINIA : Mais si Arlequin vous voit sortir de la Cour et méprisée, pensez-vous que cela le réjouisse?

SILVIA : Il ne m'aimera pas tant, voulez-vous dire?

FLAMINIA : Il y a tout à craindre.

SILVIA : Vous me faites rêver à une chose : ne trouvez-vous pas qu'il est un peu négligent depuis que nous sommes ici? il m'a quittée tantôt pour aller goûter; voilà une belle excuse!

FLAMINIA : Je l'ai remarqué comme vous; mais ne me trahissez pas au moins; nous nous parlons de fille à fille. Dites-moi, après tout, l'aimez-vous tant, ce garçon?

SILVIA, *d'un air indifférent* : Mais vraiment, oui, je l'aime; il le faut bien.

FLAMINIA : Voulez-vous que je vous dise? Vous me paraissez mal assortis ensemble. Vous avez du goût, de l'esprit, l'air fin et distingué; il a l'air pesant, les manières grossières; cela ne cadre point et je ne comprends pas comment vous l'avez aimé; je vous dirai même que cela vous fait tort.

SILVIA : Mettez-vous à ma place. C'était le garçon le plus passable de nos cantons; il demeurait dans mon village; il était mon voisin; il est assez facétieux, je suis de bonne humeur; il me faisait quelquefois rire; il me suivait partout; il m'aimait; j'avais coutume de le voir, et de coutume en coutume je l'ai aimé aussi, faute de mieux; mais j'ai toujours bien vu qu'il était enclin au vin et à la gourmandise.

FLAMINIA : Voilà de jolies vertus, surtout dans l'amant de l'aimable et tendre Silvia! Mais à quoi vous déterminez-vous donc?

SILVIA : Je ne puis que dire; il me passe tant de oui et de non par la tête, que je ne sais auquel entendre. D'un côté, Arlequin est un petit négligent qui ne songe ici qu'à manger; d'un autre côté, si l'on me renvoie, ces glorieuses de femmes feront accroire partout qu'on m'aura dit : « Va-t'en, tu n'es pas assez jolie. » D'un autre côté, ce monsieur que j'ai retrouvé ici...

FLAMINIA : Quoi?

SILVIA : Je vous le dis en secret; je ne sais ce qu'il m'a fait depuis que je l'ai revu; mais il m'a toujours paru si doux, il m'a dit des choses si tendres, il m'a conté son amour d'un air si poli, si humble, que j'en ai une véritable pitié, et cette pitié-là m'empêche encore d'être maîtresse de moi.

FLAMINIA : L'aimez-vous?

SILVIA : Je ne crois pas; car je dois aimer Arlequin.

FLAMINIA : C'est un homme aimable.

SILVIA : Je le sens bien.

FLAMINIA : Si vous négligiez de vous venger pour l'épouser, je vous le pardonnerais; voilà la vérité.

SILVIA : Si Arlequin se mariait à une autre fille que moi, à la bonne heure. Je serais en droit de lui dire : « Tu m'as quittée, je te quitte, je prends ma revanche »; mais il n'y a rien à faire. Qui est-ce qui voudrait d'Arlequin ici, rude et bourru comme il est?

FLAMINIA : Il n'y a pas presse, entre nous. Pour moi, j'ai toujours eu dessein de passer ma vie aux champs; Arlequin est grossier; je ne l'aime point, mais je ne le hais pas; et, dans les sentiments où je suis, s'il voulait, je vous en débarrasserais volontiers pour vous faire plaisir.

SILVIA : Mais mon plaisir, où est-il? il n'est ni là, ni là; je le cherche.

FLAMINIA : Vous verrez le Prince aujourd'hui. Voici ce cavalier qui vous plaît; tâchez de prendre votre parti. Adieu, nous nous retrouverons tantôt.

Scène XII : Silvia, le Prince qui entre.

SILVIA : Vous venez; vous allez encore me dire que vous m'aimez, pour me mettre davantage en peine.

LE PRINCE : Je venais voir si la dame qui vous a fait insulte s'était bien acquittée de son devoir. Quant à moi, belle Silvia, quand mon amour vous fatiguera, quand je vous déplairai moi-même, vous n'avez qu'à m'ordonner de me taire et de me retirer; je me tairai, j'irai où vous voudrez, et je souffrirai sans me plaindre, résolu de vous obéir en tout.

SILVIA : Ne voilà-t-il pas? Ne l'ai-je pas bien dit? Comment voulez-vous que je vous renvoie? Vous vous tairez, s'il me plaît; vous vous en irez, s'il me plaît; vous n'oserez pas vous plaindre, vous m'obéirez en tout. C'est bien là le moyen de faire que je vous commande quelque chose!

LE PRINCE : Mais que puis-je mieux que de vous rendre maîtresse de mon sort?

SILVIA : Qu'est-ce que cela avance? Vous rendrai-je malheureux? en aurai-je le courage? Si je vous dis : « Allez-vous-en », vous croirez que je vous hais; si je vous dis de vous taire, vous croirez que je ne me soucie pas de vous; et toutes ces croyances-là ne seront pas vraies; elles vous affligeront; en serai-je plus à mon aise après?

LE PRINCE : Que voulez-vous donc que je devienne, belle Silvia?

SILVIA : Oh! ce que je veux! j'attends qu'on me le dise; j'en suis encore plus ignorante que vous : voilà Arlequin qui m'aime; voilà le Prince qui demande mon cœur; voilà vous qui méritez de l'avoir; voilà ces femmes qui m'injurient et que je voudrais punir; voilà que j'aurai un affront, si je n'épouse pas le Prince; Arlequin m'inquiète; vous me donnez du souci, vous m'aimez trop; je voudrais ne vous avoir jamais connu, et je suis bien malheureuse d'avoir tout ce tracas-là dans la tête.

LE PRINCE : Vos discours me pénètrent, Silvia. Vous êtes trop touchée de ma douleur; ma tendresse, toute grande qu'elle est, ne vaut pas le chagrin que vous avez de ne pouvoir m'aimer.

SILVIA : Je pourrais bien vous aimer; cela ne serait pas si difficile, si je voulais.

LE PRINCE : Souffrez donc que je m'afflige, et ne m'empêchez pas de vous regretter toujours.

SILVIA, *comme impatiente* : Je vous en avertis, je ne saurais supporter de vous voir si tendre; il semble que vous le fassiez exprès. Y a-t-il de la raison à cela? Pardi! j'aurai moins de mal à vous aimer tout à fait qu'à être comme je le suis. Pour moi, je laisserai tout là, voilà ce que vous gagnerez.

LE PRINCE : Je ne veux donc plus vous être à charge; vous souhaitez que je vous quitte; je ne dois pas résister aux volontés d'une personne si chère. Adieu, Silvia.

SILVIA, *vivement* : *Adieu, Silvia!* Je vous querellerais volontiers; où allez-vous? Restez là, c'est ma volonté; je le sais mieux que vous, peut-être.

LE PRINCE : J'ai cru vous obliger.

SILVIA : Quel train que tout cela! Que faire d'Arlequin? Encore si c'était vous qui fût le Prince!

LE PRINCE : Et quand je le serais?

SILVIA : Cela serait différent, parce que je dirais à Arlequin que vous prétendriez être le maître; ce serait mon excuse; mais il n'y a que pour vous que je voudrais prendre cette excuse-là.

LE PRINCE, *à part* : Qu'elle est aimable! il est temps de dire qui je suis.

SILVIA : Qu'avez-vous? est-ce que je vous fâche? Ce n'est pas à cause de la principauté que je voudrais que vous fussiez prince, c'est seulement à cause de vous tout seul; et si vous l'étiez, Arlequin ne saurait pas que je vous prendrais par amour; voilà ma raison. Mais non, après tout, il vaut mieux que vous ne soyez pas le maître; cela me tenterait trop. Et quand vous le seriez, tenez, je ne pourrais me résoudre à être une infidèle; voilà qui est fini.

LE PRINCE, *à part les premiers mots* : Différons encore de l'instruire[14]. Silvia, conservez-moi seulement les bontés que vous avez pour moi. Le Prince vous a fait préparer un spectacle; permettez que je vous y accompagne et que je profite de toutes les occasions d'être avec vous. Après la fête, vous verrez le Prince; et je suis chargé de vous dire que vous serez libre de vous retirer, si votre cœur ne vous dit rien pour lui.

SILVIA : Oh! il ne me dira pas un mot; c'est tout comme si j'étais partie; mais quand je serai chez nous, vous y viendrez; eh! que sait-on ce qui peut arriver? peut-être que vous m'aurez. Allons-nous-en toujours, de peur qu'Arlequin ne vienne.

ACTE TROISIÈME

Scène I : Le Prince, Flaminia.

FLAMINIA : Oui, seigneur, vous avez fort bien fait de ne pas vous découvrir tantôt, malgré tout ce que Silvia vous a dit de tendre; ce retardement ne gâte rien et lui laisse le temps de se confirmer dans le penchant qu'elle a pour elle. Grâces au ciel, vous voilà presque arrivé où vous souhaitiez.

LE PRINCE : Ah! Flaminia, qu'elle est aimable!

FLAMINIA : Elle l'est infiniment.

LE PRINCE : Je ne connais rien comme elle, parmi les gens du monde. Quand une maîtresse, à force d'amour, nous dit clairement : « Je vous aime », cela fait assurément un grand plaisir. Eh bien, Flaminia, ce plaisir-là, imaginez-vous qu'il n'est que fadeur, qu'il n'est qu'ennui, en comparaison du plaisir que m'ont donné les discours de Silvia, qui ne m'a pourtant point dit : « Je vous aime. »

FLAMINIA : Mais, seigneur, oserais-je vous prier de m'en répéter quelque chose?

LE PRINCE : Cela est impossible; je suis ravi, je suis enchanté; je ne peux pas vous répéter cela autrement.

FLAMINIA : Je présume beaucoup du rapport singulier que vous m'en faites.

LE PRINCE : Si vous saviez combien, dit-elle, elle est affligée de ne pouvoir m'aimer, parce que cela me rend malheureux et qu'elle doit être fidèle à Arlequin!... J'ai vu le moment où elle allait me dire : « Ne m'aimez plus, je vous prie, parce que vous seriez cause que je vous aimerais aussi. »

FLAMINIA : Bon! cela vaut mieux qu'un aveu.

LE PRINCE : Non, je le dis encore, il n'y a que l'amour de Silvia qui soit véritablement de l'amour. Les autres femmes qui aiment ont l'esprit cultivé; elles ont une certaine éducation, un certain usage; et tout cela chez elles falsifie la nature. Ici c'est le cœur tout pur qui me parle; comme ses sentiments viennent, il me les montre; sa naïveté en fait tout l'art, et sa pudeur toute la décence.

14. Dans la version primitive de *la Double Inconstance*, c'est ici que le Prince (Lélio) découvrait son rang à Silvia qui capitulait « de manière à faire voir que la place était déjà rendue ».

Vous m'avouerez que tout cela est charmant. Tout ce qui la retient à présent, c'est qu'elle se fait un scrupule de m'aimer sans l'aveu d'Arlequin. Ainsi, Flaminia, hâtez-vous. Sera-t-il bientôt gagné, Arlequin? Vous savez que je ne dois ni ne veux le traiter avec violence. Que dit-il?

FLAMINIA : A vous dire le vrai, seigneur, je le crois tout à fait amoureux de moi; mais il n'en sait rien. Comme il ne m'appelle encore que sa chère amie, il vit sur la bonne foi de ce nom qu'il me donne, et prend toujours de l'amour à bon compte.

LE PRINCE : Fort bien.

FLAMINIA : Oh! dans la première conversation, je l'instruirai de l'état de ses petits affaires avec moi, et ce penchant qui est *incognito* chez lui et que je lui ferai sentir par un autre stratagème, la douceur avec laquelle vous lui parlerez, comme nous en sommes convenus, tout cela, je pense, va vous tirer d'inquiétude, et terminer mes travaux, dont je sortirai, seigneur, victorieuse et vaincue.

LE PRINCE : Comment donc?

FLAMINIA : C'est une petite bagatelle qui ne mérite pas de vous être dite; c'est que j'ai pris du goût pour Arlequin, seulement pour me désennuyer dans le cours de notre intrigue. Mais retirons-nous, et rejoignez Silvia; il ne faut pas qu'Arlequin vous voie encore, et je le vois qui vient.

Ils se retirent tous deux.

Scène II : Trivelin, Arlequin entre d'un air sombre.

TRIVELIN, *après quelque temps* : Eh bien! que voulez-vous que je fasse de l'écritoire et du papier que vous m'avez fait prendre?

ARLEQUIN : Donnez-vous patience, mon domestique.

TRIVELIN : Tant qu'il vous plaira.

ARLEQUIN : Dites-moi, qui est-ce qui me nourrit ici?

TRIVELIN : C'est le Prince.

ARLEQUIN : Par la sambille! la bonne chère que je fais me donne des scrupules.

TRIVELIN : D'où vient donc?

ARLEQUIN : Mardi! j'ai peur d'être en pension sans le savoir.

TRIVELIN, *riant* : Ah! ah! ah! ah!

ARLEQUIN : De quoi riez-vous, grand benêt?

TRIVELIN : Je ris de votre idée, qui est plaisante; allez, allez, seigneur Arlequin, mangez en toute sûreté de conscience et buvez de même.

ARLEQUIN : Dame! je prends mes repas dans la bonne foi; il me serait bien rude de me voir apporter le mémoire de ma dépense; mais je vous crois. Dites-moi, à présent, comment s'appelle celui qui rend compte au Prince de ses affaires?

TRIVELIN : Son secrétaire d'État, voulez-vous dire?

ARLEQUIN : Oui; j'ai dessein de lui faire un écrit pour le prier d'avertir le Prince que je m'ennuie, et lui demander quand il veut en finir avec nous; car mon père est tout seul.

TRIVELIN : Eh bien?

ARLEQUIN : Si on veut me garder, il faut lui envoyer une carriole, afin qu'il vienne.

TRIVELIN : Vous n'avez qu'à parler, la carriole partira sur-le-champ.

ARLEQUIN : Il faut, après cela, qu'on nous marie, Silvia et moi, et qu'on m'ouvre la porte de la maison; car j'ai coutume de trotter partout et d'avoir la clef des champs, moi. Ensuite nous tiendrons ici ménage avec l'amie Flaminia, qui ne veut pas nous quitter à cause de son affection pour nous; et si le Prince a toujours bonne envie de nous régaler, ce que je mangerai me profitera davantage.

TRIVELIN : Mais, seigneur Arlequin, il n'est pas besoin de mêler Flaminia là-dedans.

ARLEQUIN : Cela me plaît, à moi.

TRIVELIN, *d'un air mécontent* : Hum!

ARLEQUIN, *le contrefaisant* : Hum! le mauvais valet! Allons vite, tirez votre plume, et griffonnez-moi mon écriture.

TRIVELIN, *se mettant en état* : Dictez.

ARLEQUIN : « Monsieur [15]. »

TRIVELIN : Halte-là! dites : *Monseigneur*.

ARLEQUIN : Mettez les deux, afin qu'il choisisse.

TRIVELIN : Fort bien.

ARLEQUIN : « Vous saurez que je m'appelle Arlequin. »

TRIVELIN : Doucement! vous devez dire : *Votre Grandeur saura*.

ARLEQUIN : *Votre Grandeur saura!* C'est donc un géant, ce secrétaire d'État?

TRIVELIN : Non; mais n'importe.

ARLEQUIN : Quel diantre de galimatias! Qui a jamais entendu dire qu'on s'adresse à la taille d'un homme quand on a affaire à lui?

TRIVELIN, *écrivant* : Je mettrai comme il vous plaira. *Vous saurez que je m'appelle Arlequin.* Après?

ARLEQUIN : « Que j'ai une maîtresse qui s'appelle Silvia, bourgeoise de mon village et fille d'honneur... »

TRIVELIN, *écrivant* : Courage!

ARLEQUIN : « ...avec une bonne amie que j'ai faite depuis peu, qui ne saurait se passer de nous, ni nous d'elle; ainsi, aussitôt la présente reçue... »

TRIVELIN, *s'arrêtant comme affligé* : Flaminia ne saurait se passer de vous? Aïe! la plume me tombe des mains.

ARLEQUIN : Oh! oh! que signifie cette impertinente pâmoison-là?

TRIVELIN : Il y a deux ans, seigneur Arlequin, il y a deux ans que je soupire en secret pour elle.

ARLEQUIN, *tirant sa latte* : Cela est fâcheux, mon mignon; mais, en attendant qu'elle en soit informée, je vais vous en faire quelques remerciements pour elle.

TRIVELIN : Des remerciements à coups de bâton! je ne suis pas friand de ces compliments-là. Eh! que vous importe que je l'aime? Vous n'avez que de l'amitié pour elle, et l'amitié ne rend point jaloux.

ARLEQUIN : Vous vous trompez, mon amitié fait tout comme l'amour; en voilà des preuves.

Il le bat.

TRIVELIN *s'enfuit en disant* : Oh! diable soit de l'amitié!

Scène III : *Flaminia arrive, Arlequin.*

FLAMINIA, *à Arlequin* : Qu'est-ce que c'est? Qu'avez-vous, Arlequin?

ARLEQUIN : Bonjour, m'amie; c'est ce faquin qui dit qu'il vous aime depuis deux ans.

FLAMINIA : Cela se peut bien.

ARLEQUIN : Et vous, m'amie, que dites-vous de cela?

FLAMINIA : Que c'est tant pis pour lui.

ARLEQUIN : Tout de bon?

FLAMINIA : Sans doute; mais est-ce que vous seriez fâché que l'on m'aimât?

ARLEQUIN : Hélas! vous êtes votre maîtresse; mais si vous aviez un amant, vous l'aimeriez peut-être; cela gâterait la bonne amitié que vous me portez, et vous m'en feriez ma part plus petite. Oh! de cette part-là, je n'en voudrais rien perdre.

FLAMINIA, *d'un air doux* : Arlequin, savez-vous bien que vous ne ménagez pas mon cœur?

ARLEQUIN : Moi! et quel mal lui fais-je donc?

FLAMINIA : Si vous continuez de me parler toujours de même, je ne saurai plus bientôt de quelle espèce seront mes sentiments pour vous. En vérité je n'ose m'examiner là-dessus : j'ai peur de trouver plus que je ne veux.

ARLEQUIN : C'est bien fait, n'examinez jamais, Flaminia; cela sera ce que cela pourra; au reste, croyez-moi, ne prenez point d'amant; j'ai une maîtresse, je la garde; si je n'en avais point, je n'en chercherais pas; qu'en ferais-je avec vous? Elle m'ennuierait.

FLAMINIA : Elle vous ennuierait! le moyen, après tout ce que vous dites, de rester votre amie?

ARLEQUIN : Eh! que serez-vous donc?

FLAMINIA : Ne me le demandez pas, je n'en veux rien savoir; ce qui est de sûr, c'est que dans le monde je n'aime plus que vous. Vous n'en pouvez pas dire autant; Silvia va devant moi, comme de raison.

ARLEQUIN : Chut! vous allez de compagnie ensemble.

FLAMINIA : Je vais vous l'envoyer si je la trouve, Silvia; en serez-vous bien aise?

ARLEQUIN : Comme vous voudrez; mais il ne faut pas l'envoyer; il faut venir toutes deux.

FLAMINIA : Je ne pourrai pas; car le Prince m'a mandée et je vais voir ce qu'il me veut. Adieu, Arlequin; je serai bientôt de retour.

En sortant, elle sourit à celui qui entre.

Scène IV : *Le Seigneur du second acte apporte à Arlequin ses lettres de noblesse.*

ARLEQUIN, *le voyant* : Voilà mon homme de tantôt. Ma foi! Monsieur le médisant (car je ne sais point votre autre nom), je n'ai rien dit de vous au Prince, par la raison que je ne l'ai point vu.

---

15. Le compte rendu du *Mercure* permet de s'apercevoir que, dans la version primitive, cette scène était traitée sur un mode plus burlesque. Le premier mot qu'Arlequin dictait était alors « virgule ».

LE SEIGNEUR : Je vous suis obligé de votre bonne volonté, seigneur Arlequin; mais je suis sorti d'embarras et rentré dans les bonnes grâces du Prince, sur l'assurance que je lui ai donnée que vous lui parleriez pour moi; j'espère qu'à votre tour vous me tiendrez parole.

ARLEQUIN : Oh! quoique je paraisse un innocent, je suis homme d'honneur.

LE SEIGNEUR : De grâce, ne vous ressouvenez plus de rien et réconciliez-vous avec moi en faveur du présent que je vous apporte de la part du Prince; c'est de tous les présents le plus grand qu'on puisse vous faire.

ARLEQUIN : Est-ce Silvia que vous m'apportez?

LE SEIGNEUR : Non, le présent dont il s'agit est dans ma poche : ce sont des lettres de noblesse dont le Prince vous gratifie comme parent de Silvia; car on dit que vous l'êtes un peu.

ARLEQUIN : Pas un brin; remportez cela; car, si je le prenais, ce serait friponner la gratification.

LE SEIGNEUR : Acceptez toujours; qu'importe? Vous ferez plaisir au Prince. Refuseriez-vous ce qui fait l'ambition de tous les gens de cœur?

ARLEQUIN : J'ai pourtant bon cœur aussi. Pour de l'ambition, j'en ai bien entendu parler; mais je ne l'ai jamais vue, et j'en ai peut-être sans le savoir.

LE SEIGNEUR : Si vous n'en avez pas, cela vous en donnera.

ARLEQUIN : Qu'est-ce que c'est donc?

LE SEIGNEUR, *à part les premiers mots* : En voilà bien d'une autre! l'ambition, c'est un noble orgueil de s'élever.

ARLEQUIN : Un orgueil qui est noble! Donnez-vous comme cela de jolis noms à toutes les sottises, vous autres?

LE SEIGNEUR : Vous ne me comprenez pas; cet orgueil ne signifie là qu'un désir de gloire.

ARLEQUIN : Par ma foi! sa signification ne vaut pas mieux que lui, c'est bonnet blanc et blanc bonnet.

LE SEIGNEUR : Prenez, vous dis-je; ne serez-vous pas bien aise d'être gentilhomme?

ARLEQUIN : Eh! je n'en serais ni bien aise, ni fâché; c'est suivant la fantaisie qu'on a.

LE SEIGNEUR : Vous y trouverez de l'avantage; vous en serez plus estimé et plus craint de vos voisins.

ARLEQUIN : J'ai opinion que cela les empêcherait de m'aimer de bon cœur; car quand je respecte les gens, moi, et que je les crains, je ne les aime pas de si bon courage; je ne saurais faire tant de choses à la fois.

LE SEIGNEUR : Vous m'étonnez.

ARLEQUIN : Voilà comme je suis bâti; d'ailleurs, voyez-vous, je suis le meilleur enfant du monde, je ne fais de mal à personne; mais quand je voudrais nuire, je n'en ai pas le pouvoir. Eh bien! si j'avais ce pouvoir, si j'étais noble, diable emporte si je voudrais gager d'être toujours brave homme : je ferais parfois comme le gentilhomme de chez nous, qui n'épargne pas les coups de bâton à cause qu'on n'oserait les lui rendre.

LE SEIGNEUR : Et si on vous donnait ces coups de bâton, ne souhaiteriez-vous pas être en état de les rendre?

ARLEQUIN : Pour cela, je voudrais payer cette dette-là sur-le-champ.

LE SEIGNEUR : Oh! comme les hommes sont quelquefois méchants, mettez-vous en état de faire du mal, seulement afin qu'on n'ose pas vous en faire, et pour cet effet prenez vos lettres de noblesse.

ARLEQUIN *prend les lettres* : Têtubleu! vous avez raison, je ne suis qu'une bête. Allons, me voilà noble; je garde le parchemin; je ne crains plus que les rats, qui pourraient bien gruger [16] ma noblesse; mais j'y mettrai bon ordre. Je vous remercie, et le Prince aussi; car il est bien obligeant dans le fond.

LE SEIGNEUR : Je suis charmé de vous voir content; adieu.

ARLEQUIN : Je suis votre serviteur. *(Quand le Seigneur a fait dix ou douze pas, Arlequin le rappelle.)* Monsieur, Monsieur!

LE SEIGNEUR : Que me voulez-vous?

ARLEQUIN : Ma noblesse m'oblige-t-elle à rien? car il faut faire son devoir dans une charge.

LE SEIGNEUR : Elle oblige à être honnête homme.

ARLEQUIN, *très sérieusement* : Vous aviez donc des exemptions, vous, quand vous avez dit du mal de moi?

LE SEIGNEUR : N'y songez plus; un gentilhomme doit être généreux.

ARLEQUIN : Généreux et honnête homme! Vertuchoux! ces devoirs-là sont bons; je les trouve encore plus nobles que mes lettres de noblesse. Et quand on ne s'en acquitte pas, est-on encore gentilhomme?

LE SEIGNEUR : Nullement.

ARLEQUIN : Diantre! il y a donc bien des nobles qui payent la taille [17]?

LE SEIGNEUR : Je n'en sais point le nombre.

ARLEQUIN : Est-ce là tout? N'y a-t-il plus d'autre devoir?

LE SEIGNEUR : Non; cependant vous qui, suivant toute apparence, serez favori du Prince, vous aurez un devoir de plus : ce sera de mériter cette faveur par toute la soumission, tout le respect et toute la complaisance possibles. A l'égard du reste, comme je vous ai dit, ayez de la vertu, aimez l'honneur plus que la vie, et vous serez dans l'ordre.

ARLEQUIN : Tout doucement; ces dernières obligations-là ne me plaisent pas tant que les autres. Premièrement, il est bon d'expliquer ce que c'est que cet honneur qu'on doit aimer plus que la vie. Malepeste, quel honneur!

LE SEIGNEUR : Vous approuverez ce que cela veut dire; c'est qu'il faut se venger d'une injure, ou périr plutôt que de la souffrir.

ARLEQUIN : Tout ce que vous m'avez dit n'est donc qu'un coq-à-l'âne; car si je suis obligé d'être généreux, il faut que je pardonne aux gens; si je suis obligé

---

16. Employé ici pour : manger, ronger, croquer.
17. Les nobles étaient exemptés de la taille; seuls ceux qui dérogeaient et qui « faisaient trafic » y étaient assujettis.

d'être méchant, il faut que je les assomme. Comment donc faire pour tuer le monde et le laisser vivre?

LE SEIGNEUR : Vous serez généreux et bon, quand on ne vous insultera pas.

ARLEQUIN : Je vous entends : il m'est défendu d'être meilleur que les autres; et si je rends le bien pour le mal, je serai donc un homme sans honneur? Par la mardi! la méchanceté n'est pas rare; ce n'était pas la peine de la recommander tant. Voilà une vilaine invention! Tenez, accommodons-nous plutôt; quand on me dira une grosse injure, j'en répondrai une autre si je suis le plus fort. Voulez-vous me laisser votre marchandise à ce prix-là? Dites-moi votre dernier mot.

LE SEIGNEUR : Une injure répondue à une injure ne suffit point. Cela ne peut se laver, s'effacer que par le sang de votre ennemi ou le vôtre.

ARLEQUIN : Que la tache y reste! Vous parlez du sang comme si c'était de l'eau de rivière. Je vous rends votre paquet de noblesse; mon honneur n'est pas fait pour être noble; il est trop raisonnable pour cela. Bonjour.

LE SEIGNEUR : Vous n'y songez pas.

ARLEQUIN : Sans compliment, reprenez votre affaire.

LE SEIGNEUR : Gardez-le toujours; vous vous ajusterez avec le Prince; on n'y regardera pas de si près avec vous.

ARLEQUIN, *les reprenant* : Il faudra donc qu'il me signe un contrat comme quoi je serai exempt de me faire tuer par mon prochain, pour le faire repentir de son impertinence avec moi.

LE SEIGNEUR : A la bonne heure; vous ferez vos conventions. Adieu, je suis votre serviteur.

ARLEQUIN : Et moi le vôtre.

Scène V : Le Prince arrive, Arlequin [18].

ARLEQUIN, *le voyant* : Qui diantre vient encore me rendre visite? Ah! c'est celui-là qui est cause qu'on m'a pris Silvia. — Vous voilà donc, Monsieur le babillard, qui allez dire partout que la maîtresse des gens est belle; ce qui fait qu'on m'a escamoté la mienne!

LE PRINCE : Point d'injures, Arlequin.

ARLEQUIN : Etes-vous gentilhomme, vous?

LE PRINCE : Assurément.

ARLEQUIN : Mardi! vous êtes bien heureux; sans cela je vous dirais de bon cœur ce que vous méritez; mais votre honneur voudrait peut-être faire son devoir, et, après cela, il faudrait vous tuer pour vous venger de moi.

LE PRINCE : Calmez-vous, je vous prie, Arlequin. Le Prince m'a donné ordre de vous entretenir.

ARLEQUIN : Parlez, il vous est libre; mais je n'ai pas ordre de vous écouter, moi.

LE PRINCE : Eh bien! prends un esprit plus doux, connais-moi, puisqu'il le faut : c'est ton Prince lui-

18. Cette scène était plus à sa place dans la première version de *la Double Inconstance* que dans celle-ci : Silvia avait alors chargé Lélio, qu'elle savait être le Prince, de « faire consentir Arlequin à son mariage ».

même qui te parle, et non pas un officier du palais, comme tu l'as cru jusqu'ici aussi bien que Silvia.

ARLEQUIN : Votre foi?

LE PRINCE : Tu dois m'en croire.

ARLEQUIN : Excusez, Monseigneur, c'est donc moi qui suis un sot d'avoir été un impertinent avec vous.

LE PRINCE : Je te pardonne volontiers.

ARLEQUIN, *tristement* : Puisque vous n'avez pas de rancune contre moi, ne permettez pas que j'en aie contre vous. Je ne suis pas digne d'être fâché contre un prince, je suis trop petit pour cela. Si vous m'affligez, je pleurerai de toute ma force, et puis c'est tout; cela doit faire compassion à votre puissance; vous ne voudriez pas avoir une principauté pour le contentement de vous tout seul.

LE PRINCE : Tu te plains donc bien de moi, Arlequin?

ARLEQUIN : Que voulez-vous, Monseigneur? j'ai une fille qui m'aime; vous, vous en avez plein votre maison, et nonobstant vous m'ôtez la mienne. Prenez que je suis pauvre, et que tout mon bien est un liard; vous qui êtes riche de plus de mille écus, vous vous jetez sur ma pauvreté et vous m'arrachez mon liard; cela n'est-il pas bien triste?

LE PRINCE, *à part* : Il a raison, et ses plaintes me touchent.

ARLEQUIN : Je sais bien que vous êtes un bon prince, tout le monde le dit dans le pays; il n'y aura que moi qui n'aurai pas le plaisir de le dire comme les autres.

LE PRINCE : Je te prive de Silvia, il est vrai; mais demande-moi ce que tu voudras; je t'offre tous les biens que tu pourras souhaiter, et laisse-moi cette seule personne que j'aime.

ARLEQUIN : Ne parlons point de ce marché-là, vous gagneriez trop sur moi. Disons en conscience : si un autre que vous me l'avait prise, est-ce que vous ne me la feriez pas remettre? Eh bien! personne ne me l'a prise que vous; voyez la belle occasion de montrer que la justice est pour tout le monde!

LE PRINCE, *à part* : Que lui répondre?

ARLEQUIN : Allons, Monseigneur, dites-vous comme cela : « Faut-il que je retienne le bonheur de ce petit homme parce que j'ai le pouvoir de le garder? N'est-ce pas à moi à être son protecteur, puisque je suis son maître? S'en ira-t-il sans avoir justice? N'en aurais-je pas du regret? Qu'est-ce qui fera mon office de prince, si je ne le fais pas! J'ordonne donc que je lui rendrai Silvia. »

LE PRINCE : Ne changeras-tu jamais de langage? Regarde comme j'en agis avec toi. Je pourrais te renvoyer et garder Silvia sans t'écouter; cependant, malgré l'inclination que j'ai pour elle, malgré ton obstination et le peu de respect que tu me montres, je m'intéresse à ta douleur; je cherche à la calmer par mes faveurs; je descends jusqu'à te prier de me céder Silvia de bonne volonté; tout le monde t'y exhorte, tout le monde te blâme et te donne un exemple de l'ardeur qu'on a de me plaire; tu es le seul qui résiste. Tu dis que je suis ton Prince : marque-le-moi donc par un peu de docilité.

ARLEQUIN, *toujours triste* : Eh! Monseigneur, ne vous fiez pas à ces gens qui vous disent que vous avez raison;

avec moi, car ils vous trompent. Vous prenez cela pour argent comptant; et puis vous avez beau être bon, vous avez beau être brave homme, c'est autant de perdu, cela ne vous fait point de profit. Sans ces gens-là, vous ne me chercheriez point de chicane; vous ne diriez pas que je vous manque de respect parce que je vous représente mon bon droit. Allez, vous êtes mon Prince, et je vous aime bien; mais je suis votre sujet, et cela mérite quelque chose.

LE PRINCE : Va, tu me désespères.

ARLEQUIN : Que je suis à plaindre!

LE PRINCE : Faudra-t-il donc que je renonce à Silvia? Le moyen d'en être jamais aimé, si tu ne veux pas m'aider? Arlequin, je t'ai causé du chagrin; mais celui que tu me fais est plus cruel que le tien.

ARLEQUIN : Prenez quelque consolation, Monseigneur; promenez-vous, voyagez quelque part; votre douleur se passera dans les chemins.

LE PRINCE : Non, mon enfant : j'espérais quelque chose de ton cœur pour moi, je t'aurais plus d'obligation que je n'en aurai jamais à personne; mais tu me fais tout le mal qu'on peut me faire. Va, n'importe, mes bienfaits t'étaient réservés, et ta dureté n'empêche pas que tu n'en jouisses.

ARLEQUIN : Aïe! qu'on a de mal dans la vie!

LE PRINCE : Il est vrai que j'ai tort à ton égard; je me reproche l'action que j'ai faite, c'est une injustice; mais tu n'en es que trop vengé.

ARLEQUIN : Il faut que je m'en aille; vous êtes trop fâché d'avoir tort; j'aurais peur de vous donner raison.

LE PRINCE : Non, il est juste que tu sois content; tu souhaites que je te rende justice; sois heureux aux dépens de tout mon repos.

ARLEQUIN : Vous avez tant de charité pour moi; n'en aurais-je donc pas pour vous?

LE PRINCE, *triste* : Ne t'embarrasse pas de moi.

ARLEQUIN : Que j'ai de souci! le voilà désolé.

LE PRINCE, *en caressant Arlequin* : Je te sais bon gré de la sensibilité où je te vois. Adieu, Arlequin; je t'estime malgré tes refus.

ARLEQUIN *laisse faire un ou deux pas au Prince* : Monseigneur!

LE PRINCE : Que me veux-tu? me demandes-tu quelque grâce?

ARLEQUIN : Non; je ne suis qu'en peine de savoir si je vous accorderai celle que vous voulez.

LE PRINCE : Il faut avouer que tu as le cœur excellent!

ARLEQUIN : Et vous aussi; voilà ce qui m'ôte le courage. Hélas! que les bonnes gens sont faibles!

LE PRINCE : J'admire tes sentiments.

ARLEQUIN : Je le crois bien; je ne vous promets pourtant rien; il y a trop d'embarras dans ma volonté; mais, à tout hasard, si je vous donnais Silvia, avez-vous dessein que je sois votre favori?

LE PRINCE : Eh! qui le serait donc?

ARLEQUIN : C'est qu'on m'a dit que vous aviez coutume d'être flatté; moi, j'ai coutume de dire vrai, et une bonne coutume comme celle-là ne s'accorde pas avec une mauvaise; jamais votre amitié ne sera assez forte pour endurer la mienne.

LE PRINCE : Nous nous brouillerons ensemble si tu ne me réponds toujours ce que tu penses. Il ne me reste qu'une chose à te dire, Arlequin : souviens-toi que je t'aime : c'est tout ce que je te recommande.

ARLEQUIN : Flaminia sera-t-elle sa maîtresse?

LE PRINCE : Ah! ne me parle point de Flaminia; tu n'étais pas capable de me donner tant de chagrin sans elle.

Il s'en va.

ARLEQUIN : Point du tout; c'est la meilleure fille du monde; vous ne devez point lui vouloir de mal.

Scène VI

ARLEQUIN, *seul* : Apparemment que mon coquin de valet aura médit de ma bonne amie. Par la mardi! il faut que j'aille voir où elle est. Mais moi, que ferai-je à cette heure? Est-ce que je quitterai Silvia? Cela se pourra-t-il? Y aura-t-il moyen? Ma foi, non, non assurément. J'ai un peu fait le nigaud avec le Prince, parce que je suis tendre à la peine d'autrui; mais le Prince est tendre aussi, il ne dira mot.

Scène VII : *Flaminia arrive d'un air triste, Arlequin.*

ARLEQUIN : Bonjour, Flaminia; j'allais vous chercher.

FLAMINIA : Adieu, Arlequin.

ARLEQUIN : Qu'est-ce que cela veut dire : *adieu*?

FLAMINIA : Trivelin nous a trahis; le Prince a su l'intelligence qui est entre nous; il vient de m'ordonner de sortir d'ici et m'a défendu de vous voir jamais. Malgré cela, je n'ai pu m'empêcher de venir vous parler encore une fois; ensuite j'irai où je pourrai pour éviter sa colère.

ARLEQUIN, *étonné et déconcerté* : Ah! me voilà un joli garçon à présent!

FLAMINIA : Je suis au désespoir, moi! Me voir séparée pour jamais d'avec vous, de tout ce que j'avais de plus cher au monde! Le temps me presse, je suis forcée de vous quitter; mais, avant de partir, il faut que je vous ouvre mon cœur.

ARLEQUIN, *en reprenant son haleine* : Aïe! Qu'est-ce, m'amie? qu'a-t-il, ce cher cœur?

FLAMINIA : Ce n'est point de l'amitié que j'avais pour vous, Arlequin; je m'étais trompée.

ARLEQUIN, *d'un ton essoufflé* : C'est donc de l'amour?

FLAMINIA : Et du plus tendre. Adieu.

ARLEQUIN, *la retenant* : Attendez... Je me suis peut-être trompé, moi aussi, sur mon compte.

FLAMINIA : Comment! vous seriez mépris! Vous m'aimeriez, et nous ne nous verrions plus! Arlequin, ne m'en dites pas davantage; je m'enfuis.

Elle fait un ou deux pas.

ARLEQUIN : Restez.

FLAMINIA : Laissez-moi aller; que ferons-nous?

ARLEQUIN : Parlons raison.

FLAMINIA : Que vous dirai-je?

ARLEQUIN : C'est que mon amitié est aussi loin que la vôtre; elle est partie : voilà que je vous aime, cela est décidé, et je n'y comprends rien. Ouf!

FLAMINIA : Quelle aventure!

ARLEQUIN : Je ne suis point marié, par bonheur.

FLAMINIA : Il est vrai.

ARLEQUIN : Silvia se mariera avec le Prince et il sera content.

FLAMINIA : Je n'en doute point.

ARLEQUIN : Ensuite, puisque notre cœur s'est mécompté et que nous nous aimons par mégarde, nous prendrons patience et nous nous accommoderons à l'avenant.

FLAMINIA, d'un ton doux : J'entends bien; vous voulez dire que nous nous marierons ensemble?

ARLEQUIN : Vraiment oui; est-ce ma faute, à moi? Pourquoi ne m'avertissiez-vous pas que vous m'attraperiez et que vous seriez ma maîtresse?

FLAMINIA : M'avez-vous avertie que vous deviendriez mon amant?

ARLEQUIN : Morbleu! le devinais-je?

FLAMINIA : Vous étiez assez aimable pour le deviner.

ARLEQUIN : Ne nous reprochons rien; s'il ne tient qu'à être aimable, vous avez plus de tort que moi.

FLAMINIA : Épousez-moi, j'y consens; mais il n'y a point de temps à perdre, et je crains qu'on ne vienne m'ordonner de sortir.

ARLEQUIN, en soupirant : Ah! je pars pour parler au Prince. Ne dites pas à Silvia que je vous aime; elle croirait que je suis dans mon tort, et vous savez que je suis innocent. Je ne ferai semblant de rien avec elle; je lui dirai que c'est pour sa fortune que je la laisse là.

FLAMINIA : Fort bien; j'allais vous le conseiller.

ARLEQUIN : Attendez, et donnez-moi votre main que je la baise... Qui est-ce qui aurait cru que j'y prendrais tant de plaisir? Cela me confond.

Scène VIII : Flaminia, Silvia.

FLAMINIA, à part : En vérité, le Prince a raison; ces petites personnes-là font l'amour d'une manière à ne pouvoir y résister. Voici l'autre. (A Silvia qui entre.) A quoi rêvez-vous, belle Silvia?

SILVIA : Je rêve à moi, et je n'y entends rien.

FLAMINIA : Que trouvez-vous donc en vous de si incompréhensible?

SILVIA : Je voulais me venger de ces femmes, vous savez bien? Cela s'est passé.

FLAMINIA : Vous n'êtes guère vindicative.

SILVIA : J'aimais Arlequin; n'est-ce pas?

FLAMINIA : Il me le semblait.

SILVIA : Eh bien, je crois que je ne l'aime plus.

FLAMINIA : Ce n'est pas un si grand malheur.

SILVIA : Quand ce serait un malheur, qu'y ferais-je? Lorsque je l'ai aimé, c'était un amour qui m'était venu; à cette heure je ne l'aime plus, c'est un amour qui s'en est allé; il est venu sans mon avis, il s'en retourne de même; je ne crois pas être blâmable.

FLAMINIA, les premiers mots à part : Rions un moment. Je le pense à peu près de même.

SILVIA : Qu'appelez-vous à peu près? Il faut le penser tout à fait comme moi, parce que cela est. Voilà de mes gens qui disent tantôt oui, tantôt non.

FLAMINIA : Sur quoi vous emportez-vous donc?

SILVIA : Je m'emporte à propos; je vous consulte bonnement, et vous allez me répondre des à peu près qui me chicanent!

FLAMINIA : Ne voyez-vous pas bien que je badine, et que vous n'êtes que louable? Mais n'est-ce pas cet officier que vous aimez?

SILVIA : Et qui donc? Pourtant je n'y consens pas encore, à l'aimer; mais à la fin il faudra bien y tenir : car dire toujours non à un homme qui demande toujours oui, le voir triste, toujours se lamenter, toujours le consoler de la peine qu'on lui fait, dame! cela lasse : il vaut mieux ne lui en plus faire.

FLAMINIA : Oh! vous allez le charmer; il mourra de joie.

SILVIA : Il mourrait de tristesse, et c'est encore pis.

FLAMINIA : Il n'y a pas de comparaison.

SILVIA : Je l'attends; nous avons été plus de deux heures ensemble, et il va revenir avec moi quand le Prince me parlera. Cependant quelquefois j'ai peur qu'Arlequin ne s'afflige trop; qu'en dites-vous? Mais ne me rendez pas scrupuleuse.

FLAMINIA : Ne vous inquiétez pas; on trouvera aisément moyen de l'apaiser.

SILVIA, avec un petit air d'inquiétude : De l'apaiser! Diantre! il est donc bien facile de m'oublier, à ce compte? Est-ce qu'il a fait quelque maîtresse, ici?

FLAMINIA : Lui, vous oublier? J'aurais perdu l'esprit si je vous le disais. Vous serez trop heureuse s'il ne se désespère pas.

SILVIA : Vous avez bien affaire de me dire cela! Vous êtes cause que je redeviens incertaine, avec votre désespoir.

FLAMINIA : Et s'il ne vous aime plus, que direz-vous?

SILVIA : S'il ne m'aime plus?... vous n'avez qu'à garder votre nouvelle.

FLAMINIA : Eh bien, il vous aime encore et vous en êtes fâchée! Que vous faut-il donc?

SILVIA : Hum! vous qui riez, je voudrais bien vous voir à ma place!

FLAMINIA : Votre amant vous cherche; croyez-moi, finissez avec lui, sans vous inquiéter du reste.

Elle sort.

Scène IX : Silvia, le Prince.

LE PRINCE : Eh quoi! Silvia, vous ne me regardez pas? Vous devenez triste toutes les fois que je vous aborde; j'ai toujours le chagrin de penser que je vous suis importun.

SILVIA : Bon, importun! je parlais de lui tout à l'heure.

LE PRINCE : Vous parliez de moi? et qu'en disiez-vous, belle Silvia?

SILVIA : Oh! je disais bien des choses; je disais que vous ne saviez pas encore ce que je pensais.

LE PRINCE : Je sais que vous êtes résolue à me refuser votre cœur, et c'est là savoir ce que vous pensez.

SILVIA : Vous n'êtes pas si savant que vous le croyez, ne vous vantez pas tant. Mais, dites-moi; vous êtes un honnête homme, et je suis sûre que vous me direz la vérité : vous savez comme je suis avec Arlequin; à présent, prenez que j'ai envie de vous aimer : si je contentais mon envie, ferais-je bien? ferais-je mal? Là, conseillez-moi dans la bonne foi.

LE PRINCE : Comme on n'est pas le maître de son cœur, si vous aviez envie de m'aimer, vous seriez en droit de vous satisfaire; voilà mon sentiment.

SILVIA : Me parlez-vous en ami?

LE PRINCE : Oui, Silvia, en homme sincère.

SILVIA : C'est mon avis aussi : j'ai décidé de même, et je crois que nous avons raison tous deux; ainsi je vous aimerai, s'il me plaît, sans qu'il y ait le petit mot à dire.

LE PRINCE : Je n'y gagne rien, car il ne vous plaît point.

SILVIA : Ne vous mêlez point de deviner; je n'ai point de foi à vous. Mais enfin ce Prince, puisqu'il faut que je le voie, quand viendra-t-il? S'il veut, je l'en quitte [19].

LE PRINCE : Il ne viendra que trop tôt pour moi; lorsque vous le connaîtrez, vous ne voudrez peut-être plus de moi.

SILVIA : Courage! vous voilà dans la crainte à cette heure; je crois qu'il a juré de n'avoir jamais un moment de bon temps.

LE PRINCE : Je vous avoue que j'ai peur.

SILVIA : Quel homme! il faut bien que je lui remette l'esprit. Ne tremblez plus; je n'aimerai jamais le Prince, je vous en fais un serment par...

LE PRINCE : Arrêtez, Silvia; n'achevez pas votre serment, je vous en conjure.

SILVIA : Vous m'empêcherez de jurer? Cela est joli; j'en suis bien aise.

LE PRINCE : Voulez-vous que je vous laisse jurer contre moi?

SILVIA : Contre vous! est-ce que vous êtes le Prince?

LE PRINCE : Oui, Silvia; je vous ai jusqu'ici caché mon rang, pour essayer de me devoir votre tendresse qu'à la mienne; je ne voulais rien perdre du plaisir qu'elle pouvait me faire. A présent que vous me connaissez, vous êtes libre d'accepter ma main et mon cœur, ou de refuser l'un et l'autre. Parlez, Silvia.

SILVIA : Ah! mon cher Prince, j'allais faire un beau serment! Si vous avez cherché le plaisir d'être aimé de moi, vous avez bien trouvé ce que vous cherchiez; vous savez que je dis la vérité, voilà ce qui m'en plaît.

LE PRINCE : Notre union est donc assurée.

*Scène X : Arlequin, Flaminia,
Silvia, le Prince.*

ARLEQUIN : J'ai tout entendu, Silvia.

SILVIA : Eh bien, Arlequin, je n'aurai donc pas la peine de vous rien dire; consolez-vous donc comme vous pourrez de vous-même. Le Prince a le cœur tout entrepris : voyez, accommodez-vous; il n'y a plus de raison à moi, c'est la vérité. Qu'est-ce que vous me diriez? que je vous quitte. Qu'est-ce que je vous répondrais? que je le sais bien. Prenez que vous l'avez dit, prenez que j'ai répondu, laissez-moi après, et voilà qui sera fini.

LE PRINCE : Flaminia, c'est à vous que je remets Arlequin; je l'estime et je vais le combler de biens. Toi, Arlequin, accepte de ma main Flaminia pour épouse, et sois pour jamais assuré de la bienveillance de ton Prince. Belle Silvia, souffrez que les fêtes qui vous sont préparées annoncent ma joie à des sujets dont vous allez être la souveraine [20].

ARLEQUIN : A présent je me moque du tour que notre amitié nous a joué. Patience; tantôt nous lui en jouerons d'un autre.

19. Au sens de : l'en tenir quitte.
20. Le *Mercure* décrit ainsi le *Divertissement* promis : il est «composé d'un air italien, et de quelques danses, d'un pas de deux entre autres dansé par les demoiselles Flaminia et Silvia, qui a fait grand plaisir ». On peut en retrouver dans le *Recueil des Divertissements du Nouveau Théâtre Italien* la musique d'une *Entrée de plaisirs*, un chant : *O vous que la nature
Orne de tant d'attraits
Puissiez-vous à jamais* (bis)
*De tous les soins coquets
Ignorer l'imposture.*

*Si vous voulez qu'avec ardeur
Ce Prince toujours vous chérisse
Gardez-lui pour tout artifice
L'innocence de votre cœur* (bis).

la musique d'un passe-pied, et un dernier chant :

*Achevons cette comédie
Par un trait de moralité.
Tout cœur de femme en cette vie
Est sujet à légèreté.*

*Mais s'il faut vous le dire en somme
En revanche aussi tout cœur d'homme* (bis)
Ne vaut pas mieux en vérité.

LE PRINCE TRAVESTI

OU L'ILLUSTRE AVENTURIER

Le succès de la Surprise de l'amour *et de* la Double Inconstance *a valu à Marivaux bien des jalousies. Les Comédiens Italiens craignent une cabale. C'est sans doute pourquoi ils donnent, le 5 février 1724, la nouvelle pièce de Marivaux sans l'avoir affichée auparavant. Ce qui n'empêche pas, au contraire, le* Prince travesti, *d'être sifflé à la première. Mais le public ne suit pas la cabale : « La seconde représentation a été des plus complètes ; elle s'est passée sans tumulte, les beaux endroits ont été raisonnablement applaudis », constate le* Mercure *(février 1724) qui ajoute que la grande scène du deuxième acte entre Hortense et Lélio « a paru très tendre (et) a tiré des larmes », et qui reconnaît que « la manière d'écrire » de Marivaux, pour n'être « pas tout à fait naturelle », a « quelque chose d'éblouissant qui va jusqu'à la séduction ». Et le* Prince travesti *fut joué dix-huit fois pendant la saison.*

Il semble que, comme pour la Double Inconstance, *Marivaux ait modifié le texte primitif du* Prince travesti. *Mais cette fois c'est la première version qui nous a été conservée. Sans doute la seconde n'en différait-elle pas beaucoup : elle comprenait certes cinq actes au lieu de trois, comme si Marivaux avait voulu « allonger le plaisir qu'y prenait le public » (le* Mercure), *mais il y a tout lieu de croire que ce fut à la suite d'une nouvelle répartition des scènes plutôt que d'un profond remaniement de son contenu.*

L'insuccès du Prince travesti, *à sa première représentation, vint peut-être aussi de ce qu'il déconcerta les spectateurs : ceux-ci crurent avoir affaire moins à une œuvre de l'auteur de la* Surprise de l'amour *qu'à « une pièce héroïque d'Espagne ou d'Italie », comme celles que, durant les premières années du Nouveau Théâtre Italien à Paris, Luigi Riccoboni aimait à représenter (il s'agissait généralement de tragi-comédies espagnoles adaptées — et compliquées — pour la scène italienne par Cicognini). Sans*

doute le goût que Lélio avait pour cette sorte de théâtre ne fut-il pas étranger à la composition du Prince travesti *— sans compter l'intérêt que, depuis sa lecture du* Don Quichotte, *Marivaux portait à la littérature espagnole, comme en témoigne un épisode de son premier roman, les* Aventures de *** ou les Effets surprenants de la sympathie *où une rivalité amoureuse entre une servante et sa maîtresse pourrait bien annoncer celle du* Prince travesti.

Mais on a pu faire encore d'autres rapprochements et, par exemple, évoquer le Shakespeare de la Nuit des Rois *en remarquant que Marivaux était un ami de La Place qui publiera en 1745 un volume de* Théâtre anglais *où figureront six pièces de Shakespeare... Mais ce n'est là qu'une hypothèse.*

En fait, plus encore que des Espagnols du siècle d'Or, c'est de Corneille que procède directement le Prince travesti. *Lélio n'a-t-il pas bien des traits communs avec le héros de* Don Sanche d'Aragon *et* Frédéric *n'est-il pas, comme le Hiéron d'Annibal, un descendant légitime des ministres mauvais conseillers qui pullulent dans les œuvres de la maturité de Corneille ? La forme même du* Prince travesti *en fait non une « comédie » mais une tragi-comédie, dans la lignée du* Cid.

Sans doute est-ce à sa singularité dans l'œuvre de Marivaux que le Prince travesti *doit d'être tombé en discrédit pendant près de deux siècles (La Harpe l'accablait de quolibets) et redécouvert depuis une quarantaine d'années (c'est en 1922 que Xavier de Courville l'a monté à la Petite Scène). En 1949, la pièce est entrée au répertoire de la Comédie-Française. Aujourd'hui les commentateurs marivaudiens la célèbrent à l'envi, jusqu'à y voir, avec Claude Roy, « une somme de l'univers de Marivaux, où la féerie, le romanesque, la bouffonnerie, la psychologie et la politique composent un des plus heureux alliages de notre théâtre ».*

ACTEURS

LA PRINCESSE DE BARCELONE ; HORTENSE ; LE PRINCE DE LÉON, *sous le nom de Lélio* ; LE ROI DE CASTILLE, *sous le nom de son ambassadeur* ; FRÉDÉRIC, *ministre de la Princesse* ; ARLEQUIN, *valet de Lélio* ; LISETTE, *maîtresse d'Arlequin* ; *Un garde* ; *Femmes de la Princesse.*

LA SCÈNE EST A BARCELONE.

ACTE PREMIER

*Scène I : La scène représente
une salle où la Princesse entre rêveuse,
accompagnée de quelques femmes
qui s'arrêtent au milieu du théâtre.
La Princesse, Hortense, suite
de la Princesse.*

LA PRINCESSE, *se tournant vers ses femmes* : Hortense ne vient point; qu'on aille lui dire encore que je l'attends avec impatience... Je vous demandais, Hortense.

HORTENSE : Vous me paraissez bien agitée, Madame.

LA PRINCESSE, *à ses femmes* : Laissez-nous.

Scène II : La Princesse, Hortense.

LA PRINCESSE : Ma chère Hortense, depuis un an que vous êtes absente, il m'est arrivé une grande aventure.

HORTENSE : Hier au soir en arrivant, quand j'eus l'honneur de vous revoir, vous me parûtes aussi tranquille que vous l'étiez avant mon départ.

LA PRINCESSE : Cela est bien différent, et je vous parus hier ce que je n'étais pas; mais nous avions des témoins, et d'ailleurs vous aviez besoin de repos.

HORTENSE : Que vous est-il arrivé donc, Madame? Car je compte que mon absence n'aura rien diminué de vos bontés et de la confiance que vous aviez pour moi.

LA PRINCESSE : Non, sans doute. Le sang nous unit; je sais votre attachement pour moi, et vous me serez toujours chère; mais j'ai peur que vous ne condamniez mes faiblesses.

HORTENSE : Moi, Madame, les condamner! Eh! n'est-ce pas un défaut que de n'avoir point de faiblesses? Que ferions-nous d'une personne parfaite? A quoi nous serait-elle bonne? Entendrait-elle quelque chose à nous, à notre cœur, à ses petits besoins? quel service pourrait-elle nous rendre avec sa raison ferme et sans quartier, qui ferait main basse sur tous nos mouvements? Croyez-moi, Madame; il faut vivre avec les autres, et avoir du moins moitié raison et moitié folie, pour lier commerce; avec cela vous nous ressemblerez un peu; car pour nous ressembler tout à fait, il ne faudrait presque que de la folie; mais je ne vous en demande pas tant. Venons au fait : quel est le sujet de votre inquiétude?

LA PRINCESSE : J'aime, voilà ma peine.

HORTENSE : Que ne dites-vous : J'aime, voilà mon plaisir? car elle est faite comme un plaisir, cette peine que vous dites.

LA PRINCESSE : Non, je vous assure; elle m'embarrasse beaucoup.

HORTENSE : Mais vous êtes aimée, sans doute?

LA PRINCESSE : Je crois voir qu'on n'est pas ingrat.

HORTENSE : Comment, vous croyez voir! Celui qui vous aime met-il son amour en énigme? Oh! Madame, il faut que l'amour parle bien clairement et qu'il répète toujours, encore avec cela ne parle-t-il pas assez.

LA PRINCESSE : Je règne; celui dont il s'agit ne pense pas sans doute qu'il lui soit permis de s'expliquer autrement que par ses respects.

HORTENSE : Eh bien! Madame, que ne lui donnez-vous un pouvoir plus ample? Car qu'est-ce que c'est que du respect? L'amour est bien enveloppé là-dedans. Sans lui dire précisément : « Expliquez-vous mieux », ne pouvez-vous lui glisser la valeur de cela dans quelque regard? Avec deux yeux ne dit-on pas ce que l'on veut?

LA PRINCESSE : Je n'ose, Hortense : un reste de fierté me retient.

HORTENSE : Il faudra pourtant bien que ce reste-là s'en aille avec le reste, si vous voulez vous éclaircir. Mais quelle est la personne en question?

LA PRINCESSE : Vous avez entendu parler de Lélio?

HORTENSE : Oui, comme d'un illustre étranger qui, ayant rencontré notre armée, y servit volontaire il y a six ou sept mois, et à qui nous dûmes le gain de la dernière bataille.

LA PRINCESSE : Celui qui commandait l'armée l'engagea par mon ordre à venir ici; et depuis qu'il y est, ses sages conseils dans mes affaires ne m'ont pas été moins avantageux que sa valeur; c'est d'ailleurs l'âme la plus généreuse...

HORTENSE : Est-il jeune?

LA PRINCESSE : Il est dans la fleur de son âge.

HORTENSE : De bonne mine?

LA PRINCESSE : Il me le paraît.

HORTENSE : Jeune, aimable, vaillant, généreux et sage, cet homme-là vous a donné son cœur; vous lui avez rendu le vôtre en revanche; c'est cœur pour cœur, le troc est sans reproche, et je trouve que vous avez fait là un fort bon marché. Comptons; dans cet homme-là vous avez d'abord un amant, ensuite un ministre, ensuite un général d'armée, ensuite un mari, s'il le faut, et le tout pour vous; voilà donc quatre hommes pour un, et le tout en un seul. Madame, ce calcul-là mérite attention.

LA PRINCESSE : Vous êtes toujours badine. Mais cet homme qui en vaut quatre, et que vous voulez que j'épouse, savez-vous qu'il n'est, à ce qu'il dit, qu'un simple gentilhomme, et qu'il me faut un prince? Il est vrai que dans nos États le privilège des princesses qui règnent est d'épouser qui elles veulent; mais il ne sied pas toujours de se servir de ses privilèges.

HORTENSE : Madame, il vous faut un prince ou un homme qui mérite de l'être, c'est la même chose; un peu d'attention, s'il vous plaît. Jeune, aimable, vaillant, généreux et sage, Madame, avec cela, fût-il né dans une chaumière, sa naissance est royale, et voilà mon prince; je vous défie d'en trouver un meilleur. Croyez-moi, je parle quelquefois sérieusement; vous et moi nous restons seules de la famille de nos maîtres; donnez à vos sujets un souverain vertueux; ils se consoleront avec sa vertu du défaut de sa naissance.

LA PRINCESSE : Vous avez raison, et vous m'encouragez; mais, ma chère Hortense, il vient d'arriver ici un ambassadeur de Castille, dont je sais que la commission est de demander ma main pour son maître; aurai-je bonne grâce de refuser un prince pour n'épouser qu'un particulier?

HORTENSE : Si vous aurez bonne grâce? Eh! qui en empêchera? Quand on refuse les gens bien poliment, ne les refuse-t-on pas de bonne grâce?

LA PRINCESSE : Eh bien! Hortense, je vous en croirai; mais j'attends un service de vous. Je ne saurais me résoudre à montrer clairement mes dispositions à Lélio; souffrez que je vous charge de ce soin, et acquittez-vous-en adroitement dès que vous le verrez.

HORTENSE : Avec plaisir, Madame; car j'aime à faire de bonnes actions. A la charge que, quand vous aurez épousé cet honnête homme-là, il y aura dans votre histoire un petit article que je dresserai moi-même, et qui dira précisément : « Ce fut la sage Hortense qui procura cette bonne fortune au peuple; la Princesse craignait de n'avoir pas bonne grâce en épousant Lélio; Hortense lui leva ce vain scrupule, qui eût peut-être privé la république de cette longue suite de bons princes qui ressemblèrent à leur père. » Voilà ce qu'il faudra mettre pour la gloire de mes descendants, qui, par ce moyen, auront en moi une aïeule d'heureuse mémoire.

LA PRINCESSE : Quel fonds de gaieté!... Mais, ma chère Hortense, vous parlez de vos descendants; vous n'avez été qu'un an avec votre mari, et il ne vous a pas laissé d'enfants, et toute jeune que vous êtes, vous ne voulez pas vous remarier; où prendrez-vous votre postérité?

HORTENSE : Cela est vrai, je n'y songeais pas, et voilà tout d'un coup ma postérité anéantie... Mais trouvez-moi quelqu'un qui ait à peu près le mérite de Lélio, et le goût du mariage me reviendra peut-être; car je l'ai tout à fait perdu, et je n'ai point tort. Avant que le comte Rodrigue m'épousât, il n'y avait amour ancien ni moderne qui pût figurer auprès du sien. Les autres amants auprès de lui rampaient comme de mauvaises copies d'un excellent original; c'était une chose admirable, c'était une passion formée de tout ce qu'on peut imaginer en sentiments, langueurs, soupirs, transports, délicatesses, douce impatience, et le tout ensemble; pleurs de joie au moindre regard favorable, torrent de larmes au moindre coup d'œil un peu froid; m'adorant aujourd'hui, m'idolâtrant demain; plus qu'idolâtre ensuite, se livrant à des hommages toujours nouveaux; enfin, si l'on avait partagé sa passion entre un million de cœurs, la part de chacun d'eux aurait été fort raisonnable. J'étais enchantée. Deux siècles, si nous les passions ensemble, n'épuiseraient pas cette tendresse-là, disais-je en moi-même; en voilà pour plus que je n'en userai. Je ne craignais qu'une chose, c'est qu'il ne mourût de tant d'amour avant que d'arriver au jour de notre union. Quand nous fûmes mariés, j'eus peur qu'il n'expirât de joie. Hélas! Madame, il ne mourut ni avant ni après, il soutint fort bien la joie. Le premier mois il fut violente; le second elle devint plus calme, à l'aide d'une des femmes qu'il trouva jolie; le troisième elle baissa à vue d'œil, et le quatrième il n'y en avait plus. Ah! c'était un triste personnage après cela que le mien.

LA PRINCESSE : J'avoue que cela est affligeant.

HORTENSE : Affligeant, Madame, affligeant! Imaginez-vous ce que c'est que d'être humiliée, rebutée, abandonnée, et vous aurez quelque légère idée de tout ce qui compose la douleur d'une femme alors. Etre aimée d'un homme autant que je l'étais, c'est faire son bonheur et ses délices; c'est être l'objet de toutes ses complaisances, c'est régner sur lui, disposer de son âme; c'est voir sa vie consacrée à vos désirs, à vos caprices, c'est passer la vôtre dans la flatteuse conviction de vos charmes; c'est voir sans cesse qu'on est aimable : ah! que cela est doux à voir! le charmant point de vue pour une femme! En vérité, tout est perdu quand vous perdez cela. Eh bien! Madame, cet homme dont vous étiez l'idole, concevez qu'il ne vous aime plus, et mettez-vous vis-à-vis de lui; la jolie figure que vous y ferez! Quel opprobre! Lui parlez-vous, toutes ses réponses sont des monosyllabes, oui, non, car le dégoût est laconique. L'approchez-vous, il fuit; vous plaignez-vous, il querelle; quelle vie! quelle chute! quelle fin tragique! Cela fait frémir l'amour-propre. Voilà pourtant mes aventures; et si je me rembarquais, j'ai du malheur, je ferais encore naufrage, à moins que de trouver un autre Lélio.

LA PRINCESSE : Vous ne tiendrez pas votre colère, et je chercherai de quoi vous réconcilier avec les hommes.

HORTENSE : Cela est inutile; je ne sache qu'un homme dans le monde qui pût me convertir là-dessus, homme que je ne connais point, que je n'ai jamais vu que deux jours. Je revenais de mon château pour retourner dans la province dont mon mari était gouverneur, quand ma chaise fut attaquée par des voleurs qui avaient déjà fait plier le peu de gens que j'avais avec moi. L'homme dont je vous parle, accompagné de trois autres, vint à mes cris, et fondit sur mes voleurs, qu'il contraignit à prendre la fuite. J'étais presque évanouie; il vint à moi, s'empressa de me faire revenir, et me parut le plus aimable et le plus galant homme que j'aie encore vu. Si je n'avais pas été mariée, je ne sais ce que mon cœur serait devenu, je ne sais trop même ce qu'il devint alors; mais il ne s'agissait plus de cela, je priai mon libérateur de se retirer. Il insista à me suivre près de deux jours; à la fin je lui marquai que cela m'embarrassait; j'ajoutai que j'allais joindre mon mari, et je tirai un diamant de mon doigt que je le pressai de prendre, mais, sans le regarder, il s'éloigna très vite, et avec quelque sorte de douleur. Mon mari mourut deux mois après, et je ne sais par quelle fatalité l'homme que j'ai vu m'est toujours resté dans l'esprit. Mais il y a apparence que nous ne nous reverrons jamais; ainsi mon cœur est en sûreté. Mais qui est-ce qui vient à nous?

LA PRINCESSE : C'est un homme à Lélio.

HORTENSE : Il me vient une idée pour vous; ne saurait-il pas qui est son maître?

LA PRINCESSE : Il n'y a point d'apparence; car Lélio perdit ses gens à la dernière bataille, et il n'a que de nouveaux domestiques.

HORTENSE : N'importe, faisons-lui toujours quelques questions.

Scène III : La Princesse,
Hortense, Arlequin.
Arlequin arrive d'un air désœuvré
en regardant de tous côtés. Il voit la Princesse
et Hortense, et veut s'en aller.

LA PRINCESSE : Que cherches-tu, Arlequin? ton maître est-il dans le palais?

ARLEQUIN : Madame, je supplie Votre Principauté de

pardonner l'impertinence de mon étourderie ; si j'avais su que votre présence eût été ici, je n'aurais pas été assez nigaud pour y venir apporter ma personne.

LA PRINCESSE : Tu n'as point fait de mal. Mais, dis-moi, cherches-tu ton maître ?

ARLEQUIN : Tout juste, vous l'avez deviné, Madame. Depuis qu'il vous a parlé tantôt, je l'ai perdu le vue dans cette peste de maison, et, ne vous déplaise, je me suis aussi perdu, moi. Si vous vouliez bien m'enseigner mon chemin, vous me feriez plaisir ; il y a ici un si grand tas de chambres, que j'y voyage depuis une heure sans en trouver le bout. Par la mardi ! si vous louez tout cela, cela vous doit rapporter bien de l'argent, pourtant. Que de fatras de meubles, de drôleries, de colifichets ! Tout un village vivrait un an de ce que cela vaut. Depuis six mois que nous sommes ici, je n'avais point encore vu cela. Cela est si beau, si beau, qu'on n'ose pas le regarder ; cela fait peur à un pauvre homme comme moi. Que vous êtes riches, vous autres princes ! et moi, qu'est-ce que je suis en comparaison de cela ? Mais n'est-ce pas encore une autre impertinence que je fais, de raisonner avec vous comme avec ma pareille ? *(Hortense rit.)* Voilà votre camarade qui rit ; j'aurai dit quelque sottise. Adieu, Madame ; je salue Votre Grandeur.

LA PRINCESSE : Arrête, arrête...

HORTENSE : Tu n'as point dit de sottise ; au contraire, tu me parais de bonne humeur.

ARLEQUIN : Pardi ! je ris toujours ; que voulez-vous ? je n'ai rien à perdre. Vous vous amusez à être riches, vous autres, et moi je m'amuse à être gaillard ; il faut bien que chacun ait son amusette en ce monde.

HORTENSE : Ta condition est-elle bonne ? Es-tu bien avec Lélio ?

ARLEQUIN : Fort bien : nous vivons ensemble de bonne amitié ; je n'aime pas le bruit, ni lui non plus ; je suis drôle, et cela l'amuse. Il me paie bien, me nourrit bien, m'habille bien honnêtement et de belle étoffe, comme vous voyez ; me donne par-ci par-là quelques petits profits, sans ceux qu'il veut bien que je prenne, et qu'il ne sait pas ; et, comme cela, je passe tout bellement ma vie.

LA PRINCESSE, *à part* : Il est aussi babillard que joyeux.

ARLEQUIN : Est-ce que vous savez une meilleure condition pour moi, Madame ?

HORTENSE : Non, je n'en sache point de meilleure que celle de ton maître ; car on dit qu'il est grand seigneur.

ARLEQUIN : Il a l'air d'un garçon de famille.

HORTENSE : Tu me réponds comme si tu ne savais pas qui il est.

ARLEQUIN : Non, je n'en sais rien, de bonne vérité. Je l'ai rencontré comme il sortait d'une bataille ; je lui fis un petit plaisir ; il me dit grand merci. Il disait que son maître avait été tué ; je lui dis : Tant pis. Il me dit : Tu me plais, veux-tu venir avec moi ? Je lui dis : Tope, je le veux bien. Ce qui fut dit fut fait ; il prit encore d'autre monde ; et puis le voilà qui part pour venir ici, et puis moi je pars de même, et puis nous voilà en voyage, courant la poste, qui est le train du diable ; car, parlant par respect,

j'ai été près d'un mois sans pouvoir m'asseoir. Ah ! les mauvaises mazettes [1] !

LA PRINCESSE, *en riant* : Tu es un historien bien exact.

ARLEQUIN : Oh ! quand je conte quelque chose, je n'oublie rien ; bref, tant y a que nous arrivâmes ici, mon maître et moi. La Grandeur de Madame l'a trouvé brave homme, elle l'a favorisé de sa faveur : car on l'appelle favori ; il n'en est pas plus impertinent qu'il l'était pour cela, ni moi non plus. Il est courtisé, et moi aussi ; car tout le monde me respecte, tout le monde est ici en peine de ma santé, et me demande mon amitié ; moi, je la donne à tout hasard, cela ne me coûte rien, ils en feront ce qu'ils pourront, ils n'en feront pas grand-chose. C'est un drôle de métier que d'avoir un maître ici qui a fait fortune ; tous les courtisans veulent être les serviteurs de son valet.

LA PRINCESSE : Nous n'en apprendrons rien ; allons-nous-en. Adieu, Arlequin.

ARLEQUIN : Ah ! Madame, sans compliment, je ne suis pas digne d'avoir cet adieu-là... *(Quand elles sont parties.)* Cette Princesse est une bonne femme ; elle n'a pas voulu me tourner le dos sans me faire une civilité. Bon ! voilà mon maître.

Scène IV : Lélio, Arlequin.

LÉLIO : Qu'est-ce que tu fais ici ?

ARLEQUIN : J'y fais connaissance avec la Princesse, et j'y reçois mes compliments.

LÉLIO : Que veux-tu dire avec ta connaissance et tes compliments ? Est-ce que tu l'as vue, la Princesse ? Où est-elle ?

ARLEQUIN : Nous venons de nous quitter.

LÉLIO : Explique-toi donc ; que t'a-t-elle dit ?

ARLEQUIN : Bien des choses. Elle me demandait si nous nous trouvions bien ensemble, comment s'appelaient votre père et votre mère, de quel métier ils étaient, s'ils vivaient de leurs rentes ou de celles d'autrui. Moi, je lui ai dit : Que le diable emporte celui qui les connaît ! Je ne sais pas quelle mine ils ont, s'ils sont nobles ou vilains, gentilshommes ou laboureurs. Mais j'ai ajouté que vous aviez l'air d'un enfant d'honnêtes gens. Après cela elle m'a dit : Je vous salue. Et moi je lui ai dit : Vous me faites trop de grâces. Et puis c'est tout.

LÉLIO, *à part* : Quel galimatias ! Tout ce que j'en puis comprendre, c'est que la Princesse s'est informée de lui s'il me connaissait. *(Haut.)* Enfin tu lui as donc dit que tu ne savais pas qui je suis ?

ARLEQUIN : Oui ; cependant je voudrais bien le savoir ; car quelquefois cela me chicane. Dans la ville il y a tant de fripons, tant de vauriens qui courent par le monde pour fourber l'un, pour attraper l'autre, et qui ont bonne mine comme vous !... Je vous crois un honnête garçon, moi.

LÉLIO, *en riant* : Va, va, ne t'embarrasse pas, Arlequin ; tu as bon maître, je t'en assure.

ARLEQUIN : Vous me payez bien, je n'ai pas besoin d'autre caution : et au cas que vous soyez quelque bohé-

---

1. Les mauvais petits chevaux (de poste).

mien, pardi! au moins vous êtes un bohémien de bon compte.

LÉLIO : En voilà assez, ne sors point du respect que tu me dois.

ARLEQUIN : Tenez, d'un autre côté, je m'imagine quelquefois que vous êtes quelque grand seigneur; car j'ai entendu dire qu'il y a eu des princes qui ont couru la pretantaine pour s'ébaudir, et peut-être que c'est un vertigo [2] qui vous a pris aussi.

LÉLIO, *à part* : Ce benêt-là se serait-il aperçu de ce que je suis?... *(Haut.)* Et par où juges-tu que je pourrais être un prince? Voilà une plaisante idée! Est-ce par le nombre des équipages que j'avais quand je t'ai pris, par ma magnificence?

ARLEQUIN : Bon! belles bagatelles! tout le monde a de cela; mais, par la mardi! personne n'a si bon cœur que vous, et il m'est avis que c'est là la marque d'un prince.

LÉLIO : On peut avoir le cœur bon sans être prince, et, pour l'avoir tel, un prince a plus à travailler qu'un autre; mais comme tu es attaché à moi, je veux bien te confier que je suis un homme de condition qui me divertis à voyager inconnu pour étudier les hommes, et voir ce qu'ils sont dans tous les États. Je suis jeune, c'est une étude qui me sera nécessaire un jour; voilà mon secret, mon enfant.

ARLEQUIN : Ma foi! cette étude-là ne vous apprendra que misère; ce n'était pas la peine de courir la poste pour aller étudier toute cette racaille. Qu'est-ce que vous ferez de cette connaissance des hommes? Vous n'apprendrez rien que des pauvretés.

LÉLIO : C'est qu'ils ne me tromperont plus.

ARLEQUIN : Cela vous gâtera.

LÉLIO : D'où vient?

ARLEQUIN : Vous ne serez plus si bon enfant quand vous serez bien savant sur cette race-là. En voyant tant de canailles, par dépit canaille vous deviendrez.

LÉLIO : Il ne raisonne pas mal. Adieu, te voilà instruit, garde-moi le secret; je vais retrouver la Princesse.

ARLEQUIN : De quel côté tournerai-je pour retrouver notre cuisine?

LÉLIO : Ne sais-tu pas ton chemin? Tu n'as qu'à traverser cette galerie.

Scène V

LÉLIO, *seul* : La Princesse cherche à me connaître, et cela me confirme dans mes soupçons; les services que je lui ai rendus ont disposé son cœur à me vouloir du bien, et mes respects empressés l'ont persuadée que je l'aimais sans oser le lui dire. Depuis que j'ai quitté les États de mon père, et que je voyage sous ce déguisement pour hâter l'expérience dont j'aurai besoin si je règne un jour, je n'ai fait nulle part un séjour si long qu'ici; à quoi donc aboutira-t-il? Mon père souhaite que je me marie, et me laisse le choix d'une épouse. Ne dois-je pas m'en tenir à cette Princesse? car elle est aimable; et, si je lui plais, rien n'est plus flatteur pour moi que son inclination; elle ne me connaît pas. N'en cherchons donc point d'autre

qu'elle; déclarons-lui qui je suis, enlevons-la au prince de Castille, qui envoie la demander. Elle ne m'est pas indifférente; mais que je l'aimerais sans le souvenir inutile que je garde encore de cette belle personne que je sauvai des mains des voleurs!

Scène VI : Lélio, Hortense, *à qui un garde dit en montrant Lélio.*

UN GARDE : Le voilà, Madame.

LÉLIO, *surpris* : Je connais cette dame-là.

HORTENSE, *étonnée* : Que vois-je?

LÉLIO, *s'approchant* : Me reconnaissez-vous, Madame?

HORTENSE : Je crois que oui, Monsieur.

LÉLIO : Me fuirez-vous encore?

HORTENSE : Il le faudra peut-être bien.

LÉLIO : Et pourquoi donc le faudra-t-il? Vous déplais-je tant, que vous ne puissiez au moins supporter ma vue?

HORTENSE : Monsieur, la conversation commence d'une manière qui m'embarrasse; je ne sais que vous répondre; je ne saurais vous dire que vous me plaisez.

LÉLIO : Non, Madame, je ne l'exige point non plus; ce bonheur-là n'est pas fait pour moi, et je ne mérite sans doute que votre indifférence.

HORTENSE : Je ne serais pas assez modeste si je vous disais que vous l'êtes trop; mais de quoi s'agit-il? Je vous estime, je vous ai une grande obligation; nous nous retrouvons ici, nous nous reconnaissons; vous n'avez pas besoin de moi, vous avez la Princesse; que pourriez-vous me vouloir encore?

LÉLIO : Vous demander la seule consolation de vous ouvrir mon cœur.

HORTENSE : Oh! je vous consolerais mal; je n'ai point de talent pour être confidente.

LÉLIO : Vous, confidente, Madame! Ah! vous ne voulez pas m'entendre.

HORTENSE : Non, je suis naturelle; et pour preuve de cela, vous pouvez vous expliquer mieux, je ne vous en empêche point, cela est sans conséquence.

LÉLIO : Eh quoi! Madame, le chagrin que j'eus en vous quittant, il y a sept ou huit mois, ne vous a point appris mes sentiments?

HORTENSE : Le chagrin que vous eûtes en me quittant? et à propos de quoi? Qu'est-ce que c'était que votre tristesse? Rappelez-m'en le sujet, voyons, je ne m'en souviens plus.

LÉLIO : Que ne m'en coûta-t-il pas pour vous quitter, vous que j'aurais voulu ne quitter jamais, et dont il faudra pourtant que je me sépare?

HORTENSE : Quoi! c'est là ce que vous entendiez? En vérité, je suis confuse de vous avoir demandé cette explication; je vous prie de croire que j'étais dans la meilleure foi du monde.

LÉLIO : Je vois bien que vous ne voudrez jamais en apprendre davantage.

HORTENSE, *le regardant de côté* : Vous ne m'avez donc point oubliée?

LÉLIO : Non, Madame, je ne l'ai jamais pu; et puisque je vous revois, je ne le pourrai jamais... Mais quelle était mon erreur quand je vous quittai! Je crus recevoir de

---

2. Mot burlesque : caprice, fantaisie.

vous un regard dont la douceur me pénétra; mais je vois bien que je me suis trompé.

HORTENSE : Je me souviens de ce regard-là, par exemple.

LÉLIO : Et que pensiez-vous, Madame, en me regardant ainsi?

HORTENSE : Je pensais apparemment que je vous devais la vie.

LÉLIO : C'était donc une pure reconnaissance?

HORTENSE : J'aurais de la peine à vous rendre compte de cela; j'étais pénétrée du service que vous m'aviez rendu, de votre générosité; vous alliez me quitter, je vous voyais triste, je l'étais peut-être moi-même; je vous regardai comme je pus, sans savoir comment, sans me gêner; il y a des moments où les regards signifient ce qu'ils peuvent, on ne répond de rien, on ne sait point trop ce qu'on y met; il y entre trop de choses, et peut-être de tout. Pour ce que je sais, c'est que je me serais bien passée de savoir votre secret.

LÉLIO : Eh! que vous importe de le savoir, puisque j'en souffrirai tout seul?

HORTENSE : Tout seul! ôtez-moi donc mon cœur, ôtez-moi ma reconnaissance, ôtez-vous vous-même... Que vous dirai-je? je me méfie de tout.

LÉLIO : Il est vrai que votre pitié m'est bien due; j'ai plus d'un chagrin; vous ne m'aimerez jamais, et vous m'avez dit que vous étiez mariée.

HORTENSE : Eh bien! je suis veuve; perdez du moins la moitié de vos chagrins; à l'égard de celui de n'être point aimé...

LÉLIO : Achevez, Madame : à l'égard de celui-là?...

HORTENSE : Faites comme vous pourrez, je ne suis pas mal intentionnée... Mais supposons que je vous aime, n'y a-t-il pas une princesse qui croit que vous l'aimez, qui vous aime peut-être elle-même, qui est la maîtresse ici, qui est vive, qui peut disposer de vous et de moi? A quoi donc mon amour aboutirait-il?

LÉLIO : Il n'aboutira à rien, dès lors qu'il n'est qu'une supposition.

HORTENSE : J'avais oublié que je le supposais.

LÉLIO : Ne deviendra-t-il jamais réel?

HORTENSE, *s'en allant* : Je ne vous dirai plus rien; vous m'avez demandé la consolation de m'ouvrir votre cœur, et vous me trompez; au lieu de cela, vous prenez la consolation de voir dans le mien. Je sais votre secret, en voilà assez; laissez-moi garder le mien, si je l'ai encore.
Elle part.

Scène VII

LÉLIO, *un moment seul* : Voici un coup de hasard qui change mes desseins; il ne s'agit plus maintenant d'épouser la Princesse; tâchons de m'assurer parfaitement du cœur de la personne que j'aime, et s'il est vrai qu'il soit sensible pour moi.

Scène VIII : Lélio, Hortense.

HORTENSE : J'oubliais à vous informer d'une chose : la Princesse vous aime, vous pouvez aspirer à tout; je

vous l'apprends de sa part, il en arrivera ce qu'il pourra. Adieu.

LÉLIO, *l'arrêtant avec un air et un ton de surprise* : Eh! de grâce, Madame, arrêtez-vous un instant. Quoi! la Princesse elle-même vous aurait chargée de me dire...

HORTENSE : Voilà de grands transports, mais je n'ai pas charge de les rapporter; j'ai dit ce que j'avais à vous dire, vous m'avez entendue; je n'ai pas le temps de le répéter, et je n'ai rien à savoir de vous.
Elle s'en va; Lélio, piqué, l'arrête.

LÉLIO : Et moi, Madame, ma réponse à cela est que je vous adore, et je vais de ce pas la porter à la Princesse.

HORTENSE, *l'arrêtant* : Y songez-vous? Si elle sait que vous m'aimez, vous ne pourrez plus me le dire, je vous en avertis.

LÉLIO : Cette réflexion m'arrête; mais il est cruel de se voir soupçonné de joie, quand on n'a que trouble.

HORTENSE, *d'un air de dépit* : O sort cruel! Vous avez raison de vous fâcher! La vivacité qui vient de me prendre vous fait beaucoup de tort! Il doit vous rester de violents chagrins!

LÉLIO, *lui baisant la main* : Il ne me reste que des sentiments de tendresse qui ne finiront qu'avec ma vie.

HORTENSE : Que voulez-vous que je fasse de ces sentiments-là?

LÉLIO : Que vous les honoriez d'un peu de retour.

HORTENSE : Je ne veux point, car je n'oserais.

LÉLIO : Je réponds de tout; nous prendrons nos mesures, et je suis d'un rang...

HORTENSE : Votre rang est d'être un homme aimable et vertueux, et c'est là le plus beau rang du monde; mais je vous dis encore une fois que cela est résolu; je ne vous aimerai point, je n'en conviendrai jamais. Qui? moi, vous aimer!... vous accorder mon amour pour vous empêcher de régner, pour causer la perte de votre liberté, peut-être plus! mon cœur vous ferait de beaux présents! Non, Lélio, n'en parlons plus; donnez-vous tout entier à la Princesse, je vous le pardonne; cachez votre tendresse pour moi, je ne demande plus la mienne, vous vous exposeriez à l'obtenir; je ne veux point vous l'accorder, je vous aime trop pour vous perdre, je ne peux pas mieux dire. Adieu, je crois que quelqu'un vient.

LÉLIO *l'arrête* : J'obéirai; je me conduirai comme vous voudrez; je ne vous demande plus qu'une grâce; c'est de vouloir bien, quand l'occasion s'en présentera, que j'aie encore une conversation avec vous.

HORTENSE : Prenez-y garde; une conversation en amènera une autre, et cela ne finira point, je le sens bien.

LÉLIO : Ne me refusez pas.

HORTENSE : N'abusez point de l'envie que j'ai d'y consentir.

LÉLIO : Je vous en conjure.

HORTENSE, *en s'en allant* : Soit; perdez-vous donc puisque vous le voulez.

Scène IX

LÉLIO, *seul* : Je suis au comble de la joie; j'ai retrouvé ce que j'aimais, j'ai touché le seul cœur qui pouvait rendre le mien heureux; il ne s'agit plus que de convenir avec cette aimable personne de la manière dont je m'y prendrai pour m'assurer sa main.

Scène X : Frédéric, Lélio.

FRÉDÉRIC : Puis-je avoir l'honneur de vous dire un mot?

LÉLIO : Volontiers, Monsieur.

FRÉDÉRIC : Je me flatte d'être de vos amis.

LÉLIO : Vous me faites honneur.

FRÉDÉRIC : Sur ce pied-là, je prendrai la liberté de vous prier d'une chose. Vous savez que le premier secrétaire d'État de la Princesse vient de mourir, et je vous avoue que j'aspire à sa place; dans le rang où je suis, je n'ai plus qu'un pas à faire pour la remplir; naturellement elle me paraît due; il y a vingt-cinq ans que je sers l'État en qualité de conseiller de la Princesse; je sais combien elle vous estime et défère à vos avis; je vous prie de faire en sorte qu'elle pense à moi; vous ne pouvez obliger personne qui soit plus votre serviteur que je le suis. On sait à la Cour en quels termes je parle de vous.

LÉLIO, *le regardant d'un air aisé* : Vous y dites donc beaucoup de bien de moi?

FRÉDÉRIC : Assurément.

LÉLIO : Ayez la bonté de me regarder un peu fixement en me disant cela.

FRÉDÉRIC : Je vous le répète encore. D'où vient que vous me tenez ce discours?

LÉLIO, *après l'avoir examiné* : Oui, vous soutenez cela à merveille; l'admirable homme de cour que vous êtes!

FRÉDÉRIC : Je ne vous comprends pas.

LÉLIO : Je vais m'expliquer mieux. C'est que le service que vous me demandez ne vaut pas qu'un honnête homme, pour l'obtenir, s'abaisse jusqu'à trahir ses sentiments.

FRÉDÉRIC : Jusqu'à trahir mes sentiments? Et par où jugez-vous que l'amitié dont je vous parle ne soit pas vraie?

LÉLIO : Vous me haïssez, vous dis-je, je le sais, et ne vous en veux aucun mal; il n'y a que l'artifice dont vous vous servez que je condamne.

FRÉDÉRIC : Je vois bien que quelqu'un de mes ennemis vous aura indisposé contre moi.

LÉLIO : C'est de la Princesse elle-même que je tiens ce que je vous dis; et quoiqu'elle ne m'en ait fait aucun mystère, vous ne le sauriez pas sans vos compliments. J'ignore si vous avez craint la confiance dont elle m'honore; mais depuis que je suis ici, vous n'avez rien oublié pour me donner de moi des idées désavantageuses, et vous tremblez tous les jours, dites-vous, que je ne sois un espion gagé de quelque puissance, ou quelque aventurier qui s'enfuira au premier jour avec de grandes sommes, si on le met en état d'en prendre. Oh! si vous appelez cela de l'amitié, vous en avez beaucoup pour moi; mais vous aurez de la peine à faire passer votre définition.

FRÉDÉRIC, *d'un ton sérieux* : Puisque vous êtes si bien instruit, je vous avouerai franchement que mon zèle pour l'État m'a fait tenir ces discours-là, et que je crai-

gnais qu'on ne se repentît de vous avancer trop; je vous ai cru suspect et dangereux; voilà la vérité.

LÉLIO : Parbleu! vous me charmez de me parler ainsi. Vous ne vouliez me perdre que parce que vous me soupçonniez d'être dangereux pour l'État? Vous êtes louable, Monsieur, et votre zèle est digne de récompense; il me servira d'exemple. Oui, je le trouve si beau que je veux l'imiter, moi qui dois tant à la Princesse. Vous avez craint qu'on ne m'avançât, parce que vous me croyez un espion; et moi je craindrais qu'on ne vous fît ministre, parce que je ne crois pas que l'État y gagnât; ainsi je ne parlerai point pour vous... Ne m'en louez-vous pas aussi?

FRÉDÉRIC : Vous êtes fâché.

LÉLIO : Non, en homme d'honneur, je ne suis pas fait pour me venger de vous.

FRÉDÉRIC : Rapprochons-nous. Vous êtes jeune, la Princesse vous estime, et j'ai une fille aimable, qui est un assez bon parti. Unissons nos intérêts, et devenez mon gendre.

LÉLIO : Vous n'y pensez pas, mon cher Monsieur. Ce mariage-là serait une conspiration contre l'État, il faudrait travailler à vous faire ministre.

FRÉDÉRIC : Vous refusez l'offre que je vous fais!

LÉLIO : Un espion devenir votre gendre! Votre fille devenir la femme d'un aventurier! Ah! je vous demande grâce pour elle; j'ai pitié de la victime que vous voulez sacrifier à votre ambition; c'est trop aimer la fortune.

FRÉDÉRIC : Je crois offrir ma fille à un homme d'honneur; et d'ailleurs vous m'accusez d'un plaisant crime, d'aimer la fortune! Qui est-ce qui n'aimerait pas à gouverner?

LÉLIO : Celui qui en serait digne.

FRÉDÉRIC : Celui qui en serait digne?

LÉLIO : Oui; c'est l'homme qui aurait plus de vertu que d'ambition et d'avarice. Oh! cet homme-là n'y verrait que de la peine.

FRÉDÉRIC : Vous avez bien de la fierté.

LÉLIO : Point du tout, ce n'est que du zèle.

FRÉDÉRIC : Ne vous flattez pas tant; on peut tomber de plus haut que vous n'êtes, et la Princesse verra clair un jour.

LÉLIO : Ah! vous voilà dans votre figure naturelle, je vous vois le visage à présent; il n'est pas joli, mais cela vaut toujours mieux que le masque que vous portiez tout à l'heure.

Scène XI : Lélio, Frédéric, la Princesse.

LA PRINCESSE : Je vous cherchais, Lélio. Vous êtes de ces personnes que les souverains doivent s'attacher; il ne tiendra pas à moi que vous ne vous fixiez ici, et j'espère que vous accepterez l'emploi de mon premier secrétaire d'État, que je vous offre.

LÉLIO : Vos bontés sont infinies, Madame; mais mon métier est la guerre.

LA PRINCESSE : Vous faites mieux qu'un autre tout ce que vous voulez faire; et quand votre présence sera nécessaire à l'armée, vous choisirez pour exercer vos fonctions ici ceux que vous en jugerez les plus capables : ce que vous ferez n'est pas sans exemple dans cet État.

LÉLIO : Madame, vous avez d'habiles gens ici, d'anciens serviteurs, à qui cet emploi convient mieux qu'à moi.

LA PRINCESSE : La supériorité de mérite doit l'emporter en pareil cas sur l'ancienneté des services; et d'ailleurs Frédéric est le seul que cette fonction pouvait regarder, si vous n'y étiez pas; mais il m'est affectionné, et je suis sûre qu'il se soumet de bon cœur au choix qui m'a paru le meilleur. Frédéric, soyez ami de Lélio; je vous le recommande. *(Frédéric fait une profonde révérence, la Princesse continue.)* C'est aujourd'hui le jour de ma naissance, et ma cour, suivant l'usage, me donne une fête que je vais voir. Lélio, donnez-moi la main pour m'y conduire; vous y verra-t-on, Frédéric?

FRÉDÉRIC : Madame, les fêtes ne me conviennent plus.

Scène XII

FRÉDÉRIC, *seul* : Si je ne viens à bout de perdre cet homme-là, ma chute est sûre... Un homme sans nom, sans parents, sans patrie — car on ne sait d'où il vient — m'arrache le ministère, le fruit de trente années de travail!... Quel coup de malheur! je ne puis digérer une aussi bizarre aventure... Et je n'en saurais douter, c'est l'amour qui a nommé ce ministre-là : oui, la Princesse a du penchant pour lui... Ne pourrait-on savoir l'histoire de sa vie errante, et prendre ensuite quelques mesures avec l'ambassadeur du roi de Castille, dont j'ai la confiance? Voici le valet de cet aventurier; tâchons à quelque prix que ce soit de le mettre dans mes intérêts, il pourra m'être utile.

Scène XIII : *Frédéric, Arlequin.*
Il entre en comptant de l'argent
dans son chapeau.

FRÉDÉRIC : Bonjour, Arlequin. Es-tu bien riche?

ARLEQUIN : Chut! Vingt-quatre, vingt-cinq, vingt-six et vingt-sept sous. J'en avais trente. Comptez, vous, Monseigneur le Conseiller; n'est-ce pas trois sous que je perds?

FRÉDÉRIC : Cela est juste.

ARLEQUIN : Eh bien! que le diable emporte le jeu et les fripons avec!

FRÉDÉRIC : Quoi! tu jures pour trois sous de perte! Oh! je veux te rendre la joie. Tiens, voilà une pistole.

ARLEQUIN : Le brave conseiller que vous êtes! *(Il saute.)* Hi! hi! Vous méritez bien une cabriole.

FRÉDÉRIC : Te voilà de meilleure humeur.

ARLEQUIN : Quand j'ai dit que le diable emporte les fripons, je ne vous comptais pas, au moins.

FRÉDÉRIC : J'en suis persuadé.

ARLEQUIN, *recomptant son argent* : Mais il me manque toujours trois sous.

FRÉDÉRIC : Non, car il y a bien des trois sous dans une pistole.

ARLEQUIN : Il y a bien des trois sous dans une pistole!

mais cela ne fait rien aux trois sous qui manquent dans mon chapeau.

FRÉDÉRIC : Je vois bien qu'il t'en faut encore une autre.

ARLEQUIN : Oh! oh! deux cabrioles.

FRÉDÉRIC : Aimes-tu l'argent?

ARLEQUIN : Beaucoup.

FRÉDÉRIC : Tu serais donc bien aise de faire une petite fortune?

ARLEQUIN : Quand elle serait grosse, je la prendrais en patience.

FRÉDÉRIC : Écoute; j'ai bien peur que la faveur de ton maître ne soit pas longue; elle est un grand coup de hasard.

ARLEQUIN : C'est comme s'il avait gagné aux cartes.

FRÉDÉRIC : Le connais-tu?

ARLEQUIN : Non, je crois que c'est quelque enfant trouvé.

FRÉDÉRIC : Je te conseillerais de t'attacher à quelqu'un de stable; à moi, par exemple.

ARLEQUIN : Ah! vous avez l'air d'un bon homme; mais vous êtes trop vieux.

FRÉDÉRIC : Comment, trop vieux!

ARLEQUIN : Oui, vous mourrez bientôt, et vous me laisseriez orphelin de votre amitié.

FRÉDÉRIC : J'espère que tu ne seras pas bon prophète; mais je puis te faire beaucoup de bien en très peu de temps.

ARLEQUIN : Tenez, vous avez raison; mais on sait bien ce qu'on quitte, et l'on ne sait pas ce que l'on prend. Je n'ai point d'esprit; mais de la prudence, j'en ai que c'est une merveille; et voilà comme je dis : Un homme qui se trouve bien assis, qu'a-t-il besoin de se mettre debout? J'ai bon pain, bon vin, bonne fricassée et bon visage, cent écus par an, et les étrennes au bout; cela n'est-il pas magnifique?

FRÉDÉRIC : Tu me cites là de beaux avantages! Je ne prétends pas que tu t'attaches à moi pour être mon domestique; je veux te donner des emplois qui t'enrichiront, et par-dessus le marché te marier avec une jolie fille qui a du bien.

ARLEQUIN : Oh! dame! ma prudence dit que vous avez raison; je suis debout, et vous me faites asseoir; cela vaut mieux.

FRÉDÉRIC : Il n'y a point de comparaison.

ARLEQUIN : Pardi! vous me traitez comme votre enfant; il n'y a pas à tortiller à cela. Du bien, des emplois et une jolie fille! voilà une pleine boutique de vivres, d'argent et de friandises; par la sanguenne, vous m'aimez beaucoup pourtant!

FRÉDÉRIC : Oui, ta physionomie me plaît, je te trouve un bon garçon.

ARLEQUIN : Oh! pour cela, je suis drôle comme un coffre [3]; laissez faire, nous rirons comme des fous ensemble; mais allons faire venir ce bien, ces emplois, et cette jolie fille, car j'ai hâte d'être riche et bien aise.

FRÉDÉRIC : Ils te sont assurés, te dis-je; mais il faut

---

3. L'expression vient de : rire comme un coffre, c'est-à-dire : rire à gorge déployée.

que tu me rendes un petit service; puisque tu te donnes à moi, tu n'en dois point faire de difficultés.

ARLEQUIN : Je vous regarde comme un père.

FRÉDÉRIC : Je ne veux de toi qu'une bagatelle. Tu es chez le seigneur Lélio; je serais curieux de savoir qui il est. Je souhaiterais donc que tu y restasses encore trois semaines ou un mois, pour me rapporter tout ce que tu lui verras faire. Il peut arriver que, dans des moments, un homme chez lui dise de certaines choses et en fasse d'autres qui le décèlent, et dont on peut tirer des conjectures. Observe tout soigneusement; et, en attendant que je te récompense entièrement, voilà par avance de l'argent que je te donne encore.

ARLEQUIN : Avancez-moi encore la fille; nous la rabattrons sur le reste.

FRÉDÉRIC : On ne paie un service qu'après qu'il est rendu, mon enfant; c'est la coutume.

ARLEQUIN : Coutume de vilain que cela!

FRÉDÉRIC : Tu n'attendras que trois semaines.

ARLEQUIN : J'aime mieux vous faire mon billet comme quoi j'aurai reçu cette fille à compte; je ne plaiderai point contre mon écrit.

FRÉDÉRIC : Tu me serviras de meilleur courage en l'attendant. Acquitte-toi d'abord de ce que je dis; pourquoi hésites-tu?

ARLEQUIN : Tout franc, c'est que la commission me chiffonne.

FRÉDÉRIC : Quoi! tu mets mon argent dans ta poche, et tu refuses de me servir!

ARLEQUIN : Ne parlons point de votre argent, il est fort bon, je n'ai rien à lui dire; mais, tenez, j'ai opinion que vous voulez me donner un office de fripon; car qu'est-ce que vous voulez faire des paroles du seigneur Lélio, mon maître, là?

FRÉDÉRIC : C'est une simple curiosité qui me prend.

ARLEQUIN : Hum?... il y a de la malice là-dessous; vous avez l'air d'un sournois; je m'en vais gager dix sous contre vous, que vous ne valez rien.

FRÉDÉRIC : Que te mets-tu donc dans l'esprit? Tu n'y songes pas, Arlequin.

ARLEQUIN, d'un ton triste : Allez, vous ne devriez pas tenter un pauvre garçon, qui n'a pas plus d'honneur qu'il ne lui en faut, et qui aime les filles. J'ai bien de la peine à m'empêcher d'être un coquin; faut-il que l'honneur me ruine, qu'il m'ôte mon bien, mes emplois et une jolie fille? Par la mardi, vous êtes bien méchant, d'avoir été trouver l'invention de cette fille.

FRÉDÉRIC, à part : Ce butor m'inquiète avec ses réflexions. (Haut.) Encore une fois, es-tu fou d'être si longtemps à prendre ton parti? D'où vient ton scrupule? De quoi s'agit-il? de me donner quelques instructions innocentes sur le chapitre d'un homme inconnu, qui demain tombera peut-être, et qui te laissera sur le pavé. Songes-tu bien que je t'offre ta fortune, et que tu la perds?

ARLEQUIN : Je songe que cette commission-là sent le tricot [4] tout pur; et, par bonheur que ce tricot fortifie

mon pauvre honneur, qui a pensé barguigner [5]. Tenez, votre jolie fille, ce n'est qu'une guenon; vos emplois, de la marchandise de chien; voilà mon dernier mot, je m'en vais tout droit trouver la Princesse et mon maître; peut-être récompenseront-ils le dommage que je souffre pour l'amour de ma bonne conscience.

FRÉDÉRIC : Comment! tu vas trouver la Princesse et ton maître! D'où vient?

ARLEQUIN : Pour leur conter mon désastre, et toute votre marchandise.

FRÉDÉRIC : Misérable! as-tu donc résolu de me perdre, de me déshonorer?

ARLEQUIN : Bon! quand on n'a point d'honneur, est-ce qu'il faut avoir de la réputation?

FRÉDÉRIC : Si tu parles, malheureux que tu es, je prendrai de toi une vengeance terrible. Ta vie me répondra de ce que tu feras; m'entends-tu bien?

ARLEQUIN, se moquant : Brrrr! ma vie n'a jamais servi de caution; je boirai encore bouteille trente ans après votre trépassement. Vous êtes vieux comme le père à tretous [6], et moi je m'appelle le cadet Arlequin. Adieu.

FRÉDÉRIC, outré : Arrête, Arlequin, tu me mets au désespoir, tu ne sais pas la conséquence de ce que tu vas faire, mon enfant, tu me fais trembler; sauve-toi-même que je te conjure d'épargner, en te priant de sauver mon honneur; encore une fois, arrête, la situation d'esprit où tu me mets ne me punit que trop de mon imprudence.

ARLEQUIN, comme transporté : Comment! cela est épouvantable. Je passe mon chemin sans penser à mal, et puis vous venez à l'encontre de moi pour m'offrir des filles, et puis vous me donnez une pistole pour trois sous : est-ce que cela se fait? Moi, je prends cela, parce que je suis honnête, et puis vous me fourbez encore avec je ne sais combien d'autres pistoles que j'ai dans ma poche, et que je ferai venir en témoignage contre vous, comme quoi vous avez mitonné [7] le cœur d'un innocent, qui a eu sa conscience et la crainte du bâton devant les yeux, et qui sans cela aurait trahi son bon maître, qui est le plus brave et le plus gentil garçon, le meilleur corps qu'on puisse trouver dans tous les corps du monde, et le factotum de la Princesse; cela se peut-il souffrir?

FRÉDÉRIC : Doucement, Arlequin; quelqu'un peut venir; j'ai tort : mais finissons; j'achèterai ton silence tout ce que tu voudras; parle, que me demandes-tu?

ARLEQUIN : Je ne vous ferai pas bon marché, prenez-y garde.

FRÉDÉRIC : Dis ce que tu veux; tes longueurs me tuent.

ARLEQUIN, réfléchissant : Pourtant, ce que c'est que d'être honnête homme! Je n'ai que cela pour tout potage, moi. Voyez comme je me carre avec vous! Allons, présentez-moi votre requête, appelez-moi un peu Monseigneur, pour voir comment cela fait; je suis Frédéric à cette heure, et vous, vous êtes Arlequin.

FRÉDÉRIC, à part : Je ne sais où j'en suis. Quand je nierais le fait, c'est un homme simple qu'on n'en croira que trop sur une infinité d'autres présomptions, et la

---

4. A un avant-goût de bâton.

5. Hésiter.
6. Absolument tous.
7. Mitonner quelqu'un, c'est ménager adroitement son esprit dans la vue d'en tirer quelque avantage.

quantité d'argent que je lui ai donnée prouve contre moi. *(A Arlequin.)* Finissons, mon enfant, que te faut-il?

ARLEQUIN : Oh! tout bellement; pendant que je suis Frédéric, je veux profiter un petit brin de ma seigneurie. Quand j'étais Arlequin, vous faisiez le gros dos avec moi; à cette heure que c'est vous qui l'êtes, je veux prendre ma revanche.

FRÉDÉRIC *soupire* : Ah! je suis perdu!

ARLEQUIN, *à part* : Il me fait pitié. *(Haut.)* Allons, consolez-vous; je suis las de faire le glorieux, cela est trop sot; il n'y a que vous autres qui puissiez vous accoutumer à cela. Ajustons-nous.

FRÉDÉRIC : Tu n'as qu'à dire.

ARLEQUIN : Avez-vous encore de cet argent jaune? J'aime cette couleur-là; elle dure plus longtemps qu'une autre.

FRÉDÉRIC : Voilà tout ce qui me reste.

ARLEQUIN : Bon; ces pistoles-là, c'est pour votre pénitence de m'avoir donné les autres pistoles. Venons au reste de la boutique, parlons des emplois.

FRÉDÉRIC : Mais, ces emplois, tu ne peux les exercer qu'en quittant ton maître.

ARLEQUIN : J'aurai un commis; et pour l'argent qu'il m'en coûtera, vous me donnerez une bonne pension de cent écus par an.

FRÉDÉRIC : Soit, tu seras content; mais me promets-tu de te taire?

ARLEQUIN : Touchez là; c'est marché fait.

FRÉDÉRIC : Tu ne te repentiras pas de m'avoir tenu parole. Adieu, Arlequin, je m'en vais tranquille.

ARLEQUIN, *le rappelant* : St! st! st! st!

FRÉDÉRIC, *revenant* : Que me veux-tu?

ARLEQUIN : Et, à propos, nous oublions cette jolie fille.

FRÉDÉRIC : Tu dis que c'est une guenon.

ARLEQUIN : Oh! j'aime assez les guenons.

FRÉDÉRIC : Eh bien! je tâcherai de te la faire avoir.

ARLEQUIN : Et moi, je tâcherai de me taire.

FRÉDÉRIC : Puisqu'il le faut absolument, reviens me trouver tantôt; tu la verras. *(A part.)* Peut-être me le débauchera-t-elle mieux que je n'ai pu faire.

ARLEQUIN : Je veux avoir son cœur sans tricherie.

FRÉDÉRIC : Sans doute; sortons d'ici.

ARLEQUIN : Dans un quart d'heure je suis à vous. Tenez-moi la fille prête.

ACTE SECOND

Scène I : Lisette, Arlequin.

ARLEQUIN : Mon bijou, j'ai fait une offense envers vos grâces, et je suis d'avis de vous en demander pardon, pendant que j'en ai la repentance.

LISETTE : Quoi! un aussi joli garçon que vous est-il capable d'offenser quelqu'un?

ARLEQUIN : Un aussi joli garçon que moi! Oh! cela me confond; je ne mérite pas le pain que je mange.

LISETTE : Pourquoi donc? Qu'avez-vous fait?

ARLEQUIN : J'ai fait une insolence; donnez-moi conseil. Voulez-vous que je m'en accuse à genoux, ou bien sur

mes deux jambes? dites-moi, sans façon; faites-moi bien de la honte, ne m'épargnez pas.

LISETTE : Je ne veux ni vous battre ni vous voir à genoux; je me contenterai de savoir ce que vous avez dit.

ARLEQUIN, *s'agenouillant* : M'amie, vous n'êtes point assez rude, mais je sais mon devoir.

LISETTE : Levez-vous donc, mon cher; je vous ai déjà pardonné.

ARLEQUIN : Écoutez-moi; j'ai dit, en parlant de votre inimitable personne, j'ai dit... le reste est si gros qu'il m'étrangle.

LISETTE : Vous avez dit?...

ARLEQUIN : J'ai dit que vous n'étiez qu'une guenon.

LISETTE, *fâchée* : Pourquoi donc m'aimez-vous, si vous me trouvez telle?

ARLEQUIN, *pleurant* : Je confesse que j'en ai menti.

LISETTE : Je me croyais plus supportable; voilà la vérité.

ARLEQUIN : Ne vous ai-je pas dit que j'étais un misérable? Mais, m'amour, je n'avais pas encore vu votre gentil minois... ois... ois... ois...

LISETTE : Comment! vous ne me connaissiez pas dans ce temps-là? Vous ne m'aviez jamais vue?

ARLEQUIN : Pas seulement le bout de votre nez.

LISETTE : Eh! mon cher Arlequin, je ne suis plus fâchée. Ne me trouvez-vous pas à votre goût à présent?

ARLEQUIN : Vous êtes délicieuse.

LISETTE : Eh bien! vous ne m'avez pas insultée; et, quand cela serait, y a-t-il de meilleure réparation que l'amour que vous avez pour moi? Allez, mon ami, ne songez plus à cela.

ARLEQUIN : Quand je vous regarde, je me trouve si sot!

LISETTE : Tant mieux, je suis bien aise que vous m'aimiez; car vous me plaisez beaucoup, vous.

ARLEQUIN, *charmé* : Oh! oh! oh! vous me faites mourir d'aise.

LISETTE : Mais, est-il bien vrai que vous m'aimiez?

ARLEQUIN : Tenez, je vous aime... Mais qui diantre peut dire cela, combien je vous aime?... Cela est si gros, que je n'en sais pas le compte.

LISETTE : Vous voulez m'épouser?

ARLEQUIN : Oh! je ne badine point; je vous recherche honnêtement, par-devant notaire.

LISETTE : Vous êtes tout à moi?

ARLEQUIN : Comme un quarteron [8] d'épingles que vous auriez acheté chez le marchand.

LISETTE : Vous avez envie que je sois heureuse?

ARLEQUIN : Je voudrais pouvoir vous entretenir fainéante toute votre vie : manger, boire et dormir, voilà l'ouvrage que je vous souhaite.

LISETTE : Eh bien! mon ami, il faut que je vous avoue une chose; j'ai fait tirer mon horoscope il n'y a pas plus de huit jours.

ARLEQUIN : Oh! oh!

LISETTE : Vous passâtes dans ce moment-là, et on me dit : Voyez-vous ce joli brunet qui passe? il s'appelle Arlequin.

ARLEQUIN : Tout juste.

---

8. Quart d'une livre ou quart d'un cent.

LISETTE : Il vous aimera.

ARLEQUIN : Ah! l'habile homme!

LISETTE : Le seigneur Frédéric lui proposera de le servir contre un inconnu; il refusera d'abord de le faire, parce qu'il s'imaginera que cela ne serait pas bien; mais vous obtiendrez de lui ce qu'il aura refusé au seigneur Frédéric; et, de là, s'ensuivra pour vous deux une grosse fortune, dont vous jouirez mariés ensemble. Voilà ce qu'on m'a prédit. Vous m'aimez déjà, vous voulez m'épouser; la prédiction est bien avancée; à l'égard de la proposition du seigneur Frédéric, je ne sais ce que c'est; mais vous savez bien ce qu'il vous a dit; quant à moi, il m'a seulement recommandé de vous aimer, et je suis en bon train, comme vous voyez.

ARLEQUIN, *étonné* : Cela est admirable! je vous aime, cela est vrai; je veux vous épouser, cela est encore vrai, et, véritablement le seigneur Frédéric m'a proposé d'être un fripon; je n'ai pas voulu l'être, et, pourtant, vous verrez qu'il faudra que j'en passe par là; car, quand une chose est prédite, elle ne manque pas d'arriver.

LISETTE : Prenez garde : on ne m'a pas prédit que le seigneur Frédéric vous proposerait une friponnerie; on m'a seulement prédit que vous croiriez qu'il s'en serait une.

ARLEQUIN : Je l'ai cru aussi, et apparemment je me suis trompé.

LISETTE : Cela va tout seul.

ARLEQUIN : Je suis un grand nigaud; mais, au bout du compte, cela avait la mine d'une friponnerie, comme j'ai la mine d'Arlequin; je suis fâché d'avoir vilipendé ce bon seigneur Frédéric; je lui ai fait donner tout son argent; par bonheur je ne suis pas obligé à restitution; je ne devinais pas qu'il y avait une prédiction qui me donnait le tort.

LISETTE : Sans doute.

ARLEQUIN : Avec cela, cette prédiction doit avoir prédit que je lui viderais sa bourse.

LISETTE : Oh! gardez ce que vous avez reçu.

ARLEQUIN : Cet argent-là m'était dû comme une lettre de change; si j'allais le rendre, cela gâterait l'horoscope, et il ne faut pas cela à l'encontre d'un astrologue.

LISETTE : Vous avez raison. Il ne s'agit plus à présent que d'obéir à ce qui est prédit, en faisant ce que souhaite le seigneur Frédéric, afin de gagner pour nous cette grosse fortune qui nous est promise.

ARLEQUIN : Gagnons, m'amie, gagnons; cela est juste. Arlequin est à vous; tournez-le, virez-le à votre fantaisie; je ne m'embarrasse plus de lui; la prédiction m'a transporté à vous; elle sait bien ce qu'elle fait, il ne m'appartient pas de contredire son ordonnance. Je vous aime, je vous épouserai. Je tromperai Monsieur Lélio, et je m'en gausse; le vent me pousse, il faut que j'aille; il me pousse à baiser votre menotte, il faut que je la baise.

LISETTE, *riant* : L'astrologue n'a pas parlé de cet article-là.

ARLEQUIN : Il l'aura peut-être oublié.

LISETTE : Apparemment; mais allons trouver le seigneur Frédéric, pour vous réconcilier avec lui.

ARLEQUIN : Voilà mon maître; je dois être encore trois semaines avec lui pour guetter ce qu'il fera, et je vais voir s'il n'a pas besoin de moi. Allez, mes amours, allez m'attendre chez le seigneur Frédéric.

LISETTE : Ne tardez pas.

Scène II : Lélio, Arlequin.
Lélio arrive rêveur, sans voir Arlequin
qui se retire à quartier [9]. *Lélio s'arrête*
sur le bord du théâtre en rêvant.

ARLEQUIN, *à part* : Il ne me voit pas. Voyons sa pensée.

LÉLIO : Me voilà dans un embarras dont je ne sais comment me tirer.

ARLEQUIN, *à part* : Il est embarrassé.

LÉLIO : Je tremble que la Princesse, pendant la fête, n'ait surpris mes regards sur la personne que j'aime.

ARLEQUIN, *à part* : Il tremble à cause de la Princesse... tubleu!... ce frisson-là est une affaire d'État... vertuchoux!

LÉLIO : Si la Princesse vient à soupçonner mon penchant pour son amie, sa jalousie me la dérobera, et peut-être fera-t-elle pis.

ARLEQUIN, *à part* : Oh! oh!... la dérobera... Il traite la Princesse de friponne. Par la sambille! Monsieur le Conseiller fera bien ses orges [10] de ces bribes-là que je ramasse, et je vois bien que cela me vaudra pignon sur rue.

LÉLIO : J'aurais besoin d'une entrevue.

ARLEQUIN, *à part* : Qu'est-ce que c'est qu'une entrevue? Je crois qu'il parle latin... Le pauvre homme! il me fait pitié pourtant; car, peut-être qu'il en mourra; mais l'horoscope le veut. Cependant si j'avais un peu sa permission... Voyons, je vais lui parler. *(Il retourne dans le fond du théâtre et de là il accourt comme s'il arrivait, et dit.)* Ah! mon cher maître!

LÉLIO : Que me veux-tu?

ARLEQUIN : Je viens vous demander ma petite fortune.

LÉLIO : Qu'est-ce que cette fortune?

ARLEQUIN : C'est que le seigneur Frédéric m'a promis tout plein mes poches d'argent, si je lui contais un peu ce que vous êtes, et tout ce que je sais de vous; il m'a bien recommandé le secret, et je suis obligé de le garder en conscience; ce que j'en dis, ce n'est que par manière de parler. Voulez-vous que je lui rapporte toutes les babioles qu'il demande? Vous savez que je suis pauvre; l'argent qui m'en viendra, je le mettrai en rente ou je le prêterai à usure.

LÉLIO : Que Frédéric est lâche! Mon enfant, je pardonne à ta simplicité le compliment que tu me fais. Tu as de l'honneur à ta manière, et je ne vois nul inconvénient pour moi à te laisser profiter de la bassesse de Frédéric. Oui, reçois son argent; je veux bien que tu lui rapportes ce que je t'ai dit que j'étais, et ce que tu sais.

ARLEQUIN : Votre foi?

LÉLIO : Fais; j'y consens.

ARLEQUIN : Ne vous gênez point, parlez-moi sans façon; je vous laisse la liberté; rien de force.

LÉLIO : Va ton chemin, et n'oublie pas surtout de lui marquer le souverain mépris que j'ai pour lui.

---

9. Se retire à part.
10. Fera bien son profit.

ARLEQUIN : Je ferai votre commission.

LÉLIO : J'aperçois la Princesse. Adieu, Arlequin, va gagner ton argent.

Scène III

ARLEQUIN : Quand on a un peu d'esprit, on accommode tout. Un butor aurait été chagriner son maître sans lui en demander honnêtement le privilège. A cette heure, si je lui cause du chagrin, ce sera de bonne amitié, au moins... Mais voilà cette Princesse avec sa camarade.

Scène IV : La Princesse, Hortense, Arlequin.

LA PRINCESSE, *à Arlequin* : Il me semble avoir vu de loin ton maître avec toi.

ARLEQUIN : Il vous a semblé la vérité, Madame; et quand cela ne serait pas, je ne suis pas là pour vous dédire.

LA PRINCESSE : Va le chercher et dis-lui que j'ai à lui parler.

ARLEQUIN : J'y cours, Madame. *(Il va et revient.)* Si je ne le trouve pas, qu'est-ce que je lui dirai?

LA PRINCESSE : Il ne peut pas encore être loin, tu le trouveras sans doute.

ARLEQUIN, *à part* : Bon, je vais de ce pas chercher le seigneur Frédéric.

Scène V : La Princesse, Hortense.

LA PRINCESSE : Ma chère Hortense, apparemment que ma rêverie est contagieuse; car vous devenez rêveuse aussi bien que moi.

HORTENSE : Que voulez-vous, Madame? Je vous vois rêver, et cela me donne un air pensif; je vous copie de figure.

LA PRINCESSE : Vous copiez si bien, qu'on s'y méprendrait. Quant à moi, je ne suis point tranquille; le rapport que vous me faites de Lélio ne me satisfait pas. Un homme à qui vous avez fait apercevoir que je l'aime, un homme à qui j'ai cru voir du penchant pour moi, devrait, à votre discours, donner malgré lui quelques marques de joie, et vous ne me parlez que de son profond respect; cela est bien froid.

HORTENSE : Mais, Madame, ordinairement le respect n'est ni chaud ni froid; je ne lui ai pas dit crûment : « La Princesse vous aime »; il ne m'a pas répondu crûment : « J'en suis charmé »; il ne lui a pas pris des transports; mais il m'a paru pénétré d'un profond respect. J'en reviens toujours à ce respect, et je le trouve en sa place.

LA PRINCESSE : Vous êtes femme d'esprit; lui avez-vous senti quelque surprise agréable?

HORTENSE : De la surprise? Oui, il en a montré; à l'égard de savoir si elle était agréable ou non, quand un homme sent du plaisir, et qu'il le sent de bon cœur, il en aurait un jour entier sans qu'on le devinât; mais enfin, pour moi, je suis fort contente de lui.

LA PRINCESSE, *souriant d'un air forcé* : Vous êtes fort contente de lui, Hortense? N'y aurait-il rien d'équivoque là-dessous? Qu'est-ce que cela signifie?

HORTENSE : Ce que signifie « je suis contente de lui »? Cela veut dire... En vérité, Madame, cela veut dire que je suis contente de lui; on ne saurait expliquer cela qu'en le répétant. Comment feriez-vous pour dire autrement? Je suis satisfaite de ce qu'il m'a répondu sur votre chapitre; l'aimez-vous mieux de cette façon-là?

LA PRINCESSE : Cela est plus clair.

HORTENSE : C'est pourtant la même chose.

LA PRINCESSE : Ne vous fâchez point; je suis dans une situation d'esprit qui mérite un peu d'indulgence. Il me vient des idées fâcheuses, déraisonnables. Je crains tout, je soupçonne tout; je crois que j'ai été jalouse de vous, oui, de vous-même, qui êtes la meilleure de mes amies, qui méritez ma confiance, et qui l'avez. Vous êtes aimable, Lélio l'est aussi; vous vous êtes vus tous deux; vous m'avez fait un rapport de lui qui n'a pas rempli mes espérances; je me suis égarée là-dessus, j'ai vu mille chimères; vous étiez déjà ma rivale. Qu'est-ce que c'est que l'amour, ma chère Hortense! Où est l'estime que j'ai pour vous, la justice que je dois vous rendre? Me reconnaissez-vous? Ne sont-ce pas là les faiblesses d'un enfant que je rapporte?

HORTENSE : Oui; mais les faiblesses d'un enfant de votre âge sont dangereuses, et je voudrais bien n'avoir rien à démêler avec elles.

LA PRINCESSE : Écoutez; je n'ai pas si grand tort; tantôt pendant que nous étions à cette fête, Lélio n'a presque pas regardé vous, vous le savez bien.

HORTENSE : Moi, Madame?

LA PRINCESSE : Eh bien! vous n'en convenez pas; cela est mal entendu, par exemple; il semblerait qu'il y a du mystère; n'ai-je pas remarqué que les regards de Lélio vous embarrassaient, et que vous n'osiez le regarder, par considération pour moi sans doute?... Vous ne me répondez pas?

HORTENSE : C'est que je vous vois en train de remarquer, et si je réponds, j'ai peur que vous ne remarquiez encore quelque chose dans ma réponse; cependant je n'y gagne rien, car vous faites une remarque sur mon silence. Je ne sais plus comment me conduire; si je me tais, c'est du mystère; si je parle, autre mystère; enfin je suis mystère depuis les pieds jusqu'à la tête. En vérité, je n'ose pas me remuer; j'ai peur que vous n'y trouviez une équivoque. Quel étrange amour que le vôtre, Madame! Je n'en ai jamais vu de cette humeur-là.

LA PRINCESSE : Encore une fois, je me condamne; mais vous n'êtes pas mon amie pour rien; vous êtes obligée de me supporter; j'ai de l'amour, en un mot, voilà mon excuse.

HORTENSE : Mais, Madame, c'est plus mon amour que le vôtre; de la manière dont vous le prenez, il me fatigue plus que vous; ne pourriez-vous me dispenser de votre confidence? Je me trouve une passion sur les bras qui ne m'appartient point, peut-on de fardeau plus ingrat?

LA PRINCESSE, *d'un air sérieux* : Hortense, je vous croyais plus d'attachement pour moi; et je ne sais que penser, après tout, du dégoût que vous témoignez. Quand je répare mes soupçons à votre égard par l'aveu que je vous en fais, mon amour vous déplaît trop; je n'y comprends rien; on dirait presque que vous en avez peur.

HORTENSE : Ah! la désagréable situation! Que je suis malheureuse de ne pouvoir ouvrir ni fermer la bouche en sûreté! Que faudra-t-il donc que je devienne? Les remarques me suivent, je n'y saurais tenir; vous me désespérez, je vous tourmente, toujours je vous fâcherai en parlant, toujours je vous fâcherai en ne disant mot; je ne saurais donc me corriger. Voilà une querelle fondée pour l'éternité; le moyen de vivre ensemble! j'aimerais mieux mourir. Vous me trouvez rêveuse; après cela il faut que je m'explique. Lélio m'a regardée; vous ne savez que penser, vous ne me comprenez pas. Vous m'estimez; vous me croyez fourbe : haine, amitié, soupçon, confiance, le calme, l'orage, vous mettez tout ensemble; je m'y perds, la tête me tourne, je ne sais où je suis; je quitte la partie, je me sauve, je m'en retourne, dussiez-vous prendre mon voyage pour une finesse.

LA PRINCESSE *la caressant* : Non, ma chère Hortense, vous ne me quitterez point; je ne veux pas vous perdre, je veux vous aimer, je veux que vous m'aimiez; j'abjure toutes mes faiblesses; vous êtes mon amie, je suis la vôtre et cela durera toujours.

HORTENSE : Madame, cet amour-là nous brouillera ensemble, vous le verrez; laissez-moi partir; comptez que je le fais pour le mieux.

LA PRINCESSE : Non, ma chère; je vais faire arrêter tous vos équipages, vous ne vous servirez que des miens; et pour plus de sûreté, à toutes les portes de la ville vous trouverez des gardes qui ne vous laisseront passer qu'avec moi. Nous irons quelquefois nous promener ensemble; voilà tous les voyages que vous ferez; point de mutinerie; je n'en rabattrai rien. A l'égard de Lélio, vous continuerez de le voir avec moi ou sans moi, quand votre amie vous en priera.

HORTENSE : Moi, voir Lélio, Madame! et si Lélio me regarde? il a des yeux. Et si je le regarde? j'en ai aussi. Ou bien si je ne le regarde pas? car tout est égal avec vous. Que voulez-vous que je fasse dans la compagnie d'un homme avec qui toute fonction de mes deux yeux est interdite? Les fermerai-je? les détournerai-je? Voilà tout ce qu'on en peut faire, et rien de tout cela ne vous convient. D'ailleurs, s'il a toujours ce profond respect qui n'est pas de votre goût, vous m'en prendrez de pitié, vous me direz encore : Cela est bien froid; comme si je n'avais qu'à lui dire : Monsieur, soyez plus tendre. Ainsi son respect, ses yeux et les miens, voilà trois choses que vous ne me passerez jamais. Je ne sais si, pour vous accommoder, il me suffirait d'être aveugle, sourde et muette; je ne serais peut-être pas encore à l'abri de votre chicane.

LA PRINCESSE : Toute cette vivacité-là ne me fait point de peur; je vous connais : vous êtes bonne, mais impatiente; et quelque jour, vous et moi, nous rirons de ce qui nous arrive aujourd'hui.

HORTENSE : Souffrez que je m'éloigne pendant que vous aimez. Au lieu de rire de mon séjour, nous rirons de mon absence; n'est-ce pas la même chose?

LA PRINCESSE : Ne m'en parlez plus, vous m'affligez. Voici Lélio, qu'apparemment Arlequin aura averti de ma part : prenez, de grâce, un air moins triste; je n'ai qu'un mot à lui dire; après l'instruction que vous lui avez donnée, nous jugerons bientôt de ses sentiments, par la manière dont il se comportera dans la suite. Le don de ma main lui fait un beau rang; mais il peut avoir le cœur pris.

Scène VI : Lélio, Hortense, la Princesse.

LÉLIO : Je me rends à vos ordres, Madame. Arlequin m'a dit que vous souhaitiez me parler.

LA PRINCESSE : Je vous attendais, Lélio; vous savez quelle est la commission de l'ambassadeur du roi de Castille, qu'on est convenu d'en délibérer aujourd'hui. Frédéric s'y trouvera; mais c'est à vous seul à décider. Il s'agit de ma main que le roi de Castille demande; vous pouvez l'accorder ou la refuser. Je ne vous dirai point quelles étaient mes intentions là-dessus; je m'en tiens à souhaiter que vous les deviniez. J'ai quelques ordres à donner; je vous laisse un moment avec Hortense; à peine vous connaissez-vous encore; elle est mon amie, et je suis bien aise que l'estime que j'ai pour vous ait son aveu.

Elle sort.

Scène VII : Lélio, Hortense.

LÉLIO : Enfin, Madame, il est temps que vous décidiez de mon sort, il n'y a point de moments à perdre. Vous venez d'entendre la Princesse; elle veut que je prononce sur le mariage qu'on lui propose. Si je refuse de le conclure, c'est entrer dans ses vues et lui dire que je l'aime; si je le conclus, c'est lui donner des preuves d'une indifférence dont elle cherchera les raisons. La conjoncture est pressante; que résolvez-vous en ma faveur? Il faut que je me dérobe d'ici incessamment; mais vous, Madame, y resterez-vous? Je puis vous offrir un asile où vous ne craindrez personne. Oserai-je espérer que vous consentirez aux mesures promptes et nécessaires?...

HORTENSE : Non, Monsieur, n'espérez rien, je vous prie; ne parlons plus de votre cœur, et laissez le mien en repos; vous le troublez, je ne sais ce qu'il est devenu; je n'entends parler que d'amour à droite et à gauche, il m'environne, il m'obsède, et le vôtre, au bout du compte, est celui qui me presse le plus.

LÉLIO : Quoi! Madame, c'en est donc fait! Mon amour vous fatigue, et vous me rebutez?

HORTENSE : Si vous cherchez à m'attendrir, je vous avertis que je vous quitte; je n'aime point qu'on exerce mon courage.

LÉLIO : Ah! Madame, il ne vous faut pas beaucoup pour résister à ma douleur.

HORTENSE : Ah! Monsieur, je ne sais point ce qu'il m'en faut, et ne trouve point à propos de le savoir. Laissez-moi me gouverner, chacun se sent [11], brisons là-dessus.

LÉLIO : Il n'est que trop vrai que vous pouvez m'écouter sans aucun risque.

HORTENSE : Il n'est que trop vrai! Oh! je suis plus diffi-

---

11. Marivaux emploie fréquemment *se sentir* pour dire : prendre conscience de soi, se connaître sentimentalement.

cile en vérité que vous; et ce qui est trop vrai pour vous ne l'est pas assez pour moi. Je crois que j'irais loin avec vos sûretés, surtout avec un garant comme vous! En vérité, Monsieur, vous n'y songez pas; il n'est que trop vrai! Si cela était si vrai, j'en saurais quelque chose; car vous me forcez à vous dire plus que je ne veux et je ne vous le pardonnerai pas.

LÉLIO : Si vous sentez quelque heureuse disposition pour moi, qu'ai-je fait depuis tantôt qui puisse mériter que vous la combattiez?

HORTENSE : Ce que vous avez fait? Pourquoi me rencontrez-vous ici? Qu'y venez-vous chercher? Vous êtes arrivé à la Cour; vous avez plu à la Princesse, elle vous aime; vous dépendez d'elle, j'en dépends de même; elle est jalouse de moi : voilà ce que vous avez fait, Monsieur, et il n'y a point de remède à cela, puisque je n'en trouve point.

LÉLIO, *étonné* : La Princesse est jalouse de vous?

HORTENSE : Oui, très jalouse : peut-être actuellement sommes-nous observés l'un et l'autre; et après cela vous venez me parler de votre passion, vous voulez que je vous aime; vous le voulez, et je tremble de ce qui en peut arriver; car enfin on se lasse. J'ai beau vous dire que cela ne se peut pas, que mon cœur vous serait inutile; vous ne m'écoutez point, vous vous plaisez à me pousser à bout. Eh! Lélio, qu'est-ce que c'est que votre amour? Vous ne me ménagez point; aime-t-on les gens quand on les persécute, quand ils sont plus à plaindre que nous, quand ils ont leurs chagrins et les nôtres, quand ils ne nous font un peu de mal que pour éviter de nous en faire davantage? Je refuse de vous aimer : qu'est-ce que j'y gagne? Vous imaginez-vous que j'y prends plaisir? Non, Lélio, non; le plaisir n'est pas grand. Vous êtes un ingrat; vous devriez me remercier de mes refus, vous ne les méritez pas. Dites-moi, qu'est-ce qui m'empêche de vous aimer? cela est-il si difficile? n'ai-je pas le cœur libre? n'êtes-vous pas aimable? ne m'aimez-vous pas assez? que vous manque-t-il? vous n'êtes pas raisonnable. Je vous refuse mon cœur avec le péril qu'il y a de l'avoir; mon amour vous perdrait. Voilà pourquoi vous ne l'aurez point; voilà d'où me vient ce courage, que vous me reprochez. Et vous vous plaignez de moi, et vous me demandez encore que je vous aime! Expliquez-vous donc. Que me demandez-vous? Que vous faut-il? Qu'appelez-vous aimer? je n'y comprends rien.

LÉLIO, *vivement* : C'est votre main qui manque à mon bonheur.

HORTENSE, *tendrement* : Ma main!... Ah! je ne périrais pas seule, et le don que je vous en ferais me coûterait mon époux; et je ne veux pas mourir, en perdant un homme comme vous. Non, si je faisais jamais votre bonheur, je voudrais qu'il durât longtemps.

LÉLIO, *animé* : Mon cœur ne peut suffire à toute ma tendresse. Madame, prêtez-moi, de grâce, un moment d'attention, je vais vous instruire.

HORTENSE : Arrêtez, Lélio; j'envisage un malheur qui me fait frémir; je ne sache rien de si cruel que votre obstination; il me semble que tout ce que vous me dites m'entretient de votre mort. Je vous avais prié de laisser mon cœur en repos, vous n'en faites rien; voilà qui est

fini; poursuivez, je ne vous crains plus. Je me suis d'abord contentée de vous dire que je ne pouvais pas vous aimer, cela ne vous a pas épouvanté; mais je sais des façons de parler plus positives, plus intelligibles, et qui assurément vous guériront de toute espérance. Voici donc, à la lettre, ce que je pense, et ce que je penserai toujours : c'est que je ne vous aime point, et que je ne vous aimerai jamais. Ce discours est net, je le crois sans réplique; il ne reste plus de question à faire. Je ne sortirai point de là; je ne vous aime point, vous ne me plaisez point. Si je savais une manière de l'expliquer plus dure, je m'en servirais pour vous punir de la douleur que je souffre à vous en faire. Je ne pense pas qu'à présent vous ayez envie de parler de votre amour; ainsi changeons de sujet.

LÉLIO : Oui, Madame, je vois bien que votre résolution est prise. La seule espérance d'être uni pour jamais avec vous m'arrêtait encore ici; je m'étais flatté, je l'avoue; mais c'est bien peu de chose que l'intérêt que l'on prend à un homme à qui l'on peut parler comme vous le faites. Quand je vous apprendrais qui je suis, cela ne servirait de rien; vos refus n'en seraient que plus affligeants. Adieu, Madame; il n'y a plus de séjour ici pour moi; je pars dans l'instant, et je ne vous oublierai jamais.

Il s'éloigne.

HORTENSE, *pendant qu'il s'en va* : Oh! je ne sais plus où j'en suis; je n'avais pas prévu ce coup-là. Lélio!

Elle l'appelle.

LÉLIO, *revenant* : Que me voulez-vous, Madame?

HORTENSE : Je n'en sais rien; vous êtes au désespoir, vous m'y mettez, je ne sais encore que cela.

LÉLIO : Vous me haïrez si je ne vous quitte.

HORTENSE : Je ne vous hais plus quand vous me quittez.

LÉLIO : Daignez donc consulter votre cœur.

HORTENSE : Vous voyez bien les conseils qu'il me donne; vous partez, je vous rappelle, je vous rappellerai, si je vous renvoie; mon cœur ne finira rien.

LÉLIO : Eh! Madame, ne me renvoyez plus; nous échapperons aisément à tous les malheurs que vous craignez; laissez-moi vous expliquer mes mesures, et vous dire que ma naissance...

HORTENSE, *vivement* : Non, je me retrouve enfin, je ne veux plus rien entendre. Échapper à nos malheurs! Ne s'agit-il pas de sortir d'ici? le pourrons-nous? n'a-t-on pas les yeux sur nous? ne serez-vous pas arrêté? Adieu; je vous dois la vie; je ne vous devrai rien, si vous ne sauvez la vôtre. Vous dites que vous m'aimez; non, je n'en crois rien, si vous ne partez. Partez donc, ou soyez mon ennemi mortel; partez, ma tendresse vous l'ordonne; ou restez ici l'homme du monde le plus haï de moi, et le plus haïssable que je connaisse.

Elle s'en va comme en colère.

LÉLIO, *d'un ton de dépit* : Je partirai donc, puisque vous le voulez; mais vous prétendez me sauver la vie, et vous n'y réussirez pas.

HORTENSE, *se retournant de loin* : Vous me rappelez donc à votre tour?

LÉLIO : J'aime autant mourir que de ne vous plus voir.

HORTENSE : Ah! voyons donc les mesures que vous voulez prendre.

LÉLIO, *transporté de joie* : Quel bonheur! je ne saurais retenir mes transports.

HORTENSE, *nonchalamment* : Vous m'aimez beaucoup, je le sais bien; passons votre reconnaissance, nous dirons cela une autre fois. Venons aux mesures...

LÉLIO : Que n'ai-je, au lieu d'une couronne qui m'attend, l'empire de la terre à vous offrir?

HORTENSE, *avec une surprise modeste* : Vous êtes né prince? Mais vous n'avez qu'à me garder votre cœur, vous ne me donnerez rien qui le vaille; achevons.

LÉLIO : J'attends demain *incognito* un courrier du roi de Léon, mon père.

HORTENSE : Arrêtez, Prince; Frédéric vient, l'Ambassadeur le suit sans doute. Vous m'informerez tantôt de vos résolutions.

LÉLIO : Je crains encore vos inquiétudes.

HORTENSE : Et moi, je ne crains plus rien; je me sens l'imprudence la plus tranquille du monde; vous me l'avez donnée, je m'en trouve bien; c'est à vous à me la garantir, faites comme vous pourrez.

LÉLIO : Tout ira bien, Madame; je ne conclurai rien avec l'Ambassadeur pour gagner du temps; je vous reverrai tantôt.

Scène VIII : l'Ambassadeur,
Lélio, Frédéric.

FRÉDÉRIC, *à part, à l'Ambassadeur* : Vous sentirez, j'en suis sûr, jusqu'où va l'audace de ses espérances.

L'AMBASSADEUR, *à Lélio* : Vous savez, Monsieur, ce qui m'amène ici, et votre habileté me répond du succès de ma commission. Il s'agit d'un mariage entre votre princesse et le roi de Castille, mon maître. Tout invite à le conclure; jamais union ne fut peut-être plus nécessaire. Vous n'ignorez pas les justes droits que les rois de Castille prétendent avoir sur une partie de cet État, par les alliances...

LÉLIO : Laissons là ces droits historiques, Monsieur; je sais ce que c'est; et quand on voudra, la Princesse en produira de même valeur sur les États du Roi votre maître. Nous n'avons qu'à lire aussi les alliances passées, vous verrez qu'il y aura quelqu'une de vos provinces qui nous appartiendra.

FRÉDÉRIC: Effectivement vos droits ne sont pas fondés, et il n'est pas besoin d'en appuyer le mariage dont il s'agit.

L'AMBASSADEUR : Laissons-les donc pour le présent, j'y consens; mais la trop grande proximité des deux États entretient depuis vingt ans des guerres qui ne finissent que pour peu de temps, et qui recommenceront bientôt entre deux nations voisines, et dont les intérêts se croiseront toujours. Vos peuples sont fatigués; mille occasions vous ont prouvé que vos ressources sont inégales aux nôtres. La paix que nous venons de faire avec vous, vous la devez à des circonstances qui ne se rencontreront pas toujours. Si la Castille n'avait été occupée ailleurs, les choses auraient bien changé de face.

LÉLIO : Point du tout; il en aurait été de cette guerre comme de toutes les autres. Depuis tant de siècles que cet État se défend contre le vôtre, où sont vos progrès? Je n'en vois point qui puissent justifier cette grande inégalité de forces dont vous parlez.

L'AMBASSADEUR : Vous ne vous êtes soutenus que par des secours étrangers.

LÉLIO : Ces mêmes secours dans bien des occasions vous ont aussi rendu de grands services; et voilà comment subsistent les États : la politique de l'un arrête l'ambition de l'autre.

FRÉDÉRIC : Retranchons-nous sur des choses plus effectives, sur la tranquillité durable que ce mariage assurerait aux deux peuples qui ne seraient plus qu'un, et qui n'auraient plus qu'un même maître.

LÉLIO : Fort bien; mais nos peuples n'ont-ils pas leurs lois particulières? Etes-vous sûr, Monsieur, qu'ils voudront bien passer sous une domination étrangère, et peut-être se soumettre aux coutumes d'une nation qui leur est antipathique?

L'AMBASSADEUR : Désobéiront-ils à leur souveraine?

LÉLIO : Ils lui désobéiront par amour pour elle.

FRÉDÉRIC : En ce cas-là, il ne sera pas difficile de les réduire.

LÉLIO : Y pensez-vous, Monsieur? S'il faut les opprimer pour les rendre tranquilles, comme vous l'entendez, ce n'est pas de leur souveraine que doit leur venir un pareil repos; il n'appartient qu'à la fureur d'un ennemi de leur faire un présent si funeste.

FRÉDÉRIC, *à part, à l'Ambassadeur* : Vous voyez des preuves de ce que je vous ai dit.

L'AMBASSADEUR, *à Lélio* : Votre avis est donc de rejeter le mariage que je propose?

LÉLIO : Je ne le rejette point; mais il mérite réflexion. Il faut examiner mûrement les choses; après quoi, je conseillerai à la Princesse ce que je jugerai de mieux pour sa gloire et pour le bien de ses peuples; le seigneur Frédéric dira ses raisons, et moi les miennes.

FRÉDÉRIC : On décidera sur les vôtres.

L'AMBASSADEUR, *à Lélio* : Me permettez-vous de vous parler à cœur ouvert?

LÉLIO : Vous êtes le maître.

L'AMBASSADEUR : Vous êtes ici dans une belle situation, et vous craignez d'en sortir, si la Princesse se marie; mais le Roi mon maître est assez grand seigneur pour vous dédommager, et j'en réponds pour lui.

LÉLIO, *froidement* : Ah! de grâce, ne citez point ici le Roi votre maître; soupçonnez-moi tant que vous voudrez de manquer de droiture, mais ne m'associez point à vos soupçons. Quand nous faisons parler les princes, Monsieur, que ce soit toujours d'une manière noble et digne d'eux; c'est un respect que nous leur devons, et vous me faites rougir pour le roi de Castille.

L'AMBASSADEUR : Arrêtons là. Une discussion là-dessus nous mènerait trop loin; il ne me reste qu'un mot à vous dire; et ce n'est plus le roi de Castille, c'est moi qui vous parle à présent. On m'a averti que je vous trouverais contraire au mariage dont il s'agit, tout convenable, tout nécessaire qu'il est, si jamais la Princesse veut épouser un prince. On a prévu les difficultés que vous faites, et l'on prétend que vous avez vos raisons pour les faire; raisons si hardies que je n'ai pu les croire, et qui sont fondées, dit-on, sur la confiance dont la Princesse vous honore.

LÉLIO : Vous m'allez encore parler à cœur ouvert, Monsieur, et si vous m'en croyez, vous n'en ferez rien; la franchise ne vous réussit pas; le Roi votre maître s'en est mal trouvé tout à l'heure, et vous m'inquiétez pour la Princesse.

L'AMBASSADEUR : Ne craignez rien; loin de manquer moi-même à ce que je lui dois, je ne veux que l'apprendre à ceux qui l'oublient.

LÉLIO : Voyons; j'en sais tant là-dessus, que je suis en état de corriger vos leçons mêmes. Que dit-on de moi?

L'AMBASSADEUR : Des choses hors de toute vraisemblance.

FRÉDÉRIC : Ne les expliquez point; je crois savoir ce que c'est; on me les a dites aussi, et j'en ai ri comme d'une chimère.

LÉLIO, *regardant Frédéric* : N'importe; je serai bien aise de voir jusqu'où va la lâche inimitié de ceux dont je blesse ici les yeux, que vous connaissez comme moi, et à qui j'aurais fait bien du mal si j'avais voulu, mais qui ne valent pas la peine qu'un honnête homme se venge. Revenons.

L'AMBASSADEUR : Non, le seigneur Frédéric a raison; n'expliquons rien; ce sont des illusions. Un homme d'esprit comme vous, dont la fortune est déjà si prodigieuse, et qui la mérite, ne saurait avoir des sentiments aussi périlleux que ceux qu'on vous attribue. La Princesse n'est sans doute que l'objet de vos respects; mais le bruit qui court sur votre compte vous expose, et, pour le détruire, je vous conseillerais de porter la Princesse à un mariage avantageux à l'État.

LÉLIO : Je vous suis très obligé de vos conseils, Monsieur; mais j'ai regret à la peine que vous prenez de m'en donner. Jusqu'ici les ambassadeurs n'ont jamais été les précepteurs des ministres chez qui ils vont, et je n'ose renverser l'ordre. Quand je verrai votre nouvelle méthode de bien établie, je vous promets de la suivre.

L'AMBASSADEUR : Je n'ai pas tout dit. Le roi de Castille a pris de l'inclination pour la Princesse sur un portrait qu'il en a vu; c'est en amant que ce jeune prince souhaite un mariage que la raison, l'égalité d'âge et la politique doivent presser de part et d'autre. S'il ne s'achève pas, si vous en détournez la Princesse par des motifs qu'elle ne sait pas, faites du moins qu'à son tour ce prince ignore les secrètes raisons qui s'opposent en vous à ce qu'il souhaite; la vengeance des princes peut porter loin; souvenez-vous-en.

LÉLIO : Encore une fois, je ne rejette point votre proposition, nous l'examinerons plus à loisir; mais si les raisons secrètes que vous voulez dire étaient réelles, Monsieur, je ne laisserais pas que d'embarrasser le ressentiment de votre prince. Il lui serait plus difficile de se venger de moi que vous ne pensez.

L'AMBASSADEUR, *outré* : De vous?

LÉLIO, *froidement* : Oui, de moi.

L'AMBASSADEUR : Doucement; vous ne savez pas à qui vous parlez.

LÉLIO : Je sais qui je suis, en voilà assez.

L'AMBASSADEUR : Laissez-là ce que vous êtes, et soyez sûr que vous me devez respect.

LÉLIO : Soit; et moi je n'ai, si vous le voulez, que mon cœur pour tout avantage; mais les égards que l'on doit à la seule vertu sont aussi légitimes que les respects que l'on doit aux princes; et fussiez-vous le roi de Castille même, si vous êtes généreux, vous ne sauriez penser autrement. Je ne vous ai point manqué de respect, supposé que je vous en doive; mais les sentiments que je vous montre depuis que je vous parle méritaient de votre part plus d'attention que vous ne leur en avez donné. Cependant je continuerai à vous respecter, puisque vous dites qu'il le faut, sans pourtant en examiner moins si le mariage dont il s'agit est vraiment convenable.

Il sort fièrement.

Scène IX : Frédéric, l'Ambassadeur.

FRÉDÉRIC : La manière dont vous venez de lui parler me fait présumer bien des choses; peut-être sous le titre d'ambassadeur nous cachez-vous...

L'AMBASSADEUR : Non, Monsieur, il n'y a rien à présumer; c'est un ton que j'ai cru pouvoir prendre avec un aventurier que le sort a élevé.

FRÉDÉRIC : Eh bien! que dites-vous de cet homme-là?

L'AMBASSADEUR : Je dis que je l'estime.

FRÉDÉRIC : Cependant, si nous ne le renversons, vous ne pouvez réussir; ne joindrez-vous pas vos efforts aux nôtres?

L'AMBASSADEUR : J'y consens, à condition que nous ne tenterons rien qui soit indigne de nous; je veux le combattre généreusement, comme il le mérite.

FRÉDÉRIC : Toutes actions sont généreuses, quand elles tendent au bien général.

L'AMBASSADEUR : Ne vous en fiez pas à vous : vous haïssez Lélio, et la haine entend mal à faire des maximes d'honneur. Je tâcherai de voir aujourd'hui la Princesse. Je vous quitte, j'ai quelques dépêches à faire, nous nous reverrons tantôt.

Scène X : Frédéric, Arlequin, *arrivant tout essoufflé.*

FRÉDÉRIC, *à part* : Monsieur l'Ambassadeur me paraît bien scrupuleux! Mais voici Arlequin qui accourt à moi.

ARLEQUIN : Par la mardi! Monsieur le Conseiller, il y a longtemps que je galope après vous; vous êtes plus difficile à trouver qu'une botte de foin dans une aiguille.

FRÉDÉRIC : Je ne me suis pourtant pas écarté; as-tu quelque chose à me dire?

ARLEQUIN : Attendez, je crois que j'ai laissé ma respiration par les chemins; ouf!...

FRÉDÉRIC : Reprends haleine.

ARLEQUIN : Oh! dame, cela ne se prend pas avec la main. Ohi! ohi! Je vous ai été chercher au palais, dans les salles, dans les cuisines; je trottais par ci, je trottais par là, je trottais partout; et y allons vite, et boute et gare... N'avez-vous pas vu le seigneur Frédéric?... — Eh! non, mon ami!... — Où diable est-il donc? que la peste l'étouffe!... Et puis je cours encore, patati, patata; je jure, je rencontre un porteur d'eau, je renverse son eau : N'avez-vous pas vu le seigneur Frédéric?... — Attends, attends, je vais te donner du seigneur Frédéric par les oreilles... Moi, je m'enfuis. Par la sambleu! morbleu! ne serait-il pas au cabaret? J'y entre, je trouve du vin, je bois chopine [12], je m'apaise, et puis je reviens; et puis vous voilà.

FRÉDÉRIC : Achève; sais-tu quelque chose? Tu me donnes bien de l'impatience.

ARLEQUIN : Cent mille écus ne seraient pas dignes de me payer ma peine; pourtant j'en rabattrai beaucoup.

FRÉDÉRIC : Je n'ai point d'argent sur moi, mais je t'en promets au sortir d'ici.

ARLEQUIN : Pourquoi est-ce que vous laissez votre bourse à la maison? Si j'avais su cela, je ne vous aurais pas trouvé; car, pendant que j'y suis, il faut que je vous tienne.

FRÉDÉRIC : Tu n'y perdras rien; parle, que sais-tu?

ARLEQUIN : De bonnes choses; c'est du nanan.

FRÉDÉRIC : Voyons.

ARLEQUIN : Cet argent promis m'envoie des scrupules; si vous pouviez me donner des gages; ce petit diamant qui est à votre petit doigt, par exemple? quand cela promet de l'argent, cela tient parole.

FRÉDÉRIC : Prends; le voilà pour garant de la mienne; ne me fais plus languir.

ARLEQUIN : Vous êtes honnête homme, et votre bague aussi. Or donc, tantôt, Monsieur Lélio, qui vous méprise que c'est une bénédiction, il parlait à lui tout seul...

FRÉDÉRIC : Bon!

ARLEQUIN : Oui, bon!... Voilà la Princesse qui vient. Dirai-je tout devant elle?

FRÉDÉRIC, *après avoir rêvé* : Tu m'en fais venir l'idée. Oui; mais ne dis rien de tes engagements avec moi. Je vais parler le premier; conforme-toi à ce que je m'entendras dire.

Scène XI : La Princesse, Hortense, Frédéric, Arlequin.

LA PRINCESSE : Eh bien! Frédéric, qu'a-t-on conclu avec l'Ambassadeur?

FRÉDÉRIC : Madame, Monsieur Lélio penche à croire que sa proposition est recevable.

LA PRINCESSE : Lui! Son sentiment est que j'épouse le roi de Castille?

FRÉDÉRIC : Il n'a demandé que le temps d'examiner un peu la chose.

LA PRINCESSE : Je n'aurais pas cru qu'il dût penser comme vous le dites.

ARLEQUIN, *derrière elle* : Il en pense, ma foi, bien d'autres!

LA PRINCESSE, *à Arlequin* : Ah! te voilà? *(A Frédéric.)* Que faites-vous de son valet ici?

FRÉDÉRIC : Quand vous êtes arrivée, Madame, il venait, disait-il, me déclarer quelque chose qui vous concer-

ne, et que le zèle qu'il a pour vous l'oblige de découvrir. Monsieur Lélio y est mêlé; mais je n'ai pas eu encore le temps de savoir ce que c'est.

LA PRINCESSE : Sachons-le; de quoi s'agit-il?

ARLEQUIN : C'est que, voyez-vous, Madame, il n'y a, mardi! point de chanson à cela [13]; je suis bon serviteur de Votre Principauté.

HORTENSE : Eh quoi! Madame, pouvez-vous prêter l'oreille aux discours de pareilles gens?

LA PRINCESSE : On s'amuse de tout. *(A Arlequin.)* Continue.

ARLEQUIN : Je n'entends ni à dia ni à huriau [14], quand on ne vous rend pas la révérence qui vous appartient.

LA PRINCESSE : A merveille. Mais viens au fait sans compliment.

ARLEQUIN : Oh! dame, quand on vous parle, à vous autres, ce n'est pas le tout que d'ôter son chapeau, il faut bien mettre en avant quelque petite faribole au bout. A cette heure voilà mon histoire. Vous saurez donc, avec votre permission, que tantôt j'écoutais Monsieur Lélio, qui faisait la conversation des fous; car il parlait tout seul. Il était devant moi, et moi derrière. Or, ne vous déplaise, il ne savait pas que j'étais là; il se virait, je me virais; c'était une farce. Tout d'un coup il ne s'est plus viré, et puis s'est mis à dire comme cela : Ouf! je suis diablement embarrassé. Moi j'ai deviné qu'il avait de l'embarras. Quand il a eu dit cela, il n'a rien dit davantage, il s'est promené; ensuite il lui a pris un grand frisson.

HORTENSE : En vérité, Madame, vous m'étonnez.

LA PRINCESSE : Que veux-tu dire : un frisson?

ARLEQUIN : Oui, il a dit : Je tremble. Et ce n'était pas pour des prunes, le gaillard! Car, a-t-il repris, j'ai lorgné ma gentille maîtresse pendant cette belle fête; et si cette Princesse, qui est plus fine qu'un merle, a vu trotter ma prunelle, mon affaire va mal, j'en dis du mirlirot [15]. Là-dessus autre promenade, ensuite autre conversation. Par la ventrebleu! a-t-il dit, j'ai du guignon; je suis amoureux de cette gracieuse personne, et si la Princesse vient à le savoir, et y allons donc, nous verrons beau train, je serai un joli mignon; elle sera capable de me friponner m'amie... Jour de Dieu! ai-je dit en moi-même, friponner, c'est le fait des larrons, et non pas d'une Princesse qui est fidèle comme l'or. Vertuchoux! qu'est-ce que c'est que tout ce tripotage-là? toutes ces paroles-là ont mauvaise mine; mon patron songe à malice, et il faut avertir cette pauvre Princesse, à qui on en ferait passer quinze pour quatorze. Je suis donc venu comme un honnête garçon, et voilà que je vous découvre le pot aux roses; mais je vous dis la signification du discours, et le tout *gratis*, si cela vous plaît.

HORTENSE, *à part* : Quelle aventure!

FRÉDÉRIC, *à la Princesse* : Madame, vous m'avez dit quelquefois que je présumais mal de Lélio; voyez l'abus qu'il fait de votre estime.

LA PRINCESSE : Taisez-vous; je n'ai que faire de vos réflexions. *(A Arlequin.)* Pour toi, je vais t'apprendre à

---

12. La *chopine* est une ancienne mesure valant la moitié d'une pinte (la pinte fait un peu moins d'un litre).

13. Ce ne sont point des contes, des sornettes.

14. Je n'entends pas raison.

15. Furetière note : « J'en dis du mirlirot, je ne m'en soucie pas, je m'en moque. »

trahir ton maître, à te mêler de choses que tu ne devais pas entendre et à me compromettre dans l'impertinente répétition que tu en fais; une étroite prison me répondra de ton silence.

ARLEQUIN, *se mettant à genoux* : Ah! ma bonne dame, ayez pitié de moi; arrachez-moi la langue, et laissez-moi la clef des champs. Miséricorde, ma reine! je ne suis qu'un butor, et c'est ce misérable conseiller de malheur qui m'a brouillé avec votre charitable personne.

LA PRINCESSE : Comment cela!

FRÉDÉRIC : Madame, c'est un valet qui vous parle, et qui cherche à se sauver; je ne sais ce qu'il veut dire.

HORTENSE : Laissez, laissez-le parler, Monsieur.

ARLEQUIN : Allez, je vous ai bien dit que vous ne valiez rien, et vous ne m'avez pas voulu croire. Je ne suis qu'un chétif valet, et si pourtant, je voulais être homme de bien; et lui, qui est riche et grand seigneur, il n'a jamais eu le cœur d'être honnête homme.

FRÉDÉRIC : Il va vous en imposer, Madame.

LA PRINCESSE : Taisez-vous, vous dis-je; je veux qu'il parle.

ARLEQUIN : Tenez, Madame, voilà comme cela est venu. Il m'a trouvé comme j'allais tout droit devant moi... Veux-tu me faire un plaisir? m'a-t-il dit. — Hélas! de tout mon cœur; car je suis bon et serviable de mon naturel. — Tiens, voilà une pistole. — Grand merci. — En voilà encore une autre. — Donnez, mon brave homme. — Prends encore cette poignée de pistoles. — Et oui-da, mon bon Monsieur. — Veux-tu me rapporter ce que tu entendras dire à ton maître? — Et pourquoi cela? — Pour rien, par curiosité. — Oh! non, mon compère, non. — Mais je te donnerai tant de bonnes drogues [16]; je te ferai ci, je te ferai cela; je sais une fille qui est jolie, qui est dans ses meubles; je la tiens dans ma manche; je te la garde. — Oh! oh! montrez-la pour voir. — Je l'ai laissée au logis; mais, suis-moi, tu l'auras. — Non, non, brocanteur, non. — Quoi! tu ne veux pas d'une jolie fille?... A la vérité, Madame, cette fille-là me trottait dans l'âme; il me semblait que je la voyais, qu'elle était blanche, potelée. Quelle satisfaction! Je trouvais cela bien friand. Je bataillais comme un César; vous m'auriez mangé de plaisir en voyant mon courage; à la fin, je suis chu. Il me doit encore une pension de cent écus par an, et j'ai déjà reçu la fillette, que je ne puis pas vous montrer, parce qu'elle n'est pas là; sans compter une prophétie qui a parlé, à ce qu'ils disent, de mon argent, de ma fortune et de ma friponnerie.

LA PRINCESSE : Comment s'appelle-t-elle, cette fille?

ARLEQUIN : Lisette. Ah! Madame, si vous voyiez sa face, vous seriez ravie; avec cette créature-là, il faut que l'honneur d'un homme plie bagage; il n'y a pas moyen.

FRÉDÉRIC : Un misérable comme celui-là peut-il imaginer tant d'impostures?

ARLEQUIN : Tenez, Madame, voilà encore sa bague qu'il m'a mise en gage pour de l'argent qu'il me doit donner tantôt. Regardez mon innocence. Vous qui êtes une princesse, si on vous donnait tant d'argent, de pen-

sions, de bagues, et un joli garçon, est-ce que vous y pourriez tenir? Mettez la main sur la conscience. Je n'ai rien inventé; j'ai dit ce que Monsieur Lélio a dit.

HORTENSE, *à part* : Juste ciel!

LA PRINCESSE, *à Frédéric en s'en allant* : Je verrai ce que je dois faire de vous, Frédéric; mais vous êtes le plus indigne et le plus lâche de tous les hommes.

ARLEQUIN : Hélas! délivrez-moi de la prison.

LA PRINCESSE : Laisse-moi.

HORTENSE, *déconcertée* : Voulez-vous que je vous suive, Madame?

LA PRINCESSE : Non, Madame, restez, je suis bien aise d'être seule; mais ne vous écartez point.

Scène XII : Frédéric, Hortense, Arlequin.

ARLEQUIN : Me voilà bien accommodé! je suis un bel oiseau! j'aurai bon air en cage! Et puis après cela fiez-vous aux prophéties! prenez des pensions, et aimez les filles! Pauvre Arlequin! adieu la joie; je n'userai plus de souliers, on va m'enfermer dans un étui, à cause de ce Sarrasin-là *(en montrant Frédéric).*

FRÉDÉRIC : Que je suis malheureux, Madame! Vous n'avez jamais paru me vouloir du mal; dans la situation où m'a mis un zèle imprudent pour les intérêts de la Princesse, puis-je espérer de vous une grâce?

HORTENSE, *outrée* : Oui-da, Monsieur, faut-il demander qu'on vous ôte la vie, pour vous délivrer du malheur d'être détesté de tous les hommes? Voilà, je pense, tout le service qu'on peut vous rendre, et vous pouvez compter sur moi.

FRÉDÉRIC : Que vous ai-je fait, Madame?

Scène XIII : Lélio, Hortense, Frédéric, Arlequin.

ARLEQUIN, *voyant Lélio* : Ah! mon maître bien-aimé, venez que je vous baise les pieds, je ne suis pas digne de vous baiser les mains. Vous savez bien le privilège que vous m'avez donné tantôt; eh bien! ce privilège est ma perdition : pour deux ou trois petites miettes de paroles que j'ai lâchées de vous à la Princesse, elle veut que je garde la chambre; et j'allais faire mes fiançailles.

LÉLIO : Que signifient ces paroles, Madame? Je m'aperçois qu'il se passe quelque chose d'extraordinaire dans le palais; les gardes m'ont reçu avec une froideur qui m'a surpris; qu'est-il arrivé?

HORTENSE : Votre valet, payé par Frédéric, a rapporté à la Princesse ce qu'il vous a entendu dire dans un moment où vous vous croyiez seul.

LÉLIO : Et qu'a-t-il rapporté?

HORTENSE : Que vous aimiez certaine dame; que vous aviez peur que la Princesse ne vous l'eût vu regarder pendant la fête, et ne vous l'ôtât, si elle savait que vous l'aimiez.

LÉLIO : Et cette dame, l'a-t-on nommée?

HORTENSE : Non, mais apparemment on la connaît bien; et voilà l'obligation que vous avez à Frédéric, dont les présents ont corrompu votre valet.

---

16. *Drogues* est encore employé ici au sens de nourritures, de friandises.

ARLEQUIN : Oui, c'est fort bien dit; il m'a corrompu; j'avais le cœur plus net qu'une perle; j'étais tout à fait gentil; mais depuis que je l'ai fréquenté, je vaux moins d'écus que je ne valais de mailles [17].

FRÉDÉRIC, *se retirant de son abstraction* : Oui, Monsieur, je vous l'avouerai encore une fois, j'ai cru bien servir l'État et la Princesse en tâchant d'arrêter votre fortune; suivez ma conduite, elle me justifie. Je vous ai prié de travailler à me faire premier ministre, il est vrai; mais quel pouvait être mon dessein? Suis-je dans un âge à souhaiter un emploi si fatigant? Non, Monsieur; trente années d'exercice m'ont rassasié d'emplois et d'honneurs, il ne me faut que du repos; mais je voulais m'assurer de vos idées, et voir si vous aspiriez vous-même au rang que je feignais de souhaiter. J'allais dans ce cas parler à la Princesse, et la détourner, autant que j'aurais pu, de remettre tant de pouvoir entre des mains dangereuses et tout à fait inconnues. Pour achever de vous pénétrer, je vous ai offert ma fille; vous l'avez refusée; je l'avais prévu, et j'ai tremblé du projet dont je vous ai soupçonné sur ce refus, et du succès que pouvait avoir ce projet même. Car enfin, vous avez la faveur de la Princesse, vous êtes jeune et aimable, tranchons le mot, vous pouvez lui plaire, et jeter dans son cœur de quoi lui faire oublier ses véritables intérêts et les nôtres, qui étaient qu'elle épousât le roi de Castille. Voilà ce que j'appréhendais, et la raison de tous les efforts que j'ai faits contre vous. Vous m'avez cru jaloux de vous, quand je n'étais inquiet que pour le bien public. Je ne vous le reproche pas; les vues jalouses et ambitieuses ne sont que trop ordinaires à mes pareils; et, ne me connaissant pas, il vous était permis de me confondre avec eux, de méconnaître un zèle assez rare et qui d'ailleurs se montrait par des actions équivoques. Quoi qu'il en soit, tout louable qu'il est ce zèle, je me vois près d'en être la victime. J'ai combattu vos desseins, parce qu'ils m'ont paru dangereux. Peut-être êtes-vous digne qu'ils réussissent, et la manière dont vous en userez avec moi dans l'état où je suis, l'usage que vous ferez de votre crédit auprès de la Princesse, enfin la destinée que j'éprouverai, décidera de l'opinion que je dois avoir de vous. Si je péris après d'aussi louables intentions que les miennes, je ne me serai point trompé sur votre compte; je périrai du moins avec la consolation d'avoir été l'ennemi d'un homme qui, en effet, n'était pas vertueux. Si je ne péris pas, au contraire, mon estime, ma reconnaissance et mes satisfactions vous attendent.

ARLEQUIN : Il n'y aura donc que moi qui resterai un fripon, faute de savoir faire une harangue.

LÉLIO, *à Frédéric* : Je vous sauverai si je puis, Frédéric; vous me faites du tort; mais l'honnête homme n'est pas méchant, et je ne saurais refuser ma pitié aux opprobres dont vous couvre votre caractère.

FRÉDÉRIC : Votre pitié!... Adieu, Lélio; peut-être à votre tour aurez-vous besoin de la mienne.

Il s'en va.

LÉLIO, *à Arlequin* : Va m'attendre.

Arlequin sort en pleurant.

17. La *maille* est une petite monnaie de billon qui valait la moitié d'un denier et qui n'était plus en usage à l'époque de Marivaux.

Scène XIV : Lélio, Hortense.

LÉLIO : Vous l'avez prévu, Madame, mon amour vous met dans le péril; et je n'ose presque vous regarder.

HORTENSE : Quoi! l'on va peut-être me séparer d'avec vous, et vous ne voulez pas me regarder, ni voir combien je vous aime! Montrez-moi du moins combien vous m'aimez, je veux vous voir.

LÉLIO, *lui baisant la main* : Je vous adore.

HORTENSE : J'en dirai autant que vous, si vous le voulez; cela ne tient à rien; je ne vous verrai plus, je ne me gêne point, je dis tout.

LÉLIO : Quel bonheur! mais qu'il est traversé! Cependant, Madame, ne vous alarmez point, je vais déclarer qui je suis à la Princesse, et lui avouer...

HORTENSE : Lui dire qui vous êtes!... Je vous le défends; c'est une âme violente, elle vous aime, elle se flattait que vous l'aimiez, elle vous aurait épousé, tout inconnu que vous lui êtes; elle verrait à présent que vous lui convenez. Vous êtes dans son palais sans secours, vous m'avez donné votre cœur, tout cela serait affreux pour elle; vous péririez, j'en suis sûre; elle est déjà jalouse, elle deviendrait furieuse, elle en perdrait l'esprit; elle aurait raison de le perdre, je le perdrais comme elle, et toute la terre le perdrait. Je sens cela; mon amour le dit; fiez-vous à lui, il vous connaît bien. Se voir enlever un homme comme vous! vous ne savez pas ce que c'est; j'en frémis, n'en parlons plus. Laissez-vous gouverner; réglons-nous sur les événements, je le veux. Peut-être allez-vous être arrêté; ne restons pas ici; je suis mourante de frayeur pour vous. Mon cher Prince, que vous m'avez donné d'amour! N'importe, je vous le pardonne, sauvez-vous, je vous en promets encore davantage. Adieu! ne restons point à présent ensemble, peut-être nous verrons-nous plus libres.

LÉLIO : Je vous obéis; mais si l'on s'en prend à vous, vous devez me laisser faire.

ACTE TROISIÈME

Scène I

HORTENSE, *seule* : La Princesse m'envoie chercher; que je crains la conversation que nous aurons ensemble! Que me veut-elle? aurait-elle découvert quelque chose? Il a fallu me servir d'Arlequin, qui m'a paru fidèle. On n'a permis qu'à lui de voir Lélio. M'aurait-il trahie? l'aurait-on surpris? Voici quelqu'un, retirons-nous; c'est peut-être la Princesse, et je ne veux pas qu'elle me voie dans ce moment-ci.

Scène II : Arlequin, Lisette.

LISETTE : Il semble que vous vous défiez de moi, Arlequin; vous ne m'apprenez rien de ce qui vous regarde. La Princesse vous a envoyé tantôt chercher; est-elle encore fâchée contre nous? Qu'a-t-elle dit?

ARLEQUIN : D'abord elle ne m'a rien dit, elle m'a regardé d'un air suffisant; moi, la peur m'a pris; je me tenais comme cela tout dans un tas; ensuite elle m'a dit : Approche. J'ai donc avancé un pied, et puis un autre pied, et puis un troisième pied, et de pied en pied, je me suis trouvé près d'elle, mon chapeau sur mes deux mains.

LISETTE : Après?...

ARLEQUIN : Après, nous sommes entrés en conversation; elle m'a dit : Veux-tu que je te pardonne ce que tu as fait? — Tout comme il vous plaira, ai-je dit; je n'ai rien à vous commander, ma bonne dame. Elle a répondu : Va-t'en dire à Hortense que ton maître, à qui on t'a permis de parler, t'a donné en secret ce billet pour elle. Tu me rapporteras sa réponse. — Madame, dormez en repos, et tenez-vous gaillarde; vous voyez le premier homme du monde pour donner une bourde [18], vous ne la donneriez pas mieux que moi; car je mens à faire plaisir, foi de garçon d'honneur.

LISETTE : Vous avez pris le billet?

ARLEQUIN : Oui, bien promptement.

LISETTE : Et vous l'avez porté à Hortense?

ARLEQUIN : Oui; mais un accès de prudence m'a pris, et j'ai fait une réflexion; j'ai dit : Par la mardi! c'est que cette Princesse avec Hortense veut éprouver si je serai encore un coquin.

LISETTE : Eh bien! à quoi vous a conduit cette réflexion-là? Avez-vous dit à Hortense que ce billet venait de la Princesse, et non pas de Monsieur Lélio?

ARLEQUIN : Vous l'avez deviné, m'amie.

LISETTE : Et vous croyez qu'Hortense est de concert avec la Princesse, et qu'elle lui rendra compte de votre sincérité?

ARLEQUIN : Et quoi donc? elle ne l'a pas dit; mais plus fin que moi n'est pas bête.

LISETTE : Qu'a-t-elle répondu à votre message?

ARLEQUIN : Oh! elle a voulu m'enjôler, en me disant que j'étais un honnête garçon; ensuite elle a fait semblant de griffonner un papier pour Monsieur Lélio.

LISETTE : Qu'elle vous a recommandé de lui rendre?

ARLEQUIN : Oui; mais il n'aura pas besoin de lunettes pour le lire; c'est encore une attrape qu'on me fait.

LISETTE : Et qu'en ferez-vous donc?

ARLEQUIN : Je n'en sais rien; mon cœur est dans l'embarras là-dessus.

LISETTE : Il faut absolument le remettre à la Princesse, Arlequin, n'y manquez pas; son intention n'était pas que vous avouassiez que ce billet venait d'elle; par bonheur que votre aveu n'a servi qu'à persuader à Hortense qu'elle pouvait se fier à vous; peut-être même ne vous aurait-elle pas donné un billet pour Lélio sans cela; votre imprudence a réussi; mais encore une fois, remettez la réponse à la Princesse, elle ne vous pardonnera qu'à ce prix.

ARLEQUIN : Votre foi?

LISETTE : J'entends du bruit, c'est peut-être elle qui vient pour vous le demander. Adieu; vous me direz ce qui en sera arrivé.

18. Faire un mensonge.

Scène III : La Princesse,
Arlequin.

ARLEQUIN, *seul un moment* : Tantôt on voulait m'emprisonner pour une fourberie; et à cette heure, pour une fourberie, on me pardonne. Quel galimatias que l'honneur de ce pays-ci!

LA PRINCESSE : As-tu vu Hortense?

ARLEQUIN : Oui, Madame; je lui ai menti, suivant votre ordonnance.

LA PRINCESSE : A-t-elle fait réponse?

ARLEQUIN : Notre tromperie va à merveille; j'ai un billet doux pour Monsieur Lélio.

LA PRINCESSE : Juste ciel! donne vite et retire-toi.

ARLEQUIN, *après avoir fouillé dans toutes ses poches, les vide, et en tire toutes sortes de brimborions* : Ah! le maudit tailleur, qui m'a fait des poches percées! Vous verrez que la lettre aura passé par ce trou-là. Attendez, attendez, j'oubliais une poche; la voilà. Non; peut-être que je l'aurai oubliée à l'office, où j'ai été pour me rafraîchir.

LA PRINCESSE : Va la chercher, et me l'apporte sur-le-champ.

Scène IV

LA PRINCESSE, *seule* : Indigne amie, tu lui fais réponse, et me voici convaincue de ta trahison; tu ne l'aurais jamais avouée sans ce malheureux stratagème qui m'instruit que trop. Allons, poursuivons mon projet, privons l'ingrat de ses honneurs, qu'il ait la douleur de voir son ennemi en sa place, promettons ma main au roi de Castille, et punissons après les deux perfides de la honte dont ils me couvrent. La voici; contraignons-nous, en attendant le billet qui doit la convaincre.

Scène V : La Princesse,
Hortense.

HORTENSE : Je me rends à vos ordres, Madame; on m'a dit que vous vouliez me parler.

LA PRINCESSE : Vous jugez bien que, dans l'état où je suis, j'ai besoin de consolations, Hortense; et ce n'est qu'à vous seule que je peux ouvrir mon cœur.

HORTENSE : Hélas! Madame, je n'ose vous assurer que vos chagrins sont les miens.

LA PRINCESSE, *à part* : Je le sais bien, perfide... *(Haut.)* Je vous ai confié mon secret comme à la seule amie que j'aie au monde; Lélio ne m'aime point, vous le savez.

HORTENSE : On aurait de la peine à se l'imaginer; et, à votre place, je voudrais encore m'éclaircir. Il entre dans son cœur plus de timidité que d'indifférence.

LA PRINCESSE : De la timidité, Madame! Votre amitié pour moi fournit des motifs de consolation bien faibles, ou vous êtes bien distraite!

HORTENSE : On ne peut être plus attentive que je le suis, Madame.

LA PRINCESSE : Vous oubliez pourtant les obligations que je vous ai; lui, n'oser me dire qu'il m'aime! eh! ne l'avez-vous pas informé de ma part des sentiments que j'avais pour lui?

HORTENSE : J'y pensais tout à l'heure, Madame; mais je crains de l'en avoir mal informé. Je parlais pour une princesse; la matière était délicate, je vous aurai peut-être un peu trop ménagée, je me serai expliquée d'une manière obscure, Lélio ne m'aura pas entendue et ce sera ma faute.

LA PRINCESSE : Je crains, à mon tour, que votre ménagement pour moi n'ait été plus loin que vous ne dites; peut-être ne l'avez-vous pas entretenu de mes sentiments; peut-être l'avez-vous trouvé prévenu pour une autre; et vous, qui prenez à mon cœur un intérêt si tendre, si généreux, vous m'avez fait un mystère de tout ce qui s'est passé; c'est une discrétion prudente, dont je vous crois très capable.

HORTENSE : Je lui ai dit que vous l'aimiez, Madame; soyez-en persuadée.

LA PRINCESSE : Vous lui avez dit que je l'aimais; et il ne vous a pas entendue, dites-vous! ce n'est pourtant pas s'expliquer d'une manière énigmatique; je suis outrée, trahie, méprisée; et par qui, Hortense?

HORTENSE : Madame, je puis vous être importune en ce moment-ci; je me retirerai, si vous voulez.

LA PRINCESSE : C'est moi qui vous suis à charge; notre conversation vous fatigue, je le sens bien; mais cependant restez, vous me devez un peu de complaisance.

HORTENSE : Hélas! Madame, si vous lisiez dans mon cœur, vous verriez combien vous m'inquiétez.

LA PRINCESSE, à part : Ah! je n'en doute pas... Arlequin ne vient point... (Haut.) Calmez cependant vos inquiétudes sur mon compte; ma situation est triste, à la vérité; j'ai été le jouet de l'ingratitude et de la perfidie; mais j'ai pris mon parti. Il ne me reste plus qu'à découvrir ma rivale, et cela va être fait; vous auriez pu me la faire connaître, sans doute; mais vous la trouvez trop coupable, et vous avez raison.

HORTENSE : Votre rivale! mais en avez-vous une, ma chère Princesse? Ne serait-ce pas moi que vous soupçonneriez encore? parlez-moi franchement, c'est moi, vos soupçons continuent. Lélio, disiez-vous tantôt, m'a regardée pendant la fête, Arlequin en dit autant, vous me condamnez là-dessus, vous n'envisagez que moi : voilà comment l'amour juge. Mais mettez-vous l'esprit en repos; souffrez que je me retire, comme je le voulais. Je suis prête à partir tout à l'heure; indiquez-moi l'endroit où vous voulez que j'aille; ôtez-moi la liberté, s'il est nécessaire; rendez-vous ensuite à Lélio, faites-lui un accueil obligeant, rejetez sa détention sur quelques faux avis; montrez-lui dès aujourd'hui plus d'estime, plus d'amitié que jamais, et de cette amitié qui le frappe, qui l'avertisse de vous étudier; dans trois jours, dans vingt-quatre heures, peut-être saurez-vous à quoi vous en tenir avec lui. Vous voyez comment je m'y prends avec vous; voilà, de mon côté, tout ce que je puis faire. Je vous offre tout ce qui dépend de moi pour vous calmer, bien mortifiée de n'en pouvoir faire davantage.

LA PRINCESSE : Non, Madame, la vérité même ne peut s'expliquer d'une manière plus naïve. Et que serait-ce

donc que votre cœur, si vous étiez coupable après cela? Calmez-vous, j'attends des preuves incontestables de votre innocence. A l'égard de Lélio, je donne sa place à Frédéric, qui n'a péché, j'en suis sûre, que par excès de zèle. Je l'ai envoyé chercher, et je veux le charger du soin de mettre Lélio dans un lieu où il ne pourra me nuire; il m'échapperait s'il était libre, et me rendrait la fable de toute la terre.

HORTENSE : Ah! voilà d'étranges résolutions, Madame.

LA PRINCESSE : Elles sont judicieuses.

Scène VI : La Princesse, Hortense, Arlequin.

ARLEQUIN : Madame, c'est là ce billet que Madame Hortense m'a donné... la voilà pour le dire elle-même.

HORTENSE : O ciel!

LA PRINCESSE, à Arlequin : Va-t'en.

Il s'en va.

HORTENSE : Souvenez-vous que vous êtes généreuse.

LA PRINCESSE lit : « Arlequin est le seul par qui je puisse vous avertir de ce que j'ai à vous dire, tout dangereux qu'il est peut-être de s'y fier; il vient de me donner une preuve de fidélité, sur laquelle je crois pouvoir hasarder ce billet pour vous, dans le péril où vous êtes. Demandez à parler à la Princesse, plaignez-vous avec douleur de votre situation, calmez son cœur, et n'oubliez rien de ce qui pourra lui faire espérer qu'elle touchera le vôtre... Devenez libre, si vous voulez que je vive; fuyez après, et laissez à mon amour le soin d'assurer mon bonheur et le vôtre... » (La Princesse continue.) Je ne sais où j'en suis.

HORTENSE : C'est lui qui m'a sauvé la vie.

LA PRINCESSE : Et c'est vous qui m'arrachez la mienne. Adieu; je vais résoudre ce que je dois faire.

HORTENSE : Arrêtez un moment, Madame, je suis moins coupable que vous ne pensez... Elle fuit... elle ne m'écoute point. Cher Prince, qu'allez-vous devenir?... Je me meurs! c'est moi, c'est mon amour qui vous perd! Mon amour! ah! juste ciel! mon sort sera-t-il de vous faire périr? Cherchons-lui partout du secours. Voici Frédéric; essayons de le gagner lui-même.

Scène VII : Frédéric, Hortense.

HORTENSE : Seigneur, je vous demande un moment d'entretien.

FRÉDÉRIC : J'ai ordre d'aller trouver la Princesse, Madame.

HORTENSE : Je le sais, et je n'ai qu'un mot à vous dire. Je vous apprends que vous allez remplir la place de Lélio.

FRÉDÉRIC : Je l'ignorais; mais si la Princesse le veut, il faudra bien obéir.

HORTENSE : Vous haïssez Lélio; il ne mérite plus votre haine, il est à plaindre aujourd'hui.

FRÉDÉRIC : J'en suis fâché, mais son malheur ne me surprend point; il devait même lui arriver plus tôt : sa conduite était si hardie...

HORTENSE : Moins que vous ne croyez, seigneur; c'est un homme estimable, plein d'honneur.

FRÉDÉRIC : A l'égard de l'honneur, je n'y touche pas ; j'attends toujours à la dernière extrémité pour décider contre les gens là-dessus.

HORTENSE : Vous ne le connaissez pas ; soyez persuadé qu'il n'avait nulle intention de vous nuire.

FRÉDÉRIC : J'aurais besoin pour cet article-là d'un peu plus de crédulité que je n'en ai, Madame.

HORTENSE : Laissons donc cela, seigneur ; mais me croyez-vous sincère ?

FRÉDÉRIC : Oui, Madame, très sincère, c'est un titre que je ne pourrais vous disputer sans injustice ; tantôt, quand je vous ai demandé votre protection, vous m'avez donné des preuves de franchise qui ne souffrent pas un mot de réplique.

HORTENSE : Je vous regardais alors comme l'auteur d'une intrigue qui m'était fâcheuse ; mais achevons. La Princesse a des desseins contre Lélio, de l'exécution desquels elle doit vous charger ; détournez-la de ces desseins ; obtenez d'elle que Lélio sorte dès à présent de ses États ; vous n'obligerez point un ingrat. Ce service que vous lui rendrez, que vous me rendrez à moi-même, le fruit n'en sera pas borné pour vous au seul plaisir d'avoir fait une bonne action, je vous en garantis des récompenses au-dessus de ce que vous pourriez imaginer, et telles enfin que je n'ose vous le dire.

FRÉDÉRIC : Des récompenses, Madame ! Quand j'aurais l'âme intéressée, que pourrais-je attendre de Lélio ? Mais, grâces au Ciel, je n'envie ni ses biens ni ses emplois ; ses emplois, j'en accepterai l'embarras, s'il le faut, par dévouement aux intérêts de la Princesse. A l'égard de ses biens, l'acquisition en a été rapide et trop aisée à faire ; je n'en voudrais pas, quand il ne tiendrait qu'à moi de m'en saisir ; je rougirais de les mêler avec les miens ; c'est à l'État à qui ils appartiennent, et c'est à l'État de les reprendre.

HORTENSE : Ah ! seigneur, que l'État s'en saisisse, de ces biens dont vous parlez, si on les lui trouve.

FRÉDÉRIC : Si on les lui trouve ! C'est fort bien dit, Madame ; car les aventuriers prennent leurs mesures ; il est vrai que, lorsqu'on les tient, on peut les engager à révéler leur secret.

HORTENSE : Si vous saviez de qui vous parlez, vous changeriez bien de langage ; je n'ose en dire plus, je jetterais peut-être Lélio dans un nouveau péril. Quoi qu'il en soit, les avantages que vous trouveriez à le servir n'ont point de rapport à sa fortune présente ; ceux dont je vous entretiens sont d'une autre sorte, et bien supérieurs. Je vous le répète : vous ne ferez jamais rien qui puisse vous en apporter de si grands, je vous en donne ma parole ; croyez-moi, vous m'en remercierez.

FRÉDÉRIC : Madame, modérez l'intérêt que vous prenez à lui ; supprimez des promesses dont vous ne remarquez pas l'excès, et qui se décréditent d'elles-mêmes. La Princesse a fait arrêter Lélio, et elle ne pouvait se déterminer à rien de plus sage. Si, avant que d'en venir là, elle m'avait demandé mon avis, j'aurais cru, je vous jure, être obligé en conscience de lui conseiller de le faire ; cela posé, vous voyez quel est mon devoir dans cette occasion-ci, Madame, la conséquence est aisée à tirer.

HORTENSE : Très aisée, seigneur Frédéric ; vous avez raison ; dès que vous me renvoyez à votre conscience, tout est dit ; je sais quelle espèce de devoirs sa délicatesse peut vous dicter.

FRÉDÉRIC : Sur ce pied-là, Madame, loin de conseiller à la Princesse de laisser échapper un homme aussi dangereux que Lélio, et qui pourrait le devenir encore, vous approuverez que je lui montre la nécessité qu'il y a de m'en laisser disposer d'une manière qui sera douce pour Lélio, et qui pourtant remédiera à tout.

HORTENSE : Qui remédiera à tout !... *(A part.)* Le scélérat ! *(Haut.)* Je suis curieuse, seigneur Frédéric, de savoir par quelles voies vous rendriez Lélio suspect ; voyons, de grâce, jusqu'où l'industrie de votre iniquité pourrait tromper la Princesse sur un homme aussi ennemi du mal que vous l'êtes du bien ; car voilà son portrait et le vôtre.

FRÉDÉRIC : Vous vous emportez sans sujet, Madame ; encore une fois, cachez vos chagrins sur le sort de cet inconnu ; vous me feriez tort, s'il le voulais ; je ne voudrais pas que la Princesse en fût informée. Vous êtes du sang de nos souverains ; Lélio travaillait à se rendre maître de l'État ; son malheur vous consterne : tout cela amènerait des réflexions qui pourraient vous embarrasser.

HORTENSE : Allez, Frédéric, je ne vous demande plus rien ; vous êtes trop méchant pour être à craindre ; votre méchanceté vous met hors d'état de nuire à d'autres qu'à vous-même ; à l'égard de Lélio, sa destinée, non plus que la mienne, ne relèvera jamais de la lâcheté de vos pareils.

FRÉDÉRIC : Madame, je crois que vous voudriez bien me dispenser d'en écouter davantage ; je puis me passer de vous entendre achever mon éloge. Voici Monsieur l'Ambassadeur, et vous me permettrez de le joindre.

Scène VIII : L'Ambassadeur, Hortense, Frédéric.

HORTENSE, *à Frédéric* : Il me fera raison de vos refus. *(A l'Ambassadeur.)* Seigneur, daignez m'accorder une grâce ; je vous la demande avec la confiance que l'Ambassadeur d'un Roi si vanté me paraît mériter. La Princesse est irritée contre Lélio ; elle a dessein de le mettre entre les mains du plus grand ennemi qu'il ait ici ; c'est Frédéric. Je réponds cependant de son innocence. Vous en dirai-je encore plus, seigneur ? Lélio m'est cher ; c'est un aveu que je donne au péril où il est ; le temps vous prouvera que j'ai pu le faire. Sauvez Lélio, seigneur, engagez la Princesse à vous le confier. Vous serez charmé de l'avoir servi quand vous le connaîtrez, et le roi de Castille même vous saura gré du service que vous lui rendrez.

FRÉDÉRIC : Dès que Lélio est désagréable à la Princesse, et qu'elle l'a jugé coupable, Monsieur l'Ambassadeur n'ira point lui faire une prière qui lui déplairait.

L'AMBASSADEUR : J'ai meilleure opinion de la Princesse ; elle ne désapprouvera pas une action qui d'elle-même est louable. Oui, Madame, la confiance que vous avez en moi me fait honneur, je ferai tous mes efforts pour la justifier.

HORTENSE : Je vois la Princesse qui arrive, et je me retire, sûre de vos bontés.

Scène IX : La Princesse, Frédéric,
l'Ambassadeur.

LA PRINCESSE : Qu'on dise à Hortense de venir, et qu'on amène Lélio.

L'AMBASSADEUR : Madame, puis-je espérer que vous voudrez bien obliger le roi de Castille? Ce Prince, en me chargeant des intérêts de son cœur auprès de vous, m'a recommandé encore d'être secourable à tout le monde; c'est donc en son nom que je vous prie de pardonner à Lélio les sujets de colère que vous pouvez avoir contre lui. Quoiqu'il ait mis quelque obstacle aux désirs de mon maître, il faut que je lui rende justice; il m'a paru très estimable, et je saisis avec plaisir l'occasion qui s'offre de lui être utile.

FRÉDÉRIC : Rien de plus beau que ce que fait Monsieur l'Ambassadeur pour Lélio, Madame; mais je m'expose encore à vous dire qu'il y a du risque à le rendre libre.

L'AMBASSADEUR : Je le crois incapable de rien de criminel.

LA PRINCESSE : Laissez-nous, Frédéric.

FRÉDÉRIC : Souhaitez-vous que je revienne, Madame?

LA PRINCESSE : Il n'est pas nécessaire.

Frédéric sort.

Scène X : L'Ambassadeur,
la Princesse.

LA PRINCESSE : La prière que vous me faites aurait suffi, Monsieur, pour m'engager à rendre la liberté à Lélio, quand même je n'y aurais pas été déterminée; mais votre recommandation doit hâter mes résolutions, et je ne l'envoie chercher que pour vous satisfaire.

Scène XI : L'Ambassadeur, la Princesse,
Lélio, Hortense, Arlequin.

LA PRINCESSE : Lélio, je croyais avoir à me plaindre de vous; mais je suis détrompée. Pour vous faire oublier le chagrin que je vous ai donné, vous aimez Hortense, elle vous aime, et je vous unis ensemble. *(A l'Ambassadeur.)* Pour vous, Monsieur, qui m'avez priée si généreusement de pardonner à Lélio, vous pouvez informer le Roi votre maître que je suis prête à recevoir sa main et à lui donner la mienne. J'ai grande idée d'un prince qui sait se choisir des ministres aussi estimables que vous l'êtes, et son cœur...

L'AMBASSADEUR : Madame, il ne me siérait pas d'en entendre davantage; c'est le roi de Castille lui-même qui reçoit le bonheur dont vous le comblez.

LA PRINCESSE : Vous, seigneur! Ma main est bien due à un prince qui la demande d'une manière si galante et si peu attendue.

LÉLIO : Pour moi, Madame, il ne me reste plus qu'à vous jurer une reconnaissance éternelle. Vous trouverez dans le prince de Léon tout le zèle qu'il eut pour vous en qualité de ministre; je me flatte qu'à son tour le roi de Castille voudra bien accepter mes remerciements.

LE ROI DE CASTILLE : Prince, votre rang ne me surprend point : il répond aux sentiments que vous m'avez montrés.

LA PRINCESSE, *à Hortense* : Allons, Madame, de si grands événements méritent bien qu'on se hâte de les terminer.

ARLEQUIN : Pourtant, sans moi, il y aurait eu encore du tapage.

LÉLIO : Suis-moi, j'aurai soin de toi.

LA FAUSSE SUIVANTE

OU LE FOURBE PUNI

Les Comédiens Italiens ont à peine épuisé le succès du Prince travesti, *repris après la clôture de Pâques — ce qui porte à dix-huit le nombre de ses représentations au cours de la première saison, contre seize pour* la Surprise de l'amour *et quinze pour* la Double Inconstance — *qu'ils créent une nouvelle pièce de Marivaux : c'est, le samedi 8 juillet 1724,* la Fausse Suivante ou le Fourbe puni. *A la différence du* Prince travesti, *celle-ci est immédiatement « très bien reçue du public », constate le* Mercure *qui en publie un fragment, car « nous avons cru qu'on aurait plaisir à en trouver un extrait dans notre* Mercure ».*

Une bonne part des applaudissements alla sans doute à Silvia qui jouait en travesti le rôle du Chevalier. Les divertissements qui accompagnaient la Fausse Suivante *plurent aussi beaucoup : il semble que l'aîné des frères Parfaict y ait collaboré avec Marivaux, et leur musique était naturellement de Jean-Joseph Mouret. Avec Thomassin, un autre comédien partageait maintenant la faveur du public : c'est Dominique le fils, dont le personnage de Trivelin concurrençait de plus en plus celui d'Arlequin — et ici, Marivaux lui avait fait la part belle!*

Jouée treize fois pendant la saison, la Fausse Suivante *est, dès le 27 octobre 1724, présentée devant la cour à Fontainebleau, avec* la Surprise de l'amour *et* la Double Inconstance. *Comme celles-ci, elle se maintiendra au répertoire du Nouveau Théâtre Italien aussi longtemps que Silvia sera là pour les interpréter : en 1741, le* Mercure *nous apprend que Silvia y a encore reçu « beaucoup d'ap-plaudissements » et que la pièce « remise et exécutée au mieux » n'a pas fait moins plaisir que lors de sa création.*

Oubliée pendant plus de deux siècles, la Fausse Suivante *est aujourd'hui encore une des œuvres les plus mal connues de Marivaux. Elle ne figure pas au répertoire de la Comédie-Française et c'est seulement depuis une dizaine d'années qu'elle a été redécouverte par des jeunes compagnies, dont le Grenier de Toulouse. Enfin, le T. N. P. l'a jouée au Palais de Chaillot, au cours de la saison 1963-1964, dans une mise en scène de Roger Mollien avec Geneviève Page dans le rôle de Silvia travestie en Chevalier et Georges Wilson comme Trivelin.*

La Fausse Suivante *est en effet une œuvre déconcertante, du moins pour ceux qui ne veulent voir en Marivaux que le marivaudage. Elle ne répond pas non plus aux critères traditionnels de classification : il ne s'agit ni d'une comédie romanesque, quoiqu'elle se fonde sur le procédé romanesque par excellence : le déguisement, ni d'une « surprise de l'amour » encore que l'amour y soit surpris... Sans doute est-ce pourquoi on commence seulement, aujourd'hui, à prêter attention à ce jeu de masques au cours duquel Silvia apparaît autre à chacun des personnages et dont la conclusion est loin d'être enjouée. Car dans cette comédie qui porte en sous-titre : le Fourbe puni, il n'y a pas que la fourberie qui soit châtiée en la personne de Lélio, l'amour l'est aussi en celle de la Comtesse. Reste l'argent. Mais pour « une bonne somme de sauvée » cela fait beaucoup « d'aimables espérances » perdues!*

ACTEURS

La Comtesse; Lélio; Le Chevalier; Trivelin, *valet du Chevalier*; Arlequin, *valet de Lélio*; Frontin, *autre valet du Chevalier*; *Paysans et paysannes*; *Danseurs et danseuses.*

LA SCÈNE EST DEVANT LE CHATEAU DE LA COMTESSE.

ACTE PREMIER

Scène I : Frontin, Trivelin.

FRONTIN : Je pense que voilà le seigneur Trivelin; c'est lui-même. Eh! comment te portes-tu, mon cher ami?

TRIVELIN : A merveille, mon cher Frontin, à merveille. Je n'ai rien perdu des vrais biens que tu me connaissais, santé admirable et grand appétit. Mais toi, que fais-tu à présent? Je t'ai vu dans un petit négoce qui t'allait bientôt rendre citoyen de Paris; l'as-tu quitté?

FRONTIN : Je suis culbuté, mon enfant; mais toi-même, comment la fortune t'a-t-elle traité depuis que je ne t'ai vu?

TRIVELIN : Comme tu sais qu'elle traite tous les gens de mérite.

FRONTIN : Cela veut dire très mal?

TRIVELIN : Oui. Je lui ai pourtant une obligation : c'est qu'elle m'a mis dans l'habitude de me passer d'elle. Je ne sens plus ses disgrâces, je n'envie point ses faveurs, et cela me suffit; un homme raisonnable n'en doit pas demander davantage. Je ne suis pas heureux, mais je ne me soucie pas de l'être. Voilà ma façon de penser.

FRONTIN : Diantre! je t'ai toujours connu pour un garçon d'esprit, et d'une intrigue admirable; mais je n'aurais jamais soupçonné que tu deviendrais philosophe. Malepeste! que tu es avancé! Tu méprises déjà les biens de ce monde!

TRIVELIN : Doucement, mon ami, doucement, ton admiration me fait rougir, j'ai peur de ne la pas mériter. Le mépris que je crois avoir pour les biens n'est peut-être qu'un beau verbiage; et, à te parler confidemment, je ne conseillerais encore à personne de laisser les siens à la discrétion de ma philosophie. J'en prendrais, Frontin, je les sens bien; j'en prendrais, à la honte de mes réflexions. Le cœur de l'homme est un grand fripon!

FRONTIN : Hélas! je ne saurais nier cette vérité-là, sans blesser ma conscience.

TRIVELIN : Je ne la dirais pas à tout le monde; mais je sais bien que je ne parle pas à un profane.

FRONTIN : Eh! dis-moi, mon ami : qu'est-ce que c'est que ce paquet-là que tu portes?

TRIVELIN : C'est le triste bagage de ton serviteur; ce paquet enferme toutes mes possessions.

FRONTIN : On ne peut pas les accuser d'occuper trop de terrain.

TRIVELIN : Depuis quinze ans que je roule dans le monde, tu sais combien je me suis tourmenté, combien j'ai fait d'efforts pour arriver à un état fixe. J'avais entendu dire que les scrupules nuisaient à la fortune; je fis trêve avec les miens, pour n'avoir rien à me reprocher. Était-il question d'avoir de l'honneur? j'en avais. Fallait-il être fourbe? j'en soupirais, mais j'allais mon train. Je me suis vu quelquefois à mon aise; mais le moyen d'y rester avec le jeu, le vin et les femmes? Comment se mettre à l'abri de ces fléaux-là?

FRONTIN : Cela est vrai.

TRIVELIN : Que te dirai-je enfin? Tantôt maître, tantôt valet; toujours prudent, toujours industrieux; ami des fripons par intérêt, ami des honnêtes gens par goût; traité poliment sous une figure, menacé d'étrivières sous une autre; changeant à propos de métier, d'habit, de caractère, de mœurs; risquant beaucoup, résistant peu [1]; libertin dans le fond, réglé dans la forme; démasqué par les uns, soupçonné par les autres, à la fin équivoque à tout le monde, j'ai tâté de tout; je dois partout; mes créanciers sont de deux espèces : les uns ne savent pas que je leur dois; les autres le savent et le sauront longtemps. J'ai logé partout, sur le pavé, chez l'aubergiste, au cabaret, chez le bourgeois, chez l'homme de qualité, chez moi, chez la justice, qui m'a souvent recueilli dans mes malheurs; mais ses appartements sont trop tristes, et je n'y faisais que des retraites; enfin, mon ami, après quinze ans de soins, de travaux et de peines, ce malheureux paquet est tout ce qui me reste; voilà ce que le monde m'a laissé, l'ingrat! après ce que j'ai fait pour lui! tous ses présents, pas une pistole.

FRONTIN : Ne t'afflige point, mon ami. L'article de ton récit qui m'a paru le plus désagréable, ce sont les retraites chez la justice; mais ne parlons pas de cela. Tu arrives à

propos; j'ai un parti à te proposer. Cependant qu'as-tu fait depuis deux ans que je ne t'ai vu, et d'où sors-tu à présent?

TRIVELIN : *Primo*, depuis que je ne t'ai vu, je me suis jeté dans le service.

FRONTIN : Je t'entends, tu t'es fait soldat; ne serais-tu pas déserteur par hasard?

TRIVELIN : Non, mon habit d'ordonnance était une livrée.

FRONTIN : Fort bien.

TRIVELIN : Avant que de me réduire tout à fait à cet état humiliant, je commençai par vendre ma garde-robe.

FRONTIN : Toi, une garde-robe?

TRIVELIN : Oui, c'étaient trois ou quatre habits que j'avais trouvés convenables à ma taille chez les fripiers, et qui m'avaient servi à figurer en honnête homme. Je crus devoir m'en défaire, pour perdre de vue tout ce qui pouvait me rappeler ma grandeur passée. Quand on renonce à la vanité, il n'en faut pas faire à deux fois; qu'est-ce que c'est que se ménager des ressources? Point de quartier, je vendis tout; ce n'est pas assez, j'allai tout boire.

FRONTIN : Fort bien.

TRIVELIN : Oui, mon ami; j'eus le courage de faire deux ou trois débauches salutaires, qui me vidèrent ma bourse, et me garantirent ma persévérance dans la condition que j'allais embrasser; de sorte que j'avais le plaisir de penser, en m'enivrant, que c'était la raison qui me versait à boire. Quel nectar! Ensuite, un beau matin, je me trouvai sans un sou. Comme j'avais besoin d'un prompt secours, et qu'il n'y avait point de temps à perdre, un de mes amis que je rencontrai me proposa de me mener chez un honnête particulier qui était marié, et qui passait sa vie à étudier les langues mortes; cela me convenait assez, car j'ai de l'étude : je restai donc chez lui. Là, je n'entendis parler que de sciences, et je remarquai que mon maître était épris de passion pour certains quidams, qu'il appelait des anciens, et qu'il avait une souveraine antipathie pour d'autres, qu'il appelait des modernes; je me fis expliquer tout cela.

FRONTIN : Et qu'est-ce que c'est que les anciens et les modernes?

TRIVELIN : Des anciens..., attends, il y en a un dont je sais le nom, et qui est le capitaine de la bande; c'est comme qui dirait un Homère. Connais-tu cela?

FRONTIN : Non.

TRIVELIN : C'est dommage; car c'était un homme qui parlait bien grec.

FRONTIN : Il n'était donc pas Français, cet homme-là?

TRIVELIN : Oh! que non; je pense qu'il était de Québec, quelque part dans cette Égypte, et qu'il vivait du temps du déluge. Nous avons encore de lui de fort belles satires; et mon maître l'aimait beaucoup, lui et tous les honnêtes gens de son temps, comme Virgile, Néron, Plutarque, Ulysse et Diogène.

FRONTIN : Je n'ai jamais entendu parler de cette race-là, mais voilà de vilains noms.

TRIVELIN : De vilains noms! c'est que tu n'y es pas accoutumé. Sais-tu bien qu'il y a plus d'esprit dans ces noms-là que dans le royaume de France?

---

1. Au lieu de *résistant peu*, certaines éditions impriment *réussissant peu*.

FRONTIN : Je le crois. Et que veulent dire : les modernes ?

TRIVELIN : Tu m'écartes de mon sujet ; mais n'importe. Les modernes, c'est comme qui dirait... toi, par exemple.

FRONTIN : Oh ! Oh ! je suis un moderne, moi !

TRIVELIN : Oui, vraiment, tu es un moderne, et des plus modernes ; il n'y a que l'enfant qui vient de naître qui l'est plus que toi, car il ne fait que d'arriver.

FRONTIN : Et pourquoi ton maître nous haïssait-il ?

TRIVELIN : Parce qu'il voulait qu'on eût quatre mille ans sur la tête pour valoir quelque chose. Oh ! moi, pour gagner son amitié, je me mis à admirer tout ce qui me paraissait ancien ; j'aimais les vieux meubles, je louais les vieilles modes, les vieilles espèces, les médailles, les lunettes ; je me coiffais chez les crieuses de vieux chapeaux [2] ; je n'avais commerce qu'avec des vieillards : il était charmé de mes inclinations ; j'avais la clef de la cave, où logeait un certain vin vieux qu'il appelait son vin grec ; il m'en donnait quelquefois, et j'en détournais aussi quelques bouteilles ; par amour louable pour tout ce qui était vieux. Non que je négligeasse le vin nouveau ; je n'en demandais point d'autre à sa femme, qui vraiment estimait bien autrement les modernes que les anciens ; et, par complaisance pour son goût, j'en emplissais aussi quelques bouteilles, sans lui en faire ma cour.

FRONTIN : A merveille !

TRIVELIN : Qui n'aurait pas cru que cette conduite aurait dû me concilier ces deux esprits ? Point du tout ; ils s'aperçurent du ménagement judicieux que j'avais pour chacun d'eux ; ils m'en firent un crime. Le mari crut les anciens insultés par la quantité de vin nouveau que j'avais bu ; il m'en fit mauvaise mine. La femme me chicana sur le vin vieux ; j'eus beau m'excuser, les gens de parti n'entendent point raison ; il fallut les quitter, pour avoir voulu me partager entre les anciens et les modernes. Avais-je tort ?

FRONTIN : Non ; tu avais observé toutes les règles de la prudence humaine. Mais je ne puis en écouter davantage. Je dois aller coucher ce soir à Paris, où l'on m'envoie, et je cherchais quelqu'un qui tînt ma place auprès de mon maître pendant mon absence ; veux-tu que je te présente ?

TRIVELIN : Oui-da. Et qu'est-ce que c'est que ton maître ? Fait-il bonne chère ? Car, dans l'état où je suis, j'ai besoin de bonne cuisine.

FRONTIN : Tu seras content ; tu serviras la meilleure fille...

TRIVELIN : Pourquoi donc l'appelles-tu ton maître ?

FRONTIN : Ah ! foin de moi !... Je ne sais ce que je dis... je rêve à autre chose.

TRIVELIN : Tu me trompes, Frontin.

FRONTIN : Ma foi, oui, Trivelin. C'est une fille habillée en homme dont il s'agit. Je voulais te le cacher ; mais la vérité m'est échappée, et je me suis blousé comme un sot. Sois discret, je te prie.

TRIVELIN : Je le suis dès le berceau. C'est donc une intrigue que vous conduisez tous deux ici, cette fille-là et toi ?

FRONTIN : Oui. *(A part.)* Cachons-lui son rang.

2. C'est ainsi qu'on appelait les femmes qui vont par les rues de Paris, criant *vieux habits*, *vieux galons*, et achetant les vieilles défroques.

(Haut.) Mais la voilà qui vient ; retire-toi à l'écart, afin que je lui parle.

Trivelin se retire et s'éloigne.

Scène II : Le Chevalier, Frontin.

LE CHEVALIER : Eh bien ! m'avez-vous trouvé un domestique ?

FRONTIN : Oui, Mademoiselle ; j'ai rencontré...

LE CHEVALIER : Vous m'impatientez avec votre *demoiselle* ; ne sauriez-vous pas m'appeler *Monsieur* ?

FRONTIN : Je vous demande pardon, Mademoiselle... je veux dire : Monsieur. J'ai trouvé un de mes amis, qui est fort brave garçon ; il sort actuellement de chez un bourgeois de campagne qui vient de mourir, et il est là qui attend que je l'appelle pour vous offrir ses respects.

LE CHEVALIER : Vous n'avez peut-être pas eu l'imprudence de lui dire qui j'étais ?

FRONTIN : Ah ! Monsieur, mettez-vous l'esprit en repos : je sais garder un secret *(bas)*, pourvu qu'il ne m'échappe pas. *(Haut.)* Souhaitez-vous que mon ami s'approche ?

LE CHEVALIER : Je le veux bien ; mais partez sur-le-champ pour Paris.

FRONTIN : Je n'attends que vos dépêches.

LE CHEVALIER : Je ne trouve point à propos de vous en donner, vous pourriez les perdre. Ma sœur, à qui je les adressais, pourrait les égarer aussi ; et il n'est pas besoin que mon aventure soit sue de tout le monde. Voici votre commission, écoutez-moi : Vous direz à ma sœur qu'elle ne soit point en peine de moi ; qu'à la dernière partie de bal où mes amies m'amenèrent dans le déguisement où me voilà, le hasard me fit connaître le gentilhomme que je n'avais jamais vu, qu'on disait être encore en province, et qui est ce Lélio avec qui, par lettres, le mari de ma sœur a presque arrêté mon mariage ; que, surprise de le trouver à Paris sans que nous le sussions, et le voyant avec une dame, je résolus sur-le-champ de profiter de mon déguisement pour me mettre au fait de l'état de son cœur et de son caractère ; qu'enfin nous liâmes amitié ensemble aussi promptement que des cavaliers peuvent le faire, et qu'il m'engagea à le suivre le lendemain à une partie de campagne chez la dame avec qui il était, et qu'un de ses parents accompagnait ; que nous y sommes actuellement, que j'ai déjà découvert des choses qui méritent que je les suive avant que de me déterminer à épouser Lélio ; que je n'aurai jamais d'intérêt plus sérieux. Partez ; ne perdez point de temps. Faites venir ce domestique que vous avez arrêté ; dans un instant j'irai voir si vous êtes parti.

Frontin sort.

Scène III

LE CHEVALIER, *seul* : Je regarde le moment où j'ai connu Lélio comme une faveur du ciel dont je veux profiter, puisque je suis ma maîtresse, et que je ne dépends plus de personne. L'aventure où je me suis mise ne surprendra point ma sœur ; elle sait la singularité de mes sentiments. J'ai du bien ; il s'agit de le donner avec ma main et mon cœur; ce sont de grands présents, et je veux savoir à qui je les donne.

Scène IV : Le Chevalier, Trivelin, Frontin.

FRONTIN, *au Chevalier* : Le voilà, Monsieur. *(Bas, à Trivelin.)* Garde-moi le secret.

TRIVELIN : Je te le rendrai mot pour mot, comme tu me l'as donné, quand tu voudras.

Frontin sort.

Scène V : Le Chevalier, Trivelin.

LE CHEVALIER : Approchez; comment vous appelez-vous?

TRIVELIN : Comme vous voudrez, Monsieur; Bourguignon, Champagne, Poitevin, Picard, tout cela m'est indifférent : le nom sous lequel j'aurai l'honneur de vous servir sera toujours le plus beau du monde.

LE CHEVALIER : Sans compliment, quel est le tien, à toi?

TRIVELIN : Je vous avoue que je ferais quelque difficulté de le dire, parce que dans ma famille je suis le premier du nom qui n'ait pas disposé de la couleur de son habit [3]; mais peut-on porter rien de plus galant que vos couleurs? Il me tarde d'en être chamarré sur toutes les coutures.

LE CHEVALIER, *à part* : Qu'est-ce que c'est que ce langage-là? Il m'inquiète.

TRIVELIN : Cependant, Monsieur, j'aurai l'honneur de vous dire que je m'appelle Trivelin. C'est un nom que j'ai reçu de père en fils très correctement, et dans la dernière fidélité; et de tous les Trivelins qui furent jamais, votre serviteur en ce moment s'estime le plus heureux.

LE CHEVALIER : Laissez là vos politesses. Un maître ne demande à son valet que l'attention dans ce à quoi il l'emploie.

TRIVELIN : Son valet! Le terme est dur; il frappe mes oreilles d'un son disgracieux; ne purgera-t-on jamais le discours de tous ces noms odieux?

LE CHEVALIER : La délicatesse est singulière!

TRIVELIN : De grâce, ajustons-nous; convenons d'une formule plus douce.

LE CHEVALIER, *à part* : Il se moque de moi. *(Haut.)* Vous riez, je pense?

TRIVELIN : C'est la joie que j'ai d'être à vous qui l'emporte sur la petite mortification que je viens d'essuyer.

LE CHEVALIER : Je vous avertis, moi, que je vous renvoie, et que vous ne m'êtes bon à rien.

TRIVELIN : Je ne vous suis bon à rien! Ah! ce que vous dites là ne peut pas être sérieux.

LE CHEVALIER, *à part* : Cet homme-là est un extravagant. *(A Trivelin.)* Retirez-vous.

TRIVELIN : Non, vous m'avez piqué; je ne vous quitterai point que vous ne soyez convenu avec moi que je suis bon à quelque chose.

---

3. Trivelin fait allusion ici à la livrée que portent les domestiques, qui est aux couleurs de leur maître.

LE CHEVALIER : Retirez-vous, vous dis-je.

TRIVELIN : Où vous attendrai-je?

LE CHEVALIER : Nulle part.

TRIVELIN : Ne badinons point; le temps se passe, et nous ne décidons rien.

LE CHEVALIER : Savez-vous bien, mon ami, que vous risquez beaucoup?

TRIVELIN : Je n'ai pourtant qu'un écu à perdre.

LE CHEVALIER, *à part* : Ce coquin-là m'embarrasse. *(Il fait comme s'il s'en allait.)* Il faut que je m'en aille. *(A Trivelin.)* Tu me suis?

TRIVELIN : Vraiment oui, je soutiens mon caractère : ne vous ai-je pas dit que j'étais opiniâtre?

LE CHEVALIER : Insolent!

TRIVELIN : Cruel!

LE CHEVALIER : Comment, cruel!

TRIVELIN : Oui, cruel; c'est un reproche tendre que je vous fais. Continuez, vous n'y êtes pas; j'en viendrai jusqu'aux soupirs; vos rigueurs me l'annoncent.

LE CHEVALIER, *à part* : Je ne sais plus que penser de tout ce qu'il me dit.

TRIVELIN : Ah! ah! ah! vous rêvez, mon cavalier, vous délibérez; votre ton baisse, vous devenez traitable, et nous nous accommoderons, je le vois bien. La passion que j'ai de vous servir est sans quartier; premièrement cela est dans mon sang, je ne saurais me corriger.

LE CHEVALIER, *mettant la main sur la garde de son épée* : Il me prend envie de te traiter comme tu le mérites.

TRIVELIN : Fi! ne gesticulez point de cette manière-là; ce geste-là n'est point de votre compétence; laissez là cette arme qui vous est étrangère : votre œil est plus redoutable que ce fer inutile qui vous pend au côté.

LE CHEVALIER : Ah! je suis trahie!

TRIVELIN : Masque, venons au fait; je vous connais.

LE CHEVALIER : Toi?

TRIVELIN : Oui; Frontin vous connaissait pour nous deux.

LE CHEVALIER : Le coquin! Et t'a-t-il dit qui j'étais?

TRIVELIN : Il m'a dit que vous étiez une fille, et voilà tout; et moi je l'ai cru; car je ne chicane sur la qualité de personne.

LE CHEVALIER : Puisqu'il m'a trahie, il vaut autant que je t'instruise du reste.

TRIVELIN : Voyons; pourquoi êtes-vous dans cet équipage-là?

LE CHEVALIER : Ce n'est point pour faire du mal.

TRIVELIN : Je le crois bien; si c'était pour cela, vous déguiseriez pas votre sexe; ce serait perdre vos commodités.

LE CHEVALIER, *à part* : Il faut le tromper. *(A Trivelin.)* Je t'avoue que j'avais envie de te cacher la vérité, parce que mon déguisement regarde une dame de condition, ma maîtresse, qui a des vues sur un Monsieur Lélio, que tu verras, et qu'elle voudrait détacher d'une inclination qu'il a pour une Comtesse à qui appartient ce château.

TRIVELIN : Eh! quelle espèce de commission vous donne-t-elle auprès de ce Lélio? L'emploi me paraît gaillard, soubrette de mon âme.

LE CHEVALIER : Point du tout. Ma charge, sous cet habit-ci, est d'attaquer le cœur de la Comtesse; je puis passer, comme tu vois, pour assez joli cavalier, et j'ai déjà vu les yeux de la Comtesse s'arrêter plus d'une fois sur moi; si elle vient à m'aimer, je la ferai rompre avec Lélio; il reviendra à Paris, on lui proposera ma maîtresse qui y est; elle est aimable, il la connaît, et les noces seront bientôt faites.

TRIVELIN : Parlons à présent à rez-de-chaussée : as-tu le cœur libre?

LE CHEVALIER : Oui.

TRIVELIN : Et moi aussi. Ainsi, ce compte arrêté, cela fait deux cœurs libres, n'est-ce pas?

LE CHEVALIER : Sans doute.

TRIVELIN : *Ergo* [4], je conclus que nos deux cœurs soient désormais camarades.

LE CHEVALIER : Bon.

TRIVELIN : Et je conclus encore, toujours aussi judicieusement, que, deux amis devant s'obliger en tout ce qu'ils peuvent, tu m'avances deux mois de récompense sur l'exacte discrétion que je promets d'avoir. Je ne parle point du service domestique que je te rendrai; sur cet article, c'est à l'amour de me payer mes gages.

LE CHEVALIER, *lui donnant de l'argent* : Tiens, voilà déjà six louis d'or d'avance pour ta discrétion, et en voilà déjà trois pour tes services.

TRIVELIN, *d'un air indifférent* : J'ai assez de cœur pour refuser ces trois derniers louis-là; mais donne; la main qui me les présente étourdit ma générosité.

LE CHEVALIER : Voici Monsieur Lélio; retire-toi, et va-t'en m'attendre à la porte de ce château où nous logeons.

TRIVELIN : Souviens-toi, ma friponne, à ton tour, que je suis ton valet sur la scène, et ton amant dans les coulisses. Tu me donneras des ordres en public, et des sentiments dans le tête-à-tête.

Il se retire en arrière, quand Lélio entre avec Arlequin. Les valets se rencontrant se saluent.

Scène VI : Lélio, le Chevalier, Arlequin, Trivelin derrière leurs maîtres. Lélio vient d'un air rêveur.

LE CHEVALIER : Le voilà plongé dans une grande rêverie.

ARLEQUIN, *à Trivelin derrière eux* : Vous m'avez l'air d'un bon vivant.

TRIVELIN : Mon air ne vous ment pas d'un mot, et vous êtes fort bon physionomiste.

LÉLIO, *se retournant vers Arlequin, et apercevant le Chevalier* : Arlequin!... Ah! Chevalier, je vous cherchais.

LE CHEVALIER : Qu'avez-vous, Lélio? Je vous vois enveloppé dans une distraction qui m'inquiète.

LÉLIO : Je vous dirai ce que c'est. *(A Arlequin.)* Arlequin, n'oublie pas d'avertir les musiciens de se rendre ici tantôt.

ARLEQUIN : Oui, Monsieur. *(A Trivelin.)* Allons boire, pour faire aller notre amitié plus vite.

TRIVELIN : Allons, la recette est bonne; j'aime assez votre manière de hâter le cœur.

4. Donc.

Scène VII : Lélio, le Chevalier.

LE CHEVALIER : Eh bien! mon cher, de quoi s'agit-il? Qu'avez-vous? Puis-je vous être utile à quelque chose?

LÉLIO : Très utile.

LE CHEVALIER : Parlez.

LÉLIO : Etes-vous mon ami?

LE CHEVALIER : Vous méritez que je vous dise non, puisque vous me faites cette question-là.

LÉLIO : Ne te fâche point, Chevalier; ta vivacité m'oblige; mais passe-moi cette question-là, j'en ai encore une à te faire.

LE CHEVALIER : Voyons.

LÉLIO : Es-tu scrupuleux?

LE CHEVALIER : Je le suis raisonnablement.

LÉLIO : Voilà ce qu'il me faut; tu n'as pas un honneur mal entendu sur une infinité de bagatelles qui arrêtent les sots?

LE CHEVALIER, *à part* : Fi! Voilà un vilain début.

LÉLIO : Par exemple, un amant qui dupe sa maîtresse pour se débarrasser d'elle en est-il moins honnête homme à ton gré?

LE CHEVALIER : Quoi! il ne s'agit que de tromper une femme?

LÉLIO : Non, vraiment.

LE CHEVALIER : De lui faire une perfidie?

LÉLIO : Rien que cela.

LE CHEVALIER : Je croyais pour le moins que tu voulais mettre le feu à une ville. Eh! comment donc! trahir une femme, c'est avoir une action glorieuse par-devers soi!

LÉLIO, *gai* : Oh! parbleu, puisque tu le prends sur ce ton-là, je te dirai que je n'ai rien à me reprocher; et, sans vanité, tu vois un homme couvert de gloire.

LE CHEVALIER, *étonné et comme charmé* : Toi, mon ami? Ah! je te prie, donne-moi le plaisir de te regarder à mon aise; laisse-moi contempler un homme chargé de crimes si honorables. Ah! petit traître, vous êtes bien heureux d'avoir de si brillantes indignités sur votre compte.

LÉLIO, *riant* : Tu me charmes de penser ainsi; viens que je t'embrasse. Ma foi, à ton tour, tu m'as tout l'air d'avoir été l'écueil de bien des cœurs. Fripon, combien de réputations as-tu blessées à mort dans ta vie? Combien as-tu désespéré d'Arianes [5]? Dis.

LE CHEVALIER : Hélas! tu te trompes; je ne connais point d'aventures plus communes que les miennes; j'ai toujours eu le malheur de ne trouver que des femmes très sages.

LÉLIO : Tu n'as trouvé que des femmes très sages? Où diantre t'es-tu donc fourré? Tu as fait là des découvertes bien singulières! Après cela, qu'est-ce que ces femmes-là gagnent à être si sages? Il n'en est ni plus ni moins. Sommes-nous heureux, nous le disons; ne le sommes-nous pas, nous mentons; cela revient au même pour elles. Quant à moi, j'ai toujours dit plus de vérités que de mensonges.

5. Allusion au personnage d'Ariane, qui symbolise la femme délaissée. Après avoir aidé Thésée à triompher du Labyrinthe et du Minotaure, la fille de Minos et de Pasiphaé fut en effet abandonnée par Thésée, endormie, sur le rivage de l'île de Naxos.

LE CHEVALIER : Tu traites ces matières-là avec une légèreté qui m'enchante.

LÉLIO : Revenons à mes affaires. Quelque jour je te dirai de mes espiègleries qui te feront rire. Tu es un cadet de maison, et, par conséquent, tu n'es pas extrêmement riche.

LE CHEVALIER : C'est raisonner juste.

LÉLIO : Tu es beau et bien fait; devine à quel dessein je t'ai engagé à nous suivre avec tous tes agréments; c'est pour te prier de vouloir bien faire ta fortune.

LE CHEVALIER : J'exauce ta prière. A présent, dis-moi la fortune que je vais faire.

LÉLIO : Il s'agit de te faire aimer de la Comtesse, et d'arriver à la conquête de sa main par celle de son cœur.

LE CHEVALIER : Tu badines : ne sais-je pas que tu l'aimes, la Comtesse?

LÉLIO : Non; je l'aimais ces jours passés, mais j'ai trouvé à propos de ne plus l'aimer.

LE CHEVALIER : Quoi! lorsque tu as pris de l'amour, et que tu n'en veux plus, il s'en retourne comme cela sans plus de façon! Tu lui dis : « Va-t'en », et il s'en va? Mais, mon ami, tu as un cœur impayable.

LÉLIO : En fait d'amour, j'en fais assez ce que je veux. J'aimais la Comtesse, parce qu'elle est aimable; je devais l'épouser, parce qu'elle est riche, et que je n'avais rien de mieux à faire; mais dernièrement, pendant que j'étais à ma terre, on m'a proposé en mariage une demoiselle de Paris, que je ne connais point, et qui me donne douze mille livres de rente; la Comtesse n'en a que six. J'ai donc calculé que six valaient moins que douze. Oh! l'amour que j'avais pour elle pouvait-il honnêtement tenir bon contre un calcul si raisonnable? Cela aurait été ridicule. Six doivent reculer devant douze; n'est-il pas vrai? Tu ne réponds rien!

LE CHEVALIER : Eh! que diantre veux-tu que je réponde à une règle d'arithmétique? Il n'y a qu'à savoir compter pour voir que tu as raison.

LÉLIO : C'est cela même.

LE CHEVALIER : Mais qu'est-ce qui t'embarrasse là-dedans? Faut-il tant de cérémonie pour quitter la Comtesse? Il s'agit d'être infidèle, d'aller la trouver, de lui porter ton calcul, de lui dire : Madame, comptez vous-même, voyez si je me trompe. Voilà tout. Peut-être qu'elle pleurera, qu'elle maudira l'arithmétique, qu'elle te traitera d'indigne, de perfide : cela pourrait arrêter un poltron; mais un brave homme comme toi, au-dessus des bagatelles de l'honneur, ce bruit-là l'amuse; il écoute, s'excuse négligemment, et se retire en faisant une révérence très profonde, en cavalier poli, qui sait avec quel respect il doit recevoir, en pareil cas, les titres de fourbe et d'ingrat.

LÉLIO : Oh! parbleu! de ces titres-là, j'en suis fourni, et je sais faire la révérence. Madame la Comtesse aurait déjà reçu la mienne, s'il ne tenait plus qu'à cette politesse-là; mais il y a une petite épine qui m'arrête : c'est que, pour achever l'achat que j'ai fait d'une nouvelle terre il y a quelque temps, Madame la Comtesse m'a prêté dix mille écus, dont elle a mon billet.

LE CHEVALIER : Ah! tu as raison, c'est une autre affaire. Je ne sache point de révérence qui puisse acquitter ce billet-là; le titre de débiteur est bien sérieux, vois-tu! celui d'infidèle n'expose qu'à des reproches, l'autre à des assignations, cela est différent, et je n'ai point de recette pour ton mal.

LÉLIO : Patience! Madame la Comtesse croit qu'elle va m'épouser; elle n'attend plus que l'arrivée de son frère; et, outre la somme de dix mille écus dont elle a mon billet, nous avons encore fait, antérieurement à cela, un dédit entre elle et moi de la même somme. Si c'est moi qui romps avec elle, je lui devrai le billet et le dédit, et voudrais bien ne payer ni l'un ni l'autre; m'entends-tu?

LE CHEVALIER, *à part* : Ah! l'honnête homme! *(Haut.)* Oui, je commence à te comprendre. Voici ce que c'est : si je donne de l'amour à la Comtesse, tu crois qu'elle aimera mieux payer le dédit, en te rendant ton billet de dix mille écus, que de t'épouser; de façon que tu gagneras dix mille écus avec elle; n'est-ce pas cela?

LÉLIO : Tu entres on ne peut pas mieux dans mes idées.

LE CHEVALIER : Elles sont très ingénieuses, très lucratives, et dignes de couronner ce que tu appelles tes espiègleries. En effet, l'honneur que tu as fait à la Comtesse en soupirant pour elle vaut dix mille écus comme un sou.

LÉLIO : Elle n'en donnerait pas cela, si je m'en fiais à son estimation.

LE CHEVALIER : Mais crois-tu que je puisse surprendre le cœur de la Comtesse?

LÉLIO : Je n'en doute pas.

LE CHEVALIER, *à part* : Je n'ai pas lieu d'en douter non plus.

LÉLIO : Je me suis aperçu qu'elle aime ta compagnie; elle te loue souvent, te trouve de l'esprit; il n'y a qu'à suivre cela.

LE CHEVALIER : Je n'ai pas une grande vocation pour ce mariage-là.

LÉLIO : Pourquoi?

LE CHEVALIER : Par mille raisons... parce que je ne pourrai jamais avoir de l'amour pour la Comtesse; si elle ne voulait que de l'amitié, je serais à son service; mais n'importe.

LÉLIO : Eh! qui est-ce qui te prie d'avoir de l'amour pour elle? Est-il besoin d'aimer sa femme? Si tu ne l'aimes pas, tant pis pour elle; ce sont ses affaires et non pas les tiennes.

LE CHEVALIER : Bon! mais je croyais qu'il fallait aimer sa femme, fondé sur ce qu'on vivait mal avec elle quand on ne l'aimait pas.

LÉLIO : Eh! tant mieux quand on vit mal avec elle; cela vous dispense de la voir, c'est autant de gagné.

LE CHEVALIER : Voilà qui est fait; me voilà prêt à exécuter ce que tu souhaites. Si j'épouse la Comtesse, j'irai me fortifier avec le brave Lélio dans le dédain qu'on doit à son épouse.

LÉLIO : Je t'en donnerai un vigoureux exemple, je t'en assure; crois-tu, par exemple, que j'aimerai la demoiselle de Paris, moi? Une quinzaine de jours tout au plus; après quoi, je crois que j'en serai bien las.

LE CHEVALIER : Eh! donne-lui le mois entier à cette pauvre femme, à cause de ses douze mille livres de rente.

LÉLIO : Tant que le cœur m'en dira.

LE CHEVALIER : T'a-t-on dit qu'elle fût jolie?

LÉLIO : On m'écrit qu'elle est belle ; mais, de l'humeur dont je suis, cela ne l'avance pas de beaucoup. Si elle n'est pas laide, elle le deviendra, puisqu'elle sera ma femme ; cela ne peut pas lui manquer.

LE CHEVALIER : Mais, dis-moi, une femme se dépite quelquefois.

LÉLIO : En ce cas-là, j'ai une terre écartée qui est le plus beau désert du monde, où Madame irait calmer son esprit de vengeance.

LE CHEVALIER : Oh ! dès que tu as un désert, à la bonne heure ; voilà son affaire. Diantre ! l'âme se tranquillise beaucoup dans une solitude : on y jouit d'une certaine mélancolie, d'une douce tristesse, d'un repos de toutes les couleurs ; elle n'aura qu'à choisir.

LÉLIO : Elle sera la maîtresse.

LE CHEVALIER : L'heureux tempérament ! Mais j'aperçois la Comtesse. Je te recommande une chose : feins toujours de l'aimer. Si tu te montrais inconstant, cela intéresserait sa vanité ; elle courrait après toi, et me laisserait là.

LÉLIO *dit* : Je me gouvernerai bien ; je vais au-devant d'elle.

Il va au-devant de la Comtesse qui ne paraît pas encore, et pendant qu'il y va :

Scène VIII

LE CHEVALIER *dit* : Si j'avais épousé le seigneur Lélio, je serais tombée en de bonnes mains ! Donner douze mille livres de rente pour acheter le séjour d'un désert ! Oh ! vous êtes trop cher, Monsieur Lélio, et j'aurai mieux que cela au même prix. Mais puisque je suis en train, continuons pour me divertir et punir ce fourbe-là et pour en débarrasser la Comtesse.

Scène IX : *La Comtesse, Lélio, le Chevalier.*

LÉLIO, *à la Comtesse, en entrant* : J'attendais nos musiciens, Madame, et je cours les presser moi-même. Je vous laisse le Chevalier ; il veut nous quitter ; son séjour ici l'embarrasse ; je crois qu'il vous craint ; cela est de bon sens, et je ne m'en inquiète point : je vous connais ; mais il est mon ami ; notre amitié doit durer plus d'un jour ; et il faut bien qu'il se fasse au danger de vous voir ; je vous prie de le rendre plus raisonnable. Je reviens dans l'instant.

Scène X : *La Comtesse, le Chevalier.*

LA COMTESSE : Quoi ! Chevalier, vous prenez de pareils prétextes pour nous quitter ? Si vous nous disiez les véritables raisons qui pressent votre retour à Paris, on ne vous retiendrait peut-être pas.

LE CHEVALIER : Mes véritables raisons, Comtesse ? Ma foi, Lélio vous les a dites.

LA COMTESSE : Comment ! que vous vous défiez de votre cœur auprès de moi ?

LE CHEVALIER : Moi, m'en défier ! je m'y prendrais un peu tard ; est-ce que vous m'en avez donné le temps ?

Non, Madame, le mal est fait ; il ne s'agit plus que d'en arrêter le progrès.

LA COMTESSE, *riant* : En vérité, Chevalier, vous êtes bien à plaindre, et je ne savais pas que j'étais si dangereuse.

LE CHEVALIER : Oh ! que si ; je ne vous dis rien là dont tous les jours votre miroir ne vous accuse d'être capable ; il doit vous avoir dit que vous avez des yeux qui violeraient l'hospitalité avec moi, si vous m'ameniez ici.

LA COMTESSE : Mon miroir ne me flatte pas, Chevalier.

LE CHEVALIER : Parbleu ! je l'en défie ; il ne vous prêtera jamais rien. La nature y a mis bon ordre, et c'est elle qui vous a flattée.

LA COMTESSE : Je ne vois point que ce soit avec tant d'excès.

LE CHEVALIER : Comtesse, vous m'obligeriez beaucoup de me donner votre façon de voir ; car, avec la mienne, il n'y a pas moyen de vous rendre justice.

LA COMTESSE, *riant* : Vous êtes bien galant.

LE CHEVALIER : Ah ! je suis mieux que cela ; ce ne serait là qu'une bagatelle.

LA COMTESSE : Cependant ne vous gênez point, Chevalier : quelque inclination, sans doute, vous rappelle à Paris, et vous vous ennuieriez avec nous.

LE CHEVALIER : Non, je n'ai point d'inclination à Paris, si vous n'y venez pas. *(Il lui prend la main.)* A l'égard de l'ennui, si vous saviez l'art de m'en donner auprès de vous, ne m'en épargnez pas, Comtesse ; c'est un vrai présent que vous me ferez ; ce sera même une bonté ; mais cela vous passe, et vous ne donnez que de l'amour ; voilà tout ce que vous savez faire.

LA COMTESSE : Je le fais assez mal.

Scène XI : *La Comtesse, le Chevalier, Lélio, etc.*

LÉLIO : Nous ne pouvons avoir votre divertissement que tantôt, Madame ; mais en revanche, voici une noce de village, dont tous les acteurs viennent pour vous divertir. *(Au Chevalier.)* Ton valet et le mien sont à la tête, et mènent le branle [6].

DIVERTISSEMENT

LE CHANTEUR

Chantons tous l'agriable emplette
Que Lucas a fait de Colette.
Qu'il est heureux, ce garçon-là !
J'aimerais bien le mariage,
Sans un petit défaut qu'il a :
Par lui la fille la plus sage,
Zeste, vous vient entre les bras.
Et boute, et gare, allons courage :
Rien n'est si beau que le tracas
Des fins premiers jours du ménage.
Mais, morgué ! ça ne dure pas ;
Le cœur vous faille, et c'est dommage.

6. Ouvrent le branle ou mènent la danse, au propre et au figuré. Le *branle* est le nom générique de toutes les danses où un ou deux danseurs conduisent les autres qui répètent ce que font les premiers.

UN PAYSAN

Que dis-tu, gente Mathurine,
De cette noce que tu vois?
T'agace-t-elle un peu? Pour moi,
Il me semble voir à ta mine
Que tu sens un je ne sais quoi.
L'ami Lucas et la cousine
Riront tant qu'ils pourront tous deux
En se gaussant des médiseux.
Dis la vérité, Mathurine,
Ne ferais-tu pas bien comme eux?

MATHURINE

Voyez le biau discours à faire,
De demander en pareil cas :
Que fais-tu? que ne fais-tu pas?
Eh! Colin sans tant de mystère,
Marions-nous; tu le sauras.
A présent si j'étais sincère,
Je vais souvent dans le vallon,
Tu m'y suivras, malin garçon :
On n'y trouve point de notaire,
Mais on y trouve du gazon.

(On danse.)

Branle

Qu'on dise tout ce qu'on voudra,
    Tout ci, tout ça,
Je veux tâter du mariage.
En arrive ce qui pourra,
    Tout ci, tout ça;
Par la sangué! j'ons bon courage.
Ce courage, dit-on, s'en va,
    Tout ci, tout ça,
Morguenne! il nous faut voir cela.

Ma Claudine un jour me conta,
    Tout ci, tout ça,
Que sa mère en courroux contre elle
Lui défendait qu'elle m'aimât,
    Tout ci, tout ça,
Mais aussitôt me dit la belle :
Entrons dans ce bocage-là,
    Tout ci, tout ça;
Nous verrons ce qu'il en sera.

Quand elle y fut, elle chanta,
    Tout ci, tout ça :
Berger, dis-moi que ton cœur m'aime;
Et le mien aussi te dira,
    Tout ci, tout ça,
Combien son amour est extrême.
Après, elle me regarda,
    Tout ci, tout ça,
D'un doux regard qui m'acheva.

Mon cœur, à son tour, lui chanta,
    Tout ci, tout ça,
Une chanson qui fut si tendre,
Que cent fois elle soupira,
    Tout ci, tout ça,

Du plaisir qu'elle eut de m'entendre;
Ma chanson tant recommença,
    Tout ci, tout ça,
Tant qu'enfin la voix me manqua.

ACTE SECOND

Scène I

TRIVELIN, *seul* : Me voici comme de moitié dans une intrigue assez douce et d'assez bon rapport, car il m'en revient déjà de l'argent et une maîtresse; ce beau commencement-là promet encore une plus belle fin. Or, moi qui suis un habile homme, est-il naturel que je reste ici les bras croisés? ne ferai-je rien qui hâte le succès du projet de ma chère suivante? Si je disais au seigneur Lélio que le cœur de la Comtesse commence à capituler pour le Chevalier, il se dépiterait plus vite, et partirait pour Paris où on l'attend. Je lui ai déjà témoigné que je souhaiterais avoir l'honneur de lui parler; mais le voilà qui s'entretient avec la Comtesse; attendons qu'il ait fini avec elle.

Scène II : Lélio, la Comtesse.
Ils entrent tous deux
comme continuant de se parler.

LA COMTESSE : Non, Monsieur, je ne vous comprends point. Vous liez amitié avec le Chevalier, vous me l'amenez; et vous voulez ensuite que je lui fasse mauvaise mine! Qu'est-ce que c'est que cette idée-là? Vous m'avez dit vous-même que c'était un homme aimable, amusant, et effectivement j'ai jugé que vous aviez raison.

LÉLIO, *reprenant un mot* : Effectivement! Cela est donc bien effectif? eh bien! je ne sais que vous dire; mais voilà un *effectivement* qui ne devrait pas se trouver là, par exemple.

LA COMTESSE : Par malheur, il s'y trouve.

LÉLIO : Vous me raillez, Madame.

LA COMTESSE : Voulez-vous que je respecte votre antipathie pour *effectivement*? Est-ce qu'il n'est pas bon français? L'a-t-on proscrit de la langue?

LÉLIO : Non, Madame; mais il marque que vous êtes un peu trop persuadée du mérite du Chevalier.

LA COMTESSE : Il marque cela? Oh! il a tort, et le procès que vous lui faites est raisonnable, mais vous m'avouerez qu'il n'y a pas de mal à sentir suffisamment le mérite d'un homme, quand le mérite est réel; et c'est comme j'en use avec le Chevalier.

LÉLIO : Tenez, *sentir* est encore une expression qui ne vaut pas mieux; *sentir* est trop, c'est *connaître* qu'il faudrait dire.

LA COMTESSE : Je suis d'avis de ne dire plus mot, et d'attendre que vous m'ayez donné la liste des termes sans reproche que je dois employer, je crois que c'est le plus court; il n'y a que ce moyen-là qui puisse me mettre en état de m'entretenir avec vous.

LÉLIO : Eh! Madame, faites grâce à mon amour.

LA COMTESSE : Supportez donc mon ignorance; je ne

savais pas la différence qu'il y avait entre *connaître* et *sentir*.

LÉLIO : *Sentir*, Madame, c'est le style du cœur, et ce n'est pas dans ce style-là que vous devez parler du Chevalier.

LA COMTESSE : Écoutez; le vôtre ne m'amuse point; il est froid, il me glace; et, si vous voulez même, il me rebute.

LÉLIO, *à part* : Bon! je retirerai mon billet.

LA COMTESSE : Quittons-nous, croyez-moi; je parle mal, vous ne me répondez pas mieux; cela ne fait pas une conversation amusante.

LÉLIO : Allez-vous rejoindre le Chevalier?

LA COMTESSE : Lélio, pour le prix des leçons que vous venez de me donner, je vous avertis, moi, qu'il y a des moments où vous feriez bien de ne pas vous montrer; entendez-vous?

LÉLIO : Vous me trouvez donc bien insupportable?

LA COMTESSE : Épargnez-vous ma réponse; vous auriez à vous plaindre de la valeur de mes termes, et je le sens bien.

LÉLIO : Et moi, je sens que vous vous retenez; vous me diriez de bon cœur que vous me haïssez.

LA COMTESSE : Non, mais je vous le dirai bientôt, si cela continue, et cela continuera sans doute.

LÉLIO : Il semble que vous le souhaitez.

LA COMTESSE : Hum! vous ne feriez pas languir mes souhaits.

LÉLIO, *d'un air fâché et vif* : Vous me désolez, Madame.

LA COMTESSE : Je me retiens, Monsieur; je me retiens. *Elle veut s'en aller.*

LÉLIO : Arrêtez, Comtesse; vous m'avez fait l'honneur d'accorder quelque retour à ma tendresse.

LA COMTESSE : Ah! le beau détail où vous entrez là!

LÉLIO : Le dédit même qui est entre nous.

LA COMTESSE, *fâchée* : Eh bien! ce dédit vous chagrine? il n'y a qu'à le rompre. Que ne me disiez-vous cela sur-le-champ? Il y a une heure que vous biaisez pour arriver là.

LÉLIO : Le rompre! J'aimerais mieux mourir; ne m'assure-t-il pas votre main?

LA COMTESSE : Et qu'est-ce que c'est que ma main sans mon cœur?

LÉLIO : J'espère avoir l'un et l'autre.

LA COMTESSE : Pourquoi me déplaisez-vous donc?

LÉLIO : En quoi ai-je pu vous déplaire? Vous auriez de la peine à le dire vous-même.

LA COMTESSE : Vous êtes jaloux, premièrement.

LÉLIO : Eh! morbleu! Madame, quand on aime...

LA COMTESSE : Ah! quel emportement!

LÉLIO : Peut-on s'empêcher d'être jaloux? Autrefois vous me reprochiez que je ne l'étais pas assez; vous me trouviez trop tranquille; me voici inquiet, et je vous déplais.

LA COMTESSE : Achevez, Monsieur, concluez que je suis une capricieuse; voilà ce que vous voulez dire, je vous entends bien. Le compliment que vous me faites est digne de l'entretien dont vous me régalez depuis une heure; et après cela vous me demandez en quoi vous me déplaisez! Ah! l'étrange caractère!

LÉLIO : Mais je ne vous appelle pas capricieuse, Madame; je dis seulement que vous vouliez que je fusse jaloux; aujourd'hui je le suis; pourquoi le trouvez-vous mauvais?

LA COMTESSE : Eh bien! vous direz encore que vous ne m'appelez pas fantasque!

LÉLIO : De grâce, répondez.

LA COMTESSE : Non, Monsieur, on n'a jamais dit à une femme ce que vous me dites là; et je n'ai vu que vous dans la vie qui m'ayez trouvée si ridicule.

LÉLIO, *regardant autour de lui* : Je chercherais volontiers à qui vous parlez, Madame; car ce discours-là ne peut pas s'adresser à moi.

LA COMTESSE : Fort bien! me voilà devenue visionnaire à présent; continuez, Monsieur, continuez; vous ne voulez pas rompre le dédit; cependant c'est moi qui ne veux plus; n'est-il pas vrai?

LÉLIO : Que d'industrie pour vous sauver d'une question fort simple, à laquelle vous ne pouvez répondre!

LA COMTESSE : Oh! je n'y saurais tenir; capricieuse, ridicule, visionnaire et de mauvaise foi! le portrait est flatteur! Je ne vous connaissais pas, Monsieur Lélio; je ne vous connaissais pas, vous m'avez trompée. Je vous passerais de la jalousie; je ne parle pas de la vôtre, elle n'est pas supportable; c'est une jalousie terrible, odieuse, qui vient du fond du tempérament, du vice de votre esprit. Ce n'est pas délicatesse chez vous; c'est mauvaise humeur naturelle, c'est précisément caractère. Oh! ce n'est pas là la jalousie que je vous demandais; je voulais une inquiétude douce, qui a sa source dans un cœur timide et bien touché, et qui n'est qu'une louable méfiance de soi-même; avec cette jalousie-là, Monsieur, on ne dit point d'invectives aux personnes que l'on aime; on ne les trouve ni ridicules, ni fourbes, ni fantasques; on craint seulement de n'être pas toujours aimé, parce qu'on ne se croit pas digne de l'être. Mais cela vous passe; ces sentiments-là ne sont pas du ressort d'une âme comme la vôtre. Chez vous, c'est des emportements, des fureurs, ou pur artifice; vous soupçonnez injurieusement; vous manquez d'estime, de respect, de soumission; vous vous appuyez sur un dédit; vous fondez vos droits sur des raisons de contrainte. Un dédit, Monsieur Lélio! Des soupçons! Vous appelez cela de l'amour! C'est un amour à faire peur. Adieu.

LÉLIO : Encore un mot. Vous êtes en colère, mais vous reviendrez, car vous m'estimez dans le fond.

LA COMTESSE : Soit; j'en estime tant d'autres! Je ne regarde pas cela comme un grand mérite d'être estimable; on n'est que ce qu'on doit être.

LÉLIO : Pour nous accommoder, accordez-moi une grâce. Vous m'êtes chère; le Chevalier vous aime; ayez pour lui un peu plus de froideur; insinuez-lui qu'il nous laisse, qu'il s'en retourne à Paris.

LA COMTESSE : Lui insinuer qu'il nous laisse, c'est-à-dire lui glisser tout doucement une impertinence qui me fera tout doucement passer dans son esprit pour une femme qui ne sait pas vivre! Non, Monsieur; vous m'en dispenserez, s'il vous plaît. Toute la subtilité possible n'empêchera pas un compliment d'être ridicule, quand il l'est, vous me le prouvez par le vôtre; c'est un avis que je vous insinue tout doucement, pour vous donner un petit essai de ce que vous appelez manière insinuante.

Elle se retire.

Scène III : Lélio, Trivelin.

LÉLIO, *un moment seul et en riant* : Allons, allons, cela va très rondement ; j'épouserai les douze mille livres de rente. Mais voilà le valet du Chevalier. *(A Trivelin.)* Il m'a paru tantôt que tu avais quelque chose à me dire ?

TRIVELIN : Oui, Monsieur ; pardonnez à la liberté que je prends. L'équipage où je suis ne prévient pas en ma faveur ; cependant, tel que vous me voyez, il y a là-dedans le cœur d'un honnête homme, avec une extrême inclination pour les honnêtes gens.

LÉLIO : Je le crois.

TRIVELIN : Moi-même, et je le dis avec un souvenir modeste, moi-même autrefois, j'ai été du nombre de ces honnêtes gens ; mais vous savez, Monsieur, à combien d'accidents nous sommes sujets dans la vie. Le sort m'a joué ; il en a joué bien d'autres ; l'histoire est remplie du récit de ses mauvais tours : princes, héros, il a tout malmené, et je me console de mes malheurs avec de tels confrères.

LÉLIO : Tu m'obligerais de retrancher tes réflexions et de venir au fait.

TRIVELIN : Les infortunés sont un peu babillards, Monsieur ; ils s'attendrissent aisément sur leurs aventures. Mais je coupe court ; ce petit préambule me servira, s'il vous plaît, à m'attirer un peu d'estime, et donnera du poids à ce que je vais vous dire.

LÉLIO : Soit.

TRIVELIN : Vous savez que je fais la fonction de domestique auprès de Monsieur le Chevalier.

LÉLIO : Oui.

TRIVELIN : Je ne demeurerai pas longtemps avec lui, Monsieur ; son caractère donne trop de scandale au mien.

LÉLIO : Et que lui trouves-tu de mauvais ?

TRIVELIN : Que vous êtes différent de lui ! A peine vous ai-je vu, vous ai-je entendu parler, que j'ai dit en moi-même : Ah ! quelle âme franche ! que de netteté dans ce cœur-là !

LÉLIO : Tu vas encore t'amuser à mon éloge, et tu ne finiras point.

TRIVELIN : Monsieur, la vertu vaut bien une petite parenthèse en sa faveur.

LÉLIO : Venons donc au reste à présent.

TRIVELIN : De grâce, souffrez qu'auparavant nous convenions d'un petit article.

LÉLIO : Parle.

TRIVELIN : Je suis fier, mais je suis pauvre, qualités, comme vous jugez bien, très difficiles à accorder l'une avec l'autre, et qui pourtant ont la rage de se trouver presque toujours ensemble ; voilà ce qui me passe.

LÉLIO : Poursuis ; à quoi nous mènent ta fierté et ta pauvreté ?

TRIVELIN : Elles nous mènent à un combat qui se passe entre elles ; la fierté se défend d'abord à merveille, mais son ennemie est bien pressante ; bientôt la fierté plie, recule, fuit, et laisse le champ de bataille à la pauvreté, qui

ne rougit de rien, et qui sollicite en ce moment votre libéralité.

LÉLIO : Je t'entends ; tu me demandes quelque argent pour récompense de l'avis que tu vas me donner ?

TRIVELIN : Vous y êtes ; les âmes généreuses ont cela de bon, qu'elles devinent ce qu'il vous faut et vous épargnent la honte d'expliquer vos besoins ; que cela est beau !

LÉLIO : Je consens à ce que tu me demandes, à une condition à mon tour ; c'est que le secret que tu m'apprendras vaudra la peine d'être payé ; et je serai de bonne foi là-dessus. Dis à présent.

TRIVELIN : Pourquoi faut-il que la rareté de l'argent ait ruiné la générosité de vos pareils ? Quelle misère ! mais n'importe ; votre équité me rendra ce que votre économie me retranche, et je commence. Vous croyez le Chevalier votre intime et fidèle ami, n'est-ce pas ?

LÉLIO : Oui, sans doute.

TRIVELIN : Erreur.

LÉLIO : En quoi donc ?

TRIVELIN : Vous croyez que la Comtesse vous aime toujours ?

LÉLIO : J'en suis persuadé.

TRIVELIN : Erreur, trois fois erreur !

LÉLIO : Comment ?

TRIVELIN : Oui, Monsieur ; vous n'avez ni ami ni maîtresse. Quel brigandage dans ce monde ! la Comtesse ne vous aime plus, le Chevalier vous a escamoté son cœur : il l'aime, il en est aimé, c'est un fait ; je le sais, je l'ai vu, je vous en avertis ; faites-en votre profit et le mien.

LÉLIO : Eh ! dis-moi, as-tu remarqué quelque chose qui te rende sûr de cela ?

TRIVELIN : Monsieur, on peut se fier à mes observations. Tenez, je n'ai qu'à regarder une femme entre deux yeux, je vous dirai ce qu'elle sent et ce qu'elle sentira, le tout à une virgule près. Tout ce qui se passe dans son cœur s'écrit sur son visage, et j'ai tant étudié cette écriture-là, que je la lis tout aussi couramment que la mienne. Par exemple, tantôt, pendant que vous vous amusiez dans le jardin à cueillir des fleurs pour la Comtesse, je raccommodais près d'elle une palissade, et je voyais le Chevalier, sautillant, rire et folâtrer avec elle. Que vous êtes badin ! lui disait-elle, en souriant négligemment à ses enjouements. Tout autre que moi n'aurait rien remarqué dans ce sourire-là ; c'était un chiffre. Savez-vous ce qu'il signifiait ? Que vous m'amusez agréablement, Chevalier ! Que vous êtes aimable dans vos façons ! Ne sentez-vous pas que vous me plaisez ?

LÉLIO : Cela est bon ; mais rapporte-moi quelque chose que je puisse expliquer, moi, qui ne suis pas si savant que toi.

TRIVELIN : En voici qui ne demande nulle condition. Le Chevalier continuait, lui volait quelques baisers, dont on se fâchait, et qu'on n'esquivait pas. Laissez-moi donc, disait-elle avec un visage indolent, qui ne faisait rien pour se tirer d'affaire, qui avait la paresse de rester exposé à l'injure ; mais, en vérité, vous n'y songez pas, ajoutait-elle ensuite. Et moi, tout en raccommodant ma palissade, j'expliquais ce *vous n'y songez pas*, et ce *laissez-moi donc* ; et je voyais que cela voulait dire : Courage,

Chevalier, encore un baiser sur le même ton; surprenez-moi toujours, afin de sauver les bienséances; je me dois consentir à rien; mais si vous êtes adroit, je n'y saurais que faire; ce ne sera pas ma faute.

LÉLIO : Oui-da; c'est quelque chose que des baisers.

TRIVELIN : Voici le plus touchant. Ah! la belle main! s'écria-t-il ensuite : souffrez que je l'admire. — Il n'est pas nécessaire. — De grâce. — Je ne veux point... Ce nonobstant, la main est prise, admirée, caressée; cela va tout de suite... Arrêtez-vous... Point de nouvelles. Un coup d'éventail par là-dessus, coup galant qui signifie : Ne lâchez point; l'éventail est saisi; nouvelles pirateries sur la main qu'on tient; l'autre vient à son secours; autant de pris par l'ennemi... Mais je ne vous comprends point; finissez donc. — Vous en parlez bien à votre aise, Madame!... Alors la Comtesse de s'embarrasser, le Chevalier de la regarder tendrement; elle de rougir, lui de s'animer; elle de se fâcher sans colère, lui de se jeter à ses genoux sans repentance; elle de pousser honteusement un demi-soupir, lui de riposter effrontément par un soupir tout entier; et puis vient du silence; et puis des regards qui sont bien tendres; et puis d'autres qui n'osent pas l'être; et puis... Qu'est-ce que cela signifie, Monsieur... — Vous le voyez bien, Madame. — Levez-vous donc. — Me pardonnez-vous? — Ah! je ne sais... Le procès en était là quand vous êtes venu, mais je crois maintenant les parties d'accord. Qu'en dites-vous?

LÉLIO : Je dis que ta découverte commence à prendre forme.

TRIVELIN : Commence à prendre forme! Et jusqu'où prétendez-vous donc que je la conduise pour vous persuader? Je désespère de la pousser jamais plus loin; j'ai vu l'amour naissant; quand il sera grand garçon, j'aurai beau l'attendre auprès de la palissade, au diable s'il y vient badiner; or, il grandira s'il n'est déjà grandi; car il m'a paru aller bon train, le gaillard.

LÉLIO : Fort bon train, ma foi.

TRIVELIN : Que vous dites-vous de la Comtesse? Ne l'auriez-vous pas épousée sans moi? Si vous aviez vu de quel air elle abandonnait sa main blanche au Chevalier!...

LÉLIO : En vérité! te paraissait-il qu'elle y prît goût?

TRIVELIN : Oui, Monsieur. *(A part.)* On dirait qu'il en prend aussi, lui. *(A Lélio.)* Eh bien! trouvez-vous que mon avis mérite salaire?

LÉLIO : Sans difficulté. Tu es un coquin.

TRIVELIN : Sans difficulté, tu es un coquin; voilà un prélude de reconnaissance bien bizarre.

LÉLIO : Le Chevalier te donnerait cent coups de bâton, si je lui disais que tu le trahis : oh! ces coups de bâton que tu mérites, ma bonté te les épargne; je ne dirai mot. Adieu; tu dois être content; te voilà payé.

Il s'en va.

Scène IV

TRIVELIN, *seul* : Je n'avais jamais vu de monnaie frappée à ce coin-là. Adieu, Monsieur, je suis votre serviteur; que le ciel veuille vous combler des faveurs que je mérite! De toutes les grimaces que m'a faites la fortune, voilà certes la plus comique : me payer en exemption de coups

de bâton! [7] c'est ce qu'on appelle faire argent de tout. Je n'y comprends rien : je lui dis que sa maîtresse la plante là; il me demande si elle y prend goût. Est-ce que notre faux Chevalier m'en ferait accroire? Et seraient-ils tous deux meilleurs amis que je ne pense? Interrogeons un peu Arlequin là-dessus.

Scène V : Arlequin, Trivelin.

TRIVELIN : Ah! te voilà! où vas-tu?

ARLEQUIN : Voir s'il y a des lettres pour mon maître.

TRIVELIN : Tu me parais occupé, à quoi est-ce que tu rêves?

ARLEQUIN : A des louis d'or.

TRIVELIN : Diantre! tes réflexions sont de riche étoffe.

ARLEQUIN : Et je te cherchais aussi pour te parler.

TRIVELIN : Et que veux-tu de moi?

ARLEQUIN : T'entretenir de louis d'or.

TRIVELIN : Encore des louis d'or! Mais tu as une mine d'or dans la tête.

ARLEQUIN : Dis-moi, mon ami, où as-tu pris toutes ces pistoles que je t'ai vu tantôt tirer de ta poche pour payer la bouteille de vin que nous avons bue au cabaret du bourg? Je voudrais bien savoir le secret que tu as, pour en faire.

TRIVELIN : Mon ami, je ne pourrais guère te donner le secret d'en faire; je n'ai jamais possédé que le secret de les dépenser.

ARLEQUIN : Oh! j'ai aussi un secret qui est bon pour cela, moi; je l'ai appris au cabaret en perfection.

TRIVELIN : Oui-da, on fait son affaire avec du vin, quoique lentement; mais en y joignant une pincée d'inclination pour le beau sexe, on réussit bien autrement.

ARLEQUIN : Ah! le beau sexe, on ne trouve point de cet ingrédient-là ici.

TRIVELIN : Tu n'y demeureras pas toujours. Mais de grâce, instruis-moi d'une chose à ton tour : ton maître et Monsieur le Chevalier s'aiment-ils beaucoup?

ARLEQUIN : Oui.

TRIVELIN : Fi! Se témoignent-ils de grands empressements? Se font-ils beaucoup d'amitiés?

ARLEQUIN : Ils se disent : Comment te portes-tu? — A ton service. — Et moi aussi. — J'en suis bien aise... Après cela ils dînent et soupent ensemble; et puis : Bonsoir; je te souhaite une bonne nuit... Et puis ils se couchent, et puis ils dorment, et puis le jour vient. Est-ce que tu veux qu'ils se disent des injures?

TRIVELIN : Non, mon ami; c'est que j'avais quelque petite raison de te demander cela, par rapport à quelque aventure qui m'est arrivée ici.

ARLEQUIN : Toi?

TRIVELIN : Oui, j'ai touché le cœur d'une aimable personne, et l'amitié de nos maîtres prolongera notre séjour ici.

ARLEQUIN : Et où est-ce que cette rare personne-là habite avec son cœur?

TRIVELIN : Ici, te dis-je. Malepeste! c'est une affaire qui m'est de conséquence.

7. S'affranchir de ses obligations à mon égard en ne me donnant pas de coups de bâton!

ARLEQUIN : Quel plaisir! Elle est jeune?

TRIVELIN : Je lui crois dix-neuf à vingt ans.

ARLEQUIN : Ah! le tendron! Elle est jolie?

TRIVELIN : Jolie! quelle maigre épithète! Vous lui manquez de respect; sachez qu'elle est charmante, adorable, digne de moi.

ARLEQUIN, *touché* : Ah! m'amour! friandise de mon âme!

TRIVELIN : Et c'est de sa main mignonne que je tiens ces louis d'or dont tu parles, et que le don qu'elle m'en a fait me rend si précieux.

ARLEQUIN, *à ce mot, laisse aller ses bras* : Je n'en puis plus.

TRIVELIN, *à part* : Il me divertit; je veux le pousser jusqu'à l'évanouissement. *(Haut.)* Ce n'est pas le tout, mon ami : ses discours ont charmé mon cœur; de la manière dont elle m'a peint, j'avais honte de me trouver si aimable. M'aimerez-vous? me disait-elle; puis-je compter sur votre cœur?

ARLEQUIN, *transporté* : Oui, ma reine.

TRIVELIN : A qui parles-tu?

ARLEQUIN : A elle; j'ai cru qu'elle m'interrogeait.

TRIVELIN, *riant* : Ah! ah! ah! Pendant qu'elle me parlait, ingénieuse à me prouver sa tendresse, elle fouillait dans sa poche pour en tirer cet or qui fait mes délices. Prenez, m'a-t-elle dit en me le glissant dans la main; et comme poliment j'ouvrais ma main avec lenteur : prenez donc, s'est-elle écriée, ce n'est là qu'un échantillon du coffre-fort que je vous destine; alors je me suis rendu; car un échantillon ne se refuse point.

ARLEQUIN *jette sa batte et sa ceinture à terre, et se jetant à genoux, il dit* : Ah! mon ami, je tombe à tes pieds pour te supplier, en toute humilité, de me montrer seulement la face royale de cette incomparable fille, qui donne un cœur et des louis d'or du Pérou avec; peut-être me fera-t-elle aussi présent de quelque échantillon; je ne veux que la voir, l'admirer, et puis mourir content.

TRIVELIN : Cela ne se peut pas, mon enfant; il ne faut pas régler tes espérances sur mes aventures; vois-tu bien, entre le baudet et le cheval d'Espagne [8], il y a quelque différence.

ARLEQUIN : Hélas! je te regarde comme le premier cheval du monde.

TRIVELIN : Tu abuses de mes comparaisons; je te permets de m'estimer, Arlequin, mais ne me loue jamais.

ARLEQUIN : Montre-moi donc cette fille...

TRIVELIN : Cela ne se peut pas; mais je t'aime, et tu te sentiras de ma bonne fortune : dès aujourd'hui je te fonde une bouteille de bourgogne [9] pour autant de jours que nous serons ici.

ARLEQUIN, *demi-pleurant* : Une bouteille par jour, cela fait trente bouteilles par mois, pour me consoler dans la douleur; donne-moi en argent la fondation du premier mois.

TRIVELIN : Mon fils, je suis bien aise d'assister à chaque paiement.

ARLEQUIN, *en s'en allant et pleurant* : Je ne verrai donc point ma reine? Où êtes-vous donc, petit louis d'or de mon âme? Hélas! je m'en vais vous chercher partout : hi! hi! hi! hi!... *(Et puis d'un ton net.)* Veux-tu aller boire le premier mois de fondation?

TRIVELIN : Voilà mon maître, je ne saurais; mais va m'attendre.

Arlequin s'en va en recommençant : hi! hi! hi! hi!

Scène VI : Le Chevalier, Trivelin.

TRIVELIN, *un moment seul* : Je lui ai renversé l'esprit; ah! ah! ah! ah! le pauvre garçon! il n'est pas digne d'être associé à notre intrigue. *(Le Chevalier vient, et Trivelin dit.)* Ah! vous voilà, Chevalier sans pareil. Eh bien! notre affaire va-t-elle bien?

LE CHEVALIER, *comme en colère* : Fort bien, Mons [10] Trivelin; mais je vous cherchais pour vous dire que vous ne valez rien.

TRIVELIN : C'est bien peu de chose que rien : et vous me cherchiez tout exprès pour me dire cela?

LE CHEVALIER : En un mot, tu es un coquin.

TRIVELIN : Vous voilà dans l'erreur de tout le monde.

LE CHEVALIER : Un fourbe, de qui je me vengerai.

TRIVELIN : Mes vertus ont cela de malheureux, qu'elles n'ont jamais été connues de personne.

LE CHEVALIER : Je voudrais bien savoir de quoi vous vous mêlez, d'aller dire à Monsieur Lélio que j'aime la Comtesse?

TRIVELIN : Comment! il vous a rapporté ce que je lui ai dit?

LE CHEVALIER : Sans doute.

TRIVELIN : Vous me faites plaisir de m'en avertir; pour payer mon avis, il avait promis de se taire; il a parlé, la dette subsiste.

LE CHEVALIER : Fort bien! c'était donc pour tirer de l'argent de lui, Monsieur le faquin?

TRIVELIN : *Monsieur le faquin!* retranchez ces petits agréments-là de votre discours; ce sont des fleurs de rhétorique qui m'entêtent; je voulais avoir de l'argent, cela est vrai.

LE CHEVALIER : Eh! ne t'en avais-je pas donné?

TRIVELIN : Ne l'avais-je pas pris de bonne grâce? De quoi vous plaignez-vous? Votre argent est-il insociable? Ne pouvait-il pas s'accommoder avec celui de Monsieur Lélio?

LE CHEVALIER : Prends-y garde; si tu retombes encore dans la moindre impertinence, j'ai une maîtresse qui aura soin de toi, je t'en assure.

TRIVELIN : Arrêtez; ma discrétion s'affaiblit, je l'avoue; je la sens infirme; il sera bon de la rétablir par un baiser ou deux.

LE CHEVALIER : Non.

TRIVELIN : Convertissons donc cela en autre chose.

LE CHEVALIER : Je ne saurais.

TRIVELIN : Vous ne m'entendez point; je ne puis me résoudre à vous dire le mot de l'énigme. *(Le Chevalier tire*

---

8. Le *baudet* est un âne et le *cheval d'Espagne*, un cheval de grand prix.

9. Entendons : je te promets de te servir régulièrement une bouteille de bourgogne, comme s'il s'agissait d'une rente.

10. Abréviation du mot de « monsieur », qui est familière ou méprisante.

sa montre.) Ah! ah! tu la devineras; tu n'y es plus; le mot n'est pas une montre; la montre en approche pourtant, à cause du métal.

LE CHEVALIER : Eh! je vous entends à merveille; qu'à cela ne tienne.

TRIVELIN : J'aime pourtant mieux un baiser.

LE CHEVALIER : Tiens; mais observe ta conduite.

TRIVELIN : Ah! friponne, tu triches ma flamme; tu t'esquives, mais avec tant de grâce, qu'il faut me rendre.

Scène VII : Le Chevalier, Trivelin, Arlequin, qui vient, a écouté la fin de la scène par-derrière. Dans le temps que le Chevalier donne de l'argent à Trivelin, d'une main il prend l'argent, et de l'autre il embrasse le Chevalier.

ARLEQUIN : Ah! je la tiens! ah! m'amour, je me meurs! cher petit lingot d'or, je n'en puis plus. Ah! Trivelin! je suis heureux!

TRIVELIN : Et moi volé.

LE CHEVALIER : Je suis au désespoir; mon secret est découvert.

ARLEQUIN : Laissez-moi vous contempler, cassette de mon âme : qu'elle est jolie! Mignarde, mon cœur s'en va, je me trouve mal. Vite un échantillon pour me remettre; ah! ah! ah! ah!

LE CHEVALIER, *à Trivelin* : Débarrasse-moi de lui; que veut-il dire avec son échantillon?

TRIVELIN : Bon! bon! c'est de l'argent qu'il demande.

LE CHEVALIER : S'il ne tient qu'à cela pour venir à bout du dessein que je poursuis, emmène-le, et engage-le au secret, voilà de quoi le faire taire. *(A Arlequin.)* Mon cher Arlequin, ne me découvre point; je te promets des échantillons tant que tu voudras; suis-le, et ne dis mot; tu n'aurais rien si tu parlais.

ARLEQUIN : Malepeste! je serai sage. M'aimerez-vous, petit homme?

LE CHEVALIER : Sans doute.

TRIVELIN : Allons, mon fils, tu te souviens bien de la bouteille de fondation; allons la boire.

ARLEQUIN, *sans bouger* : Allons.

TRIVELIN: Viens donc. *(Au Chevalier.)* Allez votre chemin, et ne vous embarrassez de rien.

ARLEQUIN, *en s'en allant* : Ah! la belle trouvaille! la belle trouvaille!

Scène VIII : La Comtesse, le Chevalier.

LE CHEVALIER, *seul un moment* : A tout hasard, continuons ce que j'ai commencé. Je prends trop de plaisir à mon projet pour l'abandonner; dût-il m'en coûter encore vingt pistoles, je veux tâcher d'en venir à bout. Voici la Comtesse; je la crois dans de bonnes dispositions pour moi; achevons de la déterminer. *(Haut.)* Vous me paraissez bien triste, Madame; qu'avez-vous?

LA COMTESSE, *à part* : Éprouvons ce qu'il pense. *(Au Chevalier.)* Je viens vous faire un compliment qui me déplaît; mais je ne saurais m'en dispenser.

LE CHEVALIER : Ah! notre conversation débute mal, Madame.

LA COMTESSE : Vous avez pu remarquer que je vous voyais ici avec plaisir; et, s'il ne tenait qu'à moi, j'en aurais encore beaucoup à vous y voir.

LE CHEVALIER : J'entends; je vous épargne le reste, et je vais coucher à Paris.

LA COMTESSE : Ne vous en prenez pas à moi, je vous le demande en grâce.

LE CHEVALIER : Je n'examine rien; vous ordonnez, j'obéis.

LA COMTESSE : Ne dites point que j'ordonne.

LE CHEVALIER : Eh! Madame, je ne vaux pas la peine que vous vous excusiez, et vous êtes trop bonne.

LA COMTESSE : Non, vous dis-je; et si vous voulez rester, en vérité... vous êtes le maître.

LE CHEVALIER : Vous ne risquez rien à me donner carte blanche; je sais le respect que je dois à vos véritables intentions.

LA COMTESSE : Mais, Chevalier, il ne faut pas respecter des chimères.

LE CHEVALIER : Il n'y a rien de plus poli que ce discours-là.

LA COMTESSE : Il n'y a rien de plus désagréable que votre obstination à me croire polie; car il faudra, malgré moi, que je le sois. Je suis d'un sexe un peu fier. Je vous dis de rester, je ne saurais aller plus loin; aidez-vous.

LE CHEVALIER, *à part* : Sa fierté se meurt, je veux l'achever. *(Haut.)* Adieu, Madame, je craindrais de prendre le change, je suis tenté de demeurer, et je fuis le danger de mal interpréter vos honnêtetés. Adieu; vous renvoyez mon cœur dans un terrible état.

LA COMTESSE : Vit-on jamais un pareil esprit, avec son cœur qui n'a pas le sens commun?

LE CHEVALIER, *se retournant* : Du moins, Madame, attendez que je sois parti, pour marquer du dégoût à mon égard.

LA COMTESSE : Allez, Monsieur; je ne saurais attendre; allez à Paris chercher des femmes qui s'expliquent plus précisément que moi, qui vous prient de rester en termes formels, qui ne rougissent de rien. Pour moi, je me ménage, je sais ce que je me dois; et vous partirez, puisque vous avez la fureur de prendre tout de travers.

LE CHEVALIER : Vous ferai-je plaisir de rester?

LA COMTESSE : Peut-on mettre une femme entre le oui et le non? Quelle brusque alternative! Y a-t-il rien de plus haïssable qu'un homme qui ne saurait deviner? Mais allez-vous-en, je suis lasse de tout faire.

LE CHEVALIER, *faisant semblant de s'en aller* : Je devine donc; je me sauve.

LA COMTESSE : Il devine, dit-il; il devine, et s'en va; la belle pénétration! Je ne sais pourquoi cet homme m'a plu. Lélio n'a qu'à le suivre, je le congédie; je ne veux plus de ces importuns-là chez moi. Ah! que je hais les hommes à présent! Qu'ils sont insupportables! J'y renonce de bon cœur.

LE CHEVALIER, *comme revenant sur ses pas* : Je ne songeais pas, Madame, que je vais dans un pays où je puis vous rendre quelque service; n'avez-vous rien à m'y commander?

LA COMTESSE : Oui-da; oubliez que je souhaitais que vous restassiez ici; voilà tout.

LE CHEVALIER : Voilà une commission qui m'en donne une autre, c'est celle de rester, et je m'en tiens à la dernière.

LA COMTESSE : Comment! vous comprenez cela? Quel prodige! En vérité, il n'y a pas moyen de s'étourdir sur les bontés qu'on a pour vous; il faut se résoudre à les sentir, ou vous laisser là.

LE CHEVALIER : Je vous aime, et ne présume rien en ma faveur.

LA COMTESSE : Je n'entends pas que vous présumiez rien non plus.

LE CHEVALIER : Il est donc inutile de me retenir, Madame.

LA COMTESSE : Inutile! comme il prend tout! mais il faut bien observer ce qu'on vous dit.

LE CHEVALIER : Mais aussi, que ne vous expliquez-vous franchement? Je pars, vous me retenez; je crois que c'est pour quelque chose qui en vaudra la peine, point du tout; c'est pour me dire : Je n'entends pas que vous présumiez rien non plus. N'est-ce pas là quelque chose de bien tentant? Et moi, Madame, je n'entends point vivre comme cela; je ne saurais, je vous aime trop.

LA COMTESSE : Vous avez là un amour bien mutin; il est bien pressé.

LE CHEVALIER : Ce n'est pas ma faute, il est comme vous me l'avez donné.

LA COMTESSE : Voyons donc; que voulez-vous?

LE CHEVALIER : Vous plaire.

LA COMTESSE : Eh bien! il faut espérer que cela viendra.

LE CHEVALIER : Moi! me jeter dans l'espérance! Oh! que non; je ne donne pas dans un pays perdu, je ne saurais où j'en marche.

LA COMTESSE : Marchez, marchez; on ne vous égarera pas.

LE CHEVALIER : Donnez-moi votre cœur pour compagnon de voyage, et je m'embarque.

LA COMTESSE : Hum! nous n'irons peut-être pas loin ensemble.

LE CHEVALIER : Eh! par où devinez-vous cela?

LA COMTESSE : C'est que je vous crois volage.

LE CHEVALIER : Vous m'avez fait peur; j'ai cru votre soupçon plus grave; mais pour volage, s'il n'y a que cela qui vous retienne, partons; quand vous me connaîtrez mieux, vous ne me reprocherez pas ce défaut-là.

LA COMTESSE : Parlons raisonnablement : vous pourrez me plaire, je n'en disconviens pas; mais est-il naturel que vous plaisiez tout d'un coup?

LE CHEVALIER : Non; mais si vous vous réglez avec moi sur ce qui est naturel, je ne tiens rien; je ne saurais obtenir votre cœur que *gratis*. Si j'attends que je l'aie gagné, nous n'aurons jamais fait; je connais ce que vous valez et ce que je vaux.

LA COMTESSE : Fiez-vous à moi; je suis généreuse, je vous ferai peut-être grâce.

LE CHEVALIER : Rayez le *peut-être*; ce que vous dites en sera plus doux.

LA COMTESSE : Laissons-le; il n'est peut-être là que par bienséance.

LE CHEVALIER : Le voilà un peu mieux placé, par exemple.

LA COMTESSE : C'est que j'ai voulu vous raccommoder avec lui.

LE CHEVALIER : Venons au fait; m'aimerez-vous?

LA COMTESSE : Mais, au bout du compte, m'aimez-vous vous-même?

LE CHEVALIER : Oui, Madame; j'ai fait ce grand effort-là.

LA COMTESSE : Il y a si peu de temps que vous me connaissez, que je ne laisse pas d'en être surprise.

LE CHEVALIER : Vous, surprise! Il fait jour, le soleil nous luit, cela ne vous surprend-il pas aussi? car je ne sais que répondre à de pareils discours, moi. Eh! Madame, faut-il nous voir plus d'un moment pour apprendre à vous adorer?

LA COMTESSE : Je vous crois, ne vous fâchez point; ne me chicanez pas davantage.

LE CHEVALIER : Oui, Comtesse, je vous aime; et de tous les hommes qui peuvent aimer, il n'y en a pas un dont l'amour soit si pur, si raisonnable, je vous en fais serment sur cette belle main, qui veut bien se livrer à mes caresses; regardez-moi, Madame; tournez vos beaux yeux sur moi, ne me volez point le doux embarras que j'y fais naître. Ah! quels regards! Qu'ils sont charmants! Qui est-ce qui aurait jamais dit qu'ils tomberaient sur moi!

LA COMTESSE : En voilà assez; rendez-moi ma main; elle n'a que faire là; vous parlerez bien sans elle.

LE CHEVALIER : Vous me l'avez laissé prendre, laissez-moi la garder.

LA COMTESSE : Courage; j'attends que vous ayez fini.

LE CHEVALIER : Je ne finirai jamais.

LA COMTESSE : Vous me faites oublier ce que j'avais à vous dire; je suis venue tout exprès, et vous m'amusez toujours. Revenons; vous m'aimez, voilà qui va fort bien, mais comment ferons-nous? Lélio est jaloux de vous.

LE CHEVALIER : Moi, je le suis de lui; nous voilà quittes.

LA COMTESSE : Il a peur que vous ne m'aimiez.

LE CHEVALIER : C'est un nigaud d'en avoir peur; il devrait en être sûr.

LA COMTESSE : Il craint que je ne vous aime.

LE CHEVALIER : Et pourquoi ne m'aimeriez-vous pas? Je le trouve plaisant! Il fallait lui dire que vous m'aimiez, pour le guérir de sa crainte.

LA COMTESSE : Mais, Chevalier, il faut le penser pour le dire.

LE CHEVALIER : Comment! ne m'avez-vous pas dit tout à l'heure que vous me ferez grâce?

LA COMTESSE : Je vous ai dit : Peut-être.

LE CHEVALIER : Ne savais-je pas bien que le maudit *peut-être* me jouerait un mauvais tour? Eh! que faites-vous donc de mieux, si vous ne m'aimez pas? Est-ce encore Lélio qui triomphe?

LA COMTESSE : Lélio commence bien à me déplaire.

LE CHEVALIER : Qu'il achève donc, et nous laisse en repos.

LA COMTESSE : C'est le caractère le plus singulier!

LE CHEVALIER : L'homme le plus ennuyant!

LA COMTESSE : Et brusque avec cela, toujours inquiet. Je ne sais quel parti prendre avec lui.

LE CHEVALIER : Le parti de la raison.

LA COMTESSE : La raison ne plaide plus pour lui, non plus que mon cœur.

LE CHEVALIER : Il faut qu'il perde son procès.

LA COMTESSE : Me le conseillez-vous? Je crois qu'effectivement il en faut venir là.

LE CHEVALIER : Oui; mais de votre cœur, qu'en ferez-vous après?

LA COMTESSE : De quoi vous mêlez-vous?

LE CHEVALIER : Parbleu! de mes affaires.

LA COMTESSE : Vous le saurez trop tôt.

LE CHEVALIER : Morbleu!

LA COMTESSE : Qu'avez-vous?

LE CHEVALIER : C'est que vous avez des longueurs qui me désespèrent.

LA COMTESSE : Mais vous êtes bien impatient, Chevalier! Personne n'est comme vous.

LE CHEVALIER : Ma foi! Madame, on est ce que l'on peut quand on vous aime.

LA COMTESSE : Attendez; je veux vous connaître mieux.

LE CHEVALIER : Je suis vif, et je vous adore, me voilà tout entier; mais trouvons un expédient qui vous mette à votre aise : si je vous déplais, dites-moi de partir, et je pars, il n'en sera plus parlé; si je puis espérer quelque chose, ne me dites rien, je vous dispense de me répondre; votre silence fera ma joie, et il ne vous en coûtera pas une syllabe. Vous ne sauriez prononcer à moins de frais.

LA COMTESSE : Ah!

LE CHEVALIER : Je suis content.

LA COMTESSE : J'étais pourtant venue pour vous dire de nous quitter; Lélio m'en avait priée.

LE CHEVALIER : Laissons là Lélio; sa cause ne vaut rien.

Scène IX : Le Chevalier, la Comtesse, Lélio. Lélio arrive en faisant au Chevalier des signes de joie.

LÉLIO : Tout beau, Monsieur le Chevalier, tout beau; laissons là Lélio, dites-vous! Vous le méprisez bien! Ah! grâces au ciel et à la bonté de Madame, il n'en sera rien, s'il vous plaît. Lélio, qui vaut mieux que vous, restera et vous vous en irez. Comment, morbleu! que dites-vous de lui, Madame? Ne suis-je pas entre les mains d'un ami bien scrupuleux? Son procédé n'est-il pas édifiant?

LE CHEVALIER : Et que trouvez-vous de si étrange à mon procédé, Monsieur? Quand je suis devenu votre ami, ai-je fait vœu de rompre avec la beauté, les grâces et tout ce qu'il y a de plus aimable dans le monde? Non, parbleu! Votre amitié est belle et bonne, mais je m'en passerai mieux que d'amour pour Madame. Vous trouvez un rival; eh bien! prenez patience. En êtes-vous étonné, si Madame n'a pas la complaisance de s'enfermer pour vous; vos étonnements ont tout l'air d'être fréquents, et il faudra bien que vous vous y accoutumiez.

LÉLIO : Je n'ai rien à vous répondre; Madame aura soin de me venger de vos louables entreprises. *(A la Comtesse.)* Voulez-vous bien que je vous donne la main, Madame? car je ne vous crois pas extrêmement amusée des discours de Monsieur.

LA COMTESSE, *sérieuse et se retirant* : Où voulez-vous que j'aille? Nous pouvons nous promener ensemble; je ne me plains pas du Chevalier : s'il m'aime, je ne saurais me fâcher de la manière dont il le dit, et je n'aurais tout au plus à lui reprocher que la médiocrité de son goût.

LE CHEVALIER : Ah! j'aurai plus de partisans de mon goût que vous n'en aurez de vos reproches, Madame.

LÉLIO, *en colère* : Cela va le mieux du monde, et je joue ici un fort aimable personnage! Je ne sais quelles sont vos vues, Madame; mais...

LA COMTESSE : Ah! je n'aime pas les emportés; je vous reverrai quand vous serez plus calme.

Scène X : Lélio, le Chevalier.

LÉLIO *regarde aller la Comtesse. Quand elle ne paraît plus, il se met à éclater de rire* : Ah! ah! ah! ah! voilà une femme bien dupe! Qu'en dis-tu? ai-je bonne grâce à faire le jaloux? *(La Comtesse reparaît pour voir ce qui se passe. Lélio dit bas.)* Elle revient pour nous observer. *(Haut.)* Nous verrons ce qu'il en sera, Chevalier; nous verrons.

LE CHEVALIER, *bas* : Ah! l'excellent fourbe! *(Haut.)* Adieu, Lélio! Vous le prendrez sur le ton qu'il vous plaira; je vous en donne ma parole. Adieu.

Ils s'en vont chacun de leur côté.

ACTE TROISIÈME

Scène I : Lélio, Arlequin.

ARLEQUIN *entre pleurant* : Hi! hi! hi! hi!

LÉLIO : Dis-moi donc pourquoi tu pleures; je veux le savoir absolument.

ARLEQUIN, *plus fort* : Hi! hi! hi! hi!

LÉLIO : Mais quel est le sujet de ton affliction?

ARLEQUIN : Ah! Monsieur, voilà qui est fini; je ne serai plus gaillard.

LÉLIO : Pourquoi?

ARLEQUIN : Faute d'avoir envie de rire.

LÉLIO : Et d'où vient que tu n'as plus envie de rire, imbécile?

ARLEQUIN : A cause de ma tristesse.

LÉLIO : Je te demande ce qui te rend triste.

ARLEQUIN : C'est un grand chagrin, Monsieur.

LÉLIO : Il ne rira plus parce qu'il est triste, et il est triste à cause d'un grand chagrin. Te plaira-t-il de t'expliquer mieux? Sais-tu bien que je me fâcherai à la fin?

ARLEQUIN : Hélas! je vous dis la vérité.

Il soupire.

LÉLIO : Tu me la dis si sottement, que je n'y comprends rien; t'a-t-on fait du mal?

ARLEQUIN : Beaucoup de mal.

LÉLIO : Est-ce qu'on t'a battu?

ARLEQUIN : Bah! bien pis que tout cela, ma foi.

LÉLIO : Bien pis que tout cela?

ARLEQUIN : Oui; quand un pauvre homme perd de l'or, il faut qu'il meure; et je mourrai aussi, je n'y manquerai pas.

LÉLIO : Que veut dire : de l'or?

ARLEQUIN : De l'or du Pérou; voilà comme on dit qu'il s'appelle.

LÉLIO : Est-ce que tu en avais?

ARLEQUIN : Eh! vraiment oui; voilà mon affaire. Je n'en ai plus, je pleure; quand j'en avais, j'étais bien aise.

LÉLIO : Qui est-ce qui te l'avait donné, cet or?

ARLEQUIN : C'est Monsieur le Chevalier qui m'avait fait présent de cet échantillon-là.

LÉLIO : De quel échantillon?

ARLEQUIN : Eh! je vous le dis.

LÉLIO : Quelle patience il faut avoir avec ce nigaud-là! Sachons pourtant ce que c'est. Arlequin, fais trêve à tes larmes. Si tu te plains de quelqu'un, j'y mettrai ordre; mais éclaircis-moi la chose. Tu me parles d'un or du Pérou, après cela d'un échantillon : je n'entends point; réponds-moi précisément; le Chevalier t'a-t-il donné de l'or?

ARLEQUIN : Pas à moi; mais il l'avait donné devant moi à Trivelin pour me le rendre en main propre; cette main propre n'en a point tâté; le fripon a tout gardé dans la sienne, qui n'était pas plus propre que la mienne.

LÉLIO : Cet or était-il en quantité? Combien de louis y avait-il?

ARLEQUIN : Peut-être quarante ou cinquante; je ne les ai pas comptés.

LÉLIO : Quarante ou cinquante! Et pourquoi le Chevalier te faisait-il ce présent-là?

ARLEQUIN : Parce que je lui avais demandé un échantillon.

LÉLIO : Encore ton échantillon!

ARLEQUIN : Eh! vraiment oui; Monsieur le Chevalier en avait aussi donné à Trivelin.

LÉLIO : Je ne saurais débrouiller ce qu'il veut dire; il y a cependant quelque chose là-dedans qui peut me regarder. Réponds-moi : avais-tu rendu au Chevalier quelque service qui l'engageât à te récompenser?

ARLEQUIN : Non; mais j'étais jaloux de ce qu'il aimait Trivelin, de ce qu'il avait charmé son cœur et mis de l'or dans sa bourse; et moi, je voulais aussi avoir le cœur charmé et la bourse pleine.

LÉLIO : Quel étrange galimatias me fais-tu là?

ARLEQUIN : Il n'y a pourtant rien de plus vrai que tout cela.

LÉLIO : Quel rapport y a-t-il entre le cœur de Trivelin et le Chevalier? Le Chevalier a-t-il de si grands charmes? Tu parles de lui comme d'une femme.

ARLEQUIN : Tant y a qu'il est ravissant, et qu'il fera aussi rafle de votre cœur, quand vous le connaîtrez. Allez, pour voir, lui dire : Je vous connais et garderai le secret. Vous verrez si ce n'est pas un échantillon qui vous viendra sur-le-champ, et vous me direz si je suis fou.

LÉLIO : Je n'y comprends rien. Mais qui est ce Chevalier?

ARLEQUIN : Voilà justement le secret qui fait avoir un présent, quand on le garde.

LÉLIO : Je prétends que tu me le dises, moi.

ARLEQUIN : Vous me ruineriez, Monsieur, il ne me donnerait plus rien, ce charmant petit semblant d'homme, et je l'aime trop pour le fâcher.

LÉLIO : Ce petit semblant d'homme! Que veut-il dire? et que signifie son transport [11]? En quoi le trouves-tu donc plus charmant qu'un autre?

ARLEQUIN : Ah! Monsieur, on ne voit point d'homme comme lui; il n'y en a point dans le monde; c'est folie que d'en chercher; mais sa mascarade empêche de voir cela.

LÉLIO : Sa mascarade! Ce qu'il me dit là me fait naître une pensée que toutes mes réflexions fortifient; le Chevalier a de certains traits, un certain minois... Mais voici Trivelin; je veux le forcer à me dire la vérité, s'il le sait; j'en tirerai meilleure raison que de ce butor-là. *(A Arlequin.)* Va-t'en; je tâcherai de te faire ravoir ton argent.

Arlequin part en lui baisant la main et en se plaignant.

Scène II : Lélio,
Trivelin.

TRIVELIN *entre en rêvant, et, voyant Lélio, il dit* : Voici ma mauvaise paye; la physionomie de cet homme-là m'est devenue fâcheuse; promenons-nous d'un autre côté.

LÉLIO *l'appelle* : Trivelin, je voudrais bien te parler.

TRIVELIN : A moi, Monsieur? Ne pourriez-vous pas remettre cela? J'ai actuellement un mal de tête qui ne me permet de conversation avec personne.

LÉLIO : Bon, bon! c'est bien à toi à prendre garde à un petit mal de tête, approche.

TRIVELIN : Je n'ai, ma foi, rien de nouveau à vous apprendre, au moins.

LÉLIO *va à lui, et le prenant par le bras* : Viens donc.

TRIVELIN : Eh bien! de quoi s'agit-il? Vous reprocheriez-vous la récompense que vous m'avez donnée tantôt? Je n'ai jamais vu de bienfait dans ce goût-là; voulez-vous rayer ce petit trait-là de votre vie? tenez, ce n'est qu'une vétille, mais les vétilles gâtent tout.

LÉLIO : Écoute, ton verbiage me déplaît.

TRIVELIN : Je vous disais bien que je n'étais pas en état de paraître en compagnie.

LÉLIO : Et je veux que tu répondes positivement à ce que je te demanderai; je réglerai mon procédé sur le tien.

TRIVELIN : Le vôtre sera donc court; car le mien sera bref. Je n'ai vaillant qu'une réplique, qui est que je ne sais rien; vous voyez bien que je ne vous ruinerai pas en interrogations.

LÉLIO : Si tu me dis la vérité, tu n'en seras pas fâché.

TRIVELIN : Sauriez-vous encore quelques coups de bâton à m'épargner?

LÉLIO, *fièrement* : Finissons.

TRIVELIN, *s'en allant* : J'obéis.

LÉLIO : Où vas-tu?

TRIVELIN : Pour finir une conversation, il n'y a rien de mieux que de la laisser là; c'est le plus court, ce me semble.

LÉLIO : Tu m'impatientes, et je commence à me fâcher; tiens-toi là; écoute, et me réponds.

TRIVELIN, *à part* : A qui en a ce diable d'homme-là?

LÉLIO : Je crois que tu jures entre tes dents?

TRIVELIN : Cela m'arrive quelquefois par distraction.

LÉLIO : Crois-moi, traitons avec douceur ensemble, Trivelin, je t'en prie.

TRIVELIN : Oui-da, comme il convient à d'honnêtes gens.

---

11. Pris solitairement, *transport* signifie aussi ravissement, extase.

LÉLIO : Y a-t-il longtemps que tu connais le Chevalier?

TRIVELIN : Non, c'est une nouvelle connaissance; la vôtre et la mienne sont de la même date.

LÉLIO : Sais-tu qui il est?

TRIVELIN : Il se dit cadet d'un aîné gentilhomme; mais les titres de cet aîné, je ne les ai point vus; si je les vois jamais, je vous en promets copie.

LÉLIO : Parle-moi à cœur ouvert.

TRIVELIN : Je vous la promets, vous dis-je, je vous en donne ma parole; il n'y a point de sûreté de cette force-là nulle part.

LÉLIO : Tu me caches la vérité; le nom de Chevalier qu'il porte est un faux nom.

TRIVELIN : Serait-il l'aîné de sa famille? Je l'ai cru réduit à une légitime [12]; voyez ce que c'est!

LÉLIO : Tu bats la campagne; ce Chevalier mal nommé, avoue-moi que tu l'aimes.

TRIVELIN : Eh! je l'aime par la règle générale qu'il faut aimer tout le monde; voilà ce qui le tire d'affaire auprès de moi.

LÉLIO : Tu t'y ranges avec plaisir, à cette règle-là.

TRIVELIN : Ma foi, Monsieur, vous vous trompez, rien ne me coûte tant que mes devoirs; plein de courage pour les vertus inutiles, je suis pour les nécessaires d'une tiédeur qui passe l'imagination; qu'est-ce que c'est que nous! N'êtes-vous pas comme moi, Monsieur?

LÉLIO, *avec dépit* : Fourbe! tu as de l'amour pour ce faux Chevalier.

TRIVELIN : Doucement, Monsieur; diantre! ceci est sérieux.

LÉLIO : Tu sais quel est son sexe.

TRIVELIN : Expliquons-nous. De sexes, je n'en connais que deux : l'un qui se dit raisonnable, l'autre qui nous prouve que cela n'est pas vrai; duquel des deux le Chevalier est-il?

LÉLIO, *le prenant par le bouton* : Puisque tu m'y forces, ne perds rien de ce que je vais te dire. Je te ferai périr par le bâton si tu me joues davantage; m'entends-tu?

TRIVELIN : Vous êtes clair.

LÉLIO : Ne m'irrite point; j'ai dans cette affaire-ci un intérêt de la dernière conséquence; il y va de ma fortune; et tu parleras, ou je te tue.

TRIVELIN : Vous me tuerez si je ne parle? Hélas! Monsieur, si les babillards ne mouraient point, je serais éternel, ou personne ne le serait.

LÉLIO : Parle donc.

TRIVELIN : Donnez-moi un sujet; quelque petit qu'il soit, je m'en contente, et j'entre en matière.

LÉLIO, *tirant son épée* : Ah! tu ne veux pas! Voici qui te rendra plus docile.

TRIVELIN, *faisant l'effrayé* : Fi donc! Savez-vous bien que vous me feriez peur, sans votre physionomie d'honnête homme?

LÉLIO, *le regardant* : Coquin que tu es!

TRIVELIN : C'est mon habit qui est un coquin; pour moi, je suis un brave homme, mais avec cet équipage-là, on a de la probité en pure perte; cela ne fait ni honneur ni profit.

12. La *légitime* est la portion que la loi attribue aux enfants sur les biens de leurs père et mère.

LÉLIO, *remettant son épée* : Va, je tâcherai de me passer de l'aveu que je te demandais; mais je te trouverai, et tu me répondras de ce qui m'arrivera de fâcheux.

TRIVELIN : En quelque endroit que nous nous rencontrions, Monsieur, je sais ôter mon chapeau de bonne grâce, je vous en garantis la preuve, et vous serez content de moi.

LÉLIO, *en colère* : Retire-toi.

TRIVELIN, *s'en allant* : Il y a une heure que je vous l'ai proposé.

Scène III : Le Chevalier, Lélio, rêveur.

LE CHEVALIER : Eh bien! mon ami, la Comtesse écrit actuellement des lettres pour Paris; elle descendra bientôt, et veut se promener avec moi, m'a-t-elle dit. Sur cela, je viens t'avertir de ne nous pas interrompre quand nous serons ensemble, et d'aller bouder d'un autre côté, comme il appartient à un jaloux. Dans cette conversation-ci, je vais mettre la dernière main à notre grand œuvre, et achever de la résoudre. Mais je voudrais que toutes tes espérances fussent remplies, et j'ai songé à une chose : le dédit que tu as d'elle est-il bon? Il y a des dédits mal conçus et qui ne servent de rien; en cas qu'il y manquât quelque chose, on pourrait prendre des mesures.

LÉLIO, *à part* : Tâchons de le démasquer si mes soupçons sont justes.

LE CHEVALIER : Réponds-moi donc; à qui en as-tu?

LÉLIO : Je n'ai point le dédit sur moi; mais parlons d'autre chose.

LE CHEVALIER : Qu'y a-t-il de nouveau? Songes-tu encore à me faire épouser quelque autre femme avec la Comtesse?

LÉLIO : Non; je pense à quelque chose de plus sérieux; je veux me couper la gorge.

LE CHEVALIER : Diantre! quand tu te mêles du sérieux, tu le traites à fond; et que t'a fait ta gorge pour la couper?

LÉLIO : Point de plaisanterie.

LE CHEVALIER, *à part* : Arlequin aurait-il parlé? *(A Lélio.)* Si ta résolution tient, tu me feras ton légataire, peut-être.

LÉLIO : Vous serez de la partie dont je parle.

LE CHEVALIER : Moi! je n'ai rien à reprocher à ma gorge; et, sans vanité, je suis content d'elle.

LÉLIO : Et moi, je ne suis point content de vous, et c'est avec vous que je veux m'égorger.

LE CHEVALIER : Avec moi?

LÉLIO : Vous-même.

LE CHEVALIER, *riant et le poussant de la main* : Ah! ah! ah! ah! Va te mettre au lit et te faire saigner, tu es malade.

LÉLIO : Suivez-moi.

LE CHEVALIER, *lui tâtant le pouls* : Voilà un pouls qui dénote un transport au cerveau; il faut que tu aies reçu un coup de soleil.

LÉLIO : Point tant de raisons; suivez-moi, vous dis-je.

LE CHEVALIER : Encore un coup, va te coucher, mon ami.

LÉLIO : Je vous regarde comme un lâche si vous ne marchez.

LE CHEVALIER, *avec pitié* : Pauvre homme! après ce que tu me dis là, tu es du moins heureux de n'avoir plus de bon sens.

LÉLIO : Oui, vous êtes aussi poltron qu'une femme.

LE CHEVALIER, *à part* : Tenons ferme. *(A Lélio.)* Lélio, je vous crois malade; tant pis pour vous si vous ne l'êtes pas.

LÉLIO, *avec dédain* : Je vous dis que vous manquez de cœur, et qu'une quenouille siérait mieux à votre côté qu'une épée.

LE CHEVALIER : Avec une quenouille, mes pareils vous battraient encore.

LÉLIO : Oui, dans une ruelle.

LE CHEVALIER : Partout. Mais ma tête s'échauffe; vérifions un peu votre état. Regardez-moi entre deux yeux; je crains encore que ce ne soit un accès de fièvre, voyons. *(Lélio le regarde.)* Oui, vous avez quelque chose de fou dans le regard, et je n'ai pu m'y tromper. Allons, allons, mais que je sache du moins en vertu de quoi je vais vous rendre sage.

LÉLIO : Non. Passons dans ce petit bois, je vous le dirai là.

LE CHEVALIER : Hâtons-nous donc. *(A part.)* S'il me voit résolu, il sera peut-être poltron.

Ils marchent tous deux; quand ils sont tout près de sortir du théâtre :

LÉLIO *se retourne, regarde le Chevalier, et dit* : Vous me suivez donc?

LE CHEVALIER : Qu'appelez-vous : je vous suis? qu'est-ce que cette réflexion? Est-ce qu'il vous plairait à présent de prendre le transport au cerveau pour excuse? Oh! il n'est plus temps; raisonnable ou fou, malade ou sain, marchez; je veux filer ma quenouille. Je vous arracherais, morbleu, d'entre les mains des médecins, voyez-vous! Poursuivons.

LÉLIO, *le regardant avec attention* : C'est donc tout de bon?

LE CHEVALIER : Ne nous amusons point, vous dis-je, vous devriez être expédié.

LÉLIO, *revenant au théâtre* : Doucement, mon ami; expliquons-nous à présent.

LE CHEVALIER, *lui serrant la main* : Je vous regarde comme un lâche si vous hésitez davantage.

LÉLIO, *à part* : Je me suis, ma foi, trompé; c'est un Chevalier, et des plus résolus.

LE CHEVALIER, *mutin* : Vous êtes plus poltron qu'une femme.

LÉLIO : Parbleu! Chevalier, je t'en ai cru une, voilà la vérité. De quoi t'avises-tu aussi d'avoir un visage à toilette? Il n'y a point de femme à qui ce visage-là n'allât comme un charme; tu es masqué en coquette.

LE CHEVALIER : Masque vous-même; vite au bois!

LÉLIO : Non; je ne voulais faire qu'une épreuve. Tu as chargé Trivelin de donner de l'argent à Arlequin, je ne sais pourquoi.

LE CHEVALIER, *sérieusement* : Parce qu'étant seul, il m'avait entendu dire quelque chose de notre projet, qu'il pouvait rapporter à la Comtesse; voilà pourquoi, Monsieur...

LÉLIO : Je ne devinais pas. Arlequin m'a tenu aussi des discours qui signifiaient que tu étais fille; ta beauté me l'a fait soupçonner; mais je me rends. Tu es beau, et encore plus brave; embrassons-nous et reprenons notre intrigue.

LE CHEVALIER : Quand un homme comme moi est en train, il a de la peine à s'arrêter.

LÉLIO : Tu as encore cela de commun avec la femme.

LE CHEVALIER : Quoi qu'il en soit, je ne suis curieux de tuer personne; je vous passe votre méprise; mais elle vaut bien une excuse.

LÉLIO : Je suis ton serviteur, Chevalier, et je te prie d'oublier mon incartade.

LE CHEVALIER : Je l'oublie, et suis ravi que notre réconciliation m'épargne une affaire épineuse, et sans doute un homicide. Notre duel était positif; et si j'en fais jamais un, il n'aura jamais rien à démêler avec les ordonnances [13].

LÉLIO : Ce ne sera pas avec moi, je t'en assure.

LE CHEVALIER : Non, je te le promets.

LÉLIO, *lui donnant la main* : Touche là; je t'en garantis autant.

Arlequin arrive et se trouve là.

Scène IV : Le Chevalier, Lélio, Arlequin.

ARLEQUIN : Je vous demande pardon si je vous suis importun, Monsieur le Chevalier; mais ce larron de Trivelin ne veut pas me rendre l'argent que vous lui avez donné pour moi. J'ai pourtant été bien discret. Vous m'avez ordonné de ne pas dire que vous étiez fille; demandez à Monsieur Lélio si je lui en ai dit un mot; il n'en sait rien, et je ne le lui apprendrai jamais.

LE CHEVALIER : Peste soit du faquin! je n'y saurais plus tenir.

ARLEQUIN, *tristement* : Comment, faquin! C'est donc comme cela que vous m'aimez? *(A Lélio.)* Tenez, Monsieur, écoutez mes raisons; je suis venu tantôt, au moment où Trivelin lui disait : Que tu es charmante, ma poule! Baise-moi. — Non. — Donne-moi donc de l'argent... Ensuite il a avancé la main pour prendre cet argent; mais la mienne était là, et l'argent est tombé dedans. Quand le Chevalier a vu que j'étais là : Mon fils, m'a-t-il dit, n'apprends pas au monde que je suis une fillette. — Non, m'amour; mais donnez-moi votre cœur. — Prends, a-t-elle répondu... Ensuite elle a dit à Trivelin de me donner de l'or. Nous avons été boire ensemble, le cabaret en est témoin et je reviens exprès pour avoir l'or et le cœur; et voilà qu'on m'appelle un faquin!

Le Chevalier rêve.

LÉLIO : Va-t'en, laisse-nous, et ne dis mot à personne.

ARLEQUIN, *fort* : Ayez donc soin de mon bien. Eh! eh! eh!

Scène V : Le Chevalier, Lélio.

LÉLIO : Eh bien! Monsieur le duelliste, qui se battra sans blesser les ordonnances [14], je vous crois, mais qu'avez-vous à me répondre?

---

13. Allusion aux ordonnances royales qui interdisaient le duel.
14. *Cf.* note 13 ci-dessus.

LE CHEVALIER : Rien; il ne ment pas d'un mot.

LÉLIO : Vous voilà bien déconcertée, m'amie.

LE CHEVALIER : Moi déconcertée! pas un petit brin, grâces au ciel; je suis femme, et je soutiendrai mon caractère.

LÉLIO : Ah! ah! il s'agit de savoir à qui vous en voulez ici.

LE CHEVALIER : Avouez que j'ai du guignon. J'avais bien conduit tout cela; rendez-moi justice je vous ai fait peur avec mon minois de coquette; c'est le plus plaisant.

LÉLIO : Venons au fait; j'ai eu l'imprudence de vous ouvrir mon cœur.

LE CHEVALIER : Qu'importe? je n'ai rien vu dedans qui me fasse envie.

LÉLIO : Vous savez mes projets.

LE CHEVALIER : Qui n'avaient pas besoin d'un confident comme moi; n'est-il pas vrai?

LÉLIO : Je l'avoue.

LE CHEVALIER : Ils sont pourtant beaux! J'aime surtout cet ermitage et cette laideur immanquable dont vous gratifiez votre épouse quinze jours après votre mariage; il n'y a rien de tel.

LÉLIO : Votre mémoire est fidèle; mais passons. Qui êtes-vous?

LE CHEVALIER : Je suis fille, assez jolie, comme vous voyez, et dont les agréments seront de quelque durée, si je trouve un mari qui me sauve le désert et le terme des quinze jours; voilà ce que je suis, et par-dessus le marché, presque aussi méchante que vous.

LÉLIO : Oh! pour celui-là, je vous le cède.

LE CHEVALIER : Vous avez tort; vous méconnaissez vos forces.

LÉLIO : Qu'êtes-vous venue faire ici?

LE CHEVALIER : Tirer votre portrait, afin de le porter à certaine dame qui l'attend pour savoir ce qu'elle fera de l'original.

LÉLIO : Belle mission!

LE CHEVALIER : Pas trop laide. Par cette mission-là, c'est une tendre brebis qui échappe au loup, et douze mille livres de rente de sauvées, qui prendront parti ailleurs; petites bagatelles qui valaient bien la peine d'un déguisement.

LÉLIO, *intrigué* : Qu'est-ce que c'est que tout cela signifie?

LE CHEVALIER : Je m'explique : la brebis, c'est ma maîtresse; les douze mille livres de rente, c'est son bien, qui produit ce calcul si raisonnable de tantôt; et le loup qui eût dévoré tout cela, c'est vous, Monsieur.

LÉLIO : Ah! je suis perdu.

LE CHEVALIER : Non; vous manquez votre proie, voilà tout; il est vrai qu'elle était assez bonne; mais aussi pourquoi êtes-vous loup? Ce n'est pas ma faute. On a su que vous étiez à Paris *incognito*; on s'est défié de votre conduite. Là-dessus on vous suit, on sait que vous êtes au bal; j'ai de l'esprit et de la malice, on m'y envoie; on m'équipe comme vous me voyez, pour me mettre à portée de vous connaître; j'arrive, je fais ma charge, je deviens votre ami, je vous connais, je trouve que vous ne valez rien; j'en rendrai compte, il n'y a pas un mot à redire.

LÉLIO : Vous êtes donc la femme de chambre de la demoiselle en question?

LE CHEVALIER : Et votre humble servante.

LÉLIO : Il faut avouer que je suis bien malheureux!

LE CHEVALIER : Et moi bien adroite! Mais, dites-moi, vous repentez-vous du mal que vous vouliez faire, ou de celui que vous n'avez pas fait?

LÉLIO : Laissons cela. Pourquoi votre malice m'a-t-elle encore ôté le cœur de la Comtesse? Pourquoi consentir à jouer auprès d'elle le personnage que vous y faites?

LE CHEVALIER : Pour d'excellentes raisons. Vous cherchiez à gagner dix mille écus avec elle, n'est-ce pas? Pour cet effet, vous réclamiez mon industrie; et quand j'aurais conduit l'affaire près de sa fin, avant de terminer je comptais vous rançonner un peu, et avoir ma part au pillage; ou bien retirer finement le dédit d'entre vos mains, sous prétexte de le voir, pour vous le revendre une centaine de pistoles payées comptant, ou en billets payables au porteur, sans quoi j'aurais menacé de vous perdre auprès des douze mille livres de rente, et de réduire votre calcul à zéro. Oh! mon projet était bien entendu; moi payée, crac, je décampais avec mon gain, et le portrait qui m'aurait valu encore quelque petit revenant-bon [15] auprès de ma maîtresse; tout cela joint à mes petites économies, tant sur mon voyage que sur mes gages, je devenais, avec mes agréments, un parti d'assez bonne défaite, sauf le loup. J'ai manqué mon coup, j'en suis bien fâchée; cependant vous me faites pitié, vous.

LÉLIO : Ah! si tu voulais...

LE CHEVALIER : Vous vient-il quelque idée? Cherchez.

LÉLIO : Tu gagnerais encore plus que tu n'espérais.

LE CHEVALIER : Tenez, je ne fais point l'hypocrite ici; je ne suis pas, non plus que vous, à un tour de fourberie près. Je vous ouvre aussi mon cœur; je ne crains pas de scandaliser le vôtre, et nous ne nous soucierons pas de nous estimer; ce n'est pas la peine entre gens de notre caractère; pour conclusion, faites ma fortune, et je dirai que vous êtes un honnête homme; mais convenons d'un prix pour l'honneur que je vous fournirai; il vous en faut beaucoup.

LÉLIO : Eh! demande-moi ce qu'il te plaira, je te l'accorde.

LE CHEVALIER : *Motus* au moins! gardez-moi un secret éternel. Je veux deux mille écus, je n'en rabattrai pas un sou : moyennant quoi, je vous laisse ma maîtresse, et j'achève avec la Comtesse. Si nous nous accommodons, dès ce soir j'écris une lettre à Paris, que vous dicterez vous-même; vous y ferez tout aussi beau que vous plaira, je vous mettrai à même. Quand le mariage sera fait, devenez ce que vous pourrez, je serai nantie, et vous aussi; les autres prendront patience.

LÉLIO : Je te donne les deux mille écus, avec mon amitié.

LE CHEVALIER : Oh! pour cette nippe-là, je vous la troquerai contre cinquante pistoles, si vous voulez.

LÉLIO : Contre cent, ma chère fille.

LE CHEVALIER : C'est encore mieux; j'avoue même qu'elle ne les vaut pas.

---

15. Quelque avantage, quelque profit accidentel.

LÉLIO : Allons, ce soir nous écrirons.

LE CHEVALIER : Oui. Mais mon argent, quand me le donnerez-vous ?

LÉLIO, *tirant une bague* : Voici une bague pour les cent pistoles du troc, d'abord.

LE CHEVALIER : Bon ! venons aux deux mille écus.

LÉLIO : Je te ferai mon billet tantôt.

LE CHEVALIER : Oui, tantôt ! Madame la Comtesse va venir, et je ne veux point finir avec elle que je n'aie toutes mes sûretés. Mettez-moi le dédit en main ; je vous le rendrai tantôt pour votre billet.

LÉLIO, *le tirant* : Tiens, le voilà.

LE CHEVALIER : Ne me trahissez jamais.

LÉLIO : Tu es folle.

LE CHEVALIER : Voici la Comtesse. Quand j'aurai été quelque temps avec elle, revenez en colère la presser de décider hautement entre vous et moi, et allez-vous-en, de peur qu'elle ne nous voie ensemble.

Lélio sort.

Scène VI : La Comtesse, le Chevalier.

LE CHEVALIER : J'allais vous trouver, Comtesse.

LA COMTESSE : Vous m'avez inquiétée, Chevalier. J'ai vu de loin Lélio vous parler ; c'est un homme emporté ; n'ayez point d'affaire avec lui, je vous prie.

LE CHEVALIER : Ma foi, c'est un original. Savez-vous qu'il se vante de vous obliger à me donner mon congé ?

LA COMTESSE : Lui ? S'il se vantait d'avoir le sien, cela serait plus raisonnable.

LE CHEVALIER : Je lui ai promis qu'il l'aurait, et vous dégagerez ma parole. Il est encore de bonne heure ; il peut gagner Paris, et y arriver au soleil couchant ; expédions-le, ma chère âme.

LA COMTESSE : Vous n'êtes qu'un étourdi, Chevalier ; vous n'avez point de raison.

LE CHEVALIER : De la raison ! que voulez-vous que j'en fasse avec de l'amour ? Il va trop son train pour elle. Est-ce qu'il vous en reste encore de la raison, Comtesse ? Me feriez-vous ce chagrin-là ? Vous ne m'aimeriez guère.

LA COMTESSE : Vous voilà dans vos petites folies ; vous savez qu'elles sont aimables, et c'est ce qui vous rassure ; il est vrai que vous m'amusez. Quelle différence de vous à Lélio, dans le fond !

LE CHEVALIER : Oh ! vous ne voyez rien. Mais revenons à Lélio ; je vous disais que je l'aurai, aujourd'hui ; l'amour vous y condamne ; il parle, il faut obéir.

LA COMTESSE : Eh bien ! je me révolte ; qu'en arrivera-t-il ?

LE CHEVALIER : Non ; vous n'oseriez.

LA COMTESSE : Je n'oserais ! Mais voyez avec quelle hardiesse il me dit cela !

LE CHEVALIER : Non, vous dis-je, je suis sûr de mon fait ; car vous m'aimez, votre cœur est à moi. J'en ferai ce que je voudrai, comme vous ferez du mien ce qu'il vous plaira ; c'est la règle, et vous l'observerez, c'est moi qui vous le dis.

LA COMTESSE : Il faut avouer que voilà un fripon bien sûr de ce qu'il vaut. Je l'aime ! mon cœur est à lui ! il vous dit cela avec une aisance admirable ; on ne peut pas être plus persuadé qu'il est.

LE CHEVALIER : Je n'ai pas le moindre petit doute ; c'est une confiance que vous m'avez donnée ; j'en use sans façon, comme vous voyez, et je conclus toujours que Lélio partira.

LA COMTESSE : Eh ! vous n'y songez pas. Dire à un homme qu'il s'en aille !

LE CHEVALIER : Me refuser son congé à moi qui le demande, comme s'il ne m'était pas dû !

LA COMTESSE : Badin !

LE CHEVALIER : Tiède amante !

LA COMTESSE : Petit tyran !

LE CHEVALIER : Cœur révolté, vous rendrez-vous ?

LA COMTESSE : Je ne saurais, mon cher Chevalier ; j'ai quelques raisons pour agir plus honnêtement avec lui.

LE CHEVALIER : Des raisons, Madame, des raisons ! et qu'est-ce que c'est que cela ?

LA COMTESSE : Ne vous alarmez point ; c'est que je lui ai prêté de l'argent.

LE CHEVALIER : Eh bien ! vous en aurait-il fait une reconnaissance qu'on n'ose montrer en justice ?

LA COMTESSE : Point du tout ; j'en ai son billet.

LE CHEVALIER : Joignez-y un sergent ; vous voilà payée.

LA COMTESSE : Il est vrai ; mais...

LE CHEVALIER : Eh ! eh ! voilà un *mais* qui a l'air honteux.

LA COMTESSE : Que voulez-vous donc que je vous dise ? Pour m'assurer cet argent-là, j'ai consenti que nous fissions lui et moi un dédit de la somme.

LE CHEVALIER : Un dédit, Madame ! Ah ! c'est un vrai transport d'amour que ce dédit-là, c'est une faveur. Il me pénètre, il me trouble, je n'en suis pas le maître.

LA COMTESSE : Ce misérable dédit ! pourquoi faut-il que je l'aie fait ? Voilà ce que c'est que ma facilité pour un homme haïssable, que j'ai toujours deviné que je haïrais ; j'ai toujours eu certaine antipathie pour lui, et je n'ai jamais eu l'esprit d'y prendre garde.

LE CHEVALIER : Ah ! Madame, il s'est bien accommodé de cette antipathie-là ; il en a fait un amour bien tendre ! Tenez, Madame, il me semble que je le vois à vos genoux, que vous l'écoutez avec un plaisir, qu'il vous jure de vous adorer toujours, que vous le payez du même serment, que sa bouche cherche la vôtre, et que la vôtre se laisse trouver ; car voilà ce qui arrive ; enfin je vous vois soupirer ; je vois vos yeux s'arrêter sur lui, tantôt vifs, tantôt languissants, toujours pénétrés d'amour, et d'un amour qui croît toujours. Et moi je me meurs ; ces objets-là me tuent ; comment ferai-je pour les perdre de vue ? Cruel dédit, te verrai-je toujours ? Qu'il va me coûter de chagrins ! *(A part.)* Et qu'il me fait dire de folies !

LA COMTESSE : Courage, Monsieur ; rendez-nous tous deux la victime de vos chimères ; que je suis malheureuse d'avoir parlé de ce dédit. Pourquoi faut-il que je vous aie cru raisonnable ? Pourquoi vous ai-je vu ? Est-ce que je mérite tout ce que vous me dites ? Pouvez-vous vous plaindre de moi ? Ne vous aimé-je pas assez ? Lélio doit-il vous chagriner ? L'ai-je autant que je vous aime ? Où est l'homme plus chéri que vous l'êtes ? plus sûr, plus digne de l'être toujours ? Et rien ne vous persuade ; et vous vous chagrinez; vous n'entendez rien; vous me désolez. Que voulez-vous que nous devenions? Comment vivre avec cela, dites-moi donc?

LE CHEVALIER, *à part* : Le succès de mes impertinences me surprend. *(Haut.)* C'en est fait, Comtesse; votre douleur me rend mon repos et ma joie. Combien de choses tendres ne venez-vous pas de me dire! Cela est inconcevable; je suis charmé. Reprenons notre humeur gaie; allons, oublions tout ce qui s'est passé.

LA COMTESSE : Mais comment se fait-il que je vous aime tant? Qu'avez-vous fait pour cela?

LE CHEVALIER : Hélas! moins que rien; tout vient de votre bonté.

LA COMTESSE : C'est que vous êtes plus aimable qu'un autre, apparemment.

LE CHEVALIER : Pour tout ce qui n'est pas comme vous, je le serais peut-être assez; mais je ne suis rien pour ce qui vous ressemble. Non, je ne pourrai jamais payer votre amour; en vérité, je n'en suis pas digne.

LA COMTESSE : Comment donc faut-il être pour le mériter?

LE CHEVALIER : Oh! voilà ce que je ne vous dirai pas.

LA COMTESSE : Aimez-moi toujours, et je suis contente.

LE CHEVALIER : Pourrez-vous soutenir un goût si sobre?

LA COMTESSE : Ne m'affligez plus et tout ira bien.

LE CHEVALIER : Je vous le promets; mais que Lélio s'en aille.

LA COMTESSE : J'aurais souhaité qu'il prît son parti de lui-même, à cause du dédit; ce serait dix mille écus que je vous sauverais, Chevalier; car enfin, c'est votre bien que je ménage.

LE CHEVALIER : Périssent tous les biens du monde, et qu'il parte; rompez avec lui la première, voilà mon bien.

LA COMTESSE : Faites-y réflexion.

LE CHEVALIER : Vous hésitez encore; vous avez peine à me le sacrifier! Est-ce là comme on aime? Oh! qu'il vous manque encore de choses pour ne laisser rien à souhaiter à un homme comme moi.

LA COMTESSE : Eh bien! il ne me manquera plus rien, consolez-vous.

LE CHEVALIER : Il vous manquera toujours pour moi.

LA COMTESSE : Non, je me rends; je renverrai Lélio, et vous dicterez son congé.

LE CHEVALIER : Lui direz-vous qu'il se retire sans cérémonie?

LA COMTESSE : Oui.

LE CHEVALIER : Non, ma chère Comtesse, vous ne le renverrez pas. Il me suffit que vous y consentiez; votre amour est à toute épreuve, et je dispense votre politesse d'aller plus loin; c'en serait trop; c'est à moi à avoir soin de vous quand vous vous oubliez pour moi.

LA COMTESSE : Je vous aime; cela veut tout dire.

LE CHEVALIER : M'aimer, cela n'est pas assez, Comtesse : distinguez-moi un peu de Lélio, à qui vous l'avez dit peut-être aussi.

LA COMTESSE : Que voulez-vous donc que je vous dise?

LE CHEVALIER : Un *je vous adore*; aussi bien il vous échappera demain; avancez-le-moi d'un jour; contentez ma petite fantaisie, dites.

LA COMTESSE : Je veux mourir, s'il ne me donne envie de le dire. Vous devriez être honteux d'exiger cela, au moins.

LE CHEVALIER : Quand vous me l'aurez dit, je vous en demanderai pardon.

LA COMTESSE : Je crois qu'il me persuadera.

LE CHEVALIER : Allons, mon cher amour, régalez ma tendresse de ce petit trait-là; vous ne risquez rien avec moi; laissez sortir ce mot-là de votre belle bouche; voulez-vous que je lui donne un baiser pour l'encourager?

LA COMTESSE : Ah! çà! laissez-moi; ne serez-vous jamais content? Je ne vous plaindrai rien, quand il en sera temps.

LE CHEVALIER : Vous êtes attendrie, profitez de l'instant; je ne veux qu'un mot; voulez-vous que je vous aide? dites comme moi : Chevalier, je vous adore.

LA COMTESSE : Chevalier, je vous adore. Il me fait faire tout ce qu'il veut.

LE CHEVALIER, *à part* : Mon sexe n'est pas mal faible. *(Haut.)* Ah! que j'ai de plaisir, mon cher amour! Encore une fois.

LA COMTESSE : Soit; mais ne me demandez plus rien après.

LE CHEVALIER : Eh! que craignez-vous que je vous demande?

LA COMTESSE : Que sais-je, moi? Vous ne finissez point. Taisez-vous.

LE CHEVALIER : J'obéis; je suis de bonne composition, et j'ai pour vous un respect que je ne saurais violer.

LA COMTESSE : Je vous épouse; en est-ce assez?

LE CHEVALIER : Bien plus qu'il ne me faut, si vous me rendez justice.

LA COMTESSE : Je suis prête à vous jurer une fidélité éternelle, et je perds les dix mille écus de bon cœur.

LE CHEVALIER : Non, vous ne les perdrez point, si vous faites ce que je vais vous dire. Lélio viendra certainement vous presser d'opter entre lui et moi; ne manquez pas de lui dire que vous consentez à l'épouser. Je veux que vous le connaissiez à fond; laissez-moi vous conduire, et sauvons le dédit; vous verrez ce que c'est que cet homme-là. Le voici, je n'ai pas le temps de m'expliquer davantage.

LA COMTESSE : J'agirai comme vous le souhaitez.

Scène VII : Lélio, la Comtesse, le Chevalier.

LÉLIO : Permettez, Madame, que j'interrompe pour un moment votre entretien avec Monsieur. Je ne viens point me plaindre, et je n'ai qu'un mot à vous dire. J'aurais cependant un assez beau sujet de parler, et l'indifférence avec laquelle vous vivez avec moi, depuis que Monsieur, qui ne me vaut pas...

LE CHEVALIER : Il a raison.

LÉLIO : Finissons. Mes reproches sont raisonnables, mais je vous déplais; je me suis promis de me taire, et je me tais, quoi qu'il m'en coûte. Que ne pourrais-je pas vous dire? Pourquoi me trouvez-vous haïssable? Pourquoi me fuyez-vous? Que vous ai-je fait? Je suis au désespoir.

LE CHEVALIER, *riant* : Ah! ah! ah! ah! ah!

LÉLIO : Vous riez, Monsieur le Chevalier; mais vous prenez mal votre temps, et je prendrai le mien pour vous répondre.

LE CHEVALIER : Ne te fâche point, Lélio. Tu n'avais qu'un mot à dire, qu'un petit mot; en voilà plus de cent de bon compte, et rien ne s'avance; cela me réjouit.

LA COMTESSE : Remettez-vous, Lélio, et dites-moi tranquillement ce que vous voulez.

LÉLIO : Vous prier de m'apprendre qui de nous deux il vous plaît de conserver, de Monsieur ou de moi. Prononcez, Madame; mon cœur ne peut plus souffrir d'incertitude.

LA COMTESSE : Vous êtes vif, Lélio; mais la cause de votre vivacité est pardonnable, et je vous veux plus de bien que vous ne pensez. Chevalier, nous avons jusqu'ici plaisanté ensemble, il est temps que cela finisse; vous m'avez parlé de votre amour, je serais fâchée qu'il fût sérieux; je dois ma main à Lélio, et je suis prête à recevoir la sienne. (A Lélio.) Vous plaindrez-vous encore?

LÉLIO : Non, Madame, vos réflexions sont à mon avantage; et si j'osais...

LA COMTESSE : Je vous dispense de me remercier, Lélio; je suis sûre de la joie que je vous donne. (A part.) Sa contenance est plaisante.

UN VALET : Voilà une lettre qu'on vient d'apporter de la poste, Madame.

LA COMTESSE : Donnez. Voulez-vous bien que je me retire un moment pour la lire? C'est de mon frère.

Scène VIII : Lélio, le Chevalier.

LÉLIO, *au Chevalier*: Que diantre signifie cela? elle me prend au mot; que dites-vous de ce qui se passe là?

LE CHEVALIER : Ce que j'en dis? rien; je crois que je rêve, et je tâche de me réveiller.

LÉLIO : Me voilà en belle posture, avec sa main qu'elle m'offre, et je la lui demande avec fracas, et dont je ne me soucie point! Mais ne me trompez-vous point?

LE CHEVALIER : Ah! que dites-vous là? Je vous sers loyalement, ou je ne suis pas soubrette. Ce que nous voyons là peut venir d'une chose; pendant que nous nous parlions, elle me soupçonnait d'avoir quelque inclination à Paris; je me suis contenté de lui répondre galamment là-dessus; elle a tout d'un coup pris son sérieux; vous êtes entré sur-le-champ, et ce qu'elle en fait n'est sans doute qu'un reste de dépit, qui va se passer; car elle m'aime.

LÉLIO : Me voilà fort embarrassé.

LE CHEVALIER : Si elle continue à vous offrir sa main, tout le remède que j'y trouve, c'est de lui dire que vous l'épouserez, quoique vous ne l'aimiez plus. Tournez-lui cette impertinence-là d'une manière polie; ajoutez que, si elle ne le veut pas, le dédit sera son affaire.

LÉLIO : Il y a bien du bizarre dans ce que tu me proposes là.

LE CHEVALIER : Du bizarre! Depuis quand êtes-vous si délicat? Est-ce que vous reculez pour un mauvais procédé de plus qui vous sauve dix mille écus? Je ne vous aime plus, Madame, cependant je veux vous épouser; ne le

voulez-vous pas? payez le dédit; donnez-moi votre main ou de l'argent. Voilà tout.

Scène IX : Lélio, la Comtesse, le Chevalier, Trivelin, Arlequin.

LA COMTESSE : Lélio, mon frère ne viendra pas si tôt. Ainsi, il n'est plus question de l'attendre, et nous finirons quand vous voudrez.

LE CHEVALIER, *bas, à Lélio* : Courage; encore une impertinence, et puis c'est tout.

LÉLIO : Ma foi, Madame, oserai-je vous parler franchement? Je ne trouve plus mon cœur dans sa situation ordinaire.

LA COMTESSE : Comment donc! expliquez-vous; ne m'aimez-vous plus?

LÉLIO : Je ne dis pas cela tout à fait; mais mes inquiétudes ont un peu rebuté mon cœur.

LA COMTESSE : Et que signifie donc ce grand étalage de transports que vous venez de me faire? Qu'est devenu votre désespoir? N'était-ce qu'une passion de théâtre? Il semblait que vous alliez mourir, si je n'y avais mis ordre. *Expliquez-vous, Madame; je n'en puis plus, je souffre* [16]...

LÉLIO : Ma foi, Madame, c'est que je croyais que je ne risquerais rien, et que vous me refuseriez.

LA COMTESSE : Vous êtes un excellent comédien; et le dédit, qu'en ferons-nous, Monsieur?

LÉLIO : Nous le tiendrons, Madame; j'aurai l'honneur de vous épouser.

LA COMTESSE : Quoi donc! vous m'épouserez, et vous ne m'aimez plus!

LÉLIO : Cela n'y fait de rien, Madame; cela ne doit pas vous arrêter.

LA COMTESSE : Allez, je vous méprise, et ne veux point de vous.

LÉLIO : Et le dédit, Madame, vous voulez donc bien l'acquitter?

LA COMTESSE : Qu'entends-je, Lélio? Où est la probité?

LE CHEVALIER : Monsieur ne pourra guère vous en dire des nouvelles; je ne crois pas qu'elle soit de sa connaissance. Mais il n'est pas juste qu'un misérable dédit vous brouille ensemble; tenez, ne vous gênez plus ni l'un ni l'autre; le voilà rompu. Ah! ah! ah!

LÉLIO : Ah, fourbe!

LE CHEVALIER, *riant* : Ah! ah! ah! consolez-vous, Lélio; il vous reste une demoiselle de douze mille livres de rente; ah! ah! On vous a écrit qu'elle était belle; on vous a trompé, car la voilà; mon visage est l'original du sien.

LA COMTESSE : Ah! juste ciel!

LE CHEVALIER : Ma métamorphose n'est pas du goût de vos tendres sentiments, ma chère Comtesse. Je vous aurais menée assez loin, si j'avais pu vous tenir compagnie : voilà bien de l'amour de perdu : mais, en revanche, voilà une bonne somme de sauvée; je vous conterai le joli petit tour qu'on voulait vous jouer.

LA COMTESSE : Je n'en connais point de plus triste que celui que vous me jouez vous-même.

16. La Comtesse reprend, ironiquement, les supplications de Lélio à la scène 7 du même acte.

LE CHEVALIER : Consolez-vous : vous perdez d'aimables espérances, je ne vous les avais données que pour votre bien. Regardez le chagrin qui vous arrive comme une petite punition de votre inconstance; vous avez quitté Lélio moins par raison que par légèreté, et cela mérite un peu de correction. A votre égard, seigneur Lélio, voici votre bague. Vous me l'avez donnée de bon cœur, et j'en dispose en faveur de Trivelin et d'Arlequin. Tenez, mes enfants, vendez cela, et partagez-en l'argent.

TRIVELIN ET ARLEQUIN : Grand merci!

TRIVELIN : Voici les musiciens qui viennent vous donner la fête qu'ils ont promise.

LE CHEVALIER, *à Lélio* : Voyez-la puisque vous êtes ici. Vous partirez après; ce sera toujours autant de pris.

DIVERTISSEMENT

Cet amour dont nos cœurs se laissent enflammer,
Ce charme si touchant, ce doux plaisir d'aimer,
Est le plus grand des biens que le ciel nous dispense.
    Livrons-nous donc sans résistance
    A l'objet qui vient nous charmer.
Au milieu des transports dont il remplit notre âme,
Jurons-lui mille fois une éternelle flamme.
Mais n'inspire-t-il plus ces aimables transports?

Trahissons aussitôt nos serments sans remords.
Ce n'est plus à l'objet qui cesse de nous plaire
Que doivent s'adresser les serments qu'on a faits,
    C'est à l'Amour qu'on les fit faire,
C'est lui qu'on a juré de ne quitter jamais.

    Jurer d'aimer toute sa vie,
    N'est pas un rigoureux tourment.
    Savez-vous ce qu'il signifie?
    Ce n'est ni Philis, ni Silvie.
    Que l'on doit aimer constamment;
    C'est l'objet qui nous fait envie.

    Amants, si votre caractère,
    Tel qu'il est, se montrait à nous,
    Quel parti prendre, et comment faire?
    Le célibat est bien austère;
    Faudrait-il se passer d'époux?
    Mais il nous est trop nécessaire.

    Mesdames, vous allez conclure
    Que tous les hommes sont maudits;
    Mais doucement et point d'injure;
    Quand nous ferons votre peinture,
    Elle est, je vous en avertis,
    Cent fois plus drôle, je vous jure.

LE DÉNOUEMENT IMPRÉVU

C'est avec une « comédie en un acte et en prose », le Dénouement imprévu, *que Marivaux fait sa rentrée, le samedi 2 décembre 1724, au Théâtre Français. « On convient, remarque le Mercure, qu'elle est pleine d'esprit et fort bien écrite » — il semble d'ailleurs que l'aîné des frères Parfaict ait aidé Marivaux à en « dégrossir quelques scènes » — mais l'accueil qui lui est fait ne va guère au-delà de la considération que le public doit à un auteur célèbre chez les Italiens : Piron la cite parmi les pièces « qui n'eurent pas plus de succès sur les théâtres que dans les boutiques des libraires ».*

Le 1ᵉʳ janvier 1725, le Dénouement imprévu quitte l'affiche du Français après six représentations. Il n'y réapparaîtra plus qu'à une seule reprise : en 1789, où il fut joué trois fois.

Il est de fait que cette courte pièce sent la gêne et la hâte. Sans doute Marivaux ne l'a-t-il écrite que pour répondre aux sollicitations de plus en plus pressantes dont il était l'objet de la part des Comédiens Français. Aussi s'est-il mis à leur école. Le Dénouement imprévu rappelle Regnard, Dufresny (qui vient de mourir le 6 octobre 1724) et surtout Molière, bien plus que le Marivaux des Italiens.

Certaines scènes semblent même copiées : ainsi, celle entre Mlle Argante et Lisette (scène 4) sort en droite ligne de la scène du Tartuffe *où Dorine vante ironiquement à Marianne les avantages que celle-ci trouvera à avoir Tartuffe pour mari, et il est impossible de ne point voir dans M. Argante un pâle descendant du Bourgeois Gentilhomme.*

Mais Marivaux « avait - selon d'Alembert - le malheur de ne pas estimer beaucoup Molière, et le malheur plus grand de ne pas s'en cacher ». Il est certain qu'imiter Molière lui réussit moins bien que de s'inspirer de Cicognini ou de Riccoboni : Le Dénouement imprévu est paradoxalement plus proche du Père prudent *et équitable, dont près de quinze ans le séparent, que de la* Surprise de l'amour *et du* Prince travesti, *encore tout récents.*

Repris pour une seule représentation en 1894, à l'Odéon, le Dénouement imprévu n'a pas bénéficié de l'actuelle renaissance marivaudienne. Duviquet et Larroumet (ce dernier le tenait pour une des pièces « les meilleures et les plus soignées que Marivaux ait écrites ») ont eu beau dire : il était difficile de réévaluer la part de Marivaux dans cette œuvre qui ne ressortit guère qu'à l'exercice d'école.

ACTEURS

M. ARGANTE; MADEMOISELLE ARGANTE, *fille de M. Argante*; DORANTE, *amant de Mademoiselle Argante*; ÉRASTE, *amant de Mademoiselle Argante*; MAÎTRE PIERRE, *fermier de Mademoiselle Argante*; LISETTE, *suivante de Mademoiselle Argante*; CRISPIN, *valet d'Éraste*; UN DOMESTIQUE *de M. Argante*.

LA SCÈNE EST DANS LA
MAISON DE CAMPAGNE DE M. ARGANTE,
AUX ENVIRONS DE PARIS.

Scène I : Dorante, Maître Pierre.

DORANTE, *d'un air désolé* : Je suis au désespoir, mon pauvre Maître Pierre : je ne sais que devenir.

MAÎTRE PIERRE : Eh! marguenne [1], arrêtez-vous donc! Voute lamentation me corrompt toute ma balle himeur.

DORANTE : Que veux-tu! J'aime Mademoiselle Ar-gante plus qu'on n'a jamais aimé; je me vois à la veille de la perdre, et tu ne veux pas que je m'afflige?

MAÎTRE PIERRE : An sait bian qu'il faut parfois s'affliger; mais faut y aller pus bellement [2] que ça; car moi, j'aime itou Lisette, voyez-vous! an dit que c'ti-là qui veut épouser Mademoiselle Argante a un valet; si le maître épouse noute demoiselle, il l'emmènera à son châtiau; Lisette suivra : la velà emballée pour le voyage, et c'est autant de pardu pour moi que ce ballot-là; ce guiable de valet en fera son proufit. Je vois tout ça fiximiblement clair : stanpendant, je me tians l'esprit farme, je bataille contre le chagrin; je me dis que tout ça n'est rian, que ça n'arrivera pas; mais, morgué!

1. On remarquera que le langage de Maître Pierre est riche en jurons. Mentionnons les principaux : jurons en - *guenne* ou en - *guienne* (*marguenne, tatiguienne, parguenne*, etc., qui appartiennent au patois des paysans de théâtre chez Dancourt et Dufresny, avant Marivaux), jurons en - *gué* (*morgué, vartigué*, etc., formes que l'on trouve déjà chez Dancourt mais pour lesquelles Marivaux a une prédilection), ainsi que des jurons qui ressortissent au langage des Arlequin, comme *par la mardi*, etc.
2. Doucement, avec modération.

quand je vous entends geindre, ça me gâte le courage. Je me dis : Piarre, tu ne prends point de souci, mon ami, et c'est que tu t'enjôles; si tu faisais bian, tu en prenrais : j'en prends donc. Tenez, tout en parlant de chouse et d'autre, velà-t-il pas qu'il me prend envie de pleurer! et c'est vous qui en êtes cause.

DORANTE : Hélas!

MAÎTRE PIERRE : mon enfant, rien n'est plus sûr que notre malheur : l'époux qu'on destine à Mademoiselle Argante doit arriver aujourd'hui, et c'en est fait; Monsieur Argante, pour marier sa fille, ne voudra pas seulement attendre qu'il soit de retour à Paris.

MAÎTRE PIERRE : C'en est donc fait? queu piqué de noute vie, Monsieur Dorante! Mais pourquoi est-ce que Monsieur Argante, noute maître, ne veut pas vous bailler [3] sa fille? Vous avez une bonne métairie ici; vous êtes un joli garçon, une bonne pâte d'homme, d'une belle et bonne profession; vous plaidez pour le monde. Il y a bian vrai qu'ous n'êtes pas chanceux, vous pardez vos causes; mais que faire à ça? Un autre les gagne; tant pis pour ç'ti-ci, tant mieux pour ç'ti-là; tant pis et tant mieux font aller le monde : à cause de ça faut-il refuser sa fille aux gens? Est-ce que le futur est plus riche que vous?

DORANTE : Non : mais il est gentilhomme, et je ne le suis pas.

MAÎTRE PIERRE : Pargué, je vous trouve pourtant fort gentil, moi.

DORANTE : Tu ne m'entends point : je veux dire qu'il n'y a point de noblesse dans ma famille.

MAÎTRE PIERRE : Eh bien! boutez-y-en [4], ça est-il si char pour s'en faire faute?

DORANTE : Ce n'est point cela; il faut être d'un sang noble.

MAÎTRE PIERRE : D'un sang noble? Queu guiable d'invention d'avoir fait comme ça du sang de deux façons, pendant qu'il viant du même ruissiau!

DORANTE : Laissons cet article-là; j'ai besoin de toi. Je n'oserais voir Mademoiselle Argante aussi souvent que je le voudrais, et tu me feras plaisir de la prier, de ma part, de consentir à l'expédient que je lui ai donné.

MAÎTRE PIERRE : Oh! vartigué, laissez-moi faire; je parlerons au père itou : il n'a qu'à venir avec son sang noble, comme je vous le rembarrerai! Je nous traitons tous deux sans çarimonie; je suis son farmier, et en cette qualité, j'ons le privilège de l'assister de mes avis; je sis accouteumé à ça : il me conte ses affaires, je le gouvarne, je le réprimande : il est bavard et têtu; moi je sis roide et prudent; je li dis : Il faut que ça soit, le bon sens le veut; là-dessus il se démène, je hoche la tête, il se fâche, je m'emporte, il me repart, je li repars : Tais-toi! Non, morgué! Morgué, si! Morgué, non! et pis il jure, et pis je li rends; ça li établit une bonne opinion de mon çarviau, qui l'empêche d'aller à l'encontre de mes volontés : et il a raison de m'obéir; car, en vérité, je sis fort judicieux de mon

naturel, sans que ça paraisse : ainsi je varrons ce qu'il en sera.

DORANTE : Si tu me rends service là-dedans, Maître Pierre, et que Mademoiselle Argante n'épouse pas l'homme en question, je te promets d'honneur cinquante pistoles en te mariant avec Lisette.

MAÎTRE PIERRE : Monsieur Dorante, vous avez du sang noble, c'est moi qui vous le dis; ça se connaît aux pistoles que vous me pourmettez, et ça se prouvera tout à fait quand je les recevrons.

DORANTE : La preuve t'en est sûre; mais n'oublie pas de presser Mademoiselle Argante sur ce que je t'ai dit.

MAÎTRE PIERRE : Tatiguienne! dormez en repos et n'en pardez pas un coup de dent : si alle bronchait, je li revaudrais. Sa bonne femme de mère, alle est défunte, et cette fille-ci qu'alle a eue, elle est par conséquent la fille de Monsieur Argante, n'est-ce pas?

DORANTE : Sans doute.

MAÎTRE PIERRE : Sans doute. Je le veux bian itou, je n'empêche rian, je sis tout bon accord; mais si je voulions souffler une petite bredouille dans l'oreille du papa, il varrait que Mademoiselle Argante est la fille de sa mère; mais vela tout.

DORANTE : Cela n'aboutit à rien; songe seulement à ce que je te promets.

MAÎTRE PIERRE : Oui, je songerons toujours à cinquante pistoles; mais touchez-moi un petit mot de l'expédient qu'ous dites.

DORANTE : Il est bizarre, je l'avoue; mais c'est l'unique ressource qui nous reste. Je voudrais donc que, pour dégoûter le futur, elle affectât une sorte de maladie, un dérangement, comme qui dirait des vapeurs.

MAÎTRE PIERRE : Dites à la franquette qu'ous voudriais qu'alle fît la folle. Velà bian de quoi! Ça ne coûte rian aux femmes : par bonheur alles ont un esprit d'un marveilleux acabit pour ça, et Mademoiselle Argante nous fournira de la folie tant que j'en voudrons; son çarviau la met à même. Mais velà son père : ôtez-vous de par ici; tantôt je vous rendrai réponse.

Scène II : M. Argante,
Maître Pierre.

M. ARGANTE : Avec qui étais-tu là?

MAÎTRE PIERRE : Eh voire! J'étais avec queuqu'un.

M. ARGANTE : Eh! qui est-il ce quelqu'un?

MAÎTRE PIERRE : Aga [5] donc! Il faut bian que ce soit avec une parsonne.

M. ARGANTE : Mais je veux savoir qui c'était; car je me doute que c'est Dorante.

MAÎTRE PIERRE : Oh bian! cette doutance-là, prenez que c'est une çartitude, vous n'y pardrez rian.

M. ARGANTE : Que vient-il faire ici?

MAÎTRE PIERRE : M'y voir.

M. ARGANTE : Je lui ai pourtant dit qu'il me ferait plaisir de ne plus venir chez moi.

MAÎTRE PIERRE : Et si ce n'est pas son envie de vous

---

3. Donner. Ce terme archaïque revient sans cesse dans le langage de Maître Pierre.
4. *Bouter* : comme *bailler*, ce terme archaïque est souvent employé par les paysans de Marivaux.

5. Interjection qu'on trouve déjà chez Molière (*Dom Juan*, II, 1) et qui signifie : vois, regarde.

faire plaisir; est-ce que les volontés ne sont pas libres?

M. ARGANTE : Non, elles ne le sont pas; car je lui défendrai d'y venir davantage.

MAÎTRE PIERRE : Bon, je li défendrai! Il vous dira qu'il ne dépend de parsonne.

M. ARGANTE : Mais vous dépendez de moi, vous autres, et je vous défends de le voir et de lui parler.

MAÎTRE PIERRE : Quand je serons aveugles et muets, je ferons voute commission, Monsieur Argante.

M. ARGANTE : Il faut toujours que tu raisonnes.

MAÎTRE PIERRE : Que voulez-vous? J'ons une langue, et je m'en sars; tant que je l'aurai, je m'en sarvirai; vous me chicanez avec la voute, peut-être que je vous lantarne avec la mienne.

M. ARGANTE : Ah! je vous chicane! c'est-à-dire, Maître Pierre, que vous n'êtes pas content de ce que j'ai congédié Dorante?

MAÎTRE PIERRE : Je n'approuve rian que de bon, moi.

M. ARGANTE : Je vous dis! il faudra que je dispose de ma fille à sa fantaisie!

MAÎTRE PIERRE : Acoutez, peut-être que la raison le voudrait; mais voute avis est bian pus raisonnable que le sian.

M. ARGANTE : Comment donc! est-ce que je ne la marie pas à un honnête homme?

MAÎTRE PIERRE : Bon! le velà bian avancé d'être honnête homme! Il n'y a que les couquins qui ne sont pas honnêtes gens.

M. ARGANTE : Tais-toi, je ne suis pas raisonnable de t'écouter; laisse-moi en repos, et va-t'en dire aux musiciens que j'ai fait venir de Paris qu'ils se tiennent prêts pour ce soir.

MAÎTRE PIERRE : Qu'est-ce qu'ous en voulez faire, de leur musicle?

M. ARGANTE : Ce qu'il me plaît.

MAÎTRE PIERRE : Est-ce qu'ous voulez danser la bourrée avec ces violoneux? Ça n'est pas parmis à un maître de maison.

M. ARGANTE : Ah! tu m'impatientes.

MAÎTRE PIERRE : Parguenne, et vous itou : tenez, j'use trop mon esprit après vous. Par la mardi! voute farme! et tous les animaux qui en dépendont, me baillont moins de peine à gouvarner que vous tout seul; par ainsi, prenez un autre farmier : je varrons un peu ce qu'il en sera, quand vous ne serez pas à ma charge.

M. ARGANTE : Fort bien! me quitter tout d'un coup dans l'embarras où je suis, et le jour même que je marie ma fille; vous prenez bien votre temps, après toutes les bontés que j'ai eues pour vous!

MAÎTRE PIERRE : Voirement, des bontés! Si je comptions ensemble, vous m'en deveriez pus de deux douzaines : mais gardez-les, et grand bian vous fasse.

M. ARGANTE : Mais enfin, pourquoi me quitter?

MAÎTRE PIERRE : C'est que mes bonnes qualités sont entarrées avec vous; c'est qu'ous voulez marier voute fille à voute tête, en lieu de la marier à la mienne; et drès qu'ous ne voulez pas me complaire en ça, drès que ma raison ne vous sart de rian, et qu'ous prétendez être le maître par-dessus moi qui sis prudent,

drès qu'ous allez toujours voute chemin maugré que je vous retienne par la bride, je pards mon temps chez vous.

M. ARGANTE : Me retenir par la bride! belle façon de s'exprimer!

MAÎTRE PIERRE : C'est une petite simulitude qui viant fort à propos.

M. ARGANTE : C'est ma fille qui vous fait parler, je le vois bien; mais il n'en sera pourtant que ce que j'ai résolu; elle épousera aujourd'hui celui que j'attends. Je lui fais un grand tort, en vérité, de lui donner un homme pour le moins aussi riche que ce fainéant de Dorante, et qui avec cela est gentilhomme!

MAÎTRE PIERRE : Ah! nous y velà donc, à la gentilhommerie! Eh fi! noute Monsieur, ça est vilain à voute âge de bailler comme ça dans la bagatelle; an vous amuse comme un enfant avec un joujou. Jamais je n'endurerai ça, voyez-vous! Monsieur Dorante est amoureux de voute fille, alle est amoureuse de li; il faut qu'ils voyont le bout de ça. Hiar encore, sous le berciau de noute jardin je les entendais. *(A part.)* Sarvons-li d'une bourde. *(Haut.)* Ma mie, ce li disait-il, voute père veut donc vous bailler un autre homme que moi? — Eh! vraiment oui! ce faisait-elle. — Eh! que dites-vous de ça? ce faisait-il. — Eh! qu'en pourrais-je dire? ce faisait-elle. — Mais si vous m'aimez bian, vous lui dirais qu'ous ne le voulez pas. — Hélas! mon grand ami, je le lui ai tant dit! — Mais bref, à la parfin que ferez-vous? — Eh! je n'en sais rian. — J'en mourrai, ce dit-il. — Et moi itou, ce dit-elle. — Quoi, je mourrons donc? Voute père est bian tarrible... — Que voulez-vous? comme on me l'a baillé, je l'ai prins...

M. ARGANTE, *en colère et s'en allant* : L'impertinente, avec son amant! et toi encore plus impertinent de me rapporter de pareils discours; mais mon gendre va venir et nous verrons qui sera le maître.

*Scène III : Mademoiselle Argante,
Lisette, Maître Pierre.*

MADEMOISELLE ARGANTE : Il me semble que mon père sort fâché d'avec toi. De quoi parliez-vous?

MAÎTRE PIERRE : De voute noce avec le fils de ce gentilhomme.

LISETTE : Eh bien?

MAÎTRE PIERRE : Eh bian! je ne sais qui l'a enhardi; mais il n'est pas si timide que de couteume avec moi : il m'a bravement injurié et baillé le sobriquet d'impartinent, et m'a enchargé de dire à Mademoiselle Argante qu'alle est une sotte; et pisque la velà, je li fais ma commission.

LISETTE, *à Mademoiselle Argante* : Là-dessus, à quoi vous déterminez-vous?

MADEMOISELLE ARGANTE : Je ne sais; mais je suis au désespoir de me voir en danger d'épouser un homme que je n'ai jamais vu; et seulement parce qu'il est le fils de l'ami de mon père.

MAÎTRE PIERRE : Tenez, tenez, il n'y a point de détermination à ça. J'avons arrêté, Monsieur Dorante et moi, ce qu'ous devez faire, et velà c'en que c'est

Il faut qu'ous deveniais folle; ça est conclu entre nous; il n'y a pus à dire non : faut parachever. Allons, avancez-nous, en attendant, queuque petit échantillon d'extravagance pour voir comment ça fait : an dit que les vapeurs sont bonnes pour ça, montrez-m'en une.

MADEMOISELLE ARGANTE : Oh! laisse-moi, je n'ai point envie de rire.

LISETTE : Va, ne t'embarrasse pas; nous autres femmes, pour faire les folles avons-nous besoin d'étudier notre rôle?

MAÎTRE PIERRE : Non; je savons bian vos facultés; mais n'amporte, il s'agit d'avoir l'esprit pus torné que de couteume. Lisette, sarmonne-la un peu là-dessus, et songe toujours à noute amiquié : ça ne fait que croître et embellir cheux moi, quand je te regarde.

LISETTE : Je t'en fais mes compliments.

MAÎTRE PIERRE : Adieu, noute maître est sorti, je pense. Je vas, si je puis, avec Monsieur Dorante.

Scène IV : Mademoiselle Argante, Lisette.

LISETTE : Çà, faites vos réflexions. Consentez-vous à ce qu'on vous propose?

MADEMOISELLE ARGANTE : Je ne saurais m'y résoudre. Jouer un rôle de folle! Cela est bien laid.

LISETTE : Eh, mort de ma vie! trouvez-moi quelqu'un qui ne joue pas ce rôle-là dans le monde? Qu'est-ce que c'est que la société entre nous autres honnêtes gens, s'il vous plaît? N'est-ce pas une assemblée de fous paisibles qui rient de se voir faire, et qui pourtant s'accordent? Eh bien! mettez-vous pour quelques instants de la coterie des fous revêches, et nous dirons nous autres : la tête lui a tourné.

MADEMOISELLE ARGANTE : Tu as beau dire; cela me répugne.

LISETTE : Je crois qu'effectivement vous avez raison. Il vaut mieux que vous épousiez ce jeune rustre que nous attendons. Que de repos vous allez avoir à sa campagne! Plus de toilette, plus de miroir, plus de boîte à mouches; cela ne rapporte rien. Ce n'est pas comme à Paris, où il faut tous les matins recommencer son visage, et le travailler sur nouveaux frais. C'est un embarras que tout cela, et on ne l'a pas à la campagne : il n'y a là que de bons gros cœurs, qui sont francs, sans façon, et de bon appétit. La manière de les prendre est très aisée; une face large, massive, en fait l'affaire; et en moins d'un an vous aurez toutes ces mignardises convenables.

MADEMOISELLE ARGANTE : Voilà de fort jolies mignardises!

LISETTE : J'oubliais le meilleur. Vous aurez parfois des galants hobereaux qui viendront vous rendre hommage, qui boiront du vin pur à votre santé; mais avec des contorsions!... Vous irez vous promener avec eux, la petite canne à la main, le manteau troussé de peur des crottes : ils vous aideront à sauter le fossé, vous diront que vous êtes adroite, remplie de charmes et d'esprit, avec tout plein d'équivoques spirituelles, qui brocheront sur le tout. Qu'en dites-vous? Prenez votre parti, sinon je recommence, et je vous nomme tous les animaux de votre ferme, jusqu'à votre mari.

MADEMOISELLE ARGANTE : Ah! le vilain homme!

LISETTE : Allons, vite, choisissez de quel genre de folie vous voulez le dégoûter; il va venir, comme vous savez, et vous aimez Dorante, sans doute?

MADEMOISELLE ARGANTE : Mais oui, je l'aime; car je ne connais que lui depuis quatre ans.

LISETTE : Mais oui, je l'aime! Qu'est-ce que c'est qu'un amour qui commence par *mais*, et qui finit par *car*?

MADEMOISELLE ARGANTE : Je m'explique comme je sens. Il y a si longtemps que nous nous voyons; c'est toujours la même personne, les mêmes sentiments; cela ne pique pas beaucoup : mais au bout du compte, c'est un bon garçon; je l'aime quelquefois plus, quelquefois moins, quelquefois point du tout; c'est suivant : quand il y a longtemps que je ne l'ai vu, je le trouve bien aimable; quand je le vois tous les jours, il m'ennuie un peu; mais cela se passe et je m'y accoutume : s'il y avait un peu plus de mouvement dans mon cœur, cela ne gâterait rien pourtant.

LISETTE : Mais n'y a-t-il pas un peu d'inconstance là-dedans?

MADEMOISELLE ARGANTE : Peut-être bien; mais on ne met rien dans son cœur; on y prend ce qu'on y trouve.

LISETTE : Chemin faisant je rencontre de certains visages qui me remuent, et celui de Pierrot ne me remue point; n'êtes-vous pas comme moi?

MADEMOISELLE ARGANTE : Voilà où j'en suis. Il y a des physionomies qui font que Dorante me devient si insipide! Et malheureusement, dans ce moment-là, il a la fureur de m'aimer plus qu'à l'ordinaire : moi, je voudrais qu'il ne me dît rien; mais les hommes savent-ils se gouverner avec nous? Ils sont si maladroits! Ils viennent quelquefois vous accabler d'un tas de sentiments langoureux qui ne font que vous affadir le cœur; on n'oserait leur dire : Allez-vous-en, laissez-moi en repos, vous vous perdez. Ce serait même une charité de leur dire cela; mais point, il faut les écouter, n'en pouvoir plus, étouffer, mourir d'ennui et de satiété pour eux; le beau profit qu'ils font là! Qu'est-ce que c'est qu'un homme toujours tendre, toujours disant : Je vous adore; toujours vous regardant avec passion; toujours exigeant que vous le regardiez de même? Le moyen de soutenir cela? Peut-on sans cesse dire : Je vous aime? On en a quelquefois envie, et on le dit; après cela l'envie se passe, il faut attendre qu'elle revienne.

LISETTE : Mais enfin, épouserez-vous le campagnard?

MADEMOISELLE ARGANTE : Non; je ne saurais souffrir la campagne, et j'aime mieux Dorante, qui ne me quittera jamais Paris. Après tout, il ne m'ennuie pas toujours, et je serais fâchée de le perdre.

LISETTE : Je vois Pierrot qui revient bien intrigué.

Scène V : Mademoiselle Argante, Lisette, Maître Pierre.

LISETTE : Où est Dorante?

MAÎTRE PIERRE : Hélas! il est en chemin pour venir ici; et moi, Mademoiselle Argante, je vians pour vous dire que ce garçon-là n'a pas encore trois jours à vivre.

MADEMOISELLE ARGANTE : Comment donc?

MAÎTRE PIERRE : Oui, et s'il m'en veut croire, il fera son testament drès ce soir; car s'il allait trapasser sans le dire au tabellion[6] j'aimerais autant qu'il ne mourût pas : ce ne serait pas la peine, et ça me fâcherait trop; en lieu que, s'il me laissait queuque chouse, ça ferait que je me lamenterais plus agriablement sur li.

LISETTE : Dis donc ce qui lui est arrivé.

MADEMOISELLE ARGANTE : Est-il malade, empoisonné, blessé? Parle.

MAÎTRE PIERRE : Attendez que je prenne vigueur; car moi qui veux hériter de li, je sis si découragé, si déconfit, que je sis d'avis itou de coucher mes darnières volontés sur de l'écriture, afin de laisser mes nippes à Lisette.

LISETTE : Allons, allons, nigaud, avec ton testament et tes nippes : il n'y a rien que je haïsse tant que des darnières volontés.

MADEMOISELLE ARGANTE : Eh! ne l'interromps pas. J'attends qu'il nous dise l'état où est Dorante.

MAÎTRE PIERRE : Ah! le pauvre homme! la diète le pardra.

LISETTE : Eh! depuis quand fait-il diète?

MAÎTRE PIERRE : De ce matin.

LISETTE : Peste du benêt!

MAÎTRE PIERRE : Tenez, le velà. Voyez queu mine il a! Comme il est blafard!

Scène VI : Mademoiselle Argante, Dorante, Lisette, Maître Pierre.

DORANTE, *d'un air affligé.* Je suis au désespoir, Madame; votre fermier m'a fait trembler. Il dit que vous refusez de me conserver votre main, et que vous ne voulez pas en venir à la seule ressource qui nous reste.

MADEMOISELLE ARGANTE : Eh bien! remettez-vous, j'extravaguerai; la comédie va commencer; êtes-vous content?

MAÎTRE PIERRE : Alle extravaguera, Monsieur Dorante, alle extravaguera. Queu plaisir! Je varrons la comédie; alle fera la Poulichinelle[7]. Queu contentement! Je rirons comme des fous. Il faut extravaguer tretous[8] au moins.

DORANTE : Vous me rendez la vie, Madame; mais de grâce l'amour seul a-t-il part à ce que vous allez faire?

MADEMOISELLE ARGANTE : Eh! ne savez-vous pas

bien que je vous aime, quoique j'oublie quelquefois de vous le dire?

DORANTE : Eh! pourquoi l'oubliez-vous?

MADEMOISELLE ARGANTE : C'est que cela est fini; je n'y songe plus.

LISETTE : Eh! oui; cela va sans dire : retirons-nous; je crois que votre père est revenu, vous pouvez l'attendre mais il n'est pas à propos qu'il nous voie, nous autres.

DORANTE : Adieu, Madame; songez que mon bonheur dépend de vous.

MADEMOISELLE ARGANTE : J'y penserai; j'y penserai; allez-vous-en. *(Seule.)* Nous verrons un peu ce que dira mon père, quand il me verra folle. Je crois qu'il va faire de belles exclamations! Heureusement, sur le sujet dont il s'agit, il m'a déjà vue dans quelques écarts, et je crois que la chose ira bien; car il s'agit d'une malice, et je suis femme : c'est de quoi réussir. Le voilà, prenons une contenance qui prépare les voies.

Scène VII : M. Argante, Mademoiselle Argante, battant la mesure avec le pied.

M. ARGANTE : Que faites-vous là, Mademoiselle?

MADEMOISELLE ARGANTE : Rien.

M. ARGANTE : Rien? belle occupation!

MADEMOISELLE ARGANTE : Je vous défie pourtant de critiquer rien.

M. ARGANTE : Quelle étourdie! comme vous voilà faite!

MADEMOISELLE ARGANTE : Faite au tour, à ce qu'on dit.

M. ARGANTE : Hé! je crois que vous plaisantez?

MADEMOISELLE ARGANTE : Non, je suis de mauvaise humeur; car je n'ai pu jouer du clavecin ce matin.

M. ARGANTE : Laissez là votre clavecin; mon gendre arrive, et vous ne devez pas le recevoir dans un ajustement aussi négligé.

MADEMOISELLE ARGANTE : Ah! laissez-moi faire; le négligé va au cœur... Si j'étais ajustée, on ne verrait que ma parure; dans mon négligé, on ne verra que moi, et on n'y perdra rien.

M. ARGANTE : Oh! oh! que signifie donc ce discours là?

MADEMOISELLE ARGANTE : Vous haussez les épaules, vous ne me croyez pas : je vous convaincrai, papa.

M. ARGANTE : Je n'y comprends rien. Ma fille!

MADEMOISELLE ARGANTE : Me voilà, mon père.

M. ARGANTE : Avez-vous dessein de me jouer?

MADEMOISELLE ARGANTE : Qu'avez-vous donc? Vous m'appelez, je vous réponds; vous vous fâchez; je vous laisse faire. De quoi s'agit-il? expliquez-moi. Je suis là, vous me voyez, je vous entends, que vous plaît-il?

M. ARGANTE : En vérité, sais-tu bien que si on t'écoutait, on te prendrait pour une folle?

MADEMOISELLE ARGANTE : Eh! eh! eh!...

M. ARGANTE : *Eh! eh!* il n'est pas question d'en rire, cela est vrai.

MADEMOISELLE ARGANTE : J'en pleurerai, si vous le

---

6. Le *tabellion* est le notaire, l'officier public qui reçoit et passe les contrats et autres actes. Appellation déjà tombée en désuétude.
7. Elle fera le bouffon, la folle.
8. Absolument tous.

jugez à propos. Je croyais qu'il en fallait rire, je suis dans la bonne foi.

M. ARGANTE : Non : il faut m'écouter.

MADEMOISELLE ARGANTE *le salue* : C'est bien de l'honneur à moi, mon père.

M. ARGANTE : Qu'on a de la peine avec les enfants!

MADEMOISELLE ARGANTE : Eh! vous ne vous vantez de rien; mais je crois que vous n'en avez pas mal donné à mon grand-père : vous étiez bien sémillant.

M. ARGANTE : Taisez-vous, petite fille.

MADEMOISELLE ARGANTE : Les petites filles n'obéissent point, mon père; et puisque j'en suis une, je ferai ma charge, et me gouvernerai, s'il vous plaît, suivant l'épithète que vous me donnez.

M. ARGANTE : La patience m'échappera...

MADEMOISELLE ARGANTE : Calmez-vous, je me tais : voilà l'agrément qu'il y a d'avoir affaire à une personne raisonnable!

M. ARGANTE : Je ne sais où j'en suis, ni où elle prend tant d'impertinences : quoi qu'il en soit, finissons; je n'ai qu'un mot à vous dire : préparez-vous à recevoir celui qui vient ici vous épouser.

MADEMOISELLE ARGANTE : Ce discours-là me fait ressouvenir d'une chanson qui dit : *Préparons-nous à la fête nouvelle.*

M. ARGANTE, *étonné longtemps* : J'attends que vous ayez achevé votre chanson.

MADEMOISELLE ARGANTE : Oh! voilà qui est fait; ce n'était qu'une citation que je voulais faire.

M. ARGANTE : Vous sortez du respect que vous me devez, ma fille.

MADEMOISELLE ARGANTE : Serait-il possible! moi, sortir du respect! il me semble qu'en effet je dis des choses extraordinaires; je crois que je viens de chanter. Remettez-moi, mon père, où en étions-nous? Je me retrouve : vous m'avez proposé, il y a quelques jours, un mariage qui m'a bouleversé la tête à force d'y penser : tout rompu qu'il est, je n'en saurais revenir, et il faut que j'en pleure.

M. ARGANTE : Oh! oh! cela serait-il de bonne foi, ma fille? D'où vient tant de répugnance pour un mariage qui t'est avantageux?

MADEMOISELLE ARGANTE : Eh! me le proposeriez-vous s'il n'était pas avantageux?

M. ARGANTE : Je fais le tout pour ton bien.

MADEMOISELLE ARGANTE, *pleurant* : Et cependant je vous paie d'ingratitude.

M. ARGANTE : Va, je te le pardonne; c'est un petit travers qui t'a pris.

MADEMOISELLE ARGANTE : Continuez, allez votre train, mon père; continuez, n'écoutez pas mes dégoûts, tenez ferme, point de quartier, courage; dites : je veux; grondez, menacez, punissez, ne m'abandonnez pas dans l'état où je suis : je vous charge de tout ce qui m'arrivera.

M. ARGANTE, *attendri* : Va, mon enfant, je suis content de tes dispositions, et tu peux t'en fier à moi; je te donne à un homme avec qui tu seras heureuse; et la campagne, au bout du compte, a ses charmes aussi bien que la ville.

MADEMOISELLE ARGANTE : Par ma foi, vous avez raison.

M. ARGANTE : Par ma foi? de quel terme te sers-tu là? je ne te l'ai jamais entendu dire, et je serais fâché que tu t'en servisses devant mon gendre futur.

MADEMOISELLE ARGANTE : Ma foi, je l'ai cru bon, parce que c'est votre mot favori.

M. ARGANTE : Il ne sied point dans la bouche d'une fille.

MADEMOISELLE ARGANTE : Je ne le dirai plus, mais revenons; contez-moi un peu ce que c'est que votre gendre : n'est-ce pas cet homme des champs?

M. ARGANTE : Encore! Est-il question d'un autre?

MADEMOISELLE ARGANTE : Je m'imagine qu'il accourt à nous comme un satyre.

M. ARGANTE : Oh! je n'y saurais tenir. Vous êtes une impertinente; il vous épousera, je le veux, et vous obéirez.

MADEMOISELLE ARGANTE : Doucement, mon père; discutons froidement les choses. Vous aimez la raison, j'en ai de la plus rare.

M. ARGANTE : Je vous montrerai que je suis votre père.

MADEMOISELLE ARGANTE : Je n'en ai jamais douté; je vous dispense de la preuve, tranquillisez-vous. Vous me direz peut-être que je n'ai que vingt ans, et que vous en avez soixante. Soit, vous êtes plus vieux que moi; je ne chicane point là-dessus; j'aurai votre âge un jour; car nous vieillissons tous dans notre famille. Écoutez-moi, je me sers d'une supposition. Je suis Monsieur Argante, et vous êtes ma fille. Vous êtes jeune, étourdie, vive, charmante, comme moi. Et moi je suis grave, sérieux, triste et sombre comme vous.

M. ARGANTE : Où suis-je? et qu'est-ce que c'est que cela?

MADEMOISELLE ARGANTE : Je vous ai donné des maîtres de clavecin, vous avez un gosier de rossignol, vous dansez comme à l'Opéra, vous avez du goût, de la délicatesse; moi du souci et de l'avarice; vous lisez des romans, des historiettes et des contes de fées; moi des édits, des registres et des mémoires. Qu'arrive-t-il? Un vilain faune, un ours mal léché sort de sa tanière, se présente à moi, et vous demande en mariage. Vous croyez que je vais lui crier : va-t'en. Point du tout. Je caresse la créature maussade. Je lui fais des compliments, et je lui accorde ma fille. L'accord fait, je viens vous trouver et nous avons là-dessus une conversation ensemble assez curieuse. La voici. Je vous dis : Ma fille? — Que vous plaît-il, mon père? me répondez-vous (car vous êtes civile et bien élevée). — Je vous marie, ma fille. — A qui donc, mon père? — A un honnête magot [9], un habitant des forêts. — Un magot, mon père! Je n'en veux point. Me prenez-vous pour une guenuche [10]? Je chante, j'ai des appas, et je n'aurais qu'un magot, qu'un sauvage! Eh! fi donc! — Mais il est gentilhomme. — Eh bien! qu'on lui coupe le cou. — Ma fille, je veux que vous le

9. Un *magot* est dit pour un homme fort laid de visage.
10. Une petite guenon.

preniez. — Mon père, je ne suis point de cet avis-là. — Oh! oh! friponne! ne suis-je pas le maître?... A cette épithète de friponne, vous prenez votre sérieux, vous vous armez de fermeté, et vous me dites : Vous êtes le maître, *distinguo* : pour les choses raisonnables, oui; pour celles qui ne le sont pas, non. On ne force point les cœurs. Loi établie. Vous voulez forcer le mien : vous transgressez la loi. J'ai de la vertu, je la veux garder. Si j'épousais votre magot, que deviendrait-elle? Je n'en sais rien.

M. ARGANTE : Vous mériteriez que je vous misse dans un couvent. Je pénètre vos desseins à présent, fille ingrate; et vous vous imaginez que je serai la dupe de vos artifices? Mais si tantôt j'ai lieu de me plaindre de votre conduite, vous vous en repentirez toute votre vie. Voici ma réponse; retirez-vous.

MADEMOISELLE ARGANTE, *le saluant* : Donnez-moi le temps de vous faire la révérence, comme vous me l'auriez faite, si vous aviez été à ma place.

M. ARGANTE : Marchez, vous dis-je.

Scène VIII : *M. Argante, Crispin, un Domestique.*

LE DOMESTIQUE : Monsieur, il y a là-bas un valet qui demande à parler après vous.

M. ARGANTE : Qu'il entre.

CRISPIN *paraît* : Monsieur, je viens de dix lieues d'ici, vous dire que je suis votre serviteur.

M. ARGANTE : Cela n'en valait pas la peine.

CRISPIN : Oh! je vous fais excuse! Vous d'un côté, et Mademoiselle votre fille d'un autre, vous méritez fort bien vos dix lieues; ce n'est que chacun cinq.

M. ARGANTE : Qu'appelez-vous ma fille? Quelle part a-t-elle à cela?

CRISPIN : Ventrebleu! quelle part, Monsieur! sa part est meilleure que la vôtre; car nous venons pour l'épouser.

M. ARGANTE : Pour l'épouser?

CRISPIN : Oui. Le seigneur Éraste, mon maître, l'épousera pour femme, et moi pour maîtresse.

M. ARGANTE : Ah, ah! tu appartiens à Éraste? Tu es apparemment le garçon plaisant dont il m'a parlé.

CRISPIN : J'ai l'honneur d'être son associé. C'est lui qui ordonne, c'est moi qui exécute.

M. ARGANTE : Je t'entends. Eh! où est-il donc? Est-ce qu'il n'est pas venu?

CRISPIN : Oh! que si, Monsieur; mais par galanterie il a jugé à propos de se faire précéder par une espèce d'ambassade : il m'a donné même quelques petits intérêts à traiter avec vous.

M. ARGANTE : De quoi s'agit-il donc?

CRISPIN : N'y a-t-il personne qui nous écoute?

M. ARGANTE : Tu le vois bien.

CRISPIN : C'est que... N'y a-t-il point de femme dans la chambre prochaine?

M. ARGANTE : Quand il y en aurait, peuvent-elles nous entendre?

CRISPIN : Vertuchou, Monsieur! vous ne savez pas ce que c'est que l'oreille d'une femme. Cette oreille-là,

voyez-vous, d'une demi-lieue entend ce qu'on dit, et d'un quart de lieue ce qu'on va dire.

M. ARGANTE : Oh bien! je n'ai ici que des femmes sourdes. Parle.

CRISPIN : Oh! la surdité lève tout scrupule; et cela étant, je vous dirai sans façon que Monsieur Éraste va venir; mais qu'il vous prie de ne point dire à sa future que c'est lui, parce qu'il se fait un petit ragoût de la voir sous le nom seulement d'un ami dudit Monsieur Éraste; ainsi ce n'est point lui qui va venir, et c'est pourtant lui; mais lui sous la figure d'un autre que lui : ce que je te dis là n'est-il pas obscur?

M. ARGANTE : Pas mal; mais je te comprends, et je veux bien lui donner cette satisfaction-là : qu'il vienne.

CRISPIN : Je crois que le voilà; c'est lui-même. A présent je vais chercher mes ballots et les siens; mais de grâce, avant que de partir, souffrez, Monsieur que je vous recommande mon cœur; il est sans condition, daignez lui en trouver une.

M. ARGANTE : Va, va, nous verrons.

Scène IX : *M. Argante, Éraste, Maître Pierre, Lisette.*

M. ARGANTE : Je vous attendais avec impatience, mon cher enfant.

ÉRASTE : Je m'y rends avec un grand plaisir, Monsieur. Crispin vous aura sans doute dit ce que je souhaite que vous m'accordiez?

M. ARGANTE : Oui, je le sais, et j'y consens; mais pourquoi cette façon?

ÉRASTE : Monsieur, tout le monde me dit que Mademoiselle Argante est charmante, et tout le monde apparemment ne se trompe pas; ainsi quand je demande à la voir sous cet habit-ci, ce n'est pas pour vérifier si ce que l'on m'a dit est vrai; mais peut-être, en m'épousant, ne fait-elle que vous obéir; cela m'inquiète; et je ne viens sous un autre nom l'assurer de mes respects, que pour tâcher d'entrevoir ce qu'elle pense de notre mariage.

M. ARGANTE : Hé bien, je vais la chercher.

ÉRASTE : Eh! de grâce, n'y allez point; je ne pourrais m'empêcher de soupçonner que vous l'auriez avertie. J'ai trouvé là-bas des ouvriers qui demandent à vous parler; si vous vouliez bien vous y rendre pour quelque temps.

M. ARGANTE : Mais...

ÉRASTE : Je vous en supplie...

M. ARGANTE, *à part* : Je ne saurais croire que ma fille ose m'offenser jusqu'à certain point. (*A Éraste.*) Je me rends.

ÉRASTE : Il me suffira que vous disiez à un domestique qu'un de mes amis, qui m'a précédé, souhaiterait avoir l'honneur de lui parler.

M. ARGANTE : Holà! Pierrot, Lisette!

Maître Pierre et Lisette paraissent tous deux.

MAÎTRE PIERRE : Qu'est-ce qu'ous nous voulez donc?

M. ARGANTE : Que quelqu'un de vous deux aille dire à ma fille que voici un ami d'Éraste, et qu'elle descende.

MAÎTRE PIERRE : Ça ne se peut pas, elle a mal à son estomac et à sa tête.

LISETTE : Oui, Monsieur; elle repose.

ÉRASTE : Je vous assure que je n'ai qu'un mot à lui dire.

MAÎTRE PIERRE, *à part* : Hélas! comme il est douçoureux.

M. ARGANTE : Je viens de la quitter, et je veux qu'elle descende. Allez-y, Lisette. *(A Maître Pierre.)* Et toi, va-t'en. *(A Éraste.)* Je vous laisse pour vous satisfaire.

Il sort.

ÉRASTE : Je vous ai une véritable obligation. *(Seul.)* Ce commencement me paraît triste. J'ai bien peur que Mademoiselle Argante ne se donne pas de bon cœur.

Scène X : *Éraste, Maître Pierre.*

MAÎTRE PIERRE, *revenant et regardant* : *(A part.)* Le sieur Argante n'y est plus. *(Haut.)* Avec votre parmission, Monsieur l'ami de Monsieur le futur, en attendant que noute demoiselle se requinque, agriez ma conversation pour vous aider à passer un petit bout de temps.

ÉRASTE : Oui-da, tu me parais amusant.

MAÎTRE PIERRE : Je sons pas tout à fait bête; le monde prend parfois de mes petits avis, et s'en trouve bian.

ÉRASTE : Je n'en doute pas.

MAÎTRE PIERRE, *riant* : Tenez, vous avez une philosomie de bonne apparence : j'estime qu'ous êtes un bon compère; velà ma pensée, parmettez ma libarté.

ÉRASTE : Tu me fais plaisir.

MAÎTRE PIERRE : De queu vacation êtes-vous avec cet habit noir? Est-ce praticien [11] ou médecin? Tâtez-vous le pouls ou bian la bourse? Dépêchez-vous le corps ou les bians?

ÉRASTE : Je guéris du mal qu'on n'a pas.

MAÎTRE PIERRE : Vous êtes donc médecin? Tant mieux pour vous, tant pis pour les autres; et moi je sis le farmier d'ici, et ce n'est tant pis pour parsonne.

ÉRASTE : Comment! mais tu as de l'esprit. Tu dis qu'on te consulte. Parbleu, dans l'occasion je te consulterais volontiers aussi.

MAÎTRE PIERRE : Consultez-moi, pour voir, sur Monsieur Éraste.

ÉRASTE : Que veux-tu que je dise? Il épouse la fille de Monsieur Argante.

MAÎTRE PIERRE : Acoutez : êtes-vous bian son ami à cet épouseux de fille?

ÉRASTE : Mais je ne suis pas toujours fort content de lui dans le fond, et souvent il m'ennuie.

MAÎTRE PIERRE : Fi! c'est de la malice à lui.

ÉRASTE : J'ai idée qu'on ne l'épousera pas d'un trop bon cœur ici, et c'est bien fait.

MAÎTRE PIERRE : Tout franc, je ne voulons point

de ce butor-là; laissez venir le nigaud : je li gardons des rats [12].

ÉRASTE : Qu'appelles-tu des rats?

MAÎTRE PIERRE : C'est que la fille de cians a eu l'avisement de devenir ratière [13]; elle a mis par exprès son esprit sens dessus dessous, sens devant derrière, à celle fin, quand il la varra, qu'il s'en retorne avec son sac et ses quilles.

ÉRASTE : C'est-à-dire qu'elle feindra d'être folle?

MAÎTRE PIERRE : Velà c'en que c'est : et si, maugré la folie, il la prend pour femme, n'y aura pus de rats; mais ce qu'an mettra en lieu et place, les vaura bian.

ÉRASTE : Sans difficulté.

MAÎTRE PIERRE : Stapendant la fille est sage; mais quand on a bouté son amiquié ailleurs, et qu'an a un mari en avarsion, sage tant qu'ous vourez, il faut que sagesse dégarpisse; et pis après, toute voute médeçaine ne garira pas Monsieur Éraste du mal qui li sera fait, le pauvre niais! Mais adieu; veci voute ratière qui viant; ça va bian vous divartir.

Scène XI : *Mademoiselle Argante,* *Éraste.*

ÉRASTE, *à part* : Ah! l'aimable personne! pourquoi l'ai-je vue, puisque je dois la perdre?

MADEMOISELLE ARGANTE, *à part, en entrant* : Voilà un joli homme! Si Éraste lui ressemblait, je ne ferais pas la folle.

ÉRASTE, *à part* : Feignons d'ignorer ses dispositions. *(A Mademoiselle Argante.)* Mademoiselle, Éraste m'a chargé d'une commission dont je ne saurais que le louer. Vous savez qu'on vous a destinés l'un à l'autre; mais il ne veut jouir du bonheur qu'on lui assure, qu'autant que votre cœur y souscrira : c'est un respect que le sien vous doit, et que vous méritez plus que personne : daignez donc, Madame, me confier ce que vous pensez là-dessus, afin qu'il se conforme à vos volontés.

MADEMOISELLE ARGANTE : Ce que je pense, Monsieur, ce que je pense!

ÉRASTE : Oui, Madame.

MADEMOISELLE ARGANTE : Je n'en sais rien, je vous jure; et malheureusement j'ai résolu de n'y penser que dans deux ans, parce que je veux me reposer. Dites-lui qu'il ait la bonté d'attendre; dans deux ans je lui rendrai réponse, s'il ne m'arrive pas d'accident.

ÉRASTE : Vous lui donnez un terme bien long.

MADEMOISELLE ARGANTE : Hélas! je me trompais, c'est dans quatre ans que je voulais dire. Qu'il ne s'impatiente pas, au moins; car je lui veux du bien, pourvu qu'il se tienne tranquille; s'il était pressé, je lui en donnerais pour un siècle. Qu'il me ménage, et qu'il soit docile, entendez-vous, Monsieur? Ne manquez pas aussi de l'assurer de mon estime. Sait-il aimer? a-t-il des sentiments, de la figure? est-il grand, est-il petit? On dit qu'il est chasseur; mais sait-il

---

11. Un *praticien* est celui qui sait, qui exerce, qui entend la pratique. Le *Dictionnaire de l'Académie* précise : ne se dit guère que de ceux qui savent la manière d'instruire ou de conduire les procès.

12. *Garder des rats à quelqu'un*, c'est se promettre de lui jouer des tours.

13. Capricieuse.

l'histoire? Il verrait que la chasse est dangereuse. Actéon y périt pour avoir troublé le repos de Diane [14]. Hélas! si l'on troublait le mien, je ne saurais que mourir. Mais à propos d'Éraste, me ferez-vous son portrait? J'en suis curieuse.

ÉRASTE, *triste et soupirant* : Ce n'est pas la peine, Madame, il me ressemble trait pour trait.

MADEMOISELLE ARGANTE, *le regardant* : Il vous ressemble! Bon cela, Monsieur.

ÉRASTE : Ma commission est faite, Madame; je sais vos sentiments, dispensez-vous du désordre d'esprit que vous affectez; un cœur comme le vôtre doit être libre, et mon ami sera au désespoir de l'extrémité où la crainte d'être à lui vous a réduite. On ne saurait désapprouver le parti que vous avez pris : l'autorité d'un père ne vous a laissé que cette ressource, et tout est permis pour se sauver du danger où vous étiez : mais c'en est fait; livrez-vous au penchant qui vous est cher, et pardonnez à mon ami les frayeurs qu'il vous a données; je vais l'en punir en lui disant ce qu'il perd.

Il veut s'en aller.

MADEMOISELLE ARGANTE, *à part* : Oh, oh! c'est assurément là Éraste. *(Elle le rappelle.)* Monsieur?

ÉRASTE : Avez-vous quelque chose à m'ordonner, Madame?

MADEMOISELLE ARGANTE : Vous m'embarrassez. N'avez-vous que cela à me dire? Voyez; je vous écouterai volontiers, je n'ai plus de peur, vous m'avez rassurée.

ÉRASTE : Il me semble que je n'ai plus rien à dire après ce que je viens d'entendre.

MADEMOISELLE ARGANTE : Je ne devais dire ce que je pense sur Éraste que dans un certain temps; et, si vous voulez, j'abrégerai le terme.

ÉRASTE : Vous le haïssez trop.

MADEMOISELLE ARGANTE : Mais pourquoi en êtes-vous si fâché?

ÉRASTE : C'est que je prends part à ce qui le regarde.

MADEMOISELLE ARGANTE : Est-il vrai qu'il vous ressemble?

ÉRASTE : Il n'est que trop vrai.

MADEMOISELLE ARGANTE : Consolez-vous donc.

ÉRASTE : Eh! d'où vient me consolerais-je, Madame? Daignez m'expliquer ce discours.

MADEMOISELLE ARGANTE : Comment vous l'expliquer?... Dites à Éraste que je l'attends, si vous n'avez pas besoin de sortir pour cela.

ÉRASTE : Il n'est pas bien loin.

MADEMOISELLE ARGANTE : Je le crois de même.

ÉRASTE : Que d'amour il aura pour vous, Madame, s'il ose se flatter d'être bien reçu?

MADEMOISELLE ARGANTE : Ne tardez pas plus longtemps à voir ce qu'il en sera.

---

14. Mécontente d'avoir été aperçue par Actéon alors qu'elle se baignait, nue, dans une source, la déesse Artémis (Diane) le transforma en cerf et le fit alors dévorer par ses chiens.

ÉRASTE : Puis-je espérer que vous me ferez grâce?

MADEMOISELLE ARGANTE : J'en ai peut-être trop dit : mais vous serez mon époux. Que ne vous ai-je connu plus tôt?

ÉRASTE : Avec quel chagrin ne m'en retournais-je pas!

MADEMOISELLE ARGANTE : Est-il possible que je vous aie haï? A quoi songiez-vous de ne pas vous montrer?

ÉRASTE : Au milieu de mon bonheur il me reste une inquiétude.

MADEMOISELLE ARGANTE : Dites ce que c'est, et vous ne l'aurez plus.

ÉRASTE : Vous vous gardiez, dit-on, pour un autre que moi.

MADEMOISELLE ARGANTE : Vous demeurez à la campagne, et je ne l'aimais pas avant que je vous eusse connu; il y a quatre ans que je connais Dorante; l'habitude de le voir me l'avait rendu plus supportable que les autres hommes; il me convenait, il aspirait à m'épouser, et dans tout ce que j'ai fait, je me gardais moins à lui, que je ne me sauvais du malheur imaginaire d'être à vous : voilà tout, êtes-vous content?

ÉRASTE, *à genoux* : Je vous adore; et puisque vous haïssez la campagne, je ne saurais plus la souffrir.

Scène XII : M. Argante, Mademoiselle Argante, Éraste, Maître Pierre.

M. ARGANTE, *à Maître Pierre* : Oh, oh! ils sont, ce me semble, d'assez bonne intelligence.

MAÎTRE PIERRE : Qu'est-ce que c'est donc que tout ça? Ils se disont des douceurs.

M. ARGANTE : Eh bien! ma fille, connais-tu Monsieur?

MADEMOISELLE ARGANTE : Oui, mon père.

M. ARGANTE : Et tu es contente?

MADEMOISELLE ARGANTE : Oui, mon père.

M. ARGANTE : Je suis charmé. Ne songeons donc plus qu'à nous réjouir; et que, pour marquer notre joie, nos musiciens viennent ici commencer la fête.

MAÎTRE PIERRE : Voilà qui va fort bian. Ous êtes contente. Voute père, voute amant, tout ça est content; mais de tous ces biaux contentements-là, moi et Monsieur Dorante, je n'y avons ni part ni portion.

M. ARGANTE : Laissez là Dorante.

MADEMOISELLE ARGANTE : Si vous vouliez lui parler, mon père; on lui doit un peu d'égard, et cela me tirerait d'embarras.

MAÎTRE PIERRE : Il m'avait pourmis cinquante pistoles, si vous deveniez sa femme : baillez-m'en tant seulement soixante, et je li ferai vos excuses. Je ne vous surfais pas.

ÉRASTE : Je te les donne de bon cœur, moi.

MAÎTRE PIERRE : C'est marché fait : chantez et dansez à voute aise, à cette heure; je n'y mets pus d'empêchement.

L'ILE DES ESCLAVES

Après son demi-échec au Théâtre-Français, Marivaux revient aux Italiens, avec l'Ile des esclaves. *Le genre était nouveau pour lui, mais il avait déjà été illustré maintes fois sur la scène de l'Hôtel de Bourgogne. L'*Arlequin sauvage *de De Lisle de la Drévetière où Arlequin, en bon sauvage qui débarque à Marseille avec son maître, symbolisait « la nature toute simple, opposée parmi nous aux lois, aux arts et aux sciences », figurait encore au répertoire des Italiens, au même titre, par exemple, que* la Surprise de l'amour *dont il était le contemporain. Et le* Mercure *de janvier 1722 avait pu, à propos d'une autre comédie philosophique de De Lisle de la Drévetière,* Timon le misanthrope, *parler d'un « nouveau genre de comédie qui a été inconnu aux anciens et aux modernes, et qui ne ressemble à rien de ce qu'on a vu jusqu'à présent. Tout est simple, naïf, et la métamorphose est employée avec tant d'art qu'elle fait sortir la vérité toute nue du sein de la nature, et le comique de la nature et de la vérité ».*

Dès la fin du XVIIᵉ siècle, Dufresny avait fait se promener des Siamois dans les rues de Paris sur la scène de l'Ancien Théâtre Italien, et Montesquieu venait de reprendre, avec le plus grand retentissement, ce procédé de « distanciation » dans ses Lettres persanes *(1721).*

*C'est dire que le sujet et la forme de l'*Ile des esclaves *étaient dans l'air. Et il ne faut pas non plus surestimer la singularité de cette pièce dans l'œuvre de Marivaux. Ses données ne diffèrent pas beaucoup de celles de* la Double inconstance *ou du* Prince travesti. *Seule la façon de les traiter a changé : de la comédie ou de la tragi-comédie, Marivaux est passé à l'apologue. Et l'accent s'est déplacé : ce n'est plus le jeu de l'amour qui vient au premier plan, mais celui des maîtres et des valets. Maintenant l'éducation l'emporte sur la jouissance : on joue encore mais c'est pour se corriger, pour avoir « le cœur bon, de la vertu et de la raison » et non pour obéir à ce jeu déraisonnable qu'est notre vie en société.*

Créée le 5 mars 1725, l'Ile des esclaves *recueille « beaucoup d'applaudissements ». Le* Mercure *commente : « M. de Marivaux qui en est l'auteur est accoutumé à de pareils succès, et tout ce qui sort de sa plume lui acquiert une nouvelle gloire. » Sa distribution est la suivante : « Iphicrate, Mario ; Arlequin, Thomassin ; Euphrosine, la Dlle La Lande ; Cléanthis, Silvia ; un des chefs de l'Ile, le Sr. Dominique » (*Mercure*). On remarquera l'absence de Flaminia qui eût pu jouer Euphrosine et qui est remplacée dans ce rôle par la Dlle La Lande ou Thérèse Delalande, entrée à l'Hôtel de Bourgogne en 1721 et devenue depuis la compagne de Dominique.*

« Très suivie dans sa nouveauté » (Desboulmiers), l'Ile des esclaves *connaît vingt et une représentations consécutives. Jouée devant la Cour dès le 13 mars 1725, elle figure encore, avec* la Double Inconstance, *au programme de la saison d'automne du Nouveau Théâtre Italien à Fontainebleau. Et les Comédiens Italiens la reprirent souvent par la suite : en janvier 1736, Mlle Clairon y fit même ses débuts dans le rôle de Cléanthis ; sans doute n'y parut-elle guère à son avantage puisque cette « audition » ne lui permit pas d'être reçue dans la troupe de Luigi Riccoboni.*

Négligée pendant tout le XIXᵉ siècle, l'Ile des esclaves, *que Marivaux comptait au nombre de ses pièces préférées, n'entra au répertoire de la Comédie-Française qu'en 1939. Auparavant Jean Sarment l'avait donnée dans le cadre d'une série de matinées classiques au Théâtre Antoine en 1931, et en 1934, elle figura dans un spectacle exécuté par une troupe d'étudiants de la Sorbonne (que patronnait le Professeur Félix Gaiffe) et destiné à illustrer « l'esprit de Figaro avant Beaumarchais ».*

Depuis 1939, l'Ile des esclaves *a été plusieurs fois reprise à la Comédie-Française, notamment en 1963, dans une nouvelle mise en scène de Jacques Charon.*

ACTEURS

IPHICRATE ; ARLEQUIN ; EUPHROSINE ; CLÉANTHIS ; TRIVELIN ; DES HABITANTS DE L'ILE.

LA SCÈNE EST DANS L'ILE DES ESCLAVES.

LE THÉÂTRE REPRÉSENTE UNE MER ET DES ROCHERS D'UN CÔTÉ, ET DE L'AUTRE QUELQUES ARBRES ET DES MAISONS.

Scène I : Iphicrate s'avance tristement sur le théâtre avec Arlequin.

IPHICRATE, *après avoir soupiré* : Arlequin !

ARLEQUIN, *avec une bouteille de vin qu'il a à sa ceinture* : Mon patron!

IPHICRATE : Que deviendrons-nous dans cette île?

ARLEQUIN : Nous deviendrons maigres, étiques, et

puis morts de faim; voilà mon sentiment et notre histoire.

IPHICRATE : Nous sommes seuls échappés du naufrage; tous nos amis ont péri, et j'envie maintenant leur sort.

ARLEQUIN : Hélas! ils sont noyés dans la mer, et nous avons la même commodité.

IPHICRATE : Dis-moi; quand notre vaisseau s'est brisé contre le rocher, quelques-uns des nôtres ont eu le temps de se jeter dans la chaloupe; il est vrai que les vagues l'ont enveloppée : je ne sais ce qu'elle est devenue; mais peut-être auront-ils eu le bonheur d'aborder en quelque endroit de l'île et je suis d'avis que nous les cherchions.

ARLEQUIN : Cherchons, il n'y a point de mal à cela; mais reposons-nous auparavant pour boire un petit coup d'eau-de-vie. J'ai sauvé ma pauvre bouteille, la voilà; j'en boirai les deux tiers, comme de raison, et puis je vous donnerai le reste.

IPHICRATE : Eh! ne perdons point de temps; suis-moi : ne négligeons rien pour nous tirer d'ici. Si je ne me sauve, je suis perdu; je ne reverrai jamais Athènes, car nous sommes dans l'île des Esclaves.

ARLEQUIN : Oh! oh! qu'est-ce que c'est que cette race-là?

IPHICRATE : Ce sont des esclaves de la Grèce révoltés contre leurs maîtres, et qui depuis cent ans sont venus s'établir dans une île, et je crois que c'est ici : tiens, voici sans doute quelques-unes de leurs cases; et leur coutume, mon cher Arlequin, est de tuer tous les maîtres qu'ils rencontrent, ou de les jeter dans l'esclavage.

ARLEQUIN : Eh! chaque pays a sa coutume; ils tuent les maîtres, à la bonne heure; je l'ai entendu dire aussi; mais on dit qu'ils ne font rien aux esclaves comme moi.

IPHICRATE : Cela est vrai.

ARLEQUIN : Eh! encore vit-on.

IPHICRATE : Mais je suis en danger de perdre la liberté et peut-être la vie : Arlequin, cela ne suffit-il pas pour me plaindre?

ARLEQUIN, *prenant sa bouteille pour boire* : Ah! je vous plains de tout mon cœur, cela est juste.

IPHICRATE : Suis-moi donc.

ARLEQUIN *siffle* : Hu! hu! hu!

IPHICRATE : Comment donc! que veux-tu dire?

ARLEQUIN, *distrait*, *chante* : Tala ta lara.

IPHICRATE : Parle donc; as-tu perdu l'esprit? à quoi penses-tu?

ARLEQUIN, *riant* : Ah! ah! ah! Monsieur Iphicrate, la drôle d'aventure! je vous plains, par ma foi; mais je ne saurais m'empêcher d'en rire.

IPHICRATE, *à part les premiers mots* : Le coquin abuse de ma situation : j'ai mal fait de lui dire où nous sommes. Arlequin, ta gaieté ne vient pas à propos; marchons de ce côté.

ARLEQUIN : J'ai les jambes si engourdies!...

IPHICRATE : Avançons, je t'en prie.

ARLEQUIN : Je t'en prie, je t'en prie; comme vous êtes civil et poli; c'est l'air du pays qui fait cela.

IPHICRATE : Allons, hâtons-nous, faisons seulement une demi-lieue sur la côte pour chercher notre chaloupe, que nous trouverons peut-être avec une partie de nos gens; et, en ce cas-là, nous nous rembarquerons avec eux.

ARLEQUIN, *en badinant* : Badin! comme vous tournez cela! *(Il chante.)*

> L'embarquement est divin
> Quand on vogue, vogue, vogue,
> L'embarquement est divin,
> Quand on vogue avec Catin [1].

IPHICRATE, *retenant sa colère* : Mais je ne te comprends point, mon cher Arlequin.

ARLEQUIN : Mon cher patron, vos compliments me charment; vous avez coutume de m'en faire à coups de gourdin qui ne valent pas ceux-là ; et le gourdin est dans la chaloupe.

IPHICRATE : Eh! ne sais-tu pas que je t'aime?

ARLEQUIN : Oui; mais les marques de votre amitié tombent toujours sur mes épaules, et cela est mal placé. Ainsi, tenez, pour ce qui est de nos gens, que le ciel les bénisse! s'ils sont morts, en voilà pour longtemps; s'ils sont en vie, cela se passera, et je m'en goberge.

IPHICRATE, *un peu ému* : Mais j'ai besoin d'eux, moi.

ARLEQUIN, *indifféremment* : Oh! cela se peut bien, chacun a ses affaires : que je ne vous dérange pas!

IPHICRATE : Esclave insolent!

ARLEQUIN, *riant* : Ah! ah! vous parlez la langue d'Athènes; mauvais jargon que je n'entends plus.

IPHICRATE : Méconnais-tu ton maître, et n'es-tu plus mon esclave?

ARLEQUIN, *se reculant d'un air sérieux* : Je l'ai été, je le confesse à ta honte; mais va, je te le pardonne; les hommes ne valent rien. Dans le pays d'Athènes, j'étais ton esclave; tu me traitais comme un pauvre animal, et tu disais que cela était juste, parce que tu étais le plus fort. Eh bien! Iphicrate, tu vas trouver ici plus fort que toi; on va te faire esclave à ton tour; on te dira aussi que cela est juste, et nous verrons ce que tu penseras de cette justice-là; tu m'en diras ton sentiment, je t'attends là. Quand tu auras souffert, tu seras plus raisonnable; tu sauras mieux ce qu'il est permis de faire souffrir aux autres. Tout en irait mieux dans le monde, si ceux qui te ressemblent recevaient la même leçon que toi. Adieu, mon ami; je vais trouver mes camarades et tes maîtres.

Il s'éloigne.

IPHICRATE, *au désespoir, courant après lui l'épée à la main* : Juste ciel! peut-on être plus malheureux et plus outragé que je le suis? Misérable! tu ne mérites pas de vivre.

ARLEQUIN : Doucement; tes forces sont bien diminuées, car je ne t'obéis plus, prends-y garde.

Scène II : *Trivelin, avec cinq ou six insulaires, arrive conduisant une dame et la suivante, et ils accourent à Iphicrate qu'ils voient l'épée à la main.*

TRIVELIN, *faisant saisir et désarmer Iphicrate par ses gens* : Arrêtez, que voulez-vous faire?

---

1. *Catin* est un nom de fille et surtout de fille de la campagne, par abréviation de Catherine.

IPHICRATE : Punir l'insolence de mon esclave.

TRIVELIN : Votre esclave! vous vous trompez, et l'on vous apprendra à corriger vos termes. *(Il prend l'épée d'Iphicrate et la donne à Arlequin.)* Prenez cette épée, mon camarade; elle est à vous.

ARLEQUIN : Que le ciel vous tienne gaillard, brave camarade que vous êtes!

TRIVELIN : Comment vous appelez-vous?

ARLEQUIN : Est-ce mon nom que vous demandez?

TRIVELIN : Oui vraiment.

ARLEQUIN : Je n'en ai point, mon camarade.

TRIVELIN : Quoi donc, vous n'en avez pas?

ARLEQUIN : Non, mon camarade; je n'ai que des sobriquets qu'il m'a donnés; il m'appelle quelquefois Arlequin, quelquefois Hé.

TRIVELIN : Hé! le terme est sans façon; je reconnais ces Messieurs à de pareilles licences. Et lui, comment s'appelle-t-il?

ARLEQUIN : Oh! diantre! il s'appelle par un nom, lui; c'est le seigneur Iphicrate.

TRIVELIN : Eh bien! changez de nom à présent; soyez le seigneur Iphicrate à votre tour; et vous, Iphicrate, appelez-vous Arlequin, ou bien Hé.

ARLEQUIN, *sautant de joie, à son maître* : Oh! oh! que nous allons rire, seigneur Hé!

TRIVELIN, *à Arlequin* : Souvenez-vous en prenant son nom, mon cher ami, qu'on vous le donne bien moins pour réjouir votre vanité, que pour le corriger de son orgueil.

ARLEQUIN : Oui, oui, corrigeons, corrigeons!

IPHICRATE, *regardant Arlequin* : Maraud!

ARLEQUIN : Parlez donc, mon bon ami; voilà encore une licence qui lui prend; cela est-il du jeu?

TRIVELIN, *à Arlequin* : Dans ce moment-ci, il peut vous dire tout ce qu'il voudra. *(A Iphicrate.)* Arlequin, votre aventure vous afflige, et vous êtes outré contre Iphicrate et contre nous. Ne vous gênez point, soulagez-vous par l'emportement le plus vif; traitez-le de misérable, et nous aussi; tout vous est permis à présent; mais ce moment-ci passé, n'oubliez pas que vous êtes Arlequin, que voici Iphicrate, et que vous êtes auprès de lui ce qu'il était auprès de vous; ce sont là nos lois, et ma charge dans la république est de les faire observer en ce canton-ci.

ARLEQUIN : Ah! la belle charge!

IPHICRATE : Moi, l'esclave de ce misérable!

TRIVELIN : Il a bien été le vôtre.

ARLEQUIN : Hélas! il n'a qu'à être bien obéissant, j'aurai mille bontés pour lui.

IPHICRATE : Vous me donnez la liberté de lui dire ce qu'il me plaira; ce n'est pas assez : qu'on m'accorde encore un bâton.

ARLEQUIN : Camarade, il demande à parler à mon dos, je le mets sous la protection de la république, au moins.

TRIVELIN : Ne craignez rien.

CLÉANTHIS, *à Trivelin* : Monsieur, je suis esclave aussi, moi, et du même vaisseau; ne m'oubliez pas, s'il vous plaît.

TRIVELIN : Non, ma belle enfant; j'ai bien connu votre condition à votre habit, et j'allais vous parler de ce qui vous regarde, quand je l'ai vu l'épée à la main. Laissez-moi achever ce que j'avais à dire. Arlequin!

ARLEQUIN, *croyant qu'on l'appelle* : Eh!... A propos, je m'appelle Iphicrate.

TRIVELIN, *continuant* : Tâchez de vous calmer; vous savez qui nous sommes, sans doute?

ARLEQUIN : Oh! morbleu! d'aimables gens.

CLÉANTHIS : Et raisonnables.

TRIVELIN : Ne m'interrompez point, mes enfants. Je pense donc que vous savez qui nous sommes. Quand nos pères, irrités de la cruauté de leurs maîtres, quittèrent la Grèce et vinrent s'établir ici dans le ressentiment des outrages qu'ils avaient reçus de leurs patrons, la première loi qu'ils y firent fut d'ôter la vie à tous les maîtres que le hasard ou le naufrage conduirait dans leur île, et conséquemment de rendre la liberté à tous les esclaves; la vengeance avait dicté cette loi; vingt ans après la raison l'abolit, et en dicta une plus douce. Nous ne nous vengeons plus de vous, nous vous corrigeons; ce n'est plus votre vie que nous poursuivons, c'est la barbarie de vos cœurs que nous voulons détruire; nous vous jetons dans l'esclavage pour vous rendre sensibles aux maux qu'on y éprouve : nous vous humilions, afin que, nous trouvant superbes, vous vous reprochiez de l'avoir été. Votre esclavage, ou plutôt votre cours d'humanité, dure trois ans, au bout desquels on vous renvoie si vos maîtres sont contents de vos progrès; et, si vous ne devenez pas meilleurs, nous vous retenons par charité pour les nouveaux malheureux que vous iriez faire encore ailleurs, et, par bonté pour vous, nous vous marions avec une de nos citoyennes. Ce sont là nos lois à cet égard; mettez à profit leur rigueur salutaire, remerciez le sort qui vous conduit ici; il vous remet en nos mains durs, injustes et superbes; vous voilà en mauvais état, nous entreprenons de vous guérir; vous êtes moins nos esclaves que nos malades, et nous ne prenons que trois ans pour vous rendre sains, c'est-à-dire humains, raisonnables et généreux pour toute votre vie.

ARLEQUIN : Et le tout *gratis*, sans purgation ni saignée. Peut-on de la santé[2] à meilleur compte?

TRIVELIN : Au reste, ne cherchez point à vous sauver de ces lieux, vous le tenteriez sans succès, et vous feriez votre fortune plus mauvaise : commencez votre nouveau régime de vie par la patience.

ARLEQUIN : Dès que c'est pour son bien, qu'y a-t-il à dire?

TRIVELIN, *aux esclaves* : Quant à vous, mes enfants, qui devenez libres et citoyens, Iphicrate habitera cette case avec le nouvel Arlequin, et cette belle fille demeurera dans l'autre; vous aurez soin de changer d'habit ensemble, c'est l'ordre. *(A Arlequin.)* Passez maintenant dans une maison qui est à côté, où l'on vous donnera à manger si vous en avez besoin. Je vous apprends, au reste, que vous avez huit jours à vous réjouir du changement de votre état; après quoi l'on vous donnera,

---

2. C'est ce qu'impriment les éditions du XVIIIe siècle. La tournure était alors permise par l'usage. Certains éditeurs modernes corrigent : *Peut-on avoir de la santé...*

comme à tout le monde, une occupation convenable. Allez, je vous attends ici. *(Aux insulaires.)* Qu'on les conduise. *(Aux femmes.)* Et vous autres, restez.

Arlequin, en s'en allant, fait de grandes révérences à Cléanthis.

Scène III : Trivelin, Cléanthis, esclave, Euphrosine, sa maîtresse.

TRIVELIN : Ah çà! ma compatriote, — car je regarde désormais notre île comme votre patrie, — dites-moi aussi votre nom.

CLÉANTHIS, *saluant* : Je m'appelle Cléanthis; et elle, Euphrosine.

TRIVELIN : Cléanthis? passe pour cela.

CLÉANTHIS : J'ai aussi des surnoms; vous plaît-il de les savoir?

TRIVELIN : Oui-da. Et quels sont-ils?

CLÉANTHIS : J'en ai une liste : Sotte, Ridicule, Bête, Butorde, Imbécile, *et cætera.*

EUPHROSINE, *en soupirant* : Impertinente que vous êtes!

CLÉANTHIS : Tenez, tenez, en voilà encore un que j'oubliais.

TRIVELIN : Effectivement, elle vous prend sur le fait. Dans votre pays, Euphrosine, on a bientôt dit des injures à ceux à qui l'on en peut dire impunément.

EUPHROSINE : Hélas! que voulez-vous que je lui réponde, dans l'étrange aventure où je me trouve?

CLÉANTHIS : Oh! dame, il n'est plus si aisé de me répondre. Autrefois il n'y avait rien de si commode; on n'avait affaire qu'à de pauvres gens : fallait-il tant de cérémonies? « Faites cela, je le veux; taisez-vous, sotte... » Voilà qui était fini. Mais à présent, il faut parler raison; c'est un langage étranger pour Madame; elle l'apprendra avec le temps; il faut se donner patience : je ferai de mon mieux pour l'avancer.

TRIVELIN, *à Cléanthis* : Modérez-vous, Euphrosine. *(A Euphrosine.)* Et vous, Cléanthis, ne vous abandonnez point à votre douleur. Je ne puis changer nos lois ni vous en affranchir : je vous ai montré combien elles étaient louables et salutaires pour vous.

CLÉANTHIS : Hum! Elle me trompera bien si elle amende.

TRIVELIN : Mais comme vous êtes d'un sexe naturellement assez faible, et que par là vous avez dû céder plus facilement qu'un homme aux exemples de hauteur, de mépris et de dureté qu'on vous a donnés chez vous contre leurs pareils, tout ce que je puis faire pour vous, c'est de prier Euphrosine de peser avec bonté les torts que vous avez avec elle, afin de les peser avec justice.

CLÉANTHIS : Oh! tenez, tout cela est trop savant pour moi, je n'y comprends rien; j'irai le grand chemin, je pèserai comme elle pesait; ce qui viendra, nous le prendrons.

TRIVELIN : Doucement, point de vengeance.

CLÉANTHIS : Mais, notre bon ami, au bout du compte, vous parlez de son sexe; elle a le défaut d'être faible, je lui en offre autant; je n'ai pas la vertu d'être forte. S'il faut que j'excuse toutes ses mauvaises manières à mon

égard, il faudra donc qu'elle excuse aussi la rancune que j'en ai contre elle; car je suis femme autant qu'elle, moi. Voyons, qui est-ce qui décidera? Ne suis-je pas la maîtresse une fois? Eh bien, qu'elle commence toujours par excuser ma rancune; et puis, moi, je lui pardonnerai, quand je pourrai, ce qu'elle m'a fait : qu'elle attende!

EUPHROSINE, *à Trivelin* : Quels discours! Faut-il que vous m'exposiez à les entendre?

CLÉANTHIS : Souffrez-les, Madame, c'est le fruit de vos œuvres.

TRIVELIN : Allons, Euphrosine, modérez-vous.

CLÉANTHIS : Que voulez-vous que je vous dise? quand on a de la colère, il n'y a rien de tel pour la passer, que de la contenter un peu, voyez-vous! Quand je l'aurai querellée à mon aise une douzaine de fois seulement, elle en sera quitte; mais il me faut cela.

TRIVELIN, *à part, à Euphrosine* : Il faut que ceci ait son cours; mais consolez-vous, cela finira plus tôt que vous ne pensez. *(A Cléanthis.)* J'espère, Euphrosine, que vous perdrez votre ressentiment, et je vous y exhorte en ami. Venons maintenant à l'examen de son caractère : il est nécessaire que vous m'en donniez un portrait, qui se doit faire devant la personne qu'on peint, qu'elle se connaisse, qu'elle rougisse de ses ridicules, si elle en a, et qu'elle se corrige. Nous avons là de bonnes intentions, comme vous voyez. Allons, commençons.

CLÉANTHIS : Oh! que cela est bien inventé! Allons, me voilà prête; interrogez-moi, je suis dans mon fort.

EUPHROSINE, *doucement* : Je vous prie, Monsieur, que je me retire, et que je n'entende point ce qu'elle va dire.

TRIVELIN : Hélas! ma chère dame, cela n'est fait que pour vous; il faut que vous soyez présente.

CLÉANTHIS : Restez, restez; un peu de honte est bientôt passé.

TRIVELIN : Vaine, minaudière et coquette, voilà d'abord à peu près sur quoi je vais vous interroger au hasard. Cela la regarde-t-il?

CLÉANTHIS : Vaine, minaudière et coquette, si cela la regarde? Eh! voilà ma chère maîtresse; cela lui ressemble comme son visage.

EUPHROSINE : N'en voilà-t-il pas assez, Monsieur?

TRIVELIN : Ah! je vous félicite du petit embarras que cela vous donne; vous sentez, c'est bon signe, et j'en augure bien pour l'avenir : mais ce ne sont encore là que les grands traits; détaillons un peu cela. En quoi donc, par exemple, lui trouvez-vous les défauts dont nous parlons?

CLÉANTHIS : En quoi? partout, à toute heure, en tous lieux; je vous ai dit de m'interroger; mais par où commencer? je n'en sais rien, et je m'y perds. Il y a tant de choses, j'en ai tant vu, tant remarqué de toutes les espèces, que cela se brouille. Madame se tait, Madame parle, elle regarde, elle est triste, elle est gaie : silence, discours, regards, tristesse et joie, c'est tout un, il n'y a que la couleur de différente; c'est vanité muette, contente ou fâchée; c'est coquetterie babillarde, jalouse ou curieuse; c'est Madame, toujours vaine ou coquette, l'un après l'autre, ou tous les deux à la fois : voilà ce que c'est, voilà par où je débute; rien que cela.

EUPHROSINE : Je n'y saurais tenir.

TRIVELIN : Attendez donc, ce n'est qu'un début.

CLÉANTHIS : Madame se lève; a-t-elle bien dormi, le sommeil l'a-t-il rendue belle, se sent-elle du vif, du sémillant dans les yeux? vite, sur les armes; la journée sera glorieuse. « Qu'on m'habille! » Madame verra du monde aujourd'hui; elle ira aux spectacles, aux promenades, aux assemblées; son visage peut se manifester, peut soutenir le grand jour, il fera plaisir à voir, il n'y a qu'à le promener hardiment, il est en état, il n'y a rien à craindre.

TRIVELIN, *à Euphrosine* : Elle développe assez bien cela.

CLÉANTHIS : Madame, au contraire, a-t-elle mal reposé? « Ah! qu'on m'apporte un miroir; comme me voilà faite! que je suis mal bâtie! » Cependant on se mire, on éprouve son visage de toutes les façons, rien ne réussit; des yeux battus, un teint fatigué; voilà qui est fini, il faut envelopper ce visage-là, nous n'aurons que du négligé, Madame ne verra personne aujourd'hui, pas même le jour, si elle peut; du moins fera-t-il sombre dans la chambre. Cependant, il vient compagnie, on entre : que va-t-on penser du visage de Madame? on croira qu'elle enlaidit : donnera-t-elle ce plaisir-là à ses bonnes amies? Non, il y a remède à tout : vous allez voir. « Comment vous portez-vous, Madame? — Très mal, Madame; j'ai perdu le sommeil; il y a huit jours que je n'ai fermé l'œil; je n'ose pas me montrer, je fais peur. » Et cela veut dire : Messieurs, figurez-vous que ce n'est point moi, au moins; ne me regardez pas, remettez à me voir; ne me jugez pas aujourd'hui; attendez que j'aie dormi. J'entendais tout cela, car nous autres esclaves, nous sommes doués contre nos maîtres d'une pénétration!... Oh! ce sont de pauvres gens pour nous.

TRIVELIN, *à Euphrosine* : Courage, Madame; profitez de cette peinture-là, car elle me paraît fidèle.

EUPHROSINE : Je ne sais où j'en suis.

CLÉANTHIS : Vous en êtes aux deux tiers; et j'achèverai, pourvu que cela ne vous ennuie pas.

TRIVELIN : Achevez, achevez; Madame soutiendra bien le reste.

CLÉANTHIS : Vous souvenez-vous d'un soir où vous étiez avec ce cavalier si bien fait? j'étais dans la chambre; vous vous entreteniez bas; mais j'ai l'oreille fine : vous vouliez lui plaire sans faire semblant de rien; vous parliez d'une femme qu'il voyait souvent. « Cette femme-là est aimable, disiez-vous; elle a les yeux petits, mais très doux »; et là-dessus vous ouvriez les vôtres, vous vous donniez des tons, des gestes de tête, de petites contorsions, des vivacités. Je riais. Vous réussîtes pourtant, le cavalier s'y prit; il vous offrit son cœur. « A moi? lui dîtes-vous. — Oui, Madame, à vous-même, à tout ce qu'il y a de plus aimable au monde. — Continuez, folâtre, continuez », dîtes-vous, en ôtant vos gants sous prétexte de m'en demander d'autres. Mais vous avez la main belle; il la vit, il la prit, il la baisa; cela anima sa déclaration; et c'était là les gants que vous demandiez. Eh bien! y suis-je?

TRIVELIN, *à Euphrosine* : En vérité, elle a raison.

CLÉANTHIS : Écoutez, écoutez, voici le plus plaisant. Un jour qu'elle pouvait m'entendre, et qu'elle croyait que je ne m'en doutais pas, je parlais d'elle, et je dis :

« Oh! pour cela il faut l'avouer, Madame est une des plus belles femmes du monde. » Que de bontés, pendant huit jours, ce petit mot-là ne me valut-il pas! J'essayai en pareille occasion de dire que Madame était une femme très raisonnable : oh! je n'eus rien, cela ne prit point; et c'était bien fait, car je la flattais.

EUPHROSINE : Monsieur, je ne resterai point, ou l'on me fera rester par force; je ne puis en souffrir davantage.

TRIVELIN : En voilà donc assez pour à présent.

CLÉANTHIS : J'allais parler des vapeurs de mignardise auxquelles Madame est sujette à la moindre odeur. Elle ne sait pas qu'un jour je mis à son insu des fleurs dans la ruelle de son lit pour voir ce qu'il en serait. J'attendais une vapeur, elle est encore à venir. Le lendemain, en compagnie, une rose parut; crac! la vapeur arrive.

TRIVELIN : Cela suffit, Euphrosine; promenez-vous un moment à quelques pas de nous, parce que j'ai quelque chose à lui dire : elle ira vous rejoindre ensuite.

CLÉANTHIS, *s'en allant* : Recommandez-lui d'être docile au moins. Adieu, notre bon ami, je vous ai diverti, j'en suis bien aise. Une autre fois je vous dirai comme quoi Madame s'abstient souvent de mettre de beaux habits, pour en mettre un négligé qui lui marque tendrement la taille. C'est encore une finesse que cet habit-là; on dirait qu'une femme qui le met ne se soucie pas de paraître, mais à d'autres! on s'y ramasse dans un corset appétissant, on y montre sa bonne façon naturelle; on y dit aux gens : « Regardez mes grâces, elles sont à moi, celles-là »; et d'un autre côté on veut leur dire aussi : « Voyez comme je m'habille, quelle simplicité! il n'y a point de coquetterie dans mon fait. »

TRIVELIN : Mais je vous ai priée de nous laisser.

CLÉANTHIS : Je sors, et tantôt nous reprendrons le discours, qui sera fort divertissant; car vous verrez aussi comme quoi Madame entre dans une loge au spectacle, avec quelle emphase, avec quel air imposant, quoique d'un air distrait et sans y penser; car c'est la belle éducation qui donne cet orgueil-là. Vous verrez comme dans la loge on y jette un regard indifférent et dédaigneux sur des femmes qui sont à côté, et qu'on ne connaît pas. Bonjour, notre bon ami, je vais à notre auberge.

Scène IV : Trivelin, Euphrosine.

TRIVELIN : Cette scène-ci vous a un peu fatiguée; mais cela ne vous nuira pas.

EUPHROSINE : Vous êtes des barbares.

TRIVELIN : Nous sommes d'honnêtes gens qui vous instruisons; voilà tout. Il vous reste encore à satisfaire à une formalité.

EUPHROSINE : Encore des formalités!

TRIVELIN : Celle-ci est moins que rien; je dois faire rapport de tout ce que je viens d'entendre, et de tout ce que vous m'allez répondre. Convenez-vous de tous les sentiments coquets, de toutes les singeries d'amour-propre qu'elle vient de vous attribuer?

EUPHROSINE : Moi, j'en conviendrais! Quoi! de pareilles faussetés sont-elles croyables!

TRIVELIN : Oh! très croyables, prenez-y garde. Si vous en convenez, cela contribuera à rendre votre condition meilleure; je ne vous en dis pas davantage... On espérera que, vous étant reconnue, vous abjurerez un jour toutes ces folies qui font qu'on n'aime que soi, et qui ont distrait votre bon cœur d'une infinité d'attentions plus louables. Si au contraire vous ne convenez pas de ce qu'elle a dit, on vous regardera comme incorrigible, et cela reculera votre délivrance. Voyez, consultez-vous.

EUPHROSINE : Ma délivrance! Eh! puis-je l'espérer?

TRIVELIN : Oui, je vous la garantis aux conditions que je vous dis.

EUPHROSINE : Bientôt?

TRIVELIN : Sans doute.

EUPHROSINE : Monsieur, faites donc comme si j'étais convenue de tout.

TRIVELIN : Quoi! vous me conseillez de mentir!

EUPHROSINE : En vérité, voilà d'étranges conditions! cela révolte!

TRIVELIN : Elles humilient un peu; mais cela est fort bon. Déterminez-vous; une liberté très prochaine est le prix de la vérité. Allons, ne ressemblez-vous pas au portrait qu'on a fait?

EUPHROSINE : Mais...

TRIVELIN : Quoi?

EUPHROSINE : Il y a du vrai, par-ci, par-là.

TRIVELIN : Par-ci, par-là, n'est point notre compte; avouez-vous tous les faits? En a-t-elle trop dit? n'a-t-elle dit que ce qu'il faut? Hâtez-vous; j'ai autre chose à faire.

EUPHROSINE : Vous faut-il une réponse si exacte?

TRIVELIN : Eh! oui, Madame, et le tout pour votre bien.

EUPHROSINE : Eh bien...

TRIVELIN : Après?

EUPHROSINE : Je suis jeune...

TRIVELIN : Je ne vous demande pas votre âge.

EUPHROSINE : On est d'un certain rang; on aime à plaire.

TRIVELIN : Et c'est ce qui fait que le portrait vous ressemble.

EUPHROSINE : Je crois que oui.

TRIVELIN : Eh! voilà ce qu'il nous fallait. Vous trouvez aussi le portrait un peu risible, n'est-ce pas?

EUPHROSINE : Il faut bien l'avouer.

TRIVELIN : A merveille! Je suis content, ma chère dame. Allez rejoindre Cléanthis : je lui rends déjà son véritable nom, pour vous donner encore des gages de ma parole. Ne vous impatientez point; montrez un peu de docilité, et le moment espéré arrivera.

EUPHROSINE : Je m'en fie à vous.

Scène V : Arlequin, Iphicrate, qui ont changé d'habits, Trivelin.

ARLEQUIN : Tirlan, tirlan, tirlantaine! tirlanton! Gai, camarade! le vin de la république est merveilleux. J'en ai bu bravement ma pinte[3] car je suis si altéré depuis que je suis maître, que tantôt j'aurai encore soif pour pinte. Que le ciel conserve la vigne, le vigneron, la vendange et les caves de notre admirable république!

TRIVELIN : Bon! réjouissez-vous, mon camarade. Etes-vous content d'Arlequin?

ARLEQUIN : Oui, c'est un bon enfant; j'en ferai quelque chose. Il soupire parfois, et je lui ai défendu cela sous peine de désobéissance, et lui ordonne de la joie. *(Il prend son maître par la main et danse.)* Tala rara la la...

TRIVELIN : Vous me réjouissez moi-même.

ARLEQUIN : Oh! quand je suis gai, je suis de bonne humeur.

TRIVELIN : Fort bien. Je suis charmé de vous voir satisfait d'Arlequin. Vous n'aviez pas beaucoup à vous plaindre de lui dans son pays apparemment?

ARLEQUIN : Eh! là-bas! Je lui voulais souvent un mal de diable; car il était quelquefois insupportable; mais à cette heure que je suis heureux, tout est payé; je lui ai donné quittance.

TRIVELIN : Je vous aime de ce caractère et vous me touchez. C'est-à-dire que vous jouirez modestement de votre bonne fortune, et que vous ne lui ferez point de peine?

ARLEQUIN : De la peine! Ah! le pauvre homme! Peut-être que je serai un petit brin insolent, à cause que je suis le maître : voilà tout.

TRIVELIN : A cause que je suis le maître; vous avez raison.

ARLEQUIN : Oui; car quand on est le maître, on y va tout rondement, sans façon, et si peu de façon mène quelquefois un honnête homme à des impertinences.

TRIVELIN : Oh! n'importe : je vois bien que vous n'êtes point méchant.

ARLEQUIN : Hélas! je ne suis que mutin.

TRIVELIN, *à Iphicrate* : Ne vous épouvantez point de ce que je vais dire. *(A Arlequin.)* Instruisez-moi d'une chose. Comment se gouvernait-il là-bas? avait-il quelque défaut d'humeur, de caractère?

ARLEQUIN, *riant* : Ah! mon camarade, vous avez de la malice; vous demandez la comédie.

TRIVELIN : Ce caractère-là est donc bien plaisant?

ARLEQUIN : Ma foi, c'est une farce.

TRIVELIN : N'importe, nous en rirons.

ARLEQUIN, *à Iphicrate* : Arlequin, me promets-tu d'en rire aussi?

IPHICRATE, *bas* : Veux-tu achever de me désespérer? que vas-tu lui dire?

ARLEQUIN : Laisse-moi faire; quand je t'aurai offensé, je te demanderai pardon après.

TRIVELIN : Il ne s'agit que d'une bagatelle; j'en ai demandé autant à la jeune fille que vous avez vue, sur le chapitre de sa maîtresse.

ARLEQUIN : Eh bien, tout ce qu'elle vous a dit, c'était des folies qui faisaient pitié, des misères? gageons.

TRIVELIN : Cela est encore vrai.

ARLEQUIN : Eh bien, je vous en offre autant; ce pauvre jeune garçon n'en fournira pas davantage; extravagance et misère, voilà son paquet; n'est-ce pas là de belles guenilles pour les étaler? Étourdi par nature,

3. La *pinte* représente un peu moins d'un litre.

étourdi par singerie, parce que les femmes les aiment comme cela; un dissipe-tout; vilain [4] quand il faut être libéral, libéral quand il faut être vilain; bon emprunteur, mauvais payeur; honteux d'être sage, glorieux d'être fou; un petit brin moqueur des bonnes gens; un petit brin hâbleur : avec tout plein de maîtresses qu'il ne connaît pas; voilà mon homme. Est-ce la peine d'en tirer le portrait? *(A Iphicrate.)* Non, je n'en ferai rien, mon ami, ne crains rien.

TRIVELIN : Cette ébauche me suffit. *(A Iphicrate.)* Vous n'avez plus maintenant qu'à certifier pour véritable ce qu'il vient de dire.

IPHICRATE : Moi?

TRIVELIN : Vous-même; la dame de tantôt en a fait autant; elle vous dira ce qui l'y a déterminée. Croyez-moi, il y va du plus grand bien que vous puissiez souhaiter.

IPHICRATE : Du plus grand bien? Si cela est, il y a là quelque chose qui pourrait assez me convenir d'une certaine façon.

ARLEQUIN : Prends tout; c'est un habit fait sur ta taille.

TRIVELIN : Il me faut tout ou rien.

IPHICRATE : Voulez-vous que je m'avoue un ridicule?

ARLEQUIN : Qu'importe, quand on l'a été?

TRIVELIN : N'avez-vous que cela à me dire?

IPHICRATE : Va donc pour la moitié, pour me tirer d'affaire.

TRIVELIN : Va du tout.

IPHICRATE : Soit. *(Arlequin rit de toute sa force.)*

TRIVELIN : Vous avez fort bien fait, vous n'y perdrez rien. Adieu, vous saurez bientôt de mes nouvelles.

Scène VI : Cléanthis, Iphicrate, Arlequin, Euphrosine.

CLÉANTHIS : Seigneur Iphicrate, peut-on vous demander de quoi vous riez?

ARLEQUIN : Je ris de mon Arlequin qui a confessé qu'il était un ridicule.

CLÉANTHIS : Cela me surprend, car il a la mine d'un homme raisonnable. Si vous voulez voir une coquette de son propre aveu, regardez ma suivante.

ARLEQUIN, *la regardant* : Malepeste! quand ce visage-là fait le fripon, c'est bien son métier. Mais parlons d'autres choses, ma belle demoiselle; qu'est-ce que nous ferons à cette heure que nous sommes gaillards?

CLÉANTHIS : Eh! mais, la belle conversation.

ARLEQUIN : Je crains que cela ne vous fasse bâiller, j'en bâille déjà. Si je devenais amoureux de vous, cela amuserait davantage.

CLÉANTHIS : Eh bien, faites. Soupirez pour moi; poursuivez mon cœur, prenez-le si vous le pouvez, je ne vous en empêche pas; c'est à vous à faire vos diligences; me voilà, je vous attends; mais traitons l'amour à la grande manière, puisque nous sommes devenus maîtres; allons-y poliment, et comme le grand monde.

ARLEQUIN : Oui-da; nous n'en irons que meilleur train.

4. Ici dans le sens d'avare.

CLÉANTHIS : Je suis d'avis d'une chose, que nous disions qu'on nous apporte des sièges pour prendre l'air assis, et pour écouter les discours galants que vous m'allez tenir; il faut bien jouir de notre état, en goûter le plaisir.

ARLEQUIN : Votre volonté vaut une ordonnance. *(A Iphicrate.)* Arlequin, vite des sièges pour moi, et des fauteuils pour Madame.

IPHICRATE : Peux-tu m'employer à cela?

ARLEQUIN : La république le veut.

CLÉANTHIS : Tenez, tenez, promenons-nous plutôt de cette manière-là, et tout en conversant vous ferez adroitement tomber l'entretien sur le penchant que mes yeux vous ont inspiré pour moi. Car encore une fois nous sommes d'honnêtes gens à cette heure, il faut songer à cela; il n'est plus question de familiarité domestique. Allons, procédons noblement, n'épargnez ni compliments ni révérences.

ARLEQUIN : Et vous, n'épargnez point les mines. Courage; quand ce ne serait que pour nous moquer de nos patrons. Garderons-nous nos gens?

CLÉANTHIS : Sans difficulté; pouvons-nous être sans eux? c'est notre suite; qu'ils s'éloignent seulement.

ARLEQUIN, *à Iphicrate* : Qu'on se retire à dix pas.

Iphicrate et Euphrosine s'éloignent en faisant des gestes d'étonnement et de douleur. Cléanthis regarde aller Iphicrate, et Arlequin, Euphrosine.

ARLEQUIN, *se promenant sur le théâtre avec Cléanthis* : Remarquez-vous, Madame, la clarté du jour?

CLÉANTHIS : Il fait le plus beau temps du monde; on appelle cela un jour tendre.

ARLEQUIN : Un jour tendre? Je ressemble donc au jour, Madame.

CLÉANTHIS : Comment! vous lui ressemblez?

ARLEQUIN : Eh palsambleu! le moyen de n'être pas tendre, quand on se trouve tête à tête avec vos grâces? *(A ce mot il saute de joie.)* Oh! oh! oh! oh!

CLÉANTHIS : Qu'avez-vous donc? vous défigurez notre conversation.

ARLEQUIN : Oh! ce n'est rien : c'est que je m'applaudis.

CLÉANTHIS : Rayez ces applaudissements, ils nous dérangent. *(Continuant.)* Je savais que mes grâces entreraient pour quelque chose ici. Monsieur, vous êtes galant; vous vous promenez avec moi, vous me dites des douceurs; mais finissons, en voilà assez, je vous dispense des compliments.

ARLEQUIN : Et moi, je vous remercie de vos dispenses.

CLÉANTHIS : Vous m'allez dire que vous m'aimez, je le vois bien; dites, Monsieur, dites; heureusement on n'en croira rien. Vous êtes aimable, mais coquet, et vous ne persuaderez pas.

ARLEQUIN, *l'arrêtant par le bras, et se mettant à genoux* : Faut-il m'agenouiller, Madame, pour vous convaincre de mes flammes, et de la sincérité de mes feux?

CLÉANTHIS : Mais ceci devient sérieux. Laissez-moi, je ne veux point d'affaires; levez-vous. Quelle vivacité! Faut-il vous dire qu'on vous aime? Ne peut-on en être quitte à moins? Cela est étrange.

ARLEQUIN, *riant à genoux* : Ah! ah! ah! que cela va bien! Nous sommes aussi bouffons que nos patrons, mais nous sommes plus sages.

CLÉANTHIS : Oh! vous riez, vous gâtez tout.

ARLEQUIN : Ah! ah! par ma foi, vous êtes bien aimable et moi aussi. Savez-vous ce que je pense?

CLÉANTHIS : Quoi?

ARLEQUIN : Premièrement, vous ne m'aimez pas, sinon par coquetterie, comme le grand monde.

CLÉANTHIS : Pas encore, mais il ne s'en fallait plus que d'un mot, quand vous m'avez interrompue. Et vous, m'aimez-vous?

ARLEQUIN : J'y allais aussi, quand il m'est venu une pensée. Comment trouvez-vous mon Arlequin?

CLÉANTHIS : Fort à mon gré. Mais que dites-vous de ma suivante?

ARLEQUIN : Qu'elle est friponne!

CLÉANTHIS : J'entrevois votre pensée.

ARLEQUIN : Voilà ce que c'est; tombez amoureuse d'Arlequin, et moi de votre suivante. Nous sommes assez forts pour soutenir cela.

CLÉANTHIS : Cette imagination-là me rit assez. Ils ne sauraient mieux faire que de nous aimer, dans le fond.

ARLEQUIN : Ils n'ont jamais rien aimé de si raisonnable, et nous sommes d'excellents partis pour eux.

CLÉANTHIS : Soit. Inspirez à Arlequin de s'attacher à moi; faites-lui sentir l'avantage qu'il y trouvera dans la situation où il est; qu'il m'épouse, il sortira tout d'un coup d'esclavage; cela est bien aisé, au bout du compte. Je n'étais ces jours passés qu'une esclave; mais enfin me voilà dame et maîtresse d'aussi bon jeu qu'une autre; je la suis par hasard; n'est-ce pas le hasard qui fait tout? Qu'y a-t-il à dire à cela? J'ai même un visage de condition[5]; tout le monde me l'a dit.

ARLEQUIN : Pardi! je vous prendrais bien, moi, si je n'aimais pas votre suivante un petit brin plus que vous. Conseillez-lui aussi de l'amour pour ma petite personne, qui, comme vous voyez, n'est pas désagréable.

CLÉANTHIS : Vous allez être content; je vais rappeler Cléanthis, je n'ai qu'un mot à lui dire; éloignez-vous un instant et revenez. Vous parlerez ensuite à Arlequin pour moi; car il faut qu'il commence; mon sexe, la bienséance et ma dignité le veulent.

ARLEQUIN : Oh! ils le veulent, si vous voulez; car dans le grand monde on n'est pas si façonnier; et, sans faire semblant de rien, vous pourriez lui jeter quelque petit mot clair à l'aventure pour lui donner courage, à cause que vous êtes plus que lui, c'est l'ordre.

CLÉANTHIS : C'est assez bien raisonner. Effectivement, dans le cas où je suis, il pourrait y avoir de la petitesse à m'assujettir à de certaines formalités qui ne me regardent plus; je comprends cela à merveille; mais parlez-lui toujours, je vais dire un mot à Cléanthis; tirez-vous à quartier[6] pour un moment.

ARLEQUIN : Vantez mon mérite; prêtez-m'en un peu à charge de revanche.

CLÉANTHIS : Laissez-moi faire. (*Elle appelle Euphrosine.*) Cléanthis!

Scène VII : *Cléanthis, Euphrosine, qui vient doucement.*

CLÉANTHIS : Approchez et accoutumez-vous à aller plus vite car je ne saurais attendre.

EUPHROSINE : De quoi s'agit-il?

CLÉANTHIS : Venez ça, écoutez-moi. Un honnête homme vient de me témoigner qu'il vous aime; c'est Iphicrate.

EUPHROSINE : Lequel?

CLÉANTHIS : Lequel? Y en a-t-il deux ici? c'est celui qui vient de me quitter.

EUPHROSINE : Eh! que veut-il que je fasse de son amour?

CLÉANTHIS : Eh! qu'avez-vous fait de l'amour de ceux qui vous aimaient? vous voilà bien étourdie[7]! est-ce le mot d'amour qui vous effarouche? Vous le connaissez tant cet amour! vous n'avez jusqu'ici regardé les gens que pour leur en donner; vos beaux yeux n'ont fait que cela; dédaignent-ils la conquête du seigneur Iphicrate? Il ne vous fera pas de révérences penchées; vous ne lui trouverez point de contenance ridicule, d'air évaporé; ce n'est point une tête légère, un petit badin, un petit perfide, un joli volage, un aimable indiscret; ce n'est point tout cela; ces grâces-là lui manquent à la vérité; ce n'est qu'un homme simple dans ses manières, qui n'a pas l'esprit de se donner des airs; qui vous dira qu'il vous aime seulement parce que cela sera vrai; enfin ce n'est qu'un bon cœur, voilà tout; et cela est fâcheux, cela ne pique point. Mais vous avez l'esprit raisonnable; je vous destine à lui, il fera votre fortune ici, et vous aurez la bonté d'estimer son amour, et vous y serez sensible, entendez-vous? Vous vous conformerez à mes intentions, je l'espère; imaginez vous-même que je le veux.

EUPHROSINE : Où suis-je! et quand cela finira-t-il? *Elle rêve.*

Scène VIII : *Arlequin, Euphrosine.* *Arlequin arrive en saluant Cléanthis qui sort. Il va tirer Euphrosine par la manche.*

EUPHROSINE : Que me voulez-vous?

ARLEQUIN, *riant* : Eh! eh! eh! ne vous a-t-on pas parlé de moi?

EUPHROSINE : Laissez-moi, je vous prie.

ARLEQUIN : Eh! là, là, regardez-moi dans l'œil pour deviner ma pensée.

EUPHROSINE : Eh! pensez ce qu'il vous plaira.

ARLEQUIN : M'entendez-vous un peu?

EUPHROSINE : Non.

ARLEQUIN : C'est que je n'ai encore rien dit.

EUPHROSINE, *impatiente* : Ah!

ARLEQUIN : Ne mentez point; on vous a communiqué

---

5. Un visage de personne bien née. Marivaux joue ici sur le mot *condition* qui signifie : emploi et état auquel on sert auprès de quelqu'un, et sur le terme *de condition* : de bonne naissance.

6. Retirez-vous à part.

7. *Étourdir* avait le sens fort de : causer dans le cerveau quelque ébranlement qui trouble, qui suspend en quelque sorte la fonction des sens (Dict. de l'Acad.).

les sentiments de mon âme ; rien n'est plus obligeant pour vous.

EUPHROSINE : Quel état !

ARLEQUIN : Vous me trouvez un peu nigaud, n'est-il pas vrai ? Mais cela se passera ; c'est que je vous aime, et que je ne sais comment vous le dire.

EUPHROSINE : Vous ?

ARLEQUIN : Eh ! pardi ! oui ; qu'est-ce qu'on peut faire de mieux ? Vous êtes si belle ! il faut bien vous donner son cœur ; aussi bien vous le prendriez de vous-même.

EUPHROSINE : Voici le comble de mon infortune.

ARLEQUIN, *lui regardant les mains* : Quelles mains ravissantes ! les jolis petits doigts ! que je serais heureux avec cela ! mon petit cœur en ferait bien son profit. Reine, je suis bien tendre, mais vous ne voyez rien. Si vous aviez la charité d'être tendre aussi, oh ! je deviendrais fou tout à fait.

EUPHROSINE : Tu ne l'es que trop.

ARLEQUIN : Je ne le serai jamais tant que vous en êtes digne.

EUPHROSINE : Je ne suis digne que de pitié, mon enfant.

ARLEQUIN : Bon, bon ! à qui est-ce que vous contez cela ? vous êtes digne de toutes les dignités imaginables ; un empereur ne vous vaut pas, ni moi non plus ; mais me voilà, moi, et un empereur n'y est pas ; et un rien qu'on voit vaut mieux que quelque chose qu'on ne voit pas. Qu'en dites-vous ?

EUPHROSINE : Arlequin, il me semble que tu n'as pas le cœur mauvais.

ARLEQUIN : Oh ! il ne s'en fait plus de cette pâte-là ; je suis un mouton.

EUPHROSINE : Respecte donc le malheur que j'éprouve.

ARLEQUIN : Hélas ! je me mettrais à genoux devant lui.

EUPHROSINE : Ne persécute point une infortunée, parce que tu peux la persécuter impunément. Vois l'extrémité où je suis réduite ; et si tu n'as point d'égard au rang que je tenais dans le monde, à ma naissance, à mon éducation, du moins que mes disgrâces, que mon esclavage, que ma douleur t'attendrissent. Tu peux ici m'outrager autant que tu le voudras, je suis sans asile et sans défense, je n'ai que mon désespoir pour tout secours, j'ai besoin de la compassion de tout le monde, de la tienne même, Arlequin ; voilà l'état où je suis ; ne te trouves-tu pas assez misérable ? Tu es devenu libre et heureux, cela doit-il te rendre méchant ? Je n'ai pas la force de t'en dire davantage : je ne t'ai jamais fait de mal ; n'ajoute rien à celui que je souffre.

Elle sort.

ARLEQUIN, *abattu, les bras abaissés, et comme immobile* : J'ai perdu la parole.

Scène IX : Iphicrate,
Arlequin.

IPHICRATE : Cléanthis m'a dit que tu voulais t'entretenir avec moi ; que me veux-tu ? as-tu encore quelques nouvelles insultes à me faire ?

ARLEQUIN : Autre personnage qui va me demander encore ma compassion. Je n'ai rien à te dire, mon ami, sinon que je voulais te faire commandement d'aimer la nouvelle Euphrosine ; voilà tout. A qui diantre en as-tu ?

IPHICRATE : Peux-tu me le demander, Arlequin ?

ARLEQUIN : Eh ! pardi, oui, je le peux, puisque je le fais.

IPHICRATE : On m'avait promis que mon esclavage finirait bientôt, mais on me trompe, et c'en est fait, je succombe ; je me meurs, Arlequin, et tu perdras bientôt ce malheureux maître qui ne te croyait pas capable des indignités qu'il a souffertes de toi.

ARLEQUIN : Ah ! il ne nous manquait plus que cela, et nos amours auront bonne mine. Écoute, je te défends de mourir par malice ; par maladie, passe, je te le permets.

IPHICRATE : Les dieux te puniront, Arlequin.

ARLEQUIN : Eh ! de quoi veux-tu qu'ils me punissent ; d'avoir eu du mal toute ma vie ?

IPHICRATE : De ton audace et de tes mépris envers ton maître ; rien ne m'a été aussi sensible, je l'avoue. Tu es né, tu as été élevé avec moi dans la maison de mon père ; le tien y est encore ; il t'avait recommandé ton devoir en partant ; moi-même je t'avais choisi par un sentiment d'amitié pour m'accompagner dans mon voyage ; je croyais que tu m'aimais, et cela m'attachait à toi.

ARLEQUIN, *pleurant* : Eh ! qui est-ce qui te dit que je ne t'aime plus ?

IPHICRATE : Tu m'aimes, et tu me fais mille injures ?

ARLEQUIN : Parce que je me moque un petit brin de toi ; cela empêche-t-il que je t'aime ? Tu disais bien que tu m'aimais, toi, quand tu me faisais battre ; est-ce que les étrivières sont plus honnêtes que les moqueries ?

IPHICRATE : Je conviens que j'ai pu quelquefois te maltraiter sans trop de sujet.

ARLEQUIN : C'est la vérité.

IPHICRATE : Mais par combien de bontés ai-je réparé cela !

ARLEQUIN : Cela n'est pas de ma connaissance.

IPHICRATE : D'ailleurs, ne fallait-il pas te corriger de tes défauts ?

ARLEQUIN : J'ai plus pâti des tiens que des miens ; mes plus grands défauts, c'était ta mauvaise humeur, ton autorité, et le peu de cas que tu faisais de ton pauvre esclave.

IPHICRATE : Va, tu n'es qu'un ingrat au lieu de me secourir ici, de partager mon affliction, de montrer à tes camarades l'exemple d'un attachement qui les eût touchés, qui les eût engagés peut-être à renoncer à leur coutume ou à m'en affranchir, et qui m'eût pénétré moi-même de la plus vive reconnaissance !

ARLEQUIN : Tu as raison, mon ami ; tu me remontres bien mon devoir ici pour toi ; mais tu n'as jamais eu le tien pour moi, quand nous étions dans Athènes. Tu veux que je partage ton affliction, et jamais tu n'as partagé la mienne. Eh bien ! va, je dois avoir le cœur meilleur que toi ; car il y a plus longtemps que je souffre, et que je sais ce que c'est que de la peine. Tu m'as battu par amitié : puisque tu le dis, je te le pardonne ; je t'ai raillé par bonne humeur, prends-le en bonne part, et fais-en ton profit. Je parlerai en ta faveur à mes camarades, je les prierai de te renvoyer, et, s'ils ne le veulent pas, je te garderai comme mon ami ; car je ne te ressemble pas, moi ;

je n'aurais point le courage d'être heureux à tes dépens.

IPHICRATE, *s'approchant d'Arlequin* : Mon cher Arlequin, fasse le ciel, après ce que je viens d'entendre, que j'aie la joie de te montrer un jour les sentiments que tu me donnes pour toi! Va, mon cher enfant, oublie que tu fus mon esclave, et je me ressouviendrais toujours que je ne méritais pas d'être ton maître.

ARLEQUIN : Ne dites donc point comme cela, mon cher patron : si j'avais été votre pareil, je n'aurais peut-être pas mieux valu que vous. C'est à moi à vous demander pardon du mauvais service que je vous ai toujours rendu. Quand vous n'étiez pas raisonnable, c'était ma faute.

IPHICRATE, *l'embrassant* : Ta générosité me couvre de confusion.

ARLEQUIN : Mon pauvre patron, qu'il y a de plaisir à bien faire! *(Après quoi il déshabille son maître.)*

IPHICRATE : Que fais-tu, mon cher ami?

ARLEQUIN : Rendez-moi mon habit, et reprenez le vôtre; je ne suis pas digne de le porter.

IPHICRATE : Je ne saurais retenir mes larmes. Fais ce que tu voudras.

Scène X : Cléanthis, Euphrosine, Iphicrate, Arlequin.

CLÉANTHIS, *en entrant avec Euphrosine qui pleure.* Laissez-moi, je n'ai que faire de vous entendre gémir. *(Et plus près d'Arlequin.)* Qu'est-ce que cela signifie, seigneur Iphicrate? Pourquoi avez-vous repris votre habit?

ARLEQUIN, *tendrement* : C'est qu'il est trop petit pour mon cher ami, et que le sien est trop grand pour moi.

Il embrasse les genoux de son maître.

CLÉANTHIS : Expliquez-moi donc ce que je vois; il semble que vous lui demandiez pardon?

ARLEQUIN : C'est pour me châtier de mes insolences.

CLÉANTHIS : Mais enfin notre projet?

ARLEQUIN : Mais enfin, je veux être un homme de bien; n'est-ce pas là un beau projet? je me repens de mes sottises, lui des siennes; repentez-vous des vôtres, Madame Euphrosine se repentira aussi; et vive l'honneur après! cela fera quatre beaux repentirs, qui nous feront pleurer tant que nous voudrons.

EUPHROSINE : Ah! ma chère Cléanthis, quel exemple pour vous!

IPHICRATE : Dites plutôt : quel exemple pour nous! Madame, vous m'en voyez pénétré.

CLÉANTHIS : Ah! vraiment, nous y voilà avec vos beaux exemples. Voilà de nos gens qui nous méprisent dans le monde, qui font les fiers, qui nous maltraitent, et qui nous regardent comme des vers de terre; et puis, qui sont trop heureux dans l'occasion de nous trouver cent fois plus honnêtes gens qu'eux. Fi! que cela est vilain, de n'avoir eu pour mérite que de l'or, de l'argent et des dignités! C'était bien la peine de faire tant les glorieux! Où en seriez-vous aujourd'hui, si nous n'avions point d'autre mérite que cela pour vous? Voyons, ne seriez-vous pas bien attrapés? Il s'agit de vous par-

donner, et pour avoir cette bonté-là, que faut-il être, s'il vous plaît? Riche? non; noble? non; grand seigneur? point du tout. Vous étiez tout cela; en valiez-vous mieux? Et que faut-il donc? Ah! nous y voici. Il faut avoir le cœur bon, de la vertu et de la raison; voilà ce qu'il faut, voilà ce qui est estimable, ce qui distingue, ce qui fait qu'un homme est plus qu'un autre. Entendez-vous, Messieurs les honnêtes gens du monde? Voilà avec quoi l'on donne les beaux exemples que vous demandez et qui vous passent. Et à qui les demandez-vous? A de pauvres gens que vous avez toujours offensés, maltraités, accablés, tout riches que vous êtes, et qui ont aujourd'hui pitié de vous, tout pauvres qu'ils sont. Estimez-vous à cette heure, faites les superbes, vous aurez bonne grâce! Allez, vous devriez rougir de honte.

ARLEQUIN : Allons, m'amie, soyons bonnes gens sans le reprocher, faisons du bien sans dire d'injures. Ils sont contrits d'avoir été méchants, cela fait qu'ils nous valent bien; car quand on se repent, on est bon; et quand on est bon, on est aussi avancé que nous. Approchez, Madame Euphrosine; elle vous pardonne; voici qu'elle pleure; la rancune s'en va, et votre affaire est faite.

CLÉANTHIS : Il est vrai que je pleure : ce n'est pas le bon cœur qui me manque.

EUPHROSINE, *tristement* : Ma chère Cléanthis, j'ai abusé de l'autorité que j'avais sur toi, je l'avoue.

CLÉANTHIS : Hélas! comment en aviez-vous le courage? Mais voilà qui est fait, je veux bien oublier tout; faites comme vous voudrez. Si vous m'avez fait souffrir, tant pis pour vous; je ne veux pas avoir à me reprocher la même chose, je vous rends la liberté; et s'il y avait un vaisseau, je partirais tout à l'heure avec vous : voilà tout le mal que je vous veux; si vous m'en faites encore, ce ne sera pas ma faute.

ARLEQUIN, *pleurant* : Ah! la brave fille! ah! le charitable naturel!

IPHICRATE : Etes-vous contente, Madame?

EUPHROSINE, *avec attendrissement* : Viens que je t'embrasse, ma chère Cléanthis.

ARLEQUIN, *à Cléanthis* : Mettez-vous à genoux pour être encore meilleure qu'elle.

EUPHROSINE : La reconnaissance me laisse à peine la force de te répondre. Ne parle plus de ton esclavage, et ne songe plus désormais qu'à partager avec moi tous les biens que les dieux m'ont donnés, si nous retournons à Athènes.

Scène XI : Trivelin et les acteurs précédents.

TRIVELIN : Que vois-je? vous pleurez, mes enfants; vous vous embrassez!

ARLEQUIN : Ah! vous ne voyez rien; nous sommes admirables; nous sommes des rois et des reines. En fin finale, la paix est conclue, la vertu a arrangé tout cela; il ne nous faut plus qu'un bateau et un batelier pour nous en aller : et si vous nous les donnez, vous serez presque aussi honnêtes gens que nous.

TRIVELIN : Et vous, Cléanthis, êtes-vous du même sentiment?

CLÉANTHIS, *baisant la main de sa maîtresse* : Je n'ai que faire de vous en dire davantage; vous voyez ce qu'il en est.

ARLEQUIN, *prenant aussi la main de son maître pour la baiser* : Voilà aussi mon dernier mot, qui vaut bien des paroles.

TRIVELIN : Vous me charmez. Embrassez-moi aussi, mes chers enfants; c'est là ce que j'attendais. Si cela n'était pas arrivé, nous aurions puni vos vengeances, comme nous avons puni leurs duretés. Et vous, Iphicrate, vous, Euphrosine, je vous vois attendris; je n'ai rien à ajouter aux leçons que vous donne cette aventure. Vous avez été leurs maîtres, et vous en avez mal agi; ils sont devenus les vôtres, et ils vous pardonnent; faites vos réflexions là-dessus. La différence des conditions n'est qu'une épreuve que les dieux font sur nous : je ne vous en dis pas davantage. Vous partirez dans deux jours et vous reverrez Athènes. Que la joie à présent, et que les plaisirs succèdent aux chagrins que vous avez sentis, et célèbrent le jour de votre vie le plus profitable.

L'HÉRITIER DE VILLAGE

C'est le dimanche 19 août 1725, soit moins de six mois après l'Ile des esclaves, que les Comédiens Italiens créent l'Héritier de village, sans l'avoir annoncé auparavant. Mais Marivaux ne retrouve pas cette fois son succès précédent. Le Mercure lui-même passe presque sous silence cette nouvelle œuvre, se réservant d'en parler « quand, précise-t-il, nous l'aurons vue ». Mais l'Héritier de village ne tient pas longtemps l'affiche : après neuf représentations, il n'est plus redonné et c'est en vain que les Italiens tentent de le reprendre en automne.

Il est vrai que l'atmosphère n'était guère propice à la réussite d'une pièce aussi amère sous des dehors enjoués : le 15 août, Paris avait célébré les noces de Louis XV et de Marie Leszczynska, et les fêtes duraient encore quand les Italiens mirent à l'affiche cette nouvelle comédie de Marivaux.

Jamais l'Héritier de village ne se releva de débuts aussi peu heureux. Il sera imité (notamment par l'abbé d'Allainval qui lui empruntera une bonne partie du second acte de son École des bourgeois, en 1728), mais il ne sera plus guère joué, du moins en France, car en Allemagne, on lui réservera (Lessing notamment) un bien meilleur accueil.

Selon des témoignages de l'époque, l'Héritier de village serait pour une large part fait d'emprunts : Marivaux aurait pris son bien dans l'Embarras des richesses de l'abbé d'Allainval, qui venait d'être joué, en mai 1725, à l'Hôtel de Bourgogne ou, plus encore, dans une comédie dont nous n'avons plus trace : l'Usurier gentilhomme, qu'il aurait à maints endroits copiée... Et l'on n'a pas été non plus sans remarquer des similitudes entre l'Héritier de village et le Bourgeois gentilhomme ainsi que George Dandin.

Mais peut-être n'a-t-on pas assez souligné ce qui, dans l'Héritier de village, est proprement marivaudien et apparente, plutôt qu'à ses modèles, à l'Ile des esclaves : c'est que l'Héritier de village est aussi une comédie de l'éducation. Une éducation, cette fois, non plus selon le cœur et la raison (comme dans l'Ile des esclaves) mais selon la déraison et les conventions d'une société artificielle que fonde une seule valeur : l'argent.

ACTEURS

Madame Damis; Le Chevalier; Blaise, paysan; Claudine, femme de Blaise; Colin, fils de Blaise; Colette, fille de Blaise; Arlequin, valet de Blaise; Griffet, clerc de procureur [1].

LA SCÈNE EST DANS UN VILLAGE [2].

Scène I : Blaise, Claudine, Arlequin.
Blaise entre, suivi d'Arlequin en guêtres
et portant un paquet. Claudine
entre d'un autre côté.

CLAUDINE : Eh! je pense que v'là Blaise!

BLAISE : Eh! oui, note femme; c'est li-même en personne.

CLAUDINE : Voirement! noute homme, vous prenez bian de la peine de revenir; queu libertinage! être quatre jours à Paris, demandez-moi à quoi faire!

BLAISE : Eh! à voir mourir mon frère, et je n'y allais que pour ça.

CLAUDINE : Eh bian! que ne finit-il donc, sans nous coûter tant d'allées et de venues? Toujours il meurt, et jamais ça n'est fait : v'là deux ou trois fois qu'il lanterne.

BLAISE : Oh bian! il ne lanternera plus. (Il pleure.) Le pauvre homme a pris sa secousse [3].

CLAUDINE : Hélas! il est donc trépassé ce coup-ci?

BLAISE : Oh! il est encore pis que ça.

CLAUDINE : Comment, pis?

BLAISE : Il est entarré.

CLAUDINE : Eh! il n'y a rian de nouveau à ça; ce sera queussi, queumi. Il faut considérer qu'il était bian vieux, qu'il avait beaucoup travaillé, bian épargné, bian chipoté sa pauvre vie.

BLAISE : T'as raison, femme; il aimait trop l'usure et

---

1. Il manque à cette liste des Acteurs un personnage : le Fiscal de la scène 8.
2. L'édition de 1825 ajoute : près de Paris.

3. Ici, l'expression prendre sa secousse est synonyme de passer de vie à trépas. (Cf. son emploi, dans un sens différent, dans Arlequin poli par l'amour, note 9, p. 64.)

l'avarice ; il se plaignait trop de vivre, et j'ons opinion que cela l'a tué.

CLAUDINE : Bref ! enfin le v'là défunt. Parlons des vivants. T'es son unique hériquier ; qu'as-tu trouvé ?

BLAISE : Eh ! eh, eh ! baille-moi cinq sous de monnaie, je n'ons que de grosses pièces.

CLAUDINE, *le contrefaisant* : Eh ! eh ! eh ! dis donc, Nicaise [4], avec tes cinq sous de monnaie ! qu'est-ce que t'en veux faire ?

BLAISE : Eh ! eh ! eh ! baille-moi cinq sous de monnaie, te dis-je.

CLAUDINE : Pourquoi donc, Nicodème [4] ?

BLAISE : Pour ce garçon qui apporte mon paquet depuis la voiture jusqu'à cheux nous, pendant que je marchais tout bellement et à mon aise.

CLAUDINE : T'es venu dans la voiture ?

BLAISE : Oui, parce que cela est plus commode.

CLAUDINE : T'as baillé un écu ?

BLAISE : Oui ! bian noblement. Combien faut-il ? ai-je fait. Un écu, ce m'a-t-on fait. Tenez, le v'là, prenez. Tout comme ça.

CLAUDINE : Et tu dépenses cinq sous en porteux de paquets ?

BLAISE : Oui, par manière de récréation.

ARLEQUIN : Est-ce pour moi les cinq sous, Monsieur Blaise ?

BLAISE : Oui, mon ami.

ARLEQUIN : Cinq sous ! un héritier, cinq sous ! un homme de votre étoffe ! et de la grandeur d'âme ?

BLAISE : Oh ! qu'à ça ne tienne, il n'y a qu'à dire. Allons, femme, boute un sou de plus, comme s'il en pleuvait.

Arlequin prend et fait la révérence.

CLAUDINE, *à part* : Ah ! mon homme est devenu fou.

BLAISE, *à part* : Morgué, queu plaisir ! alle enrage, alle ne sait pas le *tu autem* [5]. *(Haut.)* Femme, cent mille francs !

CLAUDINE : Queu coq-à-l'âne ! v'là cent mille francs avec cinq sous à cette heure !

BLAISE : C'est que Monsieur Blaise m'a dit par les chemins qu'il avait hérité d'autant de son frère le mercier.

CLAUDINE : Eh ! que dites-vous ! Le défunt a laissé cent mille francs, maître Blaise ! es-tu dans ton bon sens, ça est-il vrai ?

BLAISE : Oui, Madame, ça est çartain.

CLAUDINE, *joyeuse* : Ça est çartain ! mais ne rêves-tu pas ? n'a-tu pas le çarviau renversé ?

BLAISE : Doucement, soyons civils envers nos parsonnes.

CLAUDINE : Mais les as-tu vus ?

BLAISE : Je leur ons quasiment parlé ; j'ons été chez le maltôtier [6] qui les avait de mon frère, et qui les fait aller

4. Appeler quelqu'un *Nicaise* ou *Nicodème* équivaut à le traiter de nigaud.
5. C'est-à-dire le point essentiel, le nœud de l'affaire.
6. La *maltôte* fut d'abord un impôt levé sous Philippe le Bel pour la guerre contre les Anglais ; le mot s'appliqua ensuite à la perception de tout impôt. Le *maltôtier* est celui qui fait la maltôte : ce n'est pas un terme d'administration, mais plutôt de dénigrement (Littré).

et venir pour noute profit, et je les ons laissés là : car, par le moyen de son tricotage, ils rapportont encore d'autres écus ; et ces autres écus, qui venont de la mangeance, engendront d'autres petits magots d'argent qu'il boutera avec le grand magot, qui, par ce moyen, deviandra encore pus grand ; et j'apportons le papier comme quoi ce monciau du petit et du grand m'appartiant, et comme quoi il me fera délivrance, à ma volonté, du principal et de la rente de tout ça, dont il a été parlé dans le papier qui en rend témoignage en la présence de mon procureur, qui m'assistait pour agencer l'affaire.

CLAUDINE : Ah ! mon homme, tu me ravis l'âme : ça m'attendrit. Ce pauvre biau-frère ! je le pleurons de bon cœur.

BLAISE : Hélas ! je l'ons tant pleuré d'abord, que j'en ons prins ma suffisance.

CLAUDINE : Cent mille francs, sans compter le tricotage ! mais où bouterons-je tout ça ?

ARLEQUIN, *contrefaisant leur langage* : Voilà déjà six sols que vous boutez dans ma poche, et j'attends que vous en boutiez encore.

BLAISE : Boute, boute donc, femme.

CLAUDINE : Oh ! cela est juste ; tenez, mon bel ami, faites itou manigancer cela pour un maltôtier.

ARLEQUIN : Aussi ferai-je ; je le manigancerai au cabaret. Je vous rends grâces, Madame.

BLAISE : Madame ! vois-tu comme il te porte respect !

CLAUDINE : Ça est bian agriable.

ARLEQUIN : N'avez-vous plus rien à m'ordonner, Monsieur ?

BLAISE : Monsieur ! ce garçon-là sait vivre avec les gens de noute sorte. J'aurons besoin de laquais, retenons d'abord ceti-là ; je barìolerons nos casaques de la couleur de son habit.

CLAUDINE : Prenons, retenons, bariolons, c'est fort bian fait, mon poulet.

BLAISE : Voulez-vous me sarvir, mon ami, et avez-vous sarvi de gros seigneurs ?

ARLEQUIN : Bon ! il y a huit ans que je suis à la Cour.

BLAISE : A la Cour ! v'là bian noute affaire : je li baillerons ma fille pour apprentie, il la fera courtisane.

ARLEQUIN, *à part* : Ils sont encore plus bêtes que moi, profitons-en. *(Tout haut.)* Oh ! laissez-moi faire, Monsieur, je suis admirable pour élever une fille ; je sais lire et écrire dans le français, dans le français, je chante gros comme un orgue, je fais des compliments ; d'ailleurs, je verse à boire comme un robinet de fontaine ; j'ai des perfections charmantes. J'allais à mon village voir ma sœur ; mais si vous me prenez, je lui ferai mes excuses par lettre.

BLAISE : Je vous prends, v'là qui est fait. Je sis voute maître, et vous êtes mon sarviteur.

ARLEQUIN : Serviteur très humble, très obéissant et très gaillard Arlequin ; c'est le nom du personnage.

CLAUDINE : Le nom est drôle. Parlons des gages à présent. Combian voulez-vous gagner ?

ARLEQUIN : Oh ! peu de chose, une bagatelle ; cent écus pour avoir des épingles.

CLAUDINE : Diantre ! vous en voulez donc lever une boutique ?

BLAISE : Eh morgué ! souvians-toi de la nichée des

cent mille francs; n'avons-je pas des écus qui nous font des petits? c'est comme un colombier; çà, allons, mon ami, c'est marché fait; tenez, v'là noute maison, allez-vous-en dire à nos enfants de venir. Si vous ne les trouvez pas, vous irez les charcher là où ils sont, stapendant que je convarserons moi et noute femme.

ARLEQUIN : Conversez, Monsieur; j'obéis, et j'y cours.

Scène II : Blaise, Claudine.

BLAISE : Ah! çà, Claudine, j'ons passé dix ans à Paris, moi. Je connaissons le monde, je vais te l'apprendre. Nous vela riches, faut prende garde à ça.

CLAUDINE : C'est bian dit, mon homme; faut jouir.

BLAISE : Ce n'est pas tout que de jouir, femme : il faut avoir de belles manières.

CLAUDINE : Certainement; et il n'y a d'abord qu'à m'habiller de brocart, acheter des jouyaux et un collier de parles : tu feras pour toi à l'avenant.

BLAISE : Le brocart, les parles et les jouyaux ne font rien à mon dire, t'en auras à bauge [7], j'aurons itou du d'or sur mon habit. J'avons déjà acheté un castor [8] avec un casaquin [9] de friperie, que je bouterons en attendant que j'ayons tout mon équipage à forfait. Je dis tant seulement que c'est le marchand et le tailleur qui baillont tout cela; mais c'est l'honneur, la fiarté et l'esprit qui baillont le reste.

CLAUDINE : De l'honneur! j'en avons à revendre d'abord.

BLAISE : Ça se peut bian; stapendant, de cette marchandise-là, il ne s'en vend point; mais il s'en pard biaucoup.

CLAUDINE : Oh! bian donc! je n'en vendrai ni n'en pardrai.

BLAISE : Ça suffit; mais je ne parle point de cet honneur de conscience; et ceti-là, tu te contenteras de l'avoir en secret dans l'âme; là, t'en auras biaucoup sans en montrer tant.

CLAUDINE : Comment, sans en montrer tant! je ne montrerai pas mon honneur!

BLAISE : Eh morgué! tu ne m'entends point; c'est que je veux dire qu'il ne faut faire semblant de rian, qu'il faut se conduire à l'aise, avoir une vartu négligente, se parmettre un maintien commode, qui ne soit point malhonnête, qui ne soit point honnête non plus; de ça qui va comme il peut; entendre tout, repartir à tout, badiner de tout.

CLAUDINE : Savoir queu badinage on me fera.

BLAISE : Tians, par exemple, prends que je ne sois pas ton homme, et que t'es la femme d'un autre; je te connais, je vians à toi, et je te batifole dans le discours; je te dis que t'es agriable, que je veux être ton amoureux, que je te conseille de m'aimer, que c'est le plaisir, que c'est la mode : Madame par-ci, Madame par-là; ous êtes trop belle; qu'est-ce qu'ous en voulez faire? prenez avis, vos yeux me tracassent, je vous le dis : qu'en sera-t-il? qu'en

7. Tu en auras à discrétion.
8. Un castor est un chapeau qui se fait avec du poil de castor.
9. Casaquin : diminutif de casaque (sorte de manteau à manches pour la campagne).

fera-t-on? Et pis des petits mots charmants, des pointes d'esprit, de la malice dans l'œil, des singeries de visage, des transportements; et pis : Madame, il y a, morgué, pas moyen de durer! boutez ordre à ça. Et pis je m'avance, et pis je plante mes yeux sur ta face, je te prends une main, queuquefois deux, je te sarre, je m'agenoille; que repars-tu à ça?

CLAUDINE : Ce que je repars, Blaise? mais vraiment, je te repousse dans l'estomac, d'abord.

BLAISE : Bon!

CLAUDINE : Puis après, je vais à reculons.

BLAISE : Courage!

CLAUDINE : Ensuite je devians rouge, et je te dis pour qui tu me prends; je t'appelle un impartinant, un vaurian : Ne m'attaque jamais, ce fais-je en te montrant les poings, ne vians pas envars moi, car je ne sis pas aisiée, vois-tu bian! il n'y a rien à faire ici pour toi, va-t-en, tu n'es qu'un bélître.

BLAISE : Nous v'là tout juste; v'là comme ça se pratique dans noute village; cet honneur-là, qui est tout d'une pièce, est fait pour les champs; mais à la ville, ça ne vaut pas le diable, tu passerais pour un je ne sais qui.

CLAUDINE : Le drôle de trafic! mais pourtant je sis mariée; que dirai-je en réponse?

BLAISE : Oh! je vais te bailler le régime de tout ça. Quians, quand quelqu'un te dira : Je vous aime bian, Madame. (Il rit.) Ah! ah! ah! v'là comme tu feras, oh! bian joliment : Ça vous plaît à dire. Il te repartira : Je ne raille point. Tu repartiras : Eh bian! tope, aimez-moi. S'il te prenait les mains, tu l'appelleras badin; s'il te les baise; eh bian! soit; il n'y a rien de gâté; ce n'est que les mains, au bout du compte; s'il t'attrape queuque baiser sur le chignon, voire sur la face, il n'y aura point de mal à ça; attrape qui peut, c'est autant de pris, ça ne te regarde point; ça viant jusqu'à toi, mais ça te passe; qu'il te lorgne tant qu'il voudra, ça aide à passer le temps; car, comme je te dis, la vartu du biau monde n'est point hargneuse; c'est une vartu douce que la politesse a boutée à se faire à tout; alle est folichonne, alle a le mot pour rire, sans façon, point considérante; alle ne donne rian, mais ce que l'on li vole, alle ne court pas après. V'là l'arrangement de tout ça, v'là ton devoir de Madame, quand tu le seras.

CLAUDINE : Et drès que c'est la mode pour être honnête, cette vartu-là n'est pas plus difficile que la nôtre. Mais mon homme, que dira-t-il?

BLAISE : Moi? rian. Je te varrions un régiment de galants à l'entour de toi, que je sis obligé de passer mon chemin; c'est mon savoir-vivre que ça, li aura trop de froidure entre nous.

CLAUDINE : Blaise, cette froidure me chiffonne; ça ne vaut rian en ménage; je sis d'avis que je nous aimions bian au contraire.

BLAISE : Nous aimer, femme! morgué! il faut bian s'en garder; vraiment, ça jetterait un biau coton dans le monde!

CLAUDINE : Hélas! Blaise, comme tu fais! et qui est-ce qui m'aimera donc, moi?

BLAISE : Pargué! ce ne sera pas moi, je ne sis pas si sot ni si ridicule.

CLAUDINE : Mais quand je ne serons que tous deux, est-ce que tu me haïras ?

BLAISE : Oh ! non ; je pense qu'il n'y a pas d'obligation à ça ; stapendant je nous en informerons pour être pus sûrs ; mais il y a une autre bagatelle qui est encore pour le bon air : c'est que j'aurons une maîtresse qui sera queuque chiffon de femme, qui sera bian laide et bien sotte, qui ne m'aimera point, que je n'aimerai point non pus ; qui me fera des niches, mais qui me coûtera biaucoup, et qui ne vaura guère, et c'est là le plaisir.

CLAUDINE : Et moi, combian me coûtera un galant ? car c'est mon devoir d'honnête madame d'en avoir un itou, n'est-ce pas ?

BLAISE : T'en auras trente, et non pas un.

CLAUDINE : Oui, trente à l'entour de moi, à cause de ma vartu commode ; mais ne faut-il pas un galant à demeure ?

BLAISE : T'as raison, femme ; je pense itou que c'est de la belle manière, ça se pratique ; mais ce chapitre-là ne me reviant pas.

CLAUDINE : Mon homme, si je n'ons pas un amoureux, ça nous fera tort, mon ami.

BLAISE : Je le vois bian, mais morgué ! je n'avons pas l'esprit assez farme pour le parmettre ça, je ne sommes pas encore assez naturalisé gros monsieur ; tians, passe-toi de galants, je me passerai d'amoureuse.

CLAUDINE : Faut espérer que le bon exemple t'enhardira.

BLAISE : Ça se peut bian, mais tout le reste est bon, et je m'y tians ; mais nos enfants ne venont point ; c'est que noute laquais les charche, je m'en vais voir ça. Vela noute dame et son cousin le Chevalier qui se promènent ; je vais quitter la farme de sa cousine ; s'ils t'accostent, tians ton rang, fais-toi rendre la révérence qui t'appartiant ; je vais revenir. Si le Fiscal [10] à qui je devais de l'argent arrive, dis-li qu'il me parle.

Il sort.

Scène III : Claudine, le Chevalier, Madame Damis.

CLAUDINE, *à part* : Promenons-nous itou, pour voir ce qu'ils me diront.

LE CHEVALIER : Je suis de votre goût, Madame ; j'aime Paris, c'est le salut du galant homme ; mais il fait cher vivre à l'auberge.

MADAME DAMIS : Feu Monsieur Damis ne m'a laissé qu'un bien assez en désordre ; j'ai besoin de beaucoup d'économie, et le séjour de Paris me ruinerait ; mais je ne le regrette pas beaucoup, car je ne le connais guère... Ah ! vous voilà, Claudine ! votre mari est-il revenu ? a-t-il fait nos commissions ?

CLAUDINE : Avec votre permission, à qui parlez-vous donc, Madame ?

MADAME DAMIS : A qui je parle ? à vous, m'amie.

CLAUDINE : Oh bian ! il n'y a ici ni maître ni maîtresse.

MADAME DAMIS : Comment me répondez-vous ? Que dites-vous de ce discours, Chevalier ?

LE CHEVALIER, *riant* : Qu'il est rustique, et qu'il sent le terroir. Eh ! eh ! eh !

CLAUDINE, *le contrefaisant* : Eh ! eh ! eh ! comme il ricane !

LE CHEVALIER : Cousine, pensez-vous qu'elle me raille ?

MADAME DAMIS : Vous n'en pouvez pas douter.

LE CHEVALIER : Eh donc, je conclus qu'elle est folle.

CLAUDINE : Tenez, je vous parle à tous deux, car vous ne savez pas ce que vous dites, vous ne savez pas le *tu autem* [11]. Boutez-vous à votre devoir, honorez ma parsonne, traitez-moi de Madame, demandez-moi comment se porte ma santé, mettez au bout queuque coup de chapiau, et pis vous vairais. Allons, commencez.

LE CHEVALIER : Ce genre de folie est divertissant. Voulez-vous que je la complimente ?

MADAME DAMIS : Vous n'y songez pas, Chevalier, c'est une impertinente qui perd le respect, et vous devriez la faire taire.

LE CHEVALIER : Moi, la faire taire ! arrêter la langue d'une femme ? un bataillon, encore passe !

CLAUDINE : Ah ! ah ! ah ! par ma fiqué ! ça est trop drôle.

MADAME DAMIS : Son mari me fera raison de son insolence.

CLAUDINE : Bon, mon mari ! est-ce que je nous soucions l'un de l'autre ? J'avons le bel air, nous, de ne nous voir quasiment pas. Vous qui n'avez jamais quitté votre châtiau, cela vous passe, aussi bian que la vartu folichonne.

LE CHEVALIER : Cette vartu folichonne m'enchante, son extravagance pétille d'inventions. Va, ma poule, va, sandis [12] ! je t'aime mieux folle que raisonnable.

CLAUDINE : Oh ! c'ti-là vaut trop ; ils font envars moi ce que j'ons fait envars mon homme, ils me croyont le çarviau parclus ; ne leur disons rian ; v'là Blaise qui viant.

Scène IV : Blaise, Colette, Colin, Arlequin et les acteurs précédents.

MADAME DAMIS : Voilà son mari. Maître Blaise, expliquez-nous un peu le procédé de votre femme. A-t-elle perdu l'esprit ? elle ne me répond que des impertinences.

BLAISE, *après les avoir tous regardés* : Parsonne ne salue. *(A Claudine.)* Leur as-tu dit l'héritage du biau-frère ?

CLAUDINE : Non, mais j'ai bien tenu mon rang.

MADAME DAMIS : Mais, Blaise, faites donc réflexion que je vous parle.

BLAISE : Prenez un brin de patience, Madame, comportez-vous doucement.

LE CHEVALIER, *d'un air sérieux* : J'examine Blaise ; sa femme est folle, je le crois à l'unisson.

BLAISE, *à Arlequin* : Noute laquais, dites à ces enfants qu'ils se carriant.

11. Cf. ci-dessus note 5, p. 197.
12. *Sandis* (par le sang de Dieu !) est un de ces jurons comme on en rencontre beaucoup d'autres : *cadédis* ou *capdédis* ou *capdebious* (par la tête de Dieu)..., dans le langage des Chevaliers ou des Gascons de Marivaux.

10. Nom donné aux officiers des justices seigneuriales qui y remplissaient les fonctions de ministère public et veillaient aux droits du seigneur et aux intérêts communs à toute la seigneurie (Littré).

ARLEQUIN : Carrez-vous, enfants.

COLIN, *riant* : Oh oh! oh!

MADAME DAMIS : En vérité, voilà l'aventure la plus singulière que je connaisse.

BLAISE : Ah çà, vous dites comme ça, Madame, que Madame vous a dit des impertinences. Pour réponse à ça, je vous dirai d'abord que ça se peut bian; mais je ne m'en embarrasse point; car je n'y prends ni n'y mets; je ne nous mêlons point du tracas de Madame. C'est peut-être que le respect vous a manqué. En fin finale, accommodez-vous, Mesdames.

LE CHEVALIER : Eh bien! cousine, le vertigo [13] n'est-il pas double? Voyons les enfants; je les crois uniformes. Qu'en dites-vous, petite folle?

ARLEQUIN : Parlez ferme.

COLETTE : Allez-y voir; vous n'avez rien à me commander.

LE CHEVALIER, *à Colin* : A vous la balle, mon fils; ne dérogez-vous point?

ARLEQUIN : Courage!

COLIN : Laissez-moi en repos, malappris.

LE CHEVALIER : Partout le même timbre. *(A Arlequin.)* Et toi, bélître?

ARLEQUIN, *contrefaisant le Gascon* : Je chante de même; c'est moi qui suis le précepteur de la famille.

BLAISE, *à part* : Les vela bian ébaubis; je m'en vais ranger tout ça. *(Haut.)* Madame Damis, acoutez-moi; tout ceci nous renvarse la çarvelle, c'est pis qu'une egnime pour vous et voute cousin. Oh! bian! de cette egnime en veci la clef et la sarrure. J'avions un frère, n'est-ce pas?

LE CHEVALIER : Nouvelle vision [14]! Eh bien! ce frère!

BLAISE : Il est parti.

LE CHEVALIER : Dans quelle voiture?

BLAISE : Dans la voiture de l'autre monde.

LE CHEVALIER : Eh bien! bon voyage; mais changez-nous de vertigo, celui-ci est triste.

BLAISE : La fin en est plus drôle. C'est que, ne vous en déplaise, j'en avons hérité de cent mille francs sans compter les broutilles; et v'là la preuve de mon dire; signé : Rapin.

COLIN, *riant* : Oh! oh! je serons Chevalier itou, moi.

COLETTE : J'allons porter le taffetas.

CLAUDINE : Et an nous portera la queue.

ARLEQUIN : Pour moi, je ne veux que la clef de la cave.

LE CHEVALIER, *à Madame Damis, après avoir lu* : Sandis! le galant homme dit vrai, cousine; je connais ce Rapin et sa signature; voilà cent mille francs, c'est comme s'il en tenait le coffre; je les honore beaucoup, et cela change la thèse.

MADAME DAMIS : Cent mille francs!

LE CHEVALIER : Il ne s'en faut pas d'un sou. *(A Blaise.)* Monsieur, je suis votre serviteur, je vous fais réparation; vous êtes sage, judicieux et respectable. Quant à Messieurs vos enfants, je les aime; le joli cavalier! la charmante demoiselle! que d'éducation! que de grâces et de gentillesses!

CLAUDINE ET BLAISE : Ah! vous nous flattez trop.

BLAISE : Cela vous plaît à dire, et à nous de l'entendre. Allons, enfants, tirez le pied, faites voute révérence avec un petit compliment de rencontre.

COLETTE, *faisant la révérence* : Monsieur, vos grâces l'emportent sur les nôtres, et j'avons encore plus de reconnaissance que de mérite.

Le Chevalier salue.

ARLEQUIN : Et vous, Colin?

COLIN, *saluant* : Monsieur, je sis de l'opinion de ma sœur; ce qu'elle a dit, je le dis.

ARLEQUIN : Colin fait *bis.*

LE CHEVALIER : On ne peut de répétitions plus spirituelles, vous m'enchantez, je n'en ai point assez dit : cent mille francs, capdebious! vous vous moquez, vous êtes trop modestes, et si vous me fâchez, je vous compare aux astres tous tant que vous êtes.

BLAISE : Femme, entends-tu? les astres!

LE CHEVALIER : Quant à Madame, je la supplie seulement de me recevoir au nombre de ses amis, tout dangereux qu'il est d'obtenir cette grâce; car je n'en fais point le fin, elle possède un embonpoint, une majesté, un massif d'agréments, qu'il est difficile de voir innocemment. Mais baste, il m'arrivera ce qu'il pourra, je suis accoutumé au feu; mais je lui demande à son tour une grâce. Me l'accorderez-vous, belle personne?

Il lui prend la main qu'il fait semblant de vouloir baiser.

CLAUDINE : Allons, vous n'êtes qu'un badin.

LE CHEVALIER : Ne me refusez pas, je vous prie.

CLAUDINE : Eh bian! baisez; ce n'est que des mains au bout du compte.

LE CHEVALIER, *la menant vers Madame Damis* : Raccommodez-vous avec la cousine. Allons, Madame Damis, avancez; j'ai mesuré le terrain : à vous le reste. *(Tout bas ce qui suit.)* Ne résistez point, j'ai mon dessein; lâchez-lui le titre de Madame.

CLAUDINE, *présentant la main à Madame Damis* : Boutez dedans, Madame, boutez; je ne sis point fâchée.

MADAME DAMIS : Ni moi non plus, Madame Claudine; je suis ravie de votre fortune, et je vous accorde mon amitié.

CLAUDINE : Je vous gratifions de la mienne, et je vous désirons bonne chance.

LE CHEVALIER : Mettez une accolade brochant sur le tout; je vous prie. Bon! voilà qui est bien; halte-là maintenant; je requiers la permission de dire un mot à l'oreille de la cousine.

BLAISE : Je vous parmettons de le dire tout haut.

ARLEQUIN : Et moi itou; mais, Monsieur le Chevalier, où est mon compliment à moi, qui suis le docteur de la maison?

LE CHEVALIER : Le docteur a raison, je l'oubliais. Eh bien! va, je te trouve bouffon; vante-toi de ma bienveillance, je t'en honore, et ta fortune est faite.

ARLEQUIN : Grand merci de la gasconnade.

LE CHEVALIER *tire à part Madame Damis pour lui dire ce qui suit* : Cousine, sentez-vous mon projet? Cette canaille a cent mille francs; vous êtes veuve, je suis garçon; voici un fils, voilà une fille : vous n'êtes pas riche, mes finances sont modestes : les légitimes [15] de la Garonne. Vous les

---

13. Mot burlesque pour caprice, fantaisie.
14. L'édition de 1732 imprime : *Division !*

15. Cf. *la Fausse Suivante*, note 12, p. 169.

connaissez ; proposons d'épouser. Ce sont des villageois ; mais qu'est-ce que cela fait ? Regardons le tout comme une intrigue pastorale ; le mariage sera la fin d'une églogue. Il est vrai que vous êtes noble ; moi, je le suis depuis le premier homme ; mais les premiers hommes étaient pasteurs ; prenez donc le pastoureau, et moi la pastourelle. Ils ont cinquante mille francs chacun, cousine, cela fait de belles houlettes. En voulez-vous votre part ? Eh donc ! Colin est jeune, et sa jeunesse ne vous messiéra pas.

MADAME DAMIS : Chevalier, l'idée me paraît assez sensée ; mais la démarche est humiliante.

LE CHEVALIER : Cousine, savez-vous souvent de quoi vit l'orgueil de la noblesse ? de ces petites hontes qui vous arrêtent. La belle gloire, c'est la raison, cadédis ; ainsi j'achève. *(A Blaise et à sa femme.)* Monsieur et Madame Blaise, si ces aimables enfants voulaient se promener un petit tour à l'écart, je vous ouvrirais une pensée qui me paraît piquante.

BLAISE : Holà ! précepteur, boutez de la marge entre nous ; convarsez à dix pas.

Les enfants se retirent après avoir salué la compagnie qui les salue aussi.

Scène V : Le Chevalier,
Madame Damis,
Blaise, Claudine.

LE CHEVALIER : Revenons à nos moutons ; vous savez qui je suis, vous me connaissez depuis longtemps.

BLAISE : Oh qu'oui ! vous ne teniez pas trop de compte de nous dans ce temps-là.

LE CHEVALIER : Oh ! des sottises, j'en ai fait tant et plus ; oublions cela. Vous savez donc qui je suis : le cousin Damis avait épousé la cousine. J'ai l'honneur d'être gentilhomme, estimé ; personne n'en doute ; je suis dans les troupes, je ferai mon chemin, sandis ! et rapidement, cela s'ensuit. Je n'ai qu'un aîné, le baron de Lydas, un seigneur languissant, un casanier incommodé du poumon : il faut qu'il meure, et point de lignée ; j'aurai son bien, cela est net. D'un autre côté, voilà Madame Damis, veuve de qualité, jeune et charmante ; ses facultés, vous les savez ; bonne seigneurie, grand château ancien comme le temps, un peu délabré, mais on le maçonne. Or, elle vient de jeter sur Monsieur Colin un regard, que si le défunt en avait vu la friponnerie, je lui en donnais pour dix ans de tremblement de cœur ; ce regard, vous l'entendez, camarade ?

BLAISE : Oh dame ! noute fils, c'est une petite face aussi bien troussée qu'il y en ait.

LE CHEVALIER : Vous y êtes, et la cousine rougit.

MADAME DAMIS : En vérité, Chevalier, vous êtes un indiscret.

BLAISE : Oh ! il n'y a pas de mal à ça, Madame, ça est grandement naturel.

CLAUDINE : Oh ! pour ça, faut avouer que Colin est biau ; n'en dit partout qu'il me ressemble.

MADAME DAMIS : Beaucoup.

LE CHEVALIER : Je le garantis beau, je vous soutiens plus belle.

BLAISE : Oui, oui, Madame est prou [16] gentille, mais je ne voyons rian de ça, moi, car ce n'est que ma femme ; poursuivez.

LE CHEVALIER : Je vous disais donc que Madame a regardé Monsieur Colin, qu'elle le parcourait en le regardant, et semblait dire : Que n'êtes-vous à moi, le petit bonhomme ! que vous seriez bien mon fait ! Là-dessus je me suis mis à regarder Mademoiselle Colette ; la demoiselle en même temps a tourné les yeux sur moi. Tourner les yeux sur quelqu'un, rien n'est plus simple, ce semble ; cependant, du tournement d'yeux dont je parle, de la beauté dont ils étaient, de ses charmes et de sa douceur, de l'émotion que j'ai sentie, ne m'en demandez point de nouvelles, voyez-vous ! l'expression me manque, je n'y comprends rien ; ce sera ce que l'on voudra ; je parle d'un prodige, je l'ai vu, j'en ai fait l'épreuve, et n'en réchapperai point. Voilà toute la connaissance que j'en ai.

BLAISE : Par la jarnigué ! ça est merveilleux ; mais voyez donc cette petite masque [17] !

CLAUDINE : Ah ! Monsieur Blaise, alle a deux pruniaux bian malins.

BLAISE : Que faire à ça ? ce sont les mians tout brandis.

MADAME DAMIS : De beaux yeux sont un grand avantage.

LE CHEVALIER : Oui, pour qui les porte, j'en conviens ; mais qui les voit en paie la façon, et je me serais bien passé que Monsieur Blaise eût donné copie des siens à sa fille.

BLAISE : Pardi ! tenez, j'avons quasi regret d'avoir comme ça baillé note mine à nos enfants, puisque ça vous tracasse.

LE CHEVALIER : Homme d'honneur, ce que vous dites est touchant ; mais il est un moyen.

CLAUDINE : Lequeul ?

LE CHEVALIER : Le titre de votre gendre me sortirait d'embarras, par exemple ; et moyennant le nom de bru, la cousine guérirait. Je vous ai dit le mal, je vous montre le remède.

BLAISE : Madame, êtes-vous d'avis que nous les guarissions ?

LE CHEVALIER : Belle-mère, ne bronchez pas ; je me retiens pour votre fille. Ne rebutez pas les descendants que je vous offre, prenez place dans l'histoire.

CLAUDINE, *à part* : Queu plaisir ! *(Haut.)* Oh bian ! je nous accordons à tout, pourvu que Madame n'aille pas dire que ce mariage n'est pas de niveau avec elle.

BLAISE : Oh, morguienne ! tout va de plain-pied ici, il n'y a ni à monter ni à descendre, voyez-vous ?

LE CHEVALIER : Cousine, répondez ; faites voir la modestie de vos sentiments.

MADAME DAMIS : Puisque vous avez découvert ce que je pensais, je n'en ferai plus de mystère ; je souscris à tout ce que vous ferez, on sera content de mes manières. Je suis née simple et sans fierté, et votre fils m'a plu, voilà la vérité.

LE CHEVALIER : Repartez, beau-père.

16. Assez, beaucoup.

17. *Masque* est aussi une injure qu'on dit aux femmes de basse condition, qui sont vieilles ou laides, et en ce sens il est féminin (Dict. de l'Acad.).

BLAISE : Touchez là, mon gendre; allons, ma bru, ça vaut fait; j'achèterons de la noblesse, alle sera toute neuve, alle en durera plus longtemps, et soutianra la vôtre qui est un peu usée. Pour ce qui est d'en cas d'à présent, allez prendre un doigt de collation. Madame Claudine, menez-les boire cheux nous, et dite à noute laquais qu'il arrive pour me parler; je l'attends ici. Faites itou avertir les violoneux; car je veux de la joie.

Le Chevalier donne la main aux dames après avoir salué Blaise.

Scène VI

BLAISE *se promène en se carrant* : Parlons un peu seul; car à cette heure que je sis du biau monde, faut avoir de grandes réflexions à cause de mes grandes affaires. Allons rêvons donc, tout en nous promenant. *(Il rêve.)* Un père de famille a bian du souci et c'est une mauvaise graine que des enfants. Drès que ça est grand, ça veut tâter de la noce. Stapendant on a un rang qui brille, des équipages qui clochont toujours, des laquais qui grugeont tout, et sans ce tintamarre-là, on ne saurait vivre. Les petites gens sont bian heureux. Mais il y a une bonne coutume; an emprunte aux marchands et an ne les paie point; ça soutient un ménage. Stapendant il m'est avis que je faisons un métier de fous, nous autres honnêtes gens.. .Mais v'la noute Fiscal qui viant; je li devons de l'argent; mais il n'y a rian à faire, je savons mon devoir.

Scène VII : Le Fiscal, Blaise.

LE FISCAL : Bonjour, Maître Blaise.

BLAISE : Serviteur, noute Fiscal. Mais appelez-moi : Monsieur Blaise; cela m'appartiant.

LE FISCAL, *riant* : Ah! ah! ah! j'entends; votre fortune a haussé vos qualités. Soit, Monsieur Blaise, je me réjouis de votre aventure; vos enfants viennent de me l'apprendre; je vous en fais compliment, et je vous prie en même temps de me donner les cinquante francs que vous me devez depuis un mois.

BLAISE : Ça est vrai, je reconnais la dette; mais je ne saurais la payer; ça me serait reproché.

LE FISCAL : Comment! vous ne sauriez me payer! Pourquoi?

BLAISE : Parce que ça n'est pas daigne d'une parsonne de ma compétence; ça me tournerait à confusion.

LE FISCAL : Qu'appelez-vous confusion? Ne vous ai-je pas donné mon argent?

BLAISE : Eh bian! oui, je ne vais pas à l'encontre; vous me l'avez baillé, je l'ons reçu, je vous le dois; je vous ai baillé mon écrit, vous n'avez qu'à le garder; venez de jour à autre me demander votre dû, je ne l'empêche point; je vous remettrons, et pis vous revianrez, et pis je vous remettrons encore, et par ainsi de remise en remise le temps se passera honnêtement; vela comme ça se fait.

LE FISCAL : Mais est-ce que vous vous moquez de moi?

BLAISE : Mais, morgué! boutez-vous à ma place. Voulez-vous que je me parde de réputation pour cinquante chétifs francs? ça vaut-il la peine de passer pour un je ne sais qui en payant? Pargué! encore faut-il accou-ter la raison. Si ça se pouvait sans tourner au préjudice de mon état, je le ferions de bon cœur; j'ons de l'argent, tenez, en v'là. Il m'est bien parmis d'en bailler en emprunt, ça se pratique; mais en paiement ça ne se peut pas.

LE FISCAL, *à part* : Oh! oh! voilà mon affaire. *(Haut.)* Il vous est permis d'en prêter, dites-vous?

BLAISE : Oh! tout à fait parmis.

LE FISCAL : Effectivement le privilège est noble, et d'ailleurs il vous convient mieux qu'à un autre; car j'ai toujours remarqué que vous êtes naturellement généreux.

BLAISE, *riant et se rengorgeant* : Eh! eh! oui, pas mal, vous tournez bian ça. Faut nous cajoler, nous autres gros monsieurs; j'avons en effet de grands mérites, et des mérites bian commodes; car ça ne nous coûte rian; an nous les baille, et pis je les avons sans les montrer; v'là toute la çarimonie.

LE FISCAL : Je prévois que vous aurez beaucoup de ces vertus-là, Monsieur Blaise.

BLAISE *lui donne un petit coup sur l'épaule* : Ça est vrai, Monsieur le Fiscal, ça est vrai. Mais, morgué! vous me plaisez.

LE FISCAL : Bien de l'honneur à moi.

BLAISE : Je ne dis pas que non.

LE FISCAL : Je ne vous parlerai plus de ce que vous me devez.

BLAISE : Si fait da, je voulons que vous nous en parliez; faut-il pas que je vous amusions?

LE FISCAL : Comme vous voudrez; je satisferai là-dessus à la dignité de votre nouvelle condition; et vous me paierez quand il vous plaira.

BLAISE : Chiquet à chiquet [18], dans quelques dizaines d'années.

LE FISCAL : Bon, bon! dans cent ans; laissons cela. Mais vous avez l'âme belle, et j'ai une grâce à vous demander, qui est de vouloir bien me prêter cinquante francs.

BLAISE: Tenez, Fiscal, je sis ravi de vous sarvir; prenez.

LE FISCAL : Je suis honnête homme; voici votre billet que je déchire, me voilà payé.

BLAISE : Vous vela payé, Fiscal? jarnigué! ça est bian malhonnête à vous. Morgué! ce n'est pas comme ça qu'on triche l'honneur des gens de ma sorte; c'est un affront.

LE FISCAL, *riant* : Ah! ah! ah! l'original homme, avec ses mérites qui ne lui coûteront rien!

Scène VIII : Blaise, Arlequin, Colin, Colette.

BLAISE : Par la sanguienne! il m'a vilainement attrapé là; mais je li revaudrai.

ARLEQUIN : Monsieur, que vous plaît-il de moi?

BLAISE : Il me plaît que vous bailliez une petite leçon de bonnes manières à mes enfants; dressez-les un petit brin selon leur qualité, à celle fin qu'ils puissent tantôt batifoler à la grandeur, suivant les balivarnes du biau monde; vous ferez bian ça?

18. *Chiquet à chiquet* : par très petites parties.

ARLEQUIN : Eh qu'oui! j'ai sifflé plus de vingt linottes [19] en ma vie, et vos enfants auront bien autant de mémoire!

COLIN : Papa, je n'irons donc pas trouver la compagnie?

ARLEQUIN : Dites : Monsieur, et non : papa.

COLIN : Monsieur! est-ce que ce n'est pas mon père?

BLAISE : N'importe, petit garçon, faites ce qu'on vous dit.

COLETTE : Et moi, papa... dis-je, Monsieur... irons-je?...

BLAISE : Écoutez tous deux ce qu'il vous dira auparavant, et pis venez, quand vous saurez la politesse; car je vous marie tous deux, voyez-vous!

COLIN : Oh! oh! vela qui est bon; j'aime le mariage, moi; et je serai l'homme de qui?

BLAISE : De Madame Damis.

COLIN, *en se frottant les mains* : Tatigué! que j'allons rire!

ARLEQUIN : Ce transport est bon, je l'approuve; mais le geste n'en vaut rien, je le casse.

COLETTE, *à Arlequin* : Et moi, mon bon Monsieur, qui est-ce qui me prend?

BLAISE : Monsieur le Chevalier.

COLETTE : Eh bien! tant mieux; je serai Chevalière.

BLAISE : Je vais toujours devant. Commencez la leçon et faites vite.

ARLEQUIN : Allons, étudions.

Scène IX : Arlequin, Colin, Colette.

ARLEQUIN : Laissez-moi me recueillir un moment. *(A part.)* Qu'est-ce que je leur dirai? je n'en sais rien, car pour le beau monde, je n'en ai vu que dans les rues, en passant; voilà tout le monde que je sais. N'importe, je me souviens d'avoir vu faire l'amour; j'entendis quelques paroles, en voilà assez. *(Haut.)* Ah çà, approchez. Comme ainsi soit qu'il n'est rien de si beau que les similitudes, commençons doctement par là. Prenez, Monsieur Colin, que vous êtes l'amant de Mademoiselle Colette; parlez-lui d'amour, et elle vous répondra; voyons.

COLIN *saute de joie* : Parlez donc, Mademoiselle, vous v'là donc?

COLETTE : Oui, Monsieur, me voilà. De quoi s'agit-il?

COLIN : Il s'agit, Mademoiselle, qu'il y a bian des nouvelles.

COLETTE : Et queulles, Monsieur?

COLIN : C'est que la biauté de votre parsonne..., car il ne faut pas tant de préambule; et c'est ce qui fait d'abord que je vous veux pour femme. Qu'est-ce qu'ous dites à ça?

COLETTE : Je dis qu'il en arrivera ce qu'il pourra; mais que voute discours me hausse la couleur, parce que je n'avons pas la coutume d'entendre prononcer les choses que vous mettez en avant.

ARLEQUIN : Ah! cela va couci-couci.

COLIN : Ça est vrai, Mademoiselle; mais vous serez

---

pus accoutumée à la seconde fois qu'à la première, et de fois en fois vous vous y accoutumerez tout à fait. *(A Arlequin.)* Fais-je bien?

ARLEQUIN : J'aperçois quelque chose de rustique dans les dernières lignes de votre compliment.

COLETTE : Mais oui; il m'est avis qu'il a d'abord galopé de l'amour au mariage.

COLIN : C'est que je suis hâtif; mais j'irai le pas. Je ne dirai pas que vous serez ma femme; mais ça n'empêchera pas que je ne sois voute homme.

COLETTE : Eh bian! le v'là encore embarbouillé dans les épousailles.

COLIN : Morgué! c'est que cette noce est friande, et mon esprit va toujours trottant envars elle.

ARLEQUIN : Vous avez le goût d'une épaisseur!...

COLIN : Bon, bon! laissons tout cela; tenez, je m'en vas, je n'aime pas à être à l'école; je parlerai à l'aventure; laissez venir Madame Damis; pisqu'alle est veuve, alle me fera mieux ma leçon que vous. Adieu, mijaurée; je vous salue, noute magister.

Scène X : Arlequin, Colette.

ARLEQUIN, *à part* : V'là une éducation qui m'a coûté bien de la peine; achevons la vôtre, Mademoiselle. Premièrement, je crois qu'il a raison, quand il vous appelle une mijaurée.

COLETTE : Eh pardi! il n'y a qu'à dire, je serai pus hardie; car je me retians à cette heure-ci. Tenez, ce n'était que mon frère qui m'en contait, dame! ça n'affriole pas. Mais, Monsieur le Chevalier, c'est une autre histoire; sa mine me plaît; vous varrez, vous varrez comme ça me démène le cœur. Voulez-vous que je lui dise que je l'aime? ça me fera biaucoup de plaisir.

ARLEQUIN : Prrrr... comme elle y va! tout le sang de la famille court la poste; patience, mon écolière; je vous disais donc quelque chose..., où en étions-nous?

COLETTE : A l'endroit où j'étais une mijaurée.

ARLEQUIN : Tout juste, et je concluais..., mais je ne conclus plus rien; j'ajouterai seulement ce qui s'ensuit. Quand les révérences seront faites, vous aurez une certaine modestie, qui sera relevée d'une certaine coquetterie...

COLETTE : Je bouterai une pincée de chaque sorte, n'est-ce pas?

ARLEQUIN : Fort bien. Vous serez... timide.

COLETTE : Hélas! pourquoi?

ARLEQUIN : Timide et galante.

COLETTE : Ah! j'entends, je bouterai de ça qui ne dit rian et qui n'en pense pas moins.

ARLEQUIN, *à part* : L'aimable enfant! elle entend ce que je lui dis; et moi, je n'y comprends rien. *(Tout haut.)* Le Chevalier continuera; d'abord il ne sera que poli; petit à petit il deviendra tendre.

COLETTE : Et moi qui le varrai venir, je m'avancerai à l'avenant.

ARLEQUIN : Elle veut toujours avancer.

COLETTE : Je lui baillerai bonne espérance, et je pardrai mon cœur à proportion que j'aurai le sian.

ARLEQUIN : Ma foi, vous y êtes.

---

19. *Siffler la linotte* : instruire un intrigant, une intrigante pour les faire réussir dans les projets qu'on a formés (Littré).

COLETTE : Oh laissez-moi faire; je saurai bien petit à petit manquer de courage, et pis en manquer encore davantage, et pis enfin n'en avoir pus.

ARLEQUIN : Il n'y a plus d'enfants! Mademoiselle, vous dira-t-il en vous abordant, vous voyez le plus humble des vôtres.

COLETTE : Et moi, je vous remarcie de votre humilité, ce li ferai-je.

ARLEQUIN : Que vous êtes aimable! qu'on a de plaisir à vous contempler! ajoutera-t-il, en penchant la tête. Qu'il serait heureux de vous plaire, et qu'un cœur qui vous adore goûterait d'admirables félicités! Ah! ma chère demoiselle, quel tas de charmes! que d'appas! que d'agréments! votre personne en fourmille, ils ne savent où se mettre... Souriez mignardement là-dessus. *(Colette sourit.)* Ah, ma déesse! puis-je espérer que vous aurez pour agréable la tendresse de votre amant!... Regardez-moi honteusement, du coin de l'œil, à présent.

COLETTE, *l'imitant* : Comme ça?

ARLEQUIN : Bon!... Ah! qu'est-ce que c'est que cela? vous me lorgnez d'une manière qui me transporte. Est-ce que vous m'aimeriez? Répondez. Je ne veux qu'un pauvre petit mot. Soupirez à présent...

COLETTE : Bian fort?

ARLEQUIN : Non, d'un soupir étouffé.

COLETTE : Ah!

ARLEQUIN : Oh! après ce soupir-là, il deviendra fou, il ne dira plus que des extravagances; quand vous verrez cela, vous vous rendrez, vous lui direz : je vous aime.

COLETTE : Tenez, tenez, le v'là qui viant; je parie qu'il va me faire repasser ma leçon. Dame! je sais où il me faut rendre, à cette heure.

ARLEQUIN : Adieu donc; je vous mets la bride sur le cou. *(A part.)* Ouais! je crois que mon cœur a cru que je parlais sérieusement.

Scène XI : Le Chevalier,
Colette, Arlequin.

LE CHEVALIER, *à Arlequin* : Mon ami, tu fais ici la pluie et le beau temps; fais durer le dernier, je t'en prie; je suis né reconnaissant.

ARLEQUIN : Mettez-vous en chemin; je vous promets le plus beau temps du monde.

Il se retire.

Scène XI : Le Chevalier,
Colette, Arlequin.

LE CHEVALIER : J'ai quitté la compagnie, je n'ai pu, Mademoiselle, résister à l'envie de vous voir. J'ai perdu mon cœur, une charmante personne me l'a pris, cela m'inquiète, et je viens lui demander ce qu'elle en veut faire. N'êtes-vous pas la receleuse? Donnez-m'en des nouvelles, je vous prie.

COLETTE, *à part* : Oh! pisqu'il a pardu son cœur, nous ne bataillerons pas longtemps. *(Haut.)* Monsieur, pour ce qui est de votre cœur, je ne l'avons pas vu; si vous me disiez la parsonne qui l'a prins, on varrait ça.

LE CHEVALIER : Vous ne la connaissez donc pas?

COLETTE, *faisant la révérence* : Non, Monsieur; je n'avons pas cet honneur-là.

LE CHEVALIER : Vous ne la connaissez pas? Eh! cadédis, je vous prends sur le fait; vous portez les yeux de celle qui m'a fait le vol.

COLETTE, *à part* : Je le vois venir, le malicieux. *(Haut.)* Monsieur, c'est pourtant mes yeux que je porte, je n'empruntons ceux-là de parsonne.

LE CHEVALIER : Parlez, ne vous voyez-vous jamais dans le cristal de vos fontaines?

COLETTE : Oh! si fait, queuquefois en passant.

LE CHEVALIER : Patience; et qui voyez-vous?

COLETTE : Eh! mais, je m'y vois.

LE CHEVALIER : Eh! donc, voilà ma friponne.

COLETTE, *à part* : Hélas! il sera bientôt mon fripon itou.

LE CHEVALIER : Que répondez-vous à ce que je dis?

COLETTE : Dame! ce qui est fait est fait. Votre cœur est venu à moi, je ne li dirai pas de s'en aller; et on ne rend pas cela de la main à la main.

LE CHEVALIER : Me le rendre! quand vous avez tiré dessus, quand vous l'avez incendié, qu'il se portait bien et que vous l'avez fait malade! Non, ma toute belle, je ne veux point d'un incurable.

COLETTE : Queu pitié que tout ça! comment ferai-je donc?

LE CHEVALIER : Ne vous effrayez point; sans crier au meurtre, je trouve un expédient; vous m'avez maltraité le cœur, faites les frais de sa guérison; j'attendrai, je suis accommodant; le vôtre me servira de nantissement, je m'en contente.

COLETTE : Oui-da! vous êtes bian fin! si vous l'aviez une fois, vous me le garderiez peut-être.

LE CHEVALIER : Je vous le garderais! vous sentez donc cela, mignonne? une légion de cœurs, si je vous les donnais, ne payerait pas cette expression affectueuse; mais achevez; vous êtes naïve, développez-vous sans façon, dites le vrai; vous m'aimez?

COLETTE : Oh! ça se peut bian; mais il n'est pas encore temps de le dire.

LE CHEVALIER : Je me mettrais à genoux devant ces paroles, je les savoure, elles fondent comme le miel; mais donc! quand sera-t-il temps de tout dire?

COLETTE : Allez, allez, toujours; je vous garde ça quand je vous varrai dans le transport [20].

LE CHEVALIER : Faites donc vite, car il me prend.

COLETTE : Oh! je ne le veux pas lors, retournons où nous étions. Vous me demandez mon cœur; mais il est tout neuf, et le vôtre a peut-être sarvi.

LE CHEVALIER : Le mien, pouponne, savez-vous ce qu'on en dit dans le monde, le nom qu'on lui donne? on l'appelle *l'indomptable*.

COLETTE : Il a donc pardu son nom maintenant?

LE CHEVALIER : Il ne lui en reste pas une syllabe, vos beaux yeux l'ont dépouillé de tout; je le renonce et je plaide à présent pour en avoir un autre.

COLETTE : Et moi, qui ne sais pas plaider, vous varrez que je pardrai cette cause-là.

---

20. Cf. *la Fausse Suivante*, note 11, p. 168.

LE CHEVALIER *la regarde* : Gageons, ma poule, que l'affaire est faite.

COLETTE, *à part* : Je crois que voici l'endroit de le regarder tendrement.

Elle le regarde.

LE CHEVALIER : Je vous entends, mon âme, ce regard-là décide ; je triomphe, je suis vainqueur ; mais faites doucement, la victoire m'étourdit, je m'égare, la tête me tourne ; ménagez-moi, je vous prie.

COLETTE, *à part* : V'là qui est fait, il est fou ; ça doit me gagner, faut que je parle.

LE CHEVALIER : Le papa vous donne à moi ; signez, paraphez la donation, dites que je vous plais.

COLETTE : Oh ! pour ça, oui, vous me plaisez ; n'y a que faire de pataraphe à ça.

LE CHEVALIER : Vous me ravissez sans me surprendre ; mais voici Madame Damis et le beau-frère ; nos affaires sont faites, ils viennent convenir des leurs. *(A part.)* Retirons-nous.

Colette sort.

Scène XIII : Madame Damis, Colin, le Chevalier.

LE CHEVALIER : Jusqu'au revoir. Monsieur Colin, vous aime-t-on ?

COLIN : Je sommes ici pour voir ça.

LE CHEVALIER : Achevez donc.

Scène XIV : Madame Damis, Colin.

COLIN : Tâchons de bian dire. *(Haut.)* Madame, il est vrai que l'honneur de voir voute biauté est une chose si admirable, que par rapport à noute mariage, dont ce que j'en dis n'est pas que j'en parle..., car mon amitié dont je ne dis mot..., mais... Tenez, je m'embarbouille dans mon compliment, parlons à la franquette ; il n'y a que les mots qui faisont les paroles. J'allons être mariés ensemble, ça me réjouit ; ça vous rend-il gaillarde ?

MADAME DAMIS, *riant* : Il parle un assez mauvais langage, mais il est amusant.

COLIN : Il est vrai que je ne savons pas l'ostographe ; mais, morgué ! je sommes tout à fait drôle ; quand je ris, c'est de bon cœur ; quand je chante, c'est pis qu'un marle, et des chansons j'en savons plein un boissiau ; c'est toujours moi qui mène le branle [21], et pis je saute comme un cabri ; et boute et t'en auras, toujours le pied en l'air ; n'y a que moi qui tiant, hors Mathuraine, da, qui est aussi une sauteuse haut comme une parche. La connaissez-vous ? c'est une bonne criature, et moi aussi ; tenez, je prends le temps comme il viant, et l'argent pour ce qu'il vaut. Je sis riche, vous êtes belle, je vous aime bian, tout ça rime ensemble ; comment me trouvez-vous ?

MADAME DAMIS : Il ne vous manque qu'un peu d'éducation, Colin.

COLIN : Morgué ! l'appétit ne me manque pas, toujours ; c'est le principal ; et pis cette éducation, à quoi ça sart-il ? Est-ce qu'on en aime mieux ? Je gage que non.

---

21. *Mener le branle*, c'est mener la danse (Cf. *la Fausse Suivante*, note 6, p. 159) et, au sens figuré, commander et être suivi de plusieurs autres.

Marions-nous ; vous en varrez la preuve. Vela parler ça.

MADAME DAMIS : Je crois que vous m'aimerez ; mais écoutez, Colin ; il faudra vous conformer un peu à ce que je vous dirai ; j'ai de l'éducation, moi, et je vous mettrai au fait de bien des choses.

COLIN : Bian entendu ; mais avec la parmission de votre éducation, dites-moi, suis-je pas aimable ?

MADAME DAMIS : Assez.

COLIN : Assez ! c'est comme qui dirait pas beaucoup ; mais c'est que la confusion vous rend le cœur chiche ; baillez-moi votre main que je la baise ; ça vous mettra pus en train.

Il lui baise la main.

MADAME DAMIS : Doucement, Colin, vous passez les bornes de la bienséance.

COLIN : Dame ! je vais mon train, moi, sans prendre garde aux bornes ; mais, morgué ! dites-moi de la douceur.

MADAME DAMIS : Cela ne se doit pas.

COLIN : Eh bian ! ça se prête, et je sis bon pour vous le rendre.

MADAME DAMIS : En vérité, l'Amour est un grand maître ! il a déjà rendu ses simplicités agréables.

COLIN : Bon ! vela une belle bagatelle ! voirement vous en varrez bian d'autres.

Scène XV : Madame Damis, Colin, Claudine, Blaise, Arlequin, le Chevalier, Colette, Griffet. On entend les violons.

LE CHEVALIER, *après avoir donné la main à Claudine* : Eh bien ! mes amis, êtes-vous tous d'accord ?

COLIN : Alle me trouve gaillard, et alle dit qu'alle est bian contente ; mais vela des violoneux.

BLAISE : Oui ; c'est une petite politesse que je faisons à ma bru, comme un reste de collation.

LE CHEVALIER : Et le contrat ? Sandis ! c'est le repos de l'amour honnête ; où se tient le notaire ?

BLAISE : Il va venir ; divartissons-nous en l'attendant ; allons, violons, courage. *(La fête se fait ; et, dans le milieu de la fête, on apporte une lettre à Blaise qui dit.)* Eh ! vela le clerc de noute procureux ! Qu'est-ce, Monsieur Griffet ? qu'y a-t-il de nouviau ?

GRIFFET : Lisez, Monsieur.

BLAISE : Tenez mon gendre, dites-moi l'écriture.

LE CHEVALIER *lit* : « J'ai cru devoir vous avertir que M. Rapin fit hier banqueroute, et que l'état dans lequel il laisse ses affaires fait juger qu'il passe en pays étranger ; il doit à plusieurs personnes, et ne laisse pas un sou ; j'ai pris toutes les mesures convenables en pareil cas, j'y suis intéressé moi-même ; mais je ne vois nulle espérance. Mandez-moi cependant ce que vous voulez que je fasse ; j'attends votre réponse, et suis... »

LE CHEVALIER, *pliant la lettre, dit à Blaise* : Blaise, mon ami, il ne me reste plus qu'à vous répéter ce que le procureur a mis au bas de sa missive *(en lui rendant la lettre)* : « et suis ». Car les articles de notre contrat sont passés en pays étranger ; actuellement ils courent la poste. Adieu, Colette, je vous quitte avec douleur.

COLETTE : Vela donc cet homme qui me voulait bailler tout un régiment de cœurs!

LE CHEVALIER : Le régiment, le banqueroutier le réforme, il emporte la caisse.

ARLEQUIN : Ma foi! ce n'est pas grand dommage; mauvaise milice que tout cela, qui ne vaut pas le pain d'amunition [22].

LE CHEVALIER : Je t'entends, faquin.

MADAME DAMIS : Allons, Monsieur le Chevalier, donnez-moi la main; retirons-nous, car il se fait tard.

ARLEQUIN : Bonsoir, la cousine : adieu, le cousin; mes compliments à vos aïeux, à cause du bon sens qu'ils vous ont laissé.

COLIN : Pardi! c'est une accordée de pardue; tu me quittes je te quitte, et vive la joie! Dansons, papa.

ARLEQUIN : Sieur Blaise, vous m'avez pris sur le pied de cent écus par an : il y a un jour que je suis ici; calculons, payez et je pars.

BLAISE : Femme, à quoi penses-tu?

CLAUDINE : Je pense que v'là bien des équipages de chus, et des casaques de reste.

BLAISE : Et moi, je pense qu'il y a encore du vin dans le pot et que j'allons le boire. Allons, enfants, marchez. *(A Arlequin.)* Venez boire itou, vous; bon voyage après, et pis, adieu le biau monde.

---

22. Le *pain d'amunition* est le pain que l'on distribue chaque jour aux soldats dans l'armée, ou dans une place de guerre.

L'ILE DE LA RAISON

OU LES PETITS HOMMES

Coup sur coup, Marivaux propose deux pièces aux Comédiens Français : l'une, c'est la Seconde Surprise de l'amour *qui est reçue le 30 janvier 1727 ; l'autre, c'est* l'Ile de la raison *qui est lue le 3 août 1727. Le succès de cette dernière est tel que les Comédiens Français décident de la présenter au plus tôt et de retarder d'autant la création de* la Seconde Surprise. *Marivaux lui-même, d'ordinaire si discret sur ses propres œuvres, ne peut s'empêcher de le rappeler :* « Quand elle a été faite, ceux à qui je l'ai lue, ceux qui l'ont lue eux-mêmes, tous gens d'esprit, ne finissaient point de la louer. Le beau, l'agréable, tout s'y trouvait, disaient-ils ; jamais, peut-être, lecture de pièce n'a tant fait rire. »

Le jeudi 11 septembre 1727, le Théâtre-Français affiche donc pour la première fois les Petits Hommes ou l'Ile de la raison. *Et au lieu des rires attendus (*« Quand la représentation aurait rabattu la moitié du plaisir qu'elles [*les* choses qui étaient dans la pièce] faisaient dans la lecture, ç'aurait toujours été un grand succès »), *ce furent les sifflets :* « Jamais M. de Marivaux, depuis qu'il traite les matières du bel esprit, n'avait eu un affront aussi marqué » *(Desfontaines). Les recettes de la Comédie-Française tombent, elles, de 1915 livres 10 sols, le soir de la première, à 241 livres 10 sols, le mercredi 17 septembre, pour la quatrième et dernière représentation.*

C'est la fin de la carrière de l'Ile de la raison *sur la scène du Théâtre-Français. Marivaux, mécontent de l'interprétation, fait en vain appel du jugement du public auprès des lecteurs, en publiant la pièce dès octobre 1727. C'est seulement en juin 1950 qu'une compagnie d'amateurs, l'Équipe, la ressuscitera, cette fois aux applaudissements des spectateurs et de quelques critiques, malgré les difficultés que présente la réalisation scénique de cette œuvre dont Marivaux reconnaît qu'elle était trop singulière :* « Point d'intrigue, peu d'action, peu d'intérêt ; ce sujet, tel que je l'avais conçu, n'était point susceptible de tout cela : il était d'ailleurs trop singulier ; et c'est sa singularité qui m'a trompé : elle amusait mon imagination. »

En 1727, Marivaux est sur la défensive. Il commence à être attaqué de toutes parts : l'abbé Desfontaines vient de publier le Dictionnaire néologique, *et Marivaux est un des écrivains qui y est pris à partie. Ailleurs, il se voit qualifié d'*« auteur dont le langage figuré et sublime est le tourment du vulgaire borné, profond dans la métaphysique du cœur, savant dans l'art de philosopher sur les fantômes, et de les faire agir et parler dans la Comédie », *ou encore ridiculisé à la Foire sous les traits d'une certaine Mlle Raffinot.*

Il n'est pas jusqu'aux Comédiens Italiens qui ne le prennent pour cible : c'est qu'ils lui pardonnent mal sa « trahison » *en faveur de leurs rivaux, les Comédiens Français (on ignore si cette* « trahison » *fut précédée d'une brouille entre eux et Marivaux : sans doute l'échec de* l'Héritier de village *y fut-il pour quelque chose, comme la maladie qui tint Silvia à l'écart de l'Hôtel de Bourgogne pendant quelques mois — une maladie où certains ont vu un effet de la jalousie de son mari, Mario ; mais ce ne sont là qu'hypothèses). Le 24 septembre 1727, dans leur revue des nouveautés de la saison intitulée* l'Ile de la folie, *Dominique et Romagnesi ne se privent pas en tout cas de brocarder* l'Ile de la raison.

Enfin, les quolibets dont Marivaux accable le Philosophe de l'Ile de la raison *ne sont pas faits pour lui concilier ces écrivains qui, à la suite de Montesquieu, vont maintenant régner sur les lettres, les* « philosophes » *précisément : Voltaire en particulier ne ménagera jamais ses sarcasmes à celui qu'il appellera un auteur de* « comédie métaphysique ».

Avec l'Ile de la raison, *c'est la première période de la vie de dramaturge de Marivaux qui prend fin. Jamais plus, en dépit de succès isolés, il ne retrouvera au théâtre la fécondité et l'audience des années 1720-1727. C'est d'ailleurs en 1727, semble-t-il, qu'il revient au roman :* la Vie de Marianne *est annoncée dans l'année mais sa première partie ne paraîtra en fait qu'en 1731.*

Eu égard à l'importance historique de l'Ile de la raison, *la Comédie-Française serait dans son rôle en mettant à l'affiche cette œuvre qui, pour inégale qu'elle soit quant à l'action dramatique, est une de celles où Marivaux a exprimé le plus clairement ce qu'il pensait de la façon dont les hommes vivent en société.*

PRÉFACE

J'ai eu tort de donner cette comédie-ci au théâtre. Elle n'était pas bonne à être représentée, et le public lui a fait justice en la condamnant. Point d'intrigue, peu d'action, peu d'intérêt; ce sujet, tel que je l'avais conçu, n'était point susceptible de tout cela : il était d'ailleurs trop singulier; et c'est sa singularité qui m'a trompé : elle amusait mon imagination. J'allais vite en faisant la pièce, parce que je la faisais aisément.

Quand elle a été faite, ceux à qui je l'ai lue [1] ceux qui l'ont lue eux-mêmes, tous gens d'esprit, ne finissaient point de la louer. Le beau, l'agréable, tout s'y trouvait, disaient-ils; jamais, peut-être, lecture de pièce n'a tant fait rire. Je ne me fiais pourtant point à cela : l'ouvrage m'avait trop peu coûté pour l'estimer tant; j'en connaissais tous les défauts que je viens de dire; et dans le détail, je voyais bien des choses qui auraient pu être mieux; mais, telles qu'elles étaient, je les trouvais bien. Et, quand la représentation aurait rabattu la moitié du plaisir qu'elles faisaient dans la lecture, ç'aurait toujours été un grand succès.

Mais tout cela a changé sur le théâtre. Ces *Petits Hommes*, qui devenaient fictivement grands, n'ont point pris. Les yeux ne se sont point plu à cela, et dès lors on a senti que cela se répétait toujours. Le dégoût est venu, et voilà la pièce perdue.

Si on n'avait fait que la lire, peut-être en aurait-on pensé autrement; et, par un simple motif de curiosité, je voudrais trouver quelqu'un qui n'en eût point entendu parler, et qui m'en dît son sentiment après l'avoir lue : elle serait pourtant autrement qu'elle n'est, si je n'avais point songé à la faire jouer.

Je l'ai fait imprimer le lendemain de la représentation [2], parce que mes amis, plus fâchés que moi de sa chute, me l'ont conseillé d'une manière si pressante, que je crois qu'un refus les aurait choqués : ç'aurait été mépriser leur avis que de le rejeter.

Au reste, je n'en ai rien retranché, pas même les endroits que l'on en a blâmés dans le rôle du paysan, parce que je ne les savais pas; et à présent que je les sais, j'avouerai franchement que je ne sens point ce qu'ils ont de mauvais en eux-mêmes. Je comprends seulement que le dégoût qu'on a eu pour le reste les a gâtés, sans compter qu'ils étaient dans la bouche d'un acteur dont le jeu, naturellement fin et délié, ne s'ajustait peut-être point à ce qu'ils ont de rustique.

Quelques personnes ont cru que, dans mon Prologue, j'attaquais la comédie du *Français à Londres* [3]. Je me contente de dire que je n'y ai point pensé, que cela n'est point de mon caractère. La manière dont j'ai jusqu'ici traité les matières du bel esprit est bien éloignée de ces petites bassesses-là; ainsi ce n'est pas un reproche dont je me disculpe, c'est une injure dont je me plains.

PROLOGUE

ACTEURS DU PROLOGUE : LE MARQUIS; LE CHEVALIER; LA COMTESSE; LE CONSEILLER; UN ACTEUR.

LA SCÈNE EST DANS LES FOYERS
DE LA COMÉDIE-FRANÇAISE.

Scène I : Le Marquis, le Chevalier.

LE MARQUIS, *tenant le Chevalier par la main* : Parbleu, Chevalier, je suis charmé de te trouver ici; nous causerons ensemble, en attendant que la comédie commence.

LE CHEVALIER : De tout mon cœur, Marquis.

LE MARQUIS : La pièce que nous allons voir est sans doute tirée de *Gulliver* [4]?

LE CHEVALIER : Je l'ignore. Sur quoi le présumes-tu?

1. Marivaux fait sans doute allusion ici à la lecture de sa pièce devant les Comédiens Français, le 3 août 1727.
2. En effet, la première édition de *l'Ile de la raison ou les Petits Hommes* a été publiée chez P. Prault en octobre 1727, soit moins d'un mois après sa création à la scène (l'approbation étant, elle, datée du 23 septembre 1727). Habituellement, un intervalle de une ou plusieurs années séparait la date d'édition de celle de la première représentation.
3. Comédie de Boissy, créée avec un très vif succès par les Comédiens-Français en 1727, peu avant *l'Ile de la raison*. Cf. ci-dessus, p. 26, note 15 et p. 31, note 20.
4. Il s'agit, évidemment, des *Voyages de Gulliver* dont la traduction française par l'abbé Desfontaines vient de paraître en mai 1727. — Le *Mercure*, dans sa livraison d'août, ayant annoncé que le sujet de la nouvelle comédie de Marivaux était « tiré des *Voyages de Gulliver* », Marivaux rectifie dans ce *Prologue*.

LE MARQUIS : Parbleu, cela s'appelle *les Petits Hommes*; et apparemment que ce sont les petits hommes du livre anglais.

LE CHEVALIER : Mais, il ne faut avoir vu qu'un nain pour avoir l'idée des petits hommes, sans le secours de son livre.

LE MARQUIS, *avec précipitation* : Quoi! sérieusement, tu crois qu'il n'y est pas question de *Gulliver*?

LE CHEVALIER : Eh! que nous importe?

LE MARQUIS : Ce qu'il m'importe? C'est que, s'il ne s'en agissait, je m'en irais tout à l'heure.

LE CHEVALIER, *riant* : Écoute. Il est très douteux qu'il s'en agisse; et franchement, à ta place, je ne voudrais point du tout m'exposer à ce doute-là : je ne m'y fierais pas, car cela est très désagréable, et je partirais sur-le-champ.

LE MARQUIS : Tu plaisantes. Tu le prends sur un ton de railleur. Mais, en un mot, l'auteur, avec cette idée-là, m'a accoutumé à des choses pensées, instructives; et si on ne l'a pas suivi, nous n'aurons rien de tout cela.

LE CHEVALIER, *raillant* : Peut-être bien; d'autant plus qu'en général (et toute comédie à part), nous autres Français, nous ne pensons pas; nous n'avons pas ce talent-là.

LE MARQUIS : Eh! mais nous pensons, si tu le veux.

LE CHEVALIER : Tu ne le veux donc pas trop, toi?

LE MARQUIS : Ma foi, crois-moi, ce n'est pas là notre fort : pour de l'esprit, nous en avons à ne savoir qu'en faire; nous en mettons partout; mais de jugement, de réflexion, de flegme, de sagesse, en un mot, de cela *(mon-*

trant son front), n'en parlons plus, mon cher Chevalier; glissons là-dessus : on ne nous en donne guère; et entre nous, on n'a pas tout le tort.

LE CHEVALIER, *riant* : Eh! eh! eh! eh! je t'admire, mon cher Marquis, avec l'air mortifié dont tu parais finir ta période : mais tu ne m'effrayes point; tu n'es qu'un hypocrite : et je sais bien que ce n'est que par vanité que tu soupires sur nous.

LE MARQUIS : Ah! par vanité : celui-là est impayable.

LE CHEVALIER : Oui, vanité pure. Comment donc! Malepeste! Il faut avoir bien du jugement pour sentir que nous n'en avons point. N'est-ce pas là la réflexion que tu veux qu'on fasse? Je le gage sur la conscience.

LE MARQUIS, *riant* : Ah! ah! ah! parbleu, Chevalier, ta pensée est pourtant plaisante. Sais-tu bien que j'ai envie de dire qu'elle est vraie?

LE CHEVALIER : Très vraie; et, par-dessus le marché, c'est qu'il n'y a rien de si raisonnable que l'aveu que tu en fais. Je t'accuse d'être vain, tu en conviens; tu badines de ta propre vanité : il n'y a peut-être que le Français au monde capable de cela.

LE MARQUIS : Ma foi, cela ne me coûte rien, et tu as raison; un étranger se fâcherait : et je vois bien que nous sommes naturellement philosophes.

LE CHEVALIER : Ainsi, si nous n'avons rien de sensé dans cette pièce-ci, ce ne sera pas à l'esprit de la nation qu'il faudra s'en prendre.

LE MARQUIS : Ce sera au seul Français qui l'aura faite.

LE CHEVALIER : Ah! nous voilà d'accord; et pour achever de te prouver notre raison, va-t'en, par exemple, chez une autre nation lui exposer ses ridicules, et y donner hautement la préférence à la tienne : elle ne sera pas assez forte pour soutenir cela, on te jettera par les fenêtres. Ici tu verras tout un peuple rire, battre des mains, applaudir à un spectacle où on se moque de lui, en le mettant bien au-dessous d'une autre nation qu'on lui compare. L'étranger qu'on y loue n'y rit pas de si bon cœur que lui, et cela est charmant.

LE MARQUIS : Effectivement cela nous fait honneur; c'est que notre orgueil entend raillerie.

LE CHEVALIER : Il est moins neuf que celui des autres. Dans de certains pays sont-ils savants? leur science les charge, ils ne s'y font jamais, ils en sont tout entrepris. Sont-ils sages? c'est avec une austérité qui rebute de leur sagesse. Sont-ils fous, ce qu'on appelle étourdis et badins? leur badinage n'est pas de commerce; il y a quelque chose de rude, de violent, d'étranger à la véritable joie; leur raison est sans complaisance, il lui manque cette douceur que nous avons, et qui invite ceux qui ne sont pas raisonnables à le devenir : chez eux, tout est sérieux, tout y est grave, tout y est pris à la lettre : on dirait qu'il n'y a pas encore assez longtemps qu'ils sont ensemble; les autres hommes ne sont pas encore leurs frères, ils les regardent comme d'autres créatures. Voient-ils d'autres mœurs que les leurs? cela les fâche. Et nous, tout cela nous amuse, tout est bienvenu parmi nous; nous sommes les originaires de tous pays : chez nous le fou y divertit le sage, le sage y corrige le fou sans le rebuter. Il n'y a rien ici d'important, rien de grave que ce qui mérite de l'être. Nous sommes les hommes du monde qui

avons le plus compté avec l'humanité. L'étranger nous dit-il nos défauts? nous en convenons, nous l'aidons à les trouver, nous lui en apprenons qu'il ne sait pas; nous nous critiquons même par galanterie pour lui, ou par égard à sa faiblesse. Parle-t-il des talents? son pays en a plus que le nôtre; il oublie nos livres, et nous admirons les siens. Manque-t-il ici aux égards qu'il nous doit? nous l'en accablons, en l'excusant. Nous ne sommes plus chez nous quand il y est; il faut presque échapper à ses yeux, quand nous sommes chez lui. Toute notre indulgence, tous nos éloges, toutes nos admirations, toute notre justice, est pour l'étranger; enfin notre amour-propre n'en veut qu'à notre nation; celui de tous les étrangers n'en veut qu'à nous, et le nôtre ne favorise qu'eux.

LE MARQUIS : Viens, bon citoyen, viens que je t'embrasse. Morbleu! le titre excepté, je serais fâché à cette heure que dans la comédie que nous allons voir on eût pris l'idée de *Gulliver*; je partirais si cela était. Mais en voilà assez. Saluons la Comtesse, qui arrive avec tous ses agréments.

Scène II : Le Marquis, le Chevalier, la Comtesse, le Conseiller.

LA COMTESSE : Ah! vous voilà, Marquis! Bonjour, Chevalier; êtes-vous venus avec ces dames?

LE MARQUIS : Non, Madame; et nous n'avons fait que nous rencontrer tous deux.

LA COMTESSE : J'ai préféré la comédie à la promenade où l'on voulait m'emmener : et Monsieur a bien voulu me tenir compagnie. Je suis curieuse de toutes les nouveautés : comment appelle-t-on celle qu'on va jouer?

LE CHEVALIER : *Les Petits Hommes*, Madame.

LA COMTESSE : *Les Petits Hommes!* Ah, le vilain titre! Qu'est-ce que c'est que des petits hommes? Que peut-on faire de cela?

LE MARQUIS : Toutes les dames disent que cela ne promet rien.

LA COMTESSE : Assurément, le titre est rebutant; qu'en dites-vous, Monsieur le Conseiller?

LE CONSEILLER : *Les Petits Hommes*, Madame! Eh! oui-da! Pourquoi non? Je trouve cela plaisant. Ce sera peut-être comme dans *Gulliver*; ils sont jolis! Il y a là un grand homme qui les met dans sa poche, ou sur le bout du doigt, et qui en porte cinquante ou soixante sur lui; cela me réjouirait fort.

LE MARQUIS, *riant* : Il sera difficile de vous donner ce plaisir-là. Mais voilà un acteur qui passe; demandons-lui ce que c'est.

Scène III : Tous les acteurs.

LA COMTESSE, *à l'acteur* : Monsieur! Monsieur! Voulez-vous bien nous dire ce que c'est que vos *Petits Hommes*? Où les avez-vous pris?

L'ACTEUR : Dans la fiction, Madame.

LE CONSEILLER : Je me suis bien douté qu'ils n'étaient pas réellement petits.

L'ACTEUR : Cela ne se pouvait, Monsieur, à moins que d'aller dans l'île où on les trouve.

LE CHEVALIER : Ah! ce n'est pas la peine : les nôtres

sont fort bons pour figurer en petlt ; la taille n'y fera rien pour moi.

LE MARQUIS : Parbleu! tous les jours on voit des nains qui ont six pieds de haut. Et d'ailleurs, ne suppose-t-on pas sur le théâtre qu'un homme ou une femme deviennent invisibles par le moyen d'une ceinture [5]?

L'ACTEUR : Et ici on suppose, pour quelque temps seulement, qu'il y a des hommes plus petits que d'autres.

LA COMTESSE : Mais comment fonder cela?

LE MARQUIS : Vous deviez changer votre titre à cause des dames.

L'ACTEUR : Nous ne voulions pas vous tromper; nous vous disons ce que c'est, et vous êtes venus sur l'affiche qui vous promet des petits hommes; d'ailleurs, nous avions mis aussi *l'Ile de la raison*.

LA COMTESSE : *L'Ile de la raison!* Hum! ce n'est pas là le séjour de la joie.

L'ACTEUR : Madame, vous allez voir de quoi il s'agit. Si cette comédie peut vous faire quelque plaisir, ce serait vous l'ôter que de vous en faire le détail : nous vous prions seulement de vouloir bien vous y prêter. On va commencer dans un moment.

LE MARQUIS : Allons donc prendre nos places. Pour moi, je verrai vos hommes tout aussi petits qu'il vous plaira.

ACTEURS DE LA COMÉDIE

LE GOUVERNEUR ; PARMENÈS, *fils du Gouverneur*; FLORIS, *fille du Gouverneur*; BLECTRUE, *conseiller du Gouverneur*; UN INSULAIRE; UNE INSULAIRE; MÉGISTE, *domestique insulaire*; *Suite du Gouverneur*; LE COURTISAN; LA COMTESSE, *sœur du Courtisan*; FONTIGNAC, *Gascon, secrétaire du Courtisan*; SPINETTE, *suivante de la Comtesse*; LE POÈTE; LE PHILOSOPHE; LE MÉDECIN; *Le paysan* BLAISE.

LA SCÈNE EST DANS L'ILE DE LA RAISON.

ACTE PREMIER

Scène I : Un Insulaire,
les huit Européens.

L'INSULAIRE : Tenez, petites créatures, mettez-vous là en attendant que le Gouverneur vienne vous voir : vous n'êtes plus à moi; je vous ai données à lui. Adieu, je vous reverrai encore, avant que de m'en retourner chez moi.

Scène II : Les huit Européens, consternés.

BLAISE : Morgué, que nous velà jolis garçons!

LE POÈTE : Que signifie tout cela! quel sort que le nôtre!

LA COMTESSE : Mais, Messieurs, depuis six mois que

nous avons été pris par cet insulaire qui vient de nous mettre ici, que vous est-il arrivé? car il nous avait séparés, quoique nous fussions dans la même maison. Vous a-t-il regardés comme des créatures raisonnables, comme des hommes?

TOUS, *soupirant* : Ah!

LA COMTESSE : J'entends cette réponse-là.

BLAISE : Quant à ce qui est de moi, noute geolier, sa femme et ses enfants, ils me regardiont tous ni plus ni moins comme un animal. Ils m'appeliont notre ami quatre pattes; ils preniont mes mains pour des pattes de devant, et mes pieds pour celles de darrière.

FONTIGNAC, *Gascon* : Ils ont essayé dé mé nourrir dé graine.

LA COMTESSE : Ils ne me prenaient point non plus pour une fille.

BLAISE : Ah! c'est la faute de la rareté.

FONTIGNAC : Oui-da, lé douté là-dessus est pardonnavle.

LE COURTISAN : Pour moi, j'ai été entre les mains de deux insulaires qui voulaient d'abord m'apprendre à parler comme on le fait aux perroquets.

FONTIGNAC : Ils ont commencé aussi par mé siffler, moi.

BLAISE : Vous a-t-on à tretous appris la langue du pays?

TOUS : Oui.

BLAISE : Bon : tout le monde a donc épelé ici? Mais morgué! n'avons-je plus rian à nous dire? Là, tâtez-vous, camarades; tâtez-vous itou, Mademoiselle.

LA COMTESSE : Quoi?

BLAISE : N'y a-t-il rian à redire après vous? N'y a-t-il rian de changé à voute affaire?

LE PHILOSOPHE : Pourquoi nous dites-vous cela?

BLAISE : Avant que j'abordissions ici, comment étais-je fait? N'étais-je pas gros comme un tonniau, et droit comme une parche?

SPINETTE : Vous avez raison.

BLAISE : Eh bian! n'y a plus ni tonniau, ni parche; tout ça a pris congé de ma personne.

LE MÉDECIN : C'est-à-dire...?

BLAISE : C'est-à-dire que moi qu'on appelait le grand Blaise, moi qui vous parle, il n'y a pus de nouvelles de moi : je ne savons pas ce que je sis devenu; je ne trouve pus dans mon pourpoint qu'un petit reste de moi, qu'un petit criquet qui ne tiant pas pus de place qu'un éparlan.

TOUS : Eh!

BLAISE : Je me sens d'un rapetissement, d'une corpusculence si chiche; je sis si diminué, si chu, que je prenrais de bon cœur une lantarne pour me charcher. Je vois bian que vous êtes aplatis itou; mais me voyez-vous comme je vous vois, vous autres?

FONTIGNAC : Tu l'as dit, paubre éperlan. Et dé moi, que t'en semvle?

BLAISE : Vous? vous êtes de la taille d'un goujon.

FONTIGNAC : Mé boilà.

LE COURTISAN : Et moi, Fontignac, suis-je aussi petit qu'il me paraît que je le suis devenu?

FONTIGNAC : Monsieur, bous êtes mon maître, hommé dé cour et grand seigneur; bous mé demandez cé qué bous êtes; mais jé né bous bois pas; mettez-bous dans un microscope.

LE PHILOSOPHE : Je ne saurais croire que notre petitesse

5. Allusion non à une pièce de Jean-Baptiste Rousseau : *la Ceinture magique*, comme on l'a cru, mais plutôt à quelque farce du répertoire des Italiens.

soit réelle; il faut que l'air de ce pays-ci ait fait une révolution dans nos organes, et qu'il soit arrivé quelque accident à notre rétine, en vertu duquel nous nous croyons petits.

LE COURTISAN : La mort vaudrait mieux que l'état où nous sommes.

BLAISE : Ah! ma foi, ma parsonne est bian diminuée; mais j'aime encore mieux le petit morciau qui m'en reste, que de n'en avoir rian du tout : mais tenez, velà apparemment lé gouvarneu d'ici qui nous lorgne avec une lunette.

Scène III : Le Gouverneur, son fils, sa fille, Blectrue, l'Insulaire, Mégiste, suite du Gouverneur, les huit Européens.

L'INSULAIRE : Les voilà, seigneur.

LE GOUVERNEUR, *de loin, avec une lunette d'approche* : Vous me montrez là quelque chose de bien extraordinaire : il n'y a assurément rien de pareil dans le monde. Quelle petitesse! et cependant ces petits animaux ont parfaitement la figure d'homme, et même à peu près nos gestes et notre façon de regarder. En vérité, puisque vous me les donnez, je les accepte avec plaisir. Approchons.

PARMENÈS, *se saisissant de la Comtesse* : Mon père, je me charge de cette petite femelle-ci, car je la crois telle.

FLORIS, *prenant le Courtisan* : En voilà un que je serais bien aise d'avoir aussi : je crois que c'est un petit mâle.

LE COURTISAN : Madame, n'abusez point de l'état où je suis.

FLORIS : Ah! mon père, je crois qu'il me répond; mais il n'a qu'un petit filet de voix.

L'INSULAIRE : Vraiment, ils parlent; ils ont des pensées, et je leur ai fait apprendre notre langue.

FLORIS : Que cela va me divertir! Ah! mon petit mignon, que vous êtes aimable!

PARMENÈS : Et ma petite femelle, me dira-t-elle quelque chose?

LA COMTESSE : Vous me paraissez généreux, seigneur; secourez-moi, indiquez-moi, si vous le pouvez, de quoi reprendre ma figure naturelle.

PARMENÈS : Ma sœur, ma femelle vaut bien votre mâle.

FLORIS : Oh! j'aime mieux mon mâle que tout le reste; mais ne mordent-ils pas, au moins?

BLAISE, *riant* : Ah! ah! ah!

FLORIS : En voilà un qui rit de ce que je dis.

BLAISE : Morgué! je ne ris pourtant que du bout des dents.

LE GOUVERNEUR : Et les autres?

LE PHILOSOPHE : Les autres sont indignés du peu d'égard qu'on a ici pour des créatures raisonnables.

FONTIGNAC, *avec feu* : Sire, représentez-bous lé mieux fait dé botré royaume. Boilà, cé qué jé suis, sans mé soucier qui mé gâte la taille.

BLAISE : Vartigué! Monsieur le Gouvarneu, ou bian Monsieur le Roi, je ne savons lequeul c'est; et vous,

Mademoiselle sa fille, et Monsieu son garçon, il n'y a qu'un mot qui sarve. Venez me voir avaler ma pitance, vous varrez s'il y a d'homme qui débride mieux; je ne sis pas pus haut que chopaine [6], mais morgué! dans cette chopaine vous y varrez tenir pinte [6].

LE GOUVERNEUR : Il me semble qu'ils se fâchent : allons, qu'on les remette en cage, qu'on leur donne à manger ; cela les adoucira peut-être.

LE COURTISAN, *à Floris, en lui baisant la main* : Aimable dame, ne m'abandonnez pas dans mon malheur.

FLORIS : Eh! voyez donc, mon père, comme il me baise la main! Non, mon petit rat; vous serez à moi, et j'aurai soin de vous. En vérité, il me fait pitié!

LE PHILOSOPHE, *soupirant* : Ah!

BLAISE : Jarnicoton, queu train!

Scène IV : Les Insulaires.

LE GOUVERNEUR : Voilà, par exemple, de ces choses qui passent toute vraisemblance! Nos histoires n'ont-elles jamais parlé de ces animaux-là?

BLECTRUE : Seigneur, je me rappelle un fait; c'est que j'ai lu dans les registres de l'État qu'il y a près deux cents ans qu'on en prit de semblables à ceux-là; ils sont dépeints de même. On crut que c'étaient des animaux, et cependant c'étaient des hommes : car il est dit qu'ils devinrent aussi grands que nous, et qu'on voyait croître leur taille à vue d'œil, à mesure qu'ils goûtaient notre raison et nos idées.

LE GOUVERNEUR : Que me dites-vous là? qu'ils goûtaient notre raison et nos idées? Était-ce à cause qu'ils étaient petits de raison que les dieux voulaient qu'ils parussent petits de corps?

BLECTRUE : Peut-être bien.

LE GOUVERNEUR : Leur petitesse n'était donc que l'effet d'un charme, ou bien qu'une punition des égarements et de la dégradation de leur âme?

BLECTRUE : Je le croirais volontiers.

PARMENÈS : D'autant qu'ils parlent, qu'ils répondent et qu'ils marchent comme nous.

LE GOUVERNEUR : A l'égard de marcher, nous avons des singes qui en font autant. Il est vrai qu'ils parlent et qu'ils répondent à ce qu'on leur dit : mais nous ne savons pas jusqu'où l'instinct des animaux peut aller.

FLORIS : S'ils devenaient grands, ce que je ne crois pas, mon petit mâle serait charmant. Ce sont les plus jolis petits traits du monde, rien de si fin que sa petite taille.

PARMENÈS : Vous n'avez pas remarqué les grâces de ma femelle.

LE GOUVERNEUR : Quoi qu'il en soit, n'ayons rien à nous reprocher. Si leur petitesse n'est qu'un charme, essayons de le dissiper, en les rendant raisonnables : c'est toujours faire une bonne action que de tenter d'en faire une. Blectrue, c'est vous à qui je les confie. Je vous charge du soin de les éclairer; n'y perdez point de temps; interrogez-les; voyez ce qu'ils sont et ce

6. La *chopine* est une ancienne mesure valant la moitié d'une *pinte*, celle-ci représentant un peu moins d'un litre.

qu'ils faisaient; tâchez de rétablir leur âme dans sa dignité, de retrouver quelques traces de sa grandeur. Si cela ne réussit pas, nous aurons au moins fait notre devoir; et si ce ne sont que des animaux, qu'on les garde à cause de leur figure semblable à la nôtre. En les voyant faits comme nous, nous en sentirons encore mieux le prix de la raison, puisqu'elle seule fait la différence de la bête à l'homme.

FLORIS : Et nous reprendrons nos petites marionnettes, s'il n'y a point d'espérance qu'elles changent.

BLECTRUE : Seigneur, dès ce moment je vais travailler à l'emploi que vous me donnez.

Scène V : Blectrue, Mégiste.

BLECTRUE : Mégiste, je vous prie de dire qu'on me les amène ici.

Scène VI

BLECTRUE, seul : Hélas, je n'ai pas grande espérance; ils se querellent, ils se fâchent même les uns contre les autres. On dit qu'il y en a deux tantôt qui ont voulu se battre; et cela ne ressemble point à l'homme.

Scène VII : Blectrue, Mégiste, suite, les huit Européens.

BLECTRUE : Jolies petites marmottes, écoutez-moi; nous soupçonnons que vous êtes des hommes.

BLAISE : Voyez la belle nouvelle qu'il nous apprend là!

FONTIGNAC : Allez, Monsieur, passez à la certitude; jé bous la garantis.

BLECTRUE : Soit.

LE PHILOSOPHE : En doutant que nous soyons des hommes vous nous faites douter si vous en êtes.

BLECTRUE : Point de colère, vous y êtes sujet : ce sont des mouvements de quadrupèdes que je n'aime point à vous voir.

LE PHILOSOPHE : Nous, quadrupèdes!

LA COMTESSE : Quelle humiliation!

FONTIGNAC : Sandis! fortune espiègle, tu mé houspillé rudément.

BLAISE : Par la sangué! vous qui parlez, savez-vous bian que si vous êtes noute prouchain, que c'est tout le bout du monde?

SPINETTE : Maudit pays!

BLECTRUE : Doucement, petits singes; apaisez-vous, je ne demande qu'à sortir d'erreur; et le parti que je vais prendre pour cela, c'est de vous entretenir chacun en particulier, et je vais vous laisser un moment ensemble pour vous y déterminer : calmez-vous, nous ne vous voulons que du bien; si vous êtes des hommes, tâchez de devenir raisonnables : on dit que c'est pour vous le moyen de devenir grands.

Scène VIII : Les huit Européens.

FONTIGNAC : Qué beut donc dire cé vouffon, avec son débénez raisonnavles? Peut-on débénir cé qué l'on est?

S'il né fallait qué dé la raison pour être grand dé taillé, jé passérais lé chêné en hauteur.

BLAISE : Bon, bon! vous prenez bian voute temps pour des gasconnades! pensons à noute affaire.

LE POÈTE : Pour moi, je crois que c'est un pays de magie, où notre naufrage nous a fait aborder.

LE PHILOSOPHE : Un pays de magie! idée poétique que cela, Monsieur le Poète, car vous m'avez dit que vous l'étiez.

LE POÈTE : Ma foi, Monsieur de la philosophie, car vous m'avez dit que vous l'aimiez, une idée de poète vaut bien une vision de philosophe.

BLAISE : Morgué! si je ne m'y mets, velà de la fourmi qui se va battre : paix donc là, grenaille.

FONTIGNAC : Eh! Messieurs, un peu dé concordé dans l'état présent de nos affaires.

BLAISE : Jarnigué, acoutez-moi; il me viant en pensement queuque chose de bon sur les paroles de ç'ti-là qui nous a boutés ici. Les gens de ce pays l'appelont l'île de la Raison, n'est-ce pas? il faut donc que les habitants s'appelaint les Raisonnables; car en France il n'y a que des Français, en Allemagne des Allemands, et à Passy des gens de Passy, et pas un Raisonnable parmi ça : ce n'est que des Français, des Allemands, des gens de Passy. Les Raisonnables, ils sont dans l'île de la Raison; ça vaut tout seul.

LE PHILOSOPHE : Eh! finis, mon ami, finis; tu nous ennuies.

BLAISE : Eh bian! vous avez le temps de vous ennuyer : patience. Je dis donc que j'ai entendu dire par le seigneur de noute village, qui était un songe-creux, que ceux-là qui n'étiont pas raisonnables devenoient bian petits en la présence de ceux-là qui étiont raisonnables. Je ne voyions goutte à son idée en ce temps-là : mais morgué! en véci la vérification dans ce pays. Je ne sommes que des Français, des Gascons, ou autre chose; je nous trouvons avec des Raisonnables, et velà ce qui nous rapetisse la taille.

LE POÈTE : Comme si les Français n'étaient pas raisonnables.

BLAISE : Eh! morgué, non : ils ne sont que des Français; ils ne pourront pas être nés natifs de deux pays.

FONTIGNAC : Cadédis, pour moi, jé troubé l'imagination essélenté; il faut que cet homme soit dé racé gasconne, en bérité; et j'adopté sa pensée : sauf lé respect que jé dois à tous, je prendrai seulement la liberté dé purger son discours dé la broussaillé qui s'y troube. Jé dis donc que plus jé vous regardé, et plus jé me fortifie dans l'idée dé cé rustré; notré pétitesse, sandis, n'est pas uniforme; rémarquez, Messieurs, qu'ellé va par échélons.

BLAISE : Toujours en dévalant, toujours de pis en pis.

LE PHILOSOPHE : Eh! laissons de pareilles chimères.

BLAISE : Eh! morgué, laissez-li bailler du large à ma pensée.

FONTIGNAC : Jé bous parlais d'échélons : eh! pourquoi ces échélons, cadédis?

BLAISE : C'est peut-être parce qu'il y en a de plus fous les uns que les autres.

FONTIGNAC : Cet hommé dit d'or; jé pensé qué c'est lé dégré de folie qui réglé la chose; et qu'ainsi né soit, régardé cé paysan; cé n'est qu'un rustré.

BLAISE : Eh! là, là, n'appuyez pas si farme.

FONTIGNAC : Et cépendant cé rustré, il est lé plus grand dé nous tous.

BLAISE : Oui, je sis le plus sage de la bande.

FONTIGNAC : Non pas lé plus sagé, mais lé moins frappé dé folie, et jé né m'en étonné pas; lé champ dé vataillé dé l'extrabagancé, boyez-bous! c'est lé grand mondé, et cé paysan né lé connaît pas, la folie né l'attrapé qué dé loin; et boilà cé qui lui rend ici la taillé un peu plus longué.

BLAISE : La foulie vous blesse tout à fait, vous autres; alle ne fait que m'égratigner, moi : stapendant, voyez que j'ai bon air avec mes égratignures.

FONTIGNAC : En suibant lé dégré, j'arribe après lui, moi; plus pétit qué lui, mais plus grand qué les autres. Jé né m'en étonné pas non plus; dans lé mondé, jé né suis qué suvalterne, et jé n'ai jamais eu lé moyen d'être aussi fou que les autres.

BLAISE : Oh! à voir voute taille, vous avez eu des moyans de reste.

FONTIGNAC : Jé continué ma rondé, et Spinette mé suit.

BLAISE : En effet, la chambrière n'est pas si petiote que la maîtresse; faut bian qu'alle ne soit pas si folle.

FONTIGNAC : Ellé né bient pourtant qu'après nous, et c'est qué la raison des femmes est toujours un peu plus dévilé qué la nôtre.

SPINETTE : A quelque impertinence près, tout cela me paraîtrait assez naturel.

LE PHILOSOPHE : Et moi, je le trouve pitoyable.

BLAISE : Morgué! tenez, philosophe, vous qui parlez, voute taille est la plus malingre de toutes.

FONTIGNAC : Oui, c'est la plus inapèrcevable, cellé qui rampé lé plus; et la raison en est vonne. Monsieur lé Philosophé nous a dit dans lé baisseau qu'il abait quitté la France dé peur dé loger à la Vastille.

BLAISE : Vous n'êtes pas chanceux en aubarges.

FONTIGNAC : Et qu'actuellément il s'enfuyait pour un pétit libré dé sciencé, dé pétits mots hardis, dé pétits sentiments; et franchément tant dé pétitesses pourraient vien nous aboir produit lé pétit hommé à qui jé parlé. Bénons à Monsieur lé Poète.

BLAISE : Il est, morgué! bian écrasé.

LE POÈTE : Je n'ai pourtant rien à reprocher à ma raison.

FONTIGNAC : Des gens dé botré métier, cépendant lé von sens n'en est pas célébré; n'abez-bous pas dit qué bous étiez en boyagé pour une épigrammé?

LE POÈTE : Cela est vrai. Je l'avais faite contre un homme puissant qui m'aimait assez, et qui s'est scandalisé mal à propos d'un pur jeu d'esprit.

BLAISE : Pauvre faiseux de vars. Il y a comme ça des gens de mauvaise himeur qui n'aimont pas qu'on les vilipende.

FONTIGNAC, *à la Comtesse* : A bous lé dez, Madame.

LA COMTESSE : Taisez-vous, vos raisonnements ne me plaisent pas.

BLAISE : Il n'y a qu'à la voir pour juger du paquet. Et noute médecin?

FONTIGNAC : Jé l'ouvliais; dé la profession dont il est, sa critiqué est touté faite.

LE MÉDECIN : Bon! vous nous faites là de beaux contes!

FONTIGNAC, *parlant du Courtisan* : Jé n'interrogé pas Monsieur, dé qui jé suis lé sécrétaire depuis dix ans, et qué lé hazard a fait naître en France, quoiqué dé famille espagnolé; il allait bicé-roi dans les Indes abec Madamé sa sœur, et Spinetté, cette agréavlé fillé dé qui jé suis tomvé épris dans lé boyage.

LE COURTISAN : Je ne crois pas, Monsieur de Fontignac, que vous m'ayez vu faire des folies.

FONTIGNAC : Monsieur, le respect mé fermé la vouche, et jé bous renboie à botré taillé.

BLAISE : En effet, faut que vous ayez de maîtres vartigots dans voute tête.

FONTIGNAC : Paix, silencé; boilà notre hommé qui rébient.

Scène IX : Blectrue, un domestique, les huit Européens.

BLECTRUE : Allons, mes petits amis, lequel de vous veut lier le premier conversation avec moi?

LE POÈTE : C'est moi; je serai bien aise de savoir ce dont il s'agit.

BLAISE : Morgué! je voulais venir, moi; je viandrai donc après?

BLECTRUE : Allons, soit; qu'on remène les autres.

LE PHILOSOPHE : Et moi, je ne veux plus paraître; je suis las de toutes ces façons.

BLECTRUE : J'ai toujours remarqué que ce petit animal-là a plus de férocité que les autres; qu'on le mette à part, de peur qu'il ne les gâte.

Scène X : Blectrue, le Poète.

BLECTRUE : Allons, causons ensemble; j'ai bonne opinion de vous, puisque vous avez déjà eu l'instinct d'apprendre notre langue.

LE POÈTE : Seigneur Blectrue, laissons là l'instinct, il n'est fait que pour les bêtes. Il est vrai que nous sommes petits.

BLECTRUE : Oh! extrêmement.

LE POÈTE : Ou du moins vous nous croyez tels, et nous aussi; mais cette petitesse réelle ou fausse ne nous est venue que depuis que nous avons mis le pied sur vos terres.

BLECTRUE : En êtes-vous bien sûr? *(A part.)* Cela ressemblerait à l'article dont il est fait mention dans nos registres.

LE POÈTE : Je vous dis la vérité.

BLECTRUE, *l'embrassant* : Petit bonhomme, veuille le ciel que vous ne vous trompiez pas, et que ce soit mon semblable que j'embrasse dans une créature pourtant si méconnaissable! Vous me pénétrez de compassion pour vous. Quoi! vous seriez un homme?

LE POÈTE : Hélas! oui.

BLECTRUE : Eh! qui vous a donc mis dans l'état où vous êtes?

LE POÈTE : Je n'en sais ma foi rien.

BLECTRUE : Ne serait-ce pas que vous seriez déchu de la grandeur d'une créature raisonnable? Ne porteriez-vous pas la peine de vos égarements?

LE POÈTE : Mais, seigneur Blectrue, je ne les connais pas. Ne serait-ce pas plutôt un coup de magie?

BLECTRUE : Je n'y connais point d'autre magie que vos faiblesses.

LE POÈTE : Croyez-vous, mon cher ami?

BLECTRUE : N'en doutez point, mon cher : j'ai des raisons pour vous dire cela, et je me sens saisi de joie, puisque vous commencez à le soupçonner vous-même. Je crois vous reconnaître à travers le déguisement humiliant où vous êtes : oui, la petitesse de votre corps n'est qu'une figure de la petitesse de votre âme.

LE POÈTE : Eh bien! seigneur Blectrue, charitable insulaire, conduisez-moi, je me remets entre vos mains; voyez ce qu'il faut que je fasse. Hélas! je sais que l'homme est bien peu de chose.

BLECTRUE : C'est le disciple des dieux, quand il est raisonnable; c'est le compagnon des bêtes quand il ne l'est point.

LE POÈTE : Cependant, quand j'y songe, où sont mes folies?

BLECTRUE : Ah! vous retombez en arrière.

LE POÈTE : Je ne saurais me voir définir le compagnon des bêtes.

BLECTRUE : Je ne dis pas encore que ma définition vous convienne; mais voyons : que faisiez-vous dans le pays dont vous êtes?

LE POÈTE : Vous n'avez point dans votre langue de mot pour définir ce que j'étais.

BLECTRUE : Tant pis. Vous étiez donc quelque chose de bien étrange?

LE POÈTE : Non, quelque chose de très honorable; j'é-tais homme d'esprit et bon poète.

BLECTRUE : Poète! est-ce comme qui dirait marchand?

LE POÈTE : Non, des vers ne sont pas une marchandise, et on ne peut pas appeler un poète un marchand de vers. Tenez, je m'amusais dans mon pays à des ouvrages d'esprit, dont le but était, tantôt de faire rire, tantôt de faire pleurer les autres.

BLECTRUE : Des ouvrages qui font pleurer! cela est bien bizarre.

LE POÈTE : On appelle cela des tragédies, que l'on récite en dialogues, où il y a des héros si tendres, qui ont tour à tour des transports de vertu et de passion si merveilleux; de nobles coupables qui ont une fierté si étonnante, dont les crimes ont quelque chose de si grand, et les reproches qu'ils s'en font sont si magnanimes; des hommes enfin qui ont de si respectables faiblesses, qui se tuent quelquefois d'une manière si admirable et si auguste, qu'on ne saurait les voir sans en avoir l'âme émue et pleurer de plaisir. Vous ne me répondez rien.

BLECTRUE, surpris, l'examine sérieusement : Voilà qui est fini, je n'espère plus rien; votre espèce me devient plus problématique que jamais. Quel pot-pourri de crimes admirables, de vertus coupables et de faiblesses augustes! il faut que leur raison ne soit qu'un coq-à-l'âne. Continuez.

LE POÈTE : Et puis, il y a des comédies où je représentais les vices et les ridicules des hommes.

BLECTRUE : Ah! je leur pardonne de pleurer là.

LE POÈTE : Point du tout; cela les faisait rire.

BLECTRUE : Hem?

LE POÈTE : Je vous dis qu'ils riaient.

BLECTRUE : Pleurer où l'on doit rire et rire où l'on doit pleurer! les monstrueuses créatures!

LE POÈTE, à part : Ce qu'il dit là est assez plaisant.

BLECTRUE : Et pourquoi faisiez-vous ces ouvrages?

LE POÈTE : Pour être loué, et admiré même, si vous voulez.

BLECTRUE : Vous aimiez donc bien la louange?

LE POÈTE : Eh mais! c'est une chose très gracieuse.

BLECTRUE : J'aurais cru qu'on ne la méritait plus quand on l'aimait tant.

LE POÈTE : Ce que vous dites là peut se penser.

BLECTRUE : Et quand on vous admirait, et que vous croyiez en être digne, alliez-vous dire aux autres : Je suis un homme admirable?

LE POÈTE : Non, vraiment; cela ne se dit point; j'aurais été ridicule.

BLECTRUE : Ah! j'entends. Vous cachiez que vous étiez un ridicule, et vous ne l'étiez qu'*incognito*.

LE POÈTE : Attendez donc, expliquons-nous; comment l'entendez-vous? je n'aurais donc été qu'un sot, à votre compte?

BLECTRUE : Un sot admiré; dans l'éclaircissement voilà tout ce qu'on y trouve.

LE POÈTE, étonné : Il semblerait qu'il dît vrai.

BLECTRUE : N'êtes-vous pas de mon sentiment? voyez-vous cela comme moi?

LE POÈTE : Oui, assez; et en même temps je sens un mouvement intérieur que je ne puis expliquer.

BLECTRUE : Je crois voir aussi quelque changement à votre taille. Courage, petit homme; ouvrez les yeux.

LE POÈTE : Souffrez que je me retire, je veux réfléchir tout seul sur moi-même : il y a effectivement quelque chose d'extraordinaire qui se passe en moi.

BLECTRUE : Allez, mon fils, allez; faites de sérieuses réflexions sur vous; tâchez de vous mettre au fait de toute votre sottise. Ce n'est pas là tout, sans doute, et nous nous reverrons, s'il le faut.

Scène XI

BLECTRUE : Je suis charmé, mes espérances renaissent; il faut voir les autres. Y a-t-il quelqu'un?

Scène XII : Blectrue, Mégiste.

BLECTRUE : Faites-moi voir la plus grande de ces petites créatures.

MÉGISTE : Vous savez qu'on les a toutes mises chacune dans une cage. Amènerai-je celle que vous demandez dans la sienne?

BLECTRUE : Eh bien! amenez-la comme elle est.

Scène XIII

BLECTRUE : Je veux voir pourquoi elle n'est pas si petite que les autres; cela pourra encore m'apprendre quelque chose sur leur espèce. Quelle joie de les voir semblables à nous!

Scène XIV : Blectrue, *Mégiste, suite, Blaise, en cage.*

BLAISE : Parlez donc, noute ami Blectrue : eh! morgué, est-ce qu'on nous prend pour des oiseaux? avons-je de la pleume pour nous tenir en cage? Je sis là comme une volaille qu'on va mener vendre à la vallée. Mettez-moi donc plutôt dindon de basse-cour.

BLECTRUE : Ne tient-il qu'à vous ouvrir votre cage pour vous rendre content? tenez, la voilà ouverte.

BLAISE : Ah! pargué, faut que vous radotiez, vous autres, pour nous enfarmer. Allons, de quoi s'agit-il?

BLECTRUE : Vous n'êtes, dit-on, devenus petits qu'en entrant dans notre île. Cela est-il vrai?

BLAISE : Tenez, velà l'histoire de noute taille. Dès le premier pas ici, je me sis aparçu dévaler jusqu'à la ceinture; et pis, en faisant l'autre pas, je n'allais pus qu'à ma jambe; et pis je me sis trouvé à la cheville du pied.

BLECTRUE : Sur ce pied-là il faut que vous sachiez une chose.

BLAISE : Deux, si vous voulez.

BLECTRUE : Il y a deux siècles qu'on prit ici de petites créatures comme vous autres.

BLAISE : Voulez-vous gager que je sommes dans leur cage?

BLECTRUE : On les traita comme vous; car ils n'étaient pas plus grands; mais ensuite ils devinrent tout aussi grands que nous.

BLAISE : Eh! morgué, depuis six mois j'épions pour en avoir autant : apprenez-moi le secret qu'il faut pour ça. Pargué, si jamais voute chemin s'adonne jusqu'à Passy, vous varrez un brave homme; je trinquerons d'importance. Dites-moi ce qu'il faut faire.

BLECTRUE : Mon petit mignon, je vous l'ai déjà dit; rien que devenir raisonnable.

BLAISE : Quoi! cette marmaille guarit par là?

BLECTRUE : Oui. Apparemment qu'elle ne l'était pas; et sans doute vous êtes de même?

BLAISE : Eh! palsangué, velà donc mon compte de tantôt avec les échelons du Gascon; velà ce que c'est; vous avez raison, je sis pas raisonnable.

BLECTRUE : Que cet aveu-là me fait plaisir! Mon petit ami, vous êtes dans le bon chemin; poursuivez.

BLAISE : Non, morgué! je n'ons pas de raison, c'est ma pensée. Je ne sis qu'un nigaud, qu'un butor, et je le soutianrons dans le carrefour à son de trompe, afin d'en être pus confus; car, morgué! ça est honteux.

BLECTRUE : Fort bien. Vous pensez à merveille. Ne vous lassez point.

BLAISE : Oui, ça va fort bian. Mais parlez donc : cette taille ne pousse point.

BLECTRUE : Prenez garde; l'aveu que vous faites de manquer de raison n'est peut-être pas comme il faut; peut-être ne le faites-vous que dans la seule vue de rattraper votre figure?

BLAISE : Eh! vraiment non.

BLECTRUE : Ce n'est pas assez. Ce ne doit pas être là votre objet.

BLAISE : Pargué! il en vaut pourtant bian la peine.

BLECTRUE : Eh! mon cher enfant, ne souhaitez la raison que pour la raison même. Réfléchissez sur vos folies pour en guérir; soyez-en honteux de bonne foi : c'est de quoi il s'agit apparemment.

BLAISE : Morgué! me velà bian embarrassé. Si je savions écrire, je vous griffonnerions un petit mémoire de mes fredaines : ça serait pus tôt fait. Encore ma raison et mon impartinence sont si embarrassées l'une et l'autre, que tout ça fait un ballot où je ne connais pus rian. Traitons ça par demande et par réponse.

BLECTRUE : Je ne saurais; car je n'ai presque point l'idée de ce que vous êtes. Mais repassez cela vous-même, et excitez-vous à aimer la raison.

BLAISE : Ah! jarnigué, c'est une balle chose, si alle n'était pas si difficile!

BLECTRUE : Voyez la douceur et la tranquillité qui règnent parmi nous; n'en êtes-vous pas touché?

BLAISE : Ça est vrai; vous m'y faites penser. Vous avez des faces d'une bonté, des physionomies si innocentes, des cœurs si gaillards...

BLECTRUE : C'est l'effet de la raison.

BLAISE : C'est l'effet de la raison? Faut qu'alle soit d'un grand rapport! Ça me ravit d'amiquié pour alle. Allons, mon ami, je ne vous quitte pus. Me velà honteux, me velà enchanté, me velà comme il faut. Baillez-moi cette raison, et gardez ma taille. Oui, mon ami, un homme de six pieds n'vaut pas une marionnette raisonnable; c'est mon darnier mot et ma darnière parole. Eh! tenez, tout en vous contant ça, velà que je sis en transport. Ah! morgué, regardez-moi bian! lorgnez-moi; je crois que je hausse. Je ne sis pus à la cheville de voute pied, j'attrape voute jarretière.

BLECTRUE : O ciel! quel prodige! ceci est sensible.

BLAISE : Ah! jarnigoi, velà que ça reste là.

BLECTRUE : Courage. Vous n'aimez pas plus tôt la raison, que vous en êtes récompensé.

BLAISE, *étonné et hors d'haleine* : Ça est vrai; j'en sis tout stupéfait : mais faut bian que je ne l'aime pas encore autant qu'alle en est daigne; ou bian, c'est que je ne mérite pas qu'alle achève ma délivrance. Acoutez-moi, je vous dirai que je sis premièrement un ivrogne; parsonne n'a siroté d'aussi bon appétit que moi. J'ons si souvent pardu la raison, que je m'étonne qu'alle puisse me retrouver alle-même.

BLECTRUE : Ah! que j'ai de joie! Ce sont des hommes, voilà qui est fini. Achevez, mon cher semblable, achevez; encore une secousse.

BLAISE : Hélas! j'avons un tas de fautes qui est trop grand pour en venir à bout; mais, quant à ce qui est de cette ivrognerie, j'ons toujours fricassé tout mon argent pour alle : et pis, mon ami, quand je vendions nos denrées, combian de chalands n'ons-je pas fourbés, sans parmettre au gens de me fourber itou! ça est bian malin!

BLECTRUE : A merveille.

BLAISE : Et le compère Mathurin, que n'ons-je pas fait pour mettre sa femme à mal ? Par bonheur qu'alle a toujours été rudânière envars moi ; ce qui fait que je l'en remarcie ; mais, dans la raison, pourquoi vouloir se ragoûter de l'honneur d'un compère, quand on ne voudrait pas qu'il eût appétit du nôtre ?

BLECTRUE : Comme il change à vue d'œil !

BLAISE : Hélas ! oui, ma taille s'avance ; et c'est bian de la grâce que la raison me fait ; car je sis un pauvre homme. Tenez, mon ami ; j'avais un quarquier de vaigne avec un quarquier de pré ; je vivions sans ennui avec ma sarpe et mon labourage ; le capitaine Duflot viant làdessus, qui me dit comme ça : « Blaise, veux-tu me sarvir dans mon vaissiau ? Veux-tu venir gagner de l'argent ? » Ne velà-t-il pas mes oreilles qui se dressent à ce mot d'*argent*, comme les oreilles d'une bourrique ? Velà-t-il pas que je quitte, sauf voute respect, bétail, amis, parents ? Ne vas-je pas m'enfarmer dans cette baraque de planches ? Et pis le temps se fâche, velà un orage, l'iau gâte nos vivres ; il n'y a pus ni pâte ni faraine. En ! qu'est-ce que c'est que ça ? An pleure, an crie, an jure, an meurt de faim ; la baraque enfonce ; les poissons mangeont Monsieur Duflot, qui les aurait bian mangés li-même. Je nous sauvons une demi-douzaine. Je rapetissons en arrivant. Velà tout l'argent que me vaut mon équipée. Mais, morgué ! j'ons fait connaissance avec cette raison, et j'aime mieux ça que toute la boutique d'un orfèvre. Tenez, ami Blectrue, considérez ; velà encore une crue qui me prend : on dirait d'un agioteux [7] ; je devians grand tout d'un coup ; me velà comme j'étais !

BLECTRUE, *l'embrassant* : Vous ne sauriez croire avec quelle joie je vois votre changement.

BLAISE : Vartigué ! que je vas me moquer de mes camarades ! que je vas être glorieux ! que je vas me carrer.

BLECTRUE : Ah ! que dites-vous là, mon cher ? Quel sentiment bête ! Vous redevenez petit.

BLAISE : Eh ! morgué, ça est vrai ; me velà rechuté, je raccourcis. A moi ! à moi ! Je me repens. Je demande pardon. Je fais vœu d'être humble. Jamais pus de vanité, jamais... Ah !... ah ! ah ! ah ! Je retorne !

BLECTRUE : N'y revenez plus.

BLAISE : Le bon secret que l'humilité pour être grand ! Qu'est-ce qui dirait ça ? Que je vous embrasse, camarade. Mon père m'a fait, et vous m'avez refait.

BLECTRUE : Ménagez-vous donc bien désormais.

BLAISE : Oh ! morgué, de l'humilité, vous dis-je. Comme cette gloire mange la taille ! Oh ! je n'en dépenserai pus en suffisance.

BLECTRUE : Il me tarde d'aller porter cette bonne nouvelle-là au roi.

BLAISE : Mais dites-moi, j'ons piquié de mes pauvres camarades ; je prends de la charité pour eux. Ils valont mieux que moi : je sis le pire de tous ; faut les secourir ; et tantôt, si vous voulez, je leur ferai entendre raison. Drès qu'ils me varront, ma présence les sarmonnera ; faut

qu'ils deviennent souples, et qu'ils restiont parclus d'étonnement.

BLECTRUE : Vous raisonnez fort bien.

BLAISE : Vraiment ! grand marci à vous.

BLECTRUE : Vous vaudrez mieux qu'un autre pour les instruire ; vous sortez du même monde, et vous aurez des lumières que je n'ai point.

BLAISE : Oh ! que vous n'avez point ! ça vous plaît à dire. C'est vous qui êtes le soleil ; et je ne sis pas tant seulement la lune auprès de vous, moi : mais je ferons de mon mieux, à moins qu'ils ne me rebutiont à cause de ma chétive condition.

BLECTRUE : Comment, chétive condition ! Vous m'avez dit que vous étiez un laboureur.

BLAISE : Et c'est à cause de ça.

BLECTRUE : Et ils vous mépriseraient ! O raison humaine, peut-on t'avoir abandonnée jusque-là ! Eh bien ! tirons parti de leur démence sur votre chapitre ; qu'ils soient humiliés de vous voir plus raisonnable qu'eux, vous dont ils font si peu de cas.

BLAISE : Et qui ne sais ni B ni A. Morgué ! faudrait se mettre à genoux pour acouter voute bon sens. Mais je pense que velà un de nos camarades qui viant.

Scène XV : Blectrue, Mégiste, Blaise, Fontignac.

MÉGISTE : Seigneur Blectrue, en voilà un qui veut absolument vous parler.

Scène XVI : Blectrue, Blaise, Fontignac.

FONTIGNAC : Sandis ! maîtré Vlaisé, n'ai-je pas la verlue ? Estés-bous l'éperlan dé tantôt ?

BLAISE : Oui, frère ; velà le poulet qui viant de sortir de sa coquille.

BLECTRUE : Il ne tiendra qu'à vous qu'il vous en arrive autant, petit bonhomme.

FONTIGNAC : Eh ! cadédis, jé m'en murs, et jé bénais en consultation là-dessus.

BLECTRUE : Tenez, il en sait le moyen, lui ; et je vous laisse ensemble.

Scène XVII : Fontignac, Blaise.

FONTIGNAC : Allons, mon ami, jé rémets lé petit goujon entré bos mains ; jé bous en récommandé la métamorphosé.

BLAISE : Il n'y a rian de si aisié. Boutez de la raison làdedans ; et pis, zeste [8], tout le corps arrive.

FONTIGNAC : Comment, dé la raison ! Tantôt nous avons donc déviné juste !

BLAISE : Oui, j'avions mis le nez dessus. Il n'y a qu'à bian persuadé qu'ous êtes une bête, et à déclarer en quoi.

---

7. « D'agio est venu le terme d'*agioteur*, donné odieusement en France à ceux qui font le commerce des papiers publics. » (Melon, *Essai politique sur le Commerce*.)

8. Dans son *Dictionnaire comique, satyrique, critique, burlesque, libre et proverbial*, Leroux retient : « Réponse, *zeste*, pour je m'en moque, je ne crains rien. »

FONTIGNAC : Uné bêté? Né pourrait-on changer l'épi-thété? Ce n'est pas que j'y répugné.

BLAISE : Nenni, morgué! c'est la plus balle pensée qu'ous aurez de voute vie.

FONTIGNAC : Écoutez-moi, galant hommé; n'est-cé pas ses imperfétions qu'il faut reconnaîtré?

BLAISE : Fort bian.

FONTIGNAC : Eh donc! la vêtisé n'est pas dé mon lot. Cé n'est pas là qué gît mon mal : c'était lé bôtré; chacun a lé sien. Jé né prétends pourtant pas mé ménager, car jé né m'estimé plus; mais dans la réflétion, jé mé troubé moins imvécile qu'impertinent, moins sot qué fat.

BLAISE : Bon, morgué! c'est ce que je voulons dire : ça va grand train. Il baille appétit de s'accuser, ce garçon-là. Est-ce là tout?

FONTIGNAC : Non, non : mettez qué jé suis mentur.

BLAISE : Sans doute, puisqu'ous êtes Gascon; mais est-ce par couteume ou par occasion?

FONTIGNAC : Entré nous, tout mé sert d'occasion; ainsi comptez pour habitudé.

BLAISE : Qu'est-ce que c'est que ça? Un homme qui ment, c'est comme un homme qui a pardu la parole.

FONTIGNAC : Comment ça sé fait-il? car jé suis mentur et vavillard en même temps.

BLAISE : N'importe, maugré qu'ous soyez bavard, mon dire est vrai; c'est que ç'ti-là qui ment ne dit jamais la parole qu'il faut, et c'est comme s'il ne sonnait mot.

FONTIGNAC : Jé né hais pas cetté pensée; elle est fantasqué.

BLAISE : Revenons à vos misères. Retornez vos poches; montrez-moi le fond du sac.

FONTIGNAC : Jé mé réproché d'avoir été empoisonnur.

BLAISE, *se reculant* : Oh! pour de c'ti-là, il me faut du conseil; car faura peut-être vous étouffer pour vous guarir, voyez-vous! et je sis obligé d'en avartir les habitants.

FONTIGNAC : Cé n'est point lé corps qué j'empoisonnais, jé faisais mieux.

BLAISE : C'est peut-être les rivières?

FONTIGNAC : Non : pis qué tout céla.

BLAISE : Eh! morgué, parlez vite.

FONTIGNAC : C'est l'esprit des hommés qué jé corrompais; jé lés rendais abeuglés; en un mot, j'étais un flattur.

BLAISE : Ah! patience; car d'abord voute poison avait bien mauvaise meine; mais ça est épouvantable, et je sis tout escandalisé.

FONTIGNAC : Jé mé détesté. Imaginez-bous qué du ridiculé dé mon maîtré, il y en a plus dé moitié dé ma façon.

BLAISE : Faut bian soupirer de cette affaire-là.

FONTIGNAC : J'en respiré à peine.

BLAISE : Vous allez donc hausser?

FONTIGNAC : Jé n'en douté pas à cé qué jé sens. Suibez-moi, jé veux qué lé prodigé éclaté aux yeux dé Spinette et dé mon maîtré. N'attendons pas, courons; jé suis pressé.

BLAISE : Allons vite, et faisons que tous nos camarades aient leur compte.

ACTE SECOND

Scène I : *Fontignac, Blaise, Spinette.*
Ils entrent comme se caressant.

FONTIGNAC, *à Blaise* : Biens donc, qué jé t'emvrassé encoré, mon cher ami, mon intimé Vlaisé. Jé suis pressé d'uné réconnaissancé qui durera tout autant qué moi : en un mot, jé té dois ma raison et lé rétour dé ma figuré.

SPINETTE : Pour moi, Fontignac, je ne te haïssais pas : mais j'avoue qu'aujourd'hui mon cœur est bien disposé pour toi; je te dois autant que tu dois à Blaise.

FONTIGNAC : Les biens mé pleubent donc dé tous côtés.

BLAISE : Pargué! j'ons bian de la satisfaction de tout ça : j'ons guari Monsieu de Fontignac, et pis Monsieu de Fontignac vous a guarie; et par ainsi, de guarison en guarison, je me porte bian, vous vous portez bian : et velà trois malades qui sont devenus médecins; car vous êtes itou médeceine envars les autres, Mademoiselle Spinette.

SPINETTE : Hélas! je ne demande pas mieux que de leur rendre service.

FONTIGNAC : Ah! jé lé crois; chez quiconqué à dé la raison, lé prochain affligé n'a qué fairé dé récommandation.

BLAISE : Ça est admirable! Comme on deviant honnêtes gens avec cette raison!

FONTIGNAC : Jé mé sens uné douceur, uné suabité dans l'âmé.

BLAISE : Et la mienne est si bian reposée!

SPINETTE : La raison est un si grand trésor.

BLAISE : Morgué! ne la pardez pas, vous; ça est bian casuel entre les mains d'une fille.

SPINETTE : Je vous suis bien obligée de l'avertissement.

BLAISE : Alle me charme, Monsieu de Fontignac; alle a de la modestie; alle est aussi raisonnable que nous autres hommes.

FONTIGNAC : Jé m'estimérais bien fortuné dé l'être autant qu'ellé.

BLAISE : Encore! un Gascon de modeste! oh! queu convarsion! Allons, ous êtes purgé à fond.

Scène II : *Mégiste, Fontignac, Blaise, Spinette, le Médecin.*

MÉGISTE : Messieurs, voilà un de vos camarades qui m'a demandé en grâce de vous l'amener pour vous voir.

BLAISE : Eh! où est-il donc?

FONTIGNAC : Jé né l'aperçois pas non plus.

LE MÉDECIN : Me voilà.

BLAISE : Ah! je voyais queuque chose qui se remuait là; mais je ne savais pas ce que c'était. Je pense que c'est noute médecin.

LE MÉDECIN : Lui-même.

SPINETTE : Allons, mes amis, il faut tâcher de le tirer d'affaire.

LE MÉDECIN : Eh! Mademoiselle, je ne demande pas mieux; car, en vérité, c'est quelque chose de bien affreux que de rester comme je suis, moi qui ai du bien, qui suis riche et estimé dans mon pays.

FONTIGNAC : Né comptez pas l'estimé dé ces fous.

LE MÉDECIN : Mais faudra-t-il que je demeure éloigné de chez moi, pauvre, et sans avoir de quoi vivre?

BLAISE : Taisez-vous donc, gourmand. Est-ce que la pitance vous manque ici?

LE MÉDECIN : Non; mais mon bien, que deviendra-t-il?

BLAISE : Queu pauvreté avec son bian! c'est comme un enfant qui crie après sa poupée. Tenez, un pourpoint, des vivres et de la raison, quand un homme a ça, le velà garni pour son été et pour son hivar; le velà fourré comme un manchon. Vous varrez, vous varrez.

SPINETTE : Dites-lui ce qu'il faut qu'il fasse pour redevenir comme il était.

BLAISE : Voulez-vous que ce soit moi qui le traite?

FONTIGNAC : Sans douté; l'honnur bous appartient; bous êtes le doyen dé tous.

BLAISE : Eh! morgué, pus d'honneur, je n'en voulons pus tâter; et je sais bian que je sis qu'un pauvre réchappé des Petites-Maisons [9].

FONTIGNAC : Rémettons donc cet estropié d'esprit entré les mains dé Mademoiselle Spinetté.

SPINETTE : Moi, Messieurs! c'est à moi à me taire où vous êtes.

LE MÉDECIN : Eh! mes amis, voilà des compliments bien longs pour un homme qui souffre.

BLAISE : Oh! dame, il faut que l'humilité marche entre nous; je nous mettons bas pour rester haut. Ça vous passe, mon mignon; et j'allons, puisque ma compagnée l'ordonne, vous apprenre à devenir grand garçon, et le *tu auten* [10] de voute petitesse : mais je vas être brutal, je vous en avartis; faut que j'assomme voute rapetissement avec des injures : demandez plutôt aux camarades!

FONTIGNAC : Oui, botré santé en dépend.

LE MÉDECIN : Quoi! tout votre secret est de me dire des injures? Je n'en veux point.

BLAISE : Oh bian! gardez donc vos quatre pattes.

SPINETTE : Mais essayez, petit homme, essayez.

LE MÉDECIN : Des injures à un docteur de la Faculté!

BLAISE : Il n'y a ni docteur ni doctraine; quand vous seriez apothicaire.

LE MÉDECIN : Voyons donc ce que c'est.

FONTIGNAC : Bon, jé bous félicité du parti qué bous prénez. Mademoisellé Spinetté, laissons fairé maîtré Vlaisé, et l'écoutons.

BLAISE : Premièrement, faut commencer par vous dire que vous êtes un sot d'être médecin.

LE MÉDECIN : Voilà un paysan bien hardi.

BLAISE : Hardi! je ne sis pas entre vos mains. Dites-moi, sans vous fâcher, étiez-vous en ménage, aviez-vous femme là-bas?

LE MÉDECIN : Non, je suis veuf; ma femme est morte à vingt-cinq ans d'une fluxion de poitrine.

BLAISE : Maugré la doctraine de la Faculté?

LE MÉDECIN : Il ne me fut pas possible de la réchapper.

BLAISE : Avez-vous des enfants?

LE MÉDECIN : Non.

BLAISE : Ni en bian ni en mal?

LE MÉDECIN : Non, vous dis-je. J'en avais trois; et ils sont morts de la petite vérole, il y a quatre ans.

BLAISE : Peste soit du docteur! et de quoi guarissiez-vous le monde?

LE MÉDECIN : Vous avez beau dire, j'étais plus couru qu'un autre.

BLAISE : C'est que c'était pour la darnière fois qu'on courait. Eh! ne dites-vous pas qu'ous êtes riche?

LE MÉDECIN : Sans doute.

BLAISE : Eh! mais, morgué, pisque vous n'avez pas besoin de gagner voute vie en tuant le monde, vous avez donc tort d'être médecin. Encore est-ce quand c'est la pauvreté qui oblige à tuer les gens; mais quand an est riche, ce n'est pas la peine; et je continue à dire qu'ous êtes un sot, et que, si ous voulez grandir, faut laisser les gens mourir tout seuls.

LE MÉDECIN : Mais enfin...

FONTIGNAC : Cadédis! bous né tuez pas mieux qu'il raisonné.

SPINETTE : Assurément.

LE MÉDECIN, *en colère* : Ah! je m'en vais. Ces animaux-là se moquent de moi.

SPINETTE : Il n'a pas laissé que d'être frappé; il y reviendra.

Scène III : Blectrue, Fontignac, Blaise, Spinette.

FONTIGNAC : Ah! boilà l'honnêté hommé dé qui nous sont bénus les prémiers rayons dé lumiéré. Bénez, Monsieur Blectrue, approchez dé bos enfants, et récébez-les entré bos vras.

BLAISE : Oh! je lui ai déjà rendu mes grâces.

BLECTRUE : Et moi, je les rends aux dieux de l'état où vous êtes. Il ne s'agit plus que de vos camarades.

BLAISE : Je venons d'en rater un tout à l'heure; et les autres sont bian opiniâtres, surtout le Courtisan et le Philosophe.

SPINETTE : Pour moi, j'espère que je ferai entendre raison à ma maîtresse, et que nous demeurerons tous ici; car on y est bien!...

BLECTRUE : Je me proposais de vous le persuader, mes enfants; dans votre pays vous retomberiez peut-être.

BLAISE : Pargué! noute çarvelle serait biantôt fondue. La raison dans le pays des folies, c'est comme une pelote de neige au soleil. Mais, à propos de soleil, dites-moi, papa Blectrue : tantôt, en passant, j'ons rencontré une jeune poulette du pays, tout à fait gentille, ma foi, qui m'a pris la main, et qui m'a dit : « Vous velà donc grand! Ça vous va fort bian; je vous en fais mon compliment. » Et pis, en disant ça, les yeux li trottaient sur moi, fallait voir; et pis : « Mon biau garçon, regardez-moi; parmettez que je vous aime. — Ah! Mademoiselle, vous vous gaussez, ai-je repris; ce n'est pas moi qui baille les parvilèges, c'est moi qui les demande. » Et pis ous êtes venu, et j'en avons resté là. Qu'est-ce que ça signifie?

BLECTRUE : Cela signifie qu'elle vous aime et qu'elle vous en faisait déclaration.

9. Les *Petites-Maisons* étaient l'hôpital où l'on enfermait les aliénés.
10. *Tu auten* est mis pour *tu autem* : point essentiel, nœud, difficulté d'une affaire.

BLAISE : Une déclaration d'amour à ma parsonne! et n'y a-t-il pas de mal à ça?

BLECTRUE : Nullement. Comment donc? c'est la loi du pays qui veut qu'on en use ainsi.

BLAISE : Allons, allons, vous êtes un gausseux.

SPINETTE : Monsieur Blectrue aime à rire.

BLECTRUE : Non, certes, je parle sérieusement.

FONTIGNAC : Mais dans lé fond, en Francé céla commencé à s'étavlir.

BLECTRUE : Vous voudriez que les hommes attaquassent les femmes! Et la sagesse des femmes y résisterait-elle?

FONTIGNAC : D'ordinaire effectibément ellé n'est pas robusté.

BLAISE : Morgué! ça est vrai, on ne voit partout que des sagesses à la renverse.

BLECTRUE : Que deviendra la faiblesse si la force l'attaque?

BLAISE : Adieu la voiture [11]!

BLECTRUE : Que deviendra l'amour, si c'est le sexe le moins fort que vous chargez du soin d'en surmonter les fougues? Quoi! vous mettrez la séduction du côté des hommes, et la nécessité de la vaincre du côté des femmes! Et si elles y succombent, qu'avez-vous à leur dire? C'est vous en ce cas qu'il faut déshonorer, et non pas elles. Quelles étranges lois que les vôtres en fait d'amour! Allez, mes enfants, ce n'est pas la raison, c'est le vice qui les a faites; il a bien entendu ses intérêts. Dans un pays où l'on a réglé que les femmes résisteraient aux hommes, on a voulu que la vertu n'y servît qu'à ragoûter les passions, et non pas à les soumettre.

BLAISE : Morgué! les femmes n'ont qu'à venir, ma force les attend de pied farme. Alles varront si je ne voulons de la vartu que pour rire.

SPINETTE : Je vous avoue que j'aurai bien de la peine à m'accoutumer à vos usages, quoique sensés.

BLECTRUE : Tant pis; je vous regarde comme retombée.

SPINETTE : Hélas! Monsieur, actuellement j'en ai peur.

BLAISE : Eh! morgué, faites donc vite. Venez à repentance; velà voute taille qui s'en va.

SPINETTE : Oui, je me rends; je ferai tout ce qu'on voudra; et, pour preuve de mon obéissance, tenez, Fontignac, je vous prie de m'aimer, je vous en prie sérieusement.

FONTIGNAC : Bous êtes vien pressanté.

SPINETTE : Je sens que vous avez raison, Monsieur Blectrue; et je vous promets de me conformer à vos lois. Ce que je viens d'éprouver en ce moment me donne encore plus de respect pour elles. Allons, ma maîtresse gémit; permettez que je travaille à la tirer d'affaire; je veux lui parler.

BLAISE : Laissez-moi vous aider itou.

BLECTRUE : Je vais de ce pas dire qu'on vous l'amène.

FONTIGNAC : Et moi, dé mon côté, jé bais comvattré les bertigés [12] dé mon maîtré.

Scène IV : Blaise, Spinette.

BLAISE : Tatigué! Mademoiselle Spinette, qu'en dites-vous? Il y a de belles maxaimes en ce pays-ci! Cet amour qu'il faut qu'on nous fasse, à nous autres hommes, qu'il y a de prudence à ça!

SPINETTE : Tout me charme ici.

BLAISE : Morgué! tenez, velà ç'te fille qui m'a tantôt cajolé, qui viant à nous.

Scène V : Spinette, Blaise, une Insulaire.

L'INSULAIRE : Ah! mon beau garçon, je vous retrouve; et vous, Mademoiselle, je suis bien ravie de vous voir comme vous êtes.

BLAISE : J'en sis fort ravi aussi. Quant à l'égard du biau garçon, il n'y a point de ça ici.

L'INSULAIRE : Pour moi, vous me paraissez tel.

BLAISE, à Spinette [13] : Vous voyez bian qu'alle me conte la fleurette. Mais, Mademoiselle, parlez-moi; dans queulle intention est-ce que vous me dites que je sis biau? Je sis d'avis de savoir ça. Est-ce que je vous plais?

L'INSULAIRE : Assurément.

BLAISE, à Spinette [13] : Souvenez-vous bian que je n'y saurais que faire. Je sis bian sévère, n'est-ce pas?

L'INSULAIRE : Eh quoi! me trouvez-vous si désagréable?

BLAISE, à part [14] : Vous! non... Si fait, si fait. C'est que je rêve. Morgué! queu dommage de rudoyer ça!

SPINETTE : Maître Blaise, la conquête d'une si jolie fille mérite pourtant votre attention.

BLAISE : Oh! mais il faut que ça vianne; ça n'est pas encore bian mûr, et je varrons pendant qu'alle m'aimera; qu'alle aille son train.

L'INSULAIRE : Aimer toute seule est bien triste!

BLAISE : Ma sagesse n'a pas encore résolu que ça soit pas divartissant.

L'INSULAIRE : Voici, je pense, quelqu'un de vos camarades qui vient; je me retire sans rien attendre de votre cœur.

BLAISE : Là, là, m'amie, vous revianrez. Ne vous découragez pas, entendez-vous!

L'INSULAIRE : Passe pour cela.

BLAISE : Adieu, adieu. J'avons affaire. Vous gagnez trop de tarrain, et j'en ai honte. Adieu!

Scène VI : La Comtesse, Spinette, Blaise.

LA COMTESSE : Eh bien! que me veut-on? O ciel! que vois-je? par quel enchantement avez-vous repris votre figure naturelle? Je tombe dans un désespoir dont je ne suis plus la maîtresse.

BLAISE : Allons, ma petiote damoiselle, tout bellement, tout bellement [15]. Il ne s'agit ici que d'un petit raccommodage de çarviau.

---

11. Cette expression se dit par proverbe ou par plaisanterie lorsqu'on voit quelque chose qui va tomber.

12. *Les bertigés* est mis pour *les vertigos* : caprices, fantaisies.

13. Cette indication scénique ne vaut que pour la première phrase de Blaise.

14. Cette indication scénique ne vaut que pour la dernière phrase de la réplique.

15. Doucement, avec modération.

SPINETTE : Vous savez, Madame, que tantôt Fontignac et ce paysan croyaient que nous n'étions petits que parce que nous manquions de raison; et ils croyaient juste : cela s'est vérifié.

LA COMTESSE : Quelles chimères! est-ce que je suis folle?

BLAISE : Eh oui! morgué, velà c'en que c'est.

LA COMTESSE : Moi, j'ai perdu l'esprit! A quelle extrémité suis-je réduite!

BLAISE : Par exemple, j'ons bian avoué que j'étais un ivrogne, moi.

SPINETTE : Ce n'est que par l'aveu de mes folies que j'ai rattrapé ma raison.

BLAISE : Bon, bon, rattrapé! Faut qu'alle oublie sa figure! Velà un biau chiffon pour tant courir après! qu'alle pleure sa raison tournée, velà tout.

SPINETTE : Fontignac a eu autant de peine à me persuader que j'en ai après vous, ma chère maîtresse; mais je me suis rendue.

BLAISE : Pendant qu'un manant comme moi porte l'état d'une criature raisonnable, voulez-vous toujours garder voute état d'animal? une demoiselle de la Cour!

SPINETTE : Ne lui parlez plus de cette malheureuse Cour.

LA COMTESSE : Mes larmes m'empêchent de parler.

BLAISE : Velà qui est bel et bon; mais il n'y a que voute folie qui en varse : voute raison n'en baille pas une goutte; et ça n'avance rian.

SPINETTE : Cela est vrai.

BLAISE : Ne vous fâchez pas, ce n'est que par charité que je vous méprisons.

LA COMTESSE, à Spinette : Mais, de grâce, apprenez-moi mes folies!

SPINETTE : Eh! Madame, un peu de réflexion. Ne savez-vous pas que vous êtes jeune, belle, et fille de condition? Citez-moi une tête de fille qui ait tenu contre ces trois qualités-là; citez-m'en une.

BLAISE : Cette jeunesse, alle est une girouette. Cette qualité rend glorieuse.

SPINETTE : Et la beauté?

BLAISE : Ça fait les femmes si sottes!...

LA COMTESSE : A votre compte, Spinette, je suis donc une étourdie, une sotte et une glorieuse?

SPINETTE : Madame, vous comptez si bien, que ce n'est pas la peine que je m'en mêle.

BLAISE : Ce n'est pas pour des preunes qu'ous êtes si petite. Vous voyez bian qu'on vous a baillé de la marchandise pour voute argent.

LA COMTESSE : De l'orgueil, de la sottise et de l'étourderie!

BLAISE : Oui, ruminez, mâchez bien ça en vous-même, à celle fin que ça vous sarve de médeçaine.

LA COMTESSE : Enfin, Spinette, je veux croire que tout ceci est de bonne foi; mais je ne vois rien en moi qui ressemble à ce que vous dites.

BLAISE : Morgué! pourtant je vous approchons la lanterne assez près du nez. Parlons-li un peu de cette coquetterie. Dans ce vaissiau elle avait la maine d'en avoir une bonne tapée.

SPINETTE : Aidez-vous, Madame; songez, par exemple, à ce que c'est qu'une toilette.

BLAISE : Attendez. Une toilette, n'est-ce pas une table qui est bien dressée, avec tant de brimborions, où il y a des flambiaux, de petits bahuts d'argent et une couverture sur un miroir?

SPINETTE : C'est cela même.

BLAISE : Oh! la dame de cheux nous avait la pareille.

SPINETTE : Vous souvenez-vous, ma chère maîtresse, de cette quantité d'outils pour votre visage qui était sur la vôtre?

BLAISE : Des outils pour son visage! Est-ce que sa mère ne li avait pas baillé un visage tout fait?

SPINETTE : Bon! est-ce que le visage d'une coquette est jamais fini? Tous les jours on y travaille : il faut concerter les mines, ajuster des œillades. N'est-il pas vrai qu'à votre miroir, un jour, un regard doux vous a coûté plus de trois heures à attraper? Encore n'en attrapâtes-vous que la moitié de ce que vous en vouliez; car, quoique ce fût un regard doux, il s'agissait aussi d'y mêler quelque chose de fier : il fallait qu'un quart de fierté y tempérât trois quarts de douceur; cela n'est pas aisé. Tantôt le fier prenait trop sur le doux : tantôt le doux étouffait le fier. On n'a pas la balance à la main; je vous voyais faire, et je ne vous regardais que trop. N'allais-je pas répéter toutes vos contorsions! Il fallait me voir avec mes yeux chercher des doses de feu, de langueur, d'étourderie et de noblesse dans mes regards. J'en possédais plus d'un mille qui étaient autant de coups de pistolet, moi qui n'avais étudié que sous vous. Vous en aviez un qui était vif et mourant, qui a pensé me faire perdre l'esprit : il faut qu'il m'ait coûté plus de six mois de ma vie, sans compter un torticolis que je me donnai pour le suivre.

LA COMTESSE, soupirant : Ah!

BLAISE : Queu tas de balivernes! Velà une tarrible condition que d'être les yeux d'une coquette!

SPINETTE : Et notre ajustement! et l'architecture de notre tête, surtout en France où Madame a demeuré! et le choix des rubans! Mettrai-je celui-là? non, il me rend le visage dur. Essayons de celui-ci; je crois qu'il me rembrunit. Voyons le jaune, il me pâlit; le blanc, il m'affadit le teint. Que mettra-t-on donc? Les couleurs sont si bornées, toutes variées qu'elles sont! La coquetterie reste dans la disette; elle n'a pas seulement son nécessaire avec elle. Cependant on essaye, on ôte, on remet, on change, on se fâche; les bras tombent de fatigue, il n'y a plus que la vanité qui les soutient. Enfin on achève : voilà cette tête en état : voilà les yeux armés. L'étourdi à tant de grâces sont destinées arrivera tantôt. Est-ce qu'on l'aime? non. Mais toutes les femmes tirent dessus, et toutes le manquent. Ah! le beau coup, si on pouvait l'attraper!

BLAISE : Mais de cette manière-là, vous autres femmes dans le monde qui tirez sur les gens, je comprends qu'ous êtes comme des fusils.

SPINETTE : A peu près, mon pauvre Blaise.

LA COMTESSE : Ah ciel!

BLAISE : Elle se lamente. C'est la raison qui bataille avec la folie.

SPINETTE : Ne vous troublez point, Madame; c'est un cœur tout à vous qui vous parle. Malheureusement je n'ai point de mémoire, et je ne me ressouviens pas de la moitié de vos folies. Orgueil sur le chapitre de la naissance : Qui sont-ils, ces gens-là ? de quelle maison ? et cette petite bourgeoise qui fait comparaison avec moi ? Et puis cette bonté superbe avec laquelle on salue des inférieurs ; cet air altier avec lequel on prend sa place ; cette évaluation de ce que l'on est et de ce que les autres ne sont pas. Reconduira-t-on celle-ci ? Ne fera-t-on que saluer celle-là ? Sans compter cette rancune contre tous les jolis visages que l'on va détruisant d'un ton nonchalant et distrait. Combien en avez-vous trouvé de boursouflés, parce qu'ils étaient gras ? Vous n'accordiez que la peau sur les os à celui qui était maigre. Il y avait un nez sur celui-ci qui l'empêchait d'être spirituel. Des yeux étaient-ils fiers ? ils devenaient hagards. Étaient-ils doux ? les voilà bêtes. Étaient-ils vifs ? les voilà fous. A vingt-cinq ans, on approchait de la quarantaine. Une petite femme avait-elle des grâces ? ah ! la bamboche [16] ? Était-elle grande et bien faite ? ah ! la géante ! elle aurait pu se montrer à la foire. Ajoutez à cela cette finesse avec laquelle on prend le parti d'une femme sur des médisances que l'on augmente en les combattant, qu'on ne fait semblant d'arrêter que pour les faire courir, et qu'on développe si bien, qu'on ne saurait plus les détruire.

LA COMTESSE : Arrête, Spinette, arrête, je te prie.

BLAISE : Pargué ! velà une histoire bian récriative et pitoyable en même temps. Queu bouffon que ce grand monde ! Queu drôle de perfide ! Faudrait, morgué ! le montrer sur le Pont-Neuf, comme la curiosité. Je voudrais bian retenir ce pot-pourri-là. Toutes sortes d'acabits de rubans, du vart, du gris, du jaune, qui n'ont pas d'amiquié pour une face ; une coquetterie qui n'a pas de quoi vivre avec des couleurs ; des bras qui s'impatientont ; et pis de la vanité qui leur dit : courage ! et pis du doux dans un regard, qui se détrempe avec du fiar ; et pis une balance pour peser cette marchandise : qu'est-ce que c'est que tout ça ?

SPINETTE : Achevez, maître Blaise ; cela vaut mieux que tout ce j'ai dit.

BLAISE : Pargué ! je veux bian. Tenez, un tiers d'œillade avec un autre quart ; un visage qu'il faut remonter comme un horloge ; un étourdi qui viant voir ce visage ; des femmes qui vont à la chasse après cet étourdi, pour tirer dessus ; et pis de la poudre et du plomb dans l'œil ; des naissances qui demandont la maison des gens ; des bourgeoises de comparaison saugrenue : des faces jouf-flues qui ont de la boursouflure avec du gras ; un arpent de taille qu'on baille à celle-ci pour qu'on ôte à celle-là ; de l'esprit qui ne saurait compatir avec un nez, et de la médisance de bon cœur. Y en a-t-il encore ? Car je veux tout avoir, pour lui montrer quand alle sera guarie ; ça la fera rire.

SPINETTE : Madame, assurément ce portrait-là a de quoi rappeler la raison.

LA COMTESSE, *confuse* : Spinette, il me dessille les yeux ; il faut se rendre : j'ai vécu comme une folle. Soutiens-moi ; je ne sais ce que je deviens.

BLAISE : Ah ! Spinette, m'amie, velà qui est fait, la ma-

rionnette est partie ; velà le plus biau jet qui se fera jamais.

SPINETTE : Ah ! ma chère maîtresse, que je suis contente !

LA COMTESSE : Que je t'ai d'obligation, Blaise ; et à toi aussi, Spinette !

BLAISE : Morgué ! que j'ons de joie ! pus de petitesse ; je l'ons tuée toute roide.

LA COMTESSE : Ah ! mes enfants, ce qu'il y a de doux pour moi dans tout cela, c'est le jugement sain et raisonnable que je porte actuellement des choses. Que la raison est délicieuse !

SPINETTE : Je vous l'avais promis, et si vous m'en croyez, nous resterons ici. Il ne faut plus nous exposer : les rechutes, chez nous autres femmes, sont bien plus faciles que chez les hommes.

BLAISE : Comment, une femme ! alle est toujours à moitié tombée. Une femme marche toujours sur la glace.

LA COMTESSE : Ne craignez rien ; j'ai retrouvé la raison ici ; je n'en sortirai jamais. Que pourrais-je avoir qui la valût ?

BLAISE : Rian que des guenilles. Premièrement, il y a ici le fils du gouverneu, qui est un garçon bian torné.

LA COMTESSE : Très aimable ; et je l'ai remarqué.

SPINETTE : Il ne vous sera pas difficile d'en être aimée.

BLAISE : Tenez, il viant ici avec sa sœur.

Scène VII : La Comtesse, Spinette,
Blaise, Parmenès, Floris.

FLORIS : Que vois-je ? Ah ! mon frère, la jolie personne !

BLAISE : C'est pourtant cette bamboche [16] de tantôt.

SPINETTE : C'est ma maîtresse, cette petite femme que Monsieur avait retenue.

PARMENÈS : Quoi ! vous, Madame ?

LA COMTESSE : Oui, seigneur, c'est moi-même, sur qui la raison a repris son empire.

FLORIS : Et mon petit mâle ?

BLAISE : On travaille à li faire sa taille à ç'ti-là : le Gascon est après, à ce qu'il nous a dit.

FLORIS, *à la Comtesse* : Je voudrais bien qu'il eût le même bonheur. Et vous, Madame, l'état où vous étiez nous cachait une charmante figure. Je vous demande votre amitié.

LA COMTESSE : J'allais vous demander la vôtre, Madame, avec un asile éternel en ce pays-ci.

FLORIS : Vous ne pouvez, ma chère amie, nous faire un plus grand plaisir ; et si la modestie permettait à mon frère de s'expliquer là-dessus, je crois qu'il en marquerait autant de joie que moi.

PARMENÈS : Doucement, ma sœur.

LA COMTESSE : Non, prince, votre joie peut paraître ; elle ne risquera point de déplaire.

BLAISE : Eh ! morgué, à propos, ce n'est pas comme ça qu'il faut répondre ; c'est à li à tenir sa morgue, et non pas à vous. C'est les hommes qui font les pimbêches, ici, et non pas les femmes. Amenez voute amour, il varra ce qu'il en fera.

LA COMTESSE : Comment ! je ne l'entends pas.

SPINETTE : Madame, c'est que cela a changé de main.

16. *La bamboche*: se dit d'une personne de petite taille.

Dans notre pays on nous assiège; c'est nous qui assiégeons ici, parce que la place en est mieux défendue.

BLAISE : L'homme ici, c'est le garde-fou de la femme.

LA COMTESSE : La pratique de cet usage-là m'est bien neuve; mais j'y ai pensé plus d'une fois en ma vie, quand j'ai vu les hommes se vanter des faiblesses des femmes.

FLORIS : Ainsi, ma chère amie, si vous aimez mon frère, ne faites point de façons de lui en parler.

SPINETTE : Oui, oui, cela est extrêmement juste.

LA COMTESSE : Cela m'embarrasse un peu.

SPINETTE : Prenez garde; j'ai pensé retomber avec ces petites façons-là.

LA COMTESSE : Comme vous voudrez.

FLORIS : Mon frère, Madame est instruite de nos usages, et elle a un secret à vous confier. Souvenez-vous qu'elle est étrangère, et qu'elle mérite plus d'égards qu'une autre. Pour moi, qui ne veux savoir les secrets de personne, je vous laisse.

BLAISE : Je sis discret itou, moi.

SPINETTE : Et moi aussi, et je sors.

BLAISE : Allons voir si voute petit mâle de tantôt est bian avancé.

FLORIS, à la Comtesse : Je le souhaite beaucoup. Adieu, chère belle-sœur.

Scène VIII : La Comtesse, Parmenès.

PARMENÈS : Je suis charmé, Madame, des noms caressants que ma sœur vous donne, et de l'amitié qui commence si bien entre vous deux.

LA COMTESSE : Je n'ai rien vu de si aimable qu'elle, et... toute sa famille lui ressemble.

PARMENÈS : Nous vous sommes obligés de ce sentiment; mais vous avez, dit-on, un secret à me confier.

LA COMTESSE soupire : Eh! oui.

PARMENÈS : De quoi s'agit-il, Madame? Serait-ce quelque service que je pourrais vous rendre? Il n'y a personne ici qui ne s'empresse à vous être utile.

LA COMTESSE : Vous avez bien de la bonté.

PARMENÈS : Parlez hardiment, Madame.

LA COMTESSE : Les lois de mon pays sont bien différentes des vôtres.

PARMENÈS : Sans doute que les nôtres vous paraissent préférables?

LA COMTESSE : Je suis pénétrée de leur sagesse; mais...

PARMENÈS : Quoi, Madame? achevez.

LA COMTESSE : J'étais accoutumée aux miennes, et l'on perd difficilement de mauvaises habitudes.

PARMENÈS : Dès que la raison les condamne, on ne saurait y renoncer trop tôt.

LA COMTESSE : Cela est vrai, et personne ne m'engagerait plus vite à y renoncer que vous.

PARMENÈS : Voyons; puis-je vous y aider? Je me prête autant que je puis à cette difficulté qui vous reste encore.

LA COMTESSE : Vous la nommez bien; elle est vraiment difficulté. Mais, prince, ne pensez-vous rien, vous-même?

PARMENÈS : Nous autres hommes, ici, nous ne disons point ce que nous pensons.

LA COMTESSE : Faites pourtant réflexion que je suis étrangère, comme on vous l'a dit. Il y a des choses sur lesquelles je puis n'être pas encore bien affermie.

PARMENÈS : Eh! quelles sont-elles? Donnez-m'en seulement l'idée; aidez-moi à savoir ce que c'est.

LA COMTESSE : Si j'avais de l'inclination pour quelqu'un, par exemple?

PARMENÈS : Eh bien! cela n'est pas défendu : l'amour est un sentiment naturel et nécessaire; il n'y a que les vivacités qu'il en faut régler.

LA COMTESSE : Mais cette inclination, on m'a dit qu'il faudrait que je l'avouasse à celui qui qui me l'aurais.

PARMENÈS : Nous ne vivons pas autrement ici; continuez, Madame. Avez-vous du penchant pour quelqu'un!

LA COMTESSE : Oui, prince.

PARMENÈS : Il y a toute apparence qu'on n'y sera pas insensible.

LA COMTESSE : Me le promettez-vous?

PARMENÈS : On ne saurait répondre que de soi.

LA COMTESSE : Je le sais bien.

PARMENÈS : Et j'ignore pour qui votre penchant se déclare.

LA COMTESSE : Vous voyez bien que ce n'est pas pour un autre. Ah!

PARMENÈS : Cessez de rougir, Madame; vous m'aimez et je vous aime. Que la franchise de mon aveu dissipe la peine que vous a faite la vôtre.

LA COMTESSE : Vous êtes aussi généreux qu'aimable.

PARMENÈS : Et vous, aussi aimée que vous êtes digne de l'être. Je vous réponds d'avance du plaisir que vous ferez à mon père quand vous lui déclarerez vos sentiments. Rien ne lui sera plus précieux que l'état où vous êtes, et que la durée de cet état par votre séjour ici. Je n'ai plus qu'un mot à vous dire, Madame. Vous et les vôtres, vous m'appelez prince, et je me suis fait expliquer ce que ce mot-là signifie; ne vous en servez plus. Nous ne connaissons point ce titre-là ici; mon nom est Parmenès, et ce n'est qu'en nom ne m'en donne point d'autre. On a bien de la peine à détruire l'orgueil en le combattant. Que deviendrait-il, si on le flattait? Il serait la source de tous les maux. Surtout que le ciel en préserve ceux qui sont établis pour commander, eux qui doivent avoir plus de vertus que les autres, parce qu'il n'y a point de justice contre leurs défauts!

Scène IX : Parmenès, la Comtesse, Fontignac.

FONTIGNAC : Ah! Madamé, jé bous réconnais; mes yeux rétroubent cé qu'il y abait dé plus charmant dans lé mondé! Boilà la prémiéré fois dé ma bie qué j'ai bu la veauté et la raison ensemvle. Permettez, seigneur, qué j'emmèné Madamé; l'esprit dé son fréré fait lé mutin, il régimvé : sa folie est tenacé, et j'ai vésoin dé troupes auxiliaires.

PARMENÈS : Allez, Madame, n'épargnez rien pour le tirer d'affaire.

FONTIGNAC : Il y aura dé la vésogné après lui; car c'est un écerbelé dé courtisan.

ACTE TROISIÈME

*Scène I : La Comtesse, Floris, le Courtisan,
Fontignac, Spinette, Blaise.*

LA COMTESSE, *au Courtisan* : Oui, mon frère, rendez-vous aux exemples qui vous frappent; vous nous voyez tous rétablis dans l'état où nous étions; cela ne doit-il pas vous persuader? Moi qui vous parle, voyez ce que je suis aujourd'hui; reconnaissez-vous votre sœur à l'aveu franc qu'elle a fait de ses folies? M'auriez-vous crue capable de ce courage-là? Pouvez-vous vous empêcher de l'estimer, et ne me l'enviez-vous pas vous-même?

BLAISE: Eh! morgué! il n'y a qu'à ouvrir les yeux pour nous admirer, sans compter que velà Mademoiselle qui est la propre fille du gouvarneu, et qui n'attend que la revenue de voute parsonne pour vous entretenir de vos biaux yeux; ce qui vous sera bien agriable à entendre.

FLORIS : Oui; donnez-moi la joie de vous voir comme je m'imagine que vous serez. Sortez de cet état indigne de vous, où vous êtes comme enseveli.

FONTIGNAC : Si bous sabiez lé plaisir qui bous attend dans lé plus profond dé bous-même!

BLAISE : Velà noute médecin de guari; il en embrasse tout le monde; il est si joyeux, qu'il a pensé étouffer un passant. Quand est-ce donc que vous nous étoufferez itou? Il n'y a pus que vous d'obstiné, avec ce faiseux de vars, qui est rechuté, et ce petit glorieux de philosophe, qui est trop sot pour s'amender, et qui raisonne comme une cruche.

LA COMTESSE : Allons, mon frère, n'hésitez plus, je vous en conjure.

SPINETTE : Il en faut venir là, Monsieur. Il n'y a pas moyen de faire autrement.

LE COURTISAN : Quelle situation!

BLAISE : Que faire à ça? Quand j'y songe, que voute sœur a bian pu endurer l'avanie que je li avons faite; la velà pour le dire; demandez-li si je l'avons marchandée, et tout ce qu'alle a supporté dans son pauvre esprit, et les bêtises dont je l'avons blâmée; demandez-li le houspillage.

FLORIS : Eh bien! nous en croirez-vous?

LE COURTISAN : Ah! Madame, quel événement! je vous demande en grâce de vouloir bien me laisser un moment avec Fontignac.

LA COMTESSE : Oui, mon frère, nous allons vous quitter; mais, au nom de notre amitié, ne résistez plus.

FONTIGNAC, *à Blaise, à part* : Vlaisé, né bous éloignez pas, pour mé prêter main-forte si j'en ai vésoin.

BLAISE : Non, je rôderons à l'entour d'ici.

Scène II : Le Courtisan, Fontignac.

LE COURTISAN : Je t'avoue, Fontignac, que je me sens ébranlé.

FONTIGNAC : Jé lé crois : la raison et bous, dans lé fond, vous n'êtes vrouillés qué fauté dé bous entendré.

LE COURTISAN : Est-il vrai que ma sœur est convenue de toutes les folies dont elle parle?

FONTIGNAC : L'histoiré rapporté qu'ellé a en fait l'abeu d'une maniéré exemplairé, en bérité.

LE COURTISAN : Elle qui était si glorieuse, comment a-t-elle souffert cette confusion-là?

FONTIGNAC : On dit en effet qué son âmé d'avord était en trabail. Grand nomvré d'exclamations : Où en suis-jé? On rougissait. Il est bénu des larmes, un peu dé découragémént, dé pétites colères vrochant sur lé tout. La banité défendait lé logis; mais enfin la raison l'a serrée de si près, qu'ellé l'a, comme on dit, jetée par les fenêtres, et jé régardé déjà la bôtré commé sautée.

LE COURTISAN : Mais, dis-moi de quoi tu veux que je convienne; car voilà mon embarras.

FONTIGNAC : Jé bous fais excusé; bous êtes fourni; botré embarras né peut bénir qué dé l'avondancé du sujet.

LE COURTISAN : Moi, je ne me connais point de ces faiblesses, de ces extravagances dont on peut rougir; je ne m'en connais point.

FONTIGNAC : Eh bien! jé bous mettrai en pays dé connaissancé!

LE COURTISAN : Vous plaisantez, sans doute, Fontignac?

FONTIGNAC : Moi, plaisanter dans lé ministéré qué j'exercé, quand il s'agit dé guérir un abeuglé! Bous n'y pensez pas.

LE COURTISAN : Où est-il donc, cet aveugle?

FONTIGNAC : Monsieur, avrégeons; la bie est courté; parlons d'affairé.

LE COURTISAN : Ah! tu m'inquiètes. Que vas-tu me dire? Je n'aime pas les critiques.

FONTIGNAC : Jé bous prends sur lé fait. Actuellémént bous préludez par uné pétitessé. Il en est dé bous commé dé ces bases trop pleins; on né peut les rémuer qu'ils né répandent.

LE COURTISAN : Voudriez-vous bien me dire quelle est cette faiblesse par laquelle je prélude!

FONTIGNAC : C'est la peur qué bous abez qué jé né bous épluché. N'abez-bous jamais bu d'enfant entré les vras dé sa nourricé? Connaissez-vous lé hochet dont elle agité les grélots pour réjouir lé poupon abecqué la chansonnetté? Qué bous ressemvlez vien à cé poupon, bous autres grands seignurs! Régardez ceux qui bous approchent, ils ont tous lé hochet à main; il faut qué lé grélot joue, et qué la chansonnetté marché. Bous mé régardez? Qué pensez-vous?

LE COURTISAN : Que vous oubliez entièrement à qui vous parlez.

FONTIGNAC : Eh! cadédis, quittez la vabetté; il est vien temps qué bous soyez sébré.

LE COURTISAN : Voilà un faquin que je ne reconnais pas. Où est donc le respect que tu me dois?

FONTIGNAC : Lé respect qué bous démandez, boyez-bous! c'est lé sécouémént du grélot; mais j'ai perdu lé hochet.

LE COURTISAN : Misérable!

FONTIGNAC : Plus dé quartier, sandis. Quand un hommé a lé vras disloqué, né faut-il pas lé rémettré? Céla s'en bat-il sans doulur? et né ba-t-on pas son train? Cé n'est pas lé vras à bous, c'est la tété qu'il faut bous rémettré! tété dé courtisan, cadédis, qué jé bous garantis aussi disloquée à sa façon qu'aucun vras lé peut êtré.

Bous criérez : mais jé bous aime, et jé bous abertis qué jé suis sourd.

LE COURTISAN : Si j'en crois ma colère...

FONTIGNAC : Eh! cadédis, qu'en feriez-bous? Lé mouchéron à présent bous comvattrait à forcé égalé.

LE COURTISAN : Retirez-vous, insolent que vous êtes; retirez-vous.

FONTIGNAC : Pour lé moins entamons lé sujet.

LE COURTISAN : Laissez-moi, vous dis-je; mon plus grand malheur est de vous voir ici.

Scène III : Le Courtisan, Fontignac, Blaise.

BLAISE : Queu tintamarre est-ce que j'entends là? An dirait d'un papillon qui bourdonne. Qu'avez-vous donc qui vous fâche?

LE COURTISAN : C'est ce coquin que tu vois qui vient de me dire tout ce qu'il y a de plus injurieux au monde.

Fontignac et Blaise se font des mines d'intelligence.

BLAISE : Qui, li?

FONTIGNAC : Hélas! maîtré Vlaisé, bous sabez lé dessein qué j'abais. Monsieur a cru qué jé l'abais piqué, quand jé né faisais encoré qu'approcher ma lancetté pour lui tirer lé maubais sang que bous lui connaissez.

BLAISE : C'est qu'ous êtes un maladroit; il a bian fait de retirer le bras.

LE COURTISAN : La vue de cet impudent-là m'indigne.

BLAISE : Jarnigué! et moi itou. Il li appartiant bian de fâcher un mignard comme ça, à cause qu'il n'est qu'un petit bout d'homme! Eh bian! qu'est-ce? Moyennant la raison, il devianra grand.

LE COURTISAN : Eh! je t'assure que ce n'est pas la raison qui me manque.

BLAISE : Eh! morgué, quand alle vous manquerait, j'en avons pour tous deux, moi; ne vous embarrassez pas.

LE COURTISAN : Quoi qu'il en soit, je te suis obligé de vouloir bien prendre mon parti.

BLAISE : Tenez, il m'est obligé, ce dit-il. Y a-t-il rian de si honnête? Il n'est déjà pus si glorieux, comme dans ce vaissiau où il ne me regardait pas. Morgué! ça me va au cœur : allons, qu'an se mette à genoux tout à l'heure pour li demander pardon, et qu'an se baisse bian bas pour être à son niviau.

LE COURTISAN : Qu'il ne m'approche pas.

BLAISE, *à Fontignac* : Mais, malheureux; que li avez-vous donc dit, pour le rendre si rancunier?

FONTIGNAC : Il né m'a pas donné lé temps, bous dis-jé. Quand bous êtes bénu, jé né faisais qué péloter[17]; jé lé préparais.

BLAISE, *au Courtisan* : Faut que j'accommode ça moi-même; mais comme je ne savons pas voute vie, je le requiens tant seulement pour m'en bailler la copie. Vous le voulez bian? Je manierons ça tout doucettement, à celle fin que ça ne vous apporte guère de confusion. Allons, Monsieu de Fontignac, s'il y a des bêtises dans son histoire, qu'an les raconte bian honnêtement. Où en étiez-vous?

17. M'exercer.

LE COURTISAN : Je ne saurais souffrir qu'il parle davantage.

BLAISE : Je ne prétends pas qu'il vous parle à vous, car il n'en est pas digne; ce sera à moi qu'il parlera à l'écart.

FONTIGNAC : J'allais tomver sur les emprunts dé Monsieur.

LE COURTISAN : Et que t'importent mes emprunts, dis?

BLAISE, *au Courtisan* : Ne faites donc semblant de rian. (*A Fontignac.*) Vous rapportez des emprunts : qu'est-ce que ça fait, pourvu qu'on rende?

FONTIGNAC : Sans douté; mais il était trop généreux pour payer ses déttés.

BLAISE : Tenez, c't'étourdi qui reproche aux gens d'être généreux! (*Au Courtisan.*) Stapendant je n'entends pas bian cet acabit de générosité-là; alle a la philosomie un peu friponne.

LE COURTISAN : Je ne sais ce qu'il veut dire.

FONTIGNAC : Jé m'expliqué : c'est qué Monsieur abait lé cœur grand.

BLAISE : Le cœur grand! Est-ce que tout y tenait, le bian de son prochain et le sian?

FONTIGNAC : Tout justé. Les grandès âmés donnent tout, et né restituent rien, et la novlessé dé la sienne étouffait sa justicé.

BLAISE, *au Courtisan* : Eh! j'aimerais mieux que ce fût la justice qui eût étouffé la noblesse.

FONTIGNAC : D'autant plus qué cetté novlessé est causé qué l'on râflé la tavlé dé ses créanciers pour entréténir la magnificencé dé la sienné.

BLAISE, *au Courtisan* : Qu'est-ce que c'est que cette avaleuse de magnificence? ça ressemble à un brochet dans un étang. Vous n'avez pas été si méchamment goulu que ça, peut-être?

LE COURTISAN, *triste* : J'ai fait tout ce que j'ai pu pour éviter cet inconvénient-là.

BLAISE : Hum! vous varrez qu'ous aurez grugé queuque poisson.

FONTIGNAC : Là-vas si bous l'abiez bu caresser tout lé monde, et berviager des compliments, promettré tout et né ténir rien!

LE COURTISAN : J'entends tout ce qu'il dit.

BLAISE : C'est qu'il parle trop haut. Il me chuchote qu'ous étiez un donneur de *galbanum*[18]; mais il ne sait pas qu'ous l'entendez.

FONTIGNAC : Qué dités-bous dé ces gens qui n'ont qué des mensongés sur lé bisagé?

BLAISE, *au Courtisan* : Morgué! je vous en prie, ne portez pus comme ça des bourdes sur la face.

FONTIGNAC : Des gens dont les yeux ont pris l'arrangément dé diré à tout lé mondé : Jé bous aimé.

BLAISE, *au Courtisan* : Ça est-il vrai que vos yeux ont arrangé de vendre du noir[19]?

FONTIGNAC : Des gens enfin qui, tout en emvrassant lé suvalterné, né lé boyent seulemént pas. Cé sont des caressés machinalés, des vras à ressort qui d'eux-mêmes biennent à bous sans savoir cé qu'ils font.

18. *Un donneur de galbanum* est celui qui donne à quelqu'un des espérances qui n'aboutissent à rien, qui l'amuse de promesses inutiles.
19. *Vendre du noir* : tromper, en faire accroire.

BLAISE, *au Courtisan* : Ah! ça me fâche. Il dit que vos bras ont un ressort avec lequel ils embrassent les gens sans le faire exprès. Cassez-moi ce ressort-là; an dirait d'un tornebroche quand il est monté.

FONTIGNAC : Cé sont des paroles qui leur tomvent dé la vouché; des ritournelles, dont cépendant l'inférieur ba sé bantant, et qui lui donnent lé plaisir d'en débénir plus sot qu'à l'ordinaire.

BLAISE : Velà de sottes gens que ces sots-là! Qu'en dites-vous? A-t-il raison?

LE COURTISAN : Que veux-tu que je lui réponde, dès qu'il a perdu tout respect pour un homme de ma condition?

BLAISE : Morgué! Monsieur de Fontignac, ne badinez pas sur la condition.

FONTIGNAC : Jé né parlé qué dé l'hommé, et non pas du rang.

BLAISE : Ah! ça est honnête, et vous devez être content de la différence; car velà, par exemple, un animal chargé de vivres : eh bian! les vivres sont bons, je serais bian fâ- ché d'en médire; mais de c'ti-là qui les porte, il n'y a pas de mal à dire que c'est un animal, n'est-ce pas?

FONTIGNAC : Si Monsieur lé permettait, jé finirais par lé récit dé son amitié pour ses égaux.

BLAISE, *au Courtisan* : De l'amiquié? oui-da, baillez-li cette liberté-là, ça vous ravigotera.

FONTIGNAC : Un jour bous bous troubiez abec un dé ces messieurs. Jé bous entendais bous entréfriponner tous deux. Rien dé plus affétueux qué bos témoignages d'affétion réciproqué. Jé tâchai dé réténir bos paroles, et j'en traduisis un petit lamveau. « Sandis! lui disiez- bous, jé n'estimé à la cour personné autant qué bous; jé m'en fais fort, jé lé dis partout, bous débez lé saboir; ca- dédis, j'aimé l'honnur, et bous en abez. » Dé cé discours en boici la traduction : « Maudit concurrent de ma for- tuné, jé té connais, tu né baux rien; tu mé perdrais si tu poubais mé perdré, et tu penses qué j'en férais de mêmé. Tu n'as pas tort; mais né lé crois pas, s'il est possivlé. Laissé-toi duper à mes expressions. Jé mé traballé pour en trouber qui té persuadent, et jé mé montré persuadé des tiennes. Allons, tâché dé mé croire imvécilé, afin dé lé débénir à ton tour; donné-moi ta main, qué la miéné lé serré. Ah! sandis, qué jé t'aimé! Régardé mon bisagé et touté la tendressé dont jé lé frélaté. Pensé qué jé t'affé- tionné, afin dé né mé plus craindré. Dé grâcé, maudit fourvé, un peu dé crédulité pour ma mascaradé. Permets qué jé t'endormé, afin qué jé t'en égorgé plus à mon aisé. »

BLAISE : Tout ça ne voulait donc dire qu'un coup de coutiau? Vous avez donc le cœur bien traîtreux, vous autres!

LE COURTISAN : Aujourd'hui il dit du mal de moi; au- trefois il faisait mon éloge.

FONTIGNAC : Ah! lé fourvé que j'étais, Monsieur! jé les ai plurés ces éloges, jé les ai plurés : lé coquin bous louait, et né bous estimait pas dabantagé.

BLAISE : Ça est vrai, il m'a dit qu'il vous attrapait comme un innocent.

FONTIGNAC : Jé bous verçais, vous dis-jé. Jé bous boyais affamé dé dupéries, vous en démandiez à tout lé mondé : donnez-m'en, donnez-m'en. Jé bous en donnais, jé bous en gonflais, j'étais à mêmé : la fiction mé four- nissait mes matières : c'était lé moyen dé n'en pas man- quer.

LE COURTISAN : Ah! que viens-je d'entendre?

FONTIGNAC, *à Blaise* : Ces emvarras qui lé prend sérait- il l'abant-courur dé la sagessé?

BLAISE : Faut savoir ça. (*Au Courtisan.*) Voulez-vous à c't'heure qu'il vous demande pardon? Etes-vous assez robuste pour ça?

LE COURTISAN : Non, il n'est plus nécessaire. Je ne le trouve plus coupable.

BLAISE : Tout de bon? (*A Fontignac.*) Chut! ne dites mot; regardez aller sa taille, alle court la poste. Ah! en- core un chiquet, courage! Que ces courtisans ont de peine à s'amender! Bon! le velà à point : velà le niviau.

Il le mesure avec lui.

LE COURTISAN, *qui a rêvé, leur tend la main à tous deux* : Fontignac, et toi, mon ami Blaise, je vous remercie tous deux.

BLAISE : Oh! oh! vous vous amendiez donc en tapi- nois? Morgué! vous revenez de loin!

FONTIGNAC : Sandis, j'en suis tout extasié; il faut qué jé bous quitté, pour en porter la noubellé à la fillé du goubernur.

BLAISE, *à Fontignac* : C'est bian dit, courez toujours. (*Au Courtisan.*) Alle vous aimera comme une folle.

Scène IV : Le Courtisan, Blaise, Blectrue, le Poète, le Philosophe.

BLECTRUE : Arrête! arrête!

Le Courtisan se saisit du Philosophe et Blaise du Poète.

BLAISE : D'où viant donc ce tapage-là?

BLECTRUE : C'est une chose qui mérite une véritable compassion. Il faut que les dieux soient bien ennemis de ces deux petites créatures-là; car ils ne veulent rien faire pour elles.

LE COURTISAN, *au Philosophe* : Quoi! vous, Monsieur le Philosophe, plus incapable que nous de devenir rai- sonnable, pendant qu'un homme de cour, peut-être de tous les hommes le plus frappé d'illusion et de folie, re- trouve la raison? Un philosophe plus égaré qu'un cour- tisan! Qu'est-ce que c'est donc qu'une science où l'on puise plus de corruption que dans le commerce du plus grand monde?

LE PHILOSOPHE : Monsieur, je sais le cas qu'un courti- san en peut faire : mais il ne s'agit pas de cela. Il s'agit de cet impertinent-là qui a l'audace de faire des vers où il me satirise.

BLECTRUE : Si vous appelez cela des vers, il en a fait contre nous tous en forme de requête, qu'il adressait au gouverneur, en lui demandant sa liberté; et j'y étais moi- même accommodé on ne peut pas mieux.

BLAISE : Misérable petit faiseux de varmine! C'est un var qui en fait d'autres : mais, morgué! que vous avais-je fait pour nous mettre dans une requête qui nous blâme?

LE POÈTE : Moi, je ne vous veux pas de mal.

LE COURTISAN : Pourquoi donc nous en faites-vous?

LE POÈTE : Point du tout; ce sont des idées qui viennent et qui sont plaisantes; il faut que cela sorte; cela se fait tout seul. Je n'ai fait que les écrire, et cela aurait diverti le gouverneur; un peu à vos dépens, à la vérité : mais c'est ce qui en fait tout le sel; et à cause que j'ai mis quelque épithète un peu maligne contre le Philosophe, cela l'a mis en colère. Voulez-vous que je vous en dise quelques morceaux? Ils sont heureux.

LE PHILOSOPHE : Poète insolent!

LE POÈTE, *se débattant entre les mains du Courtisan* : Il faut que mon épigramme soit bonne, car il est bien piqué.

LE COURTISAN : Faire des vers en cet état-là! cela n'est pas concevable.

BLAISE : Faut que ce soit un acabit d'esprit enragé.

LE COURTISAN : Ils se battront, on les lâche.

BLECTRUE : Vraiment! je suis arrivé comme ils se battaient; j'ai voulu les prendre, et ils se sont enfuis : mais je vais les séparer et les remettre entre les mains de quelqu'un qui les gardera pour toujours. Tout ce qu'on peut faire d'eux, c'est de les nourrir, puisque ce sont des hommes; car il n'est pas permis de les étouffer. Donnez-les-moi, que je les confie à un autre.

LE PHILOSOPHE : Qu'est-ce que cela signifie? Nous enfermer! je ne le veux point.

BLAISE : Tenez, ne velà-t-il pas un homme bian peigné pour dire : je veux!

LE PHILOSOPHE : Ah! tu parles, toi, manant. Comment t'es-tu guéri?

BLAISE : En devenant sage. *(Aux autres.)* Laissez-nous un peu dire.

LE PHILOSOPHE : Et qu'est-ce que c'est que cette sagesse?

BLAISE : C'est de n'être pas fou.

LE PHILOSOPHE : Mais je ne suis pas fou, moi; et je ne guéris pourtant pas.

LE POÈTE : Ni ne guériras.

BLAISE, *au Poète* : Taisez-vous, petit sarpent. *(Au Philosophe.)* Vous dites que vous n'êtes pas fou, pauvre rêveux : qu'en savez-vous si vous ne l'êtes pas? Quand un homme est fou, en sait-il queuque chose?

BLECTRUE : Fort bien.

LE PHILOSOPHE : Fort mal; car ce manant est donc fou aussi.

BLAISE : Et pourquoi ça?

LE PHILOSOPHE : C'est que tu ne crois pas l'être.

BLAISE : Eh bian! morgué, me velà pris; il a si bien ravaudé ça que je n'y connais pus rian; j'ons peur qu'il ne me gâte.

LE COURTISAN : Crois-moi, ne te joue point à lui. Ces gens-là sont dangereux.

BLAISE : C'est pis que la peste. Emmenez ce marchand de carvelle, et fourrez-moi ça aux Petites-Maisons ou bien aux Incurabes [20].

LE PHILOSOPHE : Comment, on me fera violence?

BLECTRUE : Allons, suivez-moi tous deux.

LE POÈTE : Un poète aux Petites-Maisons!

BLAISE : Eh! pargué, c'est vous mener cheux vous.

20. L'hospice des *Incurables* (destiné aux femmes) a été fondé à Paris en 1637 par les soins du cardinal François de la Rochefoucauld. Pour *les Petites-Maisons*, cf. ci-dessus, note 9, p. 218.

BLECTRUE : Plus de raisonnement, il faut qu'on vienne.

BLAISE : Ça fait compassion. *(Au Courtisan, à part.)* Tenez-vous grave, car j'aperçois la damoiselle d'ici qui vous contemple. Souvenez-vous de voute gloire, et aimez-la bian fiarement.

Scène V : Floris, le Courtisan, Blaise.

FLORIS : Enfin, le ciel a donc exaucé nos vœux.

LE COURTISAN : Vous le voyez, Madame.

BLAISE : Ah! c'était biau à voir!

FLORIS : Que vous êtes aimable de cette façon-là!

LE COURTISAN : Je suis raisonnable, et ce bien-là est sans prix; mais, après cela, rien ne me flatte tant, dans mon aventure, que le plaisir de pouvoir vous offrir mon cœur.

BLAISE : Ah! nous y velà avec son cœur qu'il va bailler... Apprenez-li un peu son devoir de criauté.

LE COURTISAN : De quoi ris-tu donc?

BLAISE : De rian, de rian; vous en aurez avis. Dites, Madame; je m'arrête ici pour voir comment ça fera.

FLORIS : Vous m'offrez votre cœur, et c'est à moi à vous offrir le mien.

LE COURTISAN : Je me rappelle en effet d'avoir entendu parler ma sœur de ce sens-là. Mais en vérité, Madame, j'aurais bien honte de suivre vos lois là-dessus : quand elles ont été faites, vous n'y étiez pas; si on vous avait vue, on les aurait changées.

BLAISE : Tarare! on en aurait vu mille comme alle, que ça n'aurait rien fait. Guarissez de cette autre infirmité-là.

FLORIS : Je vous conjure, par toute la tendresse que je sens pour vous, de ne me plus tenir ce langage-là.

BLAISE : Ça nous ravale trop : je sommes ici la force, et velà la faiblesse.

FLORIS : Souvenez-vous que vous êtes un homme, et qu'il n'y aurait rien de si indécent qu'un abandon si subit à vos mouvements. Votre cœur ne doit point se donner; c'est bien assez qu'il se laisse surprendre. Je vous instruis contre moi; je vous apprends à me résister, mais en même temps à mériter ma tendresse et mon estime. Ménagez-moi donc l'honneur de vous vaincre; que votre amour soit le prix du mien, non pas un pur don de votre faiblesse : n'avilissez point votre cœur par l'impatience qu'il aurait de se rendre; et, pour vous achever l'idée de ce que vous devez être, n'oubliez pas qu'en nous aimant tous deux, vous devenez, s'il est possible, encore plus comptable de ma vertu que je ne la suis moi-même.

BLAISE : Pargué! velà des lois qui connaissont bian la femme, car alles ne s'y fiont guère.

LE COURTISAN : Il faut donc se rendre à ce qui vous plaît, Madame?

FLORIS : Oui, si vous voulez que je vous aime.

LE COURTISAN, *avec transport* : Si je le veux, Madame! mon bonheur...

FLORIS : Arrêtez, de grâce, je sens que je vous mépriserais.

BLAISE : Tout bellement; tenez voute amour à deux mains : vous allez comme une brouette.

FLORIS : Vous me forcerez à vous quitter.

LE COURTISAN : J'en serais bien fâché.

BLAISE : Que ne dites-vous que vous en serez bien aise?

LE COURTISAN : Je ne saurais parler comme cela.

FLORIS : Vous ne sauriez donc vous vaincre? Adieu, je vous quitte; mon penchant ne serait plus raisonnable.

BLAISE : Ne velà-t-il pas encore une taille qui va dégringoler?

LE COURTISAN, *à Floris qui s'en va* : Madame, écoutez-moi : quoique vous vous en alliez, vous voyez bien que je ne vous arrête point; et assurément vous devez, ce me semble, être contente de mon indifférence. Quand même vous vous en iriez tout à fait, j'aurais le courage de ne vous point rappeler.

FLORIS : Cette indifférence-là ne me rebute point; mais je ne veux point la fatiguer à présent, et je me retire.

Scène VI : Le Courtisan, Blaise.

LE COURTISAN, *soupirant* : Ah!

BLAISE : Ne bougez pas; consarvez voute dignité humaine; aussi bian, je vous tians par le pourpoint.

LE COURTISAN : Mais, mon cher Blaise, elle est pourtant partie.

BLAISE : Qu'alle soit; alle a d'aussi bonnes jambes pour revenir que pour s'en aller.

LE COURTISAN : Si tu savais combien je l'aime!

BLAISE : Ah! je vous parmets de me conter ça à moi, et il n'y a point de mal à l'aimer en cachette; ça est honnête, et mêmement ils disont ici que pus on aime sans le dire, et pus ça est biau; car on souffre beaucoup, et c'est cette souffrance-là qui est daigne de nous, disont-ils. Cheux nous les femmes de bian ne font pas autre chose. N'avons-je pas une maîtresse itou, moi? une jolie fille, qui me poursuit avec des civilités et de petits mots qui sont si friands? Mais, morgué, je me tians coi. Je vous la rabroue, faut voir! Alle n'aura la consolation de me gagner que tantôt. Morgué! tenez, je l'aparçois qui viant à moi. Je vas tout à c'theure vous enseigner un bon exemple. Je sis pourtant affolé d'alle. Stapendant, regardez-moi mener ça. Voyez la suffisance de mon comportement. Boutez-vous là, sans mot dire.

Scène VII : Le Courtisan, Blaise, Fontignac, l'Insulaire [21].

FONTIGNAC, *au Courtisan* : Permettez, Monsieur, qué jé parlé à Vlaisé, et lui présenté une réquêté dont boici le sujet. (*En montrant l'Insulaire.*)

BLAISE : Ah! ah! Monsieur de Fontignac, vous êtes un fin marle, vous voulez me prenre sans vart [22]. Eh bian! le sujet de votre requête, à quoi prétend-il!

FONTIGNAC : D'abord à botré cur, ensuite à botré main.

L'INSULAIRE : Voilà ce que c'est.

21. Il s'agit de la femme qui est déjà apparue dans la scène 5 de l'acte II.
22. *Prendre quelqu'un sans vert*, c'est prendre quelqu'un au dépourvu. Cf. ci-dessous, *les Acteurs de bonne foi*, note 3, p. 544.

BLAISE : C'est coucher bian gros tout d'une fois. Voilà bian des affaires. Traite-t-on du cœur d'un homme comme de ç'ti-là d'une femme? Faut bian d'autres çarimonies.

FONTIGNAC : Jé mé suis pourtant fait fort dé botré consentément.

L'INSULAIRE : J'ai compté sur l'amitié que vous avez pour Fontignac.

BLAISE : Oui; mais voute compte n'est pas le mian : j'avons une autre arusmétique.

FONTIGNAC : Né bous en défendez point. Il est temps qué botré modestie cédé la bictoire. Jé sais qu'ellé bous plaît, cetté tendré, et charmanté fillé.

BLAISE : Eh! mais, en vérité, taisez-vous donc, vous n'y songez pas. Il me viant des rougeurs que je ne sais où les mettre.

L'INSULAIRE : Mon dessein n'est pas de vous faire de la peine : et s'il est vrai que vous ne puissiez avoir du retour...

BLAISE : Je ne dis pas ça.

FONTIGNAC : Achébons donc. Qué tant dé mérité bous touché!

BLAISE, *au Courtisan* : En avez-vous assez vu? Ça commence à me rendre las. Je vas signer la requête.

LE COURTISAN : Finis.

FONTIGNAC : L'ami Vlaisé, j'entends qué Monsieur bous encouragé.

BLAISE, *à l'Insulaire* : Morgué! il n'y a donc pus de répit; ous êtes bian pressée, m'amie!

L'INSULAIRE : N'est-ce pas assez disputer?

BLAISE : Eh bian! ce cœur, pisque vous le voulez tant, ous avez bian fait de le prenre, car, jarnicoton! je ne vous l'aurais pas baillé.

L'INSULAIRE : Me voilà contente.

BLAISE, *voyant Floris* : Tant mieux. Mais ne causons pus; v'là une autre amoureuse qui viant. (*Au Courtisan.*) Préparez-li une bonne moue, et regardez-moi-la par-dessus les épaules.

Scène VIII : Le Courtisan, Blaise, Fontignac, l'Insulaire, Floris.

FLORIS : Je reviens. Je n'étais sortie que pour vous éprouver, et vous n'avez que trop bien soutenu cette épreuve. Votre indifférence même commence à m'alarmer.

Le Courtisan la regarde sans rien dire.

BLAISE, *à Floris* : Vous n'êtes pas encore si malade.

FLORIS : Faites-moi la grâce de me répondre.

LE COURTISAN : J'aurais peur de finir vos alarmes, que je ne hais point.

BLAISE : Ça est bon; ça tire honnêtement à sa fin.

FLORIS : Mes alarmes que vous ne haïssez point! Expliquez-vous plus clairement.

Le Courtisan la regarde sans répondre.

BLAISE : Morgué! velà des yeux bian clairs!

FLORIS : Ils me disent que vous m'aimez.

BLAISE : C'est qu'ils disent ce qu'ils savent.

FONTIGNAC : Ce sont des échos.

FLORIS : Les en avouez-vous?

LE COURTISAN : Vous le voyez bien.

BLAISE : Ça est donc bâclé?

FLORIS : Oui, cela est fait : en voilà assez; et je me char-ge du reste auprès de mon père.

FONTIGNAC : Bous n'irez pas le chercher, car il entré.

Scène IX : Le Gouverneur, Parmenès, Floris, l'Insulaire, le Courtisan, la Comtesse, Fontignac, Spinette, Blaise.

LA COMTESSE : Oui, seigneur, mettez le comble à vos bienfaits : je vous ai mille obligations; joignez-y encore la grâce de m'accorder votre fils.

LE GOUVERNEUR : Vous lui faites honneur, et je suis charmé que vous l'aimiez.

LA COMTESSE : Tendrement.

BLAISE : An rirait bian dans noute pays de voir ça.

LE GOUVERNEUR : Mais c'est pourtant à vous à déci-der, mon fils; aimez-vous Madame?

PARMENÈS, honteusement : Oui, mon père.

FLORIS : J'ai besoin de la même grâce, mon père, et je demande Alvarès.

LE GOUVERNEUR : Je consens à tout. (En montrant Spi-nette.) Et cette jolie fille?

BLAISE : Je vas faire son compte. (A Fontignac.) Vous m'avez tantôt présenté une requête, Fontignac; je vous la rends toute brandie pour noute amie Spinette. Que dites-vous à ça?

FONTIGNAC : Jé rougis sous lé chapeau.

BLAISE : Ça veut dire : tope. Où est donc le notaire pour tous ces mariages, et pour écrire le contrat?

LE GOUVERNEUR : Nous n'en avons point d'autre ici que la présence de ceux devant qui on se marie. Quand on a de la raison, toutes les conventions sont faites. Puissent les dieux vous combler de leurs faveurs! Quel-ques-uns de vos camarades languissent encore dans leur malheur; je vous exhorte à ne rien oublier pour les en tirer. L'usage le plus digne qu'on puisse faire de son bonheur, c'est de s'en servir à l'avantage des autres. Que des fêtes à présent annoncent la joie que nous avons de vous voir devenus raisonnables.

DIVERTISSEMENT

Livrez-vous, jeunes cœurs, au dieu de la tendresse.
Vous pouvez, sans faiblesse,
Former d'amoureux sentiments.
La Raison, dont les lois sont prudentes et sages,
Ne vous défend pas d'être amants,
Mais d'être amants volages.

Menuet

Quel plaisir de voir l'Amour,
Dans cet heureux séjour,
A la Raison faire sa cour!
Que ses armes
Ont pour nous de charmes!

Tous nos désirs,
Tous nos soupirs
Sont des plaisirs.

Jamais aucun regret ne vient troubler nos cœurs;
Dans cette île charmante,
D'une flamme innocente
Nous éprouvons tous les ardeurs,
Et la Raison gouverne les faveurs
Que l'Amour nous présente.

Vaudeville

Toi qui fais l'important,
Ta superbe apparence,
Tes grands airs, ta dépense,
Séduisent un peuple ignorant;
Tu lui parais un colosse, un géant.
Ici, ta grandeur cesse;
On voit ta petitesse,
Ton néant, ta bassesse;
Tu n'es enfin, chez la Raison,
Qu'un petit garçon,
Qu'un embryon,
Qu'un myrmidon [23].

Philosophe arrogant,
Qui te moques sans cesse
De l'humaine faiblesse,
Tu t'applaudis d'en être exempt :
Dans l'univers tu te crois un géant.
Par la moindre disgrâce,
Ton courage se passe,
Ta fermeté se lasse.
Tu n'es plus, avec ta raison,
Qu'un petit garçon,
Qu'un embryon,
Qu'un myrmidon.

Mortel indifférent,
Qui sans cesse déclames
Contre les douces flammes
Que fait sentir le tendre enfant,
Auprès de lui tu te crois un géant.
Qu'un bel œil se présente,
Sa douceur séduisante
Rend ta force impuissante,
Tu n'es plus, contre Cupidon,
Qu'un petit garçon,
Qu'un embryon,
Qu'un myrmidon.

Qu'un nain soit opulent,
Malgré son air grotesque
Et sa taille burlesque,
Grâce à Plutus [24], il paraît grand :

---

23. *Myrmidon* : petit garçon (terme d'injure et de mépris selon le Dict. de l'Académie).
24. *Plutus*, ou Pluton le Riche, est aussi Hadès, le Dieu des Enfers.

L'or et l'argent de lui font un géant.
Mais, sans leur assistance,
La plus belle prestance
Perd son crédit en France ;
Et l'on n'est, quand Plutus dit non,
Qu'un petit garçon,
Qu'un embryon,
Qu'un myrmidon.

Que tu semblais ardent,
Mari, quand tu pris femme !
De l'excès de ta flamme
Tu lui parlais à chaque instant :
Avant l'hymen, tu te croyais géant.
Six mois de mariage
De ce hardi langage
T'ont fait perdre l'usage.
Tu n'es plus, pauvre fanfaron,
Qu'un petit garçon,
Qu'un embryon,
Qu'un myrmidon.

UN PAYSAN

Il n'y a pas longtemps
Que j'avais la barlue.
Ma foi, j'étais bian grue !

Chez vous, Messieurs les courtisans,
Je croyais voir les plus grands des géants.
Aujourd'hui la lunette
Que la raison me prête
Rend ma visière nette.
Je vois dans toutes vos façons,
Des petits garçons,
Des embryons,
Des myrmidons.

AU PARTERRE

Partisans du bon sens,
Vous, dont l'heureux génie
Fut formé par Thalie [25],
Nous en croirons vos jugements.
Chez vous, des nains ne sont point des géants
Si notre comédie
Par vous est applaudie,
Nous craindrons peu l'envie.
Vous contraindrez, par vos leçons,
Les petits garçons,
Les embryons,
Les myrmidons.

25. *Thalie* est la Muse qui règne sur la comédie et la poésie légère.

LA SECONDE SURPRISE DE L'AMOUR

L'échec de l'Ile de la raison *ne décourage pas les Comédiens Français : le mercredi 31 décembre 1727, ils créent* la Seconde Surprise de l'amour *qu'ils avaient reçue dès le 30 janvier 1727 et à laquelle ils avaient fort malencontreusement préféré cette* Ile de la raison.

La distribution de la Seconde Surprise de l'amour *est particulièrement brillante : Quinault l'aîné joue le Chevalier, la Thorillière le Comte, et c'est Adrienne Lecouvreur qui est la Marquise, pendant que Quinault la cadette tient le rôle de Lisette. Pourtant le succès de cette* Seconde Surprise de l'amour *est loin d'égaler celui de la première* Surprise *à l'Hôtel de Bourgogne. Elle atteint, certes, quatorze représentations dans la saison et beaucoup de comptes rendus sont élogieux (mais on soupçonne Marivaux d'avoir mis la main à celui du* Spectateur littéraire*). Cependant les spectateurs restent plutôt réservés et ce n'est qu'à « force de se récrier » que « les gens de bon goût (...) y appelèrent (...) le concours du public » (*Notices sur les pièces de théâtre, *manuscrit de l'Arsenal*).

Certains commentateurs ont rendu les Comédiens Français responsables de cette froideur du public : plus « habitués à la tragédie » qu'à la comédie, ils auraient alourdi le texte de Marivaux. Qu'il ait pu y avoir quelque incompatibilité entre le jeu que réclamaient les comédies de Marivaux et le style habituel à ces comédiens, cela est en effet probable. Mais dans le cas précis de la Seconde Surprise de l'amour, *les témoignages ne vont guère dans ce sens : le* Mercure *de janvier 1728 estime que la pièce est « très bien représentée » et que « la demoiselle Lecouvreur et le sieur Quinault excellent dans leurs rôles ». Et tous les textes de l'époque s'accordent à célébrer « la peine que se donna la Dlle Lecouvreur d'y jouer le rôle de la Marquise dont elle faisait merveille ». Peut-être vaut-il mieux parler d'un désaccord entre spectateurs du Français et Marivaux : à l'exception du* Legs *et du* Préjugé vaincu, *presque toutes ses comédies ont eu, à la Comédie-Française, des débuts difficiles.*

De leur côté, les Comédiens Italiens, qui continuent à jouer la Surprise, *témoignent de leur mécontentement devant ce qui est bien, cette fois, une « trahison » (et non seulement une infidélité) de Marivaux : dans une comédie en un acte, la* Revue des théâtres, *ils font comparaître les*

deux Surprise, *incarnées l'une (l'italienne) par Flaminia et l'autre (la française) par Thérèse Delalande, devant le juge Momus qui tranche en faveur de la première, la présence d'Hortensius suffisant à ses yeux pour discréditer* la Seconde Surprise de l'amour.

Peu à peu cette Surprise *française va supplanter son aînée au point de la faire presque oublier. Adrienne Lecouvreur morte en 1730, c'est Mlle Quinault qui tenta d'abord de « faire revivre cette comédie » : elle y « perdit son talent ». Mais vers 1765, Granval et son épouse (conseillés et « répétés » par Mlle Quinault) réussirent à imposer la* Seconde Surprise *« au point que tout Paris courut et court encore à ses représentations » (*Journal *et* Mémoires *de Collé).*

Elle fut dès lors une des rares pièces de Marivaux à reparaître sinon fréquemment du moins régulièrement sur la scène de la Comédie-Française. Pendant tout le XIXᵉ siècle, maintes actrices célèbres s'essayèrent dans le rôle de la Marquise : de Mlle Mars à Julia Bartet en passant par Madeleine Brohan. A la fin du siècle, elle avait été jouée près de deux cent soixante fois à la Comédie-Française, quand la Surprise *italienne ne figurait pas encore au répertoire.*

Au XXᵉ siècle, par un nouveau retournement, la Surprise *italienne, une fois redécouverte par Copeau, reprit à nouveau l'avantage sur sa cadette jugée « moins fictive, plus réaliste, mais en même temps plus artificielle » (*Xavier de Courville*). Aussi, la* Seconde Surprise de l'amour *ne parut-elle guère sur la scène du Français avant ses reprises de 1944, puis de 1957 (avec Hélène Perdrière dans le rôle de la Marquise).*

Il est vrai que sa carrière se poursuivait ailleurs : en 1929, Xavier de Courville la montait à la Petite Scène et en 1949, au Théâtre Marigny, Jean-Louis Barrault retrouvait presque avec elle (Madeleine Renaud était la Marquise et Jean Desailly le Chevalier) le triomphe de ses Fausses Confidences. *Enfin, c'est la* Seconde Surprise *que Roger Planchon choisissait, en 1959, pour nous présenter, avec la troupe de son Théâtre de la Cité de Villeurbanne, un Marivaux tout neuf et provocant, décrassé de ses afféteries psychologiques et anticipant le « réalisme critique » — un Marivaux à mi-chemin de Tchékhov et de Brecht.*

DÉDICACE

A SON ALTESSE SÉRÉNISSIME, MADAME

LA DUCHESSE DU MAINE [1]

MADAME,

Je ne m'attendais pas que mes ouvrages dussent jamais me procurer l'honneur infini d'en dédier un à Votre Altesse Sérénissime. Rien de tout ce que j'étais capable de faire ne m'aurait paru digne de cette fortune-là. Quelle proportion, aurais-je dit, de mes faibles talents et de ceux qu'il faudrait pour amuser la délicatesse d'esprit de cette Princesse ! Je pense encore de même ; et cependant aujourd'hui, vous me permettez de vous faire un hommage de *la Surprise de l'amour*. On a même vu Votre Altesse Sérénissime s'y plaire, et en applaudir les représentations. Je ne saurais me refuser de le dire aux lecteurs, et je puis effectivement en tirer vanité ; mais elle doit être modeste, et voici pourquoi : les esprits aussi supérieurs que le vôtre, MADAME, n'exigent pas dans un ouvrage toute l'excellence qu'ils y pourraient souhaiter ; plus indulgents que les demi-esprits, ce n'est pas au poids de tout leur goût qu'ils le pèsent pour l'estimer. Ils composent, pour ainsi dire, avec un auteur ; ils observent avec finesse ce qu'il est capable de faire, eu égard à ses forces ; et s'il le fait, ils sont contents, parce qu'il a été aussi loin qu'il pouvait aller ; et voilà positivement le cas où se trouve *la Surprise de l'amour*. MADAME, Votre Altesse Sérénissime a jugé qu'elle avait à peu près le degré de bonté que je pouvais lui donner, et cela vous a suffi pour l'approuver, car autrement comment m'auriez-vous fait grâce ? Ne sait-on pas dans le monde toute l'étendue de vos lumières ? Combien d'habiles auteurs ne doivent-ils pas la beauté de leurs ouvrages à la sûreté de votre critique ! La finesse de votre goût n'a pas moins servi les lettres que votre protection a encouragé ceux qui les ont cultivées ; et ce que je dis là, MADAME, ce n'est ni l'auguste naissance de Votre Altesse Sérénissime, ni le rang qu'Elle tient qui me le dicte, c'est le public qui me l'apprend, et le public ne surfait point. Pour moi, il ne me reste là-dessus qu'une réflexion à faire ; c'est qu'il est bien doux, quand on dédie un livre à une Princesse, et qu'on aime la vérité, de trouver en Elle autant de qualités réelles que la flatterie oserait en feindre. Je suis, avec un très profond respect,

MADAME,

De Votre Altesse Sérénissime, le très humble et très obéissant serviteur,

DE MARIVAUX.

ACTEURS

LA MARQUISE, *veuve* ; LE CHEVALIER ; LE COMTE ; LISETTE, *suivante de la Marquise* ; LUBIN, *valet du Chevalier* ; M. HORTENSIUS, *pédant* ; *Un Laquais.*

ACTE PREMIER

Scène I : La Marquise, Lisette. La Marquise entre tristement sur la scène. Lisette la suit sans qu'elle le sache.

LA MARQUISE, *s'arrêtant et soupirant* : Ah !

LISETTE, *derrière elle* : Ah !

LA MARQUISE : Qu'est-ce que j'entends là ? Ha ! c'est vous ?

LISETTE : Oui, Madame.

LA MARQUISE : De quoi soupirez-vous ?

LISETTE : Moi ? de rien : vous soupirez, je prends cela pour une parole, et je vous réponds de même.

LA MARQUISE : Fort bien ; mais qui est-ce qui vous a dit de me suivre ?

LISETTE : Qui me l'a dit, Madame ? Vous m'appelez, je viens ; vous marchez, je vous suis : j'attends le reste.

LA MARQUISE : Je vous ai appelée, moi ?

LISETTE : Oui, Madame.

LA MARQUISE : Allez, vous rêvez ; retournez-vous-en, je n'ai pas besoin de vous.

LISETTE : Retournez-vous-en ! les personnes affligées ne doivent point rester seules, Madame.

LA MARQUISE : Ce sont mes affaires ; laissez-moi.

LISETTE : Cela ne fait qu'augmenter leur tristesse.

LA MARQUISE : Ma tristesse me plaît.

LISETTE : Et c'est à ceux qui vous aiment à vous secourir dans cet état-là ; je ne veux pas vous laisser mourir de chagrin.

LA MARQUISE : Ah ! voyons donc où cela ira.

LISETTE : Pardi ! il faut bien se servir de sa raison dans la vie, et ne pas quereller les gens qui sont attachés à nous.

LA MARQUISE : Il est vrai que votre zèle est fort bien entendu ; pour m'empêcher d'être triste, il me met en colère.

LISETTE : Eh bien, cela distrait toujours un peu : il vaut mieux quereller que soupirer.

LA MARQUISE : Eh ! laissez-moi, je dois soupirer toute ma vie.

LISETTE : Vous devez, dites-vous ? Oh ! vous ne payerez jamais cette dette-là ; vous êtes trop jeune, elle ne saurait être sérieuse.

LA MARQUISE : Eh ! ce que je dis là n'est que trop vrai : il n'y a plus de consolation pour moi, il n'y en a plus ; après deux ans de l'amour le plus tendre, épouser ce que l'on aime, ce qu'il y avait de plus aimable au monde, l'épouser, et le perdre un mois après !

LISETTE : Un mois ! c'est toujours autant de pris. Je connais une dame qui n'a gardé son mari que deux jours ; c'est cela qui est piquant.

LA MARQUISE : J'ai tout perdu, vous dis-je.

LISETTE : Tout perdu ! Vous me faites trembler : est-ce que tous les hommes sont morts ?

---

1. La duchesse du Maine tenait à Sceaux une cour d'esprit. On ignore quelle est la raison exacte qui amena Marivaux, peu prodigue en dédicaces, à lui dédier *la Seconde Surprise de l'amour*.

LA MARQUISE : Eh! que m'importe qu'il reste des hommes?

LISETTE : Ah! Madame, que dites-vous là? Que le ciel les conserve! ne méprisons jamais nos ressources.

LA MARQUISE : Mes ressources! A moi, qui ne veux plus m'occuper que de ma douleur! moi, qui ne vis presque plus que par un effort de raison!

LISETTE : Comment donc par un effort de raison? Voilà une pensée qui n'est pas de ce monde; mais vous êtes bien fraîche pour une personne qui se fatigue tant.

LA MARQUISE : Je vous prie, Lisette, point de plaisanterie; vous me divertissiez quelquefois, mais je ne suis pas à présent en situation de vous écouter.

LISETTE : Ah çà, Madame, sérieusement, je vous trouve le meilleur visage du monde; voyez ce que c'est : quand vous aimiez la vie, peut-être que vous n'étiez pas si belle; la peine de vivre vous donne un air plus vif et plus mutin dans les yeux, et je vous conseille de batailler toujours contre la vie; cela vous réussit on ne peut pas mieux.

LA MARQUISE : Que vous êtes folle! je n'ai pas fermé l'œil de la nuit.

LISETTE : N'auriez-vous pas dormi en rêvant que vous ne dormiez point? car vous avez le teint bien reposé; mais vous êtes un peu trop négligée, et je suis d'avis de vous arranger un peu la tête. La Brie, qu'on apporte ici la toilette de Madame.

LA MARQUISE : Qu'est-ce que tu vas faire? Je n'en veux point.

LISETTE : Vous n'en voulez point! vous refusez le miroir, un miroir, Madame! Savez-vous bien que vous me faites peur? Cela serait sérieux, pour le coup, et nous allons voir cela : il ne sera pas dit que vous serez charmante impunément; il faut que vous le voyiez, et que cela vous console, et qu'il vous prenne plaisir de vivre. *(On apporte la toilette. Elle prend un siège.)* Allons, Madame, mettez-vous là, que je vous ajuste : tenez, le savant que vous avez pris chez vous ne vous lira point de livre si consolant que ce que vous allez voir.

LA MARQUISE : Oh! tu m'ennuies : qu'ai-je besoin d'être mieux que je ne suis? Je ne veux voir personne.

LISETTE : De grâce, un petit coup d'œil sur la glace, un seul petit coup d'œil; quand vous ne le donneriez que de côté, tâtez-en seulement.

LA MARQUISE : Si tu voulais bien me laisser en repos.

LISETTE : Quoi! votre amour-propre ne dit plus mot, et vous n'êtes pas à l'extrémité! cela n'est pas naturel, et vous trichez. Faut-il vous parler franchement? je vous disais que vous étiez plus belle qu'à l'ordinaire; mais la vérité est que vous êtes très changée, et je voulais vous attendrir un peu pour un visage que vous abandonnez bien durement.

LA MARQUISE : Il est vrai que je suis dans un terrible état.

LISETTE : Il n'y a donc qu'à emporter la toilette? La Brie, remettez cela où vous l'avez pris.

LA MARQUISE : Je ne me pique plus ni d'agrément ni de beauté.

LISETTE : Madame, la toilette s'en va, je vous en avertis.

LA MARQUISE : Mais, Lisette, je suis donc bien épouvantable?

LISETTE : Extrêmement changée.

LA MARQUISE : Voyons donc, car il faut bien que je me débarrasse de toi.

LISETTE : Ah! je respire, vous voilà sauvée : allons, courage, Madame.

On rapporte le miroir.

LA MARQUISE : Donne le miroir; tu as raison, je suis bien abattue.

LISETTE, *lui donnant le miroir* : Ne serait-ce pas un meurtre que de laisser dépérir ce teint-là, qui n'est que lis et que rose quand on en a soin? Rangez-moi ces cheveux qui sont épars, et qui vous cachent les yeux : ah! les fripons, comme ils ont encore l'œillade assassine; ils m'auraient déjà brûlée, si j'étais de leur compétence; ils ne demandent qu'à faire du mal.

LA MARQUISE, *rendant le miroir* : Tu rêves; on ne peut pas les avoir plus battus.

LISETTE : Oui, battus. Ce sont de bons hypocrites : que l'ennemi vienne, il verra beau jeu. Mais voici, je pense, un domestique de Monsieur le Chevalier. C'est ce valet de campagne si naïf, qui vous a tant divertie il y a quelques jours.

LA MARQUISE : Que me veut son maître? Je ne vois personne.

LISETTE : Il faut bien l'écouter.

Scène II : Lubin, la Marquise, Lisette.

LUBIN : Madame, pardonnez l'embarras...

LISETTE : Abrège, abrège; il t'appartient bien d'embarrasser Madame!

LUBIN : Il vous appartient bien de m'interrompre, m'amie; est-ce qu'il ne m'est pas libre d'être honnête?

LA MARQUISE : Finis; de quoi s'agit-il?

LUBIN : Il s'agit, Madame, que Monsieur le Chevalier m'a dit... ce que votre femme de chambre m'a fait oublier.

LISETTE : Quel original!

LUBIN : Cela est vrai; mais quand la colère me prend, ordinairement la mémoire me quitte.

LA MARQUISE : Retourne donc savoir ce que tu me veux.

LUBIN : Oh! ce n'est pas la peine, Madame, et je m'en ressouviens à cette heure; c'est que nous arrivâmes hier tous deux à Paris, Monsieur le Chevalier et moi, et que nous en partons demain pour n'y revenir jamais; ce qui fait que Monsieur le Chevalier vous mande que vous ayez à trouver bon qu'il ne vous voie point cette après-dînée, et qu'il ne vous assure point de ses respects, sinon ce matin, si cela ne vous déplaisait pas, pour vous dire adieu, à cause de l'incommodité de ses embarras.

LISETTE : Tout ce galimatias-là signifie que Monsieur le Chevalier souhaiterait vous voir à présent.

LA MARQUISE : Sais-tu ce qu'il a à me dire? Car je suis dans l'affliction.

LUBIN, *d'un ton triste, et à la fin pleurant* : Il a à vous dire que vous ayez la bonté de l'entretenir un quart d'heure; pour ce qui est d'affliction, ne vous embarrassez pas, Madame, il ne nuira pas à la vôtre; au contraire, car il est encore plus triste que vous, et moi aussi; nous faisons compassion à tout le monde.

LISETTE : Mais, en effet, je crois qu'il pleure.

LUBIN : Oh! vous ne voyez rien, je pleure bien autrement quand je suis seul : mais je me retiens par honnêteté.

LISETTE : Tais-toi.

LA MARQUISE : Dis à ton maître qu'il peut venir, et que j'attends; et vous, Lisette, quand Monsieur Hortensius sera revenu, qu'il vienne sur-le-champ me montrer les livres qu'il a dû m'acheter. *(Elle soupire en s'en allant.)* Ah!

Scène III : Lisette, Lubin.

LISETTE : La voilà qui soupire, et c'est toi qui en es cause, butor que tu es; nous avons bien affaire de tes pleurs.

LUBIN : Ceux qui n'en veulent pas n'ont qu'à les laisser; ils ont fait plaisir à Madame, et Monsieur le Chevalier l'accommodera bien autrement, car il soupire encore bien mieux que moi.

LISETTE : Qu'il s'en garde bien : dis-lui de cacher sa douleur, je ne t'arrête que pour cela; ma maîtresse n'en a déjà que trop, et je veux tâcher de l'en guérir : entends-tu?

LUBIN : Pardi! tu cries assez haut.

LISETTE : Tu es bien brusque. Eh! de quoi pleurez-vous donc tous deux, peut-on le savoir?

LUBIN : Ma foi, de rien : moi, je pleure parce que je le veux bien, car si je voulais, je serais gaillard.

LISETTE : Le plaisant garçon!

LUBIN : Oui, mon maître soupire parce qu'il a perdu une maîtresse; et comme je suis le meilleur cœur du monde, moi, je me suis mis à faire comme lui pour l'amuser; de sorte que je vais toujours pleurant sans être fâché, seulement par compliment.

LISETTE *rit* : Ah, ah, ah, ah!

LUBIN, *riant* : Eh, eh, eh! tu en ris, j'en ris quelquefois de même, mais rarement, car cela me dérange; j'ai pourtant perdu aussi une maîtresse, moi; mais comme je ne la verrai plus, je l'aime toujours sans en être plus triste. *(Il rit.)* Eh, eh, eh!

LISETTE : Il me divertit. Adieu; fais ta commission, et ne manque pas d'avertir Monsieur le Chevalier de ce que je t'ai dit.

LUBIN, *riant* : Adieu, adieu.

LISETTE : Comment donc! tu me lorgnes, je pense?

LUBIN : Oui-da, je te lorgne.

LISETTE : Tu ne pourras plus te remettre à pleurer.

LUBIN : Gageons que si... Veux-tu voir?

LISETTE : Va-t'en; ton maître t'attendra.

LUBIN : Je ne l'empêche pas.

LISETTE : Je n'ai que faire d'un homme qui part demain : retire-toi.

LUBIN : A propos, tu as raison, et ce n'est pas la peine d'en dire davantage. Adieu donc, la fille.

LISETTE : Bonjour, l'ami.

Scène IV

LISETTE, *seule* : Ce bouffon-là est amusant. Mais voici Monsieur Hortensius aussi chargé de livres qu'une bibliothèque. Que cet homme-là m'ennuie avec sa doctrine ignorante! Quelle fantaisie a Madame d'avoir pris ce personnage-là chez elle, pour la conduire dans ses lectures et amuser sa douleur! Que les femmes du monde ont de travers!

Scène V : Hortensius, Lisette.

LISETTE : Monsieur Hortensius, Madame m'a chargée de vous dire que vous alliez lui montrer les livres que vous avez achetés pour elle.

HORTENSIUS : Je serai ponctuel à obéir, Mademoiselle Lisette, et Madame la Marquise ne pouvait charger de ses ordres personne qui me les rendît plus dignes de ma prompte obéissance.

LISETTE : Ah! le joli tour de phrase! Comment! vous me saluez de la période la plus galante qui se puisse, et l'on sent bien qu'elle part d'un homme qui sait sa rhétorique.

HORTENSIUS : La rhétorique que je sais là-dessus, Mademoiselle, ce sont vos beaux yeux qui me l'ont apprise.

LISETTE : Mais ce que vous me dites là est merveilleux; je ne savais pas que mes beaux yeux enseignassent la rhétorique.

HORTENSIUS : Ils ont mis mon cœur en état de soutenir thèse, Mademoiselle; et, pour essai de ma science, je vais, si vous l'avez pour agréable, vous donner un petit argument[2] en forme.

LISETTE : Un argument à moi! Je ne sais ce que c'est; je ne veux point tâter de cela : adieu.

HORTENSIUS : Arrêtez, voyez mon petit syllogisme; je vous assure qu'il est concluant.

LISETTE : Un syllogisme! Eh! que voulez-vous que je fasse de cela?

HORTENSIUS : Ecoutez. On doit son cœur à ceux qui vous donnent le leur; je vous donne le mien : *ergo*[3], vous me devez le vôtre.

LISETTE : Est-ce là tout? Oh! je sais la rhétorique aussi, moi. Tenez : on ne doit son cœur qu'à ceux qui le prennent; assurément vous ne prenez pas le mien : *ergo*[3] vous ne l'aurez pas. Bonjour.

HORTENSIUS, *l'arrêtant* : La raison répond...

LISETTE : Oh! pour la raison, je ne m'en mêle point, les filles de mon âge n'ont point de commerce avec elle. Adieu, Monsieur Hortensius; que le ciel vous bénisse, vous, votre thèse et votre syllogisme.

HORTENSIUS : J'avais pourtant fait de petits vers latins sur vos beautés.

LISETTE : Eh! mais, Monsieur Hortensius, mes beautés n'entendent que le français.

HORTENSIUS : On peut vous les traduire.

LISETTE : Achevez donc, car j'ai hâte.

HORTENSIUS : Je crois les avoir serrés dans un livre.

LISETTE, *pendant qu'il cherche, voit venir la Marquise et dit* : Voilà Madame, laissons-le chercher son papier. *Elle sort.*

---

2. Un raisonnement en forme. Lisette reprendra, ironique, cette formule d'Hortensius à l'acte III, scène 3 : « Il voulait me faire des arguments. »
3. Donc.

HORTENSIUS, *continuant en feuilletant* : Je vous y donne le nom d'Hélène [4], de la manière du monde la plus poétique, et j'ai pris la liberté de m'appeler le Pâris [5] de l'aventure : les voilà, cela est galant.

Scène VI : La Marquise, Hortensius, un laquais.

LA MARQUISE : Que voulez-vous dire, avec cette aventure où vous vous appelez Pâris? à qui parliez-vous? Voyons ce papier.

HORTENSIUS : Madame, c'est un trait de l'histoire des Grecs, dont Mademoiselle Lisette me demandait l'explication.

LA MARQUISE : Elle est bien curieuse, et vous bien complaisant : où sont les livres que vous m'avez achetés, Monsieur?

HORTENSIUS : Je les tiens, Madame, tous bien conditionnés, et d'un prix fort raisonnable; souhaitez-vous les voir?

LA MARQUISE : Montrez.

Un laquais vient.

LE LAQUAIS : Voici Monsieur le Chevalier, Madame.

LA MARQUISE : Faites entrer. *(Et à Hortensius.)* Portez-les chez moi, nous les verrons tantôt.

Scène VII : La Marquise, le Chevalier.

LE CHEVALIER : Je vous demande pardon, Madame, d'une visite, sans doute, importune; surtout dans la situation où je sais que vous êtes.

LA MARQUISE : Ah! votre visite ne m'est point importune, je la reçois avec plaisir; puis-je vous rendre quelque service? De quoi s'agit-il? Vous me paraissez bien triste.

LE CHEVALIER : Vous voyez, Madame, un homme au désespoir, et qui va se confiner dans le fond de sa province, pour y finir une vie qui lui est à charge.

LA MARQUISE : Que me dites-vous là! Vous m'inquiétez; que vous est-il donc arrivé?

LE CHEVALIER : Le plus grand de tous les malheurs, le plus sensible, le plus irréparable : j'ai perdu Angélique, et je la perds pour jamais.

LA MARQUISE : Comment donc! Est-ce qu'elle est morte?

LE CHEVALIER : C'est la même chose pour moi. Vous savez où elle s'était retirée depuis huit mois pour se soustraire au mariage où son père voulait la contraindre; nous espérions tous deux que sa retraite fléchirait le père : il a continué de la persécuter; et lasse, apparemment, de ses persécutions, accoutumée à notre absence, désespérant, sans doute, de me voir jamais à elle, elle a cédé, renoncé au monde, et s'est liée par des nœuds qu'elle ne peut plus rompre : il y a deux mois que la chose est faite. Je la vis la veille, je lui parlai, je me désespérai, et ma désolation, mes prières, mon amour, tout

m'a été inutile; j'ai été témoin de mon malheur; j'ai depuis toujours demeuré dans le lieu, il a fallu m'en arracher, je n'en arrivai qu'avant-hier. Je me meurs, je voudrais mourir, et je ne sais pas comment je vis encore.

LA MARQUISE : En vérité, il semble dans le monde que les afflictions ne soient faites que pour les honnêtes gens.

LE CHEVALIER : Je devrais retenir ma douleur, Madame, vous n'êtes que trop affligée vous-même.

LA MARQUISE : Non, Chevalier, ne vous gênez point; votre douleur fait votre éloge, je la regarde comme une vertu; j'aime à voir un cœur estimable, car cela est si rare, hélas! Il n'y a plus de mœurs, plus de sentiment dans le monde; moi, qui vous parle, on trouve étonnant que je pleure depuis six mois; vous passerez aussi pour un homme extraordinaire, il n'y aura que moi qui vous plaindrai véritablement, et vous êtes le seul qui rendra justice à mes pleurs; vous me ressemblez, vous êtes né sensible, je le vois bien.

LE CHEVALIER : Il est vrai, Madame, que mes chagrins ne m'empêchent pas d'être touché des vôtres.

LA MARQUISE : J'en suis persuadée; mais venons au reste : que me voulez-vous?

LE CHEVALIER : Je ne verrai plus Angélique, elle me l'a défendu, et je veux lui obéir.

LA MARQUISE : Voilà comment pense un honnête homme, par exemple.

LE CHEVALIER : Voici une lettre que je ne saurais lui faire tenir, et qu'elle ne recevrait point de ma part; vous allez incessamment à votre campagne, qui est voisine du lieu où elle est, faites-moi, je vous supplie, le plaisir de la lui donner vous-même; la lire est la seule grâce que je lui demande; et si, à mon tour, Madame, je pouvais jamais vous obliger...

LA MARQUISE, *l'interrompant* : Eh! qui est-ce qui en doute? Dès que vous êtes capable d'une vraie tendresse, vous êtes né généreux [6], cela s'en va sans dire; je sais à présent votre caractère comme le mien; les bons cœurs se ressemblent, Chevalier : mais la lettre n'est point cachetée.

LE CHEVALIER : Je ne sais ce que je fais dans le trouble où je suis : puisqu'elle ne l'est point, lisez-la, Madame, vous en jugerez mieux combien je suis à plaindre; nous causerons plus longtemps ensemble, et je sens que votre conversation me soulage.

LA MARQUISE : Tenez, sans compliment, depuis six mois je n'ai eu de moment supportable que celui-ci; et la raison de cela, c'est qu'on aime à soupirer avec ceux qui vous entendent : lisons la lettre *(Elle lit.) J'avais dessein de vous revoir encore, Angélique; mais j'ai songé que je vous désobligerais, et je m'en abstiens : après tout, qu'aurais-je été chercher? Je ne saurais le dire; tout ce que je sais, c'est que je vous ai perdue, que je voudrais vous parler pour redoubler la douleur de ma perte, pour m'en pénétrer jusqu'à mourir. (Répétant les derniers mots, et s'interrompant.)* Pour m'en pénétrer jusqu'à mourir! Mais cela est étonnant : ce que vous dites là, Chevalier, je l'ai pensé mot pour mot dans mon affliction; peut-on se rencontrer jusque-

---

4. *Hélène* : femme de Ménélas enlevée par Pâris, qui fut ainsi la cause de la guerre de Troie. Personnage de *l'Iliade*.

5. *Pâris* : fils de Priam et d'Hécube, qui enleva Hélène. Figure aussi dans *l'Iliade*.

6. D'un naturel noble.

là! En vérité, vous me donnez bien de l'estime pour vous! Achevons. *(Elle relit.) Mais c'est fait, et je ne vous écris que pour vous demander pardon de ce qui m'échappa contre vous à notre dernière entrevue; vous me quittiez pour jamais, Angélique, j'étais au désespoir; et dans ce moment-là, je vous aimais trop pour vous rendre justice; mes reproches vous coûtèrent des larmes, je ne voulais pas les voir, je voulais que vous fussiez coupable, et que vous crussiez l'être, et j'avoue que j'offensais* [7] *la vertu même. Adieu, Angélique, ma tendresse ne finira qu'avec ma vie, et je renonce à tout engagement; j'ai voulu que vous fussiez contente de mon cœur, afin que l'estime que vous aurez pour lui excuse la tendresse dont vous m'honorâtes. (Après avoir lu, et rendant la lettre.)* Allez, Chevalier, avec cette façon-là de sentir, vous n'êtes point à plaindre; quelle lettre! Autrefois le Marquis m'en écrivit une à peu près de même, je croyais qu'il n'y avait que lui au monde qui en fût capable; vous étiez son ami, et je ne m'en étonne pas.

LE CHEVALIER : Vous savez combien son amitié m'était chère.

LA MARQUISE : Il ne la donnait qu'à ceux qui la méritaient.

LE CHEVALIER : Que cette amitié-là me serait d'un grand secours, s'il vivait encore!

LA MARQUISE, *pleurant* : Sur ce pied-là, nous l'avons donc perdu tous deux.

LE CHEVALIER : Je crois que je ne lui survivrai pas longtemps.

LA MARQUISE : Non, Chevalier, vivez pour me donner la satisfaction de voir son ami le regretter avec moi; à la place de son amitié, je vous donne la mienne.

LE CHEVALIER : Je vous la demande de tout mon cœur, elle sera ma ressource; je prendrai la liberté de vous écrire, vous voudrez bien me répondre, et c'est une espérance consolante que j'emporte en partant.

LA MARQUISE : En vérité, Chevalier, je souhaiterais que vous restassiez; il n'y a qu'avec vous que ma douleur se verrait libre.

LE CHEVALIER : Si je restais, je romprais avec tout le monde, et ne voudrais voir que vous.

LA MARQUISE : Mais effectivement, faites-vous bien de partir? Consultez-vous : il me semble qu'il vous sera plus doux d'être moins éloigné d'Angélique.

LE CHEVALIER : Il est vrai que je pourrais vous en parler quelquefois.

LA MARQUISE : Oui; je vous plaindrais, du moins, et vous me plaindriez aussi, cela rend la douleur plus supportable.

LE CHEVALIER: En vérité je crois que vous avez raison.

LA MARQUISE : Nous sommes voisins.

LE CHEVALIER : Nous demeurons comme dans la même maison, puisque le même jardin nous est commun.

LA MARQUISE : Nous sommes affligés, nous pensons de même.

LE CHEVALIER : L'amitié nous sera d'un grand secours.

---

7. Variantes des éditions de 1728 et de 1758 : *j'offenserais...*

LA MARQUISE : Nous n'avons que cette ressource-là dans les afflictions, vous en conviendrez. Aimez-vous la lecture?

LE CHEVALIER : Beaucoup.

LA MARQUISE : Cela vient encore fort bien; j'ai pris depuis quinze jours un homme à qui j'ai donné le soin de ma bibliothèque; je n'ai pas la vanité de devenir savante, mais je suis bien aise de m'occuper : il me lit tous les soirs quelque chose, nos lectures sont sérieuses, raisonnables; il y met un ordre qui m'instruit en m'amusant : voulez-vous être de la partie?

LE CHEVALIER : Voilà qui est fini, Madame, vous me déterminez; c'est un bonheur pour moi que de vous avoir vue; je me sens déjà plus tranquille. Allons, je ne partirai point; j'ai des livres aussi en assez grande quantité, celui qui a soin des vôtres les mettra tout ensemble, et je vais appeler mon valet pour changer les ordres que je lui ai donnés. Que je vous ai d'obligation! peut-être que vous me sauvez la raison, mon désespoir se calme, vous avez dans l'esprit une douceur qui m'était nécessaire, et qui me gagne : vous avez renoncé à l'amour et moi aussi; et votre amitié me tiendra lieu de tout, si vous êtes sensible à la mienne.

LA MARQUISE : Sérieusement, je m'y crois presque obligée, pour vous dédommager de celle du Marquis : allez, Chevalier, faites vite vos affaires; je vais, de mon côté, donner quelque ordre aussi; nous nous reverrons tantôt. *(Et à part.)* En vérité, ce garçon-là a un fonds de probité qui me charme.

Scène VIII : Le Chevalier.

LE CHEVALIER, *seul, un moment* : Voilà vraiment de ces esprits propres à consoler une personne affligée; que cette femme-là a de mérite! je ne la connaissais pas encore : quelle solidité d'esprit! quelle bonté de cœur! C'est un caractère à peu près comme celui d'Angélique, et ce sont des trésors que ces caractères-là; oui, je la préfère à tous les amis du monde. *(Il appelle Lubin.)* Lubin! il me semble que je le vois dans le jardin.

*Scène IX : Lubin,
le Chevalier.*

LUBIN *répond derrière le théâtre* : Monsieur!... *(Et puis il arrive très triste.)* Que vous plaît-il, Monsieur?

LE CHEVALIER : Qu'as-tu donc, avec cet air triste?

LUBIN : Hélas! Monsieur, quand je suis à rien faire, je m'attriste à cause de votre maîtresse, et un peu à cause de la mienne; je suis fâché de ce que nous partons; si nous restions, je serais fâché de même.

LE CHEVALIER : Nous ne partons point, ainsi ne fais rien de ce que je t'avais ordonné pour notre départ.

LUBIN : Nous ne partons point!

LE CHEVALIER : Non, j'ai changé d'avis.

LUBIN : Mais, Monsieur, j'ai fait mon paquet.

LE CHEVALIER : Eh bien! tu n'as qu'à le défaire.

LUBIN : J'ai dit adieu à tout le monde, je ne pourrai donc plus voir personne?

LE CHEVALIER : Eh! tais-toi; rends-moi mes lettres.

LUBIN : Ce n'est pas la peine, je les porterai tantôt.

LE CHEVALIER : Cela n'est plus nécessaire, puisque je reste ici.

LUBIN : Je n'y comprends rien; c'est donc encore autant de perdu que ces lettres-là ? Mais, Monsieur, qui est-ce qui vous empêche de partir, est-ce Madame la Marquise?

LE CHEVALIER : Oui.

LUBIN : Et nous ne changeons point de maison?

LE CHEVALIER : Et pourquoi en changer?

LUBIN : Ah! me voilà perdu.

LE CHEVALIER : Comment donc?

LUBIN : Vos maisons se communiquent; de l'une on entre dans l'autre; je n'ai plus ma maîtresse; Madame la Marquise a une femme de chambre toute agréable; de chez vous j'irai chez elle; crac, me voilà infidèle tout de plain-pied, et cela m'afflige : pauvre Marton! faudra-t-il que je t'oublie?

LE CHEVALIER : Tu serais un bien mauvais cœur.

LUBIN : Ah! pour cela, oui, cela sera bien vilain, mais cela ne manquera pas d'arriver : car j'y sens déjà du plaisir, et cela me met au désespoir; encore si vous aviez la bonté de montrer l'exemple : tenez, la voilà qui vient, Lisette.

Scène X : Lisette, le Comte,
le Chevalier, Lubin.

LE COMTE : J'allais chez vous, Chevalier, et j'ai su de Lisette que vous étiez ici; elle m'a dit votre affliction et je vous assure que j'y prends beaucoup de part; il faut tâcher de se dissiper.

LE CHEVALIER : Cela n'est pas aisé, Monsieur le Comte.

LUBIN, faisant un sanglot : Eh!

LE CHEVALIER : Tais-toi.

LE COMTE : Que lui est-il donc arrivé à ce pauvre garçon?

LE CHEVALIER : Il a, dit-il, du chagrin de ce que je ne pars point, comme je l'avais résolu.

LUBIN, riant : Et pourtant je suis bien aise de rester, à cause de Lisette.

LISETTE : Cela est galant : mais, Monsieur le Chevalier, venons à ce qui nous amène, Monsieur le Comte et moi. J'étais sous le berceau pendant votre conversation avec Madame la Marquise, et j'en ai entendu une partie sans le vouloir; votre voyage est rompu, ma maîtresse vous a conseillé de rester, vous êtes tous deux dans la tristesse, et la conformité de vos sentiments fera que vous vous verrez souvent. Je suis attachée à ma maîtresse, plus que je ne saurais vous le dire, et je suis désolée de voir qu'elle ne veut pas se consoler, qu'elle soupire et pleure toujours; à la fin elle n'y résistera pas : n'entretenez point sa douleur, tâchez même de la tirer de sa mélancolie; voilà Monsieur le Comte qui l'aime, vous le connaissez, il est de vos amis, Madame la Marquise n'a point de répugnance à le voir; ce serait un mariage qui conviendrait, je tâche de le faire réussir; aidez-nous de votre côté, Monsieur le Chevalier, rendez ce service à votre ami, servez ma maîtresse elle-même.

LE CHEVALIER : Mais, Lisette, ne me dites-vous pas que Madame la Marquise voit le Comte sans répugnance?

LE COMTE : Mais *sans répugnance*, cela veut dire qu'elle me souffre; voilà tout.

LISETTE : Et qu'elle reçoit vos visites.

LE CHEVALIER : Fort bien; mais s'aperçoit-elle que vous l'aimez?

LE COMTE : Je crois que oui.

LISETTE : De temps en temps, de mon côté, je glisse de petits mots, afin qu'elle y prenne garde.

LE CHEVALIER : Mais, vraiment, ces petits mots-là doivent faire un grand effet, et vous êtes entre de bonnes mains, Monsieur le Comte. Et que vous dit la Marquise? Vous répond-elle d'une façon qui promette quelque chose?

LE COMTE : Jusqu'ici, elle me traite avec beaucoup de douceur.

LE CHEVALIER : Avec douceur! Sérieusement?

LE COMTE : Il me le paraît.

LE CHEVALIER, brusquement : Mais sur ce pied-là, vous n'avez donc pas besoin de moi?

LE COMTE : C'est conclure d'une manière qui m'étonne.

LE CHEVALIER : Point du tout, je dis fort bien; on voit votre amour, on le souffre, on y fait accueil, apparemment qu'on s'y plaît, et je gâterais peut-être tout si je m'en mêlais : cela va tout seul.

LISETTE : Je vous avoue que voilà un raisonnement auquel je n'entends rien.

LE COMTE : J'en suis aussi surpris que vous.

LE CHEVALIER : Ma foi, Monsieur, le Comte, je faisais tout pour le mieux; mais puisque que vous le voulez, je parlerai, il en arrivera ce qu'il pourra : vous le voulez; malgré mes bonnes raisons, je suis votre serviteur et votre ami.

LE COMTE : Non, Monsieur, je vous suis bien obligé, et vous aurez la bonté de ne rien dire; j'irai mon chemin. Adieu, Lisette, ne m'oubliez pas; puisque Madame la Marquise a des affaires, je reviendrai une autre fois.

Scène XI : Le Chevalier,
Lisette, Lubin.

LE CHEVALIER : Faites entendre raison aux gens, voilà ce qui en arrive; assurément, cela est original, il me quitte aussi froidement que s'il quittait un rival.

LUBIN : Eh bien, tout coup vaille [8], il ne faut jurer de rien dans la vie, cela dépend des fantaisies; fournissez-vous toujours, et vive les provisions! n'est-ce pas, Lisette?

LISETTE : Oserais-je, Monsieur le Chevalier, vous parler à cœur ouvert?

LE CHEVALIER : Parlez.

LISETTE : Mademoiselle Angélique est perdue pour vous.

---

8. Se dit en matière de jeu lorsque le jeu continue en attendant une décision de l'arbitre.

LE CHEVALIER : Je ne le sais que trop.

LISETTE : Madame la Marquise est riche, jeune et belle.

LUBIN : Cela est friand.

LE CHEVALIER : Après?

LISETTE : Eh bien, Monsieur le Chevalier, tantôt vous l'avez vue soupirer de ses afflictions, n'auriez-vous pas trouvé qu'elle a bonne grâce à soupirer? je crois que vous m'entendez?

LUBIN : Courage, Monsieur.

LE CHEVALIER : Expliquez-vous; qu'est-ce que cela signifie? que j'ai de l'inclination pour elle?

LISETTE : Pourquoi non? je le voudrais de tout mon cœur; dans l'état où je vois ma maîtresse, que m'importe par qui elle en sorte, pourvu qu'elle épouse un honnête homme?

LUBIN : C'est ma foi bien dit; il faut être honnête homme pour l'épouser, il n'y a que les malhonnêtes gens qui ne l'épouseront point.

LE CHEVALIER, *froidement* : Finissons, je vous prie, Lisette.

LISETTE : Eh bien, Monsieur, sur ce pied-là, que n'allez-vous vous ensevelir dans quelque solitude où l'on ne vous voie point? Si vous saviez combien aujourd'hui votre physionomie est bonne à porter dans un désert, vous auriez le plaisir de n'y trouver rien de si triste qu'elle. Tenez, Monsieur, l'ennui, la langueur, la désolation, le désespoir, avec un air sauvage brochant sur le tout, voilà le noir tableau que représente actuellement votre visage; et je soutiens qu'à la vue en peut rendre malade, et qu'il y a conscience [9] à la promener par le monde. Ce n'est pas là tout : quand vous parlez aux gens, c'est du ton d'un homme qui va rendre les derniers soupirs : ce sont des paroles qui traînent, qui vous engourdissent, qui ont un poison froid qui glace l'âme, et dont je sens que la mienne est gelée; je n'en peux plus, et cela doit vous faire compassion. Je ne vous blâme pas; vous avez perdu votre maîtresse, vous vous êtes voué aux langueurs, vous avez fait vœu d'en mourir; c'est fort bien fait, cela édifiera le monde : on parlera de vous dans l'histoire, vous serez excellent à être cité, mais vous ne valez rien à être vu; ayez donc la bonté de nous édifier de plus loin.

LE CHEVALIER : Lisette, je pardonne au zèle que vous avez pour votre maîtresse; mais votre discours ne me plaît point.

LUBIN : Il est incivil.

LE CHEVALIER : Mon voyage est rompu; on ne change pas à tout moment de résolution, et je ne partirai point. A l'égard de Monsieur le Comte, je parlerai en sa faveur à votre maîtresse : et s'il est vrai, comme je le préjuge, qu'elle ait du penchant pour lui, ne vous inquiétez de rien, mes visites ne seront pas fréquentes, et ma tristesse ne gâtera rien ici.

LISETTE : N'avez-vous que cela à me dire, Monsieur?

LE CHEVALIER : Que pourrais-je vous dire davantage?

LISETTE : Adieu, Monsieur; je suis votre servante.

9. Ici, dans le sens de: il y a scrupule à faire une chose qu'on croit être contre la raison, contre la bienséance.

Scène XII : *Lubin, le Chevalier.*

LE CHEVALIER, *quelque temps sérieux* : Tout ce que j'entends là me rend la perte d'Angélique encore plus sensible.

LUBIN : Ma foi, Angélique me coupe la gorge.

LE CHEVALIER, *comme en se promenant* : Je m'attendais à trouver quelque consolation dans la Marquise, sa généreuse résolution de ne plus aimer me rendait respectable; et la voilà qui va se remarier : à la bonne heure : je la distinguais, et ce n'est qu'une femme comme une autre.

LUBIN : Mettez-vous à la place d'une veuve qui s'ennuie.

LE CHEVALIER : Ah! chère Angélique, s'il y a quelque chose au monde qui puisse me consoler, c'est de sentir combien vous êtes au-dessus de votre sexe, c'est de voir combien vous méritez mon amour.

LUBIN : Ah! Marton, Marton! je t'oubliais d'un grand courage; mais mon maître ne veut pas que j'achève; je m'en vais donc me remettre à te regretter comme auparavant, et que le ciel m'assiste!...

LE CHEVALIER, *se promenant* : Je me sens plus que jamais accablé de ma douleur.

LUBIN : Lisette m'avait un peu ragaillardi.

LE CHEVALIER : Je vais m'enfermer chez moi; je ne verrai que tantôt la Marquise, je n'ai plus que faire ici si elle se marie : suis-je en état de voir des fêtes? En vérité, la Marquise y songe-t-elle? Et qu'est devenue la mémoire de son mari?

LUBIN : Ah! Monsieur, qu'est-ce que vous voulez qu'elle fasse d'une mémoire?

LE CHEVALIER : Quoi qu'il en soit, je lui ai dit que je ferais apporter mes livres, et l'honnêteté veut que je tienne parole. Va me chercher celui qui a soin des siens : ne serait-ce pas lui qui entre?

Scène XIII : *Hortensius, Lubin, le Chevalier.*

HORTENSIUS : Je n'ai pas l'honneur d'être connu de vous, Monsieur; je m'appelle Hortensius. Madame la Marquise, dont j'ai l'avantage de diriger les lectures, et à qui j'enseigne tour à tour les belles-lettres, la morale et la philosophie, sans préjudice des autres sciences que je pourrais lui enseigner encore, m'a fait entendre, Monsieur, le désir que vous avez de me montrer vos livres, lesquels témoigneront, sans doute, l'excellence de votre bon goût; partant, Monsieur, que vous plaît-il qu'il en soit?

LE CHEVALIER : Lubin va vous mener à ma bibliothèque, Monsieur, et vous pouvez en faire apporter les livres ici.

HORTENSIUS : Soit fait comme vous le commandez.

Scène XIV : *Lubin, Hortensius.*

HORTENSIUS : Eh bien, mon garçon, je vous attends.

LUBIN : Un petit moment d'audience, Monsieur le Docteur Hortus.

HORTENSIUS : Hortensius, Hortensius; ne défigurez point mon nom.

LUBIN : Qu'il reste comme il est, je n'ai pas envie de lui gâter la taille [10].

HORTENSIUS, *à part* : Je le crois; mais que voulez-vous, il faut gagner la bienveillance de tout le monde.

LUBIN : Vous apprenez la morale et la philosophie à la Marquise?

HORTENSIUS : Oui.

LUBIN : A quoi cela sert-il, ces choses-là?...

HORTENSIUS : A purger l'âme de toutes ses passions.

LUBIN : Tant mieux; faites-moi prendre un doigt de cette médecine-là, contre ma mélancolie.

HORTENSIUS : Est-ce que vous avez du chagrin?

LUBIN : Tant, que j'en mourrais, sans le bon appétit qui me sauve.

HORTENSIUS : Vous avez là un puissant antidote : je vous dirai pourtant, mon ami, que le chagrin est toujours inutile, parce qu'il ne remédie à rien, et que la raison doit être notre règle dans tous les états.

LUBIN : Ne parlons point de raison, je la sais par cœur, celle-là; purgez-moi plutôt avec de la morale.

HORTENSIUS : Je vous en dis, et de la meilleure.

LUBIN : Elle ne vaut donc rien pour mon tempérament; servez-moi de la philosophie.

HORTENSIUS : Ce serait à peu près la même chose.

LUBIN : Voyons donc les belles-lettres.

HORTENSIUS : Elles ne vous conviendraient pas : mais quel est votre chagrin?

LUBIN : C'est l'amour.

HORTENSIUS : Oh! la philosophie ne veut pas qu'on prenne d'amour.

LUBIN : Oui; mais quand il est pris, que veut-elle qu'on en fasse?

HORTENSIUS : Qu'on y renonce, qu'on le laisse là.

LUBIN : Qu'on le laisse là! Et s'il ne s'y tient pas? car il court après vous.

HORTENSIUS : Il faut fuir de toutes ses forces.

LUBIN : Bon! quand on a de l'amour, est-ce qu'on a des jambes? la philosophie en fournit donc?

HORTENSIUS : Elle nous donne d'excellents conseils.

LUBIN : Des conseils? Ah! le triste équipage pour gagner pays [11]!

HORTENSIUS : Écoutez, voulez-vous un remède infaillible? vous pleurez une maîtresse, faites-en une autre.

LUBIN : Eh! morbleu, que me parlez-vous? voilà qui est bon, cela. Gageons que c'est avec cette morale-là que vous traitez la Marquise, qui va se marier avec Monsieur le Comte?

HORTENSIUS, *étonné* : Elle va se marier, dites-vous?

LUBIN : Assurément; et si nous avions voulu d'elle, nous l'aurions eue par préférence, car Lisette nous l'a offerte.

HORTENSIUS : Etes-vous bien sûr de ce que vous me dites?

LUBIN : A telles enseignes, que Lisette nous a ensuite

10. La défigurer, la déformer. La *taille* se dit de la conformation du corps depuis les épaules jusqu'à la ceinture.
11. Poursuivre sa route.

proposé de nous retirer, parce que nous sommes tristes, et que vous êtes un peu pédant, à ce qu'elle dit, et qu'il faut que la Marquise se tienne en joie.

HORTENSIUS, *à part* : *Bene, bene ;* je te rends grâce, ô Fortune! de m'avoir instruit de cela. Je me trouve bien ici, ce mariage m'en chasserait; mais je vais soulever un orage qu'on ne pourra vaincre.

LUBIN : Que marmottez-vous là dans vos dents, Docteur?

HORTENSIUS : Rien; allons toujours chercher les livres, car le temps presse.

ACTE SECOND

Scène I : Lubin, Hortensius.

LUBIN, *chargé d'une manne de livres, et s'asseyant dessus* : Ah! je n'aurais jamais cru que la science fût si pesante.

HORTENSIUS : Belle bagatelle! J'ai bien plus de livres que tout cela dans ma tête.

LUBIN : Vous?

HORTENSIUS : Moi-même.

LUBIN : Vous êtes donc le libraire et la boutique tout à la fois? Et qu'est-ce que vous faites de tout cela dans votre tête?

HORTENSIUS : J'en nourris mon esprit.

LUBIN : Il me semble que cette nourriture-là ne lui profite point; je l'ai trouvé maigre.

HORTENSIUS : Vous ne vous y connaissez point; mais reposez-vous un moment, vous viendrez me trouver après dans la bibliothèque, où je vais faire de la place à ces livres.

LUBIN : Allez, allez toujours devant.

Scène II : Lubin, Lisette.

LUBIN, *un moment seul, et assis* : Ah! pauvre Lubin! J'ai bien du tourment dans le cœur; je ne sais plus à présent si c'est Marton que j'aime ou si c'est Lisette : je crois pourtant que c'est Lisette à moins que ce ne soit Marton.

Lisette arrive avec quelques laquais qui portent des sièges.

LISETTE : Apportez, apportez-en encore un ou deux, et mettez-les là.

LUBIN, *assis* : Bonjour, m'amour.

LISETTE : Que fais-tu donc ici?

LUBIN : Je me repose sur un paquet de livres que je viens d'apporter pour nourrir l'esprit de Madame, car le Docteur le dit ainsi.

LISETTE : La sotte nourriture! quand verrai-je finir toutes ces folies-là? Va, va, porte ton impertinent ballot.

LUBIN : C'est de la morale et de la philosophie; ils disent que cela purge l'âme; j'en ai pris une petite dose, mais cela ne m'a pas seulement fait éternuer.

LISETTE : Je ne sais ce que tu viens me conter; laisse-moi en repos, va-t'en.

LUBIN : Eh! pardi, ce n'est donc pas pour moi que tu faisais apporter des sièges?

LISETTE : Le butor! C'est pour Madame qui va venir ici.

LUBIN : Voudrais-tu, en passant, prendre la peine de t'asseoir un moment, Mademoiselle? Je t'en prie, j'aurais quelque chose à te communiquer.

LISETTE : Eh bien, que me veux-tu, Monsieur?

LUBIN : Je te dirai, Lisette, que je viens de regarder ce qui se passe dans mon cœur, et je te confie que j'ai vu la figure de Marton qui en délogeait, et la tienne qui demandait à se nicher dedans; je lui ai dit que je t'en parlerais, elle attend : veux-tu que je la laisse entrer?

LISETTE : Non, Lubin, je te conseille de la renvoyer; car, dis-moi, que ferais-tu? A quoi cela aboutirait-il? A quoi nous servirait de nous aimer?

LUBIN : Ah! On trouve toujours bien le débit de cela entre deux personnes.

LISETTE : Non, te dis-je; ton maître ne veut point s'attacher à ma maîtresse, et ma fortune dépend de demeurer avec elle, comme la tienne dépend de rester avec le chevalier.

LUBIN : Cela est vrai; j'oubliais que j'avais une fortune qui est d'avis que je ne te regarde pas. Cependant, si tu me trouvais à ton gré, c'est dommage que tu n'aies pas la satisfaction de m'aimer à ton aise; c'est un hasard qui ne se trouve pas toujours. Serais-tu d'avis que j'en touchasse un petit mot à la Marquise? Elle a de l'amitié pour le Chevalier, le Chevalier en a pour elle; ils pourraient fort bien se faire l'amitié de s'épouser par amour, et notre affaire irait tout de suite.

LISETTE : Tais-toi, voici Madame.

LUBIN : Laisse-moi faire.

Scène III : La Marquise, Hortensius, Lisette, Lubin.

LA MARQUISE : Lisette, allez dire là-bas qu'on ne laisse entrer personne; je crois que voilà l'heure de notre lecture, il faudrait avertir le chevalier. Ah! te voilà, Lubin; où est ton maître?

LUBIN : Je crois, Madame, qu'il est allé soupirer chez lui.

LA MARQUISE : Va lui dire que nous l'attendons.

LUBIN : Oui, Madame; et j'aurai aussi pour moi une petite bagatelle à vous proposer, dont je prendrai la liberté de vous entretenir en toute humilité, comme cela se doit.

LA MARQUISE : Eh! de quoi s'agit-il?

LUBIN : Oh! presque de rien; nous parlerons de cela tantôt, quand j'aurai fait votre commission.

LA MARQUISE : Je te rendrai service, si je le puis.

Scène IV : Hortensius, la Marquise.

LA MARQUISE, *nonchalamment* : Eh bien, Monsieur, vous n'aimez donc pas les livres du Chevalier?

HORTENSIUS : Non, Madame, le choix ne m'en paraît pas docte; dans dix tomes, pas la moindre citation de nos auteurs grecs ou latins, lesquels, quand on compose, doivent fournir tout le suc d'un ouvrage; en un mot, ce ne sont que des livres modernes, remplis de phrases spirituelles; ce n'est que de l'esprit, toujours de l'esprit, petitesse qui choque le sens commun.

LA MARQUISE, *nonchalante* : Mais de l'esprit! est-ce que les anciens n'en avaient pas?

HORTENSIUS : Ah! Madame, *distinguo ;* ils en avaient d'une manière... oh! d'une manière que je trouve admirable.

LA MARQUISE : Expliquez-moi cette manière.

HORTENSIUS : Je ne sais pas trop bien quelle image employer pour cet effet, car c'est par les images que les anciens peignaient les choses. Voici comme parle un auteur dont j'ai retenu les paroles [12]. Représentez-vous, dit-il, une femme coquette : *primo*, son habit est en pretintailles [13]; au lieu de grâces, je lui vois des mouches; au lieu de visage, elle a des mines; elle n'agit point, elle gesticule; elle ne regarde point, elle lorgne; elle ne marche pas, elle voltige; elle ne plaît point, elle séduit; elle n'occupe point, elle amuse; on la croit belle, et moi je la tiens ridicule, et c'est à cette impertinente femme que ressemble l'esprit d'à présent, dit l'auteur.

LA MARQUISE : J'entends bien.

HORTENSIUS : L'esprit des anciens, au contraire, continue-t-il, ah! c'est une beauté si mâle, que pour démêler qu'elle est belle, il faut se douter qu'elle l'est : simple dans ses façons, on ne dirait pas qu'elle ait vu le monde; mais ayez seulement le courage de vouloir l'aimer, et vous parviendrez à la trouver charmante.

LA MARQUISE : En voilà assez, je vous comprends : nous sommes plus affectés, et les anciens plus grossiers.

HORTENSIUS : Que le ciel m'en garde, Madame; jamais Hortensius...

LA MARQUISE : Changeons de discours; que nous lirez-vous aujourd'hui?

HORTENSIUS : Je m'étais proposé de vous lire un peu du *Traité de la Patience*, chapitre premier, *du Veuvage*.

LA MARQUISE : Oh! prenez autre chose; rien ne me donne moins de patience que les traités qui en parlent.

HORTENSIUS : Ce que vous dites est probable.

LA MARQUISE : J'aime assez l'*Éloge de l'Amitié*, nous en lirons quelque chose.

HORTENSIUS : Je vous supplierai de m'en dispenser, Madame; ce n'est pas la peine, pour le peu de temps que nous avons à rester ensemble, puisque vous vous mariez avec Monsieur le Comte.

LA MARQUISE : Moi!

HORTENSIUS : Oui, Madame, au moyen duquel mariage je deviens à présent un serviteur superflu, semblable à ces troupes qu'on entretient pendant la guerre et que l'on casse [14] à la paix : je combattais vos passions, vous vous accommodez avec elles, et je me retire avant qu'on me réforme.

LA MARQUISE : Vous tenez là de jolis discours, avec

---

12. Cet auteur et les deux traités dont il sera question plus loin sont sans doute fictifs.
13. Ornement de toilette en découpure qui se mettait sur les robes des femmes.
14. *Casser :* terme militaire pour destituer, congédier.

vos passions; il est vrai que vous êtes assez propre à leur faire peur, mais je n'ai que faire de vous pour les combattre. Des passions avec qui je m'accommode! En vérité, vous êtes burlesque. Et ce mariage, de qui le tenez-vous donc?

HORTENSIUS : De Mademoiselle Lisette qui l'a dit à Lubin, lequel me l'a rapporté, avec cette apostille [15] contre moi, qui est que ce mariage m'expulserait d'ici.

LA MARQUISE, *étonnée* : Mais qu'est-ce que cela signifie? Le Chevalier croira que je suis folle, et je veux savoir ce qu'il a répondu : ne me cachez rien; parlez.

HORTENSIUS : Madame, je ne sais rien, là-dessus, que de très vague.

LA MARQUISE : Du vague, voilà qui est bien instructif; voyons donc ce vague.

HORTENSIUS : Je pense donc que Lisette ne disait à Monsieur le Chevalier que vous épousiez Monsieur le Comte...

LA MARQUISE : Abrégez les qualités.

HORTENSIUS : Qu'afin de savoir si ledit Chevalier ne voudrait pas vous rechercher lui-même et se substituer au lieu et place dudit Comte; et même il appert, par le récit dudit Lubin, que ladite Lisette vous a offerte audit sieur Chevalier.

LA MARQUISE : Voilà, par exemple, de ces faits incroyables; c'est promener la main d'une femme, et dire aux gens : la voulez-vous? Ah! ah! je m'imagine voir le chevalier reculer de dix pas à la proposition, n'est-il pas vrai?

HORTENSIUS : Je cherche sa réponse littérale.

LA MARQUISE : Ne vous brouillez point, vous avez la mémoire fort nette, ordinairement.

HORTENSIUS : L'histoire rapporte qu'il s'est d'abord écrié dans sa surprise, et qu'ensuite il a refusé la chose.

LA MARQUISE : Oh! pour l'exclamation, il pouvait la retrancher, ce me semble, elle me paraît très imprudente et très impolie. J'en approuve l'esprit; s'il pensait autrement, je ne le verrais de ma vie; mais se récrier devant les domestiques, m'exposer à leur raillerie, ah! c'en est un peu trop; il n'y a point de situation qui dispense d'être honnête.

HORTENSIUS : La remarque critique est judicieuse.

LA MARQUISE : Oh! je vous assure que je mettrai ordre à cela. Comment donc! cela m'attaque directement, cela va presque au mépris. Oh! Monsieur le Chevalier, aimez votre Angélique tant que vous voudrez; mais que je n'en souffre pas, s'il vous plaît! Je ne veux point me marier; mais je ne veux pas qu'on me refuse.

HORTENSIUS : Ce que vous dites est sans faute. *(A part.)* Ceci va bon train pour moi. *(A la Marquise.)* Mais Madame, que deviendrai-je? Puis-je rester ici? N'ai-je rien à craindre?

LA MARQUISE : Allez, Monsieur, je vous retiens pour cent ans : vous n'avez ici ni comte, ni chevalier à craindre; c'est moi qui vous en assure, et qui vous protège. Prenez votre livre, et lisons; je n'attends personne.

Hortensius tire un livre.

15. Annotation en marge ou au bas d'un écrit. Ici, au sens figuré.

Scène V : *Lubin arrive, Hortensius, la Marquise.*

LUBIN : Madame, Monsieur le Chevalier finit un embarras avec un homme; il va venir, et dit qu'on l'attende.

LA MARQUISE : Va, va, quand il viendra nous le prendrons.

LUBIN : Si vous le permettiez à présent, Madame, j'aurais l'honneur de causer un moment avec vous.

LA MARQUISE : Eh bien, que veux-tu? Achève.

LUBIN : Oh! mais, je n'oserais, vous me paraissez en colère.

LA MARQUISE, *à Hortensius* : Moi, de la colère? ai-je cet air-là, Monsieur?

HORTENSIUS : La paix règne sur votre visage.

LUBIN : C'est donc que cette paix y règne d'un air fâché?

LA MARQUISE : Finis, finis.

LUBIN : C'est que vous saurez, Madame, que Lisette trouve ma personne assez agréable; la sienne me revient assez, et ce serait un marché fait, si, par une bonté qui nous rendrait la vie, Madame, qui est à marier, voulait bien prendre un peu d'amour pour mon maître qui a du mérite et qui, dans cette occasion, se comporterait à l'avenant.

LA MARQUISE, *à Hortensius* : Ah! ah! écoutons; voilà qui se rapporte assez à ce que vous m'avez dit.

LUBIN : On parle aussi de Monsieur le Comte, et les comtes sont d'honnêtes gens; je les considère beaucoup; mais si j'étais femme, je ne voudrais que des chevaliers pour mon mari : vive un cadet [16] dans le ménage!

LA MARQUISE : Sa vivacité me divertit : tu as raison, Lubin; mais malheureusement, dit-on, ton maître ne se soucie point de moi.

LUBIN : Cela est vrai, il ne vous aime pas, et je lui ai fait la réprimande avec Lisette; mais si vous commenciez cela le mettrait en train.

LA MARQUISE, *à Hortensius* : Eh bien, Monsieur, qu'en dites-vous? Sentez-vous là-dedans le personnage que je joue? La sottise du Chevalier me donne-t-elle un ridicule assez complet?

HORTENSIUS : Vous l'avez prévu avec sagacité.

LUBIN : Oh! je ne dispute pas qu'il n'ait fait une sottise, assurément; mais dans l'occurence, un honnête homme se reprend.

LA MARQUISE : Tais-toi, en voilà assez.

LUBIN : Hélas! Madame, je serais bien fâché de vous déplaire; je vous demande seulement d'y faire réflexion.

Scène VI : *Lisette arrive, les acteurs précédents.*

LISETTE : Je viens de donner vos ordres, Madame : on dira là-bas que vous n'y êtes pas, et un moment après...

LA MARQUISE : Cela suffit; il s'agit d'autre chose à

16. Les chevaliers sont des cadets de noble maison qui cherchent généralement à obtenir par leur mariage une situation digne de leur naissance.

présent, approche. *(Et à Lubin.)* Et toi, reste ici, je te prie.

LISETTE : Qu'est-ce que c'est donc que cette cérémonie?

LUBIN, *à Lisette, bas* : Tu vas entendre parler de ma besogne.

LA MARQUISE : Mon mariage avec le Comte, quand le terminerez-vous, Lisette?

LISETTE, *regardant Lubin* : Tu es un étourdi.

LUBIN : Écoute, écoute.

LA MARQUISE : Répondez-moi donc, quand le terminerez-vous?

Hortensius rit.

LISETTE, *le contrefaisant* : Eh, eh, eh! Pourquoi me demandez-vous cela, Madame?

LA MARQUISE : C'est que j'apprends que vous me marierez avec Monsieur le Comte, au défaut du Chevalier, à qui vous m'avez proposée, et qui ne veut point de moi, malgré tout ce que vous avez pu lui dire avec son valet, qui vient m'exhorter à avoir de l'amour pour son maître, dans l'espérance que cela le touchera.

LISETTE : J'admire le tour que prennent les choses les plus louables, quand un benêt les rapporte!

LUBIN : Je crois qu'on parle de moi!

LA MARQUISE : Vous admirez le tour que prennent les choses?

LISETTE : Ah çà, Madame, n'allez-vous pas vous fâcher? N'allez-vous pas croire que j'ai tort?

LA MARQUISE : Quoi! vous portez la hardiesse jusquelà, Lisette! Quoi! prier le Chevalier de me faire la grâce de m'aimer, et tout cela pour pouvoir épouser cet imbécile-là?

LUBIN : Attrape, attrape toujours.

LA MARQUISE : Qu'est-ce que c'est donc que l'amour du Comte? Vous êtes donc la confidente des passions qu'on a pour moi, et que je ne connais point? Et qu'est-ce qui pourrait se l'imaginer? Je suis dans les pleurs, et l'on promet mon cœur et ma main à tout le monde, même à ceux qui n'en veulent point; je suis rejetée, j'essuie des affronts, j'ai des amants qui espèrent, et je ne sais rien de tout cela? Qu'une femme est à plaindre dans la situation où je suis! Quelle perte j'ai faite! Et comment me traite-t-on!

LUBIN, *à part* : Voilà notre ménage renversé.

LA MARQUISE, *à Lisette* : Allez, je vous croyais plus de zèle, et plus de respect pour votre maîtresse.

LISETTE : Fort bien, Madame, vous parlez de zèle, et je suis payée du mien; voilà ce que c'est que de s'attacher à ses maîtres; la reconnaissance n'est point faite pour eux; si vous réussissez à les servir, ils en profitent; et quand vous ne réussissez pas, ils vous traitent comme des misérables.

LUBIN : Comme des imbéciles.

HORTENSIUS, *à Lisette* : Il est vrai qu'il vaudrait mieux que cela ne fût point advenu.

LA MARQUISE : Eh! Monsieur, mon veuvage est éternel; en vérité, il n'y a point de femme au monde plus éloignée du mariage que moi, et j'ai perdu le seul homme qui pouvait me plaire; mais, malgré tout cela, il y a de certaines aventures désagréables pour une femme. Le Chevalier m'a refusée, par exemple; mon amour-propre

ne lui en veut aucun mal; il n'y a là-dedans, comme je vous l'ai déjà dit, que le ton, que la manière que je condamne : car, quand il m'aimerait, cela lui serait inutile; mais enfin il m'a refusée, cela est constant, il peut se vanter de cela, il le fera peut-être; qu'en arrive-t-il? Cela jette un air de rebut sur une femme, les égards et l'attention qu'on a pour elle en diminuent, cela glace tous les esprits pour elle; je ne parle point des cœurs, car je n'en ai que faire : mais on a besoin de considération dans la vie, elle dépend de l'opinion qu'on prend de vous; c'est l'opinion qui nous donne tout, qui nous ôte tout, au point qu'après tout ce qui m'arrive, si je voulais me remarier, je le suppose, à peine m'estimerait-on quelque chose, il ne serait plus flatteur de m'aimer; le Comte, s'il savait ce qui s'est passé, oui, le comte, je suis persuadée qu'il ne voudrait plus de moi.

LUBIN, *derrière* : Je ne serais pas si dégoûté.

LISETTE : Et moi, Madame, je dis que le Chevalier est un hypocrite; car si son refus est si sérieux, pourquoi n'a-t-il pas voulu servir Monsieur le Comte comme je l'en priais? Pourquoi m'a-t-il refusée durement, d'un air inquiet et piqué?

LA MARQUISE : Qu'est-ce que c'est que d'un air piqué? Quoi? Que voulez-vous dire? Est-ce qu'il était jaloux? En voici d'une autre espèce.

LISETTE : Oui, Madame, je l'ai cru jaloux : voilà ce que c'est; il en avait toute la mine. Monsieur s'informe comment le Comte est auprès de vous, comment vous le recevrez; on lui dit que vous souffrez ses visites, que vous ne le recevez point mal. « Point mal! dit-il avec dépit, ce n'est donc pas la peine que je m'en mêle? » Qui est-ce qui n'aurait pas cru là-dessus qu'il songeait à vous pour lui-même? Voilà ce qui m'avait fait parler, moi : eh! que sait-on ce qui se passe dans sa tête? peut-être qu'il vous aime.

LUBIN, *derrière* : Il en est bien capable.

LA MARQUISE : Me voilà déroutée, je ne sais plus comment régler ma conduite; car il y en a une à tenir làdedans : j'ignore laquelle, et cela m'inquiète.

HORTENSIUS : Si vous me le permettez, Madame, je vous apprendrai un petit axiome qui vous sera, sur la chose, d'une merveilleuse instruction; c'est que le jaloux veut avoir ce qu'il aime : or, étant manifeste que le Chevalier vous refuse...

LA MARQUISE : Il me refuse! Vous avez des expressions bien grossières; votre axiome ne sait ce qu'il dit; il n'est pas encore sûr qu'il me refuse.

LISETTE : Il s'en faut bien; demandez au Comte ce qu'il en pense.

LA MARQUISE : Comment, est-ce que le Comte était présent?

LISETTE : Il n'y était plus; je dis seulement qu'il croit que le Chevalier est son rival.

LA MARQUISE : Ce n'est pas assez qu'il le croie, ce n'est pas assez, il faut que cela soit; il n'y a que cela qui puisse me venger de l'affront presque public que m'a fait sa réponse; il n'y a que cela; j'ai besoin, pour réparation, que son discours n'ait été qu'un dépit amoureux; dépendre d'un dépit amoureux! Cela n'est-il pas comique? Assurément, ce n'est pas que je me soucie de ce qu'on appelle la gloire d'une femme, gloire sotte, ridicule, mais reçue, mais établie, qu'il faut soutenir, et qui nous pare; les hommes pensent cela, il faut penser comme les hommes ou ne pas vivre avec eux. Où en suis-je donc, si le Chevalier n'est point jaloux? L'est-il? ne l'est-il point? on n'en sait rien. C'est un peut-être; mais cette gloire en souffre, toute sotte qu'elle est, et me voilà dans la triste nécessité d'être aimée d'un homme qui me déplaît; le moyen de tenir à cela? oh! je n'en demeurerai pas là, je n'en demeurerai pas là. Qu'en dites-vous, Monsieur? il faut que la chose s'éclaircisse absolument.

HORTENSIUS : Le mépris serait suffisant, Madame.

LA MARQUISE : Eh! non, Monsieur, vous me conseillez mal; vous ne savez parler que de livres.

LUBIN : Il y aura du bâton pour moi dans cette affaire-là.

LISETTE, *pleurant* : Pour moi, Madame, je ne sais pas où vous prenez toutes vos alarmes, on dirait que j'ai renversé le monde entier. On n'a jamais aimé une maîtresse autant que je vous aime; je m'avise de tout, et puis il se trouve que j'ai fait tous les maux imaginables. Je ne saurais durer comme cela; j'aime mieux me retirer, du moins je ne verrai point votre tristesse, et l'envie de vous en tirer ne me fera point faire d'impertinence.

LA MARQUISE : Il ne s'agit pas de vos larmes; je suis compromise, et vous ne savez pas jusqu'où cela va. Voilà le Chevalier qui vient, restez; j'ai intérêt d'avoir des témoins.

Scène VII : Le Chevalier, les acteurs précédents.

LE CHEVALIER : Vous m'avez peut-être attendu, Madame, et je vous prie de m'excuser; j'étais en affaire.

LA MARQUISE : Il n'y a pas grand mal, Monsieur le Chevalier; c'est une lecture retardée, voilà tout.

LE CHEVALIER : J'ai cru d'ailleurs que Monsieur le Comte vous tenait compagnie, et cela me tranquillisait.

LUBIN, *derrière* : Aïe! Aïe! je m'enfuis.

LA MARQUISE, *examinant le Chevalier* : On m'a dit que vous l'aviez vu, le Comte?

LE CHEVALIER : Oui, Madame.

LA MARQUISE, *le regardant toujours* : C'est un fort honnête homme.

LE CHEVALIER : Sans doute, et je le crois même d'un esprit très propre à consoler ceux qui ont du chagrin.

LA MARQUISE : Il est fort de mes amis.

LE CHEVALIER : Il est des miens aussi.

LA MARQUISE : Je ne savais pas que vous le connaissiez beaucoup; il vient ici quelquefois, et c'est presque le seul des amis de feu Monsieur le Marquis que je voie encore; il m'a paru mériter cette distinction-là; qu'en dites-vous?

LE CHEVALIER : Oui, Madame, vous avez raison, et je pense comme vous; il est digne d'être excepté.

LA MARQUISE, *à Lisette, bas* : Trouvez-vous cet homme-là jaloux, Lisette?

LE CHEVALIER, *à part les premiers mots* : Monsieur le Comte et son mérite m'ennuient. (A la Marquise.) Madame, on a parlé d'une lecture, et si je croyais vous déranger je me retirerais.

LA MARQUISE : Puisque la conversation vous ennuie, nous allons lire.

LE CHEVALIER : Vous me faites un étrange compliment.

LA MARQUISE : Point du tout, et vous allez être content. (A Lisette.) Retirez-vous, Lisette, vous me déplaisez-là. (A Hortensius.) Et vous, Monsieur, ne vous écartez point, on va vous rappeler. (Au Chevalier.) Pour vous, Chevalier, j'ai encore un mot à vous dire avant notre lecture; il s'agit d'un petit éclaircissement qui ne vous regarde point, qui ne touche que moi, et je vous demande en grâce de me répondre avec la dernière naïveté sur la question que je vais vous faire.

LE CHEVALIER : Voyons, Madame, je vous écoute.

LA MARQUISE : Le Comte m'aime, je viens de le savoir, et je l'ignorais.

LE CHEVALIER, *ironiquement* : Vous l'ignoriez?

LA MARQUISE : Je dis la vérité, ne m'interrompez point.

LE CHEVALIER : Cette vérité-là est singulière.

LA MARQUISE : Je n'y saurais que faire, elle ne laisse pas que d'être; il est permis aux gens de mauvaise humeur de la trouver comme ils voudront.

LE CHEVALIER : Je vous demande pardon d'avoir dit ce que j'en pense : continuons.

LA MARQUISE, *impatiente* : Vous m'impatientez! Aviez vous cet esprit-là avec Angélique? Elle aurait dû ne vous aimer guère.

LE CHEVALIER : Je n'en avais point d'autre, mais il était de son goût, et il a le malheur de n'être pas du vôtre; cela fait une grande différence.

LA MARQUISE : Vous l'écoutiez donc quand elle vous parlait? écoutez-moi aussi. Lisette vous a prié de me parler pour le Comte, vous ne l'avez point voulu.

LE CHEVALIER : Je n'avais garde; le Comte est un amant, vous m'aviez dit que vous ne les aimiez point; mais vous êtes la maîtresse.

LA MARQUISE : Non, je ne la suis point; peut-on, à votre avis, répondre à l'amour d'un homme qui ne vous plaît pas? Vous êtes bien particulier!

LE CHEVALIER, *riant* : Hé! Hé! Hé! j'admire la peine que vous prenez pour me cacher vos sentiments; vous craignez que je ne les critique, après ce que vous m'avez dit : mais non, Madame, ne vous gênez point; je sais combien il vaut de compter avec le cœur humain, et je ne vois rien là que de fort ordinaire.

LA MARQUISE, *en colère* : Non, je n'ai de ma vie eu tant d'envie de quereller quelqu'un. Adieu.

LE CHEVALIER, *la retenant* : Ah! Marquise, tout ceci n'est que conversation, et je serais au désespoir de vous chagriner; achevez, de grâce.

LA MARQUISE : Je reviens. Vous êtes l'homme du monde le plus estimable, quand vous voulez; et je ne sais par quelle fatalité vous sortez aujourd'hui d'un caractère naturellement doux et raisonnable; laissez-moi finir... Je ne sais plus où j'en suis.

LE CHEVALIER : Au Comte, qui vous déplaît.

LA MARQUISE : Eh bien, ce Comte qui me déplaît, vous n'avez pas voulu me parler pour lui; Lisette s'est même imaginé vous voir un air piqué.

LE CHEVALIER : Il en pouvait être quelque chose.

LA MARQUISE : Passe pour cela, c'est répondre, et je vous reconnais : sur cet air piqué, elle a pensé que je ne vous déplaisais pas.

LE CHEVALIER, *salue en riant* : Cela n'est pas difficile à penser.

LA MARQUISE : Pourquoi? On ne plaît pas à tout le monde; or, comme elle a cru que vous me conveniez, elle vous a proposé ma main, comme si cela dépendait d'elle, et il est vrai que souvent je lui laisse assez de pouvoir sur moi; vous vous êtes, dit-elle, révolté avec dédain contre la proposition.

LE CHEVALIER : Avec dédain? voilà ce qu'on appelle du fabuleux, de l'impossible.

LA MARQUISE : Doucement, voici ma question : avez-vous rejeté l'offre de Lisette, comme piqué de l'amour du Comte, ou comme une chose qu'on rebute? Etait-ce dépit jaloux? Car enfin, malgré nos conventions, votre cœur aurait pu être tenté du mien : ou bien était-ce vrai dédain?

LE CHEVALIER : Commençons par rayer ce dernier, il est incroyable; pour de la jalousie...

LA MARQUISE : Parlez hardiment.

LE CHEVALIER, *d'un air embarrassé* : Que diriez-vous, si je m'avisais d'en avoir?

LA MARQUISE : Je dirais... que vous seriez jaloux.

LE CHEVALIER : Oui; mais, Madame, me pardonneriez vous ce que vous haïssez tant?

LA MARQUISE : Vous ne l'étiez donc point? *(Elle le regarde.)* Je vous entends, je l'avais bien prévu, et mon injure est avérée.

LE CHEVALIER : Que parlez-vous d'injure? Où est-elle? Est-ce que vous êtes fâchée contre moi?

LA MARQUISE : Contre vous, Chevalier? non, certes; et pourquoi me fâcherais-je? Vous ne m'entendez point, c'est à l'impertinente Lisette à qui j'en veux : je n'ai point de part à l'offre qu'elle vous a faite, et il a fallu vous l'apprendre, voilà tout; d'ailleurs, ayez de l'indifférence ou de la haine pour moi, que m'importe? J'aime bien mieux cela que l'amour; au moins, ne vous y trompez pas.

LE CHEVALIER : Qui? moi, Madame, m'y tromper! Eh! ce sont ces dispositions-là dans lesquelles je vous ai vue qui m'ont attaché à vous, vous le savez bien; et depuis que j'ai perdu Angélique, j'oublierais presque qu'on peut aimer, si vous ne m'en parliez pas.

LA MARQUISE : Oh! pour moi, j'en parle sans m'en ressouvenir. Allons, Monsieur Hortensius, approchez, prenez votre place; lisez-moi quelque chose de gai, qui m'amuse.

Scène VIII : Hortensius et
les acteurs précédents.

LA MARQUISE : Chevalier, vous êtes le maître de rester, si ma lecture vous convient; mais vous êtes bien triste, et je veux tâcher de me dissiper.

LE CHEVALIER, *sérieux* : Pour moi, Madame, je n'en suis point encore aux lectures amusantes.

Il s'en va.

LA MARQUISE, *à Hortensius, quand il est parti* : Qu'est-ce que c'est que votre livre?

HORTENSIUS : Ce ne sont que des réflexions très sérieuses.

LA MARQUISE : Eh bien, que ne parlez-vous donc? vous êtes bien taciturne! Pourquoi laisser sortir le Chevalier, puisque ce que vous allez lire lui convient?

HORTENSIUS *appelle le Chevalier* : Monsieur le Chevalier!

LE CHEVALIER *reparaît* : Que me voulez-vous?

HORTENSIUS : Madame vous prie de revenir, je ne lirai rien de récréatif.

LA MARQUISE : Que voulez-vous dire : Madame vous prie? Je ne prie point : vous avez des réflexions... et vous rappelez Monsieur, voilà tout.

LE CHEVALIER : Je m'aperçois, Madame, que je faisais une impolitesse de me retirer, et je vais rester, si vous le voulez bien.

LA MARQUISE : Comme il vous plaira; asseyons-nous donc.

Ils prennent des sièges.

HORTENSIUS, *après avoir toussé, craché, lit : La raison est d'un prix à qui tout cède; c'est elle qui fait notre véritable grandeur; on a nécessairement toutes les vertus avec elle; enfin le plus respectable de tous les hommes, ce n'est pas le plus puissant, c'est le plus raisonnable.*

LE CHEVALIER, *s'agitant sur son siège* : Ma foi, sur ce pied-là, le plus respectable de tous les hommes a tout l'air de n'être qu'une chimère : quand je dis les hommes, j'entends tout le monde.

LA MARQUISE : Mais, du moins, y a-t-il des gens qui sont plus raisonnables les uns que les autres.

LE CHEVALIER : Hum! disons qui ont moins de folie, ce sera plus sûr.

LA MARQUISE : Eh! de grâce, laissez-moi un peu de raison, Chevalier; je ne saurais convenir que je suis folle, par exemple...

LE CHEVALIER : Vous, Madame? Eh! n'êtes-vous pas exceptée? cela s'en va sans dire et c'est la règle.

LA MARQUISE : Je ne suis point tentée de vous remercier; poursuivons.

HORTENSIUS *lit* : *Puisque la raison est un si grand bien, n'oublions rien pour la conserver; fuyons les passions qui nous la dérobent; l'amour est une de celles...*

LE CHEVALIER : L'amour! l'amour ôte la raison? cela n'est pas vrai; je n'ai jamais été plus raisonnable que depuis que j'en ai pour Angélique, et j'en ai excessivement.

LA MARQUISE : Vous en aurez tant qu'il vous plaira, ce sont vos affaires, et on ne vous en demande pas le compte; mais l'auteur n'a point tant de tort; je connais des gens, moi, que l'amour rend bourrus et sauvages, et ces défauts-là n'embellissent personne, je pense.

HORTENSIUS : Si Monsieur me donnait la licence de parachever, peut-être que...

LE CHEVALIER : Petit auteur que cela, esprit superficiel...

HORTENSIUS, *se levant* : Petit auteur, esprit superficiel! Un homme qui cite Sénèque [17] pour garant de ce qu'il

---

17. *Sénèque :* auteur latin, 2-66 ap. J.-C., qui fut le précepteur de Néron. On lui doit des traités de morale, d'obédience stoïcienne, et des tragédies.

dit, ainsi que vous le verrez plus bas, *folio* 24, chapitre V!

LE CHEVALIER : Fût-ce chapitre mille, Sénèque ne sait ce qu'il dit.

HORTENSIUS : Cela est impossible.

LA MARQUISE, *riant* : En vérité, cela me divertit plus que ma lecture : en voilà assez, votre livre ne plaît point au Chevalier, n'en lisons plus ; une autre fois nous serons plus heureux.

LE CHEVALIER : C'est votre goût, Madame, qui doit décider.

LA MARQUISE : Mon goût veut bien avoir cette complaisance-là pour le vôtre.

HORTENSIUS, *s'en allant* : Sénèque un petit auteur ! Par Jupiter, si je le disais, je croirais faire un blasphème littéraire. Adieu, Monsieur.

LE CHEVALIER : Serviteur, serviteur.

Scène IX : Le Chevalier, la Marquise.

LA MARQUISE : Vous voilà brouillé avec Hortensius, Chevalier ; de quoi vous avisez-vous aussi de médire de Sénèque ?

LE CHEVALIER : Sénèque et son défenseur ne m'inquiètent pas pourvu que vous ne preniez pas leur parti, Madame.

LA MARQUISE : Ah ! je demeurerai neutre, si la querelle continue ; car je m'imagine que vous ne voudrez pas la recommencer ; nos occupations vous ennuient, n'est-il pas vrai ?

LE CHEVALIER : Il faut être plus tranquille que je ne suis, pour réussir à s'amuser.

LA MARQUISE : Ne vous gênez point, Chevalier, vivons sans façon ; vous voulez peut-être être seul : adieu, je vous laisse.

LE CHEVALIER : Il n'y a plus de situation qui ne me soit à charge.

LA MARQUISE : Je voudrais de tout mon cœur pouvoir vous calmer l'esprit.

Elle part lentement.

LE CHEVALIER, *pendant qu'elle marche* : Ah ! je m'attendais à plus de repos quand j'ai rompu mon voyage ; je ne ferai plus de projets, je vois bien que je rebute tout le monde.

LA MARQUISE, *s'arrêtant au milieu du théâtre* : Ce que je lui entends dire là me touche ; il ne serait pas généreux de le quitter dans cet état-là. *(Elle revient.)* Non, Chevalier, vous ne me rebutez point ; ne cédez point à votre douleur : tantôt vous partagiez mes chagrins, vous étiez sensible à la part que je prenais aux vôtres, pourquoi n'êtes-vous plus de même ? C'est cela qui me rebuterait, par exemple, car la véritable amitié veut qu'on fasse quelque chose pour elle, elle veut consoler.

LE CHEVALIER : Aussi aurait-elle bien du pouvoir sur moi : si je la trouvais, personne au monde n'y serait plus sensible ; j'ai le cœur fait pour elle ; mais où est-elle ? Je m'imaginais l'avoir trouvée, me voilà détrompé, et ce n'est pas sans qu'il en coûte à mon cœur.

LA MARQUISE : Peut-on de reproche plus injuste que celui que vous me faites ? De quoi vous plaignez-vous, voyons ? d'une chose que vous avez rendue nécessaire : une étourdie vient vous proposer ma main, vous avez de la répugnance ; à la bonne heure, ce n'est point là ce qui me choque ; un homme qui a aimé Angélique peut trouver les autres femmes bien inférieures, elle a dû vous rendre les yeux très difficiles ; et d'ailleurs tout ce qu'on appelle vanité là-dessus, je n'en suis plus.

LE CHEVALIER : Ah ! Madame, je regrette Angélique, mais vous m'en auriez consolé, si vous aviez voulu.

LA MARQUISE : Je n'en ai point de preuve ; car cette répugnance dont je ne me plains point, fallait-il la marquer ouvertement ? Représentez-vous cette action-là de sang-froid ; vous êtes galant homme, jugez-vous ; où est l'amitié dont vous parlez ? Car, encore une fois, ce n'est pas de l'amour que je veux, vous le savez bien, mais l'amitié n'a-t-elle pas ses sentiments, ses délicatesses ? L'amour est bien tendre, Chevalier ; eh bien, croyez qu'elle ménage avec encore plus de scrupule que lui les intérêts de ceux qu'elle unit ensemble. Voilà le portrait que je m'en suis toujours fait, voilà comme je la sens, et comme vous auriez dû la sentir : il me semble que l'on n'en peut rien rabattre, et vous n'en connaissez pas les devoirs comme moi : qu'il vienne quelqu'un me proposer votre main, par exemple, et je vous apprendrai comme on répond là-dessus.

LE CHEVALIER : Oh ! je suis sûr que vous y seriez plus embarrassée que moi ! car enfin, vous n'accepteriez point la proposition.

LA MARQUISE : Nous n'y sommes pas, ce quelqu'un n'est pas venu, et ce n'est que pour vous dire combien je vous ménagerais : cependant vous vous plaignez.

LE CHEVALIER : Eh ! morbleu, Madame, vous m'avez parlé de répugnance, et je ne saurais vous souffrir cette idée-là. Tenez, je trancherai tout d'un coup là-dessus : si je n'aimais pas Angélique, qu'il faut bien que j'oublie, vous n'auriez qu'une chose à craindre avec moi, qui est que mon amitié ne devînt amour, et raisonnablement il n'y aurait que cela à craindre non plus ; c'est là toute la répugnance que je me connais.

LA MARQUISE : Ah ! pour cela, c'en serait trop ; il ne faut pas, Chevalier, il ne faut pas.

LE CHEVALIER : Mais ce serait vous rendre justice ; d'ailleurs, d'où peut venir le refus dont vous m'accusez ? car enfin était-il naturel ? C'est que le Comte vous aimait, c'est que vous le souffriez ; j'étais outré de voir cet amour venir traverser un attachement qui devait faire toute ma consolation ; mon amitié n'est point comparable avec cela, ce n'est point une amitié faite comme les autres.

LA MARQUISE : Eh bien, voilà qui change tout, je ne me plains plus, je suis contente ; ce que vous me dites-là, je l'éprouve, je le sens ; c'est là précisément l'amitié que je demande, la voilà, c'est la véritable, elle est délicate, elle est jalouse, elle a droit de l'être ; mais que ne me parliez-vous ? Que n'êtes-vous venu me dire : « Qu'est-ce que c'est que le Comte ? Que fait-il chez vous ? » Je vous aurais tiré d'inquiétude, et tout cela ne serait point arrivé.

LE CHEVALIER : Vous ne me verrez point faire d'inclination, à moi ; je n'y songe point avec vous.

LA MARQUISE : Vraiment je vous le défends bien, ce ne

sont pas là nos conditions ; je serais jalouse aussi, moi, jalouse comme nous l'entendons.

LE CHEVALIER : Vous, Madame ?

LA MARQUISE : Est-ce que je ne l'étais pas de cette façon-là tantôt ? votre réponse à Lisette n'avait-elle pas dû me choquer ?

LE CHEVALIER : Vous m'avez pourtant dit de cruelles choses.

LA MARQUISE : Eh ! à qui en dit-on, si ce n'est aux gens qu'on aime, et qui semblent n'y pas répondre ?

LE CHEVALIER : Dois-je vous en croire ? Que vous me tranquillisez, ma chère Marquise !

LA MARQUISE : Ecoutez, je n'avais pas moins besoin de cette explication-là que vous.

LE CHEVALIER : Que vous me charmez ! que vous me donnez de joie !

Il lui baise la main.

LA MARQUISE, *riant* : On le prendrait pour mon amant, de la manière dont il me remercie.

LE CHEVALIER : Ma foi, je défie un amant de vous aimer plus que je ne fais ; car j'aurais jamais cru que l'amitié allât si loin, cela est surprenant ; l'amour est moins vif.

LA MARQUISE : Et cependant il n'y a rien de trop.

LE CHEVALIER : Non, il n'y a rien de trop ; mais il me reste une grâce à vous demander. Gardez-vous Hortensius ? Je crois qu'il est fâché de me voir ici, et je sais lire aussi bien que lui.

LA MARQUISE : Eh bien, Chevalier, il faut le renvoyer ; voilà toute la façon qu'il y faut faire.

LE CHEVALIER : Et le Comte, qu'en ferons-nous ? Il m'inquiète un peu.

LA MARQUISE : On le congédiera aussi ; je veux que vous soyez content, je veux vous mettre en repos. Donnez-moi la main, je serais bien aise de me promener dans le jardin.

LE CHEVALIER : Allons, Marquise.

ACTE TROISIÈME

Scène I

HORTENSIUS, *seul* : N'est-ce pas une chose étrange, qu'un homme comme moi n'ait point de fortune ! posséder le grec et le latin, et ne pas posséder dix pistoles ? O divin Homère [18] ! O Virgile [19] ! et vous, gentil Anacréon [20] ! vos doctes interprètes ont de la peine à vivre ; bientôt je n'aurai plus d'asile : j'ai vu la Marquise irritée contre le Chevalier ; mais incontinent je l'ai vue dans le jardin discourir avec lui de la manière la plus bénévole. Quels solécismes [21] de conduite ! Est-ce que l'amour m'expulserait d'ici ?

Scène II : Hortensius,
Lisette,
Lubin.

LUBIN, *gaillardement* : Tiens, Lisette, le voilà bien à propos pour lui faire nos adieux. *(En riant.)* Ah, ah, ah !

HORTENSIUS : A qui en veut cet étourdi-là, avec son transport de joie ?

LUBIN : Allons, gai, camarade Docteur ; comment va la philosophie ?

HORTENSIUS : Pourquoi me faites-vous cette question-là ?

LUBIN : Ma foi, je n'en sais rien, si ce n'est pour entrer en conversation.

LISETTE : Allons, allons, venons au fait.

LUBIN : Encore un petit mot, Docteur : n'avez-vous jamais couché dans la rue ?

HORTENSIUS : Que signifie ce discours ?

LUBIN : C'est que cette nuit vous en aurez le plaisir ; le vent de bise vous en dira deux mots.

LISETTE : N'amusons point davantage Monsieur Hortensius. Tenez, Monsieur, voilà de l'or que Madame m'a chargée de vous donner, moyennant quoi, comme elle prend congé de vous, vous pouvez prendre congé d'elle. A mon égard, je salue votre érudition, et je suis votre très humble servante.

Elle lui fait la révérence.

LUBIN [22] : Et moi votre serviteur.

HORTENSIUS : Quoi ? Madame me renvoie ?

LISETTE : Non pas, Monsieur, elle vous prie seulement de vous retirer.

LUBIN : Et vous qui êtes honnête, vous ne refuserez rien aux prières de Madame.

HORTENSIUS : Savez-vous la raison de cela, Mademoiselle Lisette ?

LISETTE : Non : mais en gros je soupçonne que cela pourrait venir de ce que vous l'ennuyez.

LUBIN : Et en détail, de ce que nous sommes bien aises de nous aimer en paix, en dépit de la philosophie que vous avez dans la tête.

LISETTE : Tais-toi.

HORTENSIUS : J'entends ; c'est que Madame la Marquise et Monsieur le Chevalier ont de l'inclination l'un pour l'autre.

LISETTE : Je n'en sais rien, ce ne sont pas mes affaires.

LUBIN : Eh bien ! tout coup vaille, quand ce serait de l'inclination, quand ce serait des passions, des soupirs, des flammes, et de la noce après : il n'y a rien de si gaillard ; on a un cœur, on s'en sert, cela est naturel.

LISETTE, *à Lubin* : Finis tes sottises. *(A Hortensius.)* Vous voilà averti, Monsieur ; je crois que cela suffit.

LUBIN : Adieu, touchez là, et partez ferme ; il n'y aura pas de mal à doubler le pas.

HORTENSIUS : Dites à Madame que je me conformerai à ses ordres.

---

18. *Homère* : poète grec du IXe siècle av. J.-C., auteur présumé de *l'Iliade* et de *l'Odyssée.*

19. *Virgile* : poète latin, 71-79 av. J.-C., auteur des *Bucoliques*, des *Géorgiques* et de l'*Enéide.*

20. *Anacréon* : poète grec, 560-478 av. J.-C.

21. *Solécisme* : faute contre la syntaxe ; employé ici au figuré.

22. Selon l'éditeur de 1825, Lubin déclarait d'abord : « Attendez j'ai de mon côté une petite révérence à vous faire, et la voilà.*(Il lui fait la révérence.)* Si vous ne me la rendez pas, je vous la donne. »

Scène III : Lisette,
Lubin.

LISETTE : Enfin, le voilà congédié; c'est pourtant un amant que je perds.

LUBIN : Un amant? Quoi! ce vieux radoteur t'aimait?

LISETTE : Sans doute; il voulait me faire des arguments.

LUBIN : Hum!

LISETTE : Des arguments, te dis-je; mais je les ai fort bien repoussés avec d'autres.

LUBIN : Des arguments! Voudrais-tu bien m'en pousser un, pour voir ce que c'est?

LISETTE : Il n'y a rien de si aisé. Tiens, en voilà un : tu es un joli garçon, par exemple.

LUBIN : Cela est vrai.

LISETTE : J'aime tout ce qui est joli, ainsi je t'aime : c'est là ce que l'on appelle un argument.

LUBIN : Pardi, tu n'as que faire du Docteur pour cela, je t'en ferai aussi bien qu'un autre. Gageons un petit baiser que je t'en donne une douzaine.

LISETTE : Je gagerai quand nous serons mariés, parce que je serais bien aise de perdre.

LUBIN : Bon! quand nous serons mariés, j'aurai toujours gagné sans faire de gageure.

LISETTE : Paix! j'entends quelqu'un qui vient; je crois que c'est Monsieur le Comte : Madame m'a chargée d'un compliment pour lui, qui ne le réjouira pas.

Scène IV : Le Comte,
Lisette,
Lubin.

LE COMTE, *d'un air ému* : Bonjour, Lisette; je viens de rencontrer Hortensius, qui m'a dit des choses bien singulières. La Marquise le renvoie, à ce qu'il dit, parce qu'elle aime le Chevalier, et qu'elle l'épouse. Cela est-il vrai? Je vous prie de m'instruire.

LISETTE : Mais, Monsieur le Comte, je ne crois pas que cela soit, et je n'y vois pas encore d'apparence : Hortensius lui déplaît, elle le congédie; voilà tout ce que j'en puis dire.

LE COMTE, *à Lubin* : Et toi, n'en sais-tu pas davantage?

LUBIN : Non, Monsieur le Comte, je ne sais que mon amour pour Lisette : voilà toutes mes nouvelles.

LISETTE : Madame la Marquise est si peu disposée à se marier, qu'elle ne veut pas même voir d'amants : elle m'a dit de vous prier de ne pas vous obstiner à l'aimer.

LE COMTE : Non plus qu'à la voir, sans doute!

LISETTE : Mais je crois que cela revient au même.

LUBIN : Oui, qui dit l'un dit l'autre.

LE COMTE : Que les femmes sont inconcevables! Le Chevalier est ici apparemment?

LISETTE : Je crois que oui.

LUBIN : Leurs sentiments d'amitié ne permettent pas qu'ils se séparent.

LE COMTE : Ah! avertissez, je vous prie, le Chevalier que je voudrais lui dire un mot.

LISETTE : J'y vais de ce pas, Monsieur le Comte.

Lubin sort avec Lisette, en saluant le Comte.

Scène V

LE COMTE, *seul* : Qu'est-ce que cela signifie? Est-ce de l'amour qu'ils ont l'un pour l'autre? Le Chevalier va venir, interrogeons son cœur pour tirer la vérité. Je vais me servir d'un stratagème, qui, tout commun qu'il est, ne laisse pas souvent que de réussir.

Scène VI : Le Chevalier, le Comte.

LE CHEVALIER : On m'a dit que vous me demandiez; puis-je vous rendre quelque service, Monsieur?

LE COMTE : Oui, Chevalier, vous pouvez véritablement m'obliger.

LE CHEVALIER : Pardi, si je le puis, cela vaut fait.

LE COMTE : Vous m'avez dit que vous n'aimiez pas la Marquise.

LE CHEVALIER : Que dites-vous là? je l'aime de tout mon cœur.

LE COMTE : J'entends que vous n'aviez point d'amour pour elle.

LE CHEVALIER : Ah! c'est une autre affaire, et je me suis expliqué là-dessus.

LE COMTE : Je le sais; mais êtes-vous dans les mêmes sentiments? Ne s'agit-il point à présent d'amour, absolument?

LE CHEVALIER, *riant* : Eh! mais, en vérité, par où jugez-vous qu'il y en ait? Qu'est-ce que c'est que cette idée-là?

LE COMTE : Moi, je n'en juge point, je vous le demande.

LE CHEVALIER : Hum! vous avez pourtant la mine d'un homme qui le croit.

LE COMTE : Eh bien, débarrassez-vous de cela; dites-moi oui ou non.

LE CHEVALIER, *riant* : Eh eh! Monsieur le Comte, un homme d'esprit comme vous ne doit point faire de chicane sur les mots; le oui et le non, qui ne se sont point présentés à moi, ne valent pas mieux que le langage que je vous tiens; c'est la même chose, assurément : il y a entre la Marquise et moi une amitié et des sentiments vraiment respectables. Etes-vous content? Cela est-il net? Voilà du français.

LE COMTE : *(A part [23].)* Pas trop... On ne saurait mieux dire, et j'ai tort; mais il faut pardonner aux amants, ils se méfient de tout.

LE CHEVALIER : Je sais ce qu'ils sont par mon expérience. Revenons à vous et à ce qui vous regarde; mais n'allez pas encore empoisonner ce que je veux vous dire; ouvrez-moi votre cœur. Est-ce que vous voulez continuer d'aimer la Marquise?

LE COMTE : Toujours.

LE CHEVALIER : Entre nous, il est étonnant que vous ne vous lassiez point de son indifférence. Parbleu, il faut quelques sentiments dans une femme. Vous hait-elle? on combat sa haine; ne lui déplaisez-vous pas? on espère; mais une femme qui ne répond rien, comment se conduire avec elle? par où prendre son cœur? un cœur qui ne se

---

23. Seuls sont *à part* les deux premiers mots du Comte.

remue ni pour ni contre, qui n'est ni ami, ni ennemi, qui n'est rien, qui est mort, le ressuscite-t-on? Je n'en crois rien : et c'est pourtant ce que vous voulez faire.

LE COMTE, *finement* : Non, non, Chevalier, je vous parle confidemment, à mon tour. Je n'en suis pas tout à fait réduit à une entreprise si chimérique, et le cœur de la Marquise n'est pas si mort que vous le pensez : m'entendez-vous? Vous êtes distrait.

LE CHEVALIER : Vous vous trompez; je n'ai jamais eu plus d'attention.

LE COMTE : Elle savait mon amour, je lui en parlais, elle écoutait.

LE CHEVALIER : Elle écoutait?

LE COMTE : Oui, je lui demandais du retour.

LE CHEVALIER : C'est l'usage; et à cela quelle réponse?

LE COMTE : On me disait de l'attendre.

LE CHEVALIER : C'est qu'il était tout venu.

LE COMTE : *(A part [24].)* Il l'aime... Cependant aujourd'hui elle ne veut pas me voir, j'attribue cela à ce que j'avais été quelques jours sans paraître, avant que vous arrivassiez : la Marquise est la femme de France la plus fière.

LE CHEVALIER : Ah! je la trouve passablement humiliée d'avoir cette fierté-là.

LE COMTE : Je vous ai prié tantôt de me raccommoder avec elle, et je vous en prie encore.

LE CHEVALIER : Eh! vous vous moquez, cette femme-là vous adore.

LE COMTE : Je ne dis pas cela.

LE CHEVALIER : Et moi, qui ne m'en soucie guère, je le dis pour vous.

LE COMTE : Ce qui m'en plaît, c'est que vous le dites sans jalousie.

LE CHEVALIER : Oh! parbleu, si cela vous plaît, vous êtes servi à souhait; car je vous dirai que j'en suis charmé, que je vous en félicite, et que je vous embrasserais volontiers.

LE COMTE : Embrassez donc, mon cher.

LE CHEVALIER : Ah! ce n'est pas la peine; il me suffit de m'en réjouir sincèrement, et je vais vous en donner des preuves qui ne seront point équivoques.

LE COMTE : Je voudrais bien vous en donner de ma reconnaissance, moi; et si vous étiez d'humeur à accepter celle que j'imagine, ce serait alors que je serais bien sûr de vous. A l'égard de la Marquise...

LE CHEVALIER : Comte, finissons : vous autres amants vous n'avez que votre amour et ses intérêts dans la tête et toutes les folies-là n'amusent point les autres. Parlons d'autre chose : de quoi s'agit-il?

LE COMTE : Dites-moi, mon cher, auriez-vous renoncé au mariage?

LE CHEVALIER : Oh! parbleu, c'en est trop : faut-il que j'y renonce pour vous mettre au repos? Non, Monsieur; je vous demande grâce pour ma postérité, s'il vous plaît. Je n'irai point sur vos brisées, mais qu'on me trouve un parti convenable, et demain je me marie; et qui plus est, c'est que cette Marquise, qui ne vous sort pas de l'esprit, tenez, je m'engage à la prier de la fête.

24. N'est *à part* que la première phrase du Comte.

LE COMTE : Ma foi, Chevalier, vous me ravissez; je sens bien que j'ai affaire au plus franc de tous les hommes; vos dispositions me charment. Mon cher ami, continuons : vous connaissez ma sœur; que pensez-vous d'elle?

LE CHEVALIER : Ce qu'en j'en pense?... Votre question me fait ressouvenir qu'il y a longtemps que je ne l'ai vue, et qu'il faut que vous me présentiez à elle.

LE COMTE : Vous m'avez dit cent fois qu'elle était digne d'être aimée du plus honnête homme : on l'estime; vous connaissez son bien, vous lui plairez, j'en suis sûr; et si vous ne voulez qu'un parti convenable, en voilà un.

LE CHEVALIER : En voilà un... vous avez raison... oui... votre idée est admirable : elle est amie de la Marquise, n'est-ce pas?

LE COMTE : Je crois que oui.

LE CHEVALIER : Allons, cela est bon, et je veux que ce soit moi qui lui annonce la chose. Je crois que c'est elle qui entre, retirez-vous pour quelques moments dans ce cabinet; vous allez voir ce qu'un rival de mon espèce est capable de faire, et vous paraîtrez quand je vous appellerai. Partez, point de remerciement, un jaloux n'en mérite point.

Scène VII

LE CHEVALIER, *seul* : Parbleu, Madame, je suis donc cet ami qui devait vous tenir lieu de tout : vous m'avez joué, femme que vous êtes; mais vous allez voir combien je m'en soucie.

Scène VIII : La Marquise, le Chevalier.

LA MARQUISE : Le Comte, dit-on, était avec vous, Chevalier. Vous avez été bien longtemps ensemble, de quoi était-il question?

LE CHEVALIER, *sérieusement* : De pures visions de sa part, Marquise; mais des visions qui m'ont chagriné, parce qu'elles vous intéressent, et dont la première a d'abord été de me demander si je vous aimais.

LA MARQUISE : Mais je crois que cela n'est pas douteux.

LE CHEVALIER : Sans difficulté : mais prenez garde, il parlait d'amour, et non pas d'amitié.

LA MARQUISE : Ah! il parlait d'amour? Il est bien curieux : à votre place, je n'aurais pas seulement voulu les distinguer, qu'il le devine.

LE CHEVALIER : Non pas, Marquise, il n'y avait pas moyen de jouer là-dessus, car il vous enveloppait dans ses soupçons, et vous faisait pour moi le cœur plus tendre que je ne mérite; vous voyez bien que cela est sérieux; il fallait une réponse décisive, aussi l'ai-je faite, et l'ai bien assuré qu'il se trompait et qu'absolument il ne s'agissait point d'amour entre nous deux, absolument.

LA MARQUISE : Mais croyez-vous l'avoir persuadé, et croyez-vous lui avoir dit cela d'un ton bien vrai, du ton d'un homme qui le sent?

LE CHEVALIER : Oh! ne craignez rien, je l'ai dit de l'air dont on dit la vérité. Comment donc, je serais très fâché, à cause de vous, que le commerce de notre amitié rendît vos sentiments équivoques; mon attachement pour vous est trop délicat, pour profiter de l'honneur que cela me ferait; mais j'y ai mis bon ordre, et cela par une chose tout à fait imprévue : vous connaissez sa sœur, elle est riche, très aimable, et de vos amies, même.

LA MARQUISE : Assez médiocrement.

LE CHEVALIER : Dans la joie qu'il a eue de perdre ses soupçons, le Comte me l'a proposée; et comme il y a des instants et des réflexions qui nous déterminent tout d'un coup, ma foi j'ai pris mon parti; nous sommes d'accord, et je dois l'épouser. Ce n'est pas là tout, c'est que je me suis encore chargé de vous parler en faveur du Comte, et je vous en parle du mieux qu'il est possible; vous n'aurez pas le cœur inexorable, et je ne crois pas la proposition fâcheuse.

LA MARQUISE, *froidement* : Non, Monsieur; je vous assure que le Comte ne m'a jamais déplu.

LE CHEVALIER : Ne vous a jamais déplu! C'est fort bien fait. Mais pourquoi donc m'avez-vous dit le contraire?

LA MARQUISE : C'est que je voulais me le cacher à moi-même, et il l'ignore aussi.

LE CHEVALIER : Point du tout, Madame, car il vous écoute.

LA MARQUISE : Lui?

Scène IX : La Marquise,
le Chevalier, le Comte.

LE COMTE : J'ai suivi les conseils du Chevalier, Madame; permettez que mes transports vous marquent la joie où je suis.

Il se jette aux genoux de la Marquise.

LA MARQUISE : Levez-vous, Comte, vous pouvez espérer.

LE COMTE : Que je suis heureux! et toi, Chevalier, que ne te dois-je pas? Mais, Madame, achevez de me rendre le plus content de tous les hommes. Chevalier, joignez vos prières aux miennes.

LE CHEVALIER, *d'un air agité* : Vous n'en avez pas besoin, Monsieur; j'avais promis de parler pour vous; j'ai tenu parole, je vous laisse ensemble, je me retire. *(A part.)* Je me meurs.

LE COMTE : J'irai te retrouver chez toi.

Scène X : La Marquise,
le Comte.

LE COMTE : Madame, il y a longtemps que mon cœur est à vous; consentez à mon bonheur; que cette aventure-ci vous détermine : souvent il n'en faut pas davantage. J'ai ce soir affaire chez mon notaire, je pourrais vous l'amener ici, nous y souperions avec ma sœur qui doit venir vous voir; le Chevalier s'y trouverait; vous verriez ce qu'il vous plairait de faire; des articles [25] sont bientôt passés, et ils n'engagent qu'autant qu'on veut; ne me refusez pas, je vous en conjure.

_____
25. Il s'agit des articles du contrat de mariage.

LA MARQUISE : Je ne saurais vous répondre, je me sers un peu indisposée, laissez-moi me reposer, je vous prie.

LE COMTE : Je vais toujours prendre les mesures qui pourront vous engager à m'assurer vos bontés.

Scène XI

LA MARQUISE, *seule* : Ah! je ne sais où j'en suis; respirons; d'où vient que je soupire? les larmes me coulent des yeux; je me sens saisie de la tristesse la plus profonde, et je ne sais pourquoi. Qu'ai-je affaire de l'amitié du Chevalier? L'ingrat qu'il est! il se marie : l'infidélité d'un amant ne me toucherait point, celle d'un ami me désespère; le Comte m'aime, j'ai dit qu'il ne me déplaisait pas; mais où ai-je donc été chercher tout cela?

Scène XII : La Marquise,
Lisette.

LISETTE : Madame, je vous avertis qu'on vient de renvoyer Madame la Comtesse, mais elle a dit qu'elle repasserait sur le soir; voulez-vous y être?

LA MARQUISE : Non, jamais, Lisette, je ne saurais.

LISETTE : Etes-vous indisposée, Madame? Vous avez l'air bien abattue; qu'avez-vous donc?

LA MARQUISE : Hélas! Lisette, on me persécute, on veut que je me marie.

LISETTE : Vous marier! A qui donc?

LA MARQUISE : Au plus haïssable de tous les hommes; à un homme que le hasard a destiné pour me faire du mal, et pour m'arracher, malgré moi, des discours que j'ai tenus, sans savoir ce que je disais.

LISETTE : Mais il n'est venu que le Comte.

LA MARQUISE : Eh! c'est lui-même.

LISETTE : Et vous l'épousez?

LA MARQUISE : Je n'en sais rien; je te dis qu'il le prétend.

LISETTE : Il le prétend? Mais qu'est-ce que c'est donc que cette aventure-là? Elle ne ressemble à rien.

LA MARQUISE : Je ne saurais te la mieux dire; c'est le Chevalier, c'est ce misanthrope-là qui est cause de cela : il m'a fâchée, le Comte en a profité, je ne sais comment; ils veulent souper ce soir ici; ils ont parlé de notaire, d'articles; je les laissais dire; le Chevalier est sorti, il se marie aussi; le Comte lui donne sa sœur; car il ne manquait qu'une sœur, pour achever de me déplaire, à cet homme-là...

LISETTE : Quand le Chevalier l'épouserait, que vous importe?

LA MARQUISE : Veux-tu que je sois la belle-sœur d'un homme qui m'est devenu insupportable?

LISETTE : Hé! mort de ma vie! ne la soyez pas, renvoyez le Comte.

LA MARQUISE : Hé! sur quel prétexte! Car enfin, quoiqu'il me fâche, je n'ai pourtant rien à lui reprocher.

LISETTE : Oh! je m'y perds, Madame; je n'y comprends plus rien.

LA MARQUISE : Ni moi non plus : je ne sais plus où j'en suis, je ne saurais me démêler; je me meurs! Qu'est-ce que c'est donc que cet état-là?

LISETTE : Mais c'est, je crois, ce maudit Chevalier qui est cause de tout cela; et pour moi je crois que cet homme-là vous aime.

LA MARQUISE : Eh! non, Lisette; on voit bien que tu te trompes.

LISETTE : Voulez-vous m'en croire, Madame? ne le revoyez plus.

LA MARQUISE : Eh! laisse-moi, Lisette, tu me persécutes aussi! Ne me laissera-t-on jamais en repos? En vérité, la situation où je me trouve est bien triste!

LISETTE : Votre situation, je la regarde comme une énigme.

Scène XIII : La Marquise, Lisette, Lubin.

LUBIN : Madame, Monsieur le Chevalier, qui est dans un état à faire compassion...

LA MARQUISE : Que veut-il dire? demande-lui ce qu'il a, Lisette.

LUBIN : Hélas! Je crois que son bon sens s'en va : tantôt il marche, tantôt il s'arrête; il regarde le ciel, comme s'il ne l'avait jamais vu; il dit un mot, il en bredouille un autre, et il m'envoie savoir si vous voulez bien qu'il vous voie.

LA MARQUISE : Ne me conseilles-tu pas de le voir? Oui, n'est-ce pas?

LISETTE : Oui, Madame; du ton dont vous me le demandez, je vous le conseille.

LUBIN : Il avait d'abord fait un billet pour vous, qu'il m'a donné.

LA MARQUISE : Voyons donc.

LUBIN : Tout à l'heure, Madame. Quand j'ai eu ce billet, il a couru après moi : « Rends-moi le papier. » Je l'ai rendu. « Tiens, va le porter. » Je l'ai donc repris. « Rapporte le papier. » Je l'ai rapporté. Ensuite il a laissé tomber le billet en se promenant, et je l'ai ramassé sans qu'il l'ait vu, afin de vous l'apporter comme à sa bonne amie, pour voir ce qu'il a, et s'il y a quelque remède à sa peine.

LA MARQUISE : Montre donc.

LUBIN : Le voici; et tenez, voilà l'écrivain qui arrive.

Scène XIV : La Marquise, le Chevalier, Lisette.

LA MARQUISE, à Lisette : Sors, il sera peut-être bien aise de n'avoir point de témoins, d'être seul.

Scène XV : Le Chevalier, la Marquise.

LE CHEVALIER prend de longs détours : Je viens prendre congé de vous, et vous dire adieu, Madame.

LA MARQUISE : Vous, Monsieur le Chevalier? et où allez-vous donc?

LE CHEVALIER : Où j'allais quand vous m'avez arrêté.

LA MARQUISE : Mon dessein n'était pas de vous arrêter pour si peu de temps.

LE CHEVALIER : Ni le mien de vous quitter sitôt, assurément.

LA MARQUISE : Pourquoi donc me quittez-vous?

LE CHEVALIER : Pourquoi je vous quitte? Eh! Marquise, que vous importe de me perdre, dès que vous épousez le Comte?

LA MARQUISE : Tenez, Chevalier, vous verrez qu'il y a encore du malentendu dans cette querelle-là : ne précipitez rien, je ne veux point que vous partiez, j'aime mieux avoir tort.

LE CHEVALIER : Non, Marquise, c'en est fait; il ne m'est plus possible de rester, mon cœur ne serait plus content du vôtre.

LA MARQUISE, avec douleur : Je crois que vous vous trompez.

LE CHEVALIER : Si vous saviez combien je vous dis vrai! combien nos sentiments sont différents!...

LA MARQUISE : Pourquoi différents? Il faudrait donner un peu plus d'étendue à ce que vous dites là, Chevalier; je ne vous entends pas bien.

LE CHEVALIER : Ce n'est qu'un seul mot qui m'arrête.

LA MARQUISE, avec un peu d'embarras : Je ne puis deviner, si vous ne me le dites.

LE CHEVALIER : Tantôt je m'étais expliqué dans un billet que je vous avais écrit.

LA MARQUISE : A propos de billet, vous me faites ressouvenir que l'on m'en a apporté un quand vous êtes venu.

LE CHEVALIER, intrigué : Et de qui est-il, Madame?

LA MARQUISE : Je vous le dirai. (Elle lit.) Je devais, Madame, regretter Angélique toute ma vie; cependant, le croiriez-vous? je pars aussi pénétré d'amour pour vous que je le fus jamais pour elle.

LE CHEVALIER : Ce que vous lisez là, Madame, me regarde-t-il?

LA MARQUISE : Tenez, Chevalier, n'est-ce pas là le mot qui vous arrête?

LE CHEVALIER : C'est mon billet! Ah! Marquise, que voulez-vous que je devienne?

LA MARQUISE : Je rougis, Chevalier; c'est vous répondre.

LE CHEVALIER, lui baisant la main : Mon amour pour vous durera autant que ma vie.

LA MARQUISE : Je ne vous le pardonne qu'à cette condition-là.

Scène XVI : La Marquise, le Chevalier, le Comte.

LE COMTE : Que vois-je, Monsieur le Chevalier? voilà de grands transports!

LE CHEVALIER : Il est vrai, Monsieur le Comte; quand vous me disiez que j'aimais Madame, vous connaissiez mieux mon cœur que moi; mais j'étais dans la bonne foi, et je suis sûr de vous paraître excusable.

LE COMTE : Et vous, Madame?

LA MARQUISE : Je ne croyais pas l'amitié si dangereuse.

LE COMTE : Ah! Ciel!

Scène XVII : La Marquise, le Chevalier,
Lisette, Lubin.

LISETTE : Madame, il y a là-bas un notaire que le Comte a amené.

LE CHEVALIER : Le retiendrons-nous, Madame?

LA MARQUISE : Faites; je ne me mêle plus de rien.

LISETTE, *au Chevalier* : Ah! je commence à comprendre : le Comte s'en va, le notaire reste, et vous vous mariez.

LUBIN : Et nous aussi, et il faudra que votre contrat fasse la fondation du nôtre [26] : n'est-ce pas, Lisette? Allons, de la joie!

---

26. C'est-à-dire que le Chevalier et la Marquise enfin unis donnent à Lisette et à Lubin de quoi se marier.

LE TRIOMPHE DE PLUTUS

Marivaux n'avait pas donné de pièce nouvelle aux Italiens pendant près de trois ans lorsque ceux-ci créent, le jeudi 22 avril 1728, le Triomphe de Plutus. *Depuis* l'Héritier de village, *beaucoup de choses ont changé à l'Hôtel de Bourgogne : Luigi Riccoboni s'est à peu près retiré de la scène pour se consacrer à la rédaction d'ouvrages sur le théâtre où il se montrera un des plus lucides théoriciens de l'art dramatique de son temps; il a aussi fait deux voyages à Londres (il s'y trouve précisément lors de la première du* Triomphe de Plutus*) au cours desquels des soucis diplomatiques se sont curieusement mêlés à ses habituelles préoccupations d'homme de théâtre. Les affaires du Nouveau Théâtre Italien ne sont plus très prospères : seuls les efforts de Dominique qui, tout en jouant les principaux rôles, fournit le répertoire d'œuvres nouvelles de son cru, le maintiennent à flot. Un an plus tard, en 1729, Luigi Riccoboni demandera au roi l'autorisation de se retirer provisoirement de l'Hôtel de Bourgogne (autorisation qui lui sera accordée), et c'est cette année-là que paraîtra chez Briasson l'édition en huit volumes du* Nouveau Théâtre Italien *comprenant notamment plusieurs pièces de Marivaux ainsi que des comédies de De Lisle, d'Autreau, de D'Allainval et de Legrand.*

Quoiqu'il ait été joué une douzaine de fois au cours de la saison, le Triomphe de Plutus *ne ravive guère l'étoile pâlissante du dramaturge Marivaux. Le texte recueille moins d'applaudissements que le divertissement qui le suit, composé par Panard et Mouret. Le* Mercure *d'avril 1728 constate : « La musique est de M. Mouret, qui a fait grand plaisir. L'auteur de ce petit ouvrage ne se nomme pas. » Et c'est Dominique qui joue Plutus, tandis que Romagnesi est Apollon, Paquety Armidas, et la Dlle Thomassin Aminte.*

Le Triomphe de Plutus *est repris en 1729 (pour six représentations) et en 1730. Il disparaît ensuite de l'affiche de l'Hôtel de Bourgogne et ne semble avoir tenté aucun autre théâtre depuis.*

Il est vrai qu'il s'agit là d'une œuvre assez mince. Elle prend place, modestement, parmi toutes celles qui, au XVIIIᵉ siècle, ont été consacrées au personnage du financier (après Turcaret *qui est de 1709). Elle a peut-être fourni quelques éléments à Destouches pour son* Glorieux *(1732) et, surtout, à Mlle Hus (une comédienne du Français qui y a interprété des soubrettes de Marivaux) pour son* Plutus rival de l'amour *(1756) dont le titre indique à lui seul la similitude avec le* Triomphe de Plutus.

La forme de cette comédie mérite pourtant de retenir l'attention, puisque Marivaux y a mélangé non sans adresse l'apologue mythologique avec la satire directe des mœurs de son temps. Sa tonalité aussi, qui est résolument sombre : rarement, l'univers marivaudien a été à ce point soumis au pouvoir de l'argent. Marivaux reprend ici la leçon de l'Héritier de village. *Mais avec plus d'âpreté encore, et une ironie qui, à travers Apollon, le vise lui-même, ce poète qui « n'a pour tout vaillant que sa figure ».*

ACTEURS

APOLLON [1] *sous le nom d'Ergaste* ; PLUTUS [2], *sous le nom de Richard* ; ARMIDAS, *oncle d'Aminte* ; AMINTE, *maîtresse d'Apollon et de Plutus* ; ARLEQUIN, *valet d'Ergaste* ; SPINETTE, *suivante d'Aminte* ;
Un musicien et sa suite.

LA SCÈNE EST DANS LA MAISON D'ARMIDAS.

Scène I

PLUTUS, *seul* : J'aperçois Apollon; il est descendu dans ces lieux pour y faire sa cour à sa nouvelle maîtresse. Je m'avisai l'autre jour de lui dire que je voulais en avoir une; Monsieur le blondin me railla fort; il me défia d'en être aimé, me traita comme un imbécile, et je viens ici exprès pour lui souffler la sienne. Il ne se doute de rien; nous allons voir beau jeu. Cet aigrefin de dieu qui veut tenir contre Plutus, contre le dieu des trésors! Chut!... le voici! ne faisons semblant de rien.

1. *Apollon* est le dieu de la musique et de la poésie. Sur le Mont Parnasse, il préside aux jeux des Muses.
2. *Plutus* ou Pluton le riche est le dieu des enfers, Hadès.

Scène II : Plutus, Apollon.

APOLLON : Que vois-je? je crois que c'est Plutus déguisé en financier. Venez donc que je vous embrasse.

PLUTUS : Bonjour, bonjour, seigneur Apollon.

APOLLON : Peut-on vous demander ce que vous venez faire ici?

PLUTUS : J'y viens faire l'amour à une fille.

APOLLON : C'est-à-dire, pour parler d'une façon plus convenable, que vous y avez une inclination.

PLUTUS : Une fille ou une inclination, n'est-ce pas la même chose?...

APOLLON : Apparemment que la petite contestation que nous avons eue l'autre jour vous a piqué; vous n'en voulez pas avoir le démenti, c'est fort bien fait. Eh! dites-moi, votre maîtresse est-elle aimable?

PLUTUS : C'est un morceau à croquer; je l'ai vue l'autre jour en traversant les airs, et je veux lui en dire deux mots.

APOLLON : Écoutez, seigneur Plutus; si elle a l'esprit délicat, je ne vous conseille pas de vous servir avec elle d'expressions si massives : *Un morceau à croquer; lui en dire deux mots*; ce style de douairière la rebuterait.

PLUTUS : Bon! bon! vous voilà toujours avec votre esprit pindarisé[3]; je parle net et clair, et outre cela mes ducats ont un style qui vaut bien celui de l'Académie. Entendez-vous?

APOLLON : Ah! je ne songeais pas à vos ducats; ce sont effectivement de grands orateurs.

PLUTUS : Et qui épargnent bien des fleurs de rhétorique.

APOLLON : Je connais pourtant des femmes qu'ils ne persuaderaient pas, et je viens, comme vous, voir ici une jolie personne auprès de qui je soupçonne que je ne serais rien, si je n'avais que cette ressource; votre maîtresse sera peut-être de même.

PLUTUS : Qu'elle soit comme elle voudra, je ne m'en embarrasse point; avec de l'argent j'ai tout ce qu'il me faut; mais qu'est-ce que votre maîtresse à vous? Est-elle veuve, fille, *et cætera*?

APOLLON : C'est une fille.

PLUTUS : La mienne aussi.

APOLLON : La mienne est sous la direction d'un oncle qui cherche à la marier; elle est assez riche, et il veut pour elle un bon parti.

PLUTUS : Oh! oh! c'est là l'histoire de ma petite brune; elle est aussi chez un oncle qui s'appelle Armidas.

APOLLON : C'est cela même. Nous aimons donc en même lieu, seigneur Plutus?

PLUTUS : Ma foi, j'en suis fâché pour vous.

APOLLON, *riant* : Ah! ah! ah!

PLUTUS : Vous riez, Monsieur le faiseur de madrigaux! Déguisé en muguet[4] vous vous moquez de moi à cause de votre bel esprit et de vos cheveux blonds.

APOLLON : Franchement, vous n'êtes pas fait pour me disputer un cœur.

PLUTUS : Parce que je suis fait pour l'emporter d'emblée.

APOLLON : Nous verrons, nous verrons; j'ai une petite chose à vous dire : c'est que votre belle... je la connais déjà, je lui ai parlé, et, sans vanité, elle est dans d'assez bonnes dispositions pour nous.

PLUTUS : Qu'est-ce que cela me fait à moi? J'ai un écrin plein de bijoux qui se moque de toutes ces dispositions-là; laissez-moi faire.

APOLLON : Je ne vous crains point, mon cher rival; mais vous savez que voici où loge la belle. Je vois sortir sa femme de chambre, je vais l'aborder; je ne me suis déguisé que pour cela. Vous pouvez ici rester, si vous voulez, et lui parler à votre tour; vous voyez bien que je suis de bonne composition, quand je ne vois point de danger.

PLUTUS : Bon; je le veux bien, abordez; j'irai mon train, et vous le vôtre.

Scène III : Spinette, Plutus, Apollon.

APOLLON : Bonjour, ma chère Spinette; comment se porte ta maîtresse?

SPINETTE : Je suis charmée de vous voir de retour, Monsieur Ergaste. Pendant votre absence je vous ai rendu auprès de ma maîtresse tous les petits services qui dépendaient de moi.

APOLLON : Je n'en serai point ingrat, et je t'en témoignerai ma reconnaissance.

SPINETTE : J'ai cru que vous disiez que vous alliez me la témoigner.

PLUTUS : Eh! donnez-lui quelque madrigal.

APOLLON : Tu ne perdras rien pour attendre, Spinette; je suis né généreux.

SPINETTE : Vous me l'avez toujours dit; mais, Monsieur, est-ce que vous allez voir Mademoiselle Aminte avec Monsieur que voilà?

APOLLON : C'est un de mes amis qui m'a suivi, et dont je veux donner la connaissance à Armidas, l'oncle d'Aminte.

PLUTUS : Oui; on m'a dit que c'était un si honnête homme!... et j'aime tous les honnêtes gens, moi.

SPINETTE : C'est fort bien fait, Monsieur. *(A Apollon)*. Votre ami a l'air bien épais.

APOLLON : Cela passe l'air. Mais je te quitte, Spinette; mon impatience ne me permet pas de différer davantage d'entrer. Venez, Monsieur.

PLUTUS : Allez toujours m'annoncer. Je serai bien aise de causer un moment avec ce joli enfant-ci, vous viendrez me reprendre.

APOLLON : Soit; vous êtes le maître.

Scène IV : Spinette, Plutus.

SPINETTE : Peut-on vous demander, Monsieur, ce que vous me voulez?

PLUTUS : Je ne te veux que du bien.

SPINETTE : Tout le monde m'en veut, mais personne ne m'en fait.

PLUTUS : Oh! avec moi ce n'est pas de même; je ne

---

3. *Pindariser* vient du nom du poète grec Pindare et s'emploie pour dire parler avec affectation, se servir de termes trop recherchés.
4. Un *muguet* se dit de quelqu'un qui affecte d'être propre, paré, mignon auprès des dames.

m'appelle pas Ergaste, moi; j'ai nom Richard, et je suis bien nommé; en voici la preuve.

Il lui donne une bourse.

SPINETTE : Ah! que cette preuve-là est claire! elle est d'une force qui m'étourdit.

PLUTUS : Prends, prends; si ce n'est pas assez d'une preuve, je ne suis pas en peine d'en donner deux, et même trois.

SPINETTE : Vous êtes bien le maître pour prouver tant qu'il vous plaira, et s'il ne s'agit que de douter du fait, je douterai de reste.

PLUTUS : Voilà pour le doute qui te prend.

Il lui donne une bague.

SPINETTE : Monsieur, munissez-vous encore pour le doute qui me prend.

PLUTUS : Tu n'as qu'à parler; mais c'est à condition que tu seras de mes amies.

SPINETTE, *à part* : Quel homme est-ce donc que cela? *(Haut.)* Monsieur, vous demandez à être de mes amis; comment l'entendez-vous? Est-ce amourette que vous voulez dire? La proposition ne serait point de mon goût, et je suis fille d'honneur.

PLUTUS : Oh! garde ton honneur; ce n'est pas là ma fantaisie.

SPINETTE : Ah!... Votre fantaisie serait d'assez bon goût. Mais qu'exigez-vous donc?

PLUTUS : C'est que j'aime ta maîtresse; je suis un riche, un richissime négociant, à qui l'or et l'argent ne coûtent rien, et je voudrais bien n'aimer pas tout seul.

SPINETTE : Effectivement, ce serait dommage, et vous méritez bien compagnie; mais la chose est un peu difficile, voyez-vous! Ma maîtresse a aussi un honneur à garder.

PLUTUS : Mais cela n'empêche pas qu'on ne s'aime.

SPINETTE : Cela est vrai, quand c'est dans de bonnes vues; mais les vôtres n'ont pas l'air d'être bien régulières. Si vous demandiez à vous en faire aimer pour l'épouser, riche comme vous êtes, et de la meilleure pâte d'homme qu'il y ait, à ce qu'il me paraît, je ne doute pas que vous ne vinssiez à bout de votre projet, avec mes soins; à condition que les preuves iront leur chemin, quand j'en aurai besoin.

PLUTUS : Tant que tu voudras.

SPINETTE, *à part* : Oh! quel homme! *(Haut.)* Oh çà, est-ce que vous voudriez épouser ma maîtresse?

PLUTUS : Oui-da; je ferai tout ce qu'on voudra, moi.

SPINETTE : Fort bien, je vous sers de bon cœur à ce prix-là; mais Monsieur Ergaste, votre ami, avec qui vous êtes venu, est amoureux d'Aminte, et je crois même qu'il ne lui déplaît pas; il parle de mariage aussi; il est d'une figure assez aimable; beaucoup d'esprit; il faudra lutter contre tout cela.

PLUTUS : Et moi je suis riche; cela vaut mieux que tout ce qu'il a; car je t'avertis qu'il n'a pour tout vaillant que sa figure.

SPINETTE : Je le crois comme vous; car il ne m'a jamais rien prouvé que le talent qu'il a de promettre. Armidas a pourtant de l'amitié pour lui; mais Armidas est intéressé et vos richesses pourront l'éblouir. Ergaste, au reste, se dit un gentilhomme à son aise, et sous ce titre,

il fait son chemin tant qu'il peut dans le cœur de ma maîtresse, qui est un peu précieuse, et qui l'écoute à cause de son esprit.

PLUTUS : Aime-t-elle la dépense, ta maîtresse?

SPINETTE : Beaucoup.

PLUTUS : Nous la tenons, Spinette; ne t'embarrasse pas. Vante-moi seulement auprès d'elle, je lui donnerai tout ce qu'elle voudra; elle n'aura qu'à souhaiter; d'ailleurs je ne me trouve pas si mal fait, moi; on peut passer avec mon air; et pour mon visage, il y en a de pires. J'ai l'humeur franche et sans façon. Dis-lui tout cela; dis-lui encore que mon or et mon argent sont toujours beaux; cela ne prend point de rides; un louis d'or de quatre-vingts ans est tout aussi beau qu'un louis d'or du jour, et cela est considérable d'être toujours jeune du côté du coffre-fort.

SPINETTE : Malepeste! la belle riante jeunesse! Allez, allez, je ferai votre cour. Tenez; moi d'abord, en vous voyant, je vous trouvais la physionomie assez commune, et l'esprit à l'avenant; mais depuis que je vous connais, vous êtes en tout autre homme, vous me paraissez presque aimable, et dès demain je vous trouverai charmant; du moins il ne tiendra qu'à vous.

PLUTUS : Oh! j'aurai des charmes, je t'en assure; je te ferai ta fortune, mais une fortune qui sera bien nourrie; tu verras, tu verras.

SPINETTE : Mais, si cela continue, vous allez devenir un Narcisse [5].

PLUTUS : Quelqu'un vient à nous; qui est-ce?

SPINETTE : Ah! c'est Arlequin, valet de Monsieur Ergaste.

Scène V : Arlequin, Spinette, Plutus.

ARLEQUIN : Bonjour, Spinette; comment te portes-tu? Je suis bien aise de te revoir. Mon maître est-il arrivé?

SPINETTE : Oui, il est au logis.

PLUTUS : Bonjour, mon garçon.

ARLEQUIN : Que le ciel vous le rende! Voilà un galant homme qui me salue sans me connaître.

SPINETTE : Oh! le plus galant homme qu'on puisse trouver, je t'en assure.

PLUTUS : Eh! bien! mon fils, tu sers donc Ergaste?

ARLEQUIN : Hélas! oui, Monsieur; je le sers par amitié, faut dire; car ce n'est pas pour ma fortune.

PLUTUS : Est-ce que tu n'es pas grassement chez lui?

ARLEQUIN : Non; je suis aussi maigre qu'il l'était quand il m'a pris.

PLUTUS : Et tes gages sont-ils bons?

ARLEQUIN : Bons ou mauvais, je ne les ai pas encore vus. Cependant tous les jours je demande à en voir un petit échantillon; mais, à vous parler franchement, je crois que mon maître n'a ni l'échantillon ni la pièce.

SPINETTE : Je suis de son avis.

PLUTUS : As-tu besoin d'argent?

5. *Narcisse*, dans la mythologie greco-latine, est un beau jeune homme qui méprisait l'amour et que Némésis punit en le rendant amoureux de sa propre image.

ARLEQUIN : Oh! besoin? depuis que je suis au monde, je n'ai que ce besoin-là.

PLUTUS : Tu me touches, tu as la physionomie d'un bon enfant, Tiens, voilà de quoi boire à ma santé.

ARLEQUIN : Mais, Monsieur, cela me confond; suis-je bien éveillé? Dix louis d'or pour boire à votre santé! Spinette, fait-il jour? N'est-ce pas un rêve?

SPINETTE : Non; Monsieur m'a déjà fait rêver de même.

ARLEQUIN : Voilà un rêve qui me mènera réellement au cabaret.

PLUTUS : Je veux que tu sois de mes amis aussi.

ARLEQUIN : Pardi! quand vous ne le voudriez pas, je ne saurais m'en empêcher.

PLUTUS : J'aime la maîtresse d'Ergaste.

ARLEQUIN : Mademoiselle Aminte?

PLUTUS : Oui; Spinette m'a promis de me servir auprès d'elle, et je serai bien aise que tu en sois de moitié.

ARLEQUIN : Ne vous embarrassez pas.

PLUTUS : Si Ergaste ne te paye pas tes gages, je te les payerai, moi.

ARLEQUIN : Vous pouvez en toute sûreté m'en avancer le premier quartier; aussi bien y a-t-il longtemps qu'il me l'a promis.

SPINETTE : Tu n'es pas honteux, à ce que je vois.

ARLEQUIN : Ce serait bien dommage, Monsieur est si bon!

PLUTUS : Tiens, je ne compte pas avec toi; je te paye à mon taux.

ARLEQUIN : Et moi je ne regarde pas après vous; je suis sûr d'avoir mon compte. Que voilà un honnête gentilhomme! Oh! Monsieur, vos manières sont inimitables.

SPINETTE : Doucement, voici l'oncle de Mademoiselle Aminte qui va nous aborder. Monsieur, faites-lui votre compliment.

Scène VI : Armidas, Plutus, Spinette, Arlequin.

ARMIDAS : Ah! te voilà, Arlequin; est-ce que ton maître est arrivé?

ARLEQUIN : On dit que oui, Monsieur; car je ne fais que d'arriver moi-même : je m'étais arrêté dans un village pour m'y rafraîchir; et comme il fait extrêmement chaud, vous me permettrez d'en aller faire autant dans l'office.

ARMIDAS : Tu es le maître.

PLUTUS : Monsieur, Spinette m'a dit que vous vous appelez Monsieur Armidas.

ARMIDAS : Oui, Monsieur; que vous plaît-il de moi?

PLUTUS : C'est que si mon amitié pouvait vous accommoder, la vôtre me conviendrait on ne peut pas mieux.

ARMIDAS : Monsieur, vous me faites bien de l'honneur. *(A part.)* Le compliment est singulier.

PLUTUS : J'y vais rondement, comme vous voyez; mais franchise vaut mieux que politesse, n'est-ce pas?

ARMIDAS : Monsieur, mon amitié est due à tous les honnêtes gens; et quand j'aurai l'honneur de vous connaître...

SPINETTE : Tenez, dans les compliments on s'embrouille, et il y a mille honnêtes gens qui n'en savent point faire. Monsieur me paraît de ce nombre. Voyez de quoi il s'agit : Monsieur est ami du seigneur Ergaste; ils viennent d'arriver ensemble. Monsieur Ergaste est au logis, je vous laisse.

Elle s'en va.

PLUTUS : Et je m'amusais, en attendant, à demander de vos nouvelles à cet enfant.

ARMIDAS : Monsieur, vous ne pouviez manquer d'être bienvenu sous les auspices de Monsieur Ergaste, que j'estime beaucoup. Je suis fâché de n'être pas venu plus tôt; mais j'ai été occupé d'une affaire que je voulais finir.

PLUTUS : Ah! pour une affaire; voulez-vous bien me la dire? C'est que j'ai des expédients pour les affaires, moi.

ARMIDAS : Eh bien! Monsieur, c'est une terre que j'ai, assez éloignée d'ici, qui n'est pas à ma bienséance, et que je voudrais vendre. J'ai dessein de marier ma nièce près de moi, et je lui donnerai en mariage le provenu de la vente. Cette terre est de vingt mille écus; mais la personne qui la marchande ne veut m'en donner que quinze, et nous ne saurions nous accommoder.

PLUTUS : Touchez là, Monsieur Armidas.

ARMIDAS : Comment!

PLUTUS : Touchez là.

ARMIDAS : Que voulez-vous dire?

PLUTUS : La terre est à moi, et l'argent à vous. Je vais vous la payer.

ARMIDAS : Mais, Monsieur, j'ai peine à vous la vendre de cette manière-là; vous ne l'avez pas vue, et vous n'aimeriez peut-être pas le pays où elle est?

PLUTUS : Point du tout : j'aime tous les pays, moi; n'est-ce pas des arbres et des campagnes partout?

ARMIDAS : Je vous en donnerai le plan, si vous voulez.

PLUTUS : Je ne m'y connais pas; il suffit, c'est une terre; je ne l'ai point vue, mais je vous vois; vous avez la physionomie d'un honnête homme, et votre terre vous ressemble,

ARMIDAS : Puisque vous le voulez, Monsieur, j'y consens.

PLUTUS : Tenez, connaissez-vous ce billet-là, et la signature?

ARMIDAS : Oh! Monsieur, cela est excellent; je vous suis entièrement obligé.

PLUTUS : Ah çà! si le marché ne vous plaît pas demain, je vous la revendrai, moi; et je vous ferai crédit, afin que cela ne vous incommode point.

ARMIDAS : Vous me comblez d'honnêtetés, Monsieur; je ne sais comment les reconnaître.

PLUTUS : Oh! que si; vous les reconnaîtriez, si vous vouliez.

ARMIDAS : Dites-m'en les moyens.

PLUTUS : Votre nièce est bien jolie, Monsieur Armidas.

ARMIDAS : Eh bien, Monsieur?

PLUTUS : Eh bien, troquons; reprenez la terre *gratis*, et je prends la nièce sur le même pied.

ARMIDAS : Vous l'avez donc vue ma nièce, Monsieur?

PLUTUS : Oui; il y a quelques mois que, passant par ici,

j'aperçus une moitié de visage qui me fit grand plaisir. Je m'en suis toujours ressouvenu. J'ai demandé qui c'était. On me dit que c'était Mademoiselle Aminte, nièce d'un homme de bien, nommé Monsieur Armidas. Parbleu! dis-je en moi-même, ce visage-là tout entier doit être bien aimable. Je fis dessein de l'avoir à moi. Ergaste, mon ami, me dit quelques jours après qu'il venait ici; je l'ai suivi pour le supplanter; car il aime aussi votre nièce, et je ne m'en soucie guère, si nous sommes d'accord. C'est mon ami, mais je n'y saurais que faire; l'amour se moque de l'amitié, et moi aussi; je suis trop franc pour être scrupuleux.

ARMIDAS : Il est vrai, Monsieur, qu'Ergaste me paraît rechercher ma nièce.

PLUTUS : Bon! bon! la voilà bien lotie, la pauvre fille!

ARMIDAS : Il se dit gentilhomme assez commode et il parle de s'établir ici. Il est d'ailleurs homme de mérite.

PLUTUS : Homme de mérite, lui! Il n'a pas le sou.

ARMIDAS : Si cela est, c'est un grand défaut; et je suis bien aise que vous m'avertissiez. Mais, Monsieur, peut-on vous demander de quelle profession vous êtes?

PLUTUS : Moi, j'ai des millions de père en fils; voilà mon principal métier, et par amusement je fais un gros commerce, qui me rapporte des sommes considérables, et tout cela pour me divertir, comme je vous dis. Ce gain-là sera pour les menus plaisirs de ma femme. Au reste, je prouverai sur table, au moins. Voilà ce qu'on appelle avoir du mérite, de l'esprit et de la taille, qui ne me manquent pourtant pas, ni l'un ni l'autre. Est-ce que, si vous étiez fille à marier, ma figure romprait le marché? On voit bien que je fais bonne chère; mon embonpoint fait l'éloge de ma table. Vraiment! si j'épouse Mademoiselle Aminte, je prétends bien que dans six mois vous soyez plus en chair que vous n'êtes. Voilà un menton qui triplera, sur ma parole; et puis du ventre!...

ARMIDAS : Votre humeur me convient à merveille.

PLUTUS : Elle est aussi commode [6] que ma fortune.

ARMIDAS : Et je parlerai à ma nièce, je vous assure; je suis garant qu'elle se conformera à mes volontés.

PLUTUS : Pardi! un homme comme moi, un trésor.

ARMIDAS : La voilà qui vient : si vous le voulez bien, après le premier compliment, vous nous laisserez un moment ensemble, et vous irez vous rafraîchir chez moi en attendant.

Scène VII : *Armidas, Plutus, Aminte, Spinette.*

ARMIDAS : Ma nièce, où est donc le seigneur Ergaste?

AMINTE : Il s'est enfermé dans une chambre pour composer un divertissement qu'il veut me donner en musique.

PLUTUS : Oh! pour de la musique, Mademoiselle, il vous en apprendra tant, que vous pourrez la montrer vous-même.

AMINTE : Ce n'est pas l'usage que j'en veux faire. Mais Monsieur n'est-il pas la personne qu'Ergaste a amenée avec lui? Il ressemble au portrait qu'il m'en a fait.

ARMIDAS : Oui, ma nièce, Monsieur est un galant homme; qui, depuis le peu de temps que je le connais, m'a déjà donné pour lui une estime particulière.

PLUTUS : Oh! point du tout, je ne suis qu'un bon homme; mais j'ai de bons yeux; je me connais en beauté, et je déclare tout net que Mademoiselle en est une. Voilà mes galanteries, à moi; je ne sais point chercher mes phrases, Mademoiselle : vous êtes belle comme un astre, et le tout sans compliment.

AMINTE : La comparaison est forte, quoique ordinaire.

PLUTUS : Ma foi, je vous la donne comme elle m'est venue.

ARMIDAS : Passons, passons. Ma nièce, je vous prie de regarder Monsieur comme mon ami, et comme le meilleur que j'aie encore trouvé.

AMINTE : Je vous obéirai, mon cher oncle.

SPINETTE : Allez, allez; quand Mademoiselle connaîtra bien Monsieur, on n'aura que faire de le lui recommander.

PLUTUS : Oh! cela est vrai; on m'aime toujours quand on me connaît bien. Elle n'a pas goûté ma comparaison; une autre fois j'en trouverai une meilleure. Il ne tient qu'à moi, par exemple, de vous comparer à Vénus. Aimez-vous mieux celle-là? Vous n'avez qu'à choisir. Je ne serais pas pourtant bien aise que vous lui ressemblassiez tout à fait; la bonne dame a un mari [7] dont je ne voudrais pas être la copie.

ARMIDAS : Monsieur, ma nièce...

PLUTUS : Ce que j'en dis n'est que pour plaisanter. Mais à propos, Ergaste fait des vers à votre lonange, et moi il me faut bien aussi que je vous imagine quelque chose; je vous quitte pour y rêver. Notre oncle, je me recommande à vous : allez droit en besogne.

Scène VIII : *Armidas, Spinette, Aminte.*

AMINTE : Voudriez-vous bien, Monsieur, me dire pourquoi cet homme-là vous plaît tant; ce qui a pu vous le rendre si estimable en un quart d'heure? Pour moi, je le trouve si ridicule, qu'il m'en paraît original.

SPINETTE : Pour original, vous avez raison; je ne crois pas même qu'il ait de copie.

ARMIDAS : Ma nièce, cet homme que vous trouvez si ridicule, encore une fois, je ne puis l'estimer assez.

SPINETTE : Faut-il vous dire tout? Il vous a déjà vue en passant par ici, il vous aime; il n'est revenu que pour vous revoir. Savez-vous bien par où il a débuté avec moi afin de m'intéresser à son amour? Tenez, que dites-vous de cette bague-là?

AMINTE : Comment! elle est fort jolie. D'où cela te vient-il?

ARMIDAS : Gageons qu'il te l'a donnée?

SPINETTE : De la meilleure grâce du monde.

AMINTE : Sur ce pied-là, je l'avoue, on ne saurait lui disputer le titre d'homme généreux et magnifique.

ARMIDAS : Sais-tu bien, ma nièce, que Monsieur

---

6. *Commode* doit s'entendre ici dans le sens de : bien pourvu.

7. Plutus fait allusion au mari de Vénus-Aphrodite, la déesse de l'amour : il s'agit de Vulcain, dieu du feu, qui était boiteux et contre-fait.

Richard fait un commerce étonnant qui lui procure des biens immenses? Devine à quoi il destine ce gain?

AMINTE : Quoi? à bâtir?

ARMIDAS : A tes menus plaisirs.

AMINTE : Il faut tomber d'accord que vous me contez là des espèces de fables.

ARMIDAS : Tu ne sais pas? j'ai vendu cette terre dont je destinais l'argent pour te marier.

AMINTE : Est-ce que vous ne le voulez plus, mon cher oncle?

ARMIDAS : Bon! il est bien question de cela! C'est Monsieur Richard qui a acheté la terre sans l'avoir vue, sur ma parole, au prix que je demandais, sans hésiter. Tenez, m'a-t-il dit, vous voilà payé. En effet, voici des billets que j'en ai reçus.

AMINTE : Ah! quel dommage qu'un homme d'une si brillante fortune soit si rustique [8]!

ARMIDAS : Lui, rustique!

SPINETTE : Monsieur Richard, rustique!

AMINTE : Ah! vous conviendrez qu'il n'a point d'esprit, et qu'il est d'une figure épaisse.

SPINETTE : C'est une épaisseur qui ne vient que d'embonpoint.

ARMIDAS : Allons, allons, Ergaste disparaît au prix de cela; sans compter qu'il a le caractère un peu gascon.

AMINTE : Mais, mon oncle, le rival que vous lui substituez est bien grossier; cela m'arrête, car je me pique de quelque délicatesse.

SPINETTE : Eh! mort de ma vie, grossier! Et moi je vous dis qu'il a autant d'esprit qu'un autre, mais qu'il ne veut s'en servir qu'à sa commodité.

Scène IX : Armidas, Spinette, Aminte, Arlequin.

ARMIDAS : Que nous veux-tu, Arlequin?

ARLEQUIN : Je venais, ne vous en déplaise, Monsieur, m'acquitter d'une petite commission auprès de Mademoiselle Aminte.

AMINTE : Eh bien! de quoi s'agit-il?

ARLEQUIN : Oh! mais, je n'oserais parler à cause de Monsieur; cependant, comme je suis hardi de mon naturel, si vous me laissez faire, j'aurai bientôt dit.

ARMIDAS : Parle; voilà qui est bien mystérieux!

ARLEQUIN : C'est que j'ai des louis d'or dans ma poche à qui j'ai promis de vous recommander Monsieur Richard, ma belle demoiselle.

SPINETTE : Oh! vraiment! à propos! ses libéralités se sont aussi étendues sur Arlequin!

ARLEQUIN : Il m'a fait l'honneur de me demander ma protection auprès de vous, et, ma foi, il l'a bien payée ce qu'elle vaut.

ARMIDAS : Cela est étonnant.

ARLEQUIN : C'est lui qui m'a payé les gages que Monsieur Ergaste me doit; cela est bien honnête.

SPINETTE : J'étais témoin de tout ce qu'il vous dit là.

ARLEQUIN : Je l'épouse aussi, moi, cela est résolu.

ARMIDAS : Qu'appelles-tu : tu l'épouses?

ARLEQUIN : Oui, je me donne à lui; il m'a déjà fait les présents de noce.

ARMIDAS : Ma nièce, il ne faut point que cet homme-là vous échappe.

ARLEQUIN : Il vous aime comme un perdu; il est drôle, bouffon, gaillard. Il dit toujours : Tiens, prends; et ne dit jamais : Rends. Il a une face de jubilation. Tenez, le voilà lui-même, voyez-le plutôt. Mais il m'a donné une commission, j'y vais.

Scène X : Plutus, Armidas, Spinette, Aminte.

PLUTUS : Eh bien! sommes-nous en joie, ma reine? Mais comment faites-vous donc? Vous êtes encore plus belle que vous n'étiez tout à l'heure. Ergaste vous fait là-haut des vers; chacun a sa poésie, et voilà la mienne [9].

SPINETTE : Une rime à ces vers-là serait bien riche.

PLUTUS : Oh! nous rimerons, nous rimerons; j'ai la rime dans ma poche.

AMINTE : Ah! Monsieur, des vers, une chanson, se reçoivent; mais pour un bracelet de cette magnificence, ce n'est pas de même.

PLUTUS : Les vers se lisent, et cela se met au bras; voilà toute la différence. Présentez le bras, ma déesse.

AMINTE : Monsieur, en vérité, ce serait trop...

ARMIDAS : Ma nièce, je vous permets de l'accepter.

PLUTUS : Voilà le premier oncle du monde. Tenez, j'ai donné mon cœur, et, quand cela est parti, le reste ne coûte plus rien à déménager; car je vous aime; il n'y a que moi qui puisse aimer comme cela, et cela ira toujours en augmentant. Quel plaisir! Goûtez-en un peu, mon adorable; je suis le meilleur garçon du monde; j'apprendrai à faire des sornettes, des vaudevilles, des couplets; j'ai un bon esprit, mais je n'aime pas à le gêner, il n'y a que mon cœur que je laisse aller. Il va à vous; prenez-le, ma charmante, et, en attendant, placez ce petit bracelet.

SPINETTE : Peut-on s'expliquer de meilleure grâce?

AMINTE : En vérité, je vous trouve bien pressant.

PLUTUS : Là, dites-moi comment vous me trouvez.

AMINTE : Mais... je vous trouve bien.

PLUTUS : Tant mieux, je m'en doutais un peu; m'aimeriez-vous aussi? Mon humeur vous revient-elle? On fait de moi ce que l'on veut. Vous serez si heureuse; vous aurez tant de bon temps, que vous n'en saurez que faire. Allons, est-ce marché fait? Je suis pressé, car vos yeux vont si vite en besogne! Finissons-nous, mon oncle? Mettons-nous à genoux devant elle. Spinette, à notre secours!

ARMIDAS : Rends-toi, ma nièce; peux-tu trouver mieux?

SPINETTE : Ma maîtresse, ma chère maîtresse, ayez pitié de l'amour de cet honnête homme.

PLUTUS : Je vous en conjure avec cent mille écus que je porte sur moi pour échantillon de ma cassette. Tenez, prenez-les, vous les examinerez vous-mêmes.

SPINETTE : Peut-on faire fumer un plus bel encens?

---

8. Grossier, peu poli, rude.

9. Plutus donne ici un bracelet à Aminte.

AMINTE : Mais vous m'accablez. *(A part.)* Je veux mourir si je suis la maîtresse de dire non. Il y a dans ses manières je ne sais quoi d'engageant qui vous entraîne. *(Haut.)* Il est plusieurs sortes de mérites, et vous avez le vôtre, Monsieur; mais que deviendrait Ergaste?

PLUTUS : Eh bien! il partira, et je lui payerai son voyage.

ARMIDAS : Le voilà qui arrive avec sa chanson.

SPINETTE : Ce sont là ses millions, à lui.

ARMIDAS : Que diable! avec sa musique! on a bien affaire de cela.

Scène XI : Plutus, Armidas, Spinette,
Aminte, Apollon.

APOLLON : *La, la, la!* Je prélude, Madame, et voici des acteurs pour exécuter la pièce. Monsieur Armidas, vous serez bien aise d'entendre cela; je le crois joli, pas tout à fait si amusant que la conversation de Monsieur Richard; mais n'importe.

SPINETTE : La conversation de Monsieur Richard est magnifique.

ARMIDAS : Et soutenue d'un bout à l'autre.

PLUTUS : Grand merci, notre oncle; je la soutiendrai toujours de même. Qu'en dites-vous, ma reine? Etes-vous de leur avis?

AMINTE : Assurément.

APOLLON : Il vous ennuyait, je gage, et je suis venu bien à propos.

AMINTE : Voyons donc votre musique.

APOLLON : Allons, Messieurs, commencez.

Scène XII : Plutus, Armidas, Spinette,
Aminte, Apollon, chanteurs et danseurs.
On danse.

AIR

Dieu des amants, ne crains plus désormais
    Qu'on puisse échapper à tes armes;
Je vois dans ce séjour un objet plein de charmes,
Où tu pourras trouver d'inimitables traits.
    Que de triomphes et d'hommages
    Tu vas devoir à ses beaux yeux!
    On ne verra plus en ces lieux
    D'indifférents ni de volages.
    (On danse.)

APOLLON : Il semble que cela n'ait point été de votre goût, Monsieur Armidas.

ARMIDAS : Oh! ne prenez point garde à moi; toute la musique m'ennuie.

SPINETTE : Elle commençait à m'endormir.

APOLLON : Et vous, Madame, vous a-t-elle déplu?

AMINTE : Il y a quelque chose de galant, mais l'exécution m'en a paru un peu froide.

PLUTUS : C'est que les musiciens ont la voix enrouée; il faut un peu graisser ces gosiers-là.

APOLLON : Doucement! il n'est pas besoin que vous payiez mes musiciens.

UN MUSICIEN : Comment, Monsieur! c'est un présent que Monsieur nous fait; que vous importe? Vous ne nous en payerez pas moins, et il ne tient qu'à vous de le faire tout à l'heure.

PLUTUS : C'est bien dit; contente-les, si tu peux. J'ai aussi une fête à vous donner, moi, et une musique qui se mesure à l'aune [10]; j'attends ceux qui doivent y danser.

Scène XIII : Plutus,
Armidas, Spinette, Aminte,
Apollon, Arlequin.

ARLEQUIN : Monsieur!

APOLLON : Que veux-tu? Y a-t-il quelque chose de nouveau?

ARLEQUIN : Oui, Monsieur; mais cela ne vous regarde point. Je viens dire à Monsieur Richard que les musiciens qu'il a mandés seront ici dans un moment.

APOLLON : Je voudrais bien savoir de quoi tu te mêles; sont-ce là tes affaires?

PLUTUS : Monsieur Armidas, vous allez entendre une drôle de musique.

ARMIDAS : Je la crois curieuse.

PLUTUS : Des sons moelleux, magnifiques, une harmonie qui fait danser tout le monde; il n'y a personne qui n'ait de l'oreille pour cette musique-là.

ARMIDAS : J'ai grande envie de l'entendre.

SPINETTE : Je m'en meurs d'impatience.

LE MUSICIEN : Cela n'empêchera pas, Monsieur, si vous voulez, que nous ne vous donnions tantôt un petit divertissement à votre honneur et gloire.

PLUTUS : Oui-da, cela ne gâtera rien, et vous vous joindrez à mes danseurs que je vois entrer.

ARMIDAS, *après l'entrée des quatre porte-balles* [11] : Je vous avoue, Monsieur, que je n'ai point entendu encore de symphonie de ce goût-là.

PLUTUS : Ce qu'il y a de commode, c'est que cela se chante à livre ouvert.

ARLEQUIN : Voilà ma chanson, à moi, et je déloge.

PLUTUS : Allez porter toutes ces musiques-là chez Monsieur Armidas. Eh bien! Mademoiselle, qu'en dites-vous?

APOLLON : Ces airs-là sont-ils aussi de votre goût, Mademoiselle?

ARMIDAS : Elle serait bien difficile.

APOLLON : Vous ne dites rien. Ah! je ne vois que trop ce que ce silence m'annonce. Qui vous aurait cru de ce caractère, ingrate que vous êtes!

PLUTUS : Ah! ah! tu te fâches?

AMINTE : Mais, en effet, je vous trouve admirable d'en venir avec moi aux invectives! qu'appelez-vous ingrate?

APOLLON : Perfide, est-ce là le fruit de tant de soins? Méritiez-vous tant d'amour?

PLUTUS : Oh! que voilà qui est chromatique [12]! faisons une petite figure, ma reine; allons-nous-en.

---

10. L'*aune* est une mesure valant 1,182 m. *Mesurer à l'aune*, c'est apprécier une chose à la taille.

11. Fournier et Bastide notent dans leur édition du *Théâtre* de Marivaux : « Les porte-balles apportent en dansant des sacs d'écus, de bijoux et d'objets précieux, et les distribuent à la ronde au cours d'une sorte de ballet. »

12. *Chromatique* désigne ici un passage langoureux, mou, plaintif.

ARMIDAS : Allons, ma nièce, c'est trop s'amuser; suis-moi.

PLUTUS : Eh! allons, séparez-vous bons amis, et ne vous revoyez jamais. Il n'y a rien de si beau que les bienséances; crois-moi, Ergaste, ne te fâche que dans un sonnet, ou bien, pour te consoler, va composer un opéra; cela te vaudra toujours quelque chose.

Scène XIV : Apollon, Armidas.

APOLLON : Arrêtez ! Etes-vous de moitié dans l'affront que l'on me fait? Approuvez-vous le procédé de Mademoiselle votre nièce?

ARMIDAS : Mais... c'est une fille assez raisonnable, comme vous le savez.

APOLLON : Vous m'avez pourtant fait espérer...

ARMIDAS : Espérer! Et quand cela? Je ne me souviens de rien.

APOLLON : Qu'entends-je? Est-ce là tout ce que vous avez à me dire?

ARMIDAS : Tenez, vous êtes aujourd'hui de mauvaise humeur; nous aurons le temps de nous revoir. Vous ne partez pas ce soir; à demain!

Scène XV : Apollon, Spinette, Armidas.

SPINETTE, à Armidas : Monsieur, on vous attend.

ARMIDAS : J'y vais. (A Apollon.) Votre valet très humble.

Il s'en va.

APOLLON : Spinette, de grâce, un petit mot.

SPINETTE : Je n'ai guère le temps, au moins.

APOLLON : Quoi! Spinette, où en sommes-nous donc? M'abandonnes-tu aussi? Tu avais tant de bonté pour moi!

SPINETTE : Bon! vous êtes bien riche! Mais je crois qu'on m'appelle; je suis votre servante.

APOLLON : Oh! parbleu, tu me diras la raison de tout ce que je vois.

SPINETTE : Et que voyez-vous donc de si rare?

APOLLON : Que ta maîtresse me fuit, que tout le monde m'abandonne.

SPINETTE : Je ne sais pas le remède à cela.

APOLLON : Monsieur Richard est donc maître du champ de bataille?

SPINETTE : Je ne vous entends point; où donc est ce champ de bataille?

APOLLON : Tu ne m'entends point? Ignores-tu de quel œil nous nous regardons, ta maîtresse et moi?

SPINETTE : Eh! vous me faites perdre ici mon temps; le dîner est prêt; est-ce que vous n'en êtes point? J'en suis bien fâchée. Adieu, Monsieur; un peu de part dans vos bonnes grâces.

ARLEQUIN : Spinette, on va servir.

Scène XVI : Apollon, Arlequin.

APOLLON : Ah! mon pauvre Arlequin, approche; je suis au désespoir.

ARLEQUIN : Et moi, j'ai une faim canine.

APOLLON : Que dis-tu de ce qui se passe aujourd'hui à mon égard?

ARLEQUIN : Mais je n'ai rien vu passer de nouveau; je ne sais ce que vous voulez dire.

APOLLON : Veux-tu faire aussi l'imbécile avec moi?

ARLEQUIN : A qui en avez-vous donc? Mon maître m'attend, dépêchez.

APOLLON : Ton maître? Eh! qui l'est donc, si ce n'est moi?

ARLEQUIN : Je vous ai servi, moi!

APOLLON : Comment, misérable! avec qui es-tu venu ici?

ARLEQUIN : Cela est vrai; nous nous tenions compagnie dans le chemin.

APOLLON : Quoi! il n'y a pas jusqu'à mon valet qui ne me méconnaisse.

ARLEQUIN : Attendez, attendez; j'ai quelque souvenir éloigné d'avoir autrefois servi un certain Monsieur... aidez-moi, aidez-moi : Monsieur Orga, Orga, Er, Er, Ergaste, oui, Ergaste.

APOLLON : Coquin!

ARLEQUIN : Non, ce n'était pas un coquin; c'était un fort honnête homme qui ne payait pas ses gens. Oh! nous avons changé tout cela; et je l'ai troqué contre un certain Monsieur Richard, qui habille et paye encore mieux. Oh! cela vaut mieux que Monsieur Ergaste. Adieu, Monsieur. Si vous le voyez, dites-lui que je me recommande à lui. Le pauvre homme!

APOLLON : L'insolent!

Scène XVII : Apollon, un musicien, Spinette.

LE MUSICIEN : Le seigneur Richard n'est-il pas dans la maison, Monsieur?

APOLLON : Ah! Monsieur, je suis bien aise de vous trouver. Je vous avais ordonné une fête pour ce soir; mais il ne s'agit plus de cela; ainsi, je vous dégage.

LE MUSICIEN : Oh! Monsieur, nous ne songeons pas à vous; nous avons autre chose en tête. C'est Monsieur Richard qui nous emploie, et que nous cherchons.

APOLLON : Il ne manquait plus que ce trait pour achever ma défaite; et me voilà pleinement convaincu que l'or est l'unique divinité à qui les hommes sacrifient.

On frappe.

SPINETTE : Qui est là?

LE MUSICIEN : C'est pour le divertissement que Monsieur Richard nous a demandé.

SPINETTE : Je m'en vais faire descendre la compagnie.

APOLLON : Puisque les voilà tous qui se rendent ici, arrêtons un moment pour leur faire voir la honte de leur choix.

Scène XVIII : Apollon, Plutus, Armidas, Aminte, Arlequin, Spinette, un musicien.

APOLLON : Plutus, vous l'emportez sur Apollon; mais je ne suis point jaloux de votre triomphe. Il n'est point honteux pour le dieu du mérite d'être au-dessous du dieu des vices dans le cœur des hommes.

PLUTUS : Eh! eh! eh! que le voilà beau garçon avec son mérite!

ARMIDAS : Que signifie ce que nous venons d'entendre?

PLUTUS : Cela signifie qu'Ergaste est Apollon; et moi Plutus, qui lui ai escroqué sa maîtresse. Ne vous alarmez pas; je vous laisse les présents que je vous ai faits. Vous vous passerez bien de moi avec cela, n'est-ce pas? Adieu, la compagnie. Vous êtes de bonnes gens; vous m'avez fait gagner la gageure, et je vais bien faire rire dans l'Olympe de cette aventure. Allons, divertissez-vous; les musiciens sont payés; la fête est prête; qu'on l'exécute!

DIVERTISSEMENT

UN SUIVANT DE PLUTUS

Dieu des trésors, quelle est ta gloire!
Tout l'univers encense tes autels.
Tes attraits sur tes pas font voler la victoire,
Et tu fais à ton gré le destin des mortels.
   Que le dieu de la guerre
   Soit prêt à lancer son tonnerre,
     Il s'arrête à ta voix;
Et si l'Amour règne encor sur la terre,
Il doit à ton secours sa gloire et ses exploits.

    Que le dieu, etc.

Vaudeville

N'attendez pas qu'ici l'on vous révère,
Si Plutus n'est votre dieu tutélaire.
    Sans son pouvoir,
    Tout le savoir
    Qu'on peut avoir
    Ne peut valoir;
  Rien ne répond à notre espoir.
  Le temps n'y peut rien faire.
Mais quand on tient ce métal salutaire,
    Tout ce qu'on dit
    Charme et ravit,
    Tout réussit,
    Chacun nous rit;
  Veut-on charge, honneurs ou crédit,
  Un jour en fait l'affaire.

    Tout ce qu'on dit, etc.

Dans ce séjour on met tout à l'enchère,
Rien ne se fait sans l'appât du salaire.
    Valets, portier,
    Clerc et greffier,
    Commis, fermier,
    Sont sans quartier;
  On a beau gémir et crier;
  Le temps n'y peut rien faire.
Mais si l'on joint l'argent à la prière,
    Le plus rétif
    Le plus tardif,
    Devient actif,
    Expéditif;

Tout marche, tout est attentif;
  Un jour finit l'affaire.

Loin de ces lieux, une tendre bergère
S'en tient au choix que son cœur lui suggère.
    Fût-ce un Midas [13]
    Pour les ducats,
    S'il ne plaît pas,
    Il perd ses pas.
  De tous ses biens on ne fait cas;
  Le temps n'y peut rien faire.
De nos beautés la maxime est contraire.
    Fût-ce un palot [14],
    Un idiot,
    Un maître sot,
    Un ostrogot [15];
  S'il est pourvu d'un bon magot,
  Un jour finit l'affaire.

Loin de ces lieux, une riche héritière
N'est point l'objet qu'un amant considère;
    Sagesse, honneur,
    Vertu, douceur,
    Sont de son cœur
    L'attrait vainqueur;
  Ses feux ont toujours même ardeur;
  Le temps n'y peut rien faire.
De nos amants la maxime est contraire.
    Bons revenus,
    Contrats, écus,
    Sur les vertus
    Ont le dessus.
  De tels nœuds sont bientôt rompus;
  Un jour en fait l'affaire.

Sans dépenser, c'est en vain qu'on espère
De s'avancer au pays de Cythère.
    Mari jaloux,
    Femme en courroux,
    Ferment sur nous
    Grille et verrous;
  Le chien nous poursuit comme loups;
  Le temps n'y peut rien faire.
Mais si Plutus entre dans le mystère,
    Grille et ressort
    S'ouvrent d'abord,
    Le chien s'endort,
    Le mari sort,
  Femme et soubrette sont d'accord ;
  Un jour finit l'affaire.

Tant que Philis eut un destin prospère,
Plus d'un amant lui dit d'un air sincère :
    Que vos beaux yeux
    Sont gracieux!
    L'Amour, pour eux,
    Fixe mes vœux;
  Chaque instant redouble mes feux;

13. *Midas* : roi de Phrygie à qui Dionysos avait donné le pouvoir de transformer en or tout ce qu'il touchait.
14. Un rustre.
15. Un homme qui ignore les usages.

Le temps n'y peut rien faire.
Dès que Plutus cessa de lui complaire,
Plus de trésor,
Plus de Médor
Flamme et transport
Prirent l'essor;
L'amour s'enfuit et court encor;
Un jour finit l'affaire.

Lorsqu'un auteur, instruit dans l'art de plaire,
Trouve des traits ignorés du vulgaire,
On l'applaudit,

On le chérit :
Grand et petit
En font récit;
Jamais l'ouvrage ne périt;
Le temps n'y peut rien faire.
Si l'on ne suit qu'une route ordinaire,
Le spectateur,
Fin connaisseur,
Contre l'auteur,
Est en rumeur;
La pièce meurt malgré l'acteur
Un jour finit l'affaire.

LA COLONIE

Le samedi 18 juin 1729, l'Hôtel de Bourgogne affiche une nouvelle comédie en trois actes de Marivaux : la Nouvelle Colonie ou la Ligue des femmes. Silvia y tient le rôle principal et — car ce samedi est un soir de rentrée après la clôture de Pâques — c'est aussi elle qui présente le compliment d'usage : Luigi Riccoboni, sa femme Flaminia et leur fils François Riccoboni ont en effet obtenu du roi l'autorisation de se retirer de la troupe.

L'accueil fait à la comédie tient du désastre. Seul le divertissement composé en collaboration avec Panard et « mis en musique par M. Mouret » trouve grâce devant le public. Aussi Marivaux retire-t-il sa pièce dès le lendemain. Il renonce même à la faire imprimer.

Aujourd'hui, il ne reste de cette Nouvelle Colonie que l'analyse publiée par le Mercure dans sa livraison de juin 1729 et le texte du Divertissement qui figure dans les Recueils de Divertissements du Nouveau Théâtre Italien de Mouret. Nous les donnons ci-dessous.

Vingt ans après son échec, Marivaux revient à la Nouvelle Colonie et fond ses trois actes en un seul : c'est la Colonie qui est imprimée dans le Mercure de juin 1750 et qui fut sans doute jouée alors sur quelque théâtre de société. Pour se rendre compte des remaniements apportés par Marivaux, tant à ses personnages qu'à l'action de sa pièce (il a modifié notamment la conclusion et le rôle dévolu à Hermocrate), il suffit de comparer cette Colonie à l'analyse de la Nouvelle Colonie dans le Mercure de juin 1729.

C'est ce que ne firent pas les contemporains et même certains commentateurs de Marivaux qui considérèrent la pièce publiée dans le Mercure de 1750 comme un simple extrait de la comédie de 1729 et se bornèrent à s'étonner des divergences existant entre la Colonie et l'analyse du Mercure — quitte à accuser cette dernière d'infidélité.

Pendant longtemps la Colonie n'a pas figuré dans les éditions du Théâtre ou des Œuvres Complètes de Marivaux. C'est seulement en 1878 qu'elle apparaît dans celle qu'en donna Edouard Fournier, mais sans que celui-ci ait distingué entre la Colonie et les trois actes, perdus, de la Nouvelle Colonie ou la Ligue des femmes.

En 1925, Félix Gaiffe fit présenter cette Colonie, en même temps que la Surprise de l'amour, au Théâtre de l'Odéon. Elle n'y recueillit que des applaudissements polis.

Pourtant l'œuvre est loin d'être négligeable. On pense à Lysistrata, mais il y a tout lieu de croire qu'en 1729 Marivaux ne connaissait pas la comédie d'Aristophane qui ne fut pas publiée en français avant 1730. En fait, la Colonie prolonge et développe certains des thèmes de l'Ile des esclaves et de l'Ile de la raison — thèmes à la mode puisque la question de l'émancipation des femmes et des filles était alors ardemment débattue, notamment dans le salon de Mme de Lambert où fréquentait Marivaux.

Du reste, comme dans les comédies précédentes, Marivaux interroge plutôt qu'il ne répond. La Colonie n'est ni féministe ni anti-féministe : ce qu'elle évoque, ce sont bel et bien les contradictions de la lutte des sexes dans une société où règne aussi ce que nous appelons aujourd'hui la lutte des classes.

LA NOUVELLE COLONIE
OU LA LIGUE DES FEMMES [1]

Le 18 juin, les Comédiens Italiens donnèrent la première représentation d'une comédie intitulée la Nouvelle Colonie ou la Ligue des femmes, dont M. de Marivaux est auteur. Cette pièce n'a pas été si heureuse que la plupart de celles qui sont sorties de sa plume. Il l'a retirée dès la première représentation, et nous a réduits par là à n'en pouvoir donner qu'une idée confuse. Voici à peu près de quoi il s'agit.

ANALYSE

Des femmes qui habitent une île ont assez d'ambition pour ne vouloir plus vivre dans la dépendance des hommes : elles trouvent fort mauvais que ces derniers ne les admettent pas au gouvernement. L'action théâtrale commence précisément dans le même jour qu'on

1. Texte extrait du Mercure de juin 1729, p. 1403.

fait l'élection de deux nouveaux gouverneurs, dont l'un représente la noblesse, et l'autre le tiers état. *Silvia*, la première et la plus hardie des femmes qui veulent secouer le joug que les hommes leur ont imposé, ayant appris que *Timagène* vient d'être élu chef de la noblesse, se flatte d'obtenir de lui (en faveur de l'amour qu'il a pour elle) qu'il fasse rendre justice à son sexe; elle lui proteste qu'il doit renoncer à son amour s'il ne la tire de l'esclavage où l'injustice des hommes a réduit les femmes jusqu'à ce jour; elle le charge d'en faire la proposition au Conseil. Timagène n'oublie rien pour lui faire concevoir l'absurdité de ses prétentions; elle n'en veut point démordre, et le quitte. Timagène, ne pouvant vivre sans l'objet de son amour, est tout prêt de renoncer à sa nouvelle dignité, mais Sorbin, qui vient d'être associé au gouvernement avec lui, s'oppose à son dessein, quoique Mme Sorbin, sa femme, prétende la même chose que Silvia et soit prête à faire divorce, s'il lui refuse ce qu'elle exige de lui. Sorbin, après quelques moments de fermeté, se résout à abdiquer comme Timagène, mais craignant qu'on ne fasse violence à Silvia et à Mme Sorbin sous un autre gouvernement, ils prennent le parti, avant que d'abdiquer, de faire une nouvelle loi qui ordonne qu'on ne pourra procéder contre les femmes que par la voie des prières et des remontrances. Un philosophe est associé aux deux gouverneurs, pour leur servir de conseil. Ce philosophe, qui s'appelle *Hermocrate*, leur reproche la faiblesse qu'ils ont pour un sexe dont ils doivent être les maîtres. Dans le nouveau Conseil qui s'assemble pour recevoir l'abdication de Timagène et de Sorbin, Hermocrate est élu pour gouverner seul : il signale son avènement à l'empire par l'exil du père et de l'amant de Silvia et par celui de Sorbin et de sa femme. *Arlequin*, gendre prétendu de M. Sorbin, se trouve enveloppé dans la même punition. Cette sévérité d'Hermocrate fait rentrer les femmes dans leur devoir et les oblige à renoncer à leurs prétentions. La pièce est suivie d'un divertissement où l'on chante l'avantage que l'amour donne aux femmes sur les hommes pour les dédommager de la part que ces derniers leur refusent dans le gouvernement. La pièce est en prose et en trois actes. Le divertissement a été fort applaudi. Il a été mis en musique par M. Mouret.

DIVERTISSEMENT [2]

Cantatille

Si les lois des hommes dépendent,
Ne vous en plaignez pas, trop aimables objets :
Vous imposez des fers à ceux qui vous commandent,
Et vos maîtres sont vos sujets.

Prélude

Vous triomphez par une douce guerre
De l'esprit le plus fort et du cœur le plus fier.

Jupiter [3] d'un regard épouvante la terre;
Vous pouvez d'un regard désarmer Jupiter.
Vos attraits fixent la victoire;
Rien ne saurait vous résister,
Et c'est augmenter votre gloire
Que d'oser vous la disputer.

Parodie

Minerve [4] guide
Les sages, les vertueux,
Junon [5] préside
Sur les cœurs ambitieux,
Vénus [6] décide
Du sort des amoureux,
Tout ce qui respire
Vit sous l'empire
D'un sexe si flatteur.
Quelque sort qui nous appelle,
C'est une belle
Qui fixe notre ardeur.

Vaudeville

Aimable sexe, vos lois
Ont des droits
Sur les Dieux comme sur les Rois;
Voulez-vous la paix ou la guerre,
Sur vos avis nous savons nous régler :
Pour troubler ou calmer la terre,
Deux beaux yeux n'ont qu'à parler.

Tout est possible à votre art :
Un vieillard
Rajeunit par votre regard.
Pour dompter le cœur d'un Achille [7],
Pour engager un Hercule [8] à filer,
Et pour rendre un sage imbécile,
Deux beaux yeux n'ont qu'à parler.

Le jugement d'un procès
Au Palais
Ne dépend pas de nos placets :
Que Philis soit notre refuge,
Nous entendrons notre cause appeler :
Pour faire prononcer un juge,
Deux beaux yeux n'ont qu'à parler.

Un avocat bon latin
Cite en vain
Et Bartole et Jean de Moulin : [9]
On est sourd à son éloquence,
Dès qu'au bureau Philis vient s'installer :

---

2. Le texte de ce *Divertissement*, que Marivaux composa sans doute en collaboration avec Panard, est emprunté au *Recueil des Divertissements du Nouveau Théâtre Italien* de Mouret.

3. *Jupiter* : roi des dieux de l'Olympe, qui lance la foudre. — 4. *Minerve* : déesse de la raison et de la sagesse. — 5. *Junon* : épouse de Jupiter. — 6. *Vénus* : déesse de l'amour. — 7. *Achille* : héros de la guerre de Troie réputé pour son caractère farouche. — 8. *Hercule* : fils d'Alcmène et de Jupiter, fut l'esclave d'Omphale et fila le lin aux pieds de cette reine. — 9. *Bartole et Jean de Moulin*, ou Jean Dumoulin, d'après le texte imprimé dans le *Nouveau Théâtre Italien*. Fournier et Bastide suggèrent : « Peut-être s'agit-il plutôt de Charles Dumoulin, célèbre jurisconsulte (français, du XVIe siècle) comme Bartole (italien, du XIVe siècle). »

Pour faire pencher la balance,
Deux beaux yeux n'ont qu'à parler.

Oh! que l'on voit à Paris
De commis
Qu'en place les belles ont mis,
Si Cloris le veut, un gros âne
Dans un bureau saura bientôt briller;
Pour en faire un chef de douane,
Deux beaux yeux n'ont qu'à parler.

Je ne vais point au vallon
D'Apollon
Quand je veux faire une chanson.
Le beau feu qu'Aminte m'inspire
Vaut bien celui dont ce dieu fait brûler,
Et pour faire parler ma lyre,
Deux beaux yeux n'ont qu'à parler.

UNE JEUNE FILLE
Si j'avais un inconstant
Pour amant,

Je craindrais peu son changement;
J'aurais tort de m'en mettre en peine :
Il en est cent que je puis enrôler,
D'ici j'en vois une douzaine.
Et mes yeux n'ont qu'à parler.

Auteurs, soyez désormais
Plus discrets.
N'attaquez plus ces doux objets.
En vain l'on vante votre ouvrage :
D'un feu divin il a beau pétiller,
Pour vous causer un prompt naufrage,
Deux beaux yeux n'ont qu'à parler.

Si vous voulez qu'Arlequin
Soit en train,
Venez, belles, tout sera plein :
Je cabriole pour vous plaire.
Si vous voulez, je saurai redoubler,
Un *bis* ne m'embarrasse guère :
Deux beaux yeux n'ont qu'à parler.

LA COLONIE

ACTEURS

ARTHENICE, *femme noble*; MADAME SORBIN, *femme d'artisan*; MONSIEUR SORBIN, *mari de Madame Sorbin*; TIMAGÈNE, *homme noble*; LINA, *fille de Madame Sorbin*; PERSINET, *jeune homme du peuple, amant de Lina*; HERMOCRATE, *autre noble*; *troupe de femmes, tant nobles que du peuple.*

LA SCÈNE EST DANS UNE ÎLE OÙ SONT ABORDÉS
TOUS LES ACTEURS.

Scène I : *Arthenice, Madame Sorbin.*

ARTHENICE : Ah çà! Madame Sorbin, ou plutôt ma compagne, car vous l'êtes, puisque les femmes de votre état viennent de vous revêtir du même pouvoir dont les femmes nobles m'ont revêtue moi-même, donnons-nous la main, unissons-nous et n'ayons qu'un même esprit toutes les deux.

MADAME SORBIN, *lui donnant la main* : Conclusion, il n'y a plus qu'une femme et qu'une pensée ici.

ARTHENICE : Nous voici chargées du plus grand intérêt que notre sexe ait jamais eu, et cela dans la conjoncture du monde la plus favorable pour discuter notre droit vis-à-vis les hommes.

MADAME SORBIN : Oh! pour cette fois-ci, Messieurs, nous compterons ensemble.

ARTHENICE : Depuis qu'il a fallu nous sauver avec eux dans cette île où nous sommes fixées, le gouvernement de notre patrie a cessé.

MADAME SORBIN : Oui, il en faut un tout neuf ici, et l'heure est venue; nous voici en place d'avoir justice, et de sortir de l'humilité ridicule qu'on nous a imposée depuis le commencement du monde : plutôt mourir que d'endurer plus longtemps nos affronts.

ARTHENICE : Fort bien, vous sentez-vous en effet un courage qui réponde à la dignité de votre emploi ?

MADAME SORBIN : Tenez, je me soucie aujourd'hui de la vie comme d'un fêtu; en un mot comme en cent, je me sacrifie, je l'entreprends. Madame Sorbin veut vivre dans l'histoire et non pas dans le monde.

ARTHENICE : Je vous garantis un nom immortel.

MADAME SORBIN : Nous, dans vingt mille ans, nous serons encore la nouvelle du jour.

ARTHENICE : Et quand même nous ne réussirions pas, nos petites-filles réussiront.

MADAME SORBIN : Je vous dis que les hommes n'en reviendront jamais. Au surplus, vous qui m'exhortez, il y a ici un certain Monsieur Timagène qui court après votre cœur; court-il encore? Ne l'a-t-il pas pris? Ce serait là un furieux sujet de faiblesse humaine, prenez-y garde.

ARTHENICE : Qu'est-ce que c'est que Timagène, Madame Sorbin? Je ne le connais plus depuis notre projet : tenez ferme et ne songez qu'à m'imiter.

MADAME SORBIN : Qui? moi! Et où est l'embarras? Je n'ai qu'un mari, qu'est-ce que cela coûte à laisser? ce n'est pas là une affaire de cœur.

ARTHENICE : Oh! j'en conviens.

MADAME SORBIN : Ah çà! vous savez bien que les hommes vont dans un moment s'assembler sous des tentes, afin d'y choisir entre eux deux hommes qui nous feront des lois; on a battu le tambour pour convoquer l'assemblée.

ARTHENICE : Eh bien?

MADAME SORBIN : Eh bien? il n'y a qu'à faire battre le tambour aussi pour enjoindre à nos femmes d'avoir à mépriser les règlements de ces messieurs, et dresser tout de suite une belle et bonne ordonnance de séparation d'avec les hommes, qui ne se doutent encore de rien.

ARTHENICE : C'était mon idée, sinon qu'au lieu du tambour, je voulais faire afficher notre ordonnance à son de trompe.

MADAME SORBIN : Oui-da, la trompe est excellente et fort convenable.

ARTHENICE : Voici Timagène et votre mari qui passent sans nous voir.

MADAME SORBIN : C'est qu'apparemment ils vont se rendre au Conseil. Souhaitez-vous que nous les appelions?

ARTHENICE : Soit, nous les interrogerons sur ce qui se passe.

Elle appelle Timagène.

MADAME SORBIN *appelle aussi* : Holà! notre homme.

Scène II : Les acteurs précédents, Monsieur Sorbin, Timagène.

TIMAGÈNE : Ah! pardon, belle Arthenice, je ne vous croyais pas si près.

MONSIEUR SORBIN : Qu'est-ce que c'est que tu veux, ma femme? nous avons hâte.

MADAME SORBIN : Eh! là, là, tout bellement [10], je veux vous voir, Monsieur Sorbin, bonjour; n'avez-vous rien à me communiquer, par hasard ou autrement?

MONSIEUR SORBIN : Non, que veux-tu que je te communique, si ce n'est le temps qu'il fait, ou l'heure qu'il est?

ARTHENICE : Et vous, Timagène, que m'apprendrez-vous? Parle-t-on des femmes parmi vous?

TIMAGÈNE : Non, Madame, je ne sais rien qui les concerne; on n'en dit pas un mot.

ARTHENICE : Pas un mot, c'est fort bien fait.

MADAME SORBIN : Patience, l'affiche vous réveillera.

MONSIEUR SORBIN : Que veux-tu dire avec ton affiche?

MADAME SORBIN : Oh! rien, c'est que je me parle.

ARTHENICE : Eh! dites-moi, Timagène, où allez-vous tous deux d'un air si pensif?

TIMAGÈNE : Au Conseil, où l'on nous appelle, et où la noblesse et tous les notables d'une part, et le peuple de l'autre, nous menacent, cet honnête homme et moi, de nous nommer pour travailler aux lois, et j'avoue que mon incapacité me fait déjà trembler.

MADAME SORBIN : Quoi, mon mari, vous allez faire des lois?

MONSIEUR SORBIN : Hélas, c'est ce qui se publie, et ce qui me donne un grand souci.

MADAME SORBIN : Pourquoi, Monsieur Sorbin? Quoique vous soyez massif et d'un naturel un peu lourd, je

vous ai toujours connu un très bon gros jugement qui viendra fort bien dans cette affaire-ci; et puis je me persuade que ces messieurs auront le bon esprit de demander des femmes pour les assister, comme de raison.

MONSIEUR SORBIN : Ah! tais-toi avec tes femmes, il est bien question de rire!

MADAME SORBIN : Mais vraiment, je ne ris pas.

MONSIEUR SORBIN : Tu deviens donc folle?

MADAME SORBIN : Pardi, Monsieur Sorbin, vous êtes un petit élu du peuple bien impoli; mais par bonheur, cela se passera avec une ordonnance, je dresserai des lois aussi, moi.

MONSIEUR SORBIN *rit* : Toi! hé! hé! hé! hé!

TIMAGÈNE *riant* : Hé! hé! hé! hé!...

ARTHENICE : Qu'y a-t-il donc là de si plaisant? Elle a raison, elle en fera, j'en ferai moi-même.

TIMAGÈNE : Vous, Madame?

MONSIEUR SORBIN, *riant* : Des lois!

ARTHENICE : Assurément.

MONSIEUR SORBIN, *riant* : Ah bien, tant mieux, faites, amusez-vous, jouez une farce, mais gardez-nous votre drôlerie pour une autre fois, cela est trop bouffon pour le temps qui court.

TIMAGÈNE : Pourquoi? La gaieté est toujours de saison.

ARTHENICE : La gaieté, Timagène?

MADAME SORBIN : Notre drôlerie, Monsieur Sorbin? Courage, on vous en donnera de la drôlerie.

MONSIEUR SORBIN : Laissons là ces rieuses, seigneur Timagène, et allons-nous-en. Adieu, femme, grand merci de ton assistance.

ARTHENICE : Attendez, j'aurais une ou deux réflexions à communiquer à Monsieur l'Elu de la noblesse.

TIMAGÈNE : Parlez, Madame.

ARTHENICE : Un peu d'attention; nous avons été obligés, grands et petits, nobles, bourgeois, et gens du peuple, de quitter notre patrie pour éviter la mort ou pour fuir l'esclavage de l'ennemi qui nous a vaincus.

MONSIEUR SORBIN : Cela m'a l'air d'une harangue, remettons-la à tantôt, le loisir nous manque.

MADAME SORBIN : Paix, malhonnête.

TIMAGÈNE : Écoutons.

ARTHENICE : Nos vaisseaux nous ont portés dans ce pays sauvage, et le pays est bon.

MONSIEUR SORBIN : Nos femmes y babillent trop.

MADAME SORBIN, *en colère* : Encore!

ARTHENICE : Le dessein est formé d'y rester, et comme nous y sommes tous arrivés pêle-mêle, que la fortune y est égale entre tous, que personne n'a droit d'y commander, et que tout y est confusion, il faut des maîtres, il en faut un ou plusieurs, il faut des lois.

TIMAGÈNE : Hé, c'est à quoi nous allons pourvoir, Madame.

MONSIEUR SORBIN : Il va y avoir de tout cela en diligence, on nous attend pour cet effet.

ARTHENICE : Qui, nous? Qui entendez-vous par nous?

MONSIEUR SORBIN : Eh pardi, nous entendons, nous, ce ne peut pas être d'autres.

ARTHENICE : Doucement, ces lois, qui est-ce qui va les faire, de qui viendront-elles?

MONSIEUR SORBIN, *en dérision* : De nous.

---

10. Tout beau, modérez-vous.

MADAME SORBIN : Des hommes!

MONSIEUR SORBIN : Apparemment.

ARTHENICE : Ces maîtres, ou bien ce maître, de qui le tiendra-t-on?

MADAME SORBIN, *en dérision* : Des hommes.

MONSIEUR SORBIN : Eh! apparemment.

ARTHENICE : Qui sera-t-il?

MADAME SORBIN : Un homme.

MONSIEUR SORBIN : Eh! qui donc?

ARTHENICE : Et toujours des hommes et jamais de femmes, qu'en pensez-vous, Timagène? car le gros jugement de votre adjoint ne va pas jusqu'à savoir ce que je veux dire.

TIMAGÈNE : J'avoue, Madame, que je n'entends pas bien la difficulté non plus.

ARTHENICE : Vous ne l'entendez pas? Il suffit, laissez-nous.

MONSIEUR SORBIN, *à sa femme* : Dis-nous donc ce que c'est.

MADAME SORBIN : Tu me le demandes, va-t-en.

TIMAGÈNE : Mais, Madame...

ARTHENICE : Mais, Monsieur, vous me déplaisez là.

MONSIEUR SORBIN, *à sa femme* : Que veut-elle dire?

MADAME SORBIN : Mais va porter ta face d'homme ailleurs.

MONSIEUR SORBIN : A qui en ont-elles?

MADAME SORBIN : Toujours des hommes, et jamais de femmes, et ça ne nous entend pas.

MONSIEUR SORBIN : Eh bien, après?

MADAME SORBIN : Hum! Le butor, voilà ce qui est après.

TIMAGÈNE : Vous m'affligez, Madame, si vous me laissez partir sans m'instruire de ce qui vous indispose contre moi.

ARTHENICE : Partez, Monsieur, vous le saurez au retour de votre Conseil.

MADAME SORBIN : Le tambour vous dira le reste ou bien le placard au son de la trompe.

MONSIEUR SORBIN : Fifre, trompe ou trompette, il ne m'importe guère; allons, Monsieur Timagène.

TIMAGÈNE : Dans l'inquiétude où je suis, je reviendrai, Madame, le plus tôt qu'il me sera possible.

Scène III : *Madame Sorbin, Arthenice.*

ARTHENICE : C'est nous faire un nouvel outrage que de ne nous entendre pas.

MADAME SORBIN : C'est l'ancienne coutume d'être impertinent de père en fils, qui leur bouche l'esprit.

Scène IV : *Madame Sorbin, Arthenice, Lina, Persinet.*

PERSINET : Je viens à vous, vénérable et future belle-mère; vous m'avez promis la charmante Lina; et je suis bien impatient d'être son époux; je l'aime tant, que je ne saurais plus supporter l'amour sans le mariage.

ARTHENICE, *à Madame Sorbin* : Écartez ce jeune homme, Madame Sorbin; les circonstances présentes nous obligent de rompre avec toute son espèce.

MADAME SORBIN : Vous avez raison, c'est une fréquentation qui ne convient plus.

PERSINET : J'attends réponse.

MADAME SORBIN : Que faites-vous là, Persinet?

PERSINET : Hélas! je vous intercède, et j'accompagne ma nonpareille Lina.

MADAME SORBIN : Retournez-vous-en.

LINA : Qu'il s'en retourne! eh! d'où vient, ma mère?

MADAME SORBIN : Je veux qu'il s'en aille, il le faut, le cas le requiert, il s'agit d'affaire d'État.

LINA : Il n'a qu'à nous suivre de loin.

PERSINET : Oui, je serai content de me tenir humblement derrière.

MADAME SORBIN : Non, point de façon de se tenir, je n'en accorde point; écartez-vous, ne nous approchez pas jusqu'à la paix.

LINA : Adieu, Persinet, jusqu'au revoir; n'obstinons [11] point ma mère.

PERSINET : Mais qui est-ce qui a rompu la paix? Maudite guerre, en attendant que tu finisses, je vais m'affliger tout à mon aise, en mon petit particulier [12].

Scène V : *Arthenice, Madame Sorbin, Lina.*

LINA : Pourquoi donc le maltraitez-vous, ma mère? Est-ce que vous ne voulez plus qu'il m'aime, ou qu'il m'épouse?

MADAME SORBIN : Non, ma fille, nous sommes dans une occurrence où l'amour n'est plus qu'un sot.

LINA : Hélas! quel dommage!

ARTHENICE : Et le mariage, tel qu'il a été jusqu'ici, n'est plus aussi qu'une pure servitude que nous abolissons, ma belle enfant; car il faut bien la mettre un peu au fait pour la consoler.

LINA : Abolir le mariage! Et que mettra-t-on à la place?

MADAME SORBIN : Rien.

LINA : Cela est bien court.

ARTHENICE : Vous savez, Lina, que les femmes jusqu'ici ont toujours été soumises à leurs maris.

LINA : Oui, Madame, c'est une coutume qui n'empêche pas l'amour.

MADAME SORBIN : Je te défends l'amour.

LINA : Quand il y est, comment l'ôter? Je ne l'ai pas pris; c'est lui qui m'a prise, et puis je ne refuse pas la soumission.

MADAME SORBIN : Comment soumise, petite âme de servante, jour de Dieu! soumise, cela peut-il sortir de la bouche d'une femme? Que je ne vous entende plus proférer cette horreur-là, apprenez que nous nous révoltons.

ARTHENICE : Ne vous emportez point, elle n'a pas été de nos délibérations, à cause de son âge, mais je vous réponds d'elle, dès qu'elle sera instruite. Je vous assure qu'elle sera charmée d'avoir autant d'autorité que son mari dans son petit ménage, et quand il dira : « Je veux », de pouvoir répliquer : « Moi, je ne veux pas. »

LINA, *pleurant* : Je n'en aurai pas la peine; Persinet

---

11. *Obstiner quelqu'un*, c'est en le contredisant l'enfoncer davantage dans son opinion.

12. On dit *être en son particulier* pour dire : être retiré dans son cabinet.

et moi, nous voudrons toujours la même chose ; nous en sommes convenus entre nous.

MADAME SORBIN : Prends-y garde avec ton Persinet ; si tu n'as pas des sentiments plus relevés, je te retranche du noble corps des femmes ; reste avec ma camarade et moi pour apprendre à considérer ton importance ; et surtout qu'on supprime ces larmes qui font confusion à ta mère, et qui rabaissent notre mérite.

ARTHENICE : Je vois quelques-unes de nos amies qui viennent et qui paraissent avoir à nous parler, sachons ce qu'elles nous veulent.

Scène VI : Arthenice, Madame Sorbin, Lina, quatre femmes, dont deux tiennent chacune un bracelet de ruban rayé.

UNE DES DÉPUTÉES : Vénérables compagnes, le sexe qui vous a nommées ses chefs, et qui vous a choisies pour le défendre, vient de juger à propos, dans une nouvelle délibération, de vous conférer des marques de votre dignité, et nous vous les apportons de sa part. Nous sommes chargées, en même temps, de vous jurer pour lui une entière obéissance, quand vous lui aurez juré entre nos mains une fidélité inviolable ; deux articles essentiels auxquels on n'a pas songé d'abord.

ARTHENICE : Illustres députées, nous aurions volontiers supprimé le faste dont on nous pare. Il nous aurait suffi d'être ornées de nos vertus ; c'est à ces marques qu'on doit nous reconnaître.

MADAME SORBIN : N'importe, prenons toujours ; ce sera deux parures au lieu d'une.

ARTHENICE : Nous acceptons cependant la distinction dont on nous honore, et nous allons nous acquitter de nos serments, dont l'omission a été très judicieusement remarquée ; je commence.

Elle met sa main dans celle d'une des députées.

Je fais vœu de vivre pour soutenir les droits de mon sexe opprimé ; je consacre ma vie à sa gloire ; j'en jure par ma dignité de femme, par mon inexorable fierté de cœur, qui est un présent du ciel, il ne faut pas s'y tromper ; enfin par l'indocilité d'esprit que j'ai toujours eue dans mon mariage, et qui m'a préservée de l'affront d'obéir à feu mon bourru de mari ; j'ai dit. A vous, Madame Sorbin.

MADAME SORBIN : Approchez, ma fille, écoutez-moi, et devenez à jamais célèbre, seulement pour avoir assisté à cette action si mémorable.

Elle met sa main dans celle d'une des députées.

Voici mes paroles : Vous irez de niveau avec les hommes ; ils seront vos camarades, et non pas vos maîtres. Madame vaudra partout Monsieur, ou je mourrai à la peine. J'en jure par le plus gros juron que je sache ; par cette tête de fer qui ne pliera jamais, et que personne jusqu'ici ne peut se vanter d'avoir réduite, il n'y a qu'à en demander des nouvelles.

UNE DES DÉPUTÉES : Écoutez, à présent, ce que toutes les femmes que nous représentons vous jurent à leur tour. On verra la fin du monde, la race des hommes s'éteindra avant que nous cessions d'obéir à vos ordres ; voici déjà une de nos compagnes qui accourt pour vous reconnaître.

Scène VII : Les députées, Arthenice, Madame Sorbin, Lina, une femme qui arrive.

LA FEMME : Je me hâte de venir rendre hommage à nos souveraines, et de me ranger sous leurs lois.

ARTHENICE : Embrassons-nous, mes amies ; notre serment mutuel vient de nous imposer de grands devoirs, et pour vous exciter à remplir les vôtres, je suis d'avis de vous retracer en ce moment une vive image de l'abaissement où nous avons langui jusqu'à ce jour ; nous ne ferons en cela que nous conformer à l'usage de tous les chefs de parti.

MADAME SORBIN : Cela s'appelle exhorter son monde avant la bataille.

ARTHENICE : Mais la décence veut que nous soyons assises, on en parle plus à son aise.

MADAME SORBIN : Il y a des bancs là-bas, il n'y a qu'à les approcher. *(A Lina.)* Allons, petite fille, alerte [13].

LINA : Je vois Persinet qui passe, il est plus fort que moi, et il m'aidera, si vous voulez.

UNE DES FEMMES : Quoi ! Nous emploierions un homme ?

ARTHENICE : Pourquoi non ? Que cet homme nous serve, j'en accepte l'augure.

MADAME SORBIN : C'est bien dit ; dans l'occurrence présente, cela nous portera bonheur. *(A Lina.)* Appelez-nous ce domestique.

LINA *appelle* : Persinet ! Persinet !

Scène VIII : Tous les acteurs précédents, Persinet.

PERSINET *accourt* : Qu'y a-t-il, mon amour ?

LINA : Aidez-moi à pousser ces bancs jusqu'ici.

PERSINET : Avec plaisir, mais n'y touchez pas, vos petites mains sont trop délicates, laissez-moi faire.

Il avance les bancs, Arthenice et Madame Sorbin, après quelques civilités, s'assoient les premières ; Persinet et Lina s'assoient tous deux au même bout.

ARTHENICE, *à Persinet* : J'admire la liberté que vous prenez, petit garçon, ôtez-vous de là, on n'a plus besoin de vous.

MADAME SORBIN : Votre service est fait, qu'on s'en aille.

LINA : Il ne tient presque pas de place, ma mère, il n'a que la moitié de la mienne.

MADAME SORBIN : A la porte, vous dit-on.

PERSINET : Voilà qui est bien dur !

Scène IX : Les femmes susdites.

ARTHENICE, *après avoir toussé et craché* : L'oppression dans laquelle nous vivons sous nos tyrans, pour être si ancienne, n'en est pas devenue plus raisonnable ; n'attendons pas que les hommes se corrigent d'eux-mêmes ; l'insuffisance de leurs lois a beau les punir de les avoir faites à leur tête et sans nous, rien ne les ramène à la justice qu'ils nous doivent, ils ont oublié qu'ils nous la refusent.

13. Debout, garde à vous.

MADAME SORBIN : Aussi le monde va, il n'y a qu'à voir.

ARTHENICE : Dans l'arrangement des affaires, il est décidé que nous n'avons pas le sens commun, mais tellement décidé que cela va tout seul, et que nous n'en appelons pas nous-mêmes.

UNE DES FEMMES : Hé! que voulez-vous? On nous crie dès le berceau : « Vous n'êtes capables de rien, ne vous mêlez de rien, vous n'êtes bonnes à rien qu'à être sages. » On l'a dit à nos mères qui l'ont cru, qui nous le répètent; on a les oreilles rebattues de ces mauvais propos; nous sommes douces, la paresse s'en mêle, on nous mène comme des moutons.

MADAME SORBIN : Oh! pour moi, je ne suis qu'une femme, mais depuis que j'ai l'âge de raison, le mouton n'a jamais trouvé cela bon.

ARTHENICE : Je ne suis qu'une femme, dit Madame Sorbin, cela est admirable.

MADAME SORBIN : Cela vient encore de cette moutonnerie.

ARTHENICE : Il faut qu'il y ait en nous une défiance bien louable de nos lumières pour avoir adopté ce jargon-là; qu'on me trouve des hommes qui en disent autant d'eux; cela les passe; venons au vrai pourtant : vous n'êtes qu'une femme, dites-vous? Hé! que voulez-vous donc être pour être mieux?

MADAME SORBIN : Eh! je m'y tiens, Mesdames, je m'y tiens, c'est nous qui avons le mieux, et je bénis le ciel de m'en avoir fait participante, il m'a comblée d'honneurs, et je lui en rends des grâces nonpareilles.

UNE DES FEMMES : Hélas! cela est bien juste.

ARTHENICE : Pénétrons-nous donc un peu de ce que nous valons, non par orgueil, mais par reconnaissance.

LINA : Ah! si vous entendiez Persinet là-dessus, c'est lui qui est pénétré suivant nos mérites.

UNE DES FEMMES : Persinet n'a que faire ici; il est indécent de le citer.

MADAME SORBIN : Paix, petite fille, point de langue ici, rien que des oreilles; excusez, Mesdames; poursuivez, la camarade.

ARTHENICE : Examinons ce que nous sommes, et arrêtez-moi, si j'en dis trop; qu'est-ce qu'une femme, seulement à la voir? En vérité, ne dirait-on pas que les dieux en ont fait l'objet de leurs plus tendres complaisances?

UNE DES FEMMES : Plus j'y rêve, et plus j'en suis convaincue.

UNE DES FEMMES : Cela est incontestable.

UNE AUTRE FEMME : Absolument incontestable.

UNE AUTRE FEMME : C'est un fait.

ARTHENICE : Regardez-la, c'est le plaisir des yeux.

UNE FEMME : Dites les délices.

ARTHENICE : Souffrez que j'achève.

UNE FEMME : N'interrompons-point.

UNE AUTRE FEMME : Oui, écoutons.

UNE AUTRE FEMME : Un peu de silence.

UNE AUTRE FEMME : C'est notre chef qui parle.

UNE AUTRE FEMME : Et qui parle bien.

LINA : Pour moi, je ne dis mot.

MADAME SORBIN : Se taira-t-on? car cela m'impatiente!

ARTHENICE : Je recommence : regardez-la, c'est le plaisir des yeux; les grâces et la beauté, déguisées sous toutes sortes de formes, se disputant à qui versera le plus de charme sur son visage et sur sa figure. Eh! qui est-ce qui peut définir le nombre et la variété de ces charmes? Le sentiment les saisit, nos expressions n'y sauraient atteindre. (*Toutes les femmes se redressent ici. Arthenice continue.*) La femme a l'air noble, et cependant son air de douceur enchante.

Les femmes ici prennent un air doux.

UNE FEMME : Nous voilà.

MADAME SORBIN : Chut!

ARTHENICE : C'est une beauté fière, et pourtant une beauté mignarde; elle imprime un respect qu'on n'ose perdre, si elle ne s'en mêle; elle inspire un amour qui ne saurait se taire; dire qu'elle est belle, qu'elle est aimable, ce n'est que commencer son portrait; dire que sa beauté surprend, qu'elle occupe, qu'elle attendrit, qu'elle ravit, c'est dire, à peu près, ce qu'on en voit, ce n'est pas effleurer ce qu'on en pense.

MADAME SORBIN : Et ce qui est encore incomparable, c'est de vivre avec toutes ces belles choses-là, comme si de rien n'était; voilà le surprenant, mais ce que j'en dis n'est pas pour interrompre, paix!

ARTHENICE : Venons à l'esprit, et voyez combien le nôtre a paru redoutable à nos tyrans; jugez-en par les précautions qu'ils ont prises pour l'étouffer, pour nous empêcher d'en faire usage; c'est à filer, c'est à la quenouille, c'est à l'économie de leur maison, c'est au misérable tracas d'un ménage, enfin c'est à faire des nœuds [14], que ces messieurs nous condamnent.

UNE FEMME : Véritablement, cela crie vengeance.

ARTHENICE : Ou bien, c'est à savoir prononcer sur des ajustements, c'est à les réjouir dans leurs soupers, c'est à leur inspirer d'agréables passions, c'est à régner dans la bagatelle, c'est à n'être nous-mêmes que la première de toutes les bagatelles; voilà toutes les fonctions qu'ils nous laissent ici-bas; à nous qui les avons polis, qui leur avons donné des mœurs, qui avons corrigé la férocité de leur âme; à nous, sans qui la terre ne serait qu'un séjour de sauvages, qui ne mériteraient pas le nom d'hommes.

UNE DES FEMMES : Ah! les ingrats; allons, Mesdames, supprimons les soupers dès ce jour.

UNE AUTRE : Et pour des passions, qu'ils en cherchent.

MADAME SORBIN : En un mot comme en cent, qu'ils filent à leur tour.

ARTHENICE : Il est vrai qu'on nous traite de charmantes, que nous sommes des astres, qu'on nous distribue des teints de lis et de roses, qu'on nous chante dans les vers, où le soleil insulté pâlit de honte à notre aspect, et comme vous voyez, cela est considérable; et puis les transports, les extases, les désespoirs dont on nous régale, quand il nous plaît.

MADAME SORBIN : Vraiment, c'est de la friandise qu'on donne à ces enfants.

UNE AUTRE FEMME : Friandise, dont il y a plus de six mille ans que nous vivons.

ARTHENICE : Et qu'en arrive-t-il? que par simplicité

---

14. *Faire des nœuds* : s'occuper des ornements de la toilette.

nous nous entêtons du vil honneur de leur plaire, et que nous nous amusons bonnement à être coquettes, car nous le sommes, il en faut convenir.

UNE FEMME : Est-ce notre faute? Nous n'avons que cela à faire.

ARTHENICE : Sans doute; mais ce qu'il y a d'admirable, c'est que la supériorité de notre âme est si invincible, si opiniâtre, qu'elle résiste à tout ce que je dis là, c'est qu'elle éclate et perce encore à travers cet avilissement où nous tombons; nous sommes coquettes, d'accord, mais notre coquetterie même est un prodige.

UNE FEMME : Oh! tout ce qui part de nous est parfait.

ARTHENICE : Quand je songe à tout le génie, toute la sagacité, toute l'intelligence que chacune de nous y met en se jouant, et que nous ne pouvons mettre que là, cela est immense; il y entre plus de profondeur d'esprit qu'il n'en faudrait pour gouverner deux mondes comme le nôtre, et tant d'esprit est en pure perte.

MADAME SORBIN, en colère : Ce monde-ci n'y gagne rien; voilà ce qu'il faut pleurer.

ARTHENICE : Tant d'esprit n'aboutit qu'à renverser de petites cervelles qui ne sauraient le soutenir, et qu'à nous procurer de sots compliments que leurs vices et leur démence, et non pas leur raison, nous prodiguent; leur raison ne nous a jamais dit que des injures.

MADAME SORBIN : Allons, point de quartier; je fais vœu d'être laide, et notre première ordonnance sera que nous tâchions de l'être toutes. (A Arthenice.) N'est-ce pas, camarade?

ARTHENICE : J'y consens.

UNE DES FEMMES : D'être laides? Il me paraît à moi que c'est prendre à gauche [15].

UNE AUTRE FEMME : Je ne serai jamais de cet avis-là, non plus.

UNE AUTRE FEMME : Eh! mais qui est-ce qui pourrait en être? Quoi! s'enlaidir exprès pour se venger des hommes? Eh! tout au contraire, embellissons-nous, s'il est possible, afin qu'ils nous regrettent davantage.

UNE AUTRE FEMME : Oui, afin qu'ils soupirent plus que jamais à nos genoux, et qu'ils meurent de douleur de se voir rebutés; voilà ce qu'on appelle une indignation de bon sens, et vous êtes dans le faux, Madame Sorbin, tout à fait dans le faux.

MADAME SORBIN : Ta, ta, ta, ta, je t'en réponds, embellissons-nous pour retomber; de vingt galants qui se meurent à nos genoux, il n'y en a quelquefois pas un qu'on ne réchappe, d'ordinaire on les sauve tous; ces mourants-là nous gagnent trop, je connais bien notre humeur, et notre ordonnance tiendra; on se rendra laide; au surplus ce ne sera pas si grand dommage, Mesdames, et vous n'y perdrez pas plus que moi.

UNE FEMME : Oh! doucement, cela vous plaît à dire, vous ne jouez pas gros jeu, vous; votre affaire est bien avancée.

UNE AUTRE : Il n'est pas étonnant que vous fassiez si bon marché de vos grâces.

UNE AUTRE : On ne vous prendra jamais pour un astre.

LINA : Tredame [16], ni vous non plus pour une étoile.

UNE FEMME : Tenez, ce petit étourneau, avec son caquet.

MADAME SORBIN : Ah! pardi, me voilà bien ébahie; eh! dites donc, vous autres pimbêches, est-ce que vous croyez être jolies?

UNE AUTRE : Eh! mais, si nous vous ressemblons, qu'est-il besoin de s'enlaidir? Par où s'y prendre?

UNE AUTRE : Il est vrai que la Sorbin en parle bien à son aise.

MADAME SORBIN : Comment donc, la Sorbin? m'appeler la Sorbin?

LINA : Ma mère, une Sorbin!

MADAME SORBIN : Qui est-ce qui sera donc madame ici; me perdre le respect de cette manière?

ARTHENICE, à l'autre femme : Vous avez tort, ma bonne, et je trouve le projet de Madame Sorbin très sage.

UNE FEMME : Ah! je le crois; vous n'y avez pas plus d'intérêt qu'elle.

ARTHENICE : Qu'est-ce que cela signifie? M'attaquer moi-même?

MADAME SORBIN : Mais voyez ces guenons, avec leur vision de beauté; oui, Madame Arthenice et moi qui valons mieux que vous, voulons, ordonnons et prétendons qu'on s'habille mal, qu'on se coiffe de travers, et qu'on se noircisse le visage au soleil.

ARTHENICE : Et pour contenter ces femmes-ci, notre édit n'exceptera qu'elles, il leur sera permis de s'embellir, si elles le peuvent.

MADAME SORBIN : Ah! que c'est bien dit; oui, gardez tous vos affiquets [17], corsets, rubans, avec vos mines et vos simagrées, qui font rire, avec vos petites mules ou pantoufles où l'on écrase un pied qui n'y saurait loger, et qu'on veut rendre mignon en dépit de sa taille, parez-vous, parez-vous, il n'y a pas de conséquence.

UNE DES FEMMES : Juste ciel! qu'elle est grossière! N'a-t-on pas fait là un beau choix?

ARTHENICE : Retirez-vous; vos serments vous lient, obéissez; je romps la séance.

UNE DES FEMMES : Obéissez? voilà de grands airs.

UNE DES FEMMES : Il n'y a qu'à se plaindre, il faut crier.

TOUTES LES FEMMES : Oui, crions, crions, représentons.

MADAME SORBIN : J'avoue que les poings me démangent.

ARTHENICE : Retirez-vous, vous dis-je, ou je vous ferai mettre aux arrêts.

UNE DES FEMMES, en s'en allant avec les autres : C'est votre faute, Mesdames, je ne voulais ni de cette artisane, ni de cette princesse, je n'en voulais pas, mais l'on ne m'a pas écoutée.

Scène X : Arthenice, Madame Sorbin, Lina.

LINA : Hélas! ma mère, pour apaiser tout, laissez-nous garder nos mules et nos corsets.

---

15. On dit prendre une chose à gauche pour dire : la prendre de travers, la prendre autrement qu'il ne faut.

16. Tredame, abréviation de Notre-Dame, est un juron généralement réservé aux femmes, et déjà vieilli au XVIIIᵉ siècle.

17. Ornements qui se fixaient dans la coiffure; par extension, menus détails d'agrément.

MADAME SORBIN : Tais-toi, je t'habillerai d'un sac si tu me raisonnes.

ARTHENICE : Modérons-nous, ce sont des folles ; nous avons une ordonnance à faire, allons la tenir prête.

MADAME SORBIN : Partons ; *(à Lina)* et toi, attends ici que les hommes sortent de leur Conseil, ne t'avise pas de parler à Persinet s'il venait, au moins ; me le promets-tu ?

LINA : Mais... oui, ma mère.

MADAME SORBIN : Et viens nous avertir dès que des hommes paraîtront, tout aussitôt.

Scène XI : *Lina, un moment seule, Persinet.*

LINA : Quel train ! Quel désordre ! Quand me mariera-t-on à cette heure ? Je n'en sais plus rien.

PERSINET : Eh bien, Lina, ma chère Lina, contez-moi mon désastre ; d'où vient que Madame Sorbin me chasse ? J'en suis encore tout tremblant, je n'en puis plus, je me meurs.

LINA : Hélas ! ce cher petit homme, si je pouvais lui parler dans son affliction !

PERSINET : Eh bien ! vous le pouvez, je ne suis pas ailleurs.

LINA : Mais on me l'a défendu, on ne veut pas seulement que je le regarde, et je suis sûre qu'on m'épie.

PERSINET : Quoi ! me retrancher vos yeux [18] ?

LINA : Il est vrai qu'il peut me parler, lui, on ne m'a pas ordonné de l'en empêcher.

PERSINET : Lina, ma Lina, pourquoi me mettez-vous à une lieue d'ici ? Si vous n'avez pas compassion de moi, je n'ai pas longtemps à vivre ; il me faut même actuellement un coup d'œil pour me soutenir.

LINA : Si pourtant, dans l'occurrence, il n'y avait qu'un regard qui pût sauver mon Persinet, oh ! ma mère aurait beau dire, je ne le laisserais pas mourir.

Elle le regarde.

PERSINET : Ah ! le bon remède ! je sens qu'il me rend la vie ; répétez, m'amour, encore un tour de prunelle pour me remettre tout à fait.

LINA : Et s'il ne suffisait pas d'un regard, je lui en donnerais deux, trois, tant qu'il faudrait.

Elle le regarde.

PERSINET : Ah ! me voilà un peu revenu ; dites-moi le reste à présent ; mais parlez-moi de plus près et non pas en mon absence.

LINA : Persinet ne sait pas que nous sommes révoltées.

PERSINET : Révoltées contre moi ?

LINA : Et que ce sont les affaires d'État qui nous sont contraires.

PERSINET : Eh ! de quoi se mêlent-elles ?

LINA : Et que les femmes ont résolu de gouverner le monde et de faire des lois.

PERSINET : Est-ce moi qui les en empêche ?

LINA : Il ne sait pas qu'il va tout à l'heure nous être enjoint de rompre avec les hommes.

PERSINET : Mais non pas avec les garçons ?

LINA : Qu'il sera enjoint d'être laides et mal faites

18. Me priver de vos regards. Parodie du style précieux.

avec eux, de peur qu'ils n'aient du plaisir à nous voir, et le tout par le moyen d'un placard au son de la trompe.

PERSINET : Et moi je défie toutes les trompes et tous les placards du monde de vous empêcher d'être jolie.

LINA : De sorte que je n'aurai plus ni mules, ni corset, que ma coiffure ira de travers et que je serai peut-être habillée d'un sac ; voyez-vous à quoi je ressemblerai ?

PERSINET : Toujours à vous, mon petit cœur.

LINA : Mais voilà les hommes qui sortent, je m'enfuis pour avertir ma mère. Ah ! Persinet ! Persinet !

Elle fuit.

PERSINET : Attendez donc, j'y suis ; ah ! maudites lois, faisons ma plainte à ces messieurs.

Scène XII : *Monsieur Sorbin, Hermocrate, Timagène, un autre homme, Persinet.*

HERMOCRATE : Non, seigneur Timagène, nous ne pouvons pas mieux choisir ; le peuple n'a pas hésité sur Monsieur Sorbin, le reste des citoyens n'a eu qu'une voix pour vous, et nous sommes en de bonnes mains.

PERSINET : Messieurs, permettez l'importunité : je viens à vous, Monsieur Sorbin ; ces affaires d'État me coupent la gorge, je suis abîmé ; vous croyez que vous aurez un gendre et c'est ce qui vous trompe ; Madame Sorbin m'a cassé [19] tout net jusqu'à la paix ; on vous casse aussi, on ne veut plus des personnes de notre étoffe, toute face d'homme est bannie ; on va nous retrancher à son de trompe, et je vous demande votre protection contre un tumulte.

MONSIEUR SORBIN : Que voulez-vous dire, mon fils ? Qu'est-ce que c'est qu'un tumulte ?

PERSINET : C'est une émeute, une ligue, un tintamarre, un charivari sur le gouvernement du royaume ; vous saurez que les femmes se sont mises tout en un tas pour être laides, elles vont quitter les pantoufles, on parle même de changer de robes, de se vêtir d'un sac, et de porter les cornettes [20] de côté pour nous déplaire ; j'ai vu préparer un grand colloque, j'ai moi-même approché les bancs pour la commodité de la conversation ; je voulais m'y asseoir, on m'a chassé comme un gredin ; le monde va périr, et le tout à cause des lois, que ces braves dames veulent faire en communauté avec vous, et dont je vous conseille de leur céder la moitié de la façon, comme cela est juste.

TIMAGÈNE : Ce qu'il nous dit est-il possible ?

PERSINET : Qu'est-ce que c'est que des lois ? Voilà une belle bagatelle en comparaison de la tendresse des dames !

HERMOCRATE : Retirez-vous, jeune homme.

PERSINET : Quel vertigo prend-il donc à tout le monde ? De quelque côté que j'aille, on me dit partout : « Va-t'en » ; je n'y comprends rien.

MONSIEUR SORBIN : Voilà donc ce qu'elles voulaient dire tantôt ?

TIMAGÈNE : Vous le voyez.

HERMOCRATE : Heureusement, l'aventure est plus comique que dangereuse.

19. *Casser* : terme militaire pour destituer, congédier.
20. Coiffures de femme.

UN AUTRE HOMME : Sans doute.

MONSIEUR SORBIN : Ma femme est têtue, et je gage qu'elle a tout ameuté, mais attendez-moi là; je vais voir ce que c'est, et je mettrai bon ordre à cette folie-là quand j'aurai pris mon ton de maître; je vous fermerai le bec à cela; ne vous écartez pas, Messieurs.

Il sort par un côté.

TIMAGÈNE : Ce qui me surprend, c'est qu'Arthenice se soit mise de la partie.

Scène XIII : Timagène, Hermocrate, l'autre homme, Persinet, Arthenice, Madame Sorbin, une femme avec un tambour et Lina tenant une affiche.

ARTHENICE : Messieurs, daignez répondre à notre question; vous allez faire des règlements pour la république, n'y travaillerons-nous pas de concert? A quoi nous destinez-vous là-dessus?

HERMOCRATE : A rien, comme à l'ordinaire.

UN AUTRE HOMME : C'est-à-dire à vous marier quand vous serez filles, à obéir à vos maris quand vous serez femmes, et à veiller sur votre maison : on ne saurait vous ôter cela, c'est votre lot.

MADAME SORBIN : Est-ce là votre dernier mot? Battez tambour; *(et à Lina)* et vous, allez afficher l'ordonnance à cet arbre.

On bat le tambour et Lina affiche.

HERMOCRATE : Mais, qu'est-ce que c'est que cette mauvaise plaisanterie-là? Parlez-leur donc, seigneur Timagène, sachez de quoi il est question.

TIMAGÈNE : Voulez-vous bien vous expliquer, Madame?

MADAME SORBIN : Lisez l'affiche, l'explication y est.

ARTHENICE : Elle vous apprendra que nous voulons nous mêler de tout, être associées à tout, exercer avec vous tous les emplois, ceux de finance, de judicature et d'épée.

HERMOCRATE : D'épée, Madame?

ARTHENICE : Oui, d'épée, Monsieur; sachez que jusqu'ici nous n'avons été poltronnes que par éducation.

MADAME SORBIN : Mort de ma vie! qu'on nous donne des armes, nous serons plus méchantes que vous; je veux que dans un mois, nous maniions le pistolet comme un éventail : je tirai ces jours passés sur un perroquet, moi qui vous parle.

ARTHENICE : Il n'y a que de l'habitude à tout.

MADAME SORBIN : De même qu'au Palais à tenir l'audience, à être Présidente, Conseillère, Intendante, Capitaine ou Avocate [21].

UN HOMME : Des femmes avocates?

MADAME SORBIN : Tenez donc, c'est que nous n'avons pas la langue assez bien pendue, n'est-ce pas?

ARTHENICE : Je pense qu'on ne nous disputera pas le don de la parole.

HERMOCRATE : Vous n'y songez pas, la gravité de la magistrature et la décence du barreau ne s'accorderaient jamais avec un bonnet carré sur une cornette.

ARTHENICE : Et qu'est-ce que c'est qu'un bonnet carré, Messieurs? Qu'a-t-il de plus important qu'une autre coiffure? D'ailleurs, il n'est pas de notre bail non plus que votre Code; jusqu'ici c'est votre justice et non pas la nôtre; justice qui va comme il plaît à nos beaux yeux, quand ils veulent s'en donner la peine, et si nous avons part à l'institution des lois, nous verrons ce que nous ferons de cette justice-là, aussi bien que du bonnet carré, qui pourrait bien devenir octogone si on nous fâche; la veuve ni l'orphelin n'y perdront rien.

UN HOMME : Et ce ne sera pas la seule coiffure que nous tiendrons de vous.

MADAME SORBIN : Ah! la belle pointe d'esprit; mais finalement, il n'y a rien à rabattre, sinon lisez notre édit, votre congé est au bas de la page.

HERMOCRATE : Seigneur Timagène, donnez vos ordres, et délivrez-nous de ces criailleries.

TIMAGÈNE : Madame...

ARTHENICE : Monsieur, je n'ai plus qu'un mot à dire, profitez-en; il n'y a point de nation qui ne se plaigne des défauts de son gouvernement; d'où viennent-ils, ces défauts? C'est que notre esprit manque à la terre dans l'institution de ses lois, c'est que vous ne faites rien de la moitié de l'esprit humain que nous avons, et que vous n'employez jamais que la vôtre, qui est la plus faible.

MADAME SORBIN : Voilà ce que c'est, faute d'étoffe l'habit est trop court.

ARTHENICE : C'est que le mariage qui se fait entre les hommes et nous devrait aussi se faire entre leurs pensées et les nôtres; c'était l'intention des dieux, elle n'est pas remplie, et voilà la source de l'imperfection des lois; l'univers en est la victime et nous le servons en vous résistant. J'ai dit; il serait inutile de me répondre, prenez votre parti, nous vous donnons encore une heure, après quoi la séparation est sans retour, si vous ne vous rendez pas; suivez-moi, Madame Sorbin, sortons.

MADAME SORBIN, *en sortant* : Notre part d'esprit salue la vôtre.

Scène XIV : Monsieur Sorbin rentre quand elles sortent. Tous les acteurs précédents, Persinet.

MONSIEUR SORBIN, *arrêtant Madame Sorbin* : Ah! je vous trouve donc, Madame Sorbin, je vous cherchais.

ARTHENICE : Finissez avec lui; je vous reviens prendre dans le moment.

MONSIEUR SORBIN, *à Madame Sorbin* : Vraiment, je suis très charmé de vous voir, et vos déportements sont tout à fait divertissants.

MADAME SORBIN : Oui, vous font-ils plaisir, Monsieur Sorbin? Tant mieux, je n'en suis encore qu'au préambule.

MONSIEUR SORBIN : Vous avez dit à ce garçon que vous ne prétendiez plus fréquenter les gens de son étoffe; apprenez-nous un peu la raison que vous entendez par là.

MADAME SORBIN : Oui-da, j'entends tout ce qui vous ressemble, Monsieur Sorbin.

---

21. Ces mots étaient couramment employés dans le langage familier pour désigner la femme du président, du conseiller... mais non des femmes qui occuperaient ces emplois (ce qui, alors, était exclu).

MONSIEUR SORBIN : Comment dites-vous cela, Madame la cornette ?

MADAME SORBIN : Comme je le pense et comme cela tiendra, Monsieur le chapeau.

TIMAGÈNE : Doucement, Madame Sorbin ; sied-il bien à une femme aussi sensée que vous l'êtes de perdre jusque-là les égards qu'elle doit à son mari ?

MADAME SORBIN : A l'autre, avec son jargon d'homme ! C'est justement parce que je suis sensée que cela se passe ainsi. Vous dites que je lui dois, mais il me doit de même ; quand il me payera, je le payerai, c'est de quoi je venais l'accuser exprès.

PERSINET : Eh bien, payez, Monsieur Sorbin, payez, payons tous.

MONSIEUR SORBIN : Cette effrontée !

HERMOCRATE : Vous voyez bien que cette entreprise ne saurait se soutenir.

MADAME SORBIN : Le courage nous manquera peut-être ? Oh ! que nenni, nos mesures sont prises, tout est résolu, nos paquets sont faits.

TIMAGÈNE : Mais où irez-vous ?

MADAME SORBIN : Toujours tout droit.

TIMAGÈNE : De quoi vivrez-vous ?

MADAME SORBIN : De fruits, d'herbes, de racines, de co-quillages, de rien ; s'il le faut, nous pêcherons, nous chas-serons, nous redeviendrons sauvages, et notre vie finira avec honneur et gloire, et non pas dans l'humilité ridicu-le où l'on veut tenir des personnes de notre excellence.

PERSINET : Et qui font le sujet de mon admiration.

HERMOCRATE : Cela va jusqu'à la fureur. *(A Monsieur Sorbin.)* Répondez-lui donc.

MONSIEUR SORBIN : Que voulez-vous ? C'est une rage que cela, mais revenons au bon sens : savez-vous, Ma-dame Sorbin, de quel bois je me chauffe ?

MADAME SORBIN : Eh là ! le pauvre homme avec son bois, c'est bien lui à parler de cela ; quel radotage !

MONSIEUR SORBIN : Du radotage ! à qui parlez-vous, s'il vous plaît ? Ne suis-je pas l'élu du peuple ? Ne suis-je pas votre mari, votre maître, et le chef de la famille ?

MADAME SORBIN : Vous êtes, vous êtes... Est-ce que vous croyez me faire trembler avec le catalogue de vos qualités que je sais mieux que vous ? Je vous conseille de crier gare ; tenez, ne dirait-on pas qu'il est juché sur l'arc-en-ciel ? Vous êtes l'élu des hommes, et moi l'élue des femmes ; vous êtes mon mari, je suis votre femme ; vous êtes le maître, et moi la maîtresse ; à l'égard du chef de famille, allons bellement, il y a deux chefs ici, vous êtes l'un, et moi l'autre, partant quitte à quitte [22].

PERSINET : Elle parle d'or, en vérité.

MONSIEUR SORBIN : Cependant, le respect d'une femme...

MADAME SORBIN : Cependant le respect est un sot ; finissons, Monsieur Sorbin, qui êtes élu, mari, maître et chef de famille ; tout cela est bel et bon ; mais écoutez-moi jusqu'à la dernière pièce, cela vaut mieux : nous disons que le monde est une ferme, les dieux là-haut en sont les seigneurs, et vous autres hommes, depuis que la vie dure, en avez toujours été les fermiers tout seuls, et cela n'est pas juste, rendez-nous notre part de la ferme ; gouver-nez, gouvernons ; obéissez, obéissons ; partageons le pro-fit et la perte ; soyons maîtres et valets en commun ; faites ceci, ma femme ; faites ceci, mon homme ; voilà comme il faut dire, voilà le moule où il faut jeter les lois, nous le voulons, nous le prétendons, nous y sommes butées ; ne le voulez-vous pas ? Je vous annonce, et vous signifie en ce cas, que votre femme, qui vous aime, que vous devez aimer, qui est votre compagne, votre bonne amie et non pas votre petite servante, à moins que vous ne soyez son petit serviteur, je vous signifie que vous ne l'avez plus, qu'elle vous quitte, qu'elle rompt ménage et vous remet la clef du logis ; j'ai parlé pour moi ; ma fille, que je vois là-bas et que je vais appeler, va parler pour elle. Allons, Lina, approchez, j'ai fait mon office, faites le vôtre, dites votre avis sur les affaires du temps.

Scène XV : Les hommes
et les femmes susdits,
Persinet, Lina.

LINA : Ma chère mère, mon avis...

TIMAGÈNE : La pauvre enfant tremble de ce que vous lui faites faire.

MADAME SORBIN : Vous en dites la raison, c'est que ce n'est qu'une enfant : courage, ma fille, prononcez bien et parlez haut.

LINA : Ma chère mère, mon avis, c'est, comme vous l'avez dit, que nous soyons dames et maîtresses par égale portion avec ces messieurs ; que nous travaillions comme eux à la fabrique des lois, et puis qu'on tire, comme on dit, à la courte paille pour savoir qui de nous sera roi ou reine ; sinon, que chacun s'en aille de son côté, nous à droite, eux à gauche, du mieux qu'on pourra. Est-ce là tout, ma mère ?

MADAME SORBIN : Vous oubliez l'article de l'amant ?

LINA : C'est que c'est le plus difficile à retenir ; votre avis est encore que l'amour n'est plus qu'un sot.

MADAME SORBIN : Ce n'est pas mon avis qu'on vous demande, c'est le vôtre.

LINA : Hélas ! le mien serait d'emmener mon amant et son amour avec nous.

PERSINET : Voyez la bonté de cœur, le beau naturel pour l'amour.

LINA : Oui, mais on m'a commandé de vous déclarer un adieu dont on ne verra ni le bout ni la fin.

PERSINET : Miséricorde !

MONSIEUR SORBIN : Que le ciel nous assiste ; en bonne foi, est-ce là un régime de vie, notre femme ?

MADAME SORBIN : Allons, Lina, faites la dernière révérence à Monsieur Sorbin, que nous ne connaissons plus, et retirons-nous sans retourner la tête.

Elles s'en vont.

Scène XVI : Tous les acteurs précédents [23].

PERSINET : Voilà une départie [24] qui me procure la mort, je n'irai jamais jusqu'au souper.

---

22. Mis pour : donc, nous ne nous devons plus rien.

23. A l'exclusion des femmes qui sont sorties à la fin de la scène précédente.

24. Une séparation ; le mot *départie* est déjà vieilli.

HERMOCRATE : Je crois que vous avez envie de pleurer, Monsieur Sorbin?

MONSIEUR SORBIN : Je suis plus avancé que cela, seigneur Hermocrate, je contente mon envie.

PERSINET : Si vous voulez voir de belles larmes et d'une belle grosseur, il n'y a qu'à regarder les miennes.

MONSIEUR SORBIN : J'aime ces extravagantes-là plus que je ne pensais; il faudrait battre, et ce n'est pas ma manière de coutume.

TIMAGÈNE : J'excuse votre attendrissement.

PERSINET : Qui est-ce qui n'aime pas le beau sexe?

HERMOCRATE : Laissez-nous, petit homme.

PERSINET : C'est vous qui êtes le plus mutin de la bande, seigneur Hermocrate; car voilà Monsieur Sorbin qui est le meilleur acabit d'homme; voilà moi qui m'afflige à faire plaisir; voilà le seigneur Timagène qui le trouve bon; personne n'est tigre, il n'y a que vous ici qui portiez des griffes, et sans vous, nous partagerions la ferme.

HERMOCRATE : Attendez, Messieurs, on en viendra à un accommodement, si vous le souhaitez, puisque les partis violents vous déplaisent; mais il me vient une idée, voulez-vous vous en fier à moi?

TIMAGÈNE : Soit, agissez, nous vous donnons nos pouvoirs.

MONSIEUR SORBIN : Et même ma charge avec, si on me le permet.

HERMOCRATE : Courez, Persinet, rappelez-les, hâtez-vous, elles ne sont pas loin.

PERSINET : Oh! pardi, j'irai comme le vent, je saute comme un cabri.

HERMOCRATE : Ne manquez pas aussi de m'apporter ici tout à l'heure une petite table et de quoi écrire.

PERSINET : Tout subitement.

TIMAGÈNE : Voulez-vous que nous nous retirions?

HERMOCRATE : Oui, mais comme nous avons la guerre avec les sauvages de cette île, revenez tous deux dans quelques moments sous dire qu'on les voit descendre en grand nombre de leurs montagnes et qu'ils viennent nous attaquer, rien que cela. Vous pouvez aussi amener avec vous quelques hommes qui porteront des armes, que vous leur présenterez pour le combat.

Persinet revient avec une table, où il y a de l'encre, du papier et une plume.

PERSINET, *posant la table* : Ces belles personnes me suivent, et voilà pour vos écritures, Monsieur le notaire; tâchez de nous griffonner le papier sur ce papier.

TIMAGÈNE : Sortons.

Scène XVII : Hermocrate, Arthenice, Madame Sorbin.

HERMOCRATE, *à Arthenice* : Vous l'emportez, Madame, vous triomphez d'une résistance qui nous priverait du bonheur de vivre avec vous, et qui n'aurait pas duré longtemps si toutes les femmes de la colonie ressemblaient à la noble Arthenice; sa raison, sa politesse, ses grâces et sa naissance nous auraient déterminés bien vite; mais à vous parler franchement, le caractère de Madame Sorbin, qui va partager avec vous le pouvoir de faire les lois, nous a d'abord arrêtés, non qu'on ne la croie femme de mérite à sa façon, mais la petitesse de sa condition, qui ne va pas ordinairement sans rusticité [25], disent-ils...

MADAME SORBIN : Tredame! ce petit personnage avec sa petite condition...

HERMOCRATE : Ce n'est pas moi qui parle, je vous dis ce qu'on a pensé; on ajoute même qu'Arthenice, polie comme elle est, doit avoir bien de la peine à s'accommoder de vous.

ARTHENICE, *à part, à Hermocrate* : Je ne vous conseille pas de la fâcher.

HERMOCRATE : Quant à moi, qui ne vous accuse de rien, je m'en tiens à vous dire de la part de ces messieurs que vous aurez part à tous les emplois, et que j'ai ordre d'en dresser l'acte en votre présence; mais, voyez avant que je commence, si vous avez encore quelque chose de particulier à demander.

ARTHENICE : Je n'insisterai plus que sur un article.

MADAME SORBIN : Et moi de même; il y en a un qui me déplaît, et que je retranche, c'est la gentilhommerie, je la casse pour ôter les petites conditions; plus de cette baliverne-là.

ARTHENICE : Comment donc, Madame Sorbin, vous supprimez les nobles?

HERMOCRATE : J'aime assez cette suppression.

ARTHENICE : Vous, Hermocrate?

HERMOCRATE : Pardon, Madame, j'ai deux petites raisons pour cela, je suis bourgeois et philosophe [26].

MADAME SORBIN : Vos deux raisons auront contentement; je commande, en vertu de ma pleine puissance, que les nommées Arthenice et Sorbin soient tout un, et qu'il soit aussi beau de s'appeler Hermocrate ou Lanturlu, que Timagène; qu'est-ce que c'est que des noms qui font des gloires?

HERMOCRATE : En vérité, elle raisonne comme Socrate; rendez-vous, Madame, je vais écrire.

ARTHENICE : Je n'y consentirai jamais; je suis née avec un avantage que je garderai, s'il vous plaît, Madame l'artisane.

MADAME SORBIN : Eh! allons donc, camarade, vous avez trop d'esprit pour être mijaurée.

ARTHENICE : Allez vous justifier de la rusticité dont on vous accuse!

MADAME SORBIN : Taisez-vous donc, il m'est avis que je vois un enfant qui pleure après son hochet.

HERMOCRATE : Doucement, Mesdames, laissons cet article-ci en litige, nous y reviendrons.

MADAME SORBIN : Dites le vôtre, Madame l'élue, la noble.

ARTHENICE : Il est un peu plus sensé que le vôtre, la Sorbin; il regarde l'amour et le mariage; toute infidélité déshonore une femme; je veux que l'homme soit traité de même.

MADAME SORBIN : Non, cela ne vaut rien, et je l'empêche.

---

25. La *rusticité* est la qualité de celui qui est grossier, peu poli, rude.

26. Remarquons que, dans la liste des personnages, Hermocrate est qualifié d'*autre noble*.

ARTHENICE : Ce que je dis ne vaut rien?

MADAME SORBIN : Rien du tout, moins que rien.

HERMOCRATE : Je ne serais pas de votre sentiment là-dessus, Madame Sorbin; je trouve la chose équitable, tout homme que je suis.

MADAME SORBIN : Je ne veux pas, moi; l'homme n'est pas de notre force, je compatis à sa faiblesse, le monde lui a mis la bride sur le cou en fait de fidélité et je la lui laisse, il ne saurait aller autrement : pour ce qui est de nous autres femmes, de confusion nous n'en avons pas même assez, j'en ordonne encore une dose; plus il y en aura, plus nous serons honorables, plus on connaîtra la grandeur de notre vertu.

ARTHENICE : Cette extravagante!

MADAME SORBIN : Dame, je parle en femme de petit état. Voyez-vous, nous autres petites femmes [27], nous ne changeons ni d'amant ni de mari, au lieu que des dames il n'en est pas de même, elles se moquent de l'ordre et font comme les hommes; mais mon règlement les rangera.

HERMOCRATE : Que lui répondez-vous, Madame, et que faut-il que j'écrive?

ARTHENICE : Eh! le moyen de rien statuer avec cette harengère?

---

27. *Femmes de petit état* et *petites femmes* : femmes de petite condition.

*Scène XVIII : Les acteurs précédents,
Timagène, Monsieur Sorbin,
quelques hommes qui tiennent
des armes.*

TIMAGÈNE, *à Arthenice* : Madame, on vient d'apercevoir une foule innombrable de sauvages qui descendent dans la plaine pour nous attaquer; nous avons déjà assemblé les hommes; hâtez-vous de votre côté d'assembler les femmes, et commandez-nous aujourd'hui avec Madame Sorbin, pour entrer en exercice des emplois militaires; voilà des armes que nous vous apportons.

MADAME SORBIN : Moi, je vous fais le colonel de l'affaire. Les hommes seront encore capitaines jusqu'à ce que nous sachions le métier.

MONSIEUR SORBIN : Mais venez du moins batailler.

ARTHENICE : La brutalité de cette femme-là me dégoûte de tout, et je renonce à un projet impraticable avec elle.

MADAME SORBIN : Sa sotte gloire me raccommode avec vous autres. Viens, mon mari, je te pardonne; va te battre, je vais à notre ménage.

TIMAGÈNE : Je me réjouis de voir l'affaire terminée. Ne vous inquiétez point, Mesdames; allez vous mettre à l'abri de la guerre, on aura soin de vos droits dans les usages qu'on va établir.

LE JEU DE L'AMOUR ET DU HASARD

Six mois après la chute de la Nouvelle Colonie ou la Ligue des femmes, *les Comédiens Italiens créent, le lundi 23 janvier 1730, le* Jeu de l'amour et du hasard. *La pièce est « très favorablement reçue du public »* (Mercure), *et, dès le 28 janvier, elle est représentée devant la cour à Versailles, puis, le 4 février, devant la duchesse du Maine, qui était la dédicataire de* la Seconde Surprise de l'amour.

Quatorze représentations du Jeu de l'amour et du hasard *se succèdent avant la clôture de Pâques. Les gazettes parlent d'un « très grand succès ». Pourtant ce succès ne va pas sans contestation. Si « tout le monde convient que la pièce est bien écrite et pleine d'esprit, de sentiment et de délicatesse », ce sont surtout les deux premiers actes qui ont plu, et tout particulièrement la scène de l'acte II entre Silvia et Dorante qui a « été grandement applaudie » et a « paru la plus intéressante de la pièce »* (Mercure). *En revanche, le troisième acte a déçu, car « on aurait voulu que le second acte eût été le troisième, et l'on croit que cela n'aurait pas été difficile : la raison qui empêche Silvia de se découvrir après avoir appris que Bourguignon est Dorante, n'étant qu'une petite vanité, ne saurait excuser son silence ; d'ailleurs, Dorante et Silvia étant les objets principaux de la pièce, c'était par leur reconnaissance qu'elle devait finir, et non par celle d'Arlequin et de Lisette, qui ne sont que les singes, l'un de son maître, l'autre de sa maîtresse »* (Mercure). *Et l'on reproche encore à Marivaux l'invraisemblance qu'il y a à ce que « Silvia puisse se persuader qu'un butor tel qu'Arlequin soit ce même Dorante dont on lui a fait une peinture si avantageuse », voire le fait qu'Arlequin ne soutienne pas « son caractère partout, des choses très jolies » succédant dans ce qu'il dit « à des grossièretés »* (Mercure).

Certains vont même jusqu'à préférer au Jeu de l'amour et du hasard *la pièce dont il est peut-être issu :* les Amants déguisés *(1728) de l'abbé Aunillon. Celui-ci, estiment* les Notices sur les pièces de théâtre, *aurait déjà « absolument traité » le sujet du* Jeu, *« et en un acte, qui suffirait, au lieu que ce sujet ne va à trois actes qu'en traînant. Silvia fait tout le mérite de la représentation par son jeu si vif et si vrai. Le style de Marivaux va tellement au courant de la plume que tout dépend du ton où il est monté tel jour. » Il est vrai que, parmi toutes les sources qu'on a découvertes au* Jeu de l'amour et du hasard, *de nouvelles de l'époque comme les* Illustres Françaises *de R. Chasles*

à des comédies comme le Galant Coureur *de Marc-Antoine Legrand et le* Portrait *de Beauchamp, seule la pièce d'Aunillon peut être sérieusement retenue puisque c'est la seule où, comme le remarque Frédéric Deloffre, on « trouve une double substitution symétrique semblable à celle du* Jeu *en même temps que des rapports entre les personnages à peu près comparables ».*

Quoique bien accueilli, le Jeu de l'amour et du hasard *est loin de connaître le succès, par exemple, du* Samson *français de Romagnesi qui est créé en février 1730 : alors que les recettes de celui-ci vont jusqu'à 3 000 livres par représentation, celles du* Jeu *oscillent autour de 1 000 livres. La comédie de Marivaux ne s'imposera au répertoire de l'Hôtel de Bourgogne que progressivement. Reprise dès 1731, elle ne disparaîtra plus de l'affiche avant 1762, lors de la fusion de la troupe italienne avec celle de Favart. Et dès le 29 avril 1791 le* Jeu *sera donné, sous le titre des* Jeux de l'amour et du hasard, *qu'il conservera pendant tout le XIXe siècle, au Théâtre de la République où se sont installés les dissidents de la Comédie-Française (avec Talma, Dugazon et Mme Vestris).*

En 1796, il sera, moyennant la transformation de son valet Arlequin en Pasquin, la seconde œuvre « italienne » de Marivaux à entrer au répertoire de la Comédie-Française, avec Louise Contat en Silvia.

Attirées par le rôle de Silvia, les principales comédiennes du XIXe siècle, parmi lesquelles Mlle Mars « occupée (...) à établir sur la pièce son écrasante supériorité » (Théophile Gautier), Mme Arnould-Plessy, Madeleine Brohan, voire Sarah Bernhardt (qui s'y essaya à l'Odéon, au début de sa carrière) ont fait du Jeu de l'amour et du hasard *la pièce de Marivaux la plus jouée : en 1956, elle atteignait sa 1 200e représentation à la Comédie-Française (soit presque deux fois autant que les autres pièces les plus souvent reprises de Marivaux :* l'Épreuve, le Legs *et* les Fausses Confidences).

Sans doute, après Zanetta Benozzi, la meilleure interprète de Silvia fut-elle Julia Bartet qui, toujours « aussi foncièrement jeune » (Béatrix Dussane), joua le rôle de 1891 à 1919, à la veille de sa retraite. Parmi les comédiennes plus récentes, il faut encore citer Marie Ventura (à partir de 1920), Marie Bell (en 1936) et Hélène Perdrière en 1953 (avec Micheline Boudet en Lisette, Julien Bertheau en Dorante et Jacques Charon en Arlequin) ; et mentionner, chose plus rare, un grand Dorante : celui de Pierre Fresnay en 1920.

On tient communément le Jeu de l'amour et du hasard pour le chef-d'œuvre de Marivaux. Certes, le personnage de Silvia est un des plus riches et des plus variés (en raison même du rebondissement du troisième acte) de son théâtre. Mais Marivaux n'avait peut-être pas tort de ne pas compter le Jeu au nombre de ses pièces pré-férées. Ni ses contemporains d'en critiquer le déséquilibre et les facilités. Si certaines de ses scènes sont d'une subtilité et d'une unité rares, le Jeu de l'amour et du hasard demeure une œuvre assez hétéroclite, comme partagée entre l'abstraction des premières comédies marivaudiennes et le réalisme plus concret de ses dernières œuvres.

ACTEURS

MONSIEUR ORGON; MARIO; SILVIA; DORANTE; LISETTE, *femme de chambre de Silvia*; ARLEQUIN, *valet de Dorante*; *un laquais.*

LA SCÈNE EST A PARIS.

ACTE PREMIER

Scène I : Silvia, Lisette.

SILVIA : Mais, encore une fois, de quoi vous mêlez-vous? pourquoi répondre de mes sentiments?

LISETTE : C'est que j'ai cru que, dans cette occasion-ci, vos sentiments ressembleraient à ceux de tout le monde. Monsieur votre père me demande si vous êtes bien aise qu'il vous marie, si vous en avez quelque joie : moi, je lui réponds que oui; cela va tout de suite; et il n'y a peut-être que vous de fille au monde, pour qui ce *oui*-là ne soit pas vrai; le *non* n'est pas naturel.

SILVIA : Le *non* n'est pas naturel, quelle sotte naïveté! Le mariage aurait donc de grands charmes pour vous?

LISETTE : Eh bien, c'est encore *oui*, par exemple.

SILVIA : Taisez-vous; allez répondre vos impertinences ailleurs, et sachez que ce n'est pas à vous à juger de mon cœur par le vôtre.

LISETTE : Mon cœur est fait comme celui de tout le monde; de quoi le vôtre s'avise-t-il de n'être fait comme celui de personne?

SILVIA : Je vous dis que, si elle osait, elle m'appellerait une originale.

LISETTE : Si j'étais votre égale, nous verrions.

SILVIA : Vous travaillez à me fâcher, Lisette.

LISETTE : Ce n'est pas mon dessein. Mais dans le fond, voyons, quel mal ai-je fait de dire à Monsieur Orgon que vous étiez bien aise d'être mariée?

SILVIA : Premièrement, c'est que tu n'as pas dit vrai, je ne m'ennuie pas d'être fille.

LISETTE : Cela est encore tout neuf.

SILVIA : C'est qu'il n'est pas nécessaire que mon père croie me faire tant de plaisir en me mariant, parce que cela le fait agir avec une confiance qui ne servira peut-être de rien.

LISETTE : Quoi! vous n'épouserez pas celui qu'il vous destine?

SILVIA : Que sais-je? peut-être ne me conviendra-t-il point, et cela m'inquiète.

LISETTE : On dit que votre futur est un des plus honnêtes hommes du monde, qu'il est bien fait, aimable, de bonne mine, qu'on ne peut pas avoir plus d'esprit, qu'on ne saurait être d'un meilleur caractère; que voulez-vous de plus? Peut-on se figurer de mariage plus doux? d'union plus délicieuse?

SILVIA : Délicieuse! que tu es folle avec tes expressions!

LISETTE : Ma foi, Madame, c'est qu'il est heureux qu'un amant de cette espèce-là veuille se marier dans les formes; il n'y a presque point de fille, s'il lui faisait la cour, qui ne fût en danger de l'épouser sans cérémonie. Aimable, bien fait, voilà de quoi vivre pour l'amour; sociable et spirituel, voilà pour l'entretien de la société; pardi! tout en sera bon, dans cet homme-là; l'utile et l'agréable, tout s'y trouve.

SILVIA : Oui, dans le portrait que tu en fais, et on dit qu'il y ressemble, mais c'est un *on dit*, et je pourrais bien n'être pas de ce sentiment-là, moi : il est bel homme, dit-on, et c'est presque tant pis.

LISETTE : Tant pis! tant pis! mais voilà une pensée bien hétéroclite!

SILVIA : C'est une pensée de très bon sens; volontiers un bel homme est fat; je l'ai remarqué.

LISETTE : Oh! il a tort d'être fat; mais il a raison d'être beau.

SILVIA : On ajoute qu'il est bien fait; passe!

LISETTE : Oui-da; cela est pardonnable.

SILVIA : De beauté et de bonne mine, je l'en dispense; ce sont là des agréments superflus.

LISETTE : Vertuchoux! si je me marie jamais, ce superflu-là sera mon nécessaire.

SILVIA : Tu ne sais ce que tu dis. Dans le mariage, on a plus souvent affaire à l'homme raisonnable qu'à l'aimable homme; en un mot, je ne lui demande qu'un bon caractère, et cela est plus difficile à trouver qu'on ne pense. On loue beaucoup le sien, mais qui est-ce qui a vécu avec lui? Les hommes ne se contrefont-ils pas, surtout quand ils ont de l'esprit? N'en ai-je pas vu, moi, qui paraissaient, avec leurs amis, les meilleures gens du monde? C'est la douceur, la raison, l'enjouement même, il n'y a pas jusqu'à leur physionomie qui ne soit garante de toutes les bonnes qualités qu'on leur trouve. « Monsieur un tel a l'air d'un galant homme, d'un homme bien raisonnable, disait-on tous les jours d'Ergaste. — Aussi l'est-il, répondait-on. (Je l'ai répondu moi-même.) Sa physionomie ne vous ment pas d'un mot. » Oui, fiez-vous-y à cette physionomie si douce, si prévenante, qui disparaît un quart d'heure après pour faire place à un visage sombre, brutal, farouche, qui devient l'effroi de toute une maison! Ergaste s'est marié; sa femme, ses enfants, son domestique ne lui connaissent encore que ce visage-là, pendant qu'il promène partout ailleurs cette physionomie si aimable que nous lui voyons, et qui n'est qu'un masque qu'il prend au sortir de chez lui.

LISETTE : Quel fantasque avec ses deux visages!

SILVIA : N'est-on pas content de Léandre quand on le voit? Eh bien, chez lui, c'est un homme qui ne dit mot, qui ne rit ni qui ne gronde; c'est une âme glacée, solitaire, inaccessible; sa femme ne la connaît point, n'a point de commerce avec elle; elle n'est mariée qu'avec une figure qui sort d'un cabinet, qui vient à table et qui fait expirer de langueur, de froid et d'ennui tout ce qui l'environne. N'est-ce pas là un mari bien amusant!

LISETTE : Je gèle au récit que vous m'en faites; mais Tersandre, par exemple?

SILVIA : Oui. Tersandre! il venait l'autre jour de s'emporter contre sa femme; j'arrive, on m'annonce, je vois un homme qui vient à moi les bras ouverts, d'un air serein, dégagé; vous auriez dit qu'il sortait de la conversation la plus badine; sa bouche et ses yeux riaient encore. Le fourbe! Voilà ce que c'est que les hommes. Qui est-ce qui croit que sa femme est à plaindre avec lui? Je la trouvai tout abattue, le teint plombé, avec des yeux qui venaient de pleurer; je la trouvai comme je serai peut-être; voilà mon portrait à venir; je vais du moins risquer d'en être une copie. Elle me fit pitié, Lisette; si j'allais te faire pitié aussi! Cela est terrible! qu'en dis-tu? Songe à ce que c'est qu'un mari.

LISETTE : Un mari? c'est un mari; vous ne deviez pas finir par ce mot-là; il me raccommode avec tout le reste.

Scène II : Monsieur Orgon,
Silvia, Lisette.

MONSIEUR ORGON : Eh! bonjour, ma fille; la nouvelle que je viens t'annoncer te fera-t-elle plaisir? Ton prétendu arrive aujourd'hui, son père me l'apprend par cette lettre-ci. Tu ne me réponds rien? tu me parais triste. Lisette de son côté baisse les yeux; qu'est-ce que cela signifie? Parle donc, toi; de quoi s'agit-il?

LISETTE : Monsieur, un visage qui fait trembler, un autre qui fait mourir de froid, une âme gelée qui se tient à l'écart, et puis le portrait d'une femme qui a le visage abattu, un teint plombé, des yeux bouffis et qui viennent de pleurer; voilà, Monsieur, tout ce que nous considérons avec tant de recueillement.

MONSIEUR ORGON : Que veut dire ce galimatias? une âme, un portrait? Explique-toi donc; je n'y entends rien.

SILVIA : C'est que j'entretenais Lisette du malheur d'une femme maltraitée par son mari; je lui citais celle de Tersandre, que je trouvai l'autre jour fort abattue, parce que son mari venait de la quereller, et je faisais là-dessus mes réflexions.

LISETTE : Oui, nous parlions d'une physionomie qui va et qui vient, nous disions qu'un mari porte un masque avec le monde, et une grimace avec sa femme.

MONSIEUR ORGON : De tout cela, ma fille, je comprends que le mariage t'alarme, d'autant plus que tu ne connais point Dorante.

LISETTE : Premièrement, il est beau; et c'est presque tant pis.

MONSIEUR ORGON : Tant pis! rêves-tu, avec ton tant pis?

LISETTE : Moi, je dis ce qu'on m'apprend; c'est la doctrine de Madame [1]; j'étudie sous elle.

MONSIEUR ORGON : Allons, allons, il n'est pas question de tout cela. Tiens, ma chère enfant, tu sais combien je t'aime. Dorante vient pour t'épouser. Dans le dernier voyage que je fis en province, j'arrêtai ce mariage-là avec son père, qui est mon intime et mon ancien ami; mais ce fut à condition que vous vous plairiez à tous deux, et que vous auriez entière liberté de vous expliquer là-dessus; je défends toute complaisance à mon égard : si Dorante ne te convient point, tu n'as qu'à le dire, il repart; et tu ne lui conviens pas, il repart de même.

LISETTE : Un *duo* de tendresse en décidera, comme à l'Opéra : Vous me voulez, je vous veux, vite un notaire! ou bien : M'aimez-vous? non, ni moi non plus, vite à cheval!

MONSIEUR ORGON : Pour moi, je n'ai jamais vu Dorante; il était absent quand j'étais chez son père; mais sur tout le bien qu'on m'en a dit, je ne saurais craindre que vous vous remerciiez ni l'un ni l'autre.

SILVIA : Je suis pénétrée de vos bontés, mon père; vous me défendez toute complaisance, et je vous obéirai.

MONSIEUR ORGON : Je te l'ordonne.

SILVIA : Mais si j'osais, je vous proposerais, sur une idée qui me vient, de m'accorder une grâce qui me tranquilliserait tout à fait.

MONSIEUR ORGON : Parle; si la chose est faisable, je te l'accorde.

SILVIA : Elle est très faisable; mais je crains que ce ne soit abuser de vos bontés.

MONSIEUR ORGON : Eh bien, abuse, va; dans ce monde, il faut être un peu trop bon pour l'être assez.

LISETTE : Il n'y a que le meilleur de tous les hommes qui puisse dire cela.

MONSIEUR ORGON : Explique-toi, ma fille.

SILVIA : Dorante arrive ici aujourd'hui; si je pouvais le voir, l'examiner un peu sans qu'il me connût! Lisette a de l'esprit, Monsieur; elle pourrait prendre ma place pour un peu de temps, et je prendrais la sienne.

MONSIEUR ORGON, *à part* : Son idée est plaisante. *(Haut.)* Laisse-moi rêver un peu à ce que tu me dis là. *(A part.)* Si je la laisse faire, il doit arriver quelque chose de bien singulier; elle ne s'y attend pas elle-même.... *(Haut.)* Soit, ma fille, je te permets le déguisement. Estu bien sûre de soutenir le tien, Lisette?

LISETTE : Moi, monsieur, vous savez qui je suis; essayez de m'en conter, et manquez de respect, si vous l'osez. A cette contenance-ci, voilà un échantillon des bons airs avec lesquels je vous attends. Qu'en dites-vous? hein? retrouvez-vous Lisette?

MONSIEUR ORGON : Comment donc! je m'y trompe actuellement moi-même. Mais il n'y a point de temps à perdre; va t'ajuster suivant ton rôle. Dorante peut nous surprendre. Hâtez-vous, et qu'on donne le mot à toute la maison.

SILVIA : Il ne me faut presque qu'un tablier.

---

1. Il s'agit de Silvia mais *Madame* est, selon le Dictionnaire de l'Académie, « le titre que l'on donne aux femmes et aux filles des bourgeois en parlant d'elles ou à elles ».

LISETTE : Et moi, je vais à ma toilette; venez m'y coiffer, Lisette, pour vous accoutumer à vos fonctions; un peu d'attention à votre service, s'il vous plaît.

SILVIA : Vous serez contente, marquise; marchons!

Scène III : Mario, Monsieur Orgon, Silvia.

MARIO : Ma sœur, je te félicite de la nouvelle que j'apprends : nous allons voir ton amant, dit-on.

SILVIA : Oui, mon frère; mais je n'ai pas le temps de m'arrêter; j'ai des affaires sérieuses, et mon père vous les dira; je vous quitte.

Scène IV : Monsieur Orgon, Mario.

MONSIEUR ORGON : Ne l'amusez pas, Mario; venez, vous saurez de quoi il s'agit.

MARIO : Qu'y a-t-il de nouveau, monsieur?

MONSIEUR ORGON : Je commence par vous recommander d'être discret sur ce que je vais vous dire, au moins.

MARIO : Je suivrai vos ordres.

MONSIEUR ORGON : Nous verrons Dorante aujourd'hui; mais nous ne le verrons que déguisé.

MARIO : Déguisé! Viendra-t-il en partie de masque[2]? lui donnerez-vous le bal?

MONSIEUR ORGON : Écoutez l'article de la lettre du père : Hum... *Je ne sais au reste ce que vous penserez d'une imagination qui est venue à mon fils : elle est bizarre, il en convient lui-même; mais le motif est pardonnable et même délicat; c'est qu'il m'a prié de lui permettre de n'arriver d'abord chez vous que sous la figure de son valet, qui, de son côté, fera le personnage de son maître.*

MARIO : Ah, ah! cela sera plaisant.

MONSIEUR ORGON : Écoutez le reste... *Mon fils sait combien l'engagement qu'il va prendre est sérieux, et il espère, dit-il, sous ce déguisement de peu de durée, saisir quelques traits du caractère de notre future et la mieux connaître, pour se régler ensuite sur ce qu'il doit faire, suivant la liberté que nous sommes convenus de leur laisser. Pour moi, qui m'en fie bien à ce que vous m'avez dit de votre aimable fille, j'ai consenti à tout, en prenant la précaution de vous avertir, quoiqu'il m'ait demandé le secret de votre côté; vous en userez là-dessus avec la future comme vous le jugerez à propos...* Voilà ce que le père m'écrit. Ce n'est pas le tout, voici ce qui arrive; c'est que votre sœur, inquiète de son côté sur le chapitre de Dorante, dont elle ignore le secret, m'a demandé de jouer ici la même comédie, et cela précisément pour observer Dorante, comme Dorante veut l'observer. Qu'en dites-vous? Savez-vous rien de plus particulier que cela? Actuellement, la maîtresse et la suivante se travestissent. Que conseillez-vous, Mario? Avertirai-je votre sœur, ou non?

MARIO : Ma foi, Monsieur, puisque les choses prennent ce train-là, je ne voudrais pas les déranger, et je respecterais l'idée qui leur est venue à l'un et à l'autre; il

faudra bien qu'ils se parlent souvent tous deux sous ce déguisement; voyons si leur cœur ne les avertirait pas de ce qu'ils valent. Peut-être que Dorante prendra du goût pour ma sœur, toute soubrette qu'elle sera, et cela serait charmant pour elle.

MONSIEUR ORGON : Nous verrons un peu comment elle se tirera d'intrigue.

MARIO : C'est une aventure qui ne saurait manquer de nous divertir; je veux me trouver au début et les agacer tous deux.

Scène V : Silvia, Monsieur Orgon, Mario.

SILVIA : Me voilà, monsieur; ai-je mauvaise grâce en femme de chambre? Et vous, mon frère, vous savez de quoi il s'agit, apparemment. Comment me trouvez-vous?

MARIO : Ma foi, ma sœur, c'est autant de pris que le valet[3], mais tu pourrais bien aussi escamoter Dorante à ta maîtresse.

SILVIA : Franchement, je ne haïrais pas de lui plaire sous le personnage que je joue; je ne serais pas fâchée de subjuguer sa raison, de l'étourdir un peu sur la distance[4] qu'il y aura de lui à moi. Si mes charmes font ce coup-là, ils me feront plaisir, je les estimerai. D'ailleurs, cela m'aiderait à démêler Dorante. A l'égard de son valet, je ne crains pas ses soupirs, ils n'oseront m'aborder; il y aura quelque chose dans ma physionomie qui inspirera plus de respect que d'amour à ce faquin-là.

MARIO : Allons doucement, ma sœur; ce faquin-là sera votre égal.

MONSIEUR ORGON : Et ne manquera pas de t'aimer.

SILVIA : Eh bien, l'honneur de lui plaire ne me sera pas inutile; les valets sont naturellement indiscrets, l'amour est babillard, et j'en ferai l'historien de son maître.

UN VALET : Monsieur, il vient d'arriver un domestique qui demande à vous parler; il est suivi d'un crocheteur[5] qui porte une valise.

MONSIEUR ORGON : Qu'il entre : c'est sans doute le valet de Dorante; son maître peut être resté au bureau pour affaires. Où est Lisette?

SILVIA : Lisette s'habille, et, dans son miroir, nous trouve très imprudents de lui livrer Dorante; elle aura bientôt fait.

MONSIEUR ORGON : Doucement! on vient.

Scène VI : Dorante, en valet, Monsieur Orgon, Silvia, Mario.

DORANTE : Je cherche Monsieur Orgon; n'est-ce pas à lui que j'ai l'honneur de faire la révérence?

MONSIEUR ORGON : Oui, mon ami, c'est à lui-même.

DORANTE : Monsieur, vous avez sans doute reçu de nos nouvelles; j'appartiens à Monsieur Dorante qui me suit, et qui m'envoie toujours devant, vous assurer de ses respects, en attendant qu'il vous en assure lui-même.

---

2. Comme pour un bal masqué.

3. Il faut comprendre : le valet est presque sûrement pris.
4. Le troubler au point qu'il ne se rende plus compte de la distance.
5. Portefaix.

MONSIEUR ORGON : Tu fais ta commission de fort bonne grâce. Lisette, que dis-tu de ce garçon-là.

SILVIA : Moi, Monsieur, je dis qu'il est le bienvenu, et qu'il promet.

DORANTE : Vous avez bien de la bonté; je fais du mieux qu'il m'est possible.

MARIO : Il n'est pas mal tourné, au moins; ton cœur n'a qu'à bien se tenir, Lisette.

SILVIA : Mon cœur! c'est bien des affaires.

DORANTE : Ne vous fâchez pas, Mademoiselle; ce que dit Monsieur ne m'en fait point accroire.

SILVIA : Cette modestie-là me plaît, continuez de même.

MARIO : Fort bien! Mais il me semble que ce nom de demoiselle qu'il te donne est bien sérieux. Entre gens comme vous, le style des compliments ne doit pas être si grave; vous seriez toujours sur le qui-vive; allons, traitez-vous plus commodément : tu as nom Lisette; et toi, mon garçon, comment t'appelles-tu?

DORANTE : Bourguignon, Monsieur, pour vous servir.

SILVIA : Eh bien, Bourguignon, soit!

DORANTE : Va donc pour Lisette; je n'en serai pas moins votre serviteur.

MARIO : Votre serviteur! ce n'est point encore là votre jargon; c'est ton serviteur qu'il faut dire.

MONSIEUR ORGON : Ah! ah! ah! ah!

SILVIA, *bas à Mario* : Vous me jouez, mon frère.

DORANTE : A l'égard du tutoiement, j'attends les ordres de Lisette.

SILVIA : Fais comme tu voudras, Bourguignon : voilà la glace rompue, puisque cela divertit ces messieurs.

DORANTE : Je t'en remercie, Lisette, et je réponds sur-le-champ à l'honneur que tu me fais.

MONSIEUR ORGON : Courage, mes enfants; si vous commencez à vous aimer, vous voilà débarrassés des cérémonies.

MARIO : Oh, doucement; s'aimer, c'est une autre affaire; vous ne savez peut-être pas que j'en veux au cœur de Lisette, moi qui vous parle. Il est vrai qu'il m'est cruel, mais je ne veux pas que Bourguignon aille sur mes brisées.

SILVIA : Oui, le prenez-vous sur ce ton-là? Et moi, je veux que Bourguignon m'aime.

DORANTE : Tu fais tort de dire je veux, belle Lisette; tu n'as pas besoin d'ordonner pour être servie.

MARIO : Mons [6] Bourguignon, vous avez pillé cette galanterie-là quelque part.

DORANTE : Vous avez raison, monsieur, c'est dans ses yeux que je l'ai prise.

MARIO : Tais-toi, c'est encore pis; je te défends d'avoir tant d'esprit.

SILVIA : Il ne l'a pas à vos dépens; et, s'il en trouve dans mes yeux, il n'a qu'à prendre.

MONSIEUR ORGON : Mon fils, vous perdrez votre procès; retirons-nous. Dorante va venir, allons le dire à ma fille; et vous, Lisette, montrez à ce garçon l'appartement de son maître. Adieu, Bourguignon.

DORANTE : Monsieur, vous me faites trop d'honneur.

Scène VII : Silvia, Dorante.

SILVIA, *à part* : Ils se donnent la comédie; n'importe, mettons tout à profit; ce garçon-là n'est pas sot, et je ne plains pas la soubrette qui l'aura; il va m'en conter [7], laissons-le dire, pourvu qu'il m'instruise.

DORANTE, *à part* : Cette fille m'étonne! Il n'y a point de femme au monde à qui sa physionomie ne fît honneur : lions connaissance avec elle. *(Haut.)* Puisque nous sommes dans le style amical et que nous avons abjuré les façons, dis-moi, Lisette, ta maîtresse te vaut-elle? Elle est bien hardie d'oser avoir une femme de chambre comme toi!

SILVIA : Bourguignon, cette question-là m'annonce que suivant la coutume, tu arrives avec l'intention de me dire des douceurs : n'est-il pas vrai?

DORANTE : Ma foi, je n'étais pas venu dans ce dessein-là, je te l'avoue; tout valet que je suis, je n'ai jamais eu de grandes liaisons avec les soubrettes, je n'aime pas l'esprit domestique; mais à ton égard, c'est une autre affaire : comment donc, tu me soumets, je suis presque timide, ma familiarité n'oserait s'apprivoiser avec toi, j'ai toujours envie d'ôter mon chapeau de dessus ma tête, et quand je te tutoie, il me semble que je jure; enfin, j'ai un penchant à te traiter avec des respects qui te feraient rire. Quelle espèce de suivante es-tu donc, avec ton air de princesse?

SILVIA : Tiens, tout ce que tu dis avoir senti en me voyant, est précisément l'histoire de tous les valets qui m'ont vue.

DORANTE : Ma foi, je ne serais pas surpris quand ce serait aussi l'histoire de tous les maîtres.

SILVIA : Le trait est joli assurément; mais je te le répète encore, je ne suis point faite aux cajoleries de ceux dont la garde-robe ressemble à la tienne.

DORANTE : C'est-à-dire que ma parure ne te plaît pas?

SILVIA : Non, Bourguignon; laissons là l'amour, et soyons bons amis.

DORANTE : Rien que cela? Ton petit traité n'est composé que de deux clauses impossibles.

SILVIA, *à part* : Quel homme pour un valet! *(Haut.)* Il faut pourtant qu'il s'exécute; on m'a prédit que je n'épouserais jamais qu'un homme de condition [8], et j'ai juré depuis de n'en écouter jamais d'autres.

DORANTE : Parbleu! cela est plaisant; ce que tu as juré pour homme, je l'ai juré pour femme, moi; j'ai fait serment de n'aimer sérieusement qu'une fille de condition [8].

SILVIA : Ne t'écarte donc pas de ton projet.

DORANTE : Je ne m'en écarte peut être pas tant que nous le croyons : tu as l'air bien distingué, et l'on est quelquefois fille de condition sans le savoir.

SILVIA : Ah! ah! ah! je te remercierais de ton éloge, si ma mère n'en faisait pas les frais.

DORANTE : Et bien, venge-t'en sur la mienne, si tu me trouves assez bonne mine pour cela.

SILVIA, *à part* : Il le mériterait. *(Haut.)* Mais ce n'est

6. Expression, familière ou méprisante, mise pour « monsieur ».

7. Il va me faire la cour.
8. Un *homme* (ou *une fille*) *de condition* est un homme (ou fille) d'origine noble. Le terme est inférieur à *homme* (ou *fille*) *de qualité.*

pas là de quoi il est question; trêve de badinage; c'est un homme de condition qui m'est prédit pour époux, et je n'en rabattrai rien.

DORANTE : Parbleu! si j'étais tel, la prédiction me menacerait; j'aurais peur de la vérifier; je n'ai point de foi à l'astrologie, mais j'en ai beaucoup à ton visage.

SILVIA, *à part* : Il ne tarit point... *(Haut.)* Finiras-tu? que t'importe la prédiction, puisqu'elle t'exclut?

DORANTE : Elle n'a pas prédit que je ne t'aimerais point.

SILVIA : Non, mais elle a dit que tu n'y gagnerais rien, et moi, je te le confirme.

DORANTE : Tu fais fort bien, Lisette, cette fierté-là te va à merveille, et, quoiqu'elle me fasse mon procès, je suis pourtant bien aise de te la voir; je te l'ai souhaitée d'abord que je t'ai vue; il te fallait encore cette grâce-là, et je me console d'y perdre, parce que tu y gagnes.

SILVIA, *à part* : Mais, en vérité, voilà un garçon qui me surprend, malgré que j'en aie... *(Haut.)* Dis-moi, qui es-tu, toi qui me parles ainsi?

DORANTE : Le fils d'honnêtes gens qui n'étaient pas riches.

SILVIA : Va, je te souhaite de bon cœur une meilleure situation que la tienne, et je voudrais pouvoir y contribuer; la fortune a tort avec toi.

DORANTE : Ma foi, l'amour a plus de tort qu'elle; j'aimerais mieux qu'il me fût permis de te demander ton cœur, que d'avoir tous les biens du monde.

SILVIA, *à part* : Nous voilà, grâce au ciel, en conversation réglée. *(Haut.)* Bourguignon, je ne saurais me fâcher des discours que tu me tiens; mais je t'en prie, changeons d'entretien; venons à nos maîtres; tu peux te passer de me parler d'amour, je pense?

DORANTE : Tu pourrais bien te passer de m'en faire sentir, toi.

SILVIA : Aïe! je me fâcherai; tu m'impatientes. Encore une fois, laisse là ton amour.

DORANTE : Quitte donc ta figure.

SILVIA, *à part* : A la fin, je crois qu'il m'amuse... *(Haut.)* Eh bien, Bourguignon, tu ne veux donc pas finir? faudra-t-il que je te quitte? *(A part.)* Je devrais déjà l'avoir fait.

DORANTE : Attends, Lisette, je voulais moi-même te parler d'autre chose; mais je ne sais plus ce que c'est.

SILVIA : J'avais de mon côté quelque chose à dire; mais tu m'as fait perdre mes idées aussi, à moi.

DORANTE : Je me rappelle de t'avoir demandé si ta maîtresse te valait.

SILVIA : Tu reviens à ton chemin par un détour; adieu.

DORANTE : Eh! non, te dis-je, Lisette; il ne s'agit ici que de mon maître.

SILVIA : Eh bien, soit! je voulais te parler de lui aussi, et j'espère que tu voudras bien me dire confidemment ce qu'il est; ton attachement pour lui m'en donne bonne opinion; il faut qu'il ait du mérite, puisque tu le sers.

DORANTE : Tu me permettras peut-être bien de te remercier de ce que tu me dis là, par exemple?

SILVIA : Veux-tu bien ne prendre pas garde à l'imprudence que j'ai eue de le dire?

DORANTE : Voilà encore de ces réponses qui m'emportent. Fais comme tu voudras, je n'y résiste point, et je suis bien malheureux de me trouver arrêté par tout ce qu'il y a de plus aimable au monde.

SILVIA : Et moi, je voudrais bien savoir comment il se fait que j'ai la bonté de t'écouter; car, assurément, cela est singulier.

DORANTE : Tu as raison, notre aventure est unique.

SILVIA, *à part* : Malgré tout ce qu'il m'a dit, je ne suis point partie, je ne pars point, me voilà encore, et je réponds! En vérité, cela passe la raillerie. *(Haut.)* Adieu.

DORANTE : Achevons donc ce que nous voulions dire.

SILVIA : Adieu, te dis-je; plus de quartier; quand ton maître sera venu, je tâcherai, en faveur de ma maîtresse, de le connaître par moi-même, s'il en vaut la peine. En attendant, tu vois cet appartement; c'est le vôtre.

DORANTE : Tiens, voici mon maître.

Scène VIII : Dorante, Silvia, Arlequin.

ARLEQUIN : Ah! te voilà, Bourguignon! Mon portemanteau [9] et toi, avez-vous été bien reçus ici?

DORANTE : Il n'était pas possible qu'on nous reçût mal, Monsieur.

ARLEQUIN : Un domestique là-bas m'a dit d'entrer ici, et qu'on allait avertir mon beau-père qui était avec ma femme.

SILVIA : Vous voulez dire Monsieur Orgon et sa fille, sans doute, Monsieur!

ARLEQUIN : Eh! oui, mon beau-père et ma femme, autant vaut [10]; je viens pour épouser, et ils m'attendent pour être mariés; cela est convenu, il ne manque plus que la cérémonie, qui est une bagatelle.

SILVIA : C'est une bagatelle qui vaut bien la peine qu'on y pense.

ARLEQUIN : Oui; mais quand on y a pensé, on n'y pense plus.

SILVIA, *bas à Dorante* : Bourguignon, on est homme de mérite à bon marché chez vous, ce me semble.

ARLEQUIN : Que dites-vous là à mon valet, la belle?

SILVIA : Rien, je lui dis seulement que je vais faire descendre Monsieur Orgon.

ARLEQUIN : Et pourquoi ne pas dire mon beau-père, comme moi?

SILVIA : C'est qu'il ne l'est pas encore.

DORANTE : Elle a raison, Monsieur, le mariage n'est pas fait.

ARLEQUIN : Eh bien, me voilà pour le faire.

DORANTE : Attendez donc qu'il soit fait.

ARLEQUIN : Pardi! voilà bien des façons pour un beau-père de la veille ou du lendemain.

SILVIA : En effet, quelle si grande différence y a-t-il entre être mariée ou ne l'être pas? Oui, Monsieur, nous avons tort, et je cours informer votre beau-père de votre arrivée.

ARLEQUIN : Et ma femme aussi, je vous prie. Mais

9. Le *portemanteau* désigne une valise de petite taille.
10. *Autant vaut* s'emploie pour dire qu'une chose est presque achevée.

avant que de partir, dites-moi une chose; vous qui êtes si jolie, n'êtes-vous pas la soubrette de l'hôtel?

SILVIA : Vous l'avez dit.

ARLEQUIN : C'est fort bien fait; je m'en réjouis. Croyez-vous que je plaise ici? Comment me trouvez-vous?

SILVIA : Je vous trouve... plaisant [11].

ARLEQUIN : Bon, tant mieux! entretenez-vous dans ce sentiment-là, il pourra trouver sa place.

SILVIA : Vous êtes bien modeste de vous en contenter. Mais je vous quitte; il faut qu'on ait oublié d'avertir votre beau-père, car assurément il serait venu, et j'y vais.

ARLEQUIN : Dites-lui que je l'attends avec affection.

SILVIA, *à part* : Que le sort est bizarre! aucun de ces deux hommes n'est à sa place.

Scène IX : Dorante, Arlequin.

ARLEQUIN : Eh bien, monsieur, mon commencement va bien; je plais déjà à la soubrette.

DORANTE : Butor que tu es!

ARLEQUIN : Pourquoi donc? mon entrée est si gentille!

DORANTE : Tu m'avais tant promis de laisser là tes façons de parler sottes et triviales! Je t'avais donné de si bonnes instructions! Je ne t'avais recommandé que d'être sérieux. Va, je vois bien que je suis un étourdi de m'en être fié à toi.

ARLEQUIN : Je ferai encore mieux dans les suites; et, puisque le sérieux n'est pas suffisant, je donnerai du mélancolique; je pleurerai, s'il le faut.

DORANTE : Je ne sais plus où j'en suis; cette aventure-ci m'étourdit : que faut-il que je fasse?

ARLEQUIN : Est-ce que la fille n'est pas plaisante?

DORANTE : Tais-toi; voici monsieur Orgon qui vient.

Scène X : Monsieur Orgon, Dorante, Arlequin.

MONSIEUR ORGON : Mon cher Monsieur, je vous demande mille pardons de vous avoir fait attendre; mais ce n'est que de cet instant que j'apprends que vous êtes ici.

ARLEQUIN : Monsieur, mille pardons! c'est beaucoup trop, et il n'en faut qu'un, quand on n'a fait qu'une faute; au surplus, tous mes pardons sont à votre service.

MONSIEUR ORGON : Je tâcherai de n'en avoir pas besoin.

ARLEQUIN : Vous êtes le maître, et moi, votre serviteur.

MONSIEUR ORGON : Je suis, je vous assure, charmé de vous voir, et je vous attendais avec impatience.

ARLEQUIN : Je serais d'abord venu ici avec Bourguignon; mais quand on arrive de voyage, vous savez qu'on est si mal bâti [12]! et j'étais bien aise de me présenter dans un état plus ragoûtant.

MONSIEUR ORGON : Vous y avez fort bien réussi. Ma

11. Il y a là un jeu de mots sur les deux sens de l'adjectif *plaisant*, qui veut dire qui plaît ou qui est ridicule.
12. F. Deloffre remarque que Marivaux emploie cette expression dans un sens un peu particulier : elle désigne l'état du linge et des vêtements défraîchis.

fille s'habille; elle a été un peu indisposée; en attendant qu'elle descende, voulez-vous vous rafraîchir?

ARLEQUIN : Oh! je n'ai jamais refusé de trinquer avec personne.

MONSIEUR ORGON : Bourguignon, ayez soin de vous, mon garçon.

ARLEQUIN : Le gaillard est gourmet; il boira du meilleur.

MONSIEUR ORGON : Qu'il ne l'épargne pas.

ACTE SECOND

Scène I : Lisette, Monsieur Orgon.

MONSIEUR ORGON : Eh bien, que me veux-tu, Lisette?

LISETTE : J'ai à vous entretenir un moment.

MONSIEUR ORGON : De quoi s'agit-il?

LISETTE : De vous dire l'état où sont les choses, parce qu'il est important que vous en soyez éclairci, afin que vous n'ayez point à vous plaindre de moi.

MONSIEUR ORGON : Ceci est donc bien sérieux?

LISETTE : Oui, très sérieux : vous avez consenti au déguisement de Mademoiselle Silvia, moi-même je l'ai trouvé d'abord sans conséquence, mais je me suis trompée.

MONSIEUR ORGON : Et de quelle conséquence est-il donc?

LISETTE : Monsieur, on a de la peine à se louer soi-même; mais malgré toutes les règles de la modestie, il faut pourtant que je vous dise que, si vous ne mettez pas ordre à ce qui arrive, votre prétendu n'aura plus de cœur à donner à Mademoiselle votre fille; il est temps qu'elle se déclare, cela presse; car un jour plus tard, je n'en réponds plus.

MONSIEUR ORGON : Eh! d'où vient qu'il ne voudra plus de ma fille, quand il la connaîtra? Te défies-tu de ses charmes?

LISETTE : Non; mais vous ne vous méfiez pas assez des miens; je vous avertis qu'ils vont leur train, et je ne vous conseille pas de les laisser faire.

MONSIEUR ORGON : Je vous en fais mes compliments, Lisette. *(Il rit.)* Ah! ah! ah!

LISETTE : Nous y voilà; vous plaisantez, Monsieur; vous vous moquez de moi; j'en suis fâchée, car vous y serez pris.

MONSIEUR ORGON : Ne t'en embarrasse pas, Lisette; va ton chemin.

LISETTE : Je vous le répète encore, le cœur de Dorante va bien vite; tenez, actuellement, je lui plais beaucoup; ce soir, il m'aimera; il m'adorera demain. Je ne le mérite pas, il est de mauvais goût, vous en direz ce qu'il vous plaira, mais cela ne laissera pas que d'être. Voyez-vous? demain, je me garantis adorée.

MONSIEUR ORGON : Eh bien, que vous importe? S'il vous aime tant, qu'il vous épouse.

LISETTE : Quoi! vous ne l'en empêcheriez pas?

MONSIEUR ORGON : Non, d'homme d'honneur, si tu le mènes jusque-là.

LISETTE : Monsieur, prenez-y garde; jusqu'ici je n'ai

pas aidé à mes appas, je les ai laissé faire tout seuls, j'ai ménagé sa tête : si je m'en mêle, je la renverse ; il n'y aura plus de remède.

MONSIEUR ORGON : Renverse, ravage, brûle, enfin épouse ; je te le permets, si tu le peux.

LISETTE : Sur ce pied-là, je compte ma fortune faite.

MONSIEUR ORGON : Mais, dis-moi : ma fille t'a-t-elle parlé ? Que pense-t-elle de son prétendu ?

LISETTE : Nous n'avons encore guère trouvé le moment de nous parler, car ce prétendu m'obsède ; mais, à vue de pays [13], je ne la crois pas contente, je la trouve triste, rêveuse, et je m'attends bien qu'elle me priera de le rebuter.

MONSIEUR ORGON : Et moi, je te le défends. J'évite de m'expliquer avec elle : j'ai mes raisons pour faire durer ce déguisement ; je veux qu'elle examine son futur plus à loisir. Mais le valet, comment se gouverne-t-il ? ne se mêle-t-il pas d'aimer ma fille ?

LISETTE : C'est un original ; j'ai remarqué qu'il fait l'homme de conséquence [14] avec elle, parce qu'il est bien fait ; il la regarde et soupire.

MONSIEUR ORGON : Et cela la fâche ?

LISETTE : Mais... elle rougit.

MONSIEUR ORGON : Bon ! tu te trompes ; les regards d'un valet ne l'embarrassent pas jusque-là.

LISETTE : Monsieur, elle rougit.

MONSIEUR ORGON : C'est donc d'indignation.

LISETTE : A la bonne heure !

MONSIEUR ORGON : Eh bien, quand tu lui parleras, dis-lui que tu soupçonnes ce valet de la prévenir contre son maître, et si elle se fâche, ne t'en inquiète point ; ce sont mes affaires. Mais voici Dorante, qui te cherche apparemment.

Scène II : Lisette, Arlequin, Monsieur Orgon.

ARLEQUIN : Ah ! je vous retrouve, merveilleuse dame ; je vous demandais à tout le monde. Serviteur, cher beau-père, ou peu s'en faut.

MONSIEUR ORGON : Serviteur. Adieu, mes enfants : je vous laisse ensemble ; il est bon que vous vous aimiez un peu avant que de vous marier.

ARLEQUIN : Je ferais bien ces deux besognes-là à la fois, moi.

MONSIEUR ORGON : Point d'impatience ; adieu.

Scène III : Lisette, Arlequin.

ARLEQUIN : Madame, il dit que je ne m'impatiente pas ; il en parle bien à son aise, le bonhomme !

LISETTE : J'ai de la peine à croire qu'il vous en coûte tant d'attendre, Monsieur ; c'est par galanterie que vous faites l'impatient : à peine êtes-vous arrivé ! Votre amour ne saurait être bien fort ; ce n'est tout au plus qu'un amour naissant.

ARLEQUIN : Vous vous trompez, prodige de nos jours ; un amour de votre façon ne reste pas longtemps au berceau ; votre premier coup d'œil a fait naître le mien, le second lui a donné des forces et le troisième l'a rendu grand garçon ; tâchons de l'établir au plus vite ; ayez soin de lui, puisque vous êtes sa mère.

LISETTE : Trouvez-vous qu'on le maltraite ? est-il si abandonné ?

ARLEQUIN : En attendant qu'il soit pourvu, donnez-lui seulement votre belle main blanche, pour l'amuser un peu.

LISETTE : Tenez donc, petit importun, puisqu'on ne saurait avoir la paix qu'en vous amusant.

ARLEQUIN, *lui baisant la main* : Cher joujou de mon âme ! cela me réjouit comme du vin délicieux. Quel dommage de n'en avoir que roquille [15].

LISETTE : Allons, arrêtez-vous ; vous êtes trop avide.

ARLEQUIN : Je ne demande qu'à me soutenir, en attendant que je vive.

LISETTE : Ne faut-il pas avoir de la raison ?

ARLEQUIN : De la raison ! hélas ! je l'ai perdue ; vos beaux yeux sont les filous qui me l'ont volée.

LISETTE : Mais est-il possible que vous m'aimiez tant ? je ne saurais me le persuader.

ARLEQUIN : Je ne me soucie pas de ce qui est possible, moi ; mais je vous aime comme un perdu, et vous verrez bien dans votre miroir que cela est juste.

LISETTE : Mon miroir ne servirait qu'à me rendre plus incrédule.

ARLEQUIN : Ah ! mignonne adorable ! votre humilité ne serait donc qu'une hypocrite !

LISETTE : Quelqu'un vient à nous ; c'est votre valet.

Scène IV : Dorante, Arlequin, Lisette.

DORANTE : Monsieur, pourrais-je vous entretenir un moment ?

ARLEQUIN : Non ; maudite soit la valetaille qui ne saurait nous laisser en repos !

LISETTE : Voyez ce qu'il vous veut, Monsieur.

DORANTE : Je n'ai qu'un mot à vous dire.

ARLEQUIN : Madame, s'il en dit deux, son congé fera le troisième. Voyons.

DORANTE, *bas à Arlequin* : Viens donc, impertinent.

ARLEQUIN, *bas à Dorante* : Ce sont des injures, et non pas des mots, cela... (*A Lisette.*) Ma reine, excusez.

LISETTE : Faites, faites.

DORANTE, *bas* : Débarrasse-moi de tout ceci ; ne te livre point ; parais sérieux et rêveur, et même mécontent ; entends-tu ?

ARLEQUIN : Oui, mon ami ; ne vous inquiétez pas, et retirez-vous.

Scène V : Arlequin, Lisette.

ARLEQUIN : Ah ! Madame, sans lui j'allais vous dire de belles choses, je n'en trouverai plus que de communes, à

---

13. On dit *juger des choses à vue de pays* pour dire juger des choses en gros et sans entrer dans le détail.
14. Faire l'homme d'importance.

15. La *roquille* est la plus petite mesure servant pour le vin.

cette heure, hormis mon amour qui est extraordinaire ; mais, à propos de mon amour, quand est-ce que le vôtre lui tiendra compagnie ?

LISETTE : Il faut espérer que cela viendra.

ARLEQUIN : Et croyez-vous que cela vienne ?

LISETTE : La question est vive ; savez-vous bien que vous m'embarrassez ?

ARLEQUIN : Que voulez-vous ? Je brûle et je crie au feu.

LISETTE : S'il m'était permis de m'expliquer si vite...

ARLEQUIN : Je suis du sentiment que vous le pouvez en conscience.

LISETTE : La retenue de mon sexe ne le veut pas.

ARLEQUIN : Ce n'est donc pas la retenue d'à présent, qui donne bien d'autres permissions.

LISETTE : Mais que me demandez-vous ?

ARLEQUIN : Dites-moi un petit brin que vous m'aimez : tenez, je vous aime, moi ; faites l'écho ; répétez, princesse.

LISETTE : Quel insatiable ! Eh bien, Monsieur, je vous aime.

ARLEQUIN : Eh bien, Madame, je me meurs ; mon bonheur me confond, j'ai peur d'en courir les champs. Vous m'aimez, cela est admirable !

LISETTE : J'aurais lieu à mon tour d'être étonnée de la promptitude de votre hommage. Peut-être m'aimerez-vous moins quand nous nous connaîtrons mieux.

ARLEQUIN : Ah ! Madame, quand nous en serons là, j'y perdrai beaucoup, il y aura bien à décompter.

LISETTE : Vous me croyez plus de qualités que je n'en ai.

ARLEQUIN : Et vous, Madame, vous ne savez pas les miennes, et je ne devrais vous parler qu'à genoux.

LISETTE : Souvenez-vous qu'on n'est pas les maîtres de son sort.

ARLEQUIN : Les pères et mères font tout à leur tête.

LISETTE : Pour moi, mon cœur vous aurait choisi, dans quelque état que vous eussiez été.

ARLEQUIN : Il a beau jeu pour me choisir encore.

LISETTE : Puis-je me flatter que vous soyez de même à mon égard ?

ARLEQUIN : Hélas ! quand vous ne seriez que Perrette ou Margot [16] ; quand je vous aurais vue, le martinet [17] à la main, descendre à la cave, vous auriez toujours été ma princesse.

LISETTE : Puissent de si beaux sentiments être durables !

ARLEQUIN : Pour les fortifier de part et d'autre, jurons-nous de nous aimer toujours, en dépit de toutes les fautes d'orthographe [18] que vous aurez faites sur mon compte.

LISETTE : J'ai plus d'intérêt à ce serment-là que vous, et je le fais de tout mon cœur.

ARLEQUIN *se met à genoux* : Votre bonté m'éblouit, et je me prosterne devant elle.

LISETTE : Arrêtez-vous ; je ne saurais vous souffrir dans cette posture-là, je serais ridicule de vous y laisser ; levez-vous. Voilà encore quelqu'un.

16. Prénoms de jeunes paysannes.
17. Petit chandelier à manche.
18. F. Deloffre comprend cette expression non dans le sens d'*écarts, d'infractions à la fidélité en amour ou en mariage* que lui donne Littré, mais dans celui d'*erreurs d'appréciation.*

Scène VI : Lisette, Arlequin, Silvia.

LISETTE : Que voulez-vous, Lisette ?

SILVIA : J'aurais à vous parler, Madame.

ARLEQUIN : Ne voilà-t-il pas ! Eh ! m'amie, revenez dans un quart d'heure ; allez : les femmes de chambre de mon pays n'entrent point qu'on ne les appelle.

SILVIA : Monsieur, il faut que je parle à Madame.

ARLEQUIN : Mais voyez l'opiniâtre soubrette ! Reine de ma vie, renvoyez-la. Retournez-vous-en, ma fille : nous avons ordre de nous aimer avant qu'on nous marie ; n'interrompez point nos fonctions.

LISETTE : Ne pouvez-vous pas revenir dans un moment, Lisette ?

SILVIA : Mais, Madame...

ARLEQUIN : Mais ! ce mais-là n'est bon qu'à me donner la fièvre.

SILVIA, *à part* : Ah ! le vilain homme ! *(Haut.)* Madame, je vous assure que cela est pressé.

LISETTE : Permettez-donc que je m'en défasse, Monsieur.

ARLEQUIN : Puisque le diable le veut, et elle aussi... Patience... je me promènerai en attendant qu'elle ait fait, Ah ! les sottes gens que nos gens !

Scène VII : Silvia, Lisette.

SILVIA : Je vous trouve admirable de ne pas le renvoyer tout d'un coup et de me faire essuyer les brutalités de cet animal-là.

LISETTE : Pardi ! Madame, je ne puis pas jouer deux rôles à la fois ; il faut que je paraisse ou la maîtresse ou la suivante, que j'obéisse ou que j'ordonne.

SILVIA : Fort bien ; mais puisqu'il n'y est plus, écoutez-moi comme votre maîtresse. Vous voyez bien que cet homme-là ne me convient point.

LISETTE : Vous n'avez pas eu le temps de l'examiner beaucoup.

SILVIA : Etes-vous folle avec votre examen ? Est-il nécessaire de le voir deux fois pour juger du peu de convenance ? En un mot, je n'en veux point. Apparemment que mon père n'approuve pas la répugnance qu'il me voit, car il me fuit et ne me dit mot ; dans cette conjoncture, c'est à vous à me tirer tout doucement d'affaire en témoignant adroitement à ce jeune homme que vous n'êtes pas dans le goût de l'épouser.

LISETTE : Je ne saurais, Madame.

SILVIA : Vous ne sauriez ? Et qu'est-ce qui vous en empêche ?

LISETTE : Monsieur Orgon me l'a défendu.

SILVIA : Il vous l'a défendu ! Mais je ne reconnais point à mon père ce procédé-là !

LISETTE : Positivement défendu.

SILVIA : Eh bien, je vous charge de lui dire mes dégoûts, et de l'assurer qu'ils sont invincibles ; je ne saurais me persuader qu'après cela il veuille pousser les choses plus loin.

LISETTE : Mais, Madame, le futur, qu'a-t-il donc de si désagréable, de si rebutant ?

SILVIA : Il me déplaît, vous dis-je, et votre peu de zèle aussi.

LISETTE : Donnez-nous le temps de voir ce qu'il est, voilà tout ce qu'on vous demande.

SILVIA : Je le hais assez sans prendre du temps pour le haïr davantage.

LISETTE : Son valet, qui fait l'important, ne vous aurait-il point gâté l'esprit sur son compte ?

SILVIA : Hum ! la sotte ! son valet a bien affaire ici !

LISETTE : C'est que je me méfie de lui, car il est raisonneur.

SILVIA : Finissez vos portraits, on n'en a que faire. J'ai soin que ce valet me parle peu, et dans le peu qu'il m'a dit, il ne m'a jamais rien dit que de très sage.

LISETTE : Je crois qu'il est homme à vous avoir conté des histoires maladroites pour faire briller son bel esprit.

SILVIA : Mon déguisement ne m'expose-t-il pas à m'entendre dire de jolies choses ? A qui en avez-vous ? D'où vous vient la manie d'imputer à ce garçon une répugnance à laquelle il n'a point de part ? car enfin, vous m'obligez à le justifier, il n'est pas question de le brouiller avec son maître ni d'en faire un fourbe, pour me faire, moi, une imbécile, qui écoute ses histoires.

LISETTE : Oh ! Madame, dès que vous le défendez sur ce ton-là, et que cela va jusqu'à vous fâcher, je n'ai plus rien à dire.

SILVIA : Dès que je le défends sur ce ton-là ? Qu'est-ce que c'est que le ton dont vous dites cela vous-même ? Qu'entendez-vous par ce discours ? Que se passe-t-il dans votre esprit ?

LISETTE : Je dis, Madame, que je ne vous ai jamais vue comme vous êtes, et que je ne conçois rien à votre aigreur. Eh bien, si ce valet n'a rien dit, à la bonne heure ; il ne faut pas vous emporter pour le justifier ; je vous crois, voilà qui est fini ; je ne m'oppose pas à la bonne opinion que vous en avez, moi.

SILVIA : Voyez-vous le mauvais esprit ! comme elle tourne les choses ! Je me sens dans une indignation... qui... va jusqu'aux larmes.

LISETTE : En quoi donc, Madame ? Quelle finesse entendez-vous à ce que je dis ?

SILVIA : Moi, j'y entends finesse ! moi, je vous querelle pour lui ! j'ai bonne opinion de lui ! Vous me manquez de respect jusque-là ! Bonne opinion, juste ciel ! bonne opinion ! Que faut-il que je réponde à cela ? Qu'est-ce que cela veut dire ? A qui parlez-vous ? Qui est-ce qui est à l'abri de ce qui m'arrive ? Où en sommes-nous ?

LISETTE : Je n'en sais rien, mais je ne reviendrai de longtemps de la surprise où vous me jetez.

SILVIA : Elle a des façons de parler qui me mettent hors de moi. Retirez-vous, vous m'êtes insupportable ; laissez-moi, je prendrai d'autres mesures.

Scène VIII

SILVIA : Je frissonne encore de ce que je lui ai entendu dire. Avec quelle impudence les domestiques ne nous traitent-ils pas dans leur esprit ! Comme ces gens-là vous dégradent ! Je ne saurais m'en remettre ; je n'oserais songer aux termes dont elle s'est servie, ils me font toujours peur. Il s'agit d'un valet ! Ah ! l'étrange chose ! Écartons l'idée dont cette insolente est venue me noircir

l'imagination. Voici Bourguignon, voilà cet objet en question pour lequel je m'emporte ; mais ce n'est pas sa faute, le pauvre garçon ; et je ne dois pas m'en prendre à lui.

Scène IX : *Dorante, Silvia.*

DORANTE : Lisette, quelque éloignement que tu aies pour moi, je suis forcé de te parler ; je crois que j'ai à me plaindre de toi.

SILVIA : Bourguignon, ne nous tutoyons plus, je t'en prie.

DORANTE : Comme tu voudras.

SILVIA : Tu n'en fais pourtant rien.

DORANTE : Ni toi non plus ; tu me dis : Je t'en prie.

SILVIA : C'est que cela m'est échappé.

DORANTE : Eh bien, crois-moi, parlons comme nous pourrons ; ce n'est pas la peine de nous gêner pour le peu de temps que nous avons à nous voir.

SILVIA : Est-ce que ton maître s'en va ? Il n'y aurait pas grande perte.

DORANTE : Ni à moi non plus, n'est-il pas vrai ? J'achève ta pensée.

SILVIA : Je l'achèverais bien moi-même, si j'en avais envie ; mais je ne songe pas à toi.

DORANTE : Et moi, je ne te perds pas de vue.

SILVIA : Tiens, Bourguignon, une bonne fois pour toutes, demeure, va-t'en, reviens, tout cela doit m'être indifférent, et il l'est en effet ; je ne te veux ni du bien ni du mal ; je ne te hais, ni ne t'aime, ni ne t'aimerai, à moins que l'esprit ne me tourne. Voilà mes dispositions ; ma raison ne m'en permet point d'autres, et je devrais me dispenser de te le dire.

DORANTE : Mon malheur est inconcevable : tu m'ôtes peut-être tout le repos de ma vie.

SILVIA : Quelle fantaisie il s'est allé mettre dans l'esprit ! Il me fait de la peine. Reviens à toi : tu me parles, je te réponds ; c'est beaucoup, c'est trop même, tu peux m'en croire ; et, si tu étais instruit, en vérité, tu serais content de moi ; tu me trouverais d'une bonté sans exemple, d'une bonté que je blâmerais dans une autre : je ne me la reproche pourtant pas ; le fond de mon cœur me rassure, ce que je fais est louable ; c'est par générosité que je te parle ; mais il ne faut pas que cela dure, ces générosités-là ne sont bonnes qu'en passant, et je ne suis pas faite pour me rassurer toujours sur l'innocence de mes intentions ; à la fin, cela ne ressemblerait plus à rien. Ainsi, finissons, Bourguignon ; finissons, je t'en prie : qu'est-ce que cela signifie ? c'est se moquer ; allons, qu'il n'en soit plus parlé.

DORANTE : Ah ! ma chère Lisette, que je souffre !

SILVIA : Venons à ce que tu voulais me dire : tu te plaignais de moi, quand tu es entré ; de quoi était-il question ?

DORANTE : De rien, d'une bagatelle ; j'avais envie de te voir, et je crois que je n'ai pris qu'un prétexte.

SILVIA, *à part* : Que dire à cela ? Quand je m'en fâcherais, il n'en serait ni plus ni moins.

DORANTE : Ta maîtresse, en partant, a paru m'accuser de t'avoir parlé au désavantage de mon maître.

SILVIA : Elle se l'imagine; et, si elle t'en parle encore, tu peux le nier hardiment; je me charge du reste.

DORANTE : Eh! ce n'est pas cela qui m'occupe.

SILVIA : Si tu n'as que cela à me dire, nous n'avons plus que faire ensemble.

DORANTE : Laisse-moi du moins le plaisir de te voir.

SILVIA : Le beau motif qu'il me fournit là! J'amuserai la passion de Bourguignon! Le souvenir de tout ceci me fera bien rire un jour.

DORANTE : Tu me railles, tu as raison; je ne sais ce que je dis, ni ce que je te demande. Adieu.

SILVIA : Adieu; tu prends le bon parti... Mais à propos de tes adieux, il me reste encore une chose à savoir : vous partez, m'as-tu dit; cela est-il sérieux?

DORANTE : Pour moi, il faut que je parte, ou que la tête me tourne.

SILVIA : Je ne t'arrêtais pas pour cette réponse-là, par exemple.

DORANTE : Et je n'ai fait qu'une faute; c'est de n'être pas parti dès que je t'ai vue.

SILVIA, à part : J'ai besoin à tout moment d'oublier que je l'écoute.

DORANTE : Si tu savais, Lisette, l'état où je me trouve...

SILVIA : Oh! il n'est pas si curieux à savoir que le mien, je t'en assure.

DORANTE : Que peux-tu me reprocher? Je ne me propose pas de te rendre sensible.

SILVIA, à part : Il ne faudrait pas s'y fier.

DORANTE : Et que pourrais-je espérer en tâchant de me faire aimer? Hélas! quand même j'aurais ton cœur...

SILVIA : Que le ciel m'en préserve! quand tu l'aurais, tu ne le saurais pas; et je ferais si bien que je ne le saurais pas moi-même. Tenez, quelle idée il lui vient là!

DORANTE : Il est donc bien vrai que tu ne me hais, ni ne m'aimes, ni ne m'aimeras?

SILVIA : Sans difficulté.

DORANTE : Sans difficulté! Qu'ai-je donc de si affreux?

SILVIA : Rien; ce n'est pas là ce qui nuit.

DORANTE : Eh bien! chère Lisette, dis-le-moi cent fois, que tu ne m'aimeras point.

SILVIA : Oh! je te l'ai dit assez; tâche de me croire.

DORANTE : Il faut que je le croie! Désespère une passion dangereuse, sauve-moi des effets que j'en crains; tu ne me hais, ni ne m'aimes, ni ne m'aimeras; accable mon cœur de cette certitude-là! J'agis de bonne foi, donne-moi du secours contre moi-même; il m'est nécessaire; je te le demande à genoux.

Il se jette à genoux. Dans ce moment, M. Orgon et Mario entrent, et ne disent mot.

SILVIA : Ah! nous y voilà! il ne manquait plus que cette façon-là à mon aventure. Que je suis malheureuse! c'est ma facilité qui le place là. Lève-toi donc, Bourguignon, je t'en conjure; il peut venir quelqu'un. Je dirai ce qu'il te plaira : que me veux-tu? je ne te hais point. Lève-toi; je t'aimerais, si je pouvais; tu ne me déplais point; cela doit te suffire.

DORANTE : Quoi! Lisette, si je n'étais pas ce que je suis, si j'étais riche, d'une condition honnête, et que je t'aimasse autant que je t'aime, ton cœur n'aurait point de répugnance pour moi?

SILVIA : Assurément.

DORANTE : Tu ne me haïrais pas? Tu me souffrirais?

SILVIA : Volontiers. Mais lève-toi.

DORANTE : Tu parais le dire sérieusement, et, si cela est, ma raison est perdue.

SILVIA : Je dis ce que tu veux, et tu ne te lèves point.

Scène X : Monsieur Orgon, Mario, Silvia, Dorante.

MONSIEUR ORGON, s'approchant : C'est bien dommage de vous interrompre; cela va à merveille, mes enfants; courage!

SILVIA : Je ne saurais empêcher ce garçon de se mettre à genoux, Monsieur. Je ne suis pas en état de lui en imposer, je pense.

MONSIEUR ORGON : Vous vous convenez parfaitement bien tous les deux; mais j'ai à te dire un mot, Lisette, et vous reprendrez votre conversation quand nous serons partis; vous le voulez bien, Bourguignon?

DORANTE : Je me retire, Monsieur.

MONSIEUR ORGON : Allez, et tâchez de parler de votre maître avec un peu plus de ménagement que vous ne faites.

DORANTE : Moi, Monsieur?

MARIO : Vous-même, mons [19] Bourguignon : vous ne brillez pas trop dans le respect que vous avez pour votre maître, dit-on.

DORANTE : Je ne sais ce qu'on veut dire.

MONSIEUR ORGON : Adieu, adieu; vous vous justifierez une autre fois.

Scène XI : Silvia, Mario, Monsieur Orgon.

MONSIEUR ORGON : Eh bien, Silvia, vous ne nous regardez pas; vous avez l'air tout embarrassé.

SILVIA : Moi, mon père! et où serait le motif de mon embarras? Je suis, grâce au ciel, comme à mon ordinaire; je suis fâchée de vous dire que c'est une idée.

MARIO : Il y a quelque chose, ma sœur, il y a quelque chose.

SILVIA : Quelque chose dans votre tête, à la bonne heure, mon frère; mais pour dans la mienne, il n'y a que l'étonnement de ce que vous dites.

MONSIEUR ORGON : C'est donc ce garçon qui vient de sortir qui t'inspire cette extrême antipathie que tu as pour son maître?

SILVIA : Qui? le domestique de Dorante?

MONSIEUR ORGON : Oui, le galant Bourguignon.

SILVIA : Le galant Bourguignon, dont je ne savais pas l'épithète, ne me parle pas de lui.

MONSIEUR ORGON : Cependant, on prétend que c'est lui qui le détruit auprès de toi; et c'est sur quoi j'étais bien aise de te parler.

SILVIA : Ce n'est pas la peine, mon père; et personne au monde que son maître ne m'a donné l'aversion naturelle que j'ai pour lui.

19. Cf. note 6, page 278.

MARIO : Ma foi tu as beau dire, ma sœur, elle est trop forte pour être si naturelle, et quelqu'un y a aidé.

SILVIA, *avec vivacité* : Avec quel air mystérieux vous me dites cela, mon frère! Et qui est donc ce quelqu'un qui y a aidé? Voyons.

MARIO : Dans quelle humeur es-tu, ma sœur? Comme tu t'emportes!

SILVIA : C'est que je suis bien lasse de mon personnage; et je me serais déjà démasquée, si je n'avais pas craint de fâcher mon père.

MONSIEUR ORGON : Gardez-vous-en bien, ma fille; je viens ici pour vous le recommander. Puisque j'ai eu la complaisance de vous permettre votre déguisement, il faut, s'il vous plaît, que vous ayez celle de suspendre votre jugement sur Dorante, et de voir si l'aversion qu'on vous a donnée pour lui est légitime.

SILVIA : Vous ne m'écoutez donc point, mon père! Je vous dis qu'on ne me l'a point donnée.

MARIO : Quoi! ce babillard qui vient de sortir ne t'a pas un peu dégoûtée de lui?

SILVIA, *avec feu* : Que vos discours sont désobligeants! M'a dégoûtée de lui! dégoûtée! J'essuie des expressions bien étranges; je n'entends plus que des choses inouïes, qu'un langage inconcevable; j'ai l'air embarrassé, il y a quelque chose; et puis c'est le galant Bourguignon qui m'a dégoûtée. C'est tout ce qui vous plaira, mais je n'y entends rien.

MARIO : Pour le coup, c'est toi qui es étrange : à qui en as-tu donc? D'où vient que tu es si fort sur le qui-vive? dans quelle idée nous soupçonnes-tu?

SILVIA : Courage, mon frère! Par quelle fatalité aujourd'hui ne pouvez-vous me dire un mot qui ne me choque? Quel soupçon voulez-vous qui me vienne? avez-vous des visions?

MONSIEUR ORGON : Il est vrai que tu es si agitée que je ne te reconnais point non plus. Ce sont apparemment ces mouvements-là qui sont cause que Lisette nous a parlé comme elle a fait. Elle accusait ce valet de t'avoir pas entretenue à l'avantage de son maître, et Madame, nous a-t-elle dit, l'a défendu contre moi avec tant de colère que j'en suis encore toute surprise; et c'est sur ce mot de surprise que nous l'avons querellée; mais ces gens-là ne savent pas la conséquence d'un mot.

SILVIA : L'impertinente! y a-t-il rien de plus haïssable que cette fille-là? J'avoue que je me suis fâchée par un esprit de justice pour ce garçon.

MARIO : Je ne vois point de mal à cela.

SILVIA : Y a-t-il rien de plus simple? Quoi! parce que je suis équitable, que je veux qu'on ne nuise à personne, que je veux sauver un domestique du tort qu'on peut lui faire auprès de son maître, on dit que j'ai des emportements, des fureurs dont on est surprise! Un moment après un mauvais esprit raisonne; il faut se fâcher, il faut la faire taire, et prendre mon parti contre elle, à cause de la conséquence de ce qu'elle dit! Mon parti! J'ai donc besoin qu'on me défende, qu'on me justifie? On peut donc mal interpréter ce que je fais? mais que fais-je? de quoi m'accuse-t-on? Instruisez-moi, je vous en conjure : cela est-il sérieux? me joue-t-on? se moque-t-on de moi? Je ne suis pas tranquille.

MONSIEUR ORGON : Doucement donc.

SILVIA : Non, Monsieur, il n'y a point de douceur qui tienne : comment donc? des surprises, des conséquences! Eh! qu'on s'explique! que veut-on dire? On accuse ce valet, et on a tort; vous vous trompez tous, Lisette est une folle, il est innocent, et voilà qui est fini; pourquoi donc m'en reparler encore? car je suis outrée!

MONSIEUR ORGON : Tu te retiens, ma fille; tu aurais grande envie de me quereller aussi. Mais faisons mieux; il n'y a que ce valet qui soit suspect ici : Dorante n'a qu'à le chasser.

SILVIA : Quel malheureux déguisement! Surtout que Lisette ne m'approche pas; je la hais plus que Dorante.

MONSIEUR ORGON : Tu la verras, si tu veux : mais tu dois être charmée que ce garçon s'en aille; car il t'aime, et cela t'importune assurément.

SILVIA : Je n'ai point à m'en plaindre : il me prend pour une suivante, et il me parle sur ce ton-là; mais il ne me dit pas ce qu'il veut, j'y mets bon ordre.

MARIO : Tu n'en es pas tant la maîtresse que tu le dis bien.

MONSIEUR ORGON : Ne l'avons-nous pas vu se mettre à genoux malgré toi? N'as-tu pas été obligée, pour le faire lever, de lui dire qu'il ne te déplaisait pas?

SILVIA, *à part* : J'étouffe!

MARIO : Encore a-t-il fallu, quand il t'a demandé si tu l'aimerais, que tu aies tendrement ajouté : volontiers; sans quoi il y serait encore.

SILVIA : L'heureuse apostille [20], mon frère! Mais comme l'action m'a déplu, la répétition n'en est pas aimable. Ah ça, parlons sérieusement : quand finira la comédie que vous donnez sur mon compte?

MONSIEUR ORGON : La seule chose que j'exige de toi, ma fille, c'est de ne te déterminer à le refuser qu'avec connaissance de cause. Attends encore; tu me remercieras du délai que je demande, je t'en réponds.

MARIO : Tu épouseras Dorante, et même avec inclination, je te le prédis... Mais, mon père, je vous demande grâce pour le valet.

SILVIA : Pourquoi grâce? et moi, je veux qu'il sorte.

MONSIEUR ORGON : Son maître en décidera : allons-nous-en.

MARIO : Adieu, adieu, ma sœur; sans rancune.

Scène XII : Silvia, seule, Dorante
qui vient peu après.

SILVIA : Ah! que j'ai le cœur serré! Je ne sais ce qui se mêle à l'embarras où je me trouve : toute cette aventure-ci m'afflige; je me défie de tous les visages; je ne suis contente de personne : je ne le suis pas de moi-même.

DORANTE : Ah! je te cherchais, Lisette.

SILVIA : Ce n'était pas la peine de me trouver, car je te fuis, moi.

DORANTE, *l'empêchant de sortir* : Arrête donc, Lisette; j'ai à te parler pour la dernière fois : il s'agit d'une chose de conséquence qui regarde tes maîtres.

20. Annotation en marge ou au bas d'un écrit (pris ici dans son sens figuré).

SILVIA : Va la dire à eux-mêmes : je ne te vois jamais que tu ne me chagrines ; laisse-moi.

DORANTE : Je t'en offre autant ; mais écoute-moi, te dis-je ; tu vas voir les choses bien changer de face par ce que je te vais dire.

SILVIA : Eh bien, parle donc ; je t'écoute, puisqu'il est arrêté que ma complaisance pour toi sera éternelle.

DORANTE : Me promets-tu le secret ?

SILVIA : Je n'ai jamais trahi personne.

DORANTE : Tu ne dois la confidence que je vais te faire qu'à l'estime que j'ai pour toi.

SILVIA : Je le crois ; mais tâche de m'estimer sans me le dire, car cela sent le prétexte.

DORANTE : Tu te trompes, Lisette : tu m'as promis le secret ; achevons. Tu m'as vu dans de grands mouvements ; je n'ai pu me défendre de t'aimer.

SILVIA : Nous y voilà ; je me défendrai bien de t'entendre, moi ; adieu.

DORANTE : Reste ; ce n'est plus Bourguignon qui te parle.

SILVIA : Eh ! qui es-tu donc ?

DORANTE : Ah ! Lisette ! c'est ici que tu vas juger des peines qu'a dû ressentir mon cœur.

SILVIA : Ce n'est pas à ton cœur que je parle, c'est à toi.

DORANTE : Personne ne vient-il ?

SILVIA : Non.

DORANTE : L'état où sont toutes les choses me force à te le dire ; je suis trop honnête homme pour n'en pas arrêter le cours.

SILVIA : Soit.

DORANTE : Sache que celui qui est avec ta maîtresse n'est pas ce qu'on pense.

SILVIA, *vivement* : Qui est-il donc ?

DORANTE : Un valet.

SILVIA : Après ?

DORANTE : C'est moi qui suis Dorante.

SILVIA, *à part* : Ah ! je vois clair dans mon cœur.

DORANTE : Je voulais sous cet habit pénétrer un peu ce que c'était que ta maîtresse, avant de l'épouser. Mon père, en partant, me permit ce que j'ai fait, et l'événement m'en paraît un songe : je hais la maîtresse dont je devais être l'époux, et j'aime la suivante qui ne devait trouver en moi qu'un nouveau maître. Que faut-il que je fasse à présent ? Je rougis pour elle de le dire : mais ta maîtresse a si peu de goût qu'elle est éprise de mon valet, au point qu'elle l'épousera, si on la laisse faire. Quel parti prendre ?

SILVIA, *à part* : Cachons-lui qui je suis... *(Haut.)* Votre situation est neuve assurément ! Mais, Monsieur, je vous fais d'abord mes excuses de tout ce que mes discours ont pu avoir d'irrégulier dans nos entretiens.

DORANTE, *vivement* : Tais-toi, Lisette ; tes excuses me chagrinent : elles me rappellent la distance qui nous sépare, et ne me la rendent que plus douloureuse.

SILVIA : Votre penchant pour moi est-il si sérieux ? m'aimez-vous jusque-là ?

DORANTE : Au point de renoncer à tout engagement puisqu'il ne m'est pas permis d'unir mon sort au tien : et dans cet état, la seule douceur que je pouvais goûter, c'était de croire que tu ne me haïssais pas.

SILVIA : Un cœur qui m'a choisie dans la condition où je suis est assurément bien digne qu'on l'accepte, et je le payerais volontiers du mien, si je ne craignais pas de le jeter dans un engagement qui lui ferait tort.

DORANTE : N'as-tu pas assez de charmes, Lisette ? y ajoutes-tu encore la noblesse avec laquelle tu me parles ?

SILVIA : J'entends quelqu'un, patientez encore sur l'article de votre valet ; les choses n'iront pas si vite : nous nous reverrons, et nous chercherons les moyens de vous tirer d'affaire.

DORANTE : Je suivrai tes conseils. *(Il sort.)*

SILVIA : Allons, j'avais grand besoin que ce fût là Dorante.

Scène XIII : *Silvia, Mario.*

MARIO : Je viens te retrouver, ma sœur. Nous t'avons laissée dans des inquiétudes qui me touchent : je veux t'en tirer, écoute-moi.

SILVIA, *vivement* : Ah ! vraiment, mon frère, il y a bien d'autres nouvelles !

MARIO : Qu'est-ce que c'est ?

SILVIA : Ce n'est point Bourguignon, mon frère ; c'est Dorante.

MARIO : Duquel parlez-vous donc ?

SILVIA : De lui, vous dis-je : je viens de l'apprendre tout à l'heure. Il sort : il me l'a dit lui-même.

MARIO : Qui donc ?

SILVIA : Vous ne m'entendez donc pas ?

MARIO : Si j'y comprends rien, je veux mourir.

SILVIA : Venez, sortons d'ici : allons trouver mon père ; il faut qu'il le sache. J'aurai besoin de vous aussi, mon frère. Il me vient de nouvelles idées : il faudra feindre de m'aimer. Vous en avez déjà dit quelque chose en badinant ; mais surtout gardez bien le secret, je vous prie...

MARIO : Oh ! je le garderai bien, car je ne sais ce que c'est.

SILVIA : Allons, mon frère, venez ; ne perdons point de temps. Il n'est jamais rien arrivé d'égal à cela !

MARIO : Je prie le ciel qu'elle n'extravague pas.

ACTE TROISIÈME

Scène I : *Dorante, Arlequin.*

ARLEQUIN : Hélas ! Monsieur, mon très honoré maître, je vous en conjure.

DORANTE : Encore ?

ARLEQUIN : Ayez compassion de ma bonne aventure ; ne portez point guignon à mon bonheur qui va son train si rondement ; ne lui fermez point le passage.

DORANTE : Allons donc, misérable ; je crois que tu te moques de moi ; je te mériterais cent coups de bâton.

ARLEQUIN : Je ne les refuse point, si je les mérite ; mais quand je les aurai reçus, permettez-moi d'en mériter d'autres. Voulez-vous que j'aille chercher le bâton ?

DORANTE : Maraud !

ARLEQUIN : Maraud, soit ; mais cela n'est point contraire à faire fortune.

DORANTE : Ce coquin! quelle imagination il lui prend!

ARLEQUIN : Coquin est encore bon, il me convient aussi : un maraud n'est point déshonoré d'être appelé coquin; mais un coquin peut faire un bon mariage.

DORANTE : Comment, insolent! tu veux que je laisse un honnête homme dans l'erreur, et que je souffre que tu épouses sa fille sous mon nom? Écoute : si tu me parles encore de cette impertinence-là, dès que j'aurai averti Monsieur Orgon de ce que tu es, je te chasse, entends-tu?

ARLEQUIN : Accommodons-nous; cette demoiselle m'adore, elle m'idolâtre; si je lui dis mon état de valet, et que, nonobstant, son tendre cœur soit toujours friand de la noce avec moi, ne laisserez-vous pas jouer les violons?

DORANTE : Dès qu'on te connaîtra, je ne m'en embarrasse plus.

ARLEQUIN : Bon! et je vais de ce pas prévenir cette généreuse personne sur mon nouvel habit de caractère [21]. J'espère que ce ne sera pas un galon de couleur qui nous brouillera ensemble, et que son amour me fera passer à la table, en dépit du sort qui ne m'a mis qu'au buffet [22].

Scène II : *Dorante seul, et ensuite Mario.*

DORANTE : Tout ce qui se passe ici, ce qui m'y est arrivé à moi-même, est incroyable... Je voudrais pourtant bien voir Lisette, et savoir le succès de ce qu'elle m'a promis de faire auprès de sa maîtresse pour me tirer d'embarras. Allons voir si je pourrai la trouver seule.

MARIO : Arrêtez, Bourguignon, j'ai un mot à vous dire.

DORANTE : Qu'y a-t-il pour votre service, Monsieur?

MARIO : Vous en contez à Lisette?

DORANTE : Elle est si aimable, qu'on aurait de la peine à ne lui pas parler d'amour.

MARIO : Comment reçoit-elle ce que vous lui dites?

DORANTE : Monsieur, elle en badine.

MARIO : Tu as de l'esprit : ne fais-tu pas l'hypocrite?

DORANTE : Non; mais qu'est-ce que cela vous fait? Supposé que Lisette eût du goût pour moi...

MARIO : Du goût pour lui! où prenez-vous vos termes? Vous avez le langage bien précieux pour un garçon de votre espèce.

DORANTE : Monsieur, je ne saurais parler autrement.

MARIO : C'est apparemment avec ces petites délicatesses-là que vous attaquez Lisette? Cela imite l'homme de condition [23].

DORANTE : Je vous assure, Monsieur, que je n'imite personne; mais, sans doute, vous ne venez pas exprès pour me traiter de ridicule, et vous aviez autre chose à me dire? Nous parlions de Lisette, de mon inclination pour elle, et de l'intérêt que vous y prenez.

MARIO : Comment, morbleu! il y a déjà un ton de jalousie dans ce que tu me réponds? Modère-toi un peu. Eh bien, tu me disais qu'en supposant que Lisette eût du goût pour toi... après?

DORANTE : Pourquoi faudrait-il que vous le sussiez, monsieur?

MARIO : Ah! le voici : c'est que, malgré le ton badin que j'ai pris tantôt, je serais très fâché qu'elle t'aimât; c'est que, sans autre raisonnement, je te défends de t'adresser davantage à elle; non pas dans le fond que je craigne qu'elle t'aime : elle me paraît avoir le cœur trop haut pour cela; mais c'est qu'il me déplaît, à moi, d'avoir Bourguignon pour rival.

DORANTE : Ma foi, je vous crois; car Bourguignon, tout Bourguignon qu'il est, n'est pas même content que vous soyez le sien.

MARIO : Il prendra patience.

DORANTE : Il faudra bien : mais, Monsieur, vous l'aimez donc beaucoup?

MARIO : Assez pour m'attacher sérieusement à elle, dès que j'aurai pris de certaines mesures; comprends-tu ce que cela signifie?

DORANTE : Oui, je crois que je suis au fait; et sur ce pied-là vous êtes aimé sans doute.

MARIO : Qu'en penses-tu? Est-ce que je ne vaux pas la peine de l'être?

DORANTE : Vous ne vous attendez pas à être loué par vos propres rivaux, peut-être?

MARIO : La réponse est de bon sens, je te la pardonne; mais je suis bien mortifié de ne pouvoir pas dire qu'on m'aime; et je ne le dis pas pour t'en rendre compte, comme tu le crois bien; mais c'est qu'il faut dire la vérité.

DORANTE : Vous m'étonnez, Monsieur; Lisette ne sait donc pas vos desseins?

MARIO : Lisette sait tout le bien que je lui veux, et n'y paraît pas sensible; mais j'espère que la raison me gagnera son cœur. Adieu, retire-toi sans bruit : son indifférence pour moi, malgré tout ce que je lui offre, doit te consoler du sacrifice que tu me feras... Ta livrée n'est pas propre à faire pencher la balance en ta faveur, et tu n'es pas fait pour lutter contre moi.

Scène III : *Silvia, Dorante, Mario.*

MARIO : Ah! te voilà, Lisette?

SILVIA : Qu'avez-vous, Monsieur? vous me paraissez ému.

MARIO : Ce n'est rien; je disais un mot à Bourguignon.

SILVIA : Il est triste : est-ce que vous le que[r]elliez?

DORANTE : Monsieur m'apprend qu'il vous aime, Lisette.

SILVIA : Ce n'est pas ma faute.

DORANTE : Et me défend de vous aimer.

SILVIA : Il me défend donc de vous paraître aimable?

MARIO : Je ne saurais empêcher qu'il ne t'aime, belle Lisette; mais je ne veux pas qu'il te le dise.

SILVIA : Il ne me le dit plus; il ne fait que me le répéter.

MARIO : Du moins ne te le répétera-t-il pas quand je serai présent. Retirez-vous, Bourguignon.

DORANTE : J'attends qu'elle me l'ordonne.

MARIO : Encore!

SILVIA : Il dit qu'il attend : ayez donc patience.

DORANTE : Avez-vous de l'inclination pour Monsieur?

---

21. Un *habit de caractère* est un habit de théâtre ou de carnaval représentant un *caractère* donné. Arlequin fait évidemment allusion ici à sa livrée.
22. Lorsque les maîtres sont assis à la table, les valets se tiennent debout au buffet pour servir.
23. D'origine noble.

SILVIA : Quoi! de l'amour? oh! je crois qu'il ne sera pas nécessaire qu'on me le défende.

DORANTE : Ne me trompez-vous pas?

MARIO : En vérité, je joue ici un joli personnage! Qu'il sorte donc. A qui est-ce que je parle?

DORANTE : A Bourguignon, voilà tout.

MARIO : Eh bien, qu'il s'en aille!

DORANTE, *à part* : Je souffre.

SILVIA : Cédez puisqu'il se fâche.

DORANTE, *bas à Silvia* : Vous ne demandez peut-être pas mieux?

MARIO : Allons, finissons.

DORANTE : Vous ne m'aviez pas dit cet amour-là, Lisette.

Scène IV : Monsieur Orgon, Mario, Silvia.

SILVIA : Si je n'aimais pas cet homme-là, avouons que je serais bien ingrate.

MARIO, *riant* : Ah! ah! ah! ah!

MONSIEUR ORGON : De quoi riez-vous, Mario?

MARIO : De la colère de Dorante qui sort, et que j'ai obligé de quitter Lisette.

SILVIA : Mais que vous a-t-il dit dans le petit entretien que vous avez eu tête-à-tête avec lui?

MARIO : Je n'ai jamais vu d'homme ni plus intrigué ni de plus mauvaise humeur.

MONSIEUR ORGON : Je ne suis pas fâché qu'il soit la dupe de son propre stratagème et d'ailleurs, à le bien prendre, il n'y a rien de si flatteur ni de plus obligeant pour lui que tout ce que tu as fait jusqu'ici, ma fille; mais en voilà assez.

MARIO : Mais où en est-il précisément, ma sœur?

SILVIA : Hélas! mon frère, je vous avoue que j'ai lieu d'être contente.

MARIO : Hélas! mon frère, me dit-elle! Sentez-vous cette paix douce qui se mêle à ce qu'elle dit?

MONSIEUR ORGON : Quoi! ma fille, tu espères qu'il ira jusqu'à t'offrir sa main dans le déguisement où te voilà?

SILVIA : Oui, mon cher père, je l'espère.

MARIO : Friponne que tu es! avec ton cher père! tu ne nous grondes plus à présent, tu nous dis des douceurs.

SILVIA : Vous ne me passez rien.

MARIO : Ah! ah! je prends ma revanche : tu m'as tantôt chicané sur mes expressions : il faut bien à mon tour que je badine un peu sur les tiennes; ta joie est bien aussi divertissante que l'était ton inquiétude.

MONSIEUR ORGON : Vous n'aurez point à vous plaindre de moi, ma fille; j'acquiesce à tout ce qui vous plaît.

SILVIA : Ah! monsieur, si vous saviez combien je vous aurai d'obligation! Dorante et moi, nous sommes destinés l'un à l'autre; il doit m'épouser; si vous saviez combien je tiendrai compte de ce qu'il fait aujourd'hui pour moi, combien mon cœur gardera le souvenir de l'excès de tendresse qu'il me montre! si vous saviez combien tout ceci va rendre notre union aimable! Il ne pourra jamais se rappeler notre histoire sans m'aimer; je n'y songerai jamais que je ne l'aime. Vous avez fondé notre bonheur pour la vie, en me laissant faire; c'est un mariage unique; c'est une aventure dont le seul récit est attendrissant; c'est le coup de hasard le plus singulier, le plus heureux, le plus...

MARIO : Ah! ah! ah! que ton cœur a de caquet, ma sœur! quelle éloquence!

MONSIEUR ORGON : Il faut convenir que le régal que tu te donnes est charmant, surtout si tu achèves.

SILVIA : Cela vaut fait : Dorante est vaincu; j'attends mon captif.

MARIO : Ses fers seront plus dorés qu'il ne pense; mais je lui crois l'âme en peine, et j'ai pitié de ce qu'il souffre.

SILVIA : Ce qui lui coûte à se déterminer ne me le rend que plus estimable : il pense qu'il chagrinera son père en m'épousant; il croit trahir sa fortune et sa naissance. Voilà de grands sujets de réflexion : je serai charmée de triompher. Mais il faut que j'arrache ma victoire, et non pas qu'il me la donne : je veux un combat entre l'amour et la raison.

MARIO : Et que la raison y périsse.

MONSIEUR ORGON : C'est-à-dire que tu veux qu'il sente toute l'étendue de l'impertinence qu'il croira faire : quelle insatiable vanité d'amour-propre!

MARIO : Cela, c'est l'amour-propre d'une femme; et il est tout au plus uni [24].

Scène V : Monsieur Orgon, Silvia, Mario, Lisette.

MONSIEUR ORGON : Paix, voici Lisette; voyons ce qu'elle nous veut.

LISETTE : Monsieur, vous m'avez dit tantôt que vous m'abandonniez Dorante, que vous livriez sa tête à ma discrétion : je vous ai pris au mot; j'ai travaillé comme pour moi, et vous verrez de l'ouvrage bien fait; allez, c'est une tête bien conditionnée. Que voulez-vous que j'en fasse à présent? Madame me le cède-t-elle?

MONSIEUR ORGON : Ma fille, encore une fois, n'y prétendez-vous rien?

SILVIA : Non, je te le donne, Lisette; je te remets tous mes droits; et, pour dire comme toi, je ne prendrai jamais de part à un cœur que je n'aurai pas conditionné moi-même.

LISETTE : Quoi! vous voulez bien que je l'épouse? Monsieur le veut bien aussi?

MONSIEUR ORGON : Oui; qu'il s'accommode; pourquoi t'aime-t-il?

MARIO : J'y consens aussi, moi.

LISETTE : Moi aussi, et je vous en remercie tous.

MONSIEUR ORGON : Attends : j'y mets pourtant une petite restriction; c'est qu'il faudrait, pour nous disculper de ce qui arrivera, que tu lui dises un peu qui tu es.

LISETTE : Mais si je le lui dis un peu, il le saura tout à fait.

MONSIEUR ORGON : Eh bien, cette tête en si bon état ne soutiendra-t-elle pas cette secousse-là? Je ne le crois pas de caractère à s'effaroucher là-dessus.

---

24. C'est le plus uni qui soit. *Uni* veut dire commun, sans prétention particulière.

LISETTE : Le voici qui me cherche; ayez donc la bonté de me laisser le champ libre : il s'agit ici de mon chef-d'œuvre.

MONSIEUR ORGON : Cela est juste : retirons-nous.

SILVIA : De tout mon cœur.

MARIO : Allons.

Scène VI : Lisette, Arlequin.

ARLEQUIN : Enfin, ma reine, je vous vois et je ne vous quitte plus; car j'ai trop pâti d'avoir manqué de votre présence, et j'ai cru que vous esquiviez la mienne.

LISETTE : Il faut vous avouer, Monsieur, qu'il en était quelque chose.

ARLEQUIN : Comment donc, ma chère âme, élixir de mon cœur, avez-vous entrepris la fin de ma vie?

LISETTE : Non, mon cher; la durée m'en est trop précieuse.

ARLEQUIN : Ah! que ces paroles me fortifient!

LISETTE : Et vous ne devez point douter de ma tendresse.

ARLEQUIN : Je voudrais bien pouvoir baiser ces petits-mots, et les cueillir sur votre bouche avec la mienne.

LISETTE : Mais vous me pressiez sur notre mariage, et mon père ne m'avait pas encore permis de vous répondre; je viens de lui parler, et j'ai son aveu pour vous dire que vous pouvez lui demander ma main quand vous voudrez.

ARLEQUIN : Avant que je la demande à lui, souffrez que je la demande à vous : je veux lui rendre mes grâces de la charité qu'elle aura de vouloir bien entrer dans la mienne, qui en est véritablement indigne.

LISETTE : Je ne refuse pas de vous la prêter un moment, à condition que vous la prendrez pour toujours.

ARLEQUIN : Chère petite main rondelette et potelée, je vous prends sans marchander : je ne suis pas en peine de l'honneur que vous me ferez; il n'y a que celui que je vous rendrai qui m'inquiète.

LISETTE : Vous m'en rendrez plus qu'il ne m'en faut.

ARLEQUIN : Ah! que nenni; vous ne savez pas cette arithmétique-là aussi bien que moi.

LISETTE : Je regarde pourtant votre amour comme un présent du ciel.

ARLEQUIN : Le présent qu'il vous a fait ne le ruinera pas; il est bien mesquin.

LISETTE : Je ne le trouve que trop magnifique.

ARLEQUIN : C'est que vous ne le voyez pas au grand jour.

LISETTE : Vous ne sauriez croire combien votre modestie m'embarrasse.

ARLEQUIN : Ne faites point dépense d'embarras; je serais bien effronté, si je n'étais pas modeste.

LISETTE : Enfin, Monsieur, faut-il vous dire que c'est moi que votre tendresse honore?

ARLEQUIN : Aïe! aïe! je ne sais plus où me mettre.

LISETTE : Encore une fois, Monsieur, je me connais.

ARLEQUIN : Hé! je me connais bien aussi; et je n'ai pas là une fameuse connaissance, ni vous non plus, quand vous l'aurez faite; mais, c'est là le diable que de me connaître; vous ne vous attendez pas au fond du sac.

LISETTE, *à part* : Tant d'abaissement n'est pas naturel. (*Haut.*) D'où vient me dites-vous cela?

ARLEQUIN : Et voilà où gît le lièvre.

LISETTE : Mais encore? Vous m'inquiétez : est-ce que vous n'êtes pas...

ARLEQUIN : Aïe! aïe! vous m'ôtez ma couverture.

LISETTE : Sachons de quoi il s'agit.

ARLEQUIN, *à part* : Préparons un peu cette affaire-là... (*Haut.*) Madame, votre amour est-il d'une constitution bien robuste? Soutient-il bien la fatigue que je vais lui donner? Un mauvais gîte lui fait-il peur? Je vais le loger petitement.

LISETTE : Ah! tirez-moi d'inquiétude. En un mot, qui êtes-vous?

ARLEQUIN : Je suis... N'avez-vous jamais vu de fausse monnaie? Savez-vous ce que c'est qu'un louis d'or faux? Eh bien, je ressemble assez à cela.

LISETTE : Achevez donc : quel est votre nom?

ARLEQUIN : Mon nom? (*A part.*) Lui dirai-je que je m'appelle Arlequin? Non; cela rime trop avec coquin.

LISETTE : Eh bien?

ARLEQUIN : Ah dame! il y a un peu à tirer [25] ici. Haïssez-vous la qualité de soldat?

LISETTE : Qu'appelez-vous un soldat?

ARLEQUIN : Oui, par exemple, un soldat d'antichambre.

LISETTE : Un soldat d'antichambre! Ce n'est donc point Dorante à qui je parle enfin?

ARLEQUIN : C'est lui qui est mon capitaine.

LISETTE : Faquin!

ARLEQUIN, *à part* : Je n'ai pu éviter la rime.

LISETTE : Mais, voyez ce magot; tenez!

ARLEQUIN : La jolie culbute que je fais là!

LISETTE : Il y a une heure que je lui demande grâce, et que je m'épuise en humilités pour cet animal-là.

ARLEQUIN : Hélas! Madame, si vous préfériez l'amour à la gloire, je vous ferais bien autant de profit qu'un monsieur.

LISETTE, *riant* : Ah! ah! ah! je ne saurais pourtant m'empêcher d'en rire; avec sa gloire! et il n'y a plus que ce parti-là à prendre... Va, va, ma gloire te pardonne; elle est de bonne composition.

ARLEQUIN : Tout de bon, charitable dame? Ah! que mon amour vous promet de reconnaissance!

LISETTE : Touche-là, Arlequin; je suis prise pour dupe. Le soldat d'antichambre de Monsieur vaut bien la coiffeuse de Madame.

ARLEQUIN : La coiffeuse de Madame!

LISETTE : C'est mon capitaine, ou l'équivalent.

ARLEQUIN : Masque!

LISETTE : Prends ta revanche.

ARLEQUIN : Mais voyez cette magotte [26], avec qui, depuis une heure, j'entre en confusion de ma misère!

LISETTE : Venons au fait. M'aimes-tu!

---

25. Il reste encore quelque difficulté ici.
26. Féminin de *magot* qui désigne, au figuré, un homme fort laid de visage.

ARLEQUIN : Pardi! oui : en changeant de nom tu n'as pas changé de visage, et tu sais bien que nous nous sommes promis fidélité en dépit de toutes les fautes d'orthographe.

LISETTE : Va, le mal n'est pas grand, consolons-nous; ne faisons semblant de rien, et n'apprêtons point à rire. Il y a apparence que ton maître est encore dans l'erreur à l'égard de ma maîtresse; ne l'avertis de rien; laissons les choses comme elles sont. Je crois que le voici qui entre. Monsieur, je suis votre servante.

ARLEQUIN : Et moi votre valet, Madame. (Riant.) Ah! ah! ah!

Scène VII : Dorante, Arlequin.

DORANTE : Eh bien, tu quittes la fille d'Orgon : lui as-tu dit qui tu étais?

ARLEQUIN : Pardi! oui. La pauvre enfant! j'ai trouvé son cœur plus doux qu'un agneau : il n'a pas soufflé. Quand je lui ai dit que je m'appelais Arlequin, et que j'avais un habit d'ordonnance : Eh bien, mon ami, m'a-t-elle dit, chacun a son nom dans la vie, chacun a son habit; le vôtre ne vous coûte rien; cela ne laisse pas d'être gracieux.

DORANTE : Quelle sotte histoire me contes-tu là?

ARLEQUIN : Tant y a que je vais la demander en mariage.

DORANTE : Comment : elle consent à t'épouser?

ARLEQUIN : La voilà bien malade!

DORANTE : Tu m'en imposes : elle ne sait pas qui tu es.

ARLEQUIN : Par la ventrebleu! voulez-vous gager que je l'épouse avec la casaque[27] sur le corps, avec une souquenille[28], si vous me fâchez? Je veux bien que vous sachiez qu'un amour de ma façon n'est point sujet à la casse, que je n'ai pas besoin de votre friperie pour pousser ma pointe, et que vous n'avez qu'à me rendre la mienne.

DORANTE : Tu es un fourbe; cela n'est pas concevable; et je vois bien qu'il faudra que j'avertisse Monsieur Orgon.

ARLEQUIN : Qui? notre père? Ah! le bon homme! nous l'avons dans notre manche. C'est le meilleur humain, la meilleure pâte d'homme... Vous m'en direz des nouvelles.

DORANTE : Quel extravagant! As-tu vu Lisette?

ARLEQUIN : Lisette? non. Peut-être a-t-elle passé devant mes yeux, mais un honnête homme ne prend pas garde à une chambrière : je vous cède ma part de cette attention-là.

DORANTE : Va-t'en; la tête te tourne.

ARLEQUIN : Vos petites manières sont un peu aisées; mais c'est la grande habitude qui fait cela. Adieu; quand j'aurai épousé, nous vivrons but à but[29]. Votre soubrette arrive. Bonjour, Lisette : je vous recommande Bourguignon; c'est un garçon qui a quelque mérite.

---

27. Surtout que portaient les laquais à l'intérieur de la maison.
28. Surtout que les laquais mettaient par-dessus leur livrée pour faire le nettoyage.
29. Sur le même plan.

Scène VIII : Dorante, Silvia.

DORANTE, à part : Qu'elle est digne d'être aimée! Pourquoi faut-il que Mario m'ait prévenu?

SILVIA : Où étiez-vous donc, Monsieur? Depuis que j'ai quitté Mario, je n'ai pu vous retrouver pour vous rendre compte de ce que j'ai dit à Monsieur Orgon.

DORANTE : Je ne me suis pourtant pas éloigné. Mais de quoi s'agit-il?

SILVIA, à part : Quelle froideur! (Haut.) J'ai eu beau décrier votre valet et prendre sa conscience à témoin de son peu de mérite; j'ai eu beau lui représenter qu'on pouvait au moins reculer le mariage, il ne m'a pas seulement écoutée. Je vous avertis même qu'on parle d'envoyer chez le notaire, et qu'il est temps de vous déclarer.

DORANTE : C'est mon intention. Je vais partir incognito, et je laisserai un billet qui instruira Monsieur Orgon de tout.

SILVIA, à part : Partir! ce n'est pas là mon compte.

DORANTE : N'approuvez-vous pas mon idée?

SILVIA : Mais... pas trop.

DORANTE : Je ne vois pourtant rien de mieux dans la situation où je suis à moins que de parler moi-même; et je ne saurais m'y résoudre. J'ai d'ailleurs d'autres raisons qui veulent que je me retire; je n'ai plus que faire ici.

SILVIA : Comme je ne sais pas vos raisons, je ne puis ni les approuver ni les combattre; et ce n'est pas à moi à vous les demander.

DORANTE : Il vous est aisé de les soupçonner, Lisette.

SILVIA : Mais je pense, par exemple, que vous avez du goût pour la fille de Monsieur Orgon.

DORANTE : Ne voyez-vous que cela?

SILVIA : Il y a bien encore certaines choses que je pourrais supposer; mais je ne suis pas folle, et je n'ai pas la vanité de m'y arrêter.

DORANTE : Ni le courage d'en parler; car vous n'auriez rien d'obligeant à me dire. Adieu, Lisette.

SILVIA : Prenez garde : je crois que vous ne m'entendez pas, je suis obligée de vous le dire.

DORANTE : A merveille! et l'explication ne me serait pas favorable; gardez-moi le secret jusqu'à mon départ.

SILVIA : Quoi! sérieusement, vous partez?

DORANTE : Vous avez bien peur que je ne change d'avis.

SILVIA : Que vous êtes aimable d'être si bien au fait!

DORANTE : Cela est bien naïf, adieu.

Il s'en va.

SILVIA, à part : S'il part, je ne l'aime plus, je ne l'épouserai jamais... (Elle le regarde aller.) Il s'arrête pourtant; il rêve; il regarde si je tourne la tête : je ne saurais le rappeler, moi... Il serait pourtant singulier qu'il partît, après tout ce que j'ai fait... Ah! voilà qui est fini : il s'en va; je n'ai pas tant de pouvoir sur lui que je le croyais. Mon frère est un maladroit; il s'y est mal pris : les gens indifférents gâtent tout. Ne suis-je pas bien avancée? Quel dénoûment!... Dorante reparaît pourtant; il me semble qu'il revient; je me dédis donc, je l'aime encore...

Feignons de sortir, afin qu'il m'arrête: il faut bien que notre réconciliation lui coûte quelque chose.

DORANTE, *l'arrêtant* : Restez, je vous prie; j'ai encore quelque chose à vous dire.

SILVIA : A moi, monsieur?

DORANTE : J'ai de la peine à partir sans vous avoir convaincue que je n'ai pas tort de le faire.

SILVIA : Eh! Monsieur, de quelle conséquence est-il de vous justifier auprès de moi? Ce n'est pas la peine; je ne suis qu'une suivante, et vous me le faites bien sentir.

DORANTE : Moi, Lisette! est-ce à vous de vous plaindre, vous qui me voyez prendre mon parti sans me rien dire?

SILVIA : Hum! Si je voulais, je vous répondrais bien là-dessus.

DORANTE : Répondez donc; je ne demande pas mieux que de me tromper. Mais que dis-je? Mario vous aime.

SILVIA : Cela est vrai.

DORANTE : Vous êtes sensible à son amour, je l'ai vu par l'extrême envie que vous aviez tantôt que je m'en allasse; ainsi vous ne sauriez m'aimer.

SILVIA : Je suis sensible à son amour! qui est-ce qui vous l'a dit? Je ne saurais vous aimer! qu'en savez-vous? Vous décidez bien vite.

DORANTE : Eh bien, Lisette, par tout ce que vous avez de plus cher au monde, instruisez-moi de ce qui en est, je vous en conjure.

SILVIA : Instruire un homme qui part!

DORANTE : Je ne partirai point.

SILVIA : Laissez-moi; tenez, si vous m'aimez, ne m'interrogez point; vous ne craignez que mon indifférence, et vous êtes trop heureux que je me taise. Que vous importent mes sentiments?

DORANTE : Ce qu'ils m'importent, Lisette? peux-tu douter encore que je ne t'adore?

SILVIA : Non, et vous me le répétez si souvent que je vous crois, mais pourquoi m'en persuadez-vous? que voulez-vous que je fasse de cette pensée-là, Monsieur? Je vais vous parler à cœur ouvert. Vous m'aimez; mais votre amour n'est pas une chose bien sérieuse pour vous. Que de ressources n'avez-vous pas pour vous en défaire! La distance qu'il y a de vous à moi, mille objets que vous allez trouver sur votre chemin, l'envie qu'on aura de vous rendre sensible, les amusements d'un homme de votre condition, tout va vous ôter cet amour dont vous m'entretenez impitoyablement. Vous en rirez peut-être au sortir d'ici, et vous aurez raison. Mais moi, Monsieur, si je m'en ressouviens, comme j'en ai peur, s'il m'a frappée, quel secours aurai-je contre l'impression qu'il m'aura faite? Qui est-ce qui me dédommagera de votre perte? Qui voulez-vous que mon cœur mette à votre place? Savez-vous bien que si je vous aimais, tout ce qu'il y a de plus grand dans le monde ne me toucherait plus? Jugez donc de l'état où je resterais; ayez la générosité de me cacher votre amour. Moi qui vous parle, je me ferais un scrupule de vous dire que je vous aime, dans les dispositions où vous êtes; l'aveu de mes sentiments pourrait exposer votre raison, et vous voyez bien aussi que je vous les cache.

DORANTE : Ah! ma chère Lisette, que viens-je d'entendre? tes paroles ont un feu qui me pénètre; je t'adore, je te respecte. Il n'est ni rang, ni naissance, ni fortune qui ne disparaisse devant une âme comme la tienne; j'aurais honte que mon orgueil tînt contre toi; et mon cœur et ma main t'appartiennent.

SILVIA : En vérité, ne mériteriez-vous pas que je les prisse? ne faut-il pas être bien généreuse pour vous dissimuler le plaisir qu'ils me font? et croyez-vous que cela puisse durer?

DORANTE : Vous m'aimez donc?

SILVIA : Non, non : mais si vous me le demandez encore, tant pis pour vous.

DORANTE : Vos menaces ne me font point de peur.

SILVIA : Et Mario, vous n'y songez donc plus?

DORANTE : Non, Lisette; Mario ne m'alarme plus; vous ne l'aimez point; vous ne pouvez plus me tromper; vous avez le cœur vrai; vous êtes sensible à ma tendresse, je ne saurais en douter au transport qui m'a pris, j'en suis sûr; et vous ne sauriez plus m'ôter cette certitude-là.

SILVIA : Oh! je n'y tâcherai point, gardez-la; nous verrons ce que vous en ferez.

DORANTE : Ne consentez-vous pas d'être à moi?

SILVIA : Quoi! vous m'épouserez malgré ce que vous êtes, malgré la colère d'un père, malgré votre fortune?

DORANTE : Mon père me pardonnera dès qu'il vous aura vue; ma fortune nous suffit à tous deux; et le mérite vaut bien la naissance : ne disputons point, car je ne changerai jamais.

SILVIA : Il ne changera jamais! Savez-vous bien que vous me charmez, Dorante?

DORANTE : Ne gênez donc plus votre tendresse, et laissez-la répondre...

SILVIA : Enfin, j'en suis venue à bout; vous... vous ne changerez jamais?

DORANTE : Non, ma chère Lisette.

SILVIA : Que d'amour!

Scène IX : Monsieur Orgon, Silvia, Dorante, Lisette, Arlequin, Mario.

SILVIA : Ah! mon père, vous avez voulu que je fusse à Dorante : venez voir votre fille vous obéir avec plus de joie qu'on n'en eut jamais.

DORANTE : Qu'entends-je! vous son père, Monsieur?

SILVIA : Oui, Dorante, la même idée de nous connaître nous est venue à tous deux; après cela, je n'ai plus rien à vous dire; vous m'aimez, je n'en saurais douter : mais, à votre tour, jugez de mes sentiments pour vous; jugez du cas que j'ai fait de votre cœur par la délicatesse avec laquelle j'ai tâché de l'acquérir.

MONSIEUR ORGON : Connaissez-vous cette lettre-là? Voilà par où j'ai appris votre déguisement, qu'elle n'a pourtant su que par vous.

DORANTE : Je ne saurais vous exprimer mon bonheur, Madame; mais ce qui m'enchante le plus, ce sont les preuves que je vous ai données de ma tendresse.

MARIO : Dorante me pardonne-t-il la colère où j'ai mis Bourguignon?

DORANTE : Il ne vous la pardonne pas, il vous en remercie.

ARLEQUIN, *à Lisette* : De la joie, Madame! Vous avez
perdu votre rang; mais vous n'êtes point à plaindre,
puisque Arlequin vous reste.

LISETTE : Belle consolation! il n'y a que toi qui gagnes
à cela.

ARLEQUIN : Je n'y perds pas : avant notre connaissance, votre dot valait mieux que vous; à présent, vous
valez mieux que votre dot. Allons, saute, Marquis [30] !

30. La formule : *Allons, saute, Marquis!* est empruntée à un
monologue du Marquis dans *le Joueur* de Regnard (IV, 10).

LA RÉUNION DES AMOURS

Peut-être est-ce à l'occasion du second anniversaire du Dauphin, le 4 septembre 1731, que Marivaux a composé la Réunion des Amours, *« comédie héroïque en un acte et en prose ». Le prétexte en est, précisément, la convocation par Jupiter d'une assemblée de « tous les dieux » afin que « chacun d'eux fasse des dons au fils d'un grand roi qu'il aime ».*

C'est ce qui expliquerait pourquoi, écrite après les Serments indiscrets *(qui ont été reçus au Français dès le 9 mars 1731),* la Réunion des Amours *est créée bien avant eux : reçue le 4 octobre, obtenant le permis de représenter le 23 octobre, elle paraît à l'affiche de la Comédie-Française dès le 5 novembre 1731, avec une reprise du* Comte d'Essex *de Thomas Corneille. C'est Mlle Gaussin qui joue l'amour, tandis que Mlle Dangeville est Cupidon, Granval Apollon et Armand, Mercure. Ils recueillent tous beaucoup d'applaudissements. Le Mercure de novembre fait même l'éloge de la pièce : « Elle est bien écrite et avec beaucoup d'esprit; ornée de traits fins et délicats (...) cette vivacité de style secondée de la légèreté et de la grâce a charmé également la cour et la ville ; (...) la Réunion des Amours est un ouvrage à faire beaucoup d'honneur à son ingénieux auteur. »*

Aussi la Réunion des Amours *est-elle donnée une dizaine de fois dans les deux derniers mois de 1731 : elle accompagne à l'affiche des tragédies comme* Horace, Mithridate, *le* Cid *et* Phèdre, *voire une comédie :* le Chevalier Bayard *d'Autreau.*

D'autres commentaires sont, il est vrai, plus réticents. Le Nouvelliste du Parnasse reconnaît qu'« en général il y a beaucoup d'esprit dans cet ouvrage », mais, poursuit-il, c'est « de cet esprit qui, pour me servir d'expressions de l'auteur, n'est pas trop bon à être dit et est peut-être meilleur à lire ».

La Réunion des Amours *quittera donc assez vite l'affiche du Français. Elle ne sera reprise qu'une fois, en mars 1732, et il faudra ensuite attendre plus de deux siècles pour la voir reparaître, en septembre 1957 (dans*

une mise en scène de Jean Piat, avec Micheline Boudet en Cupidon, Claude Winter en Amour et Jacques Sereys en Mercure), sur notre première scène nationale. Et cette fois encore, elle obtiendra un succès d'estime de la part de la critique (Robert Kemp en parle comme d'« un exquis chef-d'œuvre de langage et d'intelligence ») plutôt que la faveur du public.

Certes il s'agit d'une pièce de circonstance que Marivaux écrivit sans doute à la hâte (en 1731, il était plus préoccupé du succès et de la poursuite de son roman, la Vie de Marianne, *dont la première partie venait d'être publiée, que de théâtre), mais elle est loin d'être insignifiante. Le débat entre l'Amour et Cupidon, entre l'amour ancien, en honneur sous le règne de Louis XIV, et l'amour moderne selon la Régence, est en effet essentiel à son œuvre. Et l'on peut voir dans la* Réunion des Amours *comme la reprise et le développement des thèmes que Marivaux avait choisi d'exposer quand il aborda effectivement le théâtre, dans* le Dialogue de l'Amour et de la Vérité.

Certains points concernant la Réunion des Amours *restent encore obscurs : une allusion du Mercure de novembre 1731 permet de supposer que l'œuvre n'a pas été d'abord traitée comme on l'a vu représentée : Marivaux aurait, poursuit le* Mercure, *mis « en hypothèse ce qui était l'action principale ». La formule est sibylline et nous ne possédons pas d'autres renseignements quant à une hypothétique première version de* la Réunion des Amours.

D'autre part, les frères Parfaict font mention d'un autre auteur de la Réunion des Amours, *un certain Sieur de la Clève qui en aurait signé la première édition. S'agit-il d'un collaborateur de Marivaux ou d'un pseudonyme utilisé par ce dernier? Là encore, on en est réduit aux suppositions. Une seule chose est certaine : écrite ou non en collaboration, remaniée ou non,* la Réunion des Amours *est bien de la plume de Marivaux qui, sous le travestissement mythologique, poursuit ses réflexions sur les jeux de l'amour.*

ACTEURS

L'AMOUR; CUPIDON; MERCURE;
PLUTUS; APOLLON; LA VÉRITÉ;
MINERVE; LA VERTU [1].

LA SCÈNE EST DANS L'OLYMPE.

*Scène I : L'Amour, qui entre d'un côté,
Cupidon, qui entre de l'autre* [1].

CUPIDON, *à part* : Que vois-je ? Qui est-ce qui a l'audace de porter comme moi un carquois et des flèches ?

L'AMOUR, *à part* : N'est-ce pas là Cupidon, cet usurpateur de mon empire ?

CUPIDON, *à part* : Ne serait-ce pas cet Amour gaulois, ce dieu de la fade tendresse, qui sort de la retraite obscure où ma victoire l'a condamné ?

L'AMOUR, *à part* : Qu'il est laid ! qu'il a l'air débauché !

CUPIDON, *à part* : Vit-on jamais de figure plus sotte ? Sachons un peu ce que vient faire ici cette ridicule antiquaille. Approchons. *(A l'Amour.)* Soyez le bienvenu, mon ancien, le dieu des soupirs timides et des tendres langueurs ; je vous salue.

L'AMOUR : Saluez.

CUPIDON : Le compliment est sec ; mais je vous le pardonne. Un proscrit n'est pas de bonne humeur.

L'AMOUR : Un proscrit ! Vous ne devez ma retraite qu'à l'indignation qui m'a saisi, quand j'ai vu que les hommes étaient capables de vous souffrir.

CUPIDON : Malepeste ! que cela est beau ! C'est-à-dire que vous n'avez fui que parce que vous étiez glorieux ; et vous êtes un héros fuyard.

L'AMOUR : Je n'ai rien à vous répondre. Allez, nous ne sommes pas faits pour discourir ensemble.

CUPIDON : Ne vous fâchez point, mon confrère. Dans le fond, je vous plains. Vous me dites des injures : mais votre état me désarme. Tenez, je suis le meilleur garçon du monde, Contez-moi vos chagrins. Que venez-vous faire ici ? Est-ce que vous vous ennuyez dans votre solitude ? Eh bien ! il y a un remède à tout. Voulez-vous de l'emploi ? Je vous donnerai votre petite provision de flèches ; car celles que vous avez là dans votre carquois ne valent plus rien... Voyez-vous ce dard-là ? Voilà ce qu'il faut. Cela entre dans le cœur, cela le pénètre, cela le brûle, cela l'embrase : il crie, il s'agite, il demande du secours, il ne saurait attendre.

L'AMOUR : Quelle méprisable espèce de feux !

CUPIDON : Ils ont pourtant décrié les vôtres. Entre vous et moi, de votre temps les amants n'étaient que des benêts ; ils ne savaient que languir, que faire des hélas ! et conter leurs peines aux échos d'alentour. Oh ! parbleu ! ce n'est plus de même. J'ai supprimé les échos, moi. Je blesse ; aïe ! vite au remède. On va droit à la cause du mal. Allons, dit-on, je vous aime ; voyez ce que vous pouvez faire pour moi, car le temps est cher ; il faut expédier les hommes. Mes sujets ne disent point : Je me meurs ! Il n'y a rien de si vivant qu'eux. Langueurs, timidité, doux martyre, il n'en est plus question : fadeur, platitude du temps passé que tout cela. Vous ne faisiez que des sots, que des imbéciles ; moi je ne fais que des gens de courage. Je ne les endors pas, je les éveille : ils sont si vifs qu'ils n'ont pas le loisir d'être tendres ; leurs regards sont des désirs : au lieu de soupirer, ils attaquent ; ils ne demandent point d'amour, ils le supposent. Ils ne disent point : « Faites-moi grâce », ils la prennent. Ils ont du respect, mais ils le perdent ; et voilà ce qu'il faut. En un mot, je n'ai point

d'esclaves, je n'ai que des soldats. Allons, déterminez-vous : j'ai besoin de commis ; voulez-vous être le mien ? sur-le-champ je vous donne de l'emploi.

L'AMOUR : Ne rougissez-vous point du récit que vous venez de faire ? quel oubli de la vertu !

CUPIDON : Eh bien ! quoi ? *la vertu* que voulez-vous dire ? elle a sa charge et moi la mienne ; elle est faite pour régir l'univers, et moi pour l'entretenir. Déterminez-vous, vous dis-je ; mais je ne vous prends qu'à condition que vous quitterez je ne sais quel air de dupe que vous avez sur la physionomie ; je ne veux point de cela. Allons, mon lieutenant, alerte ! un peu de mutinerie dans les yeux ; les vôtres prêchent la résistance. Est-ce là la contenance d'un vainqueur ? Avec un Amour aussi poltron que vous, il faudrait qu'un tendron fît tous les frais de la défaite. Eh ! éviteriez-vous... *(Il tire une de ses flèches.)* Je suis d'avis de vous égayer le cœur d'une de mes flèches, pour vous ôter cet air timide et langoureux. Gare ! que je vous rende aussi fou que moi.

L'AMOUR, *tirant aussi une de ses flèches* : Et moi, si vous tirez, je vous rendrai sage.

CUPIDON : Non pas, s'il vous plaît ; j'y perdrais, et vous y gagneriez.

L'AMOUR : Allez, petit libertin que vous êtes, votre audace ne m'offense point, et votre empire touche peut-être à sa fin. Jupiter aujourd'hui fait assembler tous les dieux ; il veut que chacun d'eux fasse un don au fils d'un grand roi qu'il aime. Je suis invité à l'assemblée. Tremblez des suites que peut avoir cette aventure.

Scène II

CUPIDON, *seul* : Comment donc ! il dit vrai. Tous les dieux ont reçu ordre de se rendre ici ; il n'y a que moi qu'on n'a point averti, et j'ai cru que ce n'était qu'un oubli de la part de Mercure. Le voici qui vient ; voyons ce que cela signifie.

Scène III : Cupidon, Mercure, Plutus [2].

MERCURE : Ah ! vous voilà, seigneur Cupidon. Je suis votre serviteur.

PLUTUS : Bonjour, mon ami.

CUPIDON : Bonjour, Plutus. Seigneur Mercure, il y a aujourd'hui assemblée générale, et c'est vous qui avez averti les dieux, de la part de Jupiter, de se trouver ici.

MERCURE : Il est vrai.

CUPIDON : Pourquoi donc n'ai-je rien su de cela, moi ? Est-ce que je ne suis pas une divinité assez considérable ?

MERCURE : Eh ! où vouliez-vous que je vous prisse ? Vous êtes un coureur qu'on ne saurait attraper.

1. Le manuscrit de *la Réunion des Amours* conservé aux archives de la Comédie-Française ajoute : *Ils s'arrêtent tous deux en se voyant.*
2. *Cupidon* : dieu de l'amour, né de l'union illégitime d'Arès (Mars, dieu de la guerre) et d'Aphrodite (Vénus). *Mercure*, dieu du commerce, est aussi le complice des amants et le messager des dieux. *Plutus* ou Pluton le Riche est le dieu des enfers, Hadès. Plus loin apparaissent *Apollon* : dieu de la musique et de la poésie et *Minerve* : déesse de la raison et de la sagesse.

CUPIDON : Vous biaisez, Mercure. Parlez-moi franchement : étais-je sur votre liste?

MERCURE : Ma foi, non. J'avais ordre exprès de vous oublier tout net.

CUPIDON : Moi! Et de qui l'aviez-vous reçu?

MERCURE : De Minerve, à qui Jupiter a donné la direction de l'assemblée.

PLUTUS : Oh! de Minerve, la déesse de la sagesse? Ce n'est pas là un grand malheur. Tu sais bien qu'elle ne nous aime pas; mais elle a beau faire, nous avons un peu plus de crédit qu'elle : nous rendons les gens heureux, nous, morbleu! et elle ne les rend que raisonnables [3].

CUPIDON : Apparemment que c'est elle qui vous a aussi chargé du soin d'aller chercher le dieu de la tendresse, lui dont on ne se ressouvenait plus?

MERCURE : Vous l'avez dit, et ma commission portait même de lui faire de grands compliments.

CUPIDON, *riant* : La belle ambassade!

PLUTUS : Va, va, mon ami, laisse-le venir, ce dieu de la tendresse; quand on le rétablirait, il ne ferait pas grande besogne; on n'est plus dans le goût de l'amoureux martyre; on ne l'a retenu que dans les chansons. Le métier de cruelle est tombé; ne t'embarrasse pas de ton rival; je ne veux que de l'or pour le battre, moi.

CUPIDON : Je le crois. Mais je suis piqué. Il me prend envie de vider mon carquois sur tous les cœurs de l'Olympe.

MERCURE : Point d'étourderie; Jupiter est le maître : on pourrait bien vous casser [4]; car on n'est pas trop content de vous.

CUPIDON: Eh! de quoi peut-on se plaindre, je vous prie?

MERCURE : Oh! de tant de choses! Par exemple, il n'y a plus de tranquillité dans le mariage; vous ne sauriez laisser les maris en repos; vous mettez toujours après leurs femmes quelque chasseur qui les attrape.

CUPIDON : Et moi, je vous dis que mes chasseurs ne poursuivent que ce qui se présente.

PLUTUS : C'est-à-dire que les femmes sont bien aises d'être courues.

CUPIDON : Voilà ce que c'est. La plupart sont des coquettes, qui en demeurent là, ou bien qui ne se retirent que pour agacer; qui n'oublient rien pour exciter l'envie du chasseur, qui lui disent : Mirez-moi [5]. On les mire, on les blesse, et elles se rendent. Est-ce ma faute? Parbleu! non; la coquetterie les a déjà bien étourdies avant qu'on les tire.

MERCURE : Vous direz ce qu'il vous plaira. Ce n'est point à moi à vous donner des leçons; mais prenez-y garde : ce sont les hommes, ce sont les femmes qui crient, qui disent que c'est vous qui passez les contrats de la moitié des mariages. Après cela, ce sont des vieillards que vous donnez à expédier à de jeunes épouses, qui ne les prennent vivants que pour les avoir morts, et qui, au détriment des héritiers, ont tout le profit des funérailles. Ce sont de vieilles femmes dont vous videz le coffre pour l'achat d'un mari fainéant, qu'on ne saurait ni troquer ni revendre. Ce sont des malices qui ne finissent point, sans compter votre libertinage : car Bacchus [6], dit-on, vous fait faire tout ce qu'il veut. Plutus, avec son or, dispose de votre carquois; pourvu qu'il vous donne, toute votre artillerie est à son service, et cela n'est pas joli; ainsi, tenez-vous en repos et changez de conduite.

CUPIDON : Puisque vous m'exhortez à changer, vous avez donc envie de vous retirer, seigneur Mercure?

MERCURE : Laissons là cette mauvaise plaisanterie [7].

PLUTUS : Quant à moi, je n'ai que faire d'être dans les caquets. Tout ce que je prends de lui, je l'achète : je marchande, nous convenons, et je paye; voilà toute la finesse que j'y sache.

CUPIDON : Celui-là est comique! Se plaindre de ce que j'aime la bonne chère et l'aisance, moi qui suis l'amour! A quoi donc voulez-vous que je m'occupe? à des traités de morale? Oubliez-vous que c'est moi qui mets tout en mouvement, que c'est moi qui donne la vie; qu'il faut dans ma charge un fonds inépuisable de bonne humeur, et que je dois être à moi seul plus sémillant, plus vivant que tous les dieux ensemble?

MERCURE : Ce sont vos affaires; mais je pense que voici Apollon qui vient à nous.

PLUTUS : Adieux donc, je m'en vais. Le dieu du bel esprit et moi nous amusons pas extrêmement ensemble. Jusqu'au revoir, Cupidon.

CUPIDON : Adieu, adieu, je vous rejoindrai.

Scène IV : Cupidon, Mercure, Apollon [8].

MERCURE : Qu'avez-vous, seigneur Apollon? Vous avez l'air sombre.

APOLLON : Le retour du dieu de la tendresse me fâche. Je n'aime pas les dispositions où je vois que Minerve est pour lui. Je vous apprends qu'elle va bientôt l'amener ici, Cupidon.

CUPIDON : Et que veut-elle en faire?

APOLLON : Vous entendre raisonner tous les deux sur la nature de vos feux, pour juger lequel de vos dons on doit préférer dans cette occasion-ci : et c'est de quoi même je suis chargé de vous informer.

CUPIDON : Tant mieux, morbleu! tant mieux; cela me divertira. Allez, il n'y a rien à craindre; mon confrère ne plaide pas mieux qu'il ne blesse.

MERCURE : Croyez-moi, allez pourtant vous préparer pendant quelques moments.

CUPIDON : C'est, parbleu! bien dit : je vais me recueillir chez Bacchus; il y a du vin de Champagne qui est d'une éloquence admirable : j'y trouverai mon plaidoyer tout fait. Adieu, mes amis; tenez-moi des lauriers tout prêts.

---

3. Le manuscrit ajoute : *Aussi n'a-t-elle pas la presse.*
4. Destituer, congédier.
5. *Mirer* s'emploie pour dire viser, regarder avec attention l'endroit où l'on veut que porte le coup d'une arme à feu, d'une arbalète, etc.

6. *Bacchus :* dieu de la boisson et de l'ivresse.
7. Allusion au rôle d'entremetteur que joue souvent Mercure, complice des amants et messager des dieux.
8. Cette scène et la suivante étaient supprimées à la représentation.

Scène V : Mercure, Apollon.

APOLLON : Il a beau dire; le vent du bureau n'est pas pour lui, et je me défie du succès.

MERCURE : Eh bien! que vous importe à vous? Quand son rival reviendrait à la mode, vous n'en inspirerez pas moins ceux qui chanteront leurs maîtresses!

APOLLON : Eh! morbleu! cela est bien différent; les chansons ne seront pas si jolies. On ne chantera plus que des sentiments. Cela est bien plat.

MERCURE : Bien plat! que voulez-vous donc qu'on chante?

APOLLON : Ce que je veux? Est-ce qu'il faut un commentaire à Mercure? Une caresse, une vivacité, un transport, quelque petite action.

MERCURE : Ah! vous avez raison; je n'y songeais pas : cela fait un sujet bien plus piquant, plus animé.

APOLLON : Sans comparaison; et un sujet bien à la portée d'être senti. Tout le monde est au fait d'une action.

MERCURE : Oui, tout le monde gesticule.

APOLLON : Et tout le monde ne sent pas. Il y a des cœurs matériels qui n'entendent un sentiment que lorsqu'il est mis sur un canevas bien intelligible.

MERCURE : On ne leur explique l'âme qu'à la faveur du corps.

APOLLON : Vous y êtes; et il faut avouer que la poésie galante a bien plus de prise en pareil cas. Aujourd'hui, quand j'inspire un couplet de chanson ou quelques autres vers, j'ai mes coudées franches, je suis à mon aise. C'est Philis qu'on attaque, qui combat, qui se défend mal; c'est un beau bras qu'on saisit, c'est une main qu'on adore et qu'on baise : c'est Philis qui se fâche; on se jette à genoux, elle s'attendrit, elle s'apaise; un soupir lui échappe... Ah! Sylvandre... Ah! Philis... Levez-vous, je le veux... Quoi! cruelle, mes transports... Finissez... Je ne puis... Laissez-moi... Des regards, des ardeurs, des douceurs; cela est charmant. Sentez-vous la gaieté, la commodité de ces objets-là? J'inspire là-dessus en me jouant; aussi n'a-t-on jamais vu tant de poètes.

MERCURE : Et dont la poésie ne vous coûte rien. Ce sont les Philis qui en font tous les frais.

APOLLON : Sans doute : au lieu que si la tendresse allait être à la mode, adieu les bras, adieu les mains; les Philis n'auraient plus de tout cela.

MERCURE : Elles n'en seraient que plus aimables, et sans doute plus estimées. Mais laissez-moi recevoir la Vérité qui arrive.

Scène VI : Mercure, Apollon, la Vérité.

MERCURE : Il est temps de venir, Déesse; l'assemblée va se tenir bientôt.

LA VÉRITÉ : J'arrive. Je me suis seulement amusée un instant à parler à Minerve sur le choix qu'elle a fait de certains dieux pour la cérémonie dont il est question.

APOLLON : Peut-on vous demander de qui vous parliez, Déesse?

LA VÉRITÉ : De qui? de vous.

APOLLON : Cela est net. Et qu'en disiez-vous donc?

LA VÉRITÉ : Je disais... Mais vous êtes bien hardi d'interroger la Vérité. Vous y tenez-vous?

APOLLON : Je ne crains rien. Poursuivez.

MERCURE : Courage!

APOLLON : Que disiez-vous de moi?

LA VÉRITÉ : Du bien, et du mal, beaucoup plus de mal que de bien. Continuez de m'interroger. Il ne vous coûtera pas plus de savoir le reste.

APOLLON : Eh! quel mal y a-t-il à dire du dieu qui peut faire le don de l'éloquence et de l'amour des beaux-arts?

LA VÉRITÉ : Oh! vos dons sont excellents : j'en disais du bien; mais vous ne leur ressemblez pas.

APOLLON : Pourquoi?

LA VÉRITÉ : C'est que vous flattez, que vous mentez, et que vous êtes un corrupteur des âmes humaines.

APOLLON : Doucement, s'il vous plaît; comme vous y allez!

LA VÉRITÉ : En un mot, un vrai charlatan.

APOLLON : Arrêtez; car je me fâcherais.

MERCURE : Laissez-la achever; ce qu'elle dit est amusant.

APOLLON : Il ne m'amuse point du tout, moi. Qu'est-ce que cela signifie? En quoi donc mérité-je tous ces noms-là?

LA VÉRITÉ : Vous rougissez; mais ce n'est pas de vos vices; ce n'est que du reproche que je vous en fais.

MERCURE, *à Apollon* : N'admirez-vous pas son discernement?

APOLLON : Déesse, vous me poussez à bout.

LA VÉRITÉ : Je vous définis. Vengez-vous en vous corrigeant.

APOLLON : Eh! de quoi me corriger?

LA VÉRITÉ : Du métier vénal et mercenaire que vous faites. Tenez, de toutes les eaux de votre Hippocrène [9], de votre Parnasse [10] et de votre bel esprit, je n'en donnerais pas un fétu; non plus que de vos neuf Muses, qu'on appelle les chastes sœurs, et qui ne sont que neuf vieilles friponnes que vous n'employez qu'à faire du mal. Si vous êtes le dieu de l'éloquence, de la poésie, du bel esprit, soutenez donc ces grands attributs avec quelque dignité. Car enfin n'est-ce pas vous qui dictez tous les éloges flatteurs qui se débitent? Vous êtes si accoutumé à mentir que, lorsque vous louez la vertu, vous n'avez plus d'esprit, vous ne savez plus où vous en êtes.

MERCURE : Elle n'a pas tout le tort. J'ai remarqué que la fiction vous réussit mieux que le reste.

LA VÉRITÉ : Je vous dis qu'il n'y a rien de si plat que lui, quand il ne ment pas. On est toujours mal loué de lui, dès qu'on mérite de l'être. Mais dans le fabuleux, oh! il triomphe. Il vous fait un monceau de toutes les vertus, et puis vous les jette à la tête : Tiens, prends, enivre-toi d'impertinences et de chimères.

APOLLON : Mais enfin...

LA VÉRITÉ : Mais enfin tant qu'il vous plaira. Vos épîtres dédicatoires par exemple!

MERCURE : Oh! faites lui grâce là-dessus. On ne les lit point.

9. L'*Hippocrène* est la source jaillissant sur le Parnasse. Son eau favorisait l'inspiration poétique.

10. Montagne de Béotie où séjournent Apollon et les Muses.

LA VÉRITÉ : Dans le grand nombre, il y en a quelques-unes que j'approuve. Quand j'ouvre un livre, et que je vois le nom d'une vertueuse personne à la tête, je m'en réjouis : mais j'en ouvre un autre, il s'adresse à une personne admirable ; j'en ouvre cent, j'en ouvre mille : tout est dédié à des prodiges de vertu et de mérite. Et où se tiennent donc tous ces prodiges ? Où sont-ils ? Comment se fait-il que les personnes vraiment louables soient si rares, et que les épîtres dédicatoires soient si communes ? Il me le faut pourtant en nombre égal, ou bien vous n'êtes pas un dieu d'honneur. En un mot, il y a mille épîtres où vous vous écriez : « Que votre modestie se rassure, monseigneur. » Il me faut donc mille monseigneurs modestes. Oh ! de bonne foi, me les fournirez-vous ? Concluez.

APOLLON : Mais, Mercure, approuvez-vous tout ce qu'elle me dit là ?

MERCURE : Moi ? je ne vous trouve pas si coupable qu'elle le croit. On ne sent point qu'on est menteur, quand on a l'habitude de l'être.

APOLLON : La réponse est consolante.

LA VÉRITÉ : En un mot, vous masquez tout. Et ce qu'il y a de plaisant, c'est que ceux que vous travestissez prennent le masque que vous leur donnez pour leur visage. Je connais une très laide femme que vous avez appelée charmante Iris. La folle n'en veut rien rabattre. Son miroir n'y gagne rien ; elle n'y voit plus qu'Iris. C'est sur ce pied-là qu'elle se montre ; et la charmante Iris est une guenon qui vous ferait peur. Je vous pardonnerais tout cela, cependant, si vos flatteries n'attaquaient pas jusqu'aux princes ; mais pour cet article-là, je le trouve affreux.

MERCURE : Malepeste ! c'est l'article de tout le monde.

APOLLON : Quoi ! dire la vérité aux princes !

LA VÉRITÉ : Le plus grand des mortels, c'est le prince qui l'aime et qui la cherche ; je mets presque à côté de lui le sujet vertueux qui ose la lui dire. Et le plus heureux de tous les peuples est celui chez qui ce prince et ce sujet se rencontrent ensemble.

APOLLON : Je l'avoue, il me semble que vous avez raison.

LA VÉRITÉ : Au reste, Apollon, tout ce que je vous dis là ne signifie pas que je vous craigne. Vous savez aujourd'hui de quel Prince il est question. Faites tout ce qu'il vous plaira ; la Sagesse et moi, nous remplirons son âme d'un si grand amour pour les vertus, que vos flatteurs seront réduits à parler de lui comme j'en parlerais moi-même. Adieu.

APOLLON : C'en est fait, je me rends, Déesse, et je me raccommode avec vous. Allons, je vous consacre mes veilles. Vous fournirez des actions au Prince, et je me charge du soin de les célébrer.

Scène VII : Mercure, Apollon.

MERCURE : Seigneur Apollon, je vous félicite de vos louables dispositions. Ce que c'est que les gens d'esprit ! Tôt ou tard ils deviennent honnêtes gens.

APOLLON : Voilà ce qui fait qu'on ne doit pas désespérer de vous, seigneur Mercure.

Scène VIII : Cupidon, Mercure, Apollon [11].

CUPIDON : Gare, gare, messieurs ! voici Minerve qui se rend ici avec mon rival.

MERCURE : Eh bien ! nous ne serons pas de trop ; je serai bien aise d'être présent.

APOLLON : Vous n'auriez pas mal fait de me communiquer ce que vous avez à dire. J'aurais pu vous fournir quelque chose de bon ; mais vous ne consultez personne.

CUPIDON : Mons de la Poésie, vous me manquez de respect.

APOLLON : Pourquoi donc ?

CUPIDON : Vous croyez avoir autant d'esprit que moi, je pense ?

MERCURE, rit : Eh ! eh ! eh ! eh.

APOLLON : Je sais pourtant persuader la raison même.

CUPIDON : Et moi, je la fais taire. Taisez-vous aussi.

Scène IX : Minerve, l'Amour, Cupidon, Mercure, Apollon.

MINERVE : Vous savez, Cupidon, de quel emploi Jupiter m'a chargée. Peut-être vous plaindrez-vous du secret que je vous ai fait de notre assemblée ; mais je croyais vos feux trop vifs. Quoi qu'il en soit, nous ne voulons point que le Prince ait une âme insensible. L'un de vous deux doit avoir quelque droit sur son cœur ; mais la raison doit primer sur tout ; et vous êtes accusé de ne la ménager guère.

CUPIDON : Oui-da, je l'étourdis quelquefois. Il y a des moments difficiles à passer avec moi : mais cela ne dure pas.

APOLLON : Quand on aime, il faut bien qu'il y paraisse.

MERCURE : Tenez, dans la théorie, le dieux de la tendresse l'emporte ; mais j'aime mieux sa pratique, à lui.

MINERVE : Messieurs, ne soyez que spectateurs.

MERCURE : Je ne dis plus mot.

APOLLON : Pour moi, serviteur au silence [12]. Je sors.

MINERVE : Vous me faites plaisir.

Scène X : Minerve, l'Amour, Cupidon, Mercure.

MINERVE : Allons. Cupidon, je vous écouterai, malgré les défauts qu'on vous reproche.

CUPIDON : Mais qu'est-ce que c'est que mes défauts ? Où cela va-t-il ? On dit que je suis un peu libertin ; mais on n'a jamais dit que j'étais un benêt.

L'AMOUR : Et de qui l'a-t-on dit ?

CUPIDON : A votre place, je ne ferais point cette question-là.

MINERVE : Il ne s'agit point de cela. Terminons. Je ne suis venue ici que pour vous écouter. Voyons, (à l'Amour) vous êtes l'ancien, vous ; parlez le premier.

---

11. Scène supprimée à la représentation.
12. Il faut comprendre : pour moi, je refuse de me taire.

L'AMOUR *tousse et crache* : Sage Minerve, vous devant qui je m'estime heureux de réclamer mes droits...

CUPIDON : Je défends les coups d'encensoir.

MINERVE : Retranchez l'encens.

L'AMOUR : Je croirais manquer de respect et faire outrage à vos lumières, si je vous soupçonnais capable d'hésiter entre lui et moi.

CUPIDON : La cour remarquera qu'il la flatte.

MINERVE, *à Cupidon* : Laissez-le donc dire.

CUPIDON : Je ne parle pas; je ne fais qu'apostiller son exorde.

L'AMOUR : Ah! c'en est trop. Votre audace m'irrite, et me fait sortir de la modération que je voulais garder. Qui êtes-vous pour oser me disputer quelque chose? Vous, qui n'avez pour attribut que le vice, digne héritage d'une origine aussi impure que la vôtre? Divinité scandaleuse, dont le culte est un crime; à qui la seule corruption des hommes a dressé des autels? Vous, à qui les devoirs les plus sacrés servent de victimes? Vous, qu'on ne peut honorer qu'en immolant la vertu? Funeste auteur des plus honteuses flétrissures des hommes, qui, pour récompense à ceux qui vous suivent, ne leur laissez que le déshonneur, le repentir et la misère en partage, osez-vous vous comparer à moi, au dieu de la plus noble, de la plus estimable, de la plus tendre des passions et, j'ose dire, de la plus féconde en héros?

CUPIDON : Bon, des héros! Nous voilà bien riches! Est-ce que vous croyez que la terre ne se passera pas bien de ces messieurs-là? Allez, ils sont plus curieux à voir que nécessaires : leur gloire a trop d'attirail. Si l'on rabattait tous les frais qu'il en coûte pour les avoir, on verrait qu'on les achète plus qu'ils ne valent. On est bien dupe de les admirer, puisqu'on en paye la façon. Il faut que les hommes vivent un peu bourgeoisement les uns avec les autres, pour être en repos. Vos héros sortent du niveau et ne font que du tintamarre. Poursuivez.

MINERVE : Laissons là les héros. Il est beau de l'être; mais la raison n'admire que les sages.

CUPIDON : Oh! de ceux-là il n'en a jamais fait, ni moi non plus.

L'AMOUR : De grâce, écoutez-moi, Déesse. Qu'est-ce que c'était autrefois que l'envie de plaire? Je vous en atteste vous-même. Qu'est-ce que c'était que l'amour? je l'appelais tout à l'heure une passion : c'était une vertu, Déesse; c'était du moins l'origine de toutes les vertus ensemble. La nature me présentait des hommes grossiers, je les polissais; des féroces, je les humanisais; des fainéants, dont je ressuscitais les talents enfouis dans l'oisiveté et dans la paresse. Avec moi, le méchant rougissait de l'être. L'espoir de plaire, l'impossibilité d'y arriver autrement que par la vertu, forçaient son âme à devenir estimable. De mon temps, la Pudeur était la plus estimable des Grâces.

CUPIDON : Eh bien! il ne faut pas faire tant de bruit; c'est encore de même. Je n'en connais point de si piquante, moi, que la Pudeur. Je l'adore, et mes sujets aussi. Ils la trouvent si charmante, qu'ils la poursuivent partout où ils la trouvent. Mais je m'appelle l'Amour; mon métier n'est pas d'avoir soin d'elle. Il y a le Respect, la Sagesse, l'Honneur, qui sont commis à sa garde;

voilà ses officiers; c'est à eux à la défendre du danger qu'elle court; et ce danger, c'est moi. Je suis fait pour être ou son vainqueur ou son vaincu. Nous ne saurions vivre autrement ensemble; et sauve qui peut. Quand je la bats, elle me le pardonne; quand elle me bat, je ne l'en estime pas moins, et elle ne m'en hait pas davantage. Chaque chose a son contraire; je suis le sien. C'est sur la bataille des contraires que tout roule dans la nature. Vous ne savez pas cela, vous, vous n'êtes point philosophe.

L'AMOUR : Jugez-nous, Déesse, sur ce qu'il vient d'avouer lui-même. N'est-il pas condamnable? Quelle différence des amants de mon temps aux siens! Que de décence dans les sentiments des miens! Que de dignité dans les transports mêmes.

CUPIDON : De la dignité dans l'amour! de la décence pour la durée du monde! voilà des agréments d'une grande ressource! Il ne sait plus ce qu'il dit. Minerve, toute la nature est intéressée à ce que vous renvoyiez ce vieux garçon-là. Il va l'appauvrir à un point, qu'il n'y aura plus que des déserts. Vivra-t-elle de soupirs? Il n'a que cela vaillant. Autant en emporte le vent : et rien ne reste que des romans de douze tomes. Encore, à la fin, n'y aura-t-il personne pour les lire. Prenez garde à ce que vous allez faire.

L'AMOUR : Juste ciel! faut-il...?

CUPIDON : Bon! des apostrophes au ciel! voilà encore de son jargon. Eh! morbleu! qu'il s'en aille. Tenez, mon ami, je veux bien encore vous parler raison. Vous me reprochez ma naissance, parce qu'elle n'est pas méthodique, et qu'il y manque une petite formalité [13], n'est-ce pas? Eh bien! mon enfant, c'est en quoi elle est excellente, admirable, et vous n'y entendez rien.

MERCURE : Ceci est nouveau.

CUPIDON : Doucement. La nature avait besoin d'un Amour, n'est-il pas vrai? Comment fallait-il qu'il fût, à votre avis? Un conteur de fades sornettes? Un trembleur qui a toujours peur d'offenser, qui n'eût fait dire aux femmes que *ma gloire!* et aux hommes que *vos divins appas?* Non, cela ne valait rien. C'était un espiègle tel que moi qu'il fallait à la nature; un étourdi, sans souci, plus vif que délicat; qui mît toute sa noblesse à tout prendre et à ne rien laisser. Et cet enfant-là, je vous prie, y avait-il rien de plus sage que de lui donner pour père et pour mère des parents joyeux qui le fissent naître sans cérémonie dans le sein de la joie? Il ne fallait que le sens commun pour sentir cela. Mais, dites-vous, vous êtes le dieu du vice. Cela n'est pas vrai; je donne de l'amour, voilà tout : le reste vient du cœur des hommes. Les uns y perdent, les autres y gagnent, je ne m'en embarrasse pas. J'allume le feu; c'est à la raison à le conduire, et je m'en tiens à mon métier de distributeur de flammes au profit de l'univers. En voilà assez; croyez-moi : retirez-vous. C'est l'avis de Minerve.

MINERVE : Je suspends encore mon jugement entre vous deux. Voici la Vertu qui entre; je ne prononcerai que lorsqu'elle m'aura donné son avis.

---

13. Cupidon fait ici allusion aux amours illégitimes de Mars et de Vénus dont il est le fruit.

Scène XI : La Vertu, les acteurs précédents.

MINERVE : Venez, Déesse : nous avons besoin de vous ici. Vous savez les motifs de notre assemblée. Il s'agit ici à présent de savoir lequel de ces deux Amours nous devons retenir pour nos desseins. Je viens d'entendre leurs raisons ; mais je ne déciderai la chose qu'après que vous l'aurez examinée vous-même. Que chacun d'eux vous fasse sa déclaration. Vous me direz, après, laquelle vous aura paru du caractère le plus estimable ; et je jugerai par là lequel de leurs dons peut entraîner le moins d'inconvénients dans l'âme du Prince. Adieu, je vous laisse, et vous me ferez votre rapport.

Scène XII : L'Amour, Cupidon, Mercure, la Vertu.

MERCURE : L'expédient est très bon.

CUPIDON : Dites-moi, Déesse, ne vaudrait-il pas mieux que nous vous tirassions chacun un petit coup de dard ? Vous jugeriez mieux de ce que nous valons par nos coups.

LA VERTU : Cela serait inutile. Je suis invulnérable ; et, d'ailleurs, je veux vous écouter de sang-froid, sans le secours d'aucune impression étrangère.

MERCURE : C'est bien dit ; point de prévention.

L'AMOUR : Il est bien humiliant pour moi de me voir tant de fois réduit à lutter contre lui.

CUPIDON : Mon ancien recule ici ? Ses flammes héroïques ont peur de mon feu bourgeois. C'est le brodequin qui épouvante le cothurne.

L'AMOUR : Je pourrais avoir peur, si nous avions pour juge une âme commune ; mais avec la Vertu, je n'ai rien à craindre.

CUPIDON : Il fait toujours des exordes. Il a pillé celui-ci dans *Cléopâtre* [14].

LA VERTU : Qu'importe ? Allons, je vous entends.

MERCURE : Le pas est réglé entre vous. C'est à l'Amour à commencer.

CUPIDON : Sans doute. Il est la tragédie, lui ; moi, je ne suis que la petite pièce. Qu'il vous glace d'abord, je vous réchaufferai après.

Mercure et la Vertu sourient.

L'AMOUR : Quoi ! met-il déjà les rieurs de son côté ?

LA VERTU : Laissez-le dire. Commencez, je vous écoute.

MERCURE : *Motus.*

L'AMOUR *s'écarte, et fait la révérence en abordant la Vertu* : Permettez-moi, Madame, de vous demander un moment d'entretien. Jusques ici mon respect a réduit mes sentiments à se taire.

CUPIDON, *bâille* : Ah ! ah ! ah !

L'AMOUR : Ne m'interrompez donc pas.

CUPIDON : Je vous demande pardon ; mais je suis l'Amour : le respect m'a toujours fait bâiller. N'y prenez pas garde.

MERCURE : Ce début me paraît froid.

LA VERTU, *à l'Amour* : Recommencez.

L'AMOUR : Je vous disais, madame, que mon respect a réduit mes sentiments à se taire. Ils n'ont osé se produire que dans mes timides regards ; mais il n'est plus temps de feindre, ni de vous dérober votre victime. Je sais tout ce que je risque à vous déclarer ma flamme. Vos rigueurs vont punir mon audace. Vous allez accabler un téméraire ; mais, madame, au milieu du courroux qui va vous saisir, souvenez-vous du moins que ma témérité n'a jamais passé jusqu'à l'espérance, et que ma respectueuse ardeur...

CUPIDON : Encore du respect ! Voilà mes vapeurs qui me reprennent.

MERCURE : Et les voilà qui me gagnent aussi, moi.

L'AMOUR : Déesse, rendez-moi justice. Vous sentez bien qu'on m'arrête au milieu d'une période assez touchante, et qui avait quelque dignité.

LA VERTU : Voilà qui est bien ; votre langage est décent. Il n'étourdit point la raison. On a le temps de se reconnaître, et j'en rendrai bon compte.

MERCURE : Cela fait une belle pièce d'éloquence : on dirait d'une harangue.

CUPIDON : Oui-da ; cette flamme, avec les rigueurs de madame, la témérité qu'on accable à cause de cette audace qui met en courroux, en dépit de l'espérance qu'on n'a point, avec cette victime qui vient brocher sur le tout : cela est très beau, très touchant, assurément [15].

L'AMOUR, *à Cupidon* : Ce n'est pas votre sentiment qu'on demande. Voulez-vous que je continue, Déesse ?

LA VERTU : Ce n'est pas la peine : en voilà assez. Je vois bien ce que vous savez faire. A vous, Cupidon.

MERCURE : Voyons.

CUPIDON : Non, Déesse adorable, ne m'exposez point à vous dire que je vous aime. Vous regardez ceci comme une feinte ; mais vous êtes trop aimable, et mon cœur pourrait bien s'y méprendre. Je vous dis la vérité ; ce n'est pas d'aujourd'hui que vous me touchez. Je me connais en charmes. Ni sur la terre ni dans les cieux, je ne vois rien qui ne le cède aux vôtres. Combien de fois n'ai-je pas été tenté de me jeter à vos genoux ! Quelles délices pour moi d'aimer la Vertu, si je pouvais être aimé d'elle ! Eh ! pourquoi ne m'aimeriez-vous pas ? Que veut dire ce penchant qui me porte à vous, s'il n'annonce pas que vous y serez sensible ? Je sens que tout mon cœur vous est dû. N'avez-vous pas quelque répugnance à me refuser le vôtre ? Aimable Vertu, me fuirez-vous toujours ? Regardez-moi ! Vous ne me connaissez pas ! C'est l'Amour à vos genoux qui vous parle. Essayez de le voir ; il est soumis : il ne veut que vous fléchir. Je vous aime, je vous le dis ; vous m'entendez ; mais vos yeux ne me rassurent pas. Un regard achèverait mon bonheur ! Ah ! quel plaisir ! Vous me l'accordez. Chère main que j'idolâtre, recevez mes transports. Voici le plus heureux instant qui me soit échu en partage.

LA VERTU, *soupirant* : Ah ! finissez, Cupidon, je vous défends de parler davantage.

L'AMOUR : Quoi ! la Vertu se laisse baiser la main ?

LA VERTU : Il va si vite que je ne la lui ai pas vu prendre.

---

14. *Cléopâtre* : roman précieux de La Calprenède (1647).

15. Le manuscrit précise : *(Mercure rit).*

MERCURE : Ce fripon-là m'a attendri aussi.

CUPIDON : Déesse, pour m'expliquer comme lui, vous plaît-il d'écouter encore deux ou trois petites périodes de conséquence?

LA VERTU : Quoi! voulez-vous continuer? Adieu.

CUPIDON : Mais vous vous en allez et ne décidez rien.

LA VERTU : Je me sauve et vais faire mon rapport à Minerve.

L'AMOUR [16] : Adieu, Mercure, je vous quitte, et je vais la suivre.

CUPIDON, *riant* : Allez, allez lui servir d'antidote.

Scène XIII : Mercure, Cupidon.

CUPIDON, *riant* : Ah! ah! ah! ah! la Vertu se laissait apprivoiser. Je la tenais déjà par la main, toute Vertu qu'elle est : et si elle me donnait encore un quart d'heure d'audience, je vous la garantirais mal nommée.

MERCURE : Oui : mais la Vertu est sage, et vous fuit.

CUPIDON : La belle ressource!

MERCURE : Il n'y en a point d'autre avec un fripon comme vous.

CUPIDON : Qu'est-ce donc, seigneur Mercure? Vous me donnez des épithètes! Vous vous familiarisez, petit commensal!

MERCURE : Quoi! vous vous fâchez?

CUPIDON : Oh! que non. Nous ne pouvons nous passer

16. Le manuscrit précise : *(la suivant).*

l'un de l'autre. Mais qu'en dites-vous? Le dieu de la tendresse n'a pas beaucoup brillé, ce me semble?

MERCURE : Vous êtes un étourdi. Vous ne l'avez que trop battu; et je crains que vous n'ayez paru trop fort. Comment donc! vous égratignez, en jouant, jusqu'à la Vertu même! Oh! on ne vous choisira pas pour la cérémonie présente. Vous êtes trop remuant. Vous mettriez la ville et la cour sur un joli ton. J'entends quelqu'un. Je suis sûr que c'est Minerve qui va venir vous donner votre congé. C'est elle-même.

Scène XIV : Tous les acteurs de la pièce.

MINERVE : Cupidon, la Vertu décidait contre vous; et moi-même j'allais être de son sentiment, si Jupiter n'avait pas jugé à propos de vous réunir, en vous corrigeant, pour former le cœur du prince. Avec votre confrère, l'âme est trop tendre, il est vrai; mais avec vous, elle est trop libertine. Il fait souvent des cœurs ridicules; vous n'en faites que de méprisables. Il égare l'esprit; mais vous ruinez les mœurs. Il n'a que des défauts; vous n'avez que des vices. Unissez-vous tous deux : rendez-le plus vif et plus passionné, et qu'il vous rende plus tendre et plus raisonnable; et vous serez sans reproche. Au reste, ce n'est pas un conseil que je vous donne, c'est un ordre de Jupiter que je vous annonce.

CUPIDON, *embrassant l'Amour* : Allons, mon camarade, je le veux bien. Embrassons-nous. Je vous apprendrai à n'être plus si sot; et vous m'apprendrez à être plus sage.

LE TRIOMPHE DE L'AMOUR

Pendant que les Serments indiscrets *attendent d'être créés à la Comédie-Française où ils ont été reçus depuis plus d'un an, les Italiens présentent une nouvelle comédie de Marivaux : c'est le* Triomphe de l'amour, *que l'Hôtel de Bourgogne affiche le 12 mars 1732, et non en avril ou le 12 mai comme il a été imprimé par erreur dans diverses éditions.*

Au Nouveau Théâtre Italien, beaucoup de choses ont changé depuis la première du Jeu de l'amour et du hasard, *soit depuis plus de deux ans que Marivaux n'y a donné une œuvre nouvelle. Le départ des trois Riccoboni pour Parme sur l'invitation d'Antoine Farnèse, plusieurs décès, dont celui de Margarita Rusca dite Violette (elle fut souvent Lisette ou Jacqueline dans des comédies de Marivaux) qui laissera son mari, Thomassin-Arlequin, inconsolable et diminué, avaient rendu bien précaire la situation de la troupe dont la cour et le public se détournaient en faveur des Comédiens Francais. Mais à la fin de 1731, déçus par la situation qui leur avait été faite à Parme, les Riccoboni sont rentrés en France et si Lélio, « se refusant aux empressements du public et aux sollicitations de ses camarades » (Desboulmiers), n'a pas repris la direction de l'Hôtel de Bourgogne, du moins Flaminia et François Riccoboni, dit Lélio le fils, ont-ils retrouvé leur place dans la troupe.*

C'est alors que les Comédiens Italiens, ainsi revigorés, créent le Triomphe de l'amour. *Silvia est Léonide. Comme dans la* Fausse Suivante, *elle porte le travesti. Mais cela ne suffit pas cette fois à assurer le succès du spectacle, du moins le soir de la première. Marivaux le reconnaît lui-même : « La pièce n'a eu, à proprement parler, ni chute, ni succès; tout se réduit simplement à dire qu'elle n'a point plu. Je ne parle que de la première représentation. » Car, comme le* Prince travesti, *le* Triomphe de l'amour *se releva de ce mauvais départ. « Après cela, poursuit Marivaux, elle a eu encore un autre sort : ce n'a plus été la même pièce, tant elle a fait de plaisir aux nouveaux spectateurs qui sont venus la voir; ils étaient dans la dernière surprise de ce qui lui était arrivé d'abord. Je n'ose rapporter les éloges qu'ils en faisaient, et je n'exagère rien : le public est garant de ce que je dis là. Ce n'est pas là tout. Quatre jours après qu'elle a paru à Paris, on l'a jouée à la cour. Il y a assurément de l'esprit et du goût dans ce pays-là; et elle y plut encore au delà de ce qu'il m'est permis de dire. »*

Mais nous ne sommes plus en 1724 et l'étoile du dramaturge Marivaux a pâli. Aussi le Triomphe de l'amour, *dont les recettes sont tombées à moins de quatre cents livres, n'ira pas, en dépit des « éloges » que les spectateurs pouvaient en faire, au delà de la sixième représentation. Les comptes rendus de l'époque, tout en reconnaissant qu'il s'agit d' « une des (pièces) les mieux intriguées qui soit sortie de la plume de Marivaux » et que « les scènes (en) sont parfaitement agencées et remplies de pensées et de sentiments » (Mercure) se font d'ailleurs l'écho des réticences du public devant « cette intrigue (qui) aurait mieux convenu à une simple bourgeoise qu'à une princesse de Sparte » (Mercure), et même de son indignation à « voir une princesse de Sparte se déguiser pour venir chercher un jeune homme dont elle n'est point sûre d'être aimée, et tromper un philosophe par une fourberie digne de Scapin » (Desboulmiers).*

Pendant près de deux siècles, le Triomphe de l'amour *ne paraîtra plus sur une scène — malgré les louanges que lui décerna Jules Lemaître qui le tenait pour « un des plus aimables chefs-d'œuvre de Marivaux » et qui y trouvait un argument pour étayer un parallèle entre le théâtre de Marivaux et les comédies de Shakespeare. C'est à Xavier de Courville que l'on doit d'avoir revu le* Triomphe de l'amour *au théâtre : il ouvrit avec lui, en 1912, le long cycle des représentations marivaudiennes de la Petite Scène.*

En 1956, enfin, Vilar vint, et il choisit le Triomphe de l'amour *pour confronter le théâtre de Marivaux à la fois avec l'immense et ténébreux plateau du Palais de Chaillot et avec un public jusqu'alors plus accoutumé aux discours civiques ou aux fanfares romantiques qu'au jeu marivaudien. La réussite fut complète : animé par une inhabituelle et éblouissante Maria Casarès, ce* Triomphe de l'amour *(où Jean Vilar jouait Hermocrate, Daniel Sorano Arlequin, Georges Wilson Dimas, Roger Mollien Agis et Catherine Le Couey Léontine) mit définitivement à mal la légende d'un Marivaux de salon, précieux et maniéré, de ce Marivaux dont ses adversaires, les Philosophes (une nouvelle fois bien maltraités en la personne d'Hermocrate), étaient parvenus à imposer la trop fragile image. Et, au lieu d'une comédie de boudoir, les spectateurs du T. N. P. y reconnurent un théâtre où sont la passion et la jeunesse qui ont, cruellement, le dernier mot — ce théâtre à ciel ouvert qui vient en droite ligne de Corneille.*

AVERTISSEMENT DE L'AUTEUR [1]

Le sort de cette pièce-ci a été bizarre. Je la sentais susceptible d'une chute totale ou d'un grand succès; d'une chute totale, parce que le sujet en était singulier, et par conséquent courait risque d'être mal reçu; d'un grand succès, parce que je voyais que, si le sujet était saisi, il pouvait faire beaucoup de plaisir. Je me suis trompé pourtant; et rien de tout cela n'est arrivé. La pièce n'a eu, à proprement parler, ni chute, ni succès; tout se réduit simplement à dire qu'elle n'a point plu. Je ne parle que de la première représentation; car, après cela elle a eu encore un autre sort : ce n'a plus été la même pièce, tant elle a fait de plaisir aux nouveaux spectateurs qui sont venus la voir; ils étaient dans la dernière surprise de ce qui lui était arrivé d'abord. Je n'ose rapporter les éloges qu'ils en faisaient, et je n'exagère rien : le public est garant de ce que je dis là. Ce n'est pas là tout. Quatre jours après qu'elle a paru à Paris, on l'a jouée à la cour. Il y a assurément de l'esprit et du goût dans ce pays-là; et elle y plut encore au delà de ce qu'il m'est permis de dire. Pourquoi donc n'a-t-elle pas été mieux reçue d'abord? Pourquoi l'a-t-elle été si bien après? Dirai-je que les premiers spectateurs s'y connaissent mieux que les derniers? Non, cela ne serait pas raisonnable. Je conclus seulement que cette différence d'opinion doit engager les uns et les autres à se méfier de leur jugement. Lorsque dans une affaire de goût, un homme d'esprit en trouve plusieurs autres qui ne sont pas de son sentiment, cela doit l'inquiéter, ce me semble, ou il a moins d'esprit qu'il ne pense; et voilà précisément ce qui se passe à l'égard de cette pièce. Je veux croire que ceux qui l'ont trouvée si bonne se trompent peut-être, et assurément c'est être bien modeste; d'autant plus qu'il s'en faut beaucoup que je la trouve mauvaise; mais je crois aussi que ceux qui la désapprouvent peuvent avoir tort. Et je demande qu'on la lise avec attention, et sans égard à ce que l'on en a pensé d'abord, afin qu'on la juge équitablement.

ACTEURS

LÉONIDE, *Princesse de Sparte, sous le nom de Phocion*;
CORINE, *suivante de Léonide, sous le nom d'Hermidas*;
HERMOCRATE, *philosophe*; LÉONTINE, *sœur d'Hermocrate*;
AGIS, *fils de Cléomène*; DIMAS, *jardinier d'Hermocrate*;
ARLEQUIN, *valet d'Hermocrate*.

LA SCÈNE EST
DANS LA MAISON D'HERMOCRATE.

ACTE PREMIER

*Scène I : Léonide, sous le nom de Phocion,
Corine, sous le nom d'Hermidas.*

PHOCION : Nous voici, je pense, dans les jardins du philosophe Hermocrate.

HERMIDAS : Mais, Madame, ne trouvera-t-on pas mauvais que nous soyons entrées si hardiment ici, nous qui n'y connaissons personne?

PHOCION : Non; tout est ouvert; et d'ailleurs nous venons pour parler au maître de la maison. Restons dans cette allée en nous promenant; j'aurai le temps de te dire ce qu'il faut à présent que tu saches.

HERMIDAS : Ah! il y a longtemps que je n'ai respiré si à mon aise! Mais, Princesse, faites-moi la grâce tout entière; si vous voulez me donner un régal bien complet, laissez-moi le plaisir de vous interroger moi-même à ma fantaisie.

PHOCION : Comme tu voudras.

HERMIDAS : D'abord, vous quittez votre cour et la ville, et vous venez ici avec peu de suite, dans une de vos maisons de campagne, où vous voulez que je vous suive.

PHOCION : Fort bien.

HERMIDAS : Et comme vous savez que, par amusement, j'ai appris à peindre, à peine y sommes-nous quatre ou cinq jours, que, vous enfermant un matin avec moi, vous me montrez deux portraits, dont vous me demandez des copies en petit et l'un est celui d'un homme de quarante-cinq ans, et l'autre celui d'une femme d'environ trente-cinq, tous deux d'assez bonne mine.

PHOCION : Cela est vrai.

HERMIDAS : Laissez-moi dire : quand ces copies sont finies, vous faites courir le bruit que vous êtes indisposée, et qu'on ne vous voie pas; ensuite vous m'habillez en homme, vous en prenez l'attirail vous-même; et puis nous sortons *incognito* toutes deux dans cet équipage-là; vous avec le nom de Phocion, moi, avec celui d'Hermidas, que vous me donnez; et, après un quart d'heure de chemin, nous voilà dans les jardins du philosophe Hermocrate, avec la philosophie de qui je ne crois pas que vous ayez rien à démêler.

PHOCION : Plus que tu ne penses!

HERMIDAS : Or, que veut dire cette feinte indisposition, ces portraits copiés? Qu'est-ce que c'est que cet homme et cette femme qu'ils représentent? Que signifie la mascarade où nous sommes? Que nous importent les jardins d'Hermocrate? Que voulez-vous faire de lui? Que voulez-vous faire de moi? Où allons-nous? Que deviendrons-nous? A quoi tout cela aboutira-t-il? Je ne saurais le savoir trop tôt, car je m'en meurs.

PHOCION : Écoute-moi avec attention. Tu sais par quelle aventure je règne en ces lieux? J'occupe une place qu'autrefois Léonidas, frère de mon père, usurpa sur Cléomène son souverain, parce que ce prince, dont il commandait alors les armées, devint, pendant son absence, amoureux de sa maîtresse, et l'enleva. Léonidas, outré de douleur, et chéri des soldats, vint comme un furieux attaquer Cléomène, le prit avec la princesse son épouse, et les enferma tous deux. Au bout de quelques années, Cléomène mourut, aussi bien que la princesse son épouse, qui ne lui survécut que six mois et qui, en mourant, mit au monde un prince qui disparut, et qu'on

1. C'est par erreur que cet *Avertissement* a été, dans l'édition de 1758, placé en tête d'*Annibal*, erreur qu'ont répétée depuis tous les éditeurs de Marivaux jusqu'à Fournier et Bastide qui ont remis ce texte à sa vraie place.

eut l'adresse de soustraire à Léonidas, qui n'en découvrit jamais la moindre trace, et qui mourut à son tour sans enfants, regretté du peuple qu'il avait bien gouverné, et qui lui vit tranquillement succéder son frère, à qui je dois la naissance, et au rang de qui j'ai succédé moi-même.

HERMIDAS : Oui; mais tout cela ne dit encore rien de notre déguisement, ni des portraits dont j'ai fait la copie; et voilà ce que je veux savoir.

PHOCION : Doucement : ce prince, qui reçut la vie dans la prison de sa mère, qu'une main inconnue enleva dès qu'il fut né, et dont Léonidas ni mon père n'ont jamais entendu parler, j'en ai des nouvelles, moi.

HERMIDAS : Le ciel en soit loué! Vous l'aurez donc bientôt en votre pouvoir?

PHOCION : Point du tout; c'est moi qui vais me mettre au sien.

HERMIDAS : Vous, Madame! vous n'en ferez rien, je vous jure; je ne le souffrirai jamais : comment donc!

PHOCION : Laisse-moi achever. Ce prince est depuis dix ans chez le sage Hermocrate, qui l'a élevé, et à qui Euphrosine, parente de Cléomène, le confia, sept ou huit ans après qu'il fut sorti de prison, et tout ce que je te dis là, je le sais d'un domestique qui était, il n'y a pas longtemps, au service d'Hermocrate, et qui est venu m'en informer en secret, dans l'espoir d'une récompense.

HERMIDAS : N'importe; il faut s'en assurer, Madame.

PHOCION : Ce n'est pourtant pas là le parti que j'ai pris; un sentiment d'équité, et je ne sais quelle inspiration m'en ont fait prendre un autre. J'ai d'abord voulu voir Agis (c'est le nom du prince). J'appris qu'Hermocrate et lui se promenaient tous les jours dans la forêt qui est à côté de mon château. Sur cette instruction, j'ai quitté, comme tu sais, la ville, je suis venue ici, j'ai vu Agis dans cette forêt, à l'entrée de laquelle j'avais laissé ma suite. Le domestique qui m'y avait montra ce prince lisant dans un endroit du bois assez épais. Jusque-là j'avais bien entendu parler de l'amour; mais je n'en connaissais que le nom. Figure-toi, Corine, un assemblage de tout ce que les Grâces ont de noble et d'aimable; à peine t'imagineras-tu les charmes et de la figure et de la physionomie d'Agis.

HERMIDAS : Ce que je commence à imaginer de plus clair, c'est que ces charmes-là pourraient bien avoir mis les nôtres en campagne.

PHOCION : J'oublie de te dire que, lorsque je me retirais, Hermocrate parut; car ce domestique, en se cachant, me dit que c'était lui; et ce philosophe s'arrêta pour me prier de lui dire si la Princesse ne se promenait pas dans la forêt, ce qui me marqua qu'il ne me connaissait point. Je lui répondis, assez déconcertée, qu'on disait qu'elle y était, et je m'en retournai au château.

HERMIDAS : Voilà, certes, une aventure bien singulière.

PHOCION : Le parti que j'ai pris l'est encore davantage; je n'ai feint d'être indisposée et de ne voir personne, que pour être libre de venir ici; je vais, sous le nom du jeune Phocion, qui voyage, me présenter à Hermocrate, comme attiré par l'estime de sa sagesse; je le prierai de me laisser passer quelque temps avec lui, pour profiter de ses leçons; je tâcherai d'entretenir Agis, et de disposer

son cœur à mes fins. Je suis née d'un sang qu'il doit haïr; ainsi je lui cacherai mon nom; car de quelques charmes dont on me flatte, j'ai besoin que l'amour, avant qu'il me connaisse, les mette à l'abri de la haine qu'il a sans doute pour moi.

HERMIDAS : Oui; mais, Madame, si, sous votre habit d'homme, Hermocrate allait reconnaître cette dame à qui il a parlé dans la forêt, vous jugez bien qu'il ne vous gardera pas chez lui.

PHOCION : J'ai pourvu à tout, Corine, et, s'il me reconnaît, tant pis pour lui; je lui garde un piège, dont j'espère que toute sa sagesse ne le défendra pas. Je serais pourtant fâchée qu'il me réduisît à la nécessité de m'en servir; mais le but de mon entreprise est louable, c'est l'amour et la justice qui m'inspirent. J'ai besoin de deux ou trois entretiens avec Agis; tout ce que je fais est pour les avoir : je n'en attends pas davantage, mais il me les faut; et, si je ne puis les obtenir qu'aux dépens du philosophe, je n'y saurais que faire.

HERMIDAS : Et cette sœur qui est avec lui, et dont apparemment l'humeur doit être austère, consentira-t-elle au séjour d'un étranger aussi jeune et d'aussi bonne mine que vous?

PHOCION : Tant pis pour elle aussi, si elle me fait obstacle; je ne lui ferai pas plus de quartier qu'à son frère.

HERMIDAS : Mais, Madame, il faudra que vous les trompiez tous deux; car j'entends ce que je vous voulez dire. Cet artifice-là ne vous choque-t-il pas?

PHOCION : Il me répugnerait, sans doute, malgré l'action louable qu'il a pour motif; mais il me vengera d'Hermocrate et de sa sœur qui méritent que je les punisse; qui, depuis qu'Agis est avec eux, n'ont travaillé qu'à lui inspirer de l'aversion pour moi, qu'à me peindre sous les traits les plus odieux et le tout sans me connaître, sans savoir le fond de mon âme, ni tout ce que le ciel a pu y verser de vertueux. Ce sont eux qui ont soulevé tous les ennemis qu'il m'a fallu combattre, qui m'en soulèvent encore de nouveaux. Voilà ce que le domestique m'a rapporté d'après l'entretien qu'il surprit. Eh! d'où vient tout le mal qu'ils me font? Est-ce parce que j'occupe un trône usurpé? Mais ce n'est pas moi qui en fus l'usurpatrice. D'ailleurs, à qui l'aurais-je rendu? Je n'en connaissais pas l'héritier légitime; il n'a jamais paru; on le croit mort. Quel tort n'ont-ils donc pas? Non, Corine, je n'ai point de scrupules. Surtout conserve bien la copie des deux portraits que tu as faits qui sont d'Hermocrate et de sa sœur. A ton égard, conforme-toi à tout ce qui m'arrivera, et j'aurai soin de t'instruire à mesure de tout ce qu'il faudra que tu saches.

Scène II : Arlequin, sans être vu d'abord,
Phocion, Hermidas.

ARLEQUIN : Qu'est-ce que c'est que ces gens-là?

HERMIDAS : Il y aura bien de l'ouvrage à tout ceci, Madame! et votre sexe...

ARLEQUIN, *les surprenant* : Ah! ah! *Madame!* et puis *votre sexe!* Eh! parlez donc, vous autres hommes, vous êtes donc des femmes?

PHOCION : Juste ciel! je suis au désespoir.

ARLEQUIN : Oh! oh! mes mignonnes, avant que de vous en aller, il faudra bien, s'il vous plaît, que nous comptions ensemble [2]; je vous ai d'abord prises pour deux fripons; mais je vous fais réparation : vous êtes deux friponnes.

PHOCION : Tout est perdu, Corine.

HERMIDAS, *faisant signe à Phocion* : Non, Madame; laissez-moi faire, et ne craignez rien. Tenez, la physionomie de ce garçon-là ne m'aura point trompée : assurément, il est traitable.

ARLEQUIN : Et par-dessus le marché un honnête homme, qui n'a jamais laissé passer de contrebande; ainsi vous êtes une marchandise que j'arrête; je vais faire fermer les portes.

HERMIDAS : Oh! je t'en empêcherai bien, moi; car tu serais le premier à te repentir du tort que tu nous ferais.

ARLEQUIN : Prouvez-moi mon repentir, et je vous lâche.

PHOCION, *donnant plusieurs pièces d'or à Arlequin*: Tiens, mon ami, voilà déjà un commencement de preuves; ne serais-tu pas fâché d'avoir perdu cela?

ARLEQUIN : Oui-da, il y a toute apparence; car je suis bien aise de l'avoir.

HERMIDAS : As-tu encore envie de faire du bruit?

ARLEQUIN : Je n'ai encore qu'un commencement d'envie de n'en plus faire.

HERMIDAS : Achevez de le déterminer, Madame.

PHOCION, *lui en donnant encore* : Prends encore ceci. Es-tu content?

ARLEQUIN : Oh! voilà l'abrégé de ma mauvaise humeur. Mais de quoi s'agit-il, mes libérales dames?

HERMIDAS : Tiens, d'une bagatelle; Madame a vu Agis dans la forêt, et n'a pu le voir sans lui donner son cœur.

ARLEQUIN : Cela est extrêmement honnête.

HERMIDAS : Or, Madame, qui est riche, qui ne dépend que d'elle, et qui l'épouserait volontiers, voudrait essayer de le rendre sensible.

ARLEQUIN : Encore plus honnête.

HERMIDAS : Madame ne saurait le rendre plus sensible qu'en liant quelque conversation avec lui, qu'en demeurant même quelque temps dans la maison où il est.

ARLEQUIN : Pour avoir toutes ses commodités.

HERMIDAS : Et cela ne se pourrait pas, si elle se présentait nabillée suivant son sexe, parce qu'Hermocrate ne le permettrait pas, et qu'Agis lui-même la fuirait, à cause de l'éducation qu'il a reçue du philosophe.

ARLEQUIN : Malepeste! de l'amour dans cette maison-ci? ce serait une mauvaise auberge pour lui; la sagesse d'Agis, d'Hermocrate et de Léontine, sont trois sagesses aussi inciviles pour l'amour qu'il y en ait dans le monde; il n'y a que la mienne qui ait un peu de savoir-vivre.

PHOCION : Nous le savions bien.

HERMIDAS : Et voilà pourquoi Madame a pris le parti de se déguiser pour paraître; ainsi tu vois bien qu'il n'y a point de mal à tout cela.

ARLEQUIN : Eh! pardi, il n'y a rien de si raisonnable.

Madame a pris de l'amour, en passant, pour Agis. Eh bien! qu'est-ce? Chacun prend ce qu'il peut; voilà bien de quoi! Allez, gracieuses personnes; ayez bon courage, je vous offre mes services. Vous avez perdu votre cœur; faites vos diligences pour en attraper un autre; si on trouve le mien, je le donne.

PHOCION : Va, compte sur ma parole; tu jouiras bientôt d'un sort qui ne te laissera envier celui de personne.

HERMIDAS : N'oublie pas, dans le besoin, que Madame s'appelle Phocion et moi Hermidas.

PHOCION : Et surtout qu'Agis ne sache point qui nous sommes.

ARLEQUIN : Ne craignez rien, seigneur Phocion; touchez là, camarade Hermidas; voilà comment je parle, moi.

HERMIDAS : Paix! voilà quelqu'un qui arrive.

Scène III : Hermidas,
Phocion, Arlequin,
Dimas, jardinier.

DIMAS : Avec qui est-ce donc qu'ous parlez là, noute ami?

ARLEQUIN : Eh! je parle avec du monde.

DIMAS : Eh! pargué! je le vois bian; mais qui est ce monde? à qui en veut-il?

PHOCION : Au seigneur Hermocrate.

DIMAS : Eh bian! ce n'est pas par ici qu'on entre; noute maître m'a enchargé à ce que parsonne ne se promène dans le jardin; par ainsi, vous n'avez qu'à vous en retorner par où vous êtes venus, pour frapper à la porte du logis.

PHOCION : Nous avons trouvé celle du jardin ouverte; et il est permis à des étrangers de se méprendre.

DIMAS : Je ne leur baillons pas cette parmission-là, nous; je n'entendons pas qu'on vianne comme ça sans dire gare; ne tiant-il qu'à enfiler des portes ouvartes? An a l'honnêteté d'appeler un jardinier; an li demande le parvilège; an a queuque bonne manière avec un homme, et pis la parmission s'enfile avec la porte.

ARLEQUIN : Doucement, notre ami! vous parlez à une personne riche et d'importance.

DIMAS : Voirement! je le vois bian qu'alle est riche, pisqu'alle garde tout; et moi je garde mon jardin; alle n'a qu'à prenre par ailleurs.

Scène IV : Agis, Dimas, Hermidas,
Phocion, Arlequin.

AGIS : Qu'est-ce que c'est donc que ce bruit-là, jardinier? contre qui criez-vous?

DIMAS : Contre cette jeunesse qui viant apparemment mugueter [3] nos espaliers.

PHOCION : Vous arrivez à propos, seigneur, pour me débarrasser de lui. J'ai dessein de saluer le seigneur Hermocrate et de lui parler; j'ai trouvé ce jardin-ci ouvert; il veut que j'en sorte.

---

2. *Compter ensemble*, c'est régler ses comptes sur un pied d'égalité.

3. *Mugueter* : courtiser comme fait le muguet, c'est-à-dire quelqu'un qui affecte d'être propre, paré, mignon auprès des dames.

AGIS : Allez, Dimas, vous avez tort; retirez-vous, et courez avertir Léontine qu'un étranger de considération souhaiterait parler à Hermocrate. Je vous demande pardon, seigneur, de l'accueil rustique [4] de cet homme-là. Hermocrate lui-même vous en fera ses excuses, et vous êtes d'une physionomie qui annonce les égards qu'on vous doit.

ARLEQUIN : Oh! pour ça, ils font tous deux une belle paire de visages.

PHOCION : Il est vrai, seigneur, que ce jardinier m'a traité brusquement; mais vos politesses m'en dédommagent, et si ma physionomie, dont vous parlez, vous disposait à me vouloir du bien, je la croirais en effet la plus heureuse du monde, et ce serait, à mon gré, un des plus grands services qu'elle pût me rendre.

AGIS : Il ne mérite pas que vous l'estimiez tant; mais, tel qu'il est, elle vous l'a rendu, seigneur; et, quoiqu'il n'y ait qu'un instant que nous nous connaissions, je vous assure qu'on ne saurait être aussi prévenu pour quelqu'un que je le suis pour vous.

ARLEQUIN : Nous allons donc faire, entre nous, quatre jolis penchants.

HERMIDAS s'écarte avec Arlequin : Promenons-nous, pour parler du nôtre.

AGIS : Mais, seigneur, puis-je vous demander pour qui mon amitié se déclare?

PHOCION : Pour quelqu'un qui vous en jurerait volontiers une éternelle.

AGIS : Cela ne suffit pas; je crains de faire un ami que je perdrai bientôt.

PHOCION : Il ne tiendra pas à moi que nous ne nous quittions jamais, seigneur.

AGIS : Qu'avez-vous à exiger d'Hermocrate? Je lui dois mon éducation; j'ose dire qu'il m'aime. Avez-vous besoin de lui?

PHOCION : Sa réputation m'attirait ici; je ne voulais, quand je suis venu, que l'engager à me souffrir quelque temps auprès de lui; mais depuis que je vous connais, ce motif le cède à un autre encore plus pressant; c'est celui de vous voir le plus longtemps qu'il me sera possible.

AGIS : Et que devenez-vous après?

PHOCION : Je n'en sais rien, vous en déciderez; je ne consulterai que vous.

AGIS : Je vous conseillerai de ne me perdre jamais de vue.

PHOCION : Sur ce pied-là, nous serons donc toujours ensemble.

AGIS : Je le souhaite de tout mon cœur; mais voici Léontine qui arrive.

ARLEQUIN, à Hermidas : Notre maîtresse s'avance; elle a un maintien grave qui ne me plaît point du tout.

Scène V : Phocion,
Agis, Hermidas, Dimas,
Léontine, Arlequin.

DIMAS : Tenez, Madame, velà le damoisiau dont je vous parle, et cet autre étourniau est de son équipage.

LÉONTINE : On m'a dit, seigneur, que vous demandiez à parler à Hermocrate mon frère; il n'est pas actuellement ici. Pouvez-vous, en attendant qu'il revienne, me confier ce que vous avez à lui dire?

PHOCION : Je n'ai à l'entretenir de rien de secret, Madame; il s'agit d'une grâce que j'ai à obtenir de lui, et je compterai d'avance l'avoir obtenue, si vous voulez bien me l'accorder vous-même.

LÉONTINE : Expliquez-vous, seigneur.

PHOCION : Je m'appelle Phocion, Madame; mon nom peut vous être connu; mon père [5], que j'ai perdu il y a plusieurs années, l'a mis en quelque réputation.

LÉONTINE : Oui, seigneur.

PHOCION : Seul et ne dépendant de personne, il y a quelque temps que je voyage pour former mon cœur et mon esprit.

DIMAS, à part : Et pour cueillir le fruit de nos arbres.

LÉONTINE : Laissez-nous, Dimas.

PHOCION : J'ai visité, dans mes voyages, tous ceux que leur savoir et leur vertu distinguaient des autres hommes. Il en est même qui m'ont permis de vivre quelque temps avec eux; et j'ai espéré que l'illustre Hermocrate ne me refuserait pas, pour quelques jours, l'honneur qu'ils ont bien voulu me faire.

LÉONTINE : Il est vrai, seigneur, qu'à vous voir, vous paraissez bien digne de cette hospitalité vertueuse que vous avez reçue ailleurs; mais il ne sera pas possible à Hermocrate de s'honorer du plaisir de vous l'offrir; d'importantes raisons, qu'Agis sait bien, nous en empêchent; je voudrais pouvoir vous les dire; elles nous justifieraient auprès de vous.

ARLEQUIN : D'abord, j'en logerai un, moi, dans ma chambre.

AGIS : Ce ne sont point les appartements qui nous manquent.

LÉONTINE : Non; mais vous savez mieux qu'un autre que cela ne se peut pas, Agis, et que nous nous sommes fait une loi nécessaire de ne partager notre retraite avec personne.

AGIS : J'ai pourtant promis au seigneur Phocion de vous y engager; et ce ne sera pas violer la loi que nous nous sommes faite, que d'en excepter un ami de la vertu.

LÉONTINE : Je ne saurais changer de sentiment.

ARLEQUIN, à part : Tête de femme!

PHOCION : Quoi! Madame, serez-vous inflexible à d'aussi louables intentions que les miennes?

LÉONTINE : C'est malgré moi.

AGIS : Hermocrate vous fléchira, Madame.

LÉONTINE : Je suis sûre qu'il pensera comme moi.

PHOCION, à part, les premiers mots : Allons aux expédients... Eh bien! Madame, je n'insisterai plus; mais oserai-je vous demander un moment d'entretien secret?

LÉONTINE : Seigneur, je suis fâchée des efforts inutiles que vous allez faire; puisque vous le voulez pourtant, j'y consens.

PHOCION, à Agis : Daignez vous éloigner pour un instant.

---

4. Grossier, peu poli, rude.

5. Allusion à Phocion, général et orateur athénien qui mourut en buvant la ciguë (vers 400-317 av. J.-C.).

Scène VI : Léontine, Phocion.

PHOCION, *à part, les premiers mots* : Puisse l'amour favoriser mon artifice!... Puisque vous ne pouvez, Madame, vous rendre à la prière que je vous ai faite, il n'est plus question de vous en presser ; mais peut-être m'accorderez-vous une autre grâce, c'est de vouloir bien me donner un conseil qui va décider de tout le repos de ma vie.

LÉONTINE : Celui que je vous donnerai, Seigneur, c'est d'attendre Hermocrate ; il est meilleur à consulter que moi.

PHOCION : Non, Madame ; dans cette occasion-ci, vous me convenez encore mieux que lui. J'ai besoin d'une raison moins austère que compatissante, j'ai besoin d'un caractère de cœur qui tempère sa sévérité d'indulgence, et vous êtes d'un sexe chez qui ce doux mélange se trouve plus sûrement que dans le nôtre ; ainsi, Madame, écoutez-moi ; je vous en conjure par tout ce que vous avez de bonté.

LÉONTINE : Je ne sais ce que présage un pareil discours ; mais la qualité d'étranger exige des égards ; ainsi parlez, je vous écoute.

PHOCION : Il y a quelques jours que, traversant ces lieux en voyageur, je vis près d'ici une dame qui se promenait, et qui ne me vit point ; il faut que je vous la peigne, vous la reconnaîtrez peut-être, et vous en serez mieux au fait de ce que j'ai à vous dire. Sa taille, sans être grande, est pourtant majestueuse ; je n'ai vu nulle part un air si noble ; c'est, je crois, la seule physionomie du monde où l'on voie les grâces les plus tendres s'allier, sans y rien perdre, à l'air le plus imposant, le plus modeste et peut-être le plus austère. On ne saurait s'empêcher de l'aimer, mais d'un amour timide, et comme effrayé du respect qu'elle imprime ; elle est jeune, non de cette jeunesse étourdie qui m'a toujours déplu, qui n'a que des agréments imparfaits, et qui ne sait encore qu'amuser les yeux, sans mériter d'aller au cœur ; non ; elle est dans cet âge vraiment aimable, qui met les grâces dans toute leur force, où l'on jouit de tout ce que l'on est ; dans cet âge où l'âme, moins dissipée, ajoute à la beauté des traits un rayon de finesse qu'elle a acquise.

LÉONTINE, *embarrassée* : Je ne sais de qui vous parlez, seigneur ; cette dame-là m'est inconnue, et c'est sans doute un portrait trop flatteur.

PHOCION : Celui que j'en garde dans mon cœur est mille fois au-dessus de ce que je vous peins là, Madame. Je vous ai dit que je passais pour aller plus loin ; mais cet objet m'arrêta, et je ne le perdis point de vue, tant qu'il me fut possible de le voir. Cette dame s'entretenait avec quelqu'un, elle souriait de temps en temps, et je démêlais dans ses gestes je ne sais quoi de doux, de généreux et d'affable, qui perçait à travers un maintien grave et modeste.

LÉONTINE, *à part* : De qui parle-t-il ?

PHOCION : Elle se retira bientôt après, et rentra dans une maison que je remarquai. Je demandai qui elle était et j'appris qu'elle est la sœur d'un homme célèbre et respectable.

LÉONTINE, *à part* : Où suis-je ?

PHOCION : Qu'elle n'est point mariée, et qu'elle vit avec ce frère dans une retraite dont elle préfère l'innocent repos au tumulte du monde toujours méprisé des âmes vertueuses et sublimes ; enfin, tout ce que j'en appris ne fut qu'un éloge, et ma raison même, autant que mon cœur, acheva de me donner pour jamais à elle.

LÉONTINE, *émue* : Seigneur, dispensez-moi d'écouter le reste ; je ne sais ce que c'est que l'amour, et je vous conseillerais mal sur ce que je n'entends point.

PHOCION : De grâce, laissez-moi finir, et que ce mot d'amour ne vous rebute point ; celui dont je vous parle ne souille point mon cœur, il l'honore ; c'est l'amour que j'ai pour la vertu qui allume celui que j'ai pour cette dame ; ce sont deux sentiments qui se confondent ensemble ; et si j'aime, si j'adore cette physionomie si aimable que je lui trouve, c'est que mon âme y voit partout l'image des beautés de la sienne.

LÉONTINE : Encore une fois, seigneur, souffrez que je vous quitte ; on m'attend, et il y a longtemps que nous sommes ensemble.

PHOCION : J'achève, Madame. Pénétré des mouvements dont je vous parle, je promis avec transport de l'aimer toute ma vie et c'était promettre de consacrer mes jours au service de la vertu même. Je résolus ensuite de parler à son frère, d'en obtenir le bonheur de passer quelque temps chez lui, sous prétexte de m'instruire, et là, d'employer auprès d'elle tout ce que l'amour, le respect et l'hommage ont de plus soumis, de plus industrieux et de plus tendre, pour lui prouver une passion dont je remercie les dieux, comme d'un présent inestimable.

LÉONTINE, *à part* : Quel piège ! et comment en sortir ?

PHOCION : Ce que j'avais résolu, je l'ai exécuté ; je me suis présenté pour parler à son frère : il était absent, et je n'ai trouvé qu'elle, que j'ai vainement conjurée d'appuyer ma demande, qui l'a rejetée, et qui m'a mis au désespoir. Figurez-vous, Madame, un cœur tremblant et confondu devant elle, dont elle a sans doute aperçu la tendresse et la douleur, et qui du moins espérait de lui inspirer une pitié généreuse ; tout m'est refusé, Madame ; et dans cet état accablant, c'est à vous à qui j'ai recours, je me jette à vos genoux, et je vous confie mes plaintes.

Il se jette à genoux.

LÉONTINE : Que faites-vous, seigneur ?

PHOCION : J'implore vos conseils et votre secours auprès d'elle.

LÉONTINE : Après ce que je viens d'entendre, c'est aux dieux que j'en demande moi-même.

PHOCION : L'avis des dieux est dans votre cœur ; croyez-en ce qu'il vous inspire.

LÉONTINE : Mon cœur ! ô ciel ! c'est peut-être l'ennemi de mon repos que vous voulez que je consulte.

PHOCION : Et serez-vous moins tranquille, pour être généreuse ?

LÉONTINE : Ah ! Phocion, vous aimez la vertu, dites-vous ; est-ce l'aimer que de venir la surprendre ?

PHOCION : Appelez-vous la surprendre, que l'adorer ?

LÉONTINE : Mais enfin, quels sont vos desseins ?

PHOCION : Je vous ai consacré ma vie, j'aspire à l'unir

à la vôtre ; ne m'empêchez pas de le tenter, souffrez-moi quelques jours ici seulement, c'est à présent la seule grâce qui soit l'objet de mes souhaits ; et si vous me l'accordez, je suis sûr d'Hermocrate.

LÉONTINE : Vous souffrir ici, vous qui m'aimez !

PHOCION : Eh ! qu'importe un amour qui ne fait qu'augmenter mon respect ?

LÉONTINE : Un amour vertueux peut-il exiger ce qui ne l'est pas ? Quoi ! voulez-vous que mon cœur s'égare ? Que venez-vous faire ici, Phocion ? Ce qui m'arrive est-il concevable ? Quelle aventure ! ô ciel ! quelle aventure ! Faudra-t-il que ma raison y périsse ? Faudra-t-il que je vous aime, moi qui n'ai jamais aimé ? Est-il temps que je sois sensible ? Car enfin vous me flattez en vain ; vous êtes jeune, vous êtes aimable, je ne suis plus ni l'un ni l'autre.

PHOCION : Quel étrange discours !

LÉONTINE : Oui, seigneur, je l'avoue, un peu de beauté, dit-on, m'était échue en partage ; la nature m'avait départi quelques charmes que j'ai toujours méprisés. Peut-être me les faites-vous regretter, je le dis à ma honte ; mais ils ne sont plus, ou le peu qui m'en reste va se passer bientôt.

PHOCION : Eh ! de quoi sert ce que vous dites là, Léontine ? Convaincrez-vous mes yeux de ce qui n'est pas ? Espérez-vous me persuader avec ces grâces ? Avez-vous pu jamais être plus aimable ?

LÉONTINE : Je ne suis plus ce que j'étais.

PHOCION : Tranchons là-dessus, Madame ; ne disputons plus. Oui, j'y consens ; toute charmante que vous êtes, votre jeunesse va se passer, et je suis dans la mienne ; mais toutes les âmes sont du même âge. Vous savez ce que je veux de vous ; je vais en presser Hermocrate, et je mourrai de douleur si vous ne m'êtes pas favorable.

LÉONTINE : Je ne sais encore ce que je dois faire. Voici Hermocrate qui vient ; et je vous servirai, en attendant que je me détermine.

Scène VII : Hermocrate, Agis, Phocion, Léontine, Arlequin.

HERMOCRATE, *à Agis* : Est-ce là le jeune étranger dont vous me parlez ?

AGIS : Oui, seigneur, c'est lui-même.

ARLEQUIN : C'est moi qui ai eu l'honneur de lui parler le premier, et je lui ai toujours fait vos compliments en attendant votre arrivée.

LÉONTINE : Vous voyez, Hermocrate, le fils de l'illustre Phocion que son estime pour vous amène ici ; il aime la sagesse, et voyage pour s'instruire ; quelques-uns de vos pareils se sont fait un plaisir de le recevoir quelque temps chez eux ; il attend de vous le même accueil ; il le demande avec un empressement qui mérite qu'on s'y rende ; j'ai promis de vous y engager, je le fais, et je vous laisse ensemble... Ah !

AGIS : Et si mon suffrage vaut quelque chose, je le joins à celui de Léontine, seigneur.

Agis s'en va.

ARLEQUIN : Et moi, j'y ajoute ma voix par-dessus le marché.

HERMOCRATE, *regardant Phocion* : Que vois-je ?

PHOCION : Je regarde comme des bienfaits ces instances qu'on vous fait pour moi, seigneur ; jugez de ma reconnaissance pour vous, si elles ne sont pas inutiles.

HERMOCRATE : Je vous rends grâces, seigneur, de l'honneur que vous me faites : un disciple tel que vous ne me paraît pas avoir besoin d'un maître qui me ressemble ; cependant pour en mieux juger, j'aurais confidemment quelques questions à vous faire. *(A Arlequin.)* Retire-toi.

Scène VIII : Hermocrate, Phocion.

HERMOCRATE : Ou je me trompe, seigneur, ou vous ne m'êtes pas inconnu.

PHOCION : Moi, seigneur ?

HERMOCRATE : Ce n'est pas sans raison que j'ai voulu vous parler en secret ; j'ai des soupçons dont l'éclaircissement ne demande point l'éclat et c'est à vous à qui je l'épargne.

PHOCION : Quels sont donc ces soupçons ?

HERMOCRATE : Vous ne vous appelez point Phocion.

PHOCION, *à part* : Il se ressouvient de la forêt.

HERMOCRATE : Celui dont vous prenez le nom est actuellement à Athènes ; je l'apprends par une lettre de Mermécide.

PHOCION : Ce peut être quelqu'un qui se nomme comme moi.

HERMOCRATE : Ce n'est pas là tout ; c'est que ce nom supposé est la moindre erreur où vous voulez nous jeter.

PHOCION : Je ne vous entends point, seigneur.

HERMOCRATE : Cet habit-là n'est pas le vôtre ; avouez-le, Madame ; je vous ai vue ailleurs.

PHOCION, *affectant d'être surprise* : Vous dites vrai, seigneur.

HERMOCRATE : Les témoins, comme vous voyez, n'étaient pas nécessaires ; du moins ne rougissez-vous que devant moi.

PHOCION : Si je rougis, je ne me rends pas justice, seigneur, et c'est un mouvement que je désavoue ; le déguisement où je suis n'enveloppe aucun projet dont je doive être confuse.

HERMOCRATE : Moi qui entrevois ce projet, je n'y vois cependant rien de convenable à l'innocence des mœurs de votre sexe, rien dont vous puissiez vous applaudir ; l'idée de venir m'enlever Agis, mon élève, d'essayer sur lui de dangereux appas, de jeter dans son cœur un trouble presque toujours funeste, cette idée-là, ce me semble, n'a rien qui doive vous dispenser de rougir, Madame.

PHOCION : Agis ! qui ? ce jeune homme qui vient de paraître ici ? Sont-ce là vos soupçons ? Ai-je rien en moi qui les justifie ? Est-ce ma physionomie qui vous les inspire, et les mérite-t-elle ? Et faut-il que ce soit vous qui me fassiez cet outrage ? Faut-il que des sentiments tels que les miens m'attirent ? Et les dieux qui savent mes desseins, ne me le devaient-ils pas épargner ? Non, seigneur, je ne viens point ici troubler le cœur d'Agis ; tout élevé qu'il est par vos mains, tout fort qu'il est de vos leçons, ce déguisement pour lui n'eût pas été nécessaire ; si je l'aimais, j'en aurais espéré la conquête à moins de frais ; il n'aurait fallu que me montrer peut-être, que faire parler mes yeux : son âge et mes faibles appas m'auraient fait raison de son cœur. Mais ce n'est pas à lui à qui le mien en veut; celui que je cherche est plus difficile à surprendre; il ne relève point du pouvoir de mes yeux; mes appas ne feront rien sur lui; vous voyez que je ne compte point sur eux, que je n'en fais pas ma ressource; je ne les ai pas mis en état de plaire, et je les cache sous ce déguisement parce qu'ils me seraient inutiles.

HERMOCRATE : Mais ce séjour que vous voulez faire chez moi, Madame, qu'a-t-il de commun avec vos desseins, si vous ne songez pas à Agis?

PHOCION : Eh quoi! toujours Agis! Eh! seigneur, épargnez à votre vertu le regret d'avoir offensé la mienne; n'abusez point contre moi des apparences d'une aventure peut-être encore plus louable qu'innocente, que vous me voyez soutenir avec un courage qui doit étonner vos soupçons, et dont j'ose attendre votre estime, quand vous en saurez les motifs. Ne me parlez donc plus d'Agis; je ne songe point à lui, je le répète : en voulez-vous des preuves incontestables? Elles ne ménageront point la fierté de mon sexe; mais je n'en apporte ici ni la vanité ni l'industrie : j'y viens avec un orgueil plus noble que le sien; vous le verrez, seigneur. Il s'agit à présent de vos soupçons, et deux mots vont les détruire. Celui que j'aime veut-il me donner sa main? voilà la mienne. Agis n'est point ici pour accepter mes offres.

HERMOCRATE : Je ne sais donc plus à qui elles s'adressent.

PHOCION : Vous le savez, seigneur, et je viens de vous le dire; je ne m'expliquerais pas mieux en nommant Hermocrate.

HERMOCRATE : Moi! Madame?

PHOCION : Vous êtes instruit, seigneur.

HERMOCRATE, *déconcerté* : Je le suis en effet, et ne reviens point du trouble où ce discours me jette : moi, l'objet des mouvements d'un cœur tel que le vôtre!

PHOCION : Seigneur, écoutez-moi; j'ai besoin de me justifier après l'aveu que je viens de faire.

HERMOCRATE : Non, Madame, je n'écoute plus rien, toute justification est inutile, vous n'avez rien à craindre de mes idées : calmez vos inquiétudes là-dessus; mais, de grâce, laissez-moi. Est-ce fait pour être aimé? Vous attaquez une âme solitaire et sauvage, à qui l'amour est étranger; ma rudesse doit rebuter votre jeunesse et vos charmes, et mon cœur en un mot ne pourrait rien pour le vôtre.

PHOCION : Eh! je ne lui demande point de partager mes sentiments; je n'ai nul espoir, et si j'en ai, je le désavoue; mais souffrez que j'achève. Je vous ai dit que je vous aime; voulez-vous que je reste en proie à l'injure que me ferait ce discours-là, si je ne m'expliquais pas?

HERMOCRATE : Mais la raison me défend d'en entendre davantage.

PHOCION : Mais ma gloire et ma vertu, que je viens de compromettre, veulent que je continue. Encore une fois, seigneur, écoutez-moi. Vous paraître estimable est le seul avantage où j'aspire, le seul salaire dont mon cœur soit jaloux : qu'est-ce qui vous empêcherait de m'entendre? Je n'ai rien de redoutable, que des charmes humiliés par l'aveu que je vous fais, qu'une faiblesse que vous méprisez, et que je vous apporte à combattre.

HERMOCRATE : J'aimerais encore mieux l'ignorer.

PHOCION : Oui, seigneur, je vous aime; mais ne vous y trompez pas, il ne s'agit pas ici d'un penchant ordinaire; cet aveu que je vous fais ne m'échappe point; je le fais exprès; ce n'est point à l'amour à qui je l'accorde, il ne l'aurait jamais obtenu; c'est à ma vertu même à qui je le donne. Je vous dis que je vous aime, parce que j'ai besoin de la confusion de le dire, parce que cette confusion aidera peut-être à me guérir, parce que je cherche à rougir de ma faiblesse pour la vaincre : je viens affliger mon orgueil pour le révolter contre vous. Je ne vous dis point que je vous aime afin que vous m'aimiez; c'est afin que vous m'appreniez à ne plus vous aimer moi-même. Haïssez, méprisez l'amour, j'y consens; mais faites que je vous ressemble. Enseignez-moi à vous ôter de mon cœur; défendez-moi de l'attrait que je vous trouve. Je ne demande point d'être aimée, il est vrai, mais je désire de l'être; ôtez-moi ce désir; c'est contre vous-même que je vous implore.

HERMOCRATE : Eh bien! Madame, voici le secours que je vous donne; je ne veux point vous aimer : que cette indifférence-là vous guérisse, et finissez un discours où tout est poison pour qui l'écoute.

PHOCION : Grands dieux! à quoi me renvoyez-vous? à une indifférence que j'ai bien prévue. Est-ce ainsi que vous répondez au généreux courage avec lequel je vous expose ma situation? Le sage ne l'est-il au profit de personne?

HERMOCRATE : Je ne le suis point, Madame.

PHOCION : Eh bien! soit : laissez-moi le temps de vous trouver des défauts, et souffrez que je continue.

HERMOCRATE, *toujours ému* : Que m'allez-vous dire encore?

PHOCION : Écoutez-moi. J'avais entendu parler de vous, tout le public est plein de votre nom.

HERMOCRATE : Passons, de grâce, Madame.

PHOCION : Excusez ces traits d'un cœur qui se plaît à louer ce qu'il aime. Je m'appelle Aspasie; et ce fut dans ces solitudes où je vivais comme vous, maîtresse de moi-même et d'une fortune assez grande, avec l'ignorance de l'amour, et le mépris de tous les efforts qu'on faisait pour m'en inspirer.

HERMOCRATE : Que ma complaisance est ridicule!

PHOCION : Ce fut donc dans ces solitudes où je vous rencontrai, vous promenant aussi bien que moi; je ne savais qui vous étiez d'abord; cependant en vous regardant, je me sentis émue; il semblait que mon cœur devinait Hermocrate.

HERMOCRATE : Non, je ne saurais plus supporter ce récit. Au nom de cette vertu que vous chérissez, Aspasie, laissons là ce discours, abrégeons; quels sont vos desseins?

PHOCION : Ce récit vous paraît frivole, il est vrai; mais le soin de rétablir ma raison ne l'est pas.

HERMOCRATE : Mais le soin de garantir la mienne doit m'être encore plus cher; tout sauvage que je suis, j'ai des yeux, vous avez des charmes, et vous m'aimez.

PHOCION : J'ai des charmes, dites-vous? Eh quoi! seigneur, est-ce que vous les voyez, et craignez-vous de les sentir ?

HERMOCRATE : Je ne veux pas même m'exposer à le craindre.

PHOCION : Puisque vous les évitez, vous en avez donc peur ? Vous ne m'aimez pas encore, mais vous craignez de m'aimer : vous m'aimerez, Hermocrate ; je ne saurais m'empêcher de l'espérer.

HERMOCRATE : Vous me troublez, je vous réponds mal, et je me tais.

PHOCION : Eh bien ! seigneur, retirons-nous, marchons, rejoignons Léontine ; j'ai dessein de demeurer quelque temps ici, et vous me direz tantôt ce que vous avez résolu là-dessus.

HERMOCRATE : Allez donc, Aspasie ; je vous suis.

Scène IX : Hermocrate, Dimas.

HERMOCRATE : J'ai pensé m'égarer dans cet entretien. Quel parti faut-il que je prenne ? Approche, Dimas : tu vois ce jeune étranger qui me quitte ; je te charge d'observer ses actions, de le suivre le plus que tu pourras, et d'examiner s'il cherche à entretenir Agis ; entends-tu ? J'ai toujours estimé ton zèle, et tu ne saurais me le prouver mieux qu'en t'acquittant exactement de ce que je te dis là.

DIMAS : Voute affaire est faite ; pas pus tard que tantôt, je vous apportons toute ma pensée.

ACTE SECOND

Scène I : Arlequin, Dimas.

DIMAS : Eh ! morgué ! venez çà, vous dis-je ; depuis que ces nouviaux venus sont ici, il n'y a pas moyan de vous parler ; vous êtes toujours à chuchoter à l'écart avec ce marmouset [6] de valet.

ARLEQUIN : C'est par civilité, mon ami ; mais je ne t'en aime pas moins, quoique je te laisse là.

DIMAS : Mais la civilité ne veut pas qu'an soit malhonnête envars moi qui sis voute ancien camarade ; et palsanguié ! le vin et l'amiquié, c'est tout un ; pus ils sont vieux tous deux, et mieux c'est.

ARLEQUIN : Cette comparaison-là est de bon goût ; nous en boirons la moitié quand tu voudras, et tu boiras *gratis* à mes dépens...

DIMAS : Diantre ! qu'ous êtes hasardeux ! Vous dites ça comme s'il en pleuvait [7], avez-vous bian de quoi ?

ARLEQUIN : Ne t'embarrasse pas.

DIMAS : Vartuchoux ! vous êtes un fin marle [8] ; mais, morgué ! je sis marle itou, moi.

ARLEQUIN : Et depuis quand suis-je devenu merle ?

DIMAS : Bon, bon ! ne savons-je pas qu'ous avez de la finance de rencontre ? Je vous ons vu tantôt compter voute somme.

6. On dit *marmouset* pour désigner, par mépris, un jeune homme sans conséquence.
7. Entendons : comme s'il pleuvait de l'argent.
8. Un *fin merle* se dit d'un homme adroit, d'un rusé compère.

ARLEQUIN : Il a raison ; voilà ce que c'est que de vouloir savoir son compte.

DIMAS, *à part, les premiers mots* : Il baille dans le panniau. Acoutez, noute ami ; il y a bian des affaires, bian du tintamarre dans l'esprit de noute maître.

ARLEQUIN : Est-ce qu'il m'a vu aussi compter ma finance ?

DIMAS : Pouh ! voirement, c'est bian pis ; faut qu'il se doute de la manigance ; car il m'a enchargé de faire ici le renard en tapinois, pour à celle fin de défricher la pensée de ces deux parsonnes dont il a doutance, par rapport à l'intention qu'allez avont, dont il est en peine d'avoir connaissance au juste ; vous entendez bian ?

ARLEQUIN : Pas trop ; mais, mon ami, je parle donc à un renard ?

DIMAS : Chut ! n'appriandez rin de ce renard-là ; il n'y a tant seulement qu'à voir ce que vous voulez que je li dise. Preumièrement d'abord, faut pas li déclarer ce que c'est que ce monde-là, n'est-ce pas ?

ARLEQUIN : Garde-t'en bien, mon garçon.

DIMAS : Laissez-moi faire. Il n'a tenu qu'à moi d'en dégoiser, car je n'ignore de rin.

ARLEQUIN : Tu sais donc qui ils sont ?

DIMAS : Pargué, si je le savons ! je les connaissons de plante et de raçaine.

ARLEQUIN : Oh ! oh ! je croyais qu'il n'y avait que moi qui les connaissais.

DIMAS : Vous ! par la morgué ! peut-être que vous n'en savez rin.

ARLEQUIN : Oh ! que si !

DIMAS : Gage que non ; ça ne se peut pas, ça est par trop difficile.

ARLEQUIN : Mais voyez cet opiniâtre ! je te dis qu'elles me l'ont dit elles-mêmes.

DIMAS : Quoi ?

ARLEQUIN : Qu'elles étaient des femmes.

DIMAS, *étonné* : Alles sont des femmes !

ARLEQUIN : Comment donc, fripon ! est-ce que tu ne le savais pas ?

DIMAS : Non, morgué ! pas le mot, mais je triomphe.

ARLEQUIN : Ah ! maudit renard ! vilain merle !

DIMAS : Alles sont des femmes ! tatigué, que je sis aise !

ARLEQUIN : Je suis un misérable.

DIMAS : Queu tapage je m'en vas faire ! Comme je vas m'ébaudir à conter ça ! queu plaisir !

ARLEQUIN : Dimas, tu me coupes la gorge.

DIMAS : Je m'embarrasse bian de voute gorge ! Ah ! ah ! des femmes qui baillont de l'argent en darrière un jardinier, maugré qu'il les treuve dans son jardin ; il n'y a, morgué ! point de gorge qui tianne, faut punir ça.

ARLEQUIN : Mon ami, es-tu friand d'argent ?

DIMAS : Je serais bian dégoûté, si je ne l'étais pas ; mais où est-il, cet argent ?

ARLEQUIN : Je ferai financer cette dame pour racheter mon étourderie, je te le promets.

DIMAS : Cette étourderie-là n'est pas à bon marché, je vous en avartis.

ARLEQUIN : Je sais bien qu'elle est considérable.

DIMAS : Mais, par priambule, j'entends et je prétends qu'ous me disiais toute cette friponnerie-là. Ah çà ! combien avez-vous reçu de cette dame, tant en monnaie qu'en grosses pièces ? Parlez en conscience.

ARLEQUIN : Elle m'a donné vingt pièces d'or.

DIMAS : Vingt pièces d'or ! queu charr'tée d'argent ça fait ! Velà une histoire qui vaut une métairie. Après ? cette dame, que vient-elle patricoter [9] ici ?

ARLEQUIN : C'est qu'Agis a pris son cœur dans une promenade.

DIMAS : Eh bian ! que ne se garait-il ?

ARLEQUIN : Et elle s'est mise comme ça pour escamoter aussi le cœur d'Agis sans qu'il le voie.

DIMAS : Fort bian ! tout ça est d'un bon revenu pour moi ; tout ça se peut, moyennant que j'escamote itou [10]. Et ce petit valet Hermidas, est-ce itou une escamoteuse ?

ARLEQUIN : C'est encore un cœur que je pourrais bien prendre en passant.

DIMAS : Ça ne vous conviant pas, à vous qui êtes un apprentif docteux ; mais tenez, velà qu'alles viannent ; faites avancer l'espèce.

Scène II : Arlequin, Dimas, Phocion, Hermidas.

HERMIDAS, *à Phocion, en parlant d'Arlequin* : Il est avec le jardinier ; il n'y a pas moyen de lui parler.

DIMAS, *à Arlequin* : Alles n'osont approcher ; dites-leu que je sis savant sur leus parsonnes.

ARLEQUIN, *à Phocion* : Ne vous gênez point ; car je suis un babillard, Madame.

PHOCION : A qui parles-tu, Arlequin ?

ARLEQUIN : Hélas ! il n'y a plus de mystère ; il m'a fait causer avec une attrape.

PHOCION : Quoi ! malheureux ! tu lui as dit qui j'étais ?

ARLEQUIN : Il n'y a pas une syllabe de manque.

PHOCION : Ah ! ciel !

DIMAS : Je savons la parte de voute cœur, et l'escamotage de c'ti-là d'Agis ; je savons son argent ; il n'y a que c'ti-là qu'il m'a proumis que je ne savons pas encore.

PHOCION : Corine, c'en est fait, mon projet est renversé.

HERMIDAS : Non, Madame, ne vous découragez point ; dans votre projet vous avez besoin d'ouvriers, il n'y a qu'à gagner aussi le jardinier ; n'est-il pas vrai, Dimas ?

DIMAS : Je sis tout à fait de voute avis, Mademoiselle.

HERMIDAS : Eh bien ! que faut-il pour cela ?

DIMAS : Il n'y a qu'à m'acheter ce que je vaux.

ARLEQUIN : Le fripon ne vaut pas une obole.

PHOCION : Ne tient-il aussi qu'à cela, Dimas ? prends toujours d'avance ce que je te donne là, et si tu te tais, sache que tu remercieras toute ta vie le ciel d'avoir été associé à cette aventure-ci ; elle est plus heureuse pour toi que tu ne saurais te l'imaginer.

DIMAS : Conclusion, Madame, me velà vendu.

ARLEQUIN : Et moi, me voilà ruiné ; car sans ma peste de langue, tout cet argent-là arrivait dans ma poche, et c'est de mes deniers qu'on achète ce vaurien-là.

PHOCION : Qu'il vous suffise que je vous ferai riches

9. Terme populaire employé pour intriguer.
10. Aussi.

tous deux. Mais parlons de ce qui m'amenait ici, et qui m'inquiète. Hermocrate m'a promis tantôt de me garder quelque temps ici ; cependant je crains qu'il n'ait changé de sentiment ; car il est actuellement en grande conversation sur mon compte, avec Agis et sa sœur, qui veulent que je reste. Dis-moi la vérité, Arlequin ; ne t'est-il rien échappé avec lui de mes desseins sur Agis ? Je te cherchais pour savoir cela ; ne me cache rien.

ARLEQUIN : Non, par ma foi, ma belle dame ; il n'y a que ce vieux routier-là qui m'a pris comme avec un filet.

DIMAS : Morgué ! l'ami, faut que la prudence vous coupe à présent la langue sur tout ça.

PHOCION : Si tu n'as rien dit, je ne crains rien. Vous saurez de Corine à quoi j'en suis avec le philosophe et sa sœur ; et vous, Corine, puisque Dimas est des nôtres, partagez entre Arlequin et lui ce qu'il y aura à faire : il s'agit à présent d'entretenir les dispositions du frère et de la sœur.

HERMIDAS : Nous réussirons, ne vous inquiétez pas.

PHOCION : J'aperçois Agis ; vite, retirez-vous, vous autres ; surtout prenez garde qu'Hermocrate ne nous surprenne ensemble.

Scène III : Agis, Phocion.

AGIS : Je vous cherchais, mon cher Phocion, et vous me voyez inquiet : Hermocrate n'est plus si disposé à consentir à ce que vous souhaitez ; je n'ai encore été mécontent de lui qu'aujourd'hui ; il n'allègue rien de raisonnable ; ce n'est point encore moi qui l'ai pressé sur votre chapitre ; j'étais seulement présent quand sa sœur lui a parlé de vous ; elle n'a rien oublié pour le déterminer, et je ne sais ce qu'il en sera ; car une affaire qui demandait Hermocrate, et qui l'occupe actuellement, a interrompu leur entretien. Mais, cher Phocion, que ce que je vous dis là ne vous rebute pas ; pressez-le encore, c'est un ami qui vous conjure ; je lui parlerai moi-même, et nous pourrons le vaincre.

PHOCION : Quoi ! vous m'en conjurez, Agis ? Vous trouvez donc quelque douceur à me voir ici ?

AGIS : Je n'y attends plus que l'ennui, quand vous n'y serez plus.

PHOCION : Il n'y a plus que vous qui m'y arrêtez aussi.

AGIS : Votre cœur partage donc les sentiments du mien ?

PHOCION : Mille fois plus que je ne saurais vous le dire.

AGIS : Laissez-moi vous en demander une preuve : voilà la première fois que je goûte le charme de l'amitié ; vous avez les prémices de mon cœur ; ne m'apprenez point la douleur dont on est capable quand on perd son ami.

PHOCION : Moi, vous l'apprendre, Agis ! Eh ! le pourrais-je sans en être la victime ?

AGIS : Que je suis touché de votre réponse ! Écoutez le reste : souvenez-vous que vous m'avez dit qu'il ne tiendrait qu'à moi de vous voir toujours ; et sur ce pied-là voici ce que j'imagine.

PHOCION : Voyons.

AGIS : Je ne saurais si tôt quitter ces lieux ; d'importantes raisons, que vous saurez quelque jour, m'en empêchent ; mais vous, Phocion, qui êtes le maître de votre sort, attendez ici que je puisse décider du mien ; demeurez près de nous pour quelque temps ; vous y serez dans la solitude, il est vrai ; mais nous y serons ensemble, et le monde peut-il rien offrir de plus doux que le commerce de deux cœurs vertueux qui s'aiment ?

PHOCION : Oui, je vous le promets, Agis. Après ce que vous venez de dire, je ne veux plus appeler le monde, que des lieux où vous serez vous-même.

AGIS : Je suis content : les dieux m'ont fait naître dans l'infortune ; mais puisque vous restez, ils s'apaisent, et voilà le premier signal de bonheur qu'ils me réservent.

PHOCION : Écoutez aussi, Agis. Au milieu du plaisir que j'ai de vous voir si sensible, il me vient une inquiétude. L'amour peut altérer bientôt de si tendres sentiments ; un ami ne tient point contre une maîtresse.

AGIS : Moi, de l'amour, Phocion ! Fasse le ciel que votre âme lui soit aussi inaccessible que la mienne ! Vous ne me connaissez pas ; mon éducation, mes sentiments, ma raison, tout lui ferme mon cœur ; il a fait les malheurs de mon sang, et je hais, quand j'y songe, jusqu'au sexe qui nous l'inspire.

PHOCION, *d'un air sérieux* : Quoi ! ce sexe est l'objet de votre haine, Agis ?

AGIS : Je le fuirai toute ma vie.

PHOCION : Cet aveu change tout entre nous, seigneur ; je vous ai promis de demeurer en ces lieux ; mais la bonne foi me le défend ; cela n'est plus possible, et je pars : vous auriez quelque jour des reproches à me faire, et je ne veux point vous tromper, et je vous rends jusqu'à l'amitié que vous m'aviez accordée.

AGIS : Quel étrange langage me tenez-vous là, Phocion ! D'où vient ce changement subit ? Qu'ai-je dit qui puisse vous déplaire ?

PHOCION : Rassurez-vous, Agis ; vous ne me regretterez point ; vous avez craint de connaître ce que c'est que la douleur de perdre un ami ; je vais l'éprouver bientôt, mais vous ne la connaîtrez point.

AGIS : Moi, cesser d'être votre ami !

PHOCION : Vous êtes toujours le mien, seigneur ; mais je ne suis plus le vôtre ; je ne suis qu'un des objets de cette haine dont vous parliez tout à l'heure.

AGIS : Quoi ! ce n'est point Phocion ?...

PHOCION : Non, seigneur ; cet habit vous abuse, il vous cache une fille infortunée qui échappe sous ce déguisement à la persécution de la Princesse. Mon nom est Aspasie ; je suis née d'un sang illustre dont il ne reste plus que moi. Les biens qu'on m'a laissés me jettent aujourd'hui dans la nécessité de fuir. La Princesse veut que je les livre avec ma main à un de ses parents qui m'aime, et que je hais. J'appris que, sur mes refus, elle devait me faire enlever sous de faux prétextes ; et je n'ai trouvé d'autre ressource contre cette violence, que de me sauver sous cet habit qui me déguise. J'ai entendu parler d'Hermocrate, et de la solitude qu'il habite et je venais chez lui, sans me faire connaître, tâcher, du moins pour quelque temps, d'y trouver une retraite. Je vous ai rencontré, vous m'avez offert votre amitié, je vous ai vu digne de toute la mienne ; la confiance que je vous marque est une preuve

que je vous l'ai donnée, et je la conserverai malgré la haine qui va succéder à la vôtre.

AGIS : Dans l'étonnement où vous me jetez, je ne saurais plus moi-même démêler ce que je pense.

PHOCION : Et moi, je le démêle pour vous ; adieu, seigneur. Hermocrate souhaite que je me retire d'ici ; vous m'y souffrez avec peine ; mon départ va vous satisfaire tous deux, et je vais chercher des cœurs dont la bonté ne me refuse pas un asile.

AGIS : Non, Madame ; arrêtez... Votre sexe est dangereux, il est vrai ; mais les infortunés sont trop respectables.

PHOCION : Vous me haïssez, seigneur.

AGIS : Non, vous dis-je ; arrêtez, Aspasie. Vous êtes dans un état que je plains ; je me reprocherais de n'y avoir pas été sensible, et je presserai moi-même Hermocrate, s'il le faut, de consentir à votre séjour ici ; vos malheurs m'y obligent.

PHOCION : Ainsi vous n'agirez plus que par pitié pour moi : que cette aventure me décourage ! Le jeune seigneur qu'on veut que j'épouse me paraît estimable. Après tout, plutôt que de prolonger un état aussi rebutant que le mien, ne vaudrait-il pas mieux me rendre ?

AGIS : Je ne vous le conseille pas, Madame ; il faut que le cœur et la main se suivent. J'ai toujours entendu dire que le sort le plus triste est d'être uni avec ce qu'on n'aime pas ; que la vie alors est un tissu de langueurs ; que la vertu même, en nous secourant, nous accable ; mais peut-être sentez-vous que vous aimerez volontiers celui qu'on vous propose ?

PHOCION : Non, seigneur ; ma fuite en est une preuve.

AGIS : Prenez-y donc garde, surtout si quelque secret penchant vous prévenait pour un autre ; car peut-être aimez-vous ailleurs, et ce serait encore pis.

PHOCION : Non, vous dis-je. Je vous ressemble ; je n'ai jusqu'ici senti mon cœur que par l'amitié que j'ai eue pour vous ; et si vous ne me retiriez pas la vôtre, je ne voudrais jamais d'autre sentiment que celui-là.

AGIS, *d'un ton embarrassé* : Sur ce pied-là, ne vous exposez pas à revoir la Princesse ; car je suis toujours le même.

PHOCION : Vous m'aimez donc encore ?

AGIS : Toujours, Madame, d'autant plus qu'il n'y a rien à craindre, puisqu'il ne s'agit entre nous que d'amitié, qui est le seul penchant que je puisse inspirer, et le seul aussi, sans doute, dont vous soyez capable.

PHOCION ET AGIS, *en même temps* : Ah !

PHOCION : Seigneur, personne n'est plus digne que vous de la qualité d'ami ; celle d'amant ne vous convient que trop, mais ce n'est pas à moi vous le dire.

AGIS : Je voudrais bien ne le devenir jamais.

PHOCION : Laissons donc là l'amour ; il est même dangereux d'en parler.

AGIS, *un peu confus* : Voici, je pense, un domestique qui vous cherche : Hermocrate n'est peut-être plus occupé ; souffrez que je vous quitte pour aller le joindre.

Scène IV : Phocion, Arlequin, Hermidas.

ARLEQUIN : Allez, Madame Phocion, votre entretien tout à l'heure était bien gardé, car il avait trois sentinelles.

HERMIDAS : Hermocrate n'a point paru; mais sa sœur vous cherche, et a demandé au jardinier où vous étiez; elle a l'air un peu triste; apparemment que le philosophe ne se rend pas.

PHOCION : Oh! il a beau faire, il deviendra docile, ou tout l'art de mon sexe n'y pourra rien.

ARLEQUIN : Et le seigneur Agis, promet-il quelque chose? son cœur se mitonne-t-il un peu?

PHOCION : Encore une ou deux conversations, je l'emporte.

HERMIDAS : Quoi, sérieusement, Madame?

PHOCION : Oui, Corine; tu sais les motifs de mon amour, et les dieux m'en annoncent déjà la récompense.

ARLEQUIN : Ils ne manqueront pas aussi de récompenser le mien; car il est bien honnête.

HERMIDAS, *à Arlequin* : Paix! j'aperçois Léontine; retirons-nous.

PHOCION : As-tu instruit Arlequin de ce qu'il s'agit de faire à présent?

HERMIDAS : Oui, Madame.

ARLEQUIN : Vous serez charmée de mon savoir-faire.

Scène V : Phocion, Léontine.

PHOCION : J'allais vous trouver, Madame : on m'a appris ce qui se passe; Hermocrate veut se dédire de la grâce qu'il m'avait accordée, et je suis dans un trouble inexprimable.

LÉONTINE : Oui, Phocion; Hermocrate, par une opiniâtreté qui me paraît sans fondement, refuse de tenir la parole qu'il m'a donnée. Vous m'allez dire que je le presse encore; mais je viens vous avouer que je n'en ferai rien.

PHOCION : Vous n'en ferez rien, Léontine?

LÉONTINE : Non; ses refus me rappellent moi-même à la raison.

PHOCION : Et vous appelez cela retrouver la raison? Quoi? ma tendresse aura borné mes vues, je n'aurai cherché qu'à vous la dire, je vous l'aurai dite, je me serai mis hors d'état de guérir jamais, j'aurai même espéré de vous toucher, et vous voulez que je vous quitte! Non, Léontine, cela n'est pas possible; c'est un sacrifice que mon cœur ne saurait plus vous faire. Moi, vous quitter! eh! où voulez-vous que j'en trouve la force? me l'avez-vous laissée? voyez ma situation. C'est à votre vertu même à qui je parle; c'est elle que j'interroge : qu'elle soit juge entre vous et moi. Je suis chez vous, vous m'y avez souffert, vous savez que je vous aime; me voilà pénétré de la tendresse la plus tendre; vous me l'avez inspirée; et je partirais! Eh! Léontine, demandez-moi ma vie, déchirez mon cœur; ils sont tous deux à vous; mais ne me demandez point des choses impossibles.

LÉONTINE : Quelle vivacité de mouvements! Non, Phocion, jamais je ne sentis tant la nécessité de votre départ, et je ne m'en mêle plus. Juste ciel! que deviendrait mon cœur avec l'impétuosité du vôtre? Suis-je obligée, moi, de soutenir cette foule d'expressions passionnées qui vous échappent? Il faudrait donc toujours combattre, toujours résister, et ne jamais vaincre. Non, Phocion; c'est de l'amour que vous voulez m'inspirer, n'est-ce

pas? Ce n'est pas la douleur d'en avoir que vous voulez que je sente, et je ne sentirais que cela. Ainsi, retirez-vous, je vous en conjure, et laissez-moi dans l'état où je suis.

PHOCION : De grâce, ménagez-moi, Léontine; je m'égare à la seule idée de partir; je ne saurais plus vivre sans vous; je vais remplir ces lieux de mon désespoir; je ne sais plus où je suis.

LÉONTINE : Et parce que vous êtes désolé, il faut que je vous aime? Qu'est-ce que cette tyrannie-là?

PHOCION : Est-ce que vous me haïssez?

LÉONTINE : Je le devrais.

PHOCION : Les dispositions de votre cœur me sont-elles favorables?

LÉONTINE : Je ne veux point les écouter.

PHOCION : Oui; mais moi, je ne saurais renoncer à les suivre.

LÉONTINE : Arrêtez; j'entends quelqu'un.

Scène VI : Phocion, Léontine, Arlequin.
Arlequin vient se mettre entre elles
deux, sans rien dire.

PHOCION : Que fait donc là ce domestique, Madame?

ARLEQUIN : Le seigneur Hermocrate m'a ordonné d'examiner votre conduite, parce qu'il ne vous connaît point.

PHOCION : Mais dès que je suis avec Madame, ma conduite n'a pas besoin d'un espion comme toi. *(A Léontine.)* Dites-lui qu'il se retire, Madame, je vous en prie.

LÉONTINE : Il vaut mieux me retirer moi-même.

PHOCION, *bas, à Léontine* : Si vous vous en allez, sans promettre de parler pour moi, je ne réponds plus de ma raison.

LÉONTINE, *émue* : Ah! *(A Arlequin.)* Va-t'en, Arlequin; il n'est pas nécessaire que tu restes ici.

ARLEQUIN : Plus nécessaire que vous ne pensez, Madame; vous ne savez pas à qui vous avez affaire. Ce Monsieur-là est si friand de la sagesse que des filles sages, et je vous avertis qu'il veut déniaiser la vôtre.

LÉONTINE, *faisant signe à Phocion* : Que veux-tu dire, Arlequin? Rien ne m'annonce ce que tu dis là, et c'est une plaisanterie que tu fais.

ARLEQUIN : Oh! que nenni! Tenez, Madame, tantôt son valet, qui est un autre espiègle, est venu me dire : Eh bien! qu'est-ce? Y a-t-il moyen d'être amis ensemble? — Oh! de tout mon cœur. — Que vous êtes heureux d'être ici! — Pas mal. — Les honnêtes gens que vos maîtres! — Admirables. — Que votre maîtresse est aimable! — Oh! divine. — Eh! dites-moi, a-t-elle eu des amants? — Tant qu'elle en a voulu. — En a-t-elle à cette heure? — Tant qu'elle en veut. — En aura-t-elle encore? — Tant qu'elle en voudra. — A-t-elle envie de se marier? — Elle ne dit pas ses envies. — Restera-t-elle fille? — Je ne garantis rien. — Qui est-ce qui la voit, qui est-ce qui ne la voit pas? Vient-il quelqu'un, ne vient-il personne? Et par-ci et par-là; est-ce que votre maître en est amoureux? — Chut! il en perd l'esprit : nous ne restons ici que pour lui avoir le cœur, afin qu'elle nous épouse; car nous avons des richesses et des flammes plus qu'il n'en faut pour dix ménages.

PHOCION : N'en as-tu pas dit assez?

ARLEQUIN : Voyez comme il s'en soucie! il vous donnera le supplément, si vous voulez.

LÉONTINE : N'est-il pas vrai, seigneur Phocion, qu'Hermidas n'a fait que s'amuser en lui disant cela?

Phocion ne répond rien.

ARLEQUIN : Aïe! Aïe! la voix vous manque, ma chère maîtresse; votre cœur prend congé de la compagnie; on le pille actuellement, et je vais faire venir le seigneur Hermocrate à votre secours.

LÉONTINE : Arrête, Arlequin, où vas-tu? Je ne veux point qu'il sache qu'on me parle d'amour.

ARLEQUIN : Oh! puisque le fripon est de vos amis, ce n'est pas la peine de crier au voleur. Que la sagesse s'accommode; mariez-vous, il y aura encore de la place pour elle : le métier de brave femme a bien son mérite. Adieu, Madame; n'oubliez pas la discrétion de votre serviteur, qui vous fait ses compliments et qui ne dira mot.

PHOCION : Va, je me charge de payer ton silence.

LÉONTINE : Où suis-je? tout ceci me paraît un songe; voyez à quoi vous m'exposez! Mais qui vient encore?

Scène VII : Hermidas, Léontine, Phocion.

HERMIDAS, *apportant un portrait qu'il donne à Phocion* : Je vous apporte ce que vous m'avez demandé, seigneur; voyez si vous en êtes content; il serait encore mieux, si j'avais travaillé d'après la personne présente.

PHOCION : Pourquoi me l'apporter devant Madame?... Mais voyons : oui, la physionomie s'y trouve; voilà cet air noble et fin, et tout le feu de ses yeux; il me semble pourtant qu'ils sont encore un peu plus vifs.

LÉONTINE : C'est apparemment d'un portrait que vous parlez, seigneur?

PHOCION : Oui, Madame.

HERMIDAS : Donnez, seigneur; j'observerai ce que vous dites là.

LÉONTINE : Peut-on le voir avant qu'on l'emporte?

PHOCION : Il n'est pas achevé, Madame.

LÉONTINE : Puisque vous avez vos raisons pour ne pas le montrer, je n'insiste plus.

PHOCION : Le voilà, Madame; vous me le rendrez, au moins.

LÉONTINE : Que vois-je? c'est le mien!

PHOCION : Je ne veux jamais vous perdre de vue; la moindre absence m'est douloureuse, ne durât-elle qu'un moment; et ce portrait me l'adoucira; cependant vous me le gardez.

LÉONTINE : Je ne devrais pas vous le rendre, mais tant d'amour m'en ôte le courage.

PHOCION : Cet amour ne vous en inspire-t-il pas un peu?

LÉONTINE, *soupirant* : Hélas! je n'en voulais point; mais je n'en serai peut-être pas la maîtresse.

PHOCION : Ah! de quelle joie vous me comblez!

LÉONTINE : Est-il donc arrêté que je vous aimerai?

PHOCION : Ne me promettez point votre cœur; dites que je l'ai.

LÉONTINE, *toujours émue* : Je ne dirais que trop vrai, Phocion!

PHOCION : Je resterai donc; et vous parlerez à Hermocrate?

LÉONTINE : Il le faudra bien pour me donner le temps de me résoudre à notre union.

HERMIDAS : Cessez cet entretien; je vois Dimas qui vient.

LÉONTINE : Je me sens dans une émotion de cœur où je ne veux pas qu'on me voie. Adieu, Phocion, ne vous inquiétez pas; je me charge du consentement de mon frère.

Scène VIII : Hermidas, Phocion, Dimas.

DIMAS : Velà le philosophe qui se pourmène envars ici tout rêvant; faites-nous de la marge, et laissez-nous le terrain, pour à celle fin que je li en baille encore d'une venue.

PHOCION : Courage! Dimas; je me retire, et reviendrai quand il sera parti.

Scène IX : Hermocrate, Dimas.

HERMOCRATE : N'as-tu pas vu Phocion?

DIMAS : Non; mais j'allions vous rendre compte à son sujet.

HERMOCRATE : Eh bien! as-tu découvert quelque chose? Est-il souvent avec Agis? Cherche-t-il à le voir?

DIMAS : Oh! que non; il a, ma foi, bian d'autres tracas dans la çarvelle.

HERMOCRATE, *à part les premiers mots* : Ce début me fait craindre le reste. De quoi s'agit-il donc?

DIMAS : Il s'agit, morgué! qu'ous avez bian du mérite, et que faut admirer voute science, voute vartu, voute bonne mine.

HERMOCRATE : Eh! d'où vient ton enthousiasme là-dessus?

DIMAS : C'est que je compare voute face à ce qui arrive; c'est qu'il se passe des choses émerveillables, et qui portont la signifiance de la rareté de voute personne; c'est qu'an se meurt, an soupire. Hélas! ce dit-on, que je l'aime, ce cher homme, cet agriable homme!

HERMOCRATE : Je ne sais de qui tu me parles.

DIMAS : Par ma foi, c'est de vous; et pis d'un garçon qui n'est qu'une fille.

HERMOCRATE : Je n'en connais point ici.

DIMAS : Vous connaissez bian Phocion? Eh bian! il n'y a que son habit qui est un homme, le reste est une fille.

HERMOCRATE : Que me dis-tu là!

DIMAS : Tatigué, qu'alle est remplie de charmes! Morgué, qu'ous êtes heureux! car tous ces charmes-là, devinez leur intention. Je les avons entendus raisonner; ils se disont comme ça, qu'ils se gardont pour l'homme le plus mortel... Non, non, je me trompe, pour le mortel le plus parfait qui se treuve parmi les mortels de tous les hommes, qui s'appelle Hermocrate.

HERMOCRATE : Qui? moi?

DIMAS : Acoutez, acoutez.

HERMOCRATE : Que me va-t-il encore dire?

DIMAS : Comme je charchions tantôt à obéir à voute

commandement, je l'avons vu qui coupait dans le taillis avec son valet Hermidas, qui est itou un acabit de garçon de la même étoffe. Moi, tout ballement [11], je traverse le taillis par un autre côté, et pis je les entends deviser; et pis Phocion commence : Ah! velà qui est fait, Corine : il n'y a pus de guarison pour moi, m'amie; je l'aime trop, cet homme-là, je ne saurais pus que faire ni que dire. — Eh mais! pourtant, Madame vous êtes si belle! — Eh bian! cette biauté, queu profit me fait-elle, pisqu'il veut que je m'en retorne! — Eh mais! patience, Madame. — Eh mais! où est-il? Mais que fait-il? Où se tiant la sagesse de sa personne?

HERMOCRATE, *ému* : Arrête, Dimas.

DIMAS : Je sis à la fin. — Mais que vous dit-il, quand vous li parlez, Madame? — Eh mais! il me gronde, et moi je me fâche, ma fille. Il me représente qu'il est sage. Et moi itou, ce lui fais-je. Mais je vous plains, ce me fait-il. Mais me velà bian refaite, ce li dis-je. Eh mais! n'avez-vous pas honte? ce me fait-il. Eh bian! qu'est-ce que ça m'avance? ce li fais-je. Mais voute vartu, Madame? Mais mon tourment, Monsieur? Est-ce que les vartus ne se mariont pas ensemble?

HERMOCRATE : Il me suffit, te dis-je; c'en est assez.

DIMAS : Je sis d'avis que vous guarissiez cette enfant-là, noute maître, en tombant itou malade pour elle, et pis la prenre pour minagère; car en restant garçon, ça entarre la lignée d'un homme, et ce serait dommage de l'entarrement de la voutre. Mais en parlant par similitude, n'y aurait-il pas moyen, par voute moyen, de me recommander à l'affection de la femme de chambre, à cause que je savons toutes ces fredaines-là, et que je n'en sonnons mot?

HERMOCRATE, *à part les premiers mots* : Il ne me manquait plus que d'essuyer ce compliment-là! Sois discret, Dimas, je te l'ordonne : il serait fâcheux, pour la personne en question, que cette aventure-ci fût connue; et, de mon côté, je vais y mettre ordre, en la renvoyant... Ah!

Scène X : Phocion, Dimas.

PHOCION : Eh bien! Dimas, que pense Hermocrate?

DIMAS : Li? il prétend vous garder.

PHOCION : Tant mieux.

DIMAS : Et pis, il ne prétend pas que vous restiais.

PHOCION : Je ne t'entends plus.

DIMAS : Eh! pargué, c'est qu'il ne s'entend pas li-même; il ne voit pus goutte à ce qu'il veut. Ouf! velà sa darnière parole; toute sa philosophie est à vau-l'iau; il n'y en reste pas une once.

PHOCION : Il faudra bien qu'il me cède ce reste-là; un portrait vient de terrasser la prud'homie [12] de la sœur, j'en ai encore un au service du frère; car toute sa raison ne mérite pas les frais d'un nouveau stratagème. Cependant Agis m'évite; je ne l'ai presque point vu depuis qu'il sait qui je suis. Il parlait tout à l'heure à Corine, peut-être me cherche-t-il?

11. *Bellement* signifie doucement.
12. La probité et la sagesse.

DIMAS : Vous l'avez deviné; car le velà qui arrive. Mais, Madame, ayez toujours souvenance que ma fortune est au bout de l'histoire.

PHOCION : Tu peux la compter faite.

DIMAS : Grand merci à vous.

Scène XI : Agis, Phocion.

AGIS : Quoi! Aspasie, vous me fuyez quand je vous aborde.

PHOCION : C'est que je me suis tantôt aperçue que vous me fuyiez aussi.

AGIS : J'en conviens; mais j'avais une inquiétude qui m'agitait, et qui me dure encore.

PHOCION : Peut-on la savoir?

AGIS : Il y a une personne que j'aime; mais j'ignore si ce que je sens pour elle est amitié ou amour, car j'en suis là-dessus à mon apprentissage; et je venais vous prier de m'instruire.

PHOCION : Mais je connais cette personne-là, je pense.

AGIS : Cela ne vous est pas difficile; quand vous êtes venue ici, vous savez que je n'aimais rien.

PHOCION : Oui; et depuis que j'y suis, vous n'avez vu que moi.

AGIS : Concluez donc.

PHOCION : Eh bien! c'est moi; cela va tout de suite [13].

AGIS : Oui, c'est vous, Aspasie; et je vous demande à quoi j'en suis.

PHOCION : Je n'en sais pas le mot; dites-moi à quoi j'en suis moi-même; car je suis dans le même cas pour quelqu'un que j'aime.

AGIS : Eh! pour qui donc, Aspasie?

PHOCION : Pour qui? Les raisons qui m'ont fait conclure que vous m'aimiez ne nous sont-elles pas communes, et ne pouvez-vous pas conclure tout seul?

AGIS : Il est vrai que vous n'aviez point encore aimé quand vous êtes arrivée.

PHOCION : Je ne le suis plus de même, et je n'ai vu que vous. Le reste est clair.

AGIS : C'est donc pour moi que votre cœur est en peine, Aspasie?

PHOCION : Oui; mais tout cela ne nous rend pas plus savants; nous nous aimions avant que d'être inquiets; nous aimons-nous de même, ou bien différemment? C'est de quoi il est question.

AGIS : Si nous nous disions ce que nous sentons, peut-être éclaircirions-nous la chose.

PHOCION : Voyons donc. Aviez-vous tantôt de la peine à m'éviter?

AGIS : Une peine infinie.

PHOCION : Cela commence mal. Ne m'évitiez-vous pas à cause que vous aviez le cœur troublé, avec des sentiments que vous n'osiez pas me dire?

AGIS : Me velà; vous me pénétrez à merveille.

PHOCION : Oui, « me velà »; mais je vous avertis que votre cœur n'en ira pas mieux, et que voilà encore des yeux qui ne me pronostiquent rien de bon là-dessus.

13. Cela va de soi.

AGIS : Ils vous regardent avec un grand plaisir, avec un plaisir qui va jusqu'à l'émotion.

PHOCION : Allons, allons, c'est de l'amour; il est inutile de vous interroger davantage.

AGIS : Je donnerais ma vie pour vous; j'en donnerais mille, si je les avais.

PHOCION : Preuve sur preuve; amour dans l'expression, amour dans les sentiments, dans les regards, amour s'il en fut jamais.

AGIS : Amour, comme il n'en est point, peut-être. Mais je vous ai dit ce qui se passe dans mon cœur, ne saurai-je point ce qui se passe dans le vôtre?

PHOCION : Doucement, Agis : une personne de mon sexe parle de son amitié tant qu'on veut; mais de son amour, jamais. D'ailleurs, vous n'êtes déjà que trop tendre, que trop embarrassé de votre tendresse; et si je vous disais mon secret, ce serait encore pis.

AGIS : Vous avez parlé de mes yeux; il semble que les vôtres m'apprennent que vous n'êtes pas insensible.

PHOCION : Oh! pour de mes yeux, je n'en réponds point; ils peuvent bien vous dire que je vous aime; mais je n'aurai pas à me reprocher de vous l'avoir dit, moi.

AGIS : Juste ciel! dans quel abîme de passion le charme de ce discours ne me jette-t-il point! Vos sentiments ressemblent aux miens.

PHOCION : Oui, cela est vrai; vous l'avez deviné, et ce n'est pas ma faute. Mais ce n'est pas le tout que d'aimer, il faut avoir la liberté de se le dire, et se mettre en état de se le dire toujours. Et le seigneur Hermocrate qui vous gouverne...

AGIS : Je le respecte et je l'aime. Mais je sens déjà que les cœurs n'ont point de maître. Cependant il faut que je le voie avant qu'il vous parle; car il pourrait bien vous renvoyer dès aujourd'hui, et nous avons besoin d'un peu de temps pour tout ce que nous ferons.

DIMAS *paraît dans l'enfoncement du théâtre sans approcher, et chante pour avertir de finir la conversation* : Ta ra ta la ra!

PHOCION : C'est bien dit, Agis; allez-y dès ce moment. Il faudra bien nous retrouver, car j'ai bien des choses à vous dire.

AGIS : Et moi aussi.

PHOCION : Partez; quand on nous voit longtemps ensemble, j'ai toujours peur qu'on ne se doute de ce que je suis. Adieu!

AGIS : Je vous laisse, aimable Aspasie, et vais travailler pour votre séjour ici. Hermocrate ne sera peut-être plus occupé.

Scène XII : Phocion, Hermocrate, Dimas.

DIMAS, *disant rapidement à Phocion* : Il a, morgué! bian fait de s'en aller; car velà le jaloux qui arrive.

Dimas se retire.

PHOCION : Vous paraissez donc enfin, Hermocrate? Pour dissiper le penchant qui m'occupe, n'avez-vous imaginé que l'ennui où vous me laissez? Il ne vous réussira pas; je n'en suis que plus triste, et n'en suis pas moins tendre.

HERMOCRATE : Différentes affaires m'ont retenu, Aspasie; mais il ne s'agit plus de penchant; votre séjour ici est désormais impraticable, il vous ferait tort; Dimas sait qui vous êtes. Vous dirai-je plus? Il sait le secret de votre cœur, il vous a entendue; ne nous fions ni l'un ni l'autre à la discrétion de ses pareils. Il y va de votre gloire, il faut vous retirer.

PHOCION : Me retirer, seigneur! Eh! dans quel état me renvoyez-vous? Avec mille fois plus de trouble que je n'en avais. Qu'avez-vous fait pour me guérir? A quel vertueux secours ai-je reconnu le sage Hermocrate?

HERMOCRATE : Que votre trouble finisse à ce que je vais vous dire. Vous m'avez cru sage; vous m'avez aimé sur ce pied-là : je ne le suis point. Un vrai sage croirait en effet sa vertu comptable de votre repos; mais savez-vous pourquoi je vous renvoie? C'est que j'ai peur que votre secret n'éclate, et ne nuise à l'estime qu'on a pour moi; c'est que je vous sacrifie à l'orgueilleuse crainte de ne pas paraître vertueux, sans me soucier de l'être; c'est que je ne suis qu'un homme vain, qu'un superbe, à qui la sagesse est moins chère que la méprisable et frauduleuse imitation qu'il en fait. Voilà ce que c'est que l'objet de votre amour.

PHOCION : Eh! je ne l'ai jamais tant admiré!

HERMOCRATE : Comment donc?

PHOCION : Ah! seigneur, n'avez-vous que cette industrie-là contre moi? Vous augmentez mes faiblesses en exposant l'opprobre dont vous avez l'impitoyable courage de couvrir les vôtres. Vous dites que vous n'êtes point sage! Eh vous étonnez ma raison par la preuve sublime que vous me donnez du contraire!

HERMOCRATE : Attendez, Madame. M'avez-vous cru susceptible de tous les ravages que l'amour fait dans le cœur des autres hommes? Eh bien! l'âme la plus vile, les amants les plus vulgaires, la jeunesse la plus folle, n'éprouvent point d'agitations que je n'aie senties : inquiétudes, jalousies, transports, m'ont agité tour à tour. Reconnaissez-vous Hermocrate à ce portrait? L'univers est plein de gens qui me ressemblent. Perdez donc un amour à tout homme pris au hasard mérite autant que moi, Madame.

PHOCION : Non, je le répète encore; si les dieux pouvaient être faibles, ils le seraient comme Hermocrate! Jamais il ne fut plus grand, jamais plus digne de mon amour; et jamais mon amour plus digne de lui! Juste ciel! Vous parlez de ma gloire; en est-il qui vaille celle de vous avoir causé le moindre des mouvements que vous dites? Non, c'en est fait, seigneur, je ne vous demande plus le repos de mon cœur; vous me le rendez par l'aveu que vous m'en faites; puisque vous m'aimez, je suis tranquille et charmée. Vous me garantissez votre union.

HERMOCRATE : Il me reste un mot à vous dire, et je finis par là. Je révélerai votre secret; je déshonorerai cet homme que vous admirez; et son affront rejaillira sur vous-même, si vous ne partez.

PHOCION : Eh bien! seigneur, je pars; mais je suis sûre de ma vengeance; puisque vous m'aimez, votre cœur me la garde. Allez, désespérez le mien; fuyez un amour qui pouvait faire la douceur de votre vie, et qui va faire le malheur de la mienne. Jouissez, si vous voulez, d'une sagesse sauvage, dont mon infortune va vous assurer la durée cruelle. Je suis venue vous demander du secours contre mon amour; vous ne m'en avez point donné d'autre que m'avouer que vous m'aimiez; c'est après cet aveu que vous me renvoyez, après un aveu qui redouble ma tendresse! Les dieux détesteront cette même sagesse conservée aux dépens d'un jeune cœur que vous avez trompé, dont vous avez trahi la confiance, dont vous n'avez point respecté les intentions vertueuses, et qui n'a servi que de victime à la férocité de vos opinions.

HERMOCRATE : Modérez vos cris, Madame; on vient à nous.

PHOCION : Vous me désolez, et vous voulez que je me taise!

HERMOCRATE : Vous m'attendrissez plus que vous ne pensez; mais n'éclatez point.

Scène XIII : Arlequin, Hermidas, Phocion, Hermocrate.

HERMIDAS, *courant après Arlequin* : Rendez-moi donc cela; de quel droit le retenez-vous? Qu'est-ce que cela signifie?

ARLEQUIN : Non, morbleu! ma fidélité n'entend point raillerie; il faut que j'avertisse mon maître.

HERMOCRATE : Que veut dire le bruit que vous faites? De quoi s'agit-il là? Qu'est-ce que c'est qu'Hermidas te demande?

ARLEQUIN : J'ai découvert un micmac [14], seigneur Hermocrate; il s'agit d'une affaire de conséquence; il n'y a que le diable et ces personnages-là qui le sachent; mais il faut voir ce que c'est.

HERMOCRATE : Explique-toi.

ARLEQUIN : Je viens de trouver ce petit garçon qui était dans la posture d'un homme qui écrit : il rêvait, secouait la tête, mirait son ouvrage; et j'ai remarqué qu'il avait auprès de lui une coquille où il y avait du gris, du vert, du jaune, du blanc, et où il trempait sa plume; et comme j'étais derrière lui, je me suis approché pour voir son original de lettre; mais, voyez le fripon! ce n'était point des mots ni des paroles; c'était un visage qu'il écrivait; et ce visage-là, c'était vous, seigneur Hermocrate.

HERMOCRATE : Moi!

ARLEQUIN : Votre propre visage, à l'exception qu'il est plus court que celui que vous portez; le nez que vous avez ordinairement tient lui seul plus de place que vous tout entier dans ce minois. Est-ce qu'il est permis de rapetisser la face des gens, de diminuer la largeur de leur physionomie? Tenez, regardez la mine que vous faites là-dedans.

Il lui donne un portrait.

HERMOCRATE : Tu as bien fait, Arlequin; et ne te blâme point. Va-t'en je vais examiner ce que cela signifie.

ARLEQUIN : N'oubliez pas de vous faire rendre les deux tiers de votre visage.

14. Une intrigue mêlée et de bas étage.

Scène XIV : Hermocrate, Phocion, Hermidas.

HERMOCRATE : Quelle était votre idée? Pourquoi m'avez-vous donc peint?

HERMIDAS : Par une raison toute naturelle, seigneur; j'étais bien aise d'avoir le portrait d'un homme illustre, et de le montrer aux autres.

HERMOCRATE : Vous me faites trop d'honneur.

HERMIDAS : Et d'ailleurs, je savais que ce portrait ferait plaisir à une personne à qui il ne convenait point de le demander.

HERMOCRATE : Et cette personne quelle est-elle?

HERMIDAS : Seigneur...

PHOCION : Taisez-vous, Corine.

HERMOCRATE : Qu'entends-je! Que dites-vous, Aspasie?

PHOCION : N'en demandez pas davantage, Hermocrate, faites-moi la grâce d'ignorer le reste.

HERMOCRATE : Eh! comment à présent voulez-vous que je l'ignore?

PHOCION : Brisons là-dessus; vous me faites rougir.

HERMOCRATE : Ce que je vois est à peine croyable. Je ne sais plus ce que je deviens moi-même.

PHOCION : Je ne saurais soutenir cette aventure.

HERMOCRATE : Et moi, cette épreuve-ci m'entraîne.

PHOCION : Ah! Corine, pourquoi avez-vous été surprise?

HERMOCRATE : Vous triomphez, Aspasie, vous l'emportez; je me rends.

PHOCION : Sur ce pied-là, je vous pardonne la confusion dont ma victoire se couvre.

HERMOCRATE : Reprenez ce portrait, il vous appartient, Madame.

PHOCION : Non; je ne le reprendrai point que ce ne soit votre cœur qui me l'abandonne.

HERMOCRATE : Rien ne doit vous empêcher de le reprendre.

PHOCION, *tirant le sien, le lui donne* : Sur ce pied-là, vous devez estimer le mien, et le voilà; marquez-moi qu'il vous est cher.

HERMOCRATE *l'approche de sa bouche* : Me trouvez-vous assez humilié? Je ne vous dispute plus rien.

HERMIDAS : Il y manque encore quelque chose. Si le seigneur Hermocrate voulait souffrir que je le finisse, il ne faudrait qu'un instant pour cela.

PHOCION : Puisque nous sommes seuls, et qu'il ne s'agit que d'un instant, ne le refusez pas, seigneur.

HERMOCRATE : Aspasie, ne m'exposez point à ce risque-là; quelqu'un pourrait nous surprendre.

PHOCION : C'est l'instant où je triomphe, dites-vous; ne le laissons pas perdre, il est précieux : vos yeux me regardent avec une tendresse que je voudrais bien qu'on recueillît, afin d'en conserver l'image. Vous ne voyez point vos regards, ils sont charmants, seigneur. Achève, Corine, achève.

HERMIDAS : Seigneur, un peu de côté, je vous prie; daignez m'envisager.

HERMOCRATE : Ah! ciel! à quoi me réduisez-vous?

PHOCION : Votre cœur rougit-il des présents qu'il fait au mien?

HERMIDAS : Levez un peu la tête, seigneur.

HERMOCRATE : Vous le voulez, Aspasie?

HERMIDAS : Tournez un peu à droite.

HERMOCRATE : Cessez; Agis approche. Sortez, Hermidas.

Scène XV : Hermocrate, Agis, Phocion.

AGIS : Je venais vous prier, seigneur, de nous laisser Phocion pour quelque temps; mais j'augure que vous y consentez, et qu'il est inutile que je vous en parle.

HERMOCRATE, *d'un ton inquiet* : Vous souhaitez donc qu'il reste, Agis?

AGIS : Je vous avoue que j'aurais été fâché qu'il partît, et que rien ne saurait me faire tant de plaisir que son séjour ici; on ne saurait le connaître sans l'estimer, et l'amitié suit aisément l'estime.

HERMOCRATE : J'ignorais que vous fussiez déjà si charmés l'un de l'autre.

PHOCION : Nos entretiens, en effet, n'ont pas été bien fréquents.

AGIS : Peut-être que j'interromps la conversation que vous avez ensemble; et c'est à quoi j'attribue la froideur avec laquelle vous m'écoutez. Ainsi je me retire.

Scène XVI : Phocion, Hermocrate.

HERMOCRATE : Que signifie cet empressement d'Agis? Je ne sais ce que j'en dois croire. Depuis qu'il est avec moi, je n'ai rien vu qui l'intéressât tant que vous : vous connaît-il? Lui avez-vous découvert qui vous êtes, et m'abuseriez-vous?

PHOCION : Ah! seigneur, vous me comblez de joie. Vous m'avez dit que vous aviez été jaloux : il ne me restait plus que le plaisir de le voir moi-même, et vous me le donnez : mon cœur vous remercie de l'injustice que vous me faites. Hermocrate est jaloux; il me chérit, il m'adore! Il est injuste, mais il m'aime; qu'importe à quel prix il me le témoigne! Il s'agit pourtant de me justifier; Agis n'est pas loin, je le vois encore; qu'il revienne, rappelons-le, seigneur; je vais le chercher moi-même; je vais lui parler, et vous verrez si je mérite vos soupçons.

HERMOCRATE : Non, Aspasie, je reconnais mon erreur; votre franchise me rassure; ne l'appelez pas; je me rends. Il ne faut pas encore que l'on sache que je vous aime; laissez-moi le temps de disposer tout.

PHOCION : J'y consens. Voici votre sœur, et je vous laisse ensemble. *(A part.)* J'ai pitié de sa faiblesse. O ciel! pardonne mon artifice!

Scène XVII : Hermocrate, Léontine.

LÉONTINE : Ah! vous voilà, mon frère; je vous demande à tout le monde.

HERMOCRATE : Que me voulez-vous, Léontine?

LÉONTINE : A quoi en êtes-vous avec Phocion? Etes-vous toujours dans le dessein de le renvoyer? Il m'a tantôt marqué tant d'estime pour vous, il m'en a dit tant de bien, que je lui ai promis qu'il resterait, et que vous y consentiriez; je lui en ai donné ma parole; son séjour sera court, et ce n'est pas la peine de m'en dédire.

HERMOCRATE : Non, Léontine; vous savez mes égards pour vous, et je ne vous en dédirai point : dès que vous avez promis, il n'y a plus de réplique; il restera tant qu'il voudra, ma sœur.

LÉONTINE : Je vous rends grâces de votre complaisance, mon frère; et en vérité Phocion mérite bien qu'on l'oblige.

HERMOCRATE : Je sens tout ce qu'il vaut.

LÉONTINE : D'ailleurs, je regarde que c'est, en passant, un amusement pour Agis, qui vit dans une solitude dont on se rebute quelquefois à son âge.

HERMOCRATE : Quelquefois à tout âge.

LÉONTINE : Vous avez raison; on y a des moments de tristesse. Je m'y ennuie souvent moi-même; j'ai le courage de vous le dire.

HERMOCRATE : Qu'appelez-vous courage? Eh! qui est-ce qui ne s'y ennuierait pas? N'est-on pas né pour la société?

LÉONTINE : Écoutez; on ne sait pas ce qu'on fait, quand on se confine dans la retraite; et nous avons été bien vite, quand nous avons pris un parti si dur.

HERMOCRATE : Allez, ma sœur, je n'en suis pas à faire cette réflexion-là.

LÉONTINE : Après tout, le mal n'est pas sans remède; heureusement on peut se raviser.

HERMOCRATE : Oh! fort bien.

LÉONTINE : Un homme, à votre âge, sera partout le bienvenu quand il voudra changer d'état.

HERMOCRATE : Et vous, qui êtes aimable et plus jeune que moi, je ne suis pas en peine de vous non plus.

LÉONTINE : Oui, mon frère, peu de jeunes gens vont de pair avec vous; et le don de votre cœur ne sera pas négligé.

HERMOCRATE : Et moi, je vous assure qu'on n'attendra pas d'avoir le vôtre pour vous donner le sien.

LÉONTINE : Vous ne seriez donc pas étonné que j'eusse quelques vues?

HERMOCRATE : J'ai toujours été surpris que vous n'en eussiez pas.

LÉONTINE : Mais, vous qui parlez, pourquoi n'en auriez-vous pas aussi?

HERMOCRATE : Eh! que sait-on? Peut-être en aurai-je.

LÉONTINE : J'en serais charmée, Hermocrate. Nous n'avons pas plus de raison que les dieux qui ont établi le mariage, et je crois qu'un mari vaut bien un solitaire. Pensez-y; une autre fois nous en dirons davantage. Adieu.

HERMOCRATE : J'ai quelques ordres à donner et je vous suis. *(A part.)* A ce que je vois, nous sommes tous deux en bel état, Léontine et moi. Je ne sais à qui elle en veut; peut-être est-ce à quelqu'un aussi jeune pour elle que l'est Aspasie pour moi. Que nous sommes faibles! mais il faut remplir sa destinée.

ACTE TROISIÈME

Scène I : Phocion, Hermidas.

PHOCION : Viens que je te parle, Corine. Tout me répond d'un succès infaillible. Je n'ai plus qu'un léger entretien à avoir avec Agis; il le désire autant que moi. Croirais-tu pourtant que nous n'avons pu y parvenir ni l'un ni l'autre? Hermocrate et sa sœur m'ont obsédée [15] tour à tour; ils doivent tous deux m'épouser en secret; je ne sais combien de mesures sont prises pour ces mariages imaginaires. Non, on ne saurait croire combien l'amour égare ces têtes qu'on appelle sages; et il a fallu tout écouter, parce que je n'ai pas encore déterminé avec Agis. Il m'aime tendrement comme Aspasie; pourrait-il me haïr comme Léonide?

HERMIDAS : Non, Madame; achevez. La Princesse Léonide, après tout ce qu'elle a fait, doit lui paraître encore plus aimable qu'Aspasie.

PHOCION : Je pense comme toi; mais sa famille a péri par la mienne.

HERMIDAS : Votre père hérita du trône, et ne l'a pas ravi.

PHOCION : Que veux-tu? J'aime et je crains. Je vais pourtant agir comme certaine du succès. Mais, dis-moi, as-tu fait porter mes lettres au château?

HERMIDAS : Oui, Madame. Dimas, sans savoir pourquoi, m'a fourni un homme à qui je les ai remises, et comme la distance d'ici au château est petite, vous aurez bientôt des nouvelles. Mais quel ordre donnez-vous au seigneur Ariston, à qui s'adressent vos lettres?

PHOCION : Je lui dis de suivre celui qui les lui rendra, d'arriver ici avec ses gardes et mon équipage. Ce n'est qu'en prince que je veux qu'Agis sorte de ces lieux. Et toi, Corine, pendant que je t'attends ici, va te poster à l'entrée du jardin où doit arriver Ariston, et viens m'avertir dès qu'il sera venu. Va, pars; et mets le comble à tous les services que tu m'as rendus.

HERMIDAS : Je me sauve. Mais vous n'êtes pas quitte de Léontine; la voilà qui vous cherche.

Scène II : Léontine, Phocion.

LÉONTINE : J'ai un mot à vous dire, mon cher Phocion; le sort en est jeté; nos embarras vont finir.

PHOCION : Oui, grâces au ciel.

LÉONTINE : Je ne dépends que de moi; nous allons être pour jamais unis. Je vous ai dit que c'est un spectacle que je ne voulais pas donner ici; mais les mesures que nous avons prises ne me paraissent pas décentes. Vous avez envoyé chercher un équipage, et qui doit nous attendre à quelques pas de la maison, n'est-il pas vrai? Ne vaudrait-il pas mieux, au lieu de nous en aller ensemble, que je partisse la première, et que je me rendisse à la ville en vous attendant?

PHOCION : Oui-da, vous avez raison; partez, c'est fort bien dit.

LÉONTINE : Je vais dès cet instant me mettre en état de cela, et dans deux heures je ne serai pas ici; mais, Phocion, hâtez-vous de me suivre.

PHOCION : Commencez par me quitter, pour vous hâter vous-même.

LÉONTINE : Que d'amour ne me devez-vous pas!

PHOCION : Je sais que le vôtre est impayable; mais ne vous amusez point.

LÉONTINE : Il n'y avait que vous dans le monde capable de m'engager à la démarche que je fais.

PHOCION : La démarche est innocente, et vous n'y courez aucun hasard; allez vous y préparer.

LÉONTINE : J'aime à voir votre empressement; puisse-t-il durer toujours!

PHOCION : Et puissiez-vous y répondre par le vôtre! car votre lenteur m'impatiente.

LÉONTINE : Je vous avoue que je ne sais quoi de triste s'empare quelquefois de moi.

PHOCION : Ces réflexions-là sont-elles de saison? Je ne me sens que de la joie, moi.

LÉONTINE : Ne vous impatientez plus, je pars; car voici mon frère, que je ne veux point voir dans ce moment-ci.

PHOCION : Encore ce frère! Ce ne sera donc jamais fait!

Scène III : Hermocrate, Phocion.

PHOCION : Eh bien! Hermocrate, je vous croyais occupé à vous arranger pour votre départ.

HERMOCRATE : Ah! charmante Aspasie, si vous saviez combien je suis combattu!

PHOCION : Ah! si vous saviez combien je suis lasse de vous combattre! Qu'est-ce que cela signifie? On n'est jamais sûr de rien avec vous.

HERMOCRATE : Pardonnez ces agitations à un homme dont le cœur promettait plus de force.

PHOCION : Eh! votre cœur fait bien des façons, Hermocrate; soyez agité tant que vous voudrez; mais partez, puisque vous ne voulez pas faire le mariage ici.

HERMOCRATE : Ah!

PHOCION : Ce soupir-là n'expédie rien.

HERMOCRATE : Il me reste encore une chose à vous dire, et qui m'embarrasse beaucoup.

PHOCION : Vous ne finissez rien; il y a toujours un reste.

HERMOCRATE : Vous confierai-je tout? Je vous ai abandonné mon cœur, et je vais être à vous; ainsi il n'y a plus rien à vous cacher.

PHOCION : Après?

HERMOCRATE : J'élève Agis depuis l'âge de huit ans; je ne saurais le quitter de sitôt; souffrez qu'il vive avec nous quelque temps, et qu'il vienne nous retrouver.

PHOCION : Eh! qui est-il donc?

HERMOCRATE : Nos intérêts vont devenir communs; apprenez un grand secret. Vous avez entendu parler de Cléomène; Agis est son fils, échappé de la prison dès son enfance.

PHOCION : Votre confidence est en de bonnes mains.

HERMOCRATE : Jugez avec combien de soin il faut que je le cache, et de ce qu'il deviendrait entre les mains

---

15. *Obséder quelqu'un*, c'est être assidûment autour de quelqu'un pour empêcher que d'autres n'en approchent et pour se rendre maître de son esprit (Dict. de l'Acad.).

d'une princesse qui le fait chercher à son tour, et qui apparemment ne respire que sa mort.

PHOCION : Elle passe pourtant pour équitable et généreuse.

HERMOCRATE : Je ne m'y fierais pas : elle est née d'un sang qui n'est ni l'un ni l'autre.

PHOCION : On dit qu'elle épouserait Agis, si elle le connaissait; d'autant plus qu'ils sont du même âge.

HERMOCRATE : Quand il serait possible qu'elle le voulût, la juste haine qu'il a pour elle l'en empêcherait.

PHOCION : J'aurais cru que la gloire de pardonner à ses ennemis valait bien l'honneur de les haïr toujours, surtout quand ces ennemis sont innocents du mal qu'on nous a fait.

HERMOCRATE : S'il n'y avait pas un trône à gagner en pardonnant, vous auriez raison; mais le prix du pardon gâte tout; quoi qu'il en soit, il ne s'agit pas de cela.

PHOCION : Agis aura lieu d'être content.

HERMOCRATE : Il ne sera pas longtemps avec nous : nos amis fomentent une guerre chez l'ennemi, auquel il se joindra; les choses s'avancent, et peut-être bientôt les verra-t-on changer de face.

PHOCION : Se défera-t-on de la Princesse?

HERMOCRATE : Elle n'est que l'héritière des coupables; ce serait là se venger d'un crime par un autre, et Agis n'en est point capable; il suffira de la vaincre.

PHOCION : Voilà, je pense, tout ce que vous avez à me dire; allez prendre vos mesures pour partir.

HERMOCRATE : Adieu, chère Aspasie; je n'ai plus qu'une heure ou deux à demeurer ici.

Scène IV : Phocion, Arlequin, Dimas.

PHOCION : Enfin serai-je libre? Je suis persuadée qu'Agis attend le moment de pouvoir me parler; cette haine qu'il a pour moi me fait trembler pourtant. Mais que veulent encore ces domestiques?

ARLEQUIN : Je suis votre serviteur, Madame.

DIMAS : Je vous saluons, Madame.

PHOCION : Doucement donc!

DIMAS : N'appriandez rin, je sommes seuls.

PHOCION : Que me voulez-vous?

ARLEQUIN : Une petite bagatelle.

DIMAS : Oui, je venons ici tant seulement pour régler nos comptes.

ARLEQUIN : Pour voir comment nous sommes ensemble.

PHOCION : Eh! de quoi est-il question? Faites vite; car je suis pressée.

DIMAS : Ah çà! comme dit c't'autre, vous avons-je fait de bonne besogne?

PHOCION : Oui, vous m'avez bien servie tous deux.

DIMAS : Et voute ouvrage à vous, est-il avancé?

PHOCION : Je n'ai plus qu'un mot à dire à Agis qui m'attend.

ARLEQUIN : Fort bien; puisqu'il vous attend, ne nous pressons pas.

DIMAS : Parlons d'affaire; j'avons vendu du noir [16],

que c'est une marveille! J'avons affronté le tiers et le quart [17].

ARLEQUIN : Il n'y a point de fripons comparables à nous.

DIMAS : J'avons fait un étouffement de conscience qui était bian difficile, et qui est bian méritoire.

ARLEQUIN : Tantôt vous étiez garçon, ce qui n'était pas vrai; tantôt vous étiez une fille, ce que nous ne savons pas.

DIMAS : Des amours pour c'ti-ci, et pis pour c'telle-là. J'avons jeté voute cœur à tout le monde, pendant qu'il n'était à parsonne de tout ça.

ARLEQUIN : Des portraits pour attraper des visages que vous donneriez pour rien, et qui ont pris le barbouillage de leur mine pour argent comptant.

PHOCION : Mais achèverez-vous? où cela va-t-il?

DIMAS : Voute manigance est bientôt finie. Combian voulez-vous bailler de la finale?

PHOCION : Que veux-tu dire?

ARLEQUIN : Achetez le reste de l'aventure; nous la vendrons à un prix raisonnable.

DIMAS : Faites marché avec nous, ou bian je rompons tout.

PHOCION : Ne vous ai-je pas promis de faire votre fortune?

DIMAS : Eh bian! baillez-nous voute parole en argent comptant.

ARLEQUIN : Oui; car quand on n'a plus besoin des fripons, on les paie mal.

PHOCION : Mes enfants, vous êtes des insolents.

DIMAS : Oh! ça se peut bian.

ARLEQUIN : Nous tombons d'accord de l'insolence.

PHOCION : Vous me fâchez, et voici ma réponse. C'est que, si vous me nuisez, si vous n'êtes pas discrets, je vous ferai expier votre indiscrétion dans un cachot. Vous ne savez pas qui je suis, et je vous avertis que j'en ai le pouvoir. Si, au contraire, vous gardez le silence, je tiendrai toutes les promesses que je vous ai faites. Choisissez. Quant à présent, retirez-vous, je vous l'ordonne; réparez votre faute par une prompte obéissance.

DIMAS, *à Arlequin* : Que ferons-je, camarade? Alle me baille de la peur; continuerons-je l'insolence?

ARLEQUIN : Non, c'est peut-être le chemin du cachot; et j'aime encore mieux rien que quatre murailles. Partons.

*Scène V : Phocion,
Agis.*

PHOCION, *à part* : J'ai bien fait de les intimider. Mais voici Agis.

AGIS : Je vous retrouve donc, Aspasie, et je puis un moment vous parler en liberté. Que n'ai-je pas souffert de la contrainte où je me suis vu! J'ai presque haï Hermocrate et Léontine de toute l'amitié qu'ils me marquent; mais qui est-ce qui ne vous aimerait pas? Que vous êtes aimable, Aspasie, et qu'il m'est doux de vous aimer!

16. *Vendre du noir* : tromper, en faire accroire.

17. On dit *le tiers et le quart* pour dire diverses personnes indifféremment.

PHOCION : Que je me plais à vous l'entendre dire, Agis ! Vous saurez bientôt, à votre tour, de quel prix votre cœur est pour le mien. Mais, dites-moi ; cette tendresse, dont la naïveté me charme, est-elle à l'épreuve de tout ? Rien n'est-il capable de me la ravir ?

AGIS : Non ! je ne la perdrai qu'en cessant de vivre.

PHOCION : Je ne vous ai pas tout dit, Agis ; vous ne me connaissez pas encore.

AGIS : Je connais vos charmes ; je connais la douceur des sentiments de votre âme ; rien ne peut m'arracher à tant d'attraits, et c'en est assez pour vous adorer toute ma vie.

PHOCION : O dieux ! que d'amour ! Mais plus il m'est cher, et plus je crains de le perdre. Je vous ai déguisé qui j'étais, et ma naissance vous rebutera peut-être.

AGIS : Hélas ! vous ne savez pas qui je suis moi-même, ni tout l'effroi que m'inspire pour vous la pensée d'unir mon sort au vôtre. O cruelle Princesse, que j'ai des raisons de te haïr !

PHOCION : Eh ! de qui parlez-vous, Agis ? Quelle princesse haïssez-vous tant ?

AGIS : Celle qui règne, Aspasie ; mon ennemie et la vôtre. Mais quelqu'un qui vient m'empêche de continuer.

PHOCION : C'est Hermocrate. Que je le hais de nous interrompre ! Je ne vous laisse que pour un moment, Agis, et je reviens dès qu'il vous aura quitté. Ma destinée avec vous ne dépend plus que d'un mot. Vous me haïssez, sans le savoir pourtant.

AGIS : Moi, Aspasie ?

PHOCION : On ne me donne pas le temps de vous en dire davantage. Finissez avec Hermocrate.

Scène VI

AGIS, *seul* : Je n'entends rien à ce qu'elle veut dire. Quoi qu'il en soit, je ne saurais disposer de moi sans en avertir Hermocrate.

Scène VII : Hermocrate, Agis.

HERMOCRATE : Arrêtez, Prince, il faut que je vous parle... Je ne sais par où commencer ce que j'ai à vous dire.

AGIS : Quel est donc le sujet de votre embarras, seigneur ?

HERMOCRATE : Ce que vous n'auriez peut-être jamais imaginé, ce que j'ai honte de vous avouer ; mais ce que, toute réflexion faite, il faut pourtant vous apprendre.

AGIS : A quoi ce discours-là nous prépare-t-il ? Que vous serait-il donc arrivé ?

HERMOCRATE : D'être aussi faible qu'un autre.

AGIS : Eh ! de quelle espèce de faiblesse s'agit-il, seigneur ?

HERMOCRATE : De la plus pardonnable pour tout le monde, de la plus commune ; mais de la plus inattendue chez moi. Vous savez ce que je pensais de la passion qu'on appelle amour.

AGIS : Et il me semble que vous exagériez un peu là-dessus.

HERMOCRATE : Oui, cela se peut bien ; mais que voulez-vous ? Un solitaire qui médite, qui étudie, qui n'a de commerce qu'avec son esprit, et jamais avec son cœur ; un homme enveloppé de l'austérité de ses mœurs n'est guère en état de porter son jugement sur certaines choses ; il va toujours trop loin.

AGIS : Il n'en faut pas douter, vous tombiez dans l'excès.

HERMOCRATE : Vous avez raison, je pense comme vous ; car que ne disais-je pas ? Que cette passion était folle, extravagante, indigne d'une âme raisonnable ; je l'appelais un délire, et je ne savais ce que je disais. Ce n'était là consulter ni la raison ni la nature ; c'était critiquer le ciel même.

AGIS : Oui ; car dans le fond, nous sommes faits pour aimer.

HERMOCRATE : Comment donc ! c'est un sentiment sur qui tout roule.

AGIS : Un sentiment qui pourrait bien se venger un jour du mépris que vous en avez fait.

HERMOCRATE : Vous m'en menacez trop tard.

AGIS : Pourquoi donc ?

HERMOCRATE : Je suis puni.

AGIS : Sérieusement ?

HERMOCRATE : Faut-il vous dire tout ? Préparez-vous à me voir changer bientôt d'état ; à me suivre, si vous m'aimez ; je pars aujourd'hui, et je me marie.

AGIS : Est-ce là le sujet de votre embarras ?

HERMOCRATE : Il n'est pas agréable de se dédire, et je reviens de loin.

AGIS : Et moi je vous en félicite : il vous manquait de connaître ce que c'était que le cœur.

HERMOCRATE : J'en ai reçu une leçon qui me suffit, et je ne m'y tromperai plus. Si vous saviez au reste avec quel excès d'amour, avec quelle industrie de passion on est venu me surprendre, vous augureriez mal d'un cœur qui ne se serait pas rendu. La sagesse n'instruit point à être ingrat, et je l'aurais été. On me voit plusieurs fois dans la forêt ; on prend du penchant pour moi ; on essaie de le perdre, on ne saurait ; on se résout à me parler ; mais ma réputation intimide. Pour ne point risquer un mauvais accueil, on se déguise, on change d'habit, on devient le plus beau de tous les hommes ; on arrive ici, on est reconnu. Je veux qu'on se retire ; je crois même que c'est à vous à qui on en veut ; on me jure que non. Pour me convaincre, on me dit : « Je vous aime ; en doutez-vous ? Ma main, ma fortune, tout est à vous avec mon cœur ; donnez-moi le vôtre ou guérissez le mien ; cédez à mes sentiments, ou apprenez-moi à les vaincre ; rendez-moi mon indifférence, ou partagez mon amour » ; et l'on me dit tout cela avec des charmes, avec des yeux, avec des tons qui auraient triomphé du plus féroce de tous les hommes.

AGIS, *agité* : Mais, seigneur, cette tendre amante qui se déguise, l'ai-je vue ici ? Y est-elle venue ?

HERMOCRATE : Elle y est encore.

AGIS : Je ne vois que Phocion.

HERMOCRATE : C'est elle-même ; mais n'en dites mot. Voici ma sœur qui vient.

Scène VIII : Léontine, Hermocrate, Agis.

AGIS, *à part* : La perfide! qu'a-t-elle prétendu en me trompant?

LÉONTINE : Je viens vous avertir d'une petite absence que je vais faire à la ville, mon frère.

HERMOCRATE : Eh! chez qui allez-vous donc, Léontine?

LÉONTINE : Chez Phrosine, dont j'ai reçu des nouvelles, et qui me presse d'aller la voir.

HERMOCRATE : Nous serons donc tous deux absents; car je pars aussi dans une heure; je le disais même à Agis.

LÉONTINE : Vous partez, mon frère! Eh! chez qui allez-vous à votre tour?

HERMOCRATE : Rendre visite à Criton.

LÉONTINE : Quoi! à la ville comme moi! Il est assez particulier que nous y ayons tous deux affaire; vous vous souvenez de ce que vous m'avez dit tantôt; votre voyage ne cache-t-il pas quelque mystère?

HERMOCRATE : Voilà une question qui me fera douter des motifs du vôtre; vous vous souvenez aussi des discours que vous m'avez tenus?

LÉONTINE : Hermocrate, parlons à cœur ouvert; tenez, nous nous pénétrons; je ne vais point chez Phrosine.

HERMOCRATE : Dès que vous parlez sur ce ton-là, je n'aurai pas moins de franchise que vous; je ne vais point chez Criton.

LÉONTINE : C'est mon cœur qui me conduit où je vais.

HERMOCRATE : C'est le mien qui me met en voyage.

LÉONTINE : Oh! sur ce pied-là, je me marie.

HERMOCRATE : Eh bien! je vous en offre autant.

LÉONTINE : Tant mieux, Hermocrate; et, grâce à notre mutuelle confidence, je crois que celui que j'aime et moi, nous nous épargnons les frais de départ; il est ici; et puisque vous savez tout, ce n'est pas la peine de nous aller marier plus loin.

HERMOCRATE : Vous avez raison, et je ne partirai point non plus; nos mariages se feront ensemble; car celle à qui je me donne est ici aussi.

LÉONTINE : Je ne sais pas où elle est; pour moi, c'est Phocion que j'épouse.

HERMOCRATE : Phocion!

LÉONTINE : Oui, Phocion!

HERMOCRATE : Qui donc? Celui qui est venu nous trouver ici, celui pour lequel vous me parliez tantôt?

LÉONTINE : Je n'en connais point d'autre.

HERMOCRATE : Mais attendez donc, je l'épouse aussi, moi; et nous ne pouvons pas l'épouser tous deux.

LÉONTINE : Vous l'épousez? dites-vous? vous n'y rêvez pas?

HERMOCRATE : Rien n'est plus vrai.

LÉONTINE : Qu'est-ce que cela signifie? Quoi! Phocion qui m'aime d'une tendresse infinie, qui a fait faire mon portrait sans que je le susse?

HERMOCRATE : Votre portrait! ce n'est pas le vôtre, c'est le mien qu'il a fait faire à mon insu.

LÉONTINE : Mais ne vous trompez-vous pas? Voici le sien; le reconnaissez-vous!

HERMOCRATE : Tenez, ma sœur, en voilà le double; le vôtre est en homme, et le mien est en femme; c'en est toute la différence.

LÉONTINE : Juste ciel! où en suis-je?

AGIS : Oh! c'en est fait, je n'y saurais plus tenir; elle ne m'a point donné de portrait, mais je dois l'épouser aussi.

HERMOCRATE : Quoi! vous aussi, Agis? quelle étrange aventure!

LÉONTINE : Je suis outrée, je l'avoue.

HERMOCRATE : Il n'est pas question de se plaindre; nos domestiques étaient gagnés; je crains quelques desseins cachés; hâtons-nous, Léontine, ne perdons point de temps; il faut que cette fille s'explique, et nous rende compte de son imposture.

Scène IX : Agis, Phocion.

AGIS, *sans voir Phocion* : Je suis au désespoir!

PHOCION : Les voilà donc partis, ces importuns! Mais qu'avez-vous, Agis? Vous ne me regardez pas?

AGIS : Que venez-vous faire ici? Qui de nous trois doit vous épouser, d'Hermocrate, de Léontine ou de moi?

PHOCION : Je vous entends; tout est découvert.

AGIS : N'avez-vous pas votre portrait, à me donner, comme aux autres?

PHOCION : Les autres n'auraient pas eu ce portrait, si je n'avais pas eu dessein de vous donner la personne.

AGIS : Et moi, je le cède à Hermocrate. Adieu, perfide; adieu, cruelle! je ne sais de quels noms vous appeler. Adieu pour jamais. Je me meurs!...

PHOCION : Arrêtez, cher Agis; écoutez-moi.

AGIS : Laissez-moi, vous dis-je.

PHOCION : Non, je ne vous quitte plus; craignez d'être le plus ingrat de tous les hommes, si vous ne m'écoutez pas.

AGIS : Moi, que vous avez trompé!

PHOCION : C'est pour vous que j'ai trompé tout le monde, et je n'ai pu faire autrement; tous mes artifices sont autant de témoignages de ma tendresse; et vous insultez, dans votre erreur, au cœur le plus tendre qui fut jamais. Je ne suis point en peine de vous calmer; tout l'amour que vous me devez, tout celui que j'ai pour vous, vous ne le savez pas. Vous m'aimerez, vous m'estimerez, vous me demanderez pardon.

AGIS : Je n'y comprends rien.

PHOCION : J'ai tout employé pour abuser des cœurs dont la tendresse était l'unique voie qui me restait pour obtenir la vôtre, et vous étiez l'unique objet de tout ce qu'on m'a vu faire.

AGIS : Hélas! puis-je vous en croire, Aspasie?

PHOCION : Dimas et Arlequin, qui savent mon secret, qui m'ont servie, vous confirmeront ce que je vous dis là; interrogez-les; mon amour ne dédaigne pas d'avoir recours à leur témoignage.

AGIS : Ce que vous me dites là est-il possible, Aspasie? On n'a donc jamais tant aimé que vous le faites.

PHOCION : Ce n'est pas là tout; cette princesse, que vous appelez votre ennemie et la mienne...

AGIS : Hélas! s'il est vrai que vous m'aimiez, peut-être un jour vous fera-t-elle pleurer ma mort; elle n'épargnera pas le fils de Cléomène.

PHOCION : Je suis en état de vous rendre l'arbitre de son sort.

AGIS : Je ne lui demande que de nous laisser disposer du nôtre.

PHOCION : Disposez vous-même de sa vie; c'est son cœur ici qui vous la livre.

AGIS : Son cœur, vous Léonide, Madame?

PHOCION : Je vous disais que vous ignoriez tout mon amour, et le voilà tout entier.

AGIS *se jette à genoux* : Je ne puis plus vous exprimer le mien.

Scène X : *Léontine, Hermocrate, Phocion, Agis.*

HERMOCRATE : Que vois-je? Agis à ses genoux! *(Il s'approche.)* De qui est ce portrait-là?

PHOCION : C'est de moi.

LÉONTINE : Et celui-ci, fourbe que vous êtes?

PHOCION : De moi. Voulez-vous que je les reprenne, et que je vous rende les vôtres?

HERMOCRATE : Il ne s'agit point ici de plaisanterie. Qui êtes-vous? quels sont vos desseins?

PHOCION : Je vais vous le dire; mais laissez-moi parler à Corine qui vient à nous.

Scène XI : *Hermidas, Dimas, Arlequin et le reste des acteurs.*

DIMAS : Noute maître, je vous avartis qu'il y a tout plein d'halleberdiers au bas de noute jardin; et pis des soudards [18] et pis des carrioles dorées.

HERMIDAS : Madame, Ariston est arrivé.

PHOCION, *à Agis* : Allons, seigneur, venez recevoir les hommages de vos sujets; il est temps de partir; vos gardes vous attendent. *(A Hermocrate et à Léontine.)* Vous, Hermocrate, et vous, Léontine, qui d'abord refusiez tous deux de me garder, vous sentez le motif de mes feintes : je voulais rendre le trône à Agis, et je voulais être à lui. Sous mon nom j'aurais peut-être révolté son cœur, et je me suis déguisée pour le surprendre; ce qui n'aurait encore abouti à rien, si je ne vous avais pas abusés vous-mêmes. Au reste, vous n'êtes point à plaindre, Hermocrate; je laisse votre cœur entre les mains de votre raison. Pour vous, Léontine, mon sexe doit avoir dissipé tous les sentiments que vous avait inspirés mon artifice.

18. Mot vieilli pour *soldats*.

LES SERMENTS INDISCRETS

Le 8 juin 1732 — c'est un dimanche, «jour peu favorable aux spectacles » — les Comédiens Francais créent enfin les Serments indiscrets. *La pièce a attendu plus d'un an après avoir été reçue. Pourquoi? Il semble que ce retard ne soit pas imputable à Marivaux : celui-ci en profita seulement pour apporter quelques retouches à sa comédie, puis s'en impatienta. Sans doute faut-il l'attribuer à des difficultés de distribution, voire à une certaine crainte des Comédiens Francais devant l'accueil que leur public, peu favorable à Marivaux, réserverait à cette œuvre longue et difficile.*

Une nouvelle fois, c'est l'échec. Un échec tumultueux selon les dires mêmes de Marivaux qui reconnaît que « la représentation de cette pièce n'a pas été achevée ». Et des témoins renchérissent : « Je ne conçois pas les comédiens. Ils ont affiché pour aujourd'hui mardi les Serments indiscrets. Voilà qui ne s'est jamais vu. Une pièce qu'on siffle depuis le commencement du second acte jusqu'à la troisième scène du cinquième ; une pièce où l'on fait détaler les acteurs à force de crier : Annoncez! Croient-ils que le public s'en dédira et qu'il la trouvera bonne! Je le désire plus que je ne l'espère » (lettre de Mlle de Bar à Piron).

A la différence de ce qui s'était passé pour l'Ile de la raison, *les comédiens ne sont pas cette fois à blâmer. Le* Mercure *(juin 1732) est catégorique : « On n'a guère mis au Théâtre Français de pièce mieux jouée que celle-ci : le sieur Quinault l'aîné, la Dlle Quinault sa sœur, parfaitement secondée des Dlles Dangeville et Gaussin, et leurs autres camarades y brillent à qui mieux mieux. » Seul Marivaux est en cause. Ses adversaires ne se font pas faute de le lui rappeler. Voltaire le tout premier qui en profite pour ouvrir les hostilités contre ce contempteur des « philosophès » : dans le* Temple du Goût, *il laisse à la porte du temple Marivaux désigné comme un écrivain qui vient de « composer une comédie métaphysique ».*

Sans doute, les Serments indiscrets *sont-ils par la suite un peu mieux accueillis : ma comédie, constate Marivaux, a déjà « fait plaisir à la seconde représentation, on l'a applaudie à la troisième, ensuite on lui a donné des éloges ». Mais, il l'avoue lui-même, le nombre de ses spectateurs est resté « assez médiocre », comme le montant de ses recettes qui se stabilise autour de cinq cents livres. Les Serments indiscrets quittent donc l'affiche du Français après neuf représentations. Reprise en 1738, la pièce est, selon le Mercure, « infiniment plus goûtée », mais là encore elle n'est jouée que six fois. Talma ne réussit pas plus à l'imposer en 1792, « malgré les efforts de Mlle Candeille, qui, ayant découvert un rôle assez agréable dans cette pièce, avait eu assez de crédit pour la faire remettre au théâtre ». Et la récente reprise des Serments indiscrets en 1956 (avec Claude Winter et Micheline Boudet) n'est pas plus décisive : après dix-sept représentations en 1956 et en 1957, l'œuvre a de nouveau quitté l'affiche du Français.*

Pourtant cette comédie est une de celles auxquelles Marivaux attachait le plus de prix : non seulement il la fit figurer au nombre de ses pièces préférées mais encore il jugea indispensable de faire précéder sa première édition d'un long Avertissement qui demeure un texte capital pour la compréhension de son théâtre. Il est vrai que jamais Marivaux n'est allé plus loin dans l'élaboration d'un langage dramatique qui lui appartienne en propre : par là les Serments indiscrets *nous apparaissent maintenant sinon comme son chef-d'œuvre du moins comme son œuvre la plus audacieuse — une comédie qui doit tout aux jeux du langage.*

Ajoutons que Musset qui connaissait et qui aimait le théâtre de Marivaux s'en est probablement souvenu au moment d'écrire On ne badine pas avec l'amour.

AVERTISSEMENT

Il s'agit ici de deux personnes qu'on a destinées l'une à l'autre, qui ne se connaissent point, et qui, en secret, ont un égal éloignement pour le mariage. Elles ont pourtant consenti à s'épouser, mais seulement par respect pour leurs pères, et dans la pensée que le mariage ne se fera point. Le motif sur lequel elles l'espèrent, c'est que

Damis et Lucile (c'est ainsi qu'elles s'appellent) entendent dire beaucoup de bien l'un de l'autre, et qu'on leur donne un caractère extrêmement raisonnable; et de là chacun d'eux conclut qu'en avouant franchement ses dispositions à l'autre, cet autre aidera lui-même à le tirer d'embarras.

Là-dessus, Damis part de l'endroit où il était, arrive où se doit faire le mariage, demande à parler en particulier à Lucile, et ne trouve que Lisette, sa suivante, à qui il ouvre son cœur, pendant que Lucile, enfermée dans un cabinet voisin, entend tout ce qu'il dit, et se sent intérieurement piquée de toute l'indifférence que Damis promet de conserver en la voyant. Lisette lui recommande de tenir sa parole, lui dit de prendre garde à lui, parce que sa maîtresse est aimable; Damis ne s'en épouvante pas davantage, et porte l'intrépidité jusqu'à défier le pouvoir de ses charmes.

Lucile, de son cabinet, écoute impatiemment ce discours, et, dans le dépit qu'elle en a, elle l'émeut sans qu'elle s'en aperçoive, elle sort du cabinet, se montre tout à coup pour venir se réjouir avec Damis de l'heureux accord de leurs sentiments, à ce qu'elle dit; mais en effet pour essayer de se venger de sa confiance, sans qu'elle se doute de ce mouvement d'amour-propre qui la conduit. Or, comme il n'y a pas loin de prendre l'amour à vouloir en donner soi-même, son cœur commence par être la dupe de son projet de vengeance. Lisette, qui s'aperçoit du danger où sa vanité l'expose, et qui a intérêt que Lucile ne se marie pas, interrompt la conversation de Damis et de sa maîtresse, et, profitant du dépit de Lucile, elle l'engage par raison de fierté même à jurer qu'elle n'épousera jamais Damis, et à exiger qu'il jure à son tour de n'être jamais à elle; ce qu'il est obligé de promettre aussi, quoiqu'il ait resté fort interdit à la vue de Lucile, et qu'il soit très fâché de tout ce qu'il a dit avant que de l'avoir vue.

C'est de là que part toute cette comédie. Lucile, en quittant Damis, se repent de la promesse qu'elle a exigée de lui, parce que son dépit, avec ce qu'il a d'aimable, lui a déjà troublé le cœur; ce qu'elle manifeste en deux mots à la fin du premier acte. Damis, de son côté, est au désespoir, et de l'éloignement qu'il croit que Lucile a pour lui, et de l'injure qu'il lui a faite par l'imprudence de ses discours avec Lisette.

Voilà donc Lucile et Damis qui s'aiment à la fin du premier acte, ou qui du moins ont déjà du penchant l'un pour l'autre. Liés tous deux par la convention de ne point s'épouser, comment feront-ils pour cacher leur amour? Comment feront-ils pour se l'apprendre? car ces deux choses-là vont se trouver dans tout ce qu'ils diront. Lucile sera trop fière pour paraître sensible; trop sensible pour n'être pas embarrassée de sa fierté. Damis, qui se croit haï, sera trop tendre pour bien contrefaire l'indifférent, et trop honnête homme pour manquer de parole à Lucile, qui n'a contre son amour que sa probité pour ressource. Ils sentent bien leur amour; ils n'en font point de mystère avec eux-mêmes: comment s'en instruiront-ils mutuellement, après leurs conventions? Comment feront-ils pour observer et pour trahir en même temps les mesures qu'ils doivent prendre contre leur mariage?

C'est là ce qui fait tout le sujet des quatre autres actes.

On a pourtant dit que cette comédie-ci ressemblait à *la Surprise de l'amour*, et j'en conviendrais franchement, si je le sentais; mais j'y vois une si grande différence, que je n'en imagine pas de plus marquée en fait de sentiment.

Dans *la Surprise de l'amour*, il s'agit de deux personnes qui s'aiment pendant toute la pièce, mais qui n'en savent rien eux-mêmes, et qui n'ouvrent les yeux qu'à la dernière scène.

Dans cette pièce-ci, il est question de deux personnes qui s'aiment d'abord, et qui le savent, mais qui se sont engagées de n'en rien témoigner, et qui passent leur temps à lutter contre la difficulté de garder leur parole en la violant; ce qui est une autre espèce de situation, qui n'a aucun rapport avec celle des amants de *la Surprise de l'amour*. Les derniers, encore une fois, ignorent l'état de leur cœur, et sont le jouet du sentiment qu'ils ne soupçonnent point en eux; c'est là ce qui fait le plaisant du spectacle qu'ils donnent: les autres, au contraire, savent ce qui se passe en eux, mais ne voudraient ni le cacher, ni le dire, et assurément je ne vois rien là dedans qui se ressemble: il est vrai que, dans l'une et dans l'autre situation, tout se passe dans le cœur; mais ce cœur a bien des sortes de sentiments, et le portrait de l'un ne fait pas le portrait de l'autre.

Pourquoi donc dit-on que les deux pièces se ressemblent? En voici la raison, je pense: c'est qu'on y a vu le même genre de conversation et de style; c'est que ce sont des mouvements de cœur dans les deux pièces; et cela leur donne un air d'uniformité qui fait qu'on s'y trompe.

A l'égard du genre de style et de conversation, je conviens qu'il est le même que celui de *la Surprise de l'amour* et de quelques autres pièces; mais je n'ai pas cru pour cela me répéter en l'employant encore ici: ce n'est pas moi qui j'ai voulu copier, c'est la nature, c'est le ton de la conversation en général que j'ai tâché de prendre: ce ton-là a plu extrêmement et plaît encore dans les autres pièces, comme singulier, je crois; mais mon dessein était qu'il plût comme naturel, et c'est peut-être parce qu'il l'est effectivement qu'on le croit singulier, et que, regardé comme tel, on me reproche d'en user toujours.

On est accoutumé au style des auteurs, car ils en ont un qui leur est particulier: on n'écrit presque jamais comme on parle; la composition donne un autre tour à l'esprit; c'est partout un goût d'idées pensées et réfléchies dont on ne sent point l'uniformité, parce qu'on l'a reçu et qu'on y est fait: mais si par hasard vous quittez ce style, et que vous portiez le langage des hommes dans un ouvrage, et surtout dans une comédie, il est sûr que vous serez d'abord remarqué; et, si vous plaisez, vous plaisez beaucoup, d'autant plus que vous paraissez nouveau: mais revenez-y souvent, ce langage des hommes ne vous réussira plus, car on ne l'a pas remarqué comme tel, mais simplement comme le vôtre, et on croira que vous vous répétez.

Je ne dis pas que ceci me soit arrivé: il est vrai que j'ai tâché de saisir le langage des conversations, et la tournure des idées familières et variées qui y viennent, mais je ne me flatte pas d'y être parvenu; j'ajouterai seulement, là-dessus, qu'entre gens d'esprit les conversations dans le monde sont plus vives qu'on ne pense, et que tout ce qu'un auteur pourrait faire pour les imiter n'approchera jamais du feu et de la naïveté fine et subite qu'ils y mettent.

Au reste, la représentation de cette pièce-ci n'a pas été achevée: elle demande de l'attention; il y avait beaucoup de monde, et bien des gens ont prétendu qu'il y avait une cabale pour la faire tomber; mais je n'en crois rien : elle est d'un genre dont la simplicité aurait pu toute seule lui tenir lieu de cabale, surtout dans le tumulte d'une première représentation; et d'ailleurs, je ne supposerai jamais qu'il y ait des hommes capables de n'aller à un spectacle que pour y livrer une honteuse guerre à un ouvrage fait pour les amuser. Non, c'est la pièce même qui ne plut pas ce jour-là. Presque aucune des miennes n'a bien pris d'abord ; leur succès n'est venu que dans la suite, et je l'aime bien autant venu de cette manière-là. Que sait-on ? peut-être en arrivera-t-il de celle-ci comme des autres : déjà elle a fait plaisir à la seconde représentation, on l'a applaudie à la troisième, ensuite on lui a donné des éloges; et on m'a dit qu'elle avait toujours continué d'être bien reçue, par un nombre de spectateurs assez médiocre, il est vrai; mais aussi a-t-elle été presque toujours représentée dans des jours peu favorables aux spectacles.

ACTEURS

Lucile, *fille de Monsieur Orgon* ; Phénice, *sœur de Lucile* ; Damis, *fils de Monsieur Ergaste, amant de Lucile* ; Monsieur Ergaste, *père de Damis* ; Monsieur Orgon, *père de Lucile et de Phénice* ; Lisette, *suivante de Lucile* ; Frontin [1], *valet de Damis* ; Un Domestique.

LA SCÈNE EST
A UNE MAISON DE CAMPAGNE.

ACTE PREMIER

Scène I : Lucile, un laquais.

Lucile *est assise à une table, et plie une lettre ; un laquais est devant elle, à qui elle dit* : Qu'on aille dire à Lisette qu'elle vienne. *(Le laquais part. Elle se lève.)* Damis serait un étrange homme, si cette lettre-ci ne rompt pas le projet qu'on fait de nous marier.
Lisette entre.

Scène II : Lucile, Lisette.

Lucile : Ah! te voilà, Lisette, approche; je viens d'apprendre que Damis est arrivé hier [2] de Paris, qu'il est actuellement chez son père; et voici une lettre qu'il faut que tu lui rendes, en vertu de laquelle j'espère que je ne l'épouserai point.
Lisette : Quoi! cette idée-là vous dure encore? Non, Madame, je ne ferai point votre message; Damis est l'époux qu'on vous destine; vous y avez consenti, tout le monde est d'accord : entre une épouse et vous, il n'y a plus qu'une syllabe de différence, et je ne rendrai point votre lettre; vous avez promis de vous marier.
Lucile : Oui, par complaisance pour mon père, il est vrai; mais y songe-t-il? Qu'est-ce que c'est qu'un mariage comme celui-là? Ne faudrait-il pas être folle pour épouser un homme dont le caractère m'est tout à fait inconnu? D'ailleurs ne sais-tu pas mes sentiments? Je ne veux point être mariée si tôt et ne le serai peut-être jamais.
Lisette : Vous? Avec ces yeux-là? Je vous en défie, Madame.

1. Orthographié *Frontain* dans l'édition de 1732.
2. Il existe à la Bibliothèque de l'Arsenal, dans le recueil des rôles provenant du théâtre de Berny, un manuscrit qui comprend un texte, abrégé pour la scène, des *Serments indiscrets*. Variante de ce manuscrit : *hier au soir.*

Lucile : Quel raisonnement! Est-ce que des yeux décident de quelque chose?
Lisette : Sans difficulté; les vôtres vous condamnent à vivre en compagnie. Par exemple, examinez-vous : vous ne savez pas les difficultés de l'état austère que vous embrassez; il faut avoir le cœur bien frugal pour le soutenir; c'est une espèce de solitaire qu'une fille, et votre physionomie n'annonce point de vocation pour cette vie-là.
Lucile : Oh! ma physionomie ne sait ce qu'elle dit : je sens un fonds de délicatesse et de goût qui serait toujours choqué dans le mariage, et je n'y serais pas heureuse.
Lisette : Bagatelle! Il ne faut que deux ou trois mois de commerce avec un mari pour expédier votre délicatesse; allez, déchirez votre lettre.
Lucile : Je te dis que mon parti est pris, et je veux que tu la portes. Est-ce que tu crois que je me pique d'être plus indifférente qu'une autre? Non, je ne me vante point de cela, et j'aurais tort de le faire; car j'ai l'âme tendre, quoique naturellement vertueuse : et voilà pourquoi le mariage serait une très mauvaise condition pour moi. Une âme tendre et douce a des sentiments, elle en demande; elle a besoin d'être aimée parce qu'elle aime, et une âme de cette espèce-là entre les mains d'un mari n'a jamais son nécessaire.
Lisette : Oh! dame, ce nécessaire-là est d'une grande dépense, et le cœur d'un mari s'épuise.
Lucile : Je les connais un peu, ces Messieurs-là; je remarque que les hommes ne sont bons qu'en qualité d'amants; c'est la plus jolie chose du monde que leur cœur, quand l'espérance les tient en haleine; soumis, respectueux et galants, pour le peu que vous soyez aimable avec eux, votre amour-propre est enchanté; il est servi délicieusement; on le rassasie de plaisirs; folie, fierté, dédain, caprices, impertinences, tout nous réussit, tout est raison, tout est loi; on règne, on tyrannise, et nos idolâtres sont toujours à genoux [3]. Mais les épousez-vous, la déesse s'humanise-t-elle, leur idolâtrie finit où nos bontés commencent. Dès qu'ils sont heureux, les ingrats ne méritent plus de l'être.
Lisette : Les voilà.
Lucile : Oh! pour moi, j'y mettrai bon ordre, et le personnage de déesse ne m'ennuiera pas, Messieurs, je vous assure. Comment donc! Toute jeune, et toute aimable que je suis, je n'en aurais pas pour six mois aux

3. Var. du manuscrit : *à nos genoux.*

yeux d'un mari, et mon visage serait mis au rebut! De dix-huit ans qu'il a, il sauterait tout d'un coup à cinquante! Non pas, s'il vous plaît; ce serait un meurtre; il ne vieillira qu'avec le temps, et n'enlaidira qu'à force de durer; je veux qu'il n'appartienne qu'à moi, que personne n'ait à voir ce que j'en ferai, qu'il ne relève que de moi seule. Si j'étais mariée, ce ne serait plus mon visage; il serait à mon mari, qui le laisserait là, à qui il ne plairait pas, et qui lui défendrait de plaire à d'autres; j'aimerais autant n'en point avoir. Non, non, Lisette, je n'ai point envie d'être coquette; mais il y a des moments où le cœur vous en dit, et où l'on est bien aise d'avoir les yeux libres; ainsi, plus de discussion; va porter ma lettre à Damis, et se range qui voudra sous le joug du mariage!

LISETTE : Ah! Madame, que vous me charmez! que vous êtes une déesse raisonnable! Allons! je ne vous dis plus mot; ne vous mariez point; ma divinité subalterne vous approuve et fera de même. Mais de cette lettre que je vais porter, en espérez-vous beaucoup?

LUCILE : Je marque mes dispositions à Damis; je le prie de les servir; je lui indique les moyens qu'il faut prendre pour dissuader son père et le mien de nous marier; et si Damis est aussi galant homme qu'on le dit, je compte l'affaire rompue.

Scène III : Lucile, Lisette, Frontin.
Un valet de la maison entre.

LE VALET : Madame, voici un domestique qui demande à vous parler.

LUCILE : Qu'il vienne.

FRONTIN *entre* : Madame, cette fille-ci est-elle discrète?

LISETTE : Tenez, cet animal, qui débute par me dire une injure!

FRONTIN : J'ai l'honneur d'appartenir à Monsieur Damis, qui me charge d'avoir celui de vous faire la révérence.

LISETTE : Vous avez eu le temps d'en faire quatre : allons, finissez.

LUCILE : Laisse-le achever. De quoi s'agit-il?

FRONTIN : Ne la gênez point, Madame; je ne l'écoute pas.

LUCILE : Voyons, que me veut ton maître?

FRONTIN : Il vous demande, Madame, un moment d'entretien avant que de paraître ici tantôt avec son père; et j'ose vous assurer que cet entretien est nécessaire.

LUCILE, *à part, à Lisette* : Me conseilles-tu de le voir, Lisette?

LISETTE : Attendez, Madame, que j'interroge un peu ce harangueur. Dites-nous, Monsieur le Personnage, vous qui jugez cet entretien si important, vous en savez donc le sujet?

FRONTIN : Mon maître ne me cache rien de ce qu'il pense.

LISETTE : Hum! à voir le confident, je n'ai pas grande opinion des pensées; venez çà pourtant; de quoi est-il question!

FRONTIN : D'une réponse que j'attends.

LISETTE : Veux-tu parler?

FRONTIN : Je suis homme, et je me tais; je vous défie d'en faire autant.

LUCILE : Laisse-le, puisqu'il ne veut rien dire. Va, ton maître n'a qu'à venir.

FRONTIN : Il est à vous sur-le-champ, Madame; il m'attend dans une des allées du bois.

LISETTE : Allons, pars.

FRONTIN : M'amie, vous ne m'arrêterez pas.

Scène IV : Lucile, Lisette.

LISETTE : Que ne m'avez-vous dit de lui donner votre lettre? Elle vous eût dispensée de voir son maître.

LUCILE : Je n'ai point dessein de le voir non plus, mais il faut savoir ce qu'il me veut, et voici mon idée. Damis va venir, et tu n'as qu'à l'attendre, pendant que je vais me retirer dans ce cabinet, d'où j'entendrai tout. Dis-lui qu'en y faisant réflexion, j'ai cru que dans cette occasion-ci je ne devais point me montrer, et que je le prie de s'ouvrir à toi sur ce qu'il a à me dire, et s'il refuse de parler, en marquant quelque empressement pour me voir, finis la conversation, en lui donnant ma lettre.

LISETTE : J'entends quelqu'un; cachez-vous, Madame.

Scène V : Lisette, Damis.

LISETTE : C'est Damis... morbleu! qu'il est bien fait! Allons, le diable nous amène là une tentation bien conditionnée... C'est sans doute ma maîtresse que vous cherchez, Monsieur?

DAMIS : C'est elle-même, et l'on m'avait dit que je la trouverais ici.

LISETTE : Il est vrai, Monsieur; mais elle a cru devoir se retirer, et m'a chargée de vous prier de sa part de me confier ce que vous voulez lui dire.

DAMIS : Eh! pourquoi m'évite-t-elle? Est-ce que le mariage dont il s'agit ne lui plaît pas?

LISETTE : Mais, Monsieur, il est bien hardi de se marier si vite.

DAMIS : Oh! très hardi.

LISETTE : Je vois bien que Monsieur pense judicieusement.

DAMIS : On ne saurait donc la voir?

LISETTE : Excusez-moi, Monsieur; la voilà : c'est la même chose, je la représente.

DAMIS : Soit, j'en serai même plus libre à vous dire mes sentiments, et vous me paraissez fille d'esprit.

LISETTE : Vous avez l'air de vous y connaître trop bien pour que j'en appelle [4].

DAMIS : Venons à ce qui m'amène; mon père, que je ne puis me résoudre de fâcher, parce qu'il m'aime beaucoup...

LISETTE : Fort bien : votre histoire commence comme la nôtre.

DAMIS : A souhaité le mariage qu'on veut faire entre votre maîtresse et moi.

LISETTE : Ce début-là me plaît.

DAMIS : Attendez jusqu'au bout; j'étais donc à mon régiment, quand mon père m'a écrit ce qu'il avait projeté

---

4. *En appeler* : ne pas consentir à quelque chose, protester contre.

avec celui de Lucile; c'est, je pense, le nom de la prétendue future?

LISETTE : La prétendue! toujours à merveille.

DAMIS : Il m'en faisait un portrait charmant.

LISETTE : Style ordinaire.

DAMIS : Cela se peut bien; mais elle est dans sa lettre la plus aimable personne du monde.

LISETTE : Souvenez-vous que je représente l'original, et que je serai obligée de rougir pour lui.

DAMIS : Mon père, ensuite, me presse de venir, me dit que je ne saurais, sur la fin de ses jours, lui donner de plus grande consolation qu'en épousant Lucile; qu'il est ami intime de son père, que d'ailleurs elle est riche, et que je lui aurai une obligation éternelle du parti qu'il me procure; et qu'enfin, dans trois ou quatre jours, ils vont, son ami, sa famille et lui, m'attendre à leurs maisons de campagne qui sont voisines, et où je ne manquerai pas de me rendre, à mon retour de Paris.

LISETTE : Eh bien?

DAMIS : Moi, qui ne saurais rien refuser à un père si tendre, j'arrive, et me voilà.

LISETTE : Pour épouser?

DAMIS : Ma foi, non, s'il est possible.

Ici Lucile sort à moitié du cabinet.

LISETTE : Quoi! tout de bon?

DAMIS : Je parle très sérieusement; et comme on dit que Lucile est d'un esprit raisonnable, et que je lui dois être fort indifférent, j'avais dessein de lui ouvrir mon cœur, afin de me retirer de cette aventure-ci.

LISETTE, *riant* : Eh! quel motif avez-vous pour cela? Est-ce que vous aimez ailleurs?

DAMIS : N'y a-t-il que ce motif-là qui soit bon? Je crois en avoir d'aussi sensés; c'est qu'en vérité je ne suis pas d'un âge à me lier d'un engagement aussi sérieux; c'est qu'il me fait peur, que je sens qu'il bornerait ma fortune, et que j'aime à vivre sans gêne, avec une liberté dont je sais tout le prix et qui m'est plus nécessaire qu'à un autre, de l'humeur dont je suis.

LISETTE : Il n'y a pas le plus petit mot à dire à cela.

DAMIS : Dans le mariage, pour bien vivre ensemble, il faut que la volonté d'un mari s'accorde avec celle de sa femme, et cela est difficile; car de ces deux volontés-là, il y en a toujours une qui va de travers, et c'est assez la manière d'aller des volontés d'une femme, à ce que j'entends dire. Je demande pardon à votre sexe de ce que je dis là : il peut y avoir des exceptions; mais elles sont rares, et je n'ai point de bonheur.

Lucile regarde toujours.

LISETTE : Que vous êtes aimable d'avoir si mauvaise opinion de notre esprit [5].

DAMIS : Mais vous riez; est-ce que mes dispositions vous conviennent?

LISETTE : Je vous dis que vous êtes un homme admirable.

DAMIS : Sérieusement?

LISETTE : Un homme sans prix.

DAMIS : Ma foi, vous me charmez.

Lucile continue de regarder.

LISETTE : Vous nous rachetez; nous vous dispensons même de la bonté que vous avez de supposer quelques exceptions favorables parmi nous.

DAMIS : Oh! je n'en suis pas la dupe; je n'y crois pas moi-même.

LISETTE : Que le ciel vous le rende; mais peut-on se fier à ce que vous dites là? Cela est-il sans retour? Je vous avertis que ma maîtresse est aimable.

DAMIS : Et moi je vous avertis que je ne m'en soucie guère : je suis à l'épreuve; je ne crois pas votre maîtresse plus redoutable que tout ce que j'ai vu, sans lui faire tort, et je suis sûr que ses yeux seront d'aussi bonne composition que ceux des autres.

Lucile regarde.

LISETTE : Morbleu! n'allez pas nous manquer de parole.

DAMIS : Si je n'avais pas peur d'être ridicule, je vous recommanderais, pour vous piquer, de ne m'en pas manquer vous-même.

LISETTE : Tenez, votre départ sera de toutes vos grâces celle qui nous touchera le plus; êtes-vous content?

DAMIS : Vous me rendez justice; de mon côté, je défie vos appas, et je vous réponds de mon cœur.

Scène VI : Lucile, sortant promptement du cabinet, Damis, Lisette.

LUCILE : Et moi du mien, Monsieur, je vous le promets, car je puis hardiment me montrer après ce que vous venez de dire; allons, Monsieur, le plus fort est fait, nous n'avons à nous craindre ni l'un ni l'autre : vous ne vous souciez point de moi, je ne me soucie point de vous; car je m'explique sur le même ton, et nous voilà fort à notre aise; ainsi convenons de nos faits; mettez-moi l'esprit en repos; comment nous y prendrons-nous? J'ai une sœur qui peut plaire; affectez plus de goût pour elle que pour moi; peut-être cela vous sera-t-il aisé, et vous continuerez toujours [6]. Ce moyen-là vous convient-il ? Vaut-il mieux nous plaindre d'un éloignement réciproque? Ce sera comme vous voudrez; vous savez mon secret; vous êtes un honnête homme; expédions.

LISETTE : Nous ne barguignons pas, comme vous voyez; nous allons rondement; faites-vous de même?

LUCILE : Qu'est-ce que c'est que cette saillie-là qui me compromet?... « Faites-vous de même? »... Voulez-vous divertir Monsieur à mes dépens?

DAMIS : Je trouve sa question raisonnable, Madame.

LUCILE : Et moi, Monsieur, je la déclare impertinente; mais c'est une étourdie qui parle.

DAMIS : Votre apparition me déconcerte, je l'avoue; je me suis expliqué d'une manière si libre, en parlant de personnes aimables, et surtout de vous, Madame!

LUCILE : De moi, Monsieur? vous m'étonnez; je ne sache pas que vous ayez rien à vous reprocher. Quoi donc! serait-ce d'avoir promis que je ne vous paraîtrais pas redoutable? Eh! tant mieux : c'est m'avoir fait votre cour que cela. Comment donc! est-ce que vous croyez

---

5. On lit : *de votre esprit* dans les éditions de 1732, 1758 et 1781.

6. Var. du manuscrit : *... aisé. Je m'en plaindrai, vous vous excuserez et vous continuerez toujours.*

ma vanité attaquée? Non, Monsieur, elle ne l'est point : supposé que j'en aie, que vous me trouviez redoutable ou non, qu'est-ce que cela dit? Le goût d'un homme seul ne décide rien là-dessus; et de quelque façon qu'il se trouve [7], on n'en vaut ni plus ni moins; les agréments n'y perdent ni n'y gagnent; cela ne signifie rien; ainsi, Monsieur, point d'excuse; au reste, pourtant, si vous en voulez faire, si votre politesse a quelque remords qui la gêne, qu'à cela ne tienne, vous êtes bien le maître.

DAMIS : Je ne doute pas, Madame, que tout ce que je pourrais vous dire ne vous soit indifférent; mais n'importe, j'ai mal parlé, et je me condamne très sérieusement.

LUCILE, *riant* : Eh bien! soit; allons, Monsieur, vous vous condamnez, j'y consens. Votre prétendue future vaut mieux que tout ce que vous avez vu jusqu'ici; il n'y a pas de comparaison, je l'emporte; n'est-il pas vrai que cela va là? Car je me ferai sans façon, moi, tous les compliments qu'il vous plaira, ce n'est pas la peine de me les plaindre, ils ne sont pas rares, et l'on en donne à qui veut.

DAMIS : Il ne s'agit pas de compliments, Madame; vous êtes bien au-dessus de cela, et il serait difficile de vous en faire.

LUCILE : Celui-là est très fin, par exemple, et vous aviez raison de ne le vouloir pas perdre; mais restons-en là, je vous prie; car, à la fin, tant de politesses me supposeraient un amour-propre ridicule; et ce serait une étrange chose qu'il fallût me demander pardon de ce qu'on ne m'aime point; en vérité, l'idée serait comique; ce serait en m'aimant qu'on m'embarrasserait; mais, grâce au ciel, il n'en est rien; heureusement mes yeux se trouvent pacifiques; ils applaudissent [8] à votre indifférence; ils se le promettaient, c'est une obligation que je vous ai, et la seule de votre part qui pouvait m'épargner une ingratitude; vous m'entendez, vous avez eu quelque peur des dispositions que je pouvais avoir; mais soyez tranquille, je me sauve, Monsieur, je vous échappe; j'ai vu le péril, et il n'y paraît pas.

DAMIS : Ah! Madame, oubliez un discours que je n'ai tenu tantôt qu'en plaisantant; je suis de tous les hommes celui à qui il est le moins permis d'être vain, et vous de toutes les dames celle avec qui il serait le plus impossible de l'être; vous êtes d'une figure qui ne permet ce sentiment-là à personne, et si je l'avais, je serais trop méprisable.

LISETTE : Ma foi, si vous le prenez sur ce ton-là, tous deux, vous ne tenez rien; je n'aime point ce verbiage-là; ces yeux pacifiques, ces apostrophes galantes à la figure de Madame, et puis des vanités, des excuses, où cela va-t-il? Ce n'est pas là votre chemin; prenez garde que le diable ne vous écarte; tenez, vous ne voulez point vous épouser : abrégeons, et tout à l'heure entre mes mains cimentez vos résolutions d'une nouvelle promesse de ne vous appartenir jamais; allons, Madame, commencez pour le bon exemple, et pour l'honneur de votre sexe.

LUCILE : La belle idée qu'il vous vient là! le bel expédient! Que je commence! comme si tout ne dépendait pas de Monsieur, et que ce ne fût pas à lui à garantir ma résolution par la sienne! Est-ce que, s'il voulait m'épouser, il n'en viendrait pas à bout par le moyen de mon père, à qui il faudrait obéir? C'est donc sa résolution qui importe, et non pas la mienne que je ferais en pure perte.

LISETTE : Elle a raison, Monsieur; c'est votre parole qui règle tout; parlez.

DAMIS : Moi, commencer! cela ne me siérait point, ce serait violer les devoirs d'un galant homme, et je ne perdrai point le respect, s'il vous plaît.

LISETTE : Vous l'épouserez par respect; car ce n'est que du galimatias que toutes ces raisons-là; j'en reviens à vous, Madame.

LUCILE : Et moi, je m'en tiens à ce que j'ai dit; car il n'y a point de réplique; mais que Monsieur s'explique, qu'on sache ses intentions sur la difficulté qu'il fait : est-ce respect? est-ce égard? est-ce badinage? est-ce tout ce qu'il vous plaira? Qu'il se détermine : il faut parler naturellement dans la vie.

LISETTE : Monsieur vous dit qu'il est trop poli pour être naturel.

DAMIS : Il est vrai que je n'ose m'expliquer.

LISETTE : Il vous attend.

LUCILE, *brusquement* : Eh bien! terminons donc, s'il n'y a que cela qui vous arrête, Monsieur; voici mes sentiments : je ne veux point être mariée, et je n'en eus jamais moins d'envie que dans cette occasion-ci; ce discours est net et sous-entend tout ce que la bienséance veut que je vous épargne. Vous passez pour un homme d'honneur, Monsieur, on fait l'éloge de votre caractère, et c'est aux soins que vous vous donnerez pour me tirer de cette affaire-ci, c'est aux services que vous me rendrez là-dessus, que je reconnaîtrai la vérité de tout ce qu'on m'a dit de vous. Ajouterai-je encore une chose? Je puis avoir le cœur prévenu; je pense qu'en voilà assez, Monsieur, et que ce que je dis là vaut bien un serment de ne vous épouser jamais; serment que je fais pourtant, si vous le trouvez nécessaire; cela suffit-il?

DAMIS : Eh! Madame, c'en est fait, et vous n'avez rien à craindre. Je ne suis point de caractère à persécuter les dispositions où je vous vois; elles excluent notre mariage; et quand ma vie en dépendrait, quand mon cœur vous regretterait, ce qui ne serait pas difficile à croire, je vous sacrifierais et mon cœur et ma vie, et vous les sacrifierais sans vous le dire; c'est à quoi je m'engage, non par des serments qui ne signifieraient rien, et que je fais pourtant comme vous, si vous les exigez; mais parce que votre cœur, parce que la raison, mon honneur et ma probité dont vous l'exigez, le veulent; et comme il faudra nous voir, et que je ne saurais partir ni vous quitter sur-le-champ, si, pendant le temps que nous nous verrons, il m'allait par hasard échapper quelque discours qui pût vous alarmer, je vous conjure d'avance de n'y rien voir contre ma parole, et de ne l'attribuer qu'à l'impossibilité qu'il y aurait de n'être pas galant avec qui vous ressemble. Cela dit, je ne vous demande plus qu'une grâce; c'est de m'aider à vous débarrasser de moi, et de vouloir bien que je n'essuie point tout seul les reproches de nos parents : il est juste que nous les partagions, vous les méritez encore plus que moi. Vous craignez plus l'époux

---

7. Var. du manuscrit : *qu'il le tourne,*
8. Var. du manuscrit : *il n'en est rien; j'applaudis...*

que le mariage, et moi je ne craignais que le dernier. Adieu, Madame; il me tarde de vous montrer que je suis du moins digne de quelque estime.

Il se retire.

LISETTE : Mais, vous vous en allez sans prendre de mesures.

DAMIS : Madame m'a dit qu'elle avait une sœur à qui je puis feindre de m'attacher; c'est déjà un moyen d'indiqué.

LUCILE, *triste* : Et d'ailleurs nous aurons le temps de nous revoir. Suivez Monsieur, Lisette, puisqu'il s'en va, et voyez si personne ne regarde!

DAMIS, *à part, en sortant* : Je suis au désespoir.

Scène VII

LUCILE, *seule* : Ah! il faut que je soupire, et ce ne sera pas pour la dernière fois. Quelle aventure pour mon cœur! Cette misérable Lisette, où a-t-elle été imaginer tout ce qu'elle vient de nous faire dire?

ACTE SECOND

Scène I : Monsieur Orgon, Lisette.

MONSIEUR ORGON, *comme déjà parlant* : Je ne le vante point plus qu'il ne le vaut; mais je crois qu'en fait d'esprit et de figure, on aurait de la peine à trouver mieux que Damis; à l'égard des qualités du cœur et du caractère, l'éloge qu'on en fait est général, et sa physionomie dit qu'il le mérite.

LISETTE : C'est mon avis.

MONSIEUR ORGON : Mais ma fille pense-t-elle comme nous? C'est pour le savoir que je te parle.

LISETTE : En doutez-vous, Monsieur? Vous la connaissez. Est-ce que le mérite lui échappe? Elle tient de vous, premièrement.

MONSIEUR ORGON : Il faut pourtant bien qu'elle n'ait pas fait grand accueil à Damis, et qu'il ait remarqué de la froideur dans ses manières.

LISETTE : Il les a vues tempérées, mais jamais froides.

MONSIEUR ORGON : Qu'est-ce que c'est que tempérées?

LISETTE : C'est comme qui dirait... entre le froid et le chaud.

MONSIEUR ORGON : D'où vient donc qu'on voit Damis parler plus volontiers à sa sœur?

LISETTE : C'est Damis, par exemple, qui a la clef de ce secret-là.

MONSIEUR ORGON : Je crois l'avoir aussi, moi; c'est apparemment qu'il voit que Lucile a de l'éloignement pour lui.

LISETTE : Je crois avoir à mon tour la clef d'un autre secret : je pense que Lucile ne traite froidement Damis que parce qu'il n'a pas d'empressement pour elle.

MONSIEUR ORGON : Il ne s'éloigne que parce qu'il est mal reçu.

LISETTE : Mais, Monsieur, s'il n'était mal reçu que parce qu'il s'éloigne?

MONSIEUR ORGON : Qu'est-ce que c'est que ce jeu de mots-là? Parle-moi naturellement : ma fille te dit ce qu'elle pense. Est-ce que Damis ne lui convient pas? Car, enfin, il se plaint de l'accueil de Lucile.

LISETTE : Il se plaint, dites-vous! Monsieur, c'est un fripon, sur ma parole; je lui soutiens qu'il a tort; il sait bien qu'il ne nous aime point.

MONSIEUR ORGON : Il assure le contraire.

LISETTE : Eh! où est-il donc, cet amour qu'il a? Nous avons regardé dans ses yeux, il n'y a rien; dans ses paroles, elles ne disent mot; dans le son de sa voix, rien ne marque; dans ses procédés, rien ne sort; de mouvements de cœur, il n'en perce aucun. Notre vanité, qui a des yeux de lynx, a fureté partout; et puis Monsieur viendra dire qu'il a de l'amour, à nous qui devinons qu'on nous aimera avant qu'on nous aime, qui avons des nouvelles du cœur d'un amant avant qu'il en ait lui-même! Il nous fait là de beaux contes, avec son amour imperceptible!

MONSIEUR ORGON : Il y a là dedans quelque chose que je ne comprends pas. N'est-ce pas là son valet? Apparemment qu'il te cherche.

Scène II : Monsieur Orgon, Lisette, Frontin.

MONSIEUR ORGON, *à Frontin, qui se retire* : Approche, approche; pourquoi t'enfuis-tu?

FRONTIN : Monsieur, c'est que nous ne sommes pas extrêmement camarades.

MONSIEUR ORGON : Viens toujours, à cela près [9].

FRONTIN : Sérieusement, Monsieur?

MONSIEUR ORGON : Viens, te dis-je.

FRONTIN : Ma foi, Monsieur, comme vous voudrez : on m'a quelquefois dit que ma conversation en valait bien une autre, et j'y mettrai tout ce que j'ai de meilleur. Où en êtes-vous? La Bourgogne, dit-on, a donné beaucoup cette année-ci; cela fait plaisir. On dit que les Turcs à Constantinople...

MONSIEUR ORGON : Halte-là, laissons Constantinople.

LISETTE : Il en sortirait aussi légèrement que de Bourgogne.

FRONTIN : Je vous menais en Champagne un instant après; j'aime les pays de vignoble, moi.

MONSIEUR ORGON : Point d'écart, Frontin, parlons un peu de votre maître. Dites-moi confidemment, que pense-t-il sur le mariage en question? son cœur est-il d'accord avec nos desseins?

FRONTIN : Ah! Monsieur, vous me parlez là d'un cœur qui mène une triste vie; plus je vous regarde, et plus je m'y perds. Je vois des cruautés dans vos enfants qu'on ne devinerait pas à la douceur de votre visage.

Lisette hausse les épaules.

MONSIEUR ORGON : Que veux-tu dire avec tes cruautés? De qui parles-tu?

FRONTIN : De mon maître, et des peines secrètes qu'il souffre de la part de Mademoiselle votre fille.

LISETTE : Cet effronté, qui vous fait un roman! Qu'a-t-on fait à ton maître, dis? Où sont les chagrins qu'on a eu le temps de lui donner? Que nous a-t-il dit jusqu'ici?

9. Par *à cela près*, il faut entendre : sans s'arrêter à cela.

Que voit-on de lui, que des révérences? Est-ce en fuyant que l'on dit qu'on aime? Quand on a de l'amour pour une sœur aînée, est-ce à sa sœur cadette à qui on va le dire?

FRONTIN : Ne trouvez-vous pas cette fille-là bien revêche, Monsieur?

MONSIEUR ORGON : Tais-toi, en voilà assez; tout ce que j'entends me fait juger qu'il n'y a, peut-être, que du malentendu dans cette affaire-ci. Quant à ma fille, dites-lui, Lisette, que je serais très fâché d'avoir à me plaindre d'elle : c'est sur sa parole que j'ai fait venir Damis et son père; depuis qu'elle a vu le fils, il ne lui déplaît pas, à ce qu'elle dit; cependant ils se fuient, et je veux savoir qui des deux a tort; car il faut que cela finisse.

Il s'en va.

Scène III : Frontin, Lisette, se regardant
quelque temps.

LISETTE : Demandez-moi pourquoi ce faquin-là me regarde tant!

FRONTIN *chante* : La la ra la ra.

LISETTE : La la ra la ra.

FRONTIN : Oui-da! il y a de la voix, mais point de méthode.

LISETTE : Va-t'en; qu'est-ce que tu fais ici?

FRONTIN : J'étudie tes sentiments sur mon compte.

LISETTE : Je pense que tu n'es qu'un sot; voilà tes études faites. Adieu.

Elle veut s'en aller.

FRONTIN *l'arrête* : Attends, attends, j'ai à te parler sur nos affaires. Tu m'as la mine d'avoir le goût fin; j'ai peur de te plaire, et nous voici dans un cas qui ne le veut point.

LISETTE : Toi, me plaire! Il faut donc que tu n'aies jamais rencontré ta grimace nulle part, puisque tu le crains. Allons, parle, voyons ce que tu as à me dire; hâte-toi, sinon je t'apprendrai ce que valent mes yeux, moi.

FRONTIN : Aïe! j'ai la moitié du cœur emporté de ce coup d'œil-là. Bon quartier [10], ma fille, je t'en conjure; ménageons-nous, nos intérêts le veulent; je ne suis resté que pour te le dire.

LISETTE : Achève, de quoi s'agit-il?

FRONTIN : Tu me parais le mieux du monde avec ta maîtresse.

LISETTE : C'est moi qui suis la sienne : je la gouverne.

FRONTIN : Bon! les rangs ne sont pas mieux observés entre mon maître et moi; supposons à présent que ta maîtresse se marie.

LISETTE : Mon autorité expire, et le mari me succède.

FRONTIN : Si mon maître prenait femme, c'est un ménage qui tombe en quenouille [11], nous avons donc intérêt qu'ils gardent tous deux le célibat.

LISETTE : Aussi ai-je défendu à ma maîtresse d'en sortir, et heureusement son obéissance ne lui coûte rien.

FRONTIN : Ta pupille est d'un caractère rare; pour mon jeune homme, il hait naturellement le nœud conju-

gal, et je lui laisse la vie de garçon; ces Messieurs-là se sauvent; le pays est bon pour les maraudeurs [12]. Or, il s'agit de conserver nos postes; les pères de nos jeunes gens sont attaqués de vieillesse, maladie incurable et qui menace de faire bientôt des orphelins; ces orphelins-là nous reviennent, ils tombent dans notre lot; ils sont d'âge à entrer dans leurs droits, et leurs droits nous mettront dans les nôtres. Tu m'entends bien?

LISETTE : Je suis au fait, il ne faut pas que ce que tu dis soit plus clair.

FRONTIN : Nous réglerons fort bien chacun notre ménage.

LISETTE : Oui-da; c'est un embarras qu'on prend volontiers, quand on aime le bien d'un maître.

FRONTIN : Si nous nous aimions tous deux, nous n'écarterions plus l'amour que nos orphelins pourraient prendre l'un pour l'autre; ils se marieraient, et adieu nos droits.

LISETTE : Tu as raison, Frontin, il ne faut pas nous aimer.

FRONTIN : Tu ne dis pas cela d'un ton ferme.

LISETTE : Eh! c'est que la nécessité de nous haïr gâte tout.

FRONTIN : Ma fille, brouillons-nous ensemble.

LISETTE : Les parties méditées ne réussissent jamais.

FRONTIN : Tiens, disons-nous quelques injures pour mettre un peu de rancune entre l'amour et nous : je te trouve laide, par exemple. Eh bien! tu ne souffles pas!

LISETTE, *riant* : Bon! c'est que tu n'en crois rien.

FRONTIN : Quoi! vous pensez, m'amie... Morbleu! détourne ton visage, il fait peur à mes injures.

LISETTE : Je ne sais plus ce que sont devenues toutes les laideurs du tien.

FRONTIN : Nous nous ruinons, ma fille.

LISETTE : Allons, ranimons-nous, voilà qui est fini; tiens, je ne saurais te souffrir.

FRONTIN : Quelqu'un vient, je n'ai pas le temps de m'acquitter, mais vous n'y perdrez rien, petite fille.

Scène IV : Lisette, Frontin, Phénice.

PHÉNICE : Je suis bien aise de vous trouver là, Frontin, surtout avec Lisette, qui rendra compte à ma sœur de ce que je vais vous dire : voici plusieurs fois dans ce jour que j'évite Damis, qui s'obstine à me suivre, à me parler, tout destiné qu'il est à ma sœur; et comme il ne se corrige point, malgré tout ce que je lui ai pu dire, je suis charmée qu'on sache mes sentiments là-dessus, et Lisette me sera témoin que je vous charge de lui rapporter ce que vous venez d'entendre, et que je le prie nettement de me laisser en repos.

FRONTIN : Non, Madame, je ne saurais; votre commission n'est pas faisable; je ne rapporte jamais rien que de gracieux à mon maître; et d'ailleurs il n'est pas possible que le plus galant homme de la terre ait pu vous ennuyer.

---

10. Locution employée pour demander grâce.
11. *Tomber en quenouille* : tomber aux mains d'une femme.

12. Il faut comprendre : les célibataires se tirent d'embarras; *le pays est bon pour les maraudeurs*, c'est-à-dire pour ceux qui pratiquent la chasse illicite (aux femmes qu'on n'épouse pas).

LISETTE : Le plus galant homme de la terre me paraît admirable, à moi! On lui destine tout ce qu'il y a de plus aimable dans le monde, et Monsieur n'est pas content; apparemment qu'il n'y voit goutte.

PHÉNICE : Qu'est-ce que cela veut dire, « il n'y voit goutte »? Doucement, Lisette; personne n'est plus aimable que ma sœur; mais que je la vaille ou non, ce n'est pas à vous à en décider.

LISETTE : Je n'attaque personne, Madame; mais qu'un homme quitte ma maîtresse et fasse un autre choix, il n'y a pas à le marchander [13] : c'est un homme sans goût; ce sont de ces choses décidées, depuis qu'il y a des hommes. Oui, sans goût, et je n'aurais qu'un moment à vivre qu'il faudrait que je l'employasse à me moquer de lui; je ne pourrais pas m'en passer : sans goût.

PHÉNICE : Je ne m'arrêtais pas ici pour lier conversation avec vous; mais en quoi, s'il vous plaît, serait-il si digne d'être moqué?

LISETTE : Ma réponse est sur le visage de ma maîtresse.

FRONTIN : Si celui de Madame voulait s'aider, vous ne brilleriez guère.

PHÉNICE, *s'en allant* : Vos discours sont impertinents, Lisette, et l'on m'en fera raison.

Scène V : Lisette, Frontin,
un moment seuls,
Lucile.

FRONTIN, *en riant* : Nous lui avons donné là une bonne petite dose d'émulation; continuons, ma fille; le feu prend partout, et le mariage s'en ira en fumée. Adieu, je me retire : voilà ta maîtresse qui accourt; confirme-la dans ses dégoûts.

Il s'en va.

LUCILE : Que se passe-t-il donc ici? Vous parliez bien haut avec ma sœur, et je l'ai vue de loin comme en colère. D'un autre côté, mon père ne me parle point. Qu'avez-vous donc fait? D'où cela vient-il?

LISETTE : Réjouissez-vous, Madame; nous vous débarrasserons de Damis.

LUCILE : Fort bien, je gage que ce que vous me dites là me pronostique quelque coup d'étourdie.

LISETTE : Ne craignez rien; vous ne demandez qu'un prétexte légitime pour le refuser, n'est-il pas vrai? Eh bien! j'ai travaillé à vous en donner un; et j'ai si bien fait, que votre sœur est actuellement éprise de lui; ce qui nous produira quelque chose.

LUCILE : Ma sœur actuellement éprise de lui! Je ne vois pas à quoi ce moyen hétéroclite peut m'être bon. Ma sœur éprise! en vertu de quoi le serait-elle? Et d'où vient qu'il faut qu'elle le soit?

LISETTE : N'est-on pas convenu que Damis ferait la cour à votre sœur? Si avec cela elle vient à l'aimer, vous pouvez vous retirer sans qu'on ait le mot à vous dire; je vous défie d'imaginer rien de plus adroit : écoutez-moi.

LUCILE : Supprimez l'éloge de votre adresse; point de réponse qui aille à côté de ce qu'on vous demande, vous parlez de Damis, ne le quittez point, finissons ce sujet-là.

LISETTE : J'achève; Frontin était avec moi; votre sœur l'a vu, elle est venue lui parler.

LUCILE : Damis n'est point encore là, et je l'attends.

LISETTE : De quelle humeur êtes-vous donc aujourd'hui, Madame?

LUCILE : Bon! régalez-moi, par-dessus le marché, d'une réflexion sur mon humeur.

LISETTE : Donnez-moi donc le temps de vous parler. Frontin, lui a-t-elle dit, votre maître ne s'adresse qu'à moi, quoique destiné à ma sœur; on croit que j'y contribue, cela me déplaît, et je vous charge de l'en instruire.

LUCILE : Eh bien! que m'importe que ma sœur ait une vanité ridicule? Je la confondrai quand il me plaira.

LISETTE : Gardez-vous-en bien. J'en ai senti tout l'avantage pour vous, de cette vanité-là : je l'ai agacée, je l'ai piquée d'honneur; mon ton vous aurait réjouie.

LUCILE : Point du tout; je le vois d'ici; passez.

LISETTE : Damis est joli de négliger ma maîtresse! ai-je dit en riant.

LUCILE : Lui, me négliger! Mais il ne me néglige point. Où avez-vous pris cela? Il obéit à nos conventions, cela est différent.

LISETTE : Je le sais bien; mais il faut cacher ce secret-là, et j'ai continué sur le même ton. Le parti qu'il prend est comique, ai-je ajouté. Qu'est-ce que c'est que comique? a repris votre sœur. C'est du divertissant, ai-je dit. Vous plaisantez, Lisette. Je dis mon sentiment, Madame. Il est vrai que ma sœur est aimable, mais d'autres le sont aussi. Je ne connais point ces autres-là, Madame. Vous me choquez. Je n'y tâche point. Vous êtes une sotte. J'ai de la peine à le croire. Taisez-vous. Je me tais. — Là-dessus elle parle avec des appas révoltés, qui se promettent bien de l'emporter sur les vôtres; qu'en dites-vous?

LUCILE : Ce que j'en dis? Que je vous ai mille obligations, que mon affront est complet, que ma sœur triomphe, que j'entends d'ici les airs qu'elle se donne, qu'elle va me croire attaquée de la plus basse jalousie du monde, et qu'on ne saurait être plus humiliée que je le suis.

LISETTE : Vous me surprenez! N'avez-vous pas dit vous-même à Damis de paraître s'attacher à elle?

LUCILE : Vous confondez grossièrement les idées, et, dans un petit génie comme le vôtre, cela est à sa place. Damis, en feignant d'aimer ma sœur, me donnait une raison toute naturelle de dire : Je n'épouse point un homme qui paraît en aimer une autre. Mais refuser d'épouser un homme, sous le prétexte qu'il aime, entendez-vous? Cela change d'espèce; et c'est cette distinction-là qui vous passe; c'est ce qui fait que je suis trahie, que je suis victime de votre petit esprit, que ma sœur est devenue sotte, et que je ne sais plus où j'en suis. Voilà tout le produit de votre zèle, voilà comme on gâte tout quand on n'a point de tête. A quoi m'exposez-vous? Il faudra donc que j'humilie ma sœur, à mon tour, avec ses appas révoltés?

LISETTE : Vous ferez ce qu'il vous plaira; mais j'ai cru que le plus sûr était d'engager votre sœur à aimer Damis, et peut-être Damis à l'aimer, afin que vous eussiez raison d'être fâchée et de le refuser.

---

13. *Marchander quelqu'un* s'emploie, familièrement, pour : ne pas l'épargner.

LUCILE : Quoi! vous ne sentez pas votre impertinence, dans quelque sens que vous la preniez? Eh! pourquoi voulez-vous que ma sœur aime Damis? Pourquoi travailler à l'entêter d'un homme qui ne l'aimera point? Vous a-t-on demandé cette perfidie-là contre elle? Est-ce que je suis assez son ennemie pour cela? Est-ce qu'elle est la mienne? Est-ce que je lui veux du mal? Y a-t-il de cruauté pareille au piège que vous lui tendez? Vous faites le malheur de sa vie, si elle y tombe; vous êtes donc méchante? vous avez donc supposé que je l'étais? Vous me pénétrez d'une vraie douleur pour elle. Je ne sais s'il ne faudra point l'avertir; car il n'y a point de dût dans cette affaire-ci. Damis lui-même sera peut-être forcé de l'épouser malgré lui : c'est perdre deux personnes à la fois; ce sont deux destinées que je rends funestes; c'est un reproche éternel à me faire et je suis désolée.

LISETTE : Eh bien! Madame, ne vous alarmez point tant; allez, consolez-vous; car je crois que Damis l'aime, et qu'il s'y livre de tout son cœur.

LUCILE : Oui-da! Voilà ce que c'est; parce que vous ne savez plus que dire, les cœurs à donner ne vous coûtent plus rien, vous en faites bon marché, Lisette! Mais voyons, répondez-moi; c'est votre conscience que j'interroge. Si Damis avait un parti à prendre, doutez-vous qu'il ne me préférât pas à ma sœur? Vous avez dû remarquer qu'il avait [14] moins d'éloignement pour moi que pour elle assurément.

LISETTE : Non, je n'ai point fait cette remarque-là.

LUCILE : Non? Vous êtes donc aveugle, impertinente que vous êtes? Du moins mentez sans me manquer de respect.

LISETTE : Ce n'est pas que vous ne valiez mieux qu'elle, mais tous les jours on laisse le plus pour prendre le moins.

LUCILE : Tous les jours! Vous êtes bien hardie de mettre l'exception à la place de la règle générale.

LISETTE : Oh! il est inutile de tant crier; je ne m'en mêlerai plus; accommodez-vous, ce n'cst pas moi qu'on menace de marier, et vous n'avez qu'à dire vos raisons à ceux qui viennent; défendez-vous à votre fantaisie.

Elle sort.

Scène VI

LUCILE, *seule* : Hélas! tu ne sais pas ce que je souffre, ni toute la douleur et le penchant dont je suis agitée!

Scène VII : Monsieur Orgon, Monsieur Ergaste, Damis, Lucile.

MONSIEUR ORGON : Ma fille, nous vous amenons, Monsieur Ergaste et moi, quelqu'un dont il faut que vous guérissiez l'esprit d'une erreur qui l'afflige : c'est Damis. Vous savez nos desseins, vous y avez consenti; mais il croit vous déplaire, et, dans cette idée-là, à peine ose-t-il vous aborder.

MONSIEUR ERGASTE : Pour moi, Madame, malgré toute la joie que j'aurais d'un mariage qui doit m'unir de

plus près à mon meilleur ami, je serais au désespoir qu'il s'achevât, s'il vous répugne.

LUCILE : Jusqu'ici, Monsieur, je n'ai rien fait qui puisse donner cette pensée-là; on ne m'a point vu de répugnance.

DAMIS : Il est vrai, Madame, j'ai cru voir que je ne vous convenais point.

LUCILE : Peut-être aviez-vous envie de le voir.

DAMIS : Moi, Madame? Je n'aurais donc ni goût ni raison.

MONSIEUR ORGON : Ne le disais-je pas? Dispute de délicatesse que tout cela; rendez-vous plus de justice à tous deux. Monsieur Ergaste, les gens de notre âge effarouchent les éclaircissements; promenons-nous de notre côté; pour vous, mes enfants, qui ne vous haïssez pas, je vous donne deux jours pour terminer vos débats; après quoi je vous marie; et ce sera dès demain, si on me raisonne [15].

Ils se retirent.

Scène VIII : Lucile, Damis.

DAMIS : « Dès demain, si on me raisonne! » Eh bien! Madame, dans ce qui vient de se passer, j'ai fait du mieux que j'ai pu; j'ai tâché, dans mes réponses, de ménager vos dispositions de bienséance; mais que pensez-vous de ce qu'ils disent?

LUCILE : Qu'effectivement ceci commence à devenir difficile.

DAMIS : Très difficile, au moins.

LUCILE : Oui, il en faut convenir, nous aurons de la peine à nous tirer d'affaire.

DAMIS : Tant de peine, que je ne voudrais pas gager que nous nous en tirions.

LUCILE : Comment ferons-nous donc?

DAMIS : Ma foi, je n'en sais rien.

LUCILE : Vous n'en savez rien, Damis; voilà qui est à merveille; mais je vous avertis d'y songer pourtant; car je ne suis pas obligée d'avoir plus d'imagination que vous.

DAMIS : Oh! parbleu, Madame, je ne vous en demande pas au delà de ce que j'en ai, non plus; cela ne serait pas juste.

LUCILE : Mais, prenez donc garde; si nous en manquons l'un et l'autre, comme il y a toute apparence, je vous prie de me dire où cela nous conduira.

DAMIS : Je dirai encore de même : je n'en sais rien, et nous verrons.

LUCILE : Le prenez-vous sur ce ton-là, Monsieur? Oh! j'en dirai bien autant : je n'en sais rien, et nous verrons.

DAMIS : Mais oui, Madame, nous verrons; je n'y sache que cela, moi. Que puis-je répondre de mieux?

LUCILE : Quelque chose de plus net, de plus positif, de plus clair; *nous verrons* ne signifie rien; nous verrons qu'on nous mariera, voilà ce que nous verrons : êtes-vous curieux de voir cela? car votre tranquillité m'enchante; d'où vous vient-elle? Quoi? que voulez-vous

---

14. Var. du manuscrit : *qu'il aurait...*

15. Si on me réplique, si on allègue des excuses au lieu de recevoir docilement mes ordres.

dire? Vous fiez-vous à ce que votre père et le mien voient que leur projet ne vous plaît pas? Vous pourriez vous y tromper.

DAMIS : Je m'y tromperais sans difficulté; car ils ne voient point ce que vous dites là.

LUCILE : Ils ne le voient point?

DAMIS : Non, Madame, ils ne sauraient le voir; cela n'est pas possible; il y a de certaines figures, de certaines physionomies qu'on ne saurait soupçonner d'être indifférentes. Qui est-ce qui croira que je ne vous aime pas, par exemple? Personne. Nous avons beau faire, il n'y a pas d'industrie qui puisse le persuader.

LUCILE : Cela est vrai, vous verrez que tout le monde est aveugle! Cependant, Monsieur, comme il s'agit ici d'affaires sérieuses, voudriez-vous bien supprimer votre *qui est-ce qui croira*, qui n'est pas de mon goût, et qui a tout l'air d'une plaisanterie que je ne mérite pas? Car, que signifient, et vous prie, *ces physionomies qu'on ne saurait soupçonner d'être indifférentes*? Eh! que sont-elles donc? je vous le demande. De quoi voulez-vous qu'on les soupçonne? Est-ce qu'il faut absolument qu'on les aime? Est-ce que j'ai une de ces physionomies-là, moi? Est-ce qu'on ne saurait s'empêcher de m'aimer quand on me voit? Vous vous trompez, Monsieur, il en faut tout rabattre; j'ai mille preuves du contraire, et je ne suis point de ce sentiment-là. Tenez, j'en suis aussi peu que vous, qui vous divertissez à faire semblant d'en être; et vous voyez ce que deviennent ces sortes de sentiments [16] quand on en presse [17].

DAMIS : Il vous est fort aisé de les réduire à rien, parce que je vous laisse dire, et que moyennant cela, vous en faites ce qui vous plaît; mais je me tais, Madame, je me tais.

LUCILE : *Je me tais, Madame, je me tais*. Ne dirait-on pas que vous y entendez finesse, avec votre sérieux? Qu'est-ce que ces discours-là, que j'ai la sotte bonté de relever, et qui nous écartent? Est-ce que vous avez envie de vous dédire?

DAMIS : Ne vous ai-je pas dit, Madame, qu'il pourrait, dans la conversation, m'échapper des choses qui ne doivent point vous alarmer? Soyez donc tranquille; vous avez ma parole, je la tiendrai.

LUCILE : Vous y êtes aussi intéressé que moi.

DAMIS : C'est une autre affaire.

LUCILE : Je crois que c'est la même.

DAMIS : Non, Madame, toute différente : car enfin, je pourrais vous aimer.

LUCILE : Oui-da! mais je serais pourtant bien aise de savoir ce qui en est, à vous parler vrai.

DAMIS : Ah! c'est ce qui ne se peut pas, Madame; j'ai promis de me taire là-dessus. J'ai de l'amour, ou je n'en ai point; je n'ai pas juré de n'en point avoir; mais j'ai juré de ne le point dire en cas que j'en eusse, et d'agir comme s'il n'en était rien. Voilà tous les engagements que vous m'avez fait prendre, et que je dois respecter de peur de reproche. Du reste, je suis parfaitement le maître, et je vous aimerai, s'il me plaît; ainsi peut-être que je me sacrifie, et ce sont mes affaires.

16. Var. du manuscrit : *compliments...*
17. Quand on en examine de près le contenu.

LUCILE : Mais voilà qui est extrêmement commode! Voyez avec quelle légèreté Monsieur traite cette matière-là! « Je vous aimerai, s'il me plaît; peut-être que je vous aime. » Pas plus de façon que cela; que je l'approuve ou non, on n'a que faire que je le sache. Il faut donc prendre patience; mais dans le fond, si vous m'aimiez avec cet air dégagé que vous avez, vous seriez assurément le plus grand comédien du monde, et ce caractère-là n'est pas des plus honnêtes à porter, entre vous et moi.

DAMIS : Dans cette occasion-ci, il serait plus fatigant que malhonnête.

LUCILE : Quoi qu'il en soit, en voilà assez; je m'aperçois que ces plaisanteries-là tendent à me dégoûter de la conversation. Vous vous ennuyez, et moi aussi : séparons-nous; voyez si mon père et le vôtre ne sont plus dans le jardin, et quittons-nous s'ils ne nous observent plus.

DAMIS : Eh! non, Madame; il n'y a qu'un moment que nous sommes ensemble.

Scène IX : Damis, Lucile, Lisette.

LISETTE : Madame, il vient d'arriver compagnie, qui est dans la salle avec Monsieur Orgon, et il m'envoie vous dire qu'on va se mettre au jeu.

LUCILE : Moi jouer! Eh! mais mon père sait bien que je ne joue jamais qu'à contre-cœur; dites-lui que je le prie de m'en dispenser.

LISETTE : Mais, Madame, la compagnie vous demande.

LUCILE : Oh! que la compagnie attende; dites que vous ne me trouvez pas.

LISETTE : Et Monsieur, vient-il? Apparemment qu'il joue?

DAMIS : Moi, je ne connais pas les cartes.

LUCILE : Allez, dites à mon père que je vais dans mon cabinet, et que je ne me montrerai qu'après que les parties seront commencées.

LISETTE, *en s'en allant* : Que diantre veulent-ils dire, de ne venir ni l'un ni l'autre?

Scène X : Damis, Lucile.

DAMIS, *d'un air embarrassé* : Vous n'aimez donc pas le jeu, Madame?

LUCILE : Non, Monsieur.

DAMIS : Je me sais bon gré de vous ressembler en cela.

LUCILE : Ce n'est là ni une vertu ni un défaut; mais, Monsieur, puisqu'il y a compagnie, que n'y allez-vous? Elle vous amuserait.

DAMIS : Je ne suis pas en humeur de chercher des amusements.

LUCILE : Mais est-ce que vous restez avec moi?

DAMIS : Si vous me le permettez.

LUCILE : Vous n'avez pourtant rien à me dire.

DAMIS : En ce moment, par exemple, je rêve à notre aventure; elle est si singulière, qu'elle devrait être unique.

LUCILE : Mais je crois qu'elle l'est aussi.

DAMIS : Non, Madame, elle ne l'est point. Il n'y a pas plus de six mois qu'un de mes amis et une personne qu'on voulait qu'il épousât se sont trouvés tous deux dans le même cas que vous et moi; même résolution, avant que de se connaître, de ne point se marier, même convention entre eux, mêmes promesses que moi de la défaire de lui.

LUCILE : C'est-à-dire qu'il y manqua; cela n'est pas rare.

DAMIS : Non, Madame, il les tint; mais notre cœur se moque de nos résolutions.

LUCILE : Assez souvent, à ce qu'on dit.

DAMIS : La dame en question était très aimable; beaucoup moins que vous pourtant. Voilà toute la différence que je trouve dans cette histoire.

LUCILE : Vous êtes bien galant.

DAMIS : Non, je ne suis qu'historien exact; au reste, Madame, je vous raconte ceci dans la bonne foi, pour nous entretenir et sans aucun dessein.

LUCILE : Oh! je n'en imagine pas davantage; poursuivez. Qu'arriva-t-il entre la dame et votre ami?

DAMIS : Qu'il l'aima.

LUCILE : Cela était embarrassant.

DAMIS : Oui, certes; car il s'était engagé à se taire aussi bien que moi.

LUCILE : Vous m'allez dire qu'il parla?

DAMIS : Il n'eut garde à cause de la parole donnée, et il ne vit qu'un parti à prendre, qui est singulier; ce fut de lui dire, comme je vous disais tout à l'heure, ou je vous aime, ou je ne vous aime pas, et d'ajouter qu'il ne s'enhardirait à dire la vérité que lorsqu'il la verrait elle-même un peu sensible; je fais un récit, souvenez-vous-en.

LUCILE : Je le sais; mais votre ami était un impertinent, de proposer à une femme de parler la première; il faudrait être bien affamée de cœur pour l'acheter à ce prix-là.

DAMIS : La dame en question n'en jugea pas comme vous, Madame; il est vrai qu'elle avait du penchant pour lui.

LUCILE : Ah! c'est encore pis. Quel lâche abus de la faiblesse d'un cœur! C'est dire à une femme : Veux-tu savoir mon amour? subis l'opprobre de m'avouer le tien; déshonore-toi, et je t'instruis. Quelle épouvantable chose! et le vilain ami que vous avez là!

DAMIS : Prenez garde; cette dame sentit que cette proposition, tout horrible qu'elle vous paraît, ne venait que de son respect et de sa crainte, et que son cœur n'osait se risquer sans la permission du sien; l'aveu d'un amour qui eût déplu n'eût fait qu'alarmer la dame, et lui faire craindre que mon ami ne hâtât perfidement leur mariage; elle sentit tout cela.

LUCILE : Ah! n'achevez pas; j'ai pitié d'elle, et je devine le reste, mais mon inquiétude est de savoir comment s'y prend une femme en pareil cas; de quel tour [18] peut-elle se servir? J'oublierais le français, moi, s'il fallait dire *je vous aime* avant qu'on me l'eût dit.

DAMIS : Il en agit plus noblement; elle n'eut pas la peine de parler.

LUCILE : Ah! passe pour cela.

DAMIS : Il y a des manières qui valent des paroles; on dit *je vous aime* avec un regard, et on le dit bien.

LUCILE : Non, Monsieur, un regard! c'est encore trop; je permets qu'on le rende, mais non pas qu'on le donne.

DAMIS : Pour vous, Madame, vous ne rendriez que de l'indignation.

LUCILE : Qu'est-ce que cela veut dire, Monsieur? Est-ce qu'il est question de moi ici? Je crois que vous vous divertissez à mes dépens. Vous vous amusez, je pense; vous en avez tout l'air; en vérité, vous êtes admirable! Adieu, Monsieur; on dit que vous aimez ma sœur : terminez la désagréable situation où je me trouve, en l'épousant; voilà tout ce que je vous demande.

DAMIS : Je continuerai de feindre de la servir, Madame; c'est tout ce que je puis vous promettre. *(En s'en allant.)* Que de mépris!

Scène XI

LUCILE, *seule* : Il faut avouer qu'on a quelquefois des inclinations bien bizarres! D'où vient que j'en ai pour cet homme-là, qui n'est point aimable?

ACTE TROISIÈME

Scène I : *Phénice, Damis.*

PHÉNICE : Non, Monsieur, je vous l'avoue, je ne saurais plus souffrir le personnage que vous jouez auprès de moi, et je le trouve inconcevable : vous n'êtes venu que pour épouser ma sœur; elle est aimable, et vous ne lui parlez point; ce n'est qu'à moi que vos conversations s'adressent. J'y comprendrais quelque chose si l'amour y avait part; mais vous ne m'aimez point, il n'en est pas question.

DAMIS : Rien ne serait pourtant plus aisé que de vous aimer, Madame.

PHÉNICE : A la bonne heure; mais rien ne serait plus inutile, et je ne serais pas en situation de vous écouter. Quoi qu'il en soit, ces façons-là ne me conviennent point; je l'ai déjà marqué, je vous l'ai fait dire, et je vous demande en grâce de cesser vos poursuites; car enfin vous n'avez pas dessein de me désobliger, je pense.

DAMIS : Moi, Madame?

PHÉNICE : Sur ce pied-là, finissez donc, ou je vous y forcerai moi-même.

DAMIS : Vous me défendriez donc de vous voir?

PHÉNICE : Non, Monsieur; mais on s'imagine que vous m'aimez; vos façons l'ont persuadé à tout le monde; et je ne le nierai point, je ne paraîtrai point m'y déplaire, et je vous réduirai, peut-être, ou à la nécessité de m'épouser en dépit de votre goût, ou à fuir en homme imprudent (j'adoucis le terme), en homme inexcusable, qui n'aura pas rougi de violer tous les égards, et de se moquer, tour à tour, de deux filles de condition [19], dont la moindre peut fixer le plus honnête homme : de sorte que vous risquez ou le sacrifice de votre cœur, ou la

---

18. Var. du manuscrit : *de quels termes...*

19. D'origine noble.

perte de votre réputation; deux objets qui valent bien qu'on y pense. Mais, dites-moi, est-ce que vous n'aimez point ma sœur?

DAMIS : Si je l'épousais, je n'en serais pas fâché.

PHÉNICE : Ou je n'y connais rien, ou je crois qu'elle ne le serait pas non plus. Pourquoi donc ne vous accordez-vous pas?

DAMIS : Ma foi, je l'ignore.

PHÉNICE : Mais ce n'est pas là parler raison.

DAMIS : Je ne saurais pourtant y en mettre davantage.

PHÉNICE : Ce sont vos affaires, et je m'en tiens à ce que je vous ai dit. Voici mon père avec ma sœur; de grâce, retirez-vous, avant qu'ils puissent vous voir.

DAMIS : Mais, Madame...

PHÉNICE : Oh! Monsieur, trêve de raillerie.

Scène II : *Monsieur Orgon, Lucile, Phénice.*

MONSIEUR ORGON, *parlant à Lucile, avec qui il entre* : Non, ma fille, je n'ai jamais prétendu vous contraindre : quelque chose que vous me disiez, il est certain que vous ne l'aimez pas; ainsi n'en parlons plus. *(Phénice veut s'en aller. Monsieur Orgon continue.)* Restez, Phénice, je vous cherchais, et j'ai un mot à vous dire. Ecoutez-moi toutes deux. Damis voulait épouser votre sœur; c'était là notre arrangement. Nous sommes obligés de le changer; le cœur de Lucile en dispose autrement : elle ne l'avoue pas, mais ce n'est que par pure complaisance pour moi, et j'ai quitté ce projet-là.

LUCILE : Mais, mon père, vous dirais-je que j'aime Damis? Cela ne siérait pas; c'est un langage qu'une fille bien née ne saurait tenir, quand elle en aurait envie.

MONSIEUR ORGON : Encore! Et si je vous disais que c'est de Lisette elle-même que je sais qu'il ne vous plaît pas, ma fille? A quoi bon s'en défendre? Je vous dispense de ces considérations-là pour moi; et, pour trancher net, vous ne l'épouserez point : vos dégoûts pour lui n'ont été que trop marqués, et je le destine à votre sœur à qui son cœur se donne, et qui ne lui refuse pas le sien, quoiqu'elle aille de son côté me dire le contraire à cause de vous.

PHÉNICE : Moi, l'épouser, mon père!

MONSIEUR ORGON : Nous y voilà; je savais votre réponse avant que vous la fissiez; je vous connais toutes d'eux : l'une, de peur de me fâcher, épouserait ce qu'elle n'aime pas; l'autre, par retenue pour sa sœur, refuserait d'épouser ce qu'elle aime. Vous voyez bien que je suis au fait, et que je sais vous interpréter; d'ailleurs, je suis bien instruit, et je ne me trompe pas.

LUCILE, *à part, à Phénice* : Parlez donc, vous voilà comme une statue [20].

PHÉNICE : En vérité, je ne saurais penser que ceci soit sérieux.

LUCILE : Prenez garde à ce que vous ferez, mon père; vous vous méprenez sur ma sœur, et je lui vois presque la larme à l'œil.

MONSIEUR ORGON : Si elles ne sont pas folles, c'est

moi qui ai perdu l'esprit : adieu, je vais informer Monsieur Ergaste du nouveau mariage que je médite, son amitié ne m'en dédira pas. Pour vous, mes enfants, plaignez-vous; c'est moi qui ai tort : en effet, j'abuse du pouvoir que j'ai sur vous; plaignez-vous, je vous le conseille, et cela soulage; mais je ne veux pas vous entendre, vous m'attendririez trop : allez, sortez sans me répondre, et laissez-moi parler à Monsieur Ergaste, qui arrive.

LUCILE, *en partant* : J'étouffe.

Scène III : *Monsieur Ergaste, Monsieur Orgon, Frontin.*

MONSIEUR ERGASTE : Vous voyez un homme consterné; mon cher ami, je ne vois nulle apparence au mariage en question, à moins de violenter des cœurs qui ne semblent pas faits l'un pour l'autre : je ne saurais pourtant pardonner à mon fils d'avoir cédé si vite à l'indifférence de Lucile; j'ai même été jusqu'à le soupçonner d'aimer ailleurs, et voici son valet à qui j'en parlais; mais, soit que je me trompe, ou que ce coquin n'en veuille rien dire, tout ce qu'il me répond, c'est que mon fils ne plaît pas à Lucile, et j'en suis au désespoir.

FRONTIN, *derrière* : Messieurs, un coquin n'est pas agréable à voir; voulez-vous que je me retire?

MONSIEUR ERGASTE : Attends.

MONSIEUR ORGON : Ne vous fâchez pas, Monsieur Ergaste; il y a remède à tout, et nous n'y perdrons rien, si vous voulez.

MONSIEUR ERGASTE : Parlez, mon cher ami; j'applaudis d'avance à vos intentions.

MONSIEUR ORGON : Nous avons une ressource.

MONSIEUR ERGASTE : Je n'osais la proposer : mais effectivement j'en vois une, avec tout le monde.

MONSIEUR ORGON : Il n'y a qu'à changer d'objet; substituons la cadette à l'aînée, nous ne trouverons point d'obstacle : c'est un expédient que l'amour nous indique.

MONSIEUR ERGASTE : Entre vous et moi, mon fils a paru tout d'un coup pencher de ce côté-là.

MONSIEUR ORGON : A vous parler confidemment, ma cadette ne hait pas son penchant.

MONSIEUR ERGASTE : Il n'y a personne qui n'ait remarqué ce que nous disons là; c'est un coup de sympathie visible.

MONSIEUR ORGON : Ma foi, rendons-nous-y, marions-les ensemble.

MONSIEUR ERGASTE : Vous y consentez? Le ciel en soit loué! Voilà ce qu'on appelle une véritable union de cœurs, un vrai mariage d'inclination, et jamais on n'en devrait faire d'autres. Vous me charmez; est-ce une chose conclue?

MONSIEUR ORGON : Assurément; je viens d'en avertir ma fille.

MONSIEUR ERGASTE : Je vous rends grâce; souffrez à présent que je dise un mot à ce valet, et je vous rejoins sur-le-champ.

MONSIEUR ORGON : Je vous attends; faites.

---

20. Var. du manuscrit : *Mais parlez donc, ma sœur!*

Scène IV : Monsieur Ergaste, Frontin.

MONSIEUR ERGASTE : Approche.

FRONTIN : Me voilà, Monsieur.

MONSIEUR ERGASTE : Ecoute, et retiens bien la commission que je te donne.

FRONTIN : Je n'ai pas beaucoup de mémoire, mais avec du zèle on s'en passe.

MONSIEUR ERGASTE : Tu diras à mon fils que ce n'est plus à Lucile qu'on le destine, et qu'on lui accorde aujourd'hui ce qu'il aime.

FRONTIN : Et s'il me demande ce que c'est qu'il aime, que lui dirai-je ?

MONSIEUR ERGASTE : Va, va, il saura bien que c'est de Phénice dont on parle.

FRONTIN, *en s'en allant* : Je n'y manquerai pas, Monsieur.

MONSIEUR ERGASTE : Où vas-tu ?

FRONTIN : Faire ma commission.

MONSIEUR ERGASTE : Tu es bien pressé, ce n'est pas là tout.

FRONTIN : Allons, Monsieur, tant qu'il vous plaira ; ne m'épargnez point.

MONSIEUR ERGASTE : Dis-lui qu'il ait soin de remercier Monsieur Orgon de la bonté qu'il a de n'être pas fâché dans cette occasion-ci ; car si Damis n'épouse pas Lucile, je gagerais bien que c'est à lui à qui il faut s'en prendre : dis-lui que je lui pardonne, en faveur de ce nouveau mariage, le chagrin qu'il a risqué de me donner ; mais que s'il me trompait encore, si après les empressements qu'il a marqués pour Phénice il hésitait à l'épouser, s'il faisait encore cette injure à Monsieur Orgon, je ne veux le voir de ma vie, et que je le déshérite ; je ne lui parlerai pas même que je ne sois content de lui.

FRONTIN, *riant* : Eh ! eh ! eh !... je remarque que ce n'est qu'en baissant le ton que vous prononcez le terrible mot de *déshériter ;* vous en êtes effrayé vous-même ; la tendresse paternelle est admirable.

MONSIEUR ERGASTE : Faquin, on a bien affaire de tes réflexions ! obéis ; le reste me regarde.

Scène V : Frontin, Lisette.

LISETTE : Je te cherchais, Frontin, et j'attendais que Monsieur Ergaste t'eût quitté pour te parler, et savoir ce qu'il te disait : il me semble que les affaires vont mal ; ma maîtresse ne me voit pas d'un bon œil : sais-tu de quoi il s'agit ?... Réponds donc !

FRONTIN : La peur d'être déshérité me coupe la parole.

LISETTE : Qu'est-ce que tu veux dire ?

FRONTIN : D'être déshérité, te dis-je, ou d'épouser Phénice.

LISETTE : Comment donc, d'épouser Phénice ! Ah ! Frontin, où en sommes-nous ? Voilà donc pourquoi Lucile m'a si bien reçue tout à l'heure : elle a su que j'ai dit à son père qu'elle n'aimait point Damis, que Damis se déclarait pour sa sœur ; on veut qu'il l'épouse ; je n'ai point prévu ce coup-là, et je me compte disgraciée ; j'ai vu Lucile trop inquiète : apparemment que ton maître

ne lui est point indifférent ; et je perds tout, si elle me congédie.

FRONTIN : Je ne vois donc de tous côtés pour nous que des diètes.

LISETTE : Voilà ce que c'est que de n'avoir pas laissé aller les choses : je crois que nos gens s'aimeraient sans nous. Maudite soit l'ambition de gouverner chacun notre ménage !

FRONTIN : Ah ! mon enfant, tu as beau dire, tous les gouvernements sont lucratifs ; et le célibat où nous les tenions n'était pas mal imaginé ; le pis que j'y trouve, c'est que je t'aime et que tu n'en es pas quitte à meilleur marché que moi.

LISETTE : Eh ! que n'as-tu eu l'esprit de m'aimer tout d'un coup ? J'aurais fait changer d'avis à Lucile.

FRONTIN : Voilà notre tort ; c'est de n'avoir pas prévu l'infaillible effet de nos mérites. Mais, m'amie, notre mal est-il sans remède ? Je soupçonne, comme toi, que nos gens ne se haïssent point dans le fond, et il n'y aurait qu'à les en faire convenir pour nous tirer d'affaire : tâchons de leur rendre ce service-là.

LISETTE : Nous avons bien aigri les choses. N'importe, voici ton maître ; changeons adroitement de batterie, et tâchons de le gagner.

Scène VI : Frontin, Lisette, Damis.

DAMIS : Ah ! te voilà, Frontin ? Bonjour, Lisette. De quoi mon père t'a-t-il chargé pour moi, Frontin ? Il vient de m'avertir, sans vouloir l'expliquer, que tu avais quelque chose à me dire de sa part.

FRONTIN : Oui, Monsieur, il s'agit de deux ou trois petits articles que je disais à Lisette, et qui ne sont pas fort curieux.

DAMIS : Dis-les sans les compter.

FRONTIN : Vous m'excuserez, le calcul arrange. Le premier, c'est qu'il ne veut plus entendre parler de vous.

DAMIS : Qui ? mon père ?

FRONTIN : Lui-même. Mais ce n'est pas là l'essentiel ; le second, c'est qu'il vous déshérite.

DAMIS : Moi ! ce que tu me dis là n'est pas concevable.

FRONTIN : Il ne m'a pas chargé de vous le faire concevoir. Enfin le troisième, c'est que les deux premiers seront nuls si vous épousez Phénice.

DAMIS : Quoi ! l'on veut m'obliger...

FRONTIN : Prenez garde, Monsieur ; ne confondons point, parlons exactement. Ma commission ne porte point qu'on vous oblige ; on n'attaque point votre liberté, voyez-vous ; vous êtes le maître d'opter entre Phénice ou votre ruine, et l'on s'en rapporte à votre choix.

LISETTE : La jolie grâce ! C'est que, sur le penchant qu'on vous croit pour elle, on ne veut pas que vous balanciez à l'épouser, après le refus que vous avez paru faire de sa sœur.

FRONTIN : Mais cette sœur, nous ne la refusons point, dans le fond : n'est-il pas vrai, Monsieur ?

DAMIS : Passe encore s'il était question d'elle.

LISETTE : Eh ! Monsieur, que n'avez-vous parlé ? Pourquoi ne m'avoir pas confié vos sentiments ?

DAMIS : Mais, mes sentiments, quand ils seraient tels que vous les croyez, ne savez-vous pas bien les siens, Lisette?

LISETTE : Ne vous y trompez pas; depuis vos conventions, je ne la vois plus que triste et rêveuse.

FRONTIN : Je l'ai rencontrée ce matin qui étouffait un soupir en s'essuyant les yeux.

LISETTE : Elle qui aimait sa sœur, et qui était toujours avec elle, je la vois aujourd'hui la fuir et se détourner pour l'éviter. Qu'est-ce que cela signifie?

FRONTIN : Et moi, quand je la salue, elle a toujours envie de me la rendre. D'où vient cela, sinon de l'honneur que j'ai d'être à vous?

LISETTE : Tu n'as peut-être pas tant de tort. Au moins, Monsieur, je vous demande le secret; profitez-en, voilà tout.

DAMIS : Je vous l'avoue, Lisette, tout ce que vous me dites là, si vous êtes sincère, pourrait m'être d'un bon augure; et si j'osais soupçonner la moindre des dispositions dans son cœur...

FRONTIN : Iriez-vous lui donner le vôtre? Ah! Monsieur, le beau présent que vous lui feriez là!

DAMIS : Écoutez : c'est pourtant cette même personne qui, au premier instant qu'elle m'a vu, a marqué assez nettement de l'aversion pour moi, qui m'a fait soupçonner qu'elle aimait ailleurs!

LISETTE : Purs discours de mauvaise humeur qu'elle a tenus là! je vous assure.

DAMIS : Soit: mais souvenez-vous qu'elle a exigé que je ne l'épousasse point; qu'elle me l'a demandé par tout l'honneur dont je suis capable; que c'est elle, peut-être, qui pour se débarrasser tout à fait de moi, contribue aujourd'hui au nouveau mariage qu'on veut que je fasse; en un mot, je ne sais qu'en penser moi-même. Je puis me tromper, peut-être vous trompez-vous aussi; et, sans quelques preuves un peu moins équivoques de ses sentiments, je ne saurais me déterminer à violer les paroles que je lui ai données; non que je les estime plus que celles valent; elles ne seraient rien pour un homme qui plairait : mais elles doivent lier tout homme qu'on hait, et dont on les a exigées comme une sûreté contre lui. Quoi qu'il en soit, voici Lucile qui vient; je n'attends d'elle que le moindre petit accueil pour me déclarer, et son seul abord va décider de tout.

*Scène VII : Lucile, Lisette,
Damis, Frontin.*

LUCILE : J'ai à vous parler pour un moment, Damis; notre entretien sera court; je n'ai qu'une question à vous faire; vous, qu'un mot à me répondre; et puis je vous fuis, je vous laisse.

DAMIS : Vous n'y serez point obligée, Madame, et j'aurai soin de me retirer le premier. *(A part.)* Eh bien, Lisette?

LUCILE : Le premier ou le dernier; je vous donne la préférence. Êtes-vous si gêné[21]? Retirez-vous tout à l'heure : Lisette vous rendra ce que j'ai à vous dire.

DAMIS, *se retirant* : Je prends donc ce parti comme celui qui vous convient le mieux, Madame.

Il feint de s'en aller.

LUCILE : Qu'il s'en aille; l'arrêtera qui voudra.

LISETTE : Eh! mais vous n'y pensez pas; revenez donc, Monsieur; est-ce que la guerre est déclarée entre vous deux?

DAMIS : Madame débute par m'annoncer qu'elle n'a qu'un mot à me dire, et puis qu'elle me fuit; n'est-ce pas insinuer qu'elle a de la peine à me voir?

LUCILE : Si vous saviez l'envie que j'ai de vous laisser là!

DAMIS : Je n'en doute pas, Madame; mais ce n'est pas à présent qu'il faut me fuir; c'était dès le premier instant que vous m'avez vu, et que je vous déplaisais, qu'il fallait le faire.

LUCILE : Vous fuir dès le premier instant! Pourquoi donc, Monsieur? Cela serait bien sauvage; on ne fuit point ici à la vue d'un homme.

LISETTE : Mais quel est le travers qui vous prend à tous deux? Faut-il que des personnes qui se veulent du bien se parlent comme si elles ne pouvaient se souffrir? Et vous, Monsieur, qui aimez ma maîtresse; car vous l'aimez, je gage...

Ces mots-là se disent en faisant signe à Damis.

LUCILE : Que vous êtes sotte! Allez, visionnaire, allez perdre vos gageures ailleurs[22]. A qui en veut-elle?

LISETTE : Oui, Madame, je sors; mais, avant que de partir, il faut que je parle. Vous me demandez à qui j'en veux. A vous deux, Madame, à vous deux. Oui, je voudrais de tout mon cœur ôter à Monsieur qui se tait, et dont le silence m'agite le sang, je voudrais lui ôter le scrupule du ridicule engagement qu'il a pris avec vous, que je me repens de vous avoir laissé prendre, et dont vous souffrez autant l'un que l'autre. Pour vous, Madame, je ne sais pas comment vous l'entendez; mais si jamais un homme avait fait serment de ne pas me dire : Je vous aime, oh! je ferais serment qu'il en aurait le démenti; il saurait le respect qu'il me serait dû; je n'y épargnerais rien de tout ce qu'il y a de plus dangereux, de plus fripon, de plus assassin dans l'honnête coquetterie des mines, du langage et du coup d'œil. Voilà à quoi je mettrais ma gloire, et non pas à me tenir douloureusement sur mon quant-à-moi, comme vous faites, et à me dire : Voyons ce qu'il dit, voyons ce qu'il ne dit pas; qu'il parle, qu'il commence; c'est à lui, ce n'est pas à moi; mon sexe, ma fierté, les bienséances, et mille autres façons inutiles avec Monsieur qui tremble, et qui a la bonté d'avoir peur que son amour ne vous alarme et ne vous fâche. De l'amour nous fâcher! De quel pays venez-vous donc? Eh! mort de ma vie, Monsieur, fâchez-vous hardiment; faites-nous cet honneur-là; courage, attaquez-nous; cette cérémonie-là fera votre fortune, et vous vous entendrez : car jusqu'ici on ne voit goutte à vos discours à tous deux; il y a du oui, du non, du pour, du contre; on fuit, on revient, on se rappelle, on n'y comprend rien. Adieu, j'ai tout dit; vous voilà débrouillés[23], profitez-en. Allons, Frontin.

---

21. Var. du manuscrit : *pressé?*

22. Var. du manuscrit : *allez, sortez.*
23. Vous voilà sortis de la confusion.

Scène VIII : Damis, Lucile.

LUCILE : Juste ciel! quelle impertinence! Où a-t-elle pris tout ce qu'elle nous dit là? D'où lui viennent, surtout, de pareilles idées sur votre compte? Au reste, elle ne me ménage pas plus que vous.

DAMIS : Je ne m'en plains point, Madame.

LUCILE : Vous m'excuserez, je me mets à votre place; il n'est point agréable de s'entendre dire de certaines choses en face.

DAMIS : Quoi! Madame, est-ce l'idée qu'elle a que je vous aime, que vous trouvez si désagréable pour moi?

LUCILE : Désagréable! Je ne dis pas que son erreur vous fasse injure; mon humilité ne va pas jusque-là. Mais à propos de quoi cette folle-là vient-elle nous pousser là-dessus?

DAMIS : A propos de la difficulté qu'elle s'imagine qu'il y a à ne vous pas aimer, cela est tout simple; et si j'en voulais à tous ceux qui me soupçonneraient d'amour pour vous, j'aurais querelle avec tout le monde.

LUCILE : Vous n'en auriez pas avec moi.

DAMIS : Oh! vraiment, je le sais bien. Si vous me soupçonniez, vous ne seriez pas là; vous fuiriez, vous déserteriez.

LUCILE : Qu'est-ce que c'est que déserter, Monsieur? Vous avez là des expressions bien gracieuses, et qui font un joli portrait de mon caractère; j'aime même l'esprit hétéroclite que cela me donne. Non, Monsieur, je ne déserterais point; je ne croirais pas tout perdu; j'aurais assez de tête pour soutenir cet accident-là, ce me semble; alors comme alors [24] : on prend son parti, Monsieur, on prend son parti.

DAMIS : Il est vrai qu'on peut haïr ou mépriser les gens de près comme de loin.

LUCILE : Il n'est pas question de ce qu'on peut; j'ignore ce qu'on fait dans une situation où je ne suis pas; et je crois que vous ne me donnerez jamais la peine de vous haïr.

DAMIS : J'aurai pourtant un plaisir; c'est que vous ne saurez point si je suis digne de haine à cet égard-là; je dirai toujours : Peut-être.

LUCILE : Ce mot-là me déplaît, Monsieur, je vous l'ai déjà dit.

DAMIS : Je ne m'en servirai plus, Madame, et si j'avais la liste des mots qui vous choquent, j'aurais grand soin de les éviter.

LUCILE : La liste est encore amusante. Eh bien! je vais vous dire où elle est, moi; vous la trouverez dans la règle des égards qu'on doit aux dames; vous y verrez qu'il n'est pas bien de vous divertir avec un *peut-être*, qui ne me fera pas fortune chez moi, qui ne m'intriguera pas; car je sais à quoi m'en tenir : c'est en badinant que vous le dites; mais c'est un badinage qui ne vous sied pas; ce n'est pas là le langage des hommes; on n'a pas mis leur modestie sur ce pied-là. Parlons [25] d'autre chose; je ne suis pas venue ici sans motif; écoutez-moi : vous savez, sans doute, qu'on veut vous donner ma sœur?

DAMIS : On me l'a dit, Madame.

LUCILE : On croit que vous l'aimez; mais moi, qui ai réfléchi sur l'origine des empressements que vous avez marqués pour elle, je crains qu'on ne s'abuse, et je viens vous demander ce qu'il en est.

DAMIS : Eh! que vous importe, Madame?

LUCILE : Ce qui m'importe? Voilà bien la question d'un homme qui n'a ni frère, ni sœur, et qui ne sait pas combien ils sont chers! C'est que je m'intéresse à elle, Monsieur; c'est que, si vous ne l'aimez pas, ce serait [26] même blesser les lois de cette probité à quoi vous tenez tant, que de l'épouser avec un cœur qui s'éloignerait d'elle.

DAMIS : Pourquoi donc, Madame, avez-vous inspiré qu'on me la donne? Car j'ai tout lieu de soupçonner que vous en êtes la cause, puisque c'est vous qui m'avez d'abord proposé de l'aimer; au reste, Madame, ne vous inquiétez point d'elle, j'aurai soin de son sort plus sincèrement que vous; elle le mérite bien.

LUCILE : Qu'elle le mérite ou non, ce n'est pas son éloge que je vous demande, ni à vos imaginations que je viens répondre; parlez, Damis, l'aimez-vous? Car s'il n'en est rien, si vous ne l'épousez pas, ou trouvez bon que j'avertisse mon père qui s'y trompe et qui serait au désespoir de s'y être trompé.

DAMIS : Et moi, Madame, si vous lui dites que je ne l'aime point; si vous exécutez un dessein qui ne tend qu'à me faire sortir d'ici avec la haine et le courroux de tout le monde; si vous l'exécutez, trouvez bon qu'en revanche je retire toutes mes paroles avec vous, et que je dise à Monsieur Orgon que je suis prêt à vous épouser quand on le voudra, dès aujourd'hui, s'il le faut.

LUCILE : Oui-da, Monsieur, le prenez-vous sur ce ton menaçant? Oh! je sais le moyen de vous en faire prendre un autre; allez votre chemin, Monsieur, poursuivez, je ne vous retiens pas; allez, pour vous venger, violer des promesses dont l'oubli ne serait tout au plus pardonnable qu'à quiconque aurait de l'amour; courez vous punir vous-même, vous ne manquerez pas votre coup; car je vous déclare que je vous y aiderai, moi. Ah! vous m'épouserez, dites-vous, vous m'épouserez! Et moi aussi, Monsieur, et moi aussi; je serai bien aussi vindicative que vous, et nous verrons qui se dédira de nous deux; assurément le compliment est admirable! c'est une jolie petite partie à proposer.

DAMIS : Eh bien! cessez donc de me persécuter, Madame. J'ai le cœur incapable de vous nuire; mais laissez-moi me tirer de l'éclat où je suis; contentez-vous de m'avoir déjà procuré ce qui m'arrive; on ne m'offrirait pas aujourd'hui votre sœur, si, pour vous obliger, je n'avais pas dit que je l'aimais. Souvenez-vous que j'ai servi vos dégoûts pour moi avec un honneur, une fidélité surprenante, avec une fidélité que je ne vous devais point, que tout autre, à ma place, n'aurait jamais eue; et ce procédé si louable, si généreux, mérite bien que vous laissiez en repos un homme qui peut avoir porté la vertu jusqu'à se sacrifier pour vous; je ne veux pas dire que je vous aime;

---

24. Proverbe qui a le sens de : quand les choses arriveront, on s'y conformera, on se tirera d'affaire comme on pourra (Littré).

25. Le manuscrit abrège ainsi toute cette réplique : *Je vous l'ai déjà dit, renoncez-y et parlons.*

26. Var. du manuscrit : *Si vous ne l'aimiez pas, ce serait manquer de caractère, ce me semble, ce serait...*

non, Lucile, rassurez-vous; mais enfin vous ne savez pas ce qui en est, vous en pourriez douter; vous êtes assez aimable sans cela, soit dit sans vous louer; je puis vous épouser, vous ne le voulez pas et je vous quitte. En vérité, Madame, tant d'ardeur à me faire du mal récompense mal un service que tout le monde, hors vous, aurait soupçonné d'être difficile à rendre. Adieu, Madame.

Il s'en va.

LUCILE : Mais attendez donc, attendez, donnez-moi le temps de me justifier; ne tient-il qu'à s'en aller, quand on a chargé les gens de noirceurs pareilles?

DAMIS : J'en dirais trop si je restais.

LUCILE : Oh! vous ferez comme vous pourrez; mais il faut m'entendre.

DAMIS : Après ce que vous m'avez dit, je n'ai plus rien à savoir qui m'intéresse.

LUCILE : Ni moi plus rien à vous répondre; il n'y a qu'une chose qui m'étonne, et dont je ne devine pas la raison, c'est que vous osiez vous en prendre à moi d'un mariage que je vois qui vous plaît; le motif de cette hypocrisie-là me paraît aussi ridicule qu'inconcevable, à moins que ce ne soit ma sœur qui vous y engage, pour me cacher l'accord de vos cœurs et la part qu'elle a à un engagement que j'ai refusé, dont je ne voudrais jamais et que je la trouve bien à plaindre de ne pas refuser elle-même [27].

Elle sort.

Scène IX : *Frontin, Damis, consterné.*

FRONTIN : Eh bien! Monsieur, à quoi en êtes-vous?

DAMIS, *consterné* : Au plus malheureux jour de ma vie; laisse-moi.

Il sort.

Scène X

FRONTIN : Voilà une aventure qui a tout l'air de nous souffler notre patrimoine.

ACTE QUATRIÈME

Scène I : *Damis, Frontin.*

DAMIS : Non, Frontin, il n'y a plus rien à tenter là-dessus; Lisette a beau dire, on ne saurait s'expliquer plus nettement que l'a fait Lucile : voilà qui est fini, il ne s'agit plus que d'éviter l'embarras où je suis du côté de Phénice. Va-t-elle bientôt venir? Te l'a-t-elle assuré?

FRONTIN : Oui, Monsieur, je lui ai dit que vous l'attendiez ici, et vous allez la voir arriver dans un instant.

DAMIS : Quelle bizarre situation que la mienne!

FRONTIN : Ma foi, j'ai bien peur que Phénice n'en profite.

DAMIS : Serait-il possible qu'elle voulût épouser un homme qu'elle n'aime point?

FRONTIN : Ah! Monsieur, une fille qui se marie n'y

27. Le manuscrit ajoute : *Adieu.*

regarde pas de si près; elle est trop curieuse pour être délicate. Le mariage rend tous les hommes si graciables! et d'ailleurs il est aisé de s'accommoder de votre figure...

DAMIS : Ah! quel contretemps! je crois que voici mon père; je me sauve; il ne te parlera peut-être pas; en tout cas reviens me chercher ici près.

Scène II : *Frontin, Monsieur Ergaste.*

MONSIEUR ERGASTE : Mon fils n'était-il pas avec toi tout à l'heure?

FRONTIN : Oui, Monsieur, il me quitte.

MONSIEUR ERGASTE : Il me semble qu'il m'a évité.

FRONTIN : Lui, Monsieur! je crois qu'il vous recherche.

MONSIEUR ERGASTE : Tu me trompes.

FRONTIN : Moi, Monsieur! j'ai le caractère aussi vrai que la physionomie.

MONSIEUR ERGASTE : Tu ne fais pas leur éloge; mais passons. Je sais que tu ne manques pas d'esprit, et que mon fils te dit assez volontiers ce qu'il pense.

FRONTIN : Il pense donc bien peu de chose, car il ne me dit presque rien.

MONSIEUR ERGASTE : Il aime Phénice qu'il va épouser; je remarque cependant qu'il est triste et rêveur.

FRONTIN : Effectivement, et j'ai envie de lui en dire un mot.

MONSIEUR ERGASTE : Est-ce qu'il n'est pas content?

FRONTIN : Bon! Monsieur, qui est-ce qui peut l'être dans la vie?

MONSIEUR ERGASTE : Maraud!

FRONTIN : Je ne le suis pas de l'épithète, par exemple.

MONSIEUR ERGASTE, *à part les premiers mots* : Je vois bien que je n'apprendrai rien. Mais, dis-moi, lui as-tu rapporté ce que je t'avais chargé de lui dire?

FRONTIN : Mot à mot.

MONSIEUR ERGASTE : Que t'a-t-il répondu?

FRONTIN : Attendez; je crois que vous ne m'avez pas dit de retenir sa réponse.

MONSIEUR ERGASTE : J'ai résolu de le laisser faire; mais tu peux l'avertir que je lui tiendrai parole, s'il ne se conduit pas comme il le doit. Pour toi, sois sûr que je n'oublierai pas tes impertinences.

FRONTIN : Oh! Monsieur, vous avez trop de bonté pour avoir tant de mémoire.

Scène III : *Frontin, Phénice arrive.*

FRONTIN, *à part* : Il est, parbleu! fâché; mais il était temps qu'il partît; voilà Phénice qui arrive.

PHÉNICE : Eh bien! tu m'as dit que ton maître m'attendait ici, et je ne le vois pas.

FRONTIN : C'est qu'il s'est retiré à cause de Monsieur Ergaste; mais il se promène ici près, où j'ai ordre de l'aller prendre.

PHÉNICE : Va donc.

FRONTIN : Madame, oserais-je auparavant me flatter d'un petit moment d'audience?

PHÉNICE : Parle.

FRONTIN : Dans mon petit état de subalterne, je regarde, j'examine, et, chemin faisant, je vois par-ci, par-là, des gens que je n'aime point, d'autres qui me reviennent et à qui je me donnerais pour rien : ce ne laisserait pas que d'être un présent.

PHÉNICE : Sans doute; mais à quoi peut aboutir ce préambule?

FRONTIN : A vous préparer à la liberté que je vais prendre, Madame, en vous disant que vous êtes une de ces personnes privilégiées pour qui ce mouvement sympathique m'est venu.

PHÉNICE : Je t'en suis obligée, mais achève.

FRONTIN : Si vous saviez combien je m'intéresse à votre sort, auquel je vois prendre un si mauvais train...

PHÉNICE : Explique-toi mieux...

FRONTIN : Vous allez épouser Damis?

PHÉNICE : On le dit.

FRONTIN : Motus! Je vous avertis que vous ne pouvez en épouser que la moitié.

PHÉNICE : La moitié de Damis? Que veux-tu dire?

FRONTIN : Son cœur ne se marie pas, Madame; il reste garçon.

PHÉNICE : Tu crois donc qu'il ne m'aime pas?

FRONTIN : Oh! oh! vous n'en êtes pas quitte à si bon marché.

PHÉNICE : C'est-à-dire qu'il me hait?

FRONTIN : Ne sera-t-il pas trop malhonnête de vous l'avouer?

PHÉNICE : Eh! dis-moi, n'aimerait-il pas ma sœur?

FRONTIN : A la fureur.

PHÉNICE : Eh! que ne l'épouse-t-il?

FRONTIN : C'est encore une autre histoire que cette affaire-là.

PHÉNICE : Parle donc!

FRONTIN : C'est qu'ils ont d'abord débuté ensemble par un vertigo [28]; ils se sont liés mal à propos par je ne sais quelle convention de ne s'aimer ni de s'épouser, et ont délibéré que, pour faire changer de dessein aux pères, on ferait semblant de vous trouver de son goût; rien que semblant, vous entendez bien?

PHÉNICE : A merveille.

FRONTIN : Et comme le cœur de l'homme est variable, il se trouve aujourd'hui que leur cœur et leur convention ne riment pas ensemble, et qu'on est fort embarrassé de savoir ce qu'on fera de vous : vous entendez bien? car la discrétion ne veut pas que j'en dise davantage.

PHÉNICE : En voilà bien assez : je suis au fait, et, de peur d'être ingrate, je te confie à mon tour que ta discrétion mériterait le châtiment du bâton.

FRONTIN : Sur ce pied-là, gardez-moi le secret; je vois mon maître, et je vais lui dire d'approcher.

Scène IV : Phénice, Damis.

PHÉNICE, *un moment seule* : Je leur servais donc de prétexte! Oh! je prétends m'en venger, ils le méritent bien; mais puisqu'ils s'aiment, je veux que ma conduite, en les inquiétant, les force de s'accorder. Eh bien! Monsieur, que me voulez-vous?

DAMIS : Je crois que vous le savez, Madame.

PHÉNICE : Moi! non, je n'en sais rien.

DAMIS : Ignorez-vous que notre mariage est conclu?

PHÉNICE : N'est-ce que cela? Je vous l'avais prédit; cela ne pouvait manquer d'arriver.

DAMIS : Je ne croyais pas que les choses dussent aller si loin, et je vous demande pardon d'en être cause.

PHÉNICE : Vous vous moquez, je n'ai point de rancune à garder contre un homme qui va devenir mon époux.

DAMIS : Ne me raillez point, Madame; je sais bien que ce n'est pas à moi à vous destiner cet honneur-là, dont je me tiendrais fort heureux.

PHÉNICE : Si vous dites vrai, votre bonheur est sûr; et vous promets que je n'y mettrai point d'obstacle.

DAMIS : Ma foi, il ne me siérait pas d'y en mettre non plus, et je ne serais pas excusable, surtout après les empressements que j'ai marqués pour vous, Madame.

PHÉNICE : Notre mariage ira donc tout de suite [29]?

DAMIS : Oh! morbleu, je vous le garantis fait, s'il n'y a que moi qui l'empêche.

PHÉNICE : Je vous crois.

DAMIS, *à part les premiers mots* : Qu'est-ce que c'est que ce langage-là? faisons-lui peur. Écoutez, Madame, toute plaisanterie cessante, ne vous y fiez pas; on a toujours du penchant de reste pour les personnes qui vous ressemblent, et je vous assure que je ne suis point embarrassé d'en avoir pour vous.

PHÉNICE : Je vous avoue que je m'en flatte.

DAMIS : Tenez, ne badinons point; car je vous aimerai, je vous en avertis.

PHÉNICE : Il le faut bien, Monsieur.

DAMIS : Mais non, Madame, il faudra que vous m'aimiez aussi, et vous m'avez tantôt fait comprendre que vous aimiez ailleurs.

PHÉNICE : Dans ce temps-là, vous épousiez ma sœur; il ne m'était pas permis de vous voir, et je dissimulais.

DAMIS, *à part les premiers mots* : Voyons donc où cela ira. Encore une fois, faites-y vos réflexions; vous comptez peut-être que je vous tirerai d'affaire, et vous vous trompez : n'attendez rien de mon cœur, il vous prendra au mot, je ne suis que trop disposé à vous le donner.

PHÉNICE : N'hésitez point, Monsieur, donnez.

DAMIS : Je vous aimerai, vous dis-je.

PHÉNICE : Aimez.

DAMIS : Vous le voulez? Ma foi, Madame, puisqu'il faut l'avouer, je vous aime.

PHÉNICE, *à part* : Il me trompe.

DAMIS : Vous rougissez, Madame.

PHÉNICE : Il est vrai que je suis émue d'un aveu si subit.

DAMIS, *à part le premier mot* : Continuons. Oui, Madame, mon cœur est à vous, et je n'ai souhaité de vous voir que pour vous éprouver là-dessus.

Monsieur Ergaste et Monsieur Orgon entrent dans le moment, et s'arrêtent en voyant Damis et Phénice.

---

28. Mot burlesque pour : caprice, fantaisie.

29. *Aller de suite* : aller de soi.

Scène V : Monsieur Orgon, Monsieur Ergaste, Phénice, Damis.

DAMIS *continue* : Les circonstances où je me trouvais ont d'abord retenu mes sentiments, je n'osais vous en parler; mais puisque ma situation est changée, qu'il ne s'agit plus de se contraindre, et que vous approuvez mon amour *(il se met à genoux)*, laissez-moi vous exprimer ma joie, et me dédommager par l'aveu le plus tendre.

MONSIEUR ORGON: Monsieur Ergaste, voilà des amants qu'il ne faudra pas prier de signer leur contrat de mariage.

DAMIS *se relève vite* : Ah! je suis perdu!

PHÉNICE, *honteuse* : Que vois-je?

MONSIEUR ORGON : Ne rougissez point, ma fille; vos sentiments sont avoués de votre père, et vous pouvez souffrir à vos genoux un homme que vous allez épouser.

MONSIEUR ERGASTE : Mon fils, je n'avais résolu de vous parler qu'à l'instant de votre mariage avec Madame; vos procédés m'avaient déplu; mais je vous pardonne, et je suis content; les sentiments où je vous vois me réconcilient avec vous.

MONSIEUR ORGON : Cette jeunesse et sa vivacité me réjouissent : je suis charmé de ce hasard-ci; nous attendons tantôt le notaire, et nous allons au-devant de quelques amis qui nous viennent de Paris. Adieu; puissiez-vous vous aimer toujours de même!

Scène VI : Phénice, Damis.

DAMIS, *triste et à part* : Nous ne nous aimerons donc guère. Que je suis malheureux!

PHÉNICE, *riant* : Damis, que dites-vous de cette aventure-ci?

DAMIS : Je dis, Madame,... que je viens d'être surpris à vos genoux.

PHÉNICE : Il me semble que vous en êtes devenu tout triste.

DAMIS : Il me paraît que vous n'en n'êtes pas trop gaie.

PHÉNICE : J'ai d'abord été étourdie [30], je vous l'avoue; mais je me suis remise en vous voyant fâché : votre chagrin m'a rassurée contre la comédie que vous avez jouée tout à l'heure. Vous vous seriez bien passé de l'opinion que vous venez de donner de vos sentiments, n'est-il pas vrai? Il n'y a en vérité rien de plus plaisant; car, après ce qu'on vient de voir, qui est-ce qui ne gagerait pas que vous m'aimez?

DAMIS, *d'un ton vif* : Eh bien! Madame, on gagnerait la gageure; je ne me dédirai pas, et ne me perdrai point d'honneur.

PHÉNICE, *riant* : Quoi? votre amour tient bon?

DAMIS : Je me sacrifierais plutôt.

PHÉNICE : Je vous trouve encore un peu l'air de victime.

DAMIS : Tout comme il vous plaira, Madame.

PHÉNICE : Tant mieux pour vous si vous m'aimez, au

reste; car mon parti est pris, et je ne vous refuserais pas, quand vous en aimeriez une autre, quand je ne vous aimerais pas moi-même.

DAMIS : Et d'où pourrait venir cette étrange intrépidité-là!

PHÉNICE : C'est que si vous ne m'aimiez point, notre mariage ne se ferait point, parce que vous n'iriez pas jusque-là; c'est qu'en y consentant, moi, c'est une preuve d'obéissance que je donnerais à mon père à fort bon marché, et que par là je le gagnerais pour un mariage plus à mon gré, qui pourrait se présenter bientôt : vous voyez bien que j'aurais mon petit intérêt à vous laisser démêler cette intrigue, ce qui vous serait aisé en retournant à ma sœur qui ne vous hait pas, et que je croyais que vous ne haïssiez pas non plus; sans quoi, point de quartier.

DAMIS : Ah! Madame, où en suis-je donc?

PHÉNICE : Qu'avez-vous? Ce que je vous dis là ne vous fait rien; rappelez-vous donc que vous m'aimez.

DAMIS : Vous ne m'aimez pas vous-même.

PHÉNICE : Eh! qu'importe? Ne vous embarrassez pas : j'ai de la vertu; avec cela on a de l'amour quand il faut.

DAMIS, *en lui prenant la main, qu'il baise* : Par tout ce que vous avez de plus cher, ne me laissez point dans l'état où je suis : je vous en conjure, ne vous y exposez pas vous-même.

PHÉNICE, *riant* : Damis, il y a aujourd'hui une fatalité sur vos tendresses; voilà ma sœur qui vous voit baiser ma main.

DAMIS, *en se retirant ému* : Je sors; adieu, Madame.

PHÉNICE : Adieu donc, Damis, jusqu'au revoir.

Scène VII : Lucile, Phénice.

LUCILE, *agitée* : Je venais vous parler, ma sœur.

PHÉNICE : Et moi, j'allais vous trouver dans le même dessein.

LUCILE : Avant tout, instruisez-moi d'une chose. Est-ce que cet homme-là vous dit qu'il vous aime?

PHÉNICE : De quel homme parlez-vous?

LUCILE : Eh! de Damis; est-ce que vous en avez deux? Je ne vous connais que celui-là; encore vaudrait-il mieux que vous ne l'eussiez point.

PHÉNICE : Pourquoi donc? J'allais pourtant vous apprendre que nous serons mariés ce soir.

LUCILE : Et vous veniez exprès pour cela! La nouvelle est fort touchante pour une sœur qui vous aime.

PHÉNICE : En vérité, vous m'étonnez; car je croyais que vous vous en réjouiriez avec moi, parce que je vous débarrasse. Me voilà bien trompée!

LUCILE : Oh! trompée au delà de ce qu'on peut dire, assurément. Jamais sujet de réjouissance ne le fut moins pour moi, et vous ne savez ce que vous faites, sans compter qu'il ne sied pas tant à une fille de se réjouir de ce qu'elle se marie.

PHÉNICE : Voulez-vous qu'on soit fâchée d'épouser ce que l'on aime? Je vous parle franchement.

LUCILE : C'est qu'il ne faut point aimer, Mademoiselle; c'est que cela ne convient point non plus; c'est

---

30. Le mot *étourdir* est employé dans son sens fort. On entend par là : causer dans le cerveau quelque ébranlement qui trouble, qui suspend en quelque sorte les fonctions des sens (Dict. de l'Acad.).

qu'il y va de tout le repos de votre vie; c'est que je vous persécuterai jusqu'à ce que vous ayez quitté cet amour-là; c'est que je ne veux point que vous le gardiez, et vous ne le garderez point : c'est moi qui vous le dis, qui vous en empêcherai bien. Aimer Damis! épouser Damis! Ah! je suis votre sœur, et il n'en sera rien. Vous avez affaire à une amitié qui vous désolera plutôt que de vous laisser tomber dans ce malheur-là.

PHÉNICE : Est-ce que ce n'est pas un honnête homme?

LUCILE : Eh! qu'en sait-on? Cet honnête homme ne vous aime pas, cependant il vous épouse. Est-ce là de l'honneur, à votre avis? Peut-on traiter plus cavalièrement le mariage?

PHÉNICE : Quoi! Damis qui se jette à mes genoux, que vous avez trouvé prêt à s'y jeter encore!...

LUCILE : Voilà une petite narration de bon goût que vous me faites là; je ne vous conseille pas de la faire à d'autres qu'à moi. Elle est encore plus l'histoire de vos faiblesses que de sa mauvaise foi, le fourbe qu'il est!

PHÉNICE : Mais enfin, d'où savez-vous qu'il ne m'aime point?

LUCILE : Je vais vous dire d'où je le sais. Tenez, voilà Lisette qui passe; elle est instruite, appelons-la. *(Elle appelle.)* Lisette, Lisette, venez ici.

Scène VIII : Lisette, Lucile, Phénice.

LISETTE : De quoi s'agit-il, Madame?

LUCILE : Je ne l'ai point préparée, comme vous voyez. Ah çà, Lisette, dites sans façon ce que vous pensez : nous parlons de Damis; croyez-vous qu'il aime ma sœur?

LISETTE : Non, certes, je ne le crois pas; car je sais le contraire, et vous aussi, Madame.

LUCILE, *à Phénice* : Entendez-vous?

LISETTE : Il se désolait tantôt du mariage en question.

LUCILE : Voilà qui est net.

LISETTE : Et si j'avais quelque pouvoir ici, il n'épouserait point Madame.

LUCILE, *à Phénice* : Eh bien! ai-je tort de trembler pour vous?

LISETTE : Pour dire la vérité, il n'aime ici que ma maîtresse.

PHÉNICE : Qui ne l'aime pas, apparemment.

LISETTE : C'est à elle à éclaircir ce point-là; elle est bonne pour répondre.

PHÉNICE : On dirait que Lisette vous épargne.

LISETTE : Moi, Madame?

LUCILE : Qu'est-ce que cela signifie? Ce discours-là est obscur; on sait [31] j'ai refusé Damis.

PHÉNICE : On peut le croire, mais on n'en est pas sûr; quoi qu'il en soit, je n'ai pas peur qu'on me l'enlève. Adieu, ma sœur, je vous quitte; je pense que nous n'avons plus rien à nous dire.

LUCILE : Vous n'êtes pas mal fière, ma sœur; on est bien payée des inquiétudes qu'on a pour vous.

PHÉNICE, *en s'en allant* : Je serais peut-être dupe si j'étais reconnaissante.

Scène IX : Lisette, Lucile.

LISETTE : Elle ne craint point qu'on le lui enlève, dit-elle; ma foi, Madame, je vous renonce [32] si cela ne vous pique pas; car enfin il est temps de convenir que Damis ne vous déplaît point, d'autant plus qu'il vous aime.

LUCILE : Quand il vous plaira que je le haïsse, la recette est immanquable; vous n'avez qu'à me dire que l'aime. Mais il ne s'agit pas de cela; je veux avoir raison de l'impertinent orgueil de ma sœur; et je le puis, s'il est vrai que Damis m'aime, comme vous m'en êtes garante. Le succès de la commission que je vais vous donner roule tout entier sur cette vérité-là que vous me garantissez.

LISETTE : Voyons.

LUCILE : Je vous charge donc d'aller trouver Damis comme de vous-même, entendez-vous? car ce n'est pas moi qui vous y envoie, c'est vous qui y allez.

LISETTE : Que lui dirai-je?

LUCILE : Est-ce que vous ne le devinez pas? Apparemment que vous n'y allez pas pour lui dire que je le hais; mais vous avez plus de malice que d'ignorance.

LISETTE : Je lui ferai donc entendre que vous l'aimez?

LUCILE : Oui, Mademoiselle, oui, que je l'aime, puisque vous me forcez à prononcer moi-même un mot qui m'est désagréable, et dont je ne me sers ici que par raison. Au reste, je ne vous indique rien de ce qui peut appuyer cette fausse confidence : vous êtes fille d'esprit, vous pénétrez les mouvements des autres; vous lisez dans les cœurs; l'art de les persuader ne vous manquera pas, et je vous prie de m'épargner une instruction plus ample. Il y a certaine tournure, certaine industrie que vous pouvez employer : vous aurez remarqué mes discours, vous m'aurez vue inquiète, j'aurai soupiré si vous voulez; je ne vous prescris rien; le peu que je vous en dis me révolte, et je gâterais tout si je m'en mêlais. Ménagez-moi le plus qu'il sera possible; cependant persuadez Damis, dites-lui qu'il vienne, qu'il avoue hardiment qu'il m'aime; que vous sentez que je le souhaite; que les paroles qu'il m'a données ne sont rien, comme en effet ce ne sont que des bagatelles; que je les traiterai de même, et le reste. Allez, hâtez-vous; il n'y a point de temps à perdre. Mais que vois-je? le voici qui vient; oubliez tout ce que je vous ai dit.

Scène X : Damis, Lucile, Lisette.

DAMIS, *à part les premiers mots* : Puisse le ciel favoriser ma feinte! Éprouvons encore si son cœur ne me regretterait pas. Enfin, Madame, il n'est plus question de notre mariage; vous voilà libre, et, puisqu'il le faut, j'épouserai Phénice.

LISETTE, *à part* : Que nous vient-il dire?

DAMIS : Quoique le bonheur de vous plaire ne m'ait pas été réservé, puis-je du moins, Madame, au défaut des sentiments dont je n'étais pas digne, me flatter d'obtenir ceux de l'amitié que je vous demande?

---

31. Le manuscrit porte : *Qu'est-ce que c'est que ce discours-là? On sait que jusqu'ici...*

32. *Renoncer quelqu'un*, c'est, en style familier, renier, détester, déclarer qu'on n'a jamais eu ou qu'on ne veut plus avoir de liaison avec quelqu'un.

LUCILE : Ce soin-là ne doit point vous occuper aujourd'hui, Monsieur, et je ferais scrupule de vous retenir plus longtemps. Ah!

Elle veut se retirer.

DAMIS : Quoi, Madame! notre mariage vous déplaît-il?

LUCILE : J'ai trouvé que vous ne me conveniez point, et je vous avoue que, si l'on m'en croyait, vous ne conviendriez pas mieux à Phénice, et peut-être même pourrais-je en dire ma pensée. *(En s'en allant.)* L'ingrat!

Scène XI : *Damis, Lisette.*

DAMIS : Ah! Lisette, est-ce là cette personne qui avait tant de penchant pour moi?

LISETTE : Quoi! vous osez me parler encore? Est-ce pour me demander mon amitié aussi, à moi? Je vous la refuse. Adieu. *(A part.)* Je vais pourtant voir ce qu'on peut faire pour lui.

DAMIS : Arrête! je me meurs, et je ne sais plus ce que je deviendrai.

ACTE CINQUIÈME

Scène I : *Frontin, Lisette.*

FRONTIN : Je te dis qu'il est au désespoir, et qu'il aurait déjà disparu si je ne l'arrêtais pas.

LISETTE : Qu'on est sot quand on aime!

FRONTIN : C'est bien pis quand on épouse.

LISETTE : Le plus court serait que ton maître allât se jeter aux pieds de ma maîtresse; je suis persuadée que cela terminerait tout.

FRONTIN : Il n'y a pas moyen; il dit qu'il a suffisamment éprouvé le cœur de Lucile, et qu'il est si mal disposé pour lui, que peut-être publierait-elle l'aveu de son amour pour le perdre.

LISETTE : Quelle imagination!

FRONTIN : Que veux-tu? Le danger où il est d'épouser Phénice, l'impossibilité où il se trouve de la refuser avec honneur, l'idée qu'il a des sentiments de Lucile, tout cela lui tourne la tête et la tournerait à un autre : il ne voit pas les choses comme nous, il faut le plaindre; malheureusement c'est un garçon qui a de l'esprit; cela fait qu'il subtilise, que son cerveau travaille; et dans de certains embarras, sais-tu bien qu'il n'appartient qu'aux gens d'esprit de n'avoir pas le sens commun? Je l'ai tant éprouvé moi-même!

LISETTE : Quoi qu'il en soit, qu'il se garde bien de s'en aller avant que de savoir à quoi s'en tenir; car j'espère que la difficulté que nous avons fait naître, et la conduite que nous faisons tenir à Lucile, le tireront d'affaire; je n'ai pas eu de peine à persuader à ma maîtresse que ce mariage-ci lui faisait une véritable injure, qu'elle avait droit de s'en plaindre, et Monsieur Orgon m'a paru aussi très embarrassé de ce que j'ai été lui dire de sa part; mais toi, de ton côté, qu'as-tu dit au père de Damis? Lui as-tu fait sentir le désagrément qu'il y avait pour son fils de n'entrer dans une maison que pour y brouiller les deux sœurs?

FRONTIN : Je me suis surpassé, ma fille; tu sais le talent que j'ai pour la parole et l'art avec lequel je mens quand il le faut : je lui ai peint Lucile si ennemie de mon maître, remplissant la maison de tant de murmures, menaçant sa sœur d'une rupture si terrible si elle l'épouse! J'ai peint Monsieur Orgon si consterné, Phénice si découragée, Damis si stupéfait!

LISETTE : A cela qu'a-t-il répondu?

FRONTIN : Rien; sinon qu'à mon récit il a soupiré, levé les épaules, et m'a quitté pour parler à Monsieur Orgon et pour consoler son fils, qui est averti et qui, de son côté, l'attend avec une douleur inconsolable.

LISETTE : Voilà, ce me semble, tout ce qu'on peut faire en pareil cas pour ton maître, et j'ai bonne opinion de cela; mais retire-toi; voici Lucile qui me cherche apparemment; je lui ai toujours dit qu'elle aimait Damis sans qu'elle l'ait avoué, et je vais changer de ton afin de la forcer à en changer elle-même.

FRONTIN : Adieu; songe qu'il faut que je t'épouse, ou que la tête me tourne aussi.

LISETTE : Va, va, ta tête a pris les devants; ne crains plus rien pour elle.

Scène II : *Lucile, Lisette.*

LUCILE : Eh bien! Lisette, avez-vous vu mon père?

LISETTE : Oui, Madame, et, autant qu'il m'a paru, je l'ai laissé très inquiet de vos dispositions; pour réponse, Monsieur Ergaste qui est venu le joindre ne lui a pas donné le temps de m'en faire, il m'a seulement dit qu'il vous parlerait.

LUCILE : Fort bien : cependant les préparatifs du mariage se font toujours.

LISETTE : Vous verrez ce qu'il vous dira.

LUCILE : Je verrai! la belle ressource! Pouvez-vous être de ce sang-froid-là, dans les circonstances où je me trouve?

LISETTE : Moi! de sang-froid, Madame? Je suis peut-être fâchée plus que vous.

LUCILE : Écoutez, vous auriez raison de l'être : je vous dois l'injure que j'essuie, et j'ai fait une triste épreuve de l'imprudence de vos conseils; vous n'êtes point méchante; mais, croyez-moi, vous n'êtes attachée jamais à personne; car vous n'êtes bonne qu'à nuire.

LISETTE : Comment donc! est-ce que vous croyez que je vous porte malheur?

LUCILE : Eh! pourquoi non? Est-ce que tout n'est pas plein de gens qui vous ressemblent? Vous n'avez qu'à voir ce qui m'arrive avec vous.

LISETTE : Mais vous n'y songez pas, Madame.

LUCILE : Oh! Lisette, vous en direz tout ce qu'il vous plaira; mais voilà des fatalités qui me passent et qui ne m'appartiennent point du tout.

LISETTE : Et de là vous concluez que c'est moi qui vous les procure? Mais, Madame, ne soyez donc point injuste. N'est-ce pas vous qui avez renvoyé Damis?

LUCILE : Oui; mais qui est-ce qui en est cause? Depuis que nous sommes ensemble, avez-vous cessé de me parler des douceurs de je ne sais quelle liberté qui n'est que chimère? Qui est-ce qui m'a conseillé de ne me marier jamais?

LISETTE : L'envie de faire de vos yeux ce qu'il vous plairait, sans en rendre compte à personne.

LUCILE : Les serments que j'ai faits, qui est-ce qui les a imaginés?

LISETTE : Que vous importent-ils? Ils ne tombent que sur un homme que vous n'aimez point.

LUCILE : Et pourquoi donc vous êtes-vous efforcée de me persuader que je l'aimais? D'où vient me l'avoir répété si souvent que j'en ai presque douté moi-même?

LISETTE : C'est que je me trompais.

LUCILE : Vous vous trompiez? Je l'aimais ce matin, je ne l'aime pas ce soir; si je n'en ai point d'autre garant que vos connaissances, je n'ai qu'à m'y fier, me voilà bien instruite; cependant, dans la confusion d'idées que tout cela me donne à moi, il arrive, en vérité, que je me perds de vue. Non, je ne suis pas sûre de mon état; cela n'est-il pas désagréable?

LISETTE : Rassurez-vous, Madame; encore une fois vous ne l'aimez point.

LUCILE : Vous verrez qu'elle en saura plus que moi. Eh! que sais-je si je ne l'aurais pas aimé, si vous m'aviez laissée telle que j'étais, si vos conseils, vos préjugés, vos fausses maximes ne m'avaient pas infecté l'esprit. Est-ce moi qui ai décidé de mon sort? Chacun a sa façon de penser et de sentir, et apparemment que j'en ai une; mais je ne dirai pas ce que c'est; je ne connais que la vôtre. Ce n'est ni ma raison ni mon cœur qui m'ont conduite, c'est vous; aussi n'ai-je jamais pensé que des impertinences, et voilà ce que c'est : on croit se déterminer, on croit agir, on croit suivre ses sentiments, ses lumières, et point du tout; il se trouve qu'on n'a qu'un esprit d'emprunt et qu'on ne vit que de la folie de ceux qui s'emparent de votre confiance.

LISETTE : Je ne sais où j'en suis!

LUCILE : Dites-moi ce que c'était, à mon âge, que l'idée de rester fille? Qui est-ce qui ne se marie pas? Qui est-ce qui va s'entêter de la haine d'un état respectable, et que tout le monde prend? La condition la plus naturelle d'une fille est d'être mariée; je n'ai pu y renoncer qu'en risquant de désobéir à mon père; je dépends de lui. D'ailleurs, la vie est pleine d'embarras; un mari la partage; on ne saurait avoir trop de secours, c'est un véritable ami qu'on acquiert. Il n'y avait rien de mieux que Damis, c'est un honnête homme, j'entrevois qu'il m'aurait plu, cela allait tout de suite; mais malheureusement vous êtes au monde, et la destination de votre vie est d'être le fléau de la mienne; le hasard vous place chez moi, et tout est renversé; je résiste à mon père, je fais des serments, j'extravague, et ma sœur en profite.

LISETTE : Je vous disais tout à l'heure que vous n'aimiez pas Damis; à présent je suis tentée de croire que vous l'aimez.

LUCILE : Eh! le moyen de s'en être empêchée avec vous? Eh bien! oui je l'aime, Mademoiselle; êtes-vous contente? Oui, et je suis charmée de l'aimer pour vous mettre dans votre tort, et vous faire taire.

LISETTE : Eh! mort de ma vie, que ne le disiez-vous plus tôt? Vous nous auriez épargné bien de la peine à tous, et à Damis qui vous aime, et à Frontin et moi qui nous aimons aussi et qui nous désespérions; mais laissez-moi faire, il n'y a encore rien de gâté.

LUCILE : Oui, je l'aime, il n'est que trop vrai, et il ne me manquait plus que le malheur de n'avoir pu le cacher; mais s'il vous en échappe un mot, vous pouvez renoncer à moi pour la vie.

LISETTE : Quoi! vous ne voulez pas?...

LUCILE : Non, je vous le défends.

LISETTE : Mais, Madame, ce serait dommage; il vous adore.

LUCILE : Qu'il me le dise lui-même, et je le croirai; quoi qu'il en soit, il m'a plu.

LISETTE : Il le mérite bien, Madame.

LUCILE : Je n'en sais rien, Lisette, car, quand j'y songe, notre amour ne fait pas toujours l'éloge de la personne aimée; il fait bien plus souvent la critique de la personne qui aime : je ne le sens que trop. Notre vanité et notre coquetterie, voilà les plus grandes sources de nos passions; voilà d'où les hommes tirent le plus souvent tout ce qu'ils valent; qui nous ôterait les faiblesses de notre cœur ne leur laisserait guère de qualités estimables. Ce cabinet où j'étais cachée pendant que Damis te parlait, qu'on le retranche de mon aventure, peut-être que je n'aurais pas d'amour; car pourquoi est-ce que j'aime? Parce qu'on me défiait de plaire, et que j'ai voulu venger mon visage; n'est-ce pas là une belle origine de tendresse? Voilà pourtant ce qu'a produit un cabinet de plus dans mon histoire.

LISETTE : Eh! Madame, Damis n'a que faire de cette aventure-là pour être aimable : laissez-moi vous conduire.

LUCILE : Vous savez ce que je vous ai défendu, Lisette.

LISETTE : Je sors, car voilà votre père; mais vous aurez beau dire, si Damis se voyait forcé d'épouser Phénice, ne vous attendez pas que je reste muette.

Scène III : Monsieur Orgon, Lucile.

MONSIEUR ORGON : Ma fille, que signifie donc ce que Lisette m'est venue dire de votre part? Comment! vous ne voulez pas voir le mariage de votre sœur? vous ne lui pardonnerez jamais? vous demandez à vous retirer? Monsieur Ergaste, son fils, Phénice et moi, vous chagrinez tous : et de quoi s'agit-il? de l'homme du monde qui vous est le plus indifférent!

LUCILE : Très indifférent, je l'avoue; mais la manière dont on me traite me n'est pas.

MONSIEUR ORGON : Eh! que vous ai-je fait, ma fille?

LUCILE : Non, il est certain que je n'ai point de part aux bontés de votre cœur; ma sœur en emporte toutes les tendresses.

MONSIEUR ORGON: De quoi pouvez-vous vous plaindre?

LUCILE : Ce n'est pas que je trouve mauvais que l'aimiez, assurément; je sais bien qu'elle est aimable,[33] et, si vous ne l'aimiez pas, j'en serais très fâchée; mais qu'on n'aime qu'elle, qu'on ne songe qu'à elle, qu'on la

---

33. Le manuscrit ajoute : *et cela est juste.*

marie aux dépens du peu d'estime qu'on pouvait faire de mon esprit, de mon cœur, de mon caractère, je vous avoue, mon père, que cela est bien triste, et que c'est me faire payer bien chèrement son mariage.

MONSIEUR ORGON : Mais que veux-tu dire ? Tout ce que j'y vois, moi, c'est qu'elle est ta cadette, et qu'elle épouse un homme qui t'était destiné : mais ce n'est qu'à ton refus. Si tu avais voulu de Damis, il ne serait pas à elle, ainsi te voilà hors d'intérêt ; et, dans le fond, ton cœur t'a bien conduit : Damis et toi, vous n'étiez pas nés l'un pour l'autre. Il a plu sans peine à ta sœur ; nous voulions nous allier, Monsieur Ergaste et moi, et nous profitons de leur penchant mutuel : c'est te débarrasser d'un homme que tu n'aimes point, et tu dois en être charmée.

LUCILE : Enfin, je n'ai rien à dire, et vous êtes le maître ; mais je devais l'épouser. Il n'était venu que pour moi, tout le monde en sera surpris. D'ailleurs, je pouvais quelque jour vouloir me marier moi-même, et me voilà forcée d'y renoncer.

MONSIEUR ORGON : D'y renoncer, dis-tu ! Qu'est-ce que c'est que cette idée-là ?

LUCILE : Oui, me voilà condamnée à n'y plus penser ; on ne revient jamais de l'accident humiliant qui m'arrive aujourd'hui : il faut désormais regarder mon cœur et ma main comme disgraciés ; il ne s'agit plus de les offrir à personne, ni de chercher de nouveaux affronts ; j'ai été dédaignée, je le serai toujours, et une retraite éternelle est l'unique parti qui me reste à prendre.

MONSIEUR ORGON : Tu es folle ; on sait que tu as refusé Damis, encore une fois, il le publie lui-même, et tout le risque que tu cours dans cette affaire-ci c'est de passer pour avoir le goût bizarre, voilà tout ; ainsi, tranquillise-toi, et ne va pas toi-même, par un mécontentement mal entendu, te faire soupçonner des sentiments que tu n'as point : voici ta sœur qui vient nous joindre, et à qui j'avais donné ordre de te parler, et je te prie de la recevoir avec amitié.

Scène IV : Phénice, Lucile, Monsieur Orgon.

MONSIEUR ORGON : Approchez, Phénice ; votre sœur vient de me dire les motifs de son dégoût pour votre mariage. Quoique Damis ne lui convienne point, on sait qu'il était venu pour elle, et elle croyait qu'on pouvait mieux faire que de vous le donner ; mais elle ne songe plus à cela, voilà qui est fini.

PHÉNICE : Si ma sœur le regrette, et que Damis la préfère, il est encore à elle ; je le cède volontiers, et n'en murmurerai point.

LUCILE : Croyez-moi, ma sœur, un peu moins de confiance ; s'il vous entendait, j'aurais peur qu'il ne vous prît au mot.

PHÉNICE : Oh ! non, je parle à coup sûr ; il n'y a rien à craindre, je lui ai répété plus de vingt fois ce que je vous dis là.

LUCILE : Ah ! si vous n'avez rien risqué à lui tenir ce discours, vous m'en avez quelque obligation ; mes manières n'ont pas nui à la constance qu'il a eue pour vous.

PHÉNICE : Laissez-moi pourtant me flatter qu'il m'a choisie.

LUCILE : Et moi je vous dis qu'il est mieux que vous ne vous en flattiez pas, Mademoiselle ; vous en serez plus attentive à lui plaire, et son amour aura besoin de ce secours-là.

MONSIEUR ORGON : Qu'est-ce que c'est donc que cet air de dispute que vous prenez entre vous deux ? Est-ce là comme vous répondez aux soins que je me donne pour vous voir unies ?

LUCILE : Mais vous voyez bien qu'on le prend sur un ton qui n'est pas supportable.

PHÉNICE : Eh ! que puis-je faire de plus que de renoncer à Damis, si votre cœur le souhaite ?

LUCILE : On vous dit que si mon cœur le souhaitait, on n'aurait que faire de vous, et que la vanité de vos offres est bien inutile sur un objet qu'on vous ôterait avec un regard, si on en avait envie ; en voilà assez, finissons.

MONSIEUR ORGON : La jolie conversation ! Je vous croyais à toutes deux plus de respect pour moi.

PHÉNICE : Je ne dirai plus mot ; je n'étais venue que dans le dessein d'embrasser ma sœur, et j'y suis encore prête, si ses sentiments me le permettent.

LUCILE : Ah ! qu'à cela ne tienne.

Elles s'embrassent.

MONSIEUR ORGON : Eh bien ! voilà ce que je demandais ; allons, mes enfants, réconciliez-vous, et soyez bonnes amies : voici Damis qui vient fort à propos.

Scène V : Damis, Lucile, Monsieur Orgon, Phénice.

DAMIS : Je crois, Monsieur, que vous êtes bien persuadé du désir extrême que j'avais de voir terminer notre mariage ; mais vous savez l'obstacle qu'y a apporté Madame ; et plutôt que de jeter le trouble dans une famille...

MONSIEUR ORGON : Non, Damis, vous n'en jetterez aucun. Je vous annonce que nous sommes tous d'accord, que nous nous estimons tous, et que mes filles viennent de s'embrasser tout à l'heure.

PHÉNICE : Et même de bon cœur, à ce que je pense.

LUCILE : Oh ! le cœur n'a que faire ici ; rien ne l'intéresse.

MONSIEUR ORGON : Eh ! sans doute. Adieu ; je vais porter cette bonne nouvelle à Monsieur Ergaste, et dans un moment revenir avec lui ici pour conclure.

Scène VI : Damis, Lucile, Phénice.

PHÉNICE, *riant en les regardant* : Ah ! ah ! ah !... Que vous me divertissez tous deux ! vous vous taisez, vous me regardez d'un œil noir... ah ! ah ! ah !...

LUCILE : Où est donc le mot pour rire ?

PHÉNICE : Oh ! il y est beaucoup pour moi, et il n'y est pas encore pour vous, j'en conviens ; mais cela va venir... Approchez, Damis.

DAMIS, *faisant mine de reculer* : De quoi s'agit-il, Madame ?

PHÉNICE : *De quoi s'agit-il, Madame ?* Est-ce que vous me fuyez ? Le joli prélude de tendresse ! N'est-ce pas là un homme bien disposé à m'épouser? *(Elle va à lui.)* Approchez, vous dis-je, venez ici, et laissez-vous conduire; allons, Monsieur, rendez hommage à votre vainqueur, et jetez-vous à ses genoux tout à l'heure... à ses genoux, vous dis-je : et vous, ma sœur, tenez-vous un peu fière; ne lui tendez pas la main en signe de paix, mais ne la retirez pas non plus; laissez-la aller, afin qu'il la prenne; voilà mon projet rempli : adieu, le reste vous regarde.

Scène VII : Damis, Lucile.

LUCILE, *à Damis à genoux* : Mais qu'est-ce que cela signifie, Damis?

DAMIS : Que je vous adore depuis le premier instant, et que je n'osais vous le dire.

LUCILE : Assurément, voilà qui est particulier; mais levez-vous donc pour vous expliquer.

Damis se lève.

DAMIS : Si vous saviez combien j'ai souffert du silence timide que j'ai gardé, Madame! Non, je ne puis vous exprimer ce que devint mon cœur la première fois que je vous vis, ni tout le désespoir où je fus d'avoir parlé à Lisette comme j'avais fait.

LUCILE : Je ne m'attendais pas à ce discours-là; car vous me promîtes alors de rompre notre mariage.

DAMIS : Madame, je ne vous promis rien; souvenez-vous-en, je ne fis que céder à l'éloignement où je vous vis pour moi; je ne me rendis qu'à vos dispositions, qu'au respect que j'avais pour elles, qu'à la peur de vous déplaire, et qu'à l'extrême surprise où j'étais.

LUCILE : Je vous crois; mais j'admire la conjoncture où cela tombe; car enfin, si j'avais su vos sentiments, que sais-je? ils auraient pu me déterminer; mais à présent, comment voulez-vous qu'on fasse? En vérité, cela est bien embarrassant.

DAMIS : Ah! Lucile, si mon cœur pouvait fléchir le vôtre!

LUCILE : Vous verrez que notre histoire sera d'un ridicule qui me désole.

DAMIS : Je ne serai jamais à Phénice, je ne puis être qu'à vous seule, et si je vous perds, toute ma ressource est de fuir, de ne me montrer de ma vie, et de mourir de douleur.

LUCILE : Cette extrémité-là serait terrible; mais dites-moi, ma sœur sait donc que vous m'aimez?

DAMIS : Il faut qu'on le lui ait dit, ou qu'elle l'ait soupçonné dans nos conversations, et qu'elle ait voulu m'encourager à vous le dire.

LUCILE : Hum! si elle a soupçonné que vous m'aimiez, je suis sûre qu'elle se sera doutée que j'y suis sensible.

DAMIS, *en lui baisant la main* : Ah! Lucile, que viens-je d'entendre? Dans quel ravissement me jetez-vous? [34]

LUCILE : Notre aventure fera rire, mais notre amour m'en console; je crois qu'on vient.

Scène VIII : Monsieur Orgon, Monsieur Ergaste, Phénice, Damis, Lisette, Frontin, Lucile.

MONSIEUR ERGASTE : Allons, mon fils, hâtez-vous de combler ma joie, et venez signer votre bonheur.

DAMIS : Mon père, il n'est plus question de mariage avec Madame; elle n'y a jamais pensé, et mon cœur n'appartient qu'à Lucile.

MONSIEUR ORGON : Qu'à Lucile?

LISETTE : Oui, Monsieur, à elle-même, qui ne le refusera pas; mariez hardiment; tantôt nous vous dirons le reste.

MONSIEUR ORGON : Êtes-vous d'accord de ce qu'on dit là, ma fille?

LUCILE, *donnant la main à Damis* : Ne me demandez point d'autre réponse, mon père.

FRONTIN : Eh bien! Lisette, qu'en sera-t-il?

LISETTE, *lui donnant la main* : Ne me demande point d'autre réponse.

---

34. Le manuscrit ajoute : *Tous mes vœux sont comblés.*

L'ÉCOLE DES MÈRES

Deux mois après le fiasco des Serments indiscrets *au Théâtre-Français, les Comédiens Italiens créent, le vendredi 25 juillet 1732, l'*École des mères. *Silvia y tient le rôle principal. La comédie en un acte de Marivaux est agrémentée d'un* Divertissement *dont Panard a écrit au moins le texte du* Vaudeville.

*Jouée quatorze fois dans la saison, l'*École des mères *qui « fut reçue très favorablement » sera souvent reprise par la suite à l'Hôtel de Bourgogne : « C'est une des pièces que le public a revues le plus souvent et avec le plus de plaisir », note Desboulmiers qui ajoute : « tous les rôles en sont également bien faits et celui d'Angélique est un de ceux que Mlle Silvia jouait avec cette naïveté qui faisait tout le prix de ses talents ».*

*Aussi l'*École des mères *connaît-elle pendant tout le* XVIIIe *siècle une fortune étonnante. Marivaux lui-même s'y référera lorsqu'il écrira la* Mère confidente *dont la protagoniste est comme une contre-épreuve de Madame Argante de l'*École des mères. *Pour son* École des mères *de 1744, La Chaussée empruntera à Marivaux bien plus que son titre.*

En revanche, sa reprise en 1809 à la Comédie-Française, où elle est affichée sous le titre de la Petite École des mères *pour la distinguer de la pièce de La Chaussée, est accueillie plutôt froidement par la critique (Geoffroy n'y voit qu'une « bagatelle ») malgré la présence de Mlle Mars dans le rôle d'Angélique. Et en 1878, lorsqu'elle est jouée au Théâtre de l'Odéon, Francisque Sarcey, à la différence de ses confrères cette fois plus chaleureux, demeure réticent : « Je l'ai vue avec plaisir ; mais il faut bien l'avouer, c'est une des moindres œuvres de Marivaux. »*

*C'est l'*École des mères *qui a incité certains commentateurs à multiplier les rapprochements entre le théâtre de Marivaux et celui de Molière. Ainsi Gustave Michaut a vu dans cette comédie « comme la fusion de l'*École des maris *et de l'*École des femmes. *C'est de l'*École des maris *qu'est tirée la thèse (...). C'est de l'*École des femmes *que sont inspirées les scènes où se manifeste l'autoritarisme de Madame Argante ». Allant plus loin, Brunetière en a même conclu que Marivaux a « voulu refaire telles et telles pièces de Molière, et non pas le* Sicilien *ou le* Mariage forcé, *mais tout bonnement l'*École des femmes *dans son* École des mères *et le* Misanthrope *dans les* Sincères.

*Sans nier ce qui, dans l'*École des mères, *vient de Molière, peut-être vaut-il mieux mettre l'accent sur ce qui y appartient en propre à Marivaux. Dans la huitième feuille du* Spectateur Français, *qui date de novembre 1722, il racontait déjà l'histoire d'une « jeune fille de seize à dix-sept ans », qui a de l'esprit, qui est aimable et à qui sa mère, fort dévote, interdit de voir le monde. Car l'intérêt de cette courte comédie réside moins dans sa thèse, assez banale à l'époque, ou dans le personnage de Madame Argante, qui est de tradition dans le théâtre comique, que dans la figure d'Angélique ; loin d'être une nouvelle version d'Agnès, cette très jeune fille est, elle, une héroïne purement marivaudienne. Elle ne connaît pas le monde et pourtant elle a déjà la lucidité d'une Comtesse et les exigences d'une Araminte.*

ACTEURS

Madame Argante; Angélique, *fille de Madame Argante*; Lisette, *suivante d'Angélique*; Éraste, *amant d'Angélique, sous le nom de La Ramée*; Damis, *père d'Éraste, autre amant d'Angélique*; Frontin, *valet de Madame Argante*; Champagne, *valet de Monsieur Damis.*

LA SCÈNE EST DANS L'APPARTEMENT
DE MADAME ARGANTE.

Scène I : *Éraste, sous le nom de La Ramée, et avec une livrée,* Lisette.

LISETTE : Oui, vous voilà fort bien déguisé, et avec cet habit-là, vous disant mon cousin, je crois que vous pouvez paraître ici en toute sûreté ; il n'y a que votre air qui n'est pas trop d'accord avec la livrée.

ÉRASTE : Il n'y a rien à craindre : je n'ai pas même, en entrant, fait mention de notre parenté. J'ai dit que je voulais te parler, et l'on m'a répondu que je te trouverais ici, sans m'en demander davantage.

LISETTE : Je crois que vous devez être content du zèle avec lequel je vous sers : je m'expose à tout, et ce que je

347

fais pour vous n'est pas trop dans l'ordre; mais vous êtes un honnête homme; vous aimez ma jeune maîtresse, elle vous aime; je crois qu'elle sera plus heureuse avec vous qu'avec celui que sa mère lui destine, et cela calme un peu mes scrupules.

ÉRASTE : Elle m'aime, dis-tu? Lisette, puis-je me flatter d'un si grand bonheur? Moi qui ne l'ai vue qu'en passant dans nos promenades, qui ne lui ai prouvé mon amour que par mes regards, et qui n'ai pu lui parler que deux fois pendant que sa mère s'écartait avec d'autres dames! elle m'aime?

LISETTE : Très tendrement. Mais voici un domestique de la maison qui vient; c'est Frontin, qui ne me hait pas; faites bonne contenance.

Scène II : Frontin, Lisette, Éraste.

FRONTIN : Ah! te voilà, Lisette. Avec qui es-tu donc là?

LISETTE : Avec un de mes parents qui s'appelle La Ramée, et dont le maître, qui est ordinairement en province, est venu ici pour affaire; et il profite du séjour qu'il y fait pour me voir.

FRONTIN : Un de tes parents, dis-tu?

LISETTE : Oui.

FRONTIN : C'est-à-dire un cousin?

LISETTE : Sans doute.

FRONTIN : Hum! il a l'air d'un cousin de bien loin : il n'a point la tournure d'un parent, ce garçon-là.

LISETTE : Qu'est-ce que tu veux dire avec ta tournure?

FRONTIN : Je veux dire que ce n'est, par ma foi, que de la fausse monnaie que tu me donnes, et que si le diable emportait ton cousin il ne t'en resterait pas un parent de moins.

ÉRASTE : Et pourquoi pensez-vous qu'elle vous trompe?

FRONTIN : Hum! quelle physionomie de fripon! Mons [1] de La Ramée, je vous avertis que j'aime Lisette, et que je veux l'épouser tout seul.

LISETTE : Il est pourtant nécessaire que je lui parle pour une affaire de famille qui ne te regarde pas.

FRONTIN : Oh! parbleu! que les secrets de ta famille s'accommodent; moi, je reste.

LISETTE : Il faut prendre son parti. Frontin...

FRONTIN : Après?

LISETTE : Serais-tu capable de rendre service à un honnête homme, qui t'en récompenserait bien?

FRONTIN : Honnête homme ou non, son honneur est de trop, dès qu'il récompense.

LISETTE : Tu sais à qui Madame marie Angélique, ma maîtresse?

FRONTIN : Oui; je pense que ce sont à peu près soixante ans qui en épousent dix-sept.

LISETTE : Tu vois bien que ce mariage-là ne convient point.

FRONTIN : Oui, il menace de stérilité; les héritiers en seront nuls ou auxiliaires [2].

LISETTE : Ce n'est qu'à regret qu'Angélique obéit, d'autant plus que le hasard lui a fait connaître un aimable homme qui a touché son cœur.

FRONTIN : Le cousin La Ramée pourrait bien nous venir de là.

LISETTE : Tu l'as dit, c'est cela même.

ÉRASTE : Oui, mon enfant, c'est moi.

FRONTIN : Eh! que ne disiez-vous? En ce cas-là, je vous pardonne votre figure, et je suis tout à vous. Voyons, que faut-il faire?

ÉRASTE : Rien que favoriser une entrevue que Lisette va me procurer ce soir, et tu seras content de moi.

FRONTIN : Je le crois; mais qu'espérez-vous de cette entrevue? car on signe le contrat ce soir.

LISETTE : Eh bien, pendant que la compagnie, avant le souper, sera dans l'appartement de Madame, Monsieur nous attendra dans cette salle-ci, sans lumière pour n'être point vu, et nous y viendrons, Angélique et moi, examiner le parti qu'il y aura à prendre.

FRONTIN : Ce n'est pas de l'entretien dont je doute : mais à quoi aboutira-t-il? Angélique est une Agnès [3] élevée dans la plus sévère contrainte, et qui, malgré son penchant pour vous, n'aura que des regrets, des larmes et de la frayeur à vous donner : est-ce que vous avez dessein de l'enlever?

ÉRASTE : Ce serait un parti bien extrême.

FRONTIN : Et dont l'extrémité ne vous ferait pas grand'peur, n'est-il pas vrai?

LISETTE : Pour nous, Frontin, nous ne nous chargeons que de faciliter l'entretien, auquel je serai présente : mais de ce qu'on y résoudra, nous n'y trempons point, cela ne nous regarde pas.

FRONTIN : Oh! si fait, cela nous regarderait un peu, si cette petite conversation nocturne que nous leur ménageons dans la salle était découverte; d'autant plus qu'une des portes de la salle aboutit au jardin, et que du jardin on va à une petite porte qui rend dans la rue, et qu'à cause de la salle où nous les mettrons, nous répondrons de toutes ces petites portes-là, qui sont de notre connaissance. Mais tout coup vaille, pour se mettre à son aise, il faut quelquefois risquer son honneur; il s'agit d'ailleurs d'une jeune victime qu'on veut sacrifier, et je crois qu'il est généreux d'avoir part à sa délivrance, et sans s'embarrasser de quelle façon elle s'opérera : Monsieur payera bien, cela grossira ta dot, et nous ferons une action que joindra l'utile au louable.

ÉRASTE : Ne vous inquiétez de rien; je n'ai point envie d'enlever Angélique, et je ne veux que l'exciter à refuser l'époux qu'on lui destine. Mais la nuit s'approche; où me retirerai-je en attendant le moment où je verrai Angélique?

LISETTE : Comme on ne sait encore qui vous êtes, en cas qu'on vous fît quelques questions, au lieu d'être mon cousin, soyez celui de Frontin, et retirez-vous dans sa chambre, qui est à côté de cette salle, et d'où Frontin pourra vous amener, quand il faudra.

FRONTIN : Oui-da, Monsieur, disposez de mon appartement.

---

1. Expression familière pour *Monsieur*.
2. Ou venus d'ailleurs.

3. Allusion à l'héroïne de *l'École des femmes* de Molière.

LISETTE : Allez tout à l'heure, car il faut que je prévienne Angélique, qui assurément sera charmée de vous voir, mais qui ne sait pas que vous êtes ici, et à qui je dirai d'abord qu'il y a un domestique dans la chambre de Frontin qui demande à lui parler de votre part. Mais sortez, j'entends quelqu'un qui vient.

FRONTIN : Allons, cousin, sauvons-nous.

LISETTE : Non, restez : c'est la mère d'Angélique, elle vous verrait fuir, il vaut mieux que vous demeuriez.

Scène III : Lisette, Frontin, Éraste, Madame Argante.

MADAME ARGANTE : Où est donc ma fille, Lisette?

LISETTE : Apparemment qu'elle est dans sa chambre, Madame.

MADAME ARGANTE : Qui est ce garçon-là?

FRONTIN : Madame, c'est un garçon de condition, comme vous voyez, qui m'est venu voir, et à qui je m'intéresse parce que nous sommes fils des deux frères; il n'est pas content de son maître, ils se sont brouillés ensemble, et il vient me demander si je ne sais pas quelque maison dont il pût s'accommoder...

MADAME ARGANTE : Sa physionomie est assez bonne. Chez qui avez-vous servi, mon enfant?

ÉRASTE : Chez un officier du régiment du Roi, Madame.

MADAME ARGANTE : Eh bien, je parlerai de vous à Monsieur Damis, qui pourra vous donner à ma fille; demeurez ici jusqu'à ce soir et laissez-nous. Restez, Lisette.

Scène IV : Madame Argante, Lisette.

MADAME ARGANTE : Ma fille vous dit assez volontiers ses sentiments, Lisette; dans quelle disposition d'esprit est-elle pour le mariage que nous allons conclure? Elle ne m'a marqué du moins aucune répugnance.

LISETTE : Ah! Madame, elle n'oserait vous en marquer, quand elle en aurait; c'est une jeune et timide personne, à qui jusqu'ici son éducation n'a rien appris qu'à obéir.

MADAME ARGANTE : C'est, je pense, ce qu'elle pouvait apprendre de mieux à son âge.

LISETTE : Je ne dis pas le contraire.

MADAME ARGANTE : Mais enfin, vous paraît-elle contente?

LISETTE : Y peut-on rien connaître? Vous savez qu'à peine ose-t-elle lever les yeux, tant elle a peur de sortir de cette modestie sévère que vous voulez qu'elle ait; tout ce que j'en sais, c'est qu'elle est triste.

MADAME ARGANTE : Oh! je le crois; c'est une marque qu'elle a le cœur bon : elle va se marier, elle me quitte, elle m'aime, et notre séparation est douloureuse.

LISETTE : Eh! eh! ordinairement, pourtant, une fille qui va se marier est gaie.

MADAME ARGANTE : Oui, une fille dissipée, élevée dans un monde coquet, qui a plus entendu parler d'amour que de vertu, et que mille jeunes étourdis ont eu l'impertinente liberté d'entretenir de cajoleries; mais une

fille retirée, qui vit sous les yeux de sa mère, et dont rien n'a gâté ni le cœur ni l'esprit, ne laisse pas que d'être alarmée quand elle change d'état. Je connais Angélique et la simplicité de ses mœurs; elle n'aime pas le monde, et je suis sûre qu'elle ne me quitterait jamais si je l'en laissais la maîtresse.

LISETTE : Cela est singulier.

MADAME ARGANTE : Oh! j'en suis sûre. A l'égard du mari que je lui donne, je ne doute pas qu'elle n'approuve mon choix; c'est un homme très riche, très raisonnable.

LISETTE : Pour raisonnable, il a eu le temps de le devenir.

MADAME ARGANTE : Oui; un peu vieux, à la vérité, mais doux, mais complaisant, attentif, aimable.

LISETTE : Aimable! Prenez donc garde, Madame; il a soixante ans, cet homme.

MADAME ARGANTE : Il est bien question de l'âge d'un mari avec une fille élevée comme la mienne!

LISETTE : Oh! s'il n'en est pas question avec Mademoiselle votre fille, il n'y aura guère eu de prodige de cette force-là!

MADAME ARGANTE : Qu'entendez-vous avec votre prodige?

LISETTE : J'entends qu'il faut, le plus qu'on peut, mettre la vertu des gens à son aise, et que celle d'Angélique ne sera pas sans fatigue.

MADAME ARGANTE : Vous avez de sottes idées, Lisette; les inspirez-vous à ma fille?

LISETTE : Oh! que non, Madame; elle les trouvera bien sans que je m'en mêle.

MADAME ARGANTE : Et pourquoi, de l'humeur dont elle est, ne serait-elle pas heureuse?

LISETTE : C'est qu'elle ne sera point de l'humeur dont vous dites; cette humeur-là n'existe nulle part.

MADAME ARGANTE : Il faudrait qu'elle l'eût bien difficile, si elle ne s'accommodait pas d'un homme qui l'adorera.

LISETTE : On adore mal à son âge.

MADAME ARGANTE : Qui ira au-devant de tous ses désirs.

LISETTE : Ils seront donc bien modestes.

MADAME ARGANTE : Taisez-vous; je ne sais de quoi je m'avise de vous écouter.

LISETTE : Vous m'interrogez, et je vous réponds sincèrement.

MADAME ARGANTE : Allez dire à ma fille qu'elle vienne.

LISETTE : Il n'est pas besoin de l'aller chercher, Madame; la voilà qui passe, et je vous laisse.

Scène V : Angélique, Madame Argante.

MADAME ARGANTE : Venez, Angélique, j'ai à vous parler.

ANGÉLIQUE, *modestement* : Que souhaitez-vous, ma mère?

MADAME ARGANTE : Vous voyez, ma fille, ce que je fais aujourd'hui pour vous; ne tenez-vous pas compte à ma tendresse du mariage avantageux que je vous procure?

ANGÉLIQUE, *faisant la révérence* : Je ferai tout ce qu'il vous plaira, ma mère.

MADAME ARGANTE : Je vous demande si vous me savez gré du parti que je vous donne. Ne trouvez-vous pas qu'il est heureux pour vous d'épouser un homme comme Monsieur Damis, dont la fortune, dont le caractère sûr et plein de raison, vous assurent une vie douce et paisible, telle qu'il convient à vos mœurs et aux sentiments que je vous ai toujours inspirés? Allons, répondez, ma fille!

ANGÉLIQUE : Vous me l'ordonnez donc?

MADAME ARGANTE : Oui, sans doute. Voyez, n'êtes-vous pas satisfaite de votre sort?

ANGÉLIQUE : Mais...

MADAME ARGANTE : Quoi! mais! je veux qu'on me réponde raisonnablement; je m'attends à votre reconnaissance, et non pas à des mais...

ANGÉLIQUE, saluant : Je n'en dirai plus, ma mère.

MADAME ARGANTE : Je vous dispense des révérences; dites-moi ce que vous pensez.

ANGÉLIQUE : Ce que je pense?

MADAME ARGANTE : Oui : comment regardez-vous le mariage en question?

ANGÉLIQUE : Mais...

MADAME ARGANTE : Toujours des mais!

ANGÉLIQUE : Je vous demande pardon; je n'y songeais pas, ma mère.

MADAME ARGANTE : Eh bien, songez-y donc, et souvenez-vous qu'ils me déplaisent. Je vous demande quelles sont les dispositions de votre cœur dans cette conjoncture-ci. Ce n'est pas que je doute que vous soyez contente, mais je voudrais vous l'entendre dire vous-même.

ANGÉLIQUE : Les dispositions de mon cœur? Je tremble de ne pas répondre à votre fantaisie.

MADAME ARGANTE : Et pourquoi ne répondriez-vous pas à ma fantaisie?

ANGÉLIQUE : C'est que ce que je dirais vous fâcherait peut-être.

MADAME ARGANTE : Parlez bien, et je ne me fâcherai point. Est-ce que vous n'êtes point de mon sentiment? Êtes-vous plus sage que moi?

ANGÉLIQUE : C'est que je n'ai point de dispositions dans le cœur.

MADAME ARGANTE : Et qu'y avez-vous donc, Mademoiselle?

ANGÉLIQUE : Rien du tout.

MADAME ARGANTE : Rien! qu'est-ce que rien? Ce mariage ne vous plaît donc pas?

ANGÉLIQUE : Non.

MADAME ARGANTE, en colère : Comment! il vous déplaît?

ANGÉLIQUE : Non, ma mère.

MADAME ARGANTE : Eh! parlez donc! car je commence à vous entendre : c'est-à-dire, ma fille, que vous n'avez point de volonté?

ANGÉLIQUE : J'en aurai pourtant une, si vous le voulez.

MADAME ARGANTE : Il n'est pas nécessaire; vous faites encore mieux d'être comme vous êtes, de vous laisser conduire, et de vous en fier entièrement à moi. Oui, vous avez raison, ma fille; et ces dispositions d'indifférence sont les meilleures. Aussi voyez-vous que vous en êtes récompensée : je ne vous donne pas un jeune extravagant qui vous négligerait peut-être au bout de quinze jours, qui dissiperait son bien et le vôtre pour courir après mille passions libertines; je vous marie à un homme sage, à un homme dont le cœur est sûr, et qui saura tout le prix de la vertueuse innocence du vôtre.

ANGÉLIQUE : Pour innocente, je le suis.

MADAME ARGANTE : Oui, grâces à mes soins, je vous vois telle que j'ai toujours souhaité que vous fussiez; comme il vous est familier de remplir vos devoirs, les vertus dont vous allez avoir besoin ne vous coûteront rien; et voici les plus essentielles : c'est, d'abord, de n'aimer que votre mari.

ANGÉLIQUE : Et si j'ai des amis, qu'en ferai-je?

MADAME ARGANTE : Vous n'en devez point avoir d'autres que ceux de Monsieur Damis, aux volontés de qui vous vous conformerez toujours, ma fille : nous sommes sur ce pied-là dans le mariage.

ANGÉLIQUE : Ses volontés? Et que deviendront les miennes?

MADAME ARGANTE : Je sais que cet article a quelque chose d'un peu mortifiant; mais il faut s'y rendre, ma fille. C'est une espèce de loi qu'on nous a imposée, et qui dans le fond nous fait honneur; car entre deux personnes qui vivent ensemble, c'est toujours la plus raisonnable qu'on charge d'être la plus docile, et cette docilité-là vous sera facile, car vous n'avez jamais eu de volonté avec moi, vous ne connaissez que l'obéissance.

ANGÉLIQUE : Oui, mais mon mari ne sera pas ma mère.

MADAME ARGANTE : Vous lui devez encore plus qu'à moi, Angélique, et je suis sûre qu'on n'aura rien à vous reprocher là-dessus. Je vous laisse; songez à tout ce que je vous ai dit; et surtout gardez ce goût de retraite, de solitude, de modestie, de pudeur qui me charme en vous; ne plaisez qu'à votre mari, et restez dans cette simplicité qui ne vous laisse ignorer que le mal. Adieu, ma fille.

Scène VI : Angélique, Lisette.

ANGÉLIQUE, un moment seule : Qui ne me laisse ignorer que le mal! Et qu'en sait-elle? Elle l'a donc appris? Eh bien, je veux l'apprendre aussi.

LISETTE survient : Eh bien, Mademoiselle, à quoi en êtes-vous?

ANGÉLIQUE : J'en suis à m'affliger, comme tu vois.

LISETTE : Qu'avez-vous dit à votre mère?

ANGÉLIQUE : Eh! tout ce qu'elle a voulu.

LISETTE : Vous épouserez donc Monsieur Damis?

ANGÉLIQUE : Moi, l'épouser! Je t'assure que non; c'est bien assez qu'il m'épouse.

LISETTE : Oui; mais vous n'en serez pas moins sa femme.

ANGÉLIQUE : Eh bien, ma mère n'a qu'à l'aimer pour nous deux; car pour moi je n'aimerai jamais qu'Éraste.

LISETTE : Il le mérite bien.

ANGÉLIQUE : Oh! pour cela, oui. C'est lui qui est aimable, qui est complaisant, et non pas ce Monsieur Damis que ma mère a été prendre je ne sais où, qui ferait bien mieux d'être mon grand-père que mon mari, qui me glace quand il me parle, et qui m'appelle toujours *ma belle personne*; comme si on s'embarrassait beaucoup d'être belle ou laide avec lui : au lieu que tout ce que me dit Éraste est si touchant! on voit que c'est du fond du cœur qu'il parle; et j'aimerais mieux être sa femme seulement huit jours, que de l'être toute ma vie de l'autre.

LISETTE : On dit qu'il est au désespoir, Éraste.

ANGÉLIQUE : Eh! comment veut-il que je fasse? Hélas! je sais bien qu'il sera inconsolable! N'est-on pas bien à plaindre, quand on s'aime tant, de n'être pas ensemble? Ma mère dit qu'on est obligé d'aimer son mari; eh bien! qu'on me donne Éraste; je l'aimerai tant qu'on voudra : puisque je l'aime avant que d'y être obligée, je n'aurai garde d'y manquer quand il le faudra; cela me sera bien commode.

LISETTE : Mais avec ces sentiments-là, que ne refusez-vous courageusement Damis? Il est encore temps. Vous êtes d'une vivacité étonnante avec moi, et vous tremblez devant votre mère. Il faudrait lui dire ce soir : « Cet homme-là est trop vieux pour moi; je ne l'aime point, je le hais, je le haïrai, et je ne saurais l'épouser. »

ANGÉLIQUE : Tu as raison; mais quand ma mère me parle, je n'ai plus d'esprit; cependant je sens que j'en ai assurément; et j'en aurais bien davantage, si elle avait voulu; mais n'être jamais qu'avec elle, n'entendre que des préceptes qui me lassent, ne faire que des lectures qui m'ennuient, est-ce là le moyen d'avoir de l'esprit? qu'est-ce que cela apprend? Il y a des petites filles de sept ans qui sont plus avancées que moi. Cela n'est-il pas ridicule? je n'ose pas seulement ouvrir ma fenêtre. Voyez, je vous prie, de quel air on m'habille! suis-je vêtue comme une autre? regardez comme me voilà faite! Ma mère appelle cela un habit modeste : il n'y a donc de la modestie nulle part qu'ici? car je ne vois que moi d'enveloppée comme cela; aussi suis-je d'une enfance, d'une curiosité! Je ne porte point de rubans; mais qu'est-ce que ma mère y gagne? que j'ai des émotions quand j'en aperçois. Elle ne m'a laissée voir personne, et avant que je connusse Éraste, le cœur me battait quand j'étais regardée par un jeune homme. Voilà pourtant ce qui m'est arrivé.

LISETTE : Votre naïveté me fait rire.

ANGÉLIQUE : Mais est-ce que je n'ai pas raison? Serait-ce de même si j'avais joui d'une liberté honnête? En vérité, si je n'avais pas le cœur bon, tiens, je crois que je haïrais ma mère, d'être cause que j'ai des émotions pour des choses dont je suis sûre que je ne me soucierais pas si je les avais. Aussi, quand je serai ma maîtresse!... laisse-moi faire, va... je veux savoir tout ce que les autres savent.

LISETTE : Je m'en fie bien à vous.

ANGÉLIQUE : Moi qui suis naturellement vertueuse, sais-tu bien que je m'endors quand j'entends parler de sagesse? Sais-tu bien que je serais fort heureuse de n'être pas coquette? Je ne le serai pourtant pas; mais ma mère mériterait bien que je le devinsse.

LISETTE : Ah! si elle pouvait vous entendre et jouir du fruit de sa sévérité! Mais parlons d'autre chose. Vous aimez Éraste?

ANGÉLIQUE : Vraiment oui, je l'aime, pourvu qu'il n'y

ait point de mal à avouer cela; car je suis si ignorante! Je ne sais point ce qui est permis ou non, au moins.

LISETTE : C'est un aveu sans conséquence avec moi.

ANGÉLIQUE : Oh! sur ce pied-là je l'aime beaucoup, et je ne puis me résoudre à le perdre.

LISETTE : Prenez donc une bonne résolution de n'être pas à un autre. Il y a ici un domestique à lui qui a une lettre à vous rendre de sa part.

ANGÉLIQUE, *charmée* : Une lettre de sa part, et tu ne m'en disais rien! Où est-elle? Oh! que j'aurai de plaisir à la lire! donne-moi-la donc! Où est ce domestique?

LISETTE : Doucement! modérez cet empressement-là; cachez-en au moins une partie à Éraste : si par hasard vous lui parliez, il y aurait du trop.

ANGÉLIQUE : Oh! dame, c'est encore ma mère qui en est cause. Mais est-ce que je pourrai le voir? Tu me parles de lui et de sa lettre, et je ne vois ni l'un ni l'autre.

Scène VII : Lisette, Angélique,
Frontin, Éraste.

LISETTE, *à Angélique* : Tenez, voici ce domestique que Frontin nous amène.

ANGÉLIQUE : Frontin ne dira-t-il rien à ma mère?

LISETTE : Ne craignez rien, il est dans vos intérêts, et ce domestique passe pour son parent.

FRONTIN, *tenant une lettre* : Le valet de Monsieur Éraste vous apporte une lettre que voici, Madame.

ANGÉLIQUE, *gravement* : Donnez. (A Lisette.) Suis-je assez sérieuse?

LISETTE : Fort bien.

ANGÉLIQUE : « Que viens-je d'apprendre? on dit que vous vous mariez ce soir. Si vous concluez sans me permettre de vous voir, je ne me soucie plus de la vie. » (*Et en s'interrompant.*) Il ne se soucie plus de la vie, Lisette! (*Elle achève de lire.*) « Adieu; j'attends votre réponse, et je me meurs. » (*Après qu'elle a lu.*) Cette lettre-là me pénètre; il n'y a point de modération qui tienne, Lisette; il faut que je lui parle, et je ne veux pas qu'il meure. Allez lui dire qu'il vienne; on le fera entrer comme on pourra.

ÉRASTE, *se jetant à ses genoux* : Vous ne voulez point que je meure, et vous vous mariez, Angélique!

ANGÉLIQUE : Ah! c'est vous, Éraste?

ÉRASTE : A quoi vous déterminez-vous donc?

ANGÉLIQUE : Je ne sais; je suis trop émue pour vous répondre. Levez-vous!

ÉRASTE, *se levant* : Mon désespoir vous touchera-t-il?

ANGÉLIQUE : Est-ce que vous n'avez pas entendu ce que j'ai dit?

ÉRASTE : Il m'a paru que vous m'aimiez un peu.

ANGÉLIQUE : Non, non, il vous a paru mieux que cela; car j'ai bien dit franchement que je vous aime; mais il faut m'excuser, Éraste, car je ne savais pas que vous étiez là.

ÉRASTE : Est-ce que vous seriez fâchée de ce qui vous est échappé?

ANGÉLIQUE : Moi, fâchée? au contraire, je suis bien aise que vous l'ayez appris sans qu'il y ait de ma faute; je n'aurai plus la peine de vous le cacher.

FRONTIN : Prenez garde qu'on ne vous surprenne.

LISETTE : Il a raison; je crois que quelqu'un vient; retirez-vous, Madame.

ANGÉLIQUE : Mais je crois que vous n'avez pas eu le temps de me dire tout.

ÉRASTE : Hélas! Madame, je n'ai encore fait que vous voir, et j'ai besoin d'un entretien pour vous résoudre à me sauver la vie.

ANGÉLIQUE, *en s'en allant* : Ne lui donneras-tu pas le temps de me résoudre, Lisette?

LISETTE : Oui, Frontin et moi nous aurons soin de tout : vous allez vous revoir bientôt; mais retirez-vous.

Scène VIII : Lisette, Frontin, Éraste, Champagne.

LISETTE : Qui est-ce qui entre là? c'est le valet de Monsieur Damis.

ÉRASTE, *vite* : Eh! d'où le connaissez-vous? c'est le valet de mon père, et non pas de Monsieur Damis qui m'est inconnu.

LISETTE : Vous vous trompez; ne vous déconcertez pas.

CHAMPAGNE : Bonsoir, la jolie fille; bonsoir, Messieurs; je viens attendre ici mon maître qui m'envoie dire qu'il va venir; et je suis charmé d'une rencontre... *(En regardant Éraste.)* Mais comment appelez-vous Monsieur?

ÉRASTE : Vous importe-t-il de savoir que je m'appelle La Ramée?

CHAMPAGNE : La Ramée? eh! pourquoi est-ce que vous portez ce visage-là?

ÉRASTE : Pourquoi? la belle question! parce que je n'en ai pas reçu d'autre. Adieu, Lisette; le début de ce butor-là m'ennuie.

Scène IX : Champagne, Frontin, Lisette.

FRONTIN : Je voudrais bien savoir à qui tu en as! Est-ce qu'il n'est pas permis à mon cousin La Ramée d'avoir son visage?

CHAMPAGNE : Je veux bien que Monsieur La Ramée en ait un; mais il ne lui est pas permis de se servir de celui d'un autre.

LISETTE : Comment : celui d'un autre! qu'est-ce que cette folie-là?

CHAMPAGNE : Oui, celui d'un autre : en un mot, cette mine-là ne lui appartient point; elle n'est point à sa place ordinaire, ou bien j'ai vu la pareille à quelqu'un que je connais.

FRONTIN, *riant* : C'est peut-être une physionomie à la mode, et La Ramée en aura pris une.

LISETTE, *riant* : Voilà bien, en effet, des discours d'un butor comme toi, Champagne : est-ce qu'il n'y a pas mille gens qui se ressemblent?

CHAMPAGNE : Cela est vrai; mais qu'il appartienne à ce qu'il voudra, je ne m'en soucie guère; chacun a le sien; il n'y a que vous, Mademoiselle, qui n'avez celui de personne, car vous êtes plus jolie que tout le monde : il n'y a rien de si aimable que vous.

FRONTIN : Halte-là! laisse ce minois-là en repos; ton éloge le déshonore.

CHAMPAGNE : Ah! Monsieur Frontin, ce que j'en dis, c'est en cas que vous n'aimiez pas Lisette, comme cela peut arriver; car chacun n'est pas du même goût.

FRONTIN : Paix! vous dis-je, car je l'aime.

CHAMPAGNE : Et vous, Mademoiselle Lisette?

LISETTE : Tu joues de malheur, car je l'aime.

CHAMPAGNE : Je l'aime, partout je l'aime! Il n'y aura donc rien pour moi?

LISETTE, *en s'en allant* : Une révérence de ma part.

FRONTIN, *en s'en allant* : Des injures de la mienne, et quelques coups de poing, si tu veux.

CHAMPAGNE : Ah! n'ai-je pas fait là une belle fortune?

Scène X : Monsieur Damis, Champagne.

MONSIEUR DAMIS : Ah! te voilà?

CHAMPAGNE : Oui, Monsieur; on vient de m'apprendre qu'il n'y a rien pour moi, et ma part ne me donne pas une bonne opinion de la vôtre.

MONSIEUR DAMIS : Qu'entends-tu par là?

CHAMPAGNE : C'est que Lisette ne veut point de moi, et outre cela j'ai vu la physionomie de Monsieur votre fils sur le visage d'un valet.

MONSIEUR DAMIS : Je n'y comprends rien. Laisse-nous; voici Madame Argante et Angélique.

Scène XI : Madame Argante, Angélique, Monsieur Damis.

MADAME ARGANTE : Vous venez sans doute d'arriver, Monsieur?

MONSIEUR DAMIS : Oui, Madame, en ce moment.

MADAME ARGANTE : Il y a déjà bonne compagnie assemblée chez moi; c'est-à-dire, une partie de ma famille, avec quelques-uns de nos amis; car pour les vôtres, vous n'avez pas voulu leur confier votre mariage.

MONSIEUR DAMIS : Non, Madame; j'ai craint qu'on n'enviât mon bonheur et j'ai voulu me l'assurer en secret. Mon fils même ne sait rien de mon dessein : et c'est à cause de cela que je vous ai priée de vouloir bien me donner le nom de Damis, au lieu de celui d'Orgon, qu'on mettra dans le contrat.

MADAME ARGANTE : Vous êtes le maître, Monsieur. Au reste, il n'appartient point à une mère de vanter sa fille; mais je crois vous faire un présent digne d'un honnête homme comme vous. Il est vrai que les avantages que vous lui faites...

MONSIEUR DAMIS : Oh! Madame, n'en parlons point, je vous prie; c'est à moi à vous remercier toutes deux, et je n'ai pas dû espérer que cette belle personne fît grâce au peu que je vaux.

ANGÉLIQUE, *à part* : Belle personne!

MONSIEUR DAMIS : Tous les trésors du monde ne sont rien au prix de la beauté et de la vertu qu'elle m'apporte en mariage.

MADAME ARGANTE : Pour de la vertu, vous lui rendez justice. Mais, Monsieur, on vous attend; vous savez que j'ai permis que nos amis se déguisassent et fissent une espèce de petit bal tantôt; le voulez-vous bien? C'est le premier que ma fille aura vu.

MONSIEUR DAMIS : Comme il vous plaira, Madame.

MADAME ARGANTE : Allons donc joindre la compagnie.

MONSIEUR DAMIS : Oserais-je auparavant vous prier d'une chose, Madame? Daignez, à la faveur de notre union prochaine, m'accorder un petit moment d'entretien avec Angélique; c'est une satisfaction que je n'ai pas eue jusqu'ici.

MADAME ARGANTE : J'y consens, Monsieur; on ne peut vous le refuser dans la conjoncture présente, et ce n'est pas apparemment pour éprouver le cœur de ma fille. Il n'est pas encore temps qu'il se déclare tout à fait; il doit vous suffire qu'elle obéit, sans répugnance; et c'est ce que vous pouvez dire à Monsieur, Angélique; je vous le permets, entendez-vous?

ANGÉLIQUE : J'entends, ma mère.

Scène XII : Angélique, Monsieur Damis.

MONSIEUR DAMIS : Enfin, charmante Angélique, je puis donc sans témoin vous jurer une tendresse éternelle : il est vrai que mon âge ne répond pas au vôtre.

ANGÉLIQUE : Oui, il y a bien de la différence.

MONSIEUR DAMIS : Cependant on me flatte que vous acceptez ma main sans répugnance.

ANGÉLIQUE : Ma mère le dit.

MONSIEUR DAMIS : Et elle vous a permis de me le confirmer vous-même.

ANGÉLIQUE : Oui, mais on n'est pas obligé d'user des permissions qu'on a.

MONSIEUR DAMIS : Est-ce par modestie, est-ce par dégoût que vous me refusez l'aveu que je demande?

ANGÉLIQUE : Non, ce n'est pas par modestie.

MONSIEUR DAMIS : Que me dites-vous là! C'est donc par dégoût?... Vous ne me répondez rien?

ANGÉLIQUE : C'est que je suis polie.

MONSIEUR DAMIS : Vous n'auriez donc rien de favorable à me répondre?

ANGÉLIQUE : Il faut que je me taise encore.

MONSIEUR DAMIS : Toujours par politesse?

ANGÉLIQUE : Oh! toujours.

MONSIEUR DAMIS : Parlez-moi franchement : est-ce que vous me haïssez?

ANGÉLIQUE : Vous embarrassez encore mon savoir-vivre. Seriez-vous bien aise, si je vous disais oui?

MONSIEUR DAMIS : Vous pourriez dire non.

ANGÉLIQUE : Encore moins, car je mentirais.

MONSIEUR DAMIS : Quoi! vos sentiments vont jusqu'à la haine, Angélique! J'aurais cru que vous vous contentiez de ne me pas aimer.

ANGÉLIQUE : Si vous vous en contentez, et moi aussi; et s'il n'est pas malhonnête d'avouer aux gens qu'on ne les aime point, je ne serai plus embarrassée.

MONSIEUR DAMIS : Et vous me l'avoueriez?

ANGÉLIQUE : Tant qu'il vous plaira.

MONSIEUR DAMIS : C'est une répétition dont je ne suis point curieux, et ce n'était pas là ce que votre mère m'avait fait entendre.

ANGÉLIQUE : Oh! vous pouvez vous en fier à moi, je sais mieux cela que ma mère; elle a pu se tromper, mais, pour moi, je vous dis la vérité.

MONSIEUR DAMIS : Qui est que vous ne m'aimez point?

ANGÉLIQUE : Oh! du tout; je ne saurais; et ce n'est pas par malice, c'est naturellement. Et vous, qui êtes, à ce qu'on dit, un si honnête homme, si, en faveur de ma sincérité, vous vouliez ne me plus aimer et me laisser là! car aussi bien je ne suis pas si belle que vous le croyez. Tenez, vous en trouverez cent qui vaudront mieux que moi.

MONSIEUR DAMIS, *les premiers mots à part* : Voyons si elle aime ailleurs. Mon intention, assurément, n'est pas qu'on vous contraigne.

ANGÉLIQUE : Ce que vous dites là est bien raisonnable, et je ferai grand cas de vous si vous continuez.

MONSIEUR DAMIS : Je suis même fâché de ne l'avoir pas su plus tôt.

ANGÉLIQUE : Hélas! si vous me l'aviez demandé, je vous l'aurais dit.

MONSIEUR DAMIS : Et il faut y mettre ordre.

ANGÉLIQUE : Que vous êtes bon et obligeant! N'allez pourtant pas dire à ma mère que je vous ai confié que je ne vous aime point, parce qu'elle se mettrait en colère contre moi; mais faites mieux : dites-lui seulement que vous ne me trouvez pas assez d'esprit pour vous, que je n'ai pas tant de mérite que vous l'aviez cru, comme c'est la vérité; enfin, que vous avez encore besoin de vous consulter; ma mère, qui est fort fière, ne manquera pas de se choquer : elle rompra tout, notre mariage ne se fera point, et je vous aurai, je vous jure, une obligation infinie.

MONSIEUR DAMIS : Non, Angélique, non; vous êtes trop aimable; elle se douterait que c'est vous qui ne voulez pas, et tous ces prétextes-là ne valent rien; il n'y en a qu'un bon; aimez-vous ailleurs?

ANGÉLIQUE : Moi! non; n'allez pas croire.

MONSIEUR DAMIS : Sur ce pied-là, je n'ai point d'excuse : j'ai promis de vous épouser, et il faut que je tienne parole; au lieu que, si vous aimiez quelqu'un, je ne lui dirais pas que vous me l'avez avoué, mais seulement que je m'en doute.

ANGÉLIQUE : Eh bien! doutez-vous-en donc.

MONSIEUR DAMIS : Mais il n'est pas possible que je m'en doute si cela n'est pas vrai; autrement ce serait être de mauvaise foi; et, malgré toute l'envie que j'ai de vous obliger, je ne saurais dire une imposture.

ANGÉLIQUE : Allez, allez, n'ayez point de scrupule, vous parlerez en homme d'honneur.

MONSIEUR DAMIS : Vous aimez donc?

ANGÉLIQUE : Mais ne me trahissez-vous point, Monsieur Damis?

MONSIEUR DAMIS : Je n'ai que vos véritables intérêts en vue.

ANGÉLIQUE : Quel bon caractère! Oh! que je vous aimerais, si vous n'aviez que vingt ans!

MONSIEUR DAMIS : Eh bien?

ANGÉLIQUE : Vraiment, oui, il y a quelqu'un qui me plaît...

FRONTIN *arrive* : Monsieur, je viens de la part de Madame vous dire qu'on vous attend avec Mademoiselle.

MONSIEUR DAMIS : Nous y allons. *(A Angélique.)* Et où avez-vous connu celui qui vous plaît?

ANGÉLIQUE : Ah! ne m'en demandez pas davantage; puisque vous ne voulez que vous douter que j'aime, en voilà plus qu'il n'en faut pour votre probité, et je vais vous annoncer là-haut.

Scène XIII : Monsieur Damis, Frontin.

MONSIEUR DAMIS, *les premiers mots à part* : Ceci me chagrine; mais je l'aime trop pour la céder à personne. Frontin! Frontin! approche, je voudrais te dire un mot.

FRONTIN : Volontiers, Monsieur, mais on est impatient de vous voir.

MONSIEUR DAMIS : Je ne tarderai qu'un moment; viens. J'ai remarqué que tu es un garçon d'esprit.

FRONTIN : Eh! j'ai des jours où je n'en manque pas.

MONSIEUR DAMIS : Veux-tu me rendre un service dont je te promets que personne ne sera jamais instruit?

FRONTIN : Vous marchandez ma fidélité; mais je suis dans mon jour d'esprit, il n'y a rien à faire, je sens combien il faut être discret.

MONSIEUR DAMIS : Je te payerai bien.

FRONTIN : Arrêtez donc, Monsieur; ces débuts-là m'attendrissent toujours.

MONSIEUR DAMIS : Voilà ma bourse.

FRONTIN : Quel embonpoint séduisant! Qu'il a l'air vainqueur!

MONSIEUR DAMIS : Elle est à toi, si tu veux me confier ce que tu sais sur le chapitre d'Angélique. Je viens adroitement de lui faire avouer qu'elle a un amant; et, observée comme elle est par sa mère, elle ne peut ni l'avoir vu ni avoir de ses nouvelles que par le moyen des domestiques : tu t'en es peut-être mêlé toi-même, ou tu sais qui s'en mêle, et je voudrais écarter cet homme-là. Quel est-il? Où se sont-ils vus? Je te garderai le secret.

FRONTIN, *prenant la bourse* : Je résisterais à ce que vous me dites, mais ce que vous tenez m'entraîne, et je me rends.

MONSIEUR DAMIS : Parle.

FRONTIN : Vous me demandez un détail que j'ignore; il n'y a que Lisette qui soit parfaitement instruite dans cette intrigue-là.

MONSIEUR DAMIS : La fourbe!

FRONTIN : Prenez garde, vous ne sauriez la condamner sans me faire mon procès. Je viens de céder à un trait d'éloquence qu'on aura peut-être employé contre elle; au reste je ne connais le jeune homme en question que depuis une heure; il est actuellement dans ma chambre : Lisette en a fait mon parent, et, dans quelques moments, elle doit l'introduire ici même où je suis chargé d'éteindre les bougies, et où elle doit arriver avec Angélique pour y traiter ensemble des moyens de rompre votre mariage.

MONSIEUR DAMIS : Il ne tiendra donc qu'à toi que je sois pleinement instruit de tout.

FRONTIN : Comment?

MONSIEUR DAMIS : Tu n'as qu'à souffrir que je me cache ici; on ne m'y verra pas, puisque tu vas en ôter les lumières, et j'écouterai tout ce qu'ils diront.

FRONTIN : Vous avez raison. Attendez; quelques amis de la maison qui sont là-haut, et qui veulent se déguiser après souper pour se divertir, ont fait apporter des dominos [4] qu'on a mis dans le petit cabinet à côté de la salle; voulez-vous que je vous en donne un?

MONSIEUR DAMIS : Tu me feras plaisir.

FRONTIN : Je cours le chercher, car l'heure approche.

MONSIEUR DAMIS : Va.

Scène XIV : Monsieur Damis, Frontin.

MONSIEUR DAMIS, *un moment seul* : Je ne saurais mieux m'y prendre pour savoir de quoi il est question. Si je vois que l'amour d'Angélique aille à un certain point, il ne s'agit plus de mariage; cependant je tremble. Qu'on est malheureux d'aimer à mon âge!

FRONTIN, *revient* : Tenez, Monsieur, voilà tout votre attirail, jusqu'à un masque : c'est un visage qui ne vous donnera que dix-huit ans, vous ne perdrez rien au change; ajustez-vous vite; bon! mettez-vous là et ne remuez pas; voilà les lumières éteintes, bonsoir.

MONSIEUR DAMIS : Écoute : le jeune homme va venir, et je rêve à une chose; quand Lisette et Angélique seront entrées, dis à la mère, de ma part, que je la prie de se rendre ici sans bruit; cela ne te compromet point, et tu y gagneras.

FRONTIN : Mais vous prenez donc cette commission-là à crédit?

MONSIEUR DAMIS : Va, ne t'embarrasse point.

FRONTIN : Soit. Je sors... J'ai de la peine à trouver mon chemin; mais j'entends quelqu'un...

Scène XV : Lisette, Éraste, Frontin, Monsieur Damis [5]. Lisette est à la porte avec Éraste pour entrer.

FRONTIN : Est-ce toi, Lisette?

LISETTE : Oui. A qui parles-tu donc là?

FRONTIN : A la nuit, qui m'empêchait de retrouver la porte. Avec qui es-tu, toi?

LISETTE : Parle bas; avec Éraste que je fais entrer dans la salle.

MONSIEUR DAMIS, *à part* : Éraste!

FRONTIN : Bon où est-il? *(Il appelle.)* La Ramée!

ÉRASTE : Me voilà.

FRONTIN, *le prenant par le bras* : Tenez, Monsieur, marchez et promenez-vous du mieux que vous pourrez en attendant.

LISETTE : Adieu; dans un moment je reviens avec ma maîtresse.

Scène XVI : Éraste, Monsieur Damis, caché.

ÉRASTE : Je ne saurais douter qu'Angélique ne m'aime; mais sa timidité m'inquiète, et je crains de ne pouvoir l'enhardir à dédire sa mère.

---

4. Costumes de bal masqué, les dominos se composent d'une robe et d'un capuchon.
5. Le nom de *Monsieur Damis* est omis dans les premières éditions.

MONSIEUR DAMIS, *à part* : Est-ce que je me trompe? c'est la voix de mon fils; écoutons.

ÉRASTE : Tâchons de ne pas faire de bruit.

Il marche en tâtonnant.

MONSIEUR DAMIS : Je crois qu'il vient à moi; changeons de place.

ÉRASTE : J'entends remuer du taffetas. Est-ce vous, Angélique, est-ce vous?

En disant cela, il attrape Monsieur Damis par le domino.

MONSIEUR DAMIS *retenu* : Doucement!...

ÉRASTE : Ah! c'est vous-même.

MONSIEUR DAMIS, *à part* : C'est mon fils.

ÉRASTE : Eh bien! Angélique, me condamnerez-vous à mourir de douleur? Vous m'avez dit tantôt que vous m'aimiez; vos beaux yeux me l'ont confirmé par les regards les plus aimables et les plus tendres; mais de quoi me servira d'être aimé, si je vous perds? Au nom de notre amour, Angélique, puisque vous m'avez permis de me flatter du vôtre, gardez-vous à ma tendresse, je vous en conjure par ces charmes que le ciel semble n'avoir destinés que pour moi, par cette main adorable sur laquelle je vous jure un amour éternel. *(Monsieur Damis veut retirer sa main.)* Ne la retirez pas, Angélique, et dédommagez Éraste du plaisir qu'il n'a point de voir vos beaux yeux, par l'assurance de n'être jamais qu'à lui; parlez, Angélique.

MONSIEUR DAMIS, *à part* : J'entends du bruit. *(A Éraste.)* Taisez-vous, petit sot.

Il se dégage des mains d'Éraste.

ÉRASTE : Juste ciel! qu'entends-je? Vous me fuyez! Ah! Lisette, n'es-tu pas là?

Scène XVII : Angélique et Lisette entrent, Monsieur Damis, Éraste.

LISETTE : Nous voici, Monsieur.

ÉRASTE : Je suis au désespoir, ta maîtresse me fuit.

ANGÉLIQUE : Moi, Éraste? Je ne vous fuis point, me voilà.

ÉRASTE : Eh quoi! ne venez-vous pas de me dire tout ce qu'il y a de plus cruel?

ANGÉLIQUE : Eh! je n'ai encore dit qu'un mot.

ÉRASTE : Il est vrai; mais il m'a marqué le dernier mépris.

ANGÉLIQUE : Il faut que vous ayez mal entendu, Éraste : est-ce qu'on méprise les gens qu'on aime?

LISETTE : En effet; rêvez-vous, Monsieur?

ÉRASTE : Je n'y comprends donc rien; mais vous me rassurez, puisque vous me dites que vous m'aimez : daignez me le répéter encore.

Scène XVIII : Madame Argante introduite par Frontin, Lisette, Éraste, Angélique, Monsieur Damis.

ANGÉLIQUE : Vraiment, ce n'est pas là l'embarras, et je vous le répéterais avec plaisir; mais vous le savez bien assez.

MADAME ARGANTE *à part* : Qu'entends-je?

ANGÉLIQUE : Et d'ailleurs on m'a dit qu'il fallait être plus retenue dans les discours qu'on tient à son amant.

ÉRASTE : Quelle aimable franchise!

ANGÉLIQUE : Mais je vais comme le cœur me mène, sans y entendre plus de finesse; j'ai du plaisir à vous voir, et je vous vois; et s'il y a de ma faute à vous avouer si souvent que je vous aime, je la mets sur votre compte, et je ne veux point y avoir part.

ÉRASTE : Que vous me charmez!

ANGÉLIQUE : Si ma mère n'avait donné plus d'expérience, si j'avais été un peu dans le monde, je vous aimerais peut-être sans vous le dire; je vous ferais languir pour le savoir; je retiendrais mon cœur; cela n'irait pas si vite, et tu m'aurais déjà dit que je suis une ingrate; mais je ne saurais me contrefaire. Mettez-vous à ma place; j'ai tant souffert de contrainte, ma mère m'a rendu la vie si triste! j'ai eu si peu de satisfaction, elle a tant mortifié mes sentiments! Je suis si lasse de les cacher, que, lorsque je suis contente, et que je le puis dire, je l'ai déjà dit avant que de savoir que j'ai parlé; c'est même quelqu'un qui respire, et imaginez-vous à présent ce que c'est qu'une fille qui a toujours été gênée, qui est avec vous, que vous aimez, qui ne vous hait pas, qui vous aime, qui est franche, qui n'a jamais eu le plaisir de dire ce qu'elle pense, qui ne pensera jamais rien de si touchant; et voyez si je puis résister à tout cela.

ÉRASTE : Oui, ma joie, à ce que j'entends là, va jusqu'au transport! Mais il s'agit de nos affaires : j'ai le bonheur d'avoir un père raisonnable, à qui je suis aussi cher qu'il me l'est à moi-même, et qui, j'espère, entrera volontiers dans nos vues.

ANGÉLIQUE : Pour moi, je n'ai pas le bonheur d'avoir une mère qui lui ressemble; je ne l'en aime pourtant pas moins...

MADAME ARGANTE, *éclatant* : Ah! c'en est trop, fille indigne de ma tendresse!

ANGÉLIQUE : Ah! je suis perdue!

Ils s'écartent tous trois.

MADAME ARGANTE : Vite, Frontin; qu'on éclaire, qu'on vienne! *(En disant cela, elle avance et rencontre Monsieur Damis, qu'elle saisit par le domino, et continue.)* Ingrate! est-ce là le fruit des soins que je me suis donnés pour vous former à la vertu? Ménager des intrigues à mon insu! Vous plaindre d'une éducation qui m'occupait tout entière! Eh bien, jeune extravagante, un couvent, plus austère que moi, me répondra des égarements de votre cœur.

Scène XIX : La lumière arrive avec Frontin et autres domestiques avec des bougies.

MONSIEUR DAMIS, *démasqué, à Madame Argante, et en riant* : Vous voyez bien qu'on ne me recevrait pas au couvent.

MADAME ARGANTE : Quoi! c'est vous, Monsieur? *(Et puis voyant Éraste avec sa livrée.)* Et ce fripon-là, que fait-il ici?

MONSIEUR DAMIS : Ce fripon-là, c'est mon fils, à qui, tout bien examiné, je vous conseille de donner votre fille.

MADAME ARGANTE : Votre fils ?

MONSIEUR DAMIS : Lui-même. Approchez, Éraste ; tout ce que j'ai entendu vient de m'ouvrir les yeux sur l'imprudence de mes desseins ; conjurez Madame de vous être favorable : il ne tiendra pas à moi qu'Angélique ne soit votre épouse.

ÉRASTE, *se jetant aux genoux de son père* : Que je vous ai d'obligation, mon père ! Nous pardonnerez-vous, Madame, tout ce qui vient de se passer ?

ANGÉLIQUE, *embrassant les genoux de Madame Argante* : Puis-je espérer d'obtenir grâce ?

MONSIEUR DAMIS : Votre fille a tort ; mais elle est vertueuse, et à votre place je croirais devoir oublier tout et me rendre.

MADAME ARGANTE : Allons, Monsieur, je suivrai vos conseils, et me conduirai comme il vous plaira.

MONSIEUR DAMIS : Sur ce pied-là, le divertissement dont je prétendais vous amuser servira pour mon fils.

Angélique embrasse Madame Argante de joie.

DIVERTISSEMENT

> Vous qui sans cesse à vos fillettes
> Tenez de sévères discours *(bis)*,
> Mamans, de l'erreur où vous êtes
> Le dieu d'amour se rit et se rira toujours *(bis)*.
> Vos avis sont prudents, vos maximes sont sages ;
> Mais malgré tant de soins, malgré tant de rigueur,
> Vous ne pouvez d'un jeune cœur
> Si bien fermer tous les passages,
> Qu'il n'en reste toujours quelqu'un pour le vainqueur.

> Vous qui sans cesse, etc.

Vaudeville

> Mère qui tient un jeune objet
> Dans une ignorance profonde,
> Loin du monde,
> Souvent se trompe en son projet.
> Elle croit que l'amour s'envole
> Dès qu'il aperçoit un argus [6].
> Quel abus !
> Il faut l'envoyer à l'école.

6. Un surveillant. Argus est un personnage mythologique pourvu de cent yeux.

> La beauté qui charme Damon
> Se rit des tourments qu'il endure.
> Il murmure ;
> Moi, je trouve qu'elle a raison.
> C'est un conteur de fariboles,
> Qui n'ouvre point son coffre-fort.
> Le butor !
> Il faut l'envoyer à l'école.

> « Si mes soins pouvaient t'engager »,
> Me dit un jour le beau Sylvandre,
> D'un air tendre.
> — Que ferais-tu ? », dis-je au berger.
> Il demeura comme une idole,
> Et ne répondit pas un mot.
> Le grand sot !
> Il faut l'envoyer à l'école.

> Claudine un jour dit à Lucas :
> « J'irai ce soir à la prairie ;
> Je vous prie
> De ne point y suivre mes pas. »
> Il le promit, et tint parole,
> Ah ! qu'il entend peu ce que c'est !
> Le benêt !
> Il faut l'envoyer à l'école.

> L'autre jour à Nicole il prit
> Une vapeur auprès de Blaise ;
> Sur sa chaise
> La pauvre enfant s'évanouit.
> Blaise, pour secourir Nicole,
> Fut chercher du monde aussitôt.
> Le nigaud !
> Il faut l'envoyer à l'école.

> L'amant de la jeune Philis
> Étant près de s'éloigner d'elle,
> Chez la belle
> Il envoie un de ses amis.
> « Vas-y, dit-il, et la console. »
> Il se fie à son confident.
> L'imprudent !
> Il faut l'envoyer à l'école.

> Aminte, aux yeux de son barbon
> A son grand neveu cherche noise ;
> La matoise
> Veut le chasser de la maison.
> L'époux la flatte et la cajole,
> Pour faire rester son parent.
> L'ignorant !
> Il faut l'envoyer à l'école.

L'HEUREUX STRATAGÈME

La chance sourirait-elle de nouveau à Marivaux? Le samedi 6 juin 1733, un an après l'École des mères, les Comédiens Italiens créent l'Heureux Stratagème (Silvia est la Comtesse, la Dlle Thomassin la Marquise, et Romagnesi Dorante) et la pièce est également bien accueillie. Le Mercure l'analyse longuement et, après avoir qualifié son dénouement d' « un des plus intéressants qu'on ait vus au théâtre », il remarque : « Les beautés qui sont répandues dans cette pièce ne sont peut-être pas à la portée de tout le monde ; mais ceux qui accusent l'auteur d'avoir trop d'esprit ne laissent pas de convenir qu'il a une parfaite connaissance du cœur humain, et que peu de gens font une plus exacte analyse de ce qui se passe dans celui des femmes. »

Joué dix-huit fois dans la saison, l'Heureux Stratagème est souvent, par la suite, affiché à l'Hôtel de Bourgogne. Puis la pièce de Marivaux disparaît des théâtres. C'est qu'elle a été éclipsée par la Coquette corrigée de La Noue créée à la Comédie-Française en 1756 qui démarque l'Heureux Stratagème et qui restera, malgré les protestations de La Harpe, au répertoire de notre premier théâtre national jusqu'en 1836.

Il fallut attendre 1960 pour revoir l'Heureux Stratagème sur une scène : celle du Palais de Chaillot et non celle du Français. Vilar l'a en effet choisi pour le second spectacle Marivaux du T.N.P. (avec Geneviève Page en Comtesse, Christiane Minazzoli en Marquise, Jacques Berthier en Dorante et Roger Mollien en Chevalier). Si ses représentations n'eurent pas, comme celles du Triomphe de l'amour, valeur de révélation, du moins confirmèrent-elles qu'il n'y avait incompatibilité ni entre la dramaturgie marivaudienne et des formes « ouvertes » de spectacle, ni entre les chassés-croisés de ses Marquise, de ses Comtesse, de ses Chevalier ou de leurs valets et un public largement populaire.

On a qualifié l'Heureux Stratagème de quatrième Surprise de l'amour, la troisième étant les Serments indiscrets (Marcel Arland). Il est vrai que Marivaux y reprend un thème qu'il avait déjà maintes fois développé : celui de la reconnaissance et de l'aveu d'un amour à travers une mutuelle infidélité. En fait, plus que la Surprise de l'amour, c'est la Double Inconstance que rappelle l'Heureux Stratagème. Leurs conclusions diffèrent certes : là il y avait échange et mutuelle trahison; ici tout se résout par le retour à la situation initiale. Mais la « partie carrée » de l'Heureux Stratagème est moins innocente qu'elle ne le paraît et ses conséquences risquent d'être moins heureuses que Marivaux ne le laisse voir : l'amour et la fidélité y ont été mis à trop rude épreuve.

ACTEURS

La Comtesse; La Marquise; Lisette, *fille de Blaise;* Dorante, *amant de la Comtesse;* Le Chevalier, *amant de la Marquise;* Blaise, *paysan;* Frontin, *valet du Chevalier;* Arlequin, *valet de Dorante;* Un Laquais.

La scène se passe chez la Comtesse.

ACTE PREMIER

Scène I : Dorante, Blaise.

Dorante : Eh bien! Maître Blaise, que me veux-tu? Parle, puis-je te rendre quelque service?

Blaise : Oh! dame! comme c'dit l'autre, ous en êtes bian capable.

Dorante : De quoi s'agit-il?

Blaise : Morgué! vélà bian Monsieur Dorante, quand faut sarvir le monde, jarnicoton![1] ça te barguigne point. Que ça est agriable! le biau naturel d'homme!

Dorante : Voyons; je serai charmé de t'être utile.

Blaise : Oh! point du tout, Monsieur, c'est vous qui charmez les autres.

Dorante : Explique-toi.

Blaise : Boutez d'abord dessus.

Dorante : Non, je ne me couvre jamais.

---

1. On retrouvera dans le langage de Blaise de nombreux jurons qui sont communs à tous les paysans de théâtre et notamment à ceux de Marivaux. Bornons-nous à signaler ici, comme pour *le Dénouement imprévu,* certains de ces jurons comme *morgué* ou *par la morgué, morguienne,* etc., qui vient de : par la mort de Dieu; *jarnicoton, jarnigienne,* etc., qui est une déformation de : je renie Dieu; *par la sangué* : par le sang de Dieu... Notons aussi, chez Blaise, la fréquence de verbes comme : *barguigner* (hésiter), *bouter* (mettre), *bailler* (donner)...

BLAISE : C'est bian fait à vous; moi, je me couvre toujours; ce n'est pas mal fait non pus.

DORANTE : Parle...

BLAISE, *riant* : Eh! eh bian! qu'est-ce? Comment vous va, Monsieur Dorante? Toujours gros et gras. J'ons vu le temps que vous étiez mince; mais, morgué! ça s'est bian amendé. Vous velà bien en char.

DORANTE : Tu avais, ce me semble, quelque chose à me dire; entre en matière sans compliment.

BLAISE : Oh! c'est un petit bout de civilité en passant, comme ça se doit.

DORANTE : C'est que j'ai affaire.

BLAISE : Morgué! tant pis; les affaires baillont du souci.

DORANTE : Dans un moment, il faut que je te quitte : achève.

BLAISE : Je commence. C'est que je venons par rapport à noute fille, pour l'amour de ce qu'alle va être la femme d'Arlequin, voute valet.

DORANTE : Je le sais.

BLAISE : Dont je savons qu'ous êtes consentant, à cause qu'alle est femme de chambre de Madame la Comtesse, qui va vous prendre itou pour son homme.

DORANTE : Après?

BLAISE : C'est ce qui fait, ne vous déplaise, que je venons vous prier d'une grâce.

DORANTE : Qu'elle est-elle?

BLAISE : C'est que faura le trousseau de Lisette, Monsieur Dorante; faura une noce, et pis du dégât pour cette noce, et pis de la marchandise pour le dégât, et du comptant pour cette marchandise. Partout du comptant, hors cheux nous qu'il n'y en a point. Par ainsi, si, par voute moyen auprès de Madame la Comtesse, qui m'avancerait queque six-vingts francs sur mon office de jardinier...

DORANTE : Je t'endends, Maître Blaise, mais j'aime mieux te les donner, que de les demander pour toi à la Comtesse, qui ne ferait pas aujourd'hui grand cas de ma prière. Tu crois que je vais l'épouser, et tu te trompes. Je pense que le Chevalier Damis m'a supplanté. Adresse-toi à lui; si tu n'obtiens rien, je te ferai l'argent dont tu as besoin.

BLAISE : Par la morgué! ce que j'entends là me dérange de vous remarcier, tant je sis surprins et stupéfait. Un brave homme comme vous qui a une mine de prince, qui a le cœur de m'offrir de l'argent, se voir délaissé de la propre parsonne de sa maîtresse!... ça ne se peut pas, Monsieur, ça ne se peut pas. C'est noute enfant que la Comtesse; c'est défunte noute femme qui l'a norrie : noute femme avait de la conscience; faut que sa norriture tianne d'elle. Ne craignez rin, reboutez voute esprit; n'y a ni chevalier ni cheval à ça.

DORANTE : Ce que je te dis n'est que trop vrai, Maître Blaise.

BLAISE : Jarniguienne! si je le croyais, je sis homme à li représenter sa faute. Une Comtesse que j'ons vu marmotte! Vous plaît-il que je l'exhortisse?

DORANTE : Eh! que lui dirais-tu, mon enfant?

BLAISE : Ce que je li dirais, morgué! ce que je li dirais? Et qu'est-ce que c'est que ça, Madame, et qu'est-ce que c'est que ça? Velà ce que je li dirais, voyez-vous! car par la sangué! j'ons barcé cette enfant-là, entendez-vous? ça me baille un grand parvilége.

DORANTE : Voici Arlequin bien triste; qu'a-t-il à m'apprendre?

Scène II : Dorante, Arlequin, Blaise.

ARLEQUIN : Ouf!

DORANTE : Qu'as-tu?

ARLEQUIN : Beaucoup de chagrin pour vous, et, à cause de cela, quantité de chagrin pour moi; car un bon domestique va comme son maître.

DORANTE : Eh bien?

BLAISE : Qui est-ce qui vous fâche?

ARLEQUIN : Il faut se préparer à l'affliction, Monsieur; selon toute apparence, elle sera considérable.

DORANTE : Dis donc.

ARLEQUIN : J'en pleure d'avance, afin de m'en consoler après.

BLAISE : Morgué! ça m'attriste itou.

DORANTE : Parleras-tu?

ARLEQUIN : Hélas! je n'ai rien à dire; c'est que je devine que vous serez affligé, et je vous pronostique votre douleur.

DORANTE : On a bien affaire de ton pronostic.

BLAISE : A quoi sert d'être oisiau de mauvais augure?

ARLEQUIN : C'est que j'étais tout à l'heure dans la salle, où j'achevais... mais passons cet article.

DORANTE : Je veux tout savoir.

ARLEQUIN : Ce n'est rien... qu'une bouteille de vin qu'on avait oubliée, et que j'achevais d'y boire, quand j'ai entendu la Comtesse qui allait y rentrer avec le Chevalier.

DORANTE, *soupirant* : Après?

ARLEQUIN : Comme elle aurait pu trouver mauvais que je buvais en fraude, je me suis sauvé dans l'office avec ma bouteille : d'abord, j'ai commencé par la vider pour la mettre en sûreté.

BLAISE : Ça est naturel.

DORANTE : Eh! laisse là ta bouteille, et me dis ce qui me regarde.

ARLEQUIN : Je parle de cette bouteille parce qu'elle y était; je ne voulais pas l'y mettre.

BLAISE : Faut la laisser là, pisqu'alle est bue.

ARLEQUIN : La voilà donc vide; je l'ai mise à terre.

DORANTE : Encore?

ARLEQUIN : Ensuite sans mot dire, j'ai regardé à travers la serrure...

DORANTE : Et tu as vu la Comtesse avec le Chevalier dans la salle?

ARLEQUIN : Bon! ce maudait serrurier n'a-t-il pas fait le trou de la serrure si petit, qu'on ne peut rien voir à travers?

BLAISE : Morgué! tant pis.

DORANTE : Tu ne peux donc pas être sûr que ce fût la Comtesse?

ARLEQUIN : Si fait; car mes oreilles ont reconnu sa parole, et sa parole n'était pas là sans sa personne.

BLAISE : Ils ne pouviont pas se dispenser d'être ensemble.

DORANTE : Eh bien! que se disaient-ils?

ARLEQUIN : Hélas! je n'ai retenu que les pensées, j'ai oublié les paroles.

DORANTE : Dis-moi donc les pensées!

ARLEQUIN : Il faudrait en savoir les mots. Mais, Monsieur, ils étaient ensemble, ils riaient de toute leur force; ce vilain Chevalier ouvrait une bouche plus large... Ah! quand on rit tant, c'est qu'on est bien gaillard!

BLAISE : Eh bian! c'est signe de joie; velà tout.

ARLEQUIN : Oui; mais cette joie-là a l'air de nous porter malheur. Quand un homme est si joyeux, c'est tant mieux pour lui, mais c'est toujours tant pis pour un autre, *(montrant son maître)* et voilà justement l'autre!

DORANTE : Eh! laisse-nous en repos. As-tu dit à la Marquise que j'avais besoin d'un entretien avec elle?

ARLEQUIN : Je ne me souviens pas si je lui ai dit; mais je sais bien que je devais lui dire.

Scène III : Arlequin, Blaise, Dorante, Lisette.

LISETTE : Monsieur, je ne sais pas comment vous l'entendez, mais votre tranquillité m'étonne; et si vous n'y prenez garde, ma maîtresse vous échappera. Je puis me tromper; mais j'en air peur.

DORANTE : Je le soupçonne aussi, Lisette; mais que puis-je faire pour empêcher ce que tu me dis là?

BLAISE : Mais, morgué! ça se confirme donc, Lisette?

LISETTE : Sans doute : le Chevalier ne la quitte point; il l'amuse, il la cajole, il lui parle tout bas; elle sourit : à la fin le cœur peut s'y mettre, s'il n'y est déjà; et cela m'inquiète, Monsieur; car je vous estime; d'ailleurs, voilà un garçon qui doit m'épouser, et si vous ne devenez pas le maître de la maison, cela nous dérange.

ARLEQUIN : Il serait désagréable de faire deux ménages.

DORANTE : Ce qui me désespère, c'est que je n'y vois point de remède; car la Comtesse m'évite.

BLAISE : Mordi! c'est pourtant mauvais signe.

ARLEQUIN : Et ce misérable Frontin, que te dit-il, Lisette?

LISETTE : Des douceurs tant qu'il peut, que je paye de brusqueries.

BLAISE : Fort bian, noute fille : toujours malhonnête envars li, toujours rudânière; hoche la tête quand il te parle, dis-li : « Passe ton chemin. » De la fidélité, morguienne! Baille cette confusion-là à la Comtesse, n'est-ce pas, Monsieur?

DORANTE : Je me meurs de douleur!

BLAISE : Faut point mourir, ça gâte tout; avisons plutôt à queuque manigance.

LISETTE : Je l'aperçois qui vient, elle est seule; retirez-vous, Monsieur, laissez-moi lui parler. Je veux savoir ce qu'elle a dans l'esprit; je vous redirai notre conversation; vous reviendrez après.

DORANTE : Je te laisse.

ARLEQUIN : M'amie, toujours rudânière, hoche la tête quand il te parle.

LISETTE : Va, sois tranquille.

Scène IV : Lisette, la Comtesse.

LA COMTESSE : Je te cherchais, Lisette. Avec qui étais-tu là? il me semble avoir vu sortir quelqu'un d'avec toi.

LISETTE : C'est Dorante qui me quitte, Madame.

LA COMTESSE : C'est lui dont je voulais te parler : que dit-il, Lisette?

LISETTE : Mais il dit qu'il n'a pas lieu d'être content, et je crois qu'il dit assez juste : qu'en pensez-vous, Madame?

LA COMTESSE : Il m'aime donc toujours?

LISETTE : Comment? s'il vous aime! Vous savez bien qu'il n'a point changé. Est-ce que vous ne l'aimez plus?

LA COMTESSE : Qu'appelez-vous « plus »? Est-ce que je l'aimais? Dans le fond, je le distinguais, voilà tout; et distinguer un homme, ce n'est pas encore l'aimer, Lisette; cela peut y conduire, mais cela n'y est pas.

LISETTE : Je vous ai pourtant entendue dire que c'était le plus aimable homme du monde.

LA COMTESSE : Cela se peut bien.

LISETTE : Je vous ai vue l'attendre avec empressement.

LA COMTESSE : C'est que je suis impatiente.

LISETTE : Être fâchée quand il ne venait pas.

LA COMTESSE : Tout cela est vrai; nous y voilà : je le distinguais, vous dis-je, et je le distingue encore; mais rien ne m'engage avec lui; et comme il te parle quelquefois, et que tu crois qu'il m'aime, je venais te dire qu'il faut que tu le disposes adroitement à se tranquilliser sur mon chapitre.

LISETTE : Et le tout en faveur de Monsieur le Chevalier Damis, qui n'a vaillant qu'un accent gascon qui vous amuse? Que vous avez le cœur inconstant! Avec autant de raison que vous en avez, comment pouvez-vous être infidèle? car on dira que vous l'êtes.

LA COMTESSE : Eh bien! infidèle soit, puisque tu veux que je le sois; crois-tu me faire peur avec ce grand mot-là? Infidèle! ne dirait-on pas que ce soit une grande injure? Il y a comme cela des mots dont on épouvante les esprits faibles, qu'on a mis en crédit, faute de réflexion, et qui ne sont pourtant rien.

LISETTE : Ah! Madame, que dites-vous là? Comme vous êtes aguerrie là-dessus! Je ne vous croyais pas si désespérée : un cœur qui trahit sa foi, qui manque à sa parole!

LA COMTESSE : Eh bien! ce cœur qui manque à sa parole, quand il en donne mille, il fait sa charge; quand il en trahit mille, il la fait encore : il va comme ses mouvements le mènent, et ne saurait aller autrement. Qu'est-ce que c'est que l'étalage que tu me fais là? Bien loin que l'infidélité soit un crime, c'est que je soutiens qu'il ne faut pas un moment hésiter d'en faire une, quand on en est tentée, à moins que de vouloir tromper les gens, ce qu'il faut éviter, à quelque prix que ce soit.

LISETTE : Mais, mais... de la manière dont vous tournez cette affaire-là, je crois, de bonne foi, que vous avez raison. Oui, je comprends que l'infidélité est quelquefois de devoir; je ne m'en serais jamais doutée!

LA COMTESSE : Tu vois pourtant que cela est clair.

LISETTE : Si clair, que je m'examine à présent, pour savoir si je ne serai pas moi-même obligée d'en faire une.

LA COMTESSE : Dorante est en vérité plaisant; n'oserais-je, à cause qu'il m'aime, distraire un regard de mes yeux? N'appartiendra-t-il qu'à lui de me trouver jeune et aimable? Faut-il que j'aie cent ans pour tous les autres, que j'enterre tout ce que je vaux? que je me dévoue à la plus triste stérilité de plaisir qu'il soit possible?

LISETTE : C'est apparemment ce qu'il prétend.

LA COMTESSE : Sans doute; avec ces Messieurs-là, voilà comment il faudrait vivre; si vous les en croyez, il n'y a plus pour vous qu'un seul homme, qui compose tout votre univers; tous les autres sont rayés, c'est autant de morts pour vous, quoique votre amour-propre n'y trouve point son compte, et qu'il les regrette quelquefois: mais qu'il pâtisse, la sotte fidélité lui a fait sa part, elle lui laisse un captif pour sa gloire; qu'il s'en amuse comme il pourra, et qu'il prenne patience. Quel abus, Lisette, quel abus! Va, va, parle à Dorante, et laisse là tes scrupules. Les hommes, quand ils ont envie de nous quitter, y font-ils tant de façons? N'avons-nous pas tous les jours de belles preuves de leur constance? Ont-ils là-dessus des privilèges que nous n'ayons pas? Tu te moques de moi; le Chevalier m'aime, il ne me déplaît pas : je ne ferai pas la moindre violence à mon penchant.

LISETTE : Allons, allons, Madame, à présent que je suis instruite, les amants délaissés n'ont qu'à chercher qui les plaigne; me voilà guérie de la compassion que j'ayais pour eux.

LA COMTESSE : Ce n'est pas que je n'estime Dorante; mais souvent ce qu'on estime, ennuie. Le voici qui revient. Je me sauve de ses plaintes qui m'attendent; saisis ce moment pour m'en débarrasser.

Scène V : Dorante, la Comtesse, Lisette, Arlequin.

DORANTE, *arrêtant la Comtesse* : Quoi, Madame, j'arrive, et vous me fuyez?

LA COMTESSE : Ah! c'est vous, Dorante, je ne vous fuis point, je m'en retourne.

DORANTE : De grâce, donnez-moi un instant d'audience.

LA COMTESSE : Un instant à la lettre, au moins; car j'ai peur qu'il ne me vienne compagnie.

DORANTE : On vous avertira, s'il vous en vient. Souffrez que je vous parle de mon amour.

LA COMTESSE : N'est-ce que cela? Je sais votre amour par cœur. Que me veut-il donc, cet amour?

DORANTE : Hélas, Madame, de l'air dont vous m'écoutez, je vois bien que je vous ennuie.

LA COMTESSE : A vous dire vrai, votre prélude n'est pas amusant.

DORANTE : Que je suis malheureux! Qu'êtes-vous devenue pour moi? Vous me désespérez.

LA COMTESSE : Dorante, quand quitterez-vous ce ton lugubre et cet air noir?

DORANTE : Faut-il que je vous aime encore, après d'aussi cruelles réponses que celles que vous me faites!

LA COMTESSE : Cruelles réponses! Avec quel goût prononcez-vous cela? Que vous auriez été un excellent héros de roman! Votre cœur a manqué sa vocation, Dorante.

DORANTE : Ingrate que vous êtes!

LA COMTESSE : Ce style-là ne me corrigera guère.

ARLEQUIN, *derrière, gémissant* : Hi! hi! hi!

LA COMTESSE : Tenez, Monsieur, vos tristesses sont si contagieuses qu'elles ont gagné jusqu'à votre valet : on l'entend qui soupire.

ARLEQUIN : Je suis touché du malheur de mon maître.

DORANTE : J'ai besoin de tout mon respect pour ne pas éclater de colère.

LA COMTESSE : Eh! d'où vous vient de la colère, Monsieur? De quoi vous plaignez-vous, s'il vous plaît? Est-ce de l'amour que vous avez pour moi? Je n'y saurais que faire. Ce n'est pas un crime de vous paraître aimable. Est-ce de l'amour que vous voudriez que j'eusse, et que je n'ai point? Ce n'est pas ma faute, s'il ne m'est pas venu; il vous est fort permis de souhaiter que j'en aie; mais de venir me reprocher que je n'en ai point, cela n'est pas raisonnable. Les sentiments de votre cœur ne font pas la loi du mien; prenez-y garde : vous traitez cela comme une dette, et ce n'en est pas une. Soupirez, Monsieur, vous en êtes le maître, je n'ai pas le droit de vous en empêcher; mais n'exigez pas que je soupire. Accoutumez-vous à penser que vos soupirs ne m'obligent point à les accompagner des miens, pas même à m'en amuser : je les trouvais autrefois plus supportables; mais je vous annonce que le ton qu'ils prennent aujourd'hui m'ennuie; réglez-vous là-dessus. Adieu, Monsieur.

DORANTE : Encore un mot, Madame. Vous ne m'aimez donc plus?

LA COMTESSE : Eh! eh! « plus » est singulier! je ne me ressouviens pas trop de vous avoir aimé.

DORANTE : Non! je vous jure, ma foi, que je ne m'en ressouviendrai de ma vie non plus.

LA COMTESSE : En tout cas, vous n'oublierez qu'un rêve. *Elle sort.*

Scène VI : Dorante, Arlequin, Lisette.

DORANTE *arrête Lisette* : La perfide!... Arrête, Lisette.

ARLEQUIN : En vérité, voilà un petit cœur de comtesse bien édifiant!

DORANTE, *à Lisette.* Tu lui as parlé de moi; je ne sais que trop ce qu'elle pense; mais, n'importe : que t'a-t-elle dit en particulier?

LISETTE : Je n'aurai pas le temps : Madame attend compagnie, Monsieur, elle aura peut-être besoin de moi.

ARLEQUIN : Oh! oh! comme elle répond, Monsieur!

DORANTE : Lisette, m'abandonnez-vous?

ARLEQUIN : Serais-tu, par hasard, une masque [2] aussi?

---

2. *Une masque* est une injure qu'on dit aux femmes de basse condition qui sont vieilles ou laides. Ici, Arlequin fait aussi allusion à son propre masque : on sait en effet que l'acteur qui jouait Arlequin portait un masque de cuir brun foncé, presque noir.

DORANTE : Parle, quelles raisons allègue-t-elle?

LISETTE : Oh! de très fortes, Monsieur; il faut en convenir. La fidélité n'est bonne à rien; c'est mal fait que d'en avoir; de beaux yeux ne servent de rien, un seul homme en profite, tous les autres sont morts; il ne faut tromper personne : avec cela on est enterré, l'amour-propre n'a point sa part; c'est comme si on avait cent ans. Ce n'est pas qu'on ne vous estime; mais l'ennui s'y met : il vaudrait autant être vieille, et cela vous fait tort.

DORANTE : Quel étrange discours me tiens-tu là?

ARLEQUIN : Je n'ai jamais vu de paroles de si mauvaise mine.

DORANTE : Explique-toi donc.

LISETTE : Quoi! vous ne m'entendez pas? Eh bien? Monsieur, on vous distingue.

DORANTE : Veux-tu dire qu'on m'aime?

LISETTE : Eh! non. Cela peut y conduire, mais cela n'y est pas.

DORANTE : Je n'y conçois rien. Aime-t-on le Chevalier?

LISETTE : C'est un fort aimable homme.

DORANTE : Et moi, Lisette?

LISETTE : Vous étiez fort aimable aussi : m'entendez-vous à cette heure?

DORANTE : Ah! je suis outré!

ARLEQUIN : Et de moi, suivante de mon âme, qu'en fais-tu?

LISETTE : Toi? je te distingue...

ARLEQUIN : Et moi, je te maudis, chambrière du diable!

Scène VII : Arlequin, Dorante, la Marquise, *survenant.*

ARLEQUIN : Nous avons affaire à de jolies personnes, Monsieur, n'est-ce pas?

DORANTE : J'ai le cœur saisi!

ARLEQUIN : J'en perds la respiration!

LA MARQUISE : Vous me paraissez bien affligé, Dorante.

DORANTE : On me trahit, Madame, on m'assassine, on me plonge le poignard dans le sein!

ARLEQUIN : On m'étouffe, Madame, on m'égorge, on me distingue!

LA MARQUISE : C'est sans doute de la Comtesse dont il est question, Dorante?

DORANTE : D'elle-même, Madame.

LA MARQUISE : Pourrais-je vous demander un moment d'entretien?

DORANTE : Comme il vous plaira; j'avais même envie de vous parler sur ce qui nous vient d'arriver.

LA MARQUISE : Dites à votre valet de se tenir à l'écart, afin de nous avertir si quelqu'un vient.

DORANTE : Retire-toi, et prends garde à tout ce qui approchera d'ici.

ARLEQUIN : Que le ciel nous console! Nous voilà tous trois sur le pavé : car vous y êtes aussi, vous, Madame. Votre Chevalier ne vaut pas mieux que notre Comtesse et notre Lisette, et nous sommes trois cœurs hors de condition.

LA MARQUISE : V'a-t-en; laisse-nous.

Arlequin s'en va.

Scène VIII : La Marquise, Dorante.

LA MARQUISE: Dorante, on nous quitte donc tous deux?

DORANTE : Vous le voyez, Madame.

LA MARQUISE : N'imaginez-vous rien à faire dans cette occasion-ci?

DORANTE : Non, je ne vois plus rien à tenter : on nous quitte sans retour. Que nous étions mal assortis, Marquise! Eh! pourquoi n'est-ce pas vous que j'aime?

LA MARQUISE : Eh bien! Dorante, tâchez de m'aimer.

DORANTE : Hélas! je voudrais pouvoir y réussir.

LA MARQUISE : La réponse n'est pas flatteuse, mais vous me la devez dans l'état où vous êtes.

DORANTE : Ah! Madame, je vous demande pardon; je ne sais ce que je dis : je m'égare.

LA MARQUISE : Ne vous fatiguez pas à l'excuser, je m'y attendais.

DORANTE : Vous êtes aimable, sans doute, il n'est pas difficile de le voir, et j'ai regretté cent fois de n'y avoir pas fait assez d'attention; cent fois je me suis dit...

LA MARQUISE : Plus vous continuerez vos compliments, plus vous me direz d'injures : car ce ne sont pas là des douceurs, au moins. Laissons cela, vous dis-je.

DORANTE : Je n'ai pourtant recours qu'à vous, Marquise. Vous avez raison, il faut que je vous aime : il n'y a que ce moyen-là de punir la perfide que j'adore.

LA MARQUISE : Non, Dorante, je sais une manière de nous venger qui nous sera plus commode à tous deux. Je veux bien punir la Comtesse, mais, en la punissant, je veux vous la rendre, et je vous la rendrai.

DORANTE : Quoi! la Comtesse reviendrait à moi?

LA MARQUISE : Oui, plus tendre que jamais.

DORANTE : Serait-il possible?

LA MARQUISE : Et sans qu'il vous en coûte la peine de m'aimer.

DORANTE : Comme il vous plaira.

LA MARQUISE : Attendez pourtant; je vous dispense d'amour pour moi, mais c'est à condition d'en feindre.

DORANTE : Oh! de tout mon cœur, je tiendrai toutes les conditions que vous voudrez.

LA MARQUISE : Vous aimait-elle beaucoup?

DORANTE : Il me le paraissait.

LA MARQUISE : Était-elle persuadée que vous l'aimiez de même?

DORANTE : Je vous dis que je l'adore, et qu'elle le sait.

LA MARQUISE : Tant mieux qu'elle en soit sûre.

DORANTE : Mais du Chevalier, qui vous a quittée et qui l'aime, qu'en ferons-nous? Lui laisserons-nous le temps d'être aimé de la Comtesse?

LA MARQUISE : Si la Comtesse croit l'aimer, elle se trompe : elle n'a voulu que me l'enlever. Si elle croit ne vous plus aimer, elle se trompe encore; il n'y a que sa coquetterie qui vous néglige.

DORANTE : Cela se pourrait bien.

LA MARQUISE : Je connais mon sexe; laissez-moi faire. Voici comment il faut s'y prendre... Mais on vient; remettons à concerter ce que j'imagine.

Scène IX : Arlequin, Dorante, la Marquise.

ARLEQUIN, *en arrivant* : Ah! que je souffre!

DORANTE : Quoi! ne viens-tu nous interrompre que pour soupirer? Tu n'as guère de cœur.

ARLEQUIN : Voilà tout ce que j'en ai : mais il y a là-bas un coquin qui demande à parler à Madame; voulez-vous qu'il entre, ou que je le batte?

LA MARQUISE : Qui est-il donc?

ARLEQUIN : Un maraud qui m'a soufflé ma maîtresse et qui s'appelle Frontin.

LA MARQUISE : Le valet du Chevalier? Qu'il vienne; j'ai à lui parler.

ARLEQUIN : La vilaine connaissance que vous avez là, Madame!

Il s'en va.

Scène X : La Marquise, Dorante.

LA MARQUISE, *à Dorante* : C'est un garçon adroit et fin, tout valet qu'il est, et dont j'ai fait mon espion auprès de son maître et de la Comtesse; voyons ce qu'il nous dira : car il est bon d'être extrêmement sûr qu'ils s'aiment. Mais si vous ne vous sentez pas le courage d'écouter d'un air indifférent ce qu'il pourra nous dire, allez-vous-en.

DORANTE : Oh! je suis outré : mais ne craignez rien.

Scène XI : La Marquise, Dorante, Arlequin, Frontin.

ARLEQUIN, *faisant entrer Frontin* : Viens, maître fripon; entre.

FRONTIN : Je te ferai ma réponse en sortant.

ARLEQUIN, *en s'en allant* : Je t'en prépare une qui ne me coûtera pas une syllabe [3].

LA MARQUISE : Approche, Frontin, approche.

Scène XII : La Marquise, Frontin, Dorante.

LA MARQUISE : Eh bien! qu'as-tu à me dire?

FRONTIN : Mais, Madame, puis-je parler devant Monsieur?

LA MARQUISE : En toute sûreté.

DORANTE : De qui est-il question?

LA MARQUISE : De la Comtesse et du Chevalier. Restez, cela vous amusera.

DORANTE : Volontiers.

FRONTIN : Cela pourra même occuper Monsieur.

DORANTE : Voyons.

FRONTIN : Dès que je vous eus promis, Madame, d'observer ce qui se passerait entre mon maître et la Comtesse, je me mis en embuscade...

LA MARQUISE : Abrège le plus que tu pourras.

FRONTIN : Excusez, Madame, je ne finis point quand j'abrège.

LA MARQUISE : Le Chevalier m'aime-t-il encore?

FRONTIN : Il n'en reste pas vestige, il ne sait pas qui vous êtes.

LA MARQUISE : Et sans doute il aime la Comtesse?

FRONTIN : Bon, l'aimer! belle égratignure! C'est traiter un incendie d'étincelle. Son cœur est brûlant, Madame; il est perdu d'amour.

DORANTE, *d'un air riant* : Et la Comtesse ne le hait pas apparemment?

FRONTIN : Non, non, la vérité est à plus de mille lieues de ce que vous dites.

DORANTE : J'entends qu'elle répond à son amour.

FRONTIN : Bagatelle! Elle n'y répond plus : toutes ses réponses sont faites, ou plutôt dans cette affaire-ci, il n'y a eu ni demande ni réponse, on ne s'en est pas donné le temps. Figurez-vous deux cœurs qui partent ensemble; il n'y eut jamais de vitesse égale : on ne sait à qui appartient le premier soupir, il y a apparence que ce fut un duo.

DORANTE, *riant* : Ah! ah! ah!... *(A part.)* Je me meurs!

LA MARQUISE, *à part* : Prenez garde... Mais as-tu quelque preuve de ce que tu dis là?

FRONTIN : J'ai de sûrs témoins de ce que j'avance, mes yeux et mes oreilles... Hier, la Comtesse...

DORANTE : Mais cela suffit; ils s'aiment, voilà une histoire finie. Que peut-il dire de plus?

LA MARQUISE : Achève.

FRONTIN : Hier, la Comtesse et mon maître s'en allaient au jardin. Je les suis de loin; ils entrent dans le bois, j'y entre aussi; ils tournent dans une allée, moi dans le taillis; ils se parlent, je n'entends que des voix confuses; je me coule, je me glisse, et de bosquet en bosquet, j'arrive à les entendre et même à les voir à travers le feuillage... La bellé chose! La bellé chose! s'écriait le Chevalier, qui d'une main tenait un portrait et de l'autre la main de la Comtesse. La bellé chose! Car, comme il est Gascon, je le deviens en ce moment, tout Manceau [4] que je suis; parce qu'on peut tout, quand on est exact, et qu'on sert avec zèle.

LA MARQUISE : Fort bien.

DORANTE, *à part* : Fort mal.

FRONTIN : Or, ce portrait, Madame, dont je ne voyais que le menton avec un bout d'oreille, était celui de la Comtesse. Oui, disait-elle, on dit qu'il me ressemble assez. Autant qu'il sé [5] peut, disait mon maître, autant qu'il sé peut, à millé charmés près qué j'adore en vous, qué lé peintre né peut qué remarquer, qui font lé désespoir dé son art, et qui né rélévent qué du pinceau dé la nature. Allons, allons, vous me flattez, disait la Comtesse, en le regardant d'un œil étincelant d'amour-propre; vous me flattez. Eh! non, Madame, ou qué le pesté m'étouffe! Jé vous dégrade moi-même, en parlant dé vos charmés : sandis! aucune expression n'y peut atteindre; vous n'êtes fidélément rendue qué dans mon cœur. N'y sommes-nous pas toutes deux, la Marquise

3. Ici, Arlequin rappelle le projet dont il a parlé au cours de la scène 9 : sa *réponse* pourrait être de battre Frontin.

4. Originaire du Mans.

5. On remarquera la transformation des *e* en *é* qui est de convention dans le langage des Gascons de théâtre. Et on notera aussi l'emploi, par le Chevalier (que Frontin contrefait ici), de jurons « gascons » comme *sandis* (sang-Dieu), *cadédis* ou *capdédis* (tête de Dieu)

et moi? répliquait la comtesse. La Marquise et vous! s'écriait-il; he! cadédis, où se rangerait-elle? Vous m'en occuperiez mille dé cœurs, si jé les avais; mon amour né sait où sé mettre, tant il surabonde dans mes paroles, dans mes sentiments, dans ma pensée; il sé répand partout, mon âme en régorge. — Et tout en parlant ainsi, tantôt il baisait la main qu'il tenait, et tantôt le portrait. Quand la Comtesse retirait la main, il se jetait sur la peinture! quand elle redemandait la peinture, il reprenait la main : lequel mouvement, comme vous voyez, faisait cela et cela; ce qui était tout à fait plaisant à voir.

DORANTE : Quel récit, Marquise!

La Marquise fait signe à Dorante de se taire.

FRONTIN : Eh! ne parlez-vous pas, Monsieur?

DORANTE : Non, je dis à Madame que je trouve cela comique.

FRONTIN : Je le souhaite. Là-dessus : Rendez-moi mon portrait, rendez donc... Mais, Comtesse... Mais, Chevalier... Mais, Madamé, si jé rends la copie, qué l'original mé dédommagé... Oh! pour cela, non... Oh! pour céla, si. — Le Chevalier tombe à genoux : Madamé, au nom dé vos grâcés innombrables, nantissez-moi dé la réssemblance, en attendant la personne, accordez cé rafraîchissement à mon ardeur... Mais, Chevalier, donner son portrait, c'est donner son cœur... Eh! donc, Madamé, j'endurérai bien dé les avoir tous deux... Mais... Il n'y a point dé *mais*; ma vie est à vous, lé portrait à moi, qué chacun gardé sa part... Eh bien! c'est donc vous qui le gardez; ce n'est pas moi qui le donne, au moins... Tope! sandis! jé m'en fais responsable, c'est moi qui lé prends; vous né faites qué m'accorder dé lé prendre... Quel abus de ma bonté! Ah! — c'est la Comtesse qui fait un soupir... Ah! félicité dé mon âme! — c'est le Chevalier qui repart un second [6].

DORANTE : Ah!...

FRONTIN : Et c'est Monsieur qui fournit le troisième.

DORANTE : Oui, c'est que ces deux soupirs-là sont plaisants, et je les contrefais; contrefaites aussi, Marquise.

LA MARQUISE : Oh! je n'y entends rien, moi; mais je les imagine. *(Elle rit.)* Ah! ah! ah!

FRONTIN : Ce matin dans la galerie...

DORANTE, *à la Marquise* : Faites-le finir; je n'y tiendrais pas.

LA MARQUISE : En voilà assez, Frontin.

FRONTIN : Les fragments qui me restent sont d'un goût choisi.

LA MARQUISE : N'importe, je suis assez instruite.

FRONTIN : Les gages de la commission courent-ils toujours, Madame?

LA MARQUISE : Ce n'est pas la peine.

FRONTIN : Et Monsieur voudrait-il m'établir son pensionnaire?

DORANTE : Non.

FRONTIN : Ce *non*-là, si je m'y connais, me casse [7] sans réplique, et je n'ai qu'une révérence à faire.

Il sort.

6. Qui pousse un soupir en réponse. — 7. Me congédie.

Scène XIII : La Marquise, Dorante.

LA MARQUISE : Nous ne pouvons plus douter de leur secrète intelligence; mais si vous jouez toujours votre personnage aussi mal, nous ne tenons rien.

DORANTE : J'avoue que ses récits m'ont fait souffrir; mais je me soutiendrai mieux dans la suite. Ah! l'ingrate! jamais elle ne me donna son portrait.

Scène XIV : Arlequin, la Marquise, Dorante.

ARLEQUIN : Monsieur, voilà votre fripon qui arrive.

DORANTE : Qui!

ARLEQUIN : Un de nos deux larrons, le maître du mien.

DORANTE : Retire-toi.

Il sort.

Scène XV : La Marquise, Dorante.

LA MARQUISE : Et moi, je vous laisse. Nous n'avons pas eu le temps de digérer notre idée; mais en attendant, souvenez-vous que vous m'aimez, qu'il faut qu'on le croie, que voici votre rival, et qu'il s'agit de lui paraître indifférent. Je n'ai pas le temps de vous en dire davantage.

DORANTE : Fiez-vous à moi, je jouerai bien mon rôle.

Scène XVI : Dorante, le Chevalier.

LE CHEVALIER : Jé té rencontre à propos; jé voulais té parler, Dorante.

DORANTE : Volontiers, Chevalier; mais fais vite; voici l'heure de la poste, et j'ai un paquet à faire partir.

LE CHEVALIER : Jé finis dans un clin d'œil. Jé suis ton ami, et jé viens té prier dé mé rélever d'un scrupule.

DORANTE : Toi?

LE CHEVALIER : Oui; délivré-moi d'uné chicané qué mé fait mon honneur : a-t-il tort ou raison? Voici lé cas. On dit qué tu aimes la Comtesse; moi, jé n'en crois rien, et c'est entré lé oui et lé non qué gît le petit cas dé conscience qué jé t'apporte.

DORANTE : Je t'entends, Chevalier; tu aurais grande envie que je ne l'aimasse plus.

LE CHEVALIER : Tu l'as dit; ma délicatessé sé fait bésoin dé ton indifférence pour elle : j'aime cetté dame.

DORANTE : Est-elle prévenue en ta faveur?

LE CHEVALIER : Dé faveur, jé m'en passe; ellé mé rend justice.

DORANTE : C'est-à-dire que tu lui plais.

LE CHEVALIER : Dé qué jé l'aime, tout est dit; épargne ma modestie.

DORANTE : Ce n'est pas ta modestie que j'interroge, car elle est gasconne. Parlons simplement : t'aime-t-elle?

LE CHEVALIER : Eh! oui, té dis-je, ses yeux ont déjà là-dessus entamé la matière; ils mé sollicitent lé cœur, ils démandent réponsé : mettrai-je *bon* au bas dé la réquête? C'est ton agrément qué j'attends.

DORANTE : Je te le donne à charge de revanche.

LE CHEVALIER : Avec qui la révanche?

DORANTE : Avec de beaux yeux de ta connaissance qui me sollicitent aussi.

LE CHEVALIER : Les beaux yeux qué la Marquisé porte?

DORANTE : Elle-même.

LE CHEVALIER : Et l'intérêt qué tu mé soupçonnes d'y prendre té gêne, té rétient?

DORANTE : Sans doute.

LE CHEVALIER : Va, jé t'émancipe.

DORANTE : Je t'avertis que je l'épouserai, au moins.

LE CHEVALIER : Jé t'informe qué nous férons assaut dé noces.

DORANTE : Tu épouseras la Comtesse?

LE CHEVALIER : L'espérance dé ma postérité s'y fonde.

DORANTE : Et bientôt?

LE CHEVALIER : Démain, peut-être, notre célibat expire.

DORANTE, *embarrassé* : Adieu; j'en suis fort ravi.

LE CHEVALIER, *lui tendant la main* : Touche là; té suis-je cher?

DORANTE : Ah! oui...

LE CHEVALIER : Tu mé l'es sans mésure, jé mé donne à toi pour un siécle; céla passé, nous rénouvellérons dé bail. Serviteur.

DORANTE : Oui; oui; demain.

LE CHEVALIER : Qu'appelles-tu démain? Moi, jé suis ton serviteur du temps passé, du présent et dé l'avénir; toi dé même apparemment?

DORANTE : Apparemment. Adieu.

Il s'en va.

Scène XVII : Le Chevalier, Frontin.

FRONTIN : J'attendais qu'il fût sorti pour venir, Monsieur.

LE CHEVALIER : Qué démandes-tu? j'ai hâte de réjoindre ma Comtesse.

FRONTIN : Attendez : malepeste! ceci est sérieux; j'ai parlé à la Marquise, je lui ai dit mon rapport.

LE CHEVALIER : Eh bien! tu lui as confié qué j'aimé la Comtesse, et qu'ellé m'aime; qu'en dit-ellé? achève vite.

FRONTIN : Ce qu'elle en dit? que c'est fort bien fait à vous.

LE CHEVALIER : Jé continuerai dé bien faire. Adieu.

FRONTIN : Morbleu! Monsieur, vous n'y songez pas; il faut revoir la Marquise, entretenir son amour, sans quoi vous êtes un homme mort, enterré, anéanti dans sa mémoire.

LE CHEVALIER, *riant* : Eh! eh! eh!

FRONTIN : Vous en riez! Je ne trouve pas cela plaisant moi.

LE CHEVALIER : Qué mé fait cé néant! Jé meurs dans une mémoire, jé ressuscite dans une autre; n'ai-je pas la mémoire dé la Comtesse où jé révis?

FRONTIN : Oui, mais j'ai peur que dans cette dernière, vous n'y mouriez un beau matin de mort subite. Dorante y est mort de même, d'un coup de caprice.

LE CHEVALIER : Non, lé caprice qui lé tue, lé voilà; c'est moi qui l'expédie, j'en ai bien expédié d'autres, Frontin; né t'inquiète pas; la Comtessé m'a reçu dans son cœur, il faudra qu'ellé m'y garde.

FRONTIN : Ce cœur-là, je crois que l'amour y campe quelquefois, mais qu'il n'y loge jamais.

LE CHEVALIER : C'est un amour dé ma façon, sandis! il né finira qu'avec elle; espère mieux dé la fortune de ton maître; connais-moi bien, tu n'auras plus dé défiance.

FRONTIN : J'ai déjà usé de cette recette-là; elle ne m'a rien fait. Mais voici Lisette; vous devriez me procurer la faveur de sa maîtresse auprès d'elle.

Scène XVIII : Lisette, Frontin, le Chevalier.

LISETTE : Monsieur, Madame vous demande.

LE CHEVALIER : J'y cours, Lisette : mais rémets cé faquin dans son bon sens, jé té prie; tu mé l'as privé de sa cervelle; il m'entretient qu'il t'aime.

LISETTE : Que ne me prend-il pas pour sa confidente?

FRONTIN : Eh bien! ma charmante, je vous aime; vous voilà aussi savante que moi.

LISETTE : Eh bien! mon garçon, courage, vous n'y perdez rien; vous voilà plus savant que vous n'étiez. Je vais dire à ma maîtresse que vous venez, Monsieur. Adieu, Frontin.

FRONTIN : Adieu, ma charmante.

Scène XIX : Le Chevalier, Frontin.

FRONTIN : Allons, Monsieur, ma foi! vous avez raison, votre aventure a bonne mine : la Comtesse vous aime; vous êtes Gascon, moi Manceau, voilà de grands titres de fortune.

LE CHEVALIER : Jé té garantis la tienne.

FRONTIN : Si j'avais le choix des cautions, je vous dispenserais d'être la mienne.

ACTE SECOND

Scène I : Dorante, Arlequin.

DORANTE : Viens, j'ai à te dire un mot.

ARLEQUIN : Une douzaine, si vous voulez.

DORANTE : Arlequin, je te vois à tout moment chercher Lisette, et courir après elle.

ARLEQUIN : Eh pardi! si je veux l'attraper, il faut bien que je coure après, car elle fuit.

DORANTE : Dis-moi : préfères-tu mon service à celui d'un autre?

ARLEQUIN : Assurément; il n'y a que le mien qui ait la préférence, comme de raison : d'abord moi, ensuite vous; voilà comme cela est arrangé dans mon esprit; et puis le reste du monde va comme il peut.

DORANTE : Si tu me préfères à un autre, il s'agit de prendre ton parti sur le chapitre de Lisette.

ARLEQUIN : Mais, Monsieur, ce chapitre-là ne vous regarde pas : c'est de l'amour que j'ai pour elle, et vous n'avez que faire d'amour, vous n'en voulez point.

DORANTE : Non, mais je te défends d'en parler jamais à Lisette, je veux même que tu l'évites; je veux que tu la quittes, que tu rompes avec elle.

ARLEQUIN : Pardi! Monsieur, vous avez là des volontés qui ne ressemblent guère aux miennes : pourquoi ne nous accordons-nous pas aujourd'hui comme hier?

DORANTE : C'est que les choses ont changé; c'est que la Comtesse pourrait me soupçonner d'être curieux de ses démarches, et de me servir de toi auprès de Lisette pour les savoir; ainsi, laisse-la en repos; je te récompenserai du sacrifice que tu me feras.

ARLEQUIN : Monsieur, le sacrifice me tuera, avant que les récompenses viennent.

DORANTE : Oh! point de réplique : Marton, qui est à la Marquise, vaut bien ta Lisette; on te la donnera.

ARLEQUIN : Quand on me donnerait la Marquise par-dessus le marché, on me volerait encore.

DORANTE : Il faut opter pourtant. Lequel aimes-tu mieux, de ton congé, ou de Marton?

ARLEQUIN : Je ne saurais le dire; je ne les connais ni l'un ni l'autre.

DORANTE : Ton congé, tu le connaîtras dès aujourd'hui, si tu ne suis pas mes ordres; ce n'est même qu'en les suivant que tu serais regretté de Lisette.

ARLEQUIN : Elle me regrettera! Eh! Monsieur, que ne parlez-vous !

DORANTE : Retire-toi; j'aperçois la Marquise.

ARLEQUIN : J'obéis, à condition qu'on me regrettera, au moins.

DORANTE : A propos, garde le secret sur la défense que je te fais de voir Lisette : comme c'était de mon consentement que tu l'épousais, ce serait avoir un procédé trop choquant pour la Comtesse, que de paraître m'y opposer; je te permets seulement de dire que tu aimes mieux Marton, que la Marquise te destine.

ARLEQUIN : Ne craignez rien, il n'y aura là-dedans que la Marquise et moi de malhonnêtes : c'est elle qui me fait présent de Marton, c'est moi qui la prends; c'est vous qui nous laissez faire.

DORANTE : Fort bien; va-t'en.

ARLEQUIN *revient* : Mais on me regrettera?

Il sort.

Scène II : La Marquise, Dorante.

LA MARQUISE : Avez-vous instruit votre valet, Dorante?

DORANTE : Oui, Madame.

LA MARQUISE : Cela pourra n'être pas inutile; ce petit article-là touchera la Comtesse, si elle l'apprend.

DORANTE : Ma foi, Madame, je commence à croire que nous réussirons; je la vois déjà, très étonnée de ma façon d'agir avec elle : elle qui s'attend à des reproches, je l'ai vue prête à me demander pourquoi je ne lui en faisais pas.

LA MARQUISE : Je vous dis que, si vous tenez bon, vous la verrez pleurer de douleur.

DORANTE : Je l'attends aux larmes : êtes-vous contente?

LA MARQUISE : Je ne réponds de rien, si vous n'allez jusque-là.

DORANTE : Et votre Chevalier, comment en agit-il?

LA MARQUISE : Ne m'en parlez point; tâchons de le perdre, et qu'il devienne ce qu'il voudra : mais j'ai chargé un des gens de la Comtesse de savoir si je pouvais la voir, et je crois qu'on vient me rendre réponse. *(A un laquais qui paraît.)* Eh bien! parlerai-je à ta maîtresse?

LE LAQUAIS : Oui, Madame, la voilà qui arrive.

LA MARQUISE, *à Dorante* : Quittez-moi : il ne faut pas dans ce moment-ci qu'elle nous voie ensemble, cela paraîtrait affecté.

DORANTE : Et moi, j'ai un petit dessein, quand vous l'aurez quittée.

LA MARQUISE : N'allez rien gâter.

DORANTE : Fiez-vous à moi.

Il s'en va.

Scène III : La Marquise, la Comtesse.

LA COMTESSE : Je viens vous trouver moi-même, Marquise : comme vous me demandez un entretien particulier, il s'agit apparemment de quelque chose de conséquence.

LA MARQUISE : Je n'ai pourtant qu'une question à vous faire, et comme vous êtes naturellement vraie, que vous êtes la franchise, la sincérité même, nous aurons bientôt terminé.

LA COMTESSE : Je vous entends : vous ne me croyez pas trop sincère; mais votre éloge m'exhorte à l'être, n'est-ce pas?

LA MARQUISE : A cela près, la serez-vous?

LA COMTESSE : Pour commencer à l'être, je vous dirai que je n'en sais rien.

LA MARQUISE : Si je vous demandais : « Le Chevalier vous aime-t-il? », me diriez-vous ce qui en est?

LA COMTESSE : Non, Marquise, je ne veux pas me brouiller avec vous, et vous me haïriez si je vous disais la vérité.

LA MARQUISE : Je vous donne ma parole que non.

LA COMTESSE : Vous ne pourriez pas me la tenir, je vous en dispenserais moi-même : il y a des mouvements qui sont plus forts que nous.

LA MARQUISE : Mais pourquoi vous haïrais-je?

LA COMTESSE : N'a-t-on pas prétendu que le Chevalier vous aimait?

LA MARQUISE : On a eu raison de le prétendre.

LA COMTESSE : Nous y voilà; et peut-être l'avez-vous pensé vous-même?

LA MARQUISE : Je l'avoue.

LA COMTESSE : Et après cela, j'irais vous dire qu'il m'aime! Vous ne me le conseilleriez pas.

LA MARQUISE : N'est-ce que cela? Eh! je voudrais l'avoir perdu : je souhaite de tout mon cœur qu'il vous aime.

LA COMTESSE : Oh! sur ce pied-là, vous n'avez donc qu'à rendre grâce au ciel; vos souhaits ne sauraient être exaucés plus qu'ils le sont.

LA MARQUISE : Je vous certifie que j'en suis charmée.

LA COMTESSE : Vous me rassurez; ce n'est pas qu'il n'ait tort; vous êtes si aimable qu'il ne devrait plus avoir des yeux pour personne : mais peut-être vous était-il moins attaché qu'on ne l'a cru.

LA MARQUISE : Non, il me l'était beaucoup; mais je l'excuse : quand je serais aimable, vous l'êtes encore plus que moi, et vous savez l'être plus qu'une autre.

LA COMTESSE : Plus qu'une autre! Ah! vous n'êtes point si charmée, Marquise; je vous disais bien que vous me manqueriez de parole; vos éloges baissent. Je m'accommode pourtant de celui-ci, j'y sens une petite pointe de dépit qui a son mérite : c'est la jalousie qui me loue.

LA MARQUISE : Moi, de la jalousie?

LA COMTESSE : A votre avis, un compliment qui finit par m'appeler coquette ne viendrait pas d'elle? Oh! que si, Marquise; on l'y reconnaît.

LA MARQUISE : Je ne songeais pas à vous appeler coquette.

LA COMTESSE : Ce sont des choses qui se trouvent dites avant qu'on y rêve.

LA MARQUISE : Mais, de bonne foi, ne l'êtes-vous pas un peu?

LA COMTESSE : Oui-da; mais ce n'est pas assez qu'un peu : ne vous refusez pas le plaisir de me dire que je la suis beaucoup, cela n'empêchera pas que vous ne la soyez autant que moi.

LA MARQUISE : Je n'en donne pas tout à fait les mêmes preuves.

LA COMTESSE : C'est qu'on ne prouve que quand on réussit; le manque de succès met bien des coquetteries à couvert : on se retire sans bruit, un peu humiliée, mais inconnue, c'est l'avantage qu'on a.

LA MARQUISE : Je réussirai quand je voudrai, Comtesse; vous le verrez, cela n'est pas difficile; et le Chevalier ne vous serait peut-être pas resté, sans le peu de cas que j'ai fait de son cœur.

LA COMTESSE : Je ne chicanerai pas ce dédain-là : mais quand l'amour-propre se sauve, voilà comme il parle.

LA MARQUISE : Voulez-vous gager que cette aventure-ci n'humiliera point le mien, si je veux?

LA COMTESSE : Espérez-vous regagner le Chevalier? Si vous le pouvez, je vous le donne.

LA MARQUISE : Vous l'aimez, sans doute?

LA COMTESSE : Pas mal; mais je vais l'aimer davantage, afin qu'il vous résiste mieux. On a besoin de toutes ses forces avec vous.

LA MARQUISE : Oh! ne craignez rien, je vous le laisse. Adieu.

LA COMTESSE : Eh! pourquoi? Disputons-nous sa conquête, mais pardonnons à celle qui l'emportera. Je ne combats qu'à cette condition-là, afin que vous n'ayez rien à me dire.

LA MARQUISE : Rien à vous dire! Vous comptez donc l'emporter?

LA COMTESSE : Écoutez, je jouerai à plus beau jeu que vous.

LA MARQUISE : J'avais aussi beau jeu que vous, quand vous me l'avez ôté; je pouvais donc vous l'enlever de même.

LA COMTESSE : Tentez donc d'avoir votre revanche.

LA MARQUISE : Non; j'ai quelque chose de mieux à faire.

LA COMTESSE : Oui! et peut-on vous demander ce que c'est?

LA MARQUISE: Dorante vaut son prix, Comtesse. Adieu.
Elle sort.

Scène IV

LA COMTESSE, *seule* : Dorante! Vouloir m'enlever Dorante! Cette femme-là perd la tête; sa jalousie l'égare; elle est à plaindre!

Scène V : Dorante, la Comtesse.

DORANTE, *arrivant vite, feignant de prendre la Comtesse pour la Marquise* : Eh bien! Marquise, m'opposerez-vous encore des scrupules?... *(Apercevant la Comtesse.)* Ah! Madame, je vous demande pardon, je me trompe; j'ai cru de loin voir tout à l'heure la Marquise ici, et dans ma préoccupation je vous ai prise pour elle.

LA COMTESSE : Il n'y a pas grand mal, Dorante : mais quel est donc ce scrupule qu'on vous oppose? Qu'est-ce que cela signifie?

DORANTE : Madame, c'est la suite d'une conversation que nous avons eue ensemble, et que je lui rappelais.

LA COMTESSE : Mais dans cette suite de conversation, sur quoi tombait ce scrupule dont vous vous plaigniez? Je veux que vous me le disiez.

DORANTE : Je vous dis, Madame, que ce n'est qu'une bagatelle dont j'ai peine à me ressouvenir moi-même. C'est, je pense, qu'elle avait la curiosité de savoir comment j'étais dans votre cœur.

LA COMTESSE : Je m'attends que vous avez eu la discrétion de ne le lui avoir pas dit, peut-être?

DORANTE : Je n'ai pas le défaut d'être vain.

LA COMTESSE : Non, mais on a quelquefois celui d'être vrai. Et que voulait-elle faire de ce qu'elle vous demandait?

DORANTE : Curiosité pure, vous dis-je...

LA COMTESSE : Et cette curiosité parlait de scrupule! Je n'y entends rien.

DORANTE : C'est moi, qui par hasard, en croyant l'aborder, me suis servi de ce terme-là, sans savoir pourquoi.

LA COMTESSE : Par hasard! Pour un homme d'esprit, vous vous tirez mal d'affaire, Dorante; car il y a quelque mystère là-dessous.

DORANTE : Je vois bien que je ne réussirais pas à vous persuader le contraire, Madame; parlons d'autre chose. A propos de curiosité, y a-t-il longtemps que vous n'avez reçu de lettres de Paris? La Marquise en attend; elle aime les nouvelles, et je suis sûr que ses amis ne les lui épargneront pas, s'il y en a.

LA COMTESSE : Votre embarras me fait pitié.

DORANTE : Quoi! Madame, vous revenez encore à cette bagatelle-là?

LA COMTESSE : Je m'imaginais pourtant avoir plus de pouvoir sur vous.

DORANTE : Vous en aurez toujours beaucoup, Madame; et si celui que vous y aviez est un peu diminué, ce n'est pas ma faute. Je me sauve pourtant, dans la crainte de céder à celui qui vous reste.
Il sort.

LA COMTESSE : Je ne reconnais point Dorante à cette sortie-là.

Scène VI : La Comtesse, rêvant, le Chevalier.

LE CHEVALIER : Il mé paraît qué ma Comtesse rêve, qu'ellé tombé dans lé recueillément.

LA COMTESSE : Oui, je vois la Marquise et Dorante dans une affliction qui me chagrine; nous parlions tantôt de mariage, il faut absolument différer le nôtre.

LE CHEVALIER : Différer lé nôtre!

LA COMTESSE : Oui, d'une quinzaine de jours.

LE CHEVALIER : Cadédis, vous mé parlez dé la fin du siècle! En vertu dé quoi la rémise?

LA COMTESSE : Vous n'avez pas remarqué leurs mouvements comme moi?

LE CHEVALIER : Qu'ai-jé bésoin dé rémarque?

LA COMTESSE : Je vous dis que ces gens-là sont outrés; voulez-vous les pousser à bout? Nous ne sommes pas si pressés.

LE CHEVALIER : Si pressé qué j'en meurs, sandis! Si lé cas réquiert une victime, pourquoi mé donner la préférence?

LA COMTESSE : Je ne saurais me résoudre à les désespérer, Chevalier. Faisons-nous justice; notre commerce a un peu l'air d'une infidélité, au moins. Ces gens-là ont pu se flatter que nous les aimions, il faut les ménager; je n'aime à faire de mal à personne : ni vous non plus, apparemment? Vous n'avez pas le cœur dur, je pense? Ce sont vos amis comme les miens : accoutumons-les du moins à se douter de notre mariage.

LE CHEVALIER : Mais, pour les accoutumer, il faut qué jé vive; et jé vous défie dé mé garder vivant, vous né mé conduirez pas au terme. Tâchons dé les accoutumer à moins dé frais : la modé dé mourir pour la consolation dé sés amis n'est pas venue, et dé plus, qué nous importe qué ces deux affligés nous disent : Partez? Savez-vous qu'on dit qu'ils s'arrangent?

LA COMTESSE : S'arranger! De quel arrangement parlez-vous?

LE CHEVALIER : J'entends que leurs cœurs s'accommodent.

LA COMTESSE : Vous avez quelquefois des tournures si gasconnes, que je n'y comprends rien. Voulez-vous dire qu'ils s'aiment? Exprimez-vous comme un autre.

LE CHEVALIER, *baissant de ton* : On né parle pas tout à fait d'amour, mais d'une pétite douceur à sé voir.

LA COMTESSE : D'une douceur à se voir! Quelle chimère! Où a-t-on pris cette idée-là? Eh bien! Monsieur, si vous me prouvez que ces gens-là s'aiment qu'ils sentent de la douceur à se voir; si vous me le prouvez, je vous épouse demain, je vous épouse ce soir. Voyez l'intérêt que je vous donne à la preuve.

LE CHEVALIER : Dé leur amour jé né m'en rends pas caution.

LA COMTESSE : Je le crois. Prouvez-moi seulement qu'ils se consolent; je ne demande que cela.

LE CHEVALIER : En cé cas, irez-vous en avant?

LA COMTESSE : Oui, si j'étais sûre qu'ils sont tranquilles : mais qui nous le dira?

LE CHEVALIER : Jé vous tiens, et jé vous informe qué la Marquise a donné charge à Frontin dé nous examiner, dé lui apporter un état dé nos cœurs; et j'avais oublié dé vous lé dire.

LA COMTESSE : Voilà d'abord une commission qui ne vous donne pas gain de cause : s'ils nous oubliaient, ils ne s'embarrasseraient guère de nous.

LE CHEVALIER : Frontin aura peut-être déjà parlé; jé né l'ai pas vu dépuis. Qué son rapport nous règle.

LA COMTESSE : Je le veux bien.

*Scène VII : Le Chevalier, Frontin,
la Comtesse.*

LE CHEVALIER : Arrive, Frontin, as-tu vu la Marquise?

FRONTIN : Oui, Monsieur, et même avec Dorante; il n'y a pas longtemps que je les quitte.

LE CHEVALIER : Raconté-nous comment ils sé comportent. Par bonté d'âme, Madame a peur dé les désespérer : moi jé dis qu'ils sé consolent. Qu'en est-il des deux? Rien qué cette [8] bonté né l'arrête, té dis-je; tu m'entends bien?

FRONTIN : A merveille. Madame peut vous épouser en toute sûreté : de désespoir, je n'en vois pas l'ombre.

LE CHEVALIER : Jé vous gagne dé marché fait [9] : cé soir vous êtes mienne.

LA COMTESSE : Hum! votre gain est peu sûr : Frontin n'a pas l'air d'avoir bien observé.

FRONTIN : Vous m'excuserez, Madame, le désespoir est connaissable. Si c'étaient de ces petits mouvements minces et fluets, qui se dérobent, on peut s'y tromper; mais le désespoir est un objet, c'est un mouvement qui tient de la place. Les désespérés s'agitent, se trémoussent, ils font du bruit, ils gesticulent; et il n'y a rien de tout cela.

LE CHEVALIER : Il vous dit vrai. J'ai tantôt rencontré Dorante, jé lui ai dit : J'aime la Comtesse; j'ai passion pour elle. Eh bien! garde-la, m'a-t-il dit tranquillement.

LA COMTESSE : Eh! vous êtes son rival, Monsieur; voulez-vous qu'il aille vous faire confidence de sa douleur?

LE CHEVALIER : Jé vous assure qu'il était riant et qué la paix régnait dans son cœur.

LA COMTESSE : La paix dans le cœur d'un homme qui m'aimait de la passion la plus vive qui fut jamais!

LE CHEVALIER : Otez la mienne.

LA COMTESSE : A la bonne heure. Je lui crois pourtant l'âme plus tendre que vous, soit dit en passant. Ce n'est pas votre faute; chacun aime autant qu'il peut. et personne n'aime autant que lui. Voilà pourquoi je le plains. Mais sur quoi Frontin décide-t-il qu'il est tranquille? Voyons; n'est-il pas vrai que tu es aux gages de la Marquise, et peut-être à ceux de Dorante, pour nous observer tous deux? Paie-t-on des espions pour être instruit de choses dont on ne se soucie point?

FRONTIN : Oui; mais je suis mal payé de la Marquise, elle est en arrière [10].

LA COMTESSE : Et parce qu'elle n'est pas libérale, elle est indifférente? Quel raisonnement!

FRONTIN : Et Dorante m'a révoqué, il me doit mes appointements.

8. L'édition de 1758 imprime : *Rien. Qué cette...*
9. Selon les termes de notre convention.
10. Elle est en retard (pour ses paiements).

LA COMTESSE : Laisse là tes appointements. Qu'as-tu vu? Que sais-tu?

LE CHEVALIER, *bas, à Frontin* : Mitigé ton récit.

FRONTIN : Eh bien! Frontin, m'ont-ils dit tantôt en parlant de vous deux, s'aiment-ils un peu? Oh! beaucoup, Monsieur; extrêmement, Madame, extrêmement, ai-je dit en tranchant.

LA COMTESSE : Eh bien?...

FRONTIN : Rien ne remue; la Marquise bâille en m'écoutant, Dorante ouvre nonchalamment sa tabatière, c'est tout ce que j'en tire.

LA COMTESSE : Va, va, mon enfant, laisse-nous, tu es un maladroit. Votre valet n'est qu'un sot, ses observations sont pitoyables, il n'a vu que la superficie des choses : cela ne se peut pas.

FRONTIN : Morbleu! Madame, je m'y ferais hacher. En voulez-vous davantage? Sachez qu'ils s'aiment, et qu'ils m'ont dit eux-mêmes de vous l'apprendre.

LA COMTESSE, *riant* : Eux-mêmes! Eh! que n'as-tu commencé par nous dire cela, ignorant que tu es? Vous voyez bien ce qu'il en est, Chevalier; ils se consolent tant, qu'ils veulent nous rendre jaloux; et ils s'y prennent avec une maladresse bien digne du dépit qui les gouverne. Ne vous l'avais-je pas dit?

LE CHEVALIER : La passion sé montre, j'en conviens.

LA COMTESSE : Grossièrement même.

FRONTIN : Ah! par ma foi, j'y suis; c'est qu'ils ont envie de vous mettre en peine. Je ne m'étonne pas si Dorante, en regardant sa montre, ne la regardait pas fixement, et faisait une demi-grimace.

LA COMTESSE : C'est que la paix ne régnait pas dans son cœur.

LE CHEVALIER : Cetté grimace est importante.

FRONTIN : *Item* [11], c'est qu'en ouvrant sa tabatière, il n'a pris son tabac qu'avec deux doigts tremblants. Il est vrai aussi que sa bouche a ri, mais de mauvaise grâce; le reste du visage n'en était pas, il allait à part.

LA COMTESSE : C'est que le cœur ne riait pas.

LE CHEVALIER : Jé mé rends. Il soupire, il régardé dé travers, et ma nocé récule. Pesté du faquin, qui réjetté Madamé dans uné compassion qui séra funeste à mon bonheur!

LA COMTESSE : Point du tout : ne vous alarmez point; Dorante s'est trop mal conduit pour mériter des égards... Mais ne vois-je pas la Marquise qui vient ici?

FRONTIN : Elle-même.

LA COMTESSE : Je la connais; je gagerais qu'elle vient finement, à son ordinaire, m'insinuer qu'ils s'aiment, Dorante, et elle. Écoutons.

Scène VIII : La Comtesse, la Marquise, Frontin, le Chevalier.

LA MARQUISE : Pardon, Comtesse, si j'interromps un entretien sans doute intéressant; mais je ne fais que passer. Il m'est revenu que vous retardiez votre mariage avec le Chevalier, par ménagement pour moi. Je vous

suis obligée de l'attention, mais je n'en ai pas besoin. Concluez, Comtesse, plutôt aujourd'hui que demain; c'est moi qui vous en sollicite. Adieu.

LA COMTESSE : Attendez donc, Marquise; dites-moi s'il est vrai que vous aimiez, Dorante et vous, afin que je m'en réjouisse.

LA MARQUISE : Réjouissez-vous hardiment; la nouvelle est bonne.

LA COMTESSE, *riant* : En vérité?

LA MARQUISE : Oui, Comtesse; hâtez-vous de finir. Adieu.

Elle sort.

Scène IX : Le Chevalier, la Comtesse. Frontin.

LA COMTESSE, *riant* : Ah! ah! Elle se sauve : la raillerie est un peu trop forte pour elle. Que la vanité fait jouer de plaisants rôles à de certaines femmes! car celle-ci meurt de dépit.

LE CHEVALIER : Elle en a lé cœur palpitant, sandis!

FRONTIN : La grimace que Dorante faisait tantôt, je viens de la retrouver sur sa physionomie. *(Au Chevalier.)* Mais, Monsieur, parlez un peu de Lisette pour moi.

LA COMTESSE : Que dit-il de Lisette?

FRONTIN : C'est une petite requête que je vous présente, et qui tend à vous prier qu'il vous plaise d'ôter Lisette à Arlequin, et d'en faire un transport à mon profit.

LE CHEVALIER : Voilà cé qué c'est.

LA COMTESSE : Et Lisette y consent-elle?

FRONTIN : Oh! le transport est tout à fait de son goût.

LA COMTESSE : Ce qu'il me dit là me fait venir une idée : les petites finesses de la Marquise méritent d'être punies. Voyons si Dorante, qui l'aime tant, sera insensible à ce que je vais faire. Il doit l'être, si elle dit vrai, et je le souhaite : mais voici un moyen infaillible de savoir ce qui en est. Je n'ai qu'à dire à Lisette d'épouser Frontin; elle était destinée au valet de Dorante, nous en étions convenus. Si Dorante ne se plaint point, la Marquise a raison, il m'oublie, et je n'en serai que plus à mon aise. *(A Frontin.)* Toi, va-t'en chercher Lisette et son père, que je leur parle à tous deux.

FRONTIN : Il ne sera pas difficile de les trouver, car ils entrent.

Scène X : Blaise, Lisette, le Chevalier, la Comtesse, Frontin.

LA COMTESSE : Approchez, Lisette; et vous aussi, Maître Blaise. Votre fille devait épouser Arlequin; mais si vous la mariez, et que vous soyez bien aise d'en disposer à mon gré, vous la donnerez à Frontin; entendez-vous, Maître Blaise?

BLAISE : J'entends bian, Madame. Mais il y a, morgué! bian une autre histoire qui trotte par le monde, et qui nous chagraine. Il s'agit que je venons vous crier marci.

LA COMTESSE : Qu'est-ce que c'est? D'où vient que Lisette pleure?

LISETTE : Mon père vous le dira, Madame.

BLAISE : C'est, ne vous déplaise, Madame, qu'Arlequin est un malappris ; mais que les pus malappris de tout ça, c'est Monsieur Dorante et Madame la Marquise, qui ont eu la finesse de manigancer la volonté d'Arlequin, à celle fin qu'il ne voulît pus d'elle ; maugré qu'alle en veuille bian, comme je me doute qu'il en voudrait peut-être bian itou, si an le laissait vouloir ce qu'il veut, et qu'an n'y boutît pas empêchement.

LA COMTESSE : Et quel empêchement ?

BLAISE : Oui, Madame ; par le mouyen d'une fille qu'ils appelont Marton, que Madame la Marquise a eu l'avisement d'inventer par malice, pour la promettre à Arlequin.

LA COMTESSE : Ceci est curieux !

BLAISE : En disant, comme ça, que faut qu'ils s'épousient à Paris, la mijaurée et li, dans l'intention de porter dommage à noute enfant, qui va choir en confusion de cette malice, qui n'est rien qu'un micmac pour affronter noute bonne renommée et la vôtre, Madame, se gobarger de nous trois ; et c'est touchant ça que je venons vous demander justice.

LA COMTESSE : Il faudra bien tâcher de vous la faire. Chevalier, ceci change les choses ; il ne faut plus que Frontin y songe. Allez, Lisette, ne vous affligez pas : laissez la Marquise proposer tant qu'elle voudra ses Martons ; je vous en rendrai bon compte, car c'est cette femme-là, que je ménageais tant, qui m'attaque là-dedans. Dorante n'y a d'autre part que sa complaisance : mais peut-être me reste-t-il encore plus de crédit sur lui qu'elle ne se l'imagine. Ne vous embarrassez pas.

LISETTE : Arlequin vient de me traiter avec une indifférence insupportable ; il semble qu'il ne m'ait jamais vue : voyez de quoi la Marquise se mêle !

BLAISE : Empêcher qu'une fille ne soit la femme du monde !

LA COMTESSE : On y remédiera, vous dis-je.

FRONTIN : Oui ; mais le remède ne me vaudra rien.

LE CHEVALIER : Comtesse, jé vous écoute, l'oreille vous entend, l'esprit né vous saisit point ; jé né vous conçois pas. Vénez çà, Lisette, tirez-nous cette bizarre aventure au clair. N'êtes-vous pas éprisé dé Frontin ?

LISETTE : Non, Monsieur ; je le croyais, tandis qu'Arlequin m'aimait : mais je vois que je me suis trompée, depuis qu'il me refuse.

LE CHEVALIER : Qué répondre à cé cœur dé femme ?

LA COMTESSE : Et moi, je trouve que ce cœur de femme a raison, et ne mérite pas votre réflexion satirique ; c'est un homme qui l'aimait, et qui lui dit qu'il ne l'aime plus ; cela n'est pas agréable, elle en est touchée : je reconnais notre cœur au sien ; ce serait le mien en pareil cas. Allez, vous autres, retirez-vous, et laissez-moi faire.

BLAISE : J'en avons charché querelle à Monsieur Dorante et à sa Marquise de cette affaire.

LA COMTESSE : Reposez-vous sur moi. Voici Dorante ; je vais lui en parler tout à l'heure.

Scène XI : Dorante, la Comtesse,
le Chevalier.

LA COMTESSE : Venez, Dorante, et avant toute autre chose, parlons un peu de la Marquise.

DORANTE : De tout mon cœur, Madame.

LA COMTESSE : Dites-moi donc de tout votre cœur de quoi elle s'avise aujourd'hui ?

DORANTE : Qu'a-t-elle fait ? J'ai de la peine à croire qu'il y ait quelque chose à redire à ses procédés.

LA COMTESSE : Oh ! je vais vous faciliter le moyen de croire, moi.

DORANTE : Vous connaissez sa prudence...

LA COMTESSE : Vous êtes un opiniâtre louangeur ! Eh bien ! Monsieur, cette femme que vous louez tant, jalouse de moi parce que le Chevalier la quitte, comme si c'était ma faute, va, pour m'attaquer pourtant, chercher de petits détails qui ne sont pas en vérité dignes d'une incomparable telle que vous la faites, et ne croit pas au-dessous d'elle de détourner un valet d'aimer une suivante. Parce qu'elle sait que nous voulons les marier, et que je m'intéresse à leur mariage, elle imagine, dans sa colère, une Marton qu'elle jette à la traverse [12] ; et ce que j'admire le plus dans tout ceci, c'est de vous voir vous-même prêter les mains à un projet de cette espèce ! Vous-même, Monsieur !

DORANTE : Eh ! pensez-vous que la Marquise ait cru vous offenser ? qu'il me soit venu dans l'esprit, à moi, que vous vous y intéressez encore ? Non, Comtesse. Arlequin se plaignait d'une infidélité que lui faisait Lisette ; il perdait, disait-il, sa fortune : on prend quelquefois part aux chagrins de ces gens-là ; et la Marquise, pour le dédommager, lui a, par bonté, proposé le mariage de Marton qui est à elle ; il l'a accepté, l'en a remerciée : voilà tout ce que c'est.

LE CHEVALIER : La réponse mé persuade, jé les crois sans malice. Qué sur cé point la paix sé fasse entré les puissances, et que les subalternes sé débattent.

LA COMTESSE : Laissez-nous, Monsieur le Chevalier, vous direz votre sentiment quand on vous le demandera. Dorante, qu'il ne soit plus question de cette intrigue-là, je vous prie ; car elle me déplaît. Je me flatte que c'est assez vous dire.

DORANTE : Attendez, Madame, appelons quelqu'un ; mon valet est peut-être là... Arlequin !...

LA COMTESSE : Quel est votre dessein ?

DORANTE : La Marquise n'est pas loin, il n'y a qu'à la prier de votre part de venir ici, vous lui en parlerez.

LA COMTESSE : La Marquise ! Eh qu'ai-je besoin d'elle ? Est-il nécessaire que vous consultiez là-dessus ? Qu'elle approuve ou non, c'est à vous à qui je parle, à vous à qui je dis que je veux qu'il n'en soit rien, que je le veux, Dorante, sans m'embarrasser de ce qu'elle en pense.

DORANTE : Oui, mais, Madame, observez qu'il faut que je m'en embarrasse, moi ; je ne saurais en décider sans elle. Y aurait-il rien de plus malhonnête que d'obliger mon valet à refuser une grâce qu'elle lui fait

12. D'une façon inopinée et gênante.

et qu'il a acceptée? Je suis bien éloigné de ce procédé-là avec elle.

LA COMTESSE : Quoi! Monsieur, vous hésitez entre elle et moi! Songez-vous à ce que vous faites?

DORANTE : C'est en y songeant que je m'arrête.

LE CHEVALIER : Eh! cadédis, laissons cé trio dé valets et dé soubrettes.

LA COMTESSE, *outrée* : C'est à moi, sur ce pied-là, à vous prier d'excuser le ton dont je l'ai pris, il ne me convenait point.

DORANTE : Il m'honorera toujours, et j'y obéirais avec plaisir, si je pouvais.

LA COMTESSE *rit* : Nous n'avons plus rien à nous dire, je pense : donnez-moi la main, Chevalier.

LE CHEVALIER, *lui donnant la main* : Prénez et né rendez pas, Comtesse.

DORANTE : J'étais pourtant venu pour savoir une chose; voudriez-vous bien m'en instruire, Madame?

LA COMTESSE, *se retournant* : Ah! Monsieur, je ne sais rien.

DORANTE : Vous savez celle-ci, Madame. Vous destinez-vous bientôt au Chevalier? Quand aurons-nous la joie de vous voir unis ensemble?

LA COMTESSE : Cette joie-là, vous l'aurez peut-être ce soir, Monsieur.

LE CHEVALIER : Doucément, diviné Comtesse, jé tombe en délire! jé perds haleine dé ravissément!

DORANTE : Parbleu! Chevalier, j'en suis charmé, et je t'en félicite.

LA COMTESSE, *à part* : Ah! l'indigne homme!

DORANTE, *à part* : Elle rougit!

LA COMTESSE : Est-ce là tout, Monsieur?

DORANTE : Oui, Madame.

LA COMTESSE, *au Chevalier* : Partons.

Scène XII : La Comtesse, la Marquise, le Chevalier, Dorante, Arlequin.

LA MARQUISE : Comtesse, votre jardinier m'apprend que vous êtes fâchée contre moi : je viens vous demander pardon de la faute que j'ai faite sans le savoir; et c'est pour la réparer que je vous amène ce garçon-ci. Arlequin, quand je vous ai promis Marton, j'ignorais que Madame pourrait s'en choquer, et je vous annonce que vous ne devez plus y compter.

ARLEQUIN : Eh bien! je vous donne quittance; mais on dit que Blaise est venu vous demander justice contre moi, Madame : je ne refuse pas de la faire bonne et prompte; il n'y a qu'à appeler le notaire; et s'il n'y est pas, qu'on prenne son clerc, je m'en contenterai.

LA COMTESSE, *à Dorante* : Renvoyez votre valet, Monsieur; et vous, Madame, je vous invite à lui tenir parole : je me charge même des frais de leur noce; n'en parlons plus.

DORANTE, *à Arlequin* : Va-t'en.

ARLEQUIN, *en s'en allant* : Il n'y a donc pas moyen d'esquiver Marton! C'est vous, Monsieur le Chevalier, qui êtes cause de tout ce tapage-là; vous avez mis tous nos amours sens dessus dessous. Si vous

n'étiez pas ici, moi et mon maître, nous aurions bravement tous deux épousé notre Comtesse et notre Lisette, et nous n'aurions pas votre Marquise et sa Marton sur les bras. Hi! hi! hi!

LA MARQUISE ET LE CHEVALIER *rient* : Eh! eh! eh!

LA COMTESSE, *riant aussi* : Eh! eh! Si ses extravagances vous amusent, dites-lui qu'il approche : il parle de trop loin. La jolie scène!

LE CHEVALIER : C'est démencé d'amour.

DORANTE : Retire-toi, faquin.

LA MARQUISE : Ah çà! Comtesse, sommes-nous bonnes amies à présent?

LA COMTESSE : Ah! les meilleures du monde, assurément, et vous êtes trop bonne.

DORANTE : Marquise, je vous apprends une chose, c'est que la Comtesse et le Chevalier se marient peut-être ce soir.

LA MARQUISE : En vérité?

LE CHEVALIER : Cé soir est loin encore.

DORANTE : L'impatience sied fort bien : mais si près d'une si douce aventure, on a bien des choses à se dire. Laissons-leur ces moments-ci, et allons, de notre côté, songer à ce qui nous regarde.

LA MARQUISE : Allons, Comtesse, que je vous embrasse avant de partir. Adieu, Chevalier, je vous fais mes compliments; à tantôt.

Scène XIII : Le Chevalier, la Comtesse.

LA COMTESSE : Vous êtes fort regretté, à ce que je vois, on faisait grand cas de vous.

LE CHEVALIER : Jé l'en dispense, surtout cé soir.

LA COMTESSE : Ah! c'en est trop.

LE CHEVALIER : Comment! Changez-vous d'avis?

LA COMTESSE : Un peu.

LE CHEVALIER : Qué pensez-vous?

LA COMTESSE : J'ai un dessein... il faudra que vous m'y serviez... Je vous le dirai tantôt. Ne vous inquiétez point, je vais y rêver. Adieu; ne me suivez pas... *(Elle s'en va et revient.)* Il est même nécessaire que vous ne me voyiez pas sitôt. Quand j'aurai besoin de vous, je vous en informerai.

LE CHEVALIER : Jé démeure muet : jé sens qué jé périclite. Cette femme est plus femme qu'une autre.

ACTE TROISIÈME

Scène I : Le Chevalier, Lisette, Frontin.

LE CHEVALIER : Mais dé grâce, Lisette, priez-la dé ma part que jé la voie un moment.

LISETTE : Je ne saurais lui parler, Monsieur, elle repose.

LE CHEVALIER : Ellé répose! Ellé repose donc débout?

FRONTIN : Oui, car moi qui sors de la terrasse, je viens de l'apercevoir se promenant dans la galerie.

LISETTE : Qu'importe? Chacun a sa façon de reposer. Quelle est votre méthode à vous, Monsieur?

LE CHEVALIER : Il mé paraît qué tu mé railles, Lisette.

FRONTIN : C'est ce qui me semble.

LISETTE : Non, Monsieur; c'est une question qui vient à propos, et que je vous fais tout en devisant.

LE CHEVALIER : J'ai même un petit soupçon qué tu né m'aimes pas.

FRONTIN : Je l'avais aussi, ce petit soupçon-là, mais je l'ai changé contre une grande certitude.

LISETTE : Votre pénétration n'a point perdu au change.

LE CHEVALIER : Né lé disais-je pas? Eh! pourquoi, sandis! té veux-jé du bien, pendant qué tu mé veux du mal? D'où mé vient ma disposition amicale, et qué ton cœur mé refusé lé réciproque? D'où vient qué nous différons dé sentiments?

LISETTE : Je n'en sais rien; c'est qu'apparemment il faut de la variété dans la vie.

FRONTIN : Je crois que nous sommes aussi très variés tous deux.

LISETTE : Oui, si vous m'aimez encore; sinon, nous sommes uniformes.

LE CHEVALIER : Dis-moi lé vrai : tu né mé recommandes pas à ta maîtresse?

LISETTE : Jamais qu'à son indifférence.

FRONTIN : Le service est touchant!

LE CHEVALIER : Tu mé fais donc préjudice auprés d'elle?

LISETTE : Oh! tant que je peux : mais pas autrement qu'en lui parlant contre vous; car je voudrais qu'elle ne vous aimât pas; je vous l'avoue, je ne trompe personne.

FRONTIN : C'est du moins parler cordialement.

LE CHEVALIER : Ah çà! Lisette, dévénons amis.

LISETTE : Non; faites plutôt comme moi, Monsieur, ne m'aimez pas.

LE CHEVALIER : Jé veux qué tu m'aimes, et tu m'aimeras, cadédis! tu m'aimeras; jé l'entréprends, jé mé lé promets.

LISETTE : Vous ne vous tiendrez pas parole.

FRONTIN : Ne savez-vous pas, Monsieur, qu'il y a des haines qui ne s'en vont point qu'on ne les paye? Pour cela...

LE CHEVALIER : Combien mé coûtéra lé départ dé la tienne?

LISETTE : Rien; elle n'est pas à vendre.

LE CHEVALIER *lui présente sa bourse* : Tiens, prends, et la garde, si tu veux.

LISETTE : Non, Monsieur; je vous volerais votre argent.

LE CHEVALIER : Prends, té dis-je, et mé dis seulement cé qué ta maîtresse projette.

LISETTE : Non; mais je vous dirai bien ce que je voudrais qu'elle projetât, c'est tout ce que je sais. En êtes-vous curieux?

FRONTIN : Vous nous l'avez déjà dit en plus de dix façons, ma belle.

LE CHEVALIER : N'a-t-ellé pas quelqué dessein?

LISETTE : Eh! qui est-ce qui n'en a pas? Personne n'est sans dessein; on a toujours quelque vue. Par exemple, j'ai le dessein de vous quitter, si vous n'avez pas celui de me quitter vous-même.

LE CHEVALIER : Rétirons-nous, Frontin; jé sens qué jé m'indigne. Nous réviendrons tantôt la recommander à sa maîtresse.

FRONTIN : Adieu donc, soubrette ennemie; adieu, mon petit cœur fantasque; adieu, la plus aimable de toutes les girouettes.

LISETTE : Adieu, le plus disgracié de tous les hommes. *Ils s'en vont.*

Scène II : Lisette, Arlequin.

ARLEQUIN : M'amie, j'ai beau faire signe à mon maître; il se moque de cela, il ne veut pas venir savoir ce que je lui demande.

LISETTE : Il faut donc lui parler devant la Marquise, Arlequin.

ARLEQUIN : Marquise malencontreuse! Hélas! ma fille, la bonté que j'ai eue de te rendre mon cœur ne nous profitera ni à l'un ni à l'autre. Il me sera inutile d'avoir oublié tes impertinences; le diable a entrepris de me faire épouser Marton; il n'en démordra pas; il me la garde.

LISETTE : Retourne à ton maître, et dis-lui que je l'attends ici.

ARLEQUIN : Il ne se souciera pas de ton attente.

LISETTE : Il n'y a point de temps à perdre : cependant va donc.

ARLEQUIN : Je suis tout engourdi de tristesse.

LISETTE : Allons, allons, dégourdis-toi, puisque tu m'aimes. Tiens, voilà ton maître et la Marquise qui s'approchent; tire-le à quartier [13], lui, pendant que je m'éloigne.

Elle sort.

Scène III : Dorante, Arlequin, la Marquise.

ARLEQUIN, *à Dorante* : Monsieur, venez que je vous parle.

DORANTE : Dis ce que tu me veux.

ARLEQUIN : Il ne faut pas que Madame y soit.

DORANTE : Je n'ai point de secret pour elle.

ARLEQUIN : J'en ai un qui ne veut pas qu'elle le connaisse.

LA MARQUISE : C'est donc un grand mystère?

ARLEQUIN : Oui : c'est Lisette qui demande Monsieur, et il n'est pas à propos que vous le sachiez, Madame.

LA MARQUISE : Ta discrétion est admirable! Voyez ce que c'est, Dorante; mais que je vous dise un mot auparavant. Et toi, va chercher Lisette.

Scène IV : Dorante, la Marquise.

LA MARQUISE : C'est apparemment de la part de la Comtesse?

DORANTE : Sans doute, et vous voyez combien elle est agitée.

LA MARQUISE : Et vous brûlez d'envie de vous rendre!

13. Prends-le à part.

DORANTE : Me siérait-il de faire le cruel?

LA MARQUISE : Nous touchons au terme, et nous manquons notre coup, si vous allez si vite. Ne vous y trompez point, les mouvements qu'on se donne sont encore équivoques; il n'est pas sûr que ce soit de l'amour : j'ai peur qu'on ne soit plus jalouse de moi que de votre cœur; qu'on ne médite de triompher de vous et de moi, pour se moquer de nous deux. Toutes nos mesures sont prises; allons jusqu'au contrat, comme nous l'avons résolu; ce moment seul décidera si on vous aime. L'amour a ses expressions, l'orgueil a les siennes; l'amour soupire de ce qu'il perd, l'orgueil méprise ce qu'on lui refuse : attendons le soupir ou le mépris; tenez bon jusqu'à cette épreuve, pour l'intérêt de votre amour même. Abrégez avec Lisette, et revenez me trouver.

DORANTE : Ah! votre épreuve me fait trembler! Elle est pourtant raisonnable et je m'y exposerai, je vous le promets.

LA MARQUISE : Je soutiens moi-même un personnage qui n'est pas fort agréable, et qui le sera encore moins sur ces fins-ci, car il faudra que je supplée au peu de courage que vous me montrez; mais que ne fait-on pas pour se venger? Adieu.

Elle sort.

Scène V : Dorante, Arlequin, Lisette.

DORANTE : Que me veux-tu, Lisette? Je n'ai qu'un moment à te donner. Tu vois bien que je quitte Madame la Marquise, et notre conversation pourrait être suspecte dans la conjoncture où je me trouve.

LISETTE : Hélas! Monsieur, quelle est donc cette conjoncture où vous êtes avec elle?

DORANTE : C'est que je vais l'épouser : rien que cela.

ARLEQUIN : Oh! Monsieur, point du tout.

LISETTE : Vous, l'épouser!

ARLEQUIN : Jamais.

DORANTE : Tais-toi... Ne me retiens point, Lisette : que me veux-tu?

LISETTE : Eh, doucement! donnez-vous le temps de respirer. Ah! que vous êtes changé!

ARLEQUIN : C'est cette perfide qui le fâche; mais ce ne sera rien.

LISETTE : Vous ressouvenez-vous que j'appartiens à Madame la Comtesse, Monsieur? L'avez-vous oubliée elle-même?

DORANTE : Non, je l'honore, je la respecte toujours : mais je pars, si tu n'achèves.

LISETTE : Eh bien! Monsieur, je finis. Qu'est-ce que c'est que les hommes!

DORANTE, *s'en allant* : Adieu.

ARLEQUIN : Cours après.

LISETTE : Attendez donc, Monsieur.

DORANTE : C'est que tes exclamations sur les hommes sont si mal placées, que j'en rougis pour ta maîtresse.

ARLEQUIN : Véritablement l'exclamation est effrontée avec nous; supprime-la.

LISETTE : C'est pourtant de sa part que je viens vous dire qu'elle souhaite vous parler.

DORANTE : Quoi! tout à l'heure?

LISETTE : Oui, Monsieur.

ARLEQUIN : Le plus tôt c'est le mieux.

DORANTE : Te tairas-tu, toi? Est-ce que tu es raccommodé avec Lisette?

ARLEQUIN : Hélas! Monsieur, l'amour l'a voulu, et il est le maître; car je ne le voulais pas, moi.

DORANTE : Ce sont tes affaires. Quant à moi, Lisette, dites à Madame la Comtesse que je la conjure de vouloir bien remettre notre entretien; que j'ai, pour le différer, des raisons que je lui dirai; que je lui en demande mille pardons; mais qu'elle m'approuvera elle-même.

LISETTE : Monsieur, il faut qu'elle vous parle; elle le veut.

ARLEQUIN, *se mettant à genoux* : Et voici moi qui vous en supplie à deux genoux. Allez, Monsieur, cette bonne dame est amendée; je suis persuadé qu'elle vous dira d'excellentes choses pour le renouvellement de votre amour.

DORANTE : Je crois que tu as perdu l'esprit. En un mot, Lisette, je ne saurais, tu le vois bien; c'est une entrevue qui inquiéterait la Marquise; et Madame la Comtesse est trop raisonnable pour ne pas entrer dans ce que je dis là : d'ailleurs, je suis sûr qu'elle n'a rien de fort pressé à me dire.

LISETTE : Rien, sinon que je crois qu'elle vous aime toujours.

ARLEQUIN : Et bien tendrement malgré la petite parenthèse.

DORANTE : Qu'elle m'aime toujours, Lisette! Ah! c'en serait trop, si vous parliez d'après elle; et l'envie qu'elle aurait de me voir, en ce cas-là, serait en vérité trop maligne [14]. Que Madame la Comtesse m'ait abandonné, qu'elle ait cessé de m'aimer, comme vous me l'avez dit vous-même, passe : je n'étais pas digne d'elle; mais qu'elle cherche de gaieté de cœur à m'engager dans une démarche qui me brouillerait peut-être avec la Marquise, ah! c'en est trop, vous dis-je; et je ne la verrai qu'avec la personne que je vais rejoindre.

Il s'en va.

ARLEQUIN, *le suivant* : Eh! non, Monsieur, mon cher maître, tournez à droite, ne prenez pas à gauche. Venez donc : je crierai toujours jusqu'à ce qu'il m'entende.

Scène VI : Lisette, un moment seule, la Comtesse.

LISETTE : Allons, il faut l'avouer, ma maîtresse le mérite bien.

LA COMTESSE : Eh bien! Lisette, viendra-t-il?

LISETTE : Non, Madame.

LA COMTESSE : Non!

LISETTE : Non; il vous prie de l'excuser, parce qu'il dit que cet entretien fâcherait la Marquise, qu'il va épouser.

---

14. *Maligne* a ici le sens de : nuisible, mauvaise.

LA COMTESSE : Comment? Que dites-vous? Épouser la Marquise! lui?

LISETTE : Oui, Madame, et il est persuadé que vous entrerez dans cette bonne raison qu'il apporte.

LA COMTESSE : Mais ce que tu me dis là est inouï, Lisette. Ce n'est point là Dorante! Est-ce de lui dont tu me parles?

LISETTE : De lui-même; mais de Dorante qui ne vous aime plus.

LA COMTESSE : Cela n'est pas vrai; je ne saurais m'accoutumer à cette idée-là, on ne me la persuadera pas; mon cœur et ma raison la rejettent, me disent qu'elle est fausse, absolument fausse.

LISETTE : Votre cœur et votre raison se trompent. Imaginez-vous que Dorante soupçonne que vous ne voulez le voir que pour inquiéter la Marquise et le brouiller avec elle.

LA COMTESSE : Eh! laisse là cette Marquise éternelle! Ne m'en parle non plus que si elle n'était pas au monde! Il ne s'agit pas d'elle. En vérité, cette femme-là n'est pas faite pour m'effacer de son cœur, et je ne m'y attends pas.

LISETTE : Eh! Madame, elle n'est que trop aimable.

LA COMTESSE : « Que trop! » Êtes-vous folle?

LISETTE : Du moins peut-elle plaire : ajoutez à cela votre infidélité, c'en est assez pour guérir Dorante.

LA COMTESSE : Mais, mon infidélité, où est-elle? Je veux mourir, si je l'ai jamais sentie!

LISETTE : Je la sais de vous-même. D'abord vous avez nié que c'en fût une, parce que vous n'aimiez pas Dorante, disiez-vous; ensuite vous m'avez prouvé qu'elle était innocente; enfin, vous m'en avez fait l'éloge, et si bien l'éloge, que je me suis mise à vous imiter, ce dont je me suis bien repentie depuis.

LA COMTESSE : Eh bien! mon enfant, je me trompais, je parlais d'infidélité sans la connaître.

LISETTE : Pourquoi donc n'avez-vous rien épargné de cruel pour vous ôter Dorante?

LA COMTESSE : Je n'en sais rien; mais je l'aime, et tu m'accables, tu me pénètres de douleur! Je l'ai maltraité, j'en conviens; j'ai tort, un tort affreux! Un tort que je ne me pardonnerai jamais, et qui ne mérite pas que l'on l'oublie! Que veux-tu que je te dise de plus? Je me condamne, je me suis mal conduite, il est vrai.

LISETTE : Je vous le disais bien, avant que vous m'eussiez gagnée.

LA COMTESSE : Misérable amour-propre de femme! Misérable vanité d'être aimée! Voilà ce que vous me coûtez! J'ai voulu plaire au Chevalier, comme s'il en eût valu la peine; j'ai voulu me donner cette preuve-là de mon mérite; il manquait cet honneur à mes charmes; les voilà bien glorieux! J'ai fait la conquête du Chevalier, et j'ai perdu Dorante!

LISETTE : Quelle différence!

LA COMTESSE : Bien plus; c'est que le Chevalier est un homme que je hais naturellement quand je m'écoute : un homme que j'ai toujours trouvé ridicule, que j'ai cent fois raillé moi-même, et qui me reste à la place du plus aimable homme du monde. Ah! que je suis belle à présent!

LISETTE : Ne perdez point le temps à vous affliger, Madame, Dorante ne sait pas que vous l'aimez encore. Le laissez-vous à la Marquise? Voulez-vous tâcher de le ravoir? Essayez, faites quelques démarches, puisqu'il a droit d'être fâché, et que vous êtes dans votre tort.

LA COMTESSE : Eh! que veux-tu que je fasse pour un ingrat qui refuse de me parler, Lisette? Il faut bien que j'y renonce! Est-ce là un procédé? Toi, qui dis qu'il a droit d'être fâché, voyons, Lisette, est-ce que j'ai cru le perdre? Ai-je imaginé qu'il m'abandonnerait? L'ai-je soupçonné de cette lâcheté-là? A-t-on jamais compté sur un cœur autant que j'ai compté sur le sien? Estime infinie, confiance aveugle, et tu dis que j'ai tort? Et tout homme qu'on honore de ces sentiments-là n'est pas un perfide quand il les trompe? Car je les avais, Lisette.

LISETTE : Je n'y comprends rien.

LA COMTESSE : Oui, je les avais; je ne m'embarrassais ni de ses plaintes ni de ses jalousies; je riais de ses reproches; je défiais son cœur de me manquer jamais; je me plaisais à l'inquiéter impunément; c'était là mon idée; je ne le ménageais point. Jamais on ne vécut dans une sécurité plus obligeante; je m'en applaudissais, elle faisait son éloge : et cet homme, après cela, me laisse! Est-il excusable?

LISETTE : Calmez-vous donc, Madame; vous êtes dans une désolation qui m'afflige. Travaillons à le ramener, et ne crions point inutilement contre lui. Commencez par rompre avec le Chevalier; voilà déjà deux fois qu'il se présente pour vous voir, et que le renvoie.

LA COMTESSE : J'avais pourtant dit à cet importun-là de ne point venir, que je ne le fisse avertir.

LISETTE : Qu'en voulez-vous faire?

LA COMTESSE : Oh! le haïr autant qu'il est haïssable; c'est à quoi je le destine, je t'assure : mais il faut pourtant que je le voie, Lisette; j'ai besoin de lui dans tout ceci; laisse-le venir; va même le chercher.

LISETTE : Voici mon père; sachons auparavant ce qu'il veut.

Scène VII : Blaise, la Comtesse, Lisette.

BLAISE : Morgué! Madame, savez-vous bian ce qui se passe ici? Vous avise-t-on d'un tabellion [15] qui se promène là-bas dans le jardin avec Monsieur Dorante et cette Marquise, et qui dit comme ça qu'il leur apporte un chiffon de contrat qu'ils li ont commandé, pour à celle fin qu'ils y boutent leur seing par-devant sa parsonne? Qu'est-ce que vous dites de ça, Madame? car noute fille dit que voute affection a repoussé pour Dorante; et ce tabellion est un impartinent.

LA COMTESSE : Un notaire chez moi, Lisette! Ils veulent donc se marier ici?

BLAISE : Eh! morgué! sans doute. Ils disont itou qu'il fera le contrat pour quatre; ceti-là de voute ancien

---

15. Un *tabellion* est un officier public qui faisait les fonctions de notaire dans les juridictions subalternes et seigneuriales.

amoureux avec la Marquise; celi-là de vous et du Chevalier, voute nouviau galant. Velà comme ils se gobargeont de ça; et, jarnigoi! ça me fâche. Et vous, Madame?

LA COMTESSE : Je m'y perds! C'est comme une fable!

LISETTE : Cette fable me révolte.

BLAISE : Jarnigué! cette Marquise, maugré le marquisat qu'alle a, n'en agit pas en droiture; an ne friponne pas les amoureux d'une parsonne de voute sorte : et dans tout ça il n'y a qu'un mot qui sarve; Madame n'a qu'à dire, mon râtiau est tout prêt, et, jarnigué! j'allons vous ratisser ce biau notaire et sa paperasse ni pus ni moins que mauvaise harbe.

LA COMTESSE : Lisette, parle donc! Tu ne me conseilles rien. Je suis accablée! Ils vont s'épouser ici, si je n'y mets ordre. Il n'est plus question de Dorante; tu sens bien que je le déteste : mais on m'insulte.

LISETTE : Ma foi, Madame, ce que j'entends là m'indigne à mon tour; et à votre place, je me soucierais si peu de lui, que je le laisserais faire.

LA COMTESSE : Tu le laisserais faire! Mais si tu l'aimais, Lisette?

LISETTE : Vous dites que vous le haïssez!

LA COMTESSE : Cela n'empêche pas que je ne l'aime. Et dans le fond, pourquoi le haïr? Il croit que j'ai tort, tu me l'as dit toi-même, et tu avais raison; je l'ai abandonné la première : il faut que je le cherche et que je le désabuse.

BLAISE : Morgué! Madame, j'ons vu le temps qu'il me chérissait : estimez-vous que je sois bon pour li parler?

LA COMTESSE : Je suis d'avis de lui écrire un mot, Lisette, et que ton père aille lui rendre ma lettre à l'insu de la Marquise.

LISETTE : Faites, Madame.

LA COMTESSE : A propos de lettre, je ne songeais pas que j'en ai une sur moi que je lui écrivais tantôt, et que tout ceci me faisait oublier. Tiens, Blaise, va, tâche de la lui rendre sans que la Marquise s'en aperçoive.

BLAISE : N'y aura pas d'apercevance : stapendant qu'il lira voute lettre je la renforcerons de queuque remontration [16].

Il s'en va.

Scène VIII : Frontin, le Chevalier, Lisette, la Comtesse.

LE CHEVALIER : Eh! donc, ma Comtessé, qué devient l'amour? A quoi pensé lé cœur? Est-ce ainsi qué vous m'avertissez de venir? Quel est lé motif dé l'absence qué vous m'avez ordonnée? Vous né me mandez pas, vous mé laissez en langueur; jé mé mande moi-même.

LA COMTESSE : J'allais vous envoyez chercher, Monsieur.

LE CHEVALIER : Lé messager m'a paru tardif. Qué déterminez-vous? Nos gens vont sé marier, le contrat sé passe actuellement. N'userons-nous pas dé la commodité du notaire? Ils mé délèguent pour vous y inviter. Ratifiez mon impatience; songez qué l'amour gémit

d'attendre, qué les bésoins du cœur sont pressés, qué les instants sont précieux, qué vous m'en dérobez d'irréparables, et qué jé meurs. Expédions.

LA COMTESSE : Non, Monsieur le Chevalier, ce n'est pas mon dessein.

LE CHEVALIER : Nous n'épousérons pas?

LA COMTESSE : Non.

LE CHEVALIER : Qu'est-ce à dire « non »?

LA COMTESSE : Non signifie non : je veux vous raccommoder avec la Marquise.

LE CHEVALIER : Avec la Marquise! Mais c'est vous qué j'aime, Madame!

LA COMTESSE : Mais c'est moi qui ne vous aime point, Monsieur; je suis fâchée de vous le dire si brusquement; mais il faut bien que vous le sachiez.

LE CHEVALIER : Vous mé raillez, sandis!

LA COMTESSE : Je vous parle très sérieusement.

LE CHEVALIER : Ma Comtessé, finissons; point dé badinage avec un cœur qui va périr d'épouvante.

LA COMTESSE : Vous devez vous être aperçu de mes sentiments. J'ai toujours différé le mariage dont vous parlez, vous le savez bien. Comment n'avez-vous pas senti que je n'avais pas envie de conclure?

LE CHEVALIER : Lé comble dé mon bonheur, vous l'avez rémis à cé soir.

LA COMTESSE : Aussi le comble de votre bonheur peut-il ce soir arriver de la part de la Marquise. L'avez-vous vue, comme je vous l'ai recommandé tantôt?

LE CHEVALIER : Récommandé! Il n'en a pas été question, cadédis!

LA COMTESSE : Vous vous trompez; Monsieur, je crois vous l'avoir dit.

LE CHEVALIER : Mais, la Marquise et lé Chevalier, qu'ont-ils à démêler ensemble?

LA COMTESSE : Ils ont à s'aimer tous deux, de même qu'ils s'aimaient, Monsieur. Je n'ai point d'autre parti à vous offrir que de retourner à elle, et je me charge de vous réconcilier.

LE CHEVALIER : C'est uné vapeur qui passe.

LA COMTESSE : C'est un sentiment qui durera toujours.

LISETTE : Je vous le garantis éternel.

LE CHEVALIER : Frontin, où en sommes-nous?

FRONTIN : Mais, à vue de pays [17], nous en sommes à rien. Ce chemin-là n'a pas l'air de nous mener au gîte.

LISETTE : Si fait, par ce chemin-là vous pouvez vous en retourner chez vous.

LE CHEVALIER : Partirai-je, Comtesse? Séra-ce lé résultat?

LA COMTESSE : J'attends réponse d'une lettre; vous saurez le reste quand je l'aurai reçue : différez votre départ jusque-là.

Scène IX : Arlequin et les acteurs précédents.

ARLEQUIN : Madame, mon maître et Madame la Marquise envoient savoir s'ils ne vous importuneront

---

16. Remontrance.

17. On dit juger des choses *à vue de pays* pour dire : juger des choses en gros et sans entrer dans le détail.

pas : ils viennent vous prononcer votre arrêt et le mien ; car je n'épouserai point Lisette, puisque mon maître ne veut pas de vous.

LA COMTESSE : Je les attends... *(A Lisette.)* Il faut qu'il n'ait pas reçu ma lettre. Lisette.

ARLEQUIN : Ils vont entrer, car ils sont à la porte.

LA COMTESSE : Ce que je vais leur dire va vous mettre au fait, Chevalier ; et ce ne sera point ma faute, si vous n'êtes pas content.

LE CHEVALIER : Allons, jé suis dupe ; c'est être au fait.

Scène X : La Marquise,
Dorante, la Comtesse, le Chevalier,
Frontin, Arlequin,
Lisette.

LA MARQUISE : Eh bien, Madame ! je ne vois rien encore qui nous annonce un mariage avec le Chevalier : quand vous proposez-vous donc d'achever son bonheur ?

LA COMTESSE : Quand il vous plaira, Madame ; c'est vous à qui je le demande : son bonheur est entre vos mains ; vous en êtes l'arbitre.

LA MARQUISE : Moi, Comtesse ? Si je le suis, vous l'épouserez dès aujourd'hui, et vous nous permettrez de joindre notre mariage au vôtre.

LA COMTESSE : Le vôtre ! avec qui donc, Madame ? Arrive-t-il quelqu'un pour vous épouser ?

LA MARQUISE, *montrant Dorante* : Il n'arrivera pas de bien loin, puisque le voilà.

DORANTE : Oui, Comtesse, Madame me fait l'honneur de me donner sa main ; et comme nous sommes chez vous, nous venons vous prier de permettre qu'on nous y unisse.

LA COMTESSE : Non, Monsieur, non : l'honneur serait très grand, très flatteur ; mais j'ai lieu de penser que le ciel vous réserve un autre sort.

LE CHEVALIER : Nous avons changé votre économie : jé tombé dans lé lot dé Madame la Marquise, et Madame la Comtessé tombé dans lé tien.

LA MARQUISE : Oh ! nous resterons comme nous sommes.

LA COMTESSE : Laissez-moi parler, Madame, je demande audience : écoutez-moi. Il est temps de vous désabuser, Chevalier : vous avez cru que je vous aimais ; l'accueil que je vous ai fait a pu même vous le persuader ; mais cet accueil vous trompait, il n'en était rien : je n'ai jamais cessé d'aimer Dorante, et ne vous ai souffert que pour éprouver son cœur. Il vous en a coûté des sentiments pour moi ; vous m'aimez, et j'en suis fâchée : mais votre amour servait à mes desseins. Vous avez à vous plaindre de lui, Marquise, j'en conviens : son cœur s'est un peu distrait de la tendresse qu'il vous devait ; mais il faut tout dire. La faute qu'il a faite est excusable, et je n'ai point à tirer vanité de vous l'avoir dérobé pour quelque temps ; ce n'est point à mes charmes qu'il a cédé, c'est à mon adresse : il ne me trouvait pas plus aimable que vous ; mais il m'a crue plus prévenue, et c'est un grand appât. Quant à vous, Dorante, vous m'avez assez mal payée d'une épreuve aussi tendre : la délicatesse de sentiments qui m'a

persuadée de la faire n'a pas lieu d'être trop satisfaite ; mais peut-être le parti que vous avez pris vient-il plus de ressentiment que de médiocrité d'amour : j'ai poussé les choses un peu loin ; vous avez pu y être trompé ; je ne veux point vous juger à la rigueur [18] ; je ferme les yeux sur votre conduite, et je vous pardonne.

LA MARQUISE, *riant* : Ah ! ah ! ah ! Je pense qu'il n'est plus temps, Madame, du moins je m'en flatte ; ou bien, si vous m'en croyez, vous serez encore plus généreuse ; vous irez jusqu'à lui pardonner les nœuds qui vont nous unir.

LA COMTESSE : Et moi, Dorante, vous me perdez pour jamais si vous hésitez un instant.

LE CHEVALIER : Jé démande audience : jé perds Madame la Marquise, et j'aurais tort dé m'en plaindre ; jé mé suis trouvé défaillant dé fidélité, jé né sais comment, car lé mérite dé Madame m'en fournissait abondance, et c'est un malheur qui mé passe ! En un mot, jé suis infidèle, jé m'en accuse ; mais jé suis vrai, jé m'en vante. Il né tient qu'à moi d'user dé réprésaille, et dé dire à Madame la Comtesse : Vous mé trompiez, jé vous trompais. Mais jé né suis qu'un homme, et jé n'aspire pas à cé dégré dé finesse et d'industrie. Voici lé compté juste ; vous avez contrefait dé l'amour, dites-vous, Madame ; jé n'en valais pas davantage ; mais votre estime a surpassé mon prix. Né rétranchez rien du fatal honneur qué vous m'avez fait : jé vous aimais, vous mé lé rendiez cordialement.

LA COMTESSE : Du moins l'avez-vous cru.

LE CHEVALIER : J'achève : jé vous aimais, un peu moins qué Madame. Jé m'explique : elle avait dé mon cœur une possession plus complète, jé l'adorais ; mais jé vous aimais, sandis ! passablement, avec quelque réminiscence pour elle. Oui, Dorante, nous étions dans le tendre. Laissé là l'histoire qu'on té fait, mon ami ; il fâche Madame qué tu la désertes, qué ses appas restent inférieurs ; sa gloire crie, té rédémande, fait la sirène ; qué son chant té trouve sourd. *(Montrant la Marquise.)* Prends un régard dé ces beaux yeux pour lé servir d'antidote ; demeure avec cet objet qué l'amour venge dans mon cœur : jé lé dis à regret, jé disputérais Madame dé tout mon sang, s'il m'appartenait d'entrer en dispute ; posséde-là, Dorante, bénis lé ciel du bonheur qu'il t'accorde. Dé toutes les épouses, la plus estimable, la plus digne dé respect et d'amour, c'est toi qui la tiens ; dé toutes les pertes, la plus immense, c'est moi qui la fais ; dé tous les hommes, lé plus ingrat, lé plus déloyal, en même temps lé plus imbécile, c'est lé malheureux qui té parle.

LA MARQUISE : Je n'ajouterai rien à la définition ; tout y est.

LA COMTESSE : Je ne daigne pas répondre à ce que vous dites sur mon compte, Chevalier : c'est le dépit qui vous l'arrache, et je vous ai dit mes intentions, Dorante ; qu'il n'en soit plus parlé, si vous ne les méritez pas.

LA MARQUISE : Nous nous aimons de bonne foi : il n'y a plus de remède, Comtesse, et deux personnes qu'on oublie ont bien droit de prendre parti [19] ailleurs. Tâchez tous deux de nous oublier encore : vous savez

18. Avec rigueur. — 19. Se marier.

comment cela se fait, et cela vous doit être plus aisé
cette fois-ci que l'autre. *(Au notaire.)* Approchez,
Monsieur. Voici le contrat qu'on nous apporte à signer.
Dorante, priez Madame de vouloir bien l'honorer de sa
signature.

LA COMTESSE : Quoi! si tôt?

LA MARQUISE : Oui, Madame, si vous nous le permettez.

LA COMTESSE : C'est Dorante, à qui je parle Madame.

DORANTE : Oui, Madame.

LA COMTESSE : Votre contrat avec la Marquise?

DORANTE : Oui, Madame.

LA COMTESSE : Je ne l'aurais pas cru!

LA MARQUISE : Nous espérons même que le vôtre
accompagnera celui-ci. Et vous, Chevalier, ne signe-
rez-vous pas?

LE CHEVALIER : Jé né sais plus écrire.

LA MARQUISE, *au notaire* : Présentez la plume à
Madame, Monsieur.

LA COMTESSE, *vite* : Donnez... *(Elle signe et jette la
plume après.)* Ah! perfide!

Elle tombe dans les bras de Lisette.

DORANTE, *se jetant à ses genoux* : Ah! ma chère
Comtesse!

LA MARQUISE : Rendez-vous à présent; vous êtes aimé,
Dorante.

ARLEQUIN : Quel plaisir, Lisette!

LISETTE : Je suis contente.

LA COMTESSE : Quoi! Dorante à mes genoux?

DORANTE : Et plus pénétré d'amour qu'il ne le fut
jamais.

LA COMTESSE : Levez-vous. Dorante m'aime donc
encore?

DORANTE : Et n'a jamais cessé de vous aimer.

LA COMTESSE : Et la Marquise?

DORANTE : C'est elle à qui je devrai votre cœur, si vous
me le rendez, Comtesse; elle a tout conduit.

LA COMTESSE : Ah! je respire! Que de chagrin vous
m'avez donné! Comment avez-vous pu feindre si
longtemps?

DORANTE : Je ne l'ai pu qu'à force d'amour; j'espérais de regagner ce que j'aime.

LA COMTESSE, *avec force* : Eh! où est la Marquise, que
je l'embrasse?

LA MARQUISE, *s'approchant et l'embrassant* : La voilà,
Comtesse. Sommes-nous bonnes amies?

LA COMTESSE : Je vous ai l'obligation d'être heureuse
et raisonnable.

Dorante baise la main de la Comtesse.

LA MARQUISE : Quant à vous, Chevalier, je vous
conseille de porter votre main ailleurs; il n'y a pas
d'apparence que personne vous en défasse ici.

LA COMTESSE : Non, Marquise, j'obtiendrai sa grâce;
elle manquerait à ma joie et au service que vous m'avez
rendu.

LA MARQUISE : Nous verrons dans six mois.

LE CHEVALIER : Jé né vous démandais qu'un termé; lé
reste est mon affaire.

Ils s'en vont.

Scène XI : *Frontin,*
Lisette, Blaise, Arlequin.

FRONTIN : Épousez-vous Arlequin, Lisette?

LISETTE : Le cœur me dit que oui.

ARLEQUIN : Le mien opine de même.

BLAISE : Et ma volonté se met par-dessus ça.

FRONTIN : Eh bien! Lisette, je vous donne six mois
pour revenir à moi.

LA MÉPRISE

Sans doute est-ce pour fournir aux Italiens un lever de rideau que Marivaux écrivit à la hâte la Méprise. *En 1734, il a bien d'autres sujets de préoccupation que le théâtre : la première feuille du* Cabinet du Philosophe *a paru en janvier et la publication s'en poursuivra, à concurrence de onze feuilles, jusqu'à la fin de l'année. C'est aussi en janvier 1734 que Marivaux publie la seconde partie de sa* Vie de Marianne *dont la première datait déjà de près de trois ans. Enfin, en mai 1734, c'est un autre roman qu'il jette sur le marché :* le Paysan parvenu, *dont les cinq parties, les seules qui soient de sa plume, paraîtront en moins d'un an.*

Les attaques ne manquent pas non plus : de Buffon à Voltaire en passant par Crébillon fils, on ne se lasse d'ironiser aux dépens de cet auteur dont « les petits esprits et les précieux apprécieront les réflexions et le style » (Buffon).

Dans la Méprise, *Marivaux se contente de reprendre l'argument, souvent exploité depuis Plaute, des Ménech-mes. Mais au lieu de personnages masculins, ce sont des jeunes filles qu'il met en scène : Hortense et Clarice, deux sœurs, qui ont les mêmes habits et portent les mêmes masques.*

Certes, la Méprise *est, comme le remarquent Fournier et Bastide, « un badinage et un divertissement plutôt qu'une comédie ». Marivaux ne s'est guère préoccupé de mettre au point l'intrigue compliquée qu'un tel sujet, avec sa succession de quiproquos obligés, supposait. Sa* Méprise *rompt avec la tradition de la farce. Marivaux y a plutôt trouvé le prétexte d'une rêverie sur la duplicité naturelle de l'amour.*

Après avoir reçu un accueil réservé du public, lors de sa création, le 16 août 1734, à l'Hôtel de Bourgogne (où elle n'alla pas au-delà de la troisième représentation), la Méprise *est tombée dans un injuste discrédit : son inscription au répertoire de la Comédie-Française ne date en effet que de 1959.*

ACTEURS

HORTENSE; CLARICE, *sœur d'Hortense*; LISETTE, *suivante de Clarice*; ERGASTE ; FRONTIN, *valet d'Ergaste*; ARLEQUIN, *valet d'Hortense.*

LA SCÈNE EST DANS UN JARDIN.

Scène I : Frontin, Ergaste.

FRONTIN : Je vous dis, Monsieur, que je l'attends ici, je vous dis qu'elle s'y rendra, que j'en suis sûr, et que j'y compte, comme si elle y était déjà.

ERGASTE : Et moi, je n'en crois rien.

FRONTIN : C'est que vous ne savez pas ce que je vaux; mais une fille ne s'y trompera pas : j'ai vu la friponne jeter sur moi de certains regards, qui n'en demeureront pas là, qui auront des suites; vous le verrez.

ERGASTE : Nous n'avons vu la maîtresse et la suivante qu'une fois; encore, ce fut par un coup du hasard que nous les rencontrâmes hier dans cette promenade-ci; elles ne furent avec nous qu'un instant; nous ne les connaissons point; de ton propre aveu, la suivante ne te répondit rien quand tu lui parlas : quelle apparence y a-t-il qu'elle ait fait la moindre attention à ce que tu lui dis?

FRONTIN : Mais, Monsieur, faut-il encore vous répéter que ses yeux me répondirent? N'est-ce rien que des yeux qui parlent? Ce qu'ils disent est encore plus sûr que des paroles. « Mon maître en tient pour votre maîtresse, lui dis-je tout bas en me rapprochant d'elle; son cœur est pris, c'est autant de perdu; celui de votre maîtresse me paraît bien aventuré, j'en crois la moitié partie, et l'autre en l'air. Du mien, vous n'en avez pas fait à deux fois; vous me l'avez expédié d'un coup d'œil; en un mot, ma charmante, je t'adore : nous reviendrons demain ici, mon maître et moi, à pareille heure, ne manque point d'y mener ta maîtresse, afin qu'on donne la dernière main à cet amour-ci, qui n'a peut-être pas toutes ses façons [1]; moi, je m'y rendrai une heure avant mon maître; et tu entends bien que c'est t'inviter d'en faire autant; car il sera bon de nous parler sur tout ceci, n'est-ce pas? Nos cœurs ne seront pas fâchés de se connaître un peu plus à fond; qu'en penses-tu, ma poule? Y viendras-tu? »

ERGASTE : A cela nulle réponse?

FRONTIN : Vous m'excuserez.

ERGASTE : Quoi! Elle parla donc?

FRONTIN : Non.

---

1. Qui n'est peut-être pas encore achevé.

ERGASTE : Que veux-tu donc dire?

FRONTIN : Comme il faut du temps pour dire des paroles et que nous étions très pressés, elle mit, ainsi que je vous l'ai dit, des regards à la place des mots, pour aller plus vite; et se tournant de mon côté avec une douceur infinie : « Oui, mon fils, me dit-elle, sans ouvrir la bouche, je m'y rendrai, je te le promets; tu peux compter là-dessus; viens-y en pleine confiance, et tu m'y trouveras. » Voilà ce qu'elle me dit; et que je vous rends mot pour mot, comme je l'ai traduit d'après ses yeux.

ERGASTE : Va, tu rêves.

FRONTIN : Enfin je l'attends; mais vous, Monsieur, pensez-vous que la maîtresse veuille revenir?

ERGASTE : Je n'ose m'en flatter, et cependant je l'espère un peu. Tu sais bien que notre conversation fut courte; je lui rendis le gant qu'elle avait laissé tomber; elle me remercia d'une manière très obligeante de la vitesse avec laquelle j'avais couru pour le ramasser, et se démasqua en me remerciant. Que je la trouvai charmante! Je croyais, lui dis-je, partir demain, et voici la première fois que je me promène ici; mais le plaisir d'y rencontrer ce qu'il y a de plus beau dans le monde, m'y ramènera plus d'une fois.

FRONTIN : Le plaisir d'y rencontrer! Pourquoi ne pas dire l'espérance? Ç'aurait été indiquer adroitement un rendez-vous pour le lendemain.

ERGASTE : Oui; mais ce rendez-vous indiqué l'aurait peut-être empêchée d'y revenir par raison de fierté; au lieu qu'en ne parlant que du plaisir de la revoir, c'était simplement supposer qu'elle vient ici tous les jours, et lui dire que j'en profiterais, sans rien m'attribuer de la démarche qu'elle ferait en y venant.

FRONTIN, *regardant derrière lui* : Tenez, tenez, Monsieur; suis-je un bon traducteur du langage des œillades? Eh! direz-vous que je rêve? Voyez-vous cette figure tendre et solitaire, qui se promène là-bas en attendant la mienne?

ERGASTE : Je crois que tu as raison, et que c'est la suivante.

FRONTIN : Je l'aurais défiée d'y manquer; je m'y connais. Retirez-vous, Monsieur; ne gênez point les intentions de ma belle. Promenez-vous d'un autre côté, je vais m'instruire de tout, et j'irai vous rejoindre.

Scène II : Lisette, Frontin.

FRONTIN, *en riant* : Eh! eh! bonjour, chère enfant; reconnaissez-moi, me voilà, c'est le véritable.

LISETTE : Que voulez-vous, Monsieur le Véritable? Je ne cherche personne ici, moi.

FRONTIN : Oh! que si : vous me cherchiez, je vous cherchais; vous me trouvez, je vous trouve; et je défie que nous trouvions mieux. Comment vous portez-vous?

LISETTE, *faisant la révérence* : Fort bien. Et vous, Monsieur?

FRONTIN : A merveille. Voilà des appas dans la compagnie de qui il serait difficile de se porter mal.

LISETTE : Vous êtes aussi galant que familier.

FRONTIN : Et vous, aussi ravissante qu'hypocrite; mettons bas les façons, vivons à notre aise. Tiens, je

t'aime, je te l'ai déjà dit, et je le répète; tu m'aimes, tu ne me l'as pas dit, mais je n'en doute pas; donne-moi donc le plaisir de me le dire, tu me le répéteras après, et nous serons tous deux aussi avancés l'un que l'autre.

LISETTE : Tu ne doutes pas que je ne t'aime, dis-tu?

FRONTIN : Entre nous, ai-je tort d'en être sûr? Une fille comme toi manquerait-elle de goût? Là, voyons; regarde-moi pour vérifier la chose; tourne encore sur moi cette prunelle friande que tu avais hier, et qui m'a laissé pour toi le plus tendre appétit du monde. Tu n'oses, tu rougis. Allons, m'amour, point de quartier; finissons cet article-là.

LISETTE, *d'un ton tendre* : Laisse-moi.

FRONTIN : Non; ta fierté se meurt; je ne la quitte pas que je ne l'aie achevée.

LISETTE : Dès que tu as deviné que je te plais, n'est-ce pas assez? Je ne t'en apprendrai pas davantage.

FRONTIN : Il est vrai, tu ne feras rien pour mon instruction; mais il manque à ma gloire le ragoût [2] de te l'entendre dire.

LISETTE : Tu veux donc que je la régale aux dépens de la mienne?

FRONTIN : La tienne! Eh! palsambleu, je t'aime; que lui faut-il de plus?

LISETTE : Mais... je ne te hais pas.

FRONTIN : Allons, allons, tu me voles, il n'y a pas là ce qui m'est dû; fais-moi mon compte.

LISETTE : Tu me plais.

FRONTIN : Tu me retiens encore quelque chose, il n'y a pas là ma somme.

LISETTE : Eh bien! donc... je t'aime.

FRONTIN : Me voilà payé avec un *bis*.

LISETTE : Le *bis* viendra dans le cours de la conversation, fais-m'en crédit, pour à présent; ce serait trop de dépense à la fois.

FRONTIN : Oh! ne crains pas la dépense; je mettrai ton cœur en fonds; va, ne t'embarrasse pas.

LISETTE : Parlons de nos maîtres. Premièrement, qui êtes-vous, vous autres?

FRONTIN : Nous sommes des gens de condition qui retournons à Paris, et de là à la Cour, qui nous trouve à redire [3]; nous revenons d'une terre que nous avons dans le Dauphiné; et en passant, un de nos amis nous a arrêtés à Lyon, d'où il nous a menés à cette campagne-ci, où deux paires de beaux yeux nous raccrochèrent hier, pour autant de temps qu'il leur plaira.

LISETTE : Où sont-ils, ces beaux yeux?

FRONTIN : En voilà deux ici; ta maîtresse a les deux autres.

LISETTE : Que fait ton maître?

FRONTIN : La guerre, quand les ennemis du Roi nous raisonnent [4].

LISETTE : C'est-à-dire qu'il est officier. Et son nom?

FRONTIN : Le marquis Ergaste; et moi, le chevalier Frontin, comme cadet de deux frères que nous sommes.

---

2. Le *ragoût* est ce qui excite, irrite le désir.
3. D'après Fournier et Bastide, il faut comprendre : qui regrette notre départ, notre absence.
4. *Raisonner* a ici le sens de : répliquer au lieu de recevoir docilement des ordres ou des réprimandes.

LISETTE : Ergaste? ce nom-là est connu; et tout ce que tu me dis là nous convient assez.

FRONTIN : Quand les minois se conviennent, le reste s'ajuste. Mais voyons, mes enfants, qui êtes-vous à votre tour?

LISETTE : En premier lieu, nous sommes belles.

FRONTIN : On le sent encore mieux qu'on ne le voit.

LISETTE : Ah! le compliment vaut une révérence.

FRONTIN : Passons, passons, ne te pique point de payer mes compliments ce qu'ils valent; je te ruinerais en révérences, et je te cajole *gratis*. Continuons : vous êtes belles; après?

LISETTE : Nous sommes orphelines.

FRONTIN : Orphelines? Expliquons-nous; l'amour en fait quelquefois, des orphelins; êtes-vous de sa façon? Vous êtes assez aimables pour cela.

LISETTE : Non, impertinent! Il n'y a que deux ans que nos parents sont morts; gens de condition aussi, qui nous ont laissées très riches.

FRONTIN : Voilà de fort bons procédés.

LISETTE : Ils ont eu pour héritières deux filles qui vivent ensemble dans un accord qui va jusqu'à s'habiller l'une comme l'autre, ayant toutes deux presque le même son de voix, toutes deux blondes et charmantes, et qui se trouvent si bien de leur état, qu'elles ont fait serment de ne point se marier, et de rester filles.

FRONTIN : Ne point se marier fait un article; rester filles en fait un autre.

LISETTE : C'est la même chose.

FRONTIN : Oh que non! Quoi qu'il en soit, nous protestons contre l'un ou l'autre de ces deux serments-là; celle que nous aimons n'a qu'à choisir, et voir celui qu'elle veut rompre; comment s'appelle-t-elle?

LISETTE : Clarice; c'est l'aînée, et celle à qui je suis.

FRONTIN : Que dit-elle de mon maître? Depuis qu'elle l'a vu, comment va son vœu de rester fille?

LISETTE : Si ton maître s'y prend bien, je ne crois pas qu'il se soutienne; le goût du mariage l'emportera.

FRONTIN : Voyez le grand malheur! Combien y a-t-il de ces vœux-là qui se rompent à meilleur marché! Eh! dis-moi, mon maître l'attend ici; va-t-elle venir?

LISETTE : Je n'en doute pas.

FRONTIN : Sera-t-elle encore masquée?

LISETTE : Oui; en ce pays-ci c'est l'usage en été, quand on est à la campagne, à cause du hâle et de la chaleur. Mais n'est-ce pas là Ergaste que je vois là-bas?

FRONTIN : C'est lui-même.

LISETTE : Je te quitte donc : informe-le de tout; encourage son amour. Si ma maîtresse devient sa femme, je me charge de t'en fournir une.

FRONTIN : Eh! me la fourniras-tu en conscience?

LISETTE : Impertinent! je te conseille d'en douter!

FRONTIN : Oh! le doute est de bon sens; tu es si jolie!

Scène III : Ergaste, Frontin.

ERGASTE : Eh bien! que dit la suivante?

FRONTIN : Ce qu'elle dit? Ce que j'ai toujours prévu : que nous triomphons, qu'on est rendu, et que, quand il nous plaira, le notaire nous dira le reste.

ERGASTE : Comment? Est-ce que sa maîtresse lui a parlé de moi?

FRONTIN : Si elle en a parlé! On ne tarit point, tous les échos du pays nous connaissent, on languit, on soupire, on demande quand nous finirons; peut-être qu'à la fin du jour on nous sommera d'épouser : c'est ce que j'en puis juger sur les discours de Lisette, et la chose vaut la peine qu'on y pense. Clarice, fille de qualité, d'un côté; Lisette, fille de condition [5], de l'autre; cela est bon : la race des Frontins et des Ergastes ne rougira point de leur devoir son entrée dans le monde, et de leur donner la préférence.

ERGASTE : Il faut que l'amour t'ait tourné la tête; explique-toi donc mieux! Aurais-je le bonheur de ne pas déplaire à Clarice?

FRONTIN : Eh! Monsieur, comment vous expliquez-vous vous-même? Vous parlez d'un ton suppliant : et c'est à nous à qui on présente requête. Je vous félicite, au reste; vous avez dans votre victoire un accident glorieux que je n'ai pas dans la mienne; on avait juré de garder le célibat, vous triomphez du serment. Je n'ai point cet honneur-là, moi; je ne triomphe que d'une fille qui n'avait juré de rien.

ERGASTE : Eh! dis-moi naturellement si l'on a du penchant pour moi.

FRONTIN : Oui, Monsieur! la vérité toute pure est que je suis adoré, parce qu'avec moi cela va un peu vite, et que vous êtes à la veille de l'être; et je vous le prouve, car voilà votre future idolâtre qui vous cherche.

ERGASTE : Écarte-toi.

Scène IV : Ergaste, Hortense, Frontin, éloigné.

Hortense, quand elle entre sur le théâtre, tient son masque à la main pour être connue du spectateur, et puis le met sur son visage dès que Frontin tourne la tête et l'aperçoit. Elle est vêtue comme l'était ci-devant la dame de qui Ergaste a dit avoir ramassé le gant le jour d'auparavant, et c'est la sœur de cette dame.

HORTENSE, *traversant le théâtre* : N'est-ce pas là ce cavalier que je vis hier ramasser le gant de ma sœur? Je n'en ai guère vu de si bien fait. Il me regarde; j'étais hier démasquée avec cet habit-ci, et il me reconnaît, sans doute.

Elle marche comme en se retirant.

ERGASTE *l'aborde, la salue, et la prend pour l'autre, à cause de l'habit et du masque* : Puisque le hasard vous offre encore à mes yeux, Madame, permettez que je ne perde pas le bonheur qu'il me procure. Que mon action ne vous irrite point; ne la regardez pas comme un manque de respect pour vous; le mien est infini, j'en suis pénétré : jamais on ne craignit tant de déplaire; mais jamais cœur en même temps ne fut forcé de céder à une passion ni si soumise, ni si tendre.

HORTENSE : Monsieur, je ne m'attendais pas à cet

5. La *qualité* signifie la noblesse de l'extraction, l'état, la condition d'une personne noble. En revanche, *condition* a ici un autre sens que dans l'expression : *personne de condition* et indique l'état de domestique.

abord-là : et quoique vous m'ayez vue hier ici, comme en effet j'y étais, et démasquée, cette façon de se voir n'établit entre nous aucune connaissance, surtout avec les personnes de mon sexe; ainsi, vous voulez bien que l'entretien finisse.

ERGASTE : Ah! Madame, arrêtez, de grâce, et ne me laissez point en proie à la douleur de croire que je vous ai offensée; la joie de vous retrouver ici m'a égaré, j'en conviens; je dois vous paraître coupable d'une hardiesse que je n'ai pourtant point; car je n'ai su ce que je faisais, et je tremble devant vous à présent que je vous parle.

HORTENSE : Je ne puis vous écouter.

ERGASTE : Voulez-vous ma vie en réparation de l'audace dont vous m'accusez? Je vous l'apporte, elle est à vous; mon sort est entre vos mains; je ne saurais plus vivre si vous me rebutez.

HORTENSE : Vous, Monsieur?

ERGASTE : J'explique ce que je sens, Madame; je me donnai hier à vous; je vous consacrai mon cœur, je conçus le dessein d'obtenir grâce du vôtre, et je mourrai, s'il me la refuse. Jugez si un manque de respect est compatible avec de pareils sentiments.

HORTENSE : Vos expressions sont vives et pressantes, assurément; il est difficile de rien dire de plus fort. Mais, enfin, plus j'y pense, et plus je vois qu'il faut que je me retire, Monsieur; il n'y a pas moyen de se prêter plus longtemps à une conversation comme celle-ci, et je commence à avoir plus de tort que vous.

ERGASTE : Eh! de grâce, Madame, encore un mot qui décide de ma destinée, et je finis : me haïssez-vous?

HORTENSE : Je ne dis pas cela, je ne pousse point les choses jusque-là, elles ne le méritent pas. Sur quoi voudriez-vous que fût fondée ma haine? Vous m'êtes inconnu, Monsieur, attendez donc que je vous connaisse.

ERGASTE : Me sera-t-il permis de chercher à vous être présenté, Madame?

HORTENSE : Vous n'aviez qu'un mot à me dire tout à l'heure, vous me l'avez dit, et vous continuez, Monsieur. Achevez donc, ou je m'en vais; car il n'est pas dans l'ordre que je reste.

ERGASTE : Ah! je suis au désespoir! Je vous entends : vous ne voulez pas que je vous voie davantage!

HORTENSE : Mais en vérité, Monsieur, après m'avoir appris que vous m'aimez, me conseillerez-vous de vous dire que je veux bien que vous me voyiez? Je ne pense pas que cela m'arrive. Vous m'avez demandé si je vous haïssais; je vous ai répondu que non; en voilà bien assez, ce me semble; n'imaginez pas que j'aille plus loin. Quant aux mesures que vous pouvez prendre pour vous mettre en état de me voir avec un peu plus de décence qu'ici, ce sont vos affaires. Je ne m'opposerai point à vos desseins; car vous trouverez bon que je les ignore, et il faut même que cela soit ainsi : un homme comme vous a des amis, sans doute, et n'aura pas besoin d'être aidé pour se produire.

ERGASTE : Hélas! Madame, je m'appelle Ergaste; je n'ai d'amis ici que le comte de Belfort, qui m'arrêta hier comme j'arrivais du Dauphiné, et qui me mena sur-le-champ dans cette campagne-ci.

HORTENSE : Le comte de Belfort, dites-vous? Je ne savais pas qu'il fût ici. Nos maisons sont voisines; apparemment qu'il nous viendra voir; et c'est donc chez lui que vous êtes actuellement, Monsieur?

ERGASTE : Oui, Madame. Je le laissai hier donner quelques ordres après dîner, et je vins me promener dans les allées de ce petit bois, où j'aperçus du monde; je vous y vis, vous vous y démasquâtes un instant; et dans cet instant vous devîntes l'arbitre de mon sort. J'oubliai que je retournais à Paris; j'oubliai jusqu'à un mariage avantageux qu'on m'y ménageait, auquel je renonce, et que j'allais conclure avec une personne à qui rien ne me liait qu'un simple rapport de condition de fortune.

HORTENSE : Dès que ce mariage vous est avantageux, la partie se renouera; la dame est aimable, sans doute, et vous ferez vos réflexions.

ERGASTE : Non, Madame; mes réflexions sont faites, et, je le répète encore, je ne vivrai que pour vous, ou je ne vivrai pour personne; trouver grâce à vos yeux, voilà à quoi j'ai mis toute ma fortune; et je ne veux plus rien dans le monde, si vous me défendez d'y aspirer.

HORTENSE : Moi, Monsieur, je ne vous défends rien, je n'ai pas ce droit-là; on est le maître de ses sentiments; et si le comte de Belfort, dont vous parlez, me mener chez moi, je suppose parce que cela peut arriver, je serais même obligée de vous y bien recevoir.

ERGASTE : Obligée, Madame! Vous ne m'y souffrirez donc que par politesse?

HORTENSE : A vous dire vrai, Monsieur, j'espère bien n'agir que par ce motif-là, du moins d'abord; car de l'avenir, qui est-ce qui en peut répondre?

ERGASTE : Vous, Madame, si vous le voulez.

HORTENSE : Non; je ne sais encore rien là-dessus, puisque ici même j'ignore ce que c'est que l'amour; et je voudrais bien l'ignorer toute ma vie. Vous aspirez, dites-vous, à me rendre sensible? A la bonne heure; personne n'y a réussi; vous le tentez, nous verrons ce qu'il en sera; mais je vous saurai bien mauvais gré, si vous y réussissez mieux qu'un autre.

ERGASTE : Non, Madame; je n'y vois pas d'apparence.

HORTENSE : Je souhaite que vous ne vous trompiez pas; cependant je crois qu'il sera bon, avec vous, de prendre garde à soi de plus près qu'avec un autre. Mais voici du monde; je serais fâchée qu'on nous vît ensemble : éloignez-vous, je vous prie.

ERGASTE : Il n'est point tard; continuez-vous votre promenade, Madame! Et pourrais-je espérer, si l'occasion s'en présente, de vous revoir encore ici quelques moments?

HORTENSE : Si vous me trouvez seule et éloignée des autres, dès que nous nous sommes parlé et que, grâce à votre précipitation, la faute en est faite, je crois que vous pourrez m'aborder sans conséquence.

ERGASTE : Et cependant je pars, sans avoir eu la douceur de voir encore ces yeux et ces traits...

HORTENSE : Il est trop tard pour vous en plaindre : mais vous m'avez vue, séparons-nous; car on approche. *(Quand il est parti.)* Je suis donc folle! Je lui donne une espèce de rendez-vous; et j'ai peur de le tenir, qui pis est.

Scène V : Hortense, Arlequin.

ARLEQUIN : Madame, je viens vous demander votre avis sur une commission qu'on m'a donnée.

HORTENSE : Qu'est-ce que c'est?

ARLEQUIN : Voulez-vous avoir compagnie?

HORTENSE : Non. Quelle est-elle, cette compagnie?

ARLEQUIN : C'est ce Monsieur Damis, qui est si amoureux de vous.

HORTENSE : Je n'ai que faire de lui ni de son amour. Est-ce qu'il me cherche? De quel côté vient-il?

ARLEQUIN : Il ne vient par aucun côté, car il ne bouge; et c'est moi qui viens pour lui, afin de savoir où vous êtes. Lui dirai-je que vous êtes ici, ou bien ailleurs?

HORTENSE : Non, nulle part.

ARLEQUIN : Cela ne se peut pas; il faut bien que vous soyez en quelque endroit; il n'y a qu'à dire où vous voulez être.

HORTENSE : Quel imbécile! Rapporte-lui que tu ne me trouves pas.

ARLEQUIN : Je vous ai pourtant trouvée : comment ferons-nous?

HORTENSE : Je t'ordonne de lui dire que je n'y suis pas, car je m'en vais.

Elle s'écarte.

ARLEQUIN : Eh bien! vous avez raison! quand on s'en va, on n'y est pas : cela est clair.

Il s'en va.

Scène VI : Hortense, Clarice.

HORTENSE, *à part*[6] : Ne voilà-t-il pas encore ma sœur!

CLARICE : J'ai tourné mal à propos de ce côté-ci. M'a-t-elle vue?

HORTENSE : Je la trouve embarrassée : qu'est-ce que cela signifie? Ergaste y aurait-il part?

CLARICE : Il faut lui parler; je sais le moyen de la congédier. Ah! vous voilà, ma sœur?

HORTENSE : Oui, je me promenais; et vous, ma sœur?

CLARICE : Moi, de même : le plaisir de rêver m'a insensiblement amenée ici.

HORTENSE : Et poursuivez-vous votre promenade?

CLARICE : Encore une heure ou deux.

HORTENSE : Une heure ou deux!

CLARICE : Oui, parce qu'il est de bonne heure.

HORTENSE : Je suis d'avis d'en faire autant.

CLARICE, *à part* : De quoi s'avise-t-elle? *(Haut.)* Comme il vous plaira.

HORTENSE : Vous me paraissez rêveuse.

CLARICE : Mais... oui, je rêvais; ces lieux-ci y invitent; mais nous aurons bientôt compagnie; Damis vous cherche, et vient par là.

HORTENSE : Damis! Oh! sur ce pied-là je vous quitte. Adieu. Vous savez combien il m'ennuie. Ne lui dites pas que vous m'avez vue. *(A part.)* Rappelons Arlequin, afin qu'il observe.

CLARICE, *riant* : Je savais bien que je la ferais partir.

---

6. Sont *à part* les quatre premières répliques de la scène.

Scène VII : Clarice, Lisette.

LISETTE : Quoi! toute seule, Madame?

CLARICE : Oui, Lisette.

LISETTE, *en riant* : Il est ici.

CLARICE : Qui?

LISETTE : Vous ne m'entendez pas?

CLARICE : Non.

LISETTE : Eh! cet aimable jeune homme qui vous rendit hier un petit service de si bonne grâce.

CLARICE : Ce jeune officier?

LISETTE : Eh! oui.

CLARICE : Eh bien! qu'il y soit; que veux-tu que j'y fasse?

LISETTE : C'est qu'il vous cherche, et si vous voulez l'éviter, il ne faut pas rester ici.

CLARICE : L'éviter! Est-ce que tu crois qu'il me parlera?

LISETTE : Il n'y manquera pas; la petite aventure d'hier le lui permet de reste.

CLARICE : Va, va, il ne me reconnaîtra seulement pas.

LISETTE : Hum! vous êtes pourtant bien reconnaissable; et de l'air dont il vous lorgna hier, je vais gager qu'il vous voit encore; ainsi prenons par là.

CLARICE : Non; je suis trop lasse; il y a longtemps que je me promène.

LISETTE : Oui-da, un bon quart d'heure à peu près.

CLARICE : Mais pourquoi me fatiguerais-je à fuir un homme qui, j'en suis sûre, ne songe pas plus à moi que je ne songe à lui?

LISETTE : Eh mais! c'est bien assez qu'il y songe autant.

CLARICE : Que veux-tu dire?

LISETTE : Vous ne m'avez encore parlé de lui que trois ou quatre fois.

CLARICE : Ne te figurerais-tu pas que je ne suis venue seule ici que pour lui donner occasion de m'aborder?

LISETTE : Oh! il n'y a pas de plaisir avec vous, vous devinez mot à mot ce qu'on pense.

CLARICE : Que tu es folle!

LISETTE, *riant* : Si vous n'y étiez pas venue de vous-même, je devais vous y amener, moi.

CLARICE : M'y amener! Mais vous êtes bien hardie de me le dire!

LISETTE : Bon! je suis encore bien plus hardie que cela; c'est que je crois que vous y seriez venue.

CLARICE : Moi?

LISETTE : Sans doute, et vous auriez eu raison, car il est fort aimable, n'est-il pas vrai?

CLARICE : J'en conviens.

LISETTE : Et ce n'est pas là tout, c'est qu'il vous aime.

CLARICE : Autre idée!

LISETTE : Oui-da; peut-être que je me trompe.

CLARICE : Sans doute, à moins qu'on ne l'ait dit; et je suis persuadée que non; qui est-ce qui t'en a parlé?

LISETTE : Son valet m'en a touché quelque chose.

CLARICE : Son valet?

LISETTE : Oui.

CLARICE, *quelque temps sans parler, et impatiente* : Et ce valet t'a demandé le secret, apparemment?

LISETTE : Non.

CLARICE : Cela revient pourtant au même; car je renonce à savoir ce qu'il vous a dit, s'il faut vous interroger pour l'apprendre.

LISETTE : J'avoue qu'il y a un peu de malice dans mon fait; mais ne vous fâchez pas, Ergaste vous adore, Madame.

CLARICE : Tu vois bien qu'il ne sera pas nécessaire que je l'évite, car il ne paraît pas.

LISETTE : Non; mais voici son valet qui me fait signe d'aller lui parler. Irai-je savoir ce qu'il me veut?

Scène VIII : Frontin, au fond du théâtre, et s'avançant lentement. Lisette, Clarice.

CLARICE : Oh! tu le peux : je ne t'en empêche pas.

LISETTE : Si vous ne vous en souciez guère, ni moi non plus.

CLARICE : Ne vous embarrassez pas que je m'en soucie, et allez toujours voir ce qu'on vous veut.

LISETTE, *à Clarice* : Eh! parlez donc. *(Et puis s'approchant de Frontin.)* Ton maître est-il là?

FRONTIN : Oui, il demande s'il peut reparaître, puisqu'elle est seule.

LISETTE *revient à sa maîtresse* : Madame, c'est Monsieur le Marquis Ergaste qui aurait grande envie de vous faire encore la révérence, et qui, comme vous voyez, vous en sollicite par le plus révérencieux de tous les valets.

Frontin salue à droite et à gauche.

CLARICE : Si je l'avais prévu, je me serais retirée.

LISETTE : Lui dirai-je que vous n'êtes pas de cet avis-là?

CLARICE : Mais je ne suis d'avis de rien; réponds ce que tu voudras; qu'il vienne.

LISETTE, *à Frontin* : On n'est d'avis de rien; mais qu'il vienne.

FRONTIN : Le voilà tout venu.

LISETTE : Toi, avertis-nous si quelqu'un approche.

Frontin sort.

Scène IX : Clarice, Lisette, Ergaste.

ERGASTE : Que ce jour-ci est heureux pour moi, Madame! Avec quelle impatience n'attendais-je pas le moment de vous revoir encore! J'ai observé celui où vous étiez seule.

CLARICE, *se démasquant un moment* : Vous avez fort bien fait d'avoir cette attention-là, car nous ne nous connaissons guère. Quoi qu'il en soit, vous avez souhaité me parler, Monsieur; j'ai cru pouvoir y consentir. Auriez-vous quelque chose à me dire?

ERGASTE : Ce que mes yeux vous ont dit avant mes discours, ce que mon cœur sent mille fois mieux qu'ils ne le disent, ce que je voudrais vous répéter toujours : que je vous aime, que je vous adore, que je ne vous verrai jamais qu'avec transport.

LISETTE, *à part, à sa maîtresse* : Mon rapport est-il fidèle?

CLARICE : Vous m'avouerez, Monsieur, que vous ne mettez guère d'intervalle entre me connaître, m'aimer et me le dire; et qu'un pareil entretien aurait pu être précédé de certaines formalités de bienséance qui sont ordinairement nécessaires.

ERGASTE : Je crois vous l'avoir déjà dit, Madame; je n'ai su ce que je faisais : oubliez une faute échappée à la violence d'une passion qui m'a troublé, et qui me trouble encore toutes les fois que je vous parle.

LISETTE, *à Clarice* : Qu'il a le début tendre!

CLARICE : Avec tout cela, Monsieur, convenez pourtant qu'il en faudra revenir à quelqu'une de ces formalités dont il s'agit, si vous avez dessein de me revoir.

ERGASTE : Si j'en ai dessein! Je ne respire que pour cela, Madame. Le comte de Belfort doit vous rendre visite ce soir.

CLARICE : Est-ce qu'il est de vos amis?

ERGASTE : C'est lui, Madame, chez qui il me semble vous avoir dit que j'étais.

CLARICE : Je ne me le rappelais pas.

ERGASTE : Je l'accompagnerai chez vous, Madame; il me l'a promis : s'engage-t-il à quelque chose qui vous déplaise? Consentez-vous que je lui aie cette obligation?

CLARICE : Votre question m'embarrasse; dispensez-moi d'y répondre.

ERGASTE : Est-ce que votre réponse me serait contraire?

CLARICE : Point du tout.

LISETTE : Et c'est ce qui fait qu'on n'y répond pas.

Ergaste se jette à ses genoux, et lui baise la main.

CLARICE, *remettant son masque* : Adieu, Monsieur; j'attendrai le comte de Belfort. Quelqu'un approche : laissez-moi seule continuer ma promenade, nous pourrons nous y rencontrer encore.

Scène X : Ergaste, Clarice, Lisette, Frontin.

FRONTIN, *à Lisette* : Je viens vous dire que je vois de loin une espèce de petit nègre [7] qui accourt.

LISETTE : Retirons-nous vite, Madame; c'est Arlequin qui vient.

Clarice sort. Ergaste et elle se saluent.

Scène XI : Ergaste, Frontin.

ERGASTE : Je suis enchanté, Frontin; je suis transporté! Voilà deux fois que je lui parle aujourd'hui. Qu'elle est aimable! Que de grâces! Et qu'il est doux d'espérer de lui plaire!

FRONTIN : Bon! espérer! Si la belle vous donne cela pour de l'espérance, elle ne vous trompe pas.

ERGASTE : Belfort me mènera ce soir chez elle.

FRONTIN : Cela fera une petite journée de tendresse assez complète. Au reste, j'avais oublié de vous dire le meilleur. Votre maîtresse a bien des grâces; mais le plus beau de ses traits, vous ne le voyez point, il n'est point sur son visage, il est dans sa cassette. Savez-vous bien que le cœur de Clarice est une emplette de cent mille écus, Monsieur?

_____

7. Il s'agit évidemment d'Arlequin qui porte un masque de cuir brun foncé, presque noir.

ERGASTE : C'est bien là à quoi je pense! Mais, que nous veut ce garçon-ci?

FRONTIN : C'est le beau brun que j'ai vu venir.

Scène XII : Arlequin, Ergaste, Frontin.

ARLEQUIN, *à Ergaste* : Vous êtes mon homme; c'est vous que je cherche.

ERGASTE : Parle : que me veux-tu?

FRONTIN : Où est ton chapeau?

ARLEQUIN : Sur ma tête.

FRONTIN, *le lui ôtant* : Il n'y est plus.

ARLEQUIN : Il y était quand je l'ai dit; *(il le remet)* et il y retourne.

ERGASTE : De quoi est-il question?

ARLEQUIN : D'un discours malhonnête que j'ai ordre de vous tenir, et qui ne demande pas la cérémonie du chapeau.

ERGASTE : Un discours malhonnête! A moi! et de quelle part?

ARLEQUIN : De la part d'une personne qui s'est moquée de vous.

ERGASTE : Insolent! t'expliqueras-tu?

ARLEQUIN : Dites vos injures à ma commission : c'est elle qui est insolente, et non pas moi.

FRONTIN : Voulez-vous que j'estropie le commissionnaire, Monsieur?

ARLEQUIN : Cela n'est pas de l'ambassade : je n'ai point ordre de revenir estropié.

ERGASTE : Qui est-ce qui t'envoie?

ARLEQUIN : Une dame qui ne fait point cas de vous.

ERGASTE : Quelle est-elle?

ARLEQUIN : Ma maîtresse.

ERGASTE : Est-ce que je la connais?

ARLEQUIN : Vous lui avez parlé ici.

ERGASTE : Quoi! c'est cette dame-là qui t'envoie dire qu'elle s'est moquée de moi?

ARLEQUIN : Elle-même en original; je lui ai aussi entendu marmotter entre ses dents que vous étiez un grand fourbe; mais, comme elle ne m'a point commandé de vous le rapporter, je n'en parle qu'en passant.

ERGASTE : Moi, fourbe?

ARLEQUIN : Oui; mais rien qu'entre les dents; un fourbe tout bas.

ERGASTE : Frontin, après la manière dont nous nous sommes quittés tous deux, je t'ai dit que j'espérais : comprends-tu quelque chose?

FRONTIN : Oui-da, Monsieur; esprit de femme et caprice : voilà tout ce que c'est; qui dit l'un, suppose l'autre; les avez-vous jamais vus séparés?

ARLEQUIN : Ils sont unis comme les cinq doigts de la main.

ERGASTE, *à Arlequin* : Mais ne te tromperais-tu pas? Ne me prends-tu point pour un autre?

ARLEQUIN : Oh! que non. N'êtes-vous pas un homme d'hier?

ERGASTE : Qu'appelles-tu un homme d'hier? Je ne t'entends point.

FRONTIN : Il parle de vous comme d'un enfant au maillot. Est-ce que les gens d'hier sont de cette taille-là?

ARLEQUIN : J'entends que vous êtes ici d'hier.

ERGASTE : Oui.

ARLEQUIN : Un officier de la Majesté du Roi.

ERGASTE : Sais-tu mon nom? Je l'ai dit à cette dame.

ARLEQUIN : Elle me l'a dit aussi : un appelé Ergaste.

ERGASTE, *outré* : C'est cela même!

ARLEQUIN : Eh bien! c'est vous qu'on n'estime pas; vous voyez que le paquet est à votre adresse.

FRONTIN : Ma foi! il n'y a plus qu'à lui en payer le port, Monsieur.

ARLEQUIN : Non, c'est port payé.

ERGASTE : Je suis au désespoir!

ARLEQUIN : On s'est un peu diverti de vous en passant; on vous a regardé comme une farce qui n'amuse plus. Adieu.

Il fait quelques pas.

ERGASTE : Je m'y perds!

ARLEQUIN, *revenant* : Attendez... Il y a encore un petit reliquat, je ne vous ai donné que la moitié de votre affaire : j'ai ordre de vous dire... J'ai oublié mon ordre... La moquerie, un; la farce, deux; il y a un troisième article.

FRONTIN : S'il ressemble au reste, nous ne perdrons rien de curieux.

ARLEQUIN, *tirant des tablettes* : Pardi! il est tout de son long dans ces tablettes-ci.

ERGASTE : Eh! montre donc!

ARLEQUIN : Non pas, s'il vous plaît; je ne dois pas vous les montrer : cela m'est défendu, parce qu'on s'est repenti d'y avoir écrit, à cause de la bienséance et de votre peu de mérite; et on m'a crié de loin de les supprimer, et de vous expliquer le tout dans la conversation; mais laissez-moi voir ce que j'oublie... A propos, je ne sais pas lire, lisez donc vous-même.

Il donne les tablettes à Ergaste.

FRONTIN : Eh! morbleu, Monsieur, laissez là ces tablettes, et n'y répondez que sur le dos du porteur.

ARLEQUIN : Je n'ai jamais été le pupitre de personne.

ERGASTE *lit* : « Je viens de vous apercevoir aux genoux de ma sœur. » *(Ergaste s'interrompant.)* Moi! *(Il continue.)* « Vous jouez fort bien la comédie : vous me l'avez donnée tantôt; mais je n'en veux plus. Je vous avais permis de m'aborder encore, et je vous le défends, j'oublie même que je vous ai vu. »

ARLEQUIN : Tout juste; voilà l'article qui nous manquait : plus de fréquentations; c'est l'intention de la tablette. Bonsoir.

Ergaste reste comme immobile.

FRONTIN : J'avoue que voilà le vertigo [8] le mieux conditionné qui soit jamais sorti d'aucun cerveau femelle.

ERGASTE, *recourant à Arlequin* : Arrête. Où est-elle?

ARLEQUIN : Je suis sourd.

ERGASTE : Attends que j'aie fait, du moins, un mot de réponse; il est aisé de me justifier : elle m'accuse d'avoir vu sa sœur, et je ne la connais pas.

ARLEQUIN : Chanson!

ERGASTE, *en lui donnant de l'argent* : Tiens, prends, et arrête.

---

8. Mot burlesque pour caprice, fantaisie.

ARLEQUIN : Grand merci; quand je parle de chanson, c'est que j'en vais chanter une; faites à votre aise, mon cavalier; je n'ai jamais vu de fourbe si honnête homme que vous. *(Il chante.)* Ra la ra ra...

ERGASTE : Amuse-le, Frontin; je n'ai qu'un pas à faire pour aller au logis, et je vais y écrire un mot.

Scène XIII : Arlequin, Frontin.

ARLEQUIN : Puisqu'il me paie des injures, voyez combien je gagnerais avec lui, si je lui apportais des compliments... *(Il chante.)* Ta la la ra la ra.

FRONTIN : Voilà de jolies paroles que tu chantes là.

ARLEQUIN : Je n'en sais point d'autres. Allons, divertis-moi : ton maître t'a chargé de cela; fais-moi rire.

FRONTIN : Veux-tu que je chante aussi?

ARLEQUIN : Je ne suis pas curieux de symphonie.

FRONTIN : De symphonie! est-ce que tu prends ma voix pour un orchestre?

ARLEQUIN : C'est qu'en fait de musique, il n'y a que le tambour qui me fasse plaisir.

FRONTIN : C'est-à-dire que tu es au concert, quand on bat la caisse.

ARLEQUIN : Oh! je suis à l'Opéra.

FRONTIN : Tu as l'oreille martiale. Avec quoi te divertirai-je donc? Aimes-tu les contes des fées?

ARLEQUIN : Non; je ne me soucie ni de comtes ni de marquis.

FRONTIN : Parlons donc de boire.

ARLEQUIN : Montre-moi donc le sujet du discours.

FRONTIN : Le vin, n'est-ce pas? On l'a mis au frais.

ARLEQUIN : Qu'on l'en retire, j'aime à boire chaud.

FRONTIN : Cela est malsain. Parlons de ta maîtresse.

ARLEQUIN, *brusquement* : Expédions la bouteille.

FRONTIN : Doucement! je n'ai pas le sou, mon garçon.

ARLEQUIN : Ce misérable! Et du crédit?

FRONTIN : Avec cette mine-là, où veux-tu que j'en trouve? Mets-toi à la place du marchand de vin.

ARLEQUIN : Tu as raison; je t'en rends justice : on ne saurait rien emprunter sur cette grimace-là.

FRONTIN : Il n'y a pas moyen, elle est trop sincère; mais il y a remède à tout : paye, et je te le rendrai.

ARLEQUIN : Tu me le rendras? Mets-toi à ma place aussi; le croirais-tu?

FRONTIN : Non; tu réponds juste; mais paie en pur don, par galanterie; sois généreux.

ARLEQUIN : Je ne saurais, car je suis vilain [9] : je n'ai jamais bu à mes dépens.

FRONTIN : Morbleu! que ne sommes-nous à Paris! j'aurais crédit.

ARLEQUIN : Eh! que fait-on à Paris? Parlons de cela, faute de mieux : est-ce une grande ville?

FRONTIN : Qu'appelles-tu une ville? Paris, c'est le monde; le reste de la terre n'en est que les faubourgs.

ARLEQUIN : Si je n'aimais pas Lisette, j'irais voir le monde.

FRONTIN : Lisette, dis-tu?

9. *Vilain* est employé ici dans le sens d'avare.

ARLEQUIN : Oui, c'est ma maîtresse.

FRONTIN : Dis donc que ce l'était; car je te l'ai soufflée hier.

ARLEQUIN : Ah! maudit souffleur! Ah! scélérat! Ah! chenapan!

Scène XIV : Ergaste, Frontin, Arlequin.

ERGASTE : Tiens, mon ami; cours porter cette lettre à la dame qui t'envoie.

ARLEQUIN : J'aimerais mieux être le postillon du diable, qui vous emporte tous deux, vous et ce coquin, qui est la copie d'un fripon! ce maraud, qui n'a ni argent ni crédit, ni le mot pour rire! un sorcier qui souffle les filles! un escroc qui veut m'emprunter du vin! un gredin qui dit que je ne suis pas dans le monde, et que mon pays n'est qu'un faubourg! Cet insolent! un faubourg! Va, va, je t'apprendrai à connaître les villes.

Arlequin s'en va.

ERGASTE, *à Frontin* : Qu'est-ce que cela signifie?

FRONTIN : C'est une bagatelle, une affaire de jalousie : c'est que nous nous trouvons rivaux, et il en sent la conséquence.

ERGASTE : De quoi aussi t'avises-tu de parler de Lisette?

FRONTIN : Mais, Monsieur, vous avez vu des amants : devineriez-vous que cet homme-là en est un? Dites en conscience.

ERGASTE : Va donc toi-même chercher cette dame-là, et lui remets mon billet le plus tôt que tu pourras.

FRONTIN : Soyez tranquille, je vous rendrai bon compte de tout ceci par le moyen de Lisette.

ERGASTE : Hâte-toi, car je souffre.

Frontin part.

Scène XV

ERGASTE, *seul* : Vit-on jamais rien de plus étonnant que ce qui m'arrive? Il faut absolument qu'elle se soit méprise.

Scène XVI : Lisette, Ergaste.

LISETTE : N'avez-vous pas vu la sœur de Madame, Monsieur?

ERGASTE : Eh! non; Lisette, de qui me parles-tu? Je n'ai vu que ta maîtresse, je ne me suis entretenu qu'avec elle; sa sœur m'est totalement inconnue, et je n'entends rien à ce qu'on me dit là.

LISETTE : Pourquoi vous fâcher? Je ne vous dis pas que vous lui avez parlé, je vous demande si vous ne l'avez pas aperçue.

ERGASTE : Eh! non, te dis-je; non, encore une fois, non : je n'ai vu de femme que ta maîtresse; et quiconque lui a rapporté autre chose a fait une imposture; et si elle croit avoir vu le contraire, elle s'est trompée.

LISETTE : Ma foi, Monsieur, si vous n'entendez rien à ce que je vous dis, je ne vois pas plus clair dans ce que vous me dites. Vous voilà dans un mouvement épouvantable à cause de la question du monde la plus simple que je vous fais. A qui en avez-vous? Est-ce distraction, méchante humeur, ou fantaisie?

ERGASTE : D'où vient qu'on me parle de cette sœur? D'où vient qu'on m'accuse de m'être entretenu avec elle?

LISETTE : Eh! qui est-ce qui vous en accuse? Où avez-vous pris qu'il s'agisse de cela? En ai-je ouvert la bouche?

ERGASTE : Frontin est allé porter un billet à ta maîtresse, où je lui jure que je ne sais ce que c'est.

LISETTE : Le billet était fort inutile; et je ne vous parle ici de cette sœur que parce que nous l'avons vue se promener ici près.

ERGASTE : Qu'elle s'y promène ou non, ce n'est pas ma faute, Lisette; et si quelqu'un s'est jeté à ses genoux, je te garantis que ce n'est pas moi.

LISETTE : Oh! Monsieur, vous me fâchez aussi, et vous ne me ferez pas accroire qu'il me soit rien échappé sur cet article-là; il faut écouter ce qu'on vous dit, et répondre raisonnablement aux gens, et non pas aux visions que vous avez dans la tête. Dites-moi seulement si vous n'avez pas vu la sœur de Madame; et puis c'est tout.

ERGASTE : Non, Lisette, non; tu me désespères!

LISETTE : Oh! ma foi, vous êtes sujet à des vapeurs, ou bien auriez-vous, par hasard, de l'antipathie pour le mot de sœur?

ERGASTE : Fort bien.

LISETTE : Fort mal. Écoutez-moi, si vous le pouvez. Ma maîtresse a un mot à vous dire sur le comte de Belfort; elle n'osait revenir à cause de cette sœur dont je vous parle, et qu'elle a aperçue se promener dans ces cantons-ci. Or, vous m'assurez ne l'avoir point vue.

ERGASTE : J'en ferai tous les serments imaginables.

LISETTE : Oh! je vous crois. *(A part.)* Le plaisant écart! Quoi qu'il en soit, ma maîtresse va revenir; attendez-là.

ERGASTE : Elle va revenir, dis-tu?

LISETTE : Oui, Clarice elle-même; et j'arrive exprès pour vous en avertir. *(A part, en s'en allant.)* C'est là qu'il en tient [10]; quel dommage!

Scène XVII

ERGASTE, *seul* : Puisque Clarice revient, apparemment qu'elle s'est désabusée, et qu'elle a reconnu son erreur.

Scène XVIII : Frontin, Ergaste.

ERGASTE : Eh bien! Frontin, on n'est plus fâchée; et le billet a été bien reçu, n'est-ce pas?

FRONTIN, *triste* : Qui est-ce qui vous fournit vos nouvelles, Monsieur?

ERGASTE : Pourquoi?

FRONTIN : C'est que moi, qui sors de la mêlée, je vous en apporte d'un peu différentes.

ERGASTE : Qu'est-il donc arrivé?

FRONTIN : Tirez sur ma figure l'horoscope de notre fortune.

10. Ici, Lisette se touche le front, persuadée qu'Ergaste est fou.

ERGASTE : Et mon billet?

FRONTIN : Hélas! c'est le plus maltraité. Ne voyez-vous pas bien que j'en porte le deuil d'avance?

ERGASTE : Qu'est-ce que c'est que : d'avance? Où est-il?

FRONTIN : Dans ma poche en fort mauvais état. *(Il le tire.)* Tenez, jugez vous-même s'il peut en revenir.

ERGASTE : Il est déchiré.

FRONTIN : Oh! cruellement! Et bien m'en a pris d'être d'une étoffe d'un peu plus de résistance que lui; car je ne reviendrais pas en meilleur ordre. Je ne dis rien des ignominies qui ont accompagné notre disgrâce, et dont j'ai risqué de vous rapporter un certificat sur ma joue.

ERGASTE : Lisette, qui sort d'ici, m'a donc joué?

FRONTIN : Eh! que vous a-t-elle dit, cette double soubrette?

ERGASTE : Que j'attendisse sa maîtresse ici, qu'elle allait y venir pour me parler, et qu'elle ne songeait à rien.

FRONTIN : Ce que vous me dites là ne vaut pas le diable; ne vous fiez point à ce calme-là, vous en serez la dupe, Monsieur. Nous revenons houspillés, votre billet et moi; allez-vous-en, sauvez le corps de réserve.

ERGASTE : Dis-moi donc ce qui s'est passé!

FRONTIN : En voici la courte et lamentable histoire. J'ai trouvé l'inhumaine à trente ou quarante pas d'ici; je vole à elle, et je l'aborde en courrier suppliant : « C'est de la part du marquis Ergaste, lui dis-je d'un ton de voix qui demandait la paix. — Qu'est-ce, mon ami? Qui êtes-vous, et que voulez-vous? Qu'est-ce que c'est que cet Ergaste? Allez, vous vous méprenez, retirez-vous ; je ne connais point cela. — Madame, que votre beauté ait pour agréable de m'entendre; je parle pour un homme à demi mort, et peut-être actuellement défunt, qu'un petit nègre est venu de votre part assassiner dans des tablettes, et voici les mourantes lignes que vous adresse dans ce papier son douloureux amour. » Je pleurais moi-même en lui tenant ces propos lugubres; on eût dit que vous étiez enterré, et que c'était votre testament que j'apportais.

ERGASTE : Achève. Que t'a-t-elle répondu?

FRONTIN, *lui montrant le billet* : Sa réponse? la voilà mot pour mot; il ne faut pas grande mémoire pour en retenir les paroles.

ERGASTE : L'ingrate!

FRONTIN : Quand j'ai vu cette action barbare, et le papier couché sur la poussière, je l'ai ramassé; ensuite, redoublant de zèle, j'ai pensé que mon esprit devait suppléer au vôtre, et vous n'avez rien perdu au change. On n'écrit pas mieux que j'ai parlé, et j'espérais déjà beaucoup de ma pièce d'éloquence, quand le vent d'un revers de main, qui m'a frisé la moustache, a forcé le harangueur d'arrêter aux deux tiers de sa harangue.

ERGASTE : Non, je ne reviens point de l'étonnement où tout cela me jette, et je ne conçois rien aux motifs d'une aussi sanglante raillerie.

FRONTIN, *se frottant les yeux* : Monsieur, je la vois; la voilà qui arrive, et je me sauve; c'est peut-être le soufflet qui a manqué tantôt, qu'elle vient essayer de faire réussir.

Il s'écarte sans sortir.

Scène XIX : Ergaste, Clarice, Lisette, Frontin.

CLARICE, *démasquée en l'abordant, et puis remettant son masque* : Je prends l'instant où ma sœur, qui se promène là-bas, est un peu éloignée, pour vous dire un mot, Monsieur. Vous devez, dites-vous, accompagner ce soir, au logis, le comte de Belfort : silence, s'il vous plaît, sur nos entretiens dans ce lieu-ci ; vous sentez bien qu'il faut que ma sœur et lui les ignorent. Adieu.

ERGASTE : Quel étrange procédé que le vôtre, Madame ! Vous reste-t-il encore quelque nouvelle injure à faire à ma tendresse ?

CLARICE : Qu'est-ce que cela signifie, Monsieur ? Vous m'étonnez !

LISETTE : Ne vous l'ai-je pas dit ? c'est que vous lui parlez de votre sœur : il ne saurait entendre prononcer ce mot-là sans en être furieux ; je n'en ai pas tiré plus de raison tantôt.

FRONTIN : La bonne âme ! Vous verrez que nous aurons encore tort. N'approchez pas, Monsieur, plaidez de loin ; Madame a la main légère, elle me doit un soufflet, vous dis-je, et elle vous le payerait peut-être. En tout cas, je vous le donne.

CLARICE : Un soufflet ! Que veut-il dire ?

LISETTE : Ma foi, Madame, je n'en sais rien ; il y a des fous qu'on appelle visionnaires ; n'en serait-ce pas là ?

CLARICE : Expliquez donc cette énigme, Monsieur ; quelle injure vous a-t-on faite ? De quoi se plaint-il ?

ERGASTE : Eh ! Madame, qu'appelez-vous énigme ? A quoi puis-je attribuer cette contradiction dans vos manières, qu'au dessein formel de vous moquer de moi ? Où ai-je vu cette sœur, à qui vous voulez que j'aie parlé ici ?

LISETTE : Toujours cette sœur ! ce mot-là lui tourne la tête.

FRONTIN : Et ces agréables tablettes où nos soupirs sont traités de farce, et qui sont chargées d'un congé à notre adresse !

CLARICE, *à Lisette* : Lisette, sais-tu ce que c'est ?

LISETTE, *comme à part* : Bon ! ne voyez-vous pas bien que le mal est au timbre [11] ?

ERGASTE : Comment avez-vous reçu mon billet, Madame ?

FRONTIN, *le montrant* : Dans l'état où vous l'avez mis, je vous demande à présent ce qu'on en peut faire.

ERGASTE : Porter le mépris jusqu'à refuser de le lire !

FRONTIN : Violer le droit des gens en ma personne, attaquer la joue d'un orateur, la forcer d'esquiver une impolitesse ! Où en serait-elle, si elle avait été maladroite ?

ERGASTE : Méritais-je que ce papier fût déchiré ?

FRONTIN : Ce soufflet était-il à sa place ?

LISETTE : Madame, sommes-nous en sûreté avec eux ? Ils ont les yeux bien égarés.

CLARICE : Ergaste, je ne vous crois pas un insensé ; mais tout ce que vous me dites là ne peut être que l'effet

11. Il faut entendre *timbre* dans le sens de tête. Lisette veut dire ici : ne voyez-vous donc qu'il est fou ?

d'un rêve ou de quelque erreur dont je ne sais pas la cause. Voyons...

LISETTE : Je vous avertis qu'Hortense approche, Madame.

CLARICE : Je ne m'écarte que pour un moment, Ergaste ; car je veux éclaircir cette aventure-là.

Elles s'en vont.

Scène XX : Ergaste, Frontin.

ERGASTE : Mais en effet, Frontin, te serais-tu trompé ? N'aurais-tu pas porté mon billet à une autre ?

FRONTIN : Bon ! oubliez-vous les tablettes ! Sont-elles tombées des nues ?

ERGASTE : Cela est vrai.

Scène XXI : Hortense, Ergaste, Frontin.

HORTENSE, *masquée, qu'Ergaste prend pour Clarice, à qui il vient de parler* : Vous venez de m'envoyer un billet, Monsieur, qui me fait craindre que vous ne tentiez de me parler, ou qu'il ne m'arrive encore quelque nouveau message de votre part, et je viens vous prier moi-même qu'il ne soit plus question de rien ; que vous ne vous ressouveniez pas de m'avoir vue ; et surtout que vous me cachiez à ma sœur, comme je vous promets de le lui cacher à mon tour ; c'est tout ce que j'avais à vous dire, et je passe.

ERGASTE, *étonné* : Entends-tu, Frontin ?

FRONTIN : Mais où diable est donc cette sœur ?

Scène XXII : Hortense, Clarice, Lisette, Ergaste, Frontin, Arlequin.

CLARICE, *à Ergaste et à Hortense* : Quoi ! ensemble ! vous vous connaissez donc ?

FRONTIN, *voyant Clarice* : Monsieur, voilà une friponne, sur ma parole.

HORTENSE, *à Ergaste* : Êtes-vous confondu ?

ERGASTE : Si je la connais, Madame, je veux que la foudre m'écrase !

LISETTE : Ah ! le petit traître !

CLARICE : Vous ne me connaissez point ?

ERGASTE : Non, Madame ; je ne vous vis jamais, j'en suis sûr, et je vous crois même une personne apostée pour vous divertir à mes dépens, ou pour me nuire. *(Et se tournant du côté d'Hortense.)* Et je vous jure, Madame, par tout ce que j'ai d'honneur...

HORTENSE, *se démasquant* : Ne jurez pas, ce n'est pas la peine ; je ne me soucie ni de vous ni de vos serments.

ERGASTE, *qui la regarde* : Que vois-je ? Je ne vous connais point non plus.

FRONTIN : C'est pourtant le même habit à qui j'ai parlé, mais ce n'est pas la même tête.

CLARICE, *en se démasquant* : Retournons-nous-en, ma sœur, et soyons discrètes.

ERGASTE, *se jetant aux genoux de Clarice* : Ah ! Madame, je vous reconnais ; c'est vous que j'adore.

CLARICE : Sur ce pied-là tout est éclairci.

LISETTE : Oui, je suis au fait. *(A Hortense.)* Monsieur

vous a sans doute abordée, Madame; vos habits se ressemblent, et il vous aura toujours prise pour Madame, à qui il parla hier.

ERGASTE : C'est cela même; c'est l'habit qui m'a jeté dans l'erreur.

FRONTIN : Ah! nous en tirerons pourtant quelque chose. *(A Hortense.)* Le soufflet et les tablettes sont sans doute sur votre compte, Madame?

HORTENSE : Il ne s'agit plus de cela; c'est un détail inutile.

ERGASTE, *à Hortense* : Je vous demande mille pardons de ma méprise, Madame; je ne suis pas capable de changer, mais personne ne rendrait l'infidélité plus pardonnable que vous.

HORTENSE : Point de compliments, Monsieur le Marquis : reconduisez-nous au logis sans attendre que le comte de Belfort s'en mêle.

LISETTE, *à Ergaste* : L'aventure a bien fait de finir; j'allais vous croire échappés des Petites-Maisons [12].

FRONTIN : Va, va, puisque je t'aime, je ne me vante pas d'être trop sage.

ARLEQUIN, *à Lisette* : Et toi, l'aimes-tu? Comment va le cœur?

LISETTE : Demande-lui-en des nouvelles; c'est lui qui me le garde.

12. Les Petites-Maisons étaient l'hôpital où l'on enfermait les aliénés. Un *échappé des Petites-Maisons* est donc un fou.

LE PETIT-MAÎTRE CORRIGÉ

C'est à la fin de l'année 1732 ou au plus tard en janvier 1733 que Marivaux acheva d'écrire le Petit-Maître corrigé *et c'est seulement le samedi 6 novembre 1734 que les Comédiens Français créèrent la pièce.*

Cette fois le retard ne leur est pas imputable. Marivaux lui-même en est responsable : le fait que, contrairement à ses habitudes, il ait sollicité et obtenu, le 4 février 1733, l'approbation du censeur royal sans attendre que sa comédie eût été représentée, permet en effet de supposer qu'il a hésité à donner le Petit-Maître corrigé *au théâtre. Peut-être, après la chute des* Serments indiscrets, *a-t-il pensé renoncer à la scène (à celle de la Comédie-Française tout particulièrement) et se consacrer exclusivement au roman? C'est en tout cas en 1733 et en 1734 que Marivaux reprend la publication de* la Vie de Marianne *et compose* le Paysan parvenu.

Les Comédiens Français n'ont ainsi reçu le Petit-Maître corrigé *que le 21 septembre 1734. La pièce leur plut sans doute, car ils la mettent aussitôt en répétition avec quelques-uns des meilleurs acteurs de la troupe : Montmeny, le fils de Lesage (et non Grandval comme on l'a affirmé par erreur) est Rosimond, La Thorillière le Comte, Dangeville Dorante et Poisson Frontin. Mais du côté des femmes, la distribution est plus faible ou moins bien choisie : Mlle La Motte et Mlle Dangeville peuvent certes faire une excellente Marton et une pittoresque Dorimène ; en revanche Mme Grandval n'a guère les qualités requises par le rôle d'Hortense.*

Le samedi 6 novembre 1734, le Petit-Maître corrigé *affronte le public du Français. C'est une fois de plus l'échec. Le plus tumultueux, sans doute, de la carrière de l'auteur de* l'Ile de la raison : « Le parterre s'en est expliqué en termes très clairs et très bruyants, et même ceux que la nature n'a pas favorisés du don de pouvoir s'exprimer par ces sons argentins qu'en bon français on nomme sifflets, ceux-là, dis-je, enfilèrent plusieurs clefs ensemble dans le cordon de leur canne, puis, les élevant au-dessus de leur tête, ils firent un fracas tel qu'on n'aurait pas entendu Dieu tonner ; ce qui obligea le sieur Montmeny de s'avancer sur le bord du théâtre, à la fin du second acte, pour faire des propositions d'accommodement, qui furent de planter tout là et de jouer la petite pièce. Mais vous connaissez la docilité, la complaisance du bénin et accommodant parterre. Il se mit à crier à tue-tête qu'il voulait et qu'il ne voulait pas ; puis il voulut enfin. Il fallut passer par ses baguettes, avec toute la rigueur*

possible. » (Lettre de Mlle Bar à Piron, datée du mardi [9] novembre 1734.)

Le lendemain, le Petit-Maître corrigé *est de nouveau à l'affiche. Le public tempête de plus belle : « Mais admirez ce que c'est que d'aller au feu! cela aguerrit. L'auteur et les comédiens prirent apparemment goût à cette petite guerre-là, puisque dimanche ils s'escrimèrent avec le divin parterre, qui, de son côté, fit de si hauts faits d'armes qu'il mit fin à l'aventure. Requiescant in pace » (Mlle Bar). La carrière du* Petit-Maître corrigé *se termine là. Jamais depuis, cette comédie ne fut reprise sur une scène (sauf peut-être sur quelque théâtre de société au XVIIIᵉ siècle).*

Faut-il attribuer la chute du Petit-Maître corrigé *à une cabale? Sur ce point, les témoignages se contredisent. En tout cas, à défaut d'une cabale précise et avérée, on peut sans doute parler de manœuvres des ennemis de Marivaux rendus d'autant plus virulents que courait le bruit de sa candidature à un fauteuil de l'Académie Française. Mais la pièce aussi indisposa, à preuve ces réflexions de Mlle Bar : « Ce qu'il donne sous le titre de* Petit-Maître *n'a nullement les qualités nécessaires pour être appelé comédie. C'est un fatras de vieilles pensées qui traînent la gaine depuis un temps infini dans les ruelles subalternes et qui, pourtant, sont d'un plat et d'une trivialité merveilleuse. Enfin il n'y a ni conduite, ni liaison, ni intérêt ; au diable le nœud qui s'y trouve! Il n'y a pas la queue d'une situation. On y voit trois ou quatre conversations à la Marivaux amenées comme Dieu fut vendu, et tout le reste à l'avenant ; en un mot, il n'y a pas le sens commun. »*

Une telle réaction paraît d'autant plus étonnante que, loin d'être constituée par des variations sur des thèmes proprement marivaudiens, cette comédie s'inscrit précisément dans une tradition du théâtre de l'époque, dans cette dramaturgie des petits-maîtres qui a produit, de 1685 à 1770, une bonne soixantaine de pièces, parmi lesquelles l'Homme à bonnes fortunes *de Baron (1686), le Chevalier à la mode de Dancourt (1687),* le Français à Londres *(1727) et* l'Impertinent malgré lui *(1729) de Boissy,* le Petit-Maître amoureux *(1734) de Romagnesi et Riccoboni.*

Mais ce qui déconcerta alors est sans doute ce qui fait aujourd'hui l'intérêt du Petit-Maître corrigé. *Rosimond n'y a en effet aucun des traits pittoresques qui servaient à caractériser, souvent à l'excès, ce type de personnage. Marivaux l'a saisi, comme le remarque Frédéric*

Deloffre, « *dans sa réalité intime* ». *Loin de le ridiculiser, c'est à montrer comment il peut être « corrigé » qu'est consacrée toute la pièce, à ce que nous appellerons son « éducation » (pour reprendre un des thèmes principaux du théâtre de Marivaux) et à ce que Deloffre définit* heureusement comme « *le passage d'un langage de convention au langage du cœur* ».

Par là, le Petit-Maître corrigé tranche sur toutes les autres comédies qui mettaient alors en scène un tel personnage.

ACTEURS

LE COMTE, *père d'Hortense*; LA MARQUISE; HORTENSE, *fille du Comte*; ROSIMOND, *fils de la Marquise*; DORIMÈNE; DORANTE, *ami de Rosimond*; MARTON, *suivante d'Hortense*; FRONTIN, *valet de Rosimond*.

LA SCÈNE EST A
LA CAMPAGNE, DANS LA MAISON DU COMTE.

ACTE PREMIER

Scène I : Hortense, Marton.

MARTON : Eh bien, Madame! quand sortirez-vous de la rêverie où vous êtes? Vous m'avez appelée, me voilà, et vous ne me dites mot.

HORTENSE : J'ai l'esprit inquiet.

MARTON : De quoi s'agit-il donc?

HORTENSE : N'ai-je pas de quoi rêver? On va me marier, Marton.

MARTON : Eh! vraiment, je le sais bien; on n'attend plus votre oncle pour terminer ce mariage; d'ailleurs Rosimond, votre futur, n'est arrivé que d'hier, et il faut vous donner patience.

HORTENSE : Patience! est-ce que tu me crois pressée?

MARTON : Pourquoi non? on l'est ordinairement à votre place; le mariage est une nouveauté curieuse, et la curiosité n'aime pas à attendre.

HORTENSE : Je différerai tant qu'on voudra.

MARTON : Ah! heureusement qu'on veut expédier.

HORTENSE : Eh! laisse là tes idées.

MARTON : Est-ce que Rosimond n'est pas de votre goût?

HORTENSE : C'est lui dont je veux te parler. Marton, tu es fille d'esprit, comment le trouves-tu?

MARTON : Mais... il est d'une jolie figure.

HORTENSE : Cela est vrai.

MARTON : Sa physionomie est aimable.

HORTENSE : Tu as raison.

MARTON : Il me paraît avoir de l'esprit.

HORTENSE : Je lui en crois beaucoup.

MARTON : Dans le fond même, on lui sent un caractère d'honnête homme.

HORTENSE : Je le pense comme toi.

MARTON : Et, à vue de pays [1], tout son défaut c'est d'être ridicule.

HORTENSE : Et c'est ce qui me désespère, car cela gâte tout. Je lui trouve de si sottes façons avec moi! On dirait qu'il dédaigne de me plaire, et qu'il croit qu'il ne serait

---

1. *Juger des choses à vue de pays* : juger des choses en gros, sans entrer dans le détail.

pas du bon air de se soucier de moi parce qu'il m'épouse...

MARTON : Ah! Madame, vous en parlez bien à votre aise.

HORTENSE : Que veux-tu dire? Est-ce que la raison même n'exige pas un autre procédé que le sien?

MARTON : Eh! oui, la raison; mais c'est que parmi les jeunes gens du bel air, il n'y a rien de si bourgeois que d'être raisonnable.

HORTENSE : Peut-être aussi ne suis-je pas de son goût?

MARTON : Je ne suis pas de ce sentiment-là, ni vous non plus; non, tel que vous le voyez, il vous aime; ne l'ai-je pas fait rougir hier, moi, parce que je l'ai surpris comme il vous regardait à la dérobée attentivement? Voilà déjà deux ou trois fois que je le prends sur le fait.

HORTENSE : Je voudrais être bien sûre de ce que tu me dis là.

MARTON : Oh! je m'y connais; cet homme-là vous aime, vous dis-je, et il n'a garde de s'en vanter, parce que vous n'allez être que sa femme; mais je soutiens qu'il étouffe ce qu'il sent, et que son air de petit-maître n'est qu'une gasconnade avec vous.

HORTENSE : Eh bien, je t'avouerai que cette pensée m'est venue comme à toi.

MARTON : Eh! par hasard, n'auriez-vous pas eu la pensée que vous l'aimez aussi?

HORTENSE : Moi, Marton?

MARTON : Oui, c'est qu'elle m'est encore venue; voyez.

HORTENSE : Franchement, c'est grand dommage que ses façons nuisent au mérite qu'il aurait.

MARTON : Si on pouvait le corriger!

HORTENSE : Et c'est à quoi je voudrais tâcher; car, s'il m'aime, il faudra bien qu'il me le dise franchement, et qu'il se défasse d'une extravagance dont je pourrais être la victime quand nous serons mariés, sans quoi je ne l'épouserai point. Commençons par nous assurer qu'il n'aime point ailleurs, et que je lui plais; car s'il m'aime, j'aurai beau jeu contre lui, et je le tiens pour à moitié corrigé; la peur de me perdre fera le reste. Je t'ouvre mon cœur : il me sera cher s'il devient raisonnable. Je n'ai pas trop le temps de réussir, mais il en arrivera ce qui pourra; essayons; j'ai besoin de toi, tu es adroite : interroge son valet, qui me paraît assez familier avec son maître.

MARTON : C'est à quoi je songeais; mais il y a une petite difficulté à cette commission-là; c'est que le maître a gâté le valet, et Frontin est le singe de Rosimond; ce faquin croit apparemment m'épouser aussi, et se donne, à cause de cela, les airs d'en agir cavalièrement et de soupirer tout bas; car, de son côté, il m'aime.

HORTENSE : Mais il te parle quelquefois?

389

MARTON : Oui, comme à une soubrette de campagne; mais n'importe, le voici qui vient à nous; laissez-nous ensemble, je travaillerai à le faire causer.

HORTENSE : Surtout, conduis-toi si adroitement, qu'il ne puisse soupçonner nos intentions.

MARTON : Ne craignez rien; ce sera tout en causant que je m'y prendrai; il m'instruira sans qu'il le sache.

Scène II : Hortense, Marton, Frontin.
Hortense s'en va, Frontin l'arrête.

FRONTIN : Mon maître m'envoie savoir comment vous vous portez, Madame, et s'il peut ce matin avoir l'honneur de vous voir bientôt.

MARTON : Qu'est-ce que c'est que : bientôt?

FRONTIN : Comme qui dirait dans une heure; il n'est pas habillé.

HORTENSE : Tu lui diras que je n'en sais rien.

FRONTIN : Que vous n'en savez rien, Madame?

MARTON : Non, Madame a raison; qui est-ce qui sait ce qui peut arriver dans l'intervalle d'une heure?

FRONTIN : Mais, Madame, j'ai peur qu'il ne comprenne rien à ce discours.

HORTENSE : Il est pourtant très clair; je te dis que je n'en sais rien.

Scène III : Marton, Frontin.

FRONTIN : Ma belle enfant, expliquez-moi la réponse de votre maîtresse; elle est d'un goût nouveau.

MARTON : Tout simple.

FRONTIN : Elle est même fantasque.

MARTON : Tout unie [2].

FRONTIN : Mais, à propos de fantaisie, savez-vous bien que votre minois en est une, et des plus piquantes?

MARTON : Oh! il est très commun, aussi bien que la réponse de ma maîtresse.

FRONTIN : Point du tout, point du tout. Avez-vous des amants?

MARTON : Eh!... on attrape toujours quelque petite fleurette [3] en passant.

FRONTIN : Elle est d'une ingénuité charmante. Écoutez, nos maîtres vont se marier; vous allez venir à Paris; je suis d'avis de vous épouser aussi, qu'en dites-vous?

MARTON : Je ne suis pas assez aimable pour vous.

FRONTIN : Pas mal, pas mal, je suis assez content.

MARTON : Je crains le nombre de vos maîtresses; car je vais gager que vous en avez autant que votre maître, qui doit en avoir beaucoup; nous avons entendu dire que c'était un homme fort couru, et vous aussi, sans doute?

FRONTIN : Oh! très courus; c'est à qui nous attrapera tous deux; il a pensé même m'en venir quelqu'une des siennes. Les conditions se confondent un peu à Paris, on n'y est pas scrupuleux sur les rangs.

MARTON : Et votre maître et vous, continuerez-vous d'avoir des maîtresses quand vous serez nos maris?

FRONTIN : Tenez, il est bon de vous mettre là-dessus au fait. Écoutez, il n'en est pas de Paris comme de la province, les coutumes y sont différentes.

MARTON : Ah! différentes?

FRONTIN : Oui; en province, par exemple, un mari promet fidélité à sa femme, n'est-ce pas?

MARTON : Sans doute.

FRONTIN : A Paris, c'est de même, mais la fidélité de Paris n'est point sauvage, c'est une fidélité galante, badine, qui entend raillerie, et qui se permet toutes les petites commodités du savoir-vivre; vous comprenez bien?

MARTON : Oh! de reste.

FRONTIN : Je trouve sur mon chemin une personne aimable; je suis poli, elle me goûte; je lui dis des douceurs, elle m'en rend; je folâtre, elle le veut bien; pratique de politesse, commodité de savoir-vivre, pure amourette que tout cela dans le mari; la fidélité conjugale n'y est point offensée. Celle de province n'est pas de même : elle est sotte, revêche, et tout d'une pièce, n'est-il pas vrai?

MARTON : Oh! oui; mais ma maîtresse fixera peut-être votre maître; car il me semble qu'il l'aimera assez volontiers, si je ne me trompe.

FRONTIN : Vous avez raison; je lui trouve effectivement comme une vapeur d'amour pour elle.

MARTON : Croyez-vous?

FRONTIN : Il y a dans son cœur un étonnement qui pourrait devenir très sérieux; au surplus, ne vous inquiétez pas; dans les amourettes on n'aime qu'en passant, par curiosité de goût, pour voir un peu comment cela fera; de ces inclinations-là, on en peut fort bien avoir une demi-douzaine sans que le cœur en soit plus chargé, tant elles sont légères.

MARTON : Une demi-douzaine! cela est pourtant fort; et pas une sérieuse?

FRONTIN : Bon! quelquefois tout cela est expédié dans la semaine; à Paris, ma chère enfant, les cœurs, on ne se les donne pas, on se les prête, on ne fait que des essais.

MARTON : Quoi! là-bas, votre maître et vous, vous n'avez encore donné votre cœur à personne?

FRONTIN : A qui que ce soit; on nous aime beaucoup, mais nous n'aimons point, c'est notre usage.

MARTON : J'ai peur que ma maîtresse ne prenne cette coutume-là de travers.

FRONTIN : Oh! que non! les agréments l'y accoutumeront; les amourettes en passant sont amusantes; mon maître passera, votre maîtresse de même; je passerai, vous passerez, nous passerons tous.

MARTON, *en riant* : Ah! ah! ah! j'entre si bien dans ce que vous dites, que mon cœur a déjà passé avec vous.

FRONTIN : Comment donc?

MARTON : Doucement, voilà la Marquise, la mère de Rosimond, qui vient.

Scène IV : La Marquise, Frontin, Marton.

LA MARQUISE : Je suis charmée de vous trouver là, Marton : je vous cherchais. Que disiez-vous à Frontin? Parliez-vous de mon fils?

MARTON : Oui, Madame.

---

2. Sans prétention et sans façon.
3. Une *fleurette* est une cajolerie que l'on dit à une femme.

LA MARQUISE : Eh bien, que pense de lui Hortense? Ne lui déplaît-il point? Je voulais vous demander ses sentiments; dites-les-moi, vous les savez sans doute, et vous me les apprendrez plus librement qu'elle : sa politesse me les cacherait peut-être s'ils n'étaient pas favorables.

MARTON : C'est à peu près de quoi nous nous entretenions, Frontin et moi, Madame; nous disions que Monsieur votre fils est très aimable, et ma maîtresse le voit tel qu'il est; mais je demandais s'il l'aimerait.

LA MARQUISE : Quand on est faite comme Hortense, je crois que cela n'est pas douteux, et ce n'est pas de lui dont je m'embarrasse.

FRONTIN : C'est ce que je répondais.

MARTON : Oui, vous m'avez parlé d'une vapeur de tendresse qui lui a pris pour elle; mais une vapeur se dissipe.

LA MARQUISE : Que veut dire une vapeur?

MARTON : Frontin vient de me l'expliquer, Madame; c'est comme un étonnement de cœur, et un étonnement ne dure pas; sans compter que les commodités de la fidélité conjugale sont un grand article.

LA MARQUISE : Qu'est-ce que c'est donc que ce langage-là, Marton? Je veux savoir ce que cela signifie. D'après qui répétez-vous tant d'extravagances? car vous n'êtes pas folle, et vous ne les imaginez pas sur-le-champ.

MARTON : Non, Madame; il n'y a qu'un moment que je sais ce que je vous dis là; c'est une instruction que vient de me donner Frontin sur le cœur de son maître, et sur l'agréable économie des mariages de Paris.

LA MARQUISE : Cet impertinent?

FRONTIN : Ma foi, Madame, si j'ai tort, c'est la faute du beau monde que j'ai copié; j'ai rapporté la mode, je lui ai donné l'état des choses et le plan de la vie ordinaire.

LA MARQUISE : Vous êtes un sot, taisez-vous. Vous pensez bien, Marton, que mon fils n'a nulle part à de pareilles extravagances : il a de l'esprit, il a des mœurs, il aimera Hortense et connaîtra ce qu'elle vaut. Pour toi, je te recommanderai à ton maître, et lui dirai qu'il te corrige.

Elle s'en va.

Scène V : Marton, Frontin.

MARTON, *éclatant de rire* : Ah! ah! ah! ah!

FRONTIN : Ah! ah! ah! ah!

MARTON : Ah! mon ingénuité te charme-t-elle encore?

FRONTIN : Non, mon admiration s'était méprise; c'est ta malice qui est admirable.

MARTON : Ah! ah! pas mal, pas mal.

FRONTIN *lui présente la main* : Allons, touche là, Marton.

MARTON : Pourquoi donc? ce n'est pas la peine.

FRONTIN : Touche là, te dis-je; c'est de bon cœur.

MARTON, *lui donnant la main* : Eh bien, que veux-tu dire?

FRONTIN : Marton, ma foi, tu as raison, j'ai fait l'impertinent tout à l'heure.

MARTON : Le vrai faquin.

FRONTIN : Le sot, le fat.

MARTON : Oh! mais tu tombes à présent dans un excès de raison, tu vas me réduire à te louer.

FRONTIN : J'en veux à ton cœur, et non pas à tes éloges.

MARTON : Tu es encore trop convalescent; j'ai peur des rechutes.

FRONTIN : Il faut pourtant que tu m'aimes.

MARTON : Doucement; vous redevenez fat.

FRONTIN : Paix; voici mon original [4] qui arrive.

Scène VI : Rosimond, Frontin, Marton.

ROSIMOND, *à Frontin* : Ah! tu es ici, toi, et avec Marton; je ne te plains pas. Que te disait-il, Marton? Il te parlait d'amour, je gage, eh! n'est-ce pas? Souvent ces coquins-là sont plus heureux que d'honnêtes gens. Je n'ai rien vu d'aussi joli que vous, Marton; il n'y a point de femme à la Cour qui ne s'accommodât de cette figure là.

FRONTIN : Je m'en accommoderais encore mieux qu'elles.

ROSIMOND : Dis-moi, Marton, que fait-on dans ce pays-ci? Y a-t-il du jeu, de la chasse, des amours? A propos, ce bonhomme qu'on attend de sa terre pour finir notre mariage, cet oncle arrive-t-il bientôt? Que ne se passe-t-on de lui? Ne peut-on se marier sans que ce parent assiste à la cérémonie?

MARTON : Que voulez-vous? ces messieurs-là, sous prétexte qu'on est leur nièce et leur héritière, s'imaginent qu'on doit faire quelque attention à eux. Mais je ne songe pas que ma maîtresse m'attend.

ROSIMOND : Tu t'en vas, Marton? Tu es bien pressée. A propos de ta maîtresse, tu ne m'en parles pas; j'avais dit à Frontin de demander si on pouvait la voir.

FRONTIN : Je l'ai vue aussi, Monsieur; Marton était présente, et j'allais vous rendre réponse.

MARTON : Et moi je vais la rejoindre.

ROSIMOND : Attends, Marton, j'aime à te voir; tu es la fille du monde la plus amusante.

MARTON : Je vous trouve très curieux à voir aussi, Monsieur, mais je n'ai pas le temps de rester.

ROSIMOND : Très curieux! Comment donc? mais elle a des expressions! Ta maîtresse a-t-elle autant d'esprit que toi, Marton? De quelle humeur est-elle?

MARTON : Oh! d'une humeur pas piquante, assez insipide, elle n'est que raisonnable.

ROSIMOND : Insipide et raisonnable, il est, parbleu, plaisant! Tu n'es pas faite pour la province. Quand la verrai-je, Frontin?

FRONTIN : Monsieur, comme je demandais si vous pouviez la voir dans une heure, elle m'a dit qu'elle n'en savait rien.

ROSIMOND : Le butor!

FRONTIN : Point du tout, je vous rends fidèlement la réponse.

---

4. Frédéric Deloffre remarque justement : « Marton l'a dit dans la première scène, Frontin est la copie, le singe de Rosimond, et c'est en ce sens que celui-ci est son *original*. »

ROSIMOND : Tu rêves! Il n'y a pas de sens à cela. Marton, tu y étais, il ne sait ce qu'il dit; qu'a-t-elle répondu?

MARTON : Précisément ce qu'il vous rapporte, Monsieur, qu'elle n'en savait rien.

ROSIMOND : Ma foi, ni moi non plus.

MARTON : Je n'en suis pas mieux instruite que vous. Adieu, Monsieur.

ROSIMOND : Un moment, Marton, j'avais quelque chose à te dire. Frontin, m'est-il venu des lettres?

FRONTIN : A propos de lettres, oui, Monsieur, en voilà une qui est arrivée de quatre lieues d'ici par un exprès.

ROSIMOND *ouvre, et rit à part en lisant* : Donne... Ah! ah! ah! C'est de ma folle de Comtesse... Hum... hum...

MARTON : Monsieur, ne vous trompez-vous pas? Auriez-vous quelque chose à me dire? Voyez, car il faut que je m'en aille.

ROSIMOND, *toujours lisant* : Hum... hum... Je suis à toi, Marton; laisse-moi achever.

MARTON, *à part, à Frontin* : C'est apparemment là une lettre de commerce?

FRONTIN : Oui, quelque missive de passage.

ROSIMOND, *après avoir lu* : Vous êtes une étourdie, Comtesse. Que dites-vous là, vous autres?

MARTON : Nous disons, Monsieur, que c'est quelque jolie femme qui vous écrit par amourette.

ROSIMOND : Doucement, Marton, il ne faut pas dire cela en ce pays-ci, tout serait perdu.

MARTON : Adieu, Monsieur, je crois que ma maîtresse m'appelle.

ROSIMOND : Ah! c'est d'elle que je voulais te parler.

MARTON : Oui, mais la mémoire vous revient quand je pars. Tout ce que je puis pour votre service, c'est de régaler Hortense de l'honneur que vous lui faites de vous ressouvenir d'elle.

ROSIMOND : Adieu donc, Marton.

Scène VII : Rosimond, Frontin.

ROSIMOND : Elle a de la gaieté, du badinage dans l'esprit.

FRONTIN : Oh! que non, Monsieur; malepeste! vous ne la connaissez pas; c'est qu'elle se moque.

ROSIMOND : De qui?

FRONTIN : De qui? Mais ce n'est pas à moi qu'elle parlait.

ROSIMOND : Hein?

FRONTIN : Monsieur, je ne dis pas que je l'approuve; elle a tort : mais c'est une maligne soubrette; elle m'a décoché un trait aussi, bien entendu.

ROSIMOND : Eh! dis-moi, ne t'a-t-on pas déjà interrogé sur mon compte?

FRONTIN : Oui, Monsieur; Marton, dans la conversation, m'a par hasard fait quelques questions sur votre chapitre.

ROSIMOND : Je les avais prévues. Eh bien! ces questions de hasard, quelles sont-elles?

FRONTIN : Elle m'a demandé si vous aviez des maîtresses. Et moi qui ai voulu faire votre cour...

ROSIMOND : Ma cour, à moi? ma cour!

FRONTIN : Oui, Monsieur, j'ai dit que non, que vous étiez un garçon sage, réglé.

ROSIMOND : Le sot avec sa règle et sa sagesse! le plaisant éloge! Vous ne me peignez pas en beau, à ce que je vois. Heureusement, on ne me reconnaîtra pas à vos portraits.

FRONTIN : Consolez-vous, je vous ai peint à votre goût, c'est-à-dire en laid.

ROSIMOND : Comment!

FRONTIN : Oui, en petit aimable; j'ai mis une troupe de folles qui courent après vos bonnes grâces; je vous en ai donné une demi-douzaine qui partageaient votre cœur.

ROSIMOND : Fort bien!

FRONTIN : Combien en vouliez-vous donc?

ROSIMOND : Qui partageaient mon cœur! Mon cœur avait bien affaire là. Passe pour dire qu'on me trouve aimable, ce n'est pas ma faute; mais me donner de l'amour à moi, c'est un article qu'il fallait épargner à la petite personne qu'on me destine; la demi-douzaine de maîtresses est même un peu trop, on pouvait en supprimer quelques-unes; il y a des occasions où il ne faut pas dire la vérité.

FRONTIN : Bon! si je n'avais dit que la vérité, il aurait peut-être fallu les supprimer toutes.

ROSIMOND : Non, vous ne vous trompiez point; ce n'est pas de quoi je me plains; mais, c'est que ce n'est point par hasard qu'on vous a fait ces questions-là. C'est Hortense qui vous les a fait faire, et il aurait été plus prudent de la tranquilliser sur pareille matière, et de songer que c'est une fille de province que je vais épouser, et qui en conclut que je ne dois aimer qu'elle, parce que, apparemment, elle en use de même.

FRONTIN : Eh! peut-être qu'elle ne vous aime pas.

ROSIMOND : Oh! peut-être! Il fallait le soupçonner, c'était le plus sûr; mais passons : est-ce là tout ce qu'elle vous a dit?

FRONTIN : Elle m'a encore demandé si vous aimiez Hortense.

ROSIMOND : Voilà bien des affaires.

FRONTIN : Et j'ai cru poliment devoir répondre que oui.

ROSIMOND : Poliment répondre que oui?

FRONTIN : Oui, Monsieur.

ROSIMOND : Eh! de quoi te mêles-tu? De quoi t'avises-tu de m'honorer d'une figure de soupirant? Quelle platitude!

FRONTIN : Eh! parbleu, c'est qu'il m'a semblé que vous l'aimiez.

ROSIMOND : Paix! de la discrétion. Il est vrai, entre nous, que je lui trouve quelques grâces naïves : elle a des traits [5]; elle ne déplaît pas.

FRONTIN : Ah! que vous auriez grand besoin d'une leçon de Marton! Mais ne parlons pas si haut : je vois Hortense qui s'avance.

ROSIMOND : Vient-elle? Je me retire.

FRONTIN : Ah! Monsieur, je crois qu'elle vous voit.

---

5. L'expression est mise pour : elle a de jolis traits, mais s'emploie avec un sens légèrement dépréciatif.

ROSIMOND : N'importe ; comme elle a dit qu'elle ne savait pas quand elle pourrait me voir, ce n'est pas à moi de juger qu'elle le peut à présent, et je me retire par respect en attendant qu'elle en décide. C'est ce que tu lui diras si elle te parle.

FRONTIN : Ma foi, Monsieur, si vous me consultez, ce respect-là ne vaut pas le diable.

ROSIMOND, *en s'en allant* : Ce qu'il y a de commode dans vos conseils, c'est qu'il est permis de s'en moquer.

Scène VIII : Hortense, Marton. Frontin.

HORTENSE : Il me semble avoir vu ton maître ici.

FRONTIN : Oui, Madame, il vient de sortir par respect pour vos volontés.

HORTENSE : Comment ?...

MARTON : C'est sans doute à cause de votre réponse de tantôt ; vous ne saviez pas quand vous pourriez le voir.

FRONTIN : Et il ne veut pas prendre sur lui de décider la chose.

HORTENSE : Eh bien ! je la décide, moi ; va lui dire que je le prie de revenir, que j'ai à lui parler.

FRONTIN : J'y cours, Madame, et je lui ferai grand plaisir ; car il vous aime de tout son cœur. Il ne vous en dira peut-être rien, à cause de sa dignité de joli homme [6]. Il y a des règles là-dessus ; c'est une faiblesse ; excusez-la, Madame ; je sais son secret, je vous le confie pour son bien, et dès qu'il vous l'aura dit lui-même, oh ! ce sera bien le plus aimable homme du monde. Pardon, Madame, de la liberté que je prends ; mais Marton, avec qui je voudrais bien faire une fin, sera aussi mon excuse. Marton, prends nos intérêts en main ; empêche Madame de nous haïr, car dans le fond ce serait dommage ; à une bagatelle près, en vérité, nous méritons son estime.

HORTENSE, *riant* : Frontin aime son maître, et cela est louable.

MARTON : C'est de moi qu'il tient tout le bon sens qu'il vous montre.

Frontin sort.

Scène IX : Hortense, Marton.

HORTENSE : Il t'a donc paru que ma réponse a piqué Rosimond ?

MARTON : Je l'en ai vu déconcerté, quoiqu'il ait feint d'en badiner, et vous voyez bien que c'est de pur dépit qu'il se retire.

HORTENSE : Je le renvoie chercher, et cette démarche-là le flattera peut-être ; mais elle ne le flattera pas longtemps. Ce que j'ai à lui dire rabattra de sa présomption. Cependant, Marton, il y a des moments où je suis toute prête de laisser là Rosimond avec ses ridiculités, et d'abandonner le projet de le corriger. Je sens que je m'y intéresse trop, que le cœur s'en mêle et y prend trop de part ; je ne le corrigerai peut-être pas, et j'ai peur d'en être fâchée.

MARTON : Eh ! courage, Madame, vous réussirez, vous

6. D'homme à la mode.

dis-je ; voilà déjà d'assez bons petits mouvements qui lui prennent ; je crois qu'il est bien embarrassé. J'ai mis le valet à la raison, je l'ai réduit ; vous réduirez le maître. Il fera un peu plus de façon ; il disputera le terrain ; il faudra le pousser à bout. Mais c'est à vos genoux que je l'attends ; je l'y vois d'avance, il faudra qu'il y vienne. Continuez ; ce n'est pas avec des yeux comme les vôtres qu'on manque son coup, vous le verrez.

HORTENSE : Je le souhaite. Mais tu as parlé au valet ; Rosimond n'a-t-il point quelque inclination à Paris ?

MARTON : Nulle ; il n'y a encore été amoureux que de la réputation d'être aimable.

HORTENSE : Et moi, Marton, dois-je en croire Frontin ? Serait-il vrai que son maître eût de la disposition à m'aimer ?

MARTON : Nous le tenons, Madame, et mes observations sont justes.

HORTENSE : Cependant, Marton, il ne vient point.

MARTON : Oh ! mais prétendez-vous qu'il soit tout d'un coup comme un autre ? Le bel air ne veut pas qu'il accoure ; il vient, mais négligemment et à son aise.

HORTENSE : Il serait bien impertinent qu'il y manquât.

MARTON : Voilà toujours votre père, à sa place ; il a peut-être à vous parler, et je vous laisse.

HORTENSE : S'il va me demander ce que je pense de Rosimond, il m'embarrassera beaucoup, car je ne veux pas lui dire qu'il me déplaît, et je n'ai jamais eu tant envie de le dire.

Scène X : Hortense, le Comte.

LE COMTE : Ma fille, je désespère de voir ici mon frère, je n'en reçois point de nouvelles ; et s'il n'en vient point aujourd'hui ou demain au plus tard, je suis d'avis de terminer votre mariage.

HORTENSE : Pourquoi, mon père ? Il n'y a point de nécessité d'aller si vite. Vous savez combien il m'aime, et les égards qu'on lui doit ; laissons-le achever les affaires qui le retiennent ; différons de quelques jours pour lui en donner le temps.

LE COMTE : C'est que la Marquise me presse, et ce mariage-ci me paraît si avantageux, que je voudrais qu'il fût déjà conclu.

HORTENSE : Née ce que je suis et avec la fortune que j'ai, il serait difficile que j'en fisse un mauvais ; vous pouvez choisir.

LE COMTE : Eh ! comment choisir mieux ? Biens, naissance, rang, crédit à la cour, vous trouvez tout ceci avec une figure aimable, assurément.

HORTENSE : J'en conviens, mais avec bien de la jeunesse dans l'esprit.

LE COMTE : Et à quel âge voulez-vous qu'on l'ait jeune ?

HORTENSE : Le voici.

Scène XI : Le Comte, Hortense, Rosimond.

LE COMTE : Marquis, je disais à Hortense que mon frère tarde beaucoup, et que nous nous impatienterons à la fin ; qu'en dites-vous ?

ROSIMOND : Sans doute, je serai toujours du parti de l'impatience.

LE COMTE : Et moi aussi. Adieu, je vais rejoindre la Marquise.

Scène XII : Rosimond, Hortense.

ROSIMOND : Je me rends à vos ordres, Madame; on m'a dit que vous me demandiez.

HORTENSE : Moi! Monsieur?... Ah! vous avez raison : oui, j'ai chargé Frontin de vous prier de ma part de revenir ici; mais comme vous n'êtes pas revenu sur-le-champ, parce qu'apparemment on ne vous a pas trouvé, je ne m'en ressouvenais plus.

ROSIMOND, *riant* : Voilà une distraction dont j'aurais envie de me plaindre. Mais, à propos de distraction, pouvez-vous me voir à présent, Madame? Y êtes-vous bien déterminée?

HORTENSE : D'où vient donc ce discours, Monsieur?

ROSIMOND : Tantôt vous ne saviez pas si vous le pouviez, m'a-t-on dit ; et peut-être est-ce encore de même?

HORTENSE : Vous ne demandiez à me voir qu'une heure après, et c'est une espèce d'avenir dont je ne répondais pas.

ROSIMOND : Ah! cela est vrai, il n'y a rien de si exact. Je me rappelle ma commission, c'est moi qui ai tort, et je vous en demande pardon. Si vous saviez combien le séjour de Paris et de la cour nous gâte sur les formalités, en vérité, Madame, vous m'excuseriez; c'est une certaine habitude de vivre avec trop de liberté, une aisance de façons que je condamne puisqu'elle vous déplaît, mais à laquelle on s'accoutume, et qui vous jette ailleurs dans les impolitesses que vous voyez.

HORTENSE : Je n'ai pas remarqué qu'il y en ait dans ce que vous avez fait, Monsieur, et sans avoir vu Paris ni la Cour, personne au monde n'aime plus les façons unies [7] que moi; parlons de ce que je voulais vous dire.

ROSIMOND : Quoi! vous, Madame? quoi! de la beauté, des grâces, avec ce caractère d'esprit-là, et cela dans l'âge où vous êtes! vous me surprenez! Avouez-moi la vérité, combien ai-je de rivaux? Tout ce qui vous voit, tout ce qui vous approche, soupire; ah! je m'en doute bien, et je n'en serai pas quitte à moins. La province me le pardonnera-t-elle? Je viens vous enlever; convenons qu'elle y fait une perte irréparable.

HORTENSE : Il peut y avoir ici quelques personnes qui ont de l'amitié pour moi, et qui pourraient me regretter; mais ce n'est pas de quoi il s'agit.

ROSIMOND : Eh! quel secret ceux qui vous voient ont-ils pour n'être que vos amis, avec ces yeux-là?

HORTENSE : Si parmi ces amis, il en est qui soient autre chose, du moins sont-ils discrets, et je ne les connais pas. Ne m'interrompez plus, je vous prie.

ROSIMOND : Vraiment, je m'imagine bien qu'ils soupirent tout bas et que le respect les fait taire. Mais, à propos de respect, n'y manquerais-je pas un peu, moi, qui ai pensé dire que je vous aime? Il y a bien quelque

7. Façons sans prétention, simples.

petite chose à redire à mes discours, n'est-ce pas, mais ce n'est pas ma faute.

Il veut lui prendre la main.

HORTENSE : Doucement, Monsieur, je renonce à vous parler.

ROSIMOND : C'est que, sérieusement, vous êtes belle avec excès; vous l'êtes trop; le regard le plus vif, le plus beau teint! ah! remerciez-moi, vous êtes charmante, et je n'en dis presque rien; la parure la mieux entendue! vous avez là de la dentelle d'un goût exquis, ce me semble. Passez-moi l'éloge de la dentelle; quand nous marie-t-on?

HORTENSE : A laquelle des deux questions voulez-vous que je réponde d'abord ? A la dentelle, ou au mariage?

ROSIMOND : Comme il vous plaira. Que faisons-nous cette après-midi?

HORTENSE : Attendez : la dentelle est passable; de cette après-midi, le hasard en décidera; de notre mariage, je ne puis rien en dire, et c'est de quoi j'ai à vous entretenir, si vous voulez bien me laisser parler. Voilà tout ce que vous me demandez, je pense? Venons au mariage.

ROSIMOND : Il devrait être fait; les parents ne finissent point!

HORTENSE : Je voulais vous dire au contraire qu'il serait bon de le différer, Monsieur.

ROSIMOND : Ah! le différer, Madame!

HORTENSE : Oui, Monsieur; qu'en pensez-vous?

ROSIMOND : Moi! ma foi, Madame, je ne pense point, je vous épouse. Ces choses-là, surtout quand elles sont aimables, veulent être expédiées; on y pense après.

HORTENSE : Je crois que je n'irai pas si vite; il faut s'aimer un peu quand on s'épouse.

ROSIMOND : Mais je l'entends bien de même.

HORTENSE : Et nous ne nous aimons point.

ROSIMOND : Ah! c'est une autre affaire; la difficulté ne me regarderait point; il est vrai que j'espérais, Madame, j'espérais, je vous l'avoue. Serait-ce quelque partie de cœur déjà liée?

HORTENSE : Non, Monsieur, je ne suis jusqu'ici prévenue pour personne.

ROSIMOND : En tout cas, je vous demande la préférence. Quant au retardement de notre mariage, dont je ne vois pas les raisons, je ne m'en mêlerai point, je n'aurais garde; on me mène, et je suivrai.

HORTENSE : Quelqu'un vient; faites réflexion à ce que je vous dis, Monsieur.

Scène XIII : Dorante, Dorimène, Hortense, Rosimond.

ROSIMOND, *allant à Dorimène* : Eh! vous voilà, Comtesse. Comment! avec Dorante?

DORIMÈNE, *embrassant Hortense* : Eh! bonjour, ma chère enfant! Comment se porte-t-on ici? Nous sommes alliés, au moins, Marquis.

ROSIMOND : Je le sais.

DORIMÈNE : Mais nous nous voyons peu. Il y a trois ans que je ne suis venue ici.

HORTENSE : On ne quitte pas volontiers Paris pour la province.

DORIMÈNE : On y a tant d'affaires, de dissipations! Les moments s'y passent avec tant de rapidité!

ROSIMOND : Eh! où avez-vous pris ce garçon-là, Comtesse?

DORIMÈNE, *à Hortense* : Nous nous sommes rencontrés. Vous voulez bien que je vous le présente?

ROSIMOND : Qu'en dis-tu, Dorante? Ai-je à me louer du choix qu'on a fait pour moi?

DORANTE : Tu es trop heureux.

ROSIMOND, *à Hortense* : Tel que vous le voyez, je vous le donne pour une espèce de sage qui fait peu de cas de l'amour; de l'air dont il vous regarde pourtant, je ne le crois pas trop en sûreté ici.

DORANTE : Je n'ai vu nulle part de plus grand danger, j'en conviens.

DORIMÈNE, *riant* : Sur ce pied-là, sauvez-vous, Dorante, sauvez-vous.

HORTENSE : Trêve de plaisanterie, Messieurs.

ROSIMOND : Non, sérieusement, je ne plaisante point; je vous dis qu'il est frappé, je vois cela dans ses yeux; remarquez-vous comme il rougit? Parbleu! je voudrais bien qu'il soupirât, et je vous le recommande.

DORIMÈNE : Ah! doucement, il m'appartient; c'est une espèce d'infidélité qu'il me ferait, car je l'amène; à moins que vous ne teniez sa place, Marquis.

ROSIMOND : Assurément j'en trouve l'idée tout à fait plaisante et c'est de quoi nous amuser ici. *(A Hortense.)* N'est-ce pas, Madame? Allons, Dorante, rendez vos premiers hommages à votre vainqueur.

DORANTE : Je n'en suis plus aux premiers.

Scène XIV : *Dorante, Dorimène, Hortense, Rosimond, Marton.*

MARTON : Madame, Monsieur le Comte m'envoie savoir qui vient d'arriver.

DORIMÈNE : Nous allons l'en instruire nous-mêmes. Venez, Marquis, donnez-moi la main, vous êtes mon chevalier. *(A Hortense.)* Et vous, Madame, voilà le vôtre.
Dorante présente la main à Hortense; Marton fait signe à Hortense.

HORTENSE : Je vous suis, Messieurs. Je n'ai qu'un mot à dire.

Scène XV : *Marton, Hortense.*

HORTENSE : Que me veux-tu, Marton? Je n'ai pas le temps de rester, comme tu vois.

MARTON : C'est une lettre que je viens de trouver, lettre d'amour écrite à Rosimond, mais d'un amour qui me paraît sans conséquence. La dame qui vient d'arriver pourrait bien l'avoir écrite; le billet est d'un style qui ressemble à son air.

HORTENSE : Y a-t-il des tendresses?

MARTON : Non, vous dis-je, point d'amour et beaucoup de folies; mais puisque vous êtes pressée, nous en parlerons tantôt. Rosimond devient-il un peu plus supportable?

HORTENSE : Toujours aussi impertinent qu'il est aimable. Je le quitte.

MARTON : Monsieur l'impertinent, vous avez beau faire; vous deviendrez charmant, sur ma parole; je l'ai entrepris.

ACTE SECOND

Scène I : *La Marquise, Dorante.*

LA MARQUISE : Avançons encore quelques pas, Monsieur, pour être plus à l'écart, j'aurais un mot à vous dire : vous êtes l'ami de mon fils, et autant que j'en puis juger, il ne saurait avoir fait un meilleur choix.

DORANTE : Madame, son amitié me fait honneur.

LA MARQUISE : Il n'est pas aussi raisonnable que vous me paraissez l'être, et je voudrais bien que vous m'aidassiez à le rendre plus sensé dans les circonstances où il se trouve; vous savez qu'il doit épouser Hortense; nous n'attendons que l'instant de terminer ce mariage; d'où vient, Monsieur, le peu d'attention qu'il a pour elle?

DORANTE : Je l'ignore, et n'y ai pas pris garde, Madame.

LA MARQUISE : Je viens de le voir avec Dorimène; il ne la quitte point depuis qu'elle est ici, et vous, Monsieur, vous ne quittez point Hortense.

DORANTE : Je lui fais ma cour, parce que je suis chez elle.

LA MARQUISE : Sans doute, et je ne vous désapprouve pas; mais ce n'est pas Dorimène à qui il faut que mon fils fasse aujourd'hui la sienne, et personne ici ne doit montrer plus d'empressement que lui pour Hortense.

DORANTE : Il est vrai, Madame.

LA MARQUISE : Sa conduite est ridicule; elle peut choquer Hortense, et je vous conjure, Monsieur, de l'avertir qu'il en change; les avis d'un ami comme vous lui feront peut-être plus d'impression que les miens. Vous êtes venu avec Dorimène, je la connais fort peu; vous êtes de ses amis, et je souhaiterais qu'elle ne souffrît pas que mon fils fût toujours auprès d'elle; en vérité, la bienséance en souffre un peu; elle est alliée de la maison où nous sommes; mais elle est venue ici sans qu'on l'y appelât; y reste-t-elle? part-elle aujourd'hui?

DORANTE : Elle ne m'a pas instruit de ses desseins.

LA MARQUISE : Si elle partait, je n'en serais pas fâchée, et je lui en aurais obligation; pourriez-vous le lui faire entendre?

DORANTE : Je n'ai pas beaucoup de pouvoir sur elle; mais je verrai, Madame, et tâcherai de répondre à l'honneur de votre confiance.

LA MARQUISE : Je vous le demande en grâce, Monsieur, et je vous recommande les intérêts de mon fils et de votre ami.

DORANTE, *pendant qu'elle s'en va* : Elle a, ma foi, beau dire; puisque son fils néglige Hortense, il ne tiendra pas à moi que je n'en profite auprès d'elle.

Scène II : Dorante, Dorimène.

DORIMÈNE : Où est allé le Marquis, Dorante? Je me sauve de cette cohue de province; ah! les ennuyants personnages! Je me meurs de l'extravagance des compliments qu'on m'a faits et que j'ai rendus. Il y a deux heures que je n'ai pas le sens commun, Dorante, pas le sens commun; deux heures que je m'entretiens avec une marquise qui se tient d'un droit, qui a des gravités, qui prend des mines d'une dignité! avec une petite baronne folichonne, si remuante, si méthodiquement étourdie! avec une comtesse si franche, qui m'estime tant, qui est de si bonne amitié! avec une autre qui est si mignonne, qui a de si jolis tours de tête, qui accompagne ce qu'elle dit avec des mains si pleines de grâces! une autre qui glapit si spirituellement, qui traîne si bien ses mots, qui dit si souvent : *Mais, Madame; cependant, Madame; il me paraît pourtant;* et puis un bel esprit si diffus, si éloquent! une jalousie si difficile en mérite et si peu touchée du mien, si intriguée de ce qu'on m'en trouvait! Enfin un agréable qui m'a fait des phrases, mais des phrases d'une perfection! qui m'a déclaré des sentiments qu'il n'osait me dire, mais des sentiments d'une délicatesse assaisonnée d'un respect que j'ai trouvé d'une fadeur! d'une fadeur!...

DORANTE : Oh! on respecte beaucoup ici; c'est le ton de la province. Mais vous cherchez Rosimond, Madame?

DORIMÈNE : Oui; c'est un étourdi à qui j'ai à parler tête à tête; et, grâce à tous ces originaux qui m'ont obsédée, je n'en ai pas encore eu le temps : il nous a quittés. Où est-il?

DORANTE : Je pense qu'il écrit à Paris, et je sors d'avoir un entretien avec sa mère.

DORIMÈNE : Tant pis, cela n'est pas amusant; il vous en reste encore un air froid et raisonnable, qui me gagnerait si nous restions ensemble; je vais faire un tour sur la terrasse; allez, Dorante, allez dire à Rosimond que je l'y attends.

DORANTE : Un moment, Madame, je suis chargé d'une petite commission pour vous; c'est que je vous avertis que la Marquise ne trouve pas bon que vous entreteniez le Marquis.

DORIMÈNE : Elle ne le trouve pas bon! Eh bien! vous verrez que je l'en trouverai meilleur.

DORANTE : Je n'en ai pas douté; mais ce n'est pas là tout; je suis encore prié de vous inspirer l'envie de partir.

DORIMÈNE : Je n'ai jamais eu tant d'envie de rester.

DORANTE : Je n'en suis pas surpris; cela doit faire cet effet-là.

DORIMÈNE : Je commençais à m'ennuyer ici, je ne m'y ennuie plus; je m'y plais, je l'avoue; sans ce discours de la Marquise, j'aurais pu me contenter de défendre à Rosimond de se marier, comme je l'avais résolu en venant ici; mais on ne veut pas que je le voie, on souhaite que je parte? il m'épousera.

DORANTE : Cela serait très plaisant.

DORIMÈNE : Oh! il m'épousera. Je pense qu'il n'y perdra pas. Et vous, je veux aussi que vous nous aidiez à le débarrasser de cette petite fille. Je me propose un plaisir infini de ce qui va arriver; j'aime à déranger les projets, c'est ma folie; surtout quand je les dérange d'une manière avantageuse. Adieu; je prétends que vous épousiez Hortense, vous. Voilà ce que j'imagine; réglez-vous là-dessus, entendez-vous? Je vais trouver la Marquise.

DORANTE, *pendant qu'elle part* : Puisse la folle me dire vrai!

Scène III : Rosimond, Dorante, Frontin.

ROSIMOND, *à Frontin, en entrant* : Cherche, vois partout; et, sans dire qu'elle est à moi, demande-la à tout le monde; c'est à peu près dans ces endroits-ci que je l'ai perdue.

FRONTIN : Je ferai ce que je pourrai, Monsieur.

Il sort.

ROSIMOND, *à Dorante* : Ah! c'est toi, Dorante : dis-moi, par hasard, n'aurais-tu point trouvé une lettre à terre?

DORANTE : Non.

ROSIMOND : Cela m'inquiète.

DORANTE : Eh! de qui est-elle?

ROSIMOND : De Dorimène; et malheureusement elle est d'un style un peu familier sur Hortense; elle l'y traite de petite provinciale qu'elle ne veut pas que j'épouse, et ces bonnes gens-ci seraient un peu scandalisés de l'épithète.

DORANTE : Peut-être personne ne l'aura-t-il encore ramassée; et d'ailleurs, cela te chagrine-t-il tant?

ROSIMOND : Ah! très doucement; je ne m'en désespère pas.

DORANTE : Ce qui en doit arriver doit être fort indifférent à un homme comme toi.

ROSIMOND : Aussi me l'est-il. Parlons de Dorimène; c'est elle qui m'embarrasse. Je t'avouerai confidemment que je ne sais qu'en faire. T'a-t-elle dit qu'elle n'est venue ici que pour m'empêcher d'épouser? Elle a quelque alliance avec ces gens-ci. Dès qu'elle a su que ma mère m'avait brusquement amené de Paris chez eux pour me marier, qu'a-t-elle fait? Elle a une terre à quelques lieues de la leur, elle y est venue, et à peine arrivée, m'a écrit, par un exprès, qu'elle venait ici, et que je la verrais une heure après sa lettre, qui est celle que j'ai perdue.

DORANTE : Oui, j'étais chez elle alors, et j'ai vu partir l'exprès qui nous a précédés; mais enfin c'est une très aimable femme, et qui t'aime beaucoup.

ROSIMOND : J'en conviens. Il faut pourtant que tu m'aides à lui faire entendre raison.

DORANTE : Pourquoi donc? Tu l'aimes aussi apparemment, et cela n'est pas étonnant.

ROSIMOND : J'ai encore quelque goût pour elle; elle est vive, emportée, étourdie, bruyante. Nous avons lié une petite affaire de cœur ensemble, et il y a deux mois que cela dure; deux mois, le terme est honnête; cependant aujourd'hui elle s'avise de se piquer d'une belle passion pour moi. Ce mariage-ci lui déplaît, elle ne veut pas que je l'achève; et de vingt galanteries qu'elle a eues en sa vie, il faut que la nôtre soit la seule qu'elle honore de cette opiniâtreté d'amour; il n'y a que moi à qui cela arrive!

DORANTE : Te voilà donc bien agité! Quoi! tu crains les conséquences de l'amour d'une jolie femme, parce que tu te maries? Tu as de ces sentiments bourgeois, toi, Marquis? Je ne te reconnais pas! Je te croyais plus dégagé que cela; j'osais quelquefois entretenir Hortense; mais je vois bien qu'il faut que je parte, et je n'y manquerai pas. Adieu.

ROSIMOND : Venez, venez ici. Qu'est-ce que c'est que cette fantaisie-là?

DORANTE : Elle est sage. Il me semble que la Marquise ne me voit pas volontiers ici, et qu'elle n'aime pas à me trouver en conversation avec Hortense, et je te demande pardon de ce que je vais te dire; mais il m'a passé dans l'esprit que tu avais pu l'indisposer contre moi, et te servir de sa méchante humeur pour m'insinuer de m'en aller.

ROSIMOND : Mais, oui-da, je suis peut-être jaloux? Ma façon de vivre, jusqu'ici, m'a rendu fort suspect de cette petitesse? Débitez-la, Monsieur, débitez-la dans le monde. En vérité, vous me faites pitié! Avec cette opinion-là sur mon compte, valez-vous la peine qu'on vous désabuse?

DORANTE : Je puis en avoir mal jugé; mais ne se trompe-t-on jamais?

ROSIMOND : Moi qui vous parle, suis-je plus à l'abri de la méchante humeur de ma mère? Ne devrais-je pas, si je l'en crois, être aux genoux d'Hortense, et lui débiter mes langueurs? J'ai tort de n'aller pas, une houlette à la main, l'entretenir de ma passion pastorale; elle vient de me quereller tout à l'heure, me reprocher mon indifférence; elle m'a dit des injures, Monsieur, des injures; m'a traité de fat, d'impertinent, rien que cela; et puis je m'entends avec elle!

DORANTE : Ah! voilà qui est fini, Marquis; je désavoue mon idée, et je t'en fais réparation.

ROSIMOND : Dites-vous vrai? Êtes-vous bien sûr au moins que je pense comme il faut?

DORANTE : Si sûr à présent, que si tu allais te prendre d'amour pour cette petite Hortense dont on veut faire ta femme, tu me le dirais, que je ne t'en croirais pas.

ROSIMOND : Que sait-on? Il y a à craindre, à cause que je l'épouse, que mon cœur ne s'enflamme et ne prenne la chose à la lettre!

DORANTE : Je suis persuadé que tu n'es point fâché que je lui en conte.

ROSIMOND : Ah! si fait, très fâché; j'en boude, et, si vous continuez, j'en serai au désespoir.

DORANTE : Tu te moques de moi, et je le mérite.

ROSIMOND, *riant* : Ah! ah! ah! Comment es-tu avec elle?

DORANTE : Ni bien ni mal. Comment la trouves-tu, toi?

ROSIMOND : Moi! ma foi, je n'en sais rien; je ne l'ai pas encore trop vue; cependant il m'a paru qu'elle était assez gentille, l'air naïf, droit et guindé; mais jolie, comme je te dis. Ce visage-là pourrait devenir quelque chose s'il appartenait à une femme du monde; et notre provinciale n'en fait rien; mais cela est bon pour une femme; on la prend comme elle vient.

DORANTE : Elle ne te convient guère. De bonne foi, l'épouseras-tu?

ROSIMOND : Il faudra bien, puisqu'on le veut; nous l'épouserons, ma mère et moi, si vous ne nous l'enlevez pas.

DORANTE : Je pense que tu ne t'en soucierais guère, et que tu me le pardonnerais.

ROSIMOND : Oh! là-dessus, toutes les permissions du monde au suppliant, si elles pouvaient lui être bonnes à quelque chose. T'amuse-t-elle?

DORANTE : Je ne la hais pas.

ROSIMOND : Tout de bon?

DORANTE : Oui; comme elle ne m'est pas destinée, je l'aime assez.

ROSIMOND : Assez! Je vous le conseille. De la passion, Monsieur, des mouvements pour me divertir, s'il vous plaît! En sens-tu déjà un peu?

DORANTE : Quelquefois. Je n'ai pas ton expérience en galanterie; je ne suis là-dessus qu'un écolier qui n'a rien vu.

ROSIMOND, *riant* : Ah! vous l'aimez, Monsieur l'écolier? Ceci est sérieux; je vous défends de lui plaire.

DORANTE : Je n'oublie cependant rien pour cela; ainsi laisse-moi partir; la peur de te fâcher me reprend.

ROSIMOND, *riant* : Ah! ah! ah! que tu es réjouissant!

Scène IV : Marton, Dorante, Rosimond.

DORANTE, *riant aussi* : Ah! ah! ah!... Où est votre maîtresse, Marton?

MARTON : Dans la grande allée, où elle se promène, Monsieur; elle vous demandait tout à l'heure.

ROSIMOND : Rien que lui, Marton?

MARTON : Non, que je sache.

DORANTE : Je te laisse, Marquis; je vais la rejoindre.

ROSIMOND : Attends, nous irons ensemble.

MARTON : Monsieur, j'aurais un mot à vous dire.

ROSIMOND : A moi, Marton?

MARTON : Oui, Monsieur.

DORANTE : Je vais donc toujours devant.

ROSIMOND, *à part* : Rien que lui! c'est qu'elle est piquée.

Scène V : Rosimond, Marton.

ROSIMOND : De quoi s'agit-il, Marton?

MARTON : D'une lettre que j'ai trouvée, Monsieur, et qui est apparemment celle que vous avez tantôt reçue de Frontin.

ROSIMOND : Donne, j'en étais inquiet.

MARTON : La voilà.

ROSIMOND : Tu ne l'as montrée à personne apparemment?

MARTON : Il n'y a qu'Hortense et son père qui l'ont vue, et je ne la leur ai montrée que pour savoir à qui elle appartenait.

ROSIMOND : Eh! ne pouviez-vous pas la voir vous-même?

MARTON : Non, Monsieur, je ne sais pas lire, et d'ailleurs vous en aviez gardé l'enveloppe.

ROSIMOND : Et ce sont eux qui vous ont dit que la lettre m'appartenait? Ils l'ont donc lue?

MARTON : Vraiment oui, Monsieur; ils n'ont pu juger qu'elle était à vous que sur la lecture qu'ils en ont faite.

ROSIMOND : Hortense présente?

MARTON : Sans doute. Est-ce que cette lettre est de quelque conséquence? Y a-t-il quelque chose qui les concerne?

ROSIMOND : Il vaudrait mieux qu'ils ne l'eussent point vue.

MARTON : J'en suis fâchée.

ROSIMOND : Cela est désagréable. Et qu'en a dit Hortense?

MARTON : Rien, Monsieur, elle n'a pas paru y faire attention; mais comme on m'a chargée de vous la rendre, voulez-vous que je dise que vous ne l'avez pas reconnue?

ROSIMOND : L'offre est obligeante, et je l'accepte; j'allais vous en prier.

MARTON : Oh! de tout mon cœur, je vous le promets, quoique ce soit une précaution assez inutile, comme je vous dis, car ma maîtresse ne vous en parlera seulement pas.

ROSIMOND : Tant mieux, tant mieux; je ne m'attendais pas à tant de modération; serait-ce que notre mariage lui déplaît?

MARTON : Non, cela ne va pas jusque-là; mais elle ne s'y intéresse pas extrêmement non plus.

ROSIMOND : Vous l'a-t-elle dit, Marton?

MARTON : Oh! plus de dix fois, Monsieur; et vous le savez bien, elle vous l'a dit à vous-même.

ROSIMOND : Point du tout; elle a, ce me semble, parlé de différer et non pas de rompre; mais que ne s'est-elle expliquée? Je ne me serais pas avisé de soupçonner son éloignement pour moi; il faut être fait à se douter de pareille chose.

MARTON : Il est vrai qu'on est presque sûr d'être aimé quand on vous ressemble; aussi ma maîtresse vous aurait-elle épousé d'abord assez volontiers; mais je ne sais, il y a eu du malheur; vos façons l'ont choquée.

ROSIMOND : Je ne les ai pas prises à la vérité.

MARTON : Eh! Monsieur, à qui le dites-vous? Je suis persuadée qu'elles sont toutes des meilleures. Mais tenez, malgré cela, je vous avoue moi-même que je ne pourrais m'empêcher d'en rire si je ne me retenais pas, tant elles nous paraissent plaisantes à nous autres provinciales; c'est que nous sommes des ignorantes. Adieu, Monsieur, je vous salue.

ROSIMOND : Doucement; confiez-moi ce que votre maîtresse y trouve à redire.

MARTON : Eh! Monsieur, ne prenez pas garde à ce que nous en pensons; je vous dis que tout nous paraît comique. Vous savez bien que vous avez peur de faire l'amoureux de ma maîtresse, parce qu'apparemment cela ne serait pas de bonne grâce dans un joli homme comme vous; mais comme Hortense est aimable, et qu'il s'agit de l'épouser, nous trouvons cette peur-là si burlesque, si bouffonne, qu'il n'y a point de comédie qui nous divertisse tant; car il est sûr que vous auriez plu à Hortense si vous ne l'aviez pas fait rire; mais ce qui fait rire n'attendrit plus, et je vous dis eela pour vous divertir vous-même.

ROSIMOND : C'est aussi tout l'usage que j'en fais.

MARTON : Vous avez raison, Monsieur! je suis votre servante. *(Elle revient.)* Seriez-vous encore curieux d'une de nos folies? Dès que Dorante et Dorimène sont arrivés ici, vous avez dit qu'il fallait que Dorante aimât ma maîtresse, pendant que vous feriez l'amour à Dorimène, et cela à la veille d'épouser Hortense; Monsieur, nous en avons pensé mourir de rire, ma maîtresse et moi. Je lui ai pourtant dit qu'il fallait bien que vos airs fussent dans les règles du bon savoir-vivre. Rien ne l'a persuadée; les gens de ce pays-ci ne sentent point le mérite de ces manières-là; c'est autant de perdu. Mais je m'amuse [8] trop. Ne dites mot, je vous prie.

ROSIMOND : Eh! bien, Marton, il faudra se corriger; j'ai vu quelques benêts de la province, et je les copierai.

MARTON : Oh! Monsieur, n'en prenez pas la peine; ce ne serait pas en contrefaisant le benêt que vous feriez revenir les bonnes dispositions où ma maîtresse était pour vous; ce que je vous dis sous le secret, au moins; mais vous ne réussirez ni comme benêt, ni comme comique. Adieu, Monsieur.

Scène VI : Rosimond, Dorimène.

ROSIMOND, *un moment seul :* Eh bien! cela me guérit d'Hortense. Cette fille qui m'aime et qui se résout à me perdre, parce que je ne donne pas dans la fadeur de languir pour elle, voilà une sotte enfant! Allons pourtant la trouver.

DORIMÈNE : Que devenez-vous, Marquis? On ne sait où vous prendre. Est-ce votre future qui vous occupe?

ROSIMOND : Oui, je m'occupais des reproches qu'on me faisait de mon indifférence pour elle, et je vais tâcher d'y mettre ordre; elle est là-bas avec Dorante, y venez-vous?

DORIMÈNE : Arrêtez, arrêtez; il s'agit de mettre ordre à quelque chose de plus important. Quand est-ce donc que cette indifférence qu'on vous reproche pour elle lui fera prendre son parti? Il me semble que cela demeure bien longtemps à se déterminer. A qui est-ce la faute?

ROSIMOND : Ah! vous me querellez aussi? Dites-moi, que voulez-vous qu'on fasse? Ne sont-ce pas nos parents qui décident de cela?

DORIMÈNE : Qu'est-ce que c'est que des parents, Monsieur? C'est l'amour que vous avez pour moi, c'est le vôtre, c'est le mien qui en décideront, s'il vous plaît. Vous ne mettrez pas des volontés de parents en parallèle avec des raisons de cette force-là, sans doute, et je veux demain que tout cela finisse.

ROSIMOND : Le terme est court, on aurait de la peine à faire ce que vous dites là; je désespère d'en venir à bout, moi, et vous en parlez bien à votre aise.

DORIMÈNE : Ah! je vous trouve admirable! Nous sommes à Paris; je vous perds deux jours de vue, et dans cet intervalle j'apprends que vous êtes parti avec votre mère pour aller vous marier, pendant que vous m'aimez, pendant qu'on vous aime, et qu'on vient tout récemment,

---

8. *S'amuser* s'entend ici dans le sens de s'attarder, perdre son temps.

comme vous le savez, de congédier là-bas le Chevalier, pour n'avoir de liaison de cœur qu'avec vous! Non, Monsieur, vous ne vous marierez point; n'y songez pas, car il n'en sera rien, cela est décidé; votre mariage me déplaît. Je le passerais à un autre; mais avec vous! Je ne suis pas de cette humeur-là, je ne saurais; vous êtes un étourdi; pourquoi vous jetez-vous dans cet inconvénient?

ROSIMOND : Faites-moi donc la grâce d'observer que je suis la victime des arrangements de ma mère.

DORIMÈNE : La victime! vous m'édifiez beaucoup; vous êtes un petit garçon bien obéissant.

ROSIMOND : Je n'aime pas à la fâcher, j'ai cette faiblesse-là, par exemple.

DORIMÈNE : Le poltron! Eh bien, gardez votre faiblesse; j'y suppléerai, je parlerai à votre prétendue.

ROSIMOND : Ah! que je vous reconnais bien à ces tendres inconsidérations-là! Je les adore; ayons pourtant un peu plus de flegme ici; car, que lui direz-vous? Que vous m'aimez?

DORIMÈNE : Que nous nous aimons.

ROSIMOND : Voilà qui va fort bien; mais vous ressouvenez-vous que vous êtes en province, où il y a des règles, des maximes de décence qu'il ne faut point choquer?

DORIMÈNE : Plaisantes maximes! Est-il défendu de s'aimer quand on est aimable? Ah! il y a des puérilités qui ne doivent pas arrêter. Je vous épouserai, Monsieur; j'ai du bien, de la naissance, qu'on nous marie; c'est peut-être le vrai moyen de me guérir d'un amour que vous ne méritez pas que je conserve.

ROSIMOND : Nous marier? Des gens qui s'aiment! Y songez-vous? Que vous a fait l'amour pour le pousser à bout? Allons trouver la compagnie.

DORIMÈNE : Nous verrons. Surtout, point de mariage ici, commençons par là. Mais que vous veut dire Frontin?

Scène VII : Rosimond, Dorimène, Frontin.

FRONTIN, *tout essoufflé* : Monsieur! j'ai un mot à vous dire.

ROSIMOND : Parle.

FRONTIN : Il faut que nous soyons seuls, Monsieur.

DORIMÈNE : Et moi je reste, parce que je suis curieuse.

FRONTIN : Monsieur, Madame est de trop; la moitié de ce que j'ai à vous dire est contre elle.

DORIMÈNE : Marquis, faites parler ce faquin-là.

ROSIMOND : Parleras-tu, maraud?

FRONTIN : J'enrage, mais n'importe. Eh bien! Monsieur, ce que j'ai à vous dire, c'est que Madame ici nous portera malheur à tous deux.

DORIMÈNE : Le sot!

ROSIMOND : Comment?

FRONTIN : Oui, Monsieur, si vous ne changez pas de façon, nous ne tenons plus rien. Pendant que Madame vous amuse, Dorante nous égorge.

ROSIMOND : Que fait-il donc?

FRONTIN : L'amour, Monsieur, l'amour [9] à votre belle Hortense.

9. *Faire l'amour à quelqu'un*, c'est dire des douceurs amoureuses à quelqu'un.

DORIMÈNE : Votre belle! voilà une épithète bien placée!

FRONTIN : Je défie qu'on la place mieux; si vous entendiez là-bas comme il se démène, comme les déclarations vont dru, comme il entasse les soupirs! J'en ai déjà compté plus de trente de la dernière conséquence, sans parler des génuflexions, des exclamations : Madame par-ci, Madame par-là, ah! les beaux yeux! ah! les belles mains! Et ces mains-là, Monsieur, il ne les marchande pas, il en attrape toujours quelqu'une qu'on retire, couci-couci, et qu'il baise avec un appétit qui me désespère; je l'ai laissé comme il en retenait une sur laquelle il s'était déjà jeté plus de dix fois, malgré qu'on en eût ou qu'on n'en eût pas, et j'ai peur qu'à la fin elle ne lui reste.

ROSIMOND ET DORIMÈNE, *riant* : Eh! eh! eh!...

ROSIMOND : Cela est pourtant vif.

FRONTIN : Vous riez?

ROSIMOND, *riant, parlant de Dorimène* : Oui, cette main-ci voudra peut-être bien me dédommager du tort qu'on me fait sur l'autre.

DORIMÈNE, *lui donnant la main* : Il y a de l'équité.

ROSIMOND, *lui baisant la main* : Qu'en dis-tu, Frontin? suis-je si à plaindre?

FRONTIN : Monsieur, on sait bien que Madame a des mains; mais je vous trouve toujours en arrière.

DORIMÈNE : Renvoyez cet homme-là, Monsieur; j'admire votre sang-froid.

ROSIMOND : Va-t-en. C'est Marton qui lui a tourné la cervelle!

FRONTIN : Non, Monsieur, elle m'a corrigé; j'étais petit-maître aussi bien qu'un autre; je ne voulais pas aimer Marton que je dois épouser, parce que je croyais qu'il était malhonnête d'aimer sa future; mais cela n'est pas vrai, Monsieur, fiez-vous à ce que je dis; je n'étais qu'un sot, je l'ai bien compris. Faites comme moi; j'aime à présent de tout mon cœur, et je le dis tant qu'on veut; suivez mon exemple; Hortense vous plaît, je l'ai remarqué; ce n'est que pour être joli homme que vous la laissez là, et vous ne serez point joli, Monsieur.

DORIMÈNE : Marquis, que veut-il donc dire avec son Hortense qui vous plaît? Qu'est-ce que cela signifie? Quel travers vous donne-t-il là?

ROSIMOND : Qu'en sais-je? Que voulez-vous qu'il ait vu? On veut que je l'épouse, et je l'épouserai; d'empressement, on ne m'en a pas vu beaucoup jusqu'ici; je ne pourrai pourtant me dispenser d'en avoir, et j'en aurai parce qu'il le faut; voilà tout ce que j'y sache; vous allez bien vite. *(A Frontin.)* Retire-toi.

FRONTIN : Quel dommage de négliger un cœur tout neuf! Cela est si rare!

DORIMÈNE : Partira-t-il?

ROSIMOND : Va-t-en donc; faut-il que je te chasse?

FRONTIN : Je n'ai pas tout dit; la lettre est retrouvée; Hortense et Monsieur le Comte l'ont lue d'un bout à l'autre; mettez-y ordre; ce maudit papier est encore de Madame.

DORIMÈNE : Quoi! parle-t-il du billet que je vous ai envoyé ici de chez moi?

ROSIMOND : C'est du même que j'avais perdu.

DORIMÈNE : Eh bien! le hasard est heureux; cela les met au fait.

ROSIMOND : Oh! j'ai pris mon parti là-dessus, je m'en démêlerai bien; Frontin nous tirera d'affaire.

FRONTIN : Moi, Monsieur?

ROSIMOND : Oui, toi-même.

DORIMÈNE : On n'a pas besoin de lui là-dedans, il n'y a qu'à laisser aller les choses.

ROSIMOND : Ne vous embarrassez pas; voici Hortense et Dorante qui s'avancent, et qui paraissent s'entretenir avec assez de vivacité.

FRONTIN : Eh bien! Monsieur, si vous ne m'en croyez pas, cachez-vous un moment derrière cette petite palissade, pour entendre ce qu'ils disent : vous aurez le temps, ils ne vous voient point.

Il s'en va.

ROSIMOND : Il n'y aurait pas grand mal; le voulez-vous, Madame? c'est une petite plaisanterie de campagne.

DORIMÈNE : Oui-da! cela nous divertira.

Scène VIII : Rosimond, Dorimène, *au bout du théâtre, Dorante, Hortense, à l'autre bout.*

HORTENSE : Je vous crois sincère, Dorante; mais quels que soient vos sentiments, je n'ai rien à y répondre jusqu'ici; on me destine à un autre. *(A part.)* Je crois que je vois Rosimond.

DORANTE : Il sera donc votre époux, Madame?

HORTENSE : Il ne l'est pas encore. *(A part.)* C'est lui avec Dorimène.

DORANTE : Je n'oserais vous demander s'il est aimé.

HORTENSE : Ah! doucement; je n'hésite point à vous dire que non.

DORIMÈNE, *à Rosimond* : Cela vous afflige-t-il?

ROSIMOND : Il faut qu'elle m'ait vu.

HORTENSE : Ce n'est pas que j'aie de l'éloignement pour lui; mais si j'aime jamais, il en coûtera un peu davantage pour me rendre sensible. Je n'accorderai mon cœur qu'aux soins les plus tendres, qu'à tout ce que l'amour a de plus respectueux, de soumis; il faudra qu'on me dise mille fois « je vous aime », avant que je le croie et que je m'en soucie; qu'on se fasse une affaire de la dernière importance de me le persuader; qu'on ait la modestie de craindre d'aimer en vain, et qu'on me demande enfin mon cœur comme une grâce qu'on sera trop heureux d'obtenir. Voilà à quel prix j'aimerai, Dorante, et je n'en rabattrai rien; il est vrai qu'à ces conditions-là, je cours risque de rester insensible, surtout de la part d'un homme comme le Marquis, qui n'en est pas réduit à ne soupirer que pour une provinciale, et qui, au pis aller, a touché le cœur de Dorimène.

DORIMÈNE, *après avoir écouté* : Au pis aller! dit-elle, au pis aller! Avançons, Marquis.

ROSIMOND : Quel est donc votre dessein?

DORIMÈNE : Laissez-moi faire, je ne gâterai rien.

HORTENSE : Quoi! vous êtes là, Madame?

DORIMÈNE : Eh! oui, Madame, j'ai eu le plaisir de vous entendre; vous peignez si bien! Qu'est-ce qui me prendrait pour un pis aller? Cela me ressemble tout à fait pourtant. Je vous apprends en revanche que vous nous tirez d'un grand embarras; Rosimond vous est indifférent, et c'est fort bien fait; il n'osait vous le dire, mais je parle pour lui; son pis aller lui est cher, et tout cela vient à merveille.

ROSIMOND, *riant* : Comment donc! vous parlez pour moi? Mais point du tout, Comtesse! finissons, je vous prie; je ne reconnais point là mes sentiments.

DORIMÈNE : Taisez-vous, Marquis; votre politesse ici consiste à garder le silence; imaginez-vous que vous n'y êtes point.

ROSIMOND : Je vous dis qu'il n'est pas question de politesse, et que ce n'est pas là ce que je pense.

DORIMÈNE : Il bat la campagne. Ne faut-il pas en venir à dire ce qui est vrai? Votre cœur et le mien sont engagés; vous m'aimez.

ROSIMOND, *riant* : Et qui est-ce qui ne vous aimerait pas?

DORIMÈNE : L'occasion se présente de le dire, et je le dis; il faut bien que Madame le sache.

ROSIMOND : Oui! ceci est sérieux.

DORIMÈNE : Elle s'en doutait; je ne lui apprends presque rien.

ROSIMOND : Ah! très peu de chose!

DORIMÈNE : Vous avez beau m'interrompre, on ne vous écoute pas. Voudriez-vous l'épouser, Hortense, prévenu d'une autre passion? Non, Madame, il faut qu'un mari vous aime, votre cœur ne s'en passerait pas; ce sont vos usages, ils sont fort bons; n'en sortez point, et travaillons de concert à rompre votre mariage.

ROSIMOND : Parbleu! Mesdames, je vous traverserai [10] donc; car je vais travailler à le conclure.

HORTENSE : Eh! non, Monsieur, vous ne vous ferez point ce tort-là, ni à moi non plus.

DORANTE : En effet, Marquis, à quoi bon feindre? Je sais ce que tu penses, tu me l'as confié; d'ailleurs, quand je t'ai dit mes sentiments pour Madame, tu ne les as pas désapprouvés.

ROSIMOND : Je ne me souviens point de cela, et vous êtes un étourdi, qui me ferez des affaires avec Hortense.

HORTENSE : Eh! Monsieur, point de mystère! Vous n'ignorez point mes dispositions, et il ne s'agit point ici de compliments.

ROSIMOND : Quoi! Madame, faites-vous quelque attention à ce qu'on dit là! Ils se divertissent.

DORANTE : Mais parlons français. Est-ce que tu aimes Madame?

ROSIMOND : Ah! je suis ravi de vous voir curieux; c'est bien à vous que j'en dois rendre compte! *(A Hortense.)* Je ne suis pas embarrassé de ma réponse; mais approuvez, je vous prie, que je mortifie sa curiosité.

DORIMÈNE, *riant* : Ah! ah! ah!... Il me prend envie aussi de lui demander s'il m'aime. Voulez-vous gager qu'il n'osera me l'avouer? M'aimez-vous Marquis?

ROSIMOND : Courage! je suis en butte aux questions.

DORIMÈNE : Ne l'ai-je pas dit?

ROSIMOND, *à Hortense* : Et vous, Madame, serez-vous la seule qui ne m'en ferez point.

HORTENSE : Je n'ai rien à savoir.

---

10. *Traverser quelqu'un* : empêcher quelqu'un de faire quelque chose en suscitant des obstacles.

Scène IX : Frontin, Rosimond, Dorimène,
Dorante, Hortense.

FRONTIN : Monsieur, je vous avertis que voilà votre mère avec Monsieur le Comte qui vous cherchent, et qui viennent vous parler.

ROSIMOND, *à Frontin* : Reste ici.

DORANTE : Je te laisse donc, Marquis.

Il sort.

DORIMÈNE : Adieu; je reviendrai savoir ce qu'ils vous auront dit.

Elle sort.

HORTENSE : Et moi, je vous laisse penser à ce que vous leur direz.

ROSIMOND : Un moment, Madame; que tout ce qui vient de se passer ne vous fasse aucune impression; vous voyez ce que c'est que Dorimène; vous avez dû démêler son esprit et la trouver singulière. C'est une manière de petit-maître en femme qui tire sur le coquet, sur le cavalier même, n'y faisant pas grande façon pour dire ses sentiments, et qui s'avise d'en avoir pour moi, que je ne saurais brusquer comme vous voyez; mais vous croyez bien qu'on sait faire la différence des personnes; on distingue, Madame, on distingue. Hâtons-nous de conclure pour finir tout cela, je vous en supplie.

HORTENSE : Monsieur, je n'ai pas le temps de vous répondre; on approche. Nous nous verrons tantôt.

ROSIMOND, *quand elle part* : La voilà, je crois, radoucie.

Scène X : Rosimond, Frontin.

FRONTIN : Je n'ai que faire ici, Monsieur.

ROSIMOND : Reste; il va sans doute être question de ce billet perdu, et il faut que tu le prennes sur ton compte.

FRONTIN : Vous n'y songez pas, Monsieur! Le diable, qui a bien des secrets, n'aurait pas celui de persuader les gens, s'il était à ma place; d'ailleurs, Marton sait qu'il est à vous.

ROSIMOND : Je le veux, Frontin, je le veux; je suis convenu avec Marton qu'elle dirait que je n'ai su ce que c'était; ainsi, imaginez, faites comme il vous plaira, mais tirez-moi d'intrigue.

Scène XI : Rosimond, Frontin,
la Marquise, le Comte.

LA MARQUISE : Mon fils, Monsieur le Comte a besoin d'un éclaircissement sur certaine lettre sans adresse qu'on a trouvée et qu'on croit s'adresser à vous. Dans la conjoncture où vous êtes, il est juste qu'on soit instruit là-dessus; parlez-nous naturellement; le style en est un peu libre sur Hortense, mais on ne s'en prend point à vous.

ROSIMOND : Tout ce que je puis dire à cela, Madame, c'est que je n'ai point perdu de lettre.

LE COMTE : Ce n'est pourtant qu'à vous qu'on peut avoir écrit celle dont nous parlons, Monsieur le Marquis; et j'ai dit même à Marton de vous la rendre. Vous l'a-t-elle rapportée?

ROSIMOND : Oui, elle m'en a montré une qui ne m'appartenait point. *(A Frontin.)* A propos, ne m'as-tu pas dit, toi, que tu en avais perdu une? C'est peut-être la tienne?

FRONTIN : Monsieur, oui, je ne m'en ressouvenais plus; mais cela se pourrait bien.

LE COMTE : Non, non, on vous y parle à vous positivement; le nom de Marquis y est répété deux fois, et on signe *la Comtesse* pour tout nom, ce qui pourrait convenir à Dorimène.

ROSIMOND, *à Frontin* : Eh bien? qu'en dis-tu? Nous rendras-tu raison de ce que cela veut dire?

FRONTIN : Mais, oui, je me rappelle du Marquis [11] dans cette lettre; elle est, dites-vous, signée *la Comtesse*? Oui, Monsieur, c'est cela même, Comtesse et Marquis, voilà l'histoire.

LE COMTE, *riant* : Eh! eh! eh! je ne savais pas que Frontin fût un marquis déguisé, ni qu'il fût en commerce de lettres avec des comtesses.

LA MARQUISE : Mon fils, cela ne paraît pas naturel.

ROSIMOND, *à Frontin* : Mais te plaira-t-il de t'expliquer mieux?

FRONTIN : Eh! vraiment oui, il n'y a rien de si aisé; on m'y appelle Marquis, n'est-il pas vrai?

LE COMTE : Sans doute.

FRONTIN : Ah! la folle! On y signe *Comtesse*?

LA MARQUISE : Eh bien?

FRONTIN : Ah! ah! ah! l'extravagante!

ROSIMOND : De qui parles-tu?

FRONTIN : D'une étourdie que vous connaissez, Monsieur; de Lisette.

LA MARQUISE : De la mienne? de celle que j'ai laissée à Paris?

FRONTIN : D'elle-même.

LE COMTE, *riant* : Et le nom de Marquis, d'où te vient-il?

FRONTIN : De sa grâce; je suis un marquis de la promotion de Lisette [12], comme elle est comtesse de la promotion de Frontin, Monsieur; c'est ordinaire. *(Au Comte.)* Tenez, Monsieur, je connais un garçon qui avait l'honneur d'être à vous pendant votre séjour à Paris, et qu'on appelait familièrement Monsieur le Comte. Vous étiez le premier; il était le second. Cela ne se pratique pas autrement; voilà l'usage parmi nous autres subalternes de qualité, pour établir quelque subordination entre la livrée bourgeoise et nous; c'est ce qui nous distingue.

ROSIMOND : Ce qu'il vous dit est vrai.

LE COMTE, *riant* : Je le veux bien; tout ce qui m'inquiète, c'est que ma fille a vu cette lettre; elle ne m'en a pourtant pas paru moins tranquille; mais elle est réservée, et j'aurais peur qu'elle ne crût pas l'histoire des promotions de Frontin si aisément.

ROSIMOND : Mais aussi, de quoi s'avisent ces marauds-là?

FRONTIN : Monsieur, chaque nation a ses coutumes; voilà les coutumes de la nôtre.

11. Ici, Duviquet corrige et imprime : *Je me souviens du Marquis.* Fournier et Bastide rétablissent le texte original et font remarquer que « c'est un valet qui parle ». Deloffre soutient que cette construction n'est pas incorrecte « car *du* doit être interprété comme article partitif : *Je me rappelle qu'il y a du Marquis dans cette lettre* ».
12. C'est Lisette qui m'a promu Marquis.

LE COMTE : Il y pourrait pourtant rester une petite difficulté : c'est que dans cette lettre on y parle d'une provinciale, et d'un mariage avec elle, qu'on veut empêcher en venant ici; cela ressemblerait assez à notre projet.

LA MARQUISE : J'en conviens.

ROSIMOND : Parle.

FRONTIN : Oh! bagatelle. Vous allez être au fait. Je vous ai dit que nous prenions vos titres.

LE COMTE : Oui, vous prenez le nom de vos maîtres. Mais voilà tout, apparemment?

FRONTIN : Oui, Monsieur; mais quand nos maîtres passent par le mariage, nous autres, nous quittons le célibat; le maître épouse la maîtresse, et nous la suivante; c'est encore la règle que j'observerai, vous voyez bien que Marton me revient. Lisette, qui est là-bas, le sait; Lisette est jalouse, et Marton est tout de suite une provinciale, et tout de suite on menace de venir empêcher le mariage; il est vrai qu'on n'est pas venu, mais on voulait venir.

LA MARQUISE : Tout cela se peut, Monsieur le Comte, et d'ailleurs, il n'est pas possible de penser que mon fils préférât Dorimène à Hortense; il faudrait qu'il fût aveugle.

ROSIMOND : Monsieur est-il bien convaincu?

LE COMTE : N'en parlons plus; ce n'est pas même votre amour pour Dorimène qui m'inquiéterait; je sais ce que c'est que ces amours-là; entre vous autres gens du bel air, souffrez que je vous dise que vous ne vous aimez guère, et Dorimène, notre alliée, est un peu sur ce ton-là. Pour vous, Marquis, croyez-moi, ne donnez plus dans ces façons, elles ne sont pas dignes de vous; je vous parle déjà comme à mon gendre; vous avez de l'esprit et de la raison, et vous êtes né avec tant d'avantages, que vous n'avez pas besoin de vous distinguer par de faux airs; restez ce que vous êtes, vous en vaudrez mieux; mon âge, mon estime pour vous, et ce que je vais vous devenir, me permettent de vous parler ainsi.

ROSIMOND : Je n'y trouve point à redire.

LA MARQUISE : Et je vous prie, mon fils, d'y faire attention.

LE COMTE : Changeons de discours; Marton est-elle là? Regarde, Frontin.

FRONTIN : Oui, Monsieur, je l'aperçois qui passe avec ces dames. *(Il appelle.)* Marton!

MARTON *paraît* : Qu'est-ce qui me demande?

LE COMTE : Dites à ma fille de venir.

MARTON : La voilà qui s'avance, Monsieur.

Scène XII : *Hortense, Dorimène, Dorante, Rosimond, la Marquise, le Comte, Marton, Frontin.*

LE COMTE : Approchez, Hortense; il n'est plus nécessaire d'attendre mon frère; il me l'écrit lui-même, et me mande de conclure; ainsi nous signons le contrat ce soir et nous vous marions demain.

HORTENSE, *se mettant à genoux* : Signer le contrat ce soir, et demain me marier! Ah! mon père, souffrez que je me jette à vos genoux pour vous conjurer qu'il n'en

soit rien; je ne croyais pas qu'on irait si vite, et je devais vous parler tantôt.

LE COMTE, *relevant sa fille et se tournant du côté de la Marquise* : J'ai prévu ce que je vois là... Ma fille, je sens les motifs de votre refus; c'est ce billet qu'on a perdu qui vous alarme; mais Rosimond dit qu'il ne sait ce que c'est. Et Frontin...

HORTENSE : Rosimond est trop honnête homme pour le nier sérieusement, mon père; les vues qu'on avait pour nous ont peut-être pu l'engager d'abord à le nier; mais j'ai si bonne opinion de lui, que je suis persuadée qu'il ne le désavouera plus. *(A Rosimond.)* Ne justifierez-vous pas ce que je dis là, Monsieur?

ROSIMOND : En vérité, Madame, je suis dans une si grande surprise...

HORTENSE : Marton vous l'a vu recevoir, Monsieur.

FRONTIN : Eh! non, celui-là était à moi, Madame, je viens d'expliquer cela; demandez...

HORTENSE : Marton, on vous a dit de le rendre à Rosimond; l'avez-vous fait? Dites la vérité.

MARTON : Ma foi, Monsieur, le cas devient trop grave; il faut que je parle. Oui, Madame, je l'ai rendu à Monsieur, qui l'a remis dans sa poche; je lui avais promis de dire qu'il ne l'avait pas repris, sous prétexte qu'il ne lui appartenait pas, et j'aurais glissé cela tout doucement si les choses avaient glissé de même; mais j'avais promis un petit mensonge, et non pas un faux serment, et c'en serait un que de badiner avec des interrogations de cette force-là; ainsi donc, Madame, j'ai rendu le billet; Monsieur l'a repris; et si Frontin dit qu'il est à lui, je suis obligée en conscience de déclarer que Frontin est un fripon.

FRONTIN : Je ne l'étais que pour le bien de la chose, moi; c'était un service d'ami que je rendais.

MARTON : Je me rappelle même que Monsieur, en ouvrant le billet que Frontin lui donnait, s'est écrié : C'est de ma folle de Comtesse! Je ne sais de qui il parlait.

LE COMTE, *à Dorimène* : Je n'ose vous dire que j'en ai reconnu l'écriture; j'ai reçu de vos lettres, Madame.

DORIMÈNE : Vous jugez bien que je n'attendrai pas les explications; qu'il le fasse.

Elle sort.

LA MARQUISE, *sortant aussi* : Il peut épouser qui il voudra, mais je ne veux plus le voir, et je le déshérite.

LE COMTE, *qui la suit* : Nous ne vous laisserons pas dans ce dessein-là, Marquise.

Hortense les suit.

DORANTE, *à Rosimond en s'en allant* : Ne t'inquiète pas, nous apaiserons la Marquise, et heureusement te voilà libre.

FRONTIN : Et cassé [13].

Scène XIII : *Frontin, Rosimond.*

ROSIMOND *regarde Frontin et puis rit* : Ah! ah! ah!

FRONTIN : J'ai vu qu'on pleurait de ses pertes, mais je n'en ai jamais vu rire; il n'y a pourtant plus d'Hortense.

13. Destitué, congédié (vient du langage militaire).

ROSIMOND : Je la regrette dans le fond.

FRONTIN : Elle ne vous regrette guère, elle.

ROSIMOND : Plus que tu ne crois, peut-être.

FRONTIN : Elle en donne de belles marques !

ROSIMOND : Ce qui m'en fâche, c'est que me voilà pourtant obligé d'épouser cette folle de Comtesse; il n'y a point d'autre parti à prendre; car à propos de quoi Hortense me refuserait-elle, si ce n'est à cause de Dorimène? Il faut qu'on le sache, et qu'on n'en doute pas. Je suis outré; allons, tout n'est pas désespéré; je parlerai à Hortense, et je la ramènerai. Qu'en dis-tu?

FRONTIN : Rien. Quand je suis affligé, je ne pense plus.

ROSIMOND : Oh! que veux-tu que j'y fasse?

ACTE TROISIÈME

Scène I : Hortense, Marton, Frontin.

HORTENSE : Je ne sais plus quel parti prendre.

MARTON : Il est, dit-on, dans une extrême agitation : il se fâche, il fait l'indifférent, à ce que dit Frontin; il va trouver Dorimène, la quitte; quelquefois il soupire; ainsi ne vous rebutez pas, Madame; voyez ce qu'il vous veut, et ce que produira le désordre d'esprit où il est; allons jusqu'au bout.

HORTENSE : Oui, Marton, je le crois touché, et c'est là ce qui m'en rebute le plus; car qu'est-ce que c'est que la ridiculité d'un homme qui m'aime, et qui, par vaine gloire, n'a pu encore se résoudre à me le dire aussi franchement, aussi naïvement qu'il le sent?

MARTON : Eh! Madame, plus il se débat, et plus il s'affaiblit; il faut bien que son impertinence s'épuise; achevez de l'en guérir. Quel reproche ne vous feriez-vous pas un jour s'il s'en retournait ridicule? Je lui avais donné de l'amour, vous diriez-vous, et ce n'est pas là un présent si rare; mais il n'avait point de raison : je pouvais lui en donner; il n'y avait peut-être que moi qui en fût capable, et j'ai laissé partir cet honnête homme sans lui rendre ce service-là, qui nous aurait tant accommodés tous deux. Cela est bien dur; je ne méritais pas les beaux yeux que j'ai.

HORTENSE : Tu badines, et je ne ris point; car si je ne réussis pas, je serai désolée, je te l'avoue; achevons pourtant.

MARTON : Ne l'épargnez point; désespérez-le pour le vaincre; Frontin là-bas attend votre réponse pour la porter à son maître. Lui dira-t-il qu'il vienne?

HORTENSE : Dis-lui d'approcher.

MARTON, *à Frontin* : Avance.

HORTENSE : Sais-tu ce que me veut ton maître?

FRONTIN : Hélas! Madame, il ne le sait pas lui-même, mais je crois le savoir.

HORTENSE : Apparemment qu'il a quelque motif, puisqu'il demande à me voir?

FRONTIN : Non, Madame, il n'y a encore rien de réglé là-dessus; et en attendant, c'est par force qu'il demande à vous voir; il ne saurait faire autrement; il n'y a pas moyen qu'il s'en passe; il faut qu'il vienne.

HORTENSE : Je ne t'entends point.

FRONTIN : Je ne m'entends pas trop non plus, mais je sais bien ce que je veux dire.

MARTON : C'est son cœur qui le mène en dépit qu'il en ait, voilà ce que c'est.

FRONTIN : Tu l'as dit... c'est son cœur qui a besoin du vôtre, Madame, qui voudrait l'avoir à bon marché, qui vient savoir à quel prix vous le mettez, le marchander du mieux qu'il pourra, et finir par en donner tout ce que vous voudrez, tout ménager qu'il est; c'est ma pensée.

HORTENSE : A tout hasard, va le chercher.

Scène II : Hortense, Marton.

HORTENSE : Marton, je ne veux pas lui parler d'abord; je suis d'avis de l'impatienter; dis-lui que dans le cas présent je n'ai pas jugé nécessaire de nous voir, et que je le prie de vouloir bien s'expliquer avec toi sur ce qu'il a à me dire; s'il insiste, je ne m'écarte point, et tu m'en avertiras.

MARTON : C'est bien dit; hâtez-vous de vous retirer, car je crois qu'il avance.

Scène III : Marton, Rosimond.

ROSIMOND, *agité* : Où est donc votre maîtresse?

MARTON : Monsieur, ne pouvez-vous pas me confier ce que vous lui voulez? Après tout ce qui s'est passé, il ne sied pas beaucoup, dit-elle, que vous ayez un entretien ensemble, elle souhaiterait se l'épargner; d'ailleurs, je m'imagine qu'elle ne veut pas inquiéter Dorante qui ne la quitte guère, et vous n'avez qu'à me dire de quoi il s'agit.

ROSIMOND : Quoi! c'est la peur d'inquiéter Dorante qui l'empêche de venir?

MARTON : Peut-être bien.

ROSIMOND : Ah! celui-là me paraît neuf. On a de plaisants goûts en province; Dorante!... De sorte donc qu'elle a cru que je voulais lui parler d'amour. Ah! Marton, je suis bien aise de la désabuser; allez lui dire qu'il n'en est pas question, que je n'y songe point, qu'elle peut venir avec Dorante même, si elle veut, pour plus de sûreté; dites-lui qu'il ne s'agit que de Dorimène, et que c'est une grâce que j'ai à lui demander pour elle, rien que cela; allez... ah! ah! ah!

MARTON : Vous l'attendrez ici, Monsieur?

ROSIMOND : Sans doute.

MARTON : Souhaitez-vous qu'elle amène Dorante, ou viendra-t-elle seule?

ROSIMOND : Comme il lui plaira; quant à moi, je n'ai que faire de lui. *(Rosimond, un moment seul, riant.)* Dorante l'emporte sur moi. Je n'aurais pas parié pour lui; sans cet avis-là j'allais faire une belle tentative; mais que me veut cette femme-ci?

Scène IV : Dorimène, Rosimond.

DORIMÈNE : Marquis, je viens vous avertir que je pars; vous sentez bien qu'il ne me convient plus de rester, et je n'ai plus qu'à dire adieu à ces gens-ci. Je retourne à ma terre; de là à Paris, où je vous attends pour notre mariage; car il est devenu nécessaire depuis l'éclat qu'on a fait; vous ne pouvez me venger du dédain de votre mère que par là; il faut absolument que je vous épouse.

ROSIMOND : Eh! oui, Madame, on vous épousera; mais j'ai pour nous à présent quelques mesures à prendre, qui ne demandent pas que vous soyez présente, et que je manquerais si vous ne me laissiez pas.

DORIMÈNE : Qu'est-ce que c'est que ces mesures? Dites-les moi en deux mots.

ROSIMOND : Je ne saurais; je n'en ai pas le temps.

DORIMÈNE : Donnez-m'en la moindre idée, ne faites rien sans conseil; vous avez quelquefois besoin qu'on vous conduise, Marquis; voyons le parti que vous prenez.

ROSIMOND : Vous me chagrinez. *(A part.)* Que lui dirai-je?... *(Haut.)* C'est que je veux ménager un raccommodement entre vous et ma mère.

DORIMÈNE : Cela ne vaut rien; je n'en suis pas encore d'avis; écoutez-moi.

ROSIMOND : Eh! morbleu! ne vous embarrassez pas; c'est un mouvement qu'il faut que je me donne.

DORIMÈNE : D'où vient le faut-il?

ROSIMOND : C'est qu'on croirait peut-être que je regrette Hortense, et je veux qu'on sache qu'elle ne me refuse que parce que j'aime ailleurs.

DORIMÈNE : Eh bien! il n'en sera que mieux que je sois présente; la preuve de votre amour en sera encore plus forte, quoique, à vrai dire, elle soit inutile; ne sait-on pas que vous m'aimez? Cela est si bien établi et si croyable!

ROSIMOND : Eh! de grâce, Madame, allez-vous-en. *(A part.)* Ne pourrai-je l'écarter?

DORIMÈNE : Attendez donc; ne pouvez-vous m'épouser qu'avec l'agrément de votre mère? Il serait plus flatteur pour moi qu'on s'en passât, si cela se peut, et d'ailleurs, c'est que je ne me raccommoderai point; je suis piquée.

ROSIMOND : Restez piquée, soit; ne vous raccommodez point, ne m'épousez pas, mais retirez-vous pour un moment.

DORIMÈNE : Que vous êtes entêté!

ROSIMOND, *à part* : L'incommode femme!

DORIMÈNE : Parlons raison. A qui vous adressez-vous?

ROSIMOND : Puisque vous voulez le savoir, c'est à Hortense, que j'attends et qui arrive, je pense.

DORIMÈNE : Je vous laisse donc, à condition que je reviendrai savoir ce que vous aurez conclu avec elle, entendez-vous?

ROSIMOND : Eh! non, tenez-vous en repos; j'irai vous le dire.

Scène V : Rosimond, Hortense, Marton.

MARTON, *en entrant, à Hortense* : Madame, n'hésitez point à entretenir Monsieur le Marquis, il m'a assuré qu'il ne serait point question d'amour entre vous, et que ce qu'il a à vous dire ne concerne uniquement que Dorimène; il m'en a donné sa parole.

ROSIMOND, *à part* : Le préambule est fort nécessaire!

HORTENSE : Vous n'avez qu'à rester, Marton.

ROSIMOND, *à part* : Autre précaution!

MARTON, *à part* : Voyons comment il s'y prendra.

HORTENSE : Que puis-je faire pour obliger Dorimène, Monsieur?

ROSIMOND, *à part* : Je me sens ému... *(Haut.)* Il ne s'agit plus de rien, Madame; elle m'avait prié de vous engager à disposer l'esprit de ma mère en sa faveur; mais ce n'est pas la peine, cette démarche-là ne réussirait pas.

HORTENSE : J'en ai meilleur augure. Essayons toujours : mon père y songeait, et moi aussi, Monsieur; ainsi, comptez tous deux sur nous. Est-ce là tout?

ROSIMOND : J'avais à vous parler de son billet qu'on a trouvé, et je venais vous protester que je n'y ai point de part, que j'en ai senti tout le manque de raison, et qu'il m'a touché plus que je ne puis le dire.

MARTON, *en riant* : Hélas!

HORTENSE : Pure bagatelle qu'on pardonne à l'amour.

ROSIMOND : C'est qu'assurément vous ne méritez pas la façon de penser qu'elle y a eu; vous ne la méritez pas.

MARTON, *à part* : Vous ne la méritez pas!

HORTENSE : Je vous jure, Monsieur, que je n'y ai point pris garde, et que je n'en agirai pas moins vivement dans cette occasion-ci. Vous n'avez plus rien à me dire, je pense?

ROSIMOND : Notre entretien vous est si à charge, que j'hésite de le continuer.

HORTENSE : Parlez, Monsieur.

MARTON, *à part* : Écoutons.

ROSIMOND : Je ne saurais revenir de mon étonnement; j'admire le malentendu qui nous sépare, car enfin, pourquoi rompons-nous?

MARTON, *riant, à part* : Voyez quelle aisance!

ROSIMOND : Un mariage arrêté, convenable, que nos parents souhaitaient, dont je faisais tout le cas qu'il fallait, par quelle tracasserie arrive-t-il qu'il ne s'achève pas? Cela me passe.

HORTENSE : Ne devez-vous pas être charmé, Monsieur, qu'on vous débarrasse d'un mariage où vous ne vous engagiez que par complaisance?

ROSIMOND : Par complaisance!

MARTON : Par complaisance! Ah! Madame, où se récriera-t-on, si ce n'est ici? Malheur à tout homme qui pourrait écouter cela de sang-froid!

ROSIMOND : Elle a raison. Quand on n'examine pas les gens, voilà comme on les explique.

MARTON, *à part* : Voilà comme on est un sot.

ROSIMOND : J'avais cru pourtant vous avoir donné quelque preuve de délicatesse de sentiment. *(Hortense rit. Rosimond continue.)* Oui, Madame, de délicatesse.

MARTON, *toujours à part* : Cet homme-là est incurable.

ROSIMOND : Il n'y a qu'à suivre ma conduite; toutes vos attentions ont été pour Dorante, songez-y; à peine m'avez-vous regardé; là-dessus, je me suis piqué, cela est dans l'ordre. J'ai paru manquer d'empressement; j'en conviens; j'ai fait l'indifférent, même le fier, si vous voulez; j'étais fâché; cela est-il si désobligeant? Est-ce là de la complaisance? Voilà mes torts. Auriez-vous mieux aimé qu'on ne prît garde à rien, qu'on ne sentît rien, qu'on eût été content sans devoir l'être? et fit-on jamais aux gens les reproches que vous me faites, Madame?

HORTENSE : Vous vous plaignez si joliment, que je ne me lasserais point de vous entendre; mais il est temps que je me retire. Adieu, Monsieur.

MARTON : Encore un instant, Monsieur me charme; on ne trouve pas toujours des amants d'une espèce aussi rare.

ROSIMOND : Mais restez donc, Madame, vous ne me dites mot : convenons de quelque chose. Y a-t-il matière de rupture entre nous? Où allez-vous? Presser ma mère de se raccommoder avec Dorimène? Oh! vous me permettrez de vous retenir! Vous n'irez pas. Qu'elles restent brouillées, je ne veux point de Dorimène : je n'en veux qu'à vous. Vous laisserez là Dorante, et il n'y a point ici, s'il vous plaît, d'autre raccommodement à faire que le mien avec vous; il n'y en a point de plus pressé. Ah çà, voyons; vous rendez-vous justice? Me la rendez-vous? Croyez-vous qu'on sente ce que vous valez? Sommes-nous enfin d'accord? En est-ce fait...? Vous ne me répondez rien?

MARTON : Tenez, Madame, vous croyez peut-être que Monsieur le Marquis ne vous aime point, parce qu'il ne vous le dit pas bien bourgeoisement, et en termes précis : mais faut-il réduire un homme comme lui à cette extrémité-là? Ne doit-on pas l'aimer *gratis*? A votre place, pourtant, Monsieur, je m'y résoudrais. Qui est-ce qui le saura? Je vous garderai le secret. Je m'en vais, car j'ai de la peine à voir qu'on vous maltraite.

ROSIMOND : Qu'est-ce que c'est que ce discours?

HORTENSE : C'est une étourdie qui parle; mais il faut qu'à mon tour la vérité m'échappe, Monsieur, je n'y saurais résister. C'est que votre petit jargon de galanterie me choque, me révolte; il soulève la raison. C'est pourtant dommage. Voici Dorimène qui approche, et à qui je vais confirmer tout ce que je vous ai promis, et pour vous, et pour elle.

Scène VI : Dorimène, Hortense, Rosimond.

DORIMÈNE : Je ne suis point de trop, Madame; je sais le sujet de votre entretien, il me l'a dit.

HORTENSE : Oui, Madame, et je l'assurais que mon père et moi n'oublierions rien pour réussir à ce que vous souhaitez.

DORIMÈNE : Ce n'est pas pour moi qu'il le souhaite, Madame, et c'est bien malgré moi qu'il vous en a parlé.

HORTENSE : Malgré vous? Il m'a pourtant dit que vous l'en aviez prié.

DORIMÈNE : Eh! point du tout; nous avons pensé nous quereller là-dessus à cause de la répugnance que j'y avais; il n'a pas même voulu que je fusse présente à votre entretien. Il est vrai que le motif de son obstination est si tendre, que je me serais rendue; mais j'accours pour vous prier de laisser tout là. Je viens de rencontrer la Marquise, qui m'a saluée d'un air si glacé, si dédaigneux, que voilà qui est fait; abandonnons ce projet; il y a des moyens de se passer d'une cérémonie si désagréable; elle me rebuterait de notre mariage.

ROSIMOND : Il ne se fera jamais, Madame.

DORIMÈNE : Vous êtes un petit emporté.

HORTENSE : Vous voyez, Madame, jusqu'où le dépit porte un cœur tendre.

DORIMÈNE : C'est que c'est une démarche si dure, si humiliante!

HORTENSE : Elle est nécessaire; il ne serait pas séant de vous marier sans l'aveu de Madame la Marquise, et nous allons agir, mon père et moi, s'il ne l'a déjà fait.

ROSIMOND : Non, Madame, je vous prie très sérieusement qu'il ne s'en mêle point, ni vous non plus.

DORIMÈNE : Et moi, je vous prie qu'il s'en mêle, et vous aussi, Hortense. Le voici qui vient, je vais lui en parler moi-même. Êtes-vous content, petit ingrat? Quelle complaisance il faut avoir!

Scène VII : Le Comte, Dorante, Dorimène, Hortense, Rosimond.

LE COMTE, *à Dorimène* : Venez, Madame, hâtez-vous de grâce; nous avons laissé la Marquise avec quelques amis qui tâchent de la gagner. Le moment m'a paru favorable; présentez-vous, Madame, et venez par vos politesses achever de la déterminer; ce sont des pas que la bienséance exige que vous fassiez. Suivez-nous aussi, ma fille; et vous, Marquis, attendez ici; on vous dira quand il sera temps de paraître.

ROSIMOND, *à part* : Ceci est trop fort!

DORIMÈNE : Je vous rends mille grâces de vos soins, Monsieur le Comte. Adieu, Marquis, tranquillisez-vous donc.

DORANTE, *à Rosimond* : Point d'inquiétude, nous te rapporterons de bonnes nouvelles.

HORTENSE : Je me charge de vous les venir dire.

Scène VIII : Rosimond, *abattu, et rêveur,* Frontin.

FRONTIN, *à part* : Son air rêveur est de mauvais présage... *(Bas.)* Monsieur?

ROSIMOND : Que me veux-tu?

FRONTIN : Épousons-nous Hortense?

ROSIMOND : Non, je n'épouse personne.

FRONTIN : Et cet entretien que vous avez eu avec elle, il a donc mal fini?

ROSIMOND : Très mal.

FRONTIN : Pourquoi cela?

ROSIMOND : C'est que je lui ai déplu.

FRONTIN : Je vous crois.

ROSIMOND : Elle dit que je la choque.

FRONTIN : Je n'en doute pas; j'ai prévu son indignation.

ROSIMOND : Quoi! Frontin, tu trouves qu'elle a raison?

FRONTIN : Je trouve que vous seriez charmant si vous ne faisiez pas le petit agréable; ce sont vos agréments qui vous perdent.

ROSIMOND : Mais, Frontin, je sors du monde : y étais-je si étrange?

FRONTIN : On s'y moquait de nous la plupart du temps; je l'ai fort bien remarqué, Monsieur, les gens raisonnables ne pouvaient pas nous souffrir; en vérité vous ne plaisiez qu'aux Dorimènes, et moi aussi : et nos camarades n'étaient que des étourdis. Je le sens bien à présent, et si vous l'aviez senti aussi tôt que moi, l'adorable Hortense vous aurait autant chéri que me chérit sa gentille suivante, qui m'a défait de toute mon impertinence.

ROSIMOND : Est-ce qu'en effet il y aurait de ma faute ?

FRONTIN : Regardez-moi ; est-ce que vous me reconnaissez, par exemple ? Voyez comme je parle naturellement à cette heure, en comparaison d'autrefois que je prenais des tons si sots : « Bonjour, la belle enfant ; qu'est-ce ? Eh ! comment vous portez-vous ? » Voilà comme vous m'aviez appris à faire, et cela me fatiguait ; au lieu qu'à présent je suis si à mon aise : « Bonjour, Marton ; comment te portes-tu ? » Cela coule de source, et on est gracieux avec toute la commodité possible.

ROSIMOND : Laisse-moi, il n'y a plus de ressource ; tu me chagrines.

Scène IX : Marton, Frontin, Rosimond.

FRONTIN, *à part, à Marton* : Encore une petite façon, et nous le tenons, Marton.

MARTON, *à part les premiers mots* : Je vais l'achever. Monsieur, ma maîtresse, que j'ai rencontrée en passant comme elle vous quittait, m'a chargée de vous prier d'une chose qu'elle a oublié de vous dire tantôt, et dont elle n'aurait peut-être pas le temps de vous avertir assez tôt ; c'est que Monsieur le Comte pourra vous parler de Dorante, vous faire quelques questions sur son caractère, et elle souhaiterait que vous en dissiez du bien ; non pas qu'elle l'aime encore ; mais comme il s'y prend d'une manière à lui plaire, il sera bon, à tout hasard, que Monsieur le Comte soit prévenu en sa faveur.

ROSIMOND : Oh ! parbleu, c'en est trop ; ce trait me pousse à bout : allez, Marton, dites à votre maîtresse que son procédé est injurieux, et que Dorante, pour qui elle veut que je parle, me répondra de l'affront qu'on me fait aujourd'hui.

MARTON : Eh ! Monsieur, à qui en avez-vous ? Quel mal vous fait-on ? Par quel intérêt refusez-vous d'obliger ma maîtresse, qui vous sert actuellement vous-même, et qui, en revanche, vous demande en grâce de servir votre propre ami ? Je ne vous conçois pas. Frontin, quelle fantaisie lui prend-il donc ? Pourquoi se fâche-t-il contre Hortense ? Sais-tu ce que c'est ?

FRONTIN : Eh ! mon enfant, c'est qu'il l'aime.

MARTON : Bon ! tu rêves ! Cela ne se peut pas. Dit-il vrai, Monsieur ?

ROSIMOND : Marton, je suis au désespoir !

MARTON : Quoi ! vous ?

ROSIMOND : Ne me trahis pas ; je rougirais que l'ingrate le sût ; mais, je te l'avoue, Marton, oui, je l'aime, je l'adore, et je ne saurais supporter sa perte.

MARTON : Ah ! c'est parler que cela ; voilà ce qu'on appelle des expressions.

ROSIMOND : Garde-toi surtout de les répéter.

MARTON : Voilà qui ne vaut rien ; vous retombez.

FRONTIN : Oui, Monsieur, dites toujours : Je l'adore ; ce mot-là vous portera bonheur.

ROSIMOND : L'ingrate !

MARTON : Vous avez tort ; car il faut que je me fâche à mon tour. Est-ce que ma maîtresse se doute seulement que vous l'aimez ? jamais le mot d'amour est-il sorti de votre bouche pour elle ? Il semblait que vous auriez eu peur de compromettre votre importance ; ce n'était pas la peine que votre cœur se développât sérieusement pour ma maîtresse, ni qu'il se mît en frais de sentiment pour elle ! Trop heureuse de vous épouser, vous lui faisiez la grâce d'y consentir ! Je ne vous parle si franchement que pour vous mettre au fait de vos torts ; il faut que vous les sentiez ; c'est de vos façons que vous devez rougir, et non pas d'un amour qui ne vous fait qu'honneur.

FRONTIN : Si vous saviez le chagrin que nous en avions, Marton et moi ; nous en étions si pénétrés...

ROSIMOND : Je me suis mal conduit, j'en conviens.

MARTON : Avec tout ce qui peut rendre un homme aimable, vous n'avez rien oublié pour vous empêcher de l'être. Souvenez-vous des discours de tantôt ; j'en étais dans une fureur...

FRONTIN : Oui, elle m'a dit que vous l'aviez scandalisée ; car elle est notre amie.

MARTON : C'est un malentendu qui nous sépare ; et puis concluons quelque chose ; un mariage arrêté, convenable, dont je faisais cas ; voilà de votre style ; et avec qui ? Avec la plus charmante et la plus raisonnable fille du monde, et je dirai même la plus disposée d'abord à vous vouloir du bien.

ROSIMOND : Ah ! Marton, n'en dis pas davantage. J'ouvre les yeux ; je me déteste, et il n'est plus temps !

MARTON : Je ne dis pas cela, Monsieur le Marquis ; votre état me touche, et peut-être touchera-t-il ma maîtresse.

FRONTIN : Cette belle dame a l'air si clément !

MARTON : Me promettez-vous de rester comme vous êtes ? Continuerez-vous d'être aussi aimable comme vous l'êtes actuellement ? En est-ce fait ? N'y a-t-il plus de petit-maître ?

ROSIMOND : Je suis confus de l'avoir été, Marton.

FRONTIN : Je pleure de joie.

MARTON : Eh bien ! portez-lui donc ce cœur tendre et repentant ; jetez-vous à ses genoux, et ne vous relevez point qu'elle ne vous ait fait grâce.

ROSIMOND : Je m'y jetterai, Marton, mais sans espérance, puisqu'elle aime Dorante.

MARTON : Doucement ; Dorante ne lui a plu qu'en s'efforçant de lui plaire, et vous lui avez plu d'abord, cela est différent : c'est reconnaissance pour lui, c'était inclination pour vous, et l'inclination reprendra ses droits[14]. Je la vois qui s'avance ; nous vous laissons avec elle.

Scène X : Rosimond, Hortense.

HORTENSE : Bonnes nouvelles, Monsieur le Marquis ! tout est pacifié.

ROSIMOND, *se jetant à ses genoux* : Et moi je meurs de douleur, et je renonce à tout, puisque je vous perds, Madame.

---

14. Le manuscrit comporte ici deux phrases supplémentaires : « Il n'y a qu'à lui dire humblement : Je me reprens *(sic)*, Madame, prenez que je n'aie rien dit. »

HORTENSE : Ah! ciel! levez-vous, Rosimond; ne vous troublez pas, et dites-moi ce que cela signifie.

ROSIMOND : Je ne mérite pas, Hortense, la bonté que vous avez de m'entendre, et ce n'est pas en me flattant de vous fléchir que je viens d'embrasser vos genoux. Non, je me fais justice; je ne suis pas même digne de votre haine, et vous ne me devez que du mépris; mais mon cœur vous a manqué de respect; il vous a refusé l'aveu de tout l'amour dont vous l'aviez pénétré, et je veux, pour l'en punir, vous déclarer les motifs ridicules du mystère qu'il vous en a fait. Oui, belle Hortense, cet amour que je ne méritais pas de sentir, je ne vous l'ai caché que par le plus méprisable, par le plus incroyable orgueil qui fut jamais. Triomphez donc d'un malheureux qui vous adorait, qui a pourtant négligé de vous le dire, et qui a porté la présomption jusqu'à croire que vous l'aimeriez sans cela; voilà ce que j'étais devenu par de faux airs; refusez-m'en le pardon que je vous en demande; prenez en réparation de mes folies l'humiliation que j'ai voulu subir en vous les apprenant; si ce n'est pas assez, riez-en vous-même, et soyez sûre d'en être toujours vengée par la douleur éternelle que j'en emporte.

Scène XI : Dorimène, Dorante,
Hortense, Rosimond.

DORIMÈNE : Enfin, Marquis, vous ne vous plaindrez plus; je suis à vous, il vous est permis de m'épouser; il est vrai qu'il m'en coûte le sacrifice de ma fierté; mais que ne fait-on pas pour ce qu'on aime?

ROSIMOND : Un moment de grâce, Madame.

DORANTE, *à Hortense*: Votre père consent à mon bonheur si vous y consentez vous-même, Madame.

HORTENSE : Dans un instant, Dorante.

ROSIMOND, *à Hortense* : Vous ne me dites rien, Hortense? Je n'aurais pas même, en partant, la triste consolation d'espérer que vous me plaindrez?

DORIMÈNE : Que veut-il dire avec sa consolation? de quoi demande-t-il donc qu'on le plaigne?

ROSIMOND : Ayez la bonté de ne pas m'interrompre.

HORTENSE : Quoi! Rosimond, vous m'aimez?

ROSIMOND : Et mon amour ne finira qu'avec ma vie.

DORIMÈNE : Mais parlez donc! Répétez-vous une scène de comédie?

ROSIMOND : Eh! de grâce!

DORANTE, *à Hortense* : Que dois-je penser, Madame?

HORTENSE : Tout à l'heure. *(A Rosimond.)* Et vous n'aimez pas Dorimène?

ROSIMOND : Elle est présente, et je dis que je vous adore, et je le dis sans être infidèle; approuvez que je n'en dise pas davantage.

DORIMÈNE : Comment donc! vous l'adorez, vous ne m'aimez pas? A-t-il perdu l'esprit? Je ne plaisante plus, moi.

DORANTE, *à Hortense* : Tirez-moi de l'inquiétude, où je suis, Madame.

ROSIMOND : Adieu, belle Hortense; ma présence doit vous être à charge. Puisse Dorante, à qui vous accordez votre cœur, sentir toute l'étendue du bonheur que je perds! *(A Dorante.)* Tu me donnes la mort, Dorante : mais je ne mérite pas de vivre, et je te pardonne.

DORIMÈNE : Voilà qui est bien particulier!

HORTENSE : Arrêtez, Rosimond; ma main peut-elle effacer le ressouvenir de la peine que je vous ai faite? Je vous la donne.

ROSIMOND : Je devrais expirer d'amour, de transport et de reconnaissance.

DORIMÈNE : C'est un rêve! Voyons. A quoi cela aboutira-t-il?

HORTENSE, *à Rosimond* : Ne me sachez pas mauvais gré de ce qui s'est passé; je vous ai refusé ma main, j'ai montré de l'éloignement pour vous; rien de tout cela n'était sincère; c'était mon cœur qui éprouvait le vôtre. Vous devez tout à mon penchant; je voulais pouvoir m'y livrer; je voulais que ma raison fût contente, et vous comblez mes souhaits; jugez à présent du cas que j'ai fait de votre cœur par tout ce que j'ai tenté pour en obtenir la tendresse entière.

Rosimond se jette à ses genoux.

DORIMÈNE, *en s'en allant* : Adieu. Je vous annonce qu'il faudra l'enfermer au premier jour.

Scène XII : le Comte,
la Marquise, Rosimond, Hortense,
Dorante, Marton,
Frontin.

LE COMTE : Rosimond à vos pieds, ma fille! Qu'est-ce que cela veut dire?

HORTENSE : Mon père, c'est Rosimond qui m'aime, et que j'épouserai si vous le souhaitez.

ROSIMOND : Oui, Monsieur, c'est Rosimond devenu raisonnable, et qui ne voit rien d'égal au bonheur de son sort.

LE COMTE, *à Dorante* : Nous les destinions l'un à l'autre, Monsieur; vous m'aviez demandé ma fille : mais vous voyez bien qu'il n'est plus question d'y songer.

LA MARQUISE : Ah! mon fils, que cet événement me charme!

DORANTE, *à Hortense* : Je ne me plains point, Madame; mais votre procédé est cruel.

HORTENSE : Vous n'avez rien à me reprocher, Dorante; vous vouliez profiter des fautes de votre ami, et ce dénouement-ci vous rend justice.

FRONTIN : Ah! Monsieur! Ah! Madame! mon incomparable Marton.

MARTON : Aime-moi à présent tant que tu voudras, il n'y aura rien de perdu.

LE CHEMIN DE LA FORTUNE

OU LE SAUT DU FOSSÉ

Il ne s'agit pas ici d'une pièce. Le Chemin de la Fortune ou le Saut du fossé *n'est qu'une suite de scènes que Marivaux publia dans le* Cabinet du Philosophe *(troisième et quatrième feuilles) au début de l'année 1734 et qu'il ne destinait certainement pas au théâtre.*

C'est Fournier et Bastide qui ont, pour la première fois, fait figurer ces scènes dans une édition du Théâtre complet *de Marivaux, eu égard à leur forme dialoguée. Mais déjà l'édition de 1758 du* Théâtre *mentionnait, après la liste des pièces représentées, qu'on peut « encore trouver à la même librairie — dans le* Cabinet du Philosophe — *des scènes détachées intitulées le* Chemin de la Fortune ».

Le Chemin de la Fortune *diffère aussi par le contenu des comédies mythologiques de Marivaux : plus qu'une réflexion sur des valeurs fondamentales incarnées dans des personnages légendaires (comme l'Amour, Cupidon, Apollon ou la Vérité), ce qu'il nous propose, c'est une galerie de portraits, de caractères. Par là, cette « suite »* appartient plus au romancier et au moraliste qu'au dramaturge. Et elle éclaire un des aspects trop négligés de l'univers de Marivaux : la place que tient l'argent et le rôle qu'il joue, par l'entremise des hommes, dans toute vie en société.

On remarquera la présentation inhabituelle de ce texte : c'est que Marivaux prétend avoir retrouvé les pages du Chemin de la Fortune, *comme les autres feuillets du* Cabinet du Philosophe, *dans la cassette d'un ami. Il va même jusqu'à laisser supposer, dans les commentaires (cf. scène 5), qu'il pourrait s'être trompé dans l'ordre des scènes. Dans le* Cabinet du Philosophe, *ces scènes ne sont pas numérotées, Marivaux s'étant borné à écrire : autre scène, quand un nouveau personnage entre dans le jeu. Suivant en cela l'édition de Fournier et Bastide, nous avons « pour la commodité des références, rétabli la numérotation » et « mis entre crochets » tout ce qui ne figurait pas dans le texte primitif.*

Il faut qu'on se représente une belle campagne, et dans l'enfoncement un beau palais, auquel on ne peut aborder qu'en sautant un large fossé. On voit sur le bord du fossé de petits mausolées.

[Scène I] : *Lucidor arrivant d'un côté en mauvais habit, La Verdure* [1], *arrivant aussi.*

LUCIDOR, *à part, voyant La Verdure :* Me voici, je pense, sur les terres de la déesse Fortune : ne serait-ce pas un homme de ces cantons-ci?

LA VERDURE, *à part :* Si ce gentilhomme-ci ne cherche pas la Fortune, il a plus de tort qu'un autre; car il me paraît en avoir affaire. Sachons ce qu'il veut. *(Il salue Lucidor.)* Monsieur, je suis votre serviteur; vous êtes étranger, sans doute?

LUCIDOR : Oui, très étranger, surtout en ce pays-ci, comme vous le voyez à ma parure.

LA VERDURE, *riant :* C'est ce qui me semblait.

LUCIDOR : Et vous, n'êtes-vous pas d'ici?

LA VERDURE : Non, j'y arrive.

LUCIDOR : A votre habit, je vous aurais pris pour un naturel du pays.

LA VERDURE : Pas encore : je tâcherai de m'y faire naturaliser; et vous aussi, sans doute?

LUCIDOR : Oui, si je puis. Mais n'est-ce pas là le palais de la Fortune?

LA VERDURE : Sans doute; et si ce n'est pas le sien, ce serait du moins celui de quelqu'un de ses parents, ou de ses meilleurs amis : car voilà qui est superbe.

LUCIDOR : Mais nous ne remarquons pas une chose; c'est que nous sommes entourés de petits mausolées et qui ont chacun leur épitaphe. Lisons : « Ci-gît la fidélité d'un ami. »

LA VERDURE : Qu'est-ce que cela veut dire? Est-ce que la fidélité de cet ami est morte là, de son vivant à lui?

LUCIDOR : Apparemment que c'est dans ce sens-là qu'il faut l'entendre, et que cela marque un ami devenu traître.

LA VERDURE : Parbleu! c'est dommage de la défunte [2]!

---

1. Les vêtements pauvres de Lucidor font contraste avec la livrée étincelante de La Verdure, qui permettra à celui-ci de s'intituler lui-même (scène 5) « chevalier de l'Arc-en-ciel ».

2. La formule, peu avérée, signifie sans doute : c'est fâcheux qu'elle soit morte! dans une acception ironique.

Continuons : « Ci-gît la parole d'un Normand. » C'est toujours marque qu'il en avait une.

LUCIDOR : Voilà qui est plaisant : « Ci-gît la morale d'un philosophe et le désintéressement d'un druide. » A ce que je vois, il y a ici une curieuse mortalité sur les vertus.

LA VERDURE : Ah! c'est que les vertus ont la vie courte.

LUCIDOR : « Ci-gît l'innocence d'une jeune fille. »

LA VERDURE : Et plus bas : « Ci-gît le soin que sa mère avait de la garder. » Plus bas encore : « Ci-gît la peine qu'elles avaient à vivre. »

LUCIDOR : Il valait mieux être sobre. Ce que nous lisons là ne présage rien de bon pour ceux qui viennent ici.

LA VERDURE : Oui, tous ces défunts-là méritent qu'on les regrette : ils étaient d'un assez bon commerce; mais que nous importe? Ce qui est mort est mort. Avançons pour aller au palais de la Fortune.

LUCIDOR : Allons.

*Scène [II] : Lucidor, La Verdure,
le Scrupule.*

LE SCRUPULE, *sortant du bois, les arrête* : Halte-là, Messieurs, n'allez pas si vite; prenez garde à ce fossé qui vous ferme le passage.

LA VERDURE : Par la sambleu! je ne l'avais pas vu; et si vous ne m'en aviez pas fait peur, je l'aurais peut-être sauté sans réflexion; à présent je n'oserais.

LE SCRUPULE : Vous ne pouvez le sauter que malgré moi.

LUCIDOR : Et qui êtes-vous?

LE SCRUPULE : Je m'appelle le Scrupule.

LA VERDURE : Le Scrupule! Eh! comment n'êtes-vous pas gîté avec tous ces Messieurs? Car vous êtes à peu près de la même espèce. Gageons que votre emploi est de rendre poltrons tous ceux qui se présentent ici.

LE SCRUPULE : Je les dégoûte autant que je puis de l'envie de faire ce saut-là, qui est d'une dangereuse conséquence; mais malheureusement il y en a peu qui me croient.

LUCIDOR : Pour moi, je vous en crois, et m'en voilà dégoûté.

LA VERDURE : Oh! parbleu, non pas moi; je ne prétends pas que vous m'arrêtiez, et je sauterai; gare!

Il pousse le Scrupule.

LE SCRUPULE, *l'arrêtant* : Doucement.

LA VERDURE : Retirez-vous, vous dis-je.

LE SCRUPULE : Je vous en empêcherai.

LA VERDURE : Ma foi! Monsieur le Scrupule, je vous sauterai vous-même.

LE SCRUPULE : Tant pis pour vous!

LA VERDURE : Enseignez-moi donc quelque détour pour aller chez la Fortune.

LE SCRUPULE : Tenez, prenez par là; c'est le chemin de l'Honneur.

LA VERDURE : Bon! le chemin de l'Honneur! Appelez-vous cela un détour? Le joli voyage qu'il nous conseille; sans compter que par ce chemin-là nous allons tourner le dos à celui de la Fortune.

LE SCRUPULE : J'en conviens; mais quelquefois il conduit bien, et on ne risque rien en le prenant.

LA VERDURE : Ce vieux rêveur se moque de nous; nous avons affaire à droite et il veut nous mener à gauche : gare encore une fois, que je saute. (*Il fait des efforts : le Scrupule le retient par un bras et il ne saurait franchir le fossé.*) Il n'y a pas moyen; depuis que ce personnage-là m'a parlé, je n'ai pas le courage de prendre ma secousse [3] : je n'ai jamais été si pesant.

*Scène [III] : Les personnages
susdits, une dame
qui paraît.*

LA DAME : D'où vient donc le bruit que j'entends?

LE SCRUPULE, *se retirant* : C'est la Cupidité et je fuis.

LA DAME : Que demandez-vous? Est-ce que vous voulez passer de ce côté-là?

LA VERDURE : Oui, Madame, et voici un saut qui m'épouvante, tout La Verdure que je suis.

LA DAME : Vous êtes pourtant de métier à être dispos; mais vous avez sans doute parlé au bonhomme Scrupule: il est toujours aux environs de ces lieux-ci; et cette pesanteur qui vous tient est un fruit de la conversation.

LUCIDOR : Il était avec nous tout à l'heure.

LA DAME : Vraiment! vous n'avez qu'à l'écouter, il vous mènera loin. (*A La Verdure.*) Donnez-moi la main, je vous aiderai à sauter.

LA VERDURE *lui présente la main timidement, puis la retire plusieurs fois, et dit en riant* : Eh, eh, eh, je n'oserais, il faut que j'y rêve encore; j'ai des réflexions qui m'engourdissent.

LA DAME : A vous, des réflexions! vous n'y pensez pas, Mons [4] de La Verdure. Vous ne méritez ni le nom, ni l'habit que vous portez; vous les déshonorez tous les deux; et votre camarade sera plus raisonnable. Allons, Monsieur, suivez-moi.

LUCIDOR : Non, Madame; vous m'en dispenserez, s'il vous plaît.

LA DAME : Quoi! des réflexions dans cet équipage-là!

LUCIDOR : Mon équipage n'est point un crime, et cela me console; d'ailleurs le Scrupule nous a dit qu'il y avait un autre chemin, et j'aime mieux le prendre, tout long qu'il est.

LA DAME, *riant* : Ah, ah, ah! Oui, il est un peu long et on n'y court pas la poste. Ne sont-ce pas là de jolies gens pour le regarder de si près? Adieu, Messieurs les chercheurs de fortune sur le chemin de l'Honneur; vous y trouverez des gîtes un peu maigres; mais vous avez l'air d'être faits à la fatigue.

LA VERDURE, *l'arrêtant* : Eh! Madame, encore un moment par charité, ne vous en allez pas si tôt; tenez, je suis trop fâché d'être poltron, cela ne durera pas; faites-moi encore un petit mot d'exhortation, donnez-moi du cœur.

LA DAME : Eh! vous devriez déjà être dans l'antichambre de la Fortune.

LA VERDURE : Cela est vrai; dans son cabinet peut-être.

3. Prendre mon élan.
4. Expression, familière ou méprisante, mise pour « monsieur ».

LUCIDOR : Avant que de vous en aller, Madame, voudriez-vous bien nous dire ce que c'est que toutes ces vertus enterrées. Que sont devenus les possesseurs de ces vertus-là ? Sont-ils morts avec elles ?

LA DAME : Non, vraiment ; et ils ne s'en portent que mieux de ne les avoir plus. Ce sont elles qui leur rendaient la vie difficile, et qui les empêchaient de sauter ce fossé.

LUCIDOR : Cela est bon à savoir.

LA VERDURE : Vous verrez que ce sont mes vertus qui m'appesantissent aussi et qu'il faudra que je me mette à la légère et pourpoint bas [5].

LUCIDOR : Mais sur ce pied-là, concluons, Madame. Il n'est donc passé de l'autre côté : qu'un ami perfide ; qu'un philosophe lâche et corrompu ; qu'un dévot hypocrite ; que des femmes effrontées et sans mœurs, comme je l'apprends ici ; qu'un mari sans cœur, comme je lis ici ; qu'une jeune fille sans pudeur avec son indigne mère. Voilà tout ce que vous avez de l'autre côté et cela ne fait pas bonne compagnie. Je ne suis pas tenté d'augmenter le nombre de ces personnages-là.

LA DAME : Ces personnages-là ont meilleure mine que vous, mon petit Monsieur : ils n'ont que faire de vous et ne manqueront pas de camarades. Il y aura plus de presse à être de leurs amis que des vôtres : et quand on est si délicat, ce n'est pas la peine de se présenter ici : la Fortune n'y tient point école de morale, et vous n'avez qu'à porter vos haillons ailleurs.

LA VERDURE : Eh, jarni ! commençons par devenir riches, pour avoir le moyen d'être honnêtes gens : tout ce que nous voyons là, peut-être que nous l'entendons mal.

LA DAME, *riant* : Il l'explique à la manière du Scrupule.

LA VERDURE : Et le Scrupule est trop scrupuleux.

LA DAME : Ces petits écrits qui nous environnent sont de sa façon et il ne les y met que pour épouvanter les sots.

LA VERDURE : Je le crois volontiers.

LA DAME : Sans doute, quand quelqu'un est déterminé à franchir le fossé et qu'il a de petites vertus incommodes qui ne sauraient le suivre, il les laisse là. Le Scrupule vient et les ramasse et leur dresse malicieusement et grotesque mausolée que vous voyez et que les gens sensés ne regardent pas. Mais j'entends une symphonie qui nous annonce que la Fortune arrive, pour donner ses audiences à tous les poltrons comme vous qui refusent de sauter ; il y a déjà ici plusieurs personnes qui l'attendent ; si vous voulez lui parler, que l'un de vous se retire, et que l'autre reste.

LUCIDOR : Comme je ne suis pas pressé, je cède le pas à Monsieur La Verdure : il me paraît vouloir être expédié.

LA VERDURE : Oui, je crois que je m'épargnerai le détour ; je sens que mes scrupules tirent à leur fin, et qu'ils auront bientôt le petit mausolée.

---

5. En vêtements légers et sans pourpoint. La Verdure joue sur l'expression « à la légère » en assimilant ses vertus qui l'*appesantissent* à des vêtements.

[Scène IV] : Ici la Fortune arrive et se place sur un trône. Plusieurs personnes l'abordent, et entre autres une jeune femme nommée Clarice qui s'avance et à qui une des suivantes de la Fortune dit d'approcher.

LA SUIVANTE : Venez, Madame, approchez, et saluez bien profondément la Déesse ; encore plus bas, vos révérences ne sauraient être trop humbles ; que demandez-vous ?

CLARICE : Quelques faveurs de la Fortune qui ne m'en a jamais accordé.

LA SUIVANTE : Jamais ! cela est difficile à croire : vous êtes trop jeune et trop aimable ; et la Fortune ne saurait vous avoir négligée autant que vous le dites ; mais peut-être n'avez-vous pas profité de tout ce qu'elle a fait pour vous ?

CLARICE : J'ai pourtant pris toutes les mesures qui pouvaient m'obtenir ses bontés.

LA SUIVANTE : Voyons, qui êtes-vous ?

CLARICE : La veuve d'un des plus honnêtes hommes du monde, qui m'a laissée sans bien et qui a toujours eu du malheur dans tout ce qu'il a entrepris.

LA SUIVANTE : Ah ! que voulez-vous ? Quand on a le plaisir d'être le plus honnête homme du monde, il ne faut guère s'attendre au plaisir d'être heureux ; on ne saurait avoir tant de plaisirs à la fois. Mais à votre âge, faites comme vous êtes, comment vivez-vous ?

CLARICE : Oh ! d'une manière irréprochable. Je défie la Médisance de pouvoir attaquer ma conduite.

LA SUIVANTE : Fort bien : vous êtes donc très retirée.

CLARICE : Autant que la plus rigide vertu l'exige. Je ne vois point d'homme chez moi ; et quand il y en a quelqu'un qui m'aborde ailleurs, je lui parle avec une réserve, avec une modestie qui doit certainement m'attirer son estime et même son cœur, s'il est vrai que je sois aimable, comme je l'ai souvent entendu dire.

LA SUIVANTE : A merveille ! Et avec tout le soin que vous prenez de fuir les hommes, il ne s'en présente pas un.

CLARICE : Pas un seul.

LA SUIVANTE : Est-il possible ?

CLARICE : Pas un du moins qui parle de mariage.

LA SUIVANTE : Ah ! la Beauté indigente dans la plus honnête femme du monde a encore eu ce malheur-là ; presque personne ne l'épouse.

CLARICE : Vraiment ! si je voulais des amants, j'en aurais de reste.

LA SUIVANTE : Et des amants riches.

CLARICE : Opulents et même généreux ; mais qu'est-ce que j'y gagne ? Ces amants si riches n'ont que de l'amour pour moi.

LA SUIVANTE : Eh ! que voulez-vous donc qu'ils aient ? de la haine ?

CLARICE : Je veux dire qu'ils ne sont qu'amoureux et point tendres ; ils ne pensent point sérieusement ; ils ne proposent que d'aimer.

LA SUIVANTE : Mais la proposition est galante.

CLARICE : Oui : mais ils veulent bien de moi et non pas de ma main ; ils ne soupirent pas dans les règles.

LA SUIVANTE : Ah! oui-da, je vous comprends. Eh bien?

CLARICE : Eh bien! je viens prier la Fortune de me procurer un mari qui me mette à mon aise au lieu de tant d'amants dont les intentions m'offensent.

LA FORTUNE, *qui dessus son trône a entendu tout ce dialogue, se lève et dit* : Ah! quel verbiage! Renvoyez cette femme-là, renvoyez-la : elle tient des discours d'une fadeur, d'une platitude, qui me donne des vapeurs [6].

Scène [V] : *La Suivante de la Fortune, qu'on a ci-devant nommée, la Dame, La Verdure, la Fortune, sur son trône.*

LA SUIVANTE : Déesse, fera-t-on approcher tous les étrangers qui sont venus vous demander votre secours?

LA FORTUNE : Qu'ils paraissent.

LA VERDURE (*C'était apparemment lui qui parlait le premier à la Fortune, mais nous n'avons trouvé sa scène que la seconde* [7]. *Il salue et dit*) : Madame.

LA SUIVANTE : Taisez-vous, vous manquez de respect à la Déesse; il est trop familier de s'adresser directement à elle. Je vous interrogerai, vous me répondrez et la Déesse décidera : c'est ainsi que cela se pratique; apprenez la cérémonie.

LA VERDURE, *saluant* : Je supplie Sa Majesté de pardonner à l'ignorance de son très humble sujet.

LA SUIVANTE : Vous n'êtes pas non plus dans une posture assez soumise : on ne paraît qu'en esclave devant elle. A genoux!

LA VERDURE : M'y voilà.

LA FORTUNE, *de dessus son trône* : Interrogez-le avec bonté; je suis volontiers favorable aux mortels de son espèce; j'ai du faible pour eux. Je trouve celui-ci un joli garçon; il a je ne sais quoi d'ardent et de hardi dans la physionomie, qui me plaît. Son ajustement même est de mon goût; cet habit-là me gagne.

LA VERDURE, *dans sa joie, relevant un genou* : Ah! Madame, mon habit, ma physionomie et moi, nous sommes tous trois bien honorés de vous plaire, et Votre Hauteur me traite d'une manière...

LA SUIVANTE : Paix, vous dis-je, et à genoux.

LA VERDURE : Excusez mon transport.

LA FORTUNE : Passez-lui quelque chose; je ne me pique pas d'être si fière avec lui.

LA VERDURE, *charmé* : Ah! ah!

LA FORTUNE : Demandez-lui ce qu'il veut. Pourquoi ne l'ai-je pas déjà trouvé chez moi? Le saut qu'il fallait faire l'aurait-il arrêté? Comment le désir de venir à moi ne lui a-t-il pas fermé les yeux? Vite, qu'il nous dise ce qui l'a arrêté. Mais que notre ami réponde à son aise, et qu'il prenne une posture moins gênante; je lui épargne cet abaissement-là.

LA SUIVANTE : Levez-vous.

LA VERDURE : J'obéis.

LA SUIVANTE : Qui êtes-vous?

LA VERDURE : Chevalier de l'Arc-en-ciel.

LA SUIVANTE : Je le vois bien, et je vous demande ce qu'étaient vos parents.

LA VERDURE : Je n'en sais rien; je ne les ai jamais connus.

LA SUIVANTE : Vous les avez perdus au berceau?

LA VERDURE : Non; ce sont eux qui m'ont perdu; et je fus trouvé par un commissaire.

LA FORTUNE, *descendant de son trône* : Ah! je n'y saurais tenir : venez, mon fils; venez, digne objet de ma complaisance; que je vous embrasse. Combien de qualités n'apportez-vous pas pour me plaire! Je ne m'étonne plus du penchant que j'avais pour vous.

LA SUIVANTE, *à part* : La Fortune deviendra folle de ce garçon-là *(Haut.)* Pourquoi n'avez-vous pas sauté? Où est l'intrépidité que doit vous inspirer une aussi heureuse naissance? Chez qui êtes-vous aujourd'hui?

La Fortune se remet sur son trône.

LA VERDURE : Chez un homme que la Déesse a comblé de ses grâces, dans le temps qu'elle logeait rue Quincampoix [8]; et il ne tient pas à lui que je ne change d'état; il y aurait longtemps que je disposerais de la couleur de mon habit, si je voulais l'en croire.

LA SUIVANTE : Eh! que vous dit ce seigneur moderne?

LA VERDURE : Qu'il me donnera des emplois; qu'il me fera riche si je veux épouser Lisette, ci-devant une petite femme de chambre extrêmement jolie, tout à fait mignonne vraiment et parfaitement nippée. Ce serait ma foi un bon petit ménage tout dressé et qui n'attend que moi pour devenir honnête; mais néant.

LA SUIVANTE : Eh! qu'est-ce qui vous arrête?

LA VERDURE : C'est que je n'épouserais qu'en secondes noces. Mon maître m'est un peu suspect; je n'aime pas les veuves dont le mari vit encore.

LA FORTUNE : Ah! le benêt! ah! le sot! J'en allais faire mon enfant gâté. Allons, qu'il se retire : je ne veux plus le voir.

LA VERDURE : Mais, ma Déesse...

LA SUIVANTE : Allez-vous-en, vous reviendrez une autre fois; mais ne reparaissez que bien déterminé.

Scène [VI : *La Suivante, la Fortune, M. Rondelet*].

En ce moment paraît M. RONDELET, *qui passe en chantant et qui dit* : Ta, la, ra, ra, ra... Bonjour, Mesdemoiselles; ou bien bonjour, Mesdames : car vous autres filles ou femmes, vous vous ressemblez toutes; n'est-ce pas?

LA SUIVANTE : Vous avez l'abord familier.

M. RONDELET : C'est que je suis sans façon : je n'ai point le talent des compliments; aussi je n'en fais guère.

LA SUIVANTE : Ce n'est pas de cette manière qu'on se présente ici.

6. La troisième feuille du *Cabinet du Philosophe* se terminait ici. La suite du *Chemin de la Fortune* composait la quatrième feuille.
7. Allusion aux soi-disant erreurs commises par Marivaux lors du reclassement des scènes prétendûment « retrouvées » dans la cassette d'un ami.

8. Rappel d'un épisode célèbre de l'affaire Law. Il faut aussi se souvenir que Marivaux a sans doute été partiellement ruiné par cette affaire.

M. RONDELET : Eh! Comment donc s'y prendre? On ne saurait se présenter qu'en se montrant : eh bien! je me montre, me voilà. A qui en avez-vous? Qu'est-ce qui vous fâche?

LA SUIVANTE : A peine avez-vous fait la révérence!

M. RONDELET : J'en ai fait plus de trois; mais c'est que je les tire un peu courtes : c'est ce qui fait qu'elles ne paraissent rien. Tenez, en voilà encore une, et puis deux, et puis des compliments. Bonjour, mes enfants, serviteur très humble. Comment vous portez-vous? dites-moi que vous vous portez bien, je dirai que j'en suis bien aise; et puis voilà qui est fini.

LA FORTUNE rit de son siège : Ah ah, ah, ah! Il me divertit beaucoup.

M. RONDELET : Tout de bon? Ah, ah, ah! Folichonne.

LA SUIVANTE : Ah! ah, ah! il est en effet très plaisant.

M. RONDELET : Elles sont, ma foi, charmantes.

LA SUIVANTE : Que cherchez-vous ici?

M. RONDELET : Rien; je passe.

LA FORTUNE, riant : Rien! dit-il; il ne cherche rien? Ah! qu'il est original! il n'a pas seulement l'esprit de me chercher.

M. RONDELET : J'ai pourtant l'esprit de te trouver, comme tu vois, mon petit cœur.

LA SUIVANTE : En voici bien d'une autre! Déesse, il vous tutoie.

M. RONDELET : Voilà comme Monsieur Rondelet en use avec ceux qu'il aime.

LA FORTUNE : Rondelet! il s'appelle Rondelet? Son nom même est comique.

LA SUIVANTE : Connaissez-vous la Fortune?

M. RONDELET : Non.

LA SUIVANTE : Avez-vous envie de la voir, et d'être de ses amis?

M. RONDELET : Oui-da : il n'y a qu'à dire; il n'y aura point de mal à cela; qui est-ce qui en empêche?

LA SUIVANTE, à la Fortune : Admirez-vous comme il traite de cette manière-là? Saluez la Déesse, Monsieur Rondelet; voilà la Fortune elle-même à qui vous parlez.

M. RONDELET : La Fortune! Eh! pardi, tant mieux, m'amour. Je suis bien aise que nous ayons fait connaissance : embrassons-nous. Qu'elle est gentille! Où demeures-tu, mignonne? Je veux t'aller voir.

LA SUIVANTE, riant : Et le tout sans cérémonie!

LA FORTUNE, lui tendant les bras : Viens, mon gros benêt; lourdaud, mon ami, viens : je veux que tu ailles chez moi. Tu sauteras bien le fossé, toi; rien ne t'arrêtera : tu n'y entends point de finesse, et je te tiendrai la main moi-même. Saute; je vais t'aller joindre.

M. RONDELET, sautant : Grand merci; je t'attends, au moins.

Scène [VII] : La Suivante, la Fortune, Hermidas.

LA SUIVANTE : Voici un nouveau client; reprenez votre gravité ordinaire.

LA FORTUNE : Je n'ai garde de faire autrement, je ne badine pas avec tout le monde.

Monsieur Hermidas s'avance.

HERMIDAS, à la Suivante : Me tromperais-je, Madame? n'est-ce pas ici la Fortune? et ce prodige de beauté, dont l'aspect enchante, ne m'annonce-t-il pas que c'est la Fortune elle-même qui paraît à mes yeux?

LA SUIVANTE, imitant son ton : Pouvez-vous en douter à la prodigieuse éloquence qu'elle vous inspire? (A part.) Quel original!

HERMIDAS : Puis-je avoir l'honneur de la haranguer?

LA SUIVANTE : Non, j'opine à la suppression de la harangue, la Déesse n'a point de goût pour la période.

HERMIDAS : Je me flatte que ma harangue lui plairait.

LA SUIVANTE : Celles de Cicéron l'étourdissent.

HERMIDAS : A l'air sérieux que vous prenez, aurais-je le malheur d'être importun?

LA SUIVANTE : C'est un accident qui vous menace.

HERMIDAS : Fasse le ciel qu'il ne m'arrive pas!

LA SUIVANTE : Vous l'éviterez en abrégeant; expédions : quel homme êtes-vous?

HERMIDAS : Un amateur de belles-lettres.

LA SUIVANTE : Quoi! des lettres de l'alphabet?

HERMIDAS : Non; je suis ce qu'on appelle communément un bel esprit.

LA FORTUNE, s'écriant de son trône, d'un air ennuyé : Un bel esprit!

LA SUIVANTE, en bâillant : Un bel esprit! c'est fort bien fait à vous.

LA FORTUNE bâille : Ah!

HERMIDAS : Que dit la Déesse?

LA SUIVANTE : Elle bâille.

HERMIDAS : Aurait-elle la bonté d'accepter un livre que je lui dédie?

LA SUIVANTE, nonchalamment : Eh! comme il vous plaira; mais la Déesse ne lit guère, et je vous dis qu'elle bâille.

LA FORTUNE : Dites-lui que je le remercie. Bonsoir. Qu'on tire mon rideau.

HERMIDAS : Est-ce que la Déesse va s'endormir?

LA SUIVANTE : Oui, c'est votre livre et sa dédicace qui opèrent; tout ce qui est bel esprit l'invite assez au sommeil; et moi qui vous parle, je lui ressemble un peu là-dessus. Bonsoir.

HERMIDAS : Comment! bonsoir? J'allais vous lire quelque chose de mon livre.

LA SUIVANTE : Oh! Cela n'empêche pas que vous lisiez, surtout la préface : nous n'en dormirons que mieux.

HERMIDAS : Est-ce l'accueil qu'on fait ici aux gens comme moi? Il me prend envie de vous réveiller par une chanson.

LA SUIVANTE : Ah! oui-da; c'est une autre affaire. Voyons.

LA FORTUNE, se réveillant : Il me semble que j'entends parler de chanson. Est-elle jolie?

HERMIDAS : Oui, Madame, c'est une chanson de guinguette.

LA FORTUNE : Ah! c'est encore ce bel esprit. Que me

veut-il? Est-ce un laurier qu'il demande? Je n'en ai point qui lui convienne. Cet homme-là se méprend : qu'il s'adresse à Apollon; qu'il lui porte les belles-lettres, je ne connais que des lettres de change; rendez-lui son portefeuille; qu'Apollon y fasse honneur, ce n'est point à moi à payer ses dettes.

Elle se rendort.

HERMIDAS : Je vous demande pardon de vous avoir cru sensibles à de belles choses.

LA SUIVANTE : Monsieur le bel esprit, vous faites quelquefois des vers sans doute?

HERMIDAS, *s'en allant* : Vous en saurez des nouvelles.

LA SUIVANTE : N'y manquez pas; voilà de quoi faire contre nous une belle et bonne épigramme qui nous apprenne à vivre; car cela est honteux.

HERMIDAS : Vous ne la sentiriez pas.

LA SUIVANTE : Attendez : nous ne vous donnons rien; mais du moins emportez un conseil. Au lieu de faire de si belles choses, et de les dédier à la Fortune, qui n'y entend rien, dédiez vos ouvrages à la Malice humaine; elle est riche; elle vous payera bien; la bonne dame n'est pas délicate sur tout ce qui l'amuse. Avec elle, il vous en coûtera la moitié moins de peine, pour avoir de l'esprit : vous brillerez avec une commodité infinie; et ce sera le Pérou pour vous.

Hermidas sort, en levant les épaules.

Scène [VIII] : La Fortune, la Suivante,
[puis Lucidor].

LA FORTUNE, *ouvrant les yeux, comme se réveillant* : Ce harangueur est-il parti?

LA SUIVANTE : Oh! il emporte son congé en bonne forme.

LA FORTUNE : Je me sauve de peur qu'il ne revienne; qu'on m'attelle mon char pour l'Opéra-Comique.

LA SUIVANTE : Voici encore un client. *(C'est Lucidor qui paraît.)* Mais il ne vous arrête pas, ce n'est qu'un honnête homme.

LA FORTUNE : Eh bien! cet honnête homme, qu'il saute, ou que le ciel l'assiste.

La Fortune s'en va avec toute sa suite.

LA SUIVANTE, *à Lucidor* : Vous avez entendu ce qu'a dit la Fortune : « Eh bien! qu'il saute. » Et moi je vous répète après elle : Eh bien? sautez donc!

LUCIDOR : Mes petites vertus me sont chères, et je voudrais bien ne pas les donner à ramasser au Scrupule; j'aimerais mieux qu'on fît mon épitaphe que la leur.

LA SUIVANTE : En ce cas-là, que le ciel vous assiste, comme dit la Déesse; mais tenez, voici le grand-prêtre de la Déesse : remettez-vous entre ses mains. Il va vous débarrasser de vos scrupules par la plus petite opération du monde.

LA MÈRE CONFIDENTE

Créée par les Comédiens Italiens, le lundi 9 mai 1735,
la Mère confidente *est aussitôt « très goûtée et très
suivie » : « Généralement applaudie pour le mérite de la
pièce et le jeu des acteurs » cette nouvelle comédie de
Marivaux « fait un plaisir extrême et attire beaucoup de
monde à l'Hôtel de Bourgogne » (Mercure de mai 1735).
Aussi la Mère confidente est-elle représentée dix-sept
fois au cours des mois de mai et de juin.*

*Les commentaires sont tous favorables à Marivaux et
vont jusqu'à mettre* la Mère confidente *au « rang des
bons ouvrages de cet ingénieux auteur, et en parallèle
avec* la Surprise de l'amour *et la* Double Inconstance »
(Observations sur les écrits modernes). D'Alembert
lui-même n'hésite pas à donner en exemple « les scènes
de* la Mère confidente *entre Madame Argante et sa fille » :
là, estime-t-il — c'est, selon lui, chose rare chez Marivaux — « le cœur parle quelquefois un moment son vrai
langage » et « la nature développe toute sa naïveté d'une
part et toute sa tendresse de l'autre ».*

Tout au long du XVIIIᵉ siècle, le succès de la Mère
confidente *— que Marivaux rangeait parmi ses pièces
préférées — ne se dément pas : cette comédie est souvent
reprise chez les Italiens et elle figure même à l'affiche
de plusieurs théâtres pendant la Révolution. Mais lors
de son inscription au répertoire de la Comédie-Française,
en 1810,* la Mère confidente *est assez froidement accueillie. Et aucune de ses reprises postérieures, en 1863, en
1907, en 1912, et en 1926 (avec, pour ces trois dernières,
Berthe Bovy dans le rôle d'Angélique) ne lui permet de
retrouver la faveur du public. Ce n'est pourtant pas faute*
*des éloges de la critique — ceux d'Adolphe Brisson,
par exemple, qui écrivait en 1907 : « L'ouvrage est court
et de signification profonde, léger par le décor et le cos-
tume, grave par les sentiments exprimés ; et il dépasse
le temps où il fut écrit ; il est de tous les temps, il est du
nôtre. Marivaux est l'auteur classique le plus près de
nous ; son œuvre exhale un extraordinaire parfum de
modernité! »*

Aujourd'hui, la Mère confidente *divise les critiques.
Pour les uns, il s'agit de « la plus originale des comédies
de Marivaux », au moins « du point de vue de l'évolution
de l'art dramatique » (Kenneth N. Mc Kee), et il serait
urgent qu'un metteur en scène et une troupe lui rendent
justice — comme Vilar et le T. N. P. l'ont fait pour le
Triomphe de l'amour et l'Équipe pour l'Ile de la raison.
Pour les autres,* la Mère confidente *n'aurait plus guère
d'intérêt qu'historique : c'est en effet avec elle que
« Marivaux introduisit en France avant Diderot et
Sedaine, en même temps que Destouches et Nivelle de
La Chaussée, mais avec beaucoup plus de délicatesse et
de bonheur (...) ce genre que Voltaire, trente ans plus
tard, devait appeler le drame bourgeois » (Marcel
Arland.) Claude Roy la définit plaisamment comme « la
seule bonne comédie de Diderot » (ajoutant que* la Fausse
Suivante *peut, elle, être considérée comme « la première
pièce de Beaumarchais »). Le débat reste donc ouvert.
Sans doute n'est-ce point là une des moindres vertus de*
la Mère confidente *que de nous amener à réfléchir sur ce
qui, dans la dramaturgie marivaudienne, annonce le drame
bourgeois et ce qui, au contraire, lui est irréductible.*

ACTE PREMIER

Scène I : Dorante, Lisette.

ACTEURS

MADAME ARGANTE; ANGÉLIQUE, *sa fille*; LISETTE,
suivante d'Angélique; DORANTE, *amant d'Angélique*;
ERGASTE, *oncle de Dorante*; LUBIN, *paysan au service de
Madame Argante.*

LA SCÈNE SE PASSE A LA CAMPAGNE
CHEZ MADAME ARGANTE.

DORANTE : Quoi! vous venez sans Angélique, Lisette?

LISETTE : Elle arrivera bientôt : elle est avec sa mère;
je lui ai dit que j'allais toujours devant, et je ne me suis
hâtée que pour avoir avec vous un moment d'entretien,
sans qu'elle le sache.

DORANTE : Que me veux-tu, Lisette?

LISETTE : Ah! çà! Monsieur, nous ne vous connaissons, Angélique et moi, que par une aventure de promenade dans cette campagne.

DORANTE : Il est vrai.

LISETTE : Vous êtes tous deux aimables, l'amour s'est mis de la partie, cela est naturel; voilà sept ou huit entrevues que nous avons avec vous, à l'insu de tout le monde; la mère, à qui vous êtes inconnu, pourrait à la fin en apprendre quelque chose, toute l'intrigue retomberait sur moi : terminons. Angélique est riche, vous êtes tous deux d'une égale condition, à ce que vous dites; engagez vos parents à la demander pour vous en mariage; il n'y a pas même de temps à perdre.

DORANTE : C'est ici où gît la difficulté.

LISETTE : Vous auriez de la peine à trouver un meilleur parti, au moins.

DORANTE : Eh! il n'est que trop bon.

LISETTE : Je ne vous entends pas.

DORANTE : Ma famille vaut la sienne, sans contredit, mais je n'ai point de bien, Lisette.

LISETTE, *étonnée* : Comment?

DORANTE : Je dis les choses comme elles sont; je n'ai qu'une très petite légitime [1].

LISETTE, *brusquement* : Vous? Tant pis; je ne suis point contente de cela : qui est-ce qui le devinerait à votre air? Quand on n'a rien, faut-il être de si bonne mine? Vous m'avez trompée, Monsieur.

DORANTE : Ce n'était pas mon dessein.

LISETTE : Cela ne se fait pas, vous dis-je. Que diantre voulez-vous qu'on fasse de vous? Vraiment Angélique vous épouserait volontiers, mais nous avons une mère qui ne sera pas tentée de votre légitime, et votre amour ne vous donnerait que du chagrin.

DORANTE : Eh! Lisette, laisse aller les choses, je t'en conjure; il peut arriver tant d'accidents! Si je l'épouse, je te jure d'honneur que je te ferai ta fortune; tu n'en peux espérer autant de personne, et je tiendrai parole.

LISETTE : Ma fortune?

DORANTE : Oui; je te le promets. Ce n'est pas le bien d'Angélique qui me fait envie : si je ne l'avais pas rencontrée ici, j'allais, à mon retour à Paris, épouser une veuve très riche et peut-être plus riche qu'elle, tout le monde le sait; mais il n'y a plus moyen; j'aime Angélique, et si jamais tes soins m'unissaient à elle, je me charge de ton établissement.

LISETTE, *rêvant un peu* : Vous êtes séduisant; voilà une façon d'aimer qui commence à m'intéresser; je me persuade qu'Angélique serait bien avec vous.

DORANTE : Je n'aimerai jamais qu'elle.

LISETTE : Vous lui ferez donc sa fortune aussi bien qu'à moi? Mais, Monsieur, vous n'avez rien, dites-vous. Cela est dur. N'héritez-vous de personne, tous vos parents sont-ils ruinés?

DORANTE : Je suis le neveu d'un homme qui a de très grands biens, qui m'aime beaucoup, et qui me traite comme un fils.

LISETTE : Eh! que ne parlez-vous donc? d'où vient me faire peur avec vos tristes récits, pendant que vous en avez de si consolants à faire? Un oncle riche, voilà

[1]. La *légitime* est la portion que la loi attribue aux enfants sur les biens de leurs père et mère. Remarquons que Dorante n'est qu'un cadet.

qui est excellent : et il est vieux sans doute; car ses Messieurs-là ont coutume de l'être.

DORANTE : Oui; mais le mien ne suit pas la coutume, il est jeune.

LISETTE : Jeune, de quelle jeunesse encore?

DORANTE : Il n'a que trente-cinq ans.

LISETTE : Miséricorde! trente-cinq ans! Cet homme-là n'est bon qu'à être le neveu d'un autre.

DORANTE : Il est vrai.

LISETTE : Mais du moins, est-il un peu infirme?

DORANTE : Point du tout, il se porte à merveille; il est, grâce au ciel, de la meilleure santé du monde, car il m'est cher.

LISETTE : Trente-cinq ans et de la santé, avec un degré de parenté comme celui-là! Le joli parent! Et quelle est l'humeur de ce galant homme?

DORANTE : Il est froid, sérieux et philosophe.

LISETTE : Encore passe, voilà une humeur qui peut nous dédommager de la vieillesse et des infirmités qu'il n'a pas : il n'a qu'à vous assurer son bien.

DORANTE : Il ne faut pas s'y attendre; on parle de quelque mariage en campagne pour lui.

LISETTE, *s'écriant* : Pour ce philosophe! Il veut donc avoir des héritiers en propre personne?

DORANTE : Le bruit en court.

LISETTE : Oh! Monsieur vous m'impatientez avec votre situation; en vérité, vous êtes insupportable, tout est désolant avec vous, de quelque côté qu'on se tourne.

DORANTE : Te voilà donc dégoûtée de me servir?

LISETTE, *vivement* : Non; vous avez un malheur qui me pique et que je veux vaincre; mais retirez-vous, voici Angélique qui arrive; je ne lui ai pas dit que vous viendriez ici, quoiqu'elle s'attende à vous y voir; vous paraîtrez dans un instant et ferez comme si vous arriviez : donnez-moi le temps de l'instruire de tout; j'ai à lui rendre compte de votre personne, elle m'a chargée de savoir un peu de vos nouvelles, laissez-moi faire.

Dorante sort.

Scène II : Angélique, Lisette.

LISETTE : Je désespérais que vous vinssiez, Madame.

ANGÉLIQUE : C'est qu'il est arrivé du monde à qui j'ai tenu compagnie. Eh bien! Lisette, as-tu quelque chose à me dire de Dorante? as-tu parlé de lui à la concierge du château où il est?

LISETTE : Oui, je suis parfaitement informée. Dorante est un homme aimé, estimé de tout le monde; en un mot, le plus honnête homme qu'on puisse connaître.

ANGÉLIQUE : Hélas, Lisette, je n'en doutais pas; cela ne m'apprend rien, je l'avais deviné.

LISETTE : Oui; il n'y a qu'à le voir pour avoir bonne opinion de lui. Il faut pourtant le quitter, car il ne vous convient pas.

ANGÉLIQUE : Le quitter! Quoi! après cet éloge?

LISETTE : Oui, Madame; il n'est pas votre fait.

ANGÉLIQUE : Ou vous plaisantez, ou la tête vous tourne.

LISETTE : Ni l'un ni l'autre. Il y a un défaut terrible.

ANGÉLIQUE : Tu m'effrayes.

LISETTE : Il est sans bien.

ANGÉLIQUE : Ah je respire. N'est-ce que cela? Explique-toi donc mieux, Lisette : ce n'est pas un défaut, c'est un malheur; je le regarde comme une bagatelle, moi.

LISETTE : Vous parlez juste; mais nous avons une mère; allez la consulter sur cette bagatelle-là, pour voir un peu ce qu'elle vous répondra. Demandez-lui si elle sera d'avis de vous donner à Dorante.

ANGÉLIQUE : Et quel est le tien là-dessus, Lisette?

LISETTE : Oh! le mien, c'est une autre affaire; sans vanité, je penserais un peu plus noblement que cela; ce serait une fort belle action que d'épouser Dorante.

ANGÉLIQUE : Va, va, ne ménage point mon cœur, il n'est pas au-dessous du tien; conseille-moi hardiment une belle action.

LISETTE : Non pas, s'il vous plaît, Dorante est un cadet, et l'usage veut qu'on le laisse là.

ANGÉLIQUE : Je l'enrichirais donc? Quel plaisir!

LISETTE : Oh! vous en direz tant que vous me tenterez.

ANGÉLIQUE : Plus il me devrait, et plus il me serait cher.

LISETTE : Vous êtes tous deux les plus aimables enfants du monde : car il refuse aussi, à cause de vous, une veuve très riche, à ce qu'on dit.

ANGÉLIQUE : Lui? eh bien! il a eu la modestie de s'en taire; c'est toujours de nouvelles qualités que je lui découvre.

LISETTE : Allons, Madame, il faut que vous épousiez cet homme-là, le ciel vous destine l'un à l'autre, cela est visible. Rappelez-vous votre aventure : nous nous promenons toutes deux dans les allées de ce bois. Il y a mille autres endroits pour se promener; point du tout, cet homme, qui nous est inconnu, ne vient qu'à celui-ci, parce qu'il faut qu'il nous rencontre. Qu'y faisiez-vous? Vous lisiez. Qu'y faisait-il? Il lisait. Y a-t-il rien de plus marqué [2]?

ANGÉLIQUE : Effectivement.

LISETTE : Il vous salue, nous le saluons; le lendemain, même promenade, mêmes allées, même rencontre, même inclination des deux côtés, et plus de livres de part et d'autre; cela est admirable.

ANGÉLIQUE : Ajoute que j'ai voulu m'empêcher de l'aimer et que je n'ai pu en venir à bout.

LISETTE : Je vous en défierais.

ANGÉLIQUE : Il n'y a plus que ma mère qui m'inquiète; cette mère qui m'idolâtre, qui ne m'a jamais fait sentir que son amour, qui ne veut jamais que ce que je veux.

LISETTE : Bon! c'est que vous ne voulez jamais que ce qui lui plaît.

ANGÉLIQUE : Mais si elle fait si bien que ce qui lui plaît me plaise aussi, n'est-ce pas comme si je faisais toujours mes volontés?

LISETTE : Est-ce que vous tremblez déjà?

ANGÉLIQUE : Non, tu m'encourages, mais c'est ce

misérable bien que j'ai et qui me nuira. Ah! que je suis fâchée d'être si riche!

LISETTE : Ah! le plaisant chagrin! Eh! ne l'êtes-vous pas pour vous deux?

ANGÉLIQUE : Il est vrai. Ne le verrons-nous pas aujourd'hui? Quand reviendra-t-il?

LISETTE regarde sa montre : Attendez, je vais vous le dire.

ANGÉLIQUE : Comment! est-ce que tu lui as donné rendez-vous?

LISETTE : Oui; il va venir, il ne tardera pas deux minutes; il est exact.

ANGÉLIQUE : Vous n'y songez pas, Lisette; il croira que c'est moi qui le lui ai fait donner.

LISETTE : Non; non; c'est toujours avec moi qu'il les prend, et c'est vous qui les tenez sans le savoir.

ANGÉLIQUE : Il a fort bien fait de ne m'en rien dire, car je n'en aurais pas tenu un seul; et comme vous m'avertissez de celui-ci; je ne sais pas trop si je puis rester avec bienséance; j'ai presque envie de m'en aller.

LISETTE : Je crois que vous avez raison. Allons, partons, Madame.

ANGÉLIQUE : Une autre fois, quand vous lui direz de venir, du moins ne m'avertissez pas; voilà tout ce que je vous demande.

LISETTE : Ne nous fâchons pas, le voici.

Scène III : Dorante, Angélique, Lisette, Lubin, éloigné.

ANGÉLIQUE : Je ne vous attendais pas au moins, Dorante.

DORANTE : Je ne sais que trop que c'est à Lisette que j'ai l'obligation de vous voir ici, Madame.

LISETTE, *sans regarder* : Je lui ai pourtant dit que vous viendriez.

ANGÉLIQUE : Oui, elle vient de me l'apprendre tout à l'heure.

LISETTE : Pas tant tout à l'heure.

ANGÉLIQUE : Taisez-vous, Lisette.

DORANTE : Me voyez-vous à regret, Madame?

ANGÉLIQUE : Non, Dorante; si j'étais fâchée de vous voir, je fuirais les lieux où je vous trouve, et où je pourrais soupçonner de devoir vous rencontrer.

LISETTE : Oh! pour cela, Monsieur, nous vous plaignez pas; il faut rendre justice à Madame : il n'y a rien de si obligeant que les discours qu'elle vient de me tenir sur votre compte.

ANGÉLIQUE : Mais, en vérité, Lisette!...

DORANTE : Eh Madame! Ne m'enviez pas la joie qu'elle me donne.

LISETTE : Où est l'inconvénient de répéter des choses qui ne sont que louables? Pourquoi ne saurait-il pas que vous êtes charmée que tout le monde l'aime et l'estime? Y a-t-il du mal à lui dire que vous proposez à le venger de la fortune, à lui apprendre que la sienne vous le rend encore plus cher? Il n'y a point à rougir d'une pareille façon de penser : elle fait l'éloge de votre cœur.

DORANTE : Quoi! charmante Angélique, mon bon-

---

2. *Marqué* : qui se fait remarquer, en parlant des manières à l'égard des autres.

heur irait-il jusque-là? Oserais-je ajouter foi à ce qu'elle me dit?

ANGÉLIQUE : Je vous avoue qu'elle est bien étourdie.

DORANTE : Je n'ai que mon cœur à vous offrir, il est vrai; mais du moins n'en fut-il jamais de plus pénétré ni de plus tendre.

Lubin paraît dans l'éloignement.

LISETTE : Doucement, ne parlez pas si haut, il me semble que je vois le neveu de notre fermier qui nous observe. Ce grand benêt-là, que fait-il ici?

ANGÉLIQUE : C'est lui-même. Ah! que je suis inquiète! Il dira tout à ma mère. Adieu, Dorante, nous nous reverrons; je me sauve, retirez-vous aussi.

Elle sort. Dorante veut s'en aller.

LISETTE, *l'arrêtant* : Non, Monsieur, arrêtez, il me vient une idée : il faut tâcher de le mettre dans nos intérêts, il ne me hait pas.

DORANTE : Puisqu'il nous a vus, c'est le meilleur parti.

Scène IV : *Dorante, Lisette, Lubin.*

LISETTE, *à Lubin* : Laissez-moi faire. Ah! te voilà, Lubin? à quoi t'amuses-tu là?

LUBIN : Moi? D'abord je faisais une promenade, à présent je regarde.

LISETTE : Et que regardes-tu?

LUBIN : Des oisiaux, deux qui restent, et un qui viant de prendre sa volée, et qui est le plus joli de tous. *(Regardant Dorante.)* En v'là un qui est bian joli itou [3]; et, jarnigué! ils profiteront bian avec vous, car vous les sifflez [4] comme un charme, Mademoiselle Lisette.

LISETTE : C'est-à-dire que tu nous as vues, Angélique et moi, parler à Monsieur?

LUBIN : Oh! oui, j'ons tout vu à mon aise, j'ons même-ment entendu leur petit ramage.

LISETTE : C'est le hasard qui nous a fait rencontrer Monsieur, et voilà la première fois que nous le voyons.

LUBIN : Morgué! qu'alle a bonne meine, cette première fois-là! alle ressemble à la vingtième!

LISETTE : On ne saurait se dispenser de saluer une dame quand on la rencontre, je pense.

LUBIN, *riant* : Ah! ah! ah! vous tirez donc voute révérence en paroles, vous convarsez depuis un quart d'heure : appelez-vous ça un coup de chapiau?

LISETTE : Venons au fait. Serais-tu d'humeur d'entrer dans nos intérêts?

LUBIN : Peut-être qu'oui, peut-être que non, ce sera suivant les magnières du monde; il gnia que ça qui règle, car j'aime les magnières, moi.

LISETTE : Eh bien! Lubin, je te prie instamment de nous servir.

DORANTE *lui donne de l'argent* : Et moi, je te paye pour cela.

LUBIN : Je vous baille donc la parfarence; redites voute chance, alla sera pus bonne ce coup-ci que l'autre. D'abord, c'est une rencontre, n'est-ce pas? Ça se pra-

tique; il n'y a pas de malhonnêteté à rencontrer les personnes.

LISETTE : Et puis on se salue.

LUBIN : Et pis queuque bredouille au bout de la révérence, c'est itou ma coutume; toujours je bredouille en saluant, et quand ça se passe avec des femmes, faut bian qu'alles répondent deux paroles pour une; les hommes parlent, les femmes babillent; allez voute chemin, v'là qui est fort bon, fort raisonnable et fort civil. Oh ça! la rencontre, la salutation, la demande, la réponse, tout ça est payé! Il n'y a pus qu'à nous accommoder pour le courant [5].

DORANTE : Voilà pour le courant.

LUBIN : Courez donc tant que vous pourrez, ce que vous attraperez, c'est pour vous; je n'y prétends rin, pourvu que j'attrape itou. Sarviteur; il n'y a, morgué! parsonne de si agriable à rencontrer que vous.

LISETTE : Tu seras donc de nos amis à présent.

LUBIN : Tatigué! oui; ne m'épargnez pas, toute mon amiquié est toute à voute sarvice au même prix.

LISETTE : Puisque nous pouvons compter sur toi, veux-tu bien actuellement faire le guet pour nous avertir, en cas que quelqu'un vienne, et surtout Madame?

LUBIN : Que vos parsonnes se tiennent en paix, je vous garantis des passants une lieue à la ronde.

Il sort.

Scène V : *Dorante, Lisette.*

LISETTE : Puisque nous voici seuls un moment, parlons encore de votre amour, Monsieur. Vous m'avez fait de grandes promesses en cas que les choses réussissent; mais comment réussiront-elles? Angélique est une héritière, et je sais les intentions de la mère; quelque tendresse qu'elle ait pour sa fille, qui vous aime, ce ne sera pas à vous à qui elle la donnera, c'est de quoi vous devez être bien convaincu; or, cela supposé, que vous passe-t-il dans l'esprit là-dessus?

DORANTE : Rien encore, Lisette. Je n'ai jusqu'ici songé qu'au plaisir d'aimer Angélique.

LISETTE : Mais ne pourriez-vous pas en même temps songer à faire durer ce plaisir?

DORANTE : C'est bien mon dessein; mais comment s'y prendre?

LISETTE : Je vous le demande.

DORANTE : J'y rêverai, Lisette.

LISETTE : Ah! vous y rêverez! Il n'y a qu'un petit inconvénient à craindre : c'est qu'on marie votre maîtresse pendant que vous rêverez à la conserver.

DORANTE : Que me dis-tu, Lisette? J'en mourrais de douleur.

LISETTE : Je vous tiens donc pour mort.

DORANTE, *vivement* : Est-ce qu'on la veut marier?

LISETTE : La partie est toute liée avec la mère; il y a déjà un époux d'arrêté, je le sais de bonne part.

---

3. Aussi.

4. On dit siffler un oiseau pour dire : lui apprendre à siffler des airs et, au figuré, siffler quelqu'un pour dire : l'instruire de ce qu'il aura à dire ou à faire en certaines rencontres (Dict. de l'Acad.).

5. Métaphore financière de Lubin qui soutient qu'il n'y a plus qu'à payer le courant, c'est-à-dire l'intérêt du terme qui court, les autres versements ayant déjà été faits - au figuré.

DORANTE : Eh! Lisette, tu me désespères; il faut absolument éviter ce malheur-là.

LISETTE : Ah! ce ne sera pas en disant *j'aime*, et toujours *j'aime*... N'imaginez-vous rien?

DORANTE : Tu m'accables.

Scène VI : Lubin, Lisette, Dorante.

LUBIN, *accourant* : Gagnez pays [6], mes bons amis, sauvez-vous : v'là l'ennemi qui s'avance.

LISETTE : Quel ennemi?

LUBIN : Morgué! le plus méchant : c'est la mère d'Angélique.

LISETTE, *à Dorante* : Eh! vite, cachez-vous dans le bois, je me retire.

Elle sort.

LUBIN : Et moi je ferai semblant d'être sans malice.

Scène VII : Lubin, Madame Argante.

MADAME ARGANTE : Ah! c'est toi, Lubin; tu es tout seul? Il me semblait avoir entendu du monde.

LUBIN : Non, noute maîtresse; ce n'est que moi qui me parle et qui me reparle, à celle fin de me tenir compagnie; ça amuse.

MADAME ARGANTE : Ne me trompes-tu point?

LUBIN : Pargué! je serais donc un fripon?

MADAME ARGANTE : Je te crois, et je suis bien aise de te retrouver, car je te cherchais; j'ai une commission à te donner, que je ne veux confier à aucun de mes gens; c'est d'observer Angélique dans ses promenades, et de me rendre compte de ce qui s'y passe; je remarque depuis quelque temps qu'elle sort souvent à la même heure avec Lisette, et j'en voudrais savoir la raison.

LUBIN : Ça est fort raisonnable. Vous me baillez donc une charge d'espion?

MADAME ARGANTE : A peu près.

LUBIN : Je savons bien ce que c'est; j'ons la pareille.

MADAME ARGANTE : Toi?

LUBIN : Oui; ça est lucratif; mais c'est qu'ous venez un peu tard, noute maîtresse, car je sis retenu pour vous espiouner vous-même.

MADAME ARGANTE *à part* : Qu'entends-je? *(Haut).* Moi, Lubin?

LUBIN : Vraiment oui. Quand Mademoiselle Angélique parle en cachette à son amoureux, c'est moi qui regarde si vous ne venez pas.

MADAME ARGANTE : Ceci est sérieux; mais vous êtes bien hardi de vous charger d'une pareille commission.

LUBIN : Pardi! y a-t-il mal à dire à cette jeunesse : « V'là Madame qui viant, la vlà qui ne viant pas »? Ça empêche-t-il que vous ne veniez, ou non? Je n'y entends pas de finesse.

MADAME ARGANTE : Je te pardonne, puisque tu n'as pas cru mal faire, à condition que tu m'instruiras de tout ce que tu entendras.

LUBIN : Faudra donc que j'acoute et que je regarde? Ce sera moiquié plus de besogne avec vous qu'avec eux.

MADAME ARGANTE : Je consens même que tu les avertisses quand j'arriverai, pourvu que tu me rapportes tout fidèlement; et il ne te sera pas difficile de le faire, puisque tu ne t'éloignes pas beaucoup d'eux.

LUBIN : Eh! sans doute, je serai tout porté pour les nouvelles, ça me sera commode; aussitôt pris, aussitôt rendu.

MADAME ARGANTE : Je te défends surtout de les informer de l'emploi que je te donne, comme tu m'as informée de celui qu'ils t'ont donné; garde-moi le secret.

LUBIN : Drès qu'ous voulez qu'on le garde, on le gardera : s'ils me l'aviont recommandé, j'aurions fait de même; ils n'aviont qu'à dire.

MADAME ARGANTE : N'y manque pas à mon égard, et puisqu'ils ne se soucient point que tu gardes le leur, achève de m'instruire; tu n'y perdras pas.

LUBIN : Premièrement, au lieu de pardre avec eux, j'y gagne.

MADAME ARGANTE : C'est-à-dire qu'ils te payent?

LUBIN : Tout juste.

MADAME ARGANTE : Je te promets de faire comme eux, quand je serai rentrée chez moi.

LUBIN : Ce que j'en dis n'est pas pour porter exemple, mais ce qu'ous ferez sera toujours bien fait.

MADAME ARGANTE : Ma fille a donc un amant. Quel est-il?

LUBIN : Un biau jeune homme fait comme une marveille, qui est libéral, qui a un air, une présentation, une philosomie! Dame! c'est ma meine à moi, ce sera la vôtre itou; il y a pas de garçon pus gracieux à contempler, et qui fait l'amour avec des paroles si douces! C'est un plaisir de l'entendre débiter sa petite marchandise! Il ne dit pas un mot qu'il n'adore.

MADAME ARGANTE : Et ma fille, que lui répond-elle?

LUBIN : Voute fille? mais je pense que bientôt ils s'adoreront tous deux.

MADAME ARGANTE : N'as-tu rien retenu de leurs discours?

LUBIN : Non, qu'une petite miette. « Je n'ai pas de moyen, ce li fait-il. — Et moi, j'en ai trop, ce li fait-elle. — Mais, li dit-il, j'ai le cœur si tendre! — Mais, li dit-elle, qu'est-ce que ma mère s'en souciera? » Et pis là-dessus ils se lamentent sur le plus, sur le moins, sur la pauvreté de l'un, sur la richesse de l'autre; ça fait des regrets bian touchants.

MADAME ARGANTE : Quel est ce jeune homme?

LUBIN : Attendez, il m'est avis que c'est Dorante; et comme c'est un voisin, on peut l'appeler le voisin Dorante.

MADAME ARGANTE : Dorante! ce nom-là ne m'est pas inconnu. Comment se sont-ils vus?

LUBIN : Ils se sont vus en se rencontrant; mais ils ne se rencontront pus, ils se trouvent.

MADAME ARGANTE : Et Lisette, est-elle de cette partie?

LUBIN : Morgué! oui; alle est leur capitaine, alle a

---

6. *Gagner pays* s'emploie, familièrement, dans le sens de poursuivre sa route.

le gouvernement des rencontres : c'est un trésor pour des amoureux que c'te fille-là.

MADAME ARGANTE : Voici, ce me semble ma fille, qui feint de se promener et qui vient à nous; retire-toi, Lubin; continue d'observer et de m'instruire avec fidélité, je te récompenserai.

LUBIN : Oh! que oui, Madame, ce sera au logis; il n'y a pas loin.

Il sort.

Scène VIII : *Madame Argante, Angélique.*

MADAME ARGANTE : Je vous demandais à Lubin, ma fille.

ANGÉLIQUE : Avez-vous à me parler, Madame?

MADAME ARGANTE : Oui; vous connaissez Ergaste, Angélique, vous l'avez vu souvent à Paris : il vous demande en mariage.

ANGÉLIQUE : Lui, ma mère, Ergaste, cet homme si sombre, si sérieux? Il n'est pas fait pour être un mari, ce me semble.

MADAME ARGANTE : Il n'y a rien à redire à sa figure.

ANGÉLIQUE : Pour sa figure, je la lui passe; c'est à quoi je ne regarde guère.

MADAME ARGANTE : Il est froid.

ANGÉLIQUE : Dites glacé, taciturne, mélancolique, rêveur et triste.

MADAME ARGANTE : Vous le verrez bientôt, il doit venir ici; et, s'il ne vous accommode pas, vous ne l'épouserez pas malgré vous, ma chère enfant; vous savez bien comme nous vivons ensemble.

ANGÉLIQUE : Ah! ma mère, je ne crains point de violence de votre part; ce n'est pas là ce qui m'inquiète.

MADAME ARGANTE : Es-tu bien persuadée que je t'aime?

ANGÉLIQUE : Il n'y a point de jour qui ne m'en donne des preuves.

MADAME ARGANTE : Et toi, ma fille, m'aimes-tu autant?

ANGÉLIQUE : Je me flatte que vous n'en doutez pas assurément.

MADAME ARGANTE : Non; mais pour m'en rendre encore plus sûre, il faut que tu m'accordes une grâce.

ANGÉLIQUE : Une grâce, ma mère! Voilà un mot qui ne me convient point. Ordonnez, je vous obéirai.

MADAME ARGANTE : Oh! si tu le prends sur ce ton-là, tu ne m'aimes pas tant que je croyais. Je n'ai point d'ordre à vous donner, ma fille; je suis votre amie, et vous êtes la mienne; et si vous me traitez autrement, je n'ai plus rien à vous dire.

ANGÉLIQUE : Allons, ma mère, je me rends; vous me charmez, j'en pleure de tendresse; voyons, quelle est cette grâce que vous me demandez? Je vous l'accorde d'avance.

MADAME ARGANTE : Viens donc que je t'embrasse. Te voici dans un âge raisonnable, mais où tu auras besoin de mes conseils et de mon expérience; te rappelles-tu l'entretien que nous eûmes l'autre jour, et cette douceur que nous nous figurions toutes deux à vivre ensemble dans la plus intime confiance, sans

avoir de secrets l'une pour l'autre; t'en souviens-tu? Nous fûmes interrompues; et comme cette idée-là te réjouit beaucoup, exécutons-là; parle-moi à cœur ouvert, fais-moi ta confidente.

ANGÉLIQUE : Vous, la confidente de votre fille?

MADAME ARGANTE : Oh! votre fille! eh! qui te parle d'elle? Ce n'est point ta mère qui veut être ta confidente; c'est ton amie, encore une fois.

ANGÉLIQUE, *riant* : D'accord; mais mon amie redira tout à ma mère, l'une est inséparable de l'autre.

MADAME ARGANTE : Eh bien! je les sépare, moi; je t'en fais serment; oui, mets-toi dans l'esprit que ce que tu me confieras sur ce pied-là, c'est comme si ta mère ne l'entendait pas. Eh mais! cela se doit, il y aurait même de la mauvaise foi à faire autrement.

ANGÉLIQUE : Il est difficile d'espérer ce que vous dites là.

MADAME ARGANTE : Ah! que tu m'affliges! Je ne mérite pas ta résistance.

ANGÉLIQUE : Eh bien! soit, vous l'exigez de trop bonne grâce; j'y consens, je dirai tout.

MADAME ARGANTE : Si tu veux, ne m'appelle pas ta mère, donne-moi un autre nom.

ANGÉLIQUE : Oh! ce n'est pas la peine, ce nom-là m'est cher; quand je le changerais, il n'en serait ni plus ni moins, ce ne serait qu'une finesse inutile; laissez-le-moi, il ne m'effraye plus.

MADAME ARGANTE : Comme tu voudras, ma chère Angélique. Ah çà! je suis donc ta confidente; n'as-tu rien à me confier dès à présent?

ANGÉLIQUE : Non, que je sache; mais ce sera pour l'avenir.

MADAME ARGANTE : Comment va ton cœur? Personne ne l'a-t-il attaqué jusqu'ici?

ANGÉLIQUE : Pas encore.

MADAME ARGANTE : Hum! Tu ne te fies pas à moi; j'ai peur que ce ne soit encore à ta mère que tu réponds.

ANGÉLIQUE : C'est que vous commencez par une furieuse question.

MADAME ARGANTE : La question convient à ton âge.

ANGÉLIQUE : Ah!

MADAME ARGANTE : Tu soupires?

ANGÉLIQUE : Il est vrai.

MADAME ARGANTE : Que t'est-il arrivé? Je t'offre de la consolation et des conseils. Parle.

ANGÉLIQUE : Vous ne me le pardonnerez pas.

MADAME ARGANTE : Tu rêves encore, avec tes pardons, tu me prends pour ta mère.

ANGÉLIQUE : Il est assez permis de s'y tromper; mais c'est du moins pour la plus digne de l'être, pour la plus tendre et la plus chérie de sa fille qu'il y ait au monde.

MADAME ARGANTE : Ces sentiments-là sont dignes de toi, et je les lui dirai; mais il ne s'agit pas d'elle, elle est absente : revenons. Qu'est-ce qui te chagrine?

ANGÉLIQUE : Vous m'avez demandé si on avait attaqué mon cœur? Que trop, puisque j'aime!

MADAME ARGANTE, *d'un air sérieux* : Vous aimez?

ANGÉLIQUE, *riant* : Eh bien! ne voilà-t-il pas cette mère qui est absente? C'est pourtant elle qui me répond; mais rassurez-vous, car je badine.

MADAME ARGANTE : Non, tu ne badines point; tu me dis la vérité, et il n'y a rien là qui me surprenne. De mon côté, je n'ai répondu sérieusement que parce que tu me parlais de même; ainsi point d'inquiétude. Tu me confies donc que tu aimes.

ANGÉLIQUE : Je suis presque tentée de m'en dédire.

MADAME ARGANTE : Ah! ma chère Angélique, tu ne me rends pas tendresse pour tendresse.

ANGÉLIQUE : Vous m'excuserez; c'est l'air que vous avez pris qui m'a alarmée, mais je n'ai plus peur. Oui, j'aime, c'est un penchant qui m'a surprise.

MADAME ARGANTE : Tu n'es pas la première; cela peut arriver à tout le monde. Et quel homme est-ce? Est-il à Paris?

ANGÉLIQUE : Non, je ne le connais que d'ici.

MADAME ARGANTE, *riant* : D'ici, ma chère? Conte-moi donc cette histoire-là, je la trouve plus plaisante que sérieuse; ce ne peut être qu'une aventure de campagne, une rencontre!

ANGÉLIQUE : Justement.

MADAME ARGANTE : Quelque jeune homme galant, qui t'a saluée, et qui a su adroitement engager une conversation?

ANGÉLIQUE : C'est cela même.

MADAME ARGANTE : Sa hardiesse m'étonne, car tu es d'une figure qui devait lui en imposer; ne trouves-tu pas qu'il a manqué un peu de respect?

ANGÉLIQUE : Non : le hasard a tout fait, et c'est Lisette qui en est cause, quoique fort innocemment; elle tenait un livre, elle le laissa tomber, il le ramassa, et on se parla; cela est tout naturel.

MADAME ARGANTE, *riant* : Va, ma chère enfant, tu es folle de t'imaginer que tu aimes cet homme-là; c'est Lisette qui te le fait accroire; tu es si fort au dessus de pareille chose! tu en riras toi-même au premier jour.

ANGÉLIQUE : Non, je n'en crois rien, je ne m'y attends pas, en vérité.

MADAME ARGANTE : Bagatelle, te dis-je; c'est qu'il y a là-dedans un air de roman qui te gagne.

ANGÉLIQUE : Moi, je n'en lis jamais; et puis notre aventure est toute des plus simples.

MADAME ARGANTE : Tu verras, te dis-je; tu es raisonnable, et c'est assez; mais l'as-tu vu souvent?

ANGÉLIQUE : Dix ou douze fois.

MADAME ARGANTE : Le verras-tu encore?

ANGÉLIQUE : Franchement, j'aurais bien de la peine à m'en empêcher.

MADAME ARGANTE : Je t'offre, si tu le veux, de reprendre ma qualité de mère pour te le défendre.

ANGÉLIQUE : Non vraiment; ne reprenez rien, je vous prie. Ceci doit être un secret pour vous en cette qualité-là et je compte que vous ne savez rien; au moins vous me l'avez promis.

MADAME ARGANTE : Oh! je tiendrai parole; mais puisque cela est si sérieux, peu s'en faut que je ne verse des larmes sur le danger où je te vois de perdre l'estime qu'on a pour toi dans le monde.

ANGÉLIQUE : Comment donc? l'estime qu'on a pour moi! Vous me faites trembler. Est-ce que vous me croyez capable de manquer de sagesse?

MADAME ARGANTE : Hélas! ma fille, vois ce que tu as fait; te serais-tu crue capable de tromper ta mère, de voir à son insu un jeune étourdi, de courir les risques de son indiscrétion et de sa vanité, de t'exposer à tout ce qu'il voudra dire, et de te livrer à l'indécence de tant d'entrevues secrètes, ménagées par une misérable suivante sans cœur, qui ne s'embarrasse guère des conséquences pourvu qu'elle y trouve son intérêt, comme elle l'y trouve sans doute? Qui t'aurait dit, il y a un mois, que tu t'égarerais jusque-là, l'aurais-tu cru?

ANGÉLIQUE, *triste* : Je pourrais bien avoir tort; voilà des réflexions que je n'ai jamais faites.

MADAME ARGANTE : Eh! ma chère enfant, qui est-ce qui te ferait faire? Ce n'est pas un domestique payé pour te trahir, non plus qu'un amant qui met tout son bonheur à te séduire; tu ne consultes que tes ennemis, ton cœur même est de leur parti; tu n'as pour tout secours que ta vertu qui ne doit pas être contente, et qu'une véritable amie comme moi dont tu te défies; que ne risques-tu pas?

ANGÉLIQUE : Ah! ma chère mère, ma chère amie, vous avez raison, vous m'ouvrez les yeux, vous me couvrez de confusion : Lisette m'a trahie, et je romps avec le jeune homme. Que je vous suis obligée de vos conseils!

LUBIN, *à Madame Argante* : Madame, il viant d'arriver un homme qui demande à vous parler.

MADAME ARGANTE, *à Angélique* : En qualité de simple confidente, je te laisse libre : je te conseille pourtant de me suivre, car le jeune homme est peut-être ici.

ANGÉLIQUE : Permettez-moi de rêver un instant, et ne vous embarrassez point; s'il y est et qu'il ose paraître, je le congédierai, je vous assure.

MADAME ARGANTE : Soit; mais songe à ce que je t'ai dit.

Elle sort.

Scène IX : *Angélique, un moment seule,* *Lubin survient.*

ANGÉLIQUE : Voilà qui est fait, je ne le verrai plus. *(Lubin, sans s'arrêter, lui remet une lettre dans la main.)* Arrêtez. De qui est-elle?

LUBIN, *en s'en allant, de loin* : De ce cher poulet. C'est voute galant qui vous la mande.

ANGÉLIQUE *la rejette loin* : Je n'ai point de galant, reportez-la.

LUBIN : Elle est faite pour rester.

ANGÉLIQUE : Reprenez-là, encore une fois, et retirez-vous.

LUBIN : Eh! morgué! queu fantaisie! je vous dis qu'il faut qu'alle demeure, à celle fin que vous la lisiais; ça m'est enjoint, et à vous aussi; il y a là-dedans un entretien pour tantôt, à l'heure qui vous fera plaisir, et je sis enchargé d'apporter l'heure à Lisette, et non pas la lettre. Ramassez-la, car je n'ose, de peur qu'en ne me voie, et pis vous me crierez la réponse tout bas.

ANGÉLIQUE : Ramasse-la toi-même, et va-t'en, je te l'ordonne.

LUBIN : Mais voyez ce rat [7] qui li prend! Non, morgué! je ne la ramasserai pas, il ne sera pas dit que j'aie fait ma commission tout de travers.

ANGÉLIQUE, *s'en allant* : Cet impertinent!

LUBIN, *la regardant s'en aller* : Faut qu'alle ait de l'aversion pour l'écriture.

ACTE SECOND

Scène I : Dorante, Lubin.

LUBIN *entre le premier et dit* : Parsonne ne viant. *(Dorante entre.)* Eh palsangué! arrivez donc, il y a plus d'une heure que je suis à l'affût de vous.

DORANTE : Eh bien! qu'as-tu à me dire?

LUBIN : Que vous ne bougiais d'ici; Lisette m'a dit de vous le commander.

DORANTE : T'a-t-elle dit l'heure qu'Angélique a prise pour notre rendez-vous?

LUBIN : Non; alle vous contera ça.

DORANTE : Est-ce là tout?

LUBIN : C'est tout par rapport à vous, mais il y a un restant par rapport à moi.

DORANTE : De quoi est-il question?

LUBIN : C'est que je me repens...

DORANTE : Qu'appelles-tu te repentir?

LUBIN : J'entends qu'il y a des scrupules qui me tourmentent sur vos rendez-vous que je protège; j'ons queuquefois la tentation de vous torner casaque sur tout ceci, et d'aller nous accuser tretous [8].

DORANTE : Tu rêves, où est le mal de ces rendez-vous? Que crains-tu? ne suis-je pas honnête homme?

LUBIN : Morgué! moi itou; et tellement honnête, qu'il n'y aura pas moyen d'être un fripon, si en ne me soutient le cœur, par rapport à ce que j'ons toujours maille à partir avec ma conscience; il y a toujours queuque chose qui cloche dans mon courage; à chaque pas que je fais, j'ai défaut de m'arrêter, à moins qu'on ne me pousse, et c'est à vous à pousser.

DORANTE, *tirant une bague qu'il lui donne* : Eh! morbleu! prends encore cela, et continue.

LUBIN : Ça me ravigote.

DORANTE : Dis-moi : Angélique viendra-t-elle bientôt?

LUBIN : Peut-être biantôt peut-être bian tard, peut-être point du tout.

DORANTE : Point du tout! Qu'est-ce que tu veux dire? Comment a-t-elle reçu ma lettre?

LUBIN : Ah! comment? Est-ce que vous me faites itou voute rapporteux auprès d'elle? Pargué! je serons donc l'espion à tout le monde?

DORANTE : Toi! Eh! de qui l'es-tu encore?

LUBIN : Eh! pardi! de la mère, qui m'a bian enchargé de n'en rian dire.

DORANTE : Misérable! tu parles donc contre nous?

LUBIN : Contre vous, Monsieur? Pas le mot, ni pour ni contre. Je fais ma main [9], et v'là tout. Faut pas mêmement que vous sachiez ça.

DORANTE : Explique-toi donc; c'est-à-dire que ce que tu en fais n'est que pour obtenir quelque argent d'elle sans nous nuire?

LUBIN : V'là c'en que c'est; je tire d'ici, je tire d'ilà, et j'attrape.

DORANTE : Achève. Que t'a dit Angélique quand tu lui as porté ma lettre?

LUBIN : Parlez-li toujours, mais ne lui écrivez pas : voute griffonnage n'a pas fait forteune.

DORANTE : Quoi! ma lettre l'a fâchée?

LUBIN : Alle n'en a jamais voulu tâter; le papier la courrouce.

DORANTE : Elle te l'a donc rendue?

LUBIN : Alle me l'a rendue à tarre, car je l'ons ramassée; et Lisette la tiant.

DORANTE : Je n'y comprends rien. D'où cela peut-il provenir?

LUBIN : V'là Lisette, interrogez-là; je retorne à ma place pour vous garder.

Il sort.

Scène II : Lisette, Dorante.

DORANTE : Que viens-je d'apprendre, Lisette? Angélique a rebuté ma lettre!

LISETTE : Oui, la voici, Lubin me l'a rendue, j'ignore quelle fantaisie lui a pris; mais il est vrai qu'elle est de fort mauvaise humeur; je n'ai pu m'expliquer avec elle, à cause du monde qu'il y avait au logis, mais elle est triste, elle m'a battu froid, et je l'ai trouvée toute changée; je viens pourtant de l'apercevoir là-bas, et j'arrive pour vous en avertir. Attendons-la; sa rêverie pourrait bien tout doucement la conduire ici.

DORANTE : Non, Lisette, ma vue ne ferait que l'irriter peut-être; il faut respecter ses dégoûts pour moi, je ne les soutiendrais pas, et je me retire.

LISETTE : Que les amants sont quelquefois risibles! Qu'ils disent de fadeurs! Tenez, fuyez-la, Monsieur; car elle arrive; fuyez-la, pour la respecter.

Scène III : Angélique,
Dorante, Lisette.

ANGÉLIQUE : Quoi! Monsieur est ici! Je ne m'attendais pas à l'y trouver.

DORANTE : J'allais me retirer, Madame, Lisette vous le dira : je n'avais garde de me montrer; le mépris que vous avez fait de ma lettre m'apprend combien je vous suis odieux.

ANGÉLIQUE : Odieux! Ah! j'en suis quitte à moins; pour indifférent, passe, et très indifférent; quant à votre lettre, je l'ai reçue comme elle le méritait, et je ne croyais pas qu'on eût droit d'écrire aux gens qu'on a

---

7. Au figuré, familièrement, caprice, fantaisie.
8. Absolument tous. Terme de patois.

9. *Faire sa main* : au figuré et familièrement, piller, dérober, faire des profits illicites.

vus par hasard; j'ai trouvé cela fort singulier, surtout avec une personne de mon sexe. M'écrire, à moi, Monsieur! D'où vous est venue cette idée? Je n'ai pas donné lieu à votre hardiesse, ce me semble. De quoi s'agit-il entre vous et moi?

DORANTE : De rien pour vous, Madame, mais de tout pour un malheureux que vous accablez.

ANGÉLIQUE : Voilà des expressions aussi déplacées qu'inutiles; je vous avertis que je ne les écoute point.

DORANTE : Eh! de grâce, Madame, n'ajoutez point la raillerie aux discours cruels que vous me tenez; méprisez ma douleur, mais ne vous moquez pas; je ne vous exagère point ce que je souffre.

ANGÉLIQUE : Vous m'empêchez de parler à Lisette, Monsieur, ne m'interrompez point.

LISETTE : Peut-on, sans être curieuse, vous demander à qui vous en avez?

ANGÉLIQUE : A vous; je ne suis venue ici que parce que je vous cherchais, voilà ce qui m'amène.

DORANTE : Voulez-vous que je me retire, Madame?

ANGÉLIQUE : Comme vous voudrez, Monsieur.

DORANTE : Ciel!

ANGÉLIQUE : Attendez pourtant; puisque vous êtes là, je serai bien aise que vous sachiez ce que j'ai à vous dire : vous m'avez écrit, vous avez lié conversation avec moi, vous pourriez vous en vanter, cela n'arrive que trop souvent, et je serais charmée que vous appreniez ce que j'en pense.

DORANTE : Me vanter, moi, Madame! De quel affreux caractère me faites-vous là? Je ne réponds rien pour ma défense, je n'en ai pas la force. Si ma lettre vous a déplu, je vous en demande pardon, n'en présumez rien contre mon respect; celui que j'ai pour vous m'est plus cher que la vie et je vous le prouverai en me condamnant à ne vous plus revoir, puisque je vous déplais.

ANGÉLIQUE : Je vous ai déjà dit que je m'en tenais à l'indifférence. Revenons à Lisette.

LISETTE : Voyons, puisque c'est mon tour pour être grondée; je ne saurais me vanter de rien, moi, je ne vous ai écrit ni rencontrée; quel est mon crime?

ANGÉLIQUE : Dites-moi, il n'a pas tenu à vous que je n'eusse des dispositions favorables pour Monsieur; c'est par vos soins qu'il a eu avec moi toutes les entrevues où vous m'avez amenée, sans me le dire, car c'est sans me le dire; en avez-vous senti les conséquences?

LISETTE : Non, je n'ai pas eu cet esprit-là.

ANGÉLIQUE : Si Monsieur, comme je l'ai déjà dit, et à l'exemple de presque tous les jeunes gens, était homme à faire trophée d'une aventure dont je suis tout à fait innocente, où en serais-je?

LISETTE, à Dorante : Remerciez, Monsieur.

DORANTE : Je ne saurais parler.

ANGÉLIQUE : Si, de votre côté, vous êtes de ces filles intéressées qui ne se soucient pas de faire tort à leurs maîtresses, pourvu qu'elles y trouvent leur avantage, que ne risquerais-je pas?

LISETTE : Oh! je répondrai, moi, je n'ai pas perdu la parole : si Monsieur est un homme d'honneur à qui vous faites injure, si je suis une fille généreuse qui ne

gagne à tout cela que le joli compliment dont vous m'honorez, où en est avec moi votre reconnaissance, hein?

ANGÉLIQUE : D'où vient donc que vous avez si bien servi Dorante? Quel peut avoir été le motif d'un zèle si vif? Quels moyens a-t-il employés pour vous faire agir?

LISETTE : Je crois vous entendre : vous gageriez, j'en suis sûre, que j'ai été séduite pas des présents? Gagez, Madame, faites-moi cette galanterie-là; vous perdrez, et ce sera une manière de donner tout à fait noble.

DORANTE : Des présents, Madame! Que pourrais-je lui donner qui fût digne de ce que je lui dois?

LISETTE : Attendez, Monsieur, disons pourtant la vérité. Dans vos transports, vous m'avez promis d'être extrêmement reconnaissant, si jamais vous aviez le bonheur d'être à Madame, il faut convenir de cela.

ANGÉLIQUE : Eh! je serais la première à vous donner moi-même.

DORANTE : Que je suis à plaindre d'avoir livré mon cœur à tant d'amour!

LISETTE : J'entre dans votre douleur, Monsieur; mais faites comme moi. Je n'avais que de bonnes intentions : j'aime ma maîtresse, tout injuste qu'elle est, je voulais unir son sort à celui d'un homme qui lui aurait rendu la vie heureuse et tranquille; mes motifs lui sont suspects, et j'y renonce; imitez-moi, privez-vous de votre côté du plaisir de voir Angélique, sacrifiez votre amour à ses inquiétudes; vous êtes capable de cet effort-là.

ANGÉLIQUE : Soit.

LISETTE, à Dorante, à part : Retirez-vous pour un moment.

DORANTE : Adieu, Madame; je vous quitte, puisque vous le voulez; dans l'état où vous me jetez, la vie m'est à charge; je pars pénétré d'une affliction mortelle, et je n'y résisterai point; jamais on n'eut tant d'amour, tant de respect que j'en ai pour vous; jamais on n'osa espérer moins de retour; ce n'est point votre indifférence qui m'accable, elle me rend justice; j'en aurais soupiré toute ma vie sans m'en plaindre, et ce n'était point à moi, ce n'est peut-être à personne à prétendre à votre cœur; mais je pouvais espérer votre estime, je me croyais à l'abri du mépris, et ni ma passion ni mon caractère n'ont mérité les outrages que vous leur faites.

Il sort.

Scène IV : Angélique, Lisette.
Lubin survient.

ANGÉLIQUE : Il est parti?

LISETTE : Oui, Madame.

ANGÉLIQUE, *un moment sans parler, et à part* : J'ai été trop vite. Ma mère, avec toute son expérience, en a mal jugé; Dorante est un honnête homme.

LISETTE, *à part* : Elle rêve, elle est triste; cette querelle-ci ne nous fera point de tort.

LUBIN, *à Angélique* : J'aperçois par là-bas un passant qui vient envars vous : voulez-vous qu'il vous regarde?

ANGÉLIQUE : Eh! que m'importe?

LISETTE : Qu'il passe; qu'est-ce que cela nous fait?

LUBIN, *à part les premiers mots.* Il y a du bruit dans le ménage; je m'en retourne donc. Je vas me mettre pus près par rapport à ce que je m'ennuie d'être si loin, j'aime à voir le monde; vous me sarvirez de récriation, n'est-ce pas?

LISETTE : Comme tu voudras; reste à dix pas.

LUBIN : Je les compterai en conscience. *(A part.)* Je sis pus fin qu'eux; j'allons faire ma forniture de nouvelles pour la bonne mère.

Il s'éloigne.

Scène V : Angélique, Lisette, Lubin, éloigné.

LISETTE : Vous avez furieusement maltraité Dorante!

ANGÉLIQUE : Oui, vous avez raison, j'en suis fâchée; mais laissez-moi, car je suis outrée contre vous.

LISETTE : Vous savez si je le mérite.

ANGÉLIQUE : C'est vous qui êtes cause que je me suis accoutumée à le voir.

LISETTE : Je n'avais pas dessein de vous rendre un mauvais service, et cette aventure-ci n'est triste que pour lui. Avez-vous pris garde à l'état où il est? C'est un homme au désespoir.

ANGÉLIQUE : Je n'y saurais que faire : pourquoi s'en va-t-il?

LISETTE : Cela est aisé à dire à qui ne se soucie pas de lui; mais vous savez avec quelle tendresse il vous aime.

ANGÉLIQUE : Et vous prétendez que je ne m'en soucie pas, moi? Que vous êtes méchante!

LISETTE : Que voulez-vous que j'en croie? Je vous vois tranquille, et il versait des larmes en s'en allant.

ANGÉLIQUE : Lui!

LISETTE : Eh! sans doute.

ANGÉLIQUE : Et malgré cela, il part!

LISETTE : Eh! vous l'avez congédié. Quelle perte vous faites!

ANGÉLIQUE, *après avoir rêvé* : Qu'il revienne donc, s'il y est encore; qu'on lui parle, puisqu'il est si affligé.

LISETTE : Il ne peut être qu'à l'écart dans ce bois, il n'a pu aller loin, accablé comme il l'était. Monsieur Dorante! Monsieur Dorante!

Scène VI : Dorante, Angélique, Lisette, Lubin, éloigné.

DORANTE : Est-ce Angélique qui m'appelle?

LISETTE : Oui, c'est moi qui parle, mais c'est elle qui vous demande.

ANGÉLIQUE : Voilà de ces faiblesses que je voudrais qu'on m'épargnât.

DORANTE : A quoi dois-je m'attendre, Angélique? Que souhaitez-vous d'un homme dont vous ne pouvez plus supporter la vue?

ANGÉLIQUE : Il y a une grande apparence que vous vous trompez.

DORANTE : Hélas! vous ne m'estimez plus.

ANGÉLIQUE : Plaignez-vous, je vous laisse dire; car je suis un peu dans mon tort.

DORANTE : Angélique a pu douter de mon amour!

ANGÉLIQUE : Elle en a douté pour en être plus sûre, cela est-il si désobligeant?

DORANTE : Quoi! j'aurais le bonheur de n'être point haï?

ANGÉLIQUE : J'ai bien peur que ce ne soit tout le contraire.

DORANTE : Vous me rendez la vie.

ANGÉLIQUE : Où est cette lettre que j'ai refusé de recevoir? S'il ne tient qu'à la lire, on le veut bien.

DORANTE : J'aime mieux vous entendre.

ANGÉLIQUE : Vous n'y perdez pas.

DORANTE : Ne vous défiez donc jamais d'un cœur qui vous adore.

ANGÉLIQUE : Oui, Dorante, je vous le promets, voilà qui est fini; excusez tous deux l'embarras où se trouve une fille de mon âge, timide et vertueuse; il y a tant de pièges dans la vie! j'ai si peu d'expérience! serait-il si difficile de me tromper si on voulait? Je n'ai que ma sagesse et mon innocence pour toute ressource, et quand on n'a que cela, on peut avoir peur; mais me voilà bien rassurée. Il ne me reste plus qu'un chagrin. Que deviendra cet amour? Je n'y vois que des sujets d'affliction. Savez-vous bien que ma mère me propose un époux que je verrai dans un quart d'heure? Je ne vous disais pas tout ce qui m'agitait; il m'était bien permis d'être fâcheuse, comme vous voyez.

DORANTE : Angélique, vous êtes toute mon espérance.

LISETTE : Mais si vous avouiez votre amour à cette mère qui vous aime tant, serait-elle inexorable? Il n'y a qu'à supposer que vous avez connu Monsieur à Paris, et qu'il y est.

ANGÉLIQUE : Cela ne mènerait à rien, Lisette, à rien du tout; je sais bien ce que je dis.

DORANTE : Vous consentirez donc d'être à un autre?

ANGÉLIQUE : Vous me faites trembler.

DORANTE : Je m'égare à la seule idée de vous perdre, et il n'est point d'extrémité pardonnable que je ne sois tenté de vous proposer.

ANGÉLIQUE : D'extrémité pardonnable!

LISETTE : J'entrevois ce qu'il veut dire.

ANGÉLIQUE : Quoi! me jeter à ses genoux? C'est bien mon dessein. De lui résister? J'aurai bien de la peine, surtout avec une mère aussi tendre.

LISETTE : Bon, tendre, si elle l'était tant, vous gênerait-elle là-dessus? Avec le bien que vous avez, vous n'avez besoin que d'un honnête homme, encore une fois.

ANGÉLIQUE : Tu as raison, c'est une tendresse fort mal entendue, j'en conviens.

DORANTE : Ah! belle Angélique, si vous aviez tout l'amour que j'ai, vous auriez bientôt pris votre parti; ne me demandez point ce que je pense, je me trouble, je ne sais où je suis.

ANGÉLIQUE, *à Lisette* : Que de peines! Tâche donc de lui remettre l'esprit; que veut-il dire?

LISETTE : Eh bien! Monsieur, parlez; quelle est votre idée?

DORANTE, *se jetant à ses genoux* : Angélique, voulez-vous que je meure?

ANGÉLIQUE : Non! levez-vous et parlez, je vous l'ordonne.

DORANTE : J'obéis; votre mère sera inflexible, et dans le cas où nous sommes...

ANGÉLIQUE : Que faire?

DORANTE : Si j'avais des trésors à vous offrir, je vous le dirais plus hardiment.

ANGÉLIQUE : Votre cœur en est un; achevez, je le veux.

DORANTE : A notre place, on se fait son sort à soi-même.

ANGÉLIQUE : Et comment?

DORANTE : On s'échappe...

LUBIN, *de loin* : Au voleur!

ANGÉLIQUE : Après?

DORANTE : Une mère s'emporte; à la fin elle consent; on se réconcilie avec elle, et on se trouve uni avec ce qu'on aime.

ANGÉLIQUE : Mais ou j'entends mal, ou cela ressemble à un enlèvement. En est-ce un, Dorante?

DORANTE : Je n'ai plus rien à dire.

ANGÉLIQUE, *le regardant* : Je vous ai forcé de parler, et je n'ai que ce que je mérite.

LISETTE : Pardonnez quelque chose au trouble où il est; le moyen est dur, et il est fâcheux qu'il n'y en ait point d'autre.

ANGÉLIQUE : Est-ce là un moyen, est-ce un remède qu'une extravagance! Ah! je ne vous reconnais pas à cela, Dorante; je me passerai mieux de bonheur que de vertu; me proposer d'être insensée, d'être méprisable? Je ne vous aime plus.

DORANTE : Vous ne m'aimez plus! Ce mot m'accable, il m'arrache le cœur.

LISETTE : En vérité, son état me touche.

DORANTE : Adieu, belle Angélique; je ne survivrai pas à la menace que vous m'avez faite.

ANGÉLIQUE : Mais, Dorante, êtes-vous raisonnable?

LISETTE : Ce qu'il vous propose est hardi, mais ce n'est pas un crime.

ANGÉLIQUE : Un enlèvement, Lisette!

DORANTE : Ma chère Angélique, je vous perds. Concevez-vous ce que c'est que vous perdre? et si vous m'aimez un peu, n'êtes-vous pas effrayée vous-même de l'idée de n'être jamais à moi? Et parce que vous êtes vertueuse, en avez-vous moins de droit d'éviter un malheur? Nous aurions le secours d'une dame qui n'est heureusement qu'à un quart de lieue d'ici, chez qui je vous mènerais.

LUBIN, *de loin* : Aïe! aïe!

ANGÉLIQUE : Non, Dorante, laissons là votre dame; je parlerai à ma mère; elle est bonne, je la toucherai peut-être; je la toucherai; je l'espère. Ah!

Scène VII : Lubin, Lisette,
Angélique, Dorante.

LUBIN : Eh! vite, eh! vite, qu'on s'éparpille; v'là ce grand monsieur que j'ons vu une fois à Paris, cheux vous, et qui ne parle point.

Il s'écarte.

ANGÉLIQUE : C'est peut-être celui que ma mère me destine. Fuyez, Dorante; nous nous reverrons tantôt, ne vous inquiétez point.

Dorante sort.

Scène VIII : Angélique, Lisette,
Ergaste.

ANGÉLIQUE, *en le voyant* : C'est lui-même. Ah! quel homme!

LISETTE : Il n'a pas l'air éveillé.

ERGASTE, *marchant lentement* : Je suis votre serviteur, Madame; je devance Madame votre mère, qui est embarrassée; elle m'a dit que vous vous promeniez.

ANGÉLIQUE : Vous le voyez, Monsieur.

ERGASTE : Et je me suis hâté de venir vous faire la révérence.

LISETTE, *à part* : Appelle-t-il cela se hâter?

ERGASTE : Ne suis-je pas importun?

ANGÉLIQUE : Non, Monsieur.

LISETTE, *à part* : Ah! cela vous plaît à dire.

ERGASTE : Vous êtes plus belle que jamais.

ANGÉLIQUE : Je ne l'ai jamais été.

ERGASTE : Vous êtes bien modeste.

LISETTE, *à part* : Il parle comme il marche.

ERGASTE : Ce pays-ci est fort beau.

ANGÉLIQUE : Il est passable.

LISETTE, *à part* : Quand il a dit un mot, il est si fatigué qu'il faut qu'il se repose.

ERGASTE : Et solitaire.

ANGÉLIQUE : On n'y voit pas grand monde.

LISETTE : Quelque importun par-ci par-là.

ERGASTE : Il y en a partout.

On est du temps sans parler.

LISETTE, *à part* : Voilà la conversation tombée; ce ne sera pas moi qui la relèverai.

ERGASTE : Ah! bonjour, Lisette.

LISETTE : Bonsoir, Monsieur; je vous dis bonsoir, parce que je m'endors; ne trouvez-vous pas qu'il fait un temps pesant?

ERGASTE : Oui, ce me semble.

ANGÉLIQUE : Vous vous en retournez sans doute?

ERGASTE : Rien que demain. Madame Argante m'a retenu.

ANGÉLIQUE : Et Monsieur se promène-t-il?

ERGASTE : Je vais d'abord à ce château voisin, pour y porter une lettre qu'on m'a prié de rendre en main propre, et je reviens ensuite.

ANGÉLIQUE : Faites, Monsieur, ne vous gênez pas.

ERGASTE : Vous me le permettez donc?

ANGÉLIQUE : Oui, Monsieur.

LISETTE : Ne vous pressez point; quand on a des commissions, il faut y mettre tout le temps nécessaire. N'avez-vous que celle-là?

ERGASTE : Non, c'est l'unique.

LISETTE : Quoi! pas le moindre petit compliment à faire ailleurs?

ERGASTE : Non.

ANGÉLIQUE : Monsieur y soupera peut-être?

LISETTE : Et à la campagne on couche où l'on soupe.

ERGASTE : Point du tout; je reviens incessamment, Madame. *(A part, en s'en allant.)* Je ne sais rien dire aux femmes, même à celles qui me plaisent.

Il sort.

Scène IX : *Angélique, Lisette.*

LISETTE : Ce garçon-là a des grands talents pour le silence; quelle abstinence de paroles! Il ne parlera bientôt plus que par signes.

ANGÉLIQUE : Il a dit que ma mère allait venir, et je m'éloigne : je ne saurais lui parler dans le désordre d'esprit où je suis; j'ai pourtant dessein de l'attendrir sur le chapitre de Dorante.

LISETTE : Et moi, je ne vous conseille pas de lui en parler; vous ne ferez que la révolter davantage, et elle se hâterait de conclure.

ANGÉLIQUE : Oh! doucement! je me révolterais à mon tour.

LISETTE, *riant* : Vous, contre cette mère qui dit qu'elle vous aime tant?

ANGÉLIQUE : Eh bien! qu'elle aime donc mieux; car je ne suis point contente d'elle.

LISETTE : Retirez-vous, je crois qu'elle vient.
Angélique sort.

Scène X : *Madame Argante, Lisette, qui veut s'en aller.*

MADAME ARGANTE, *les premiers mots à part* : Voici cette fourbe de suivante. Un moment, où est ma fille? J'ai cru la trouver ici avec Monsieur Ergaste.

LISETTE : Ils y étaient tous deux tout à l'heure. Madame; mais Monsieur Ergaste est allé à cette maison d'ici près, remettre une lettre à quelqu'un, et Mademoiselle est là-bas, je pense.

MADAME ARGANTE : Allez lui dire que je serais bien aise de la voir.

LISETTE, *les premiers mots à part* : Elle me parle bien sèchement. J'y vais, Madame; mais vous me paraissez triste, j'ai eu peur que vous fussiez fâchée contre moi.

MADAME ARGANTE : Contre vous? Est-ce que vous le méritez, Lisette?

LISETTE : Non, Madame.

MADAME ARGANTE : Il est vrai que j'ai l'air plus occupé qu'à l'ordinaire. Je veux marier ma fille à Ergaste, vous le savez; et je crains souvent qu'elle n'ait quelque chose dans le cœur; mais vous me le diriez, n'est-il pas vrai?

LISETTE : Eh! mais je le saurais.

MADAME ARGANTE : Je n'en doute pas; allez, je connais votre fidélité, Lisette, je ne m'y trompe pas, et je compte bien vous en récompenser comme il faut; dites à ma fille que je l'attends.

LISETTE, *à part* : Elle prend bien son temps pour me louer!
Elle sort.

MADAME ARGANTE : Toute fourbe qu'elle est, je l'ai embarrassée.

Scène XI : *Lubin, Madame Argante.*

MADAME ARGANTE : Ah! tu viens à propos. As-tu quelque chose à me dire?

LUBIN : Jarnigoi! si j'avons queuque chose! J'avons vu des pardons; j'avons vu des offenses, des allées, des venues, et pis des moyens pour avoir un mari.

MADAME ARGANTE : Hâte-toi de m'instruire, parce que j'attends Angélique. Que sais-tu?

LUBIN : Pisque vous êtes pressée, je mettons tout en un tas.

MADAME ARGANTE : Parle donc.

LUBIN : Je sais une accusation, je sais une innocence, et pis un autre grand stratagème. Attendez, comment appelont-ils cela?

MADAME ARGANTE : Je ne t'entends pas; mais va-t'en, Lubin, j'aperçois ma fille; tu me diras ce que c'est tantôt; il ne faut pas qu'elle nous voie ensemble.

LUBIN : Je m'en retorne donc à la provision [10].

Scène XII : *Madame Argante, Angélique.*

MADAME ARGANTE, *à part* : Voyons de quoi il sera question.

ANGÉLIQUE, *les premiers mots à part* : Pas de confidence, Lisette a raison, c'est le plus sûr. Lisette m'a dit que vous me demandiez, ma mère.

MADAME ARGANTE : Oui; je sais que tu as vu Ergaste; ton éloignement pour lui dure-t-il toujours?

ANGÉLIQUE, *souriant* : Ergaste n'a pas changé.

MADAME ARGANTE : Te souvient-il qu'avant que nous vinssions ici, tu m'en disais du bien?

ANGÉLIQUE : Je vous en dirais volontiers encore, car je l'estime; mais je ne l'aime point, et l'estime et l'indifférence vont fort bien ensemble.

MADAME ARGANTE : Parlons d'autre chose. N'as-tu rien à dire à ta confidente?

ANGÉLIQUE : Non, il n'y a plus rien de nouveau.

MADAME ARGANTE : Tu n'as pas revu le jeune homme?

ANGÉLIQUE : Oui, je l'ai retrouvé, je lui ai dit ce qu'il fallait, et voilà qui est fini.

MADAME ARGANTE, *souriant* : Quoi! absolument fini?

ANGÉLIQUE : Oui, tout à fait.

MADAME ARGANTE : Tu me charmes, je ne saurais t'exprimer la satisfaction que tu me donnes; il n'y a rien de si estimable que toi, Angélique, ni rien d'aussi égal au plaisir que j'ai à te le dire; car je compte que tu me dis vrai, je me livre hardiment à ma joie. Tu ne voudrais pas m'y abandonner, si elle était fausse : ce serait une cruauté dont tu n'es pas capable.

ANGÉLIQUE, *d'un ton timide* : Assurément.

MADAME ARGANTE : Va, tu n'as pas besoin de me rassurer, ma fille; tu me ferais injure, si tu croyais que j'en doute; non, ma chère Angélique, tu ne verras plus Dorante, tu l'as renvoyé, j'en suis sûre; ce n'est pas avec un caractère comme le tien qu'on est exposé à la douleur d'être trop crédule; n'ajoute donc rien à ce que tu m'as dit : tu ne le verras plus, tu m'en assures, et cela suffit. Parlons de la raison, du courage et de la vertu que tu viens de montrer.

---

10. On dit : *aller à la provision*, pour dire : aller à la recherche des choses nécessaires. Ici, Lubin annonce qu'il s'en retourne faire provision d'informations.

ANGÉLIQUE, *d'un air interdit, à part* : Que je suis confuse!

MADAME ARGANTE : Grâce au ciel, te voilà donc encore plus respectable, plus digne d'être aimée, plus digne que jamais de faire mes délices. Que tu me rends glorieuse, Angélique!

ANGÉLIQUE, *pleurant* : Ah! ma mère, arrêtez, de grâce.

MADAME ARGANTE : Que vois-je? Tu pleures, ma fille; tu viens de triompher de toi-même, tu me vois enchantée, et tu pleures!

ANGÉLIQUE, *se jetant à ses genoux* : Non, ma mère, je ne triomphe point; votre joie et vos tendresses me confondent, je ne les mérite point.

MADAME ARGANTE *la relève* : Relève-toi ma chère enfant : d'où te viennent ces mouvements où je te reconnais toujours? Que veulent-ils dire?

ANGÉLIQUE : Hélas! c'est que je vous trompe.

MADAME ARGANTE : Toi? *(Un moment sans rien dire.)* Non, tu ne me trompes point, puisque tu me l'avoues. Achève; voyons de quoi il est question.

ANGÉLIQUE : Vous allez frémir! On m'a parlé d'enlèvement.

MADAME ARGANTE : Je n'en suis point surprise, je te l'ai dit : il n'y a rien dont ces étourdis-là ne soient capables; et je suis persuadée que tu en as plus frémi que moi.

ANGÉLIQUE : J'en ai tremblé, il est vrai; j'ai pourtant eu la faiblesse de lui pardonner, pourvu qu'il ne m'en parle plus.

MADAME ARGANTE : N'importe; je m'en fie à tes réflexions; elles te donneront bien du mépris pour lui.

ANGÉLIQUE : Eh! voilà encore ce qui m'afflige dans l'aveu que je vous fais, c'est que vous allez le mépriser vous-même. Il est perdu; vous n'étiez déjà que trop prévenue contre lui; et cependant il n'est point si méprisable, permettez que je le justifie : je suis peut-être prévenue moi-même; mais vous m'aimez, daignez m'entendre, portez vos bontés jusque-là. Vous croyez que c'est un jeune homme sans caractère, qui a plus de vanité que d'amour, qui ne cherche qu'à me séduire, et ce n'est point cela, je vous assure; il a tort de m'avoir proposé ce que je vous ai dit; mais il faut regarder que c'est le tort d'un homme au désespoir, que j'ai vu fondre en larmes quand j'ai paru irritée, d'un homme à qui la crainte de me perdre a tourné la tête; il n'a point de bien, il ne s'en est point caché, il me l'a dit; il ne lui restait donc point d'autre ressource que celle dont je vous parle; je le condamne comme vous, mais qu'il ne m'a proposée que dans la seule vue d'être à moi; c'est tout ce qu'il y a compris; car il m'adore, on n'en peut douter.

MADAME ARGANTE : Eh! ma fille! il y en aura tant d'autres qui t'aimeront encore plus que lui.

ANGÉLIQUE : Oui; mais je ne les aimerai pas, moi, m'aimassent-ils davantage, et cela n'est pas possible.

MADAME ARGANTE : D'ailleurs, il sait que tu es riche.

ANGÉLIQUE : Il l'ignorait quand il m'a vue; et c'est ce qui devrait l'empêcher de m'aimer; il sait bien que quand une fille est riche, on ne la donne qu'à un homme

qui a d'autres richesses, tout inutiles qu'elles sont; c'est du moins l'usage; le mérite n'est compté pour rien.

MADAME ARGANTE : Tu le défends d'une manière qui m'alarme. Que penses-tu donc de cet enlèvement? Dis-moi, tu es la franchise même, ne serais-tu point en danger d'y consentir?

ANGÉLIQUE : Ah! je ne crois pas, ma mère.

MADAME ARGANTE : Ta mère! Ah! le ciel la préserve de savoir seulement qu'on te le propose! ne te sers plus de ce nom... elle ne saurait le soutenir dans cette occasion-ci; mais pourrais-tu la fuir? te sentirais-tu la force de l'affliger jusque-là, de lui donner la mort, de lui porter le poignard dans le sein?

ANGÉLIQUE : J'aimerais mieux mourir moi-même.

MADAME ARGANTE : Survivrait-elle à l'affront que tu te ferais? Souffre à ton tour que mon amitié te parle pour elle : lequel aimes-tu le mieux, ou de cette mère qui t'a inspiré mille vertus, ou d'un amant qui veut te les ôter toutes?

ANGÉLIQUE : Vous m'accablez. Dites-lui qu'elle ne craigne rien de sa fille; dites-lui que rien ne m'est plus cher qu'elle, et que je ne verrai plus Dorante, si elle me condamne à le perdre.

MADAME ARGANTE : Eh! que perdras-tu dans un individu qui n'a rien?

ANGÉLIQUE : Tout le bonheur de ma vie. Ayez la bonté de lui dire aussi que ce n'est point la quantité de biens qui rend heureuse, que j'en ai plus qu'il n'en faudrait avec Dorante, que je languirais avec un autre; rapportez-lui ce que je vous dis là, et que je me soumets à ce qu'elle en décidera.

MADAME ARGANTE : Si tu pouvais seulement passer quelque temps sans le voir! Le veux-tu bien? Tu ne me réponds pas, à quoi songes-tu?

ANGÉLIQUE : Vous le dirai-je? je me repens d'avoir tout dit; mon amour m'est cher, je viens de m'ôter la liberté de céder, et peu s'en faut que je ne la regrette; je suis même fâchée d'être éclaircie; je ne vois rien de tout ce qui m'effraye et me voilà plus triste que je ne l'étais.

MADAME ARGANTE : Dorante me connaît-il?

ANGÉLIQUE : Non, à ce qu'il m'a dit.

MADAME ARGANTE : Eh bien! laisse-moi le voir; je lui parlerai sous le nom d'une tante à qui tu auras tout confié, et qui veut te servir. Viens, ma fille, et laisse à mon cœur le soin de conduire le tien.

ANGÉLIQUE : Je ne sais, mais ce que vous inspire votre tendresse m'est d'un bon augure.

ACTE TROISIÈME

Scène I : Madame Argante, Lubin.

MADAME ARGANTE : Personne ne nous voit-il?

LUBIN : On ne peut pas nous voir, drès que nous ne voyons parsonne.

MADAME ARGANTE : C'est qu'il me semble avoir aperçu là-bas Monsieur Ergaste qui se promène.

LUBIN : Qui? ce nouviau venu? Il n'y a pas de danger avec li; ça ne regarde rin; ça dort en marchant.

MADAME ARGANTE : N'importe, il faut l'éviter. Voyons ce que tu avais à me dire tantôt et que tu n'as pas eu le temps de m'achever. Est-ce quelque chose de conséquence?

LUBIN : Jarni, si c'est de conséquence! il s'agit tant seulement que cet amoureux veut détourner voute fille.

MADAME ARGANTE : Qu'appelles-tu la détourner?

LUBIN : La loger ailleurs, la changer de chambre; v'là c'en que c'est.

MADAME ARGANTE : Qu'a-t-elle répondu?

LUBIN : Il n'y a encore rien de décidé; car voute fille a dit : « Comment, ventregué! un enlèvement, Monsieur, avec une mère qui m'aime tant! — Bon! belle amiquié! » a dit Lisette. Voute fille a reparti que c'était une honte, qu'alle vous parlerait, vous émouvrait, vous embrasserait les jambes; et pis chacun a tiré de son côté, et moi du mian.

MADAME ARGANTE : Je saurai y mettre ordre. Dorante va-t-il se rendre ici?

LUBIN : Tatigué, s'il viendra! Je li ons donné l'ordre de la part de noute demoiselle; il ne peut pas manquer d'être obéissant, et la chaise de poste est au bout de l'allée.

MADAME ARGANTE : La chaise!

LUBIN : Et voirement oui! avec une dame entre deux âges, qu'il a mêmement descendue dans l'hôtellerie du village.

MADAME ARGANTE : Et pourquoi l'a-t-il amenée?

LUBIN : Pour à celle fin qu'alle fasse compagnie à noute damoiselle si alle veut faire un tour dans la chaise, et pis de là aller souper en ville, à ce qui m'est avis, selon queuques paroles que j'avons attrapées et qu'ils disoint tout bas.

MADAME ARGANTE : Voilà de furieux desseins! Adieu, je m'éloigne; et surtout ne dis point à Lisette que je suis ici.

LUBIN : Je vais donc courir après elle; mais faut que chacun soit content. Je sis leur commissionnaire itou à ces enfants; quand vous arriverez, leur dirai-je que vous venez?

MADAME ARGANTE : Tu ne leur diras pas que c'est moi, à cause de Dorante qui ne m'attendait pas; mais seulement que c'est quelqu'un qui approche. (A part.) Je ne veux pas le mettre entièrement au fait.

LUBIN : Je vous entends; rien que quelqu'un, sans nommer parsonne. Je ferai voute affaire, noute maîtresse; enfilez le taillis [11] stapendant que je reste pour la manigance.

Scène II : Lubin, Ergaste.

LUBIN : Morgué! je gaigne bien ma vie avec l'amour de c'te jeunesse. Bon! à l'autre. Qu'est-ce qu'il viant rôder ici, c'ti-là?

ERGASTE, rêveur : Interrogeons ce paysan; il est de la maison.

11. L'expression : enfiler le taillis ne figure pas dans les dictionnaires. Mais celui de l'Académie mentionne : enfiler la venelle dans le sens de : s'enfuir, et le Littré : gagner le taillis pour : se mettre en lieu de sûreté.

LUBIN, chantant en se promenant : La, la, la.

ERGASTE : Bonjour, l'ami.

LUBIN : Serviteur. La, la.

ERGASTE : Y a-t-il longtemps que vous êtes ici?

LUBIN : Il n'y a que l'horloge qui sait le compte; moi, je n'y regarde point.

ERGASTE : Il est brusque.

LUBIN : Les gens de Paris passont-ils leur chemin queuquefois? Restez-vous là, Monsieur?

ERGASTE : Peut-être.

LUBIN : Oh! que nanni! la civilité ne vous le parmet pas.

ERGASTE : Et d'où vient?

LUBIN : C'est que vous me portez de l'incommodité; j'ons besoin de ce chemin-ci pour une confarence en cachette.

ERGASTE : Je te laisserai libre, je n'aime à gêner personne; mais dis-moi, connais-tu un nommé Monsieur Dorante?

LUBIN : Dorante? Oui-da.

ERGASTE : Il vient quelquefois ici, je pense, et connaît Mademoiselle Angélique.

LUBIN : Pourquoi non? Je la connais bian, moi.

ERGASTE : N'est-ce pas lui que tu attends?

LUBIN : C'est à moi à savoir ça tout seul; si je vous disais oui, nous le saurions tous deux.

ERGASTE : C'est que j'ai vu de loin un homme qui lui ressemblait.

LUBIN : Eh bien! cette ressemblance, ne faut pas que vous l'aparceviez de près, si vous êtes honnête.

ERGASTE : Sans doute; mais j'ai compris d'abord qu'il était amoureux d'Angélique, et je ne me suis approché de toi que pour en être mieux instruit.

LUBIN : Mieux! Eh! par la sambille, allez donc oublier ce que vous savez déjà. Comment instruire un homme qui est aussi savant que moi?

ERGASTE : Je ne te demande plus rien.

LUBIN : Voyez qu'il a de peine! Gageons que vous savez itou qu'elle est amoureuse de li?

ERGASTE : Non, mais je l'apprends.

LUBIN : Oui, parce que vous le saviez; mais transportez-vous plus loin, faites-li place, et gardez le secret, Monsieur; ça est de conséquence.

ERGASTE : Volontiers, je te laisse.

Il sort.

LUBIN, le voyant partir : Queu sorcier d'homme! Dame, s'il n'ignore de rin, ce n'est pas ma faute.

Scène III : Dorante, Lubin.

LUBIN : Bon, vous êtes homme de parole. Mais dites-moi, avez-vous souvenance de connaître un certain Monsieur Ergaste, qui a l'air d'être gelé, et qu'on dirait qu'il ne va ni ne grouille, quand il marche?

DORANTE : Un homme sérieux?

LUBIN : Oh! si sérieux que j'en sis tout triste.

DORANTE : Vraiment oui! je le connais, s'il s'appelle Ergaste. Est-ce qu'il est ici?

LUBIN : Il y était tout présentement; mais je li avons finement persuadé d'aller être ailleurs.

DORANTE : Explique-toi, Lubin. Que fait-il ici?

LUBIN : Oh! jarniguienne, ne m'amusez pas, je n'ons pas le temps de vous acouter dire; je suis pressé d'aller avartir Angélique; ne démarrez pas.

DORANTE : Mais, dis-moi auparavant...

LUBIN, *en colère* : Tantôt je ferai le récit de ça. Pargué! allez; j'ons bian le temps de l'entamer de la manière.

Il sort.

Scène IV : Dorante, Ergaste.

DORANTE, *un moment seul* : Ergaste, dit-il; connaît-il Angélique dans ce pays-ci?

ERGASTE, *rêvant* : C'est Dorante lui-même.

DORANTE : Le voici. Me trompé-je? Est-ce vous, Monsieur?

ERGASTE : Oui, mon neveu.

DORANTE : Par quelle aventure vous trouvé-je dans ce pays-ci?

ERGASTE : J'y ai quelques amis que j'y suis venu voir; mais qu'y venez-vous faire vous-même? Vous m'avez tout l'air d'y être en bonne fortune; je viens de vous y voir parler à un domestique qui vous apporte quelque réponse, ou qui vous y ménage quelque entrevue.

DORANTE : Je ferais scrupule, de vous rien déguiser; il est question d'amour, Monsieur, j'en conviens.

ERGASTE : Je m'en doutais. On parle ici d'une très aimable fille, qui s'appelle Angélique; est-ce à elle que s'adressent vos vœux?

DORANTE : C'est à elle-même.

ERGASTE : Vous avez donc accès chez la mère?

DORANTE : Point du tout, je ne la connais pas; et c'est par hasard que j'ai vu sa fille.

ERGASTE : Cet engagement-là ne vous réussira pas, Dorante, vous y perdez; car Angélique est extrêmement riche, on ne la donnera pas à un homme sans bien.

DORANTE : Aussi la quitterais-je, s'il n'y avait que son bien qui m'arrêtât; mais je l'aime et j'ai le bonheur d'en être aimé.

ERGASTE : Vous l'a-t-elle dit positivement?

DORANTE : Oui, je suis sûr de son cœur.

ERGASTE : C'est beaucoup, mais il vous reste encore un autre inconvénient : c'est qu'on dit que sa mère a pour elle actuellement un riche parti en vue.

DORANTE : Je ne le sais que trop, Angélique m'en a instruit.

ERGASTE : Et dans quelle disposition est-elle là-dessus?

DORANTE : Elle est au désespoir! Et dit-on quel homme est ce rival?

ERGASTE : Je le connais; c'est un honnête homme.

DORANTE : Il faut du moins qu'il soit bien peu délicat s'il épouse une fille qui ne pourra le souffrir; et puisque vous le connaissez, Monsieur, ce serait en vérité lui rendre service, aussi bien qu'à moi, que de lui apprendre combien on le hait d'avance.

ERGASTE : Mais on prétend qu'il s'en doute un peu.

DORANTE : Il s'en doute et ne se retire pas! Ce n'est pas là un homme estimable.

ERGASTE : Vous ne savez pas encore le parti qu'li prendra.

DORANTE : Si Angélique veut m'en croire, je ne le craindrai plus; mais, quoi qu'il arrive, il ne peut l'épouser qu'en m'ôtant la vie.

ERGASTE : Du caractère dont je le connais, je ne crois pas qu'il voulût vous ôter la vôtre, ni que vous fussiez d'humeur à attaquer la sienne; et si vous lui disiez poliment vos raisons, je suis persuadé qu'il y aurait égard; voulez-vous le voir?

DORANTE : C'est risquer beaucoup. Peut-être avez-vous meilleure opinion de lui qu'il ne mérite. S'il allait me trahir? Et d'ailleurs, où le trouver?

ERGASTE : Oh! rien de plus aisé, car le voilà tout porté pour vous entendre.

DORANTE : Quoi! c'est vous, Monsieur?

ERGASTE : Vous l'avez dit, mon neveu.

DORANTE : Je suis confus de ce qui m'est échappé, et vous avez raison : votre vie est bien en sûreté.

ERGASTE : La vôtre ne court pas plus de hasard, comme vous voyez.

DORANTE : Elle est plus à vous qu'à moi; je vous dois tout, et je ne dispute plus Angélique.

ERGASTE : L'attendez-vous ici?

DORANTE : Oui, Monsieur, elle doit y venir; mais je ne la verrai que pour lui apprendre l'impossibilité où je suis de la revoir davantage.

ERGASTE : Point du tout; allez votre chemin, ma façon d'aimer est plus tranquille que la vôtre; j'en suis le maître, et je me sens touché de ce que vous me dites.

DORANTE : Quoi! vous me laissez la liberté de poursuivre?

ERGASTE : Liberté tout entière. Continuez, vous dis-je, faites comme si vous ne m'aviez pas vu, et ne dites ici à personne qui je suis, je vous le défends bien. Voici Angélique; elle ne m'aperçoit pas encore; je vais lui dire un mot en passant, ne vous alarmez point.

Scène V : Dorante, Ergaste, Angélique qui s'est approchée, mais qui, apercevant Ergaste, veut se retirer.

ERGASTE : Ce n'est pas la peine de vous retirer, Madame; je suis instruit, je sais que Monsieur vous aime, qu'il n'est qu'un cadet; Lubin m'a tout dit, et mon parti est pris. Adieu, Madame.

Il sort.

Scène VI : Dorante, Angélique.

DORANTE : Voilà notre secret découvert. Cet homme-là, pour se venger, va tout dire à votre mère.

ANGÉLIQUE : Et malheureusement il a du crédit sur son esprit.

DORANTE : Il y a apparence que nous nous voyons ici pour la dernière fois, Angélique.

ANGÉLIQUE : Je n'en sais rien. Pourquoi Ergaste se trouve-t-il ici? (*A part.*) Ma mère aurait-elle quelque dessein?

DORANTE : Tout est désespéré; le temps nous presse. Je finis par un mot; m'aimez-vous? m'estimez-vous?

ANGÉLIQUE : Si je vous aime! Vous dites que le temps presse, et vous faites des questions inutiles!

DORANTE : Achevez de m'en convaincre : j'ai une chaise au bout de la grande allée, la dame dont je vous ai parlé, et dont la maison est à un quart de lieue d'ici, nous attend dans le village; hâtons-nous de l'aller trouver et vous rendre chez elle.

ANGÉLIQUE : Dorante, ne songez plus à cela; je vous le défends.

DORANTE : Vous voulez donc me dire un éternel adieu?

ANGÉLIQUE : Encore une fois je vous le défends; mettez-vous dans l'esprit que, si vous aviez le malheur de me persuader, je serais inconsolable; je dis le malheur, car n'en serait-ce pas un pour vous de me voir dans cet état? Je crois que oui. Ainsi, qu'il n'en soit plus question; ne nous effrayons point, nous avons une ressource.

DORANTE : Et quelle est-elle?

ANGÉLIQUE : Savez-vous à quoi je me suis engagée? A vous montrer à une dame de mes parentes.

DORANTE : De vos parentes?

ANGÉLIQUE : Oui, je suis sa nièce; et elle va venir ici.

DORANTE : Et vous lui avez confié notre amour?

ANGÉLIQUE : Oui.

DORANTE : Et jusqu'où l'avez-vous instruite?

ANGÉLIQUE : Je lui ai tout conté pour avoir son avis.

DORANTE : Quoi! la fuite même que je vous ai proposée?

ANGÉLIQUE : Quand on ouvre son cœur aux gens, leur cache-t-on quelque chose? Tout ce que j'ai mal fait, c'est que je ne lui ai pas paru effrayée de votre proposition autant qu'il le fallait; ce qui m'inquiète.

DORANTE : Et vous appelez cela une ressource?

ANGÉLIQUE : Pas trop; cela est équivoque; je ne sais plus que penser.

DORANTE : Et vous hésitez encore de me suivre?

ANGÉLIQUE : Non seulement j'hésite, mais je ne le veux point.

DORANTE : Non, je n'écoute plus rien. Venez, Angélique, au nom de notre amour; venez, ne nous quittons plus, sauvez-moi ce que j'aime, conservez-vous un homme qui vous adore.

ANGÉLIQUE : De grâce, laissez-moi, Dorante; épargnez-moi cette démarche, c'est abuser de ma tendresse : en vérité, respectez ce que je vous dis.

DORANTE : Vous nous avez trahis; il ne nous reste qu'un moment à nous voir, et ce moment décide de tout.

ANGÉLIQUE, *combattue* : Dorante, je ne saurais m'y résoudre.

DORANTE : Il faut donc vous quitter pour jamais.

ANGÉLIQUE : Quelle persécution! Je n'ai point Lisette, et je suis sans conseil.

DORANTE : Ah! vous ne m'aimez point.

ANGÉLIQUE : Pouvez-vous le dire?

Scène VII : *Dorante, Angélique, Lubin.*

LUBIN, *passant au milieu d'eux sans s'arrêter* : Prenez garde; reboutez le propos à une autre fois, voici queuqu'un.

DORANTE : Et qui?

LUBIN : Queuqu'un qui est fait comme une mère.

DORANTE, *fuyant avec Lubin* : Votre mère! Adieu, Angélique, je l'avais prévu; il n'y a plus d'espérance.

ANGÉLIQUE, *voulant le retenir* : Non, je crois qu'il se trompe, c'est sa parente. Il ne m'écoute point; que ferais-je? Je ne sais où j'en suis.

Scène VIII : *Madame Argante, Angélique.*

ANGÉLIQUE, *allant à sa mère* : Ah! ma mère.

MADAME ARGANTE : Qu'as-tu donc, ma fille? d'où vient que tu es si troublée?

ANGÉLIQUE : Ne me quittez point, secourez-moi, je ne me reconnais plus.

MADAME ARGANTE : Te secourir? Et contre qui, ma chère fille?

ANGÉLIQUE : Hélas! contre moi, contre Dorante et contre vous, qui nous séparez peut-être. Lubin est venu dire que c'était vous. Dorante s'est sauvé, il se meurt, et je vous conjure qu'on le rappelle, puisque vous voulez lui parler.

MADAME ARGANTE, *à part les premiers mots* : Sa franchise me pénètre. Oui, je te l'ai promis, et j'y consens; qu'on le rappelle; je veux devant toi le forcer lui-même à convenir de l'indignité qu'il te proposait. *(Elle appelle Lubin.)* Lubin, cherche Dorante, et dis-lui que je l'attends avec ma nièce.

LUBIN : Voute nièce! Est-ce que vous êtes itou la tante de voute fille?

Il sort.

MADAME ARGANTE : Va, n'en t'embarrasse point. Mais j'aperçois Lisette; c'est un inconvénient; renvoie-la comme tu pourras, avant que Dorante arrive; elle ne me reconnaîtra pas sous cet habit, et je me cache avec ma coiffe.

Scène IX : *Madame Argante, Angélique, Lisette.*

LISETTE, *à Angélique* : Apparemment que Dorante attend plus loin. *(A Madame Argante[12].)* Que je ne vous sois point suspecte, Madame; je suis du secret, et vous allez tirer ma maîtresse d'une dépendance bien dure et bien gênante; sa mère aurait infailliblement forcé son inclinaison. *(A Angélique.)* Pour vous, Madame, ne vous faites pas un monstre de votre fuite, car peut-on vous reprocher, dès que vous fuyez avec Madame?

MADAME ARGANTE, *se découvrant* : Retirez-vous.

LISETTE, *fuyant* : Oh!

MADAME ARGANTE : C'était le plus court pour nous en défaire.

---

12. Méprise de Lisette : elle croit que Mme Argante qui s'est cachée « avec sa coiffe » est la dame chez qui Dorante doit mener Angélique (cf. II, 6).

ANGÉLIQUE : Voici Dorante, je frissonne. Ah! ma mère, songez que je me suis ôté tous les moyens de vous déplaire, et que cette pensée vous attendrisse un peu pour nous.

Scène X : Dorante, Madame Argante, Angélique, Lubin.

ANGÉLIQUE : Approchez, Dorante. Madame n'a que de bonnes intentions; je vous ai dit que j'étais sa nièce.

DORANTE, *saluant* : Je vous croyais avec Madame votre mère.

MADAME ARGANTE : C'est Lubin qui s'est mal expliqué d'abord.

DORANTE : Mais ne viendra-t-elle pas?

MADAME ARGANTE : Lubin y prendra garde. Retire-toi, et nous avertis si Madame Argante arrive.

LUBIN, *riant par intervalles* : Madame Argante? allez, allez, n'appréhendez rien de plus, je la défie de vous surprendre : alle pourra arriver, si le diable s'en mêle.

Il sort en riant.

Scène XI : Madame Argante, Angélique, Dorante.

MADAME ARGANTE : Eh bien! Monsieur, ma nièce m'a tout conté; rassurez-vous, il me paraît que vous êtes inquiet.

DORANTE : J'avoue, Madame, que votre présence m'a d'abord un peu troublé.

ANGÉLIQUE, *à part* : Comment le trouvez-vous, ma mère?

MADAME ARGANTE, *à part le premier mot* : Doucement. Je ne viens ici que pour écouter vos raisons sur l'enlèvement dont vous parlez à ma nièce.

DORANTE : Un enlèvement est effrayant, Madame; mais le désespoir de perdre ce qu'on aime rend bien des choses pardonnables.

ANGÉLIQUE : Il n'a pas trop insisté, je suis obligée de le dire.

DORANTE : Il est certain qu'on ne consentira pas à nous unir. Ma naissance est égale à celle d'Angélique, mais la différence de nos fortunes ne me laisse rien à espérer de sa mère.

MADAME ARGANTE : Prenez garde, Monsieur : votre désespoir de la perdre pourrait être suspect d'intérêt; et quand vous dites que non, faut-il vous en croire sur votre parole?

DORANTE : Ah! Madame, qu'on retienne tout son bien, qu'on me mette hors d'état de l'avoir jamais; le ciel me punisse si j'y songe!

ANGÉLIQUE : Il m'a toujours parlé de même.

MADAME ARGANTE : Ne nous interrompez point, ma nièce. *(A Dorante.)* L'amour seul vous fait agir, soit; mais vous êtes, m'a-t-on dit, un honnête homme, et un honnête homme aime autrement qu'un autre; le plus violent amour ne lui conseille jamais rien qui puisse tourner à la honte de sa maîtresse. Vous voyez, reconnaissez-vous ce que je dis là, vous qui voulez engager Angélique à une démarche aussi déshonorante?

ANGÉLIQUE, *à part* : Ceci commence mal.

MADAME ARGANTE : Pouvez-vous être content de votre cœur? Et supposons qu'elle vous aime, le méritez-vous? Je ne viens point ici pour me fâcher, et vous avez la liberté de me répondre; mais n'est-elle pas bien à plaindre d'aimer un homme aussi peu jaloux de sa gloire, aussi peu touché des intérêts de sa vertu, qui ne se sert de sa tendresse que pour égarer sa raison, que pour lui fermer les yeux sur tout ce qu'elle se doit à elle-même, que pour l'étourdir sur l'affront irréparable qu'elle va se faire? Appelez-vous cela de l'amour; et la puniriez-vous plus cruellement du sien, si vous étiez son ennemi mortel?

DORANTE : Madame, permettez-moi de vous le dire, je ne vois rien dans mon cœur qui ressemble à ce que je viens d'entendre. Un amour infini, un respect qui m'est peut-être encore plus cher et plus précieux que cet amour même, voilà tout ce que je sens pour Angélique. Je suis d'ailleurs incapable de manquer d'honneur; mais il y a des réflexions austères qu'on n'est point en état de faire quand on aime. Un enlèvement n'est pas un crime, c'est une irrégularité que le mariage efface. Nous nous serions donné notre foi mutuelle, et Angélique, en me suivant, n'aurait fui qu'avec son époux.

ANGÉLIQUE, *à part* : Elle ne se payera pas de ces raisons-là.

MADAME ARGANTE : Son époux, Monsieur! Suffit-il d'en prendre le nom pour l'être? Et de quel poids, s'il vous plaît, serait cette foi mutuelle dont vous parlez? Vous vous croiriez donc mariés, parce que, dans l'étourderie d'un transport amoureux, il vous aurait plu de vous dire : « Nous le sommes »? Les passions seraient bien à leur aise, si leur emportement rendait tout légitime.

ANGÉLIQUE : Juste ciel!

MADAME ARGANTE : Songez-vous que de pareils engagements déshonorent une fille; que sa réputation en demeure ternie, qu'elle en perd l'estime publique; que son époux peut réfléchir un jour qu'elle a manqué de vertu, que la faiblesse honteuse où elle est tombée doit la flétrir à ses yeux mêmes, et la lui rendre méprisable?

ANGÉLIQUE, *vivement* : Ah! Dorante, que vous étiez coupable! Madame, je me livre à vous, à vos conseils; conduisez-moi, ordonnez, que faut-il que je devienne? Vous êtes la maîtresse, je fais moins cas de la vie que des lumières que vous venez de me donner. Et vous, Dorante, tout ce que je puis à présent pour vous, c'est de vous pardonner une proposition qui doit vous paraître affreuse.

DORANTE : N'en doutez pas, chère Angélique; oui, oui, je me rends, je la désavoue; ce n'est pas la crainte de voir diminuer mon estime pour vous qui me frappe, je suis sûr que cela n'est pas possible; c'est l'horreur de penser que les autres ne vous estimeraient plus, qui m'effraye; oui, je le comprends, le danger est sûr. Madame vient de m'éclairer à mon tour : je vous perdrais; et qu'est-ce que c'est que mon amour et ses intérêts, auprès d'un malheur aussi terrible?

MADAME ARGANTE : Et d'un malheur qui aurait entraîné la mort d'Angélique, parce que sa mère n'aurait pu le supporter.

ANGÉLIQUE : Hélas! jugez combien je dois l'aimer, cette mère! Rien ne nous a gênés dans nos entrevues. Eh bien! Dorante, apprenez qu'elle les savait toutes, que je l'ai instruite de votre amour, du mien, de vos desseins, de mes irrésolutions.

DORANTE : Qu'entends-je?

ANGÉLIQUE : Oui, je l'avais instruite; ses bontés, ses tendresses m'y avaient obligée; elle a été ma confidente, mon amie, elle n'a jamais gardé que le droit de me conseiller; elle ne s'est reposée de ma conduite que sur ma tendresse pour elle, et m'a laissée la maîtresse de tout; il n'a tenu qu'à moi de vous suivre, d'être une ingrate envers elle, de l'affliger impunément, parce qu'elle avait promis que je serais libre.

DORANTE : Quel respectable portrait me faites-vous d'elle! Tout amant que je suis, vous me mettez dans ses intérêts mêmes; je me range de son parti, et me regarderais comme le plus indigne des hommes, si j'avais pu détruire une aussi belle, aussi vertueuse union que la vôtre.

ANGÉLIQUE, *à part* : Ah! ma mère, lui dirai-je qui vous êtes?

DORANTE : Oui, belle Angélique, vous avez raison. Abandonnez-vous toujours à ces mêmes bontés qui m'étonnent, et que j'admire, continuez de les mériter, je vous y exhorte; que mon amour y perde ou non, vous le devez; je serais au désespoir, si je l'avais emporté sur elle.

MADAME ARGANTE, *après avoir rêvé quelque temps* : Ma fille, je vous permets d'aimer Dorante.

DORANTE : Vous, Madame, la mère d'Angélique!

ANGÉLIQUE : C'est elle-même, en connaissez-vous qui lui ressemble?

DORANTE : Je suis pénétré de respect...

MADAME ARGANTE : Arrêtez, voici Monsieur Ergaste.

Scène XII : Ergaste, acteurs susdits.

ERGASTE : Madame, quelques affaires pressantes me rappellent à Paris. Mon mariage avec Angélique était comme arrêté; mais j'ai fait quelques réflexions; je craindrais qu'elle ne m'épousât par pure obéissance, et je vous remets votre parole. Ce n'est pas tout : j'ai un époux à vous proposer pour Angélique, un jeune homme riche et estimé; elle peut avoir le cœur prévenu, mais n'importe.

ANGÉLIQUE : Je vous suis obligée, Monsieur; ma mère n'est pas pressée de me marier.

MADAME ARGANTE : Mon parti est pris, Monsieur, j'accorde ma fille à Dorante que vous voyez. Il n'est pas riche, mais il vient de me montrer un caractère qui me charme et qui fera le bonheur d'Angélique. Dorante, je ne veux que le temps de savoir qui vous êtes.

Dorante veut se jeter aux genoux de Madame Argante qui le relève.

ERGASTE : Je vais vous le dire, Madame; c'est mon neveu, le jeune homme dont je vous parle, et à qui j'assure tout mon bien.

MADAME ARGANTE : Votre neveu!

ANGÉLIQUE, *à Dorante, à part* : Ah! que nous avons d'excuses à lui faire!

DORANTE : Eh! Monsieur, comment payer vos bienfaits?

ERGASTE : Point de remerciements : ne vous avais-je pas promis qu'Angélique n'épouserait point un homme sans bien? Je n'ai plus qu'une chose à dire; j'intercède pour Lisette, et je demande sa grâce.

MADAME ARGANTE : Je lui pardonne; que nos jeunes gens la récompensent, mais qu'ils s'en défassent.

LUBIN : Et moi, pour bian faire, faut qu'en me récompense, et qu'en me garde,

MADAME ARGANTE : Je t'accorde les deux.

LE LEGS

Échaudé par l'accueil que le public de la Comédie-Française avait réservé aux deux dernières comédies qu'il y avait données (les Serments indiscrets *et le* Petit-Maître corrigé), *Marivaux ne se nomma pas le soir de la première du* Legs. *Or, c'est une des rares parmi ses pièces à n'avoir « pas échoué immédiatement au Théâtre-Français »* (Fournier et Bastide). *Créée le lundi 11 juin 1736, elle fut jouée dix fois dans la saison. Reprise en 1749, avec Préville dans le rôle du Marquis, elle réapparaîtra ensuite régulièrement à l'affiche du Français. Maintenant, elle y est, avec plus de six cents représentations, une des pièces de Marivaux les plus jouées, après le* Jeu de l'amour et du hasard *qui tient de loin la première place, et presque à égalité avec l'*Épreuve.

A l'époque, le Legs *fut « jugé diversement »* (Mercure). *Certains trouvèrent cette comédie plus longue « qu'une (pièce) de cinq actes » au point de douter que « quand on l'élaguerait de moitié, on pût la rendre bonne »* (Dubuisson). *L'avis général lui était cependant favorable : « Tout le monde convient que cet ouvrage est plein d'esprit et très bien écrit »* (Mercure).

L'interprétation, elle, ne recueillit que des éloges. Mlle Dangeville et Poisson, les seuls à avoir été de la distribution du Petit-Maître corrigé, *jouent Lisette et le Marquis. Mais c'est Mlle Gaussin et Mlle Quinault, les créatrices des* Serments indiscrets, *qui sont Hortense et la Comtesse, tandis que le rôle du Chevalier est tenu par Grandval et celui de Lépine par Armand. La pièce, lit-on, a « été parfaitement bien jouée ».*

Le Legs *se prête aux performances de comédiens. Après Préville, Molé y fut un célèbre Marquis, et dans le rôle d'Hortense se sont succédé des actrices telles que Mlle Contat, Mlle Mars, Mme Arnould-Plessy, Mlle Madeleine Brohan, Mme Bartet et Mme Cerny, pour ne citer que les plus célèbres.*

Mais il ne faudrait pas réduire le Legs *à un exercice de virtuosité ou à un morceau de bravoure histrionique : c'est une des comédies les plus âpres et les plus serrées de Marivaux — une des plus objectives aussi, tant le regard que l'auteur jette sur ses personnages et sur leurs machinations est froid et exempt de toute complaisance.*

Il existe plusieurs versions du Legs *qui diffèrent sensiblement les unes des autres. Celle sur laquelle se fonde le texte publié ici est l'édition originale (1736) qui comporte vingt-cinq scènes. Un manuscrit a été conservé dans les archives de la Comédie-Française : il ne comprend que vingt-trois scènes (la discussion relative à la venue du notaire a été supprimée) et certaines des retouches qui y figurent paraissent être de la main de Marivaux. Signalons encore deux autres versions du* Legs *à la Bibliothèque de l'Arsenal : le manuscrit du rôle de la Comtesse qui dut être établi pour Mlle Gaussin lors de représentations à Berny, et un exemplaire de l'édition de 1740 dans lequel le texte est réduit de plus d'un tiers par des coupures et des béquets.*

ACTEURS

La Comtesse; Le Marquis; Hortense; Le Chevalier; Lisette, *suivante de la Comtesse*; Lépine, *valet de chambre du Marquis.*

LA SCÈNE EST A UNE MAISON DE CAMPAGNE DE LA COMTESSE [1].

Scène I : Le Chevalier, Hortense.

LE CHEVALIER : La démarche que vous allez faire auprès du Marquis m'alarme.

HORTENSE : Je ne risque rien, vous dis-je. Raisonnons. Défunt son parent, et le mien, lui laisse six cent mille francs [2], à la charge, il est vrai, de m'épouser, ou de m'en donner deux cent mille; cela est à son choix; mais le Marquis ne sent rien pour moi. Je suis sûre qu'il a de l'inclination pour la Comtesse; d'ailleurs, il est déjà assez riche par lui-même, voilà encore une succession de six cent mille francs qui lui vient, à laquelle il ne s'attendait pas; et vous croyez que, plutôt que d'en distraire deux

1. Variante du manuscrit du Théâtre-Français : *La scène est à une maison de campagne de la Comtesse, à une lieue de Paris.*

2. Soit une somme d'environ un million de francs actuels.

cent mille, il aimera mieux m'épouser, moi qui lui suis indifférente, pendant qu'il a de l'amour pour la Comtesse, qui peut-être ne le hait pas, et qui a plus de bien que moi? Il n'y a pas d'apparence.

LE CHEVALIER : Mais à quoi jugez-vous que la Comtesse ne le hait pas?

HORTENSE : A mille petites remarques que je fais tous les jours; et je n'en suis pas surprise. Du caractère dont elle est, celui du Marquis doit être de son goût. La Comtesse est une femme brusque, qui aime à primer, à gouverner, à être la maîtresse. Le Marquis est un homme doux, paisible, aisé à conduire; et voilà ce qu'il faut à la Comtesse. Aussi ne parle-t-elle de lui qu'avec éloge. Son air de naïveté lui plaît; c'est, dit-elle, le meilleur homme, le plus complaisant, le plus sociable! D'ailleurs, le Marquis est d'un âge qui lui convient; elle n'est plus de cette grande jeunesse : il a trente-cinq ou quarante ans, et je vois bien qu'elle serait charmée de vivre avec lui.

LE CHEVALIER : J'ai peur que l'événement ne vous trompe. Ce n'est pas un petit objet que deux cent mille francs qu'il faudra qu'on vous donne si l'on ne vous épouse pas; et puis, quand le Marquis et la Comtesse s'aimeraient, de l'humeur dont ils sont tous deux, ils auront bien de la peine à se le dire.

HORTENSE : Oh! moyennant l'embarras où je vais jeter le Marquis, il faudra bien qu'il parle et je veux savoir à quoi m'en tenir. Depuis le temps que nous sommes à cette campagne chez la Comtesse, il ne me dit rien. Il y a six semaines qu'il se tait; je veux qu'il s'explique. Je ne perdrai pas le legs qui me revient, si je n'épouse point le Marquis.

LE CHEVALIER : Mais... s'il accepte votre main?

HORTENSE : Eh! non, vous dis-je. Laissez-moi faire. Je crois qu'il espère que ce sera moi qui le refuserai. Peut-être même feindra-t-il de consentir à notre union; mais que cela ne vous épouvante pas. Vous n'êtes point assez riche pour m'épouser avec deux cent mille francs de moins; je suis bien aise de vous les apporter en mariage. Je suis persuadée que la Comtesse et le Marquis ne se haïssent pas. Voyons ce que me diront là-dessus Lépine et Lisette qui vont venir me parler. L'un est un Gascon froid, mais adroit; Lisette a de l'esprit. Je sais qu'ils ont tous deux la confiance de leurs maîtres; je les intéresserai à m'instruire, et tout ira bien. Les voilà qui viennent. Retirez-vous.

Scène II : Lisette, Lépine, Hortense.

HORTENSE : Venez, Lisette; approchez.

LISETTE : Que souhaitez-vous de nous, Madame?

HORTENSE : Rien que vous ne puissiez me dire sans bosser la fidélité que vous devez, vous au Marquis, et vous à la Comtesse.

LISETTE : Tant mieux, Madame.

LÉPINE : Ce début encourage. Nos services vous sont acquis.

HORTENSE *tire quelque argent de sa poche* : Tenez, Lisette; tout service mérite récompense.

LISETTE, *refusant d'abord* : Du moins, Madame, faudrait-il savoir auparavant de quoi il s'agit.

HORTENSE : Prenez; je vous le donne, quoi qu'il arrive. Voilà pour vous, Monsieur de Lépine.

LÉPINE : Madame, je serais volontiers de l'avis de mademoiselle; mais je prends : le respect défend que je raisonne.

HORTENSE : Je ne prétends vous engager en rien; et voici de quoi il est question : le Marquis, votre maître, vous estime, Lépine?

LÉPINE, *froidement* : Extrêmement, Madame : il me connaît.

HORTENSE : Je remarque qu'il vous confie aisément ce qu'il pense.

LÉPINE : Oui, Madame; de toutes ses pensées, incontinent, j'en ai copie; il n'en sait pas le compte mieux que moi.

HORTENSE : Vous, Lisette, vous êtes sur le même ton avec la Comtesse?

LISETTE : J'ai cet honneur-là, Madame.

HORTENSE : Dites-moi, Lépine; je me figure que le Marquis aime la Comtesse; me trompé-je? Il n'y a point d'inconvénient à me dire ce qui en est.

LÉPINE : Je n'affirme rien; mais patience. Nous devons ce soir nous entretenir là-dessus.

HORTENSE : Et soupçonnez-vous qu'il l'aime?

LÉPINE : De soupçons, j'en ai de violents. Je m'en éclaircirai tantôt.

HORTENSE : Et vous, Lisette, quel est votre sentiment sur la Comtesse?

LISETTE : Qu'elle ne songe point du tout au Marquis, Madame.

LÉPINE : Je diffère avec vous de pensée.

HORTENSE : Je crois aussi qu'ils s'aiment. Et supposons que je ne me trompe pas, du caractère dont ils sont, ils auront de la peine à s'en parler. Vous, Lépine, voudriez-vous exciter le Marquis à le déclarer à la Comtesse? et vous, Lisette, disposer la Comtesse à se l'entendre dire? Ce sera une industrie fort innocente.

LÉPINE : Et même louable.

LISETTE, *rendant l'argent* : Madame, permettez que je vous rende votre argent.

HORTENSE : Gardez. D'où vient?

LISETTE : C'est qu'il me semble que voilà précisément le service que vous exigez de moi, et c'est précisément celui que je ne puis vous rendre. Ma maîtresse est veuve; elle est tranquille; son état est heureux, ce serait dommage de l'en tirer; je prie le ciel qu'elle y reste.

LÉPINE, *froidement* : Quant à moi, je garde mon lot; rien ne m'oblige à restitution. J'ai la volonté de vous être utile. Monsieur le Marquis vit dans le célibat; mais le mariage, il est bon, très bon; il a ses peines, chaque état a les siennes; quelquefois le mien me pèse; le tout est égal. Oui, je vous servirai, Madame, je n'y vois point de mal. On s'épouse de tout temps, on s'épousera toujours; on n'a que cette honnête ressource quand on aime.

HORTENSE : Vous me surprenez, Lisette, d'autant plus que je m'imaginais que vous pouviez vous aimer tous deux.

LISETTE : C'est de quoi il n'est pas question de ma part.

LÉPINE : De la mienne, j'en suis demeuré à l'estime. Néanmoins Mademoiselle est aimable; mais j'ai passé mon chemin sans y prendre garde.

LISETTE : J'espère que vous penserez toujours de même.

HORTENSE : Voilà ce que j'avais à vous dire. Adieu. Lisette, vous ferez ce qu'il vous plaira; je ne vous demande que le secret. J'accepte vos services, Lépine.

Scène III : Lépine, Lisette.

LISETTE : Nous n'avons rien à nous dire, Mons[3] de Lépine. J'ai affaire et je vous laisse.

LÉPINE : Doucement, Mademoiselle, retardez d'un moment; je trouve à propos de vous informer d'un petit accident qui m'arrive.

LISETTE : Voyons.

LÉPINE : D'homme d'honneur, je n'avais pas envisagé vos grâces; je ne connaissais pas votre mine.

LISETTE : Qu'importe? Je vous en offre autant; c'est tout au plus si je connais actuellement la vôtre.

LÉPINE : Cette dame se figurait que nous nous aimions.

LISETTE : Eh bien, elle se figurait mal.

LÉPINE : Attendez; voici l'accident. Son discours a fait que mes yeux se sont arrêtés dessus vous plus attentivement que de coutume.

LISETTE : Vos yeux ont pris bien de la peine.

LÉPINE : Et vous êtes jolie, sandis, oh! très jolie.

LISETTE : Ma foi, Monsieur de Lépine, vous êtes galant, oh! très galant; mais l'ennui me prend dès qu'on me loue. Abrégeons. Est-ce là tout?

LÉPINE : A mon exemple, envisagez-moi, je vous prie; faites-en l'épreuve.

LISETTE : Oui-da. Tenez, je vous regarde.

LÉPINE : Eh donc! est-ce là ce Lépine que vous connaissiez? N'y voyez-vous rien de nouveau? Que vous dit le cœur?

LISETTE : Pas le mot. Il n'y a rien là pour lui.

LÉPINE : Quelquefois pourtant nombre de gens ont estimé que j'étais un garçon assez revenant[4]; mais nous y retournerons; c'est partie à remettre. Écoutez le restant. Il est certain que mon maître distingue tendrement votre maîtresse. Aujourd'hui même il m'a confié qu'il méditait de vous communiquer ses sentiments.

LISETTE : Comme il lui plaira. La réponse que j'aurai l'honneur de lui communiquer sera courte.

LÉPINE : Remarquons d'abondance que la Comtesse se plaît avec mon maître, qu'elle a l'âme joyeuse en le voyant. Vous me direz que nos gens sont d'étranges personnes, et je vous l'accorde. Le Marquis, homme tout simple, peu hasardeux dans le discours, n'osera jamais aventurer la déclaration; et des déclarations, la Comtesse les épouvante; femme qui néglige les compliments, qui vous parle entre l'aigre et le doux, et dont l'entretien a je ne sais quoi de sec, de froid, de purement raisonnable. Le moyen que l'amour puisse être mis en avant avec cette femme! Il ne sera jamais à propos de lui dire : « Je

vous aime », à moins qu'on ne le lui dise à propos de rien. Cette matière, avec elle, ne peut tomber que des nues. On dit qu'elle traite l'amour de bagatelle d'enfant; moi, je prétends qu'elle a pris goût à cette enfance. Dans cette conjoncture, j'opine que nous encouragions ces deux personnages. Qu'en sera-t-il? Qu'ils s'aimeront bonnement en toute souplesse, et qu'ils s'épouseront de même. Qu'en sera-t-il? Qu'en me voyant votre camarade, vous me rendrez votre mari par la douce habitude de me voir. Eh donc! parlez, êtes-vous d'accord?

LISETTE : Non.

LÉPINE : Mademoiselle, est-ce mon amour qui vous déplaît?

LISETTE : Oui.

LÉPINE : En peu de mots vous dites beaucoup. Mais considérez l'occurence : je vous prédis que nos maîtres se marieront; que la commodité vous tente!

LISETTE : Je vous prédis qu'ils ne se marieront point. Je ne veux pas, moi. Ma maîtresse, comme vous dites fort habilement, tient l'amour au-dessous d'elle; et j'aurai soin de l'entretenir dans cette humeur, attendu qu'il n'est pas de mon petit intérêt qu'elle se marie. Ma condition n'en serait pas si bonne, entendez-vous? Il n'y a point d'apparence que la Comtesse y gagne, et moi j'y perdrais beaucoup. J'ai fait un petit calcul là-dessus, au moyen duquel je trouve que tous vos arrangements me dérangent et ne me valent rien. Ainsi, quelque jolie que je sois, continuez de n'en rien voir; laissez là la découverte que vous avez faite de mes grâces, et passez toujours sans y prendre garde.

LÉPINE, *froidement* : Je les ai vues, Mademoiselle; j'en suis frappé, et n'ai de remède que votre cœur.

LISETTE : Tenez-vous donc pour incurable.

LÉPINE : Me donnez-vous votre dernier mot?

LISETTE : Je n'y changerai pas une syllabe.

Elle veut s'en aller.

LÉPINE, *l'arrêtant* : Permettez que je reparte[5]. Vous calculez; moi de même. Selon vous, il ne faut pas que nos gens se marient; selon moi, il faut qu'ils s'épousent; je le prétends.

LISETTE : Mauvaise gasconnade!

LÉPINE : Patience. Je vous aime, et vous me refuserez le réciproque[6]? Je calcule qu'il me fait besoin, et je l'aurai, sandis! je le prétends.

LISETTE : Vous ne l'aurez pas, sandis!

LÉPINE : J'ai tout dit. Laissez parler mon maître qui nous arrive.

Scène IV : Le Marquis, Lépine, Lisette.

LE MARQUIS : Ah! vous voici, Lisette! je suis bien aise de vous trouver.

LISETTE : Je vous suis obligée, Monsieur; mais je m'en allais.

LE MARQUIS : Vous vous en alliez? J'avais pourtant quelque chose à vous dire. Etes-vous un peu de nos amis?

---

3. Expression familière pour Monsieur.
4. Qui convient, qui plaît.

5. Que je reprenne les choses au point où nous les avions laissées.
6. Familièrement, la pareille.

LÉPINE : Petitement.

LISETTE : J'ai beaucoup d'estime et de respect pour Monsieur le Marquis.

LE MARQUIS : Tout de bon? Vous me faites plaisir, Lisette; je fais beaucoup de cas de vous aussi. Vous me paraissez une très bonne fille, et vous êtes à une maîtresse qui a bien du mérite.

LISETTE : Il y a longtemps que je le sais, Monsieur.

LE MARQUIS : Ne vous parle-t-elle jamais de moi? Que vous en dit-elle?

LISETTE : Oh! rien.

LE MARQUIS : C'est que, entre nous, il n'y a point de femme que j'aime tant qu'elle.

LISETTE : Qu'appelez-vous aimer, Monsieur le Marquis? Est-ce de l'amour que vous entendez?

LE MARQUIS : Eh! mais oui, de l'amour, de l'inclination, comme tu voudras; le nom n'y fait rien. Je l'aime mieux qu'une autre. Voilà tout.

LISETTE : Cela se peut.

LE MARQUIS : Mais elle n'en sait rien; je n'ai pas osé le lui apprendre. Je n'ai pas trop le talent de parler d'amour.

LISETTE : C'est ce qui me semble.

LE MARQUIS : Oui, cela m'embarrasse, et, comme ta maîtresse est une femme fort raisonnable, j'ai peur qu'elle ne se moque de moi, et je ne saurais plus que lui dire; de sorte que j'ai rêvé qu'il serait bon que tu la prévinsses en ma faveur.

LISETTE : Je vous demande pardon, Monsieur, mais il fallait rêver tout le contraire. Je ne puis rien pour vous, en vérité.

LE MARQUIS : Eh! d'où vient? Je t'aurai grande obligation. Je payerai bien tes peines; *(montrant Lépine)* et si ce garçon-là te convenait, je vous ferais un fort bon parti à tous les deux.

LÉPINE, *froidement, et sans regarder Lisette* : Derechef, recueillez-vous là-dessus, Mademoiselle.

LISETTE : Il n'y a nul moyen, Monsieur le Marquis. Si je parlais de vos sentiments à ma maîtresse, vous avez beau dire que le nom n'y fait rien, je me brouillerais avec elle, je vous y brouillerais vous-même. Ne la connaissez-vous pas?

LE MARQUIS : Tu crois donc qu'il n'y a rien à faire?

LISETTE : absolument rien.

LE MARQUIS : Tant pis. Cela me chagrine. Elle me fait tant d'amitiés, cette femme! Allons, il ne faut donc plus y penser.

LÉPINE, *froidement* : Monsieur, ne vous déconfortez pas. Du récit de Mademoiselle n'en tenez compte, elle vous triche. Retirons-nous; venez me consulter à l'écart, je serai plus consolant. Partons.

LE MARQUIS : Viens; voyons ce que tu as à me dire. Adieu, Lisette; ne me nuis pas, voilà tout ce que j'exige.

LÉPINE : N'exigez rien; ne gênons point Mademoiselle.

Le Marquis sort.

Scène V : Lépine, Lisette.

LÉPINE : Soyons galamment ennemis déclarés; faisons-nous du mal en toute franchise. Adieu, gentille personne, je vous chéris ni plus ni moins; gardez-moi votre cœur, c'est un dépôt que je vous laisse.

LISETTE : Adieu, mon pauvre Lépine; vous êtes peut-être de tous les fous de la Garonne le plus effronté, mais aussi le plus divertissant.

Scène VI : La Comtesse, Lisette.

LISETTE : Voici ma maîtresse. De l'humeur dont elle est, je crois que cet amour-ci ne la divertira guère. Gare que le Marquis ne soit bientôt congédié!

LA COMTESSE, *tenant une lettre* : Tenez, Lisette, dites qu'on porte cette lettre à la poste; en voilà dix que j'écris depuis trois semaines. La sotte chose qu'un procès! Que j'en suis lasse! Je ne m'étonne pas s'il y a tant de femmes qui se marient.

LISETTE, *riant* : Bon, votre procès! une affaire de mille francs! Voilà quelque chose de bien considérable pour vous! Avez-vous envie de vous remarier? J'ai votre affaire.

LA COMTESSE : Qu'est-ce que c'est qu'envie de me remarier? Pourquoi me dites-vous cela?

LISETTE : Ne vous fâchez pas; je ne veux que vous divertir.

LA COMTESSE : Ce pourrait être quelqu'un de Paris qui vous aurait fait une confidence; en tout cas, ne me le nommez point.

LISETTE : Oh! il faut pourtant que vous connaissiez celui dont je parle.

LA COMTESSE : Brisons là-dessus. Je rêve à une chose : le Marquis n'a ici qu'un valet de chambre dont il a peut-être besoin; et je voulais lui demander s'il n'a pas quelque paquet à mettre à la poste, on le porterait avec le mien. Où est-il le Marquis? L'as-tu vu ce matin?

LISETTE : Oh! oui, malepeste! il a ses raisons pour être éveillé de bonne heure. Revenons au mari que j'ai à vous donner, celui qui brûle pour vous, et que vous avez enflammé de passion...

LA COMTESSE : Qui est ce benêt-là?

LISETTE : Vous le devinez.

LA COMTESSE : Celui qui brûle est un sot. Je ne veux rien savoir de Paris.

LISETTE : Ce n'est point de Paris; votre conquête est dans le château. Vous l'appelez benêt; moi je vais le flatter; c'est un soupirant qui a l'air fort simple, un air de bon homme. Y êtes-vous?

LA COMTESSE : Nullement. Qui est-ce qui ressemble à celui-ci?

LISETTE : Eh! le Marquis.

LA COMTESSE : Celui qui est avec nous?

LISETTE : Lui-même.

LA COMTESSE : Je n'avais garde d'y être. Où as-tu pris son air simple et de bon homme? Dis donc un air franc et ouvert, à la bonne heure; il sera reconnaissable.

LISETTE : Ma foi, Madame, je vous le rends comme je le vois.

LA COMTESSE : Tu le vois très mal, on ne peut pas plus mal; en mille ans on ne le devinerait pas à ce portrait là. Mais de qui tiens-tu ce que tu me contes de son amour?

LISETTE : De lui qui me l'a dit; rien que cela. N'en riez-vous pas? Ne faites pas semblant de le savoir. Au reste, il n'y a qu'à vous en défaire tout doucement.

LA COMTESSE : Hélas! je ne lui en veux point de mal. C'est un fort honnête homme, un homme dont je fais cas, qui a d'excellentes qualités; et j'aime encore mieux que ce soit lui qu'un autre. Mais ne te trompes-tu pas aussi? Il ne t'aura peut-être parlé que d'estime; il en a beaucoup pour moi, beaucoup! il me l'a marquée en mille occasions d'une manière fort obligeante.

LISETTE : Non, Madame, c'est de l'amour qui regarde vos appas; il en a prononcé le mot sans bredouiller comme à l'ordinaire. C'est de la flamme. Il languit, il soupire.

LA COMTESSE : Est-il possible? Sur ce pied-là, je le plains; car ce n'est pas un étourdi; il faut qu'il le sente, puisqu'il le dit, et ce n'est pas de ces gens-là dont je me moque; jamais leur amour n'est ridicule. Mais il n'osera m'en parler, n'est-ce pas?

LISETTE : Oh! ne craignez rien; j'y ai mis bon ordre; il ne s'y jouera pas. Je lui ai ôté toute espérance; n'ai-je pas bien fait?

LA COMTESSE : Mais oui, sans doute, oui; pourvu que vous ne l'ayez pas brusqué, pourtant; il fallait y prendre garde; c'est un ami que je veux conserver. Et vous avez quelquefois le ton dur et revêche, Lisette; il valait mieux le laisser dire.

LISETTE : Point du tout. Il voulait que je vous parlasse en sa faveur.

LA COMTESSE : Ce pauvre homme!

LISETTE : Et je lui ai répondu que je ne pouvais pas m'en mêler; que je me brouillerais avec vous, si je vous en parlais, que vous me donneriez mon congé, que vous lui donneriez le sien.

LA COMTESSE : Le sien? Quelle grossièreté! Ah! que c'est mal parler? Son congé! Et même est-ce que je vous aurais donné le vôtre? Vous savez bien que non. D'où vient mentir, Lisette? C'est un ennemi que vous m'allez faire d'un des hommes du monde que je considère le plus, et qui le mérite le mieux. Quel sot langage de domestique! Eh! il était si simple de vous tenir à lui dire : « Monsieur, je ne saurais; ce ne sont pas là mes affaires; parlez-en vous-même. » Je voudrais qu'il osât m'en parler, pour raccommoder un peu votre malhonnêteté. Son congé! Son congé! Il va se croire insulté.

LISETTE : Eh! non, Madame; il était impossible de vous en débarrasser à moins de frais. Faut-il que vous l'aimiez, de peur de le fâcher? Voulez-vous être sa femme par politesse, lui qui doit épouser Hortense? Je ne lui ai rien dit de trop. Et vous en voilà quitte. Mais je l'aperçois qui vient en rêvant. Évitez-le, vous avez le temps.

LA COMTESSE : L'éviter? lui qui me voit? Ah! je m'en garderai bien. Après les discours que vous lui avez tenus, il croirait que je les ai dictés. Non, non, je ne changerai rien à ma façon de vivre avec lui. Allez porter ma lettre.

LISETTE, à part : Hum! il y a ici quelque chose. (Haut.) Madame, je suis d'avis de rester auprès de vous; cela m'arrive souvent, et vous en serez plus à l'abri d'une déclaration.

LA COMTESSE : Belle finesse! quand je lui échapperais aujourd'hui, ne me trouvera-t-il pas demain? Il faudrait donc vous avoir toujours à mes côtés? Non, non, partez. S'il me parle, je sais répondre.

LISETTE : Je suis à vous dans l'instant; je n'ai qu'à donner cette lettre à un laquais.

LA COMTESSE : Non, Lisette; c'est une lettre de conséquence, et vous me ferez plaisir de la porter vous-même, parce que, si le courrier est passé, vous me la rapporterez et je l'enverrai par une autre voie. Je ne me fie point aux valets, ils ne sont point exacts.

LISETTE : Le courrier ne passe que dans deux heures, Madame.

LA COMTESSE : Eh! allez, vous dis-je. Que sait-on?

LISETTE, à part : Quel prétexte! (Haut.) Cette femme-là ne va pas droit avec moi.

Elle sort.

Scène VII

LA COMTESSE, *seule* : Elle avait la fureur de rester. Les domestiques sont haïssables : il n'y a pas jusqu'à leur zèle qui ne vous désoblige. C'est toujours de travers qu'ils vous servent.

Scène VIII : La Comtesse, Lépine.

LÉPINE : Madame, Monsieur le Marquis vous a vue de loin avec Lisette. Il demande s'il n'y a point de mal qu'il approche; il a le désir de vous consulter; mais il se fait le scrupule de vous être importun.

LA COMTESSE : Lui, importun! Il ne saurait l'être. Dites-lui que je l'attends, Lépine; qu'il vienne.

LÉPINE : Je vais le réjouir de la nouvelle. Vous l'allez voir dans la minute.

Scène IX : La Comtesse, Lépine, le Marquis.

LÉPINE, *appelant le Marquis* : Monsieur, venez prendre audience; Madame l'accorde. (*Quand le Marquis est venu, il lui dit à part.*) Courage, Monsieur, l'accueil est gracieux, presque tendre; c'est un cœur qui demande qu'on le prenne.

Il sort.

Scène X : La Comtesse, le Marquis.

LA COMTESSE : Eh! d'où vient donc la cérémonie que vous faites, Marquis? Vous n'y songez pas.

LE MARQUIS : Madame, vous avez bien de la bonté; c'est que j'ai bien des choses à vous dire.

LA COMTESSE : Effectivement, vous me paraissez rêveur, inquiet.

LE MARQUIS : Oui, j'ai l'esprit en peine. J'ai besoin de conseil; j'ai besoin de grâces; et le tout de votre part.

LA COMTESSE : Tant mieux. Vous avez encore moins besoin de tout cela, que je n'ai d'envie de vous être bonne à quelque chose.

LE MARQUIS : Oh! bonne? Il ne tient qu'à vous de m'être excellente, si vous voulez.

LA COMTESSE : Comment! si je veux? Manquez-vous

de confiance? Ah! je vous prie, ne me ménagez point, vous pouvez tout sur moi, Marquis; je suis bien aise de vous le dire.

LE MARQUIS : Cette assurance m'est bien agréable, et je serais tenté d'en abuser.

LA COMTESSE : J'ai grand'peur que vous ne résistiez à la tentation. Vous ne comptez pas assez sur vos amis; car vous êtes si réservé, si retenu.

LE MARQUIS : Oui, j'ai beaucoup de timidité.

LA COMTESSE : Je fais de mon mieux pour vous l'ôter, comme vous voyez.

LE MARQUIS : Vous savez dans quelle situation je suis avec Hortense; que je dois l'épouser ou lui donner deux cent mille francs.

LA COMTESSE : Oui; et je me suis aperçue que vous n'aviez pas grand goût pour elle.

LE MARQUIS : Oh! on ne peut pas moins. Je ne l'aime point du tout.

LA COMTESSE : Je n'en suis pas surprise. Son caractère est si différent du vôtre! Elle a quelque chose de trop arrangé pour vous.

LE MARQUIS : Vous y êtes; elle songe trop à ses grâces. Il faudrait toujours l'entretenir de compliments et moi, ce n'est pas là mon fort. La coquetterie me gêne, elle me rend muet.

LA COMTESSE : Ah! ah! Je conviens qu'elle en a un peu; mais presque toutes les femmes sont de même. Vous ne trouverez que cela partout, Marquis.

LE MARQUIS : Hors chez vous. Quelle différence, par exemple! vous plaisez sans y penser; ce n'est pas votre faute. Vous ne savez pas seulement que vous êtes aimable; mais d'autres le savent pour vous.

LA COMTESSE : Moi, Marquis? Je pense qu'à cet égard-là les autres songent aussi peu à moi que j'y songe moi-même.

LE MARQUIS : Oh! j'en connais qui ne vous disent pas tout ce qu'ils songent.

LA COMTESSE : Eh! qui sont-ils, Marquis? Quelques amis comme vous, sans doute?

LE MARQUIS : Bon, des amis! voilà bien de quoi; vous n'en aurez encore de longtemps.

LA COMTESSE : Je vous suis obligée du petit compliment que vous me faites en passant.

LE MARQUIS : Point du tout. Je ne passe jamais, moi; je dis toujours exprès.

LA COMTESSE, riant : Comment? vous qui ne voulez pas que j'aie encore des amis! Est-ce que vous n'êtes pas le mien?

LE MARQUIS : Vous m'excuserez; mais quand je serais autre chose, il n'y aurait rien de surprenant.

LA COMTESSE : Eh bien, je ne laisserais pas que d'en être surprise.

LE MARQUIS : Et encore plus fâchée?

LA COMTESSE : En vérité, surprise. Je veux pourtant croire que je suis aimable, puisque vous le dites.

LE MARQUIS : Oh! charmante! Et je serais bien heureux si Hortense vous ressemblait; je l'épouserais d'un grand cœur; et j'ai bien de la peine à m'y résoudre.

LA COMTESSE : Je le crois; et ce serait encore pis, si vous aviez de l'inclination pour une autre.

LE MARQUIS : Et bien, c'est que justement le pis s'y trouve.

LA COMTESSE, par exclamation : Oui! vous aimez ailleurs!

LE MARQUIS : De toute mon âme.

LA COMTESSE, en souriant : Je m'en suis doutée, Marquis.

LE MARQUIS : Eh! Vous êtes-vous doutée de la personne?

LA COMTESSE : Non; mais vous me la direz.

LE MARQUIS : Vous me feriez grand plaisir de la deviner.

LA COMTESSE : Eh! Pourquoi m'en donneriez-vous la peine, puisque vous voilà?

LE MARQUIS : C'est que vous ne connaissez qu'elle; c'est la plus aimable femme, la plus franche. Vous parlez de gens sans façon? il n'y a personne comme elle; plus je la vois, plus je l'admire.

LA COMTESSE : Épousez-la, Marquis, épousez-la, et laissez là Hortense; il n'y a point à hésiter; vous n'avez point d'autre parti à prendre.

LE MARQUIS : Oui; mais je songe à une chose; n'y aurait-il pas moyen de sauver les deux cent mille francs? Je vous parle à cœur ouvert.

LA COMTESSE : Regardez-moi dans cette occasion-ci comme une autre vous-même.

LE MARQUIS : Ah! que c'est bien dit, une autre moi-même!

LA COMTESSE : Ce qui me plaît en vous, c'est votre franchise, qui est une qualité admirable. Revenons. Comment vous sauver ces deux cent mille francs?

LE MARQUIS : C'est qu'Hortense aime le Chevalier. Mais, à propos, c'est votre parent?

LA COMTESSE : Oh! parent de loin.

LE MARQUIS : Or, de cet amour qu'elle a pour lui, je conclus qu'elle ne se soucie pas de moi. Je n'ai donc qu'à faire semblant de vouloir l'épouser; elle me refusera, et je ne lui devrai plus rien; son refus me servira de quittance.

LA COMTESSE : Oui-da, vous pouvez le tenter. Ce n'est pas qu'il n'y ait du risque : elle a du discernement, Marquis. Vous supposez qu'elle vous refusera? Je n'en sais rien; vous n'êtes pas un homme à dédaigner.

LE MARQUIS : Est-il vrai?

LA COMTESSE : C'est mon sentiment.

LE MARQUIS : Vous me flattez, vous encouragez ma franchise.

LA COMTESSE : Je vous encourage! Eh! Mais en êtes-vous donc là? Mettez-vous donc dans l'esprit que je ne demande qu'à vous obliger, qu'il n'y a que l'impossible qui m'arrêtera, et que vous devez compter sur tout ce qui dépendra de moi. Ne perdez point cela de vue, étrange homme que vous êtes, et achevez hardiment. Vous voulez des conseils, je vous en donne. Quand nous en serons à l'article des grâces, il n'y aura pas à parler; elles ne feront pas plus de difficulté que le reste, entendez-vous? et que cela soit dit pour toujours.

LE MARQUIS : Vous me ravissez d'espérance.

LA COMTESSE : Allons par ordre. Si Hortense allait vous prendre au mot?

LE MARQUIS : J'espère que non; en tout cas, je lui payerais sa somme, pourvu qu'auparavant la personne qui a pris mon cœur eût la bonté de me dire qu'elle veut bien de moi.

LA COMTESSE : Hélas! elle serait donc bien difficile? Mais, Marquis, est-ce qu'elle ne sait pas que vous l'aimez?

LE MARQUIS : Non, vraiment; je n'ai pas osé le lui dire.

LA COMTESSE : Et le tout par timidité. Oh! en vérité, c'est la pousser trop loin, et, tout amie des bienséances que je suis, je ne vous approuve pas : ce n'est pas se rendre justice.

LE MARQUIS : Elle est si sensée, que j'ai peur d'elle. Vous me conseillez donc de lui en parler?

LA COMTESSE : Eh! cela devrait être fait. Peut-être vous attend-elle. Vous dites qu'elle est sensée; que craignez-vous? Il est louable de penser modestement sur soi; mais, avec de la modestie, on parle, on se propose. Parlez, Marquis, parlez, tout ira bien.

LE MARQUIS : Hélas! si vous saviez qui c'est, vous ne m'exhorteriez pas tant. Que vous êtes heureuse de n'aimer rien et de mépriser l'amour!

LA COMTESSE : Moi, mépriser ce qu'il y a au monde de plus naturel! Cela ne serait pas raisonnable! Ce n'est pas l'amour, ce sont les amants, tels qu'ils sont pour la plupart, que je méprise, et non pas le sentiment qui fait qu'on aime, qui n'a rien en soi que de fort honnête, de fort permis et de fort involontaire : c'est le plus doux sentiment de la vie, comment le haïrais-je? Non, certes : et il y a tel homme à qui je pardonnerais de m'aimer, s'il me l'avouait avec cette simplicité de caractère que je louais tout à l'heure en vous.

LE MARQUIS : En effet, quand on le dit naïvement comme on le sent...

LA COMTESSE : Il n'y a point de mal alors. On a toujours bonne grâce; voilà ce que je pense. Je ne suis pas une âme sauvage.

LE MARQUIS : Ce serait bien dommage... Vous avez la plus belle santé!

LA COMTESSE, à part : Il est bien question de ma santé! (Haut.) C'est l'air de la campagne.

LE MARQUIS : L'air de la ville vous fait de même l'œil le plus vif, le teint le plus frais!

LA COMTESSE : Je me porte assez bien. Mais savez-vous bien que vous me dites des douceurs sans y penser?

LE MARQUIS : Pourquoi sans y penser? Moi, j'y pense.

LA COMTESSE : Gardez-les pour la personne que vous aimez.

LE MARQUIS : Eh!... Si c'était vous, il n'y aurait que faire de les garder.

LA COMTESSE : Comment! si c'était moi? Est-ce moi dont il s'agit? Est-ce une déclaration d'amour que vous me faites?

LE MARQUIS : Oh! point du tout.

LA COMTESSE : Eh! de quoi vous avisez-vous donc de m'entretenir de mon teint, de ma santé? Qui est-ce qui ne s'y tromperait pas?

LE MARQUIS : Ce n'est que façon de parler. Je dis seulement qu'il est fâcheux que vous ne vouliez ni aimer ni vous remarier, et que j'en suis mortifié, parce que je ne vois pas de femme qui puisse convenir autant que vous; mais je ne dis mot de peur de vous déplaire.

LA COMTESSE : Mais encore une fois vous me parlez d'amour. Je ne me trompe pas : c'est moi que vous aimez; vous me le dites en termes exprès.

LE MARQUIS : Eh bien, oui. Quand ce serait vous, il n'est pas nécessaire de se fâcher. Ne dirait-on pas que tout est perdu? Calmez-vous. Prenez que je n'aie rien dit.

LA COMTESSE : La belle chute! Vous êtes bien singulier.

LE MARQUIS : Et vous de bien mauvaise humeur. Eh! Tout à l'heure, à votre avis, on avait si bonne grâce à dire naïvement qu'on aime! Voyez comme cela réussit. Me voilà bien avancé!

LA COMTESSE, à part : Ne le voilà-t-il pas bien reculé? (Haut.) A qui en avez-vous? Je vous demande à qui vous parlez?

LE MARQUIS : A personne, Madame. Je ne dirai plus mot. Etes-vous contente? Si vous vous mettez en colère contre tous ceux qui me ressemblent, vous en querellerez bien d'autres.

LA COMTESSE, à part : Quel original! (Haut.) Eh! Qui est-ce qui vous querelle?

LE MARQUIS : Ah! la manière dont vous me refusez n'est pas douce.

LA COMTESSE : Allez, vous rêvez.

LE MARQUIS : Courage! Avec la qualité d'original dont vous venez de m'honorer tout bas, il ne me manquait plus que celle de rêveur; au surplus, je ne m'en plains pas. Je ne vous conviens point; qu'y faire? il n'y a plus qu'à me taire, et je me tairai. Adieu, Comtesse; n'en soyons pas moins bons amis; et du moins ayez la bonté de m'aider à me tirer d'affaire avec Hortense.

Il s'en va.

LA COMTESSE : Quel homme! Celui-ci ne m'ennuiera pas du récit de mes rigueurs. J'aime les gens simples et unis[7]; mais en vérité celui-là l'est trop.

Scène XI : Hortense, la Comtesse, le Marquis.

HORTENSE, arrêtant le Marquis prêt à sortir : Monsieur le Marquis, je vous prie, ne vous en allez pas; nous avons à nous parler; et Madame peut être présente.

LE MARQUIS : Comme vous voudrez, Madame.

HORTENSE : Vous savez ce dont il s'agit?

LE MARQUIS : Non, je ne sais pas ce que c'est; je ne m'en souviens plus.

HORTENSE : Vous me surprenez! Je me flattais que vous seriez le premier à rompre le silence. Il est humiliant pour moi d'être obligée de vous prévenir. Avez-vous oublié qu'il y a un testament qui nous regarde?

LE MARQUIS : Oh! ôui, je me souviens du testament.

HORTENSE : Et qui dispose de ma main en votre faveur?

LE MARQUIS : Oui, Madame, oui, il faut que je vous épouse; cela est vrai.

HORTENSE : Eh bien, Monsieur, à quoi vous détermi-

7. Sans prétentions.

nez-vous ? Il est temps de fixer mon état. Je ne vous cache point que vous avez un rival ; c'est le Chevalier, qui est parent de Madame, que je ne vous préfère pas, mais que je préfère à tout autre, et que j'estime assez pour en faire mon époux, si vous ne devenez pas le mien ; c'est ce que je lui ai dit jusqu'ici ; et, comme il m'assure avoir des raisons pressantes de savoir aujourd'hui même à quoi s'en tenir, je n'ai pu lui refuser de vous parler. Monsieur, le congédierai-je, ou non ? Que voulez-vous que je lui dise ? Ma main est à vous, si vous la demandez.

LE MARQUIS : Vous me faites bien de la grâce ; je la prends, Mademoiselle.

HORTENSE : Est-ce votre cœur qui me choisit, Monsieur le Marquis ?

LE MARQUIS : N'êtes-vous pas assez aimable pour cela ?

HORTENSE : Et vous m'aimez ?

LE MARQUIS : Qui est-ce qui vous dit le contraire ? Tout à l'heure j'en parlais à Madame.

LA COMTESSE : Il est vrai, c'était de vous qu'il m'entretenait ; il songeait à vous proposer ce mariage.

HORTENSE : Et il vous disait qu'il m'aimait ?

LA COMTESSE : Il me semble que oui ; du moins me parlait-il de penchant.

HORTENSE : D'où vient donc, Monsieur le Marquis, me l'avez-vous laissé ignorer depuis six semaines ? Quand on aime, on en donne quelques marques ; et, dans le cas où nous sommes, vous aviez droit de vous déclarer.

LE MARQUIS : J'en conviens ; mais le temps se passe ; on est distrait, on ne sait pas si les gens sont de votre avis.

HORTENSE : Vous êtes bien modeste. Voilà qui est donc arrêté, et je vais l'annoncer au Chevalier qui entre.

Scène XII : Le Chevalier, Hortense, le Marquis, la Comtesse.

HORTENSE, *allant au-devant du Chevalier pour lui dire un mot à part* : Il accepte ma main, mais de mauvaise grâce ; ce n'est qu'une ruse, ne vous effrayez pas.

LE CHEVALIER, *bas, à Hortense* : Vous m'inquiétez. *(Haut.)* Eh bien, Madame, il ne me reste plus d'espérance, sans doute ? Je n'ai pas dû m'attendre que Monsieur le Marquis pût consentir à vous perdre.

HORTENSE : Oui, Chevalier, il m'épouse, la chose est conclue ; et le ciel vous destine à une autre qu'à moi. Le Marquis m'aimait en secret ; et c'était, dit-il, par distraction qu'il ne me le déclarait pas. Par distraction.

LE CHEVALIER : J'entends ; il avait oublié de vous le dire.

HORTENSE : Oui, c'est cela même ; mais il vient de me l'avouer, et il l'avait confié à Madame.

LE CHEVALIER : Eh ! que ne m'avertissiez-vous, Comtesse ? J'ai cru quelquefois qu'il vous aimait vous-même.

LA COMTESSE : Quelle imagination ! A propos de quoi me citer ici ?

HORTENSE : Il y a eu des instants où je le soupçonnais aussi.

LA COMTESSE : Encore ! Où est donc la plaisanterie, Hortense ?

LE MARQUIS : Pour moi, je ne dis mot.

LE CHEVALIER : Vous me désespérez, Marquis.

LE MARQUIS : J'en suis fâché, mais mettez-vous à ma place ; il y a un testament, vous le savez bien ; je ne peux pas faire autrement.

LE CHEVALIER : Sans le testament, vous n'aimeriez peut-être pas autant que moi.

LE MARQUIS : Oh ! vous me pardonnerez ; je n'aime que trop.

HORTENSE : Je tâcherai de le mériter, Monsieur. *(A part, au Chevalier.)* Demandez qu'on presse notre mariage.

LE CHEVALIER, *à part, à Hortense* : N'est-ce pas trop risquer ? *(Haut.)* Dans l'état où je suis, Marquis, achevez de me prouver que mon malheur est sans remède.

LE MARQUIS : La preuve s'en verra quand je l'épouserai. Je ne peux pas l'épouser tout à l'heure.

LE CHEVALIER, *d'un air inquiet* : Vous avez raison. *(A part, à Hortense.)* Il vous épousera.

HORTENSE, *à part, au Chevalier* : Vous gâtez tout. *(Au Marquis.)* J'entends bien ce que le Chevalier veut dire ; c'est qu'il espère toujours que nous ne nous marierons pas, Monsieur le Marquis ; n'est-ce pas, Chevalier ?

LE CHEVALIER : Non, Madame, je n'espère plus rien.

HORTENSE : Vous m'excuserez, je le vois bien. Vous n'êtes pas convaincu, vous ne l'êtes pas ; et comme il faut, m'avez-vous dit, que vous alliez demain à Paris pour y prendre des mesures nécessaires en cette occasion-ci, vous voudriez, avant que de partir, savoir précisément s'il ne vous reste plus d'espoir ? Voilà ce que c'est ; vous avez besoin d'une entière certitude ? *(A part, au Chevalier.)* Dites que oui.

LE CHEVALIER : Mais oui.

HORTENSE : Monsieur le Marquis, nous ne sommes qu'à une lieue de Paris ; il est de bonne heure ; envoyez Lépine chercher un notaire et passons notre contrat aujourd'hui, pour donner au Chevalier la triste conviction qu'il demande.

LA COMTESSE : Mais il me paraît que vous lui faites accroire qu'il la demande ; je suis persuadée qu'il ne s'en soucie pas.

HORTENSE, *à part, au Chevalier* : Soutenez donc.

LE CHEVALIER : Oui, Comtesse, un notaire me ferait plaisir.

LA COMTESSE : Voilà un sentiment bien bizarre !

HORTENSE : Point du tout. Ses affaires exigent qu'il sache à quoi s'en tenir ; il n'y a rien de si simple, et il a raison ; il n'osait le dire, et je le dis pour lui. Allez-vous envoyer Lépine, Monsieur le Marquis ?

LE MARQUIS : Comme il vous plaira. Mais qui est-ce qui songeait à avoir un notaire aujourd'hui ?

HORTENSE, *au Chevalier* : Insistez.

LE CHEVALIER : Je vous en prie, Marquis.

LA COMTESSE : Oh ! vous aurez la bonté d'attendre à demain, Monsieur le Chevalier : vous n'êtes pas si pressé ; votre fantaisie n'est pas d'une espèce à mériter qu'on se gêne tant pour elle ; ce serait ce soir ici un embarras qui nous dérangerait. J'ai quelques affaires ; demain il sera temps.

HORTENSE, *à part, au Chevalier* : Pressez.

LE CHEVALIER : Eh ! Comtesse, de grâce.

LA COMTESSE : De grâce! L'hétéroclite prière! il est donc bien ragoûtant de voir sa maîtresse mariée à son rival? Comme Monsieur voudra, au reste!

LE MARQUIS : Il serait impoli de gêner Madame; au surplus, je m'en rapporte à elle, demain serait bon.

HORTENSE : Dès qu'elle y consent, il n'y a qu'à envoyer Lépine.

Scène XIII : La Comtesse, Hortense,
le Chevalier, le Marquis, Lisette.

HORTENSE : Voici Lisette qui entre; je vais lui dire de nous l'aller chercher. Lisette, on doit passer ce soir un contrat de mariage entre Monsieur le Marquis et moi; il veut tout à l'heure faire partir Lépine pour amener son notaire de Paris; ayez la bonté de lui dire qu'il vienne recevoir ses ordres.

LISETTE : J'y cours, Madame.

LA COMTESSE, *l'arrêtant* : Où allez-vous? En fait de mariage, je ne veux ni m'en mêler, ni que mes gens s'en mêlent.

LISETTE : Moi, ce n'est que pour rendre service. Tenez, je n'ai que faire de sortir; je le vois sur la terrasse. *(Elle appelle.)* Monsieur de Lépine!

LA COMTESSE, *à part* : Cette sotte!

Scène XIV : Le Marquis, la Comtesse,
le Chevalier, Hortense, Lépine, Lisette.

LÉPINE : Qui est-ce qui m'appelle?

LISETTE : Vite, vite, à cheval. Il s'agit d'un contrat de mariage entre Madame et votre maître, et il faut aller chercher le notaire de Monsieur le Marquis.

LÉPINE, *au Marquis* : Le notaire! Ce qu'elle conte est-il vrai? Monsieur, nous avons la partie de chasse pour tantôt; je me suis arrangé pour courir le lièvre, et non pas le notaire.

LE MARQUIS : C'est pourtant le dernier qu'on veut.

LÉPINE : Ce n'est pas la peine que je fasse pour avoir le vôtre; je le compte pour mort. Ne savez-vous pas? La fièvre le travaillait quand nous partîmes, avec le médecin par-dessus; il en avait le transport au cerveau.

LE MARQUIS : Vraiment, oui; à propos, il était très malade.

LÉPINE : Il agonisait, sandis!...

LISETTE, *d'un air indifférent* : Il n'y a qu'à prendre celui de Madame.

LA COMTESSE : Il n'y a qu'à vous taire; car si celui de Monsieur est mort, le mien l'est aussi. Il y a quelque temps qu'il me dit qu'il était le sien.

LISETTE, *indifféremment, d'un air modeste* : Il me semble qu'il n'y a pas longtemps que vous lui avez écrit, Madame.

LA COMTESSE : La belle conséquence! Ma lettre a-t-elle empêché qu'il ne mourût? Il est certain que je le lui ai écrit; mais aussi ne m'a-t-il point fait de réponse.

LE CHEVALIER, *à Hortense, à part* : Je commence à me rassurer.

HORTENSE, *lui souriant à part* : Il y a plus d'un notaire à Paris. Lépine verra s'il se porte mieux. Depuis six se-

maines que nous sommes ici, il a eu le temps de revenir en bonne santé. Allez lui écrire un mot, Monsieur le Marquis, et priez-le, s'il ne peut venir, d'en indiquer un autre. Lépine ira se préparer pendant que vous écrirez.

LÉPINE : Non, Madame; si je monte à cheval, c'est autant de resté par les chemins. Je parlais de la partie de chasse; mais voici que je me sens mal, extrêmement mal; d'aujourd'hui je ne prendrai ni gibier ni notaire.

LISETTE, *en souriant négligemment* : Est-ce que vous êtes mort aussi?

LÉPINE, *feignant la douleur* : Non, Mademoiselle; mais je vis souffrant, et je ne pourrais fournir la course [8]. Ah! sans le respect de la compagnie, je ferais des cris perçants. Je me brisai hier d'une chute sur l'escalier; je roulai tout un étage, et je commençais d'en entamer un autre quand on me retint sur le penchant. Jugez de la douleur; je la sens qui m'enveloppe.

LE CHEVALIER : Eh bien, tu n'as qu'à prendre ma chaise. Dites-lui qu'il parte, Marquis.

LE MARQUIS : Ce garçon qui est tout froissé, qui a roulé un étage, je m'étonne qu'il ne soit pas au lit. Pars, si tu peux, au reste.

HORTENSE : Allez, partez, Lépine; on n'est point fatigué dans une chaise.

LÉPINE : Vous dirai-je le vrai, Mademoiselle? obligez-moi de me dispenser de la commission. Monsieur traite avec vous de sa ruine; vous ne l'aimez point, Madame; j'en ai connaissance, et ce mariage ne peut être que fatal; je me ferais un reproche d'y avoir part. Si mon scrupule déplaît, qu'on me dise : « Va-t'en »; qu'on me chasse, je m'y soumets; ma probité me console.

LA COMTESSE : Voilà ce qu'on appelle un excellent domestique! ils sont bien rares!

LE MARQUIS, *à Hortense* : Vous l'entendez. Comment voulez-vous que je m'y prenne avec cet opiniâtre? Quand je me fâcherais, il n'en sera ni plus ni moins. Il faut donc le chasser. *(A Lépine.)* Retire-toi.

HORTENSE : On se passera de lui. Allez toujours écrire; un de mes gens portera la lettre, ou quelqu'un du village.

Scène XV : Hortense, le Marquis,
la Comtesse, le Chevalier.

HORTENSE : Ah çà, vous allez faire votre billet; j'en vais écrire un qu'on laissera chez moi en passant.

LE MARQUIS : Oui-da; mais consultez-vous; si par hasard vous ne m'aimiez pas, tant pis; car j'y vais de bon jeu.

LE CHEVALIER, *à Hortense, à part* : Vous le poussez trop.

HORTENSE, *à part, au Chevalier* : Paix! *(Haut.)* Tout est consulté, Monsieur; adieu, Chevalier, vous voyez bien qu'il ne m'est pas permis de vous écouter.

LE CHEVALIER : Adieu, Mademoiselle; je vais me livrer à la douleur où vous me laissez.

8. Ici, *fournir la course* est employé dans le sens de : vivre jusqu'au bout.

Scène XVI : Le Marquis, la Comtesse.

LE MARQUIS, *consterné* : Je n'en reviens point ! C'est le diable qui m'en veut. Vous voulez que cette fille-là m'aime.

LA COMTESSE : Non ; mais elle est assez mutine [9] pour vous épouser. Croyez-moi, terminez avec elle.

LE MARQUIS : Si je lui offrais cent mille francs ? Mais ils ne sont pas prêts ; je ne les ai point.

LA COMTESSE : Que cela ne vous retienne pas ; je vous les prêterai, moi ; je les ai à Paris. Rappelez-les ; votre situation me fait de la peine. Courez, je les vois encore tous les deux.

LE MARQUIS : Je vous rends mille grâces. *(Il appelle.)* Madame ! Monsieur le Chevalier !

Scène XVII : Le Chevalier, Hortense,
le Marquis, la Comtesse.

LE MARQUIS : Voulez-vous bien revenir ? J'ai un petit mot à vous communiquer.

HORTENSE : De quoi s'agit-il donc ?

LE CHEVALIER : Vous me rappelez aussi ; dois-je en tirer un bon augure ?

HORTENSE : Je croyais que vous alliez écrire.

LE MARQUIS : Rien n'empêche. Mais c'est que j'ai une proposition à vous faire, et qui est tout à fait raisonnable.

HORTENSE : Une proposition, Monsieur le Marquis ? Vous m'avez donc trompée ? Votre amour n'est pas aussi vrai que vous me l'avez dit.

LE MARQUIS : Que diantre voulez-vous ? On prétend aussi que vous ne m'aimez point, cela me chicane.

HORTENSE : Je ne vous aime pas encore, mais je vous aimerai. Et puis, Monsieur, avec de la vertu, on se passe d'amour pour un mari.

LE MARQUIS : Oh ! je serais un mari qui ne s'en passerait pas, moi. Nous ne gagnerions, à nous marier, que le loisir de nous quereller à notre aise, et ce n'est pas là une partie de plaisir bien touchante ; ainsi, tenez, accommodons-nous plutôt. Partagez le différend en deux ; il y a deux cent mille francs sur le testament, prenez-en la moitié, quoique vous ne m'aimiez pas, et laissons là tous les notaires, tant vivants que morts.

LE CHEVALIER, *à part, à Hortense* : Je ne crains plus rien.

HORTENSE : Vous n'y pensez pas, Monsieur ; cent mille francs ne peuvent entrer en comparaison avec l'avantage de vous épouser, et vous ne vous évaluez pas ce que vous valez.

LE MARQUIS : Ma foi, je ne les vaux pas quand je suis de mauvaise humeur ; et je vous annonce que j'y serai toujours.

HORTENSE : Ma douceur naturelle me rassure.

LE MARQUIS : Vous ne voulez donc pas ? Allons notre chemin, vous serez mariée.

HORTENSE : C'est le plus court ; et je m'en retourne.

LE MARQUIS : Ne suis-je pas bien malheureux d'être

9. Opiniâtre, querelleuse, obstinée, têtue.

obligé de donner la moitié d'une pareille somme à une personne qui ne se soucie pas de moi ? Il n'y a qu'à plaider, Madame ; nous verrons un peu si on me condamnera à épouser une fille qui ne m'aime pas.

HORTENSE : Et moi, je dirai que je vous aime ; qui est-ce qui me prouvera le contraire, dès que je vous accepte ? je soutiendrai que c'est vous qui ne m'aimez pas, et qui même, me dit-on, en aime une autre.

LE MARQUIS : Du moins, en tout cas, ne la connaît-on point comme on connaît le Chevalier.

HORTENSE : Tout de même, Monsieur, je la connais, moi.

LA COMTESSE : Eh ! finissez, Monsieur, finissez. Ah ! l'odieuse contestation !

HORTENSE : Oui, finissons. Je vous épouserai, Monsieur ; il n'y a que cela à dire.

LE MARQUIS : Eh bien ! et moi aussi, Madame, et moi aussi.

HORTENSE : Épousez donc.

LE MARQUIS : Oui, parbleu ! j'en aurai le plaisir ; il faudra bien que l'amour vous vienne ; et pour début de mariage, je prétends, s'il vous plaît, que Monsieur le Chevalier ait la bonté d'être notre ami de très loin.

LE CHEVALIER, *à Hortense, à part* : Ceci ne vaut rien ; il se pique.

HORTENSE, *au Chevalier* : Taisez-vous. *(Au Marquis.)* Monsieur le Chevalier me connaît assez pour être persuadé qu'il ne me verra plus. Adieu, Monsieur ; je vais écrire mon billet, tenez le vôtre prêt ; ne perdons point de temps.

LA COMTESSE : Oh ! pour votre contrat, je vous certifie que vous irez le signer où il vous plaira, mais que ce ne sera pas chez moi. C'est s'égorger que se marier comme vous le faites ; et je ne prêterai jamais ma maison pour une si funeste cérémonie ; vos fureurs iront se passer ailleurs, si vous le trouvez bon.

HORTENSE : Eh bien ! Comtesse, la Marquise est votre voisine ; nous irons chez elle.

LE MARQUIS : Oui, si j'en suis d'avis ; car enfin, cela dépend de moi. Je ne connais point votre Marquise.

HORTENSE, *en s'en allant* : N'importe, vous y consentirez, Monsieur. Je vous quitte.

LE CHEVALIER, *en s'en allant* : A tout ce que je vois, mon espérance renaît un peu.

Scène XVIII : La Comtesse, le Marquis,
le Chevalier.

LA COMTESSE, *arrêtant le Chevalier* : Restez, Chevalier ; parlons un peu de ceci. Y eut-il jamais rien de pareil ? Qu'en pensez-vous, vous qui aimez Hortense, vous qu'elle aime ? Ce mariage ne vous fait-il pas trembler ? Moi qui ne suis pas son amant, il m'effraye.

LE CHEVALIER, *avec un effroi hypocrite* : C'est une chose affreuse ! il n'y a point d'exemple de cela.

LE MARQUIS : Je ne m'en soucie guère ; elle sera ma femme, mais en revanche je serai son mari, c'est ce qui me console : et ce sont plus ses affaires que les miennes. Aujourd'hui le contrat, demain la noce, et ce soir confinée dans son appartement ; pas plus de façon. Je suis piqué, je ne donnerais pas cela de plus.

LA COMTESSE : Pour moi, je serais d'avis qu'on les empêchât absolument de s'engager; et un notaire honnête homme, s'il était instruit, leur refuserait tout net son ministère. Je les enfermerais si j'étais la maîtresse. Hortense peut-elle se sacrifier à un aussi vil intérêt? Vous qui êtes né généreux, Chevalier, et qui avez du pouvoir sur elle, retenez-la; faites-lui, par pitié, entendre raison, si ce n'est par amour. Je suis sûre qu'elle ne marchande si vilainement qu'à cause de vous.

LE CHEVALIER, *à part* : Il n'y a plus de risque à tenir bon. *(Haut.)* Que voulez-vous que j'y fasse, Comtesse? Je n'y vois point de remède.

LA COMTESSE : Comment? que dites-vous? Il faut que j'aie mal entendu; car je vous estime.

LE CHEVALIER : Je dis que je ne puis rien là-dedans, et que c'est ma tendresse qui me défend de la résoudre à ce que vous souhaitez.

LA COMTESSE : Et par quel trait d'esprit me prouverez-vous la justesse de ce petit raisonnement-là?

LE CHEVALIER : Oui, Madame, je veux qu'elle soit heureuse. Si je l'épouse, elle ne le serait pas assez avec la fortune que j'ai; la douceur de notre union s'altérerait; je la verrais se repentir de m'avoir épousé, de n'avoir pas épousé Monsieur, et c'est à quoi je ne m'exposerai point.

LA COMTESSE : On ne peut vous répondre qu'en haussant les épaules. Est-ce vous qui me parlez, Chevalier?

LE CHEVALIER : Oui, Madame.

LA COMTESSE : Vous avez donc l'âme mercenaire aussi, mon petit cousin? Je ne m'étonne plus de l'inclination que vous avez l'un pour l'autre. Oui, vous êtes digne d'elle; vos cœurs sont bien assortis. Ah! l'horrible façon d'aimer!

LE CHEVALIER : Madame, la vraie tendresse ne raisonne pas autrement que la mienne.

LA COMTESSE : Ah! Monsieur, ne prononcez pas seulement le mot de tendresse, vous le profanez.

LE CHEVALIER : Mais...

LA COMTESSE : Vous me scandalisez, vous dis-je. Vous êtes mon parent malheureusement, mais je ne m'en vanterai point. N'avez-vous pas de honte? Vous parlez de votre fortune, je la connais; elle vous met fort en état de supporter le retranchement d'une aussi misérable somme que celle dont il s'agit, et qui ne peut jamais être que mal acquise. Ah! ciel! moi qui vous estimais! Quelle avarice sordide! Quel cœur sans sentiment! Et de pareils gens disent qu'ils aiment! Ah! le vilain amour! Vous pouvez vous retirer; je n'ai plus rien à vous dire.

LE MARQUIS, *brusquement* : Ni moi plus rien à craindre. Le billet va partir; vous avez encore trois heures à entretenir Hortense, après quoi j'espère qu'on ne vous verra plus.

LE CHEVALIER : Monsieur, le contrat signé, je pars. Pour vous, Comtesse, quand vous y penserez bien sérieusement, vous excuserez votre parent, et vous lui rendrez plus de justice.

Il sort.

LA COMTESSE : Ah! non; voilà qui est fini, je ne saurais le mépriser davantage.

Scène XIX : Le Marquis, la Comtesse.

LE MARQUIS : Eh bien! suis-je assez à plaindre?

LA COMTESSE : Eh! Monsieur, délivrez-vous d'elle, et donnez-lui les deux cent mille francs.

LE MARQUIS : Deux cent mille francs plutôt que de l'épouser! Non, parbleu! je n'irai pas m'incommoder jusque-là ; je ne pourrais pas les trouver sans me déranger [10].

LA COMTESSE, *négligemment* : Ne vous ai-je pas dit que j'ai justement la moitié de cette somme-là toute prête? A l'égard du reste, on tâchera de vous la faire.

LE MARQUIS : Eh! quand on emprunte, ne faut-il pas rendre? Si vous aviez voulu de moi, à la bonne heure; mais dès qu'il n'y a rien à faire, je retiens la demoiselle, elle serait trop chère à renvoyer.

LA COMTESSE : Trop chère! Prenez donc garde, vous parlez comme eux. Seriez-vous capable de sentiments si mesquins? Il vaudrait mieux qu'il vous en coûtât tout votre bien que de la retenir, puisque vous ne l'aimez pas, Monsieur.

LE MARQUIS : Eh! en aimerais-je une autre davantage? A l'exception de vous, toute femme m'est égale; brune, blonde, petite ou grande, tout cela revient au même, puisque je ne vous ai pas, que je ne puis vous avoir, et qu'il n'y a que vous que j'aimais.

LA COMTESSE : Voyez donc comment vous ferez; car enfin, est-ce une nécessité que je vous épouse à cause de la situation désagréable où vous êtes? En vérité, cela me paraît bien fort, Marquis.

LE MARQUIS : Oh! je ne dis pas que ce soit une nécessité; vous me faites plus ridicule que je ne le suis. Je sais que vous n'êtes obligée à rien. Ce n'est pas votre faute si je vous aime, et je ne prétends pas que vous m'aimiez; je ne vous en parle point non plus.

LA COMTESSE, *impatiente et d'un ton sérieux* : Vous faites fort bien, Monsieur; votre discrétion est tout à fait raisonnable; je m'y attendais; et vous avez tort de croire que je vous fais plus ridicule que vous ne l'êtes.

LE MARQUIS : Tout le mal qu'il y a, c'est que j'épouserai cette fille-ci avec un peu plus de peine que je n'en aurais eu sans vous. Voilà toute l'obligation que je vous ai. Adieu, Comtesse.

LA COMTESSE : Adieu, Marquis; vous vous en allez donc gaillardement comme cela, sans imaginer d'autre expédient que ce contrat extravagant!

LE MARQUIS : Eh! quel expédient! Je n'en savais qu'un qui n'a pas réussi, et je n'en sais plus. Je suis votre très humble serviteur.

LA COMTESSE : Bonsoir, Monsieur. Ne perdez point de temps en révérences, la chose presse.

Scène XX

LA COMTESSE, *seule* : Qu'on me dise en vertu de quoi cet homme-là s'est mis dans la tête que je ne l'aime point! Je suis quelquefois, par impatience, tentée de lui

---

10. On dit : *se déranger* pour dire : faire des dettes ou consentir des hypothèques.

dire que je l'aime, pour lui montrer qu'il n'est qu'un idiot. Il faut que je me satisfasse.

Scène XXI : Lépine, la Comtesse.

LÉPINE : Puis-je prendre la licence de m'approcher de Madame la Comtesse?

LA COMTESSE : Qu'as-tu à ma dire?

LÉPINE : De nous rendre réconciliés, Monsieur le Marquis et moi.

LA COMTESSE : Il est vrai qu'avec l'esprit tourné comme il l'a, il est homme à te punir de l'avoir bien servi.

LÉPINE : J'ai le contentement que vous avez approuvé mon refus de partir. Il vous a semblé que j'étais un serviteur excellent : Madame, ce sont les termes de la louange dont votre justice m'a gratifié.

LA COMTESSE : Oui, excellent; je le dis encore.

LÉPINE : C'est cependant mon excellence qui fait aujourd'hui que je chancelle dans mon poste. Tout estimé que je suis de la plus aimable Comtesse, elle verra qu'on me supprime.

LA COMTESSE : Non, non, il n'y a pas d'apparence. Je parlerai pour toi.

LÉPINE : Madame, enseignez à Monsieur le Marquis le mérite de mon procédé. Ce notaire me consternait; dans l'excès de mon zèle, je l'ai fait mort; je l'aurais enterré, sandis! le tout par affection, et néanmoins on me gronde! *(S'approchant de la Comtesse d'un air mystérieux.)* Je sais au demeurant que Monsieur le Marquis vous aime; Lisette le sait; nous l'avions même priée de vous en toucher deux mots pour exciter votre compassion, mais elle a craint la diminution de ses petits profits.

LA COMTESSE : Je n'entends pas ce que cela veut dire.

LÉPINE : Le voici au net. Elle prétend que votre état de veuve lui rapporte davantage que ne ferait votre état de femme en puissance d'époux; que vous lui êtes plus profitable, autrement dit, plus lucrative.

LA COMTESSE : Plus lucrative! C'était donc là le motif de ses refus? Lisette est une jolie petite personne!

LÉPINE : Cette prudence ne vous rit pas, elle vous répugne; votre belle âme de Comtesse s'en scandalise; mais tout le monde n'est pas comtesse : c'est une pensée de soubrette que je rapporte. Il faut excuser la servitude. Se fâche-t-on qu'une fourmi rampe? La médiocrité de l'état fait que les pensées sont médiocres. Lisette n'a point de bien; et c'est avec de petits sentiments qu'on en amasse.

LA COMTESSE : L'impertinente! La voici. Va, laissenous; je te raccommoderai avec ton maître; dis-lui que je le prie de me venir parler.

Scène XXII : Lisette, la Comtesse, Lépine.

LÉPINE, *à Lisette* : Mademoiselle, vous allez trouver le temps orageux; mais ce n'est qu'une gentillesse de ma façon pour obtenir votre cœur.

Il s'en va.

Scène XXIII : Lisette, la Comtesse.

LISETTE, *s'approchant de la Comtesse* : Que veut-il dire?

LA COMTESSE : Ah! c'est donc vous?

LISETTE : Oui, Madame; et la poste n'était point partie. Eh bien! que vous a dit le Marquis?

LA COMTESSE : Vous méritez bien que je l'épouse!

LISETTE : Je ne sais pas en quoi je le mérite; mais ce qu'il y a de certain, c'est que, toute réflexion faite, je venais pour vous le conseiller. *(A part.)* Il faut céder au torrent.

LA COMTESSE : Vous me surprenez. Et vos profits, que deviendront-ils?

LISETTE : Qu'est-ce que c'est que mes profits?

LA COMTESSE : Oui, vous ne gagneriez plus tant avec moi, si j'avais un mari, avez-vous dit à Lépine. Penserait-on que je serai peut-être obligée de me remarier, pour échapper à la fourberie et aux services intéressés de mes domestiques?

LISETTE : Ah! le coquin! il m'a donc tenu parole. Vous ne savez pas qu'il m'aime, Madame, que par là il a intérêt que vous épousiez son maître? et, comme j'ai refusé de vous parler en faveur du Marquis, Lépine a cru que je le desservais auprès de vous; il m'a dit que je m'en repentirais, et voilà comme il s'y prend. Mais, en bonne foi, me reconnaissez-vous au discours qu'il me fait tenir? Y a-t-il même du bon sens? M'en aimerez-vous moins quand vous serez mariée? En serez-vous moins bonne, moins généreuse?

LA COMTESSE : Je ne pense pas.

LISETTE : Surtout avec le Marquis, qui, de son côté, est le meilleur homme du monde. Ainsi, qu'est-ce que j'y perdrais? Au contraire, si j'aime tant mes profits, avec vos bienfaits, je pourrais encore espérer les siens.

LA COMTESSE : Sans difficulté.

LISETTE : Et enfin, je pense si différemment, que je venais actuellement, comme je vous l'ai dit, tâcher de vous porter au mariage en question, parce que je le juge nécessaire.

LA COMTESSE : Voilà qui est bien, je vous crois. Je ne savais pas que Lépine vous aimait; et cela change tout, c'est un article qui vous justifie.

LISETTE : Oui; mais on vous prévient bien aisément contre moi, Madame; vous ne rendez guère justice à mon attachement pour vous.

LA COMTESSE : Tu te trompes. Je sais ce que tu vaux, et je n'étais pas si prévenue que tu l'imagines. N'en parlons plus. Qu'est-ce que tu me voulais dire?

LISETTE : Que je songeais que le Marquis est un homme estimable.

LA COMTESSE : Sans contredit, je n'ai jamais pensé autrement.

LISETTE : Un homme en qui vous aurez l'agrément d'avoir un ami sûr, sans avoir de maître.

LA COMTESSE : Cela est encore vrai; ce n'est pas là ce que je dispute.

LISETTE : Vos affaires vous fatiguent.

LA COMTESSE : Plus que je ne puis dire; je les entends mal, et je suis une paresseuse.

LISETTE : Vous en avez des instants de mauvaise humeur qui nuisent à votre santé.

LA COMTESSE : Je n'ai connu mes migraines que depuis mon veuvage.

LISETTE : Procureurs, avocats, fermiers, le Marquis vous délivrerait de tous ces gens-là.

LA COMTESSE : Je t'avoue que tu as réfléchi là-dessus plus mûrement que moi. Jusqu'ici je n'ai point de raisons qui combattent les tiennes.

LISETTE : Savez-vous bien que c'est peut-être le seul homme qui vous convienne?

LA COMTESSE : Il faut donc que j'y rêve.

LISETTE : Vous ne vous sentez point de l'éloignement pour lui?

LA COMTESSE : Non, aucun. Je ne dis pas que je l'aime de ce qu'on appelle passion; mais je n'ai rien dans le cœur qui lui soit contraire.

LISETTE : Eh! n'est-ce pas assez, vraiment? De la passion! Si pour vous marier vous attendez qu'il vous en vienne, vous resterez toujours veuve; et, à proprement parler, ce n'est pas lui que je vous propose d'épouser, c'est son caractère.

LA COMTESSE : Qui est admirable, j'en conviens.

LISETTE : Et puis, voyez le service que vous lui rendrez chemin faisant, en rompant le triste mariage qu'il va conclure plus par désespoir que par intérêt!

LA COMTESSE : Oui, c'est une bonne action que je ferai; et rien de plus louable que d'en faire autant qu'on peut.

LISETTE : Surtout quand il n'en coûte rien au cœur.

LA COMTESSE : D'accord. On peut dire assurément que tu plaides bien pour lui. Tu me disposes on ne peut pas mieux; mais il n'aura pas l'esprit d'en profiter, mon enfant.

LISETTE : D'où vient donc? Ne vous a-t-il pas parlé de son amour?

LA COMTESSE : Oui, il m'a dit qu'il m'aimait, et mon premier mouvement a été d'en paraître étonnée; c'était bien le moins. Sais-tu ce qui est arrivé? Qu'il a pris mon étonnement pour de la colère. Il a commencé par établir que je ne pouvais le souffrir. En un mot, je le déteste, je suis furieuse contre son amour; voilà d'où il part; moyennant quoi je ne saurais le désabuser sans lui dire : « Monsieur, vous ne savez ce que vous dites. » Ce serait me jeter à sa tête; aussi n'en ferai-je rien.

LISETTE : Oh! c'est une autre affaire : vous avez raison; ce n'est point ce que je vous conseille non plus; et il n'y a qu'à le laisser là.

LA COMTESSE : Bon! tu veux que je l'épouse, tu veux que je le laisse là; tu te promènes d'une extrémité à l'autre. Eh! peut-être n'a-t-il pas tant de tort, et que c'est ma faute. Je lui réponds quelquefois avec aigreur.

LISETTE : J'y pensais : c'est ce que j'allais vous dire. Voulez-vous que j'en parle à Lépine, et que je lui insinue de l'encourager?

LA COMTESSE : Non, je te le défends, Lisette, à moins que je n'y sois pour rien.

LISETTE : Apparemment, ce n'est pas vous qui vous en avisez, c'est moi.

LA COMTESSE : En ce cas, je n'y prends point de part.

Si je l'épouse, c'est à toi qu'il en aura obligation; et je prétends qu'il le sache, afin qu'il t'en récompense.

LISETTE : Comme il vous plaira, Madame.

LA COMTESSE : A propos, cette robe brune qui me déplaît, l'as-tu prise? J'ai oublié de te dire que je te la donne.

LISETTE : Voyez comme votre mariage diminuera mes profits. Je vous quitte pour chercher Lépine... Mais ce n'est pas la peine : je vois le Marquis, et je vous laisse.

Scène XXIV : *Le Marquis, la Comtesse.*

LE MARQUIS, *à part, sans voir la Comtesse* : Voici cette lettre que je viens de faire pour le notaire; mais je ne sais pas si elle partira; je ne suis point d'accord avec moi-même. *(A la Comtesse.)* On dit que vous souhaitez me parler, Comtesse?

LA COMTESSE : Oui, c'est en faveur de Lépine. Il n'a voulu que vous rendre service; il craint que vous ne le congédiiez, et vous m'obligerez de le garder; c'est une grâce que vous ne me refuserez pas, puisque vous dites que vous m'aimez.

LE MARQUIS : Vraiment oui, je vous aime, et ne vous aimerai encore que trop longtemps.

LA COMTESSE : Je ne vous en empêche pas.

LE MARQUIS : Parbleu! je vous en défierais, puisque je ne saurais m'en empêcher moi-même.

LA COMTESSE, *riant* : Ah! ah! ah! Ce ton brusque me fait rire.

LE MARQUIS : Oh! oui, la chose est fort plaisante!

LA COMTESSE : Plus que vous ne pensez.

LE MARQUIS : Ma foi, je pense que je voudrais ne vous avoir jamais vue.

LA COMTESSE : Votre inclination s'explique avec des grâces infinies.

LE MARQUIS : Bon! des grâces! A quoi me serviraient-elles? N'a-t-il pas plu à votre cœur de me trouver haïssable?

LA COMTESSE : Que vous êtes impatient avec votre haine! Eh! quelles preuves avez-vous de la haine? Vous n'en avez que de ma patience à écouter la bizarrerie des discours que vous me tenez toujours. Vous ai-je jamais dit un mot de ce que vous m'avez fait dire, ni que vous me fâchiez, ni que je vous hais, ni que je vous raille? Toutes visions que vous prenez, je ne sais comment, dans votre tête, et que vous figurez venir de moi; visions que vous grossissez, que vous multipliez à chaque fois que vous me répondez, ou que vous croyez me répondre; car vous êtes d'une maladresse! Ce n'est pas non plus [11] à moi que vous répondez, qu'à qui ne vous parla jamais; et cependant Monsieur se plaint!

LE MARQUIS : C'est que Monsieur est un extravagant.

LA COMTESSE : C'est du moins le plus insupportable homme que je connaisse. Oui, vous pouvez être persuadé qu'il n'y a rien de si original que vos conversations avec moi, de si incroyable.

LE MARQUIS : Comme votre aversion m'accommode!

11. Frédéric Deloffre note qu'il s'agit là d'un emploi vieilli de *non plus* avec un verbe. Il faut donc lire : Ce n'est pas plus à moi...

LA COMTESSE : Vous allez voir. Tenez, vous dites que vous m'aimez, n'est-ce pas ? Je vous crois. Mais voyons ; que souhaiteriez-vous que je vous répondisse ?

LE MARQUIS : Ce que je souhaiterais ? Voilà qui est bien difficile à deviner ! Parbleu, vous le savez de reste.

LA COMTESSE : Eh bien ! ne l'ai-je pas dit ? Est-ce là me répondre ? Allez, Monsieur, je ne vous aimerai jamais, non, jamais.

LE MARQUIS : Tant pis, Madame, tant pis ; je vous prie de trouver bon que j'en sois fâché.

LA COMTESSE : Apprenez donc, lorsqu'on dit aux gens qu'on les aime, qu'il faut du moins leur demander ce qu'ils en pensent.

LE MARQUIS : Quelle chicane vous me faites !

LA COMTESSE : Je n'y saurais tenir. Adieu.

LE MARQUIS : Eh bien ! Madame, je vous aime ; qu'en pensez-vous ? Et, encore une fois, qu'en pensez-vous ?

LA COMTESSE : Ah ! Ce que j'en pense ? Que je le veux bien, Monsieur ; et, encore une fois, que je le veux bien ; car, si je ne m'y prenais pas de cette façon, nous ne finirions jamais.

LE MARQUIS : Ah ! vous le voulez bien ? Ah ! je respire ! Comtesse, donnez-moi votre main, que je la baise.

*Scène XXV : La Comtesse, le Marquis,
Hortense, le Chevalier,
Lisette, Lépine.*

HORTENSE : Votre billet est-il prêt, Marquis ? Mais vous baisez la main de la Comtesse, ce me semble ?

LE MARQUIS : Oui ; c'est pour la remercier du peu de regret que j'ai aux deux cent mille francs que je vous donne.

HORTENSE : Et moi, sans compliment, je vous remercie de vouloir bien les perdre.

LE CHEVALIER : Nous voilà donc contents. Que je vous embrasse, Marquis. *(A la Comtesse.)* Comtesse, voilà le dénouement que nous attendions.

LA COMTESSE, *en s'en allant* : Eh bien ! vous n'attendrez plus.

LISETTE, *à Lépine* : Maraud ! je crois en effet qu'il faudra que je t'épouse.

LÉPINE : Je l'avais entrepris [12].

---

12. *Entreprendre* a ici le sens de : prendre la résolution de faire quelque action, quelque ouvrage.

LES FAUSSES CONFIDENCES

Les Fausses Confidences *furent plutôt mal accueillies lors de leur création, sous le titre de* la Fausse Confidence, *par les Comédiens Italiens, le samedi 16 mars 1737.* « *Cette pièce, convient Dubuisson, était dans le véritable genre de la comédie* » *mais* « *elle péchait en beaucoup de points, et d'ailleurs c'était encore une* Surprise de l'amour ! » *Peut-être ce* « *très médiocre succès* » *était-il aussi imputable à l'interprétation : pour une fois, Marivaux n'est pas mieux servi par les Italiens que par les Comédiens Français.* La Fausse Confidence *ne restera donc pas longtemps à l'affiche de l'Hôtel de Bourgogne : dès le début d'avril, un autre spectacle lui succède.*

Mais la pièce se relève vite de ce mauvais départ. Reprise en juillet 1738 sous le titre, cette fois, des Fausses Confidences *(la Joie imprévue, une nouvelle comédie de Marivaux, complète le programme), elle est* « *généralement applaudie* » *selon le témoignage du* Mercure *de juillet 1738 qui précise :* « *Le public a rendu, à la reprise de cette ingénieuse pièce, la justice qu'elle mérite, ayant été représentée par les principaux acteurs dans la plus grande perfection.* »

Dès lors, les Fausses Confidences *figurent en bonne place au répertoire de l'Hôtel de Bourgogne. On en parle comme d'une* « *pièce excellente* » *(Gueullette) et les spectateurs la revoient toujours* « *avec un nouveau plaisir* » *(Desboulmiers).*

Pendant la Révolution, cette comédie est même jouée sur plusieurs théâtres. Et en 1793 les représentations qu'en donnent Mlle Contat et les Comédiens Français au Théâtre de la Nation établissent définitivement sa réputation : « *Le public (...) s'y est porté en foule (...). L'enthousiasme excité par le jeu des citoyennes Contat et Joly et des citoyens Fleury et Dazincourt a été porté à son comble (...). Le public a vu réellement pour la première fois une bonne représentation de cet ouvrage* » *(le* Journal de Paris). *Aussi les Comédiens Français choisissent-ils* les Fausses Confidences *pour faire, après la Terreur, leur rentrée solennelle, le 16 août 1794, avec Mlle Contat en Araminte. Le succès en fut tel que le spectacle dura huit heures.*

Les Fausses Confidences *demeureront donc au répertoire de la Comédie-Française et la plupart des grandes comédiennes de ce théâtre auront à cœur de s'illustrer dans le rôle d'Araminte, parfois même aux dépens du personnage. Ce fut sans doute le cas de Mlle Contat et surtout de Mlle Mars qui jouèrent Araminte* « *en conquérante* » *et non* « *en femme qu'on subjugue* » *(Geoffroy), au point que certains critiques en vinrent à préférer la* « *magi-*

cienne » - *entendons Mlle Mars - aux* « *mièvreries* » *de l'œuvre de Marivaux (F. Sarcey). La tradition d'une Araminte interprétée en* « *personne hautaine et impatiente* » *ne prendra fin qu'avec Mlle Madeleine Brohan.*

Maintenant les Fausses Confidences *totalisent près de six cents représentations à la Comédie-Française - ce qui les place au quatrième rang des œuvres de Marivaux les plus jouées dans ce théâtre, après* le Jeu de l'amour et du hasard, *l'Épreuve et le Legs. Parmi les interprètes récentes d'Araminte, il faut tout particulièrement signaler Annie Ducaux, titulaire du rôle depuis 1949.*

Toutefois la reprise la plus mémorable des Fausses Confidences *a été, ces derniers temps, celle qu'en a donnée la Compagnie Madeleine Renaud - Jean-Louis Barrault, depuis son premier spectacle au Théâtre Marigny en octobre 1946 jusqu'à la saison 1960-1961 où Madeleine Renaud fit ses adieux au rôle d'Araminte. Un tel spectacle demeure en effet, avec le* Triomphe de l'amour *du T. N. P., la* Seconde Surprise de l'amour *selon Roger Planchon et l'*Ile de la raison *par l'Équipe, un de ceux qui ont le plus contribué à la renaissance scénique de Marivaux aujourd'hui.*

On tient généralement les Fausses Confidences *- à égalité avec* le Jeu de l'amour et du hasard *- pour le chef-d'œuvre de Marivaux. Cette comédie a ainsi fait l'objet de longs et de nombreux commentaires. Ce qu'elle doit au* Chien du jardinier *de Lope de Vega, dont les Italiens avaient déjà tiré le canevas de la* Dame amoureuse par envie *jouée le 6 juillet 1716 à l'Hôtel de Bourgogne, a été maintes fois souligné. Comme ce qui la rapproche de la* Surprise de l'amour *et même du* Jeu de l'amour et du hasard *dont elle reprend bien des situations et des procédés (celui du déguisement, notamment).*

Mais on n'a pas toujours assez marqué que, dans les Fausses Confidences, *l'étude d'un milieu bourgeois où l'argent compte autant sinon plus que l'amour est poussée plus loin que dans aucune autre pièce de Marivaux. Le romancier du Paysan parvenu a apporté de l'eau au moulin du dramaturge. Et c'est bien là ce qui fait des* Fausses Confidences, *sinon le chef-d'œuvre de Marivaux (on peut leur préférer* la Double Inconstance *ou les* Serments indiscrets), *du moins son œuvre la plus complexe : une pièce où s'équilibrent la surprise de l'amour vécue par Araminte, la comédie sentimentale dont Dorante est le héros et cette implacable machination montée par Dubois où Louis Jouvet ne voyait rien de moins qu'un* « *spectacle éprouvant pour la dignité humaine* ».

ARAMINTE, *fille de Madame Argante*; DORANTE, *neveu de Monsieur Remy*; MONSIEUR REMY, *procureur* [1]; MADAME ARGANTE; ARLEQUIN [2], *valet d'Araminte*; DUBOIS, *ancien valet de Dorante*; MARTON, *suivante d'Araminte*; LE COMTE; UN DOMESTIQUE *parlant*; *Un garçon joaillier.*

LA SCÈNE SE PASSE CHEZ MADAME ARGANTE.

ACTE PREMIER

Scène I : Dorante, Arlequin.

ARLEQUIN, *introduisant Dorante* : Ayez la bonté, Monsieur, de vous asseoir un moment dans cette salle. Mademoiselle Marton est chez Madame et ne tardera pas à descendre.

DORANTE : Je vous suis obligé.

ARLEQUIN : Si vous voulez, je vous tiendrai compagnie, de peur que l'ennui ne vous prenne; nous discourrons en attendant.

DORANTE : Je vous remercie, ce n'est point la peine, ne vous détournez point.

ARLEQUIN : Voyez, Monsieur, n'en faites point de façon, nous avons ordre de Madame d'être honnête, et vous êtes témoin que je le suis.

DORANTE : Non, je vous dis, je serai bien aise d'être un moment seul.

ARLEQUIN : Excusez, Monsieur, et restez à votre fantaisie.

Scène II : Dorante, Dubois, entrant avec un air de mystère.

DORANTE : Ah! te voilà?

DUBOIS : Oui, je vous guettais.

DORANTE : J'ai cru que je ne pourrais me débarrasser d'un domestique qui m'a introduit ici et qui voulait absolument me désennuyer en restant. Dis-moi, Monsieur Remy n'est donc pas encore venu?

DUBOIS : Non; mais voici l'heure à peu près qu'il vous a dit qu'il arriverait. *(Il cherche et regarde.)* N'y a-t-il personne qui nous voie ensemble? Il est essentiel que les domestiques ici ne sachent pas que je vous connaisse.

DORANTE : Je ne vois personne.

DUBOIS : Vous n'avez rien dit de notre projet à Monsieur Remy, votre parent?

DORANTE : Pas le moindre mot. Il me présente de la meilleure foi du monde, en qualité d'intendant, à cette dame-ci dont je lui ai parlé, et dont il se trouve le procureur. Il ne sait point du tout que c'est toi qui m'as adressé à lui : il la prévint hier; il m'a dit que je me rendisse ce matin ici, qu'il me présenterait à elle, qu'il y serait avant

moi, ou que, s'il n'y était pas encore, je demandasse une mademoiselle Marton. Voilà tout, et je n'aurais garde de lui confier notre projet, non plus qu'à personne; il me paraît extravagant, à moi qui m'y prête. Je n'en suis pourtant pas moins sensible à ta bonne volonté, Dubois; tu m'as servi, je n'ai pu te garder, je n'ai pu même te bien récompenser de ton zèle; malgré cela, il t'est venu dans l'esprit de faire ma fortune : en vérité, il n'est point de reconnaissance que je ne te doive.

DUBOIS : Laissons cela, Monsieur; tenez, en un mot, je suis content de vous; vous êtes un excellent homme, un homme que j'aime; et si j'avais bien de l'argent, il serait encore à votre service.

DORANTE : Quand pourrai-je reconnaître tes sentiments pour moi? Ma fortune serait la tienne; mais je n'attends rien de notre entreprise, que la honte d'être renvoyé demain.

DUBOIS : Eh bien! vous vous en retournerez.

DORANTE : Cette femme-ci a un rang dans le monde; elle est liée avec tout ce qu'il y a de mieux, veuve d'un mari qui avait une grande charge dans les finances; et tu crois qu'elle fera quelque attention à moi, que je l'épouserai, moi qui ne suis rien, moi qui n'ai point de bien?

DUBOIS : Point de bien! votre bonne mine est un Pérou [3]. Tournez-vous un peu, que je vous considère encore; allons, Monsieur, vous vous moquez; il n'y a point de plus grand seigneur que vous à Paris; voilà une taille qui vaut toutes les dignités possibles, et notre affaire est infaillible; il me semble que je vous vois déjà en déshabillé dans l'appartement de Madame.

DORANTE : Quelle chimère!

DUBOIS : Oui, je le soutiens. Vous êtes actuellement dans votre salle et vos équipages sont sous la remise.

DORANTE : Elle a plus de cinquante mille livres [4] de rente, Dubois.

DUBOIS : Ah! vous en avez bien soixante, pour le moins.

DORANTE : Et tu me dis qu'elle est extrêmement raisonnable.

DUBOIS : Tant mieux pour vous, et tant pis pour elle. Si vous lui plaisez, elle en sera si honteuse, elle se débattra tant, elle deviendra si faible, qu'elle ne pourra se soutenir qu'en épousant; vous m'en direz des nouvelles. Vous l'avez vue et vous l'aimez!

DORANTE : Je l'aime avec passion; et c'est ce qui fait que je tremble.

DUBOIS : Oh! vous m'impatientez avec vos terreurs. Eh! que diantre! un peu de confiance; vous réussirez, vous dis-je. Je m'en charge, je le veux, je l'ai mis là [5]. Nous sommes convenus de toutes nos actions, toutes nos mesures sont prises; je connais l'humeur de ma maîtresse, je sais votre mérite, je sais mes talents, je vous conduis; et on vous aimera, toute raisonnable qu'on est; on vous épousera, toute fière qu'on est; et on vous enrichira, tout ruiné que vous êtes, entendez-vous? Fierté, raison et richesse, il faudra que tout se rende. Quand l'amour parle, il est le maître; et il parlera. Adieu, je vous quitte; j'entends quelqu'un, c'est peut-être Monsieur Remy; nous voilà embarqués, poursuivons. *(Il fait quelques pas et revient.)* A propos, tâchez que Marton prenne un peu de goût pour vous. L'amour et moi, nous ferons le reste.

Scène III : Monsieur Remy, Dorante.

MONSIEUR REMY : Bonjour, mon neveu, je suis bien aise de vous voir exact. Mademoiselle Marton va venir : on est allé l'avertir. La connaissez-vous ?

DORANTE : Non, Monsieur; pourquoi me le demandez-vous ?

MONSIEUR REMY : C'est qu'en venant ici, j'ai rêvé à une chose... Elle est jolie, au moins.

DORANTE : Je le crois.

MONSIEUR REMY : Et de fort bonne famille; c'est moi qui ai succédé à son père; il était fort ami du vôtre; homme un peu dérangé [6]; sa fille est restée sans bien. La dame d'ici a voulu l'avoir; elle l'aime, la traite bien moins en suivante qu'en amie, lui a fait beaucoup de bien, lui en fera encore, et a offert même de la marier. Marton a d'ailleurs une vieille parente asthmatique dont elle hérite, et qui est à son aise. Vous allez être tous deux dans la même maison; je suis d'avis que vous l'épousiez; qu'en dites-vous ?

DORANTE *sourit à part* : Eh!... mais je ne pensais pas à elle.

MONSIEUR REMY : Eh bien, je vous avertis d'y penser; tâchez de lui plaire; vous n'avez rien, mon neveu, je dis rien qu'un peu d'espérance; vous êtes mon héritier, mais je me porte bien, et je ferai durer cela le plus longtemps que je pourrai. Sans compter que je puis me marier; je n'en ai point d'envie, mais cette envie-là vient tout d'un coup, il y a tant de minois qui vous la donnent: avec une femme on a des enfants, c'est la coutume; auquel cas, serviteur au collatéral [7]. Ainsi, mon neveu, prenez toujours vos petites précautions, et vous mettez en état de vous passer de mon bien, que je vous destine aujourd'hui, et que je vous ôterai demain peut-être.

DORANTE : Vous avez raison, Monsieur, et c'est aussi à quoi je vais travailler.

MONSIEUR REMY : Je vous y exhorte. Voici Mademoiselle Marton; éloignez-vous de deux pas pour me donner le temps de lui demander comment elle vous trouve.

Dorante s'écarte un peu.

Scène IV : Monsieur Remy, Marton, Dorante.

MARTON : Je suis fâchée, Monsieur, de vous avoir fait attendre; mais j'avais affaire chez Madame.

MONSIEUR REMY : Il n'y a pas grand mal, Mademoiselle, j'arrive. Que pensez-vous de ce grand garçon-là ? *(Montrant Dorante.)*

---

6. Qui met peu d'ordre dans ses affaires.

7. On dit : *serviteur à...* pour signifier qu'il n'y a plus moyen de faire telle ou telle chose. Ici, Monsieur Remy signifie donc à Dorante que s'il se marie et a des enfants, son collatéral (Dorante) n'aura plus rien de son héritage.

MARTON, *riant* : Eh! par quelle raison, Monsieur Remy faut-il que je vous le dise ?

MONSIEUR REMY : C'est qu'il est mon neveu.

MARTON : Eh bien! ce neveu-là est bon à montrer; il ne dépare point la famille.

MONSIEUR REMY : Tout de bon? C'est de lui dont j'ai parlé à Madame pour intendant, et je suis charmé qu'il vous revienne : il vous a déjà vue une fois chez moi quand vous y êtes venue; vous en souvenez-vous?

MARTON : Non; je n'en ai point d'idée.

MONSIEUR REMY : On ne prend pas garde à tout. Savez-vous ce qu'il me dit la première fois qu'il vous vit? « Quelle est cette jolie fille-là ? » *(Marton sourit.)* Approchez, mon neveu. Mademoiselle, votre père et le sien s'aimaient beaucoup; pourquoi les enfants ne s'aimeraient-ils pas? En voilà un qui ne demande pas mieux; c'est un cœur qui se présente bien.

DORANTE, *embarrassé* : Il n'y a rien là de difficile à croire.

MONSIEUR REMY : Voyez comme il vous regarde! Vous ne feriez pas à une si mauvaise emplette.

MARTON : J'en suis persuadée; Monsieur prévient en sa faveur, et il faudra voir.

MONSIEUR REMY : Bon! bon! il faudra! Je ne m'en irai point que cela ne soit vu.

MARTON, *riant* : Je craindrais d'aller trop vite.

DORANTE : Vous importunez Mademoiselle, Monsieur.

MARTON : Je n'ai pourtant pas l'air si indocile.

MONSIEUR REMY, *joyeux* : Ah! je suis content, vous voilà d'accord. Oh çà, mes enfants *(il leur prend les mains à tous deux)*, je vous fiance, en attendant mieux. Je ne saurais rester; je reviendrai tantôt. Je vous laisse le soin de présenter votre futur à Madame. Adieu, ma nièce.

Il sort.

MARTON, *riant* : Adieu donc, mon oncle.

Scène V : Marton, Dorante.

MARTON : En vérité, tout ceci a l'air d'un songe. Comme Monsieur Remy expédie! Votre amour me paraît bien prompt, sera-t-il aussi durable ?

DORANTE : Autant l'un que l'autre, Mademoiselle.

MARTON : Il s'est trop hâté de partir. J'entends Madame qui vient et comme, grâce aux arrangements de Monsieur Remy, vos intérêts sont presque les miens, ayez la bonté d'aller un moment sur la terrasse, afin que je la prévienne.

DORANTE : Volontiers, Mademoiselle.

MARTON, *en le voyant sortir* : J'admire ce penchant dont on se prend tout d'un coup l'un pour l'autre.

Scène VI : Araminte, Marton.

ARAMINTE : Marton, quel est donc cet homme qui vient de me saluer si gracieusement, et qui passe sur la terrasse? Est-ce à vous qu'il en veut?

MARTON : Non, Madame, c'est à vous-même.

ARAMINTE, *d'un air assez vif* : Eh bien, qu'on le fasse venir; pourquoi s'en va-t-il?

MARTON : C'est qu'il a souhaité que je vous parlasse auparavant. C'est le neveu de Monsieur Remy, celui qu'il vous a proposé pour homme d'affaires.

ARAMINTE : Ah! c'est là lui! Il a vraiment très bonne façon.

MARTON : Il est généralement estimé; je le sais.

ARAMINTE : Je n'ai point de peine à le croire; il a tout l'air de le mériter. Mais, Marton, il a si bonne mine pour un intendant, que je me fais quelque scrupule de le prendre; n'en dira-t-on rien?

MARTON : Et que voulez-vous qu'on dise? Est-on obligé de n'avoir que des intendants mal faits?

ARAMINTE : Tu as raison. Dis-lui qu'il revienne. Il n'était pas nécessaire de me préparer à le recevoir. Dès que c'est Monsieur Remy qui me le donne, c'en est assez; je le prends.

MARTON, *comme s'en allant* : Vous ne sauriez mieux choisir. *(Et puis revenant.)* Etes-vous convenue du parti [8] que vous lui faites? Monsieur Remy m'a chargée de vous en parler.

ARAMINTE : Cela est inutile. Il n'y aura point de dispute là-dessus. Dès que c'est un honnête homme, il aura lieu d'être content. Appelle-le.

MARTON, *hésitant à partir* : On lui laissera ce petit appartement qui donne sur le jardin, n'est-ce pas?

ARAMINTE : Oui, comme il voudra; qu'il vienne.
Marton va dans la coulisse.

Scène VII : Dorante, Araminte, Marton.

MARTON : Monsieur Dorante, Madame vous attend.

ARAMINTE : Venez, Monsieur; je suis obligée à Monsieur Remy d'avoir songé à moi. Puisqu'il me donne son neveu, je ne doute pas que ce ne soit un présent qu'il me fasse. Un de mes amis me parla avant-hier d'un intendant qu'il doit m'envoyer aujourd'hui; mais je m'en tiens à vous.

DORANTE : J'espère, Madame, que mon zèle justifiera la préférence dont vous m'honorez, et que je vous supplie de me conserver. Rien ne m'affligerait tant à présent que de la perdre.

MARTON : Madame n'a pas deux paroles.

ARAMINTE : Non, Monsieur; c'est une affaire terminée; je renverrai tout. Vous êtes au fait des affaires apparemment; vous y avez travaillé?

DORANTE : Oui, Madame; mon père était avocat, et je pourrais l'être moi-même.

ARAMINTE : C'est-à-dire que vous êtes un homme de très bonne famille, et même au-dessus du parti que vous prenez.

DORANTE : Je ne sens rien qui m'humilie dans le parti que je prends, Madame. L'honneur de servir une dame comme vous n'est au-dessous de qui que ce soit, et je n'envierai la condition de personne.

ARAMINTE : Mes façons ne vous feront point changer de sentiment. Vous trouverez ici tous les égards que vous méritez; et si, dans la suite, il y avait occasion de vous rendre service, je ne la manquerai point.

8. Contrat, traité (selon Furetière).

MARTON : Voilà Madame : je la reconnais.

ARAMINTE : Il est vrai que je suis toujours fâchée de voir d'honnêtes gens sans fortune, tandis qu'une infinité de gens de rien, et sans mérite, en ont une éclatante. C'est une chose qui me blesse, surtout dans les personnes de son âge; car vous n'avez que trente ans tout au plus?

DORANTE : Pas tout à fait encore, Madame.

ARAMINTE : Ce qu'il y a de consolant pour vous, c'est que vous avez le temps de devenir heureux.

DORANTE : Je commence à l'être aujourd'hui, Madame.

ARAMINTE : On vous montrera l'appartement que je vous destine; s'il ne vous convient pas, il y en a d'autres, et vous choisirez. Il faut aussi quelqu'un qui vous serve et c'est à quoi je vais pourvoir. Qui lui donnerons-nous, Marton?

MARTON : Il n'y a qu'à prendre Arlequin, Madame. Je le vois à l'entrée de la salle et je vais l'appeler. Arlequin! parlez à Madame.

Scène VIII : Araminte, Dorante, Marton, Arlequin.

ARLEQUIN : Me voilà, Madame.

ARAMINTE : Arlequin, vous êtes à présent à Monsieur; vous le servirez, je vous donne à lui.

ARLEQUIN : Comment, Madame! vous me donnez à lui! Est-ce que je ne serai plus à moi? Ma personne ne m'appartiendra donc plus?

MARTON : Quel benêt!

ARAMINTE : J'entends qu'au lieu de me servir, ce sera lui que tu serviras.

ARLEQUIN, *comme pleurant* : Je ne sais pas pourquoi Madame me donne mon congé; je n'ai pas mérité ce traitement; je l'ai toujours servie à faire plaisir.

ARAMINTE : Je ne te donne point ton congé, je te payerai pour être à Monsieur.

ARLEQUIN : Je représente à Madame que cela ne serait pas juste : je ne donnerai pas ma peine d'un côté, pendant que l'argent me viendra d'un autre. Il faut que vous ayez mon service puisque j'aurai vos gages; autrement je friponnerais Madame.

ARAMINTE : Je désespère de lui faire entendre raison.

MARTON : Tu es bien sot! quand je t'envoie quelque part sur ce que je te dis : « Fais telle ou telle chose », n'obéis-tu pas?

ARLEQUIN : Toujours.

MARTON : Eh bien! ce sera Monsieur qui te le dira comme moi, et ce sera à la place de Madame et par son ordre.

ARLEQUIN : Ah! c'est une autre affaire. C'est Madame qui donnera ordre à Monsieur de souffrir mon service, que je lui prêterai par le commandement de Madame.

MARTON : Voilà ce que c'est.

ARLEQUIN : Vous voyez bien que cela méritait explication.

UN DOMESTIQUE *vient* : Voici votre marchande qui vous apporte des étoffes, Madame.

ARAMINTE : Je vais les voir et je reviendrai. Monsieur, j'ai à vous parler d'une affaire; ne vous éloignez pas.

Scène IX : Dorante, Marton, Arlequin.

ARLEQUIN : Oh çà, Monsieur, nous sommes donc l'un à l'autre, et vous avez le pas sur moi? je serai le valet qui sert; et vous le valet qui serez servi par ordre.

MARTON : Ce faquin avec ses comparaisons! Va-t'en.

ARLEQUIN : Un moment; avec votre permission, Monsieur, ne payerez-vous rien? Vous a-t-on donné ordre d'être servi gratis?

Dorante rit.

MARTON : Allons, laisse-nous. Madame te payera; n'est-ce pas assez?

ARLEQUIN : Pardi, Monsieur! je ne vous coûterai donc guère? On ne saurait avoir un valet à meilleur marché.

DORANTE : Arlequin a raison. Tiens, voilà d'avance ce que je te donne.

ARLEQUIN : Ah! voilà une action de maître. A votre aise le reste [9].

DORANTE : Va boire à ma santé.

ARLEQUIN, *s'en allant* : Oh! s'il ne faut que boire afin qu'elle soit bonne, tant que je vivrai, je vous la promets excellente. *(A part.)* Le gracieux camarade qui m'est venu là par hasard!

Scène X : Dorante, Marton, Madame Argante, *qui arrive un instant après.*

MARTON : Vous avez lieu d'être satisfait de l'accueil de Madame; elle paraît faire cas de vous, et tant mieux, nous n'y perdrons point. Mais voici Madame Argante; je vous avertis que c'est sa mère, et je devine à peu près ce qui l'amène.

MADAME ARGANTE, *femme brusque et vaine* : Eh bien, Marton, ma fille a un nouvel intendant que son procureur lui a donné, m'a-t-elle dit; j'en suis fâchée; cela n'est point obligeant pour Monsieur le Comte qui lui en avait retenu un; du moins devait-elle attendre et les voir tous deux. D'où vient préférer celui-ci? Quelle espèce d'homme est-ce?

MARTON : C'est Monsieur, Madame.

MADAME ARGANTE : Hé? c'est Monsieur! Je ne m'en serais pas doutée; il est bien jeune.

MARTON : A trente ans, on est en âge d'être intendant de maison, Madame.

MADAME ARGANTE : C'est selon. Etes-vous arrêté, Monsieur?

DORANTE : Oui, Madame.

MADAME ARGANTE : Et de chez qui sortez-vous?

DORANTE : De chez moi, Madame; je n'ai encore été chez personne.

MADAME ARGANTE : De chez vous! Vous allez donc faire ici votre apprentissage?

MARTON : Point du tout. Monsieur entend les affaires; il est fils d'un père extrêmement habile.

MADAME ARGANTE, *à Marton, à part* : Je n'ai pas grande opinion de cet homme-là. Est-ce là la figure d'un intendant? Il n'en a non plus l'air...

MARTON, *à part aussi* : L'air n'y fait rien. Je vous réponds de lui; c'est l'homme qu'il nous faut.

MADAME ARGANTE : Pourvu que Monsieur ne s'écarte pas des intentions que nous avons, il me sera indifférent que ce soit lui ou un autre.

DORANTE : Peut-on savoir ces intentions, Madame?

MADAME ARGANTE : Connaissez-vous Monsieur le Comte Dorimont? C'est un homme d'un beau nom. Ma fille et lui allaient avoir un procès ensemble au sujet d'une terre considérable; il ne s'agissait pas moins que de savoir à qui elle resterait, et on a songé à les marier pour empêcher qu'ils ne plaident. Ma fille est veuve d'un homme qui était fort considéré dans le monde et qui l'a laissée fort riche. Madame la Comtesse Dorimont aurait un rang si élevé, irait de pair avec des personnes d'une si grande distinction, qu'il me tarde de voir ce mariage conclu; et, je l'avoue, je serai charmée moi-même d'être la mère de Madame la Comtesse Dorimont, et de plus que cela peut-être; car Monsieur le Comte Dorimont est en passe d'aller à tout.

DORANTE : Les paroles sont-elles données de part et d'autre?

MADAME ARGANTE: Pas tout à fait encore, mais à peu près; ma fille n'en est pas éloignée. Elle souhaiterait seulement être bien instruite de l'état de l'affaire et savoir si elle n'a pas meilleur droit que Monsieur le Comte, afin que, si elle l'épouse, il lui en ait plus d'obligation. Mais j'ai quelquefois peur que ce ne soit une défaite [10]. Ma fille n'a qu'un défaut; c'est que je lui trouve pas assez d'élévation. Le beau nom de Dorimont et le rang de comtesse ne la touchent pas assez; elle ne sent pas le désagrément qu'il y a de n'être qu'une bourgeoise. Elle s'endort dans cet état, malgré le bien qu'elle a.

DORANTE, *doucement* : Peut-être n'en sera-t-elle pas plus heureuse, si elle en sort.

MADAME ARGANTE, *vivement* : Il ne s'agit pas de ce que vous en pensez. Gardez votre petite réflexion roturière; et servez-nous, si vous voulez être de nos amis.

MARTON : C'est un petit trait de morale qui ne gâte rien à notre affaire.

MADAME ARGANTE : Morale subalterne qui me déplaît.

DORANTE : De quoi est-il question, Madame?

MADAME ARGANTE : De dire à ma fille, quand vous aurez vu ses papiers, que son droit est le moins bon; que si elle plaidait, elle perdrait.

DORANTE : Si effectivement son droit est le plus faible, je ne manquerai pas de l'en avertir, Madame.

MADAME ARGANTE, *à part, à Marton* : Hum! quel esprit borné! *(A Dorante.)* Vous n'y êtes point; ce n'est pas là ce qu'on vous dit : on vous charge de lui parler ainsi, indépendamment de son droit bien ou mal fondé.

DORANTE : Mais, Madame, il n'y aurait point de probité à la tromper.

MADAME ARGANTE : De probité! J'en manque donc, moi? Quel raisonnement! C'est moi qui suis sa mère, et qui vous ordonne de la tromper à son avantage, entendez vous? c'est moi, moi.

---

9. Arlequin entend par là que Dorante peut lui donner le reste (d'argent) quand il le voudra.

10. *Défaite* est employé dans le sens de : excuse artificielle.

DORANTE : Il y aura toujours de la mauvaise foi de ma part.

MADAME ARGANTE, *à part, à Marton* : C'est un ignorant que cela, qu'il faut renvoyer. Adieu, Monsieur l'homme d'affaires, qui n'avez fait celles de personne. *Elle sort.*

Scène XI : Dorante, Marton.

DORANTE : Cette mère-là ne ressemble guère à sa fille.

MARTON : Oui, il y a quelque différence, et je suis fâchée de n'avoir pas eu le temps de vous prévenir sur son humeur brusque. Elle est extrêmement entêtée de ce mariage, comme vous voyez. Au surplus, que vous importe ce que vous direz à la fille, dès que la mère sera votre garant? Vous n'aurez rien à vous reprocher, ce me semble; ce ne sera pas là une tromperie.

DORANTE : Eh! vous m'excuserez : ce sera toujours l'engager à prendre un parti qu'elle ne prendrait peut-être pas sans cela. Puisque l'on veut que j'aide à l'y déterminer, elle y résiste donc?

MARTON : C'est par indolence.

DORANTE : Croyez-moi, disons la vérité.

MARTON : Oh çà, il y a une petite raison, à laquelle vous devez vous rendre; c'est que Monsieur le Comte me fait présent de mille écus [11] le jour de la signature du contrat; et cet argent-là, suivant le projet de Monsieur Remy, vous regarde aussi bien que moi, comme vous voyez.

DORANTE : Tenez, Mademoiselle Marton, vous êtes la plus aimable fille du monde; mais ce n'est que faute de réflexion que ces mille écus vous tentent.

MARTON : Au contraire, c'est par réflexion qu'ils me tentent. Plus j'y rêve, et plus je les trouve bons.

DORANTE : Mais vous aimez votre maîtresse; et si elle n'était pas heureuse avec cet homme-là, ne vous reprocheriez-vous pas d'y avoir contribué pour une si misérable somme?

MARTON : Ma foi, vous avez beau dire; d'ailleurs, le Comte est un honnête homme et je n'y entends point finesse. Voilà Madame qui revient; elle a à vous parler. Je me retire; méditez sur cette somme, vous la goûterez aussi bien que moi.
Elle sort.

DORANTE : Je ne suis pas si fâché de la tromper.

Scène XII : Araminte, Dorante.

ARAMINTE : Vous avez donc vu ma mère?

DORANTE : Oui, Madame, il n'y a qu'un moment.

ARAMINTE : Elle me l'a dit, et voudrait bien que j'en eusse pris un autre que vous.

DORANTE : Il me l'a paru.

ARAMINTE : Oui; mais ne vous embarrassez point; vous me convenez.

DORANTE : Je n'ai point d'autre ambition.

ARAMINTE : Parlons de ce que j'ai à vous dire; mais que ceci soit secret entre nous, je vous prie.

DORANTE : Je me trahirais plutôt moi-même.

11. 3 000 livres soit environ 5 100 de nos francs actuels.

ARAMINTE : Je n'hésite point non plus à vous donner ma confiance. Voici ce que c'est : on veut me marier avec Monsieur le Comte Dorimont pour éviter un grand procès que nous aurions ensemble au sujet d'une terre que je possède.

DORANTE : Je le sais, Madame; et j'ai le malheur d'avoir déplu tout à l'heure là-dessus à Madame Argante.

ARAMINTE : Eh! d'où vient?

DORANTE : C'est que si, dans votre procès, vous avez le bon droit de votre côté, on souhaite que je vous dise le contraire, afin de vous engager plus vite à ce mariage; et j'ai prié qu'on m'en dispensât.

ARAMINTE : Que ma mère est frivole! Votre fidélité ne me surprend point; j'y comptais. Faites toujours de même, et ne vous choquez point de ce que ma mère vous a dit. Je la désapprouve. A-t-elle tenu quelque discours désagréable?

DORANTE : Il n'importe, Madame; mon zèle et mon attachement en augmentent; voilà tout.

ARAMINTE : Et voilà pourquoi aussi je ne veux pas qu'on vous chagrine, et j'y mettrai bon ordre. Qu'est-ce que cela signifie? Je me fâcherai, si cela continue. Comment donc? Vous ne seriez pas en repos! On aura de mauvais procédés avec vous, parce que vous en avez d'estimables; cela serait plaisant!

DORANTE : Madame, par toute la reconnaissance que je vous dois, ne prenez point garde. Je suis confus de vos bontés, et je suis trop heureux d'avoir été querellé.

ARAMINTE : Je loue vos sentiments. Revenons à ce procès dont il est question : si je n'épouse point Monsieur le Comte...

Scène XIII : Dorante, Araminte, Dubois.

DUBOIS : Madame la Marquise se porte mieux, Madame *(il feint de voir Dorante avec surprise)*, et vous est fort obligée... fort obligée de votre attention.
Dorante feint de détourner la tête, pour se cacher de Dubois.

ARAMINTE : Voilà qui est bien.

DUBOIS, *regardant toujours Dorante* : Madame, on m'a chargé aussi de vous dire un mot qui presse.

ARAMINTE : De quoi s'agit-il?

DUBOIS : Il m'est recommandé de ne vous parler qu'en particulier.

ARAMINTE, *à Dorante* : Je n'ai point achevé ce que je voulais dire; laissez-moi, je vous prie, un moment, et revenez.

Scène XIV : Araminte, Dubois.

ARAMINTE : Qu'est-ce que c'est donc que cet air étonné que tu as marqué, ce me semble, en voyant Dorante? D'où vient cette attention à le regarder?

DUBOIS : Ce n'est rien, sinon que je ne saurais plus avoir l'honneur de servir Madame, et il faut que je lui demande mon congé.

ARAMINTE, *surprise* : Quoi! seulement pour avoir vu Dorante ici?

DUBOIS : Savez-vous à qui vous avez à faire?

ARAMINTE : Au neveu de Monsieur Remy, mon procureur.

DUBOIS : Eh! Par quel tour d'adresse est-il connu de Madame? comment a-t-il fait pour arriver jusqu'ici?

ARAMINTE : C'est Monsieur Remy qui me l'a envoyé pour intendant.

DUBOIS : Lui, votre intendant! Et c'est Monsieur Remy qui vous l'envoie? Hélas! le bon homme, il ne sait pas qui il vous donne; c'est un démon que ce garçon-là.

ARAMINTE : Mais que signifient tes exclamations? Explique-toi; est-ce que tu le connais?

DUBOIS : Si je le connais, Madame! si je le connais! Ah! vraiment oui; et il me connaît bien aussi. N'avez-vous pas vu comme il se détournait, de peur que je ne le visse?

ARAMINTE : Il est vrai, et tu me surprends à mon tour. Serait-il capable de quelque mauvaise action, que tu saches? Est-ce que ce n'est pas un honnête homme?

DUBOIS : Lui! il n'y a point de plus brave homme dans toute la terre, il a, peut-être, plus d'honneur à lui tout seul que cinquante honnêtes gens ensemble. Oh! c'est une probité merveilleuse; il n'a peut-être pas son pareil.

ARAMINTE : Eh! De quoi peut-il donc être question? D'où vient que tu m'alarmes? En vérité, j'en suis toute émue.

DUBOIS : Son défaut, c'est là. *(Il se touche le front.)* C'est à la tête que le mal lui tient.

ARAMINTE : A la tête?

DUBOIS : Oui; il est timbré, mais timbré comme cent.

ARAMINTE : Dorante! Il m'a paru de très bon sens. Quelle preuve as-tu de sa folie?

DUBOIS : Quelle preuve? il y a six mois qu'il est tombé fou; il y a six mois qu'il extravague d'amour, qu'il en a la cervelle brûlée, qu'il en est comme un perdu : je dois bien le savoir, car j'étais à lui, je le servais; et c'est qui m'a obligé de le quitter; et c'est ce qui me force de m'en aller encore; ôtez cela, c'est un homme incomparable.

ARAMINTE, *un peu boudant* : Oh bien! Il fera ce qu'il voudra, mais je ne le garderai pas. On a bien affaire d'un esprit renversé; et, peut-être encore, je gage, pour quelque objet qui n'en vaut pas la peine, car les hommes ont des fantaisies!...

DUBOIS : Ah! vous m'excuserez; pour ce qui est de l'objet, il n'y a rien à dire. Malepeste! sa folie est de bon goût.

ARAMINTE : N'importe, je veux le congédier. Est-ce que tu la connais, cette personne?

DUBOIS : J'ai l'honneur de la voir tous les jours; c'est vous, Madame.

ARAMINTE : Moi, dis-tu?

DUBOIS : Il vous adore; il y a six mois qu'il n'en vit point, qu'il donnerait sa vie pour avoir le plaisir de vous contempler un instant. Vous avez dû voir qu'il a l'air enchanté quand il vous parle.

ARAMINTE : Il y a bien en effet quelque petite chose qui m'a paru extraordinaire. Eh! juste ciel! le pauvre garçon, de quoi s'avise-t-il?

DUBOIS : Vous ne croiriez pas jusqu'où va sa démence; elle le ruine, elle lui coupe la gorge. Il est bien fait, d'une figure passable, bien élevé et de bonne famille; mais il n'est pas riche; et vous saurez qu'il n'a tenu qu'à lui d'épouser des femmes qui l'étaient, et de fort aimables, ma foi, qui offraient de lui faire sa fortune, et qui auraient mérité qu'on la leur fît à elles-mêmes. Il y en a une qui n'en saurait revenir, et qui le poursuit encore tous les jours; je le sais, car je l'ai rencontrée.

ARAMINTE, *avec négligence* : Actuellement?

DUBOIS : Oui, Madame, actuellement; une grande brune très piquante, et qu'il fuit. Il n'y a pas moyen, Monsieur refuse tout. « Je les tromperais, me disait-il; je ne puis les aimer, mon cœur est parti. » Ce qu'il disait quelquefois la larme à l'œil; car il sent bien son tort.

ARAMINTE : Cela est fâcheux; mais où m'a-t-il vue avant de venir chez moi, Dubois?

DUBOIS : Hélas! Madame, ce fut un jour que vous sortîtes de l'Opéra, qu'il perdit la raison. C'était un vendredi, je m'en ressouviens; oui, un vendredi; il vous vit descendre l'escalier, à ce qu'il me raconta, et vous suivit jusqu'à votre carrosse; il avait demandé votre nom, et je le trouvai qui était comme extasié; il ne remuait plus.

ARAMINTE : Quelle aventure!

DUBOIS : J'eus beau lui crier : « Monsieur! » Point de nouvelles, il n'y avait personne au logis [12]. A la fin, pourtant, il revint à lui avec un air égaré; je le jetai dans une voiture, et nous retournâmes à la maison. J'espérais que cela se passerait, car je l'aimais; c'est le meilleur maître! Point du tout, il n'y avait plus de ressource. Ce bon sens, cet esprit jovial, cette humeur charmante, vous aviez tout expédié; et dès le lendemain nous ne fîmes plus tous deux, lui, que rêver à vous, que vous aimer; moi, d'épier depuis le matin jusqu'au soir où vous alliez.

ARAMINTE : Tu m'étonnes à un point!...

DUBOIS : Je me fis même ami d'un de vos gens qui n'y est plus, un garçon fort exact, qui m'instruisait, et qui je payais bouteille. « C'est à la Comédie qu'on va », me disait-il; et je courais faire mon rapport, sur lequel, dès quatre heures [13], mon homme était à la porte. C'est chez Madame celle-ci, c'est chez Madame celle-là; et, sur cet avis, nous allions toute la soirée habiter la rue, vous déplaise, pour voir Madame entrer et sortir, lui dans un fiacre, et moi derrière, tous deux morfondus et gelés, car c'était dans l'hiver; lui ne s'en souciant guère, moi jurant par-ci par-là pour me soulager.

ARAMINTE : Est-il possible?

DUBOIS : Oui, Madame. A la fin, ce train de vie m'ennuya; ma santé s'altérait, la sienne aussi. Je lui fis accroire que vous étiez à la campagne; il le crut, et j'eus quelque repos; mais n'alla-t-il pas, deux jours après, vous rencontrer aux Tuileries, où il avait été s'attrister de votre absence! Au retour, il était furieux, il voulut me battre, tout bon qu'il est; moi, je ne le voulus point, et je le quittai. Mon bonheur ensuite m'a mis chez Madame, où, à force de se démener, je le trouve parvenu à votre intendance; ce qu'il ne troquerait pas contre la place de l'empereur.

---

12. On dit dans le style familier d'un homme qui est devenu imbécile ou hébété, qu'il n'y a plus personne au logis (Dict. de l'Acad.).

13. La Comédie et l'Opéra donnaient alors leurs représentations à cinq heures de l'après-midi.

ARAMINTE : Y a-t-il rien de si particulier? Je suis si lasse d'avoir des gens qui me trompent, que je me réjouissais de l'avoir, parce qu'il a de la probité; ce n'est pas que je sois fâchée, car je suis bien au-dessus de cela.

DUBOIS : Il y aura de la bonté à le renvoyer. Plus il voit Madame, plus il s'achève.

ARAMINTE : Vraiment, je le renverrais bien; mais ce n'est pas là ce qui le guérira. Je ne sais que dire à Monsieur Remy qui me l'a recommandé; et ceci m'embarrasse. Je ne vois pas trop comment m'en défaire honnêtement.

DUBOIS : Oui; mais vous ferez un incurable, Madame.

ARAMINTE, *vivement* : Oh! tant pis pour lui. Je suis dans des circonstances où je ne saurais me passer d'un intendant; et puis, il n'y a pas tant de risque que tu le crois. Au contraire, s'il y avait quelque chose qui pût ramener cet homme, c'est l'habitude de me voir plus qu'il n'a fait; ce serait même un service à lui rendre.

DUBOIS : Oui, c'est un remède bien innocent. Premièrement, il ne vous dira mot; jamais vous n'entendrez parler de son amour.

ARAMINTE : En es-tu bien sûr?

DUBOIS : Oh! il ne faut pas en avoir peur; il mourrait plutôt. Il a un respect, une adoration, une humilité pour vous, qui n'est pas concevable. Est-ce que vous croyez qu'il songe à être aimé? Nullement. Il dit que dans l'univers il n'y a personne qui le mérite; il ne veut que vous voir, vous considérer, regarder vos yeux, vos grâces, votre belle taille; et puis c'est tout; il me l'a dit mille fois.

ARAMINTE, *haussant les épaules* : Voilà qui est bien digne de compassion! Allons, je patienterai quelques jours, en attendant que j'en aie un autre; au surplus, ne crains rien; je suis contente de toi; je récompenserai ton zèle et je ne veux pas que tu me quittes, entends-tu, Dubois?

DUBOIS : Madame, je vous suis dévoué pour la vie.

ARAMINTE : J'aurai soin de toi; surtout, qu'il ne sache pas que je suis instruite; garde un profond secret; et que tout le monde, jusqu'à Marton, ignore ce que tu m'as dit; ce sont de ces choses qui ne doivent jamais percer.

DUBOIS : Je n'en ai jamais parlé qu'à Madame.

ARAMINTE : Le voici qui revient; va-t'en.

Scène XV : *Dorante, Araminte.*

ARAMINTE, *un moment seule* : La vérité est que voici une confidence dont je me serais bien passée moi-même.

DORANTE : Madame, je me rends à vos ordres.

ARAMINTE : Oui, Monsieur. De quoi vous parlais-je? Je l'ai oublié.

DORANTE : D'un procès avec Monsieur le Comte Dorimont.

ARAMINTE : Je me remets; je vous disais qu'on veut nous marier.

DORANTE : Oui, Madame; et vous alliez, je crois, ajouter que vous n'étiez pas portée à ce mariage.

ARAMINTE : Il est vrai. J'avais envie de vous charger d'examiner l'affaire afin de savoir si je ne risquerais rien à plaider; mais je crois devoir vous dispenser de ce travail; je ne suis pas sûre de pouvoir vous garder.

DORANTE : Ah! Madame, vous avez eu la bonté de me rassurer là-dessus.

ARAMINTE : Oui, mais je ne faisais pas réflexion que j'ai promis à Monsieur le Comte de prendre un intendant de sa main; vous voyez bien qu'il ne serait pas honnête de lui manquer de parole; et du moins faut-il que je parle à celui qu'il m'amènera.

DORANTE : Je ne suis pas heureux; rien ne me réussit, et j'aurai la douleur d'être renvoyé.

ARAMINTE, *par faiblesse* : Je ne dis pas cela; il n'y a rien de résolu là-dessus.

DORANTE : Ne me laissez point dans l'incertitude où je suis, Madame.

ARAMINTE : Eh mais! oui, je tâcherai que vous restiez; je tâcherai.

DORANTE : Vous m'ordonnez donc de vous rendre compte de l'affaire en question?

ARAMINTE : Attendons; si j'allais épouser le Comte, vous auriez pris une peine inutile.

DORANTE : Je croyais avoir entendu dire à Madame qu'elle n'avait point de penchant pour lui.

ARAMINTE : Pas encore.

DORANTE : Et d'ailleurs, votre situation est si tranquille et si douce!

ARAMINTE, *à part* : Je n'ai pas le courage de l'affliger... Eh bien! oui-da; examinez toujours, examinez. J'ai des papiers dans mon cabinet, je vais les chercher. Vous viendrez les prendre, et je vous les donnerai. (*En s'en allant.*) Je n'oserais presque le regarder.

Scène XVI : *Dorante, Dubois, venant d'un air mystérieux, et comme passant.*

DUBOIS : Marton vous cherche pour vous montrer l'appartement qu'on vous destine. Arlequin est allé boire; j'ai dit que j'allais vous avertir. Comment vous traite-t-on?

DORANTE : Qu'elle est aimable! Je suis enchanté! De quelle façon a-t-elle reçu ce que tu lui as dit?

DUBOIS, *comme en fuyant* : Elle opine tout doucement à vous garder par compassion; elle espère vous guérir par l'habitude de la voir.

DORANTE, *charmé* : Sincèrement?

DUBOIS : Elle n'en réchappera point; c'est autant de pris [14]. Je m'en retourne.

DORANTE : Reste, au contraire; je crois que voici Marton. Dis-lui que Madame m'attend pour me remettre des papiers, et que j'irai la trouver dès que je les aurai.

DUBOIS : Partez; aussi bien ai-je un petit avis à donner à Marton. Il est bon de jeter dans tous les esprits les soupçons dont nous avons besoin.

Scène XVII : *Dubois, Marton.*

MARTON : Où est donc Dorante? Il me semble l'avoir vu avec toi.

DUBOIS, *brusquement* : Il dit que Madame l'attend

---

14. Frédéric Deloffre note que cette expression « ne signifie pas : c'est déjà cela de pris, mais : la prise est assurée ».

pour des papiers; il reviendra ensuite. Au reste, qu'est-il nécessaire qu'il voie cet appartement? S'il n'en voulait pas, il serait bien délicat. Pardi, je lui conseillerais...

MARTON : Ce ne sont pas là tes affaires; je suis les ordres de Madame.

DUBOIS : Madame est bonne et sage; mais prenez garde, ne trouvez-vous pas que ce petit galant-là fait les yeux doux?

MARTON : Il les fait comme il les a.

DUBOIS : Je me trompe fort, si je n'ai pas vu la mine de ce freluquet considérer, je ne sais où, celle de Madame.

MARTON : Eh bien, est-ce qu'on te fâche, quand on la trouve belle?

DUBOIS : Non; mais je me figure quelquefois qu'il n'est venu ici que pour la voir de plus près.

MARTON, *riant* : Ha! ha! quelle idée! Va, tu n'y entends rien; tu t'y connais mal.

DUBOIS, *riant* : Ha! ha! je suis donc bien sot!

MARTON, *riant en s'en allant* : Ha! ha! l'original avec ses observations!

DUBOIS, *seul* : Allez, allez, prenez toujours. J'aurai soin de vous les faire trouver meilleures. Allons faire jouer toutes nos batteries.

ACTE SECOND

Scène I : Araminte, Dorante.

DORANTE : Non, Madame, vous ne risquez rien; vous pouvez plaider en toute sûreté. J'ai même consulté plusieurs personnes, l'affaire est excellente; et si vous n'avez que le motif dont vous parlez pour épouser Monsieur le Comte, rien ne vous oblige à ce mariage.

ARAMINTE : Je l'affligerai beaucoup, et j'ai de la peine à m'y résoudre.

DORANTE : Il ne serait pas juste de vous sacrifier à la crainte de l'affliger.

ARAMINTE : Mais avez-vous bien examiné? Vous me disiez tantôt que mon état était doux et tranquille. N'aimeriez-vous pas mieux que j'y restasse? N'êtes-vous pas un peu trop prévenu contre le mariage, et par conséquent contre Monsieur le Comte?

DORANTE : Madame, j'aime mieux vos intérêts que les siens, et que ceux de qui ce soit au monde.

ARAMINTE : Je ne saurais y trouver à redire; en tout cas, si je l'épouse, et qu'il veuille en mettre un autre ici, à votre place, vous n'y perdrez point. Je vous promets de vous en trouver une meilleure.

DORANTE, *tristement* : Non, Madame; si j'ai le malheur de perdre celle-ci, je ne serai plus à personne; et apparemment que je la perdrai; je m'y attends.

ARAMINTE : Je crois pourtant que je plaiderai; nous verrons.

DORANTE : J'avais encore une petite chose à vous dire, Madame. Je viens d'apprendre que le concierge d'une de vos terres est mort. On pourrait y mettre un de vos gens, et j'ai songé à Dubois, que je remplacerai ici par un domestique dont je réponds.

ARAMINTE : Non, envoyez plutôt votre homme au châ-teau, et laissez-moi Dubois; c'est un garçon de confiance qui me sert bien et que je veux garder. A propos, il m'a dit, ce me semble, qu'il avait été à vous quelque temps?

DORANTE, *feignant un peu d'embarras* : Il est vrai, Madame; il est fidèle, mais peu exact. Rarement, au reste, ces gens-là parlent-ils bien de ceux qu'ils ont servis. Ne me nuirait-il point dans votre esprit?

ARAMINTE, *négligemment* : Celui-ci dit beaucoup de bien de vous, et voilà tout. Que veut Monsieur Remy?

Scène II : Araminte, Dorante, Monsieur Remy.

MONSIEUR REMY : Madame, je suis votre très humble serviteur. Je viens vous remercier de la bonté que vous avez eue de prendre mon neveu à ma recommandation.

ARAMINTE : Je n'ai pas hésité, comme vous l'avez vu.

MONSIEUR REMY : Je vous rends mille grâces. Ne m'aviez-vous pas dit qu'on vous en offrait un autre?

ARAMINTE : Oui, Monsieur.

MONSIEUR REMY : Tant mieux; car je viens vous demander celui-ci pour une affaire d'importance.

DORANTE, *d'un air de refus* : Et d'où vient, Monsieur?

MONSIEUR REMY : Patience!

ARAMINTE : Mais, Monsieur Remy, ceci est un peu vif; vous prenez assez mal votre temps, et j'ai refusé l'autre personne.

DORANTE : Pour moi, je ne sortirai jamais de chez Madame, qu'elle ne me congédie.

MONSIEUR REMY, *brusquement* : Vous ne savez ce que vous dites. Il faut pourtant sortir; vous allez voir. Tenez, Madame, jugez-en vous-même; voici de quoi il est question. C'est une dame de trente-cinq ans, qu'on dit jolie femme, estimable, et de quelque distinction; qui ne déclare pas son nom; qui dit que j'ai été son procureur; qui a quinze mille livres de rente [15] pour le moins, ce qu'elle prouvera; qui a vu Monsieur chez moi; qui lui a parlé, qui sait qu'il n'a point de bien, et qui offre de l'épouser sans délai; et la personne qui est venue chez moi de sa part doit revenir tantôt pour savoir la réponse, et vous mener tout de suite chez elle. Cela est-il net? Y a-t-il à consulter là-dessus? Dans deux heures il faut être au logis. Ai-je tort, Madame?

ARAMINTE, *froidement* : C'est à lui de répondre.

MONSIEUR REMY : Eh bien? A quoi pense-t-il donc? Viendrez-vous?

DORANTE : Non, Monsieur; je ne suis pas dans cette disposition-là.

MONSIEUR REMY : Hum! Quoi? Entendez-vous ce que je vous dis, qu'elle a quinze mille livres de rente, entendez-vous?

DORANTE : Oui, Monsieur; mais en eût-elle vingt fois davantage, je ne l'épouserais pas; nous ne serions heureux ni l'un ni l'autre : j'ai le cœur pris; j'aime ailleurs.

MONSIEUR REMY, *d'un ton railleur, et traînant ses mots* : J'ai le cœur pris! voilà qui est fâcheux! Ah! ah! le « cœur » est admirable! Je n'aurais jamais deviné la beauté des scrupules de ce cœur-là, qui veut qu'on reste

---

15. Soit environ 25 500 de nos francs actuels.

intendant de la maison d'autrui, pendant qu'on peut l'être de la sienne! Est-ce là votre dernier mot, berger fidèle?

DORANTE : Je ne saurais changer de sentiment, Monsieur.

MONSIEUR REMY : Oh! le sot cœur, mon neveu! Vous êtes un imbécile, un insensé; et je tiens celle que vous aimez pour une guenon, si elle n'est pas de mon sentiment; n'est-il pas vrai, Madame, et ne le trouvez-vous pas extravagant?

ARAMINTE, *doucement* : Ne le querellez point. Il paraît avoir tort, j'en conviens.

MONSIEUR REMY, *vivement* : Comment, Madame! il pourrait...

ARAMINTE : Dans sa façon de penser je l'excuse. Voyez pourtant, Dorante, tâchez de vaincre votre penchant, si vous le pouvez; je sais bien que cela est difficile.

DORANTE : Il n'y a pas moyen, Madame, mon amour m'est plus cher que ma vie.

MONSIEUR REMY, *d'un air étonné* : Ceux qui aiment les beaux sentiments doivent être contents : en voilà un des plus curieux qui se fassent. Vous trouvez donc cela raisonnable, Madame?

ARAMINTE : Je vous laisse, parlez-lui vous-même. *(A part.)* Il me touche tant, qu'il faut que je m'en aille.

Elle sort.

DORANTE, *à part* : Il ne croit pas si bien me servir.

Scène III : Dorante, Monsieur Remy, Marton.

MONSIEUR REMY, *regardant son neveu* : Dorante, sais-tu bien qu'il n'y a pas de fou aux Petites-Maisons [16] de ta force? *(Marton arrive.)* Venez, Mademoiselle Marton.

MARTON : Je viens d'apprendre que vous étiez ici.

MONSIEUR REMY : Dites-nous un peu votre sentiment; que pensez-vous de quelqu'un qui n'a point de bien, et qui refuse d'épouser une honnête et fort jolie femme, avec quinze mille livres de rente bien venants?

MARTON : Votre question est bien aisée à décider. Ce quelqu'un rêve.

MONSIEUR REMY, *montrant Dorante* : Voilà le rêveur; et pour excuse, il allègue son cœur que vous avez pris; mais comme apparemment il n'a pas encore emporté le vôtre, et que je vous crois encore à peu près dans tout votre bon sens, vu le peu de temps qu'il y a que vous le connaissez, je vous prie de m'aider à le rendre plus sage. Assurément vous êtes fort jolie; mais vous ne le disputerez point à un pareil établissement; il n'y a point de beaux yeux qui vaillent ce prix-là.

MARTON : Quoi! Monsieur Remy, c'est de Dorante que vous parlez? C'est pour se garder à moi qu'il refuse d'être riche?

MONSIEUR REMY : Tout juste; et vous êtes trop généreuse pour le souffrir?

MARTON, *avec un air de passion* : Vous vous trompez, Monsieur, je l'aime trop moi-même pour l'en empêcher et je suis enchantée. Ah! Dorante, que je vous estime! Je n'aurais pas cru que vous m'aimassiez tant.

16. Les *Petites-Maisons* sont l'hospice où l'on enfermait les fous.

MONSIEUR REMY : Courage! je ne fais que vous le montrer, et vous en êtes déjà coiffée! Pardi, le cœur d'une femme est bien étonnant! le feu y prend bien vite!

MARTON, *comme chagrine* : Eh! Monsieur, faut-il tant de bien pour être heureux? Madame, qui a de la bonté pour moi, suppléera en partie par sa générosité à ce qu'il me sacrifie. Que je vous ai obligation, Dorante!

DORANTE : Oh! non, Mademoiselle, aucune; vous n'avez point de gré à me savoir de ce que je fais; je me livre à mes sentiments, et ne regarde que moi là-dedans; vous ne me devez rien; je ne pense pas à votre reconnaissance.

MARTON : Vous me charmez; que de délicatesse! Il n'y a encore rien de si tendre que ce que vous me dites.

MONSIEUR REMY : Par ma foi! je ne m'y connais donc guère; car je le trouve bien plat. *(A Marton.)* Adieu, la belle enfant; je ne vous aurais, ma foi, pas évaluée ce qu'il vous achète. Serviteur, idiot; garde ta tendresse, et moi ma succession.

Il sort.

MARTON : Il est en colère; mais nous l'apaiserons.

DORANTE : Je l'espère. Quelqu'un vient.

MARTON : C'est le Comte, celui dont je vous ai parlé, et qui doit épouser Madame.

DORANTE : Je vous laisse donc; il pourrait me parler de son procès; vous savez ce que je vous ai dit là-dessus, et il est inutile que je le voie.

Scène IV : Le Comte, Marton.

LE COMTE : Bonjour, Marton.

MARTON : Vous voilà donc revenu, Monsieur?

LE COMTE : Oui. On m'a dit qu'Araminte se promenait dans le jardin; et je viens d'apprendre de sa mère une chose qui me chagrine. Il lui avais retenu un intendant qui devait aujourd'hui entrer chez elle; et cependant elle en a pris un autre, qui ne plaît point à la mère et dont nous n'avons rien à espérer.

MARTON : Nous n'en devons rien craindre non plus, Monsieur. Allez, ne vous inquiétez point; c'est un galant homme; et si la mère n'en est pas contente, c'est un peu de sa faute : elle a débuté tantôt par le brusquer d'une manière si outrée, l'a traité si mal, qu'il n'est point étonnant qu'elle ne l'ait point gagné. Imaginez-vous qu'elle l'a querellé de ce qu'il était bien fait.

LE COMTE : Ne serait-ce point lui que je viens de voir sortir d'avec vous?

MARTON : Lui-même.

LE COMTE : Il a bonne mine, en effet, et n'a pas trop l'air de ce qu'il est.

MARTON : Pardonnez-moi, Monsieur; car il est honnête homme.

LE COMTE : N'y aurait-il pas moyen de raccommoder cela? Araminte ne me hait pas, je pense; mais elle est lente à se déterminer, et, pour achever de la résoudre, il ne s'agirait plus que de lui dire que le sujet de notre discussion est douteux pour elle. Elle ne voudra pas soutenir l'embarras d'un procès. Parlons à cet intendant; s'il ne faut que de l'argent pour le mettre dans nos intérêts, je ne l'épargnerai pas.

MARTON : Oh! non! ce n'est point un homme à mener par là, c'est le garçon de France le plus désintéressé.

LE COMTE : Tant pis; ces gens-là ne sont bons à rien.

MARTON : Laissez-moi faire.

Scène V : Le Comte, Arlequin, Marton.

ARLEQUIN : Mademoiselle, voilà un homme qui en demande un autre; savez-vous qui c'est?

MARTON, *brusquement* : Et qui est cet autre? A quel homme en veut-il?

ARLEQUIN : Ma foi, je n'en sais rien; c'est de quoi je m'informe à vous.

MARTON : Fais-le entrer.

ARLEQUIN, *l'appelant dans la coulisse* : Hé! le garçon, venez ici dire votre affaire.

Il sort.

Scène VI : Le Comte, Marton, le garçon.

MARTON : Qui cherchez-vous?

LE GARÇON : Mademoiselle, je cherche un certain monsieur à qui j'ai à rendre un portrait avec une boîte qu'il nous a fait faire; il nous a dit qu'on ne la remît qu'à lui-même et qu'il viendrait la prendre; mais comme mon père est obligé de partir demain pour un petit voyage, il m'a envoyé pour la lui rendre, et on m'a dit que je saurais de ses nouvelles ici. Je le connais de vue, mais je ne sais pas son nom.

MARTON : N'est-ce pas vous, Monsieur le Comte?

LE COMTE : Non, sûrement.

LE GARÇON : Je n'ai point affaire à Monsieur, Mademoiselle, c'est une autre personne.

MARTON : Et chez qui vous a-t-on dit que vous le trouveriez?

LE GARÇON : Chez un procureur qui s'appelle Monsieur Remy.

LE COMTE : Ah! n'est-ce pas le procureur de Madame? montrez-nous la boîte.

LE GARÇON : Monsieur, cela m'est défendu; je n'ai ordre de la donner qu'à celui à qui elle est; le portrait de la dame est dedans.

LE COMTE : Le portrait d'une dame! Qu'est-ce que cela signifie? Serait-ce celui d'Araminte? Je vais tout à l'heure savoir ce qu'il en est.

Il sort.

Scène VII : Marton, le garçon.

MARTON : Vous avez mal fait de parler de ce portrait devant lui. Je sais qui vous cherchez; c'est le neveu de Monsieur Remy, de chez qui vous venez.

LE GARÇON : Je le crois aussi, Mademoiselle.

MARTON : Un grand homme, qui s'appelle Monsieur Dorante.

LE GARÇON : Il me semble que c'est son nom.

MARTON : Il me l'a dit; je suis dans sa confidence. Avez-vous remarqué le portrait?

LE GARÇON : Non; je n'ai pas pris garde à qui il ressemble.

MARTON : Eh bien, c'est de moi qu'il s'agit. Monsieur Dorante n'est pas ici, et ne reviendra pas sitôt. Vous n'avez qu'à me remettre la boîte; vous le pouvez en toute sûreté; vous lui ferez même plaisir. Vous voyez que je suis au fait.

LE GARÇON : C'est ce qui me paraît. La voilà, Mademoiselle. Ayez donc, je vous prie, le soin de la lui rendre quand il sera venu.

MARTON : Oh! je n'y manquerai pas.

LE GARÇON : Il y a encore une bagatelle qu'il doit dessus, mais je tâcherai de repasser tantôt; et, s'il n'y était pas, vous auriez la bonté d'achever de payer.

MARTON : Sans difficulté. Allez. *(A part.)* Voici Dorante. *(Au garçon.)* Retirez-vous vite.

Scène VIII : Marton, Dorante.

MARTON, *un moment seule et joyeuse* : Ce ne peut-être que mon portrait. Le charmant homme! Monsieur Remy avait raison de dire qu'il y avait quelque temps qu'il me connaissait.

DORANTE : Mademoiselle, n'avez-vous pas vu ici quelqu'un qui vient d'arriver? Arlequin croit que c'est moi qu'il demande.

MARTON, *le regardant avec tendresse* : Que vous êtes aimable, Dorante! je serais bien injuste de ne pas vous aimer. Allez, soyez en repos : l'ouvrier est venu, je lui ai parlé; j'ai la boîte, je la tiens.

DORANTE : J'ignore...

MARTON : Point de mystère; je la tiens, vous dis-je, et je ne m'en fâche pas. Je vous la rendrai quand je l'aurai vue. Retirez-vous; voici Madame avec sa mère et le Comte : c'est peut-être de cela qu'ils s'entretiennent. Laissez-moi les calmer là-dessus, et ne les attendez pas.

DORANTE, *en s'en allant, et riant* : Tout a réussi; elle prend le change à merveille.

Scène IX : Araminte, le Comte, Madame Argante, Marton.

ARAMINTE : Marton, qu'est-ce que c'est qu'un portrait dont Monsieur le Comte me parle, qu'on vient d'apporter ici à quelqu'un qu'on ne nomme pas, et qu'on soupçonne être le mien? Instruisez-moi de cette histoire-là.

MARTON, *d'un air rêveur* : Ce n'est rien, Madame; je vous dirai ce que c'est : je l'ai démêlé après que Monsieur le Comte a été parti; il n'a que faire de s'alarmer. Il n'y a rien là qui vous intéresse.

LE COMTE : Comment le savez-vous, Mademoiselle? vous n'avez point vu le portrait.

MARTON : N'importe; c'est tout comme si je l'avais vu. Je sais qui il regarde; n'en soyez point en peine.

LE COMTE : Ce qu'il y a de certain, c'est un portrait de femme; et c'est ici qu'on vient chercher la personne qui l'a fait faire, à qui on doit le rendre; et ce n'est pas moi.

MARTON : D'accord. Mais quand je vous dis que Madame n'y est pour rien, ni vous non plus.

ARAMINTE : Eh bien! si vous êtes instruite, dites-nous donc de quoi il est question; car je veux le savoir. On a des idées qui ne me plaisent point. Parlez.

MADAME ARGANTE : Oui, ceci a un air de mystère qui est désagréable. Il ne faut pourtant pas vous fâcher, ma fille. Monsieur le Comte vous aime, et un peu de jalousie, même injuste, ne messied pas à un amant.

LE COMTE : Je ne suis jaloux que de l'inconnu qui ose se donner le plaisir d'avoir le portrait de Madame.

ARAMINTE, *vivement* : Comme il vous plaira, Monsieur; mais j'ai entendu ce que vous vouliez dire, et je crains un peu ce caractère d'esprit-là. Eh bien, Marton?

MARTON : Eh bien, Madame, voilà bien du bruit! c'est mon portrait.

LE COMTE : Votre portrait?

MARTON : Oui, le mien. Eh! pourquoi non, s'il vous plaît? Il ne faut pas tant se récrier.

MADAME ARGANTE : Je suis assez comme Monsieur le Comte; la chose me paraît singulière.

MARTON : Ma foi, Madame, sans vanité, on en peint tous les jours, et des plus huppées, qui ne me valent pas.

ARAMINTE : Et qu'est-ce qui a fait cette dépense-là pour vous?

MARTON : Un très aimable homme qui m'aime, qui a de la délicatesse et des sentiments, et qui me recherche; et puisqu'il faut vous le nommer, c'est Dorante.

ARAMINTE : Mon intendant?

MARTON : Lui-même.

MADAME ARGANTE : Le fat, avec ses sentiments!

ARAMINTE, *brusquement* : Eh! vous nous trompez : depuis qu'il est ici, a-t-il eu le temps de vous faire peindre?

MARTON : Mais, ce n'est pas d'aujourd'hui qu'il me connaît.

ARAMINTE, *vivement* : Donnez donc.

MARTON : Je n'ai pas encore ouvert la boîte, mais c'est moi que vous y allez voir.

Araminte l'ouvre, tous regardent.

LE COMTE : Eh! je m'en doutais bien, c'est Madame.

MARTON : Madame!... Il est vrai, et me voilà bien loin de mon compte! *(A part.)* Dubois avait raison tantôt.

ARAMINTE, *à part* : Et moi, je vois clair. *(A Marton.)* Par quel hasard avez-vous cru que c'était vous?

MARTON : Ma foi, Madame, toute autre que moi s'y serait trompée. Monsieur Remy me dit que son neveu m'aime, qu'il veut nous marier ensemble; Dorante est présent, et ne dit point non; il refuse devant moi un très riche parti; l'oncle s'en prend à moi, que j'en suis cause. Ensuite vient un homme qui apporte ce portrait, qui vient chercher ici celui à qui il appartient; je l'interroge : à tout ce qu'il répond, je reconnais Dorante. C'est un portrait de femme; Dorante m'aime jusqu'à refuser sa fortune pour moi : je conclus donc que c'est moi qu'il a fait peindre. Ai-je eu tort? J'ai pourtant mal conclu. J'y renonce; tant d'honneur ne m'appartient point. Je crois voir toute l'étendue de ma méprise, et je me tais.

ARAMINTE : Ah! ce n'est pas là une chose bien difficile à deviner. Vous faites le fâché, l'étonné, Monsieur le Comte; il y a eu quelque malentendu dans les mesures que vous avez prises; mais vous ne m'abusez point; c'est à vous qu'on apportait le portrait. Un homme dont on ne sait pas le nom, qu'on vient chercher ici, c'est vous, Monsieur, c'est vous.

MARTON, *d'un air sérieux* : Je ne crois pas.

MADAME ARGANTE : Oui, oui, c'est Monsieur; à quoi bon vous en défendre? Dans les termes où vous en êtes avec ma fille, ce n'est pas là un si grand crime; allons, convenez-en.

LE COMTE, *froidement* : Non, Madame, ce n'est point moi, sur mon honneur. Je ne connais pas ce Monsieur Remy; comment aurait-on dit chez lui qu'on aurait de mes nouvelles ici? Cela ne se peut pas.

MADAME ARGANTE, *d'un air pensif* : Je ne faisais pas attention à cette circonstance.

ARAMINTE : Bon! qu'est-ce qu'une circonstance de plus ou de moins? Quoi qu'il en soit, je le garde; personne ne l'aura. Mais, quel bruit entennons-nous? Voyez ce que c'est, Marton.

Scène X : Araminte, le Comte, Madame Argante, Marton, Dubois, Arlequin.

ARLEQUIN, *en entrant* : Tu es un plaisant magot [17]!

MARTON : A qui en avez-vous donc, vous autres?

DUBOIS : Si je disais un mot, ton maître sortirait bien vite.

ARLEQUIN : Toi? Nous nous soucions de toi et de toute ta race de canaille comme de cela.

DUBOIS : Comme je te bâtonnerais, sans le respect de Madame!

ARLEQUIN : Arrive, arrive. La voilà, Madame.

ARAMINTE : Quel sujet avez-vous donc de quereller? De quoi s'agit-il?

MADAME ARGANTE : Approchez, Dubois. Apprenez-nous ce que c'est que ce mot que vous diriez contre Dorante; il serait bon de savoir ce que c'est.

ARLEQUIN : Prononce donc ce mot.

ARAMINTE : Tais-toi; laisse-le parler.

DUBOIS : Il y a une heure qu'il me dit mille invectives, Madame.

ARLEQUIN : Je soutiens les intérêts de mon maître, je tire des gages pour cela, et je ne souffrirai pas qu'un ostrogoth [18] menace mon maître d'un mot; j'en demande justice à Madame.

MADAME ARGANTE : Mais, encore une fois, sachons ce que veut dire Dubois par ce mot; c'est le plus pressé.

ARLEQUIN : Je le défie d'en dire seulement une lettre.

DUBOIS : C'est pour pure colère que j'ai fait cette menace, Madame; et voici la cause de la dispute. En arrangeant l'appartement de Monsieur Dorante, j'y ai vu par hasard un tableau où Madame est peinte, et j'ai cru qu'il fallait l'ôter, qu'il n'avait que faire là, qu'il n'était point décent qu'il y restât; de sorte que j'ai été pour le détacher; ce butor est venu pour m'en empêcher, et peu s'en est fallu que nous ne nous soyons battus.

ARLEQUIN : Sans doute; de quoi t'avises-tu d'ôter ce tableau qui est tout à fait gracieux, que mon maître considérait il n'y avait qu'un moment avec toute la satisfaction possible? Car je l'avais vu qui l'avait contemplé de tout son cœur, et il prend fantaisie à ce brutal de le priver

17. Homme fort laid de visage.
18. Homme qui ignore les usages.

d'une peinture qui réjouit cet honnête homme. Voyez la malice! Ote-lui quelque autre meuble, s'il en a trop, mais laisse-lui cette pièce, animal.

DUBOIS : Et moi, je te dis qu'on ne la laissera point, que je la détacherai moi-même, que tu en auras le démenti, et que Madame le voudra ainsi.

ARAMINTE : Eh! que m'importe? Il était bien nécessaire de faire ce bruit-là pour un vieux tableau qu'on a mis là par hasard, et qui y est resté. Laissez-nous. Cela vaut-il la peine qu'on en parle?

MADAME ARGANTE, *d'un ton aigre* : Vous m'excuserez, ma fille; ce n'est point là sa place, et il n'y a qu'à l'ôter. Votre intendant se passera bien de ses contemplations.

ARAMINTE, *souriant d'un air railleur* : Oh! vous avez raison : je ne pense pas qu'il les regrette. *(A Arlequin et à Dubois.)* Retirez-vous tous deux.

Scène XI : Araminte, le Comte, Madame Argante, Marton.

LE COMTE, *d'un ton railleur* : Ce qui est de sûr, c'est que cet homme d'affaires-là est de bon goût.

ARAMINTE, *ironiquement* : Oui, la réflexion est juste. Effectivement, il est fort extraordinaire qu'il ait jeté les yeux sur ce tableau!

MADAME ARGANTE : Cet homme-là ne m'a jamais plu un instant, ma fille; vous le savez, j'ai le coup d'œil assez bon, et je ne l'aime point. Croyez-moi, vous avez entendu la menace que Dubois a faite en parlant de lui; j'y reviens encore, il faut qu'il ait quelque chose à en dire. Interrogez-le; sachons ce que c'est. Je suis persuadée que ce petit monsieur-là ne vous convient point; nous le voyons tous; il n'y a que vous qui n'y prenez pas garde.

MARTON, *négligemment* : Pour moi, je n'en suis pas contente.

ARAMINTE, *riant ironiquement* : Qu'est-ce donc que vous voyez, et que je ne vois point? Je manque de pénétration; j'avoue que je m'y perds. Je ne vois pas le sujet de me défaire d'un homme qui m'est donné de bonne main, qui est un homme de quelque chose, qui me sert bien, et que trop bien, peut-être. Voilà ce qui n'échappe pas à ma pénétration, par exemple.

MADAME ARGANTE : Que vous êtes aveugle!

ARAMINTE, *d'un air souriant* : Pas tant; chacun a ses lumières. Je consens, au reste, d'écouter Dubois; le conseil est bon et je l'approuve. Allez, Marton, allez lui dire que je veux lui parler. S'il me donne des motifs raisonnables de renvoyer cet intendant assez hardi pour regarder un tableau, il ne restera pas longtemps chez moi; sans quoi, on aura la bonté de trouver bon que je le garde, en attendant qu'il me déplaise, à moi.

MADAME ARGANTE, *vivement* : Eh bien! il vous déplaira; je ne vous en dis pas davantage, en attendant de plus fortes preuves.

LE COMTE : Quant à moi, Madame, j'avoue que j'ai craint qu'il ne me servît mal auprès de vous, qu'il ne vous inspirât l'envie de plaider, et j'ai souhaité, par pure tendresse, qu'il vous en détournât. Il aura pourtant beau faire, je déclare que je renonce à tout procès avec vous, que je ne veux pour arbitres de notre discussion que vous

et vos gens d'affaires, et que j'aime mieux perdre tout que de rien disputer.

MADAME ARGANTE, *d'un ton décisif* : Mais où serait la dispute? Le mariage terminerait tout, et le vôtre est comme arrêté.

LE COMTE : Je garde le silence sur Dorante; je reviendrai simplement voir ce que vous pensez de lui; et si vous le congédiez, comme je le présume, il ne tiendra qu'à vous de prendre celui que je vous offrais et que je retiendrai encore quelque temps.

MADAME ARGANTE : Je ferai comme Monsieur; je ne vous parlerai plus de rien non plus; vous m'accuseriez de vision; et votre entêtement finira sans notre secours. Je compte beaucoup sur Dubois que voici et avec lequel nous vous laissons.

Scène XII : Dubois, Araminte.

DUBOIS : On m'a dit que vous vouliez me parler, Madame?

ARAMINTE : Viens ici; tu es bien imprudent, Dubois, bien indiscret. Moi qui ai si bonne opinion de toi, tu n'as guère d'attention pour ce que je te dis. Je t'avais recommandé de te taire sur le chapitre de Dorante; tu en sais les conséquences ridicules, et tu me l'avais promis : pourquoi donc avoir prise [19], sur ce misérable tableau, avec un sot qui fait un vacarme épouvantable et qui vient ici tenir des discours tout propres à donner des idées que je serais au désespoir qu'on eût?

DUBOIS : Ma foi! Madame, j'ai cru la chose sans conséquence, et je n'ai agi d'ailleurs que par un mouvement de respect et de zèle.

ARAMINTE, *d'un air vif* : Eh! laisse là ton zèle, ce n'est pas celui que je veux ni celui qu'il me faut; c'est de ton silence que j'ai besoin pour me tirer de l'embarras où je suis et où tu m'as jetée toi-même; car sans toi je ne saurais pas que cet homme-là m'aime et je n'aurais que faire d'y regarder de si près.

DUBOIS : J'ai bien senti que j'avais tort.

ARAMINTE : Passe encore pour la dispute; mais pourquoi s'écrier : « Si je disais un mot »? Y a-t-il rien de plus mal à toi?

DUBOIS : C'est encore une suite de ce zèle mal entendu.

ARAMINTE : Eh bien! tais-toi donc, tais-toi. Je voudrais pouvoir te faire oublier ce que tu m'as dit.

DUBOIS : Oh! je suis bien corrigé.

ARAMINTE : C'est ton étourderie qui me force actuellement de te parler, sous prétexte de t'interroger sur ce que tu sais de lui. Ma mère et Monsieur le Comte s'attendent que tu vas m'en apprendre des choses étonnantes; quel rapport leur ferai-je à présent?

DUBOIS : Ah! il n'y a rien de plus facile à raccommoder; ce rapport sera que des gens qui le connaissent m'ont dit que c'était un homme incapable de l'emploi qu'il a chez vous, quoiqu'il soit fort habile, au moins; ce n'est pas cela qui lui manque.

ARAMINTE : A la bonne heure! Mais il y aura un inconvénient. S'il en est incapable, on me dira de le renvoyer,

19. Avoir querelle.

et il n'est pas encore temps; j'y ai pensé depuis; la prudence ne le veut pas, et je suis obligée de prendre des biais, et d'aller tout doucement avec cette passion si excessive que tu dis qu'il a et qui éclaterait, peut-être, dans sa douleur. Me fierai-je à un désespéré? Ce n'est plus le besoin que j'ai de lui qui me retient; c'est moi que je ménage. *(Elle radoucit le ton.)* A moins que ce qu'a dit Marton ne soit vrai; auquel cas je n'aurais plus rien à craindre. Elle prétend qu'il l'avait déjà vue chez Monsieur Remy, et que le procureur a dit même devant lui qu'il l'aimait depuis longtemps et qu'il fallait qu'ils se mariassent; je le voudrais.

DUBOIS : Bagatelle! Dorante n'a vu Marton ni de près ni de loin; c'est le procureur qui a débité cette fable-là à Marton dans le dessein de les marier ensemble. « Et moi je n'ai pas osé l'en dédire, m'a dit Dorante, parce que j'aurais indisposé contre moi cette fille, qui a du crédit auprès de sa maîtresse, et qui a cru ensuite que c'était pour elle que je refusais les quinze mille livres de rente qu'on m'offrait. »

ARAMINTE, *négligemment* : Il t'a donc tout conté?

DUBOIS : Oui, il n'y a qu'un moment, dans le jardin, où il a voulu presque se jeter à mes genoux pour me conjurer de lui garder le secret sur sa passion et d'oublier l'emportement qu'il eut avec moi quand je le quittai. Je lui ai dit que je me tairais, mais que je ne prétendais pas rester dans la maison avec lui et qu'il fallait qu'il sortît; ce qui l'a jeté dans des gémissements, dans des pleurs, dans le plus triste état du monde.

ARAMINTE : Eh! tant pis; ne le tourmente point. Tu vois bien que j'ai raison de dire qu'il faut aller doucement avec cet esprit-là; tu le vois bien. J'augurais beaucoup de ce mariage avec Marton; je croyais qu'il m'oublierait; et point du tout, il n'est question de rien.

DUBOIS, *comme s'en allant* : Pure fable. Madame a-t-elle encore quelque chose à me dire?

ARAMINTE : Attends. Comment faire? Si, lorsqu'il me parle, il me mettait en droit de me plaindre de lui; mais il ne lui échappe rien; je ne sais de son amour que ce que tu m'en dis; et je ne suis pas assez fondée pour le renvoyer. Il est vrai qu'il me fâcherait, s'il parlait; mais il serait à propos qu'il me fâchât.

DUBOIS : Vraiment oui; Monsieur Dorante n'est point digne de Madame. S'il était dans une plus grande fortune, comme il n'y a rien à dire à ce qu'il est né, ce serait une autre affaire; mais il n'est riche qu'en mérite, et ce n'est pas assez.

ARAMINTE, *d'un ton triste* : Vraiment non; voilà les usages. Je ne sais pas comment je le traiterai; je n'en sais rien, je verrai.

DUBOIS : Eh bien! Madame a un si beau prétexte. Ce portrait que Marton a cru être le sien, à ce qu'elle m'a dit...

ARAMINTE : Eh! non, je ne saurais l'en accuser; c'est le Comte qui l'a fait faire.

DUBOIS : Point du tout, c'est de Dorante; je le sais de lui-même; et il y travaillait encore il n'y a que deux mois, lorsque je le quittai.

ARAMINTE : Va-t'en; il y a longtemps que je te parle. Si on me demande ce que tu m'as appris de lui, je dirai ce dont nous sommes convenus. Le voici; j'ai envie de lui tendre un piège.

DUBOIS : Oui, Madame. Il se déclarera peut-être, et tout de suite je lui dirais : « Sortez. »

ARAMINTE : Laisse-nous.

Scène XIII : Dorante, Araminte, Dubois.

DUBOIS, *sortant, et en passant auprès de Dorante, et rapidement* : Il m'est impossible de l'instruire; mais qu'il se découvre ou non, les choses ne peuvent aller que bien.

DORANTE : Je viens, Madame, vous demander votre protection. Je suis dans le chagrin et dans l'inquiétude. J'ai tout quitté pour avoir l'honneur d'être à vous, je vous suis plus attaché que je ne puis vous le dire; on ne saurait vous servir avec plus de fidélité ni de désintéressement; et cependant je ne suis pas sûr de rester. Tout le monde ici m'en veut, me persécute et conspire pour me faire sortir. J'en suis consterné; je tremble que vous ne cédiez à leur inimitié pour moi, et j'en serais dans la dernière affliction.

ARAMINTE, *d'un ton doux* : Tranquillisez-vous; vous ne dépendez point de ceux qui vous en veulent; ils ne vous ont fait aucun tort dans mon esprit, et tous leurs petits complots n'aboutiront à rien; je suis la maîtresse.

DORANTE, *d'un air inquiet* : Je n'ai que votre appui, Madame.

ARAMINTE : Il ne vous manquera pas. Mais je vous conseille une chose : ne leur paraissez pas si alarmé; vous leur feriez douter de votre capacité, et il leur semblerait que vous m'auriez beaucoup d'obligation de ce que je vous garde.

DORANTE : Ils ne se tromperaient pas, Madame; c'est une bonté qui me pénètre de reconnaissance.

ARAMINTE : A la bonne heure; mais il n'est pas nécessaire qu'ils le croient. Je vous sais bon gré de votre attachement et de votre fidélité; mais dissimulez-en une partie; c'est peut-être ce qui les indispose contre vous. Vous leur avez refusé de m'en faire accroire sur le chapitre du procès; conformez-vous à ce qu'ils exigent; regagnez-les par là, je vous le permets. L'événement leur persuadera que vous les avez bien servis : car, toute réflexion faite, je suis déterminée à épouser le Comte.

DORANTE, *d'un ton ému* : Déterminée, Madame?

ARAMINTE : Oui, tout à fait résolue. Le Comte croira que vous y avez contribué; je le lui dirai même, et je vous garantis que vous resterez ici; je vous le promets. *(A part.)* Il change de couleur.

DORANTE : Quelle différence pour moi, Madame!

ARAMINTE, *d'un air délibéré* : Il n'y en aura aucune; ne vous embarrassez pas, et écrivez le billet que je vais vous dicter; il y a tout ce qu'il faut sur cette table.

DORANTE : Eh! Pour qui, Madame?

ARAMINTE : Pour le Comte, qui est sorti d'ici extrêmement inquiet, et que je vais surprendre bien agréablement par le petit mot que vous allez lui écrire en mon nom. *(Dorante reste rêveur, et, par distraction, ne va point à la table.)* Eh! vous n'allez pas à la table? A quoi rêvez-vous?

DORANTE, *toujours distrait* : Oui, Madame.

ARAMINTE, *à part, pendant qu'il se place* : Il ne sait ce qu'il fait ; voyons si cela continuera.

DORANTE, *cherche du papier* : Ah ! Dubois m'a trompé.

ARAMINTE *poursuit* : Etes-vous prêt à écrire ?

DORANTE : Madame, je ne trouve point de papier.

ARAMINTE, *allant elle-même* : Vous n'en trouvez point ! En voilà devant vous.

DORANTE : Il est vrai.

ARAMINTE : Ecrivez. *Hâtez-vous de venir, Monsieur ; votre mariage est sûr...* Avez-vous écrit ?

DORANTE : Comment, Madame ?

ARAMINTE : Vous ne m'écoutez donc pas ? *Votre mariage est sûr ; Madame veut que je vous l'écrive, et vous attend pour vous le dire.* (A part.) Il souffre, mais il ne dit mot. Est-ce qu'il ne parlera pas ? *N'attribuez point cette résolution à la crainte que Madame pourrait avoir des suites d'un procès douteux.*

DORANTE : Je vous ai assuré que vous le gagneriez, Madame. Douteux ! il ne l'est point.

ARAMINTE : N'importe, achevez. *Non, Monsieur. Je suis chargé de sa part de vous assurer que la seule justice qu'elle rend à votre mérite la détermine.*

DORANTE, *à part* : Ciel ! je suis perdu. (Haut.) Mais, Madame, vous n'aviez aucune inclination pour lui.

ARAMINTE : Achevez, vous dis-je... *Qu'elle rend à votre mérite la détermine.* Je crois que la main vous tremble ; vous paraissez changé. Qu'est-ce que cela signifie ? Vous trouvez-vous mal ?

DORANTE : Je ne me trouve pas bien, Madame.

ARAMINTE : Quoi ! si subitement ? Cela est singulier. Pliez la lettre et mettez : *A Monsieur le Comte Dorimont.* Vous direz à Dubois qu'il la lui porte. (A part.) Le cœur me bat. (A Dorante.) Voilà qui est écrit tout de travers ! Cette adresse-là n'est presque pas lisible. (A part.) Il n'y a pas encore là de quoi le convaincre.

DORANTE, *à part* : Ne serait-ce point aussi pour m'éprouver ? Dubois ne m'a averti de rien.

Scène XIV : Araminte, Dorante, Marton.

MARTON : Je suis bien aise, Madame, de trouver Monsieur ici ; il vous confirmera tout de suite ce que j'ai à vous dire. Vous avez offert, en différentes occasions, de me marier, Madame, et jusqu'ici je ne me suis point trouvée disposée à profiter de vos bontés. Aujourd'hui Monsieur me recherche ; il vient même de refuser un parti infiniment plus riche, et le tout pour moi ; du moins me l'a-t-il laissé croire, et il est à propos qu'il s'explique ; mais comme je ne veux dépendre que de vous, c'est de vous aussi, Madame, qu'il faut qu'il m'obtienne. Ainsi, Monsieur, vous n'avez qu'à parler à Madame : si elle m'accorde à vous, vous n'aurez point de peine à m'obtenir de moi-même.

Scène XV : Dorante, Araminte.

ARAMINTE, *à part, émue* : Cette folle ! (Haut.) Je suis charmée de ce qu'elle vient de m'apprendre. Vous avez fait là un très bon choix ; c'est une fille aimable et d'un excellent caractère.

DORANTE, *d'un air abattu* : Hélas ! Madame, je ne songe point à elle.

ARAMINTE : Vous ne songez point à elle ! Elle dit que vous l'aimez, que vous l'aviez vue avant de venir ici.

DORANTE, *tristement* : C'est une erreur où Monsieur Remy l'a jetée sans me consulter ; et je n'ai point osé dire le contraire, dans la crainte de m'en faire une ennemie auprès de vous. Il en est de même de ce riche parti qu'elle croit que je refuse à cause d'elle ; et je n'ai nulle part à tout cela. Je suis hors d'état de donner mon cœur à personne ; je l'ai perdu pour jamais, et la plus brillante de toutes les fortunes ne me tenterait pas.

ARAMINTE : Vous avez tort : il fallait désabuser Marton.

DORANTE : Elle vous aurait, peut-être, empêchée de me recevoir ; et mon indifférence lui en dit assez.

ARAMINTE : Mais dans la situation où vous êtes, quel intérêt aviez-vous d'entrer dans ma maison et de la préférer à une autre ?

DORANTE : Je trouve plus de douceur à être chez vous, Madame.

ARAMINTE : Il y a quelque chose d'incompréhensible dans tout ceci ! Voyez-vous souvent la personne que vous aimez ?

DORANTE, *toujours abattu* : Pas souvent à mon gré, Madame ; et je la verrais à tout instant, que je ne croirais pas la voir assez.

ARAMINTE, *à part* : Il a des expressions d'une tendresse ! (Haut.) Est-elle fille ? A-t-elle été mariée ?

DORANTE : Madame, elle est veuve.

ARAMINTE : Et ne devez-vous pas l'épouser ? Elle vous aime, sans doute ?

DORANTE : Hélas ! Madame, elle ne sait pas seulement que je l'adore. Excusez l'emportement du terme dont je me sers ; je ne saurais presque parler d'elle qu'avec transport.

ARAMINTE : Je ne vous interroge que par étonnement. Elle ignore que vous l'aimez, dites-vous, et vous lui sacrifiez votre fortune ? Voilà de l'incroyable. Comment, avec tant d'amour, avez-vous pu vous taire ? On essaye de se faire aimer, ce me semble ; cela est naturel et pardonnable.

DORANTE : Me préserve le ciel d'oser concevoir la plus légère espérance ! Etre aimé, moi ! Non, Madame ; son état est bien au-dessus du mien ; mon respect me condamne au silence ; et je mourrai du moins sans avoir eu le malheur de lui déplaire.

ARAMINTE : Je n'imagine point de femme qui mérite d'inspirer une passion si étonnante ; je n'en imagine point. Elle est donc au-dessus de toute comparaison ?

DORANTE : Dispensez-moi de la louer, Madame ; je m'égarerais en la peignant. On ne connaît rien de si beau ni de si aimable qu'elle, et jamais elle ne me parle ou ne me regarde que mon amour n'en augmente.

ARAMINTE *baisse les yeux et continue* : Mais votre conduite blesse la raison. Que prétendez-vous, avec cet amour pour une personne qui ne saura jamais que vous l'aimez ? Cela est bien bizarre. Que prétendez-vous ?

DORANTE : Le plaisir de la voir quelquefois, et d'être avec elle, est tout ce que je me propose.

ARAMINTE : Avec elle ! Oubliez-vous que vous êtes ici ?

DORANTE : Je veux dire avec son portrait, quand je ne la vois point.

ARAMINTE : Son portrait ? Est-ce que vous l'avez fait faire ?

DORANTE : Non, Madame, mais j'ai, par amusement, appris à peindre ; et je l'ai peinte moi-même ; je me serais privé de son portrait si je n'avais pu l'avoir que par le secours d'un autre.

ARAMINTE, *à part* : Il faut le pousser à bout. *(Haut.)* Montrez-moi ce portrait.

DORANTE : Daignez m'en dispenser, Madame ; quoique mon amour soit sans espérance, je n'en dois pas moins un secret inviolable à l'objet aimé.

ARAMINTE : Il m'en est tombé un par hasard entre les mains ; on l'a trouvé ici. *(Montrant la boîte.)* Voyez si ce ne serait point celui dont il s'agit.

DORANTE : Cela ne se peut pas.

ARAMINTE, *ouvrant la boîte* : Il est vrai que la chose serait assez extraordinaire ; examinez.

DORANTE : Ah ! Madame, songez que j'aurais perdu mille fois la vie avant d'avouer ce que le hasard vous découvre. Comment pourrai-je expier ?...

Il se jette à ses genoux.

ARAMINTE : Dorante, je ne me fâcherai point. Votre égarement me fait pitié ; revenez-en, je vous le pardonne.

MARTON *paraît et s'enfuit* : Ah !

Dorante se lève vite.

ARAMINTE : Ah, ciel ! c'est Marton ! Elle vous a vu.

DORANTE, *feignant d'être déconcerté* : Non, Madame, non ; je ne crois pas ; elle n'est point entrée.

ARAMINTE : Elle vous a vu, vous dis-je. Laissez-moi ; allez-vous-en ; vous m'êtes insupportable. Rendez-moi ma lettre. *(Quand il est parti.)* Voilà pourtant ce que c'est que de l'avoir gardé !

Scène XVI : Araminte, Dubois.

DUBOIS : Dorante s'est-il déclaré, Madame ? Et est-il nécessaire que je lui parle ?

ARAMINTE : Non, il ne m'a rien dit. Je n'ai rien vu d'approchant à ce que tu m'as conté ; et qu'il n'en soit plus question ; ne t'en mêle plus.

Elle sort.

DUBOIS : Voici l'affaire dans sa crise.

Scène XVII : Dubois, Dorante.

DORANTE : Ah ! Dubois.

DUBOIS : Retirez-vous.

DORANTE : Je ne sais qu'augurer de la conversation que je viens d'avoir avec elle.

DUBOIS : A quoi songez-vous ? Elle n'est qu'à deux pas : voulez-vous tout perdre ?

DORANTE : Il faut que tu m'éclaircisses...

DUBOIS : Allez dans le jardin.

DORANTE : D'un doute...

DUBOIS : Dans le jardin, vous dis-je ; je vais m'y rendre.

DORANTE : Mais...

DUBOIS : Je ne vous écoute plus.

DORANTE : Je crains plus que jamais.

ACTE TROISIÈME

Scène I : Dorante, Dubois.

DUBOIS : Non, vous-dis-je ; ne perdons point de temps. La lettre est-elle prête ?

DORANTE, *la lui montrant* : Oui, la voilà ; et j'ai mis dessus : rue du Figuier.

DUBOIS : Vous êtes bien assuré qu'Arlequin ne sait pas ce quartier-là ?

DORANTE : Il m'a dit que non.

DUBOIS : Lui avez-vous bien recommandé de s'adresser à Marton ou à moi pour savoir ce que c'est ?

DORANTE : Sans doute, et je le lui recommanderai encore.

DUBOIS : Allez donc la lui donner ; je me charge du reste auprès de Marton que je vais trouver.

DORANTE : Je t'avoue que j'hésite un peu ; n'allons-nous pas trop vite avec Araminte ? Dans l'agitation des mouvements où elle est, veux-tu encore lui donner l'embarras de voir subitement éclater l'aventure ?

DUBOIS : Oh ! oui, point de quartier : il faut l'achever pendant qu'elle est étourdie. Elle ne sait plus ce qu'elle fait. Ne voyez-vous pas bien qu'elle triche avec moi, qu'elle me fait accroire que vous ne lui avez rien dit ? Ah ! je lui apprendrai à vouloir me souffler mon emploi de confident pour vous aimer en fraude.

DORANTE : Que j'ai souffert dans ce dernier entretien ! Puisque tu savais qu'elle voulait me faire déclarer, que ne m'en avertissais-tu par quelques signes ?

DUBOIS : Cela aurait été joli, ma foi ! elle ne s'en serait point aperçue, n'est-ce pas ? et d'ailleurs, votre douleur n'en a paru que plus vraie. Vous repentez-vous de l'effet qu'elle a produit ? Monsieur a souffert ? Parbleu ! il me semble que cette aventure-ci mérite un peu d'inquiétude.

DORANTE : Sais-tu bien ce qui arrivera ? Qu'elle prendra son parti, et qu'elle me renverra tout d'un coup.

DUBOIS : Je lui en défie, il est trop tard ; l'heure du courage est passée, il faut qu'elle nous épouse.

DORANTE : Prends-y garde ; tu vois que sa mère la fatigue.

DUBOIS : Je serais bien fâché qu'elle la laissât en repos.

DORANTE : Elle est confuse de ce que Marton m'a surpris à ses genoux.

DUBOIS : Ah ! vraiment, des confusions ! Elle n'y est pas ; elle va en essuyer bien d'autres ! C'est moi qui, voyant le train que prenait la conversation, ait fait venir Marton une seconde fois.

DORANTE : Araminte pourtant m'a dit que je lui étais insupportable.

DUBOIS : Elle a raison. Voulez-vous qu'elle soit de bonne humeur avec un homme qu'il faut qu'elle aime en dépit d'elle ? Cela est-il agréable ? Vous vous emparez de son bien, de son cœur ; et cette femme ne criera pas ! Allez vite, plus de raisonnements, laissez-vous conduire.

DORANTE : Songe que je l'aime, et que, si notre précipitation réussit mal, tu me désespères.

DUBOIS : Ah ! oui, je sais bien que vous l'aimez ; c'est à cause de cela que je ne vous écoute pas. Etes-vous en état de juger de rien ? Allons, allons, vous vous moquez ;

laissez faire un homme de sang-froid. Partez, d'autant plus que voici Marton qui vient à propos, et que je vais tâcher d'amuser, en attendant que vous envoyiez Arlequin.

Scène II : Dubois, Marton.

MARTON, *d'un air triste* : Je te cherchais.

DUBOIS : Qu'y a-t-il pour votre service, Mademoiselle ?

MARTON : Tu me l'avais bien dit, Dubois.

DUBOIS : Quoi donc ? Je ne me souviens plus de ce que c'est.

MARTON : Que cet intendant osait lever les yeux sur Madame.

DUBOIS : Ah ! oui ; vous parlez de ce regard que je lui vis jeter sur elle. Oh ! jamais je ne l'ai oublié : cette œillade-là ne valait rien ; il y avait quelque chose dedans qui n'était pas dans l'ordre.

MARTON : Oh çà, Dubois, il s'agit de faire sortir cet homme-ci.

DUBOIS : Pardi ! tant qu'on voudra ; je ne m'y épargne pas. J'ai déjà dit à Madame qu'on m'avait assuré qu'il n'entendait pas les affaires.

MARTON : Mais est-ce là tout ce que tu sais de lui ? C'est de la part de Madame Argante et de Monsieur le Comte que je te parle, et nous avons peur que tu n'aies pas tout dit à Madame, ou qu'elle ne cache ce que c'est. Ne nous déguise rien, tu n'en seras pas fâché.

DUBOIS : Ma foi ! je ne sais que son insuffisance, dont j'ai instruit Madame.

MARTON : Ne dissimule point.

DUBOIS : Moi, un dissimulé ! moi, garder un secret ! Vous êtes bien trouvé votre homme ! En fait de discrétion, je mériterais d'être femme. Je vous demande pardon de la comparaison ; mais c'est pour vous mettre l'esprit en repos.

MARTON : Il est certain qu'il aime Madame.

DUBOIS : Il n'en faut point douter ; je lui en ai même dit ma pensée à elle.

MARTON : Et qu'a-t-elle répondu ?

DUBOIS : Que j'étais un sot ; elle est si prévenue !...

MARTON : Prévenue à un point que je n'oserais le dire, Dubois.

DUBOIS : Oh ! le diable n'y perd rien [20], ni moi non plus ; car je vous entends.

MARTON : Tu as la mine d'en savoir plus que moi là-dessus.

DUBOIS : Oh ! point du tout, je vous jure. Mais à propos, il vient tout à l'heure d'appeler Arlequin pour lui donner une lettre. Si nous pouvions la saisir, peut-être en saurions-nous davantage.

MARTON : Une lettre ! oui-da ; ne négligeons rien. Je vais, de ce pas, parler à Arlequin, s'il n'est pas encore parti.

DUBOIS : Vous n'irez pas loin ; je crois qu'il vient.

---

20. Littré remarque : « *Le diable n'y perd rien*, se dit d'une personne qui ne maîtrise pas son contient ses sentiments qu'en apparence ou passagèrement, et aussi d'une personne qui dissimule ses souffrances. »

Scène III : Marton, Dubois, Arlequin.

ARLEQUIN, *voyant Dubois* : Ah ! te voilà donc, mal bâti ?

DUBOIS : Tenez, n'est-ce pas là une belle figure pour se moquer de la mienne ?

MARTON : Que veux-tu, Arlequin ?

ARLEQUIN : Ne sauriez-vous pas où demeure la rue du Figuier, Mademoiselle ?

MARTON : Oui.

ARLEQUIN : C'est que mon camarade, que je sers, m'a dit de porter cette lettre à quelqu'un qui est dans cette rue, et comme je ne la sais pas, il m'a dit que je m'en informasse à vous ou à cet animal-là ; mais cet animal-là ne mérite pas que je lui en parle, sinon pour l'injurier. J'aimerais mieux que le diable eût emporté toutes les rues, que d'en savoir une par le moyen d'un malotru comme lui.

DUBOIS, *à Marton, à part* : Prenez la lettre. (*Haut.*) Non, non, Mademoiselle, ne lui enseignez rien ; qu'il galope.

ARLEQUIN : Veux-tu te taire ?

MARTON, *négligemment* : Ne l'interrompez donc point, Dubois. Eh bien, veux-tu me donner ta lettre ? Je vais envoyer dans ce quartier-là, et on la rendra à son adresse.

ARLEQUIN : Ah ! voilà qui est bien agréable. Vous êtes une fille de bonne amitié, Mademoiselle.

DUBOIS, *s'en allant* : Vous êtes bien bonne d'épargner de la peine à ce fainéant-là.

ARLEQUIN : Ce malhonnête ! Va, va trouver le tableau, pour voir comme il se moque de toi.

MARTON, *seule avec Arlequin* : Ne lui réponds rien ; donne ta lettre.

ARLEQUIN : Tenez, Mademoiselle ; vous me rendez un service qui me fait grand bien. Quand il y aura à trotter pour votre serviable personne, n'ayez point d'autre postillon que moi.

MARTON : Elle sera rendue exactement.

ARLEQUIN : Oui, je vous recommande l'exactitude à cause de Monsieur Dorante, qui mérite toutes sortes de fidélités.

MARTON, *à part* : L'indigne !

ARLEQUIN, *s'en allant* : Je suis votre serviteur éternel.

MARTON : Adieu.

ARLEQUIN, *revenant* : Si vous le rencontrez, ne lui dites point qu'un autre galope à ma place.

Il sort.

Scène IV : Madame Argante, le Comte, Marton.

MARTON, *un moment seule* : Ne disons mot que je n'aie vu ce que ceci contient.

MADAME ARGANTE : Eh bien, Marton, qu'avez-vous appris de Dubois ?

MARTON : Rien, que ce que vous saviez déjà, Madame ; et ce n'est pas assez.

MADAME ARGANTE : Dubois est un coquin qui nous trompe.

LE COMTE : Il est vrai que sa menace signifiait quelque chose de plus.

MADAME ARGANTE : Quoi qu'il en soit, j'attends Monsieur Remy que j'ai envoyé chercher; et s'il ne nous défait pas de cet homme-là, ma fille saura qu'il ose l'aimer; je l'ai résolu. Nous en avons les présomptions les plus fortes; et ne fût-ce que par bienséance, il faudra bien qu'elle le chasse. D'un autre côté, j'ai fait venir l'intendant que Monsieur le Comte lui proposait; il est ici, et je le lui présenterai sur-le-champ.

MARTON : Je doute que vous réussissiez si nous n'apprenons rien de nouveau; mais je tiens peut-être son congé, moi qui vous parle... Voici Monsieur Remy : je n'ai pas le temps de vous en dire davantage, et je vais m'éclaircir.

Elle veut sortir.

Scène V : *Monsieur Remy, Madame Argante, le Comte, Marton.*

MONSIEUR REMY, *à Marton, qui se retire* : Bonjour, ma nièce, puisque enfin il faut que vous la soyez. Savez-vous ce qu'on me veut ici?

MARTON, *brusquement* : Passez, Monsieur, et cherchez votre nièce; je n'aime point les mauvais plaisants.

Elle sort.

MONSIEUR REMY : Voilà une petite fille bien incivile. *(A Madame Argante.)* On m'a dit de votre part de venir ici, Madame; de quoi est-il donc question?

MADAME ARGANTE, *d'un ton revêche* : Ah! c'est donc vous, Monsieur le procureur?

MONSIEUR REMY : Oui, Madame, je vous garantis que c'est moi-même.

MADAME ARGANTE : Et de quoi vous êtes-vous avisé, je vous prie, de nous embarrasser d'un intendant de votre façon?

MONSIEUR REMY : Et par quel hasard Madame y trouve-t-elle à redire?

MADAME ARGANTE : C'est que nous nous serions bien passés du présent que vous nous avez fait.

MONSIEUR REMY : Ma foi! Madame, s'il n'est pas à votre goût, vous êtes bien difficile.

MADAME ARGANTE : C'est votre neveu, dit-on?

MONSIEUR REMY : Oui, Madame.

MADAME ARGANTE : Eh bien! tout votre neveu qu'il est, vous nous ferez un grand plaisir de le retirer.

MONSIEUR REMY : Ce n'est pas à vous que je l'ai donné.

MADAME ARGANTE : Non; mais c'est à nous qu'il déplaît, et à Monsieur le Comte que voilà, et qui doit épouser ma fille.

MONSIEUR REMY, *élevant la voix* : Celui-ci est nouveau! Mais, Madame, dès qu'il n'est pas à vous, il me semble qu'il n'est pas essentiel qu'il vous plaise. On n'a pas mis dans le marché qu'il vous plairait, personne n'a songé à cela; et, pourvu qu'il convienne à Madame Araminte, tout [21] doit être content; tant pis pour qui ne l'est pas. Qu'est-ce que cela signifie?

MADAME ARGANTE : Mais vous avez le ton bien rogue, Monsieur Remy.

MONSIEUR REMY : Ma foi, vos compliments ne sont pas propres à l'adoucir, Madame Argante.

LE COMTE : Doucement, Monsieur le procureur, doucement; il me paraît que vous avez tort.

MONSIEUR REMY : Comme vous voudrez, Monsieur le Comte, comme vous voudrez; mais cela ne vous regarde pas. Vous savez bien que je n'ai pas l'honneur de vous connaître; et nous n'avons que faire ensemble, pas la moindre chose.

LE COMTE : Que vous me connaissiez ou non, il n'est pas si peu essentiel que vous le dites que votre neveu plaise à Madame; elle n'est pas une étrangère dans la maison.

MONSIEUR REMY : Parfaitement étrangère pour cette affaire-ci, Monsieur; on ne peut pas plus étrangère. Au surplus, Dorante est un homme d'honneur, connu pour tel, dont j'ai répondu, dont je répondrai toujours, et dont Madame parle ici d'une manière choquante.

MADAME ARGANTE : Votre Dorante est un impertinent.

MONSIEUR REMY : Bagatelle! Ce mot-là ne signifie rien dans votre bouche.

MADAME ARGANTE : Dans ma bouche! A qui parle donc ce petit praticien [22], Monsieur le Comte? Est-ce que vous ne lui imposerez pas silence?

MONSIEUR REMY : Comment donc? m'imposer silence! à moi, procureur! Savez-vous bien qu'il y a cinquante ans que je parle, Madame Argante.

MADAME ARGANTE : Il y a donc cinquante ans que vous ne savez ce que vous dites.

Scène VI : *Araminte, Madame Argante, Monsieur Remy, le Comte.*

ARAMINTE : Qu'y a-t-il donc? On dirait que vous vous querellez.

MONSIEUR REMY : Nous ne sommes pas fort en paix, et vous venez très à propos, Madame. Il s'agit de Dorante; avez-vous sujet de vous plaindre de lui?

ARAMINTE : Non, que je sache.

MONSIEUR REMY : Vous êtes-vous aperçue qu'il ait manqué de probité?

ARAMINTE : Lui! Non vraiment; je ne le connais que pour un homme très estimable.

MONSIEUR REMY : Au discours que Madame en tient, ce doit pourtant être un fripon dont il faut que je vous délivre; et on se passerait bien du présent que je vous ai fait; et c'est un impertinent qui déplaît à Madame, qui déplaît à Monsieur qui parle en qualité d'époux futur; et à cause que je le défends, on veut me persuader que je radote.

ARAMINTE, *froidement* : On se jette là dans de grands excès; je n'y ai point de part, Monsieur; je suis bien éloignée de vous traiter si mal. A l'égard de Dorante, la meilleure justification qu'il y ait pour lui, c'est que je le garde. Mais je venais pour savoir une chose, Monsieur le Comte; il y a là-bas, m'a-t-on dit, un homme d'affai-

---

21. Les éditions de 1738 et de 1758 impriment : *tout... que certains* éditeurs modernes de Marivaux ont corrigé en : *tout le monde...*

22. *Praticien* : se dit quelquefois des avocats et des procureurs qui hantent le barreau (Furetière).

res que vous avez amené pour moi; on se trompe apparemment?

LE COMTE : Madame, il est vrai qu'il est venu avec moi; mais c'est Madame Argante...

MADAME ARGANTE : Attendez, je vais répondre. Oui, ma fille, c'est moi qui ai prié Monsieur de le faire venir pour remplacer celui que vous avez et que vous allez mettre dehors; je suis sûre de mon fait. J'ai laissé dire votre procureur, au reste; mais il amplifie.

MONSIEUR REMY : Courage!

MADAME ARGANTE, *vivement* : Paix; vous avez assez parlé. *(A Araminte.)* Je n'ai point dit que son neveu fût un fripon. Il ne serait pas impossible qu'il le fût, je n'en serais pas étonnée.

MONSIEUR REMY : Mauvaise parenthèse, avec votre permission; supposition injurieuse et tout à fait hors d'œuvre.

MADAME ARGANTE : Honnête homme, soit; du moins n'a-t-on pas encore de preuve du contraire, et je veux croire qu'il l'est. Pour un impertinent et très impertinent, j'ai dit qu'il en était un, et j'ai raison; vous dites que vous ne le garderez; vous ne ferez rien.

ARAMINTE, *froidement* : Il restera, je vous assure.

MADAME ARGANTE : Point du tout, vous ne sauriez; seriez-vous d'humeur à garder un intendant qui vous aime?

MONSIEUR REMY : Eh! A qui voulez-vous donc qu'il s'attache? A vous, à qui il n'a pas affaire?

ARAMINTE : Mais, en effet, pourquoi faut-il que mon intendant me haïsse?

MADAME ARGANTE : Eh! non, point d'équivoque : quand je vous dis qu'il vous aime, j'entends qu'il est amoureux de vous, en bon français, qu'il est ce qu'on appelle amoureux, qu'il soupire pour vous, que vous êtes l'objet secret de sa tendresse.

MONSIEUR REMY : Dorante?

ARAMINTE, *riant* : L'objet secret de sa tendresse! Oh! oui, très secret, je pense. Ah! ah! je ne me croyais pas si dangereuse à voir. Mais dès que vous devinez de pareils secrets, que ne devinez-vous que tous mes gens sont comme lui? Peut-être qu'ils m'aiment aussi; que sait-on? Monsieur Remy, vous qui me voyez assez souvent, j'ai envie de deviner que vous m'aimez aussi.

MONSIEUR REMY : Ma foi, Madame, à l'âge de mon neveu, je ne m'en tirerais pas mieux qu'on dit qu'il s'en tire.

MADAME ARGANTE : Ceci n'est pas matière à plaisanterie, ma fille; il n'est pas question de votre Monsieur Remy; laissons là le bonhomme, et traitons la chose un peu sérieusement. Vos gens ne vous font pas peindre, vos gens ne se mettent point à contempler vos portraits, vos gens n'ont point l'air galant, la mine doucereuse.

MONSIEUR REMY, *à Araminte* : J'ai laissé passer le « bonhomme » à cause de vous, au moins; mais le bonhomme est quelquefois brutal.

ARAMINTE : En vérité, ma mère, vous seriez la première à vous moquer de moi, si ce que vous me dites me faisait la moindre impression; ce serait une enfance [23] à moi

23. Un enfantillage.

que de le renvoyer sur un pareil soupçon. Est-ce qu'on ne peut me voir sans m'aimer? Je n'y saurais que faire; il faut bien m'y accoutumer et prendre mon parti là-dessus. Vous lui trouvez l'air galant, dites-vous? Je n'y avais pas pris garde, et je ne lui en ferai point un reproche; il y aurait de la bizarrerie à se fâcher de ce qu'il est bien fait. Je suis d'ailleurs comme tout le monde, j'aime assez les gens de bonne mine.

Scène VII : Araminte, Madame Argante, Monsieur Remy, le Comte, Dorante.

DORANTE : Je vous demande pardon, Madame, si je vous interromps. J'ai lieu de présumer que mes services ne vous sont plus agréables, et, dans la conjoncture présente, il est naturel que je sache mon sort.

MADAME ARGANTE, *ironiquement* : Son sort! Le sort d'un intendant; que cela est beau!

MONSIEUR REMY : Et pourquoi n'aurait-il pas un sort?

ARAMINTE, *d'un air vif à sa mère* : Voilà des emportements qui m'appartiennent. *(A Dorante.)* Quelle est cette conjoncture, Monsieur, et le motif de votre inquiétude?

DORANTE : Vous le savez, Madame; il y a quelqu'un ici que vous avez envoyé chercher pour occuper ma place.

ARAMINTE : Ce quelqu'un-là est fort mal conseillé. Désabusez-vous; ce n'est point moi qui l'ai fait venir.

DORANTE : Tout a contribué à me tromper; d'autant plus que Mademoiselle Marton vient de m'assurer que dans une heure je ne serais plus ici.

ARAMINTE : Marton vous a tenu un fort sot discours.

MADAME ARGANTE : Le terme est encore trop long; il devrait en sortir tout à l'heure.

MONSIEUR REMY, *comme à part* : Voyons par où cela finira.

ARAMINTE : Allez, Dorante, tenez-vous en repos; fussiez-vous l'homme du monde qui me convînt le moins, vous resterez : dans cette occasion-ci, c'est à moi-même que je dois cela. Je me sens offensée du procédé qu'on a avec moi, et je vais faire dire à cet homme d'affaires qu'il se retire. Que ceux qui l'ont amené sans me consulter le remmènent, et qu'il n'en soit plus parlé.

Scène VIII : Araminte, Madame Argante, Monsieur Remy, le Comte, Dorante, Marton.

MARTON, *froidement* : Ne vous pressez pas de le renvoyer, Madame. Voilà une lettre de recommandation pour lui, et c'est Dorante qui l'a écrite.

ARAMINTE : Comment?

MARTON, *donnant la lettre au Comte* : Un instant, Madame; cela mérite d'être écouté : la lettre est de Monsieur, vous dis-je.

LE COMTE *lit haut* : « Je vous conjure, mon cher ami, d'être demain sur les neuf heures du matin chez vous. J'ai bien des choses à vous dire; je crois que je vais sortir de chez la dame que vous savez. Elle ne peut plus ignorer la malheureuse passion que j'ai prise pour elle, et dont je ne guérirai jamais. »

MADAME ARGANTE : De la passion! entendez-vous, ma fille?

LE COMTE *lit* : « Un misérable ouvrier, que je n'attendais pas, est venu ici pour m'apporter la boîte de ce portrait que j'ai fait d'elle. »

MADAME ARGANTE : C'est-à-dire que le personnage sait peindre.

LE COMTE *lit* : « J'étais absent; il l'a laissée à une fille de la maison. »

MADAME ARGANTE, *à Marton* : Fille de la maison; cela vous regarde.

LE COMTE *lit* : « On a soupçonné que ce portrait m'appartenait; ainsi, je pense qu'on va tout découvrir, et qu'avec le chagrin d'être renvoyé et de perdre le plaisir de voir tous les jours celle que j'adore... »

MADAME ARGANTE : Que j'adore! ah! que j'adore!

LE COMTE *lit* : « J'aurai encore celui d'être méprisé d'elle. »

MADAME ARGANTE : Je crois qu'il n'a pas mal deviné celui-là, ma fille.

LE COMTE *lit* : « Non pas à cause de la médiocrité de ma fortune, sorte de mépris dont je n'oserais la croire capable... »

MADAME ARGANTE : Eh! Pourquoi non?

LE COMTE *lit* : « Mais seulement du peu que je vaux auprès d'elle, tout honoré que je suis de l'estime de tant d'honnêtes gens. »

MADAME ARGANTE : Et en vertu de quoi l'estiment-ils tant?

LE COMTE *lit* : « Auquel cas, je n'ai plus que faire à Paris. Vous êtes à la veille de vous embarquer, et je suis déterminé à vous suivre. »

MADAME ARGANTE : Bon voyage au galant.

MONSIEUR REMY : Le beau motif d'embarquement!

MADAME ARGANTE : Eh bien! en avez-vous le cœur net, ma fille?

LE COMTE : L'éclaircissement m'en paraît complet.

ARAMINTE, *à Dorante* : Quoi! cette lettre n'est pas d'une écriture contrefaite? vous ne la niez point?

DORANTE : Madame...

ARAMINTE : Retirez-vous.

Dorante sort.

MONSIEUR REMY : Eh bien! quoi? C'est de l'amour qu'il a; ce n'est pas d'aujourd'hui que les belles personnes en donnent; et tel que vous le voyez, il n'en a pas pris pour toutes celles qui auraient bien voulu lui en donner. Cet amour-là lui coûte quinze mille livres de rente, sans compter les mers qu'il veut courir; voilà le mal. Car, au reste, s'il était riche, le personnage en vaudrait bien un autre; il pourrait bien dire qu'il adore. (*Contrefaisant Madame Argante.*) Et cela ne serait point si ridicule. Accommodez-vous, au reste; je suis votre serviteur, Madame.

Il sort.

MARTON : Fera-t-on monter l'intendant que Monsieur le Comte a amené, Madame?

ARAMINTE : N'entendrai-je parler que d'intendant? Allez-vous-en; vous prenez mal votre temps pour me faire des questions.

Marton sort.

MADAME ARGANTE : Mais, ma fille, elle a raison; c'est Monsieur le Comte qui vous en répond, il n'y a qu'à le prendre.

ARAMINTE : Et moi, je n'en veux point.

LE COMTE : Est-ce à cause qu'il vient de ma part, Madame?

ARAMINTE : Vous êtes le maître d'interpréter, Monsieur; mais je n'en veux point.

LE COMTE : Vous vous expliquez là-dessus d'un air de vivacité qui m'étonne.

MADAME ARGANTE : Mais, en effet, je ne vous reconnais pas. Qu'est-ce qui vous fâche?

ARAMINTE : Tout. On s'y est mal pris : il y a dans tout ceci des façons si désagréables, des moyens si offensants, que tout m'en choque.

MADAME ARGANTE, *étonnée* : On ne vous entend point.

LE COMTE : Quoique je n'aie aucune part à ce qui vient de se passer, je ne m'aperçois que trop, Madame, que je ne suis pas exempt de votre mauvaise humeur, et je serais fâché d'y contribuer davantage par ma présence.

MADAME ARGANTE : Non, Monsieur; je vous suis. Ma fille, je retiens Monsieur le Comte; vous allez venir nous trouver apparemment? Vous n'y songez pas, Araminte; on ne sait que penser.

Madame Argante sort avec le Comte.

Scène IX : *Araminte, Dubois.*

DUBOIS : Enfin, Madame, à ce que je vois, vous en voilà délivrée. Qu'il devienne tout ce qu'il voudra, à présent. Tout le monde a été témoin de sa folie, et vous n'avez plus rien à craindre de sa douleur; il ne dit mot. Au reste, je viens seulement de le rencontrer, plus mort que vif, qui traversait la galerie pour aller chez lui. Vous auriez trop ri de le voir soupirer. Il m'a pourtant fait pitié. Je l'ai vu si défait, si pâle et si triste, que j'ai eu peur qu'il ne se trouve mal.

ARAMINTE, *qui ne l'a pas regardé jusque-là, et qui a toujours rêvé, dit d'un ton haut* : Mais qu'on aille donc voir. Quelqu'un l'a-t-il suivi? Que ne le secouriez-vous? Faut-il tuer cet homme?

DUBOIS : J'y ai pourvu, Madame. J'ai appelé Arlequin, qui ne le quittera pas, et je crois d'ailleurs qu'il n'arrivera rien; voilà qui est fini. Je ne suis venu que pour vous dire une chose, c'est que je pense qu'il demandera à vous parler, et je ne conseille pas à Madame de le voir davantage; ce n'est pas la peine.

ARAMINTE, *sèchement* : Ne vous embarrassez pas; ce sont mes affaires.

DUBOIS : En un mot vous en êtes quitte, et cela par le moyen de cette lettre qu'on vous a lue et que Mademoiselle Marton a tirée d'Arlequin par mon avis; je me suis douté qu'elle pourrait vous être utile; et c'est une excellente idée que j'ai eue là; n'est-ce pas, Madame?

ARAMINTE, *froidement* : Quoi! c'est à vous que j'ai l'obligation de la scène qui vient de se passer?

DUBOIS, *librement* : Oui, Madame.

ARAMINTE : Méchant valet! ne vous présentez plus devant moi.

DUBOIS, *comme étonné* : Hélas! Madame, j'ai cru bien faire.

ARAMINTE : Allez, malheureux! Il fallait m'obéir. Je vous avais dit de ne plus vous en mêler ; vous m'avez jetée dans tous les désagréments que je voulais éviter. C'est vous qui avez répandu tous les soupçons qu'on a eus sur son compte; et ce n'est pas par attachement pour moi que vous m'avez appris qu'il m'aimait, ce n'est que par le plaisir de faire du mal : il m'importait peu d'en être instruite; c'est un amour que je n'aurais jamais su, et je le trouve bien malheureux d'avoir eu affaire à vous, lui qui a été votre maître, qui vous affectionnait, qui vous a bien traité, qui vient, tout récemment encore, de vous prier à genoux de lui garder le secret. Vous l'assassinez, vous me trahissez moi-même. Il faut que vous soyez capable de tout. Que je ne vous voie jamais, et point de réplique.

DUBOIS *s'en va en riant* : Allons, voilà qui est parfait.

Scène X : *Araminte, Marton.*

MARTON, *triste* : La manière dont vous m'avez renvoyée, il n'y a qu'un moment, me montre que je vous suis désagréable, Madame, et je crois vous faire plaisir en vous demandant mon congé.

ARAMINTE, *froidement* : Je vous le donne.

MARTON : Votre intention est-elle que je sorte dès aujourd'hui, Madame?

ARAMINTE : Comme vous voudrez.

MARTON : Cette aventure-ci est bien triste pour moi!

ARAMINTE : Oh! point d'explication, s'il vous plaît.

MARTON : Je suis au désespoir.

ARAMINTE, *avec impatience* : Est-ce que vous êtes fâchée de vous en aller? Eh bien, restez, Mademoiselle, restez; j'y consens; mais finissons.

MARTON : Après les bienfaits dont vous m'avez comblée, que ferais-je auprès de vous, à présent que je vous suis suspecte et que j'ai perdu toute votre confiance?

ARAMINTE : Mais que voulez-vous que je vous confie? Inventerai-je des secrets pour vous les dire?

MARTON : Il est pourtant vrai que vous me renvoyez, Madame; d'où vient ma disgrâce?

ARAMINTE : Elle est dans votre imagination; vous me demandez votre congé, je vous le donne.

MARTON : Ah! Madame, pourquoi m'avez-vous exposée au malheur de vous déplaire? J'ai persécuté par ignorance l'homme du monde le plus aimable, qui vous aime plus qu'on n'a jamais aimé.

ARAMINTE, *à part* : Hélas!

MARTON : Et à qui je n'ai rien à reprocher; car il vient de me parler. J'étais son ennemie, et je ne la suis plus. Il m'a tout dit. Il ne m'avait jamais vue; c'est Monsieur Remy qui m'a trompée, et j'excuse Dorante.

ARAMINTE : A la bonne heure.

MARTON : Pourquoi avez-vous eu la cruauté de m'abandonner au hasard d'aimer un homme qui n'est pas fait pour moi, qui est digne de vous, et que j'ai jeté dans une douleur dont je suis pénétrée?

ARAMINTE, *d'un ton doux* : Tu l'aimais donc, Marton?

MARTON : Laissons là mes sentiments. Rendez-moi votre amitié comme je l'avais, et je serai contente.

ARAMINTE : Ah! je te la rends tout entière.

MARTON, *lui baisant la main* : Me voilà consolée.

ARAMINTE : Non, Marton, tu ne l'es pas encore. Tu pleures et tu m'attendris.

MARTON : N'y prenez point garde; rien ne m'est si cher que vous.

ARAMINTE : Va, je prétends bien te faire oublier tous tes chagrins. Je pense que voici Arlequin.

Scène XI : *Araminte, Marton, Arlequin.*

ARAMINTE : Que veux-tu?

ARLEQUIN, *pleurant et sanglotant* : J'aurais bien de la peine à vous le dire : car je suis dans une détresse qui me coupe entièrement la parole à cause de la trahison que Mademoiselle Marton m'a faite. Ah! quelle ingrate perfidie!

MARTON : Laisse là ta perfidie, et nous dis ce que tu veux.

ARLEQUIN : Ah! Cette pauvre lettre! quelle escroquerie!

ARAMINTE : Dis donc?

ARLEQUIN : Monsieur Dorante vous demande à genoux qu'il vienne ici vous rendre compte des paperasses qu'il a eues dans les mains depuis qu'il est ici. Il m'attend à la porte où il pleure.

MARTON : Dis-lui qu'il vienne.

ARLEQUIN : Le voulez-vous, Madame? car je ne me fie pas à elle. Quand on m'a une fois affronté [24], je n'en reviens point.

MARTON, *d'un air triste et attendri* : Parlez-lui, Madame; je vous laisse.

ARLEQUIN, *quand Marton est partie* : Vous ne répondez point, Madame.

ARAMINTE : Il peut venir.

Scène XII : *Dorante, Araminte.*

ARAMINTE : Approchez, Dorante.

DORANTE : Je n'ose presque paraître devant vous.

ARAMINTE, *à part* : Ah! je n'ai guère plus d'assurance que lui. (*Haut.*) Pourquoi vouloir me rendre compte de mes papiers? Je m'en fie bien à vous; ce n'est pas là-dessus que j'aurai à me plaindre.

DORANTE : Madame... j'ai autre chose à dire... je suis si interdit, si tremblant, que je ne saurais parler.

ARAMINTE, *à part, avec émotion* : Ah! que je crains la fin de tout ceci.

DORANTE, *ému* : Un de vos fermiers est venu tantôt, Madame.

ARAMINTE, *émue* : Un de mes fermiers?... cela se peut.

DORANTE : Oui, Madame... il est venu.

ARAMINTE, *toujours émue* : Je n'en doute pas.

DORANTE, *ému* : Et j'ai de l'argent à vous remettre.

ARAMINTE : Ah! de l'argent... nous verrons.

DORANTE : Quand il vous plaira, Madame, de le recevoir.

---

24. Trompé.

ARAMINTE : Oui... je le recevrai... vous me le donnerez. *(A part.)* Je ne sais ce que je lui réponds.

DORANTE : Ne serait-il pas temps de vous l'apporter ce soir ou demain, Madame?

ARAMINTE : Demain, dites-vous? Comment vous garder jusque là, après ce qui est arrivé?

DORANTE, *plaintivement* : De tout le temps de ma vie que je vais passer loin de vous, je n'aurais plus que ce seul jour qui m'en serait précieux.

ARAMINTE : Il n'y a pas moyen, Dorante, il faut se quitter. On sait que vous m'aimez, et l'on croirait que je n'en suis pas fâchée.

DORANTE : Hélas! Madame, que je vais être à plaindre!

ARAMINTE : Ah! allez, Dorante, chacun a ses chagrins.

DORANTE : J'ai tout perdu! J'avais un portrait et je ne l'ai plus.

ARAMINTE : A quoi vous sert de l'avoir? Vous savez peindre.

DORANTE : Je ne pourrai de longtemps m'en dédommager; d'ailleurs, celui-ci m'aurait été bien cher! Il a été entre vos mains, Madame.

ARAMINTE : Mais vous n'êtes pas raisonnable.

DORANTE : Ah! Madame, je vais être éloigné de vous; vous serez assez vengée; n'ajoutez rien à ma douleur.

ARAMINTE : Vous donner mon portrait! Songez-vous que ce serait avouer que je vous aime?

DORANTE : Que vous m'aimez, Madame! Quelle idée! qui pourrait se l'imaginer?

ARAMINTE, *d'un ton vif et naïf* : Et voilà pourtant ce qui m'arrive.

DORANTE, *se jetant à ses genoux* : Je me meurs!

ARAMINTE : Je ne sais plus où je suis : modérez votre joie; levez-vous, Dorante.

DORANTE, *se lève, et dit tendrement* : Je ne la mérite pas; cette joie me transporte, je ne la mérite pas, Madame; vous allez me l'ôter; mais n'importe, il faut que vous soyez instruite.

ARAMINTE, *étonnée* : Comment! que voulez-vous dire?

DORANTE : Dans tout ce qui se passe chez vous, il n'y a rien de vrai que ma passion, qui est infinie, et que le portrait que j'ai fait. Tous les incidents qui sont arrivés partent de l'industrie d'un domestique qui savait mon amour, qui m'en plaint, qui, par le charme de l'espérance, du plaisir de vous voir, m'a, pour ainsi dire, forcé de consentir à son stratagème : il voulait me faire valoir auprès de vous. Voilà, Madame, ce que mon respect, mon amour et mon caractère ne me permettent pas de vous cacher. J'aime encore mieux regretter votre tendresse que de la devoir à l'artifice qui me l'a acquise. J'aime mieux votre haine que le remords d'avoir trompé ce que j'adore.

ARAMINTE, *le regardant quelque temps sans parler* : Si j'apprenais cela d'un autre que de vous, je vous haïrais sans doute; mais l'aveu que vous m'en faites vous-même, dans un moment comme celui-ci, change tout. Ce trait de sincérité me charme, me paraît incroyable, et vous êtes le plus honnête homme du monde. Après tout, puisque vous m'aimez véritablement, ce que vous avez fait pour gagner mon cœur n'est point blâmable; il est permis à un amant de chercher les moyens de plaire, et on doit lui pardonner, lorsqu'il a réussi.

DORANTE : Quoi! la charmante Araminte daigne me justifier!

ARAMINTE : Voici le Comte avec ma mère; ne dites mot, et laissez-moi parler.

Scène XIII : Dorante, Araminte, le Comte, Madame Argante, Dubois, Arlequin.

MADAME ARGANTE, *voyant Dorante* : Quoi! le voilà encore?

ARAMINTE, *froidement* : Oui, ma mère *(Au Comte.)* Monsieur le Comte, il était question de mariage entre vous et moi et il n'y faut plus penser. Vous méritez qu'on vous aime; mon cœur n'est pas en état de vous rendre justice et je ne suis pas d'un rang qui vous convienne.

MADAME ARGANTE : Quoi donc! que signifie ce discours?

LE COMTE : Je vous entends, Madame, et sans l'avoir dit à Madame *(montrant Madame Argante)* je songeais à me retirer. J'ai deviné tout. Dorante n'est venu chez vous qu'à cause qu'il vous aimait; il vous a plu; vous voulez lui faire sa fortune; voilà tout ce que vous alliez dire.

ARAMINTE : Je n'ai rien à ajouter.

MADAME ARGANTE, *outrée* : La fortune à cet homme-là!

LE COMTE, *tristement* : Il n'y a plus que notre discussion, que nous réglerons à l'amiable. J'ai dit que je ne plaiderais point et je tiendrai parole.

ARAMINTE : Vous êtes bien généreux : envoyez-moi quelqu'un qui en décide, et ce sera assez.

MADAME ARGANTE : Ah! la belle chute! Ah! ce maudit intendant! Qu'il soit votre mari tant qu'il vous plaira; mais il ne sera jamais mon gendre.

ARAMINTE : Laissons passer sa colère, et finissons.

Ils sortent.

DUBOIS : Ouf! ma gloire m'accable; je mériterais bien d'appeler cette femme-là ma bru.

ARLEQUIN : Pardi! nous nous soucions bien de ton tableau à présent! L'original nous en fournira bien d'autres copies [25].

25. Lorsque *les Fausses Confidences* entrèrent au répertoire de la Comédie-Française, l'usage s'établit de supprimer les deux dernières répliques de Dubois et d'Arlequin, jugées trop crues.

LA JOIE IMPRÉVUE

C'est pour soutenir la reprise des Fausses Confidences *du lundi 7 juillet 1738 que Marivaux composa, hâtivement, la* Joie imprévue. *Paradoxalement, tandis que, cette fois, les* Fausses Confidences *s'imposèrent, la* Joie imprévue *passa presque inaperçue. Dans son compte rendu du spectacle, le* Mercure *ne fait qu'en mentionner le titre, ajoutant qu'elle fut « suivie d'un très joli divertissement des sieurs Riccoboni et des Hayes ».*

Depuis, la Joie imprévue, *qui ne figure pas au répertoire de la Comédie-Française, a sombré à peu près dans l'oubli. Les commentateurs s'accordent à la tenir pour « une des plus faibles comédies de Marivaux ». C'est que celui-ci a manqué ici ce qu'il avait réussi dans les* Fausses Confidences : *la peinture des mœurs bourgeoises détonne dans une pièce dont l'intrigue progresse à grand renfort de déguisements et de rencontres inattendues, selon la vieille et dès lors anachronique tradition de la Comédie Italienne.*

ACTEURS

MONSIEUR ORGON; MADAME DORVILLE; CONSTANCE, *fille de Madame Dorville, maîtresse de Damon ;* DAMON, *fils de Monsieur Orgon, amant de Constance ;* LE CHEVALIER; LISETTE, *suivante de Constance*; PASQUIN, *valet de Damon.*

LA SCÈNE EST A PARIS DANS
UN JARDIN QUI COMMUNIQUE A UN HOTEL GARNI.

*Scène I : Damon, Pasquin. Damon
paraît triste.*

PASQUIN, *suivant son maître, et d'un ton douloureux, un moment après qu'ils sont sur le théâtre* : Fasse le ciel, Monsieur, que votre chagrin vous profite, et vous apprenne à mener une vie plus raisonnable!

DAMON : Tais-toi, laisse-moi seul.

PASQUIN : Non, Monsieur; il faut que je vous parle; cela est de conséquence.

DAMON : De quoi s'agit-il donc?

PASQUIN : Il y a quinze jours que vous êtes à Paris.

DAMON : Abrège.

PASQUIN : Patience. Monsieur votre père vous a envoyé pour acheter une charge : l'argent de cette charge était en entier entre les mains de votre banquier, de qui vous avez déjà reçu la moitié, que vous avez jouée et perdue; ce qui fait, par conséquent, que vous ne pouvez plus avoir que la moitié de votre charge; et voilà ce qui est terrible.

DAMON : Est-ce là tout ce que tu as à me dire?

PASQUIN : Doucement, Monsieur; c'est qu'actuellement j'ai une charge aussi, moi, laquelle est de veiller sur votre conduite et de vous donner mes conseils. Pasquin, me dit Monsieur votre père la veille de notre départ, je connais ton zèle, ton jugement et ta prudence; ne quitte jamais mon fils, sers-lui de guide, gouverne ses actions et sa tête; regarde-le comme un dépôt que je te confie. Je le lui promis bien, je lui en donnai ma parole : je me fondais sur votre docilité, et je me suis trompé. Votre conduite, vous la voyez, elle est détestable; mes conseils, vous les avez méprisés; vos fonds sont entamés, la moitié de votre argent est partie; et voilà mon dépôt dans le plus déplorable état du monde : il faut pourtant que j'en rende compte, et c'est ce qui fait ma douleur.

DAMON : Tu conviendras qu'il y a plus de malheur dans tout ceci que de ma faute. En arrivant à Paris, je me mets dans cet hôtel garni : j'y vois un jardin qui est commun à une autre maison, je m'y promène, j'y rencontre le Chevalier, avec qui, par hasard, je lie conversation; il loge au même hôtel, nous mangeons à la même table. Je vois que tout le monde joue après dîner, il me propose d'en faire autant : je joue, je gagne d'abord, je continue par compagnie, et insensiblement je perds beaucoup, sans aucune inclination pour le jeu. Voilà d'où cela vient; mais ne t'inquiète point; je ne veux plus jouer qu'une fois pour regagner mon argent; et j'ai un pressentiment que je serai heureux.

PASQUIN : Ah! Monsieur, quel pressentiment! Soyez sûr que c'est le diable qui vous parle à l'oreille.

DAMON : Non, Pasquin, on ne perd pas toujours; je veux me mettre en état d'acheter la charge en question, afin que mon père ne sache rien de ce qui s'est passé; au surplus, c'est dans ce jardin que j'ai connu l'aimable Constance, c'est ici où je la vois quelquefois, où je crois m'apercevoir qu'elle ne me hait pas, et ce bonheur est bien au-dessus de toutes mes pertes.

PASQUIN : Oh! quant à votre amour pour elle, j'y consens, j'y donne mon approbation; je vous dirai même que le plaisir de voir Lisette qui la suit a extrêmement adouci les afflictions que vous m'avez données; je n'aurais pu les supporter sans elle. Il n'y a qu'une chose qui m'intrigue; c'est que la mère de Constance, quand elle se promène ici avec sa fille, et que vous les abordez, ne me paraît pas fort touchée de votre compagnie; sa mine s'allonge : j'ai peur qu'elle ne vous trouve un étourdi; vous êtes pourtant un assez joli garçon, assez bien fait; mais, de temps en temps, vous avez dans votre air je ne sais quoi... qui marquerait... une tête légère... vous entendez bien? Et ces têtes-là ne sont pas du goût des mères.

DAMON, *riant* : Que veut dire cet impertinent?... Mais qui est-ce qui vient par cette autre allée du jardin?

PASQUIN : C'est peut-être ce fripon de Chevalier qui vient chercher le reste de votre argent.

DAMON : Prends garde à ce que tu dis, et avance pour voir qui c'est.

Scène II : Le Chevalier, Damon, Pasquin.

LE CHEVALIER : Où est ton maître, Pasquin?

PASQUIN : Il est sorti, Monsieur.

LE CHEVALIER : Sorti! Eh! je le vois qui se promène. D'où vient est-ce que tu me le caches?

PASQUIN, *brusquement* : Je fais tout pour le mieux.

LE CHEVALIER : Bonjour, Damon. Ce valet ne voulait pas que je vous visse. Est-ce que vous avez affaire?

DAMON : Non; c'est qu'il me rendait quelque compte qui ne presse pas.

PASQUIN : C'est que je n'aime pas ceux qui gagnent l'argent de mon maître.

LE CHEVALIER : Il le gagnera peut-être une autre fois.

PASQUIN : Tarare [1]!

DAMON, *à Pasquin* : Tais-toi.

LE CHEVALIER : Laissez-le dire; je lui sais bon gré de sa méchante humeur, puisqu'elle vient de son zèle.

PASQUIN : Ajoutez : de ma prudence.

DAMON, *à Pasquin* : Finiras-tu?

LE CHEVALIER : Je n'y prends pas garde. Je vais dîner en ville, et je n'ai pas voulu partir sans vous voir.

DAMON : Ne reviendrez-vous pas ce soir pour être au bal?

LE CHEVALIER : Je ne crois pas; il y a toute apparence qu'on m'engagera à souper où je vais.

DAMON : Comment donc? Mais j'ai compté que ce soir vous me donneriez ma revanche.

LE CHEVALIER : Cela me sera difficile; j'ai même, ce matin, reçu une lettre qui, je crois, m'obligera à aller demain en campagne pour quelques jours.

DAMON : En campagne?

PASQUIN : Eh oui! Monsieur, il fait si beau! Partez, Monsieur le Chevalier, et ne revenez pas; nos affaires ont grand besoin de votre absence. Il y a tant de châteaux dans les champs; amusez-vous à en ruiner quelqu'un.

1. Interjection familière qui marque la moquerie, le dédain.

DAMON, *à Pasquin* : Encore?

LE CHEVALIER : Il commence à m'ennuyer.

DAMON : Chevalier, encore une fois, je vous attends ce soir.

LE CHEVALIER : Vous parlerai-je franchement? Je ne joue jamais qu'argent comptant, et vous me dîtes hier que vous n'en aviez plus.

DAMON : Que cela ne vous arrête point; je n'ai qu'un pas à faire pour en avoir.

LE CHEVALIER : En ce cas-là, nous nous reverrons tantôt.

PASQUIN, *d'un ton dolent* : Hélas! nous n'étions que blessés, nous voilà morts. *(A son maître.)* Monsieur, cet argent qui est à deux pas d'ici, n'est pas à vous; il est à Monsieur votre père; et vous savez bien que son intention n'est pas que Monsieur le Chevalier y ait part; il ne lui en destine pas une obole.

DAMON : Oh! je me fâcherai à la fin; retire-toi.

PASQUIN, *en colère* : Monsieur, je suis sûr que vous perdrez.

LE CHEVALIER, *en riant* : Puisse-t-il dire vrai, au reste.

PASQUIN, *au Chevalier* : Ah! vous savez bien que je ne me trompe pas.

LE CHEVALIER, *comme ému* : Hem?

PASQUIN : Je dis qu'il perdra; vous êtes un si habile homme, que vous jouez à coup sûr.

DAMON : Je crois que l'esprit lui tourne.

PASQUIN : Il n'y a point de mal à dire que vous perdrez, quand c'est la vérité.

LE CHEVALIER : Voilà un insolent valet.

PASQUIN, *sans regarder* : Cela n'empêchera pas qu'il ne perde.

LE CHEVALIER : Adieu, jusqu'au revoir.

Il sort.

DAMON : Ne me manquez donc pas.

PASQUIN : Oh que non! il vise trop juste pour cela.

Scène III : Pasquin, Damon.

DAMON : Il faut avouer que tu abuses furieusement de ma patience. Sais-tu la valeur des mauvais discours que tu viens de tenir, et qu'à la place du Chevalier, je refuserais de jouer davantage.

PASQUIN : C'est que vous avez du cœur, et lui de l'adresse.

DAMON : Mais pourquoi t'obstines-tu à soutenir qu'il gagnera?

PASQUIN : C'est qu'il voudra gagner.

DAMON : T'a-t-on dit quelque chose de lui? T'a-t-on donné quelque avis?

PASQUIN : Non, je n'en ai point reçu d'autre que de sa mine; c'est elle qui m'a dit tout le mal que j'en sais.

DAMON : Tu extravagues.

PASQUIN : Monsieur, je m'y ferais hacher, il n'y a point d'honnête homme qui puisse avoir ce visage-là; Lisette, en le voyant ici, en convenait hier avec moi.

DAMON : Lisette? Belle autorité!

PASQUIN : Belle autorité! C'est pourtant une fille qui, du premier coup d'œil, a senti tout ce que je valais.

DAMON, *riant et partant* : Ah! ah! ah! Tu me donnes

une grande idée de sa pénétration; je vais chez mon banquier, c'est aujourd'hui jour de poste; ne t'éloigne pas.

PASQUIN : Arrêtez, Monsieur; on nous a interrompus, je ne vous ai pas quand je veux; et mes ordres portent aussi, attendu cette légèreté d'esprit dont je vous ai parlé, que je tiendrai la main à ce que vous exécutiez tout ce que Monsieur votre père vous a dit de faire; et voici un petit agenda où j'ai tout écrit. *(Il lit.)* « Liste des articles et commissions recommandés par Monsieur Orgon à Monsieur Damon son fils aîné, sur les déportements, faits, gestes, et exactitude duquel il est enjoint à moi Pasquin, son serviteur, d'apporter mon inspection et contrôle. »

DAMON, *riant* : Inspection et contrôle!

PASQUIN : Oui, Monsieur, ce sont mes fonctions; c'est, comme qui dirait, gouverneur.

DAMON : Achève.

PASQUIN : Premièrement. « Aller chez Monsieur Lourdain, banquier, recevoir la somme de... » Le cœur me manque, je ne saurais la prononcer. La belle et copieuse somme que c'était! Nous n'en avons plus que les débris; vous ne vous êtes que trop ressouvenu d'elle, et voilà l'article de mon mémoire le plus maltraité.

DAMON : Finis, ou je te laisse.

PASQUIN : Secondement. « Le pupille ne manquera pas de se transporter chez Monsieur Raffle, procureur, pour lui remettre des papiers. »

DAMON : Passe, cela est fait.

PASQUIN : Troisièmement. « Aura soin le sieur Pasquin de presser le sieur Damon... »

DAMON : Parle donc, maraud, avec ton sieur Damon.

PASQUIN : Style de précepteur... « De presser le sieur Damon de porter une lettre à l'adresse de Madame... » Attendez... ma foi, c'est « Madame Dorville, rue Galate »; dans la rue où nous sommes.

DAMON : Madame Dorville! Est-ce là le nom de l'adresse? je ne l'avais pas seulement lue. Eh! parbleu! ce serait donc là la mère de Constance, Pasquin?

PASQUIN : C'est elle-même, sans doute, qui loge dans cette maison, d'où elle passe dans le jardin de votre hôtel. Voyez ce que c'est! faute d'exactitude, nous négligions la lettre du monde la plus importante, et qui va nous donner accès dans la maison.

DAMON : J'étais bien éloigné de penser que j'avais en main quelque chose d'aussi favorable; je ne l'ai pas même sur moi, cette lettre, que je ne devais rendre qu'à loisir. Mais par où mon père connaît-il Madame Dorville?

PASQUIN : Oh! pardi, depuis le temps qu'il vit, il a eu le temps de faire des connaissances.

DAMON : Tu me fais plaisir de me rappeler cette lettre; voilà de quoi m'introduire chez Madame Dorville, et j'irai la lui remettre au retour de chez mon banquier. Je pars; ne t'écarte pas.

PASQUIN, *d'un ton triste* : Monsieur, comme vous en rapporterez le reste de votre argent, je vous demande grâce que je le voie avant que vous le jouiez; je serais bien aise de lui dire adieu.

DAMON, *en s'en allant* : Je me moque de ton pronostic.

Scène IV : *Damon, Lisette, Pasquin.*

DAMON, *s'en allant, rencontre Lisette qui arrive* : Ah! te voilà, Lisette? ta maîtresse viendra-t-elle tantôt se promener ici avec sa mère?

LISETTE : Je crois que oui, Monsieur.

DAMON : Lui parles-tu quelquefois de moi?

LISETTE : Le plus souvent c'est elle qui me prévient.

DAMON : Que tu me charmes! Adieu, Lisette; continue, je te prie, d'être dans mes intérêts.

Il sort.

Scène V : *Lisette, Pasquin.*

PASQUIN, *s'approchant de Lisette* : Bonjour, ma fille; bonjour, mon cœur; serviteur à mes amours.

LISETTE, *le repoussant un peu* : Tout doucement.

PASQUIN : Qu'est-ce donc, beauté de mon âme? D'où te vient cet air grave et rembruni?

LISETTE : C'est que j'ai à te parler, et que je rêve. Tu dis que tu m'aimes, et je suis en peine de savoir si je fais bien de te le rendre.

PASQUIN : Mais, m'amie, je ne comprends pas votre scrupule; n'êtes-vous pas convenue avec moi que je suis aimable? Eh! donc.

LISETTE : Parlons sérieusement; je n'aime point les amours qui n'aboutissent à rien.

PASQUIN : Qui n'aboutissent à rien! Pour qui me prends-tu? Veux-tu des sûretés?

LISETTE : J'entends qu'il me faut un mari, et non pas un amant.

PASQUIN : Pour ce qui est d'un amant, avec un mari comme moi, tu n'en auras que faire.

LISETTE : Oui; mais si notre mariage ne se fait jamais, si Madame Dorville, qui ne connaît point ton maître, marie sa fille à un autre, comme il y a toute apparence? Il y a quelques jours qu'il lui échappa qu'elle avait des vues; et c'est sur quoi nous raisonnions tantôt, Constance et moi; de façon qu'elle est fort inquiète, et, de temps en temps, nous sommes toutes deux tentées de vous laisser là.

PASQUIN : Malepeste! gardez-vous-en bien; je suis d'avis même que nous vous donnions, mon maître et moi, chacun notre portrait, que vous regarderez, pour vaincre la tentation de nous quitter.

LISETTE : Ne badine point. J'ai charge de ma maîtresse de t'interroger adroitement sur de certaines choses. Il s'agit de savoir ce que tout cela peut devenir, et non pas de s'attacher imprudemment à des inconnus qu'il faut quitter, et qu'on regrette souvent plus qu'ils ne valent.

PASQUIN : M'amour, un peu de politesse dans vos réflexions.

LISETTE : Tu sens bien qu'il serait désagréable d'être obligée de donner sa main d'un côté, pendant qu'on laisserait son cœur d'un autre. Ainsi voyons : tu dis que ton maître a du bien et de la naissance. Que ne se propose-t-il donc? Que ne nous fait-il donc demander en mariage? Que n'écrit-il à son père qu'il nous aime, et que nous lui convenons?

PASQUIN : Eh! morbleu! laisse-nous donc arriver à

Paris. A peine y sommes-nous. Il n'y a que huit jours que nous nous connaissons... Encore, comment nous connaissons-nous? Nous nous sommes rencontrés, et voilà tout.

LISETTE : Qu'est-ce que cela signifie « rencontrés »?

PASQUIN : Oui, vraiment; ce fut le Chevalier, avec qui nous étions, qui aborda la mère dans le jardin; ce qui continue de notre part : de façon que nous ne sommes encore que des amants qui s'abordent, en attendant qu'ils se fréquentent; il est vrai que c'en est assez pour s'aimer, mais non pas pour se demander en mariage, surtout quand on a des mères qui ne voudraient pas d'un gendre de rencontre. Pour ce qui est de nos parents, nous ne leur avons, depuis notre arrivée, écrit que deux petites lettres, où il n'a pu être question de vous, ma fille : à la première, nous ne savions pas seulement que vos beautés étaient au monde; nous ne l'avons su qu'une heure avant la seconde; mais à la troisième, on mandera qu'on les a vues; et à la quatrième, qu'on les adore. Je défie qu'on aille plus vite.

LISETTE : Je crains que la mère, qui a ses desseins, n'aille plus vite encore.

PASQUIN, *d'un ton adroit* : En ce cas-là, si vous voulez, nous pourrons aller encore plus vite qu'elle.

LISETTE, *froidement* : Oui; mais les expéditions[2] ne sont pas de notre goût, et en mon particulier, je congédierais, avec un soufflet ou deux, le coquin qui oserait me le proposer.

PASQUIN : S'il n'y avait que le soufflet à essuyer, je serais volontiers ce coquin-là; mais je ne veux point du congé.

LISETTE : Achevons : dis-moi, cette charge que doit avoir ton maître est-elle achetée?

PASQUIN : Pas encore, mais nous la marchandons.

LISETTE, *d'un air incrédule et tout riant* : Vous la marchandez?

PASQUIN : Sans doute; t'imagines-tu qu'on achète une charge considérable comme on achète un ruban? Toi qui parles, quand tu fais l'emplette d'une étoffe, prends-tu le marchand au mot? On te surfait, tu rabats[3], tu te retires, on te rappelle, et à la fin on lâche la main de part et d'autre; et nous la lâcherons, quand il en sera temps.

LISETTE, *d'un air incrédule* : Pasquin, est-il réellement question d'une charge? Ne me trompes-tu pas?

PASQUIN : Allons, allons, tu te moques; je n'ai point d'autre réponse à cela que de te montrer ce minois. *(Il montre son visage.)* Cette face d'honnête homme que tu as trouvée si belle et si pleine de candeur...

LISETTE : Que sait-on? ta physionomie vaut peut-être mieux que toi?

PASQUIN : Non, m'amie, non; on n'y voit qu'un échantillon de mes bonnes qualités; tout le monde en convient; informez-vous.

LISETTE : Quoi qu'il en soit, je conseille à ton maître de faire ses diligences[4]. Mais voilà quelqu'un qui paraît avoir envie de te parler. Adieu, nous nous reverrons tantôt.

Elle sort.

Scène VI : Monsieur Orgon, Pasquin.

PASQUIN, *considérant Monsieur Orgon, qui de loin l'observe* : J'ôterais mon chapeau à cet homme-là, si je ne m'en empêchais pas, tant il ressemble au père de mon maître. *(Orgon se rapproche.)* Mais, ma foi, il lui ressemble trop, c'est lui-même. *(Allant après Orgon.)* Monsieur, Monsieur Orgon!

MONSIEUR ORGON : Tu as donc bien de la peine à me reconnaître, faquin?

PASQUIN, *les premiers mots à part* : Ce début m'inquiète... *(Haut.)* Monsieur... comme vous êtes ici, pour ainsi dire, en fraude, je vous prenais pour une copie de vous-même... tandis que l'original était en province.

MONSIEUR ORGON : Eh! tais-toi, maraud, avec ton original et ta copie.

PASQUIN : Monsieur, j'ai bien de la joie à vous voir; mais votre accueil est triste : vous n'avez pas l'air aussi serein qu'à votre ordinaire.

MONSIEUR ORGON : Il est vrai que j'ai fort peu sujet d'être content de ce qui se passe.

PASQUIN : Ma foi, je n'en suis pas plus content que vous. Mais vous savez donc nos aventures?

MONSIEUR ORGON : Oui, je les sais, oui; il y a quinze jours que vous êtes ici, et il y en a autant que j'y suis : je partis le lendemain de votre départ, je vous ai rattrapés en chemin, je vous ai suivis jusqu'ici, je vous ai fait observer depuis que vous y êtes; c'est moi qui ai dit au banquier de ne délivrer à mon fils qu'une partie de l'argent destiné à l'acquisition de sa charge, et de le remettre pour le reste; on m'a appris qu'il a joué, et qu'il a perdu. Je sors actuellement de chez mon banquier; j'y ai laissé mon fils qui ne m'y a pas vu, et qu'on va achever de payer; mais je ne lui laisserai pas le reste de la somme à sa discrétion; et j'ai dit qu'on l'amusât pour me donner le temps de venir te parler.

PASQUIN : Monsieur, puisque vous savez tout, vous savez sans doute que ce n'est pas ma faute.

MONSIEUR ORGON : Ne devais-tu pas parler à Damon, et tâcher de le détourner de son extravagance? Jouer, contre le premier venu, un argent dont je lui avais marqué l'emploi!

PASQUIN : Ah! Monsieur, si vous saviez les remontrances que je lui ai faites! Ce jardin-ci m'en est témoin, il m'a vu pleurer, Monsieur : mes larmes apparemment ne sont pas touchantes, car votre fils n'en a tenu compte, et je conviens avec vous que c'est un étourdi, un évaporé, un libertin qui n'est pas digne de vos bontés.

MONSIEUR ORGON : Doucement; il mérite les noms que tu lui donnes, mais ce n'est pas à toi à les lui donner.

PASQUIN : Hélas! Monsieur, il ne les mérite pas non

---

2. *Expédition* se dit de l'action par laquelle on expédie, et *expédier* (souvent employé par Marivaux) signifie hâter l'exécution d'une chose.

3. *Surfaire* a le sens de : demander un prix trop élevé d'une chose qui est à vendre; *rabattre*, celui de : faire quelque réduction sur le prix d'une chose qu'on veut acheter ou qu'on paye.

4. *Faire ses diligences* : mettre beaucoup de soin à une chose (sans idée de hâte).

plus, et je ne les lui donnais que par complaisance pour votre colère et pour ma justification : mais la vérité est que c'est un fort estimable jeune homme, qui n'a joué que par politesse, et qui n'a perdu que par malheur.

MONSIEUR ORGON : Passe encore s'il n'avait point d'inclination pour le jeu.

PASQUIN : Eh! non, Monsieur; je vous dis que le jeu l'ennuie; il y bâille, même en y gagnant. Vous le trouverez un peu changé, car il vous craint, il vous aime. Oh! cet enfant-là a pour vous un amour qui n'est pas croyable.

MONSIEUR ORGON : Il me l'a toujours paru, et j'avoue que jusqu'ici je n'ai rien vu que de louable en lui. Je voulais achever de le connaître : il est jeune, il a fait une faute, il n'y a rien d'étonnant, et je la lui pardonne, pourvu qu'il la sente; c'est ce qui décidera de son caractère. Ce sera un peu d'argent qu'il m'en coûtera, mais je ne le regretterai point si son imprudence le corrige.

PASQUIN : Oh! voilà qui est fait, Monsieur : je vous le garantis rangé pour le reste de sa vie, il m'a juré qu'il ne jouerait plus qu'une fois.

MONSIEUR ORGON : Comment donc! il veut jouer encore?

PASQUIN : Oui, Monsieur, rien qu'une fois, parce qu'il vous aime; il veut rattraper son argent, afin que vous n'ayez pas le chagrin de savoir qu'il l'a perdu; il n'y a rien de si tendre; et ce que je vous dis là est exactement vrai.

MONSIEUR ORGON : Est-ce aujourd'hui qu'il doit jouer?

PASQUIN : Ce soir même, pendant le bal qu'on doit donner ici, et où se doit trouver un certain chevalier qui lui a gagné son argent, et qui est homme à lui gagner le reste.

MONSIEUR ORGON : C'est donc pour ce beau projet qu'il est allé chez le banquier?

PASQUIN : Oui, Monsieur.

MONSIEUR ORGON : Le Chevalier et lui seront-ils masqués?

PASQUIN : Je n'en sais rien, mais je crois que oui, car il y a quelques jours qu'il y eut ici un bal où ils l'étaient tous deux. Mon maître a même encore son domino vert qu'il a gardé pour ce bal-ci; et je pense que le Chevalier, qui loge au même hôtel, a aussi gardé le sien qui est jaune.

MONSIEUR ORGON : Tâche de savoir cela bien précisément, et viens m'en informer tantôt à ce café attenant à l'hôtel où tu me trouveras; j'y serai sur les six heures du soir.

PASQUIN : Et moi, vous m'y verrez à six heures frappantes.

MONSIEUR ORGON, *tirant une lettre de sa poche* : Garde-toi, surtout, de dire à mon fils que je suis ici, je te le défends, et remets-lui cette lettre comme venant de la poste; mais ce n'est pas là tout : on m'a dit aussi qu'il voit souvent dans ce jardin une jeune personne qui vient s'y promener avec sa mère; est-ce qu'il l'aime?

PASQUIN : Ma foi, Monsieur, vous êtes bien servi; sans doute qu'on vous aura parlé aussi de ma tendresse... n'est-il pas vrai?

MONSIEUR ORGON : Passons, il n'est pas question de toi.

PASQUIN : C'est que nos déesses sont camarades.

MONSIEUR ORGON : N'est-ce pas la fille de madame Dorville?

PASQUIN : Oui, celle de mon maître.

MONSIEUR ORGON : Je la connais cette Madame Dorville; et il faut que mon fils ne lui ait pas rendu la lettre que je lui ai écrite, puisqu'il ne la voit pas chez elle.

PASQUIN : Il l'avait oubliée, et il doit la lui remettre à son retour; mais, Monsieur, cette Madame Dorville est-elle bien de vos amies?

MONSIEUR ORGON : Beaucoup.

PASQUIN, *enchanté et caressant Monsieur Orgon* : Ah! que vous êtes charmant! Pardonnez mon transport, c'est l'amour qui le cause; il ne tiendra qu'à vous de faire notre fortune.

MONSIEUR ORGON : C'est à quoi je pense. Constance et Damon doivent être mariés ensemble.

PASQUIN, *enchanté* : Cela est adorable!

MONSIEUR ORGON : Sois discret au moins.

PASQUIN : Autant qu'amoureux.

MONSIEUR ORGON : Souviens-toi de tout ce que je t'ai dit. Quelqu'un vient, je ne veux pas qu'on me voie, et je me retire avant que mon fils arrive.

PASQUIN, *quand Monsieur Orgon s'en va* : C'est Lisette, Monsieur; voyez qu'elle a bonne mine!

MONSIEUR ORGON, *se retournant* : Tais-toi.

Il sort.

Scène VII : Pasquin, Lisette.

PASQUIN, *à part* : Allons, modérons-nous.

LISETTE, *d'un air sérieux et triste* : Je te cherchais.

PASQUIN, *d'un air souriant* : Et moi j'avais envie de te voir.

LISETTE : Regarde-moi bien, ce sera pour longtemps; j'ai ordre de ne te plus voir.

PASQUIN, *d'un air badin* : Ordre!

LISETTE : Oui, ordre, oui, il n'y a point à plaisanter.

PASQUIN, *toujours riant* : Et dis-moi, auras-tu de la peine à obéir?

LISETTE : Et dis-moi, à ton tour, un animal qui me répond sur ce ton-là mérite-t-il qu'il m'en coûte?

PASQUIN, *toujours riant* : Tu es fâchée de ce que je ris?

LISETTE, *le regardant* : La cervelle t'aurait-elle subitement tourné, par hasard?

PASQUIN : Point du tout, je n'eus jamais tant de bon sens; ma tête est dans toute sa force.

LISETTE : C'est donc la tête d'un grand maraud. Ah, l'indigne!

PASQUIN : Ah, quelles délices : Tu ne m'as jamais rien dit de si touchant.

LISETTE, *le considérant* : La maudite race que les hommes! J'aurais juré qu'il m'aimait.

PASQUIN, *riant* : Bon, t'aimer! je t'adore.

LISETTE : Écoute-moi, monstre et ne réplique plus. Tu diras à ton maître, de la part de Madame Dorville, qu'elle le prie de ne plus parler à Constance, que c'est une liberté qui lui déplaît, et qu'il s'en abstiendra, s'il est galant homme — dont l'impudence du valet fait que je doute. Adieu.

PASQUIN : Oh! j'avoue que je ne me sens pas d'aise, et cependant tu t'abuses : je suis plein d'amour, là ce qu'on appelle plein; mon cœur en a pour quatre, en vérité, tu le verras.

LISETTE, s'arrêtant : Je le verrai? Que veux-tu dire?

PASQUIN : Je dis... que tu verras; oui, ce qu'on appelle voir... Prends patience.

LISETTE, comme à part : Tout bien examiné, je lui crois pourtant l'esprit en mauvais état.

Scène VIII : Lisette, Pasquin, Damon.

DAMON : Ah! Lisette, je te trouve à propos.

LISETTE : Un peu moins que vous ne pensez. Ne me retenez pas, Monsieur, je ne saurais rester : votre homme sait les nouvelles, qu'il vous les dise.

PASQUIN, riant : Ha, ha, ha. Ce n'est rien, c'est qu'elle a des ordres qui me divertissent. Madame Dorville s'emporte, et prétend que nous supprimions tout commerce avec elle; notre fréquentation dans le jardin n'est pas de son goût, dit-elle; elle s'imagine que nous lui déplaisons, cette bonne femme!

DAMON : Comment?

LISETTE : Oui, Monsieur : voilà ce qui le réjouit; il n'est plus permis à Constance de vous dire le moindre mot, on vous prie de la laisser en repos, vous êtes proscrit, tout entretien est interdit avec vous, et même, en vous parlant, je fais actuellement un crime.

DAMON, à Pasquin : Misérable! et tu ris de ce qui m'arrive.

PASQUIN : Oui, Monsieur, c'est une bagatelle; Madame Dorville ne sait ce qu'elle dit, ni de qui elle parle; je vous retiens ce soir à souper chez elle. Votre vin est-il bon, Lisette?

DAMON : Tais-toi, faquin, tu m'indignes.

LISETTE, à part, à Damon : Monsieur, ne lui trouvez-vous pas dans les yeux quelque chose d'égaré?

PASQUIN, à Damon, en riant : Elle me croit timbré, n'est-ce pas?

LISETTE : Voici Madame que je vois de loin se promener; adieu, Monsieur, je vous quitte, et je vais la joindre.

Elle s'en va. Pasquin bat du pied sans parler.

Scène IX : Damon, Pasquin.

DAMON, parlant à lui-même : Que je suis à plaindre!

PASQUIN, froidement : Point du tout; c'est une erreur.

DAMON : Va-t'en, va-t'en; il faut effectivement que tu sois ivre ou fou.

PASQUIN, sérieusement : Erreur sur erreur. Où est votre lettre pour cette Madame Dorville?

DAMON : Ne t'en embarrasse pas. Je vais la lui remettre, dès que j'aurai porté mon argent chez moi. Viens, suis-moi.

PASQUIN, froidement : Non, je vous attends ici. Allez vite, nous nous amuserions l'un et l'autre, et il n'y a

point de temps à perdre. Tenez, prenez ce paquet que je viens de recevoir du facteur, il est de votre père.

Damon prend la lettre, et s'en va en regardant Pasquin.

Scène X : Madame Dorville, Constance, Lisette, Pasquin.

PASQUIN, seul : Nos gens s'approchent, ne bougeons. (Il chante.) La, la, rela.

MADAME DORVILLE, à Lisette : Avez-vous parlé à ce garçon de ce que je vous ai dit?

LISETTE : Oui, Madame.

PASQUIN, saluant Madame Dorville : Par ce garçon, n'est-ce pas moi que vous entendez, Madame? Oui : je sais ce dont il est question, et j'en ai instruit mon maître; mais ce n'est pas là votre dernier mot, Madame, vous changerez de sentiment, je prends la liberté de vous le dire; nous ne sommes pas si mal dans votre esprit.

MADAME DORVILLE : Vous êtes bien hardi, mon ami; allez, passez votre chemin.

PASQUIN, doucement : Madame, je vous demande pardon; mais je ne passe point, je reste, je ne vais pas plus loin.

MADAME DORVILLE : Qu'est-ce que c'est que cet impertinent-là? Lisette, dites-lui qu'il se retire.

LISETTE, en priant Pasquin : Eh! va-t'en, mon pauvre Pasquin, je t'en prie. (A part.) Voilà une démence bien étonnante! (Et à sa maîtresse.) Madame, c'est qu'il est un peu imbécile.

PASQUIN, souriant froidement : Point du tout : c'est seulement que je sais dire la bonne aventure. Jamais Madame ne séparera sa fille et mon maître. Ils sont faits pour s'aimer; c'est l'avis des astres et le vôtre.

MADAME DORVILLE : Va-t'en. (Regardant Constance.) Ils sont nés pour s'aimer! Ma fille, vous aurait-il entendu dire quelque chose qui ait pu lui donner cette idée? Je me persuade que non; vous êtes trop bien née pour cela.

CONSTANCE, timidement et tristement : Assurément, ma mère.

MADAME DORVILLE : C'est que Damon vous aura dit, sans doute, quelques galanteries!

CONSTANCE : Mais oui.

LISETTE : C'est un jeune homme fort estimable.

MADAME DORVILLE : Peut-être même vous a-t-il parlé d'amour?

CONSTANCE, tendrement : Quelques mots approchants.

LISETTE : Je ne plains pas celle qui l'épousera.

MADAME DORVILLE, à Lisette : Taisez-vous. (A Constance.) Et vous en avez badiné?

CONSTANCE : Comme il s'expliquait d'une façon très respectueuse, et de l'air de la meilleure foi; que, d'ailleurs, j'étais le plus souvent avec vous, et que je ne prévoyais pas que vous me défendriez de le voir, je n'ai pas cru devoir me fâcher contre un si honnête homme.

MADAME DORVILLE, d'un air mystérieux : Constance, il était temps que vous ne le vissiez plus.

PASQUIN, de loin : Et moi, je dis que voici le temps qu'ils se verront bien autrement.

MADAME DORVILLE : Retirons-nous, puisqu'il n'y a pas moyen de se défaire de lui.

PASQUIN, *à part* : Où est cet étourdi qui ne vient point avec sa lettre?

Scène XI : Madame Dorville, Constance, Lisette, Pasquin, Damon, qui arrête Madame Dorville comme elle s'en va, et la salue, la lettre à la main, sans rien dire.

MADAME DORVILLE : Monsieur, vous êtes instruit de mes intentions, et j'espérais que vous y auriez plus d'égard. Retirez-vous, Constance.

DAMON : Quoi! Constance sera privée du plaisir de se promener, parce que j'arrive!

MADAME DORVILLE : Il n'est plus question de se voir, Monsieur; j'ai des vues pour ma fille qui ne s'accordent plus avec des pareilles galanteries. *(A Constance.)* Retirez-vous donc.

CONSTANCE : Voilà la première fois que vous me le dites.

Elle part et retourne la tête.

PASQUIN, *à Damon* : Allons, vite, la lettre.

DAMON : Je suis si mortifié du trouble que je cause ici, que je ne songeais pas à vous rendre cette lettre, Madame.

Il lui présente la lettre.

MADAME DORVILLE : A moi, Monsieur; et de quelle part, s'il vous plaît?

DAMON : De mon père, Madame.

PASQUIN : Oui, d'un gentilhomme de votre ancienne connaissance.

LISETTE, *à Pasquin, pendant que Madame Dorville ouvre le paquet* : Tu ne m'as rien dit de cette lettre.

PASQUIN, *vite* : Ne t'abaisse point à parler à un fou.

MADAME DORVILLE, *à part, en regardant Pasquin* : Ce valet n'est pas si extravagant. *(A Damon.)* Monsieur, cette lettre me fait grand plaisir; je suis charmée d'apprendre des nouvelles de Monsieur votre père.

LISETTE, *à Pasquin* : Je te fais réparation.

DAMON : Oserais-je me flatter que ces nouvelles me seront un peu favorables?

MADAME DORVILLE : Oui, Monsieur; vous pouvez continuer de nous voir, je vous le permets; je ne saurais m'en dispenser avec le fils d'un si honnête homme.

LISETTE, *à part, à Pasquin* : A merveille, Pasquin.

PASQUIN, *à part, à Lisette* : Non, j'extravague.

MADAME DORVILLE, *à Damon* : Cependant, les vues que j'avais pour ma fille subsistent toujours, et plus que jamais, puisque je la marie incessamment.

DAMON : Qu'entends-je?

LISETTE, *à part, à Pasquin* : Je n'y suis plus.

PASQUIN : J'y suis toujours.

MADAME DORVILLE : Suivez-moi dans cette autre allée, Lisette, j'ai à vous parler. *(A Damon.)* Monsieur, je suis votre servante.

DAMON, *tristement* : Non, Madame, il vaut mieux que je me retire pour vous laisser libre.

Pasquin et Damon sortent.

Scène XII : Madame Dorville, Lisette.

LISETTE : Hélas! vous venez de le désespérer.

MADAME DORVILLE : Dis-moi naturellement : ma fille a-t-elle de l'inclination pour lui?

LISETTE : Ma foi, tenez, c'est lui qu'elle choisirait, si elle était sa maîtresse.

MADAME DORVILLE : Il me paraît avoir du mérite.

LISETTE : Si vous me consultez, je lui donne ma voix; je le choisirais pour moi.

MADAME DORVILLE : Et moi je le choisis pour elle.

LISETTE : Tout de bon?

MADAME DORVILLE : C'est positivement à lui que je destinais Constance.

LISETTE : Voilà quatre jeunes gens qui seront bien contents.

MADAME DORVILLE : Quatre! Je n'en connais que deux.

LISETTE : Si fait : Pasquin et moi nous sommes les deux autres.

MADAME DORVILLE : Ne dis rien de ceci à ma fille, non plus qu'à Damon, Lisette; je veux les surprendre, et c'est aussi l'intention du père qui doit arriver incessamment, et qui me prie de cacher à son fils, s'il aime ma fille, que nous avons dessein d'en faire mon gendre; il se ménage, dit-il, le plaisir de paraître obliger Damon en consentant à ce mariage.

LISETTE : Je vous promets le secret. Il faut que Pasquin en soit instruit, et qu'il ait eu ses raisons pour m'avoir tu ce qu'il sait; je ne m'étonne plus que mes injures l'aient tant diverti; je lui ai donné la comédie, et je prétends qu'il me la rende.

MADAME DORVILLE : Rappelez Constance.

LISETTE : La voici qui vient vous trouver, et je vais vous aider à la tromper.

Scène XIII : Madame Dorville, Constance, Lisette.

MADAME DORVILLE : Approchez, Constance. Je disais à Lisette que je vais vous marier.

LISETTE, *d'un ton froid* : Oui; et depuis que Madame m'a confié ses desseins, je suis fort de son sentiment. Je trouve que le parti vous convient.

CONSTANCE, *mutine avec timidité*[5] : Ce ne sont pas là vos affaires.

LISETTE : Je dois m'intéresser à ce qui vous regarde; et puis on m'a fait l'honneur de me communiquer les choses.

CONSTANCE, *à part, à Lisette en lui faisant la moue* : Vous êtes jolie!

MADAME DORVILLE : Qu'avez-vous, ma fille? Vous me paraissez triste.

CONSTANCE : Il y a des moments où l'on n'est pas gai.

LISETTE : Qui est-ce qui n'a pas l'humeur inconstante?

CONSTANCE, *toujours piquée* : Qui est-ce qui vous parle?

_____

5. *Mutine* a toujours le sens de : opiniâtre, querelleuse, obstinée, têtue. Dans l'édition de 1825, cette indication scénique était remplacée par : *avec une colère contrainte.*

LISETTE : Eh! mais je vous excuse.

MADAME DORVILLE : A l'aigreur que vous montrez, Constance, on dirait que vous regrettez Damon... Vous ne répondez rien?

CONSTANCE : Mais je l'aurais trouvé assez à mon gré, si vous me l'aviez permis; au lieu que je ne connais pas l'autre.

LISETTE : Allez, si j'en crois Madame, l'autre le vaut bien.

CONSTANCE, *à part, à Lisette* : Vous me fatiguez.

MADAME DORVILLE : Damon vous plaît, ma fille? je m'en suis doutée; vous l'aimez.

CONSTANCE : Non, ma mère, je n'ai pas osé.

LISETTE : Quand elle l'aimerait, Madame, vous connaissez sa soumission, et vous n'avez point de résistance à craindre.

CONSTANCE, *à part, à Lisette* : Y a-t-il rien de plus méchant que vous?

MADAME DORVILLE : Ne dissimulez point, ma fille; on peut ou hâter ou retarder le mariage dont il s'agit; parlez nettement : est-ce que vous aimez Damon?

CONSTANCE, *timidement et hésitant* : Je ne l'ai encore dit à personne.

LISETTE, *froidement* : Je suis pourtant une personne, moi.

CONSTANCE : Vous mentez, je ne vous ai jamais dit que je l'aimais, mais seulement qu'il était aimable; vous m'en avez dit mille biens vous-même; et puisque ma mère veut que je m'explique avec franchise, j'avoue qu'il m'a prévenue en sa faveur. Je ne demande pourtant pas que vous ayez égard à mes sentiments, ils me sont venus sans que je m'en aperçusse. Je les aurais combattus, si j'y avais pris garde, et je tâcherai de les surmonter, puisque vous me l'ordonnez; il aurait pu devenir mon époux, si vous l'aviez voulu; il a de la naissance et de la fortune; il m'aime beaucoup, ce qui est avantageux en pareil cas, et ce qu'on ne rencontre pas toujours. Celui que vous me destinez feindra peut-être plus d'amour qu'il n'en aura : je n'en aurai peut-être point pour lui, quelque envie que j'aie d'en avoir : cela ne dépend pas de nous. Mais n'importe, mon obéissance dépend de moi. Vous rejetez Damon, vous préférez l'autre : je l'épouserai. La seule grâce dont j'ai besoin, c'est que vous m'accordiez du temps pour me mettre en état de vous obéir d'une manière moins pénible.

LISETTE : Bon! quand vous aurez vu le futur, vous ne serez peut-être pas fâchée qu'on expédie, et mon avis n'est pas qu'on recule.

CONSTANCE : Ma mère, je vous conjure de la faire taire, elle abuse de vos bontés; il est indécent qu'un domestique se mêle de cela.

MADAME DORVILLE, *en s'en allant* : Je pense pourtant comme elle, il sera mieux de ne pas différer ce mariage. Adieu; promenez-vous, je vous laisse. Si vous rencontrez Damon, je vous permets de souffrir qu'il vous aborde : vous me paraissez si raisonnable que ce n'est pas la peine de vous rien défendre là-dessus.

Elle sort.

Scène XIV : Constance, Lisette.

LISETTE, *d'un air plaisant* : En vérité, voilà une mère fort raisonnable; aussi elle a un très bon procédé.

CONSTANCE : Faites vos réflexions à part, et point de conversation ensemble.

LISETTE : A la bonne heure; mais je n'aime point le silence, je vous en avertis; si je ne parle, je m'en vais; vous ne pourrez rester seule, il faudra que vous vous retiriez, et vous ne verrez point Damon; ainsi discourons, faites-vous cette petite violence.

CONSTANCE, *soupirant* : Ah! eh bien! parlez, je ne vous en empêche pas; mais ne vous attendez pas que je vous réponde.

LISETTE : Ce n'est pas là mon compte; il faut que vous me répondiez.

CONSTANCE, *outrée* : J'aurai le chagrin de me marier au gré de ma mère; mais j'aurai le plaisir de vous mettre dehors.

LISETTE : Point du tout.

CONSTANCE : Je serai pourtant la maîtresse.

LISETTE : C'est à cause de cela que vous me garderez.

CONSTANCE, *soupirant* : Ah! quel mauvais sujet! Allons, je ne veux plus me promener, vous n'avez qu'à me suivre.

LISETTE, *riant* : Ha! ha! partons!

Scène XV : Damon, Constance, Lisette.

DAMON, *accourant* : Ah! Constance, je vous revois donc encore! Auriez-vous part à la défense qu'on m'a faite? Je me meurs de douleur! Lisette, observe de grâce si Madame Dorville ne vient point.

Lisette ne bouge.

CONSTANCE : Ne vous adressez point à elle, Damon, elle est votre ennemie et la mienne. Vous dites que vous m'aimez; vous ne savez pas encore que j'y suis sensible; mais le temps presse, et je vous l'avoue. Ma mère veut me marier à un autre que je hais, quel qu'il soit.

LISETTE, *se retournant* : Je gage que non.

CONSTANCE, *à Lisette* : Je vous défends de m'interrompre. *(A Damon.)* Sur tout ce que vous m'avez dit, vous êtes un parti convenable; votre père a sans doute quelques amis à Paris : allez les trouver, engagez-les à parler à ma mère. Quand elle vous connaîtra mieux, peut-être vous préférera-t-elle.

DAMON : Ah! Madame, rien ne manque à mon malheur.

LISETTE : Point de mouvements; croyez-moi, tout est fait, tout est conclu, je vous parle en amie.

CONSTANCE : Laissez-la dire, et continuez.

DAMON, *lui montrant une lettre* : Il ne me servirait à rien d'avoir recours à des amis; on vous a promise d'un côté, et on m'a engagé d'un autre. Voici ce que m'écrit mon père. *(Il lit.)* « J'arrive incessamment à Paris, mon fils; je compte que les affaires de votre charge sont terminées, et que je n'aurai qu'à remplir un engagement que j'ai pris pour vous, et qui est de terminer votre mariage avec une des plus aimables filles de Paris. Adieu. »

LISETTE : Une des plus aimables filles de Paris! Votre père s'y connaît, apparemment?

DAMON : Eh! n'achevez pas de me désoler.

CONSTANCE, *tendrement* : Quelle conjoncture! Il n'y a donc plus de ressource, Damon?

DAMON : Il ne m'en reste qu'une, c'est d'attendre ici mon rival; je ne m'explique pas sur le reste.

LISETTE, *en riant* : Il ne serait pas difficile de vous le montrer.

DAMON : Quoi! il est ici?

LISETTE : Depuis que vous y êtes : figurez-vous qu'il n'est pas arrivé un moment plus tôt ni plus tard.

DAMON : Il n'ose donc se montrer?

LISETTE : Il se montre aussi hardiment que vous, et n'a pas moins de cœur que vous.

DAMON : C'est ce que nous verrons.

CONSTANCE : Point d'emportement, Damon; je vous quitte; peut-être qu'elle nous trompe pour nous épouvanter; il est du moins certain que je n'ai point vu ce rival. Quoi qu'il en soit, je vais encore me jeter aux pieds de ma mère, et tâcher d'obtenir un délai qu'elle m'aurait déjà accordé, si cette fourbe que voilà ne l'en avait pas dissuadée. Adieu, Damon; ne laissez pas d'agir de votre côté, et ne perdons point de temps.

Elle part.

DAMON : Oui, Constance; je ne négligerai rien; peut-être nous arrivera-t-il quelque chose de favorable.

Il veut partir.

LISETTE, *l'arrête par le bras* : Non, Monsieur; restez en repos sur ma parole, je suis pour vous, et j'y ai toujours été; je plaisante, je ne saurais vous dire pourquoi; mais ne vous désespérez pas, tout ira bien, très bien; c'est moi qui vous le dis; moi, vous dis-je. Tranquillisez-vous, partez.

DAMON : Quoi! tout ce que je vois...

LISETTE : N'est rien; point de questions, je suis muette.

DAMON, *en s'en allant* : Je n'y comprends rien.

Scène XVI : Lisette, Pasquin.

LISETTE : Ah! voilà mon homme qui m'a tantôt ballottée [6]. *(A Pasquin.)* Je te rencontre fort à propos. D'où viens-tu?

PASQUIN : Du café voisin, où j'avais à parler à un homme de mon pays qui m'y attendait pour affaire sérieuse. Eh bien! comment suis-je dans ton esprit? Quelle opinion as-tu de ma cervelle? Me loges-tu toujours aux Petites-Maisons [7]!

LISETTE : Non, au lieu d'être fou, tu ne seras plus que sot.

PASQUIN : Moi, sot! Je ne suis pas tourné dans ce goût-là; tu me menaces de l'impossible.

LISETTE : Ce n'est pourtant que l'affaire d'un instant. Tiens, tu t'imagines que je serai à toi : point du tout; il faut que je t'oublie, il n'y a plus de moyen de te conserver.

PASQUIN : Tu n'y entends rien, moitié de mon âme.

LISETTE : Je te dis que tu te blouses, mon butor.

PASQUIN : Ma poule, votre ignorance est comique.

LISETTE : Benêt, ta science me fait pitié; veux-tu que je te confonde? Damon devait épouser ma maîtresse, suivant la lettre qu'il a tantôt remise à Madame Dorville de la part de son père; on en était convenu, n'est-il pas vrai?

PASQUIN : Mais effectivement; je sens que ma mine s'allonge : as-tu commerce avec le diable? Il n'y a que lui qui puisse t'avoir révélé cela.

LISETTE : Il m'a révélé un secret de mince valeur, car tout est changé; votre lettre est venue trop tard; Madame Dorville ne peut plus tenir parole, et Constance et moi nous sommes toutes deux arrêtées pour d'autres.

PASQUIN : Tu m'anéantis!

LISETTE : Es-tu sot, à présent? Tu en as du moins l'air.

PASQUIN : J'ai l'air de ce que je suis.

LISETTE, *riant* : Ah! Ah! ah! ah!...

PASQUIN : Tu m'assommes! tu me poignardes! je me meurs! j'en mourrai!

LISETTE : Tu es donc fâché de me perdre? Quelles délices!

PASQUIN : Ah! scélérate, ah! masque [8]!

LISETTE : Courage! tu ne m'as jamais rien dit de si touchant.

PASQUIN : Girouette!

LISETTE : A merveille, tu régales bien ma vanité; mais écoute, Pasquin, fais-moi encore un plaisir. Celui que j'épouse à ta place est jaloux; ne te montre plus.

PASQUIN, *outré* : Quand je l'aurai étranglé, il sera le maître.

LISETTE, *riant* : Tu es ravissant!

PASQUIN : Je suis furieux; ôte ta cornette, que je te batte [9].

LISETTE : Oh! doucement, ceci est brutal.

PASQUIN : Allons; je cours vite avertir le père de mon maître.

LISETTE : Le père de ton maître? Est-ce qu'il est ici?

PASQUIN : L'esprit familier qui t'a dit le reste, doit t'avoir dit sa secrète arrivée.

LISETTE : Non; tu me l'apprends, nigaud.

PASQUIN : Que m'importe? Adieu, vous êtes à nous, vos personnes nous appartiennent; il faut qu'on nous en fasse la délivrance, ou que le diable vous emporte, et nous aussi.

LISETTE, *l'arrêtant* : Tout beau, ne dérangeons rien; ne va point faire de sottises qui gâteraient tout peut-être; il n'y a pas le mot de ce que je t'ai dit; la lettre en question est toujours bonne, et les conventions tiennent; c'est ce que m'a confié Madame Dorville et je me suis divertie de ta douleur, pour me venger de la scène de tantôt.

PASQUIN : Ah! Je respire. Convenons que nous nous aimons prodigieusement; aussi le méritons-nous bien.

LISETTE : A force de joie, tu deviens fat. Il se fait tard, tu me diras une autre fois pourquoi ton maître se cache :

---

6. *Ballotter quelqu'un* s'entend dans le sens de : se jouer de lui.

7. Les *Petites-Maisons* : l'hospice où l'on enfermait les fous.

8. *Masque* : injure qu'on dit aux femmes de basse condition, qui sont vieilles ou laides, et en ce sens il est féminin (Dict. de l'Acad.).

9. Fournier et Bastide remarquent : « La formule est plaisante. Pasquin ne saurait battre une femme : si Lisette ôtait sa coiffure, il pourrait la prendre pour un homme! »

voici l'heure où l'on s'assemble dans la salle du bal; Madame Dorville m'a dit qu'elle y mènerait Constance, et je vais voir si elles n'auront pas besoin de moi.

PASQUIN, *l'arrêtant* : Attends, Lisette; vois-tu ce domino jaune qui arrive? C'est le Chevalier qui vient pour jouer avec mon maître, et qui lui gagnerait le reste de son argent; je vais tâcher de l'amuser, pour l'empêcher d'aller joindre Damon; mais reviens, si tu peux, dans un instant, pour m'aider à le retenir.

LISETTE : Tout à l'heure, je te rejoins; il me vient une idée, et je t'en débarrasserai; laisse-moi faire.

Scène XVII : Pasquin, Monsieur Orgon, *en domino pareil à celui que, suivant l'instruction de Pasquin, doit porter le Chevalier.*

MONSIEUR ORGON, *un moment démasqué en entrant* : Voici Pasquin. Au domino que je porte, il me prendra pour le Chevalier.

PASQUIN : Ah! vraiment, celui-ci n'avait garde de manquer.

MONSIEUR ORGON, *contrefaisant sa voix* : Où est ton maître?

PASQUIN : Je n'en sais rien; et en quelque endroit qu'il soit, il ferait mieux de s'y tenir, il y serait mieux qu'avec vous; mais il ne tardera pas : attendez.

MONSIEUR ORGON : Tu es bien brusque.

PASQUIN : Vous êtes bien alerte, vous.

MONSIEUR ORGON : Ne sais-tu pas que je dois jouer avec ton maître?

PASQUIN : Ah! jouer. Cela vous plaît à dire; ce sera lui qui jouera; tout le hasard sera de son côté, toute la fortune du vôtre : vous ne jouez pas, vous; vous gagnez.

MONSIEUR ORGON : C'est que je suis plus heureux que lui.

PASQUIN : Bon! du bonheur! ce n'est pas là votre fort; vous êtes trop sage pour en avoir affaire.

MONSIEUR ORGON : Je crois que tu m'insultes.

PASQUIN : Point du tout, je vous devine.

MONSIEUR ORGON, *se démasquant* : Tiens, me devinais-tu?

PASQUIN, *étonné* : Quoi! Monsieur, c'est vous? Ah! je commence à vous deviner mieux.

MONSIEUR ORGON : Où est mon fils?

PASQUIN : Apparemment qu'il est dans la salle.

MONSIEUR ORGON : Paix! je pense que le voilà.

PASQUIN : Ne restez pas ici avec lui, de peur que le Chevalier, qui va sans doute arriver, ne vous trouve ensemble.

Scène XVIII : Monsieur Orgon, *Damon, Pasquin.*

DAMON, *son masque à la main* : Ah! c'est vous, Chevalier, je commençais à m'impatienter : hâtons-nous de passer dans le cabinet qui est à côté de la salle.

Ils sortent.

PASQUIN : Oui, Monsieur, jouez hardiment; je me dédis; vous ne sauriez perdre, vous avez affaire au plus beau joueur du monde.

Scène XIX : Pasquin *et le véritable Chevalier démasqué.*

PASQUIN : Il était temps qu'ils partissent; voici mon homme, le véritable.

LE CHEVALIER : Damon est-il venu?

PASQUIN : Non; il va venir, et vous m'êtes consigné; j'ai ordre de vous tenir compagnie, en attendant qu'il vienne.

LE CHEVALIER : Penses-tu qu'il tarde?

PASQUIN : Il devrait être arrivé. *(A part.)* Lisette me manque de parole.

LE CHEVALIER : C'est peut-être son banquier qui l'a remis.

PASQUIN : Oh! non, Monsieur; il a la somme comptée en bel et bon or, je l'ai vue : ce sont les louis frais battus, qui ont une mine... *(A part.)* Quel appétit je lui donne! *(Haut.)* Et vous, Monsieur le Chevalier, êtes-vous bien riche?

LE CHEVALIER : Pas mal; et suivant ta prédiction, je le serai encore davantage.

PASQUIN : Non. Je viens de tirer votre horoscope, et je m'étais trompé tantôt : mon maître perdra peut-être, mais vous ne gagnerez point.

LE CHEVALIER : Qu'est-ce que tu veux dire?

PASQUIN : Je ne saurais vous l'expliquer; les astres ne m'en ont pas dit davantage; ce qu'on lit dans le ciel est écrit en si petit caractère!

LE CHEVALIER : Et tu n'es pas, je pense, un grand astrologue.

PASQUIN : Vous verrez, vous verrez. Tenez, je déchiffre encore qu'aujourd'hui vous devez rencontrer sur votre chemin un fripon qui vous amusera, qui se moquera de vous, et dont vous serez la dupe.

LE CHEVALIER : Quoi! qui gagnera mon argent?

PASQUIN : Non; mais qui vous empêchera d'avoir celui de mon maître.

LE CHEVALIER : Tais-toi, mauvais bouffon.

PASQUIN : J'aperçois aussi, dans votre étoile, un domino qui vous portera malheur; il sera cause d'une méprise qui vous sera fatale.

LE CHEVALIER, *sérieusement* : Ne vois-tu pas aussi dans mon étoile que je pourrais me fâcher contre toi?

PASQUIN : Oui, cela y est encore; mais je vois qu'il ne m'en arrivera rien.

LE CHEVALIER : Prends-y garde. C'est peut-être le petit caractère qui t'empêche d'y lire des coups de bâton. Laisse là tes contes; ton maître ne vient point, et cela m'impatiente.

PASQUIN, *froidement* : Il est même écrit que vous vous impatienterez.

LE CHEVALIER : Parle : t'a-t-il assuré qu'il viendrait?

PASQUIN : Un peu de patience.

LE CHEVALIER : C'est que je n'ai qu'un quart d'heure à lui donner.

PASQUIN : Malepeste! le mauvais quart d'heure!

LE CHEVALIER : Je vais toujours l'attendre dans le cabinet de la salle.

PASQUIN : Eh! non, Monsieur; j'ai ordre de rester ici avec vous.

Scène XX : *Pasquin, le Chevalier, Lisette, en chauve-souris.*

LISETTE, *masquée* : Monsieur le Chevalier, je vous cherche pour vous dire un mot. Une belle dame, riche et veuve, et qui est dans une des salles du bal, voudrait vous parler.

LE CHEVALIER : A moi?

LISETTE : A vous-même. Cet entretien-là peut vous mettre en jolie posture. Il y a longtemps qu'on vous connaît; on est sage; on vous aime; on a vingt-cinq mille livres de rente, et vous pouvez mener tout cela bien loin. Suivez-moi.

PASQUIN, *à part le premier mot* : C'est Lisette. Monsieur, vous avez donné parole à mon maître; il va venir avec un sac plein d'or, et cela se gagne encore plus vite qu'une femme; que la veuve attende.

LISETTE : Qu'est-ce donc que cet impertinent qui vous retient? Venez.

Elle le prend par la main.

PASQUIN, *prenant aussi le Chevalier par le bras* : Soubrette d'aventurière! vous ne l'aurez point; votre action est contre la police [10].

LISETTE, *en colère* : Comment! soubrette d'aventurière! on insulte ma maîtresse, et vous le souffrez, et vous ne venez pas! je vais dire à Madame de quelle façon on m'a reçue.

LE CHEVALIER, *la retenant* : Un moment. C'est un coquin qui ne m'appartient point. Tais-toi, insolent.

PASQUIN : Mais songez donc au sac.

LISETTE : Je rougis pour Madame, et je pars.

PASQUIN : Pour épouser Madame, il faut du temps; pour acquérir cet or, il ne faut qu'une minute.

LISETTE, *en colère* : Adieu, Monsieur.

LE CHEVALIER : Arrêtez, je vous suis. *(A Pasquin.)* Dis à ton maître que je reviendrai.

PASQUIN, *le prenant à quartier, et tout bas* : Je vous avertis qu'il y a ici d'autres joueurs qui le guettent.

LE CHEVALIER : Oh! que ne vient-il! Marchons.

Scène XXI : *Monsieur Orgon, Damon, entrant démasqué et au désespoir, Pasquin, Lisette, le Chevalier.*

DAMON, *démasqué* : Ah! le maudit coup!

LE CHEVALIER : Eh! d'où sortez-vous donc? Je vous attendais.

DAMON : Que vois-je? Ce n'est donc pas contre vous que j'ai joué?

LE CHEVALIER : Non; votre fourbe de valet m'a dit que vous n'étiez pas arrivé. *(A Pasquin.)* Tu m'amusais donc?

PASQUIN : Oui, pour accomplir la prophétie.

LE CHEVALIER : Damon, je ne saurais rester; une affaire m'appelle ailleurs. *(A Lisette.)* Conduisez-moi.

LISETTE, *se démasquant* : Ce n'est pas la peine, je vous amusais aussi, moi.

Elle se retire.

10. Contre l'ordre, le règlement établi.

DAMON, *à Monsieur Orgon masqué* : A qui donc ai-je eu affaire? Qui êtes-vous, masque?

MONSIEUR ORGON : Que vous importe? Vous n'avez point à vous plaindre, j'ai joué avec honneur.

DAMON : Assurément. Mais après tout ce que j'ai perdu, vous ne sauriez me refuser de jouer encore cent louis sur ma parole.

MONSIEUR ORGON : Le ciel m'en préserve! Je n'irai point vous jeter dans l'embarras où vous seriez, si vous les perdiez. Vous êtes jeune, vous dépendez apparemment d'un père; je me reprocherais de profiter de l'étourdissement où vous êtes, et d'être, pour ainsi dire, le complice du désordre où vous voulez vous jeter; j'ai même regret d'avoir tant joué; votre âge et la considération de ceux à qui vous appartenez devaient m'en empêcher : croyez-moi, Monsieur; vous me paraissez un jeune homme plein d'honneur, n'altérez point votre caractère par une aussi dangereuse habitude que l'est celle du jeu, et craignez d'affliger un père, à qui je suis sûr que vous êtes cher.

DAMON : Vous m'arrachez des larmes, en me parlant de lui; mais je veux savoir avec qui j'ai joué. Etes-vous digne du discours que vous me tenez?

MONSIEUR ORGON, *se démasquant* : Jugez-en vous-même.

DAMON, *se jetant à ses genoux* : Ah! Mon père, je vous demande pardon.

LE CHEVALIER, *à part* : Son père!

MONSIEUR ORGON, *relevant son fils* : J'oublie tout, mon fils; si cette scène-ci vous corrige, ne craignez rien de ma colère. Je vous connais, et ne veux vous punir de vos fautes qu'en vous donnant de nouveaux témoignages de ma tendresse; ils feront plus d'effet sur votre cœur que mes reproches.

DAMON, *se rejetant à ses genoux* : Eh bien! mon père, laissez-moi encore vous jurer à genoux que je suis pénétré de vos bontés; que vos ordres, que vos moindres volontés me seront désormais sacrés; que ma soumission durera autant que ma vie, et que je ne vois point de bonheur égal à celui d'avoir un père qui vous ressemble.

LE CHEVALIER, *à Monsieur Orgon* : Voilà qui est fort touchant; mais j'allais lui donner sa revanche; j'offre de vous la donner à vous-même.

MONSIEUR ORGON : On n'en a que faire, Monsieur. Mais, qui vient à nous?

Le Chevalier sort.

Scène XXII : *Madame Dorville, Constance, Monsieur Orgon, Damon, Lisette, Pasquin.*

MADAME DORVILLE, *à Constance* : Allons, ma fille, il est temps de se retirer. Que vois-je? Monsieur Orgon!

MONSIEUR ORGON : Oui, Madame, c'est moi-même; et j'allais dans le moment me faire connaître; je m'étais fait un plaisir de vous surprendre.

MADAME DORVILLE : Ma fille, saluez Monsieur, il est le père de l'époux que je vous destine.

CONSTANCE : Non, ma mère; vous êtes trop bonne

pour me le donner; et je suis obligée de dire naturellement à Monsieur que je n'aimerai point son fils.

DAMON : Qu'entends-je?

MONSIEUR ORGON : Après cet aveu-là, Madame, je crois qu'il ne doit plus être question de notre projet.

MADAME DORVILLE : Plus que jamais, je vous assure que votre fils l'épousera.

CONSTANCE : Vous me sacrifierez donc, ma mère?

MONSIEUR ORGON : Non, certes, c'est à quoi Madame Dorville voudra bien que je ne consente jamais. Allons, mon fils, je vous croyais plus heureux; retirons-nous. *(A Madame Dorville.)* Demain, Madame, j'aurai l'honneur de vous voir chez vous. Suivez-moi, Damon.

CONSTANCE : Damon! mais ce n'est pas de lui dont je parle.

DAMON : Ah, Madame!

MONSIEUR ORGON : Quoi! belle Constance, ignoriez-vous que Damon est mon fils?

CONSTANCE : Je ne le savais pas. J'obéirai donc.

MADAME DORVILLE : Vous voyez bien qu'ils sont assez d'accord; ce n'est pas la peine de rentrer dans le bal, je pense, allons souper chez moi.

MONSIEUR ORGON, *lui donnant la main* : Allons, Madame.

PASQUIN, *à Lisette* : Je demandais tantôt si votre vin était bon; c'est moi qui vais t'en dire des nouvelles.

LES SINCÈRES

Six mois après cette pièce de circonstance qu'était la Joie imprévue, voici une autre comédie en un acte : les Sincères. Nul doute que Marivaux n'y attachât beaucoup de prix : il la mentionnera même parmi les œuvres « dont [il] faisait le plus de cas ».

Est-ce parce que, comme le suggère Brunetière, Marivaux a voulu cette fois battre Molière sur son propre terrain, celui de la grande comédie de caractères ? Il est de fait que les Sincères rappellent le Misanthrope : certaines tirades, tant de Lisette et de Frontin (dans la scène 1) que d'Ergaste et de la Marquise (dans la scène 4) semblent sortir de la scène des portraits moliéresques (le Misanthrope, II, 4), et il y a nombre de points communs entre Ergaste, que Dorante définit comme « un misanthrope qui voudra peut-être passer pour sincère à vos dépens, et aux dépens de la sincérité même » (scène 11), et Alceste — jusqu'à une affaire de procès que l'un comme l'autre est content de perdre pour « gagner la réputation de s'être condamné lui-même ».

Mais Marivaux est d'abord fidèle à lui-même, à sa propre thématique, et c'est bien celle-ci que nous retrouvons dans les Sincères. L'impossibilité d'être sincère, d'être ce que la Marquise appelle « un homme vrai » l'a toujours préoccupé : depuis le Dialogue de l'Amour et de la Vérité il n'a cessé d'en faire l'un des principaux ressorts de son théâtre. Il vient même, par ailleurs, de lui consacrer entièrement une des histoires, la plus significative, du Cabinet du Philosophe : le Voyageur dans le nouveau monde où l'on assiste au voyage doublement imaginaire d'un gentilhomme déçu par notre société dans un « monde vrai », c'est-à-dire un monde qui « a pour habitants des hommes vrais, des hommes qui disent la vérité, qui disent tout ce qu'ils pensent (...) et qui en vivant ensemble, se montrent toujours leur âme à découvert, au lieu que la nôtre est toujours masquée ».

Au delà de quelques similitudes de détail, rien n'est plus étranger à la dramaturgie et à l'idéologie moliéresques que les Sincères : ici, c'est le jeu social qui l'emporte et les héros de la sincérité, devenus les victimes de leur propre comédie, sont en fin de compte moins pathétiques que pitoyables. Marivaux ne fait pas ainsi l'éloge du mensonge ou de la dissimulation : il constate seulement que l'une et l'autre sont parfois nécessaires et que, à moins de rompre avec toute vie en société, la seule façon d'être vrai et d'être soi-même, c'est d'observer en toute lucidité les règles du jeu de cette société.

Sans doute est-ce la complexité même des Sincères qui rebuta le public de l'Hôtel de Bourgogne. Certes, lors de sa première représentation (Silvia était la Marquise, Romagnesi Dorante, la Dlle Thomassin Araminte, Riccoboni Ergaste, la Dlle Riccoboni Lisette, et le Sr Deshayes Frontin), le mercredi 13 janvier 1789, la pièce fut « fort applaudie », mais les réticences se multiplièrent vite. Un compte rendu de la Bibliothèque Française en témoigne : « Elle (l'œuvre de Marivaux) n'a presque rien de théâtral. C'est plutôt un ingénieux dialogue qu'une comédie. Dans une comédie il faut une action, il faut une intrigue, un nœud et un dénouement. M. de Marivaux a cru pouvoir négliger de s'asservir à cette règle. » Les contemporains s'étonnèrent aussi de voir dans les Sincères un valet et une suivante qui « n'ont aucun intérêt à la brouillerie » et qui « commencent par s'assurer entre eux d'une indifférence réciproque (...) au lieu que dans la plupart des autres comédies, les domestiques veulent marier leurs maîtres pour être plus portés à se marier eux-mêmes » (Desboulmiers). Enfin, chacun regretta que, une fois de plus, Marivaux ait « abusé de son esprit ».

Négligée pendant presque tout le XIXe siècle, cette comédie de Marivaux ne reparut sur une scène qu'en 1891 : elle accompagnait à l'affiche du Théâtre de l'Odéon la création d'Amoureuse de Porto-Riche. La critique l'y remarqua à peine.

Le mérite d'avoir ressuscité les Sincères revient donc, une fois encore, à Xavier de Courville qui les présenta, à la Petite Scène, le 2 mars 1931. Lui emboîtant le pas, avec quelque vingt ans de retard, la Comédie-Française inscrivit l'œuvre de Marivaux à son répertoire le 12 septembre 1950 dans une mise en scène de Véra Korène qui jouait aussi la Marquise.

ACTEURS

La Marquise; Dorante; Araminte; Ergaste; Lisette, *suivante de la Marquise*; Frontin, *valet d'Ergaste*.

LA SCÈNE SE PASSE EN CAMPAGNE, CHEZ
LA MARQUISE.

*Scène I : Lisette,
Frontin. Ils entrent chacun d'un côté.*

LISETTE : Ah! Mons [1] Frontin, puisque je vous trouve, vous m'épargnez la peine de parler à votre maître de la part de ma maîtresse. Dites-lui qu'actuellement elle achève une lettre qu'elle voudrait bien qu'il envoyât à Paris porter avec les siennes; entendez-vous? Adieu. *Elle s'en va, puis s'arrête.*

FRONTIN : Serviteur. *(A part.)* On dirait qu'elle ne se soucie point de moi; je pourrais donc me confier à elle, mais la voilà qui s'arrête.

LISETTE, *à part* : Il ne me retient point, c'est bon signe. *(Haut, à Frontin.)* Allez donc.

FRONTIN : Il n'y a rien qui presse; Monsieur a plusieurs lettres à écrire, à peine commence-t-il la première; ainsi soyez tranquille.

LISETTE : Mais il serait bon de le prévenir, de crainte...

FRONTIN : Je n'en irai pas un moment plus tôt; je sais mon compte.

LISETTE : Oh! je reste donc pour prendre mes mesures, suivant le temps qu'il vous plaira de prendre pour vous déterminer.

FRONTIN, *à part* : Ah! nous y voilà; je me doutais bien que je ne lui étais pas indifférent; cela était trop difficile. *(A Lisette.)* De conversation, il ne faut pas en attendre, je vous en avertis; je m'appelle Frontin le Taciturne.

LISETTE : Bien vous en prend, car je suis muette.

FRONTIN : Coiffée [2] comme vous l'êtes, vous aurez de la peine à le persuader.

LISETTE : Je me tais cependant.

FRONTIN : Oui, vous vous taisez en parlant.

LISETTE, *à part* : Ce garçon-là ne m'aime point; je puis me fier à lui.

FRONTIN : Tenez, je vous vois venir; abrégeons; comment me trouvez-vous?

LISETTE : Moi! je ne vous trouve rien.

FRONTIN : Je dis : que pensez-vous de ma figure?

LISETTE : De votre figure? mais est-ce que vous en avez une? je ne la voyais pas; auriez-vous par hasard dans l'esprit que je songe à vous?

FRONTIN : C'est que ces accidents-là me sont si familiers!

LISETTE, *riant* : Ah! ah! ah! vous pouvez vous vanter que vous êtes pour moi tout comme si vous n'étiez pas au monde. Et moi, comment me trouvez-vous à mon tour?

FRONTIN : Vous venez de me voler ma réponse.

LISETTE : Tout de bon?

FRONTIN : Vous êtes jolie, dit-on.

LISETTE : Le bruit en court.

FRONTIN : Sans ce bruit-là, je n'en saurais pas le moindre mot.

LISETTE, *joyeuse* : Grand merci! vous êtes mon homme; voilà ce que je demandais.

FRONTIN, *joyeux* : Vous me rassurez, mon mérite m'avait fait peur.

LISETTE, *riant* : On appelle cela avoir peur de son ombre.

FRONTIN : Je voudrais pourtant de votre part quelque chose de plus sûr que l'indifférence; il serait à souhaiter que vous aimassiez ailleurs.

LISETTE : Monsieur le fat, j'ai votre affaire. Dubois, que Monsieur Dorante a laissé à Paris, et auprès de qui vous n'êtes qu'un magot [3], a toute mon inclination; prenez seulement garde à vous.

FRONTIN : Marton, l'incomparable Marton, qu'Araminte n'a pas amenée avec elle, et devant qui toute soubrette est plus ou moins guenon, est la souveraine de mon cœur.

LISETTE : Qu'elle le garde. Grâce au ciel, nous voici en état de nous entendre pour rompre l'union de nos maîtres.

FRONTIN : Oui, ma fille : rompons, brisons, détruisons; c'est à quoi j'aspirais.

LISETTE : Ils s'imaginent sympathiser ensemble, à cause de leur prétendu caractère de sincérité.

FRONTIN : Pourrais-tu me dire au juste le caractère de ta maîtresse?

LISETTE : Il y a bien des choses dans ce portrait-là : en gros, je te dirai qu'elle est vaine, envieuse et caustique; elle est sans quartier sur vos défauts, vous garde le secret sur vos bonnes qualités; impitoyablement muette à cet égard, et muette de mauvaise humeur; fière de son caractère sec et formidable qu'elle appelle austérité de raison; elle épargne volontiers ceux qui tremblent sous elle, et se contente de les entretenir dans la crainte. Assez sensible à l'amitié pourvu qu'elle y prime; il faut que son amie soit sa sujette, et jouisse avec respect de ses bonnes grâces : c'est vous qui l'aimez, c'est elle qui vous le permet; vous êtes à elle, vous la servez, et elle vous voit faire. Généreuse d'ailleurs, noble dans ses façons; sans son esprit qui la rend méchante, elle aurait le meilleur cœur du monde; vos louanges la chagrinent, dit-elle; mais c'est comme si elle vous disait : Louez-moi encore du chagrin qu'elles me font.

FRONTIN : Ah! l'espiègle!

LISETTE : Quant à moi, j'ai là-dessus une petite manière qui l'enchante; je la loue brusquement, du ton dont on querelle; je boude en la louant, comme si je la grondais d'être louable : et voilà surtout l'espèce d'éloges qu'elle aime, parce qu'ils n'ont pas l'air flatteur, et que sa vanité hypocrite peut les savourer sans indécence. C'est moi qui l'ajuste et qui la coiffe; dans les premiers jours je tâchai de faire de mon mieux,

1. Expression familière pour Monsieur.
2. Frontin entend par là : vous qui portez une coiffe, vous qui êtes une femme.

3. Homme fort laid de visage.

je déployai tout mon savoir-faire. « Eh mais! Lisette, finis donc, me disait-elle, tu y regardes de trop près; tes scrupules m'ennuient. » Moi, j'eus la bêtise de la prendre au mot, et je n'y fis plus tant de façons; je l'expédiais un peu aux dépens des grâces. Oh! ce n'était là son compte! Aussi me brusquait-elle; je la trouvais aigre, acariâtre. « Que vous êtes gauche! laissez-moi; vous ne savez ce que vous faites. » Ouais, dis-je, d'où cela vient-il? je le devinai : c'est que c'était une coquette qui voulait l'être sans que je le susse, et qui prétendait que je le fusse pour elle; son intention, ne vous déplaise, était que je fisse violence à la profonde indifférence qu'elle affectait là-dessus. Il fallait que je servisse sa coquetterie sans la connaître; que je prisse cette coquetterie sur mon compte, et que Madame eût tout le bénéfice des friponneries de mon art, sans qu'il y eût de sa faute.

FRONTIN : Ah! le bon petit caractère pour nos desseins!

LISETTE : Et ton maître?

FRONTIN : Oh! ce n'est pas de même; il dit ce qu'il pense de tout le monde, mais il n'en veut à personne : ce n'est pas par malice qu'il est sincère, c'est qu'il a mis son affection à se distinguer par là. Si, pour paraître franc, il fallait mentir, il mentirait : c'est un homme qui vous demanderait volontiers, non pas : « M'estimez-vous? » mais : « Etes-vous étonné de moi ? » Son but n'est pas de persuader qu'il vaut mieux que les autres, mais qu'il est autrement fait qu'eux, qu'il ne ressemble qu'à lui. Ordinairement, vous fâchez les autres en leur disant leurs défauts; vous le chatouillez, lui; vous le comblez d'aise en lui disant les siens, parce que vous lui procurez le rare honneur d'en convenir; aussi personne ne dit-il tant de mal de lui que lui-même; il en dit plus qu'il n'en sait. A son compte, il est si imprudent, il a si peu de capacité, il est si borné, quelquefois si imbécile : je l'ai entendu s'accuser d'être avare, lui qui est libéral; sur quoi on lève les épaules, et il triomphe. Il est connu partout pour un homme de cœur, et je ne désespère pas que quelque jour il ne dise qu'il est poltron; car plus les médisances qu'il fait de lui sont grosses, et plus il a du goût à les faire, à cause du caractère original que cela lui donne. Voulez-vous qu'il parle de vous en meilleurs termes que de son ami? brouillez-vous avec lui, la recette est sûre : vanter son ami, cela est trop peuple; mais louer son ennemi, le porter aux nues, voilà le beau! Je te l'achèverai par un trait. L'autre jour, un homme contre qui il avait un procès presque sûr vint lui dire : « Tenez, ne plaidons plus; jugez vous-même, je vous prends pour arbitre, je m'y engage. » Là-dessus voilà mon homme qui s'allume de la vanité d'être extraordinaire; le voilà qui pèse, qui prononce gravement contre lui, et qui perd son procès pour gagner la réputation de s'être condamné lui-même : il fut huit jours enivré du bruit que cela fit dans le monde.

LISETTE : Ah çà, profitons de leur marotte pour les brouiller ensemble; inventons, s'il le faut, mentons; peut-être même nous en épargneront-ils la peine.

FRONTIN : Oh! je ne me soucie pas de cette épargne-là : je mens fort aisément, cela ne me coûte rien.

LISETTE : C'est-à-dire que vous êtes né menteur;

chacun a ses talents. Ne pourrons-nous pas imaginer d'avance quelque matière de combustion toute prête? nous sommes gens d'esprit.

FRONTIN : Attends, je rêve.

LISETTE : Chut! voici ton maître.

FRONTIN : Allons donc achever ailleurs.

LISETTE : Je n'ai pas le temps; il faut que je m'en aille.

FRONTIN : Eh bien! dès qu'il n'y sera plus, auras-tu le temps de revenir? je te dirai ce que j'imagine.

LISETTE : Oui; tu n'as qu'à te trouver ici dans un quart d'heure. Adieu.

FRONTIN : Eh! à propos, puisque voilà Ergaste, parle-lui de la lettre de Madame la Marquise.

LISETTE : Soit.

Scène II : Ergaste, Frontin, Lisette.

FRONTIN : Monsieur, Lisette a un mot à vous dire.

LISETTE : Oui, Monsieur. Madame la Marquise vous prie de n'envoyer votre commissionnaire à Paris qu'après qu'elle lui aura donné une lettre.

ERGASTE, s'arrêtant : Hem!

LISETTE, haussant le ton : Je vous dis qu'elle vous prie de n'envoyer votre messager qu'après qu'il aura reçu une lettre d'elle.

ERGASTE : Qu'est-ce qui me prie?

LISETTE, plus haut : C'est Madame la Marquise.

ERGASTE : Ah! oui, j'entends.

LISETTE, à Frontin : Cela est bien heureux! Heu! le haïssable homme!

FRONTIN, à Lisette : Conserve-lui ces bons sentiments; nous en ferons quelque chose.

Il sort avec Lisette.

Scène III : Araminte, Ergaste, rêvant.

ARAMINTE : Me voyez-vous, Ergaste?

ERGASTE, toujours rêvant : Oui; voilà qui est fini, vous dis-je; j'entends.

ARAMINTE : Qu'entendez-vous?

ERGASTE : Ah! Madame, je vous demande pardon; je croyais parler à Lisette.

ARAMINTE : Je venais à mon tour rêver dans cette salle.

ERGASTE : J'y étais à peu près dans le même dessein.

ARAMINTE : Souhaitez-vous que je vous laisse seul et que je passe sur la terrasse? cela m'est indifférent.

ERGASTE : Comme il vous plaira, Madame.

ARAMINTE : Toujours de la sincérité; mais avant que je vous quitte, dites-moi, je vous prie, à quoi vous rêvez tant; serait-ce à moi, par hasard?

ERGASTE : Non, Madame.

ARAMINTE : Est-ce à la Marquise?

ERGASTE : Oui, Madame.

ARAMINTE : Vous l'aimez donc?

ERGASTE : Beaucoup.

ARAMINTE : Et le sait-elle?

ERGASTE : Pas encore; j'ai différé jusqu'ici de le lui dire.

ARAMINTE : Ergaste, entre nous, je serais fondée à vous appeler infidèle.

ERGASTE : Moi, Madame?

ARAMINTE : Vous-même; il est certain que vous m'aimiez avant de venir ici.

ERGASTE : Vous m'excuserez, Madame.

ARAMINTE : J'avoue que vous ne me l'avez pas dit; mais vous avez eu des empressements pour moi; ils étaient même fort vifs.

ERGASTE : Cela est vrai.

ARAMINTE : Et si je ne vous avais pas amené chez la Marquise vous m'aimeriez actuellement.

ERGASTE : Je crois que la chose était immanquable.

ARAMINTE : Je ne vous blâme point; je n'ai rien à disputer à la Marquise, elle l'emporte sur moi.

ERGASTE : Je ne dis pas cela; votre figure ne le cède pas à la sienne.

ARAMINTE : Lui trouvez-vous plus d'esprit qu'à moi?

ERGASTE : Non; vous en avez pour le moins autant qu'elle.

ARAMINTE : En quoi me la préférez-vous donc? ne m'en faites point mystère.

ERGASTE : C'est que, si elle vient à m'aimer, je m'en fierai plus à ce qu'elle me dira qu'à ce que vous m'auriez dit.

ARAMINTE : Comment! me croyez-vous fausse?

ERGASTE : Non; mais vous êtes si gracieuse, si polie!

ARAMINTE : Eh bien! est-ce un défaut?

ERGASTE : Oui; car votre douceur naturelle et votre politesse m'auraient trompé; elles ressemblent à de l'inclination.

ARAMINTE : Je n'ai pas cette politesse et cet air de douceur avec tout le monde; mais il n'est plus question du passé; voici la Marquise, ma présence vous gênerait, et je vous laisse.

ERGASTE, *à part* : Je suis content de tout ce qu'elle m'a dit; elle m'a parlé assez uniment [4].

Scène IV: La Marquise, Ergaste.

LA MARQUISE : Ah! vous voici, Ergaste? je n'en puis plus! j'ai le cœur affadi des douceurs de Dorante que je quitte; je me mourais déjà des sots discours de cinq ou six personnes d'avec qui je sortais, et qui me sont venues voir; vous êtes bien heureux de ne vous y être pas trouvé. La sotte chose que l'humanité! qu'elle est ridicule! que de vanité! que de duperies! que de petitesse! et tout cela, faute de sincérité de part et d'autre. Si les hommes voulaient se parler franchement, si l'on n'était point applaudi quand on s'en fait accroire, insensiblement l'amour-propre se rebuterait d'être impertinent, et chacun n'oserait plus s'évaluer que ce qu'il vaut. Mais depuis que je vis, je n'ai encore vu qu'un homme vrai; et en fait de femmes, je n'en connais point de cette espèce.

ERGASTE : Et moi, j'en connais une; devinez-vous qui c'est?

LA MARQUISE : Non, je n'y suis point.

ERGASTE : Eh, parbleu! c'est vous, Marquise; où voulez-vous que je la prenne ailleurs?

LA MARQUISE : Eh bien, vous êtes l'homme dont je parle; aussi m'avez-vous prévenue d'une estime pour vous, d'une estime...

ERGASTE : Quand je dis vous, Marquise, c'est sans faire réflexion que vous êtes là; je vous le dis comme je le dirais à une autre; je vous le raconte.

LA MARQUISE : Comme de mon côté je vous cite sans vous voir : c'est un étranger à qui je parle.

ERGASTE : Oui, vous m'avez surpris; je ne m'attendais pas à un caractère comme le vôtre. Quoi! dire inflexiblement la vérité! la dire à vos amis même! quoi! voir qu'il ne vous échappe jamais un mot à votre avantage!

LA MARQUISE : Eh mais! vous qui parlez, faites-vous autre chose que de vous critiquer sans cesse?

ERGASTE : Revenons à vos originaux; quelle sorte de gens était-ce?

LA MARQUISE : Ah! les sottes gens! L'un était un jeune homme de vingt-huit à trente ans, un fat toujours agité du plaisir de se sentir fait comme il est. Il ne saurait s'accoutumer à lui; aussi sa petite âme n'a-t-elle qu'une fonction, c'est de promener son corps comme la merveille de nos jours; c'est d'aller toujours disant : « Voyez mon enveloppe; voilà l'attrait de tous les cœurs, voilà la terreur des maris et des amants, voilà l'écueil de toutes les sagesses. »

ERGASTE, *riant* : Ah! la risible créature!

LA MARQUISE : Imaginez-vous qu'il n'a précisément qu'un objet dans la pensée, c'est de se montrer; quand il rit, quand il s'étonne, quand il vous approuve, c'est qu'il se montre. Se tait-il, change-t-il de contenance, se tient-il sérieux, ce n'est rien de tout cela qu'il veut faire, c'est qu'il se montre; c'est qu'il vous dit : « Remarquez mes gestes et mes attitudes; voyez mes grâces dans tout ce que je fais, dans tout ce que je dis; voyez mon air fin, mon air leste, mon air cavalier, mon air dissipé; en voulez-vous du vif, du fripon, de l'agréablement étourdi? en voilà. » Il dirait volontiers à tous les amants : « N'est-il pas vrai que ma figure vous chicane [5]? », à leurs maîtresses : « Où en serait votre fidélité, si je voulais? », à l'indifférente : « Vous n'y tenez point, votre réveille, n'est-ce pas? », à la prude : « Vous me lorgnez en dessous? », à la vertueuse : « Vous résistez à la tentation de me regarder? », à la jeune fille : « Avouez que votre cœur est ému! » Il n'y a pas jusqu'à la personne âgée, qui, à ce qu'il croit, dit en elle-même en le voyant : « Quel dommage que je ne sois plus jeune! »

ERGASTE, *riant* : Ah! ah! ah! je voudrais bien que le personnage vous entendît.

LA MARQUISE : Il sentirait que je n'exagère pas d'un mot. Il a parlé d'un mariage qui a pensé se conclure pour lui, mais que trois ou quatre femmes jalouses, désespérées et méchantes, ont trouvé sourdement le

---

4. On dit : *parler uniment*, pour parler simplement, parler sans façon.

5. On dit familièrement *cela me chicane* pour dire : cela m'ennuie, cela me tourmente.

secret de faire manquer; cependant il ne sait pas encore ce qui arrivera : il n'y a que les parents de la fille qui se soient dédits, mais elle n'est pas de leur avis. Il sait de bonne part qu'elle est triste, qu'elle est changée; il est même question de pleurs; elle ne l'a pourtant vu que deux fois. Et ce que je vous dis là, je vous le rends un peu plus clairement qu'il ne l'a conté. Un fat se doute toujours un peu qu'il l'est; et, comme il a peur qu'on ne s'en doute aussi, il biaise, il est fat le plus modestement qu'il lui est possible, et c'est justement cette modestie-là qui rend sa fatuité sensible.

ERGASTE, *riant* : Vous avez raison.

LA MARQUISE : A côté de lui était une nouvelle mariée, d'environ trente ans, de ces visages d'un blanc fade, et qui font une physionomie longue et sotte; et cette nouvelle épousée, telle que je vous la dépeins, avec ce visage qui, à dix ans, était antique, prenait des airs enfantins dans la conversation; vous eussiez dit d'une petite fille qui vient de sortir de dessous l'aile de père et mère; figurez-vous qu'elle est étonnée de la nouveauté de son état; elle n'a point de contenance assurée; ses innocents appas sont encore tout confus de son aventure; elle n'est pas encore bien sûre qu'il soit honnête d'avoir un mari; elle baisse les yeux quand on la regarde; elle ne croit pas qu'il lui soit permis de parler si on ne l'interroge; elle me faisait toujours une inclination de tête en me répondant, comme si elle m'avait remerciée de la bonté que j'avais de faire comparaison avec une personne de son âge; elle me traitait comme une mère, moi, qui suis plus jeune qu'elle : ah, ah, ah!

ERGASTE : Ah! ah! il est vrai que, si elle a trente ans, elle est à peu près votre aînée de deux.

LA MARQUISE : De près de trois, s'il vous plaît.

ERGASTE, *riant* : Est-ce là tout?

LA MARQUISE : Non; car il faut que je me venge de tout l'ennui que m'ont donné ces originaux. Vis-à-vis de la petite fille de trente ans, était une assez grosse et grande femme de cinquante à cinquante-cinq ans, qui nous étalait glorieusement son embonpoint, et qui prend l'épaisseur de ses charmes pour de la beauté. Elle est veuve, fort riche, et il y avait auprès d'elle un jeune homme, un cadet qui n'a rien, et qui s'épuise en platitudes pour lui faire sa cour. On a parlé du dernier bal de l'Opéra : « J'y étais, a-t-elle dit, et j'y trompai mes meilleurs amis, ils ne me reconnurent point. — Vous! Madame, a-t-il repris, vous, n'être pas reconnaissable! Ah! je vous en défie; je vous reconnus du premier coup d'œil à votre air de tête. — Eh! comment cela, Monsieur? — Oui, Madame, à je ne sais quoi de noble et d'aisé qui ne pouvait appartenir qu'à vous; et puis vous ôtâtes un gant; et comme, grâce au ciel, nous avons une main qui ne ressemble guère à d'autres, en la voyant je vous nommai. » Et cette main sans pair, si vous l'aviez vue, Monsieur, est assez blanche, mais large, ne vous déplaise, mais charnue, mais boursouflée, mais courte, et tient au bras le mieux nourri que j'aie vu de ma vie; je vous en parle savamment; car la grosse dame au grand air de tête prit longtemps du tabac pour exposer cette main unique, qui a de l'étoffe pour quatre, et qui finit par des doigts d'une grosseur, d'une

brièveté, à la différence de ceux de la petite fille de trente ans qui sont comme des filets.

ERGASTE, *riant* : Un peu de variété ne gâte rien.

LA MARQUISE : Notre cercle finissait par un petit homme qu'on trouvait si plaisant, si sémillant, qui ne dit rien et qui parle toujours; c'est-à-dire qu'il a l'action vive, l'esprit froid et la parole éternelle. Il était auprès d'un homme grave qui décide par monosyllabes, et dont la compagnie paraissait faire grand cas; mais à vous dire vrai, je soupçonne que tout son esprit est dans sa perruque : elle est ample et respectable, et je le crois fort borné quand il ne l'a pas; les grandes perruques m'ont si souvent trompée que je n'y crois plus.

ERGASTE, *riant* : Il est constant qu'il est de certaines têtes sur lesquelles elles en imposent.

LA MARQUISE : Grâce au ciel, la visite a été courte; je n'aurais pu la soutenir longtemps, et je viens respirer avec vous. Quelle différence de vous à tout le monde! Mais dites; sérieusement, vous êtes donc un peu content de moi?

ERGASTE : Plus que je ne puis dire.

LA MARQUISE : Prenez garde, car je vous crois à la lettre. Vous répondrez de ma raison là-dessus; je vous l'abandonne.

ERGASTE : Prenez garde aussi de m'estimer trop.

LA MARQUISE : Vous, Ergaste? vous êtes un homme admirable : vous me diriez que je suis parfaite que je n'en appellerais pas; je ne parle pas de la figure, entendez-vous?

ERGASTE : Oh! de celle-là, vous vous en passeriez bien; vous l'avez de trop.

LA MARQUISE : Je l'ai de trop? Avec quelle simplicité il s'exprime! vous me charmez, Ergaste, vous me charmez... A propos, vous envoyez à Paris : dites à votre homme qu'il vienne chercher une lettre que je vais achever.

ERGASTE : Il n'y a qu'à le dire à Frontin que je vois. Frontin!

Scène V : Frontin, Ergaste, la Marquise.

FRONTIN : Monsieur?

ERGASTE : Suivez Madame; elle va vous donner une lettre, que vous remettrez à celui que je fais partir pour Paris.

FRONTIN : Il est lui-même chez Madame qui attend la lettre.

LA MARQUISE : Il l'aura dans un moment; j'aperçois Dorante qui se promène là-bas, et je me sauve.

ERGASTE : Et moi je vais faire mes paquets.

*Scène VI : Frontin, Lisette,
qui survient.*

FRONTIN : Ils me paraissent bien satisfaits tous deux. Oh! n'importe, cela ne saurait durer.

LISETTE : Eh bien! me voilà revenue; qu'as-tu imaginé?

FRONTIN : Toutes réflexions faites, je conclus qu'il

faut d'abord commencer par nous brouiller tous deux.

LISETTE : Que veux-tu dire? à quoi cela nous mènera-t-il?

FRONTIN : Je n'en sais encore rien; je ne saurais t'expliquer mon projet; j'aurais de la peine à me l'expliquer à moi-même : ce n'est pas un projet; c'est une confusion d'idées fort spirituelles qui n'ont peut-être pas le sens commun, mais qui me flattent. Je verrai clair à mesure; à présent je n'y vois goutte. J'aperçois pourtant en perspective des discordes, des querelles, des explications, des rancunes : tu m'accuseras, je t'accuserai; on se plaindra de nous; tu auras mal parlé, je n'aurai pas mieux dit. Tu n'y comprends rien; la chose est obscure : j'essaie, je hasarde, je te conduirai et tout ira bien; m'entends-tu un peu?

LISETTE : Oh! belle demande! cela est si clair!

FRONTIN : Paix; voici nos gens qui arrivent : tu sais le rôle que je t'ai donné; obéis, j'aurai soin du reste.

Scène VII : *Dorante, Araminte, Lisette, Frontin.*

ARAMINTE : Ah! c'est vous, Lisette? nous avons cru qu'Ergaste et la Marquise se promenaient ici.

LISETTE : Non, Madame, mais nous parlions d'eux, *(à Dorante)* à votre profit.

DORANTE : A mon profit! et que peut-on faire pour moi? La Marquise est à la veille d'épouser Ergaste; il y a du moins lieu de le croire, à l'empressement qu'ils ont l'un pour l'autre.

FRONTIN : Point du tout; nous venons tout à l'heure de rompre ce mariage, Lisette et moi, dans notre petit conseil.

ARAMINTE : Sur ce pied-là, vous ne vous aimez donc pas, vous autres?

LISETTE : On ne peut pas moins.

FRONTIN : Mon étoile ne veut pas que je rende justice à Mademoiselle.

LISETTE : Et la mienne veut que je rende justice à Monsieur.

FRONTIN : Nous avions déjà conclu l'affaire avec d'autres, et Madame loge chez elle la petite personne que j'aime.

ARAMINTE : Quoi! Marton?

FRONTIN : Vous l'avez dit, Madame; mon amour est de sa façon [6]. Quant à Mademoiselle, son cœur est allé à Dubois, c'est lui qui le possède.

DORANTE : J'en serais charmé, Lisette.

LISETTE : Laissons là ce détail; vous aimez toujours ma maîtresse; dans le fond elle ne vous haïssait pas, et c'est vous qui l'épouserez, je vous la donne.

FRONTIN : Et c'est Madame à qui je prends la liberté de transporter mon maître.

ARAMINTE, *riant* : Vous me le transportez, Frontin! Et que savez-vous si je voudrai de lui?

LISETTE : Madame a raison, tu ne lui ferais pas là un grand présent.

ARAMINTE : Vous parlez fort mal, Lisette : ce que

j'ai répondu à Frontin ne signifie rien contre Ergaste, que je regarde comme un des hommes les plus dignes de l'attachement d'une femme raisonnable.

LISETTE, *d'un ton ironique* : A la bonne heure; je le trouvais un homme fort ordinaire, et je vais le regarder comme un homme fort rare.

FRONTIN : Pour le moins aussi rare que ta maîtresse (soit dit sans préjudice de la reconnaissance que j'ai pour la bonne chère que j'ai faite chez elle).

DORANTE : Halte-là, faquin; prenez garde à ce que vous direz de Madame la Marquise.

FRONTIN : Monsieur, je défends mon maître.

LISETTE : Voyez donc cet animal! c'est bien à toi à parler d'elle : tu nous fais là une belle comparaison.

FRONTIN, *criant* : Qu'appelles-tu une comparaison?

ARAMINTE : Allez, Lisette; vous êtes une impertinente avec vos airs méprisants contre un homme dont je prends le parti, et votre maîtresse elle-même me fera raison du peu de respect que vous avez pour moi.

LISETTE : Pardi! voilà bien du bruit pour un petit mot! c'est donc le phénix, Monsieur Ergaste?

FRONTIN : Ta maîtresse en est-elle un plus que nous?

DORANTE : Paix! vous dis-je.

Lisette sort.

FRONTIN : Monsieur, je suis indigné: qu'est-ce donc que sa maîtresse? qui la relève tant au-dessus de mon maître? On sait bien qu'elle est aimable; mais il y en a encore de plus belles, quand ce ne serait que Madame.

DORANTE, *haut* : Madame n'a que faire là-dedans, maraud; mais je te donnerais cent coups de bâton, sans la considération que j'ai pour ton maître.

Scène VIII : *Dorante, Frontin, Ergaste, Araminte.*

ERGASTE : Qu'est-ce donc, Dorante? il me semble que tu cries; est-ce ce coquin-là qui te fâche?

DORANTE : C'est un insolent.

ERGASTE : Qu'as-tu donc fait, malheureux?

FRONTIN : Monsieur, si la sincérité loge quelque part, c'est dans votre cœur. Parlez; la plus belle femme du monde est-ce la Marquise?

ERGASTE : Non; qu'est-ce que cette mauvaise plaisanterie-là, butor? La Marquise est aimable et non pas belle.

FRONTIN, *joyeux* : Comme un ange!

ERGASTE : Sans aller plus loin, Madame a les traits plus réguliers qu'elle.

FRONTIN : J'ai prononcé de même sur ces deux articles, et Monsieur s'emporte; il dit que sans vous la dispute finirait sur mes épaules [7]. Je vous laisse mon bon droit à soutenir, et je me retire avec votre suffrage.

Scène IX : *Ergaste, Dorante, Araminte.*

ERGASTE, *riant* : Quoi! Dorante, c'est là ce qui t'irrite? A quoi songes-tu donc? Eh mais! je suis persuadé que

---

6. Mon amour est son œuvre : c'est elle que j'aime.

7. Frontin entend : le résultat de la dispute, ce serait pour moi des coups de bâton.

la Marquise elle-même ne se pique pas de beauté; elle n'en a que faire pour être aimée.

DORANTE : Quoi qu'il en soit, nous sommes amis. L'opiniâtreté de cet imprudent m'a choqué, et j'espère que tu voudras bien t'en défaire; et s'il le faut, je t'en ferai prier par la Marquise, sans lui dire ce dont il s'agit.

ERGASTE : Je te demande grâce pour lui, et je suis sûr que la Marquise te le demandera elle-même. Au reste, j'étais venu savoir si vous n'avez rien à mander à Paris, où j'envoie un de mes gens qui va partir; peut-il vous être utile?

ARAMINTE : Je le chargerai d'un petit billet, si vous le voulez bien.

ERGASTE, *lui donnant la main* : Allons, Madame; vous me le donnerez à moi-même.

La Marquise arrive au moment qu'ils sortent.

Scène X : La Marquise, Ergaste, Araminte, Dorante.

LA MARQUISE : Eh! où allez-vous donc, tous deux?

ERGASTE : Madame va me remettre un billet pour être porté à Paris; et je reviens ici dans le moment, Madame.

Scène XI : Dorante, la Marquise, après s'être regardés et avoir gardé un grand silence.

LA MARQUISE : Eh bien! Dorante, me promènerai-je avec un muet?

DORANTE : Dans la triste situation où me met votre indifférence pour moi, je n'ai rien à dire, et je ne sais que soupirer.

LA MARQUISE, *tristement* : Une triste situation et des soupirs! que tout cela est triste! que vous êtes à plaindre! mais soupirez-vous quand je n'y suis point, Dorante? j'ai dans l'esprit que vous me gardez vos langueurs.

DORANTE : Eh! Madame, n'abusez point du pouvoir de votre beauté; ne vous suffit-il pas de me préférer un rival? pouvez-vous encore avoir la cruauté de railler un homme qui vous adore?

LA MARQUISE : Qui m'adore! l'expression est grande et magnifique assurément; mais je lui trouve un défaut, c'est qu'elle me glace; et vous ne la prononcez jamais que je ne sois tentée d'être aussi muette qu'une idole.

DORANTE : Vous me désespérez; fut-il jamais d'homme plus maltraité que je le suis? fut-il de passion plus méprisée?

LA MARQUISE : Passion! j'ai vu ce mot-là dans *Cyrus* [8] ou dans *Cléopâtre* [9]. Eh! Dorante, vous n'êtes pas indigne qu'on vous aime; vous avez de tout, de l'honneur, de la naissance, de la fortune, et même des agréments; je dirai même que vous m'auriez peut-être plu; mais je n'ai jamais pu me fier à votre amour; je n'y ai point de foi, vous l'exagérez trop; il révolte la simplicité de caractère que vous me connaissez. M'aimez-vous beau-

coup? ne m'aimez-vous guère? faites-vous semblant de m'aimer? c'est ce que je ne saurais décider. Eh! le moyen d'en juger mieux, à travers toutes les emphases ou toutes les impostures galantes dont vous l'enveloppez? « Je ne sais plus que soupirer », dites-vous. Y a-t-il rien de si plat? Un homme qui aime une femme raisonnable ne dit point : « Je soupire »; ce mot n'est pas assez sérieux pour lui, pas assez vrai; il dit : « Je vous aime; je voudrais bien que vous m'aimassiez; je suis bien mortifié que vous ne m'aimiez pas »; voilà tout; et il n'y a que cela dans votre cœur non plus : vous n'y verrez, ni que vous m'adorez, car c'est parler en poète; ni que vous êtes désespéré, car il faudrait vous enfermer; ni que je suis cruelle, car je vis doucement avec tout le monde; ni peut-être que je suis belle, quoique à tout prendre il se pourrait que je le fusse; et je demanderai à Ergaste ce qui en est; je compterai sur ce qu'il me dira : il est sincère; c'est par là que je l'estime et vous me rebutez par le contraire.

DORANTE, *vivement* : Vous me poussez à bout; mon cœur est plus croyable qu'un misanthrope qui voudra peut-être passer pour sincère à vos dépens, et aux dépens de la sincérité même. A mon égard, je n'exagère point; je dis que je vous adore, et cela est vrai; ce que je sens pour vous ne s'exprime que par ce mot-là. J'appelle aussi mon amour une passion, parce que c'en est une; je dis que votre raillerie me désespère, et je ne dis rien de trop; je ne saurais rendre autrement la douleur que j'en ai, et s'il ne faut pas m'enfermer, c'est que je ne suis qu'affligé et non pas insensé. Il est encore vrai que je soupire et que je meurs d'être méprisé : oui, je m'en meurs; oui, vos railleries sont cruelles; elles me pénètrent le cœur, et je le dirai toujours. Adieu, Madame; voici Ergaste, cet homme si sincère, et je me retire; jouissez à loisir de la froide et orgueilleuse tranquillité avec laquelle il vous aime.

LA MARQUISE, *le voyant s'en aller* : Il en faut convenir; ces dernières fictions-ci sont assez pathétiques.

Scène XII : La Marquise, Ergaste.

ERGASTE : Je suis charmé de vous trouver seule, Marquise; je ne m'y attendais pas. Je viens d'écrire à mon frère à Paris; savez-vous ce que je lui mande? ce que je ne vous ai pas encore dit à vous-même.

LA MARQUISE : Quoi donc?

ERGASTE : Que je vous aime.

LA MARQUISE, *riant* : Je le savais; je m'en étais aperçue.

ERGASTE : Ce n'est pas là tout; je lui marque encore une chose.

LA MARQUISE : Qui est?...

ERGASTE : Que je croyais ne vous pas déplaire.

LA MARQUISE : Toutes vos nouvelles sont donc vraies?

ERGASTE : Je vous reconnais à cette réponse franche.

LA MARQUISE : Si c'était le contraire, je vous le dirais tout aussi uniment.

ERGASTE : A ma première lettre, si vous voulez, je manderai tout net que je vous épouserai bientôt.

LA MARQUISE : Eh mais! apparemment.

---

8. Roman précieux de Mlle de Scudéry (1649-1653).
9. Roman précieux de La Calprenède (1647).

ERGASTE : Et comme on peut se marier à la campagne, je pourrai même mander que c'en est fait.

LA MARQUISE, *riant* : Attendez, laissez-moi respirer; en vérité, vous allez si vite que je me suis crue mariée.

ERGASTE : C'est que ce sont de ces choses qui vont tout de suite, quand on s'aime.

LA MARQUISE : Sans difficulté; mais, dites-moi, Ergaste, vous êtes homme vrai; qu'est-ce que c'est que votre amour? car je veux être véritablement aimée.

ERGASTE : Vous avez raison; aussi vous aimé-je de tout mon cœur.

LA MARQUISE : Je vous crois; n'avez-vous jamais rien aimé plus que moi?

ERGASTE : Non, d'homme d'honneur; passe pour autant une fois, en ma vie; oui, je pense bien avoir aimé autant; pour plus, je n'en ai pas l'idée; je crois même que cela ne serait pas possible.

LA MARQUISE : Oh! très possible, je vous en réponds; rien n'empêche que vous n'aimiez encore davantage; je n'ai qu'à être plus aimable et cela ira plus loin; passons. Laquelle de nous deux vaut le mieux, de celle que vous aimiez ou de moi?

ERGASTE : Mais ce sont des grâces différentes; elle en avait infiniment.

LA MARQUISE : C'est-à-dire un peu plus que moi.

ERGASTE : Ma foi, je serais fort embarrassé de décider là-dessus.

LA MARQUISE : Et moi, non; je prononce. Votre incertitude décide; comptez aussi que vous l'aimiez plus que moi.

ERGASTE : Je n'en crois rien.

LA MARQUISE, *riant* : Vous rêvez; n'aime-t-on pas toujours les gens à proportion de ce qu'ils sont aimables? et dès qu'elle l'était plus que je ne le suis, qu'elle avait plus de grâces, il a bien fallu que vous l'aimassiez davantage.

ERGASTE : Elle avait plus de grâces! mais c'est ce qui est indécis, et si indécis, que je penche à croire que vous en avez bien autant.

LA MARQUISE : Oui? penchez-vous, vraiment? cela est considérable; mais savez-vous à quoi je penche, moi?

ERGASTE : Non.

LA MARQUISE : A laisser là cette égalité si équivoque, elle ne me tente point; j'aime autant la perdre que de la gagner, en vérité.

ERGASTE : Je n'en doute pas; je sais votre indifférence là-dessus; d'autant plus que si cette égalité n'y est point, ce serait de si peu de chose!

LA MARQUISE, *vivement* : Encore! Eh! je vous dis que je n'en veux point, que j'y renonce. A quoi sert d'éplucher ce qu'elle a de plus, ce que j'ai de moins? Ne vous travaillez plus à nous évaluer; mettez-vous l'esprit en repos; je lui cède; j'en ferai un astre, si vous voulez.

ERGASTE, *riant* : Ah! ah! ah! votre badinage me charme; il en sera donc ce qu'il vous plaira. L'essentiel est que je vous aime autant que je l'aimais.

LA MARQUISE : Vous me faites bien de la grâce; quand vous en rabattriez, je ne m'en plaindrais pas.

Continuons, vos naïvetés m'amusent, elles sont de si bon goût! Vous avez paru, ce me semble, avoir quelque inclination pour Araminte?

ERGASTE : Oui; je me suis senti quelque envie de l'aimer; mais la difficulté de pénétrer ses dispositions m'a rebuté : on risque toujours de se méprendre avec elle, et de croire qu'elle est sensible quand elle n'est qu'honnête; et cela ne me convient point.

LA MARQUISE, *ironiquement* : Je fais grand cas d'elle; comment la trouvez-vous? à qui de nous deux, amour à part, donneriez-vous la préférence? ne me trompez point.

ERGASTE : Oh! jamais, et voici ce que j'en pense : Araminte a de la beauté; on peut dire que c'est une belle femme.

LA MARQUISE : Fort bien. Et quant à moi, à cet égard-là, je n'ai qu'à me cacher, n'est-ce pas?

ERGASTE : Pour vous, Marquise, vous plaisez plus qu'elle.

LA MARQUISE, *à part, en riant* : J'ai tort; je passe l'étendue de mes droits. Ah! le sot homme! qu'il est plat! Ah! ah! ah!

ERGASTE : Mais de quoi riez-vous donc?

LA MARQUISE : Franchement, c'est que vous êtes un mauvais connaisseur, et qu'à dire vrai, nous ne sommes belles ni l'une ni l'autre.

ERGASTE : Il me semble cependant qu'une certaine régularité de traits...

LA MARQUISE : Visions, vous dis-je; pas plus belles l'une que l'autre. De la régularité dans les traits d'Araminte! de la régularité! vous me faites pitié! et si je vous disais qu'il y a mille gens qui trouvent quelque chose de baroque [10] dans son air?

ERGASTE : Du baroque à Araminte!

LA MARQUISE : Oui, Monsieur, du baroque; mais on s'y accoutume, et voilà tout; et quand je vous accorde que nous n'avons pas plus de beauté l'une que l'autre c'est que je ne me soucie guère de me faire tort; mais croyez que tout le monde la trouvera encore plus éloignée d'être belle que moi, tout effroyable que vous me faites.

ERGASTE : Moi! je vous fais effroyable?

LA MARQUISE : Mais il faut bien, dès que je suis au-dessous d'elle.

ERGASTE : J'ai dit que votre partage était de plaire plus qu'elle.

LA MARQUISE : Soit, je plais davantage; mais je commence par faire peur.

ERGASTE : Je puis m'être trompé, cela m'arrive souvent; je réponds de la sincérité de mes sentiments, mais je n'en garantis pas la justesse.

LA MARQUISE : A la bonne heure; mais quand on a le goût faux, c'est une triste qualité que d'être sincère.

ERGASTE : Le plus grand défaut de ma sincérité, c'est qu'elle est trop forte.

LA MARQUISE : Je ne vous écoute pas; vous voyez de travers; ainsi changeons de discours et laissons là Araminte. Ce n'est pas la peine de vous demander ce que

10. D'une bizarrerie choquante.

vous pensiez de la différence de nos esprits; vous ne savez pas juger.

ERGASTE : Quant à vos esprits, le vôtre me paraît bien vif, bien sensible, bien délicat.

LA MARQUISE : Vous biaisez ici; c'est vain et emporté que vous voulez dire.

Scène XIII : La Marquise, Ergaste, Lisette.

LA MARQUISE : Mais que vient faire ici Lisette? A qui en voulez-vous?

LISETTE : A Monsieur, Madame; je viens vous avertir d'une chose, Monsieur. Vous savez que tantôt Frontin a osé dire à Dorante même qu'Araminte était beaucoup plus belle que ma maîtresse?

LA MARQUISE : Quoi! qu'est-ce donc, Lisette? est-ce que nos beautés ont déjà été débattues?

LISETTE : Oui, Madame; et Frontin vous mettait bien au-dessous d'Araminte, elle présente et moi aussi.

LA MARQUISE : Elle présente! qui répondait?

LISETTE : Qui laissait dire.

LA MARQUISE, riant : Eh! mais conte-moi donc cela; comment! je suis en procès sur d'aussi grands intérêts, et je n'en savais rien! Eh bien?

LISETTE : Ce que je veux apprendre à Monsieur, c'est que Frontin dit qu'il est arrivé dans le temps que Dorante se fâchait, s'emportait contre lui en faveur de Madame.

LA MARQUISE : Il s'emportait, dis-tu? toujours en présence d'Araminte?

LISETTE : Oui, Madame; sur quoi Frontin dit donc que vous êtes arrivé, Monsieur; que vous avez demandé à Dorante de quoi il se plaignait et que, l'ayant vu, vous avez extrêmement loué son avis, je dis l'avis de Frontin; que vous y avez applaudi, et déclaré que Dorante était un flatteur ou n'y voyait goutte. Voilà ce que cet effronté publie, et j'ai cru qu'il était à propos de vous informer d'un discours qui ne vous ferait pas honneur et qui ne convient ni à vous ni à Madame.

LA MARQUISE, riant : Le rapport de Frontin est-il exact, Monsieur?

ERGASTE : C'est un sot, il en a dit beaucoup trop : il est faux que j'aie applaudi ou loué; mais comme il ne s'agissait que de la beauté, qu'on ne saurait contester à Araminte, je me suis contenté de dire froidement que je ne voyais pas qu'il eût tort.

LA MARQUISE, d'un air critique et sérieux : Il est vrai que ce n'est pas là applaudir; ce n'est que confirmer, qu'appuyer la chose.

ERGASTE : Sans doute.

LA MARQUISE : Toujours devant Araminte?

ERGASTE : Oui; et j'ai même ajouté, par une estime particulière pour vous, que vous seriez de mon avis vous-même.

LA MARQUISE : Ah! vous m'excuserez; voilà où l'oracle s'est trop avancé; je ne justifierai point votre estime : j'en suis fâchée; mais je connais Araminte, et je n'irai point confirmer aussi une décision qui lui tournerait la tête, car elle est si sotte! Je gage qu'elle vous aura cru,

et il n'y aurait plus moyen de vivre avec elle. Laissez-nous, Lisette.

Scène XIV : La Marquise, Ergaste.

LA MARQUISE : Monsieur, vous m'avez rendu compte de votre cœur; il est juste que je vous rende compte du mien.

ERGASTE : Voyons.

LA MARQUISE : Ma première inclination a d'abord été mon mari, qui valait mieux que vous, Ergaste, soit dit sans rien diminuer de l'estime que vous méritez.

ERGASTE : Après, Madame?

LA MARQUISE : Depuis sa mort, je me suis senti, il y a deux ans, quelque sorte de penchant pour un étranger qui demeura peu de temps à Paris, que je refusai de voir, et que je perdis de vue; homme à peu près de votre taille, ni mieux ni plus mal fait; de ces figures passables, peut-être un peu plus remplie, un peu moins fluette, un peu moins décharnée que la vôtre.

ERGASTE : Fort bien. Et de Dorante, que m'en direz-vous, Madame?

LA MARQUISE : Qu'il est plus doux, plus complaisant, qu'il a la mine un peu plus distinguée, et qu'il pense plus modestement de lui que vous; mais que vous plaisez davantage.

ERGASTE : J'ai tort aussi, très tort; mais ce qui me surprend, c'est qu'une figure aussi chétive que la mienne, qu'un homme aussi désagréable, aussi revêche, aussi fortement infatué de lui-même, ait pu gagner votre cœur.

LA MARQUISE : Est-ce que nos cœurs ont de la raison? Il entre tant de caprices dans les inclinations.

ERGASTE : Il vous en a fallu des plus déterminés pour pouvoir m'aimer avec de si terribles défauts, qui sont peut-être vrais, dont je vous suis obligé de m'avertir, mais que je ne sais guère.

LA MARQUISE : Eh! savais-je, moi, que j'étais vaine, laide et mutine [11]? Vous me l'apprenez, et je vous rends instruction pour instruction.

ERGASTE : Je tâcherai d'en profiter; tout ce que je crains, c'est qu'un homme aussi commun, et qui vaut si peu, ne vous rebute.

LA MARQUISE, froidement : Eh! dès que vous pardonnez à mes désagréments, il est juste que je pardonne à la petitesse de votre mérite.

ERGASTE : Vous me rassurez.

LA MARQUISE, à part : Personne ne viendra-t-il me délivrer de lui?

ERGASTE : Quelle heure est-il?

LA MARQUISE : Je crois qu'il est tard.

ERGASTE : Ne trouvez-vous pas que le temps se brouille?

LA MARQUISE : Oui; nous aurons de l'orage.

Ils sont quelque temps sans se parler.

ERGASTE : Je suis d'avis de vous laisser; vous me paraissez rêver.

LA MARQUISE : Non; c'est que je m'ennuie; ma sincérité ne vous choquera pas.

---

11. Opiniâtre, querelleuse, obstinée, têtue.

ERGASTE : Je vous en remercie, et je vous quitte ; je suis votre serviteur.

LA MARQUISE : Allez, Monsieur... A propos, quand vous écrirez à votre frère, n'allez pas si vite sur les nouvelles de notre mariage.

ERGASTE : Madame, je ne lui en dirai plus rien.

*Scène XV : La Marquise, un moment
seule, Lisette survient.*

LA MARQUISE, *seule* : Ah ! je respire. Quel homme avec son imbécile sincérité ! Assurément, s'il dit vrai, je ne suis pas une jolie personne.

LISETTE : Eh bien, Madame ! que dites-vous d'Ergaste ? est-il assez étrange ?

LA MARQUISE : Eh mais ! après tout, peut-être pas si étrange, Lisette ; je ne sais plus qu'en penser moi-même ; il a peut-être raison ; je me méfie de tout ce qu'on m'a dit jusqu'ici de flatteur pour moi, et surtout de ce que m'a dit ton Dorante que tu aimes tant, et qui doit être le plus grand fourbe, le plus grand menteur avec ses adulations. Ah ! que je me sais bon gré de l'avoir rebuté !

LISETTE : Fort bien ! c'est-à-dire que nous sommes tous des aveugles. Toute la terre s'accorde à dire que vous êtes une des plus jolies femmes de France — je vous épargne le mot de belle — et toute la terre en a menti.

LA MARQUISE : Mais, Lisette, est-ce qu'on est sincère ? toute la terre est polie...

LISETTE : Oh vraiment oui ; le témoignage d'un hypocondre [12] est bien plus sûr.

LA MARQUISE : Il peut se tromper, Lisette ; mais il dit ce qu'il voit.

LISETTE : Où a-t-il donc pris des yeux ? Vous m'impatientez ; je sais bien qu'il y a des minois d'un mérite incertain, qui semblent jolis aux uns, et qui ne le semblent pas aux autres ; et si vous aviez un de ceux-là, qui ne laissent pas de distinguer beaucoup une femme, j'excuserais votre méfiance. Mais le vôtre est charmant ; petits et grands, jeunes et vieux, tout en convient, jusqu'aux femmes ; il n'y a qu'un cri là-dessus. Quand on me donna à vous, que me dit-on ? Vous allez servir une dame charmante. Quand je vous vis, comment vous trouvais-je ? charmante. Ceux qui viennent ici, ceux qui vous rencontrent, comment vous trouvent-ils ? charmante. A la ville, aux champs, c'est le même écho ; partout charmante ; que diantre ! y a-t-il rien de plus confirmé, de plus éprouvé, de plus indubitable ?

LA MARQUISE : Il est vrai qu'on ne dit point cela d'une figure ordinaire ; mais tu vois pourtant ce qui m'arrive ?

LISETTE, *en colère* : Pardi ! vous avez un furieux penchant à vous rabaisser ; je n'y saurais tenir ; la petite opinion que vous avez de vous est insupportable.

LA MARQUISE : Ta colère me divertit.

LISETTE : Tenez, il vous est venu tantôt compagnie : il y avait des hommes et des femmes. J'étais dans la salle d'en bas quand ils sont descendus ; j'entendais ce qu'ils disaient ; ils parlaient de vous, et précisément de beauté, d'agréments.

LA MARQUISE : En descendant ?

LISETTE : Oui, en descendant, mais il faudra que votre misanthrope les redresse, car ils étaient aussi sots que moi.

LA MARQUISE : Et que disaient-ils donc ?

LISETTE : Des bêtises, ils n'avaient pas le sens commun ; c'étaient des yeux fins, un regard vif, une bouche, un sourire, un teint, des grâces ! enfin des visions, des chimères.

LA MARQUISE : Et ils ne te voyaient point !

LISETTE : Oh ! vous me feriez mourir ; la porte était fermée sur moi.

LA MARQUISE : Quelqu'un de mes gens pouvait être là ; ce n'est pas par vanité, au reste, que je suis en peine de savoir ce qui en est ; car est-ce par là qu'on vaut quelque chose ? non : c'est qu'il est bon de se connaître. Mais voici le plus hardi de mes flatteurs.

LISETTE : Il n'en est pas moins outré des impertinences de Frontin dont il a été témoin.

*Scène XVI : La Marquise, Dorante,
Lisette.*

LA MARQUISE : Eh bien ! Monsieur, prétendez-vous que je vous passe encore vos soupirs, vos *je vous adore*, vos enchantements sur ma personne ? Venez-vous encore m'entretenir de mes appas ? J'ai interrogé un homme vrai pour achever de vous connaître ; j'ai vu Ergaste : allez savoir ce qu'il pense de moi ; il vous dira si je dois être contente du sot amour-propre que vous m'avez supposé par toutes vos exagérations.

LISETTE : Allez, Monsieur ; il vous apprendra que Madame est laide.

DORANTE : Comment ?

LISETTE : Oui, laide ; c'est une nouvelle découverte ; à la vérité, cela ne se voit qu'avec les lunettes d'Ergaste.

LA MARQUISE : Il n'est pas question de laide ; peu m'importe ce que je suis à cet égard ; ce n'est pas l'intérêt que j'y prends qui me fait parler : pourvu que mes amis me croient le cœur bon et l'esprit bien fait, je les quitte [13] du reste ; mais qu'un homme que je voulais estimer, dont je voulais être sûre, m'ait regardée comme une femme dont il croyait que ses flatteries démonteraient la petite cervelle, voilà ce que je lui reproche.

DORANTE, *vivement* : Et moi, Madame, je vous déclare que ce n'est plus ni vous ni vos grâces que je défends. Vous êtes fort libre de penser de vous ce qu'il vous plaira, je ne m'y oppose point ; mais je ne suis ni un adulateur ni un visionnaire ; j'ai les yeux bons, j'ai le jugement sain, je sais rendre justice, et je soutiens que vous êtes une des femmes du monde la plus aimable, la plus touchante ; je soutiens qu'il n'y aura point de

---

12. Le Dict. de l'Acad. définit l'*hypocondre* comme un « homme mélancolique, ainsi nommé parce que l'hypocondrie était supposée avoir son siège dans les hypocondres (parties latérales de l'abdomen situées sous les fausses côtes) ».

13. *Quitter* a ici le sens de : exempter, affranchir. On dirait aujourd'hui : tenir quitte.

contradiction là-dessus; et tout ce qui me fâche en le disant, c'est que je ne saurais le soutenir sans faire l'éloge d'une personne qui m'outrage et que je n'ai nulle envie de louer.

LISETTE : Je suis de même; on est fâché du bien qu'on dit d'elle.

LA MARQUISE : Mais, comment se peut-il qu'Ergaste me trouve difforme et vous charmante? comment cela se peut-il? c'est pour votre honneur que j'insiste; les sentiments varient-ils jusque-là? Ce n'est jamais que du plus au moins qu'on diffère; mais du blanc au noir, du tout au rien, je m'y perds.

DORANTE, *vivement* : Ergaste est un extravagant; la tête lui tourne; cet esprit-là ne fera pas bonne fin.

LISETTE : Lui? je ne lui donne pas six mois sans avoir besoin d'être enfermé.

DORANTE : Parlez, Madame; car je suis piqué; c'est votre sincérité que j'interroge : vous êtes-vous jamais présentée nulle part, au spectacle, en compagnie, que vous n'ayez fixé les yeux de tout le monde, qu'on ne vous y ait distinguée?

LA MARQUISE : Mais... qu'on ne m'ait distinguée...

DORANTE : Oui, Madame, oui; je m'en fierai à ce que vous en savez; je ne vous crois pas capable de me tromper.

LISETTE : Voyons comment Madame se tirera de ce pas-ci; il faut répondre.

LA MARQUISE : Eh bien! j'avoue que la question m'embarrasse.

DORANTE : Eh! morbleu! Madame, pourquoi me condamnez-vous donc?

LA MARQUISE : Mais cet Ergaste?

LISETTE : Mais cet Ergaste est si hypocondre, qu'il a l'extravagance de trouver Araminte mieux que vous.

DORANTE : Et cette Araminte est si dupe, qu'elle en est émue, qu'elle se rengorge et s'en estime plus qu'à l'ordinaire.

LA MARQUISE : Tout de bon? cette pauvre petite femme! ah! ah! ah! ah!... Je voudrais bien voir l'air qu'elle a dans sa nouvelle fortune; elle est donc bien gonflée?

DORANTE : Ma foi, je l'excuse; il n'y a point de femme, en pareil cas, qui ne se redressât aussi bien qu'elle.

LA MARQUISE : Taisez-vous, vous êtes un fripon; peu s'en faut que je ne me redresse aussi, moi.

DORANTE : Je parle d'elle, Madame, et non pas de vous.

LA MARQUISE : Il est vrai que je me sens obligée de dire, pour votre justification, qu'on a toujours mis quelque différence entre elle et moi; je ne serais pas de bonne foi si je le niais; ce n'est pas qu'elle ne soit aimable.

DORANTE : Très aimable; mais en fait de grâces il y a bien des degrés.

LA MARQUISE : J'en conviens; j'entends raison quand il faut.

DORANTE : Oui, quand on vous y force.

LA MARQUISE : Eh! pourquoi est-ce que je dispute? ce n'est pas pour moi, c'est pour vous; je ne demande pas mieux que d'avoir tort pour être satisfaite de votre caractère.

DORANTE : Ce n'est pas que vous n'ayez vos défauts; vous en avez, car je suis sincère aussi, moi, sans me vanter de l'être.

LA MARQUISE, *étonnée* : Ah! ah! mais vous me charmez, Dorante; je ne vous connaissais pas. Eh bien! ces défauts, je veux que vous me les disiez, au moins; voyons.

DORANTE : Oh! voyons. Est-il permis, par exemple, avec une figure aussi distinguée que la vôtre, et faite au tour, est-il permis de vous négliger quelquefois autant que vous le faites?

LA MARQUISE : Que voulez-vous? c'est distraction, c'est souvent par oubli de moi-même.

DORANTE : Tant pis; ce matin encore vous marchiez toute courbée, pliée en deux comme une femme de quatre-vingts ans, et cela avec la plus belle taille du monde.

LISETTE : Oh! oui; le plus souvent cela va comme cela peut.

LA MARQUISE : Eh bien! tu vois, Lisette; en bon. français, il me dit que je ressemble à une vieille, que je suis contrefaite, que j'ai mauvaise façon, et je ne m'en fâche pas, je l'en remercie; d'où vient? c'est qu'il a raison et qu'il parle juste.

DORANTE : J'ai eu mille envies de vous dire comme aux enfants : Tenez-vous droite.

LA MARQUISE : Vous ferez fort bien. Je ne vous rendais pas justice, Dorante : et encore une fois il faut vous connaître; je doutais même que vous m'aimassiez, et je résistais à mon penchant pour vous.

DORANTE : Ah! Marquise!

LA MARQUISE : Oui, j'y résistais; mais j'ouvre les yeux, et tout à l'heure vous allez être vengé. Ecoutez-moi, Lisette; le notaire d'ici est actuellement dans mon cabinet qui m'arrange des papiers; allez lui dire qu'il tienne tout prêt un contrat de mariage. *(A Dorante.)* Voulez-vous bien qu'il le remplisse de votre nom et du mien, Dorante?

DORANTE, *lui baisant la main* : Vous me transportez, Madame!

LA MARQUISE : Il y a longtemps que cela devrait être fait. Allez, Lisette, et approchez-moi cette table; y a-t-il dessus tout ce qu'il faut pour écrire?

LISETTE : Oui, Madame; voilà la table, et je cours au notaire.

LA MARQUISE : N'est-ce pas Araminte que je vois? que vient-elle nous dire?

Scène XVII : Araminte, la Marquise, Dorante.

ARAMINTE, *en riant* : Marquise, je viens rire avec vous d'un discours sans jugement, qu'un valet a tenu et dont je sais que vous êtes informée. Je vous dirais bien que je le désavoue, mais je pense qu'il n'en est pas besoin; vous me faites apparemment la justice de croire que je me connais, et que je sais à quoi m'en tenir sur pareille folie.

LA MARQUISE : De grâce, permettez-moi d'écrire un petit billet qui presse; il n'interrompra point notre entretien.

ARAMINTE : Que je ne vous gêne point.

LA MARQUISE, *écrivant* : Ne parlez-vous de ce qui s'est passé tantôt devant vous, Madame?

ARAMINTE : De cela même.

LA MARQUISE : Eh bien! il n'y a plus qu'à vous féliciter de votre bonne fortune. Tout ce qu'on y pourrait souhaiter de plus, c'est qu'Ergaste fût un meilleur juge.

ARAMINTE : C'est donc par modestie que vous vous méfiez de son jugement; car il vous a traitée plus favorablement que moi; il a décidé que vous plaisiez davantage, et je changerais bien mon partage contre vous.

LA MARQUISE : Oui-da; je sais qu'il vous trouve régulière, mais point touchante; c'est-à-dire que j'ai des grâces et vous des traits [14]; mais je n'ai pas plus de foi à mon partage qu'au vôtre; je dis le vôtre *(elle se lève après avoir plié son billet)* parce qu'entre nous nous savons que nous ne sommes belles ni l'une ni l'autre.

ARAMINTE : Je croirais assez la moitié de ce que vous dites.

LA MARQUISE, *plaisantant* : La moitié!

DORANTE, *les interrompant* : Madame, vous faut-il quelqu'un pour donner votre billet? souhaitez-vous que j'appelle?

LA MARQUISE : Non; je vais le donner moi-même. *(A Araminte.)* Pardonnez si je vous quitte, Madame; j'en agis sans façon.

Scène XVIII : Ergaste, Araminte.

ERGASTE : Je ne sais si je dois me présenter devant vous.

ARAMINTE : Je ne sais pas trop si je puis vous regarder moi-même; mais d'où vient que vous hésitez?

ERGASTE : C'est que mon peu de mérite et ma mauvaise façon m'intimident; car je sais toutes mes vérités, on me les a dites.

ARAMINTE : J'avoue que vous avez bien des défauts.

ERGASTE : Auriez-vous le courage de me les passer?

ARAMINTE : Vous êtes un homme si particulier.

ERGASTE : D'accord.

ARAMINTE : Un enfant sait mieux ce qu'il vaut, se connaît mieux que vous ne vous connaissez.

ERGASTE : Ah! que me voilà bien!

ARAMINTE : Défiant sur le bien qu'on vous veut jusqu'à en être ridicule.

ERGASTE : C'est que je ne mérite pas qu'on m'en veuille.

ARAMINTE : Toujours concluant que vous déplaisez.

ERGASTE : Et que je déplairai toujours.

ARAMINTE : Et par là toujours ennemi de vous-même; en voici une preuve : je gage que vous m'aimiez, quand vous m'avez quittée?

ERGASTE : Cela n'est pas douteux. Je ne l'ai cru autrement que par pure imbécillité [15].

ARAMINTE : Et qui plus est, c'est que vous m'aimez encore; c'est que vous n'avez pas cessé d'un instant.

ERGASTE : Pas d'une minute.

Scène XIX : Araminte, Ergaste, Lisette.

LISETTE, *donnant un billet à Ergaste* : Tenez, Monsieur, voilà ce qu'on vous envoie.

ERGASTE : De quelle part?

LISETTE : De celle de ma maîtresse.

ERGASTE : Eh! où est-elle donc?

LISETTE : Dans son cabinet, d'où elle vous fait ses compliments.

ERGASTE : Dites-lui que je les lui rends dans la salle où je suis.

LISETTE : Ouvrez, ouvrez.

ERGASTE, *lisant* : « Vous n'êtes pas au fait de mon caractère; je ne suis peut-être pas mieux au fait du vôtre; quittons-nous, Monsieur, actuellement; nous n'avons point d'autre parti à prendre. »

ERGASTE, *rendant le billet* : Le conseil est bon; je vais dans un moment l'assurer de ma parfaite obéissance.

LISETTE : Ce n'est pas la peine; vous l'allez voir paraître, et je ne suis envoyée que pour vous préparer sur votre disgrâce.

Scène XX : Ergaste, Araminte.

ERGASTE : Madame, j'ai encore une chose à vous dire.

ARAMINTE : Quoi donc?

ERGASTE : Je soupçonne que le notaire est là-dedans qui passe un contrat de mariage; n'écrira-t-il rien en ma faveur?

ARAMINTE : En votre faveur! mais vous êtes bien hardi; vous avez donc compté que je vous pardonnerais?

ERGASTE : Je ne le mérite pas.

ARAMINTE : Cela est vrai, et je ne vous aime plus; mais quand le notaire viendra, nous verrons.

Scène XXI : La Marquise, Ergaste,
Araminte, Dorante,
Lisette, Frontin.

LA MARQUISE : Ergaste, ce que je vais vous dire vous surprendra peut-être : c'est que je me marie; n'en serez-vous point fâché?

ERGASTE : Eh! Madame, non; mais à qui?

LA MARQUISE, *donnant la main à Dorante, qui la baise* : Ce que vous voyez vous le dit.

ERGASTE : Ah! Dorante, que j'en ai de joie!

LA MARQUISE : Notre contrat de mariage est passé.

ERGASTE : C'est fort bien fait. *(A Araminte.)* Madame, dirai-je aussi que je me marie?

LA MARQUISE : Vous vous mariez! à qui donc?

ARAMINTE, *donnant la main à Ergaste* : Tenez; voilà de quoi répondre.

14. Il faut entendre : vous avez les traits du visage réguliers, agréables, et se souvenir que cette expression : *avoir des traits* est souvent employée dans un sens légèrement dépréciatif. 15. Faiblesse.

ERGASTE, *lui baisant la main* : Ceci vous l'apprend, Marquise. On me fait grâce, tout fluet que je suis.

LA MARQUISE, *avec joie* : Quoi! c'est Araminte que vous épousez?

ARAMINTE : Notre contrat était presque passé avant le vôtre.

ERGASTE : Oui; c'est Madame que j'aime, que j'aimais, et que j'ai toujours aimée, qui plus est.

LA MARQUISE : Ah! la comique aventure! je ne vous aimais pas non plus, Ergaste, je ne vous aimais pas; je me trompais, tout mon penchant était pour Dorante.

DORANTE, *lui prenant la main* : Et tout mon cœur ne sera jamais qu'à vous.

ERGASTE, *reprenant la main d'Araminte* : Et jamais vous ne sortirez du mien.

LA MARQUISE, *riant* : Ah! ah! ah! nous avons pris un plaisant détour pour arriver là. Allons, belle Araminte, passons dans mon cabinet pour signer, et ne songeons qu'à nous réjouir.

FRONTIN : Enfin nous voilà délivrés l'un de l'autre; j'ai envie de t'embrasser de joie.

LISETTE : Non; cela serait trop fort pour moi; mais je te permets de baiser ma main, pendant que je détourne la tête.

FRONTIN, *se cachant avec son chapeau* : Non; voilà mon transport passé, et je te salue en détournant la mienne.

L'ÉPREUVE

Ce sont les comédiens qui étaient déjà de la distribution des Sincères *(seule la Dlle Belmont - Madame Argante - est venue s'y ajouter) qui créent, le samedi 19 novembre 1740, l'*Épreuve *(intitulée pour sa seconde représentation les* Épreuves *dans les registres du Nouveau Théâtre Italien) à l'Hôtel de Bourgogne. Cette nouvelle comédie de Marivaux est « très bien reçue du public ». « On l'a trouvée, commente le* Mercure*, pleine d'esprit, simple d'action et élégamment dialoguée. »*

*Jouée dix-sept fois pendant la saison 1740-1741, elle est souvent reprise ensuite, parfois dans des circonstances mémorables : c'est, par exemple, avec le rôle d'Angélique de l'*Épreuve *que Mlle Chantilly, la future Mme Favart, fit son entrée, en 1749, chez les Italiens où, trois ans plus tard, elle hérita la part de Flaminia qui s'était retirée définitivement du théâtre. Et c'est aussi ce rôle que Manon Balletti, la fille de Silvia, choisit, en 1760, pour débuter à l'Hôtel de Bourgogne (mais son mariage avec un certain M. Blondel interrompit aussitôt sa carrière théâtrale).*

*Enfin, l'*Épreuve *est l'avant-dernière comédie que Marivaux écrivit pour les Italiens avant de se détourner progressivement de la scène. Depuis 1720, il avait composé près de trente pièces, dont la majorité pour l'Hôtel de Bourgogne. De 1740 à 1763, date de sa mort, il n'en composera plus que six ou sept, dont plusieurs ne seront même pas jouées. (On ne trouve pas trace au Nouveau Théâtre Italien de représentations de la Commère).*

*Faut-il voir là les conséquences d'une brouille entre Marivaux et les Comédiens Italiens? Il ne le semble pas : ceux-ci continuent à reprendre ses pièces, dont l'*Épreuve*. En fait, Marivaux a terminé son œuvre de dramaturge. Il a épuisé toutes les figures de ce qu'on peut appeler son système dramatique. Maintenant il faut ou qu'il se renouvelle complètement (les temps du « drame bourgeois » sont proches) ou qu'il se taise. C'est la dernière solution qu'il choisit : pour intéressantes que soient ses dernières pièces, elles n'apportent en effet rien de nouveau dans son œuvre (à l'exception de la* Commère *où l'on peut voir une tentative de renouvellement du dramaturge Marivaux par le romancier, mais qui demeura sans suite, puisque la pièce ne fut pas jouée) ; au plus elles en constituent l'épilogue : une réflexion, morale avec la* Dispute*, dramaturgique avec les* Acteurs de bonne foi*, sur cette œuvre elle-même. La « retraite » de Marivaux correspond aussi à une situation de fait : le déclin accéléré du Nouveau Théâtre Italien, que viendra encore aggraver, en 1758, la mort de Silvia. L'élection à l'Académie Française en 1742 aura donc le sens à la fois d'une reconnaissance et d'un renon-*

cement : pendant les vingt ans qui lui restent à vivre, Marivaux se contentera, ou presque, d'être un académicien. Il se survivra.

*Dès 1791, Talma inscrit l'*Épreuve *au programme d'ouverture du Théâtre de la République qu'il vient de fonder avec des comédiens comme lui transfuges du Français. Mais le soir de la première, la comédie de Marivaux ne put être jouée jusqu'au bout : dirigée contre Talma, une cabale qui n'avait pu s'en prendre à l'autre pièce du spectacle,* Henri VIII*, tragédie républicaine, de Marie-Joseph Chénier, provoqua un tel tapage que l'on dut « baisser la toile sans achever la pièce ». Mais la carrière de l'*Épreuve *n'en a pas été compromise pour autant. En 1793, la pièce est jouée par les Comédiens Français qui donnent leurs représentations au Théâtre de la Nation et elle n'y a « pas moins de succès » que les* Fausses Confidences *données avec le triomphe que l'on sait un mois auparavant : « Le public a témoigné sa satisfaction par les applaudissements multipliés et qui probablement se renouvelleraient à toutes les représentations » (le Journal de Paris).*

*Dès 1799, l'*Épreuve *est reprise à la Comédie-Française maintenant reconstituée et établie rue de Richelieu. Elle ne cessera plus d'y être jouée. Aussi figure-t-elle aujourd'hui au second rang parmi les pièces de Marivaux le plus souvent représentées : après le* Jeu de l'amour et du hasard *et précédant de peu le* Legs *et les* Fausses Confidences*.*

En apparence il s'agit d'une des pièces les plus simples que Marivaux ait écrites et les commentateurs n'ont pas manqué de célébrer sa « grâce », sa « fraîcheur » et sa « discrétion ». Sans doute a-t-elle été pour beaucoup dans la légende d'un Marivaux tout en délicatesse dont le théâtre ne serait fait que de « conversations où les sentiments se trahissent plus qu'ils ne se dévoilent et ne s'épanouissent qu'après avoir mis longtemps à s'entrouvrir » (Francisque Sarcey).

*A y regarder de plus près, l'*Épreuve *n'est ni aussi simple, ni aussi innocente. Les exigences de Lucidor vis-à-vis d'Angélique ont quelque chose d'assez odieux : elles sont d'« un mufle ou d'un goujat » (Louis Jouvet), voire d'« un tortionnaire » (Gabriel Marcel) plutôt que d'un amant avisé. Et les tourments d'Angélique trouvent pour s'exprimer des accents bien douloureux. Ici, on peut parler, comme le faisait déjà Jules Lemaître, de « cruauté de Marivaux ». Et s'interroger sur le sens qu'il donnait à cette « épreuve » : sans doute l'a-t-il imaginée autant pour dénoncer la mauvaise foi de Lucidor que pour exalter la franchise d'Angélique.*

ACTEURS

MADAME ARGANTE; ANGÉLIQUE, *sa fille*; LISETTE, *suivante*; LUCIDOR, *amant d'Angélique*; FRONTIN, *valet de Lucidor*; MAÎTRE BLAISE, *jeune fermier du village*.

LA SCÈNE SE PASSE A LA CAMPAGNE, DANS UNE TERRE APPARTENANT DEPUIS PEU A LUCIDOR.

Scène I : Lucidor, Frontin,
en bottes et en habit de maître.

LUCIDOR : Entrons dans cette salle. Tu ne fais donc que d'arriver?

FRONTIN : Je viens de mettre pied à terre à la première hôtellerie du village : j'ai demandé le chemin du château, suivant l'ordre de votre lettre, et me voilà dans l'équipage [1] que vous m'avez prescrit. De ma figure qu'en dites-vous? *(Il se retourne.)* Y reconnaissez-vous votre valet de chambre et n'ai-je pas l'air un peu trop seigneur?

LUCIDOR : Tu es comme il faut. A qui t'es-tu adressé en entrant?

FRONTIN : Je n'ai rencontré qu'un petit garçon dans la cour, et vous avez paru. A présent, que voulez-vous faire de moi et de ma bonne mine?

LUCIDOR : Te proposer pour époux à une très aimable fille.

FRONTIN : Tout de bon? Ma foi, Monsieur, je soutiens que vous êtes encore plus aimable qu'elle.

LUCIDOR : Eh! non, tu te trompes; c'est moi que la chose regarde.

FRONTIN : En ce cas-là, je ne soutiens plus rien.

LUCIDOR : Tu sais que je suis venu ici il y a près de deux mois pour y voir la terre que mon homme d'affaires m'a achetée; j'ai trouvé dans le château une Madame Argante, qui en était comme la concierge et qui est une petite bourgeoise de ce pays-ci. Cette bonne dame a une fille qui m'a charmé, et c'est pour elle que je veux te proposer.

FRONTIN, *riant* : Pour cette fille que vous aimez? la confidence est gaillarde! Nous serons donc trois? Vous traitez cette affaire-ci comme une partie de piquet [2].

LUCIDOR : Écoute-moi donc; j'ai dessein de l'épouser moi-même.

FRONTIN : Je vous entends bien, quand je l'aurai épousée.

LUCIDOR : Me laisseras-tu dire? Je te présenterai sur le pied d'un homme riche et mon ami, afin de voir si elle m'aimera assez pour te refuser.

FRONTIN : Ah! c'est une autre histoire; et cela étant, il y a une chose qui m'inquiète.

LUCIDOR : Quoi?

FRONTIN : C'est qu'en venant, j'ai rencontré près de l'hôtellerie une fille qui ne m'a pas aperçu, je pense, qui causait sur le pas d'une porte, mais qui m'a bien la mine

d'être une certaine Lisette que j'ai connue à Paris, il y a quatre ou cinq ans, et qui était à une dame chez qui mon maître allait souvent. Je n'ai vu cette Lisette-là que deux ou trois fois; mais comme elle était jolie, je lui en ai conté tout autant de fois que je l'ai vue; et cela vous grave dans l'esprit d'une fille.

LUCIDOR : Mais, vraiment, il y en a une chez Madame Argante de ce nom-là, qui est du village, qui y a toute sa famille, et qui a passé en effet quelque temps à Paris avec une dame du pays.

FRONTIN : Ma foi, Monsieur, la friponne me reconnaîtra; il y a de certaines tournures d'hommes qu'on n'oublie point.

LUCIDOR : Tout le remède que j'y sache, c'est de payer d'effronterie et de lui persuader qu'elle se trompe.

FRONTIN : Oh! pour de l'effronterie, je suis en fonds.

LUCIDOR : N'y a-t-il pas des hommes qui se ressemblent tant, qu'on s'y méprend?

FRONTIN : Allons, je ressemblerai, voilà tout; mais dites-moi, Monsieur, souffririez-vous un petit mot de représentation [3]?

LUCIDOR : Parle.

FRONTIN : Quoique à la fleur de votre âge, vous êtes tout à fait sage et raisonnable; il me semble pourtant que votre projet est bien jeune.

LUCIDOR, *fâché* : Hein?

FRONTIN : Doucement. Vous êtes le fils d'un riche négociant qui vous a laissé plus de cent mille livres [4] de rente, et vous pouvez prétendre aux plus grands partis; le minois dont vous parlez est-il fait pour vous appartenir en légitime mariage? Riche comme vous êtes, on peut se tirer de là à meilleur marché, ce me semble.

LUCIDOR : Tais-toi; tu ne connais point celle dont tu parles. Il est vrai qu'Angélique n'est qu'une simple bourgeoise de campagne; mais originairement elle me vaut bien, et je n'ai pas l'entêtement des grandes alliances; elle est d'ailleurs si aimable, et je démêle, à travers son innocence, tant d'honneur et tant de vertu en elle, elle a naturellement un caractère si distingué, que si elle m'aime, comme je le crois, je ne serai jamais qu'à elle.

FRONTIN : Comment! si elle vous aime? Est-ce que cela n'est pas décidé?

LUCIDOR : Non; il n'a pas encore été question du mot d'amour entre elle et moi; je ne lui ai jamais dit que je l'aime, mais toutes mes façons n'ont signifié que cela; toutes les siennes n'ont été que des expressions du penchant le plus tendre et le plus ingénu. Je tombai malade trois jours après mon arrivée, et j'ai été même en quelque danger; je l'ai vue inquiète, alarmée, plus changée que moi; j'ai vu des larmes couler de ses yeux, sans que sa mère s'en aperçût; et depuis que la santé m'est revenue, nous continuons de même; je l'aime toujours, sans le lui dire; elle m'aime aussi, sans m'en parler, et sans vouloir cependant m'en faire un secret; son cœur simple, honnête et vrai, n'en sait pas davantage.

FRONTIN : Mais vous, qui en savez plus qu'elle, que ne

---

1. Dans l'habit.
2. Sorte de jeu qui se jouait avec trente-six cartes.

3. Remontrance.
4. Environ 170 000 francs actuels.

mettez-vous un petit mot d'amour en avant? Il ne gâterait rien.

LUCIDOR : Il n'est pas temps; tout sûr que je suis de son cœur, je veux savoir à quoi je le dois, et si c'est l'homme riche, ou seulement moi qu'on aime : c'est ce que j'éclaircirai par l'épreuve où je vais la mettre. Il m'est encore permis de n'appeler qu'amitié tout ce qui est entre nous deux; et c'est de quoi je vais profiter.

FRONTIN : Voilà qui est fort bien; mais ce n'était pas moi qu'il fallait employer.

LUCIDOR : Pourquoi?

FRONTIN : Oh! pourquoi? Mettez-vous à la place d'une fille, et ouvrez les yeux, vous verrez pourquoi. Il y a cent à parier contre un que je plairai.

LUCIDOR : Le sot! Eh bien! si tu plais, j'y remédierai sur-le-champ, en te faisant connaître. As-tu apporté les bijoux?

FRONTIN, *fouillant dans sa poche* : Tenez, voilà tout.

LUCIDOR : Puisque personne ne t'a vu entrer, retire-toi avant que quelqu'un que je vois dans le jardin n'arrive. Va t'ajuster, et ne parais que dans une heure ou deux.

FRONTIN : Si vous jouez de malheur, souvenez-vous que je vous l'ai prédit.

Scène II : Lucidor,
Maître Blaise, qui vient doucement,
habillé en riche fermier.

LUCIDOR : Il vient à moi; il paraît avoir à me parler.

MAÎTRE BLAISE : Je vous salue, Monsieur Lucidor. Eh bien! qu'est-ce? Comment vous va? Vous avez bonne maine à cette heure.

LUCIDOR : Oui, je me porte assez bien. Monsieur Blaise.

MAÎTRE BLAISE : Faut convenir, que voute maladie vous a bian fait du proufit. Vous v'là, morgué [5]! pus rougeaud, pus varmeil!... Ça réjouit, ça me plaît à voir.

LUCIDOR : Je vous en suis obligé.

MAÎTRE BLAISE : C'est que j'aime tant la santé des braves gens; alle est si recommandable, surtout la vôtre, qui est la plus recommandable de tout le monde.

LUCIDOR : Vous avez raison d'y prendre quelque intérêt; je voudrais pouvoir vous être utile à quelque chose.

MAÎTRE BLAISE : Voirement [6], cette utilité-là est belle et bonne; et je viens tout justement vous prier de m'en gratifier d'une.

LUCIDOR : Voyons.

MAÎTRE BLAISE : Vous savez bian, Monsieur, que je fréquente chez Madame Argante; et sa fille Angélique, alle est gentille, au moins.

LUCIDOR : Assurément.

MAÎTRE BLAISE, *riant* : Eh! eh! eh! C'est, ne vous déplaise, que je vourais avoir sa gentillesse en mariage.

LUCIDOR : Vous aimez donc Angélique?

MAÎTRE BLAISE : Ah! cette criature-là m'affole; j'en pards si peu d'esprit que j'ai; quand il fait jour, je pense à elle; quand il fait nuit, j'en rêve : il faut du remède à ça et je vians envars vous à celle fin, par voute moyen, pour l'honneur et le respect qu'on vous porte ici, sauf voute grâce, et si ça ne vous torne pas à importunité de me favoriser de queuques bonnes paroles auprès de sa mère, dont j'ai itou besoin de la faveur.

LUCIDOR : Je vous entends : vous souhaitez que j'engage Madame Argante à vous donner sa fille. Et Angélique vous aime-t-elle?

MAÎTRE BLAISE : Oh! dame, quand parfois je li conte ma chance, alle rit de tout son cœur, et me plante là. C'est bon signe, n'est-ce pas?

LUCIDOR : Ni bon, ni mauvais. Au surplus, comme je crois que Madame Argante a peu de bien, que vous êtes fermier de plusieurs terres, fils de fermier vous-même...

MAÎTRE BLAISE : Et que je sis encore une jeunesse; je n'ons que trente ans, et d'humeur folichonne, un Roger-Bontemps [7].

LUCIDOR : Le parti pourrait convenir, sans une difficulté.

MAÎTRE BLAISE : Laqueulle?

LUCIDOR : C'est qu'en revanche des soins que Madame Argante et toute sa maison ont eus de moi pendant ma maladie, j'ai songé à marier Angélique à quelqu'un fort riche, qui va se présenter, qui ne veut précisément épouser qu'une fille de campagne, de famille honnête, et qui ne se soucie point qu'elle ait du bien.

MAÎTRE BLAISE : Morgué! vous me faites là un vilain tour avec voute avisement, Monsieur Lucidor; v'là qui m'est bian rude, bian chagrinant et bian traître. Jarnigué! soyons bons, je l'approuve, mais ne foulons parsonne; je sis voute prochain autant qu'un autre, et ne faut pas péser sur c'ti-ci, pour alléger c'ti-là. Moi qui avais tant peur que vous ne mouriez; c'était bian la peine de venir vingt fois demander : « Comment va-t-il, comment ne va-t-il pas? » V'là-t-il pas une santé qui m'est bian chanceuse, après vous avoir mené moi-même c'ti-là qui vous a tiré deux fois du sang, et qui est mon cousin, afin que vous le sachiez, mon propre cousin germain, ma mère était sa tante, et jarni! ce n'est pas bian fait à vous.

LUCIDOR : Votre parenté avec lui n'ajoute rien à l'obligation que je vous ai.

MAÎTRE BLAISE : Sans compter que c'est cinq bonnes mille livres [8] que vous m'ôtez comme un sou, et que la petite aura en mariage.

LUCIDOR : Calmez-vous; est-ce cela que vous en espérez? Eh bien! je vous en donne douze pour en épouser une autre et pour vous dédommager du chagrin que je vous fais.

MAÎTRE BLAISE, *étonné* : Quoi! douze mille livres [9] d'argent sec?

LUCIDOR : Oui, je vous le promets, sans vous ôter cependant la liberté de vous présenter pour Angélique; au contraire, j'exige même que vous la demandiez à

5. Le langage de Maître Blaise, comme celui de tous les paysans de Marivaux, est riche en jurons tels que *morgué* (par la mort de Dieu), *jarnigué* (je renie Dieu) etc.

6. Furetière définit ainsi *voirement* : « Adverbe qui marque quelque réflexion. Ce mot est bas. »

7. On qualifie de *Roger-Bontemps* une personne qui vit sans aucune espèce de souci.

8 et 9. Respectivement à peu près 8 500 et 20 400 francs actuels.

Madame Argante; je l'exige, entendez-vous? Car si vous plaisez à Angélique, je serais très fâché de la priver d'un homme qu'elle aimerait.

MAÎTRE BLAISE, *se frottant les yeux de surprise* : Eh mais! c'est comme un prince qui parle! douze mille livres! Mes bras m'en tombent. Je ne saurais me ravoir. Allons, Monsieur, boutez-vous là, que je me prosterne devant vous, il ne pus ni moins que devant un prodige.

LUCIDOR : Il n'est pas nécessaire; point de compliments, je vous tiendrai parole.

MAÎTRE BLAISE : Après que j'ons été si malappris, si brutal! Eh! dites-moi, roi que j'êtes, si par aventure, Angélique me chérit, j'aurons donc la femme et les douze mille francs avec?

LUCIDOR : Ce n'est pas tout à fait cela; écoutez-moi; je prétends, vous dis-je, que vous vous proposiez pour Angélique, indépendamment du mari que je lui offrirai : si elle vous accepte, comme alors je n'aurai fait aucun tort à votre amour, je ne vous donnerai rien; si elle vous refuse, les douze mille francs sont à vous.

MAÎTRE BLAISE : Alle me refusera, Monsieur, alle me refusera; le ciel m'en fera la grâce, à cause de vous qui le désirez.

LUCIDOR : Prenez garde; je vois bien qu'à cause des douze mille francs, vous ne demandez déjà pas mieux que d'être refusé.

MAÎTRE BLAISE : Hélas! peut-être bian que la somme m'étourdit un petit brin; j'en sis friand, je le confesse; alle est si consolante!

LUCIDOR : Je mets cependant encore une condition à notre marché; c'est que vous feigniez de l'empressement pour obtenir Angélique, et que vous continuiez de paraître amoureux d'elle.

MAÎTRE BLAISE : Oui, Monsieur, je serons fidèle à ça; mais j'ons bonne espérance de n'être pas daigne d'elle; et mêmement [10] j'avons opinion, si alle osait, qu'alle vous aimerait plus que parsonne.

LUCIDOR : Moi, Maître Blaise? vous me surprenez, je ne m'en suis pas aperçu, vous vous trompez; en tout cas, si elle ne veut pas de vous, souvenez-vous de lui faire ce petit reproche-là : je serais bien aise de savoir ce qui en est, par pure curiosité.

MAÎTRE BLAISE : An n'y manquera pas; an li reprochera devant vous, drès que Monsieur le commande.

LUCIDOR : Et comme je ne vous crois pas mal à propos glorieux, vous me ferez plaisir aussi de jeter vos vues sur Lisette, que, sans compter les douze mille francs, vous ne vous repentirez pas d'avoir choisie, je vous en avertis.

MAÎTRE BLAISE : Hélas! il n'y a qu'à dire : an se revirera itou sur elle; je l'aimerai par mortification.

LUCIDOR : J'avoue qu'elle sert Madame Argante; mais elle n'est pas de moindre condition que les autres filles du village.

MAÎTRE BLAISE : Eh! voirement, alle en est née native.

LUCIDOR : Jeune et bien faite d'ailleurs.

MAÎTRE BLAISE : Charmante. Monsieur verra l'appétit que je prends déjà pour elle.

LUCIDOR : Mais je vous ordonne une chose : c'est de

10. Qui plus est.

ne lui dire que vous l'aimez qu'après qu'Angélique se sera expliquée sur votre compte; il ne faut pas que Lisette sache vos desseins auparavant.

MAÎTRE BLAISE : Laissez faire à Blaise; en li parlant, je li dirai des propos où elle ne comprenra rin. La v'là. Vous plaît-il que je m'en aille?

LUCIDOR : Rien ne vous empêche de rester.

Scène III : Lucidor, Maître Blaise, Lisette.

LISETTE : Je viens d'apprendre, Monsieur, par le petit garçon de notre vigneron, qu'il vous était arrivé une visite de Paris.

LUCIDOR : Oui; c'est un de mes amis qui vient me voir.

LISETTE : Dans quel appartement du château souhaitez-vous qu'on le loge?

LUCIDOR : Nous verrons quand il sera revenu de l'hôtellerie où il est retourné. Où est Angélique, Lisette?

LISETTE : Il me semble l'avoir vue dans le jardin, qui s'amusait à cueillir des fleurs.

LUCIDOR, *en montrant Maître Blaise* : Voici un homme qui est de bonne volonté pour elle, qui a grande envie de l'épouser; et je lui demandais si elle avait de l'inclination pour lui; qu'en pensez-vous?

MAÎTRE BLAISE : Oui; de queul avis êtes-vous touchant ça, belle brunette, m'amie?

LISETTE : Eh mais! autant que j'en puis juger, mon avis est que jusqu'ici elle n'a rien dans le cœur pour vous.

MAÎTRE BLAISE : Rian du tout? C'est ce que je disais. Que Mademoiselle Lisette a de jugement!

LISETTE : Ma réponse n'a rien de trop flatteur; mais je ne saurais en faire une autre.

MAÎTRE BLAISE, *cavalièrement* : C'telle-là est belle et bonne, et je m'y accorde. J'aime qu'on soit franc; et en effet queul mérite avons-je pour li plaire à cet enfant?

LISETTE : Ce n'est pas que vous ne valiez votre prix, Monsieur Blaise; mais je crains que Madame Argante ne vous trouve pas assez de bien pour sa fille.

MAÎTRE BLAISE, *riant* : Ça est vrai, pas assez de bien. Pus vous allez, mieux vous dites.

LISETTE : Vous me faites rire avec votre air joyeux.

LUCIDOR : C'est qu'il n'espère pas grand-chose.

MAÎTRE BLAISE : Oui, v'là ce que c'est; et pis tout ce qui viant, je le prends. *(A Lisette.)* Le biau brin de fille que vous êtes!

LISETTE : La tête lui tourne, ou il y a quelque chose que je n'entends pas.

MAÎTRE BLAISE : Stapendant, je me baillerai bian du tourment pour avoir Angélique, et il en pourra venir que je l'aurons, ou bian que je ne l'aurons pas; faut mettre les deux pour devenir juste.

LISETTE, *riant* : Vous êtes un très grand devin!

LUCIDOR : Quoi qu'il en soit, j'ai aussi un parti à lui offrir, mais un très bon parti; il s'agit d'un homme du monde; et voilà pourquoi je m'informe si elle n'aime personne.

LISETTE : Dès que vous vous mêlez de l'établir, je pense bien qu'elle s'en tiendra là.

LUCIDOR : Adieu, Lisette; je vais faire un tour dans la

grande allée; quand Angélique sera venue, je vous prie de m'en avertir. Soyez persuadée, à votre égard [11], que je ne m'en retournerai point à Paris sans récompenser le zèle que vous m'avez marqué.

LISETTE : Vous avez bien de la bonté, Monsieur.

LUCIDOR, *à Blaise, en s'en allant, et à part* : Ménagez vos termes avec Lisette, Maître Blaise.

MAÎTRE BLAISE : Aussi fais-je, je n'y mets pas le sens commun.

Scène IV : Maître Blaise, Lisette.

LISETTE : Ce Monsieur Lucidor a le meilleur cœur du monde.

MAÎTRE BLAISE : Oh! un cœur magnifique, un cœur tout d'or; au surplus, comment vous portez-vous, Mademoiselle Lisette?

LISETTE, *riant* : Eh! que voulez-vous dire avec votre compliment, Maître Blaise? Vous tenez depuis un moment des discours bien étranges.

MAÎTRE BLAISE : Oui, j'ons des manières fantasques, et ça vous étonne, n'est-ce pas? Je m'en doute bian. *(Et par réflexion.)* Que vous êtes agriable!

LISETTE : Que vous êtes original avec votre agréable! Comme il me regarde! En vérité, vous extravaguez.

MAÎTRE BLAISE : Tout au contraire, c'est ma prudence qui vous contemple.

LISETTE : Eh bien! contemplez, voyez: ai-je aujourd'hui le visage autrement fait que je l'avais hier?

MAÎTRE BLAISE : Non; c'est moi qui le vois mieux que de coutume; il est tout nouviau pour moi.

LISETTE, *voulant s'en aller* : Eh! que le ciel vous bénisse.

MAÎTRE BLAISE, *l'arrêtant* : Attendez donc.

LISETTE : Eh! que me voulez-vous? C'est se moquer que de vous entendre. On dirait que vous m'en contez; je sais bien que vous êtes un fermier à votre aise, et que je ne suis pas pour vous; de quoi s'agit-il donc?

MAÎTRE BLAISE : De m'acouter sans y voir goutte, et de dire à part vous : « Ouais! faut qu'il y ait un secret à ça. »

LISETTE : Et à propos de quoi un secret? Vous ne me dites rien d'intelligible.

MAÎTRE BLAISE : Non, c'est fait exprès, c'est résolu.

LISETTE : Voilà qui est bien particulier; ne recherchez-vous pas Angélique?

MAÎTRE BLAISE : Ça est itou conclu.

LISETTE : Plus je rêve, et plus je m'y perds.

MAÎTRE BLAISE : Faut que vous y perdiais.

LISETTE : Mais pourquoi me trouver si agréable? Par quel accident le remarquez-vous plus qu'à l'ordinaire? Jusqu'ici vous n'avez pas pris garde si je l'étais ou non. Croirai-je que vous êtes tombé subitement amoureux de moi? Je ne vous en empêche pas.

MAÎTRE BLAISE, *vite et vivement* : Je ne dis pas que je vous aime.

LISETTE : Que dites-vous donc?

MAÎTRE BLAISE : Je ne vous dis pas que je ne vous aime

point; ni l'un ni l'autre; vous m'en êtes témoin; j'ons donné ma parole, je marche droit en besogne, voyez-vous! Il n'y a pas à rire à ça, je ne dis rin; mais je pense, et je vais répétant que vous êtes agriable!

LISETTE, *étonnée, le regardant* : Je vous regarde à mon tour et, si je ne me figurais pas que vous êtes timbré, en vérité, je soupçonnerais que vous ne me haïssez pas.

MAÎTRE BLAISE : Oh! soupçonnez, croyez, persuadez-vous; il n'y aura pas de mal, pourvu qu'il n'y ait pas de ma faute, et que ça vianne de vous toute seule sans que je vous aide.

LISETTE : Qu'est-ce que cela signifie?

MAÎTRE BLAISE : Et mêmement, à vous permis de m'aimer, par exemple; j'y consens encore; si le cœur vous y porte, ne vous retenez pas, je vous lâche la bride là-dessus; il n'y aura rian de perdu.

LISETTE : Le plaisant compliment! Eh! quel avantage en tirerais-je?

MAÎTRE BLAISE : Oh! dame, je sis bridé; mais ce n'est pas comme vous; je ne saurais parler pus clair. Voici venir Angélique; laissez-moi li toucher un petit mot d'affection, sans que ça empêche que vous soyez gentille.

LISETTE : Ma foi, votre tête est dérangée, Monsieur Blaise; je n'en rabats rien.

Scène V : Angélique, Lisette, Maître Blaise.

ANGÉLIQUE, *un bouquet à la main* : Bonjour, Monsieur Blaise. Est-il vrai, Lisette, qu'il est venu quelqu'un de Paris pour Monsieur Lucidor?

LISETTE : Oui, à ce que j'ai su.

ANGÉLIQUE : Dit-on que ce soit pour l'emmener à Paris qu'on est venu?

LISETTE : C'est ce que je ne sais pas; Monsieur Lucidor ne m'en a rien appris.

MAÎTRE BLAISE : Il n'y a pas d'apparence; il veut auparavant vous marier dans l'opulence, à ce qu'il dit.

ANGÉLIQUE : Me marier, Monsieur Blaise! Et à qui donc, s'il vous plaît?

MAÎTRE BLAISE : La parsonne n'a pas encore de nom.

LISETTE : Il parle vraiment d'un très grand mariage; il s'agit d'un homme du monde; et il ne dit pas qui c'est ni d'où il viendra.

ANGÉLIQUE, *d'un air content et discret* : D'un homme du monde qu'il ne nomme pas!

LISETTE : Je vous rapporte ses propres termes.

ANGÉLIQUE : Eh bien! je n'en suis pas inquiète; on le connaîtra tôt ou tard.

MAÎTRE BLAISE : Ce n'est pas moi, toujours.

ANGÉLIQUE : Oh! je le crois bien; ce serait là un beau mystère! vous n'êtes qu'un homme des champs, vous.

MAÎTRE BLAISE : Stapendant j'ons mes prétentions itou; mais je ne me cache pas, je dis mon nom, je me montre, en publiant que je suis amoureux de vous; vous le savez bian.

Lisette lève les épaules.

ANGÉLIQUE : Je l'avais oublié.

MAÎTRE BLAISE : Me v'là pour vous en aviser derechef; vous souciez-vous un peu de ça, Mademoiselle Angélique?

11. *A l'égard* est une façon de parler qui tient lieu de préposition: pour ce qui regarde, pour ce qui concerne (Dict. de l'Acad.).

Lisette boude.

ANGÉLIQUE : Hélas! guère.

MAÎTRE BLAISE : Guère! C'est toujours queuque chose. Prenez-y garde, au moins; car je vais me douter, sans façon, que je vous plais.

ANGÉLIQUE : Je ne vous le conseille pas, Monsieur Blaise; car il me semble que non.

MAÎTRE BLAISE : Ah! bon ça; v'là qui se comprend. C'est pourtant fâcheux, voyez-vous! ça me chagraine; mais n'importe, ne vous gênez pas; je reviendrai tantôt pour savoir si vous désirez que j'en parle à Madame Argante, ou s'il faudra que je m'en taise; ruminez ça à part vous, et faites à votre guise. Bonjour. *(A Lisette, à part.)* Que vous êtes avenante!

LISETTE, *en colère* : Quelle cervelle!

Scène VI : *Lisette, Angélique.*

ANGÉLIQUE : Heureusement, je ne crains pas son amour; quand il me demanderait à ma mère, il n'en sera pas plus avancé.

LISETTE : Lui! c'est un conteur de sornettes qui ne convient pas à une fille comme vous.

ANGÉLIQUE : Je ne l'écoute pas. Mais dis-moi, Lisette, Monsieur Lucidor parle donc sérieusement d'un mari?

LISETTE : Mais d'un mari distingué, d'un établissement considérable.

ANGÉLIQUE : Très considérable, et c'est ce que je soupçonne.

LISETTE : Et que soupçonnez-vous?

ANGÉLIQUE : Oh! je rougirais trop, si je me trompais!

LISETTE : Ne serait-ce pas lui, par hasard, que vous vous imaginez être l'homme en question, tout grand seigneur qu'il est par ses richesses?

ANGÉLIQUE : Bon, lui! je ne sais pas seulement moi-même ce que je veux dire : on rêve, on promène sa pensée, et puis c'est tout. On le verra, ce mari; je ne l'épouserai pas sans le voir.

LISETTE : Quand ce ne serait qu'un de ses amis, ce serait toujours une grande affaire. A propos, il m'a recommandé d'aller l'avertir quand vous seriez venue; et il m'attend dans l'allée.

ANGÉLIQUE : Eh! va donc; à quoi t'amuses-tu là? Pardi! tu fais les commissions qu'on te donne! Il n'y sera peut-être plus.

LISETTE : Tenez, le voilà lui-même.

Scène VII : *Angélique, Lucidor, Lisette.*

LUCIDOR : Y a-t-il longtemps que vous êtes ici, Angélique?

ANGÉLIQUE : Non, Monsieur; il n'y a qu'un moment que je sais que vous avez envie de me parler, et je la querellais de ne me l'avoir pas dit plus tôt.

LUCIDOR : Oui; j'ai à vous entretenir d'une chose assez importante.

LISETTE : Est-ce en secret? M'en irai-je?

LUCIDOR : Il n'y a pas de nécessité que vous restiez.

ANGÉLIQUE : Aussi bien je crois que ma mère aura besoin d'elle.

LISETTE : Je me retire donc.

Scène VIII : *Lucidor, Angélique, Lucidor la regardant attentivement.*

ANGÉLIQUE : A quoi songez-vous donc en me considérant si fort?

LUCIDOR : Je songe que vous embellissez tous les jours.

ANGÉLIQUE : Ce n'était pas de même quand vous étiez malade. A propos, je sais que vous aimez les fleurs, et je pensais à vous en cueillant ce petit bouquet; tenez, Monsieur, prenez-le.

LUCIDOR : Je ne le prendrai que pour vous le rendre; j'aurai plus de plaisir à vous le voir.

ANGÉLIQUE, *prenant le bouquet* : Et moi, à cette heure que je l'ai reçu, je l'aime mieux qu'auparavant.

LUCIDOR : Vous ne répondez jamais rien que d'obligeant.

ANGÉLIQUE : Ah! cela est si aisé avec de certaines personnes. Mais que me voulez-vous donc?

LUCIDOR : Vous donner des témoignages de l'extrême amitié que j'ai pour vous, à condition qu'avant tout, vous m'instruirez de l'état de votre cœur.

ANGÉLIQUE : Hélas! le compte en sera bientôt fait! Je ne vous en dirai rien de nouveau : ôtez notre amitié que vous savez bien, il n'y a rien dans mon cœur, que je sache; je n'y vois qu'elle.

LUCIDOR : Vos façons de parler me font tant de plaisir, que j'en oublie presque ce que j'ai à vous dire.

ANGÉLIQUE : Comment faire? Vous oublierez donc toujours, à moins que je ne me taise; je ne connais point d'autre secret.

LUCIDOR : Je n'aime point ce secret-là; mais poursuivons. Il n'y a encore environ que sept semaines que je suis ici.

ANGÉLIQUE : Y a-t-il tant que cela? Que le temps passe vite! Après?

LUCIDOR : Et je vois quelquefois bien des jeunes gens du pays qui vous font la cour. Lequel de tous distinguez-vous parmi eux? Confiez-moi ce qui en est comme au meilleur ami que vous ayez.

ANGÉLIQUE : Je ne sais pas, Monsieur, pourquoi vous pensez que j'en distingue. Des jeunes gens qui me font la cour? Est-ce que je le remarque? Est-ce que je les vois? Ils perdent donc bien leur temps.

LUCIDOR : Je vous crois, Angélique.

ANGÉLIQUE : Je ne me souciais d'aucun quand vous êtes venu ici, et je ne m'en soucie pas davantage depuis que vous y êtes, assurément.

LUCIDOR : Etes-vous aussi indifférente pour Maître Blaise, ce jeune fermier qui veut vous demander en mariage, à ce qu'il m'a dit?

ANGÉLIQUE : Il me demandera en ce qu'il lui plaira; mais, en un mot tous ces gens-là me déplaisent depuis le premier jusqu'au dernier; principalement lui, qui me reprochait, l'autre jour, que nous nous parlions trop souvent tous deux, comme s'il n'était pas bien naturel de se plaire plus en votre compagnie qu'en la sienne. Que cela est sot!

LUCIDOR : Si vous ne haïssez pas de me parler, je vous le rends bien, ma chère Angélique; quand je ne vous vois pas, vous me manquez et je vous cherche.

ANGÉLIQUE : Vous ne cherchez pas longtemps; car je reviens bien vite, et ne sors guère.

LUCIDOR : Quand vous êtes revenue, je suis content.

ANGÉLIQUE : Et moi, je ne suis pas mélancolique.

LUCIDOR : Il est vrai, je vois avec joie que votre amitié répond à la mienne.

ANGÉLIQUE : Oui; mais malheureusement vous n'êtes pas de notre village, et vous retournerez peut-être bientôt à votre Paris, que je n'aime guère. Si j'étais à votre place, il me viendrait plutôt chercher que je n'irais le voir.

LUCIDOR : Eh! qu'importe que j'y retourne ou non, puisqu'il ne tiendra qu'à vous que nous y soyons tous deux?

ANGÉLIQUE : Tous deux, Monsieur Lucidor! Eh mais! contez-moi donc comme quoi.

LUCIDOR : C'est que je vous destine un mari qui y demeure.

ANGÉLIQUE : Est-il possible? Ah çà, ne me trompez pas, au moins, tout le cœur me bat; loge-t-il avec vous?

LUCIDOR : Oui, Angélique; nous sommes dans la même maison.

ANGÉLIQUE : Ce n'est pas assez, je n'ose encore être bien aise en toute confiance. Quel homme est-ce?

LUCIDOR : Un homme très uni.

ANGÉLIQUE : Ce n'est pas là le principal. Après.

LUCIDOR : Il est de mon âge et de ma taille.

ANGÉLIQUE : Bon : c'est ce que je voulais savoir.

LUCIDOR : Nos caractères se ressemblent : il pense comme moi.

ANGÉLIQUE : Toujours de mieux en mieux. Que je l'aimerai!

LUCIDOR : C'est un homme tout aussi uni[12], tout aussi sans façon que je le suis.

ANGÉLIQUE : Je n'en veux point d'autre.

LUCIDOR : Qui n'a ni ambition, ni gloire, et qui n'exigera de celle qu'il épousera que son cœur.

ANGÉLIQUE, *riant* : Il l'aura, Monsieur Lucidor, il l'aura; il l'a déjà; je l'aime autant que vous, ni plus ni moins.

LUCIDOR : Vous aurez le sien, Angélique, je vous en assure; je le connais; c'est tout comme s'il vous le disait lui-même.

ANGÉLIQUE : Eh! sans doute, et moi je réponds aussi comme s'il était là.

LUCIDOR : Ah! que de l'humeur dont il est, vous allez le rendre heureux!

ANGÉLIQUE : Ah! je vous promets bien qu'il ne sera pas heureux tout seul.

LUCIDOR : Adieu, ma chère Angélique; il me tarde d'entretenir votre mère et d'avoir son consentement. Le plaisir que me fait ce mariage ne me permet pas de différer davantage; mais avant que je vous quitte, acceptez de moi ce petit présent de noce que j'ai droit

de vous offrir, suivant l'usage et en qualité d'ami; ce sont de petits bijoux que j'ai fait venir de Paris.

ANGÉLIQUE : Et moi je les prends, parce qu'ils y retourneront avec vous, et que nous y serons ensemble; mais il ne fallait point de bijoux : c'est votre amitié qui est le véritable.

LUCIDOR : Adieu, belle Angélique; votre mari ne tardera pas à paraître.

ANGÉLIQUE : Courez donc, afin qu'il vienne plus vite.

Scène IX : Angélique, Lisette.

LISETTE : Eh bien! Mademoiselle, êtes-vous instruite? A qui vous marie-t-on?

ANGÉLIQUE : A lui, ma chère Lisette, à lui-même; et je l'attends.

LISETTE : A lui dites-vous? Et quel est donc cet homme qui s'appelle *lui* par excellence? Est-ce qu'il est ici?

ANGÉLIQUE : Et tu as dû le rencontrer; il va trouver ma mère.

LISETTE : Je n'ai vu que Monsieur Lucidor, et ce n'est pas lui qui vous épouse.

ANGÉLIQUE : Eh! si fait; voilà vingt fois que je te le répète. Si tu savais comme nous nous sommes parlé, comme nous nous entendions bien sans qu'il ait dit « C'est moi! », mais cela était si clair, si clair, si agréable, si tendre!...

LISETTE : Je ne l'aurais jamais imaginé. Mais le voici encore.

Scène X : Lucidor, Frontin, Lisette, Angélique.

LUCIDOR : Je reviens, belle Angélique; en allant chez votre mère, j'ai trouvé Monsieur qui arrivait, et j'ai cru qu'il n'y avait rien de plus pressé que de vous l'amener : c'est lui, c'est ce mari pour qui vous êtes si favorablement prévenue, et qui, par le rapport de nos caractères, est un autre moi-même; il m'a apporté aussi le portrait d'une jeune et jolie personne qu'on veut me faire épouser à Paris. *(Il le lui présente)*. Jetez les yeux dessus : comment le trouvez-vous?

ANGÉLIQUE, *d'un air mourant, le repousse* : Je ne m'y connais pas.

LUCIDOR : Adieu, je vous laisse ensemble, et je cours chez Madame Argante. *(Il s'approche d'elle.)* Etes-vous contente?

Angélique, sans lui répondre, tire la boîte à bijoux et la lui rend sans la regarder : elle la met dans sa main; et il s'arrête comme surpris et sans la lui remettre; après quoi il sort.

Scène XI : Angélique, Frontin, Lisette.
Angélique reste immobile. Lisette tourne autour de Frontin avec surprise, et Frontin paraît embarrassé.

FRONTIN : Mademoiselle, l'étonnante immobilité où je vous vois intimide extrêmement mon inclination naissante; vous me découragez tout à fait, et je sens que je perds la parole.

---

12. *Un homme tout uni* se dit d'un homme simple, sans façon.

LISETTE : Mademoiselle est immobile, vous muet, et moi stupéfaite ; j'ouvre les yeux, je regarde, et je n'y comprends rien.

ANGÉLIQUE, *tristement* : Lisette, qui est-ce qui l'aurait cru ?

LISETTE : Je ne le crois pas, moi qui le vois.

FRONTIN : Si la charmante Angélique daignait seulement jeter un regard sur moi, je crois que je ne lui ferais point de peur et peut-être y reviendrait-elle : on s'accoutume aisément à me voir, j'en ai l'expérience ; essayez-en.

ANGÉLIQUE, *sans le regarder* : Je ne saurais ; ce sera pour une autre fois. Lisette, tenez compagnie à Monsieur. Je lui demande pardon, je ne me sens pas bien ; j'étouffe, et je vais me retirer dans ma chambre.

Scène XII : Lisette, Frontin.

FRONTIN, *à part* : Mon mérite a manqué son coup.

LISETTE, *à part* : C'est Frontin, c'est lui-même.

FRONTIN, *les premiers mots à part* : Voici le plus fort de ma besogne ici. M'amie, que dois-je conjecturer d'un aussi langoureux accueil ? *(Elle ne répond pas, et le regarde. Il continue.)* Eh bien ! répondez donc. Allez-vous me dire aussi que ce sera pour une autre fois ?

LISETTE : Monsieur, ne t'ai-je pas vu quelque part ?

FRONTIN : Comment donc ? « Ne t'ai-je pas vu quelque part ? » Ce village-ci est bien familier.

LISETTE, *à part les premiers mots* : Est-ce que je me tromperais ?... Monsieur, excusez-moi ; mais n'avez-vous jamais été à Paris chez une Madame Dorman, où j'étais ?

FRONTIN : Qu'est-ce que c'est que Madame Dorman ? Dans quel quartier ?

LISETTE : Du côté de la place Maubert, chez un marchand de café, au second.

FRONTIN : Une place Maubert, une Madame Dorman, un second ! Non, mon enfant, je ne connais point cela, et je prends toujours mon café chez moi.

LISETTE : Je ne dis plus mot ; mais j'avoue que je vous ai pris pour Frontin, et il faut que je me fasse toute la violence du monde pour m'imaginer que ce n'est point lui.

FRONTIN : Frontin ! mais c'est un nom de valet.

LISETTE : Oui, Monsieur ; et il m'a semblé que c'était toi... que c'était vous, dis-je.

FRONTIN : Quoi ! toujours des tu et des toi ! Vous me lassez à la fin.

LISETTE : J'ai tort ; mais tu lui ressembles si fort !... Eh ! Monsieur, pardon. Je retombe toujours. Quoi ! tout de bon, ce n'est pas toi ?... Je veux dire, ce n'est pas vous ?

FRONTIN, *riant* : Je crois que le plus court est d'en rire moi-même. Allez, ma fille, un homme moins raisonnable et de moindre étoffe se fâcherait ; mais je suis trop au-dessus de votre méprise, et vous me divertiriez beaucoup si ce n'était le désagrément qu'il y a d'avoir une physionomie commune avec ce coquin-là. La nature pouvait se passer de lui donner le double de la mienne, et c'est un affront qu'elle m'a fait ; mais ce n'est pas votre faute ; parlons de votre maîtresse.

LISETTE : Oh ! Monsieur, n'y ayez point de regret ; celui pour qui je vous prenais est un garçon fort aimable, fort amusant, plein d'esprit et d'une très jolie figure.

FRONTIN : J'entends bien, la copie est parfaite.

LISETTE : Si parfaite que je n'en reviens point, et tu serais le plus grand maraud... Monsieur, je me brouille encore, la ressemblance m'emporte.

FRONTIN : Ce n'est rien ; je commence à m'y faire : ce n'est pas à moi à qui vous parlez.

LISETTE : Non, Monsieur, c'est à votre copie, et je voulais dire qu'il aurait grand tort de me tromper ; car je voudrais de tout mon cœur que ce fût lui ; je crois qu'il m'aimait, et je le regrette.

FRONTIN : Vous avez raison, il en valait bien la peine. *(A part.)* Que cela est flatteur !

LISETTE : Voilà qui est bien particulier : à chaque fois que vous parlez, il me semble l'entendre.

FRONTIN : Vraiment, il n'y a rien là de surprenant ; dès qu'on se ressemble, on a le même son de voix, et volontiers les mêmes inclinations ; il vous aimait, dites-vous, et je ferais comme lui, sans l'extrême distance qui nous sépare.

LISETTE : Hélas ! je me réjouissais en croyant l'avoir retrouvé.

FRONTIN, *à part le premier mot* : Oh !... Tant d'amour sera récompensé, ma belle enfant, je vous le prédis ; en attendant, vous ne perdrez pas tout ; je m'intéresse à vous et je vous rendrai service ; ne vous mariez point sans me consulter.

LISETTE : Je sais garder un secret. Monsieur, dites-moi si c'est toi...

FRONTIN, *en s'en allant* : Allons, vous abusez de ma bonté ; il est temps que je me retire. *(Et après.)* Ouf, le rude assaut !

Scène XIII : Lisette, *un moment seule,* Maître Blaise.

LISETTE : Je m'y suis prise de toutes façons, et ce n'est pas lui sans doute ; mais il n'y a jamais rien eu de pareil. Quand ce serait lui, au reste, Maître Blaise est bien un autre parti, s'il m'aime.

MAÎTRE BLAISE : Eh bien ! fillette, à quoi en suis-je avec Angélique ?

LISETTE : Au même état où vous étiez tantôt.

MAÎTRE BLAISE, *en riant* : Eh mais ! tant pire, ma grande fille.

LISETTE : Ne me direz-vous point ce que peut signifier le « tant pis » que vous dites en riant ?

MAÎTRE BLAISE : C'est que je ris de tout, mon poulet.

LISETTE : En tout cas, j'ai un avis à vous donner ; c'est qu'Angélique ne paraît pas disposée à accepter le mari que Monsieur Lucidor lui destine, et qui est ici ; et que si, dans ces circonstances, vous continuez à la rechercher, apparemment vous l'obtiendrez.

MAÎTRE BLAISE, *tristement* : Croyez-vous ? Eh mais ! tant mieux.

LISETTE : Oh ! vous m'impatientez avec vos « tant mieux » si tristes, vos « tant pis » si gaillards, et le tout en m'appelant « ma grande fille » et « mon poulet » ;

il faut que j'en aie le cœur net, Monsieur Blaise: pour la dernière fois, est-ce que vous m'aimez?

MAÎTRE BLAISE : Il n'y a pas encore de réponse à ça.

LISETTE : Vous vous moquez donc de moi?

MAÎTRE BLAISE : V'là une mauvaise pensée.

LISETTE : Avez-vous toujours dessein de demander Angélique en mariage?

MAÎTRE BLAISE : Le micmac [13] le requiert.

LISETTE : Le micmac! Et si on vous la refuse, en serez-vous fâché?

MAÎTRE BLAISE, *riant* : Oui-da.

LISETTE : En vérité, dans l'incertitude où vous me tenez de vos sentiments, que voulez-vous que je réponde aux douceurs que vous me dites? Mettez-vous à ma place.

MAÎTRE BLAISE : Boutez-vous à la mienne.

LISETTE : Eh! quelle est-elle? car si vous êtes de bonne foi, si effectivement vous m'aimez...

MAÎTRE BLAISE, *riant* : Oui, je suppose...

LISETTE : Vous jugez bien que je n'aurai pas le cœur ingrat.

MAÎTRE BLAISE, *riant* : Hé, hé, hé... Lorgnez-moi un peu, que je voie si ça est vrai.

LISETTE : Qu'en ferez-vous?

MAÎTRE BLAISE : Hé, hé... Je le garderai. La gentille enfant! Queu dommage de laisser ça dans la peine!

LISETTE : Quelle obscurité! Voilà Madame Argante et Monsieur Lucidor; il est apparemment question du mariage d'Angélique avec l'amant qui lui est venu; la mère voudra qu'elle l'épouse, et si elle obéit, comme elle y sera peut-être obligée, il ne sera plus nécessaire que vous la demandiez; ainsi, retirez-vous, je vous prie.

MAÎTRE BLAISE : Oui; mais je sis d'obligation aussi de revenir voir ce qui en est, pour me comporter à l'avenant.

LISETTE, *fâchée* : Encore! Oh! votre énigme est d'une impertinence qui m'indigne.

MAÎTRE BLAISE, *riant et s'en allant* : C'est pourtant douze mille francs qui vous fâchent.

LISETTE, *le voyant aller* : Douze mille francs! Où va-t-il prendre ce qu'il dit là? Je commence à croire qu'il y a quelque motif à cela.

Scène XIV : *Madame Argante, Lucidor, Frontin, Lisette.*

MADAME ARGANTE, *en entrant, à Frontin* : Eh! Monsieur, ne vous rebutez point; il n'est pas possible qu'Angélique ne se rende, il n'est pas possible. *(A Lisette.)* Lisette, vous étiez présente quand Monsieur a vu ma fille, est-il vrai qu'elle ne l'ait pas bien reçu? Qu'a-t-elle donc dit? Parlez : a-t-il lieu de se plaindre?

LISETTE : Non, Madame; je ne me suis point aperçue de mauvaise réception; il n'y a eu qu'un étonnement naturel à une jeune et honnête fille, qui se trouve, pour ainsi dire, mariée dans la minute; mais pour le peu que Madame la rassure et s'en mêle, il n'y aura pas la moindre difficulté.

13. Intrigue, pratique secrète pour ménager quelque intérêt illicite.

LUCIDOR : Lisette a raison, je pense comme elle.

MADAME ARGANTE : Eh! sans doute; elle est si jeune et si innocente!

FRONTIN : Madame, le mariage en impromptu étonne l'innocence, mais ne l'afflige pas; et votre fille est allée se trouver mal dans sa chambre.

MADAME ARGANTE : Vous verrez, Monsieur, vous verrez... Allez, Lisette, dites-lui que je lui ordonne de venir tout à l'heure. Amenez-la ici; partez. *(A Frontin.)* Il faut avoir la bonté de lui pardonner ces premiers mouvements-là, Monsieur, ce ne sera rien.

Lisette sort.

FRONTIN : Vous avez beau dire, on a eu tort de m'exposer à cette aventure-ci; il est fâcheux à un galant homme, à qui tout Paris jette ses filles à la tête, et qui les refuse toutes, de venir lui-même essuyer les dédains d'une jeune citoyenne de village, à qui on ne demande précisément que sa figure en mariage. Votre fille me convient fort, et je rends grâces à mon ami de l'avoir retenue; mais il fallait, en m'appelant, me tenir sa main prête et si disposée que je n'eusse qu'à tendre la mienne pour la recevoir; point d'autre cérémonie.

LUCIDOR : Je n'ai pas dû deviner l'obstacle qui se présente.

MADAME ARGANTE : Eh! Messieurs, un peu de patience; regardez-la dans cette occasion-ci comme une enfant.

Scène XV : *Lucidor, Frontin, Angélique, Lisette, Madame Argante.*

MADAME ARGANTE : Approchez, Mademoiselle, approchez; n'êtes-vous pas bien sensible à l'honneur que vous fait Monsieur, de venir vous épouser, malgré votre peu de fortune et la médiocrité de votre état?

FRONTIN : Rayons ce mot d'honneur; mon amour et ma galanterie le désapprouvent.

MADAME ARGANTE : Non, Monsieur; je dis la chose comme elle est. Répondez, ma fille.

ANGÉLIQUE : Ma mère...

MADAME ARGANTE : Vite donc!

FRONTIN : Point de ton d'autorité, sinon je reprends mes bottes et monte à cheval. *(A Angélique.)* Vous ne m'avez pas encore regardé, fille aimable; vous n'avez point encore vu ma personne; vous la rebutez sans la connaître; voyez-la pour la juger.

ANGÉLIQUE : Monsieur...

MADAME ARGANTE : « Monsieur!... ma mère! » Levez la tête.

FRONTIN : Silence, maman; voilà une réponse entamée.

LISETTE : Vous êtes trop heureuse, Mademoiselle : il faut que vous soyez née coiffée.

ANGÉLIQUE, *vivement* : En tout cas, je ne suis pas née babillarde.

FRONTIN : Vous n'en êtes que plus rare; allons, Mademoiselle, reprenez haleine et prononcez.

MADAME ARGANTE : Je dévore ma colère.

LUCIDOR : Que je suis mortifié!

FRONTIN, *à Angélique* : Courage! encore un effort pour achever.

ANGÉLIQUE : Monsieur, je ne vous connais point.

FRONTIN : La connaissance est si vite faite en mariage, c'est un pays où l'on va si vite...

MADAME ARGANTE : Comment? étourdie, ingrate que vous êtes!

FRONTIN : Ah! ah! Madame Argante, vous avez le dialogue d'une rudesse insoutenable.

MADAME ARGANTE : Je sors; je ne pourrais pas me retenir; mais je la déshérite si elle continue de répondre aussi mal aux obligations que nous vous avons, Messieurs. Depuis que Monsieur Lucidor est ici, son séjour n'a été marqué pour nous que par des bienfaits. Pour comble de bonheur, il procure à ma fille un mari tel qu'elle ne pouvait pas l'espérer, ni pour le bien, ni pour le rang, ni pour le mérite...

LISETTE : Tout doux, appuyez légèrement sur le dernier.

MADAME ARGANTE, *en s'en allant* : Et, merci de ma vie [14]! qu'elle l'accepte, ou je la renonce.

Scène XVI : Lucidor, Frontin, Angélique, Lisette.

LISETTE : En vérité, Mademoiselle, on ne saurait vous excuser. Attendez-vous qu'il vienne un prince?

FRONTIN : Sans vanité, voici mon apprentissage en fait de refus; je ne connaissais pas cet affront-là.

LUCIDOR : Vous savez, belle Angélique, que je vous ai d'abord consultée sur ce mariage; je n'y ai pensé que par zèle pour vous, et vous m'en avez paru satisfaite.

ANGÉLIQUE : Oui, Monsieur, votre zèle est admirable; c'est la plus belle chose du monde. J'ai tort, je suis une étourdie; mais laissez-moi dire. A cette heure que ma mère n'y est plus et que je suis un peu plus hardie, il est juste que je parle à mon tour, et je commence par vous, Lisette; c'est que je vous prie de vous taire, entendez-vous? Il n'y a rien ici qui vous regarde; quand il vous viendra un mari, vous en ferez ce qu'il vous plaira, sans que je vous en demande compte, et je ne vous dirai point sottement, ni que vous êtes née coiffée, ni que vous êtes trop heureuse, ni que vous attendez un prince, ni d'autres propos aussi ridicules que vous m'avez tenus, sans savoir ni quoi, ni qu'est-ce.

FRONTIN : Sur sa part, je devine la mienne.

ANGÉLIQUE : La vôtre est toute prête, Monsieur. Vous êtes honnête homme, n'est-ce pas?

FRONTIN : C'est en quoi je brille.

ANGÉLIQUE : Vous ne voudrez pas causer du chagrin à une fille qui ne vous a jamais fait de mal; cela serait cruel et barbare.

FRONTIN : Je suis l'homme du monde le plus humain; vos pareilles en ont mille preuves.

ANGÉLIQUE : C'est bien fait. Je vous dirai donc, Monsieur, que je serais mortifiée s'il fallait vous aimer; le cœur me le dit; on sent cela. Non que vous ne soyez fort aimable, pourvu que ce ne soit pas moi qui vous aime; je ne finirai point de vous louer quand ce sera pour une autre; je vous prie de prendre en bonne part ce que je vous dis là; j'y vais de tout mon cœur; ce n'est pas moi qui ai été vous chercher, une fois; je ne songeais pas à vous, et si je l'avais pu, il ne m'en aurait pas plus coûté de vous crier : « Ne venez pas! » que de vous dire : « Allez-vous-en. »

FRONTIN : Comme vous me le dites?

ANGÉLIQUE : Oh! sans doute, et le plus tôt sera le mieux. Mais que vous importe? Vous ne manquerez pas de filles : quand on est riche, on en a tant qu'on veut, à ce qu'on dit, au lieu que naturellement je n'aime pas l'argent; j'aimerais mieux en donner que d'en prendre; c'est ma humeur.

FRONTIN : Elle est bien opposée à la mienne. A quelle heure voulez-vous que je parte?

ANGÉLIQUE : Vous êtes bien honnête; quand il vous plaira, je ne vous retiens point; il est tard, à cette heure, mais il fera beau demain.

FRONTIN, *à Lucidor* : Mon grand ami, voilà ce qu'on appelle un congé bien conditionné, et je le reçois, sauf vos conseils, qui me régleront là-dessus cependant; ainsi, belle ingrate, je diffère encore mes derniers adieux.

ANGÉLIQUE : Quoi, Monsieur! ce n'est pas fait? Pardi! vous avez bon courage! *(Et quand il est parti.)* Votre ami n'a guère de cœur; il me demande à quelle heure il partira, et il reste.

Scène XVII : Lucidor, Angélique, Lisette.

LUCIDOR : Il n'est pas si aisé de vous quitter, Angélique; mais je vous débarrasserai de lui.

LISETTE : Quelle perte! un homme qui lui faisait sa fortune!

LUCIDOR : Il y a des antipathies insurmontables; si Angélique est dans ce cas-là, je ne m'étonne point de son refus, et je ne renonce pas au projet de l'établir avantageusement.

ANGÉLIQUE : Eh, Monsieur! ne vous en mêlez pas. Il y a des gens qui ne font que nous porter guignon.

LUCIDOR : Vous porter guignon, avec les intentions que j'ai! Et qu'avez-vous à reprocher à mon amitié?

ANGÉLIQUE, *à part* : Son amitié! Le méchant homme!

LUCIDOR : Dites-moi de quoi vous vous plaignez.

ANGÉLIQUE : Moi, Monsieur, me plaindre! Eh! qui est-ce qui y songe? Où sont les reproches que je vous fais? Me voyez-vous fâchée? Je suis très contente de vous; vous en agissez on ne peut pas mieux : comment donc? vous m'offrez des maris tant que j'en voudrai; vous m'en faites venir de Paris, sans que j'en demande; y a-t-il rien de plus obligeant, de plus officieux [15]? Il est vrai que je laisse là tous vos mariages; mais aussi il ne faut pas croire, à cause de vos rares bontés, qu'on soit obligée, vite et vite, de se donner au premier venu que vous attirerez de je ne sais où, et qui arrivera tout botté pour m'épouser sur votre parole; il ne faut pas croire cela. Je suis fort reconnaissante, mais je ne suis pas idiote.

LUCIDOR : Quoi que vous en disiez, vos discours ont

---

14. Pitié, grâce pour ma vie! Furetière remarque qu'il s'agit là d'une « manière de jurer dont se servent les femmes de la lie du peuple ».

15. Prompt à faire office, serviable.

une aigreur que je ne sais à quoi attribuer, et que je ne mérite point.

LISETTE : Ah! j'en sais bien la cause, moi, si je voulais parler.

ANGÉLIQUE : Hem! Qu'est-ce que c'est que cette science que vous avez? Que veut-elle dire? Écoutez, Lisette, je suis naturellement douce et bonne; un enfant a plus de malice que moi; mais si vous me fâchez, vous m'entendez bien? je vous promets de la rancune pour mille ans.

LUCIDOR : Si vous ne vous plaignez pas de moi, reprenez donc ce petit présent que je vous avais fait, et que vous m'avez rendu sans me dire pourquoi.

ANGÉLIQUE : Pourquoi? C'est qu'il n'est pas juste que je l'aie. Le mari et les bijoux étaient pour aller ensemble; et en rendant l'un, je rends l'autre. Vous voilà bien embarrassé! Gardez cela pour cette charmante beauté dont on vous a apporté le portrait.

LUCIDOR : Je lui en trouverai d'autres; reprenez ceux-ci.

ANGÉLIQUE : Oh! qu'elle garde tout, Monsieur; je les jetterais.

LISETTE : Et moi je les ramasserai.

LUCIDOR : C'est-à-dire que vous ne voulez pas que je songe à vous marier, et que, malgré ce que vous m'avez dit tantôt, il y a quelque amour secret dont vous me faites mystère.

ANGÉLIQUE : Eh mais! cela se peut bien; oui, Monsieur; voilà ce que c'est; j'en ai pour un homme d'ici; et quand je n'en aurais pas, j'en prendrais tout exprès demain pour avoir un mari à ma fantaisie.

Scène XVIII : Angélique, Lucidor, Lisette, Maître Blaise.

MAÎTRE BLAISE : Je requiers la permission d'interrompre, pour avoir la déclaration de voute darnière volonté, Mademoiselle; retenez-vous voute amoureux nouviau venu?

ANGÉLIQUE : Non; laissez-moi.

MAÎTRE BLAISE : Me retenez-vous, moi?

ANGÉLIQUE : Non.

MAÎTRE BLAISE : Une fois, deux fois, me voulez-vous?

ANGÉLIQUE : L'insupportable homme!

LISETTE : Etes-vous sourd, Maître Blaise? Elle vous dit que non.

MAÎTRE BLAISE, *à Lisette* : Oui, m'amie. Ah çà, Monsieur, je vous prends à témoin comme quoi je l'aime, comme quoi alle me repousse, que, si elle ne me prend pas, c'est sa faute, et que ce n'est pas sur moi qu'il faut en jeter l'endosse [16]. *(A Lisette, à part.)* Bonjour, poulet. *(Puis à tous.)* Au demeurant, ça ne me surprend point : Mademoiselle Angélique en refuse deux; alle en refuserait trois; alle en refuserait un boissiau; il n'y en a qu'un qu'alle envie; tout le reste est du fretin pour elle, hormis Monsieur Lucidor, que j'ons deviné drès le commencement.

ANGÉLIQUE, *outrée* : Monsieur Lucidor!

MAÎTRE BLAISE : Li-même; n'ons-je pas vu que vous pleuriez quand il fut malade, tant vous aviez peur qu'il ne devînt mort?

LUCIDOR : Je ne croirai jamais ce que vous dites là. Angélique pleurait par amitié pour moi?

ANGÉLIQUE : Comment? Ne le croyez pas; vous ne seriez pas un homme de bien de le croire. M'accuser d'aimer, à cause que je pleure, à cause que je donne des marques de bon cœur! Eh mais! je pleure tous les malades que je vois, je pleure pour tout ce qui est en danger de mourir. Si mon oiseau mourait devant moi, je pleurerais. Dira-t-on que j'ai de l'amour pour lui?

LISETTE : Passons, passons là-dessus; car à vous parler franchement, je l'ai cru de même.

ANGÉLIQUE : Quoi! vous aussi, Lisette? Vous m'accablez, vous me déchirez. Eh! que vous ai-je fait? Quoi! un homme qui ne songe point à moi, qui veut me marier à tout le monde, je l'aimerais, moi, qui ne pourrais pas le souffrir s'il m'aimait, moi qui ai de l'inclinaison pour un autre? J'ai donc le cœur bien bas, bien misérable! Ah! que l'affront qu'on me fait m'est sensible!

LUCIDOR : Mais en vérité, Angélique, vous n'êtes pas raisonnable; ne voyez-vous pas que ce sont nos petites conversations qui ont donné lieu à cette folie qu'on a rêvée, et qu'elle ne mérite pas votre attention?

ANGÉLIQUE : Hélas! Monsieur, c'est par discrétion que je ne vous ai pas dit ma pensée; mais je vous aime si peu, que, si je ne me retenais pas, je vous haïrais, depuis ce mari que vous avez mandé de Paris. Oui, Monsieur, je vous haïrais; je ne sais trop même si je ne vous hais pas; je ne voudrais pas jurer que non; car j'avais de l'amitié pour vous, et je n'en ai plus. Est-ce là des dispositions pour aimer.?

LUCIDOR : Je suis honteux de la douleur où je vous vois. Avez-vous besoin de vous défendre? Dès que vous en aimez un autre, tout n'est-il pas dit?

MAÎTRE BLAISE : Un autre galant? Alle serait, morgué! bian en peine de le montrer.

ANGÉLIQUE : En peine? Eh bien! puisqu'on m'obstine [17], c'est justement lui qui parle, cet indigne.

LUCIDOR : Je l'ai soupçonné.

MAÎTRE BLAISE : Moi!

LISETTE : Bon! cela n'est pas vrai.

ANGÉLIQUE : Quoi! je ne sais pas l'inclinaison que j'ai? Oui, c'est lui; je vous dis que c'est lui!

MAÎTRE BLAISE : Ah çà! Mademoiselle, ne badinons point; ça n'a ni rime ni raison. Par votre foi, est-ce ma parsonne qui vous a pris le cœur?

ANGÉLIQUE : Oh! je l'ai assez dit. Oui, c'est vous, malhonnête que vous êtes! Si vous ne m'en croyez pas, je ne m'en soucie guère.

MAÎTRE BLAISE : Eh mais! jamais voute mère n'y consentira.

ANGÉLIQUE : Vraiment, je le sais bien.

MAÎTRE BLAISE : Et pis, vous m'avez rebuté d'abord : j'ai compté là-dessus, moi; je sis arrangé autrement.

---

16. Le faix et toute la peine de quelque chose. *L'endosse* équivaut ici à la responsabilité.

17. *Obstiner quelqu'un*, c'est contredire quelqu'un et par suite l'enfoncer davantage dans son opinion.

ANGÉLIQUE : Eh bien! ce sont vos affaires.

MAÎTRE BLAISE : On n'a pas un cœur qui va et qui vient comme une girouette; faut être fille pour ça. On se fie à des refus.

ANGÉLIQUE : Oh! accommodez-vous, benêt.

MAÎTRE BLAISE : Sans compter que je ne sis pas riche.

LUCIDOR : Ce n'est pas là ce qui embarrassera, et j'aplanirai tout; puisque vous avez le bonheur d'être aimé, Maître Blaise, je donne vingt mille francs en faveur de ce mariage; je vais en porter la parole à Madame Argante, et je reviens dans le moment vous en rendre la réponse.

ANGÉLIQUE : Comme on me persécute!

LUCIDOR : Adieu, Angélique; j'aurai enfin la satisfaction de vous avoir mariée selon votre cœur, quelque chose qu'il m'en coûte.

ANGÉLIQUE : Je crois que cet homme-là me fera mourir de chagrin.

Scène XIX : Maître Blaise, Angélique, Lisette.

LISETTE : Ce Monsieur Lucidor est un grand marieur de filles! A quoi vous déterminez-vous, Maître Blaise?

MAÎTRE BLAISE, *après avoir rêvé* : Je dis qu'ous êtes toujours bian jolie, mais que ces vingt mille francs vous font grand tort.

LISETTE : Hum! le vilain procédé!

ANGÉLIQUE, *d'un air languissant* : Est-ce que vous aviez quelque dessein pour elle?

MAÎTRE BLAISE : Oui, je n'en fais pas le fin [18].

ANGÉLIQUE, *languissante* : Sur ce pied-là, vous ne m'aimez pas.

MAÎTRE BLAISE : Si fait da : ça m'avait un peu quitté; mais je vous r'aime chèrement à cette heure.

ANGÉLIQUE, *toujours languissante* : A cause de vingt mille francs?

MAÎTRE BLAISE : A cause de vous, et pour l'amour d'eux.

ANGÉLIQUE : Vous avez donc intention de les recevoir?

MAÎTRE BLAISE : Pargué! A voute avis?

ANGÉLIQUE : Et moi je vous déclare que, si vous les prenez, et qu'on dit que j'aime point de vous.

MAÎTRE BLAISE : En veci bian d'un autre!

ANGÉLIQUE : Il y aurait trop de lâcheté à vous de prendre de l'argent d'un homme qui a voulu me marier à un autre; qui m'a offensée en particulier en croyant que je l'aimais, et qu'on dit que j'aime moi-même.

LISETTE : Mademoiselle a raison; j'approuve tout à fait ce qu'elle dit là.

MAÎTRE BLAISE : Mais acoutez donc le bon sens : si je ne prends pas les vingt mille francs, vous me pardrez, vous ne m'aurez point, voute mère ne voura point de moi.

ANGÉLIQUE : Eh bien! si elle ne veut point de vous, je vous laisserai.

MAÎTRE BLAISE, *inquiet* : Est-ce votre dernier mot?

ANGÉLIQUE : Je ne changerai jamais.

MAÎTRE BLAISE : Ah! me velà biau garçon.

Scène XX : Lucidor, Maître Blaise, Angélique, Lisette.

LUCIDOR : Votre mère consent à tout, belle Angélique; j'en ai sa parole, et votre mariage avec Maître Blaise est conclu, moyennant les vingt mille francs que je donne. Ainsi vous n'avez qu'à venir tous deux l'en remercier.

MAÎTRE BLAISE : Point du tout; il y a un autre vartigo [19] qui la tiant; elle a de l'aversion pour le magot de vingt mille francs, à cause de vous qui les délivrez; alle ne veut point de moi si je les prends, et je veux du magot avec elle.

ANGÉLIQUE, *s'en allant* : Et moi, je ne veux plus de qui que ce soit au monde.

LUCIDOR : Arrêtez, de grâce, chère Angélique. Laissez-nous, vous autres.

MAÎTRE BLAISE, *prenant Lisette sous le bras, à Monsieur Lucidor* : Noute premier marché tiant-il toujours?

LUCIDOR : Oui, je vous le garantis.

MAÎTRE BLAISE : Que le ciel vous conserve en joie! Je vous fiance donc, fillette.

Scène XXI : Lucidor, Angélique.

LUCIDOR : Vous pleurez, Angélique?

ANGÉLIQUE : C'est que ma mère sera fâchée; et puis j'ai eu assez de confusion pour cela.

LUCIDOR : A l'égard de votre mère, ne vous en inquiétez pas; je la calmerai; mais me laisserez-vous la douleur de n'avoir pu vous rendre heureuse?

ANGÉLIQUE : Oh! voilà qui est fini; je ne veux rien d'un homme qui m'a donné le renom que je l'aimais toute seule.

LUCIDOR : Je ne suis point l'auteur des idées qu'on a eues là-dessus.

ANGÉLIQUE : On ne m'a point entendue me vanter que vous m'aimiez, quoique je l'eusse pu croire aussi bien que vous, après toutes les amitiés et toutes les manières que vous avez eues pour moi depuis que vous êtes ici; je n'ai pourtant pas abusé de cela. Vous n'en avez pas agi de même, et je suis dupe de ma bonne foi.

LUCIDOR : Quand vous auriez pensé que je vous aimais, quand vous m'auriez cru pénétré de l'amour le plus tendre, vous ne vous seriez pas trompée. (*Angélique ici redouble ses pleurs et sanglote davantage.*) Et pour achever de vous ouvrir mon cœur, je vous avoue que je vous adore, Angélique.

ANGÉLIQUE : Je n'en sais rien; mais si jamais je viens à aimer quelqu'un, ce ne sera pas moi qui lui chercherai des filles en mariage; je le laisserai plutôt mourir garçon.

LUCIDOR : Hélas! Angélique, sans la haine que vous m'avez déclarée, et qui m'a paru si vraie, si naturelle,

---

18. On dit *faire le fin d'une chose*, *en faire le fin* pour dire : ne pas vouloir découvrir ce qu'on en sait, ce qu'on en pense.

19. Mot burlesque pour caprice, fantaisie.

j'allais me proposer moi-même. Mais qu'avez-vous donc encore à soupirer?

ANGÉLIQUE : Vous dites que je vous hais; n'ai-je pas raison? Quand il n'y aurait que ce portrait de Paris qui est dans votre poche.

LUCIDOR : Ce portrait n'est qu'une feinte; c'est celui d'une sœur que j'ai.

ANGÉLIQUE : Je ne pouvais pas deviner.

LUCIDOR : Le voici, Angélique; et je vous le donne.

ANGÉLIQUE : Qu'en ferai-je, si vous n'y êtes plus? Un portrait ne guérit de rien.

LUCIDOR : Et si je restais, si je vous demandais votre main, si nous ne nous quittions de la vie?

ANGÉLIQUE : Voilà du moins ce qu'on appelle parler, cela.

LUCIDOR : Vous m'aimez donc?

ANGÉLIQUE : Ai-je jamais fait autre chose?

LUCIDOR, *se mettant tout à fait à genoux* : Vous me transportez, Angélique.

Scène XXII : *Tous les acteurs qui arrivent avec Madame Argante.*

MADAME ARGANTE : Eh bien! Monsieur; mais que vois-je? Vous êtes aux genoux de ma fille, je pense?

LUCIDOR : Oui, Madame; et je l'épouse dès aujourd'hui, si vous y consentez.

MADAME ARGANTE, *charmée* : Vraiment, que de reste [20], Monsieur : c'est bien de l'honneur à nous tous; et il ne manquera rien à la joie où je suis, si Monsieur *(montrant Frontin)*, qui est votre ami, demeure aussi le nôtre.

FRONTIN : Je suis de si bonne composition, que ce sera moi qui vous verserai à boire à table. *(A Lisette.)* Ma reine, puisque vous aimez tant Frontin, et que je lui ressemble, j'ai envie de l'être.

LISETTE : Ah? coquin, je t'entends bien; mais tu l'es trop tard.

MAÎTRE BLAISE : Je ne pouvons nous quitter; il y a douze mille francs qui nous suivent.

MADAME ARGANTE : Que signifie donc cela?

LUCIDOR : Je vous l'expliquerai tout à l'heure; qu'on fasse venir les violons du village, et que la journée finisse par des danses.

---

20. A le sens de : c'est plus qu'il n'est nécessaire pour ce dont il s'agit.

DIVERTISSEMENT [21]

Vaudeville

Maris jaloux, tendres amants,
Dormez sur la foi des serments,
Qu'aucun soupçon ne vous émeuve;
Croyez l'objet de vos amours,
Car on ne gagne pas toujours
    A le mettre à l'épreuve.

Avoir le cœur de son mari,
Qu'il tienne lieu d'un favori,
Quel bonheur d'en fournir la preuve!
Blaise me donne du souci;
Mais en revanche, Dieu merci,
    Je le mets à l'épreuve.

Vous qui courez après l'hymen,
Pour éloigner tout examen,
Prenez toujours fille pour veuve [22];
Si l'amour trompe en ce moment,
C'est du moins agréablement :
    Quelle charmante épreuve!

Que Mathuraine ait de l'humeur,
Et qu'al me refuse son cœur,
Qu'il vente, qu'il tonne ou qu'il pleuve,
Que le froid gèle notre vin,
Je n'en prenons pas de chagrin,
    Je somme à toute épreuve.

Vous qui tenez dans vos filets
Chaque jour de nouveaux objets,
Soit fille, soit femme, soit veuve;
Vous croyez prendre, et l'on vous prend.
Gardez-vous d'un cœur qui se rend
    A la première épreuve.

Ah! que l'hymen paraît charmant
Quand l'époux est toujours amant!
Mais jusqu'ici la chose est neuve:
Que l'on verrait peu de maris,
Si le sort nous avait permis
    De les prendre à l'épreuve!

---

21. Le texte du *Divertissement* nous a été conservé par Desboulmiers (*Histoire du Théâtre italien*, t. III).

22. Selon Fournier et Bastide, il faut comprendre : « En la tenant pour veuve, c'est-à-dire délaissée par un amant. »

LA COMMÈRE

On ne connaissait l'existence de la Commère que par une ligne du catalogue de la Bibliothèque dramatique du comte de Pont de Vesle, rédigé et imprimé en 1774 par le libraire Le Clerc : « n° 1078 La Commère, com. I act. Marivaux, 1741. ms. » En 1882, Larroumet mentionne la Commère parmi les « ouvrages inédits ou perdus » et hasarde l'hypothèse de représentations de cette pièce sur le théâtre privé du comte de Clermont à Berny (où sera donnée la Femme fidèle, en 1755).

Or, en feuilletant une liasse de pièces que, à la suite d'une erreur de classement, elle croyait inventoriées, Mme Sylvie Chevalley, bibliothécaire-archiviste à la Comédie-Française, découvrit un manuscrit qui portait l'inscription suivante : LA COMMÈRE. | COMÉDIE EN UN ACTE, | POUR LES COMÉDIENS ITALIENS, | PAR M. DE MARIVAUX. | 1741. Quoique l'écriture de ce cahier de treize feuillets ne soit pas celle de Marivaux, il y a tout lieu de penser qu'il s'agit bien de la pièce mentionnée par le libraire Le Clerc. Le numéro 1078 est inscrit en haut de la page de titre. Sans doute, comme l'estime Mme Chevalley, « le texte n'a pas été copié, mais écrit sous la dictée ».

La Commère est, probablement, la dernière pièce que Marivaux ait destinée aux Comédiens Italiens. Elle date de 1741 : elle suit de peu l'Épreuve qui, en 1740, avait été « très bien reçue du public ». Faute de posséder le registre des assemblées de lecture du Théâtre Italien pour cette période, il est impossible de savoir si ces Comédiens l'ont lue, acceptée ou refusée. En tout cas, ils ne la jouèrent pas et il ne semble pas, contrairement à ce que supposait Larroumet, qu'elle ait été représentée ailleurs, sur quelque théâtre privé. Le manuscrit en parvint au comte de Pont de Vesle et c'est l'existence de ce manuscrit dans sa bibliothèque qu'atteste la mention du libraire Le Clerc en 1774. Le fonds du comte de Pont de Vesle, racheté à la mort de celui-ci par le duc d'Orléans pour Mme de Montesson, passa ensuite entre les mains du comte de Valence, puis fut acquis par un célèbre bibliophile, M. de Soleinne, et « augmenté et remis en ordre par le Bibliophile Jacob ». Devant le refus des Comédiens Français d'accepter l'offre de donation de ce fonds, une vente dispersa, en 1848, les ouvrages dramatiques ainsi rassemblés. Seules quelques liasses manuscrites de la bibliothèque de Pont de Vesle furent déposées, on ne sait trop quand ni par qui, aux archives de la Comédie-Française. C'est dans une de ces liasses que Mme Sylvie Chevalley a retrouvé la Commère.

La Commère est une adaptation pour la scène du Paysan parvenu — plus exactement, d'un épisode de ce roman : celui du mariage de Jacob devenu M. de La Vallée avec Mlle Habert (cet épisode occupe la fin de la seconde partie et le début de la troisième partie du Paysan parvenu : elles avaient été publiées en 1734, soit sept ans avant la rédaction de la pièce). Un tel passage du roman à la scène est unique dans l'œuvre de Marivaux. Il est significatif : en empruntant au romancier, le dramaturge Marivaux qui est alors de plus en plus réduit à répéter, à raffiner les figures de son jeu, tente de se renouveler. C'est un monde nouveau qu'il porte à la scène : non plus celui de ses Marquises et de ses Chevaliers, ni même celui des riches bourgeois des Fausses Confidences, mais celui de la petite bourgeoisie parisienne partagée entre la robe, le commerce et des métiers plus ou moins avouables.

Marivaux ne s'est pourtant pas borné à démarquer un épisode de son roman. La pièce s'intitule la Commère. Son personnage principal n'est ni Jacob, le paysan en voie de parvenir, ni Mlle Habert, la « fiancée » de ce dernier, mais une comparse du roman, Mme d'Alain devenue Mme Alain, la « logeuse » chez laquelle Mlle Habert et Jacob se sont réfugiés. Ne s'agirait-il donc que du portrait d'une bavarde, d'une « commère » et Marivaux reviendrait-il par ce biais à la comédie de caractères? Certes, le personnage de Mme Alain est haut en couleurs et toute l'action de la pièce roule sur ses indiscrétions. La dernière réplique (« Voilà ce qui arrive quand on ne sait pas se taire! ») donne même à l'ensemble l'allure d'un « proverbe » moral. Mais ce serait mal comprendre la Commère que d'y voir seulement la peinture d'un caractère. Ce que les indiscrétions de Mme Alain nous révèlent, c'est moins un personnage qu'une petite société où le sexe et l'argent mènent le jeu. La présence du beau Jacob dans la maison de Mme Alain met en appétit filles et femmes : elle constitue une « surprise » qui va droit aux sens. Mais le peu de naissance de ce pseudo M. de La Vallée, son défaut de fortune gâtent tout. Mme Alain l'avoue crûment : « Ce n'est pas vous que je blâme, Jacob ; mais il n'y a pas moyen d'être pour un petit berger. » Au-delà de ses gaffes, au-delà même de sa générosité (car comme le dit Marivaux de Mme d'Alain, dans le Paysan parvenu, *elle est « une âme excessivement bonne »*) *Mme Alain dit la vérité d'un monde dans lequel « on a rangé les conditions ».* La comédie tourne mal : à la fin, le mariage de Mlle Habert et de Jacob suspendu, il n'est plus question que d'argent, de contrebande, d'escroqueries ou d'indélicatesses. *Or, nous ne sommes plus « à la campagne »*, dans le lieu de théâtre de l'Épreuve ou des Sincères, *mais bel et bien dans le Paris des contemporains de Marivaux.* La sincérité de Mme Alain et l' « innocence » de Jacob permettent à Marivaux de lever le voile : dans cette société prétendûment réglée, tout se vend et tout s'achète.

Sans doute est-ce l'audace et la nouveauté de la Commère *qui ont retenu les Comédiens Italiens de la jouer. Il faut le regretter. Certes, comme le remarque Mme Chevalley, cette pièce « ne pouvait leur faire*

aucun bien » et ils lui « *auraient sûrement fait du tort »* tant elle était « étrangère à leur manière », mais leur refus n'eut-il pas pour conséquence de sceller le destin du dramaturge Marivaux ? Toute tentative de renouvellement lui étant interdite, il ne lui restait plus qu'à mettre sur la scène un reflet de son propre théâtre (*ce sera* la Dispute *et les* Acteurs de bonne foi*) ou à se taire (pendant vingt ans, il n'écrira plus guère).*

La Commère *a été créée le 26 avril 1967 à la Comédie-Française. La mise en scène était de Michel Duchaussoy ; le décor et les costumes de Suzanne Lalique. Françoise Seigner y interprétait, avec beaucoup d'abattage, le rôle de Mme Alain.*

Le texte utilisé ici est celui que Mme Sylvie Chevalley a établi pour la première édition de la Commère*, à la Librairie Hachette, Paris, 1966.*

ACTEURS

La Vallée ; Monsieur Rémy, *marchand* ; Monsieur Thibaut, *notaire* ; Le second notaire ; Le Neveu *de Mademoiselle Habert* ; Madame Alain ; Mademoiselle Habert ; Agathe, *fille de Madame Alain* ; Javotte, *servante de Madame Alain.*

LA SCÈNE EST A PARIS, CHEZ
MADAME ALAIN.

Scène I : La Vallée, Mademoiselle Habert.

LA VALLÉE : Entrons dans cette salle. Puisqu'on dit que Madame Alain va revenir, ce n'est pas la peine de remonter chez vous pour redescendre après ; nous n'avons qu'à l'attendre ici en devisant.

MADEMOISELLE HABERT : Je le veux bien.

LA VALLÉE : Que j'ai de contentement quand je vous regarde ! Que je suis aise ! On dit que l'on meurt de joie ; cela n'est pas vrai, puisque me voilà. Et si je me réjouis tant de notre mariage, ce n'est pas à cause du bien que vous avez et de celui que je n'ai pas, au moins. De belles et bonnes rentes sont bonnes, je ne dis pas que non, et on aime toujours à avoir de quoi ; mais tout cela n'est rien en comparaison de votre personne. Quel bijou !

MADEMOISELLE HABERT : Il est donc bien vrai que vous m'aimez un peu, La Vallée ?

LA VALLÉE : Un peu, Mademoiselle ? Là, de bonne foi, regardez-moi dans l'œil pour voir si c'est un peu.

MADEMOISELLE HABERT : Hélas ! ce qui me fait quelquefois douter de votre tendresse, c'est l'inégalité de nos âges.

LA VALLÉE : Mais votre âge, où le mettez-vous donc ? Ce n'est pas sur votre visage ; est-ce qu'il est votre cadet ?

MADEMOISELLE HABERT : Je ne dis pas que je sois bien âgée ; je serais encore assez bonne pour un autre.

LA VALLÉE : Eh bien ! c'est moi qui suis l'autre. Au surplus, chacun a son tour pour venir au monde ; l'un

arrive le matin et l'autre le soir, et puis on se rencontre sans se demander depuis quand on y est.

MADEMOISELLE HABERT : Vous voyez ce que je fais pour vous, mon cher enfant.

LA VALLÉE : Pardi, je vois des bontés qui sont des merveilles ! Je vois que vous avez levé [1] un habit qui me fait brave comme un marquis ; je vois que je m'appelais Jacob quand nous nous sommes connus et que depuis quinze jours vous avez eu l'invention de m'appeler votre cousin, Monsieur de la Vallée. Est-ce que cela n'est pas admirable ?

MADEMOISELLE HABERT : Je me suis séparée d'une sœur avec qui je vivais depuis plus de vingt-cinq ans dans l'union la plus parfaite, et je brave les reproches de toute ma famille, qui ne me pardonnera jamais notre mariage quand elle le saura.

LA VALLÉE : Vraiment, que n'avez-vous point fait ? Je ne savais pas la civilité du monde, par exemple, et à cette heure, par votre moyen, je suis poli, j'ai des manières. Je préférais des paroles rustiques, au lieu qu'à présent je dis des mots délicats : on me prendrait pour un livre. Cela n'est-il pas bien gracieux ?

MADEMOISELLE HABERT : Ce n'est pas votre bien qui me détermine.

LA VALLÉE : Ce n'est pas ma condition non plus. Finalement je vous dois mon nom, ma braverie [2], ma parenté, mon beau langage, ma politesse, ma bonne mine ; et puis vous m'allez prendre pour votre homme comme si j'étais un bourgeois de Paris.

MADEMOISELLE HABERT : Dites que je vous épouse, La Vallée, et non pas que je vous prends pour mon homme ; cette façon de parler ne vaut rien.

LA VALLÉE : Pardi, grand merci, cousine ! Je vous fais bien excuse, Mademoiselle : oui, vous m'épousez. Quel plaisir ! Vous me donnez votre cœur qui en vaut quatre comme le mien.

MADEMOISELLE HABERT : Si vous m'aimez, je suis assez payée.

1. Fait couper.
2. Magnificence d'habits.

507

LA VALLÉE : Je paie tant que je puis, sans compter, et je n'y épargne rien.

MADEMOISELLE HABERT : Je vous crois; mais pourquoi regardez-vous tant Agathe, lorsqu'elle est avec nous?

LA VALLÉE : La fille de Madame Alain? Bon, c'est qu'elle m'agace! Elle a peut-être envie que je lui en conte et je n'ose pas lui dire que je suis retenu.

MADEMOISELLE HABERT : La petite sotte!

LA VALLÉE : Eh! pardi, est-ce que la mère ne va pas toujours disant que je suis beau garçon?

MADEMOISELLE HABERT : Oh! pour la mère, elle ne m'inquiète pas, toute réjouie qu'elle est, et je suis persuadée, après toute l'amitié qu'elle me témoigne, que je ne risque rien à lui confier mon dessein. A qui le confierais-je d'ailleurs? Il ne serait pas prudent d'en parler aux gens qui me connaissent. Je ne veux pas qu'on sache qui je suis, et il n'y a que Madame Alain à qui nous puissions nous adresser. Mais elle n'arrive point... Je me rappelle que j'ai un ordre à donner pour le repas de ce soir, et je remonte. Restez ici; prévenez-la toujours, quand elle sera venue; je redescends bientôt.

LA VALLÉE : Oui, ma bonne parente, afin que le parent vous revoie plus vite. Êtes-vous revenue?

Il lui baise la main. Elle sort.

Scène II : La Vallée, Agathe.

LA VALLÉE, *seul* : Cette fille-là m'adore. Elle se meurt pour ma jeunesse. Et voilà ma fortune faite!

AGATHE, *s'approchant* : Oh! c'est vous, Monsieur de la Vallée. Vous avez l'air bien gai. Qu'avez-vous donc?

LA VALLÉE : Ce que j'ai, Mademoiselle Agathe? J'ai que je vous vois.

AGATHE : Oui-da; il me semble en effet, depuis que nous nous connaissons, que vous aimez assez à me voir.

LA VALLÉE : Oh! vous avez raison, Mademoiselle Agathe; j'aime cela tout à fait. Mais vous parlez de mon œil gai; c'est le vôtre qui est gaillard! Quelle prunelle! D'où cela vient-il?

AGATHE : Apparemment de ce que je vous vois aussi.

LA VALLÉE : Tout de bon? Vraiment, tant mieux. Est-ce que, par hasard, je vous plais un peu, Mademoiselle Agathe?

AGATHE : Dites, qu'en pensez-vous, Monsieur de la Vallée?

LA VALLÉE : Eh mais! je crois que j'ai opinion que oui, Mademoiselle Agathe.

AGATHE : Nous sommes tous deux du même avis.

LA VALLÉE : Tous deux! La jolie parole! Où est-ce qu'est votre petite main que je l'en remercie? *(A part.)* Qui est-ce qui pourrait s'empêcher de prendre cela en passant?

Il lui baise la main.

AGATHE : Je n'ai jamais permis à Monsieur Dumont de me baiser la main, au moins, quoiqu'il m'aime bien.

LA VALLÉE : C'est signe que vous m'aimez mieux que lui, mon mouton!

AGATHE : Quelle différence!

LA VALLÉE, *à part* : Tout le monde est amoureux de moi. *(A Agathe, essayant de lui prendre la main.)* Je la baiserai donc encore si je veux.

AGATHE : Eh! vous venez de l'avoir. Parlez à ma mère si vous voulez l'avoir tant que vous voudrez.

LA VALLÉE : Vraiment il faut bien que je lui parle aussi; je l'attends.

AGATHE : Vous l'attendez?

LA VALLÉE : Je viens exprès.

AGATHE : Vous faites fort bien, car Monsieur Dumont y songe. *(Elle aperçoit Madame Alain.)* Heureusement, la voilà qui arrive. *(A Madame Alain.)* Ma mère, Monsieur de la Vallée vous demande. Il a à vous entretenir de mariage et votre volonté sera la mienne. *(A La Vallée.)* Adieu, Monsieur.

Scène III : La Vallée, Madame Alain.

MADAME ALAIN : Dites-moi donc, gros garçon, qu'est-ce qu'elle me conte là? que souhaitez-vous?

LA VALLÉE : Discourir, comme elle vous le dit, d'amour et de mariage.

MADAME ALAIN : Ah! ah! je ne vous croyais pas que vous songiez à Agathe, je me serais imaginé autre chose.

LA VALLÉE : Ce n'est pas à elle non plus; c'est le mot de mariage qui l'abuse.

MADAME ALAIN : Voyez-vous cette petite fille! Sans doute qu'elle ne vous hait pas; elle fait comme sa mère.

LA VALLÉE, *à part* : Encore une amoureuse; mon mérite ne finit point. *(A Madame Alain.)* Non, je ne pense pas à elle.

MADAME ALAIN : Et c'est un entretien d'amour et de mariage? Oh! j'y suis! je vous entends à cette heure!

LA VALLÉE : Et encore qu'entendez-vous, Madame Alain?

MADAME ALAIN : Eh! pardi, mon enfant, j'entends ce que votre mérite m'a toujours fait comprendre. Il n'y a rien de si clair. Vous avez tant dit que mon humeur et mes manières vous revenaient, vous êtes toujours si folâtre autour de moi que cela s'entend de reste.

LA VALLÉE, *à part* : Autour d'elle...?

MADAME ALAIN : Je me suis bien doutée que vous m'en vouliez et je n'en suis pas fâchée.

LA VALLÉE : Pour ce qui est dans le cas de vous en vouloir, il est vrai... que vous vous portez si bien, que vous êtes si fraîche...

MADAME ALAIN : Eh! qu'aurai-je pour ne l'être pas! Je n'ai que trente-cinq ans, mon fils. J'ai été mariée à quinze : ma fille est presque aussi vieille que moi; j'ai encore ma mère, qui a la sienne.

LA VALLÉE : Vous n'êtes qu'un enfant qui a grandi.

MADAME ALAIN : Et cet enfant vous plaît, n'est-ce pas? Parlez hardiment.

LA VALLÉE, *à part* : Quelle vision! *(A Madame Alain.)* Oui-da. *(A part.)* Comment lui dire non?

MADAME ALAIN : Je suis franche et je vous avoue que vous êtes fort à mon gré aussi; ne vous en êtes-vous pas aperçu?

LA VALLÉE : Heim! heim! par-ci, par-là!

MADAME ALAIN : Je le crois bien. Si vous aviez seulement dix ans de plus, cependant, tout n'en irait que mieux; car vous êtes bien jeune. Quel âge avez-vous?

LA VALLÉE : Pas encore vingt ans. Je ne les aurai que demain matin.

MADAME ALAIN : Oh! ne vous pressez pas; je m'en accommode comme ils sont; ils ne me font pas plus de peur aujourd'hui qu'ils ne m'en feront demain; et après tout, un mari de vingt ans avec une veuve de trente-cinq vont bien ensemble, fort bien; ce n'est pas là l'embarras, surtout avec un mari aussi bien fait que vous et d'un caractère aussi doux.

LA VALLÉE : Oh! point du tout, vous m'excuserez!

MADAME ALAIN : Très bien fait, vous dis-je, et très aimable.

LA VALLÉE : Arrêtez-vous donc, Madame Alain; ne prenez pas la peine de me louer, il y aura trop à rabattre [3], en vérité, vous me confondez. *(A part.)* Je ne sais plus comment faire avec elle.

MADAME ALAIN : Voyez cette modestie! Allons, je ne dis plus mot. Ah çà! arrangeons-nous, puisque vous m'aimez. Voyons. Ce n'est pas le tout que de se marier, il faut faire une fin. A votre âge, on est bien vivant; vous avez l'air de l'être plus qu'un autre, et je ne le suis pas mal aussi, moi qui vous parle.

LA VALLÉE : Oh! oui, très vivante!

MADAME ALAIN : Ainsi nous voilà déjà deux en danger d'être bientôt trois, peut-être quatre, peut-être cinq, que sait-on jusqu'où peut aller une famille? Il est toujours bon d'en supposer plus que moins, n'est-ce pas? J'ai assez de bien de mon chef; j'ai ma mère qui en a aussi, une grand-mère qui n'en manque pas, un vieux parent dont j'hérite et qui en laissera; et pour peu que vous en ayez, on se soutient en prenant quelque charge; on roule [4]. Qu'est-ce que c'est que vous avez de votre côté?

LA VALLÉE : Oh! moi, je n'ai point de côté!

MADAME ALAIN : Que voulez-vous dire par là?

LA VALLÉE : Que je n'ai rien. C'est moi qui suis tout mon bien.

MADAME ALAIN : Quoi! rien du tout?

LA VALLÉE : Non. Rien que des frères et des sœurs.

MADAME ALAIN : Rien, mon fils, vrai ce n'est pas assez.

LA VALLÉE : Je n'en ai pourtant pas davantage; vous en contentez-vous, Madame Alain?

MADAME ALAIN : En vérité, il n'y a pas moyen, mon garçon; il n'y a pas moyen.

LA VALLÉE : C'est ce que je voulais savoir avant de m'aviser, car pour aimer, ce serait besogne faite.

MADAME ALAIN : C'est dommage; j'ai grand regret à vos vingt ans, mais rien, que fait-on de rien? Est-ce que vous n'avez pas au moins quelque héritage?

LA VALLÉE : Oh! si fait. J'ai sept ou huit parents robustes et en bonne santé, dont j'aurai infailliblement la succession quand ils seront morts.

---

3. *Rabattre* : diminuer, retrancher. On dit figurément que *l'on rabat beaucoup d'une personne*, quand on diminue de l'estime qu'on avait d'elle.
4. *Rouler* est employé ici dans le sens de : trouver moyen de subsister.

MADAME ALAIN : Il faudrait une furieuse mortalité, Monsieur de la Vallée, et cela sera bien long à mourir, à moins qu'on ne les tue. Est-ce que cette demoiselle Habert, votre cousine qui vous aime tant, ne pourrait pas vous avancer quelque chose?

LA VALLÉE : Vraiment, elle m'avancera de reste [5], puisqu'elle veut m'épouser.

MADAME ALAIN : Hem! Dites-vous pas que votre cousine vous épouse?

LA VALLÉE : Eh oui! je vous l'apprends et c'est de quoi elle a à vous entretenir. N'allez pas lui dire que je vous donnais la préférence; elle est jalouse, et vous me feriez tort.

MADAME ALAIN : Moi, lui dire! Ah! mon ami, est-ce que je dis quelque chose? est-ce que je suis une femme qui parle? Madame Alain, parler? Madame Alain, qui voit tout, qui sait tout et ne dit mot!

LA VALLÉE : Qu'il est beau d'être si rare!

MADAME ALAIN : Pardi, allez! je ferais bien d'autres vacarmes si je voulais. J'ai bien autre chose à cacher que votre amour. Vous vîtes encore hier Madame Rémy ici; je n'aurais donc qu'à lui dire que son mari m'en conte, sans qu'il y gagne : à telles enseignes que je reçus l'autre jour à mon adresse une belle et bonne étoffe bien empaquetée qui arriva de la part de personne et que je ne sus qui venait de lui qu'après qu'elle a été coupée, ce qui m'a obligée de la garder; et ce n'était pas ma faute; mais je n'en ai jamais dit le mot à personne et ce n'est pas même pour vous que je l'apprendre que je le dis, c'est seulement pour vous montrer qu'on sait se taire.

LA VALLÉE, *à part* : Vertuchou, quelle discrétion!

MADAME ALAIN : Demeurez en repos. Mais parlez donc, monsieur de la Vallée! vous qui m'aimez tant, vous aimez la une fille bien ancienne entre vous, et vous plains! Ce que c'est que de n'avoir rien! La vieille folle!...

LA VALLÉE, *apercevant Mademoiselle Habert* : Motus! La voilà. Prenez garde à ce que vous direz.

MADAME ALAIN : Ne craignez rien.

*Scène IV : La Vallée, Madame Alain,
Mademoiselle Habert.*

MADEMOISELLE HABERT : Bonjour, Madame.

MADAME ALAIN : Je suis votre servante, Mademoiselle. J'apprends là une nouvelle qui me fait plaisir. On dit que vous vous mariez!

MADEMOISELLE HABERT : Doucement! Ne parlez pas si haut! Il ne faut pas qu'on le sache.

MADAME ALAIN : C'est donc un secret?

MADEMOISELLE HABERT : Sans doute. Est-ce que Monsieur de la Vallée ne vous l'a pas dit?

LA VALLÉE : Je n'ai pas eu le temps.

MADAME ALAIN : Nous commençons. Je ne sais encore rien de rien. *(A Mademoiselle Habert qui lui fait signe de parler moins fort.)* Mais je parlerai bas. Eh bien! contez-moi vos petites affaires de cœur. Vous vous aimez donc : que cela est plaisant!

---

5. Plus qu'il n'est nécessaire pour ce dont il s'agit.

MADEMOISELLE HABERT : Que trouvez-vous de si plaisant à ce mariage, Madame?

MADAME ALAIN : Je n'y trouve rien. Au contraire, je l'approuve, je l'aime, il me divertit, j'en ai de la joie. Que voulez-vous que j'y trouve, moi? Qu'y a-t-il à dire? Vous aimez ce garçon : c'est bien fait. S'il n'a que vingt ans, ce n'est pas votre faute, vous le prenez comme il est; dans dix il en aura trente et vous dix de plus, mais qu'importe! On a de l'amour; on se contente; on se marie à l'âge qu'on a; si je pouvais vous ôter les trois quarts du vôtre, vous seriez bientôt du sien.

MADEMOISELLE HABERT, *avec vivacité* : Qu'appelez-vous du sien? Rêvez-vous, Madame Alain? Savez-vous que je n'ai que quarante ans tout au plus?

MADAME ALAIN : Calmez-vous! C'est qu'on s'y méprend à la mine qu'ils vous donnent.

LA VALLÉE, *à Madame Alain* : Vous vous moquez! On les prendrait pour des années de six mois. Finissez donc!

MADAME ALAIN : De quoi se fâche-t-elle? Mademoiselle Habert sait que je l'aime. *(A Mademoiselle Habert.)* Allons, ma chère amie, un peu de gaieté! vous êtes toujours sur le qui-vive. Eh! mort de ma vie, en valez-vous moins pour être un peu mûre? Voyez comme elle s'est soutenue : elle est plus blanche, plus droite!

LA VALLÉE : Elle a des yeux, un teint...

MADAME ALAIN : Ah! le fripon, comme il en débite! Revenons. Vous l'épousez; après, que faut-il que je fasse?

MADEMOISELLE HABERT : Personne ne viendra-t-il nous interrompre?

MADAME ALAIN : Attendez; je vais y mettre bon ordre. *(Elle appelle.)* Javotte! Javotte!

MADEMOISELLE HABERT : Qu'allez-vous faire?

MADAME ALAIN : Laissez, laissez! c'est qu'on peut entrer ici à tout moment, et moyennant la précaution que je prends, il ne viendra personne.

Scène V : La Vallée, Madame Alain, Mademoiselle Habert, Javotte.

JAVOTTE, *en entrant* : Comme vous criez, Madame! On n'a pas le temps de vous répondre! Que vous plaît-il?

MADAME ALAIN : Si quelqu'un vient me demander, qu'on dise que je suis en affaire. Il faut que nous soyons seuls : Mademoiselle Habert a un secret de conséquence à me dire. N'entrez point non plus sans que je vous appelle, entendez-vous?

JAVOTTE : Pardi! je m'embarrasse bien du secret des autres. Ne dirait-on pas que je suis curieuse!

MADAME ALAIN : Marchez, marchez, raisonneuse!

MADEMOISELLE HABERT, *bas, à La Vallée* : Voilà une sotte femme, Monsieur de la Vallée.

LA VALLÉE, *de même* : Oui; elle n'est pas assez prudente.

Scène VI : La Vallée, Madame Alain, Mademoiselle Habert.

MADAME ALAIN : Nous voilà tranquilles à cette heure.

MADEMOISELLE HABERT : Eh! Madame Alain, pourquoi informer cette fille que j'ai une confidence à vous faire? Il ne fallait pas...

MADAME ALAIN : Si fait vraiment; c'est afin qu'on ne vienne pas nous troubler. Pensez-vous qu'elle aille se douter de quelque chose? eh bien! si vous avez la moindre inquiétude là-dessus, il y a bon remède, ne vous embarrassez pas. *(Elle appelle.)* Javotte! holà!

MADEMOISELLE HABERT : Quel est votre dessein? Pourquoi la rappeler?

MADAME ALAIN : Je ne gâterai rien.

Scène VII : La Vallée, Madame Alain, Mademoiselle Habert, Javotte.

JAVOTTE : Encore! que me voulez-vous donc, Madame? on ne fait qu'aller et venir, ici. Qu'y a-t-il?

MADAME ALAIN : Écoutez-moi. Je me suis mal expliquée tout à l'heure; ce n'est pas un secret que Mademoiselle veut m'apprendre; n'allez pas le croire et encore moins le dire; ce que j'en fais n'est que pour être libre et non pas pour une confidence.

JAVOTTE : Est-ce là tout? Pardi! la peine d'autrui ne vous coûte guère. Est-ce moi qui suis la plus babillarde de la maison?

MADAME ALAIN : Taisez-vous et faites attention à ce qu'on vous dit, sans tant de raisonnements.

Scène VIII : La Vallée, Madame Alain, Mademoiselle Habert.

MADAME ALAIN : Ah çà! vous devez avoir l'esprit en repos à présent. Voilà tout raccommodé.

MADEMOISELLE HABERT : Soit; mais ne raccommodez plus rien, je vous prie; j'ai besoin d'un extrême secret.

MADAME ALAIN : Vous jouez de bonheur : une muette et moi, c'est tout un. J'ai les secrets de tout le monde. Hier au soir, le marchand qui est mon voisin me fit serrer dans ma salle basse je ne sais combien de marchandises de contrebande qui seraient confisquées si on le savait. Voyez si on me croit sûre!

MADEMOISELLE HABERT : Vous m'en donnez une étrange preuve! Pourquoi me le dire?

MADAME ALAIN : L'étrange fille! C'est pour vous rassurer.

MADEMOISELLE HABERT, *à part* : Quelle femme!

MADAME ALAIN : Poursuivons. Il faut que je sois informée de tout, de peur de surprise. Pour quel motif cachez-vous votre mariage?

MADEMOISELLE HABERT : C'est que je ne veux pas qu'une sœur que j'ai, et avec qui j'ai passé toute ma vie, le sache.

MADAME ALAIN : Fort bien. Je ne savais pas que vous aviez une sœur, par exemple; cela est bon à savoir; s'il vient ici quelque femme qui me demande, je commencerai par dire : « Etes-vous sa sœur ou non? »

MADEMOISELLE HABERT : Eh non! Madame, vous devez absolument ignorer qui je suis.

LA VALLÉE : On vous demanderait à vous comment vous savez que cette chère enfant a une sœur.

MADAME ALAIN : Vous avez raison. J'ignore tout, je laisserai dire ; ou bien je dirai : « Qu'est-ce que c'est que Mademoiselle Habert ? Je ne connais point cela, moi, non plus que son cousin, Monsieur de la Vallée. »

MADEMOISELLE HABERT : Quel cousin ?

MADAME ALAIN, *montrant La Vallée* : Eh ! lui que voilà.

LA VALLÉE : Eh non ! nous ne sommes pas trop cousins non plus, voyez-vous.

MADAME ALAIN : Ah ! oui-da ; c'est que vous ne l'êtes pas du tout.

LA VALLÉE : Rien que par honnêteté [6], depuis quinze jours, et pour la commodité de se voir ici sans qu'on en babille.

MADAME ALAIN, *riant* : Ah ! j'entends. Point de cousins ! Que cela est comique ! Ce que c'est que l'amour ! Cette chère fille... Mais n'admirez-vous pas comme on se prévient ? J'avais déjà trouvé un air de famille entre vous deux ; de bien loin, à la vérité, car ce sont des visages si différents... Parlons du reste. *(A Mademoiselle Habert.)* Qu'appréhendez-vous de votre sœur ?

MADEMOISELLE HABERT : Les reproches, les plaintes.

LA VALLÉE : Les caquets des uns, les remontrances des autres.

MADAME ALAIN : Oui, oui ! l'étonnement de tout le monde.

MADEMOISELLE HABERT : J'appréhenderais que par malice, par industrie, ou par autorité, on ne mît opposition à mon mariage.

LA VALLÉE : On me percerait l'âme.

MADAME ALAIN : Oh ! des oppositions, il y en aurait. On parlerait peut-être d'interdire.

MADEMOISELLE HABERT, *suffoquée* : M'interdire, moi ? en vertu de quoi ?

MADAME ALAIN : En vertu de quoi, ma fille ? En vertu de ce qu'ils diront que vous faites une folie, que la tête vous baisse, que sais-je ? ce qu'on dit en pareil cas quand il y a un peu de sujet, et le sujet y est.

MADEMOISELLE HABERT, *en colère* : Vous me prenez donc pour une folle ?

MADAME ALAIN : Eh non ! ma mie ; je vous excuse, moi ; je compatis à l'état de votre cœur si vous ne m'entendez pas : c'est par amitié que je vous parle. Je sais bien, vous êtes sage ; je signerai que vous l'êtes ; je vous reconnais pour telle ; mais pour preuve que vous ne l'êtes pas, ils apporteront vos amours, qu'ils traiteront de ridicules, votre dessein d'épouser qu'ils traiteront d'enfance ; ils apporteront une quarantaine d'années qui, malheureusement, en paraissent cinquante ; ils allégueront son âge à lui et mille mauvaises raisons que vous êtes en danger d'essuyer comme bonnes. Écoutez-moi. Est-ce que j'ai dessein de vous fâcher ? Ce n'est que par zèle, en un mot, que je veux épouvanter.

MADEMOISELLE HABERT, *à part* : Elle est d'une maladresse, avec son zèle.

LA VALLÉE : Mais, Madame Alain, vous allèguez l'âge de la cousine ; regardez-y à deux fois ; où voulez-vous qu'on le prenne ?

MADAME ALAIN, *d'un ton vif* : Sur le registre où il est

écrit, mon petit bonhomme. Car vous m'impatientez, vous autres. On est pour vous et vous criez comme des troublés [7]. Oui, je vous le soutiens, on dira que c'est la grand-mère qui épouse le petit-fils, et par conséquent radote. Vous n'êtes encore qu'au berceau par rapport à elle, afin que vous le sachiez ; oui, au berceau, mon mignon ; il est inutile de se flatter là-dessus.

LA VALLÉE, *mécontent* : Pas si mignon, Madame Alain, pas si mignon.

MADEMOISELLE HABERT : Eh ! de grâce, Madame, laissons cette matière-là, je vous en conjure. Toutes les contradictions viendraient uniquement de ce que Monsieur de la Vallée est un cadet qui n'a point de bien.

MADAME ALAIN, *l'interrompant* : Le cadet me l'a dit : point de bien. J'oubliais cet article.

MADEMOISELLE HABERT : ... Viendraient aussi de ce que j'ai un neveu que ma sœur aime et qui compte sur ma succession.

MADAME ALAIN : Où est le neveu qui ne compte pas ?... Il faut que le vôtre se trompe et que Monsieur de la Vallée ait tout.

LA VALLÉE, *montrant Mademoiselle Habert* : Oh ! pour moi, voilà mon tout.

MADAME ALAIN : D'accord, mais il n'y aura point de mal que le reste y tienne [8], à condition que vous le mériterez, Monsieur de la Vallée. Traitez votre femme en bon mari, comme elle s'y attend ; ne vous écartez point d'elle et ne la négligez pas sous prétexte qu'elle sera sur son déclin.

MADEMOISELLE HABERT, *mécontente* : Eh ! que fait ici mon déclin, Madame ? nous n'en sommes pas là ! Finissons. Je vous disais que j'ai quitté ma sœur. Je ne l'ai pas informée de l'endroit où j'allais demeurer ; vous voyez même que je ne sors guère de peur de la rencontrer ou de trouver quelques gens de connaissance qui me suivent. Cependant, j'ai besoin de deux notaires et d'un témoin, je pense. Voulez-vous bien nous charger de me les avoir ?

MADAME ALAIN : Il suffit. Les voulez-vous pour demain ?

LA VALLÉE : Pour tout à l'heure. Je languis.

MADEMOISELLE HABERT : Je serais bien aise de finir aujourd'hui, si cela se peut.

MADAME ALAIN : Aujourd'hui, dit-elle ! Cet amour ! Cette impatience ! Elle donne envie de se marier. La voilà rajeunie de vingt ans ! Oui, mon cœur, oui, ma reine, aujourd'hui ! Réjouissez-vous ; je vais dans l'instant travailler pour vous.

LA VALLÉE, *à Madame Alain* : Chère dame, que vous allez m'être obligeante !

MADEMOISELLE HABERT : Surtout, Madame Alain, qu'on ne soupçonne point, par ce que vous direz, que c'est pour moi que vous envoyez chercher ces messieurs.

MADAME ALAIN : Oh ! ne craignez rien. Pas même les notaires ne sauront pour qui c'est que lorsqu'ils seront ici ; encore n'en diront-ils rien après si vous voulez. Je vous réponds d'un qui est jeune, un peu mon allié,

---

6. Décence, respect des conventions.

7. Se dit de personnes qui ont les facultés de l'âme en désordre.
8. Que le reste (c'est-à-dire l'argent, la succession de Mlle Habert) y demeure attaché.

qui venait ici du temps qu'il était clerc, et qui nous gardera bien le secret, car je lui en garde un qui est d'une conséquence…! Je vous dirai une autre fois ce que c'est; faites-m'en souvenir. Et puis notre témoin sera Monsieur Rémy, ce marchand attenant ici et que vous voyez quelquefois chez moi.

LA VALLÉE : Quoi! votre galant qui a envoyé l'étoffe?

MADAME ALAIN : Tout juste : l'homme à la robe — il est éperdu de moi — et à qui appartient aussi cette contrebande que j'ai dans mon armoire; voyez s'il nous trahira! Mais laissez-moi appeler ma fille que je vois qui passe. Agathe! approchez.

Scène IX : *La Vallée, Madame Alain, Mademoiselle Habert, Agathe.*

AGATHE : Que souhaitez-vous, ma mère?

MADAME ALAIN : Allez-vous-en tout à l'heure chez Monsieur Rémy le prier de venir ici sur-le-champ; tâchez même de l'amener avec vous.

AGATHE : J'y vais de ce pas, ma mère.

MADAME ALAIN : Écoutez! Dites-lui que j'aurais passé chez lui si je ne m'étais pas proposé d'aller chez Monsieur Thibaut et un autre notaire que je vais chercher pour un acte qui presse.

AGATHE : Deux notaires, ma mère? et pour un acte?

MADAME ALAIN : Oui, ma fille. Allez.

AGATHE : Et si Monsieur Rémy me demande ce que vous voulez, que lui dirai-je?

MADAME ALAIN : Que c'est pour servir de témoin; il n'y a pas d'inconvénient à l'en avertir.

AGATHE : Ah! c'est notre ami; il ne demandera pas mieux.

MADAME ALAIN : Hâtez-vous, de peur qu'il ne sorte, afin qu'on termine aujourd'hui.

AGATHE : Vous êtes la maîtresse, ma mère; donnez-moi seulement le temps de saluer Mademoiselle Habert. *(A Mademoiselle Habert.)* Bonjour, Mademoiselle; j'espère que vous me continuerez l'honneur de votre amitié, et plus à présent que jamais.

MADEMOISELLE HABERT : Je n'ai nulle envie de vous l'ôter, et je vous remercie du redoublement de la vôtre.

AGATHE : Je ne fais que mon devoir, Mademoiselle, et je suis mon inclination.

MADAME ALAIN : Vous êtes bien en humeur de complimenter, ce me semble. Partez-vous?

AGATHE : Oui, ma mère. *(A La Vallée.)* Adieu, Monsieur de la Vallée.

LA VALLÉE : Je vous salue, Mademoiselle.

AGATHE, *bas, à La Vallée* : Je vous aime bien : vous m'avez tenu parole.

MADAME ALAIN, *à Agathe* : Que Monsieur Rémy attende que je sois de retour; au reste, qu'il ne sorte pas d'ici, que je l'en prie, que je reviens dans moins de dix minutes.

AGATHE, *sortant* : Oui, je le retiendrai.

MADEMOISELLE HABERT, *à Agathe* : Un petit mot : ne lui dites point que c'est pour servir de témoin.

AGATHE : Comme il vous plaira. *(Bas, à La Vallée.)* Vous êtes un honnête homme.

Scène X : *La Vallée, Madame Alain, Mademoiselle Habert.*

MADEMOISELLE HABERT : Devine-t-elle que c'est pour un mariage?

MADAME ALAIN : Ce n'est pas moi qui le lui ai appris. *(Bas, à La Vallée.)* C'est qu'elle croit que vous l'épousez.

LA VALLÉE, *bas, à Madame Alain* : Chut! vous verrez qu'elle a remarqué mon œil amoureux sur la cousine, et puis une fille, quand on parle du notaire, voit toujours un mari au bout.

MADAME ALAIN, *bas, à La Vallée* : Oui, elle croit qu'un notaire n'est bon qu'à cela. *(A Mademoiselle Habert et à La Vallée.)* Ah çà! mes enfants, je vous quitte, mais c'est pour vous servir au plus tôt.

MADEMOISELLE HABERT : Je vous demande pardon de la peine.

Scène XI : *La Vallée, Mademoiselle Habert.*

MADEMOISELLE HABERT : Vous allez donc enfin être à moi, mon cher La Vallée.

LA VALLÉE : Attendez, ma mie, le cœur me bat; cette pensée me rend l'haleine courte. Quel ravissement!

MADEMOISELLE HABERT : Vous ne sauriez douter de ma joie.

LA VALLÉE : Tenez, il me semble que je ne touche pas à terre.

MADEMOISELLE HABERT : J'aime à te voir si pénétré. Je crois que tu m'aimes, mais je te défie de m'aimer plus que ma tendresse pour toi ne le mérite.

LA VALLÉE : C'est ce que nous verrons dans le ménage.

MADEMOISELLE HABERT : Pourvu que Madame Alain avec ses indiscrétions... Cette femme-là m'épouvante toujours.

LA VALLÉE : Elle ne va pas loin, et dès que vous m'aimez, je suis né coiffé [9]; c'est une affaire finie dans le ciel.

MADEMOISELLE HABERT : Ce qui me surprend, c'est que cette petite Agathe sache que c'est pour un mariage. Je crois même qu'elle pense que c'est pour elle. S'imaginerait-elle que vous l'aimez? vous n'en êtes pas capable...

LA VALLÉE : Mignonne, votre propos m'afflige l'âme.

MADEMOISELLE HABERT, *tendrement* : N'y fais pas d'attention; je ne m'y arrête pas.

Scène XII : *La Vallée, Mademoiselle Habert, Agathe.*

AGATHE, *à Mademoiselle Habert* : Monsieur Rémy va monter tout à l'heure. Je ne lui ai pas dit que c'était pour être témoin.

MADEMOISELLE HABERT : Vous avez bien fait.

AGATHE : C'est bien le moins que je fasse vos volontés; je serais bien fâchée de vous déplaire en rien, Mademoiselle.

9. *Né coiffé* se dit d'un homme qui est fort heureux.

MADEMOISELLE HABERT, *à part* : Je n'entends rien à ses politesses.

AGATHE : J'ai trouvé chez lui Monsieur Dumont, que vous connaissez bien, Monsieur de la Vallée.

LA VALLÉE, *faisant l'étonné* : Monsieur Dumont?

AGATHE : Oui, ce jeune monsieur qui me fait la cour et que je vous ai dit qui me recherchait, et comme je disais à Monsieur Rémy que ma mère aurait passé chez lui si elle n'avait pas été chez des notaires, il m'a dit avec des mines douceureuses dont j'ai pensé rire de tout mon cœur : « Mademoiselle, n'approuvez-vous pas que nous ayons au premier jour affaire à lui pour nous-mêmes et que j'en parle à Madame Alain? » et moi je n'ai rien répondu.

LA VALLÉE : Oh! c'était parler avec esprit.

AGATHE : Ce n'est pas qu'il n'ait de mérite, mais j'en sais qui en ont davantage.

MADEMOISELLE HABERT : On ne saurait en trop avoir pour vous, belle Agathe.

AGATHE : Je m'estime bien glorieuse que vous m'en ayez trouvé assez, Mademoiselle! (*Voyant entrer Monsieur Rémy.*) Je vous avais bien dit que Monsieur Rémy ne tarderait pas.

Scène XIII : La Vallée,
Mademoiselle Habert, Agathe,
Monsieur Rémy.

MONSIEUR RÉMY : Où est donc Madame Alain, Mademoiselle Agathe?

AGATHE : Oh! dame! si je vous avais dit qu'elle est sortie, vous ne seriez peut-être pas venu si tôt. Elle va revenir.

MONSIEUR RÉMY : Je retourne un instant chez moi; je vais remonter.

AGATHE : Ma mère m'a dit en m'envoyant : « Dis-lui qu'il reste. » Je fermerai plutôt la porte. (*Apercevant Madame Alain.*) La voilà elle-même.

Scène XIV : La Vallée,
Mademoiselle Habert, Agathe,
Monsieur Rémy, Madame Alain.

MADAME ALAIN, *à Mademoiselle Habert* : Monsieur Thibaut va amener un de ses confrères. (*A Monsieur Rémy.*) Bonjour, Monsieur Rémy; j'ai à vous parler. (*A Agathe.*) Agathe, descendez là-bas; amenez ces messieurs quand ils seront venus, et qu'on renvoie tout le monde.

Agathe sort.

MADEMOISELLE HABERT, *à Madame Alain* : Nous allons vous laisser avec Monsieur. Vous nous ferez avertir quand vous aurez besoin de nous.

MADAME ALAIN : Sans adieu. (*A part, regardant La Vallée sortir avec Mademoiselle Habert.*) Le cher bonhomme, il me regrette; il s'en va tristement avec sa vieille... (*A Monsieur Rémy.*) Monsieur Rémy, y a-t-il longtemps que vous êtes ici?

MONSIEUR RÉMY : J'arrive, mais y eût-il une heure, elle serait bien employée puisque je vous vois.

MADAME ALAIN : Toujours des douceurs; vous recommencez toujours.

MONSIEUR RÉMY : C'est que vous ne cessez pas d'être aimable.

MADAME ALAIN : Patience, je me corrigerai avec le temps... Je vous demande un petit service pour une affaire que je tiens cachée.

MONSIEUR RÉMY : De quoi s'agit-il?

MADAME ALAIN : D'un mariage, où je vous prie d'être témoin.

MONSIEUR RÉMY, *d'un ton vif* : Si c'est pour le vôtre, je n'en ferai rien. Je n'aiderai jamais personne à vous épouser. Serviteur!

Il va pour sortir.

MADAME ALAIN : Où va-t-il? A qui en avez-vous, Monsieur l'emporté? ce n'est pas pour moi!

MONSIEUR RÉMY : C'est donc pour Mademoiselle Agathe?

MADAME ALAIN : Non.

MONSIEUR RÉMY : Il n'y a pourtant que vous deux à marier dans la maison.

MADAME ALAIN : Raisonnablement parlant, vous dites assez vrai.

MONSIEUR RÉMY : Comment! serait-ce pour cette demoiselle Habert à qui vous avez loué depuis trois semaines?

MADAME ALAIN : Je ne parle pas.

MONSIEUR RÉMY : Je vous entends : c'est pour elle.

MADAME ALAIN : Je me tais tout court. Je pourrais vous le dire puisqu'on va signer le contrat et que vous y serez, mais je ne parle pas; en fait de secret confié, il ne faut se rien permettre.

MONSIEUR RÉMY : Mais si je devine?

MADAME ALAIN : Ce ne sera pas ma faute.

MONSIEUR RÉMY : Il me sera permis d'en rire?

MADAME ALAIN : C'est une liberté que j'ai prise la première!

MONSIEUR RÉMY : Et pourquoi se cacher?

MADAME ALAIN : Oh! pour celui-là, il m'est permis de le dire; c'est pour éviter les reproches d'une famille qui ne serait pas contente de lui voir prendre un mari tout des plus jeunes.

MONSIEUR RÉMY : Ce mari ressemble bien à son petit cousin La Vallée!

MADAME ALAIN : Ils ne sont pas cousins.

MONSIEUR RÉMY : Ah! ils ne le sont pas?

MADAME ALAIN : Pas plus que vous et moi. Au reste, vous soupez ici, je vous en avertis.

MONSIEUR RÉMY : Tant mieux! j'aime la comédie! Mais je vais dire chez moi que je suis retenu pour un mariage.

MADAME ALAIN : Faites donc vite; les notaires vont arriver; ils seront discrets; il y en a un dont je suis bien sûre : c'est Monsieur Thibaut, qui va épouser la fille de Monsieur Constant, à qui il ne dit qu'il paiera sa charge des deniers de la dot — ce qu'il n'ignore pas que je sais; ce fut feu mon mari qui ajusta l'affaire de la charge.

MONSIEUR RÉMY : Adieu. Dans un instant je suis à vous.

Il sort.

MADAME ALAIN, *seule* : Il a soupçonné fort juste, quoique je ne lui aie rien dit.

Scène XV : Madame Alain,
Agathe, Monsieur Thibaut,
le Second Notaire.

AGATHE : Ma mère, voilà ces messieurs.

MADAME ALAIN : Je suis votre servante, Monsieur Thibaut. Il y a longtemps que nous ne nous étions vus, quoique alliés.

MONSIEUR THIBAUT : Je ne m'en cache pas, Madame. Qu'y a-t-il pour votre service?

MADAME ALAIN, à Agathe : Ma fille, Mademoiselle Habert et Monsieur de la Vallée sont dans mon cabinet; dites-leur de venir. Ah! les voilà. Agathe, retirez-vous.

AGATHE : Je sors, ma mère; c'est à vous de me gouverner là-dessus.

Scène XVI : Madame Alain,
Monsieur Thibaut, le Second Notaire,
La Vallée,
Mademoiselle Habert.

MADAME ALAIN, aux notaires : Messieurs, il est question d'un contrat de mariage pour les deux personnes que vous voyez, et Monsieur Rémy, qui est connu de vous, Monsieur Thibaut, va servir de témoin.

LE SECOND NOTAIRE : Nous n'avons rien à demander à Mademoiselle : elle est en état de disposer d'elle, mais Mademoiselle me paraît bien jeune; est-il en puissance de père et de mère?

LA VALLÉE : Non; il y aura deux ans vienne l'été que le dernier des deux mourut hydropique.

LE SECOND NOTAIRE : N'auriez-vous pas un consentement de parents?

LA VALLÉE, présentant un papier : V'là celui de mon oncle. Oh! il n'y manque rien; le juge du lieu y a passé : signature, paraphe, tout y est; la feuille timbrée dit tout.

MONSIEUR THIBAUT : Vous n'êtes pas d'ici apparemment?

LA VALLÉE : Non, Monsieur; je suis bourguignon pour la vie, du pays du bon vin.

MONSIEUR THIBAUT, étudiant le papier : Cela me paraît en bonne forme, et puis nous nous en rapportons à Madame Alain dès que c'est chez elle que vous vous mariez.

MADAME ALAIN : Je les connais tous deux; Mademoiselle loge chez moi.

MONSIEUR THIBAUT : Commençons toujours, en attendant Monsieur Rémy.

MADAME ALAIN : Je le vois qui vient.

Scène XVII : Madame Alain,
Monsieur Thibaut,
le Second Notaire, La Vallée,
Mademoiselle Habert,
Monsieur Rémy.

MONSIEUR RÉMY, aux notaires : Messieurs, je vous salue. (A Madame Alain.) Madame, j'ai un petit mot à vous dire à quartier, avec la permission de la compagnie.

Tous deux s'écartent.

MADAME ALAIN : Qu'est-il arrivé?

MONSIEUR RÉMY : J'ai été obligé de dire à ma femme pourquoi j'étais retenu ici, mais je n'ai nommé personne.

MADAME ALAIN : C'est vous qui avez deviné; je ne vous ai rien dit.

MONSIEUR RÉMY : Non. Au mot de secret, un jeune Monsieur qui venait pour une maison que je vends m'a prié de l'amener chez vous. Il vous apprendra, dit-il, des choses singulières que vous ne savez pas.

MADAME ALAIN : Des choses singulières? Qu'il vienne!

MONSIEUR RÉMY : Il m'attend là-bas, et je vais le chercher, si vous le voulez.

MADAME ALAIN : Si je le veux? Belle demande! Des choses singulières, je n'ai garde d'y manquer; il y a des cas où il faut tout savoir.

MONSIEUR RÉMY : Je vais le faire venir, et prendre de ces marchandises dans votre armoire; je les porterai chez moi où l'on doit les venir prendre ce soir.

MADAME ALAIN : Allez, Monsieur Rémy. (Il sort.) (Aux notaires.) Messieurs, je vous demande pardon, mais passez, je vous prie, pour un demi-quart d'heure dans le cabinet. (A Mademoiselle Habert.) Approchez, ma chère amie. Il va monter un homme qui, je crois, veut m'entretenir de vous. Laissez-moi, et que Monsieur de la Vallée soit témoin du zèle et de la discrétion que j'aurai.

MADEMOISELLE HABERT : Oui, mais si c'est quelqu'un qui l'ait vu chez ma sœur?

MADAME ALAIN : La réflexion est sensée. Retirez-vous, Mademoiselle, et vous, Monsieur, de la porte du cabinet, vous jetterez un coup d'œil sur l'homme qui va entrer; s'il ne vous connaît pas, vous serez mon parent, comme vous étiez celui de Mademoiselle.

MADEMOISELLE HABERT : Cette visite m'inquiète...
Elle se retire.

Scène XVIII : Madame Alain, La Vallée,
le Neveu de Mademoiselle Habert.

MADAME ALAIN, les premiers mots à La Vallée : Monsieur de la Vallée, vous ne serez point de trop. Monsieur, vous pouvez dire devant lui ce qu'il vous plaira.

LE NEVEU : Excusez la liberté que je prends. On dit que vous avez chez vous une demoiselle qui va se marier incognito [10].

LA VALLÉE : Il n'y a point de cet incognito ici; il faut que ce soit à une autre porte. (Bas, à Madame Alain.) Défiez-vous de ce gaillard-là, cousine.

MADAME ALAIN, à La Vallée, de même : Il n'y a point de mystère : c'est Monsieur Rémy qui l'a amené. (Au Neveu.) Oui, il y a une demoiselle qui se marie, et qui n'est peut-être que la vingtième du quartier qui en fait autant; j'en sais cinq ou six pour ma part. Reste à savoir si Monsieur connaît la nôtre.

LE NEVEU : Si c'est celle que je cherche, je suis de ses amis et j'ai quelque chose à lui remettre.

10. Sans vouloir être reconnu pour ce que l'on est.

LA VALLÉE : La nôtre n'attend rien. *(Bas, à Madame Alain.)* Ne donnez pas dans le panneau.

MADAME ALAIN, *à La Vallée, de même* : Paix! *(Au Neveu.)* Où sont ces choses singulières que vous devez m'apprendre, qui, apparemment, ne lui sont pas favorables? et je conclus que vous n'êtes pas son ami autant que vous le dites.

LA VALLÉE : Et que vous ne marchez pas droit en besogne.

LE NEVEU, *à part* : Jouons d'adresse. *(A Madame Alain.)* Vous m'excuserez, Madame; il est très vrai que j'ai à lui parler et que je suis son ami; et c'est cette amitié qui veut la détourner d'un mariage qui déplaît à sa famille et qui n'est pas supportable.

LA VALLÉE, *bas, à Madame Alain* : Il va encore de travers.

MADAME ALAIN : Venons d'abord aux choses singulières : c'est le principal.

LE NEVEU : Mettez-vous à ma place; ne dois-je point savoir avant de vous les confier si la personne qui loge chez vous est celle que je cherche? Donnez-moi du moins quelque idée de la vôtre?

LA VALLÉE : C'est une fille qui se marie : voilà tout.

MADAME ALAIN : Il y a un bon moyen de s'en éclaircir, et bien court. Ne cherchez-vous pas une jeune fille? vous m'en avez tout l'air. Répondez.

LE NEVEU : Jeune... oui, Madame. Est-ce que la vôtre ne l'est pas?

MADAME ALAIN : Eh! vraiment non; c'est une fille âgée; voilà une grande différence et tout le reste va de même. Nous n'avons pas ce qu'il vous faut. Je gage aussi que votre demoiselle a père et mère.

LE NEVEU : J'en demeure d'accord.

MADAME ALAIN : Vous voyez bien que rien ne se rapporte.

LE NEVEU : La vôtre n'a donc plus ses parents?

MADAME ALAIN : Elle n'a qu'une sœur avec qui elle a passé sa vie.

LA VALLÉE, *bas, à Madame Alain* : Le cœur me dit que vous me coupez la gorge.

MADAME ALAIN, *de même, à La Vallée* : Votre cœur rêve.

LE NEVEU : Nous n'y sommes plus. La mienne est blonde et n'a qu'une tante.

MADAME ALAIN : Eh bien! la nôtre est brune et n'a qu'un neveu.

LA VALLÉE, *bas, à Madame Alain* : Ni la sœur ni le neveu n'avaient que faire là; je ne les aurais pas déclarés.

MADAME ALAIN : Avec qui la vôtre se marie-t-elle?

LE NEVEU : Avec un veuf de trente ans, homme assez riche, mais qui ne convient point à la famille.

MADAME ALAIN, *montrant La Vallée* : Et voilà le futur de la nôtre.

LA VALLÉE, *à part* : Le porteur dira le reste!

LE NEVEU : En voilà assez, Madame; je me rends; ce n'est point ici qu'on trouvera Mademoiselle Dumont.

MADAME ALAIN : Non; il faut que vous vous contentiez de Mademoiselle Habert, qui a peur de son côté et que je vais rassurer, en l'avertissant qu'elle n'a rien à craindre.

LA VALLÉE, *à part* : C'est pour nous achever... Tout est décousu!

MADAME ALAIN : *appelant Mademoiselle Habert* : Paraissez, notre amie! Venez rire de la frayeur de Monsieur de la Vallée!

*Scène XIX : Madame Alain, La Vallée,
le Neveu de Mademoiselle Habert,
Mademoiselle Habert.*

MADEMOISELLE HABERT : Eh bien! Madame, de quoi s'agissait-il? d'avec qui sortez-vous? *(Elle aperçoit son neveu.)* Que vois-je? c'est mon neveu!
Elle se sauve.

*Scène XX : Madame Alain,
La Vallée,
le Neveu de Mademoiselle Habert.*

MADAME ALAIN : Son neveu! *(Au Neveu.)* Votre tante?

LE NEVEU : Oui, Madame.

LA VALLÉE, *à part* : J'étais devin.

MADAME ALAIN : Ne rougissez-vous pas de votre fourberie?

LE NEVEU : Écoutez-moi et ne vous fâchez pas. Votre franchise naturelle et louable, aidée d'un peu d'industrie de ma part, a causé cet événement. Avec une femme moins vraie, je ne tenais rien.

MADAME ALAIN : Cette bonne qualité a toujours été mon défaut et je ne m'en corrige point. Je suis outrée.

LE NEVEU : Vous n'avez rien à vous reprocher.

LA VALLÉE : Que d'avoir eu de la langue.

MADAME ALAIN, *à La Vallée* : N'ai-je pas été surprise?

LE NEVEU : N'ayez point de regret à cette aventure. Profitez au contraire de l'occasion qu'elle vous offre de rendre service à d'honnêtes gens et ne vous prêtez plus à un mariage aussi ridicule et aussi disproportionné que l'est celui-ci.

LA VALLÉE, *au Neveu* : Qu'y a-t-il donc tant à dire aux proportions? Ne sommes-nous pas garçon et fille?

LE NEVEU, *à La Vallée* : Taisez-vous, Jacob.

MADAME ALAIN : Comment, Jacob! on l'appelle Monsieur de la Vallée.

LE NEVEU : C'est sans doute un nom de guerre que ma tante lui a donné.

LA VALLÉE : Donné! qu'il soit de guerre ou de paix, le beau présent!

LE NEVEU : Son véritable est Jacques Giroux, petit berger, venu depuis sept ou huit mois de je ne sais quel village de Bourgogne, et c'est de lui-même que mes tantes le savent.

LA VALLÉE : Berger, parce qu'on a des moutons.

LE NEVEU : Petit paysan, autrement dit; c'est même chose.

LA VALLÉE : On dit paysan, nom qu'on donne à tous les gens des champs.

MADAME ALAIN : Petit paysan! petit berger! Jacob! Qu'est-ce donc que tout cela, Monsieur de la Vallée? car, enfin, les parents auraient raison...

LA VALLÉE : Je vous réponds qu'on arrange cette famille-là bien malhonnêtement, Madame Alain, et que, sans la crainte du bruit et le respect de votre maison et du cabinet où il y a du monde...

LE NEVEU : Hem! que diriez-vous, mon petit ami? Pouvez-vous nier que vous êtes arrivé à Paris avec un voiturier, frère de votre mère?

LA VALLÉE : Quand vous crieriez jusqu'à demain, je ne ferai point d'esclandre.

LE NEVEU : De son propre aveu, c'était un vigneron que son père.

LA VALLÉE : Je me tais; le silence ne m'incommode pas, moi.

LE NEVEU : Il ne saurait nier que les demoiselles avaient besoin d'un copiste pour mettre au net nombre de papiers et que ce fut un de ses parents, qui est un scribe, qui le présenta à elles.

MADAME ALAIN : Quoi! un de ces grimauds [11] en boutique, qui dressent des écriteaux et des placets?

LE NEVEU : C'est ce qu'il y a de plus distingué parmi eux, et le petit garçon sait un peu écrire, de sorte qu'il fut trois semaines à leurs gages, mangeant avec une gouvernante qui est au logis.

MADAME ALAIN : Oh! diantre; il mange à table à cette heure.

LA VALLÉE, à Madame Alain : Quelles balivernes vous écoutez là!

LE NEVEU, à La Vallée : Hem! vous raisonnez, je pense.

LA VALLÉE, au Neveu : Je ne souffle pas [12]. Chantez mes louanges à votre aise.

MADAME ALAIN : Il m'a pourtant fait l'amour [13], le petit effronté!

LE NEVEU : Il est bien vêtu; c'est sans doute ma tante qui lui a fait cet habit-là, car il était en fort mauvais équipage [14] au logis.

LA VALLÉE : C'est que j'avais mon habit de voyage.

LE NEVEU : Jugez, Madame, vous qui êtes une femme respectable, et qui savez ce que c'est que des gens de famille...

MADAME ALAIN : Oui, Monsieur; je suis la veuve d'un honnête homme extrêmement considéré pour son habileté dans les affaires, et qui a été plus de vingt ans secrétaire de président; ainsi je dois être aussi délicate qu'une autre sur ces matières.

LA VALLÉE, à part : Ah! que tout cela m'ennuie.

LE NEVEU : Mademoiselle Habert a eu tort de fuir; elle n'avait à craindre que des représentations [15] soumises. Je ne désapprouve pas qu'elle se marie; toute la grâce que je lui demande, c'est de choisir un mari que nous puissions avouer, qui ne fasse pas rougir un neveu plein de tendresse et de respect pour elle, et qui n'afflige

pas une sœur à qui elle est si chère, à qui sa séparation a coûté tant de larmes.

LA VALLÉE, à part : Oh! le madré crocodile.

MADAME ALAIN, au Neveu : Je ne m'en cache pas, vous me touchez; les gens comme nous doivent se soutenir; j'entre dans vos raisons.

LA VALLÉE, à part : Que j'en rirais, si j'étais de bonne humeur!

MADAME ALAIN : Je vais parler à Mademoiselle Habert en attendant que vous ameniez sa sœur. Rien ne se terminera aujourd'hui; laissez-moi agir.

LE NEVEU : Vous êtes notre ressource et nous nous reposons sur vos soins, Madame.

Il sort.

Scène XXI : *Madame Alain, La Vallée.*

LA VALLÉE : Eh bien! que vous dit le cœur?

MADAME ALAIN : Ce n'est pas vous que je blâme, Jacob; mais il n'y a pas moyen d'être pour un petit berger. (*Elle va ouvrir la porte du cabinet. Aux notaires.*) Messieurs, vous pouvez revenir ici.

Scène XXII : *Madame Alain, La Vallée, Monsieur Thibaut, Mademoiselle Habert, le Second Notaire.*

MONSIEUR THIBAUT : Procédons...

MADAME ALAIN : Non, messieurs; il n'est plus question de cela; il n'y a point de mariage; il est du moins remis.

MADEMOISELLE HABERT : Comment donc? Que voulez-vous dire?

MADAME ALAIN : Demandez à votre copiste.

MADEMOISELLE HABERT : Mon copiste! Parlez donc, Monsieur de la Vallée.

LA VALLÉE : Dame! c'est la besogne du parent que vous savez; c'est lui qui a retourné la tête.

MADEMOISELLE HABERT : Oh! je l'ai prévu!

MADAME ALAIN : Ne m'entendez-vous pas, ma chère amie? un petit Jacob qui mangeait à l'office, un cousin scribe, un oncle voiturier, un vigneron... Dispensez-moi de parler. Ce n'est pas là un parti pour vous, Mademoiselle Habert.

LE SECOND NOTAIRE : Si vous êtes Mademoiselle Habert, je connais votre neveu; c'est un jeune homme estimable et qui, de votre aveu même, est sur le point d'épouser la fille d'un de mes amis; ainsi, trouvez bon que je ne prête point mon ministère pour un mariage qui peut lui faire tort.

Il sort.

MONSIEUR THIBAUT : Je suis d'avis de me retirer aussi. (*Il salue Madame Alain.*) Adieu, Madame.

LA VALLÉE, à part : Quel désarroi!

MADEMOISELLE HABERT, à Monsieur Thibaut : Hé! Monsieur, arrêtez un instant, je vous en supplie. (*A Madame Alain.*) Ma chère Madame Alain, retenez du moins Monsieur Thibaut. Souffrez que je vous dise un mot avant qu'il nous quitte!

LA VALLÉE, à Madame Alain : Rien qu'un mot, pour

---

11. *Grimaud* : on appelle ainsi par mépris dans les collèges, les écoliers des basses classes.
12. On dit qu'un homme *ne souffle pas* pour dire qu'il n'ose ouvrir la bouche pour faire des plaintes, des prières, des remontrances.
13. Fait la cour, courtisé, dit des douceurs amoureuses.
14. Habit.
15. Remontrances.

vous raccommoder l'esprit. Vous me vouliez tant de bien; souvenez-vous-en.

MADAME ALAIN : Hélas! j'y consens; je ne suis point votre ennemie. *(A Monsieur Thibaut.)* Ayez donc la bonté de rester, Monsieur Thibaut.

MONSIEUR THIBAUT : Il n'est point encore sûr que vous ayez affaire de moi [16]. En tout cas, je repasserai ici dans un quart d'heure.

MADEMOISELLE HABERT, *à Monsieur Thibaut* : Je vous en conjure. *(A La Vallée.)* Cette femme est faible et crédule; regagnons-la.

Scène XXIII : Madame Alain, La Vallée, Mademoiselle Habert.

MADAME ALAIN : Que je vous plains, ma chère Mademoiselle Habert! Que tout ceci est désagréable pour moi! Ce neveu qui paraît vous aimer est d'une tristesse...

MADEMOISELLE HABERT : Est-il possible que vous vous déterminiez à me chagriner sur les rapports d'un homme qui vous doit être suspect, qui a tant d'intérêt à les faire faux, qui est mon neveu enfin, et de tous les neveux le plus avide? Ne reconnaissez-vous pas les parents? Pouvez-vous y méprendre, avec autant d'esprit que vous en avez?

Elle se met à pleurer.

LA VALLÉE : Remplie de sens commun comme vous l'êtes?

MADAME ALAIN : Calmez-vous, Mademoiselle Habert; vous m'affligez; je ne saurais voir pleurer les gens sans faire comme eux.

LA VALLÉE, *sanglotant* : Se peut-il que ce soit Madame Alain qui nous maltraite...

MADAME ALAIN, *pleurant* : Doucement; le moyen de nous expliquer si nous pleurons tous! Je sais bien que tous les neveux et les cousins qui héritent ne valent rien, mais on croit le vôtre. Il approuve que vous vous mariiez, il n'y a que Jacob qui le fâche, et il n'a pas tort. Jacob est joli garçon, un bon garçon, je suis de votre avis; ce n'est pas que je le méprise; on est ce qu'on est; mais il y a une règle dans la vie; on a rangé les conditions, voyez-vous; je ne dis pas qu'on ait bien fait, c'est peut-être une folie, mais il y a longtemps qu'elle dure, tout le monde la suit, nous venons trop tard pour la contredire; c'est la mode, on ne la changera pas, ni pour vous ni pour ce petit bonhomme. En France et partout, un paysan n'est qu'un paysan, et ce paysan n'est pas pour la fille d'un citoyen bourgeois de Paris.

MADEMOISELLE HABERT : On exagère, Madame Alain.

LA VALLÉE : Je suis calomnié, ma chère dame.

MADAME ALAIN : Vous ne vous êtes pas défendu.

LA VALLÉE : J'avais peur du tapage.

MADEMOISELLE HABERT : Il n'a pas voulu faire de vacarme.

LA VALLÉE : Récapitulons les injures. Il m'appelle paysan : mon père est pourtant mort le premier marguillier du lieu [17]; personne ne m'ôtera cet honneur.

MADEMOISELLE HABERT : Ce sont d'ordinaire les principaux [18] d'un bourg ou d'une ville qu'on choisit pour cette fonction.

MADAME ALAIN : Je l'avoue; je ne demande pas mieux que d'avoir été trompée. Mais le père vigneron?

LA VALLÉE : Vigneron, c'est qu'il avait des vignes, et n'en a pas qui veut.

MADEMOISELLE HABERT : Voilà comme on abuse des choses!

MADAME ALAIN : Mais vraiment, des vignes, comtes, marquis, princes, ducs, tout le monde en a, et j'en ai aussi.

LA VALLÉE : Vous êtes donc une vigneronne.

MADAME ALAIN : Il n'y aurait rien de si impertinent!

LA VALLÉE : J'ai, dit-il, un oncle qui mène des voitures; encore une malice : il les fait mener. Le maître d'un carrosse et le cocher sont deux; cet oncle a des voitures, mais les voitures et les meneurs sont à lui. Qu'y a-t-il à dire?

MADAME ALAIN, *à Mademoiselle Habert* : Qu'est-ce que cela signifie? Quoi! c'est ainsi que votre neveu l'entend! Mon beau-père avait bien vingt fiacres sur la place; il n'était donc pas de bonne famille, à son compte?

LA VALLÉE : Non; votre mari était fils de gens de rien; vous avez perdu votre honneur en l'épousant.

MADAME ALAIN : Il en a menti! Qu'il y revienne!... Mais, Monsieur de la Vallée, vous n'avez rien dit de cela devant lui.

LA VALLÉE : Je n'osais me fier à moi : je suis trop violent.

MADEMOISELLE HABERT : Ils se seraient peut-être battus.

MADAME ALAIN : Voyez le fourbe avec son copiste!

MADEMOISELLE HABERT : Eh! c'était par amitié qu'il copiait; nous l'en avions prié.

LA VALLÉE : Ces demoiselles me dictaient; elles se trompaient, je me trompais aussi, tantôt mon écriture montait, tantôt elle descendait, je griffonnais. Et puis, c'était à rire de Monsieur Jacob!

MADEMOISELLE HABERT : L'étourdi!

MADAME ALAIN : Et pourquoi ce nom de Jacob?

MADEMOISELLE HABERT : C'est que, dans les provinces, c'est l'usage de donner ces noms-là aux enfants dans les familles.

MADAME ALAIN : A parler franchement, j'avoue que j'ai été prise pour dupe et je suis indignée. Je laisse là les autres articles, qui ne doivent être aussi que des impostures. Ah! le méchant parent!... Il ne nous manque qu'un notaire. Allez vous tranquilliser dans votre chambre et que Monsieur de la Vallée ne s'écarte pas. Je veux que votre sœur vous trouve mariée, et je vais pourvoir à tout ce qu'il vous faut.

LA VALLÉE : Il y a de bons cœurs, mais le vôtre est charmant.

MADAME ALAIN, *à La Vallée* : Allez, vous en serez content. *(Seule.)* Dans le fond, j'avais été trop vite.

16. Que vous ayez besoin de moi.
17. Celui qui a le maniement des deniers d'une église.

18. Les personnes principales d'un bourg ou d'une ville.

Scène XXIV : Madame Alain, Agathe.

AGATHE : J'ai quelque chose à vous dire, ma mère.

MADAME ALAIN : Oh! vous prenez bien votre temps! Que vous est-il arrivé avec votre air triste? venez-vous m'annoncer quelque désastre?

AGATHE : Non, ma mère.

MADAME ALAIN : Eh bien! attendez. J'ai un billet à écrire et vous me parlerez après.

Scène XXV : Madame Alain, Agathe, Monsieur Thibaut.

MONSIEUR THIBAUT : Vous voyez que je vous tiens parole, Madame.

MADAME ALAIN : Vous me faites grand plaisir. Je vous laisse pour un instant. (A Agathe.) Ma fille, faites compagnie à Monsieur; je reviens.

Elle sort.

MONSIEUR THIBAUT : Apparemment que la partie est renouée et que le mariage se termine.

AGATHE : Je n'en sais rien. J'ai empêché Monsieur Rémy de sortir, mais si vous en avez envie, je vais vous ouvrir la porte; vous vous en irez tant qu'il vous plaira.

MONSIEUR THIBAUT : Vous êtes fâchée. Est-ce que ce mariage vous déplaît?

AGATHE : Sans doute; c'est un malheur pour cette fille-là d'épouser un petit fripon qui ne l'aime point et qui, encore aujourd'hui, faisait l'amour à une autre pour l'épouser.

MONSIEUR THIBAUT : A vous, peut-être?

AGATHE, *en colère* : A moi, Monsieur! il n'aurait qu'à y venir, l'impertinent qu'il est! c'est bien à un petit rustre comme lui qu'il appartient d'aimer des filles de ma sorte; vous croyez donc que j'aurais écouté un homme de rien! Car je sais tout du neveu!

MONSIEUR THIBAUT : Non, sans doute; on voit bien à la colère où vous êtes que vous ne vous souciez pas de lui.

AGATHE : Je soupçonne que vous vous moquez de moi, Monsieur Thibaut.

MONSIEUR THIBAUT : Ce n'est pas mon dessein.

AGATHE : Vous auriez grand tort; ce n'est que par bon caractère que je parle. J'avoue aussi que je suis fâchée, mais vous verrez que j'ai raison; je dirai tout devant vous à ma mère.

Scène XXVI : Agathe, Monsieur Thibaut, Madame Alain.

MADAME ALAIN : Pardon, Monsieur Thibaut. J'ai écrit à Monsieur Lefort, votre confrère; c'est un homme riche, fier, et qui salue si froidement tout ce qui n'est pas notaire... Savez-vous ce que j'ai fait? Je lui ai écrit que vous le priez de venir.

MONSIEUR THIBAUT : Il n'y manquera pas. (*Désignant Agathe.*) Voilà Mademoiselle Agathe qui se plaint beaucoup du prétendu.

MADAME ALAIN : Du prétendu? Vous, ma fille?

AGATHE : Quoi! ma mère, ce mariage n'est pas rompu! Mademoiselle Habert ne sait donc pas que ce La Vallée est de la lie du peuple?

MADAME ALAIN : Est-ce que le neveu vous a aussi gâté l'esprit? vous avez là un plaisant historien. De quoi vous embarrassez-vous?

MONSIEUR THIBAUT, *malicieux* : Elle n'en parle que par bon caractère.

AGATHE : Et puis c'est que ce La Vallée m'a fait un affront qui mérite punition.

MONSIEUR THIBAUT : Oh! ceci devient sérieux!

MADAME ALAIN, *inquiète* : Un affront, petite fille! Eh! de quelle espèce est-il? Mort de ma vie, un affront!

MONSIEUR THIBAUT : Puis-je rester?

MADAME ALAIN : Je n'en sais rien. Que veut-elle dire?

AGATHE : Il m'a fait entendre qu'il allait vous parler pour moi.

MADAME ALAIN : Après?

AGATHE : Je crus de bonne foi ce qu'il me disait, ma mère.

MADAME ALAIN : Après?

AGATHE : Et il sait bien que je l'ai cru.

MADAME ALAIN : Ensuite?

AGATHE : Hé mais! voilà tout. N'est-ce pas bien assez?

MONSIEUR THIBAUT : Ce n'est qu'une bagatelle.

MADAME ALAIN, *soulagée* : Cette innocente avec son affront! Allez, vous êtes une sotte, ma fille. Il m'a dit que c'est qu'il n'a pu vous désabuser sans trahir son secret et vous y avez donné comme une étourdie. Qu'il n'y paraisse pas, surtout. Allez, laissez-moi en repos.

AGATHE : Il a même porté la hardiesse jusqu'à me baiser la main.

MADAME ALAIN : Que ne la retiriez-vous, Mademoiselle! Apprenez qu'une fille ne doit jamais avoir de mains.

MONSIEUR THIBAUT : Passons les mains, quand elles sont jolies.

MADAME ALAIN : Ce n'est pas lui qui a tort; il fait sa charge [19]. Apprenez aussi, soit dit entre nous, que La Vallée songeait si peu à vous que c'est moi qu'il aime; qu'il m'épouserait si j'étais femme à vous donner un beau-père.

AGATHE : Vous, ma mère?

MADAME ALAIN : Oui, Mademoiselle, moi-même. C'est à mon refus qu'il se donne à Mademoiselle Habert qui, heureusement pour lui, s'imagine qu'il l'aime et à qui je vous défends d'en parler, puisque le jeune homme n'a rien. Oui, je l'ai refusé, quoiqu'il m'ait baisé la main aussi bien qu'à vous, et de meilleur cœur, ma fille. Retirez-vous; tenez-vous là-bas et renvoyez toutes les visites.

AGATHE, *à part, en sortant* : La Vallée me le paiera pourtant.

---

19. Il remplit sa fonction.

*Scène XXVII : Monsieur Thibaut,
Madame Alain.*

MONSIEUR THIBAUT : Hé bien! Madame, qu'a-t-on déterminé?

MADAME ALAIN : De passer le contrat tout à l'heure. Cela serait fait, sans cet indiscret Monsieur Rémy. Quel homme! il rapporte, il redit, c'est une gazette!

MONSIEUR THIBAUT : Qu'a-t-il donc fait?

MADAME ALAIN : C'est que, sans lui, qui a dit au neveu de Mademoiselle Habert qu'elle était chez moi, ce neveu ne serait point venu ici débiter mille faussetés qui ont produit la scène que vous avez vue. Que je hais les babillards! Si je lui ressemblais, sa femme serait en de bonnes mains...

MONSIEUR THIBAUT : Hé! d'où vient...

MADAME ALAIN : Oh! d'où vient? Je puis vous le dire, à vous; c'est qu'avant-hier, elle me pria de lui serrer une somme de quatre mille livres [20] qu'elle a épargnée à son insu et qu'il n'épargnerait pas, lui, car il dissipe tout.

MONSIEUR THIBAUT : Je le crois un peu libertin.

MADAME ALAIN : Vraiment, il se pique d'être galant! Il se prend de goût pour les jolies femmes, à qui il envoie des présents malgré qu'elles en aient.

MONSIEUR THIBAUT : Eh! avez-vous encore les quatre mille livres?

MADAME ALAIN : Vraiment oui, je les ai, et s'il le savait, je ne les aurais pas longtemps. Mais le voici qui vient. Et nos amants aussi.

*Scène XXVIII : Monsieur Thibaut,
Madame Alain, Monsieur Rémy, La Vallée,
Mademoiselle Habert.*

MADAME ALAIN, *à Mademoiselle Habert.* Nous voilà donc parvenus à pouvoir vous marier, Mademoiselle. Le ciel en soit loué! *(A Monsieur Thibaut.)* Monsieur Thibaut, commencez toujours; Monsieur Lefort va venir.

MONSIEUR THIBAUT : Tout à l'heure, Madame. *(A Monsieur Rémy.)* Monsieur Rémy, je suis à la veille de me marier moi-même; vous me devez mille écus [21] que je vous prêtai il y a six mois; depuis quinze jours ils sont échus; je vous en ai accordé six autres, mais comme j'en ai besoin, je vous avertis que, sans vous incommoder, sans débourser un sol, vous êtes en état de me payer à présent.

MADAME ALAIN : Quoi donc! qu'est-ce que c'est?

MONSIEUR THIBAUT, *à Monsieur Rémy :* Madame Alain vient de me dire que votre femme lui a confié avant-hier quatre mille livres qu'elle lui garde.

MADAME ALAIN, *outrée :* Ah! que cela est beau! le joli tour d'esprit que vous me jouez là! Moi qui vous ai parlé de cela de si bonne foi!

MONSIEUR THIBAUT, *à Madame Alain :* Vous ne m'avez pas demandé le secret.

MONSIEUR RÉMY : J'aurai soin de remercier Madame

20. Environ 6 800 francs actuels.
21. Mille écus font 3 000 livres, soit environ 5 500 francs actuels.

Rémy de son économie. Et je vous paierai, Monsieur, je vous paierai, mais priez Madame Alain de vous garder mieux le secret qu'elle n'a fait à ma femme, et qu'elle ne dise pas à d'autres qu'à moi que vous faites accroire à Monsieur Constant, dont vous allez épouser la fille, que votre charge est à vous, pendant que vous vous disposez à la payer des deniers de la dot.

MADAME ALAIN : Eh bien! ne dirait-on pas de deux perroquets qui répètent leur leçon!

MONSIEUR THIBAUT : Il me reste encore quelque chose de la mienne et vous n'en êtes pas quitte, Monsieur Rémy : dites aussi à Madame Alain de ne pas divulguer les présents ruineux que vous faites à de jolies femmes.

MADAME ALAIN : Courage, Messieurs! N'y a-t-il personne ici pour vous aider?

MONSIEUR RÉMY : Je n'ai qu'un mot à répondre : vous n'aurez plus de présents, Madame Alain. Adieu. Cherchez des témoins ailleurs.

LA VALLÉE, *à Monsieur Rémy :* Si vous vous en allez, emportez donc les marchandises de contrebande que Madame Alain vous a cachées dans l'armoire de sa salle.

MONSIEUR RÉMY : Encore! Hé bien, je reste! *(A Monsieur Thibaut.)* Vos mille écus vous seront rendus, Monsieur Thibaut. Ignorez ma contrebande et j'ignorerai l'affaire de votre charge.

MONSIEUR THIBAUT : J'en suis d'accord. Travaillons pour Mademoiselle; et qu'elle ait la bonté de nous dire ses intentions.

*Scène XXIX : Monsieur Thibaut,
Madame Alain, Monsieur Rémy, La Vallée,
Mademoiselle Habert,
Agathe, Javotte.*

AGATHE : Ma mère, Monsieur Lefort envoie dire qu'on ne s'impatiente pas; il achève une lettre qu'on doit mettre à la poste.

MADAME ALAIN : A la bonne heure.

MADEMOISELLE HABERT, *montrant Javotte :* Ayez la bonté de renvoyer cette fille.

AGATHE : Vraiment laissez-la, ma mère; elle vient signer au contrat; elle est parente de Monsieur de la Vallée et va l'être de Mademoiselle.

LA VALLÉE : Ma parente, à moi?

JAVOTTE : Oui, Jacques Giroux, votre tante à la mode de Bretagne. C'est ce qu'on a su dans la maison par le neveu de ma nièce Mademoiselle Habert, qui, en s'en allant, a dit votre pays, votre nom, ce qui a fait que je vous ai reconnu tout d'un coup; et je l'avais bien dit que vous feriez un jour quelque bonne trouvaille, car il n'était pas plus grand que ça quand je quittai le pays, mais vous saurez, Messieurs et Mesdames, que c'était le plus beau petit marmot du canton. *(Se tournant vers Mademoiselle Habert.)* Je vous salue, ma nièce!

MADEMOISELLE HABERT, *suffoquée :* Qu'est-ce que c'est que votre nièce?

JAVOTTE : Eh! pardi oui! ma nièce, puisque mon neveu va être votre homme. C'est pourquoi je viens pour mettre ma marque au contrat, faute de savoir signer.

LA VALLÉE : Ma foi, gardez votre marque, ma tante. Je ne sais qui vous êtes. Attendez que notre pays m'en récrive.

JAVOTTE : Vous ne savez pas qui je suis, Giroux? Ah! ah! voyez le glorieux [22] qui recule déjà de m'avouer pour sienne parce qu'il va être riche et un monsieur! Prenez garde que je ne dise à Mademoiselle ma nièce que vous faisiez l'amour à Mademoiselle Agathe!

MADEMOISELLE HABERT : L'amour à Agathe! *(A Agathe.)* Est-il vrai, Mademoiselle?

AGATHE, *à Javotte* : Ne vous avais-je pas recommandé de n'en rien dire?

LA VALLÉE : Eh! cet amour-là n'était qu'une équivoque!

MADEMOISELLE HABERT : Ah! fourbe. Voilà l'énigme expliquée; je ne m'étonne plus si Mademoiselle me demandait tantôt mon amitié; c'est qu'elle croyait que c'était elle qu'on mariait!

JAVOTTE : Bon! n'a-t-il pas offert d'épouser notre dame, si elle voulait de sa figure!

MADEMOISELLE HABERT, *à part* : Qu'entends-je?

MADAME ALAIN, *à Javotte* : D'où le savez-vous, caqueteuse?

AGATHE : C'est vous qui me l'avez dit, ma mère, même qu'il ne se souciait pas de Mademoiselle.

JAVOTTE : Et qu'il ne faisait semblant de l'aimer qu'à cause de son bien.

AGATHE : Et Javotte est la seule à qui j'en ai ouvert la bouche.

MADAME ALAIN, *à La Vallée* : Et moi, je n'en ai parlé qu'à ma fille, en passant. A qui se fiera-t-on?

22. Se dit de quelqu'un plein de vanité, rempli de trop bonne opinion de soi même. «Superbe, fier, orgueilleux, vain, avantageux» (Richelet).

MONSIEUR THIBAUT : C'est en passant que vous me l'avez dit aussi, souvenez-vous-en.

MADAME ALAIN : A l'autre!

MADEMOISELLE HABERT, *à La Vallée* : Ingrat! sont-ce les témoignages de ta reconnaissance? *(A Monsieur Thibaut et à Monsieur Rémy.)* Messieurs, il n'y a plus de contrat. *(A La Vallée.)* Va, je ne veux te voir de ma vie!

LA VALLÉE, *essayant de la retenir* : Ma mie, écoutez l'histoire! C'est un quiproquo qui vous brouille [23]!

MADEMOISELLE HABERT, *en larmes* : Laisse-moi, te dis-je! Je te déteste.

LA VALLÉE, *à Mademoiselle Habert qui s'enfuit* : Je vous dis qu'il faut que nous raisonnions là-dessus. *(A Messieurs Thibaut et Rémy.)* Messieurs, discourez un instant pour vous amuser, en attendant que je la regagne. *(A Madame Alain.)* Oh! langue qui me poignarde!

Il sort précipitamment.

MADAME ALAIN : Parlez de la vôtre, mon ami Giroux, et non pas de la mienne! *(A Agathe.)* Aussi bien est-ce vous, maudite-fille, qui m'attirez des reproches.

AGATHE : Ce n'est pas moi, ma mère, c'est Javotte.

MADAME ALAIN, *à Monsieur Thibaut* : Pardi, Monsieur Thibaut, vous êtes une franche commère avec vos quatre mille livres que vous êtes venu nous dégoiser là si mal à propos! N'avez-vous pas honte?

MONSIEUR THIBAUT, *sortant* : Puisse le ciel aimer assez pour vous rendre muette!

MADAME ALAIN : Oui! vous verrez que c'est moi qui ai tort!

MONSIEUR RÉMY, *à Madame Alain* : Quand j'aurai vidé votre armoire je vous achèverai aussi mes compliments.

MADAME ALAIN : C'est fort bien fait, Messieurs. Voilà ce qui arrive quand on ne sait pas se taire!

23. Qui jette le trouble dans votre esprit.

LA DISPUTE

Membre de l'Académie française où il a été élu le 10 décembre 1742, contre Voltaire, et reçu le 4 février 1743 par l'Archevêque de Sens, Mgr Languet de Gergy, qui « tempéra un peu fortement ses louanges par quelques critiques, qu'il assaisonna, il est vrai, de tous les dehors de la politesse, mais sur lesquelles il aurait pu glisser d'une main plus adroite et plus légère » (D'Alembert), Marivaux qui a laissé inachevée la publication de ses deux grands romans, la Vie de Marianne *et le* Paysan parvenu, *se tourne de nouveau vers les Comédiens Français. Mais il ne leur donnera plus que trois ou quatre courtes pièces en un acte, dont deux seulement paraîtront sur la scène.*

La Dispute est créée le lundi 19 octobre 1744 (en même temps que la Coquette de village*). Elle reçoit un accueil glacial : « Cette comédie n'ayant pas été goûtée, écrit le* Mercure, *l'auteur l'a retirée dès sa première représentation. » En 1747, Marivaux la fait publier avec l'indication : « Comédie de M. de M. » et elle figure dans l'édition de 1758 de son* Théâtre.

C'est seulement en 1938 que la Dispute *reparaît sur la scène du Théâtre-Français, où elle est reprise en 1939, puis en 1944. La critique en fait peu de cas, partageant en cela les réticences de bien des marivaudiens : celles, par exemple, de Larroumet qui la juge « vide et fade » ou de Fournier et Bastide qui la tiennent pour une pièce*

« froide, presque aussi rigoureuse qu'un théorème de géométrie, mais aussi peu scénique ». Il n'est guère que Marcel Arland pour plaider chaleureusement la cause de cette « comédie puérile et précieuse, légère et profonde, l'une des plus surprenantes que Marivaux ait écrites » : « D'un bout à l'autre, elle est faite d'exquises découvertes, d'innocence piquante et d'enjouement. Elle coule comme une source, avec le bruit le plus frais que l'on puisse surprendre au XVIIIe siècle (...) C'est d'un Bernardin de Saint-Pierre qui serait poète sans effort, émouvant sans romance et très pur sans niaiserie. »

En ramenant ses héros au « premier âge du monde », aux temps des « premiers amours », Marivaux renoue dans la Dispute *avec la limpidité d'*Arlequin poli par l'amour *comme avec la gravité de la* Double Inconstance. *Et la question qu'il pose, par l'entremise du Prince et d'Hermiane, n'est rien de moins que celle de la vérité de l'amour dans toute société. Aussi n'est-ce pas sans raison que Georges Poulet juge cette comédie « la plus subtilement métaphysique (des pièces) de ce théâtre métaphysique ». Loin de se réduire à « ce fin treillis de phrases symétriques, artificielles, de prouesses de style agaçantes et jolies » qu'y voyait Robert Kemp, la* Dispute *doit en effet être tenue pour une œuvre révélatrice de Marivaux : une méditation où le théâtre marivaudien s'interroge sur les règles de son propre jeu.*

ACTEURS

HERMIANE; LE PRINCE; MESROU; CARISE; ÉGLÉ;
AZOR; ADINE; MESRIN; MESLIS; DINA;
La suite du Prince.

LA SCÈNE EST A LA CAMPAGNE.

Scène I : Le Prince,
Hermiane, Carise, Mesrou.

HERMIANE : Où allons-nous, seigneur? Voici le lieu du monde le plus sauvage et le plus solitaire, et rien n'y annonce la fête que vous m'avez promise.

LE PRINCE, *en riant* : Tout y est prêt.

HERMIANE : Je n'y comprends rien; qu'est-ce que

c'est que cette maison où vous me faites entrer, et qui forme un édifice si singulier? Que signifie la hauteur prodigieuse des différents murs qui l'environnent? Où me menez-vous?

LE PRINCE : A un spectacle très curieux. Vous savez la question que nous agitâmes hier au soir. Vous souteniez contre toute ma cour que ce n'était pas votre sexe, mais le nôtre, qui avait le premier donné l'exemple de l'inconstance et de l'infidélité en amour.

HERMIANE : Oui, seigneur, je le soutiens encore. La première inconstance, ou la première infidélité, n'a pu commencer que par quelqu'un d'assez hardi pour ne rougir de rien. Oh! comment veut-on que les femmes, avec la pudeur et la timidité naturelles qu'elles avaient, et qu'elles ont encore depuis que le monde et sa corruption durent, comment veut-on qu'elles soient tombées les premières dans des vices de cœur qui deman-

521

dent autant d'audace, autant de libertinage de sentiment, autant d'effronterie que ceux dont nous parlons ?
Cela n'est pas croyable.

LE PRINCE : Eh ! sans doute, Hermiane, je n'y trouve
pas plus d'apparence que vous ; ce n'est pas moi qu'il
faut combattre là-dessus, je suis de votre sentiment
contre tout le monde, vous le savez.

HERMIANE : Oui, vous en êtes par pure galanterie,
je l'ai bien remarqué.

LE PRINCE : Si c'est par galanterie, je ne m'en doute
pas. Il est vrai que je vous aime, et que mon extrême
envie de vous plaire peut fort bien me persuader que
vous avez raison ; mais ce qui est certain, c'est qu'elle
me le persuade si finement que je ne m'en aperçois pas.
Je n'estime point le cœur des hommes, et je vous l'abandonne ; je le crois sans comparaison plus sujet à l'inconstance et à l'infidélité que celui des femmes ; je n'en
excepte que le mien, à qui même je ne ferais pas cet
honneur-là si j'en aimais une autre que vous.

HERMIANE : Ce discours-là sent bien l'ironie.

LE PRINCE : J'en serai donc bientôt puni ; car je vais
vous donner de quoi me confondre, si je ne pense pas
comme vous.

HERMIANE : Que voulez-vous dire ?

LE PRINCE : Oui, c'est la nature elle-même que nous
allons interroger ; il n'y a qu'elle qui puisse décider la
question sans réplique, et sûrement elle prononcera en
votre faveur.

HERMIANE : Expliquez-vous, je ne vous entends point.

LE PRINCE : Pour bien savoir si la première inconstance ou la première infidélité est venue d'un homme,
comme vous le prétendez, et moi aussi, il faudrait avoir
assisté au commencement du monde et de la société.

HERMIANE : Sans doute, mais nous n'y étions pas.

LE PRINCE : Nous allons y être ; oui, les hommes et
les femmes de ce temps-là, le monde et ses premières
amours vont reparaître à nos yeux tels qu'ils étaient,
ou du moins tels qu'ils ont dû être ; ce ne seront peut-
être pas les mêmes aventures, mais ce seront les mêmes
caractères ; vous allez voir le même état de cœur, des
âmes tout aussi neuves que les premières, encore plus
neuves s'il est possible. *(A Carise et à Mesrou.)* Carise,
et vous, Mesrou, partez, et quand il sera temps que
nous nous retirions, faites le signal dont nous sommes
convenus. *(A la suite.)* Et vous, qu'on nous laisse.

Scène II : Hermiane, le Prince.

HERMIANE : Vous excitez ma curiosité, je l'avoue.

LE PRINCE : Voici le fait : il y a dix-huit ou dix-neuf
ans que la dispute d'aujourd'hui s'éleva à la cour de
mon père, s'échauffa beaucoup et dura très longtemps.
Mon père, naturellement assez philosophe, et qui n'était
pas de votre sentiment, résolut de savoir à quoi s'en
tenir, par une épreuve qui ne laissât rien à désirer. Quatre enfants au berceau, deux de votre sexe et deux du nôtre, furent portés dans la forêt où il avait fait bâtir cette
maison exprès pour eux, où chacun d'eux fut logé à part,
et où actuellement même il occupe un terrain dont il

n'est jamais sorti, de sorte qu'ils ne se sont jamais vus.
Ils ne connaissent encore que Mesrou et sa sœur qui les
ont élevés, et qui ont toujours eu soin d'eux, et qui furent
choisis de la couleur dont ils sont [1], afin que leurs élèves
en fussent étonnés quand ils verraient d'autres hommes.
On va donc pour la première fois leur laisser la liberté de
sortir de leur enceinte et de se connaître ; on leur a appris
la langue que nous parlons ; on peut regarder le commerce qu'ils vont avoir ensemble comme le premier âge du
monde ; les premières amours vont recommencer, nous
verrons ce qui en arrivera. *(Ici, on entend un bruit de
trompettes.)* Mais hâtons-nous de nous retirer, j'entends
le signal qui nous avertit, nos jeunes gens vont paraître ;
voici une galerie qui règne tout le long de l'édifice et d'où
nous pourrons les voir et les écouter, de quelque côté
qu'ils sortent de chez eux. Partons.

Scène III : Carise, Églé.

CARISE : Venez, Églé, suivez-moi ; voici de nouvelles
terres que vous n'avez jamais vues, et que vous pouvez
parcourir en sûreté.

ÉGLÉ : Que vois-je ? quelle quantité de nouveaux
mondes !

CARISE : C'est toujours le même, mais vous n'en
connaissez pas toute l'étendue.

ÉGLÉ : Que de pays ! que d'habitations ! il me semble
que je ne suis plus rien dans un si grand espace ; cela me
fait plaisir et peur. *(Elle se regarde et s'arrête à un ruisseau.)* Qu'est-ce que c'est que cette eau que je vois et qui
roule à terre ? Je n'ai rien vu de semblable à cela dans le
monde d'où je sors.

CARISE : Vous avez raison, et c'est ce qu'on appelle un
ruisseau.

ÉGLÉ, *regardant* : Ah ! Carise, approchez, venez voir ; il
y a quelque chose qui habite dans le ruisseau qui est fait
comme une personne, et elle paraît aussi étonnée de moi
que je le suis d'elle.

CARISE, *riant* : Eh ! non, c'est vous que vous y voyez ;
tous les ruisseaux font cet effet-là.

ÉGLÉ : Quoi ! c'est là moi, c'est mon visage ?

CARISE : Sans doute.

ÉGLÉ : Mais savez-vous bien que cela est très beau,
que cela fait un objet charmant ? Quel dommage de ne
l'avoir pas su plus tôt !

CARISE : Il est vrai que vous êtes belle.

ÉGLÉ : Comment « belle » ? admirable ! cette décou-
verte-là m'enchante. *(Elle se regarde encore.)* Le ruisseau fait toutes mes mines, et toutes me plaisent. Vous
devez avoir eu bien du plaisir à me regarder, Mesrou et
vous. Je passerais ma vie à me contempler ; que je vais
m'aimer à présent !

CARISE : Promenez-vous à votre aise ; je vous laisse
pour rentrer dans votre habitation, où j'ai quelque chose
à faire.

ÉGLÉ : Allez, allez, je ne m'ennuierai pas avec le
ruisseau.

---

1. Carise et Mesrou sont noirs.

*Scène IV : Églé, Azor. Églé un instant
seule, Azor paraît vis-à-vis d'elle.*

ÉGLÉ, *continuant et se tâtant le visage* : Je ne me lasse
point de moi. *(Et puis apercevant Azor, avec frayeur.)*
Qu'est-ce que c'est que cela, une personne comme
moi?... N'approchez point. *(Azor étendant les bras d'admiration et souriant.)* La personne rit, on dirait qu'elle
m'admire. *(Azor fait un pas.)* Attendez... Ses regards
sont pourtant bien doux... Savez-vous parler?

AZOR : Le plaisir de vous voir m'a d'abord ôté la
parole.

ÉGLÉ : La personne m'entend, me répond, et si agréablement!

AZOR : Vous me ravissez.

ÉGLÉ : Tant mieux.

AZOR : Vous m'enchantez.

ÉGLÉ : Vous me plaisez aussi.

AZOR : Pourquoi donc me défendez-vous d'avancer?

ÉGLÉ : Je ne vous le défends plus de bon cœur.

AZOR : Je vais donc approcher.

ÉGLÉ : J'en ai bien envie. *(Il avance.)* Arrêtez un peu...
Que je suis émue!

AZOR : J'obéis, car je suis à vous.

ÉGLÉ : Elle obéit; venez donc tout à fait, afin d'être à
moi de plus près. *(Il vient.)* Ah! la voilà, c'est vous;
qu'elle est bien faite! en vérité, vous êtes aussi belle que
moi.

AZOR : Je meurs de joie d'être auprès de vous, je me
donne à vous, je ne sais pas ce que je sens, je ne saurais
le dire.

ÉGLÉ : Eh! c'est tout comme moi.

AZOR : Je suis heureux, je suis agité.

ÉGLÉ : Je soupire.

AZOR : J'ai beau être auprès de vous, je ne vous vois
pas encore assez.

ÉGLÉ : C'est ma pensée; mais on ne peut pas se voir
davantage, car nous sommes là.

AZOR : Mon cœur désire vos mains.

ÉGLÉ : Tenez, le mien vous les donne; êtes-vous plus
contente?

AZOR : Oui, mais non pas plus tranquille.

ÉGLÉ : C'est ce qui m'arrive, nous nous ressemblons
en tout.

AZOR : Oh! quelle différence! tout ce que je suis ne
vaut pas vos yeux; ils sont si tendres!

ÉGLÉ : Les vôtres si vifs!

AZOR : Vous êtes si mignonne, si délicate!

ÉGLÉ : Oui, mais je vous assure qu'il vous sied fort
bien de ne l'être pas autant que moi; je ne voudrais pas
que vous fussiez autrement, c'est une autre perfection;
je ne nie pas la mienne; gardez-moi la vôtre.

AZOR : Je n'en changerai point, je l'aurai toujours.

ÉGLÉ : Ah çà! dites-moi, où étiez-vous quand je ne
vous connaissais pas?

AZOR : Dans un monde à moi, où je ne retournerai
plus, puisque vous n'en êtes pas, et que je veux toujours
avoir vos mains; ni moi ni ma bouche ne saurions plus
nous passer d'elles.

ÉGLÉ : Ni mes mains se passer de votre bouche; mais

j'entends du bruit, ce sont des personnes de mon monde : de peur de les effrayer, cachez-vous derrière les arbres; je vais vous rappeler.

AZOR : Oui, mais je vous perdrai de vue.

ÉGLÉ : Non, vous n'avez qu'à regarder dans cette eau
qui coule; mon visage y est, vous l'y verrez.

*Scène V : Mesrou, Carise,
Églé.*

ÉGLÉ, *soupirant* : Ah! je m'ennuie déjà de son absence.

CARISE : Églé, je vous retrouve inquiète, ce me semble;
qu'avez-vous?

MESROU : Elle a même les yeux plus attendris qu'à
l'ordinaire.

ÉGLÉ : C'est qu'il y a une grande nouvelle; vous
croyez que nous ne sommes que trois, je vous avertis
que nous sommes quatre; j'ai fait l'acquisition d'un
objet qui me tenait la main tout à l'heure.

CARISE : Qui vous tenait la main, Églé! Que n'avez-
vous appelé à votre secours?

ÉGLÉ : Du secours contre quoi? contre le plaisir qu'il
me faisait? J'étais bien aise qu'il me la tînt; il me la tenait
par ma permission; il la baisait tant qu'il pouvait, et je
ne l'aurai pas plus tôt rappelé qu'il la baisera encore
pour mon plaisir et pour le sien.

MESROU : Je sais qui c'est, je crois même l'avoir entrevu
qui se retirait; cet objet s'appelle un homme, c'est Azor;
nous le connaissons.

ÉGLÉ : C'est Azor? le joli nom! le cher Azor! le cher
homme! il va venir.

CARISE : Je ne m'étonne point qu'il vous aime et que
vous l'aimiez, vous êtes faits l'un pour l'autre.

ÉGLÉ : Justement, nous l'avons deviné de nous-mêmes.
(Elle l'appelle.) Azor, mon Azor, venez vite, l'homme!

*Scène VI : Carise, Églé,
Mesrou, Azor.*

AZOR : Eh! c'est Carise et Mesrou, ce sont mes amis.

ÉGLÉ, *gaiement* : Ils me l'on dit; vous êtes fait exprès
pour moi, moi faite exprès pour vous, ils me l'apprennent; voilà pourquoi nous nous aimons tant : je suis
votre Églé, vous, mon Azor.

MESROU : L'un est l'homme, et l'autre la femme.

AZOR : Mon Églé, mon charme, mes délices et ma
femme!

ÉGLÉ : Tenez, voilà ma main; consolez-vous d'avoir
été caché. *(A Mesrou et à Carise.)* Regardez, voilà comme il faisait tantôt; fallait-il appeler à mon secours?

CARISE : Mes enfants, je vous l'ai déjà dit, votre
destination naturelle est d'être charmés l'un de l'autre.

ÉGLÉ, *le tenant par la main* : Il n'y a rien de si clair.

CARISE : Mais il y a une chose à observer, si vous
voulez vous aimer toujours.

ÉGLÉ : Oui, je comprends, c'est d'être toujours
ensemble.

CARISE : Au contraire; c'est qu'il faut de temps en
temps vous priver du plaisir de vous voir.

ÉGLÉ, *étonnée* : Comment?

AZOR, *étonné* : Quoi?

CARISE : Oui, vous dis-je; sans quoi ce plaisir diminuerait et vous deviendrait indifférent.

ÉGLÉ, *riant* : Indifférent, indifférent, mon Azor! ah! ah! ah!... la plaisante pensée!

AZOR, *riant* : Comme elle s'y entend!

MESROU : N'en riez pas, elle vous donne un très bon conseil, ce n'est qu'en pratiquant ce qu'elle vous dit là, et qu'en nous séparant quelquefois, que nous continuons de nous aimer, Carise et moi.

ÉGLÉ : Vraiment, je le crois bien; cela peut vous être bon à vous autres qui êtes tous deux si noirs, et qui avez dû vous enfuir de peur la première fois que vous vous êtes vus.

AZOR : Tout ce que vous avez pu faire, c'est de vous supporter l'un et l'autre.

ÉGLÉ : Et vous seriez bientôt rebutés de vous voir si vous ne vous quittiez jamais, car vous n'avez rien de beau à vous montrer; moi qui vous aime, par exemple, quand je ne vous vois pas je me passe de vous; je n'ai pas besoin de votre présence; pourquoi? C'est que vous ne me charmez pas; au lieu que nous nous charmons, Azor et moi; il est si beau, moi si admirable, si attrayante, que nous nous ravissons en nous contemplant.

AZOR, *prenant la main d'Églé* : La seule main d'Églé, voyez-vous, sa main seule, je souffre quand je ne la tiens pas; et quand je la tiens, je me meurs si je ne la baise; et quand je l'ai baisée je me meurs encore.

ÉGLÉ : L'homme a raison; tout ce qu'il vient de dire là, je le sens; voilà pourtant où nous en sommes; et vous qui parlez de notre plaisir, vous ne savez pas ce que c'est; nous ne le comprenons pas, nous qui le sentons; il est infini.

MESROU : Nous ne vous proposons de vous séparer que deux ou trois heures seulement dans la journée.

ÉGLÉ : Pas d'une minute.

MESROU : Tant pis.

ÉGLÉ : Vous m'impatientez, Mesrou; est-ce qu'à force de nous voir nous deviendrons laids? Cesserons-nous d'être charmants?

CARISE : Non, mais vous cesserez de sentir que vous l'êtes.

ÉGLÉ : Eh! qu'est-ce qui nous empêchera de le sentir puisque nous le sommes?

AZOR : Églé sera toujours Églé.

ÉGLÉ : Azor toujours Azor.

MESROU : J'en conviens, mais que sait-on ce qui peut arriver? Supposons par exemple que je devinsse aussi aimable qu'Azor, que Carise devînt aussi belle qu'Églé.

ÉGLÉ : Qu'est-ce que cela nous ferait?

CARISE : Peut-être alors que, rassasiés de vous voir, vous seriez tentés de vous quitter tous deux pour nous aimer.

ÉGLÉ : Pourquoi tentés? Quitte-t-on ce qu'on aime? Est-ce là raisonner? Azor et moi, nous nous aimons, voilà qui est fini; devenez beau tant qu'il vous plaira, que nous importe? ce sera votre affaire; la nôtre est arrêtée.

AZOR : Ils n'y comprendront jamais rien; il faut être nous pour savoir ce qui en est.

MESROU : Comme vous voudrez.

AZOR : Mon amitié, c'est ma vie.

ÉGLÉ : Entendez-vous ce qu'il dit, sa vie? comment me quitterait-il? il faut bien qu'il vive, et moi aussi.

AZOR : Oui, ma vie; comment est-il possible qu'on soit si belle, qu'on ait de si beaux regards, une si belle bouche, et tout si beau?

ÉGLÉ : J'aime tant qu'il m'admire!

MESROU : Il est vrai qu'il vous adore.

AZOR : Ah! que c'est bien dit, je l'adore! Mesrou me comprend, je vous adore.

ÉGLÉ, *soupirant* : Adorez donc, mais donnez-moi le temps de respirer; ah!

CARISE : Que de tendresse! j'en suis enchantée moi-même! Mais il n'y a qu'un moyen de la conserver, c'est de nous croire; et si vous avez la sagesse de vous y déterminer, tenez, Églé, donnez ceci à Azor; ce sera de quoi l'aider à supporter votre absence.

ÉGLÉ, *prenant un portrait que Carise lui donne* : Comment donc! je me reconnais; c'est encore moi, et bien mieux que dans les eaux du ruisseau; c'est toute ma beauté; c'est moi; quel plaisir de se trouver partout! Regardez, Azor, regardez mes charmes.

AZOR : Ah! c'est Églé, c'est ma chère femme; la voilà, sinon que la véritable est encore plus belle.

Il baise le portrait.

MESROU : Du moins cela la représente.

AZOR : Oui, cela la fait désirer.

Il le baise encore.

ÉGLÉ : Je n'y trouve qu'un défaut; quand il le baise, ma copie a tout.

AZOR, *prenant sa main, qu'il baise* : Otons ce défaut-là.

ÉGLÉ : Ah çà, j'en veux autant pour m'amuser.

MESROU : Choisissez de son portrait ou du vôtre.

ÉGLÉ : Je les retiens tous deux.

MESROU : Oh! il faut opter, s'il vous plaît; je suis bien aise d'en garder un.

ÉGLÉ : Eh bien! en ce cas-là je n'ai que faire de vous pour avoir Azor, car j'ai déjà son portrait dans mon esprit; ainsi donnez-moi le mien, je les aurai tous deux.

CARISE : Le voilà d'une autre manière. Cela s'appelle un miroir; il n'y a qu'à presser cet endroit pour l'ouvrir. Adieu, nous reviendrons vous trouver dans quelque temps; mais, de grâce, songez aux petites absences.

Scène VII : Azor, Églé.

ÉGLÉ, *tâchant d'ouvrir la boîte* : Voyons; je ne saurais l'ouvrir; essayez, Azor; c'est là qu'elle a dit de presser.

AZOR *l'ouvre et se regarde* : Bon! ce n'est que moi, je pense; c'est ma mine que le ruisseau d'ici près m'a montrée.

ÉGLÉ : Ah! ah! que je voie donc! Eh! point du tout, cher homme, c'est plus moi que jamais; c'est réellement Églé, la véritable; tenez, approchez.

AZOR : Eh! oui, c'est vous; attendez donc, c'est nous deux, c'est moitié l'un et moitié l'autre; j'aimerais mieux que ce fût vous toute seule, car je m'empêche de vous voir tout entière.

ÉGLÉ : Ah! je suis bien aise d'y voir un peu de vous aussi; vous n'y gâtez rien; avancez encore, tenez-vous bien.

AZOR : Nos visages vont se toucher, voilà qu'ils se touchent ; quel bonheur pour le mien ! quel ravissement !

ÉGLÉ : Je vous sens bien, et je le trouve bon.

AZOR : Si nos bouches s'approchaient.

Il lui prend un baiser.

ÉGLÉ, *en se retournant* : Oh ! vous nous dérangez ; à présent je ne vois plus que moi ; l'aimable invention qu'un miroir !

AZOR, *prenant le miroir d'Églé* : Ah ! le portrait est aussi une excellente chose.

Il le baise.

ÉGLÉ : Carise et Mesrou sont pourtant de bonnes gens.

AZOR : Ils ne veulent que notre bien ; j'allais vous parler d'eux et de ce conseil qu'ils nous ont donné.

ÉGLÉ : Sur ces absences, n'est-ce pas ? J'y rêvais aussi.

AZOR : Oui, mon Églé, leur prédiction me fait quelque peur ; je n'appréhende rien de ma part ; mais n'allez pas vous ennuyer de moi au moins, je serais désespéré.

ÉGLÉ : Prenez garde à vous-même, ne vous lassez pas de m'adorer ; en vérité, toute belle que je suis, votre peur m'effraie aussi.

AZOR : A merveille ! ce n'est pas à vous de trembler... A quoi rêvez-vous ?

ÉGLÉ : Allons, allons, tout bien examiné, mon parti est pris : donnons-nous du chagrin ; séparons-nous pour deux heures ; j'aime encore mieux votre cœur et son adoration que votre présence, qui m'est pourtant bien douce.

AZOR : Quoi ! nous quitter !

ÉGLÉ : Ah ! si vous ne me prenez pas au mot, tout à l'heure je ne le voudrai plus.

AZOR : Hélas ! le courage me manque.

ÉGLÉ : Tant pis, pour vous déclare que le mien se passe.

AZOR, *pleurant* : Adieu, Églé, puisqu'il le faut.

ÉGLÉ : Vous pleurez ? eh bien : restez donc pourvu qu'il n'y ait point de danger.

AZOR : Mais s'il y en avait !

ÉGLÉ : Partez donc.

AZOR : Je m'enfuis.

Scène VIII

ÉGLÉ, *seule* : Ah ! il n'est plus, je suis seule, je n'entends plus sa voix, il n'y a plus que le miroir. *(Elle s'y regarde.)* J'ai eu tort de renvoyer mon homme ; Carise et Mesrou ne savent ce qu'ils disent. *(En se regardant.)* Si je m'étais mieux considérée, Azor ne serait point parti. Pour aimer toujours ce que je vois là, il n'avait pas besoin de l'absence.. Allons, je vais m'asseoir près du ruisseau ; c'est encore un miroir de plus.

Scène IX : Églé, Adine.

ÉGLÉ : Mais que vois-je ? encore une autre personne !

ADINE : Ah ! ah ! qu'est-ce que c'est que ce nouvel objet-ci ?

Elle avance.

ÉGLÉ : Elle me considère avec attention, mais ne m'admire point ; ce n'est pas là un Azor. *(Elle se regarde dans son miroir.)* C'est encore moins une Églé... Je crois pourtant qu'elle se compare.

ADINE : Je ne sais que penser de cette figure-là, je ne sais ce qui lui manque ; elle a quelque chose d'insipide.

ÉGLÉ : Elle est d'une espèce qui ne me revient point.

ADINE : A-t-elle un langage ?... Voyons... Etes-vous une personne ?

ÉGLÉ : Oui assurément, et très personne.

ADINE : Eh bien ! n'avez-vous rien à me dire ?

ÉGLÉ : Non ; d'ordinaire on me prévient, c'est à moi qu'on parle.

ADINE : Mais n'êtes-vous pas charmée de moi ?

ÉGLÉ : De vous ? C'est moi qui charme les autres.

ADINE : Quoi ! vous n'êtes pas bien aise de me voir ?

ÉGLÉ : Hélas ! ni bien aise ni fâchée ; qu'est-ce que cela me fait ?

ADINE : Voilà qui est particulier ! vous me considérez, je me montre, et vous ne sentez rien ! C'est que vous regardez ailleurs ; contemplez-moi un peu attentivement ; là, comment me trouvez-vous ?

ÉGLÉ : Mais qu'est-ce que c'est que vous ? Est-il question de vous ? Je vous dis que c'est d'abord moi qu'on voit, moi qu'on informe de ce qu'on pense ; voilà comme cela se pratique, et vous voulez que ce soit moi qui vous contemple, pendant que je suis présente !

ADINE : Sans doute ; c'est à la plus belle à attendre qu'on la remarque et qu'on s'étonne.

ÉGLÉ : Eh bien, étonnez-vous donc !

ADINE : Vous ne m'entendez donc pas ? on vous dit que c'est à la plus belle à attendre.

ÉGLÉ : On vous répond qu'elle attend.

ADINE : Mais si ce n'est pas moi, où est-elle ? Je suis pourtant l'admiration de trois personnes qui habitent dans le monde.

ÉGLÉ : Je ne connais pas vos personnes, mais je sais qu'il y en a trois que je ravis et qui me traitent de merveille.

ADINE : Et moi je sais que je suis si belle, si belle, que je me charme moi-même toutes les fois que je me regarde ; voyez ce que c'est.

ÉGLÉ : Que me contez-vous là ? Je ne me considère jamais que je ne sois enchantée, moi qui vous parle.

ADINE : Enchantée ! Il est vrai que vous êtes passable, et même assez gentille ; je vous rends justice, je ne suis pas comme vous.

ÉGLÉ, *à part* : Je la battrais de bon cœur avec sa justice.

ADINE : Mais de croire que vous pouvez entrer en dispute avec moi, c'est se moquer ; il n'y a qu'à voir.

ÉGLÉ : Mais c'est aussi en voyant, que je vous trouve assez laide.

ADINE : Bon ! c'est que vous me portez envie, et que vous vous empêchez de me trouver belle.

ÉGLÉ : Il n'y a que votre visage qui m'en empêche.

ADINE : Mon visage ! Oh ! je n'en suis pas en peine, car je l'ai vu ; allez demander ce qu'il en est aux eaux du ruisseau qui coule ; demandez-le à Mesrin qui m'adore.

ÉGLÉ : Les eaux du ruisseau, qui se moquent de vous, m'apprendront qu'il n'y a rien de si beau que moi, et elles me l'ont déjà appris ; je ne sais ce que c'est qu'un Mesrin, mais il ne vous regarderait pas s'il me voyait ;

j'ai un Azor qui vaut mieux que lui, un Azor que j'aime, qui est presque aussi admirable que moi, et qui dit que je suis sa vie; vous n'êtes la vie de personne, vous; et puis j'ai un miroir qui achève de me confirmer tout ce que mon Azor et le ruisseau assurent; y a-t-il rien de plus fort?

ADINE, *en riant* : Un miroir! vous avez aussi un miroir! Eh! à quoi vous sert-il? A vous regarder? ah! ah! ah!

ÉGLÉ : Ah! ah! ah!... n'ai-je pas deviné qu'elle me déplairait?

ADINE, *en riant* : Tenez, en voilà un meilleur; venez apprendre à vous connaître et à vous taire.

Carise paraît dans l'éloignement.

ÉGLÉ, *ironiquement* : Jetez les yeux sur celui-ci pour y savoir votre médiocrité, et la modestie qui vous est convenable avec moi.

ADINE : Passez votre chemin; dès que vous refusez de prendre du plaisir à me considérer, vous ne m'êtes bonne à rien, je ne vous parle plus.

Elles ne se regardent plus.

ÉGLÉ : Et moi, j'ignore que vous êtes là.

Elles s'écartent.

ADINE, *à part* : Quelle folle!

ÉGLÉ, *à part* : Quelle visionnaire! De quel monde cela sort-il?

Scène X : Carise, Adine, Églé.

CARISE : Que faites-vous donc là toutes deux éloignées l'une de l'autre, et sans vous parler?

ADINE, *riant* : C'est une nouvelle figure que j'ai rencontrée et que ma beauté désespère.

ÉGLÉ : Que diriez-vous de ce fade objet, de cette ridicule espèce de personne qui aspire à m'étonner, qui me demande ce que je sens en la voyant, qui veut que j'aie du plaisir à la voir, qui me dit : « Eh! contemplez-moi donc! eh! comment me trouvez-vous? » et qui prétend être aussi belle que moi!

ADINE : Je ne dis pas cela, je dis plus belle, comme cela se voit dans le miroir.

ÉGLÉ, *montrant le sien* : Mais qu'elle se voie donc dans celui-ci, si elle ose!

ADINE : Je ne lui demande qu'un coup d'œil dans le mien, qui est le véritable.

CARISE : Doucement, ne vous emportez point; profitez plutôt du hasard qui vous a fait faire connaissance ensemble, unissons-nous tous, devenez compagnes, et joignez l'agrément de vous voir à la douceur d'être toutes deux adorées, Églé par l'aimable Azor qu'elle chérit, Adine par l'aimable Mesrin qu'elle aime; allons, raccommodez-vous.

ÉGLÉ : Qu'elle se défasse donc de sa vision de beauté qui m'ennuie.

ADINE : Tenez, je sais le moyen de lui faire entendre raison; je n'ai qu'à lui ôter son Azor dont je ne me soucie pas, mais rien que pour avoir la paix.

ÉGLÉ, *fâchée* : Où est son imbécile Mesrin? Malheur à elle, si je le rencontre! Adieu, je m'écarte; car je ne saurais la souffrir.

ADINE : Ah! ah! ah...! mon mérite est son aversion.

ÉGLÉ, *se retournant* : Ah! ah! ah! quelle grimace!

Scène XI : Adine, Carise.

CARISE : Allons, laissez-la dire.

ADINE : Vraiment, bien entendu; elle me fait pitié.

CARISE : Sortons d'ici; voilà l'heure de votre leçon de musique, je ne pourrai pas vous la donner si vous tardez.

ADINE : Je vous suis, mais j'aperçois Mesrin; je n'ai qu'un mot à lui dire.

CARISE : Vous venez de le quitter.

ADINE : Je ne serai qu'un moment en passant.

Scène XII : Mesrin, Carise, Adine.

ADINE *appelle* : Mesrin!

MESRIN, *accourant* : Quoi! c'est vous, c'est mon Adine qui est revenue! que j'ai de joie! que j'étais impatient!

ADINE : Eh! non, retenez votre joie; je ne suis pas revenue; je m'en retourne; ce n'est que par hasard que je suis ici.

MESRIN : Il fallait donc y être avec moi par hasard.

ADINE : Ecoutez, écoutez ce qui vient de m'arriver.

CARISE : Abrégez, car j'ai autre chose à faire.

ADINE : J'ai fait. *(A Mesrin.)* Je suis belle, n'est-ce pas?

MESRIN : Belle! si vous êtes belle?

ADINE : Il n'hésite pas, lui; il dit ce qu'il voit.

MESRIN : Si vous êtes divine, la beauté même?

ADINE : Eh! oui, je n'en doute pas; et cependant, vous, Carise et moi, nous nous trompons; je suis laide.

MESRIN : Mon Adine!

ADINE : Elle-même; en vous quittant, j'ai trouvé une nouvelle personne qui est d'un autre monde, et qui, au lieu d'être étonnée de moi, d'être transportée comme vous l'êtes et comme elle devrait l'être, voulait au contraire que je fusse charmée d'elle, et, sur le refus que j'en ai fait, m'a accusée d'être laide...

MESRIN : Vous me mettez d'une colère!

ADINE : M'a soutenu que vous me quitteriez quand vous l'auriez vue.

CARISE : C'est qu'elle était fâchée.

MESRIN : Mais... est-ce bien une personne?

ADINE : Elle dit que oui, et elle en paraît une, à peu près.

CARISE : C'en est aussi une.

ADINE : Elle reviendra sans doute, et je veux absolument que vous la méprisiez; quand vous la trouverez, je veux qu'elle vous fasse peur.

MESRIN : Elle doit être horrible?

ADINE : Elle s'appelle... attendez, elle s'appelle...

CARISE : Églé.

ADINE : Oui, c'est une Églé. Voici à présent comment elle est faite : c'est un visage fâché, renfrogné, qui n'est pas noir comme celui de Carise, qui n'est pas blanc comme le mien non plus; c'est une couleur qu'on ne peut pas bien dire.

MESRIN : Et qui ne plaît pas?

ADINE : Oh! point du tout, couleur indifférente; elle a des yeux, comment vous dirai-je? des yeux qui ne font pas plaisir, qui regardent, voilà tout; une bouche qui lui sert à parler; une figure toute droite, et qui serait pourtant à peu près comme la nôtre, si elle était bien faite;

elle a des mains qui vont et qui viennent, des doigts longs et maigres, je pense; avec une voix rude et aigre; oh! vous la reconnaîtrez bien.

MESRIN : Il me semble que je la vois; laissez-moi faire : il faut la renvoyer dans un autre monde, après que je l'aurai bien mortifiée.

ADINE : Bien humiliée, bien désolée.

MESRIN : Et bien moquée, oh! ne vous embarrassez pas, et donnez-moi cette main.

ADINE : Eh! prenez-la; c'est pour vous que je l'ai.

Mesrin baise sa main.

CARISE : Allons, tout est dit; partons.

ADINE : Quand il aura achevé de baiser ma main.

CARISE : Laissez-la donc, Mesrin; je suis pressée.

ADINE : Adieu tout ce que j'aime, je ne serai pas longtemps; songez à ma vengeance.

MESRIN : Adieu tout mon charme! Je suis furieux.

Scène XIII : Mesrin, Azor.

MESRIN, *les premiers mots seul, répétant le portrait* : Une couleur ni noire ni blanche, une figure toute droite, une bouche qui parle... où pourrais-je la trouver? *(Voyant Azor.)* Mais j'aperçois quelqu'un; c'est une personne comme moi; serait-ce Églé? Non, car elle n'est point difforme.

AZOR, *le considérant* : Vous êtes pareille à moi, ce me semble?

MESRIN : C'est ce que je pensais.

AZOR : Vous êtes donc un homme?

MESRIN : On m'a dit que oui.

AZOR : On m'en a dit de moi tout autant.

MESRIN : On vous a dit? est-ce que vous connaissez des personnes?

AZOR : Oh! oui, je les connais toutes, deux noires et une blanche.

MESRIN : Moi, c'est la même chose; d'où venez-vous?

AZOR : Du monde.

MESRIN : Est-ce du mien?

AZOR : Ah! je n'en sais rien, car il y en a tant!

MESRIN : Qu'importe? votre mine me convient; mettez votre main dans la mienne, il faut nous aimer.

AZOR : Oui-da, vous me réjouissez; je me plais à vous voir sans que vous ayez des charmes.

MESRIN : Ni vous non plus; je ne me soucie pas de vous, sinon que vous êtes bonhomme.

AZOR : Voilà ce que c'est; je vous trouve de même, un bon camarade; moi un autre bon camarade; je me moque du visage.

MESRIN : Eh! quoi donc! c'est par la bonne humeur que je vous regarde [2]. A propos, prenez-vous vos repas?

AZOR : Tous les jours.

MESRIN : Eh bien! je les prends aussi; prenons-les ensemble pour notre divertissement, afin de nous tenir gaillards; allons, ce sera pour tantôt : nous rirons, nous sauterons, n'est-il pas vrai? J'en saute déjà.

Il saute.

2. Il faut entendre : c'est votre bonne humeur qui me fait m'intéresser à vous.

AZOR *(Il saute aussi.)* : Moi de même, et nous serons deux, peut-être quatre, car je le dirai à ma blanche qui a un visage, il faut voir! ah! ah! c'est elle qui en a un qui vaut mieux que nous deux.

MESRIN : Oh! je le crois, camarade; car vous n'êtes rien du tout, ni moi non plus, auprès d'une autre mine que je connais, que nous mettrons avec nous, qui me transporte, et qui a des mains si douces, si blanches, qu'elle me laisse tant baiser!

AZOR : Des mains, camarade? Est-ce que ma blanche n'en a pas aussi qui sont célestes, et que je caresse tant qu'il me plaît? Je les attends.

MESRIN : Tant mieux; je viens de quitter les miennes, et il faut que je vous quitte aussi pour une petite affaire. Restez ici jusqu'à ce que je revienne avec mon Adine, et sautons encore pour nous réjouir de l'heureuse rencontre. *(Ils sautent tous deux en riant.)* Ah! ah! ah!

Scène XIV : Azor, Mesrin, Églé.

ÉGLÉ, *s'approchant* : Qu'est-ce que c'est que cela qui plaît tant?

MESRIN, *la voyant* : Ah! le bel objet qui nous écoute!

AZOR : C'est ma blanche, c'est Églé.

MESRIN, *à part* : Églé, c'est là ce visage fâché?

AZOR : Ah! que je suis heureux!

ÉGLÉ, *s'approchant* : C'est donc un nouvel ami qui nous a apparu tout d'un coup?

AZOR : Oui, c'est un camarade que j'ai fait, qui s'appelle homme, et qui arrive d'un monde ici près.

MESRIN : Ah! qu'on a de plaisir dans celui-ci!

ÉGLÉ : En avez-vous plus que dans le vôtre?

MESRIN : Oh! je vous en assure.

ÉGLÉ : Eh bien! l'homme, il n'y a qu'à y rester.

AZOR : C'est ce que nous disions, car il est tout à fait bon et joyeux; je l'aime, non pas comme j'aime ma ravissante Églé que j'adore, au lieu qu'à lui je n'y prends pas seulement garde; il n'y a que sa compagnie que je cherche pour parler de vous, de votre bouche, de vos yeux, de vos mains, après qui je languissais.

Il lui baise une main.

MESRIN *lui prend l'autre main* : Je vais donc prendre l'autre.

Il baise cette main, Églé rit, et ne dit mot.

AZOR, *lui reprenant cette main* : Oh! doucement; ce n'est pas ici votre blanche, c'est la mienne; ces deux mains sont à moi, vous n'y avez rien.

ÉGLÉ : Ah! il n'y a pas de mal; mais, à propos, allez-vous-en, Azor; vous savez bien que l'absence est nécessaire; il n'y a pas assez longtemps que la nôtre dure.

AZOR : Comment! il y a je ne sais combien d'heures que je ne vous ai vue.

ÉGLÉ : Vous vous trompez; il n'y a pas assez longtemps, vous dis-je; je sais bien compter; et ce que j'ai résolu je le veux tenir.

AZOR : Mais vous allez rester seule.

ÉGLÉ : Eh bien! je m'en contenterai.

MESRIN : Ne la chagrinez pas, camarade.

AZOR : Je crois que vous vous fâchez contre moi.

ÉGLÉ : Pourquoi m'obstinez-vous [3] ? Ne vous a-t-on pas dit qu'il n'y a rien de si dangereux que de nous voir ?

AZOR : Ce n'est peut-être pas la vérité.

ÉGLÉ : Et moi, je me doute que ce n'est pas un mensonge.

Carise paraît dans l'éloignement et écoute.

AZOR : Je pars donc pour vous complaire, mais je serai bientôt de retour ; allons, camarade, qui avez affaire, venez avec moi pour m'aider à passer le temps.

MESRIN : Oui, mais...

ÉGLÉ, *souriant* : Quoi ?

MESRIN : C'est qu'il y a longtemps que je me promène.

ÉGLÉ : Il faut qu'il se repose.

MESRIN : Et j'aurais empêché que la belle femme ne s'ennuyât.

ÉGLÉ : Oui, il empêcherait.

AZOR : N'a-t-elle pas dit qu'elle voulait être seule ? Sans cela, je la désennuierais encore mieux que vous. Partons !

ÉGLÉ, *à part et avec dépit* : Partons !

Scène XV : Carise, Églé.

CARISE *approche et regarde Églé qui rêve* : A quoi rêvez-vous donc ?

ÉGLÉ : Je rêve que je ne suis pas de bonne humeur.

CARISE : Avez-vous du chagrin ?

ÉGLÉ : Ce n'est pas du chagrin non plus, c'est de l'embarras d'esprit.

CARISE : D'où vient-il ?

ÉGLÉ : Vous nous disiez tantôt qu'en fait d'amitié on ne sait ce qui peut arriver ?

CARISE : Il est vrai.

ÉGLÉ : Eh bien ! je ne sais ce qui m'arrive.

CARISE : Mais qu'avez-vous ?

ÉGLÉ : Il me semble que je suis fâchée contre moi, que je suis fâchée contre Azor ; je ne sais à qui j'en ai.

CARISE : Pourquoi fâchée contre vous ?

ÉGLÉ : C'est que j'ai dessein d'aimer toujours Azor, et j'ai peur d'y manquer.

CARISE : Serait-il possible ?

ÉGLÉ : Oui, j'en veux à Azor, parce que ses manières en sont cause.

CARISE : Je soupçonne que vous lui cherchez querelle.

ÉGLÉ : Vous n'avez qu'à me répondre toujours de même, je serai bientôt fâchée contre vous aussi.

CARISE : Vous êtes en effet de bien mauvaise humeur ; mais que vous a fait Azor ?

ÉGLÉ : Ce qu'il m'a fait ? Nous convenons de nous séparer : il part, il revient sur-le-champ, il voudrait toujours être là ; à la fin, ce que vous lui avez prédit lui arrivera.

CARISE : Quoi ? vous cesserez de l'aimer ?

ÉGLÉ : Sans doute ; si le plaisir de se voir s'en va quand on le prend trop souvent, est-ce ma faute à moi ?

CARISE : Vous nous avez soutenu que cela ne se pouvait pas.

ÉGLÉ : Ne me chicanez donc pas ; que savais-je ? Je l'ai soutenu par ignorance.

CARISE : Églé, ce ne peut pas être son trop d'empressement à vous voir qui lui nuit auprès de vous ; il n'y a pas assez longtemps que vous le connaissez.

ÉGLÉ : Pas mal de temps ; nous avons déjà eu trois conversations ensemble, et apparemment que la longueur des entretiens est contraire.

CARISE : Vous ne dites pas son véritable tort, encore une fois.

ÉGLÉ : Oh ! il en a encore un et même deux, il en a je ne sais combien ; premièrement, il m'a contrariée ; car mes mains sont à moi, je pense, elles m'appartiennent, et il défend qu'on les baise !

CARISE : Et qui est-ce qui a voulu les baiser ?

ÉGLÉ : Un camarade qu'il a découvert tout nouvellement, et qui s'appelle homme.

CARISE : Et qui est aimable ?

ÉGLÉ : Oh ! charmant, plus doux qu'Azor, et qui proposait aussi de demeurer pour me tenir compagnie, et ce fantasque d'Azor ne lui a permis ni la main, ni la compagnie, l'a querellé, l'a emmené brusquement sans consulter mon désir. Ah ! ah ! je ne suis donc pas la maîtresse ? il ne se fie donc pas à moi ? il a donc peur qu'on ne m'aime ?

CARISE : Non ; mais il craint que son camarade ne vous plût.

ÉGLÉ : Eh bien ! il n'a qu'à me plaire davantage ; car s'il est question d'être aimée, je suis bien aise de l'être, je le déclare, et au lieu d'un camarade, en eût-il cent, je voudrais qu'ils m'aimassent tous ; c'est mon plaisir ; il veut que ma beauté soit pour lui tout seul, et moi je prétends qu'elle soit pour tout le monde.

CARISE : Tenez, votre dégoût pour Azor ne vient pas de tout ce que vous dites là, mais de ce que vous aimez mieux à présent son camarade que lui.

ÉGLÉ : Croyez-vous ? Vous pourriez bien avoir raison.

CARISE : Eh ! dites-moi, ne rougissez-vous pas un peu de votre inconstance ?

ÉGLÉ : Il me paraît que oui ; mon accident me fait honte ; j'ai encore cette ignorance-là.

CARISE : Ce n'en est pas une ; vous aviez tant promis de l'aimer constamment !

ÉGLÉ : Attendez, quand je l'ai promis, il n'y avait que lui ; il fallait donc qu'il restât seul ; le camarade n'était pas de mon compte [4].

CARISE : Avouez que ces raisons-là ne sont point bonnes ; vous les aviez tantôt réfutées d'avance.

ÉGLÉ : Il est vrai que je ne les estime pas beaucoup ; il y en a pourtant une excellente, c'est que le camarade vaut mieux qu'Azor.

CARISE : Vous vous méprenez encore là-dessus ; ce n'est pas qu'il vaille mieux, c'est qu'il a l'avantage d'être nouveau venu.

ÉGLÉ : Mais cet avantage-là est considérable ; n'est-ce

---

3. *Obstiner quelqu'un*, c'est contredire quelqu'un et par suite l'enfoncer davantage dans son opinion. Ici, l'éditeur de 1825 avait corrigé et remplacé par : « Pourquoi me contrariez-vous ? »

4. N'était pas prévu, n'entrait pas dans mes comptes, dans mes prévisions.

rien que d'être un autre? Cela est fort joli, au moins; ce sont des perfections qu'Azor n'a pas.

CARISE : Ajoutez que ce nouveau venu vous aimera.

ÉGLÉ : Justement, il m'aimera, je l'espère; il a encore cette qualité-là.

CARISE : Au lieu qu'Azor n'en est pas à vous aimer.

ÉGLÉ : Eh! non; car il m'aime déjà.

CARISE : Quels étranges motifs de changement! Je gagerais bien que vous n'en êtes pas contente.

ÉGLÉ : Je ne suis contente de rien : d'un côté, le changement me fait peine, de l'autre, il me fait plaisir; je ne puis pas plus empêcher l'un que l'autre; ils sont tous deux de conséquence; auquel des deux suis-je le plus obligée? Faut-il me faire de la peine? Faut-il me faire du plaisir? Je vous défie de le dire.

CARISE : Consultez votre bon cœur; vous sentirez qu'il condamne votre inconstance.

ÉGLÉ : Vous n'écoutez donc pas? Mon bon cœur le condamne, mon bon cœur l'approuve; il dit oui, il dit non; il est de deux avis : il n'y a donc qu'à choisir le plus commode.

CARISE : Savez-vous le parti qu'il faut prendre? C'est de fuir le camarade d'Azor; allons, venez; vous n'aurez pas la peine de combattre.

ÉGLÉ, *voyant venir Mesrin* : Oui, mais nous fuyons bien tard : voilà le combat qui vient, le camarade arrive.

CARISE : N'importe, efforcez-vous, courage! ne le regardez pas.

Scène XVI : *Mesrou, Mesrin, Églé, Carise.*

MESROU, *de loin, voulant retenir Mesrin, qui se dégage* : Il s'échappe de moi, il veut être inconstant; empêchez-le d'approcher.

CARISE, *à Mesrin* : N'avancez pas.

MESRIN : Pourquoi?

CARISE : C'est que je vous le défends; Mesrou et moi, nous devons avoir quelque autorité sur vous; nous sommes vos maîtres.

MESRIN, *se révoltant* : Mes maîtres? Qu'est-ce que c'est qu'un maître?

CARISE : Eh bien! je ne vous le commande plus, je vous en prie, et la belle Églé joint sa prière à la mienne.

ÉGLÉ : Moi! point du tout, je ne joins point de prière.

CARISE, *à Églé, à part* : Retirons-nous; vous n'êtes pas encore sûre qu'il vous aime.

ÉGLÉ : Oh! je n'espère pas le contraire; il n'y a qu'à lui demander ce qui en est. Que souhaitez-vous, le joli camarade?

MESRIN : Vous voir, vous contempler, vous admirer, vous appeler « mon âme ».

ÉGLÉ : Vous voyez bien qu'il parle de son âme; est-ce que vous m'aimez?

MESRIN : Comme un perdu.

ÉGLÉ : Ne l'avais-je pas bien dit?

MESRIN : M'aimez-vous aussi?

ÉGLÉ : Je voudrais bien m'en dispenser si je le pouvais, à cause d'Azor qui compte sur moi.

MESROU : Mesrin, imitez Églé; ne soyez point infidèle.

ÉGLÉ : Mesrin! l'homme s'appelle Mesrin!

MESRIN : Eh! oui.

ÉGLÉ : L'ami d'Adine?

MESRIN : C'est moi qui l'étais, et qui n'ai plus besoin de son portrait.

ÉGLÉ *le prend* : Son portrait et l'ami d'Adine! il a encore ce mérite-là; ah! ah! Carise, voilà trop de qualités, il n'y a pas moyen de résister; Mesrin, venez que je vous aime.

MESRIN : Ah! délicieuse main que je possède!

ÉGLÉ : L'incomparable ami que je gagne!

MESROU : Pourquoi quitter Adine? avez-vous à vous plaindre d'elle?

MESRIN : Non, c'est ce beau visage-là qui veut que je la laisse.

ÉGLÉ : C'est qu'il a des yeux, voilà tout.

MESRIN : Oh! pour infidèle je le suis, mais je n'y saurais que faire.

ÉGLÉ : Oui, je l'y contrains; nous nous contraignons tous deux.

CARISE : Azor et elle vont être au désespoir.

MESRIN : Tant pis.

ÉGLÉ : Quel remède?

CARISE : Si vous voulez, je sais le moyen de faire cesser leur affliction avec leur tendresse.

MESRIN : Eh bien! faites.

ÉGLÉ : Eh! non, je serai bien aise qu'Azor me regrette, moi; ma beauté le mérite; il n'y a pas de mal aussi qu'Adine soupire un peu, pour lui apprendre à se méconnaître [5].

Scène XVII : *Mesrin, Églé, Carise, Azor, Mesrou.*

MESROU : Voici Azor.

MESRIN : Le camarade m'embarrasse [6], il va être bien étonné.

CARISE : A sa contenance, on dirait qu'il devine le tort que vous lui faites.

ÉGLÉ : Oui, il est triste; ah! il y a bien de quoi. *(Azor s'avance honteux; elle continue.)* Etes-vous bien fâché, Azor?

AZOR : Oui, Églé.

ÉGLÉ : Beaucoup?

AZOR : Assurément.

ÉGLÉ : Il y paraît; eh! comment savez-vous que j'aime Mesrin?

AZOR, *étonné* : Comment?

MESRIN : Oui, camarade.

AZOR : Églé vous aime! elle ne se soucie plus de moi?

ÉGLÉ : Il est vrai.

AZOR, *gai* : Eh! tant mieux; continuez, je ne me soucie plus de vous non plus; attendez-moi, je reviens.

ÉGLÉ : Arrêtez donc, que voulez-vous dire? Vous ne m'aimez plus? qu'est-ce que cela signifie?

AZOR, *en s'en allant* : Tout à l'heure vous saurez le reste.

5. Il faut entendre : pour la punir de s'être trompée sur elle-même.
6. Au lieu d'*embarrasse*, les éditions de 1758 et suivantes impriment faussement : *m'embrasse*.

Scène XVIII : Mesrou, Églé, Carise, Mesrin.

MESRIN : Vous le rappelez, je pense; eh! d'où vient? Qu'avez-vous affaire à lui, puisque vous m'aimez?

ÉGLÉ : Eh! laissez-moi faire; je ne vous en aimerai que mieux, si je puis le ravoir; c'est seulement que je ne veux rien perdre.

CARISE ET MESROU, *riant* : Eh! eh! eh! eh!

ÉGLÉ : Le beau sujet de rire!

Scène XIX : Mesrou, Carise, Églé, Mesrin, Adine, Azor.

ADINE, *riant* : Bonjour, la belle Églé! quand vous voudrez vous voir, adressez-vous à moi; j'ai votre portrait, on me l'a cédé.

ÉGLÉ, *lui jetant le sien* : Tenez, je vous rends le vôtre, qui ne vaut pas la peine que je le garde.

ADINE : Comment! Mesrin, mon portrait! Et comment l'a-t-elle?

MESRIN : C'est que je l'ai donné.

ÉGLÉ : Allons, Azor, venez que je vous parle.

MESRIN : Que vous lui parliez! Et moi?

ADINE : Passez ici, Mesrin; que faites-vous là? Vous extravaguez, je pense.

Scène XX : Le Prince, Hermiane, Mesrou, Carise, Mesrin, Églé, Azor, Adine, Meslis, Dina.

HERMIANE, *entrant avec vivacité* : Non, laissez-moi, Prince; je n'en veux pas voir davantage; cette Adine et cette Églé me sont insupportables; il faut que le sort soit tombé sur ce qu'il y aura jamais de plus haïssable parmi mon sexe.

ÉGLÉ : Qu'est-ce que c'est que toutes ces figures-là, qui arrivent en grondant? Je me sauve.

Ils veulent fuir.

CARISE : Demeurez tous, n'ayez point de peur; voici de nouveaux camarades qui viennent; ne les épouvantez point et voyons ce qu'ils pensent.

MESLIS, *s'arrêtant au milieu du théâtre* : Ah! chère Dina, que de personnes!

DINA : Oui, mais nous n'avons que faire d'elles.

MESLIS : Sans doute, il n'y en a pas une qui vous ressemble. Ah! c'est vous, Carise et Mesrou; tout cela est-il hommes ou femmes?

CARISE : Il y a autant de femmes que d'hommes; voilà les unes, et voici les autres; voyez, Meslis, si parmi les femmes vous n'en verriez pas quelqu'une qui vous plairait encore plus que Dina; on vous la donnerait.

ÉGLÉ : J'aimerais bien son amitié.

MESLIS : Ne l'aimez point, car vous ne l'aurez pas.

CARISE : Choisissez-en une autre.

MESLIS : Je vous remercie, elles ne me déplaisent point, mais je ne me soucie pas d'elles, il n'y a qu'une Dina dans le monde.

DINA, *jetant son bras sur le sien* : Que c'est bien dit!

CARISE : Et vous, Dina, examinez.

DINA, *le prenant par dessous le bras* : Tout est vu; allons-nous-en.

HERMIANE : L'aimable enfant! je me charge de sa fortune.

LE PRINCE : Et moi de celle de Meslis.

DINA : Nous avons assez de nous deux.

LE PRINCE : On ne vous séparera pas; allez, Carise, qu'on les mette à part, et qu'on place les autres suivant mes ordres. (*A Hermiane.*) Les deux sexes n'ont rien à se reprocher, Madame : vices et vertus, tout est égal entre eux.

HERMIANE : Ah! je vous prie, mettez-y quelque différence : votre sexe est d'une perfidie horrible; il change à propos de rien, sans chercher même de prétexte.

LE PRINCE : Je l'avoue, le procédé du vôtre est du moins plus hypocrite, et par là plus décent; il fait plus de façon avec sa conscience que le nôtre.

HERMIANE : Croyez-moi, nous n'avons pas lieu de plaisanter. Partons.

LE PRÉJUGÉ VAINCU

Avec le Préjugé vaincu, *Marivaux revient à une forme plus conventionnelle que celle de]a parabole employée dans la* Dispute. *Il reprend le thème, qui lui est cher, de l'épreuve mais, cette fois, c'est moins pour ajouter de nouvelles figures à ce jeu marivaudien par excellence que pour peindre un caractère : celui d'Angélique, une jeune fille qui a « de la raison en tout et partout hors dans cette histoire de noblesse » et qui, étant d'une « naissance très distinguée », est « plus touchée qu'une autre de cet avantage-là ». C'est précisément par là que le* Préjugé vaincu *nous semble aujourd'hui bien fragile et ses péripéties (Marcel Arland remarque justement que, à la différence de l'*Épreuve *où il y avait « un bourreau et une victime, il n'y a ici que des victimes ») souvent arbitraires et en tout cas démesurées au regard du prétexte. Sans doute les spectateurs du XVIII*e *siècle furent-ils au contraire sensibles à ce que la comédie de Marivaux avait de traditionnel. Le* Préjugé vaincu *fut en effet « très bien reçu » lors de sa création à la Comédie-Française, le samedi 6 août 1746, note le* Mercure *qui ajoute que « l'auteur a (cependant) jugé à propos d'y faire quelques*

changements qui ont fait redoubler les applaudissements et l'affluence des spectateurs (...). On peut dire qu'on trouve dans cette pièce la vivacité du dialogue, l'abondance des pensées fines et l'art d'intéresser le spectateur ». Donnée à la cour, l'œuvre et la façon dont elle est jouée plurent tellement au roi qu'il « augmenta sur le champ de cinq cents livres la pension de mille livres » que recevaient déjà Mlle Gaussin (Angélique)et Mlle Dangeville (Lisette), les interprètes de la Réunion des Amours, des Serments indiscrets *et du* Legs.

Joué sept fois pendant la saison, le Préjugé vaincu *est souvent repris ensuite à la Comédie-Française. Toutefois, la création en 1749 de* Nanine ou le Préjugé vaincu, *une comédie de Voltaire, qui doit à Marivaux plus qu'un sous-titre ne va pas sans nuire à son succès. Au XIX*e *siècle, la pièce de Marivaux disparaît de l'affiche du Français. C'est que son argument, les contradictions de l'amour et de la naissance (sinon de la fortune), est devenu le pont-aux-ânes de la dramaturgie bourgeoise.*

Depuis 1869, le Préjugé vaincu *n'a plus été joué à la Comédie-Française.*

ACTEURS

LE MARQUIS; ANGÉLIQUE, *fille du Marquis*; DORANTE, *amant d'Angélique*; LISETTE, *suivante d'Angélique*; LÉPINE, *valet de Dorante*.

LA SCÈNE EST CHEZ LE MARQUIS [1].

Scène I : Lépine, Lisette.

LÉPINE, *tirant Lisette par le bras* : Viens, j'ai à te parler; entrons un moment dans cette salle.

LISETTE : Eh bien! que me voulez-vous donc, Monsier de Lépaine, en me tirant comme ça à l'écart?

LÉPINE : Premièrement, mon maître te prie de l'attendre ici.

LISETTE : J'en sis d'accord; après?

LÉPINE : Regarde-moi, Lisette, et devine le reste.

1. L'édition de 1747 précise : « La scène est à la campagne dans le château du Marquis. »

LISETTE : Moi, je ne saurais; je ne devine jamais le reste, à moins qu'on ne me le dise.

LÉPINE : Je vais donc t'aider; voici ce que c'est. J'ai besoin de ton cœur, ma fille.

LISETTE : Tout de bon?

LÉPINE : Et un si grand besoin que je ne puis pas m'en passer; il n'y a pas à répliquer, il me le faut.

LISETTE : Dame! comme vous me demandez ça! J'ai quasiment envie de crier au voleur.

LÉPINE : Il me le faut, te dis-je, et bien complet avec toutes ses circonstances; je veux dire avec ta main et toute ta personne : c'est que tu m'épouses.

LISETTE : Quoi! tout à l'heure?

LÉPINE : A la rigueur, il le faudrait, mais j'entends raison; et, pour à présent, je me contenterai de ta parole.

LISETTE : Vraiment! grand merci de la patience; mais vous avez là de furieuses volontés, Monsieur de Lépaine!

LÉPINE : Je te conseille de te plaindre! Comment donc! il n'y a que six jours que nous sommes ici, mon maître et moi, que six jours que je te connais, et la tête me tourne, et tu demandes quartier! Ce que j'ai perdu de raison depuis ce temps-là est incroyable; et, si je continue, il ne m'en restera pas pour me conduire jusqu'à demain. Allons vite, qu'on m'aime.

LISETTE : Ça ne se peut pas, Monsieur de Lépaine; ce n'est pas qu'ous ne soyais agriable; mais mon rang me le défend, je vous en informe; tout ce qui est comme vous n'est pas mon pareil, à ce que m'a dit ma maîtresse.

LÉPINE : Ah! ah! me conseilles-tu d'ôter mon chapeau?

LISETTE : Le chapeau et la familiarité itou [2].

LÉPINE : Voilà pourtant un *itou* qui n'est pas de trop bonne maison; mais une princesse peut avoir été mal élevée.

LISETTE : Bonne maison! la nôtre était la meilleure de tout le village, et que trop bonne; c'est ce qui nous a ruinés. En un mot comme en cent, je suis la fille d'un homme qui était, en son vivant, procureur fiscal [3] du lieu et qui mourut l'an passé; ce qui a fait que notre jeune dame, faute de fille de chambre, m'a prise depuis trois mois chez elle, en guise de compagnie.

LÉPINE : Avec votre permission et la sienne, je remets mon chapeau.

LISETTE : A cause de quoi?

LÉPINE : Je sais bien ce que je fais, fiez-vous à moi. Je ne manque de respect ni au père ni aux enfants. Procureur fiscal, dites-vous?

LISETTE : Oui; qui jugeait le monde, qui était honoré d'un chacun, qui avait un grand renom.

LÉPINE : Bagatelle! Ce renom-là n'est pas comparable au bruit que mon père a fait dans sa vie. Je suis le fils d'un timbalier des armées du roi.

LISETTE : Diantre!

LÉPINE : Oui, ma fille; neveu d'un trompette, et frère aîné d'un tambour; il y a même du hautbois dans ma famille. Tout cela, sans vanité, est assez éclatant.

LISETTE : Sans doute, et je me reprends; je trouve ça biau. Stapendant vous ne sarvez qu'un bourgeois.

LÉPINE : Oui; mais il est riche.

LISETTE : En lieu que moi, je suis à la fille d'un marquis.

LÉPINE : D'accord; mais elle est pauvre.

LISETTE : Il m'apparaît que t'as raison, Lépaine; je vois que ma maîtresse m'a trop haussé le cœur, et je me dédis; je pense que je ne nous devons rian.

LÉPINE : Excusez-moi, ma fille; je pense que je me mésallie un peu; mais je n'y regarde pas de si près. La beauté est une si grande dame! Concluons; m'aimes-tu?

LISETTE : J'en serais consentante si vous ne vous en retourniais pas bientôt à Paris, vous autres.

LÉPINE : Et si, dès aujourd'hui, on m'élevait à la dignité de concierge du château que nous avons à une lieue d'ici, votre ambition serait-elle satisfaite avec un mari de ce rang-là?

LISETTE : Tout à fait. Un mari comme toi, un châtiau, et notre amour; me vlà bian, pourvu que ça se soutienne.

LÉPINE : A te voir si gaillarde, je vais croire que je te plais.

LISETTE : Biaucoup, Lépine,; tians, je sis franche; t'avais besoin de mon cœur; moi, j'avais faute du tian; et ça m'a prins drès que je t'ai vu, sans faire semblant; et quand il n'y aurait ni châtiau, ni timbales dans ton affaire, je serais encore contente d'être ta femme.

LÉPINE : Incomparable fille de fiscal, tes paroles ont de grandes douceurs!

LISETTE : Je les prends comme elles viennent.

LÉPINE : Donne-moi une main que je l'adore; la première venue.

LISETTE : Tiens, prends; la voilà.

Scène II : Dorante, Lépine, Lisette.

DORANTE, *voyant Lépine baiser la main de Lisette* : Courage, mes enfants; vous ne vous haïssez pas, ce me semble?

LÉPINE : Non, Monsieur. C'est une concierge que j'arrête pour votre château; je concluais le marché, et je lui donnais des arrhes.

DORANTE : Est-il vrai, Lisette? L'aimes-tu? A-t-il raison de s'en vanter? Je serais bien aise de le savoir.

LISETTE : Il n'y a donc qu'à prenre qu'ous le savez, Monsieur.

DORANTE : Je t'entends.

LISETTE : Que voulez-vous? Il m'a tant parlé de sa raison pardue, et des circonstances de ma parsonne; il a si bian agencé ça avec vote châtiau que me velà concierge; autant vaut [4].

DORANTE : Tant mieux, Lisette. J'aurai soin de vous deux. Lépine est un garçon à qui je veux du bien, et tu me parais une bonne fille.

LÉPINE : Allons, la petite, ripostons par deux révérences, et partons ensemble.

Ils saluent.

DORANTE : Ah çà! Lisette, puisque à présent je puis me fier à toi, je ne ferai point difficulté à te confier un secret; c'est que j'aime passionnément ta maîtresse, qui ne le sait pas encore; et j'ai eu mes raisons pour le lui cacher. Malgré les grands biens que m'a laissés mon père, je suis d'une famille de simple bourgeoisie. Il est vrai que j'ai acquis quelque considération dans le monde; on m'a même déjà offert de très grands partis.

LÉPINE : Vraiment! tout Paris veut nous épouser.

DORANTE : Je vais d'ailleurs être revêtu d'une charge qui donne un rang considérable; d'un autre côté, je suis étroitement lié d'amitié avec le Marquis, qui me verrait volontiers devenir son gendre; et, malgré tout ce que je dis là, pourtant je me suis tu. Angélique est d'une naissance très distinguée. J'ai observé qu'elle est plus touchée qu'une autre de cet avantage-là, et la fierté que je lui crois là-dessus, m'a retenu jusqu'ici. J'ai eu peur, si je me déclarais sans précaution, qu'il ne lui échappât quelque trait de dédain, que je ne me sens pas capable de supporter, que mon cœur ne lui pardonnerait pas; et je ne veux point la perdre, s'il est possible. Toi, qui la connais et qui as sa confiance, dis-moi ce qu'il faut que j'espère. Que pense-t-elle de moi? Quel est son caractère? Ta réponse décidera de la manière dont je dois m'y prendre.

LÉPINE : Bon! c'est autant de marié; il n'y a qu'à aller franchement, c'est la manière.

LISETTE : Pas tout à fait. Faut cheminer doucement; il y a à prendre garde.

DORANTE : Explique-toi.

LISETTE : Écoutez, Monsieur; je commence par le meilleur. C'est que c'est une fille comme il n'y en a point, d'abord. C'est folie que d'en chercher une autre; il n'y a de ça que cheux nous; ça se voit ici, et velà tout. C'est la pus belle humeur, le cœur le pus charmant, le pus benin!... Fâchez-la, ça vous pardonne; aimez-la, ça vous chérit; il n'y a point de bonté qu'alle ne possède; c'est une marveille, une admiration du monde, une raison, une libéralité, une douceur!... Tout le pays en rassote [5].

LÉPINE : Et moi aussi; ta merveille m'attendrit.

DORANTE : Tu ne me surprends point, Lisette; j'avais cette opinion-là d'elle.

LISETTE : Ah çà! vous l'aimez, dites-vous? Je vous avise qu'alle s'en doute.

DORANTE : Tout de bon?

LISETTE : Oui, Monsieur, alle en a pris la doutance dans votre œil, dans vos révérences, dans le respect de vos paroles.

DORANTE : Elle t'en a donc dit quelque chose.

LISETTE : Oui, Monsieur; j'en discourons parfois : « Lisette, ce me fait-elle, je crois que ce garçon de Paris m'en veut; sa civilité me le montre. — C'est votre beauté qui li oblige, ce li fais-je. — Alle repart : Ce n'est pas qu'il m'en ait dit aucun mot; car il n'oserait; ma qualité l'empêche. — Ça viendra, ce li dis-je. — Oh! que nenni, ce me dit-elle; il m'appriande trop; je serais pourtant bian aise d'être çartaine, à celle fin de n'en plus douter. — Mais il vous fâchera s'il s'enhardit, ce li dis-je. — Vraiment oui, ce dit-elle; mais faut savoir à qui je parle; j'aime encore mieux être fâchée que douteuse. »

LÉPINE : Ah! que cela est bon, Monsieur! comme l'amour nous la mitonne!

LISETTE : Eh! oui, c'est mon opinion itou. Hier encore, je li disais, toujours à vote endroit : « Madame, queu dommage qu'il soit bourgeois de nativité! Que c'est une belle prestance d'homme! Je n'avons point de noblesse qui ait cette philosomie-là : alle est magnifique. Pardi! quand ce serait pour la face d'un prince. — T'as raison, Lisette, me repart-elle; oui, ma fille, c'est dommage; cette nativité est fâcheuse; car le personnage est agriable; il fait plaisir à considérer; je n'en vas pas à l'encontre. »

DORANTE : Mais, Lisette, suivant ce que tu me rapportes là, je pourrais donc risquer l'aveu de mes sentiments?

LISETTE : Ah! Monsieur, qui est-ce qui sait ça? Parsonne. Alle a de la raison en tout et partout, hors dans cette affaire de noblesse. Faut pas vous tromper. Il n'y

a que les gentilshommes qui soyont son prochain; le reste est quasiment de la formi pour elle. Ce n'est pas que vous ne li plaisiais. S'il n'y avait que son cœur, je vous dirais : « Il vous attend, il n'y a qu'à le prenre »; mais cette gloire est là qui le garde; ce sera elle qui gouvarnera ça, et faudrait trouver queuque manigance.

LÉPINE : Attaquons, Monsieur. Qu'est-ce que c'est que la gloire? Elle n'a vaillant que des cérémonies.

DORANTE : Mon intention, Lisette, était d'abord de t'engager à me servir auprès d'Angélique; mais cela serait inutile à ce que je vois, et il me vient une autre idée. Je sors d'avec le Marquis, à qui, sans me nommer, j'ai parlé d'un très riche parti qui se présentait pour sa fille; et sur tout ce que je lui en ai dit, il m'a permis de le proposer à Angélique; mais je juge à propos que tu la préviennes avant que je lui parle.

LISETTE : Et que li dirais-je?

DORANTE : Que je t'ai interrogée sur l'état de son cœur, et que j'ai un mari à lui offrir. Comme elle croit que je l'aime, elle soupçonnera que c'est moi, et tu lui diras qu'il t'a semblé que je parlais pour un autre, pour quelqu'un d'une condition égale à la mienne.

LISETTE, *étonnée* : D'un autre bourgeois ainsi que vous?

LÉPINE : Oui-da; pourquoi non? Cette finesse-là a je ne sais quoi de mystérieux et d'obscur, où j'aperçois quelque chose... qui n'est pas clair.

LISETTE : Moi, j'aperçois qu'alle sera furieuse, qu'alle va dire en indignation, par dépit. Peut-être qu'alle vous excuserait, vous, maugré la bourgeoisie; mais n'y aura pas de marci pour un pareil à vous; alle dégrignera votre homme, alle dira que c'est du fretin.

DORANTE : Oui, je m'attends bien à des mépris; mais je ne les éviterai peut-être pas si je me déclarais sans détour et si je ne me laisseraient plus de ressource; au lieu qu'alors ils ne s'adresseront plus à moi.

LÉPINE : Fort bien!

LISETTE : Oui, je comprends; ce ne sera pas vous qui aurez eu les injures, ce sera l'autre; et pis, quand alle saura que c'est vous...

DORANTE : Alors l'aveu de mon amour sera tout fait; je lui aurai appris que je l'aime, et n'aurai point été personnellement rejeté; de sorte qu'il ne tiendra encore qu'à elle de me traiter avec bonté.

LISETTE : Et de dire : C'est une autre histoire, je ne parlais pas de vous.

LÉPINE : Et voilà précisément ce que j'ai tout d'un coup deviné, sans avoir eu l'esprit de le dire.

LISETTE : Ce tournant-là [6] me plaît; et même faut d'abord que je vous en procure des injures, à celle fin de ça vous profite après. Mais je la vois qui se promène sur la terrasse. Allez-vous en, Monsieur, pour me bailler le temps de la dépiter envars vous. (*Dorante et Lépine s'en vont, Lisette les rappelle.*) A propos, Monsieur, faut itou que vous li touchiais une petite parole sur ce que Lépaine me recharche : j'ai ma finesse à ça, que je vous conterai.

DORANTE : Oui-da!

LÉPINE : Je te donne mes pleins pouvoirs.

---

5. *En rassoter* a ici le sens de: en être infatué, entêté.

6. Au figuré, moyen détourné.

Scène III : Angélique, Lisette.

ANGÉLIQUE : Il me semblait de loin avoir vu Dorante avec toi.

LISETTE : Vous n'avez pas la barlue, Madame, et il y a bian des nouvelles. C'est Monsieur Dorante li-même, qui s'enquierre comment vous va le cœur, et si parsonne ne l'a prins ; c'est mon galant Lépaine qui demande après le mien. Est-ce que ça n'est pas bian ?

ANGÉLIQUE : L'intérêt que Dorante prend à mon cœur ne m'est point nouveau. Tu sais les soupçons que j'avais là-dessus, et Dorante est aimable ; mais malheureusement il lui manque de la naissance, et je souhaiterais qu'il en eût ; j'ai même eu besoin quelquefois de me ressouvenir qu'il n'en a point.

LISETTE : Oh bian ! ce n'est pas la peine de vous ressouvenir de ça ; vous voilà exempte de mémoire.

ANGÉLIQUE : Comment ! l'aurais-tu rebuté ? et renonce-t-il à moi, dans la peur d'être mal reçu ? Quel discours lui as-tu donc tenu ?

LISETTE : Aucun. Il n'a peur de rian. Il n'a que faire de renoncer : il ne vous veut pas. C'est seulement qu'il est le commis d'un autre.

ANGÉLIQUE : Que me contes-tu là ? Qu'est-ce que c'est que le commis d'un autre ?

LISETTE : Oui ; d'un je ne sais qui, d'un mari tout prêt qu'il a en main, et qu'il désire de vous présenter par-devant notaire. Un homme jeune, opulent, un bourgeois de sa sorte.

ANGÉLIQUE : Dorante est bien hardi !

LISETTE : Oh ! pour ça, oui ! bien téméraire envars une damoiselle de votre étoffe et de la conséquence de vos père et mère ; ça m'a donné un scandale !...

ANGÉLIQUE : Pars tout à l'heure ; va lui dire que je me sens offensée de la proposition qu'il a dessein de me faire, et que je n'en veux point entendre parler.

LISETTE : Et que cet acabit de mari n'est pas capable d'être voute homme ; allons.

ANGÉLIQUE : Attends, laisse-le venir ; dans le fond, il est au-dessous de moi d'être si sérieusement piquée.

LISETTE : Oui, la moquerie suffit ; il n'y a qu'à lever l'épaule avec du petit monde.

ANGÉLIQUE : Je ne reviens pas de mon étonnement, je l'avoue.

LISETTE : Je sis tout ébahie ; car j'ons veu des mines d'amoureux, et il en avait une pareille ; je vous prends à témoin.

ANGÉLIQUE : Jusque-là que j'ai craint qu'à la fin il ne m'obligeât à le refuser lui-même. Je m'imaginais qu'il m'aimait ; je ne le soupçonnais pas, je le croyais.

LISETTE : Avoir un visage qui ment, est-il permis ?

ANGÉLIQUE : Non, Lisette ; il n'a été que ridicule, et c'est nous qui nous trompions. Ce sont ses petites façons doucereuses et soumises que nous avons prises pour de l'amour. C'est manque de monde. Ces petits messieurs-là, pour avoir bonne grâce, croient qu'il n'y a qu'à se prosterner et à dire des fadeurs ; ils n'en savent pas davantage.

LISETTE : Encore, s'il parlait pour son compte, je li

pardonnais quasiment ; car je le trouvais joli, comme vous le trouviais itou, à ce qu'ous m'avez dit.

ANGÉLIQUE : Joli ? Je ne parlais pas de sa figure ; je ne l'ai jamais trop remarquée ; non qu'il ne soit assez bien fait ; ce n'est pas là ce que je conteste.

LISETTE : Pardi non, n'y a pas de rancune à ça ; c'est un malappris qui s'est bien torné, et pis c'est tout.

ANGÉLIQUE : Qui a l'air assez commun pourtant, l'air de ces gens-là : mais ce qu'il avait d'aimable pour moi, c'est son attachement pour mon père, à qui même il a rendu quelque service ; voilà ce qui le distinguait à mes yeux, comme de raison.

LISETTE : La belle magnière de penser ! Ce que c'est que d'aimer son père !

ANGÉLIQUE : La reconnaissance va loin dans les bons cœurs ; elle a quelquefois tenu lieu d'amour.

LISETTE : Cette reconnaissance-là, alle vous aurait menée à la noce, ni pus ni moins.

ANGÉLIQUE : Enfin, heureusement m'en voilà débarrassée ; car quelquefois, à dire vrai, l'amour que je lui croyais ne laissait pas de m'inquiéter.

LISETTE : Oui ; mais de Lépaine que ferais-je, moi qui sis participante de votre rang ?

ANGÉLIQUE : Ce qu'une fille raisonnable, qui m'appartient et qui est née quelque chose, doit faire d'un valet qui ne lui convient pas, et du valet d'un homme qui manque aux égards qu'il me doit.

LISETTE : Ça suffit. S'il retourne à moi, je vous le garde son petit fait [7]... et je vous recommande le maître. Le voilà qui rôde à l'entour d'ici, et je m'échappe afin qu'il arrive. Je repasserons pour savoir les nouvelles.

Scène IV : Dorante, Angélique.

DORANTE : Oserais-je, sans être importun, Madame, vous demander un moment d'entretien ?

ANGÉLIQUE : Importun, Dorante ! pouvez-vous l'être avec nous ? Voilà un début bien sérieux. De quoi s'agit-il ?

DORANTE : D'une proposition que Monsieur le Marquis m'a permis de vous faire, qu'il vous rend la maîtresse d'accepter ou non, mais dont j'hésite à vous parler, et que je vous conjure de me pardonner, si elle ne vous plaît pas.

ANGÉLIQUE : C'est donc quelque chose de bien étrange ? Attendez ; ne serait-il pas question d'un certain mariage, dont Lisette m'a déjà parlé ?

DORANTE : Je ne l'avais pas priée de vous prévenir ; mais c'est de cela même, Madame.

ANGÉLIQUE : En ce cas-là, tout est dit, Dorante ; Lisette m'a tout conté. Vos intentions sont louables, et votre projet ne vaut rien. Je vous promets de l'oublier. Parlons d'autre chose.

DORANTE : Mais, Madame, permettez-moi d'insister ; le récit de Lisette ne peut pas être exact.

ANGÉLIQUE : Dorante, si c'est de bonne foi que vous

---

7. *Garder* signifie ici réserver, et *son fait* a le sens qu'il a dans l'expression *avoir son fait* : recevoir quelque mécompte, quelque châtiment.

avez craint de me fâcher, la manière dont je m'explique doit vous arrêter, ce me semble; et je vous le répète encore, parlons d'autre chose.

DORANTE : Je me tais, Madame, pénétré de douleur de vous avoir déplu.

ANGÉLIQUE, *riant* : Pénétré de douleur! C'en est trop. Il ne faut point être si affligé, Dorante. Vos expressions sont trop fortes; vous parlez de cela comme du plus grand des malheurs.!

DORANTE : C'en est un très grand pour moi, Madame, que de vous avoir déplu. Vous ne connaissez ni mon attachement, ni mon respect.

ANGÉLIQUE : Encore? Je vous déclare, moi, que vous me désespérez, si vous ne vous consolez pas. Consolez-vous donc par politesse, et changeons de matière. Aurons-nous le plaisir de vous avoir encore ici quelque temps? Comptez-vous y faire un peu de séjour?

DORANTE : Je serais trop heureux de pouvoir y demeurer toute ma vie, Madame...

ANGÉLIQUE : Tout de bon! Et moi, trop enchantée de vous y voir toute la mienne. Continuez.

DORANTE : Je n'ose plus vous répondre, Madame.

ANGÉLIQUE : Pourquoi? Je parle votre langage; je réponds à vos exagérations par les miennes. On dirait que votre souverain bonheur consiste à ne pas me perdre de vue et j'en serais fâchée. Vous avez une douleur profonde pour avoir pensé à un mariage dont je me contente de rire; vous montrez une tristesse mortelle, parce que je vous empêche de répéter ce que Lisette m'a déjà dit. Eh mais! vous succomberez sous tant de chagrins; il n'y va pas moins que de votre vie, s'il faut vous en croire.

DORANTE : Souffrirez-vous que je parle, Madame? Il n'y a rien de moins incroyable que le plaisir infini que j'aurais à vous voir toujours, rien de plus croyable que l'extrême confusion que j'ai de vous avoir indisposée contre moi, rien de plus naturel que d'être touché autant que je le suis de ne pouvoir du moins me justifier auprès de vous.

ANGÉLIQUE : Eh mais! je les sais vos justifications; vous les mettriez en plusieurs articles, et je vais les réduire en un seul; c'est que celui que vous me proposez est extrêmement riche. N'est-ce pas là tout?

DORANTE : Ajoutez-y, Madame, que c'est un honnête homme.

ANGÉLIQUE : Eh! sans doute. Je vous dis qu'il est riche; c'est la même chose.

DORANTE : Ah! Madame, ne fût-ce qu'en ma faveur, ne confondons pas la probité avec les richesses. Daignez vous ressouvenir que je suis riche aussi, et que je mérite qu'on les distingue.

ANGÉLIQUE : Cela ne vous regarde pas, Dorante, et je vous excepte; mais que vous me disiez qu'il est honnête homme, il ne lui manquerait plus que de ne pas l'être!

DORANTE : Il est d'ailleurs estimé, connu, destiné à un poste important.

ANGÉLIQUE : Sans doute, on a des places et des dignités avec de l'argent; elles ne sont pas glorieuses : venons au fait. Quel est-il votre homme?

DORANTE : Simplement un homme de bonne famille,

mais à qui, malgré cela, Madame, on offre actuellement de très grands partis.

ANGÉLIQUE : Je vous crois. On voit de tout dans la vie.

DORANTE : Je me tais, Madame; votre opinion est que j'ai tort, et je me condamne.

ANGÉLIQUE : Croyez-moi, Dorante, vous estimez trop les biens, et le bon usage que vous faites des vôtres vous excuse. Mais, entre nous, que ferais-je avec un homme de cette espèce-là? Car la plupart de ces gens-là sont des espèces [8], vous le savez. L'honnête homme d'un certain état n'est pas l'honnête homme du mien. Ce sont d'autres façons, d'autres sentiments, d'autres mœurs, presque un autre honneur; c'est un autre monde. Votre ami me rebuterait, et je le gênerais.

DORANTE : Ah! Madame, épargnez-moi, je vous prie; vous m'avez promis d'oublier mon tort, et je compte sur cette bonté-là dans ce moment même.

ANGÉLIQUE : Pour vous prouver que je n'y songe plus, j'ai envie de vous prier de rester encore avec nous quelque temps; vous me verrez peut-être incessamment mariée.

DORANTE : Comment, Madame?

ANGÉLIQUE : J'ai un de mes parents qui m'aime et que je ne hais pas; qui est actuellement à Paris, où il suit un procès dont le gain est presque sûr, et qui n'attend que ce succès pour venir demander ma main.

DORANTE : Et vous l'aimez, Madame?

ANGÉLIQUE : Nous nous connaissons dès l'enfance.

DORANTE : J'ai abusé trop longtemps de votre patience, et je me retire toujours pénétré de douleur.

ANGÉLIQUE, *en le voyant partir* : Toujours cette douleur! Il faut qu'il ait une manie pour ces grands mots-là!

DORANTE, *revenant* : J'oubliais de vous prévenir sur une chose, Madame. Lépine, à qui je destine une récompense de ses services, voudrait épouser Lisette, et je lui défendrai d'y penser, si vous me l'ordonnez.

ANGÉLIQUE : Lisette est une fille de famille qui peut trouver mieux, Monsieur, et je ne vois pas que votre Lépine lui convienne.

Dorante prend encore congé d'elle.

Scène V : Le Marquis, Angélique, Dorante.

LE MARQUIS, *arrêtant Dorante* : Ah! vous voilà, Dorante? Vous avez sans doute proposé à ma fille le mariage dont vous m'avez parlé? L'acceptez-vous, Angélique?

ANGÉLIQUE : Non, mon père. Vous m'avez laissé la liberté d'en décider, à ce que m'a dit Monsieur, et vous avez bien prévu, je pense, que je ne l'accepterais pas.

LE MARQUIS : Point du tout, ma fille; j'espérais tout le contraire. Dès que c'est Dorante qui le propose, ce ne peut être qu'un de ses amis, et, par conséquent, un homme très estimable, qui doit d'ailleurs avoir un rang, et que vous auriez pu épouser avec l'approbation de tout

---

8. *Des espèces* se dit, par mépris, de personnes auxquelles on ne trouve ni qualités ni mérite.

le monde. Cependant ce sont là des choses sur lesquelles il est juste que vous restiez la maîtresse.

ANGÉLIQUE : Je sais vos bontés pour moi, mon père; mais je ne croyais pas m'être éloignée de vos intentions.

DORANTE : Pour moi, Monsieur, la répugnance de Madame ne me surprend point. J'aurais assurément souhaité qu'elle ne l'eût point eue; son refus me mortifie plus que je ne puis l'exprimer, mais j'avoue en même temps que je ne le blâme point. Née ce qu'elle est, c'est une noble fierté qui lui sied, et qui est à sa place; aussi le mari que je proposais, et dont je sais les sentiments comme les miens, n'osait-il se flatter qu'on lui ferait grâce, et ne voyait que son amour et que son respect qui fussent dignes de Madame.

ANGÉLIQUE : La vérité est que je n'aurais pas cru avoir besoin d'excuse auprès de vous, mon père; et je m'imaginais que vous aimeriez mieux me voir au Baron, qu'il ne tient qu'à moi d'épouser s'il gagne son procès.

LE MARQUIS : Il l'a gagné, ma fille; le voilà en état de se marier, et vous serez contente.

ANGÉLIQUE : Il l'a gagné, mon père? Quoi! sitôt?

LE MARQUIS : Oui, ma fille. Voici une lettre que je viens de recevoir de lui, et qu'il a écrite la veille de son départ. Il me mande qu'il vient vous offrir sa fortune, et nous le verrons peut-être ce soir. Vous m'aviez paru jusqu'ici très médiocrement prévenue en sa faveur, vous avez changé. Puisse-t-il mériter la préférence que vous lui donnez! Si vous voulez lire sa lettre, la voilà.

DORANTE : Je pourrais être de trop dans ce moment-ci, Monsieur, et je vous laisse seuls.

LE MARQUIS : Non, Dorante, je n'ai rien à dire, et je n'aurais d'ailleurs aucun secret pour vous. Mais, de grâce, satisfaites ma juste curiosité. Quel est cet honnête homme de vos amis qui songeait à ma fille, et qui se serait cru si heureux de partager ses grands biens avec elle? En vérité, nous lui devons du moins de la reconnaissance. Il aime tendrement Angélique, dites-vous? Où l'a-t-il vue, depuis six ans qu'elle est sortie de Paris?

DORANTE : C'est ici, Monsieur.

LE MARQUIS : Ici, dites-vous?

DORANTE : Oui, Monsieur, et il y possède même une terre.

LE MARQUIS : Je ne me rappelle personne que cela puisse regarder. Son nom, s'il vous plaît? Vous ne risquez rien à nous le dire.

DORANTE : C'est moi, Monsieur.

LE MARQUIS : C'est vous?

ANGÉLIQUE, à part : Qu'entends-je!

LE MARQUIS : Ah! Dorante, que je vous regrette!

DORANTE : Oui, Monsieur, c'est moi à qui l'amour le plus tendre avait imprudemment suggéré un projet, dont il ne me reste plus qu'à demander pardon à Madame.

ANGÉLIQUE : Je ne vous en veux point, Dorante; j'en suis bien éloignée, je vous assure.

DORANTE : Vous voyez à présent, Madame, que ma douleur n'était point exagérée, et qu'il n'y avait rien de trop dans mes expressions.

ANGÉLIQUE : Vous avez raison; je me trompais.

LE MARQUIS : Sans son inclination pour le Baron, je suis persuadé qu'Angélique vous rendrait justice dans cette occurrence-ci; mais il ne me reste plus que l'autorité de père, et vous n'êtes pas homme à vouloir que je l'emploie.

DORANTE : Ah! Monsieur, de quoi parlez-vous? Votre autorité de père! Suis-je digne que Madame vous entende seulement prononcer ces mots-là pour moi!

ANGÉLIQUE : Je ne vous accuse de rien, et je me retire.

Scène VI : Le Marquis, Dorante.

LE MARQUIS : Que j'aurais été content de vous voir mon gendre!

DORANTE : C'est une qualité qui, de toutes façons, aurait fait le bonheur de ma vie, mais qui n'aurait pu rien ajouter à l'attachement que j'ai pour vous.

LE MARQUIS : Je vous crois, Dorante, et je ne saurais douter de votre amitié; j'en ai trop de preuves; mais je vous en demande encore une.

DORANTE : Dites, Monsieur, que faut-il faire?

LE MARQUIS : Ce n'est pas ici le moment de m'expliquer; je suis d'ailleurs pressé d'aller donner quelques ordres pour une affaire qui regarde le Baron. Je n'ai, au reste, qu'une simple complaisance à vous demander; puis-je me flatter de l'obtenir?

DORANTE : De quoi n'êtes-vous pas le maître avec moi?

LE MARQUIS : Adieu; je vous reverrai tantôt.

Scène VII : Lépine, Lisette, Dorante.

DORANTE : Je la perds sans ressource! Il n'y a plus d'espérance pour moi!

LISETTE : Je vous guettons, Monsieur. Or sus, qu'y a-t-il de nouviau?

LÉPINE : Comment vont nos affaires de votre côté?

DORANTE : On ne peut pas plus mal. Je pars demain. Elle a une inclination; Lisette, tu ne m'avais pas parlé du Baron qui est son parent, et qu'elle attend pour l'épouser.

LISETTE : N'est-ce que ça? Moquez-vous de son Baron, je sais le fonds et le tréfonds [9]. Faut qu'alle soit bian dépitée pour avoir parlé de la magnière. Tant mieux : que le Baron vienne, il la hâtera d'aller. Gageons qu'alle a été bian rudânière envars vous, bian ridicule et malhonnête.

DORANTE : J'ai été fort maltraité.

LÉPINE : Voilà notre compte.

LISETTE : Ça va comme un charme. Sait-elle qu'ous êtes l'homme?

DORANTE : Eh! sans doute; mais cela n'a produit qu'un peu plus de douceur et de politesse.

LISETTE : C'est qu'alle fait déjà la chattemite [10]; velà le repentir qui l'amende.

LÉPINE : Oui, cette fille-là est dans un état violent.

DORANTE : Je vous dis que je me suis nommé, et que son refus subsiste.

---

9. *Savoir le fonds et le tréfonds d'une affaire* se dit pour : la savoir parfaitement.

10. On qualifie de *chattemite* une personne qui affecte des manières humbles et flatteuses.

LISETTE : Eh! c'est cette gloire; mais ça s'en ira : velà que ça meurit, faut que ça tombe; j'en avons la marque; à telles enseignes que tantôt...

LÉPINE : Pesez ce qu'elle va dire.

DORANTE : Lisette se trompe à force de zèle.

LISETTE : Paix; sortez d'ici. Je la vois qui vient en rêvant. Allez-vous-en, de peur qu'alle ne vous rencontre. N'oublie pas de venir pour la besogne que tu sais, et que tu diras à Monsieur, entends-tu, Lépaine? Je nous varrons pour le conseil.

Scène VIII : Angélique rêve, Lisette.

LISETTE : Qu'est-ce donc, Madame? Vous velà bian pensive! J'ons rencontré ce petit bourgeois, qui avait l'air pus sot! pus benêt! sa philosomie était pus longue! alle ne finissait point; c'était un plaisir. C'est que vous avez bian rabroué le freluquet, n'est-ce pas? Contez-moi ça, Madame.

ANGÉLIQUE : Freluquet! Je n'ai jamais dit que c'en fût un; ce n'est pas là son défaut.

LISETTE : Dame! vous l'avez appelé *petit monsieur*; et un petit monsieur, c'est justement et à point un freluquet, il n'y a pas pus à pardre ou à gagner sur l'un que sur l'autre.

ANGÉLIQUE : Eh bien! j'ai eu tort; je n'ai point à me plaindre de lui.

LISETTE : Ouais! point à vous plaindre de li! Comment, marci de ma vie! Dorante n'est pas un malappris, après l'impertinence qu'il a commise envars la révérence due à votre qualité!

ANGÉLIQUE : Qu'elle est grossière! Crie, crie encore plus fort, afin qu'on t'entende.

LISETTE : Eh bian! il n'y a qu'à crier pus bas.

ANGÉLIQUE : C'est toi qui n'es qu'une étourdie, qui n'as pas eu le moindre jugement avec lui.

LISETTE : Ça m'étonne. J'ons pourtant cotume d'avoir toujours mon jugement.

ANGÉLIQUE : Tu as tout entendu de travers, te dis-je; tu n'as pas eu l'esprit de voir qu'il m'aimait. Tu viens me dire qu'il a disposé de ma main pour un autre, et c'était pour lui qu'il la demandait. Tu me le peins comme un homme qui me manque de respect, et point du tout; c'est qu'on n'en eut jamais tant pour personne, c'est qu'il en est pénétré.

LISETTE : Où est-ce qu'alle est donc cette pénétration, puisqu'il a prins la licence d'aller vous déclarer *je vous aime*, maugré voute importance?

ANGÉLIQUE : Eh! non, brouillonne, non; tu ne sais encore ce que tu dis. Je ne le saurais pas, son amour; je ne ferais que le soupçonner, sans le détour qu'il a pris pour me l'apprendre. Il lui a fallu un détour! N'est-ce pas là un homme bien hardi, bien digne de l'accueil que tu lui as attiré de ma part? En vérité, il y a des moments où je suis tentée de lui en faire mes excuses, et je le devrais peut-être.

LISETTE : Prenez garde à voute grandeur; alle est bien douillette en cette occurrence.

ANGÉLIQUE : Écoute, je ne te querelle point; mais ta bévue me met dans une situation bien fâcheuse.

LISETTE : Eh! d'où viant? Est-ce qu'ous êtes obligée d'honorer cet homme, à cause qu'il vous aime? Est-ce que son inclination vous commande? Il vous l'a déclarée par un tour? Eh bien! qu'il torne. Ne tiant-il qu'à torner pour avoir la main du monde? Où est l'embarras? Quand vous auriez su d'abord que c'était li, c'était votre intention d'être suparbe, vous l'auriez rabroué pas moins.

ANGÉLIQUE : Eh! qu'en sais-je? De la manière dont je vois mon père mortifié de mon refus, je ne saurais répondre de ce que j'aurais fait. Tu sais de quoi je suis capable pour lui plaire; je n'entends point raison là-dessus.

LISETTE : Ça est bian, et mêmement [11] vénérable; mais voute père est bonhomme; il ne voudrait pas vous bailler de petites gens en mariage. Faut donc qu'il ne s'y connaisse pas, pisqu'il désire que vous épousiais un homme comme ça.

ANGÉLIQUE : Mais, c'est que Dorante n'est pas un homme *comme ça*. Tu le confonds toujours avec ce je ne sais qui dont tu m'as parlé; et ce n'est pas là Dorante.

LISETTE : C'est que ma mémoire se brouille, rapport à cet autre.

ANGÉLIQUE : Dorante n'a pas fait sa fortune; il l'a trouvée toute faite. Dorante est de très bonne famille, et très distinguée, quoique sans noblesse; de ces familles qui vont à tout, qui s'allient à tout. Dorante épousera qui il voudra; c'est d'ailleurs un fort honnête homme.

LISETTE : Oh! pour ça oui, un gentil caractère, un brave cœur, qui se trouvait là de rencontre.

ANGÉLIQUE : Et, en vérité, Lisette, beaucoup plus aimable que je ne pensais. Cette aventure-ci m'a appris à le connaître et mon père a raison. Je ne suis point surprise qu'il le regrette, qu'il soit mortifié de me donner au Baron.

LISETTE : Au Baron! Est-ce que vous allez être sa baronne?

ANGÉLIQUE : Eh! vraiment, mon père l'attend pour nous marier, car il croit que je l'aime, et il n'en est rien.

LISETTE : Eh! pardi! il n'y a qu'à lui dire qu'il s'abuse.

ANGÉLIQUE : Il n'y a donc qu'à lui dire aussi que je suis folle; car c'est moi qui l'ai persuadé que je l'aimais.

LISETTE : Eh! pourquoi avoir jeté cette bourde-là en avant?

ANGÉLIQUE : Eh! pourquoi? Ce n'est pas là tout; je l'ai fait accroire à Dorante lui-même.

LISETTE : Et la cause?

ANGÉLIQUE : Sait-on ce qu'on dit quand on est fâchée? C'était pour le braver, et dans la peur qu'il ne se fût flatté que je ne le haïssais pas.

LISETTE : C'est par trop finasser aussi. Mais pour à l'égard du [12] Baron, il y aura du répit; car il est à Paris qui plaide; les procureurs et les avocats ne le lâcheront pas sitôt, et j'avons de la marge.

ANGÉLIQUE : Eh! point du tout. Il arrive, ce malheu-

---

11. Qui plus est.
12. Expression redondante de la langue familière : quant à, en ce qui concerne.

reux Baron; il a gagné son maudit procès que l'on croyait immortel, qui ne devait jamais finir que dans cent ans; il l'a gagné par je ne sais quelle protection qu'on lui a procurée; car il y a des gens qui se mêlent de ce dont ils n'ont que faire. Enfin, il arrive ce soir; il entre peut-être actuellement dans la cour du château.

LISETTE : Faut vous tirèr de là, coûte qui coûte.

ANGÉLIQUE : A quelque prix que ce soit; tu penses fort bien.

LISETTE : Faut demander du temps d'abord.

ANGÉLIQUE : Du temps? Cela ne me raccommodera pas avec mon père.

LISETTE : Oh! dame, votre père! il ne songe qu'à son Dorante.

ANGÉLIQUE : Eh bien! son Dorante! que t'a-t-il fait? Car il me semble que ta fureur est que je le haïsse.

LISETTE : Moi?

ANGÉLIQUE : Mais oui; tu as de l'antipathie pour lui, je l'ai remarqué.

LISETTE : C'est que je sais que vous ne l'aimez pas.

ANGÉLIQUE : Ce serait mon affaire. Je n'ai point d'aversion pour lui, et c'en est assez pour une fille raisonnable.

LISETTE : Le pus principal, c'est ce Baron qui arrive.

ANGÉLIQUE : Eh! laisse là ce Baron éternel.

LISETTE : Eh bian! Madame, prenez donc l'autre.

ANGÉLIQUE : Ma difficulté est que je l'ai refusé, qu'il s'est nommé et que je n'ai rien dit.

LISETTE : N'y a qu'à le rappeler.

ANGÉLIQUE : Ah! voilà ce que je ne saurais faire; je ne me résoudrai jamais à cette humiliation-là.

LISETTE : Allons, c'est bien fait, et vive la grandeur! Plutôt mourir que d'avoir l'affront d'être honnête!

ANGÉLIQUE : Tout ce que tu me proposes est extrême. J'imagine pourtant un moyen de renouer avec lui sans me compromettre.

LISETTE : Lequeul?

ANGÉLIQUE : Un moyen qui te sera même avantageux, et je suis d'avis que tu ailles le trouver de ma part.

LISETTE : Tenez; je vois Lépaine qui passe; baillez-li vote orde.

ANGÉLIQUE : Appelle-le.

Scène IX : Angélique, Lépine, Lisette.

LISETTE : Monsieur, Monsieur de Lépaine, approchez-vous vers Madame.

LÉPINE : Que lui plaît-il, à Madame?

ANGÉLIQUE : Va, je te prie, informer ton maître que j'aurais un mot à lui dire.

LÉPINE : Je l'en informerai le plus vite que je pourrai, Madame; car je vais si lentement... Je n'ai le cœur à rien. Ah!

ANGÉLIQUE : Que signifie donc ce soupir? On dirait qu'il vient de pleurer.

LÉPINE : Oui, Madame, j'ai pleuré, je pleure encore, et je n'y renonce pas; je n'ai peut être pour le reste de l'année, qui n'est pas bien avancée. Je suis homme à faire des cris de désespéré, sans respect de personne.

LISETTE : Miséricorde!

ANGÉLIQUE : Il m'alarme. Qu'est-il donc arrivé?

LÉPINE : Hélas! vous le savez bien, Madame, vous qui nous renvoyez tous deux, mon maître et moi, comme de trop minces personnages; ce qui fait que nous partons.

ANGÉLIQUE, *bas, à Lisette* : Entends-tu, Lisette? ils partent.

LISETTE : Je serons boudées par Monsieur le Marquis.

ANGÉLIQUE : Il ne me le pardonnera pas, Lisette, et Dorante le sait bien.

LÉPINE : Il se retire à demi mort, et moi aussi.

ANGÉLIQUE, *bas, à Lisette* : Ah! le méchant homme!

LISETTE : Oui, il y a de la malice à ça.

LÉPINE : Nous n'arriverons jamais à Paris que défunts, quoique à la fleur de notre âge. Car nous méritions de vivre; mais vous nous poignardez, et c'est la valeur de deux meurtres que vous vous reprocherez quelque jour.

ANGÉLIQUE : Il me fait tout le mal qu'il peut.

LISETTE : Pour l'attraper, je l'épouserais.

ANGÉLIQUE, *à Lépine* : Va le chercher, te dis-je. Où est-il?

LÉPINE : Je n'en sais rien, Madame, ni lui non plus; car nous sommes comme des égarés, surtout depuis que nos ballots sont faits.

LISETTE : Cela se passera par les chemins; vous garirez au grand air.

ANGÉLIQUE : Non, non, console-toi, Lépine. Il faudra bien du moins que Dorante retarde de quelques jours; car, toute réflexion faite, j'allais dire à Lisette que j'approuve qu'elle t'épouse; et ton maître, qui t'aime, assistera sans doute à ton mariage. Lisette ne voulait que mon consentement, et je le donne. Va, hâte-toi de l'en instruire.

LÉPINE, *sautant de joie* : Je suis guéri!

LISETTE : Votre consentement, Madame! Oh! que nenni. Vous me considérez trop pour ça et je m'en vais. Vote sarvante, Monsieur de Lépaine.

LÉPINE : Je retombe.

ANGÉLIQUE : Restez, Lisette; je vous défends de sortir : j'ai quelque chose à vous dire. *(A Lépine.)* Attends que je lui parle, et éloigne-toi de quelques pas.

LÉPINE, *s'écartant* : Oui, Madame; mon état a besoin de secours.

ANGÉLIQUE, *à l'écart, à Lisette* : Que vous êtes haïssable! N'est-on pas bien récompensée de l'intérêt qu'on prend à vous? Etes-vous folle de ne pas prendre cet homme-là?

LISETTE : Eh mais! je l'ai refusé, Madame.

ANGÉLIQUE : Plaisante délicatesse!

LISETTE : C'est de votre avis.

ANGÉLIQUE : Savais-je alors que son maître devait lui faire tant de bien?

LÉPINE, *de loin* : Voyez la bonté!

ANGÉLIQUE : Je me reprocherais toute ma vie de vous avoir fait manquer votre fortune.

LISETTE : Soyons ruinées, Madame, et toujours glorieuses; jamais d'humilité; c'est une pensée que je tiens de vous. Vous m'avez dit : « Garde ta morgue et ton rang », et je les garde. Si c'est mal fait je vous en charge.

ANGÉLIQUE : Votre fierté est si ridicule, qu'elle me dégoûte de la mienne.

LISETTE : Je suis fille de fiscal, une fois ; qu'il me vienne un bailli, je le prends.

LÉPINE, *de loin* : Un concierge a son mérite. Excusez, Madame ; c'est que j'entends parler de bailli.

ANGÉLIQUE : J'admire ma complaisance, et je finis par un mot. M'aimez-vous, Lisette ?

LISETTE : Si je vous aime ? Par delà ma propre personne.

ANGÉLIQUE : Voici un départ trop brusque, et qui va retomber sur moi. Il ne tient qu'à vous de le retarder, en vous mariant avantageusement. Ce n'est même que sous prétexte de votre mariage que j'envoie chercher Dorante, et si votre refus continue, je ne vous verrai de ma vie.

LISETTE : Votre représentation [13] m'abat ; il n'y aura pus de partance.

LÉPINE, *de loin* : Je crois que cela s'accommode.

LISETTE : Je me marierai, afin qu'il séjourne ; mais j'y boute une condition. Baillez-moi l'exemple ; amendez-vous, je m'amende.

ANGÉLIQUE : C'est une autre affaire.

LÉPINE : Est-ce fait, Madame ?

LISETTE, *se rapprochant* : Oui, Monsieur de Lépaine ; velà qui est rangé. Acoutez les paroles que je profère. Quand on varra la noce de Madame, on varra la nôtre ; la petite avec la grande.

LÉPINE, *se jetant aux genoux d'Angélique* : Ah ! quelle joie ! Je retombe à vos genoux, Madame ; sauvez la petite.

ANGÉLIQUE : Lève-toi donc ; tu n'y songes pas. Je vais chercher mon père à qui j'ai à parler ; va, de ton côté, avertir ton maître que je compte le retrouver ici, où je vais revenir dans quelques moments.

Scène X : Lépine, Lisette.

LISETTE, *riant* : Qu'en dis-tu, Lépaine ? Velà de bonne besogne ; cette fille-là marche toute seule ; n'y a pus qu'à la voir aller.

LÉPINE : Respirons.

Scène XI : Dorante, Lépine, Lisette.

DORANTE : Eh bien ! Lisette, as-tu vu Angélique ?

LISETTE : Si je l'ons vue ! il vous est commandé de l'attendre ici.

DORANTE : A moi ?

LÉPINE : Oui, Monsieur ; je vous défends de partir, par un ordre de sa part.

LISETTE : Et si vous partez, alle renonce à moi, parce que ce sera ma faute.

LÉPINE : C'est elle qui me marie avec Lisette, Monsieur.

LISETTE : Et il va être mon homme, pour à celle fin que vous restiais.

LÉPINE : Il n'y a ballot qui tienne ; il faut tout défaire.

LISETTE : Et vous êtes un méchant homme de vouloir vous en aller, pour la faire bouder par son père.

DORANTE : Expliquez-moi donc ce que cela signifie, vous autres.

LISETTE : Et je lui ai enjoint qu'alle serait votre femme, et alle ne s'est pas rebéquée [14].

LÉPINE : Souvenez-vous que vous languissez ; n'oubliez pas que vous êtes mourant.

DORANTE : Éclaircissez-moi, mettez-moi au fait ; je ne vous entends pas.

LISETTE : N'y a pus de temps ; ce sera pour tantôt. Suis-moi, Lépaine ; velà Monsieur le Marquis qui entre.

DORANTE, *à Lépine et à Lisette, qui s'en vont* : Vous me laissez dans une furieuse inquiétude.

Scène XII : Le Marquis, Dorante.

LE MARQUIS : Je vous cherchais, Dorante, et je viens vous sommer de la parole [15] que vous m'avez donnée tantôt. Vous ne savez pas que j'ai encore une fille, une cadette qui vaut bien son aînée.

DORANTE : Eh bien ! Monsieur ?

LE MARQUIS : Cette cadette, il faut que vous la connaissiez. Tout ce que je vous demande, c'est de la voir ; je n'en exige pas davantage. Voilà la complaisance à laquelle vous vous êtes engagé, vous ne pouvez pas vous en dédire.

DORANTE : Mais qu'en arrivera-t-il ?

LE MARQUIS : Rien ; nous verrons.

Scène XIII : Angélique, le Marquis, Dorante.

ANGÉLIQUE : Je venais vous parler, mon père, et je ne suis point fâchée que Dorante soit présent à ce que j'ai à vous dire. Il a tantôt proposé un mariage qui m'a d'abord répugné, j'en conviens.

DORANTE : Votre refus m'afflige, Madame, mais je le respecte, et n'en murmure point.

ANGÉLIQUE : Un moment, Monsieur. Je sais jusqu'où va l'amitié que mon père a pour vous ; et, si vous vous étiez nommé, les choses se seraient passées différemment ; il n'aurait pas été question de mes répugnances ; ma tendresse pour lui les aurait fait taire ou me les aurait ôtées, Monsieur. Il n'a tenu qu'à vous de lui épargner la douleur où je l'ai vu de mon refus ; je n'aurais pas eu celle de lui avoir déplu, et je ne l'ai chagriné que par votre faute.

LE MARQUIS : Eh ! non, ma fille ; vous ne m'avez point déplu ; ôtez-vous cela de l'esprit. Il est vrai que Dorante m'est cher, mais je ne saurais vous savoir mauvais gré d'avoir fait un autre choix.

ANGÉLIQUE : Vous m'excuserez, mon père : vous ne voulez pas me le dire, et vous me ménagez ; mais vous étiez très mécontent de moi.

LE MARQUIS : Je vous répète que c'est une chimère.

ANGÉLIQUE : Très mécontent, vous dis-je ; je sais à quoi m'en tenir là-dessus, et mon parti est pris.

13. Remontrance.

14. De : *se rebéquer* qui se dit, familièrement, pour : répondre et tenir tête à un supérieur.

15. *Sommer quelqu'un de sa parole* a le sens de : demander à quelqu'un qu'il remplisse sa promesse.

DORANTE : Votre parti, Madame! Ah! de grâce, achevez; à quoi vous déterminez-vous?

LE MARQUIS : Laissons cela, Angélique; il n'est pas question ici de consulter mon goût. Vous êtes destinée à un autre : c'est au Baron; vous l'aimez, et voilà qui est fini.

ANGÉLIQUE : Non, mon père; je ne l'épouserai pas non plus, puisque je sais qu'il ne vous plaît point.

LE MARQUIS : Vous l'épouserez, et je vous l'ordonne. Savez-vous à quoi j'ai pensé? Dorante se disposait à partir, je l'ai retenu. Vous avez une sœur, j'ai exigé qu'il la vît; j'ai eu de la peine à l'y résoudre; il a fallu abuser un peu du pouvoir que j'ai sur lui; mais enfin j'ai obtenu que nous irions la voir demain, et peut-être l'arrêtera-t-elle.

DORANTE : Eh! Monsieur, cela n'est pas possible.

LE MARQUIS : Demandez à sa sœur. Dites, Angélique? n'est-il pas vrai qu'elle a de la beauté?

ANGÉLIQUE : Mais oui, mon père.

LE MARQUIS : Venez; j'ai dans mon cabinet un portrait d'elle que je veux vous montrer, et qui, de l'aveu de tout le monde, ne la flatte pas.

Scène XIV : Le Marquis, Angélique, Dorante, Lisette.

LISETTE : Monsieur, il vient de venir un homme que vous avez, dit-il, envoyé chercher pour le Baron, et qui attend dans la salle.

LE MARQUIS : Je vais lui parler; je n'ai qu'un mot à lui dire. Attendez-moi, Dorante; je reviens dans le moment.

Scène XV : Dorante, Angélique.

DORANTE, à part : Je ne sais où je suis.

ANGÉLIQUE : Vous restez donc, Monsieur?

DORANTE : Oui, Madame. Lépine m'a averti que vous aviez à me parler; et j'allais me rendre à vos ordres, si Monsieur le Marquis ne m'avait pas arrêté.

ANGÉLIQUE : Il est vrai, Monsieur; j'avais à vous apprendre que je consentais à son mariage avec Lisette.

DORANTE : Je serai donc le seul qui m'en retournerai le plus malheureux de tous les hommes.

ANGÉLIQUE : Il faut avouer que vous vous êtes bien mal conduit dans tout ceci.

DORANTE : Moi, Madame?

ANGÉLIQUE : Oui, Monsieur. Vous me proposez un inconnu que je refuse, sans savoir que c'est vous. Quand vous vous nommez, il n'est plus temps. J'ai dit que j'avais de l'inclination pour un autre, et, là-dessus, vous allez voir ma sœur.

DORANTE : Ah! Madame, j'y vais malgré moi, vous le savez. Monsieur le Marquis veut que je le suive. Daignez me défendre de lui tenir parole, je vous le demande en grâce. J'ai besoin du plaisir de vous obéir, pour avoir la force de lui résister.

ANGÉLIQUE : Je le veux bien, à condition pourtant qu'il ne saura pas que je vous le défends.

DORANTE : Non, Madame; je prends tout sur moi, et je pars ce soir.

ANGÉLIQUE : Il ne faut pas que vous partiez non plus; du moins je ne le voudrais pas; car mon père m'imputerait votre départ.

DORANTE : Eh! Madame, épargnez-moi, de grâce, le désespoir d'être témoin de votre mariage avec le Baron.

ANGÉLIQUE : Eh bien! je ne l'épouserai point, je vous le promets.

DORANTE : Vous me le promettez?

ANGÉLIQUE : Eh mais! je ne vous retiendrais pas, si je voulais l'épouser.

DORANTE : C'est du moins une grande consolation pour moi. Je n'ai pas l'audace d'en demander davantage.

ANGÉLIQUE : Vous pouvez parler.

Dorante et Angélique se regardent tous deux.

DORANTE, se jetant à genoux : Ah! Madame, qu'entends-je? Oserai-je croire qu'en ma faveur...

ANGÉLIQUE : Levez-vous, Dorante. Vous avez triomphé d'une fierté que je désavoue, et mon cœur vous en venge.

DORANTE : L'excès de mon bonheur me coupe la parole.

Scène XVI : Le Marquis, Dorante, Angélique, Lépine, Lisette.

LE MARQUIS : Que signifie ce que je vois? Dorante à vos genoux, ma fille!

ANGÉLIQUE : Oui, mon père, je suis charmée de l'y voir, et je crois que vous n'en serez pas fâché. Dispensez-moi d'en dire davantage.

LE MARQUIS : Embrassez-moi, Dorante; je suis content. Sortons, je me charge de faire entendre raison au Baron.

LISETTE, à Lépine : Tiens, prends ma main; je te la donne.

LÉPINE : Je ne reçois point de présent que je n'en donne. Prends la mienne.

LA FEMME FIDÈLE

Il y a près de dix ans que Marivaux n'a pas donné de nouvelle comédie (hors la Colonie *publiée dans le* Mercure *de juin 1750, qui n'est qu'une réduction et une adaptation de* la Nouvelle Colonie *de 1729) lorsqu'il écrit* la Femme fidèle, *à la demande, sans doute, d'un autre académicien : le comte de Clermont, arrière-petit-fils du Grand Condé et troisième fils de Louis, duc de Bourbon et de Mlle de Nantes, une fille que Madame de Montespan avait eue de Louis XIV.*

Le comte de Clermont aime à faire jouer et à jouer lui-même la comédie (son emploi est celui des « paysans, des rôles à manteaux sérieux et des financiers ») dans son château de Berny où un théâtre a été aménagé. Déjà, plusieurs pièces de Marivaux, dont les Serments indiscrets, *y ont été représentées. C'est pour la fête organisée le 24 août 1755 en l'honneur de Son Altesse Sérénissime, le comte de Clermont, que Marivaux a composé* la Femme fidèle *qui est donnée sur le théâtre de Berny le dimanche 24 et le lundi 25 août. Il n'est pas impossible, suggèrent Fournier et Bastide, que le comte lui-même « ait tenu le rôle du jardinier Colas, mais rien ne permet de l'affirmer » ; celui de Mme Argante est revenu à Mlle Asvedo « à qui le tableau d'emploi de la troupe assigne les ridicules, les soubrettes en second, les rôles sensés, les secondes amoureuses et les mères » et celui de la Marquise à Mlle Lavault « dont nous ne savons rien de plus ».*

Ensuite, nous perdons la trace de la Femme fidèle. *En effet, cette comédie n'a pas été imprimée et ne figure dans aucune des éditions du théâtre de Marivaux publiées de son vivant. Il faut attendre la seconde moitié du XIXe siècle pour en retrouver sinon le texte intégral du moins de larges fragments. Le mérite en revient à Jules Cousin qui, en préparant une étude sur le comte de Clermont (publiée en 1867) découvrit, parmi les manuscrits provenant du théâtre de Berny et déposés à la Bibliothèque de l'Arsenal, la copie de quatre des rôles de* la Femme fidèle *: ceux du jardinier Colas, du Marquis, de la Marquise et de Mme Argante, ainsi qu'un feuillet de la main de Marivaux, contenant une rédaction abrégée de la dernière scène.*

C'est à partir de ces documents que put être, partiellement, reconstitué le texte de la Femme fidèle. *Jules Cousin s'y essaya d'abord, non sans erreurs (il mentionne par exemple le rôle d'un Scapin qu'il confond avec celui de Jeannot), en se limitant à trois scènes qu'il fit figurer en appendice à son livre sur le comte de Clermont. Puis Gustave Larroumet qui avait complètement retranscrit*

le manuscrit incomplet de l'Arsenal, en confia l'adaptation à un de ses collaborateurs : Julien Berr de Turique. Il en résulta une pièce, contestable du point de vue de la stricte authenticité, que Larroumet publia sous le titre de « la Femme fidèle, comédie inédite en un acte de Marivaux, complétée par J. Berr de Turique » et qui fut créée, en 1894, au Théâtre de l'Odéon sous le titre fantaisiste de : les Revenants, *avec un assez vif succès, puisqu'elle y fut jouée vingt-huit fois (le 8 mars, elle faisait affiche avec* la Mère confidente).*

Les insuffisances et les erreurs du travail de Larroumet et de Julien Berr de Turique incitèrent Jean Fournier et Maurice Bastide à reprendre entièrement le texte du manuscrit de l'Arsenal à l'occasion de leur édition du Théâtre complet *de Marivaux. C'est leur version, scrupuleusement fidèle à l'original (à l'exclusion de quelques précisions supplémentaires sans lesquelles la lecture de* la Femme fidèle *aurait été par trop difficile) qui est reprise ici.*

Pour incomplète qu'elle demeure (il y manque notamment le contrepoint comique des valets), cette comédie est loin d'être insignifiante : s'y côtoient, à défaut de s'y fondre, les éléments dramaturgiques les plus divers puisqu'on peut les rattacher soit à l'ancienne comédie larmoyante, soit à la thématique proprement marivaudienne, soit même à la forme théâtrale que, deux ans plus tard, prônera Diderot (les Entretiens sur « le Fils naturel » *ont été publiés en 1757). Peut-être même sera-t-on d'accord avec Marcel Arland pour voir, dans la scène 16 de* la Femme fidèle *(celle ou la Marquise reconnaît le Marquis) « une des scènes les plus émouvantes de Marivaux et un pur tableau de la fidélité conjugale ».*

Nous suivons donc, pour l'essentiel, la version établie par Jean Fournier et Maurice Bastide pour leur édition du Théâtre complet *de Marivaux - présentation par Jean Giraudoux in les* Classiques Magnard *(Classiques verts), direction littéraire de M. René Groos, Paris, 1946. Voici comment ils définissent leur travail : « Le texte qu'on trouvera ici a au moins l'avantage de tout contenir, jusqu'aux moindres bribes jusqu'ici rebutées, et de suivre exactement les dix-sept scènes que mentionnent les rôles manuscrits. Non plus que Berr de Turique, nous n'avons eu la prétention de refaire Marivaux. Tout au plus pour épargner au lecteur l'irritation que nous avons éprouvée nous-mêmes à une première lecture hachée d'inconnues, avons-nous, le plus discrètement possible et* avec les précautions typographiques indispensables (mise entre crochets; nous n'avons négligé l'emploi des crochets que lorsque nous ajoutions simplement, en tête d'une réplique, le nom du personnage qui la prononce, et qu'il ne pouvait y avoir aucune contestation quant à cette attribution), suppléé ou suggéré le texte perdu, avec le souci de n'y point apporter trop de disparate. Une seule scène reste complètement vide, mais, malgré l'intérêt plaisant qu'elle aurait pour nous, elle n'intéresse pas directement l'action. On rencontrera quelques répliques qu'il est difficile d'attribuer avec certitude à tel ou tel personnage, d'autres un peu obscures, un certain nombre enfin qui ne sauraient prétendre à remplacer les tirades originales. Du moins dans son ensemble, la pièce qui se lit assez commodément, nous paraît-elle parfaitement intelligible, et, sous cette forme, beaucoup plus proche du texte de Marivaux. »

ACTEURS

LE MARQUIS; LA MARQUISE; MADAME ARGANTE, *mère de la Marquise*; DORANTE, *amant de la Marquise*; FRONTIN, *valet du Marquis*; LISETTE, *femme de Frontin*; JEANNOT, *amant de Lisette*; COLAS, *jardinier du Marquis*.

LA SCÈNE EST DANS LE JARDIN DU CHATEAU D'ARDEUIL.

Scène I : *Le Marquis, Frontin, en captifs.*

FRONTIN : [Le jardin n'a pas changé depuis dix ans que nous l'avons quitté. Maintenant nous allons] savoir si nos femmes sont de même.
Colas entre.
LE MARQUIS : Regardez, n'est-ce pas là mon jardinier qui vient à nous?
FRONTIN : [Oui, voilà bien] Colas que Madame a conservé!
LE MARQUIS : J'ai toujours peur qu'on ne nous reconnaisse.
FRONTIN : [Oh!] on nous croit du temps du déluge!
LE MARQUIS : Colas s'avance, préviens-le, et dis-lui que je souhaite parler à la Marquise mais surtout point d'étourderie, vois, tu y es sujet; n'oublie pas ta vieillesse [1].

Scène II : [*Le Marquis, Frontin, Colas*].

FRONTIN : Serviteur, Maître Colas!
COLAS : Oh! oh! qu'est-ce qui vous a dit mon nom, bonhomme?
FRONTIN : C'est le village.
COLAS : Et qu'est-ce que vous voulez? Faut-il entrer comme ça dans le jardin des personnes sans demander ni quoi ni qu'est-ce?
FRONTIN : [Eh! il se pourrait bien que nous ayons affaire] dans le jardin des personnes.
COLAS : Vous venez donc charcher quelqu'un ici?
FRONTIN : [Nous venons de la part de Monsieur le Marquis d'Ardeuil apporter des nouvelles] de sa santé à Madame la Marquise, sa veuve.
COLAS : Des nouvelles de la santé d'un mort? V'là-t-il pas une belle acabit de santé? Hélas! le pauvre Mon-

sieur le Marquis, je savons bian qu'il est défunt, vous ne nous apprenez rian de nouviau, il y a déjà queuque temps que j'avons reçu le darnier certificat de son trépassement.
LE MARQUIS : Le certificat, dites-vous?
COLAS : Oui, Monsieur.
FRONTIN : Il ne vous aura pas dit les circonstances.
COLAS : Oh! si fait. Je savons tous les tenants et les aboutissants... C'est la peste qui a étouffé Monsieur le Marquis.
LE MARQUIS : Il a raison; c'est cette contagion qui a emporté tant de captifs.
FRONTIN : [...] nous en mourûmes tous.
COLAS : Je ne dis pas qu'alle vous étouffit vous autres, puisque vous v'là; je dis tant seulement qu'alle tuit Monsieur le Marquis.
FRONTIN : Nous pensâmes en mourir aussi.
COLAS : Hélas! il ne pensit pas, li; il en fut tué tout à fait.
LE MARQUIS : On le regrette donc beaucoup ici?
COLAS : Ah! Monsieur, je ne l'aurons jamais en oubliance. Jamais je ne varrons de si pareil. C'est un hasard que noute dame n'en a pas perdu l'esprit; la mort de l'homme fut quasiment l'entarrement de la femme; et depuis qu'alle est réchappée, alle a biau faire, cette misérable perte lui est toujours restée dans le cœur.
LE MARQUIS : Que je la plains! Quand son mari mourut, il me chargea de lui rendre une lettre qu'il écrivit, de lui dire même de certaines choses, si j'étais assez heureux pour revenir dans ma patrie; et je viens m'acquitter de ma commission, malgré l'âge où je suis.
COLAS : C'est l'effet de votre bonté : car vous paraissez bian caduc et bian cassé. Vous avez donc été tous deux pris des Turcs, votre valet et vous, avec note maître?
LE MARQUIS : Nous avons été plus de neuf ans ensemble sous différents patrons.
COLAS : Il m'est avis que c'est de vilain monde; eh! dites-moi, braves gens, ce pauvre Frontin qui s'embarquit avec noute maître, que lui est-il arrivé? Est-il mort emporté itou?
FRONTIN : Qui? moi, Maître Colas?
COLAS : Comment, vous? Est-ce qu'ous êtes Frontin?
LE MARQUIS : C'est qu'il porte le même nom.
FRONTIN : [Je suis] le grand-oncle du défunt.
COLAS, *après l'avoir examiné* : Boutez-vous là, que je vous contemple... Oh! morgué! il n'y a barbe qui tienne; à cette heure que j'y regarde, je vais parier que vous êtes le défunt du grand-oncle.
LE MARQUIS : Quelle vision!

---

1. Frontin et le Marquis portent de fausses barbes et se font passer pour des vieillards.

FRONTIN : Défunt vous-même!

COLAS : Jarnigué! c'est li, vous dis-je... Et cela me fait rêver itou que son camarade... Eh! palsangué, Monsieur!... c'est encore vous! C'est Monsieur le Marquis, c'est Frontin; je me moque des barbes, ce n'est que des manigances; je sis trop aise, ça me transporte, il faut que je crie... Faut que j'aille conter ça : queu plaisir! Faut que tout le village danse; c'est moi qui mènerai le branle! V'là Monsieur le Marquis, v'là Frontin, v'là les défunts qui ne sont pas morts! Allons, morgué! de la joie! je vas dire qu'on sonne le tocsin.

LE MARQUIS : Doucement donc! ne crie point; tais-toi, Maître Colas, tais-toi; oui, c'est moi; mais je t'ordonne de me garder le secret, je te l'ordonne.

FRONTIN : [Je perdrais jusqu'à] mon dernier sou avec toi et ton tocsin [2].

[Il se redresse.]

LE MARQUIS : Étourdi, que fais-tu? Si quelqu'un allait venir?

FRONTIN : [Voilà] ma caducité rétablie.

COLAS : Ouf! Laissez-moi reprendre mon vent [3]!... Queu contentement!... Comme vous v'là faits! D'où viant vous agencer comme ça des barbes de grands-pères?

LE MARQUIS : J'ai mes raisons : tu sais combien j'aimais la Marquise; il n'y avait qu'un mois que nous étions mariés, quand je fus obligé de la quitter pour ce malheureux voyage en Sicile, au retour duquel nous fûmes pris par un corsaire d'Alger; nous avons depuis passé dix ans dans de différents esclavages, sans qu'il m'ait été possible de donner de mes nouvelles à la Marquise, et, malgré cette longue absence, je reviens toujours plein d'amour pour elle, fort en peine de savoir si ma mémoire lui est encore chère, et c'est avec l'intention de prouver ce qui en est que j'ai pris ce déguisement.

COLAS : Il est certain qu'alle vous aime autant que ça se peut pour un trépassé, et drès qu'alle vous varra, qu'alle vous touchera, mon avis est qu'il y aura de la pâmoison dans la revoyance.

FRONTIN : Et ma femme se pâmera-t-elle?

COLAS : Non.

FRONTIN : [...] la masque [4]!

LE MARQUIS : Tais-toi. *(A Colas.)* Elle va pourtant se marier, Colas, on me l'a dit dans le village.

COLAS : Que voulez-vous, nout'maître!... Alle a été quatre ans dans les syncopes et pis encore deux ou trois ans dans les mélancolies, pus étique... pus chétive... pus langoureuse... alle faisait compassion à tout le monde, alle n'avait appétit à rien, un oiseau mangeait plus qu'elle... Il n'y avait pas moyen de la ragoûter; sa mère lui en faisait reproche : « Eh mais! mon enfant, qu'est-ce que c'est que ça, queu train menez-vous donc? Il est vrai que vout'homme est mort; mais il en reste tant d'autres! mais

il y en a tant qui le valent! » Et nonobstant tout ce qu'an lui reprochait, la pauvre femme n'amendait [5] point. A la parfin, il y a deux ans, je pense, que la mère, vers la moisson, amenit, au château une troupe de monde, parmi quoi il y avait un grand monsieur qui en fut affolé drès qu'il l'envisagit, et c'est c'ti-là qui va la prendre pour femme... Ils se promenaient tout à l'heure envars ici, et il a eu bian du mal après elle. Il n'y a que trois mois qu'alle peut l'endurer : la v'là stapendant qui se ravigote, et je pense que le tabellion doit venir tantôt de Paris.

LE MARQUIS : Juste ciel! Eh! l'aime-t-elle?

COLAS : Mais... Oui... tout doucement, à condition qu'ous êtes mort.

FRONTIN : Et ma femme?

COLAS : Oh! si vous êtes défunt, tenez-vous-y.

FRONTIN : Ah! la maudite créature!

COLAS : Tenez, Monsieur, v'là voute veuve et son prétendu qui prenont leur tournant ici avec voute belle-mère.

LE MARQUIS : Je suis si ému que je ferais mieux de ne les pas voir en ce moment-ci... Dis-moi où je puis me retirer.

COLAS : Enfilez ce chemin, il y a au bout ma cabane où vous vous nicherez.

LE MARQUIS : Garde-moi le secret, Colas; et toi, Frontin, reste ici et dis à la Marquise qu'un gentilhomme qui arrive d'Alger, et qui est dans ce village, envoie savoir s'il peut la voir pour lui parler de feu son mari.

FRONTIN : Oui, Monsieur, ne vous embarrassez pas.

Le Marquis sort.

Scène III : *La Marquise, Dorante, Madame Argante, Frontin, Colas.*

FRONTIN : [Est-ce là le grand monsieur qui s'emploie] à ravigoter la Marquise?

COLAS : Lui-même.

FRONTIN : [Eh bien! notre retour] ne le ravigotera guère.

COLAS : Faut avoir quatre-vingts ans au moins, faut tousser beaucoup.

FRONTIN : Hem! Hem! Hem!

DORANTE : Je compte que le notaire sera ici sur les six heures.

LA MARQUISE : Point de compagnie surtout; je n'en veux pas.

MADAME ARGANTE : Personne n'est averti, ma fille... *(Voyant Frontin.)* Qu'est-ce que c'est que ce vieillard-là?

LA MARQUISE : C'est un captif, si je ne me trompe. Colas, avec qui êtes-vous?

COLAS : Avec un vieux qui, sauf vote respect, reviant du pays barbare, note dame.

FRONTIN : Oui, Madame, du pays d'Alger.

LA MARQUISE : D'Alger? Est-ce là où vous avez été captif? Y avez-vous demeuré longtemps? C'est un [pays où] Monsieur le Marquis d'Ardeuil est mort; peut-être l'avez-vous connu?

---

2. Fournier et Bastide remarquent : « Le texte n'est pas ici des plus clairs. Tout ce fragment de réplique est rayé sur le rôle du Marquis, mais comme rien ne lui a été substitué, nous avons dû le conserver. »

3. *Vent* est employé ici dans le sens de : respiration, souffle.

4. *Masque :* injure qu'on dit aux femmes de basse condition qui sont vieilles ou laides, et en ce sens le mot est féminin (Dict. de l'Acad.).

5. Au neutre, *amender* signifie devenir meilleur, se porter mieux.

FRONTIN : [J'ai surtout connu un valet, un nommé Frontin qui] se privait de tout pour le faire vivre.

MADAME ARGANTE : Oui, oui, ce Frontin était un domestique affectionné.

COLAS : Une bonne pâte de garçon, je l'avions élevé tout petit.

LA MARQUISE : Je ne saurais le récompenser, puisqu'il n'est plus.

MADAME ARGANTE : Allez, allez, bon vieillard, en voilà assez.

DORANTE : Laissez-nous.

LA MARQUISE : Attendez. Mon mari était donc avec vous?

FRONTIN : Il me semble que je vois encore sa brouette à côté de la mienne.

LA MARQUISE : Ah! ciel!... Entendez-vous, ma mère? Il faut donc qu'il ait bien souffert.

FRONTIN : Considérablement.

LA MARQUISE : Ah! Dorante, n'êtes-vous pas pénétré de ce qu'il dit là?

DORANTE : [Assurément. Mais cet entretien, en un tel jour, est hors de saison, et je souhaiterais] qu'on nous l'épargnât.

MADAME ARGANTE, à Frontin : Que ne vous retirez-vous, puisqu'on vous le dit? Voilà un vieillard bien importun avec ses relations. Que venez-vous faire ici?

LA MARQUISE : Ma mère, ne le brusquez point. Je voudrais pouvoir soulager tous ceux qui ont langui dans les fers avec mon mari.

MADAME ARGANTE : Eh bien! qu'on ait soin de lui. Colas, menez-le là-bas.

COLAS : Il n'y a qu'à le mener à l'office.

FRONTIN : J'oubliais le principal.

MADAME ARGANTE : Encore!

FRONTIN : [Mon maître, qui est ici avec moi désirerait avoir une conversation avec Madame la Marquise. C'est un gentilhomme] des plus respectables et des plus décrépits.

LA MARQUISE : A-t-il été captif aussi?

FRONTIN : [Oui, Madame, il l'a été et connaît d'Alger certaines circonstances] touchant le défunt Marquis d'Ardeuil.

La Marquise pleure.

MADAME ARGANTE : Mais d'aujourd'hui nous ne finirons de captifs, tout Alger va fondre ici!

DORANTE : [Je vais l'aller voir et] je vous rapporterai ce qu'il m'aura dit, Madame.

LA MARQUISE : Non, Dorante, je veux qu'il vienne. Quoi! refuser de recevoir un homme qui a été l'ami de mon mari, et qui vient exprès ici pour m'en parler, vous n'y songez pas, Dorante; ce n'est point là me connaître. Allez, Colas, allez avec ce domestique dire de ma part à son maître qu'il me fera beaucoup d'honneur, et que je l'attends.

FRONTIN : [Je suis touché de voir] un aussi bon cœur de veuve.

Il sort avec Colas.

Scène IV : [La Marquise, Dorante, Madame Argante].

MADAME ARGANTE : Tout ceci n'aboutira qu'à vous replonger dans vos tristesses, ma fille. Je ne vous conçois pas : y a-t-il de la raison à aimer ce qui chagrine, et ne voyez-vous pas d'ailleurs que vous affligez Dorante?

DORANTE : [Je me flattais que mon amour] tînt lieu de quelque consolation à Madame.

LA MARQUISE : Vous vous trompez, Dorante, et je ne vous épouserais pas si votre attachement pour moi ne m'avait point touchée. Mais de quoi vous plaignez-vous? Ce n'est point un amant, c'est un époux que je regrette; vous l'avez connu, vous m'avez avoué vous-même qu'il méritait mes regrets; ne lui enviez point mes larmes, elles ne prennent rien sur les sentiments que j'ai pour vous. Vous êtes peut-être le seul homme du monde à qui je pusse consentir de me donner après avoir été à lui, et vous devez être content.

[*Elle tend la main à Dorante qui la baise.*]

Scène V : Madame Argante, Dorante, la Marquise, Frontin, le Marquis.

LE MARQUIS, *voyant baiser la main de la Marquise* : Ah! (*Puis, s'adressant à Madame Argante.*) Je viens, Madame, m'acquitter d'une parole...

MADAME ARGANTE : Vous vous trompez, Monsieur, ce n'est point moi que ceci regarde, c'est ma fille que voici.

LA MARQUISE, *tristement* : Venez, Monsieur, j'aurais à me plaindre de vous. Vous étiez bien en droit de regarder la maison de Monsieur le Marquis comme la vôtre, et de descendre ici tout d'un coup, sans arrêter dans le village.

FRONTIN : [D'autant que] le vin du cabaret est détestable.

LE MARQUIS : Tais-toi!... Je vous rends mille grâces, Madame. Il est vrai qu'on ne saurait être plus unis que nous l'avons été, Monsieur le Marquis et moi... Ah!...

LA MARQUISE : Vous soupirez, Monsieur, vous le regrettez aussi.

LE MARQUIS : Toutes ses infortunes ont été les miennes, et je ne puis même jeter les yeux sur vous, Madame, sans me sentir pénétré de toutes les tendresses dont il m'a chargé en mourant de vous assurer.

LA MARQUISE : Ah!

DORANTE : Ouf!

LE MARQUIS : Je vous demande pardon si je m'attendris moi-même; je trouble peut-être quelque engagement nouveau : il me semble que ma commission n'est pas ici au gré de tout le monde.

MADAME ARGANTE [*au Marquis, en montrant Dorante*] : A vous dire vrai, Monsieur, voilà Monsieur, à qui vous auriez fait grand plaisir de la négliger : il va épouser ma fille, mettez-vous à sa place.

LE MARQUIS : Mon ami est donc heureux de ne plus vivre et d'avoir ignoré ce mariage; du moins est-il mort avec la douceur de penser que Madame serait inconsolable.

MADAME ARGANTE : Inconsolable!... Avec votre permission, Monsieur, cette pensée dans laquelle il est mort ne valait rien du tout; le ciel nous préserve qu'elle soit exaucée! Croyez-moi, passons là-dessus.

LA MARQUISE, *tout d'un coup* : Vous ne sauriez croire combien vous m'affligez, ma mère, vous ne vous y prenez pas bien, vous me désespérez. Ne m'ôtez point la consolation d'écouter Monsieur. Je veux tout savoir, ou je me fâcherai, je romprai tout. Non, Monsieur, que rien ne vous retienne; ne m'épargnez point, répétez-moi tous les discours du Marquis, toutes ses tendresses me seront éternellement chères, et pardonnez à l'amitié que ma mère a pour moi la répugnance qu'elle a à vous entendre.

LE MARQUIS : Remettons plutôt ce qui me reste à vous dire, Madame; vous serez peut-être seule une autre fois, et je reviendrai.

MADAME ARGANTE : Eh non, Monsieur, achevons; que peut-il vous rester tant? Le Marquis l'aimait beaucoup, il vous l'a dit, il est mort en vous le répétant, ce doit être là tout, il ne saurait guère y en avoir davantage.

[FRONTIN] : [...] nous ne sommes pas au bout.

LE MARQUIS : Voici toujours un portrait qui est de vous, Madame, qu'il m'a recommandé de vous rendre, que nos patrons, tout barbares qu'ils sont, n'ont pas eu la cruauté d'arracher à sa tendresse, et qu'il a conservé plus chèrement que sa vie.

LA MARQUISE, *pleurant* : Hélas! Je le reconnais, c'est le dernier gage qu'il reçut de mon amour, et il l'a gardé jusqu'à la mort. Ah! Dorante, souffrez que je vous laisse, je ne saurais à présent en écouter davantage; j'ai besoin de quelque moment de liberté, et vous, Monsieur, demeurez quelques jours ici pour vous reposer, ne me refusez pas cette grâce : je vais donner des ordres pour cela... Ah!...

DORANTE : [Ne me confierez-vous pas ce portrait, Madame? En un pareil jour] il m'est permis de le souhaiter.

LE MARQUIS : Il m'est échappé de vous dire qu'il vous priait de ne le donner à personne.

DORANTE : Vous avez bien de la mémoire, Monsieur.

LA MARQUISE, *à Dorante* : Laissez-moi me conformer à ce qu'il a désiré, Dorante; c'est un respect que je lui dois.

Elle sort.

[*Scène VI : Madame Argante, Dorante, Frontin, le Marquis*].

LE MARQUIS *salue Madame Argante* : Je suis votre serviteur, Madame; je vais me reposer un peu en attendant de revoir Madame la Marquise.

DORANTE : [Ne voyez-vous pas que vous l'affligez, Monsieur], avec vos narrations?

MADAME ARGANTE, *sèchement* : Vous réjouissez-vous à faire pleurer ma fille? Vous avez les façons bien algériennes!

LE MARQUIS : Je ne veux faire de peine à personne. Je m'acquitte d'un devoir que j'ai promis de remplir.

FRONTIN : [Vous traitez bien durement] des personnages tout à fait bénins.

MADAME ARGANTE : Monsieur, dites à ce vieux valet de se taire.

LE MARQUIS : Il faut l'excuser; il est devenu familier a force d'être mon camarade.

FRONTIN : Nous étions dans la même condition.

LE MARQUIS : Paix!...

MADAME ARGANTE : Ah çà, Monsieur, après tout, vous avez l'air d'un galant homme; à votre âge, on a eu le temps de le devenir, et je crois que vous l'êtes.

LE MARQUIS : Vous me rendez justice, Madame.

MADAME ARGANTE : On le voit à votre physionomie.

FRONTIN : [Si mon maître le voulait,] vous le verriez encore mieux.

LE MARQUIS [*à Frontin*] : Encore!...

MADAME ARGANTE : Ne nuisez donc point à Monsieur, ne reculez point son mariage. Vous avez dit à ma fille que vous aviez encore à lui parler. Abrégez avec elle, et ménagez sa faiblesse là-dessus : à quoi bon l'attendrir pour un homme qui n'est plus au monde? Ne vous reprocheriez-vous pas d'être venu nous troubler pour satisfaire aux injustes fantaisies d'un mort?

LE MARQUIS : Vous avez raison; mais heureusement Monsieur n'a rien à craindre; on a, ce me semble, beaucoup de tendresse pour lui.

DORANTE : [Cette tendresse ne semble guère assurée] quand on lui parle du défunt.

MADAME ARGANTE : Figurez-vous que depuis dix ans nous n'osons pas prononcer son nom devant elle; qu'elle a vécu dans l'accablement pendant près de huit ans, qu'elle a refusé vingt mariages meilleurs que celui du Marquis.

LE MARQUIS : Elle lui était donc extrêmement attachée?

MADAME ARGANTE : Ah! Monsieur, cela passe toute imagination. Il est vrai que c'était un homme de mérite, un homme estimable, il avait des qualités... mais enfin il n'est plus, et si vous connaissiez Monsieur, vous verriez qu'elle ne perd pas au change.

DORANTE : Madame est prévenue en ma faveur.

LE MARQUIS : Je ferai donc en sorte que Madame la Marquise ne le regrette pas davantage.

DORANTE : [Vous me rendrez ainsi] le plus grand service du monde.

MADAME ARGANTE : Mais à quoi donc se réduit ce que vous avez à lui dire?

LE MARQUIS : A presque rien : j'ai une lettre à lui remettre.

DORANTE : Une lettre du défunt?

LE MARQUIS : Oui, Monsieur.

MADAME ARGANTE, *en criant* : Encore une lettre!

LE MARQUIS : Oui, Madame.

DORANTE : [Je vous demande de la supprimer, Monsieur; vous risquez] de me perdre en la rendant.

LE MARQUIS : La supprimer, Monsieur? Il ne m'est pas possible ! j'ai fait le serment de la remettre, il y va de mon honneur.

MADAME ARGANTE : Quoi! Il y va de votre honneur d'ôter la vie à ma fille?

LE MARQUIS : Ce n'est pas mon dessein, Madame.

DORANTE : [Ne la lui remettez donc pas,] elle s'en trouvera mieux.

MADAME ARGANTE : Le ciel nous aurait fait une plus grande grâce de vous laisser à Alger.

LE MARQUIS : Il m'en a fait une plus grande de m'en tirer.

[DORANTE] : Je ne compte plus sur rien.

MADAME ARGANTE : Voilà, je vous l'avoue, un étrange mort, avec sa misérable lettre! Et plus étrange encore le vieillard qui s'en est chargé!

LE MARQUIS : Vous me traitez bien mal, Madame.

DORANTE : [...].

FRONTIN : [...] nous sommes cruellement houspillés.

LE MARQUIS : J'ai quelquefois trouvé plus d'accueil chez les barbares.

MADAME ARGANTE : Et moi, souvent plus de raison dans les enfants.

FRONTIN : [Quand vous leur donnez des soufflets, c'est donc] par mauvaise coutume.

MADAME ARGANTE : Impertinent, vous en mériteriez sans votre âge.

LE MARQUIS : Doucement, Madame, doucement.

MADAME ARGANTE : Retirons-nous, Dorante; je sens que le feu me monte à la tête.

Elle sort avec Dorante.

Scène VII : Le Marquis, Frontin, Colas.

FRONTIN : [Ils aimeraient bien nous voir morts, mais] nous prétendons vieillir bien davantage, ah! ah!

COLAS : Eh bian, noute maître, j'ons vu que vous parliez à Madame. N'avez-vous pas eu contentement d'elle? N'est-ce pas que c'est une brave femme que voute femme?

LE MARQUIS : Oui, je n'ai pas lieu de m'en plaindre et malgré ce mariage qui allait se terminer, je crois qu'elle ne sera pas fâchée de me retrouver.

COLAS : Je vous avartis qu'alle se lamente là-bas dans ce petit cabinet de verdure, alle a la face toute trempée : j'ons vu ses deux yeux qui vont quasiment comme des arrosoirs, c'est une piquée [6]. Faut l'apaiser, Monsieur, faut li montrer le défunt.

LE MARQUIS : J'ai encore à l'entretenir. Je veux voir jusqu'où va son inclination pour mon rival, et si la lettre que je lui rendrai l'engagera sans peine à rompre son mariage.

FRONTIN : [Et moi, je veux voir comment se porte] ma masque de femme.

COLAS : Oh! il n'y a rien là de biau à voir, la curiosité est bien chetite [7]. Tenez, la v'là qui viant avec son nouviau galant qui batifole à l'entour d'elle.

FRONTIN : [Je vais les faire batifoler] à bons coups de houssine [8].

LE MARQUIS : Prends garde à ce que tu feras.

Scène VIII : [Le Marquis, Frontin, Colas, Lisette, Jeannot].

LISETTE : Monsieur, n'êtes-vous pas l'homme d'Alger?

6. Une crise de larmes.
7. Chétive, petite.
8. Une *houssine* est une verge de houx ou d'autre arbre avec quoi on fait aller les chevaux.

LE MARQUIS : Je suis du moins l'homme qui en arrive.

LISETTE : [Je vais vous montrer votre appartement, Monsieur,] si vous souhaitez vous y retirer.

LE MARQUIS : Je vais m'y rendre... *(A Frontin.)* Scapin, vous irez chercher mes hardes [9].

FRONTIN : Oui, Monsieur, tout à l'heure.

Le Marquis sort.

Scène IX : [Frontin, Colas, Lisette, Jeannot].

COLAS : Tenez, bonhomme, v'là cette demoiselle Lisette que vous charchez.

JEANNOT : [Est-ce donc] la dernière mode de là-bas?

COLAS : Arrêtez-vous donc, petit garçon, faut-il badiner comme ça avec la barbe du vieux monde?

[...]

LISETTE : [Laissez-moi] libre avec le bon vieillard.

COLAS : Oui, oui, ça est juste : faut pas que les gens du dehors sachiont les petites broutilles du ménage; j'allons nous jeter de côté, Jeannot et moi.

Jeannot et Colas s'écartent.

Scène X [10] : [Lisette, Frontin].

[...]

Scène XI : [Frontin, l'épée à la main, Lisette, puis Colas, Jeannot].

LISETTE : Jeannot! Colas! à moi! au secours!

COLAS : Quoi donc? Est-ce qu'il y a du massacre ici?

LISETTE : Appelez donc du secours, Colas!

COLAS : Bellement [11], noute ancien, rengainez donc, remettez dans le fourriau.

FRONTIN : [Je n'ai] qu'une oreille à vous abattre.

COLAS : Non, non, laissez-li la paire d'oreilles.

FRONTIN : [J'avais bien deviné qu'il en était de sa femme comme de la mienne] qui m'était infidèle.

COLAS : V'là le biau sorcier, c'était deviner qu'alle était une femme.

FRONTIN : [Et je garderai le legs, puisque ce galant a fait] broncher [12] la fidélité de la coquine.

COLAS : Faudra donc pas de poche à la veuve pour sarrer ça.

FRONTIN : A moi la somme!

9. Les *hardes* désignent ce qui sert à l'habillement ou à la parure d'une personne. Le mot ne comportait pas alors de nuance péjorative.
10. Cette scène manque totalement. Fournier et Bastide notent : « Il y a tout lieu de supposer qu'à l'exemple de son maître, le valet du Marquis se fait passer aux yeux de Lisette pour un ami du défunt Frontin qui l'a désigné comme exécuteur testamentaire : il doit remettre un legs important à la veuve, à condition qu'elle soit restée fidèle. Mais il se laisse emporter par la colère, sans toutefois se dévoiler encore. La reconnaissance n'aura lieu qu'à la fin. »
11. Doucement.
12. *Broncher* qui signifie : faire un faux pas, s'emploie au figuré pour : faillir.

Scène XII [13] : [*Frontin, Lisette, Colas, Jeannot, Madame Argante, Dorante*].

MADAME ARGANTE : Voici son valet; essayons de le gagner, et qu'il nous instruise *(A Frontin.)* Ah! vous voilà, bonhomme, nous vous cherchons.

LISETTE : [...].

FRONTIN : [Je suis] légataire et non pas voleur.

MADAME ARGANTE : Allez, Lisette, laissez-nous, nous verrons cela.

FRONTIN : [...].

LISETTE : J'ai cru entendre la voix du mort.

COLAS : Ah! Ah! Ah!

Lisette, Colas et Jeannot sortent.

Scène XIII : [*Frontin, Madame Argante, Dorante*].

MADAME ARGANTE : Ah çà, dites-nous, mon bonhomme, votre maître prétend-il rester longtemps ici?

FRONTIN : [Il prétend y prendre] son quartier d'hiver!

MADAME ARGANTE : Son quartier d'hiver!

DORANTE : C'est un homme intrépide!

MADAME ARGANTE : Doucement, Dorante, il y a du remède à tout : voici un vieillard qui me paraît un honnête homme. Il me semble lui avoir entendu dire qu'il avait vu mourir le Marquis, et il ne nous refusera pas de l'assurer à ma fille, si son maître disait le contraire; il sera bien aise de nous servir; n'est-ce pas, bonhomme?

FRONTIN : [J'ai encore tous mes esprits,] et je parle bon français.

MADAME ARGANTE : Non, pas trop bon, car on ne vous entend pas. Que voulez-vous qu'on fasse?

FRONTIN : [Vous avez pourtant su] nous taxer d'honnêtes gens.

MADAME ARGANTE : Ah! j'y suis, c'est de l'argent qu'il demande.

FRONTIN [, *prenant la bourse qu'on lui donne, et à part*]: [C'est un argument qui me persuaderait presque de l'avoir vu mort et de le proclamer hautement. Ce ne sera pas] ma faute s'il en réchappe.

MADAME ARGANTE : Voici votre maître et j'ai envie que nous lui parlions.

FRONTIN : Comme il vous plaira.

Scène XIV : [*Frontin, Madame Argante, Dorante, le Marquis*].

LE MARQUIS : Je vous demande pardon, Madame, et je me retire. Je croyais Madame la Marquise avec vous.

MADAME ARGANTE [, *à part, les premiers mots*] : Voyons ce qu'il dira... Approchez, Monsieur, vous n'êtes point de trop : votre valet nous parlait du Marquis qu'il a vu mort.

LE MARQUIS : Mon valet se trompe, car, à parler

exactement, le Marquis était près d'expirer quand je l'ai quitté; mais il vivait encore, et j'ai même un scrupule d'avoir dit qu'il n'était plus.

DORANTE : [Vous avez vos raisons] pour être de ce sentiment-là.

LA MARQUISE : Mais, Scapin, vous n'y pensez pas?

DORANTE : [Je l'ai si bien vu mort, nous disait-il,] qu'il me semble le voir encore.

LE MARQUIS : Vous êtes un fripon, Scapin.

[FRONTIN, *à part*] : Ah! le fourbe!

MADAME ARGANTE, *à Frontin* : Allons, parlez-lui donc, ôtez-lui son scrupule.

FRONTIN [, *bas, au Marquis*] : [Qu'importe?] vous ne vous en portez pas plus mal.

MADAME ARGANTE : Il l'a vu, ce qui s'appelle vu.

DORANTE [, *à Frontin*] : [Vous m'avez l'air de chercher une manière] de vous dédire.

MADAME ARGANTE [, *au Marquis*] : Et vous, Monsieur, vous avez tout l'air d'un aventurier qui par son industrie veut prolonger ici un séjour qui l'accommode.

LE MARQUIS : Un aventurier, moi, Madame?

DORANTE : [Quittez ce château, Monsieur, et n'insistez pas davantage. Nous pourrons même vous donner de l'argent] pour faire votre voyage.

LE MARQUIS : Je n'ai besoin de rien, Monsieur.

MADAME ARGANTE, *vivement* : Que de passer ici l'hiver.

LE MARQUIS : Tout le temps que je voudrai, Madame.

MADAME ARGANTE : Comment donc, radoteur, vous prenez le ton de maître?

DORANTE : Il apprendra à qui il se joue.

LE MARQUIS : Vous en apprendrez plus que moi.

MADAME ARGANTE : Jusqu'au revoir.

Elle sort avec Dorante.

Scène XV : [*Frontin, le Marquis*].

LE MARQUIS : D'où vient donc que tu me raies du nombre des vivants?

FRONTIN [, *montrant la bourse*] : Voilà ce qui en efface.

LE MARQUIS : Ah! je te le pardonne; mais laisse-nous, voici la Marquise.

Scène XVI : *Le Marquis, la Marquise.*

LA MARQUISE : Eh bien, Monsieur, nous voici seuls et vous pouvez en liberté me parler de mon mari; ne prenez point garde à ma douleur, elle m'est mille fois plus chère que tous les plaisirs du monde.

LE MARQUIS : Non, Madame, j'ai changé d'avis, dispensez-moi de parler : mon ami, s'il pouvait savoir ce qui se passe, approuverait lui-même ma discrétion.

LA MARQUISE : D'où vient donc, Monsieur? Quel motif avez-vous pour me cacher le reste?

LE MARQUIS : Ce que vous voulez savoir n'est fait que pour une épouse qui serait restée veuve, Madame. Le Marquis ne l'a adressé qu'à un cœur qui se serait conservé pour lui.

LA MARQUISE : Ah! Monsieur, comment avez-vous le courage de me tenir ce discours, dans l'attendrissement

---

13. Cette scène est très incomplète. Marcel Arland l'imagine ainsi : « Lisette accuse Frontin : il veut, dit-elle, la dépouiller de l'argent que le défunt lui avait remis à son intention. »

où vous me voyez? Que pourrait lui-même me reprocher le Marquis? Je le pleure depuis que je l'ai perdu et je le pleurerai toute ma vie.

LE MARQUIS : Vous allez cependant donner votre main à un autre, Madame, et ce n'est point à moi à y trouver à redire; mais je ne saurais m'empêcher d'être sensible à la consternation où il en serait lui-même... Son épouse prête à se remarier! Ce n'est pas un crime, et cependant il en mourrait, Madame. « Je finis ma vie dans les plus grands malheurs, me disait-il; mais mon cœur a joui d'un bien qui les a tous adoucis : c'est la certitude où je suis que la Marquise n'aimera jamais que moi. » Et cependant il se trompait, Madame, et mon amitié en gémit pour lui.

LA MARQUISE : Hélas, Monsieur! j'aime votre sensibilité, et je la respecte, mais vous n'êtes pas instruit; c'est l'ami de mon mari même que je vais prendre pour juge : ne vous imaginez pas que mon cœur soit coupable; que le vôtre ne gémisse point, le Marquis n'est point trompé.

LE MARQUIS : Il est question d'un mariage, Madame, et, suivant toute apparence, vous ne vous mariez pas sans amour.

LA MARQUISE : Attendez, Monsieur, il faut s'expliquer; oui, les apparences peuvent être contre moi; mais laissez-moi vous dire; je mérite bien qu'on m'écoute. Je connaissais bien le Marquis, et j'ai peut-être porté la douleur au delà même de ce qu'un cœur comme le sien l'aurait voulu. Oui, je suis persuadée qu'il aimerait mieux que je l'oubliasse, que de savoir ce que je souffre encore.

LE MARQUIS, *à part* : Ah! j'ai peine à me contraindre.

LA MARQUISE : Vous me trouvez prête à terminer un mariage, et je ne vous dis pas que je haïsse celui que j'épouse; non, je ne le hais point, j'aurais tort : c'est un honnête homme. Mais pensez-vous que je l'épouse avec une tendresse dont mon mari pût se plaindre? Ai-je pour lui des sentiments qui pussent affliger le Marquis? Non, Monsieur, non, je n'ai pas le cœur épris, je ne l'ai que reconnaissant de tous les services qu'il m'a rendus et qui sont sans nombre. C'est d'ailleurs un homme qui depuis près de deux ans vit avec moi dans un respect, dans une soumission, avec une déférence pour ma douleur, enfin dans des chagrins, dans des inquiétudes pour ma santé qui sont considérablement altérée, dans des frayeurs de me voir mourir, qu'à moins d'avoir une âme dépouillée de tout sentiment, cela a dû faire quelque impression sur moi; mais quelle impression, Monsieur? la moindre de toutes : je l'ai plaint, il m'a fait pitié, voilà tout.

LE MARQUIS : Et vous l'épousez?

LA MARQUISE : Dites donc que j'y consens, ce qui est bien différent, et que j'y consens tourmentée par une mère à qui je suis chère, qui me doit l'être, qui n'a jamais rien aimé tant que moi, et que mes refus désolent. On n'est pas toujours la maîtresse de son sort, Monsieur, il y a des complaisances inévitables dans la vie, des espèces de combats qu'on ne saurait toujours soutenir. J'ai vu cette mère mille fois désespérée de mon état, elle tomba malade : j'en étais cause; il ne s'agissait pas moins que de lui sauver la vie, car elle se mourait,

mon opiniâtreté la tuait. Je ne sais point être insensible à de pareilles choses, et elle m'arracha une promesse d'épouser Dorante. J'y mis pourtant une condition, qui était de renvoyer une seconde fois à Alger; et tout ce qu'on m'en apporta fut un nouveau certificat de la mort du Marquis. J'avais promis, cependant. Ma mère me somma de ma parole[14]; il fallut me rendre, et je me rendis. Je me sacrifiai, Monsieur, je me sacrifiai. Est-ce là de l'amour? Est-ce là oublier le Marquis? Est-ce là épouser avec tendresse?

LE MARQUIS, *à part* : Voyons si elle rompra... (*Haut.*) Non, je conçois même par ce détail que vous seriez bien aise de revoir le Marquis.

LA MARQUISE, *enchantée* : Ah! Monsieur, le revoir, hélas! Il n'en faudrait pas tant; la moindre lueur de cette espérance arrêterait tout; il y a dix ans que je ne vis pas, et je vivrais.

LE MARQUIS : Je n'hésiterai donc plus à vous donner cette lettre; elle ne viendra point mal à propos, elle vous convient encore.

LA MARQUISE, *avec ardeur* : Une lettre de lui, Monsieur?

LE MARQUIS : Oui, Madame, et qu'il vous écrivit en mourant. J'étais présent.

LA MARQUISE, *baisant la lettre* : Ah! cher Marquis! *Elle pleure.*

LE MARQUIS, *à part* : Ah! Madame, je commence à craindre de vous avoir trop attendrie.

LA MARQUISE : Je ne sais plus où je suis. Lisons. (*Elle lit :*) « Je me meurs, chère épouse, et je n'ai pas deux heures à vivre; je vais perdre le plaisir de vous aimer. (*Elle s'arrête.*) C'est le seul bien qui me restait, et c'est après vous le seul que je regrette. » (*S'interrompant.*) Il faut que je respire. (*Elle lit.*) « Consolez-vous, vivez, mais restez libre; c'est pour vous que je vous en conjure : personne ne saurait le prix de votre cœur. » Je reconnais le sien. (*Elle continue.*) « Ma faiblesse me force de finir, mon ami part, on l'entraîne, et il ne peut pas sans risquer sa vie attendre mon dernier soupir. » (*Au Marquis.*) Comment, Monsieur, il vivait donc encore quand vous l'avez quitté?

LE MARQUIS : Oui, Madame, on s'est trompé; il est vrai que la plus grande partie des captifs mourut à Alger pendant que nous y étions; mais nous trouvâmes le moyen de nous sauver, et c'est notre disparition qui a fait l'erreur : je suis dans le même cas, et le Marquis mourut dans notre fuite, ou du moins il se mourait quand je fus obligé de le quitter.

LA MARQUISE, *vivement* : Mais vous n'êtes donc sûr de rien, il a donc pu en revenir? Parlez, Monsieur; déjà je romps tout : plus de mariage! Mais de quel côté irait-on? Quelles mesures prendre? Où pourrait-on le trouver? Vous êtes son ami, Monsieur, l'abandonnerez-vous?

LE MARQUIS : Vous souhaitez donc qu'il vive?

LA MARQUISE : Si je le souhaite! Ne me promettrez-rien que de vrai; j'en mourrais.

---

14. *Sommer quelqu'un de sa parole* a le sens de : demander à quelqu'un qu'il remplisse sa promesse.

LE MARQUIS : S'il n'avait hésité de paraître que dans la crainte de n'être plus aimé? S'il m'avait prié de venir ici pour pouvoir l'informer de vos dispositions?...

LA MARQUISE : Tout mon cœur est à lui. Où est-il? Menez-moi où il est.

LE MARQUIS, *un moment sans répondre* : Il va venir dans un instant, et vous l'allez voir.

LA MARQUISE : Je vais le voir! Je vais le voir! Marchons, hâtons-nous, allons le trouver, je me meurs de joie, je vais le voir! Vous êtes après lui ce qui me sera le plus cher.

LE MARQUIS, *ôtant sa barbe et se jetant à ses genoux* : Non, je vous suis aussi cher qu'il vous l'est lui-même.

LA MARQUISE, *se reculant* : Qu'est-ce que c'est donc? Qui êtes-vous? *(Se jetant dans ses bras.)* Ah! cher Marquis! *(Elle se relève et ils s'embrassent encore.)* Que je suis heureuse!

LE MARQUIS : Voici votre mère.

Scène XVII [15] : [*Le Marquis, la Marquise, Madame Argante Dorante, Colas, Frontin, Lisette*].

MADAME ARGANTE : Ma fille, je vous avertis que nous faisons arrêter cet homme-là qui refuse par pur intérêt de certifier que le Marquis est mort [16].

LE MARQUIS : Je ne saurais, Madame, il faut en conscience que je certifie qu'il vit encore.

MADAME ARGANTE : Ah! que vois-je? C'est lui-même!

LA MARQUISE : Oui, ma mère, c'est lui, c'est lui que je tiens et que j'embrasse.

MADAME ARGANTE : Monsieur, je n'ai plus rien à dire, jugez de mon embarras, et je me sauve bien confuse de tout ce qui s'est passé.

DORANTE, *s'enfuyant* : Personne ici n'est plus déplacé que moi.

LA MARQUISE : Ni personne qui puisse me le disputer en ravissement.

FRONTIN : [...]

[LISETTE] : Ah! le coquin!

COLAS : Mon ami le défunt, commençons par aller boire sur votre testament.

15. Fournier et Bastide notent: « Nous donnons la rédaction abrégée de cette scène que nous devons à Marivaux lui-même, mais, presque toutes ses pièces se terminant sur le mot d'un valet, comme rien ne prouve que le texte de sa main soit complet et qu'il ait eu une autre intention que celle de raccourcir le début de la scène, nous gardons à la fin les répliques que nous fournit le rôle de Colas. »

16. Variante (qui figure dans la copie du rôle de Madame Argante) : « Ma fille, nous avons de justes soupçons que toute cette aventure-ci n'est qu'une friponnerie et nous avons trouvé à propos de faire arrêter cet homme-ci qui certainement abuse de votre confiance et dont vous seriez la dupe. Je vous avertis qu'on va le venir prendre. Vous savez que d'abord il nous a dit que le Marquis n'était plus; peu s'en faut à présent qu'il ne le fasse revivre et son projet est sans doute de faire acheter bien cher le certificat qu'il donnerait de sa mort. »

FÉLICIE

La Femme fidèle *aurait-elle redonné à Marivaux du goût pour le théâtre ? Le fait est que, deux ans après, il présente deux nouvelles pièces aux Comédiens Français :* « Ce jourd'hui samedi cinq mars (1757), la troupe s'est assemblée pour entendre la lecture de Félicie, comédie en un acte de Monsieur de Marivaux, et les présents l'ont reçue pour être jouée à son tour » *(Archives de la Comédie-Française) ; quant à l'autre,* l'Amante frivole, *elle est lue le 5 mai et également reçue* « pour être jouée à son tour et dans le temps où on le jugera convenable pour le bien de la troupe ».

Mais — les formules employées en font foi — un tel accueil manque de chaleur. Serait-ce que les Comédiens Français ont trouvé les pièces mauvaises (le Nécrologe des hommes célèbres de France *de 1764 suggère même que c'est* « leur considération pour l'auteur » qui ne leur permettra pas de les jouer) *ou y a-t-il encore quelque manœuvre là-dessous ? On a parlé de Voltaire qui, très puissant auprès de la troupe du Français, aurait pu avoir intrigué contre Marivaux comme il l'avait fait contre* La Place, *un ami de celui-ci, dont la pièce,* Adèle de Ponthieu, *avait eu à souffrir des* « tracasseries des comédiens » *et des* « démarches secrètes d'un auteur très connu ».

Toujours est-il que jamais ni Félicie *ni* l'Amante frivole *ne paraîtront sur la scène du Français. Aujourd'hui encore, nous ignorons tout de* l'Amante frivole *dont le texte, qui ne fut pas publié, a été perdu. En revanche, celui de* Félicie *nous a été conservé, puisqu'il fut imprimé dans la livraison de mars 1757 du* Mercure. *La comédie y était précédée de ces quelques lignes :* « Cette ingénieuse féérie mise en dialogues ou plutôt en scènes tiendra lieu d'historiettes ce mois-ci : le lecteur y gagnera. Elle est de Marivaux, et vaut mieux qu'un conte. On peut même dire que par le fond elle en est un, avec cet avantage que, par la forme, elle est vraiment une comédie, faite pour décorer le Théâtre-Français, et digne d'y figurer avec ses aînées. »

Dès 1758, Félicie *prend place dans l'édition, chez N.-B. Duchesne, des* Œuvres de Théâtre de M. de Marivaux *de l'Académie Française. A notre connaissance, elle n'a jamais été représentée.*

ACTEURS

FÉLICIE ; LUCIDOR ; LA FÉE, *sous le nom d'Hortense* ; LA MODESTIE ; DIANE [1] ; TROUPE DE CHASSEURS.

Scène I : Félicie, la Fée, sous le nom d'Hortense.

FÉLICIE : Il faut avouer qu'il fait un beau jour.

HORTENSE : Aussi y a-t-il longtemps que nous nous promenons.

FÉLICIE : Aussi le plaisir d'être avec vous, qui est toujours si grand pour moi, ne m'a-t-il jamais été si sensible.

HORTENSE : Je crois, en effet, que vous m'aimez, Félicie.

FÉLICIE : Vous croyez, Madame ? Quoi ! n'est-ce que d'aujourd'hui que vous êtes bien sûre de cette vérité-là, vous avec qui je suis dès mon enfance, vous à qui je dois tout ce que je puis avoir d'estimable dans le cœur et dans l'esprit ?

HORTENSE : Il est vrai que vous avez toujours été l'objet de mes complaisances ; et s'il vous reste encore quelque chose à désirer de mon pouvoir et de ma science, vous n'avez qu'à parler, Félicie ; je ne vous ai aujourd'hui amenée ici que pour vous le dire.

FÉLICIE : Vos bontés m'ont-elles rien laissé à souhaiter ?

HORTENSE : N'y a-t-il point quelque vertu, quelque qualité dont je puisse encore vous douer ?

FÉLICIE : Il n'y en a point dont vous n'ayez voulu embellir mon âme.

HORTENSE : Vous avez bien de l'esprit ; en demandez-vous encore ?

FÉLICIE : Je m'en fie à votre tendresse ; elle m'en a sans doute donné tout ce qu'il m'en faut.

HORTENSE : Parcourez tous les avantages possibles, et voyez celui que je puis augmenter en vous, ou bien ajouter à ceux que vous avez ; rêvez-y.

FÉLICIE : J'y rêve, puisque vous me l'ordonnez, et jusqu'ici je ne vois rien ; car, enfin, que demanderais

---

1. Le choix de *Diane* (l'Artémis grecque) pour personnifier la vertu est contestable. Cette fille de Jupiter et de Latone, sœur jumelle d'Apollon, qu'on appelait aussi la « triple déesse » parce qu'elle est à la fois celle des bois et des vierges, celle de la lune et celle des enfers, apparaît en effet dans la mythologie comme une divinité farouche, sévère et vindicative.

je?... Attendez pourtant, Madame; des grâces, par exemple; je n'y songeais point; qu'en dites-vous? Il me semble que je n'en ai pas assez.

HORTENSE : Des grâces, Félicie! je m'en garderai bien; la nature y a suffisamment pourvu; et si je vous en donnais encore, vous en auriez trop; je vous nuirais.

FÉLICIE : Ah, Madame! ce n'est assurément que par bonté que vous le dites.

HORTENSE : Non; je vous parle sérieusement.

FÉLICIE : Je pense pourtant que je n'en serais que mieux, si j'en avais un peu plus.

HORTENSE : L'industrie de toutes vos réponses m'a fait deviner que vous en viendriez là.

FÉLICIE : Hélas, Madame! c'est de bonne foi; si je savais mieux, je le dirais.

HORTENSE : Songez que c'est peut-être de tous les dons le plus dangereux que vous choisissez, Félicie.

FÉLICIE : Dangereux, Madame! oh! que non : vous m'avez trop bien élevée; il n'y a rien à craindre.

HORTENSE : Vous ne vous y arrêtez pourtant que par l'envie de plaire.

FÉLICIE : Moi de plaire? Non; ce n'est pas positivement cela; c'est qu'on a l'amitié de tout le monde quand on est aimable, et l'amitié de tout le monde est utile et souhaitable.

HORTENSE : Oui, l'amitié, mais non pas l'amour de tout le monde.

FÉLICIE : Oh! pour celui-là, je n'y songe pas, je vous assure.

HORTENSE : Vous n'y songez pas, Félicie? Regardez-moi; vous rougissez; êtes-vous sincère?

FÉLICIE : Peut-être que je ne le suis pas autant que je l'ai cru.

HORTENSE : N'importe; puisque vous le voulez, soyez aimable autant qu'on le peut être.

Hortense la frappe de la main sur l'épaule.

FÉLICIE, *tressaillant de joie* : Ah!... Je vous suis bien obligée, Madame.

HORTENSE : Vous voilà pourvue de toutes les grâces imaginables.

FÉLICIE : J'en ai une reconnaissance infinie; et apparemment qu'il y a bien du changement en moi, quoique je ne le voie pas.

HORTENSE : C'est-à-dire que vous voulez en être sûre. *(Elle lui présente un petit miroir.)* Tenez, regardez-vous. *(Félicie se regarde. Hortense continue.)* Comment vous trouvez-vous?

FÉLICIE : Comblée de vos bontés; vous n'avez rien épargné.

HORTENSE : Vous vous en réjouissez; je ne sais si vous ne devriez pas en être inquiète.

FÉLICIE : Allez, Madame, vous n'aurez pas lieu de vous en repentir.

HORTENSE : Je l'espère; mais à présent que je viens de vous faire j'y prétends joindre une chose. Vous allez dans le monde, je veux vous y rendre heureuse; et il faut pour cela que je connaisse parfaitement vos inclinations, afin de vous assurer le genre de bonheur qui vous sera le plus convenable. Voyez-vous cet endroit où nous sommes? C'est le monde même.

FÉLICIE : Le monde! et je croyais être encore auprès de notre demeure.

HORTENSE : Vous n'en êtes pas éloignée non plus; mais ne vous embarrassez de rien : quoi qu'il en soit, votre cœur va trouver ici tout ce qui peut déterminer son goût.

Scène II : Félicie, Hortense, la Modestie.

HORTENSE, *à la Modestie, qui est à quelques pas* : Vous, approchez. *(Quand la Modestie est venue.)* C'est une compagne que je vous laisse, Félicie; elle porte le nom d'une de vos plus estimables qualités, la modestie, ou plutôt la pudeur.

FÉLICIE : Je ne sais tout ce que cela signifie; mais je la trouve charmante, et je serai ravie d'être avec elle : nous ne nous quitterons donc point?

HORTENSE : Votre union dépend de vous; gardez toujours cette qualité dont elle porte le nom, et vous serez toujours ensemble.

FÉLICIE, *s'en allant à elle* : Oh! vraiment! nous serons donc inséparables.

HORTENSE : Adieu, je vous laisse; mais je ne vous abandonne point.

FÉLICIE : Votre retraite m'afflige. Que sais-je ce qui peut m'arriver ici où je ne connais personne?

HORTENSE : N'y craignez rien, vous dis-je; c'est moi qui vous y protège. Adieu.

Scène III : Félicie, la Modestie.

FÉLICIE : Sur ce pied-là, soyons donc en repos, et parcourons ces lieux. Voilà un canton [2] qui me paraît bien riant; ma chère compagne, allons-y; voyons ce que c'est.

LA MODESTIE : Non, j'y entends du bruit; tournons plutôt de l'autre côté; je le crois plus sûr pour vous.

FÉLICIE : Qu'appelez-vous plus sûr?

LA MODESTIE : Oui; vous êtes extrêmement jolie et l'endroit où vous voulez vous engager me paraît un pays trop galant.

FÉLICIE : Eh bien! est-ce qu'on m'y fera un crime d'être jolie, dans ce pays galant? Ne sommes-nous ici que pour y visiter des déserts?

LA MODESTIE : Non; mais je prévois de l'autre côté les pièges qu'on y pourra tendre à votre cœur, et, franchement, j'ai peur que nous ne nous y perdions.

FÉLICIE : Eh! comment l'entendez-vous donc, s'il vous plaît, ma chère compagne? Quoi! sous le prétexte qu'on est aimable, on n'osera pas se montrer; il ne faudra rien voir, toujours s'enfuir, et ne s'occuper qu'à faire la sauvage! La condition d'une jolie personne serait donc bien triste! Oh! je ne crois point cela du tout; il vaudrait mieux être laide : je redemanderais la médiocrité des agréments que j'avais, si cela était; et, à vous entendre dire, ce serait une vraie perte pour une fille que de perdre sa laideur; ce serait lui rendre un très mauvais office que de la rendre aimable, et on ne l'a jamais compris de cette manière-là.

---

2. Par *canton*, on entend alors un coin, un certain endroit d'un pays ou d'une ville, séparé et différent du reste.

LA MODESTIE : Écoutez, Félicie, ne vous y trompez pas ; les grâces et la sagesse ont toujours eu de la peine à rester ensemble.

FÉLICIE : A la bonne heure : s'il n'y avait pas un peu de peine, il n'y aurait pas grand mérite. A l'égard des pièges dont vous parlez, il me semble à moi qu'il n'est pas question de les fuir, mais d'apprendre à les mépriser ; et pourquoi ? parce qu'ils sont inutiles pour qui les méprise, et qu'en les fuyant d'un côté on peut les trouver d'un autre. Voilà mes idées, que je crois bonnes.

LA MODESTIE : Elles sont hardies.

FÉLICIE : Toutes simples. Que peut-il m'arriver dans le canton que vous craignez tant ? Voyons ; si je plais, on m'y regardera, n'est-il pas vrai ? Supposons même qu'on m'y parle. Eh bien ! qu'on m'y regarde, qu'on m'y parle, qu'on m'y fasse des compliments, si l'on veut, quel mal cela me fera-t-il ? sont-ce là ces pièges si redoutables, qu'il faille renoncer au jour pour les éviter ? Me prenez-vous pour un enfant ?

LA MODESTIE : Vous avez trop de confiance, Félicie.

FÉLICIE : Et vous, bien des terreurs paniques, Modestie.

LA MODESTIE : Je suis timide, il est vrai ; c'est mon caractère.

FÉLICIE : Fort bien et, moyennant ce caractère, nous voilà donc condamnées à rester là : nos relations seront curieuses !

LA MODESTIE : Je ne vous dis pas de rester là ; voyons toujours ce côté, il est plus tranquille.

FÉLICIE : Quelle antipathie avez-vous pour l'autre ?

LA MODESTIE : Quel dégoût vous prend-il pour celui-ci ?

FÉLICIE : C'est qu'il me réjouit moins la vue.

LA MODESTIE : Et moi, c'est que je fuis le danger que je soupçonne ici.

FÉLICIE : Mais, pour le fuir, il faut le voir.

LA MODESTIE : Il n'est quelquefois plus temps de le fuir, quand on l'a vu.

FÉLICIE : Encore une fois, pour fuir, il faut un objet ; on ne fuit point sans avoir peur de quelque chose, et je ne vois rien qui m'épouvante.

LA MODESTIE : Disons mieux ; vous avez des charmes, et vous voulez qu'on les voie.

FÉLICIE : Et parce que j'en ai, il faut que je les cache, il faut que l'obscurité soit mon partage ! Eh ! que ne m'a-t-on dit que c'était le plus grand malheur du monde que d'être jolie, puisqu'il faut être esclave des conséquences de son visage ? Ne voyez-vous pas bien que la raison n'est point d'accord de cela ?

LA MODESTIE : Plus que vous ne croyez.

FÉLICIE : Je me suis donc étrangement trompée ; j'ai souhaité d'être aimable, afin qu'on m'aimât dès qu'on me verrait, ce qui est assurément très innocent ; et il se trouverait que, selon vos chicanes, ce serait afin qu'on ne me vît jamais : en vérité, je ne saurais goûter ce que vous me dites.

LA MODESTIE : Je n'insiste plus ; il en sera ce qui vous plaira.

FÉLICIE : Il en sera ce qui me plaira ! Ce n'est pas là répondre ; je veux que vous soyez de mon avis, dès que j'ai raison. Puisque vous êtes la Modestie, on est bien aise d'avoir votre approbation.

LA MODESTIE : Je vous ai dit ce que j'en pensais.

FÉLICIE : Allons, allons, je vois bien que vous vous rendez. *(Ici on entend une symphonie.)* Mais me trompé-je ? Entendez-vous la gaieté des sons qui partent de ce côté ? Nous nous y amuserons assurément ; il doit y avoir quelque fête. Que cela est vif et touchant !

LA MODESTIE : Vous ne le sentez que trop.

FÉLICIE : Pourquoi trop ? Est-ce qu'il n'est pas permis d'avoir du goût ? Allez-vous encore trembler là-dessus ?

LA MODESTIE : Le goût du plaisir et de la curiosité mène bien loin.

FÉLICIE : Parlez franchement ; c'est qu'on a tort d'avoir des yeux et des oreilles, n'est-ce pas ? Ah ! que vous êtes farouche ! *(La symphonie recommence.)* Ce que j'entends là me fait pourtant grand plaisir... Prêtons-y un peu d'attention... Que cela est tendre et animé tout ensemble !

LA MODESTIE : J'entends aussi du bruit de l'autre côté ; écoutez, je crois qu'on y chante.

On chante.

De la vertu suivez les lois,
Beautés qui de nos cœurs voulez fixer le choix.
Les attraits qu'elle éclaire en brillent davantage.
Est-il rien de plus enchanteur
Que de voir sur un beau visage
Et la jeunesse et la pudeur ?

LA MODESTIE *continue* : Ce que cette voix-là m'inspire ne m'effraye point, par exemple : elle a quelque chose de noble.

FÉLICIE : Oui, elle est belle, mais sérieuse.

Scène IV : Félicie, la Modestie, Diane, dans l'éloignement.

LA MODESTIE : C'est un charme différent. Mais, que vois-je ? tenez, Félicie : voyez-vous cette dame qui nous regarde d'une façon si riante, et qui semble nous inviter de venir à elle ? Qu'elle a l'air respectable !

FÉLICIE : Cela est vrai ; je lui trouve de la majesté.

LA MODESTIE : Elle sort de chez elle, apparemment ; voulez-vous l'aborder ?

FÉLICIE : N'allons pas si vite ; elle a quelque chose de grave qui m'arrête.

LA MODESTIE : Elle vous plaît pourtant ?

FÉLICIE : Oui, je l'avoue.

LA MODESTIE : Allons donc, je crois qu'elle nous attend ; elle paraît faire les avances.

FÉLICIE : J'aurais bien voulu voir ce qui se passe de l'autre côté.

Scène V : Félicie, la Modestie, Diane, Lucidor, au fond du théâtre.

FÉLICIE : Mais voici bien autre chose ; regardez à votre tour, et voyez à gauche ce beau jeune homme qui vient de paraître, accompagné de ces jolis chasseurs, et qui nous salue ; il ne nous épargne pas non plus les avances.

LA MODESTIE : Ne regardons point, il m'inquiète ; allons plutôt à cette dame.

FÉLICIE : Attendez.

LA MODESTIE : Elle avance.

DIANE : Voulez-vous bien que j'approche, mon aimable fille ? Peut-être ne connaissez-vous pas ces lieux, et vous voyez l'envie que j'ai de vous y servir. Ne me refusez pas d'entrer chez moi ; je chéris la vertu, et vous y serez en sûreté.

FÉLICIE, *la saluant* : Je vous rends grâces, Madame, et je verrai.

DIANE : Et ! pourquoi voir ? Votre jeunesse et vos charmes vous exposent ici ; n'hésitez point ; croyez-moi, suivez le conseil que je vous donne. *(Ici le jeune homme la regarde, lui sourit et la salue ; elle lui rend le salut.)* Voici un jeune homme qui vous distrait, et qui pourtant mérite bien moins votre attention que moi.

FÉLICIE : J'en fais beaucoup à ce que vous me dites ; mais cela ne me dispense pas de le saluer, puisqu'il me salue.

Lucidor lui fait encore des révérences, et elle les rend.

DIANE : Encore des révérences.

FÉLICIE : Vous voyez bien qu'il continue les siennes.

LA MODESTIE, *à Diane* : Emmenez-la, Madame, avant qu'il nous aborde.

FÉLICIE : Mais vous voulez donc que je sois malhonnête ?

LUCIDOR, *approchant* : Beauté céleste, je règne dans ces cantons ; j'ose assurer qu'ils sont les plus riants ; daignez les honorer de votre présence.

FÉLICIE : Je serais volontiers de cet avis-là ; l'aspect m'en plaît beaucoup.

DIANE, *la prenant par la main* : Commencez par les lieux que j'habite ; plus d'irrésolution : venez.

LUCIDOR, *la prenant par l'autre main* : Quoi ! l'on vous entraîne, et vous me rejetez !

FÉLICIE : Non, je vous l'avoue, il n'y a rien d'égal à l'embarras où vous me mettez tous deux : car je ne saurais prendre l'un que je ne laisse l'autre ; et le moyen d'être partout !

LA MODESTIE : Trop faible Félicie !

FÉLICIE, *à la Modestie* : Oh ! vraiment, je sais bien que vous n'y feriez pas tant de façons ; vous en parlez bien à votre aise.

LUCIDOR : Vous me haïssez donc ?

FÉLICIE : Autre injustice.

DIANE : Je suis sûre qu'il vous en coûte pour me résister, et que votre cœur me regrette.

FÉLICIE : Eh mais ! sans doute ; mais mon cœur ne sait ce qu'il veut, voilà ce que c'est ; il ne choisit point ; tenez, il vous voudrait tous deux ; voyez, n'y aurait il pas moyen de vous accorder ?

DIANE : Non, Félicie ; cela ne se peut pas.

LUCIDOR : Pour moi, j'y consens : que Madame vous suive où je vais vous mener, je ne l'en empêche pas ; ma douceur et ma bonne foi me rendent de meilleure composition qu'elle.

FÉLICIE : Eh bien ! voilà un accommodement qui me paraît bien raisonnable, par exemple ; ne nous quittons point, allons ensemble.

LA MODESTIE, *bas, à Félicie* : Ah ! le fourbe !

FÉLICIE, *à part les premiers mots* : Vous en jugez mal ; il n'a pas cet air là. Allons, Madame ; ayez cette complaisance là pour moi, qui vous aime : considérez que je suis une jeune personne à qui l'âge donne une petite curiosité pardonnable et sans conséquence ; je vous en prie, ne me refusez pas.

DIANE : Non, Félicie ; vous ne savez pas ce que vous demandez ; son commerce et le mien sont incompatibles ; et quand je vous suivrais, j'aurais beau vous donner mes conseils, ils vous seraient inutiles.

LUCIDOR : Mille plaisirs innocents vous attendent où nous allons.

FÉLICIE : Pour innocents, j'en suis persuadée ; il serait inutile de m'en proposer d'autres.

DIANE : Il vous dit qu'ils sont innocents, mais ils cessent bientôt de l'être.

FÉLICIE : Tant pis pour eux ; sauf à les laisser là, quand ils ne le seront plus.

DIANE : Je vous en promets, moi, de plus satisfaisants, quand vous les aurez un peu goûtés, des plaisirs qui vont au profit de la vertu même.

FÉLICIE : Je n'en doute pas un instant, j'en ai la meilleure opinion du monde, assurément, et je les aime d'avance ; je vous le dis de tout mon cœur. Mais prenons toujours ceux-ci qui se présentent, et qui sont permis ; voyons ce que c'est, et puis nous irons aux vôtres : est-ce que j'y renonce ?

DIANE : Ils vous ôteront le goût des miens.

LA MODESTIE : Pour moi, je ne veux pas des siens ; prenez-y garde.

FÉLICIE : Oh ! je sais toujours votre avis, à vous, sans que vous le disiez.

LUCIDOR : Quel ridicule entêtement ! Je n'ai que vos bontés pour ressource.

DIANE : Pour la dernière fois, suivez-moi, ma fille.

FÉLICIE : Tenez, vous parlerai-je franchement ? Cette rigueur-là n'est point du tout persuasive, point du tout : austérité superflue que tout cela ; l'excès n'est point une sagesse, et je sais me conduire.

DIANE : Vous le préférez donc ? Adieu.

FÉLICIE, *impatiemment* : Ah !

LUCIDOR, *à genoux* : Au nom de tant de charmes, ne vous rendez point ; songez qu'il ne s'agit que d'une bagatelle.

FÉLICIE, *à Lucidor* : Oui, mais levez-vous donc ; ne faites rien qui lui donne raison.

LA MODESTIE : Cette dame s'en va.

LUCIDOR : Laissez-la aller ; vous la rejoindrez.

DIANE : Adieu, trop imprudente Félicie.

FÉLICIE : Bon, imprudente ! Je ne vous dis pas adieu, moi ; j'irai vous retrouver.

DIANE : Je ne l'espère pas.

FÉLICIE : Et moi, je le sais bien ; vous le verrez.

LA MODESTIE : Que vous m'alarmez ! Elle est partie ; il ne vous reste plus que moi, Félicie, et peut-être nous séparerons-nous aussi.

Scène VI : La Modestie, Félicie, Lucidor.

FÉLICIE : A qui en avez-vous ? à qui en a-t-elle ? Dites-moi donc le crime que j'ai fait ; car je l'ignore ! De quoi s'est-elle fâchée ? De quoi l'êtes-vous ? Où cela va-t-il ?

LUCIDOR : Si le plaisir qu'on sent à vous voir la chagrine, sa peine est sans remède, Félicie; mais n'y songez plus, nous nous passerons bien d'elle.

FÉLICIE : Il est pourtant vrai que, sans vous, je l'aurais suivie, seigneur.

LUCIDOR : Vous repentez-vous déjà d'avoir bien voulu demeurer? Que nous sommes différents l'un de l'autre! Je ferais ma félicité d'être toujours avec vous : oui, Félicie, vous êtes les délices de mes yeux et de mon cœur.

FÉLICIE : A merveille! voilà un langage qui vient fort à propos! Courage! si vous continuez sur ce ton-là, je pourrai bien avoir tort d'être ici.

LUCIDOR : Eh! qui pourrait condamner les sentiments que j'exprime? Jamais l'amour offrit-il d'objet aussi charmant que vous l'êtes? Vos regards me pénètrent; ils sont des traits de flamme.

FÉLICIE, impatiente : Je vous dis que ces flammes-là vont encore effaroucher ma compagnie [3].

La Modestie paraît sombre.

LUCIDOR : Eh! quel autre discours voulez-vous que je vous tienne? Vous ne m'inspirez que des transports, et je vous en parle; vous me ravissez, et je m'écrie; vous m'embrasez du plus tendre et du plus invincible de tous les amours, et je soupire.

FÉLICIE : Ah! que j'ai mal fait de rester!

LUCIDOR : O ciel! quel discours!

LA MODESTIE : Vous voyez ce qui en est.

FÉLICIE, à la Modestie : Au moins, ne me quittez pas.

LA MODESTIE : Il est encore temps de vous retirer.

FÉLICIE : Oh! toujours temps! aussi n'y manquerai-je pas, s'il continue. Ah!

LUCIDOR : De grâce, adorable Félicie, expliquez-moi ce soupir; à qui s'adresse-t-il? Que signifie-t-il?

FÉLICIE : Il signifie que je vais m'en retourner, et que vous n'êtes pas raisonnable.

LA MODESTIE : Allons donc, sauvez-vous.

LUCIDOR : Non, vous ne vous en retournerez pas sitôt; vous n'aurez pas la cruauté de me déchirer le cœur.

FÉLICIE : En un mot, je ne veux pas que vous m'aimiez.

LUCIDOR : Donnez-moi donc la force de faire l'impossible.

FÉLICIE : L'impossible! et toujours des expressions tendres! Eh bien! si vous m'aimez, ne me le dites point.

LUCIDOR : En quel endroit de la terre irez-vous, où l'on ne vous le dise pas?

FÉLICIE, à la Modestie : Je n'ai point de réplique à cela; mais je vous défie de me rien reprocher, car je me défends bien.

LUCIDOR : Content de vous voir, de vous aimer, je ne vous demande que de souffrir mes respects et ma tendresse.

FÉLICIE, à la Modestie : Cela ne prend [4] rien sur mon cœur; ainsi, ne vous inquiétez pas; ce ne sera rien.

LA MODESTIE : Son respect vous trompe et vous séduit.

LUCIDOR, à la Modestie : Vous, qui l'accompagnez, d'où vient que vous vous déclarez mon ennemie?

LA MODESTIE : C'est que je suis l'amie de la vertu.

LUCIDOR, en baisant la main à Félicie : Et moi, je suis l'adorateur de la sienne.

LA MODESTIE, à Félicie : Et vous voyez qu'il l'attaque en l'adorant. (Elle fait semblant de partir.) Je n'y tiens point non plus, Félicie.

FÉLICIE, courant après elle : Arrêtez, Modestie! Seigneur, je vous déclare que je ne veux point la perdre.

LUCIDOR : Elle devrait avoir nom Férocité, et non pas Modestie. (Il va à elle.) Revenez, Madame, revenez; je ne dirai plus rien qui vous déplaise : je me tairai. Mais, pendant mon silence, Félicie, permettez à ces jeunes chasseurs, que vous voyez épars, de vous marquer, à leur tour, la joie qu'ils ont de vous avoir rencontrée; ils me divertissent quelquefois moi-même par leurs danses et par leurs chants : souffrez qu'ils essayent de vous amuser. La musique et la danse ne doivent effrayer personne. (A Félicie, bas.) Qu'elle est revêche et bourrue!

FÉLICIE, tout bas aussi : C'est ma compagne.

LUCIDOR : Asseyons-nous et écoutons.

Scène VII : La Modestie, Félicie, Lucidor, troupe de chasseurs.

Les instruments préludent ; on danse.

Air

UN CHASSEUR
Amis, laissons en paix les hôtes de ces bois;
La beauté que je vois
Doit nous fixer sous cet ombrage.
Venez, venez, suivez mes pas :
Par un juste et fidèle hommage,
Méritons le bonheur d'admirer tant d'appas.

LUCIDOR : Vous intéressez tous les cœurs, Félicie.

FÉLICIE : N'interrompez point.

On danse encore.

LUCIDOR, ensuite dit : Ils n'auront pas seuls l'honneur de vous amuser, et je prétends y avoir part.

Il chante un menuet.

De vos beaux yeux le charme inévitable
Me fait brûler de la plus vive ardeur :
Plus que Diane redoutable,
Sans flèches ni carquois, vous tirez droit au cœur.

Les chasseurs se retirent.

Scène VIII : Félicie, Lucidor, la Modestie.

FÉLICIE : Toujours de l'amour; vous ne vous corrigez point.

LUCIDOR : Et vous, toujours de nouveaux charmes; ils ne finissent point.

Il lui prend la main.

FÉLICIE : Laissez là ma main, elle n'est pas de la conversation.

LUCIDOR : Mon cœur voudrait pourtant bien en avoir une avec elle.

FÉLICIE, voulant retirer sa main : Et moi, je ne veux point. (Il lui baise la main.) Eh bien, encore! ne l'avais-je

---

3. La personne qui m'accompagne.

4. Prendre a ici le sens de : faire impression.

pas défendu? Cela nous brouillera, vous dis-je, cela nous brouillera.

LA MODESTIE : Vous me donnez mon congé, Félicie!

FÉLICIE : Vous voyez bien que je me fâche, afin qu'il n'y revienne plus : qu'avez-vous à dire?

LUCIDOR, *impatient* : L'insupportable fille!

FÉLICIE, *à la Modestie* : Il est vrai que vous vous scandalisez de trop peu de chose.

LUCIDOR, *avec dépit* : Ma tendresse ne vous fatiguerait pas tant sans elle.

FÉLICIE : Oh! si votre cœur n'a pas besoin d'elle, le mien n'est pas de même, entendez-vous?

LUCIDOR : Eh! quel besoin le vôtre en a-t-il! Dites-moi le moindre mot consolant.

FÉLICIE : Je suis bien heureuse qu'elle me gêne.

LUCIDOR : Achevez.

FÉLICIE, *à la Modestie, bas* : Si je lui disais, pour m'en défaire, que je suis un peu sensible, le trouveriez-vous mauvais? il n'en sera pas plus avancé.

LA MODESTIE : Gardez-vous-en bien; je ne soutiendrai pas ce discours-là.

FÉLICIE, *à Lucidor* : Passez-vous donc de ma réponse.

LUCIDOR : Si elle s'écartait un moment, comme elle le pourrait, sans s'éloigner, quel inconvénient y aurait-il?

FÉLICIE, *à la Modestie* : Ce jeune homme vous impatiente : promenez-vous un instant sans me quitter; je tâcherai d'abréger la conversation.

LA MODESTIE : Hélas! si je m'écarte, je ne reviendrai peut-être plus.

FÉLICIE : Je ne vous propose pas de vous en aller, je ne veux pas seulement vous perdre de vue, et ce que j'en dis n'est que pour vous épargner son importunité.

LA MODESTIE : Puisque vous m'y forcez, vous voilà seule. *(A part.)* Je me retire, mais je ne la quitte pas.

Scène IX : Lucidor, Félicie.

LUCIDOR : Ah! je respire.

FÉLICIE : Et moi, je suis honteuse.

LUCIDOR : Non, Félicie, ne troublez point un si doux moment par de chagrinantes réflexions; vous voilà libre, et vous m'avez promis de vous expliquer; je vous adore : commencez par me dire que vous le voulez bien.

FÉLICIE : Oh! pour ce commencement-là, il n'est pas difficile : oui, j'y consens; quand je ne le voudrais pas, il n'en serait ni plus ni moins; ainsi, il vaut autant vous le permettre.

LUCIDOR : Ce n'est pas encore assez.

FÉLICIE : Surtout, réglez[5] vos demandes.

LUCIDOR : Je n'en ferai que de légitimes; je vous aime, y répondez-vous? votre compagne n'y est plus.

FÉLICIE : Oui; mais j'y suis, moi.

LUCIDOR : Vous avez trop de bonté pour me tenir si longtemps inquiet de mon sort, et vous ne l'avez éloignée que pour m'en éclaircir.

FÉLICIE : J'avoue que, si elle y était, je n'oserais jamais vous dire le plaisir que j'ai à vous voir.

LUCIDOR : Je suis donc un peu aimé?

5. Modérez, réduisez.

FÉLICIE : Presque autant qu'aimable.

LUCIDOR, *charmé* : Vous m'aimez!

FÉLICIE : Je vous aime, et j'avais grande envie de vous le dire; rappelons ma compagne.

LUCIDOR : Pas encore.

FÉLICIE : Comment « pas encore »? Je vous aime, mais voilà tout.

LUCIDOR : Attendez ce qui me reste à vous dire, il n'en sera que ce que vous voudrez.

FÉLICIE : Oui, oui, que ce que je voudrai! Je n'ai pourtant fait jusqu'ici que ce que vous avez voulu.

LUCIDOR : Écoutez-moi, charmante Félicie! N'est-ce pas toujours à la personne que l'on aime qu'il faut se marier?

FÉLICIE : Qui est-ce qui a jamais douté de cela?

LUCIDOR : Et pour qui se marie-t-on?

FÉLICIE : Pour soi-même, assurément.

LUCIDOR : On est donc, à cet égard-là, les maîtres de sa destinée?

FÉLICIE : Avec l'avis de ses parents, pourtant.

LUCIDOR : Souvent ces parents, en disposant de nous, ne s'embarrassent guère de nos cœurs.

FÉLICIE : Vous avez raison.

LUCIDOR : Trouvez-vous qu'ils ont tort?

FÉLICIE : Un très grand tort.

LUCIDOR : M'en croirez-vous? prévenons celui que nos parents pourraient avoir avec nous. Les miens me chérissent et seront bientôt apaisés : assurons-nous d'une union éternelle autant que légitime; on peut nous marier ici; et quand nous serons époux, il faudra bien qu'ils y consentent.

FÉLICIE : Ah! vous me faites frémir, et par bonheur ma compagne n'est qu'à deux pas d'ici.

LUCIDOR : Quoi! vous frémissez de songer que je serais votre époux?

FÉLICIE : Mon époux, Lucidor! Voulez-vous que mon cœur soit la dupe de ce mot-là! Vous devriez craindre vous-même de me persuader. N'est-il pas de votre intérêt que je sois estimable? et l'estime que je mérite encore, que deviendrait-elle? Vous permettre de m'aimer, vous l'entendre dire, vous aimer moi-même, à la bonne heure, passe pour cela; s'il y entre de la faiblesse, elle est excusable; on peut être tendre et pourtant vertueuse; mais vous me proposez d'être insensée, d'être extravagante, d'être méprisable; oh! je suis fâchée contre vous; je ne vous reconnais point à ce trait-là.

LUCIDOR : Vous parlez de vertu, Félicie; les dieux me sont témoins que je suis aussi jaloux de la vôtre que vous-même, et que je ne songe qu'à rendre notre séparation impossible.

FÉLICIE : Et moi, je vous dis, Lucidor, que c'est la rendre immanquable : non, non, n'en parlons plus; je ne me rendrai jamais à cela; tout ce que je puis faire, c'est de vous pardonner de me l'avoir dit.

LUCIDOR, *à genoux* : Félicie, vous défiez-vous de moi? ma probité vous est-elle suspecte? ma douleur et mes larmes n'obtiendront-elles rien?

FÉLICIE : Quel malheur que d'aimer! qu'on me l'avait bien dit, et que je mérite bien ce qui m'arrive!

LUCIDOR : Vous me croyez donc un perfide?

FÉLICIE : Je ne crois rien, je pleure. « Adieu, trop imprudente Félicie », me disait cette dame en partant : oh! que cela est vrai!

LUCIDOR : Pouvez-vous abandonner notre amour au hasard?

FÉLICIE : Se marier de son chef, sans consulter qui que ce soit au monde, sans témoin de ma part, car je ne connais personne ici; quel mariage!

LUCIDOR : Les témoins les plus sacrés ne sont-ils pas votre cœur et le mien?

FÉLICIE : Oh! pour nos cœurs, ne m'en parlez pas, je ne m'y fierai plus, ils m'ont trompée tous deux.

LUCIDOR : Vous ne voulez donc point m'épouser?

FÉLICIE : Dès aujourd'hui, si l'on veut; et si on ne l'approuve pas, je l'approuverai, moi.

LUCIDOR : Eh! pensez-vous qu'on vous en laisse la liberté?

FÉLICIE : Par pitié pour moi, demeurons raisonnables.

LUCIDOR : Je mourrai donc, puisque vous me condamnez à mourir.

FÉLICIE : Lucidor, ce mariage-là ne réussira pas.

LUCIDOR : Notre sort n'est assuré que par là.

FÉLICIE : Hélas! je suis donc sans secours.

LUCIDOR : Qui est-ce qui s'intéresse à vous plus que moi?

FÉLICIE : Eh bien! puisqu'il le faut, donnez-moi, de grâce, un quart d'heure pour me résoudre; mon esprit est tout en désordre; je ne sais où j'en suis; laissez-moi me reconnaître; n'arrachez rien au trouble où je me sens, et fiez-vous à mon amour; il aura plus de soin de vous que de moi-même.

LUCIDOR : Ah! je suis perdu; votre compagne reviendra, vous la rappellerez.

FÉLICIE : Non, cher Lucidor; je vous promets de n'avoir à faire qu'à mon cœur, et vous n'aurez que lui pour juge. Laissez-moi, vous reviendrez me trouver.

LUCIDOR : J'obéis; mais sauvez-moi la vie, voilà tout ce que je puis vous dire.

Scène X : Félicie, la Modestie, *qui paraît et se tient loin.*

FÉLICIE, *se croyant seule* : Ah! que suis-je devenue?

LA MODESTIE, *de loin* : Me voilà, Félicie. *(Félicie la regarde tristement. La Modestie continue.)* Ne m'appelez-vous pas?

FÉLICIE : Je n'en sais rien.

LA MODESTIE : Voulez-vous que je vienne?

FÉLICIE : Je n'en sais rien non plus.

LA MODESTIE : Que vous êtes à plaindre!

FÉLICIE : Infiniment.

LA MODESTIE : Je vous parle de trop loin; si je me rapprochais, vous seriez plus forte.

FÉLICIE : Plus forte! Je n'ai pas le courage de vouloir l'être.

LA MODESTIE : Tachez d'ouvrir les yeux sur votre état.

FÉLICIE : Je ne saurais; je soupire de mon état, et je l'aime; de peur d'en sortir, je ne veux pas le connaître.

LA MODESTIE : Servez-vous de votre raison.

FÉLICIE : Elle me guérirait de mon amour.

LA MODESTIE : Ah! tant mieux, Félicie.

FÉLICIE : Et mon amour m'est cher.

Scène XI : *Diane paraît, la Modestie, Félicie.*

LA MODESTIE : Voici cette dame qui vous sollicitait tantôt de la suivre, et qui paraît; vous vous détournez pour ne la point voir.

FÉLICIE : Je l'estime, mais je n'ai rien à lui dire, et je crains qu'elle ne me parle.

LA MODESTIE, *à Diane* : Pressez-la, Madame; vos discours la ramèneront peut-être.

DIANE : Non; dès qu'elle ne veut pas de vous, qui devez être sa plus intime amie, elle n'est pas en état de m'entendre.

LA MODESTIE : Cependant elle nous regrette.

DIANE : L'infortunée n'a pas moins résolu de se perdre.

FÉLICIE : Non, je ne risque rien : Lucidor est plein d'honneur, il m'aime; je sens que je ne vivrais pas sans lui; on me le refuserait peut-être, je l'épouse; il est question d'un mariage qu'il me propose avec toute la tendresse imaginable et sans lequel je sens que je ne puis être heureuse : ai-je tort de vouloir l'être?

DIANE, *toujours de loin* : Fille infortunée! croyez-en nos conseils et nos alarmes. *(Apercevant Lucidor.)* Fuyez, le voici qui revient; mais rien ne la touche. Adieu encore une fois, Félicie.

Elles se retirent.

FÉLICIE : Quelle obstination! Est-ce qu'il est défendu [6] de faire son bonheur?

Scène XII : *Lucidor, Félicie.*

LUCIDOR : Je vous revois donc, délices de mon cœur! Eh bien! le vôtre me rend-il justice? En est-ce fait? Notre union sera-t-elle éternelle? *(Il lui prend la main qu'il baise.)* Vous pleurez, ce me semble? Est-ce mon retour qui cause vos pleurs?

FÉLICIE, *pleurant* : Hélas! elles me quittent, elles disparaissent toujours à votre aspect, et je ne sais pourquoi.

LUCIDOR : Qui? cette sombre compagne appelée Modestie? cette autre dame qui désapprouve que vous veniez dans nos cantons, quand j'offre d'aller avec vous dans les siens? Et ce sont deux aussi revêches, deux aussi impraticables [7] personnes que celles-là, deux sauvages d'une défiance aussi ridicule, que vous regrettez! Ce sont elles dont le départ excite vos pleurs au moment où j'arrive, pénétré de l'amour le plus tendre et le plus inviolable, avec l'espérance de l'hymen le plus fortuné qui sera jamais! Ah ciel! est-ce ainsi que vous traitez, que vous recevez un amant qui vous adore, un époux qui va faire sa félicité de la vôtre, et qui ne veut respirer que par vous et pour vous? Allons, Félicie, n'hésitez plus; venez, tout est prêt pour nous unir; la chaîne du plaisir et du bonheur nous attend. *(Une symphonie douce*

---

6. Variante : « défendu dans le monde de... »
7. On dit qu'un homme est *impraticable* pour dire qu'on ne saurait vivre avec lui (Dict. de l'Acad.).

commence ici.) Venez me donner une main chérie, que je ne puis toucher sans ravissement.

FÉLICIE : De grâce, Lucidor, du moins rappelons-les, et qu'elles nous suivent.

LUCIDOR : Eh! de qui parlez-vous encore?

FÉLICIE : Hélas! de ma compagne et de l'autre dame.

LUCIDOR : Elles haïssent notre amour, vous ne l'ignorez pas; venez, vous dis-je; votre injuste résistance me désespère; partons.

Il l'entraîne un peu.

FÉLICIE : O ciel! vous m'entraînez! Où suis-je? Que vais-je devenir? Mon trouble, leur absence et mon amour m'épouvantent : rappelons-les, qu'elles reviennent. *(Elle crie haut.)* Ah! chère Modestie, chère compagne, où êtes-vous? Où sont elles?

Alors la Modestie, Diane et la Fée reparaissent.

Scène XIII : Tous les acteurs précédents.

LA FÉE : Amant dangereux et trompeur, ennemi de la vertu, perfides impressions de l'amour, effacez-vous de son cœur, et disparaissez.

Lucidor fuit ; la symphonie finit ; la Modestie, la Vertu et la Fée vont à Félicie qui tombe dans leurs bras, et qui, à la fin, ouvrant les yeux, embrasse la Fée, caresse la Modestie et Diane, et dit à la Fée.

FÉLICIE : Ah! Madame, ah! ma protectrice! que je vous ai d'obligation. Vous me pardonnez donc? Je vous retrouve; que je suis heureuse! et qu'il est doux de me revoir entre vos bras!

LA FÉE : Félicie, vous êtes instruite; je ne vous ai pas perdue de vue, et vous avez mérité notre secours, dès que vous avez eu la force de l'implorer.

LES ACTEURS DE BONNE FOI

En novembre 1757, le Conservateur *publie une courte pièce intitulée* les Acteurs de bonne foi *en la faisant précéder de ces quelques lignes : « Voici une petite comédie qui n'a jamais paru et dont nous ne connaissons pas l'auteur. On nous l'a envoyée avec différents écrits sur toutes sortes de sujets, parmi lesquels nous avons encore trouvé une comédie intitulée* la Provinciale *que nous donnerons à son tour, si celle-ci ne déplaît pas. »*

Quatre ans plus tard, une Provinciale *paraîtra bien, mais dans le* Mercure *et non dans le* Conservateur *(dont la publication entre-temps, a pris fin), de telle sorte que le doute reste permis à son sujet. Pour* les Acteurs de bonne foi, *toute incertitude est exclue : Marivaux en est bien l'auteur. La comédie figure d'ailleurs dans l'édition de ses* Œuvres de théâtre, *en 1758, chez N.-B. Duchesne, et en 1761 Marivaux signe un reçu de cinq cents livres à Duchesne pour « un volume de pièces détachées et un autre petit volume de trois pièces, intitulées* Félicie, *une autre l'*Amante frivole, *pièce qui doit être jouée à la Comédie-Française, une autre qui se trouve dans le* Conservateur *» — cette dernière étant, sans contestation possible,* les Acteurs de bonne foi.

Cette comédie parut-elle sur une scène à l'époque ? L'édition de 1758 qui mentionne pour chaque pièce la date (parfois erronée) de sa première représentation n'en donne aucune pour les Acteurs de bonne foi. *Quant à celle du 16 septembre 1755 où, selon certains commentateurs, les Comédiens Français auraient joué la pièce, elle est sans nul doute fausse : vérification faite sur les registres du Français, ce 16 septembre a été un jour de relâche. Reste l'hypothèse d'une représentation des* Acteurs de bonne foi *sur une théâtre de société. Il est certes probable que, en choisissant son sujet, Marivaux y a pensé - peut-être est-ce à la demande d'un tel théâtre qu'il a composé sa comédie. Mais aucune trace ne subsiste d'une représentation des* Acteurs de bonne foi *sur une de ces scènes, fort nombreuses alors. Aussi est-on amené à supposer, avec Fournier et Bastide, que « la subtilité compliquée (de la pièce), autant que son audacieuse originalité, dut effrayer les amateurs*

comme les Comédiens Français, si elle fut jamais présentée aux uns et aux autres. »

Jouée le 30 octobre 1947, à la salle Luxembourg de la Comédie-Française, où elle faisait affiche avec les Femmes savantes, *cette comédie passa encore presque inaperçue. C'est seulement avec les représentations dirigées par André Barsacq, en 1957, que* les Acteurs de bonne foi, *s'imposèrent à l'attention du public et de la critique, dans ce Théâtre de l'Atelier où Charles Dullin avait créé la première pièce de Pirandello en France, quelque trente ans auparavant.*

Le nom de Pirandello vient en effet aux lèvres devant ces Acteurs de bonne foi *puisque c'est dans cette comédie que, comme le remarque Jacques Scherer, décelant une sorte de pirandellisme latent dans toute l'œuvre théâtrale de Marivaux, « s'épanouissent de la manière la plus pirandellienne le jeu dans le jeu et la prise de conscience du jeu ».*

Mais il faut aussi souligner à quel point cette courte pièce (trop courte même, au risque de paraître bâclée sur la fin) est marivaudienne. Comme la Dispute, *plus qu'elle encore, elle est le produit d'une réflexion de Marivaux sur son propre théâtre. Ici, cette réflexion est littéralement jouée devant nous. La comédie dans la comédie que se donnent bon gré mal gré les personnages des* Acteurs de bonne foi *ne diffère pas, en effet, de celle des autres héros de Marivaux, et son enjeu est le même : il s'agit toujours de reconnaître la vérité des cœurs à travers le mensonge du langage et les nécessités de la vie matérielle. Seulement, cette fois, la comédie que nous nous donnons naturellement et sans le savoir, est présentée comme comédie.*

Marivaux ne la blâme ni ne la loue. Il nous en dit les risques : l'amour peut se transformer en infidélité et la « bouffonnerie » devenir vérité... Mais c'est la loi de toute vie en société : il faut passer par le jeu (un jeu où l'on saute parfois « du brodequin au cothurne ») pour accéder aux possessions et aux certitudes. Il faut — c'est peut-être là le dernier mot de Marivaux — « faire semblant de faire semblant ».

ACTEURS

MADAME ARGANTE, *mère d'Angélique*; MADAME AME-
LIN, *tante d'Éraste*; ARAMINTE, *amie commune*; ÉRASTE,
neveu de Madame Amelin, amant d'Angélique; ANGÉ-
LIQUE, *fille de Madame Argante*; MERLIN, *valet de
chambre d'Éraste, amant de Lisette*; LISETTE, *suivante
d'Angélique*; BLAISE, *fils du fermier de Madame Argante,
amant de Colette*; COLETTE, *fille du jardinier*; *Un
Notaire de village.*

LA SCÈNE EST DANS UNE MAISON DE CAMPAGNE
DE MADAME ARGANTE.

Scène I : *Éraste, Merlin.*

MERLIN : Oui, Monsieur, tout sera prêt; vous n'avez
qu'à faire mettre la salle en état; à trois heures après
midi, je vous garantis que je vous donnerai la comédie.

ÉRASTE : Tu feras grand plaisir à Madame Amelin, qui
s'y attend avec impatience; et, de mon côté, je suis ravi de
lui procurer ce petit divertissement : je lui dois bien des
attentions; tu vois ce qu'elle fait pour moi; je ne suis
que son neveu, et elle me donne tout son bien pour me
marier avec Angélique que j'aime. Pourrait-elle me
traiter mieux, quand je serais son fils?

MERLIN : Allons, il en faut convenir, c'est la meilleure
tante du monde, et vous avez raison; il n'y aurait pas
plus de profit à l'avoir pour mère.

ÉRASTE : Mais, dis-moi, cette comédie dont tu nous
régales, est-elle divertissante? Tu as de l'esprit; mais en
as-tu assez pour avoir fait quelque chose de passable?

MERLIN : Du passable, Monsieur? Non, il n'est pas de
mon ressort; les génies même le mien ne connaissent
pas le médiocre; tout ce qu'ils font est charmant ou détestable; j'excelle ou je tombe, il n'y a jamais de milieu.

ÉRASTE : Ton génie me fait trembler.

MERLIN : Vous craignez que je ne tombe? mais rassurez-vous. Avez-vous jamais acheté le recueil des chansons du Pont-Neuf [1]? Tout ce que vous y trouverez de
beau est de moi. Il y en a surtout une demi-douzaine
d'anacréontiques [2], qui sont d'un goût...

ÉRASTE : D'anacréontiques! Oh! puisque tu connais
ce mot-là, tu es habile, et je ne me méfie plus de toi. Mais
prends garde que Madame Argante ne sache notre
projet; Madame Amelin veut la surprendre.

MERLIN : Lisette, qui est des nôtres, a sans doute gardé
le secret. Mademoiselle Angélique, votre future, n'aura
rien dit. De votre côté, vous vous êtes tu. J'ai été discret. Mes acteurs sont payés pour se taire; et nous surprendrons, Monsieur, nous surprendrons.

ÉRASTE : Et qui sont tes acteurs?

MERLIN : Moi, d'abord; je me donne le premier,
pour vous inspirer de la confiance; ensuite, Lisette,
femme de chambre de Mademoiselle Angélique, et
suivante originale; Blaise, fils du fermier de Madame

Argante; Colette, amante dudit fils du fermier, et fille
du jardinier.

ÉRASTE : Cela promet de quoi rire.

MERLIN : Et cela tiendra parole; j'y ai mis bon ordre.
Si vous saviez le coup d'art qu'il y a dans ma pièce!

ÉRASTE : Dis-moi donc ce que c'est.

MERLIN : Nous jouerons à l'impromptu, Monsieur,
à l'impromptu.

ÉRASTE : Que veux-tu dire : à l'impromptu?

MERLIN : Oui. Je n'ai fourni que ce que nous autres
beaux esprits appelons le canevas; la simple nature
fournira les dialogues, et cette nature-là sera bouffonne.

ÉRASTE : La plaisante espèce de comédie! Elle pourra
pourtant nous amuser.

MERLIN : Vous verrez, vous verrez. J'oublie encore à
vous dire une finesse de ma pièce; c'est que Colette doit
faire mon amoureuse, et moi je dois faire son amant.
Nous sommes convenus tous deux de voir un peu la
mine que feront Lisette et Blaise à toutes les tendresses
naïves que nous prétendons nous dire; et le tout, pour
éprouver s'ils n'en seront pas un peu alarmés et jaloux;
car vous savez que Blaise doit épouser Colette, et que
l'amour nous destine, Lisette et moi, l'un à l'autre.
Mais Lisette, Blaise et Colette vont venir ici pour
essayer leurs scènes; ce sont les principaux acteurs.
J'ai voulu voir comment ils s'y prendront; laissez-moi
les écouter et les instruire, et retirez-vous : les voilà qui
entrent.

ÉRASTE : Adieu; fais-nous rire, on ne t'en demande pas
davantage.

Scène II : *Lisette, Colette, Blaise, Merlin.*

MERLIN : Allons, mes enfants, je vous attendais;
montrez-moi un petit échantillon de votre savoir-faire,
et tâchons de gagner notre argent le mieux que nous
pourrons; répétons.

LISETTE : Ce que j'aime de ta comédie, c'est que nous
nous la donnerons à nous-mêmes; car je pense que nous
allons tenir de jolis propos.

MERLIN : De très jolis propos; car, dans le plan de ma
pièce, vous ne sortez point de votre caractère, vous
autres : toi, tu joues une maligne soubrette à qui l'on
n'en fait point accroire, et te voilà; Blaise a l'air d'un
nigaud pris sans vert [3], et il en fait le rôle; une petite
coquette de village et Colette c'est la même chose; un
joli homme et moi, c'est tout un. Un joli homme est
inconstant, une coquette n'est pas fidèle : Colette trahit
Blaise, je néglige ta flamme. Blaise est un sot qui en
pleure, tu es une diablesse qui t'en mets en fureur; et voilà
ma pièce. Oh! je défie qu'on arrange mieux les choses.

BLAISE : Oui; mais si ce que j'allons jouer allait être
vrai! Prenez garde, au moins; il ne faut pas du tout de
bon; car j'aime Colette, dame!

---

1. Chansons chantées et vendues par les bateliers installés sur
le Pont-Neuf à Paris.
2. On qualifie d'*anacréontique* ce qui est léger, gracieux et écrit
dans le goût d'Anacréon, poète lyrique grec (560-478 av. J.-C.).

3. On dit figurément *prendre quelqu'un sans vert* pour dire : le
prendre au dépourvu. Fournier et Bastide voient dans cette expression une « allusion à un vieux jeu du mois de mai : les joueurs devaient porter sur leurs habits une feuille cueillie le jour même; celui
qui était surpris sans ce vert donnait un gage. »

MERLIN : A merveille! Blaise, je te demande ce ton de nigaud-là dans la pièce.

LISETTE : Écoutez, Monsieur le joli homme [4], il a raison; que ceci ne passe point la raillerie; car je ne suis pas endurante, je vous en avertis.

MERLIN : Fort bien, Lisette! Il y a un aigre-doux dans ce ton-là qu'il faut conserver.

COLETTE : Allez, allez, Mademoiselle Lisette; il n'y a rien à appriander pour vous; car vous êtes plus jolie que moi; Monsieur Merlin le sait bien.

MERLIN : Courage, friponne; vous y êtes, c'est dans ce goût-là qu'il faut jouer votre rôle. Allons, commençons à répéter.

LISETTE : C'est à nous deux à commencer, je crois.

MERLIN : Oui, nous sommes la première scène; asseyez-vous là, vous autres; et nous, débutons. Tu es au fait, Lisette. *(Colette et Blaise s'asseyent comme spectateurs d'une scène dont ils ne sont pas.)* Tu arrives sur le théâtre, et tu me trouves rêveur et distrait. Recule-toi un peu, pour me laisser prendre ma contenance.

Scène III : Merlin. Lisette, *(Colette et Blaise, assis).*

LISETTE, *feignant d'arriver.* Qu'avez-vous donc, Monsieur Merlin? vous voilà bien pensif.

MERLIN : C'est que je me promène.

LISETTE : Et votre façon, en vous promenant, est-elle de ne pas regarder les gens qui vous abordent?

MERLIN : C'est que je suis distrait dans mes promenades.

LISETTE : Qu'est-ce que c'est que ce langage-là? il me paraît bien impertinent.

MERLIN, *interrompant la scène* : Doucement, Lisette; tu me dis des injures au commencement de la scène, par où la finiras-tu?

LISETTE : Oh! ne t'attends pas à des régularités; je dis ce qui me vient; continuons.

MERLIN : Où en sommes-nous?

LISETTE : Je traitais ton langage d'impertinent.

MERLIN : Tiens, tu es de méchante humeur; passons notre chemin, ne nous parlons pas davantage.

LISETTE : Attendez-vous ici Colette, Monsieur Merlin?

MERLIN : Cette question-là nous présage une querelle.

LISETTE : Tu n'en es pas encore où tu penses.

MERLIN : Je me contente de savoir que j'en suis où me voilà.

LISETTE : Je sais bien que tu me fuis, et que je t'ennuie depuis quelques jours.

MERLIN : Vous êtes si savante qu'il n'y a pas moyen de vous instruire.

LISETTE : Comment, faquin! tu ne prends pas seulement la peine de te défendre de ce que je dis là?

MERLIN : Je n'aime à contredire personne.

LISETTE : Viens çà, parle; avoue-moi que Colette te plaît.

MERLIN : Pourquoi veux-tu qu'elle me déplaise?

LISETTE : Avoue que tu l'aimes.

4. L'homme à la mode.

MERLIN : Je ne fais jamais de confidence.

LISETTE : Va, va, je n'ai pas besoin que tu m'en fasses.

MERLIN : Ne m'en demande donc pas.

LISETTE : Me quitter pour une petite villageoise!

MERLIN : Je ne te quitte pas, je ne bouge.

COLETTE, *interrompant de l'endroit où elle est assise* : Oui; mais est-ce un jeu de me dire des injures en mon absence?

MERLIN : Sans doute; ne voyez-vous pas bien que c'est une fille jalouse qui vous méprise?

COLETTE : Eh bien! quand ce sera à moi à dire, je prendrai ma revanche.

LISETTE : Et moi, je ne sais plus où j'en suis.

MERLIN : Tu me querellais.

LISETTE : Eh! dis-moi, dans cette scène-là, puis-je te battre?

MERLIN : Comme tu n'es qu'une suivante, un coup de poing ne gâtera rien.

LISETTE : Reprenons donc, afin que je le place.

MERLIN : Non, non; gardons le coup de poing pour la représentation, et supposons qu'il est donné; ce serait un double emploi, qui est inutile.

LISETTE : Je crois aussi que je peux pleurer dans mon chagrin.

MERLIN : Sans difficulté; n'y manque pas; mon mérite et ta vanité le veulent.

LISETTE, *éclatant de rire* : Ton mérite qui le veut me faire rire. *(Feignant de pleurer.)* Que je suis à plaindre d'avoir été sensible aux cajoleries de ce fourbe-là! Adieu : voici la petite impertinente qui entre; mais laisse-moi faire. *(En s'interrompant.)* Serait-il si mal de la battre un peu?

COLETTE, *qui s'est levée* : Non pas, s'il vous plaît; je ne veux pas que les coups en soient; je n'ai point affaire d'être battue pour une farce; encore si c'était vrai, je l'endurerais.

LISETTE : Voyez-vous la fine mouche!

MERLIN : Ne perdons point le temps à nous interrompre; va-t'en, Lisette : voici Colette qui entre pendant que tu sors, et tu n'as plus que faire ici. Allons, poursuivons; reculez-vous un peu, Colette, afin que j'aille au-devant de vous.

Scène IV : Merlin, Colette, *(Lisette et Blaise, assis).*

MERLIN : Bonjour, ma belle enfant; je suis bien sûr que ce n'est pas moi que vous cherchez.

COLETTE : Non, Monsieur Merlin; mais ça n'y fait rien; je suis bien aise de vous y trouver.

MERLIN : Et moi, je suis charmé de vous rencontrer, Colette.

COLETTE : Ça est bien obligeant.

MERLIN : Ne vous êtes-vous pas aperçue du plaisir que j'ai à vous voir?

COLETTE : Oui; mais je n'ose pas bonnement m'apercevoir de ce plaisir-là, à cause que j'y en prendrais aussi.

MERLIN, *interrompant* : Doucement, Colette; il n'est pas décent de vous déclarer si vite.

COLETTE : Dame! comme il faut avoir d'l'amiquié pour vous dans cette affaire-là, j'ai cru qu'il n'y avait point de temps à perdre.

MERLIN : Attendez que je me déclare tout à fait, moi.

BLAISE, *interrompant de son siège* : Voyez en effet comme alle se presse; an dirait qu'alle y va de bon jeu; je crois que ça m'annonce du guignon.

LISETTE, *assise et interrompant* : Je n'aime pas trop cette saillie-là non plus.

MERLIN : C'est qu'elle ne sait pas mieux faire.

COLETTE : Eh bien! velà ma pensée tout sens dessus dessous; pisqu'ils me blâment, je sis trop timide pour aller en avant, s'ils ne s'en vont pas.

MERLIN : Éloignez-vous donc pour l'encourager.

BLAISE, *se levant de son siège* : Non, morguié, je ne veux pas qu'alle ait du courage, moi; je veux tout entendre.

LISETTE, *assise et interrompant* : Il est vrai, m'amie, que vous êtes plaisante de vouloir que nous nous en allions.

COLETTE : Pourquoi aussi me chicanez-vous?

BLAISE, *interrompant, mais assis* : Pourquoi te hâtes-tu tant d'être amoureuse de Monsieur Merlin? Est-ce que tu en sens de l'amour?

COLETTE : Mais, vraiment! je sis bien obligée d'en sentir pisque je sis obligée d'en prendre dans la comédie. Comment voulez-vous que je fasse autrement?

LISETTE, *assise, interrompant* : Comment! vous aimez réellement Merlin!

COLETTE : Il le faut bien, pisque c'est mon devoir.

MERLIN, *à Lisette* : Blaise et toi, vous êtes de grands innocents tous deux; ne voyez-vous pas qu'elle s'explique mal? Ce n'est pas qu'elle m'aime tout de bon; elle veut dire seulement qu'elle doit faire semblant de m'aimer; n'est-ce pas, Colette?

COLETTE : Comme vous voudrez, Monsieur Merlin.

MERLIN : Allons, continuons, et attendez que je me déclare tout à fait, pour vous montrer sensible à mon amour.

COLETTE : J'attendrai, Monsieur Merlin; faites vite.

MERLIN, *recommençant la scène* : Que vous êtes aimable, Colette, et que j'envie le sort de Blaise, qui doit être votre mari!

COLETTE : Oh! oh! est-ce que vous m'aimez, Monsieur Merlin?

MERLIN : Il y a plus de huit jours que je cherche à vous le dire.

COLETTE : Queu dommage! car je nous accorderions bien tous deux.

MERLIN : Et pourquoi, Colette?

COLETTE : C'est que si vous m'aimez, dame!... Dirai-je?

MERLIN : Sans doute.

COLETTE : C'est que, si vous m'aimez, c'est bian fait; car il n'y a rian de pardu.

MERLIN : Quoi! chère Colette, votre cœur vous dit quelque chose pour moi?

COLETTE : Oh! il ne me dit pas queuque chose; il me dit tout à fait.

MERLIN : Que vous me charmez, belle enfant! Donnez-moi votre jolie main, que je vous en remercie.

LISETTE, *interrompant* : Je défends les mains.

COLETTE : Faut pourtant que j'en aie.

LISETTE : Oui; mais ce n'est pas nécessaire qu'il les baise.

MERLIN : Entre amants, les mains d'une maîtresse sont toujours de la conversation.

BLAISE : Ne permettez pas qu'elles en soient, Mademoiselle Lisette.

MERLIN : Ne vous fâchez pas; il n'y a qu'à supprimer cet endroit-là.

COLETTE : Ce n'est que des mains, au bout du compte.

MERLIN : Je me contenterai de lui tenir la main de la mienne.

BLAISE : Ne faut pas magnier [5] non plus; n'est-ce pas, Mademoiselle Lisette?

LISETTE : C'est le mieux.

MERLIN : Il n'y aura point assez de vif dans cette scène-là.

COLETTE : Je sis de votre avis, Monsieur Merlin, et je n'empêche pas les mains, moi!

MERLIN : Puisqu'on les trouve de trop, laissons-les, et revenons. (*Il recommence la scène.*) Vous m'aimez donc, Colette, et cependant vous allez épouser Blaise?

COLETTE : Vraiment ça me fâche assez; car ce n'est pas moi qui le prends; c'est mon père et ma mère qui me le baillent.

BLAISE, *interrompant et pleurant* : Me velà donc bien chanceux!

MERLIN : Tais-toi donc, tout ceci est de la scène; tu le sais bien.

BLAISE : C'est que je vais gager que ça est vrai.

MERLIN : Non, te dis-je; il faut ou quitter notre projet ou le suivre; la récompense que Madame Amelin nous a promise vaut bien la peine que nous la gagnions; je suis fâché d'avoir imaginé ce plan-là, mais je n'ai pas le temps d'en imaginer un autre; poursuivons.

COLETTE : Je le trouve bien joli, moi.

LISETTE : Je ne dis mot, mais je n'en pense pas moins. Quoi qu'il en soit, allons notre chemin, pour ne pas risquer notre argent.

MERLIN, *recommençant la scène* : Vous ne vous souciez donc pas de Blaise, Colette, puisqu'il n'y a que vos parents qui veulent que vous l'épousiez?

COLETTE : Non, il ne me revient point; et si je pouvais, par queuque manigance, m'empêcher de l'avoir pour mon homme, je serais bientôt quitte de li; car il est si sot.

BLAISE, *interrompant, assis* : Morgué! velà une vilaine comédie!

MERLIN : (*A Blaise.*) Paix donc! (*A Colette.*) Vous n'avez qu'à dire à vos parents que vous ne l'aimez pas.

COLETTE : Bon! je l'y ai bien dit à li-même, et tout ça n'y fait rien.

BLAISE, *se levant pour interrompre* : C'est la vérité qu'alle me l'a dit.

COLETTE, *continuant* : Mais, Monsieur Merlin, si vous me demandiais en mariage, peut-être que vous m'auriais? Serisez-vous fâché de m'avoir pour femme!

5. *Magnier* est mis pour manier, dans le sens de : toucher, tâter avec la main.

MERLIN : J'en serais ravi; mais il faut s'y prendre adroitement, à cause de Lisette, dont la méchanceté nous nuirait et romprait nos mesures [6].

COLETTE : Si alle n'était pas ici, je varrions comme nous y prenre; fallait pas parmettre qu'alle nous écoutît.

LISETTE, *se levant pour interrompre* : Que signifie donc ce que j'entends là? Car, enfin, voilà un discours qui ne peut entrer dans la représentation de votre scène, puisque je ne serai pas présente quand vous la jouerez.

MERLIN : Tu n'y seras pas, il est vrai; mais tu es actuellement devant ses yeux, et par méprise elle se règle là-dessus. N'as-tu jamais entendu parler d'un axiome qui dit que l'objet présent émeut la puissance? voilà pourquoi elle s'y trompe; si tu avais étudié, cela ne t'étonnerait pas. A toi, à présent, Blaise; c'est toi qui entres ici, et qui viens nous interrompre; retire-toi à quatre pas, pour feindre que tu arrives; moi, qui t'aperçois venir, je dis à Colette : « Voici Blaise qui arrive, ma chère Colette; remettons l'entretien à une autre fois. » *(A Colette.)* Et vous, retirez-vous.

BLAISE, *approchant pour entrer en scène* : Je suis tout parturbé, moi; je ne sais que dire.

MERLIN : Tu rencontres Colette sur ton chemin, et tu lui demandes d'avec qui elle sort.

BLAISE, *commençant la scène* : D'ou viens-tu donc, Colette?

COLETTE : Eh! je viens d'où j'étais.

BLAISE : Comme tu me rudoies!

COLETTE : Oh! dame! accommode-toi; prends ou laisse. Adieu.

Scène V : Merlin, Blaise, (Lisette et Colette, assises).

MERLIN, *interrompant la scène* : C'est, à cette heure, à moi que tu as affaire.

BLAISE : Tenez, Monsieur Merlin, je ne saurions endurer que vous m'escamotiais ma maîtresse.

MERLIN, *interrompant la scène* : Tenez, *Monsieur Merlin*, est-ce comme cela qu'on commence une scène? Dans mes instructions, je t'ai dit de me demander quel était mon entretien avec Colette.

BLAISE : Eh! parguié! ne le sais-je pas, pisque j'y étais?

MERLIN : Souviens-toi donc que tu n'étais pas censé y être.

BLAISE, *recommençant* : Eh bian! Colette était donc avec vous, Monsieur Merlin?

MERLIN : Oui, nous ne faisions que de nous rencontrer.

BLAISE : On dit pourtant qu'ous en êtes amoureux, Monsieur Merlin, et ça me chagrine, entendez-vous? Car elle sera mon accordée, de mardi en huit.

COLETTE, *se levant et interrompant* : Oh! sans vous interrompre, ça s'est remis de mardi en quinze; d'ici à ce temps-là, je varrons venir.

MERLIN : N'importe, cette erreur-là n'est ici d'aucune conséquence. *(Reprenant la scène.)* Qui est-ce qui t'a dit, Blaise, que j'aime Colette?

BLAISE : C'est vous qui le disiais tout à l'heure.

MERLIN, *interrompant la scène* : Mais prends donc garde; souviens-toi encore une fois que tu n'y étais pas.

BLAISE : C'est donc Mademoiselle Lisette qui me l'a appris et qui vous donne aussi biaucoup de blâme de cette affaire-là. Et la velà pour confirmer mon dire.

LISETTE, *d'un ton menaçant et interrompant* : Va, va, j'en dirai mon sentiment après la comédie.

MERLIN : Nous ne ferons jamais rien de cette grue-là [7]; il ne saurait perdre les objets de vue.

LISETTE : Continuez, continuez; dans la représentation il ne les verra pas, et cela le corrigera; quand un homme perd sa maîtresse, il lui est permis d'être distrait, Monsieur Merlin.

BLAISE, *interrompant* : Cette comédie-là n'est faite que pour nous planter là, Mademoiselle Lisette.

COLETTE : Eh bien! plante-moi là itou, toi, Nicodème [8].

BLAISE, *pleurant* : Morguié! ce n'est pas comme ça qu'on en use avec un fiancé de la semaine qui vient.

COLETTE : Et moi, je te dis que tu ne seras pas mon fiancé d'aucune semaine.

MERLIN : Adieu ma comédie; on m'avait promis dix pistoles [9] pour la faire jouer, et ce poltron-là me les vole comme s'il me les prenait dans ma poche.

COLETTE, *interrompant* : Eh! pardi, Monsieur Merlin, velà bian du tintamarre, parce que vous avez de l'amiquié pour moi, et que je vous trouve agriable. Eh bian! oui, je lui plais; je nous plaisons tous deux; il est garçon, je sis fille; il est à marier, moi itou; il voulait de Mademoiselle Lisette, il n'en veut pas; il la quitte, je te quitte; il me prend, je le prends. Quant à ce qui est de vous autres, il n'y a que patience à prenre.

BLAISE : Velà de belles fiançailles!

LISETTE, *à Merlin, en déchirant un papier* : Tu te tais donc, fourbe! Tiens, voilà le cas que je fais du plan de ta comédie; tu mériteras d'être traité de même.

MERLIN : Mais, mes enfants, gagnons d'abord notre argent, et puis nous finirons nos débats.

COLETTE : C'est bian dit; je nous querellerons après, c'est la même chose.

LISETTE : Taisez-vous, petite impertinente.

COLETTE : Cette jalouse, comme elle est malapprise!

MERLIN : Paix là donc, paix!

COLETTE : Suis-je cause que je vaux mieux qu'elle?

LISETTE : Que cette petite paysanne-là ne m'échauffe pas les oreilles.

COLETTE : Mais, voyez, je vous prie, cette glorieuse, avec sa face de chambrière!

MERLIN : Le bruit que vous faites va amasser tout le monde ici, et voilà déjà Madame Argante qui accourt, je pense.

---

6. On dit *rompre les mesures d'un homme* pour dire : traverser et rompre tous les desseins d'un homme.

7. *Grue* signifie figurément un niais, un sot, qui n'a point d'esprit, qui se laisse tromper.
8. Appeler quelqu'un *Nicodème* équivaut à le traiter de nigaud.
9. La pistole est une monnaie de compte d'une valeur de dix livres environ.

LISETTE, *s'en allant* : Adieu, fourbe.

MERLIN : L'épithète de folle m'acquittera, s'il te plaît, de celle de fourbe.

BLAISE : Je m'en vais itou me plaindre à un parent de la masque [10].

COLETTE : Je vous varrons tantôt, Monsieur Merlin, n'est-ce pas?

MERLIN : Oui, Colette, et cela va à merveille; ces gens-là nous aiment, mais continuons encore de feindre.

COLETTE : Tant que vous voudrais; il n'y a pas de danger, pisqu'ils nous aimont tant.

Scène VI : *Madame Argante, Éraste, Angélique, Merlin.*

MADAME ARGANTE : Qu'est-ce que c'est donc que le bruit que j'entends? Avec qui criais-tu tout à l'heure?

MERLIN : Rien; c'est Blaise et Colette qui sortent d'ici avec Lisette, Madame.

MADAME ARGANTE : Eh bien! est-ce qu'ils avaient querelle ensemble? Je veux savoir ce que c'est.

MERLIN : C'est qu'il s'agissait d'un petit dessein que... nous avions, d'une petite idée qui nous était venue, et nous avons de la peine à faire un ensemble qui s'accorde. *(Montrant Éraste.)* Monsieur vous dira ce que c'est.

ÉRASTE : Madame, il est question d'une bagatelle que vous saurez tantôt.

MADAME ARGANTE : Pourquoi m'en faire mystère à présent?

ÉRASTE : Puisqu'il faut vous le dire, c'est une petite pièce dont il est question.

MADAME ARGANTE : Une pièce de quoi?

MERLIN : C'est, Madame, une comédie, et nous vous ménagions le plaisir de la surprise.

ANGÉLIQUE : Et moi, j'avais promis à Madame Amelin et à Éraste de ne vous en point parler, ma mère.

MADAME ARGANTE : Une comédie!

MERLIN : Oui, une comédie dont je suis l'auteur; cela promet.

MADAME ARGANTE : Et pourquoi s'y battre?

MERLIN : On ne s'y bat pas, Madame; la bataille que vous avez entendue n'était qu'un entracte; mes acteurs se sont brouillés dans l'intervalle de l'action; c'est la discorde qui est entrée dans la troupe; il n'y a rien là que de fort ordinaire. Ils voulaient sauter du brodequin au cothurne [11], et je vais tâcher de les ramener à des dispositions moins tragiques.

MADAME ARGANTE : Non; laissons là tes dispositions moins tragiques, et supprimons ce divertissement-là. Éraste, vous n'y avez pas songé : la comédie chez une femme de mon âge, cela serait ridicule.

ÉRASTE : C'est la chose du monde la plus innocente, Madame, et d'ailleurs Madame Amelin se faisait une joie de la voir exécuter.

10. *Masque :* injure qu'on dit aux femmes de basse condition qui sont vieilles ou laides, et en ce sens le mot est féminin (Dict. de l'Acad.).

11. Passer de la comédie à la tragédie.

MERLIN : C'est elle qui nous paye pour la mettre en état; et moi, qui vous parle, j'ai déjà reçu des arrhes; ma marchandise est vendue, il faut que je la livre; et vous ne sauriez, en conscience, rompre un marché conclu, Madame. Il faudrait que je restituasse, et j'ai pris des arrangements qui ne me le permettent plus.

MADAME ARGANTE : Ne te mets point en peine; je vous dédommagerai, vous autres.

MERLIN : Sans compter douze sous qu'il m'en coûte pour un moucheur de chandelles que j'ai arrêté; trois bouteilles de vin que j'ai avancées aux ménétriers du village pour former mon orchestre; quatre que j'ai donné parole de boire avec eux immédiatement après la représentation; une demi-main de papier que j'ai barbouillé pour mettre mon canevas bien au net...

MADAME ARGANTE : Tu n'y perdras rien, te dis-je. Voici Madame Amelin, et vous allez voir qu'elle sera de mon avis.

Scène VII : *Madame Amelin, Madame Argante, Angélique, Éraste, Merlin.*

MADAME ARGANTE, *à Madame Amelin* : Vous ne devineriez pas, Madame, ce que ces jeunes gens nous préparaient? Une comédie de la façon de Monsieur Merlin. Ils m'ont dit que vous le savez, mais je suis sûre que non.

MADAME AMELIN : C'est moi à qui l'idée en est venue.

MADAME ARGANTE : A vous, Madame?

MADAME AMELIN : Oui; vous saurez que j'aime à rire, et vous verrez que cela vous divertira; mais j'avais expressément défendu qu'on vous le dît.

MADAME ARGANTE : Je l'ai appris par le bruit qu'on faisait dans cette salle; mais, j'ai une grâce à vous demander, Madame; c'est que vous ayez la bonté d'abandonner le projet, à cause de moi, dont l'âge et le caractère...

MADAME AMELIN : Ah! Voilà qui est fini, Madame; ne vous alarmez point; c'en est fait, il n'en est plus question.

MADAME ARGANTE : Je vous en rends mille grâces, et je vous avoue que j'en craignais l'exécution.

MADAME AMELIN : Je suis fâchée de l'inquiétude que vous en avez prise.

MADAME ARGANTE : Je vais rejoindre la compagnie avec ma fille; n'y venez-vous pas?

MADAME AMELIN : Dans un moment.

ANGÉLIQUE, *à part, à Madame Argante* : Madame Amelin n'est pas contente, ma mère.

MADAME ARGANTE, *à part le premier mot* : Taisez-vous. *(A Madame Amelin.)* Adieu, Madame; venez donc nous retrouver.

MADAME AMELIN, à *Éraste* : Oui, oui. Mon neveu, quand vous aurez mené Madame Argante, venez me parler.

ÉRASTE : Sur-le-champ, Madame.

MERLIN : J'en serai donc réduit à l'impression; quel dommage!

Scène VIII : Madame Amelin,
Araminte.

MADAME AMELIN, *un moment seule* : Vous avez pourtant beau dire, Madame Argante; j'ai voulu rire, et je rirai.

ARAMINTE : Eh! bien, ma chère! où est notre comédie? Va-t-on la jouer?

MADAME AMELIN : Non; Madame Argante veut qu'on rende l'argent à la porte [12].

ARAMINTE : Comment! elle s'oppose à ce qu'on la joue?

MADAME AMELIN : Sans doute; on la jouera pourtant, ou celle-ci, ou une autre. Tout ce qui arrivera de ceci, c'est qu'au lieu de la lui donner, il faudra qu'elle me la donne et qu'elle la joue, qui pis est, et je vous prie de m'y aider.

ARAMINTE : Il sera curieux de la voir monter sur le théâtre! Quant à moi, je ne suis bonne qu'à me tenir dans ma loge.

MADAME AMELIN : Écoutez-moi; je vais feindre d'être si rebutée du peu de complaisance qu'on a pour moi, que je paraîtrai renoncer au mariage de mon neveu avec Angélique.

ARAMINTE : Votre neveu est, en effet, un si grand parti pour elle...

MADAME AMELIN, *en riant* : Que la mère n'avait osé espérer que je consentisse; jugez de la peur qu'elle aura, et des démarches qu'elle va faire! Jouera-t-elle bien son rôle?

ARAMINTE : Oh! d'après nature.

MADAME AMELIN, *riant* : Mon neveu et sa maîtresse seront-ils, de leur côté, de bons acteurs, à votre avis? Car ils ne sauront pas que je me divertis, non plus que le reste des acteurs.

ARAMINTE : Cela sera plaisant; mais il n'y a que mon rôle qui m'embarrasse : à quoi puis-je vous être bonne?

MADAME AMELIN : Vous avez trois fois plus de bien qu'Angélique : vous êtes veuve et encore jeune. Vous m'avez fait confidence de votre inclination pour mon neveu, tout est dit. Vous n'avez qu'à vous conformer à ce que je vais faire : voici mon neveu, et nous en sommes à la première scène; êtes-vous prête?

ARAMINTE : Oui.

Scène IX : Madame Amelin,
Araminte, Éraste.

ÉRASTE : Vous m'avez ordonné de revenir; que me voulez-vous, Madame? La compagnie vous attend.

MADAME AMELIN : Qu'elle m'attende, mon neveu; je ne suis pas près de la rejoindre.

ÉRASTE : Vous me paraissez bien sérieuse, Madame; de quoi s'agit-il?

MADAME AMELIN, *montrant Araminte* : Éraste, que pensez-vous de Madame?

ÉRASTE : Moi? ce que tout le monde en pense; que Madame est fort aimable.

ARAMINTE : La réponse est flatteuse.

ÉRASTE : Elle est toute simple.

MADAME AMELIN : Mon neveu, son cœur et sa main, joints à trente mille livres de rente [13], ne valent-ils pas bien qu'on s'attache à elle?

ÉRASTE : Y a-t-il quelqu'un à qui il soit besoin de persuader cette vérité-là?

MADAME AMELIN : Je suis charmée de vous en voir si persuadé vous-même.

ÉRASTE : A propos de quoi en êtes-vous si charmée, Madame?

MADAME AMELIN : C'est que je trouve à propos de vous marier avec elle.

ÉRASTE : Moi, ma tante? vous plaisantez, et je suis sûr que Madame ne serait pas de cet avis-là.

MADAME AMELIN : C'est pourtant elle qui me le propose.

ÉRASTE, *surpris* : De m'épouser! vous, Madame!

ARAMINTE : Pourquoi non, Éraste? cela me paraîtrait assez convenable; qu'en dites-vous?

MADAME AMELIN : Ce qu'il en dit? En êtes-vous en peine?

ARAMINTE : Il ne répond pourtant rien.

MADAME AMELIN : C'est d'étonnement et de joie, n'est-ce pas, mon neveu?

ÉRASTE : Madame...

MADAME AMELIN : Quoi?

ÉRASTE : On n'épouse pas deux femmes.

MADAME AMELIN : Où en prenez-vous deux? on ne vous parle que de Madame.

ARAMINTE : Et vous aurez la bonté de n'épouser que moi non plus [14], assurément.

ÉRASTE : Vous méritez un cœur tout entier, Madame; et vous savez que j'adore Angélique, qu'il m'est impossible d'aimer ailleurs.

ARAMINTE : Impossible, Eraste, impossible! Oh! puisque vous le prenez sur ce ton-là, vous m'aimerez, s'il vous plaît.

ÉRASTE : Je ne m'y attends pas, Madame.

ARAMINTE : Vous m'aimerez, vous dis-je; on m'a promis votre cœur, et je prétends qu'on me le tienne; je crois que d'en donner deux cent mille écus [15], c'est le payer tout ce qu'il vaut, et qu'il y en a peu de ce prix-là.

ÉRASTE : Angélique l'estimerait davantage.

MADAME AMELIN : Qu'elle l'estime ce qu'elle voudra, j'ai garanti que Madame l'aurait; il faut qu'elle l'ait, et que vous dégagiez ma parole.

ÉRASTE : Ah! Madame, voulez-vous me désespérer?

ARAMINTE : Comment donc : vous désespérer?

MADAME AMELIN : Laissez-le dire. Courage, mon neveu, courage!

ÉRASTE : Juste ciel!

---

12. Qu'on rembourse les spectateurs (la représentation étant annulée).

13. Somme considérable puisqu'elle équivaut à 51 000 de nos francs actuels.

14. Emploi, vieilli, de *non plus* dans le sens de *pas plus*.

15. Soit la somme énorme de plus d'un million de nos francs actuels.

*Scène X : Madame Amelin,
Araminte, Madame Argante,
Angélique, Éraste.*

MADAME ARGANTE : Je viens vous chercher, Madame, puisque vous ne venez pas; mais que vois-je? Éraste soupire! ses yeux sont mouillés de larmes! il paraît désolé! Que lui est-il donc arrivé?

MADAME AMELIN : Rien que de fort heureux, quand il sera raisonnable; au reste, Madame, j'allais vous informer que nous sommes sur notre départ, Araminte, mon neveu et moi. N'auriez-vous rien à mander à Paris?

MADAME ARGANTE : A Paris! Quoi! est-ce que vous y allez, Madame?

MADAME AMELIN : Dans une heure.

MADAME ARGANTE : Vous plaisantez, Madame, et ce mariage?...

MADAME AMELIN : Je pense que le mieux est de le laisser là; le dégoût que vous avez marqué pour ce petit divertissement, qui me flattait, m'a fait faire quelques réflexions. Vous êtes trop sérieuse pour moi. J'aime la joie innocente; elle vous déplaît. Notre projet était de demeurer ensemble; nous pourrions ne nous pas convenir; n'allons pas plus loin.

MADAME ARGANTE : Comment, une comédie de moins romprait un mariage, Madame? Eh! qu'on la joue, Madame; qu'à cela ne tienne; et si ce n'est pas assez, qu'on y joigne l'opéra, la foire, les marionnettes, et tout ce qu'il vous plaira, jusqu'aux parades.

MADAME AMELIN : Non; le parti que je prends vous dispense de cet embarras-là. Nous n'en serons pas moins bonnes amies, s'il vous plaît; mais je viens de m'engager avec Araminte, et d'arrêter que mon neveu l'épousera.

MADAME ARGANTE : Araminte à votre neveu, Madame! Votre neveu épouser Araminte! Quoi! ce jeune homme!...

ARAMINTE : Que voulez-vous? Je suis à marier aussi bien qu'Angélique.

ANGÉLIQUE, *tristement* : Éraste y consent-il?

ÉRASTE : Vous voyez mon trouble; je ne sais plus où j'en suis.

ANGÉLIQUE : Est-ce là tout ce que vous répondez? Emmenez-moi, ma mère, retirons-nous; tout nous trahit.

ÉRASTE : Moi, vous trahir, Angélique! moi, qui ne vis que pour vous!

MADAME AMELIN : Y songez-vous, mon neveu, de parler d'amour à une autre, en présence de Madame que je vous destine?

MADAME ARGANTE, *fortement* : Mais, en vérité, tout ceci n'est qu'un rêve.

MADAME AMELIN : Nous sommes tous bien éveillés, je pense.

MADAME ARGANTE : Mais, tant pis, Madame, tant pis! Il n'y a qu'un rêve qui puisse rendre ceci pardonnable, absolument qu'un rêve, que la représentation de votre misérable comédie va dissiper. Allons vite, qu'on s'y prépare! On dit que la pièce est un impromptu; je veux y jouer moi-même; qu'on tâche de m'y ménager un rôle; jouons-y tous, et vous aussi, ma fille.

ANGÉLIQUE : Laissons-les, ma mère; voilà tout ce qu'il nous reste.

MADAME ARGANTE : Je ne serai pas une grande actrice, mais je n'en serai que plus réjouissante.

MADAME AMELIN : Vous joueriez à merveille, Madame, et votre vivacité en est une preuve; mais je ferais scrupule d'abaisser votre gravité jusque-là.

MADAME ARGANTE : Que cela ne vous inquiète pas. C'est Merlin qui est l'auteur de la pièce; je le vois qui passe; je vais la lui recommander moi-même. Merlin! Merlin, approchez.

MADAME AMELIN : Eh! non, Madame, je vous prie.

ÉRASTE, *à Madame Amelin* : Souffrez qu'on la joue, Madame; voulez-vous qu'une comédie décide de mon sort, et que ma vie dépende de deux ou trois dialogues?

MADAME ARGANTE : Non, non, elle n'en dépendra pas.

*Scène XI : Madame Amelin, Araminte,
Madame Argante, Éraste,
Angélique, Merlin.*

MADAME ARGANTE *continue* : La comédie que vous nous destinez est-elle bientôt prête?

MERLIN : J'ai rassemblé tous nos acteurs; ils sont là, et nous allons achever de la répéter, si l'on veut.

MADAME ARGANTE : Qu'ils entrent.

MADAME AMELIN : En vérité, cela est inutile.

MADAME ARGANTE : Point du tout, Madame.

ARAMINTE : Je ne présume pas, quoi que l'on fasse, que Madame veuille rompre l'engagement qu'elle a pris avec moi. La comédie se jouera quand on voudra; mais Eraste m'épousera, s'il vous plaît.

MADAME ARGANTE : Vous, Madame? Avec vos quarante ans! il n'en sera rien, s'il vous plaît vous-même, et je vous le dis tout franc; vous avez là un très mauvais procédé, Madame : vous êtes de nos amis, nous vous invitons au mariage de ma fille, et vous prétendez en faire le vôtre et lui enlever son mari, malgré toute la répugnance qu'il en a lui-même; car il vous refuse, et vous sentez bien qu'il ne gagnerait pas au change; en vérité, vous n'êtes pas concevable : à quarante ans lutter contre vingt! Vous rêvez, Madame. Allons, Merlin, qu'on achève.

Scène XII : Tous les acteurs.

MADAME ARGANTE *continue* : J'ajoute dix pistoles à ce qu'on vous a promis, pour vous exciter à bien faire. Asseyons-nous, Madame, et écoutons.

MADAME AMELIN : Écoutons donc, puisque vous le voulez.

MERLIN : Avance, Blaise; reprenons où nous en étions. Tu te plaignais de ce que j'aime Colette; et c'est, dis-tu, Lisette qui te l'a appris?

BLAISE : Bon! qu'est-ce que vous voulez que je dise davantage?

MADAME ARGANTE : Vous plaît-il de continuer, Blaise?

BLAISE : Non; noute mère m'a défendu de monter sur le thiâtre.

MADAME ARGANTE : Et moi, je lui défends de vous en empêcher : je vous sers de mère ici, c'est moi qui suis la vôtre.

BLAISE : Et par-dessus, on se raille de ma personne dans ce peste de jeu-là, noute maîtresse; Colette y fait semblant d'avoir le cœur tendre pour Monsieur Merlin, Monsieur Merlin de li céder le sien; et, maugré la comédie, tout ça est vrai, noute maîtresse; car ils font semblant de faire semblant, rien que pour nous en revendre [16], et ils ont tous deux la malice de s'aimer tout de bon en dépit de Lisette qui n'en tâtera que d'une dent [17], et en dépit de moi qui sis pourtant retenu pour gendre de mon biau-père.

Les dames rient.

MADAME ARGANTE : Eh! le butor! on a bien affaire de vos bêtises. Et vous, Merlin, de quoi vous avisez-vous d'aller faire une vérité d'une bouffonnerie? Laissez-lui sa Colette, et mettez-lui l'esprit en repos.

COLETTE : Oui; mais je ne veux pas qu'il me laisse, moi; je veux qu'il me garde.

MADAME ARGANTE : Qu'est-ce que cela signifie, petite fille? Retirez-vous, puisque vous n'êtes pas de cette scène-ci; vous paraîtrez quand il sera temps; continuez, vous autres.

MERLIN : Allons, Blaise; tu me reproches que j'aime Colette?

BLAISE : Eh! morgué, est-ce que ça n'est pas vrai?

MERLIN : Que veux-tu, mon enfant? elle est si jolie, que je n'ai pu m'en empêcher.

BLAISE, *à Madame Argante* : Eh bian! Madame Argante, velà-t-il pas qu'il l'le confesse li-même?

MADAME ARGANTE : Qu'est-ce que cela te fait, dès que ce n'est qu'une comédie?

BLAISE : Je m'embarrasse, morguié! bian de la farce; qu'alle aille au guiable, et tout le monde avec!

MERLIN : Encore!

MADAME ARGANTE : Quoi, on ne parviendra pas à vous faire continuer?

MADAME AMELIN : Eh! Madame, laissez là ce pauvre garçon : vous voyez bien que le dialogue n'est pas son fort.

MADAME ARGANTE : Son fort ou son faible, Madame, je veux qu'il réponde ce qu'il sait, et comme il le pourra.

COLETTE : Il braira tant qu'on voudra; mais c'est là tout.

BLAISE : Eh! pardi! faut bian braire, quand on en a sujet.

LISETTE : A quoi sert tout ce que vous faites là, Madame? Quand on achèverait cette scène-ci, vous n'avez pas l'autre; car c'est moi qui dois la jouer, et je n'en ferai rien.

MADAME ARGANTE : Oh! vous la jouerez, je vous assure.

LISETTE : Ah! nous verrons si on me fera jouer la comédie malgré moi.

16. *En revendre* a ici le sens, figuré et familier, de : attraper.
17. On dit proverbialement : *il n'en tâtera que d'une dent* pour dire : il n'en aura point du tout (Dict. de l'Acad.).

Scène XIII : Tous les acteurs de la scène précédente, et le Notaire qui arrive.

LE NOTAIRE, *s'adressant à Madame Amelin* : Voilà, Madame, le contrat que vous m'avez demandé; on y a exactement suivi vos intentions.

MADAME AMELIN, *à Araminte, bas* : Faites comme si c'était le vôtre. (*A Madame Argante.*) Ne voulez-vous pas bien honorer ce contrat-là de votre signature, Madame?

MADAME ARGANTE : Et pour qui est-il donc, Madame?

ARAMINTE : C'est celui d'Eraste et le mien.

MADAME ARGANTE : Moi! signer votre contrat, Madame! ah! je n'aurai pas cet honneur-là, et vous aurez, s'il vous plaît, la bonté d'aller vous-même le signer ailleurs. (*Au Notaire.*) Remportez, remportez cela, Monsieur. (*A Madame Amelin.*) Vous n'y songez pas, Madame; on n'a point ces procédés-là; jamais on n'en vit de pareils.

MADAME AMELIN : Il m'a paru que je ne pouvais marier mon neveu, chez vous, sans vous faire cette honnêteté-là, Madame, et je ne quitterai point que vous n'ayez signé, qui pis est; car vous signerez.

MADAME ARGANTE : Oh! il n'en sera rien; car je m'en vais.

MADAME AMELIN, *l'empêchant* : Vous resterez, s'il vous plaît; le contrat ne saurait se passer de vous. (*A Araminte.*) Aidez-moi, Madame; empêchons Madame Argante de sortir.

ARAMINTE : Tenez ferme; je ne plierai point non plus.

MADAME ARGANTE : Où en sommes-nous donc, Mesdames? Ne suis-je pas chez moi?

ÉRASTE, *à Madame Amelin* : Eh! à quoi pensez-vous, Madame? Je mourrais moi-même plutôt que de signer.

MADAME AMELIN : Vous signerez tout à l'heure, et nous signerons tous.

MADAME ARGANTE : Apparemment que Madame se donne ici la comédie, au défaut de celle qui lui a manqué.

MADAME AMELIN, *riant* : Ah! ah! ah! Vous avez raison; je ne veux rien perdre.

LE NOTAIRE : Accommodez-vous donc, Mesdames; car d'autres affaires m'appellent ailleurs. Au reste, suivant toute apparence, ce contrat est à présent inutile, et n'est plus conforme à vos intentions, puisque c'est celui qu'on a dressé hier, et qu'il est au nom de Monsieur Eraste et de Mademoiselle Angélique.

MADAME AMELIN : Est-il vrai! Oh! sur ce pied-là, ce n'est pas la peine de le refaire; il faut le signer comme il est.

ÉRASTE : Qu'entends-je?

MADAME ARGANTE : Ah! ah! j'ai donc deviné; vous vous donniez la comédie, et je suis prise pour dupe; signons donc. Vous êtes toutes deux de méchantes personnes.

ÉRASTE : Ah! je respire.

ANGÉLIQUE : Qui l'aurait cru? Il n'y a plus qu'à rire.

ARAMINTE, *à Madame Argante* : Vous ne m'aimerez

jamais tant que vous m'avez haïe; mais mes quarante ans me restent dans le cœur; je n'en ai pourtant que trente-neuf et demi.

MADAME ARGANTE : Je vous en aurais donné cent dans ma colère; et je vous conseille de vous plaindre, après la scène que je viens de vous donner!

MADAME AMELIN : Et le tout sans préjudice de la pièce de Merlin.

MADAME ARGANTE : Oh! je ne vous le disputerai plus, je n'en fais que rire; je soufflerai volontiers les acteurs, si l'on me fâche encore.

LISETTE : Vous voilà raccommodés; mais nous...

MERLIN : Ma foi, veux-tu que je te dise? Nous nous régalions nous-mêmes dans ma parade pour jouir de toutes vos tendresses.

COLETTE : Blaise, la tienne est de bon acabit; j'en suis bien contente.

BLAISE, *sautant* : Tout de bon? baille-moi donc une petite franchise pour ma peine.

LISETTE : Pour moi, je t'aime toujours; mais tu me le paieras, car je ne t'épouserai de six mois.

MERLIN : Oh! Je me fâcherai aussi, moi.

MADAME ARGANTE : Va, va, abrège le terme, et le réduis à deux heures de temps. Allons terminer.

LA PROVINCIALE

Deux questions se posent à propos de la Provinciale. *Marivaux a-t-il réellement écrit une* Provinciale? *Et la pièce qui a paru sous ce titre dans le* Mercure *d'avril 1761 et que nous reproduisons ici est-elle bien de Marivaux?*

Le premier point ne fait guère de doute. Marivaux a bien composé, entre 1750 et 1760, une comédie intitulée la Provinciale. *L'annonce de sa prochaine publication par le* Conservateur, *dans la présentation des* Acteurs de bonne foi, *en est une première preuve. D'autres encore peuvent être invoquées, dont celle, décisive, d'une lettre à Laujon, secrétaire des commandements du comte de Clermont où Marivaux parle de « la copie qu'on a faite de la pièce intitulée* la Provinciale *» et demande de la « retirer pour quelques jours seulement » de manière qu'il puisse y faire quelques modifications et sous promesse de la rendre « incessamment pour être jouée ».*

Mais une autre question est de savoir si la pièce publiée dans le Mercure *d'avril 1761 est la* Provinciale *de Marivaux.*

Pendant longtemps cette Provinciale *n'a pas figuré dans les éditions de son* Théâtre. *C'est Jean Fleury dans son* Marivaux et le marivaudage *(1881), puis Paul Chaponnière dans la publication qu'il en fait sous le titre* on ne peut plus affirmatif de Une comédie nouvelle de Marivaux : « la Provinciale » *(1923), qui ont les premiers affirmé que cette œuvre était bien de Marivaux. Pour nombreux et subtils qu'ils soient, leurs arguments sont cependant loin d'emporter la conviction.*

Certes le fait que la Provinciale *ait paru dans le* Mercure *et non dans le* Conservateur *comme celui-ci l'avait annoncé n'est décisif ni dans un sens ni dans l'autre :* le Conservateur *ayant cessé sa publication en 1757 — soit deux ans après les* Acteurs de bonne foi *— sans avoir imprimé l'autre pièce promise, il était normal que Marivaux s'adressât à un autre périodique, et plus précisément au* Mercure *auquel il continuait à donner assez régulièrement divers textes, ceux notamment qu'il composait pour l'Académie Française et qui, pendant les dernières années de sa vie, constituent le plus clair de son activité littéraire (par exemple, les* Réflexions *sur l'esprit humain à l'occasion de Corneille et de Racine). Mais la façon dont le* Mercure *présente la comédie, en l'attribuant à « un auteur connu par plusieurs*

pièces justement applaudies » fait douter qu'il s'agisse de Marivaux : c'eût été traiter bien cavalièrement un académicien de près de soixante-dix ans, auteur d'une trentaine de pièces et ami de la maison...

De même l'argument fondé sur l'allusion que fait Marivaux dans sa lettre à Laujon, au désir qu'avait celui-ci de voir « ôter de la pièce quelques personnages de femmes qu'on ne savait comment remplir » et sur la présence dans la Provinciale *de deux rôles féminins au moins inutiles à l'action, est à double tranchant. Comme le remarque finement Marcel Arland : « Que ces rôles de femmes de la pièce du* Mercure *soient inutiles, et le soient à ce point, voilà qui nous inviterait plutôt à penser que cette pièce n'est pas de Marivaux ».*

Enfin, quand on compare cette Provinciale *du* Mercure *à d'autres comédies de Marivaux, on est loin d'aboutir aux conclusions de Jean Fleury et de Paul Chaponnière. Certes, quelques similitudes d'expression peuvent être relevées et il est permis de tomber en arrêt, avec Paul Chaponnière, devant un « à vue de pays » (scène 3) qui figurait déjà dans le* Petit-Maître corrigé *(entre autres), devant un « ce n'est qu'une main après tout » (scène 17) qui rappelle le « ce n'est que des mains au bout du compte » de* l'Héritier de village *(scène 2), voire devant les formules alambiquées qui sentent leur « néologue » comme « attaquer un cœur novice dont vous aurez le pillage » (scène 3)... Mais ces similitudes sont bien minces au regard de tout ce qui différencie la* Provinciale *des autres œuvres théâtrales de Marivaux, à commencer par les noms donnés aux personnages.*

Enfin, l'essentiel demeure qu'on ne trouve dans la Provinciale *aucune des figures de l'habituel jeu marivaudien: nulle épreuve, nul combat, nulle reconnaissance... Pour soutenir la thèse de l'attribution de cette* Provinciale *à l'auteur des* Fausses Confidences, *il faudrait donc supposer un Marivaux très diminué par l'âge. Ce qui n'est certes pas le cas de l'écrivain qui, à la même époque, composait encore les* Acteurs de bonne foi.

Nous ne donnons donc ici cette Provinciale *qu'en manière de repoussoir : comme un exemple des pièces que, après Regnard et Dufresny, Marivaux aurait pu écrire, s'il n'avait été, précisément, Marivaux.*

ACTEURS

MADAME LÉPINE, *intrigante;* MADAME LA THIBAUDIÈRE, *provinciale;* CATHOS, *sa suivante;* COLIN, *son valet;* LE CHEVALIER DE LA TRIGAUDIÈRE; LA RAMÉE, *son valet;* MONSIEUR LORMEAU, *cousin de Madame La Thibaudière;* MONSIEUR DERVAL, *prétendant de Madame La Thibaudière;* SES SŒURS; UNE DAME INCONNUE; MARTHON, *sa suivante.*

LA SCÈNE EST A PARIS
DANS UN HOTEL.

Scène I : Madame Lépine, le Chevalier, La Ramée. Ils entrent en se parlant.

MADAME LÉPINE : Ah! vraiment, il est bien temps de venir : je n'ai plus le loisir de vous entretenir; il y a une heure que je vous attends, et que vous devriez être ici.

LE CHEVALIER : C'est la faute de ce coquin-là, qui m'a éveillé trop tard.

LA RAMÉE : Ma foi, c'est que je ne me suis pas éveillé plus tôt. Quand on dort, on ne se ressouvient pas de se lever.

MADAME LÉPINE : Madame La Thibaudière est presque habillée : elle ou Lisette peut descendre dans cette salle-ci, et il faut être plus exact.

LE CHEVALIER : Ne vous fâchez pas. De quoi s'agit-il? Mettez-moi au fait en deux mots : qu'est-ce que c'est d'abord que Madame La Thibaudière?

MADAME LÉPINE : Une femme de province, qui n'est ici que depuis huit jours; qui est venue occuper un très grand appartement, précisément dans l'hôtel où je suis logée; avec qui j'ai lié connaissance le surlendemain de son arrivée : qui est veuve depuis un an; qui a presque toujours demeuré à la campagne, qui jamais n'a vu Paris, ni quitté la province; qui, depuis six mois, a hérité d'un oncle qui la laisse prodigieusement riche; et qui, le jour même où je la connus, reçut un remboursement de plus de cent mille livres, qu'elle a encore.

LE CHEVALIER : Qu'elle a encore?

LA RAMÉE : Qu'elle a encore!... cela est beau!

LE CHEVALIER : Et c'est cette femme-là, sans doute, avec qui je vous rencontrai avant-hier à midi dans la boutique de ce marchand, où j'étais moi-même avec ces deux dames?

MADAME LÉPINE : Elle-même. Vous comprenez à présent pourquoi j'affectai tant de vous connaître et de vous saluer; pourquoi je vous glissai à l'oreille de la lorgner beaucoup, et de vous trouver le même jour au Luxembourg, où je serais avec elle, et d'y continuer vos lorgneries.

LE CHEVALIER : Oui, je commence à être au fait.

LA RAMÉE : Parbleu, cela n'est pas difficile! le remboursement rend cela plus clair que le jour.

LE CHEVALIER : Vous me dîtes aussi d'envoyer La Ramée le lendemain à votre hôtel, à l'heure de votre dîner, sous prétexte de savoir à quelle heure je pourrais vous voir aujourd'hui. Quelle était votre idée, Madame Lépine?

MADAME LÉPINE : Que La Ramée entrât dans la salle où nous dînions, Madame La Thibaudière et moi; qu'elle le reconnût pour l'avoir vu la veille avec vous, et qu'elle se doutât que vous ne vouliez venir me parler que pour tâcher de la voir encore, comme en effet elle s'en est doutée

LA RAMÉE : J'entends quelqu'un.

MADAME LÉPINE : Je vous le disais bien; c'est elle-même! et je ne vous ai pas dit la moitié de ce qu'il faut que vous sachiez. Mais heureusement je pense qu'elle va sortir pour quelque achat qu'elle doit faire ce matin. Contentez-vous à présent de la saluer en homme qui ne vient voir que moi.

LE CHEVALIER : Ne vous inquiétez point.

Scène II : *Madame Lépine, le Chevalier,* *La Ramée, Madame La Thibaudière,* *Cathos, suivante.*

MADAME LA THIBAUDIÈRE : Je vous cherchais, Madame Lépine, pour vous emmener avec moi. Mais vous avez compagnie, et je ne veux point vous déranger.

Tous les acteurs se saluent.

LE CHEVALIER : Déranger, Madame? Quant à moi, je ne sache rien qui m'arrange tant que le plaisir de vous voir.

MADAME LA THIBAUDIÈRE : Cela est fort galant, Monsieur, mais vous pouvez avoir quelque chose à vous dire; je suis pressée, et je crois devoir vous laisser en liberté. Adieu, Madame Lépine : je ne serai pas longtemps absente, et nous nous reverrons bientôt.

La Ramée salue Cathos avec affectation.

Scène III : *Le Chevalier, Madame Lépine,* *La Ramée.*

LE CHEVALIER : Oh! oui, Madame Lépine : à vue de pays, nous viendrons à bout de cette femme-là. Elle a des façons qui nous le promettent, et je prévois que nous la subjuguerons, en la flattant d'avoir de bons airs.

MADAME LÉPINE : Je n'en doute pas, moi qui la connais.

LE CHEVALIER, *tirant une lettre* : Elle me paraît faite pour la lettre que je lui ai écrite, en supposant que je ne la visse pas chez vous, et qu'elle ne refusera pas de prendre de votre main.

MADAME LÉPINE *la reçoit* : Oui, mais elle va revenir, et je ne veux pas qu'elle vous retrouve. Laissez-moi seulement La Ramée, que je vais instruire de ce qu'il est bon que vous sachiez. Il ira vous rejoindre, et vous reviendrez ensemble.

LE CHEVALIER : Soit. *(A La Ramée.)* Je vais donc t'attendre chez moi.

LA RAMÉE : Oui, Monsieur.

MADAME LÉPINE, *rappelant le Chevalier* : Chevalier, un mot. Souvenez-vous de nos conventions après le succès de cette aventure-ci, au moins.

LE CHEVALIER : Pouvez-vous vous méfier de moi? *Il part.*

LA RAMÉE, *le rappelant* : Monsieur, Monsieur, un autre petit mot, s'il vous plaît.

LE CHEVALIER, *revenant* : Que me veux-tu?

LA RAMÉE : Vous oubliez un règlement pour moi.

LE CHEVALIER : Qu'appelles-tu un règlement? tu nous parles comme à des fripons.

LA RAMÉE : Non pas, mais comme à des espiègles dont j'ai l'honneur d'être l'associé. Vous allez attaquer un cœur novice dont vous aurez le pillage; vous serez les chefs de l'action : regardez-moi comme un soldat qui demande sa paye.

LE CHEVALIER : Assurément.

MADAME LÉPINE : Oui, il a raison. Allons, La Ramée, on récompensera bien tes services, je te le promets.

LA RAMÉE : Grand merci, mon capitaine. Et votre lieutenant, quelle est sa pensée un peu au net?

LE CHEVALIER : Il y aura cinquante pistoles pour toi; adieu.

Scène IV : *Madame Lépine, La Ramée.*

LA RAMÉE : Madame Lépine, il s'agit ici d'une espèce de parti bleu honnête contre une cassette; et par ma foi, cinquante pistoles, ce n'est pas assez. Si je désertais chez l'ennemi, ma désertion me vaudrait davantage.

MADAME LÉPINE : Déserter! garde-t'en bien, La Ramée!

LA RAMÉE : Oh! ne craignez rien; ce n'est qu'une petite réflexion dont je vous avise.

MADAME LÉPINE : Tu seras content du Chevalier et de moi; je te le garantis : ton payement sera le premier levé.

LA RAMÉE : Tant mieux!

MADAME LÉPINE : Dis-moi : cette lettre qu'il m'a laissée, est-elle dans le goût que j'ai demandé?

LA RAMÉE : Comptez sur le billet doux le plus cavalier, le plus dégagé... vous verrez! vous verrez! Ce n'est pas pour me vanter, mais j'y ai quelque part. Il n'a pas plus de sept ou huit lignes; et, en honneur, c'est un chef-d'œuvre d'impertinence. Soyez sûre qu'une femme sensée, en pareil cas, en ferait jeter l'auteur par les fenêtres.

MADAME LÉPINE : Et voilà précisément comme il nous le faut avec notre provinciale, préparée comme elle l'est! c'est cette impertinence-là qui en fera le mérite auprès d'elle.

LA RAMÉE : Il est parfait, vous dis-je; il est écrit sous ma dictée; bien entendu que ladite Marquise soit assez folle pour le soutenir. Le succès dépend de l'état où vous avez mis sa tête.

MADAME LÉPINE : Oh! rien n'y manque.

LA RAMÉE : Et puis, c'est une tête de femme, ce qui prête beaucoup. Et le Chevalier, à propos, l'avez-vous fait de grande maison, tout fils de bourgeois qu'il est?

MADAME LÉPINE : Oh! c'est un de nos galants du bel air, et des plus répandus, que j'aie jamais connus chez tout ce qu'il y a de plus distingué.

LA RAMÉE : Et en quelle qualité êtes-vous avec elle? Ne serait-il pas nécessaire de le savoir?

MADAME LÉPINE : Mon enfant, dans une qualité assez équivoque, et j'allais te le dire. Je ne suis ni son égale ni son inférieure.

LA RAMÉE : On peut vous appeler un ambigu.

MADAME LÉPINE : Elle a voulu que je demeurasse avec elle : elle me loge, me nourrit, m'a déjà fait quelques petits présents, que j'ai d'abord refusés par décence, et que j'ai acceptés par amitié. Voici mon histoire : je suis une jeune dame veuve, qui était son aise, mais qui a de la peine à présent à soutenir noblesse, à cause de la perte d'un grand procès, qui me force à vivre retirée. Avant mon mariage, j'ai passé quelques années avec des duchesses et même des princesses, dont j'avais l'honneur d'être la compagne gagée et qui me menaient partout, ce qui m'a acquis une expérience consommée sur les usages du beau monde, en vertu de laquelle je gouverne notre provinciale.

LA RAMÉE : Le joli roman!

MADAME LÉPINE : Mais comme, d'un autre côté, la fortune lui donne de grands avantages sur une dame ruinée, j'ai la modestie de négliger les cérémonies avec la Marquise de La Thibaudière, de lui céder les honneurs du pas, et de laisser entre elle et moi une petite distance qui me gagne sa vanité, et qui ne me coûte que des égards et quelques flatteries, de façon que je suis tour à tour et sa complaisante, et son oracle.

LA RAMÉE : Quel génie supérieur! Ah! Madame Lépine, avec un pareil don du ciel, le patrimoine du prochain sera toujours le vôtre!

MADAME LÉPINE : Votre Marquise, au reste, n'a encore reçu de visite que d'un de ses parents, homme de province assez âgé, et qui, pour terminer une grande affaire qu'elle a ici, vient la marier avec un homme de considération, qu'il doit lui amener incessamment, et qui la fixerait à Paris. Entends-tu?

LA RAMÉE : Malepeste! voilà un mariage qu'il faut gagner de vitesse, de peur que le remboursement ne change de place, et ne soit stipulé dans le contrat. Mais, Madame Lépine, au lieu de nous en tenir à ces petits bénéfices de passage, si nous épousions la future; si nous tâchions de saisir le gros de l'arbre, au lieu des branches?

MADAME LÉPINE : Ce serait trop difficile, et puis j'irais directement contre mes préceptes : je lui ai déjà dit que, pour le bon air, il était indécent d'aimer son mari, et qu'il ne fallait garder l'amour que pour la galanterie, et non pas pour le mariage : ainsi il n'y a pas moyen. Adieu va-t'en, tout est dit.

LA RAMÉE : Je sors donc, songez à mes intérêts.

MADAME LÉPINE : Tu peux t'en fier à moi; pars. *(Et puis elle le rappelle.)* St, st, La Ramée! je rêve que nous aurions besoin d'une femme, qui sur le pied d'amante de ton maître, et d'amante jalouse, se douterait de son intrigue avec la Marquise, et viendrait hardiment ici, ou pour l'y chercher ou pour examiner sa rivale, et lui dirait en même temps de la suivre chez un notaire, afin d'y achever le payement d'un régiment qu'il achèterait.

LA RAMÉE, *riant* : D'un régiment fabuleux, de votre invention?

MADAME LÉPINE : Oui, que je lui donne, et qu'on supposera.

LA RAMÉE, *rêvant* : Je ferai votre affaire. Il s'agit d'une virtuose, et nous en connaissons tant... je vous en fournirai une, moi... Elle ne sera pas de votre force, Madame Lépine; mais elle ne sera pas mal. Sont-ce là tous les outils qu'il vous faut?... Quand voulez-vous celui-là?

MADAME LÉPINE : Tantôt, quand le Chevalier sera revenu.

LA RAMÉE : Vous serez servie.

MADAME LÉPINE : Adieu donc.

LA RAMÉE, *feignant de s'en aller* : Adieu. *(Et puis se retournant.)* N'avez-vous plus rien à me dire?

MADAME LÉPINE : Non.

LA RAMÉE : Je ne suis pas de même... je rêve aussi, moi.

MADAME LÉPINE : Parle.

LA RAMÉE : Vous avez une lettre du Chevalier à rendre à la Marquise... oserais-je en toute humilité vous en confier une pour mon petit compte?

MADAME LÉPINE : Qu'est-ce que c'est qu'une pour toi? Est-ce que tu écris aussi à la Marquise?

LA RAMÉE : Non, c'est une porte plus bas; c'est à Cathos dont je ne sais le nom que de tout à l'heure, à ce petit minois de femme de chambre, qui était avec vous chez ce marchand, qui me parut niaise, mais jolie, et avec qui, par inspiration, j'ébauchai une petite conversation de regards, où elle joua assez bien sa partie; et hier, quand le Chevalier m'envoya chez vous, en redescendant, je la trouvai sur la porte d'un entresol, où je repris le fil du discours par un : « Votre valet très humble, Mademoiselle », et par une ou deux révérences, aussi bien troussées, soutenues d'un déhanchement aussi parfait!... Je sentis, en vérité, que cela lui allait au cœur... Nous venons encore de nous entre-saluer ici; et à l'exemple de mon maître, dont vous rendrez le billet, voici un petit bout de papier que j'ai écrit, et que je vous supplierai de lui remettre par la même commodité.

MADAME LÉPINE : Par la même commodité!... Mons de la Ramée, vous me manquez de respect.

LA RAMÉE : Oh! vous êtes si fort au-dessus de cette puérile délicatesse-là; vous êtes si serviable!...

MADAME LÉPINE : Mais à quoi vous conduira cet amour-là?

LA RAMÉE : Hélas! à ce qu'il pourra. Je ne m'attends par qu'on ait rien remboursé à Cathos; mais si vous voulez, chemin faisant, la mettre un peu en goût d'être du bel air avec moi, je n'aurai point de régiment à acheter, mais j'aurai quelque payement à faire, et tout m'est bon : je glanerai; ce qui viendra, je le prendrai.

MADAME LÉPINE : Soit; je glisserai à tout hasard quelques mots en votre faveur. A l'égard de votre papier, faites lui votre commission vous-même, puisque la voilà qui vient; et puis, partez pour rejoindre votre maître.

LA RAMÉE : Vous allez voir mon aisance.

Scène V : Madame Lépine, La Ramée, Cathos.

CATHOS : Nous sommes revenues; et Madame la Marquise s'est arrêtée dans le jardin. Vous avez donc encore du monde?

MADAME LÉPINE : Oui; c'est Monsieur de la Ramée qui m'apporte un billet que Monsieur le Chevalier avait oublié de me donner.

LA RAMÉE, *saluant Cathos* : Et il m'en reste encore un dont l'objet de mes soupirs aura, s'il vous plaît, la bonté de me défaire.

CATHOS, *saluant* : Est-ce moi que Monsieur veut dire?

LA RAMÉE : Et qui donc, divine brunette? Vous n'ignorez pas l'objet que j'aime!

CATHOS, *riant niaisement* : Je me doute qui c'est, par-ci, par-là.

MADAME LÉPINE, *riant* : Ha, ha, ha, courage!... Mons de la Ramée est un illustre au moins, un garçon très couru.

LA RAMÉE, *à Cathos* : Et ce garçon si couru, c'est vous qui l'avez attrapé.

CATHOS : Je ne cours pourtant pas trop fort; et vous me contez des fleurettes, Monsieur.

LA RAMÉE : Oh! palsambleu, beauté sans pair, vous avez lu dans mes yeux que je vous adore, et que je requiers de pouvoir en lire autant dans les vôtres.

CATHOS : Ah! dame! il faut le temps de faire réponse.

LA RAMÉE : Vous m'avez promis dans un regard ou deux que je n'attendrais pas, et je suis impatient. C'est ce que vous verrez dans cette petite épître qui vous entretiendra de moi jusqu'à mon retour, et que je n'ai pu qu'adresser à Mademoiselle, Mademoiselle en blanc, faute d'être instruit de votre nom. Comment vous appelle-t-on, mes amours, afin que je l'écrive?

CATHOS, *saluant* : Il n'y a qu'à mettre Cathos, pour vous servir, si j'en suis capable.

LA RAMÉE, *tirant un crayon* : Très capable! extrêmement capable! *(Il écrit.)* Madame Lépine, je vous demande pardon de la liberté que je prends devant vous, mais ce petit minois m'étourdit; il est céleste, il m'égare; il s'agit d'amour, et cela passe partout... N'est-ce pas Cathos que vous dites, charme de ma vie?

CATHOS : Oui, Monsieur.

LA RAMÉE, *écrivant* : Ce nom-là m'est familier; je connais une des plus belles pies du monde qui s'appelle de même.

CATHOS : Oh! mais je m'appelle aussi Charlotte.

LA RAMÉE, *lui donnant sa lettre* : La pie n'a pas cet honneur-là, et tous vos noms sont des enchantements. Prenez, Charlotte, *(en lui présentant la lettre)* prenez cette lettre, et souvenez-vous que c'est Charlot de la Ramée qui vous la présente, et qui brûle d'en avoir réponse. Adieu, bel œil; adieu, figure triomphante, et adieu, bijou tout neuf!

MADAME LÉPINE : Je pense comme toi, La Ramée.

LA RAMÉE : Madame, votre approbation met le comble à son éloge. *(Et puis à Cathos.)* A propos; j'oubliais votre main... donnez-moi, que je la baise.

CATHOS, *retirant sa main* : Ma main; eh mais! c'est de bonne heure.

Scène VI : Monsieur Lormeau,
les acteurs précédents.

LA RAMÉE, *sans le voir, et à Cathos* : Hé bien, je vous fais crédit jusqu'à tantôt.

MONSIEUR LORMEAU, *qui a entendu* : Qu'est-ce que c'est que cet homme-là, Cathos? *(Et à La Ramée.)* A qui donc parlez-vous de faire crédit ici?

LA RAMÉE, *en s'en allant* : A la merveilleuse Cathos, suivante de Madame la Marquise, Monsieur.

Il part.

MONSIEUR LORMEAU : Ce drôle-là a l'air d'un fripon; Madame Lépine, que signifie ce crédit et cette Marquise?

CATHOS : Bon, du crédit; il raille : c'est ma main qu'il voulait baiser, et qu'il ne baisera que tantôt.

MONSIEUR LORMEAU : Qu'il ne baisera que tantôt, qu'est-ce que cela signifie?

CATHOS : Oui, l'affaire est remise. A l'égard du garçon, c'est l'homme de chambre d'un jeune Chevalier de nos amis; et la Marquise, c'est Madame : voilà tout.

MONSIEUR LORMEAU : Quelle Madame? ma parente?

CATHOS : Elle-même.

MONSIEUR LORMEAU : Eh! depuis quand est-elle Marquise? de quelle promotion l'est-elle?

CATHOS : D'avant-hier matin : cela se conclut une heure après son dîner.

MONSIEUR LORMEAU, *à Madame Lépine* : Madame, ne

m'apprendrez-vous pas ce que c'est que ce marquisat?

MADAME LÉPINE : Madame La Thibaudière m'a dit qu'elle avait une terre qui portait ce titre, et elle l'a pris elle-même, ce qui est assez d'usage.

CATHOS : Pardi, on se sert de ce qu'on a.

MONSIEUR LORMEAU : Elle n'y songe pas. Est-elle folle? Je ne l'appellerai jamais que Madame Riquet; c'est son nom, et non pas La Thibaudière.

CATHOS : Bon! Madame Riquet, pendant qu'on a un château de qualité!

MONSIEUR LORMEAU : Fort bien! en voilà une à qui la tête a tourné aussi. Madame Lépine, voulez-vous que je vous dise? je crois que vous me gâtez la maîtresse et la servante.

MADAME LÉPINE : Je les gâte, Monsieur? je les gâte?... Vous ne mesurez pas vos discours, et ces termes-là ne conviennent pas à une femme comme moi.

CATHOS : Madame sait les belles compagnies sur le bout de son doigt; elle nous apprend toutes les pratiques galantes, et la coutume des marquises, comtesses, et duchesses: si cela peut gâter le monde.

MONSIEUR LORMEAU : Vous êtes en de bonnes mains à ce qui me semble, et vous me paraissez déjà fort avancée. Au surplus, Madame Riquet est sa maîtresse. Où est-elle? peut-on la voir? n'y aura-t-il point quelque coutume galante qui m'en empêche?

CATHOS : Tenez, la voilà qui vient.

Scène VII : Madame La Thibaudière,
les acteurs précédents.

MONSIEUR LORMEAU : Bonjour, ma cousine.

MADAME LA THIBAUDIÈRE : Ah! bonjour, Monsieur, et non pas mon cousin.

MONSIEUR LORMEAU, *les premiers mots à part* : Autre pratique galante!... *(Et à Madame La Thibaudière.)* D'où vient donc?

MADAME LA THIBAUDIÈRE : C'est qu'on n'a ni cousin ni cousine à Paris, mon très cher... A cela près, que me voulez-vous?

MONSIEUR LORMEAU : Est-il vrai que vous avez changé de nom?

MADAME LA THIBAUDIÈRE : Point du tout... De qui tenez-vous cela?

MONSIEUR LORMEAU : De Cathos, qui m'a voulu faire accroire que vous avez pris le nom de Marquise de La Thibaudière.

MADAME LA THIBAUDIÈRE : Il est vrai; mais ce n'est pas là changer de nom : c'est prendre celui de sa terre.

MADAME LÉPINE : Il n'y a rien de si commun.

MADAME LA THIBAUDIÈRE : Oui, mais Monsieur Lormeau ne sait point cela, il faut l'en instruire; il est dans les simplicités de province. Allez, Monsieur, rassurez-vous, nous n'en serons pas moins bons parents... A propos, vous vis-je hier? comment vous portez-vous aujourd'hui?

MONSIEUR LORMEAU : Vous voyez, assez bien, Dieu merci... mais ma cousine, encore un petit mot. Feu Monsieur Riquet... !

MADAME LA THIBAUDIÈRE, *à Madame Lépine, à part* : Ce bonhomme, avec sa cousine et son Riquet!

Madame Lépine sourit.

CATHOS, *riant tout haut* : Ha, ha, ha!

MADAME LA THIBAUDIÈRE, *riant aussi* : Eh bien, que souhaite le cousin de la cousine?

MONSIEUR LORMEAU, *levant les épaules* : Madame, ou Marquise... Lequel aimez-vous le mieux?

MADAME LA THIBAUDIÈRE : Madame est bon, Marquise aussi, toujours l'un ou l'autre; c'est la règle. Achevez.

MONSIEUR LORMEAU : Feu votre mari s'appelait Monsieur Riquet, n'est-il pas vrai? il s'ensuit donc que vous êtes la veuve Riquet.

MADAME LA THIBAUDIÈRE, *avec dédain* : Prenez donc garde! Veuve Riquet et Marquise n'ont jamais été ensemble. Veuve Riquet se dit de la marchande du coin. Mon mari, au reste, s'appelait Monsieur Riquet, j'en conviens; mais depuis sa mort, j'ai hérité du marquisat de La Thibaudière, et j'en prends le nom, comme de son vivant il l'aurait pris lui-même, s'il avait été raisonnable. Allons, n'en parlons plus. Que devenez-vous aujourd'hui? Avez-vous des nouvelles de mon affaire?

MONSIEUR LORMEAU : Oui, Marquise; et je venais vous dire que je vous amènerai tantôt la personne avec qui je travaille à vous marier, pour vous éviter le procès que vous auriez ensemble touchant votre succession; c'est un homme de distinction qui vous donnera un assez beau rang. Mais, de grâce, ne changez rien aux manières que vous aviez il n'y a pas plus de huit jours; et laissez là les pratiques galantes, et la coutume des comtesses, marquises et duchesses... Adieu, cousine.

MADAME LA THIBAUDIÈRE : Salut au cousin.

Scène VIII : Madame La Thibaudière,
Madame Lépine, Cathos.

MADAME LA THIBAUDIÈRE : « Les pratiques galantes et la coutume des comtesses, marquises et duchesses » : les plaisantes expressions!... c'est que nos manières sont de l'arabe pour lui.

CATHOS : C'est moi qui lui ai enseigné cet arabe-là pour rire.

MADAME LÉPINE : Ha! que ce gentilhomme est grossier, Marquise! que Monsieur votre cousin est campagnard!

MADAME LA THIBAUDIÈRE : Ha! d'un campagnard, d'un rustique!...

CATHOS : D'un lourd, d'un malappris!

MADAME LÉPINE : Savez-vous bien, au reste, que vous venez de m'étonner, Marquise?

MADAME LA THIBAUDIÈRE : Comment?

MADAME LÉPINE : Oui, m'étonner! Je vous admire! Vous avez eu tout à l'heure des façons de parler aussi distinguées, d'un aussi bon ton, des tours d'une finesse et d'une ironie d'un aussi bon goût qu'il y en ait à la cour. Vous excellerez, Marquise, vous excellerez.

MADAME LA THIBAUDIÈRE : Est-il possible? c'est à vous à qui j'en ai l'obligation.

CATHOS : J'avance aussi, moi, n'est-ce pas? je me polis.

MADAME LÉPINE : Pas mal, Cathos, pas mal.

MADAME LA THIBAUDIÈRE : Madame Lépine, si Cathos changeait de nom? Cathos me déplaît, ai-je tort?

MADAME LÉPINE : Vous me charmez! il faut que je vous embrasse, Marquise, je n'y saurais tenir; voilà un dégoût qui part du sentiment le plus exquis, et que vous avez sans le secours de personne, ce qui est particulier... Oui, vous avez raison : Cathos ne vaut rien, il rappelle son ménage de province.

MADAME LA THIBAUDIÈRE : Justement. Allons, plus de Cathos, entendez-vous? Cathos, je vous fais Lisette.

MADAME LÉPINE : Fort bien.

CATHOS : Quel plaisir! Je serai Lisette par-ci, Lisette par-là... Ce nom me dégourdit.

MADAME LA THIBAUDIÈRE : Vous croyez donc, Madame Lépine, que je puis à présent me produire?

MADAME LÉPINE : Au moment où nous parlons, vous faites peut-être plus de bruit que vous ne pensez.

MADAME LA THIBAUDIÈRE : Moi, du bruit? sérieusement! du bruit?

MADAME LÉPINE : Je sais un cavalier des plus aimables, qui vous donne actuellement la préférence sur nombre de femmes, qui en sont bien piquées. Voyez-vous cette lettre-là qu'on est venu tantôt à genoux me prier de vous rendre?

MADAME LA THIBAUDIÈRE : A genoux! voilà qui est passionné.

CATHOS : En voyez-vous une qu'on m'a donnée seulement debout, mais avec des civilités?

MADAME LA THIBAUDIÈRE : Quoi! déjà deux lettres?

CATHOS : Oui, Marquise, chacune la nôtre.

MADAME LÉPINE : Celle-ci est du Chevalier, qui, sans contredit, est l'homme de France le plus à la mode.

MADAME LA THIBAUDIÈRE : Ah! joli homme! il a je ne sais quelle étourderie si agréable; mais je l'ai donc frappé? Je le soupçonnais, Madame Lépine; c'est ici où j'ai besoin d'un peu d'instruction. Comment traiterai-je avec lui? Quoi qu'il en dise, dans le fond, notre liaison n'est presque rien; cependant il m'écrit, et me parle d'amour apparemment. Dans mon pays, cela me paraîtrait impertinent; ici, ce n'est peut-être qu'une liberté de savoir-vivre. Mais recevrai-je son billet? je crois que non?

MADAME LÉPINE : Ne pas le recevoir? Je serais curieuse de savoir sur quoi vous fondez cette opinion-là.

MADAME LA THIBAUDIÈRE : C'est-à-dire que ma difficulté est encore un reste de barbarie. Ah! maudite éducation de province, qu'on a peine à se défaire de toi! Sachez donc que parmi nous on ne peut recevoir un billet doux du premier venu sans blesser les bonnes mœurs.

CATHOS : Dame! oui, voilà ce que la vertu de chez nous en pense.

MADAME LÉPINE : La plaisante superstition! Quel rapport y a-t-il d'une demi-feuille de papier à de la vertu?

CATHOS : Quand ce serait une feuille tout entière?

MADAME LA THIBAUDIÈRE : Que voulez-vous? j'arrive, à peine suis-je débarquée, et je sors du pays de l'ignorance crasse.

MADAME LÉPINE : Renvoyer un billet! vous seriez perdue; il n'y aurait plus de réputation à espérer pour vous. A Paris, manquez-vous de mœurs? on en rit, et on vous le pardonne. Manquez-vous d'usage? vous n'en revenez point, vous êtes noyée.

CATHOS : Et cela, pour un chiffon de papier.

MADAME LA THIBAUDIÈRE : Oh! j'y mettrai bon ordre! M'écrive à présent qui voudra, je prends tout, je reçois tout, je lis tout.

CATHOS : Oh! pardi; pour moi, je n'ai pas fait la bégueule.

MADAME LÉPINE, *lui présentant la lettre* : Allons, Marquise, femme de qualité, ouvrez le billet et lisez ferme.

MADAME LA THIBAUDIÈRE, *ouvrant vite* : Tenez, voilà comme j'hésite. Ai-je la main timide?

MADAME LÉPINE : Non : pourvu que vous répondiez aussi hardiment, tout ira bien.

MADAME LA THIBAUDIÈRE : Répondre?... cela est violent.

MADAME LÉPINE : Quoi?

MADAME LA THIBAUDIÈRE : Je dis violent, en province.

MADAME LÉPINE : Je vous ai crue étonnée, j'ai craint une rechute.

MADAME LA THIBAUDIÈRE : Etonnée pour une réponse? Si vous me piquez, j'en ferai deux.

MADAME LÉPINE : Une suffira.

CATHOS, *ouvrant sa lettre* : Allons, voilà la mienne ouverte, et si je ne la lis, ni ne réponds, je vous prends à témoin que c'est que je ne sais ni lire ni écrire.

MADAME LÉPINE : Garde-la; je te la lirai.

CATHOS : Grand merci! il faudra bien, afin de sauver ma réputation.

MADAME LÉPINE : Eh bien, Marquise, êtes-vous contente du style du Chevalier?

MADAME LA THIBAUDIÈRE, *riant* : Il est charmant, je dis

charmant! mais bien m'en prend d'être avertie : quinze jours plus tôt, j'aurais pris cette lettre-là pour une insulte, Madame Lépine, pour une insulte! car elle est hardie, familière, on dirait qu'il y a dix ans qu'il me connaît.

MADAME LÉPINE : Je le crois. Le Chevalier, qui sait son monde, vous traite en femme instruite.

MADAME LA THIBAUDIÈRE : Vraiment, je ne m'en plains pas; il me fait honneur... tenez, lisez-le.

CATHOS : Je crois aussi que celle de mon galant aura bien des charmes, car il va si vite dans les propos; il me considère si peu que c'est un plaisir, le petit folichon qu'il est.

MADAME LÉPINE lit haut celle de la Marquise : Etes-vous comme moi, Marquise? je n'ai fait que vous voir, et je me meurs; je ne saurais plus vivre; dites, ma reine, en quel état êtes-vous? à peu près de même, n'est-ce pas? je m'en doute bien; mon cœur ne serait pas parti si vite, si le vôtre avait dû vous rester. C'est ici une affaire de sympathie : notre étoile était de nous aimer; hâtons-nous de la remplir; j'ai besoin de vous voir; vous m'attendez sans doute. A quelle heure viendrai-je? Le tendre et respectueux Chevalier de la Trigaudière.

MADAME LÉPINE, après avoir lu et froidement : C'est assez d'une pareille lettre, pour illustrer toute la vie d'une femme.

CATHOS : Quel trésor!

MADAME LA THIBAUDIÈRE, riant : Que dites-vous de cette étoile qui veut que je l'aime?

MADAME LÉPINE : Et qui ne met rien sur le compte de son mérite! Remarquez la modestie...

MADAME LA THIBAUDIÈRE : Et cet endroit où il dit que je l'attends; le joli mot! je l'attends! de sorte que je n'aurai pas la peine de lui dire : « Venez. » Que cette tournure-là met une femme à son aise!

CATHOS : Elle trouve tout fait : il n'y a plus qu'à aller.

MADAME LÉPINE : Point de sot respect.

MADAME LA THIBAUDIÈRE : Sinon qu'à la fin, de peur qu'il ne gêne le corps de la lettre... mais je pense que quelqu'un vient. Madame Lépine, puisque ce billet-là m'est si honorable, il n'est pas nécessaire que je le cache.

MADAME LÉPINE : Gardez-vous-en bien! qu'on le voie si on veut; la discrétion là-dessus serait d'une platitude ignoble.

Scène IX : Les acteurs précédents,
Monsieur Lormeau, Monsieur Derval.

MONSIEUR LORMEAU : Madame, voici Monsieur Derval que je vous présente. On ne peut rien ajouter à l'empressement qu'il avait de vous voir.

MONSIEUR DERVAL : Je sens bien que j'en aurai encore davantage.

MADAME LA THIBAUDIÈRE : Vous êtes bien galant, Monsieur... Des sièges à ces Messieurs.

MONSIEUR DERVAL : Mais, Madame, ne prenons-nous, pas mal notre temps? vous_vous tenez une lettre, qui demande peut-être une réponse prompte.

MADAME LA THIBAUDIÈRE : J'avoue que j'allais écrire.

MONSIEUR DERVAL : Nous ne voulons point vous gêner, Madame. (A Monsieur Lormeau.) Sortons, Monsieur; nous reviendrons.

MONSIEUR LORMEAU : S'il s'agit de répondre à des nouvelles de province, le courrier ne part que demain.

MADAME LA THIBAUDIÈRE : Non, c'est un billet doux, que je viens de recevoir, mais qui est extrêmement léger et joli; et Monsieur, qui est de Paris, sait qu'il faut y répondre.

MONSIEUR LORMEAU : Un billet doux, Madame! vous plaisantez; vous ne vous en vanteriez pas.

MADAME LA THIBAUDIÈRE, riant : Hé, hé, hè... vous voilà donc bien épouvanté, notre cher parent? je ne le dis point pour m'en vanter non plus : je le dis comme une aventure toute simple, et dont une femme du monde ne fait point mystère; demandez à Monsieur. (Elle rit.) Hé, hé, hé...

Madame Lépine rit à part.

CATHOS rit haut : Hé, hé, hé...

MONSIEUR DERVAL : Madame est la maîtresse de ses actions.

MADAME LA THIBAUDIÈRE : Oh! je vous avertis que Monsieur Lormeau n'entend point raillerie là-dessus.

MONSIEUR LORMEAU : Dès qu'il ne s'agit que d'en badiner, à la bonne heure! mais je craignais que ce fût quelque jeune étourdi qui eût eu l'impertinence de vous écrire.

MADAME LA THIBAUDIÈRE : Ah! s'il vous faut un Caton, ce n'en est pas un. C'est un étourdi, j'en conviens; et s'il ne l'était pas, qu'en ferait-on?

MONSIEUR LORMEAU : Vous ne songez pas, Madame, que ce billet doux peut inquiéter Monsieur Derval.

MADAME LA THIBAUDIÈRE, riant : Hé, hé, hé! de quelle inquiétude provinciale nous parlez-vous là? Tâchez donc de n'être plus si neuf. Monsieur en veut à ma main, et le Chevalier ne poursuit que mon cœur; ce sont deux choses différentes, et qui n'ont point de rapport.

MONSIEUR DERVAL : Je me trouverais fort à plaindre si le cœur ne suivait pas la main.

MADAME LA THIBAUDIÈRE : Vraiment, il faudra bien qu'il la suive; il n'y manquera pas : mais je pense entre nous que ce n'est pas là le plus grand de vos soucis, Monsieur, et que nous ne nous chicanerons pas là-dessus; nous savons bien que le cœur est une espèce de hors-d'œuvre dans le mariage.

MONSIEUR LORMEAU, à part : Que veut-elle dire avec son hors-d'œuvre? (Se levant.) Ce ne serait pas là mon sentiment, mais nous retenons Madame qui veut écrire, Monsieur; et nous aurons l'honneur de la revoir.

MADAME LA THIBAUDIÈRE : Quand il vous plaira, Monsieur.

MONSIEUR DERVAL, à Monsieur Lormeau à part : Quelqu'un abuse de la crédulité de votre parente.

MONSIEUR LORMEAU, à part, à Madame La Thibaudière : On vous a renversé l'esprit, cousine.

Ils s'en vont.

MADAME LA THIBAUDIÈRE, riant, et, à part, à Monsieur Lormeau qui sort : Croyez-vous? hé, hé, hé... (Et quand ils sont partis.) Monsieur Lormeau n'en revient point!

Scène X : Madame La Thibaudière,
Madame Lépine, Cathos.

MADAME LA THIBAUDIÈRE, continuant : Mais qu'en dites-vous, Madame Lépine? je trouve que mon prétendu a assez bonne façon.

MADAME LÉPINE : Eh bien, qu'importe? avez-vous envie de l'aimer, d'être amoureuse de votre mari? Prenez-y garde.

MADAME LA THIBAUDIÈRE : Ah! doucement! je ne mériterai jamais votre raillerie, mais je l'aimerais encore mieux que le Chevalier, si c'était l'usage.

CATHOS : Oui, mais en cas d'époux, ceci est défendu.

MADAME LÉPINE : Il n'est pas même question d'aimer avec le Chevalier, il ne faut en avoir que l'air; on ne demande que cela. Est-ce que les femmes du monde ont besoin d'un amour réel, en fait de galanterie? Non, Marquise; quand il y en a, on le prend; quand il n'y en a point, on en contrefait, et quelquefois il en vient.

MADAME LA THIBAUDIÈRE, riant : J'entends.

MADAME LÉPINE : On s'étourdit de sentiments imaginaires. Je crois vous l'avoir déjà dit.

MADAME LA THIBAUDIÈRE : C'est justement à quoi j'en suis avec le Chevalier; quoiqu'il ne m'ait pas fort touchée, je me figure que je l'aime; je me le fais accroire, pour m'aider à soutenir la chose avec les airs convenables. Oh! je sais m'étourdir aussi.

MADAME LÉPINE : Tout ceci n'est fait que pour votre réputation.

Un valet entre.

Scène XI : *Les acteurs précédents, le Valet.*

LE VALET : Marquise, il y a là-bas un Monsieur.

MADAME LÉPINE, *l'interrompant* : Attendez... ce garçon-ci fait une faute dont il est important de le corriger. *(Au valet.)* Mon enfant, quand vous parlez à votre maîtresse, ce n'est pas à vous à l'appeler Marquise tout court; c'est un manque de respect. Dites-lui Madame, entendez-vous?

LE VALET : Ah! pardi, c'est pourtant ce nom-là qu'on nous a ordonné l'autre jour.

MADAME LÉPINE : C'est-à-dire que c'est sous ce nom-là que vous devez la servir, et que les étrangers doivent la demander.

CATHOS : Comprends-tu bien ce qu'on te dit là, Colin?

LE VALET : Oui, Cathos.

CATHOS : « Cathos »! avec ta « Cathos »! il t'appartient bien de parler de la manière. Madame Lépine, le respect ne veut-il pas que la livrée m'appelle Mademoiselle tout court?

MADAME LÉPINE : Sans difficulté, comment donc! la suivante de Madame!

MADAME LA THIBAUDIÈRE : Eh bien! qu'on donne ordre là-bas que tous mes gens vous appellent Mademoiselle. Je vous en charge, Colin.

COLIN : Oui, notre maîtresse... non, non : oui, Marquise, hé, je veux dire Madame.

CATHOS : Le benêt!

MADAME LÉPINE : Otez-lui aussi le nom de Colin, qui sonne mal et qui est campagnard.

MADAME LA THIBAUDIÈRE : J'y pensais. *(A Colin.)* Et vous, au lieu de Colin, soyez Jasmin, petit garçon, et achevez ce que vous veniez me dire.

LE VALET *ou* COLIN : C'est qu'il y a là-bas un beau Monsieur, bien mis, qui est jeune, qui se carre, et qui est venu, disant : Madame la Marquise y est-elle? Moi, je lui ai dit que oui; et là dessus il voulait entrer sans façon; mais moi, je l'ai repoussé. « Bellement, Monsieur! lui ai-je fait; je vais voir si c'est sa volonté que vous entriez. Qui êtes vous d'abord?... — Va, butor, a-t-il fait, va lui dire que c'est moi dont elle a reçu un billet ce matin par Madame Lépine. »

MADAME LA THIBAUDIÈRE : Ah! Madame, c'est sans doute le Chevalier; et c'est là-bas, depuis que tu nous parles!

COLIN : Eh! pardi oui, droit sur ses jambes, dans le jardin, où il se promène.

MADAME LÉPINE : Tant pis! la réception lui aura paru étrange.

MADAME LA THIBAUDIÈRE : Ah! juste ciel, que va-t-il penser? un homme de qualité repoussé à ma porte! misérable que tu es, sais-tu bien que ta rusticité me déshonore? Il faut que je change tous mes gens. Madame Lépine : si Lisette allait le recevoir, et lui faire excuse?

MADAME LÉPINE : Je voulais vous le conseiller.

MADAME LA THIBAUDIÈRE : Allez, Lisette; allez, courez vite.

CATHOS : Oh! laissez-moi faire; je m'entends à présent à la civilité.

Cathos et Colin sortent.

Scène XII : *Madame La Thibaudière, Madame Lépine.*

MADAME LA THIBAUDIÈRE : Voilà qui est désolant! une réception brutale, un billet qui est encore sans réponse. Il va me prendre pour la plus sotte, pour la plus pécore de toutes les femmes.

MADAME LÉPINE : Tranquillisez-vous; un moment de conversation raccommodera tout. A l'égard du billet, vous y répondrez.

MADAME LA THIBAUDIÈRE : Vous me serez témoin que j'ai eu dessein d'y répondre, sans qu'il m'en ait coûté le moindre scrupule... Vous m'en serez témoin.

MADAME LÉPINE : Je le certifierai.

MADAME LA THIBAUDIÈRE : Ne puis-je pas aussi lui dire que je vais dans mon cabinet pour cette réponse?

MADAME LÉPINE : Oui-da! il reviendra. Aussi bien ai-je encore quelques préparations essentielles à vous donner.

MADAME LA THIBAUDIÈRE : Eh! voilà ce que c'est. Je ne suis pas encore assez forte pour risquer un long entretien avec lui. Le respect qu'on a ici avec les femmes, et qui est à la mode, je ne le connais pas; et je crains toujours ma vertu de province.

MADAME LÉPINE : Eh bien! congédiez votre soupirant après les premiers compliments.

MADAME LA THIBAUDIÈRE : C'est-à-dire deux ou trois mots folâtres. Et puis : je suis votre servante.

Scène XIII : *Madame Lépine, Madame La Thibaudière, Cathos, le Chevalier, La Ramée.*

LE CHEVALIER : Enfin! vous voici donc, Marquise? mon amour a bien de la peine à percer vos charmes : il y a longtemps qu'il attend à votre porte. Eh! depuis quand l'Amour si mal venu chez sa mère?

Cathos et La Ramée se font, du geste et des yeux, beaucoup d'amitié.

MADAME LA THIBAUDIÈRE : Pardon, Chevalier, pardon! la mère de l'Amour est très fâchée de votre accident, et va donner de si bons ordres que l'Amour n'attendra plus.

LE CHEVALIER : Ne me disputez pas l'entrée de votre cœur, et je pardonne à ceux qui m'ont disputé l'entrée de votre chambre.

MADAME LA THIBAUDIÈRE : Oh! pour moi, je n'aime pas à disputer.

LE CHEVALIER : A propos de cœur, Marquise, j'ai à vous quereller... Je suis mécontent.

MADAME LA THIBAUDIÈRE : Quoi! vous me boudez déjà, Chevalier?

LE CHEVALIER : Oui, je gronde. Madame Lépine a sans doute eu la bonté de vous remettre certain billet pressant; et cependant vous êtes en arrière; il ne m'est pas venu de revanche. D'où vient cela, je vous prie? C'est la Marquise de France la plus aimable et la plus dégagée que j'attaque ce matin, et qui laisse passer deux mortelles heures, sans donner signe de vie.

MADAME LA THIBAUDIÈRE : Deux mortelles heures, Madame Lépine! deux heures!... sur quel cadran se règle-t-il donc?

LE CHEVALIER : Deux heures, vous dis-je! l'amour sait compter. Qu'est-ce que c'est donc que cette paresse dans les devoirs les plus indispensables de galanterie? *(Et d'un air ironique.)* Serait-ce que vous me tenez rigueur? et qu'une femme de qualité recule?

MADAME LA THIBAUDIÈRE : Moi, reculer! moi, tenir rigueur!

LE CHEVALIER : Il n'est pas croyable que mon billet ait été pour vous un sujet de scandale; votre sagesse sait vivre apparemment et n'est ni bourgeoise ni farouche.

MADAME LA THIBAUDIÈRE : Ah ciel! Eh mais, Chevalier! vous allez jusqu'à l'injure. Attendez donc qu'on s'explique. Parlez-lui, Madame Lépine, parlez.

MADAME LÉPINE : Non, Chevalier, Madame n'a point tort.

CATHOS : Oh! pour cela non : il n'y a pas de sagesse à cela; pas un brin.

MADAME LÉPINE : C'est que Madame la Marquise a toujours été en affaire, et n'a pas eu le temps d'écrire.

MADAME LA THIBAUDIÈRE : Absolument pas le temps! mais au surplus, le billet est charmant, il m'a réjouie, il m'a plu, vous me plaisez vous-même plus que vous ne méritez dans ce moment-ci, petit mutin que vous êtes! et pour vous punir de vos mauvais propos, notre entretien ne sera pas long. Je vous quitte tout à l'heure pour aller vous répondre... Voyez, je vous prie, ce qu'il veut dire avec sa femme de qualité qui recule.

LE CHEVALIER : Pardon, Marquise! pardon à mon tour : votre conduite est d'une aisance incontestable; on ne saurait moins disputer le terrain que vous ne le faites, ni se présenter de meilleure grâce à une affaire de cœur; et je vais, en réparation de mes soupçons, annoncer à la ville et aux faubourgs que vous êtes la beauté de l'Europe la plus accessible et la plus légère de scrupules et de modestie populaire.

MADAME LA THIBAUDIÈRE : Vous me devez cette justice-là au moins.

MADAME LÉPINE : Et le témoignage du Chevalier sera sans appel.

LE CHEVALIER : On en fait quelque cas dans le monde. Adieu, reine; je m'éloigne pour un quart d'heure; je reviendrai prendre votre billet moi-même; et je m'attends à n'y pas trouver plus de réserve que dans vos façons.

MADAME LA THIBAUDIÈRE : Je n'y serai que trop bonne. *Elle sort.*

Scène XIV : Madame Lépine, le Chevalier, Cathos, La Ramée.

LE CHEVALIER : Ne m'oubliez pas, ma chère Madame Lépine, et servez-moi auprès de la Marquise, car mon cœur est pressé... Jusqu'au revoir, notre chère amie.

MADAME LÉPINE : Un moment... L'affaire de votre régiment est-elle terminée, Monsieur le Chevalier?

LE CHEVALIER : Il ne me faut plus que dix mille écus; et je vais voir si mon notaire me les a trouvés. *Il sort.*

LA RAMÉE, *à Cathos* : C'est une bagatelle, et nous les aurons tantôt.

Scène XV : La Ramée, Cathos, Madame Lépine.

LA RAMÉE, *continuant, à Cathos* : Je laisse partir Monsieur le Chevalier, pour avoir une petite explication avec mes amours. Soubrette de mon âme! je boude aussi, moi.

MADAME LÉPINE, *riant* : Ha, ha, ha!... encore un bou-deur.

CATHOS : Et à cause de quoi donc?

LA RAMÉE : Ne suis-je pas en avance avec vous d'un certain poulet?

CATHOS : Un poulet? je n'ai point vu de poulet.

LA RAMÉE : J'entends certain billet.

CATHOS : Ah! cela s'appelle un poulet! Oh! je le sais bien, mais laissez faire. Ce n'est pas la modestie qui me tient; je ne recule pas plus qu'une marquise : mais il faut du temps, et vous n'avez qu'à vous en aller un peu, vous aurez votre affaire toute griffonnée.

LA RAMÉE : Griffonnez, brunette; je vous donne vingt minutes pour m'exprimer vos transports. Je vais, en attendant, haranguer certain cabaretier, à qui je dois vingt écus, et qui a comme envie de manquer de patience avec moi. S'il m'honorait d'une assignation, il faudrait encore la payer; j'aime mieux la boire. Mais il n'y a que vingt écus. Est-ce trop, Madame Lépine? ce n'est pas tant que dix mille.

MADAME LÉPINE : Hélas! mon enfant, je souhaite que non.

LA RAMÉE, *à Cathos* : Et mon ange, qu'en pense-t-il? Chacun a son régiment : voilà le mien.

CATHOS : Bon, vingt écus! avec soixante francs de monnaie, vous en serez quitte.

LA RAMÉE : Eh oui, c'est de la mitraille! j'aime à vous voir mépriser cette somme-là : cela sent la soubrette de cour, qui ne s'effraye de rien. *(Et en s'écriant.)* La belle âme que Cathos!

CATHOS : Eh dame! on est belle âme tout comme une autre.

LA RAMÉE : Je suis si content de votre façon de penser, que je me repens de n'avoir pas le davantage. Adieu, mes yeux noirs! je vous rejoins incessamment. Madame Lépine, protégez-moi toujours auprès de ce grand cœur, qui regarde vingt écus comme de la monnaie.

MADAME LÉPINE : Va, va, elle sait ce que tu vaux.

Scène XVI : Madame Lépine, Cathos.

CATHOS : Ah çà, notre chère dame, pendant que nous sommes seules, ouvrons le billet; vous savez bien que vous m'avez promis de le lire?

MADAME LÉPINE : Volontiers, Lisette.

CATHOS : Voyons ce qu'il chante.

MADAME LÉPINE *lit* : *Vantez-vous-en, mignonne : le minois que vous portez est le plus subtil filou que je connaisse; il lui a suffi de jouer un instant de la prunelle pour escamoter mon cœur.*

CATHOS, *riant* : Qu'il est gentil avec cette prunelle qui le filoute! Il me filoutera aussi, moi!

MADAME LÉPINE, *riant* : C'est bien son intention. Mais continuons. *(Elle lit.) Il lui a suffi de jouer un instant de la prunelle pour escamoter mon cœur. Ce sont vingt nymphes, de compte fait, qui en mourront de douleur; qu'elles s'accommodent!* Mais, à propos de cœur, si vous avez perdu le vôtre, n'en soyez point en peine; c'est moi qui l'ai trouvé, m'amie Cathos. Je vous l'ai soufflé pendant que vous rafliez le mien. Ainsi il faudra que nous nous ajustions là-dessus.

CATHOS : Cet effronté! savez-vous qu'il ne ment pas d'un mot, Madame Lépine!

MADAME LÉPINE : Comment?

CATHOS : Oui, je pense qu'il est mon souffleur. Or çà, la réponse, vous me la ferez donc?

MADAME LÉPINE : Cela ne vaudrait rien, Lisette. Mais voilà la Marquise. Attends; je te dirai comment tu t'en tireras.

Scène XVII : Madame Lépine, Madame La Thibaudière, Cathos.

MADAME LÉPINE : Avez-vous écrit, Marquise?

MADAME LA THIBAUDIÈRE : J'ai brouillé bien du papier, et n'ai rien fini; je ne suis pas assez sûre du ton sur lequel il faut que je le prenne, et je vous prie de me donner quelques avis là-dessus. Quel papier tenez-vous-là, Cathos?

CATHOS, *riant* : C'est mon poulet, à moi, où il est dit que mon minois est un larron, et que ma prunelle escamote le cœur du monde.

MADAME LA THIBAUDIÈRE, *riant* : Ha, ha, je t'en félicite,

Lisette! tu deviendras fameuse. Mais revenons à ce qui m'amène et réglons d'abord ma réponse. Doit-elle être sérieuse, ou badine, ou folle?

MADAME LÉPINE : Folle, très folle, Marquise; de l'étourdi, il n'y a pas à opter. C'est une preuve d'usage et d'expérience.

MADAME LA THIBAUDIÈRE : Je m'en suis doutée. J'avais d'abord mis du tendre; mais j'ai eu peur que cela ne sentît sa femme novice qui fait trop de façon avec l'amour.

MADAME LÉPINE : Et dont le cœur n'est pas assez déniaisé. La réflexion est bonne. Le tendre a quelque chose d'écolier, à moins qu'il ne soit emporté. L'emportement le corrige.

MADAME LA THIBAUDIÈRE : Et il n'est pas temps que je m'emporte; nous ne sommes encore qu'au premier billet.

CATHOS : Cela viendra au second. On ne perd pas l'esprit tout d'un coup.

MADAME LA THIBAUDIÈRE : Je m'en tiendrai donc d'abord au simple étourdi; et sur ce pied-là, mon billet est tout fait.

MADAME LÉPINE : Voyons.

MADAME LA THIBAUDIÈRE : Il n'est que dans ma tête, et le voici à peu près. Il me dit qu'il se meurt. « Vivez, Chevalier, vivez, lui dirai-je, vous me faites peur, mon cher enfant; je vous défends de mourir; il faut m'aimer. Votre étoile le veut. Si la mienne entend que je vous le rende, eh bien, qu'à cela ne tienne, on vous le rendra, Monsieur, on vous le rendra; et deux étoiles n'en auront pas le démenti. » *(A Madame Lépine.)* Qu'en dites-vous?

MADAME LÉPINE : Admirablement!

CATHOS, *répétant les derniers mots* : On vous le rendra, Monsieur, on vous le rendra. Les jolies paroles! Elles sont toutes en l'air.

MADAME LA THIBAUDIÈRE : On croirait que je l'aime; et cependant il n'en est rien : je ne fais qu'imiter.

MADAME LÉPINE : Eh oui, il ne s'agit que d'être sur la liste des jolies femmes qui ont occupé le Chevalier. Il n'y a rien de si brillant, en fait de réputation, que d'avoir été sur son compte. Oh! vous jouez de bonheur.

MADAME LA THIBAUDIÈRE : Oui, si on savait qu'il m'aime; mais il n'aura garde de s'en vanter à cause de mes rivales.

MADAME LÉPINE : Lui, se taire? Oh! soyez en repos là-dessus; tout le monde saura qu'il vous aime, et qui plus est, que vous l'aimez.

MADAME LA THIBAUDIÈRE : Que je l'aime, moi? Est-ce qu'il le dira? Serai-je jusque-là dans ses caquets?

MADAME LÉPINE : Si vous y serez! Oui, certes; vous préserve le ciel de n'y être pas! Eh! s'il n'était pas indiscret, je ne vous l'aurais pas donné. C'est son heureuse indiscrétion qui vous fera connaître, qui vous mettra en spectacle. Votre célébrité dépend de là.

MADAME LA THIBAUDIÈRE : Je n'y suis plus!

CATHOS : Il y a une finesse là-dessous.

MADAME LÉPINE : Vous n'y êtes plus? Eh mais! ce qui caractérise une femme à la mode, et du bel air, c'est de soutenir audacieusement le bruit qui se répand d'elle; c'est de le répandre elle-même. On sait bien qu'une provinciale ou qu'une petite bourgeoise ne s'en accommoderait pas; et vous n'avez qu'à voir si vous voulez qu'on dise que vous fuyez le Chevalier; qu'une intrigue vous fait peur; que vous vous en faites un monstre? Vous n'avez qu'à voir.

MADAME LA THIBAUDIÈRE : Ah! juste ciel, tout est vu. Vous me faites trembler! vous avez raison... que j'étais stupide!

CATHOS : Voyez, je vous prie! si on ne dit pas que vous êtes amoureuse, c'est tant pis pour votre honneur... Ce que c'est que l'ignorance!

MADAME LA THIBAUDIÈRE : Mais, êtes-vous bien sûre qu'il se vantera de son amour? car pour moi, je le dirai à qui voudra l'entendre.

MADAME LÉPINE : Il n'est pas capable d'y manquer; c'est la règle.

MADAME LA THIBAUDIÈRE : Vous me rassurez. Hé, dites-moi, Madame Lépine, dans la conversation faut-il un peu de folies aussi?

MADAME LÉPINE : En deux mots, voici un modèle que vous suivrez. Supposez que je suis le Chevalier. J'arrive; je vous salue; je m'arrête. « Mais, Marquise, je n'y comprends rien! vous êtes encore plus belle que vous ne l'étiez il y a une heure; un cœur ne sait que devenir avec vous; vous ne le ménagez pas; vous l'excédez; il en faudrait une douzaine pour y suffire. » *(A Madame La Thibaudière.)* Répondez.

MADAME LA THIBAUDIÈRE : Que je réponde? « Est-il vrai, Chevalier, ne me trompez-vous point? Etes-vous de bonne foi? M'aimez-vous autant que vous le dites? » *(Et puis se reprenant.)* Fais-je bien?

MADAME LÉPINE : A merveille!

CATHOS : Comme un charme.

MADAME LÉPINE : Je reprends... « Moi! vous aimer, Marquise, vous n'y songez pas. Qu'est-ce que c'est qu'aimer? Est-ce qu'on vous aime? Ah! que cela serait mince... Eh non, ma reine, on vous idolâtre. »

Elle lui prend la main : Madame La Thibaudière la retire.

MADAME LÉPINE, *s'interrompant* : Doucement, vous n'y êtes plus. Il ne faut pas retirer la main.

MADAME LA THIBAUDIÈRE, *avançant la main* : Oh! tenez, qu'il prenne.

MADAME LÉPINE : Ce n'est qu'une main après tout.

MADAME LA THIBAUDIÈRE : Oui, mais je sors d'un pays où l'on a les mains si rétives, si roides! On va toujours les retirant.

CATHOS : Jour de Dieu! des mains, chez nous, ce n'est pas des prunes.

MADAME LA THIBAUDIÈRE : Je n'ai plus qu'à savoir, en cas que je trouve quelqu'une de mes rivales, comment je traiterai avec elle.

MADAME LÉPINE : Avec une politesse aisée, tranquille et riante, qui ravalera ses charmes, qui marquera le peu de souci que vous en avez et la supériorité des vôtres.

MADAME LA THIBAUDIÈRE : Oh! je sais ces manières-là de tout temps. Mais si on voulait m'enlever le Chevalier, et qu'il chancelât; je ne serais donc pas jalouse?

MADAME LÉPINE : Comme un démon! jalouse avec éclat; jusqu'à faire des scènes.

MADAME LA THIBAUDIÈRE : Oui, mais cet orgueil de ma beauté?

MADAME LÉPINE : Oh! cet orgueil alors va comme il peut chez les femmes; il ne raisonne point. Jalouse avec fracas, vous dis-je; point de mollesse là-dessus. Rien en pareil cas ne fait aller une réputation si vite... C'est là le fin de votre état.

MADAME LA THIBAUDIÈRE : Laissez-moi faire.

CATHOS : Morbleu! que les bégueules ne s'y frottent pas, avec Madame : elle vous les revirerait...

MADAME LÉPINE : Il y a une chose que j'omettais, et qui vous mettrait tout d'un coup au pair de tout ce qu'il y a de plus distingué en fait de femmes à la mode, et qui est même nécessaire, qui met le sceau à la bonne renommée... ne plaignez-vous pas l'argent?

MADAME LA THIBAUDIÈRE : C'est selon. J'aime à le dépenser à propos.

MADAME LÉPINE : Vous ne le dépenserez pas; on vous le rendra presque de la main à la main. Je sais qu'il manque encore une somme au Chevalier pour achever de payer un régiment dont il est en marché. La circonstance est heureuse pour rendre votre nom fameux. Prêtez-lui la somme qu'il lui faut, pourvu qu'il y consente; car il faudra l'y forcer. D'ailleurs ces sortes d'emprunts sont sacrés.

MADAME LA THIBAUDIÈRE : De tous les moyens de briller, voilà, à mon gré, le plus difficile.

MADAME LÉPINE : Eh bien, prenez que je n'ai rien dit. C'est une voie que je vous ouvrais pour abréger. Le Chevalier ne sera pas en peine; et il y a vingt femmes qui ne manqueront pas ce coup-là.

MADAME LA THIBAUDIÈRE : Il y a toujours quelque rabat-joie dans les choses!

MADAME LÉPINE : N'en parlons plus, vous dis-je. Puisque la grande distinction ne vous tente pas, il n'y a qu'à aller plus terre à terre.

CATHOS : Allons, courage, Madame, on n'a rien pour rien. Il n'y a qu'à avoir un bon billet par-devant notaire.

MADAME LÉPINE : Non pas, s'il vous plaît, Lisette. On a mieux que cela. Le notaire, ici, c'est l'honneur : et le billet, c'est la parole du débiteur. Voilà ce qu'on appelle des sûretés. Il n'y a rien de si fort.

MADAME LA THIBAUDIÈRE : S'il ne fallait pas une si grande somme...

MADAME LÉPINE : Petite ou grande, n'importe, dès que c'est l'honneur qui engage; et puis, ce n'est point précisément par besoin qu'un Chevalier emprunte en pareil cas; c'est par galanterie; pour faire briller une femme; c'est un service qu'il lui rend. Mais laissons ce que cela répand d'éclat; contentons-nous d'une célébrité médiocre : vous serez au second rang parmi les subalternes.

MADAME LA THIBAUDIÈRE : Nous verrons; je me consulterai. Je vais toujours écrire ma lettre; et, à tout hasard, je mettrai sur moi des billets de plusieurs sommes.

MADAME LÉPINE : Comme vous voudrez, Marquise; j'ai fait l'acquit de ma conscience.

Scène XVIII : Cathos, Madame Lépine.

CATHOS : Pardi, allez! voilà une belle place que le second rang! Si j'étais aussi riche qu'elle, je serais bientôt au premier étage.

MADAME LÉPINE : Il ne tient qu'à toi de t'y placer parmi celles de ton état.

CATHOS : Oui! tout ce que vous avez dit pour elle, est donc aussi pour moi!

MADAME LÉPINE : C'est la même chose, proportion gardée. Adieu. Je suis d'avis d'aller lui aider à faire sa lettre.

CATHOS : Ah! mais la mienne?

MADAME LÉPINE : Dis à La Ramée que tu écris si mal, qu'il n'aurait pu lire ton écriture.

CATHOS : Attendez donc, Madame Lépine! vous dites que tous vos enseignements à Madame me regardent aussi. Quoi! la politesse glorieuse avec mes rivales, la folie des paroles en devisant, et les mains qu'on baise?...

MADAME LÉPINE : Sans doute!

CATHOS : Et l'argent aussi?

MADAME LÉPINE : Oui, suivant tes moyens.

CATHOS : Et l'honneur de La Ramée pour notaire?

MADAME LÉPINE : Il n'y a nulle différence, sinon qu'il te sera permis d'être jalouse jusqu'à décoiffer tes rivales.

CATHOS : Ha! les masques... je vous les détignonnerai.

MADAME LÉPINE : Et que tu observeras de tutoyer La Ramée, comme il te tutoiera lui-même; c'est l'usage. Adieu, le voilà qui vient, je te laisse.

Scène XIX : Cathos, La Ramée.

LA RAMÉE, *en l'abordant* : Mon épître et point de quartier.

CATHOS : Oh! dame, passez-vous-en, mon cher homme; je ne sais faire que des pieds de mouche, et j'aime mieux vous donner mon écriture en paroles; il n'y a pas tant de façon. Votre billet est bien troussé, il m'a été fort agréable; c'est bien fait de me l'avoir mandé. Il dit que ma mine vous a filouté, j'en suis bien aise; c'est queussi, queumi. Vous demandez la jouissance de mon cœur, et vous l'aurez. Es-tu content, mon mignon?

LA RAMÉE : Comblé, m'amie! je vois bien que tu m'aimes, ma petite merveille.

CATHOS : Si je t'aime? pour qui me prends-tu donc? est-ce que tu crois que l'amour me fait peur? oh que nenni! je t'aime comme une étourdie; je ne sais à qui le dire.

LA RAMÉE : Je me reconnais au désordre de ta tête : il est digne de mon mérite, et tu me ravis... Tu vaux ton pesant d'or.

CATHOS, *lui tendant la main* : Quand tu voudras baiser ma main, ne t'en fais point faute. Est-ce la droite? est-ce la gauche? prends, on sait bien que ce n'est que des mains.

LA RAMÉE : Tu me les donnes à si bon marché que je les prendrai toutes deux.

CATHOS, *lui donnant les deux mains* : Tiens! je ne barguigne point, car je sais vivre.

LA RAMÉE : Oh! il y paraît, malepeste! il est rare de trouver une honnête fille qui pousse la civilité aussi loin que toi. Tu es une originale, ma Cathos.

CATHOS : Fort peu de Cathos. C'est à présent Lisette.

LA RAMÉE : C'est bien fait : tu es taillée pour la dignité de ce nom-là. Mais j'en reviens à ton cœur... conte-moi un peu ce qui s'y passe.

CATHOS : Je t'aime d'abord par inclination. Cela est bon, cela?

LA RAMÉE : Délicieux.

CATHOS : Et puis par belles manières.

LA RAMÉE : Tu me remues, tu m'attendris. *(Et puis à part.)* Quel dommage d'être un fourbe avec elle!

CATHOS : Écoute : je prétends que mon amour soit connu d'un chacun. N'en fais pas un secret, au moins : ne me joue point ce tour-là.

LA RAMÉE : Non, ma brebis, je te ferai afficher.

CATHOS : Ai-je bien des rivales?

LA RAMÉE : On ne saurait les compter; Paris en fourmille.

CATHOS : Montre-m'en quelqu'une, afin que je la méprise poliment, ou bien que je la décoiffe.

LA RAMÉE : Va, ma petite cervelle, tu en verras tant que tu voudras. Hélas! il ne tient qu'à moi de les ruiner toutes.

CATHOS : Oh! merci de ma vie! c'est moi qui veux être ruinée toute seule, en attendant restitution.

LA RAMÉE : Ma poule, je t'accorde la préférence. Quant à la restitution, je te la garantis sur mon honneur.

CATHOS : Son honneur!... voilà le notaire. As-tu fini avec ton cabaretier?

LA RAMÉE : Pas encore, parce qu'il y a une certaine Marthon plus opiniâtre qu'un démon, qui veut à toute force que j'accepte sa monnaie pour payer le vin que j'ai bu.

CATHOS : Elle est bien osée. *(Elle tire une bague de son doigt.)* Allons, prends cette bague qui m'a coûté trente bons francs.

LA RAMÉE, *la prenant* : Ta bague à mon cabaretier? le coquin n'a pas, à ses deux pattes, un seul doigt qui ne soit plus gros que ta main.

CATHOS : Eh bien, attends-moi; je vais te chercher quelques louis d'or que j'ai dans mon coffre...; en prendra-t-il?

LA RAMÉE : Oh oui! il est homme à s'en accommoder.

CATHOS : Je vais revenir : prends toujours la bague.

Scène XX : La Ramée, le Chevalier.

LA RAMÉE : Vous voilà déjà, Monsieur?

LE CHEVALIER : Oui; sais-tu si nos affaires sont avancées.

LA RAMÉE, *lui montrant la bague* : Ma foi, je crois que nous sommes au jour de l'échéance. La soubrette vient d'entrer en payement avec moi, et j'attends un peu d'or qu'elle va m'apporter encore.

LE CHEVALIER : Tout de bon?

LA RAMÉE : Oh! la débâcle arrive, Monsieur. Vous êtes-vous fait annoncer?

LE CHEVALIER : Oui : on est allé avertir la Marquise, avec qui je n'aurai pas une longue conversation; car, à te dire vrai, cette folle-là m'ennuie; et j'arrive avec la personne que tu sais, que j'ai laissée dans un fiacre là-bas, et qui doit entrer quelques instants après moi.

LA RAMÉE : Doucement! je vois la Marquise.

*Scène XXI : Le Chevalier, La Ramée,
Madame La Thibaudière, Madame Lépine.*

MADAME LA THIBAUDIÈRE, *tenant une lettre* : Eh bien, Chevalier? la voici enfin, cette réponse! Direz-vous encore qu'on vous tient rigueur?

LE CHEVALIER : Eh mais! que sait-on? cela dépend des termes du billet. Y verrai-je que vous m'aimez? que vous n'aimez que moi?

MADAME LÉPINE : Lisez, lisez, Monsieur le méfiant... vous y verrez vos questions résolues.

Le Chevalier lit.

MADAME LÉPINE, *pendant qu'il lit* : Il y a apparence qu'il ne se plaindra pas, car il rit.

LE CHEVALIER, *baisant la lettre* : Vous me transportez, Marquise! vous me pénétrez! quel feu d'expressions! je veux les apprendre à tout l'univers, afin que tout l'univers me porte envie. C'est l'Amour même qui vous les a dictées; c'est lui qui vous a tenu la main. Que cette main m'est chère! Me sera-t-il permis...?

Pendant qu'il achève ces mots, la Marquise avance tout doucement la main, comme voulant la lui donner.

MADAME LA THIBAUDIÈRE : On vous le permet, remerciez-la.

LE CHEVALIER : Donnez! que mille baisers lui marquent mes transports.

*Scène XXII : Cathos, surnommée Lisette,
une dame inconnue, Marthon, suivante de la
dame, les acteurs précédents.*

LISETTE, *au Chevalier* : Voici une dame qui demande Monsieur le Chevalier.

MADAME LA THIBAUDIÈRE : Quoi! jusque chez moi?

L'INCONNUE, *au Chevalier, regardant la Marquise* : Ha! je vous y prends, Monsieur!... voilà donc pour qui vous me négligez? *(Et à la Marquise.)* Comptez-vous sur son cœur, Madame?

MADAME LA THIBAUDIÈRE, *d'un air moqueur, et riant* : Vous êtes si dangereuse que je ne sais plus qu'en penser.

L'INCONNUE : Je vous avertis que j'ai sur lui des droits, qui me paraissent un peu meilleurs que les vôtres.

MADAME LA THIBAUDIÈRE, *ironiquement* : Meilleurs que les miens! et c'est vous qui êtes obligée de le venir enlever de chez moi, le petit fuyard! Contez-moi la sûreté de vos droits; je compatis beaucoup à la fatigue qu'ils vous causent. *(Elle appelle.)* Un fauteuil... Prenez la peine de vous asseoir, Madame; vous en gronderez plus à votre aise, et nous en écouterons plus poliment la triste histoire de vos droits.

L'INCONNUE : Eh non, Madame; je n'ai pas dessein de vous rendre visite. Allons, Chevalier. On est venu chez moi pour une affaire de la dernière conséquence qui vous regarde, et qui doit absolument finir aujourd'hui. C'est de votre régiment dont il est question; un autre presse pour l'acheter; son argent est tout prêt, m'a-t-on dit; on diffère, par amitié pour vous, de conclure avec lui jusqu'à ce soir; c'est notre ami le Marquis qui est venu m'en informer. Vous avez encore dix ou douze mille écus à donner, et je les ai chez mon notaire, où l'on nous attend pour terminer le marché... Partons.

MADAME LA THIBAUDIÈRE : Qu'est-ce que cela signifie : partons? Savez-vous bien que je me fâcherai à la fin?

MARTHON, *suivante de l'inconnue* : Un instant de patience, Madame; que je parle à mon tour. *(A La Ramée.)* Et vous, Mons de la Ramée, qui vous amusez ici à tourner la tête de petit oison de chambrière, qu'on détale, et qu'on marche devant moi tout à l'heure, pour aller payer ce marchand de vin avec l'argent que je porte et qu'un huissier vous demande!

CATHOS, *dite Lisette* : Avec l'argent que vous portez, bavarde? Ha votre cornette vous pèse! et vous voulez qu'on vous détignonne.

Elle veut aller à Marthon.

L'INCONNUE : Comment! des violences!

MADAME LA THIBAUDIÈRE : Je suis dans une fureur!... Chevalier, congédiez cette femme-là, je vous prie. Vous avez besoin de dix mille écus, m'a-t-on dit, et non pas de douze, comme elle prétend. Ne vous inquiétez pas, nous tâcherons de vous les faire.

L'INCONNUE : Elle tâchera, dit-elle? elle tâchera! et on les demande ce soir, sans remise. Eh bien! je ne tâche point, moi; il n'est pas question qu'on tâche, il faut de l'expédition, et j'ai la somme toute comptée.

LE CHEVALIER : Eh, Mesdames! vous me mortifiez. Gardez votre argent, je vous conjure. Je n'en veux point; ma somme est trouvée.

MADAME LA THIBAUDIÈRE : Ah! cela étant, il n'y a plus à se débattre. Qu'elle s'en aille!

LE CHEVALIER : Quand je dis trouvée, du moins m'a-t-on comme assuré qu'on me la fournira peut-être ce soir.

L'INCONNUE : Peut-être! votre régiment dépend-il d'un peut-être? il ne sera plus temps demain.

LE CHEVALIER : D'accord.

L'INCONNUE : Partons, vous dis-je.

MADAME LA THIBAUDIÈRE : Attendez... puisqu'on me met le poignard sur la gorge, et que j'ai affaire à la jalouse la plus incommode et la plus haïssable, oui, la plus haïssable...

L'INCONNUE : S'il hésite encore, je ne le verrai de ma vie.

MADAME LA THIBAUDIÈRE : Retirez-vous... N'est-ce pas dix mille écus?... Si on avait le temps de marchander, et qu'on ne fût pas prise comme cela au pied levé... car enfin tout se marchande, et on tirerait peut-être meilleur parti...

LE CHEVALIER : Eh! laissez donc, Marquise! et vous, n'insistez point, Comtesse.

L'INCONNUE : N'êtes-vous pas honteux de me mettre en parallèle avec une femme qui parle de marchander un régiment comme on marchande une pièce de toile? Vous n'avez guère de cœur.

LE CHEVALIER : Oh! votre emportement décide : vous insultez Madame; et pour la venger, j'avouerai que je l'aime, et c'est son argent que j'accepte. Donnez, Marquise, donnez tout à l'heure, afin que la préférence soit éclatante. Sont-ce des billets que vous avez dans le portefeuille?

MADAME LA THIBAUDIÈRE : Oui, Chevalier. *(En ouvrant le portefeuille.)* Attendez que je les tire. Il y en a de différentes sommes et plus qu'il n'en faut.

LA RAMÉE : Allons, Cathos, amène... je te venge aussi, moi. Et toi, Marthon, va te cacher.

MARTHON : Double coquin!

L'INCONNUE, *pendant que Madame La Thibaudière cherche* : Perfide!

CATHOS, *sautant de joie* : Les laides, avec leur pied de nez!

L'INCONNUE : Je suis désespérée.

Scène XXIII : *Tous les acteurs précédents, Monsieur Derval, Monsieur Lormeau, deux dames.*

MONSIEUR LORMEAU, *à la Marquise* : Ma cousine, voici les sœurs de Monsieur Derval, qu'il vous amène, et qui ont voulu vous prévenir... Mais à qui en a cette dame-là qui paraît si emportée?

Madame La Thibaudière salue les deux dames.

MONSIEUR LORMEAU, *continuant* : Et que faites-vous de ce portefeuille?

MADAME LA THIBAUDIÈRE : Voilà qui va être fait. Pardonnez, Mesdames; j'arrange pour dix mille écus de billets que cette dame si désespérée voulait fournir à Monsieur le Chevalier pour achever de payer un régiment qu'il achète. Il me donne la préférence sur elle... et je le paie assez cher!

MONSIEUR DERVAL, *montrant le Chevalier* : Qui? Monsieur? lui, un régiment? lui, chevalier?

MADAME LA THIBAUDIÈRE : Lui-même... Le connaissez-vous?

MONSIEUR DERVAL : Si je le connais? c'est le fils de mon procureur.

MADAME LA THIBAUDIÈRE : De votre procureur? Ha!... je suis jouée.

Tout s'enfuit, l'inconnue, Madame Lépine, la suivante Marthon, et La Ramée, que Cathos arrête.

CATHOS : Doucement! arrête là.

LA RAMÉE : Tiens, reprends ta bague : je n'ai pas reçu d'autre acompte.

LE CHEVALIER, *en s'en allant* : Le prend-on sur ce ton-là?... je ne m'en soucie guère.

MONSIEUR LORMEAU, *à La Ramée que Cathos retient toujours* : Fripons que vous êtes!

LA RAMÉE : Non, Monsieur, nous ne sommes que des fourbes; je vous le jure!

MONSIEUR DERVAL : Et pourquoi tirer dix mille écus de Madame?

LA RAMÉE : Pour la mettre en vogue; pour lui donner de belles manières.

UNE DES DAMES, *souriant* : L'aventure est curieuse.

LA RAMÉE : Oh! tout à fait jolie. C'est dommage qu'elle ait manqué. La réputation de Madame... y perd.

CATHOS : Quels misérables avec leur réputation!

MONSIEUR LORMEAU : Renvoyons ce maraud-là, et qu'il ne soit plus parlé de cette malheureuse affaire.

La Ramée s'enfuit.

MADAME LA THIBAUDIÈRE, *à Monsieur Derval* : Soyez vous-même notre arbitre dans les discussions que nous avons ensemble, Monsieur... Adieu, je vais me cacher dans le fond de ma province!

CHOIX DE CITATIONS*

LE PÈRE PRUDENT ET ÉQUITABLE

Crispin :
                    Leur douloureux martyre,
En les faisant pleurer, me fait crever de rire.
(Scène III, p. 41.)

Crispin :
Vous direz au futur : Çà, tu seras payé;
Pour le présent, *caret* : vous l'avez oublié.
(Scène IV, p. 42.)

L'AMOUR ET LA VÉRITÉ

L'Amour : Non, Madame, je ne suis ni libertin, ni
par conséquent à la mode, et cependant je suis l'Amour
(p. 53).

La Vérité : L'amour-propre des hommes est devenu
d'une complexion si délicate qu'il n'y a pas moyen
de traiter avec lui *(p. 55).*

Divertissement : ... l'amour lui-même
Est le remède de l'amour *(p. 55).*

ARLEQUIN POLI PAR L'AMOUR

La Fée : Est-il rien de plus naturel que d'aimer ce
qui est aimable? *(Scène I, p. 58.)*

Trivelin : Femme tentée et femme vaincue, c'est tout
un. *(Scène I, p. 58.)*

La Fée : Ah! qu'il faut qu'il *(Arlequin)* ait pris d'amour
pour avoir déjà tant d'esprit? *(Scène VIII, p. 61.)*

Silvia : Vraiment! je ne m'étonne pas si toutes nos
bergères sont si aises d'aimer : je voudrais n'avoir fait
que cela depuis que je suis au monde, tant je le trouve
charmant. *(Scène IX, p. 61.)*

Silvia : Ne nous caressons pas à cette heure, afin de
pouvoir nous caresser toujours. *(Scène XIX, p. 65.)*

ANNIBAL

Laodice :
J'appelai vainement la raison à mon aide;

Elle irrite l'amour, loin d'y porter remède.
Quand sur ma folle ardeur elle m'ouvrit les yeux,
En rougissant d'aimer, je n'en aimais que mieux.
(Acte I, scène I, p. 68.)

LA SURPRISE DE L'AMOUR

Lélio : Et qu'est-ce que c'est qu'une femme? Pour la
définir il faudrait la connaître : nous pouvons aujour-
d'hui en commencer la définition, mais je soutiens qu'on
n'en verra le bout qu'à la fin du monde. *(Acte I, scène II,
p. 87.)*

Lélio : Sans l'aiguillon de l'amour et du plaisir, notre
cœur, à nous autres, est un vrai paralytique : nous
restons là comme des eaux dormantes, qui attendent
qu'on les remue pour se remuer. Le cœur d'une femme
se donne sa secousse à lui-même; il part sur un mot qu'on
dit, sur un mot qu'on ne dit pas, sur une contenance.
(Acte I, scène II, p. 88.)

Colombine (à part) : Oh! notre amour se fait grand; il
parlera bientôt bon français. *(Acte II, scène VIII, p. 99.)*

Colombine : J'ai dessein de la faire parler; je veux
qu'elle sache qu'elle aime; son amour en ira mieux,
quand elle se l'avouera. *(Acte III, scène I, p. 100.)*

Arlequin : Colombine, pour nous, allons nous marier
sans cérémonie.
Colombine : Avant le mariage, il en faut un peu; après
le mariage, je t'en dispense. *(Acte III, scène VI, p. 104.)*

LA DOUBLE INCONSTANCE

Silvia : Une bourgeoise contente dans un petit village
vaut mieux qu'une princesse qui pleure dans un bel
appartement. *(Acte I, scène I, p. 108.)*

Flaminia : ... je connais mon sexe : il n'a rien de prodigieux que sa coquetterie. Du côté de l'ambition,
Silvia n'est point en prise; mais elle a un cœur, et par
conséquent de la vanité; avec cela, je saurai bien la
ranger à son devoir de femme. *(Acte I, scène II, p. 108.)*

Arlequin : Si je n'ai point de sujets, je n'ai charge de

* Il ne s'agit pas ici, à proprement parler, de citations célèbres,
qui sont passées dans l'usage courant ou du moins dans la pratique
universitaire : le théâtre de Marivaux n'a jamais bénéficié d'une
très large diffusion et, quoiqu'il en semble à première vue, il est

particulièrement pauvre en formules que l'on peut isoler de leur
contexte. Aussi nous sommes-nous efforcés d'en détacher quelques
courts fragments significatifs, dans lesquels s'inscrit le plus en
clair sinon la pensée, du moins la thématique marivaudienne.

personne; et si tout va bien, je m'en réjouis; si tout va mal, ce n'est pas ma faute. Pour des États, qu'on en ait ou qu'on n'en ait point, on n'en tient pas plus de place, et cela ne rend ni plus beau, ni plus laid. *(Acte I, scène VI, p. 112.)*

Arlequin : ... et naturellement je ne veux pas qu'une fille me fasse l'amour la première; c'est moi qui veux commencer à le faire à la fille; cela est bien meilleur. *(Acte I, scène VI, p. 112.)*

Arlequin : Ceux qui me verront tout seul me prendront tout d'un coup pour un honnête homme; j'aime autant cela que d'être pris pour un grand seigneur. *(Acte I, scène X, p. 113.)*

Silvia : C'est quelque chose d'épouvantable que ce pays-ci! Je n'ai jamais vu de femmes si civiles, d'hommes si honnêtes. Ce sont des manières si douces, tant de révérences, tant de compliments, tant de signes d'amitié! Vous diriez que ce sont les meilleures gens du monde, qu'ils sont pleins de cœur et de conscience. Point du tout! (...) Ne valoir rien, tromper son prochain, lui manquer de parole, être fourbe et mensonger; voilà le devoir des grandes personnes de ce maudit endroit-ci. Qu'est-ce que c'est que ces gens-là? D'où sortent-ils? De quelle pâte sont-ils? *(Acte II, scène I, p. 115.)*

Arlequin : Je vous rends votre paquet de noblesse; mon honneur n'est pas fait pour être noble; il est trop raisonnable pour cela. *(Acte III, scène IV, p. 126.)*

LE PRINCE TRAVESTI

Hortense : Eh! n'est-ce pas un défaut que de n'avoir point de faiblesses? Que ferions-nous d'une personne parfaite? A quoi nous serait-elle bonne? Entendrait-elle quelque chose à nous, à notre cœur, à ses petits besoins? quel service pourrait-elle nous rendre avec sa raison ferme et sans quartier, qui ferait main basse sur tous nos mouvements? Croyez-moi, Madame, il faut vivre avec les autres, et avoir du moins moitié raison et moitié folie, pour lier commerce. *(Acte I, scène II, p. 131.)*

Lélio : On peut avoir le cœur bon sans être prince, et, pour l'avoir tel, un prince a plus à travailler qu'un autre. *(Acte I, scène IV, p. 134.)*

Hortense : ... je vous regardai comme je pus, sans savoir comment, sans me gêner; il y a des moments où les regards signifient ce qu'ils peuvent, on ne répond de rien, on ne sait point trop ce qu'on y met; il y entre trop de choses, et peut-être de tout. *(Acte I, scène VI, p. 135.)*

LA FAUSSE SUIVANTE

Le Chevalier (Silvia) : J'ai du bien; il s'agit de le donner avec ma main et mon cœur; ce sont de grands présents, et je veux savoir à qui je les donne. *(Acte I, scène III, p. 155-156.)*

La Comtesse : Supportez donc mon ignorance; je ne savais pas la différence qu'il y avait entre *connaître* et *sentir*.

Lélio : *Sentir*, Madame, c'est le style du cœur, et ce n'est pas dans ce style-là que vous devez parler du Chevalier. *(Acte II, scène II, p. 160-161.)*

Trivelin : De sexes, je n'en connais que deux : l'un qui se dit raisonnable, l'autre qui nous prouve que cela n'est pas vrai. *(Acte III, scène II, p. 169.)*

Trivelin : C'est mon habit qui est un coquin; pour moi, je suis un brave homme, mais avec cet équipage-là, on a de la probité en pure perte; cela ne fait ni honneur ni profit. *(Acte III, scène II, p. 169.)*

LE DÉNOUEMENT IMPRÉVU

Lisette : ... nous autres femmes, pour faire les folles avons-nous besoin d'étudier notre rôle? *(Scène III, p. 179.)*

Lisette : Qu'est-ce que c'est que la société entre nous autres honnêtes gens, s'il vous plaît? N'est-ce pas une assemblée de fous paisibles qui rient de se voir faire, et qui pourtant s'accordent? *(Scène IV, p. 179.)*

Mademoiselle Argante : ... mais on ne met rien dans son cœur; on y prend ce qu'on y trouve. *(Scène IV, p. 179.)*

Eraste : Je guéris du mal qu'on n'a pas.
Maître Pierre : Vous êtes donc médecin? Tant mieux pour vous, tant pis pour les autres. *(Scène X, p. 183.)*

L'ILE DES ESCLAVES

Arlequin (à Iphicrate) : Quand tu auras souffert, tu seras plus raisonnable; tu sauras mieux ce qu'il est permis de faire souffrir aux autres. Tout en irait mieux dans le monde, si ceux qui te ressemblent recevaient la même leçon que toi. *(Scène I, p. 186.)*

Arlequin : Nous sommes aussi bouffons que nos patrons, mais nous sommes plus sages. *(Scène VI, p. 192.)*

Cléanthis : Il s'agit de vous pardonner, et pour avoir cette bonté-là, que faut-il être, s'il vous plaît? Riche? non; noble? non; grand seigneur? point du tout. Vous étiez tout cela; en valiez-vous mieux? Et que faut-il donc? Ah! nous y voici. Il faut avoir le cœur bon, de la vertu et de la raison; voilà ce qu'il faut, voilà ce qui est estimable, ce qui distingue, ce qui fait qu'un homme est plus qu'un autre. *(Scène X, p. 194.)*

Trivelin : La différence des conditions n'est qu'une épreuve que les dieux font sur nous. *(Scène XI, p. 195.)*

L'HÉRITIER DE VILLAGE

Blaise : ... cet honneur-là, qui est tout d'une pièce, est fait pour les champs; mais à la ville, ça ne vaut pas le diable, tu passerais pour un je ne sais qui. *(Scène II, p. 198.)*

Blaise : ... car, comme je te dis, la vartu du biau monde n'est point hargneuse; c'est une vartu douce que la politesse a boutée à se faire à tout; alle est folichonne, alle a le mot pour rire, sans façon, point considérante; alle ne donne rian, mais ce que l'on li vole, alle ne court pas après. *(Scène II, p. 198.)*

Blaise: ... j'achèterons de la noblesse, alle sera toute neuve, alle en durera plus longtemps, et soutianra la vôtre qui est un peu usée. *(Scène V, p. 202.)*

L'ILE DE LA RAISON

Le Chevalier : Nous *(les Français)* somme les hommes du monde qui avons le plus compté avec l'humanité. *(Prologue, p. 209.)*

Le Poète : Comme si les Français n'étaient pas raisonnables.
Blaise : Eh! morgué, non : ils ne sont que des Français; ils ne pourront pas être nés natifs de deux pays. *(Acte I, scène VIII, p. 212.)*

Fontignac : ... lé champ dé vataillé dé l'extrabagancé, boyez-vous! c'est lé grand mondé. *(Acte I, scène VIII, p. 213.)*

Blaise : Un homme qui ment, c'est comme un homme qui a pardu la parole. (...) C'est que ç'ti-là qui ment ne dit jamais la parole qu'il faut, et c'est comme s'il ne sonnait mot. *(Acte I, scène XVII, p. 217.)*

Blectrue : Dans un pays où l'on a réglé que les femmes résisteraient aux hommes, on a voulu que la vertu n'y servît qu'à ragoûter les passions, et non pas à les soumettre. *(Acte II, scène III, p. 219.)*

Blaise : L'homme ici, c'est le garde-fou de la femme. *(Acte II, scène VII, p. 222.)*

Parmenès : ... l'amour est un sentiment naturel et nécessaire; il n'y a que les vivacités qu'il en faut régler. *(Acte II, scène VIII, p. 222.)*

Le Courtisan : Un philosophe plus égaré qu'un courtisan! Qu'est-ce que c'est donc qu'une science où l'on puise de corruption que dans le commerce du plus grand monde? *(Acte III, scène IV, p. 225.)*

Le Gouverneur : L'usage le plus digne qu'on puisse faire de son bonheur, c'est de s'en servir à l'avantage des autres. *(Acte III, scène IX, p. 228.)*

LA SECONDE SURPRISE DE L'AMOUR

Lisette (à Lubin) : Je n'ai que faire d'un homme qui part demain. *(Acte I, scène III, p. 233.)*

Le Chevalier : ... Et qu'est devenue la mémoire de son mari?
Lubin : Ah! Monsieur, qu'est-ce que vous voulez qu'elle fasse d'une mémoire? *(Acte I, scène XII, p. 237.)*

Lubin : C'est de la morale et de la philosophie; ils disent que cela purge l'âme; j'en ai pris une petite dose, mais cela ne m'a pas seulement fait éternuer. *(Acte II, scène II, p. 238.)*

Lubin : Elle *(la Marquise)* a de l'amitié pour le Chevalier, le Chevalier en a pour elle; ils pourraient fort bien se faire l'amitié de s'épouser par amour, et notre affaire irait tout de suite. *(Acte II, scène II, p. 239.)*

Lisette : ... voilà ce que c'est que de s'attacher à ses maîtres; la reconnaissance n'est point faite pour eux; si vous réussissez à les servir, ils en profitent; et quand vous ne réussissez pas, ils vous traitent comme des misérables. *(Acte II, scène VI, p. 241.)*

La Marquise : ... mais on a besoin de considération dans la vie, elle dépend de l'opinion qu'on prend de vous; c'est l'opinion qui nous donne tout, qui nous ôte tout, au point qu'après tout ce qui m'arrive, si je voulais me remarier, je le suppose, à peine m'estimerait-on quelque chose, il ne serait plus flatteur de m'aimer. *(Acte II, scène VI, p. 241.)*

La Marquise : Assurément, ce n'est pas que je me soucie de ce qu'on appelle la gloire d'une femme, gloire sotte, ridicule, mais reçue, mais établie, qu'il faut soutenir, et qui nous pare; les hommes pensent cela, il faut penser comme les hommes ou ne pas vivre avec eux. *(Acte II, scène VI, p. 241-242.)*

Le Chevalier : Ma foi, je défie un amant de vous aimer plus que je fais; je n'aurais jamais cru que l'amitié allât si loin, cela est surprenant; l'amour est moins vif.
La Marquise : Et cependant il n'y a rien de trop. *(Acte II, scène IX, p. 245.)*

Lubin : Eh bien! tout coup vaille, quand ce serait de l'inclination, quand ce serait des passions, des soupirs, des flammes, et de la noce après : il n'y a rien de si gaillard; on a un cœur, on s'en sert, cela est naturel. *(Acte III, scène II, p. 245.)*

La Marquise : Je rougis, Chevalier; c'est vous répondre. *(Acte III, scène XV, p. 249.)*

La Marquise : Je ne croyais pas l'amitié si dangereuse. *(Acte III, scène XVI, p. 249.)*

LE TRIOMPHE DE PLUTUS

Plutus : ... dis-lui encore que mon or et mon argent sont toujours beaux; cela ne prend point de rides; un louis d'or de quatre-vingts ans est tout aussi beau qu'un louis d'or du jour, et cela est considérable d'être toujours jeune du côté du coffre-fort. *(Scène IV, p. 253.)*

Divertissement :
Dans ce séjour on met tout à l'enchère,
Rien ne se fait sans l'appât du salaire. *(p. 259.)*

LA COLONIE

Mme Sorbin : Je te défends l'amour.
Lina : Quand il y est, comment l'ôter? Je ne l'ai pas pris; c'est lui qui m'a prise, et puis je ne refuse pas la soumission. *(Scène V, p. 265.)*

Arthenice : ... il n'y a point de nation qui ne se plaigne des défauts de son gouvernement; d'où viennent-ils, ces défauts? C'est que notre esprit manque à la terre dans l'institution de ses lois, c'est que vous *(les hommes)* ne faites rien de la moitié de l'esprit humain que nous avons, et que vous n'employez jamais que la vôtre, qui est la plus faible. (...) C'est que le mariage qui se fait entre les hommes et nous devrait aussi se faire entre leurs pensées et les nôtres; c'était l'intention des dieux, elle n'est pas remplie, et voilà la source de l'imperfection des lois; l'univers en est la victime et nous le servons en vous résistant. *(Scène XIII, p. 270.)*

LE JEU DE L'AMOUR ET DU HASARD

Silvia : Dans le mariage, on a plus souvent affaire à l'homme raisonnable qu'à l'aimable homme. *(Acte I, scène I, p. 275.)*

M. Orgon : ... dans ce monde, il faut être un peu trop bon pour l'être assez. *(Acte I, scène II, p. 276.)*

Silvia : Allons, j'avais grand besoin que ce fût là Dorante. *(Acte II, scène XII, p. 286.)*

Silvia : Mais il faut que j'arrache ma victoire, et non pas qu'il *(Dorante)* me la donne : je veux un combat entre l'amour et la raison.
Mario : Et que la raison y périsse. *(Acte III, scène IV, p. 288.)*

M. Orgon : ... quelle insatiable vanité d'amour-propre!
Mario : Cela, c'est l'amour-propre d'une femme; et il est tout au plus uni. *(Acte III, scène IV, p. 288.)*

Arlequin (à Dorante) : ... un honnête homme ne prend pas garde à une chambrière : je vous cède ma part de cette attention-là. *(Acte III, scène VII, p. 290.)*

Arlequin (à Lisette) : Je n'y perds pas : avant notre connaissance, votre dot valait mieux que vous; à présent vous valez mieux que votre dot. Allons, saute, Marquis! *(Acte III, scène IX, p. 292.)*

LA RÉUNION DES AMOURS

Cupidon : En un mot, je n'ai point d'esclaves, je n'ai que des soldats. *(Scène I, p. 294.)*

Mercure : On ne sent point qu'on est menteur, quand on a l'habitude de l'être. *(Scène VI, p. 297.)*

Apollon : Quoi! dire la vérité aux princes!
La Vérité : Le plus grand des mortels, c'est le prince qui l'aime et qui la cherche; je mets presque à côté de lui le sujet vertueux qui ose la lui dire. Et le plus heureux de tous les peuples est celui chez qui ce prince et ce sujet se rencontrent ensemble. *(Scène VI, p. 297.)*

Minerve : Laissons-là les héros. Il est beau de l'être; mais la raison n'admire que les sages. *(Scène X, p. 298.)*

Cupidon : Chaque chose a son contraire; je suis le sien *(de l'Amour)*. C'est sur la bataille des contraires que tout roule dans la nature. *(Scène X, p. 298.)*

Cupidon : ... je donne de l'amour, voilà tout : le reste vient du cœur des hommes. Les uns y perdent, les autres y gagnent; je ne m'en embarrasse pas. J'allume le feu; c'est à la raison à le conduire, et je m'en tiens à mon métier de distributeur de flammes au profit de l'univers. *(Scène X, p. 298.)*

LE TRIOMPHE DE L'AMOUR

Agis : ... le monde peut-il rien offrir de plus doux que le commerce de deux cœurs vertueux qui s'aiment? *(Acte II, scène III, p. 311.)*

Phocion : ... une personne de mon sexe parle de son amitié tant qu'on veut; mais de son amour, jamais. *(Acte II, scène XI, p. 315.)*

Phocion : Mais ce n'est pas le tout que d'aimer, il faut avoir la liberté de se le dire, et se mettre en état de se le dire toujours. *(Acte II, scène XI, p. 315.)*

Phocion : Non, on ne saurait croire combien l'amour égare ces têtes qu'on appelle sages. *(Acte III, scène I, p. 318.)*

Agis : Oui; car dans le fond, nous sommes faits pour aimer.
Hermocrate : Comment donc! c'est un sentiment sur qui tout roule. *(Acte III, scène VII, p. 320.)*

Phocion : J'ai tout employé pour abuser des cœurs dont la tendresse était l'unique voie qui me restait pour obtenir la vôtre, et vous *(Agis)* étiez l'unique objet de tout ce qu'on m'a vue faire. *(Acte III, scène IX, p. 321.)*

LES SERMENTS INDISCRETS

Lucile : Une âme tendre et douce a des sentiments, elle en demande; elle a besoin d'être aimée parce qu'elle aime, et une âme de cette espèce-là entre les mains d'un mari n'a jamais son nécessaire.
Lisette : Oh! dame, ce nécessaire-là est d'une grande dépense, et le cœur d'un mari s'épuise.
Lucile : Je les connais un peu, ces Messieurs-là; je remarque que les hommes ne sont bons qu'en qualité d'amants. *(Acte I, scène II, p. 325.)*

Lucile : J'oublierais le français, moi, s'il fallait dire *je vous aime* avant qu'on me l'eût dit. *(Acte II, scène X, p. 334.)*

Damis : Il y a des manières qui valent des paroles; on dit *je vous aime* avec un regard, et on le dit bien. *(Acte II, scène X, p. 334.)*

Lisette : Qu'on est sot quand on aime!
Frontin : C'est bien pis quand on épouse. *(Acte V, scène I, p. 343.)*

Frontin : ... malheureusement c'est un garçon *(Damis)* qui a de l'esprit; cela fait qu'il subtilise, que son cerveau travaille; et dans de certains embarras, sais-tu qu'il n'appartient qu'aux gens d'esprit de n'avoir pas le sens commun? *(Acte V, scène I, p. 343.)*

Lucile : ... car, quand j'y songe, notre amour ne fait pas toujours l'éloge de la personne aimée; il fait bien plus souvent la critique de la personne qui aime : je ne le sens que trop. Notre vanité et notre coquetterie, voilà les plus grandes sources de nos passions; voilà d'où les hommes tirent le plus souvent tout ce qu'ils valent; qui nous ôterait les faiblesses de notre cœur ne leur laisserait guère de qualités estimables. *(Acte V, scène II, p. 344.)*

Lucile (à Damis) : Vous verrez que notre histoire sera d'un ridicule qui me désole. (...)
Damis : Notre aventure fera rire, mais notre amour m'en console. *(Acte V, scène VII, p. 346.)*

L'ÉCOLE DES MÈRES

Champagne : Je l'aime, partout je l'aime! Il n'y aura donc rien pour moi? *(Scène IX, p. 352.)*

Angélique : Mais je vais comme le cœur me mène, sans y entendre plus de finesse. *(Scène XVIII, p. 355.)*

L'HEUREUX STRATAGÈME

La Comtesse : Eh bien! ce cœur qui manque à sa parole, quand il en donne mille, il fait sa charge; quand il en trahit mille, il la fait encore : il va comme ses mouvements le mènent, et ne saurait aller autrement. Qu'est-ce que c'est que l'étalage que tu me fais là? Bien loin que l'infidélité soit un crime, c'est que je soutiens qu'il ne faut pas un moment hésiter en faire faire une, quand on est tentée, à moins que de vouloir tromper les gens, ce qu'il faut éviter, à quelque prix que ce soit. *(Acte I, scène IV, p. 359.)*

Frontin : Figurez-vous deux cœurs qui partent ensemble; il n'y eut jamais de vitesse égale : on ne sait à qui appartient le premier soupir, il y a apparence que ce fut un duo. *(Acte I, scène XII, p. 362.)*

La Marquise (à la Comtesse) : L'amour a ses expressions, l'orgueil a les siennes; l'amour soupire de ce qu'il perd, l'orgueil méprise ce qu'on lui refuse : attendons le soupir ou le mépris; tenez bon jusqu'à cette épreuve, pour l'intérêt de votre amour même. *(Acte III, scène IV, p. 372.)*

La Comtesse : Misérable amour-propre de femme! Misérable vanité d'être aimée! Voilà ce que vous me coûtez! J'ai voulu plaire au Chevalier, comme s'il en eût valu la peine; j'ai voulu donner cette preuve-là de mon mérite; il manquait cet honneur à mes charmes; les voilà bien glorieux! J'ai fait la conquête du Chevalier, et j'ai perdu Dorante! *(Acte III, scène VI, p. 373.)*

Le Chevalier : En un mot, jé suis infidèle, jé m'en accuse; mais jé suis vrai, jé m'en vante. *(Acte III, scène X, p. 375.)*

LA MÉPRISE

Frontin : Mais voyons, mes enfants, qui êtes-vous à votre tour?

Lisette : En premier lieu, nous sommes belles.
Frontin : On le sent encore mieux qu'on ne le voit. *(Scène II, p. 379.)*

LE PETIT-MAITRE CORRIGÉ

Frontin : ... la fidélité de Paris n'est point sauvage, c'est une fidélité galante, badine, qui entend raillerie, et qui se permet toutes les petites commodités du savoir-vivre; (...) Celle de province n'est pas de même : elle est sotte, revêche, et tout d'une pièce, n'est-il pas vrai? *(Acte I, scène III, p. 390.)*

Hortense (à Rosimond) : Ne me sachez pas mauvais gré de ce qui s'est passé; je vous ai refusé ma main, j'ai montré de l'éloignement pour vous; rien de tout cela n'était sincère; c'était mon cœur qui éprouvait le vôtre. Vous devez tout à mon penchant; je voulais pouvoir m'y livrer; je voulais que ma raison fût contente, et vous comblez mes souhaits : jugez à présent du cas que j'ai fait de votre cœur par tout ce que j'ai tenté pour en obtenir la tendresse entière. *(Acte III, scène XI, p. 407.)*

LA MÈRE CONFIDENTE

Angélique : ... il sait bien que quand une fille est riche on ne la donne qu'à un homme qui a d'autres richesses, tout inutiles qu'elles sont; c'est du moins l'usage; le mérite n'est compté pour rien. *(Acte II, scène XII, p. 426.)*

LE LEGS

Lépine : On s'épouse de tout temps, on s'épousera toujours : on n'a que cette honnête ressource quand on aime. *(Scène II, p. 433.)*

La Comtesse : Les domestiques sont haïssables : il n'y a pas jusqu'à leur zèle qui ne vous désoblige. *(Scène VII, p. 436.)*

Lépine : ... tout le monde n'est pas comtesse : c'est une pensée de soubrette que je rapporte. Il faut excuser la servitude. Se fâche-t-on qu'une fourmi rampe? La médiocrité a ses pensées comme les pensées sont médiocres. Lisette n'a point de bien; et c'est avec de petits sentiments qu'on en amasse. *(Scène XXI, p. 443.)*

LES FAUSSES CONFIDENCES

Dubois : Fierté, raison et richesse, il faudra que tout se rende. Quand l'amour parle, il est le maître; et il parlera. *(Acte I, scène II, p. 447.)*

Araminte : La vérité est que voici une confidence dont je me serais bien passée moi-même. *(Acte I, scène XV, p. 453.)*

Dubois : Oh! oui, point de quartier : il faut l'achever *(Araminte)* pendant qu'elle est étourdie. Elle ne sait plus ce qu'elle fait. *(Acte III, scène 1, p. 461.)*

Dubois : ... il est trop tard; l'heure du courage est

passée, il faut qu'elle *(Araminte)* nous épouse. *(Acte III, scène I, p. 461.)*

Dorante : Dans tout ce qui se passe chez vous, il n'y a rien de vrai que ma passion, qui est infinie, et que le portrait que j'ai fait. Tous les incidents qui sont arrivés partent de l'industrie d'un domestique qui savait mon amour, qui m'en plaint, qui, par le charme de l'espérance, du plaisir de vous voir, m'a, pour ainsi dire, forcé de consentir à son stratagème : il voulait me faire valoir auprès de vous.
Araminte : ... Après tout, puisque vous m'aimez véritablement, ce que vous avez fait pour gagner mon cœur n'est point blâmable; il est permis à un amant de chercher les moyens de plaire, et on doit lui pardonner, lorsqu'il a réussi. *(Acte III, scène XII, p. 467.)*

LA JOIE IMPRÉVUE

Lisette : Parlons sérieusement : je n'aime point les amours qui n'aboutissent à rien.
Pasquin : Qui n'aboutissent à rien! Pour qui me prends-tu? Veux-tu des sûretés?
Lisette : J'entends qu'il me faut un mari, et non pas un amant.
Pasquin : Pour ce qui est d'un amant, avec un mari comme moi, tu n'en auras que faire. *(Scène V, p. 470.)*

LES SINCÈRES

Frontin : ... il *(Ergaste)* dit ce qu'il pense de tout le monde, mais il n'en veut à personne : ce n'est pas par malice qu'il est sincère, c'est qu'il a mis son affection à se distinguer par là. (...) Son but n'est pas de persuader qu'il vaut mieux que les autres, mais qu'il est autrement fait qu'eux, qu'il ne ressemble qu'à lui. *(Scène I, p. 482.)*

La Marquise : Mais depuis que je vis, je n'ai encore vu qu'un homme vrai, et en fait de femmes, je n'en connais point de cette espèce. *(Scène IV, p. 483.)*

Ergaste : Le plus grand défaut de ma sincérité, c'est qu'elle est trop forte. *(Scène XII, p. 487.)*

L'ÉPREUVE

Lucidor : ... tout sûr que je suis de son cœur, je veux savoir à quoi je le dois, et si c'est l'homme riche, ou seulement moi qu'on aime; c'est ce que j'éclaircirai par l'épreuve où je vais la mettre. *(Scène I, p. 495.)*

Angélique (à Lucidor) : ... ôtez notre amitié que vous savez bien, il n'y a rien dans mon cœur, que je sache; je n'y vois qu'elle. *(Scène VIII, p. 498.)*

Angélique (à Frontin) : Vous ne manquerez pas de filles : quand on est riche, on en a tant qu'on veut, à ce qu'on dit, au lieu que naturellement je n'aime pas l'argent; j'aimerais mieux en donner que d'en prendre; c'est là mon humeur. *(Scène XVI, p. 502.)*

LA DISPUTE

Églé : ... j'ai dessein d'aimer toujours Azor, et j'ai peur d'y manquer. (...) si le plaisir de se voir s'en va quand on le prend trop souvent, est-ce ma faute à moi? *(Scène XV, p. 513.)*

Églé : Je ne suis contente de rien : d'un côté, le changement me fait peine, de l'autre, il me fait plaisir; je ne puis pas plus empêcher l'un que l'autre; ils sont tous deux de conséquence; auquel des deux suis-je le plus obligée? Faut-il me faire de la peine? Faut-il me faire du plaisir? Je vous défie de le dire. *(Scène XV, p. 514.)*

Le Prince : Les deux sexes n'ont rien à se reprocher, Madame : vices et vertus, tout est égal entre eux. *(Scène XX, p. 515.)*

LE PRÉJUGÉ VAINCU

Angélique : L'honnête homme d'un certain état n'est pas l'honnête homme du mien. Ce sont d'autres façons, d'autres sentiments, d'autres mœurs, presque un autre honneur : c'est un autre monde. *(Scène IV, p. 520.)*

FÉLICIE

Félicie : Non, je vous l'avoue, il n'y a rien d'égal à l'embarras où vous me mettez tous deux *(Lucidor et Diane)*; car je ne saurais prendre l'un que je ne laisse l'autre; et le moyen d'être partout! (...) mais mon cœur ne sait ce qu'il veut, voilà ce que c'est; il ne choisit point; tenez, il vous voudrait tous deux; voyez, n'y aurait-il pas moyen de vous accorder? *(Scène V, p. 538.)*

La Modestie : Servez-vous de votre raison.
Félicie : Elle me guérirait de mon amour.
La Modestie : Ah! tant mieux, Félicie.
Félicie : Et mon amour m'est cher. *(Scène X, p. 541.)*

LES ACTEURS DE BONNE FOI

Merlin : Nous jouerons à l'impromptu (...) Oui. Je n'ai fourni que ce que nous autres beaux esprits appelons le canevas; la simple nature fournira les dialogues, et cette nature-là sera bouffonne. *(Scène I, p. 544.)*

Merlin : Entre amants, les mains d'une maîtresse sont toujours de la conversation. *(Scène IV, p. 546.)*

Mme Amelin :... j'ai voulu rire, je rirai. (...) on la jouera pourtant *(notre comédie)*, ou celle-ci, ou une autre. Tout ce qui arrivera de ceci, c'est qu'au lieu de la lui donner *(à Mme Argante)*, il faudra qu'elle me la donne et qu'elle la joue, qui pis est. *(Scène VIII, p. 549.)*

Blaise : ... et, maugré la comédie, tout ça est vrai, noute maîtresse; car ils font semblant de faire semblant, rien que pour nous en revendre. *(Scène XII, p. 551.)*

Mme Argante : ... Et vous, Merlin, de quoi vous avisez-vous d'aller faire une vérité d'une bouffonnerie? *(Scène XII, p. 551.)*

INDEX DES PERSONNAGES[*]

[*] Nous n'y faisons pas figurer ceux de *la Provinciale* d'attribution douteuse ni ceux (chanteurs et chanteuses) des *Divertissements*.

587

THÉATRE DE MARIVAUX

Achevé d'imprimer en 1989 par Mame Imprimeurs à Tours.

Dépôt légal 3e tr. 1964. No 1641.5 (23294)

Printed in France